Texte détérioré — reliure défectueuse

NF Z 43-120-11

Contraste insuffisant

NF Z 43-120-14

EX
BIBLIOTHECA
FF. PRÆDICA-
TORUM
S:ti JACOBI.

X#1166

DICTIONNAIRE ITALIEN ET FRANÇOIS.

CONTENANT,

Les Recherches de tous les mots Italiens expliquez en François, auec plusieurs Prouerbes & Phrases, pour l'intelligence de l'vne & l'autre Langue.

Par ANTOINE OVDIN, Secretaire Interprete du Roy.

Reueu, corrigé & augmenté, non-seulement d'vne quantité de mots; mais aussi d'vn grand nombre de Phrases, Prouerbes & Locutions necessaires, auec les accents pour prononcer les syllabes longues ou bréves, & les Irregularitez & Annomalies des verbes.

Par LAVRENS FERRETTI Romain, Secretaire Interprete, & Maistre des Langues de leurs Altesses Royales Mesdemoiselles D'ALENÇON & de VALOIS.

A PARIS,
Chez ANTOINE DE SOMMAVILLE, au Palais, sur le second Perron allant à la Ste Chappelle, à l'Escu de France.

M. DC. LXIII.

AVEC PRIVILEGE DV ROY.

A LEVRS ALTESSES ROYALES,
MESDEMOISELLES
D'ALENÇON
ET
DE VALOIS.

 ESDEMOISELLES,

Ie viens presenter à vos ALTESSES
ROYALES, *vn Livre à la gloire du quel*

á ij

EPISTRE.

il ne manquoit que l'honneur de leur protection; & qui, bien que priué des principaux auantages, & de ses plus considerables ornemens, dont à la sollicitation du Public il m'a fallu le reuestir, n'auoit pourtant pas laissé d'agréer, & de seruir à toute l'Europe; Ie ne doute point, MESDEMOISELLES, que quelques gens n'appellent temerité, ce qui n'est qu'vn pur effet de mon respect, & qu'ils ne trouuent estrange que j'ose aborder si hardiment de si Grandes Princesses : Mais ie ne doute point aussi qu'ils ne changent de sentiment, lors quils sçauront que vos ALTESSES ROYALES ont la bonté de me souffrir tous les jours auprés d'Elles, m'ayant jugé capable de leur enseigner la Langue de mon pays ; Icy ie supplieray tres-humblement vos ALTESSES ROYALES, de trouuer bon que ie les remercie au nom de l'Italie, de vouloir en apprendre le Langage; & de leur dire en méme temps, que ce riche & beau Pays, qui, autrefois a commandé à toute la Terre, aprés auoir éprouué les Bontez incomparables de Ma-

EPISTRE.

dame la Grande Princesse de Toscane, n'a plus rien à desirer pour comble de son bon-heur, que de partager auec l'Etrurie, la gloire d'estre gouuernée par vos *ALTESSES ROYALES*. Tout ce grand Climat vous regarde, *MESDEMOISELLES*, comme des Astres dont toute la Terre admire les brillans; & si les Nations les plus froides, & les plus esloignées, les considerent comme des Soleils capables de les rendre les plus heureuses du monde par leur presence, à laquelle il y a si long-temps qu'elles aspirent auec tant de passion : Ie puis asseurer vos *ALTESSES ROYALES*, que ce sont les mesmes sentimens de ma chere Patrie; Pour moy, qui luy suis obligé de ma naissance, ie suis aussi obligé, pour luy donner des preuues infaillibles de ma gratitude, de luy souhaitter vne felicité si parfaite, & j'estimeray la mienne sans égale, si Vos *ALTESSES ROYALES*, agréent la hardiesse que je prend de mettre leur Nom au frontispice de ce Liure : Et si Elles m'accordent la liberté de me dire auec toute sorte de soûmission

EPISTRE.

éternellement de vos ALTESSES ROYALES,

MESDEMOISELLES,

Le tres-humble, tres-obeïssant,
& tres-fidelle Serviteur,
L. FERRETY.

AV LECTEVR.

CE Dictionnaire Italien & François comprend non-feulement tous les Mots & toutes les Phrafes; mais auffi de certaines Locutions & Prouerbes, choifis & expliquez felon l'vfage des Prouerbes François. Et enfin, pour plus grande inftruction, & afin que de toy-mefme tu puiffes mieux apprendre la Langue Italienne, comme il y en a beaucoup qui fe perfuadent de le pouuoir faire fans Maiftre, j'y ay mis les accens qui feruiront pour la prononciation longue ou bréve, où ils font neceffaires : Et quant aux autres prononciations, comme de l'*e* & de l'*o* ouuert ou fermé, tu les trouueras aux mots qui en ont le plus de befoin, comme auffi les prononciations de *ghe*, *ghi*, *fue*, *fui*, & *z*, auec les Irregularitez & Annomalies des Verbes, qui eft tout ce qui embaraffe le plus les François : Et ainfi te feruant de ce *Dictionnaire*, & de la *Grammaire* que ie t'ay donnée il y a déja quelques années, tu as tout ce qu'il faut pour l'intelligence de cette Langue. Au refte, tu excuferas les fautes de l'impreffion. J'efpere de te donner auffi dans peu de jours l'*Esprit de la Langue Italienne*, qui te fera fort vtile, & en mefme temps la *Nomenclature*, par Chapitres & Matieres. Adieu.

L'explication de ce qui eft dans ce Dictionnaire,

ẽ

comme *pron.* veut dire pronocez, *pref.* prefent, *parf.* parfait, *imparf.* imparfait, *fut.* futur, *opt.* optatif.

Les mots qui sont marquez d'vne estoile, ne sont gueres en vsage.

PRIVILEGE DV ROY.

LOVYS PAR LA GRACE DE DIEV, ROY DE FRANCE ET DE NAVARRE. A nos amez & feaux Confeillers les Gens tenans nos Cours de Parlement, Maiftres des Requeftes ordinaires de noftre Hoftel, Baillifs, Senefchaux, Preuofts, leurs Lieutenans; & à tous autres nos Iufticiers & Officiers qu'il appartiendra: Salut. Noftre bien amé ANTOINE DE SOMMAVILLE, Marchand Libraire en noftre bonne ville de Paris, Nous a fait remonftrer qu'il a cy-deuant fait imprimer vn *Dictionnaire Italien & François*, compofé par le Sieur OVDIN; lequel il a depuis fait curieufement corriger & augmenter de plus d'vn quart, par le Sieur FERRETTI noftre Interprete, qu'il defiroit imprimer s'il auoit noftre permiffion: REQVERANT à cette fin humblement nos Lettres à ce neceffaires: A CES CAVSES, & pour donner moyen audit expofant de recouurer les frais par luy faits, Nous luy auons permis & permettons par ces prefentes, de faire imprimer, vendre & debiter, par tous les lieux, terres, & Seigneuries de noftre obeïffance, ledit Liure nouuelemét corrigé & augmenté par ledit Sr FERRETTI, en autant de vollumes, telles marges, caracteres, & autant de fois que bon luy semblera, durant l'espace de dix ans, à commencer du jour que ledit Liure sera acheué d'imprimer, & mis en vente en vertu des presentes : Et faisons tres-expresses défenses à toutes personnes de quelque qualité & condition qu'elles soient, d'imprimer ou faire imprimer ledit Liure, & d'en vendre ny debiter d'autre impression que de celle dudit Exposant, sans son consentement ou de ceux qui auront droict de luy, sous pretexte d'augmentation, correction, changement de tiltres, fausses marques, ou autrement, en quelque sorte & maniere que ce soit, méme de le r'imprimer sur les precedentes impressions, à peine de trois mil liures d'amende, applicable vn tiers à l'Hostel-Dieu de nostre bonne ville de Paris, vn tiers à l'Hospital General dudit lieu, & l'autre tiers à l'Exposant ; confiscation des exemplaires contrefaits, & de tous despens, dommages & interests : A condition qu'il sera mis deux exemplaires dudit Liure en nostre Bibliotheque, & vn au Cabinet de nostre Chasteau du Louure, & vn autre en la Bibliotheque de nostre tres-cher & feal le Sieur Seguier Cheualier Chancelier de France : Comme aussi, de faire enregistrer le present Priuilege és Registres du Syndic des Libraires, auant que l'exposer en vente ; & à faute de rapporter és mains de nostre amé & feal Conseiller en nos Conseils, Grand Audiencier de France en quartier, vn recepissé de nostre Bibliothequaire, & du Sieur Cramoisy Commis par nostredit Chancelier, de la déliurance actuelle desdits exemplaires, Nous auons de sa part déclaré ces presentes nulles ; & enjoint audit Syndic des Libraires de faire saisir tous lesdits exemplaires, pour n'auoir satisfait aux clauses portées par cesdites presentes: du contenu desquelles Nous vous mandons que vous fassiez joüir & vser pleinement & paisiblement ledit Exposant, & tous ceux qui auront droict de luy, sans qu'il leur soit donné aucun trouble ny empeschement : Voulons aussi, qu'en mettant au commencement ou à la fin dudit Liure vn extraict des presentes, elles soient tenuës pour deuëment signifiées, & que foy y soit adjoustée, & aux copies collationnées par l'vn de nos amez & feaux Conseillers & Secretaires comme à l'Original. Mandons en outre au premier nostre Huissier, ou Sergent sur ce requis, faire pour l'execution des presentes tous exploits de saisie, & autres actes necessaires, sans demander autre permission : Car tel est nostre plaisir, nonobstant Clameur de Haro, Chartre Normande, & autres Lettres à ce necessaires. Donné à Paris, le douziesme jour d'Avril, l'an de grace mil six cens soixante-deux, & de nostre regne le dix-neufiesme. Signé, Par le Roy en son Conseil, PATV. Et seellé.

Acheué d'imprimer le dernier Ianuier 1663.

Les Exemplaires ont esté fournis.

DICTIONNAIRE ITALIEN ET FRANÇOIS.

A

, marqué d'vn apoſtrophe, ſe met pour *a i* ou *alli*, *aux*.

A, prepoſition pour chez, *Andar à marito*, aller chez ſon mary, ſe loger auec ſon mary. Pour en, *à terra*, en terre, *aſtretto conſiglio*, en vn conſeil fort ſecret.

A, pour, & vers, *à rendere*, pour rendre; *à moglie altrui*, vers la femme d'autruy.

A, au lieu de ſous, *à mia Signoria*, ſous ma Seigneurie ou puiſſance.

A, au lieu de par, *à giuoco*, par jeu.

A, pour auec, *à carne di vitello*, auec de la chair de veau.

A, pour contre, *à ſi pota gente*, contre ſi peu de gens.

A, pour en, *à tradimento*, en trahiſon.

A, ſelon, *à mio ſenno*, ſelon ma fantaiſie.

A, quelquefois ne ſert que pour grace, comme *pouretta à me*, pauurette que je ſuis.

A, pour en, *d'oggi à otto di*, d'aujourd'huy en huit jours.

A, pour chez, *à noi non s'uſano queſte coſe*, ces choſes-là ne ſe font pas chez nous.

Scritto à lettere d'oro, écrit en lettres d'or.

A, en forme, *fatti à biſchêri*, faits en forme de cheuilles.

A, en la compoſition des verbes change leur force.

AB

A, joint aux infinitifs leur donne quaſi la force des ſubſtantifs, *à bere*, *à mangiare*.

A vno, *à vno*, vn à vn, &c. La prepoſition *à*, ſe repete par tout en ces aduerbes, *à due*, *à due*, deux à deux, *à poco à poco*, peu à peu, &c.

AB

Abacare, compter, calculer.
Abachiere, arithmeticien.
Abacinare, éblouïr, aueugler.
Abaco, arithmetique.
Abaco, en terme d'architecture, abaque, entablement.
Abadare, tarder & ceſſer, vacquer, s'amuſer.
Abadeſſa, Abbeſſe.
Abadia, Abbaïe.
Abadiale, d'Abbé.
Abaiare, abbayer.
Abaluoare, nauiger ſur vent, aller au deſſus du vent ouest.
* *Abampare*, bruſler, enflammer, & eſtre enflammé.
Abaruffare, quereller, diſputer, debattre, s'attacher au combat.
* *Abaſtare*, ſuffire.
Abáte, Abbé.
Abauare, embauer.
Abba, mot Syrien, pere.
* *Abbabare*, eſtonner, eſtourdir.
Abbacare, compter, calculer.
* *Abbacare*, ſe tromper, réver, radotter, fantaſtiquer.

A

A B

* *Abbachiare*, gauler les fruicts, battre les fruicts auec vne gaule.
Abbachiere, Arithmeticien; vn qui compte ou caloule.
Abbachista, idem.
Abbacinamento, aueuglement ; éblouïssement.
Abbacinare, aueugler ; éblouïr.
Abbaco, l'Arithmetique : vn cabinet ou cassette ; vn comptoir : abaque en Architecture, vne base ou entablement.
Abbada, en abboy ; en delay ; en suspens ; en attente.
Abbadare, tarder, cesser, s'amuser.
Abbadessa, Abbesse.
Abbadia, Abbaïe.
Abbagliaggine, &
Abbagliamento, éblouïssement. Erreur.
Abbagliare, éblouïr. Errer.
Abbaglio, éblouïssement. Item erreur.
* *Abagliore*, idem.
Abbaiamento, abboy, abbayement.
Abbaiare, abbayer : criailler, brauer pour se faire valoir, détracter.
Abbaiatore, détracteur.
Abbaio, abboy, criaillerie : détraction.
Aballare, emballer.
Abbambagiare, garnir de cotton.
* *Abbampare*, enflammer, brusler.
Abbampato, enflammé.
Abbandonamento, abandonnement.
Abbandonare, abandonner.
Abbandonarsi, perdre cœur, s'estonner : s'abandonner, se laisser aller.
Abbandonatore, qui abandonne, abandonneur.
Abbandonatamente, &
Abbandonenolmente, à l'abandon.
Abbarbagliare, éblouïr.
Abbarbaglio, éblouïssement.
Abbarbicarsi, s'enraciner.
* *Abbarcare*, entasser.
Abbarcare, charger les barques, & les assembler pour faire voyage, lester.
* *Abbardare*, barder.
* *Abbare*, pour abbayer.
* *Abberrare*, batrer, piper au jeu.
* *Abbaruffamento*, meslée ; confusion.
* *Abbaruffare*, mettre en confusion : troubler, causer ou engendrer vne querelle ; mettre en desordre : friponner comme vn colet : fumer auec la fumée du feu : hauir.
* *Abbaruffarsi*, s'attacher au combat.
Abbassagione, &
Abbassamento, abbaissement ; humiliation.
Abbassare, baisser, abbaisser, humilier.
Abbassenole, qui se peut abbaisser ou humilier.
Abbasso, dessous, au dessous, à bas.
Abbastardimento, abbastardissement.
Abbastardire, abbastardir; adulterer ; dégenerer.
Abbastionare, munir de bastions.
* *Abbastionenolo*, qui se peut munir de bastions.
Abbatacchiare, donner ou frapper du batail : tinter, gauler ou battre les fruicts.
Abbate, Abbé.
Abbategiare, faire l'Abbé.
Abbatiale, d'Abbé.
Abbattere, abbattre.
Abbattere la vela, caler la voile.
Abbattere, soustraire, rabattre de la somme, déduire.
Abbattersi in vno, rencontrer quelqu'vn.
Abbattersi di dire, rencontrer à dire, dire par hazard.
Abbatessa, Abbesse.

A B

Abbattimento, rencontre, quand on deuine quelque chose : battement, combat.
Abbattitore, combattant.
* *Abbatuffolare*, mesler confusément.
Abbauare, bauer : embauer.
* *Abbegliare*, pour *Abbigliare*, accoustrer, habiller, orner, accomoder.
* *Abbellare*, embellir, farder.
Abbellimento, embellissement.
Abbellire, Farder : embellir.
* *Abbeluardare*, entourer de bouleuards.
Abbendare, bender.
* *Abbentare*, se recréer, se réjouïr.
* *Abberfare*, asperger, arrouser.
* *Abbergare*, albergare, loger.
* *Abbergo*, albergo, logis.
Abbersagliare, tirer au but.
Abbestiare, deuenir beste : rendre beste.
Abbeuerare, assoupir, endormir auec du breuuage : abbreuuer.
Abbeuerare, mettre la bouche à vn verre, boire vn petit, baiser le verre.
Abbeueraticcio, reste de breuuage qu'on vient de boire.
Abbeueratoio, abbreuuoir : c'est aussi l'auget d'vne cage.
* *Abbiadare*, pouruoir de bled, ou de grain.
* *Abbiadato*, qui est pouruû de bled.
Abbianchire, blanchir.
* *Abbicare*, amonceler, entasser.
Abbiocare, idem.
Abbici, l'A, b, c, l'alphabet.
* *Abbiendo*, pour *hauendo*, ayant.
* *Abbientare*, rendre capable.
* *Abbiente*, riche, à son aise : pour propre, & capable.
Abbiettione, abjection.
Abbietto, abject.
Abbiettare, rendre abject.
Abbigiare, faire, ou deuenir gris.
Abbigliamento, habillement, accoustrement.
Abbigliare, orner, habiller.
Abbiuccare, glouser comme les poules.
Item, perdre cœur, selon aucuns.
* *Abbiostiaggine*, coüardise, poltronnerie.
* *Abbiostiare*, s'abattre de courage, auoir peur, estre ou deuenir coüard, deuenir lasche.
Abbisognante, qui a besoin.
* *Abbisognare*, estre de besoin, auoir de necessité.
Abbisogno, besoing, necessité.
* *Abbisognoso*, qui a besoin, necessiteux.
Abbissare, abismer.
Abbisso, abisme, & Enfer.
Abbitumare, cimenter ou enduire auec du bitume ou terre grasse.
Abboccamento, abbouchement.
Abboccare, emplir jusques au goulet.
Abboccarsi, s'aboucher.
Abboccarsi, faire rencontre, combattre par rencontre.
Abboccar in mare, aller à fonds.
Abboccato, qui se dit des léuriers, prendre le lièvre.
vino Abboccato, vin delicat & doux.
vn Abboccato, vn bon goulu, vn bon dégousté.
Abboccatoio, le bec, ou bouche d'vn alembic.
Abboccatore, vn qui moyenne les abbouchemens & entreueües.
Abbocconare, couper par morceaux.
Abbolire, abolir.
Abbolitione, abolition.
* *Abbombare*, infuser, tremper, amolir.

A B

* Abbominando, abominable.
Abbominanza, abomination.
Abbominare, abominer.
Abbominevole, abominable.
Abbomineuolmente, abominablement, auec abomination.
Abbominio, abomination.
Abbominoso, abominable.
Abbonamento, abbonnissement, & caution.
Abbonare, cautionner, pleiger, faire bon.
Abbonacciare, se calmer.
* Abbondamento, abondance.
Abbondanza, idem.
Abbondante, abondant.
Abbondare, abonder.
Abbondeuole, abondant.
Abbondeuolmente, abondamment.
* Abbondo, abondance.
* Abbondosamente, abondamment.
Abbonevole, que l'on peut abonir.
Abbonire, abonir.
Abbordare, aborder.
* Abbordiscere, auorter.
Abbordo, abord de vaisseau.
Abboracciamento, embroüillement, bredoüillement, yvrognerie.
* Abborracciare, sauceter, bourreller : embroüiller, bredoüiller, s'enyvrer.
* Abborrare, s'égarer, se tromper, faillir.
* Aborrare, bourrer, emplir de bourre, bourreller, mal faire vn ouurage.
Abborrire, abhorrer.
Abbortare, auorter.
* Abbortione, auortement.
* Abbortire, auorter.
Abborto, auortement, Auorton.
* Abbottare, s'enfler comme vn crapaut : s'enfler de dépit ou de gloire : s'emplir comme vn tonneau.
Abbottinare, butiner.
* Abbottinarsi, se mutiner.
* Abottinatore, seditieux, mutin.
Abbottonare, boutonner les boutons d'vn habit.
Abbottonatura, bottonatura, les boutons, & boutonnieres d'vn habit.
Abbozzamento, ébaucheure.
Abbozzare, ébaucher ; s'enfler comme vne tumeur ou apostheme.
Abbozzatore, ébaucheur.
Abbozzatura, ébaucheure.
Abbozzo, idem.
Abbracciamento, embrassement.
Abbracciare, embrasser.
Abbracciar S. Petro, embrasser saint Pierre, renier, nier.
Abbracciata, embrassade.
Abbracciatoie, pincettes d'Orféure, &c.
Abbraccio, embrassement.
Abbracciamento, incendie, embrasement.
Abbracciare, embraser.
Abbracciatore, qui embrase.
Abbragiare, embraser.
Abbrancare, gripper, prendre & tenir ferme.
Abbreuare, c'est faire tirer le vaisseau auec la force de toute la chourme pour le mettre en bransle.
Abbreuiamento, abbregement.
Abbreuiare, abreger.
Abbreuiatione, abreuiation.
Abbreuiatura, idem.

A B

* Abbrigliare, brider.
* Abbrinidare, s'engourdir, se roidir de froid.
* Abbrinidire, idem.
* Abbronzacchiare, &
* Abbronzare, hauir la viande, haler la peau, flamber la volaille.
Abbrucciamento, bruslement.
Abbrucciare, brusler.
Abbrugiante, bruslant.
Abbrugiare, brusler.
Abbragiaticcio, bruslé, hauy.
Abbrunare, & abbrunire, faire brun, brunir, deuenir brun.
Abbruscare, deuenir & rendre brusc, aigre, ou aspre, rostir du pain.
Abbrusciare, brusler.
* Abbrustiare, & abbrustire, brusler, flamber la volaille.
Abbrustolare, idem.
Abbrutare, rendre & deuenir beste ou brutal.
Abbruttare, enlaidir.
Abbucinare, estourdir de caquet, estourdir les oreilles.
Abbuiare, & Abbuire, obscurcir, faire & deuenir obscur.
Abbuonire, abonir.
Abburattare, bluster.
Abburattare vno, par metaphore, bluster, vanner, mal-traitter, baloter vne personne.
Abburatatoio, blustoir.
* Abduto, reculé, détourné. Exempt des Loix.
Abecedare, lire l'a, b, c : lire en espelant, apprendre l'a, b, c.
Abecedario, abecedaire, tablettes pour apprendre l'a, b, c, le Maistre qui l'enseigne, & celuy qui l'apprend.
Abedare, eppeler, dire l'a, b, c.
Abedario, tablettes ou livret pour apprendre l'alphabet, vne Croix de par Dieu.
Abelline, sortes d'aueslines rouges au dedans.
* Abento, pour attentif.
* Aberrare, errer.
Abestone, sorte de pierre noire.
Abetaia, lieu plein de sapins, sapinée.
Abete, sapin.
Abeto, idem.
Abgiurare, abjurer.
Abgiuratione, abjuration.
Abhorreuole, qui se peut abhorrer.
Abhorrimento, horreur de quelque chose.
Abhorrire, abhorrer, abominable.
* Abiccare, amonceler.
Abiettamente, vilement.
Abiettare, rendre abject.
Abietto, abject.
Abici, l'a, b, c, l'Alphabet.
Tu non sai l'abici, i. tu és ignorant.
Abiga, du lierre.
Abigare, s'attacher comme le lierre.
Abile, habile.
* Abilio, éponge fine.
Abilità, habileté.
Abilitare, rendre habile.
* Abioscio, qui tombe, qui s'abbat, qui perd courage.
* Abiotto, à demy couché.
Abisare, abismer.
Abiso, pour Enfer, & abisme.

A ij

* *Abisto*, pierre qui estant échauffée tient sa chaleur huict iours.
* *Abitaggio*, habitation.
* *Abitanza*, idem.
Abitare, habiter.
Abitatione, habitation.
Abito, habito, habit, & habitude.
Abiteuole, habitable.
Abituato, habitué.
* *Abitudine*, habitude.
* *Abituro*, habitation.
* *Ablato*, osté, soustrait.
Abnegare, dénier.
Abnegatione, dénegation.
Abocco, sorte de poids ou monnoye.
* *Abolatino*, vne sorte de ver.
* *Abollat*, robbe de Sénateur.
Abollire, abolir.
Abollitione, abolition.
* *Abombare*, infuser, tremper.
* *Abominando*, abominable.
Abominanza, abomination.
Abominare, abominer.
Abomineuole, abominable.
Abominoso, idem.
Abonamento, abonissement.
Abonare, rendre bon, faire bon, cautionner.
Abondante, abondant.
Abondantemente, abondamment.
Abondanza, abondance.
Abondanziere, qui a le soin des viures : pouruoyeur, viuandier.
Abondare, abonder.
Abondeuole, abondant.
Abondeuolmente, abondamment.
Abordare, aborder.
Abordare, c'est quand deux vaisseaux s'approchent de sorte, qu'on peut passer de l'vn dans l'autre sans planche, ou autre chose : aborder.
Aborrare, bourrer, bourreler, faire grossierement, abhorrer.
Abortare, auorter.
Abortire, idem.
Abortiuo, auorté.
Aborticcio, auorton, auorté, monstrueux.
Abosimare, parer la toile.
* *Abottare*, voüer.
Abottinamento, butinerie.
Abottinare, butiner.
Abozzamento, ébaucheure.
Abozzare, ébaucher.
Abozzatore, ébaucheur.
Abozzatura, ébaucheure.
Abramo, sorte de poisson, appellé Breme.
Abriolo, serain de Canarie. Verdons
* *Abristicare*, flamber la viande.
* *Abrocare*, s'entoüer. Item, ronfler.
* *Abrodieto*, gentil, braue, délicat, somptueux.
Abrogare, abroger.
Abrogatione, abrogation.
Abrostina, vigne sauuage.
Abrostino, sorte de raisin noir qui sert à faire du vin pour couurir l'autre.
Abrotano, auronne, sorte d'herbe.
Abrubtano, idem.
Abrutino, idem.
Abruciare, &
Abrueggiare, brusler.

Abrusca, vigne & raisin sauuage.
Abruscare, deuenir brusc, ou aigre : rendre aigre, rendre brusc.
Abrusciare, brusler.
Abruscicuole, qui se brusle facilement.
* *Abrustire*, flamber la viande.
Abrutiare, rendre laid : deuenir laid, & salle.
* *Abrutamente*, promptement, brusquement.
Absentare, absenter.
Absente, absent.
Absenza, absence.
Abside, le point dont vne planette est éloignée de la terre.
Abside suprema o infima, le plus haut ou plus bas point d'vne planette.
* *Absintino*, d'absinthe, qui a le goust d'absinthe.
Absite, sorte de pierre precieuse.
* *Absolito*, non accoustumé.
* *Absono*, dissonant.
Absorbere, absorber.
Absurdità, absurdité.
* *Absordo*, absurde.
* *Abstenere*, abstenir.
* *Abstergere*, absterger, essuyer.
Abstersiuo, abstersif.
Abstinente, abstinent.
Abstinenza, abstinence.
Abstrarre, abstraire.
* *Abstrattione*, abstraction.
* *Abstruso*, caché.
* *Absurdamente*, absurdement.
* *Absurdità*, absurdité.
* *Absurdo*, absurde.
Abusattare, blusser.
Abusare, abuser.
* *Abusenole*, qui peut estre abusé.
Abusione, abus.
Abusiuo, impropre, abusif.
Abuso, abus.
Abuzzago, sorte de busard.
Abachista, Arithmeticien.
Abacinamento, éblouïssement.
Abbacinanza, éblouïssement.
le Abbaia, plurier d'Abbaio, les abbois ou abbaye-mens.
Abaiamento, abboy, abbayement.
Abbalordimento, estourdissement.
Abbalordire, estourdir : & deuenir balourd ou lourdaut.
Abamposo, enflamé.
Abbandoneuole, que l'on peut abandonner.
Abbandono, abandon.
Abatessa, Abbesse.
Abbalucciare, éblouïr.
Abbassar la lancia, coucher son bois.
Abbatessa, Abbesse.
Abbattamente, casuellement, par rencontre.
Abberfatione, arrousement.
Abbominatione, abomination.
Abbominatore, abominateur.
Abbominatrice, celle qui abomine.
Abbortiuo, auorté.
Abbottinamento, souslevement, mutinerie. Item, butin, pillage.
Abbracciatrice, embrasseuse, qui embrasse.
Abbreuiatore, abregeur.
Abbrigliamento, bridement, le brider d'vn cheual.
Abbrigliatura, bridement.

A C

Abbruciatore, brusleur, incendiaire.
* Abdicare, renoncer.
* Abdicatione, renonciation.
Abece, l'A, b, c, l'alphabet.
Abentare, resiouïr, recreer.
Abiettione, abiection, mespris.
Abitabile, habitable.
Abitacolo, demeure.
Abitante, habitant.
Abitatiuo, propre à habiter, habitable.
Abitatore, habitant, qui habite.
Abitatrice, habitante.
Abitello, petit habit.
Ablatiuo, ablatif.
Abominatione, abomination.
Abominio, abomination.
Abondoso, abondant.
Abordo, abord.
Abortione, auortement.
Abottino, butin.
Abrame, bresme, poisson.
Abrotina, auronne, plante.
Abrusciamento, bruslement, incendie.
Abrutto, aspre, rude, difficile, hors de la voye.
Absolto, absout.
Absoluere, absoudre.
Absolutione, absolution.
Abusiuamente, abusiuement, par abus.

A C

Acacia, acacie drogue; vne sorte d'épine qui porte fruict.
Academia, Academie.
Academiante, qui suit les academies.
Academico, academique.
* Acanino, sorte de vase à mettre des eaux de senteurs, mot Lombard.
* Acanino, qui se dit par mignardise à vn amant cruel.
* Acanino, aiguiere, selon aucuns.
Acano, houx marin, & reglisse selon aucuns.
* Acantauola, éleuatoire, tire-fonds, instrument de Chirurgien.
Acante, du sennecé, herbe.
Acante, sauterelle selon aucuns.
Acante, vn chardonneret.
Acanticene, chardon qui porte le mastic.
Acantio, sorte d'épine blanche; chardon; bresil, selon aucuns.
Acantica, sorte de gomme, ou drogue.
Acanto, branche vrsine, patte d'ours, aubespine.
Acanzi, soldats volontaires parmy les Turcs.
* Acapnone, sorte de miel recueilly sans faire brusler les ruches.
Acaptoso, gueux qui feint d'auoir esté racheté de la main des Turcs.
Acarno, poisson de mer qui a les escailles luisantes comme de l'or.
Acaro, mirthe sauuage: espece de petit ver ou mitte: ciron.
Acarone, espece de mirthe.
Acata, agathe.
Acatia, drogue appellée acacie.
Acca, la lettre h.
Accadente, gueux qui feint tomber du haut-mal.
Accadere, aduenir, escheoir, arriuer.
non Accade, il n'est pas de besoin.
Accadeuole, qui peut arriuer.

A C

Accadimento, succés, euenement, cas fortuit.
* Accaffare, happer, gripper.
Accagionamento, imputation.
Accagionare, imputer, accuser, imposer, donner la cause.
Accagliare, cailler.
Accaglioso, caillé.
Accalapiare, prendre dans le filet ou laqs : enlacer.
Accolare, caler : descendre.
Accaldare, eschauffer.
Accalorire, donner ou prendre de la chaleur.
Accambiare, changer.
Accampare, camper.
Accampanare, fondre comme vne cloche : faire en forme de cloche, pendre en façon de cloche.
Accanalare, creuser, caneler.
Accanare, laisser courre, lascher les chiens apres la beste, découpler, deuenir comme vn chien.
Accanata bestia, beste poursuiuie des chiens.
Accanato, plein de fureur.
Accaneggiare, deuenir furieux, ou enragé.
Accanire, id.
Accanito, furieux.
* Accannare, se saouler jusqu'au gosier : piquer : aiguillonner auec vne canne ou roseau.
Accannellare, doubler la soye, charger les bobines.
Accanto, vn chardonneret.
* Accantonare, cantonare, se cantonner; mettre d'vn costé, ranger en vn coin.
Accantoniere, batteur de paué.
Accapacciare, enlacer, embarasser.
Accapére, contenir, comprendre.
Accapestrare, encheuestrer.
* Accapezzare, mettre dans vn pannier, ou huche, selon aucuns, rejoindre.
Accapigliamento, prise aux cheueux.
Accapigliare, prendre aux cheueux. Item, lier les cheueux.
Accapigliatura, prise par les cheueux.
Accapitolare, mettre la trenche-file à vn liure.
Accaponare, chaponner. Item deuenir sot.
Accapone, gueux qui se contrefait des playes sur le corps.
Accappare, choisir, trier, prendre, happer, attraper.
Accaparazzonare, caparassonner vn cheual.
Accappiare, enlacer, prendre aux laqs : lier auec vn noud coulant.
Accapiatura, enlacement.
Accapricciarsi, dresser les cheueux de peur, venir le caprice ou fantaisie.
Accapucciare, pommer comme les choux & les laictuës.
Accapucciata lattuca, laictuë pommée.
Accapucciato cauallo, cheual qui a la teste courte.
Accarezzmento, caresse.
Accarezzare, caresser.
Accarezzeuole, caressant.
* Accarrierare, courre vne carriere.
Accarnare, acharner.
Accaquire, idem.
Accarno, poisson qui a les escailles comme de l'or.
* Accarpionare, accomoder le poisson auec vne sausse pour le garder : carpionner.
Accartocciare, enuelopper en forme de cornet, mettre dans vn cornet de papier.
Accartocciato, cartouché, terme d'architecture.
Accasare, loger, marier, faire vne alliance ou mariage.

A iij

Accasato, plein de maisons : & logé, ou marié.
Accascare, escheoir, arriuer.
Accasciare, deffaire, ruiner : c'est aussi se cailler comme le laict.
* *Accasciare*, tomber de lassitude, ou vieillesse, defaillir, estre caduc.
Accasciarsi, s'arrester, s'appaiser.
Accasciato, caduc.
Accastiare, tomber à plomb, & se briser en tombant.
Accatabrighe, chercheur de noises.
Accattatore, *accatapane*, gueux, mendiant.
Accatalingua, qui demande le mot, ou audience.
Accatarrare, deuenir catarreux.
Accatamento, pourchas, emprunt, accueil, entretien, respect.
Accatare, pourchasser : emprunter : gueuser, chercher.
Accatar parola, tirer parole.
Acattare, trouuer : impetrer & acquerir.
* *Accattastare*, amonceler, entasser.
veste Accattata, habit emprunté.
Accattatore, qui cherche, qui emprunte.
Accattatura, emprunt.
Accattarrare, deuenir catharreux.
Accattarrato, *accatarosso*, enrheumé.
Accatteria, emprunt.
* *Accattitia*, selon aucuns, bouillie de fourment.
Accattato, gain, profit, emprunt.
Accaualciare, estre à cheuauchons sur quelque chose.
Accauallare, poser, mettre à cheuauchons.
Accauigliare, charger les cheuilles.
Accauigliatore, chargeur de cheuilles.
Accecamento, aueuglement, & tromperie.
Accecare, aueugler.
Accecatore, qui aueugle.
Accecatrice, femme qui aueugle.
* *Accedere*, s'approcher.
Accessare, prendre, gripper ; donner du museau : foüiller comme les pourceaux.
Accesso, prise & coup de museau.
Acceggia, poule d'eau, selon aucuns becasse.
Acceleranza, haste.
Accelerare, haster.
Acceleratione, hastiueté.
Accencire, reduire en haillons : s'vser.
Accencire, rauauder vne femme.
Accodenne, allumant.
Accendere, allumer.
Accendimento, embrasement.
Accenditore, & *accenditrice*, qui allume.
Accendeuole, qui se peut allumer.
Accenerire, reduire en cendres.
Accennamento, demonstration.
Accennare, demonstrer : faire signe, faire semblant : faire voir : tesmoigner.
Accennato, susdit.
Accenso pour *accesso*, enflamma.
Accensione, inflammation, embrasement.
Accenso, pour *accesso*, allumé, enflammé : substitué à la place d'vn qui est mort.
Accentare, accentuer.
Accento, accent.
Accentuare, accentuer.
Accerchiare, enuironner, entourer.
Accerchiare, *andar attorno*, aller de costé & d'autre par les ruës.

Accerchiellare, relier vn tonneau, y mettre des cercles ou cerceaux.
Accerchiuole, qui se peut enuironner.
Accerrimo, tres-rude.
Accertamento, asseurance qu'on donne de quelque chose.
* *Accertanz a*, idem.
Accertare, rencontrer à bien faire ou dire quelque chose, asseurer, rendre certain.
Accertatione, *accerto*, asseurance.
* *Accernire*, amonceler, entasser.
Accesamente, ardemment.
Accesso, enflammé.
* *Accessare*, cesser.
* *Accerno*, tas, monceau.
Accessibile, accessible.
Accessione, accession.
Accessiuo, accessif.
Accesso, accés, approche, entrée.
Accessore, accesseur.
Accessoriamente, auec accessoire.
Accessorio, accessoire.
Accetta, hache, aissette.
ser la ragion con l'Accetta, i. iuger vne affaire grossierement ou à sa mode.
Accetta, hache d'armes.
Accetabile, acceptable.
Accetabolo, saulciere, selon aucuns : Item, emboisteure de l'os : gobelet de basteleur ; sorte de mesure ; & d'instrument de musique ; vne sorte de plante nommée le nombril de Venus.
Accetare, accepter.
Accettar donne, à Venise c'est aller faire le compliment à l'espousée, & receuoir les femmes qui le luy viennent faire.
Accettatione, acceptation, acception.
Accettato, accepté.
Accettato, blessé d'vne hache ; par illusion d'*accetta*, è *accetato* i. il a vn coup de hache ; il est sol.
Accettatore, & *Accetti atrice*, qui accepte.
Accetteuole, acceptable, qui se peut accepter.
Accetteuolezza, humeur acceptante, facilité d'accepter.
Acceto, agreable.
Accheggia, pour becasse ; & poule d'eau.
Acchetare, appaiser, accoiser, adoucir, mettre en repos.
Acchetatione, appaisement.
Acchetuole, qui s'appaise facilement.
Acchiappare, prendre, attraper.
Acchiedere, demander.
Acchinare, plier, encliner, s'humilier.
Acchinea, haquenée.
* *Acchiocciato*, qui caquette comme vne poulle.
Acchiudere, clorre, conclure.
Accia, & *accio*, se ioignans à vn substantif, luy donnent vne signification de grand & mauuais, comme, *cappellaccio*, *cosaccia*, *dottoraccio*, &c. vn grand vilain chapeau, vne grande vilaine chose, vn vilain Docteur.
Accia, du fil, du filé. Item vne hache.
* *Acciabattare*, faire grossierement ; saueter, maçonner.
* *Acciacare*, escraser, escarbouiller, piler ; broyer.
* *Acciacco*, degast, affront. Item, superflu.
Acciaffare, accrocher, gripper.
Acciaiuolo, fusil.
Acciaio, acier.
Acciale, id.

AC

Accialare, mesler auec de l'acier.
Accialino, fusil à aiguiser, vn fusil.
Accialino, fer de fusil. Item, vne cheuille qui tient la roue.
* Acciapinare, se tapir, se cacher de honte; se retirer en monstrant les dents, selon aucuns, se fascher.
Acciare, hacher, menuiser, couper par morceaux.
Acciare, charger les bobines.
* Acciarpa, grossierement.
* Acciarpare, rauauder, sauter, faire grossierement.
Accidentale, accidentel.
Accidentalmente, accidentellement, par accident.
Accidentalità, accident.
Accidentario, accidentel.
Accidente, accident.
Accidia, paresse, faineantise.
Accidiato, &c.
Accidioso, paresseux.
Accieccamento, aueuglement.
Acciecare, aueugler.
Acciecatura, aueuglement.
Acciessare, prendre, happer.
Accigliare, siller, ou ciller les yeux.
Accigliato, qui a les yeux sillez.
Accigliato, effaré.
Accignersi, se preparer.
Accimare, tondre les arbres ou palissades; tondre les draps; croistre en hauteur; pousser vne cime; se preparer à vne chose; s'ajuster, s'orner.
Accimatore, tondeur.
Accimatura, bourre.
* Accincignare, trousser ses habits ou sa robbe.
Accingersi, se preparer, s'apprester.
Accino, pepin; & grain de raisin, selon aucuns.
Accino, grue, trompe, bacule à tirer de l'eau.
Accinoso, plein de grains, ou pepins.
Accinto, ceint; & preparé.
Acciò, afin que; à ce que.
Accio, terminaison qui denote augmentation, comme, hommaccio, grand vilain homme, &c.
Accioccare, mettre des floccons, faire floequer; charger la quenouille; s'enroüer; faire en forme de billot; prendre vne poignée de cheueux.
Accioche, afin que, à ce que.
Acciocche viole, violettes doubles.
Accione, est vne terminaison augmentatiue, comme, homaccione, gros homme, &c.
Acciottolare, frapper à coups de cailloux.
Accipensero, esturgeon.
Arcircondare, enuironner.
* Accirire, mettre en ordre, preparer.
* Accissinare, separer, diuiser; tourmenter; s'opiniastrer.
Accitare, citer, adjourner.
Accitatione, adjournement.
Accitatore, adiourneur.
* Acciuche, niaiseries, bagatelles.
Acciuffare, prendre, gripper, happer.
Acciuffarsi, s'attacher au combat.
Acciuga, poisson de mer, anchois; selon aucuns sorte de fruit; espece de hachis, ou galimafrée.
Accinimento, pourchas.
* Acciuire, pouruoir, pourchasser; obtenir; gagner, fournir acheuir.
* Acciuire, donner de l'argent à change & à profit ou interest.
* Acciuito, pour, heureux.
Acclamare, crier, acclamer, exclamer.

AC

Acclamatione, acclamation.
* Acclinare, pencher, abaisser.
* Acclinatione, abaissement; inclination.
* Acclino, enclin, adonné, & penchant.
Acclinare, pencher comme vne montagne; encliner.
Accliuità, disposition, inclination.
Accliuo, penchant.
Accoccare, encocher.
Accoccarla, faire vne niche, faire vn tour.
Accoccatura, tour, trousse, niche; encocheure.
Accoccolare, produire de la graine ou des grains comme le laurier.
* Accoccolarsi, s'accroupir, se baisser.
Accodare, attacher, ou mettre vne queuë.
* Accodunanza, assemblée, assemblage.
* Accodunare, assembler.
Accoglienza, accueil.
Accogliere, accueillir. Item trousser.
Accoglimento, accueil.
Accoglitticio, ramassé; gente accoglitticia, gens ramassez.
* Accoiare, se durcir, se roidir comme le cuir, n'estre plus maniable, ou s'encuirasser.
Accola, arondelle de mer.
* Accolare, coller.
* Accoliticciare, se ramasser pour faire tumulte.
Accoliticcia gente, gens ramassez.
Accollanare, orner ou parer d'vne chaisne.
Accollare, embrasser, accoller.
Accollata, accollade, l'accollée.
* Accollato vestito, habit fermé au col.
Accolpato, incolpato, accusé.
Accolta, raccolta, assemblée.
Accoltellare, frapper d'vn cousteau.
Accoltellarsi, ioüer des cousteaux, chamailler, faire à coups d'espée.
Accoltellata, vn coup d'espée; vne taillade, vne balafre.
Accoltellatore, duelliste.
Accolto, accueilly; receu; resserré; troussé.
Accommanda, depost; c'est aussi consignation d'argent sans en tirer de profit. Recommandation.
* Accommandagione, tutelle, protection.
Accommandare, recommander. Item, soustenir d'vne corde; attacher vne corde pour soustenir.
* Accommandigia, protection.
Accommandita, depost, consination, terme de Marchand.
Accombiatare, prendre & donner congé.
Accomezzare, ioindre par le milieu.
Accomiare, ioindre, vnir.
Accomiatare, prendre & donner congé.
Accomignolare, faire ou ioindre en forme de faiste ou comble de maison.
Accomiare, accompagner, associer.
Accommodabile, accomodable, qui s'accommode.
* Accommodamento, accommodement.
Accommodare, accommoder.
Accommodeuolmente, commodément.
Accompagnamento, le train, la suite d'vn seigneur.
Accompagnamento, accompagnement.
Accompagnare, assortir, apparier; accompagner.
Accompagnarsi à qualche impresa, se bander; se ioindre à quelque entreprise, accompagner.
Accompagnatura, accompagnement.
Accompassionare, auoir & donner de la compassion.
Accompiacere, plaire; estre complaisant.
Accompire, accomplir.

AC

Accommunare, mettre en commun.
Acconcez a, commodité.
Acconcia, se ioint auec les substantifs, & signifie raccoustreur, ou accommodeur, v.g. *acconciabotte*, accoustreur de tonneaux, *acconciacorami*, accoustreur de cuirs, &c.
Acconciapelle, courroyeur.
Acconciamente, proprement, en bon ordre, commodément.
Acconciamento, apprest de viandes, agencement, assaisonnement.
Acconciare, accommoder; assaisonner; orner. Item, marier.
Acconciar vna pelle, parer vne peau.
Acconciar il capo, coëffer.
Acconcio, commodité.
Acconciarsi, s'accommoder de logement. Item, se mettre au seruice de quelqu'vn, se louer.
Acconciatamente, proprement.
Acconciatura di capo, coiffeure.
Acconciatura, habillage de viandes, assaisonnement, aprest; agencement.
* *Acontime*, reparation, agencement.
Acconcio, propre, commode, vtile; accommodé, assaisonné.
Acconcio per le feste, nous disons accommoder tout de rosty .i. mal accommodé, mal traitté, en mauuais estat.
Accone, poisson appellé aiguille.
Acconarsi, s'accommoder.
Acconigliare, retirer les rames dans la galere, & les appuyer aux arrests; conillier.
Acconsentimento, consentement.
Acconsentiente, consentement.
Acconsentire, consentir.
Acontamento, rencontre.
* *Acontare*, trouuer; compter; rencontrer; s'accointer, s'aboucher.
Acontentare, contenter.
Acontenole, accostable, accointable.
* *Aconto*, intime amy.
Acconuenire, conuenir; estre conuenable.
Accoppare, eschiner; rompre le col.
Accoppiare, accoupler.
Accoppiatura, accouplement.
* *Accopulare*, coupler, copuler.
Accorate, affliger: nous disons escœurer.
* *Accorataggine*, dégoust, fascherie, affliction.
Accorato, affligé.
* *Accoratoio*, affligeant.
Accorciamento, accourcissement.
Accorciatura, id.
Accorciare, accourcir; escourter.
Accorciuole, qui se peut accourcir.
Accordamento, accord.
Accordanza, idem.
Accordare, accorder.
Accordar col fornaio, accorder auec le boulenger .i. estre bien à son aise, estre pourueu. Item, mourir, n'auoir plus besoin de pain.
Accordellatino, sorte d'estoffe rayée & cordonnée.
Accordeuole, accordable, qui se peut accorder, accordant, conuenable.
Accordo, accord.
Accòrgersi, s'appercevoir.
Accorgimento, prudence, iugement, preuoyance, accortise.
Accorre, accogliere, accueillir. Trousser.

AC

Accorrere, accourir.
* *Accorsi*, aides, assistances.
* *Accorrollare*, rouler, enuelopper.
Accortamento, accortement, auec prudence.
Accortamento, accourcissement.
Accortare, accourcir.
Accortellare, iouër des cousteaux, faire à coups d'espée.
Accortez a, accortise.
Accortinare, encourtiner.
Accorto, prudent, accort.
Accorucciare, fascher, courroucer.
Accorucciuole, &
* *Accorucciofo*, qui se courrouce facilement.
* *Accosciarsi*, se baisser; plier la cuisse pour se baisser, plier le iarret.
Accostamento, approche.
Accostante, accostable, conuenable, accordant: agreable; *vino accostante*; vin agreable.
Accostaro, sorte de monnoye ancienne.
Accostare, accoster; approcher.
Accosteuole, accostable.
Accostatura, approche, connexion.
* *Accostiare*, se baisser; plier le iaret ou la cuisse.
Accostiatamente, en se baissant.
Accosto, aupres.
Accostumanza, coustume; & accoustumance.
Accostumare, accoustumer.
Accostumarsi, estre de coustume; estre dans l'vsage ou coustume.
Accostumatamente, par coustume, par accoustumance.
* *Accostumatez a*, coustume; & accoustumance.
Accostumato, qui est dans la coustume, que l'on a de coustume de faire; vn homme de bonnes mœurs, ciuil, morigené.
Accostumeuole, qui se peut mettre en coustume.
Accottonare, le cotonner du drap.
Accouare, couuer, se tapir.
* *Accouacciare*, gister, proprement des animaux.
* *Accouerare*, se retirer, se mettre à couuert.
* *Accouolarsi*, se baisser, s'accroupir.
Accouonare, mettre en iauelles.
Accoz amento, rencontre, heurt; amas, assemblement.
Accoz are, assembler, amasser, heurter.
Accoz are le carte, faire des passez aux cartes.
Accoz atura, heurt: amas.
Accredilare, donner du credit.
Accresceuz a, accroissement.
Accrescere, accroistre, augmenter.
Accrescimento, accroissement, augmentation.
Accrescuto, augment, augmentation, accroissement.
Accrespare, friser, plisser, rendre crespu ou crespé.
Accrestare, encrester, mettre vne creste.
Accrestimento, accrestimento, accroissement.
Accriuellare, cribler; hachotter, hacher.
Accrostare, faire vne crouste.
* *Accubiare*, coupler, accoupler.
* *Accuire*, aiguiser.
Accullatare, donner la bacule.
Accumare, accumuler.
* *Accumulanz a*, accumulation.
Accumulare, accumuler.
Accumulatione, accumulation.
Accumulatore, amasseur.
* *Accupare*, occuper.
Accupatore, occupateur.
* *Accurare*, soigner, auoir soing, faire diligence.
Accuramente, auec soing & diligence, exactement.

Accuratez z a

AC

Accuratez z a, diligence.
Accurato, soigneux, diligent.
Accurbare, courber.
Accusa, accusation.
Accusamento, idem.
Accusare, accuser.
Accusatione, accusation.
Accusatiuo, accusatif.
Accusatrice, accusatrice.
Accusatore, accusateur.
Accuseuole, qui se peut accuser.
Acedone, sorte de miel huileux, & excellent.
Acerata, limaſſon sans corne.
Acerbamente, hors de saison, deuant la saison ; aspre-
ment.
Acerbare, aigrir, deuenir sure.
Acerbez z a, aigreur, aspreté, verdeur.
Acerbire, deuenir aspre ou aigre ou sure.
Acerbità, aspreté.
Acerbo, aspre, aigre, verd : cruel.
et à Acerba, aage tendre.
Acerbo, tendre d'aage.
Acerco, & acerca, autour, enuiron.
Acero, Erable.
A'cerrimo, tres-aspre, tres-acre.
* Aceruire, aigrir, deuenir aspre.
Aceruo, aspre.
Acertello, crescerelle, oiseau.
Acisino, espece de borax naturel dont on vse en Mede-
cine.
Acetabolo, nombril de Venus, plante.
Acetare, aigrir.
Acetarie, toute sorte de salades ou herbes à faire de la
salade.
Acetaro, vinaigrier.
Acetire, aigrir.
Aceto, vinaigre.
Guardati d'aceto di vin dolce .i. garde-toy de la colere
d'vne personne de douce humeur.
Aceto'à, &
Acetosella, oseille.
Acetosità, aigreur.
Acetoso, aigre.
Achaia, ſtaſi ben in achaia, cela se dit de ceux qui se
laiſſent gouuerner par leurs femmes.
Achante, acante, senecé, herbe.
A che, pourquoy.
Achemine, achemenide, herbe de couleur d'ambre, la-
quelle jettée au milieu d'vne armée espouuante les
soldats.
Acheminède, id.
Achetare, appaiser.
Achie, sorte de sauterelle qui chante fort haut.
* Acheto, coy.
Achia, mulet, sorte de poisson.
Achianata, huée.
Achilea, plante, achilée, mille feüilles.
A chilé, images de luiteurs nuds.
Achinare, baiſſer, encliner, pencher.
Achino, penché, mis bas, abaiſſé, encliné.
Achirade, sorte d'herbe.
Aciaio, acier.
Acialare, garnir, ou meſler d'acier.
Acialino, fer à fusil, vn fusil.
Acianatare, saucer, accomoder mal quelque chose.
Acicula, crapaut ou diable de mer.
Aciddepere, sorte de poires.
Aciduro, sorte de chapeau large de bord & pointu.

AC

* Acidire, deuenir aigre.
* A'cido, aigre, aspre au gouſt.
Acie, le front d'vne armée. Item le trenchant, la
pointe, le fil d'vne arme.
Aciliaca, vne fievre cauſée par corruption d'humeurs.
Acilone, gland ou faine.
A'cino, pepin de raisin. Item, vne herbe comme le
basilic.
Acinoso, plein de pepins.
Aco, aiguille.
Acipenſero, esturgeon.
* Aco da pomo, ò da pomolo, espingle ; mot Lombard.
Acolaſto, querelleux ; prodige ; sensuel ; putaſſier.
Acólito, Acolite.
* Acólito, resolu, obſtiné en son opinion : entier.
Acomparare, comparer.
Acomparatione, comparaison.
Acompiacenza, &
Acompiacimento, complaisance.
Acompimento, accompliſſement.
Aconio, gueux qui porte vne image pendue à son col.
Acompitare, lire diſtinctement, epeler.
Aconiare, cantonner, en terme de blason.
Aconito, patte louine, aconit.
Acontia, impreſſion de feu en l'air. C'eſt auſſi vne sorte
de serpent verd, qui va fort viſte.
A'copa, vne pierre precieuſe. Et vne emplaſtre ou me-
dicament pour délaſſer.
A'copo, idem. Item, vne sorte d'herbe.
Acoriauolo, pelotton ou canon à mettre des épingles
& aiguilles.
* Acoratággine, fâcherie, triſteſſe, affliction.
Acorna, sorte de charbon.
Acoro, plante, galange, glayeul iaune.
Acqua, eau.
Acqua di latte, petit laict, laict clair.
Acqua ardente, eau ardente, eau de vie.
Acqua da partire, eau de départ.
Acqua di latte, laict clair.
Acqua viua, eau viue, eau courante.
Acquaſanta, eau beniſte.
Acqua cotta, tisanne.
Acqua nanfa, eau de naffe, eau de senteur.
Acqua mele, hidromel.
Acqua vita, eau de vie.
groſſo come l'Acqua, de maccaroni, nous disons lourd
comme vne buſche : groſſier, lourdaut.
far Acqua, faire aiguade, terme de marine.
far Acqua da occhi .i. faire vne choſe qui ne ſert de rien,
ne conclurre, ne finir point.
viuerebbe in sù l'Acqua .i. il gagneroit sa vie par tout,
il eſt adroit.
far Acqua da lauar occhi .i. pleurer.
Acqua e non tempeſta .i. point d'excés. Item, bien du
bruit & peu d'effect.
far Acqua, se dit d'vn vaiſſeau que l'eau y entre par
deſſous.
far Acqua, en jargon, se faſcher.
perſuader l'Acqua alpeſce, preſenter à vn homme ce
qu'il demande.
ſotto Acqua fame, & ſottoneue pane .i. la pluye rend la
terre ſterile, & pourrit.
Acqua maeſtra, sorte de lexiue.
le trè Acque perdute i. peine perduë, temps perdu.
Acquagliare, cailler.
Acquaglioſo, caillé.
Acquaia, rauine d'eau.
Acquaio, éuier.

AC AD

vento Acquaio, vent pluuieux.
solco Acquaio, sillon pour faire écouler l'eau.
Acquaiuole, les eaux : maladie de cheual.
Acquaiuolo, porteur d'eau. Item plein d'eau : acqueux: & qui croist dans l'eau.
Acquamauile, mot corrompu de l'Espagnol, vne aiguiere.
Acquare, tremper auec de l'eau.
Acquarella, couleur d'eau des peintres, detrempe, laueure d'enlumineur.
Acquarello, dépense, vin meslé d'eau.
Acquarino, d'eau, qui est né sous le vers' eau.
Acquarino, vers' eau.
vino nato sot Aquario .i. plein d'eau.
Acquaruolo, porteur d'eau.
Acquarzente, eau de vie.
Acquastrino, lieu où l'eau demeure sans s'écouler.
Acquatelle, sorte de poisson d'eau douce.
Acquatico, aquatic.
Acquatile, id.
Acquato, trempé d'eau.
Acquatoio, vn auger.
Acquatino, surgeon d'eau.
Acquattarsi, se tapir.
Acquazzare, emplir de bourbe, embourber, faire vn gâchis d'eau.
Acquazzo, bourbier, eau bourbeuse, rauine d'eau, grande pluye.
Acquazzone, id.
Acquazzoso, gascheux.
Acquedotto, acqueduct, conduit d'eau : canal.
Acqueo, d'eau, de couleur ou nature d'eau.
Acquerella, couleur en destrempe : eau qui sort des bubes & vessies.
Acquerella, de la dépense : vin meslé d'eau.
Acquerello, idem.
Acquetare, appaiser.
Acquetta, vin meslé d'vn tiers d'eau : & vne eau basse, petite eau.
Acquicella, pluye menuë, brosiée.
Acquidoccio, canal sousterrain, acquedust.
* Acquidoso, humide, acqueux.
Acquidotto acqueduct, canal.
Acquiescimento, acquiescement.
Acquiescere, acquiescer.
Acquietare, appaiser.
Acquifoglio, houx.
Acquisitone, acquisition.
Acquisto, acquis, acquisition.
Acquistamento, acquisition.
Acquistanza, idem.
Acquistare, acquerir.
Acquistenole, qui se peut acquerir.
Acquisto, acquest, acquisition.
Acquitrino, marais, lieu marécageux, où l'eau demeure sans s'écouler.
Acquistanza, acquit.
Acquone, grand eau. Item poisson appellé aiguille.
Acquosità, acquosité, humidité.
Acquoso, acqueux.
Acre, acre, aspre.
Accreditare, donner du credit.
Acremente, aigrement, asprement.
Acrestare, mettre vne creste.
Acrezza, acrimonie, aigreur, aspreté.
Acrilogia, discours rude.
Acrilogo, qui discourt rudement.
Accrimonia, acrimonie.

Acrimonio, aigremoine.
Acrimonioso, plein d'acrimonie.
Acrisia, crise, iugement.
Acrità, aigreur, aspreté, acrimonie.
Acro, aigre, aspre, acre.
* Acrocordone, verruë, cors aux pieds.
Acrocorino, sorte d'oignon, ou bulbe.
Acronico, le poinct du commencement de la nuict.
Acronisto, id.
Acrore, aigreur, aspreté
Acrume, agrume, aigrum, toutes sortes d'oignons, &c.
Acuglia, aigle. Item, aiguille.
Acuino, sorte de poisson, aiguille.
* Acuire, faire pointu, rendre aigu.
* Aculeare, aiguillonner : & rendre aigu.
* Aculeo, aiguillon.
Acume, le trenchant, le fil : subtilité d'esprit.
* Acuminare, aiguiser : rendre pointu ou aigu.
Acurato, soigneux.
Acuratamente, subtilement, soigneusement.
Acutangolo, angle aigu.
Acutare, aiguiser.
Acutezza, pointe : subtilité.
Acuto, aigu, pointu.
Acutella, herba, acutelle.
Acutida, du senecé.
Accalomniare, calomnier.
Accambiatore, changeur.
Accampare, camper.
Accanalatura, canneleure.
Accanellare, assaisonner auec de la canelle.
Accapigliare, trousser ou lier les cheueux. Item, prendre aux cheueux.
Accattatrice, emprunteuse. Item, gueuse.
Accendersi, deuenir amoureux.
Acceruo, tas, monceau.
Acceso, épris, amoureux.
Accia, du fil, du filé, de la ficelle.
Acciecatore, qui aueugle, aueugleur.
Acciecatrice, aueuglante, qui aueugle.
Accolito, Acolite.
Accomiatarsi, prendre congé.
Accompagnatore, qui accompagne, compagnon.
Acompagnatrice, compagne.
Acconciatore, accoustreur, assaisonneur. Coësseur.
Acconciatrice, accoustreuse. Coësseuse.
Acquila, aigle.
Acquilino, acquilin.
Acquilotto, aiglon, petit aigle.
Acquistatore, acquereur.
Acquistatrice, acquereuse, qui acquiert.
Accrescitore, accroisseur.
Accrescitrice, qui croist, qui augmente.
Acernо, tas, monceau.
Acuratamente, exactement, soigneusement.

AD

AD pour a, preposition du datif a.
Ad vno ad vno, vn à la fois.
Adacquabile, qui se peut arrouser.
Adacquamento, arrousement, arrousage, meslange d'eau.
Adacquare, arrouser : mesler d'eau.
vino Adacquato, nous disons, vin baptisé.
Adadunesosio, sorte de pierre precieuse.
Adagiare, accommoder, faciliter, rendre facile.
Adagio, commodité. Item, vn prouerbe.

AD

Adagio, doucement, commodément : tout beau.
Adamante, pierre d'aimant : vn diamant, & vne forte d'herbe qui sert aux enchantemens.
Adamantida, vne herbe qui fait perdre la force au lion, & le fait tomber par terre.
Adamantino, dur comme le diamant.
Adami, sorte de canards.
* Adana, sorte de poisson.
Adanda, sorte de diuision en Arithmetique, dont les Marchands vsent.
Adarce, adarce, escume qui s'attache aux roseaux.
* Adare, estre accort, ou circonspect : préuoir.
Adarca, sorte de roseau : c'est aussi vn animal qui vit en l'eau.
Adaspeuare, rendre aspre.
* Adastare, molester, fascher, prouoquer : disputer, debattre.
* Adastiamento, despit, enuie.
* Adastiare, auoir de l'enuie : fascher, molester.
* Adasto, despit, enuie.
Adattamente, & addattatamente, proprement.
Adattamento, appropriement.
Adattare, adapter, approprier.
Adattione, appropriement.
Adatto, propre.
* Adberfare, arrouser, asperger, bassiner.
Adberfatione, arrousement, aspersion.
Adda, sorte de racine.
Addace, sorte de chevrüeil en Affrique.
Addagiare, faciliter, rendre aisé.
Addagio, doucement, à l'aise.
* Addanaiato, qui a de l'argent : pecunieux.
* Addarsi, s'appercevoir, mot vulgaire.
* Addato, circonspect.
Addattare, adapter.
Addebolire, affoiblir, present, addobolisco.
Addecimare, decimare, imposer les disnes. Item, leuer la disme : diminuer la disme de quelque chose.
* Addegnare, daigner : & rendre digne.
* Addemmo, pour auuedemmo, temps du verbe auue-derse, nous nous apperceusmes.
Addempimento, accomplissement.
Addempire, accomplir.
Addensamento, condensation.
Addensare, condenser.
Addentare, prendre aux dents : donner de la dent. Metaph. tenir serré, mordre.
Addenteellare, denteler.
Addentellate parole, mots picquants, paroles mordantes.
* Addestare, esueiller.
* Addestarsi, s'esueiller.
Addestrare, tenir l'estrier, suiure le Prince à cheual. Item, instruire, dresser, accoustumer.
Addi, adi, le iour. v.g. Addi 24. le 24. iour.
per l'Addietro, par le passé, autrefois, auparauant.
* Addiacciare, aghiacciare, glacer.
Addimanda, demande.
* Addimandagione, addimandita, id.
Addimandare, demander, appeller, nommer.
* Addive, dire bien, estre conuenable, pr. addico, ci, ce.
Addirizzare, addresser : dresser : redresser.
* Addiscere, apprendre.
Additare, monstrer, demonstrer, monstrer au doigt.
Additione, addition.
* Adito, au doigt.
Addobbamento, ornement : accoustrement.
Addobbare, accommoder : orner : adouber.
Addobbo, ajustement, ornement.

AD

Addocchiare, œillader, ietter l'œil.
* Addogare, border, mettre vne bordure, & chamarer en quille.
Addogliare, fascher, causer de la douleur.
* Addolcicare, adoucir : rendre doüillet ou maniable.
Addolcire, & addolcire, id, prés, addolcisco.
Addolorare, causer de la douleur.
Addolorouole, qui cause de la douleur.
Addomanda, demande, question.
Addomandare, demander.
Addomesticare, appriuoiser.
Addonarsi, s'adonner.
Addoppiare, doubler, plier.
Addormentare, endormir.
Addormire, id.
Addossare, endosser : mettre sur soy : mettre dessus : ietter la faute sur quelqu'vn.
Addosso, dessus : sur soy.
esser Addosso ad vno, se mettre aprés quelqu'vn, estre à charge.
hauer danari Adosso, auoir de l'argent sur soy.
Addottare, adopter.
Addotto : induit.
Addottorarsi, se passer Docteur.
Addottoramento, graduation de Docteur.
Addottrinare, endoctriner.
Addottrinevole, qui se peut instruire, docile.
Addouinare, deuiner.
Addozzenare, mettre par douzaines.
* Addrappato, orné d'habits de soye : couuert de soye.
Addrizzare, dresser.
Adduare, mettre deux à deux : doubler.
Adducere, apporter : rapporter : alleguer.
Adducitore, &
Adducitrice, qui apporte : qui allegue.
Adduggiare, obscurcir, porter ombrage : nuire : faire ombre : rendre humide, selon aucuns.
Adduggiatore, qui porte ombre.
Adduggioso, obscur : plein d'ombre : humide.
Addurare, durcir.
Addurre, apporter : rapporter : alleguer.
Addutto, induit, porté allegué.
Adeguanza, ajustement.
Adeguare, égaler.
Adeguatione, computation egale, egalization, ajustement.
Adelfide, sorte de date.
Adello, sorte de poisson en Italie.
Ademi, sorte de canars.
Adempimento, accomplissement.
Adempiere, & prés, isco.
Adempire, accomplir, prés, isco.
Adempitore, accomplisseur.
Adema, sorte de poisson qui se pred dans le Pô en Italie.
Adentare, prendre aux dents.
Addentecare, faire des dents à vne lame.
Adentellare, estançonner. Item, laisser vne pierre d'attente.
Adentellato, pierre d'attente.
Adentro, en dedans.
Adherbare, mettre à l'herbe.
Aderente, adherent.
Adergere, dresser, esleuer, part. aderst.
Aderire, adherer.
* Aderfare, adresser.
* Aderso, adresse.
Adescamento, allechement.
Adescare, amorcer, allecher.

AD

Adefcare vn pezzo, amorcer vn canon.
Adefcatura, allechement.
Adeffo, maintenant ; à cette heure.
Adeff adeffo, tout à cette heure, tout maintenant.
Adeftare, éueiller.
Adeftrare, dreffer.
Adherbare, mettre à l'herbe.
Adherente, adherant.
Adherenza, adherence, dépendance.
Adherire, adherer.
Adhora, à heure.
Adhora adhora, tout à l'heure, à chaque moment.
Adhorrire, donner de l'horreur, & en auoir.
* *Adhotta*, à heure.
* *Adhuggere*, engloutir auec grand appetit, aualer auec auidité : deffeicher ou confumer de chaleur : obfcurcir.
Aduggiare, faire ombre, & felon aucuns gafter de fon ombre : obfcurcir.
Adiacente, adiacent, proche, contigu.
Adiacere, eftre proche, eftre contigu.
Adianto, capillaire herbe, adiante.
Adiato, idem.
* *Adicto*, adiugé.
Adietro, derriere, apres en arriere, *per l'adietro*, *nel tempi adietro*, au temps paffé, auparauant.
Adiettino, adiectif.
* *Adiguazare*, moüiller : faire bonne chere.
Adilizione, mocquerie.
* *Adima*, en embas, au fonds.
* *Adimaino*, certain animal des Indes de la grandeur d'vn afne, qui a des cornes, & porte de la laine.
* *Adimare*, venir du haut en bas.
Adimefticare, appriuoifer.
Adimenole, qui fe peut abaiffer ou aualer.
* *Adinuenire*, trouuer.
Adiunamóne, forte de vin mixtioné.
Adimo, en embas, tout embas.
Adio, Adieu. Il fert auffi pour faluer vne perfonne en la rencontrant, Dieu vous gard.
Adipe, femence.
Adipena, *adipina*, vne apoftheme pleine de bouë.
Adiratamente, en colere, auec colere.
Adirenole, qui fe met en colere.
Adirizzare, adreffer.
Adirizzo, adreffe.
Adirofo, colere, coleric.
Adirupare, precipiter : tomber en ruine.
Aditare, demonftrer.
A'dito, entrée : approche : accez : voye : auenuë.
* *Aditto*, affectionné, enclin, adonné.
Adiuenimento, éuenement.
* *Adiuenire*, aduenir.
* *Adiurare*, adiurer.
* *Adiuratione*, adiuration.
* *Adiuftare*, ajufter.
Adizzare, agacer, prouoquer.
* *Adiuuare*, aider.
* *Adiuuante*, aidant.
* *Admettere*, admettre.
Adminicolo, fupport, aide.
Adminiftrare, adminiftrer.
Adminiftratione, adminiftration.
Adminiftratore, adminiftrateur.
Admirante, gueux qui raconte de faux miracles.
Admiffione, admiffion.
* *Admiftiare*, mefler, mixtionner.
* *Admiftione*, mixtion.

AD

* *Adobbamento*, ajuftement, ornement.
* *Adobbare*, orner, ajufter, accommoder, adouber.
Adobbo, ornement, accouftrement.
Adocchiare, regarder, œillader.
* *Adoganiere*, doüannier.
Adogare, border les armoiries.
Adogi, bordeures d'armoiries.
Adopo, affemblée de feudataires & vaffaux : vn prefent que les fujets font à leur Seigneur.
Adolefcere, eftre en fa ieuneffe.
Adolefcente, adolefcent.
Adolefcenza, adolefcence.
* *Adolomato*, qui a vn point : ou ventofité dans l'efpaule.
Adolorare, caufer de la douleur.
Adomanda, demande.
Adombramento, &
Adombratione, ombragement : defguifement.
Adombrare, ombrager vne peinture : eftre ombrageux : déguifer vn difcours : figurer : exprimer : mettre à l'ombre : couurir.
* *Adonare*, donner : atterrer, abbatre, renuerfer.
* *Adonarfi*, fe fafcher, s'indigner : s'adonner.
* *Adonato*, enclin, adonné.
Adone, poiffon qui fait vn cry, qui a de la voix, & dort fur la terre.
Adoneftare, rendre honnefte.
Adónio, fleur d'Adonis.
* *Adontare*, faire affront, faire honte.
Adopramento, employ.
Adoperare, employer.
Adoperatiuo, propre, qui s'employe.
Adopereuole, qui fe peut employer.
Adoppiare, doubler.
Adoppiare, donner de l'endormie : mefler d'oppium.
Adoprare, mettre en œuure, fe feruir : employer : faire.
Adoprarfi, s'employer pour quelqu'vn.
Adopreuole, qui fe peut employer.
Adopramento, employ.
Adopratiuo, qui fe peut employer.
Adopreuole, id.
Adorando, adorable.
* *Adoranza*, adoration.
Adorare, adorer.
Adoratione, adoration.
Adoratore, adorateur.
* *Adorbággine*, aueuglement.
* *Adorbare*, aueugler.
Adorbo, comme vn aueugle, aueuglement.
* *Adorcare*, herfer.
Adorca, l'eftime des grains en general.
* *Adoreo*, froment.
Adorenole, adorable.
* *Adorezza*, ombre, ombrage.
* *Adorezzare*, faire ombre. Et faire vent, ou fraifcheur de vent.
Adormentare, endormir.
Adormire, id.
Adornamento, ornement.
Adornatore, orneur, qui orne.
Adornatura, &
* *Adorneza*, ornement.
Adoffare, endoffer, adoffer : fe defcharger fur quelqu'vn.
Adoffo, deffus, fur foy.
Adottare, adopter.
Adottione, adoption.

AD

Adottiuo, adoptif.
Adottorare, passer Docteur.
Adottrinare, instruire, endoctriner.
* Adourare, adoperare, mettre en œuure, se'seruir, employer.
Adrizzare, adresser.
* Adro, atro, noir, noirastre, obscur.
Aduare, mettre deux à deux.
* Aduederfi, s'apperceuoir.
* Aduentitio, nouueau venu.
* Aduento, Aduent.
Aduerbialmente, aduerbialement.
Aduerbio, aduerbe.
* Aduersario, aduersaire.
* Aduersità, aduersité.
Adugiare, porter ombrage, nuire, fascher, selon aucuns, corrompre, gaster de son ombre.
Adugioso, obscur, ombragé, humide.
* Aduicinare, auoisiner.
* Adulire, auilir.
* Aduincere, entortiller, lier?
Adulare, flatter.
Adulatione, flatterie.
Adulatore, flatteur.
Adulatorio, de flatterie.
Adulatrice, flatteuse.
Adulteranza, corruption, falsification.
Adulterare, adulterer.
Adulteratione, adultere.
Adulterino, bastard.
Adulterio, l'adultere, le peché d'adultere.
Adultero, vn adultere.
Adulto, creu: esleué en âge.
Adunanza, assemblée.
Adunare, assembler.
Adunatione, assemblement.
Adunata, assemblée.
Adunatione, assemblement.
Aduncare, crocher.
Adunco, crochu.
Adunghiare, prendre auec les ongles ou griffes.
Adunque, donc.
* Aduocare, plaider: aduocasser.
* Aduocato, Aduocat.
* Adusare, accoustumer.
Aduso, accoustumé.
* Adustare, brusler, hauir, hasler, secher.
* Adustibile, propre à brusler, sec.
Adusto, id.
Adusto, sec, hasté, bruslé, hauy, aduste.
Adustione, bruslement.
Addattamente & addattatamente, proprement, iustement.
Ademmo, pour auuedemmo, nous apperceusmes.
Addomandatore, qui demande, demandeur.
Addomandatrice, demandeuse.
Addomesticheuole, qui se peut appriuoiser.
Addotto, duit, induit, porté.
Addurre, conduire, duire, induire: apporter, alleguer.
Adentrare, entrer dedans.
Adescatore, allécheur.
Adescatrice, allécheuse, attrayante.
Administrare, administrer.
Adoratrice, adoreuse, qui adore.
Adornatrice, qui orne, qui pare.
Adorno, orné, paré.
Adottatione, adottione, adoption.
Aduerso, aduerse.

AE

Aduinto, entortillé, attaché.
Adustione, bruslement, hauissement, chaleur bruslante.
di basso Affare, de basse condition.
Affascinatore, charmeur.
Affascinatrice, charmeresse.
Affagianare, faisander.
Affaturatrice, charmeresse, sorciere.
Affermatinamente, affirmatiuement.
Affittare, donner & prendre à loüage, ou à ferme.
Affittatrice, vne qui prend ou donne à loüage.
Affondamento, enfoncement.
Affrontatrice, trompeuse, affronteuse. Item, qui attaque.
Affumata, fumée, enfumée. Item, vn hareng soret.

AB

Aè, pour ab: hé.
Aelio, sorte de faucon.
Aerare, nérer, mettre à l'air.
* Aere, air: air de visage.
* Aere, sorte de bois à faire des rames.
Aereo, d'air, aërée.
Aeroide, sorte de pierre de couleur bluë.
Aerone, heron.
Aeroso, aëré, plein d'air: qui a bon air, ou bonne mine.
Aeromante, qui augure par l'air.
Aeromantia, augure par l'air, aeromantie.
Aescare, allecher, appaster, attirer.
Aescato, sorte de filet auec l'esche ou appast, attaché proche d'vn ruisseau: c'est aussi la façon de le tendre.
Aetite, pour du borax: & pierre d'Aigle.

AF

Afa, estouffement causé de la pesanteur de l'air: ennuy, fascherie.
gli fanno Afa i beccafichi, nous disons les perdrix luy puent, de qui est trop à son aise.
Afaca, sorte de chardon sauuage qui croist dans les bleds.
Afato, qui ne peut meurir à cause de la chaleur, ou pour auoir esté greslé ou touché du broüillas.
Affabile, affable.
Affabiliue, deuenir affable, prés., isco.
Affabilità, humeur affable.
Affabilmente, affablement.
Affaccendato, affairé.
* Affacere, estre propre ou conuenable.
Affachinarsi, deuenir faquin, se faire crocheteur.
Affatiare, applanir.
Affaciarsi, mettre la teste à la fenestre.
Affaciato, pour effronté.
Affadare, charmer, rendre fée.
Affadato, fée, charmé.
Affagianare, faisander.
Affalcare, rabattre du derriere, qui se dit proprement d'vn cheual, en terme de manege.
Affaldare, plisser, froncer.
Affaldature, plis, fronceures.
* Affalsare, falsifier.
Affamare, affamer.
* Affamatico, grandement affamé.
Affamatuzo, affamé: de peu de mine.

cosa Assamiatuzze, chose affamée, mal garnie de matiere.
Assamiglioli, gueux qui feignent d'auoir plusieurs enfans.
Assangare, crotter, emplir de fange.
Assannare, fascher, ennuyer, affliger, tourmenter.
Assanno, fascherie.
Assannoso, fascheux.
Assardellare, empaqueter: acommoder en fardeau.
Assare, affaire.
persona di mal Assare, vne personne de mauuais gouuernement.
Assarsi, s'accommoder, estre propre.
Assarsanti, gueux qui se disent penitents.
Assarinati, gueux qui cherchent de la farine, pour faire des hosties.
* Assarinare, enfariner.
Assasanare, faisander.
Assascinamento, affascinatione, sorcellerie.
Assasciare, ensorceler.
Assascinare, fagoter.
Assascinatore, ensorceleur.
Assastellare, embotteler, emballer.
Assastidire, fascher.
Assatare, enchanter: rendre inuulnerable.
Assatato, enchanté, inuulnerable par enchantement.
Assatica, auec peine & trauail, à grand peine.
Assaticamento, trauail, peine que l'on prend en faisant vne chose.
Assaticante, qui trauaille, qui peine.
Assaticarsi, prendre peine, mettre peine, se peiner.
Assaticheuole, qui trauaille, qui peine, laborieux.
Assato, tout à fait.
Assatiochiare, &
Assatucchiare, ensorceler.
Assatucchiera, sorciere.
Assaturamento, sorcellerie.
Assaturare, ensorceler.
Assaturatore, ensorcelleur, sorcier.
* Assazzonare, façonner.
Asse è, en bonne foy, par ma foy.
Assebrare, prendre la fievre.
Assebrato, fievreux.
* Assedare, se fier: garantir: mettre sous la garde ou en depost.
Assede, en bonne foy.
Asserente, afferent.
Assermagione, affirmation, la confirmation par le seau ou cachet.
Assermare, asseurer, affermer.
Assermatamente, auec affirmation.
Assermatione, affirmation.
Assermatiuamente, auec affirmation.
Assermatino, affirmatif.
Asserrante, qui prend & tient serré.
Asserramento, prise.
Asserrare, prendre & tenir serré.
Asserar il porto, prendre port.
Asserratoio, la prise de quelque instrument, engin pour prendre & s'attacher.
Assettare, affecter, desirer: & faire affectation ou affetterie. Item, couper en trenches.
Assettatione, affectation, affetterie.
* Assettatoio, plein d'affectation.
Assettatuzzo, vn petit affeté.
Assetteuole, qui se peut affecter.
Assettionare, affecter.

Assettionato, affectionné.
Assettione, affection.
Assettino, que l'on affecte.
Assetto, affection, passion.
Assettuosamente, affectueusement.
Assettuoso, affectueux.
Assia, sorte de poisson.
Assiatare, respirer, halener, flairer.
Assiato, tributaire, qui paye l'impost.
* Assibiaglio, boucle.
Assibiamento, attache, boutonnement.
Assibiare, boutonner, lacer, agraffer, boucler.
Assibiarsi alto la giornea .i. estre arrogant, hautain, le porter haut.
Assibiarla à vno, faire vne niche à quelqu'vn.
Assibiattoio, boutonniere, ou fente que l'on lace.
Assibiatura, boutonnement, rang de boutons.
* Assiccare, ficher.
Assidanza, confiance.
* Assidare, confier, fier & guarentir.
* Assiebolire, affoiblir.
Assido, allié en ligne indirecte ou bastarde.
Assielire, rendre, ou deuenir amer comme le fiel.
Assienire, se fenner ou fanner, se seicher.
* Assieuolezza, affoiblissement: foiblesse.
* Assieuolire, affoiblir.
Assiggere, ficher: affiger ou afficher.
Assigurare, figurer.
Assilare, affiler, donner le fil: filer, ou aller file à file comme les soldats.
Assilato naso, nez bien proportionné, & droit comme vne ligne.
Assilato, rengé en files.
Assilatura, affileure, le fil qu'on donne à vne lame. Item, vne ceinture.
Assilettare, tendre les filets.
Assilo, file à file; à filo.
Assinare, affiner.
Assinatore, affineur.
Assinatoio, affinoir.
Assine, afin.
Assin che, afin que.
Assine, parent, allié.
Assinità, affinité, parenté.
Assinire, finir, faire vne fin.
* Assiocamente, pesle-mesle, confusément.
Assiocare, s'enroüer, deuenir enroüé.
* Assiocare, tomber en floccons: espaissir, deuenir dru ou espais: se mettre pesle-mesle: esclatter de rire: s'affoiblir, deuenir languissant: faire flocquer.
Assioccato, enroüé.
Assirmare, asseurer, affirmer.
Assirmatione, affirmation.
Assissare, regarder fixement. Arrester.
Assissare, fixer: afficher.
Assisso, fixé, affiché: affiche, placart.
Assitaggione, loüage.
Assitainolo, qui tient à loüage: fermier.
Assitare, loüer: bailler & prendre à loüage.
Assitanuolo, qui tient à loüage, fermier.
Assitatione, loüage.
Assitatore, qui baille ou prend à loüage.
Assiteuole, qui se peut loüer.
Assito, rente, loüage: loyer de maison.
caual d'Assito, cheual de loüage.
Assituale, fermier, qui tient à ferme, & à loüage.
Assituario, qui se baille à ferme.
* Assiubare, assibbiare, lacer, boutonner attacher, boucler.

AF AF 15

* Afflabile, qui se peut souffler, qui se peut emporter du vent.
Afflare, souffler, esuenter.
Afflato, soufflé, esuenté.
Afflato, vn souffle, vn vent : vne inspiration.
Affligere, affliger.
Afflittione, affliction.
Afflittino, plein d'affliction.
Affolciare, se lascher, s'affoiblir : Il vient à mon aduis d'afloxar, espagnol.
Affluente, affluent, abondant.
Affluenza, affluence.
Affluere, &
Affluire, abonder, affluer, pres, isto.
Affocare, enflammer, rougir au feu.
Affocato, enflammé, rouge de feu.
Affocaticcio, plein de flamme, remply d'inflammation ou de feu.
Affodello, asphodile, plante.
Affodillo, id.
Affoggagine, estouffement.
Affogare, estouffer : se noyer.
Affogare vna fanciulla, nous disons, coupper la gorge à vne fille, la mal marier.
Affogate voua, c'est enuiron comme nos œufs pochez.
Affoggiare, façonner à la mode.
Affolare, halleter : affoler, offenser.
Affollarsi, se presser, se haster.
Affoltamento, presse, foule.
* Affoltare, faire auec presse ou furie.
Affoltata, presse, foule, bredoüillement : furie.
Affondare, enfoncer, ietter au fonds, creuser, aller à fonds, eschoüer.
Affondatione, enfoncement.
Affondere, fondre.
Affondo, à fonds, au fonds.
* Afforticare, trousser.
Affortificare, fortifier.
Afforza, par force.
Afforzamento, renforcement, renfort.
Afforzare, renforcer, fortifier.
Affoscare, obscurcir.
Affossamento, retrenchement.
Affossare, fossoyer.
Affra, affra, sorte de poisson.
* Affracassare, fracasser.
* Affradellarsi, faire amitié de frere.
Affragnere, rompre, casser.
Affralire, deuenir fresle ou fragile : affoiblir.
Affrancare, affranchir & rendre franc ; donner du courage.
Affrancatione, affranchissement.
* Affrangere, rompre & affoiblir.
Affranto, rompu, concassé.
Affrappare, coupper, tailler en morceaux : vser, dissiper : jaser, cajoller.
Affrappatore, cajolleur, hableur.
Affrate, gueux vestu en moine.
Affratellanza, amitié, alliance de frere, fraternité.
Affratellarsi, faire alliance de frere.
Affredare, refroidir : faire froid.
Affrenare, brider : retenir, refrener.
Affresco, en frais, terme de peintre.
Affrettamento, haste.
Affrettare, haster.
* Affrezzolare, haster.
Affrico, le vent de Sud-VVest.
Affriconio, sorte de raisin.

Affritellare, fricasser.
* Affrittione, afflittione, affliction.
Affritto, afflitto, affligé.
Affrodistaca, pierre qui estant vne fois eschauffée, retient sept iours sa chaleur.
Affrontagione, &
Affrontamento, attaque, assemblement.
Affrontare, affronter, attaquer : mettre teste à teste : assembler.
Affrontar il sangue con la testa, assembler deux personnes qui sont necessaires pour faire vne affaire.
Affrontata, assemblée ; & affront. Item, attaque.
Affrontatore, affronteur.
Affronte, face à face.
Affronto, affront : attaque.
Affrustare, foüetter : vser & mettre en pieces.
Affrusto, piece à piece, par morceaux.
Affumare, enfumer.
Affumicare, id.
Affumicata, suffumigation.
Affumoso, enfumé.
Affuocare, rougir au feu.
Affuriare, entrer en furie.
Affusare, faire comme vn fuseau.
Affuselare, tendre vn chassis ou mestier : & faire en forme de fuseau.
Affusolare, faire en forme de fuseau.
Affusolate gambe, jambes de fuseaux, menuës.
Affustare, affuster, monter vne piece d'Artillerie.
Afia, sorte de poisson.
Afilare, renger en files : & donner le fil, affiler.
Afittare, loüer, prendre & bailler à loüage.
Afito, loüage.
Aflare, souffler, esuenter.
Afliggere, affliger.
Aflittione, affliction.
Afluente, abondant, affluant.
Afluenza, affluance.
Aforismo, aphorisme.
* Afrezza, aspreté, goust aspre.
Afro, aspre.

AG

* AGabbamento, tromperie, & mocquerie.
A* Agabbare, tromper, mocquer.
* Agabbo, tromperie, mespris.
* Agacciare, agacer les dents.
Agaglino, vne sorte de monnoye en Italie.
* Agalare, nager sur l'eau.
Agaima, image. Item caractere misterieux.
Agaimaria, lieu où l'on tient les images.
Agaimone, langage misterieux.
Agaimonico, misterieux.
Agalocco, aloës : & narcaphte, plante.
Agamo, garçon qui n'est point marié.
Aganciare, rendre pointu.
* Agancio, pointu.
Agapi, pierre jaune qui guerit la morsure des serpents.
Agarico, agaric, drogue.
Agasilli, herbe, dont on fait la gomme armoniaque.
* Agasène, vn qui gouuerne vn animal appriuoisé.
Agata, agathe, pierre.
Agata, aiguillée de fil ou de soye.
Agato, aiguille, poisson.
* Agatono, accort, subtil, fin, rusé.

* *Agauignare*, estreindre, empoigner.
Agauocciare, s'enfler comme vne apostheme, se faire vne tumeur.
egli è in *Agazza*, i. il est en colere.
Agazzare, courroucer, piquer, agacer.
Agelare, geler.
Agente, agent : agissant.
* *Ageuza*, biens, moyens.
Agerato, sorte de ferule, herbe.
Ageuolare, rendre facile, faciliter.
Ageuole, facile.
Ageuolmente, facilement.
Ageuolezza, facilité.
Aggabbare, moquer.
Aggabbo, moquerie.
* *Aggaffare*, gripper, happer.
Aggarbare, *aggarbeggiare*, donner de la façon à vne chose.
Aggarbatura, façon, grace.
* *Agganignare*, empoigner.
* *Aggaronato*, fait de pieces & morceaux.
* *Aggecchimento*, humiliation, abaissement de courage.
* *Aggecchirsi*, s'abbatre, perdre courage, s'humilier.
* *Aggeggia*, poule d'eau.
* *Aggegnare*, faire en forme de machine.
Aggelare, geler.
Aggerato, la plante du cotton.
* *Aggettare*, rendre abiect, reietter.
Aggettiuo, adiectif.
* *Aggetto*, abiect.
Aggheronato, fait de pieces & de morceaux.
Agghiacciare, glacer.
Agghiaccio, parc de brebis ; clos d'vne pallissade ou ret.
* *Agghiadare*, &
* *Agghiadire*, s'engourdir de froid : sentir vn extréme froid.
Aggiaccare, armer de Iacque ou cotte de maille.
* *Aggiaccarsi*, perdre coeur : s'abbatre.
* *Aggiaccente*, adjacent.
Aggiacere, estre couché proche, estre proche.
* *Aggiacciare*, glacer : appuyer, asseurer.
Aggiaccio, le manche du timon, orgeau.
Aggiallare, deuenir jaune, jaunir.
Aggiclare, geler.
Aggio, aisance, vstensile : échange : commodité.
Aggiogare, mettre sous le joug.
Aggiongere, adiouster.
Aggionta, addition : c'est aussi ce que l'on donne par dessus quelque marchandise.
Aggiontare, *giontare*, tromper.
Aggiontatore, trompeur.
Aggiontione, adjonction.
Agginnto, adjoint, attribut.
Aggiornamento, adiournement.
Aggiornare, adiourner : se faire iour : commencer à estre iour.
Aggiornatore, adjourneur.
Aggiramenti, tours, destours, tromperies.
Aggirare, entourer : tromper : mener par le nez : s'égarer : destourner : tournoyer.
Agirarsi, se trauailler.
Aggirata, tromperie, destour.
Aggiratore, trompeur : qui tourne autour.
Aggirone, sorte de chapeau, ou bonnet.
Aggindicatoria, adiudicataire.

Aggiudicatione, adjudication.
Aggiudicatorio, adjudicatoire.
Aggiudicare, adiuger.
Aggiungere, adiouster : ioindre.
Aggiungere, atteindre, ariuer : aller au delà.
Aggiunta di febbre, double accés de fiévre, redoublement.
Aggiunta di carne, chair qu'on donne à la boucherie pour faire le poids, & pour vendre la mauuaise aussi bien que la bonne.
val più l'Aggiunta che la carne, cela se dit quand vne seruante est plus belle que sa Maistresse.
* *Aggiuntare*, tromper.
* *Aggiuntatore*, trompeur.
* *Aggiurare*, coniurer, adiuger.
Aggiustamento, accommodement : ajustement.
* *Aggiustare*, aller du pair, aller au même rang, estre proche de quelqu'vn : ajuster, accommoder.
Aggiustenole, ajustable.
Aglobare, faire en globe.
Agglomerare, deuider en forme de pelotton.
Agglutinare, coller.
Aggobare, deuenir bossu : rendre bossu : bossuer.
Aggobato, bossu.
Aggolappare, enuelopper.
Aggomicciolare, &
Aggomitolare, deuider en forme de pelotton.
Aggomitolo, *aggomicciuolo*, pelotton de fil.
Aggotare, s'enfler comme d'hidropisie : degoutter.
Aggotoso, enflé comme d'hidropisie.
Aggradeuole, agreable.
* *Aggradare*, agréer, prés, isco.
Aggradire, id.
Aggraffare, *aggraffiare*, aggriffer, accrocher.
* *Aggranare*, deuenir grené, ferme épais.
Aggranchiare, qui se dit des doigts, s'engourdir & deuenir crochus de froid, comme des pattes d'écreuices : donner la gehenne : s'accrocher.
Aggrancire, accrocher, prendre.
Aggrandimento, agrandissement.
Aggrandire, s'agrandir : croistre : s'augmenter : agrandir.
Aggrappamento, prise, accrochement.
Aggrappare, prendre, gripper, happer.
Aggrapparsi, s'attacher, s'accrocher.
Aggraponole, qui s'attache.
* *Aggratare*, agréer.
* *Aggratiare*, faire grace : & agréer.
* *Aggratiatino*, gracieux, mignard, vn qui fait l'agreable.
* *Aggratiano*, agreable.
* *Aggratio*, vne grille : & vne échauguette.
* *Aggrato*. Idem.
* *Aggrattare*, griller.
* *Aggraticciare*, s'accrocher : s'attacher : gripper : faire en forme de grille : griller sur le gril : embarasser dans vne grille.
Aggratigliare. Idem. C'est aussi chatoüiller en grattant. Metaph. flatter.
Aggrauamento, rengregement.
Aggrauare, surcharger, greuer, rengreger, deuenir fascheux.
Aggrauarsi, s'aggrauer : se rengreger.
Aggrauarsi, deuenir pesant, s'appesantir.
Aggrauarsi in sù la fune, s'appesantir sur la corde. i. se préjudicier à soy-mesme.
Aggrauatione, oppression : rengregement.
Aggrauio, tort, oppression, surchargement. Le mot est Espagnol.

Aggrauoso,

AG

Aggrauófo, fafcheux.
Aggregare, affembler.
Aggregatione, affemblée.
Aggregato, affocié.
Aggregiare, mettre en troupeau, deuenir fot.
Aggreuamento, offenfe, fâcherie.
Aggreuare, greuer, fâcher, appefantir.
Aggricciamenti, fantafies, boutades: effrois, épouuentemens.
Aggricciare, fe fantafier: fe mettre en fantafie: s'eftonner, s'effrayer, dreffer les cheueux de peur.
Aggricciolaro, id.
Aggrigiare, faire & deuenir gris.
Aggrinzare, rider, deuenir ridé: c'eft auffi fe fantafier, s'eftonner.
Aggroppamento, amoncellement, faire des nœuds.
Aggroppare, noüer.
Aggroparfi, fe noüer: fe ramaffer, fe retirer en foy. Item, leuer la crouppe.
Aggrottare, s'appuyer: faire en forme de grotte.
Aggrottar le ciglia, froncer les fourcils.
Aggrouigliato, entortillé pour eftre trop tors.
Aggrumare, amaffer, entaffer, amonceler: deuenir en pelotton. Item, faire & deuenir aigre ou fort.
Agruppare, noüer, amonceler.
Aggualiamento, comparaifon, ajuftement.
Agguaglianza, comparaifon.
Agguagliare, comparer: égaler.
Agguagliar la Luna a' granchi, égaler la Lune aux efcreuices .i. faire des comparaifons fort efloignées.
Aggualiatione, ajuftement.
Agguagliatore, qui égale, ajufteur.
Agguaglio, parangon, comparaifon.
Agguardamento, regard.
Agguardare, regarder.
Agguatare, guetter.
Agguatare, pour cacher.
Agguato, aguet, embufche.
Agguazzare, guazzare, gayer.
Agguefarfi, fe joindre.
*Agnesfare, démefler le fil, ou l'arrenger, deuider, le remettre fur la main ou fur la tournette fil à fil: affortir; apparier.
Agguerrire, aguerrir.
Agguindolare, former l'efcheueau fur la tournette.
Agguindolare, deuider.
*Aggulappare, enuelopper.
*Aggustare, donner du gouft.
Aghiadare, aghiadare, geler de froid, glacer.
Agherbino, le vent de Sud-VVeft.
Aghétia, litarge.
Aghétto, ferret d'aiguillette.
Aghiadare, fentir ou faire fentir vn extrème froid, geler de froid.
Aghirone, vn heron.
*Agiambo, forte d'acier.
Agiamento, commodité, aifance.
Agiare, reftaurer, fe refaire: donner de la commodité: rendre commode.
*Agiarofo, fablonneux, graueleux.
Agiatamente, aifément: tout à l'aife.
Agiatezza, commodité: Item, lenteur, tardiueté.
Agiáto, adroit: lent, pareffeux: riche, aifé.
*Agibile, faifable.
Agies, vne herbe aux Indes dont on fait du pain.
Agile, agile.
Agilità, agilité.
Agilitare, rendre agile.

AG

Agimina, damafquineure à la Perfienne.
*Agina, hafte, viftelle.
Aginino, forte d'ouurage fait en refeau ou refeuil fur du drap d'or.
A'gio, aifance, vtenfile, aife, commodité.
à grand A'gio, à bell'agio, à fon aife, comodement.
far fuo A'gio, faire fes affaires, fe defcharger le ventre.
*Agiotcia, goutte à goutte.
*Agiocciare, degoutter.
Agiogare, coupler fous le joug.
*A'gio a, en quantité.
Agiotto, forte d'Aigle qui a le bec fi fort qu'il rumpt les os: orfraye.
Agirabile, que l'on peut tromper. Qui fe peut tourner.
Agirare, tromper: tournoyer.
Agirône, heron.
Agitamento, agitation.
Agitare, agiter.
Agitatione, agitation.
Agitenole, qui fe peut agiter.
Agitilla, vne pierre blanche rayée de noir.
Agito, forte de poix aux Indes.
A glu, forte de poiffon plat comme vn carlet.
Aglafotino, herbe dont fe feruent les enchanteurs.
Agliata, faulfe faite auec de l'ail, aillade.
Aglietti, jeunes aulx, aillet.
A'glio, de l'ail.
Agliôna, faulfe faite d'ail.
Aglióne, id.
Agliofo, plein d'ail.
A'gna, vn agneau, vne agnelette.
Agnatione, parentage, agnation, adoption.
Agnato, felon aucuns, tumeur non naturelle.
Agnellare, faire l'agneau, agneler.
Agneletto, agnelet.
Agnello, agneau.
A'gni, forte de petits poiffons. Item agneaux.
Agnista piombina, orfraye.
Agneliare, agneler, faire fon agneau.
Agnello, agneau.
Agnitione, connoiffance.
A gno, apoftheme ou tumeur en l'aine.
tagliarfi l'A'gno .i. prendre refolution en chofe difficile.
Agnocafto, forte de plante: agnus caftus, ancrine.
Agnoleito, petit ange.
A'gnolo, ange.
A gnolo di badia, Ange d'Abaye, qui tourne à tout vent: nous difons vne giroüette.
*Agnôme, furnom.
*Agnominare, furnommer.
Agnofcia, angofcia, angoiffe.
Agnone, forte de faule, felon aucuns, agnus caftus.
*Agnus Dei, en jargon .i. baccio te mani.
guardar da Agnus Dei, regarder par deffus l'efpaule, à caufe que l'on dépeint ainfi l'Agneau de S. Iean: c'eft auffi auoir vn regard innocent.
A go, aiguille: ftile de cadran au Soleil.
cofti mi cafcò l'Ago .i. c'eft là que le mal me tient.
A go da capo & da pomolo, mot Lombard, efpingle.
A go da facchi, vne groffe aiguille à coudre des facs, ou à emballer.
A'go, le fer du fleau ou balance furquoy font marquées les liures & onces.
A'go, le bout du gond.
A'go, broche de la ferrure, c'eft vn fer où entre la clef.

C

lanciar vn ago per hauer vn palo diferro, nous difons, ietter vn petit poiſſon pour en auoir vn gros.
Agoge, canal des mines pour écouler l'eau.
Agognante, beant.
Agognare, defirer, aſpirer, ambitionner : béer. Item, eſtre eſtimé.
Agogno, defir extréme.
* Agolpire, deuenir comme vn renard.
* Agoluppare, enuelopper.
* Agoluppo, enueloppement.
* Agomentarſi, s'accroiſtre, ſe ioindre, ſe lier, s'attacher.
Agomitolare, deuidet en pelotton.
Agone, lieu ou place où l'on combat. Item, combat: & vne forte de poiſſon, aiguillat.
Agonia, agonie.
Agoniofo, plein d'agonie.
Agoniſta, vn combattant: vn gladiateur.
Agonizante, agoniſant.
Agonizzare, agoniſer.
A'gono, poiſſon. Lat. agonus, aiguillat, aiguillade.
Agonta, forte d'ancienne monnoye en Italie.
* Agonzi, forte de manches larges.
A'gora, aiguilles.
Agoraio, faiſeur d'aiguilles, cannon à aiguilles.
* Agorogogliare, gargoüiller, gafoüiller.
Agoccinula, forte de poiſſon, aiguille.
Agofello, forte de chien de mer.
Agoſtana, forte de prune qui meurit au mois d'Aouſt.
Agoſtáro, monnoye ancienne d'Auguſte.
Agoſtino, qui eſt du mois d'Aouſt.
Agoſto, Aouſt.
Agotile, forte d'oiſeau eſtrange.
Agozzino, Preuoſt : vn officier de Galere, ſelon aucuns : vn argouſin. Item, vn bourreau, ſelon aucuns.
* Agracciare, & agracchiare, cajoller, croaſſer.
Agradimento, agrément.
Agradare, agréer.
Agradire, id. pref. agradiſco.
Agramente, aigrement.
Agrimonia, acrimonie. Et aigremoine.
Agranchiare, s'engourdir.
* Agrandellare, ietter, lancer, frouder vne pierre.
Agrappare, forger, c'eſt ſe donner des fers de derriere ſur les crampons de ceux du deuant.
* Agriria, qui appartient au païs : vne Loy faite pour la diſtribution du païs.
* Agratiare, agréer.
* Agratiato, agreable.
* Agraticciare, égratigner.
Agrauare, ſurcharger.
Agrauio, ſurcharge.
* Agredine, aigreur, aſpreté.
Agreganza, aſſemblée.
Agregare, aſſembler.
Agreſta & agreſto, verjus de grain, & autre.
far l'Agreſta ou agreſto, nous diſons ferrer la mule, mot jargon.
Agreſtare, en jargon, connoiſtre & regarder.
Agreſte, en jargon, de l'argent.
* Agreſte, ruſtique.
Agreſtezza, groſſiereté.
Agreſtina, forte de ſauce aigre.
Agreſto, verjus.
vender Agreſto per prugnole, nous diſons, rendre pain pour fouace, donner des pois pour des féves.
menarſi l'Agreſto, dire vne choſe pour l'autre.
menarſi l'Agreſto, faire le peché de molleſſe.
* mangiar l'Agreſto il Giugno, manger le verjus en Iuin, nous diſons, manger ſon bled en verd.
Agretto, creſſon de jardin : ſelon aucuns, le babeurre.
Agrouamento, fâcherie, ſurcharge.
Agrezza, aigreur.
* Agriccito, aigry dans le mal.
* Agrico, ruſtaut, ruſtique.
* Agricola, &
Agricoltore, agriculteur, laboureur.
Agricoltura, agriculture.
Agrifoglio, houx. Item, l'Agnus caſtus, ſelon aucuns.
Agrimonia, aigremoine. Et acrimonie.
Agrimonio, id.
Agrinciare, rider, deuenir ridé.
A'grio, champeſtre. Vne ſorte de ſpicnard ſauuage.
Agrione, ſorte de raiſſort ſauuage. Item vne ſorte de nitre.
* Agrippa, enfant né les pieds deuant : vne oline ſauuage : vne ſorte d'herbe.
Agrire, aigrir.
Agriſſimo, tres-aigre.
A'gro, aigre. Item, rude, groſſier, ſeuere.
Agropparſi, ſe noüer : ſe retirer.
Agroſſo, chiendent, ſelon aucuns.
Agrotto, oiſeau qui a le bec comme vn Cigne, & vn grand ſac au deſſous.
Agrumare, amaſſer, amonceler, entaſſer, deuider en pelotton.
Agrume, aigreur : choſe ennuyeuſe.
Agrumi, aigrums : toutes ſortes de ſauſſes aigres : & hoignons, ciboulles, &c.
Agruzzo, tumeur aux pieds d'vn oyſeau de proye.
Agruzzolare, amaſſer, acquerir.
Aguaglianza, comparaiſon.
* Aguato, grande douleur : affliction.
* Aguaire, affliger.
* Aguale, n'agueres, tout maintenant.
* Aguale, égal.
Aguantare, prendre & tenir bien ſerré.
Aguardare, prendre garde.
Aguatare, dreſſer des embuſches : cacher : eſtre aux aguets.
Aguatenole, plein d'embuſches.
Aguati, embuſches.
in Aguato, aux aguets.
* Aguazzare, guayer.
Agucchia, aiguille. Et épingle, mot Lombard.
Agucchiare, enfiler vne aiguille : rendre pointu. Et tricotter.
Aguicchiaro, &
Agucchiarublo, faiſeur d'aiguilles.
Agucchiato, fait à l'aiguille : tricotté.
* Agueſſare, aſſortir, apparier.
Aguerrire, aguerrir.
Aguſeo, eſpece de chien de mer.
Agugione, aiguillon.
Aguglia, Aigle : aiguille : piramide.
Agugliare, tricotter.
Agugliata, aiguillée : & coup d'aiguille.
Agugliano, ſorte de grain en Italie. Item, vn aiglon.
Agugliopare, rendre pointu : aiguillonner.
Aguglione, aiguillon : groſſe aiguille, grande aiguille: vne pointe de fer.

A H

Agugliotto, petit Aigle. C'est aussi vn fer dans lequel on met le timon, appellé, aide-moy.
Agugnare, aspirer, brigueur, desirer.
Aguguo, desir.
Aguifoglio, agrifoglio, du houx.
Aguinzare, en jargon, pendre.
Aguisare, façonner à sa mode, accoustumer.
Aguilla, sorte de petit poisson.
* Agulappare, enuelopper.
* Agul uppo, pacquet.
Agumare, gommer.
Agunanza, assemblée.
Agunare, assembler.
Agúra, augure.
Agúro, id.
Aguseo, Agusso, sorte d'aiguille, ou chien de mer.
* Agutello, vn petit cloud.
Aguietto, vn peu aigu ou picquant.
Agutezza, subtilité, pointe.
* Aguto, auto, cloud.
Aguzza coltelli, gaigne-petit.
Aguzzare, aiguiser.
Aguzzarsi il palo in su'l ginocchio, s'aiguiser le pal sur le genoüil. i. se faire mal à soy-même.
Aguzzar i suoi ferruzzi .i. s'aiguiser l'esprit.
Aguzzare, en jargon, voir.
Aguzzetto, vne personne de condition qui sert d'appuy en vne mauuaise affaire, qui aide à corrompre la Iustice. Item, vn Argousin, boutte-feu.
Aguzzatore, aiguiseur.
Aguzzino, qui a les esclaues, ou forçats en sa charge, Argousin.
Aguzzo, aigu.
Aggabbatore, trompeur : mocqueur.
Aggarbato, garbato, gentil, galant, de bonne mine, bien-fait.
Aggiontatrice, trompeuse.
Aggiratrice, trompeuse.
Aggiunto, attribut. Item, adjoint, adjousté.
Agglomeramento, deuideure en pelottons.
Agguindolatore, deuideur.
Agguindolatrice, deuideuse.
Aghiado, pour à gladio, au trenchant du glaiue.
Agiramento, destour, tournoyement : tromperie.
Agitante, agitant, agitante.
Agliado, voyez aghiado.
à l'article Agratciare, lisez a gracchiare, cajoller.
Agrário, des champs, de labourage.
Agurare, augurer.
Agúrio, augure.
Agurofo, d'augure, plein d'augures.

A H

Aheffia, orcanette, herbe.
Ah, ha.
Ahi, helas.
Ahi lasso, helas.
Ahime, helas.
* Ahumiliare, humilier.
Abibò, &
Aibò, c'est ce que nous disons par interjection, fy la vilaine chose : ho que ie n'ay garde.

A I

Aia, la grange, l'aire à battre le bled : vn plan, hale : le vuide d'vne figure : vn cercle autour d'vne estoille. Lieu où l'on tend les filets à prendre les oiseaux.
metter in aia, donner esperance : se frotter à quelqu'vn : se mesler parmy quelques gens, ou de leurs affaires.
Aiáce, sorte de fleur, ainsi appellée.
Aiáre, battre le bled, & faire le plan : s'amuser, estre faineant, bayer, baster.
Aiata, la quantité de grain que l'on bat en vne fois.
Andar aiáto, aller les bras pendans, estre faineant.
Aiazza, vne pie.
* A'iere, air.
* Aierofo, aëré, plein d'air : qui a bon air & bonne mine.
Aierotta, la carreure d'vne personne.
Aietta, petite grange. C'est aussi vn busard selon aucuns.
Aiglineo, qui excite la sueur.
Aimè, helas !
A'io, gouuerneur : selon aucuns, garçon d'aueugle : qui parle beaucoup : vn oiseau qui couue au nid des autres : vn mignon.
Aiólo, sorte de rets.
* andar Aióne, estre faineant, perdre le temps, aller les bras pendans.
* Aiósa, mot vulgaire, en quantité.
* Aira, aire, air.
Airománte, vn qui augure par l'air.
Airomantia, augure par le moyen de l'air.
Airóne, heron.
Airóni, plumes de heron.
Airóne, metaph. leger, éuenté, estourdy.
* Aissa, agacement, prouocation.
* Aissare, aixzare, agacer, prouoquer, harer les chiens.
Aita, aide.
Aitante, aidant.
Aitao, vn Officier à la Chine, comme vn President.
Aitare, aider.
Aitatore, aide, qui aide.
Aiteuole, secourable.
* Aitorare, aduancer quelqu'vn.
* Aitorio, aide, secours : adjutoire.
Aiuola, petite grange.
Aiuóla, sorte de rets à prendre les oiseaux.
Ainolare, aiare, battre le bled.
Aiuólo, sorte de rets.
Aiutamento, aide.
Aiutante, compagnon d'office.
Aiutante, pour adroit & robuste.
Aiutante di camera, garçon de la chambre.
Aiutante di Secretaria, Sous-secretaire.
Aiutante di guardarobba, garçon de garderobbe.
Aiutante di credenza, garçon ou valet du bouteiller ou sommelier.
Aiutante di cucina, garçon de cuisine.
Aiutante di mosso à sbirro, recors.
Aiutare, aider.
Aiutatore, qui aide.
Aiutatino, secourable, bon à vne chose, qui aide.
Aiuteuole, secourable.
Aiuto, aide.

C ij

Aiuto di costa, vn argent que l'on donne aux valets par le chemin, pour aider à faire leur dépense, outre, l'ordinaire de leurs gages. Metaph. vn peu d'aide de poison pour faire mourir vne personne.
Aiutore, qui secoure, aide.
Aiutorio, aide : adjutoire.
Aizza, prouocation, agacement. Colere, rage : sifflement.
Aizzamento, agacement, prouocation.
Aizzare, agacer, harer, prouoquer.
Aizzatore, qui prouoque.
Aizzone, joubarde, selon aucuns.
Aizzoso, qui agace.
Aizzotto, aizzone, joubarde.
Aiglenco vino, vin qui excite a la sueur.
Aitatrice, qui aide.

AL

AL, article du datif, au.
Al, pour la particule, par, al corpo, al sangue, par le corps, par le sang, &c.
A'la, aile : bord de chapeau : manche d'armée.
A'la del mantice, le plateau d'vn soufflet.
A'la, manche : pan de mur.
A'la di bue, par Metaphore, vn gourmand.
A'la, mesure d'enuiron demie aulne, dont on mesure les tapisseries, &c. Vne hale.
A'la, en jargon, le bras.
tenersi su l'A.i.i. prendre garde à son fait.
star su l'A'le, estre prest à partir.
far Ala, faire large.
hauer l'Ali più grandi che'l nido, estre plus habile que ses predecesseurs.
Alabandino, sorte de ruby ou escarboucle.
Alabandino porfido, sorte de porphire.
Alabandico, alabandique, sorte de pierre.
Alabardare, frapper d'vne hallebarde.
Alabarda, hallebarde.
Alabardaro, faiseur d'hallebardes.
Alabarderia, compagnie, ou trouppe des hallebardiers.
Alabardica, sorte de rose blanchastre.
Alabardiere, hallebardiere.
Alabardina, sorte de pierre precieuse de couleur jaune, bonne contre le poison, mais qui prouoque le flux de sang. Et petite hallebarde.
Alabastrino, d'albastre.
Alabastrite, pierre d'onice.
Alabastro, albastre.
Alace, viande faite d'œufs de poisson.
Alacciamento, enlacement.
Alacciare, enlacer.
Alacerbanto, gueux qui feint d'estre priuilegié, & donne des patentes aux autres.
* Alacrità, allegresse, alacrité.
Alada, armoise, herbe.
Alafia, sorte de coup de sifflet d'vn Comite pour faire cesser le labeur.
Alassio, sorte de grenade.
Alagamento, inondation.
Alagare, inonder.
Alaggio, aloy.
* Alagna, pour Alemagna, le païs d'Allemagne.
* Alamari, ganses & boutons à queuë.
Alamana, Allemane : piece de musique.
Alambicare, alembiquer.
Alanda, sorte d'allouëtte.

Alano, chien d'Angleterre, dogue.
Alambico, alembic.
Alampi, certains chants de musique.
Alampadaro, gueux qui demande de l'huile pour les lampes de l'Eglise.
* A'd aide, la pellicule ou peau dans laquelle l'enfant est enueloppé, coëffe.
Alardare, larder.
Alare, tirer quelque chose à soy dedans ou dehors des galeres, auec le bout des gumenes.
Alare, croistre ou produire des ailes : mettre ou attacher des ailes.
Alari, chenets, landiers.
Alarma, alarme.
Alasigneto, sorte d'herbe.
Alaterno, vn arbre semblable à vn oliuier.
Alato, ailé.
Alauoga, voix pour faire encourager les forçats au trauail.
Alba, l'aube du iour.
* Alba de'Tafani, l'aube des mouches . i . le soir.
* Alba de'visconti, id.
* Alba delle mosche, id.
Albacare, mot Siennois, réuer, fantastiquer.
Albachista, Arithmeticien : fantasque.
Albaco, Arithmetique.
Albagia, gloire, vanité : bonne opinion de soy.
Albana, sorte de maluoisie.
Albanello, sorte de busard : & sorte de vin.
Albanese, vin d'Albane : & Albanois.
Albanese messere, cela se dit quand on veut faire entendre à quelqu'vn qu'il nous répond hors de propos, nous disons, elles sont sonnées, &c.
Albino, sorte d'arbre : sorte de monnoye : sorte de vin.
Albara, sorte d'arbre qui porte la raisine.
Albarello, vase, boëte d'vnguent. Item, alembic.
A'lbaro, sorte de poisson de mer.
Albatico, sorte de raisin.
Albatrelle, fruict de l'arbousier.
Albatro, arbousier, & oranger sauuage.
Albazzano, pierre dont on fait la chaux.
* Albedine, blancheur.
Albeggiante, blanchissant, qui tire sur le blanc.
Albeggiare, blanchir comme le matin à la pointe du iour : tirer sur le blanc.
Albenduccio, empeschement.
A'lbeo, arbre qui distille la poix.
Alberare, arborer ; hausser.
Alberare il pezzo, monter le canon.
Alberata, feüillée, ramée.
Alberello, boiste, vase.
Albereto, lieu planté d'arbres.
Alberese, sorte de pierre viue à faire des meules de moulin.
Alberetto, vn petit arbre. Et vn petit vase.
Albergare, loger.
Albergatore, hoste qui loge.
Albergatrice, hostesse.
Albergo, logement. Auberge.
Alberge, auberge, fruict.
Albergaggio, logement.
Albergheria, pour albergo, logis, logement.
Alberghetto, petit logement.
A'lbero, arbre : arbre de nauire.
A'lbero, vn tremble, sorte d'arbre semblable au peuplier.
A'lbero marino, sorte de poisson monstrueux.
Al primo colpo non cade l'albero. l'arbre ne tombe pas

du premier coup. i. Il faut perseuerer ou continuer pour venir à bout d'vne chose.
Andarsù per la cima de gl' alberi, pretendre plus qu'on ne doit.
Alberto, en jargon, vn œuf.
Albiccio, blanchaftre.
Albicire, forte d'oliuier fauuage.
Albichista, Arithmeticien. Metaph. vn réueur.
Al'bio, auge : vn certain outil dont fe feruent les Orféures : vn poiffon nommé mugel, mulet, gardon.
* *Albipode*, qui a le pied blanc.
Albiterati, forte de figues blanches.
Albitrare, arbitrare, arbitrer.
Albitraro, arbitraire.
Arbitrio, arbitre.
Al'bo, blanc.
Albogalero, forte de chapeau comme vne mitre, que portoient les Preftres de Iupiter.
Alborare, arborer : hauffer.
Alborata, vne ramée, loge de rameaux.
Alborato, remply d'arbres, & arboré.
Albôre, aube du iour.
Al'bore, albero, arbre.
Alboreto, lieu plein d'arbres.
Alboretto & Alboricello, arbriffeau.
Albuco, afphodille, plante.
Albuela, forte de vigne.
Albugine, blanc-d'œuf.
Albume, blanc ou glaire d'œuf.
è di cento Albumi. i. il a plufieurs peres. Il ● bâtard.
Albume, en jargon, de l'argent.
Albuolo, auge de bois, felon aucuns, vne iatte, & vne huche.
Albura, forte de poiffon. Item, couleur blanchaftre.
Alburno, l'aubour d'vn arbre : C'eft auffi vn able, poiffon.
Alcachengio, coquerette.
Alcanna, racine des Indes qui fert à teindre.
Alcatrazzo, vn oifeau comme vne oye, qui vit de poiffon.
Alce, vn clan, animal : & vn celerin, poiffon.
Alcea, racine ou herbe qui croift dans la mer, & a le gouft de faline.
Alchenna, racine des Indes, qui fert à teindre.
Alchimia, alquimie, cuiure blanchy : fer blanc trait ou filé.
Alchimizzare, falfifier vne chofe.
Alchino, le nom d'vn demon ou efprit folet.
Alchiterano, forte de drogue.
Alcibiade, buglofe.
Alcibione, idem.
Alcione, alcis, oifeau pefcheur.
Alcionei giorni, iours coys fur la mer, lors que l'alcion fait fon nid fur le bord.
Alcionio, alcionium, forte d'éponge rouge.
Alcorano, l'Alcoran.
Alcunamente, en quelque façon, aucunement.
Alcuna volta, quelquefois.
Alcuno, quelqu'vn, aucun.
* *Aldace*, pour *audace*, hardy, audacieux.
Aldarga, forte de bouclier, dont on fe fert en Barbarie.
* *Aldea*, vn hameau.
* *Aldo*, pour *io odo*. i'oy.
Alea, allée, pourmenoir.
Alece, anchois.
Alechfalam, la falutation du Turc.

Aledia, alice, anchois, & celerin.
Alefangine, forte de pillules, ainfi appellées. Item, forte d'épicerie.
Aleffe, la premiere lettre Morifque.
A'lega, algue.
Alegare, alleguer.
* *Aleggere*, eflire, choifir.
Al.ggiare, faire des caracolles : c'eft auffi battre de l'aîle : fe balancer fur fes ailes, foullager.
Aleghenole, que l'on peut alleguer.
Alegrare, réjouir.
Alenare, donner haleine : mettre en haleine.
Alopardo, leopard.
Alepe, le nom d'vn poiffon, & d'vne herbe.
Aleffè, aleph, lettre Hebraïque.
Alefe, tout ou degré du Ciel.
Aleffandrina, peruanche.
Aleffare, bouillir.
Alefifarmaco, contre-poifon, ou antidote, alexitere.
Aleffo, du bouilly, de la chair bouillie.
volerla Aleffa, prendre vne femme par deuant ; & non pas en fodomite.
Aleftare, &
Aleftire, lefter vn vaiffeau.
Aletta, bande du fer d'vne picque.
Alette, petites ailes : hauts de manches : nageoires de poiffon.
Alertéria, pierre de la groffeur d'vne féve, qui fe trouue dans le gifier d'vn cocq, alectoire.
Alettorio, idem.
Alfa, premiere lettre Grecque.
Alfana, iument eftrangere, ou des Indes.
Alfabèto, alphabet.
Alfabético, d'alphabet, alphabetique.
* *Alfana di Mambrino*, nous difons en nous mocquant d'vne femme exceffiuement grâde, grande haquenée.
Alfero, alfiero, enfeigne, Alfier.
Alfefte, forte de poiffon.
Alfire & alfiero, pour enfeigne, Alfier.
Alfi & alfo, herbe nommée hepatique. Item, feu fauuage, lepre blanche : vn éparuin.
Alfino, le fol aux échecs.
Alfonfino, certaine monnoye à Naples.
Alfio, eparuin.
Alfordio, forte de ferpent venimeux.
Alga, algue, herbe qui croift dans la mer.
Algebra, Algebre : c'eft auffi l'art de remettre les os difloquez.
Algebrifta, qui fait profeffion de l'Algebre, & qui remet les os difloquez.
Algenfe, tout poiffon qui fe nourrit d'algue.
Algente, froid, glacé.
Algere, glacer, eftre froid.
Alghebra, Algebre.
Alghebrifta, qui enfeigne l'Algebre.
Algirone, forte de cormoran.
Algore, froideur.
Algorifmo, l'art de nombrer, algorifme.
Algofo, plein d'algue.
Algozzino, argoufin.
* *Alguno*, pour *alcuno*, quelqu'vn, aucun.
* *Algura*, *augurio*, augure.
* *Algurare*, *augurare*, augurer.
Algurazino, agozzino, argoufin.
Alia, aile : cofté.
Aliare, faire le caracol : ou limaçon : c'eft auffi fe balancer fur fes ailes.

Alibéa, sorte d'herbe.
* *Alibile*, nourrissant.
* *Alibire*, nourrir : legitimer.
A'lica, *alga*, algue.
Alica, espeautre mondé qui se mange.
Alicastro, sorte de grain.
Alice, celerin poisson. Il se prend aussi pour vne saulse de poisson. Et vn anchois.
Alichino, le nom d'vn demon qui incline au vice de luxure.
Alicorno, licorne : corne de licorne.
A'lida carne, chair dure & courjasse.
Alidare, deuenir dur ou courjasse, durcir, secher.
A'lido, sec, aride, courjasse.
Alienare, aliener.
Alieno, estrange, d'autruy.
* *Alienigenare*, aliener.
* *Alienigeno*, alienè.
Alieta, sorte d'Aigle qui regarde le Soleil fixement.
* *Aliette* nageoires de poisson.
Alieuare, leuer auec vn leuier.
A'liga, algue, herbe qui croist dans la mer.
Aligare, lier.
Aligero, qui porte des aisles.
Aligi, *aliso*, lys bleu.
Aligoso, plein d'algue.
Aligosta, sorte de poisson delicat.
A'lima, sorte d'herbe, de laquelle ayant mangé, nous demeurons long-temps sans auoir faim.
Alimare, pointer, mirer.
Alimentare, alimenter.
Alimento, aliment.
A'limo, sorte de racine ou herbe qui a le goust de sel, & croist dans la mer.
* *Alimone*, nourrissier. Et vne herbe qui empesche la faim.
Alino, sorte de reglisse.
Aliossi, sorte d'escailles ou moules.
Alipo, sorte de chardon qui croist sur les rochers proche de la mer.
Alipone, id.
Aliquanta parte, *che, non misura il tutto*, partie aliquante.
Aliquota parte, *che misura il tutto*, partie aliquotte : termes d'Arithmetique.
Alisma, sorte de chardon qui croist dans les marests.
Aliso, alise : fruit d'alisier. Item, alisier, arbre.
Aliso, lys bleu.
Alisso, *alissone*, herbe ainsi appellée. Du bois de rose, selon aucuns.
Alita, sorte d'oiseau de proye qui a le bec long.
Alitare, haleter.
A'lito, haletement : haleine, souffle.
Alitoso, qui a bonne odeur ou l'haleine douce.
Aliuellare, dresser au niueau, vnir.
Alimgia, spic nard.
Allizare, paistre sur ses aisles.
Alla, à la, datif feminin : ce datif joint à quelque nom, compose vne phrase aduerbiale : comme *alla buona*, à la bonne foy, sans malice ; *alla libera* ; libremēt : *alla grossolama*, grossierement ; & ainsi des autres : comme
Alla Francese, *alla Spagnola*, à la Françoise, à l'Espagnole, &c.
Allacciare, lacer.
Allacciarsela, se presumer, auoir bonne opinion de soy. C'est aussi se ressouuenir de quelque chose.
Allagare, inonder.

Allagatione, inondation.
Allagrimante, gueux pleureux.
Allampare, brusler, consommer comme vne fournaise.
* *Allambra*, vn Palais pour vn Roy.
* *Allancare*, haleter, respirer.
* *Allanciare*, lancer.
Allardare, larder.
vn Allarga la mano, vn despensier, vn prodigue.
Allargare, eslargir de prison : alargir.
Allargarsi, faire des largesses, s'estendre dans ses liberalitez.
Allargamento, eslargissement.
Allargato, eslargy de prison : & eslargy. Item, abondant, copieux.
Allargatura, eslargisseure.
Allaria, herbe qui a le goust d'ail.
Allasciare, lascher, deslier, rendre vn peu lasche.
* *Allassare*, stancare, lasser.
Allassèro, herbe appellée laceron, qui rend vn suc amer.
Allastricare, pauer.
Allato, au respect, en comparaison : à costé, auprès.
Allattante, qui allaicte.
Allattare, alaicter, nourrir.
Allebire, *allibire*, selon aucuns changer de couleur, & perdre la parolle de peur.
* *Alleccare*, allecher.
Allechiare, allecher, attirer.
Allechiarsi, se lecher comme les chats.
* *Allettare*, prendre racine, s'enraciner.
Allegare, allaguer : agacer les dents : se liguer : le nouer des fruicts lors que la fleur tombe.
Allegerimento, soulagement.
Allegerire, alleger : rafraischir, soulager. prés. *isco*.
* *Allegiare* idem.
* *Alleggiamento*, soulagement.
Allegoria, allegorie.
Allegoricamente, allegoriquement.
Allegorico, allegoric.
Allegorizzare, faire des allegories.
Allegramente, gaillardement : allegrement.
* *Allegrare a*, resioüissance, allegresse.
Allegrare, resioüir.
* *Allegrativa*, resioüissant.
Allegretti, sorte d'herbe bonne en salade.
Allegrezza, allegresse, resioüissance.
Allegrezza di pan caldo, resioüissance de pain chaud, qui ne dure gueres, courte ioye.
Allegria, resioüissance.
Allegro, gaillard : resioüy, allegre.
Alleluia, sorte d'herbe.
all' Alleluia .i. à la fin ; parce qu'on chante alleluia à la fin.
Allenare, donner haleine : accoustumer.
Allenato, qui a bonne haleine.
Allenire, allentir, adoucir, relascher. *isco*.
Allentamēto, relaschement.
Allentare, allentir, retarder.
Allentar la briglia, relascher la bride, rendre la main au cheual.
* *Allersare*, *sasciare*, bender, enuelopper.
Allessare, boüillir.
Allesso, du boüilly.
Allestare, lester, alester, terme de marine, fournir & preparer les vaisseaux pour faire voyage.
Allestire, id. *allestisco*.
Allesto, leste, preparé.
Alletta, poisson appellé mulet.

AL

Allettamare, fumer de fumier.
Allettamento, allechement.
* *Allettanza*, id.
Allettare, allecher, attirer.
Allette, logemens, cabanes.
Alletterare, rendre sçauant.
Allettevole, qui se peut allecher ou attirer.
Alleuare, esleuer, nourrir : instruire.
Alleuato nella bambagia, nourry dans le cotton .i. delicat.
Alleuatrice, sage femme.
Alleuiare, alleger.
Alliaria, herbe qui a le goust d'ail, alliaire.
* *Allibire*, changer de couleur, & perdre la parolle de peur.
Allibramento, taxe.
Allibrare, escrire dans le liure, taxer.
Allieuare, esleuer, nourrir.
Allieuo, nourrisson. Vn esleue d'artisan.
Allieuo da vedoua, nourrisson de veufue .i. doüillet, delicat.
* *Allificare*, prendre racine.
Alligare, lier : agacer les dents,
Allinguato, libre en paroles, qui a la langue bien longue, qui parle licentieusement.
Alliquidire, rendre liquide. Metaph. se perdre d'amour, s'amollir de compassion, *alliquidisco*.
* *Allisciare*, farder. Et allecher.
Allinellare, dresser au niueau.
Allinidire, deuenir noirastre & liuide, *allinidisco*.
Allo, au datif de l'article *lo*.
Allocare, placer, serrer.
Alloccare, faire le hibou.
Allodiare, bailler à rente.
Allodola, alloüette.
l'Allodola ou la carne dell' allodola piace, la chair de l'Palloüette plaist, c'est par allusion de *lode*, qui se trouue au mot *allodola* .i. la loüange plaist.
Dar l'allodola, nous disons, donner de l'eau beniste de cour.
Allocare serrer en quelque lieu : placer, se loüer : loüer ou bailler à loüage. Item, se mettre en seruice.
Allogatore, qui prend & baille à loüage, hoste, locataire.
Alloggiamento, logement, logis. Quartier. Estape de soldats.
leuar gli Alloggiamenti, en terme de milice, desloger, changer de quartier.
Alloggiare, loger.
Alloggio, logement.
Allongamento, allongement.
Allongare, allonger.
Allongar la vita, en jargon, estre pendu, nous disons allonger le col.
Allongarsi, s'esloigner.
Allontanamento, esloignement.
Allontanante, esloignement.
Allontanare, esloigner.
Alloppiare, donner ou mesler d'oppium.
Allora, *all' hora*, alors.
Allorino, de laurier, de nature de laurier.
Alloro, laurier.
è come l'Alloro, il est comme le laurier, il se trouue à toutes sortes de festes, il se fourre par tout, il se trouue tousiours aux bons coups.
* *Alluciare*, selon aucuns, regarder auec desir, vulg. guigner.
Alludere, faire allusion.

AL 23

Allumare, illuminer : & allumer.
Allymare, donner l'alum aux draps.
Allumare, en jargon, voir, regarder.
Allume, alum.
Alluminaro, illuminer. Et enluminer.
Alluminatore, enlumineur.
Allunare, courber en arc ou en sonne de croissant.
Allungamento, alongement, prolongation.
Allongare, allonger. Esloigner.
Allusingare, flatter, mignarder.
* *Allusione*, amas d'eau.
Alma, *anima*, ame : mot poëtique.
Alma, qui donne vie, bonne.
Almadia, petit basteau ou esquif : ce mot est Espagnol, Almodie.
Almagesto, sorte d'instrument de Mathematique.
Almanco, &
Almeno au moins.
Almiraglio, Admiral.
Almiranta, vaisseau de l'Amiral, Admiralle.
Almirante, Admiral.
Almo, qui donne vie : bon, sainct, beau.
Almonisca, abricot.
Almonisco, abricottier.
Almosarifaco, mot Espagnol, *almouarifadgo*, peage.
Almucabala, Algebre.
Almuggino, vn bois precieux dans l'Ancien Testament : il est pris aussi pour le bresil.
Alna, aulne, mesure.
Alno, aulne, sorte d'arbre.
Ala, sorte d'ail.
Aloccaggine, sottise.
Aloccare, rendre sot, verbe actif, & neutre.
Alocco, chat-huant : & vn Duc, oiseau.
Alocco, par Metaph. vn sot, vn benest.
Aloé, aloës.
Aloe citrino, aloës cicottin.
Aloe canallino, sorte d'aloës.
* *Aloetta*, aloüette.
Alongiare, esloigner.
Alopace, sorte de vigne, & de raisin.
Alopecia, la pelade, alopecia. Item, vne sorte de poisson, selon aucuns.
Alopiare, mesler d'oppium.
Alosa, alose, poisson.
Alosso, garance, selon aucuns.
Alpa, harpe.
Alpe, *alpi*, les Alpes.
Alpelico, montagnard qui est de montagne.
Alpestre, aspre, sauuage, haut comme les Alpes : montagneux.
Alpigiano, habitant des Alpes : montagnard.
Alpigino Tordo, griue qui a vn peu de rouge aux aisles, & passe plus tard que les autres.
Alpino, des Alpes, haut comme les Alpes, montagnard, montagneux.
Alpisano, habitant des Alpes.
Alquanti, quelques-vns, aucuns : quelqué peu.
Alquanto, aucunement, quelque peu, vn petit, quelque temps, vn peu de temps.
Alquitrana, sorte de poix liquide.
Alsidomante, qui augure auec la farine, alsidomant.
Alsina, sorte d'herbe comme la cigue, herbe aux canes.
Alsoso, froid, gelé, froidureux.
Alsordio, vn serpent venineux.
Alta, alte : *far alta*, faire alte, terme de milice.
Altabasso, haut & bas.

Altalena, grue, trompe : machine : bacule, brandilloire.
Altamente, hautement. Item, profondement.
Altana, galerie descouuerte au haut de la maison.
Altani, sorte de vents de terre, selon aucuns.
Altano, qui souffle de haut.
Altare, Autel.
Altarello, vn peu haut. Vn petit Autel.
* Altezzoso, &
* Alterzoso, hautain, altier.
Altéa, guimauue.
Alteluogo, sorte de raisin.
Alterabile, qui se peut alterer.
Alteramente, hautainement.
* Alteramento, alteration.
Alterare, changer : alterer.
Alterarsi, s'esmouuoir, se mettre vn peu en colere.
Alteratione, alteration.
* Alteratiuo, qui se peut alterer.
Altercangena, hannebanne, herbe.
Altercare, debattre.
Altercatione, debat, altercation.
Alterco, hannebanne, herbe.
Alterggiare, faire le grand, faire le hautain.
Alterevole, qui se peut changer ou alterer.
Alterezza, &
Alteriggia, hautaineté.
* Alterio, id.
Alternamente, en redoublant.
Alternare, redoubler.
Alternatione, redoublement.
Alternatiuamente, alternatiuement.
Alternatiuo, alternatif : & qui se peut redoubler.
Alterno, alterne.
Altero, altier, hautain.
* Altersi, altresi, aussi.
Alterzza, Altesse : hauteur. Hautesse.
* Alterzoso, altier, hautain.
Alterezza, hautaineté.
Altiero, altier, hautain.
Altimetria, mesure de hauteur.
Altinduco, sorte de serpent venimeux.
Altino, qui vient de haut.
Altitonante, haut tonnant, Iupiter.
Altitonare, tonner de haut.
Altitudine, altitude.
Altizoso, hautain, superbe.
Alto, haut : profond.
Alto, pour large, tela alta, &c.
Alto di colore, haut en couleur, de couleur viue.
Alto, en terme de musique, le dessus.
far Alto e basso : sçauoir puissance absolue.
far Alto, faire alte.
Alto, sus, or sus.
Altobacche, sorte de grands chars.
Altobasso, haut & bas.
Altobasso, sorte de velours figuré. Item, vne sorte d'instrument de musique.
Altoleuare, leuer en haut.
Altouolare, voler haut.
Altouolente, de haute volonté.
Alto pascio, si morirebbe di fame nell' Altopascio, il mourroit de faim en vne bonne ville.
Altrabacca, sorte de grand chariot.
Altramente, autrement.
Altresi, aussi.
Altretale, tel.
Altretanto, autant, vne fois autant.

Altrice, qui nourrit, nourriciere.
Altri, l'vn & l'autre : altri à seruire, l'vn à seruir, altri à donare, l'autre à donner.
Altri, on : altri dice, on dit.
d'Altri, d'autruy.
Altrimenti, autrement : non altrimenti, tout de mesme que.
Altro, autre.
Altro, autre chose.
non esser da Altro, n'estre bon à autre chose.
non dirò Altro, ie n'en diray autre chose.
Altro che, altri che, excepté que, sinon que : au reste.
Altronde, d'ailleurs.
Altroue, autre-part.
Altrui, autruy, d'autruy.
l'Altrui, le bien d'autruy.
Altura, hauteur.
Aluala, vne cedule, vn billet : il se met aussi pour vn passe-port.
Aluccia, petite aile.
* Aluearo, ruche.
Aluco, tuyau, canal, auge : tombeau.
* Aluedo, auge.
Alumare, donner l'alum aux draps.
Alume, alum.
Alume catino, sorte d'alum : & cendre de l'herbe salincorne.
Alume di piuma, alum de plume.
Alume di rocca, alum de roche.
Alumoso, plein d'alum.
* Alunno, nourrisson.
* Aluo, le ventre : le centre.
Aluta, basanne.
Alutaro, basannier.
Alutare, luter, terme d'Alchimiste.
Alza, vne hausse. Releuement.
Alzabara, sorte de drogue.
Alzana, corde à tirer les bateaux. Vn poil, ou couleur de cheual, selon aucuns.
tirar l'Alzana, en jargon, boire.
Alzaniere, vn homme qui tire le bateau.
Alzare, hausser, esleuer, agrandir.
* Alzare i mazzi, trousser son paquet, trousser ses quilles, s'en aller.
Alzarsi dal letto, se leuer du lict.
Alzare il tempo, nous disons, hausser le temps, hausser le coude : faire bonne chere.
Alzar la pianta, releuer le plan.
Alzare, en jargon, manger & boire.
Alzata militare, releuement simple.
Alzato, esleué, releué, en terme d'Architecture.
Alzetta, vne hausse à visseulier.
Alzeuole, qui se peut hausser.
Alabardare, frapper ou percer d'vne hallebarde.
Alamana, lisez pour le François, musique.
Alembicare, lisez pour le François, alembiquer.
Alberéto, boscage.
Albicante, blanchissant.
Alchimico, d'alquimie.
Alchimista, Alquimiste.
Alchimizzare, souffler l'alquimie.
Alcoua, vne alcoue : mot tiré de l'Espagnol & de l'Arabe.
Allacciamento, enlacement.
Alhambra, proprement vn Palais à Grenade.
Allechiamento, allechement.
Allegamento, allegation.

Allegatore,

AM

Allegatore, allegueur.
Allegatrice, allegueuſe.
Allettatore, allecheur.
Allettatrice, allecheuſe.
Allibile, nourriſſant.
Alliuellata, ajuſtement au niueau.
Allogatrice, hoſteſſe, femme qui donne à loüage. Item, locataire qui prend à loüage.
Allumatione, illumination. Item, l'alum que l'on donne aux draps.
Allufione, allusion.
Alterabilità, alteration.
Altimetra, qui meſure les hauteurs.
Altiuolante, haut-volant, qui vole haut.
Aluéolo, petite auge.
Alzamento, hauſſement.

AM

Amabile, aimable.
vino Amabile, vin delicat & agreable.
Amabilità, amiableté.
Amabilmente, aimablement.
Amacco à macco, en quantité, à tas.
Amadeo, partie de vaiſſeau.
Amainare, amainer, terme de marine.
Amalarſi, deuenir malade, tomber malade.
Amalatia, maladie.
Amalaticcio, maladif: vn peu malade.
Amalato, malade.
Amalgame, drogue dont vſent les Alchimiſtes, amalgame, incorporation de vif argent auec d'autres metaux.
* *Amanare*, *amannare*, appreſter : mettre enſemble ; dreſſer.
Amanchitide, pierre qui ſert à conjurer les eſprits.
Amandino, pierre de diuerſes couleurs, bonne contre le poiſon, amandin.
Amandola, amande.
Amandolata, laict d'amandes.
Amandolo, amandier.
Amanimento, preparation.
Amanire, dreſſer, preparer, mettre enſemble ; preſ. *amaniſco*, ie prepare.
Amantare, amanteler : couurir d'vne mante.
Amante, aimant : amoureux, amant.
Amanti, cordages qui ſouſtiennent l'antenne.
Amantici remi, rameaux qui couurent, qui donnent de l'ombrage, qui s'eſtendent en largeur.
Amantilla, valeriane ſorte d'herbe.
Amantino, pierre bonne contre le poiſon.
Amanto, manteau, robe.
Amanza, amie : amante : maiſtreſſe.
Amaracino, huile ou vnguent, fait de marjolaine. Item, amer.
Amaraco, marjolaine.
Amaracoccolato, huile de marjolaine.
Amaramente, amerement.
Amarantino, huile de marjolaine.
Amaranto, amarante, paſſe-veloux, fleur.
Amare, aimer.
Amareggiare, eſtre amer, deuenir amer, rendre amer.
Amarella, armoiſe, ſorte d'herbe. Item, griotte.
Amarena, vne ſorte de ceriſe aigre.
Amaretto, vn peu amer.
Amarezza, amertume.
Amaricare, deuenir amer : & rendre amer.
Amaricciare, eſtre amer : faire ou rendre amer.

AM

Amarigliare, id. & auoir vn regard amer.
Amarigliare, jaunir.
Amariccio, *amariglio*, amer, vn peu amer.
giallo Amariglio, iaune paille.
Amarina, ſorte de ceriſe aigre. Et ſorte d'oſiers.
Amarinati, en jargon, des armes à long fuſt.
Amarino, ceriſier qui porte les ceriſes aigres.
Amarire, deuenir amer, preſ. *amariſco*.
* *Amaritudine*, amertume.
Amaro, amer.
* *Amarognolo*, ou *amaroſtico*, vn peu amer.
Amarore, amertume.
Amarora, martre.
* *Amarulento*, plein d'amertume.
* *Amarulenza*, amertume.
* *Amaſia*, amie, amante.
Amaſſare, entaſſer : amonceler : amaſſer.
* *Amatile*, aimable.
Amatinare, ſe faire matin, commencer à eſtre le matin.
Amatiſto, amethiſte.
Amatita, pierre medicinale, hematite : crayon rouge.
Amatore, amateur.
Amatorio, amoureux, qui rend amoureux, amatoire.
Amaturare, meurir.
Amazzare, tuer.
Amazona, Amazone.
Amba, fruict comme vne groſſe oliue.
Ambage, ambage, ambiguité de ſens.
Ambagia, faſcherie, angoiſſe : extaſe : ſens double, ambage.
Ambagiare, dire des ambages, faire des équiuoques ou diſcours de ſens double.
Ambagioſo, plein d'ambage.
Ambaro, ambre.
Ambaſceria, Ambaſſade.
Ambaſcia, halettement, eſtouffement, faſcherie, affliction, angoiſſe, diligence auec de la peine.
Ambaſciadore, Ambaſſadeur.
Ambaſciare, faſcher, cauſer de l'angoiſſe.
Ambaſciaria, Ambaſſade, charge d'Ambaſſadeur.
Ambaſciata, ambaſſade : Meſſage.
Ambaſciatore, Ambaſſadeur.
Ambaſcioſo, plein d'affliction : faſcheux, angoiſſeux.
Ambaſſi, ambeſas, deux as.
* *Ambaſſia*, angoiſſe, faſcherie.
* *Ambaſſioſo*, faſcheux.
Ambe, toutes deux.
Ambedue, id.
Ambi, tous deux.
Ambiante, qui va l'amble.
Ambiare, ambler : aller l'amble.
Ambiadura, l'amble.
Ambiatura, id.
Ambidui, *ambidue*, tous deux.
Ambiente, qui cherche, qui pourſuit, qui brigue.
A'mbio, amble.
quel che dà l'A'mbio à i baleni, celuy qui donne l'amble aux eſclairs. i. le Diable.
Ambire, rechercher, briguer, aſpirer, pourſuiure : entourer, preſ. *ambiſco*.
Ambitione, ambition.
Ambitioſo, ambitieux.
Ambito, circuit, enuironnement : recherche, brigue.
Amblegonio, terme de Geometrie, ambligone.

D

Amlo, tous deux.
Ambideſtro, qui ſe ſert également des deux mains.
* *Ambolare*, voler, deſrober.
Ambra, ambre : d'ambre gris.
Ambracano, parfumé d'ambre.
Ambratino, ambre gris.
Ambratane, paſte ou pommade d'ambre gris.
Ambracata, ambre gris.
Ambrattore, ſorte de vin Grec.
Ambrici, thuiles.
Ambro, ambre.
Ambregino, ſorte de monnoye en Italie.
Ambroſia, plante ſemblable à la ruë : Ambroſie, viande des Dieux.
Ambroſina vite, ſorte de vigne.
Ambroſine, ſorte de prunes, ſelon aucuns, & ſortes d'a-mendes.
Ambrotano, ambrotano, avronne, plante.
Ambubegia, ſorte de chicorée ſauuage. Et chien dent, ſelon aucuns.
Ambubela, id.
Ambugia, id.
* *Ambulare*, vaguer : paſſer : ſe pourmener.
* *Ambuſtione*, hauſſement.
* *Ambuſto*, hauy.
Amen, amen, ainſi ſoit-il.
Ameda, amita, tante, mot Lombard.
Amedano, aulne, arbre.
Amello, ſorte d'herbe qui a la fleur jaunaſtre, & croiſt dans l'eau.
Amemorare, reſſouuenir.
Amemoratione, reſſouuenance.
Amemoreuole, memorable.
Amenazzare, menacer.
Amenda, amende.
Amendare, amender, corriger.
Amendatione, amendement.
Amendola, amande.
Amendolata, laict d'amandes.
Amendole, amandier.
Amendue, amendue, tous deux.
Amenduni, id.
Amenità, douceur d'air, ou de lieu.
Ameno, doux, plaiſant, agreable.
Auentare, reſſouuenir.
* *Amentia*, ſottiſe.
Amerine, ceriſes aigres. Vne ſorte d'oſier.
Amerino, ſorte de ceriſier. Item, vn peu amer.
Amerlare, faire en creneaux : garnir de creneaux.
* *Ameta*, tante, mot Lombard.
Ametiſtino, de couleur d'amatiſte. Item, ſorte d'azur dont les Peintres ſe ſeruent.
Ametiſto, amatiſte.
Amezzare, partager par la moitié.
Amezzatore, mediateur.
Amfisbena, ſerpent qui a vne petite teſte à la queuë, & rampe des deux coſtez.
Amfodillo, aſphodille, plante.
Amia, poiſſon ſans eſcailles, ſemblable au thon.
Amianto, alum de plume. Et vne ſorte de pierre qui ſe file & reſiſte au feu.
Aminto, alum de plume.
* *Amicabile*, amiable.
Amicare, deuenir amy, ſe faire amy. Item, eſpier.
Amichetta & amichetto, petite amie, petit amy.
Amicheuole, amiable.
Amicheuolmente, amiablement.
Amicitia, amitié.

Amico, amy.
Amico ſtretto, bon amy, amy du cœur.
Amico di Tanan, vn qui monſtroit des pierres à qui luy demandoit du pain.
Amida, tante, mot Lombard.
Amidare, empeſer.
* *Amiddale*, amande.
A'mido, amidon & empois. Et ſorte de ris.
Amigdalite, herbe au laict.
* *Amilo*, amidon.
Aminea, ſorte de raiſin qui meurit deuant les autres.
Amirante, mot Syrien, vn Admiral.
Amiſſione, admiſſion.
Amiſſo, admis.
Amiſtà, amitié.
* *Amiſtanza*, id.
* *Amiſtare*, ſe faire amy : rendre amy.
* *Amiſteuole*, amiable.
Amita, tante, mot Lombard.
Amitare, empeſer.
Amitatrice, empeſeuſe.
* *Amitermini*, ſorte de naueaux.
A'mito, empois & amidon.
Amitto da prete, amict.
Amma, vne latte.
Ammacare, eſcacher, concaſſer, eſcraſer, meurtrir.
Ammacatura, fouleure, meurtriſſeure.
Ammachiato, conſtipé.
Ammachiarſi, s'enfuir, ſe cacher dans vn buiſſon.
Ammaeſtranza, ammaeſtramento, inſtruction.
Ammaeſtreuole, qui ſe peut inſtruire.
Ammagliare, lier en forme de maille : mailler, faire des mailles.
Ammagrire, amaigrir, preſent, *ammagriſco*.
Ammaiare, planter le may : mettre le may.
Ammaiare, par Metaph. ad,ouſter à ſon diſcours, dire plus qu'il n'y en a.
Ammainare, terme de marine, amainer, caler ou abaiſſer les voiles.
Ammalato, malade.
Ammalaticcio, maladif.
Ammaliare, enſorceler.
Ammandrare, mettre en troupeau.
Ammannare & ammannire, appreſter : mettre enſemble, mettre en poignées ou jauelles, amainer, terme de marine.
Ammayna ch'io lego, nous diſons, ſoufflez meneſtrier, &c. lors que quelqu'vn ſe vante trop, ou dit des menteries.
Ammanimi, materiaux, appreſts, choſes amaſſées ou preparées pour trauailler.
Ammanſare, rendre doux, adoucir, appriuoiſer.
Ammantellare, emmanteler.
Ammantare, emmanteler : couurir.
Ammantino, pierre precieuſe de diuerſes couleurs.
Ammanto, vne mante, vn manteau : vne robbe, vne couuerture ſur le corps.
Ammarcire, ſe pourrir.
Ammarginare, mettre à la marge. Item, ſe fermer & faire la cicatrice comme vne playe.
Ammaricare, ſe plaindre amerement.
Ammarire, deuenir amer.
Ammartellare, donner de la jalouſie : cauſer le martel : marteler : forger.
Ammartellato, amoureux, qui a le martel en teſte.
Ammaſcarare, maſquer.
Ammaſcherarſi, ſe maſquer.
* *Ammaſciare*, amaſſer.

AM

Ammassamento, entassement.
Ammassare, amasser, entasser, amonceler.
Ammassatore, entasseur.
Amassevole, qui se peut amonceler.
Ammassicchiare, &
Ammassicciare, amonceler: rendre massif & solide.
Ammasso, amas, tas.
Ammattare, terme de marine, appeller ou crier à haute voix.
Ammatassare, deuider en escheueau.
Ammattire, deuenir fol, present, ammatisco.
Ammattonare, carreler, pauer de carreaux ou briques.
Ammazzamento, tuërie.
Ammazzare, tuër.
Ammazzar la palla, faire mourir la balle en l'oüant à la paume.
Ammazzarsi, se coupper la gorge, se tuër l'vn l'autre, se battre.
Ammazzar le mosche per aria .i. auoir l'haleine puante.
Ammazzar la ciuetta .i. estre bon par excellence, bon en perfection.
Ammazzare, en jargon, vendre.
Ammazzatoio, la tuërie où les bouchers tuënt les bestes.
Ammelare, emmieller.
Ammelato, pommelé. Item, emmiellé.
Ammendare, amender.
Ammentanza, memoire, souuenance.
Ammentarsi, se ramenteuoir, se ressouuenir.
Ammessione, admission.
Ammesso, admis.
Ammettere, admettre: selon aucuns, prouoquer, agacer, comme les chiens. Et bailler le bestail en garde aux Pasteurs, participe, à ammesso.
Ammezzamento, partage ou diuision par le milieu.
Ammezzare, partager en deux: prononcé z, doux comme dz.
Ammezzare, prononcé z, dur comme s: se seicher comme les fruicts, estre trop meur.
Ammi, espece de cumin. Et sorte d'herbe, ammi.
Ammiccare, faire signe des yeux, Marquer, noter, fouiller, selon aucuns.
Ammiccatore, qui fait signe des yeux, clignotteur.
Ammigliare, reduire à milliers.
Amminea, sorte de raisin qui meurit de bonne heure.
* Amminicolo, aide, support, secours adminicule.
Amministrare, administrer.
Amministratione, administration.
Amministranza, id.
Amministratore, administrateur.
Amministreuole, qui se peut administrer.
Amminutare, menuiser, mettre en petits morceaux.
Ammirabile, admirable.
Ammirabilmente, admirablement.
Ammiraglia, l'Admiralle, vaisseau.
Ammiragliato, Admirauté.
Ammiraglio, Admiral.
Ammiraglio, pour miraglio, vn Miroir.
* Ammirando, admirable.
Ammirante, admirant, qui admire.
Ammirato, Admiral.
Ammirare, admirer.
Ammiratione, admiration.
Ammireuole, admirable.
Ammiserare, deuenir miserable: deuenir chiche.

AM 17

Ammissario, vn estallon.
Ammissibile, qui se peut admettre.
Ammistiare, mesler, meslanger, mixtionner.
Ammistione, mixtion.
* Ammodatamente, moderément.
* Ammodato, moderé.
Ammodernare, rendre moderne.
Ammodite, sorte de limaçon ou serpent, ammodite.
Ammogliamento, mariage.
Ammogliare, marier, donner vne femme.
Ammollare, moüiller, tremper: amollir: moler, lascher les chables.
Ammollire, id. present. ammollo.
Ammollitiare, rendre mol & efféminé.
Ammonico, ammoniac.
Ammonire, admonester. present. ammonisco.
Ammonitione, admonition.
Ammonito, celuy à qui on a osté le moyen ou pouuoir de tenir vn office.
Ammonitro, composition de nitre pour faire des verres.
Amonticchiare, amonceler.
Ammontare, amonceler. Et saillir comme les animaux.
Ammonticare, ammonticellare, &
Ammontichiare, amonceler.
Ammontinare, id.
Ammontonare, id.
Ammonzicchiare, id.
Ammorbare, infecter, empuantir.
Ammorbidamento, attendrissement.
Ammorbidare, attendrir, rendre doüillet.
Ammorbidire, id. & deuenir doüillet & rendre, present. ammorbidisco.
Ammorboso, infecté.
Ammorsellato, sorte de hachis auec des œufs.
* Ammorciare, esteindre, amortir.
Ammortare, &
Ammortire, amortir, esteindre.
Ammoscire, deuenir languissant, languir, se flestrir. pres. ammoscisco.
Ammostire, se redre doux comme le moust ou vindoux.
Ammostire, id.
Ammonstrare, monstrer.
Ammottinarsi, se mutiner, se rebeller.
Ammottinoso, mutin, seditieux.
Ammouere, mouuoir, remuer, reculer.
Ammouibile, qui se peut mouuoir, ou reculer.
* Ammozzicare, mettre en pieces, se fendre en pieces.
Ammuchiare, &
Ammuchettare, amonceler.
Ammucchio, tas.
Ammuffare, moisir. Et mettre la teste hors de quelque lieu.
Ammuffire, id.
Ammuleto, petit vase de terre.
Ammutcare, calfeutrer. Item, s'enroüer, & ronfler.
Ammuticare, faire vn tas ou amas de pierres.
Ammusamento, coup de museau.
Ammusare, se donner du museau, se flairer comme les chiens. Amuser.
Ammutare, changer. Et deuenir muet.
Ammutinare, se mutiner.
Ammutire, deuenir muet, prés., ammutisco.
Ammutolare, deuenir muet.
Amnesia, oubly des choses passées, amnistie.
Amo, hamo, hameçon.
A'mola, ferriere, vase de verre.

D ij

Amolare, moler, terme de marine : moudre : fouler : frotter.
Amolone, grande ferriere.
Amomo, amome, ro e de Hierusalem.
Amoracciarsi, s'amouracher.
Amoraccio, amour sale & deshonneste.
Ammorazzo, id.
Amorchia, lie ou sece d'huile.
Amorchiare, calefeutrer.
Amore, amour.
Amor del tarlo, amour de la tigne, ou du ver .f. qui ronge : nous disons vulgairement, il m'aime comme les choux, il me voudroit auoir mangé.
Amor d'hortolano, glouteron, bardane qui porte le glouteron : Naspolet.
Amore, en jargon, non.
Amor cornuto, sorte de fleur.
Amoreggiare, faire l'amour.
Amoreuole, pour amy : amiable.
Amoreuolezza, amitié : humeur amiable.
Amoreuolmente, amiablement.
Amorosamente, amoureusement.
Amoroso, amoureux.
Amorosello, & Amorosetto, petit amoureux.
Amorsale, partie de nauire.
Amortare, esteindre.
* Amoscire, deuenir lâche, pres. amoscisce.
Amostante, chef de gens de guerre.
Ampaludare, impaludare, inonder : se reduire en marets.
Ampaio ou Amparo, mot espagnol, protection.
* Amparare, apprendre.
Ampelite, sorte de terre en Sirie qui fait mourir les vers.
Amperlo, aubespin.
Ampiamente, amplement.
Ampiare, amplifier.
Ampiezza, ampleur, estenduë.
A'mpio, ample.
Ampioni, lanternes, en terme de mar ne, ampions.
Amplaree, sorte de grosses poires.
Amplare, amplifier.
* Amplessare, embrasser.
* Amplesso, embrassement.
Ampliare, amplifier.
Ampliatione, amplification.
Ampliare, amplifier.
Amplificatione, amplification.
* Amplitudine, ampleur, estenduë.
* A'mplo, ample.
* Ampo, de plus, encore.
Ampolla, ampoulle, fiolle.
Ampollare, sorte de grosses poires.
Ampolletta da hore, horloge de sable.
Ampollosamente, auec enflement, glorieusement.
Ampollose parole, parolles ampoullées, parolles enflees.
Ampollinzza, petite ampoulle.
Amputare, couper, trencher, mot Latin.
Amucchiare, amonceler.
Amuleto, billet contre les charmes, amulete.
Amuslinare, tourner comme vn moulin.
Amurca, fece ou lie d'huile.
Amurcare, former vne lie comme d'huile.
Amusare, amuser, donner du museau.
Amutare, imposer silence : rendre muet : muer.
Ammutato vccello, oiseau mué.
Ammutarsi, s'ameuter, se mettre en trouppe ou meute.
Amutire, deuenir muet, pres. amutisco.

Amaccar, escacher, concasser, froisser.
Amadriadi, les Amadriades.
Amandio, sorte de pierre precieuse.
Amancare, manquer.
Amante, vne amante, & vn amant.
Amatino, qui fait aimer.
Amatrice, qui aime, amattrice.
Amazzamento, tuërie, meurtre.
Amazzata, idem.
Ambasciatrice, Ambassatrice.
Ambasciatório, d'ambassade.
l'Ambiente, le tout, ce qui enuironne.
Ambiguità, ambiguité.
Ambiguo, ambigu.
A'mbito, brigue.
Ambragatta, ambre gris.
* Ambulatione, pourmenade.
* Ambulatore, pourmeneur.
* Ambulatorio, ambulatoire.
* Amemorancia, souuenance.
Amenne, amen, ainsi soit-il.
Amento, souuenir.
Amica, amie.
Amicissimo, tres-bon amy.
Amicocida, qui tuë son amy.
Amicocidio, meurtre d'amy.
Amidale, amigdales, glandes au col.
* Amisteuolezza, amitié.
Ammiccatrice, clignotteuse.
Ammiratore, admirateur.
Ammiratrice, celle qui admire.
Amorchiare, former vne lie.

A N

AN, hé ? non pas : quoy ? mot Lombard.
Anabasi, sorte d'herbe.
Anacardio, anacarde fruit des Indes.
Anabattista, anabaptiste.
Anaccare, en jargon, partager, faire à moitié.
Anachite, vne pierre bonne pour le poison : prise aussi pour le diamant.
Anachitide, pierre qui sert à conjurer les esprits.
Anacoreso, hermitage.
Anacorita, Anacorette.
Anacquare, arrouser : tremper d'eau.
Anada, canard.
Anadino, canichon, petit canard.
Anadrotto, id.
Anaffiare, arrouser.
Anagallide, morgeline, mouron, anagal.
Anagallo, id.
Anagiri, magiris, plante, anagyre.
Anagogia, anagogie, subtile intelligence.
Anagogico, plein de haute intelligence, anagogei.
Analogia, analogie, proportion, conuenance.
Anachitide, pierre qui sert à conjurer les esprits.
Anapolitato, Napolitanisé, à la mode de Naples.
* Anarancio, orenge, & orenger.
Anarchia, Anarchie, gouuernement sans Chef.
Anare, en jargon, des Allemands.
Anari, narines.
Anasare, sentir, flairer : donner du nez.
Anassare, deuider sur les tournettes.
Anathema, anatheme.
Anatemizzare, anathemiser.
Anatematizzare, id.

AN AN

Anatomia, anatomie, dissection.
Anatomista, Anatomiste.
Anatomizzare, anatomiser, dissequer.
A'natra, canard, & cane sauuage.
Anatrario, oyseau de proye qui prend les canards.
Anatria, id.
Anatrino, canichon, ieune canard ou canne.
A'nca, hanche.
A'nca, pour *anche* ou *ancóra*, encore, aussi.
Ancaione, éhanché.
Ancarella, la iambette, le croc en iambe, cloche-pied.
Anche, aussi, mémes.
nè Anche, ny mémes.
quando Anche, quand mémes.
Ancheggiare, donner de la hanche, iouër de la hanche : galopper d'vne hanche.
Anchetta, coup de hanche. Item, le croc en iambe.
Anchini, cordes qui seruent à tenir l'antenne à l'arbre, les anquins.
Anchióue, anchois.
Anciána, pour *alz ana*, corde à tirer les bateaux.
Ancianità, ancienneté.
Anciano, ancien.
Ancidere, tuer : mot poëtique.
Ancinello, petit crochet ou agraffe.
Ancino, crochet.
Anciuo, oursin, herisson de mer.
Ancino di pesce, hameçon.
Ancióne, anchois.
Ancliude, éperlan.
Anco, aussi, encore.
nè Anco, ny mémes.
Ancò, *ancoi*, auiourd'huy, mot Lombard.
Ancolia, ancolie, sorte de fleur.
Ancóne, angle, coing, iante de rouë.
A'ncora, ancre de nauire.
leuar l'Ancora, desancrer, serper.
Ancóra, encore, aussi, mémes.
Ancoraggio, le peage ou reconnoissance que paye chaque vaisseau au Maistre du port où il prend terre, ancrage.
Ancorario, faiseur d'ancres.
Ancróia, le nom d'vne Reine amazone, dont on a fait vn Roman.
Ancróia, en iargon, Reine.
Ancróia, par similitude vn poltron qui fuit le soldat, & n'est qu'vne femme sans courage.
Ancúde, mot poëtique, enclume.
Ancudinare, battre sur l'enclume.
Ancudine, enclume.
Ancúo, mot Lomb. auiourd'huy.
Ancusa, orcanette, anchuse.
Andamento, l'allure, la démarche : promenoir, allée.
Andamenti, menées, déportemens, contenances.
Andante, allant.
Andare, aller.
Andar per la mente, comprendre, se resouuenir.
Andar imarri, s'auancer : prendre force, s'enraciner, profiter.
Andar via, s'en aller.
Andar attorno, aller çà & là : aller de costé & d'autre : vendre ou crier sa marchandise par les ruës.
và per le tre, *per le quattro*, &c. il s'en va trois heures, il s'en va quatre heures, &c.
và altro, il est glorieux de cela.
Quel che và detto, ce qu'il faut dire.

Quel che và disopra, ce qu'il faut qui soit dessus.
ci và la vita, il y va de la vie.
ci và danari, il y faut de l'argent.
An dar al soldo, s'enroller.
An dar dietro, poursuiure : *andar dietro ad vn negotio*, poursuiure vne affaire.
Andar dietro ad vna cosa, s'amuser, s'adonner.
Al peggio an daré, au pis aller.
nell' Andare, de la façon, de la sorte, se resouuenir.
Andar del corpo, aller du derriere, décharger son ventre.
Andar sotto, chier en ses chausses, se coucher, qui se dit du Soleil.
Andarne col peggio, auoir du pire.
Andar in semenza, monter en graine.
Andar doue nè Papa nè Imperadore può mandar Ambasciadore, nous disons, aller où le Roy va à pied, i. à la garderobe.
Andar in cólera, se mettre en colere.
Andar in gouerno, en iargon, serrer, cacher.
Andar innanzi, passer outre : s'auancer : prendre pied : s'enraciner, profiter.
Andar per la mente, passer par l'esprit.
Andar, auec le mot *per*, & vn substantif. Signifie aller querir : *andar per vino*, *andar per acqua* : &c. aller querir du vin, aller querir de l'eau.
Andar doue vanno i santi, & i matti. i. à la Iustice.
Andar per viòle, parler hors de propos, quand on nous demande quelque chose.
Andar per vn arte, se mesler, faire profession d'vn art.
Andári, allées de iardin. Item, les déportemens.
la buona Anddta, le vin du valet, les épingles.
Andato, passé.
ne' tempi Andáti, au temps passé.
Andatura, allure.
in quell' Andatura, de cette sorte.
Andar xo, le temps qui court, la coustume.
Andirivieni, tournoyemens, destours. Passepoit pour aller & reuenir : Discours sans suitte ou sans raison.
A'ndito, auenuë, passage, allée.
Andiuenire, aller & venir.
Ando, la montée d'vne colline basse.
Andragone, hommasse, virago.
Andrino, manteau ou poil de cheual moreau, andrin.
A'ndrio, sorte de serpent venimeux.
Andróne, sur le Venitien, priué.
Androna, allée de maison. Passage entre deux murailles : vne chambre pour les domestiques. Vn égoust, vne ruelle.
Andrònica, vne vertu appellée force.
Andrònico, qui a de la force.
Androface, androface, plante.
Androsene, androsenum, espece de mille pertuis.
Anebbiare, faire brouillas. & se gaster du brouillar.
A'nedra, cane.
Anegliare, ratifier, éclaircir.
Anelatióne, haletement, respiration.
Anelitare, respirer, haleter.
Anelito, respiration, haletement.
Anellare, anneler.
Anellaro, faiseur de baguel.
Anelliere, id.
Anello, anneau.
Anello da cucire, dé à coudre.
Anello da bolla, anneau qui sert à cacheter.
Anemone, anemone, fleur.

D. iij

Anemona, id.
* *Antra*, canne.
Aneto, anet.
A'netra, anitra, canard & canne.
Anfanamento, iaserie, réverie, discours sans suitte.
Anfanare, dire du galimatias, parler sans suitte, résuer.
Anfanare à secco. Idem, & parler en vain.
Anfanatore, iaseur.
Anfaneggiare, iaser.
Anfania, discours sans suitte, galimatias.
Anfesibena, vn serpent qui a vne petite teste du costé de la queuë, & rampe des deux costez.
Anfibio, animal qui vit sur terre & dans l'eau, anfibie.
Anfiteatro, amphiteatre.
A'ufora, vne sorte de tonneau à mettre du vin: c'est aussi vne sorte de mesure, amphore.
Aufodello, asphodille, plante.
* *Anfrangere*, rompre, casser.
* *Anfranto*, cassé, concassé.
* *Anfusaglia*, canaille, racaille, febue lomine.
Angario, vn inuenteur ou faiseur d'imposts.
* *Angareggiare*, surcharger, angarier.
Angaria, impost, taille, taxe, imposition angarie.
Angariare, surcharger d'imposts.
Ange, sorte de poisson à coquille.
Ange, il tourmente, temps seul du verbe, *angere*.
Angélica, angelique, herbe: Item, framboise.
Angelicato, semblable à vn Ange.
Angélico, angelique.
Angelino, sorte de verre à boire. Et vn petit Ange.
A'ngelo, Ange.
Angere, tourmenter, molester.
Angheria, impost, surcharge, contrainte.
Angheriare, contraindre par force: surcharger.
Anghiorno, sorte de petit oiseau.
A'nghio, bigne, bosse, tumeur, bosse chancreuse, aposteme.
tagliarsi l'Anghio, dire ouuertement ce qu'on veut dire. Item, prendre resolution en vne affaire.
A'ngio, angle, maladie de cheual.
agliarsi l'Angio, voyez *Anghio*.
Anghirone, heron.
Angiolini, balles ramées, selon aucuns.
A'ngiolo, Ange.
Angina, angine, équinacie. Item, vne sorte d'herbe.
Angione, recoing, angle.
Angiporto, cul de sac, ruë sans bout.
Anglio, engelure, comme les mules aux talons.
Angolare, angulaire.
A'ngolo, angle.
Angoloso, remply d'angles, anguleux.
Angomara, vn peloton de fil, selon aucuns.
Angonia, angoisse.
Angoniare, donner de l'angoisse.
Angonioso, plein d'angoisse.
A'Angonizzare, estre en agonie.
Angore, mal de gosier auec estouffement.
Angostia, angoisse.
ngosciare, donner de l'angoisse.
Angoscituole, angoisseux, plein d'angoisse.
A'agra, vne baye en mer.
Angue, vn serpent.
Anguella, eperlan, sorte de poisson.
Anguello, vn poisson appellé lauaret.
Anguettare, ramper comme vn serpent.

Anguilla, vne anguille.
Anguillaccio, &
Anguillare, vn rang de seps de vigne.
Anguilli, en iargon, poteaux.
Anguinaglia, &
Anguinaia, l'aine. C'est aussi vne tumeur en l'aine; & la peste.
Anguino, serpentin, de serpent.
Anguistara, vase de verre qui a vn bec courbé.
Anguistaretta, petit vase de verre long.
Angulare, angulaire.
A'ngulo, angle.
Anguria, melon d'eau.
Augusella, &
Angusigola, aiguille, sorte de poisson qui a le bec fort long.
Angustia, angoisse, détresse.
Angustiare, facher, donner de l'angoisse, tourmenter.
Angustioso, facheux, angoisseux.
Anhelare, haleter.
Anhelitare, id.
Anhelo, courte haleine.
A'nice, anis.
son dati gli Anici, on a seruy l'anis i. l'affaire est acheuée, parce qu'on sert l'anis apres le repas.
Anichilare, anihiler, aneantir.
Anichilatione, aneantissement.
Anidare, nicher.
Anidiare, id.
* *Aniello*, chainon d'vne chaisne. C'est aussi vn fer de fusil.
Anientare, & *Anientire*, aneantir.
* *Anile*, d'ange, qui appartient au vieil aage.
* *Anilità*, haut aage, grand aage, vieil aage.
A'nima, ame.
A'nima di bottone, moule de bouton.
A'nima di cannone, noyau de canon.
A'nima del mantice, ame de soufflet.
fratello & sorella d'A'nima, frere spirituel, sœur spirituelle.
A'nima di nocciolo, amande de noyau.
non vi ho srouato Anima nata, ie n'y ay rencontré ame viuante.
tener l'Anima co' denti i. estre proche de la mort.
velo ritrouarete all' Anima, vous le retrouuerez à vostre ame. i. Dieu vous le rendra en Paradis.
huomo d'Anima, homme de sainte vie, deuot.
Anima, sorte d'armeure fait en escailles.
Anima di creta, vne barre de fer dans le moule d'vn canon.
giocarebbe l'A'nima, nous disons, il iouëroit son cul s'il ne tenoit.
A'nima di ferro, barre de fer dans vn essieu pour le renforcer.
Animalaccio, gros animal, gros sot, gros lourdaut.
Animale, animal.
Animal da carro, nous disons gros cheual de bagage à vn lourdaut.
Animalità, la vie, l'esprit de toute creature viuante.
Animalmente, comme animal, concernant la creature viuante.
Animante, qui anime.
Animare, animer. Encourager.
* *Animastico*, qui concerne l'ame.
Animella, languette de balon; soupape d'vne pompe.

AN

Coüillons de belier : caillettes : mulette, laite de poisson.
Animella di vitello, ris de veau, fagoüé.
Animo, esprit, courage : volonté, dessein, humeur.
hauer animo di fare, auoir en fantaisie de faire.
d'ar ou bastard l'Animo, se faire fort, auoir le courage.
far Animo, encourager, & prendre courage.
Animosamente, courageusement.
Animosità, courage, hardiesse & animosité.
Animoso, courageux.
Animuccia, pauure petite ame.
A'niso, anis.
Anitiane, sorte de poires qui se gardent.
A'nitra, canard & canne.
Anitruccio, gros canard.
Anitrare, vendeurs de canards.
Anitrina, herbes aux cannes.
Anitrino, vn canichon, petit canard.
A'nitrire, hennir, pres, anitrisco.
* Anitroccolo, jeune canard, canichon.
Annacquare, mesler d'eau, arrouser.
Annassiamento, arrousement.
Annaffiare, arrouser.
Annaffiatoio, arrousoir.
Anuale, annal.
Annali, les Annales.
Annalista, qui escrit les Annales.
Annalmente, annuellement.
Annare, pour andare, mot Napolitain, aller.
Annasare, flairer, sentir.
Annaspare, deuider.
Aniata, année.
* Annea, année.
Annebiare, faire broüillas. Il se dit aussi des fruits gastez du broüillas : enniller, gaster de nielle, nieller.
Annebiatino, dameret, poupin, mignon, effeminé, flouet. Item, gasté de nielle, niellé.
Annegare, noyer.
Anneghittire, deuenir paresseux.
* Anneggiare, noyer.
Annegrare, annegrire, deuenir noir, pr. isco.
Annellare, anneler.
Annello, bague, anneau, chaisnon.
Annullo, anse de cadenas.
Annelletti, annellets.
Annelloni, gros anneaux pour l'artillerie.
Annembrare, faire broüillas : se couurir de bruine.
Annembiato tempo, temps bruineux.
Annerare, noircir & deuenir noir.
Annerire, deuenir noir, pres, anerisco.
Annessare, annexer.
Annessione, annexion.
Annesso, annexé.
Annestare, enter.
Annesto, ente, greffe.
* Annettare, nettoyer.
Anneuare, neiger. Et emplir de neige.
* Annichiare, hennir : s'accroupir, se tapir : se mettre dans vne niche, faire en niche.
Andichiamento, hannissement.
Annichilare, aneantir.
* Annicolo, vieil d'vn an.
Annidarsi, se nicher.
Annidiare, id.
* Annido, nid.

AN

* Anniegare, noyer.
Annighittire, deuenir paresseux, annighittisco.
Anninnare, bercer vn enfant en chantant, la ninna i. do do de l'enfant : Dediner.
Annitro, hannissement.
Anniuersario, bout de l'an : priere qui se fait vne fois l'an.
Anno, an, année.
Annuale, annuel.
Annobilira, annoblir, pres, annobilisco.
Annobilitare, id.
Annodare, noüer.
Annodarsi le mani, se ioindre les mains.
Annodatura, noud, liaison.
* Annoia, ennuy, fascherie.
Annoiamento, id.
* Annoiarse, id.
Annoiare, fascher, ennuyer.
Annolino, sorte d'oiseau.
Annona, prouisions de grains, &c. Item, viures.
Annontiare, annoncer.
Annoso, nagé : qui a plusieurs années.
Annotare, noter, faire des annotations.
Annottare, se faire nuit.
Annottare, id.
Annouerare, nombrer, compter.
Annouerevole, qui se peut nombrer.
Annuale, annuel.
Annualmente, annuellement.
Annubilare, se troubler, se couurir de nuages.
Annubiloso, couuert de nuages.
Annugolarsi, se troubler de nuages.
Annullare, annuler.
Annullire, deuenir nul.
* Annullità, nullité.
Annumerare, compter, nombrer.
Annuntiamento, annoncement.
Annuntiare, annoncer.
Annuntiata, l'annonciade.
Annuntiatione, annonciation.
Annuntio, annoncement, message.
Annuo, annuel.
* Annusare, annasare, flairer.
Annuuolarsi, se couurir de nuages, s'obscurcir.
Ano, le trou du cul.
Anolare, loüer vne barque, ou vn coche.
Ansa, grande estendue.
Ansamente, halettement.
Ansare, halleter : ahanner : desirer auec passion.
Ansare, en jargon, brusler, cuire.
Ansata, halettement.
Ansatione, courte haleine.
Ansiamento, halettement.
Ansciare, halleter.
Ansio, halettement.
* Ansignare, enseigner.
* Ansera, vne oye.
* Ansero, vn oison.
Ansia, angoisse, anxieté.
Ansiare, donner de la peine ou anxieté, chagriner.
Ansietà, anxieté.
* Ansima, courte haleine, selon anciens.
Ansioso, plein d'anxieté ou chagrin.
Ansiosamente, auec chagrin.
hauer passato gli Anta, i. estre aagé de cent ans, estre fort vieil, parce que anta est la termination de vitanta & nonanta.

Antachate, vne forte d'agathe.
Antagonista, antagoniste, opposé, contraire.
Antalio, plante qui porte vn fruict comme vne nefle.
Autano, aulne, arbre.
Autartico, antartique.
Ante, forte d'animal aux Indes.
Antecedente, antecedent, precedent.
Antecedenza, preseance.
Antecedere, preceder.
Antecellente, tres-excellent.
Antecessore, antecesseur, predecesseur.
Antecore, anticuore, mal de cœur : contre-cœur, mal de cœur.
Antecura, preuoyance, soing.
Antedetto, susdit.
* *Antelucano*, de deuant le iour.
* *Antelucere*, luire auparauant.
* *Antemettere*, preferer.
* *Antenascere*, naistre auparauant.
* *Antenati*, nos predecesseurs ou deuanciers.
Antenna, antenne.
* *Antennale*, le costé de la voile qui s'attache à l'antenne, vergue.
Antepassati, deuanciers.
Antepasto, entrée de table.
Anteporre, preferer : mettre au deuant.
Anteriore, anterieur.
Anteriormente, anterieurement.
Anteuenire, venir deuant : preuenir, pres. *antenengo*.
Antianità, ancienneté.
Antiano, ancien.
All'antica, à la vieille mode.
Anticaglia, vieil edifice : vne vieille chose.
Anticaglie, des anticailles, ou antiques.
Anticagliere, antiquaire.
Anticamente, anciennement.
Anticamera, anti-chambre.
Anticamera dell' asino, i. la porte de derriere.
Anticare, rendre ou deuenir antique.
Anticaro, vn vendeur d'antiques.
Anticato, deuenu antique.
* *Antichia*, le loquet d'vne porte, selon aucuns.
Antichità, antiquité, ancienneté.
Anti-christo, ante-christ.
Anticipare, anticiper : payer par aduance.
Anticipatamente, par aduance : par anticipation.
Anticipato, payé par adnance.
Anticirône, &
Anticirôno, forte de graine.
Antico, ancien, antique.
Anticôre, auerti-cœur, contre-cœur, maladie de cheual.
Anticorriere, auant-coureur.
Anticrotto, en jargon, Dieu, Christ : & Ambassadeur.
Anticuôre, mal de cœur. Item, vne maladie de cheual, appellée auerti-cœur, ou contre-cœur.
Antidoto, antidote.
Antiene, sorte de poires.
Antifona, Antienne.
Antigo, en jargon, Maistre.
Antiguardia, auant-garde.
Antilli & *antillida*, antillis, sorte de plante.
Antillione, id.
Antilogia, contradiction de discours.
Antimonio, antimoine.
Antimurale, parapet, auant-mur.

Antimurare, murer au deuant : faire vn parapet.
Antimuro, auant-mur.
Antinepote, nepueu de bien loing.
Antinomia, contrarieté de Loix.
Antiparte, aduantage.
Antipasto, entrée de table.
Antipatia, antipathie.
Antipatizzare, auoir de l'antipathie : antipathiser.
Antipetto, plastron : vne sorte de maladie à la poitrine des cheuaux. Et vne piece à mettre deuant l'estomach.
Antiporto, allée, porche.
Antiporto, en jargon, vne ceinture.
Antiquario, curieux d'anticailles.
Antiquità, antiquité, ancienneté.
Antirrino, mouron violet.
Antirrinone, id.
Antisapere, sçauoir auparauant : auoir la prescience.
Antisapientia, prescience.
Antiscena, vne toile qui couure la scene ou le theatre.
Antiscôrdone, sorte d'ail.
* *Antisia*, &
Antisite, vn qui preside sur les choses sacrées.
Antitesi, antithefe, position contraire.
Antiuedere, preuoir, pres. *antiuengo*.
Antiuedimento, preuoyance.
Antiuenire, preuenir.
Autona, en jargon, non.
Antonomasia, antonomasie, certaine excellence par dessus les autres.
* *Antrione*, le vent du Nord, selon aucuns.
A'ntro, antre.
* *Antropôfago*, mangeur d'hommes.
Antrôso, plein de cauernes.
Anugale, pimprenelle.
Anulare, doigt annulaire, où l'on met la bague. Vn blanc meslé de carnation, dont vsent les Peintres.
Anza, vne sorte de serpent aquatic.
Anzana, vne corde que des hommes tirent pour remonter des batteaux, Alzana.
Anzare, donner de la peine ou chagrin : haleter.
Anzi, ains, mêmes, au contraires, mais plutost.
Anzi pure, mesmes aussi.
Anzi immo i, deuant, plutost.
Anzi grande che nò, plustost grand que petit.
Anzi che, plustost que.
Anziano, ancien.
Anzolo, vne sorte de voile en vn nauire.
Anzolo, la beliere à laquelle le batail de la cloche est attaché.
à tutte Andare, à toute reste.
Ansamatrice, cajolleuse, reueuse en dormant.
Angélico, framboisier.
Anhelito, halettement.
A'nima, ame.
Anima de ferro, esquignon d'aissieu.
Annonciatore, annonceur.
Annonciatrice, annonceuse.
A'nsio, plein de chagrin.
Anticamera dell' Asino, la cour d'vne maison, selon aucuns.
Antipapa, Anti-Pape.

A O

A Occhiare, œillader, regarder.
Aombrare, couurir : ombrager : s'ombrager : figurer.

gure, exprimer : mettre à l'ombre.
Aonciare, mesurer par onces.
Aondare, faire des ondes.
Aonestare, rendre honneste.
Aonghiare, prendre auec les ongles, agriffer : donner de la griffe.
Aontare, donner de la honte, faire affront.
Aoperare, mettre en œuure : employer.
Aornello, orme sauuage.
Aorzare, tirer à ourse.
Aouato, œufué. Item, fait en oualle.

A P

APacciare, pacifier : appaiser.
Apáce, chiendent. Et vne sorte de chardon.
Apagáccio, couuert, sombre : qui est à l'ombre.
Apaiare, coupler, apparier.
* *Apallattare*, courir viste, comme la langue d'vn yurogne.
Apareggiare égaler, apparier.
* *Aparienz a*, *aparissenz a*, apparition.
Aparino, grateron, sorte d'herbe.
Apartare, reculer, escarter.
Apatenente, appartenant.
Apartenenz a, appartenance.
Aparteneve, appartenir. pres. *apartengo*.
* *Apartia*, le vent du Nord, selon aucuns.
Aparúolo, guespier, oiseau qui mange les abeilles. Mesange : selon aucuns, vn gardien d'abeille.
Ape, abeille.
Apeciare, poisser.
Apelióte, le vent d'Est.
* *Aperire*, ouurir.
Aperitiuo, aperitif.
Apertamente, ouuertement : à veuë d'œil.
in campagna Apetra, &
in sito Aperto, en campagne rase, en pleine campagne.
à guerra Aperta, de pleine guerre.
Aperto, ouuert.
Apertúra, ouuerture.
Apétere, souhaitter, desirer, appeter: pres. *apetisco*.
Apettare, c'est quand vn cheual porte sa teste si bas, qu'il en touche sa poitrine. Item, s'attache à quelque chose.
Apez z are, mettre en pieces.
Apiaria, lieu où l'on nourrit les abeilles : trafic & maniment d'abeilles.
Apiastra, mesange, oiseau, Guespier.
Apiastra, melisse, herbe.
Apibue, sorte de toreau sauuage.
Apicciare, allumer.
A'pice, selon aucuns, vne brebis pelée sous le ventre, qui a la teste petite, & la laine fort courte. C'est aussi la pointe ou sommet de quelque chose.
Apigionare, loüer, & bailler à loüange.
Apilottare, selon aucuns, mettre des menottes, ou donner les osselets.
A'pio, ache, herbe.
A'piolo, sorte de pomme verte.
Apirinéo, sorte de grenade.
Apiróne, or comme on le tire de la mine.
Apiróto, sorte de rubis, ou escarboucle.
Apitácoro, arbre qui distille de l'ambre.
Aplisie, sorte desponges.
Apocino, sorte de chardon.
Apocopa, apocope, figure qui abrege la diction.
Apocopare, retrencher la derniere syllabe, d'vne diction.

Apocrifo, apocriphe.
Apográfo, vn extrait.
Apolináyra, hannebanne, herbe.
* *Apología*, apologie.
* *Apológo*, apologue.
Apoplessia, apoplexie.
Apoplético, sujet à l'apoplexie : apopletic.
* *Aporógie*, certaines impressions en l'air qui paroissent comme des Estoiles qui tombent.
* *Aporia*, tourment d'esprit.
Apossessionarsi, prendre possession.
Apostare, apostez : donner le rendez-vous.
Apostasia, apostasie.
Apostata, vn apostat.
Apostatare, estre apostat, sans religion.
Apostema, apostheme.
Apostemare, apposthemer.
Apostemato, plein d'aposthemes, & aposthemé.
Aposticciare, supposer, contrefaire par artifice.
Aposticcio, feint, faux, contrefait.
Apostólico, Apostolique.
Apostolo, Apostre.
esser frà due Apostoli, estre entre-deux Apostres, esser nelle stinche. i. estre en prison. C'est que *le stinche*, prisons où l'on tient les esclaues, sont au milieu de deux Eglises d'Apostres.
Apostrofare, marquer d'vne apostrophe, apostropher.
Apóstrofo, apostrophe.
Apostumo, posthume.
Apotéca, Apothicairerie.
Apotecáyo, d'Apothicaire.
Apotecáro, Apothicaire.
Apotegma, apophtegme.
Appaciamento, appaisement, pacification.
Appacciare, appaiser : pacifier.
* *Appacciéuole*, qui se peut appaiser.
Appadiglionarsi, dresser des tentes ou pauillons, camper.
Appadulare, inonder en forme de marests.
Appagáccio, lieu couuert, sombre.
Appagare, contenter, satisfaire.
Appagarsi, se flatter en vne chose, se payer de, se contenter, se plaire : prendre plaisir.
* *Appágo*, content, satisfait.
Appaiare, apparier.
Appalesare, descouurir, declarer.
Appalottolare, faire en forme de boulette. Item, se gluer, se coller, s'attacher.
Appaltare, donner & prendre à ferme.
Appaltatóre, fermier.
Appalto, ferme, qui se dit des imposts.
* *Appaltonato*, corrompu, deuenu meschant.
Appaludare, inonder, reduire en forme de marescage.
Appamendo, globe : mappe-monde.
Appannare, offusquer : proprement l'effet de l'haleine sur vn miroir, ternir. C'est aussi garnir les nappes d'vne ret ou filet.
Appannate, chassis de papier.
Appannatótto, charnu, plein de graisse, en bon point.
Apparare, apprendre. Et appareiller, tapisser.
Apparáto, apprest, preparatif, appareil, tapisserie.
Apparecchiare, appareiller, apprester, preparer.
Apparecchiar la tauola, mettre le couuert.
Apparécchio, apprest, appareil.
Appareggiare, égaler : apparier.
Apparentarsi, s'apparenter.
Apparente, apparent.

Apparentemente, apparemment.
Apparenza, apparence.
Apparére, paroistre, apparoir.
Apparimento, apparition.
Apparire, apparoir, pres. *apparisce*, ou *apparo*.
* *Appariscenza*, apparence, & apparition.
Apparita, le leuant.
Apparitòia, parietaire.
Apparitória, id.
Apparitóre, Sergent, Huissier, Officier de Iustice qui adjourne & execute les Sentences de Iustice.
Apparsione, apparition.
Appartamento, appartement, departement: & diuision, ou separation.
Appartare, separer, écarter, mettre à part.
Appartatamente, separément.
Appartenenza, appartenance.
Appartenére, appartenir, pres. *appartengo*.
Appartire, partager: Et separer.
Appassare, se seicher comme les fruits & raisins.
Appassire, idem, pres. *apparisco*.
Appassionatamente, passionement.
Appassionare, passionner.
Appassionato, passionné.
Appastare, petrir.
Appastare, appaster: appasteler: mettre en paste: rendre pasteux.
Appatente, patente.
Appatumare, rapatrier: coudre ou attacher ensemble: pacifier, accorder.
Appellagióne, appellation, appel.
Appellare, appeller.
Appellatióne, &
Appello, appel: deffy.
Appéna, à pena, à peine.
Appèndere, appendre, prendre au deuant.
* *Appendice*, appendix.
* *Appendìo*, chose dependante: accessoire.
* *Appensione*, attachement.
Appertenenza, appartenance.
Appertenére, appartenir, pres. *appertengo*.
Appescare, appoissonner vn estang.
Appéso, appendu, attaché.
Appestare, infecter, empester.
Appestato, empesté, infecté.
Appetenza, desir, appetence.
Appétere & *appetire*, appeter, desirer, pr. *appetisco*, ou *appeto*.
Appetitiuo, appetitif.
Appetito, appetit, enuie, desir de manger.
giocar l'*Appetito*, iouër son appetit, nous disons, iouër iusques à sa chemise.
Appettare, s'attacher à quelque chose: se coler la poitrine contre quelque chose.
Appetto, au regard, en comparaison, aupres.
Appetto, selon aucuns, courte haleine, difficulté de respirer.
Appeuerare, poiurer.
Appeuerata, poiurade, sausse auec du poiure.
Appezzente, bribeur, gueux qui cherche des pieces de pain.
Appia, sorte de pomme, pomme d'api.
Appiacere, plaire.
Appianare, applanir. Item, monter.
Appiana, sorte de verd dont vsent les Peintres.
Appiastrare, &
Appiastricciare, plastrer, enduire.
Appiastro, melisse, sorte d'herbe.
Appiatiarsi, se tapir, se cacher, s'applatir.

Appiccacappe, c'est vn instrument à pendre les manteaux, Porte-manteau.
Appiccagnolo, attache, prise: beliere.
Appiccare, empoigner, gripper, attacher, pendre.
Appiccarla ad vno, donner la baye à quelqu'vn, faire vne niche.
Appiccaticcio, qui s'attache facilement.
Appiccatura, penture.
Appicciare, allumer.
Appicciar campo, s'attacher au combat.
Appicciolare, &
Appiccolare, appetisser, rendre petit: deuenir petit.
Appicco, prise, suiet, attachement.
Appiè, au bas, au pied.
Appigionare, prendre & bailler à loüage.
è come le case da *Appigionare*, il est comme les maisons à loüer, i. il n'y a rien dedans.
Appigliarsi, s'attacher: s'adonner, s'arrester à vne chose.
Appigliarsi, prendre en terre, qui se dit des plantes: s'attacher: s'endurcir en s'attachant contre quelque chose: se ruer sur quelque chose: se prendre comme le feu.
Appigrire, rendre & deuenir paresseux, pres. *appigrisco*.
Appio doméstico, persil de iardin.
Appio palustre, persil d'eau.
Appio montano, persil de montagne.
Appiorisso, ache sauuage.
Applàndere, applaudir.
Applaudimento, applaudissement.
Applàuso, idem.
Applicare, applicable.
Applicare, appliquer.
Applicatione, application.
Appluda, la gousse des graines, comme du mil, &c.
Appo, chez, auprés: En comparaison.
Appoderare, donner du pouuoir.
Appodestare, donner de l'authorité.
* *Appogare*, selon aucuns, étouffer.
Appoggiare, appuyer.
Appoggiatóio, dossier d'vne chaire: appuy.
Appoggio, appuy.
* *Appoggioso*, vn niais, sot, badin.
Appoioso, idem.
Appolaiarsi, se iucher, qui se dit des poules.
mona *Appollonia*. i. par allusion de *Pollo*, vne femme qui porte le poulet: maquerelle.
Apponere, se douter: deuiner: imposer: imputer, mettre sus, trouuer à redire.
Apponitore, vn qui impute ou met sus.
Appontare, aiuster, appointer.
Apponto, iustement, tout à point.
* *Appopolare*, peupler.
Appoppare il vasiello, c'est faire pencher le vaisseau du costé de la poupe, mettre le vaisseau en poupe.
Apporre, se douter, deuiner, imposer: s'oppoler, blâmer, mettre sus, imputer: trouuer à redire, pr. *appongo*.
Apportare, apporter.
Appositione, apposition, obiection, charge, coniecture, supposition.
Apposituo, supposé.
Appossessionarsi, entrer en possession.
Apposta, exprés.
Appostare, aposter: guetter, épier: assigner: marquer: coniecturer: determiner: arrester, comme vn valet, ou vne nourrice, pour s'en seruir dans quelque temps. Item, atiltrer.
Appostìcciare, contresaire: supposer.

Apposticcio, supposé : contrefait, fait par artifice.
Apposto, apposé : supposé : chargé.
Appostumo, venu au monde apres la mort du pere : posthume.
Appozzare, ietter dans vn puits, ou autre eau : enfoncer dans l'eau.
Appreggiare, priser.
Apprendere, apprendre. Item apprehender.
Apprenderfi, se prendre comme le feu, se cailler.
Apprenditore, vn apprentif.
Apprensione, apprehension.
Apprensiuo, apprehensif.
Apprehéndere, apprehender.
Apprehensibile, qui se peut apprehender.
Apprehensiuo, apprehensif.
Appresentare, presenter.
Appresó, appris : apprehendé : pris : caillé comme le laict.
Appressamento, approche.
Appressare, approcher.
Appresso, auprés : apres : chez : auec cela, ensuite de cela, outre cela.
Apprestare, apprester, preparer.
Appresto, apprest.
Appretiare, appretier, priser.
Apprezzamento, prisée, appreciation.
Apprezzare, priser, estimer.
Apprezzo, prisée, appreciation.
* *Appricciofo*, capricieux.
* *Apprivare*, rendre priué ou familier.
* *Apprivatione*, priuauté.
Approbabile, qui se peut approuuer.
Approbare, approuuer.
Approbatione, approbation.
Approcciare, approcher, faire les approches.
Approcci, les approches.
Approccieuole, qui se peut approcher.
Approdare, tirer vers le bord, & pencher du costé de la prouë. Deuenir, ou rendre valeureux : faire du bien au corps. Aborder : aider, seruir.
Approfitare, profiter.
Approfumare, parfumer.
Appropiare, approprier.
Appropriatione, appropriation.
* *Appropinquarsi*, s'approcher.
Appropriabile, appropriable.
Appropriamento, appropriement.
Appropriare, approprier.
Appropriatione, appropriation.
* *Approssimante*, approchant.
* *Approssimare*, approcher.
* *Approuaggione*, &
* *Approuanza*, approbation.
Approuare, approuuer.
Approuatione, approbation.
Appugnare, oppugner.
* *Appulcrare*, embellir.
* *Appulso*, impulsion naturelle. Entrée, approche.
Appuntamento, appointement.
Appuntare, attacher ensemble, faire vn point à quelque chose pour l'attacher, Appuyer.
Appuntare, blasmer : faire la pointe à quelque chose : appointer : pointer : estayer : prendre garde de prés : reprendre.
Appuntare, marquer ou escrire sur le liure du Marchand.
Appuntare i piedi al muro. i. resister, disputer, nous disons, tirer au baston.
Appuntellare, estayer.

Appuntellar l'ostio con la granata. i. estre negligent à serrer son fait.
Appuntino, appointeur. Item, vn repreneur.
Appunto, iustement : à point.
por l'Appunto, idem.
* *Appudire*, deuenir puant, prés. *apputidisco*.
Appuzzare empuantir, rendre puant, & deuenir puant : infecter.
Appuzolare, id.
Apréndere, apprendre.
Apprehéndere, apprehender. Voyez le reste cy-deuant par deux p.
Apricità, lueur du Soleil en hyuer, selon aucuns.
Aprico, exposé au Soleil, lieu descouuert.
Aprile, Auril.
Aprilino, du mois d'Auril.
Aprimento, ouuerture.
* *Aprina*, chair de sanglier.
Aprire, ouurir. Et declarer.
Aprir bottega, leuer boutique.
Aprir casa, prendre vne maison à loüage.
Aprir le cifare, deschiffrer.
Apritiuo, aperitif.
Apritore, qui ouure.
Apritura, ouuerture.
* *Apro*, sanglier.
Apronia, selon aucuns, peruanche : Item, vigne sauuage noire.
Aproniane, sorte de fruict, comme qui diroit prunes, cerises.
Apropiare, approprier.
Aprossi, herbe qui attire le feu.
Aprugno, la longe d'vn sanglier.
Apuntamento, *apuntare*, *apuntatamente*. Voyez-les par double p.
Apuntino, distinctement, point pour point.
Apuzzellare, selon aucuns, blesser, offenser.
Aperitiuo, aperitif.
Apersione, ouuerture.
Apetenza, desir.
Apetibile, souhaittable.
Apostolático, le Pontificat.
Appoggiatore, baston d'appuy de carosse.
Apportatore, apporteur.
Apportatrice, apporteuse.

A Q

*A*Quattarsi, se tapir, se cacher.
Aquittare, appaiser, accoiser.
Aquicelli, sorte de pignons consits.
Aquidoccio, *aquidoito*, aqueduct.
Aquifoglio, houx.
Aquila, Aigle. Vne aiguille, sorte de poisson.
Aquila non piglia mosche. i. vn homme de cœur ne s'adonne pas à de basses actions.
Aquila marina, orfraye, selon aucuns.
Aquilastro, busard, selon aucuns.
Aquilegia, acquilée, mille-feüilles, plante.
Aquilina, id.
Aquilino, aquilin. Item, de nature d'aigle.
Aquilonare, le souffler du vent d'Aquilon.
Aquilone, Aquilon. Vn grand Aigle.
Aquario, le verse eau, *aquarius*.

A R

*A*Ra, Autel.
A'ra, vn Estoille proche du Scorpion.

A'ra, pour afa, aire, grange où l'on bat le bled.
Arabioſo, ſorte de caſaque. Item, herbage.
Arábia, Arabie.
eglie in Arabia, il eſt en Arabie : c'eſt vne équiuoque entre Arábia, & Arrábia, c'eſt à dire, il enrage.
Arabbiare, enrager.
Arábico, Arabic.
Arabico, par alluſion de rabbia, enragé.
Arábile, qui ſe peut labourer.
A'rabo, Arabe.
Araca, ſorte de ſerpent venimeux.
Aracelle, ſorte de champignons.
* Arachnìte, pourcelaine ſauuage. Et vne ſorte de plante.
* Aracnoide, vne taye fort deliée ſur l'œil, Aragnoide, araignere.
Araco, herbe que l'on mange en Egypte.
Aragna, ſorte de filet ou rets. C'eſt auſſi la toile de l'araigné.
Aragno, aragne, araignée.
Araldo, Heraut.
* Arancadire, deuenir rance, preſ. arancadiſco.
* Arancare, ſelon aucuns arracher : deſpenſer, prodiguer.
Arancatore, vn deſpenſier, vn prodigue.
Aráncia, orange.
Aranciáta, baulme. Item, vne orangerie, oranges confites auec du ſucre, ou du miel.
* Arancido, rance.
Arancio, oranger, orange.
Arancire, deuenir rance, preſent, aranciſco.
Aránca, la quatrieſme pellicule ſur les yeux.
Aráneo, ſorte de poiſſon, crabe.
* Anangio, arancio, orange.
Arare, labourer.
Arar con l'aſinoe col bue, labourer auec vn aſne & vn bœuf. i. diſtribuer mal les Offices.
Arare il ferro, c'eſt quand le vaiſſeau traîſne l'ancre ſous l'eau, l'ancre deriuer, traîſner, labourer.
* Araſare, raſer.
* Araſì, ſorte de figues.
Arátolo, charruë.
Aratóre, laboureur.
Aratrare, renuerſer le bled pour le faire croiſtre plus viſte : c'eſt vne façon hors d'vſage.
Ar.itro, charruë.
Araẓẓare, tapiſſer.
Araẓẓiere, tapiſſier.
Araẓẓi, tapiſſeries.
Arbagio, eſtoffe de laine.
Arbaſcio, herbage, ſelon aucuns.
* Arbaleſtra, arbaleſte.
* Arbatvaſſa, ſorte de ſerpent venimeux.
* A'rbero, álbero, arbre.
Arbicoco, abricot.
* Arbintro, labyrinthe.
Arbitrare, arbitrer.
Arbitrário, arbitraire.
Arbitrio, arbitre.
Arbolino, ſorte de poiſſon.
Arboráre, arborer.
Arboráta, ramée, parc d'arbres.
* A'rbore, arbre.
Arboreggiare, arboriſer.
Arboriſero, qui porte des arbres.
Arboroſo, plein d'arbres.
* Arbricòccolo, abricot & abricottier.
Arbuſcello, arbriſſeau. Item, ſorte de Cedre.

Arbuſſo, ſelon aucuns, lieu planté d'arbres : arbuiſier : framboiſier : ronce.
Arbuto, idem.
Arbuſtoſo, plein de ronces.
A'rca, arche : coffre : caiſſe : huche.
egli è vn' Arca di Noè. Il eſt vniuerſel, il eſt tout plein de ſciences.
Arcapanária, huche à peſtrir le pain.
Arca di Noè, vn certain ſigne au Ciel, ſelon aucuns.
* Arcadóre, Archer.
* Arcáito, Capitaine d'vn Fort, ou Chaſteau.
Arcále, arcade.
A'rcano, l'eſpine du dos : l'eſchine. Item, vne coſſe deſcharnée, ſelon aucuns.
* Arcanamente, ſecrettement.
* Arcáni, ſecrets.
Archangelo, Arcange.
Arcare, faire en arc ou arcade, courber : bender vn arc.
Arcaro, faiſeur d'arcs. Item, vn Archer.
Arcaſe, ſorte d'oiſeau de mer, comme vne ſarcelle.
Arcata, trait d'arc. Et arcade.
tirar in Arcata, tirer ſans viſer à aucun but.
Arcatóre, Archer.
Arcduola & arcáuolo, biſayeule & biſayeul.
Arcella, ſorte de champignon : & de poiſſon à eſcaille.
A'rcere, beccaſſe, ſelon aucuns.
Archeggiare, faire en arc : bender vn arc : faire profeſſion d'Archer. Tirer vn arc.
Archelaide, ſorte de date pleine de ius.
Archetípo, modelle, patron, exemplaire.
Archetto, vn archet, vne raquette. Item, vne ſcie à main.
Archetto, archet à prendre des oyſeaux.
ſtar ſu gli Archetti. i. ſubtiliſer, eſtre aux aguets pour attraper ou reprendre.
Archet oſtina, ſorte de vigne & raiſin ſauuage. Et l'herbe appelée pernanche.
Archibugiare, harquebuſer.
Archibugiaro, harquebuſier, faiſeur d'harquebuſes.
Archibugiére, harquebuſier.
Archibugiáda, harquebuſade.
Archibugiería, harquebuſerie.
Archibugio, harquebuſe.
Archibugio da ruota, harquebuſe à rouet.
Archibigio da focile, vn fuſil, harquebuſe à fuſil.
Archibigio da croco, &
Archibugio da poſta, arquebuſe à croc.
Archibugióne, groſſe arquebuſe.
Archicioco, artichaut.
Archiciòſſo, idem.
Archidiácono, Archidiacre.
Archidiaconáto, Archidiaconat.
Archegerente, qui porte l'arc.
Archiéro, Archer.
Archimandrita, capa di mandria, Paſteur, chef de troupeau. Metaph. Eueſque, Prelat, &c.
Archimia, Alquimie.
Archipendolare, dreſſer au niueau.
Archipendolo, plomb, niueau.
Archipenſolare, plomber, niueler, aiuſter au niueau.
Archipenſolaro, id.
Archipenſolo, plomb, niueau.
Archipènẓolo & archipèẓẓolo, id.
Architetto, Architecte.
Architettare, dreſſer l'Architecture.
Architettóre, Architecte.
Architettúra, architecture.
Architrauato, qui a vne architraue.

AR

Architraue, architraue.
Architiclino, Escuyer de salle.
Archiuesconato, Archeuesché.
Archiuescouo, Archeuesque.
Archiuista, qui tient les anciennes regles ou aduis: Maistre des Archiues.
Archiuio, Archiue.
Archinoltáre, tourner en arc. Item, voulter.
Arci, s'attache à quantité de mots, comme Arciduca, & Arcidiacono, &c. Archiduc, Archidiacre.
A'rcia, beccasse ou beccassine.
Arciduola, selon aucuns, vn plongeon.
tu menti per l'Arcicanna de la gola : nous disons, tu as menty cent pieds dans ta gorge.
Arcicioffo, artichaut.
Arciciossa, id.
Arcidiacondto, Archidiaconat.
Arcidiácono, Archidiacre.
Arciduca, Archiduc.
Arciducáto, Archiduché.
Arciduchessa, Archiduchesse.
Arciére, Archer.
Arcisansana, illusion, fantaisie, baye, fanfresluche.
Arcisanfanare, dire des sottises, jaser : fantastiquer.
Arcisanfano, grand causeur, grand repreneur : mot de gausserie.
Arcisanso, id.
Arcignare, refroigner, rechigner.
Arcigno, refroigné, rechigné.
Arcignoso, id.
Arcigolofo, grand gourmand, maistre gourmand.
Arcigolosia, gourmandise extréme.
Arcionata, toute chose faite en forme d'arc, le haut d'vne cloche fait en rond ou arc.
Arcione, arçon.
Arcipélago, la mer Egée.
Arcipresso, sorte de cyprés.
Arcipréte, Archiprestre.
Arcipreuedo, id.
Arcirodomontada, grande rodomontade.
Arcissa, sorte de char ou chariot.
Arcitrauato, qui a vn architraue.
Arcitraue, architraue.
Arciuescouo, Archeuesque.
Arciuo, Archiue.
vna cosa da dirgli Arciuói, i. excellente chose, que l'on peut appeler archiuous, comme qui diroit archibonne.
Arco, arc.
Arco, arche de pont.
Arco, sorte de gehenne : archet.
Arco dell' osso : mettersi con l'Arco dell' osso, se mettre à quelque chose auec l'arc de l'os, i. prendre bien de la peine à ce que l'on veut faire.
come l'Arco Soriano, faire comme l'arc de Surie, i. tirer autant aux amis qu'aux ennemis.
Arco baleno, arc en Ciel, iris.
Arcobalista, arbaleste.
Arcobugiare, harquebuser.
Arcobugiata, harquebusade.
Arcobugiaro, faiseur d'harquebuses, harquebusier.
Arcobugio, harquebuse.
Arcoino, bendé, courbé comme vn arc.
* Arcolagio, &
Arcoláio, tournette à deuider.
Arcolai, Chasteaux en Espagne, fantaisies, friuoles.
Arcolare, deuider.

AR

A'rcolo, deuidoir, tournette.
Arconcello, archet, petit arc.
Arconti, nom d'vn ancien Magistrat à Athenes.
Arcontici, certains Heretiques qui nient la Resurrection de la chair.
Arcopendolo, niueau.
Arcoreggiare, selon aucuns, souffler de la bouche.
Arcorano, l'Alcoran.
Arcotraue, architraue.
Arcouolta, vne voûte en forme d'arc.
Arcouoltare, voûter.
Arctúro, l'Estoille arcture.
Arcuino, courbé en arc.
Ardéa, vn heron : selon aucuns, poulle d'eau.
Ardelia, selon aucuns, perquisition des affaires d'autruy.
* Ardellio, vn enquerant : vn qui prend pied aux affaires d'autruy.
Ardente, ardent.
Ardenza, ardeur.
Ardeolo, vn heron.
Ardere, brusler.
* Ardibile, qui se peut brusler.
Ardiglione, ardillon.
Ardimento, hardiesse.
Ardimentóso, plein de hardiesse.
Ardire, oser, pres. ardisco, j'ose.
Ardire, ardimento, hardiesse.
Arditamento, hardiment.
* Arditanza, hardiesse.
Arditello, aucunement hardy.
* Arditezza, hardiesse.
Ardito, hardy.
Ardoesa, &
Ardola, vne pierre precieuse, dans laquelle se trouuent naturellement des figures de bestes & d'oiseaux.
Ardóre, ardeur.
* Arduità, difficulté.
* Arduo, ardu, difficile.
Area, vne grange : selon aucuns, la surface d'vne chose. Item, le champ d'vne armoirie.
Arecare, rapporter : apporter.
Arefatto, hauy, ou seiché du Soleil : deuenu aride.
Arégano, origan.
* Aregata, &
Aregazza, vne pie.
Arena, sable, arene.
* Arenaceo, d'arene, de couleur d'arene.
Arenale, sablonneux.
Arenare, engrauer, ensabler : couurir de sable.
Arenazzo, areniere, lieu plein de grauier, lieu sablonneux : les sables.
Arendamento, arentement.
Arendare, renter : bailler ou prendre à rente.
Arendatore, rente, fermier.
Arendre, rendre.
Arendimento, arentement.
Arenga, harengue. Item, vn harenc.
Arengare, harenguer.
Arengatore, harengueur.
Aremino, armelino, hermine.
Arenoso, sablonneux, graueleux.
Arente, tout aupres.
Areola, vne petite grange. Vne couchée ou planche d'vn jardin.
Areola, vn poids de deux grains.
Areopagita, Areopagite, Office de Magistrats anciennement à Athenes.

B iij

* Aresigare, hazarder, risquer.
* Aresigo, hazard, risque.
Aresta, arreste de poisson.
Arestamento, arrest sur quelque chose.
Arestare, arrester : faire arrest.
Aresto, arrest.
Aretare, enretter, prendre dans les rets.
* Areticare, tourmenter l'esprit.
Aretio, sorte d'herbe.
Aretrare, reculer : pousser en arriere.
Arezzare, faire vne fraische ombre.
Arezzo, ombrage frais.
Arfilo, le Cheualier au jeu des eschecs.
Arganare, tirer en haut auec vne grüe ou tous.
Arganello, arganetto, &
A'rgano, tour, instrument à leuer les pierres en haut. Vne machine à battre les murailles.
Argata, vne escharpe en signe d'honneur.
Argatile, vne sorte d'oiseau fort industrieux à faire son nid.
Argema, vne maille ou taye en l'œil : le blanc de l'œil, selon aucuns.
Argemone, id. C'est aussi l'herbe argentine, ou tanasie.
* Argene, digue, quay, bord.
Argenone, sorte de pierre precieuse.
Argentare, argenter.
Argentaria, argenterie : vaisselle d'argent.
Argentata, pommade, sorte de fard pour oster les taches du visage. Item, tanasie sauuage.
* Argente, pour algente, froid, glacé.
Argenteo, d'argent.
Argenteria, vaisselle d'argent.
Argentiera, mine d'argent.
Argentiere, Orfévre qui trauaille en argent : & argentier.
Argentifero, qui porte de l'argent.
Argentina, herbe appelée ceterac.
Argentino, argentin : Et gris argenté.
Argentissimo, tout argentin.
Argento, argent.
Argentoso, qui a de l'argent, pecunieux.
Argento solimato, du sublimé, selon aucuns.
Argento viuo, argent vif, mercure.
hauer l'Argento viuo adosso, nous disons auoir du vif argent dans la teste, estre vn peu fol.
Argeste, vent d'Occident, le VVest ou Nord-vvest : entre le Nord & Ponent.
Argilla, argille, terre à potier.
Argilliera, Item, c'est aussi vn cheual qui a l'vn des pieds de derriere blanc.
Argilloso, gras comme la terre à potier : & fertile.
A'rgimo, digue : chaussée : leuée.
chi è il primo becca l'Argimo .i. qui arriue le premier fait ses affaires.
Arginale, digue.
Arginare, remparer d'vne leuée ou digue.
Argine, digue : chaussée : leuée.
Arginoso, bordé d'vne digue.
Argirite, litarge : escume de plomb raffiné.
Argiritino, id.
Argirone, vn heron.
Argo, vn Argus.
Argo, en jargon, le Ciel.
Arguire, arguer, faire des argumens.
Argomentare, argumenter.
Argomento, vn argument. Item, vn clistere ou lauement.

Arguire, arguer.
Argume, agrume, aigrums, toutes sortes d'oignons, ciboules, ail, &c.
Argusella, vn poisson qui a des cornes sur le dos.
Argutamente, subtilement.
Argutia, subtilité, argutie.
Arguto, argu, subtil, aigu.
A'ria, air.
à mezza Aria, ny haut ny bas, à demy air.
hauer le mani per Aria, nous disons estre haut à la main.
* Aricamare, broder.
* Aricamiatore, brodeur.
Aricino, sorte de chou frizé.
* Aricordanza, ressouuenance, souuenir.
Aricordare, ressouuenir, donner aduis.
* Aricordeuole, dont on se peut ressouuenir, memorable.
Aricordo, aduis.
A'rida, pour le simple element de la terre.
Aridamente, seichement.
* Aridare, rendre sec ou aride.
* Aridezza, seicheresse, aridité.
Aridire, deuenir sec ou aride, pres. aridisco.
Aridità, seicheresse, aridité.
A'rido, aride, sec : sterile.
Aridule, sorte de dattes seiches.
Areggiare, auoir de l'air d'vne personne, luy ressembler.
Ariena, sorte de grosse figue.
* Ariento, argent.
* Avietare, battre d'vn belier : cosser comme vn belier.
Ariete, vn belier : Et vt belier à battre les murailles. Item, le signe Aries ou du Belier.
Arietini, sorte de pois chiches.
Arietino, vn petit belier. Item, né sous le signe du belier. Et de belier.
Arietro, en arriere.
Arigogoli, fantastiqueries.
A'rina, vne ruche.
Arinca, sorte de ris.
Arinella, vn ply, selon aucuns.
Arinellare, plisser.
Aringa, harengue : harene.
Aringare, haringuer.
Aringato, pour preparé.
Aringatore, harengueur.
Aringhiera, le barreau, le lieu où l'on harengue : la chaire.
Aringo, lice : carriere : chaire pour harenguer.
Ariolare, deuiner.
Ariolo, deuin.
Arioso, aëré, qui a bien de l'air. Qui a bon air : belle apparence.
Ariotino, vn roitelet, oiseau.
Arisaro, sorte d'herbe, arisarum, vit de chien.
Arischiare, hazarder, risquer.
Arischio, risque, hazard.
Arischioso, hazardeux, qui hazarde.
Arisigare, risquer.
Arisigo, risque, hazard.
Arisigoso, hazardeux.
Arismetica, arithmetique.
Arismetico, Arithmeticien.
Arista, vne espine. Item, barbe d'espic : l'espine du dos.
Arista, costelette de porc.
Arista da marrone, cela se dit d'vne personne maigre

parce que cette costelette n'estoit qu'vn os décharné.
Aristella, petite costelette.
Aristida, vne herbe qui tire les espines.
Aristocratia, aristocratie.
Aristolochia, aristoloche, fortele, sarrazine, sorte d'herbe.
Aristologia, id.
Aristula, petite espine.
Arizone, senegré.
Arizzare, dresser, eriger.
* *Arlasso*, vn affront: vn tour, vne niche.
Arlotta, selon aucuns, vne putain.
Arlotto, goulu, plaisant, bouffon, escornifleur, drole. C'est le nom d'vn Curé fort plaisant dont on a fait vn liure.
Arma, arme: & armoirie.
Arma Catania, nous disons les armoiries de Bourges, vn asne dans vne chaire.
Arma de cà malipieço, pour dire vn larron.
* *Armadio*, armoire.
Armacollo, vn hausse-col.
Armadura, armeure. Garniture ou renfort de toute sorte d'ouurages. Et les deux pans ou nappes d'vn filet à prendre les oiseaux.
Armaio, armoire.
Armaiolo, armeurier. Item, petit armoire.
Armamentaria, vn Arsenal.
Armamento, armement, armeure, & armoirie.
Arminiaco, abricot, & abricotier.
Armaruo, vn armeurier.
Armare, armer.
Armar di fuori, selon aucuns, se dit d'vn cheual, quand il empesche de sa levre de dessous qu'on ne luy mette le mors dans la bouche.
Armar la galea, vne sorte de jeu.
Armaria, armoire.
Armario, id.
Armaruolo, armeurier.
Armata, armée: proprement armée nauale.
esser Armato, estre armé, cela se dit d'vn qui se vante de plus qu'il n'y en a.
Armatura, armeure, paire d'armes.
Arme, armes.
Arme d'hasta, armes à long fust.
andar per Arme d'hasta .i. fuir quand on se bat.
l'Arme Sanesi, la lupa, les armes de Sienne, la louve .i. la faim.
Armeggiamento, armement: combat public, jouste, tournoy.
Armeggiare, armer, faire vn armement.
Armeggiare, se vanter sans profit: estre faineant: parler hors de propos. Item, faire profession d'armes.
Armeggiar il vascello, arrester vn vaisseau, qu'il ne se puisse mouuoir de son lieu, amarrer.
Armeggiare, tournoyer, jouster.
Armeggiare, jaser, cajoler.
Armeggiar in amaro, en jargon, se plaindre.
Armeggiarie, toutes sortes d'armes. Item, jaseries, vanteries.
Armeggiatore, jousteur, combattant: jaseur, cajoleur.
Armeggi, les cordes & ancres dont on attache & arreste les vaisseaux, amarrages, amarres.
Armeggio, toute sorte d'armement & de blason.
Armella, abricot.
Armellina, id.
Armellino, hermine.
Armellino, abricotier, & abricot.
Amena, sorte de serpent venimeux.
Armeniato, abricotier, abrico.

Arminio, sorte de marbre: c'est aussi vne couleur appellée verd d'azur.
Armentaio, gardien de troupeau.
Armenale, qui appartient à vn troupeau. Item, vn estallon.
Armento, troupeau, proprement de bestes à cornes & de cheuaux.
Armentoso, remply de troupeaux.
Armeria, profession d'armoiries ou de blason.
Armerista, vn Heraut qui blasonne.
* *Armenole*, que l'on peut armer. Item, le nom d'vn oiseau, selon aucuns.
Armi, toutes sortes d'armes.
Armigero, belliqueux.
Armiggio, l'équipage d'vn vaisseau, armement: amarres de vaisseau.
Armilla, maliglia, bracelet.
Arminij, hermines en terme de blason.
Armolla, arroche, bonnes-dames, sorte d'herbe.
Armone, sorte de raues.
Armoneggiare, harmoniser, rendre de l'harmonie.
Amonia, harmonie.
Armoniaca, abricot.
Armoniaco, abricotier. Item, sel armoniac.
Armonico, harmonique, harmonieux.
Armonioso, harmonieux.
Armonizzante, qui rend de l'harmonie.
Armonizzare, harmoniser.
Armoriace, sorte de raues.
Arnese, harnois: aisance, vtensile.
mal in Arnese .i. mal en ordre: mal couuert, malvestu.
gli Arnesi, le trousseau de l'espousée.
A'rnia, ruche. C'est aussi vne hergne ou herine.
Arnione, rognon.
Arnisto, sorte de vin Grec.
Arno, nom du fleuue qui passe à Florence.
Arno non ingrossa, se non intorbida: le fleuue Arno ne grossit point s'il ne se trouble .i. on ne deuient riche que par de mauuaises voyes.
Aro, herbe, vit de chien, pied de veau.
Arogante, arrogant.
Arogantia, arrogance.
Aromataio, vendeur de parfums, droguiste, parfumeur.
Aromatico, aromatic.
Aromatite, sorte de pierre precieuse, qui a la senteur de Myrrhe.
Aromatizzante, aromatic.
Aromatizzare, parfumer d'vne odeur aromatique.
Aromato, chose aromatique, senteur, parfum, espicerie.
Aromano, sorte de petit poisson.
Arondella, arondelle & chauue-souris de mer.
Aronte, en jargon, du pain.
* *Arosegare*, ronger.
* *Arosigare*, id.
Arostire, rostir.
Arostita, vne rostie.
Arosto, du rosty. Rosty.
Arotare, esmoudre, aiguiser.
Arotatore, esmouleur.
Arotolare, rouler.
* *Arouellare*, selon aucuns, se consommer de rage.
Arouesciamento, renuersement.
Arouesciare, renuerser.
Arpa, vne harpe.

Arpago, arpise, arpice, crochet : selon aucuns, vne herse.
Arpagonare, herser.
Arpagoni, crocs, chrochets pour arrester les vaisseaux.
Arpegamento, hersement.
Arpegara, herse.
Arpegare, herser.
Arpeggiare, jouër comme d'vne harpe.
Arpeggiata, trait de harpe.
Arpese di ponte, anneau attaché à vn pont.
Arpesetti, petits crampons.
Arpia, vne harpie.
Arpicare, herser.
Arpiceri, le nom de certains boyaux.
Arpicorda, instrument de musique, arpicorde.
Arpicone, crochet.
Arpigia, grande auidité.
Arpinare, herser.
Arpino, crochet : & herse.
Arpionare, accrocher. Et herser.
Arpioncello, petit crochet.
Arpione, crochet : gond, crampon.
A'rra, caparra, arre.
Arrabatarsi, se mouuoir, se remuer : se tremousser, se trauailler.
Arrabbiare, enrager.
Arrabbiatamente, enragement.
Arraffare, arracher : gripper : oster par force.
* Arraggiato, selon aucuns, vn cheual qui a le flux de ventre.
Arramacciare, esbrancher, coupper les branches.
Arrampare, ramper, grimper.
* Arrampegare, id.
Arrampinare, crochuer, courber, accrocher.
Arrancare, boitter.
Arrancare, selon aucuns, arracher : entortiller : lancer, jetter. C'est aussi faire aller les galeres en voguant de toute leur force, arranquer. Item, courir en haste.
Arrancata, vne course.
Arrancatore, instrument pour arracher.
Arrancigliare, accrocher.
Arrandella, vn garot à garotter.
Arrandellare, garrotter : lancer, jetter.
* Arrangollare, quereller, disputer, se fascher : perdre le repos à cause de son auarice.
Arrangoloso, querelleux, groignard.
Arrantolato, ratancoso, enroué.
Arrappare, gripper.
* Arrapire, id.
Arraspare, rasper, rascler.
Arrato, donné pour arres : retenu par arres.
Arrecare, aporter, rapporter.
Arrecarsi, recarsi, s'accomoder, se mettre.
Arredare, mettre en ordre : arranger : equiper : orner : garnir.
Arredo, equipage : arroy.
Arrenare, ensabler, engrauer : perdre courage.
Arrendersi, se plier, prester comme le cuir : obeir : se rendre.
Arrendeuole, maniable, obeissant, qui se plie facilement, qui preste comme le cuir : souple.
Arrendi, equipages, ornemens.
Arrendimento, rendition d'vne ville, &c.
* Arrequiare, mettre en repos.
Arreso, rendu.
Arrestare, arrester : mettre la lance en arrest.

Arresto, arrest.
* Arreticare, attraper par finesse.
* Arreticato, pris, attrapé, quinaut.
Arretitio, selon aucuns, vn poré. Item, qui se coule finalement : & possedé du Diable.
Arretrare, reculer : retarder.
Arretrattare, retracter.
Arrettare, dresser, bender, harser.
Arrezzare, bender, tendre, roidir, harser.
Arri, hai, la voix du muletier pour chasser ses mulets.
* Arribare, arriuare, atteindre.
Arricchimento, enrichissement.
Arricchire, enrichir. pres. arricchisco.
Arricciamento, herissement.
Arricciare, herisser : friser.
Arricciare, crespir, enduire, renduire.
Arricciato, toile d'or ou d'argent frisé.
* Arridere, rire à quelqu'vn : fauoriser.
Arringa, harangue.
Arringare, haranguer.
Arringatore, haranguer. Et coureur de lice.
Arringhiera, le barreau où l'on plaide.
Arringhiera, &
Arringo, lice, carriere. Et chaire à prescher ou haranguer.
* Arripare, aborder au riuage.
Arrischiante, hardy, entreprenant : qui hazarde.
Arrischiare, hazarder, risquer. chi non Arrischia, non acquista, nous disons, qui ne s'azarde n'estiamais pendu.
Arrischiatamente, hazardeusement.
Arrischiato, hazardeux, entreprenant.
Arrischieuole, id. Et qui se peut hazarder.
Arrischieuolmente, hazardeusement.
Arriuare, arriuer : atteindre : paruenir : arriuer à bord : monter à vn prix.
Arriuata, arriuée.
Arriuo, id.
Arrizzare, dresser.
Arroba, vne certaine mesure de vin ou d'huile, mot Espagnol.
Arrobinare, faire de couleur de ruby. Item, s'enfler de trop boire.
Arrocare, s'enroüer : ronfler, resuer, radotter, dire des resueries.
* Arrocchiare, id.
Arrogante, arrogant.
Arrogantemente, arrogamment.
Arroganza, arrogance.
* Arrogare, attribuer : presumer : s'enroüer.
Arrogere, balancer : adiouster : donner de l'aide.
Arroginire, s'enroüiller. pres. arroginisco.
Arroginoso, roüillé, enroüillé.
Arrolare, enrooler.
Arrollare, id.
Arrombare, mettre vn signal du costé de la mer pour les mariniers.
Arrompere, s'esloigner. C'est aussi le premier coup de charruë des laboureurs, que nos paisans appellent defricher, ou retourner.
Arroncare, sarcler. Et coupper d'vne serpe.
Arroncigliare, tordre entortiller : accrocher, tirer auec vn crochet.
* Arrorare, arrouser.
* Arrore, pour errore, erreur.
* Arrosigare, ronger.
Arrossire, rougir, deuenir rouge.

Arrossicare,

Arrosticare, ronger.
Arrostimento, rougissement.
Arrostire, rougir, pres. *arrostisco*.
* *Arrosore*, rougeur.
* *Arrostare*, se debatre, se retourner çà delà en se defendant.
goder vna donna Arrosta, prendre vne femme par derriere, vser de sodomie.
Arrosticciana, *arrostinciana*, [vne carbonnade de porc, &c.
Arrostire, rostir, pres. *arrostisco*.
Arrosto, du rost, du rosty. Rosty. Item, le derriere, le cul.
Arrotare, aiguiser, esmoudre. Grincer les dents.
Arrotatore, esmouleur.
* *Arrotta*, & *arretto*, adionction, augmentation.
* *Arrouelare*, tournoyer, faire vn tour. Item, estre encolere, estre estourdy ou insensé.
Arrouellato, vn insensé, vn estourdy, vn enragé.
* *Arrouentare*, rougir au feu.
* *Arrouentire*, deuenir rouge au feu, comme le fer.
Arrouerciare, & *Arronesclare*, renuerser.
Arrouigliare, entortiller, embaraser.
Arrozzare, deuenir vne rosse.
Arrozire, deuenir rude, se faire grossier, rendre rude & grossier: prononcé *z* comme *dz*.
* *Arrubare*, desrober.
Arrubinare, faire de couleur de rubis. En iargon, emplir la bouteille de vin.
Arrubinire, id.
Arrudarto, *spissato*, tacheté.
Arruffare, herisser, escheueler.
Arruffarsi, par allusion de *Ruffa*, qui signifie, maquerelle: estre maquereau ou maquerelle.
Arruffare, en iargon, brusler & cuire.
Arruffianare, faire vn maquerelage.
Arrugare, rider.
* *Arrugia*, sorte de trauail aux mines.
Arruginire, s'enroüiller, pres. *arruginisco*.
Arrunotare, aiguiser, esmoudre.
Arrunotatore, esmouleur.
Arruuidare, &
Arruuidire, deuenir rude, estre roide de froid, pres. *arruuidisco*.
Arsenale, Arsenal.
Arsenico, arsenic.
* *Arsibile*, qui se peut brusler.
Arscicciare, hauir, brusler: haler, seicher au Soleil.
Arscicciato, &
Arsciccio, hauy: bruslé: halé: seiché.
Arsile, à venise la carcasse d'vn vaisseau, le vaisseau tout nud.
* *Arsilio*, selon aucuns, vn essieu.
* *Arsinico*, arsenic.
Arsinei, selon aucuns, vn certain ornement pour la teste des femmes.
* *Arsione*, inflammation.
Arsionare, hauir.
* *Arsino*, bruslant, hauissant.
Arso, bruslé.
Arsura, hasle, brusture.
Arta, en iargon, la foy.
Artamente, par art, dextrement, sagement.
* *Artare*, rendre estroit.
Artatamente, artificieusement.
Arte, art.
Arte di Michelaccio, le mestier de gros Michaut. i. boire, manger & se pourmener.
Arte sottile, art subtil: la sodomie.
ad *Arte*, exprés.
Artebaccheteria, l'art de coniurer les esprits auec la baguette.
Artefice, artisan.
Arteficiale, artificiel.
Artefíciato, fait par artifice.
Arteficio, artifice.
Arteggiano, artisan.
Arteggiare, subtiliser, considerer par art: faire profession d'vn art.
Arteglieria, artillerie.
Artogliero, Maistre d'Artillerie: Canonier.
* *Artelaria*, Artillerie.
Artemisia, artemise, sorte de plante.
Artenna, sorte de cormorant.
Arteria, artere. Et le siffler du gosier.
Arteriaca, sorte de confection d'oppiat.
Arteriale, arterial, qui appartient aux arteres. Item, vne composition medicamentale faite de meures.
Ateriato, plein d'arteres, composé d'arteres.
Arterioso, id.
Artesano, artisan.
Artetica, maladie articulaire, mal des jointures.
* *Artezza*, petitesse de lieu: estouffement.
Arthirico, qui a la goute dans les jointures.
Artibio, en iargon, du pain.
Articocco, artichaut.
Artico, artique.
Articolare, articuler: distinguer, parler distinctement.
Articolare, maladie articulaire, mal des jointures.
Articolatamente, distinctement, par articles.
Articolatione, distinction, articulation.
Articoli, articles.
Articolo, jointure.
Articulare, articuler.
* *Artiere*, artisan.
Artificiale, artificiel.
Artificialmente, artificiellement.
Artificiato, fait par artifice.
Artifice, artisan.
Artificio, artifice.
Artificiosamente, artificieusement.
Artificioso, artificieux.
Artigiano, artisan.
Artiglieria, Artillerie.
Artigliero, Officier d'Artillerie. Item, fondeur, ou faiseur d'artillerie. Cannonier.
Artiglia, griffe: arteil: ergot.
Artiglioso, ergotté.
Artimone, maistresse voile: artimon.
Artista, artisan, faiseur d'artifices. Item Medecin.
Artistamente, artistement.
* *Arto*, estroit.
Artone, en iargon, du pain.
Artone di cal cosa, en iargon, vne pierre.
Artorare, vne façon ancienne de renuerser le bled pour le faire croistre plus facilement.
Arturo, arture.
* *Arue*, jeux, sottises, badineries.
Aruggiare, rougir: faire rouge.
* *Arunco*, la barbe d'vn bouc, ou d'vne chéure.
Aruotare, aiguiser, esmoudre.
Aruspice, augureur, deuin.
Aruspicio, augure.
* *Arzana*, arsenal, magasin de munitions de guerre.

AS

Item, vne corde à tirer vn bateau.
* Arzenale, arsenal.
Arzelio, vn cheual qui a l'vn des pieds de derriere blanc, arzel.
Arzelio, idem.
* Arzuola, petite cane, petit canard.
* Arzente, mot antique, ardent, brûlant.
Arzente acqua, eau ardente, eau de vie.
* Arzere, consommer par le feu.
Arzigoghelaria, fantastiquerie.
Arzigogolare, fantastiquer, inuenter.
Arzigogolo, inuention, subtilité, fantastiquerie.
* Arzilla, argille, terre à potier, de la raye.
Arzinauello, sorte de couleuvre d'eau.
* Arzura, brusleure.
Arzaico, sorte de mal de cheual.
Arata, laborage.
Arata di buoi, vne paire de bœufs pour labourer.
A'rbitro, Arbitre, celuy qui est arbitre.
Arcadia, Arcadie.
Arcata, arcade.
Arcinescondito, archeuesché.
Aritmetica, Arithmetique.
Aritmetico, Arithmeticien.
Aristocratico, aristocratic.
Armillare, fait en forme de bracelet.
Arrogarsi, s'attribuer, s'approprier.
Arte, artifice.
Aretico, de jointures.

AS

A Salona, selon aucuns vn esmerillon
* Asaluare, sauuer.
Asinz o, sorte de jeu aux dames.
Asarabacca, asarine, herbe.
Asaro, cabaret, sorte de plante.
* Asbaccare, auoir en abondance.
* Asbaragliare, escatter : esparpiller mettre en desordre.
* Asbergare, s'armer d'vn haubert.
* Asbergo, pour vsbergo, haubert.
Asbestino, sorte de toille aux Indes, que le feu ne peut consommer.
Asbesto, vne pierre en Arcadie, qui estant vne fois allumée, ne s'esteint plus.
Asca, esclat de bois, escharde. Item vn tronc : vn cheuron : selon aucuns vne latte.
Ascalogne, eschalottes, sortes de ciboulles.
Ascalonie, id.
Ascapezzare, multiplier par fraction, ou nombres rompus.
Ascaride, ver qui naist dans le corps des enfans.
Asce, hache.
Ascella, aisselle.
Ascendente, ascendant.
Ascendenta, ascendance.
Ascendimento, montée, saillie.
Ascendere, monter.
Ascenza, l'Ascension.
andar à l'Ascensa i. deuenir fol : la folie monter à la teste, par allusion d'ascendere.
Ascenso, montée.
Ascentio, absinte.
Ascentione, l'ascension.
Ascesa, montée.
Asceso, monté.
Aschembare, aller de blais.

AS

Aschinciare, chanceller : aller de trauers.
Aschio, horreur, desgoust : despit : honte que l'on fait à vn autre.
Aschiaso, desdaigneux : fascheux, dégousté.
Aschite, ascite, sorte d'hydropisie, où amas d'humeurs acqueuses entre le peritoine & les boyaux.
Ascia, hache.
Asciare, hacher.
* Ascientiare, rendre sçauant.
Asciogliere, absoudre.
Asciolto, absous, quitte.
Asciolvere, absoudre. Item, déjeuner.
dar l'vltimo Asciolvere, donner la derniere absolution .i. pendre ou secoüer à la potence.
Asciolone, vn bon déjeuner. Item, vn bon gousté, qui déjeune volontiers.
Ascione, gueux qui fait le sol ou innocent.
Asciro, sorte de mille-pertuis, ascirum.
Ascisa, impost. Item, vne deuise.
Asciuggagine, seicheresse.
Asciugare, seicher, essuyer.
Asciugatoio, essuy-main.
Asciughevole, qui se peut essuyer.
Asciuttare, seicher.
Asciutto, seicheresse. Sec.
Asciutto cauallo, cheual deschargé.
Asclepio, sorte de panacée, dompte venin.
Ascole, les palettes d'vne roüe de moulin.
Ascolta, vne escoute ou sentinelle.
Ascoltare, escouter.
Ascoltatione, entente, escoute, attention à vn discours.
Ascoltante, qui escoute.
Ascondareglio, la cache, lieu où l'on cache quelque chose : la cachette.
Ascondere, cacher.
Ascondersi, se cacher.
Ascondimento, cache, cachette.
Ascone, vne comete, selon aucuns.
Ascosaglia, la cache.
Ascoso, caché.
Ascosto, caché.
Ascrittitio, qui s'attribue, qui se joint.
Ascritto, attribué.
Ascriuere, attribuer.
* Aselle, les aisselles.
* Asequio, obseques, funerailles.
Asfadello, asphodille, plante.
Asfalto, rose de Hierusalem.
Asfodillo, asfodelle, ou aphrodille, plante.
* Asghembare, aller de biais ou de trauers, gauchir.
* Aseme, insieme, ensemble.
Asile, marjolaine, selon aucuns.
Asilare, aiguillonner.
Asilo, vn esguillon. Item, asile.
Asillo, id.
A'sma, asme, courte haleine.
A'sina, vne asnesse.
Asinaggine, asnerie, bestise, lourdauderie.
Asinaria, idem.
Asinaio, asnier.
Asinaro, id.
Asinato, fourmage qui est fait de lait d'asnesse.
Asindicare, sindiquer.
Asineggiare, faire l'asne.
Asine, certaines Estoilles proche le signe du Cancer.
Asinelli, deux Estoilles appelées petits asnes.
Asinello, asnon. Item, mollue, poisson.

AS

Asineria, asnerie.
Asinesco, d'asne, asinesque.
Asinile, idem.
Asinino, asnon : & asinesque, d'asne.
Asinire, deuenir asne, pres. asinisco.
Asino, asne.
chi non può dar all' Asino, percuote il basto, qui ne peut frapper l'asne, frappe le bast .i. qui ne se peut vanger d'vne façon, se vange de l'autre.
qual Asino dà in parete tal riceue, comme l'asne frappe la muraille, il reçoit en mesme temps .i. il reçoit la pareille.
Asino, pour inhumain, par Metaphore.
far come l'Asino, faire comme l'asne, porter le vin, & boire de l'eau.
come l'Asino del Pentolaio, comme l'asne du potier, .i. s'arrester à toutes les portes : nous disons comme le pourceau de saint Antoine, de porte en porte.
lega l'Asino doue vuole il padrone .i. fay ce qu'on te commande.
lauar il capo all' Asino .i. faire du bien à vn ingrat & mescognoissant.
andar dietro al suo Asino, suiure son asne, cela se dit d'vn qui estant aduerty, ne laisse pas de poursuiure vn mauuais affaire.
Asinone, gros asne.
Asio, sorte de pierre, dans laquelle vn corps se consomme en quarante iours. Item, vne Outarde.
Asma, asme, courte haleine.
Asmático, asmatique, qui a la courte haleine.
Asmo, courte haleine.
* Asmodéo, vn friand & adonné au luxe. Item, le nom d'vn demon.
Asola, gance de bouton, & porte d'agraffe. Item, vn piton.
Asoliéra, gance, cordon, ruban.
Aspagnolato, Espagnolisé.
Aspálato, rose de Hierusalem.
Aspaláto, sorte de bitume qui croist en la Iudée.
Aspárago, asperge ou esparge.
Aspare, deuider du fil.
Aspe, aspido, aspic.
Asperella, asprelle, sorte de chardon, qui croist en l'eau.
Asperge, &
Aspergolo, asperges, goupillon.
Asperino, sorte de vin verd & aspre. Item, vne monnoye en Turquie.
Asperità, aspreté.
* Aspernabile, méprisable.
* Aspérnere, mépriser.
Aspero, astro, vn aspre, monnoye de Turquie.
Aspersione, aspersion.
Asperso, aspergé, arrousé, sursemé.
* Aspersorio, vn aspergès, ou goupillon.
Aspettare, attendre.
Aspetar si tor moglie, attendre apres à se marier : cela se dit d'vn qui a les ongles fort longs, comme s'il deuoit égratigner sa femme.
Aspettatione, &
Aspettatiua, attente.
Aspetteuole, qui se peut attendre.
Aspetto, aspect.
Aspido, aspic.
far come l'Aspido, faire comme l'aspic .i. fermer les oreilles de peur d'ouïr.
Aspidochélone, vne sorte de poisson qui vole & rampe sur la terre.
Aspilate, sorte de pierre de couleur d'argent.

AS 43

Aspirare, aspirer.
Aspiratione, aspiration.
Aspleno, ceterac, sorte de plante.
Aspo, tournette.
Aspolare, deuider, arenger le fil sur la tournette.
Aspolo, vne tournette.
* Asponere, exposer, pres. aspongo.
* Aspositione, exposition.
Aspramente, asprement.
Aspreggiare, deuenir aspre, proceder auec aspreté : rudoyer.
Asprezza, aspreté.
Asprino, monnoye à Naples, & en Turquie.
Asprine, sorte de vin aspre.
Aspro, aspre, rude.
Asprone, sorte de pierre noire & rabotteuse.
Aspróso, plein d'aspreté.
* Aspruso, aspersé, arrousé.
Assabina, cinamome, arbre.
Assaccheggiare, saccager.
Assà dolce, benjoin, asse douce.
Assà fœtida, sorte de drogue qui put, asse fetide.
Assaggiamento, essay de viandes : essay d'or.
Assaggiare, gouster, essayer, Item, toucher l'or : faire l'essay.
Assaggiatore, qui fait l'essay.
Asseggio, essay.
Assai, assez : beaucoup.
Assaiare, essayer.
Assaio, essay.
Assai più, beaucoup plus.
Assai volte, beaucoup de fois.
Assaissimo, en tres-grande quantité, bien plus.
Assainolo, outarde : sorte de chouette, ou hibou.
Assaldare, affermir. Item, souder, estancher vne playe.
Assaldatura, soudure.
Assale, essieu.
Assalire, assaillir, pres. assaglio, & assalisco.
Assalitore, assaillant, attaquant.
Assalone, sorte d'oiseau.
Assaltare, assaillir.
Assalto, assaut.
Assannare, prendre auec les dents.
Assano, coup de dent, prise auec les dents.
* Assapere, sçauoir.
Assaporamento, assaisonnement, goust.
Assaporare, sauourer : donner de la saueur.
Assaporire, prendre de la saueur : sauourer, pres. assaporo & assaporisco.
Assarabacca, asarine, cabaret, sorte de plante.
Assaro, spic-nard sauuage.
Assassinamento, assassinat : volerie, pillerie.
Assassinare, assassiner, voler.
Assassinaria, volerie.
Assassinático, assassin.
Assassinatore, &
Assassino, assassin.
Asse, ais, essieu : selon aucuns, vn gond.
* Asseccare, seicher.
* Assecurare, asseurer.
* Assedamento, adoucissement.
Assedare, appaiser, adoucir, pacifier.
Assedére, estre assis, estre proche de quelque chose.
Assediare, assieger.
Assedio, siege.
* Asseggere, asseggiare, estre assis, seoir.
Asseggio, siege.

Assegnamento, assignation.
Assegnáre, assignare, appointer.
Assegnatamente, auec consideration, auec iugement.
Assegnatióne, assignation.
Assegnáto, chiche, ménager. Item, prudent.
Asseguimento, acheuement, accomplissement.
Assegúre, acheuer, accomplir, obtenir, pres. *asseguisco*.
* *Asseguitione*, accomplissement.
Assellare vena, vne branche de la veine caue proche de l'aisselle.
Assembiaticcio, vn suruenant; vn nouueau venu.
Assembláre, assembler.
Assembléa, &
* *Assembraglia*, assemblée.
Assembramento, assemblement.
* *Assembrança*, assemblée.
* *Assembráre*, assembler. Et ressembler.
* *Assembróa*, assemblée.
Assembro, exemple, ressemblance.
* *Assempláre*, donner exemple.
* *Assempio*, exemple.
Assempláre, donner exemple.
Assempráre, eterniser: donner exemple: assembler.
Assennáre, aduertir, aduiser, donner aduis.
Assensa, l'Ascension.
dar l'Assensa, c'est ce que nous disons, donner les œufs de Pasques, donner la foire.
Assensióne, Ascension.
Assenso, consentement.
Assentamento, esloignement. Item, consentement.
Assentáre, absenter. Consentir, flatter
Assentarsi, mot Lombard, s'asseoir.
* *Assentatiue*, consentement: & esloignement, flatterie.
Assentatóre, qui consent, qui s'accorde, flatteur.
Assente, absent.
Assentia, absence.
Assentimento, consentement.
Assentio, absinthe, aluine.
Assentire, consentir, s'accorder.
Assentir l'albero, c'est quand l'arbre d'vn vaisseau s'éclatte & ne s'acheue pas de rompre.
Asseuito, qui s'accorde, accordant. Item, vigilant.
Assento, consentement.
Assentóre, accordant, qui adiouïe.
Assenza, absence.
in sua Assenza, en derriere de luy, en son absence.
Assepáre, clorre de hayes.
Assepatóre, vn planteur de hayes.
Assepiáre, enfermer de hayes.
Asserelle, petites planches.
Asserenáre, rendre serein, deuenir serein.
Asseríue, asserner, pres. *asserísco*.
* *Asserráre*, clorre, enfermer, fermer.
Asserragliáre, clorre auec vne serrure.
* *Assertióne*, adueu: & affirmation.
* *Assertiuo*, affirmatif.
* *Assessáre*, selon aucuns, taxer, imposer.
Assésso, taxe.
Assessóre, Assesseur.
Assestáre, ajuster, mesurer par compas.
Assetáre, alterer.
Assetáto, alteré.
Assetta, vne latte, vne planchette.
Assettamento, ajustement, agencement.
Assettáre, agencer, ajuster.
Assettataménte, auec bien de l'ordre, auec agencement.

Assettatúra, agencement, enjoliuement.
Assettatúzzo, vn propret, vn mignon.
Assétto, ordre, assiette, agencement.
in Assétto, en estat, accommodé, agencé.
Asseueráre, affirmer, verifier, protester.
Asseudáre, se figer.
Asseudáto, figé.
* *Assibiláre*, siffler.
Assicélla, petite planche: bardeau, aisselle à couurir les maisons. Item, vn deuidoir.
Assicélla, esclisse.
Assicélle, attelles.
Assicuraménto, asseurance.
Assicuránza, id.
Assicuráre, asseurer.
Assicurársi, ozer, prendre la hardiesse, auoir l'asseurance: s'asseurer.
Assidénza, position, seance, placement.
Assideráre, transir, engourdir de froid.
Assideráto, transi, engourdy.
mani Assideráte, les mains gourdes.
Assideratióne, engourdissement.
Assidére, seoir. Item, situer, poser, placer.
Assiduamente, assiduëment.
Assiduáre, rendre assidu.
Assiduità, assiduité.
Assidúo, assidu.
* *Assiéme*, insieme, ensemble.
* *Assiepáre*, &
* *Assiepíre*, clorre de hayes.
Assíle, aisselle de roüe.
Assilláre, lezer: sauter de furie. Metaph. entrer en fougue.
Assíllo, tahon, sorte de grosse mouche.
Assíllo, la fougue ou boutade de l'animal piqué du tahon. C'est aussi sa piqueure.
Assimiliánza, comparaison, & ressemblance.
Assimigliáre, comparer, ressembler.
* *Assimiláre*, id.
Assimilatióne, *assimigliatióne*, comparaison: ressemblance.
Assindicáre, sindiquer.
Assinghioz záre, sanglotter.
Assinghioz záto, sanglottant, plein de sanglots.
Asíno, sorte de ciuette, animal.
Assióma, axiome, maxime.
Assiomáre, former des maximes ou axiomes.
Assiómati, axiomes, reigles generales.
Assísa, couche ou assiette de couleur, sur laquelle on applique l'or pour dorer.
Assísa, deuise: Item, impost.
all' Assísa, à la mode.
Assisáre, coucher, asseoir: deuiser vne liurée, ou mode. Assieger.
Assíso, assis, situé.
Assisténte, assistant.
Assisténza, assistance.
Assistére, assister.
Assíto, cloison d'ais.
Assituáre, situer.
Assituatióne, situation.
Assiuolo, outarde, sorte de hibou.
tu sei più tristo di due Assi, i. tu ne vaut rien du tout.
à Asso, ò sei, ou as, ou six, cela se dit quand on n'obserue point de mediocrité.
tu hai l'Asso nel ventriglio, tu as pas dans le petit ventre, i. tu ne te sçaurois passer de ioüer.

AS

Asso asso, terme que nous disons de quatre en as, de cinq en as, &c. Pour faire entendre le meslange selon sa proportion, du salpestre & autres ingrediens à faire la poudre.
lasciar in Asso, mettre au blanc. i. dépoüiller de biens.
esser ridutto in Asso, nous disons estre reduit au petit pied.
restar in Asso, demeurer au blanc.
Associare, associer.
Assodabile, qui se peut rendre solide, ou ferme.
Assodamento, affermissement.
Assodare, affermir.
Assogna, sein doux, graisse de porc.
Assogna di bosco, graisse de bois : nous disons, huile de costeret, coups de baston.
Assoldato, semelé. Item, asseuré & ferme sur ses pieds.
Assoldare, semeler, garnir de semeles.
Assoldare, soudoyer, mettre à la solde.
Assoluere, absoudre.
Assolutamente, absolument.
Assolutione, absolution.
Assomegliante, ressemblant.
Assomigliare, comparer : ressembler.
Assomiglianza, ressemblance.
Assomare, reduire en bon terme, sommer, dresser, esleuer en haut, reduire les hardes en charge de mulets.
Assongio, seing, graisse.
Assongiare, graisser.
Assonare, endormir : s'endormir.
Assontione, Assomption.
Assonto, admis, receu. Monté. Item, charge d'office.
Assopimento, assoupissement.
Assopire, assoupir, pres. *assopisco*, part. *assopito*.
Assorbire, absorber.
Asserdaggine, surdité.
Assordare, essourder, rendre sourd : estourdir de bruit.
Assorda forni, vn causeur, vn jaseur.
* *Assordidare*, salir, rendre sale ou ord.
* *Assordidezza*, saleté.
Assordità, absurdité.
Assordo, absurde.
* *Assorgere*, se leuer : s'esleuer.
Assortire, assortir : mettre au sort, lotir.
Assortimento, assortissement.
Assortire, assortir, pres. *assortisco*.
Assortire, tirer au sort, jetter au sort : donner au sort, pres. *assortisco*, & *assorto*.
Assorto, leué, esleué : absorbé : englouty.
Assotigliànza, subtilité.
Assotigliare, aiguiser : rendre subtil : viure de ménage, subtiliser.
Assotigliatore, qui subtilise : qui aiguise.
Assuefare, accoustumer.
Assuefattione, accoustumance.
Assumere, receuoir.
Assunta, Assomption.
Assuntione, id.
Assunto, pris, receu.
Assunto, charge, office.
Assurdità, absurdité.
Assurgere, s'esleuer.
Asta, fust d'armes, comme de pique. Lance, &c.
Asta, en jargon, monnoye.
Astace, sorte d'écreuice ou cancre de mer, grampelle, astace.

AS 45

Astofisagria, staphisaigre, sorte de graine, drogue.
Astale arma, arme à long fust.
Astallare, establer.
Astante, qui est present, assistant.
Astare, estre present.
Astase, grampelle, sorte de cancre demer.
Astata, coup de hampe. Coup de lance.
Astenutio, abstinent.
Astenersi a, abstinence.
Astenersi, s'abstenir, pr. *mi astengo, ti astieni, si astiene*, &c.
* *Astenuare*, extenuer.
Astena, terre sigillée.
Asteratico, sorte d'herbe, espargoute menuë : & vne sorte de pierre & de couleur.
Astérico, Espargoutte, selon aucuns, parietaire.
Astréite, sorte de pierre precieuse.
Astersione, abstersion.
Astersiuo, abstersif.
Astese, sorte d'escreuice de mer, grampelle.
Asti, en jargon, de l'argent.
Asticciuola, petit fust : petite lance : petite pique.
Astice, grampelle, cancre de mer.
Astiero, en jargon, banquier.
* *Astifero*, qui porte la pique ou la lance, lancier.
Astilida, sorte de laictuë pommée.
Astinente, abstinent.
Astinenza a, abstinence.
Astio, enuie, despit rage.
Astiòso, enuieux.
* *Astipulare*, stipuler, accorder.
Astipulatòre, stipulant, qui accorde.
Astiuola, petite pique, ou lance.
Astomaccato, desgousté.
Astomaccare, desgouster.
Astòre, Autour, oiseau.
Astorella, longe, courroye d'Autour.
Astrabacca, cabaret, sorte de plante.
Astraccamusiato, carrelé de diuerses couleurs.
Astracco, plancher de carreaux.
Astradarsi, s'acheminer.
Astragalo, astragal, sorte d'ornement, comme vn cordon en Archit. Item, vn osselet à jouër.
Astrale, d'astre.
Astrarre, abstraire, pres. *astraggo, astrahi, astrahe, astraemo, astraète, astraggono*.
Astratezza, abstraction. Vne estrange pensée ou deuise.
Astrattione, abstraction.
Astratto, abstrait. Et extrait.
Astregiare, rouler comme vn astre.
Astretta di petto, estouffement de poitrine.
Astrettino, restringent.
Astretto, contraint.
* *Astricare*, pauer.
Astrico, le paué & le plancher carelé.
Astrignere, *astringere*, astreindre.
Astringente, astringent.
Astrio, vne pierre des Indes qui a comme vne estoille en son centre.
Astro, astre : planette.
Astroccmustare, carreler, pauer de carreaux.
Astrolabio, Astrolabe.
Astrologare, astrologuer.
Astrologastro, vn mauuais Astrologue.
Astrologìa, Astrologie.
Astrologia, en jargon, vne eschelle.
Astrologo, vn Astrologue.

F iij

Astronamo, astronome.
Astronomare, professer l'Astronomie.
Astronomia, Astronomie.
Astronomica, d'Astronomie, Astronomier.
Astronomizzare, faire profession d'Astronomie, astronomiser.
Astronomo, astronome.
* Astropicciare, frotter.
Astroso, remply d'astres. Et né sous vn Astre.
* Astrozzare, esgorger, estrangler.
* Astruso, caché.
* Astuccio, estuy.
Astura, nacre.
Asturco, vn haquenée d'Espagne, selon aucuns.
Asturcone, id.
Astutia, astuce, finesse.
Astuto, fin, rusé.
Asuefare, accoustumer, pres. asuefo, & asuefaccio.
Asuefattione, accoustumance.
Asuefatto, accoustumé.
* Asueto, accoustumé.
Asuetudine, accoustumance.
Ascritto, enrollé, enregistré.
Ascriuere, enroller, enregistrer.
Assaggiator di vini, vn gourmet.
Assalire, assaillir, attaquer, pres. assaglio, & assalisco.
Assalitore, attaqueur, l'attaquant.
Assalitrice, attaquante.
Assassinatore, assassin, assassineur.
Assassinatrice, assassineuse.
Assedone, fleche ou aiguille de chariot.
Assile, jante de roue.
Astrologico, astrologic, d'Astrologie.

AT

A Taballo, atabal, ataballe, tambour que l'on bat à cheual.
Atagliare, estre propre, accommoder, nuire.
* Atamizzare, excommunier, anathemiser.
Atanasia, herbe medecinale, tanesie.
* Aiuate, adroit fort : propre à aider.
Atapez, tapisser.
* Atapezzire, id.
Atarantato, mordu de la tarantole.
Atarantola, tarantole, sorte de lezard qui fait denenir les gens fols de sa morsure.
Atarantolato, mordu du lezard appelé tarantole.
Atare, aiutare, aider: adapter.
Atastare, taster : sonder vne playe.
Atastonare, tastonner.
* Atellanare, selon aucuns, bouffonner, faire des grimaces ou postures.
Atentare, attenter.
Atentione, attention.
Atento, atentif.
Atentonare, aller à tastons.
Ateismo, Atheisme.
Ateista, &
Ateo, Athée, Atheiste.
Atergare, mettre en arriere.
A'timo, vn atome. Item, vn moment.
Atocio, toute sorte de medicament qui empesche la conception.
Atomo, atome : vn moment : & le premier encens qui tombe de l'arbre.
Atondare, arrondir.
Atorcigliare, tordre s'entortiller.

Atornare, tourner.
Atorno, autour.
Atortiare, entortiller.
Atoscare, empoisonner.
Atossicare, id.
* Atrabile, selon aucuns, attractif.
* Atrabiliare, qui procede de l'humeur nommé atrabili.
* Atrabilità, attraction, selon aucuns.
Atramento, noir de Cordonnier, atrament, sorte de vitriel.
Atrauersare, trauerser.
Atrebice, arroche, follette, bonnes dames, sorte d'herbe.
Atrepice, id.
* Atrio, porche à l'entrée d'vne maison.
* Atripilo, de poil noir.
Atriplo, arroche.
Atriplice, chiendent, selon aucuns.
Atristare, attrister.
* Atrità, noirceur. Item, cruauté, selon aucuns.
* Atritare, hacher menu.
Atritione, attrition.
* Atrito, haché.
* Atro, noir.
Atroce, atroce, fier, cruel.
Atrocemente, atrocement, fierement, cruellement.
Atrocire, denenir fier ou cruel, pres. atrocisco.
Atrocità, rudesse, cruauté, fierté.
Atta, sorte d'herbe.
Attaccare, attacher.
Attaccarla ad vno, faire niche à quelqu'vn.
Attaccarsi vn male, gagner vn mal.
Attaccar la guerra, commencer la guerre.
Attaccar il fuoco, mettre le feu.
Attaccarsi il fuoco, se prendre, s'allumer.
Attaccarsi di parole, auoir des prises.
Attaccar questione, prendre querelle.
Attaccarla, attaquer, se prendre à quelqu'vn.
Attaccaticcio, qui s'attache aisément.
Attaccaticcio, en jargon, parent.
Attaccatura, attache.
Attacco, attaque : attachement : imposition.
Attafanato, piqué du tahon ou mouche caualline.
Attagliare, estre propre, s'accommoder, estre bon à quelque chose.
Attalentare, id.
Attalianato, Italianisé.
Attamente, proprement.
Attanagliare, tenailler.
Attapez, tapisser.
Attapinare, se plaindre, faire le gueux, le miserable.
Attarantato, qui est mordu de la tarantole. Item, vn feint d'en estre mordu.
Attare, approprier.
Attarello, action d'enfant: petite action, en geste.
Attargare, armer d'vn bouclier.
* Attasentare, imposer silence : rendre coy.
Attaffare, taster, toucher, sonder, éprouuer.
Attasti, touches d'vn instrument.
Attauanato, piqué du tahon, ou mouche caualline.
Attecchire, s'enraciner, s'attacher, prendre en terre.
Attediare, ennuyer.
Attegare, aller ou dancer sans habits.
Atteggiare, se remuer, se demener : faire des tours de passe ou des sauts. Representer le mouuement en peinture.

AT AT 47

Atleggiatòre, vn remuant, vn homme actif.
Atellanáre, bouffonner.
Atellàni, ieux de bouffonneries.
Attelare, renger l'armée. Tendre des toiles pour chasser.
Attemparsi, deuenir vieil.
Attempatello, vieillard, vieillot.
Attempáto, aagé, qui est sur l'aage.
Attencare, en iargon, voir.
Attendáre, camper, dresser des tentes.
Attendente, vn attendant.
Attendenza, attente. Et attention.
Attèndere, prendre garde, estre attentif: s'arrester à quelque chose : tenir sa promesse : suiure son entreprise : attendre : entendre à vne chose, s'appliquer.
Attenente, appartenant : dépendant : tenant & aboutissant.
Attenenza, appartenance : affinité.
Attenére, tenir sa promesse. Estre proche, tenir, pres. attengo.
Attenersi, se tenir à quelque chose de peur de tomber.
Attenire, appartenir, despendre, pres. attengo.
Attenitòre, selon aucuns, vn qui execute sur les biens d'autruy.
Attenta, attente.
Attentaménte, attentiuement.
Attentáre, attenter.
Attentáto, attentat.
Attentato, se dit quand vn cheual marche auec crainte, & n'ose mettre vn pied deuant l'autre.
Attentióne, attention.
Attentíuo, attentif.
Attento. Id. & intention.
Attentóne, à tastons.
Attenuáre, atteuuer.
Attenuatióne, attenuation.
Attenuirse, deuenir mince, & s'attenuer.
Attergare, reculer en arriere : & tourner le dos.
Aterráre, atterrer, ietter par terre, terrasser.
Atterimento, épouuentement.
Atterìre, donner de la terreur, pres. atterisco.
Atteritòre, terrasseur.
Atterzáre, se reduire au tiers. C'est aussi laisser vne espace ou iour entre-deux : & mettre trois à trois.
Atteso, attendu. Item, atteint : tenu.
Atteso che, veu que, attendu que.
Attestáre, attester.
Attestatióne, attestation.
Attestato, attesté. Item, vn qui est le chef d'vne trouppe.
Atteuole, propre à quelque chose.
Attezza, adresse, dexterité.
Atti, les actes d'vn procez.
Atticciare, attiser.
Atticciato, membru, selon aucuns.
Attitudine, adresse, aptitude.
Attignere, tirer, puiser, aucindre : toucher, atteindre.
Attignitóio, vn vase à puiser.
Attilláre, aiuster, parer, orner.
Attilláto, aiusté, bien vestu, propre.
Attilladezza, &
Attillatura, eniolicuement : affiquet.
Attillatuzzo, vn propret.
Atti̍lo, poisson qui se prend dans le Pô.
Attimo, moment.
Attinare, entonner : mettre du vin dans des tines. Item, approprier, accommoder.

Attinente, appartenant.
Attinenza, appartenance.
Attingere, toucher, appartenir : attendre : tirer hors, puiser : teindre.
Attino, aittinio, sorte d'orme.
Attinto, atteinte de cheual.
Attinto, trempé dedans : enfoncé : teint.
Attióne, action.
* Attirare, attirer.
Attitudine, aptitude. Item, disposition, posture. Attitude, en terme de peinture.
Attiuaménte, actiuement.
Attiuità, actiuité.
Attiuo, actif.
Attizzabrighe, vn querelleux, boutte-feu.
Attizzamento, agacement : prouocation.
Attizzáre, attiser, accomoder, prouoquer, agacer.
Attizzatóio, vn fer pour attiser le feu.
Attizzatúre, attiser.
Atto, propre. Item, adroit.
Atto, acte, action : trait.
in Atto, en terme, en posture, en estat, en deuoir, sur le point.
Attoccáre, toucher en passant.
Attocco, vne touche, vn mot en passant.
Attondáre, arrondir : aller en rond.
* Attoniáre, attorner, entourer.
* Attonire, estonner.
Attonito, estonné.
Attorcére, tordre, entortiller.
Attorcicchiare, &
Attorcigliare, entortiller.
Attorcimento, entortillement.
Attore, acteur : facteur. Demandeur en vne cause.
Attorneáre, attorneggiáre, &
Attorniare, entourer.
Attorno, çà & là : autour : à l'entour.
andar Attorno, aller par les ruës, criant de la marchandise.
Attorsáre, enuelopper, emballer.
Attortigliare, entortiller.
Attorto, tors, tordu.
Attoscáre, empoisonner.
Attoso, remuant.
Attossicamento, empoisonnement.
Attossicare, empoisonner.
Attrabaccare, camper, tendre les tentes.
* Attirábile, qui se peut attirer.
* Attirabilità, attraction.
Attraente, attirant : attrayant.
* Attragere, attirer, parf. attrassi.
Attrahente, attirant.
Attrarre, attirer, pres. attrago, parf. attrassi.
Attrattíle, attirant.
Attrátile, espece de chardon benist.
Attratilida, id.
Attratióne, attraction.
Attrattáre, deuenir perclus de ses membres.
Attrattíuo, attractif.
Attratto, perclus.
Attratore, tire-fonds de Chirurgien.
Attrauersamento, trauersement.
Attrauersáre, trauerser : croiser le chemin ou la course.
Attrauerso, à trauers.
Attrecciáre, tresser.
Attrecciolatóio, ruban ou ornement pour les tresses des femmes.

Attremante, vn gueux qui fait le trembleur.
Attribuire, attribuer, pres. attribuisco.
Attribuitione, attribution.
Attribulare, troubler.
Attribúto, attribué.
Attriplice, sorte d'herbe, atroche.
Attristare, attrister. Et rendre méchant.
Attristatione, attristation.
Attristire, deuenir méchant, empirer. Attrister, pres. attristisco
Attristito, attristé : deuenu meschant : empiré.
Attritare, hacher menu.
Attritióne, attrition.
Attrito, attrit, plein d'atricion.
Attropicamento, bronchement.
Attropicáre, broncher.
* Attrouáre, trouuer, treuuer.
Attuále, actuel.
Attualità, actualité.
Attualmente, actuellement.
Attuáre, agir : faire action.
Attuccio, action d'enfant : petite action.
Attuffare, plonger.
Attuffatura, plongement.
Attuidre, &
Attuire, offusquer, obscurcir : embroüiller, pres. attuisco.
* Atturaccio, vn bouchon, vn bondon.
Atturare, boucher.
Atturatóio, vn bouchon.
Attuffare, estouffer.
Attutare, &
Attutire, adoucir, appaiser, pacifier : esteindre.
Attuttare, id. C'est aussi sommer, faire vne somme de tout.
Aturso, tamaris : bruyere.
Attutto andare, à toute reste.
Attentarsi, oser entreprendre, oser, se hazarder.
Attrice, demanderesse en Iustice, actrice.

A V

AV mis pour quando, quand.
A'na, ánola, grande mere.
* Auacceuole, soigneux, diligent, prompt.
* Auaccezza, diligence, hastiueté.
* Anacciamento, &
* Anacciana, id.
* Anacciáre, haster, solliciter.
Auaccio, soigneux.
* Anaccio, promptement.
* Anaccióso, prompt, diligent, soigneux.
* Anagoleggiamento, roulement d'yeux.
* Anagoleggiare, rouler les yeux. Item, regarder fixement.
* Anale, maintenant, tout à l'heure.
* Aualére, seruir, valoir, preualoir, pres. aualgio.
* Auálido, valide.
Anallá, or sus, sus, adieu.
Anallare, descendre : abaisser : diminuer : aualer.
Aualoráre, aprecier. Donner de la valeur, encourager.
Anampáre, enflammer : brusler.
Anampaticcio, qui s'enflamme facilement.
Anangáre, bescher : foüir : hoüer. Et selon aucuns, prosperer, reüssir bien.
Auanguardia, auant-garde.
Auania, iniure, tort.
Auaniare, iniurier, offenser, faire tort.

Auanotto, vn poisson de l'anée.
Anantaggiare, aduantager.
Anantaggiato, aduantagé.
Auantaggiato soldato, soldat appointé.
Auantaggio, aduantage.
Auantaggióso, aduantageux.
* Anantare, vanter.
* Anantatóre, vanteur.
Anante, &
Auanti, auant, deuant, auparauant.
Auanti tratto, par aduance, deuant le coup.
andar Auanti, s'aduancer.
Auanti, en terme de marine, vogue auant, en auant.
Auanticuóre, contre-cœur, mal de cheual.
* Anaplio, selon aucuns, vn sobriquet.
* Anantò, vanterie.
* Auanuara, par aduanture : par hazard.
Anant amento, aduancement.
Auanz are, qui espargne. Item, surpassant.
Auanz are, rester, auoir de reste : espargner, menager, surpasser : auancer.
Auanz ar tempo, gagner du temps.
Auanz o, reste, relicat, espargne.
Auanz i di Berto, c'estoit vn homme qui donnoit ses cerises à manger pour auoir les noyaux de reste, cela se dit d'vn qui fait mal son profit.
Auanz o del carlino, nous disons le reste de nostre écu, rien qui vaille : lors que l'on voit venir quelqu'vn qui s'approche de la compagnie où nous sommes.
Auanz ar i piè fuor del letto. i. n'auoir rien acquis.
Auanzetto, petit reste : petit gain, épargne.
Auanzuglio, reste, relicat.
Auaria, compensation du dommage de ce qui se iette en mer.
Auarizia, auarice.
Auaro, auare.
Auaróne, vn gros auare.
* Aubidiente, obeissant.
* Aubidienza, obeissance.
* Aubidire, obeir, pres. aubidisca.
Ancellare, dupper.
Audace, hardy.
Audacemente, hardiment.
Audacia & audacità, hardiesse.
* Audire, oüir.
Auditóre, auditeur : Office chez vn Cardinal.
Auditóre, Intendant de Iustice. Auditeur.
Auditório, Auditoire.
* Aue, Dieu vous gard, ie vous salué.
à l'Aue Maria, sur le soir, au point que l'on sonne, l'Aue Maria.
Auederse, s'apperceuoir, pres. auidi.
Auedimento, prudence, discretion, apperceuance.
Auedutamente, prudemment.
Auedúto, aduisé, prudent.
Aueggente, voyant.
Auenga che, voyant que.
Auenga che, veu que.
Auegnadio che, id.
Aueláre, voiler.
Auelenáre, enuenimer : empoisonner.
Auelenatore, empoisonneur.
Auelenamento, empoisonnement.
Auelenare, enuenimer, & auelenire.
Auellana, auelaine : noisette.
Auellano, noisillier.
* Auéllere, arracher.
* Anello, sepulchre.

Auglustare.

AV

Auelutàre, velouter : & garnir de veloux.
Auelutàto, velouté.
Auèna, aueine.
Auenante, rate, portion. Item, aduenant.
Auendro, celuy qui distribuë l'aueine dans l'escurie.
Auenenare, enuenimer.
Auenente, aduenant.
Auenentez z a, aduenance.
* Auenentia, id.
Auenéuole, propre, aduenant, conuenable.
Auenga che, veu que.
Auenimento, euenement.
Auenire, euenement.
Auenire, eschoir, aduenir ; pres. auengo.
Auenirſi in vno, ſe rencontrer auec vne personne.
ceſt l'Auenga, nous diſons, ainſi t'en puiſſe t'il prendre, ainſi t'aduienne.
Auentìccio, nouueau venu.
Auentare, lancer, ietter, darder.
Auentàta, lancement : ſecouſſe.
all' Auentata, à corps perdu.
Auentitio, nouueau venu. Item, vne choſe qui eſchet en partage, ou par hazard.
Auento, l'Aduent, & arriuee ou aduenement.
Auentóre, le chaland d'vne boutique, vn qui a de couſtume d'achepter en vn lieu.
Auentùra, aduenture.
Auenturare, aduenturer, hazarder.
Auenturàrio, aduenturier, hazardeur.
Auenturatamente, hazardeuſement : & heureuſement.
Auenturàto, fortuné, heureux.
Auenturiére, aduenturier, volontaire.
Auenturóſo, heureux.
* Auenza, les biens que l'on poſſede, l'auoir.
Auerare, auerer.
* Auerenza, verification, aueration.
Auereuole, qui ſe peut auerer.
Auernare, ſe faire hyuer, venir l'hyuer.
Auerno, Auerne, lieu proche de Naples. Pour l'enfer.
Auerſare, oppoſer, eſtre contraire.
Auerſàrio, aduerſaire.
Auerſióne, aduerſion.
Auerſità, aduerſité.
Auerſò, aduerſe.
Auertente, qui aduertit, aduertiſſant, qui prend garde.
Auertenza, aduertance.
Auertimento, aduertiſſement. Item, prudence, accortiſe.
Auertire, prendre garde. Item, aduertir, pres. auerto, & auertiſco.
Auertìto, prudent, aduiſé.
* Auerto, pour aperto, ouuert.
* Auertura, ouuerture.
Auez zamento, accouſtumance.
Auez z are, accouſtumer.
Auez z o, accouſtumé.
Auge, la ſommité, l'auge, le plus haut point.
Augéi, toutes ſortes d'oiſeaux, poët.
* Augellàre, prendre des oiſeaux.
Augello, oyſeau, mot poët.
Auggiàre, donner de l'ombre, gaſter de ſon ombre, porter ombre.
Auggióſo, plein d'ombre, ombrageux : & qui porte ombre, qui gaſte de ſon ombre.
Augita, vne turquoiſe.
Augumentare, augmenter.

Augimentatióne, &
Agumento, augment, augmentation.
Augurale, qui porte augure. Item, vn ornement d'vn augureur : & qui appartient à l'augure.
Augurare, augurer.
Auguratore, augureur, deuin.
Augùrio, augure, prediction.
Auguro, augureur, deuin.
Auguſtàle, la tente ou pauillon d'vn Roy : & le Palais ou la Cour d'vn Prince.
Auguſto, Auguſte.
Auiamento, acheminement.
Auiàre, acheminer.
Auiatione, acheminement.
Auicendare, faire tour à tour.
Auicinare, approcher, auoiſiner.
Auicineuole, qui ſe peut approcher.
Auiculadéi, ſelon aucuns, oyſeau de Paradis.
Auidamente, auidement.
Auidità, auidité.
A'uido, auide.
Auignare, prouigner.
Auilimento, auiliſſement.
Auilire, auilir, rendre vil, pres. auiliſco.
Auillare, pour auilire, auilir.
Auiluppamento, enueloppement.
Auiluppare, enuelopper.
* Auiluppo, toupillon, paquet.
Auinacciare, auiner : & enyurer.
Auinare, id.
Auinato, de couleur de vin.
Auinaz zare, remplir de vin, enyurer.
Auincere, embraſſer, entortiller.
Auinchiamento, entortillement.
Auinchiare, entortiller.
Auinciare, id.
Auincigliare, id.
* Auinghiare, id.
Auinto, embraſſé, entortillé.
* Auiſaglia, ſoudain aduis : deſcouuerte, rencontre.
Auiſamento, aduis.
Auiſare, aduiſer : donner aduis : aduertir : imaginer. Item, mettre face à face.
Auiſarſi, s'appercevoir.
Auiſatamente, auec prudence, auiſement.
Auiſatóre, aduertiſſeur.
Auiſo, aduis.
Auiticchiarſi, s'entortiller comme la vigne ou le lierre.
* Auito, ancien.
Auiuare, auiuer, donner de la vie.
Auiuatóio, auiuoir.
A'ula, Cour de Prince. Item, vne hale.
* Auleta, ſelon aucuns, ioüeur de fleute.
* Auletica, muſique de fleutes.
* Auleticone, vne eſpece de haut-bois, ſelon aucuns.
* Aulico, de Cour.
* Aulimentare, alimenter.
* Aulimento, aliment.
Aumentare, augmenter.
Aumentatione, augmentation.
Aumento, augment. Et ſelon aucuns, vn mal d'yeux.
Humiliare, humilier.
Aumiliatione, humiliation.
Aunanza, aſſemblée.
Aunare, aſſembler.

AV

Auncinare, accrocher.
A'uo, ayeul : grand pere.
Auocare, plaider, aduocacer.
Auocaria, aduocacerie.
Auocato, Aduocat. Item : appelé.
Auocatore, vn Aduocat.
* *Auocolare*, aueugler.
* *Auocolo*, aueugle.
* *Auogadare*, auocacer.
A'uola, grand'mere, ayeule.
Auolatino, *verme*, sorte de ver aux cheuaux.
Auolgere, tourner, tournoyer, enuelopper, entortiller, parf. *auolsi*. part. *auolto*.
Auolgimento, enueloppement, entortillement.
* *Auollere*, entortiller.
A'uolo, ayeul, grand pere.
* *Auolontare*, donner la volonté.
* *Auolontariamente*, volontairement.
Auolpecchiarre, &
Auolpire, deuenir fin comme vn renard, pres. *isco*.
Auoltare, tourner, entourer, part. *auolto*.
Auoltatiuo, qui se peut tourner.
Auolterare, commettre adultere.
Auoltéria, adultere.
Auolterino, adulterin.
Auoltério, adultere.
Auoltero, adultere, qui commet l'adultere.
Auoltóio, vautour.
Auolto, enueloppé, tourné, entortillé.
Auoltolare, tourner, enuelopper, entortiller.
Auoltorare, engloutir. Item, se veautrer.
Auoltóre, vn vautour.
Auoltrare, deuorer comme vn vautour.
Auoltratore, vn deuoreur.
Auório, yvoire.
Auornio, &
Auornello, arbre semblable au fresne.
Auoserta, &
Auosetta, & *auosetta*, vn oiseau comme la Cicogne, qui a le bec tourné en enhaut.
Auotare, voüer, vuider.
Auotirsi, se voüer, pres. *auotisco*, &c.
* *A'ura*, l'aure, le vent.
* *Auraco*, d'or, luisant comme de l'or.
* *Aurare*, dorer.
A'urea, *corona*, Couronne d'or.
Aureggiante, luisant comme de l'or.
Aureggiare, esclatter comme de l'or.
Aurélia, herbe appelée stecas ou stecados doré.
Aurelio, esclatant comme l'or.
A'ureo, d'or : poët.
A'ureo d'Alessandro, sorte de contrepoison fort precieux.
* *Aureola*, Couronne d'or.
* *Aureolare*, couronner d'vne Couronne d'or.
Auricalco, du laiton ou lotton. Item, vne trompette ou clairon.
Auricolare, auriculaire. Item, vne veine : & le petit doigt.
Auricole, certains pellicules en forme d'oreille sur le cœur.
Auricómo, qui a les cheueux de couleur dorée, ou iaune doré.
* *Aurifero*, qui porte de l'or.
Aurifiamma, Oriflambe, enseigne que portoient les Chrestiens contre les infideles.
Aurifrigio, sorte d'oiseau de terre, & de riuiere.
* *Auriga*, vn chartier ; vn cocher.

AV

* *Aurina*, *vrina*, vrine, pissat.
Auripigmento, orpiment.
Auripotente, puissans en or.
* *Aurire*, puiser.
* *Aurixxare*, prester l'oreille, escouter.
* *A'uro*, de l'or.
Auróra, l'aurore.
* *Aurosò*, heureux, fortuné.
* *A'usa*, hardiesse.
* *Ausante*, hardy.
* *Ausanza*, accoustumance : prononcé, *aon*.
Ausare, oser : pron. *aou*.
Ausare, accoustumer : pron. *aou*.
* *Ausiliare*, aider, pron. *aou*.
* *Ausiliare*, auxiliaire, prononcez de mesme.
* *Ausilio*, aide.
* *Ausilioso*, secourable, plein d'aide, pron. *aou*.
A'uso, hardy : pron. *aou*.
A'uso, accoustumé : pron. *aou*.
Auspicare, rechercher par auspices, pron. *aou*.
Auspicato, prospere, pron. *aou*.
A'spice, deuin , pron. *aou*.
Auspício, auspice, pron. *aou*.
Ausiliarij soldati, soldats auxiliaires.
Austeramente, austerement.
Austerità, austerité, tous se prononcent de mesme.
Austéro, austere.
Australe, du costé du Midy.
Austrino, qui vient du Midy.
A'ustro, vent de Midy.
Autenticare, autentiquer, rendre autentique.
Auténtico, autentique.
* *Auto*, vn cloud. Item, pour *bannito*.
Automno, Automne.
* *Autorare*, authoriser.
Autore, Autheur.
Autoréuole, plein d'authorité.
Autorità, authorité.
Autorixxare, authoriser.
Autrice, le feminin d'autheur : inuentrice, comme qui diroit auctrice.
* *Autro*, pour *altro*, autre.
Autunnale, d'Automne.
Autunno, l'Automne.
* *Auunculo*, oncle.
Auualoramento, vertu, valeur, prestance.
Auualorare, donner de la valeur : priser, estimer.
Auuampare, brusler, estre enflammé.
Auuedersi, s'appercevoir, pres. *auueggio* & *auuedo*.
Auuedimento, prudence, iugement, aduis, accostise.
A'uueduto, accort, prudent.
Auuegna che, veu que.
Auueneute, aduenant.
all' Auuenente, à proportion, à l'aduenant.
Auuenentexxa, gentilesse.
Auuencuolare, aduenant, de bonne grace.
Auuenuolexxa, bonne grace, gentillesse.
Auuentarsi, se lancer & se prendre, ou s'attacher aisément comme le feu.
Auuentorare, achalander vne boutique : & la frequenter.
all' Auuentata, furieusement, à corps perdu , en se lançant.
Auuentorando, aduenant, de bonne grace.
Auuenticcio & *auuentitio*, suruenant : nouueau venu.
Auuentore, le chaland d'vne boutique.
Auuenturare, aduenturer, hazarder.

AV

Auuenturáto, heureux.
Auuenturiére, volontaire d'armée. Et aduenturier.
A uuenturóso, heureux.
Auueraménto, aueration.
Auuerare, auerer.
Auuersiéra, Sorciere.
Auuertiménto, aduertissement.
Auuertíre, prendre garde. Aduertir, pres. auerto, & auertisco.
ſtar Auuertíto, ſe tenir ſur ſes gardes.
Auuezzaménto, accouſtumance.
Auuezzáre, accouſtumer, partic. auuezzo.
Auuiaménto, acheminement.
Auuiáre, acheminer: donner commencement: achalander.
Auuiata caſa, maiſon achalandée.
Auuincenduáre, faire tour à tour.
Auuicináre, auoiſiner, approcher.
Auuignáre, prouigner.
Auuiliménto, mépris, abbaiſſement.
Auuilíre, auilir, rendre vil, abbaiſſer, pres. auuilíſco. verbe act. & neut.
Auuiluppaménto, enueloppement, embroüillement.
Auuiluppáre, enuelopper, embroüiller.
Auuiluppatóre, broüillon.
Auuinazzárſi, s'enyurer à demy, ſe coëffer de vin.
Auuincere, Auuinchiáre, Auuinghiáre, Auuinciáre, Auuincigliáre, & Auuincoláre, entortiller.
Auuinto, entortillé.
* Auuiſaglia, combat.
Auuiſáre, aduertir, donner aduis, mander.
Auuiſárſi, s'apperceuoir, prendre garde.
Auuiſo, aduis.
ſtar ſu l'Auuíſo. i. prendre garde à ſoy.
Auuiſtato, beau, apparent, voyant.
Auuiticchiárſi, s'entortiller comme la vigne.
Auuiuáre, auiuer auec du vif argent pour dorer. Item, donner la vie: donner de la vigueur.
Auuinatóio, auiuoir, lame de cuiure pour auiuer.
Auuizzáre, ſeicher: rendre ſec & flétry: rendre languiſſant, participe auuizzo.
Auuocáre, aduocacer: faire la profeſſion d'vn Aduocat, conuoquer ſelon aucuns.
Auuocáto, d'Aduocat.
Auuocáto, Aduocat.
* Auuocheria, Aduocaſſerie.
Auuólgere, entortiller, enuelopper: tournoyer: deuider, parf. auuólſi.
Auuolpacchiáre, enuelopper, tromper, dupper.
Auuolpináre, tromper.
Auuolpináto, trompé, duppé.
Auuólto, enueloppé, entortillé.
Auuoltoláre, veautrer. Item, entortiller.
Notez que les mots qui manqueront icy, vous les treuuerez par, u, ſimple.
* Auzzáre, aguzzáre, aiguiſer.
* Aúzzo, aigu.
Auelenatríce, empoiſonneuſe.
Auentríce, chalande.
Auguratríce, deuinereſſe par augure.
Auuiluppatríce, vne broüillone.
Auuocáta, Aduocate, conuoquée.
Auuocatióne, harangue d'Aduocat, aduocaſſerie.
Auuocatríce, harangueuſe, Aduocate.

AZ

AZ

Azára, hazard: jeu de hazard pron. dz.
Azáro, aſaro, cabaret, pron. ts.
Azaróło, azarole, arbre & fruit, pron. dz.
* Azeróle, ſorte de poires fort rares, pron. dz.
A'zimo, pain ſans leuain, pron. ts.
* Azimúccio, qui a courte haleine, pron. dz.
A'zio, chien de mer, poiſſon, pron. ts.
* Azizzáre, agencer, parer, accommoder, pron. ts.
Azurráre, azurer, pron. dz.
Azurrígno, de couleur d'azur, pron. dz.
Azurríno, id. vne ſorte d'azur, pron. dz.
Azúrro, azur, pron. dz.
* Azurróſo, plein d'azur, pron. dz.
* A'zza, pour accia, du fil. Pour Aſcia, hache, inſtrument de menuiſier, pron. ts.
* Azzále, acier, pron. ts.
* Azzalíno, fuſil, pron. ts.
Azzampáro, prendre auec les griffes, pron. ts.
* Azzardáre, hazarder, pron. dz.
Azzannáre, prendre auec les dents, pron. ts.
Azzemína, ſorte de damaſquineure, pron. dz.
Azzénia, vn poiſſon comme vne ſole, vne pole, pr. ts.
Azzicáre, ſe demener, ſe mouuoir, ſe tremouſſer, treſſaillir. Item, prouoquer, ſelon aucuns, pron. ts.
Azzichétti, petits mouuemens, tourdions, pron. ts.
* Azzimáre, couper la cime, tondre les arbreſpron. ts.
* Azzimárſi, s'enjoliuer, s'orner, s'ajuſter, pron. ts.
Azzimélla, pain ſans leuain, que les Iuifs mangent à leur Paſque, pron. dz.
Azzímo, ſans leuain, pron. dz.
Azzimíno, damaſquineure à la Perſienne, pron. dz.
* Azziróne, vne houë, pron. ts.
Azzolláre, battre à coups de mottes de terre, pron. ts.
Azzoppáre, & azzopegáre, boitter, deuenir boiteux. Item, rendre boiteux, eſtropier, pron. ts.
Vous pouuez faire la meſme obſeruation de la terminaiſon Azzo, que i'ay marquée à celle d'accio, & accia, par ex.
Azzuffárſi, & acciuffárſi, s'attacher au combat, & s'attacher aux cheueux, pron. ts.
Azzúli, pierre d'azur, pron. dz.
Azzurríno, azur, azuré, de couleur d'azur, pron. dz.
Azzurríccio, id. pron. dz.
Azzúrro, azur, pron. dz.
Azzenóne, groſſe planche, pron. dz.

BA

Babaiuóla, bauette d'enfant. C'eſt auſſi vn certain ornement de toile que portent quelques Prelats ou Preſtres, le petit ſurplis.
Babbétto, & babbíno, petit papa, petit pere.
Babbionére, faire des ſingeries: faire des ſottiſes.
Babbióne, vn babouïn, vn gros ſinge, vn lourdaut.
Babbo, papa, pere, mot d'enfant. Item, vn crapaut en Lombardie.
andar à Babbo riuéggolo. i. aller ie ne ſçay où, Dieu ſçait où.
Babboláre, badiner, faire des badineries.
Babboláre, en jargon, chanter.
Babbóle, babioles, niaiſeries, badineries.
Babbolóne, vn gros badin.

BA

Babbuàgine, lourdauderie, balourderie.
Babbuassàggine, id.
Babbuàsso, vn gros singe. Vn lourdaut.
Babbuìno, babouin, sorte de singe, vn Bertran.
Baboinare, faire le singe.
* *Babóso*, pour bauóso, baueux.
Bacalàre, grand habile-homme, grand Docteur, proprement par ironie.
Bacalerìa, presomption, bonne opinion de soy, suffisance.
Bacaròzzo, vn verre ou autre petit animal.
Bacàto, vereux.
Bacatèlle, des bagatelles.
Bacca, baye, graine, comme de laurier. Item, pour *vacca*, vne vache.
Baccalàri, bastons fichez sur la couuerture de la galere qui auancent en dehors : vacalas. Item, vn baston auec vn pied dont les Cirurgiens se seruent pour y mettre la chandele dans leur boutiques.
Baccalìo, sorte de laurier, selon aucuns.
Baccàna, vn cabaret : lieu où il y a le bouchon.
Baccanèlla, petit cabaret, petite tauerne, petit lieu à mettre le bouchon de cabaret.
Baccàno, vne hostellerie proche de Rome, où il s'est fait de grandes voleries.
à *Baccàno non si farebbe questo*, nous disons par admiration quand on nous trompe, sommes nous icy dans vn bois.
Baccàno, bruit, fracas.
Baccàra, sorte de spic-nard.
Baccàro, pour *vaccaro*, vacher.
Baccaro, sorte de plante.
Baccàta, vne femme yvre ou furieuse.
Baccatiòne, celebration de la feste de Bacchus.
Baccàto, yvre.
Baccatòre, yvrogne.
Baccellière, Bachelier.
Baccellerìa, degré de Bachelier.
Baccerèlli, vers à soye.
Baccèllo, féve & pois en gousse, la gousse des féves & pois : par Metaphore, le membre viril. Item, vn lourdaut.
Baccellòne, id.
Baccho, grains de laurier ou de lierre bayes.
Bacchélli, pepins de fruits.
Bacchètta, baguette, housline, gaule.
Bacchetta da vino, bouchon de tauerne.
togliere su le Bacchette, entreprendre quelqu'vn : se mettre apres quelqu'vn.
Bacchettata, coup de baguette ou de gaule.
Bacchetto, en jargon, vn couteau.
Bacchettòne, selon aucuns, vn deuot, vn bigot. Item, vn lourdaut.
Bacchìa, en jargon, vne chambre.
Bacchiàta, coup de baston.
Bacchìta, sorte de lierre.
in vn Bacchio, i. en vn clein d'œil, en vn moment.
* *Bacchìo*, baston : Vn pied, mesure de vers.
non la passare al Bacchio, ne la passera pas en pieds de vers. i. mesurer, compter par ses doigts, bien considerer par le menu.
* *Bacchionare*, bastonner.
Bacchionàta, bastonnade.
Bacchiòne, baston.
Baccilètto, petit bassin.
Baccìno bestiàme, bestail né de vache, beste bouine.
Baccio, pour *vaccio*, viste, promptement.
Baccinìcchie, sorte d'herbe bonne à manger. Item, vn petit beser.

BA

Bacco, vn ver à soye. Item, vne molue, selon aucuns.
Bacéglio, *bacèllo*, gousse de pois ou de féve.
Bacellare, esgousser, escosser des pois, &c.
Bacèllo, pois ou féve en gousse.
Bacellòne, lourdaut.
Bacellóso, qui a vne gousse.
Bacchèa, lieu de Bacus, lieu de bonne chere.
* *Bacchèca*, vn sot, vn niais.
Bacchéròzolo, vn verre : vn ver à soye.
Bacheràme, du bougran.
Baciamàno, vn baisemain.
Baciàre, baiser.
Baciar la scopa, baiser le balet. i. auoir patience.
Baciatòre, baiseur.
Baciatrìce, baiseuse, baiseresse.
Bacìgno, lieu couuert, lieu posé du costé de la Tramontane.
Bacicare, tracasser, rauauder. Item, pourchasser vn Office, hanter en quelque lieu.
come il Bacile d'vn barbiere. i. tout net.
Bacìllo, *bacèllo*, gousse.
Bacinàta per raccoglier l'api, le son du bassin pour appeller ou ramasser les abeilles.
Bacinèlla, vne escuelle à tenir de l'argent.
Bacinètto, bassinet.
Bacìno, bassin.
tener il Bacino alla barba, nous disons, faire la barbe à quelqu'vn.
Bacio, vn baiser.
Bacìo, lieu couuert, sombre, épais d'arbres, &c.
Baciòre, l'endroit ou lieu couuert d'vne montagne.
Baciòzzo, petit baiser.
Baciuccàre, baisotter.
Baciucchiàre, id.
Baco, ver, ver à soye.
far Baco baco, faire peur aux petits ensans.
Bacòco, abricotier & abricot.
Bacolìno, vn ciron, vn petit ver.
Bacùcco, vne cresche.
Bàda, retardement, delay.
star à Bàda, estre oisif, s'amuser.
tener à Bada, retarder, amuser, tenir en aboy, tenir en suspens.
Badagliare, bailler : bayer, baster.
Badàglio, & *badagliòne*, vn niais, vn qui s'amuse.
Badalòna, lieu de bordel.
Badalouare, bayer, baster, s'amuser.
Baddalòne, en Archit. vne sorte d'ornement. Item, vn badin, vn musard. Vn bordel.
Badaluccàre, folastrer, badiner, bayer, baster.
Badalucco, vn badin. Item, vn passe-temps, amusement.
Badalucco, escarmouche pour amuser.
Badàre, s'arrester à quelque chose : dilayer, retarder, prendre garde.
Badeggiatòre, vn qui recherche.
Badèrio, vn badin, vn musard.
Badèssa, Abesse.
di Badessa tornar Conuersa, nous disons, deuenir d'Euesque meusnier.
Badessàle, d'Abesse.
Badìa, Abbaye.
Badiàle, en Abbé, en posture d'Abbé, d'Abbé.
lasagne Badiali, sorte de viande en forme de lasagnes, faite de peaux de volailles.
Badialità, en jargon, lieu où beaucoup de personnes s'assemblent.

BA

Badilàta, coup de besche.
Badile, besche : pelle de fer.
Bado, delay.
Baena, sorte d'herbe.
Baffetta, sorte de bignet ou paste traitte.
Bafi, à Rome, les moustaches.
* *Baga*, bague. Et vne mesure, selon aucuns.
Bagaggio, vn goujat. Item, le bagage.
la bagaglia, *le bagaglie*, les mois des femmes, le menstrue, les fleurs.
Bagaglie, hardes, bagage meubles.
con le Bagaglie, bagues-saues.
Bagagliuole, petites hardes, broüilleries.
Bagaglione, goujat, vn qui porte les hardes.
Bagaglume, toute sorte de bagage.
Bagata, aubespin.
Bagairo, id.
* *Bagancie*, hardes, bagage.
Bagoro, monnoye ou chose de peu de valeur.
Bagascia, garce à chiens, coureuse.
Bagasciare, courir apres les garces.
Bagascione, vn bardache.
Bagasciolo, vn bardache.
Bagatella, bagatelle : jeu de gobelets.
Bagatelle, vetilles.
Bagatellare, joüer des gobelets : faire des bagatelles.
Bagatellarie, niaiseries : bagatelles.
Bagatelliere, joüeur de gobelets.
Bagatello, id.
Bagatino, monnoye de peu de valeur. Item, vne guenuche, selon aucuns.
* *Baggeo*, vn musard, vn niais.
Baggiane, bayes, niaiseries.
Baggiane sane, grosses féves.
Baggianaria bagianeria, niaiserie, sottise.
* *Baggiolare*, ajuster des poids. Item porter.
Bàghero, monnoye de peu de valeur.
Bagià, vn Bacha en Turquie.
Bagianotta, *bagianotto*, baissé, la teste basse.
carne bagianotta, de la chair qui n'est qu'à demy cuitte.
* *Bagliare*, esbloüir.
* *Baglio*, pere-nourricier.
Bagliore, esbloüissement.
Baglivo, Baillif.
Bagnamento, moüillement, baignement.
Bagnare, moüiller, & baigner.
Bagnaruolo, Maistre des bains.
Bagnato, *da vn fiume*, arrousé d'vn fleuue, par où passe vne riuiere.
Bagnatore, baigneur.
Bagno, bain. Item, lauement pour vn cheual.
Bagno, la prison où l'on tient les esclaues en terre.
Bagnolo, petit bain. Item, vne fomentation.
Bagnimaria, bain-marie, terme de Distillateur.
Bagola, gringuenaude.
Bagolaro, alisier, sorte d'herbe.
Bagordare, faire des jeux, des joustes, des carousels.
Bagordo, jeu, jouste, feste carousel.
Bagordiere, joüeur. Item, jousteur.
* *Bagulo*, vne bougette ou male.
Baia, baye, tour, niche.
Baia, sotte, badine.
Baia, en jargon, vne Maistresse, vne amoureuse.
dar la Baia, donner la baye.
Baiaccia, vn tour, vne niche.
voler la Baia, auoir enuie de rire.
Baia, muselière.

BA

Baiana, gousse, coquille, selon aucuns.
Baiante, nom propre d'vn lieu.
la và da Baiante à Ferrante, l'affaire est égale & réciproque : nous disons, chou pour chou.
Baiarda, vne rieuse, vne railleuse.
Baiare, abbayer, bayer : & bailler.
Baiarelle, petites bayes.
Baiàta, abbayement : & baaillement. Item, niaiserie, sottise.
Baiauante, pour *vogauante*, le forçat qui est au bou du banc, vie-auant.
Baiacolo, sorte de poisson.
Baiella, petite sottise ou baye.
Baietta, de la reuesche.
Baigua, herbe qui enyvre les poissons.
* *Baila*, nourrice.
* *Baile*, badile, vne besche.
Bailinato, Baillinage.
* *Bailo*, nourricier. Item, Ambassadeur ou Agent : & vn Baillif, selon aucuns.
Bàio, bay.
Bàio scuro, bay brun.
Bàio di castagna, bay chastaigné ou chastain.
Baioserrante, sorte de bay brun.
Bàio, *indorato*, bay clair, bay doré.
Bàio, en jargon, vn amoureux.
Baioccare, faire claquer ses doigts.
Baiocco, monnoye qui vaut deux liards de la nostre, claquement de doigts.
* *Baiolare*, porter.
* *Baiolo*, vn porte-faix.
Bagiondaccio, &c.
Baione, gros lourdaut : & grand donneur de bayes.
Baiuccie, badineries.
* *Baiulare*, porter.
* *Baiulo*, porteur : porte faix.
Baladòre, la premiere couuerture d'vn vaisseau.
Balagusti, petits pilliers, balustres.
Balalischio, basilic, herbe.
Balamino, huile de ben.
Balamite, pierre de diuerses couleurs.
Balancia, balance.
Balanciare, balancer.
Balàne, sorte de chastaignes. Item, sorte de racines.
Balàno, sorte de datte sauuage. Item, sorte de poisson escaillé.
Balare, beeler.
Balarina, branfle queuë, oiseau.
Balascio, ruby balais.
Balasso, id.
* *Balatro*, railleur.
Balatròni, crottes, vulg. esclabousseures.
Balausta, fleur de grenade, baloste.
Balausto, id.
Balaustino, sorte de couleur meslée.
Balaustra, fleur de grenade, baloste.
Balaustare, fermer des balustres.
Balaustrata, quantité de balustres, balustrade.
Balaustro, baloste, fleur de grenade. Item, balustre.
Balbeggiare, begayer.
Balbettare, &
Balbezzare, id.
Balbet, begayement.
Balbine, bulbe.
Balbo, begue. Item, vn barbeau.
Balbottiuole, begayant.
Balbuticute, id.

BA

Balbutimento, begayement.
Balbutire, begayer, pref. *balbutisco*.
Balbuzzare, begayer.
Balcare, en jargon, regarder.
Balchi, en jargon, les yeux. Item, de l'argent, de la monnoye.
Balco, palco, plancher : grenier. Item, vne saillie à vne maison, eschaffaut.
Balconata, porte d'vn vaisseau, escoute, escoutillon.
Balconato, qui a des balcons.
Balcone, balcon : vanteau : fenestre : contre-vent.
Balconiera, porte, ouuerture d'vn vaisseau.
Balcorare, voler vne maison par la fenestre.
Balcoraro, voleur.
Baldacca, anciennement le lieu du bordel à Florence, selon aucuns, vn cabaret en la mesme ville.
Baldacchino, dais.
aspettar il Baldacchino, pretendre ou attendre le dais .i. faire le grand.
Baldacco, bordel ou cabaret à Florence.
Baldamente, hardiment.
Baldanza, hardiesse.
Baldanzosamente, hardiment.
Baldanzoso, hardy.
Baldezza, hardiesse.
Baldigrano, vn regrattier.
Baldo, hardy.
Baldorchino, vn dais.
Baldore, hardiesse.
Baldoria, flamme qui passe viste : feu clair. Item, hardiesse, selon aucuns, bonne chere.
Baldosa, certaine dance. Item, hardie.
Baldosamente, hardiment.
Balduracca, le lieu du bordel. Item, vne putain, vne coureuse.
✱ Balduire, begayer, pref. *balduisco*.
✱ Balduità, begayement.
Balena, vne baleine.
pigliar vna Balena à secco .i. se méprendre.
Balenamento, esclair de tonnerre.
Balenare, esclairer du tonnerre. Esclatter, reluire : faire des S S, marcher de trauers quand on est yure. Item, parler viste en bredoüillant.
Balenati, petites baleines. Item, éclairs.
Baleniera, sorte de pinache.
Baleno, éclair de tonnerre.
Balestra, arbaleste.
come la Balestra Furlana, comme l'arbaleste de Friul, tirer autant aux amis qu'aux ennemis.
caricar la Balestra, charger son arbaleste à nous disons, emplir son pourpoint, manger beaucoup.
Balestrare, tirer de l'arbaleste.
Balestraio, &c.
Balestraro, faiseur d'arbalestes.
Balestrata, coup d'arbaleste.
Balestratore, tireur d'arbaleste.
Balestriera, meurtriere dans vne muraille.
Balestriere, Arbalestrier : les bords d'vne galere.
Balestrina, petite arbaleste. Et vne sorte d'instrument de Pilote.
Balestro, arbaleste.
Balestraccio, martinet, oiseau.
Balia, pouuoir : puissance, authorité : force. Sorte de Magistrat à Sienne.
Baliaggio, Bailliage.
Baliatico, charge de nourrissier.
Balidico, le temps que dure le Magistrat à Sienne, temps de nourrissier.

BA

Balice, valise.
Balana, sorte d'herbe.
Balio & balia, pere nourrissier : nourrissier.
Balio, Baile à Venise, Ambassadeur en Turquie.
Balioso, puissant, robuste, fort.
Balire, esleuer : nourrir, il n'est pas en vsage.
Balire, gouuerner, regir : soustenir auec force : manier auec facilité, pref. *balisco*.
Balista, instrument à abatre les murailles.
Balistare, tirer de l'arbaleste.
Balistaro, tireur d'arbaleste, arbalestrier.
Balla, balle, balle.
tutte la Balle non vengono tonde .i. toutes les entreprises ne reüssissent pas.
Balladore, la premiere couuerture d'vn vaisseau, le premier tillac.
Ballagatte, sorte de barque.
Ballanzuole, sorte de filet ou ret.
Ballanzuole, balancines, sorte de cordages.
Ballare, dancer.
Ballarina, oiseau appelé bergeronnette ou bransle-queuë.
Ballarino, danceur, balladin.
Ballata, chanson à dancer ; & dance : ballade.
Ballatoio, balcon, galerie, terrasse.
Ballatore, danceur.
Ballerino, gratte-cul. Item, vn balladin.
Ballestriere, arbalestrieres, les ais sur quoy sont les soldats dans vn vaisseau : balestrieres.
Ballestriglia, instrument pour trouuer la hauteur du Pole & des Estoilles, balestrille, arbaleste.
Balliere, faiseur de balles à joüer.
Balline, petites balles.
Ballinie, petites billes.
Ballo, bal, bal.
è sempre in Ballo, il est tousiours en dance, cela se dit d'vn qui parle tousiours.
Balloarde, boulevard.
Ballocaggine, lourdauderie, badinerie.
Ballocamento, id.
Ballocare, badiner.
✱ Balloccio, chastaigne en gousse.
Balloccioni, chastaignes rosties.
Balloco, babin.
Ballo della botte, sorte de jeu.
Ballo d'acqua, selon aucuns, vne sorte de poulle d'eau.
Ballonaro, faiseur de balons.
Ballonchio, dance de paisan en rond.
Ballo tondo, id.
Bollonciuolo, id.
Ballone, balon.
Balloniere, faiseur de balons.
Ballordòn ballordòne, à l'estourdie.
Ballise, selon aucuns, sorte de gasteaux feüilletez, chastaignes boüillies.
Ballotta, vne petite balle. Item, la voix en jugement. Et vn billet.
Ballotadore, vn qui reçoit les voix.
Ballotare, choisir par voix ou billet, loctr, balloter.
Ballote, billets.
Ballotata, ballotade.
Ballottini, postes, dragées, poudre de plomb. Item, billets.
✱ Ballotto, vn gros lourdaut ou ignorant.
Ballottolla, dragée, poudre de plomb. Item vn furet.
Ballucinare, eblouïr.
Ballucinio, eblouïssement.

BA

Baloardare, munir ou fortifier de bouleuards.
Baloardo, bouleuard.
Baloccare, bayer, s'amuſer, niaiſer. Vulg. baſter.
Balocco, niais, muſard, badaut.
à la Balocca, à l'eſtourdie, lourdaudement.
Baléccio, chaſtaigne en gouſſe.
Balone, balon. Et vne ſorte d'herbe.
Balordaggine, lourdauderie: balourdiſe.
* *Balordez̧ z̧a*, & *balordìa*, id.
Balordimento, eſtourdiſſement.
Balordìre, eſtourdir, preſ. *balordìſco*.
Balordo, lourdaut, balourd, eſtourdy.
Balordòn, *balordòne*, à l'eſtourdie.
Balouàrdo, vn bouleuard.
Balroare, nauiger ou voguer ſur vent ou contre-vent: aller à la mercy du vent. Item, accrocher les vaiſſeaux en combattant.
Balrouento, le deſſus du vent. Item, contre le vent.
Balſamare, embaumer.
Balſamìna, merueille, ſorte d'herbe, balſamine.
Balſamìta, ſorte d'herbe.
Bálſamo, baume.
Bálſamo, herbe appellée baumer
Balſamòde, ſorte de caſſe ou canelle.
Balſate, ſorte de pierre noire.
Balſimare, embaumer.
Bálſimo, baume.
Balſo, vn trou de terrier ou de taniere.
* *Balſolare*, reprimender, brauer, effrayer.
Balſoldàta, eſpouuente. Item, vne reprimende en brauant ou épouuantant.
Balteare, mettre vn baudrier.
Baltéo, vn baudrier.
Baltreſca, ſorte de parapet de bois ou mantelet ſur la muraille, eſchaffaut.
carne da Baltreſca, chair à mettre ſur le parapet, cela ſe dit d'vn qui a merité d'eſtre écartelé.
Baltrôni, des crottes.
Baluadare, munir de bouleuards.
Baluardo, bouleuard.
Baluarte, bouleuard.
Balùce, petit morceau d'or que l'on trouué dans les mines.
Balumàri, eſchaffaux qui ſe dreſſent à la proüe & à la pouppe d'vn vaiſſeau, chaſteaux de pouppe & de proüe.
Balz̧ a, roche, la pointe d'vne roche, precipice. Item, vn bord à vne coiffeure ou bonnet.
Balz̧ a, en jargon, Egliſe, z̧ apres l' ſe prononce *ts*,
Balz̧ acchìni, brudequins.
Balz̧ àna, marque blanche au pied du cheual, balzane: en jargon, l'Egliſe.
Balz̧ àno, balzan, chenal qui a des marques blanches aux pieds.
teſta Balz̧ àna, ou *ceruel balzàno .i.* vn eſprit fantaſtique, vne teſte éuentée: parce que ces cheuaux balzans ſont capricieux.
Balz̧ are, bondir, ſauter: jetter en l'air: ſaillir, auec impetuoſité. Berner.
Balz̧ ar nella coperta, berner.
Balz̧ are, en jargon, aller, courir.
Balz̧ ellare, ſurcharger d'impoſts.
Balz̧ ello, impoſt, ſubſide.
Balz̧ ello, pour *bargèllo*, Preuoſt des Archers. Et ſelon aucuns, vne tour, vne niche, vne fourbe.
Balz̧ ìno, ſelon aucuns, du baume.
Balz̧ o, renuoy, bricolle, bond, bondiſſement, reuerberation: vn bord à vn habit ou bonnet: vne jauelle: vn precipice.
Balz̧ o, en jargon, vn Palais.
Balz̧ i, certaines ſangles auec leſquelles les mariniers ſe pendent aux antennes.
Bamba, vne ſorte qui ſent ſon enfant.
Bambàce, du cotton.
Bambacéllo, ſorte de fard.
Bambacìna, du baſin, ou du bombaſin.
Bambàgia, du cotton.
caſtigar col baſtone della Bambàgia .i. reprendre doucement.
cauar la Bambagia dal quibbòne, tirer le cotton du pourpoint .i. rendre maigre, ſuccer juſqu'au ſang, nous diſons, dégraiſſer.
alleuato nella Bambàgia .i. eſleué ou nourry delicatement.
Bambagìna, du baſin: ſelon aucuns, toille de cotton & vne juppe de baſin.
Bambagìno, du baſin.
Bambagiòſo, plein de cotton, cottonneux.
Bambagiùtta, vne femme delicate, gentille & en bon point.
Bambagiuòla, du baſin.
Bambara, ſorte de jeu d'enfant, à la petite prime.
* *Bambaro*, vn eſprit folaſtre ou remply d'enfance.
Bambaſina, baſin ou toille de cotton.
Bamberòttolo, petit enfant.
Bambìna, vne fillette.
Bambinerìa, niaiſerie ou action d'enfant, enfance.
Bambinèſco, d'enfant.
Bambìno, petit enfant.
Bambìno da Rauenna, enfant de Rauenne, qui naquit barbu: nous diſons, enfant du Diable, qui a le derriere velu. Autrement enfant de la Meſſe de minuit.
Bambìre, faire l'enfant, entrer en enfance, radotter, preſ. *bambiſco*, ie radotte.
Bambo, ſot, niais.
Bambòccia, vne gouſſe de cotton. Item, vne pouppée, vne marionette.
Bambòccio, vn petit enfant. C'eſt auſſi vne marionette.
Bambòcciolo, id.
Bambocerìa, niaiſerie d'enfant.
Bàmbola, vne ſorte: vne fillette: vne niaiſe: vne pouppée: vne glace de miroir: c'eſt effectiuement de petits ronds qui ſont à l'entour de quelques miroirs de Veniſe.
Bambolare, ſe iouër auec vne pouppée: eſtre en enfance, radotter. Item, garnir vne glace de miroir.
Bamboleggiamento, enfance, jeu d'enfant: radotterie: reſuerie.
Bamboleggiare, faire des niaiſeries d'enfant: faire des pouppées.
Bambolìno, poupart, petit enfant.
Bambolità, enfance, jeu d'enfant.
Bambolo, enfant: vne pouppée: vn vieillard en enfance. Item, le vif-argent derriere la glace d'vn miroir.
* *Bampà*, *vampa*, feu clair: flamme qui paſſe viſte.
* *Bampare*, bruſler clair.
Bampòſo, qui bruſle clair.
Banca, banc: banque: la monſtre: le lieu où ſe paye la monſtre. Bureau.
Banca, eſtau de Boucher: eſtablie d'artiſan.
paſſar alla Banca, paſſer à la monſtre.
Bancaccia, le banc où dort le Capitaine de la galere. Et celuy où ſe mettent les timonniers: Bancaſſe.
Bancali, couuerture de bancs.
Bancaro, eſtalier: Boucher.
Bancarotta, banqueroutte. Item, banqueroutier.

Banchetta, chauffe-pied que les femmes mettent fous leurs pieds en hyuer, pour fe les efchauffer: c'eſt auſſi l'ais où la chiourme appuye le pied en voguant: banquette.
Bancheita da camèra, vne chaife percée.
Banchettàre, banqueter.
Banchetiére, banqueteur.
Banchetto, banquet: & petit banc.
Banchi, lieu particulier à Rome, le change, la place du change.
dietro a' Banchi, lieu où il y a plufieurs bordels.
Banchiére, Banquier.
Banchierótte, Banquier.
Banco, banc: comptoir. Item, vne forte de poiſſon de mer.
Banco fallito, banqueroutte, & banqueroutier.
Banco fallito, qui ſe prend pour vne ſorte de jeu aux cartes, enuiron comme le noſtre à la ferme.
Banco, le Change.
pagar come vn Banco, nous diſons auſſi payer comme vn change, ou comme vn Changeur.
Banco del gaſtaldo d'vna chieſa, l'œuure des Marguilliers.
Banda, coſté: eſcharpe: bande.
da Banda, à part, à quartier.
da Banda à banda, de part en part.
metter da Banda, eſpargner: mettre à part.
la Banda del cocchière, le coſté du Cocher, le deuant du carroſſe.
la Banda, en jargon, la nature de la femme.
Bandare, garnir de toutes ſortes de garnitures. Item, bander.
Banderuóla, banderolle.
Bandeggiare, bannir. Et crier publiquement.
Bandella, penture de la porte, barre de fer qui ſoûtient la porte: platte-bende.
Bandelle, coins d'vne maiſon. Item, clefs de la muraille pour tenir les pierres.
eſſer fuor delle Bandelle, nous diſons eſtre hors des gonds.
Banderáio, Port'enſeigne.
Banderáio, chaſublier, faiſeur de bannieres, & chaſubles: brodeur de paremens d'Eglife. Item, vn crieur public..
Banderále, id.
Banderella, petite banderolle.
Banderéſe, qui porte l'eſtendart. Item, Baneret.
Banderuóla, banderolle. Item, girouette.
Bandiera, enſeigne, baniere.
Bandiera, coureuſe, putain.
la Bandiera di San Fantino .i. la banniere du Tailleur, l'eſtoffe que dérobe le Tailleur.
far Bandiera, c'eſt quand quelques léuriers paſſent deuant les autres: faire bande à part.
Bandiera vecchia fà honore al Capitano, cela ſe dit, quand on a quelque vieil habit ou inſtrument dont on s'eſt ſerui fort long-temps.
par s o a Bandiera, fol à mettre à vne enſeigne, fol remarquable, fol outré.
Bandigióne, toutes ſortes de viandes appreſtées.
Bándile, le bout du fil à l'eſcheueau, la ſentine.
vitrouar il Bandile, trouuer le moyen de débroüiller vn affaire.
Bandimento, cry public, proclamation.
Bandináre, faire vn bout à vn écheueau. Item, Metaphor. faire fin, finir vn affaire.
Bandine, le bout de l'écheueau.
Bandinella, penture de porte. Item, ſelon aucuns, vne boëte, vn petit cabinet.

Bandinella, eſſuy-main, toüaille: courtine, en terme de fortification. Item, rideau d'vn carroſſe.
Bandini, rebords ou parapets de coſté & d'autre de la pouppe, bandins, plats-bords.
Bandire, crier publiquement: crier par les ruës, preſ. *bandiſco*.
Bandire, décrier: bannir: deffendre: trompetter vne perſonne: proclamer, preſ. *bandiſco*.
Bandita, vn lieu deffendu ou reſerué pour la chaſſe: vn clos proche d'vne ferme: parc.
corte Bandita, court ouuerte, table ouuerte.
Bandito, banny, proclamé: volleur de campagne, bandy.
Banditore, proclamateur, banniſſeur: crieur public.
Bando, ban, deffenſe: cry public: banniſſement.
mandar Bando, mettre vn certain prix pour celuy qui prendra quelque banny, publier quelque choſe.
Bando la teſta, vn prix que l'on met ſur la teſte d'vn banny, &c.
di Bando, qui n'eſt point deffendu, qui ſe vend auec permiſſion, gratis, pour rien.
Bandoliéra, banduliere.
Bandoliére, bandoulier. Item, celuy qui fait entrer quelque choſe deffendu dans la ville ſans permiſſion.
Bándolo, le bout du fil à l'eſcheueau, la ſentine de l'eſcheueau.
Bandóne di ferro, platte-bende.
* *Bandória, baldória*, flamme qui paſſe viſte. Item, bonne chere.
Baneretto, ſorte de Cheualier en Angleterre, appelé Baneret, modernement Baronet.
Bangue, compoſition faite d'vne plante d'Inde, appelée *bangue*, auec d'autres precieux ingrediens.
Ban nòla, petit banc.
il Báo, la beſte dont on fait peur aux enfans.
Bara, ciuiere: brancard.
Baraccia, ſorte de pauillon de guerre.
* *Baridera*, ſelon aucuns, oiſeau appelé piuoine.
* *Barafraſáre*, periphraſer.
Baragello, vne place ou marché.
Baragóne, vne grande ceinture qui pend ſur la robe d'vn Docteur.
Barrare, barrer, pipperi.
Bàvairo, gouffre. Item, biere.
Baratta, noiſe, querelle, ſelon aucuns, vn batteau.
Barattare, troquer, changer, tromper, pipper.
Barattatòre, troqueur, changeur: broüillon, trompeur, pippeur.
Baratteria, tromperie, pipperie, troc.
Baratteria, pour berland ou Academie, lieu où l'on ioüe.
Barattiére, pippeur: tromper: troqueur.
Baratto, troc, eſchange.
à buon Baratto, à bon marché.
Barattoletto, broüillerie, tromperie, vn petit pot de terre, à mettre de l'onguent, ou emplaſtre.
Baráttoli, petits vaſes à mettre du muſc.
Baráttolóno, la cinquiéme forme du ſillogiſme.
Baráttoro, vn vaſe de terre d'Apotiquaire.
Barba, barbe de racine.
Barba del parapetto, ſurface du parapet.
tirar in Barba, tirer par deſſus le parapet ſans embraſeure.
* *Barba*, oncle, mot Lombard.

Barba,

BA BA

Barba, foin d'artichaut.
far la Barba di stoppa, faire barbe de paille, se moc-
    quer, tromper.
alla Barba tua, à ta barbe.
metterſi le mani alla Barba, ò capelli, ſe mettre les
    mains à la barbe ou aux cheueux, pour dire ou denot-
    ter autant de quelque choſe, comme l'on tient de
    poils:
hauerla in Barba di gatta .i. receuoir du dommage.
Barba Cipriano, nous diſons frere Iacques .i. le membre
    viril.
Barba di becco, barbe de bouc, plante.
Barbacàne, ſorte de fauſſe-braye : renfort au bas d'vne
    muraille, contre-fort au dehors, auant-mur - barba-
    cane.
Barbacàne, en jargon, bras.
Barbacápri, herbe appelée barbe de bouc.
Barbàccia, vne grande vilaine barbe.
Barbaccìno, vn petit bout d'homme. Item, vne ſenti-
    nelle, ſelon aucuns.
Barbachéppo, vne cheure, ou vn ſinge qui a de la
    barbe.
* *Barbagia*, ſelon aucuns, vn bordel.
Barbagiànni, hibou, Duc.
* *Barbagio*, vn Payen, vn Barbare.
Barbagliamento, éblouïſſement.
Barbagliàre, éblouïr.
Barbàglio, éblouïſſement.
Barbáio, barbeau, poiſſon.
* *Barbaniccàre*, faire le maraud, friponner.
* *Barbanìcchi*, la lie du peuple, la canaille.
* *Barbàno*, grand oncle.
* *Barbànte*, fripon, coquin.
da Barbane à ferrante, chou pour chou.
* *Barbantería*, fripponeries, coquineries.
Barbaramente, barbarement.
Barbàre, prendre racine. Et faire la barbe.
Barbaría à vno, nous diſons, ietter le chat aux jambes:
    faire vn tour à quelqu'vn.
Barbareſcatóre, celuy qui pence le barbe.
Barbareſco, de barbare. Item, vn cheual barbe : & vne
    ſorte d'ouurage de Barbarie.
Barbareſmo, Barbariſme, mot ou phraſe barbare.
Barbaría, Barbarie.
Barbariccia, barbe friſée, & ſelon aucuns, vne four-
    be ou tromperie.
Barbàrico, de Barbare.
Barbariſmo, barbariſme.
Bàrbaro, barbare, cruel. Item, vn cheual barbe.
Barbaſco, verbaſco, molaine, plante.
Barbaſſo, vn gaban de marinier.
Barbaſsòro, qui ſe dit par ironie, vn grand perſon-
    nage.
Barbaſtrello, vne chauue-ſouris.
Barbatàccio, vne vilaine barbe.
Barbatella, greſſe à planter : bouteure : œilleton.
Barbàto, barbu. Item, enraciné.
Barbazzàle, gourmette.
* *Barbeggia*, vne vieille baueuſe, ou radoteuſe qui a
    de la barbe.
Barbéghia, vne ſorte de chenille veluë.
Brabèllo, vn barbeau : & vne ſorte d'inſecte appelée
    Damoiſelle.
Barberàre, c'eſt quand vne toupie ne tourne pas égale-
    ment : faire la canne.
Barbería, boutique de Barbier, barberie.
Barberìno, nom propre de lieu.
andar à Barberino .i. quand la barbe vient.

Bárbero, Barbare : & cheual barbe.
Barberòtto, vn Barberot, vn compagnon Barbier.
Barbetta, petite barbe. Item, petite racine.
Barbette, cordes qui ſeruent à tirer l'eſquif dans la
    Galere, dragues.
Barbétto, vn barbet.
Barbicàne, fauſſe braye.
Barbicàre, s'enraciner, prendre racine.
Barbicìne, les barbes ou filets des racines.
Barbiére, & Barbiéra, barbier & barbiere.
jian Barbière che il tanno è caldo, nous diſons, tout
    beau Barbier la main vous tremble.
bà da far con vn Barbière che sà rádere, nous diſons, il a
    à faire à forte partie.
Barbigliòne, la creſte deſſous le bec du cocq, la barbe
    du cocq : ſelon aucuns, les bouts pendans des tetins.
Barbìne, certains ornemens ou galands ſur la teſte des
    femmes.
Barbiòne, & barbione, barbeau, poiſſon.
Barbiòne, vne doucine.
* *Barbitomòre*, vn Barbier.
Barbo, vn barbeau, poiſſon.
* *Barbòcche*, ſorte d'abricots.
Barbóccio, le bouquet ſous la leure.
Barbòci, mouſtaches.
* *Barbogìa*, radotterie, reſuerie.
* *Barbogiàre*, radotter.
* *vecchio Barbógio*, vieux reſveur.
Bàrbola, ſelon aucuns, niuë de cheual.
Barbolìne, les barbes des racines.
Bárbolo, vn barbeau.
Barboncelli, les barbes proche de la bouche du che-
    ual. Item, de petits barbeaux.
Barbóne, grande barbe : vn barbet : vn frippon, vn bar-
    beau.
Barbóro, vn barbeau.
Barboſsàre, bredouïller, gronder, marmotter.
Barboſsòſo, vn grondeur.
Barboſtàre, barbotter, marmotter.
* *Barbotto*, la mouſtache de la barbe. Item, begue.
Barbòzza, boſſette.
parlar ſenza Barbozzàle, parler ſans gourmette .i. ſans
    reſpect, & librement.
Barbozzòlo, &
Barbozzo, mouſtache. Item, la levre de deſſous du
    cheual, le menton.
Barboz zùtto, qui a de grandes mouſtaches.
Barbucchio, bruit, grommellerie.
Barbuccidle, gourmette.
Barbugliàre, barbouïller, bredouïller.
Barbùglio, barbouïllement, bredouïllement.
Barbùta, barbute, partie de heaume. Item, vn Aigle
    ſemblable aux Orfrayes.
Bardùti, certains ſoldats à Florence.
Barbùtoc, boſſette.
Barca, barque : tas, monceau.
far vna Barca à qualchedúno, faire piece à quelqu'vn.
far Barca armata, doubler les gens dans vn vaiſſeau en
    dégarniſſant vn autre, piper des cartes.
far andar vno in Barca, mettre dedans, mettre en co-
    lere.
Barca vergola, ſorte de gondole.
Barche, en jargon, ſouliers.
Barcàio, tas, maſſe, monceau.
Barcarì zo, la partie du vaiſſeau où l'eſquif eſt atta-
    ché.
Barcaruòlo, marinier : battellier.

H

andar tre à Barcaublo è marinaro, estre égal, estre tout vn, & reciproque : chou pour chou.
Barcàta, battelée.
Barcheggiare, aller en barque, tromper.
Barchetta, petite barque.
Barchiére, battelier.
Barco, embarquement.
Barco, pour *parco*, parc : pour *varco*, passage.
Barcolare, bransler comme vne barque sur l'eau : secoüer le col.
Barcòllo, branslement, secousse.
Barcóne, grande barque.
Barcóso, remply de barques.
Barda, barde de cheual.
Bardare, barder vn cheual.
Bardascia, bardache, qui souffre le peché de sodomie.
Badasciare, souffrir l'acte de sodomie, & l'exercer.
Bardascióne, &
Bardassa, le garçon qui sert à la sodomie, bardache.
Bardatura, bardes de cheual.
Barde di moccoloto, en jargon, des lunettes.
Bardella, vne bardelle ou bastine, sorte de selle platte sans arçons, vn panneau.
Bardellaccia, vn bast de mulet.
Bardellare, baster, mettre le bast.
Bardelette, les fanons d'vne mitre.
Bardello, vn badin, vn sot.
Bardellóne, bardelle que l'on met aux poulains, quand on commence à les dresser.
Bardiglio, froc de moine gris.
* *Bardo*, leger, agile : hardy, rude.
Bardocco, vn sot, vn niais.
* *Bardoselle*, pour bandelle, plattes-bendes : pentures.
à Bardosso, nud, sans selle, à cheual, sans selle.
Bardotto, sommier, cheual ou asne qui porte la somme.
passar per Bardotto, passer pour bardot, estre franc d'escot.
Bareggiare, pipper.
Bareggiatóre, pippeur.
Barella, ciuiere : ciuiere à bras : brancart.
Barellare, porter sur vne ciuiere ou brancart.
Baretta, beretta, bonnet.
Bargagnare, traitter d'affaires : Item, barguigner.
Bargagno, traitté, barguignement.
Barganello, sorte d'oyseau.
Bargellino, vn archer ou sergent. Item, vne ancienne monnoye à Florence.
Bargello, Preuost. Item, vn ver à soye. vne sorte de vers.
Bargigli, crestes de coq.
Bargigliato, encresté, qui a vne creste.
Bargiglio, &
Bargiglióne, la barbe ou creste de dessous le bec d'vn coq.
Bariare, combattre à la barriere.
Baricare, baricader.
Baricata, baricade.
Baricócoli, de petites choses rondes, faites de pain d'espice.
Baricola, vne broüette : & vne insecte appelée demoiselle.
Barigello, Preuost d'armes.
Bariglietto, petit baril.
Barigliòne, cacque.
Barilàme, tous les barils d'vn vaisseau.

Barilare, emplir les barils, garnir de barils.
Barilaro, porteur de barils.
Barìdo, vne certaine couleur dont vsent les peintres.
Barile, baril.
Barile della ruota, le moyeu de la roüe.
Barili fulminanti, barils foudroyans, sorte de feu d'artifice.
Bariletta, selon aucuns, vne peinture. Item, vne mode ou façon. Et vn barillet.
Bariletto, vn barillet.
Barilotto, id.
* *Barinello*, vne sorte de barque.
* *Barire*, braire.
* *Barlaccare*, faire le niais, faire le sot.
* *Barlacco*, vn niais, vne duppe.
* *Barlaffare*, barleffare, balafrer.
* *Barleffo*, balaffre.
Barleffo, en jargon, visage.
Barletta, &
Barletto, vn barillet.
Barlióne, toutes sortes de barillets.
Barlotto, vn petit baril.
Barlouénto, le dessus du vent. Item, contre-vent.
Barlùme, entre chien & loup.
* *Barnire*, braire, selon aucuns.
* *Barnoccare*, selon aucuns, frapper d'vn baston, bastonner.
* *Barnocco*, bastonnade.
* *Baruffo*, selon aucuns, vn barbet.
Baro, frippon, coquin, filou, gueux.
* *Barocco*, la bonne chere, la morfe.
Baroccolo, fripponnerie, pipperie.
Baronaccio, grand frippon, grand coquin, grand gueux.
Baroneggio, Baronie : toute la Baronie ou noblesse.
Baronare, gueuser.
Baroncello, petit Baron. Item, petit gueux.
Baronci, haillons, chiffons.
Baróne, vn Baron.
Baróne, frippon, gueux.
Baróne di Campo di fiore, nous disons, Escheuin du port au foin .i. gueux, frippon, coupeur de bourses.
Baróne di Francia .i. vn qui a la verolle.
Baróne di mercato .i. coupeur de bourses, gueux, coquin.
Baroneggiare, gueuser : coquiner.
Baronéssimo, la Baronie.
Baronìa, Baronie. Item, gueuserie, fripponnerie.
Baronzi, chiffons, haillons.
Baron'cola, sorte de jeu d'enfans.
Baropi, *baropieno*, sorte de pierre precieuse.
Barra z a, vne ciuiere.
Barra, barre.
Barracchia, pied de corbeau, herbe.
Barrare, barrer : Item, pipper.
Barraria, brelan : lieu de pipperie.
Barratare, troquer, changer. Item, tromper, pipper.
Barrateria, troc. Tromperie, pipperie.
Barratiere, troqueur. Trompeur, pippeur.
Barratóre, pippeur.
duro di Barre, fort en bouche, dur d'embochenre.
Barreggiare, pipper.
Barrerìa, pipperie, tromperie, fripponnerie : breland.
Barricare, barricader.

Barricáta, barricade.
Barriera, barriere.
   Barriera, sorte de dance en Italie.
Barriere, qui plaide au Barreau. Item, vn combat à la barriere.
Barrire, braire.
Barrito, le braire d'vn asne.
Barro, vn pippeur.
Barrocola, sorte d'vsure.
Barróne, filou, voleur, pippeur.
* Barrouiere, vn valet.
* Bartaldare, carder.
Bartaldi, chardons à carder.
Baruffa, meslée, combat.
Baruffare, se mesler au combat.
* Barullo, treccolone, vn reuendeur de viandes à manger, vne espece de chair-cuitier.
Barutola, vn chaferet à former le fourmage. Item, vne baratte à battre le beurre. C'est aussi vn os à la racine de la queuë du cheual.
Barniare, bluster.
* Baruto, vn blusteau.
Barutola, vne serine ou baratte à battre le beurre.
Barza, selon aucuns, vne leuée : & vn batteau qui sert à porter les grandes charges.
* Barzelletta, sorte de chanson de ville, ou madrigal, galanterie.
Barzellettante, qui chante des villanelles, ou madrigales, ou galanteries.
* Barzuole, jects pour vn faulcon.
parlar per Bas & bus, parler en pedant.
Base, base.
Basilisco, Basilie.
Basalte, sorte de marbre.
Basalteno, id.
Basamento, soubasement.
Basinite, vne pierre de touche fort vnie.
Bazar, bezoüar.
Basarucco, sorte de monnoye à Goa.
Baschi, les basques. Item, la lie du peuple.
* Baschiéra, la nature de la femme.
Bascià, Bacha.
Basciabile, que l'on peut baiser.
Basciare, baiser.
Basciare il chiauistello, baiser le pesle: il ne retourner plus en vne maison.
Bascio, vn baiser.
Bascioso, grand baiseur, tout remply de baisers.
Basciozzo, vn petit baiser.
Basciuccare, &
Basciucchiare, baisotter.
* Bascoso, selon aucuns, fretillant.
Base, le base, le fondement.
Baseo, stupide, lourdaut.
Basette, les moustaches de la barbe.
* Basiggia, basilic, herbe.
* Basilica, Louure, Palais, Cour.
Basilico, basilic.
Basilicóne, noix appelée noix royalle.
Basilinda, sorte de jeu.
Basilisco, basilic. Item, vne piece d'ordonnance appelée basilisque.
* Basotto, vne escuelle de bois.
* Basire, estre prest de mourir, mourir, pres. basisco.
Basito, mort.
Baroso, lourdaut, stupide.

Basòffia, potage.
Basola, vn verre de fin cristal.
Basoso, qui est prés de mourir.
Bassa, combe, vallée, lieu bas.
di Bassa mano, tout bas : glidisse vn suo particolare di bassa mano. Item, de basse condition.
Bassarco, vn certain nom de Bacchus.
Bassare, abbaisser : descendre.
Bassetta, sorte de jeu aux cartes.
Bassetto, basset. Et vne basse.
Bassezza, bassesse.
Bassilico, basilic, herbe.
Basso, bas : vulgaire : commun.
Basso : estroit, comme l'estoffe.
Basso del giorno, sur le tard.
Basso, basse, basse-contre.
Basso discorso, discours plat.
Bassofondo, lieu où vne Galere ne peut passer à cause du peu d'eau : peu d'eau.
Bassoriliéuo, basse-taille en sculpture.
Bassotta, sorte de gasteau.
Bassotto, voix de basse fort douce.
Bassotti, trape, petit & membru, basset.
Bassotti, sorte de viande de paste & de fourmage, rissolée auec vne pelle chaude ou rougie au feu.
Bassúra, bassesse.
Basta, vn troussis de robe : c'est assez.
Basta, en jargon, prison.
Bastagiare, porter le faix.
Bastágio, vn gaigne-denier, vn crocheteur.
Bastango, bastangue, poisson.
Bastante, suffisant.
Bastantemente, suffisamment.
à Bastanza, suffisamment.
Bastardaccio, vn meschant bastard.
Bastardare, abastardir.
Bastardella, sorte de marmite.
Bastardella galea, galere bastarde.
Bastardello, le liure d'vn marchand appelé broüillon. Item, vn bastardeau.
Bastardia, bastardise.
Bastardire, abbastardir, pres. bastardisco.
Bastardo, bastard. Item, vn bastardeau, piece d'artillerie.
Bastarda, voile latine : la plus grande dont on se serue en vne Galere, la bastarde.
Bastardolo, liure de marchand appelé broüillon.
Bastardúme, bastardise.
Basta, il suffit.
Bastare, baster, suffire.
à Basta lena, de toute sa force : à perte d'haleine.
mi Basta l'ánimo, j'ay le courage : je me fais fort.
Bastaro, vn bastier.
Basteggiare, baster. Item, porter vne charge.
* Basterna, vn tombereau. Item, vn petit chariot. Vne sorte de serpent.
Bastétta, sorte de potage ou menestre.
Basteuole, qui peut suffire, suffisant.
Basteuolmente, suffisamment.
Bastia, troussis à vne robbe.
Bastía, bastion, & trenchée, boulevard.
Bastiare, munir de bastions.
Bastiere, bastier, faiseur de basts.
Bastiménti, viures ou munitions, bastiment de vaisseau.
Bastina, vne bastine ou bardelle : vn bast d'asne. Vne baste de pourpoint.
Bástio, básto, bast.

59

H ij

Bastio, *básto*, bast.
Bastionare, bastonner.
Bastiine, baston.
Bastita, forteresse. Item, bastide mot Prouençal, grange.
Basto, bast.
porre il Basto, mettre le bast: nous disons, monter sur la beste.
Basso, en jargon, pourpoint.
Bastonáre, bastonner.
Bastonágo, vastangue, poisson.
Bastonari pesci .i. estre aux galeres, donner des bastonades aux poissons, nous disons, escrire d'vne plume de 15. pieds.
egli dà Bastonate da orbo, nous disons il frappe comme vn aueugle.
Bastonata, coup de baston, bastonade.
Bastonatina, petite bastonade.
Bastoncello, bastonnet.
Bastoncelli, des cornets de petit mestier.
Bastoncini, petits bastons. Item, cornets de petits mestier.
Bastóne, baston: la perche d'vn tour.
Bastóne, c'est ce que les Architectes appellent Tore.
Bastóni, vne couleur aux cartes Italiennes.
castigar col Bastóne della bambagia, chastier auec le baston de cotton .i. passer sous silence.
metter vn legno sù, per vn Bastóne. i. faire vne sottise, vn extrauagance.
Bastoneggiare, bastonner.
Bastonetto, petit baston.
Bastonetto, sorte de mort, bastonnet.
Bastoniere, bastonnier.
Bastóso, vn porte-faix, vn crocheteur.
Bàta, vne raye, poisson. Et vne sorte d'oyseau.
Batacchiare, battre les arbres, gauler.
Batacchio, baston: batail.
Batacchiata, coup de batail & coup de baston.
Batalo, vne piece de drap que portoient anciennement les Docteurs au lieu de chapperon.
* *Batanismo*, certain temps que l'on sarcle les bleds.
Batarella per raccoglier l'api, vn bassin ou autre vstensile pour ramasser les abeilles.
* *Batassare*, secoüer, crouler.
* *Batedúre*, *Batiture*, batteur.
Batelláyo, faiseur de batteaux.
Batelliére, batelier, batteliere, Id.
Battello, batteau.
Batessa, Abesse.
Bati, basilic sauuage.
Batia, Abbaye.
Baticca, cuue à essanger le linge.
Batinhortensiana, sorte d'asperge.
Batinmaria, sorte d'herbe.
Batistéo, baptistere. Metaph. le membre viril.
Bato, bain, estuue.
Bátolo, proprement fourreure de Docteur.
Baiósta, vacarme, dispute, querelle.
Batrachite, &
Batrachio, diable de mer, poisson. Item, vne sorte de vernis.
Battacchiare, bastonner, gauler, battre les fruicts.
Battacchiata, coup de baston.
Battacchio, baston. Item, vn batail, i. sorte de Bar-

Battaglia, bataille.
Battagliare, batailler.
Battagliatóre, combattant.
Battagliére, combattant, bataillant. Item, vne terrasse sur vne maison, pour faire des armes.
Battaglierésco, de bataille, belliqueux.
Battaglieuole, valeureux, combattant.
Battaglio, vn batail de cloche: le marteau d'vne porte.
Battagliòle, fers fourchus sur les flancs des Galeres, battayoles.
Battagliolette, & *battagliolíne*, bastons qui seruent à hausser la tente d'vne Galere.
Battaglióne, bataillon.
Battaglióso, querelleux.
Battalo, fourreure de Docteur.
Battáta, sorte de racine.
Batteggiare, pour *battez z are*, baptiser.
Battente, l'endroit du mur où la porte bat, pied droit, battant.
Battente, vn penitent, vn qui porte l'habit de penitent.
Báttere, battre.
Bátter brochette, trembler de froid.
Bátter la borra, id.
Bátter due chiodi ad vn caldo, nous disons faire d'vne pierre deux coups.
Bátter d'occhio, clein d'œil.
Battersi à palme, frapper des mains.
Battersi la guancia, se repentir.
Battersela .i. s'enfuir, se sauuer: nous disons, battre aux champs.
Batter il taccone, battre le bout du soulier, id.
Bátter tenda, oster la tente d'vne Galere, abbatre la tente.
Bátter la calcosa, en jargon, s'enfuir.
Batteria, batterie.
Battesimále, de baptesme.
Battésimo, baptesme.
Battezzante, baptisant.
Battezzare, baptiser.
Battezzato la Domenica, baptisé au Dimanche. i. qui n'a point d'esprit.
Battezzatóre, qui baptise, baptiseur.
Batticópa, vne couuerture de serge ou autre estoffe sur vne gondole, pour empescher du vent & du Soleil.
Batticúli, culottes, partie de l'armeure.
Batticuóre, battement de cœur.
Battifólle, bastion. Item, vne ancienne machine à battre les murailles. Et selon aucuns, vn batail.
Battifèrro, forgeron.
Battifuóco, vn fusil.
Battifuora, vne sorte de marteau d'Orfèvre.
* *Battigia*, accés d'epilepsie ou de folie.
* *Battigióso*, qui a vn accés d'epilepsie.
Battigliuóla, cliquette de moulin.
Battigráno, batteur de bled.
Battiláno, batteur de laine.
Battilóro, batteur d'or, où boutique de batteur d'or.
Battimáno, vne sorte de grands poids en Italie. Item, battement de mains.
Battiménto, battement.
à *Battiménto*, à claque-mur, sorte de jeu.
Battino, vne sorte de poids en Italie.
Battipálo, mouton à enfoncer les paulx.
Battipónti, mouton à battre les pilotis.

BA

Battipútta, forte d'écreuice de mer.
Battiráme, ouurier en cuiure : chaudronnier.
Battiſécula, &
Battiſégola, aubifoin, bluet. Item, vn ſaphir, ſelon aucuns.
Battiſmále, de bapteſme.
* *Battiſoffia*, vne peur à l'improuiſte, treſſaillement.
* *Battiſoffiola*, id.
* *Battiſoſſure*, treſſaillir de peur.
Battiſta, toile baptiſte. Item, vn qui baptiſe.
Battiſtare, baptiſer.
Battiſtéo, les fonds à baptiſer : le baptiſtere : vn batail. Metaph. le membre viril.
Battiſtério, baptiſtere.
Battiſtína, toile baptiſte.
Battiſuócero, aubifon, bluet.
Battitóio, le marteau de la porte. Item, vn batail.
Battitóio, la partie du mur qui bat contre la porte.
Battitóre, batteur : forgeron. Item, vn fleau à battre le bled : vn baſton : vn moulin à papier : Imprimeur qui touche à la PRESSE.
Battitúra, battement, coup.
Batto, ſorte de barque.
Battocchiáre, battre.
Battócchio, batail : marteau de la porte.
Báttola, vn poiſſon.
Battucchieria, ſottiſe.
Battúta, la meſure que l'on bat en muſique.
Battúta, le chemin frayé ou battu.
andar per la Battúta, nous diſons, ſuiure le grand chemin, faire comme les autres.
Battúto, le plancher d'vne terraſſe ou galerie, les carreaux, le paué.
Battúto, vn penitent.
Battúto, battu.
Battúffolo, lauette à lauer ou frotter la vaiſſelle.
il Bau, le fil ourdy : le loup dont on fait peur aux enfans, la beſte.
far Bau, regarder par vn trou, ou en ſe cachant de ſon manteau, &c. nous diſons, faire tou tou.
far Báubau, faire peur aux enfans.
Báua, baue.
Baua de' metalli, eſcume des metaux.
Bauaglio, bauette : vn linge à ſe cacher le viſage de peur d'eſtre conneu.
Bauaglinoláre, mettre vne bauette à vn enfant.
Bauaglinólo, vne bauette.
Bauaíiſſo, vn canon, appelé baſilic.
Bauáre, bauer.
Bauáro, vne bauette : vn baueur. Item vn capuchon.
Bauban, tou tou, en ſe cachant.
Baucáre, ſe cacher en joüant auec les enfans, faire tou tou : guetter.
* *Baúcco*, vn maſque de femme.
Baúco, *baúco*, tou tou, que diſent les enfans en ſe cachant.
Bauélla, du floret. Item, du ſatin de Bruges.
Bauelláre, eſplucher la ſoye.
Bauelláro, eſplucheur de ſoye.
Báuero, colet de manteau. Item, vn creſpe ou voile.
Baueria, viſiere.
Bauiſi, nageoires.
Baúlo, vn bahut.
Bauenáre vna naue, graiſſer vn nauire.
Bauorda, en jargon, vne brebis.
Bauóſo, baueux.
Baurda, ſorte d'oiſeau de proye.

BD   BE

Baẓóſſia, mot Lombard, vn potage, pron. dẓ.
Baẓẓarare, troquer, harder : tromper, pron. dẓ.
Baẓẓarráre, tromper, troquer, pron. dẓ.
Baẓẓárro, troc. Item, accord, agreement, vn troqueur : vn trompeur, pron. dẓ.
* *Baẓẓécole*, nippes, petites hardes, petites broüilleries, pron. *ts.*
* *Baẓẓegáre*, bredoüiller, begayer : eſtre au guet pour dérober. Item, conuerſer, praticquer, hanter, pr. *ts.*
Baẓẓeſco, bas, vulgaire, pron. *ts.*
Baẓẓica, conuerſation, hantiſe, ſorte de jeu, pron. *ts.*
Baẓẓicáre, branſler. Item, conuerſer, praticquer, hanter, pron. *ts.*
Baẓẓicatóre, qui hante, qui conuerſe. Item, vn bredoüilleur, vn begue, pron. *ts.*
Baẓẓicattúre, nippes, petites hardes, broüilleries, bijoux, reſte de viande ou autre choſe, pr. *ts.*
* *Baẓẓicchiáre*, remuer dans ſes mains. Et joüer à deuiner en quelle on cache vne choſe, pron. *ts.*
* *Baẓẓigáre*, à begayer. Item, hanter : & branſler.
* *Baẓíle*, bacile, baſſin.
Baẓẓa, vne monnoye en Allemagne, qui vaut enuiron deux ſols, pron. dẓ.
* *Baẓẓótto*, rude : imparfait, groſſier. Item, de la cher à demy cuite, pron. dẓ.
Bacanélla, gogaille, débauche, bonne chére, pron. dẓ.
Bacócco, abricottier, & abricot.
Ballatríce, danceuſe.
Ballétta, vn ballot.
Balateara, ſelon aucuns, vn arbaleſte à jetter des pierres ou boulets de pierre.
Banditríce, publieuſe.
Barácia, ſorte de mantelet ou rente.
Baracchia, pied de corneille, baſſinet, plante.
Baradría, vn groulard, oiſeau.
Barba, la barbe.
gente Báſſa, petits compagnons.
Baſtáio, Baſtier.
Batter la via, frayer le chemin.
Batteẓátrice, baptiſeuſe.
Battitríce, batteuſe.
Battúte, eſpece de courbettes.
Bauaro, Bauarois, de Bauiere.

BD

BDelio, bdellium, ſorte de plante : & de gomme.

BE

BE', interjection, voy, oüeh.
Be' pour belli, beaux.
Beáre, beatifier, rendre heureux.
Beatamente, heureuſement.
Beatificáre, beatifier.
Beatificatióne, beatification.
Beatificatiuo, qui beatifie.
Beatifico, qui rend heureux, beatifique.
Beatità, &
Beatitúdine, beatitude.
Beato, beat, heureux.
Beatóre, qui rend heureux.
Beatríce, celle qui rend heureux.
Bébe, pour beué, il beut.
Bebulbo, bulbe.
Becabúnga, pourcelaine de mer.

H iij

BE

Becca, vne escharpe, vne faueur d'vne Dame : vn galand, vn ruban : vne bende de taffetas que portent certains Magistrats. Item, vne jarretiere, selon aucuns.
Beccabile, qui se peut becqueter, ou gouster.
Beccacentre, pincettes à feu.
Beccaccia, beccasse.
Beccaccini, beccacines.
Beccafico, becquefigue, oiseau.
Beccafico di val di Rubbiana, becquefigue de la valée de Rubiane, qui court plustost à l'eau qu'au gluau. i. rusé manœuvre.
d'Agosto ogni vccello è Beccafico. i. en temps de contagion toute maladie est dangereuse.
Beccafichi marini, sorte de petits poissons.
Beccaio, boucher.
Beccaincauo, vn poisson dont le fiel guerit les cicatrices, & la chair superfluë des yeux.
Beccalite, vn chicaneur. Item, vn querelleux.
Beccamento, coup de bec.
Beccamorti, fossoyeurs : corbeaux qui portent les morts.
Beccare, becqueter : tirer : receuoir : jouïr : gouster : prendre.
non Becca di cosi fatte sottigliezze, il ne mord pas à ces subtilitez. là.
Beccar in qualche cosa, attraper quelque chose.
Beccarsi il ceruello, se tromper en son opinion. Item, s'alambiquer l'esprit.
Beccarello, petit bouc.
Beccaria, boucherie.
Beccarelli, fossoyeurs.
Beccaro, vn boucher.
Beccarocchi, vn piuert.
Beccaroueglia, vn faulcon de passage, qui chasse pour soy-mesme.
Beccastrino, vn houyau.
Beccata, coup de bec.
è stata Beccata da vna serpe, elle a esté morduë d'vn serpent, cela se dit d'vne femme qui est enceinte.
Beccatella, becquée : le morceau de la chair que l'on iette en l'air au faulcon.
Beccatello, corbeau, piece de bois à soustenir vne poudre.
Beccatura, coup de bec.
Beccheggiare, becqueter.
Becchera, le bec d'vn faulcon.
Beccherello, beccarello, petit bouc, ou cornard.
Beccheria, boucherie.
Becchetto, vne bende d'vn capuchon, dont vsoient les anciens. Item, petit bec.
Becchietto, grosbec, oiseau. Item, vne sorte de fruict.
Becchigno, bouquin.
Becchina, la nature de la femme.
Becchino, corbeau qui porte les pestiferez. Item, vn fossoyeur.
Beccicoso, barbe de bouc.
Becco, bec.
egli è fatto il Becco à l'oca, nostre vulgaire dit : Il n'y a plus que le bec à ourler & le cul à coudre, & puis ce sera vne cane .i. l'affaire en est faitte.
dar del Becco alle stelle, donner du bec aux estoilles ; c'est ce que nous disons ; voila du vin qui fend les pierres.
dar di Becco, se fourrer : s'entremettre de toutes sortes de discours.
metter il Becco in molle, mettre tremper son bec. i. ne

BE

sçauoir trouuer ce que l'on veut dire.
Becco, cornard : cocu : vn bouc.
Becco di oca, tanasie, herbe.
Becco florio, sorte d'oiseau.
al Becco mal guardato, sorte de jeu.
Becconaccio, &
Beccone, gros sot : gros bec : vn gros bouc : vn grand cornard.
Beccarella, oiseau qui a le bec en enhaut.
Beccuccio, bec de vase : & petit bec.
Bechio, sorte d'herbe, pied de moulin.
Bede, &
Bedegnaro, chardon Sainte Marie.
Bedello, vn bouleau.
Beeu, du ben.
Befana, vn homme de paille ou de chiffons que l'on met sur les fenestres le soir des trois Roys, pour faire jouër les enfans : c'est aussi par metaph. vne laide femme.
Befania, Epiphanie, la feste des Roys.
Beffa, beffe, gausserie : bagatelle, chose de rien.
farsi Beffe, minarsi beffe, se mocquer.
Beffardare, gausser.
Beffardo, gausseur, railleur.
Beffare, gausser, railler, beffler, se mocquer, ioüer vne personne.
Beffatore, mocqueur, gausseur.
Beffeggiare, gausser, railler.
Beffeggiatore, mocqueur.
Beffeuole, qui merite d'estre gaussé.
* Beffiare, gausser.
* Beffiardo, gausseur.
* Beffiatore, mocqueur, gausseur.
Bega, mouche à miel qui bourdonne.
Beghinare, porter l'habit gris de Religieux.
Beghina & beghino, personnes qui viuent comme des Religieux : il y a des Beguines au Pays-bas, qui font enuiron ce que le mot Italien signifie.
Beitore, beuueur.
Belamento, beelement.
Belanite, sorte de chastaigne.
Belare, beeler.
Belbello, tres-beau, tout-beau.
Belche, belle chose, bien dequoy, par ironie.
Belena, balena, baleine.
Beletta, limon : eau bourbeuse.
Belgimi, &
Belgini, benjoin.
Belgioini, id.
Belgini, idem.
Belicato, qui a vn nombril.
Belico, nombril.
Beligemma, sorte de pierre precieuse.
Beli, belis, marguerite, fleur.
Belin belino, gentiment.
Belz nar, bezouar.
la Bella bellina, la nature de la femme, &c.
alla Bella prima, tout du premier coup, à l'abord.
Bellamente, doucement, bellement.
Belletta, eau bourbeuse, limon, bourbe.
Bellettare, farder.
Bellettatrice, femme qui se farde.
Bellettiera, vendeuse de fard.
Belletto, fard.
Bellettoso, plein de fard.
Bellezza, beauté.
Bellico, guerrier, belliqueux.
Bellico, le nombril.

BE

Bellico di Venere, nombril de Venus, plante.
Bellicolo, le nombril.
Belliconchio, boyau attaché au nombril, que l'on coup-pe aux enfans.
Bellicosamente, belliqueusement.
Bellicoso, belliqueux.
* *Bellificare*, rendre beau, embellir.
Bellino, bellot, beau.
far Bellin bellino, faire beau beau, faire beau semblant.
Bellione, sorte de bassinet.
Bellirici, sorte de prune.
Bello, beau. Item, beauté.
Bellosguardo, nom propre d'vn lieu : *star à Bellosguardo*. i. s'amuser à regarder.
Bell' è nouo, tout neuf : vulg. tout fin neuf.
Bell' è grosso, bon & gros.
è Bell' è fatto, il est fait bien & beau.
il Bell' è, le bon est.
far Bello il vicinato, faire le voisinage beau. i. faire courir tout le monde au bruit.
far Bella la piazza, idem.
egli è vn Bello in campo, nous disons, c'est belle monstre & peu de rapport : il a belle apparence, & ne vaut gueres.
vn Bello in piazza, idem.
di Bello, de bonne sorte, bien & beau, fort & ferme.
di Bel mezzo di, en plein midy, au beau milieu du iour.
far il Bell' humore. i. faire l'entendu.
Belloardare, munir de bastions, bastionner.
Belloardo, bouleuard.
Bellone, beau de visage.
Bellont, aignille, poisson.
Bellora, vne belette.
* *Bellore*, beauté.
Bellouz, beau, poly, net, bellot.
Belo, beclement : & vne sorte de pierre precieuse.
Belone, grand beeleur, crieur.
Beltà, beauté, mot poët.
Beltade, id.
Beltresche, eschaffauts, mantelets de bois.
Beltro, meslange de verd blanc & rouge.
* *Belua*, beste farouche.
Beluardare, munir de bouleuards.
Beluardo, bouleuard.
Beluedére, plante appelée belueder. Item, nom propre d'vn lieu à Rome.
Belzoino, ben oin.
Bembé, mais bien, or bien, hé bien.
Bembéne, fort bien, tres-bien.
* *Bemina*, vne mesure d'enuiron vne pinte.
Benaggia, *ben habbia*, bien luy en vienne, grand bien luy fasse.
Benandáta, le vin du valet que l'on donne en partant.
Benauenturáto, heureux.
Benauenturóso, bien-heureux.
* *Benauráre*, bien-heurer.
* *Benauro*, bon-heur, bonne fortune.
* *Benaurósó*, fortuné.
Benbé, hé bien.
Benbéne, bien & beau, fortbien, tres-bien.
Benché, bien que.
Benda, bende. Item, bendeau. Escharpe.
Bendare, bender. Item, couronner.
Bendélla, ruban : bende : du bord.
Bendelláre, border : bender : garnir de ruban.
Bendóne, bende qui pend d'vne mitre, ou autres choses que l'on porte sur la teste.
Benduccio, vn mouchoir d'enfant.
hà soffiato nel Benduccio. i. il a joüé de son reste, il n'y a plus rien.
Béne, bien, le bien.
voler del Ben del Trempella. i. haïr vne personne.
à Bene che, encor que.
Bensai, cela s'entend.
Benedetto, benit.
le Benedette, parlant des coups de tonnerre, qu'on appelle ainsi par raillerie.
ò se gli dà quel Benedetto, ce benit le frappe. i. il a le mal caduc, il tombe du haut-mal.
tutto il di Benedetto và per casa. i. tout le iour il y a querelle dans la maison.
Benedicente, benissant.
Benedicenza, benediction.
la Benedicite, le benedicite, la benediction deuant le repas.
Benedire, benir, pres. *benedico*, parf. *benedissi*.
Benedittione, benediction.
Benefattóre, bien-faicteur.
Beneficare, faire du bien.
Beneficiáto, vn Beneficier.
Beneficiále, beneficiel.
Beneficiáre, beneficier, donner vn benefice.
Beneficiario, beneficier.
Beneficienza, bien-fait.
Beneficio, benefice.
à Beneficio, à l'aduantage, au profit.
Benefico, bien-faisant, qui fait du bien.
Beneficiáta, vn billet marqué ou benefice à la banque.
* *Benhabbiato*, qui a receu du bien.
Benemeritáre, meriter bien.
Benemérito, qui merite, meritant.
Benplacimento, plaisir.
Beneplacito, bonne volonté, bon plaisir.
à Beneplacito, à sa volonté.
Benestánte, aisé, qui est riche, à son aise : qui sied bien, qui est bien.
Benessere, bon estat, bon portement.
Beneuolenza, bien-veillance.
Bengioino, benjoin.
Bengiui, id.
Bengódi, grand bien vous fasse. Item, le nom d'vn païs inuenté, comme le païs de Cocaigne, mot composé de *ben & godi*.
Beni, les biens.
* *Beníferó*, qui porte du bien.
Benignità, benignité.
Benígno, benin.
Beninasnsa, bon aduancement.
* *Benino*, benin.
Benissimo, tres-bien.
Beniuolenza, bien-veillance.
Beniuogliente, &
Beniuolo, bien-veillant.
* *Benna*, sorte de tombereau.
* *Bennauica*, sorte de raisin & de vigne.
Bénuola, vn torchis à porter les pots ou panniers sur la teste : c'est aussi la tige d'vn cocombre.
Benseruito, le passe-port ou congé par escrit que l'on donne au soldat ou au seruiteur, en témoignage qu'il a bien & fidellement seruy son maistre.
Bentrattare, bien-traitter.
Benueduto, bien-receu, bien-venu.
Benuenire, bien-venir, pres. *benuengo*, parf. *benuenni*.

Benuenuta, bien-venuë.
Benuogliente, bien-veillant.
Benuoglienza, bien-veillance.
Benuolere, bien-vouloir, pref. *beneuoglio*, parf. *benuolsi*.
Benuoluto, affectionné, aymé, bien-voulu.
Benzoino, du benjoin.
Beóne, biberon, grand beuueur, yvrogne.
* *Bera*, vne mouche à miel qui a perdu son aiguillon.
Barbèna, *berbènaca*, &c.
Berbinaca, veruejne.
Bèrbero, fenelle.
Berbice, brebis.
Berbiciáro, berger, qui garde les brebis.
Bercella, machine de fer pour battre les murailles.
Bère, boire.
Ber la briglia, boire son mors, qui se dit d'vn cheual.
Ber con gliocchi, nous disons, manger des yeux.
Ber grosso, se dit d'vn qui ne prend pas trop garde à son fait.
Bère ò affogare, boire ou se noyer : nous disons, passer par là ou par la fenestre.
dar la Bère, en bailler à garder.
Ber paesi. i. iuger du pais, & non de l'action de le personne.
far la Bere ad vno : nous disons, faire aualler le morceau.
Bèrsela, idem : & auoir patience.
Berètta, bonnet.
val più vna Beretta che cento coiffe, vn chappeau vaut plus que cent coiffe. i. vn homme vaut plus que cent femmes.
vna Berretta da due frontali. i. vn affront.
assettar la Berètta in testa. i. courir vne faute, excuser.
Berettare, couurir d'vn bonnet.
Berettaro, bonnetier.
Berettata, coup de bonnet.
Berrettina, petit bonnet. Item, chose grise.
Berettino, bonnet de nuit : petit bonnet. Item, gris & gris brun.
bu del Berrettino. i. il tient de l'asne : à cause de la couleur grise de l'asne.
Berettone, vne tocque, vn grand bonnet.
Bergamòtta, bergamote, poire.
Bergantino, brigantin, barque.
Berghinella, garce à chiens, gourgandine.
Berghinellare, courir le rempart : courir le bordel.
Bergogliere, vn badin, vn brouillon.
Bèrgola, vne brebis malade.
Bérgola, niaise, vne seruante.
Bergolàre, niaiser.
Bergoliére, vne niaise.
Bérgola, vn niais, vn badin.
Bergumella, garce, coureuse.
Bericuocolaio, faiseur de pain d'espice, abricottier.
Bericuocoli, pain d'espice, croquet, abricots.
Berilla, persil d'eau.
Berillo, berille, sorte de pierre precieuse.
Beringèro, vne sorte de gasteau ou macaron, Metaph. le membre viril.
Berlengàre, boire & caqueter : faire le Ieudy gras.
Berlèffo, balaffre. Item, visage.
Berleggiamento, branslement.
Berleggiàre, se bransler.
Berlingo, vn cabaret borgne.

Berlèngo, en jargon, la banque ou l'on compte de l'argent.
Berlèsca, vn eschaffaut. Item, vn volet de fenestre qui se tire.
Bèrli, moustaches, coings, floccons de cheueux.
Berlina, le carquant ou l'on attache les malfaiteurs.
Berlincione, vn idiot.
Berlinga, cajolleuse.
Berlingaccière, faire le Ieudy gras.
Berlingaccio, le Ieudy gras.
Berlingaccione, cajolleur, vn qui cause en beuitant.
Berlingàre, cajoller & boire : nous disons, prescher sur la vendange.
Berlingatóre, cajolleur.
Berlinghièra, vne cajolleuse.
Berlingótto, monnoye Venitienne, qui vaut vne liure du pais. Metaph. le membre viril.
Berlingózzo, sorte de macaron. Item, le sistet du gozier. Metaph. le membre viril.
Berlò, en jargon, le visage.
Bernacchio, anneaux de nauires.
il Bernardo, le membre viril : & selon aucuns, le cul.
Bernasso, vn capuchon.
Bèrnia, vne couuerture d'Irlandois. Item, vne meschante robbe de toile.
come disse il Bernia, comme dit Bernia. i. parle afin que ie te voye : parle que ie t'entende.
Berniesco, du stile de Bernia.
Bernoccàre, donner des coups de baston.
Bernòcco, coup de baston. Item, vn capuchon.
Bernòcoli, nœuds dans le bois. Item, vne tumeur : vne pustule.
Bernocolùto, plein de nœuds.
Berrètta, bonnet.
hauer il ceruel sopra la Berretta. i. auoir peu de iugement : nous disons, auoir la ceruelle à ses talons.
Berrettàre, couurir d'vn bonnet.
Berrettàro, Bonnetier.
Berrettino, tocque, petit bonnet. Item, gris brun, couleur.
Berretòne, gros bonnet.
Berri, harnois de cheuaux.
Berriouócoli, sorte de pain d'espice, du croquet, abricots.
Berrine, vn lardon & vne lardoire.
Berriuolo, petit bonnet : bonnet de nuit : vne calotte.
Bèrro, moustache de cheueux.
Berrouière, vn fendeur de naseaux, vn filou, vn couppe-jarrets : il se prend aussi pour seruiteur : bedeau, Sergent, Archer.
Bersagliàre, viser ou tirer à vn but.
Bersagliére, vn qui tire à vn but.
Bersaglio, but.
Berta, cajollerie : bonnet.
Berta, en jargon pochette.
andar alla Berta, coupper la bourse.
* *tener in Berta*, auoir vne chose asseurée ; la manier à sa mode : nous disons, tenir dans sa manche.
far la Berta, mespriser, se mocquer.
Berta, drollerie : sotise, mocquerie.
dar la Berta, se mocquer.
Berta, vne niche, vn tour.
* *Berta*, pour *beretta*, bonnet.
Bèrta, vne pie. Item, vne cajolleuse & cajollerie.
buttarsi in Berta, mettre dans son bonnet. i. ne faire cas

BE

mettre fous les pieds, mettre en poche.
torsi Berta di vno, fe joüer fe railler de quelqu'vn.
nel tempo che Berta filaua: nous difons, du temps que l'on fe mouchoit fur la manche.
ſtar in Berta, eſtre en diſcours auec quelqu'vn, eſtre dans l'entretien.
metter la Berta in gabbia. i. prendre l'eſpouuante, ſe cacher de peur.
Berteggiàre, ſe mocquer. Item, cajoller comme vne pie.
Berteggiatòre, cajolleur.
Bertéſca, forte de mantelet ou parapet de bois fur la muraille.
Bertéſca, vn arbre ou plante en forme de tour, que les oiſeliers mettent auprés de leur rets.
Bertina, vne pie.
Bertino, gris brun.
Bertola, beſace.
core contento, è le bertola al collo, dice il napolitano, ayons le cœur content, & n'ayons qu'vne beſace.
Bertoláre, chercher vne lippée franche.
Bertolétto, petite beſace.
Bertolétto, petit tour, petite fourbe, petite tromperie.
Bertolotto, en jargon vn teſton.
à Bertolotto, franc d'eſcot.
Bertonàre, adulterer, entretenir vne femme ou garce. Item, faire vn cheual courtaut.
Bertóne, vn ruffien, vn qui entretient vne femme.
caual Bertòne, vn courtaut.
Bertoneggiàre, entretenir vne garce.
Bertonello, naſſe à prendre des poiſſons: vne tonnelle à prendre des perdrix, &c.
Bertúccia, &
Bertúccio, vn ſinge.
In Bertúccia ne caua l'acqua. i. les biens mal acquis ſe diſſipent.
Bertuccióne, gros ſinge.
Berz̃a, la greue de la jambe. Item, meurtriſſeure.
Berz̃àre, laiſſer des marques comme de foüet, ou meurtriſſeures.
Berz̃agliàre, tirer au but.
Berz̃aglière, qui tire au but.
Berz̃aglio, but.
Bérz̃o, friſon, coing de cheueux, mouſtache.
Béſcio, ſot, beſte, fade: vn fat, vn badin.
Beſènſio, enflé.
Beſola, vne eſtaye.
Beſolàre, eſtayer.
Beſſa, ſottiſe.
Beſſágine, idem: & begayement.
Beſſàre, begayer.
Beſſeria, ſottiſe.
Béſſo, ſot, fade: vn fat.
Beſte, Irion.
Beſtémmia, blaſpheme.
Beſtemmiàre, blaſphemer.
Beſtemmiàr con le mani, blaſphemer auec les mains. i. deſrober.
Beſtemmiatóre, blaſphemateur.
Béſtia, beſte.
Béſtia da vna ſoma d'arcolài, beſte à porter vne charge de deuidoits. i. foible, pource que les deuidoirs ſont fort legers.
entrar in Béſtia, ſe mettre en furie.
legar la Béſtia à l'vſcio. i. quitter toute ſorte d'intereſt en entrant.
canalcar la Béſtia di Benedétto, nous diſons faire la beſte à deux dos.
Beſtiáccia, groſſe beſte.
Beſtiággine, beſtie, brutalité.
Beſtiále, beſtial, brutal.
Beſtialità, brutalité.
Beſtialménte, brutalement.
Beſtiáme, beſtail.
Beſtiàmi, vaccino, beſtes à cornes.
Beſtifero, qui produit des animaux.
Beſtióne, groſſe beſte.
* *Beſtióſo*, plein de beſtes, fertile en beſtes.
Beſtiſa, en jargon, la table.
Beſtinóla, & beſtinólo, beſtiole.
* *Beſtrica*, la langue des gueux, le narquois.
Betetráro, ſorte de vin.
Betónica, betoine.
Bettifrédo, eſchauguette.
Bettíno, vn page, vn garçon: c'eſt auſſi le diminutif de Benedetto, nom propre, Benoiſt.
come diſſe Betto orciolàio, comme dit Berte le faiſeur de vaſes, ou Verrier. i. ny argent, ny marchandiſe.
Béttola, cabaret borgne.
Bettolánte, qui frequente le cabaret.
Bettoláre, ne bouger du cabaret.
Bettoleggiáre, idem.
Bettoláro, &
Bettolière, cabarettier.
Bettolináro, bettolaro, idem: & hoſte de cabaret.
Bettónica, betoine.
Bétula, bouleau, ſorte de plante.
Betúlla, id.
Betúlo, bouleau.
Béua, boiſſon, boitte.
eſſer nella ſua Béua, eſtre à ſon aiſe: eſtre où l'on ſe demande: eſtre à ſon gogo: eſtre en ſon luſtre.
Beuacchiàre, beuuotter.
Beuacchiatóre, beuuotteur.
Beuacchióne, grand beuueur.
Beuánda, breuuage.
Beuatélla, petit breuuage.
Beuaz̃z̃àre, beuuaſſer, grenoüiller.
Beueràggio, breuuage: le vin du valet ou de celuy qui porte de bonnes nouuelles.
Beueratóio, abbreuuoir: ſelon aucuns, tablier d'artiſan.
vn Beuel' tuíto, vn grand beuueur.
Beúere, boire.
Bener congli occhi, nous diſons, manger des yeux, regarder attentiuement vne perſonne.
Bener da metitère, nous diſons, boire comme vn Templier.
Beueria, beuuerie.
Beuimento, beuuerie.
Beuero, bieure, loutre.
Beueróne, eau blanchie, eau meſlée de farine pour les cheuaux & autres animaux.
Beuitére, beuueur, biberon.
Beuitríce, vne beuueuſe.
Beuóne, grand beuueur.
Beuúta, beuuette. Item, vn coup à boire, vn trait de vin.
Bez̃àr, Bez̃oàr, du beſoüar.
* *Bez̃úca*, vieil ſinge. Item viſage maigre & refroigné.
* *Bez̃z̃e: far dar vno in bez̃z̃e*, mettre vn homme en colere.
* *Bez̃z̃arúolo*, vn homme de rien.

66 BE BI　　　　BI

Bezzicàre, becqueter. Item, prouoquer, picotter vne personne, pron. *ts.*
Bezzicàta, becqueteure, coup de bec, pron. *ts.*
Bezzicatùra, id, pron. *ts*
Bezzo, monnoye Venitienne qui vaut vn double.
Bezzi, de l'argent, des deniers, mot Lombard.
al Bezzo mal guardàto c'est enuiron nostre jeu de cache cache mitoulas, pron. *ts.*
Bedàno, vn lourdaut.
Beffatrice, gausseuse, mocqueuse.
Bei pour *belli*, beaux.
* *Beltràmo*, beau : gracieux.
Benauenturànza, bon-heur.
Benefastrice, bien-faictrice.
Benéuolo, bien-veillant.
Berlingatrice, cajolleuse.
Bero, sorte de serpent.
Beseguìno, sorte de proye.
Bestemmiatrice, blasphematrice.
Beuitòra, beuueuse.

B I

Bìa, guenserie.
Biàcca, blanc rasis, blanc d'Espagne : ceruse.
alla Biàcca ce n'auuedrémo, nous nous en appercueurons à la ceruse, s'il s'est blessé. i. la veuë en découurira le fait.
non è mal da Biàcca. i. ce n'est pas vn petit mal, parce que le blanc rasis sert aux petites blesseures.
Biàda, toute sorte de grain, bled : & particulierement l'auoine.
Biadàre, donner l'auoine au cheual.
Biadétto, matiere de couleur d'azur, pour les peintres.
* *Biadifero*, fertile en grains.
Biadóso, remply de grains.
Biadùme, toute sorte de grains ou bleds.
Biàggio sarto, Blaise le Tailleur, qui disoit ses affaires à qui ne les vouloit pas sçauoir.
come disse Biàggio Grasso, comme dit. Blaise le Gras. i. ie mange le mien.
Biànca, blanche.
Biancamènte, blanchement.
è stata Bianca, nous disons, i'ay tiré blanque.
Biancarìa, le linge pour l'vsage de l'homme.
Biancasfrondecio, vn ieune homme sans barbe, vn sot amoureux.
Bianca spina, chardon Nostre-dame.
Biancheggiànte, tirant sur le blanc, blanchastre.
Biancheggiàre, tirer sur le blanc.
Biancherìa, le linge qui sert à l'vsage de l'homme.
Bianchétta, couuerture de lict.
Bianchétto, ceruse, blanc d'Espagne. Item, du fard.
Bianchèzza, blancheur.
Bianchiccio, blanchastre.
Bianchimènto, blanchissement, blanchissage.
Bianchìna, couuerture fine & mince de blanchet.
Bianchìna, en jargon, de la neige.
Bianchìre, blanchir, pres. *bianchisco.*
Bianchìre, en jargon découurir, décacher quelque fourbe.
Bianchitóre, blanchisseur.
Bianchiàrdo, blanchastre.
Bianciccàre, blanchir, tirer sur le blanc.
Biànco, blanc : argent en terme de blason : vn blanc, monnoye : vne sorte de poisson.
Bianco mangiàre, blanc-manger, sorte de viande.

hauer lungo il Bianco dell' occhio. i. estre sot.
dar il Bianco, donner le blanc. i. publier la honte de quelqu'vn.
il Bianco e'l nero hà fatto ricca Venetia. i. le poivre & le cotton a enrichy Venise.
Biancóne, blanc de teint.
Biancóso, plein de blanc, blanchastre.
Biancùra, blancheur. Metaph. de l'argent.
Biancóre, id.
Biànte, gueux, faineant.
Biàre, gucuser.
Biaràna, bette-raue.
come disse il Biàscia, comme dit est, &c. i. vous n'en tasterez pas.
Biasciàre, maschotter, ruminer.
Biasimàbile, blasmable.
Biasimaménto, blasme.
Biasiméuole & *biasmàre*, blasmer.
Biasiméuole & *biasiméuole*, blasmable.
Biàsmo, blasme.
Biasmaménto, blasme, reproche.
Biàsmo, blasme.
Biasàre, maschotter.
* *Biastèmmia*, blaspheme.
* *Biastemmiàre*, blasphemer.
Biatta, beste noire qui se trouue dans le grain : vulgairement chalendre ou chalenton. C'est proprement vne blatte, sorte de ver luisant.
* *Biàua*, biàda, auoine. Item, toute sorte de grain, Item, blasfarde.
* *Biàuo*, blaffard.
* *Biauóso*, plein de grain, ou d'auoine.
* *Bibàce*, grand beuueur.
Bibia, *bibbia*, Bible. Item, la lie du vin.
hauer studiato nalla Bibia, estre yvrogne.
vna Bibbia, nous disons vne legende d'escritures ou d'injures.
Bibliópola, Libraire.
Bibliotèca, biblioteque.
Biblioticàrio, qui gouuerne vne bibliotheque.
Bica, tas, monceau.
saliar su la Bica, nous disons, monter sur ses grands cheuaux.
Bicca, tas, monceau.
Bicchiàcchi, petites brouilleries. Item, mouuement des leures ou babines, comme d'vn lapin.
Bicchiacco, vn qui remué les babines.
vn chiacchi, *Bicchiacchi*, vn Florentin.
Bicchieràio, Verrier.
Bicchière, verre.
i miei Bicchièri non son di rinfrescatòio. i. il n'y a point d'artifice en mon fait.
star con vno à Bicchièri sciacquati, viure d'ordinaire auec vne personne : nous disons à pot & à verre, à pot & à rost.
affogar in vn Bicchièr d'acqua. i. perdre cœur pour peu de chose.
giucar de Bicchièri, iouer des gobelets.
* *Bicchino*, bouquin, de nature de bouc.
Bicchignólo, la dille du chandelier.
Biccicallacàlla, vne sorte de jeu en Italie.
Bichiacclì, *chiacchibichiacchi*, claquement de langue en lisant.
Biciàncola, mot Sienois, vne brandilloire.
* *Bicipite*, qui a deux testes.
Bicòcca, bicoque.
Bicócche, les maistresses plumes d'vn faulcon.
Bicòlo, vne courge à porter les seaux.

Bicompoſto, doublement compoſé.
Bicornia, ſorte de petite enclume percée, bigorne.
Bicorno, qui a deux cornes.
Bicornito, doublement cornu.
Bidéllio, bdellium, plante.
Bidéllo, bedeau.
Bidente, à deux dents.
Bidétto, billet.
Biecáre, loucher & rendre louche.
Biéccole, blettes, porée ou poirée.
Biéco, louche, tortu, de-trauers.
atto Biéco, meſchante & noire action.
Biedóne, rayon de miel.
* Bieſtémmia, blaſpheme, iurement.
* Bieſtemmiáre, iurer, blaſphemer.
Bietta, & zeppa, vn coin à fendre du bois, vne cheuille, Item, de la poirée.
Biétola, blette, poirée.
Biétola, &
Bietolóne, vn homme fade, grand mal-baſty, vn lourdaut.
Biétta, en iargon, vne plane, vn couſteau à deux manches, qui ſert à coupper la teſte.
eſſer mala Biétta. i. faire du mal.
è vna mala bietta, il eſt vn meſchant homme.
* Biéttola, biéttola, cabaret.
Biſſa, le deſſus d'vne mule ou d'vne ſandale de Religieux.
* Biſſara, ſorte d'inſtrument, comme vn violon.
* Biſſáre, iouer du violon.
* Biſſáro, meneſtrier.
Biſſe baſſe, piſſ paſſ, bruit en frappant des mains.
Biſſera, bouffée de vents contraires, tourbillon.
Biſera, id, & ſelon aucuns, vne femme qui a deux maris.
Biſoglio, ſorte d'herbe.
Biſolca, ce que peut labourer vn bœuf en vn iour.
Biſolcáto, à deux fourchons.
Biſolcheria, labourage, art de laboureur ou de bouuier.
Biſolco, bouuier, laboureur.
Biforca, fourche à deux pointes ou fourchons.
Biforcáto, fourchu à deux pointes.
biforco piéde, pied fourchu.
Biforcáto, fourchu.
biſronte, qui a deux fronts.
biſulca, champ labourable.
biga, chariot à deux rouës : char.
Bigamia, mariage à deux femmes, eſtat de celuy qui a eſté marié deux fois.
Bigamo, qui a deux femmes.
Bigáto, vne monnoye qui a pour marque, vn char tiré de deux cheuaux.
Bigátto, ver à ſoye.
vn Bigátto, par Metaph. nous diſons, vne fine mouche, vn ruſé.
egli è vn mal bigatto, il eſt vn meſchant homme.
Bigáttolo, inſecte, ſorte de ver, beſtelette.
Bigello, gris ſans teinture : de la bure.
* Bigorógnolo, c'eſt ce que nous diſons, guignon.
* Bighellóne, vn ſot, vn fat.
* Bigherâio, bouffon.
Bighero, vne ſorte d'ouurage de fil.
* Bighero, vn qui ſe meſle de bouffonnerie.
Bighetto, ſelon aucuns, vn billet, vne cedule.
Bigiáccio, gris, gris de moine, gris en laine.
Bigio, gris. Proprement, gris de moine, & gris brun.
* Bigiocco, bigot. Item, vn gros drap que l'on fait faire chez ſoy.

Bigiúccia, gris en laine.
Bigolo, ſur le Venitien, courge, baſton à porter les ſeaux, ou autres choſes ſur les épaules.
Bigóncia, vn hottereau à porter la vendange, fait de douues.
montar in Bigóncia. i. monter en Chaire pour preſcher.
Bigóncio, vne certaine meſure.
Bigonciuólo, petit coffin ou hottereau.
Bigonciólo, bigónz o, & prononcé, ts.
Bigonz ólo, id. prononcé, ts.
Bigordino, en iargon, des cartes à iouër.
Bigordo, ſorte d'arme à fuſt, comme vne pique.
Bigotiéra, bigotelle ou bigotiere à tenir ou releuer la mouſtache.
Bigotta, vne corde au trinquet qui ſert à baiſſer le carro, bigotte, cap de moton.
Bilancia, balance. Volée de carroſſe.
Bilanciáre, balancer, peſer à la balance.
Bilancière, balancier, faiſeur de balances.
Bilancetto, bilancio, &
Bilancino, paleron de carroſſe.
Bilancio, liure des marchands où ils eſcriuent ce qui leur eſt deu : Bilan.
i Bilcómi, les verres que l'on preſente à boire en Alemagne pour la bien-venuë, appellez Vvillkomm.
Bile, bile.
Bilicáre, mettre en balance : peſer.
Belicáto, qui a vn nombril.
Bilíco, la balance d'vn corps poſé également. Item nombril.
ſtare in Bilíco, eſtre en balance.
Bilicórnia, bigorne de ſerrurier.
la Bilicórnia, la bigorne, animal feint.
* Billingue, qui a deux langues.
Biliórſa, vn orque, animal feint.
Biliôſo, bilieux.
Biliottáto, marqueté, tacheté. Item, billeté.
Biliúz a, petite bile, petite colere.
* Billera, iniure.
Billiardo, billard.
Billi billi, ps ps, en parlant bas.
Billi, & biglie quilles à iouër, ſelon aucuns, & biglie.
Billo, le ieu du billard.
Billóra, gauſſerie, mocquerie, iniure.
Bilta pour belta, beauté.
Biluſtro, qui a deux luſtres, i. de dix ans.
Bimamma, ſorte de vin.
Bimba, vne pouppée : & vne fillette.
Bimembre, &
Bimembrúto, à deux membres ou parties.
* Bimenſe, de deux mois : eſpace de deux mois.
* Bimeuto, vne mentons.
* Bimeſtre, ſorte de grain qui meurit en quarante iours.
* Bimole, de l'age de deux ans.
Binangolo, à deux angles.
Bináre, coupler.
Bináſcero, naiſtre deux fois, pret. binacqui. Voyez, naſcere.
Binaſcénza, double naiſſance.
Bináto, gemeau, & né deux fois.
Binda, vne bende : vne iarretiere.
Bindáglio, vne eſcharpe.
Bindáre, bender.
Bindella, bende, ruban : & iarretiere.
Bindelláre, attacher, bender.
Bindelláro, faiſeur de rubans.

* *Bino*, double.
* *Binòme*, double nom.
* *Binòmio*, qui a double nom.
Biròccia, vne poule qui couue les œufs.
Boccare, &
Bioccolàre, tomber en floccons : flocquer.
Biòcco, louche. Item, nœud de soye ou de fil.
Bioccolo, floccon, toupet : nœud de soye.
raccorvei Bioccoli, ramasser les floccons. i. espier, espionner.
Bioccolóso, plein de nœuds, comme la soye.
Biòlca, vne iournée de labour.
Biòlco, *bifolco*, bouuier, laboureur.
Biónda, lexiue pour blondir les cheueux.
dar la Biónda, se lauer les cheueux auec vne lexiue pour les blondir.
Biondáre, blondir, teindre les cheueux pour les rendre blonds.
Biondeggiánte, blondissant.
Biondeggiàre, blondir : tirer sur le blond.
Biondella, centaurée, herbe ainsi nommée, parce que son suc rend les cheueux blonds.
Biondella, vne blonde.
Biondello, vn qui a les cheueux blonds
Biondézza, blondeur, pron. *ez*.
Biondo, blond.
Biondo come vn lino Alessandrino, nous disons blond d'Egypte, ou blond comme vn pruneau.
* *Bion-vino*, sorte de vin fait de palmes.
Biósso, rongé : mascohtté.
* *Biosa*, bruine.
* *Biosáto*, bruineux.
* *Bipàlio*, sorte de houë.
Bipalmo, de la largeur de deux palmes ou empans,
* *Bipanne*, *bipenne*, besaiguë.
* *Bipara*, qui a enfanté deux fois.
Bipartire, partager en deux, mipartir.
Bipedále, de la largeur de deux pieds.
Bipède, qui a deux pieds.
Bipenne, vne besaiguë, ou couteau a deux, tranchans.
Birba, gueuserie, mot iargon.
Birba, en iargon, l'humosre, la truche.
conoscer la Birba, descouurir la malice.
và alle Birbe : cela se dit à vn homme, auquel on ne veut pas donner ce qu'il demande, il est vn escroc.
Birbáre, gueuser.
* *Birbilégio*, *priuilegio*, priuilege.
Birbáne, gueux.
Birbóso, gueuseque.
Birlo, *andàr giù dal Birlo*, *diuentàr matto*, deuenir fol.
Bireme, à deux rames.
Birettino, gris brun.
Birgandro, sorte d'oye sauuage.
Biricuocoli, du croquet, pain d'espice, des abricots.
Birlingàre, prescher sur la vendange : voyez la suite à *Berlingare*.
Birra, de la biere.
Birracchio, beste à corne de l'aage d'vn an iusques à deux.
Birrarìa, brasserie. Item, les archers ou sergens.
Birráro, brasseur de biere : & vendeur de biere.
Bireggiáre, tromper, pipper.
Birrésco, de sergent, de nature de sergent.
Birro, archer, sergent, infame en Italie.
dir le sue ragioni à Birri, nous disons, parler à vn Suisse.
Birróne, filou, trompeur, pippeur.
Birroneggiàre, tromper, pipper.

* *Birsa*, peau à faire des bourses.
Bisa, la bise, le vent de bise.
Bisacca, poche ; pochette.
* *Bisaccia*, beface.
Bisaccidre, ensacher.
Bisacúto, à deux pointes.
Bisante, &
Bisantìno, sorte de monnoye antique, vn Bezant d'or : & maintenant ce mot est pris pour des paillettes.
Bisàua, & *bisàuo*, bisayeul & bisayeule.
Bisbigliàre, parler bas, murmurer, chucheter.
Bisbiglio, murmure.
Bisbiglione, chucheteur.
Bisca, breland, reduit, academie où l'on ioüe.
Biscacciàre, brelander.
Biscantáre, chanter bas.
Bíscaro, *bíschero*, cheuille d'instrument : & touche à eppeler en lisant.
Biscazza, breland.
Biscazzare, brelander.
Biscazzière, brelandier.
Bischenca bischenco, mauuais ieu, gausserie, mocquerie, mauuais tour.
denti fati à Bischeri, les dents faites comme des cheuilles de luth, à claire voye.
Bischero, cheuille de luth, ou autre instrument.
Bischicciàre, equiuoquer en quelques syllabes, v. g. *amor amaro più che toro tira*.
Bischiccio, equiuoque ou rencontre de syllabe.
* *Bischiere*, vne herse, selon aucuns.
Bischizzáre, equiuoquer ou rencontrer en syllabes.
Bischizzo, rencontre en syllabes.
Bischizzoso, equiuoque, douteux, à double sens.
Biscia, couleuvre.
caminar à Biscia, aller en serpentant.
fatto à Biscia, fait en forme de serpent.
andar come la Biscia all'incanto. i. aller mal volontiers.
* *Bisciascutáia*, & *scutellàia*, Tortuë.
Bisciare, serpenter.
Biscio, gris : habit gris.
Bisciolo, vne espece de cloud ou froncle.
* *Bisco*, de la glu.
Biscolóre, de plusieurs couleurs.
Biscóso, & *viscoso* gluant.
Biscottare, faire cuire plusieurs fois, comme le biscuit.
Biscottáta, viande deux fois cuitte.
Biscottáto, cuit deux fois, comme le biscuit.
Biscottélli, petits biscuits.
Biscotto, biscuit.
di vebre che'l Biscotto non hauesse crosta : il diroit que le biscuit n'a point de crouste : cela s'entend d'vn effronté, qui nie la verité connuë.
* *Biscuglie*, copeaux, rognures, retailles.
à Bisdósso, à cheual sans selle, sur vn cheual nud.
Biselli, poix nouueaux, pois tendres.
Bisestare, changer comme le bissexte.
Bisèsto, bisexte.
Bigièllo, gros drap que les païsans font faire chez eux.
Bisigàre, *bisigare*, *bisigarare*, &
* *Bisigherare*, s'amuser autour de quelque chose, rauauder.
* *Bisigurzzo*, rencontre, equiuoque, allusion.
Bisiuelle, bagatelles.

BI

* Bisuiglio, aiguillon de mouche à miel, &c.
Bisi, des pois, mot Lombard.
Billacco, vain leger.
Bisleffare, faire cuire à demy, faire boüillir vn boüillon.
Bislingua, hypogloſe, plante.
Bislongo, barlong.
Bismalua, guimauve.
Bisnepôte, arriere nepueu.
Biso, gris.
Biso, en jargon, aueugle.
Bisogna, affaire, negoce. Item, il faut.
Bisognare, auoir beſoin, faloir.
Bisogneuole, neceſſiteux. Item, neceſſaire.
Bisogni, recreuë, nouuelle ſoldateſque.
Bisogno, beſoin.
hauer Biſogno, auoir faute, auoir beſoin.
Bisognoso, neceſſiteux.
Bisolco, bouuier: laboureur.
Bisonte, vn animal en Pologne de la taille d'vn cheual.
Bisonto, tout gras, tout ſoüillé de graiſſe.
Bisontone, id.
Bisquizzare, équiuoquer.
Biſſa, vne coleuvre.
Biſſa, en jargon, vne courroye.
Biſſaccone, grande beſace.
Biſſino, ſorte de toile de ſoye ou de lin fort fine.
Biſſo, id.
* Biſtardare, abbaſtardir.
Biſtardo, baſtard.
Biſtendare, biſtentare, auoir de la peine.
Biſtentare, peiner, auoir de la peine.
Biſtento, peine, trauail de corps ou d'eſprit.
Biſticciare, crier, quereller, debattre, diſputer. Item, equiuoquer.
Biſticciarla con qualch'vno, diſputer obſtinément auec quelqu'vn.
Biſticcio, equiuoque ou rencontre de ſyllabes, alluſion de quelque partie d'vn mot : pointe.
Biſticcioſo, plein de rencontres ou de pointes : voyez biſchiccio.
Biſtigiare, equiuoquer.
Biſtigio, equiuoque.
* Biſto, ſorte de poids ou fardeau.
Biſtondo, qui a de la rondeur.
Biſtorta, ſorte d'herbe. Item, vne cornuë.
Biſtorto, tortu, crochu.
Biſtrattare, mal-traitter.
Biſtuccia, en jargon, vne patente.
Biſocciſo, tué deux fois.
Biſulco, crochu, fourchu.
Biſuntone, tout gras, tout ſale de graiſſe.
Bitimo, ſorte de thim.
Bitontoni, fico, ſorte de figue de couleur verte.
Bitorza, tumeur, apoſtheme.
* Bitorzalare, faire des SS, aller de trauers.
Bitorzolo, boſſe, tumeur, puſtule : nœud.
Bitorzolato, plein de tumeurs ou boſſes, plein de puſtules : plein de nœuds.
Bitte, eſtayes pour ſouſtenir l'arbre du trinquet : bites.
Bittoni, baſtons qui ſeruent à arreſter les cordages.
Bittore, ſelon aucuns, vn Butor, oiſeau.
Bitumare, cimenter auec du bitume.
Bitume, bitume.
Bituminoſo, plein de bitume.
Butiro, du beurre.

BI BL BO

* Binio, chemin fourchu.
* Biumba, ſorte d'inſtrument ou violon.
Biuta, emplaſtre de groſſes matieres. Item, vn viſage fardé, ſelon aucuns.
Binto, pour beuuto, beu.
Bizzarramente, bijarrement.
Bizzaria, bijarrerie.
Bizzarrire, deuenir bijarre ou fantaſque, pref. bizzarriſco.
Bizzarro, fantaſque, bijarre. Item, furieux, colerique : & ſelon, aucuns gentil, veſtu proprement.
à Bizzeſſe, en quantité.
Bizzicare, bequeter : pincer. pron. ts.
Bizzoca, bigotte. pron. dz.
Bizzocare, eſtre bigot.
Bizzocco, bigot.
Bizzocone, rude, groſſier.
Bizzucca, guenuche.
Biaſmatòre, blaſmeur.
Biaſmatrice, blaſmeuſe.
Biſſera, vne femme qui a deux maris.
Biſida, lingua, vne langue que l'on doit croire, à qui l'on ſe peut fier.
Binario, du nombre de deux, binaire.
Bipalio, vne ſorte de beſche.
Biſauola, Biſayeule.
Biſauolo, Biſayeul.

BL

Bladiſteri bleut, barbeau, fleur.
Blandimento, attrait.
Blandino, vne plaque d'argent.
Blandire, attirer, allecher, pref. blandiſce.
* Blanditio, allechement.
Blando, attrayant.
Blaſonare, blaſonner.
Blaſone, blaſon.
Blaſoneria, l'art de blaſonner.
Blatta, vn bourdon, ſorte d'inſecte.
* Blattaria, pourcelaine.
Blatterare, beeler : crier.
Blatterire, id. preſ. blatteriſco.
Blecconia, ſorte de plante.
Bleda, en jargon, la bouche.
* Bleſaggine, begayement.
* Bleſare, begayer.
Bleſo, begue.
* Bleſura, begayement.
Blinda, blinde, certains fagots entre-laſſez dans des paulx, pour couurir ceux qui trauaillent aux fortifications, mot tiré des Hollandois.
Blito, ſorte d'herbe.
Blecconia, ſorte d'herbe.
Blennoy, ſorte de poiſſon, ſurmulet.
Blito, eſpece d'herbe.

BO

Boa, bourbe. Item, vne ſorte de ſerpent. Vne maladie comme le pourpre.
* Boaccia, bourbe, bourbier.
Boaccio, vne beſte groſſe comme vn bœuf : gros bœuf.
* Boare, meugler, beugler.
Boarina, branle-queuë, oiſeau.

Boáro, bouáro, bouuier.
Boattiéra, marchand de bœufs.
Boazza, bouze ou bouzée, fiente de vache, pron. ts.
Boaz zo, gros bœuf, pron. ts.
* Boba, bourbe.
* Bobólco, bouuier.
Bobólge, bougette.
Boca, poisson qui beugle comme vn taureau.
Bocatía, sorte de maluoisie.
Bocáta, lexiue, buée.
Bocca, bouche.
Bocca da fuoco, baston à feu, arme à feu.
à Bocca, de bouche.
por Bocca, parler de quelque chose.
esser largo di Bocca : nous disons auoir la langue bien longue. Item, estre grand prometteur.
far la Bocca al forno : faire la bouche au four .i. conclurre vn affaire.
tutte le Bocche son sorélle .i. chacun aime les bons morceaux.
di buona ò di mala Bocca, de grande ou petite vie, qui mange beaucoup ou peu.
Boccain capo, sorte de poisson.
à Bocca bacciáta, facilement & d'accord, & auec remerciement.
fauellar con la Bocca piccina .i. parler peu & prudemment : far la bocca piccina, faire la petite bouche.
largo di Bocca, stretto di mano .i. qui promet beaucoup & ne donne rien.
è in Bocca à l'Orso, il est à la gueule de l'Ours .i. il est en grand danger : il est à la gueule du loup.
tu hai la Bocca piena di latte, nous disons en François, tu parles à ton aise, tu dis d'or.
il Boccaccio, pour allusion, la grande bouche.
Boccacésco, de Bocace, fait par Bocace.
Boccacíno, boucacin.
Boccadúra, emboucheure.
Boccolá di ferro, vne bende de fer autour du moyeu d'vne roüe.
Boccaláro, faiseur de bocals ou vases.
Boccále, bocal, vase de verre.
Boccalétto, &c.
Boccalíno, petit bocal, petit vase.
Boccáme, bouche, emboucheure.
Boccaríco, certain tribut que l'on paye par teste.
Boccaruólo, petit bocal ou vase.
Boccasíno, boucassin.
Boccáta, vne bouchée. Item, vne emboucheure : vn coup sur la bouche.
non ne sò Boccáta, ie n'en sçay rien du tout.
Boccatúra, gourmade.
far vna Boccatúra .i. se gourmer, se battre à coups de poins.
Bocce, le creux de la joüe.
Bocceláto, sorte de biscuit.
Boccheggiare, ouurir & fermer la bouche comme les poissons en mourant.
Boccheggiàre come Martino, faire des grimaces en parlant comme Martin.
Bocchetta, petite bouche.
Bocchéllo, le goulet ou bouche d'vn vase.
* Bocchétto, vn bouquet.
Bocchína & bocchíno, petite bouche. Item, ce qui demeure attaché à vne balle de plomb lors qu'on la jerte en moule.
Boccía, escorce de fleur, bouton qui n'est pas fleury : vne bosse à distiller : vne boule de mail.
Bocciáre, crier à haute voix.

non ne sò Bocciáta, ie n'en sçay rien du tout.
Bocciáta, &c.
Boccióne, vne bouchée.
* Bocciéro, vn Boucher.
Boccína, vne genisse.
Bocinaménto, bruissement.
Boccináre, corner comme les oreilles, bruire.
Boccíno, bouillon. Item, petite bouche.
Bocinólo,
Boccio, cocon de ver à soye : bouton de fleur.
Bocciolóso, plein de boutons non fleuris.
Bocciólo, les nœuds d'vn roseau : & l'emboucheure de la trompette.
Bóccola, medaille ou chose semblable à porter au col. Item, boucle : & vn preseruatif contre le venin & poison.
* Boccoléccia, anneau d'vne chaisne. Item, vn fusil.
Bóccolo, bouton de fleur.
Boccolóre, id.
Bocconáre, mettre en morceaux.
Bocconáta, vne bouchée.
Bocconcelláre, mettre en petits morceaux.
Bocconcéllo,
Bocconcíno, petit morceau.
Boccóne, morceau : le bouton .i. poison.
esser giunto al Boccóne, estre venu au morceau, estre pris au trébuchet : & estre attrapé.
Boccóni, en jargon, pourceau.
dar il Boccóne, & hauer preso il boccóne .i. corrompre, & estre corrompu par presents : graisser la patte.
pigliare al Boccóne, tromper auec esperance de gain ou recompense.
Boccóne, à boucheton, couché la bouche ou le visage dessous.
Boccóne d'Adamo, morceau d'Adam, os au gosier.
Bocconeggiáre, mettre en morceaux.
* Boccóre, bled sarrazin, selon aucuns.
Bocchía, petite bouche.
Bocchío, qui a grande bouche.
Bocciáre, publier à haute voix. Item, le clabauder des chiens.
* Boce, voix.
Boccría, vne poutre sous la coursie d'vne galere.
* Bociáre, crier à haute voix.
Bocína, petite voix.
Bocináre, bruire, corner.
Bocinaménto, bruissement.
* Boda, la peste.
Boddát, vn crapaut ou grenoüille.
Boémio, vne couuerture de Boheme.
* Bossa, vn crapaut.
Bossetteggiare, souffleter.
Bossettíno, vn soufflet.
Bossétto, vn coup sur les oreilles : vne garderobbe ou buffet : vn soufflet à souffler le feu. Item, sorte de pain blanc fort delicat.
Bosonchiére : mot Sienois, gronder, grommeler.
Boggie & Boghe, poisson appelé boops en Latin.
Bóglia pour bólgia, valise.
Bogliénte, bouillant.
* Boglíre, boüillir.
Baglietto, vn petit bouillon, quand le pot bout.
Boglíre, boüillir.
Bóglio, boüillon quand l'eau bout.
* Boglio pour voglio, ie veux.
* Boglióne, du boüillon.
Bogna, bosse ou tumeur : pustule.
Bognáre, pustule.

Boia, bourreau.
* *Boia*, sorte de ver.
Boiaccio, grand bourreau.
* *Boiaro*, bouuier, vacher.
Boiesco, de bourreau.
* *Boiuto* pour *bonaiuto*, bon aide.
Bolarmenico, bol armenic, drogue que nostre vulgaire appelle par corruption broüillaminis.
Bolasco, vne Perche, poisson.
Bolbitone, Faon, petit d'animal.
Bolcello, petit ciron entre cuir & chair.
Bolcionare, tirer d'vn trait d'arbaleste.
Bolcione, trait, quarreau d'arbaleste. Item, vne sorte de pic à rompre les pierres.
Boldo, boudin.
* *Boldone*, vn boudin.
hai piu nomi che non hai Baldoni .i. tu as force surnoms.
Boldoniere, boudinier, faire du boudin.
Boldra, couuerture de lict.
Boldrone, loudier, couuerture de lict.
Bole, marques d'emplastres.
Bolerminio, bol armenic.
Boletta, petit cloud de cordonnier, vn billet.
Bolfo, en jargon, vn chien.
Bolgetta, petite bougette, ou pochette.
Bolgia, bougette. Item, vn gouffre.
Bolgiaro, faiseur de valises ou bougettes, Iougetier.
Bolgicchino, petite bougette. Item, vne sorte de gehenne appelée les brodequins.
Bolino, ciseau de tailleur de pierres.
Bolla, vne ampoulle, ou bouteille de verre. Item, vne bulle : vne marque sur l'espaule : vne pustulle, grosse teste de clou.
Bolla, bouteille que fait l'eau en pleuuant.
Bolla acquainola, vne ampoulle, vne vessie qui vient sur le corps.
far d'vna Bolla acquainola vn canchero, faire d'vne ampoulle vn chancre .i. d'vn petit mal en faire vn grand.
Bolla, cloche de brusture, ou ce qui vient aux pieds.
Bolla, selon aucuns, vne emplastre.
Bolla, en jargon, vne ville.
Bolladore, qui marque les voleurs sur l'espaule.
Boll'armenico, bolus ou bol armenic.
Bollare, seeler, marquer : marquer les voleurs sur l'espaule.
Bollario, liure de bulles ou priuileges.
Bollaro, vn qui marque. Item, faiseur de bulles.
Bollato, marqué, seellé.
Bollato, plein de vessies ou pustules.
Bollatura, impression, marque.
Bollente, bouillant.
Bolletta, bullette : cedulle : attestation, etiquette : marque : vne terre grasse : vn clou de cordonnier.
Bolletino, vn billet.
Bollicame, gros boüillon en vne riuiere.
pare il Bollicame di Viterbo, il semble le boüillonner de Viterbo. C'est vn lieu où naturellement l'eau boult.
Bollicina, petite pustule.
Bollicino, id.
Bollicola, bullicina : diminutif de *bolla*, petite bouteille sur l'eau.
* *Bollifola*, pustule.
Bollimento, boüillonnement, boüillon.

* *Bollino*, vn cachet estampe : vne petite ampoulle : vn burin ou poinçon.
Bollire, boüillir.
Bollire, braser.
Bollisola, pustule.
Bollita, de la boüillie, selon aucuns.
Bollitura, boüillonnement, boüillon : decoction.
Bollir vna bollitura, boüillir vn boüillon.
Bollo, cachet, marque. Boüillon.
Bollore, le boüillon ou boüillonnement de l'eau.
Bolloso, plein de vescies ou pustulles.
Bolo, vn bolus. Item, la quantité de poisson que l'on prend en vn coup de ret.
Bologna, nom propre.
esser fuor di Bologna .i. estre fol, parce qu'estre hors de Bologne lieu de science, c'est estre hors de sagesse.
Bolognino, monnoye qui vaut enuiron huict deniers de France.
Bolpino, sorte de poisson.
Bolseggiare, souffler comme les cheuaux poussifs, estre poussif.
Bulsina, &
Bolsino, la pousse, maladie de cheuaux.
Bolsino, poussif.
Bolso, poussif. Item, la pousse.
Bolza, vne bougette.
Bolzacchini, brodequins.
Bozelli, gardes d'vne serrure.
Bolzo, poussif.
Bolzonare, frapper d'vn trait.
Bolzonata, coup de trait d'arbaleste.
Bolzone, sorte de flesche, vn quarreau d'arbaleste.
leuar la coda in Bolzone, leuer la queuë en trait d'arbaleste .i. estre en colere.
Bolzonelli, les rais d'vne roüe : les petites branches d'vn mors.
Bomba, bombe ou balon de feu.
Bomba, mot d'enfant pour demander à boire, à bubu.
Bomba, but, borne.
tornar à Bomba, retourner à son premier but : à ce que l'on faisoit auparauant.
esser à Bomba, estre à go go .i. à son aise, auoir toutes ses commoditez, au but que l'on souhaitte.
à Bomba, à cligne-mucette : jeu où les enfans se cachent.
esser à Bomba, tremper, estre dans quelque vaisseau pour tremper.
Bombacile, iuppe de basin.
Bombace, cotton.
Bombagia, id.
Bombagiare, garnir de cotton.
Bombagetto, toille de cotton, & sorte de fustaine ou basin.
Bombaggiato, faiseur de basin ou toile de cotton.
Bombaggina, bombasin. Item, blanchet, toille de cotton.
* *Bombara*, haste, furie, presse, confusion.
Bombarda, bombarde, canon.
Bombardare, canoner, tirer de canon.
Bombardaro, canonnier.
Bombardesto, de canon.
Bombardiera, embrasure, canonniere.
Bombardiere, canonnier.
Bombardisso, qui fait bruit comme le canon.
Bombare, retentir, resonner : bourdonner.
Bomberaca, sorte de drogue : vne emplastre de gomme dont les femmes se seruent pour faire tenir leurs cheueux.

Bómbero, *vómero*, le soc d'vne charuë.
Bombettàre, beuuotter.
Bombétta, beuuoterie.
Bombíce, ver à soye prest à filer.
Bombicína, du basin.
Bombilàre, retentir : bourdonner.
* *Bómbilo*, petit ver à soye : & vne sorte de guespe.
Bombína, du basin.
Bombitàre, retentir.
Bombo : mot d'enfant pour demander à boire, à bubu. Item, retentissement.
Bembóne, glande qui se forme dans la graisse de l'homme.
Bómero, *vómero*, le soc.
* *Bomícdro*, vomir.
Bonaccénole, qui se peut calmer.
Bonáccia, la bonace, le calme.
Bonacciàre, faire bonace, faire calme.
Bonaccióso, calme.
Bonága, acutelle, arreste-bœuf, plante.
Bonághe, en jargon, des souliers.
Bonaménte, bonnement.
Bonamáno, estreine, vin du valet : derniere-main.
Bonariaménte, debonnairement.
Bonarietà, debonnaireté, bonté.
Bonário, debonnaire.
Bonarmíno, bol armenic.
Bona voglia, bonne voüille, vn qui demeure volontairement dans la Galere.
Boncinéllo, verroüil d'vne serrure à bosse.
Béncio, sorte de poisson.
il Béncio da Rapállo, qui battoit sa femme, & puis il la peignoit.
Bonéllo, sobriquet à vn asne : nous disons Martin.
* *Bonettáda*, bonnetade, coup de Bonnet.
Bonétto, vn bonnet : & vne sorte de poisson.
Bonifácia, hypoglose, plante.
Bonificaménto, amendement, abonnissement.
Bonificàre, amender, abonir, bonifier.
* *Bonigóldo*, selon aucuns, le nombril.
Boníssimo, tres-bon.
* *Bonità*, bonté.
Bono, buono, bon.
Bontà, bonté. Il n'a point de plurier.
Bontà, aduerbe, Dieu mercy, à cause, pour l'amour.
Bontà di quella cosa, Dieu mercy à cela.
Bontáde, bonté.
* *Bontadóso*, plein de bonté.
Bonzóla, sorte de boudin, selon aucuns.
Bora, rauine d'eau, pluye forte. Item, bourbe. Vne maladie comme le pourpre.
Borácchia, bouteille de cuir.
Boracchiàre, gourmander, faire bonne chere.
Boráce, borax.
Boraciére, rochoir à mettre le borax.
Borásca, bourasque.
Borax gáre, bluster.
Borax zo, blusteau. Item, du bourras.
* *Borbo* pour *borgo*, bourg : faux-bourg.
Borborca, sorte de poisson de mer.
Borbogliaménto, gatoüillement, gargoüillement.
Borbogliàre, murmurer, gargoüiller, gazoüiller comme l'eau.
Borboglio, gargoüillement, murmure de l'eau.
* *Borbora*, selon aucuns, vn cochon de laict. Item, vn instrument à tirer la terre & l'eau d'embas en haut

des bastimens.
Borbottaménto, marmottement, gronderie, grommellement.
Barbottàre, marmotter barbotter, gronder entre ses dents, grommeler.
Barbottatóre, grommeleur.
Bórchia, boucle, bossette de mors : medaille : sorte de diamans, ou autres pierreries, enseigne de pierreries.
Borchiàre, orner ou garnir d'vne boucle ou medaille.
Borda, la voile la plus grande apres la bastarde, Bourde, bout de voile.
Bordáglia, la canaille.
Bordáre, border.
Bordáto, sorte de toile.
Bordatúra, bordure.
Bordellàre, bordelleggiare, courir le bordel.
Bordellétto, petit drolle, petit frippon, petit bordel.
Bordellétti, petites drolleries, petites broüilleries ou rauauderies.
Bordelliére, bordelier, coureur de bordel.
Bordéllo, bordel, bordeau.
far Bordéllo, faire du bruit, du tintamarre.
Bordúa, vne sorte de voile proche la proüe d'vn vaisseau.
Bórdo, bord : vne sorte de toille, & vne sorte d'estoffe de soye.
Bordonále, lieu de conuersation où l'on dit des nouuelles.
Bordonáli, quartiers d'vn timbre. Item, ceux qui tiennent le bourdon en chantant : c'est aussi vn certain ornement que portent les Docteurs & les Bacheliers. Item, à Venise le battoir de la porte.
Bordóne, ce qui soustient le timbre : vn bourdon en chantant : basse ou grosse corde : bourdon, bourdonnement : bourdon de pelerin.
Bordóne sorte de poutre en Architecture.
romper il Bordóne, rompre le bourdon : nous disons rompre la paille.
falso Bordóne, faux-bourdon. Et parler à double sens.
Bordóni, les tuyaux des petites plumes qui commencent à pousser aux oiseaux.
far Bordo à vno, parler tandis qu'vn autre parle.
Bordóni, les cinq estoiles d'Orion.
Bórea, Borée, vent.
Boreále, du vent Borée, du vent de Septentrion.
* *Borella* vne boule.
Borélla, vne pic, vn cheual blanc & noir, ou blanc & bay.
Borélla, en jargon, la teste.
Borellàre, rouler.
Borellatóio, vn lieu où l'on roule.
Borelliére, rouleur.
Borellóne, vne grosse boule.
Borsáre, renifler ou ronfler.
Borsáre, id.
Bórsio, ronflement : & vne personne qui bouffe, renifle ou ronfle.
* *Borgáre*, muer de plumes.
Borgáta, bourgade : plusieurs bourgs.
* *Borgatíra*, la muë d'vn oiseau.
* *Borge*, des boucles.
Borgése, bourgeois, habitant.
Borghése, habitant, bourgeois.
Borghétto, petit bourg.
Borghigiano, habitant d'vn faux-bourg.
Borghigína, selon aucuns, vne putain.
Borghinélla, garce, coureuse.

Borghinotta,

BO

Borghinótta, vne bourguignotte.
* *Borguáre*, regarder de trauers, loucher.
* *Bórgno*, louche, selon aucuns. Item, borgne.
Bórgo, faux-bourg, bourg.
Borgo di mal periuggio, nous disons, le faux-bourg du cul.
Borgomaestro, mot tiré de l'Allemand, Bourgue-maistre.
* *Bórgora*, les faux-bourgs.
Bória, superbe, vaine gloire, vanterie.
Boriáre, se glorifier, se vanter.
Boricco, & *boricchio*, certaine juppe ou camisolle picquée.
Borine, certaines cordes d'vn nauire.
* *Borino*, burin.
Boriosità, vaine gloire.
Borióso, glorieux, superbe.
Borióstzo, petit glorieux, pron. *ts*.
* *Bórla*, vne boucle.
* *Bórnio*, borgne: lousché, selon aucuns.
* *Borniola*, vn faux iugement.
Bornitóre, brunisseur.
Bóro rosso, ocre rouge.
Bórra, bourre. Item, par Metaphore, vn embarras ou superfluité de paroles.
Borrabezza, vn Granant, oiseau.
Borráccia, grosse bourre: c'est aussi vn mot tiré de l'Espagnol, qui signifie vne bouteille de cuir.
Borráce, du borrax.
Borrággine, &
Borrána, bourroche.
Borráre, bourrer.
Borráta, bourrade.
Borratáre, bluster: c'est aussi trottiner, aller entre l'amble & le trot.
Borráto, du burail. Item, vn pas forcé, selon aucuns.
Bórrere, bourrer: terme de chasse.
Borríre, id.
Bórro, du liege.
Bórro, petit ruisseau ou fossé couuert de buissons. Vn lieu plein de roches ou precipices.
Bórsa, bourse.
Borsa, corporalier.
Borsa, lieu où s'assemblent les Marchands: bourse, loge, place de change.
hauer la Borsa legata con le frondi di porro, auoir la bourse liée auec des feuïlles de poreau .i. estre liberal.
Borsa pastoris, herbe appelée bourse de pasteur.
Borsáre, embourser.
Borsélla, petite bourse.
Borsélli, nom propre de lieu.
andar à Borsélli .i. tirer de l'argent, mettre la main à la bourse.
Borsétta, petite bourse, boursette.
Borsía, bourse, & sachet.
Borsiére, boursier, Marchand de bourses.
Borsináro, faiseur de bourses.
Borsóne, *borsóne*, grande bourse.
Borsótto, bourson.
Borzacchináto, qui a chaussé des brodequins.
Borzacchino, brodequin: bottine, prononcé, *dz*.
assibiarsi i Borzacchini, mettre ses brodequins .i. minuter son depart.
Borzéto, qui a vne poche ou bourse.
Borzétta, petite bourse.
Boscággio, &
Boscáglia, boccage.

BO 73

Boscaiuólo, forestier qui frequente les bois, gardien des forests.
Boscáre, embuscher, entrer dans le bois.
Boscaréccio, boccager.
Boscatóre, forestier: buscheron.
Boscheggiare, frequenter les bois.
Boscheréccio, *boscaréccio*, boccager.
Boschétto, bosquet.
Bósco, bois.
Bosco, vn fort en terme de chasse.
esser da Bosco è da riuiéra, nous disons, bon au poïl & à la plume.
Bosco di berlo, en jargon, la barbe.
Boscóso, boccageux.
* *Boséechie*, *Busécchie*, trippes, mot Milanois.
Bósima, du chas à parer les toiles.
Bosimáre, parer la toile.
Bossétto, le buis du cordonnier.
Bossita bossitélla, petite boëte, boëtelette.
Bósso, buis: & vne sorte de poisson.
Bóssola, boussole.
Bossola, vase ou boëte dans laquelle on recüeille les voix du Magistrat.
Bossoláre, mettre dans vne boëte.
Bóssolo, boëte: & bouïs ou buis, arbre.
* *Bossoro*, coccon de soye ou de ver à soye.
Bóta, poisson d'eau douce, qui est noir, & a la teste fort grosse.
Botáre, voüer, promettre.
Botársi, se voüer, s'obliger par vœu.
Botárga, œufs de poisson secs & salez: sorte de viande, boutargue.
* *Botéro*, beurre.
Botináre, butiner. Item, se mutiner.
Botinatóre, butineur: & mutin.
Botíno, mutin: & mutinerie, butin.
Botinóso, turbulent: mutineux.
* *Botíro*, beurre.
* *Botiróso*, plein de beurre.
* *Botiuo*, appartenant à vn vœu.
* *Bóto*, *voto*, vœu: suffrage, voix.
Botolo, vne sorte de chien, que nous appellons vn roquet.
* *Botrio*, mal d'yeux, inflammation.
Bótro, vne profonde vallée fort cachée & couuerte.
Borta trisa, chabot.
Botta, vn crapaut, pron. *ò ouuert*.
Botta, coup en faisant des armes, vne botte.
Botta scudáia, mot Lombard, vne tortuë.
tirar à Botta di sicco, tirer en sichant.
à Botta, à l'espreuue. Item, en forme de crapaut.
di Botta in bianco, de point en blanc.
vna bella Botta, par ironie. i. vn mauuais coup.
riceuer vna mala Botta, auoir quelque malheur.
quatrino di tutta Botta, ce que nous disons d'vn vaut rien: bonne marchandise, bonne piece.
Bottáccia, grande bouteille, pron. *ò fermé*.
Bottáccio, barillet, bouteille, pron. *ò fermé*.
Bottaccioli, mal qui vient aux yeux des oiseaux.
piouere à Bottacci, pleuuoir à la verse, pleuuoir à seaux.
Bottáio, tonnelier.
Bottárga, viande faite d'œufs de poisson secs & salez.
* *Bottálo*, barillet.
Bottána, sorte de frise, sorte de toile.
* *Bottarello*, le gras de la jambe.
Bottéro, tonnelier.
Botte, tonneau, vaisseau, muid, pron. *ò fermé*.

K

la Botte di San Galgano, le tonneau de S. Galgan. i. vne chose qui dure toujours : qui fournit sans cesse. Item le puits.

dar vn colpo alla Botte, & vn al cerchio. i. accommoder si bien son discours que l'on vienne à bout de son intention. Voyez à *dare*.

il peggio cerchio della Botte-crepa, c'est quand dans vne compagnie le pire de tous parle.

Botte della ruota, moyeu de la roüe.

la Botte dà del vin ch' ella hà, le tonneau donne du vin qu'il a. i. il ne sort du sac que ce qu'il y a.

Botte del calamaio, cornet d'escritoire.

Bottecchine, petit mercier qui porte la balle.

Bottéga, boutique.

mettersi à Bottéga, se mettre en boutique. i. s'employer tout à fait à vne chose : nous disons, prendre à la tasche.

star à Bottéga, & star col capo à Bottéga, nous disons, prendre garde à sa boutique ou à sa vaisselle. i. prendre garde à son fait.

esser à Bottéga, estre tousiours preparé.

far Bottéga, ouurir boutique.

far Bottéga sopra vna cosa, faire tirer vn affaire de longue, faire trainer vn affaire pour son interest, gaigner en ce que l'on fait.

Bottegáro, & Bottegáio, homme de boutique, courtaut de boutique.

Bottegaruccio, courtaut de boutique.

Botteghière, id.

Botteghíno, petite boutique.

Bottegíno, vn barillet. Item, le trou ou la gueule d'vn priué.

Bottegóne, grande boutique. Item, vne tauerne : mot corrompu de *Bodegón*, Espagnol.

Botteguccia, petite boutique.

* *Bottéro*, vn tonnelier.

Botticélla, o ouuert, vn petit coup.

Botticélla, o fermé, vn petit tonneau.

Bottíglie, bouteille.

Bottigliáre, emplir des bouteilles.

Bottigliára, vne caue que l'on porte auec soy.

Bottigliére, bouteiller : le sommelier sert à cét office.

Bottigliería, sommellerie.

Bottiglióne, grand beuueur, sac à vin. Item, vn grand flacon.

Bottinaménto, butinerie.

Bottináre, butiner.

Bottíno, butin : c'est aussi vn égout ou conduit d'eau.

à Bottíno, à sac, au pillage.

Bótto, le coup que l'on donne à terre en tombant.

di Bótto, incontinent, soudain.

Bóttoli, les floccons ou nœuds de la soye cruë.

Bóttolo, vn chien appellé roquet.

Bottonáre, boutonner.

Bottonatúra, boutonniere, rang de boutons.

Bottoncélli, petits boutons.

Bottoncíni, id. Item, tendres & petits boutons d'arbre.

dar vn Bottoncíno. i. donner vn attaque en paroles, vn lardon.

Bottóne, bouton.

Bottóne, vne balotte à vn mors.

Bottóni, brocards, paroles qui offensent couuertement, lardons.

Bottóni, des glands.

sputar Bottóni, cracher des boutons. i. faire dire des brocards ou iniures.

tirar Bottóni, ietter des boutons : nous disons vulgairement, ietter des pierres dans le jardin.

allaccia questo Bottóne, boutonne ce bouton. i. prens cette attaque là pour tuy.

Bottoneggiáre, boutonner, qui se dit des arbres. Item, brocarder, donner des attaques.

Bottonétto, petit bouton.

Bottonièra, boutonniere : selon aucuns, vne bouterolle.

Bottonière, boutonnier : faiseur de boutons.

Bottúme, fustailles.

* *Bouáre*, embeurrer.

* *Botíro*, beurre.

* *Botiróso*, embeurré, plein de beurre.

Bouáre, beugler.

Bouarína, sorte d'oiseau, bergeronnette, Branslequeuë.

Bouáro, bouuier.

Bouázzo, gros bœuf.

Bóue, vne sorte de chaisne ou lien. Item, vn bœuf.

Boueggiáre, faire le bœuf, viure en bœuf.

Bouíle, estable à bœufs.

Bouína, fient de vache, bouzée. Item, de nature de bœuf, bouin.

Bouíne, mousches bouines.

* *Bouinità*, bufflerie, stupidité.

Bouíno, bouin, de nature de bœuf.

* *Bouoláre*, aller en limaçon.

* *Bóuoli*, mot Venitien, des escargots.

Bouolo, selon aucuns, vne cagalore de mer, sorte de poisson escaillé.

Bozza, tumeur, bosse : bosse à distiller : fruit auorté.

Bozze, ébaucheur : minute d'escriture.

Bozze, cordes nouées au troisiesme ou quatriesme banc de la pouppe & de la proüe, qui seruent à attacher les gumenes & bouts de cordes qu'on donne en terre pour arrester les galeres.

Bozzacchiáre, bouffir, enfler.

Bozzácchio, &

Bozzacchióne, vne sorte de prune, qui se gaste en se nouant, à mesure qu'elle croist, se corrompt, & demeure vuide ou creuse : par metaph, les tetins flestris d'vne femme.

Bozzáre, ébaucher. Item, selon aucuns, polluer, soüiller : trauailler grossierement. Item, bouffir, enfler.

Bozzatúra, ébaucheure.

Bozzería, vne poutre sous la coursie, depuis la proüe iusques à la pouppe, bischerie.

Bozzétto, petite enfleure, tumeur ou bosse.

Bozzíma, vne certaine paste, dont se seruent les tisserands, du chas.

Bozzimáre, parer la toile auec du chas.

Bozzo, vn morceau de pierre trauaillé grossierement. Item vn vuide, ou creux : vne enfleure : vne ronce ou espine.

Bozzo, vn coynard sans le sçauoir.

* *Bozzoláí*, sorte de viande de paste, en forme de cordons ou anneaux.

* *Bozzoláí di corda*, tourteaux de filasse quitte, pour mettre le feu à la poudre.

Bozzoláre, mesurer la mouture.

Bozzoláto, sorte de macarons ou viande de paste.

Bózzolo, enfleure, tumeur : vn cocon de ver à soye : le boisseau ou mesure du meusnier : vne pierre taillée en pointe de diamant.

Bózzolo di gente, vn amas de personnes, prononcé, à ouuert.

Bozzoléso, &
Bozzolúto, plein de bosses ou enfleures, pron. *z*.

B R

* *BRabilla*, broussaille.
Bráca, haut de chausse : brayes.
Bracále, vn brayer.
* *Bracáre*, fouetter : fesser : garnir de bendes de fer. Item, monter vn canon d'arquebuse, &c.
* *Bracatúra*, le siege d'vne selle, selon aucuns.
Bracca, vne chienne bracque.
Braccáre, braquer.
Braccésco, qui se fait à force de bras.
Bracchétto, petit chien bracque.
Braccheria, le chenil où l'on tient les bracques.
Bracchiére, valet ou garçon des chiens bracques.
Bráccia, les bras : les jambes de deuant d'vn cheual.
Bráccia, ou *brazzi*, cordes à l'antenne du trinquet, pour le mouuoir selon les occasions : brasses.
Braccainólo, appuy, bras d'vne chaire.
Bracciále, brassal, dequoy l'on se sert en Italie pour jouër au balon.
Braccialétti, mises de petard.
* *Bracciamenti*, embrassemens.
* *Bracciáre*, embrasser.
Bracciáta, brassée : & embrassade.
Bracciatéllo, sorte de viande de paste, craquelin.
Bracciatúra, brassée.
Bracciaiuóla, brassart.
* *Braccicáre*, aller à quatre pattes, embrasser.
Braccicóne, qui va à quatre pattes.
Bracciéllo, sorte de craquelin.
Bracciére, meneur, escuyer qui mene vne Dame, vn qui sert à donner la main à vne Dame. Metaph. maquereau.
Braccietto, petit bras.
Bráccio, bras : vne mesure d'enuiron demie aulne.
dar Braccio, prester main forte.
spendere à Braccia quadre i. dépenser largement.
Braccia d'vn ponte, garde-foux.
far alle Braccia, luiter, se colleter.
Bracciáre, nom, mesure d'enuiron demie aulne.
Bracciolàre, verbe, ramer pour faire tourner le vaisseau.
Bracciôli, bracelets, bras de hune soliueaux en dehors de la pouppe, sur lesquels sont posez les rebords ou parapets. Item, des bracelets, ou filets de mors.
Bracciône, gros bras : la poulpe du bras, la petite partie du bras proche de l'espaule.
Bracciuóla, anse d'vn pot. Item, brassart.
Bracciuóli, boutons au mors d'vne bride, bracelets.
Bsáccio secoláre, sorte de Mandat sous peine d'excommunication : bras seculier, pariatis.
Brácco, chien bracque. Item, tect à pourceaux.
hauer sciolto i Bracchi, auoir lasché ses bracques. i. reuer, radotter, dire des folies, parce que les chiens courent çà & là.
Bracco da quaglie, espagneul, & chien couchant.
Bracco di manigóldo, chien de bourreau. i. archer ou Sergent.
Bracco, en jargon, archer, ou sergent.
Brace, braise.
Brache, haut de chausse.
non hauerai mai Brache al culo, i. tu n'amasseras iamais de bien.
portar le Brache, porter le haut de chausse : cela se dit d'vne femme qui est maistresse de son mary.
lo Brache d'altri gli rompono il culo. i. il se rompt la teste des affaires d'autruy.
il culo, che non vide mai Brache cent' anni se ne fece marauiglia, le cul qui n'a iamais veu hauts de chausses, il s'en estonna durant cent années, cela se dit d'vne personne qui n'a iamais rien veu, & qui'il se rend glorieux, quand il possede vn peu de bien.
Brachélle, sorte de manches.
Brachieráro, faiseur de hauts de chausses, chaussettier, faiseur de brayers.
Brachétta, brayette.
tener la Brachétta allacciáta, tenir sa brayette fermée ou boutonnée. i. aller modestement, estre retenu, ne faire pas l'entendu.
* *Brachiále*, la partie du bras entre le coulde & la main.
Brachiére, brayer.
Brachieráro, faiseur de brayers.
Brachiétto, brayette.
Brácia, braise.
Bráco, fange, boüe.
Bracóni, chausses troussées, ou qui vôt iusqu'à demy iabe.
* *Brado*, nom general des bestes à cornes au dessou de trois ans.
* *Bradóne*, haut de manche : mot Lombard.
* *Bradúme*, quantité de ieunes bestes à corne, des veaux, des genisses.
Braga, boete à charger le canon. Item, braye.
Braga del timóne, corde qui empesche que le timon ne sorte de son piuot, hers.
Brághe, haut de chausse.
* *Braghésse*, haut de chausses à Venise.
Braghétta, brayette.
Braghettóne, idem, & vne brayette de Suisse.
Bragiáre, brusler, embraser, reduire en cendres.
Brágie, braises.
Bragiéra, poisle à mettre de la braise.
Braginóla, charbonnée, & carbonnade.
Brágo, fange, boüe, eau bourbeue.
Bragóni, grand haut de chausses.
Bragótti, certains cordages liez au catro & à la penne de l'antenne.
Bráma, desir passionné. Item, chaleur d'animal, le rut.
Bramábile, souhaittable.
Bramangiére, ragoust, sausse.
Bramáre, souhaitter, desirer auec passion.
Bramasangue, alteré de sang, sanguinaire.
* *Bramíta*, desir extreme.
Bramíto del Toro, le mugir ou beugler d'vn taureau.
Bramóso, desireux, conuoiteux.
Bramóso, en jargon, Amant, amoureux.
Bramosamente, auec souhait.
Bramáre, mettre en pieces, deschirer.
Bránca, griffe : empan.
Bránca di náso, vn pied de nez.
Branca, sorte de poisson escaillé.
vna Brancáca, vne poignée : vne volée d'oiseaux.
capitár nelle Branche, nous disons, tomber dans les pattes de quelqu'vn.
Brancáccio, prise.
Brancadóre, grippeur.
della casa de' Brancadóri i. larron.
Brancáglie, prises, voleries, pilleries.
Brancaleonina, selon aucuns, persil sauuage.
Brancopólpo, sorte d'escreuice.
Brancáre, gripper, empoigner.

K ij

Brancáta, poignée, plein la main.
* *Brancátio*, prise, empoignement.
Bránca Vrsína, branche Vrsine, herbe.
Brance, sorte de froment.
Branchi, pattes d'écreuices.
à *Branchíglio*, enchassé auec des griffes.
Branciáre, gripper.
Branciċáre, manier, tastonner, escacher.
Brancicóne, à tastons.
Branco, griffe.
Branco, bande, trouppe : volée d'oiseaux. Item, vne bande de forçats que l'on enuoye en terre, accouplez deux à deux de chaisnes aux pieds, *brancade*. Item, la masse des chaisnes d'vn banc pour attacher les galeriens.
Brancoláre, aller à tastons, tastonner.
Brancolóne, à tastons.
Brancóni, id.
Brancorsína, branche Vrsine, herbe.
Branchíto, branchu : ergotté : qui a des griffes.
Brandéllo, petit morceau, petite piece : brin.
Brandiménto, brandissement.
Brandíre, brandir, pres. *brandísco*.
Brandistócco, brin d'estoc, baston ferré.
Brándo, espée : branc. Item, vn bransle.
Brandoláre, brandir, bransler.
Brandóne, piece, morceau.
* *Bránla*, bransle, dance.
* *Branláre*, bransler, dancer.
Brano, piece, morceau.
Brano à brano, en pieces, par morceaux.
Brasáre, braser.
Brásca, ieune chou.
Brascí, carreaux, planches ou allées de jardins. Item, place où l'on bat le bled.
Brasciáre, embraser.
Brasciuóla, carbonnade. Metaph. quand l'on voit sortir la chemise, au deuant ou au bas des haud de chausses de quelqu'vn.
* *Brása*, braise.
Brassáre, brasser de la bierre.
Brassaría, brasserie.
Brassáro, brasseur.
Brassathra, brassin de bierre.
Brássica, sorte de plante, brassique.
Brássica canina, herbe au chien.
Brasuóla, carbonnade, voyez *brasciuóla*.
Brasuoláre, griller, faire vne carbonnade.
Bratto da naue, du bré.
Braváre, tancer : crier, brauer : se vanter : faire le mauuais.
Brauáta, brauade.
Brauéso, brauache.
Braueggiáre, brauer, faire le braue.
Brauería, brauade, brauerie.
Brauiére, sorte d'oiseau de riuiere.
Bráuo, vanteur, faiseur de brauades : coupe-jarrets. Item, vaillant.
far del Brávo sotto 'l camíno. i. faire le mauuais dans la chambre.
Brauóso, tout remply de brauades.
Brauúra, courage, valeur : brauade.
Brazzi, cordages à l'Antenne du trinquet.
Brazzuóli, toutes sortes de harts ou liens.
Bréccha, &
Bréccia, breche.
Bréccia di fiume, caillou de riuiere.
Brecióso, plein de breches.

Brena, sorte de bled de Turquie.
Brenca, sorte de poisson escaillé.
* *Brencáre*, gripper.
* *Brenda*, du son de farine.
Bréndola, demoiselle, sorte d'insecte.
* *Brene*, harnois de cheuaux.
* *Brenno*, du son. Item, vne sorte d'herbe.
Brenta, brinde, vne hotte faite de douues à porter du vin. Item, vne certaine mesure.
donna Brenta, cela se dit d'vne femme qui fait la pitoyable.
Brentadóre, qui porte le vin dans la brinde.
Brentáro, id.
* *Bresagliáre*, tirer au but.
* *Breságlio*, but.
Brésca, rayon de miel.
Bresuóla, carbonnade.
* *Brétta*, bonnet.
Brettáre, poisser vne estoffe.
Brettúra, poisseure.
* *Brettína*, petit bonnet, couleur gris.
Bretónica, betoine.
Brétto, sale, laid.
Brétio, sterile.
Bréue, bref. Vn bref ou breuet : vn billet, vne blanche en musique.
Bréue, breuement.
Breuemente, id.
attaccar vn Breue al collo, attacher vn billet ou breuet au col. i. faire vn affront.
Breuiále, breuial : breuiaire : & vn bref.
Breuiánte, en iargon, chant.
Breuiáre, abbreuer, abreger.
Breuiário, breuiaire.
Breuiatióne, abbreuiation.
Breuiatóre, abbreuiateur.
Breuicciuólo, &
Breuicíno, vn petit breuer, vn petit billet.
Breuilóquio, langage ou parler bref.
Breuiósa, iargon, vne lettre.
Breuióso, en iargon, vn liure.
Breuità, breuieté.
Brezza, tourbillon de vent meslé de bruine, vn petit vent.
Brezzáre, faire vn tourbillon ou petit vent.
Brezzolína, petit tourbillon, petit vent.
Briacáre, enyurer.
Briachezza, yvrognerie.
Briáco, yure.
Briacóne, gros yvrogne.
* *Briána, briónia*, peruanche.
* *Briante*, brillant.
Brináre, briller.
Brica, *bricca*, montagne aspre & sauuage : ouuerture, creuasse de mont.
Bricca, asnesse. Ité. ouuerture ou creuasse de montagne.
Briccháno, asnon.
Bríccia, morceau, petite miette.
Briccio, vn petit morceau, vne miette de quelque chose.
Bricciolo, id.
Bricco, asne. Item, vn coquin.
Briccóla, bricolle. Item, sorte de machine.
Bríccolo, en iargon, vn teston.
Briccoláre, bricoller.
Bricconáre, gueuser, coquiner.
Bricconáta, gueuserie, action de gueux.
Briccóne, quasi *briacóne*, frippon, gros yvrogne.

B R

beliftre, impudent, poltron, vaut-rien coquin.
Bricconeggiáre, gueufer, fripponner.
Bricconería fripponnerie, coquinerie.
Bricia, briciola, miette.
Briciolo, id.
Briccócoli, à Rome des abricots.
Bricolino, petite miette.
in Bricóllo : c'eft quand chacun n'eft pas placé dans vne Galere.
Briéne, bref.
Brifalda, vne femme eshontée ou effrontée, hardie comme vn homme.
Briga, fafcherie : affaire, procez, querelle, debat.
Brigánte, laborieux, induftrieux, bon ouurier : bon drolle. Item brigand : feditieux, remuant.
Brigantello, petit brigand.
Brigantino, brigantin, forte de batteau.
Brigáre, briguer : & faire des querelles : donner de l'affaire.
Brigáta, compagnie, brigade.
Brigatáccia, compagnie de coquins, canaille.
Brigarélla, petite brigade.
Briglia, bride.
à Brigliafciólta, à toute bride : à bride abbatuë.
Brigliaménti, toutes fortes de brides.
Brigliáre, brider.
Brigliáro, faifeur de mors : efpronnier.
Briglióz̄o, vn filet à dreffer vn poulain.
Brigófo, fafcheux, querelleux.
Brillánte, brillant : petillant.
Brilláre, briller, fauteler comme le vin.
egli Brilla, il eft fort aife : il eft dans fon luftre à force de contentement.
Brillo, efclat.
Brillo, berille, forte de pierre.
Brillo, à demy yure.
Brilluláre, eftinceller, efclatter.
Brilluláre la cocuz̄z̄a, faire tourner la tefte quand on a trop beu.
Brina, gelée blanche & bruine, frimas.
Brináta, id.
Brindro, tacheté, moucheté.
Brindáccolo, pendeloque.
Brindáre, boire, trinquer, boire d'autant.
Brindello, brin, morceau : queuë de fruict.
Brindeggiáre, boire d'autant.
Briudefi, vn brinds ou brings à l'Allemande à voftre fanté.
Briudifi, id.
Brindiz̄z̄áre, boire d'autant.
Brindiz̄z̄áta, beuuerie : brinds.
Briuófo, plein de frimas ou bruine.
Brinz̄áre, boire d'autant.
Brio, peur viuacité, mot Efpagnol. La mouffe d'vn arbre : felon aucuns.
Brióne, id.
Briónia, peruanche, forte d'herbe.
Brifáto, punto, point perdu, point coulé.
* Brifciaménto, tremblement.
Brifcióla, carbonnade.
Brifcuélla, certaine partie de vaiffeau.
Briudez̄z̄a, engourdiffement de froid, l'onglée.
Briuido, engourdy.
Briz̄z̄oláto, tacheté, marqueté, moucheté.
* Broáre, broüir, parboüillir.
Broáta, vn boüillon quand l'on parboult quelque chofe.

B R

* Brobbio, opprobre, iniure, honte.
Brocca : cruche : coquemart. Broche d'vn blanc, ou but, fible.
nemico di Brocca, ennemy iuré.
andar di Brocca, toucher, importer.
Brocca, en jargon, vne garce.
dar in Brocca, frapper au but, deuiner vne chofe.
di tutta Brocca, bon à toute chofe & bon par excellence.
di Brocca. i. à propos.
Broccáglio, vn poinçon.
Broccáme, toutes fortes de draps d'or.
Broccáre, picquer, brocher des efperons, brocher : embrocher.
Broccáta, coup, atteinte.
Broccatéllo, toille d'or, brocadel.
Broccáto, lice à courre, barriere à combattre : champ clos, brocar eftoffe de foye.
Broccáto, broché, frifotté, noüeux, plein de nœuds.
Broccáto, bracadel, drap d'or.
Brocchétta, brochette, fourchette : & broquette.
Brocchétto, petit pot : petit cocquemart.
Brocchière, bouclier.
Brócchio, broche au milieu d'vn but.
Brocchíre, boutonner comme les arbres, imperfonnel brocchifce. il boutonne. opt. brocchifca.
* Bróccia, broche.
Brocciáre, embrocher.
Bróccio, vn qui a de grandes dents.
Brócco, broche au milieu d'vn but.
Brócco, vn feftu.
Brócco, nœud de la foye ou du fil.
dar nel Brócco, frapper au but, deuiner le fecret.
Bróccoli, cimettes de choux, brocques de choux.
* Broccolière, bouclier, ou mangeur de broques.
Broccóne, grande broche ou brochette.
Broccófo, noüeux, plein de nœuds.
Bróccolo, id.
Brocchíta, la fiente de l'oifeau, efmut.
Brócome, forte de gomme, bdellium.
Bróda, boüillon.
Bróda, eau fale, fange, boüe.
verfar la Broda addoffo altrui, verfer le boüillon fur vn autre. i. remettre la faute fur autruy : ietter le chat aux jambes.
Brodáglia, la lie du peuple, quantité de boüillon.
Brodainólo, fouppier, mangeur de fouppe.
Brodáre, broüir, parboüillir.
Brodanólo, gourmand, mangeur de foupe.
Brodáta, brodo, boüillon.
Brodétto, boüillon auec des œufs.
andar à Brodetto, faire vn meflange, vn brouillement, dans vn pot.
và in Brodetto, cela fe dit quand vne perfonne eft fort guaye de quelque chofe & qu'il en témoigne grand joye.
Brodo, boüillon de chair.
andar tutto in Brodo, fe fondre de contentement.
lamentarfi di Brodo graffo : nous difons fe plaindre que la mariée eft trop belle.
Bródolo, vn fouppier, vn gourmand.
Brodolófo, tout gras, tout fale de graiffe ou de boüillon.
Brodófo, qui eft tout plein de boüillon, qui a trop de faulfe.
Brodóne, bordée, bourdon.
Bróffola, puftulle, tanne fur le vifage, marque de puftulle.

K iij

B.offolàre, naiftre des puftules sur la peau : venir des rougeurs.
* Broggiàre, broüiller.
* Broggio, embroüillement : broüillis.
Brogiàre, venir des rougeurs ou puftulles.
Brogie, rougeurs ou tannes sur le visage.
Brugiotti, fortes de figues fort excellentes, de couleur noire. Item, puftules ou rougeurs au visage.
* Brogiotto, vn qui a groffe tefte.
Brogliàre, broüiller : faire fouleuer le peuple, faire emeute : embroüiller.
Bróglio, broüillement, broüillerie. Item, brigue.
far Bróglio, briguer vn office par promeffes.
Brogna, prune.
Brognata, tarte de prunes.
Brogno, Brógnolo, prunier.
Brognóla, des prunes de brignolle. Des prunes de brugnolles. Item, de petits champignons.
* Bróilo, jardin potager, selon aucuns.
Brolavdelli, forte de fritture.
* Brollàre, broüiller.
* Brollo, broüillement.
* Brolo, couronne.
Brombolàre, boutonner, comme les herbes.
* Brómboli, cimettes de choux.
Bromo, forte de grain ou auoine fauuage.
Bronciàre, broncher, heurter.
Bróncio, colere.
Bróncio, grimaffe moüe, mine.
far il Bróncio, faire la mine, eftre fafché ou en colere.
hauer il Bróncio, se fafcher : prendre la chevre.
Bronco, tronc, chicot. Item, vn congre.
Bronco, en jargon, vn bœuf.
Broncolàre, esbrancher.
Bróncolo, branche.
Broncolúto, branchu.
Broncóne, branahe : & forte d'eschalas à souftenir la vigne.
Broncófo, branchu.
Bronfàre & bronfiàre, souffler, bouffer, gronder de colere.
Brónzia, slin à polir les lames.
Brontolamenti, grommelleries.
Brontolàre, groigner, grommeler, gronder.
Brouzàre, bronzer.
Brouzino, mortier de bronze. Item, vn trepied. C'est aussi vne aiguiere : vn robinet : & le baffin d'vn Barbier.
Brónzo, bronze.
Bronàre, brouïr.
Brouétto, brouet.
Brozzze, tannes, escailles de craffe ou puftulles.
Brucàre, efteüiller les branches : ofter : s'enfuir, deftaller.
* Bruccàre, efcacher, efcraser. Item, nettoyer.
Bruccianefe, nom propre de lieu.
à ito à Brucciànefe, il est allé, &c. i. il a efté bruflé : c'est vne allusion de Brucciànefe à bruciàre.
Brucciàta, &
Brucciàta, poiflée de chaftaignes rofties.
Afpettar la Brucciàta, attendre la poiflée de chaftaignes qu'elles foient rofties. i. attendre l'occasion : nous difons, attendre le bond de la balle.
spender i quatrini in Brucciàta, defpenfer fon argent en poiflées de chaftaignes. i. perdre fon temps.
Bruciàre, brufler.

Bruciaticcio, hauy, enfumé.
Brùcio, fainct, non prophané.
Bruciolo, brouffaille, chicot.
Bruciòre, brufleure, douleure cuifante, cuiffon.
Bruco, hanceton : chenille, &c. Item, vn buiffon.
Brúcolo, brúculo, vn ver ou chenille.
Bruffàre, baffiner en mettant de l'eau dans fa bouche.
Bruggiàte, forte de fritures, ou bignets.
Brugiàre, brufler.
Brigna, prune.
Brignata, tarte de prunes.
parole Brugnina .i. des paroles, & puis c'eft tout.
Brugnócele, bernoccoli, nœuds. Item tumeurs.
Brugnóla, brugnole, prunes, forte de champignons.
* Bruire, bruire, pret. bruifco.
à Brulardello, en grillade, ou fricaffée.
Brulàre, hauir, hafier : peler auec de l'eau chaude.
Brulo, nud, defpouillé. Item, eschaudé, hauy, hafté.
* Bruma, le iour le plus court de l'hyuer. Item le cœur de l'hyuer, le grand froid. Item, ver qui s'engendre dans le bois, mitte, broüillard.
Bruma, en jargon, la matinée.
* Bramale, d'hyuer. Item, broüillas.
Brunazzo, brun, brunaftre.
Brundulàre, gronder, grommeler.
Brunotti, en jargon, les yeux. Item, de l'argent.
Brunìre, brunir, pref. brunifco.
vo Brunito, or vermeil, or bruny.
Brunitóio, bruniffoir.
Brenitóre, bruniffeur.
Bruno, habit de dueil. Item, brun.
far Bruno, porter le dueil, se faire muit.
veftito à Bruno, veftu de dueil.
Brunóvo, en jargon, la nuit.
Brunótta, brunette.
Brunòdo, bouillon.
* Bruólo, jardin potager.
Bruótina, & bruotino, auronne, forte d'herbe.
Brufca, paille, feftu : eftouppe, bruyere dont on fait des efpouffettes ou vergettes : chiendent à faire des broffes : du brande, du brufe, en terme de marine.
Brufcamente, rudement, en colere : brufquement.
Brufcàre, chauffer le fonds d'vn vaiffeau.
Brufcàre, deftorber brufquement : aigrir, deuenir aigre : efchauder, ronger, ébranler : ébrancher. Item, bruler, brufquer, roftir du pain.
Brufcàta, larcin fubtil, vne roftie.
Brufcatélla, vne roftie auec de la moüelle.
Brufcatéllo, aigret.
Brufciaióra, brouffailles, branchages d'arbres ébranchez.
Brufchette, petits feftus, bufchettes.
Brufciàre, aigret. Item, fruit qui n'eft pas meur.
Brufciàre, brufler.
* Bruficiolo, vne fiftule.
Bruficióre, bruficure, douleur cuifante de bruflure, &c.
Brufco, feftu. Item, brufc, afpre, aigre, rude.
Brufcolino, & brufcolo, petit feftu. Item, gratelle, petite croufte de galle, &c.
Brufcóne, vn fubtil larron.
Brufcóso, plein de vers ou chenilles.
Bruftolàre & bruftolìre, flamber, cuire fur les charbons, grefiller, grediller, hauir.
* Brutagine, brutalité.

Brutále, brutal.
Brutalità, brutalité.
Brúto, brut, brutal: beste brute.
la Bruta paróla, le gros mot, le mot sale.
Brutaménte, laidement, vilainement.
la Brutta cósa, nous disons, la chosette, la pauureté, l'action Venerienne.
Bruttáre, salir, soüiller.
Brutte è buone, sortes de poires, laides & bonnes.
Brutta pietra, pierre brute.
Bruteẑza, laideur, saleté.
Bruttína, saleté.
Brútto, laid, sale, ord.
il Brútto male, mal caduc.
Brútto, qui se dit de la marchãdise qui n'est point tarée.
diamánte Brútto, vn diamant brut, qui n'est pas taillé & osté le sable.
Bruttúra, laideur, saleté, ordure.
Bruttúra, mal caduc.
Bruẑẑo, en jargon, le cabaret, pron. ts.
Bruẑẑacúlo, petites fueilles sous la rosée, pron. ts.
Bruẑẑáglia, bruine, broüée, pluye menuë. Item, canaille, racaille, pron. ts.
Bruẑẑo, le crepuscule entre chien & loup, pron. ts.

B V.

BVággine & búba, huppe, oyseau.
Buaſággine, lourdauderie, grossiereté, sottise.
Bubáre, crier comme vn hibou.
Búbbola, búbbula, huppe, oiseau.
Búbbole, badineries.
* Bubo bubóne, chat-huant.
Búca, trou.
egli hà fatto vna Búca, nous disons, il a fait vn trou à la nuit: il a emporté le bien d'autruy ou desrobé.
ti turerò la tua Búca, ie te fermeray ton trou, i. tu moutras deuant moy: nous disons, ie pisseray sur ta fosse.
* Bucaláme, vn peteur.
Bucámi, trous.
Bucacchiáre, bucaracchiáre, bucarare, bucare, trouër, percer.
Bucaróne, grand trou.
Bucáta, lexiue.
far la Bucáta, faire la lexiue, fouler le drap.
Bucatáro, foulon.
Bucáto, lexiue. Item, troué.
di Bucáto, blanc de lexiue.
non si fece mai Bucáto di notte, che non si asciugasse di giorno, on ne fit iamais de lexiue de nuit, qu'on ne la sechast de iour. i. rien ne se fait de vilain qu'on ne se descoure.
hauer molti stracci ò conci in Bucáto. i. auoir quantité d'affaires dangereux ou chatoüilleux sur les bras.
panno di Bucáto, allusion à lexiue & troüé sur le mot de buccato qui signifie les deux.
Buccelláti, sorte de petit mestier.
Búccia, escorce d'arbre: coquille d'œuf: pelure de fruit.
Búccia, escorce: le bouton ou escorce de bouton de fleur.
Búccia, se prend aussi pour la peau de l'homme, & principalement du visage. Item, pour vne bosse à distiler.
della medésima Búccia, de la mesme nature, de la mesme façon ou humeur.
Bucciacchére, peaux pendantes de la nature de la femme.

Bucciáre, escosser les pois ou feues.
* Bucciére, vn Boucher.
Buccína, corne de mer, pourpre, buccine.
Buccináre, corner.
Buccináta, sorte de vigne & de raisin.
Buccinéllo, crochet à ouurir vne serrure: vn filet à prendre des oiseaux, selon aucuns.
Buccinéio, sorte de rets.
Búccio, búccia, escorce.
Bucciólo, la longueur entre les nœuds d'vne canne ou roseau: canon de roseau.
Bucciólo, le goulet d'vn pot de terre ou autre.
innestare à Bucciólo, enter en canon.
Bucciófo, qui a bien de l'escorce.
* Bucciòffiola, vne fable, vn conte.
Buccuólo l'entre-deux des nœuds d'vn roseau.
la Buccólica, la bonne chere, la morse, la gourmandise.
Buccólico, qui appartient au labourage.
Buccolicóne, vn gros pitaut.
Buccelláto, sorte de biscuit ou craquelin: pain d'espice, selon aucuns.
Bucéllo, sorte de craquelin.
Bucentóro, nom d'vn galion à Venise, Bucentore.
Buctra, sorte de senegré.
Bucheráme, de la tiretaine.
Bucheráre, trouër.
Bucheráto, troué, percé.
Bucheráto di vaiuóli, picotté de verolle.
Buccherátolo, petit trou.
* Bicicáre, se remuër, se bouger.
Bucigatti, petits trous: petites chambres, trous de chats, chattieres.
Bucína, sourdine de trompette. Cor.
Bucinaménto, bruissement.
Bucináre, orner: bruire: trompetter: souffler aux oreilles.
Bucíne, sorte de ret à pescher.
Bucinéllo, vne tonnelle.
Bucinétto, sorte de ret à pescher, selon aucuns, vne sorte de nasse.
Búco, trou.
Búco del sidére, le siege, le trou du cul.
Búco del foróne, lumiere du bassinet.
per il Búco del cuore, façon de iurer.
Bucolíno, petit trou.
Bucóne, grand trou.
Budelláme, boyaux, tripes.
Budéllo, boyau.
Budel gentíle, boyau gras.
Budéllo gentíle. i. gourmand.
dar in Budélla, se ietter sur les boyaux, i. dire des sottises: & selon aucuns, ne venir pas à bout de son entreprise.
hà le Budélla in vn catíno, il a les boyaux dans vne iatte. i. il chie de peur, il creue de peur.
io sont da buon Budéllo. i. ie suis à ieun.
Budéllo da bon, vn boyau du mouton, tué deuant qu'il ait mangé, qu'on appelle autrement la digíuna, qui est vn morceau fort delicat en Italie, & on le mange sur le gril.
Budellóne, gros creué, gros gourmand. Bardache.
Búe, bœuf.
Búe di Martíno, bœuf de Martin, qui se laissoit mordre aux moutons. i. lourdaut.
come i Búdi di Noféri, qui demeuroient tousiours au marché sans estre vendus. i. qui ne vaut gueres.
legar il Búe all'herba. i. estre où l'on se souhaitte, s'arrester là.

* Bullèo, budéllo, boyau.
Buétio, nom propre.
ſtudiar à hauer ſtudiato nel Buetio, par alluſion, de bue .i. eſtre aſne : nous diſons, auoir eſtudié à Aſnierie.
Bufala, femelle de buffle.
Bufala, en jargon, vn bonnet.
Bufera, tourbillon de vent.
Bufera, vn certain animal ſauuage.
Buffa, vne querelle.
Buffa, la partie qui s'abaiſſe de la viſiere d'vn heaume. Item, vn crapaut.
Buffa, vne ſorte de bonnet.
Buffa, niaiſerie, mocquerie. Item, bouffée.
di Buffa, par bouffonnerie: par alluſion de buffone.
tirar di Buffa .i. bouffonner.
Buffe baffe, piff pouff.
Buffaldggine, buſſlerie.
Buffalare, faire le buffle ou l'idiot.
Buffalaro, gardien de buffles.
Buffalino, petit buffle. Item, de buffle.
Buffalo & bufolo, buffle.
oua di Buffala, ſorte de formage à la creſme fort delicat.
Buffalóne, gros buffle.
Buffare, bouffonner.
Buffera, tourbillon de vent.
Bufferare, faire des tourbillons ou tempeſtes de vents.
Bufferóſo, venteux, plein de tourbillons.
Buffettare, ſouffleter.
Buffetto, vne chiquenaude ou croquignolle : & claquement de doigts. Item, vne ſorte de pain.
Buffetóne, vn coup ou ſoufflet ſur les oreilles.
Buffo, bouffée de vent. Item, vn crapaut.
Buffonàre, bouffonner.
Buffóne, bouffon.
Buffoneggiàre, faire le bouffon.
Buffonería, bouffonnerie.
Buffonìta, clarté de voix.
Bufo, chat-huant.
Bufoláccio, vn gros ſot, vn gros buffle.
Bufonchiàre, bouffonner. Item, bouffer, grommeler.
Bufunchino, vn qui bouffe.
Bufalme, ſorte de camomille qui put.
Bugaloſſa, bugloſe, herbe.
Buganeie, mules aux talons.
Bugandiéra, lauandiere.
Bugaxe, mules aux talons.
Bugàta, leſſiue.
Bugeràre, commettre ſodomie.
Bugeróne, bougre.
* Bugetta, bougette.
Buggio, creux, caue, trou.
Buggire, creuſer, troüer.
Bugìa, menterie.
Bugia, ſorte de chandelier, martinet, bougier.
Bagiàccia, lourde menterie.
Bugiardo, menteur.
Bugiardóne, grand menteur.
Buggiarduòlo, idem.
La Bugiara, la bougrerie ou ſodomie.
Bugiàre, percer.
Bugiaróne, bougre.
Bugieràre, exercer la ſodomie.
Bugigatto, &
Bugigattòlo, vn petit trou de chambre, petite habitation, petit ou chetif logement. Item, vn ver, vne perſonne qui s'attache à vn autre, & qui ne le veut pas quitter qu'il n'ait eſcroqué quelque choſe.
Bugio, trou : troüé, creux.
Bugióne, grand menteur, & grande menterie. Prononcé lì & lò, ſeparément.
Bugiàta, petit menſonge, prononcé de meſme.
Bugliare, ietter. Mouuoir, remüer.
Buglio, bouillon.
Buglióli, ſorte de ſeaux ſans anſes. Boüillets, ſur les Galeres & vaiſſeaux.
Buglóſa, bugloſe.
Bugna, boſſe.
Bugno, ruche.
Bugnóne, id. vn cloud qui vient aux feſſes ou autre part.
Bugnola, picotin.
come ſi Bugnola, c'eſt vn homme qui marquoit ſur ſa table ce qu'il donnoit à credit, & l'effaçoit ſans y penſer.
Bugolóſa, bugloſe.
* Bugone, ſelon aucuns, eſcargot.
Buiàre, rendre obſcur, obſcurcir. Item, prodiguer.
* Buiatore, prodigue, deſpenſier.
Buietto, vn peu obſcur.
Buino, de bœuf, bouin.
andar Buino, aller comme le bœuf : cela ſe dit d'vn cheual qui porte le pied en dehors.
Buio, obſcur.
ècci ſi Buio? y fait-il ſi ſombre? i. l'affaire eſt-elle ſi douteuſe?
Buio, en jargon, noir.
* Buiore, obſcurité.
Buiôſo, plein d'obſcurité.
Bula, eſcorce qui reſte du grain apres l'auoir battu.
Bulbari, ſorte de viande à Mantoüe. Item, ſorte de poiſſon à Mantoüe.
Bulbino, ſorte d'oignon de plante.
Bulbo, bulbs, oignon de fleur ou plante, bulbe.
Bulbo vomitiuo, bulbe vomitif, ſorte d'oignon.
Bulboſità, forme de bulbe, bulboſité.
Bulbóſo, bulbeux.
Buldriàna, vne coureuſe, vne garce.
* Buléſco, folaſtre.
Bulettàre, attacher auec des broquettes.
Bulette, broquettes.
Bulettino, petit billet. Item, benefice à la blanque, vn emplaſtre ſur le viſage comme vne mouche.
Bulicame, boüillon d'eau.
Bulicàne, id.
Bulicàre, boüillonner.
Bulima, conuerſation, ſocieté.
in Bulima, peſle-meſle, en compagnie.
* Bulimia, grande faim.
Bulino, burin.
Bulimata, grande vaché.
Bulla, bulle.
Bulletta, billet, buletre, paſſeport.
Bulletta, vne broquette, petit cloud.
Bullettino, vn billet.
Bullia, boüillonnement, émotion de ſang.
Bullicámi, bains d'eau chaude à Viterbe.
Bullíre, braſer, boüillir.
Bulle, vn deſpenſier, vn prodigue.
Bulo, ſot, idiot.
Bulſina buiſino, la pouſſe, maladie de cheual.
Bumaſtia, ſorte de vigne & de raiſin.
Bumbo, eſcargot.
Bumélio, ſorte d'arbre.
Buncinello, buccinéllo, crochet à crocheter les ſerrures.
Buniadè,

Bunidde, sorte de naueaux.
Bunióne, sorte de raue.
Buolermìnto, bol armenic.
Buólo, bolus.
Buóna robba, bonne marchandise. Item, vne garce : & selon aucuns, vne femme grasse & en bon poinct.
alla Buóna, franchement, sans artifice, naïfuement.
la Buóna máno, le vin du valet, les espingles des filles.
Buonamente, bonnement.
con le Buóne, tout beau, doucement.
Buoníssimo, tres-bon.
Buóno, bien : & bon.
dar del Buóno, couster bon, couster beaucoup.
in Buon dato, en quantité.
Buon mercáto, en jargon, bon jour.
dir Buóno, dire bien, auoir bonne fortune.
Buon per mè, bien m'en a pris.
tu hai Buon dire, tu parles bien à ton aise.
mi há detto Buóno, bien m'en a pris, la fortune m'en a dit.
Buon prò, prouface.
* Buoséga, sandale, patin de bois, galoche.
Buóso, en jargon, du vin.
* Buoie, ceps & menottes.
* Buónolo, escargot.
Bupresti, buprestes, sorte d'insectes.
Buptalámio, œil de bœuf, sorte de plante.
Buráfca, bourasque.
Burascóso, tempestueux, plein de bourasques.
Burásco, en jargon, soldat.
Buratello, blusteau.
Buratelli, sorte de poissons salez.
disse la Pásqua à Buratelli, dit Pasque aux poissons, tarde veneunt, cela se dit à vn qui attriue trop tard.
Burattíno, nom d'vn farceur.
Burattáre, bluster.
Burattadóre, blusteur.
Burattíno, blusteau. Item, du burail.
Buratto & burazzino, id.
Buratto, vn estoffe de laine du bourat.
* Burbánza, gloire : bombance.
Búrbara, tour, moulinet à monter quelque chose de pesant.
* Burbáre, s'enfler d'orgueil : gronder, regarder de trauers.
* Búrbaro, &
Búrbero, rude, austere, cruel.
Burbéria, regard rude, rudesse.
* Burbo, cruel, rude.
Burchiáre, en jargon, aller & venir.
Burchiella, vne cuuette. Item, vne broüette.
Burchiello, sorte de brancard.
Burchio, en iargon vn cheual.
Búrchio, vne sorte de barque.
Burdello, bordel.
* Buréggia, vne boulle, selon aucuns. Proprement vne cauerne.
* Burella, cauerne obscure, vn cachot. Item, vne boulle : & vne broüette.
* Burella, vne pie, sorte de cheual.
* Burelláre, rouler. Item, porter dans vne broüette.
* Burgése, bourgeois.
* Burgensático, de Bourgeois.
* Burghiéra, vne bourguignotte.
Buriasso, celuy qui conduit les jousteurs dans le champ, Heraut. Item, iuge du combat.
* Burichétto, petite iuppe ou iacquette.

Buríno, burin.
Burla, mocquerie, tour, niche, jeu.
Burláre, se mocquer, se joüer, se rire : faire vae niche.
Burlénghi, sorte de craquelins.
Burlésco, burlesque.
Burlénole, plaisant, railleur, gausseur.
Burleuolmente, par mocquerie.
Burliére, gausseur, mocqueur.
Burlóne, id.
Burlóso, plaisant, plein de gausserie.
Burna, vn animal aux Indes d'vne extreme force.
Burnitóre, vn polissoir, vn brunissoir.
Burra, lieu ou terre rabotteuse. Item, de la bourre.
Burráto, lieu rude, aspre, plein de precipices. Item, cauerne ou grotte : vn torrent.
Burro, beurre. Item, vn engin pour mouuoir l'artillerie.
Burróne, lieu plein de precipices, lieu aspre & rabotteux : grotte sauuage : vn torrent dans les rochers.
Burzacchìni, brodequins.
* Busáre, trouer.
* Busbaccáre, se cacher dans vn coin. Item, broüillasser. Pipper.
Busbaccheria, piperie.
* Busbaccóne, broüillon, rauaudeur, pippeur.
* Busbo, trompeur, pippeur.
Busca, queste. Et vne mesure pour ordonner les corps des vaisseaux.
Buscalsána, vne haridelle, grande beste maigre.
Buscáre, quester, chercher, busquer.
Buscándoli, du houblon.
Buscheite, buschettes, brins de paille.
tirar Buschette, i. bouffonner.
alle Buschette, à la courte paille.
Buscio, trou. Item, percé.
Busco, brin, buschette.
Busécchio, busecchia, trippes, tripailles. Item, vne courroye ou ceinture de cuir, vne laniere.
Biselióne, sorte d'ache ou persil.
Busgattolo, broüillerie. Voyez buggiattolo. vn ver.
Busíma, du chas à parer la toile.
Busimáre, parer la toile auec du chas.
Businare d'orecchie, bourdonner ou corder des oreilles.
Buso, vuide, troüé, percé : vn trou.
testa Busa, teste vuide, sans ceruelle.
la ci va, Busa, l'affaire nous manque.
Busòne, grand trou : & vne sorte de haut-bois.
Bussa, coup, coup de poing. Item, fascherie, trauail.
Bussáre, frapper à la porte : battre les buissons.
Bussatóre, frappeur, batteur.
Bussatóio, vne perche qui sert à battre l'eau, vn houssoir, selon aucuns.
parlar per Busse & basse, parlar ab hoc & ab hac, à tors & trauers, parler Latin.
Bussetto, le boüis du Cordonnier.
Busso, boüis ou buis.
Busso, strepito, bruit. Item, du boüis ou buis.
Bussola & bussolo, la boussole. Item, vne boëte à mettre de l'onguent. Et boüis ou buis.
Busta, vn vase ou boëte : vne sorte de mesure. Vne sorte de bourse à mettre de la poudre.
Bustella, vne sorte de mesure.
Bustetta, estuy, boëte.
Busto, le corps depuis la teste iusques à la ceinture,

L

82   CA   CA

sans comprendre les bras : buste de pourpoint, corps de cotte : vn pourpoint sans manches : vn corps sans teste, vn buste.
quel che non va in Busto va in maniche. i. ce qui ne sert pas à vne chose sert à l'autre.
Bustuária, vne sorciere qui frequente les sepulcres.
Butèo & butèone, vn buzard.
Butiráre, embeurrer.
Butiro, beurre.
Butiróso, qui produit du beurre, remply de beurre.
Butisia, vn sacrifice de cent bestes.
Butrio, tonnelle en forme de nasse à prendre les perdrix.
parlar per Busse in basse, parler en Pedant, ou par les terminaisons Latines, *bus & bas*.
vn Butta fuòco, vn boute-feu.
Butta fuòri, vn fer en forme de ciseau pour desmonter vne vis ou clef d'vn pivot.
Buttare, jetter. Item, le pousser ou boutonner des plantes & arbres.
Buttar da brasso, à Venise, faire le cart auec la voile.
Buttarsi addosso ad vno, se jetter sur quelqu'vn.
Butta a vento, c'est quand le vent commence.
ne hà da Buttáre, il en a à reuendre. i. en quantité.
Buttarsi, se jetter d'vn costé, se porter à quelque chose.
Butta in sella, le boute-selle signal de trompette.
Butta in occhio, i. reprocher, rapporter deuant les yeux.
Buttero, vn qui apporte du beurre des champs à la ville.
* *Buttero*, le trou que fait vne toupie, &c.
Butto, le bond du balon ou de la balle.
Buttigóne, grande boutique.
Buttiro & buttiro, beurre.
Buzzágo, vn buzard. Item, du gland, selon aucuns.
Buzzècchie, à Milan, des trippes.
Buzzécchio, petit mouuement.
* *Buzzeláto*, sorte de biscuit.
* *Buzzicare*, se mouuoir, se remuer, se bonger.
Buzziccláre, parler à l'oreille.
Buzzichio, petit bruit.
Buzzichióne, vn chucheteur.
Buzzo, le ventre.
Buzzóne, gros gourmand, gros lourdaut.
Busciarella, vn chalumeau fait d'vn tuyau de seigle ou d'auoine.
Butafáro, vne sorte d'excellent boudin.

❦❦❦❦❦❦❦❦❦❦❦

CA

CA' pour *casa*, maison.
Cabacello, sorte de poisson.
Cabala, cabale.
Cabali, vn animal dont l'os estanche le sang.
Caballa, cabale.
Cabalista, cabaliste.
Cabalístico, misterieux.
Cabarino, roquet de berger.
Cabiglio, cabillot, poisson.
Cabinetto, cabinet.
Cabo, vne sorte de mesure.
Cabucciáre, pommer comme les choux.
Cabuccio, chou cabu. Pomme de laictuë ou chou.
Cacabálde & cacabáldole, mignardises d'enfant : niaiseries.

Cacabo, morelle.
Cacacciáno, vn chiard, vn peureux.
Cacasiòri, vn glorieux, vn suffisant.
Cacaferrea, vne peur qui fait chier.
Cacafuòco, vn mauuais, vn violent.
Cacília, cheruï sauuage.
Cacálide, id.
Cacaliuòla, fleux de ventre.
Cacalóio, sorte d'oiseau.
Cacalegge, vn chieur de loix, qui mesprise les loix.
Cacamento, chierie.
Cacama, sorte de pierre de diuerses couleurs.
Cacamo, vn arbre qui distille vne precieuse liqueur.
vn Cacamuschio. i. vn muguet, vn dameret.
Cacamusóne, vn vaut-rien : vn chiard.
Cacáo, vn fruit aux Indes dont on fait comme du vin. Coco & dont on fait la chiculatte.
Cacapensiere, trompe de fer dont on jouë auec la bouche & le doigt.
vn Cacapensiéri, vn enfant sans soucy.
come i Cacapensiéri, comme les trompes, dont la force despend de la langue, cela se dit d'vn grand parleur.
Cacáre, chier.
Cacare adósso, chier dessus quelqu'vn. i. gaster toutes les affaires.
Cacaris, chities, sottes façons de faire.
Cacarelle, id.
Cacarella, la foire.
Cacariello, crotte d'animal.
ben la Cacaremo, ou *cacheremo*, nous disons, nous ferons bien du sient, parlant d'vne chose difficile à faire, nous aurons bien de la peine, nous en sommes bien loing.
Cacarósso, fleux de sang.
Cacariòla, fleux de ventre.
Cacasangue, fleux de sang : caquesangue.
Cacascio, vn chiard, vn vaut-rien.
Cacasòdo, vn auare. Item, vn resolu.
Cacasótte, chiard, chie-en-braye.
vn Cacaspesie, vn auare.
Cacasiecchi, vilain, auare : nous disons vulg. chieur de douzains.
Cacastracci, vn chiambraye : vn auare.
Cacatamente parlare, parler lentement, comme vn foireux.
Cacáto, breneux.
Cacatóio, le priué.
Cacatréppola, sorte de chardon.
Cacatúra, chieure, descharge de ventre, vne selle.
Cacauinci, &
Cacauincigli, vn vilain, vn auare.
Cacac iberto, chieur de ciuette. i. ieune mignon : vn parfumé : vn muguet.
Cucca, mot enfantin : caca.
Caccabáldole, caresses d'enfant : niaiseries.
Cáccabo, vne espece de chauderon.
Cacchera, cajollerie de poulle : caquetterie.
Caccheráre, cacquetter, cajoller.
Caccherella, fleux de ventre, la foire.
Caccherelli, caqueteries de poulles. Item, des œufs.
Cacchinare, rire outre mesure.
Cacchinatióne, ris demesuré.
Cacchino, vn grand rieur. Item, chieure de mouche.
Cacchinóso, plein de vers ou chieures de mousches.
Cácchio, bourgeon.

CA CA 83

Cacchióni, les premieres plumes des oiseaux : les vers qui en croissant deuiennent abeilles : chieūres de mousches, vers dans la viande, plein de bourgeons.
Cacchióso, plein de vers, & de bourgeons.
Cáccia, chasse : venerie.
Cáccia, chasse au jeu de paulme.
andar à Cáccia, aller à la chasse .i. ioüer aux dez, à cause de *cacciáre*, qui signifie chasser & pousser le dé.
Cacciacornacchie, vn espouuentail. Item, vne sorte d'artillerie antique.
Cacciadiauoli, racine de S. Iean.
Cacciafrústo, vne sorte de fronde.
Cacciagióne, la chasse, ce que l'on prend en chassant, la proye : proprement le gibier.
Caccialépre, sorte d'herbe.
Cacciaménto, chassement, poussement, enfoncement.
Cacciamósche, chasse-mousches.
Cacciancmico, vn épouuentail pour faire peur aux enfans.
Cacciáre, chasser : pousser : fourrer : tirer : arracher.
Cacciáre vna donna, connoistre charnellement vne femme.
Cacciar la scotta, tirer l'escotte pour approcher la voile plus prés de la pouppe, haller, casser l'escotte.
Cacciáre, pousser le dé, jetter le dé.
Cacciar mano, mettre la main à l'espée.
Cacciar vn strido, ietter vn cry.
Cacciar carotte, en faire accroire, en bailler à garder.
Cacciar via, chasser, renuoyer.
Cacciáta, dechassement : la chasse qu'on donne à quelqu'vn.
Cacciáta, en iouänt à la prime, c'est pousser de son reste, pour faire peur à celuy qui ioüe contre nous : donner la cassade : donner la chasse, pour faire quitter le coup.
Cacciatóre, chasseur.
Cacciatóri, languettes aux roües des contrepoids.
Cacciatélla, vn petit tour, vne petite cassade, vne petite chasse.
Cacciuoláre, donner des coups ou gourmades.
Cacciuólo, gourmade, coup.
Cáccole, sottises, niaiseries, chieries.
Cacherello, crotte d'animal.
Cacherie, façons desplaisantes, importunitez, chieries.
Cacherósó, vn importun.
Cachinare, rire à gorge desployée.
Cachino, grand rieur.
Cácia, defaut, manquement, faute.
Cácio, fourmage.
confesser il Cácio, confesser le fourmage : nous disons, confesser qui a mangé le lard .i. dire la verité.
esser pane è Cácio .i. estre grands amis.
mangiar il Cácio nella trápola .i. Faire vne faute en lieu où l'on ne puisse éuiter le chastiment.
Cacióso, abondant en fourmage.
Cacióto, petit fourmage.
Cacità, mal qui vient aux tetins des femmes, le poil, le laict engrommelé, engrommeleure.
Caciuóla, fourmage à la cresme.
Cacochimia, indisposition causée par les mauuaises humeurs.
Cacodémone & cacodemóne, nom composé de *cacò*, qui en Grec signifie meschant, & *demone* demon, meschant diable.
Cacodéo, faux Dieu, composé comme cy-deuant.

Cacoéte, chancre, vlcére.
Cacóne & caccóne, chiard.
Cacinite, sorte de pierre precieuse.
Cacrì, semence de rosmarin. Item, sorte d'herbe.
Cacro, pourriture.
Cacúme, le sommet, le feste.
Cadalétto, vne petite couche : vn petit lict. Item, vne littiere : & vn brancard, vne biere à mort.
Cadáuero, cadavre, corps mort.
Cadauno, vn chacun, mot Espagnol.
Cadéna, chaisne.
Cadenáli, certaine partie de vaisseau.
Cadénε, barres d'instrument de musique.
Cadenacciáre, fermer au verroüil.
Cadenáccio, verroüil.
Cadenélla, chaisnette.
Cadénte, tombant.
Cadénzα, cadence. Item, decadence.
Cadennúccia, petite chaisne, chaisnette.
Cadéo, pour *cadè*, il tomba.
Cadére, choir tomber, pres. *cado*, & *caggio*.
Cadére, regarder, respondre sur quelque lieu, qui se dit des fenestres & choses semblables.
la sua finestra Cadéua sù la strada, sa fenestre regardoit sur la ruë.
Cader dalla padélla nelle brággie, tomber de la poësle dans le brasier : nous disons tomber de fievre en chaud mal.
Cadére, pour prouenir, deriuer. Item, escheoir.
Cadéuole, qui peut tomber, tombant, caduc.
Cadilétto, vne littiere. Item, vne ciuiere ou brancard, vne biere.
Cadiménto, cheute.
Cadíno, *catíno*, vne terrine.
Cadíta, sorte de plante.
Cadmia, cadmie, pierre minerale dont on tire la bronze, Calamine.
Cadmite, sorte de pierre precieuse.
* *Cadréga*, chaire.
* *Cadregále*, cathedral.
* *Cadregáro*, faiseur de chaires.
Cadrelate, sorte de Cedre, & son fruit.
Caducéo, Caducée.
Caducità, cheute ou disposition à tomber.
Cadúco, caduc.
Cadúno, vn chacun.
Cadúta, cheute.
Cadúto, cheu, tombé : aualé : bas, pendant.
* *Caendo*, cherchant, mot antique.
* *Caére*, demander, requerir.
Caffáre, rendre non-pair.
* *Caffetáno*, selon aucuns, vn gaban.
Cáffo, non-pair.
mi pare il Cáffo, il me semble le nompareil, l'vnique.
voler il danáio Cáffo, vouloir l'argent non-pair .i. vouloir quelque auantage.
giocar à pari è Cáffo, iouër à pair & à non.
Caffumata, hareng soret.
Cafíso, sorte de poids ou mesures.
à Cafíso, en abondance.
* *Caforchio*, vne roche. Item, de la colle.
Cáfro, chiffre, marque, notte.
* *Caggère*, choir, tomber.
Cagianà, sorte d'oiseau.
Cagièra, vn chable fait de fueilles de palme.
Cagiuóle, qui cause.
Cagionánte, causant.

L ij

CA

Cagionàre, causer. Item, accuser.
Cagionàto, cause : & accusé.
Cagione, cause.
la Cagióne del petrosello, la cause du persil, i. le moyen de quereller sans sujet : nous disons, vne querelle d'Allemand.
Cagionéuole, maladif, indisposé, de mauuaise complexion. Item, cause.
* *Caglia*, soin.
Cagliàre, cailler. Item, se taire : mot tiré de *callar* Espagnol.
Cagliàta, du caillé.
Caglio, presure : vn calus, cors au pied.
Cagliòso, caillé, plein de presure ou de laict caillé.
Cagna, chienne lice : chienne chaude, cagne.
Cagna, càgnola, interjection d'admirer, au lieu de dire, *Caz xo*. Vertu chou.
la Cagna frettelósa fa i ragnuòli ciéchi .i. les affaires precipitées ne reüssissent point.
Cagnabaldo, gueux qui fait profession de troquer des nippes.
Cagnaccia, grosse chienne : chienne chaude, injure.
Cagnàre, chienner.
Cagnàzxo, gros chien. Vn cruel, vn enragé.
Cagneggiàre, faire le chien.
guardàr in Cagnésco, regarder en colere, de trauers comme vn chien.
Cagnetto, petit chien. C'est aussi vn satellite, vn rustre, vn couppe-jarrets.
* *Cagnità*, chiennerie.
Cagnòla, petite chienne.
Cagnolàre, chienner.
Cagnoletto, petit chien.
Cagnóne, gros chien.
Cagnottàre, escornifler.
Cagnotto, petit chien. Item, vn escornifleur : vn brauache : vn amy de table.
Cagnuòla, petite chienne.
Cagnuolàre, chienner.
Cagnuolino, petit chien.
Cagole, gringuenaudes : crottes d'animal.
Cahòsse, Cahòsso, le caos.
Caia, lie, engrommeleure.
Caiandra, vn crabe.
Caìco, ou *caicchio*, sorte... vaisseau de dix ou douze rames, que l'on vogue assis. Caïc, ou caicq, barque.
Caìna, lieu aux lieux où sont punis ceux qui commettent trahison, ou tuent en traistre.
Càio di latte, du caillé ou de la cresme espaisse.
Cairèllo, bord fait à l'esguille, à l'entour d'vn chapeau, ou souliers.
vnghie Cairèllàte, ongles bordées de noir.
Càla, descente ou cale, penchant proche de la mer.
Calabràche, sorte de jeu aux cartes.
Calabrìco, sorte de chardon.
Calabròne, bourdon, sorte d'insecte, foüille-merde.
Calace, vne pierre qui conserue sa froideur dans le feu.
Calafàto, Calfatin maistre de barge, vn qui calfeutre vn nauire. Item, vn garçon qui le nettoye ou balaye.
Calafatàre, calfeutreur.
Calafàtto, calfat pour calfeutrer.
Calaìa, vne ruelle. Item, vn bac.
Calaìde, crisolite, selon aucuns, vae turquoise.

CA

Calaìno, sorte de monnoye aux Indes.
Calalìno, sorte de papillon.
Calamàgio & Calamàio, escritoire.
Calamàio, casseron, sorte de poisson, le masle de la seiche.
Calamandrìna, espece de betoine, germandrée.
Calamàro, calemar, escritoire. Et casseron, poisson.
Calamènta, sorte de plante, calament.
Calamènto, rabais, diminution, calage, descente.
* *Calamìstro*, fer à friser.
Calamìta, pierre d'aiman.
Calamità, calamité.
Calamitóso, calamiteux.
Calamo, vn roseau. Item, vne plume : & selon aucuns, vne fleche.
Càlamo odoràto, canne odorante, calamus.
Calandàrio, calendàrio, calendrier.
Calàndra, calendre, oiseau. Item, vn jaseur.
Calandrèlli, patins de bois, ou sabots.
Calandrìno, vn niais, qui croit de leger.
Calandàrio, id. ou calandrier.
Calappiàre, prendre au piege.
Calàppio, collet à prendre des loups : piege.
Calàre, aualler, descendre : aualler ses chausses : s'abbattre, qui se dit d'vn oiseau.
Calar di prezxo, amender de prix.
Calar il vino, aualler le vin, n'estre pas si cher.
Calar l'armi, mettre bas les armes.
Calar remi .i. voguer, prendre les rames à la main.
Calar le vele .i. caler les voiles.
Calarsi al fischio, s'abattre au siffler, comme les oiseaux .i. croire legerement.
Caldre, estre leger, n'estre pas de poids.
Calar le gambe, estendre la jambe à cheual.
Calarla à vno, faire vne niche, ou vn tour à quelqu'vn.
Calàstre, en jargon, les espaules.
Calastrellàre, garnit de soliues.
Calastrèllo, soliue : grosse piece de bois.
Calàstro, sorte de nitre.
Caldta, descente : vne trappe. Rabais.
Caldsio, lieu pour faire aller les cheuaux à courbette.
Calàta, estenduë de jambe.
Caldsio, sorte de pierre de touche.
Calatùra, rabais, diminution.
Calauèrni, certains morceaux d'ais que l'on met aux rames à l'endroit où on les attache, galauernes.
Calaurìta, la grande Ourse.
Calauròne, bourdon, foüille-merde.
Calca, foule, presse.
in Calca, à la foule, en quantité.
Càlca, en jargon, la gueuserie, la truche.
compagnón di Càlca, gueux, argotier, compagnon de l'argot.
andar in Càlca, gueuser, mendier.
Calcabìle, qui se peut fouler aux pieds.
Calcadóre, chargeoir à battre la poudre.
Calcagnàre, s'enfuir, monstrer les talons.
Calcagnerìa, fuitte, escapade.
Calcagnètti, garde-talons, & talons.
Calcagno, talon.
pagar di Calcagni .i. s'enfuir sans payer, nous disons, payer d'vne paire de souliers.
esser debole à tenera di Calcagna, nous disons auoir les talons courts, qui se dit d'vne femme qui se prostitué facilement.

CA

Calcagni, les quartiers du soulier.
Calcagno, en jargon, camarade.
Calcagni di sant' alto, en jargon, les Anges.
pagar di Calcagna, nous disons, payer en gambades.
Calcagnuolo, quartier de soulier. Item, talon d'vn fust.
Calcaneare, qui appartient aux talons.
Calcara, fournaise à brusler la chaux.
Calcare, fouler, fouler aux pieds.
Calcar l'artiglieria, battre la poudre quand le canon est chargé.
Calcare, le caucher du cocq.
Calcar vn disegno, contretirer vn dessein, terme de graueur : calquer.
Calcar da due bande vno stiuale, i. tirer du profit de deux costez.
Calcar il ferro, nous disons, battre le fer tandis qu'il est chaud.
Calcarello, & *calciarello*, faiseur de chaux.
vna Calcatella di denti, vn petit coup autour des dents.
Calcatóre, chargeoir d'vn canon pour battre la poudre.
Calcatreppo, sorte d'espine ou herbe espineuse.
Calcatrice, sorte de serpent. Item, fouleuse.
Calcatrippa, chardon estoillé.
Calce, chausses.
Calce, talon de lance, d'harquebuse, &c. Item, de la chaux.
Calcedónio, Calcidoine.
* *Calcese*, sorte d'aisance à mettre de l'eau, vn sçeau.
Calcése, le haut de l'arbre d'vn vaisseau, Calcet, carchois ou carquois, Iouuette.
Calcestre, pierre dont on fait la chaux.
Calcetta, bas, chaussette.
Calcetto, chausson, vn petit coup de pied.
cauar i Calcetti, nous disons, tirer les vers du nez à quelqu'vn.
Calcheggiare, en jargon, gueuser, courir en gueusant.
Calchi, en jargon, les yeux.
Calchizzare, aller gueusant, gueuser.
Calcia, chausse. Item vne sorte de poisson.
Calciamento, chausseure.
Calciante, chaussant.
Calciapiède, chausse-pied.
Calciaro, *calciaio*, vn chaussetier. Item, vn cordonnier.
Calciare, chausser.
Cálcide, sorte de lezard.
Calcidiário, vn coquin qui trompe les accouchées, leur faisant croire de garder leur enfant de sortilege.
Calcidica, melilot.
Calcidónio, calcidoine.
Calciette, des bas, bas de chausses.
Calcifraga, saxifrague, sampierre.
Calcimia, calcinations de metaux.
Calcina, de la chaux.
Calcina di stagno, escume d'estaing.
Calcinaccio, vn platras. Vne fournaise à faire de la chaux.
Calcinare, calciner. Item, enduire auec de la chaux ; plastrer de chaux & de ciment.
Calcinatióne, calcination.
Calcinato, vn platras de chaux. Item, calciné.
Calcinatóio, fournaise à brusler la chaux.
* *Calcinègli*, toutes creatures qui ont l'ame vegetatiue.

CA

Calcinélli, *calcinetti*, sorte de moules.
Calcinóso, plein de chaux.
Calcio, coup de pied, ruade.
dar de' Calci alle richezze, tourner le dos, abandonner les richesses.
dar Calci al vento, i. estre perdu.
frà due Calci vn pugno, entre deux coups de pied vn coup de poing : nous disons, entre deux vertes vne meure.
Calcio della picca ò lancia, le gros bout, le talon de la lance, ou pique.
non voglio che tu m'habbi questo Calcio in gòla, i. ie ne veux pas que tu me reproches ce seruice.
Calcio, sorte de jeu de longue paume, auec de petits ballons, que l'on jouë auec les pieds.
tirar Calci, ruer, donner des ruades.
Calcióni, grands hauts de chausses.
Calciósi, en jargon, les pieds.
Calcipotente, qui donne de grands coups de pied, rude, fort.
Calcistruzzo, grauois, platras.
Calcite, pierre qui sert à toucher l'airain. Item, du vitriol rouge ; & vne sorte de poisson.
Calciuamento, ruade.
Calciuante, qui regimbe, regimbant.
Calciuare, ruer, donner des coups de pied, regimber : s'opposer, resister.
Calcitróso qui regimbe.
Calco, *scalco*, celuy qui porte les viandes sur table.
Calcola, marche de Tisseran, de Tourneur. &c.
menar le Cálcole, nous disons, jouër des basses marches.
Calcolare, calculer.
Calcolatióne, calcul.
Calcolatóre, qui calcule.
Calcoléuole, qui se peut calculer.
Calcolo, calcul : grauelle, grauier.
Calcósa, foule de peuple.
Calcósa, en jargon, la terre.
sbignar per la Calcósa, en jargon, s'en aller tant que terre peut porter.
Calcósi, en jargon, des souliers.
Calculare, calculer. Voyez le reste cy dessus.
Calculósa, sorte de poisson, plein de calcul ou grauier.
Calda, vne forgée.
Calda, en jargon, la taverne.
la Casa calda, en jargon, Enfer.
Calde alésse, chastaignes bouïllies toutes chaudes.
Calde, aróste, chastaignes rosties toutes chaudes. Item, le mot signifie ceux qui les crient par les ruës.
Calddábile, qui se peut eschauffer.
Caldacci, chaleurs non naturelles.
Caldáia, & *Caldáio*, chaudiere.
Caldalesse, chastaignes bouïllies.
Caldalessaro, vendeur ou crieur de chastaignes bouïllies.
Caldamente, chaudement. Item, affectueusement, ardemment.
Caldána, chaleur comme de fiévre. Item, la chaleur du midy.
Caldara, chaudiere.
Caldaráio, chauderonnier.
Caldarello, petit chauderon.
Caldarino, petit chauderon.
Caldayo, chauderon.
Caldaróne, grand chauderon.
Caldarostaro, vendeur ou crieur de chastaignes rosties.
Caldaróste, chastaignes rosties.

L iij

Caldaruólo, petit chauderon.
Caldeggiàre, eschauffer. Item, fauoriser, maintenir, deffendre.
Caldeismo, Caldeisme, doctrine des Caldéens.
Calderino, petit chauderon. Item, vn chardonneret.
Calderire, calterire, effleurer, pref. isco.
Calderito, calterito, fin, rusé.
Calderone, chaudiere, grande chaudiere.
il Calderone d'Altopascio, la chaudiere d'Altopasce, vne chose qui ne cesse, & ne manque iamais à fournir.
Calderotto, chauderon.
Calderuggio, vn chardonneret.
Calderuola, vne petite chaudiere.
Caldesta, comme qui diroit vne petite chauffée.
Caldéuole, que l'on peut eschauffer.
Caldez za, chaleur, pron. ti.
con gran Caldezza, auec bien de l'affection.
Caldicciuolo, petite chaleur temperée.
Caldinelli, sorte de viande.
Caldissimamente, tres-affectueusement, tres-ardemment, tres-chaudement.
Caldissimo, tres-chaud, tres-ardent, tres-affectionné.
Caldo, le chaud, la chaleur: chaud.
Calde preghiere, prieres affectueuses.
ha poco Caldo, il n'a gueres de chaleur, idem, il ne guerit de rien, il n'a gueres d'effet, il n'a gueres de pouuoir.
à Caldi occhi, à chaudes larmes.
Caldo, forgée, le chauffet de la forge.
Caldo caldo, à la chaude, tout chaud.
esser in Caldo, estre en chaleur.
Caldoso, en jargon, vn brochet.
Caldume, chaleur non naturelle.
Calea, morelle.
* Calefággine, eschauffement.
* Calefare, eschauffer, pref. calefaccio, ai.
Calefatióne, eschauffement.
* Caleffáre, se mocquer.
Caleffelle, mocqueries, badineries.
Caleffar le naui, graisser les vaisseaux, calfatter, calfeutrer.
Caleffatio, calfatin, qui calfeutre les vaisseaux.
Caleffatóre, railleur.
Caleffo, mocquerie.
Calegaio, Cordonnier.
Calendario, Calendrier.
Calende, les Calendes.
Calendula, fleur de soucy.
Caline, sorte de harpies.
Caléno, sorte de vin.
Calenzublo, vn chardonneret.
Calepoláre, remüer, trousser, gripper, attraper.
Calére, chaloir: non mi cale, ie ne m'en soucie pas, il ne m'en chaut.
in non Cale, à nonchaloir, à mespris.
metter in non Cale, mettre à nonchaloir, ne se soucier pas.
Caleselle, sorte de viande de paste comme des bignets. Item, badineries.
Caleselle, à Venise, des petites ruës.
Calesoni, sorte de conserue ou confitures.
Calsarótti, de grandes bottes faites de feutre, que l'on porte dans la chambre pour se parer du froid. Item, gros demy-bas de laine.
Calia, les petites limailles de l'or qui tombent en limant. Item, dechet.

Caliace, remede pour arrester la fluxion qui tombe dans l'estomach.
Calibro, calibre.
Calice, calice.
Calicia, herbe qui fait geler l'eau.
Calicióne, sorte de gasteau sur le Venitien, sorte de pain d'espice. Item, vn grand calice.
* Caliditá, chaleur.
Calido, chaud, de qualité chaude.
Calidónia, pierre d'arondelle. Item, pour Celidonia. Celidoine.
Calidónio, vent qui souffle au temps que les arondelles retournent.
Califfo, Califfe, professeur de la Loy Mahometane.
Caligáre, foüiller. Item, deuenir sombre.
Caligáro, cordonnier.
* Caligáre & caliginare, obscurcir. Item, se former de la suye.
Caligine, suye de la cheminée. Item, de la poix; & obscurité.
Caliginíre, obscurcir, pref. caliginisco.
Caliginóso, obscur. Item, plein de suye.
Caligo, suye. Item, broüillas.
Caligolóso, plein de suye. Item, vne sorte d'arbre.
* Caligola, vn Cordonnier.
Calimana, sorte de pomme.
Califoni, sorte de confitures.
Calla, & calldia, l'ouuerture ou porte des hayes pour entrer dans vn champ.
Callainóla, vn lacqs au nœud en forme de rets pour prendre vn animal, vn collet.
Callaria, sorte de molluë.
Callastríre, en jargon, crocheteur faquin, gagne-denier.
Callata, vne longue promenade.
Calle, chemin, destroit, sentier.
Calli, pierre bleuë comme vn saphir. Item, cors aux pieds.
Callimo, pierre d'Aigle.
Callióne, sorte d'herbe qui fait dormir.
Calli re, faire vn calus: s'endurcir. Item, s'accoustumer à quelque chose, pref. callisto.
Callinóla, vn petit chemin estroit.
Callo, calle, chemin, sentier.
Callo, calus, durillon: cors aux pieds.
fare il Callo, s'endurcir en vne mauuaise habitude : nous disons, prendre son ply.
Callo di cingiale, ciue de sanglier.
Callositá, dureté.
Callóso, plein de calus ou durillons.
Callóstro, le mauuais laict des terins d'vne femme, laict engrommelé. Item, du laict caillé.
Calma, bonace en mer, calme. Item, vne greffe à enter.
Calmáre, calmer. Item, greffer.
Calmazza, sorte de faisan: vn buzard, selon aucuns.
Calmeo, vn narquois, vn qui parle narquois.
Calmo, calme, posé, coy.
Calmóne, vn certain jargon.
Calo, descente: rabais, dechet.
Colocásio & calócco, la bouteure ou racine que l'on plante d'vn roseau.
Calofónio, colaphane.
* Calógna, calomnie.
Calónaca, Cloistre ou demeure de Chanoines. Item, Chanoinesse.
Calonacáto, Chanoinerie.

Calònaco, Chanoine.
Calònico, Chanoine.
Calènia, Chapelle Canonicale. Item, le Chœur.
Calònio, sorte de poisson qui a les escailles au contraire des autres, & nage contre le courant de l'eau.
Calònnia, calomnie.
Calonniàre, calumniàre, calomnier.
Calóre, chaleur.
sotto il Calóre .i. sous la faueur, sous les auspices.
* Calorifico, chaloureux, qui donne de la chaleur.
Caloróso, id.
Calotibo, vn pic, oiseau.
Calpestaménto, trepignement, foulement de pieds.
Calpestáre, fouler aux pieds.
Calpestéuole, que l'on peut fouler aux pieds.
Calpestio, trepignement : bruit de pieds.
* Calpicciáre, fouler aux pieds.
* Calpiécto, foulement de pieds.
* Calpistáre, & calpitáre, fouler aux pieds.
* Calpistìo, trepignement.
Calta, sorte de poire.
Calterigióne, vne tumeur ou enfleure.
Calterìre, s'enfler selon aucuns. Item, rendre fin, pr. calterísco.
Calterìre, effleurer la peau, s'escorcher, pres. calterísco.
Calterìto, fin, rusé. Item, effleuré.
Calteriménto, effleurement.
Calteritùra, id.
Calto, le chemin ou marque d'vn torrent.
Caluária, teste pelée : caboche.
Caluezziáre, deuenir chauue.
Caluéllo gráno, sorte de grain en Italie.
Caluèzza, manquement de poil, l'estre chauue, pr. ts.
Caluginàto, qui a du poil follet, ou duvet.
Calugine, poil follet, premieres plumes, duvet.
Caluginóni, les tuyaux des plumes qui commencent à poindre.
Caluginóso, qui a du duvet, plein de duvet.
esser Caluinista, par allusion de caluo .i. estre chauue.
Caluìre, deuenir chauue, pres. calnísco.
* Caluitie, & caluítio, l'estre chauue, chauueté.
Calumáre, lascher la gumene ou autres cordages, siser, terme de marine.
Calùnnia, calomnie.
Calunniàre, calomnier.
Calunniatóre, calomniateur.
Calunnióso, calomnieux.
Cáluo, chauue.
* Caluéra, chaleur.
Calza, bas, chausse.
tirár le Cálze .i. mourir : & s'enfuir : nous disons, tirer ses chausses.
non hauerài ò guadagnerài le Cálze, tu n'auras pas les bas de chausse : cela se dit à vn qui n'apporte pas de bonnes nouuelles.
nuone da Cálze, par ironie, mauuaises nouuelles.
Calzaiuólo, chaussetier, pron. ts.
Calzaménto, chaussure, pron. ts.
Calzánte, chaussant, pron. ts.
Calzáre, chausser. Item, chaussure : brodequin.
Calzarètti, brodequins, pron. ts.
Calzaríno & calzaiuólo, cordonnier, pron. ts.
andár Calzáto frà le spine .i. estre pourueu contre le danger.
Calzaróla, chausse-pied, pron. ts.
Calzatóio, id, pron. ts.

Cálze, chausse, bas, pron. ts.
Calzelíne, chaussettes, bas de toile.
non battereti le Cálze, nous disons, vous n'aurez pas les gands : le sçay dé-ja la nouuelle que vous m'apportez.
Cálze intiére, chausses troussées.
Cálze à staffa, bas à estrier.
Cálze, calcio, talon de lance, le gros bout.
Calzelíne, bas de toile.
Calzettáro, chaussetier.
Calzetti, chausses. Item, chaussons : & escarpins.
Calzíni, des guestres, plus proprement des bas.
Calzoláio, & calzoláro, cordonnier.
Calzolaría, boutique de cordonnier. Item, cordonnerie.
Calzométio, sorte de vin.
Calzóni, haut de chausses : chausses.
Calzóni à liste, chausses à bendes.
Calzoppáre, boitter : aller à clochepied.
à Calzóppo, confusément. Item, à cloche-pied.
Calzoppóne, à cloche-pied.
Calzuólo, vn fer en forme de chapiteau.
Camacína, sorte de jauelot.
Camaglio, camail : la partie d'vn iacque de maille qui entoure le col.
Camaiuóla, sorte de raisin en Italie.
Camaitáre, battre les habits auec vne houssine.
Camáito, houssine.
Camáldola, place frequentée de peuple, selon aucuns.
Camamilla, camomille.
Camangiére, viande, prouision de viande.
Camarina, herbe qui prouoque à vomir.
Camarlíngo, chamberlan.
Camárra, camarre, caueßine.
Camaróne, selon aucuns, vn porc.
Camárzo, sorte de plante.
Camatáre, battre auec vne houssine.
Camáto, houssine, baguette, gaule.
Camáto, poignée de houssines pour faire des glinaux.
Camazábo, sorte de plante.
Cambellanía, office de chamberlan.
Cambelláno, chamberlan.
* Cambétta, crambétta, courbette.
* Cambiaménto, changement.
Cambiáre, changer. Item, donner en contreschange, recompenser.
Cambiatóre, changeur.
Cambiatríce, changeuse.
Cambiatúra, changement.
Cambieuolménte, en eschange, en contr'eschange.
Cámbio, change.
Cambio apérto, change ouuert.
Cambio sécco, change au pair.
tor in Cambio, prendre vn homme pour vn autre.
in Cambio, au lieu.
* Cámbra, chambre, creux, entailleure.
Cambrài, toile de Cambray.
Cambráita, id.
Cambrasía, sorte de fleche.
Cambrozéne, du troësne.
Came, sorte de poisson escaillé.
Cameátta, sorte de plante.
Camédrio, germandrée, herbe.
Cameléa, bois gentil, sorte de plante.
Cameleóne, Cameleon.
Cameleóne biánco, carline, sorte de plante.

C A

Cameleòne nero, cardonnette, plante.
Cameleóni, forte de moules.
Camelino, petit chameau. Item, vne forte de faulfe fort friande.
Camélo, chameau.
Camelòtto, camelot. C'est aussi vne forte de brebis aux Indes, qui a la forme d'vn chameau.
Camemérfina, forte de mirrhe.
Camemérfino, huile de mirrhe.
Caméo, vn camayeu.
Càmera, chambre.
Càmera Iocanda, chambre garnie. Item, femme qui tient des chambres garnies à loüer.
ftar à Càmera .i. loger en chambre garnies.
Càmera di prefenza, chambre à receuoir les visites.
Càmera di poppa, chambre de pouppe.
Càmera di mezzo, chambre du milieu.
Càmera di proa, chambre de proüe.
Càmera secréta, le priué, la garderobe.
Ameràio, chamberlan. Valet de chambre.
Camerále, qui appartient à la chambre. Item, valet de chambre.
Ameràre, loger en vne chambre.
Camerário, valet de chambre.
Ameràta, camarade: & chambrée.
Amerella, petite chambre. Item, chambre de canon.
Cameretta, vn drap qui couure & fert de parure à la pouppe. Item, chambrette.
Camerièra, fille ou femme de chambre.
Camerière, valet de chambre. Item, le maiftre garçon d'vne hoftellerie.
Camerina, camerino, bouge, garde-robbe: arriere-chambre.
Camerlengàto, office de Chamberlan.
Camerlenghería, le lieu où le Chamberlan fait sa fonction: fonction de Chamberlan.
Cameriéngo, Chamberlan. Item, Auditeur d'vn Cardinal, vne charge chez le Pape.
Camerótto, chambrette. Item, le priué, vn cachot.
Cameràccia, bouge, chambrette, garderobbe.
Edufia, forte de poisson.
Càmice, aulbe de Preftre.
Amiscia, chemise.
mi ftrigne più la Camiscia, che la gonnella, nous difons, ma chair m'eft plus prés que ma chemife.
Camiciàra, vne lingere qui trauaille en chemifes.
Amiciàta, camisade.
Camiciòtto, vn chemifot, jacquette de toille.
Camiciuòla, camisolle.
Caminàbile, que l'on peut passer en cheminant.
Caminànte, cheminant: vn passant: vn passager.
Caminàre, cheminer.
Caminar per la via de' carri, fuiure son grand chemin, aller droittement ou franchement.
Caminàta, vne pourmenade. Item, vne grande allée: & la cheminée.
Caminiàne, forte d'oliues.
Camino, chemin: cheminée.
andar ò nauigar à Camin Francefe: c'eft aller d'vn lieu à l'autre fans prendre terre, & par le plus court chemin, aller le droit chemin, engoulfer.
Camiscia, chemise.
Camiscia di fàbrica, mur.
Camisciàra, faiseuse de chemises.
Camisciàre, mettre vne chemise. Item, reueftir vne muraille.

C A

Camisciàta, camisade.
Camifcietta, coëffe ou pellicule d'enfant en naiffant.
Camiscio da Prete, vn furplis.
Camiscióne, grosse chemise. Item, vn froc de frere Lay.
Camistéttio, forte de Religieux.
Camisciuòla, camisolle.
Càmmaro, forte d'escreuice.
Cammaróne, herbe dont la racine resemble à vn crabe.
* *Camo*, bride ou caueçon.
Camòccia, camèccio, chamois, couleur Ifabelle.
Camoccìna, peau de chamois.
Camoiàrdo, forte de toille faite de poil de cheure.
Camoiàrdo, forte de moncajard.
Camomìlla, camomille.
Camórra, forte de robbe ou gaban.
Camorro, la roupie, le morueau.
Camoscéllo, forte d'eftoffe.
Camùscio, chamois.
Camózza, id. Peau de chamois, couleur Ifabelle.
Campècchio, felon aucuns, vne hotte.
Campàgna, campagne.
di Campagna, en jargon, bon & bien.
Campagnuólo, habitant de la campagne de Rome, villageois Romanefque.
Campainòlo, des champs.
Campàle, champeftre, de champ, & de champ de bataille. Item, propre, accommodant, qui s'ajufte ou fied bien.
giornàta Campàle, bataille.
Campaménto, vulg. efchappatoire, efcapade.
Campàna, cloche.
Campàna, chappelle à diftiler. Item, forte de poire.
Campàna, en Architecture, tympan.
ingrossar le Campane, engroffer les cloches .i. rendre vn peu fourd: deuenir fourd.
batter le Campane, eftre vn peu fourd ou dur d'oüye.
udire vna Campana & non l'altra, non si può giudicare, oüir vne cloche & non pas l'autre, on ne fçauroit que juger .i. qu'il faut oüir les deux parties.
Campàne, forte de poires fort longues.
Campàne, en jargon, les oreilles.
fonàte Campàne, fonnez cloches: cela fe dit quand quelqu'vn arriue tard, ou que l'on fait quelque chofe auec bien de la peine.
le Campane di Maufredònia, qui difent donne moy, ie te donneray.
far le Campàna d'vn pezzo .i. faire vne affaire fans interruption.
Campanàccio, grosse cloche: & celle que l'on pend au col d'vne vache.
Campanàio, fondeur de cloches.
Campanaría, fonnerie.
Campanàro, fonneur de cloches. Item, vn fondeur de cloches.
Campanàto, forte de canard fauuage.
Canna campanàta, vn canon de moufqueton, fait comme vne cloche.
Campaneggiaménti, fonneries.
Campaneggiàre, fonner, carillonner.
Campanèlle, le marteau de la porte.
Campanèlla, lifet, forte d'herbe. Item, vne clochette.
Campanèlla, campanelle, forte d'herbe & fleur.
Calze à campanèlla, auoir des bas qui pendent fur les jambes.

Campanella

Campanello, vne forte de mors en forme de cloche, campanelle.
come i Campanili di contado, comme les clochers de village i. rare : parce qu'en Italie il n'y en a gueres.
calze Campanili, chauſſes qui pendent ſur les jambes.
lanciar Campanili, lancer des clochers .i. ſe vanter.
Campanino, clochette.
Campano, fonte, metail de cloche.
Campanuccio, clochette.
Campanuto cappello, chapeau haut de forme.
Campanuto, faict en forme de cloche.
Campanuzzo, clochette.
tien ſempre il Campanuzzo in mano, il a touſiours la clochette en la main .i. il parle touſiours, il parle ſans ceſſe.
Campanuzzo di camera, petite cloche de chambre .i. les crieries d'vne femme.
Campare, eſchapper, éuader : tirer de danger : viure long-temps : ſauuer quelqu'vn de mal.
Camparello, petit champ.
Campeggiare, camper.
Campeggiar bene, auoir belle apparence, dire bien, auoir bonne grace en vn lieu, faire bien, s'ajuſter, faire belle monſtre.
Campereccio, de campagne : *vitella camperccia*, veau qui ne tette plus : bouillon ou geniſſe.
Campeſe, des champs.
Campeſtre, champeſtre.
Campicello, petit champ.
Campidoglio, le Capitole à Rome.
Campignare, ſe reſioüir, ſe ſaouler : ſe battre quand on eſt yvre.
Campimerra, meſureur de champs, arpenteur.
Campimetria, arpentage.
Campione, champion.
Campioneggiare, faire le champion.
Campire vn arma, blaſonner à propos, placer bien vne arme ſur ſon champ.
Campo, champ. Item, camp, armée : le fonds d'vn tableau.
metter Campi al Sole, mettre des champs au Soleil .i. amaſſer des biens, des poſſeſſions.
entrar in Campo, nous diſons, entrer en lice.
Campo della naue, tillac.
Càmpora, les champs.
Camporeccio, ſauuage. Item, propre pour les champs.
Camuca, ſorte d'eſtoffe de ſoye & de laine.
Camuccio, chamois.
col or di Camuccio, couleur Yſabelle.
Camuſſare, ſe déguiſer, ſe couurir, ſe maſquer.
Camuſſare, en jargon, dérober.
Camuſſato, vn ſot, vn beneſt.
Camuſſo, en jargon, larron.
Camuſſone, vn fin joüeur, vn pippeur.
Camuiarro, camoiardo, eſpece d'eſtoffe faite de poil de chevre, ſorte de camelot ou moncayard.
Camurra, habit de femme fait de laine, cotte.
Camurrino, cotte, cotillon.
Camuſino, petit nez camus. Item, vn petit chien camus.
Camuſo, camus.
Camuſſati, ſorte d'ouurage aux bagues d'or.
Camuzzone, ſorte de geheune.
Canaglia, canaille.
Canaria, ſommellerie.

Canaio, ſommelier.
Canaiuola, ſorte de raiſin noir.
Canalano, vn chien courant.
Canale, canal. Item, gouttiere d'vn livre. Et vn lingot à ietter l'or. Vne bonde.
Canaletto, petit canal.
Canalicio, l'or comme on le tire des mines.
Canalienſe, idem.
Canapa, chanvre.
Canappaccia, caneuas : & gros chanvre.
Canapaccio, caneuas.
Canaparo, vendeur de chanvre.
Canape, chanvre. Item, vn cordeau.
Canapeto, cheneuiere.
Canapetto, petite corde.
Canapino, oiſeau qui ſe tient d'ordinaire dans les chanvres.
Canapo, chable, cable.
Canapolo, vne branche. Item, la racine du chanvre.
Canapoſo, plein de chanvre.
Canapuccia, cheneuis.
Canaria, les canaries, dance. Item, chiendent.
Canarino & canario, ſerein de Canarie.
Canario, vn ſacrifice que l'on faiſoit pour ſe rendre la canicule propice & plus moderée.
Canaruccio della gola, le canal du goſier.
Canata, vne rude remonſtrance, vne brauade, vne reprehenſion.
Canatéyo, & canattiére, le valet des chiens : celuy qui a les chiens en garde.
Cànaua, cellier.
Canaudccio, caneuas : groſſe toile.
Cananaro, ſommelier.
Càncamo, certaine ſorte de gomme.
Càncano, crampon.
Cancaríre, s'emplir de chancre, pres. *cancariſco*.
Càncaro, chancre : cancre : c'eſt auſſi vne ſorte d'interjection.
Cancaroſo, chancreux.
Cancellare, effacer, canceller : clorre de barreaux.
Cancellaria, Chancellerie.
Cancellereſco, appartenant à la Chancellerie.
Cancellière, Chancelier.
Cancello, pulpitre pour eſcrire. Item, volet de feneſtre : & vne grille.
Cancello, pour, chantier.
Candello della poppa, bout de tetin.
Cancherélla, cangrene.
Cancherino, de chancre, chancreux.
Cancheroſo, chancreux.
Cànchero, chancre : cancre.
il Canchero è d'accordo col morbo, i. deux meſchantes perſonnes qui s'entendent enſemble : ils s'entendent comme larrons en foire.
Cancheríre, deuenir chancreux, ſe mettre le chancre à vne playe, pres. *cancheriſco*.
Cànchini, cànchiri, certain arbriſſeau qui porte de la gomme.
Canciola, tumeur en laine, &c. il ſe prend auſſi pour chancre.
Cancroſo, ſorte de chien.
Cancrena, cangrene.
Cancrenare, ſe mettre la cangrene.
Cancrino, né ſous le cancer ou cancre. Item, de nature de cancre.
Càncro, cancre, cancer.
Cancroſo, chancreux.
Candarie, certains caracteres dont vſent les negromantiens.

M

CA

Candéla, chandelle.
come la Candéla, comme la chandelle : se consommer pour faire plaisir aux autres.
* Candelábro, chandelier.
Candeláia, la chandeleur.
Candeláio, chandelier, faiseur de chandelles.
Candelára, la chandeleur.
Candelaría, boutique de chandelier.
Candéle, colonnes ou pilliers d'vn pont.
Candelétta di céra, bougie.
Candeliére, chandelier.
Candelóra, la Chandeleur.
Candelósa, id.
Candelottáro, faiseur de chandelles, chandelier.
Candelótto, chandelette : il se prend aussi pour les glaçons qui pendent aux gouttieres, &c.
rubar il Candelótto al prete, dérober la chandelle au Prestre .i. échapper d'vne grande maladie : nous disons, faire vn pet à la mort.
* Candente, blanchissant, paroissant blanc.
* Candenza, blancheur, éclat de blancheur.
* Candére, éclatter en blancheur, blanchir.
Cándida, la voye lactée, vulg. le chemin de S. Iacques.
Candidáre, blanchir, candir.
Candidáto, habillé de blanc. Item, nouueau receu à vn office.
* Candidezza, blancheur.
Cándido, blanc : candide.
Cáudilo, sorte de poids.
Candiótto, de l'Isle de Candie.
Canditáre, candir.
Candíto zuccaro, sucre candy.
Candóre, blancheur.
Cane, chien.
Cane, vne trettoire ou chien, fer de Tonnelier.
Cane, dauier, fer à tirer les dents.
Cane, la canicule.
Cane, le grand Can de Tartarie.
Cane da rete ò da fermo, chien couchant.
Cane, chien ou cocq d'vn roüet d'harquebuse, &c.
destar in Can che dorme, nous disons, éueiller le chat qui dort.
far Can di Peduccidio, dar in budella, faire comme le chien du trippier, donner dans les boyaux .i. dire des sottises : ne prendre que du vent.
far come il Can del pagliáio, faire comme le chien du pailler, abbayer de loing : nous disons, faire comme les chiens, &c.
come il Cane, il fait comme le chien, il secoüe les coups de baston : il ne se soucie pas d'estre battu.
come il Cane di Butrione, comme le chien de Butrion, s'attacher au mieux vestu.
lasciar andar il Cane nel couile, laisser aller le chien au chenil : nous disons, laisser aller le chat au fourmage.
Can del Cogno, qui fourroit son museau par tout.
esser al Cane, estre en chaleur, comme les chiénnes.
non è da Cani, il n'est pas bon à iecter aux chiens, il ne vaut rien.
Can scottàto teme l'acqua fredda, nous disons, chat échaudé craint l'eau froide.
Cane ch' abbáia non morde mai, le chien qui abboye ne mord pas, pour dire que ceux qui menacent hautement sont les plus poltrons.
Cane da giúngere, chien courant.
come il Cane dell' hortolano .i. ne vouloir pas manger des herbes, ny que les autres en mangent.
Cane molosso, vn mestif.
Cannélla, de la cannelle.
Cannelláre, canneler.
Cannelláto, cannelat, plein de cannelle.
Cànepa, du chanvre.
Canestra, panniers.
Canestráio, faiseur de pannier.
Canestráre, mettre dans vn panniers.
Canestríno, vn coffin.
Canéstro, vn coffin ou pannier. Metaph. vn bardache.
Canestróne, grand pannier.
Canestrúccio, canestruzzo, vn coffin ou petit pannier.
Canéto, lieu plein de roseaux.
Canetto, petit chien.
Cánena, caue.
Caneuáccio, cancuas.
Caneuáro, sommelier.
Caneuarúolo, vn becquefigue qui se tient d'ordinaire dans les chanvres.
Caneuélla, la cheuille du pied.
Cáneuo, chanvre.
Caneuóso, plein de chanvre.
Cànfora, camphre, canfre.
* Canforchio, vne ruélle ou allée estroite.
Canga, sorte de mesure dans la chine de quatre ou cinq aulnes.
Cangiaménto, changement.
Cangiánte, couleur changeante. Item, estoffe de couleur changeante.
Cangiáre, changer.
Cangiatóre, changeur.
Cangiatúra, change, changement.
Cánia, sorte d'herbe picquante.
Canário canario, serin de Canarie.
Canibále, canibale, qui mange de la chair d'homme.
Canibéllo, vne cresserelle.
Canicída, tueur de chiens.
Canicídio, tuerie ou massacre de chiens.
Canicie, blancheur de cheueux, les cheueux blancs.
Canítio, vne claye faite de cannes ou roseaux.
Caniculáre, caniculaire.
Caníglia, petite canne, petit roseau. Item, du gruau.
Conile, chenil.
Caninaménte, en chien.
Caníno, canin, de chien.
Caníni denti, dents canines.
Canitie, blancheur de cheueux, Metaph. vieillesse.
Canna, canne roseau, tuyau.
Canna, le gosier, le sifflet.
Canna, goulet d'vn vase.
Canna, canon d'arquebuse.
Canna, mesure à mesurer les estoffes.
Canna da pescáre, ligne à pescher.
Canna négra, en jargon, de la casse.
Cannasóglia, roseau.
Canna odorósa, calamus.
Canna vána, le vuide ou creux au milieu d'vn roseau Metaph. vn homme sans ceruelle.
Cannáca, lamproye. Item, vn carquant.
Cannafóssa, vn canal. Item, vne flammette.
Canna fistola, de la casse.

Cannagóla, le gosier.
Cannáio, caffette, proprement caniffe.
Cannamèle, *cannamélla*, canne de fuccre. C'eſt auſſi vne forte d'inſtrument, comme vne chalemie.
Cánapa, du chanvre. Item, vn licol.
Cannára, vne corbeille.
Cannaríccia, vn lieu plein de roſeaux. Item, gourmandiſe.
Cannaróla, linotte.
Cannaróne, vn gourmand.
Cannaríuto, qui a le gosier fort large.
Cannáta, cloſture de cannes, coup de canne.
ricco à Canne.i.riche à milliers.
Cannélla, tuyau. Item, de la cannelle.
Cannélla, cannelle de tonneau. Et vne flente.
metter le Cannella .i. apporter vne nouuelle couſtume, entamer vne piece de vin.
Cannelláta, ſorte de viande auec de la cannelle.
Cannelláto, cannelé.
Cannellatúra, canneleure.
Cannellíni, cannelat, ſorte de dragée.
Cannéllo, cannoniere de ſureau, &c.
Cannéllo, canne. Item, l'os de la jambe.
Cannéllo, treſme.
Cannéto, lieu plein de roſeaux.
Canneúglia, cannetille.
Cannetta, petit roſeau. Item, vne pipe à prendre du tabac.
Cannenáccio, caneuas.
Cánneuo, du chanvre.
Cannício, nœud de roſeau.
Cannocchiále, lunette d'approche.
Cannócchio, la racine que l'on plante du roſeau.
Cánnoli delle gambe, les os des jambes, canons des jambes du cheual.
Cannolícchi, ſorte de poiſſons écaillez.
Cannonáre, cannoner. Item, tourner quelque choſe en forme de canon.
Cannonáta, canonade.
Cannoncína, boïſte en forme de canon.
Cannóne, canon. Et vn mors à canon. Item, vn bardache.
Cannóne, bobine à deuider de la ſoye.
lanciar Cannóni in aria, lancer des canons .i. faire des rodomontades : ſe vanter.
Cannonicchi, ſorte de poiſſons écaillez fort longs.
metter i Cannónici ò Cannonicchi fuor delle prigioni.i.tirer l'argent de la bourſe ou de la mode.
Cannoniéra, cannoniere, embraſeure. Et lieu où l'on plante le canon.
Cannoniére, cannonier.
Cannóſo, plein de roſeaux.
Cannoúglia, cannetille.
Cannúccia, petite canne ou roſeau. C'eſt auſſi vne ligne à peſcher.
Cannucciéta, lieu plein de roſeaux.
Cannuóle delle gambe, les cheuilles des pieds.
Cánoa, cave ou cellier.
Cánoa, ſorte de barque aux Indes faite toute d'vne piece.
Canoáro, ſommelier.
Canodéllo, ſorte de poiſſon.
Cávola, vn robinet.
Canóne, canon.
Canónica, Chanoineſſe. Item, cloiſtre ou demeure de Chanoines.
Canonicáre, faire vn Chanoine.
Canonicáto, Chanoinerie, Canonicat.

Canonicatióne, canoniſation.
Canonicheſſa, Chanoineſſe.
Canónico, Chanoine : & Canonical.
Canoníſta, Canoniſte, ſçauant en droit Canon.
Canonizzábile, qui ſe peut canoniſer.
Canonizzáre, canoniſer.
Canonizzatióne, canoniſation.
Cánopa, vne quenoüillée de filace.
Cánopo, du chanvre. Item, vn ouvrier aux mines. Et vne eſtoille proche du pôle Antarctique.
Canóro, reſonnant.
Canorità, reſonnance.
Cánoua, cane, cellier. Item, lieu où l'on tient les munitions.
Canouáccio, caneuas.
Canouáio, *canouáro*, ſommelier : celuy qui a le ſoin de la caue.
Canouático, ce qui dépend du ſommelier ou bouteiller.
Cánouo, du chanvre. Et vn licol.
Cansáre, eſloigner, eſcarter : deſtourner : éuiter : ranger.
Cansatióne, eſloignement : détour.
Cansatóio, refuge, détour, eſcapade.
andar per lo Cansatóie, c'eſt chercher les échapatoires en parlant.
Cansénole, qui ſe peut détourner.
Canſo, deſtourné.
Cantábrica, *cantabríga*, ſorte de giroflée.
Cantábile, qui ſe peut chanter.
Cantacchiaménto, gringuenotis, chant bas ou entre ſes dents.
Cantacchiáre, chanter bas, gringuenotter.
Cantafánole, fables, contes. Item, vn baſteleur. Et vne ſorte de verre.
Cantafóle, idem.
Canta in banco, & *Cantambanco*, vn baſteleur, vn charlatan.
Cantáio, lieu où l'on prend les oiſeaux.
Cantáre, chanter.
Canta, il chante. i. il ment, il inuente.
Cantar il miſerére, chanter le *Miſerere* .i. eſtre auare: c'eſt vne alluſion de *miſerére* à *miſero*, qui ſignifie auaricieux.
Cantar la primz, il veſpro, il mattutino, nous diſons chanter la game à vne perſonne.
lo ſan Cantar le trippe, les trippes le ſçauent dire ou chanter : nous diſons, les petits enfans en vont à la mouſtarde : la choſe eſt vulgaire.
Cantar il canto de gli Ermenij .i. reprendre librement vne perſonne.
far Cantar l'orbo .i. faire vne niaiſerie. Item, donner de l'argent.
Cantáre, en jargon, parler.
Cantarélla, chanterelle. Item, vne cantharide : & vn appeau à prendre des oiſeaux.
Cantaréte, les petites feneſtres ou lucarnes de la chambre de la pouppe, cantelettes, cantanettes.
Cantáride, cantharide.
Cantaríno, qui chante, chanteur. Vn chantre.
oro Cantaríno, orpin, oripeau.
Cantáro, vn poids de 25. liures à Naples, & de 150. à Genes, en Sicile 250. liures. Item, vne ſorte de meſure : ſelon aucuns, vn quintal.
Cántaro, le baſſin, le pot à chier.
* *Cantaroxeroi*, vn quintal.
Cantatíuo, qui ſe peut chanter.
Cantatóre, chanteur.

M ij

Cantatrice, chanteuse.
Cantiéfola, le caquet d'vne poulle.
Cantillàre, chanter bas, gringotter.
Cantepolàre, id.
Canterélla, mousche cantharide.
Canteria, lieu où l'on chante.
Canterino, qui chante, chanteur.
Cantico, Cantique.
Cantiére, chanteur.
* Cantiléna, chanson.
* Cantilenàre, chanter.
Cantina, caue.
Cantinella, & cantinetta, vn estuy plein de ferrieres à porter du vin par la campagne. Item, vne petite caue. Et vn listeau ou linteau.
Cantinàro, sommelier.
Cantino, la chanterelle d'vn instrument.
* Cantipulàre, chanter bas.
Canto, chant, ramage d'oiseau.
por da Canto, mettre à part : espargner.
Canto, costé, coin. Et chanterelle d'instrument.
canto fermo, plein chant.
Canto figuráto, chant de musique.
libro in Canto figuráto, vn liure auec les figures en taille douce, ou taille de bois.
dar vn Canto in pagamento .i. payer de chansons: nous disons aussi, en monnoye de singe, en gambades.
à Canto viuo, à viue areste.
à Canto gli, & à canto à lui, à costé de luy, auprés de luy.
Cantonáli, coins d'vn bastiment.
Cantonáre, faire vn coing ou angle : faire en viue areste. Item, se cantonner.
Cantonàta, coin de ruë : angle : cantonniere.
Cantonáto, à coins, en terme de blason.
Cantoncino, petit coin.
Cantóne, coin : canton : vne pierre de taille au coin.
Cantoniéra, vne putain, vne goureuse, garce à chiens.
Cantoniéra, corniere, cantonniere de lit.
Cantoniére, vn filou, vn coureur, vn frippon.
Cantoniére, coins ou angles d'vn bastiment.
Cantonúto, qui a des coins ou angles.
Cantóre, chantre, chanteur.
Canticcio, petit chant. Item, petit biscuit.
Canuólo, vne bobine.
Canutáre, canutire, grisonner, deuenir chenu, pr. canutísco.
Canutez z a, la blancheur des cheueux.
Canúto, chenu, grison.
Canzellaria, Chancelerie.
Canzellière, Chancelier.
Canzóna, canzóne, chanson.
Canzonáre, chanter.
Canzonáre, en jargon, dire, parler.
Canzonar in amaro, en jargon, mesdire.
Canzonamento, discours.
Canzóne, chanson.
la Canzóne del piu asciútto, la chanson du pain s.c. i. oste-le, oste-le, chassez, chassez.
la Canzóne dell' vccelletto : nous disons, la chanson du ricochet, tousiours à recommencer.
Canzonétta, chansonnette.
Canzoniére, chanteur de chansons. Item, vn liure de chansons.
Cao pour capo, mot Lombard, chef, teste: bout : cap.
il Caósso, le chaos.
Capábile, capable.
Capabilità, capacité.

Capáccio, obstiné, testu.
Capáce, capable.
far Capáce, donner à entendre, instruire.
Capacità, capacité.
Capále, vne gorgerette : & vn hausse-col, selon aucuns.
esser da Capále, estre de basse extraction, & de vile condition.
Capanella, petite cabanne. Item, vn hallier, selon aucuns.
far Capanélle, c'est s'assembler vn certain nombre de personnes par les ruës, pour parler de quelque chose.
Capanéllo, & capanellázo, petite cabane.
Capanétto, id. Item, vn appeau.
Capánna, cabane.
Capáno, & capanótto, vn gaban.
Capanúccia, petite cabane. Item, vn buscher.
Capanuccio, vn buscher. Item, vn petit clocher.
Caparbería, & caparbietà, obstination.
Capárbio, testu, obstiné.
Caparbire, estre obstiné, s'obstiner, present, caparbisco.
Caparbità, opiniastreté.
Capáre, trier, choisir.
Caparéllo, bout de tetin.
Capárra, arres. Item, le denier à Dieu.
Caparráre, donner des arres, arrester, retenir, donner le denier à Dieu.
Caparróne, vn singe. Item, vn sot, vn badin.
Capassóne, testu, obstiné.
Capáta, coup de teste.
Cape sante,
Cape longhe, [sortes de moucles & poissons à coquille.
Cape tonde,
Capécchio, estillon, ce que l'on tire du lin ou chanvre deuant les estouppes. Item, vn licol.
Capeccína, la partie du joug qui touche au col.
Capéccio, licol : & l'estillon du lin, &c.
Capédine, sorte de vase.
Capégli, cheueux.
ne hà fin sopra Capégli, nous disons, il en a iusques par dessus les yeux ou la teste .i. tout son saoul, plus qu'il ne voudroit.
* Capéi, cheueux.
Capélla, Chapelle.
Capellamento, couuerture.
Capellania, voyez à Cappellania, & toute la suite.
Capelláre, couurir d'vn chappeau.
Capelléto, petit chappeau : vne huppe : la gousse d'vn fruit.
Capellétti, enfleures sur le jarret.
Capélli, cheueux.
venir à i Capélli, se tirer aux cheueux, venir aux prises entre les femmes.
Capélli di Vénere, capillaire, cheueux de Venus.
Capelliéra, cheuelure, perruque.
Capellína, capeline.
tu mi racconci la Capellína in sù'l capo, tu me raccommodes la capeline sur la teste .i. tu me réjoüis tout, tu me remets en bonne humeur.
da Capellina .i. vaillant, rusé.
Capéllo, poil.
à Capéllo, de point en point, en perfection, sur le bout du doigt.

CA　　　　　　　　CA

Spogliarsi in Capelli, nous difons, fe mettre en pourpoint pour faire bien vne chofe.
Capelli della penna, cordelettes attachées à la penne.
Capellugola, forte d'aloüette, cocheuis.
Capellúto, huppé. Item, cheuelu.
Capelueñere, cheueux de Venus, forte de plante.
Capercio, obftiné, teftu.
Capére, vulg. tenir, eftre contenu, tenir dans vn vafe.
Caperúccio, le capuchon d'vn gabau.
Capeftrággine, mefchanceté
Capeftráre, attacher à vn licol.
Capeftrarie, mefchancetez. Item, gentilleffes, galanteries, ragoufts.
Capeftráuo, homme de fac & de corde, mefchant, defbauché.
Capeftratúra, encheueftrure.
Capeftrello, vn petit licol.
Capeftro, licol: cordeau.
hauer del Capeftro, eftre desbauché.
Capéuole, capable, qui peut contenir. Item, teftu, obftiné.
Capezza, vn licol.
Capezzále, cheuet de lit: c'eft auſſi vn collet.
*far i conti col Capezzále .i. dormir.
Capezzolo, le bout du tetin. Item, la queuë d'vn fruit.
Capicciuóla, pou de foye, floret.
Capidóglia, capidoglio, forte de balene.
Capidieci, forte de Magiftrat à Venife.
Capitri, gances de boutons.
Capifóglio, chevrefeüille.
Capifofo, vne mefange, felon aucuns.
Capifuochi, chenets, landiers.
Capigliáre, trouffer les cheueux: treffer, frifer.
Capigliáta, cheuelure: floccon de cheueux.
Capigliáto, cheuelu.
Capigliatúra, cheuelure.
Capigliúto, cheuelu.
Capilláre, capillaire.
* *Capilláro*, cheuelu.
Capillatúra, cheuelure.
Capillitio, cheuelure, poils autour de quelque chofe.
Capiluénere, cheueux de Venus.
Capimáftro, chef de meftier, Iuré.
Capinéro, fauuette.
Capio, nœud coulant.
Capire, tenir, eftre contenu. prefent. *capifco*.
non poter Capire nella ſua pelle, ne pouuoir tenir dans fa peau, eftre rauy de contentement.
Capiromante, deuin par le moyen d'vn miroir.
Capirōte, & *Capirotáda*, forte de viandes, capilotade.
Capiftéio, forte de vafe quarré de bois à porter fur la tefte.
Capiftórico, vacillement, chancellement.
Capitále, capital.
Capitále, le fonds, le principal, le capital.
far Capitále, faire eftat, fe fonder fur vne chofe.
Cápita, interiection d'admiration, diantre, vertuchou.
Capità, capacité, eftenduë.
Capitanáto, Office de Capitaine.
Capitanáre, faire l'office de Capitaine, commander.
Capitanáto, Office de Capitaine. Item, commandé par vn Capitaine.
Capitanáta compagnía, compagnie commandée.

Capitaneria, la Capitainerie, la trouppe des Capitaines.
Capitaneffa, femme de Capitaine: ou qui fert de Capitaine.
Capitáno, Capitaine.
Capitáno di giuftítia, Iuge criminel.
Capitáre, arriuer en vn lieu, tomber entre les mains, par hazard.
Capitar male, mourir & faire mauuaife fin.
Capitáfto, le fillet d'vn inftrument.
Capitáto, qui a vne tefte: c'eft auſſi vne forte de gros oignon, & le partic. de capitare.
Capitéllo, chapiteau: c'eft auſſi le manche de la fcie: la trenche-file d'vn liure.
Capitoláre, capituler. Item, mettre vne trenche-file à vn liure.
Capitoláre, de chapitre.
Capitolarménte, par chapitres.
Capitolatióne, capitulation.
Capitoleffa, vne legende de chapitres: ce mot eft pris en mauuaife part.
Capitólio, le Capitole.
Capitolo, chapitre. Item, trenche-file d'vn liure.
Capitomboláre, cullebutter, faire la culebutte.
Capitómbolo, cullebutte.
Capitómolo, id.
Capitóne, du capiton. Item, vne forte de poiffon nommé cabot ou chabot.
* *Capitóni*, des chenets.
Capitónxo, la marque d'vn item en groffe lettre, pour le commencement d'vn article.
Capitóre a, forte d'oifeau.
Capitófo, teftu, obftiné.
Capitéxxa, vn chefne ébranché, pron. *ts*.
Capituláre, capituler.
Capitulatióne, capitulation.
Capitulo, chapitre.
Capitudinário, chef de compagnie.
Capitudine dell' arti, chefs des compagnies des artifans: Iurez: Gardes de Marchands.
Capitúto, qui a groffe tefte: qui a vn cabochon.
Capo, tefte: chef: tefte d'vne piece de drap: bout: bout de corde: vn cap fur la mer. Vn point ou partie de difcours.
Capo d'anno, le premier iour de l'an, le commencement de l'année. Item, la fin de l'année.
Capo d'acqua, vn ieét ou fource d'eau.
Capo di vite, le bourgeon de la vigne que l'on laiffe pour repouffer ou pulluler.
Capo di latte, crefme.
m'hà dato del ſignore per il Capo, ó per la tefta, nous difons, il m'a donné du Monſieur par le nez, il m'a appelé Monſieur, & ainfi des autres titres ou iniures.
é meglio effer Capo di gatto che coda di liône, il vaut mieux eftre tefte de chat que queuë de lion .i. il vaut mieux eftre le premier en vn petit lieu, que fecond en vn grand.
é meglio effer Capo di lucértola che coda di drago, il vaut mieux eftre tefte de lezarde, que queuë de dragon, id.
Capo tagliáto, la tefte du trauail.
Capo di táuola, le haut bout de la table.
di Capo quadro, qui a la tefte quarrée .i. Iourdaut.
Capo di letto, cheuet du liét, le cofté du cheuer.
venir à Capo, venir à bout: c'eft auſſi l'abouttir des apofthemes.
à Capo d'vn anno, au bout d'vn an.
da Capo, dés le commencement, *da capo*, à pied: d'vn bout à l'autre.

da Capo, dés le commencemet : d'vn bout à l'autre.
da Capo, à piédi, d'vn bout à l'autre.
far Capo, aboutir : faire le coin ou le bout : se rencontrer, tomber en vn lieu. Item, faire teste. Aboutir comme vne apostheme.
Capo di posta, corde pour amarrer, ancriere.
Capocáccia, grand veneur.
Capócchia, caboche, cabochon.
Capocchieria, folastrerie, fantasie.
Capócchio, Capoccia, Capocchióne, vn lourdaut à l'escole, au lieu de tric trac.
far vn Capocchione ò capaccione, aller à l'escole, au lieu de tric trac.
Capocérro, vacillement, chancellement. Item, maladie qui vient à vn cheual au dessous de l'arçon de la selle.
Capocórda, bout de corde.
Capo di Rione, Quartenier, chef de quartier.
Bapo di squadra, Caporal.
Capodicamente, en jargon, fort bien.
Capodiéci, Decurion.
Capofuóchi, chenets, landiers.
Capogátto, le vertigo, le tournoyement de teste qui vient aux animaux : Pesanteur de teste.
Capogíro, & Capogiro, id.
Capogirlóso, sujet au tournoyement de teste.
Capoletto, parure ou parement de lit & de chambre. Item, le costé du cheuet.
Capoleuáre, tourner la teste en deuant. Item, leuer la teste.
Capolíno, la teste en deuant.
Capolíno, petite teste.
far Capolíno, attraper quelqu'vn finement, par subtilité ou par embusches : prendre au guet.
Capólla, cheuille du pied.
Capomaístro, maistre Maçon, maistre des bastimens.
Capománno, vn Bourgue-maistre : vn chef dans vne ville, vn Gouuerneur.
Caponára, chaponniere.
Capondre, chaponner.
Caponáto, vn poulailler, vn chastré.
Caponcéllo, chaponneau : vn testu & obstiné.
Capóne, vn chapon. Item vn chastré.
Capóne, grosse teste. Vn obstiné, vn testu.
Caponégro, mesange, oiseau.
Caponéra, chaponniere.
Caponería, obstination.
Capopárte, chef d'vn party.
Capopiéde, sens dessus dessous.
Caporále, Caporal.
Caporióne, Quartenier. Et selon aucuns, Mareschal de Camp.
Capostórno, tourneyement de teste.
Capotíglio, vne cappe à l'Espagnolle.
Capotórro, sorte d'oiseau.
Capóto & Capporo, vn capot.
Capouérso, renuersé, sens dessus dessous.
Capouoltáre, Capouólgere, tourner de l'autre bout, pres. *capouólgo*. pret. *capouólsi*. part. *capouólto*.
Cappa, vne cape : vne chape : canton en terme de blason : & vne sorte de moule ou poisson escaillé.
Cappa di camino, manteau de cheminée.
Cappacciólo, sorte de viande.
Cappadóce, sorte de laictuë pommée.
Cappanélla, vne trouppe ou assemblée de gens.
Cappanélli, fers ou menottes.
Cappanéllo, vn tas comme de bois, &c.

Cappáno, Cappanótto, gaban, casaque.
Cappáre, trier, choisir en separant, separer, selon aucuns, arracher : & donner des arres.
Cappo. i. ie vous entends, i'entends l'affaire.
Capparisonáre, caparaçonner.
Capparisóne, caparaçon.
Cápparo, capre, & caprier. Metaph. le membre.
Cáppari, sorte d'interjection d'admiration, vertuchou.
Capparocchióle, sorte de grandes moules de mer.
Capparóle, sortes de moules ou coquilles.
Capparóne, cape de paisan. Item, vn chapperon.
Capparózoli, sorte de moules de mer.
Capparúccia, capuchon : & vne sorte de capot auec vn capuchon.
Capparúccio, id.
Cappáto, couuert d'vne cappe. Item, choisi, esleu.
Cáppe, sorte de iurement, pour ne pas dire *Cazzo*.
Cappélla, Chapelle.
Cappélla, la teste du membre viril.
Cappelláccio, vn grand vilain chappeau.
Cappelláccio, vn arbre couuert en forme de berceau ou cabinet.
far Cappelláccio, c'est quand on jette vne touppie, & qu'elle ne tourne pas, faire la canne. Metaph. i. ne pas venir à bout d'vne affaire : commander sans estre obey.
Cappelláccio, gronderie, brauade, reprehension.
Cappelláio, Cappelláro, chappellier.
Cappellanía, vne Chapelle : benefice de Chappelain : Office de Chappelain.
Cappelláno, Chappelain : Aumosnier. Item, le Pape.
Cappelláno rosso, en jargon, vn Cardinal, le Pape.
Cappellánte, en jargon, vn pelerin.
far vna Cappellata ad vno, faire des reproches à quelqu'vn.
Cappellétto, petit chapeau. Item huppe d'oiseau, & la couuerture d'vn pacquet de lettres.
Cappellétti, Albanois ou Capelets, sorte de soldats.
Cappellína, capeline. Item, vn petit chappeau : c'est aussi le prepuce.
huomo di Cappellína, homme à tout faire, rusé, braue.
Cappéllo, chappeau : chapperon d'oiseau : vne teste de cloud.
seruir à Cappéllo, nous disons, seruir à baguette.
dar vn Cappéllo. i. reprendre, reprocher.
Cappellúto, huppé comme vn oiseau.
Cáppero, capre, & caprier.
Cápperi, interjection d'admiration.
Capperóne, cape de paisan. Item, vn chapperon : & vn niais, selon aucuns.
Capperúccia, Capperúccio, vn gaban auec vn capuchon.
andar in Capperúccia, aller mal, perdre l'occasion, ne reüssir pas.
Cappiáre, prendre les bestes auec vn lacqs, noüer vn galan.
Cappinéra, vne fauuette.
vn Cappinéro, vn bourgeois, vn homme habillé de noir.
Cáppio, nœud coulant. Item, vn couplet ou crochet à vn mors. Vn lacs ou colet à prendre les animaux. Item, celuy qui fait le bourreau.
dar vn Cáppio, donner vn croc en jambe.
Cappióne, vn padasne.
Cáppita, interjection d'admiration.
Cáppo, en terme de blason, la partie superieure de l'écu.

Capponára, chapponniere.
Capponáre, chapponner.
Capponáta, feste de paysans, où ils mangent le chapon pendant la couche de leurs femmes.
Cappóne, chappon. Item, vn chastré.
Capucciáre, pommeler.
Capúccio, forte de toque antique : capuchon : vn capot ou gaban : vn chou cabu. Item, pommé comme vne laictuë.
Capucciólo, forte d'habillage ou saulse de poisson.
Capra, chevre, c'est aussi vn boulon à soustenir vn eschaffaut de maçon. Item, vne sorte de gehencaualcar la *Capra al chino*, monter la chevre à vne descente : se mettre en danger : entreprendre vn affaire mal à propos.
le Capre non lo possono cozzare, les chèvres ne le peuuent heurter ou cosser .i. il est en prison : nous disons, il est en seureté, il est à couuert, il ne pleuura pas sur luy.
Le Capre starnutano, nous disons, il fera beau temps les crapauts sautent, ou bien le temps se changera, &c.
Capre da incanallare il cannone, chevres ou boulins à monter le canon.
Capra, vne sorte de banc ou treteau, qui sert au lieu de chalit.
Capre, certaines pieces de bois qui soustiennent la tente d'vne Galere. Cabres. Item, dragons de mer, tourbillons en temps de tempeste, vagues qui blanchissent.
Capra fólle, vne femme folastre.
saluar la Capra ed i cauoli .i. seruir à l'vn sans nuire à l'autre, faire pour l'vn & pour l'autre.
chi hà Capre hà corna .i. nul bien sans peine.
tanto va la Capra zoppa, che nel lupo s'introppa, nous disons, tant va la cruche à l'eau, &c.
alla Capra, sorte de jeu.
Capráio, chevrier.
Capránico, grossier, lourdaut, bouuier. Item, qui porte grande barbe de chevre en Philosophe.
Capreggiáre, sauter comme vne chevre. Item, estre paillard.
Capresto, caprice. Item, pour *capestro*, licol.
* *Capresiuólo*, vn licol, selon aucuns.
* *Caprétio*, capricieux.
Capretta, ieune chevre, petite chevre.
Capretto, chevreau.
Capretto, chevreau.
Capretto, chevrotin, sorte de peau.
il Capretto, le derriere, le cul : Aret.
Cápria, capre. Item, vne sorte de raisin : & vne sorte de jaspe.
Capriáta, fourmage de laict de chevre.
Capriáto, chevreul.
Capricciáre, estre capricieux.
Capriccio, caprice, & accez de fievre.
Capricciosamente, capricieusement.
Capricciosamente innamoráto, amoureux esperduëment.
Capricciosità, humeur capricieuse.
Capriccióso, capricieux.
Capricórno, le Capricorne.
Capricornino, né sous le Capricorne ou nature de Capricorne.
Caprificáre, purger les arbres, selon aucuns. Item, cultiuer les figues sauuages.
Caprificatióne, scarification, c'est vne façon de purger les arbres. Item, enstituation des figues sauuages.
Caprifico, figuier sauuage. Item, vn certain endurcissement aux arbres qui les empeschent de profiter : caprisigue.
Caprifóglio, chevre-feüille, plante.
Caprigno, de nature de chevre, bouquin.
Caprile, lieu où on garde les chevres.
* *Caprimúlgo*, qui trait les chévres. Item, vn hibou appelé tette-chevres.
Caprinella, chiendent.
Caprino, de nature de chevre ou bouc : bouquin.
disputar la lana Caprina, disputer d'vne chose qui n'importe point : nous disons, disputer de la chape à l'Euesque.
Cáprio, crevreul. Et chevreau, selon aucuns.
Capriola, ieune chevreul, proprement vne chevrette. Item, capriolle.
Capriola intrecciata, vn entrechat.
Capriolare, caprioller.
Capriólo, chevreul. Item, certain brin qui s'entortille à la vigne, vuile : tendon de vigne, vtbec.
Capriotta, capilotade.
Capro, vn bouc.
Capronággine, lourdauderie.
Caprone, cabron, sorte de peau. Item, vn gros bouc : bouquin : & vn lourdaut.
Capprúggine, lourdauderie.
Caprúggine, jable de tonneau.
* *Capture*, gagner, acquerir.
* *Capturáre*, captiuer.
Captióne, caption.
Captiosità, captieuseté.
Captióso, captieux.
Captiuità, captiuité.
Capucciáre, pommer comme les choux, ou laictuës, cabusser.
Capuccino, Capucin.
Capúccio, capuchon.
* *Capula*, la forme du chapeau.
Cara, en jargon, sœur.
Capúto, qui a vne teste.
Carabáttola, le sainct crespin d'vn Cordonnier.
Carabáttole, petites hardes, broüilleries.
Carácca, vne caraque, sorte de barque.
Caracolláre, faire des caracoles.
Caracólla, caracole.
Caráffa, vne caraffe, sorte de phiole ou vase.
Caraffina, sorte de vase de verre, de forme vn peu longuette : petite caraffe.
Caraffóne, vne grande caraffe, vase.
Carasúllo, vn benest.
Caragnóla, sorte de limaçon.
Caragnólo, id.
Caramáio, vne escritoire.
Caramalétto, sorte de poisson.
Caramelláre, cajoller. Item, manger de mittes.
Caramelláta, cajollerie. Item, vermouleure.
Caramellézzi, beccafichi marini, sorte de poissons.
Caramellóne, cajolleur, babilleur.
Caramente, cherement.
Caramita, vn mignon, vn bardache.
Carampána, vne hutte. Item, vn lieu à Venize ou sont quantité de putains.
* *Carampsolína*, sorte de barque.
Caramusolína, sorte de pinache.
Carapignáre, esgratigner. Item, gripper.
Caratéllo, baril : barique, caque : & vne sorte de mesure.
Caráto, carat.
Caratáre, toucher l'or : affiner l'or.

CA

Caratterizáre, imprimer le caractere, marquer du caractere.
Caráttere, *carattero*, caractere.
Carátiole, sortes de vases.
Caráua, vne trouppe de pendars.
Carauána, carauane.
Carauanáre, faire la carauane.
Carauélla, vne sorte de barque, carauelle : & vne sorte de poires. Item, coïfe de bouche.
Carbáso, sorte de filace : & le nom d'vn cordage dans vn vaisseau.
Carbátia, sorte de cresme.
Carbonáia, *Carbonára*, le charbonnier, le lieu où l'on tient le charbon.
Carbonáre, charbonner : & faire des carbonnades.
Carbonáro, charbonnier.
Carbonáta, charbonnée, carbonade.
Carbonáta, en jargon, vne sorte de saucisson appelé *mortadella*, en Italie.
Carboncéllo, petit charbon : escarboucle. Item, vne pustule au visage.
Carbonchiáre, brusler, hauir.
Carbonchiatúra, hauissement, brusleure.
Carbonchióso, bruslé, hauy, hasté : de couleur chargée : de couleur d'escarboucle.
Carbóne, charbon. Pour *Carbonchio*, escarboucle.
à misúra di Carbóne .i. abondamment.
signar col Carbon biánco, nous disons, faire la croix à la cheminée, quand on voit arriuer quelque chose d'extraordinaire.
far come il Carbóne, ò tinge ò scotte, ou brusler, ou noircir : faire du dommage en quelque façon.
Carbon di terra, de l'houille.
Carbóncolo, escarboucle.
Carbonélla, vne sorte de fer qui sert à trousser la braise, ou la soustenir dans le foyer. Item, du petit charbon ou de la braise.
Carbonóso, plein de charbon.
Carcáme, carcasse d'animal : c'est aussi vne sorte de guirlande de pierreries.
Carcáre, charger.
Carcásso, vn carquois.
Carcassóne, gros drap de Carcassonne.
Carcáta, vne charge.
Carcerare, emprisonner.
Carceratióne, emprisonnement.
Cárcere, prison.
Carceriére, geollier.
Carcidóni, vlceres dans le nez.
Carcióceo, *Carciófso*, *Carciófsolo*, artichaut.
Cárco, chargé.
* *Carcóia*, sale, dégoutante.
* *Carcomsuráre*, dérober de costé & d'autre.
Cárda, carde.
Cardaláma, cardeur.
Cardamómo, *Cardamo*, cardamome, graine de Paradis. Item, cresson de jardin, selon aucuns.
Cardáre, carder.
Carderélle, sorte de moucherons.
Cardarino, chardonneret.
Cardassáre, carder la laine.
Cardassár la tigna .i. battre vne personne.
Cardasíno, cardeur.
Cardásso, *Cardassóne*, chardon à carder la laine.
Cardatóre, cardeur. Item, censeur, repreneur.
Cardellíno, *Cardéllo*, chardonneret.
Cardiáco, sorte de trenchée ou estouffement d'estomach.

CA

Cardinaláto, Cardinalat.
Cardinále, Cardinal. Item, vn gond.
Cardinaleggiáre, cardinaliser : faire le Cardinal.
Cardinalésco, de Cardinal.
Cardinalíssimo, la fonction du Cardinal.
Cardíne, gond.
Cárdo, chardon à manger crud : carde : chardon.
Cardo benedétto, chardon benist.
Cardo pinto, carline.
Cardo santo, chardon benist.
Cardo stelláto, chardon estoillé, chausse-trappe.
Cardoncéllo, senneçon, sorte d'herbe.
Cardoíno, chardonneret.
Cardóne, chardon : cardon, carde qui se mange cruë.
Cardonétta, sorte d'herbe.
* *Carduéllo*, chardonneret.
* *Carréggia*, caresse, vne charrette pleine.
* *Careggiáre*, caresser, charrier.
Careggiáre, pour charier : & manier.
Careggiáta di stráda, chemin frayé de chariots, charroy.
Careggio, pour *Carriággio*, charroy.
Carello, carreau, coussin pour s'asseoir, &c. C'est aussi vn bourlet d'vne chaire percée : & le bouchon d'vn priué. Item, vn moule de femme à se coiffer.
Caréna, le fonds du nauire, la carenne.
dar Caréna, mettre le nauire sur le costé pour racommoder le fonds, ou la carenne.
Caréstia, cherté, disette.
Carestióso, *Carestióso*, cher, plein de disette.
Carétta, charette.
Carezzáre, caresser.
Carezzénole, qui se peut caresser, pron. *ts*.
Carezzóso, caressant.
Carságno, nonchalant.
Cária, carie.
Carriággio, chariage.
Cárica, poids, charge.
Cárica, charge au combat : charge d'harquebuse ou autre arme à feu.
Caricáute, chargeant.
Caricáre, charger.
Caricar dauánti, tirer l'orse & le carro à bas vers la prouë.
Caricar pórs_a, se saouler, s'enyurer.
Caricar per Barúti, charger pour Baruti .i. s'enyurer.
Caricar à cazz_a ò à cartóccio, charger à boiste ou cartouche.
Caricar il burchio, charger le basteau .i. manger trop : emplir son pourpoint.
Caricar codegnáto, en jargon, s'enyurer.
Caricarla ad vno, faire vn tour, en bailler à garder.
Caricáre, faire injure : faire tort, surcharger.
Caricatóre, chargeur : & chargeoir.
Caricatúra, charge.
Caríce, sorte d'herbe, houille.
Caríci, petites figues sauuages.
Cárico, charge : office : soin. Item, charge.
esser Cárico in èstimo .i. auoir force enfans.
* *Cariddóso*, plein de gouffres, d'escueils ou de rochers dangereux.
* *Cariéga*, vne chaire, mot Lombard.
Carigliondre, carillonner.
Cariglióne, carillon.
Carína, sorte de noix à faire de l'huile.

* *Carinóne*,

CA

* *Carirône*, huile de noix.
Cariófo, vermoulu.
Cariópo, cinamome.
Carióti, sorte de dattes : & vne sorte de figues.
Carità, charité.
Carità di Monna Canida, la charité de Dame, &c. qui maschoit le sucre aux malades.
Carità di Versùela che fu cattiua insin nell' vouo. i. le contraire de la charité.
Carità pelósa, charité interessée.
Caritatiuamente, charitablement.
Caritatéuole, *Caritatiuo*, charitable.
Caritéa, sorte de viande hachée auec des œufs & de l'espice.
Caritéuole, charitable.
Carítia, cherté, disette.
Carlína, carline, espece de chardon.
Carlíno, poisson semblable à la tenche.
Carlíno, monnoye de Naples, qui vaut vn peu plus de quatre sols. En Piedmont c'est vne piece d'or de 5. pistolles.
alla Carlóna, grossierement, à la bonne foy. i. franchement, sans malice.
Carlótto, oiseau appelé courliue.
Carme, vn vers, mot poët.
* *Carmeggiàre*, versifier.
Carmélle, floccons de laine.
Carpéne, sorte de pommes.
Carminàre, peigner, carder la laine.
Carminatóre, cardeur.
* *Carmine*, vers.
Càrmino, Carme, sorte de Moine.
Carmosíno, cramoisy.
Carnàccia & *Carnàccio*, charogne.
Carnacciófo, charnu.
Carnaccíuto, charnu.
Carnadíno, incarnadin.
Carnasauandar in Carnafaù, nous disons, aller en garoüage.
Carnasistola, sorte de drogue.
Carnagióne, charneure, teint de visage : & carnation, en terme de peinture.
Carnàggio, charnage : & carnage.
Carnàio, lieu où on enferme la chair, charnier, despense : vn charnier au cimetiere. Item, la boucherie.
Carnaiuólo, carnassier.
Carnalàccio, sensuel ; charnel, sujet à ses plaisirs.
Carnàle, charnel.
Carnáli, sorte d'outils de tisseran.
Carnalità, sensualité. Item, alliance de sang.
Carnalménte, charnellement.
Carnàme, charogne, & charnage, quantité de chair.
Carnàra, corde qui s'attache au haut de l'arbre maistre, & sert à soustenir les faix, & hausser la voile, acatnau, candalisse, carnaù, caliorne.
Carnasciàle, caresme-prenant, carnaual.
Carnàto, charneure, & carnation.
Carne, chair.
  metter troppo Carne al fuoco. i. entreprendre trop.
  esser Carne & vnghia, estre chair & ongle : nous disons, estre comme les deux doigts de la main, deux testes dans vn bonnet, deux amis qui s'entendent bien.
  volerne Carne, en vouloir de la chair : nous disons vouloir tirer pied ou aisle. i. vouloir tirer quelque chose de quelqu'vn. Item, vouloir la despouille de quelque chose.

CA 97

tu sei Carne grassa, i. tu és desgoustant, tu és vn importun.
Carne d'Isdrati che chi ne mangia vna volta non ne vuol più. chair d'Isdrau, qui en mange vne fois n'en veut plus.
frà Carne ed vngia, nessun non pungia, personne ne me pique entre la chair & l'ongle, c'est à dire, qu'il n'est pas bon de semer de la discorde entre les bons amis, ou plûtost entre mary & femme.
non resta Carne in beccaria, per trista chessa. i. il ne demeure point de chair à la boucherie pour mauuaise qu'elle soit : il n'y a personne si laide qui ne trouue à se marier.
han trouato Carne da loro denti, nous disons : ils ont trouué chaussure à leur pied.
mostrar le Carni, monstrer sa chair, nous disons, monstrer le cul, estre deschiré ou mal vestu.
à Carne di lupo denti di cano, à chair de loups il y faut des dents de chien. i. à meschant, meschant & demy.
Carne di lodola. i. loüange : c'est vne allusion à *lode* loüange.
Carnéfice, bourreau.
è de' Carnéfici, il est de la race des Carnefici. i. il est plein de chair, il est gras.
Carneggiàre, se ietter sur la chair : estre adonné à la sensualité.
Carnénte, en jargon, le pere, ou frere, ou parent.
Carnéro, vn cabas à porter de la chair.
Carneruólo, vn petit cabas ou pannier.
Carneuàle, carnaual.
Carneualeggiàre, faire caresme-prenant.
* *Carneuìna*, selon aucuns, vne emplastre faire de boyauds chauds.
Carnìccio, la chair, le costé de la chair au cuir. C'est aussi les morceaux de peau ou cuir dont on fait de la colle.
Carnicèlla, ieune chair, chair tendre.
Carnicìna, id.
Carnièra, charniere, fauconniere.
Carnièra, en jargon, sœur.
Carnièro, vn cabas ou autre à porter de la viande.
Carnièro, en jargon, frere.
Carniéri, par gausserie, le haut de chausse.
* *Carnifero*, qui porte de la chair, qui produit de la chair.
Carnifica, en jargon, sœur.
Carnifica della lima, sœur de la chemise. i. du papier.
Carnifica della bianchina, sœur de la neige. i. de la glace.
Carnificàre, mettre en pieces, escarteler. Item, encharner.
Carnificìna, lieu où l'on execute les malfaicteurs. Item, l'office de bourreau.
Carnifício, office de bourreau.
* *Carniuoràre*, deuorer la chair.
Carnìzzo, le costé de la chair.
Carnosità, carnosité.
Carnóso, charnu.
Carnósso, chair & os ensemble.
Carnoualeggiàre, faire Caresme-prenant.
Carnùccia, le costé de la chair au cuir. Item, les morceaux de peau dont on fait de la colle.
Carnùto, charnu.
Caro, cher.
il Càro, la cherté.
Càro, en jargon, frere.
m'è Càro, ie suis bien aise.
hò Càro, idem.
m'è più Càro, i'aime mieux.

N

Caróba & carobba, carouge, sorte de fruit.
* Caróbia, carobio, carrefour.
Carobo, carobola, carouge.
Carosiondola, vne brandilloire, à Rome.
Carogna, caroigne : chatogne.
Carola, dance en rond en chantant.
Carolare, dancer aux chansons : danser en rond.
Carolare, se mettre de vers ou mittes.
Carolicio, mangé de vers ou mittes, vermoulu.
Carolo, mite, ver.
Caroloso, plein de mittes.
Carolo, sorte de gasteau ou craquelin.
* Caromano, sorte de fin acier.
Caroncola, sorte de maladie à la teste du cheual.
Carone, carouge.
* Carosa, vne fillette.
Carosare, tondre comme les brebis.
Caroselle, balles de terre pour jetter en vne sorte de combat ou carousel. Item, singeries.
Carosello, carousel.
Caroso, mangé de vers, vermoulu.
far il caroso, c'est tondre, coupper les cheueux.
Carota, carotte.
piantar Carote, cacciar carote, en faire à croire, en bailler à garder.
Carotaio, vendeur de carottes.
Carotaio, vn qui en fait à croire, qui en baille à garder : à cause de piantar carote, qui signifie la mesme chose.
Carotiglia, cannetille.
Carouaana, vne conduite ou conuoy de bestes chargées ou mulets : carouane.
Carouanare, faire la carauane.
Carouelle, sorte de poires.
Carpa, vne carpe. Item, vn ver qui mange le drap, vne tigne.
Carpano, vne carpe.
* Carpare, prendre, gripper.
Carpeno, carpe.
Carpentiero, charpentier.
* Carpicciare, gripper : happer : arracher.
dar vn Carpiccio, donner de bons coups : estriller vne personne.
* Carpignare, carpiba, gripper.
Carpine, carpino, charme, sorte d'arbre.
Carpine nero, tilleul masle.
Carpinetto, charmoye.
Carpio, carpe.
Carpio, en jargon, Espagnol.
Carpione, sorte de poisson au lac de Garde.
Carpione, en jargon, larron.
Carpionare, carpionner le poisson, y faire vne certaine sausse pour le garder.
Carpire, arracher, pres. carpisco.
Carpire, en jargon, desrober.
Carpita, prise, accrochement.
Carpita, vn gros tapis de table.
* Carpo, vn carrefour : vn grand chemin : la jointure au poignet. Item, subtil, accort.
Carponare, aller à quatre pattes.
Carpone, à quatre pattes, teste basse.
Carreia, le lieu où l'on met les charriots : & l'orniere du charroy.
Carraiuolo, orniere. Item, vn chartier.
Carreccia, la trace du charroy.
Carrato, chartier.
Carrata, chartée, vn plein chariot.
Carrata di legna, vne voye de bois.
Carrateccia, le charroy, chemin battu de charrettes.
Carratiere, chartier.
Carratore, carradore, chartron.
Carreggiare charier.
Carreggio, charroy.
Carreggiata, chemin battu de charroy.
Carello, cariolle qui se roule sous le lit.
Carrera, carriere.
Carretta, charette.
Carrettare, charrier.
Carrettaro, chartier.
Carrettata, chartée.
Carrettiere, chartier.
Carretto, vne broüette.
Carrettone, grand char. Item, celuy qui a la garde des charriots.
Carriaggio, cariage, charriage. Item, empeschement.
* Carribo, façon, mode, forme.
Carriera, carriere.
Carrino, retrenchement fait de chariots. Item, vn petit char : & charroy.
Carriola, vne broüette.
Carriolaro, vn qui meine la broüette, broüettier.
Carriola, vne carriole qui se roule sous le lit : vne brouette. Item, vn tumbereau.
Carro, char.
Carro ferrato d'assi, vn tumbereau.
Carro, la partie plus grosse de l'antenne du costé de la proüe, le cart ou carre.
far il Carro con la vella, c'est passer l'antenne d'vn costé à l'autre sans plier la voile, faire le cart à la voile.
far il Carro à secco, c'est passer l'antenne sans voiles, faire le cart sans voiles.
metter il Carro innanzi i buoi, nous disons pareillement, mettre la charrette, ou la charruë deuant les bœufs.
Carrobalista, certaine machine de guerre.
Carroccia, carrosse.
Carrocciare, aller ou mener en carrosse.
Carrocciero, cocher, carrossier.
Carroccio, carrosse.
Carromatio, vn haquet. Item, vn charriot de bagage.
Carroza, carrosse.
Carruba, carouge.
Carruca, vne poulie.
* Carruccio, charrior pour faire marcher les enfans.
Carrucola, carrucula, vne poulie. Item, vne broüette.
Carrucolare, carruculare, guinder auec vne poulie.
Carrucolare vno, persuader vn homme, le porter par tromperie à faire vne chose.
Carta, papier : carte : carte à jouër : feüillet d'vn liure.
Carta sabriana, grand papier.
Carta da impanare, papier à chassis.
Carta pecora, parchemin.
Carta da straccio, meschant papier pour enuelopper : maculature : papier broüillard.
Carta tamburrina, cela se dit d'vn qui se renge du costé des plus forts.
Carta suochia, carta sugarina, carta sciuga, papier qui boit.
far la Carta del Cielo, nous disons, prendre la Lune auec les dents.
far Carte false per vno, le François dit, faire de la fausse monnoye pour vne personne.
dar le Carte alla scoperta, idem, dire librement son aduis.
Carte del libro, testa, la trenche d'vn liure.
Carta bianca, blanche, au ieu de piquet.

Cartabóne, vn certain instrument à mesurer la campagne.
Cartáccia, vne meschante carte au jeu. Vn meschant papier, ou meschant morceau de papier.
dar Cartáccia: donner la gabatine en joüant, feindre de joüer vne carte & en joüer vne autre: c'est aussi vn jeu enuiron comme nostre haire.
dar Cartáccie, nous disons, payer de chansons.
Cártamo, chardon benist.
Cartáro, papetier, cartier.
Cartécca, chiendent.
Carteggiáre, feuilleter vn liure: colationner vn liure: manier la carte marine, & mesurer les voyages du compas. Manier les cartes, joüer aux cartes.
Cartèllo, affiche: escriteau: vne carte: vn portefeuille.
Cartèlla, en terme de peinture, cartelle: ornement qui se met autour d'vne arme ou escriteau.
Cartelláre, deffier, appeler, enuoyer vn cartel de deffy.
Cartèllo, vn cartel. Item, vne affiche.
por il Cartèllo, afficher.
Cartellóne, vne grande cartelle.
* Cartésimo*, le jeu de cartes.
Cartíca, sorte de chardon ou espine.
Cartièra porte-feuille. Item, moulin à papier.
Cartièro, papetier.
Cartíglia & cartíglio, vn billet, vn petit escriteau.
Cartilágine, cartilage.
Carto, chardon à carder.
Cartoccíno, vn petit cornet de papier.
Cartóccio, vn cornet de papier: cartouche, cargousse.
Cartóccio, en terme d'Architecture, cartouche.
Cartóccio, cartouche, vn cornet plein de poudre pour charger le canon.
Cartoléra, moulin à papier.
Cartolière, papetier.
Cartolína, petite pellicule, petit cartilage. Item, cartisane.
Cartóne, carton.
Cartóz zo, cartóccio, cartouche en Architecture.
Carníccia, petit papier: petit morceau de papier.
Carúca, poulie.
Carúcia, herbe aulaict.
Carui, cheruis, sorte de racine.
* Carvola*, poulie.
* Carvoláre*, monter auec vne poulie.
Carvólo, chancre verollé.
Carvolóso, plein de chancres.
* Carútta* pour *caróta*, carotte.
Caryerino, chardonneret.
Cása, maison, diminutif, *casétta*.
star in Cása, garder la maison.
è vscito della Cása grande, il est sorty de la grande maison .i. il est bastard, ou il est sorty de la prison.
della Cása soáue, par ironie, de bonne maison: nous disons, descendu de la coste du Roy Artus, ou du Roy S. Louys.
la Cása di S. Bròlo, la maison de S. Brole, peinte de chancres & de caquesangues .i. maison bien sale.
esser à Cása, estre à la maison, idem, songer à son faict, estre en son bon sens, n'auoir point l'esprit ailleurs.
star à Cása, & star con l'occhio à casa, idem.
vengo di Cása, non guadagno nè perdo, nous disons, ie n'ay encore rien vendu, ie ne fay que d'arriuer.
Cása, en jargon, prison.
della Cása di san Paolo .i. argotier, compagnon de Pargot, gueux & coupeur de bourse.

esser della Cása di san Paólo, c'est à dire, estre homme d'espée, ou bien homme qui vit de son espée, qui est vn peu filou, &c.
far Cása à tre solári, faire vne maison à trois estages, .i. viure long-temps.
metter la Cása in su l camino, mettre la maison sur la cheminée: nous disons, faire le monde renuersé, la femme sur l'homme.
andar à Cása del diáuolo, & à casa bollita o calda, aller en enfer à tous les diables.
tornar à Cása .i. reuenir à son premier propos: nous disons, reuenir à ses moutons.
chi sta la Cása in piazza, o la fa alta, o la bassa .i. il n'est pas possible de contenter vn chacun.
Casácca, casaque, roupille. Item, habitation.
Casacchíno, vn casaquin.
Casáccia, masure, meschante maison.
far Casáccia con vno, mettre en communauté.
à Casáccio, par hazard.
Casále, vne ferme. Item, vn hameau.
Casaléngo, casalíngo, vn fermier. Item, casanier, domestique.
Casalíno, vne maisonnette. Item, casanier, & vne ferme.
Casalóne, masure.
Casamátta, casemate.
Casaménto, vne ferme. Item, alliance: & logement. Vne grande maison.
Casánna, en jargon, prison.
Casáre, marier.
Casaréccio, casanier.
Casáta, race, maison.
Casatèlle, sorte de viande de paste.
Cásio, race, maison. Item, vne ferme ou hameau.
Cascáglio, sorte de fourmage.
Cascaménto, accident, cheute.
Cascáne, cascanes, lieux en forme de degrez, d'où les ouuriers se donnent la terre pour la porter ailleurs.
Cascánte, abbatu d'indisposition: tombant, decheant.
Cascáre, tomber: faire des cascades.
Cascapèli, la pelade.
Cascáta, cheute: cascade.
vecchio Cascánte, vn vieillard qui n'en peut plus.
Cascatóia, planche en forme de trappe. Item, la partie de dessus d'vn trébuchet.
Caschétto, vn casque.
Casciára, le lieu où l'on tient le laict & le fourmage.
Casciáre, estendre: escraser, escacher. Item, se cailler.
Casciáro & Casciarúolo, faiseur de fourmage.
Cascína, vne ferme ou grange.
Cáscio, fourmage.
il Cáscio vi cade sopra i maccaróni, le fourmage tombe sur vos macarons .i. tout vous vient à souhait.
Cascinólo, petit fourmage.
Casciófo, plein de fourmage.
Cascóne, mal caduc.
Cascóse, sorte de bignets ou viande de paste.
Cascóssa, sorte de fourmage.
Casèlla, maisonnette.
Casemátte, casemates.
Caseréccio, casannier.
Caserino, vne maisonnette: vne hutte.
Casétta, maisonnette.
Casièra, fermiere.

N ij

Casimodo, la Quasimodo ou Casimodo, huit iours apres Pasques.
Casino, vne maison aux champs.
io hò vn bel Casino in villa, i'ay vne belle petite maison aux champs.
Casino, vne petite chambre ou loge qui sert de magasin aux places basses : & pour les sentinelles sur la courtine.
Casionare, occasionner.
Casione, occasion.
Casipula, vne hutte, vne cabane.
Caso, cas.
à *Caso*, par hazard, par maniere d'acquit.
vn huome à Caso, vn homme mal fait, negligent, qui ne se soucie de rien.
non è il Caso tuo, ce n'est pas ton fait, ou ton cas.
di Caso pensáto, de guet à pens, de propos deliberé.
Caso che, au cas que.
Casolána, sorte de pomme.
Cisoláre, masure, maison ruinée. Itém, vne femme.
Casolaráccio, vne ruine de maison, vne masure.
Casonáda, selon aucuns, vne sorte de viande faite de fourmage gratté & d'espiceries.
Casoncélli, idem.
Casóne, grande maison.
Casóso, scrupuleux.
Caspo, vne ronce. *Caspo d'indivia*, vne plate de chicorée.
Caspóso, vne ronce.
Cassa, coffre, caisse, enchasseure.
Cassa, estuy d'vn instrument.
Cassa del canóne, affust de canon & d'arquebuse.
Cassa del trabochetto, trébuchet à peser.
Cassa, chasse de Sainct.
Cassa di letto, chalit, couche.
Cassa da morto, biere de mort.
Cassabánca, coffre en forme de banc : & banc à couche.
esser destro come vna Cassabánca. i. estre extrêmement mal adroit.
Cassar la scotta, casser l'escotte, terme de marinier.
Cassáre, effacer, bisser : casser aux gages.
Cassáro, faiseur de coffres.
Cassáro, enceinte de muraille autour d'vne forteresse. Item, le torax, la partie creuse du corps entouré des costes : les premieres planches quand l'on fait vne Galere.
Cassáro de Palermo, place à Palerme où l'on se promeine.
Cassatione, cassation.
Cassáto, effacé.
Cassatúra, cassation : effacement.
Cassetta, cassette.
Cassero, le torax, le creux du corps entouré de ses costes.
Cassiero, cassier, quaissier.
Cassetta, cassette.
Cassettina ou *cassettíno*, vne petite cassette.
Cassetta della limósina, le tronc de l'Eglise où l'on met les aumosnes.
Cassettáre, mettre dans la cassette.
Cassettina della gabbia, la mangeoire d'vne cage.
Cassettino, tiroir d'vne armoire ou cabinet.
Cassia, de la casse.
dar la Cassia, ou *l'erba cassia*, c'est ce que nous disons, donner de la casse à. casser les soldats, & autres. Item, se deffaire de quelqu'vn.
Cassiéra, selon aucuns, grangere.

Cassiére, caissier, facteur de Marchand, celuy qui tient la caisse.
Cassina, lieu de plaisance : vne ferme. Item, lieu où il y a des vaches ou brebis pour pouuoir faire le fourmage, qui vient de *cascina*.
Casso, corps, buste, le thorax. Item, effacé, priué, cassé, pour *cassato*.
Cassoletta, cassolette.
Cassóne, grand coffre.
Castágna, chastaigne.
come la Castágna, bella di fuori & dentro la magagna, comme la chattaigne, belle au dehors & meschante au dedans.
far vna Castagna, nous disons, faire la figue, faire la nique.
far vna Castagna, en jargon, ne reüssir pas bien en coupant vne bourse ou en volant, estre treuué sur le fait.
veder far il seme alle Castagne. i. voir la fin d'vn affaire.
Castagnáccio, pain de chastaigne.
Castagnáccio, vn gros crachat : nous disons, vne huistre.
Castagnáto, chastain.
Castágne, pour les testicules.
Castagnette, des castagnettes. Item, claquement de doigts.
Castagnéto, vn lieu plein de chastaigniers, chastaigneraye.
Castagnóso, plein de chastaignes.
Castagnuóla, selon aucuns, l'ouuerture d'vne écroüe de vix. Item vne chastaigne sauuage : & vn lieu plein de chastaigners: vne sorte de figue.
Castagnuólo, de couleur de chastaigne, chastain.
Castagnuólo fico, figue de la couleur d'vne chastaigne.
Castaldélla, vn vaisseau fort mince & viste, que l'on vogue debout : il est à cinq rames, enstaudelle.
Castaldería, mesnage de ferme ou de campagne.
Castaldía, ferme : office de fermier ou receueur.
Castáldo, fermier, receueur, facteur.
Castáneo, de couleur de chastaigne, chastain.
Castellanía, Chastellenie.
Castellanería, idem.
Castelláno, Chastelain.
Castellanza, Iurisdiction d'vn Chasteau.
Castelláre, enchasser, sartir. Item, enfermer dans vn Chasteau, mettre quantité de choses vne sur autre comme les chasteaux que font les petits enfans.
Castelláre, vn vieux Chasteau tout ruiné.
Castelleria, Iurisdiction d'vn Chasteau.
Castelletto, Chastelet : petit Chasteau.
Castelletto di serratúra, le palas d'vne serrure.
al Castelletto, sorte de jeu, faisant vn chasteau de noix les vnes sur les autres.
Castelli, eschaffauts dans vn vaisseau, chasteaux de proüe & de pouppe.
Castello, chasteau.
Castello col maglio, vn mouton, vn instrument à ficher des paux. Item, vn tour ou grüe.
Castello di poppa, gaillard, chasteau de pouppe.
quella del Castel Cerino, celle du chasteau Cerino, belle de loin, & laide de prés : nous disons, ouurage de peintre.
la sposa di castel Cerino, les François disent, la marice de Crolles, belle de loing, & laide de prés.
Castellótto, petit bourg.
Casticáre, chastier.

CA   CA

Castigábile, puniſſable.
Castigamento, chaſtiement.
Castigáre, chaſtier.
Castigatóre, puniſſeur, chaſtieur.
Castigatríce, chaſtieuſe.
Castigattúra, chaſtiement.
Castígo, id.
Castimónia, vn vœu ſuperſtitieux de garder ſa chaſteté.
Cásto, chaſte.
Castonáre, ſortir, enchaſſer.
Castóne, chatton de bague.
Castóreo, & *Castório*, medicament fait des teſticules de Caſtor.
Castóre, vn Caſtor, vn Biévre.
Castracáne, vn chaſtreur. Item, vne ſorte d'herbe.
far Castramíca, faire la figue, faire la nicque.
Castrami questa, chaſtre-moy celle-cy, cela ſe dit pour rire quand on pette, ou bien quand on dit quelque groſſe menterie.
Castraménto, chaſtrement.
* *Castramentáre*, camper.
Castrángola, ſcrophulaire, plante.
vn Castra porcelli, vn badin, vn ſot : vn chaſtreur de pourceaux.
Castráre, chaſtrer.
Castráto, chaſtré.
Castráto, chair de mouton.
Castratóre, chaſtreur.
* *Castrénſe*, d'armée, de champ.
Cástrica, oiſeau, qui reſſemble au lanier.
Cástro, vn chatton de bague.
Castronággine, lourdauderie.
Castróne, mouton chaſtré : vn chaſtré : vn lourdaut.
mal di Castróne, la coqueluche, la toux auec la fiévre.
Castrongiáre, faire le ſot.
Castronería, ſottiſe, lourdauderie.
Castrúccio, ſorte de monnoye hors d'vſage.
come diſſe Castrúccio, : quando dormina colla mandre, comme dit Caſtruccio, quand il couchoit auec ſa mere .i. tout ce qu'il plaira à Dieu.
dar nel culo à Castrúccio, par ironie, donner dans le cul à Caſtruccio : nous diſons, donner dans le cul d'vne vache .i. faire vne belle action, dit par ironie, eſtre poltron.
Casuále, caſuel.
Casualitá, chance, aduenture.
Casualmente, caſuellement.
Casúccia, *Casúcula*, *Casúppa* & *Casúppula*, vne pauure petite maiſon.
Catafálcio, vn échaffaut.
Catafaſciáre, ammonceler, entaſſer.
Catafáſcio, vn tas.
à Catafáſcio, à l'eſtourdie, ſans conſideration : tout en vn tas.
Catalogáre, enregiſtrer, mettre au Cathalogue.
Catalógna, vne catelogne, vne couuerture de catelogne.
Cataletto, ciuiere à porter les morts.
Catálogo, catalogue.
* *Cataplísma*, cataplaſme.
Catapechía, vn lieu deſert ſans commerce : vn païs montagneux.
Catapéchie, tours, niches.
Cataplásma, cataplaſme.
Cataplasmáre, mettre vn cataplaſme.
Catapúlta, grande arbaleſte pour battre les murs.

Catapultáre, battre vn mur auec l'arbaleſte des anciens.
Catapúzza, *Catapúzia*, épurge, ſorte d'herbe. Item, vn inſtrument de Chirurgien pour donner paſſage à l'vrine.
Cataráro, plein de fluxions.
Cataratta, deſcente, cheute, cataracte : fluxion. Item, vne meurtriere à la porte d'vne ville.
Cataróne, en jargon, vn bourreau.
Carattóli, certains cercles ou caracteres de ſorciers.
Catárro, catharre, rheume.
Catarróſo, catharreux.
Catárſico, ſorte de purgation.
Catáſta, vn monceau, vn tas, vne pile de bois : vn eſchot, ſelon aucuns. Item, vne meſure à meſurer le bois enuiron comme noſtre corde.
Catastáre, ammonceler, mettre en pile.
Catastáto, rengé en pile.
Catáſto, taille, impoſt.
Catáſtrofe, cataſtrophe, concluſion.
Cataráta, vn degré ſecret.
Catechíſmo & *catachiſmo*, catechiſme.
Catechizzáre, catechiſer, inſtruire, pron. dz.
Cátedra, chaire.
Catedrále, cathedral.
Catedránte, vn qui fait profeſſion de parler en chaire.
Categória, categorie.
Categorizzáre, categoriſer.
* *Catélla*, vne petite chienne.
Catelláre, chatonner & chienner.
Catellá ta, vne chattée ou chatonnée : & vne chiennée.
Catélli, petits chats, & petits chiens, pron. è fermé.
Catéllo, petite quantité, pron. è fermé.
vn pezzo, vn Catello, vná quantitá, vn peu.
Catellón catellóne, en pas de chat, doucement.
Caténa, chaiſne. Item, vne barre de bois qui eſt au dedans des lucs & guitarres, ou autres inſtrumments.
rodar la Caténa, nous diſons, ſonger ſon frein.
Catenáccio, verroüil. Item, vne balaffre.
mangiar i Catenácci, manger les verroüils. i. eſtre en colere.
mangia Catenácci, vn couppe-jarret, fendeur de naſeaux.
Catenáre, enchaiſner.
Catenatióne, enchaiſnement.
Catenélla, chaiſnette.
Caténne, groſſe chaiſne.
Caterátta, vne trappe à vn colombier, &c.
Caterátta, caſcade, cheute d'eau, deſcente : fluxion : vne couliſſe.
Cateráttola, chattiere, la nature de la femme.
* *Caterino orzo*, ſorte d'orge.
Catérua, trouppe.
Catéto, cathute, ligne du triangle.
Catinélla, *Catinéllo*, terrine, petite terrine.
Catíno, jatte : terrine, vaſe de fayance en forme de terrine : nos verriers l'appellent cadin ou catin, par corruption du mot Italien, vn ſaladier.
* *Cato*, vn petit moulin à eau.
Católico, Catholique.
Católlo, ſorte d'inſtrument à donner la gehenne. Item, vn tronc ou billot. Vne ſorte de poids ou me-

* Catorcio, la barre d'vne porte.
* Catorciàre, barrer vne porte.
* Catòtta, tout à cette heure.
Catrafósso, vn creux, vn fossé.
* Catraméssi, sorte de cassolette.
Catribsso, carcasse.
Cattabriga, chercheur de noises.
Cattani, chefs, officiers.
Cattavàle, catherreux.
Cattàre, captiuer.
* Cattatorz àre, gueuser.
Cattatorzi, vn gueux, vn bribeur, mot composé de catta, qui signifie cherche, & torzi, petits morceaux de pain dur, pron. ts.
Catti, sorte de chardons que l'on mange.
Cattinaccio, tres-méchant.
Cattiuanz a, captiuité.
Cattiudre, captiuer.
Cattiueggiàre, s'affliger, se troubler.
Cattinellàre, faire des malices.
Cattinello, pauuret, mesquin : petit méchant.
Cattineria, Cattinezz a, méchanceté, pron. ts.
Cattiniue, deuenir méchant, present, cattinisco.
Cattinità, captiuité : & méchanceté.
Cattino, méchant. Item, captif.
sendoli detto Cattiuo, le malheur luy en ayant dit.
dir buono, dir Cattiuo, auoir bon-heur ou mal-heur au jeu.
Cattiuùzz o, petit méchant, pron. ts.
Catto, pris : captiué. Item, capture, prise.
* Cattùcci, des dez faux, selon aucuns.
Cattùra, capture.
* Catulo, petit chien.
* Catùno, vn chacun.
Càua, caue : trou.
Càua di coniglio, clappier.
Càua di minera, caueau : fosse d'vne mine.
Càua, la caue au jeu de la prime.
Cauacogliòni, vn chastreur.
Cauadènti, arracheur de dents.
Cauafango, vne machine à tirer la fange du fonds de l'eau.
Cauaférro, vne fourche.
Caualiére, caualier & cheualier. Item, vn ver à soye, selon aucuns : & vne sorte d'écreuice de mer.
Caualiére di Napoli .i. qui a la verolle.
Cauaglioni, pour caualloni, flots de mer.
Cauaglioxzo, vn pauure petit Cheualier ou Caualier.
Cauàgna, panier : vne corbeille.
Cauàgna, en jargon, vne prison.
Cauagnàre, mettre dans vne corbeille.
Cauaindlo, celuy qui prend garde à la caue.
Caualcàre, cheuaucher : aller à cheual : monter à cheual.
Caualcàr vn pezzo, monter vn canon.
Caualcàr il paése .i. courir le païs ou la campagne.
far Caualcàr la càpra .i. se mocquer, se gausser, & surprendre vne personne.
Caualcàta, course de gens d'armes : caualcade.
Caualcatòre, cheuaucheur, homme de cheual. Item, postillon du carrosse.
Caualcatùra, monture.
Caualcanìa, vne gallerie pour passer d'vne maison à l'autre par dessus la rue : arcade.
Caualcionàre, estre à cheuauchons.
à Caualcioni, à cheuauchons.
Caualeggièri, cheuaux legers.
Caualieréssa, la femme d'vn Caualier : & vne Amazone, ou vne femme qui fait profession d'armes.

Caualla, vne caualle, vne jument.
Cauallaccio, vne rosse.
Cauallaccio, vn cheual échappé, vn enfant mal appris, remuant & importun.
Cauallanti, cheuauchers.
Cauallàro, qui conduit les cheuaux.
Cauàlle, pour Cauèlle, quelque chose, rien.
Caualleggièri, cheuaux legers.
Caualleréccio, qui appartient à vn cheual.
Caualleggiàre, Cauallereggiàre, trencher du Cheualier. Item, commander à la Cauallerie.
Caualeresscamente, en Cheualier, cauallierement.
Caualerèsco, cheualureux : de Cauallier ou Cheualier, Cheualleresque.
Cauallésa, vne jument.
Cauallétta, vn instrument pour leuer de grands poids.
Cauallétta, vne sauterelle.
far vna Caualletta à vno .i. faire vn tour ou tromperie à quelqu'vn.
Cauallétto, cheualet : petit cheual.
Cauallétto, vn tas de iauelles dans vn champ.
Cauallétti, c'est ce que l'on iette sur les hommes, lors que l'on veut monter à la breche, terme de milice.
Caualletti, deux pieces de bois sur lesquelles on pose l'esquif dans la galere.
Cauallerìzza, le manege. Item, l'écurie d'vn Seigneur.
Cauallerìzzo, écuyer, picqueur de cheuaux.
Cauallerìa, Cheuallerie, cauallerie.
Cauallierato, degré de Cheualier, Cheuallerie.
Caualliére, Cheualier, Caualier. Item, le Preuost.
star à Caualliére, auoir de l'aduantage, commander vne place, qui se dit d'vn lieu plus esleué.
Cauallièri, à Venise des vers à soye.
Cauallièri à cauallo, sorte de Caualiers que l'on fait sur les voutes des portes, Cheualiers à cheual.
Cauallièri portatili, Caualiers qui se peuuent transporter, ce sont pieces de bois auec des pointes de fer.
Cauallièr da basto, en jargon, vn asne.
Cauallieròtto, cheualerot.
Cauallina, siente de cheual. Item, queue de cheual, herbe.
scorrer la Cauallina .i. faire tout sans consideration.
Caualline, sorte de mousches qui mordent les cheuaux.
Cauallino, petit cheual. Item, de nature de cheual. Vn débauché, vn cheual échappé.
Cauàllo, cheual.
far come il Caual Turco, faire comme le cheual de Turquie, après auoir mangé son auoine, donner du pied au crible ou picotin.
è come il Cauallo dell' vgna bianca, il est comme le cheual à la corne blanche. i. il manque au besoin.
Cauallo da soma, sommier.
leuar à Cauallo .i. en faire à croire.
Cauallo da vettùra, cheual de loüage.
Cauallo di ritorno, cheual de renuoy.
Caual di vita, ò di rispetto, cheual de combat.
Caual del Gonnella, le cheual de Gonelle, qui auoit toutes sortes de vices.
Caual da Cardinàle, mulo .i. bastard.
Caual da caccia, vn coureur.
dar vn Cauallo, donner le foüet, parce qu'en foüettant les enfans, on les met à cheual sur vn de leurs compagnons.

CA
CA 103

de t'vn Cauallo con le ſtadére, foüetter auec des balances .i. punir auec toutes ſortes de ſupplices, & auec Iuſtice.
il Cauallo del Ciollo, le cheual de Ciolle qui ſe repaiſſoit de paroles.
Caual Mariano .i. vne perſonne qui chemine la teſte haute à l'eſtoürdie.
dar vn Cauallo con le muce .i. chaſtier doucement.
Caual di coppe, c'eſt vne carte qui ſert au lieu du vallet, cela ſe dit quand on veut répondre à quelqu'vn, rien.
egli hà mangiato il Caual di coppe, il a mangé, &c. cela ſe dit quand vn homme à qui on donne la gehenne ne confeſſe rien.
ſtar à Cauallo d'vn foſſo, eſtre à cheual ſur vn foſſé. i. eſtre mal placé, mal aſſeuré, preſt à perir. Item, n'eſtre pas aſſeuré de ſon affaire.
come i Caualli di Nàpoli, che hanno le lettere sù le chiappe, comme les cheuaux de Naples, qui ont les lettres ſur les feſſes : cela ſe dit d'vn ignorant.
eſſer à Cauallo, eſtre à cheual, auoir bien fait ſon affaire. Item, lier, qui ſe dit de l'oiſeau de proye.
à Cauallo à cauallo, en haſte, à la haſte, viſte, promptement.
Canallónt, flot de mer.
Canallàccio, vn méchant cheual, vne haridelle. Item, vne ſorte de monnoye.
Caualócchio, vn freſlon, vn moucheron qui vole dans les yeux.
Caualócchio, vn receueur, vn ſolliciteur de debtes.
Cauamento, vuidange, foſſoyement.
* *Canana*, vn arſenal.
Càna pàlla, tire-bale.
Canardina, vne ſoequenie ou iuppe, eſpece de iuſtaucorps.
Canare, creuſer, tirer.
Cauàre, tirer, arracher : *Cauà denti*, arracheu de dents.
Canargliócchi, crcuer les yeux.
Canar àcqua, tirer de l'eau, puiſer.
Canar la ſeté, eſtancher la ſoif.
Canar màcchie, oſter les taches.
Canarſàngue, ſaigner.
Canar dalla ràpa ſangue, tirer du ſang d'vn naueau : nous diſons, tirer de l'huile d'vn mur.
Canar l'occhio alla pentola, creuer vn œil à la marmite i. prendre le meilleur qui eſt dedans, prendre le meilleur ou premier boüillon.
Cauar il co,po dal grin,*n*, empeſcher ſon corps d'eſtre ridé .i. manger tout ſon ſaoul.
Cauarſi le vòglie, paſſer ſa fantaiſie de quelque choſe, paſſer ſon enuie.
Cauarne cappa ò mantéllo, c'eſt vouloir la fin de quelque choſe : nous diſons, tirer pied ou aile.
Cauàre, au jeu de la prime, cauer.
Cauarſi le mani .i. ſortir d'vne affaire, venir à bout.
Cauaſtràccio, tire-bourre.
Cauáto, en jargon, bien nuancé.
Cauatóre, arracheur, tireur.
Cauazzonàre, en jargon, agencer bien.
Cauazzàna, caueſſane.
Cauazzòne, en jargon, beau.
Caucalide, perſil ſauuage.
Cauda ario, ſorte d'office, portequeüe d'vn Cardinal: Caudataire.
Caueodàno, vn trauerſin ou cheuet.
* *Cauedàle*, capital.
Cauedine, ſorte de poiſſon en Lombardie, chabot.

Cauedóni, des chenets, des landiers. Item, vne ſorte de poiſſon qui a la teſte fort groſſe, chabots.
Caueggi, le haut d'vne aîle de moulin.
Canellíno, couleur de cheueux, feüille-morte.
Canèllo, quelque choſe, rien.
Cauèrna, cauerne.
Cauerna, en jargon, la bouche.
Cauernàre, faire en cauerne, faire vn creux ou trou.
Cauernóſo, plein de cauernes, cauerneux.
Cauerozzola, caueau, pron. *ts.*
Canéſtro, vn cheueſtre ou licol.
Cauetta pour *riuetta*, vne choüette.
Cauício, *ſcoria*, en Archit. ſcorie ou creux.
Cauézza, vn licol : vn cordeau, pron. *ts.*
Canézzo, vn méchant garçon, vn pendart.
Cauezza di Moro : vn cheual gris qui a la teſte noire. Item, gris meſlé.
metter la *Cauezza alla gòla à vno*, nous diſons, tenir le pied ſur la gorge, faire tirer la langue : faire trouuer bon vne choſe, pron. *ts.*
trar la Cauezza dietro all' àſino .i. ietter le manche apres la coignée.
Cauezzàna, caueſſane. pron. *ts.*
Cauezzíne, ſortes de reſnes.
Cauezzóne, caueſſon ou caueçon.
Cauiàle, du cauiart, œufs de poiſſon ſalez.
Cauidro, id.
Cauicchia, cheuille.
Cauicchiàre, cheuiller : & charger la ſoye ſur les bobines.
Cauicchína, petite cheuille.
Cauicchióne, groſſe cheuille.
Canicchiòtto, fer à gaudronner, gaudron : bille d'emballeur.
Canicchinòli, cheuilles d'inſtrument.
Canicciulo, licol.
Caniglia, cheuille.
à buona Caniglia legar l'àſino, attacher ſon aſne à vne bonne cheuille .i. dormir bien fort : & ſelon aucuns, prendre bien garde à ſon fait.
Canigliàre, cheuiller.
Canigliuòlo, petite cheuille.
Cauillàre, chicanner.
Cauillatióne, cauillation, chicannerie.
Cauillatóre, vn chicanneur.
Cauillatríce, chicanneuſe.
Cauíllo, diſpute, noiſe, chicanne.
Cauillóſo, chicanneur, pointilleux.
Cauità, concauité.
Canla, ſorte d'inſtrument de muſique.
Canlata, vn plat de choux.
Caulo, chou.
Caulícolo, Architecture compoſée des ordres Ionique, Dorique & Corinthe.
Caulíno, ſorte de vin.
Canni, ſorte de figues.
Cauo, trou, creux. Item, caue.
lauoro di Cauo ſorte de point coupé.
Cauo, vn moule à ietter quelque figure.
di Cauo, en creux.
Cauo di poſta, groſſe corde pour attacher la Galere en terre, ancriere.
Cauola, ſorte de tonneau. Item, la canelle que l'on met aux tonneaux pour tirer le vin en Italie.
Canoláta, vn plat de choux, vne quantité de choux. Item, vne rodomontade, vne jaſerie.
Cauolíno, jeune chou.

CA CE

Cauolo, chou.
Cauózzo, en jargon, vn pot en forme de chauderon, pron. ts.
Caura, chevre.
Cauràio, chevrier.
Cauretta, chevreau. Item, du chevrotin.
Cauriòla, femelle de chevreul, chevre sauuage.
Cauriòla, sorte d'ornement en Architecture. Item, capriolle.
Cauriolàre, caprioller.
Cauriòlo, chevreul.
Cauróne, cabron. Item, chevron, en terme de blason.
Causa, cause, raison, occasion.
Causale, causel: & casuel.
Causàre, causer, occasionner.
Causatiuo, qui cause, efficient.
Causatióne, cause, occasion, causation.
* Causìdico, plaideur.
Causticàre, appliquer vn caustique.
Càustico, caustique.
Cautaménte, finement.
Cautéla, cautelle.
Cautelàto, fin, rusé, cauteleux.
Cauteláto, finement.
Cautelóso, cauteleux.
Cautèrio, fer à cauteriser, vn cautere.
Cauterizàre, cauteriser.
Cautionàre, cautionner.
Cautióne, caution.
Cauto, caut, fin, rusé.
Cazzabagliòre, la berluë, prononcé, ts.
* Cazza pour Caccia, chasse, pron. ts.
Cazzà, pour la cueillier du pot: c'est aussi vne casse à puiser de l'eau dans vn seau. Item, vne encensoir: & vne sorte de monnoye aux Indes: vne écumoire, pron. ts.
Cazzafrusto, sorte de dard, vne fronde, pron. ts.
Cazzali, brodequins, pron. ts.
Cazzaréna, sorte de passereau.
Cazzaria, vn traicté du membre viril, pron. ts.
Cazzàta, vn coup de membre viril, pron. ts.
Cazzatrice, pour cacciatrice, chasseuse.
Cazzanélle, sorte d'oiseau, pron. ts.
Cazzetta, vne truelle: & vne petite cueillier à pot, pron. ts.
Cazzica, interiection d'admiration, pron. ts.
Càzzo, le membre viril, pron. ts.
Cazzolàta, vne cueillerée, pron. ts.
Cazzuòla, vne truelle: & vne cueillier à pot, vne cassette, pron. ts.
Cazzùto, qui a vn grand membre, pron. ts.

CE

CE pour Ci, à nous, nous.
Cebàno, sorte de fourmage.
Cecàre, aueugler.
Cecàggine, aueuglement.
Cecatillo, vn peu aueugle.
Cécca, la monnoye, le lieu où l'on bat la monnoye.
Ceccàre, battre la monnoye.
Ceccàro, batteur de monnoye.
Cecciarèllo, la courte, vite des petits enfans.
Céco, pour Francesco, François, nom propre, Fanchon: & Martin, qui se dit à vn asne.
Céce, pois chiche: c'est aussi la vitelette des petits enfans.
non può tener Céce .i. il ne peut rien tenir de secret.

CE

Cícero, vn Cigne.
Cecéspita, chassie.
Cechezza, Cechità, Cecità, aueuglement, pron. tr.
Céco, cieco, aueugle.
Cecóne, gros aueugle.
* Cecutiénte, qui est dans l'aueuglement.
vn Cedebónis, vne cession: & vne sorte de ieux aux cartes.
Cédere, ceder.
Cedérno, citronnier, & citron.
Ceditióne, cession.
Cèdola, cedulle: billet.
Cedornélla, melisse, herbe.
Cèdra, du cidre.
Cedràngola, herbe qui a l'odeur de cedre.
Cedráto, de couleur de cedre.
Cedreolíno, huile de cedre.
Cedría, liqueur de cedre.
Cedrino, de citron ou cedre, couleur iaulnastre.
Cedriuòlo, concombre ou cocombre, & vn petit cedre.
Cédrio, sorte de preseruatif.
Cédro, cedre, arbre & fruit. Item, citron.
Cedrolétta, vn scion ou reietton. Item, vn ieune badin.
Cedróne, citron. Item, vne sorte de poule sauuage.
Cedronélla, melissa, melisse, pomierade, sorte d'herbe.
Cedvóstino, sorte de vigne sauuage.
Cédula, cedulle: billet, etiquette.
Cedúto, cedé.
Cefa, vn Chef, c'est vn surnom de S. Pierre, Cefas.
Cefaglióne, sorte de datte sauuage bonne à manger.
Cefalica, vne veine appelée Cefalique.
Céfalo, sorte de poisson de mer, mulet, muge.
Cefalù, vn sobriquet, comme qui diroit vn ieune éuenté.
Ceffàre, souffleter: & prendre par le museau.
Ceffàta, vn soufflet: vn coup sur le museau: vne gourmande, vn casse-museau.
Ceffàut, clef de musique, C fa vt.
guastar la musica col Ceffaùt, gaster la musique auec le Ce-fa-vt .i. donner vn soufflet, faisant allusion à Ceffàta, qui signifie vn soufflet.
Céffo, museau.
far Cesso, faire la mine, faire la grimace.
dar di Cesso à vna cosa .i. la mépriser.
Ceffóne, gros museau: vne gourmande.
Céffo, sorte de singe.
alla Cefa frognuóla, sorte de jeu comme nostre cache cache mitoulas.
Célabro, cerueau.
Celadóne, grand morion ou salade.
Célaga, vn passereau ou moineau.
Celaménto, cachette, cachement.
Celàre, celer: cacher.
Celàta, salade, armeure de teste. Item, vne embuscade.
Celataménte, en cachette, celément.
Celatíne, vne salade à l'épréuue.
Celatúra, cache, cachette: vn morion, selon aucuns.
* Celebérrimo, tres-celebre.
Celebraménto, celebrement, celebration.
Celebranza, celebration.
Celebràre, celebrer.
Celebratióne, celebration.

Celebratóre,

CE

Celebratóre, qui celebre, celebrateur.
Célebre, celebre.
Célebro, cerueau.
Celéga, vn moineau.
Celeno, sorte de persil.
Celerdia, Celeriere.
Celerdio, Celerier, chambrier d'vn Monastere.
Celeratamente, hastiuement.
Celerdre, haster.
Celeráto, viste, prompt.
* Célere, prompt, viste.
Céleri, persil de Macedoine, du Celery. Item, vn ancien Magistrat à Rome.
Celerità, vistesse.
Celéste, celeste.
Celestiále, celesticl.
Celestríno, Celestro, de couleur bleuë ou azur.
Celiaco, morbo, sorte de colique.
Celiárca, qui commande mille soldats.
Celibáto, celibat.
* Célibe, qui n'est point marié.
Celidónia, celidoine, esclere.
Cella, cellier : cellule : les trous de la cire où l'on prend le miel
Celláio, Celláro, sommelier : & celerier. Item, vn cellier.
Celleráia, Celeriere.
Celleráio, Celerier.
Celletta, petite cellule.
Celicre, vn collier.
Cellória, grand iugement, grand esprit, qui se dit par ironie.
Calóma, le cry des mariniers quand ils veulent ancrer.
Celomáre, la crierie des mariniers.
Celóne, ciel de lict. Item, vn tapis, selon aucuns.
Célsa, le fruit du meurier blanc.
Celsitúdine, grandeur, altesse.
Célso, meurier blanc. Item, grand, noble, éminent.
Cémbalo, tambour de basque.
andar con due Cembali in colombàia. i. estre double, auoir deux visages : trencher des deux costez, iouër les deux.
andar col Cembalo in colombáia. i. descouurir son secret mal à propos.
figúra da Cémbali, nous disons vn visage à faire vne enseigne à bierre. i. vn visage mal-fait, vn homme de mauuaise mine.
Cembalista & Cemballiéro, iouër de tambour de basque.
Cembanélla, chalemie.
Cémmalo, ie tiens que c'est le tambour de basque : qui est fort frequent parmy les paysans en certains lieux d'Italie. Ils prononcent Cémmalo, pour Cembalo.
Cemósa, sorte d'herbe.
Cen pour Cento, cent.
Cena, le souper. Item, la Cene.
la Cena di Saluino, le souper de Saluino. i. pisser & s'aller coucher.
la Cena que Daua monna marta alle scolare, quattro scambietti per vna, le souper que Dame, &c. donnoit à ses Disciples à chacune quatre gambade, & à Dieu.
Cena alla Pisana, le souper à la mode de Pise, soupper & coucher : nous disons, faire chere entiere.
non poter accrozzar la Cena col desinare. i. ne pouuoir rien espargner.

CE 105

Cenábrio, cinabre, vermillon.
* Cenácolo, le refectoire, le lieu où l'on souppe. Item, vn petit Tableau imprimé que l'on tient quand on dit la Messe où est la Cene de Nostre-Seigneur.
Cenáre, souper.
Cenarélla, petit souper.
Cencerélla, chiffon, torchon.
Cenciaria, chiffonnerie.
Cenciáro, chiffonnier.
Cenciglio, petit chiffon.
Cencinquánta, cent cinquante
Céncio, haillon, chiffon, torchon.
Céncio, meche à fusil faite d'vn linge bruslé.
vestir de Cenci, sortir des haillons. i. sortir d'incommodité ou de la gueuserie.
dar fuóco al Céncio, c'est ce que nous disons, mettre le feu aux estoupes.
fuoco di Cencio, vn feu attaché à la meche. i. peu de credit.
accenci va fuoco, le feu va aux haillons. i. aux pauures vont les malheurs.
ogni Cencio vuol entrar in bucáro, cela se dit à vn presomptueux qui fourre son nez par tout : le petit morueux s'en veut mesler.
forbirsi il culo co' suoi Cenci. i. se seruir de son fait, sans emprunter d'autruy.
Cencio dice straccio, nous disons, la pelle se mocque du fourgon.
Cencióne, gros haillon. Item, vn torchon, qui se dit d'vn saloppe.
Cencióso, deschiré, desloqueté : plein de chiffons ou haillons.
Ceneráccio, charée, cendre qui a serui à la lexiue.
Cenerdre, reduire en cendres.
Ceneragnuóla, celidoine herbe.
Cenerdta, cendrée.
Cenerdta, de la cendre ou charée qu'on met sur les tonneaux.
Cénere, cendre.
Cénere d'azzúrro, cendrée d'azur.
Cenericcio, cendré. Item, vn tas de cendre.
Cenerino, de couleur cendrée.
Cenero, sorte de serpent.
Cenerúgna, toutes sortes de cendres.
Cenerugnóla, celidoine.
Cenerugnólo, de couleur cendrée.
Ceneróso, cendreux, cendré.
Cenétta, vn petit souper.
Cénghia, vne sangle.
Cenghiáre, sangler.
Cenína, vn petit souper.
Cennamélla, vn tambour de basque, selon aucuns vne chalemie.
Cennamo, Cennamómo, cinamome.
Cennáre, faire signe.
Cénno, signe que l'on fait de la teste ou de la main.
* Cenóbio, Conuent.
* Cenotáfio, vn monument.
Censále, fermier, rentier : vn receueur de rentes, tailles & imposts.
Censiéra, id.
Cénso, cens & rentes.
a Cénso, à rente.
Censóre, Censeur.
Censório, de Censeur.
Censuále, qui se paye par taxe.
Censuário, taillable.
Censúra, censure.

Censurare, censurer.
Centa, ceinture.
Centaiare, partager par centeines.
Centaurea, Centausa, centaurée, sorte d'herbe, repontic.
Centauro, centaure : & le nom d'vne estoille.
Centellino, Ciantellino, vne petite goute de quelque liqueur.
Centena, centaine, vn cent.
Centenaia, Centenaio, idem.
Centenario, aagé de cent ans.
Centesimare, reduire en centaines.
Centesimo, centiesme.
Centidonia & Centinoda, herbe appelée renoüée : centidoine.
Centiro, petite ceinture.
Centigrano, sorte de bled dont l'espy porte cent grains.
Centina, Centinaia & Centinaio, vn cent, vne centaine.
Cento, cent.
Centifoglio, rose à cent feüilles.
Centogambe, cloporte.
Cent' occhi, sorte d'herbe, lasseron.
il Cento mila, il cento paia. i. le diable, tout le mille.
Centola, vne sorte de vin : vne jarretiere, & vne ceinture.
Centolo, sorte de vin fort exquis. Item, jarretiere & ceinture.
Centomila, cent mille.
Centonaio, vne centaine.
Centone, morgelline, herbe, sorte de moron qui a la fleur blanche.
Centoni, rapsodie de vers tirez de diuers Autheurs.
Centonocchio, lasseron.
Centonodia, renoüée, herbe.
Centopiedi, cloporte.
Centoplicare, multiplier par cent.
Centorio, centaurée.
Centrico, & Centro, centre.
Centrone, centaurée.
Centuplicare, multiplier par centaines.
Centura, ceinture.
Centurare, ceindre.
Centurello, vne jarretiere.
Centuria, centurie.
Centuriato, office de Centurion. Item, enroollé au nombre des cent.
Centurino, ceinturon.
Centurione, Centurion.
Centuripino, sorte de saffran.
Centuruola, vne petite ceinture. Item, vne jarretiere.
Ceppaia, le tronc d'vn arbre.
Céppo, tronc, billot, busche : cep, race, tige.
chi ha de' Ceppi può far delle scheggie, qui a des troncs de bois peut faire des esclats ou copeaux. i. dequoy, peut faire ce qu'il veut : le François dit, qui a de l'argent a des coquilles, pour dire qui à des grosses pieces en peut faire de petites.
Céppo, del becco, le gros du bec de l'oiseau.
Céppo, dell' incudine, le tronc qui soustient l'enchisme.
Céra, de la cire. Item, visage.
far buona, ò mala Cerca, faire bon ou mauuais visage.

mi rallegro di vederla con buona cera, ie me rejoüis de vous voir auec vn bon visage.
Cerabottana, Cerebottana, serbatane.
fauellar per Cerabottana, parler par vne tierce personne.
Ceraginoso, plein de cire.
Ceraiuola, la Chandeleur. Item, vne Chandelliere.
Ceraiuolo, vn faiseur de chandelles de cire.
Ceramella, chalemie.
Ceramento, cirage.
Cerare, cirer.
Ceraro, cirier.
* Cerasa, cerise.
Cerasio, serpent qui a des cornes, Ceraste.
Cerasuolo vino, sorte de vin, vin de cerise, vin qui à la couleur de cerise.
Cerbaia, vne chesnaye, ou plustost vn bois de hestres.
Cerbia, vne biche.
Cerbiatto, jeune cerf.
Cerbio, cerf.
Cerbione, gros cornard.
* Cerbonéca, du ripopé, vin gasté.
Cerbottana, serbatane.
Cerca, la queste. Item, enqueste, perquisition.
Cercabrighe, vn querelleux.
Cercamento, enqueste, queste, recherche.
Cercare, chercher : tascher : rechercher.
Cercarsela à denari contanti. i. chercher son malheur tout exprés.
Cercar d'vno, s'enquerir, s'enquester de quelqu'vn.
Cercar Maria per Rauenna. i. chercher son malheur : c'est effectiuement, nous disons, chercher guignon : chercher midy à quatorze heures.
Cercar di dormir vestito, id.
Cercar il corpo alle cicale, id.
Cercar paés, courir le pays.
Cercata, recherche, queste.
Cercatore, chercheur.
Cerceglio, vne guirlande : vn serre-teste : vn collier. Item, le circuit : vne trouppe de personnes en rond, & vn bouchon de cabaret.
Cérchia, vne citroüille. Item, enuironnement.
Cerchia, cherche : ligne totale de plusieurs partiales.
Cerchiare, enuironner : relier les tonneaux.
Cerchiéllo, autrement, remolino, espy, remolin, vn poil tots en forme de cercle à vn cheual.
Cérchio, cercle, cerceau.
Cérchi d'vna rubia, jantes.
Cérchi, cercles à la corne d'vn cheual.
Cérchio, le roüet d'vne serrure.
Cérchio da tauerna, bouchon de tauerne.
Cérchio, vne corde qui sert à battre les forçats, vn gourdin.
Cérchio, pour Cerchiáro, entouré.
Cérchio, en jargon, vne bague.
Cerchiosa, en jargon, vn tonneau, vn cabaret.
Cerchioso, en jargon, vn anneau.
Cercinata, gros sot, niais.
Cercinata, coup de torchis ou torche. Item, vne paure garce.
Cercine & Cercimo, vn torchis ou torche que portent les laictieres ou autres, pour soustenir leur pot, &c. Item vn compas, selon aucuns.
Cérco, queste.
cacciar per lo Cérco. i. perdre son temps.
Cérco, pour cercato, cherché.

Cercolàre, circulaire.
Cerconcéllo, sorte d'herbe.
Cercóne vino, vin gasté, vin tourné.
Cerdóne, selon aucuns, vn maraut, vn coquin.
Cerobuttàna, serbattane.
* Cétebra, cerueau.
Ceremònia, ceremonie.
Ceretanería, chalatanerie.
Ceretáno, charlatan.
Cerfóglio, cerfeüil.
Céria, sorte de tumeur ou vlcere. Item, vne sorte de breuuage fait de grain.
* Cérico, vn Clerc.
* Cerifero, qui porte de la cire.
* Cérigo, Clerc.
Cerígna, vne hotte.
Cerígno, de couleur de cire.
Cerillo, sorte de vin.
Cerimònia, ceremonie.
Cerimoniáre, faire des ceremonies.
Cerimonière, maistre des ceremonies.
Cerimonióso, cerimonieux.
Ceríno, de couleur de cire.
Cério, vn flambeau, vn cierge.
Ceriòla, &
Ceriòlo, vn Cerne, poisson, d'eau douce comme des petites anguilles.
Cerire, en jargon, foüetter, pres. cerisco participe, cerito, foüetté.
Cermanèlla, vne chalemie.
la nari sue sòn fattè Cermanèlla, il a le nez troussé comme vne cornemuse ou chalemie.
Cérna, esplucheure : eslite.
Cérna cérnide cérnite, milice du pays.
Cérnere, espluchet : blutter la farine : choisir, trier.
Cernicchio, vne aiguille qui sert à partir les cheueux en deux.
Cérnita, choix, eslite.
pan di Cérnita, pain de fleur de farine.
Cernito vento, vent asseuré.
Cernitùra, choix, eslite.
Céro, cierge.
Ceróne, vn grand cierge, gros visage.
Ceròtto, vn cierge : cerot, emplastre, ciroësne.
Cérra, pesne de toile.
Cerràia, lieu planté de hestres.
Cervacchiòne, vn grand hestre.
Cirrecèrre, & en jargon, les mains.
Cerrivóli, en jargon, des gands.
Cerréto, lieu plein de hestres, bois de hestres.
Cérro, hestre : vn toupet de cheueux, c'est aussi vn pesne au bout de la toile.
Cerrosùghero, hestre-liege, sorte d'arbre.
Cerròne, gros toupet de cheueux.
Cerróne, vn pesne, ce qui demeure deffilé au bout de la toile.
Cerrúto, remply de hestres.
Certa, certaine.
sà che Certa canti, fais en sorte que Certaine chante .i. fay-toy faire vn mot d'obligation pour seureté, allusion à Carta, du papier.
* Certàme, combat.
Certaménto, certainement.
Certaménto, Contertaménto, concert, accord.
* Certana a, Certanità, asseurance.
* Certàno, asseuré.
* Certatóre, vn combattant.
Certézza, asseurance.

* Certificant a, certification.
Certificàre, certifier.
Certificàto, vn certificat.
Certificatóre, certificateur qui certifie.
Certificatríce, certificatrice.
Cérto, certain : certes : certainement.
Certo sù bugiàrdo, &
Certo sù appicàto per ladro. i. on dit bien souuent, certes encore qu'il ne soit pas vray.
Certi vni, aucuns, quelques-vns.
vn Certo che, ie ne sçay quoy.
Ceriósa, la Chartreuse.
Certosíno, Certugíno, Certuíno, Chartreux.
Cérua, biche.
Ceruánte, en jargon vn bouc.
Ceruàrio, de cerf.
Ceruáto, de couleur de poil de cerf.
Cerneggiàre, estre comme le cerf.
Ceruelàccio, vn cerueau fort : fin fantasque. Vn ceruelas.
Ceruelliéra, vn pot de fer à porter sur la teste.
la Ceruelliéra, nous disons en gaussant, la cermoniere pour la teste.
Ceruellíno, vn esuenté, vn esceruelé.
Ceruèllo, cerueau.
dar le Ceruèlla al Cimadóre, auoir l'esprit en autre part, laisser sa memoire au logis.
hauer il Ceruèllo à partìto. i. estre embroüillé.
star in Ceruèllo, prendre garde à son fait ou à soy, estre sur ses gardes.
Ceruèllo eteròclito, cerueau mal fait.
Ceruèllo bígio, cerueau creux, fantasque.
Ceruèl trapanàto, idem.
Ceruèllo da statùra, humeur ou cerueau bizarre, vn qui fait l'esprit fort, qui veut donner la loy, qui fait l'entendu.
chi non ha Ceruèllo habbia gambe. i. qui n'a point de memoire fait vne chose deux fois.
Ceruèl di gatta, sot : inconstant : memoire de liéure : estourdy.
Ceruiátto, ieune cerf, faon de biche.
Certíce, la fontaine ou le hant de la teste.
Ceruiére, loup ceruier.
Ceruiéro, qui chasse aux cerfs.
Cerúgia, de la biere.
Ceruína, sorte d'espine.
Cerníua pélle, peau de cerf.
Ceruíno, de cerf. Item, vn ieune cerf.
Ceruíto, faon de biche.
Cerúgia, Chirurgie.
Cerúgico, vn Chirurgien : & Chirurgie.
Cérvio, vn cerf.
* Cerúleo, bleu.
Cérvo, vn cerf.
Cerúogia, bierre, ceruoise.
Ceruòsta, de la bierre.
Ceruogiàro, Ceruosàro, brasseur.
Cerúsico, Chirurgien.
Cerúsia, Chirurgie.
Cesále, haye, palissade, closture de champs.
Cesána, sorte de Cigne.
Ce saráne, sorte de chaisnes d'orfeurerie en Italie.
Cesàreo, Imperial.
Césca, pour Francésca, Françoise, nom propre de femme.
Cesendèllo, c'est ce que l'on met au dedans d'vne lampe pour y faire tenir la mèche, & qui nage sur l'huile.
* Césino, vn Cigne, ou espece de Cigne.
Césio, sorte de couleur de Peintre.

* Cesóle & cistre, des ciseaux.
Cesóne, sorte de canard.
* Cesóre, vn tailleur : vn couppeur.
* Cespitáre, broncher.
Cespite & Céspo, vn buisson. Item, vn petit rejetton.
Cespugliáre, entourer de buissons.
Cespúglio, buisson.
Cespuglióso, plein de buissons.
Cessábile, qui peut cesser.
Cessagióne, cessation.
Cessaménto, cessation, cessement.
Cessánte, cessant.
Cessáre, cesser. Item, arrester, faire cesser.
Cessióne, cession : & quittance.
far Cessióne, donner vne quittance, confesser d'auoir esté payé : & faire cession.
Cesso, priué, aisément, la garderobbe. Item, cedé.
andar al Cesso con le bilancie, aller à la garderobbe auec des balances .i. faire ses affaires fort reglées.
vn Cesso ripulito, nous disons, vne maison reblanchie, d'vne vieille repatée ou fardée.
Cesta, pannier sans anse. Item, touffe.
Cestáre, mettre dans vn pannier.
Cestáro, Cestáio, Vannier : faiseur de panniers.
Cestarúolo, porte-hotte, porteur de pannier.
Cestélla, vn pannier. Item, vne coste à nicher des pigeons.
Cesterélla, Cestellína, idem.
Cestéllo, vn corbillon.
Cestíno, pannier à nicher les pigeons.
Cesticíllo, vne sorte de torchis de paille à porter les fardeaux sur la teste.
Cestíre, c'est quand le grain en croissant augmente sa touffe ou son espic, pres. cestísco.
Cestíto, touffu.
Césto, vn pannier : vn maniueau, pron. l'è fermé.
Césto, vn gantelet à combattre anciennement, prononcé ouuert.
Cesto, selon aucuns, vn bardache, pron. fermé.
tu sei vn bel Césto, cela se dit en gaussant, à vn homme qui fait le gentil.
far Cesto, crescero il Cesto : cela se dit du grain qui augmente sa touffe en croissant : deuenir touffu.
Cesto, ceinture qui se donnoit aux nouuelles mariées.
batti il Cesto rimane il mánico .i. corrige le meschant, tu n'en tires pas grande raison.
Cestóndio, gabionné.
Cestóne, pannier, corbeille : gabion.
Cestopilórto, vn pannier couuert.
Cestótta, vn petit pannier.
Cestróne, betoine.
Cestulíccia, vn pauure petit pannier.
Cestúto, touffu.
* Cesúra, incision, cesure.
* Ceta, vne hache, selon aucuns.
Cétara, vn cistre.
Cétera, cétra, vn cistre. Item, vn & cetera.
entrar in Cétera .i. sortir de propos : se mettre à crier ou disputer.
Ceteráre, jouër du cistre.
Ceteratóre, jouër de cistre.
* Ceto, vne Baleine. Item, vne assemblée, & le nom d'vne estoile.
Cétola, sorte de poisson. Item, vne sorte de monoye.
Cétra, cistre, luc, lire, instrument de musique, & de Poëte.

Cetrágine, melisse, herbe.
Cetrángolo, sorte de citron.
Cetríno, de couleur de citron.
Cétro, sceptre, pron. ouuert.
Cetronáto, confiture faite de jus de citron.
Cetróne, citron.
Cetronélla, soucy, & fleur de soucy. Item, bauline, herbe.
Cetrnólo, citron. Item, concombre, ou cocombre.
* Cetta, vne hache.
* Cettína, vne petite hache, vne petite fille, mot des campagnes de Rome.
* Cetto, tout nouuellement.
Cettolíno, vne petite hache, vn petit enfant.
Céualo, vn mulet, poisson.
Ceuéllo, & Céuero, idem.
* Ceuóle à ciuólle, cibouilles.

CH

Che, quoy : quel : que : qui : lequel, laquelle, car parce que.
à Che, pourquoy, pour quel sujet, à quoy bon.
il Che, ce que : ce qui, relatif.
Che che, quoy que, qui que.
ò Che stubito sarete scacciáti, ou bien l'on vous chassera incontinent.
vn bel Che, nous disons d'vne chose de peu de consequence, vn bel affaire, vne beau venez-y-voir.
Ché ? quoy, comment, interrogatif.
Che si, je gage que si.
Che si che, si te te prend.
Chebulí, sorte de mirabolans, Kebules.
* Checcaláre, cacqueter comme vne poule.
Checcalísta, vne caqueteuse.
Chetché, quoy que.
Checco, pour Francésco, François.
Ched, pour che.
* Chéggiere, chedère demander.
Chelidónia, celidoine, esclere.
Chelídro, tortuë de mer : & sorte de serpent d'eau fort venimeux.
Chelópis, & Chelónite, crapaudine.
* Chéllo, pour quello, celuy.
* Chénte, quel : combien.
* Chentúnque, quantúnque, bien que.
* Chepíxo xo, vn finet, vn rusé.
* Cherco, vn Clerc.
* Chercúto, qui a vne couronne de Prestre.
Cheréue, requerir, demander.
Cherciá, couronne de Moine ou Prestre.
Chericále, clerical.
Chericáto, Clergé.
Cherminále, Cherminóso, criminel.
Chermisí, cramoisy.
Chermisíno, de couleur cramoisie.
* Cherúbico, enflammé de charité.
Cherubíno, vn Cherubin.
* Chessa, enqueste. Ce mot se met aussi pour questa, celle-cy.
Chetaménte, coyement.
* Chetánza, quittance.
* Chetáre, appaiser, faire ou rendre coy.
Chetéuole, qui se peut appaiser.
Chetezza, silence, humeur coye.
fare à Chetichégli, ne dire mot, faire son fait, joüer au fin.
Chéto, coy.

* *Cheunche*, *Cheunque*, quoy que : qui que ce soit.
Chi, qui,
Chi, pour *qui*, icy.
Chibi, qui que.
Chia, forte de maftic : & vne forte de poudre precieuſe dont les habitans du Iapon font vn breuuage.
Chiacchera, *Chiàcchiara* et *Chiacchiera*, cajollerie, jaſerie.
Chiacchiaràre, jaſer, cajoller.
Chiacchiaràta, cajollerie.
Chiacchiarláia, cajolleuſe.
Chiacchiaróne, jaſeur, cajolleur.
Chiacchibichiácchi, cajolleries.
Chiàcco, claquement de langue.
* *Chiaffàto*, bouffée de vent.
Chiàggia, cloaque.
Chiamamento, vocation.
Chiamàre, nommer, appeler.
Chiamar il ponto, c'eſt compter ſa chance en jouant aux dez.
Chiamàta, chamade : terme de milice : huée.
Chiamatióne, vocation : huée.
* *Chiamóre*, clameur.
Chiàna, mare d'eau, vn cloaque, vn bourbier : c'eſt vn nom propre d'vn mareſt en Toſcane : ſelon aucuns, vne plane.
* *Chianàre*, ſe faire vne mare ou bourbier. Item, applanir, monter, mot Napolitain.
* *Chiànca*, tuërie, boucherie. Item, vn trébuchet : & le lieu où l'on donne la gehenne.
* *Chiàncara*, ſorte de dance comme à l'Allemande.
Chiauacaúno, vne ſorte de ſoulier pour vn cheual qui a la corne tendre ou vn faux quartier.
Chianélle, *pianèlle*, pantouſles.
* *Chionétta*, vn caſque.
* *Chiantàre*, pour *piantàre*, planter. Item, esflatter.
* *Chiantàrla ad vno*, faire vne niche à quelqu'vn.
Chiáppa, vn thuillot, vn morceau de thuile.
Chiáppa, la hanche : ſelon aucuns, vne terrine : vne fente naturelle d'vne pierre : vn eſchelon : le manche d'vn couſteau : le coſté d'vn chatton : la culaſſe d'vn canon. Item, claquement.
Chiàppe, quartiers, trenches, morceaux de fruits.
Chiàppe di muro, platras.
Chiáppe d'anello, les parties ou coſtez du chatton.
Chiàppe, les feſſes.
hauer 50. anni ſù le Chiàppe : nous diſons, auoir 50. ans ſur la teſte.
Chiappàre, attraper, prendre à l'impourueu, ſurprendre.
Chiappeggiàre, frapper ſur les feſſes.
Chiappeggiàta, coup ſur la feſſe.
Chiapperòne, vne garniture de fer au bout d'vn eſſieu.
Chiappétte, *Chiappettíne*, petites feſſes.
Chiáppo, couplet, crochet à vn mors.
Chiáppola, vn badin, injure à vn enfant. Badinerie, ſottiſe, niaiſerie, broüillerie.
Chiappolerìe, babioles, broüilleries, badineries.
Chiappolíno, petit ſot, petit badin.
Chiappóne, padaſne.
Chiappóſo, feſſu, qui a de groſſes feſſes.
Chiàra, glaire, blanc d'œuf.
far la Chiàra, mettre la glaire d'œuf ſur vne playe, mettre le premier appareil.
diſpiccar le Chiàre, deſtacher la glaire d'œuf de deſſus le mal .i. receuoir des coups : parce que l'on met du blanc d'œuf ſur les boſſes ou playes.

Chiarabaldàna, choſe de rien.
Chiaramílla, ſorte de chalemie ou cornemuſe.
Chiaramente, clairement.
* *Chiarantàna*, *Chiaranzàna*, ſorte de dance.
* *Chiarantanàre*, dancer groſſierement.
Chiaranzàna, ſorte de dance. Item, du vin baptizé.
Chiaràre, eſclaircir.
Chiaréa, breuuage medicinal. Item, de l'hypocras : & vne ſorte d'eau pour ſe lauer.
eſſer in Chiaréna, en jargon, eſtre yure.
Chiarétto, *Chiarétto*, vin clairet. Item, clair, ou clairet.
Chiarézza, clairté. Item, apparence : renommée, ſplendeur.
Chiarificàre, clarifier.
Chiarificatióne, clarification.
Chiarimento, eſclairciſſement.
Chiaríre, eſclaircir, oſter de doute, pref. *chiarìſco*.
Chiaríre, en jargon, boire.
Chiaríre, en jargon, coupper la bourſe, pref. *chiarìſco*.
Chiariſtánte, en jargon, beuueur.
Chiarità, clarté.
Chiaríto, en jargon, yure, beu.
è reſtato Chiaríto, il eſt demeuré bien eſtonné. Item, il s'eſt apperceu de ſa faute ou de ſon mal.
Chiaritóre, eſclairciſſeur : en jargon, yurogne.
Chiàro, clair.
Chiàro, Illuſtre.
Chiàro, en terme de peinture, iour.
venir in Chiàro, venir en connoiſſance, s'eſclaircir d'vne choſe.
Chiàro, en jargon, du vin.
Chiàro pungènte, en jargon, du vinaigre.
* *Chiaróre*, ſplendeur, eſclat.
Chiaróſo, en jargon, du vin.
Chiaſſaiuóla, vn canal à faire couler l'eau.
Chiaſſaiuólo, vne ruelle.
Chiaſſàre, emplir de boüe. Item, courir le bordel.
Chiaſſétto, vne ruelle : vn petit bordel.
Chiáſſo, petite rüe : bordel : cul de ſac.
è il Chiáſſo de Monna Sandra, c'eſt la ruelle de Dame Sandra, qui n'a point d'iſſuë .i. vn affaire ſans fin.
darla pe' Chiáſſi, nous diſons, enfiler la venelle.
darebbe d'vn Chiáſſo ogni danáio .i. il voudroit bien trouuer le moyen de ſe cacher ou ſe ſauuer.
Chiaſſolíni, ceux qui demeurent dans les ruelles, la canaille.
Chiaſſellíno, ruelle, cul de ſac.
Chiaſſuólo, ruelle, cul de ſac.
Chiattàre, cacher, ſe tapir, appaiſer.
Chiattàto, caché. Item, vn crapaut.
Chiauacuóre, ſorte d'ornement de femme ſur la poitrine.
Chiauaio, *Chiauaiuólo*, celuy qui tient les clefs : c'eſt auſſi vn Serrurier.
Chiauàllo, barre de porte ou de feneſtre.
Chiauárda, cloud à crochet. Item, fermeture.
Chiauárdo, jauard.
Chiauánte, fermeture.
Chiauàre, fermer, clorre, fermer à clef : c'eſt auſſi faire l'acte Venerien.
Chiauarìna, vne arme comme vne demy-picque. Iaueline.
Chiauaríne, vn Serrurier.
Chiauáro, Serrurier.
Chiauaruóla, vne barre à vne feneſtre. Item, vn peſſe de ſerrure : & vne mortaiſe.

Chiauatóre, Serrurier. Item , qui fait l'acte Venerien.
Chiauatrice, la femme lubrique, qui fait bien l'acte Venerien.
Chiauattiére, Serrurier.
Chiáue, clef. Item , vn bandage.
queſta è la Chiáue del mellonáio, voila la clef de la conche aux melons .i. voila mon mal , c'est ce qui me touche , c'est mon grief.
Chiáue della volta, vne clef ou fer qui souſtient la voulte , vne ancre.
Chiáue, vne clef, vn fer que l'on met à vn mur pour le souſtenir, vne ancre.
Chiáue maéſtra, vn paſſe-par-tout.
Chiáue, la barre d'vn tonneau.
Chiáue, posture de l'acte Venerien.
Chiáuega, vne bonde. Vn cloaque. Item, vn égouſt.
Chiauelláre, cloüer. Item , farfoüiller dans vn trou d'vne clef ou autre choſe : & riuer vn cloud.
Chiauellatúra, cloüeure, riueure.
Chiauéllo, vne cheuille que l'on fiche en terre pour tendre vne tente. Item , vne broche de fer que l'on riue à quelque choſe. Item, vn mal qui vient aux doigts ou en autre part , dit communément vn cloud.
Chiauerina, vne demie picque. Iaueline.
Chiauerino, vn Serrurier.
Chiauéſca, qui appartient à vne serrure.
Chiauétta, clauette. Item , vne petite clef : & vn coin de fer que l'on pouſſe à force pour faire tenir quelque choſe.
* *Chiáuica*, cloaque , vn égouſt.
Chianicáre, cheuiller.
Chiauicchia, *Chiauicchióne*, cheuille.
Chiauichétta, gouttiere, petit égouſt.
Chiauicola, le nœud ou l'os du goſier.
Chiauigióne, vne cheuille de fer.
Chiauiſtéllo, verroüil : selon aucuns, le peſle. Item , le membre viril.
ròder i Chiauiſtélli, ronger les verroüils : nous diſons , ronger son frein de rage & de colere , manger ſes doigts de colere, & ſonger à la vangeance.
lacciar il Chiauiſtéllo .i. n'oſer plus retourner en vne maiſon.
Chiauiſtério, vne maiſon de reſioüiſſance , ou l'action Venerienne.
Chiáuo, cloud : vn nœud d'arbre.
Chiázza, crouſte de galle ou autre choſe ſemblable : crotte : marque, pron. *ts*.
Chiazzáre, eſcacher. Item , emplir de crottes : & marqueter, pron. *ts*.
Chiazzáto, marqueté. Item , crotté, pron. *ts*.
Chiázzo, ruelle , bordel, pron. *ts*.
Chicca, du bon bon , mot d'enfant.
Chicchi, qui que ce soit.
Chicchere, la figue ou nicque que l'on fait auec les doigts.
Chicchirilláre, jaſer, cajoller.
Chiedénte, demandeur, requerant.
* *Chiédere*, requerir , demander, preſent , *chiéggo* ou *chiéggio* ou *chiédo*. Parf. *chiéſi*, participe, *chiéſto*.
Chiedíbile, que l'on peut requerir.
Chiediménto, demande.
Chiedítóre, demandeur.
Chiedítrice, demandeuſe.
Chiedíto, demandé.
* *Chiégga*, la remply d'vn habit.
* *Chiéggere*, demander.
Chiéggia, copeau, eſclat de bois. Item , vne aduance à

vne montagne.
Chieggiáre, eſclatter, fendre en coppeaux.
Chiefmítro, en jargon, Capitaine.
* *Chiéndine*, lente de poüil.
* *Chiendinóſo*, plein de lentes.
Chiéppa, *Chiéppa*, sorte de poiſſon.
ſanta Chieppína, nous diſons , ſainte Nitouche.
* *Chieppináre*, faire l'hypocrite.
* *Chieppíno*, hypocrite, papelard, bigot, ſinge.
Chiérere, demander.
Chierica, couronne de Preſtre ou Moine.
Chericante, qui fait le Clerc.
Chiericáto, clericat, Item , Moine ou Preſtre qui a vne couronne.
Chierichétto, petit Clerc.
Chiérico, Clerc , Preſtre , Religieux.
Chieriéra, en jargon, vne Nonnain, Religieuſe.
Chiéſa, Egliſe.
Chieſétta, *Chieſuóla* & *Chieſicciuóla*, petite Egliſe.
Chieſuóla, chapelle où l'on met les condamnez deuant que de les mener au ſupplice, petite Egliſe.
Chiéſta, requeſte : demande : enqueſte.
* *Chieſtáre*, queſter : enqueſter.
Chiéſto, requis , demandé.
* *Chictaríe*, tours de bigotteries.
* *Chictináre*, faire le bigot.
* *Chictináric*, *chicppiuaríe*, bigotteries.
Chictíno, bigot, hypocrite.
* *Chictíe*, idem.
* *Thieueglio*, vn badin.
* *Chigli*, des quilles.
Cilíndro, ſerpent aquatic.
Chilo, le quile.
* *Chiléne*, lippu.
Chilóſo, de quile. Item , qui a l'eſtomac indigeſt.
Chimêra, chimere.
Chimeráre, faire des chimeres , fantaſtiquer.
Chimereggiáre, idem.
Chimérico, chimerique, fantaſtique.
Chimeríſta, d'humeur chimerique.
Chimereggiáre, idem.
Chimérico, chimerique , fantaſtique.
Chimeríſta, d'humeur chimerique.
Chimeríze, fantaſtiquer.
Chimía, la Chimie.
Chimíco, chimique.
Chimíſta, Chimiſte.
Chimo, la ſeconde digeſtion, ou la maſſe du ſang qui ſe fait dans le foye : c'eſt auſſi vne ſorte de poiſſon qui predit la tempeſte.
* *Chimoſi*, vne humeur qui colle les yeux , & les empeſche de s'ouurir.
China, valée , penchant, deſcente.
China, eſquine, ſorte de bois à faire la decoction.
laſciar andar l'acqua alla China .i. laiſſer les affaires comme elles ſont.
Chinance, Peſquinancie.
Chináre, plier, baiſſer, encliner.
Chinára, deſcente.
Chinatúra, enclination, penchement.
Chinéa, haquenée.
Chinéa d'Inghilterra, guilledin d'Angleterre.
Chinéa d'Inghilterra vá di portante .i. macquerelle , parce que *andar di portánte*, ſignifie aller l'amble , & porter le poulet.
Chineuóle, qui ſe peut pencher.
Chino, deſcente , penchant. Item , plié, courbé, penché : & vne reuerence.

CH

Chintána, les Florentins se seruent de ce mot pour vne bague que l'on court à cheual : mais proprement c'est la quintaine ou le faquin à rompre le bois ou la lance.
Chiòca, cloaque, vne poulle qui glouce, qui a des poulcins.
Chiocca, toupet ou floccon de cheueux. Troche de fruits, vne poulle qui a des poulcins.
in Chiòcca, en quantité.
Chioccàre, claquer.
Chiòccia, vne poule qui glouce, qui a des poulcins.
Chiocciáre, gloucer. Item, mettre en floccons.
Chioccio chióccio, tout enroüé : c'est plustost, à mon aduis, retiré comme vn limaçon dans sa coquille : bas ou bien tapy comme vne poule sur ses poulcins, le mot est tiré du suiuant.
Chiócciola, escargot, limaçon.
scala à Chiócciola, degré à limaçon.
Chiocciolíne, vignots, petits escargots de mer.
Chiócco, claquement.
Chiodáccio, gros cloud mal fait.
Chiodáme, marchandise de clouds : du cloud.
Chiodáre, cloüer.
Chiodáro, *Chiodarnólo*, faiseur de clouds : cloutier.
Chiodatùra, cloüeure, & encloüeure.
Chiodería, du cloud, quantité de clouds.
Chiodétto, petit cloud.
Chiòdo, cloud.
batter due Chiòdi à vn caldo : nous disons, faire d'vne pierre deux coups.
hauer fisso il Chiòdo, auoir fiché le cloud .i. estre resolu, estre obstiné : auoir arresté vne chose.
Chiódra, en jargon, Compagnie & Confrairie.
Chiodríno, vn Moine, en jargon.
Chióggia, nom propre de lieu.
da Chioggia, de ce lieu là .i. sot, niais.
Chiòma, cheueleure.
Chiomáre, garnir de cheueux.
Chiomáto, cheuelu.
far Chiomazzuóli, se dit d'vn cheual qui ne veut pas souffrir qu'on l'embouche, & se desfend de la leure de dessous.
* *Chiòppa*, lechefrite.
Chiop páre, claquer.
Chiòppo, claquement.
Chiòsa, glose, interpretation.
alle Chiòse, sorte de jeu auec des pierrettes ou boulettes, à la roulette.
Chiosáre, gloser.
Chiosatóre, gloseur.
Chiosatríce, femme qui glose, gloseuse, repreneuse.
Chiósó, fondu ou dégelé.
Chiòstra, enclos, clos : & vn cloistre.
Chiostráre, enfermer dans vn Cloistre.
Chiòstro, pour Palais : & prison : cloistre : le ventre de la femme : vn parc ou enclos de bétail.
Chiottáre, rendre coy ou secret.
Chiòtto, coy, sans remuer ou faire bruit.
Chioua, sorte de poids.
Chiouára, cloud où l'on attache les draps pour les estendre & seicher.
Chiouárde, rais d'vne roüe.
Chiouárdo, jauard.
* *Chiouáre*, cloüer.
Chiouatùra, closture : & encloüeure.
* *Chiòuo*, cloud.
* *Chióni*, enfleures aux pieds des oiseaux : & aux yeux des personnes.

CH CI

Chiòuola, jointure : cheuille.
Chiòzzo, goujon.
Chiòzza, vn gaschis d'eau.
Chiòzza pour *chiòccia*, poule qui glouce.
Chiozzarélla, petite poule qui glouce ou qui a des poulcins.
* *Chiràdo*, creuasses aux mains & aux pieds.
Chirágra, goutte aux mains, chiragre.
Chiribizzáre, fantastiquer.
Chiribizzo, fantastiquerie.
Chiribizzóso, fantastique.
Chiricóccola, vn branle-queuë, oiseau.
Chirintàna, & *Chirinzána*, sorte de dance.
Chiromantía, Chiromantie.
Chirónia, centaurée. Item, vne sorte de vigne sauuage.
Chirurgía, Chirurgie.
Chirúrgico, Chirurgien.
Chisciáre, sarcler.
* *Chrìsto* pour *questo*, cettuy-cy, mot Napolitain ou Sicilien.
Chitárra, guitarre.
Chitarrísta, joüeur de guitarre.
* *Chiù* pour *più*, plus, mot Calabrois ou Napolitain.
* *Chindenda*, lieu clos, vn parc, vn enclos : vn Cloistre : vne palissade, vne haye : closture, cloison.
Chiudéo, poët. ferma, pour *chiuse*, parfait de *chiudere*.
Chiudere, clorre, enclorre, serrer, enfermer, parfait, *chiusi*, participe, *chiuso*.
Chiudiménto, closture, cloison.
Chiudiùra, closture, fermeture, cloison.
Chiùnque, quiconque, prononcé l'i & l'u separément.
Chiùrla, en jargon, la teste.
Chiùsa, muë, lieu où l'on met les oiseaux pour les faire muer : enclos : clos : vne bonde : vne escluse.
mettere in Chiùsa, mettre en muë.
Chiùsa, conclusion de Stance en Poësie.
Chiusaménte, secrettement.
Chiuseráia, sorte de ret à pescher.
Chiùso, clos, enclos, fermé, enfermé.
à Chiùsi òcchi, à veuglette.
Chiusùra, closture.
* *Chìzza*, vne vieille ridée. Item, vne vieille macquerelle, vne vieille chienne, pron. ts.
* *Chizziòla*, sorte de boudin blanc, petite chienne, pron. ts.
Chóro, chœur.

CI

Cì, aduerbe de lieu, y.
Ci, nous, & à nous, datif absolu.
Ciabáta, sauatte. Item, toutes sortes de vieilles hardes.
Ciabattáre, saueter.
Ciabattería, sauattes, vieilles hardes, sauatteries.
Ciabattáro, *Ciabattiére*, sauetier.
Ciabattinésco, de sauetier.
Ciabattíno, sauetier.
* *Ciabratána*, serbatane.
Ciaccáre, gourmander.
Ciaccheráre, escacher, escraser.
Ciaccherélle, sortes d'amandes seichées au four auec du sel, qui ont l'écorce fort tendre.

CI

Ciácep, vn pourceau. Item, lieu ou l'on iette les ordures.
Ciaffáre, prendre, happer, gripper.
* *Ciáffo*, vn sergent. Item, vn bondon.
Çafruságlia, menuës viandes, bagatelles bonnes à manger.
* *Ciágola*, vne sorte de corneille.
Cidáida, vne gauffre : ou pluftoft vne oublie ou cornet de petit meftier, dequoy l'on se sert en Italie pour cachetter les lettres.
Cialdáro, faiseur de gauffres, ou de petit meftier.
Cialdonáio, faiseur d'oublies, oublieur, faiseur de petit meftier.
Cialdóne, cornet de petit meftier.
Cialdoncíni, petites gauffres.
Cialfána, vne vilaine.
* *Ciallóne*, sorte de pauillon de lit.
* *Cialtráre*, gueuser. Item, selon aucuns, jaser.
* *Cialtróne*, coquin, gueux : & vn jaseur.
Ciamárra, vne cimarre : & vne robbe.
Ciambaglióne, sorte de boüillon pour les malades.
Ciambélla, sorte de gafteau, craquelin.
Ciambellanía, office de Chamberlan.
Ciambelláno, Chamberlan.
Ciambelláro, faiseur ou vendeur de craquelins.
Ciambéllo, vn gafteau à trois cornes.
far il Ciambéllo diètro, nous disons, faire la nique ou les cornes, se mocquer.
Ciambellottáro, faiseur de camelot.
Ciambellótto, camelot.
far come il Ciambellótto, nous à sons aussi, faire comme le camelot, prendre son ply, ne pouuoir changer d'habitude.
Ciamberláno, Chamberlan.
Ciambudélli, sorte d'andoüilles.
Ciamellótto, camelot.
Ciamórro, la morue d'vn cheual, proprement l'étranguillon.
Ciampolíne, sorte de poires en Italie.
Ciancelláre, cajoller. Item, chanceller, selon aucuns, riotter, railler.
Ciáncia, cajollerie, jaserie, badinerie : jeu, raillerie.
non è Ciáncia, ce n'est pas mocquerie.
Ciancerelléra, cajollerie.
Cianciafrúscole, caiolleries.
* *Cianciféra*, vne soüillon.
Cianciféscole, cajolleries.
Cianciáre, cajoller.
Cianciatóre, cajolleur.
Cianciatríce, cajolleuse.
Ciancicáre, pour mascher, & menuiser.
Ciancolína, badinerie.
Cianciáne, grand cajolleur.
Cianciósó, plein de cajolleries.
Cianciúme, cajolleries, jaseries.
* *Cianfárda*, vne vilaine.
* *Cianfrógna*, en jargon, narquois.
* *Cianfregnóne*, vn narquois.
* *Cianfróne*, vn bon drolle. Item, vne piece de cinquante huict sols.
* *Cianfruságlia*, racaille. Item, petites rauanderies bonnes à manger : febve louuine.
Cianfrusagliúme, id.
Ciángola, vne iatte, cheze percée.
Ciangoláre, & *Ciangottáre*, gasoüiller.
Ciangotióne, gasoüilleur, cajolleur.
Ciáno, aubifoin, bluet, barbeau, sorte de fleur.

CI

Ciantellináre, boire à petits traits.
Ciantellíni, petite goutte : & petite miette.
beuer à Ciantellíni, boire à petits traits.
buttar Ciantellíni sù le salde, mettre des gouttes sur les plis de l'habit .i. diffamer vne personne.
Ciantolíni, *Ciántoli*, gouttelettes.
Ciánza, le jeu de la chance.
ciánzáre, iouer à la chance : & ramener sa chance.
* *Ciaperonáre*, mettre vn chapperon.
* *Ciaperóne*, vn chapperon.
Ciáppolo, l'eftau d'vn ouurier.
lasciar nel Ciáppolo .i. oublier.
Ciarabatána, serbatane. Item, galimatias, caiollerie, jaserie.
Ciaramélla, chalemie. Item, galimatias, caiollerie, jaserie.
Ciaramelláre, jaser : & ioüer de la chalemie.
Ciarmellóne, jaseur, babillard.
* *Ciaramíglia*, chalemie, cornemuse.
Ciaratáno, charlatan.
Ciaratáneríe, charlatanneríe.
Ciarátáno, charlatan.
Ciarbattána, serbattane.
parlar per Ciarbattána .i. parler par vne tierce personne.
Ciária, caiollerie.
Ciaryláre, caioller.
Ciarlatanáre, charlataner, faire le charlatan.
Ciarlatáno, charlatan.
Ciarlatóre, babilleur, causeur.
Ciarlería, caiollerie.
Ciarliéro, babilleur, caiolleur.
Ciarlóne, grand causeur : charlatan.
Ciárma, charme.
Ciarmáre, charmer.
Ciarmatóre, charmeur.
Ciárpa, nippes, broüilleries, petites hardes. Item, vne garce à chiens, par Metaph.
Ciarpáme, idem.
Ciarpánce, rauauderies.
Ciarperáccia, vne soüillon.
Ciarpóne, broüillon.
Ciartusíno, Chartreux.
Ciaschedúno, *Ciascúno*, *Ciastúno*, chacun, vn chacun.
* *Ciáto*, sorte de poids ou mesure : vne gorgée.
Ciattóne, caillou, platras.
Ciauaréllo, vn chevreul.
Ciauariáre, rêver, radotter : varier.
Ciauátta, sauatte.
scarpe in Ciauátta, souliers en pantoufle.
Ciauattáro, saueter.
Ciauattíno, sauetier.
* *Ciáula*, sorte de corneille.
* *Ciauléllo*, vn petit déjeuner.
* *Ciauelláre*, déjeuner legerement.
Ciaus, certain Officier en Turquie, comme vn courrier, Chaus.
Cibále, de viande, qui nourrit, nourrissant.
Cibáglie, toutes sortes de viures.
Cibáme, viandes, viures.
Cibaménto, nourriture, refection.
Cibáre, repaistre, nourrir.
Cibário, vne dépense où l'on serre la viande.
* *Cibátta*, sauatte.
Cibatóne, vn lourdaut.
Cibécca, vn chat-huant, ou choüette.
Cibéga, sorte de jeu d'enfant.
Cibíli, raisins secs.
Cíbo, viande.

Cibório,

Cibòrio, ciboire.
Cibóso, plein de viandes.
Cibrèo, sorte de hachis: c'est enuiron nostre ciué, ou ciuié.
Cica, vne miette: vne bouchée ou morceau. Point du tout, rien.
non gli darèi Cica, ie ne luy donnerois pas vn zest ou festu .i. rien.
Cicàda, cigale.
Cicadastra, sorte de guespe.
Cicàla, cigale: vne cajolleuse: vne coquette.
possa far come la Cicàla, che more cantando, puisse-t'il faire comme la cigale, qui se meurt en chantant.
come le Cicàle d'India, comme les cigales des Indes .i. caioller pour faire parler les autres.
Cicalàccia, grand cajolleur ou cajolleuse.
Cicalaménto, cajollerie.
Cicalàre, cajoller.
Cicalarìe, jaseries, cajolleries.
Cicalàta, vn caquet, vne cajollerie.
Cicalatóre, caiolleur.
Cicalatrice, cajolleuse.
Cicaléccio, caquet, cajollerie.
Cicalerìa, cajollerie.
Cicalétta, petite cigale.
Cicalièra, cajolleuse.
Cicalíno, caquet, cajollerie.
Cicalóne, grand cajolleur.
Cicàrdola, vne chiquenaude.
Cicatrice, cicatrice.
Cicatrizzàre, cicatrizer.
* Ciccantóna, vne coureuse.
* Ciccantonàre, pour bouffonner: & courir le bordel.
Ciccantóni, bouffonneries.
Ciccia, & ciccio, nos enfans disent du nanan, de la viande.
la Ciccia del Padrone, la mignone du maistre.
tu sei vna mala Ciccia .i. vne meschante piece, vn mauuais garçon.
Ciccióne, vn froncle: vn clou.
Cice, sorte de dattes.
Cicènna, sorte d'oye sauuage.
Cicérbita, laisteron, laceron, palais au lieure.
Cicèrchia, pois chiche blanc.
Cicerchióne, allusion de Cicerone, par raillerie, badaut, sot, niais.
Cìceri, pois chiches.
Cicerlanda, sorte de jeu.
Cichignóla, vne poulie: & vne cresserelle de bois.
Cìci, palma Christi, plante.
Cicigàre, prouoquer, agacer: & cajoller.
Cicigna, sorte de serpent.
Ciclamino, Ciclómino, pain de pourceau, plante.
Cicocchini, gousters, collations.
Cicógna, cigoigne: la piece de bois qui soustient vne cloche.
Cicógna, c'est vn certain baston que l'on met auprés d'vn puits, où l'on met vn sceau à puiser d'vn costé, & vne pierre pour contre-poids de l'autre.
diuentar Cicógna, deuenir cigoigne .i. claquer les dents de froid.
far Cicógna, à Venise, lier vn homme à l'antenne pour découurir en mer.
Cicognìno, jeune cigoigne.
Cicolìna, petite enfleure ou pustule.
Cicolìno, vn froncle.

Cicómero, concombre.
Cicòrea, chicorée sauuage.
Cicòria, & cicorélla, idem.
pigliarsi Cicoria, se fascher, se mettre en colere.
Cicoriàta, viande faite de chicorée.
* Ci orlia, gasoüillis.
Cicorliàre, gasoüiller.
Cicotto, gigot.
Cicóttola, le chinon du col.
Cicùta, ciguë.
Cicutària, sorte de sureau.
Cicutrémma, sorte d'instrument de villageois.
Cidra, du cidre.
giuoco della Cieca, le jeu de colin-maillard.
lanterna Cieca, lanterne sourde.
Ciecaménto, aueuglement.
Ciecàre, aueugler.
Cièco, aueugle.
menar il Cieco à ber alla fonte, nous disons, loger les aueugles, abreuuer le courtaut.
Cielo, Ciel.
Cielo, pour le haut du plancher.
toccar il Cielo con le dita, toucher le Ciel auec les doigts .i. estre plein de ioye, estre rauy.
Cimbalo, tambour de basque.
Ciera, visage.
Ciera, en jargon, la main.
buona Ciera, bon visage, bonne chere.
voi m'hauete Ciera, vous m'auez la mine.
Ciera di carneuale, vn mardy-gras, vn homme fort gras de visage.
Cieregiàro, vendeur de cerises, cerisier.
Cieróne, gros visage.
* Ciesàre, planter vne haye ou palissade.
* Ciese, hayes ou buissons.
Cifaràre, Ciferàre, chiffrer.
Cifara, Cifera, chiffre. Item, vn rebus de Picardie.
Cifarista, Ciferista, chiffreur.
Cifi, parfum dedié aux Dieux.
Cifo, & Cifone, en jargon, petit garçon.
Cifogliòne, la moüelle de l'arbre.
Cifolàre, siffler.
Cifolo, sifflet.
Cifra, chiffre.
Cifrante, Arithmeticien.
Cifràre, chiffrer.
Cigàre, craquer.
il Ciga da Siena, homme qui estoit fort liberal.
è meglio Ciga ciga, che miga miga, il vaut mieux vn tiens, que deux tu auras.
Cighignóla, vne poulie: & vne cresserelle de bois.
Ciglia di grátia, selon aucuns, vn bois dont on fait des grains qui rendent amoureux.
Cigliàre, leuée de terre, bord de fossé.
Cigliàre, siller ou ciller les yeux.
Cigliàto, releué, sourcilleux.
Ciglio, sourcil.
Ciglio del fosso, le bord releué du fossé, leuée.
Ciglióne, leuée de terre: le deuant d'vn Mont.
Cigliòso, sourcilleux.
Cigliùto, qui a des sourcils.
Cigna, Cinghia, vne sangle.
Cignàle, sanglier.
* Cignàre, ceindre. Item, imiter le Cigne.
Cignere, ceindre: enceindre, parfait, cinsi, participe, cinto.

Cignerla ad vno, faire vn tour à quelqu'vn.
Cignétto, petit Cigne.
Cigno, vn Cigne.
Cigola, forte de ret.
Cigola, vne criarde.
Cigolaménto, bruit, craquement.
Cigoláre, craquer, grommeler, gronder : crier comme vne rouë mal graissée.
Cilécca, tour, tromperie, mocquerie, niche.
Cileccáre, faire vn tour ou niche.
Cilécchi, tours, niches.
Ciléstro, de couleur bleuë, pers.
Cilicia, senegré.
Cilicio, celice.
Cilindrico, de forme de cilindre.
Cilindro, cilindre, colonne.
Cilòsso de schlaff, Allemand, qui signifie le dormir : mandar à Cilosso, enuoyer coucher ou dormir, faire mourir.
* Cilòma, caquet, caiollerie.
Cilomáre, caqueter.
Cima, presence, mine : la cime, le haut.
andar su per le Cime de gli alberi, i. entreprendre trop, parler des choses hautes.
Cima d'huomo, grand homme, braue homme : c'est aussi ce que nous disons par ironie, vn petit bout d'homme.
Io vedrebbe Cimabue che nasque cieco, nous disons, vn aueugle y mordroit.
Cimabue non lo farebbe, le peintre Cimabue ne le feroit pas, qui peignit vn gros pet dans l'eau. i. vne chose difficile.
Cimacia, terme d'Archit. cimaise, mouleure.
Cimára, tondre les draps, & les arbres.
Cimáyra, vne cimarre.
Cimaròsto, le meilleur morceau d'vne piece de rosty, le morceau friand.
Cimása, & cimasio, cimaise, mouleure.
Cimatóre, tondeur de draps.
dar le ceruella al Cimatore, auoir l'esprit en escharpe.
à Cimáto e bagnáto, il est tondu & moüillé, i. il est tout remply de malice & de mauuais courage.
Cimatúra, bourre.
* Cimba, & Cimbala, barque.
in Cimbalis, tout plein de resioüissance.
Cimbalista, ioüeur de cimballe.
Cimbalo, cimbale.
Cimbanélla, Cimbanéllo, petite cimbale.
Ciarlatrice, cajolleuse babilarde.
Cimbellare, attirer, allecher : appeller l'oiseau.
Cimbéllo, vn leurre : & vn oiseau qui sert d'appeau.
Cimbia, listeau, reglet ou ceinture de colonne.
Cimbório, ciboire.
Cimbòttolo, vn coup que l'on se donne en terre lors que l'on tombe, cheute, cascade.
Cimentáre, passer au ciment.
Cimentársi, s'attacher au combat : s'esprouuer l'vn contre l'autre, s'efforcer, s'obliger à quelque chose & se reduire iusqu'à l'extremité.
Cimento, ciment. Item, espreuue.
venir al Cimento, venir à l'espreuue : parce que l'on se sert du ciment pour purifier ou esprouuer vn metail.
Cimice, punaise.
Cimicio, id.
Ciméra, Cimiéra, cimier.
Cimieráto, qui a vn cimier.

Cimiére, Cimiéro, cimier, creste d'vn armet ou heaume.
Cimiére, par Metaph. des cornes, nous disons, vn pennache.
Cimiéro, ad ogni cimetta, cimier qui sert à tous heaumes. i. exposé à toutes sortes d'iniures.
Ciminiaiuólo, ce qui paroist de la cheminée au dessus d'vn toict.
Ciminéa, cheminée.
Cimino, du cumin.
Cimitára, Cimitárra, vn cimeterre.
Cimitério, cimetiere.
piatir i Cimitéri, plaider les cimetieres. i. estre malsain.
Cimmórra, la gourme, proprement estranguillon.
Cimola, broussaille que l'on tond des arbres.
Cimoláre, tondre.
* Cimolia, terre à desgraisser.
* Cimolo, vn petit sabot.
Cimóne, grossier.
Cimórro, la gourme.
Cimóso, lisière de drap ou de toille : en jargon, vn arbre.
Cimóssa, lisière de drap, &c.
Cimossáto, qui a vne lisiere.
Cina, vn arbre dont on fait des habits en Arabie.
Cinabári, Cinabarino, & Cinábro, cinabre, sang de dragon.
Cinabrése, crayon rouge, pierre rouge.
Cinadélla, poisson semblable à la Perche.
Cinamo, Cinamómino, & Cinamómo, cinamome.
Cinária, sorte de chardon comme vn artichaut.
Cincia fruscola & ciancia, fruscole, badineries.
Cincigliáre, yurogner, grenoüiller en cajollant.
Cincigli, filets ou barbes de racines.
Cincigliòne, yurogne qui cajolle en beuuant.
Cinciglióso, plein de filets ou filaments.
* Cincinnáre, frisotter les cheueux.
* Cincinno, floccon ou annelet de cheueux.
* Cincinde, capilaire.
Cincinpotola, sorte de fauuette, oiseau.
Cincischiáre, tailler ou couper auec des ciseaux ou vn couteau qui coupe mal, nostre vulgaire dit hagoigner : hachotter. Item, maschotter.
Cincischio, hachottement.
* Cinedo, parolle Latine, bardache. Item, vne sorte de poisson.
* Cinedulare, commettre sodomie.
Cinédulo, bardache.
Cinericcio, Cineriggio, Cinerino, cendré.
Cinformiáta, caquet, cajollerie.
Cingallégra, & Cingallégola, vne sorte de fauuette, oiseau.
Cingane, vne Egyptienne, Cingara, id.
Cingano, vn Egyptien, Cingaro, id.
Cingere, ceindre. parf. cinsi. part. cinto.
Cinghia, sangle.
Cinghiále, sanglier.
Cinghiáia, vne veine au ventre du cheual.
Cinghialino, de sanglier.
Cinghiáre, sangler.
Cinghiatúra, l'endroit où porte la sangle.
Cinghio, enceinte.
* Cingoláre, ceindre d'vne ceinture.
Cingolo, ceinture & iarretiere. Item, vn baudrier ou port'espée : & vne bergeronnete, oiseau.
Cingottáre, gringotter, gasoüiller.

Cinquetita, *lingua*, vne langue qui gasoüille.
Cinquettáre, gasoüiller.
il *Cinquettáre*, gasoüillis, gasouillement.
Cinico, *Canino*, mordant, cinique.
Cinquadéa, épée, mot venitien.
Cinquádra, espée courte, mot dit par ironie.
Cinquanéggine, l'espace de cinq ans.
Cinquánta, cinquante.
Cinquantésimo, cinquantiesme.
Cinquanténa, vne cinquantaine.
Cinque, cinq.
buttar *Cinque e leuar sei*, mettre cinq & retirer six. i. prendre quelque chose, derrober.
Cinquecénto, cinq cens.
Cinquedeá, espée courte à la Venitienne, mot dit par raillerie.
Cinquedita, id.
Cinquefóglio, quintefeüille, herbe.
Cinquenóne, le ieu de quinquénoue.
Cinquétto, sorte de ieu aux dez.
Cinquésimo, cinquiesme.
Cinque centésimo, cinq cens.
Cinquine, quines au ieu de tric trac.
Cinta, vne ceinture. Item, l'enceinte d'vn lieu.
Cinte di ferro, bendes d'vne roüe.
* *Cintimuláro*, vn meusnier.
Cinto, enceinte
Cintola, ceinture.
stretto in Cintola. i. auare.
Cintoláre, ceindre d'vne ceinture.
Cintolino, ceinture.
hauer il *Cintolino rosso*. i. auoir permission de parler.
Cintúra, ceinture.
Cinturáio, Ceinturier.
Cinturino, ceinturon.
Cinula, circuit, enceinte, cercle.
Ciò, ce, cela.
Ciocca, toupet, touffe, floccon: troche ou bouquet de fruits.
à *Ciocca*, à tas.
Cioccáre, reduire en floccons, faire floquer.
far à *Cioccarsi*. i. loüer à pis faire, à se rendre la pareille.
Ciocchétta, toupet.
Ciòccia, le teton, mot d'enfant.
* *Ciócco*, vn billot. Item, enroüé.
Cioccóso, plein de troncs ou billots.
Cioé, c'est à dire.
Cioffo, collier de cheual.
il tempo di *Ciollabàte, chi hà à dare addomanda*, le temps de Ciollabate, qui doit demande : c'est ce que nous disons, les battus payent l'amende. Item, qui nous doit nous demande.
far *Ciombétta*, porter le pied du costé que l'on va tourner.
Ciompáre, *Ciompoggiáre*, estre gay.
* *Ciompería*, art de cardeur.
Ciompería, gaillardises.
* *Ciómpo*, cardeur, peigneur, batteur de laine.
* *Ciòna*, la baye.
Cioncáre, yvrogner, trinquer, grenoüiller, boire excessiuement, chocailler.
Cioncáre, estroppier.
Ciòncia, la nature de la femme.
Cionciatúre, yvrogne.
* *Cióncio*, lasche, poltron. Item, le derriere.
* *Ciónco*, manchot.
Cióncola, vne garce, vne coureuse; vne chocaillon, vne yvrognesse.

Cioncoláre, yvrogner, chocailler.
* *Ciondoláre*, pendre, pendiller.
Ciòndoli, & *Ciondolini*, glaçons qui pendent. Item, pendelocques.
Ciondolóne, pendant.
* *Cióni*, des quilles.
Ciònno, lasche, paresseux.
Ciòppa, vne lechefrite. Item, vn gaban de Berges, vne casaque, vn instrument à grauer.
* *Cièrro*, selon aucuns, vn licol.
Ciottáro, lapidé, tiré à coups de cailloux.
Ciòtro, vn caillou. Item, vn boiteux.
Ciòttola, vn gobelet, vn escuelle de gueux.
Ciottoláre, pauer de cailloux. Item, boire d'autant, demander l'aumône auec vne escuelle.
Ciòttolo, vn caillou.
Ciottolóne, pierre à esmoudre, meule.
Ciortóso, boiteux, selon aucuns.
* *Cipariſſo*, ciprés.
Cipellina, vne capelline.
Cipero, sorte de ionc: galange.
Cipigliáre, regarder en colere ou de trauers.
Cipiglio, regard de trauers.
Cipólla, oignon: cibolle.
son Cipólle. i. ce sont des niaiseries nous disons eu colere, des nefles.
Cipolláro, vendeur d'oignons.
Cipolláta, salade d'oignons cuits.
Cipollétta, & *Cipollina*, ciboulette.
come disse il Cipollóne, c'est cela mesme, vous y estes.
Cipollóne, en jargon le membre viril.
Cipollóso, en forme d'oignon.
Cipóne, pour *giuppóne*, pourpoint. Item, vn animal comme vne Panthere.
Cipórro, *granciporro*, escreuice de mer.
pigliar vn Cipòrro. i. se mesprendre.
Cipreſſáro, vn lieu plein de ciprés.
Cipréſſo, ciprés.
Cipriáno, de l'Isle de Cipre.
barba Cipriáno, le membre viril : nous disons, frere Iacques.
Ciprignire, l'enuenimer ou aigrir d'vne playe, s'enflammer, se former de l'inflammation. pres. *cipriuisco*, verbe impersonnel.
Ciprigno, qui fronce le sourcil. Item, sujet à l'inflammation.
Ciprino, huile ou vnguent fait de ciprés.
Cipriòtto, de Cipre.
Circa, enuiron : touchant.
Circa à quello, touchant cela.
in Circa, enuiron.
Circabitáre, habiter aux enuirons.
Circandáre, aller autour.
Circauicináre, auoisiner, s'approcher des enuirons.
Circéllo, vn compas.
Circhiéllo, petit cercle.
Circhio, cercle, tour.
* *Circináre*, mesurer au compas. Item, prendre aux cheueux.
* *Circino*, compas.
Circiòlo, sorte de concombre.
Circolto, circuit.
Circoláre, enuironner : c'est aussi disputer à l'escole apres la leçon, où les escoliers se mettent autour du Regent.
Circoláre, circulaire.
Circolarménte, circulairement.

Circolía, gazoüillis.
Circolo, cercle.
Circoncídere, tailler à l'entour : & circoncire.
Circoncidiménto, circoncision.
Circoncígnere, enceindre, pref. *circoncigno*, parfait *circoncinſi*, particip. *circoncintò*.
Circoncínto, enceint.
Circoncifióne, circoncision.
Circoncíſo, circoncis.
Circondaménto, enuironnement.
Circondáre, enuironner.
Circondéuole, qui ſe peut enuironner.
Circondúrre, conduire autour, preſent *circondúco*, parfait *circondúſſi*, participe *circondútto*.
Circonferénza, circonference.
Circonlocutióne, circonlocution.
Circonſcríuere, circonſcrire, parfait, *circonſcríſſi* : part. *circonſcrítte*.
Circonſcrittióne, circonſcription.
Circonſtántia, circonſtance.
Circonuallàre, enclorre autour.
Circonuallatióne, circonuallation.
Circonuenire, circonuenir, ſurprendre, preſ. *circonuengo*, parfait, *circonuenni*, partic. *circonuenuto*.
Circonuentióne, circonuention.
Circonuólgere, tourner autour, parfait, *circonuolſi*.
Circonuólto, enuironné, tourné autour.
Circonuóluere, enuironner, preſ. *circonuolgo*, parfait, *circonuolſi*.
Circoſpettióne, circonſpection.
Circoſtánte, circonſtant.
Circoſtánza, circonſtance, pron. *ts*.
Circuíre, entourer, aller autour. Ce verbe n'eſt pas en vſage qu'à l'infinitif, & l'on ſe ſert pluſtoſt de *circondáre*.
Circuitióne, enuironnement.
Circuíto, circuit.
Circuláre, entourer, enuironner, & faire, ou emplir de cercles.
Circulatióne, circulation.
Circunſpettióne, circonſpection.
Ciregéto, ceriſaye.
Cirégia, ceriſe, guigne, &c.
le paróle ſono come le ciregie, *che vna tira l'altra*, les parolles ſont comme les ceriſes que l'vne tire l'autre.
Ciregiáro, vendeur de ceriſes.
Ciregio, ceriſier.
* *Cirélla*, *girélla*, poulie.
Ciriégio, ceriſier.
Cirimónie, ceremonies.
Cerimonióſo, ceremonieux.
* *Ciro*, *Ciácco*, vn porc.
Ciróico, Chirurgien.
Cirugía, Chirurgie.
Cirúgico, Chirurgien.
Ciruſſa, ceruſe.
Ciſále, leuée de terre, ſillon, bord de champ ou foſſé.
Ciſca, feſtu, brin de paille.
Ciſcilláre, martinet ou arondelle.
Ciſcilláre, cajoller comme vn martinet.
Ciſcránna, ſorte de chaire auec le doſſier qui ſe démōte.
Ciſcránno, tablettes, armoires.
Ciſelláre, ciſeler.
Ciſellatúra, ciſellement.
Ciſéllo, ciſeau.
Ciſéra, le cry d'vn roſſignol en ſortant du nid.
Ciſérchia, pois chiche.
* *Ciſila*, arondelle.

* *Ciſiláre*, cajoller comme vne arondelle.
Ciſóie, gros ciſeaux : mot Lombard, ciſoire.
Ciſóne, ſorte d'oiſeau : c'eſt auſſi le maſle des oiſeaux domeſtiques, comme d'oyes, &c.
Ciſpa, & *Ciſpita*, la chaſſie.
Cíſpo, chaſſie.
Cíſpo, *Ciſpóſo*, chaſſieux.
Ciſſa, vn certain appetit ou enuie de femme groſſe comme de manger des charbons, &c.
Ciſſáre, auoir enuie de manger de quelque choſe, comme les femmes groſſes.
* *Ciſta*, vn panier.
Ciſtarélla, vn petit panier.
Ciſtélla, id.
Ciſtelláro, faiſeur de paniers, Vannier.
Ciſto, ciſte, ſorte de plante.
* *Ciſtolína*, petit panier.
Cita, vne pucelle ou fille. Item, ſt, pour faire taire.
* *Citáde*, ville : cité : mot poëtique.
Citadélla, citadelle.
Citagióne, citation, adjournement.
Citára, vn ciſtre.
Citáre, citer, adjourner.
* *Citarédo*, joüeur d'inſtrument.
Citaríſta, ſonneur ou joüeur de ciſtre.
Citáro, poiſſon ſemblable au Turbot.
Citatióne, adjournement, citation.
Citatóre, celuy qui ſomme ou adjourne.
Citatríce, qui adjourne.
Citélla, fillette, pucelle.
Citéllo, vn garçonnet ou puceau.
Citi, fantaiſies, boutades, fantaſtiqueries.
Citíre, taire. Item, ſifflotter, preſ. *citiſco*.
Citíſo, citiſe, ſorte d'arbre.
Cito, ieune garçon. Item, ſt, pour faire taire.
Citola, fille à marier.
Citolézze, enfance, ſottiſes d'enfans.
Citrácca, & *Citráce*, ſcolopendre, citrac, herbe.
Citrággine, Cidronélla, meliſſe.
Citrángolo, ſorte de cocombre : & ſorte de citron, & de cedre.
d'vna pruna ſei diuentato vn citrángolo .i. d'vn coquin tu és deuenu vn gentilhomme.
Citri, fantaiſies, fantaſtiqueries.
Citrino, couleur de citron ou cedre.
diamante Citríno, vn diamant iaulne.
Citrino ſolfo, ſorte de ſoulphre, citrin.
Citriuólo, cocombre.
Citróllo, idem.
Citronáta, limonade. It. ſaulſe faite auec du jus de citró.
Citróne, citron.
Citta, vne fille ou pucelle.
Città, ville, cité.
Cittadinánza, Bourgeoiſe.
Cittadináre, faire ou receuoir Bourgeois : donner le droit de Bourgeoiſie.
Cittadinático, dignité de Citoyen.
Cittadinéſco, de Bourgeois.
Cittadíno, Citadin, Bourgeois, Notable.
Cittadinótta, vne petite Bourgeoiſe.
Cittáre, faire, ſt, faire taire.
Citteggiáre, viure en Citadin ou Bourgeois.
Cittíno, garçonnet.
Citto, ieune garçon.
il Citto, le tacet en muſique.
Cittolo, poiſſon ſemblable au Turbot.
Cittóna, vne groſſe fille.
Cituſélla, oſeille.

Ciudia, toutes sortes de legumes.
Ciuadiera, le nom d'vne voile de nauire : ciuadiere, voile du beaupré.
Ciuadiéra, idem.
Ciuanza, bien, gain, espargne, cheuance, pron. *ts.*
Ciuanzaménto, espargne, bien : finance, pron. *ts.*
Ciuanzàre, financier, pron. *ts.*
Cinco, vn asne, vn baudet. Item, petit.
Ciuétta, choüette, cheuesche.
Schiacciàre il capo alla Ciuétta, escraser la teste, &c. i. attraper le trompeur.
impaniar la Ciuétta, idem.
alla Ciuétta, sorte de jeu, comme le jeu de la poire.
Ciuétta, injure qui se dit à vne femme qui regarde çà & là.
amaz̧z̧ar la Ciuétta, tuer la choüette .i. estre bon en perfection.
non cantarà mai Ciuetta sul tuo campanile .i. tu seras tousiours errant : d'autres l'expliquent, tu n'auras iamais de maison à toy.
Ciuétta, en jargon, vne seruante.
Ciuettáre, regarder çà & là, comme les choüettes.
Ciuettàre, mugueter vne femme. Item, faire le hibou.
Ciuettarie, muguetteries.
vn Ciuettíno, vn ieune muguet.
Ciuetteggiàre, faire le hibou.
Ciuettíno & Ciuettóne, vn muguet.
Ciussa, babillard.
Ciussa il mosto, vn qui presche sur la vendange.
Ciuffáre, gripper, happer, prendre à l'impourueu.
Ciuffétto, houppe d'oiseau. Item, toupet, garcette de cheueux.
Ciuffo, toupet, garcette. Item, museau.
Ciuffolàre, siffler.
Ciuffole, sottises, bagatelles.
Ciuffolerie, idem.
Ciuffolo, siffler.
Ciuffolótto, vne piuoine, oiseau.
Ciuffolótto, petit sifflet.
inuestar à Ciuffolótto, entrer en fluseau.
Ciuéra, ciuiere.
Ciuile, ciuil.
Ciuilire, ciuiliser, pres. *ciuilisco.*
Ciuilità, ciuilité.
Ciuillàri, lieu à Florence où l'on jette les immondices.
Ciuire, finir : pouruoir, pourchasser, pres. *ciuisco.*
Ciúllo, vn finet, vn frippon, vn malicieux.
Ciulma, en jargon, la teste.
Ciuógne, bacules à tirer les seaux.
Ciurlàre, tourner en dançant, faire la piroüette, piroüetter.
Ciurlo, piroüette.
Ciurma, la chiurme ou chiorme d'vne galere.
Ciúrma, pour charlatanerie, bastellerie : charme.
Ciurmabórse, couppeur de bourses.
Ciurmáglia, la canaille, le commun peuple.
Ciurmamonéta, pour *ciurmamonéta*, couppeur de bourse.
Ciurmáre, charmer, basteler : vendre du baulme, s'enyvrer : charlatanner.
Ciurmadóre, charlatan, basteleur, charmeur.
Ciurmarie, bastelleries, charlatanneries.
Ciurmatóre, bastelleur.
Ciurmatrice, charmeresse.
Ciutta pour *Ciuétta*, choüette.
Ciuttáccia, vne coureuse.
Cizicena, sorte de piece d'or : & vne sorte d'herbe, pron. *ts.*

Cizza, tette, tetin, pron. *ts.*
Cizzàre, tetter, pron. *ts.*
Cizzúta, tettasse, qui a de grosses tettes, prononcé *ts.*

C L

Clade, combat.
* *Clamóre*, clameur.
Clamoreggiàre, faire de la clameur.
* *Clandestináre*, se cacher : faire en cachette.
Clandestíno, clandestin.
Clauea, clarée, herbe.
* *Clarétto*, clairet.
* *Clarificàre*, clarifier.
* *Clarità*, clairté.
Clarino, vn clairon.
* *Classe*, armée nauale. Item, vne Classe.
* *Classiàro*, qui commande à vne armée nauale.
Claua, massue, masse.
* *Clàudio*, boiteux.
Clauicémbalo, clauecin.
* *Clauícola*, clauicule : petite clef.
Clauicórdo, clauecin.
* *Clauífero*, *Clauígero*, porte-masse.
Claustrále, claustral, de cloistre.
* *Claustráre*, mettre dans vn cloistre.
Claustro, cloistre.
* *Clausula*, clause, clausule.
* *Clausura*, closture : & vn clos ou parc. Item, vne escluse.
Clemente, clement.
Clemente, vne monnoye.
Clementemente, auec clemence.
* *Clementino*, benin, de clement.
Clementia, *Cleménza*, clemence.
Clericàle, clerical.
Clerico, Cleric.
Cléro, Clergé.
* *Clesiástico*, Ecclesiastique.
Cliente, partie, client.
Cliéntolo, plaideur.
Clima, climat.
Climatérico, climateric.
Climatero & Climàtico, idem.
* *Clipeàto*, qui porte le bouclier.
* *Clipeo*, bouclier, mot Latin.
Clitia, Clithie, fleur.
Clino, colline ; penchant : rude à monter.
Clinoso, rude, aspre à monter.
Cloáca, cloacque.
Clóccia & Clócchia, en jargon, vne chambre.
* *Clocitante*, glouçant.
* *Cloritáre*, gloucer.
Cloríone, vn loriot.
* *Cluere*, purger.

C O

Co pour *co i* ou *con li*, auec les.
Co, *cosi*, comment cela.
* *Cò* pour *Capo*, chef, pron. ouuert.
Coabitánza, habitation auec vn autre.
Coabitàre, habiter ensemble.
Coadunànza, assemblement, assemblée, prononcé *ts.*
Coadunàre, assembler.
* *Coagulàre*, prendre comme le laict, cailler.
* *Coàgulo*, presure.

Coaiutánte, qui aide, coadiuteur.
Coaiutáre, aider.
Coaiúto, aide, assistance.
Coaméntè, riual.
Coamáre, aimer de compagnie.
Coartáre, restreindre.
Coartatióne, restriction.
Coassáre, croasser.
* *Coattáre* : joindre, ajuster ensemble.
Coazzaménto, jaserie, cajollerie : croassement, prononcé. *ts*.
Coazzáre, croasser. Item, cajoller prononcé. *ts*.
* *Cobacéllo*, vn badin.
* *Còbbola*, vaudeville ou chanson de villageois.
* *Cobboláre*, chanter des vaudevilles.
Cóbio, goujon.
Còca, noix d'Inde.
Còca & *Cuoca*, vne Cuisiniere.
Cocágna, le païs de Cocagne.
Coccále, herbe qui fait passer la faim, selon aucuns.
Cocállo, sorte d'oiseau de riuiere.
Cocástro, meschant cuisinier.
Còca, coche d'arc ou flesche.
Còcca, sorte de barque.
Coccále, vn badin, vn niais.
Cuccapáne, gourmand.
Coccáre, faire vn tour, se mocquer : nostre vulgaire dit, cocquer : c'est faire la moüe comme le singe. Item, prendre, gripper.
Coccáro, la coche d'vn arc.
Coccastréllo, sorte d'oiseau.
Coccéα, sorte de moule, poisson.
Cocchiára, *Cocchiára*, cuillier.
Cocchiaróne, grande cuillier.
Cocchiére, cocher.
Cocchíglie, coquilles, moules.
Cocchína, petite coche dans du bois.
Cocchináre & *Cocchineggiáre*, cocquiner, faire le coquin.
Cocchíne, vn coquin. Item, vn gueux tout nud qui tremble pendant le grand froid.
Cúcchio, coche.
Cocchiúme, le trou du bondon : & le bondon.
tener sù dalla spina, e spender dal cocchiúme, prendre garde à la fontaine ou fossé, & despenser par le bondon : ne gagner gueres, & despenser beaucoup. Item, se retrancher en petites choses, & despenser aux grandes.
Cóccia, escorce, pellicule. Vne glande.
Coccia d'uóuo, la coquille de l'œuf.
Cóccia peláta, vn e teste chauue.
Coccinélli, morceaux de bois pour arrester les cordages, consoles.
* *Coccineo*, teint en escarlatte.
* *Coccíno*, robbe d'escarlatte.
Cóccio, vn test de pot de terre cassé.
egli è vn Cóccio. i. c'est vn homme de rien.
Cocciolare, ampoüiller ou se leuer des vessies.
Cócciole, vessies de brusleure ou chaleur.
Cócco, vn cocart aux petits enfans.
Cócco, graine d'escarlatte. Item, vn mignon, vn poupart.
Cócca, sorte de fruit dont on fait la chicolate.
egli è il mio Cócco, c'est mon mignon.
Coccogrúno, graine d'escarlatte.
Cóccola, bague de laurier : grain de liere, &c.
Cóccola, selon aucuns, boutade, fantasie, fantastiquerie.

Coccoláre, produire des grains, grainer.
Cóccole, tours, niches.
Cocconáre, boucher auec vn bondon ou tampon.
Coccóne, tampon, bondon, & le trou du bondon.
Coccóne, coccon de ver à soye, cocque.
Coccóne, à Venise c'est vne tresse en forme de queuë derriere la teste des femmes.
non voglio che mi vadin giù dal Coccóne, ie ne veux pas qu'ils me sortent par le bondon. i. ie ne les veux pas perdre.
Coccouéggia, chouëtte.
Cocénte, cuisant, bruslant.
Cócere, cuire, pres. *coco*, pars. *cossi*. part. *cotto*.
Cociménto, cuisson.
Cocína, cuisine, & mangeaille.
Cocináglie, vtensiles ou batteries de cuisine.
Cocináglia, cochenille.
Cocináre, cuisiner.
Cocinatóre, cuisineur.
Cociòre, douleur cuisante, brusleure.
Cocitúra, decoction : cuisson : brusleure.
Cócle, en jargon, des noix.
Cocodríllo, cocodrille, crocodille.
Cocogrúno, graine d'escarlatte.
Cocólla, froc ou capuchon de Moine. Item, coccon de ver à soye.
Cocolláto, enfroqué.
Cocolobína, sorte de vigne & raisin.
Cocóma, vne cuuette de cuiure, vn coquemar.
Cocomeráio, couche de cocombres.
Cocomero, cocombre, melon d'eau.
metter vn Cocomero in corpo ad vno. i. donner du trauail. Item, cuisinier.
Cóco, coco.
Coconéggia, vne chouëtte.
Cocózza, citroüille. Item, la teste ou la caboche.
Coctúme, le sommet. Item, vn poisson appelé cocombre de mer.
Cocumero, cocombre, melon d'eau.
Cocúzza, citroüille.
Cocúzzola, le tour de la teste, la caboche, la couronne, le sommet de la teste, le vertex : vne tonnelle à prendre des perdrix, vne nasse.
Cocúzzolo, le sommet de quelque chose, le vertex, le sommet de la teste.
Códa, queuë : coin de l'œil.
Códa, queuë d'armée.
far à guisa della Coda del porco, nous disons, ressembler cognefestu. i. ne rien auancer, ne rien faire.
Coda di mosche, chasse-mouche.
Coda di Sonetto, vers adioustez à la fin d'vn Sonnet.
guastar la Coda al fugiano. i. laisser le plus beau de l'histoire à raconter.
mangiar il pomo dalla Coda. i. faire à rebours.
nella coda consiste il veneno, le venin tient à la queuë.
doue non và il capo, metter la Coda. i. estre entrant ou entreprenant.
à Coda di rondine, à queuë d'herondelle.
menar la Coda, coüailler du cheual.
Coda di poluere, traisnée de poudre.
la Coda è peggiore à scorticare, nous disons aussi, il n'y a rien de si difficile à escorcher que la queuë.
Codacciáre, coüailler.
Codaccincinola, branle-queuë.

Codacciuóla, idem.
Codacciúto, qui a grande queuë.
Codále, croupiere.
Codardaggine, couärdife.
Codardeggiáre, eftre ou faire le couärd.
Codardéfco, de couärd.
Codardía, couärdife.
Codárdo, couärd.
Codáre, mettre vne queuë.
Cadatrémola & Codazinzola, branle-queuë, prononcé *ts*.
Codázzo, vne fuitte, vne queuë de perfonnes, prononcé *ts*.
à *Code d'Armellíno*, à Ermines, en terme de blafon.
Oódega, couäine, peau. Item, queuë de mouton.
Codénna, *Coténna*, couäine.
Coderíno o & Coderizzo, le croupion, pron. *ts*.
Codetriémolo, branle-queuë, oifeau. Item, vn fot, vn badin, vn niais, vn poltron.
Codétta di foftégno, fourchette de caroffe.
Codétte, petites queuës.
Codétti, petards.
Codiáre, fuiure, aller à la queuë : courir de cofté & d'autre : vulg. troller ou courir le guilledou. Item, couäiller.
Codiatóre, vn enquerant. Item, vn fuiuant.
Códice, le Code. Item, le tronc d'vn arbre, felon aucuns : & vn lieu à faire Iuftice.
Codicíllo, codicille.
Codicítia, conuoitife.
Código, queuë.
Codíle, la racine de la queuë.
Codíllo, le chinon du col.
Codilóngo, vn oifeau qui a la queuë longue.
Codíno, petite queuë.
Codinzinzola, branlequeuë, forte d'oifeau.
Codióne & Codiróne, croupion.
Coditriémolo, branle-queuë.
Codiróffo, forte d'oifeau comme le becque-figue.
Condognáta, *Condognáto*, codignac.
Condógno, coin, fruit.
Códolo, vn petit caillou rond.
Codrióne, croupion.
Codúto, qui a belle ou grande queuë.
Codúzzo, queuë efcourtée, pron. *ts*.
Coetáneo de mefme aage.
Cotérno, cocternel.
Cófa, vn manequin.
Cofáccia, vn gafteau, pour focáccia.
Cofaccióno, fouäce ou petit gafteau.
Cofanétto, coffret.
Cofáno, en jargon, le corps.
Cofáno, vn coffre.
Coffa, gabion, manequin.
* *Coforóna*, vne Tortuë.
Cofráte, Confrere.
Cofratería, Confrairie.
Cogéro, congre.
* *Cogitábile*, que l'on peut penfer.
* *Cogitabúndo*, penfif.
* *Cogitánza*, penfée, cogitation, pron. *ts*.
Cogitáre, penfer.
Cogitatióne, penfée, cogitation.
Cogitéuole, qui fe peut penfer.
Coglia, couille, les bourfes.
Cogliándro, coriandre.
Cogliere, cueillir, attraper, prendre, atteindre, recueillir, ramaffer de terre : frapper au but : fuppu-

rer : aboutir des apofthemes, prefent *coglio*, & *colgo*, parfait, *colfi* part. *colto*.
Coglierfela. i. s'enfuir.
Coglióna, vne fotte, ignorante.
Coglionáre, coyonner, & faire le coyon.
Coglionaría, coyonnerie : fottife.
Coglioncíno, petit badin, petit coyon.
Coglioncíni, couïllons de cocq ou de paffereau. Item, de mouton.
Coglióne, couïllon. Coyon, poltron, fot.
Coglioneggiáre, faire le coyon.
Coglionería, fottife, poltronnerie, coyonnerie.
Coglionefcaménte, fottement, fans y fonger.
Coglitore, collecteur.
Coglitrice, amafieufe qui recueille.
Cogliúto, couïllu.
Cognáre, fendre du bois.
Cognáta, belle-fœur, qui a efpoufé noftre frere, &c.
Cognatióne, alliance.
Cognáto : beau-frere, qui a efpoufé noftre fœur, &c.
Cognatóre, fendeur de bois.
Cognitióne, connoiffance.
Cógno, vne mefure de dix barils de vin. Item, vn coin à fendre du bois. Le coin d'vn bois où eft l'ouurage aux coftez.
Cognóme, furnom.
Cognomináre, furnommer.
* *Cognofcénza*, connoiffance.
* *Cognófcere*, connoiftre, prefent. *cognófco*, preter. *cognobbi*, participe, *cognofciúto*.
Cognofcíuto, connoiffable.
Cógola, vne chaudiere, vn caillou.
Cogoláría, forte de rets à pefcher.
pietra in Cógolo, pierre.
Cohabitáre, habiter enfemble.
Coherédo, coheritier.
Coheredità, heritage commun, coheredité.
Cohereditáre, heritier de compagnie.
Cohórte, cohortes.
Co' Coi, auec les.
Coiáio, faifeur de cuirs, vendeur de cuirs.
Coiáme, *Coráme*, cuir.
Coiáro, vendeur de peaux ou de cuirs.
Coiáttolo, rongneure de cuir.
Coiétto, colet de cuir.
Coio, cuir.
Coíre, faire l'acte Venerien.
Coíto, l'acte Venerien : copulation charnelle.
Coíto della Luna, le commencement de la nouuelle Lune.
* *Coinquináre*, polluer : & diffamer.
Col, *Con il*, auec le.
Colà, là, en ce lieu-là.
Cóla, de la colle, prononé l'ó ouuert.
Cola, chauffe à couler le vin : vne montagne, felon aucuns, prononcé l'ó fermé.
Colà di vento, vne continuation de vent par plufieurs iours.
Colábaco, poiffon dont la peau fert à faire de la colle.
* *Coláfo*, vn fouflet.
Colafóne, vne gourmade, vn grand foufflet.
Colagióne, coulement : Item, colleure.
Collagíù, là-bas.
Colafù, là-haut.
Coláfio, forte de pain au païs de Poüille.
Colaménto, coulement, découlement.
Coláre, couler, paffer à trauers d'vn linge.

Colàre, fondre, ietter en moule.
Colafciòne, instrument à deux cordes, dont les païsans iouënt en Italie.
Colateràle, colateral.
Colationàre, colationner.
Colatiòne, colation, couloir.
intender il Colao .i. entendre le nœud ou poinct de l'affaire.
Colatòio, égoust, évier, couloir : vn entonnoir : vne chausse à couler le vin : vn vase de terre à passer la lexiue.
Colatòre, charrier de lexiue.
Colatòre, vn vase de terre à couler la lexiue.
Colatùra, coulement. Item, petite fente par où l'eau entre dans vn nauire.
* *Colaudàre*, loüer ensemble.
Colàude, loüange de compagnie.
Colcàre, coucher.
Colcàrsi, se coucher, se mettre au lit.
Colcàta, couchée.
* *Còlcetra*, vne coultre.
Còlcico, chienée, mort au chien, sorte de plante.
Coléi, elle, celle-là.
* *Coléndo*, venerable.
Còlera, colere.
Còlere, honnorer, venerer. Item, embrasser.
Colérico, coleric, colere.
Colfo, pour goulfe. Item, vne matiere qui brusle comme le soulphre.
Colfónia, idem.
Còli, des choux.
Colì, là, en ce lieu là.
Colebrio, colibro, calibre : & vn instrument pour connoistre combien de livres de balle porte l'artillerie.
Còlica, colicque.
Colicèllo, petite colline.
Còlici dolòri, la colique.
* *Coliséo*, l'aiguille d'vn clocher. Item, sorte de gasteau, vieux vestige dans Rome.
Còlla, corde. Item, de la colle.
Còlla, sorte de tourment pour donner la gehenne.
il vino è vna meza Còlla, le vin est vne demie gesne: la verité se trouue dans le vin.
Colla di carniccio, colle de gand, ou de cuir.
Collagrimàre, pleurer de compagnie.
Collàna, vne chaisne.
Collanèlla & *collanùzza*, petite chaisne.
Collàre, coller.
Collàre, *Collàro*, colet, rabat : collier de chien, &c.
Collarètto & *collarìno*, vn colet ou petit colet.
Collarìne, en terme d'Archit. collier ou gorgerin d'vne colonne.
Collàta, coup sur le col : & accollade.
* *Collatiàle*, mot imité du Latin, qui prend du laict ou tette au mesme temps.
* *Collatàneo*, idem.
Collateràle, compagnon d'office : c'est aussi en quelques endroits vn office enuiron comme Conseiller. Item, celuy qui paye les soldats : Collateral.
Collationàre, collationner vne écriture. Item, faire collation : & déjeuner.
Collatiòne, collation : & déjeuner.
Collatòre, qui apporte sa portion, qui fournit sa part.
* *Collaudàre*, loüer.
Còlle, colline.
Colléga, ligue. Item, vn compagnon d'office.
Collegaménto & *collegànza*, ligue, alliance, confederation.

Collegàre, allier, faire ligue.
Collegàto, confederé.
Collegatiòne, confederation.
Collegiàle, de college.
Collégio, College.
* *Collepolàre*, se demener, se remüer, se tremousser.
* *Collepolòne*, vn remuëur.
Còllera, colere.
Collérico, *Colleròso*, coleric.
* *Collerìna*, la fougue d'vn Taureau.
Collétta, recueil, collecte, prononcé l'é ouuert.
Collettiòne, collection.
Collettitio, ramassé, recueilly.
Colletto, recueilly, prononcé l'ò ouuert.
Colletto, prononcé l'è fermé, signifie vn collet de busle, ou de cuir. Item, vne colline.
Collettòre, collecteur.
Collibitto, vn quolibet.
Còllica, colique.
Còllico dolòre, idem.
Colligànza, alliance.
Colligàre, allier.
Colligère, colliger, participe, *colletto*, prononcé l'é ouuert.
Collìna, colline.
Collinétta, petite colline.
* *Collirio*, medicament pour les yeux.
* *Collìso*, abregé ou retranché par apostrophe. Item, bisté.
Collisiòne, retranchement de syllabe.
Còllo, col. Item, le goulet d'vn vase, vn ballot, prononcé l'ò ouuert.
tener in Collo, retenir le cours d'vne riuiere.
cader di Collo .i. tomber en disgrace.
Còllo del bràccio, le poignet.
Col del piède, le col ou coup du pied.
Còllo, vne charge de barque.
cader di Còllo .i. estre abandonné ou renoncé.
tenér in Collo, se dit d'vne balance qui porte plus de poix qu'elle ne paroist.
Colli delle late, la partie renuersée des lattes qui se ioignent aux bords d'vn vaisseau, cols ou coudelattes.
star col càpo fu'l Collo altrui, estre fort estonné, estre fort entrepris de sa personne.
Collocàre, colloquer, placer.
Collocatiòne, collocation.
Collocutiòne, conlocution, conuersation, dialogue.
Colloquintida, coloquinte.
Colòquio, colloque.
* *Collòra*, colere.
Collòttola, le chinon du col, la nuque.
Collùbra, couleure.
Collumelàri denti, les dents œilleres.
Collusiòne, collusion.
* *Collutiòne*, vn rince-dents, vn breuuage à gargariser.
* *Collustràire*, viure dans l'ordure.
Collùuie, ordure, vilainie.
Colmàre, combler.
Colméz za, remplissement, comblement.
Còlmo, comble, plein.
hauer il sacco Còlmo .i. estre tout remply de meschanceté.
Còlo, vne chausse à couler le vin, prononcé l'ò fermé.
Colòmba, colombe, pigeon.

Colomb,

Colómba, piece de bois couchée sur la carene d'vn vaisseau, depuis la prouë iusques à la pouppe.
Colombáia, colombier.
Colombára, idem.
suiàr la Colombáia, débaucher le colonibier .i. déchalander la boutique.
Colombélla, colombelle, & tourterelle.
Colombína, fient ou merde de pigeon. Item, vne sorte de raisin.
Colombíno, colombin : c'est aussi vne sorte de caillou, & de marbre, vn pigeon.
Colómbo, pigeon.
Colómbo fauáro, ramier.
Colómbo seluático, biset.
Colómbo terraiuólo, pigeon de campagne.
Colómbo terrigiáno, id.
Colómbo torquáto, ramier, pigeon sauuage.
Colómbo di sottobánca, pigeon de voliere, pigeon priué.
Colómbo grósso ò casareccio, id.
come i Colómbi del Rimbussáto, oublier son chemin comme les pigeons de Rimbussato .i. ne reuenir plus au logis.
Colómbo di gésso, pigeon de plastre : cela se dit d'vn qui se met prés du feu, & ne fait place à personne.
pigliar due Colómbi à vna faua .i. tromper deux personnes en mesme temps, ou faire deux affaires à la fois.
Colombrína, couleurine.
Colombrináto, fait en forme de couleurine.
Colomélla, la luette.
Colomelláři denti, dents œilleres.
Colónna, colonne : pilier de couche, &c.
Colonnáre, orner de pilliers ou colonnes.
Colonnáre, en forme de colonne.
Colonnáto & *colonnáta*, rang de colonnes, lieu plein de colonnes ou pilliers.
Colónne, en jargon, les jambes.
Colonélla, petites colonne, colonnelle.
Colonelláto, office de Colonnel.
Colonéllo, Mestre de camp. Vne petite colonne. Item, colonne de liure. Colonne ou branche de genealogie.
Colónia, colonie.
Coloquintída, coloquinte, courge sauuage.
* *Colóra*, colere.
Coloráre, colorer, donner couleur.
Coloratamente, sous ou auec couleur & apparence.
Coloratióne, coloration.
Coloráto panno, drap de couleur.
Colór di tégola, couleur de tuile.
Colór di carne, couleur de chair.
Colór di terra, couleur de terre, terre d'ombre.
Colór piombíno, couleur de plomb.
vender Colóri alle donne .i. en bailler à garder.
sotto Colóre, sous couleur, sous pretexte.
dar Colóre ad vn negótio, colorer vn affaire.
con Colór di pórfido, iaspé ou de couleur de porphire.
Coloreuole, excusable.
Colorire, coulorer, colorer. Peindre, present, *colorisco*, part. *colorito*.
Colorito, le coloris de la peinture.
* *Coloritóre*, vn peintre, vn qui donne couleur.
Colóro, ceux & celles.
Colorósos, haut en couleur.
Colósso, vn Colosse.
Colóstra, colostre, le premier laict qui vient aux mammelles ou tettes.
* *Colostráre*, commencer à venir du laict aux mammelles.
* *Colostratióne*, mal de mammelles, engrommeleure de laict. Item, vn mal qui vient aux enfans apres les auoir seurez.
Cólpa, faute, coulpe, pron. *ò* fermé.
dar la Cúlpa, s'en prendre à quelqu'vn, remettre la faute sur quelqu'vn.
* *Colpagióne*, coulpe : offense, accusation.
Colpáre, faillir. Item, accuser.
Colpáñile, coulpable.
Colpeggiáre, frapper, donner des coups.
Colperéllo, & *colparéllo*, petit coup.
Colpésce, poisson dont la peau sert à faire de la colle. Item, de la colle de poisson.
Colpéuole, coulpable.
* *Colpeuolézza*, faute.
Colpire, frapper au but où l'on vise, present, *colpisco* participe, *colpito*.
* *Colpíscere*, id.
Cólpo, coup.
Cólpo, cólpo, coup à coup.
Cólpo di máre, coup de mer, choc de vague.
Cólpo di fortúna, reuers de fortune.
di Cólpo, tout d'vn coup.
dar vn Cólpo à la bótte, & *vno al cérchio* .i. s'accomnoder également auec les vns & les autres.
Cólta, cueillette, recolte.
far Cólta, faire sac, qui se dit d'vne playe.
dar di Cólta, frapper entre bond & volée.
* *Coltáre*, cultiuer.
Coltélla, vn grand cousteau, vne bayonnette, vn demy coutelas.
Coltelláccio, coutelas : gros cousteau.
Coltelláre, frapper d'vn cousteau ou épée.
Coltelláta, coup de cousteau ou de coutelas.
Coltelleggiáre, iouer des cousteaux.
Coltellináio, coutelier.
Coltellíno, petit couteau.
vénder i Coltellíni .i. faire le contraire, renuerser vne chose, faire à rebours. Item, renoncer à quelque chose.
Coltéllo, couteau, épée.
in Coltéllo, fait comme le trenchant d'vn couteau.
fabricáto in Coltéllo, nous disons, fait en pointe, en terme de fortification.
mettor qualche cosa in Coltéllo, mettre quelque chose en dos d'asne.
Coltellóne, gros couteau.
Coltiuaménto, cultiuation.
Coltiuáre, cultiuer.
Coltiuatióne, cultiuation.
Coltiuatóre, laboureur, cultiueur.
Coltiuatrice, cultiueuse.
Coltiuatúra, labour, culture, cultiuation.
Cólto, pris, attrapé, cueilly. Item, le culte.
Cólto, champ cultiué.
venir Cólto, réussir, venir à bout, estre attrapé.
Cóltra di campo, iournau de terre.
Cóltre, du coutis : vn loudier : vne courte-pointe.
Cóltre, selon aucuns, vne sorte d'habillement de femme.
Cóltrice, lit de plume : c'est aussi vn loudier, selon aucuns.
Cóltri da poppa, couuerture de pouppe.
Coltrína, courtine de lit. Item, petite couuerture piquée.

Coltrinaggio, encourtinage d'vn lit.
Coltrinare, encourtiner.
Cultro, coultre pour labourer.
Coltróne, coutis. Item, vne grosse couuerture picquée, vn loudier.
Coltúra, culture, labourage.
Colubrína, couleurine.
Colubrína serpentina, bon henry, sorte d'herbe.
Colubrináre, tirer auec vne couleurine.
Colúi, celuy, celuy-là, luy, prononcé long.
Colombária, herbe medecinale.
Columélla, la luette.
★ *Columità*, pleine de santé.
Colúri, colures, cercles imaginaires au Ciel.
Colutéa, baguenaudier, plante.
Colurína, couleurine.
Coma, cheuelure: vn coma. Item, les crains du cheual.
★ *Comagéno*, sorte d'onguent fait de graisse d'oison.
Comandaménto, commandement.
Comandáre, commander.
Comándo, commandement.
Comangiatóre, grand mangeur.
Cománte, cheuelu. Item, la creste d'vn armet.
Comarágio, comerage.
Comáre, pour sage femme: mot Lombard.
Comáre, commere, & marraine.
Comáro, *comaróne*, fruit d'arboufier.
Comáto, cheuelu.
Combaciáre, se baiser, estre bien joint ensemble: estre proche, toucher vne chose.
Combállo, vn batteau tout d'vne piece.
Combatténte, combattant.
Combáttere, combattre. parf. *combattei*, & *combattetti*.
Combattiménto, combat.
Combattitóre, combattant.
Combattitríce, celle qui combat.
Cómbere, estre couché dessous, estre accablé.
★ *Combéuere*, boire de compagnie: & imbiber.
Combiaráre, donner congé.
Combiáto, congé.
Combíbbia, complot.
Combináre, assembler: doubler ensemble: épeler les lettres.
Combinatióne, assemblement.
à *Combíno*, syllabe à syllabe, mot à mot.
Cómbito, gómbito, coude: & coudée.
dar nel Cómbito, frapper au coude .i. s'attaquer, heurter, se frotter à quelqu'vn.
Combrícca, & *combríccola*, assemblée ou compagnie de gens de mauuaise vie.
Combríttola, id.
★ *Combúrere*, *combustiáre*, brusler.
★ *Combustéuole*, *combustíbile*, qui se peut brusler, combustible.
★ *Combustióne*, combustion, bruslement.
★ *Combústo*, bruslé.
★ *Combúto*, accablé, ou couché dessous.
Cóme, comme.
Cóme? comment?
Come grande che sia, quelque grand qu'il soit.
il Cóme, en quelle façon, la façon, la maniere.
ditemi il Cóme, dites-moy comment.
Come che, comme si: bien que.
Come che sia, en quelque façon que ce soit.
Cóme non sia, comme s'il n'y auoit point.
Come non vi sia .i. pourueu qu'il n'y ait.
Come io sia, comme si j'estois. Item, lors que je seray.

Come io vegga, lors que je verray.
Cóme príma, si-tost que, dés que.
Comédia, comedie.
entrar nella Comédia, le François dit, entrer en jeu, estre de la partie.
Comediáre, representer vne comedie.
★ *Comedicáre*, medeciner de compagnie.
Comédico, vn Medecin. Item, vn Comedien.
Comediétta, petite Comedie.
★ *Comedísta*, Comedien.
Cómena, chable, gumene.
Comènda, Commanderie.
Comendáre, recommander, priser.
Commendábile, recomandable.
Commendatióne, recommandation.
Comendatíza in léttera, lettre de recommandation, pr. tt.
Comendatóre, Commandeur.
Commendatríce, qui loüe.
*Comendatório, de recommandation.
Commendéuole, recommendable.
Coméno, du cumin.
Comensále, compagnon de table.
★ *Comensáre*, manger à vne mesme table.
Comentáre, commenter.
Comentéuole, qui se peut commenter.
Coménto, commentation.
Comerciáre, exercer le commerce.
Commércio, commerce.
Commercíoso, lieu marchand, remply de commerce.
Commértio, commerce.
Cométa, comette.
Comiatáre, donner congé.
Comiáto, congé.
Cómico, comique.
Cornignolo, le faiste, où l'arreste d'vn toict, le comble.
Comilitáre, faire la guerre ensemble.
Comilitóni, compagnon de guerre.
★ *Comináre*, menacer.
Comináta, poudre de cumin.
★ *Comínatióne*, menace. Item, annuance.
Cominatóre, menaceur.
Cominciaménto, commencement.
Cominciáre, commençant, qui commence.
Cominciáre, commencer.
Cominciánte, commençant, commenceur.
Cominciatríce, commenceuse.
Comírie, vne forte de petites oliues.
Coministráre, administrer ensemble.
Coministro, compagnon d'administration.
Comíno, du cumin.
Comistióne, commixtion.
Comísto, meslé auec.
Comistúra, meslange.
★ *Comitás*, gentillesse.
★ *Comíre*, vn Comte. Item, vn compagnon.
Comitiále, appartenant à la Maison de ville, mal caduc.
★ *Comítij*, assemblée pour faire election.
Comitíua, compagnie qui accompagne par honneur.
Comite, comite, Officier de Galere.
Comissúre, fentes, jointures.
Commánda, commandement.
Commandaménto, id.
il Commandaménto dell' ánima, c'est quand on adiouste vn patient de songer à sa conscience.
Commandaménti del Podestà di Sinigaglia, nous

difons, les commandemens de Monsieur de Boüillon, personne ne remuë.
il podestà di sinigaglia, Comanda, & fà da se. le Baillif de Senegaille, qui commande & fait luy-méme.
Commandáre, commander.
Commandatóre, commandeur.
Commandatríce, commanderesse.
Commandélla, sorte de jeu enuiron comme le nostre, qui dit, ie vous commande en commandant, comme le Roy, &c.
Commándo, commandement.
sotto il Commándo, sous la charge.
Commáre, commere.
Commemoráre, rameneuoir, ressouuenir.
Commemoratióne, commemoration.
Commemoréuole, que l'on peut rememorer.
Comménda, Commanderie.
andar in Comménda, aller entre les mains de la Iustice, ou sous le pouuoir de quelqu'vn, dont on ait de la peine à se retirer.
Commendáre, loüer, priser, recommander.
Commendáta, le reuenu des Commanderies, ou Cheualiers.
Commendatióne, recommandation, loüange.
Commendatóre, Commandeur.
Commendatríce, recommandeuse.
Commendéuole, digne de recommandation.
Comménsale, compagnon de table.
Commentáre, commenter.
Commentatóre, commentateur.
Comménto, commentaire, commentation.
Commércio, commerce.
Comméscere, mesler, parfait. *commescéi*, *commescésti*, *commescétte*, &c. participe, *commisto*.
Comméssa, commission.
Commessário, Commissaire.
* *Commessatióne*, festin, banquet.
Commessióne, commission.
Commessiuaménte, par commission.
Commésso, commis, joint. Item, vn Arbitre : & vne sorte d'ouurage à l'aiguille.
di Commésso, de pieces rapportées, de rapport.
Commessúra, jointure, fente.
Commestíbile, qui se peut mélanger.
Commestióne, mélange.
Comméttere, commettre, commander : recommander : entreprendre, parfait, *commisi*.
Comméttere il nemico in fronte, affronter, attaquer l'ennemy.
Comméttere, joindre, enchasser, rapporter comme le bois : faire de l'ouurage de rapport.
Commettitóre, commetteur. Item, ouurier qui trauaille de rapport. Entrepreneur.
Commettitríce, entrepreneuse.
Commezzaménto, diuision. pron. *dz*.
Commezzáre, diuiser en deux. pron. *dz*.
Commézzo, partage ou diuision entre-deux. pron. *dz*.
Commiatáre, donner congé.
Commiáto, congé.
* *Commindélla*, vne petite corde : vn petit chable.
Commischiánza, mélange, pron. *is*.
Commischiáre, mésler ensemble.
Commiseráre, auoir pitié ou commiseration.
Commiseratióne, commiseration.
Commiseréuole, pitoyable.
* *Commiseróso*, plein de commiseration.
Commissário, Commissaire.
Commissúra, jointure : fente.

Commissário, qui porte commission.
Commistióne, mélange.
Commistúra, id.
Commisturáre, mélanger.
* *Commo*, chœur de Tragedie.
Commodaménte, commodement.
Commodáre, accommoder, rendre commode.
Commodézza, &, pron. *ts*.
Commodità, commodité, il n'y a point de plurier.
le Commodità d'una casa, les estres d'vne maison.
le Commodità, les addresses d'vn lieu.
Cómmodo, commode.
l'Imperatór Commodo, par raillerie, d'vn qui aime ses commoditez.
Cómmodo, aisé, riche, commode.
non mi torna à Cómmodo, cela ne m'accommode pas .i. ie n'y trouue pas mon compte.
* *Communicáre*, communiquer.
Commósso, émeu, meu.
Commotióne, commoto, émotion.
Commúere, mouuoir, émouuoir, parfait. *commóssi*, *commouésti*, *commósse*, &c. participe, *commósso*.
Commouéuole, qui se peut émouuoir.
Commouiménto, émotion, émeute.
Commouitóre, & *commouitríce*, qui fait l'émotion, qui meut.
Commúnica, communion.
Communicáre, communiquer.
Communicábile, communiquable.
Communicatóre, & *communicatríce*, qui communique, communiant & communiante.
Communicatióne, communication.
Communichíno, vne Hostie à communier, communiquin.
Communióne, Communion.
Communiéri, le commun peuple.
Commuóuere, émouuoir, parfait. *commóssi*, participe, *commósso*.
Commutáre, changer, commuer.
Commutatióne, commutation.
Cómo, pour Cóme, comme.
* *Comodáre*, accommoder.
* *Comodézza*, *Comodità*, commodité, pron. *ts*.
Comodéuole, accommodable.
Comosíno, le premier miel que font les mousches au Prin-temps.
* *Compagináre*, assembler, amasser.
Compaginatúra, &
Compágine, assemblage, liaison, composition.
Compágna, vne compagne.
Compagnáccio, vn mauuais compagnon.
Compagnáre, associer, accompagner.
Compagnétto, petit compagnon.
Compagnéuole, accompagnable, sociable.
Compagnía, compagnie.
Compagnía del Carrota, c'est la compagnie de Carrota, l'on y discourt, & l'on n'y conclud point.
Compágno, compagnon.
Compágno, appareil, pareil.
le scarpe son Compágne, les souliers sont pareils.
il Compágno, le pareil de gands, de souliers, &c.
Compágno son stato ferito, c'est vne sorte de jeu que nous disons, qui t'a croqué mon compagnon.
Compagnóne, vn bon compagnon.
Companággio, & *Companático*, la viande que l'on mange auec son pain.
Comparággio, & *comparático*, comperage.
Comparáre, comparer.

CO

Comparatióne, comparaison.
in Comparatióne à questo, au prix de cecy, en comparaison de cela.
Compáre, compere.
Compáre dell' anello, vn parrain qui presente l'espouse à son époux dans l'Eglise.
Compáre & guardáti, compere ie me fie à vous, compere, c'est folie à vous, i. ne te fie pas.
Comparére, comparoir, present, *compáio*, *compári*, *compáre*, &c. parfait, *compárfi*, participe, *compárfo*.
Comparéuole, comparable.
Comparigióne, comparition.
Comparíre, comparoir : auoir de l'apparence, estre bien couuert, paroistre, auoir bonne grace, present, *comparísco*, *comparísci*, *comparísce*, parfait, *compárfi*, participe, *compárfo*.
Comparifcénte, apparent, & comparoissant.
Comparifcénza, & *comparità*, multiplication, augmentation.
far Comparità, durer plus que l'on n'espere.
Comparitióne, comparition.
Comparitóre, compariteur.
Comparizánte, vn gueux qui prie plusieurs parrains pour en tirer de l'argent.
Comparfa, comparition.
Comparfo, comparu.
Compartecipáre, participer.
Compartécipe, participant.
Compartiménto, partition, partage, compartement : parterre d'vn iardin : compartiment.
Compartíre, compartir, partager, present, *compárto*, & *compartífco*.
Compartíta, partagement.
Compaſsáre, compasser.
Compaſsévole, que l'on peut compasser.
Compaſsíbile, accommodant.
Compaſsibilità, compassibilité, accommodement auec vn autre.
Compaſsionáre, auoir compassion.
Compaſsióne, compassion.
Compaſsionéuole, remply de compassion.
Compaſsioneuolménte, auec compassion.
Compáſso, compas.
Compatíbile, compatible.
Compatibilità, compatibilité.
Compatíre, compatir, pres. *compatífco*.
Compatrióta, compatriote.
Compattáre, faire pache, conuenir ensemble.
Compátto, accord.
* *Compèdi*, fers aux pieds.
Compéllere, forcer, contraindre, pousser, parfait, *compélſi*, il n'a point de participe.
Compendiáre, abreger.
Compéndio, abregé, compendium.
Compendioſaménte, compendieusement.
Compendióſo, bref, compendieux.
Compénſa, compensation.
Compenſagióne, compensation.
* *Compenſáme*, recompense.
Compenſaménto, compensation.
Compenſáre, compenſer, recompenſer.
Compenſatióne, compensation.
Compénſo, id.
Cómpera, *Cómpra*, achapt.
Comperábile, qui se peut achepter.
Comperáre, achepter.
Comperatóre pour *compratóre*, achepteur.
Competénte, competent.

CO

Comperatríce, achepteuse, qui achepte.
andar ad hora Competénte, à heure duë.
Competenteménte, competemment.
Competénza, *competéntia*, competence.
Competére, disputer quelque chose, estre competiteur, parfait, *competéi*, *competéſti*, *competé*, ou *competétte*.
Competíre, estre competent, present, *compéto*.
Competitóre, competiteur.
Competitríce, copetitrice, qui compete.
Compiacénte, complaisant.
Compiacénza, complaisance.
Compiacére, complaire, present, *compiáccio*, parfait, *compiácqui*, *compiacéſti*, *compiácque*, participe, *compiaciúto*.
Compiacéuole, complaisant.
Compiaceuoléẓza, & *compiaciménto*, complaisance.
Compiángere, *compiágnere*, complaindre : & plaindre de compagnie, parfait, *compiánſi*, *compiaucéſti*, *compiánſe*, participe, *compiánto*.
Compiagnitóre, complaignant.
Compiagnitríce, complaigneuſe, qui plaint.
Compiánto, complainte.
Compiére, accomplir.
Compiéta, Complie.
Compiláre, compiler, assembler.
Compilatióne, compilation.
Compilatóre, compilateur, compileur, aſſembleur.
Compilatríce, compileuſe.
Compiménto, compliment, & accompliſſement.
Compíre, acheuer, accomplir, décharger, finir l'acte Venerien, present, *compíſco*.
Compír con vno, aller visiter par compliment, rendre les deuoirs.
Compitaménte, deuëment, pleinement.
Compitáre, epeller en lisant.
Cómpito, la tasche, le trauail d'vn certain temps.
légger à Cómpito, lire en eppelant.
mangiar à Cómpito, manger petit à petit, tiré des enfans qui eppellent en lisant.
Cómpito accómply, complet.
Compitúra, accomplissement. Item, semence, sperme.
Compiutaménte, deuëment.
* *Compleſſáre*, embraſſer.
Compléſſo, embrassement : embraſſé, & compris.
Compléſſo, charnu.
Compleſsionáre, complexionner, accommoder à l'humeur ou complexion.
Compleſsionále, de complexion.
Compleſsióne, complexion.
* *Compléto*, complet.
* *Complettáre*, compoſer.
* *Complicáre*, aſſembler, plier enſemble : & contracter.
* *Complicataménte*, enſemblément.
Complíce, complice.
Complicità, aſſemblement & confederation.
Complimentáre, complimenter, faire des complimens.
Compliménto, compliment.
Complíre, eſtre à propos, eſtre neceſſaire, verbe impersonnel.
Complíre, accomplir : faire vn compliment, present *complíſco*.
Complír con vno, rendre ſes deuoirs à vne personne, present, *complíſco*.
Compluuiáta, vne gouttiere pour receuoir toute l'eau de la pluye.
Compluuiáta víte, ſelon aucuns, vne treille.

Compónere, composer, present, *compongo*, *componi*, *compone*, &c. participe. *composi* part. *composto*.
Componicchiaménti, mauuaises compositions.
Componicchiáre, faire quelque mauuaise œuure ou composition.
Componiménto, composition.
Compositóre, compositeur. Et composeur.
Compositrice, composeuse.
Compórre, composer, accorder: s'ajuster, conuenir, accommoder vn different, present, *compongo*, parfait, *compósi*, participe, *compósto*.
Comportáre, comporter, souffrir.
La cosa nol Compórta, l'affaire ne le vaut pas. Item, cela ne vaut pas la peine.
Come disse il francese l'adria il comporta, comme dit le François, l'a; e le permet.
il paese lo Compórta, le pays le porte.
l'eta nol Compórta, l'aage ne le permet pas.
Comporteuole, tolerable, comportable.
Comporteuolménte, tolerablement.
Comporteuolézza, toleration.
Compósito órdine, ordre composé en Architecture.
Compositióne, composition.
Compositúra, id.
Compósta, compote.
Compósta di Califto, sorte de composition medicinale.
Compostaménte, auec ordre.
Compósto, composé. Item, posé, d'humeur posée, graue, serieux, retiré, retenu.
Compostúra, composition.
Cómpra, achapt.
Compráre, achepter. participe *Compro* pour *Comprato*.
Comprár in sine al Sóle, achepter iusques au Soleil. i. auoir toutes sortes de choses auec de la peine.
Comprâre, en jargon, courir.
Comprár il porco, &
Comprár víule, en jargon, s'enfuir bien viste.
Compratóre, achepteur.
Compraudndi, regrattiers.
per il Compredómine, nous disons, pour Dieu & pour saincte Croix. i. pour de l'argent.
Comprendere, comprendre, parf. *Compresi*.
Comprendente, comprenant.
Comprendiménto, comprehension.
Comprenditóre, compreneur.
Comprenditrice, qui comprend.
Comprendónio, mot formé à plaisir de *comprendere* : la *non ha del comprendónio*, on ne le peut comprendre.
Comprensióne, comprehension.
Compréso, compris.
Compressáre, presser ensemble.
* *Compressionáto*, complexionné.
* *Compressióne*, complexion.
Compresso, membru. Item, pressé ensemble.
Compressúra, compression.
Comprimere, comprimer, presser, reprimer, parfait, *comprimei*, *comprimetti*, & *compressi*.
Comprobánza, comprobation.
Comprobáre, approuuer.
Comprometário, vn arbitre qui promet pour vn autre.
Compromésso, compromis.
Comprométtere, arbitrer & promettre pour vn autre. parfait *compromisi*.
* *Compuérta*, vn pont ou planche de vaisseau: mot Espagnol, selon aucuns, vne herse à la porte d'vne ville.
Compulsáre, compulser.
Compulsióne, compulsion.

Compulsíuo, compulsif.
Compúlso, contraint, compulsé.
Compulsório, compulsoire.
Compúngere, poindre, parfait *compúnsi*, participe *compúnto*.
Compungiménto, *Compuntióne*, componction.
Computaménto, computation.
Computatióne, computation.
Computáre, compter, calculer, ietter.
Computéuole, qui se peut compter ou calculer.
Computísta, compteur, calculeur.
Computísta, c'est vne office au lieu de Controolleur dans vne grande maison.
Compúto, computation.
Comúna, Communauté : la Commune.
Comunále, commun, vulgaire.
* *Comunalità*, & *Comunánza*, Communauté.
* *Comunchemènte*, en quelque façon que ce soit.
Comúne, commun. Et le commun peuple ou la communauté.
Comunélla, Communauté, assemblée de personnes qui mettent tout en commun. Item, vne femme commune, vne garce.
Comuneménte, communément.
Comunicaménto, communication, participation.
* *Comunicánza*, communication.
Comunicáre, communiquer.
Comunicársi, se communier, receuoir le sainct Sacrement.
Comunicatióne, communication.
Comunicatóre, communicateur, qui communique. Item, le communiant.
Comunióne, Communion.
Comunità, Communauté, il n'a point de pluriel.
Comunque, en quelque façon que ce soit. Item, bien que.
Comunqueménte, id.
Comutánza, commutation, changement.
Comutáre, changer.
Comutatíuo, sujet à se changer.
Con, auec. Ce mot mis auec vn infinitif luy donne la force de nostre gerondif: v. g. *con dire*, en disant *col procurare*, en procurant, & auec vne negatiue *col non hauer parláto*, n'ayant pas parlé.
Con me, enuers moy, & auec moy.
Con, de: *dar con la mano*. i. frapper de la main.
Con, au lieu de pour.
Con vno scudo ne ho vno, pour vn escu i'en ay vn.
Con tutto che, veu que.
* *Cúaglio*, presure.
* *Conáto*, la tasche d'vn trauail: effort à faire quelque chose.
Cónca, conque.
Cónca, vn grand vase de terre à couler la lexiue. Item, vne sorte de mesure en Grece.
Cónca, vne espece d'auge de bois dans laquelle on laue la vaisselle : vne coquille de poisson.
portar la Cónca. i. estre macquereau.
Cónca, en jargon, la vie.
Cónche, salieres, creux au dessus de l'œil du cheual.
Cónche chiúse, reduits ou abris de mer assez auant en terre, mais non pas trop asseurez du vent.
Concatenáre, enchaisner ensemble.
Concauáre, cauer.
Concauità, concauité.
Cóncauo, creux.
Concédere, conceder, parfait *concéssi*.
Concedéuole, qui se peut accorder.

Q iiij

Concedimento, accord.
Conceditóre, accordeur.
Conceditríce, concedeuse, qui accorde, qui concede.
Concento, harmonie, accord.
Concentráve, incorporer.
Concepiménto, conception.
Concepíre, & Concépere, conceuoir. pref. concepisco.
Concérnere, concerner.
Concerchiáre, enuironner ensemble.
Concertaménto, accord, concert.
Concertáre, concerter.
Concérto, accord, concert.
di Concérto, par accord.
Concessióne, resignation, concession.
Concésso, concedé, accordé.
Concettióne, conception.
Concétto, pensée, conception d'esprit, imagination.
éssere in Concétto, estre en bonne estime, en reputation.
pérdersi di Concétto, s'estonner, perdre cœur.
Concettóso, remply de pensées.
Conchétta, petite coquille : petite jatte, ou petite auge : petite terrine.
Conchíglia, coquille de mer. Pourpre.
Conchigliáto, teint en pourpre.
Cónchile pesce, poisson à coquille.
Conchiúdere, conclurre.
Conchiusióne, conclusion.
Conchiúso, conclus.
*Cóncia, le meslange du parfum, le parfum dont on accommode les cuirs. C'est aussi le lieu où on les accommode.
Cóncia, c'est ce que l'on fait aux oliues pour les adoucir. Item, ce que l'on fait aux cuirs, &c.
Cóncia, assaisonnement. Le mot de cóncia, auec vn substantif signifie accoustreur. v. g. Conciacoráme, Courroyeur, & ainsi des autres.
Cóncia calzétte, rauaudeur. pron. ts.
Conciaménte, proprement.
Conciaménto, assaisonnement.
Conciáre, accoustrer, & par ironie mal accommoder, gaster, mal-traitter : dresser vn oiseau : cribler le grain : parfumer les peaux.
Conciár il vino, frelatter le vin.
Conciár pel di delle féste, nous disons, accommoder tout de rosty.
Conciársi con vno, se mettre au seruice d'vne personne.
Conciatóre, parfumeur. Item, accoustreur, courroyeur, coëffeur.
Conciatríce, coëffeuse.
Conciatúra, coëffure, accoustrage, assaisonnement.
Conciatúra, cribleure que l'on donne à la volaille.
Conciatútto, vn qui accommode toutes les affaires, qui raccommode les defauts.
Conciéra da tésta, coëffeure.
Conciéro, accoustrement, habillement.
Conciéuole, qui se peut accommoder ou assaisonner.
Conciliáre, reconcilier : & attirer ou gagner la volonté des autres.
Conciliatióne, conciliation.
Conciliábolo, Concile.
Concimáre, fumer les terres, accommoder.
Concíme, fumier. C'est aussi l'accoustrage de quelque chose.
Conciniglia, cochenille.
*Concináre, estre accordant, estre propre, s'accorder.
*Concinnità, galantise, proprieté, aduenance.

* Concinno, propre, aduenant.
* Concíno, vn reformateur, vn repreneur.
Cíncio, accommodé : mal-traitté : confit : parfumé : criblé : vne pierre taillée & polie. Item, loué au seruice de quelqu'vn.
nóce Cóncia, noix confite.
in buon Cóncio, bien vestu, en bonne conche, en bon équipage.
vino Cóncio, vin meslé ou frelatté.
à buon Cóncio, d'accord.
* Concionáre, haranguer.
* Concionatóre, harangueur.
Concionatríce, harangueuse.
* Concióne, harangue.
Conciósia che, veu que.
Conciósa cosa che, idem.
Concípere, conceuoir, voyez, concipire.
Concisióne, concision.
Concíso, trenché, concis.
Concilióvio, Concistóro, consistoire.
Concitaménto, incitement, prouocation.
Concitáre, prouoquer.
Concittadinánza, bourgeoisie d'vne mesme ville. pron. ts.
Concittadíno, Bourgeois de la mesme ville.
Conclávе, le Conclave où s'enferment les Cardinaux pour créer le Pape.
Conclauísta, qui est du Conclaue.
Conclúdere & conchiúdere, conclurre. parf. conclúsi.
Conclusióne & conchiusióne, conclusion.
Concobína, concubine.
Concócere, cuire, faire la concoction, present, concóco, parfait concóssi, participe concótto.
Cóncola, Cóncolina petite coquille, &c. diminutif de cónca.
Concólla, vne espece d'herbe verte entre deux terres labourées.
* Concomitánte, accompagnant.
* Concomitánza, accompagnement, pron. ts.
* Concomitáre, accompagner.
Concómite, compagnon.
Concóne, vne grande conque ou coquille : vne grande terrine, &c.
Concordánza, concordance.
Concordáre, s'accorder ensemble.
Concordánte, concordant.
Concordeménte, auec accord, d'accord, d'vn commun accord.
Concordéuole, qui se peut accorder, concordant, accordant.
Concórdia, concorde.
Concordiáre, s'accorder.
Concorrénte, concurrent.
Concorrénza, concurrence. pron. ts.
Concórrere, encourir : aborder. parf. concórsi.
Concorriménto, concours, abord.
Concórso, concours, grand abord de gens.
Concotióne, concoction.
Concótto, concoction, Item, recuit.
Concubína, concubine.
Concubináre, concubiner, auoir vne concubine.
Concubinário, &
Concubinatóre, qui a vne concubine, concubinaire.
Concubíno, vn mignon, vn ruffien.
Concúbito, le coucher d'vn homme auec vne femme.
Conculcaménto, foulement.
Conculcáre, fouler aux pieds.
Concuócere, cuire, faire la concoction. pref. concuóco, parf. concóssi, part. concótto.
Concupíre, conuoiter, desirer, pref. concupísco, concu-

CO   CH

piscévole, *& concupiscibile*, concupiscible.
Concupiscenza, concupiscence, conuoitise.
Concupiscere, desirer, conuoiter, pres. *concupisco*.
* *Concussáre*, faire concussion.
Concussióne, concussion.
Concussóre, concussionaire.
Condánna, condemnation.
Condannábile & condannévole condemnable.
Condannagióne, condemnation.
Condannáre, condemner.
Condánno, condemnation.
Condecénte, bien-seant, condecent.
Condecénza, condecence, pron. *ts*.
Condégno, condigne, digne.
Condennagióne, condemnation.
Condennáre, condemner.
à la *Condennáta*, sorte de jeu aux cartes.
Condemnatóre & condemnatrice, qui condemne.
Condensáre, resserrer, condenser.
Condensévole, qui se peut condenser.
Condénso, reseré, condensé.
Condescéndere, condescendre, part. *condescési*, part. *condescéso*.
* *Condilomáti*, enfleures d'inflammation au fondement.
Condimentário, qui concerne vne sausse.
Condiménto, saulse, assaisonnement.
Condío, de bonne race.
Condíre, assaisonner. Metaph. perfectionner, present. *condísco*.
Condiscépolo, condisciple, compagnon d'escole.
Conditionále, coditionnel.
Conditionáre, conditionner.
Conditionataménte, auec condition.
Conditióne, condition.
Condíto, assaisonné. Item, basty, fondé, construit.
* *Conditóre*, assaisonneur de viandes.
Conditúra, assaisonnement.
Condogliénte, qui se condeu't.
Condogliénza, condoleance, pron. *ts*.
Condogliévole, dont on se peut condouloir.
Condolérsi, se condouloir, pres. *condolgo*, *condoli*, *condole*, parfait, *condolsi*, participe, *condolúto*.
Condonáre, pardonner.
Condonatióne, pardon.
Condótta, conduite : voiture : conuoy. C'est aussi le salaire que donnent les Communautez aux Medecins.
Condottiére, conducteur : voiturier, Roulier.
Condótto, conduit. Item, conduite.
Condrilla & Condrillo, laicteron, sorte de plante.
Cóndro, vn ossement à la bouche de l'estomach.
Conducíbile, qui se peut conduire.
Condúcere, conduire, parfait *condussi*, participe, *condutto*, *& condotto*.
Conduciménto, conduite.
Conductióre, conducteur.
Conductrice, conduiseuse.
Condúrre, conduire, present *condúco*, *conduci*, *conduce*, *conduciamo*, *conducete*, *conduono*, parfait, *condussi*, *conducésti*, *condússe*, particip. *condotto*.
Condúrsi, se porter, s'acheminer.
Condúrsi à fare, se porter à faire vne chose.
Condúrsi al lástrico, aller gueuser sur vn pont à l'hospital.
Condúrsi, *doue il buon pan si vende*, reduit à la misere.
Conduttíuo, qui se peut guider ou conduire.

Condútto, conduit.
Conduttúra, voiture.
Conegliéra, vne garenne.
Conestábile, Connestable.
* *Connestábole*, idem.
Conestabolía & Conestaboleria, Conestablerie.
Conésto, certain mal de cheual.
* *Confabuláre*, discourir ensemble.
* *Confácere*, s'accorder, estre conuenable, s'accommoder, present *confaccio*, *confái*, *confá*, le reste comme *fare*.
Confacévole, sortable, conuenable.
Confacevolézza, conuenance, pron. *ts*.
Confaciménto, idem.
Confalóne, gonfalon.
Confalonière, qui porte le gonfalon.
Confársi, s'accommoder, s'accorder, estre propre ou conuenable, conuenir, present *confaccio*, *confai*, *confá*, *confacciamo*, *confate*, *confanno*, part. *confeci*, *confésti*, *confece*, *confacémmo*, *confacéste*, *confécero*, participe, *confatto*, & notez qu'il y faut mettre les particules, *mi*, *ti*, *si*, *ci*, *vi*, *si*.
Confederaménto, confederation.
Confederáre, allier, confederer.
Confederatióne, confederation.
Conferénza, *Conferéntia*, conference.
Conferiménto, communication.
Conferíre, conferer : aider, secourir : contribuer, present, *conferísco*.
Confermagióne, *Confermaménto*, confirmation.
Confermáre, confirmer.
Confermatióne, confirmation.
* *Confortíni*, de biscuits.
* *Confessagióne*, confession.
Confessáre, confesser.
Confessionále, miroir de confession.
Confessionário, confessionnaire.
Confessióne, confession : Deposition.
Confessionísta, qui a pouuoir de confesser.
Conféssò, confez, confessé.
Confessóre, Confesseur.
Confettáre, confire.
Confettáro, confiseur, vendeur de dragée.
Confétti, confitures, dragées, &c.
Confettiéra, couppe à seruir des confitures, femme de vendeur de dragée.
Confettináro, confiseur.
Confettióne, confection.
Confettúra, confiture.
Conficcáre, clouër, fermer auec des clouds.
Conficcáre vna porta, condamner vne porte.
Confída, vn confident, vne confidente.
Confidánza, confiance.
Confidáre, confier.
Confidénte, confident.
Confidenteménte, confidemment.
Confidénza, confiance, pron. *ts*.
Confíggere, clouër, ficher, parfait, *confíssi*.
Confináute, qui confine.
Confináuza, confination, pron. *ts*.
Confináre, confiner : estre voisin, seruir de frontiere, & releguer : bannir.
Confíne, confin : le bannissement & le lieu où l'on est relegué.
gente da' Confíni, pendards, voleurs.
Confínta, feinte.
Confirmáre, confirmer.
Confiscáre, confisquer.

Confiscatióne, confiscation.
* il Confitémini, la confession, mot Latin.
esser al Confirémini .i. estre proche de sa mort, parce que l'on se confesse alors.
Confitènte, confessant.
* Confitére, se confesser.
Confitáre, confire.
Confittáro, confiseur.
Confitto, cloué, attaché : empreint dans l'esprit.
Confitto in casa, renfermé, enfermé dans le logis.
Confutáre, confuter.
Conflitta, Conflitto, combat, conflict.
Confluénza, confluence, pron. ts.
Confluire, fluer ensemble, verbe impersonnel, pres. confluisce.
Confondiménto, confusion.
Conformáre, conformer.
Conformatióne, conformation.
Confórme, conforme : selon.
Conformeménte, conformément.
Conforménole, qui se peut conformer.
Conforméza, Conformità, conformité, prononcé ts.
Confortamento, confortation, confortement, confort.
Confortáre, conforter. Item, exhorter, porter à quelque chose, conseiller.
Confortatióne, confortation, confort : exhortation.
Confortatiuo, confortatif.
Confortatóre, conforteur, exhorteur.
Confortatrice, conforteuse, qui console.
Confortatório, consolatoire.
Conforténole, qui se peut conforter.
Confortinátio, faiseur de pain d'espice, biscuit, &c.
Confortíno, sorte de biscuit ou pain d'espice.
Confórto, confort.
Confrángere, concasser, parfait confransi, confrangesii, confranse, participe confranto.
Confrángere, en jargon, despenser.
Confránto, concassé.
Confráte, confrere.
Confratellánza, confraternité.
Confrateria, Confrairie.
Confraternità, confraternité.
Confrontáre, confronter.
Confrónto, confrontation.
Confusaménte, confusément.
* Confusíbile, plein de confusion.
Confúso, confus.
Confutáre, confutáre, confondre, confuter.
Confutatório, qui se peut confuter.
Confuténole, qui se peut confuter.
Congarofanáto, meslé d'odeur d'œillet, ou de clou de giroflé.
Congedáre, congedier.
Congédo, congé.
Congegnáre, accoupler. Item, joindre ensemble, faire quelque machine.
Congegnénole, qui se peut joindre.
Congeláre, congeler.
Congelatióne, congelation.
Congelatóri di Mercurio .i. Alquimistes.
Congeneráre, engendrer ensemble.
* Congérie, tas, amas.
Congettúra, conjecture.
Congetturáre, coniecturer.
Congetturatóre, conjectureur.

Congetturénole, qui se peut conjecturer.
Cóngio, congẽ, poisson.
Cóngio, sorte de mesure. Item, congé, selon aucuns.
Congiógnere, Congiúngere, joindre, conjoindre, present congiongo, & congiugno, parfait congiunsi, & congiunsi, participe congionto, congiunto.
Congiugiménto, conjonction.
Congiugnénole, qui se peut conjoindre.
Congiontióne, conjonction.
Congiontáre, joindre ensemble.
Congiónto, joint, allié.
Congiontúra, temps, moyen, occasion, conjoncture.
Congiugále, conjugal.
Congiugáre, conjuguer.
Congiugatióne, conjugaison.
Congiúngere, conjoindre. Voyez cnogiognere.
Congiúra, conjuration.
Congiuráre, conjurer.
Congiuraménto, Congiuratióne, conjuration.
Congiuratóre, coniurateur.
Congiuratrice, conjureuse.
Congiustáre, ajuster ensemble.
Conglobáre, faire en globe, amasser en globe ou rond.
Cóngola, vne coquille. Item, vne sorte de poisson.
* Congratiáre, rendre graces ensemble.
Congratulánza, congratulation, pron. ts.
Congratuláre, congratuler.
Congratulatióne, congratulation.
Congréga, Congregánza, assemblée.
Congregáre, assembler, congreger.
Congregatióne, congregation.
Congressióne, & Congrésso, congrez. Item, nouuelle Lune.
Cóngrio, Congro, vn congre.
Congruénza, congruité.
Congruíre, congruer, pres. congruisco.
Cóngruo, congru.
Coniáre, battre la monnoye.
Coniatóre, batteur de monnoye.
Cónico, de figure de Cosne.
Coniélla, sarriette, sauorée, satrée.
Coniettúra, conjecture.
Conietturáre, coniecturer.
Coníglia, le dernier banc d'vne Galere, qui cesse de ramer.
Coníglia, femelle d'vn lapin.
Conigliáre, retirer les rames d'vne galere pour passer en quelque lieu estroit.
Coniglicciáre, se tapir comme vn conil.
Coniglicra, vne garenne.
Coniglicri, ceux qui voguent au dernier banc.
Coníglio, conil, lapin.
hauer il corpo pieno di Conigli .i. estre tout remply de peur.
Cónio, coin à fendre le bois : coin à battre la monnoye, la marque ou coin de la monnoye : coin de bas, à Conij, cantonné en terme de blason.
* Coniugále, conjugal.
* Coniugáto, marié : coniugàto.
Connessáre, connexer, joindre.
Connessióne, connexion.
Connessità, idem.
Connésso, connexé.
Connestábile, Connestable.

Conusa

CO

Connifa, herbe aux pulces.
Conninénz a, conniuence. pron. *ts*.
* *Cónno*, la nature de la femme.
Connocchia, quenoüille : & quenoüillé.
Connocchiáre, charger la quenoüille. Item, filer.
Connochidta, quenoüillé.
* *Connubiáre*, espouser.
* *Connúbio*, espousailles.
Connumeráre, compter, nombrer.
Connumeratióne, computation, connumeration.
Connúta, qui a vne grande nature, nous disons en raillant, bien connuë.
Cóno, cosne, instrument de Geometrie.
Conobéllo, en jargon, de l'ail.
Connócchia, baguette de fusée. Item, vne quenoüille.
Conoscénte, connoissant. Item, de connoissance.
Conoscénza, connoissance, pron. *ts*.
Conóscere, connoistre, pres. *conósco*, *conósci*, *conósce*, parfait. *conobbi conoscésti conobbe*, participe, *conosciúto*.
Conóscer, *vn brusco da vna tratta*, connoistre vne paille d'auec vne poutre .i. ie connois mon monde.
Conóscer il pel nel vouo, connoistre vn poil sur vn œuf .i. estre habile homme & rusé : nous disons, connoistre les mouches dans le laict.
Conoscimento, connoissance.
Conoscitóre, connoisseur.
Conoscitrice, connoisseuse.
Conoscitúto, conneu. Item, habile : expert.
Conprigióne & *Conprigioníere*, compagnon de prison.
Conprigionía, emprisonnement de compagnie.
Conquassáre, fracasser.
mettere in Conquásso, fracasser.
Conquásso, fracas, desordre.
Conquerelársi, se plaindre ensemble.
* *Conquérere*, se lamenter.
* *Conquésta*, conqueste.
* *Conquestáre*, conquester.
Conquíbus, nous disons, du quibus. i. de l'argent.
Conquídere, affliger, il n'est point en vsage qu'en infinitif.
Conquísta, conqueste.
Conquistaménto, idem.
Conquistáre, conquester.
Conquistatóre, conquerant.
Conquistatrice, conquerante, conquereuse.
Conquistévole, qui se peut conquester, conquerable.
Conquíso, conquis.
Conquísto, acquest, conquest.
Conquistóre, conquerant.
Consagráre, consacrare, consacrer.
Consagratióne, consacratióne, consecration.
Consanguíneo, parent.
Consanguinità, parentage.
Consapére, estre participant, sçauoir auec vn autre, ce verbe n'est pas en vsage qu'en l'infinitif.
Consapévole, participant, complice.
Consapevolézza, participation de quelque affaire ou secret. pron. *ts*.
Conscésa, ouuerture ou descente de montagne.
Consciéntia, conscience.
Conscientióso, conscientieux.
* *Cónscio*, participant d'vn secret, coulpable, complice.
Conscríuere, conscrire. parf. *conscríssi*, parf. *conscrítto*.
Consecutióne, consequence.
Consecutíuo, consecutif.
Conségna, la consigne, le roolle des noms de ceux qui logent dans vne maison ou hostellerie.

CO 129

Consegnáre, consigner.
Consegnatióne, consignation.
Conseguénza, consequence. pron. *ts*.
Conseguiménto, acheuement, le point d'obtenir vne chose.
Conseguíre, obtenir, atteindre, pres. *conseguísco*.
Conseguír il perdóno, gagner les pardons.
Conseguitáre, suiure ensemble.
Consénso, *Consentiménto*, consentement.
Consentíre, consentir, pres. *consénto*.
Consentitóre, qui consent.
Consertáre, concerter.
Consérto, entrelassé, entretissu.
Consérua, conserue. Reserue.
Consérua, despense ou gardemanger : reseruoir d'eau : compotte, confiture.
Canserua, prouision.
far Conserua, & cumuló, faire prouision & amas.
andar di Consérua, aller de conserue : faire conserue c'est à dire, aller de compagnie, deux vaisseaux sur la mer.
Conseruábile, qui se peut conseruer.
Conseruággio, la seruitude de compagnie.
Conseruagióne, conseruation.
Conseruaménto, conseruation.
Conseruáre, conseruer.
Conseruár in timóre, tenir en crainte.
Conseruatióne, consernation.
Conseruatíuo, conseruatif.
Conseruatóio, reseruoir.
Conseruatóre, *Conseruatríce*, qui conserue.
Conseruénole, qui se peut conseruer.
Conseruíre, seruir ensemble.
Conseruitóre, &
Conséruo, qui sert au mesme maistre, compagnon de seruice.
Consésso, assemblée.
* *Considerándo*, considerable.
Consideraménto, consideration.
Consideráre, considerer.
Consideratióne, consideration.
Considerato húomo, homme prudent & auisé, retenu.
Consideratóre & consideràbile, qui considere.
Consideróso, plein de consideration.
Consigliáre, conseiller.
Consigliatóre & consigliatríce, qui conseille.
Consigliatúra, le corps & la chambre du Conseil.
Consigliére, vn Conseiller.
Consigliário, Conseiller.
Consíglio, conseil.
prender Consíglio, faire dessein.
Consignóre, compagnon de gouuernement.
Consignoreggiáre, regir ensemble.
Consignáre, consigner.
Consimigliánza, ressemblance.
Consimigliáre, ressembler.
Consimile, semblable.
età Consistènte, aage vn peu meur.
huomo d'età Consistènte, homme fait.
Consisténza, consistence.
Consístere, consister.
Con obrino, cousin.
Consoláuco, le consulat.
Consolaménto, consolation.
Consoláre, Consulaire.
Consoláre, consoler.
Consolar Bettrino. i. faire bonne chere.

R

Consolatiuo, consolant.
Consolatióne, consolation.
Consolàto, consolé, content.
andar Consolàro, aller doucement à son aise.
Consolàto, le Consulat.
Consolàtico, idem.
Consolatóre, consolateur.
Consolatório, consolatoire.
Consolatríce, qui console.
Consoldáto, compagnon de guerre.
Consòle, Consul.
Consólida, pied d'allouëtte.
Consólida manggióre, oreille d'asne, herbe.
Consolidáre, consolider.
Consolidatiuo, qui consolide.
Consolido, consolidé.
Cónsolo, Consul.
Consomàto, vn consommé fait de viande.
Consonàre, consommer.
Consonànza, consonance.
Consonáre, s'accorder de son.
Consonéuole, consonnant.
Consonéuoleménte, accord, consonance. pron. *ts*.
Consono, id.
Consontióne, consumption.
Consónto, consumé.
Consopíre, s'assoupir. pref. *consopísco*.
Consororità, alliance de sœur.
* *Consortáre*, faire vne societé.
Consorte, reciproquement le mary & la femme: compagnon, complice, consort.
* *Consorteria*, race, famille. Item, societé.
* *Consortio*, familiarité.
Consòrto, le mary.
Consustantiàle, consubstantiel.
Consustantiatióne, consubstantiation.
Conspérgere, esperger. parf. *conspérsi*, *conspergesti conspersé*, part. *consperso*.
Conspersióne, aspersion.
Conspétto, presence.
al Conspetto, c'est vn jurement que l'on fait en Lombardie.
Conspícere, estre clair-voyant: regarder auec soin ou prudence, il n'est pas en vsage qu'en infinitif.
Conspicuità, clair-voyance.
Conspícuo, clair, clair-voyant.
Conspíra, conspiration.
Conspiráre, conspirer.
Conspiratióne, conspiration.
Conspiratóre, conspirateur, qui conspire.
Conspiratríce, femme qui conspire.
Constánte, constant.
Constanteménte, constamment.
Constánza, constance pron. *ts*.
Constáre, estre, apparent, conster, consister, continuer, perseuerer, verbe imperfonel, il n'a que la troisiéme personne.
Constipáre, constiper, resserrer le ventre.
Constipatióne, constipation.
Constituíre, constituer. pref. *constituísco*.
Constitutióne, constitution.
Constitúto, institut, constitution.
Constríngere, contraindre, pref. *constríngo* & *constrígne*, parf. *constrínsi*. part. *constréto*.
Construíre, construire, il n'est pas en vsage qu'en infinitif.
Constructióne, *Construtta*, construction.
Construtto, construit, gain.

Construttóre, constructeur.
Constudiáre, estudier ensemble.
* *Consuèto*, accoustumé.
Consuetudinário, qui a des coustumes.
* *Consuetúdine*, coustume.
Consúlta, consultation.
Consultáre, consulter.
Consultéuole, qui se peut consulter.
Consultóre, consulteur.
la Consúma, nom propre d'vn lieu.
andar alla Consúma i. consommer son bien.
Cosumaménto, consumation.
Consumáre, consommer.
Consumatiuo, qui consomme qui se consomme.
Cosumáto, vn consommé fait de viande.
Consumatóre, consommeur.
Consumatríce, consumeuse.
Consumévole, qui se peut consommer.
Consúmo, consommation.
Consuntióne, consumption, consommation.
Consúnto, consommé, consumé.
Cónta, contée, nombrée, racontée, declarée. Item, selon aucuns, la place où l'on se bat en duel.
Cónta, pour contata contée.
Contaccio, vn Comte malotru ou mal fait.
Contàbile, contable.
Contadína, villageoise, païsanne.
Contadináme & *Contadináme*, tous les villageois. pron. *ts*.
Contadinélla, petite villageoise.
Contadinésco, de païsan.
Contadíno, villageois, païsan, manant.
Contadíno, Contadin, de la Comté d'Auignon.
esser buon contadíno, estre bon cheuaucheur, qui cheuauche bien.
Contadinòne, petite païsane. pron. *ts*.
Contádo, le village, les champs.
Contádo, Comté.
Contaderia, bureau où l'on compte l'argent.
Contàgio, contagion.
Contagionáre, infecter de contagion.
Contagióne, contagion.
Contagióso, contagieux.
Contaménto, compte. Item, en jargon l'aste venerien.
Contaminábile, contaminable.
Contamináménto, contamination.
Contamináre, souiller, contaminer, polluer.
Contaminatióne, contamination.
Contaminéuole, qui se peut souiller.
Contána, vn cintre, maladie de cheual.
Contánti danari, argent comptant.
Contáre, compter: desbourser, employer.
Contar spesso amicitia longa, nous disons, les bons comptes font les bons amis.
Contáre, en jargon, *chiauáre*, fermer vne porte: & cheuaucher vne femme.
si potrébbono, Contàr col náso, il n'y en a gueres, on les pourroit conter auec le nez.
* *Contastáre*, debattre.
* *Contásto*, debat.
Coutatóre, compteur, cheuaucheur.
Contatríce, compteuse qui compte.
Cónte, vn Comte.
Cónte, racontées, pour *contàte*.
Contéa, Comté.
Contégno, circuit: humeur retenuë: la retenuë.
in Contégno, sur la retenuë, sur la contenance.
Contegnóso, d'humeur, retenuë, retenu, graue, seuere.

CO

Contemperaménto, Contemperánza, contemperance, p. ts.
Contemperáre, temperer, contemperer.
Contempiáre, Contempláre, contempler.
Contempiatióne, Contemplatióne, contemplation.
Contemplatiuo, contemplatif.
Contemplatóre, contempleur.
Contemplatrice, contempleuse.
Contemporáneo, contemporain.
Contempráre, temperer.
Contempránza, temperance, temperation. pron. ts.
Contenáro, sorte de grand poids.
Conténdere, disputer : s'efforcer : debattre, refuser, denier. parf. contési.
Contenditóre, querelleux, debatteur, disputeur.
Contenditrice, disputeuse, debatteuse.
Contenénte, continent : & contenant.
Contenénza, continence : & ce que tient vn vase, pron. ts.
Contenére, tenir, contenir. pres. contengo, cotieni, contiene, parf. conténni. part. contenato.
Contenérsi, estre retenu, se retenir : estre continent.
Contenimén̂to, retenuë, abstinence.
Contentaménto, contentement.
Contentáre, contenter.
* Contentatúra, contentement.
Contenténole, qui se peut contenter.
Contentézza, contentement. pron. ts.
Contentionáre, debattre.
Contentióne, contention.
Contentió ̂so, contentieux.
Conténto, contentement. Item, content.
Core contento e le bertola in collo dice il napolitano. i. ayons le cœur contant & n'ayons que des besaces sur nos espaulles.
son Conténto, ie le veux bien.
Contenúto, contenu.
Contésa, contention, debat.
Contéso, debattu.
Contéssa, Comtesse.
la Contéssa di Ciuillari. i. le priué.
Contéssere, tisser, tissir ensemble. parf. contéssei.
Contessúto contésto, tissu ensemble.
Contestábile, Connestable.
Contestáre, contester.
Contestatióne, contestation.
Contestáto, intimé, terme de plaiderie.
Contésto, tissu ensemble.
Contestúra, contexture, tissure.
Contézza, connoissance, accointance : information, aduis. pron. ts.
Contia, sorte de petite oliue.
Contiéro, en jargon, Marchand.
Contigia, vn bas semellé de cuir. C'est aussi vn ornement ou parure.
Contigiáre, parer, orner.
Contigiáto, paré, orné, ajusté.
Contiguità, contiguité : approche.
Contíguo, contigu, pron. l'v & l'o separément.
Contina, cintre.
Contína, sorte de mal de teste.
Continénte, continent, chaste. Item, le contenu : & l'estenduë d'vne Prouince, le dedans d'vn païs.
Continénza, continence. pron. ts.
Contingénte, contingent. parf. contingette. verbe impersonnel.
Contingénza, contingence.
Contingere, arriuer.
Continoáre, continuer.

CO 131

Continoáre, continuer.
Continoatióne, continuation.
Continouo, continuel, continu. pron. les voyelles distinctement.
del Continouo, continuellement.
Continouaménte, continuellement.
Continua, & Continuánza, la continuë ou continuation.
Continuáre, continuer, poursuiure.
Continuaménte, continuellement.
Continuatióne, continuation.
Continuéuole, que l'on peut continuer.
Continuo, continu, continuel.
* Contióne, harangue.
Contísta, compteur, vn qui fait ou dresse les comptes.
Cónto, compte. Item, estime.
tener gran Cónto, tenir sa grandeur, faire grand estime.
tener cónto di qualche cosa, faire cas de quelque chose, faire estat.
per che Cónto, pour quel sujet.
far Cónto, faire estat.
fate Cónto, imaginez vous, faites estat.
tornar à Cónto, y auoir du profit : y trouuer son compte.
dar Cónto, rendre compte.
Cónti, parties.
Cónti chiari amici cari, nous disons, les bons comptes font les bons amis.
Cónti spésso amicitia lónga. id.
Cónto, cogneu.
di gran Cónto, d'estime, de consideration.
per Cónto, pour ce qui concerne pour le regard.
à buon Cónto, à bon marché. Item, à bon compte, sur & tant moins, en déduisant pour arres.
far i Conti col capezzále, dormir. Item, compter sans son hoste.
Contórcere, tordre. parf. contórsi, contorto.
Contórcersi, s'estendre, estendre ses membres en se tordant, se coniugue, comme cy-dessus en y adjouttant, mi, ti, si, ci, vi, si.
Contorciménto, entorse. Item, extension de membres en se tordant.
Contornáre, tourner autour.
Contórno, circuit, contour. Item, vn gaignage en communauté.
Contórni, les enuirons.
Contorsióne, contorsion.
Contórta, extension de membres en se tordant. pron. l'ò ouuert.
Contórto, tors, tordu.
Cóntra, contre. pron. l'ò fermé.
farsi Cóntra, aller au deuant.
Contrauassáte, barre de fer dans l'essieu.
Contrabandáre, deffendre publiquement. Item, aller contre l'ordonnance, faire entrer dans la ville des choses sans payer le droit.
Contrabandiéra, Metaph. vne putain.
Contrabandiére, vn qui vend des choses deffenduës, vn faussonnier, &c. vn contreuenant aux ordonnances, ou deffenses.
Contrabándo, deffense, contrebande.
di Contrabándo, qui est deffendu, qui se vend sans permission.
Contrabándo, toutes sortes de fraudes que font les valets dans les maisons de leurs maistres, & principa-

R ij

lement de faire emporter ou donner le bien dehors. Item, action contre la raison, escapade.

Contrabàsso, basse ou basse-quinte, partie de Musique.

far il Contrabàsso, chanter la basse. i. aider à mesdire ou à jaser.

Contrabàtta, mesure battuë à contre-temps.

Contrabàttere, faire vne contre-batterie, & battre à contre-temps. parf. *contrabattéi*.

Contrabatteria, contrebatterie.

Contrabattista, mesure à contre-temps.

Contracambiàre, recompenser, troquer, changer, faire en contr'eschange, contr'eschanger, vser de reuanche, reciproquement.

Contracàmbio, contr'eschange, recompense, reuenche.

Contracaùa, contremine.

Contracauàre, contreminer.

Contracìfera, contrechiffre.

Contracifferàre, faire vn contrechiffre.

Contracòlpo, coup à contre-temps. pron. l'ò fermé.

Contràda, contrée: chemin: voisinage: ruë.

Contradétto, *contradétta*, petit chemin, petite ruë, petite contrée.

Contradétta, contredit.

* *Contradiàre*, contrarier, s'opposer.

Contradicénte, contredisant.

Contradicénza, contradiction.

Contradicéuole, que l'on peut contredire.

Contradicitóre, contredisant.

* *Contradio*, affront, offense, mocquerie.

* *Contradio*, contraire.

* *Contradiòso*, dommageable: & contraint.

Contradìre, contredire. pres. *contradico* parf. *contradìssi*, part. *contradetto*.

Contradirìtto, l'amende que paye le coulpable.

Contraditióne, contradiction.

Contraditòrio, contradictoire.

Contraditrìce, contredisante, contredicteuse.

Contradittièto, contremandement.

Contrafacìbile, qui se peut contrefaire.

Contrafacimento, fausseté d'vne chose contrefaite.

Contrafacitóre, imitateur, qui contrefait.

Contrafacitrìce, contrefaiseuse.

Contrafàre, contrefaire, imiter. Idem: s'opposer, aller contre quelqu'vn: faire contre: falsifier. pres. *contrafò*, & *contrafàccio*, *contrafài*, *contrafà*, *contrafàcciamo*, *contrafàte*, *contrafànno*. parf. *contraféci*. part. *equrafatto*.

Contrafàr i mórti. i. dormir.

Contrafódera, faux fourreau: & doubleure.

Contrafoderàre, doubler, fourrer.

Contrafòrte, contrefort.

Contrafrónte, le deuant d'vn bastion.

Contrafustàgno, terme d'Architecture, renfort, contrefort.

Contràggere, contracter. parf. *contràssi*. part. *contratto*.

Contràhere, id. pres. *contraggo*.

Contrahimènto, contraction.

Contralésìna, contrelesine, contre-espargne.

Contralesinàre, despendre largement.

Contralèttera, contremandement.

Contralìzza, barriere pour empescher d'approcher de la lice. pron. *ts*.

Contràlto, haute-contre.

Contralùme, contre-lumiere.

Contralzàre, contre-hausser. pron. *ts*.

Contralzàta, releuement. pron. *ts*.

Contramàglia, en jargon, village & pays. Item, monnoye ou argent.

Contramandàre, contremander.

Contramandàto, contremandement.

Contramàno, de reuers.

Contramezzàna, sorte de cordages: & vne octaue, corde d'instrument. pron. *dz*.

Contramìna, contre-mine.

Contraminàre, contre-miner.

Contramuràre, contre-murer.

Contramùro, contre-mur.

Contrapassàre, outre-passer, transgresser.

Contrapàsso, contre-pas. Item, le chastiment égal au forfait.

Contrapàsso, sorte de dance.

Contrapèlo, contre-poil.

Contrapesàre, contre-peser.

Contrapèso, contre-poids.

Contrapiegàre, contre-courber.

Contrapilàstro, contre-pilier.

Contrapòlizza, vn billet de contremandement. Item, contre-cedulle. pron. *ts*.

Contraponère, *Contrapòrre*, opposer. pres. *contrapongo*, *contraponi* *contrapone*, parf. *contrapósi* part. *contrapósto*.

Contraponimènto, opposition.

Contraposìtióne, opposition.

Contrapòsta, id.

Contrapòsto, opposé. Item, opposition.

Contrapountàre, faire le contre-point. Item, picquer vne estoffe: & faire des arriere-points.

Contrapuntèllo, contreboutant.

Contrapùnto, contre-point: estoffe picquée: arriere-point.

Contrapùnto, en jargon, discours, le parler.

Contra vairate, certaines planches qui vont de la proüe à la poupe, contreplanches.

Contrariàre, contrarier.

Contrarietà, contrarieté.

Contrariéuole, qui se peut contrarier.

Contràrio, contraire.

al Contràrio, à rebours, au contraire.

Contràrio, en jargon, vn païsan.

Contrariòso, contrariant.

Contrarónda, contre-ronde.

Contràrre, contracter, voyez *contrahere*.

Contrascàrpa, contr'escarpe.

Contrascarpàre, contr'escarper.

Contrascrìtta, contre-promesse.

Contrascrìuere, escrire contre, parf. *contrascrìssi*, *contrascrìssè*. part. *contrascrìtto*.

Contrasedère, estre assis ou placé à l'opposite. pres. *contrasièdo*. parf. *contrasedèi*, part. *contrasìso*, & *contrasedùto*, qu'il n'est pas en vsage.

Contrasegnàle, contre-marque.

Contrasegnàre, contre-marquer.

Contrasègno, marqué, enseigne pour reconnoistre.

à i Contrasègni, aux enseignes que, &c.

Contrassàle, barre de fer pour renforcer vn essieu.

Contrastamènto, contestation, debat, contraste.

Contrastàre, contester, debatre.

Contràsto, debat, dispute, contraste.

Contrastòmaco, desgoustant, mal.

Contrastòso, plein de debat, volontier.

Contratenère, tenir contre. pres. *contrattèngo*, *contrattièni*, *contrattiène*, *contratteniàmo*, *contrattenète* *contrattèngono*. parf. *contrattènni*, *contrattenèsti*, *contras-*

CO

ténne, contrattenémmo, contrattenéste, contrattennero. part. contrattenuto.
Contratenóre, basse-taille, partie de musique.
Contratóssico, contre-poison.
Contrattáre, contracter.
Contrattémpo, contre-temps.
Contrattióne, contraction: retirement de membres.
Contrátto, di véndita, contract de vente.
Contrátto, perclus de ses membres.
Contrattúra, perclusion de membres.
Contraueléno, contrepoison.
Contrauenimento, contreuention.
Contrauenire, contreuenir. pres. contranengo, contrauieni, contrauiene. part. contrauenni, participe. contrauenuto.
Contrazifféra, contre-chiffre. pron. dz.
Contribuire, contribuer. pres. contribuísco.
Contribuli, de mesme tribu.
Contributióne, contribution.
Contributóre, contributeur.
Contributrice, qui contribuë.
Contrina, vne sorte de corde aux filets des oiseleurs. Item, courtine.
Contristaménto, affliction.
Contristársi, se contrister.
Contristatóre, qui afflige, affligeant.
Contristatrice, affligeante, qui atriste.
Contrire, estre & rendre contrit.
Contritaménte, auec contrition.
Contritáre, hacher, escraser.
Contritióne, contrition.
Contrito, contrit.
Cóntro, contre: & vis à vis.
Controuersáre, controuerser, mettre en controuerse.
Controuersévole, que l'on peut mettre en controuerse.
Controuérsia, controuerse.
* Contubérnio, tente, pauillon. Item, camarade de logis.
Contumáce, contumace, obstiné.
Contumácia, contumace, desobeyssance.
Contumélia, injure, reproche.
Contumelióso, injurieux.
Conturbáre, troubler.
Conturbatióne, trouble: conturbation.
Conturbéuole, qui se peut troubler.
Contusióne, contusion.
Contúttoche, encore que, veu que.
Contuttoció, auec tout cela, veu que.
Contúzzo, vn petit Comte, vn paure malheureux Comte. pron. ts.
Conualescénte, conualescent.
Conualescénza, conualescence.
Conualére, estre en conualescence. pres. conualésco, il n'est gueres en vsage.
Conuigna, &
Conuígno, conuention, condition.
Conuenénza, &
Conuenénza, pache, accord, conuention, conuenance. pron. ts.
Conuenénte, conuention, pache: conuenient: particularité d'vn faict, cause, condition. Conuenant.
Conuenéuole, deuoir, ceremonie de compliment: conuenable.
Conueneuoléxxa, conuenance. pron. ts.
Conueneuolménte, conuenablement.
Conueniénza, conuenance. pron. ts.
Conuenire, conuenir, accorder: estre conuenable: se

CO 133

trouuer ensemble. pres. conuengo, conuiéni, conuiéne. part. conuénni, part. conuenúto.
Conuentáre, passer Docteur. Item, entrer dans vn Conuent: & estre conuenant.
Conuematióne, couronnement.
Conuenticola, assemblée, complot.
Conuenticoláre, complotter.
Conuenticulo, & Conuenticolo, complot, assemblée secrette.
Conuentióne, conuention.
Conuentióne, la jointure de deux choses attachées ensemble, comme des ais.
Conuénto, assemblée: vn Conuent.
Conuentuále, conuentuel.
Conuersaménto, conuersation.
Conuersáre, conuerser.
Conuersatióne, conuersation.
per Conuersatióne, par compagnie.
Conuersatóre, qui conuerse.
Conuersatrice, conuerseuse qui conuerse.
Conuerséuole, conuersable.
Conuersióne, conuersion.
Conuérso, conuerty: vn Frere Lay, vn Conuers.
Conuertibile, qui se peut conuertir.
Conuertiménto, conuersion.
Conuertíre, conuertir. pres. conuerto & conuertisco.
Conuertitóre, conuertisseur.
Conuertitrice, qui conuertit conuertisseuse.
Conuésso, conuexe.
Conuiandánte, compagnon de voyage.
Conuiáre, conuoyer, accompagner par le chemin.
Conuiáto, vn conuoy.
Conuiciatóre, mesdisant, injurieux.
Conuiciatrice, mesdisante.
Conuicináre, estre voisin.
Conuicíno, compagnon de voisinage.
Conuíncere, conuaincre. parf. conuínsi, part. conuínto.
Conuinciménto, Conuintióne, conuiction.
Conuínto, conuaincu.
Conuitáre, conuier, semondre.
Conuitáto, conuié, hoste.
Conuitatóre, semonneur, conuieur.
Conuitatrice, conuieuse qui conuie.
Conuíto, banquet, festin.
Conuítto, viures.
Conuittióne, Conuittiménto, Conuittúra, conuiction.
Conuiuánte, hoste de table.
Conuiuáre, conuier.
Conuiuénza, vie que l'on fait ensemble prononcé. ts.
Conuiuere, viure ensemble. part. conuíssi, participe, conuissúto.
* Conuíuio, banquet festin.
Conuocáre, conuoquer, appeler ensemble.
Conuocatióne, conuocation.
Conuoitóso, conuoiteux.
Conuólgere, tournoyer, entortiller: embrasser, renuerser. pres. conuólgo, parf. conuólsi, part. conuólto.
Conuóluere, id.
Conuólto, souillé, gasté, saly: renuersé: entortillé: embrassé.
* Conuóluolo, entourement, ambarassement. Item, liseron sorte de plante.
Conuulsionáre, tomber en conuulsion.
Conuulsióne, conuulsion.
* Cónza, Concia, parfum. pron. ts.
* Conzáre, parfumer. pron. ts.
* Conziéro, parfumeur.
Cooperánte, cooperant.

R iij

Cooperatóre, cooperateur.
Cooperatrice, celle qui coopere.
Cuorte, cohortes.
Copano, sorte de barque ou petite chalouppe.
Copélla, coupelle.
Copérchio, couuercle.
Coperchiàre, couurir d'vn couuercle.
Coperchiàta Dónna, c'est vne femme dont la nature est couuerte d'vne peau qu'il faut inciser, pour pouuoir vser auec l'homme.
Coperchiélla, tromperie couuerte.
Coperchino, petit couuercle.
Coperchino del fócone, le couuert, le traisnoir, la couuerture du bassinet.
Copérchio, couuercle.
Copérta, couuerture. Item, le dessus d'vn vaisseau.
métter la Copérta al Bue, mettre la couuerture sur le bœuf. i. mettre la nappe, couurir la table.
Copérta di sélla, housse, couuerture de selle.
Copertaménte, couuertement.
Coperticolá, lys d'eau.
Copertina, petite couuerture: & housse de cheual.
Copérto, couuert.
Copertòla, couuercle de pot.
Copertóio, couuerture de quoy que ce soit.
Copertóre del Cálice, la platine.
al Copertóre, à l'affust, en chassant.
con l'aiúto del copertóre, enjargon, auec l'aide de la couuerture. i. du ciel.
Copertúra, couuerture. Item, stratagême, ou tromperie.
Copetélla, lys d'eau.
Copétta, pain d'espice.
Copettaio, faiseur de pain d'espice.
Cópia, abondance: copie: exploit de Sergent.
far Cópia di sé, estre ou se rendre commune: passer son temps: s'en faire donner: s'abandonner, faire folie de son corps, faire largesse de son corps.
à Cópia à Cópia, en quantité.
Copialéttere, sous-Secretaire.
Copiàre, copier.
Copiatóre, copiste.
Copiatríce, qui copie, qui imite quelque chose.
Copiglio, ruche d'abeilles.
Copíglio, &
Copíle, idem.
Copiosaménte, copieusement.
Copióso, copieux.
Copísta, copiste.
Copistáccio, vn mauuais copiste, vn mauuais Secretaire vn brouillasseur ou grissonneur.
Copistáre, copier de tous les liures.
Copistúzzo, vn mauuais copiste. pron. ts.
Cópola, couple à tenir les chiens.
Copoláre, accoupler, coupler.
Cóppa, le chaisnon ou le chinon du col.
Cóppa, vne coupe. Item, selon aucuns, vne ventouse.
egli è vna Coppa d'óro, c'est à dire, il est braue homme, honneste homme, il est parfait.
seruir di Cóppa e di coltéllo. i. seruir à tout.
Coppáre, eschiner, rompre le col, assommer.
Cóppe, c'est vne des couleurs aux cartes Italiennes.
Caual di Coppé, enjargon, rien.
accennér à Cóppe e dar bastáni. i. feindre vne chose, & en faire vne autre.
rispónder Cóppe, i. ne respondre pas à ce qu'on nous demande, & principalement de l'argent, qui se dit danári, & est aussi vne couleur aux cartes.
io ti demandó dauari, & tu mi rispondi cóppe, c'est quand l'on demande vne chose & qu'on ne respond pas à propos.
dar Cóppe. i. ne donner rien.
Copélla, coppelle.
tener alla Cóppola, endurer la coupelle.
huomo di Coppélla, vn rusé, vn affiné.
Coppelláre, mettre en la coupelle: raffiner.
Coppétta, vne petite coupe: vne ventouse: c'est aussi vne sorte de gasteau.
Coppettáre, se seruir de coupes.
Cóppia, prononcé l'ó fermé, vne couple, vne paire.
Coppiáre, coupler, accoupler.
Coppiére, eschanson.
Coppiétte, selon aucuns, des endouillettes.
* Coppináre, faire tou tou, en se cachant comme les enfans.
Coppino, vn qui se iouë comme vn enfant.
Cóppo, cruche, coquemart: toist: thuile. Item, la concauité de l'œil, vn verre.
non m'impáccio da' Coppi in sù. i. ie ne me mesle pas de ce qui se fait au Ciel.
Cóppola, cape ou jacquette de berger.
Cóppola, vn Dôme.
Copra, l'escorce des noix d'Inde.
Coprénte, couurant.
Coprilétto, couuerture de lit.
Copriménto, couuerture.
Coprire, couurir: le saillir ou couurir des animaux.
Copritóre, couureur: estallon, animal qui couue.
Copritésta, couurechef.
Cópula, couple. Item, copulation.
Cópula, enjargon, vn batteau.
Copuláre, vnir, coupler, accoupler.
Copulatióne, accouplement, copulation.
* Cóquo, cuisinier.
Cór, córre, cógliere, cueillir, prendre. prononcé l'ó ouuert. voyez en cogliere.
Coráccia, cuirasse.
Coracino, corbeau de mer, sorte de poisson. Item, vn petit cœur.
Coráda, Coráta, fressure.
Coradélla, id.
hó cacáto le Coradélle, nous disons, i'ay sué sang & eau.
Coraggiáre, encourager.
Corággio, cœur & courage.
Coraggióso, courageux.
Corále, cordial.
Coralíde, pierre de vermillon.
Coralío, pierre dont on fait des meules.
Corallino, de couleur de corail, corallin.
Corállo, corail.
Corallodcháte, Agate coralline.
Corallóso, plein de corail.
Coralménte, cordialement.
far il Córam vóbis, faire l'entendu, se tenir sur son quant à moy.
Coráme, toutes sortes de cuirs: cuir.
Coráta, fressure.
Coroélla, fressure, & intestins, entrailles d'agneau ou autre animal.
il mal delle dúe Coretélle, le mal de deux fressures, i. estre en ceinte, les François disent la maladie de neuf mois, les petits pieds qui font mal aux grands.

Cooperàre, cooperer.
Cooperatiòne, cooperation.
Coráme, toutes fortes de cuirs : cuir.
Coráta, freffure.
Coratélla, freffure, & inteftins, entrailles d'oiseaux.
il mal delle due Coratélle, le mal des deux freffures, i. eftre enceinte : nous difons, la maladie de neuf mois : ou bien auoir mis quatre pieds dans deux fouliers.
Coratiére, courtier, couratier.
Corázza, & *Corrazzina*, cuiraffe, pron. *ts*.
Corázza, cuiraffe, foldat armé de cuiraffe, prononcé *ts*.
Córba, corbeille. Item, vne forte de mefure : & la gauie ou hune d'vn vaiffeau.
Corbacchiáre, croaffer.
Corbácchio, corbeau.
Corbacchiátto, petit corbeau.
Corbáccio, gros corbeau. Item, vne forte de ver. Metaph. le diable.
Corbáme, toutes les pieces de bois d'vn vaiffeau en general : courbans : & panniers ou corbeilles. Item, vne carcaffe.
Corbáftro, corbeau.
Corbélla, corbeille.
Corbelláre, mettre dans vne corbeille.
Corbéllo, pannier, corbillon, & forte de hotte.
Corbétta, courbette. Item, petit pannier ou corbeille.
Corbettáre, courbetter, aller à courbettes.
Corbezzóla, fruit d'arboufier, pron. *ts*.
Corbezzólo, *Corbezzuólo*, arboufier, pron. *ts*.
Corbine, fortes de cerifes noiraftres.
Corbíta, forte de grand vaiffeau.
Corbo, corbeau, Item, vne forte de poiffon.
afpettar il Corbo .i. attendre en vain.
metter in Corbóne ou *Corbóna*, mettre en vn lieu d'où rien ne retourne.
Corcaiuólo, forte de ver aux cheuaux.
Corcáre, coucher.
Corcáta, couchée.
Corda, corde : les nerfs du col. Gehenne, torture : eftrapade. Item, mefche de mufquet.
la ménfa è vna dolce Corda, la table eft vne douce gefne ou eftrapade .i. la verité fe trouue au vin.
fenza Corda dice il tùtto, il dit tout fans fe faire ferrer les doigts, fans fe faire donner la gehenne.
Confeffar fenza Corda, id.
a Corda, tout droit, mefuré à la corde.
non parlar di Corda in cafa dell' appiccato, ne parler point de corde chez vne perfonne qui a eu quelque parent pendu, & ainfi des autres vices.
la Corda è fù la noce .i. l'affaire eft prefte à eftre finie.
furfum Corda, cela fe dit quand on rotte en compagnie, voulant dire, puiffe-il eftre eftranglé.
non veder le Corde del facco .i. n'auoir pas ce qu'on demande.
Cordággi, cordages.
Cordáglia, *Cordáme*, cordages.
Cordaiuóla, cordeau tendu pour mefurer.
Cordáre, corder.
Cordáuo, *Cordamólo*, Cordier.
Cordeliére, Cordelier.
Cordéllo, fur le Venitien, du ruban : du cordonnet, de la gance.
Cordellàme, cordages, marchandifes de ruban.
Cordélle, des rubans.
Cordellína, du ruban. Item, cordellette.
Cordería, cordes, cordages.
Cordi, agneaux tardifs.
Cordiáco, *cordiale*, cordial. Item, de cœur.
Cordiàca, mal de cœur, paffion de cœur.
Cordialménte, cordialement.
Cordialità, cordialité.
Cordicélla, cordelette. Item, du fouet à fouetter ou lier vn liure.
Cordigliére, Cordelier.
Cordiglio, cordon de Cordelier, cordon de faint François : felon aucuns, habit de Moine en Efpagne.
Cordino, la corde qui s'attache au milieu du filet de la voile, pour la tirer dans la Galere, lors que l'on l'ameine. C'eft auffi vne corde qui fert à battre la chourme : gourdin.
Cordoáno, marroquin.
Cordogliénza, &
Cordóglio, mal de cœur : douleur, fafcherie.
Cordogliófo, plein de fafcherie, dolent.
Cordoncíno, cordonnet.
Cordóne, cordon : vn rond ou milieu d'vn pillier. Item, cordon de vaiffeau.
Cordóne, Metaph. le membre viril.
Cordóne di fcintíglio, cordon de pierreries.
Cordonníccio, petit cordon.
Cordouaniére, vendeur de marroquins, courroyeur de marroquins.
Cordouáno, marroquin. Item, lourdaut.
i Cordouáni fono vinùfti in Leuánte. id eft, les fots font demeurez en Leuant, il n'y a point de fot icy, le monde n'eft plus grué.
tirar il Cordouáno, nous difons, allonger le parchemin, rendre vne chofe plus longue qu'elle n'eft, y trouuer de l'inuention pour la prolonger.
Còre, *Cuóre*, cœur.
Corecíno, petit cœur.
Coréggia, courroye. Item, vn pet.
Correggiáto, fleau.
Correggiuóla, renoüée, coreole, herbe.
Correggiuólo, eguillette de cuir.
Córgna, cornoüille, fruit.
Corgnuóla, cornaline.
Corgózzo, &
Corgozzóne, le gofier, pron. *ts*.
andato in Corgózzo, &, pron. *ts*.
andato in Corgozzóne, nous difons, allé au pays-bas, mangé, aualé, pron. *ts*.
Cori, *coris*, forte de mille-pertuis.
Coriándolo, coriandre.
Coriándolo, en jargon, corail.
Coriándro, la plante qui porte les coriandres.
Coricáre, coucher.
Córico, chœur d'vne Tragedie.
Corila, noifette.
Corilo, noifiller.
Corilláre, en jargon, balayer & fouetter.
* *Corímbo*, grain de lierre. Item, des anneaux d'vne courtine. C'eft auffi la tige du chanure, fenoüil, &c.
* *Corinca*, grommellerie.
* *Corincáre*, grommeller, gronder.
Corinóne, forte de lys rouge.
Corínti, raifin de Corinthe.

Corìnto, *ordine*, Corinthe ordre d'Architecture.
Còrio, peau, pellicules, escorce, pellure.
Corìza, rheume dans le nez, chiffreneau. pron. *tz*.
Corlàre, tourner ou charger de l'argent sur les bobines.
Corlétto, petite tournette.
Córli, & *Corlóni*, rouleaux sur vn timbre.
Córlo, tournette. Item, vn sabot.
Córna, cornoüiller.
Cornàcchia, corneille.
Cornacchia marina, arondelle de mer.
vna Cornàcchia, par Metaphore, vne cajolleuse : le François dit, vne pie.
hauer gridàto alle Cornàcchie, nous disons auoir crié au loup, d'vne personne qui a la voix grosse & enroüée.
Cornàcchia di campanile. i. vn homme qui demeure ferme, & ne se laisse pas persuader : nous disons, bon cheual de trompette, qui ne s'espouuente pas pour le bruit.
Cornacchiaménto, jaserie.
Cornacchiàre, cajoller, jaser, criailler.
Cornacchióne, vn jaseur, vn criailleur : vn cagot.
Cornamùsa, cornemuse.
far Cornamùsa. i. nier les choses bien qu'apparentes. Item, faire enfler vn homme de gloire à force de loüanges.
Carnamusàre, joüer de la cornemuse. Item, criailler.
Cornàuti, en jargon, bœufs & vaches.
Cornàre, corner. Item, criailler, crier haut.
Cornàro, corneur.
Cornàta, coup ou son de cor. Item, vn coup de corne.
Cornatùra, encorneure.
Córnea, la peau où la prunelle de l'œil est placée.
Corneficè, qui fait vn autre cornard.
Corneggiàre, tendre la corne sans frapper. Item, corner, & encorner.
Corneggiàto, encorné.
Corneline, sorte de poires.
Cornelino, cornaline.
Cornélino, nom propre. Item, vn cornard.
Cornélio Tácito, cornard secret.
Publio Cornélio, cornard declaré.
Cornétta, chapperon de Maistre-és-Arts. Item, Cornette.
Cornettàro, faiseur de cornets.
Cornétto, cornet à bouquin. Item, vn cornet.
Cornèto, lieu d'Italie.
mandar à Cornèto, nous disons enuoyer en Cornoüaille.
* *Corniàle*, cornoüiller.
Corniàle, en jargon, du fourment.
Cornicchino, petite corne.
Cornicciòne, &
Cornice, corniche, par Metaph. corne.
Cornice, pour *Cornàcchia*, corneille.
Cornicchióne, vne grande corniche.
Cornicéllo, petite corne.
Cornicina, cornoüille.
Cornicìne, del fagiàno, les crestes d'vn faisan.
* *Cornifero*, *Cornigero*, porte-cornes.
Cornìlla, sorte de corneille.
Córnio, & *Cornuòlo*, cornoüiller, arbre.
Corniòla, cornoüille, fruits.
Corniolétto, sorte de poisson escaillé.
Corniòlo, cornoüiller.
Corniòla, cornaline.

Corniuòlo, cornoüiller.
Córno, corne.
Córna contra cròce. i. contraire.
hauer in sù le Córna, auoir quelqu'vn sur les cornes. i. auoir mauuaise opinion de quelqu'vn, haïr, en vouloir.
Córno, cor & cornet à joüer.
sonàr il Córno, c'est ce que nous disons, corner. i. sentir mauuais.
quel delle Córna. i. le Diable.
vn Corno, cela se dit à vne personne qui pette. i. vne corne pour luy boucher le derriere.
Córno, cornoüiller.
Córno, le bonnet du Doge à Venise.
Corni, les cornes d'vne armée : les bras ou branches d'vn fleuue.
Cornòbio, sorte de petit poisson.
Cornòla, carouge.
Cornuòla, cornaline.
Cornùta, vne sorte de caque couuert & fermé qui sert à porter la viande de cuisine. Item, vne cornuë, sorte de vase ou d'alambic.
Cornutàre, faire cornard.
Cornùte, en jargon, des vaches.
Cornùto, cornu, cornard : sorte de gasteau à cornes.
Córo, chœur d'vne Eglise : chœur de musique : c'est aussi le nom d'vn vent entre le Maistral & le Ponent : chœur d'vne tragedie. Item, vne sorte d'instrument musical.
Coròglia, torche, torchis à porter sur la teste.
* *Corognàle*, cornoüiller.
Corógolo, demoiselle, sorte d'insecte.
Corografìa, description de lieu ou contrée.
Corògrafo, qui descrit les lieux.
Corólla, vn torchis que portent les femmes sur leur teste pour soustenir le fardeau. Item, vne guirlande ou chapeau de fleurs.
Corólla, vn craquelin auec de Panis fait en forme d'anneau.
Corollàrio, addition que l'on fait à la fin d'vn discours.
Coróna, couronne : guirlande : vn chappelet.
tagliàre à Coróna, c'est ébrancher vn arbre.
Coróna rosària, sorte de monnoye.
Coronàle, la suture du crane.
Coronàle vena, veine qui enuironne le cœur.
Coronaménto, couronnement.
Coronàre, couronner. Item, enuironner.
Coronàrio, du laitton.
Coronário, selon aucuns, rosmarin.
Coronatióne, couronnement.
Coroncina, *Coronélla*, petite couronne : petit chappelet.
Coronélla del piede, le col ou cou du pied. Item, la couronne du pied du cheual.
Coroniére, faiseur de couronnes, & de chappelets.
Coronòppo, corne de Cerf, herbe.
Corróssolo, oiseau qui a la queuë rouge.
Corpacciàta, tout son saoul, plein son ventre de quelque viande : vne lippée, vne ventrée, vne saoulée, vne briffée.
far vna Corpacciàta, se refaire les joües, manger tout son saoul.
Corpàccio, grand corps, gros corps.
Corpacciùto, grossier de corps.
Corparéllo, *Corpicéllo*, *Corpicino*, *Corpiciuòlo*, petit corps.
Corpo, corps.

audar

andar del *Corpo*, aller du derriere, descharger son ventre.

à *Còrpo à còrpo*, corps à corps.

ad vn *Còrpo d'vne ventrée*, gemeaux.

in vn *Còrpo*, en corps, tous ensemble.

Corpo satollo anima consolata, ou bien *à corpo satollo du gli riposo* .i. apres auoir mangé aller dormir.

Còrpo mio fatti capanna, mon corps fais-toy cabanne, cela se dit quand on attend quelque bon repas, pour marquer que l'on veut manger beaucoup.

al Còrpo di mè, par mon corps, sorte de iurement ou affirmation.

e poi Còrpo tùo, spirito tùo .i. & puis apres suy tes sens & ta fantaisie.

per Còrpo humano .i. fournir son corps ou son trauail, contre le capital ou fonds, en vne societé de trafic.

Corpolénte, corpulent.

Corpolénza, corpulence, pron. *ts*.

Corporále, corporel.

Corporále, des corporaux dont on se sert à l'Autel.

Corporaliére, corporaliera mettre les corporaux.

Corporalménte, par corps: corporellement.

Corporatùra, taille, corpulence.

Corpóreo, corporel.

Corpórea, corporelle.

il Corpus Dómini, la Feste-Dieu.

Corpúto, ventru, grossier de corps.

Corrènta, Corrènte, courante.

Corre, cógliere, cueillir, pron. *l'ò ouvert*: pres. *còlgo, cògli, còglie, cogliámo, cogliéte, cólgono*: parfait, *còlsi, cogliésti, còlse, cogliémmo, coglièste, cólsero*: participe, *còlto*.

Corredáre, meubler, garnir.

Corredáto, meublé.

Corrédo, meuble, garniture, équipage: le trousseau de la mariée: vn banquet.

Corrégere, corriger: parfait, *corrèssi*: part. *corretto*.

Corrégia, courroye, escourgée, laniere. Item, vn pet.

Corregiále, sleau.

Corregiáre, ceindre d'vne escourgée: donner les estriuieres. Item, peter.

Corregiáro, petteur. Item, faiseur de lanieres ou escourgées.

Corregiáta, coup d'escourgée. Item, vne petarade ou pet: & vn sleau.

Corregiáto, vn sleau.

Correggiére, Correggiéro, petteur.

Correggiménto, correction.

Correggine, nerfs d'vn liure.

Correggíno, ceinturon. Item, escourgée.

Correggióne, vn gros pet.

Correggiuóla, petite courroye.

Correggiuólo, idem.

Correggiuólo, vn creuset.

Correlatiuaménte, correlatiuement.

Correlatíuo, correlatif.

Corrénte, courant de l'eau, le fil de l'eau.

del Corrénte, du present mois, du courant.

Corrénte, en jargon, vne chaisne.

Corrénte, soline, & soliueau.

Corrénte, vne courante: & rouleau d'vn timbre.

Corrénti, flux ou courants de mer.

Corrénza, course, pron. *ts*.

Córrere, courir, parf. *còrsi*: part. *córso*.

à Corre lingua, nous disons, sçauoir vne chose sur le bout du doigt.

Córre il denáio, l'argent court .i. se prend, & il y en a en abondance.

à Corr' huomo, à l'ayde.

égli non Córre, nous disons, il n'est pas si hasté, il ne fait pas si promptement: il ne croit pas si de leger.

Córrer la bolla, en jargon, auoir le foüet par la ville.

Córrer per fortúna, aller par force où le vent pousse le vaisseau.

Correría, course: picorée, petite guerre.

Correrío, la suitte, le reste, le reuenu qui court.

Correspóndere, Corrispóndere, correspondre: parfait, *corrispondéi*, & *corrispósi*: participe, *corrispósto*.

Correttaménte, correctement.

Correttíbile, qui se peut corriger.

Correttióne, correction.

Corrétto, correct.

Correttóre, Correcteur.

Correttór di Stampa, Correcteur D'IMPRIMERIE &. vn repreneur, vn censeur impertinent.

Correttrice, qui corrige.

Corrézza, Corréggia, vn pet: & vne courroye, prononcé *ts*.

à Corr' huomo, de toute sa force, à l'ayde.

Corribo, sot, credule, dupe.

Corridóio: gallerie, vne allée.

Corridóre, id. C'est aussi vn coureur, & coursier.

Corridóre, corridour, chemin couuert, en terme de fortification.

Corridóre, allée, contremine.

Corridóri, coureurs de campagne.

Corriéra, pour carriere.

Corriére, courrier.

Corriménto, course.

Corrispondénte, correspondant.

Corrispondénza, correspondance, pron. *ts*.

Corrispóndere, correspondre, respondre: parfait, *corrispondéi, corrispósi, & corrispondétti*: participe, *corrispósto*.

non Corrispónde il principio al fine, le commencement ne respond pas à la fin, il n'a point de rapport.

Corritóio, gallerie ou allée.

Corritóre, coureur, coursier. Item, picqueur.

Corriuále, corriual.

Corriuáre, arriuer ensemble. Item, estre corriual.

Corríuo, sot, credule, niais, penault, dupe.

Corrízza, rheume qui coule par le nez, roupie.

Corroboráre, fortifier, corroborer.

Corroboratióne, corroboration.

Corrocciáre, fascher, courroucer.

Corrocciévole, qui se peut fascher.

Corréccio, courroux, deüil.

Corroccióso, plein de courroux.

Corródere, ronger: parfait, *corródei*, & *corrósi*: part. *corróso*.

Corrómpere, corrompre: parf. *corrúppi* & *corrómpei*: part. *corrótto*.

Corrompénole, corruptible.

Corrompiménto, corruption.

Corrompitóre, corrupteur.

Corrompitríce, corrompeuse, qui corrompt.

Corrosióne, corrosion, rongement.

Corrosíuo, corrosif.

Corróso, rongé, pron. *l'ò fermé*.

Corrottíbile, corruptible.

Corrottióne, corruption.

* *Corrotéla*, idem.

Corrótto, corrompu: c'est aussi le deüil, & l'habit de deüil.

Corrottóre, corrupteur.
Corrottrice, qui corrompt.
Corrucciáre, courroucer.
Corrúccio, courroux, indignation : & dueil.
Corrucciófo, plein de colere.
Corrúda, forte d'afperge fauuage.
* *Corrufcáre*, efclatter, efclairer.
* *Corrufcatióne*, efclat.
* *Corrutéla*, cotruption.
Corrutibile, corruptible.
Corruttióne, corruption.
Corrútto, corrompu.
Corruttóre, corrupteur qui corrompt.
Córfa, courfe.
Corfáldo, courfier de Naple.
Corfaláre, efcumer fur mer.
Corsále, pyrate, corfaire.
Corfalétto, corfelet.
Corsáre, efcumer la mer.
Corsáre, *Corsário*, *Corsára* corfaire, efcumeur de mer.
Corfarólo, le pefle d'vne ferrure.
* *Corséa*, courfe.
Corfeggiáre, courir la mer comme les corfaires, efcumer la mer.
Corséfca, forte de demy-picque, forte de jauelot ou jaueline.
Corsétto, corfelet : & corfet.
Corsía, courant d'eau : courfie de galere. *Corsia* fe dit auffi du milieu du chemin de l'efcurie.
Corsiére, courfier : cheual de guerre.
Corsíno, courant, qui court.
Córso, cours, courfe.
Córso, rang de quelque chofe, comme de maifons.
Córso, vin de Corfe : pron. l'ò ouuert.
Corfóro, coulant, courant.
cáppio Corfóio, nœud coulant.
Cortadóre, qui trenche les teftes.
Cortáldæ, forte de canon ou boëte.
Cortáldo, vn courtaut.
Cortáldo, petriéro, forte d'artillerie.
Cortáre, accourcir, efcourter.
Córte, Cour de Prince : Cour de Iuftice : cour de maifon.
la Córte, la Iuftice : le guet qui va la nuit.
Córte banditá, cour ouuerte, table ouuerte.
armi Córte, des armes courtes, comme efpée, poignard, bayonette, piftolets, &c.
* *Corteáre*, faire fa cour, courtifer.
Cortéccia, croufte de pain : efcorce, renduit de muraille, le derriere de quelque chofe.
Corteccía, vne efcorce d'arbre femblable à la cannelle, qu'on appelle autrement, *China china*, qui eft fort medecinale.
Cortecciófo, plein d'efcorce.
Corteggiáre, faire la cour : courtifer : faire fa cour.
Cortéggio, Cortege .i. la cour que l'on fait aux grands : deuoir de Courtifan : la trouppe qui fait compagnie à vn Grand, le train, ou trein.
Cortegiána, courtifane, putain.
Cortegianáre, faire le Courtifan. Item, courir apres les garces.
Cortegiaueríá, office de Courtifan.
Cortegiánía, idem.
Cortegiáno, Courtifan.
Cortegiáno, en jargon, vn vaut-rien.
Cortelláccio, coutelas.
Cortelláre, vne couteliere à mettre des couteaux.

Item, vendeufe de couteaux.
Cortelláre, taillader, frapper de coutelas.
* *Cortelláro*, coutelier.
* *Cortelláta*, coup de coutelas ou de couteau.
* *Cortellíno*, coutelet.
* *Cortéllo*, conteau.
Corteméute, brevement.
Cortéo, *Cortéggio*, cortege : compagnie, accompagnement.
Cortése, courtois, courtoife.
ftarfi Cortése .i. eftre oifif.
à máni Cortéfi, id.
Corteseggiáre, faire courtoifie.
Cortesméute, courtoifement.
Cortesía, courtoifie.
ftarfi con la maní in Cortesía, eftre oifif, eftre fans rien faire.
Cortesía, en jargon, oüy.
Cortézza, brieveté. Item, pour *Cortéccia*, efcorce, pron. *ts*.
Cortéccia, efcorce.
Cortíce .i. id.
Corticélla, petite cour.
Cortíglio, &
Cortíle, cour de maifon.
Cortína, courtine : c'eft auffi vne forte de toile fine.
Cortinággio, garniture de lit : les courtines.
Cortináre, encourtiner.
Cortináto, encourtiné.
Cortinóne, dent de chien, herbe.
Córto, court : *Córto*, courte, pron. l'ò fermé.
tenér Córto, tenir de court.
di Córto, en bref, pron. l'ò fermé.
venír alle Córte, venir aux prifes auec l'ennemy.
Cortoliére, vn conteau, forte d'efpée courte.
Cortiuva, breveté.
Córva, courbe, mal de cheual.
Coruáre, courber.
Corvétti, courbettes.
Coruettáre, courbetter.
Coruettáta, courbettade.
Coruíno, de nature ou couleur de corbeau.
Córvo, corbeau.
due Córui ad vn rámo, deux corbeaux apres vne branche .i. deux chiens apres vn os, deux perfonnes qui pretendent vne mefme chofe.
Cósa, chofe, pron. l'ò ouuert.
far quella Cósa, nous difons, le faire : faire l'acte Venerien, faire cela.
le Cóse, les affaires.
Cosácchi, Cofaques, forte de foldats.
Cosalína, chofette.
* *Cosária*, toutes fortes de chofes.
Coschétto, en jargon, la caue.
Coschétto delle fantásime, en jargon, vn cabinet, vne eftude.
Cóscia, cuiffe.
Cóscia di ponte, l'endroit où l'arche pofe.
Coscialé, couffin à coudre.
Costiáli, cuiffarts : partie d'armes à veftir qui couure les cuiffes.
Costiáli, canons de chauffes.
Coscieggiáre, manier les cuiffes.
Coscienza, *Coscientia*, confcience, pron. *ts*.
Coscienza di fer Ciappelétto, nous difons, la confcience large comme la manche d'vn Cordelier.
Coscientiófo, confcientieux.
Cosciétte, *Coscétte*, *Coscettíne*, petites cuiffes.

Cosciétto, & *Cosciétto*, gigot, esclanche.
Coscinéllo, *Coscinétto*, coussinet.
Cosino, coussin, carreau.
Coscióni, cuissarts : & canons de chausses.
Cosco, en jargon, maison.
Cosco del scábbio, en jargon, la caue.
Cosco di sant' alto, le Ciel.
Cosetta, *Cosetina*, & *Cosetina*, chosette.
Coserélla, petite chose, chose de rien.
Cosi, ainsi.
Cosi antichi come moderni, tant anciens que modernes.
Cosi cosi, tellement, quellement, la, la.
Cosi fatto, tel.
Cosi poco hauéte voi, aussi n'auez-vous.
Cosi va'l mondo meschino, *Sábbato*, *Gréco*, & *Mércore*, *Latino*, ainsi và le miserable monde, Samedy en Grec, & Mercredy en Latin, c'est pour monstrer l'inconstance de ce monde.
Cosmografía, Cosmographie.
Cosmógrafo, Cosmographe.
* *Cóso*, chose.
* *Cospáre*, garnir d'argent.
Cospárgere, épancher, parfait, *cospársi*, *cospárgissi*, *cospársi*, participe, *cospárso*.
Cospárso, *Cospárto*, &
Cospérso, espars.
* *Cospétto*, garniture d'argent.
Cospettáccio, iurement, en despit de, &c.
Cospétro, presence.
Cospétto, sorte de iurement, en despit, à la barbe, maugré, &c.
al Cospetto, en despit, à la barbe.
Cospi, sandales, patins, galoches.
Cospirare, conspirer.
Cospiratióne, conspiration.
Cospiratóre, *cospiratrice*, conspirant & conspirante, qui conspire.
Cospetto, cuisse : gigot.
Cossi, tannes, pustules, petites pustules qui viennent au visage.
Cosíno, coussin.
Cósso, pustule.
Cósso, sorte de panier de pescheur.
Cóssola, cosse ou gousse de pois.
Costà, deça, en ces quartiers-cy.
Cósta, coste : plage : côste : c'est aussi vne sorte de racine medicinale.
per Cósta, à costiere.
Cóste, costes d'instrument.
le Cóste caláte, nostre vulgaire dit, la poitrine cheute.
Cósta, vn fer crochu, pour creuser la besogne des tourneurs.
Costaggiù, icy-bas, çà-bas.
Costala, *cóstola di coltéllo*, dos de couteau.
Costána, mal sur le dos ou costes du cheual.
Costánte, constant.
per Costánte, pour certain.
Costantemente, constamment.
Costánza, constance. proh. ??
Costáre, couster : & conster, estre apparent.
Costáto, le costé de l'homme.
Costassù, icy-haut.
Costeggiáre, costoyer.
Costéi, cette-cy, cette femme-cy.
Costellatióne, constellation.
Costelláto, qui a sa constellation.

Costerécolo, la chair attachée aux costelettes.
Costernáre, abbaisser, consterner.
Costernatióne, consternation.
Costernativo, consternatif.
Costétto, pour *costéso*, cettuy-cy.
Costénole, qui couste beaucoup.
Costì, là, en ce lieu-là, en ces quartiers-là. Quelques-vns expliquent *costà* & *costì*, dans vn sens contraire à celuy que ie vous donne.
Costiéli, cuissarts.
Costiéra, costiere.
Costiére, costieres, cordages qui s'attachent au haut de l'arbre d'vn vaisseau, aubans ou haubans.
Costiéro, à costiere.
Costínci, de-là, de ce lieu-là.
* *Costionáre*, questionner.
* *Costióne*, question, querelle.
Costipáre, constiper.
Costipaménto, constipation.
Costipáto, qui constipe.
Constituénte, constituant.
Constituire, constituer : present, *costituísco* : participe, *costituito*.
Costitutióne, constitution.
Costitutóre, constituteur, constitueur.
Costitutrice, constitutrice.
Cósto, despense, frais, coust.
à Cósto, &
dà Cósto, auprés, de prés.
Cóstola, coste, costelette. Item, dos de couteau.
Costoláme, les costes.
Costoláre, accommoder en costes.
Costolúto, qui a de grandes costes.
Costolliéra, sorte de coutelas.
Costóro, ceux, ceux-là, & celles-là.
Costóso, de prix, qui couste beaucoup.
Costrégnere, contraindre. Voyez *costríngere*.
Costregniménto, contrainte.
Costrétto, contraint.
Costrettíno, contraignant, *costrettína*, contraignante.
Costríngere, contraindre : present, *costríngo* : parfait, *costrínsi*, *costrigéssi* *costrínsi*, participe, *costrétto*.
Costrúggere, *Costruíre*, construire : parfait, *constrússi* : participe, *construtto*.
Constructióne, construction.
Costrútto, construction : raison, sens.
Costruttúra, fabrique.
Cóstui, cettuy-cy, cét homme-cy.
Costumánza, coustume : accoustumance : ciuilité.
Costumáre, instruire bien, ciuiliser.
Costumataménte, ciuilement.
Costumáto, ciuilité. pron. ??
Costumáto, bien né, de bonnes mœurs, ciuil, ciuilisé, bien appris.
Costúme, coustume : mœurs : ciuilité : bonne nourriture.
Costumévole, qui se peut ciuiliser.
Costúra, cousture.
ritrouár le Costúre, *spianár le Costúre*, nous disons, rabattre les coustures : donner des coups de baston.
Cosuccia, chosette.
Cotáio, ce qui sert à mettre la pierre à aiguiser, attaché à la ceinture des faucheurs.
Cotále, tel. Item, le membre viril.
vn Cotále, vn certain, vn quidam, vn tel.
la Cotalína .i. la nature de la femme.
Cotánto, autant, tantant de temps : tant.
due Cotánti, *tre cotánti*, &c. deux fois autant, trois fois autant, &c.

Coráre, quotter. Item, selon aucuns, imaginer : & desirer.

Coráto, Catotóio, c'est dans quoy les faucheurs tiennent la queuë à aiguiser.

Cotatióne, quotte, quottation.

Cóte, queuë à aiguiser.

Cottáre, aiguiser auec la queuë.

* Cóteca, coüaine.

* Cotegía, pierre ou queuë à aiguiser.

Cotegiáre, aiguiser sur la queuë.

Cotonélla, petite coüaine.

Coténna, coüane, coüaine : & la peau sur la teste.

Cotésta, cette-cy.

Cotestéi, cette-cy.

Cotésto, ce, cettuy.

Cotésti, au singulier, cét homme, cettuy-cy. Il est plus estendu au pluriel, & s'entend de toutes choses.

Cotestúi, cettuy-cy, cét homme-cy. Il se dit par mespris.

Cotíca, coüaine.

Coticágna, le chignon du cól.

Coticélla, petite coüaine.

Coticélla, pour abondance.

se nébbia ò nebiarélla, carístia ò Coticélla ; c'est à dire, que le broüillon est quelque-fois cause de disette, & quelque-fois d'abondance, selon mon aduis.

Coticóne, vn auare, vn vilain.

Cotidiáno, quotidien.

Cotiénte, terme d'Arithmetique, quotiente.

Cotígie, caleçons de cuir.

Cotiliáre, en jargon, foüetter.

Cotíno, petite piece de bois qui sert à faire de la marqueterie.

Cóto, quotte, quottation.

Cotognáta, Cotognáto, cotignac.

Cotognéto, cognacerie. Item, plein de coings.

Cotogníno, de goust ou couleur de coing.

Cotógno, coing, fruit & arbre.

Cotonáre, cottonner.

Cotóne, cotton dessus le drap qui est cottonné.

* Cotorníce, vne caille.

Cotremola, branle-queuë, oiseau.

Cotréttola, Cotrétula, idem.

Cótra, cotte : robbe : juppe de soye, surplis.

Cottáme, toute chose cuitte.

Cotígli, toutes sortes de viandes boüillies.

* Cottignuólo, vn auare, vn vilain.

Cóttimo, certain accord de faire vne chose à ses despens, peril & fortune.

dar le vacche à Cóttimo, donner les vaches à vn paisan qui les nourrisse, & partager le fourmage.

in Cóttimo, à ses perils & fortune. Item, à la tasche.

Cottíno, qui se cuit facilement. Item, sorte de chastaigne.

Cottióne, cuisson.

Cótto, cuit : ce que l'on fait cuire en vne fois. Item, brusleure.

hà Cotto il culo ne' ceci, il a le cul cuit dans les pois chiches : cela se dit d'vn homme remply d'experience. Item, d'vn qui demeure estonné & honteux.

à Cótto stolpáto, il est cuit jusques aux os, jusques à estre descharné : cela se dit d'vn homme qui a peur.

v'hò Cótta la bócca, i'en ay la bouche toute eschaudée.

.i. i'en suis las, i'y ay esté attrapé, i'ay passé par là.

Cótto, yvre : nous disons, coiffé.

Cótto d'vna donna, coiffé d'amour pour vne femme yvre d'amour.

ogni buon Cotto à mez xo ritorna .i. toute chose bien cuitte deuient la moitié de ce qu'elle estoit auparauant, l'affaire est moindre que l'on ne croyoit.

l'acqua cálda sù'l Cotto .i. vn mal sur l'autre.

questa è Cottóia, nous disons, cela n'est pas pourry .i. se trait ou l'affaire n'est pas manuais.

Cotóio, qui se cuit facilement, qui se cuit bien.

Cottonáio, marchand & ourier de cotton.

Cottonáta pietra, pierre polie.

Cottóne, cotton.

Cotton di Spágnia, vne fine marchandise, quelque chose d'excellent : vn sinet. Item, sorte d'estoffe comme de la grosse frise.

Cottúra, cuisson.

* Coturníce, vne caille.

* Cotúrno, brodequin.

Cóua, coüée, coüuade, coüuoir.

Couacciáre, couuer, faire la couüade.

Couáccio, le nid où la poulle coue.

Couacciuólo, couacciulo, giste de l'animal.

Couálle, vne vallée.

Couaméle, vn poltron, vne poulle, pron. l'è ouuert.

Couáre, couuer : cela se dit aussi d'vn bastiment qui n'a pas sa hauteur parfaite ou proportionnée. Item, quand on ne va ny auant ny arriere en vn affaire.

Couarélla, alloüette huppée.

Couáta, coüée.

Couatíccia, poulle qui veut couuer.

Couatíccia, couuis.

Couatúra, le temps de la couée.

Couélle, quelque chose : rien, selon aucuns.

Couérchia, couuerture.

Couerchiáre, couurir vn pot.

Couérta, couuerture. Item, excuse.

* Couertáre, couurir.

Couéto, toict, couuerture de maison.

Couerrína, housse, couuerture de selle.

Couertóio, couuercle : couuerture.

* Couertúra, ouuerture.

Couétta, escouuillon, lauade.

Conadígia, conuoitise.

Conidigiáre, conuoiter.

Coníglio, ruche.

Couíle, giste d'animal : bauge de sanglier : chambre, reposée de beste fauue.

Couína, sorte de potage.

Cóuo, couuée. Item, jauelle.

porterai i Cóui alla collína .i. tu seras puny, tu en porteras la paste au four.

Cóuolo, le giste, le repaire : selon aucuns, vn appeau, & vne sorte de ret.

Couóne, jauelle.

Couonería, en jargon, vn coffre.

* Couríre, Coprire, couurir : parfait, copersi, & coprisi : participe, coperto.

Cozzáre, cosser, heurter, pron. ts.

Cozzáta, coup de corne ou de teste : heurt, prononcé ts.

Cozzióne, cuisson, pron. ts.

Cózzo, heurt, coup de corne, pron. ts.

dar di Cozzo, cosser, heurter de la teste, prononcé ts.

Cozzolo, os de la jointure, pron. ts.

Coz zóna di polédre, macquerelle, pron. ts.

Coxxonáre, dresser ou picquer les cheuaux: Metaph. dresser vne personne. pron. ts.
Coxxóne, picqueur de cheuaux. pron. ts.
Coxxone di matrimonij, faiseur de mariages: courtier ou maquignon de chair humaine. pron. ts.
Coxxonessa, faiseuse de mariages. pron. ts.

C R

Crá crá, le cry du corbeau.
Crácca, vesce bastarde.
Cracchiáre, croasser.
* Crái, demain.
Crámbe, le dedans des troignons de choux.
Crambétta, courbette.
Crambettáre, courbetter.
Cráneo, le crane: cránio.
Crápela, gourmandise, mangerie, la crapule.
Crapoláre, gourmander, faire bonne chere.
Crapolóne, qui fait bonne chere, gourmand.
Cráppa, le crane.
Crapulóne, vn gourmand, vn Epicurien.
Crassáme, ordure, crasse.
Crassézza, grossiereté. pron. ts.
Crásso, gros, grossier.
* Crásta, pot à fleurs.
* Crastináre, remettre au lendemain.
* Crastinatióne, delay, remise au lendemain.
Cráta pour gráta, grille.
Craticcia, vne claye: vne grille.
Craticciáre, fermer de grilles.
Cráxxo, vn Kreützer, monnoye d'Allemagne.
Créa, en jargon de la chair.
Créa, de la craye.
Creánza, ciuilité, bonne nourriture.
Creáre, créer. Item, nourrir.
Creáta, enjargon, de la chair.
Creatamente, ciuilement.
Creatióne, creation.
Creáto, creature, nourrisson: nourriture. Item, Creas, & Preuost de salle.
Creáto, bien appris, ciuilisé.
mal Creáto, mal appris.
Creatúra, creature.
Creatúra, en jargon, de la chair.
Credénte, de legere croyance, credule.
léttere Credentáli, lettres de creance.
di Credénza, id.
Credentiéra, buffet.
Credentiére, celuy qui sert au buffet, & qui couure la table. Item, creancier: & celuy qui fait l'essay des viandes.
Credénza, croyance, credit, creance.
Credénza, vn buffet.
Credénza, se prend aussi pour l'essay des viandes.
Crédere, croire: & faire credit. Item, confier. parf. credéi & credétti. part. credúto.
Crederéllo, homme credule.
Credíbile, croyable.
Credibilitá, credulité.
Crédito, credit: bonne opinion.
il Crédito dell'hóste di Baccáno. i. vn gage.
Crédits, credits, debtes.
Creditóre, crediteur, creancier.
Creditríce, creanciere.
Crédo, en jargon d'esperance.
Credulitá, credulité.
Crédulo, credule.

Credúto, creu. Item, confié.
Créggio, je croy.
Créma, cresme.
* Creménto, croissement.
Cremesí, cramoisy.
Cremesíno, idem.
Cremóre, cresme, laict pris.
Créna, vn cran à vne taille: les crains d'vn cheual: le trou d'vne aiguille, la fante d'vne plume.
Crépa, le crane.
Crepacciáto, creuassé, plein de fentes, creué esclatté.
Crepáccio, creuace, fente, esclat.
dar Crepáccio. i. faire vne grande cheute.
Crepácci, maladie de cheual aux pasturons, creuasses, creuassieres.
Crepacuóre, creue-cœur, douleur extrême.
Crepafégato, id.
Crepággine, colere à faire creuer: creue-cœur, fascherie. Item, rupture, creuasse.
Crepanélla, sorte d'herbe, molibdene.
Crepáre, creuer.
à Crépa páncia, à ventre desboutonné: iusqu'au creuer.
piú tósto crepa panza che à robba auanza, plus-tost que le ventre creue que laisser de la viande au plat, on dit de mesme du vin ou autre chose.
à Crépa cuóre, fascheusement, à creue-cœur.
à Crépa fégato, id.
Crepatíccio, sujet à se creuer. Item, creué.
Crepáto, creué, qui a vne hergne.
Crepatúra, creuasse.
Crepatúra dell'onghia, seme, mal de cheual.
Crepáxxe, trauersses, mules trauersieres. pron. ts.
Crépice, sorte de chardon.
Crepitáre, cracquer, petter.
Crépito, cracquement. Item, vn pet.
Crepúscio, le crepuscule. i. entre chien & loup.
Crepoláre, s'esclatter ou fendre comme le bois.
Crepúsculo, le crepuscule.
* Crepúso, selon aucuns, vn grand vanteur.
* Crescénta, sorte de tourte ou tarte.
Crescénte, croissant.
Crescentína, vne rostie à l'huile auec du sel & du poiure. Vne tartelette, selon aucuns, & vne sorte de cresme.
Crescénza, croissance, carnosité.
Créscere, croistre. Item, s'auancer. pres. crésco, parf. crébbi, part. cresciúto.
Cresceuóle, qui peut croistre, ou s'augmenter.
Crescimento, croissement, accroissement.
Crescinmáno, qui croist à la main. i. le membre viril.
Crescionáua, cressonniere.
Crescióne, cresson.
Crescitóre, augmenteur.
Crésima, cresme, confirmation.
mandar à Crésima, enuoyer au cresmé. i. remettre de jour en jour.
Cresimáre, confirmer.
Créso, pour Credúto, creu.
leuar le Créspe dalla páncia. i. manger tout son saoul. L'Italien dit, oster les rides de son ventre, tendre la peau.
Créspa, ride: ply de rabat ou fraise.
Crespáre, rider: plisser.
Crespatúra, plisseure.
Crespéllo: sorte de bignet, crespiet.
Crespézza, plisseure. pron. ts.
Cresspína, espine vinette.

Crespináre, assaisonner d'espine vinette.
Créspo, plissé, ridé.
Crespóso, plein de rides.
Crésta, creste : creste de morion, sommet, arreste de toict.
la Crésta déntro vérde. i. le chappeau d'Euesque bordé ou doublé de verd.
Crésta, en iargon, vn bonnet.
Crésta, vne sorte de mal qui vient au fondement, sic ou figue.
Crestiéro, qui a le mal appelé fic.
Crestóne, sorte de chicorée.
Crestóso, cresté, encresté, & plein du mal de sic ou figue.
Crestúto, cresté.
Créta, craye. Item, terre grasse, tuf.
Créta simólia, tuf.
Cretale, tas de craye.
* Créta marina, sampierre, selon aucuns.
Cresano, sorte d'herbe.
Crética, melilot.
Cretóso, plein de tuf, ou de terre grasse, plein de craye.
Crétto, fente ou creuasse de mur.
Cretúla, ouurage de plastre ou craye.
Criánza, nourriture, ciuilité.
Criáre, créer.
Cribáre, Cribráre, cribler.
Cibrária, cribleure.
Cribro, crible.
Cricca, compagnie de conuersation.
à Cricca, sorte de ieu, à la compagnie.
Criccáre, cracquer.
Crécch, crac ou cracquement.
Cricchiáre, cracquer.
Crícchi, des coups.
Crícco, cracquement. Item, caprice, fantasie, boutades.
Criccóso, qui craque : & plein de boutades.
Criccóne, sorte de ieu aux cartes, à la compagnie.
far Criccóne, faire vn amas ou assemblement.
Crída, cry public.
à Crída, à haute voix : publiquement.
Cridáre, crier.
Cridatóre, crieur.
Crído, cry.
* Crimatérico, climaterie.
Crimáto, climat.
Crime, crime.
Criminále, criminel.
Criminalménte, criminellement.
* Crimine, crime.
Criminóso, plein de crimes, criminel.
Crinále, criniere, ornement de cheueux.
Crináto, cheuelu.
Crine, crin : cheueux de l'homme.
Crinóne, sorte de lys rouge.
Crinito, cheuelu.
Crióeca, complot, monopole.
Crippióne, la cresche.
Crisi, crise.
Crisma, cresme.
Crismáre, confirmer.
Crisobrillo, pierre de couleur d'or.
Crisocolla, Crisocóllo, verd de terre.
Cristóliro, crisolite.
Crispino, crespé, frisé.
Cristalleggiáre, luire comme le cristal.
Cristallína, sorte de mal, cristaline.
Cristallíno, cristallin.

Cristállo, cristal.
Cristállo di montagna, cristal de roche.
Cristélla, vne huppe.
Cristégio, &
Cristéo, clistere, lauement.
Cristiána, en iargon, vn bonnet.
Cristianaménte, chrestiennement.
Cristianéllo, vn pauure petit homme.
Cristianésimo, le Christianisme.
Cristianitá, Chrestienté.
Cristiáno, Chrestien. Item, Catholique, &c.
Cristo, Christ.
Cristólo, creuset.
Critamo, finócchio marino, fenoüil marin, passe-pierre, ou perce-pierre, herbe.
* Crítica, l'art de tailler les pierres.
Crítico, critique.
Criticóne, grand critique.
Criuelláre, cribler.
Criuelláro, faiseur de cribles.
Crinelláture, cribleur.
Crinellatúra, cribleure.
Criuéllo, crible.
Criuésa, sorte de truitte saulmonée.
Criulsa, en iargon de la chair.
Crino, crible.
Crò cró, le glou glou de la bouteille.
* Crocála, arondelle de mer.
Croccáre, &
Crocchiáre, gloucer : cracquer : battre : cajoller, faire des rodomontades.
non gli Crócchia il férro, le fer ne luy cracque pas. i. il n'a peur de rien, il est hardy.
Crocchiáta, caiollerie, iaserie, rodomontade : craquement.
Crocchiáte, des coups.
Crócchio, cracquement, clacquement. Item, le tendron du nez.
Crócia, crosse de boiteux.
Crocciáre, courroucer. Item, croiser : tourmenter.
Crocciáre, gloucer, ou crier comme la poulle.
Crocciochiáre, aller auec des potences. Item, croiser mettre en croix.
Crócciola, crosse ou perche à soustenir vn oiseau : potence de boiteux.
Crocciolare, percher. Item, crocquer.
Cróco, cracquement.
Cróce, croix : signe de la Croix : supplice.
Cróce, la croix. i. de l'argent.
io hò la voce & altri la croce, cela se dit quand on donne vn renom à vne personne, & qu'vn autre a fait le mal.
parlar in Cróce, parler pour l'argent. Item, promettre la croix, promettre de l'argent.
far Cróce con il carbóne biánco, nous disons faire la croix à la cheminée, parlant d'vne chose par admiration.
non si può portar la Cróce & sonar le campáne. i. on ne peut pas faire deux besognes à la fois.
Cróci, targette de fenestres.
Crocciáre, marquer d'vne croix.
Crocefiggere, crucifier. parf. crocifissi, part. crocifisso.
Croc. figgimento, crucifiement.
Crocefissióne, crucifiement.
Crocefisso, crucifix.
* Cróceo, de couleur de saffran.
Crocéola, croisette. Item, vne sorte d'herbe.
Crocería, compagnie de gens qui portent vne croix.
Crocétta, croisette.
far Crocétte, faire la croix deuant sa bouche en baisi-

CR

Iant. Item, mourir de faim.
Croci, pierres de couleur de saffran.
Crociaménto, affliction, tourment.
Crociáre, tourmenter. Item, croiser.
Crociário, coquin qui traffique de saffran.
Crociárſi, s'affliger.
Crociáta, croiſade : carrefour, croiſée de chemins.
Crociáte, croiſé, marqué d'vne croix: tourmenté. Item, tourment.
Croicchio, carrefour.
Crociddre, croaſſer.
Crociéra, croiſée de pouttes pour ſouſtenir vne voulte.
Crociére, porte-croix.
* *Crocífero*, porte-croix.
Crocifiggere, crucifier, parfait, *crocifíſſi*, part. *crocifíſſo*.
Crocifiggiménto, crucifiement.
Crocifiſſióne, id.
Crocifíſſo, crucifix. Et crucifié.
Crocifiſſóre, crucifieur.
Crocigeri, Moines qui portent vne croix ſur leurs habits.
Crocino, huile ou vnguent de ſaffran.
Crócciola, croiſette & croſſe.
Crocióne, monnoye de Genne de plus d'vn ducaton.
Crocióne, groſſe croix.
Crocitáre, croaſſer.
Crocito, croaſſement.
Cróco, crocus, fleur de ſaffran.
Crocodiléa, ſorte d'herbe.
Crocodillo, crocodile.
Crodáre, pour *Crollare*, crouler, ſecoüer.
Crogiólo, creuſet.
Crogiáre, riſſoler la viande.
Crogiárſi, ſe chauffer à ſon aiſe, ſe roſtir auprès du feu.
Crógio, riſſolé.
Crogitólo, creuſet, vaſe à fondre les metaux.
Crogliáre, crier comme vn coq d'Inde.
Cróglio, le cry d'vn animal lors qu'on le bat. Item, gargoüillement.
Crognále, ſorte de ceriſier : bois de ceriſier.
ſugo di Crognále, nous diſons, huile de coſtret, coups de baſton.
Crognaline, ſorte de ceriſes, ſelon aucuns.
Croiáre, raſler, parler enroüé : & gargoüiller.
Cróio, rude, mal-traittable, groſſier, mal-appris, Item, gargoüillement.
Crollaménto, croulement, ſecouſſe.
Crolláre, crouler, ſecoüer.
Crólla pennácchi, vn fendant, vn fanfaron, vn porteur de plumes, vn plumet.
Crolláta, &
Crollatúra, ſecouſſe, croullement.
Cróllo, ſecouſſe : Metaph. dommage.
Crollóſſo, grand tremblement.
Cróma, erochuë, notte de muſique.
Cromático, cromatic.
* *Crónaca*, cronicque.
Crónica, id.
Cronichiſta, faiſeur de Croniques, Hiſtorien.
Croniſta, id.
Cronografía, deſcription des temps.
Crópa, croupion, croupe.
Cropiéra, croupiere.
Croppa, crouppe.
Croſarie, croiſeure de chemin.

CR   143

Croſáta, croiſade.
Croſcere, bruire, craequer.
Cróſcia d'acque, tempeſte, rauine d'eau.
Croſciáre, faire le bruit de la pluye, tomber vne rauine d'eau.
Croſciáre, pour boüillir à gros boüillons : pour batirer pour petter au feu.
Cróſcio, le bruit de la pluye.
Croſétta, croiſette.
Croſolo, creuſet.
Croſóne, *crocióne*, monnoye d'enuiron vn eſcu.
* *Croſſeróne*, rouſſerole, oiſeau.
Cróſta, crouſte.
Cróſta Francéſe, la groſſe verolle.
Croſtácci, poiſſons ſecs.
Croſtáta, tourte de fruit.
Croſtatélla, vne petite tourte.
Croſtatina all'Ingleſe, paſté à l'Angloiſe.
Croſtélli, petits biſcuits.
Croſtollino, petite crouſte.
Croſtoſità, dureté de crouſte.
Croſto,ó, plein de crouſte.
Croſtuto, id.
* *Crótalo*, vne cimbale.
Crotéſca, grotefque, crotefque.
* *Crotóne*, palma Chriſti.
Cróto, vn oiſeau comme vn Cigne, qui a vu ſac ſous le bec, & brait comme vn aſne.
Crucéuole, coleric.
Cruciáre, tourmenter.
Cruciáre, en jargon, rompre.
* *Cruciári*, tourmeuts.
Crúccio, courroux.
Cruccióſo, courroux.
Cruccióſo, faſché, courroucé, affligé.
Cruciáta, croiſée, croiſade.
Crucifero, porte-croix.
Crucifiggere, crucifier, parfait, *crucifíſſi*, part. *crucifíſſo*.
Crucifíſſo, crucifix. Et crucifié.
Crudaria, veine d'argent dans la terre. Item, toutes ſortes de choſes cruës.
Crúda, en terme de muſique, rude.
Crudaſéta, ſoye écruë.
Crúda, en jargon, la mort.
Crudaménte, cruellement.
Crudeláccio, fort cruel.
Crudéle, cruel.
Crudelire, deuenir cruel, preſent, *crudeliſco*.
Crudelménte, cruellement.
Crudeltà, cruauté.
Crudézza, crudité, pron. *z*.
Crudità, crudité.
Crúdo, crud : cruel. Item, dur en terme de peinture.
núdo è Crúdo, tout nud, ſans biens, denué de biens.
ſilo Crúdo, fil écru.
Crudoſità, crudité.
* *Cruénte*, *Cruentóſo*, cruel.
* *Cruénta*, cruauté.
* *Cruità*, crudité.
Crúna, le trou ou cul de l'aiguille.
* *Cruór*, ſang noir, ſang meurtry.
Cruipeláio, ſorte d'arme à l'antique.
Crúſca, ſon de farine; Item, vne Academie à Florence.
Cruſcánte, qui ſuit ou imite l'Academie de la Cruſca.
Cruſcáta, cajollerie de commeres.
Cruſcáta, ſon peſtry pour la volaille.

Cruſcáta, trait ou recherche de la compagnie ou Academie de la Cruſca.
Cruſchéllo, le ſon que l'on tire la ſeconde fois : recoupes.
Cruſióſo, plein de ſon de farine.
Cruſtula, petite crouſte. Item, vn bignet.

CV

CVba, chapponnerie. Item vn lit, vne litiere.
Cubáre, coucher, eſtre couché.
Cubáta, ſorte de tourte.
Cubáttolo, inſtrument d'oſier pour prendre les oiſeaux en hyver : vne ſorte de tonnelle ou de ret.
Cubébe, ſorte de ſemence aromatique, cubebe.
Cubia, vne laiſſe, vne couple.
Cubiáre, coupler.
Cubico, de forme quarrée : cubique.
Cubiculáre, cubiculaire.
* *Cubículo*, chambre.
* *Cubile*, vn lit.
Cubitále, d'vne coudée.
Cubito, le coude. Item, vne coudée.
Cubo, cube, quarré.
Cucágna, le pays de Cocaigne.
Cucágna, ſe dit d'vn lieu où l'on ſe trouue bien.
è *vna Cucagna*, *che*, *chi piu dorme*, *piu quadragua*.
ſtareſti ben in Cucagna. i. tu és vn grand dormeur.
Cucca, du nanan.
delle Cucche, du bon bon, qu'on dit aux petits enfans, du nanan.
Cucchi, *Cucchiálli*, en jargon, de l'argent.
Cucchiaio, cuillier.
Cucchiára, cuillere. Item, herbe aux cuillers.
Cucchiarino, petite cuillier.
Cucchiáro, cuillier. Item, vne cuillere.
Cucchiaróne, grande cuillier.
vn Cucchiár pieno, vne cuillerée.
Cucchiaruóli, ſorte de viande de payſan.
Cucchindáre, cocquiner.
Cucchino, coquin.
Cucchio, ſorte de monnoye de peu de valeur.
Cucchióne, le trou du bondon.
Cuccia, lit, chalit : couche : vne chienne.
Cucciáre, chienner.
Cucciáro, cuillier.
Cuccietto, petit chien.
Cúccio, vn chien.
Cucciolo, & *Cucciolino*, vn petit chien : vn ſot, vn lourdaut.
i Cuccioli han cominciato à guſtar il ſangue, les chiens ont commencé à gouſter le ſang. Cela ſe dit de quelqu'vn qui a gouſté quelque choſe qu'il aime.
Cuccittme, le bondon.
Cucco, vn œuf, vn coquart, mot enfantin.
Cucco, coucou.
il Cucco della mamma, le mignon, le plus aimé de ſa maman.
Cuccouáia, le nid du coucou.
Cucoueggia, vne choüette, proprement cucuye, oiſeau en Eſpagne.
Cuccoueggiáre, faire le hibou. Item, prendre les autres oiſeaux par le moyen d'vne choüette.
Cucus, vn certain regard de traueis.
Cuccuma, rancœur & haine ſecrette. Item, coquemar.
Cucuzza, citroüille, courge : calebaſſe : caboche, pron. *ts*.

Cucibile, qui ſe peut coudre.
Curina, cuiſine.
Cucináre, cuiſiner.
Cucinária, l'art de cuiſiner.
Cucinatóre, cuiſinier.
Cucinéra, cuiſiniere.
Cuciniére, cuiſinier.
Cucinétto, couſſin, couſſinet.
Cucino, couſſin.
Cucinóne, vne grande cuiſine.
Cucire, coudre.
Cucitóre, couſturier.
Cucitrice, couſturiere. Item, lingere qui trauaille en linge.
Cucitúra, couſture.
* *Cu. ituſa*, partie du membre viril.
Cucò, vn ſot.
Cuciglio, vn coucou.
Cuculáre, faire le coucou.
Cuculla, capuchon de Moine.
Cuculli, vers à ſoye.
Cuculo, butrio, tonnelle à prendre les perdrix.
Cúculo, vn coucou.
Cucumero, concombre.
Cucurbita, courge.
Cucurbitáne, ſortes de poires longues.
Cucurbitino, le nom d'vn ver qui s'engendre aux inteſtins.
Cucurbitúla, ventouſe de verre.
Cucuriáre, chanter cocquerico.
Cucurire, id, preſent, *cucuriſco*.
Cucurito, cocquerico, le chant d'vn cocq.
* *Cucurma*, roſeau, canne.
Cucutrémma, ſorte d'inſtrument.
Cucutiáre, crier comme les chauue ſouris.
Cucuzza, citroüille, caboche, pron. *ts*.
Cucuzzolo, le ſommet de la teſte, le vertex, prononcé *ts*.
Cúffia, coëffe ou coiffe : beguin.
Cúffia, coiffe de ret, ou reſeul à tenir les cheueux.
cauar la Cúffia, oſter la coiffe : nous diſons, oſter le maſque, découurir vne choſe.
Cuffiáre, mettre vne coëffe.
Cuffióne, beguin.
* *Cufumna*, vne Tortuë.
Cúglia, aiguile d'vne Egliſe.
Cugnáre, battre la monnoye, marquer d'vn coin.
Cugnáto, *Cognáta*, beau-frere, belle-ſœur : ceux qui ont épouſé nos freres ou nos ſœurs.
Cugno, coin de fer.
Cugnoláre, marquer la monnoye.
Cugnolo, coin.
Cugoli, balles, boulettes, chiques.
Cui, de qui, de laquelle, dont, duquel, à qui.
Cui, *la cui belléz za*, dont la beauté, la beauté de laquelle, pron. *ts*.
vn Cuium pecus, vne beſte, pour dire vn coyon.
haser pochi Cuius, n'eſtre gueres ſçauant.
Culabrióſo, & *Culabrióſe*, par alluſion. i. de cul.
Culacciáre, donner ſur les feſſes, feſſer.
Culaccite, feſſées.
Culáia moſca, vn tic.
Culáia, la pance ou ventraille d'vne volaille puante.
Culáre, culetter. Item, de cul.
Culáta, pour feſſe.
Culáta, vn coup de cul.
Culáta, culaſſe.

CV

Cul attàre, culetter.
Culattèr, *la pánca*, nous difons, picquer l'efcabeau, faire le cul de plomb.
Culattário, mot pour rire, culètterie.
Culatáta, vn coup en tombant fur le cul.
Culcitra, *cóltrice*, coitre, couuerture.
Culeggiàre, culetter.
Culétto, petit cul. Item, vn colet de peau.
Culiclièga, qui prend des moucherons : c'eft vn nom qu'on donne au branle-queuë,
* *Culìna*, vn berceau.
* *Culinàre*, bercer.
Culíśeo, le Colifée : & le cul.
Cúlla, berceau d'enfant.
che fi pórta dalla Cúlla, qui nous eft comme naturel.
Cullàre, bercer.
Cullatière, en jargon, vn chieur.
hauer il Cúlo terróſo, auoir le cul terreux, eftre riche en fonds de terre.
come diſſe il Cúlo all'ortíca, comme dit le cul aux orties, ie te connois, meſchante herbe.
tener il Cúlo ſù due ſcanni .i. eftre mal placé, mal aſſeuré, entre deux felles le cul à terre.
dar del Cúlo nella piétra .i. faire ceſſion, parce que l'on donne du cul fur vne pierre.
non tróui Cúlo da tuo náſo .i. tu ne trouues pas qui aye peur de tes brauades.
mangiarebbe il cul di Gramolaſio, ch'era di ferro, il mangeroit le cul de Gramalaſe qui eſtoit de fer .i. grand mangeur.
Cúlpa, coulpe, faute.
Culpévole, coulpable.
Cultinamento, cultiuement, cultiuation.
Cultináre, cultiuer.
Cultiuatióne, cultiuation.
Cultiuatóre, cultiueur.
Cultiuatríce, qui cultiue, cultiueuse.
Cultiuatúra, cultiuation.
Cúlto, culte. Item, cultiué.
Cultóre, cultiuateur, laboureur.
Cultrémola, branle-queuë.
Cultríce, coitre, couuerture. Item, qui cultiue, qui reuere.
Cultúra, culture, labourage.
Cumolàméa, accumulation, amas, pron. *ts.*
Cumoláre, accumuler. *Cumuláre.*
* *Cúmulo*, tas, amas. *Cúmolo.*
Cúna, berceau d'enfant.
Cunàre, bercer.
Cúnei, mortoifes.
Cúneo, coin : recoin : pointe d'armée.
Cunétta, cunette en terme de fortification : vn petit foſſé au milieu du grand. Item, petit berceau.
Cuniàre, battre ou marquer la monnoye.
Cuniatóre, batteur de monnoye.
Cunículo, mine : chemin ſous terre.
Cunìla, origan.
Cúnno, la nature de la femme.
Cunnúta, qui a vne grande nature : nous diſons, bien connuë.
* *Cúnta*, delay.
* *Cuntàre*, dilayer.
* *Cuntatióne*, delay.
Cuóca, cuiſinière.
Cuocaría, cuiſinerie.
Cuocáſtra, meſchante cuiſinière.
Cuócere, cuire : digerer : s'enyvrer : parfait, *cuoſſi*, & *coſſi* : participe, *cotto*.

CV 145

Cuócere, bruſler, *io mi ſon cotto*, ou *ſtotiàto vn dito*, ie me ſuis bruſlé vn doigt.
Cuócere vno, donner bien de l'amour, faire mourir d'amour.
e' Cuóce bùe, il cuit du bœuf .i. il eſt ignorant, il n'a point d'entendement.
far bollìre e mal Cuócere .i. faire bien du bruit & peu d'effet.
Cuocheggiàre, cuiſiner, & faire le cuiſinier.
Cuóco, cuiſinier.
Cuocáſtro, vn meſchant cuiſinier.
il mio Cuóco non mi ſerue, nous diriens, la cuiſine ne va pas bien, l'eſtomach ne fait pas ſon deuoir.
Cuócola, vn poiſſon auec des pieds.
Cuócoli, *di fiume*, cailloux de riuière.
Cuócome, vne cuuette d'airain.
Cuocondía, le nid du coucou.
Cuófeno, coffre.
Cuógola, caillou, pierre.
Cuogoláre, pauer de cailloux.
Cuogóma, vn ſeau d'airain, vn coquemar.
Cuoiáio, courroyeur, vendeur de cuirs.
Cuóio, cuir, peau.
ogn'un è per il ſuo Cuóio .i. chacun y eſt pour ſoy, chacun a dequoy apprehender, vn chacun pour ſon eſcot.
non ne può le Cuóia .i. il ne ſe peut empeſcher de ſe jetter fur ſa peau, & en meſdire.
diſtendere le Cuóia .i. nous difons, eſtendre la peau d'vn veau, gagner vn double.
tiràr le Cuóia, mourir : s'enfuir, tirer ſes chauſſes.
laſciàrui le Cuóia, nous diſons, y laiſſer les bottes i. mourir en vn lieu.
Cuóre, cœur.
hà il Cuóre nelle budèlla, il a le cœur dans les boyaux .i. il eſt poltron, ou bien il eſt tout remply de crainte.
eſſer à Cuóre, prendre vne choſe à cœur.
far vna coſa con due Cuóri, faire vne choſe auec crainte & eſperance.
à mal Cuóre, à contre-cœur.
Cuóſo, tanne qui vient ſur le nez.
Cúpano, à Veniſe vn eſquif.
Cupéta, ſorte de maſſe-pain, fait auec du miel, & des noix pillées, & fait comme vne paſte.
* *Cupézza*, profondeur, pron. *ts.*
* *Cupidigia*, *Cupidità*, id.
Cúpido, defireux, cupide.
Cupído, Cupidon, le Dieu d'Amour.
Cupidóſo, conuoiteux.
Cupìllo, trou par où la mouche à miel entre.
Cúpo, profond, obſcur. Item, *color cúpo*, couleur brun, enfoncé.
Cúpola, dôme d'Egliſe.
Cúpola, coqueluchon.
perder la Cúpola di vedúta, nous difons perdre le clocher de veuë.
Cúppola, dôme & coqueluchon.
Cupréſſo, *Cupréſto*, cyprès.
Cúra, ſoin, cure : eſtime : c'eſt auſſi vn ſuppoſitoire. Item, vn appareil de Chirurgien.
Curábile, curable.
Curadénti, curedent.
Curadéſtri, cureur de retraits, gadouard.
Cúra orécchie, cure-oreille.
Curandáio, blanchiſſeur de toilles.

Curanétta, vn fer à nettoyer le pied d'vn cheual, & le foc d'vne charruë, vne curette.
Curánte, soigneux.
Curáre, soigner : penser : nettoyer : blanchir.
Curáre, habiller vn poisson ou vne volaille : esuentrer vne volaille.
Curársi, se soucier.
non mi Curo di voi, ie n'ay que faire de vous, ie ne me soucie pas de vous.
chi in vecchia nel peccato non sicura del Paradiso, qui a vieilly dans le peché, ne se soucie pas du Paradis.
Curáta, pourfressure.
Curatéla, curatelle.
Curatézza, soin, pron. *tz.*
Curatiére, courattier.
Curatióne, curation.
Curatiuo, medicinal, curatif.
Curáto, vn Curé.
Curatóre, curateur.
Curatrice, curatrice.
Curattiére, courtier, courattier.
Cúrba, courbe, mal de cheual.
Curcúlio, puçon.
* *Cúria*, Cour à plaider.
Curiále, de Cour.
Curiáli, certains Officiers à la Cour du Pape.
Curiándolo, coriandre.
Curiosaménte, curieusement.
Curiosità, curiosité.
Curióso, curieux.
Curléto, vn tour de machine.
Cúrlo, rouleau : vne tournette.
esser sù i Cúrli, estre prest à tomber.
Cúrra, mot pour appeler les poules, coquette.
Cúrro, vn rouleau : vn charriot.
Curruca, fauuette, sorte d'oiseau.
Currúcula, idem.
Cursóre, Sergent, Huissier. Item, Courrier.
Cursoría, office d'Huissier.
Curtáldo, courtaut.
Cúrto, court.
Curuáre, courber.
Curuatúra, courbeure.
Curuéuole, qui se peut couber.
Curuírina, courbeure, le courbé.
Curule, siege des anciens Magistrats à Rome, qui se rouloit.
Cúruo, courbé.
Curúlo, vne roulette à mettre sous vn lit. Item, vn petit charriot.
Curropódie, qui a les pieds tortus ou courbez.
Cúsa, accusation.
Cusáre, accuser, dire : pretendre d'auoir raison.
Cuscinétto, cousinet.
Cuscíno, coussin.
Cuscíre, coudre.
Cuscitóre, consturier.
Cuscitrice, consturiere.
Cuscitúra, consture.
Cuscúta & *Cúscuta*, vne plante qui n'a point encore de racine ferme en terre.
Cuscúglio, balayeure, ordure.
Cusliére, toutes sortes de cuilliers.
Cusíre, coudre.
Cusí, *Cosí*, ainsi.
Cusíre, coudre.
Cusóffola, vn conte, vne fable.
* *Cúspide*, pointe.

Cusíno, coussin.
Cússo, sorte de chouette.
Custódia, garde.
Custóde, gardien : Concierge de prison & de chasteau.
Custódio, garde.
Custodíre, garder : pres. *custodísco.*
Cutanéde roitture, creuasses dans la peau.
Cúte, peau : cuir : escorce : & vne queuë ou pierre à aiguiser.
Cuteríxola, fourmis, pron. *ts.*
Cuticágna, le chinon du col.
Cuticola, pellicule, peau delicate.
Cusíla, sauorée.
Cutrétta, *Cutréttola*, bergeronnette, branlequeuë, oiseau.
Cútta, vne corneille qui a les pieds jaunes : & selon aucuns, vne pie.

DA

Da, de, par.
Da' pour *dallí*, par les, des.
Da vénti, enuiron vingt.
Da pour *a*, par *ex*, à mettre du vin.
vn fiasco Da vino, vne bouteille à vin ; *da olio*, à l'huile.
Da prencipe, propre à vn Prince. Item, en Prince.
trattarsi Da Prelato, se traiter en Prelat.
Da Gentil'huomo, comme vn Gentil-homme, en Gentil-homme.
Da, au lieu de pour : par *ex*, *trouerò occasione Da poterlo fare*, ie treuueray occasion pour le pouuoir faire.
Da poterlo seruire, pour le pouuoir seruir.
Da che è piaciuto, puis qu'il a pleu.
Da párte, de la part.
Da párte mia, de ma part.
Da párte, à costé, à part, à l'escart.
Da sera, *da mattina*, le soir, le matin.
Da solo à solo, teste à teste.
Da che, apres que, depuis que.
Da quel tempo, dès ce temps-là.
Da capo, dès le commencement.
Da capo à piédi, depuis la teste iusques au pieds.
Da poco tempo, depuis peu.
Da più, plus que : plus à estimer.
io sono Da più di voi, ie suis de plus haute condition que vous.
andar Da vno, aller chez vn homme.
far Da Dottóre, jouër le personnage du Docteur, faire le Docteur.
è stato Da léi, il a esté auprès d'elle.
hò sentito dir Da lui, ie luy ay ouy dire, ou l'ay ouy dire par luy.
Dabbásso, en bas.
Da bánda, à quartier, à part.
Da qué ch' io sóno, sorte d'affirmation : nous disons, foy de Gentil-homme, foy de Marchand, &c.
Da méno, moins à estimer, moindre.
voi sete Da méno di mè, vous estes moins à estimer que moy.
Da mè à voi, entre vous & moy.
Da nói, en nos quartiers.
destináte Da noi, mangez ou disnez chez nous.
vien quà Da mè, vien-ça deuers moy, venez à moy, venite da mè.
hauèr Da fáre, auoir à faire, &c.

DA DA 147

Da ſcriuere, à escrire.
Da mangiàre, à manger.
Da puttino, estant encore garçonnet.
è coſa Da màtti, c'est à faire à des niais, à des fous.
è coſa Da fare, c'est vne chose qui se doit faire.
Dabenàggine, bonté.
Da bène, de bien.
huomo Da bene, le François dit, honneste-homme.
Da fòrche, qui merite le gibet.
Da mè, à part-moy, &c.
Da ſè, &
Da per ſe, de ſoy-mesme, tout ſeul, à part ſoy.
Dabùdda, vn pſalterium.
Dàbule, sorte de datte.
Da che, puis que : dés que, si-toſt que, depuis que.
Da ciò, propre à cela.
Da cattiuo, comme meschant, en meschant.
Da galant' huomo, comme vn braue homme.
giurar da galant huomo, iurer ſoy d'honneſte homme.
Dada, papa.
Dadàrio, faiſeur de dez.
Dadeggiàre, manier le dé.
Dàdo, dé à joüer.
Dàdi, carreaux à charger le canon.
Dàdi di farina, des bœufs : dez marquez d'vn costé.
Dàdo, en Architecture, *àbaco*, abaque. Item, vne ſorte de gehenne, comme les brodequins, en France.
egli tira pe' l Dàdo, il tire à qui aura le dé .i. il ne fait que commencer : cela ſe dit d'vn meſchant qui ne s'amende point.
mutar il Dàdo nelle màni .i. empeſcher qu'on ne vienne à bout de ſon deſſein.
pigliar i Dàdi à vno, rompre le coup, donner de l'empeſchement.
Dadiétro, apres, par derriere.
Da douéro, tout de bon.
Dàga, dague.
Dagàgna, ſorte de ret à peſcher.
Daghétta, petite dague.
Dàgli dàgli, frappez, touchez deſſus.
Dàina, vn Daim.
Dàino, Daim.
Dàlla, de-là, par-là.
Dal, du.
Dai pàri, également.
eſſer Dal pàri, eſtre tant à tant, à deux de jeu.
Dàllo, du, ou par le.
ſeparàto l'vno Dall' altro, ſeparé l'vn d'auec l'autre.
Da lùnge, de loing, de long-temps.
Dalláto, de coſté, par le coſté.
Dalle, des, au feminin.
Dàlle dàlle, frappez ſur elle : donnez, donnez.
Dàlli dàlli, touchez, touchez : frappez, frappez.
Dàllo, donne le .i. ablatif, du, ou par le.
Dallóro, d'eux.
Dallùi, de luy.
Dàma, Dame, maiſtreſſe : Daim.
Damaſcàre, damasquiner.
Damaſchìno, d'acier de Damas.
Damàſco, damas.
Damerìno, vn dameret.
Damigèlla, demoiſelle : pucelle : demoiselle ſuiuante.
Damigèllo, vn demoiſeau, vn ieune homme.
Damiero, damier.
Damìno, ſorte de monnoye.
Dàmma, Daim.
* *Dàmo*, ſeruiteur d'vne Dame.
Danaiàccio, mauuaiſe monnoye.

Danàio, argent, deniers, vn denier.
Danaióſo, qui a de l'argent.
Danàro, *Danàio*, vn poids d'enuiron ſix grains.
Danàri, deniers.
Danàri ſécchi, argent comptant, argent ſec.
far Danàri, amaſſer de l'argent.
Danàri, vne marque aux cartes Italiennes.
Danarùzzo, petit denier, pron. *ts*.
Dàndola, vne brandilloire.
Dandolàre, brandiller.
Daniénte, homme de rien.
Dànio, *Dàino*, Daim.
Dannàbile, plein de danger.
Danneggiàre, *danneggiàre*, endommager.
Dannàgio, dommage.
Dannagióſo, dommageable.
Dannaménto, damnation.
Dannàre, condemner : blaſmer : damner.
Dannatióne, damnation.
Dannatóre, endommageur.
Dannatrìce, endommageuſe.
Dànne, donne-nous : & donnes-en.
Dannéuole, plein de dommage, dommageable.
Danneggiaménto, endommagement.
Danneggiàre, endommager : en jargon, parler.
* *Dannificàto*, endommagé.
Dànno, dommage, dam. Item, ils donnent.
far Dànno, s'enfuir comme vn tonneau, &c.
à ſuo Dànno, à ſon dam.
Dannóſa, en jargon, la langue.
Dannóſa, dommageable.
Dannoſaménte, dommageablement.
Dànte, qui donne, donnant. Item, le nom d'vn Poëte.
Dànza, dance, pron. *ts*.
Dànza Treuigina, nous diſons, la dance du loup, pron. *ts*.
Danzàre, dancer, pron. *ts*.
Danzàr bèn al cembalo, le François dit, entendre bien le meſtier, entendre bien le tranitran.
Danzarìno, baladin, pron. *ts*.
Danzatóre, danceur, pron. *ts*.
* *Dào* pour *Dàto*, donné, mot Venitien.
* *Dape*, viande.
Dapiè, du pied, de la racine, du bas, en bas.
dormir Da piè, dormir aux pieds.
Dapocàggine, lascheté.
Dapochéiro, petit laſche, petit pareſſeux.
Dapóco, laſche, poltron, pareſſeux.
Dapocóne, grand poltron.
Dapò, *Dapòi*, puis aprés.
Deppiè, en bas : au pied : du pied : du bas.
Dappocaggìne, laſcheté, pareſſe.
Dappóco, laſche, pareſſeux, poltron.
Dappòi, apres, puis apres.
Darcina, darsina, darcine, vn port de mer au dedans de la ville pour aſſeurer les vaiſſeaux.
Dàrdani, *Dardanìni*, arondelles de mer, vn oiſeau grand comme vn pigeon, & de pluſieurs couleurs en Lombardie.
Dardeggiàre, darder.
Dàrdo, dard.
Dàre, donner : payer : frapper : present, *dò*, *dài*, *dà*, *diàmo*, *dàte*, *dànno* : parfait *diédi*, *déſti*, *diède*, *démmo*, *déſte*, *diédero* : imperatif *dà*, *dìa*, *diàmo*, *dàte*, *dìano* : optatif *che ſo dìa*, *dia* : imparfait *che io déſſi*, *tu déſſi*, *egli déſſe* : participe, *dato*.
Dàre, rendre, rapporter, en matiere de reuenu.

T ij

DA

quésto mi Dà trè mila scúdi di réndita, cela me rapporte ou me rend trois mille escus.
la città di Parìggi Dà, la ville de Paris fournit.
Dar dell' òcchio, ietter l'œil, regarder.
Dà che non dòlga .i. frappe sans offenser, n'offense personne.
Dar adòsso, se ietter dessus.
ogn'vn mi dà addòsso, vn chacun m'en veut.
Dar alla banda, faire pencher le vaisseau d'vn costé.
Dar caréna, faire pencher si fort vn vaisseau, que l'on descouure la carene.
Dar fúndo, ietter l'ancre en mer.
Dar à gambe, s'enfuir.
Dar nella réte, tomber dans les rets, dans le paneau.
Dar nell' únghie, tomber dans les mains.
Dar cónto, rendre compte.
Dar le cárte, faire, donner les cartes.
Dar il cuòre à l'ànimo, auoir le courage.
mi Dà l'ànimo, ou mi basta l'ànimo, i'ay le courage, ie me fais fort.
Dar déntro, se mettre tout à fait à vne chose, attaquer.
Dar féde, adjouster foy.
Dar da inténdere, faire à croire.
Dar ad inténdere, id.
Dar il móndo e la trómba, donner le monde & la trompette: cecy est tiré d'vn ieu que les Italiens appellent tarrochi, ou germini .i. faire tout ce que l'on peut, donner monds & merueilles.
Dar del tu, tutayer.
Dar cúra, se soucier, auoir soin, prendre garde.
Dar in núlla, ne rencontrer rien, ne réussir pas à ce qu'on a entrepris.
non Dar in núlla, ne conclurre rien.
Dàrsi d'acqua a i piédi .i. se louër soy-mesme.
Dar in lúce, mettre en lumiere.
Dar su le mani, frapper sur les mains .i. deffendre quelque chose.
se gli può Dar nel càpo, on le peut frapper à la teste .i. il a vne bonne grosse teste, & peu de ceruelle.
Dàrsi, s'adonner.
Dàrsi, à fare, se mettre à faire quelque chose.
Dàrla à gambe, nous disons, iouër de l'espée à deux iambes.
Dàrla giù per le scále, le François dit, desgringoler les montées.
Dar vn cólpo alla bótte & vna al cérchio, donner vn coup au tonneau, & l'autre au cercle .i. c'est quand entre deux qui disputent on est esleu iuge ou arbitre, & qu'on parle pour l'vn & pour l'autre.
ne Dà a' càni e a' pórci, elle en donne aux chiens & aux pourceaux .i. c'est vne garce à chiens, elle en donne à tout le monde, elle se prostitué à tous.
ne Dà solo a due persóne, a chi vuole e a chi non vuole .i. elle en donne à tous.
Dà nel ròsso, il tire sur le rouge.
Dàrla fuòri, sortir.
Dàrla giù, descendre bien viste.
Dàrla per tútto, courir de tous costez.
Dar doue s'ammàzz' auoi biscie .i. frapper sur la teste.
Dato à suoi piacéri, sujet à ses plaisirs.
Dar doue si dà al bossolo delle spétie, toucher où on touche, à la boiste d'espicerie, au derriere, donner du nez au cul.
si lasciò Dare in vna rete, il se laissa tomber dans vn filet.
chi hà da Dare domànda, nous disons, les battus payent l'amende. Item, qui me doit me demande.
Dàrsi pensiéro, se soucier.

DA DE

Dagli dagli che è vn cane, touchez, c'est vn chien .i. chargez, il a de bonnes espaules.
Dagli, égli è sasséllo, idem : c'est quand on met tout sur quelqu'vn.
Dàrsi da crédere, se faire croire, se persuader.
Dàrsi à far vna còsa, se mettre à faire quelque chose.
Da sénno, tout de bon.
* Dàsia, courte haleine.
Dasiéme, ensemble.
* Dasperse, de soy, à part-soy.
* Dasperlóro, eux-mesmes, d'eux-mesmes.
Dasse, de soy, de soy-mesme.
Daséz zo & Daséz zo, quasi de vltimo, à la fin, pron. ts.
Dàta, la datte.
Da tanto, esser da tanto, estre capable.
vediàmo se sete da tanto di fare, &c. voyons si vous estes capable à faire, &c.
Datáre, datter.
Datário, vne dignité à Rome.
Dáteyo, dattier.
Datiábile, taillable.
Datiáre, taxer, imposer des tailles.
Datiáro, datiére, receueur des tailles.
Dátilo, dattier.
Dátio, Dace, gabelle, peage.
Datióne, donation.
Dato, la datte.
Dato pour Dado, dé.
in buon Dáto, de bonne sorte, en quantité.
métter il Dáto, datter vne lettre.
Dàto che, au cas que, posez le cas que.
Datóre, donateur.
Datríce, donneuse, qui donne.
Dáttero, dattier & datte.
ti parrà vn Dáttero, cela te semblera vne datte .i. cela te semblera doux.
Dàtti, donne-toy.
Dáttile, la féve du membre viril.
Dáttilo, vn dattier : & vn dactile, pied de vers.
Dattoliéra, dattier.
Dàttolo, datte, & dattier.
Dattórno, tout autour.
Dauantàggio, dauantage.
Dauànti, deuant, auparauant.
Dauantíno, vn deuantier ou tablier de femme. Item, vne demie-ceinture.
Dauanzále, deuanture : vne aduance de mur : vn deuant ou parement d'Autel.
Dauànz o, de reste : abondamment, que trop, pron. ts.
* Dauco, Daucóne, carotte sauuage.
Dauentúra, par aduenture.
Dauéro, tout de bon.
Daziáre, taxer, pron. ts.
Daziáro, gabelleur, pron. ts.
Dàz io, taille, gabelle, dace, pron. ts.

DE

Dè, délli, des.
Dè pour dée, il doit.
Déa, Deesse.
* Dealbàre, blanchir.
Debellàre, debeller, surmonter, vaincre.
Debellàto, vaincu, surmonté.
* Debére, douere, deuoir, present, debbo & déno : parfait, douei, & doueúi : participe, deuu- to.

DE

Débile, debile.
Debilità, foiblesse.
Debilitàre, debiliter, affoiblir.
Debitaménte, deuëment.
Debitàre, endebter.
Débito, debte : deuoir : deu, obligé.
più *Débito della lepre*, plus de debtes que le lievre : nous difons, il ne doit qu'à deux, à Dieu & au monde.
gli è *Débito il veſtimento. i.* vn habit qui femble emprunté, qui ſied mal : nous difons, il a pleuré pour auoir vn habit, & ainſi des autres choſes.
Debitóre, debiteur, debteur, redeuable.
Debitríce, redeuable.
Débole, foible, debile.
Deboléz̧ z̧ a, foibleſſe. pron. *ts*.
Debolíre, affoiblir. pref. *deboliſco*.
Debolménte, foiblement.
Debolúz z̧ o, foiblet, ſſoüet. pron. *ts*.
* *Debonário*, debonnaire.
* *Debonarità*, debonnaireté.
Déca, decade.
Detacórdo, inſtrument à dix cordes.
Decadénz̧ a, decadence. pron. *ts*.
Decadére, déchoir, aller en decadence. parf. *decadetti*. part. *decaduto*.
Decágono, à dix angles.
Decálogo, le Decalogue.
Decamerone, livre de cent hiſtoires ou contes.
Decanáto, Doyenné.
Decáno, Doyen.
Decàno de' palafrenieri, maiſtre palefrenier, c'eſt le plus vieux lacquay chez vn cardinal ou autre.
Decantáre, dechanter : publier, chanter les loüanges.
Decantatióne, publication de loüanges.
Decapitàre, decapiter.
Decapitatióne, decapitement.
Decémbre, Decembre.
Decennále, de dix années.
Decennário, vieil de dix ans.
Decénno, idem.
Decéno, dizaine.
Decenóue, dix-neuf.
Decénte, decent, bien-ſeant.
Decenteménte, decemment.
Decénz̧ a, bien-ſeance. pron. *ts*.
Decettióne, deception, alluſion, tromperie.
Decévole, decent, bien-ſeant.
Dechináre, decliner.
Dechinatióne, declination.
Dechíno, declin.
Decídere, tailler, tronquer : decider vne queſtion. parf. *deciſi* & *decidetti* part. *deciſo*.
Decifràre, deſchiffrer.
Décima, diſme, decime.
Décima, dixieſme partie.
Decimàre, impoſer la diſme : auſſi l'oſter ou diminuer. Item, decimer.
Decimíno, compoſition medicinale.
Décimo, dixieſme.
Décimo, pour ſot, eſtourdy.
Decimaſéſto, ſeizieſme.
Decína, dizaine.
Deciplicáre, augmenter dix fois.
Deciſióne, deciſion.
Decíſo, decis.
Declamáre, declamer.

DE

Declamatióne, declamation.
Declamatóre, declamateur.
Declamatrice, declamatrice, qui declame.
Declamatória, declamatoire.
Declinaménto, declin, declinement.
Declinàre, decliner.
Declinévole, qui peut decliner.
Decliuio, le penchant.
Decliuo, bas, inferieur, penchant : mot poëtique.
* *Déco*, honneur, gloire, recommandation, honneſteté.
Decollàre, decoller.
Decollatióne, decollation.
Decondiménto, aſſaiſonnement.
Decoràre, decorer.
Decoratióne, decoration.
Decóro, bien-ſeance, grace.
Decorſióne, courſe d'années, flux de temps.
Decórſo, decours.
Decottióne, decoction.
Decótto, idem. Et boüilly.
Decripità, aage decrepit.
Decrépito, decrepit.
Decrepitúdine, aage decrepit.
Decreſciménto, deſcroiſſement.
Decréſcere, deſcroiſtre. pref. *decreſco*, parf. *decreſcèi*, & *decreſcetti*, decrebbi part. *decreſciuto*.
Decretáli, les Decretales.
Decretaliſta, ſçauant en Decretales, Decretaliſte.
Decretàre, decreter.
Decréto, decret, arreſt.
Decretório, Iudicial.
* *Decuplàre*, doubler dix fois.
Décuplo, dix fois autant.
Dedàle, dé à coudre.
Dedicaménto, dedication, dedicace.
Dedicàre, dedier.
Dedicatióne, dedicace, dedication.
Dedicatório, dedicatoire.
Dedicatióne, dedication.
Dédito, addonné.
Dedúrre, deduire. pref. *deduco*, *deduſci*, *dedúſce*, *deduciámo*, *deduceto*, *deducono*. part. *dedótto*, ou *dedutto*.
Deduttióne, deduction.
Dedútto, deduit, rabbatu.
Defluſſióne, defluxion.
Deffalcáre, deffalquer.
Deffemína, la deffenſiue.
Defficiénte, manquant, defaillant.
Defficiénz̧ a, defaillance. pron. *ts*.
Defficere, defaillir, manquer. il n'eſt point en vſage qu'en infinitif.
Deffiníre, definir. pref. *deffiniſco*, *deffiníſci*, *deffiníſce*, *deffiniamo*, *deffiníſte*, *deffiníſcono*.
Deffinitióne, definition.
Deffinitíuo, definitif.
Deſtituolíre, s'affoiblir. pref. *deſtituoliſco*.
* *Deflagráre*, conſommer par le feu.
Deflorâre, deflorer.
Deſloratióne, defloration.
Defluire, fluer, couler. pref. *defluiſco*.
Defluſſo, defluxion.
Deformàre, deformer.
Deforme, ſans forme. Item, diforme.
Defrodàre, defrauder.
Defrodatióne, defraudation.
il *Diſfrutto*, le profit, la deſpoüille, le deffructus.
Defuntório, tumbe : ſepulchre.

Degenerâre, degenerer.
Degènero, vn qui degenere.
Degettióne, dejection.
Degnaménte, dignement.
Degnâre, agréer : daigner.
non Degnârsi con vno, dédaigner, ne daigner attaquer ou offenser.
Degnâto, rendu digne.
* *Degnitófo*, plein de dignité.
Dégno, digne.
* *Degomentâre*, degaſter, conſommer.
* *Degoménto*, degaſt.
Degradâre, degrader.
* *Degrédere*, faire diſgreſſion, parf. *degréſſi*.
Degrignâre, grincer les dents.
* *Deguſtâre*, gouſter.
Deh, hé, pour Dieu : interjection de priere ou d'exhortation.
Deh si, hé ie vous prie.
Déi, les Dieux, prononcé l'*é* ouuert.
Déi, pour *Déui*, tu dois, prononcé l'*é* fermé.
Deificaménto, deification.
Deificâre, deifier.
Deífico, diuin.
Deifórme, qui a la forme de Dieu.
Del, article au genitif, du : ſon feminin, *della*. Ce genitif ſert tout ſeul pour exprimer ce qu'vne perſonne porte ſur ſoy, en l'appelant ou en le voulant monſtrer par les enſeignes, comme *oh della caſacca*, hô l'homme à la caſaque, *oh del ceſto*, hola l'homme au pannier : & ainſi. *Quel del rapóne*, celuy qui loge à la groſſe raue, ou qui porte vne groſſe raue.
quel Dai cappóni, celuy qui apporta les chappons.
far Delbráuo, faire le mauuais, faire le braue.
fono Del tale, elles appartiennent à vn tel.
hà Del galant' huómo, il ſent ſon galant, ou honneſte homme.
Delantéra, la partie de deuant du cheual, mot Eſpagnol.
Delapidâre, lapider, ruiner à coups de pierres.
Delatóre, rapporteur : vn eſpion.
Delébile, qui ſe peut effacer.
Delegâre, enuoyer, deleguer.
Delegatióne, delegation.
Delegáto, vn enuoyé, vn delegué.
Deleniménto, adouciſſement. Item, breuuage amoureux.
Delfínio, baguenaudier, plante.
Delfíno, daulphin.
Delibáre, gouſter.
* *Deliberagióne*, deliurance.
Deliberaménto, deliberation.
Deliberánza, deliurance & deliberation, pron. *tz*.
Deliberâre, deliberer.
Deliberataménte, auec deliberation, delibérément.
Deliberatióne, deliberation.
Deliberatíuo, deliberatif.
Delibránza, deliurance, pron. *tz*.
Delicatélla, vne delicate.
Delicatézza, delicateſſe, pron. *tz*.
Delicâto, delicat.
* *Delicatúra*, delicateſſe.
Delineaménto, delineation.
Delineâre, tracer.
Delineatióne, tracement, delineation.
Delinquénte, delinquant.
* *Delinquere*, delinquer, offenſer.
* *Delíquio*, deffaut, manquement.
n Delirâre, réver, radotter.

Delirâre, ſortir du rayon en labourant.
Deliratióne, &
Delírio, réverie, radotterie.
Delíro, tortu : & vain. Item, follaſtre : révenu.
Delítia, delice.
Delitiâre, viure en delices.
Deliticâre, chatoüiller.
Delítico, chatoüillement.
Deliticófo, chatoüilleux.
Delitiófo, delicieux.
Delítto, offenſe, delict.
Delúbrio, ioüet, mocquerie, affront.
Delúdere, ioüer, gauſſer vne perſonne, parfait, *delúſi*, participe, *delúſo*.
Deluſióne, deluſion.
* *Demaniále*, qui appartient à vn domaine.
* *Demánio*, domaine.
* *Deménte*, fol, ſot.
* *Deméntia*, ſottiſe, folie.
* *Demérgere*, plonger ou enfoncer dans l'eau, parfait, *demérsi*, & *demérſi*.
Demeritánza, demerite, pron. *tz*.
Demeritâre, demeriter.
Demérito, demerite.
Demérſo, ſubmergé.
Demérſo, idem.
Demeſſióne, demiſſion : deiection.
Demeſſo, demis.
Demiſſióne, demiſſion.
Democriteggiáre, faire le Democrite, parler comme Democrite.
Demóne, demon.
Demoníaco, demoniaque.
Demoniáre, poſſeder, endiabler.
Demoniáto, demoniaque, endiablé.
Demónio, demon, diable.
* *Demonſtránza*, demonſtration, pron. *tz*.
Demonſtrâre, demonſtrer.
Demonſtratióne, demonſtration.
Demonſtratiuo, demonſtratif.
Denaióſo, pecunieux.
Denário, la dixieſme partie d'vne dragme.
Denáro, denier : de l'argent.
Denaróſo, qui a de l'argent.
Denegâre, denier, refuſer.
Denegatióne, refus.
* *Denigránza*, obſcurciſſement, pron. *tz*.
Denigrâre, noircir, obſcurcir : denigrer.
Denihiláre, deſannuller.
Dénno pour *débbono*, ils doiuent.
Denominánza, denomination, pron. *tz*.
Denomináre, denommer.
Denominatióne, denomination.
Denóntia, denoncement.
Denontiâre, denoncer.
Denontiatóre, denonciateur.
Denontiatrice, denonciatrice.
Denotâre, denoter.
Denſâre, condenſer.
Denſeuole, qui ſe peut épaiſſir ou condenſer.
Denſitá, épaiſſeur.
Dénſo, épais.
Dentále, poiſſon appelé grenaud : le ſoc d'vne charruë : vn hochet d'enfant.
Dentáme, denteure.
Dentâre, denteler : endenter.
Dentáto, dentelé, à redents.
Dentária, ſorte d'herbe.

Dentaruóla, mal de dents des enfans.
Dentatúra, denture.
Dénte, dent.
Dénte à tal carne, dent pour telle viande. i. ils sont égaux, l'vn & l'autre ne vallent guere.
sono Dénte è gengiua, ils sont comme les deux doigts de la main, deux testes dans vn bonnet.
non hanno elleno Dénti da ròdere, nous disons, ne sont-elles pas de chair & d'os comme les autres.
restar à Dénti sécchi, demeurer au blanc.
mostráre i Dénti, monstrer les dents, resister.
tener l'ánima co' Dénti .i. estre proche de la mort.
Dénte di lúpo ò da puttíno, vn hochet d'enfant.
Dénte caualíno, sorte d'herbe.
à Dénti, en terme de blason, endentée.
Denteggiáre, endenter.
Dentelláre, denteler.
Dentelliére, cure-dent.
Dentéllo, dentelle ou dentille de frise, en Architect.
Dentéllo, dentelle, denture.
Denticáre, &
Denticchiáre, maschotter.
Dentóne, grenaud.
Dentóso, plein de dents.
* Dentráre, entrer.
Déntro, dedans.
Déntro via, en dedans.
à Déntro, au dedans.
a ch egli è Déntro, jeu des Egyptiens, pour cinq fois qu'il est dedans.
Dentúto, endenté, qui a des dents.
Denudáre, denuer, despoüiller.
Denumeráre, denombrer.
Denumeratióne, denumeration, denombrement.
* Depaesáre, despaïser.
Depaláre, retirer de ce qu'on a mis au jeu.
Depanáre, deuider.
Depanatóio, deuidoir.
Depanáre, ouurer, trauailler.
Depéndre, dependre, parfait, dependéi, & dependétti, part. depéso, & dependúto. Qui n'est guere en vsage.
Dependénte, dependant.
Dependénza, dependance, pron. ts.
Deplorábile, deplorable.
Deplorabilménte, deplorablement.
* Deplorànza, deploration, pron. ts.
Deploráre, deplorer.
Depónere, &
Depórre, deposer: degrader, present, depóngo, depóni, depóne, deponiámo, deponéte, depongono, part. depósi, deponésti, depósse, deponémmo, deponéste, depósito, part. depósto.
Depositáre, mettre en depost.
Depositióne, deposition.
Depósito, magasin, garderobbe, garde-manger, dépense, depost.
Depositúra, deposition.
Deprauáre, deprauer.
Deprauatióne, deprauation.
Deprauáto, deprauè.
Depredáre, picorer.
Depredatóre, picoreur.
Depredatríce, picoreuse, larronnesse.
Depressáre, deprimer.
Depressióne, depression, abbaissement.
Depresso, vil, abjet.
Deprimére, abbaisser, deprimer, parfait, depréssi, de-

primésti, depresso, deprimémmo, deprimeste, depressero, participe, depresso.
Depuráre, purger, purifier.
Deputáre, deputer.
Depudáti, les deputez.
Deramáre, ébrancher.
Derráta, derráta, denrée.
vna Derráta di carne, vne tranche de viande.
buona Derráta, bon marché.
è più la giunta che la Derráta, il est plus grand les sur-plus que la chose, le surplus vaut mieux que le reste.
Derbio, sorte de petit poisson. Item, selon aucuns, vne derte.
Deredáre, des-heriter.
* Derelítto, abandonné.
Deretanaménte, pour le dernier, finalement.
Deretáno, dernier.
Derídere, se mocquer, parf. derísi.
Deriditríce, mocqueuse.
Derístro, derriere.
Derisíbile, dont on se peut rire.
Derisióne, derision.
Derísto, mocqué.
Derisóre, mocqueur.
Derítto, droict.
* Deriuánza, deriuation.
Deriuáre, deriuer.
Derisíono, vne subtilité, vne tromperie, vne surprise en parolles.
Derogánza, derogement, pron. ts.
Derogáre, deroger, diminuer l'authorité.
Derráta, denrée: prix, marché.
Derriditóre, & derriditríce, mocqueur & mocqueuse.
* Descedáre, éueiller.
Descéndere, descendre.
Descénso, & Descésa, descente.
Descéso, descendu.
Deschétto, petite table.
Descináre, Desináre, disner.
Désco, table: c'est aussi vne selle à trois pieds.
Descríuere, descrire, parf. descríssi.
Descrittióne, description.
Descrittíuo, qui se peut descrire.
Descrítto, descrit.
Descritóre, escriuain.
Desertáre, deserter, gaster, rauager.
Desertatióne, desolation, degast.
Desérto, desert.
Desertóre, qui delaisse: deserteur.
Desertuíre, destruir.
* Desíanza, desir, pron. ts.
Desiáre, desirer.
Desideráre, desirer.
Desideráta, sorte de paste de Gennes.
Desideratíuo, desireur, desideratrice, desireuse.
Desideréuole, desirable.
Desidério, desir.
* Desídia, paresse, lascheté.
Desidióso, desireux.
Designáre, designer, dessigner.
Designatíone, designation.
Designo, dessein.
Desináre, disner: le disner.
Desináta, la disnée.
* Desinéa, id.
Desinénza, desinence, pron. ts.
Desío, desir, mot poëtique.
Desióso, desireux.

Desíre, mot poët. desir.
Desisténza, desistence, pron. ts.
Desístere, desister, parfait, desistei & desistetti, part. desistito.
Desocupáre, desocuper.
Desoláre, desoler.
* Despittáre, dépiter.
Despítto, despit.
Despittoso, dépiteux, plein de dépit.
* Dessedáre, éueiller, mot Lombard.
Déssi, pour si déus, on doit.
Dessíssimo, tout à fait luy-mesme.
Désso, luy-mesme, luy, iceluy. Déssa, elle, elle-mesme.
Dessoláre, dessoler.
Dissoláta, &
Dessolattúra, dessoleure.
Destaménto, éueillement.
Destáre, éueiller.
* Destainólo, &
Destatóio, réueille-matin.
Dostatóre, éueilleur, qui éueillé.
Destatríce, éueilleuse.
Besteritá, dexterité.
Desterrádo, mot tiré de l'Espagnol : exilé, banny.
Destináre, destiner.
Destinatióne, destination.
Destíno, destin.
Destituíre, destituer, present, destituisco.
Destitutióne, destitution.
Destitúto, destitué.
Désto, éueillé.
Déstolo falcóne, sorte de faucon.
Déstra, dextre, droite : la main droitte : vn instrument de fondeur à dresser leur ouurage. Item, bonne chanse.
Destraménte, dextrement.
Destreggiáre, faire dextrement : passer à costé pour découurir auec addresse.
Destrézza, addresse, agilité, disposition, prononcé ts.
Destricrá, cauallé de seruice.
Destriére, cheual.
Destringáto, destaché.
Destríuo, droictier.
Destro, commodité : le priué. Item, la chaire percée : le bassin.
Déstro, adroit, agile, dextre.
à Déstro, à point, commode, commodément.
à Destro, tout prest.
Destrúere, &
Destrúrre, destruggere, destruire, present, destruggo, parfait, destrussi, participe, destrutto.
Destruttióne, destruction.
Destrútto, destruit.
Destrutóre, destructeur.
Destruttríce, & destruggitríce, destructrice, qui destruit.
* Desuáno, vn grenier ou galetas, mot Espagnol.
Desuário, folie, resuerie.
è vn grand Desuário nei nostri conti, il y a vn grand mécompte entre nous.
Desuéto, non accoustumé.
Desuetúdine, desaccoustumance.
Desumáre, ébaucher, tracer, crayonner.
Detále, dé à coudre.
Detavéllo, petit dé à coudre. Item, petit doigt.
Determináre, determiner.

Determinataménte, determinement, auec determination.
Determinatióne, determination.
Determinatíuo, determinatif.
Determinéuole, qui se peut determiner.
* Deterriménto, estonnement.
* Detérrito, estonné.
Detersório, qui sert à deterger.
Detestábile, detestable.
Detestáre, detester.
Detestatióne, detestation.
Detestatóre & detestatríce, qui deteste.
Detésto, detesté, abhorré.
Déto, dito, le doigt.
Detorpáre, soüiller.
Detragghiáre, &
Detrárre, detracter, médire.
Detrattióne, detraction, médisance.
Detrattóre, detracteur, médisant.
Detrattríce, médisante.
Detriménto, detriment.
Détta, debte. Item, fortune, bon-heur selon aucuns.
éssere in Détta, estre en heur en joüant.
stársene à Détta. i. s'en rapporter au dire d'autruy.
Dettáme, instruction.
Dettánte, dictant, qui dicte.
Dettáre, dicter, composer, dire.
Dettarélo, petite sentence, petit mot.
Dettatióne, composition, dictation.
Dettatóre, Dictateur.
Dettáto, dict : dicté : le dire, le théme.
Dettattúra, dictature.
Détto, vn dictum, vne deuise.
Détto, dict.
Détto & fatto, aussi-tost dit, aussi-tost fait.
détto; fatto, id.
dal Détto al fatto, aussi-tost fait, aussi-tost dit.
dal Détto al fatto è vn gran tratto, du dit, au fait, il y a vn grand trait. i. on ne fait pas ce que l'on dit aisément.
Deturpáre, soüiller, polluër.
Deturpéuole, qui se peut soüiller.
* Deuastáre, gaster.
Deuastatióne, degast.
Deuiáre, fouruoyer, débaucher.
Deuiatióne, fouruoyement.
Deuiatóre & deuiatríce, qui fouruoye, qui débauche.
Déuio, digression, fouruoyement.
Deuolúto, deuolu.
Deuoráre, deuorer.
Déuola, en jargon, l'ame.
Denotáre, voüer.
* Diuére, deuoir.
Deuúto, deû.

D I

Di, de.
Di, pour que v. g. più Di me, plus que moy.
giù detto di lui, plus sçauant que luy, & ains : meno di lui, moins que luy.
maggior Di me, plus grand que moy.
Di sì, que ouy.
Di, jour : & jours.
A Di, le jour. A di 25. le vingt-cinquiesme jour.
il Di séguente, le lendemain.
à gran Di, de grand jour.

DE

Di pèr dì, jour pour jour, du jour à la journée.
vn Dì sì & vn dì nò, de deux jours l'vn.
il Dì dì San Bellino, tré dì doppo il giuditio, nous disons, la sepmaine des trois jeudis, &c.
Di chì sòno, à qui appartiennent-ils.
sòno D'vn sòlo, il appartient à vn seul.
Di stàte, en Esté.
D'inuèrno, en Hyuer.
Di cinquanta anni, à 50. ans.
Dìa, Dèa, Déesse.
Diabòlico, diabolique.
Diacalaménto, sorte de composition medicinale.
Diacatòlicon, drogue. Disacatolicon.
Diacciàre, glacer, geler.
Diàccio, glace.
Diacciuòlo, glaçon.
Dicèrne, Diàcine, dientre ou diantre, au lieu de dire, diable.
Diacìmine, diacimine, composition medicinale.
Diaconàle, diaconal.
Diaconàto, Diaconia, degré, ordre de Diacre, Diaconat.
Diàcono, Diacre.
Diacoriòne, medicament fait d'oignons.
Diàculo, diaculon, diachilon.
Diadèma, diadesme.
Diadèma, en jargon, pauillon.
Diademàre, couronner d'vn diadesme.
Diafanità, transparence.
Diàfano, diafane, transparent.
Diaflàmmate, la pellicule qui couure les costes.
Diafonìa, dissonance, discord.
Diasràgma, diaphragme.
Diagonàle, diagonal.
Doàgono, diagone, qui a deux angles.
Diagràmma, sentence, decret.
Diagrìdio, diagrede, diagridis, drogue.
Dialèttica, dialectique.
Dialèttico, Dialecticien.
Dialètto, dialecte.
Dialogàre, discourir, faire vn dialogue.
Dialoghètto, petit dialogue.
Diàlogo, dialogue.
Dialtèo, dialtée.
Diamantàro, tailleur de diamans.
Diamànte, diamant.
Diamantìna, sorte d'herbe qui est aussi dure à tailler qu'vn diamant.
Diamantìno, de diamant, diamantin.
Diàmberne, diàcene, diantre, sorte de jurement desguisé.
Diametràle, diametral.
Diàmetro, diamettre.
Diàmine, diantre, au lieu de dire, diable.
Diàna, la diane, la Déesse Diane.
Diànda, nom propre. Lo vedrebbe, il Diànda, c'est quand vn affaire est fort euident : nous disons, vn aueugle y mordroit.
Diànzi, auparauant. pron. ts.
Diapasòn, diapason.
Diaprùnto, sorte d'electuaire.
Diarrèa, diarée, flux de ventre.
Diàscano, diantre.
* Diàspro, iaspe.
Diauolàccia, grande diablesse.
Diauolàccio, grand diable.
Diauolaménti, diauolayie, diableries.
Diauolarìa, & diauolerìa, diablerie.

DE 153

Diauolèssa, diablesse.
Diauolètto, petit diable.
Diauolìno, petit diable.
Diàuolo, diable.
i Diàuoli non sou cosi brutti come si dipingono, les diables ne sont pas si noirs, &c.
saper doue il Diàuolo tien la coda ò la scarpetta. i. estre rusé.
il Diàuolo vuol tentar Lucifero. i. vn meschant veut tromper l'autre.
hauèr il Diàuolo nell' ampolla. i. deuiner & preuoir.
hà il diàuolo addosso come i spazza camini, il a le diable dans le corps comme les ramoneurs de cheminée, cela se dit quand vne personne ne peut pas se tenir en place.
trouàr il Diàuolo nel catino. i. trouuer que l'on a mangé le disner ou le souper.
hauer il diàuolo in saccoccia, auoir le diable dans sa pochette n'auoir pas vn soul.
Dibalzàre, bondir. pron. ts.
Dibàlzo, bond. pron. ts.
Dibarbàre, &
Dibarbicàre, esbarber, coupper les racines.
Dibassàre, abbaisser.
Dibatticàre, battre quelque chose de liquide dans vn plat ou vase.
Dibattiménto, debattement.
Dibàttere, debattre.
Dibàttito, dibàtto, debat, & debattement.
Dibonàrio, debonnaire.
Diboscàre, coupper les bois, arracher les bois.
Dibottaménto, discussion.
Dibòtto, tout d'vn coup, tout soudain : mot lombard.
Dibruscàre, brusler.
Dibucàre, tirer du trou, faire sortir du tron.
Dibucciàre, oster l'escorce, escorcer.
Dibùccio, escorceure, escorcement.
Dibùtto, di bòtto, soudain, incontinent, mot lombard.
* Dicàce, cajolleur, grand parleur.
* Dicacità, jaserie.
Dicadènza, decadence. pron. ts. parf. dicadéi & dicadetti, voyez decadère.
Dicàdere, dechoir.
Dicadùta, decadence.
Dicantàre, chanter ou publier les Joüanges.
Dicapitaménto, decapitation, decollement.
Dicapitàre, decapiter.
Dicatiòne, dedication.
Dicàre, dedier.
* Dicere, dire : mot Napolitain.
Dicèrnere, pour discèrnere, discerner.
Dicerìa, discours : vn discours ennuyeux.
Diceruellàre, escerueler.
Diceruellàto, esceruelé.
Dicesètte, dix-sept.
Diceuòle, bien-seant, conuenable.
Dichiaraménto, declaration.
Dichiaràre, declarer, expliquer.
Dichiaratiòne, declaration, explication.
Dichiaratòre, declarateur, qui declare, qui explique.
Dichiaratrìce, celle qui explique, qui declare.
Dichinaménto, abbaissement, inclination.
Dichinàre, decliner : encliner.
Dichìno, declin.
Dicianòue, dix-neuf.

v

trar Dicianóue, faire dix-neuf en dé. I. faire par delà le possible.
Dicianouésimo, dix-neufiesme.
Diciasètte, dix-sept.
Diciasettésimo, dix-septiesme.
Dicidere, decider. parf. *decisi*, part. *deciso*.
Diciótto, dix-huict.
trar Diciótto, faire dix-huict ou rafle de six : cela s'entend, quant on a receu quelque grand bien, ou qu'on a éuité vn grand mal, & dont à peine on pouuoit eschapper.
Diciottésimo, dix-huictiesme.
Dicisètte, dix-sept.
Dicisióne, decision.
Diciso, decis.
Diciticcia, jaserie.
Dicitóre, diseur.
Dicitrice, parleuse jaseuse.
Dicolláre, &
Dicolláre, decoler, decapiter.
Dicollatióne, decolation.
Dicótto, cuit, seiché au Soleil. Decoction.
Dicrescere, decroistre. pres. *dicresco*, *dicresci*, *dicresce*, *dicresciamo*, *dicrescete*, *dicrescono*. parf. *dicrebbi* & *dicrescei*, *dicrescesti*, *dicrebbe*, &c. part. *dicresciuto*.
Decretáre, decreter.
Decréto, decret.
* *Dicrináre*, decliner.
* *Dicrinatióne*, declination.
Dicrolláre, crouler, secoüer.
Didúrre, deduire. pres. *diduco*, *didúci*, *didúce*, *diduciamo*, *diducete*, *diducono*, parf. *didussi*, part. *diduto*, & *didotto*.
Diduttióne, deduction.
* *Dié*, jour, mot poëtique.
Dié, pour *diéde*, il donna.
Diéci, dix.
Diecimáre, imposer les dixmes.
Diecirémi, barque à dix rames.
Diér, *diéro*, pour *diedero*, ils donnerent.
De diesmáte, sorte de iurement de paysan. les nostres disent, par mananda.
Diéta, diete, abstinence. diete, assemblé. selon aucuns, disette.
Dietáre, faire diete, viure de regime.
Dietraménte, promptement.
Diétro, derriere, apres, outre.
di Diétro via, par derriere.
tirarsi Diétro, emmener quant & soy : emmener auec soy.
tirár in Diétro, reculer vn affaire.
farsi in Diétro, se reculer, se retirer en arriere.
tener Diétro, estre tousiours apres quelqu'vn, importuner à force de suiure.
andar Diétro, qui se dit aux sodomistes.
andar Diétro, poursuiure vn affaire : s'amuser, s'adonner.
Diétro, al cor perdúto, outre son cœur perdu.
tirarsi Diétro, entrainer.
tirarsi la porta Diétro, fermer la porte apres soy.
Diétro di sé, apres soy, auec soy, quant & soy.
Diétro cámera, arriere-chambre.
Diétro pásto, entremets.
Disalcaménto, defalquement.
Disalcáre, defalquer.
Disálco, defalquement, rabais. Item, deffaut.
Disálta, deffaut.
Disaltáre, manquer.
Disaltóso, plein de deffauts, defectueux.

Difamáre, diffamer.
Difátto, en effet.
Difattióne, d'action.
Diféndere, deffendre. parf. *diféfi*, part. *diféso*.
Difenditóre, deffenseur.
Difenditrice, deffenseuse, qui deffend.
Difensénole, qui se peut deffendre.
Difensióne, deffense.
Diféfa, deffense.
leuar le Diféfe, terme de milice, emporter, oster les deffenses.
Difettáre, auoir quelque deffaut.
Difettíno, defectueux.
Difétto, defaut.
Difettóso, defectueux.
Diffalcáre, defalquer, rabattre d'vn nombre.
Diffalcatiua, &
Diffálco, rabais.
Diffálta, manquement, deffaut.
Diffaltáre, manquer.
Diffamaménto, diffamation.
Diffamáre, diffamer.
Diffamatióne, diffamation.
Diffamatório, diffamatoire.
Diffamatríce, diffameuse.
Differíre, differer, prolonger, estre different. pres. *difrisco*.
Difféndere, deffendre. parf. *difféfi*, part. *difféso*.
Diffendénole, qui se peut deffendre : de deffense.
Diffenditóre, deffenseur.
Diffenditrice, deffenderesse.
Diffensatóre, deffenseur.
Diffensáre, deffendre.
Diffensíbile, qui se peut deffendre.
Diffensuole, id.
Diffensióne, deffensé.
Diffensíuce, deffenderesse.
Diffensóre, deffenseur.
Differénte, different.
Differenteménte, differemment.
Differéntia, difference.
Differentiábile, qui se peut differentier.
Differentiáre, faire difference, differentier.
Differéntia, difference. Item, vn different. pron. *tt*.
Differiménto, remise, délay.
Differíre, differer. pres. *differísco*, part. *differíto*.
Differmáre, defafermer.
Difféfa, deffense. pron. l'é fermé.
Difétto, deffaut. pron. l'é ouuert.
Diffettosaménte, defectueusement.
Diffettuóso, defectueux.
Diffettuosità, defectuosité.
Difficáre, edifier.
Difficile, difficile.
Difficilménte, difficilement.
Difficio, edifice.
Difficultáre, rendre difficile.
Difficultá, difficulté.
Difficultosaménte, difficilement.
Difficultóso, plein de difficultés.
Diffidánza, mesfiance. pron. *tt*.
Diffidáre, se mesfier, ou deffier.
Diffidénte, mesfiant.
Diffigurare, deffigurer.
Diffígere, arracher. parfait *diffíssi*, participe *diffitto*.

DI   DI

Diffiniménto, definition.
*Diffinire, definir. pres. diffinisco.
Diffinitióne, definition.
Diffinitiuo, definitif.
Difflitto, arraché.
Diffóndere, estendre, espancher largement.
Diffónderſi, s'estendre en vn discours. parf. diffuſi, auec les particules, mi, ti, ſi, ci, vi, ſi, participe. diffuſo.
Difformàre, difformer.
Difforme, difforme, ſans forme.
Difformeménte, laidement, auec difformité
Difformità, deformité.
* Diffrángere, derompre, briser. pres. diffrango, parf. diffransi, part. diffranto.
Diffranto, rompu, brisé, concaſſé.
Diffrattúra, rupture, fraction.
Diffrenáre, effrener : desbrider.
Diffúndere, diffóndere, estendre. parf. diffúſi, part. diffúſo.
Diffuſaménte, tout au long.
Diffuſióne, diffuſion.
Diffúſo, diffus, eſtendu.
Difício, edifice.
Difciáre, baſtir.
Difiláto, deffilé, effilé : eſrené. Item, tiré à la ligne.
Difinire, definir. pres. diſiniſco, diſiniſci, diſiniſce, diſiniámo, diſinitò diſiniſcono.
Difinitióne, definition.
Difinitóre, diſiniſſeur.
Difiro, arraché.
Diforme, difforme,
Diformità, defformité.
Difrige, difriges, comme vne lie d'airain.
Dígama, qui a deux maris.
Dígamo, qui a deux femmes.
Digelàre, degeler.
Digeneráre, degenerer.
Diginero, degeneré.
* Digérie, diſpoſition.
Digerire, digerer. pres. digeriſco.
Digerìbile, digeſtibile, &
Digeſtibile, qui ſe peut digerer.
Digeſtióne, digeſtion.
Digeſtire, digerer.
Digeſtìua, digeſtion.
Digeſtiuo, degeſtif.
Digéſto, digeré : diſposé, mis par ordre. Item, le Digeſte.
Digétto, ietté en moule.
* Digitàle, vn dé à coudre.
Bigitélla, ſenegré.
* Digito, doigt.
Digitto, ietté en moule.
Digiùgnere, deſioindre. parf. digiúnſi, digiungeſti, digiunſe, digiungémmo, digiungéſte, digiúnſero.
Digiúna, ieuſne : à ieun.
la Digiúna, vn boyeau qui eſt dans le mouton que l'on mange en Italie.
Digiunáre, ieuſner.
Digiunatóre & Digiunatríce, qui ieune.
le Digiúno, &
Digiúni, les quatre-temps.
Digiúno, le ieuſne : à ieun.
vorrei éſſere Digiúno, i'en voudrois eſtre à ieun. i. ne l'auoir pas fait.
il Digiúno non crede al ſatóllo, i, qui eſt en bon eſtat, ne croit pas celuy qui ſe plaint d'vn meſchant.

Digiúnto, deſioint.
* Dignáre, daigner.
Dignità, dignité.
* Dignitóſo, plein de dignité.
Digrandinàre, greſler.
Digradaménto, deſcente, degradement, degradation.
Digradáre, deſcendre degré à degré : degrader.
Digradatióne, degradation.
Digradire, deſagreér. pres. digradìſco.
Digrádo, Digráto, acceptable, agreé.
Digrédere, faire digreſſion, s'eſcarter de ſon propos. parf. digréſſi, digredéſti, digreſſe.
Digrediúre, eſloignant.
Digredìre, faire digreſſion. pres. digrediſco, il n'eſt pas en vſage.
Digreggiáre, eſcarter ou ſeparer du troupeau.
Digreſſióne, digreſſion.
Digreſſíuo, digreſſif.
Digréſſo, digreſſion.
Digrignáre, Digrigúre, grincer les dents.
Digroſſáre, deſgroſſer, ſubtiliſer : inſtruire, eſbaucher.
Digrumáre, ruminer, remaſcher : conſiderer.
Diguaẓẓáre, battre l'eau ou autre liqueur dans vn vaſe, brouïller, meſler, branſler, ſecouer : & gaſſouïller ſon bien. pron. ts.
à Diguaẓẓo, à degaſt : en faiſant gogaille. pron. ts.
Diguſciáre, eſgouſſer, oſter la coque.
Di là, au delà, delà, au deſſus de.
Dild di trent' ánni, au deſſus de trente ans.
Dilacciáre, leuer le lacche, leuer les eſclanches ou gigots de la beſte : mettre en pieces.
Dilacciáre, deſlacer.
Dilaceráre, deſchirer.
Dilagáre, inonder.
Dilaiáre, dilayer, retarder.
Diláio, delay.
Dilaióſo, plein de delais.
Dilaniáre, deſchirer.
Dilapidáre, lapider.
Dilargáre, eſlargir : pour eſclaircir, oſter, diminuer l'eſpaiſſeur.
Dilataménto, dilatation.
Dilatáre, dilater, eſtendre.
Dilatatióne, dilatation.
Dilatióne, delay.
Dilattáre, ſeurer oſter le laict.
Dilanaménto, lauement.
Dilauáre, lauer : conſommer en lauant.
Dilauáto colóre, blaffard, couleur blaffarde.
Dileggiáre, mocquer, gauſſer : pour repouſſer
Dileggiáτ z ɑ, impudence, inciuilité. pron. ts.
Dileggiáto, gauſſé, mocqué : impudent, vitieux, inciuil.
Dileggiatóre, mocquer.
Dileggiatríce, meſpriſeuſe, meſpriſante.
Dileggióſo, plein de mocquerie, riſible.
Dilegiáto, ſans loy, effrené, hors de raiſon. Item, mocqué.
Dilégine, foible, debile meſpris.
Dilegióne, mocquerie.
Dileguárſi, s'eſloigner, s'eſuanoüir.
Dileguéuo, qui eſloigne.
Dileguo, eſloignement, eſuanoüiſſement de quelque choſe.
Dileticaménto, chatoüillement.
Dileticáre, chatoüiller : Metaph, donner du plaiſir.
Diletíco, chatoüillement.
Dileticóſo, chatoüilleux.

Dilettaménto, Dilettánte, & Dilettatióne, delectation, pron. ts.
Dilettáre, delecter.
Dilettársi d'vna co.a, aimer à faire vne chose, prendre plaisir à vne chose, se plaire.
Dilettatióne, plaisir, delectation.
Dilettatóire, qui recrée, qui donne du plaisir.
Dilettatríce, celle qui delecte.
Dilettéuole, plaisant, delectable.
Dilettiéne, amour, bien-veillance.
Dilétto, plaisir. Item, bien-aimé.
à bel Diletto, exprés, à plaisir.
Dilettóso, plaisant, delectable.
Diliberánza, deliberation, pron. ts.
Diliberáre, deliurer: & deliberer.
Dilibráre, trebucher: emporter le poids.
Dilibero, deliuré.
Dilicaménto, &
Dilicánza, delicatesse, pron. ts.
Dilicatézza, delicatesse, pron. ts.
Dilicáto, delicat.
* Dilicatúra, delicatesse.
Diligentáre, diligenter.
Diligénte, diligent.
Diligenteménte, diligemment.
Diligénza, diligence, pron. ts.
Diligióne, mocquerie, mépris.
far à Diligióne, faire negligemment ou par mépris.
Dilinquénte, delinquant.
Diliquidársi, deuenir liquide.
Diliscáre, oster les arrestes.
Dilisicáre, chatoüiller.
Diliueráre, deliurer: & deliberer.
Diliueránza, deliberation: deliurance, prononcé, ts.
* Diliuráre, deliurer.
Dilla, dy la.
Dillo, dy le.
Diloggiáre, déloger.
Disollare, oster la gousse ou pellicule des grains ou graines.
Dilombáre, éhancher, érener.
Dilongáre, éloigner: estendre, allonger, prolonger.
Dilongatióne, dilongaménto, prolongation.
Dilontanáre, éloigner.
Dilucidáre, éclaircir.
Dilucidatióne, éclaircissement.
* Diluculáre, se faire iour.
Dilúculo, le dilucule.
* Dilúdio, jeu.
Dilungaménto, éloignement.
Dilungáre, éloigner.
Dilúngo, tousiours, de suite, durant, tout d'vn train, sans s'arrester.
Diluuiáre, deluger: manger excessiuement, deuorer.
Diluuiatóre, grand mangeur, deuoreur, gourmand.
Dilúuio, deluge.
Diluuióne, deluge, débordement d'eau. Item, dissipation de biens, dégast.
Dimacchiáre, oster la tache.
Dimaceráre, macerer.
Dimagráre, amaigrir.
Dimaliáre, desensorceler.
Dimánda, demande.
Dimandáre, demander: nommer: appeler: interroger.

Dimandatóre, demandeur, interrogeur.
Dimandatríce, demandeuse.
Dimandíta, demande, interrogation.
Dimáudo, demande.
Dimáne, Dimáni, demain.
Dimaniále, appartenant à vn domaine.
Dimanicáre, démancher.
Dimantáre, Dimantelláre, démanteler.
Dimarchefársi, perdre ou passer les fleurs d'vne femme.
Dimaritáre, démarier.
* Dimásta, Potentat, Gouuerneur.
Dimatína, demain au matin.
Dimattonáre, dépauer, oster les quarreaux ou briques.
Dimembránza, démembrement, pron. ts.
Demembráre, démembrer.
Dimenáre, bransler, demener.
Dimenár nel mánico, nous disons aussi bransler dans le manche, n'estre pas resolu.
Dimenáta, &
Diménio, monuement, agitation.
Dimensionáre, mesurer.
Dimensióne, dimension, mesure.
Dimenticagióne, Dimenticaménto, Dimenticánza, oubly, pron. ts.
Dimenticággine, id.
metter nel Dimenticatóio, mettre en oubly.
Dimentichéuole, que l'on peut oublier. Item, oublieux, oubliant.
Diméntico, oublieux.
Dimentíre, dementir.
Diméntre, cependant.
Dimentíta, vn démenty.
Dimessáménte, tout bas, secrettement, humblement, prononcé les é fermé.
Diméssso, obmis, bas, humble: remis, pardonné, pron. é fermé.
Diméssa paróla, parolle basse, pron. è fermé.
Dimesticaménte, familierement.
Dimesticaménto, appriuoisement.
Dimesticánza, id, pron. ts.
Dimesticáre, appriuoiser.
Dimesticatióne, appriuoisement.
Dimestichéuole, qui se peut appriuoiser.
Dimestichézza, priuauté, familiarité, pron. ts.
Diméstico, priué, familier.
Diméstico, lieu cultiué, habité.
Dimetiénte, qui diuise.
Dimétere, pardonner, remettre vne injure, parfait, dimísi, participe, diméssso.
Dimezzáre, partir par le milieu, partager par la moitié, pron. dz.
Dimicoláre, émier.
* Dimicáre, combattre en ennemy.
* Dimidiáre, partager par le milieu.
Dimínio, dominio, domaine.
Diminuiménto, diminution.
Diminuíre, diminuer, present, diminuisco, particip. diminuito.
Diminutióne, diminution.
Diminúto, diminué.
* Dimisciáre, éueiller.
Dimissíbile, qui se peut pardonner.
Dimissióne, remission: & submission.
Dimíto, sorte de gros drap.
Dimitriáre, oster la mitre.
Dimmi, dy moy.

DI DI

Dimoccáre, moucher la chandelle.
Dimoccoláre, idem.
Dimnastá, grand Seigneur.
Dimolláre, oster vne chose d'où elle trempe.
* *Dimóne*, demon.
Dimóra, delay, retardement : habitation, demeure.
Dimoraménto, delay.
Dimoránz a, habitation, pron. *ts*.
Dimoráre, dilayer, prolonger, demeurer : habiter.
Dimóro, demeure.
Dimóstra, pour *dimostratióne*, demonstration.
Dimostraménto, &
Dimostránz a, idem, pron. *ts*.
Dimostráre, demonstrer.
Dimostratióne, demonstration.
Dimostrativo, demonstratif.
Dimostrèuole, qui se peut demonstrer.
Dimóstro, pour *dimostrato*, demonstré.
Dimucchiáre, desentasser.
Dinánti, auparauant.
Dinanz áre, deuancer, pron. *ts*.
Dinánz i, deuant, auparauant, pron. *ts*.
Dinasáre, couper le nez.
Dinasáto, sans nez.
Dinaspáre, oster du deuidoir.
Dindi, *dindo*, parolle d'enfant, de l'argent.
Dindonáre, le sonner des cloches, din dan don.
Dinegáre, dénier.
Dineghéuole, que l'on peut refuser, pron. *ghe*, comme en françois *gue*.
Dinétto, tout net.
Dino, lieu ouuert pour auoir de l'air.
Dinobilitáre, rendre roturier, passer en roture.
Dinoccáre, &
Dinocciolare, oster le noyau. Item, dénoüer les iointures. Item, claquer.
Dinoccoláre, déjoindre la nuque ou le chinon du col, échiner.
Dinodáre, dénoüer.
Dinominánz a, denomination, pron. *ts*.
Dinomináre, denommer.
Dinominatióne, denomination.
Dinominatóre, denominateur.
Dinominatrice, denominatrice.
Dinuntia, denonciation.
Dinuntiáre, denoncer.
Dinuntiatóre, denonciateur.
Dinuntiatrice, denonciatrice.
Dinotáre, denoter.
Dinubiláre, s'éclaircir, chasser les nuées.
Dinudáre, denuer, dépoüiller.
Dinumeráre, denombrer.
Dinumeratióne, denombrement.
Dinuntiáre, denoncer.
Dinuntiatióne, denonciation.
Dio, Dieu.
Dio non pága il Sábbato, Dieu ne paye pas le Samedy. i. personne ne demeure impuny à la fin.
Diocesáno, qui commande au Diocese : Diocesain : du Diocese.
Diócesi, Diocese.
Diodéo, instrument de Chirurgie.
* *Dionicíssi*, petites enfleures aux temples.
Dióptra, dioptrique.
Diórta, en jargon, vne porte.
Dióttra, dioptrique.
Dipandre, deuider.
Dipanatóio, deuidoir.

Dipannáre, déuoiler.
Diparecchiáre, déparier, desapareiller.
Diparténz a, depart : separation, pron. *ts*.
Dipartíbile, qui se peut partager.
Dipartiménto, partagement. Item, départ.
Dipartíre, departir : diuiser, partager.
Dipartíta, depart : separation.
Dipegnáre, retirer de gage, dégager.
Dipeláre, peler.
Dipelatório, secret pour faire tomber le poil.
Dipelláre, écorcher.
Dipendre, exempter de peine, tirer de peine.
Dipendénte, dependant.
Dipendénz a, dependance, pron. *ts*.
Dipéndere, dependre. Item, releuer de quelqu'vn, parfait, *dipendei* & *dipendetti*.
Dipennáre, rayer auec la plume.
Dipezzáre, dépecer, pron. *ts*.
Dipígnere, *dipingere*, *depeindre*, peindre, parf. *dipínsi*, participe, *dipínto*.
Dipignitóre, peintre.
Dipignitrice, peintresse.
che mi Dipíngano, nous disons, que l'on me fesse si cela arriue, que l'on me foüette.
Dipingéuole, qui se peut depeindre.
cosa Dipínta, chose qui ne peut estre mieux.
vi stà Dipínto, cela vous sied bien, il est comme de cire, il est ietté en moule.
Dipintóre, peintre.
Dipintúra, peinture.
Dipiumáre, déplumer.
Diploráre, déplorer.
Dipocciáre, tarir la tette ou tetin : Metaph. vuider la bourse.
Dipói, puis apres.
Dipónere, &
Dipórre, deposer, laisser : demettre, present, *dipóngo*, *dipóni*, *dipóne*, *diponiámo*, *diponéte*, *dipóngono*, parf. *dipósi*, particip. *dipósto*.
Diportaménti, deportemens.
Diportársi, se pourmener, se recréer, se diuertir : se déporter.
Dipórto, recreation, pourmenade.
Dipositário, mettre en depost.
Dipositário, depositaire.
Dipósito, depost.
Dipredáre, picorer.
Diprésso, opprimé. Item, aupres.
Dipútáre, deputer.
Diputáti, les deputez.
Diradáre, éclaircir, ratifier.
Diradicáre, déraciner.
Dirággio pour *diró*, ie diray.
Diramáre, ébrancher.
Díre, dire, pres. *dico*, *dici*, *dice*, *dictámo*, *díte*, *dícono*, imparf. *diceua*, *diceui*, *diceua*, parf. *díssi*, *dicésti*, *dísse*, participe, *detto*.
il Dir fà dire, vne parole ameine l'autre.
Dir le sue ragióni à Sbirri, dire ses raisons aux Sergens. i. se plaindre à qui n'a point de ressentiment.
Dir come dísse il cane à la broda, tal è qual è, dire comme le chien du broüillon, prenez le tel qu'il est.
Dir come dísse quel che tosaua il porco, gran romore è poca lana. i. bien du bruit & peu d'effet.
come Dísse Scoto, sauf l'erreur du compte.
come Dísse quello che'l diáuol fel portáua. i. nous arriuerons à la fin en quelque lieu.
come Dísse Siluéstro. i. tout beau, tout doucement.

V iij

come sarébbe à Dire, comme vous pourrez dire.
Di pur se fai, tu as beau dire, dy tant que tu voudras.
trouar da Dire, trouuer à redire.
Dir ciò che Pasquino dice de' Cardinali. id est, médire.
Diredáre, des-heriter.
Direditáre, idem.
Direndáre, érener.
Diretaménte, finalement.
Diretáno, dernier.
Diretáre, des-heriter.
Dirétto, direct: dirigé.
Dirétióne, direction.
Direttóre, directeur.
Direttríce, directrice.
Diricciáre, égousser les chastaignes.
Diriéro, dernier, derriere.
Diviétro, derriere.
Dirigíbile, qui se peut diriger.
Divilláncio, sans interualle, promptement.
Dirimbuóno, quasi, di rio in buono, le bon & le mauuais, l'vn portant l'autre.
Dirímere, diuiser.
Divimpétto, vis à vis.
Dirincóntro, id.
Divintóppo, contre, vis à vis.
Dirupáta, precipice.
Dirisióne, derision.
Dirisóre, mocqueur.
Dirittaménte, droittement.
Diritézza, droicture, pron. tz.
Dirítti, épices des Iuges.
Dirítto, droict: taxe: Iustice.
guardar con occhio Dirítto .i. regarder auec affection.
Dirítro, droittier.
à Dirítto, droittier.
à Dirítto, tout droit.
Dirítti di véndita, lots & ventes.
Dirittúra, droicture: droict que l'on paye, droit de Iustice.
andar à Dirittúra, aller tout droict.
Dirittúra della spalla, terme de fortification, droicture de l'espaule.
Diriuáre, deriuer.
Diríuo, deriuation: origine.
Dirizzatóre, vn instrument à mipartir les cheueux, pron. tz.
Dirizzaménto, dressement: direction, prononcé tz.
Dirizzáre, dresser: addresser, pron. tz.
Dirizzársi, se leuer de bout, pron. tz.
Dirizzár il bécco à spaīauiéri, é legámbo à cáni .i. faire l'impossible.
Dirizzatóio, vn instrument fait en forme de fuseau, dont les femmes partagent leurs cheueux sur leur teste, pron tz.
Divizzatúra, la raye entre les cheueux dessus la teste d'vne femme.
* Diro, cruel.
* Diróbare, dérober.
Diroccáre, ruiner, abbatre: pour deroger.
Diroccáre, idem.
Divogatório, qui abolit ou annule.
Dirómpere, éclatter, parf. dirúppi, & dirompéi.
Dirompiménto, éclattement: diruption.
Dironcáre, ébrancher les espines.
alla Diróta, puissamment, de toute sa force: à la verse, pron. l'ò fermé.

Dirottaménte, idem, pron. l'ò fermé.
piánger Dirottaménte, pleurer à chaudes larmes.
Diróto, immoderé, effrené, excessif: habitué, rompu à quelque exercice, pron. l'ò fermé.
Dirouáre, tomber precipitément.
Diroxxáre, instruire, façonner, oster la rudesse, depasser, polir, pron. l'ò fermé, & dz.
Diruginire, derouïller.
Diruginire i dénti, grincer les dents.
Diruginíre, derouïller, pres. diruginisco.
Dirupaménto, precipice.
Dirupáre, tomber du haut en bas, tomber d'vn precipice.
Divupáto, vn precipice, precipité.
Divupináre, tomber d'vn precipice.
Dirúpo, precipice, roche.
Divupóso, plein de roches ou precipices.
Disabellire, enlaidir, pres. disabbellisco.
Disabondánza, disette, pron. ts.
Disabondáre, auoir faute ou disette.
Disabilitáre, deshabiliter.
Disaccommodáre, incommoder.
Disacconciáre, défaire, desaccommoder.
Disaccóncio, défait, en desordre.
Disaccostumáre, desaccoustumer.
Disacerbáre, adoucir: desaigrir.
Disacráre, degrader: profaner.
Disadatáre, desajuster.
Disadátto, mal-propre.
Disadolcíre, rendre rude, pres. disadolcisco.
Disadórno, desparé, sans ornement, de mauuaise grace.
Disagenoláre, rendre mal-aisé ou incommode.
Disagéuole, incommode.
Disageuolménte, incommodément.
Disaggiustáre, desajuster.
Disaggradáre, desagréer.
Disagiáre, incommoder.
Disagiáto, incommode.
Disagio, incommodité, mal-aise.
Disagióso, plein d'incommodité.
Disagiúzzo, petite incommodité, pron. ts.
Disagráre, profaner.
Disagranáre, descharger.
Disagrádio, descharge.
Disaguagliáre, estre inégal, rendre inégal.
Disaiutáre, incommoder, empescher.
Disaíuto, empeschement.
Disalbergáre, desloger.
Disalbergáto, estranger, sans logement, deslogé.
Disalborare, desarborer.
Disalmáre, sortir de maladie.
Disamábile, desaimable, haïssable, non aimable.
Disamáre, desaimer.
Disaminaménto, examination.
Disamináre, examiner.
Disámine, disámine, examen, examination.
Disaminatióne, idem.
Disammonire, desamonester, present, disammonisce.
Disamoráre, tirer d'amour: donner de la haine.
Disamoráto, sans amour, qui ne prend point d'interest à vne chose.
Disamóre, haine, le contraire de l'amour.
Disamoréuole, qui n'a point d'amour.
Disamoreuolézza, humeur peu amiable, pron. ts.
Disanimáre, des-animer: des-encourager.
Disannottáre, sortir de la nuit, commencer le iour.

Diſapparáre, deſapprendre.
Diſapricáre, couurir vn lieu.
Diſaprire, fermer.
Diſappanáre, oſter du deuidoir.
Diſappropriáre, deſapproprier.
Diſapprouáre, deſadoüer, deſapprouuer.
Diſarboráre, deſarborer: oſter l'arbre d'vn vaiſſeau.
Diſarenáre, oſter le ſable.
Diſarmáre, deſarmer.
Diſaſcondére, deſcouurir, deſcacher: parfait, diſaſcondei & diſaſcóſi: participe, diſaſcoſo, & diſaſcoſto.
Diſaſcóſto, deſcouuert.
Diſaſprire, adoucir, oſter l'aſpreté: preſent, diſaſpriſco, & diſaſpro.
Diſaſſediáre, leuer le ſiege.
Diſaſſeſtáre, deſagencer, deſajuſter.
Diſaſtro, deſaſtre, dommage.
Diſaſtróſo, mal-heureux.
Diſauantaggiáre, deſauantager.
Diſauantaggio, deſauantage.
Diſauanzáre, reculer: faire de la deſpenſe exceſſiue, n'auoir rien de reſte. pron. ts.
metter à Diſauánzo .i. compter pour perdu. prononcé ts.
Diſauánzo, perte de marchand. pron. ts.
Diſauedérſi, ne prendre pas garde. preſent, diſaueggio, & diſauédo: parfait, diſauidi, diſauedéſti, diſauide: participe, diſaueduto.
Diſauedimento, imprudence, inconſideration, meſgarde.
Diſaueduto, inconſideré, imprudent.
alla Diſaueduta, à l'impourueuë.
Diſaudutaménte, imprudemment, inconſiderément.
Diſauedutézza, meſgarde, imprudence. prononcé ts.
Diſauenire, més-auenir, eſtre mal-ſeant. preſent, diſauengo: parfait, diſauenni, participe, diſauenuto.
Diſauenénte, imprudent, inconſideré.
Diſauenénte, mal-aduenant, deſconuenable.
Diſauentúra, meſaduenture.
Diſauenturáto, diſauenturóſo, deſaduenturé, mal-heureux.
Diſauuertènza, meſgarde. pron. ts.
Diſauuertire, ne prendre pas garde. preſent, diſauertiſco.
Diſauuezzáre, deſaccouſtumer. pron. ts.
Diſauézzo, deſaccouſtumé. pron. ts.
Diſautoriźáre, deſauthoriſer, pron. dz.
Disbalordire, oſter de l'eſtourdiſſement. Item, deſniaiſer. preſent, disbalordiſco.
Disbandeggiáre, bannir.
Disbarrattáre, eſcarter l'ennemy en combattant, mettre en deſordre ou en fuitte.
Disbarbáre, deſtraciner, ébarber.
Disbarbáto, ſans barbe.
Disbarcáre, débarquer.
Disbárco, débarquement.
Disbardáre, débarder, oſter les bardes d'vn cheual.
Disbarráre, débarrer.
Disbattezáre, débaptiſer. pron. dz.
Disberettáre, oſter le bonnet.
Disbeſtiáre, tirer de la brutalité.
Disbiadáre, deſgarnir de bleds.
Disbianáto, blaffard, pâle.
Disbollaréé, deſemplaſtrer.
Disbolláre, en jargon, ſortir de la ville.

Disborgáre, faire ſortir du terrier.
Disboſcáre, débuſquer.
Disbracáre, mettre chauſſes bas.
Disbottonáre, débouttonner.
Disbramáre, paſſer ſon enuie de quelque choſe.
Disbranáre, déchirer en pieces.
Disbrattáre, nettoyer.
Disbrauáre, deſpoüiller de ſes braueries.
Disbricáre, deſyvrer, des-enyvrer.
Disbrigáre, deſpeſcher.
Disbrigliáre, débrider.
Disbrináre, paſſer la bruïne.
Disbrogliáre, débroüiller.
Disbuffáre, ſouffler, bouffer.
Diſcacciaménto, déchaſſement.
Diſcacciáre, déchaſſer, chaſſer.
Diſcacciatóre, chaſſeur, qui chaſſe de ſoy.
Diſcacciatrice, chaſſeuſe, qui déchaſſe les perſonnes, &c.
Diſcadenacciáre, déverroüiller vne porte.
Diſcadére, déchoir. parfait, diſcadei & diſcadétti.
Diſcadimènto, decheute, ruïne, dechet.
Diſcaggére, idem, qu'il n'eſt point en vſage.
Diſcagliáre, lancer.
Diſcadúta, decheure.
Diſcalciáre, deſchauſſer.
* Diſcaliginare, paſſer l'obſcurité ou la bruïne.
Diſcálcio, deſchauſſé, deſchaux.
Diſcalzáre, deſchauſſer. pron. ts.
non è dégno di Diſcalzárlo, nous diſons auſſi, il n'eſt pas digne de le deſchauſſer .i. il n'y a point de comparaiſon. pron. ts.
Diſcamneráre, oſter la chambre.
Diſcallire, oſter les cors ou durillons. preſent, diſcalliſco.
Diſcancelláre, effacer.
Diſcane, diantre.
Diſcantináre, tirer de la caue.
Diſcapelláre, oſter le chappeau.
Diſcapeucciáre, oſter le capuchon.
Diſcapeſtráre, deſenchueſtrer.
Diſcapezzáre, coupper la cime: decapiter, prononcé ts.
Diſcapigliáre, eſcheueler.
Diſcapitáre, y mettre de ſon principal.
Diſcappiáre, deſnoüer.
Diſcappucciáre, paſſer ſa fantaiſie.
Diſcaptucciáre, oſter le capuchon.
Diſcarceráre, tirer de priſon.
Diſcaricáre, deſcharger.
Diſcárico, deſchargé.
Diſcaritá, le contraire de charité.
Diſcaritéuole, peu charitable.
Diſcarnáre, deſcharner.
Diſcáro, mal-voulu, non-cher, deſagreable.
hauer Diſcáro, trouuer mauuais, n'eſtre pas bien aiſe.
Diſcaſsáre, démonter l'artillerie.
Diſcatenáre, deſchaiſner.
Diſcátio, dechet.
Diſcaualcáre, deſmonter, deſarçonner.
Diſcauezáre, oſter le licol. pron. ts.
* Diſcédere, partir, ſe departir. parf. diſcedei & diſcedétti, il n'eſt gueres en vſage.
Diſceleſtiáre, tirer du Ciel.
Diſcemáre, diminuer.
Diſcendénte, deſcendant.
Diſcendénza, deſcendance. pront. ts.

Discéndere, descendre. parf. discési, participe, discéso.
Discendiménto, &
Discensióne, descente.
Discensóre, descendeur.
Descénte, apprenant, escollier.
Discepáre, dissiper.
Discepoláto, le temps que l'on est disciple.
Discépolo, disciple.
Discerniménto, discernement.
Discérnere, discerner. parfait, discernéi.
quel che Discérne, celuy qui discerne .i. l'entendement.
Discernévole, qui se peut discerner.
Discernitóre, discerneur.
Discernitríce, qui discerne, discerneuse.
Discervellársi, passer son humeur ou sa fantaisie de quelque chose.
Discervicáre, eschiner.
Discésa, descente : descente de fluxion ou de boyau, catarre.
Discettáre, disputer, debattre : dissecter.
Discettatióne, dispute.
Di couráre, separer.
Dischiaráre, declarer.
Dischiattáre, sortir de la race, degenerer.
Dischiaváre, desclauer.
Dischieráre, oster de son rang, sortir de sa file ou de la trouppe.
Dischiodáre, desclouer.
Dischiomáre, oster les cheueux.
Dischiostráre, sortir du cloistre.
Dischiúdere, desclorre. parfait, dischiúsi.
Dischiumáre, escumer.
Dischiúso, desclos.
Dischiusúra, ouuerture.
Disciecáre, tirer de l'aueuglement, ouurir les yeux.
Disciferáre, deschiffrer.
Discigliáre, dessiller.
Discináre, disner.
Discíngere, desceindre. parf. discínsi.
Discinghiáre, dessangler.
Discínto, desceint.
Disciógliere, pour, dissoudre : desfier. parfait, disciólsi.
* Disciolúre, despouiller ses vestemens tout à la fois.
Disciólto, deslié, dissoult : fait ou rompu à vn exercice.
Discioperáto, qui n'est pas faineant.
Discipáre, dissiper.
Discipidézza, fade. pron. ts.
Discipíto, insipide, sans saueur. Item, simple, sot, niais.
Disciplína, discipline.
Disciplináre, discipliner.
Disciplinévole, qui se peut instruire ou discipliner.
Discittadináre, chasser ou priuer de bourgeoisie.
Disciuiláre, deuenir inciuil. pres. disciuilísco.
Disclúso, exclus.
Dísco, rond ou circonference. Vn rond de fer, de bois ou de pierre, que l'on iette pour s'exercer. Item, vn palet à iouër.
Discoccáre, descocher.
Discóglio, escueil.
Discodáto, sans queuë, escourté.
Discoláre, descoller.
Discolíno, sorte de poil de cheual.
Díscolo, sot, mal-appris, inciuil : desobeissant. Item, vn homme qui est souuent entre les mains de la Iustice.
Discoloráre, Discolorire, descolorer. pres. discolorísco.
Discoloratióne, descolorement.
Discólpa, excuse.
Discolpáre, excuser la faute, descharger d'vn mal.
Discolpévole, qui se peut excuser.
Discoltráre, oster la couuerture.
Discómbere, se retirer de dessous.
Discoméssο, déjoint.
Discométtere, déjoindre, déplacer. parf. discomési.
Discomodáre, incommoder.
Discomodo, incommodité.
Discompagnáre, desaccompagner, déparier.
Discompiacénza, desplaisance. pron. ts.
Discompiacére, desplaire. pres. discompiaccio : parf. discompiacqui, part. discompiacinto.
Discompósto, en desordre. present, discompóngo, parfait, discompósi, participe, discompósto.
Discompósto, en desordre.
Discommunále, non commun.
Discommunáre, oster de communauté.
Disconciaménte, mal à propos, de mauuaise grace. Excessiuement.
Disconcertáre, desconcerter, desagréer.
Disconchiúdere, desconclurre.
Disconciáre, desfaire, desaccommoder, descoiffer.
Disconciársi, se blesser, qui se dit d'vne femme grosse.
Disconciatúra, dislocation.
Disconcio, mal-accommodé, de mauuaise grace, mal-fait : incommodité. Item, descoëffé.
Disconficcáre, ouurir, descloüer, arracher.
Disconfidánza, méfiance. pron. ts.
Disconfidársi, se défier.
Disconfidénte, méfiant.
Disconfígere, déconfire. parf. disconfíssi.
Disconfórme, non conforme.
Disconfortáre, desconforter. Item, dissuader.
Disconfortévole, propre à se desconforter.
Disconfórto, descomfort.
Discongegnáre, mettre en desordre.
Discongregáre, separer, diuiser.
Disconocchiáre, oster de dessus la quenoüille.
Disconoscénte, mesconnoissant.
Disconoscénza, mesconnoissance. pron. ts.
Disconóscere, mesconnoistre. pres. disconósco, parf. disconóbbi. participe, disconosciúto.
Disconosciúto, inconnu.
Disconsecráre, profaner.
Disconsigliáre, desconseiller.
Disconsoláre, desconsoler.
Disconsuéto, non accoustumé.
Disconsuetúdine, desaccoustumance.
Discontáre, rabattre du compte ou de la somme.
Discontentáre, mescontenter.
Discontentézza, mescontentement. pron. ts.
Discontinuáre, discontinuer.
Discontínuo, discontinu.
Disconuenévole, mal-conuenable.
Disconuenuolézza, mal-seance, desconuenance, prononcé ts.
Disconueniénte, mal-seant.
Disconueniénza, desconuenance. pron. ts.
Disconuenire, desconuenir, estre mal seant. present, disconuinengo : parfait, disconuenni, participe, disconuenuto.
Discoppiáre, descoupler : lascher les chiens.

il Discoppiáre, le descouple des chiens.
Discoperchiáre, oster le couuercle.
alla Discopérta, à la descouuerte.
Discopérto, descouuert.
Discopriménto, descouurement, descouuerte.
Discoprire, descouurir. parfait, discopprij & discoperſi.
Discórcio, racourcissement, en terme de peinture.
Discoraggiáre, descourager.
Discoráre, estonner, faire perdre le cœur.
Discordaménto, discord.
Discordánza, discorde. pron. ts.
Discordáre, discorder.
Discórde, mal d'accord.
Discordéuole, mal-accordant, discordant.
Discordeuolménte, mal-d'accord.
Discórdia, discorde.
Discordiéle, di'cordióso, plein de discord.
Discórdo, discord, discordance.
Discorpionáro, guery du venin ou morsure de scorpion.
e ua Discorrèndo, nous disons, & ainsi du reste, ainsi des autres.
Discorréntia, fluxion d'humeurs.
Discorriénte, discourant.
Discórrere, raisonner, discourir. Item, parcourir, courir çà & là. Couler. parf. discorſi: pron. l'o fermé.
Discorrètto, mal correct, incongru.
Discorréuole, dont on peut discourir. Item, glissant, coulant: vil, abjet, selon aucuns.
Discorribánda, glose ou discours sur toutes les parties de quelque chose.
Discorriménto, discours.
Discorríuole, dont on peut descouurir.
Discorſiuo, qui discourt bien.
Discórſo, discours, raisonnement. Item, discouru, raisonné.
Discortecciáre, escorcer, esgousser, peller.
Discorteggiándo, descourtisé, qui s'est tiré de la vie de Courtisan.
Discortéſe, mal-courtois.
Discorteſía, discourtoisie.
Discorzáre, oster l'escorce. pron. ts.
Discorſcéndere, descendre precipitément du haut en bas. parf. discorſcéſi.
Discoſcéſo, precipiteux, rude, aspre, plein de precipices.
Discoſtáre, esloigner, escarter.
Discóſto, esloigné, escarté.
Discotennáre, oster la couäine ou peau.
* Di'couérto, descouuert.
* Discourire, descouurir. parfait, discourij & discouerſi.
Discredénte, mescreant.
far Discredénte à, détromper.
Discredénza, mescreance. pron. ts.
Discrédersi d'vna coſa, se détromper.
Discreditáre, oster le credit, faire perdre le credit, descrier vn homme.
Discrepáre, différer, estre différent.
Discreſcéuza, descroissance. pron. ts.
Discréſcere, descroistre. present, discréſco: parf. discrebbi: part. discreſciúto.
Di'creſpáre, desplier.
Discretaménte, discrettement.
Discrétezza, iugement de discerner. pron. ts.
Discretióne, discretion.
Discréto, discret.

Diſcriuere, descrire. parfait, diſcriſſi: participe, diſcritto.
Diſcroſtáre, escrouster.
Diſcrudelire, perdre sa cruauté. present, diſcrudeliſco.
Diſcuſcire, descoudre. Voyez, diſcuſcire.
Diſcucullare, oster le froc.
Diſcuffiáre, descoiffer.
Diſcumuláre, desentasser.
Diſcuſáre, excuser.
Diſcuſcire, descoudre. preſ. diſcuſcio.
Diſcuſſióne, discussion.
Diſcuſſo, considéré par le menu, discuté.
Diſcutere, considerer par le menu, discuter.
Diſdebitáre, payer ses debtes.
Diſdebolire, affoiblir. preſ. diſdeboliſco.
Diſdégno, desdain.
Diſdegnóſo, desdaigneux.
Diſdeificáre, oster la diuinité, dédifier.
Diſdentáre, esdenter.
Diſdétta, dédy: negation: mal-heur.
eſſer in Diſdétta, estre en mal-heur au ieu.
Diſdétto, dédy, negation.
Diſdicéuole, mal-conuenable, mal-séant, desplaisant.
Didiceuolménte, de mauuaise grace.
Diſdire, pour desplaire: n'estre pas conuenant, estre mal à propos: dédire. present, diſdíco parf. diſdiſſi: participe, diſdétto.
Diſdogliáre, perdre ses douleurs.
Diſdonnáre, n'estre plus femme.
alla Diſdóſſa, portant l'vn l'autre sur le dos: proprement, à nud, sans selle: à crud, sur la chair.
Diſdoſſáre, oster de dessus le dos.
Diſdóſſo, nud comme vn cheual sans selle.
Diſdótto, non docte. Item, dix-huict.
Diſdor'oráto, degradé du Doctorat.
Diſeccaménto, dessechement.
Diſeccáre, dessecher: & dissequer.
Diſſeccatióne, dissection. Et dessechement.
Diſſeccatóre, disséqueur, Anatomiste.
Diſegnaménto, dessein de peinture.
Diſegnáre, designer.
Diſegnatóio, instrument à designer.
Diſegnatóre, dessigneur.
Diſegnatríce, dessigneuse, qui designe.
Diſégno, dessein, proposition: complot.
Diſegualità, inégalité.
Diſellá re, desseller.
Diſembricciáre, descouurir, oster les thuiles.
Diſenfiáre, desenfler.
Diſénſio, hors de sens.
* Diſenſággine, insensibilité.
Diſenſáre, oster le sens.
Diſenſáto, insensé, sans sentiment.
Diſepelire, desensepuelir. preſ. diſepeliſco.
Diſepólto, desensepuely.
Diſeredáre, discreditáre, desheriter.
Diſerráre, ouurir.
Diſertaménte, éloquemment, disertement.
Diſertaménto, diſertánza, degast. pron. ts.
Diſertáre, deserter: gaster, degaster.
Diſertúole, qui se peut deserter.
Diſérto, desert. Item, disert, éloquent.
Diſerviǵio, diſerutio, desseruice, mauuais office.
Diſeruire, seruir mal: desseruir.
Diſeſtimáre, mesestimer.
Diſeſtímo, mespris, mesestime.
Diſetáre, estancher la soif.

X

Disfacendáto, faineant, sans affaires.
Disfaciménto, deffaite, destruction.
Disfacitóre, destructeur.
Disfacitrice, deffaiseuse, qui deffait.
* Disfagottáre, despaqueter.
Disfaldáre, desplisser.
Disfálta, deffaut.
Disfaltáre, manquer.
Disfamáre, saouler, oster la faim.
Disfaméuole, que l'on peut saouler.
Disfanciullíre, sortir d'enfance. pres. disfanciullisco.
Disfangáre, sortir du bourbier.
Disfantáre, oster l'Infanterie, sortir de l'Infanterie.
Disfáre, deffaire : destruire. present, disfáccio, & disfó, disfái, disfá, disfaciámo, disfáte, disfánno, imparfait, disfacéuo : parfait, disféci : participe, disfátto.
Disfaretráre, oster le carquois.
Disfarináre, desfariner.
Disfasciáre, desbender, desmaillotter.
Disfátta, deffaitte.
Disfátto, deffait.
Disfátto huómo, vn mal-fait, homme de mauuaise mine, vn malautru.
à mercáto Disfátto, pour vn bon marché, pour vne piece de pain.
Disfattóre, & disfattrice, qui deffait, deffaiseur, & deffaiseuse.
à prez̧o Disfátto, à vil prix.
Disfauilláre, estinceler.
Disfauóre, desfaueur.
Disfauoréuole, desfauorable.
Disfauoríre, desfauoriser. present, disfauorisco.
Disfecondáre, rendre sterile.
Disfeltráre, desgarnir de feutre.
Disfermáre, desaffermer : pour abhorrer, detester.
Disferráre, desserrer.
Disfiacchíre, sortir de foiblesse. pres. disfiacchisco.
Disfibbiáre, deboucler, deboutonner.
Disficcáre, destacher, arracher.
Disfída, deffy, appel.
Disfidánz a, id. & messiance. pron. ts.
Disfidáre, deffier au combat : se deffier.
Disfieuolíre, tirer de foiblesse. pres. disfieuolisco.
Disfigliáre, faire ses petits.
Disfigliuoláre, priuer d'enfans.
Disfiguráre, defigurer.
Disfiláre, défiler.
Disfíngere, dissimuler, feindre. parf. disfinsi.
Disfiníre, definir, pres. disfinisco.
Disfioráre, defleurer.
Disfistolíre, guerir la gangrene ou chancre. present, disfistolisco.
Disfoderáre, tirer du fourreau.
Disfogáre, passer son enuie, ietter son feu, passer sa colere, se descharger.
Disfogliáre, effeüiller.
Disfoiáre, passer sa chaleur.
Disfoltáre, esclaircir ce qui est espais.
Disforáre, percer.
Disforcáre, dependre du gibet.
* Disforgiáre, sortir de mode. Item, despenser hors de l'accoustumé.
Disformáre, deformer.
Disformíre, degarnir. pres. disformisco.
Disframáre, affoiblir de courage.
Disfranciosáre, sortir ou guerir de la verolle.

Disfrangiáre, desfranger.
Disfratársi, ietter le froc, sortir du Conuent.
Disfregiáre, balaffrer. Item, desparer.
Disfrenáre, débrider.
Disfrondáre, esfeüiller.
Disfumáre, défumer.
Disfuriáre, sortir de furie.
Disgangheráre, sortir des gonds. prononc. le ghe, comme gue en François.
Disgannáre, destromper.
Disgarbugliáre, débroüiller.
Disgegnáre, desioindre, desmonter.
Disgeláre, desgeler.
Disgélo, degel.
Disgelosíre, tirer, ou sortir de ialousie. present, disgelosisco.
Disghémbo, disghémbro, tortu, oblique. prononcez le ghe, comme gue, en François.
Disghiacciáre, desglacer.
Disghiadáre, desgeler.
Disgiogáre, oster du joug.
Disgiúngere, disgiúngnere, parfait, disgiunsi, participe, disgiúnto.
Disgiuntióne, disionction.
Disgiónto, desioint.
Disgiontúra, separation.
Disgiornáre, finir le iour.
Disgiustáre, desajuster.
Disgocciolare, degoutter, egoutter.
Disgoluppáre, déuelopper.
Disgombráre, desmenager : vuider, despestrer.
Disgomentáre, estonner.
Disgommáre, desgommer.
Disgradáre, estre different : degrader.
Disgradíre, desagréer. present, disgradisco.
a Disgrádo, malgré, mal-enuis.
Disgrandíre, desagrandir, appetisser. present, disgrandisco.
Disgrassáre, desgraisser.
Disgrátia, disgrace, mal-heur.
per Disgrátia, par mal-heur.
nella Disgrátia di tutti, aux mauuaises graces de tous.
Disgratiáre, disgracier.
ne Disgratio il Petrarca, nous disons, Petrarque n'y seroit rien, Petrarque n'en approche pas : i'en depite Petrarque.
Disgratiátaménte, mal-heureusement, par disgrace.
Disgratiáto, mal-heureux : de mauuaise grace.
Disgratióso, mal-gracieux.
Disgráto, desagreable.
Disgrauáre, descharger, alleger.
Disgrauidánz a, descharge de femme grosse. prononcé ts.
Disgrauidáre, se descharger, auorter.
Disgráuio, descharge d'Impost.
Disgregáre, diuiser, separer.
Disgregiáre, separer du troupeau. Item, desniaiser.
Disgreudáre, descharger.
Disgrinz are, derider. pron. ts.
Disgroppáre, desnoüer.
Disgrossáre, desgrosser.
Disguagliáre, rendre inegal.
Disguáglio, inegalité.
Disguantáre, desganter, oster ses gands.
Disguscidre, esgousser.
Disgustáre, desgouger, fascher.

Disgustéuole, fascheux.
Disgusto, fascherie, dégoust.
Disgustoso, fascheux.
Dishabitàbile, deshabitable.
Dishabilità, inhabilité.
Dishabilitáre, deshabiliter, rendre inhabile.
Dishabitáre, deshabiter.
Dishabitéuole, inhabitable.
Disherbáre, oster l'herbe.
Disheredáre, desheriter.
Dishoggidíre, mot fait à plaisir, quitter le iourd'huy, sortir du iourd'huy ou de la coustume d'à present, il n'est pas en vsage.
Dishonestà, deshonnesteté.
Dishonestaménte, deshonnestement.
Dishonestáre, rendre deshonneste.
Dishonésto, deshonneste.
più Dishonésto d'vn canéstro che mostra il manico, plus mal honneste qu'vn pannier, il monstre son manche .i. son membre.
Dishonoráre, deshonorer.
Dishonoréuole, deshonorable.
Dishonóre, deshonneur.
Dishorréuole, deshonorable.
Dishorridíre, cesser d'estre horrible, pres. dishorridisco.
Dishumanársi, sortir de l'humanité, sortir de l'humain.
Dishumáno, inhumain.
Dishumidíre, oster l'humidité, pres. dishumidisco.
Dishúmile, peu humble.
Dishumiliáre, perdre l'humilité.
Disiánza, desir, pron. ts.
Disiánte, desirant, desireux.
Disiáre, desirer.
Desideráre, id.
Disidério, desir.
Disideróso, desireux.
* Distecoráre, arracher la fressure ou entrailles.
* Distecóre, fressure ou entrailles d'animal.
Disigilláre, descachetter.
Disimbaraz z áre, desembarasser, pron. ts.
Disimbarcaménto, débarquement.
Disimbarcáre, debarquer.
Disimbratráre, nettoyer.
Disimbriacáre, desenyvrer.
Disimpacciáre, desempescher.
Disimpáccio, loisir, vacation.
Disimparáre, desapprendre.
Disimpegnáre, desgager.
Disimpiastráre, desemplastrer.
Disimpiastricciáre, id.
Disimpiccáre, despendre.
Disinamoráre, desamouracher.
Disináre, disner.
Disincantáre, desenchanter.
Disincarceráre, tirer de prison.
Disincatenáre, deschaisner.
Disincaualcáre, desmonter.
Disinebbiáre, passer le brouillas.
* Disinebriáre, desenyvrer.
Disingannáre, destromper, desabuser.
Disingannéuole, qui se peut destromper.
* Disinóre, deshonneur.
Disinteressáre, desinteresser.
Disintonáre, destonner.
Disintricáre, desbarasser.
Disinrondáre, oster du bruit ou estourdissement.
Disinneschiáre, desgluer.

Disinuólgere, déuelopper, parf. disinuolsi.
Disinuólto, déueloppé. Item, dénoüé, libre de sa personne.
Disío, desir.
Disióso, desireux.
* Disiránza, desir.
* Disiráre, desirer.
Dislacciáre, deslacer.
Dislagársi, inonder : s'estendre comme vn lac.
Dislattáre, seurer, oster le laict.
Dislauáre, deslauer, salir.
Disleále, desloyal.
Dislealtà, disleauté, desloyauté.
Dislegáre, deslier.
Dislegáto, slegáto, hors d'œuure.
Disleggiáre, mocquer.
Dislendináre, oster les lentes.
Dislettáre, oster ou sortir du lict.
Dislinguáre, couper la langue.
Dislocáre, disloquer.
Dislocatióne, dislocation.
Dislodáre, mespriser.
Dislogáre, disloquer, oster de son lieu.
Disloggiáre, desloger.
Dislombáre, esrener.
Dislongáre, esloigner.
Dislustráre, despolir, obscurcir.
Dismacchiáre, oster les taches.
Dismagagnáre, oster les defauts ou vices.
Dismagáre, desuoyer, destourner.
Dismagliáre, desmailler.
Dismagríre, ammaigrir, pres. dismagrisco.
Dismaldáre, guerir, tirer de maladie.
Dismandársi, sortir de sa ligne ou de son train.
Dismandáre, sortir du troupeau.
Dismanicáre, desmancher.
Dismaritáre, desmarier.
Dismarriménto, abbattement : fouruoyement.
Dismarríre, fouruoyer, pres. dismarrisco.
Dismatríre, sortir de folie, pres. dismatrisco.
Dismembránza, desmembrement, pron. ts.
Dismembráre, desmembrer.
* Dismentáre, mettre hors de sa memoire.
Dismembránza, oubliance, pron. ts.
Dismenticáre, oublier.
Dismentichéuole, plein d'oubliance.
Dismessaménte, tout bas, sans bruit.
Dismésso, bas, humble : sans bruit : desplaisant : laissé, abandonné, demis.
hauer dismésso, ne faire plus ce que l'on auoit accoustumé de faire.
Disméttere, demettre.
* Dismiáre, esueiller.
Dismidolláre, desnoüeller.
* Dismisciáre, esueiller.
Dimissióne, demission.
Dismisúra, exces.
à Dismisúra, excessiuement.
Dismisuráre, faire sans mesure.
Dismisuráto, desmesuré.
* Dismodáto, sans mode, sans ordre, sans mesure, immoderé.
Dismisuráto, desmesuré.
Dismogliáre, oster la femme.
Dismonacársi, ietter le froc.
Dismontáre, desmonter.
Dismontáta, cheute.
Dismorbáre, guerir.

X ij

Dismucchiáre, defentaffer.
Disnamoráre, defamoutacher.
Disnanito, de nain deuenu grand.
Disnáta, la difnée.
Disnebbiáre, ofter le nuage ou le broüillas, efclaircir, abbatre le broüillas.
Disneruáre, efneruer.
Disnodáre, defnoüer : expliquer : deftacher.
Disnoráre, deshonorer.
Disnóre, deshonneur.
Disnottáre, fuir la nuit, commencer le jour.
Disobligáre, defobliger.
Disóbligo, defobligation.
Disóbligo, pour disobligáto, defobligé.
* Disobrigáre, disobrigo, id.
Disocupáre, defcouper.
Disolaménto, defolation.
Disoláre, defoler, deftruire : defchauffer vn arbre.
Disolatióne, defolation.
Disoneftáre, rendre deshonnefte.
Disoneftárfi, fortir de fon deuoir, s'oublier.
Disonghiáre, couper les ongles, pron. le ghi, comme gui en françois.
Disonnáre, disonniáre, efueiller.
Disoperáto, hors d'vfage, dont on ne fe fert point.
Disopiláre, defopiler.
Disopra, cy-deffus, auparauant, au deffus, cy-deuant.
Disorbáre, ouurir les yeux, tirer d'aueuglement.
Disorbitánte, exhorbitant.
Disorbitánza, exhorbitance, pron. ts.
Disorbo, hors d'aueuglement.
Disordinánza, defordre, pron. ts.
Disordinaménto, trouble, defordre.
Disordináre, defordonner.
Disordinataménte, defordonnément.
Disordinatióne, defordre, confufion.
Disórdine, id.
far Disórdine, faire la débauche, faire vn excez.
Disornáre, deforner.
Disoreuole, deshonorable.
Disoffáre, defoffer, ofter les os.
Disoftináre, tirer de l'obftination.
Disotterráre, defterrer.
Disótto, deffous, cy-après.
Dispacciáre, depefcher.
* Dispáccio, depefche.
Dispaiáre, defparier, defcoupler.
Dispantanáre, desbourber.
Disparáre, defapprendre. Item, tirer vne arme à feu, deparer.
Dispareggiáre, defpareiller.
Disparére, ne fembler pas : defapparoir.
Disparére, contraire, opinion.
Disparéuole, inégal.
Dispári, non pair, inégal.
Disparíre, difparoir, pref. disparísco.
Disparità, inégalité.
Dispáro, inégal, non pair.
In Dispárte, à l'efcart : à part.
Dispartíre, defpartir, partager, pref. dispárto & dispartísco.
Dispartitaménte, feparément.
Dispartitóre, pattiffeur, partageur.
Dispartitrice, partageufe.
Disparuccáre, ofter la perruque.
Disparúto, fans apparence, fans mine.
* Disparúto z á, peu de mine, pron. ts.
Dispaftoráre, ofter les entraues.
Dispauentáre, efpouuanter.

Dispaurire, id, pref. disparurísco, lifez l'au feparément, comme aou.
Dispecciáre, defpoiffer.
Dispedíre, expedier, pref. dispedísco.
Dispeditióne, expedition.
Dispegnáre, defgager.
Dispégnere, efteindre, pref. dispengo, parf. dispénfi, part. dispénto.
Dispegoláre, defpoiffer.
Dispeláre, peler.
Dispéndere, defpenfer, parf. dispéfi, part. dispéfo.
Dispéndio, defpenfe.
Dispendióso, grand defpenfer.
Dispennacchiáre, ofter le pennache.
Dispénsa, defpenfe où l'on tient les viandes : difpenfe: diftribution.
Dispensagióne, difpenfe.
Dispensaménto, difpenfe : diftribution.
Dispensáre, diftribuer, debiter : difpenfer.
Dispensatióne, difpenfe.
Dispensatóre, diftributeur : difpenfateur.
Dispensatríce, diftributrice.
Dispensieráto, fans foucy.
Dispensiére, defpenfier qui a foin de la defpenfe où l'on tient les viandes. Item, Argentier, ou Pouruoyeur.
Dispénto, efteint.
* Disperággine, disperánza, defefpoir, pron. ts.
Disperáre, defefperer.
alla Disperáta, à la defefperade.
Disperáta, forte de chant trifte.
Disperataménte, defefperément.
Disperatióne, defefpoir.
* Disperátez z a, id, pron. ts.
Disperáto, defefperé.
Dispérdere, diffiper, gafoüiller, manger fon bien mal à propos : perdre : mettre à mal, parf. dispérfi, & dispédei, & disperdetti, part. dispérfo, & disperdúto.
Disperdiménto, diffipation : defcharge ou vuidange de femme groffe.
Disperditóre, diffipeur.
Disperditríce, diffipenfe.
Disperditúra, diffipation : defcharge de femme groffe.
Disperéuole, qui ne peut efperer.
Dispérgere, difperfer, diffiper, parf. dispérfi, partic. dispérfo.
Disperginénto, diffipation.
* Disperguílto, difperfé, diffipé.
Dispergiuráre, abfoudre, d'vn parjure.
Disperláre, ofter les perles.
Disperóso, plein de defefpoir.
Dispérsa, femme qui s'eft defchargée, ou a auorté.
Dispérse, à par foy, de foy-mefme.
Dispersióne, difperfion.
Dispéfa, defpenfe.
Dispéso, defpendu, & defpenfé.
Dispeffíre, éclaircir vne chofe efpaiffe, pref. dispeffísco.
Dispettiáre, ouurir ou ofter le verroüil.
Dispettáccio, en defpit de, &c.
Dispettáre, defpiter.
Dispettéuole, meprifable.
Dispétto, defpit.
Dispettóso, defpiteux.
Dispiacénte, defplaifant.
Dispiacénza, defplaifance, pron. ts.
Dispiacére, defplaire, pref. dispiáccio, dispiáci, dispiáce, parf. dispiácqui, dispiácefti, dispiácque, dispiacémmo, dispiacéfte, dispiácquero, part. dispiaciúto.
Dispiacéuole, defplaifant.

Dispiaceuolezza, déplaisance, pron. ts.
Dispiacimento, déplaisir.
Dispianare, applanir: expliquer.
Dispiatato, sans pitié.
Dispiccare, destacher.
Dispicénte, circonspect.
Dispicénza, circonspection, pron. ts.
Dispidocchiare, poüiller.
Dispiegare, déployer, déplier.
Dispietànza, humeur impitoyable, cruauté, pron. ts.
Dispietato, sans pitié.
Dispignere, Dispingere, effacer, parf. dispinsi, part. dispinto.
Dispirato, expiré.
Dispitto, despit.
Dispittoso, plein de despit.
Displicare, expliquer.
Displicènza, déplaisance, pron. ts.
Dispodestare, oster le pouuoir.
Dispogliare, depoüiller.
Dispoltronire, sortir de poltronnerie, deuenir courageux, pres. dispoltronisco.
Dispoluerare, époudrer.
Disponimento, disposition.
Disponere, & disporre, disposer, pres. dispongo, parf. disposi, part. disposto.
Disponeuole, que l'on peut disposer.
Disponimento, disposition.
Dispositore, dispositeur, disposeur.
Disponitrice, disposeuse, celle qui dispose.
Disponsare, dissoudre le mariage.
Dispontare, desapointer. Item, oster vn pont.
Disporre, disposer: expliquer, voyez disponere.
Disposare, rompre ou dissoudre le mariage.
Dispostare, deposer, mettre en depost.
Dispositione, disposition.
Dispositore, & dispositrice, qui dispose.
Dispossare, oster la puissance.
Dispossedere, deposseder, parf. dispossedei, part. dispossedutò.
Dispossente, impuissant.
Dispostezza, disposition, pron. ts.
Dispostissimo, tres-dispost: tres-disposé.
Disposto, disposé: dispost: exposé ou expliqué.
Dispregiamento, mespris.
Dispregiare, desprisér, mespriser.
Dispregiatóre, mespriseur.
Dispregiatrice, mespriseuse.
Dispregieuole, mesprisable.
Dispregio, mespris, affront.
Dispretare, quitter la condition de Prestre.
Disprezzabile, mesprisable, pron. ts.
Disprezzare, mespriser, pron. ts.
Disprezzatóre, mespriseur, pron. ts.
Disprezzatrice, mesprisable, pron. ts.
Disprezzeuole, mesprisable, pron. ts.
Disprezzo, mespris, pron. ts.
Disprigionare, desemprisonner, tirer de prison.
Disprofitto, perte.
Disproportionare, disproportionner.
Dispropósito, discours hors de propos.
Dispropriare, desapproprier.
Disprouare, desapprouuer.
Disprouedére, despourueoir, parf. disprouidi, & disprouedei.
Disproueduto, &
Disprouisto, despourueu.
* Dispuerire, sortir d'enfance, pres. dispuerisco.
Dispulzellare, despucelleer.

Dispuntellare, oster les appuis ou estayes.
Disputa, dispute.
Disputare, disputer.
Disputatióne, dispute.
Disputatiuo, qui se peut disputer.
Disputatóre, disputeur.
Disputèuole, disputable.
Disquagliare, décailler, fondre ce qui est caillé.
Disquartare, écarteller.
Disquietare, inquieter.
Disquièto, inquietude: Disquiettudine.
Disradicare, déraciner.
Disredare, desheriter.
Disregolare, déreigler.
Disroccare, precipiter à bas d'vn rocher.
Disroncare, arracher les chicots.
Disrozzare, oster la rudesse, dégrosser, rendre ciuil, pron. dz.
Disruginire, desroüiller, pres. disruginisco.
Dissaccare, tirer du sac.
Dissacrare, profaner.
Dissalare, dessaler.
Dissecare, trencher, dissequer.
Dissecatióne, dissecation, anathomie.
Disseccare, dessecher.
Disseccatiuo, dessicatif.
Dissedere, remuer de sa place.
Dissediare, desassieger, leuer le siege.
Dissegnare, designer.
Dissegno, dessein.
Dissellare, desseller.
Disseminare, parsemer.
Dissentiente, mal-accordant.
Dissensione, dissention, discorde.
Dissenteria, dissenterie.
Dissentire, estre mal accordant, estre de contraire aduis, pres. dissento, &c.
Disseparare, separer.
Dissepellire, desenseuelit, pres. dissepelisco.
Disserrare, ouurir, deffermer. Item, desseler vn fer ou vn gond.
Disseruire, rendre vn mauuais office: desseruir, pres. disseruo.
Dissetare, oster la soif, desalterer.
Dissettare, dissequer vn corps.
Dissettióne, dissection.
* Dissediare, debattre.
* Dissidia, Dissidèntia, debat. Item, separation.
Dissigillare, descacheter.
Dissimigliante, dissemblable.
Dissimigliànza, difference de ressembler, dissemblance, pron. ts.
Dissimigliare, estre dissemblable.
Dissimigliéuole, dissemblable.
Dissimile, dessemblable.
Dissimilitudine, dissemblance.
Dissimulare, dissimuler.
Dissimulatióne, dissimulation.
Dissipare, dissiper.
Dissipatiuo, qui se peut dissiper.
Dissipatóre, dissipeur.
Dissipatrice, dissipeuse.
Dissipito, fade, insipide.
* Dissito, sot, badin.
il Dissite, le Dixit Dominus Domino meo, &c.
Disslubare, se disloquer vne iointure.
Disslubatióne, dislocation.
Disslubato, disloqué.

Diſſodáre, rompre la terre, desfricher.
Diſſodáto, desfriché.
Diſſoláre, deſſoler, deſchauffer vn arbre.
Diſſolatúra, Diſſoláta, deſſoleure.
Diſſolúbile, diſſoluble.
Diſſolúere, diſſoudre, parf. diſſolúei, & diſſoluetti.
Diſſolutò z̧ a, humeur diſſolue, pron. ts.
Diſſolutaménte, diſſoluëment.
Diſſolutióne, diſſolution.
Diſſolutéz̧ z̧ a, diſſolution, humeur diſſolue. pron. ts.
Diſſolúto, diſſolu : & diſſoult.
Diſſomigliánte, diſſemblable.
Diſſomigliánz̧ a, diſſemblance, pron. ts.
Diſſomigliáre, eſtre diſſemblable.
Diſſonánte, diſſonant.
Diſſonánz̧ a, diſſonance. pron. ts.
Diſſonáre, eſtre mal d'accord.
Diſſuóno, diſſonant.
* Diſſórdre, diuiſer.
Diſſortáni, gens de baſſe condition ; le commun.
Diſſotterráre, deſterrer.
Diſſuadére, diſſuader, parf. diſſuáſi, & deſſuadei, & diſſuadette.
Diſſuadéuole, qui ſe peut diſſuader.
Diſſuetúdine, deſaccouſtumance.
Diſſugellàre, deſcachetter.
Diſſuperbíre, rendre humble, faire perdre ſa gloire, preſ. diſſuperbíſco.
Diſtaccáre, deſtacher.
Diſtagliáre, détailler, couper, ſeparer, diuiſer.
Diſtánte, diſtant.
Diſtánz̧ a, diſtance. pron. ts.
Diſtáre, eſtre diſtant.
Diſtemperánz̧ a, deſtrempement. pron. ts.
Diſtemperáre, deſtremper.
Diſténdere, abbatre les tentes.
Diſténdere, eſtendre : coucher par eſcrit, parf. diſtéſi.
Diſtendiménto, extenſion.
Diſtentíuo, extenſif.
* Diſtérnere, tourmenter, gehenner. parf. diſtórſi & diſternetti.
Diſterminàre, exterminer.
Diſſerráre, deſterrer.
Diſtéſa, en iargon, vn banc.
ſonar à Diſtéſa, ſonner en branſle.
alla Diſtéſa, &
Diſteſaménte, tout au long : & tout de ſon long.
Diſtéſo, eſtendu.
tutto Diſteſo, tout de ſon long couché, couché tout plat.
ſi Diſtéſo, ſelon aucus, le reſſuy du Cerf.
Diſteſſere, deſtiſſer, deffaire le tiſſu. prononcé le premier é ouuert.
Diſtettàre, oſter le tetin ou la tette.
Diſtettàre, deſcouurir, oſter le toict d'vne maiſon.
Diſtico, diſtique.
Diſtillánte, diſtillant.
Diſtilláre, diſtiller.
Diſtillatióne, diſtillation.
Diſtillatóio, vne chapelle à diſtiller.
Diſtillatóre, diſtillateur.
Diſtillatríce, diſtilleuſe qui diſtille.
Diſtilléuole, qui ſe peut diſtiller.
Diſtimoríre, oſter la crainte. preſ. diſtimoríſco.
Diſtináre, deſtiner.
Diſtinatióne, deſtination.
Diſtinguere, diſtinguer, parf. diſtínſi, & diſtinguéi & diſtenguetti.
Diſtinguíbile, qui ſe peut diſtinguer.

Diſtíno, deſtin.
Diſtintaménte, diſtinctement.
Diſtintióne, diſtinction.
Diſtínto, diſtinct.
Diſtintíuo, diſtinctif.
Diſtipirdáta porta, porte deſtachée de ſon pied-droit.
Diſtiráre, deſtirer.
Diſtirpáre, extirper.
Diſtiuíri z̧ áre, deſuoidir. pron. ts.
Diſtiualáre, desbotter.
Diſtógliere & Diſtórre, deſtourner, oſter, diſtraire. parf. diſtólſi. preſ. diſtólgo.
Diſtólto, deſtourné.
Diſtonáre, deſtourner.
Diſtoppáre, desboucher, deſtoupper.
Diſtórcere, s'eſtendre, ſe deſtordre : deſtordre, parf. diſtórſi, & diſtórcei, & diſtorcetti.
Diſtorciménto, extenſion de membres.
Diſtordíre, ſortir d'eſtourdiſſement. Item, eſtourdir. preſ. diſtordíſco.
Diſtornáre, deſtourner.
Diſtórno, empeſchement : deſtour.
Diſtórre, deſtourner de quelque choſe : deſtraire preſ. diſtóglio, & diſtólgo, parf. diſtólſi, part. diſtólto.
Diſtorſióne, extorſion.
Diſtortióne, deſchirer.
Diſtórto, tortu : Metaph. iniuſte, non licite.
Diſtracciáre, deſchirer.
Diſtraccióſo, deſchiré.
Diſtráno, eſtrange.
Diſtrárre, diſtraire : faire diſtraction. preſ. diſtrággo, diſtrábi, diſtrahò, diſtrahémo, diſtrahéte, diſtrággono, parf. diſtraſſi.
Diſtratáre, mal-traiter.
Diſtractióne, diſtraction.
Diſtregáre, deſenſorceler.
Diſtrétta, eſtreinte : contrainte, neceſſité, deſtreſſe.
Diſtretéz̧ z̧ a, deſtreſſe. pron. ts.
Diſtrétto, deſtroit : contraint, eſtraint : en priſon, à l'eſtroit.
Diſtrettúdle, qui demeure ſur les conſins.
Diſtrettúdzo, qui a des biens ſur les conſins ou bornes d'vn autre.
Diſtribuíre, diſtribuer. preſ. diſtribuiſco.
Diſtributióne, diſtribution.
Diſtributíuo, diſtributif.
Diſtributóre, Diſtributríce, diſtributeur, qui diſtribuë.
Diſtricáre, desbaraſſer.
Diſtrigáre, desbaraſſer, deſuelopper : deſmeſler : en iargon, peigner.
Diſtrignere, eſtreindre, diſtringere. parf. diſtrínſi diſtringeſte, diſtriuſé, part. deſtretto.
Diſtringáre, deſtacher les aiguillettes.
Diſtruggéuole, qui ſe peut deſtruire.
Diſtrúggere, deſtruire. Item, fondre vne liqueur, &c. preſ. diſtrúggo, parf. diſtrúſſi, part. diſtrutto.
Diſtruggiménto, diſtructione, deſtruction.
Diſtruggitóre, deſtructeur.
Diſtruggitrice, qui deſtruit.
Diſtrutióne, deſtruction.
Diſtruttíuo, qui ſe peut deſtruire.
Diſcuíto, du ſeing doux, de la graiſſe.
Diſtrúcto, deſtruit.
Diſtruttóre, deſtructeur.
Diſtruttríce, deſtruiſeuſe.
Diſtuonáre, deſtonner.
Diſturáre, desboucher.
Diſturbáre, troubler : deſtourner : empeſcher, diuertir.

Disturbatóre, troubleur.
Disturbatrice, troubleuse.
Disturbo, destourbier, empeschement.
Dissuadére, dissuader, parf. dissuadei, dissuadetti, & dissuasi.
Dissuaditóre, dissuadeur.
Dissuaditrice, dissuadeuse.
Disuantaggiáre, desauantager.
Disuantággio, desauantage.
Disuantaggióso, desauantageux.
Disualutáre, oster le prix ou valeur.
Disualénole, non valable.
Disuariáre, estre dissemblable : differer : varier : debattre : faire des folies.
Disuário, abus, mal entendu en quelque affaire. Item, variation.
Dissuasióne, dissuasion.
Disubidiénte, desobeissant.
Disubidientemente, desobeissamment.
Disubidiénza, desobeissance, pron. tz.
Disubidíre, desobeir, pres. disubidisco.
* Disuefáre, desaccoustumer, disuefo, ou fáccio.
* Disuefatióne, desaccoustumance.
Disuegghiáre, éueiller, pron. le ghi comme gui en françois.
Disuegliáre, idem.
Disueláre, desuoiler.
Disuéllere, arracher, parf. disuelsi.
Disuélto, arraché.
Disuenimento, esuanoüissement.
Disuenire, s'esuanoüir, tomber en foiblesse, pres. disuéngo, disuiéni, disuiéne, parf. disuénni, desuenísti, disuenne, partic. disuenuto.
Disuentráre, esuentrer.
Disuerginare, despuceler.
Disuermigliáre, oster le vermillon.
Disuernicáre, desvernir.
Disuérre, pour disuéllere, arracher.
Disuestíre, desuestir.
Disuéto, non accoustumé.
Disuezzáre, desaccoustumer. C'est proprement aussi, seurer vn enfant, pron. tz.
Disuézzo, desaccoustumé. pron. tz.
Disuguaglianza, inegalité, pron. tz.
Disuguagliáre, rendre inegal.
Disuguále, inegal.
Disuguálmente, inegalement.
Disuiamento, desuoyement, débauche.
Disuiáre, detraquer, desuoyer : desbaucher : s'esloigner : degenerer.
Disuigoríre, oster la vigueur, pres. disuigorisco.
Disuillaníre, rendre ciuil, perdre l'humeur vilaine, pres. desuillanisco.
Disuiluppáre, desuelopper.
Disuinare, deslier : desmesler.
Disuinchiáre, disuincoláre, desentortiller.
Disuiuitchiáre, desentortiller, destortiller.
Disuitiáre, purger du vice.
Disunáre, des-vnir.
Disunghiáre, oster les ongles, pron. ghi, comme gui en françois.
Disunióne, des-vnion.
Disuníre, des-vnir pres. disunísco.
Disuogliáre, degouster, oster l'enuie ou volonté.
Disuoléré, ne vouloir pas, pres. disuóglio, disuói, disuóle, disuogliamo, disuolete, disuogliono, parf. disuolsi, disuolésti, disuolse, disuolemmo, disuoleste, disuoléro, part. disuoluto.

Disuólgere, renuerser, destourner, pres. disuólgo, part. disuólgesi, & disuólsi, part. disuolto.
Dinolgimento, renuersement.
* Disiria, inflammation qui cause la retention d'vrine.
Disusanza, desaccoustumance, pron. tz.
Disusáre, desaccoustumer.
Disuseuóle, qui se peut desaccoustumer.
Disusitatamente, contre la coustume.
Disusitáto, non accoustumé.
Disúso, desaccoustumé.
Disutile, disutole, inutile.
Dita, les doigts.
Ditále, dé à coudre. Item, vne sorte d'herbe. Et vn doictier.
* Dite, pour : l'Enfer : ou le Dieu des Enfers.
Ditélla, les aisselles.
Ditella, sorte de champignons.
Ditéllo, l'aisselle.
Diterminare, determiner.
Diterminéuole, qui se peut determiner.
Ditestáre, detester.
Ditestándo, ditestéuole, detestable.
Ditióne, Iurisdiction, droict, diction.
Dito, doigt.
legársela al Dito, i. se resouuenir d'vne offense.
sputarsi nelle Dita, i. faire tous ses efforts.
non sà quante Dita hà nelle mani, i. il est sot & ignorant.
Dito grósso, le poulce.
toccar col Dito, toucher au doigt.
* Ditrappáre, desrober.
Ditóno, diton.
Ditráere, médire, detracter : distraire, pres. ditralgo.
Ditratióne, detraction, distraction.
Ditrattóre, médisant, detracteur.
Ditrattrice, médisante.
Ditrinciáre, detrancher, decouper.
Dittamo, dictame.
Dittamo bianco, dictame bastard.
Dittandro, idem.
Dittáre, dicter.
Dittatóre, Dictateur.
Dittatrice, qui dicte.
Dittatúra, dictature.
Dittélla, les aisselles.
Dittionário, dictionnaire.
Dittióne, diction : pour iurisdiction ou domaine.
Dittóngo, diphtongue.
Dittóno, diton, terme musical.
Diturpáre, diffamer.
Diua, deésse, diuine.
Diuagáre, diuaguer vaguer.
Diuallaré, diuallire, deualer, aller en bas : il se dit des planchers qui s'affaissent au se courbent.
Diuampáre, brusler, estre enflamé.
Diuantaggio, dauantage.
Diuariáre, diuersifier. Item, debattre.
Diuário, varieté : debat.
Diuedére, appercouuoir. Item, diuiser : & deuider, parf. diuidi, diuedésti, diuido.
Diuéllere, arracher, parf. diuélsi.
Diuellimento, arrachement.
Diuélto terréno, terre labourée ou desfrichée.
Diuelríci, tanaglie, tenailles.
Diuenire, deuenir, pres. diuengo, diuiéni, diuiéne, parf. diuénni, part. diuenuto.
Diuentáre, idem.

Diuélere, arracher, deffricher la terre.
Diuersaménte, diuersement.
Diuersáre, differer, estre diuers.
Diuersificáre, diuersifier.
Diuersióne, diuersion.
Diuersità, diuersité.
Diuersiluoco, qui signifie diuerses choses.
Diuerso, diuers.
Diuersòrio, logement, logis, hostellerie.
Duértere, diuertire, diuertir.
Diuertícolo, Diuertiglio, destour : chemin destourné.
Diuertiménto, diuertita, diuertissement.
Diuersáre, tourmenter, vexer.
Diueitáre, carder la laine.
Diuetíno, cardeur ou batteur de laine.
Diuezzáre, seurer vn enfant. Item, desaccoustumer. pron. ts.
Diuiársi, se detraquer.
Diuietaménte, promptement.
Dinidáre, deuider.
Dinidatríce, deuideuse. pron. ts.
Diuidénza, distinction. pron. ts.
Dinídere, diuiser.
Diuidia, ennuy, fascherie, discord.
Diuiditóre, diuiseur.
Deuiditríce, qui separe.
Dinídus, diuidu, separable.
Diuietaménto, deffense.
Diuietáre, deffendre, prohiber.
Diuiéto, deffense.
Diuimáre, deslier les osiers.
Diuinaménte, diuinement.
Diuinatióne, diuination.
Diuinatóre, deuin.
Diuinatòria arte, art de deuiner.
Diuinatríce, deuinereffe, deuine.
Diuincoláre, tordre comme vn osier.
diuinità, diuinité.
Dininíuole, que l'on peut deuiner.
Diuíno, diuin.
Diuísa, diuision : deuise : mode : façon blason.
Diuisaménto, deuise : partition : blason.
Diuisáre, blasonner, deschiffrer, depeindre ou descrire vne chose : deuiser, diuiser : partager : ordonner, diuersifier : opiner : sembler.
Diuisáre, assortir comme vn habit, &c. Item, faire dessein.
Diuisáto, fait à la mode. Item, de diuerses couleurs : contrefait.
Diuisíbile, qui se peut diuiser.
Diuisióne, diuision.
Diuisíuo, qui se peut diuiser.
Diuíso, ordre : inuention : discours. Item, diuisé.
Diuisóre, diuiseur.
Diuisúra, diuision.
Diuítia, richesse, abondance.
Diuitióso, riche, abondant.
Diuo, diuin sainct : vn Dieu.
Diuolgáre, diuulguer.
Diuolgarizzáre, traduire en langue vulgaire. pronóncé. dz.
Diuóluere, desuelopper. Item, tourner. part. diuoluto, & diuolsi.
Diuolutióne, deuolution.
Diuoracità, deuorement, gourmandise.
Diuoraménto, deuorement.
Diuoráre, deuorer.

Diuoratióne, deuorement.
Diuoratóre, deuorateur.
Diuoratríce, femme qui deuore.
Diuorágine, gourmandise : vn gouffre.
Diuoritáre, mettre ou faire diuorce.
Diuórtio, diuorce : & depart.
Diuotaménte, deuotement.
Diuotáre, voüer.
Diuotióne, deuotion.
Diuóto, deuot.
Diuóti, en jargon, les genoüils.
Diurético, diuretique.
Diurnále, diurnal.
* Diurnáre, continuer de jour en iour.
Diúrno, vn Diurnal. Item, iournel, de iour. Et durable, de durée.
Diurnità, diuturnité.
* Diuturnáre, continuer, perpetuer.
Diuulgáre, diuulguer.
Diuulgatóre, diuulgueur.
Diuulgatríce, diuulgatrice.
Diuulsióne, deuulsion.
Dizzifferáre, deschiffrer. pron. dz.

DO

Dó, où.
Doaggio, nom d'vn drap grossier qui se fait à Doye.
Doaggio, tréaggio, &c. vne certaine allusion dans le Boccace sur le mot de doaggio, en montant du nombre deux, à trois, quatre, &c.
Doána, doüane.
Doaniére, doüannier.
Débba, sorte de viande, peut-estre ce que nous disons, à la dobe ou daube.
* Dobbáre, accommoder.
Débbla, vne pistole d'or.
* Dobbláre, doubler.
* Débbra, vne pistole d'or.
* Doblétta, sorte d'estoffe à faire des pourpoints.
* Doblétto, vn pourpoint ou juppe, sorte d'estoffe.
Décciá, canal : la douche que l'on donne aux bains pour faire couler l'eau sur la partie malade. Item, gouttiere de plomb, esgout.
Docciáre, couler d'vn canal : & bailler ou se faire bailler la douche dans les bains.
Docciatúra, la course de l'eau dans la gouttiere.
Décció, canal. Item, vn coquemar, selon aucuns.
Décció, chuile creufe.
Docciòne, canal sous terre pour conduire l'eau.
* Décere, instruire.
Dóci, estoilles qui paroissent comme vne piece de bois allumée.
Docíle, docile.
Docilità, docilité.
Docilitáre, rendre docile.
Documentáre, instruire enseigner.
Documénto, document, enseignement.
Dódeci, &
Dódici, douze.
à Dódici, au trou Madame.
Dodicésimo, douziesme.
Dodicína, douzaine.
Dóga, douue : bende en armoirie : bord ou garniture.
* Dogále, appartenant à vn Duc, Ducal.
Dogále, selon aucuns, vn pourpoint.

Dogana,

DO

Dogàna, douane.
Dogàre, relier vn tonneau, garnir de douues.
Dogarèssa, Duchesse de Venise ou de Gennes.
Dogarèssa, pour gardienne ou maistresse de quelque chose.
Dogàto, le temps du gouuernement ou dignité de Doge à Venise ou Gennes.
Dogatóre, relieur de tonneaux, faiseur de douues.
Dóge, Doge, Duc de Venise ou Gennes.
Doghètte, bendelettes, en armoirie. pron. ghe, comme gue en François.
Dógio, Doge, Duc.
Dóglia, douleur.
Dogliàre, se plaindre.
Dóglie, trenchées, trenchaisons.
Doglie del parto, trauail d'enfant.
Dogliènza, doleance, plainte. pron. ts.
Dóglio, c'est vn grand vase de terre cuitte à mettre du vin ou du vinaigre. Item, douïlle de baguette.
Dogliosaménte, douloureusement.
Dogliòso, douloureux.
Dogliuzza, petite douleur.
Doh, deh, hé, exclamation.
* Dógole, sorte de manches.
Dóla, douloire.
Dolabèlla, petite douloire.
Dolàbro, sorte de pic.
Doláre, vnir auec la douloire.
Dolatório, vne douloire.
Dólce, doux.
stàrsi col Dólce in bócca, demeurer auec vn bon goust à la bouche, estre content.
partìrsi à bocca Dólce .i. s'en aller content & satisfait.
Dólce, du sang de porc.
Dólce di sàle .i. qui n'est gueres sage.
Dólcemèle, doucine, sorte d'instrument. Item, pour la nature de la femme. & le sperme.
Dolceménte, doucement.
Dolcézza, douceur. pron. ts.
Dólcia, sang de porc à faire du boudin ou des tourtes.
Dolciàre, addoucir.
Dolciàto, plein de douceur.
Dolciàta, sorte de saulse douce.
Dolcìgno, douceureux.
Dolcíme, sorte de maladie au cheual.
Dolcióue, douceur, contentement.
Dolciòso, douçastre, en jargon, du laict.
Dolcíre, adoucir. pres. dolcísce.
Dolcitúdine, douceur.
* Dolciúra, douceur.
Dólco, douceur de temps: c'est aussi la mollesse & douceur de quelque matiere, le soulagement qui apporte vn medicament sur vne playe.
Dolénte, dolent.
Dolenteménte, dolemment.
Dolènza, plainte, & douleur. pron. ts.
Dolére, douloir, faire mal. Item, se plaindre ou douloir. present, dólgo & déglio, parfait, dólsi: part. dolùto.
mi Dòle del tuo male, ie suis fasché de ton mal.
* Dólio, vaisseau, tonneau.
Dollàre, en jargon, donner.
Dólo, fraude.
Doloràre, rendre douloureux.
Dolóre, douleur.

DO 169

Dolór di tèsta vuol mangiàre, nous disons, mal de teste veut repaistre.
Dolóri còlici, la colique.
Doloróso, douloureux.
Dolosaménte, auec fraude.
Dolóso, plein de fraude.
Dólio pour dolùto, plaint.
Dolzàina, sorte d'instrument de musique, doucine: doussaine. pron. ts.
* Dolzóre, douceur. pron. ts.
Dóma pour domàta, domptée.
Domànda, demande.
Domandaggióne, questionnement.
Domandàre, demander: & appeller.
Domandàre vno, interroger vne personne.
Domadìta, domànda, demande.
Domàne, domàni, demain: demain au matin.
Domàna sera, demain au soir.
Doman l'altro, apres demain.
Domàre, dompter.
Domàsco, damas.
Domatóre, dompteur.
* Domatridre, dogmatiser.
Domatrìce, dompteuse.
Domattìna, demain au matin.
Domenedío, Dieu.
Doménica, Dimanche.
Doménica delle Palme, Pasques-fleuries.
Doménica di gli Apòstoli, la Quasimodo, Pasques closes.
Domenicàle, Dominical: du Dimanche.
Domenicàle, l'habit des Festes, par gausserie.
* Doménte, cependant.
Domenticàre, oubliance. pron. ts.
Domenticàrsi, oublier.
Doméntico, oublieux.
Domentichéuole, qui s'oublie.
Doméntre, tandis.
alla Doméstica, familierement.
Domesticaménte, priuément, familierement.
Domesticànza, priuauté, familiarité. pron. ts.
Domesticàre, appriuoiser.
Domestichéuole, qui se peut appriuoiser.
Domestichézza, familiarité, priuauté. pron. ts.
Doméstico, priué, familier: domestique.
Domèta, vn mot antique, qui signifie vn chieur, de méta, qui signifie quelquefois vn estron.
Domévole, domptable, qui se peut dompter.
Domiciliàre, domicilier.
Domicílio, domicile.
Domila, deux mille.
Dominànza, Dominatióne, domination, auctorité. pron. ts.
Dominàre, dominer. Item, commander vne place par la hauteur de l'assiette.
Dominàta, place commandée.
Dominatióne, domination.
Dominatóre, dominateur.
Dominatrìce, dominatrice.
il Dómine, le Prestre du village.
o che Dómine, ô Seigneur Dieu.
che Dómin fai tu, nous disons, que diable fais-tu
Dómine pure vnquanche, hyperbole pour exprimer quelque chose de grand.
Dominicàno, Iacobin.
Dominio, & Dómino, domaine.
Domisèlla, sorte de serpent d'eau.
* Domità, submission.

Y

Dómito, & **dómo**, dompté. pron. l'ò fermé.
Dómo, **duómo**, vn dôme. Item, maison, prononcé l'ò ouuert.
eſſer in Dómo Pétri, eſtre en la maiſon de Pierre .i. en priſon.
Don, Dom, attribut à vn Seigneur, ou pluſtoſt aux Preſtres, *Don Pietro*, *don Giouanni*, &c.
Donáce, qui donne, liberal.
Donadéllo, le donat, liure pour les enfans : ſelon aucuns, vn petit violon ou poche.
Donagióne, donation.
* **Dondini**, mot corrompu de Prouençal, donneurs.
Donaménta, le trouſſeau de la mariée.
Donaménto, don, donation.
Donáre, donner.
Donatióne, donation.
Donatíuo, donatiue, don.
Donáto è mórto, Donat eſt mort .i. on ne donne plus rien.
Donáto rúppe la teſta à Giúſto, Donat a rompu le col à Iuſte .i. les preſens ont corrompu la Iuſtice.
Donatóre, donnateur, donneur.
Donatríce, qui donne, donneuſe.
Dónde, d'où, dont.
Dónde che, de ſorte que.
Dóndola, vne pouppée. Item, vne brandilloire.
Dondoláre, brandiller : daudiner, dandiner, dodeliner.
Dondolàr la matéria, bercer la matiere .i. diſcourir ſans conclurre.
Dondoleggiáre, daudiner.
Dóndolo, vn badin, vn dandin.
Dondoli, creſpes de dueil que portent les femmes.
Dóndolo, mocquerie. Item, vne freloque ou pendeloque, vne choſe qui pend.
Dondolóne, idem.
Dónna, femme : Dame.
Dónna vécchia prouerbióſa, *páce in frótte*, *& guerra aſcóſa*, vne vieille femme qui dit des prouerbes, porte la paix dans le viſage, & la guerre cachée .i. ne te fie pas à ces vieilles femmes qui diſent touſiours des prouerbes, car le reſte du Prouerbe dit, *ſotto ſpine roſa fin nell' óſſo .il pel. ti. tóſa*.
le buóne Dónne non hánno orécchi .i. les femmes ne doiuent pas eſtre curieuſes d'eſcouter les ſaletez.
Donnáccia, vne groſſe femme, vne vilaine femme.
Dónna nouélla, nouuelle mariée.
Donna ſeur honéſta non fu mai bella, femmes ſans honneſteté ne fut iamais belle.
Donna in tréẓẓa, *& caual in capéẓẓa*, voyez vne femme qui n'aye rien que ſa coeffure, & vn cheual qui n'aye que ſon licol .i. ſans fard. pron. ts.
far cóme le Dónne nouélle, faire comme les nouuelles mariées .i. retourner au logis.
che ſe fácci. Donna nouella .i. qu'elle retourne au logis.
Donnáio, addonné aux femmes.
Donnaiuólo, dameret.
Donnaría, action de femme.
Donneáre, courir apres les filles ou femmes.
Donneáre, conuerſer, & faire la Cour aux Dames.
Donneggiáre, faire le maiſtre.
Donneſcaménte, en femme, comme femme.
Donnéſco, de femme.
Donnéto, aſſemblée ou caquets de femmes.
Donnétta, &c.

Donnicciuóla, femmelette.
Donnína, **Donnicélla**, idem.
Dónno, Seigneur, Dom.
Dónnola, vne belette.
Donnolíno, petite belette.
Donnóna, vne groſſe femme, vne maiſtreſſe femme.
vn bel Donnóne, vne belle grande femme.
Donnúccia, femmelette. Item, vne poupée.
Donnucciuóla, vne poupée.
Dóno, don.
Dónora, les dons de l'eſpouſée, bagues, trouſſeau.
Donzẓ o, petit don. pron. ts.
Donzélla, pucelle : fille à marier : vne demoiſelle ſuiuante : vne fille de chambre. pron. dz.
Donzelláre, cauſer auec les filles, conuerſer auec les filles. Item, faire le beau à vne porte, badiner. pron. dz.
Donzelleſcaménte, en fille, en pucelle. pron. dz.
Donzelléſco, de fille, de pucelle. pron. dz.
Donzelliſſima, aſſurément pucelle. pron. dz.
Donzéllo, demoiſeau, puceau, garçon : valet : Huiſſier. pron. dz.
Dópo, apres. Item, derriere.
Dopò & **dóppo**, id.
Dópo l'ánno, vn an apres, au bout de l'an.
Dopói, puis apres.
il Dopo pránſo, l'apres-dinée.
Dóppia, vne piſtole d'or : vne coppie : vu doublet.
Doppiaménte, doublement.
Doppiaménto, redoublement.
Doppiáre, doubler : plier en double.
Doppiatúra, doubleure : doublement, redoublement.
Doppiére, vn flambeau, vne torche.
pagàr di Doppiéri, par alluſion de *doppiare* .i. plier en l'action charnelle.
Doppiéẓẓa, humeur double. pron. ts.
à gran Dóppio, de beaucoup.
Doppióne, vn doublon, vn quadruple.
Doppióne, vn fer qui tient le couuercle du coffre, charniere.
pagàr di Doppióni, par alluſion de *doppiare*, plier en l'acte Venerien.
Dóppo, apres. Item, derriere.
* **Dóra**, empan, vn dor. Item, vn don volontaire à main ouuerte.
Doraménto, dorement, dorure.
Doráre, dorer.
Doraríe, ouurages d'or : bagues, joyaux, &c.
Doratóre, doreur.
Doratríce, doreuſe.
Doré, couleur de ſoucy, oranger.
* **Dórſo**, le courant de l'eau.
Dóri, ornemẽt.
Dórica, **Dórico**, ordre Dorique en Architecture.
Dormacchiáre, ſommeiller, eſtre endormy.
Dormacchióne, gros dormeur.
* **Dormedário**, Dromadaire.
* **Dormentório**, le dortoir.
Dormetório, idem.
vn Dormi al fuóco, vn gros dormeur.
Dormía, de l'endormie : ou potion qui endort.
Dormicchióne, vn gros dormeur.
Dormigliére, ne faire que dormir.
Dormiglióne, gros dormeur.
Dormíre, dormir.
Dormiglióſi, vn endormy.

DO

Dormir come il Leofánte .i. dormir comme l'Elephant, tout de bout.
chi Dérme non pésca, qui dort ne prend point de poisson.
non si può Dormir e far la guardia .i. on ne peut pas faire deux choses à la fois.
Dormir con gli occhi altrùi .i. s'attendre à la diligence d'vn autre.
Dormir con la fáure. i. ne prendre pas garde à son deuoir.
Dormir con le mêle. i. dormir sur le plancher.
Dormir du néspola. i. sur la paille.
Dormir alle cento cróci, id. sur la paille, parce que la paille fait vne infinité de croix.
Dormir con la fáute sin à trent' anni. i. estre sot.
Dormitáre, sommeiller.
Dormitóre, dormeur.
Dormitório, le dortoir.
Dormitrice, dormeuse.
* *Dormitúra*, somme, sommeil.
* *Doróne*, vn empan.
Dórso, le dos.
* *Dorupáre*, tomber du haut d'vn rocher.
Dósa, *doséna* & *dóso*, la dose.
Dóse, Doge, Duc à Venise ou à Gennes.
Dossiére, loudier.
Dóssi, des peaux de petit gris.
Dósso, petit gris, animal.
Dósso, le dos.
Dotále, qui concerne la dote.
Dotáre, doüer, doter.
Dóta, *Dóte*, la dote. Item, don de Dieu.
Dóti, belles parties en vne personne, dons de Dieu ou de nature.
Dótta, doute, soupçon, pron. l'ó fermé.
Dotta, vne minute ou partie d'vne heure, prononcé l'ó ouuert.
Dotta, sçauante.
voler le sue Dóte, vouloir toutes ses commoditez.
rimetter le Dóte, recompenser le temps perdu.
tu m'hai dato la mala Dotta. i. tu m'as fait peur ou donné de la peine.
Dottamente, doctement.
Dottánza, doutance, crainte. pron. *ts.*
Dottáre, craindre, douter.
Dottíssimo, tres-docte.
Dótto, docte.
Dottoràggine, *Dottoràtico* & *Dottoráto*, Doctorat, degré de docteur.
Dottoráre, passer Docteur.
Dottóre, Docteur, Aduocat.
Dottóre della necessità senz a logge, i. Docteur ignorant.
Dottoreggiáre, faire le Docteur.
Dottorélllo, vn petit Docteur par ironie.
Dottorésimo, Doctorat.
Dottoréssa, vne femme docte. Ite. la femme d'vn Docteur.
Dottorúzzo, vn petit Docteur ignorant. pron. *s.*
* *Dottóso*, douteux.
Dottrína, doctrine.
Dottrináre, endoctriner.
Dottrinéuole, que l'on peut instruire.
Dóua, vne douue.
Douána, douane.
Dóue, où, là où.
il Dóue, le lieu.
Dóue che, en quelque lieu que ce soit : bien que : de sorte que : là où : au cas que : au lieu que.
Dóue si sia, *doue si voglia*, en quel lieu que ce soit.

DO 171

Dóue biánco, *dóue nèro*, noir & blanc, par-cy par-là.
Douénte, deuant, qui doit.
Douenticársi, se fourrer en vn lieu.
Douére, deuoir. pres. *detto*, *deui dêue*, ou *dobbiámo*, *deuéte*, *déuono* ou *débbono*. parf. *deuéi*, & *deuétte*, part. *douúto*.
piu del Douére, plus que de raison.
far il Douére, faire son deuoir.
da Douéro, tout de bon, à bon escient.
Douerò, ò, remply de deuoir.
Douízia, abondance.
far Douízia, faire largesse ou abondance.
Douitiáre, enrichir, rendre copieux.
Douitióso, riche : abondant.
Douitióso, vn habit aisé, & aucunement large.
Doúnque, en quelque lieu que.
Doutamente, deüement.
Douéro, deu, conuenable.
Doẕẕína, douzaine. pron. *dẕ.*
Doẕẕinàle, commun, à la douzaine. pron. *dẕ.*
Doẕẕinànte, pensionnaire. pron. *dẕ.*
Doẕẕinàre, mettre en douzaines. Item, viure en pension. pron. *dẕ.*
Doẕẕina, douzaine : & pension. pron. *dẕ.*
mettersi in Doẕẕína. i. se mesler par tout, se mettre en pension. pron. *dẕ.*
Doẕẕinále, de peu de valeur, à la douzaine, de balle. pron. *dẕ.*
Doẕẕinalménte, à la douzaine. pron. *dẕ.*
Doẕẕinánte, pensionnaire, qui vit en pension prononcé. *dẕ.*
Doẕẕináre, viure en pension. pron. *dẕ.*
Doẕẕino, vn douzain. pron. *dẕ.*

D R

DRacontíte, pierre tirée de la teste d'vn dragon : bonne contre le poison.
Dragánte, gomme dragagant.
Dragantéa, serpentine, herbe.
Draghétto, en jargon, vn escolier. pron. *ghe* comme *gue* en François.
Draghinéssa, vne rapière, vne espée.
Drágo, dragon.
Dragománo, truchement.
* *Dragóna*, sterile.
Dragóna, en jargon, vne casaque & robe de pelerin.
Dragoncélla, *Dragoncéllo*, dragoncelle, targon, sorte de serpentine, herbe.
Dragoncíno, en jargon, Procureur.
Dragóne, en jargon, Aduocat.
Dragóni, sorte de Caualerie.
Dragoníto, en jargon, vn Notaire.
Dragontéa, serpentine, dragantée, herbe.
Drámma, dragme.
Drappaménti, estoffe de soye.
Drappelláre, desployer l'enseigne : & aller en trouppe.
Drappéllo, drappeau : trouppe de gens sous vn mesme drappeau ou enseigne.
Drappellóne, banniere. Item, le tour d'vn dais.
Drappería, estoffes de soye.
Drappétto, estoffe de soye fort legere.
Drappiére, marchand de soye : & faiseur d'estoffes de soye.
Dráppo, estoffe de soye.
* *Dré*, pour *dietro*, mot Lombard, derriere.
Dreán, mot Lombard, dernier.

Y ij

* *Drénto*, dedans.
Dréſſa, en Lombard, vne griue.
Driéto, derriere.
Drincáre, boire, trinquer.
Drio, mot Venitien, derriere.
Dritta, droitte : main droitte.
à *Dritta*, iuſtement : franchement.
la *Dritta*, la droitte, la premiere ou principal chanſe.
Drittaménte, droittement.
Dritto, droit : & droict de Iuſtice : auant-main.
hauer per il Dritto, prendre de bon biais, prendre comme il faut : entendre bien.
Dritto, terme de marine pour faire voguer le coſté droit, & arreſter le gauche.
Drittoráre, dreſſer.
Drittúra, droicture.
Drizzatóiu, vne aiguille pour dreſſer les cheueux. pron. *ts.*
Drizzáre, dreſſer. pron. *ts.*
Dróga, drogue.
Dromedário, Dromadaire.
Druccioláre, gliſſer.
Drucciolíno, vne gliſſade.
Druderia, ruffiennerie : careſſe d'amant.
Drúdo, amant. C'eſt proprement le ruffien d'vne femme.
Drúpe, nœuds d'arbres.
Druzzola, c'eſt vne ſorte de poulie dont on ioue comme en ce pays-cy d'vne boule, à qui iettera le plus loing. pron. *ts.*
Druzzoláre, rouler. pron. *ts.*
Duzzolóne, vne grande poulie, pour iöuer ou ietter le plus loing. pron. *ts.*

D V

DV, &
Dua, deux.
Duále, qui conſiſte en deux.
Duáre, mettre deux à deux.
Duiſſi, ambeſas, deux as.
* *Dubbiánza*, doute : doutance. pron. *ts.*
Dubbiáre, douter.
* *Dubbietà*, doute.
Dubbiéuole, douteux.
* *Dubbiézza*, id. pron. *ts.* &
Dúbbio, doute, & douteux.
Dubbioſaménte, douteuſement.
Dubbióſo, douteux.
Dubitáre, douter.
non Dúbito di coſa alcúna, ie n'ay peur de rien.
non Dúbita di fáre. i. il ne fait point difficulté de faire, il fait librement.
non Dubitáre, ne craignez point, n'ayez point de peur.
Dubitatióne, doute.
Dubitéuole, douteux.
Dubitóſo, id.
Dúca, Duc : Chef.
Dúca di Mággio, Duc de May : nous diſons, le Roy de la febve : d'vn de qui la Seigneurie ne dure guere.
il Dúca Bórſo, qui deſpenſoit fort en habits.
far il Dúca, al bào. i. faire le grand, eſtre glorieux.
Ducále, Ducal.
Ducatéllo, petit Duc.
Ducáto, Duché. Item, vn ducat.
Ducatúzzo, petit Duché : & petit Duc. pron. *tz.*
Dúce, Duc : Chef, Capitaine.

Duceà, Duché.
Ducénto, deux cens.
* *Dúcere*, conduire, parf. *duſſi*, *duceſti*, *duſſe*.
Ducheſſa, Ducheſſe.
Duchéuole, & *Duchendle*, ſemblable à vn Duc.
Duchino, petit Duc.
Dúco, Duc ou hibou.
Dúco & *Dúgo*, en jargon, le membre viril.
Dúe, deux.
Duellánte, *Duelliſta*, duelliſte.
Duéllo, duel.
Duérno, demy cayer, vn carton. Item, du nombre de deux.
Dugénto, deux cens.
Dugentéſimo, deux-centieſme.
Dúgo, Duc, hibou, chat-huant. Item, en jargon le membre viril.
Dúghi, des eſcus, en jargon.
Dúi, deux.
à *dui di quíndici*, quinzin au ieu de paulme.
à *Dúi di trénta*, trentin.
à *Dúi di quaránta*, à deux.
Duíne, *Duíni*, duines, au ieu de trictrac.
Duínta, chemin double.
Dumila, deux mille.
Dúmo, eſpine, buiſſon, prunellier.
Dumóſo, eſpineux, buiſſonneux.
* *Duna*, paſquis ſur le haut d'vne montagne.
Dunménre, tandis.
Dúnque, donc, donecques. pron. l'*h*, & l'*é*, ſeparément.
Dúo, deux.
* *Duodeci*, douze.
* *Duodécimo*, douzieſme.
Duólo, deüil, douleur.
Duómo, l'Egliſe principale ou Cathedrale. pron. l'*ò* ouuert.
Duplicánza, duplication. pron. *ts.*
Duplicáre, doubler.
Duplicità, humeur double.
* *Dúplo*, double.
Dúra, durée : & dure mere : dure.
Dúra, vita, en jargon du fourmage.
Durábile, durable.
Durabilménte, auec durée.
Durácina, ſorte de raiſin noir.
Durácino, *frutto*, fruit qui dure, qui ſe garde.
pérſico Durace, vne preſſe fruit.
pérſico Durace ſia, que cela dure long-temps.
* *Durúre*, à durée.
Duráre, endures : durer : perſeuerer.
Durárla, ſe maintenir en ſon eſtat.
Durafática, auoir de la peine.
Duráta, durée.
Duratiúo, id.
Duratíuo, durable.
Durénga, nerf de bœuf dont on bat les forçats.
Durèngo, du fourmage, en jargon.
Durélle, ſorte de poires dures.
Dureto, vn peu dur
Duréuole, durable.
Dureuolménte, auec durée.
Dureuolézza, durée. pron. *ts.*
Durézza, dureté. Item, dureſſe, terme de muſique. pron. *ts.*
Dúro, dur : fort, robuſte : cruel, obſtiné, faſcheux, rude.
Duróſo, en jargon, du fer.
Duſolíno, de poil de rat.
Duttíle, qui ſe peut guider : pliable.

Duttóre, guide, conducteur.
Duttrice, conductrice.
Duuia, chemin double.

E

E Prononcé ouuert, comme *ai* François: prononcé fermé, comme *é* accentué.
E, &
E' pour *egli*, luy: pour *eglino*, les.
E', est.

E B

E'*Bano*, ebeine.
E'bbio, hieble.
Ebbrézza, Ebbriachézza, yvroignerie: & yvresse, pron. *tt*.
Ebbriáco, E'bbro, yvre.
E'bio, sorte d'arbre.
Ebréo, Iuif, Hebrieu.
Ebriacáre, Ebriáre, enyvrer.
Ebriachézza, yvrognerie, pron. *tt*.
Ebriáco, E'brio, E'bro, yvre.
* Ebúrneo, d'yvoire.

E C

E Catómbo, hecatembe.
Ececatióne, aueuglement.
Eccedénza, surpassement, pron. *tt*.
Eccédere, exceder, parf. *eccedei*, & *eccedetti*, participe, *ecceduto*.
Eccellénte, excellent.
Eccellenteménte, excellemment.
Eccellénza, excellence, pron. *tt*.
Eccellere, exceller, il n'est guere en vsage.
Eccelsità, Eccelsitúdine, grandeur, hautesse.
Eccelsaménte, hautement.
Eccélso, haut, releué.
E'ccene, il y en a, y en a-t'il ?
Eccéntrico, excentrique.
Eccessinaménte, excessiuement.
Eccessivo, excessif.
Eccésso, excés.
Eccetáre, excepter.
Eccetióne, exception.
Eccétto, excepté.
Eccetuáre, excepter.
Eccetuatióne, exception.
Ecci, ci è, il y a : il y est.
Eccidáre, rauager, destruire.
Eccidio, rauage, destruction, ruine.
Eccidióso, plein de destruction.
E'ccio, buglose sauuage.
Eccitaménto, excitement, excitation.
Eccitáre, exciter.
Eccitatóre, exciteur.
Eccitatrice, exciteuse.
Eccitatiuo, qui excite.
Ecclesiástico, Ecclesiastique.
* Ecclésia, Eglise.
E'cco, voicy, voila : pour l'Echo.

E'chio, buglose sauuage.
Echióne, medecine composée de buglose sauuage.
E'cho, Echo.
Eclissáre, eclipser.
Eclíssi, eclipse.
Eclíttico, ecliptique.
E'cloga, eclogue.
E'co, Echo.
Ecoáre, resonner comme vn Echo.
Economía, Economie.
Económico, Economique.
Económo, Econome.

E D

E D, Et, &
* Edáce, deuorant.
* Edacità, deuorement.
* Edderénza, adherence, pron. *tt*.
E'dera, lierre.
Edificáre, edifier, bastir.
Edificaménto, edification, bastiment.
Edificatióne, edification, structure.
Edificatóre, edifieur, bastisseur.
Edificatrice, edifieuse, bastisseuse.
Edificio, edifice.
Edificéuole, qui se peut edifier.
Editióne, edition.
Edittáre, faire vn Edict.
Editto, Edict.
E'dra, lierre.
Educáre, esleuer, nourrir.
Educatióne, education.

E F

E F se, la lettre F.
Effábile, qui se peut dire.
Effémera, d'vn iour.
Effeméride, ephemeride.
Effémero, Ephemere. Item, d'vn iour.
Effemináre, effeminer.
Effeminataménte, d'vne façon effeminée.
Effeminatézza, nature effeminée, pron. *tt*.
Effemináto, effeminé.
* Efferáto, fier, cruel.
* Efferità, fierté.
E'ffero, id.
Effettinaménte, effectiuement.
Effettíuo, effectif.
Effétto, effect.
Effettuále, effectif.
Effettuóso, plein d'effet.
Efficáce, efficace.
Efficaceménte, auec efficace.
Efficácia, l'efficace.
Efficiénte, efficient.
Efficiénza, efficience, pron. *tt*.
Effigiáre, figurer, effigier.
Effigie, effigie.
Effiocáre, enrouer.
Effluénza, fluément, pron. *tt*.
Effluère, Effluíre, fluer, parf. *effluétti*, part. *effluso*, verbe impersonnel.
Effluire, fluer, present, *effluisco*, verbe impersonnel, part. *effluito*.
Efformáto, difforme.
Effrenáto, effrené.

174 EG EH EI EL

Effúndere, verser, parf. *effusi*, part. *effuso*.
Effusióne, effusion.
Esímera, fievre qui dure vn iour.

EG

E Génte, necessiteux.
Egestà, necessité.
Egestióne, egestion.
Egia, forte de raisin.
* *Egiaculáre*, jetter.
E'gli, il, luy.
E'glino, ils, eux.
E'gloga, Eglogue.
Eglogáre, faire des Eglogues.
Egraménte, fascheusement, en mal, sain.
* *Egrédere*, sortir.
Egregiaménte, excellemment.
Egrégio, excellent.
* *Egressióne*, sortie.
* *Egritúdine*, maladie.
* *E'gro*, malade.
* *Egrotáre*, tomber malade.
Eguagliánza, égalité, pron. *ts*.
Eguagliáre, égaler.
all' Eguágnele, mot de paysan, par l'Euangile.
Egualáre, égaler.
Eguále, égal.
Egualménte, également.
Egualità, égalité.
* *Egurgitáre*, égorger.

EH

EH, hé : hé bien : non pas.
Eh eh, tellement quellement.
Ehime, helas.

EI

E I, *egli*, il, luy.
* *Eiettáre*, jetter hors.
* *Eiettióne*, election.

EL

EL, la lettre L.
Elargíre, élargir, pres. *elargisco*.
Elatério, jus de cocombre sauuage.
* *Elatióne*, suffisance, estime de soy-mesme.
* *Elcáto* qui se prise, qui s'esleue.
E'lice, *elícia*, & *elcia*, yeuse, arbre.
Eleiário, homme qui tire aux batteaux.
Eléboro, hellebore.
Elefánte, Elefant.
Elefantia, le farcin.
Elegánte, élegant.
Eleganteménte, élegamment.
Elegantia, élegance.
Elegantissimo, tres-élegant.
Eléggere, eslire, parf. *elessi*, *elegesti*, *elesse*, *eleggemmo*, *eleggeste*, *elessero*, part. *eletto*.
Elegia, elegie.
Elegiáre, faire des Elegies.
Elégo, faiseur d'Elegies.
Elementále, &
Elementáre, élementaire.
Eleménto, élement.

EL EM

* *Elemósina*, aumosne.
* *Elemosináre*, donner l'aumosne.
* *Elemosinário*, *Elemosiniére*, Aumosnier.
Elepónto, sorte de lamproye.
E'lera, lierre.
Elétta, choix, eslite.
Elettionáre, faire par election.
Elettióne, election.
Eletríuo, electif.
Elétto, éleu.
Elettóre, Electeur.
Elettoría, Electorat.
Elétro, ambre. Item, vne mixtion d'or & d'argent. Electre.
Eletteuário, electuaire : opiat.
Elettuário di cucina, nous disons, conserue ou codignac de four.
Eleuáre, esleuer.
Eleuatióne, éleuation.
E'lice, yeuse, sorte d'arbre.
Elice, il n'y a que ce temps du verbe, *ellieue*, il tire.
Elicéto, boys d'yeuses.
Eligíbile, qui se peut eslire.
Elimáre, elimer, polir.
* *Elimósina*, aumosne.
* *Elissáre*, boüillir.
Elíssero, Elixir.
* *Elísso*, boüilly.
Elitrópia, pierre pretieuse de couleur verte, mais tachetée : c'est aussi la fleur ou l'herbe au Soleil.
E'lla, elle.
E'lla, *enula*, herbe medicinale.
E'lle, elles.
Elléboro, hellebore.
E'llera, lierre.
E'lli, & *E'llo*, luy.
Elmétto, &
Elmo, heaume : en jargon, la teste.
Elógio, eloge.
Elongáre, esloigner.
Eloquénte, éloquent.
Eloquenteménte, éloquemment.
Eloquénza, éloquence : pron. *ts*.
E'lsa, *Else*, garde d'espée, branches de garde d'espée, esses.
Elsáre, mettre vne garde.
* *E'lto*, *érto*, rude, aspre à monter.
* *Eltézza*, aspreté de montée, pron. *ts*.

EM

E Mancipáre, émanciper.
Emancipatióne, émancipation.
Ematíte, hematite, pierre precieuse.
Embléma, emblesme.
E'mbresi, corde dont on lie les vaisseaux pour les lancer en mer.
Embriacáre, enyurer.
Embriáco, yure.
E'mbrice, tuile.
non guardar in vn filar d'E'mbricii, ne prendre pas garde à peu de chose.
Embriciáre, couurir de thuiles.
Embrióne, embrion.
Embrizza, verdier, oiseau, pron. *ts*.
Embrocatióne, embrocation.
Eménda, amende : correction.

EM EN

Emendáre, amender : corriger.
Emendatióne, Emendaménto, amendement, correction.
Emendévole, qui se peut amender.
Emergénte, prouenant.
Emérgere, aller sur l'eau. Item, sortir dehors : prouenir, proceder. parf. emérsi, & emergéi.
* Eméttere, enuoyer.
E'mphasi, emphase.
Emfático, emphatique.
Emicránio dolóre, migraine.
* Emigráre, s'en aller.
Eminénte, éminent.
Eminénte, pour menaſſant.
Eminenteménte, hautement, auec éminence.
Eminénz a, éminence. pron. ts.
Emiſfério, Emiſféro, hemiſphere.
Emiſſário, eſpion. Item, vn enuoyé.
Emiſſióne, miſſion.
E' mmi, pour mi è.
E'mmiſtato detto, l'on m'a dit, il m'a eſté dit.
Emoláre, eſtre emulateur.
E'molo, emulateur.
Emoluménto, émolument.
Emondáre, monder.
Emoróide, les hemoroïdes.
* Empegnáre, engager.
Empetígine, feu ſauuage, ſorte de darte ou gale.
Empiaménte, meſchamment.
Empiaſtráre, emplaſtrer.
Empiaſtratióne, eſcuſſon, façon d'enter en eſcuſſon.
Empiaſtricciáre, emplaſtrer.
Empiáſtro, emplaſtre. Metaph. vne perſonne faſcheuſe.
* Empiegáre, employer.
Empiénte, empliſſant.
Empiére, emplir : accomplir.
Empictà, impieté.
Empiéz z a, impieté. Item, accompliſſement, prononcé ts.
Empiménto, empliſſement : & accompliſſement.
E'mpio, meſchant, impie.
Empío, pour empi, il emplit.
Empíre, emplir : accomplir.
Empíreo, empirée.
Empírico, empirique.
E'mpito, impetuoſité.
Empio, remply, emply.
Empitéri, pieces de bois pour renforcer les pointes des vaiſſeaux.
Empitúra, empliſſage.
Empláſtico, qui s'attache comme vne emplaſtre.
Empugnáre, empoigner.
Emuláre, eſtre emulateur.
Emulatióne, emulation.
Emúlgere, publier, dilater. parf. emúlſi.
E'mulo, concurrent, emulateur.
Emulſióne, emulſion.
Emúngere, ſe moucher. parf. emúnſi.
Emuntióne, emonction.
Emuntório, emonctoire.

E N.

EN, Eno, Enno, pour ſono, au pluriel, ils ſont.
* Enánte, lambruſque, vigne ſauuage.
Encegnáre, changer d'habit ou de linge.
Encománda, vne Commanderie.

EN

Encómio, loüange : encome.
Encúſa, ancuſe, orcanette.
* Endeuináre, deuiner.
* E'ndica, emplette ou emploitte de marchandiſe : ſelon aucuns, amende de Iuſtice.
Endicaiuóli, ceux qui font emplette : regrattiers.
* Endicáre, punir. Item, faire emplette.
E'ndice, vn oiſeau attaché au bout des filets, pour appeler ou faire venir les autres : appeau. C'eſt auſſi l'œuf qu'on laiſſe au nid pour faire pondre la poulle : le nicheux ou nicher. Item, vne marque pour ſe reſſouuenir.
E'ndico, Inde, couleur.
Endíuia, chicorée blanche, Endiue.
Energía, energie.
Eneruáre, eneruer.
E'nfaſi, emphaſe.
Enfiagióne, enfleure.
Enfiaménto, enflement.
Enfiáre, enfler.
Enfiataménte, auec enfleure, ſuffiſamment, ſuperbement.
Enfiatéllo, vne petite tumeur.
Enfiatúra, enfleure.
E'nfio, enflé.
* Enfióre, enfleure, tumeur.
Enghiſtára, vaſe de verre. pron. ghi, comme gui.
Engiáſtra, id.
Enguináglia, Enguináia, l'aine.
Enígma, eninma, enigme.
Enigmáre, faire des enigmes.
Enimmáre, id.
Enimmático, enigmatic.
Enumeráre, nombrer.
E'nola, aulnée, plante.
Enontiáre, annoncer.
Enórme, enorme.
Enormeménte, enormement.
Enormezz a, Enormità, enormité. pron. ts.
E'nte, ens, choſe qui eſt.
Enterióra, les inteſtins.
Entità, exiſtence, entité.
Entómata, inſecte.
Entràmbi, tous deux.
Entraménto, entrée.
Entránte, entrant.
Entráre, entrer.
Entràr in collera, ſe mettre en colere.
non mi Entra i. ie ne le croy pas, cela ne m'entre pas dans l'eſprit : ie ne le comprends pas.
Entràr adoſſo ad vno, ſe mettre apres quelqu'vn, ſe ietter ſur la fripperie de quelqu'vn.
Entràr in penſiéro, prendre la fantaiſie.
Entràr ſu i Gigánti, nous diſons, monter ſur ſes grands cheuaux.
Entràr in danári poſſeſſióni, &c. faire des acquiſitions.
Entráta, entrée. Item, reuenu, rente.
Entraláccia, entrée fort large, meſchante entrée.
Entratúccia, entrée eſtroite.
Entratúra, entrée.
E'ntro, dedans.
Entromezzáre, entremeſler. pron. dz.
E'ntroui, dedans.
Enudáre, deſpoüiller, deſnüer.
Enumeráre, nombrer.
Enumeratióne, nombrement.

EP

E'*Pa*, la pance : mot du Poëte Dante.
E*pàtico*, qui appartient au foye.
E*pàtto*, l'Epacte.
E*picìclo*, Epicicle, terme d'Astrologie.
E'*pico*, de loüange.
E'*pico Vérso*, vers heroïque.
E*picureggiàre*, viure en Epicurien.
E*picùro*, Epicure, gourmand.
E*pifanìa*, Epiphanie, la feste des Rois.
E*piglòtti*, epiglotis, la luette.
E*pigràmma*, epigramme.
E*pigrammizzàre*, faire des epigrammes, prononcé, dz.
E*pilessìa*, epilepsie, tournoyement de teste, le vertigo.
E*pilèttico*, sujet à l'epilepsie.
E*pilogàre*, epiloguer.
E*pìlogo*, epilogue.
E*piscopàle*, Episcopal, d'Euesque.
* E*piscopàio*, Euesché.
* E*piscòpio*, demeure d'Euesque, l'Euesché.
* E*piscòpo*, Euesque.
E*pisòdio*, episode.
E*pistola*, Epistre.
E*pistolàre*, faire des Epistres.
E*pitalàmio*, Epitalame.
E*pitàfio*, epitaphe.
E*pitèma*, epitheme.
E*pitero*, epitete.
E*pitimo*, tigne ou fleur de thin.
E*pitòmo*, epitome.
E*pitomizzàre*, faire l'epitome, pron. dz.
E*pittimàre*, vser d'epitheme, faire vne decoction de drogues aromatiques.
E*pittimatiòne*, decoction de drogues aromatiques.
E*pitimo*, epitheme.

EQ

* E*Qualàre*, égaler.
* E*quàle*, égal.
* E*quanimità*, égalité de courage.
* E*quàre*, égaler.
E*quatòre*, l'Equateur.
* E*quatìva*, égalité.
* E*quèstre*, de Cheualier.
E'*quidistante*, distant également.
E*quidistànza*, égale distance, pron. ts.
E*quidistàre*, estre distant également, pres. *equidìsto*, *equidìstai*, *equidìsta*, *equidistiàmo*, *equidistàte*, *equidìstano*, parf. *equidistètti*, partic. *equidistàto*, & le reste comme *stàre*.
* E*quidità*, iustesse.
E*quilàtero*, égal de costez.
* E*quìle*, escurie.
E*quilibràre*, peser également.
E*quilìbrio*, poids égal, équilibre.
E*quinocchiàle*, equinoct al.
E*quinòttio*, Equinoxe.
* E*quipàggio*, equipage.
E*quiparàggio*, égale comparaison.
E*quiparàre*, comparer.
E*quiparànza*, égale comparaison.
E*quipollàre*, equipoller.
E*quipollènte*, equipollent.
E*quisòno*, vnison.

E*quissìmo*, tres-égal.
E*quità*, équité.
E*quiualènte*, equiualent, equipollent.
E*quiualère*, valoir egalement, present, *equiuàglio*, *equiuàli*, *equiuàle*, *equiuagliàmo*, *equiualéte*, *equiuaglinno*, parf. *equiualsi*, *equiualèsti*, *equiualse*, part. *equiualùto*.
E*quinocàle*, equinoque, equinocal.
E*quinocàre*, equinoquer.
E*quinocatìuo*, equinoque.
E*quinòco*, equinoque.
E*quinocòso*, plein d'equinoques, equinoquetum.
E*quinolènte*, de vouloir égal.
E*quiuolènza*, égale volonté, pron. ts.

ER

E*Radicàre*, déraciner.
E*radicatìuo*, déracineur.
E*radicatrìce*, déracineuse.
E*ràrio*, Thresor, l'Espagne.
E'*rba*, herbe : voyez sa suitte à l'H.
E*rbàle*, d'herbe.
E*rbalèccia*, sorte de plante, herbe à vne fueille.
E*rède*, heritier.
E*redità*, heritage.
E*reditàrio*, hereditaire.
E*reditèuole*, hereditaire, dont on peut heriter.
E*remìta*, Hermite.
E*remitàggio*, Eremitòrio, &
E'*remo*, Hermitage.
E*remìtico*, solitaire.
E*retàggio*, heritage.
E*rètico*, heretique.
E*rectàre*, dresser : eriger.
E*rectiòne*, erection.
E*rècto*, erigé, dressé.
E*rgàta*, vn tour ou gruë.
E'*rgere*, dresser, eriger, parf. *ergèi* & *èrsi*.
E'*rica*, E'*rice*, bruyere.
E*ricètto*, id.
E'*rico*, vn instrument plein de pointes de fer.
* E*rigìbile*, qui se peut dresser.
E*rìge*, &
E*rìngio*, iringo, panicaut, plante.
E*rìno*, basilic d'eau, plante.
* E*rìpere*, oster, arracher, il n'est en vsage qu'en l'infinitif.
E*risìpila*, herisipele.
E*rìsmo*, irione, velar, tortelle, plante.
E*rmellìno*, hermine.
E*rmesìne*, du taffetas, du taffetas double.
E'*rmo*, hermitage : solitaire, desert.
E*rmodàtili*, Ermodactes, drogue laxatiue.
E'*rnia*, hergne.
E*rniòne*, roignon.
E*rpicàre*, herser la terre.
E*rpicatòio*, sorte de ret, trainasse.
E'*rpice*, herse.
come disse la bótta all' E'rpice, comme dit le crapaut à la herse qui passa sur luy. i. n'y puisse-tu jamais reuenir.
E*rrabòndo*, vagabond, errant.
E*rrànte*, errant.
* E*rrànza*, erreur, pron. ts.
E*rràre*, errer.
E'*rra il Préte all' Altàre*, le Prestre manque bien à l'Autel. i. il n'est si bon qui ne faille.

Errata

ER

Errâta, pour *rata*, portion : l'errata d'vn liure.
* *Errâtico*, qui erre, qui est vagabond.
Erráto, confus, troublé.
* *E'rri*, iours.
* *E'rro*, *férro*, fer.
* *Errôneo*, &
* *Errônico*, erronée, faux, plein d'erreur.
Errôre, erreur.
Errôr di Grammática. i. folie de ieunesse, vne sottise, vne grande faute.
Error nel cónto, mescompte.
Crrúccio, *errorúzzo*, petite erreur.
* *Erruttáre*, rotter.
Erruttióne, eruption.
* *Erse*, herse.
E'rta, montée aspre & difficile.
star all' E'rta, estre alerte, prendre garde à son fait : estre au guet.
Ertáre, rendre aspre ou rude.
Ertézza, aspreté de montée. pron. *tt*.
E'rto, montée.
E'rto, aspre, difficile à monter, droit, roide, rude.
Ertúra, aspreté de montée.
* *Erubescénza*, rougeur de honte. pron. *tt*.
Erubéscere, rougir. parf. *erubéscei*, part. *erubescíuto*, qu'il n'est pas en vsage.
E'ruca, chenille.
* *Erudíre*, instruire. pres. *erudísco*.
Eruditaménte, sçauamment.
Eruditióne, erudition.
Erudíto, sçauant.
Erudiménti, rudimens.
Erúgine, verd de gris.
E'rula campána, sorte de plante, *E'nula*.
E'ruo, ers, sorte de legume.
Erbsca, son de farine.
* *Eruttáre*, rotter.
* *Eruttatióne*, vn rot.
* *Erútto*, vn rot.

E S

Esacórdo, sexte, terme musical.
Esagio, sixiesme partie d'vne once.
Esagonále, à six angles.
Esagono, exagone.
Esaláre, exaler.
Esalatióne, exalation, exhalaison.
Esalatói, souspiraux, trous pour empescher l'esser d'vne mine.
Esalatóio, souspirail d'vne mine.
Esaltaménto, exaucement, exaltation.
Esaltáre, exalter.
Esámina, examen, examination.
Esamináre, examiner.
Esaminatióne, examination.
Esaminatóre, examinateur.
Esaminatríce, qui examine.
Esángue, sans sang : mort.
Esanimáre, oster l'ame.
Esanimatióne, priuation d'ame.
Esánimo, sans ame. Item, qui trouble l'ame.
Esasperáre, aigrir vne personne.
Esattaménte, exactement.
Esattióne, exaction.
Esátto, exact.
Esattóre, receueur. Exacteur.
Esaudéuole, qui s'exauce.

ER

Esaudiménto, exaucement.
Esaudíre, exaucer. pres. *esaudísco*.
Esauditóre, exauceur.
Esauditríce, qui exauce.
Esaustíbile, espuisable.
Esáusto, espuisé.
* *Esborsáre*, desbourser.
E'sca, viande : esche, appast, mangeaille. prononcé *é* fermé.
mangiár l'Esca e cacár su l'hámo. i. eschapper & se mocquer du danger.
E'sca, prononcé *é* fermé : meche à fusil.
ésca, prononcé. *è*, ouuert signifie que ie sorte.
* *Escalfáre*, eschauffer.
* *Escalfatório*, qui eschauffe.
Escandescénza, colere prompte, esmotion de sang, colere, rage, promptitude. pron. *ts*.
Escária, garde-manger : despense.
Escáre, allecher.
Escáro, garde-manger.
Escáto, le lieu où l'on met la mangeaille ou appast pour prendre les oiseaux. Item, nourry : alleché.
* *Escauáre*, cauer, creuser.
E'schio, if.
* *Escíre*, *vscíre*, sortir. pres. *ésco*, *ésci*, *ésce*, *vsciámo*, *vscíto*, *éscono*. pron. les *é* ouuert.
* *Escíta vscíta*, sortie.
* *Escláme*, essaim.
Escludere, exclure. parf. *escluíst*, *escludéste*, *escluso esclúdemmo*, *escludéste*, *esclúsero*. part. *esclúso*.
Esclusióne, exclusion.
Esclusuaménte, exclusiuement.
Escluuiuo, exclusif.
Esclúso, exclus.
Escogitábile, excogitable.
Escogitáre, excogiter.
Escogitatióne, pensée, excogitation.
Escomúnica, excommunication.
Escomunicáre, excommunier.
Escoriáre, escorcher, excorier.
Escoriatióne, excoriation : escorcheure.
Escrementále, d'excrement.
Escrementáre, ietter son excrement.
Escreménto, excrement.
Escrescénza, surcroissance de chair. pron. *tt*.
Escréscere, croistre contre le naturel. pres. *escrésco*, *escrési*, *escrésce* parf. *éscrebbi*, *escrescésti*, *éscrebbe*, *escrescémmo*, *escrescéste*, *escrebbéro* part. *escresciúto*.
* *Escúbia*, sentinelle.
* *Escubiáre*, faire sentinelle.
Escursióne, excussion.
E'sculo, if.
* *Escuriáre*, ronger.
* *Escúsa*, excuse.
Escusábile, excusable.
Escusáre, excuser.
Escusatióne, excuse.
Escusévole, excusable.
Escussióne, exaction.
Escrábile, execrable.
Escráre, blasphemer, detester.
Escratióne, execration.
Esecutióne, execution.
Esecutóre, executeur.
Esecutríce, executrice.
Eseguíre, executer, mettre en effet. pres. *eseguísco*, *eseguísci*, *eseguísce*, *eseguiámo eseguíte eseguíscono*.
Esémpio, exemple : patron, modelle.

Z

Esemplare, exemple : exemple d'escriture. Item, exemplaire : coppie de liure, vn exemplaire.
Esemplificare, amoindrir, diminuer.
Esentare, exempter.
Esente, exempt.
Esentione, exemption.
Esequie, obseques, enterrement.
Esequio, id.
Esequire, executeur. pres. *esequisco*, &c.
Esercitare, exercer.
Esercitatione, exercice.
Esercitatore, exerceur.
Esercitio, exercice.
Esercito : armée.
Esredare, desheriter.
* *Esgargiare*, regorger.
* *Esgridare*, exclamer, crier.
Esiliare, exiler, bannir.
Esilio, exil.
Esistente, existent.
Esistenza, existence. pron. *ts.*
* *Esistimare*, estimer.
Esitare, hesiter.
Esitatione, hesitation.
* *Esiziale*, ruineux.
* *Esizio*, ruine, destruction.
Esito, issuë, debite.
Esofago, œsofage, la bouche de l'estomach.
Esorbitante, exorbitant.
Esorbitanza, exorbitance. pron. *ts.*
Esorbitatamente, exhorbitamment.
Esorcisma, exorcisme.
Esorcismare, exorciser.
Esorcista, exorciste.
* *Esordio*, exorde.
Esornare, orner.
Esortare, exhorter.
Esortatione, exhortation.
Esortatore, qui exhorte.
Esortatrice, exortatrice.
Esoso, fascheux, insupportable.
Esostra, sorte de viz pour faire mouuoir vne rouë.
Espansione, estenduë.
* *Esparagnare*, espargner.
* *Espardgno*, espargne.
Espargere, espandre. parf. *esparsi*, *espargesti*, *espårse*, *espargemmo*, *espargeste*, *esparsero* part. *esparso.*
Espediente, expedient.
Espedire, expedier. pres. *espedisco*, *espedisci*, *espedisce*, *espediamo*, *espedite*, *espediscono*, part. *espedito.*
Espellere, expulser, chasser, pousser. parf. *espulsi.*
* *Espendere*, despenser, parf. *espesi*, *espendesti*, &c.
Espesa, despence.
Esperienza, experience. pron. *ts.*
Esperimentare, experimenter.
Esperimento, experience. Item, chef-d'œuvre: espreuve experimentation.
* *Esperto*, expert.
Espiabile, expiable.
* *Espiandre*, expliquer : applanir.
Espiare, expier.
Espiatione, expiation.
Espettare, attendre.
Espettatione, attente.
Espettativa, attente.
Espicuolo, expiable.
Espilare, piller, ravager.
Espilatione, pillage, extorsion.

Espilatore, ravageur, pilleur.
Espilatrice, ravageuse.
* *Espinstia*, espinette.
Espirare, expirer.
Espiscare, pescher dedans, tirer de dedans.
* *Esplanare*, expliquer.
Esplicabile, qui se peut expliquer.
Esplicare, expliquer.
* *Esplicità*, explication, exposition.
Esplicito, expliqué.
* *Esplisicare*, expliquer.
Esplorare, explorer, guetter, remarquer.
Esploratore, explorateur.
Esploratrice, espionne.
Esponere, &c.
Esporre, exposer : interpreter. pres. *espongo*, *espongi*, *espone*, *esponiamo*, *esponete*, *espongono*, parf. *esposi*, *esponesti*, *espose*, *esponemmo*, *esponeste*, *esposero*, part. *esposto.*
Espositore, *Espositrice*, qui expose, exposante qui expose : qui explique.
Esportare, transporter.
Espositione, exposition.
Espositore, explicateur.
Esposto, exposé.
Espostulare, poursuiure, postuler.
Espressamente, expressément.
Espressevole, qui se peut exprimer.
Espressione, expression.
Espresso, exprés : exprimé : ferme.
Esprimentare, experimenter.
Esprimento, experimentation.
Esprimere, exprimer. parf. *espressi*, & *espresso.*
Esprimevole, qui se peut exprimer.
* *Esprobrare*, *Esprobrare*, reprocher.
Espugnare, prendre vne ville, expugner.
Espugnatione, attaque, & prise de ville, expugnation.
Espugnatore, expugnateur.
Espugnevole, expugnable.
Espulsione, expulsion.
Espulsivo, expulsif.
Espulso, expulsé, chassé.
Espurgare, cracher.
Esquisitamente, excellemment.
Esquisitezza, bonté, excellence. pron. *ts.*
Esquisito, exquis.
Essa, elle, icelle. pron. l'*e* fermé.
Essacerbare, aigrir.
Essacerbatione, aigrissement.
Essagerare, exagerer.
Essageratione, exageration.
Essagirare, exagiter, agiter.
Essagonale, à six angles.
Essaltare, exalter.
Essaluminate, perle, perles exaluminées, claires comme l'alum.
Essame, examen.
Essamina, *Essaminatione*, examination.
Essaminare, examiner.
Essaminatore, *Essaminatrice*, qui examine.
Essangue, priué de sang, à demy-mort.
Essare, exiger.
Essasperare, aigrir.
Essattamente, exactement.
Essattione, exaction.
Essatto, exact.
Essattore, receueur.
Essaudevole, qui se peut exaucer.

Essaudènole, qui se peut exaucer.
Essaudìre, exaucer. pres. essaudisco.
Essaustàre, espuiser.
Essautoràto, cassé d'vne compagnie.
Esse, la lettre S pron. l'é ouuert.
Esse, elles, icelles. pron. l'é fermé.
Essecràn̈za, execration. pron. ts.
Essecutàre, executer.
Essecutióne, execution.
far l'Essecutióne, executer les biens.
Eetter in Essecutióne, executer vne chose.
Essecutòre, executeur.
Esseguìre, executer. pres. esseguisco.
Essempiàre, donner exemple.
Essémpio, exemple.
Essemplàre, exemplaire.
Esséndo, estant.
Esséndoche, veu que.
Essentàre, exempter.
Essènte, exempt.
  Tous les mots dont les deux, ss, s'espriment par vostre x, se doiuent prononcer s douce, ou comme z en François.
Essènt̀ia, essence.
Essentiàle, essentiel.
Essentialmènte, essentiellement.
Essentióne, exemption.
E'ssèn̈za, essence. pron. ts.
Esèquie, obseques, funerailles.
Essequìre, executer. pres. essequisco.
Essercitàre, exercer.
Essercìtio, exercice.
Essèrcito, armée.
Essercitènole, qui se peut exercer.
Essère, estre. pron. le premier é ouuert.
Essère, l'estre de quelque chose.
E'ssérui, y auoir : vi é, il y a.
Esser fuor di Bologna. i. estre hors de soy, estre ignorant, parce que les sciences s'estudient à Bologne.
Esser per fare, estre en terme de faire : penser faire, estre prest de faire.
hor hòra Son da voi, ie vous viens trouuer tout à l'heure.
Era per andersène, il estoit tout prest à s'en aller.
sù per morire, il pensa mourir.
sòn stato per cadère, i'ay pensé tomber.
come sarebbe à dire, comme vous pourriez dire.
ch'è del tale, qu'est deuenu vn tel.
che sarà di lui, que deuiendra-t'il.
Egli si sia, ainsi soit-il, patience.
Essì, iceux, eux. pron. l'e fermé.
Essì, si é, on est. pron. l'e ouuert.
Essibìre, exhiber. pres. essibisco.
Essibitiòne, exhibition.
Essiccàre, desseicher.
Essicatìuo, dessicatif.
Essìgere, exiger. parf. essigèi.
Essigliàre, exiler.
Essìglio, exil.
Essìle, banny, exilé.
Essiliàre, bannir, exiler.
Essìlio, exil, bannissement.
* Essilaràre, resiouïr.
* Essimere, exempter, retirer. parf. essimèi.
Essìmio, excellent, singulier.
Essimità, excellence.
Essinanìre, venir à neant. pres. essinanisco.

* Essitimàre, estimer.
Essìstimo, estime.
* Essitìdile, ruineux.
* Essìtio, ruine.
Esso, luy, iceluy. pron. l'e fermé.
con esso lui, auec luy.
con Esso lei, auec elle.
con esso loro, auec eux, ou elles.
Essoràbile, exorable.
Essorbitànte, exorbitant.
Essorbitàn̈za, exorbitance. pron. ts.
Essorbitàre, exorbiter, estre absurde.
Essorcìsta, exorciste.
Essorciz̀àre, exorciser. pron. dz.
* Essòrdio, exorde.
* Essordìre, entrer en discours. pres. essordisco.
Essortàn̈za, exhortation. pron. ts.
Essortàre, exhorter.
Essortatíuo, exhortatif.
Essortatòre, &
Essortatrìce, qui exhorte.
Essortatòrio, exhortatif.
* Essoso, fascheux, intolerable.
* Essuberàre, rendre abondant.
* Essulceràre, exulcerer.
Essuperàn̈za, preéminence. pron. ts.
Essuperàre, exceder.
Està, l'Esté.
E'sta pour quèsta, cette.
Estàde, l'Esté, poët. pres. estatisco.
E'stesi, extase.
* Estatìre, entrer en extase.
Estàte, l'Esté, mot poët.
E'stàtico, extatic, en extase.
E'lle, les intestins.
Estèndere, estendre. parf. estésì, & estendèi.
Estensiòne, extension.
Estensìuo, extensif.
Estenso, estendu,
Estenuàre, extenuer.
Estenuatiòne, extenuation.
* Esterefàre, espouuenter.
Esteriòre, exterieur.
Esteriorità, exteriorité.
Esteriormènte, exterieurement.
Estermìnàre, exterminer.
Esterminatiòne, extermination.
Esterminatòre, exterminateur, rauageur.
Esterminatiòne, extermination : rauage.
Estèrnale, exterieur.
Esternamènte, exterieurement, en dehors.
Esternàre, estranger d'vn lieu, aliener.
Estèrno, externe.
* E'stero, vn estranger.
Estìma, estime.
Estimàre, estimer.
Estimàta, prix, estime.
hauer l'Estimàta, auoir son prix.
Estimatiòne, estime.
Estiméuole, estimable.
E'stimo, estime. C'est aussi vn impost sur les biens.
Estìnguere, esteindre.
Estintiòne, extinction.
Estìnto, esteint.
Estiomènate, vlceres qui rongent & purifient les membres.
Estirpamènto, arrachement.
Estirpàre, extirper, arracher.

Eſtirpatióne, extirpation.
Eſtirpatóre, arracheur.
Eſtirpeuole, qui ſe peut arracher.
Eſtiuále, d'Eſté.
Eſtiuáre, faire d'Eſté.
Eſtiuáre, agencer les marchandiſes dans vn vaiſſeau.
Eſtiuo, d'Eſté.
E'ſtò pour *quéſto*, cettuy-cy, ce, cela.
★ *Eſtóllere*, eſleuer, priſer, parf. *eſtólſi* : part. *eſtólto*.
Eſtórcere, *Eſtórquere*, exiger, tirer par force. preſent, *eſtórco* : parf. *eſtórſi*, & *eſtorcei*, part. *eſtorto*.
Eſtorſióne, extorſion.
Eſtórto, exigé.
★ *E'ſtra*, hors. pron. l'*è* ouuert.
★ *Eſtraniáre*, eſtranger de quelque lieu.
★ *Eſtránio*, eſtrange.
Eſtranire, rendre eſtrange. preſ. *eſtraniſco*.
Eſtrárre, tranſporter : tirer d'vn lieu à l'autre : extraire. preſ. *eſtraggo*, *eſtrai*, *eſtrae*, *eſtraemo*, *eſtraete*, *eſtraggono*. parf. *eſtraſſi*.
Eſtrattióne, extraction.
Eſtrátto, extrait.
Eſtrauagánza, extrauagance. pron. *ts*.
Eſtrauagáre, extrauaguer.
Eſtremaménte, extrémement.
Eſtremitá, extremité.
Eſtrémo, extréme : extremité : dernier.
★ *Eſtricáre*, deſmeſler, deſbaraſſer.
Eſtrinſecaménte, exterieurement, extrinſequement.
Eſtrinſeco, de dehors, exterieur, externe, extrinſeque.
Eſtrinſichézza, exterioritè. pron. *ts*.
★ *E'ſtro*, vne mouſche gueſpe.
Eſtuále, bruſlant de chaleur.
Eſtuáre, flotter dedans & dehors.
★ *Eſuláre*, exiler.
Eſculceráre, exulcerer, ſe rafraiſchir vne playe.
E'ſule, banny. pron. l'*è* ouuert.
★ *Eſultáre*, ſauter de ioye.
★ *Eſuriáre*, auoir faim.
Eſurir, faim.

ET

ET, &.
Età, aage.
d'*Età di quindici anni*, aagé de 15. ans.
di che Età è egli, quel age a-t'il.
Età piccola, bas aage.
Etáde, *Etáte*, aage, mot Poëtique.
Eternále, eternel.
Eternalménte, eternellement.
Eternaménte, idem.
Eternáre, eterniſer.
Eternitá, eternité.
Eternizzáre, eterniſer. pron. *ds*.
Etérno, eternel.
★ *E'tiam*, ainſi.
Etianche, meſmes que
Etiandio, auſſi : meſmes.
E'tica, Ethique, Science morale : Etique, ſorte de fiévre.
E'tico, etique.
Etimologia, etimologie.
Etiopéno, *Etíopo*, Ethiopien.
La terminaiſon *eto* adjouſtée à quelques noms de plantes ou arbres, leur donne la ſignification de lieu remply deſdits arbres, comme *querceto*, cheſnaye, de *quercia*. *Oliueto*, d'*oliuo*, lieu remply d'oliuiers. *Salteto*, de *ſalcio*, ſaulſaye, &c.

E'tra, l'air, le Ciel.
Etrínio, lieu de deuotion, en païs lointain.
Etto, terminaiſon de diminutif, v. g. *libretto*, vn liuret, &c. pron. l'*ò* fermé.

EV

EVacuánza, euacuation. pron. *ts*.
Euacuáre, vuider, éuacuer.
Euádere, euader. parf. *euáſi*, *euadéſti*, *euáſe*.
★ *Euagináre*, tirer de la gaine ou fourreau.
Euangélico, Euangelique.
Euangélio, Euangile.
Euangeliſta, Euangeliſte.
Euangelizzánte, qui euangeliſe. pron. *dz*.
Euangelizzáre, euangeliſer, preſcher l'Euangile. prononcé *dz*.
Euaporaménto, *euaporatióne*, euaporation.
Euaporáre, euaporer.
★ *Euaſióne*, euaſion.
★ *Euáſo*, euadé, eſchappé.
Eucháriſtia, l'Eucharistie, le ſainct Sacrement.
★ *Euéllere*, arracher. parf. *euélſi*.
Eueniménto, euenement.
★ *Euenire*, aduenir. preſ. *euengo*, *euieni*, *euiene* : parf. *euenni* : part. *euenuto*.
Euentáre, idem.
Euentiláre, mettre au vent.
Euento, euenement.
in Euénto, au cas que.
Euerſióne, renuerſement.
★ *Euértere*, renuerſer. parf. *euertéi*.
Euſonía, bonne conſonance.
Euſórbio, Euphorbe, ſuc veneneux, appelé du nom de ſon inuenteur.
Eufráſia, Euphraſie, plante.
Euidénte, euident.
Euidenteménte, euidemment.
Euidénza, euidence. pron. *ts*.
★ *Euíncere*, vaincre. parf. *euinſi*.
Euiſceráre, arracher les boyaux.
Euiſceratóre, *Euiſceratrice*, qui arrache les inteſtins.
★ *Euitá*, eternité.
Euitáre, éuiter.
★ *Euiternáre*, eterniſer.
★ *Euitérno*, eternel.
★ *Euitióne*, euiction, conuiction.
Eunucáre, faire Eunuque, chaſtrer.
Eunúco, Eunuque.
★ *E'uo*, aage, temps. pron. l'*è* ouuert.
Euocáre, euoquer.
Euocatióne, euocation.
★ *Euóna*, immortalité.
Eupatória, aigremoine.
E'uro, Eurus, nom de vent Meridional.
Euuene, il y en a. pron. le premier *è* ouuert.
E'uuerſáre, renuerſer.
Euuerſióne, renuerſement.
E'uui, *vi è*, il y est : il y a. pron. l'*è* ouuert.

EX

EX abrúpto, tout d'vu coup, mot Latin.
eſſer in Extremis, eſtre à l'extremité : c'eſt vn mot Latin dont on ſe ſert en diſcours Italien.

FA

PA

Fabriána cárta, sorte de papier fin, comme nostre papier des Comptes.
Fabriána, en jargon, armeure.
Fabriáno, le cul.
Fábbrica, fabrique, bastiment : forge : ouurage : l'attelier.
Fabrica di méle, du cousteau du miel.
Fabbricáre, bastir : fabriquer.
Fabbricatióne, fabrication.
Fabbricatóre, bastisseur, fabriqueur.
Fabbricatríce, fabriqueuse, bastisseuse.
Fabbricatúra, fabrique.
Fabrichéuole, qui se peut fabriquer.
Fabríle, de forgeron : ouurier ; mareschal.
* Fabuláre, parler.
Fabulóso, fabuleux.
Faccellína, flambeau.
Faccénte, actif, soigneux.
Faccétte, bossettes.
Facchinánte, qui fait le crocheteur.
Facchináre, estre crocheteur : faquiner.
Facchinería, faquineries : actions de crocheteur.
Facchíno, crocheteur, gagne-denier, faquin.
Fácci, ci fà, il y fait, il nous fait.
Fáccia, face, visage : surface.
hà fatto Fáccia di palóttola, il s'est fait vn visage de boulette .i. il a perdu toute honte.
hà Fáccia, il a apparence, il a mine.
far Fáccia .i. estre effronté.
voltár Fáccia, tourner teste.
Fáccia, page de liure.
non hauér Fáccia, estre effronté, n'auoir point de honte.
Facciáta, face : deuanture d'vn edifice : page de liure : pan de mur : façade.
Facceióne, façon.
Faccióso, factieux.
Faccitóccio, la façon d'vn ouurage, manufacture. Item, fait par art, artificiel.
Facciuóla, petite page d'vn liure : petite face.
Facciuólo, Facciuolétto, mouchoir.
Fáccola, flambeau.
Fáce, flambeau.
Fáce pour fà, il fait.
Facélla, flambeau, lumiere.
Facellína, flambeau : pour lumiere.
Facénda, affaire, negoce.
la Facénda, pour la nature de l'homme & quelquefois de la femme : le membre viril.
Facéndo, c'est ce que nous disons, voila l'affaire. Item, voire, voila bien dequoy, grandes affaires.
Facendáre, faire des affaires.
Facendéro, homme d'affaires, negotiateur.
Facendiére, idem.
Facendóso, affairé.
Facendúccie, petites affaires.
Facétia, facetie, plaisanterie.
Facéto, facetieux.
Facéuole, faisable.
Facialménte, face à face.

Fácile, facile.
Facilità, facilité.
Facilitáre, faciliter.
Facilménte, facilement.
Facimále, vn enfant remüant & malicieux.
Faciménto, façon, facture.
Facímola, sorciere.
Facímolo, sorcellerie.
Facíno, pain fait de pois.
* Facilitíccio, façon, mal-façon, façon desplaisante.
* Facitóio, qui se peut faire.
Facitóre, faiseur.
Facitríce, faiseuse.
Facitúra, façon.
Facoltà : biens : commoditez : faculté.
Facoltóso, riche, commode.
Facondaménte, eloquemment, facondement.
Facóndia, faconde, eloquence.
Facondióso, Facóndo, eloquent.
il Fac tótum, le fac totum, celuy qui fait toutes les affaires, maistre aliborum.
Fáda, fáta, vne fée.
Fadígio, Fatíca, fatigue, peine.
Fagauéllo, vne linotte.
Fágaro, &
Fággio, vn fau ou fousteau, arbre.
Fagiána, en jargon, le ventre.
Fagiáno, vn phaisant.
guastár la coda al Fagiáno .i. ne dire pas la fin d'vn affaire ou histoire.
Fagianótto, phaisandeau.
Fagioláta, discours sans rime ny raison, comme ceux que font les femmes en escossant des febves ou des pois.
Faginóle, fasiol, febve riolée.
* Fagóne, vn faineant.
Fágo, vn fau.
Fagottáre, empaqueter.
Fagótto, paquet. Item, vn serpent, sorte d'instrument de musique.
Faína, fouine, martre, qui se dit de coquettes.
Faináccia, fouine qui vit dans la bourbe.
Faináre, estre oisiue ou mauuaise mesnagere.
Falánge, troupe de gens d'armes.
Falángio, sorte d'araignée venimeuse.
vn Fà la nínna, vn gros dormeur.
Faláride, semence qui vient aux Indes, que l'on donne aux Sereins de Canarie, alpiste.
Falauésca, ce qui s'esleue en l'air d'vn papier bruslé ou autre chose : flammesche.
Fálbo, fauue, couleur de cheual.
Fálca, Fálce, vne faulx.
Falcáre, plier. Item, defalquer.
Falcáre, rabattre de la crouppe, terme de manege.
Falcástro, vne vouge, sorte d'arme comme vne hallebarde.
Fálce, vne faulx : & faucille.
Falchétto, petit faucon.
v'è entráto in Falchétto .i. il y est arriué du mal-heur.
Fálchi, courbettes rabattues.
Falciáre, faulcher.
Falciatóre, faulcheur.
Fálcida, loy de Falcidius.
far la Fálcida, rabattre le quart d'vne chose.
Falcídio, vn meschant.
Falcinéllo, vne faucille.
Falcíno, vne serpette de vendangeur ou de vigneron.

Z iij

FA

Fálcio, le plat des jambes du cheual.
Falcióne, vne sorte de hallebarde crocheuë, vne vouge.
Falcola, vn cierge d'enuiron demy-liure : & vne bougie.
Falcolétto, idem.
Falconáre, chasser auec le faulcon.
Falconcéllo, vn lanier, oiseau.
Falcóne, faucon.
Falcón gentile, vn abier, sorte de faucon.
Falcóne di cucína, marmiton : vn gourmand, vn friand : vne sorte d'artillerie, fauconneau.
Falcóne, en jargon, va estropié : vn valet.
Falcón de' draghétti, vn bedeau, en jargon.
Falconéllo, vn lanier.
Falconería, fauconnerie.
Falconétto, vn fauconneau.
Falcónico, de nature de faucon.
Falconiéra, fauconniere.
Falconiére, fauconnier.
Fálda, ply : bord : piece : morceau : lambeau : copean : le de robbe : pan de manteau : basque de pourpoint.
la Falda del monte, le bas de la montagne.
Fálde, habits de femme.
Faldáre, plisser.
Faldaréllo, vn petit chien à tenir sur le giron.
Faldáta, quantité de plis.
Faldéa, sorte d'habits de femme à la Veritienne.
Faldeláre, plisser.
Faldélla, ply d'habit.
Faldélla, vne quantité de laine d'enuiron dix liures, battuë & preste à carder. Item, vn tout, vne niche.
Faldelláto, plissé.
Faldíglia, vne cotte ou juppe à l'Espagnole, qui bande par embas, & tient la robbe suspenduë en rond.
Faldistóro, pulpitre ou rebord à soustenir le liure des prieres.
Faldóne, gros ply.
Faldóne, hableur, vn sot, vn fanfaron.
Falegnáme, menuisier.
Falegnáme di cocchio, Charon.
Falérno, sorte de vin.
Falimbéllo, vn estourdy, vn badin.
Falimbéllo r. s., petit estourdy, pron. *ts*.
Falláce, fallacieux, trompeur.
Fallácia, fallace.
Fallánza, manquement, pron. *ts*.
Fallére, manquer, faillir, obmettre.
Fallatáre, manqueur, transgresseur.
Fallatríce, qui manque, qui transgredit.
Fallénza, faute, pron. *ts*.
Fallétto, vne petite boucle ou anneau à vn mors, pron. à ferme.
Fallíbile, qui se peut faillir.
Fallimbéllo, vn mignon, vn qui fait le beau.
la Fallilélla, c'est en chantant liron lirette, & par allusion *far la Fallilélla*, c'est faire banqueroutte, à cause de *fallire* qui signifie la mesme chose.
Falliménto, manquement.
Fallíre, manquer : faillir : faire banqueroute, *pres. fallisco.*
Fallíta beltà, vne beauté sur le retour, defectueuse, qui faillit, qui n'est plus en estat.
Fallíto, banqueroutier, & banqueroute. Item, manquant, defectueux.
andar Fallíto, faire banqueroutte.
Fállo, faute, erreur : vne faute : vn coup de quinze : vn faux-pas, vn trou qui fait tomber.

FA

dar ou tógliér in Fallo, prendre quelqu'vn pour vn autre.
in Fállo, en vain, à faute.
Pállo, rouëlle, vn anneau au milieu d'vn mors.
Fallóre, & *Fallúra*, antiquement, erreur, faute.
Falò, vn falot, vn feu de joye.
Falólico, vn homme extrauagant, vn falot.
Falpatóre, vn maistre d'école feint qui enseigne des malices aux escoliers.
Falsabrága, vne fausse braye.
Falsaménto, faussement.
Falsárda, vne sorciere, vne charmeresse.
Falsárdo, faussaire. Item, vn sorcier.
Falsáre, fausser : & falsifier.
Falsário, faussaire, falsificateur, falsifieur.
Falsatóre, falsifieur, faussaire.
Falsatríce, falsifieuse.
Falseggiáre, falsifier.
Falsembiánza, faux semblant, pron. *ts*.
Falsétto, fausset en musique.
* *Falsía*, fausseté.
Falsificáre, falsifier.
Falsífico, faussaire.
Falsimigliánza, fausse ressemblance, pron. *ts*.
Falsità, fausseté.
Fálso, faux.
Fálso bordóne, faux-bourdon.
Fálso bordóne, gueux vestu en Pelerin, qui porte le bourdon.
far Falso bordóne à vno, faire le faux-bourdon à quelqu'vn .i. aider à medire.
Falso acoro, glayeul d'eau, flambe bastarde.
Falsúsílo, vne feinte aux armes.
Falsóne, faucon.
Fálso quárto, faux quartier.
* *Fálta*, *faltánza*, manquement, pron. *ts*.
Faltáre, manquer.
Falteróna, nom propre de lieu.
nato nella Falteróna, né dans la Falterone .i. engendré de quelque roche ou de quelque arbre.
* *Faltóso*, fautif.
Fálno, fauve.
Fáma, renommée.
fu Fáma, le bruit courut.
Famaréllo, petite faim.
Famaút, vne notte en musique : & par allusion de *fame*, la faim.
Páme, faim : famine.
sotto dequa Páme, & sotto neue pane, sous l'eau la famine, & dessous de la neige du pain .i. les grandes pluyes rendent la terre sterile, & pourrissent tout.
Famecída, qui tuë la faim.
* *Famiglia*, famille.
Famélico, affamé.
Famelicóso, remply de famine.
Famicída, vn grand mangeur, qui tuë la faim.
Famigeráre, rendre fameux.
Famíglia, famille.
Famíglia del Bargéllo, les Archers du Preuost.
Famigliáccio, vn gros valet.
Famigliáre, familier. Item, valet & officier.
Famigliáre, se mettre ou viure en vne famille. Item, rendre familier.
Famigliarità, familiarité.
Famíglio, valet, seruiteur. c'est aussi vn Huissier ou Sergent.
Famíglio di stálla, pallefrenier.
Famigliuóla, petite famille.

FA FA 183

Familiáre, familier.
Familiaritá, familiarité.
Familiarménte, familierement.
Fámmi, fay-moy.
Madóna Fámmelo, vne bonne galande, bonne paillarde.
Famósa, en jargon, dépenſe, barbe.
Famoſaménte, fameuſement.
Famoſitá, renommée.
Famóſo, fameux.
* Famulénza, grande faim. pron. u.
Fanále, fanal, lanterne ſur le bord de la mer, ou dans les principaux vaiſſeaux.
Fanále di borráſca, fanal qui ſert de ſignal pendant la tempeſte.
Fanaticáre, eſtre lunatique ou furieux.
Fanático, comme enragé : lunatique.
Fanciúlla, fille, pucelle.
* Fanciullággine, ieuneſſe.
Fanciullaríe, enfances.
Fanciulleggiáre, faire l'enfant.
Fanciulléſco, enfantin.
* Fanciulléz za, ieuneſſe, enfance. pron. tr.
Fanciullíno, garçonnet.
Fanciúllo, garçon.
il Fanciúllo dalle ſtinche, vn qui ne rendoit iamais le reſte.
Fanciúllo di Mona Cimbélla. i. vieillard.
* Fando, pour facéndo, faiſant.
Fandonáre, iaſer.
Fandóne, vn iaſeur : vn badin : vn conteur de ſornettes, vn fanfaron.
Fandónie, ſottiſes : ſornettes : fanfaronneries.
Fanéga, certaine meſure comme vne mine.
Fanéllo, vne linotte.
Fanfálla, papillon.
Fanfalúca, & fanfallúchia & fanfallúccola, fanfreluche, flameche.
Fanfalucáre, dire des ſottiſes.
Fanfalúco, vn conteur de ſornettes.
Fanfalúcole, fanfreluches.
Fanfárle, fanfares & rodomontades.
Fánfaro, choſe de rien.
Fangáccio, bourbier.
Fangáre, embourber.
Fanghíglia, de la boüe.
Fángo, boüe, fange.
dar nel Fángo come nella méta. i. parler de tout le monde également, traiter également.
far delle ſue paróle Fángo. i. ne tenir pas ſa promeſſe.
Fangognáre, emplir de fange.
Fangóſa, en jargon, vn anguille.
Fangóſe, en jargon, des ſouliers.
Fangoſtá, crotte.
Fangóſo, boüeux.
Fangótto, fagot : o, pacquet.
Fánno, fay nous, & fais-en.
Fáno, fanal.
Fantaccína, homme de pied, fantaſin.
Fantággio, vn poltron. pron. is.
Fantaría, Infanterie.
Fantaſía, fantaiſie.
Fantáſma, fantoſme : fantáſima.
Fantáſima, la cochemare.
Fantáſima, en jargon, vn garçonnet.
Fantaſticággine, fantaſtiquerie.
Fantaſticaménte, fantaſtiquement.
Fantaſticáre, fantaſtiquer.

Fantaſtichería, fantaſtiquerie.
Fantáſtico, fantaſtic.
Fante, ſeruiteur & ſeruante : pieton.
Fanti perdúti, enfans perdus.
Fánte da Bérgamo, grand, & poltron.
par il Fánte di ſpáde, nous diſons, il reſſemble à vn valet de picque.
Fánte, en jargon, vne monnoye d'enuiron huit deniers.
Fanteggiáre, faire ou rendre quelque ſeruice, faire des actions de valet.
Fanrélla, vne petite fillette ou ſeruante.
Fantería, Infanterie.
Fantéſca, ſeruante.
Fanteſcáccia, vne groſſe droüille.
Fanteſcélla, petite ſeruante.
* Fantilitá, enfance.
Fantína, Fantinélla, petite ſeruante.
Fantinería, enfance.
Fantíno, petit enfant : vn ſoldat à pied.
Fantini della máno, gens d'execution.
Fantoccería, Fatocchería, enfance, badinerie, ſimplicité.
Fantóccio, fantócchio, vn badin, vn homme ſimple : vn épouuentail d'oiſeaux : vne poupée.
Fantolináre, faire l'enfant.
Fantolíno, petit enfant.
Fáolo, en jargon, vn yvrogne, laid, infame.
Farcína, le farcin.
Farciglióne, ſorte de cormorant.
Farcinóſo, farcineux.
Fárda, boüe, fange, merde, moruë, ordure, crachat.
Fardelláre, empacqueter, fagotter.
Fardéllo, pacquet, trouſſe de linge. Item, trouſſe de Barbier
Fáre, faire, preſ. fo, & fáccio, fái, fa, facciámo, fáte, fánno, imparf. facéua, parf. féci, faceſti, fece, facémmo, faceſte, fécero, imperat. fa, fáccia, opt. fáccia, imparf. feſſi, & faceſſi, part. fatto.
á Fár, á Far ſía, à la pareille.
Far à propóſito, eſtre à propos.
non poſſo Far di máneo, di méno. i. ie ne puis pas m'empeſcher de faire.
haver mólto da Fáre, eſtre fort empeſché.
Far ánimo, prendre courage.
Far bélle paróle, dire de belles parolles.
Far cóntra, ſe bander contre quelqu'vn.
Far danári, leuer des deniers.
il Far della Lúna, nouuelle Lune.
al Far del giórno, au point du iour, au commencement du iour.
ſu'l Far della nótta, ſur la brune.
Far d'ogni lána vn péſo, faire vn poids de toute ſorte de laine : cela ſe, dit d'vn méchant homme qui embroüille tout à tors & à trauers.
Far do'gn'hérba vn fáſcia, faire de toute ſorte d'herbe vn pacquet. Idem.
Far à chi fuggirá il primo, ioüer à qui s'enfuira le premier.
Far di meſtiéri, eſtre neceſſaire.
non Fá di meſtieri, il n'eſt pas meſtier. i. neceſſaire.
Fárla malé, faire mal ſes affaires, venir à mauuaiſe fin.
Far due vólte l'ánno. i. porter deux fois l'année, qui ſe dit des arbres.
Far mótto, dire vn mot : parler.
ſenza Farmótto, ſans dire mot.
Far per ſanta María in cáſa, faire pour ſaincte Marie, chez ſoy. i. faire tout à ſon profit.
Far beáto, rendre heureux.

nō fà per me, cela ne m'accommode pas.
Far il ruffiáno, seruir de maquereau.
due meſi Fà, tre meſi fà, &c. il y a deux mois, il y a trois mois, &c.
che ſi Fà.i. comment vous va.
paco Fà, il n'y a gueres.
chi la Fà l'aſpètta.i. qui fait vn mal ou déplaisir, en attende la punition ou la pareille.
Fàrſi béffe, se moccuer.
Farla bène ò male, estre en bon ou mauuais estat.
Far à due meſi.i. le faire ou par amour ou par force.
ſon per Fàre, ie ſuis preſt de faire : ie ſuis homme à faire cela.
Far compagnìa, tenir compagnie.
nōn ſou per Fàre, ie n'ay garde de faire.
Fàrſi alla feneſtra, se mettre à la fenestre, mettre la teste à la fenestre.
Fàrſi innánz i, s'aduancer, se presenter.
Faſt in là : ſe mettre à costé, se reculer à costé.
Fàrſi in diétro, se reculer en arriere.
Fàrſi dalla lúnga, ſe mettre à quartier, s'esloigner d'vne choſe, feindre de ne la pas ſçauoir.
Fàrſi parte, se porter partie.
Far querèla, former ses plaintes.
Far témpo, donner du temps.
Far come ſer Gállo, qui s'en alla & ne reuint plus.
Fàrſi da un càpo, farſi da vna banda, se mettre d'vn costé.
Farſi da qualche còſa, se rendre bon à quelque chose, se rendre honneste homme, deuenir quelque chose de bon.
Fàtti con Diò, adieu, va t'en à Dieu.
che ſi Fà ſignóre, comment vous portez-vous, en quel eſtat estes-vous, Monſieur.
Faréa, sorte de serpent.
Farétra, vn carquois.
Faretràre, mettre vn carquois.
Faretràto, qui porte vn carquois.
Fàrſa, crasse, de teste.
Farſalla, vn papillon.
Farfallóne, vn gros papillon : vn gros crachat, que nous appellons vne huistre, par similitude. Item, vn gros morueau. Item, vne sottise.
dir Farfallóni, dire des sottises.
far un Farfallóne, faire vne grande faute.
Farfallónico, bourdonnement.
Farſanàccia, ſarſanaccio, pas d'asne, herbe.
Farſanicchio, vn badaut, bouffon de teatre.
Fàrſara, crasse. Item, pas d'asne, herbe.
Farfarèllo, vn lutin, vn farfadet.
Farfarèllo, &
Farfara, pas d'asne ou de cheual, herbe.
* Fàrfaróſo, crasseux, à la teste.
Farſógna, cloaque.
Farſóia, Religieuſe, nonnain, en jargon.
Farſóio, en jargon, Moine.
* Farſóſo, crasseux.
* Farſúgio, crasse.
Farìna, farine.
nōn è Farìna da cialdé, ce n'est pas farine à faire des cornets de petit mestier.i. il n'est pas pur de choſe.
queſto non ſà Farìna.i. cela n'apporte point de profit.
tu ſei vna buòna ò netta Farìna, par ironie, tu es vn bon vau-rien, vne bonne beste.
Farinàcci, dez marquez d'vn coſté, des bœufs.
Farinaccióolo, qui se met tout en farine ou en poudre.
Farináio, Farinaiuolo, meuſnier.
Farinàre, enfariner.

Farinàta, bouillie d'eau & de farine. Item, vn cataplaſme.
Farinèlla, vn sas.
Farinèllo, vn filou, vn pipeur. Item, vne sorte de mousse.
Farinóſo, farineux.
Farlácchio, vn gros lourdaut.
Fàrmaco, Apoticaire.
Farnetìcáme, frenesie, pron: ts.
Farnetìcàre, réver, radotter, estre en frenesie.
Farnetichézza, frenesie, pron. ts.
Farnetico, frenesie. Item, vn frenetique.
Fàrnia, plante qui ne porte point de fruit, dont le bois est fort dur & leger, & la feüille semblable à celle du chesne.
Fàro, vn Phare.
Faròna, vne oye que l'on engraisse.
Farrágine, sorte de seigle.
Farraìna, meslange de diuers grains pour les faire croistre en herbe, & seruir de pasture : fourage : dragée aux cheuaux.
Ferrána, id.
Farráno, crasse.
Farricèllo, de l'espautre, du bled.
Fàrro, sorte de grain, vne sorte de fourment rouge & barbu, que l'on mange comme l'orge mondé, brance.
Fàrſa, farse.
Farſàre, ioüer vne farse, farser.
Farſàta, farse de viande.
Farſetàccio, vn méchant pourpoint.
Farſeràio, pourpointier.
Farſètto, vn pourpoint à porter ſous vne juppe.
in Farſètto, en pourpoint.
Farſettóne, vn grand pourpoint.
Fartágna, alloüette huppée.
Fàrza, farse, pron. ts.
Faſanàre, selon aucuns, refaire la viande sur les charbons.
Faſáno, vn phaisan.
Faſcèllo, faſcètto, petit pacquet, petite charge, faisceau.
Fàſcia, bende d'enfant.
nelle Fáſcie, en maillot, à la mammelle.
Fàſcia, vne écharpe : vne double feüillure à guiſa di Fàſcia, en écharpe.
Fàſcia, en Architecture, bende.
Faſciàno, vn phaisan ou faisan.
Faſciàre, bender, entourer, enuelopper, emmailloter vn enfant.
Faſciatèllo, petit pacquet, petite charge.
Faſciatóio, beude, ligature : maillot.
Faſciatrice, remueuſe d'enfant.
Faſciatúra, enueloppement, bendage.
Faſcìna, fagot, fascine comme de sarment.
Faſcìna mal ligàta.i. vne perſonne mal agencée, de mauuaiſe grace, mal baſtie.
Faſcìna de' Spagnuoli, se dit, quand on se chauffe au Soleil ; le feu des Espagnols.
Faſcinàre, fortifier de faſcines. Item, enforceler.
Faſcinàta, vn rempart de faſcines.
Faſcinàto, id.
Faſcinatióne, sorcellerie.
Faſcinatóre, charmeur.
Faſcinatrice, charmereſſe.
Faſcinèlle, petits fagots : petits pacquets.
Faſcìno, charme ; sorcellerie.
Fàſcio, fardeau, charge, pacquet, vn trouſſeau.

far Fástio *d'ogni hèrba*, mettre toutes sortes de choses an besogne, se seruir indifferemment de toute sorte de choses.
Fascinóla, petite bande.
Fascinólo, petit fardeau.
Fasséne, on en fait : *séne sa.*
Fási, l'on fait : *si fa.*
Fassináto, *fascináto*, ensorcelé. Item, vn rempar de fascines.
Fastelláre, fagotter, empaqueter.
Fastéllo, fardeau de bois : fagot : & pacquet.
Fastidiáre, fascher, ennuyer, desgouster.
Fastidio, fascherie, ennuy, desgoust.
Fastidiosaménte, fascheusement, auec importunité.
Fastidióso, fascheux, importun.
è più Fastidióso *che Giorgio*, il est plus importun que George, qui ne vouloit pas tendre ses jambes apres estre mort.
Fastidíre, ennuyer, desgouster, fascher. present, *fastidisco.*
Fastigiáre, esleuer au sommet : enfaister.
Fastigióso, glorieux, superbe.
Fastigio, le faiste, le sommet.
* Fastióre, vilenie, ordure, puanteur.
Fásto, gloire, superbe, faste.
Fastosaménte, superbement.
Fastosità, faste.
Fastóso, glorieux, plein de faste.
Fáta, vne Fée : vne charmeresse.
Fatagióne, la qualité d'estre invulnerable.
Fatále, fatal, qui se prend pour bien, & pour mal.
Fatalità, fatalité.
Fatalménte, fatalement.
Fatáppio, sorte d'oiseau.
Fatáre, rendre Fée : rendre invulnerable : charmer.
Fatáto, Fée, qui ne peut estre blessé : charmé.
Fatésta, à sçauoir, specialement.
Fatéz*ze*, traits de visage : taille : &c. prononce *τε.*
Fatíca, fatigue, peine : outrage.
Fatíca *lupináto*, fatigue d'vn vendeur de lapins .i. vn homme fort empesché, par ironie.
Faticánte, qui trauaille, laborieux, de fatigue.
Faticáre, fatiguer, trauailler.
Fatichénole, de grande peine, de grand trauail, laborieux.
Faticósa, en iargon, vne eschelle.
Faticosaménte, laborieusement, peniblement.
Faticosità, trauail.
Faticóso, laborieux, penible.
* Faticidio, *saridico*, vn deuin.
Fatióne, façon.
Fáto, destin.
Fatóio, moulin à papier.
Fátta, sorte, façon, nature d'vne chose. C'est aussi ce que nous disons, d'vne feuille, de deux feüilles, &c. en parlant des arbres, *d'vna fatta*, *di due fatte*, &c.
si Fattaménto, de telle sorte.
Fattéz*ze*, trait de visage, forme de membres.
Fattéuole, faisable. *Fattibile.*
Fátti *con Dio*, Dieu vous ayde, adieu.
Fatibélla, fard.
Fatibéllo, idem.
Fatticcio, membru. Item, artificiel, contrefait.
Fatticcio *vino*, vin qui est en sa boitte, vin fait, vin paré.
Fattionáre, façonner.
Fattióne, faction : façon, forme.

Fattióso, factieux.
Fattítio, contrefait, artificiel. Item, membru.
Fattíuo, efficient, agissant, qui fait, actif.
Fátto, faict, affaire, negoce.
Fátto, parfait : meur.
Fátto *cauállo*, vn cheual dressé.
non gran Fátto, pas grand cas.
di Fátto, soudain.
sì Fátto, *così sátto*, tel.
tanto Fátto, aussi grand, aussi gros, aussi long : en monstrant la grandeur & grosseur, auec la main.
far béni fatti suói, faire bien ses affaires.
far il Fátto *súo*, faire son cas.
va à far i Fátti *tuói*, retire-toy, va-t'en, va te faire penser.
à gran Fátto, de beaucoup.
al Fátto, au fait, & au prendre.
in su' l Fátto, sur le fait. Item, present à l'affaire, sur les lieux.
Fattocchiáre, enchanter, ensorceler.
Fattocchiéra, sorciere.
Fattocchiería, sorcelleries.
Fattocchiéro, sorcier, charmeur.
Fattóio, lieu où l'on tient l'huile.
Fattoráre, faire l'office de facteur.
Fattóre, facteur : receueur : fermier : apprentif : facteur qui fait des orgues.
Fattor *nuóuo*, *tre dì buóno*, vn nouuel apprentif n'est bon que trois iours durant.
Fattoría, office de receueur ou fermier.
Fattorino, vn petit facteur.
Fattríce, la femme d'vn facteur. Item, faiseuse.
Fattríce *pórca*, vne truye qui porte des petits.
Fattuchiáre, ensorceler.
Fattucchiería, sorcellerie.
Fattúra, façon : facture : charme.
Fatturáre, charmer, ensorceler.
* Fattúro, qui doit faire.
Fatturéra, charmeresse.
* Fatuáre, faire le fol.
* Fátuo, fol.
Fáua, febve : la voix en iugement que l'on donne par vne febve.
pigliar due Colúmbi ad vna Fáua .i. tromper deux personnes à la fois : & faire d'vne pierre deux coups.
Fáua, le prepuce, la teste du membre viril.
alla Fáua, sorte de ieu.
aiutársi con le Fáue s'aider des febves .i. offenser vn homme à qui on veut mal, en donnant sa voix, pource qu'on se sert de febves.
di Fáua *sbaccellàta*, de febve esgoussée : c'est ce que nous disons par mespris, homme de neige, de paille.
far Fáue *è fagginóli con vno*, faire des febves, & des fasiols auec quelqu'vn .i. se rendre familier, selon aucuns : le prouerbe dit, Fáue *e fagginoli ogn'vn sáccia i fatti suói* .i. bande à part, iouer à tout rompre.
veder far il séme alle Fáue .i. voir la fin d'vn affaire.
non può tenér le Fáue *cálde in bócca* .i. il ne se peut taire, il ne peut rien celer.
vna Fáua *in bócca al leóne*, nous disons, vn grain de millet dans la bouche d'vn asne .i. peu de chose.
condir la Fáua *menáta* .i. donner la saulse, accommoder vne affaire.
tutto il móndo è Fáua .i. tout lemonde est vne mesme chose.
Fáua, sorte de boüillie de fleur de febve.
Fauarélla, id.

A a

186   FA FE   FE

Fauagéllo, sorte d'herbe, petite chelidoine.
Fáuci, le gosier.
Fauélla, langage, discours.
Fauelláre, parler, discourir.
Fauellár come gli spiritáti.i. parler par la bouche d'autruy, par vn tiers.
Fauellatóre, parleur, discoureur.
Fauellatrice, discoureuse, parleuse.
Fauéllo, cajollerie, discours.
Fauétta, farine de febve qui se cuit comme de la bouillie.
Fauílla, estincelle.
Fauilláre, estinceller, esclatter.
Fauíllo, splendeur, esclat.
Fauillóso, plein d'estincelles.
Fauíllúzza, petite flameche. pron. *ts*.
Fáuo, rayon de miel.
Fauognáro, le vent du Midy.
Fáuola, fable.
La Fáuola del tórdo, la fable de la griue, qui dit à sa compagne, prends garde à ses mains, & non pas à ses yeux, car encore qu'il pleure, il nous tuë, regarde aux effets, & non pas à l'apparence.
Fauoláio, conteur de fables.
Fauoláre, & *fauoleggiáre*, dire des fables.
Fauolatóre, diseur de fables.
* *Fauólico*, fabuleux.
Fauolégia, flamesche.
Fauolésco, fabuleux.
Fauolosaménte, fabuleusement.
Fauolóso, fabuleux.
Fauóne, grosse febve, & grosse teste de membre viril.
Fauonídue, sorte de poires.
Fauoníno, le vent de Midy.
Fauoráre, fauoriser.
Fauóre, faueur.
Fauoreggiánte, fauorisant.
Fauoreggiáre, fauoriser.
Fauoreggiatóre, fauoriseur.
Fauoreggiatrice, fauoriseuse.
Fauoréuole, fauorable.
Fauoreuolménte, fauorablement.
Fauorire, fauoriser. pres. *fauorísco*.
Fauoríto, mignon, fauory.
Fauorúccio, petite faueur.
Fánostéllo, petite esclere, sorte d'herbe.
Fauótto, sorte de canard.
Fáuro, *fábro*, forgeron.
Fáusto, bon-heur.
Fautóre, fauteur, qui fauorise.
Fautrice, femme qui fauorise.
Fauíle, champ de febves. C'est aussi le pied sec ou tige de la febve, fauas.
Fáz̧z̧o, sot. pron. *ts*.
fáre vno Fáz̧z̧o, vouloir qu'vn homme soit beste par force. pron. *ts*.
* *Faz̧z̧aléa*, armoire ou huche, à mettre le pain. prononcé *ts*.
* *Fáz̧z̧o*, façon, maniere. pron. *ts*.
Faz̧z̧olétto, vn mouchoir.
Faz̧z̧ólo, id. pron. *ts*.

FE

Fè, foy.
à Fè, par ma foy.
Fè pour féce, il fit.

Féa pour facéua, il faisoit.
Febbráio, Février.
Febbre, fiévre.
Febbreggiáre, auoir la fiévre.
Febbricélla, petite fiévre.
Febbriccia tola, petite fiévre.
Febbriciánte, *febbricitánte*, qui a la fiévre, febricitant.
Febbricitáre, auoit la fiévre.
Febbricióso, febbricóso, fiévreux.
Febbróne, grosse fiévre.
Febbróso, fiévreux.
Febráio, Février.
Fécato, foye.
Fecáto, bassiere qui sert à faire d'autre petit vin.
Féccia, lie de vin ou autre matiere. pron. l'è ouuert.
Féccia d'oglio, fesse ou lie d'huile.
Fecciáta, le trou de la broche au bas du tonneau pour en tirer la lie.
Feccióso, plein de lie. Metaph. fascheux, desgoustant, Bréneux.
Fécciono, pour *fécero*, ils firent.
Féce, lie. pron. l'è ouuert.
Féce, prononcé fermé, signifie, il fit.
* *Feciále*, heraut.
Fecondaménte, secondement.
Fecondáre, rendre second.
Fecondézza, fecondité, fertilité. pron. *ts*.
Fecondità, fecondità, id.
Fecúndo, second, fertile.
Feculénte, qui sent la bassiere ou la lie.
* *Feculénza*, goust de bassiere ou de lie. pron. *ts*.
Féde, foy, confiance : tesmoignage : attestation. prononcé l'è fermé.
Fedéle, fidel, fidelle.
Fedelménte, fidellement.
Fedéltà, fidelité.
Fédera, du coutis : c'est aussi vne taye d'oreiller.
Ferále d'alliance.
* *Féder̄e*, blesser, frapper. Ce verbe ne se treuue qu'à l'infinitif, & au present.
Fedimènto, pour blesseure.
* *Fedíre*, ferire, blesser, frapper.
* *Fedíta*, *ferita*, blesseure.
* *Fedíto*, *ferito*, frappé, blessé.
* *Feditóre*, *feritóre*, frappeur.
* *Fédo*, sale, ord : *fedóso*. pron. l'è & l'ò fermé.
Fegatélla, fricassée de foye.
Fegatélla, hepatique, herbe.
Fegatéllo, vn morceau de foye de porc enueloppé dans la crespine, que l'on fait rostir à la broche.
cógliere al Fegatéllo la cagion del prezzémolo .i. remettre la faute de l'vn sur l'autre.
Fégato, foye.
hauer guásto, ò márcio il Fegáto .i. prendre toutes choses en mauuais sens : nous disons, estre prompt, auoir des chaleurs de foye, ou plustost auoir haine contre quelqu'vn.
Fegatóso, qui a vn gros foye : ou malade du foye.
* *Feggiáre*, frapper.
Féggia, qu'il frappe.
Félce, feuchere, fougere. pron. l'é fermé.
Félce querciua, polipode. pron. l'é fermé.
Féi, pour *féci*, ie fis. é fermé.
Feloéti, bruyeres pleines de fougeres ou feucheres. pron. l'é fermé.
Felciáta, jonc. Item, de la jonché, vne chuuerture.

FE   FE   187

Féle, fiel. pron. l'é ouuert.
Feleggiáre, rendre amer comme du fiel.
Felice, heureux. Item, vne sorte de pierre.
Felicità, felicité.
Felicitáre, rendre heureux.
Felippa, la nature de la femme, en jargon, vne robbe de femme.
Fellàre, commettre felonnie ou cruauté.
Félleo, amer comme fiel.
Félli, pour li féce, les fit. pron. l'é fermé.
Féllo, felléne, meschant, felon, prononcé l'é ouuert.
Fellonéssa, meschante, felonne.
Féllo, pour lo féce, le fit. pron. l'é fermé.
Fellonésco, cruel.
Fellonóso, felon, meschant.
Bellonía, cruauté, felonnie.
Félpa, peluche.
Félpa corta, félpa bassa, panne de soye.
Félsi, gueux qui feignent faussement d'estre Prophetes.
Feltráre, filtrer.
Féltro, feustre : c'est aussi vn gaban pour la pluye, vn capot. Item, filtre.
Felúca, felouque.
Félza, la partie couuerte d'vne gondole où sont les sieges.
Felzáta, idem : & vne sorte d'estoffe.
* Féme, la nature de la femme.
Femélla, femelle.
Fémina, femme, femelle.
Fémina, vne garce.
Fémina d'vncino, porte d'agraffe.
Fémina d'arpíne, piton à mettre vn crampon.
Feminaccio, efféminé.
Feminacciolàre, courir apres les femmes.
Feminácciolo, efféminé, addonné aux femmes.
Femináre, efféminer.
Feminélla, femmelette. Item, vne porte comme d'agraffe.
Femineo, de femme, feminin.
Feminésco, idem.
Feminítta, femmelette.
Feminézza, humeur de femme. pron. ts.
Feminiére, addonné aux femmes.
Feminíle, feminin.
Feminúccia, petite femme.
Fémmi, pour mi féce, me fit. pron. l'é fermé.
Fenáia fálce, faux à faucher le foin.
Fendio, de foin.
Fenaiuólo, faucheur, porteur de foin : botteleur de foin.
Fenaruólo, idem.
Fendénte, vn estramaçon.
Féndere, fendre. Item, defricher vne terre. part. Fendéi, & fendétti : part. fenduto. & fésso.
Fendéuole, esclattant : qui se fend.
Fendiménto, fente.
Fendísa, fenditúra, fente.
Fenditóre, fendeur.
Fenditríce, qui fend, fendeuse.
Fenditúra, fente.
Fenéstra, fenestre.
Fenestráre, faire des fenestres.
Fenestráro, Vitrier.
Fenestráta, reng de fenestres.
Fenestrélla, fenestríno, petite fenestre.

Fenestróne, grande fenestre
* Fréngere, fingere, feindre. pres. fingo, parfait, finsi. part. finto.
Fenice, Phœnix.
Feníle, feniere, grenier au foin.
Fénne, ne féce, il en fit. pron. l'é fermé.
Fénno, pour fécero, ils firent. pron. l'é fermé.
Féno, foin. pron. l'é ouuert.
Fenócchio, fenouil.
Fenóso, plein de foin.
Féo, pour féce, fit. pron. l'é fermé.
Fér, féro, pour fecero, ils firent. pron. l'é fermé.
Féra, beste. pron. l'é ouuert.
* Feráce, fertile.
* Feracità, fertilité.
Ferále, flambeau, torche.
Ferále, funeral. Item, lanterne à Venise.
Feralétto, petite torche, petite lanterne à Venise.
* Feralménte, brutallement, cruellement.
Feraruólo, manteau.
Ferétro, ciuiere à porter les morts.
Ferétra, selon aucuns, vn furet.
Ferettáre, fureter.
Féria, Foste, iour de Feste. pron. l'é ouuert.
Feriále, de Feste.
Ferialménte, vulgairement.
Feriáre, fester.
Feriéra, forriere d'artisan : dans quoy il porte ses outils & ferremens.
Ferigno, rude, aspre, grossier.
Ferína, venaison.
Feríre frapper, ferir, blesser : aboutir à vn lieu, regarder comme vne fenestre. pres. féro, & ferisco.
Frísto del padiglióne, festiere de tente ou de pauillon.
Feríta, blesseure.
Ferità, fierté, cruauté.
Feríto, blessé.
Feritóre, qui blesse.
Feritríce, blesseuse.
Feritóia, meurtriere d'vne tour ou boulenard : petite canonniere.
Férla, ferule : & vne crosse de boiteux.
Ferlinánti, ouuriers à qui l'on donne le mereau.
Ferlino, vn mereau que l'on donne aux ouuriers pour estre payez. Item, vn petit poids en Lombardie.
Férma, conduite de soldats : alte. Item, confirmation Seing, signature.
brácco da Férma, chien d'arrest.
Fermagliáre, mettre des fermoirs.
Fermáglio, fermoir, boucle.
Fermaménte, fermement, asseurément.
Fermaménto, firmament.
Fermánza, asseurance. pron. ts.
Fermáre, arrester, deliberer : confirmer.
Fermársi sú la persóna .i. se planter droit sur ses jambes, se tenir bien droit.
Fermàr le stárme, arrester les perdrix .i. donner ordre à ses affaires.
non si férma mái, il n'a point d'arrest, il n'a point de cesse.
Fermatíuo, affirmatif.
Fermentáre, faire leuer auec du leuain.
Fermentáto páne, pain leué.
Forménto, leuain.
Fermézza, fermeté. pron. ts.
Férmo, arresté, ferme.

Aa ij

FE

Par Férmo, demeurer ferme, s'arrester.
Stay Férmo cou le máni, ne dérober point.
canto Férmo, plain-chant.
Fernanbucco, bois de bresil.
Fernesicáre, estre en frenesie.
Fernético, frenetique.
Férno, &
Férno pont fécero, ils firent, pron. l'é fermé.
* *Féro*, feróce, fier, cruel, feroce, pron. l'é ouuert.
Ferocemente, cruellement, fierement.
Ferocia, *ferocità*, fierté.
Feróla, ferule, palette : c'est aussi vne sorte de plante appelée ferule : selon aucuns, la nature de la femme.
Feroldgine, ferule, plante.
Ferracòcchi, Charon, qui ferre les roües & les coches ou carrosses.
Ferradóri, ferrures.
Ferragóste .i. feriæ Augusti, le premier iour d'Aoust, les Calendes d'Aoust.
Ferragina, *ferraina*, meslange de grains semez, pour les faire croistre en herbe : selon aucuns, orge en herbe.
Ferraine, toutes sortes de ferrures.
Ferráio, mareschal.
Ferraiuolo, manteau. Item, vn forgeron ou mareschal.
Ferráme, du fer.
Ferramenti, ferremens.
Ferrana, meslange de grains semez, pour les faire croistre en herbe, & seruir de pasturage.
Ferrandina, croisé de Flandre, serge de Rome.
Ferrára : fatta à Ferráta, *& temperáta à Piombino*, faite à Ferrare, & trempée à Piombin, par allusion de *férro & piómbo .i.* vne mauuaise lame qui tient du fer & du plomb.
Ferráre, ferrer.
come disse colui che Ferráua l'oche, comme dit celuy qui ferroit les oyes, il y a de la besogne pour tout le monde.
chi Férra inchiòda, qui ferre encloüe .i. que l'on est suiet à manquer en faisant quelque chose, que l'on ne fait pas tousiours bien.
Ferráre, en jargon, perdre.
Ferráre la múla, nous disons aussi, ferrer la mule.
Ferrária, mestier de mareschal ou forgeron.
Ferráro, forgeron : serrurier : mareschal. Taillandier.
Ferraruólo, manteau.
Ferrastráeci, rapetasseur de vieilles pieces de fer.
Ferrastringhe, ferreur d'éguillettes.
Ferráta, grille ou barreaux de fer.
Ferráta àqua, eau ferrée.
Ferratóre, mareschal.
Ferratúra, ferrure.
Ferrauécchio, *ferrauénge*, crieur de vieux fers, &c.
Ferrézza, sorte de poisson, pron. *ts.*
Férro, de fer.
Ferrería, boutique ou art de mareschal.
Ferrétta, petite pointe de fer.
Ferréto, cuiure calciné auec du soulphre, *ruston*, ferret d'Espagne.
Ferriáta, grille de fer. Item, vne herse à vne porte : vne porte coulisse.
Ferriáto, fermé de grilles de fer.
Ferriéra, estuy de ferremens : ferriere de mareschal. Item, la forge où l'on raffine le fer : & pour vne mine de fer.
Ferriére, ouurier en fer, forgeron.
Ferrigno, de nature de fer : fier, fort, robuste.
Férro, fer : arme, espée.

FE

venir à i Férri, venir aux prises.
esser à Férri .i. estre apres à conclure vne affaire.
mano à Férri, mettons les fers au feu.
Férro tiráto, vn fer qui sert au lieu d'vn villebrequin.
aguzzár i suoi Férri .i. aiguiser son esprit, faire tout son possible, pron. *ts.*
à Férro è fuòco, nous disons, à feu & à sang.
Férro, en jargon, *un baiócco*, deux liards.
Férro di múla, en jargon, demy-teston.
Ferrúgine, roüille.
Ferruginóso, roüillé.
Ferruzzo, petit fer, petit instrument de fer, pron. *ts.*
Férsa, fiévre violente. Item, vn foüet, en Lombardie, vne espece de rougeole.
Fersóra, poësle à frire.
Fersúra, idem : & vne fricassée.
Fersúto, frit.
Fertile, fertild.
Fertilire, rendre fertile, pres. *fertilisco.*
Fertilità, fertilté.
Fertilmente, fertilement.
Ferúcola, bestiole. Item, vn lezard.
Feruénte, boüillant, bruslant, cuisant: feruent, prompt, affectionné à quelque chose.
Feruentézza, &
Feruénza, ferueur, pron. *ts.*
Férvere, boüillir, parf. *feruei & feruétti*, parf. *feruúto.*
Feruidamente, feruemment, auec ferueur.
Feruidézza, ferueur.
Férvido, feruent.
* *Ferulácea*, sorte de maulüe.
Férula, ferule.
Feruléo, plein de roseaux.
Feruoráre, donner de la ferueur.
Feruóre, ferueur.
Feruosaménte, auec ferueur.
Feruóso, plein de ferueur.
* *Ferúre*, blesser.
* *Ferúra*, blesseure.
Ferúto, feruent. Item, naur.
Féra, foüet : c'est aussi vne fiévre violente, en Lombardie, rougeolle.
Férua del cáldo, le grand chaud du iour, au lieu de *forza*, pron. *ts.*
Feráre, foüetter. Item, brusler, hauir, pron. *ts.*
* *Feséáa*, pannier.
* *Fescína*, vn hottereau.
Féssa, fente. Item, fenduë, nature de la femme.
Fésse, pour *facésse*, il fist, pron. l'é fermé.
Fessile, qui se fend.
Fésso, fente. Item, fendu, pron. l'é fermé.
Fessolino, petite fente.
Fessúra, fente.
Fessúra d'onghia, seme.
Fessúra del piede, complette.
Fessuráre, fendre.
Fésta, Feste. Item, bal. pron. l'é ouuert.
far la Fésta à vno .i. le tuer.
ogni di non è Fésta, nous disons, il n'est pas tous les iours feste, on n'a pas tousiours ce que l'on veut.
in còro Fésta, *in cucina feria festa*, au chœur feste, à la cuisine ferie sixiesme .i. vn Prestre bien logé qui traite mal ses pensionnaires, parce que *feria festa*, qui est le Vendredy, on mange maigre, pour signifier que l'on mange tousiours maigre.
conciár vno pe'l dì delle Féste, nous disons, accommoder tout de rosty.
hoggi la Fésta, dománi la vigilia, cela se dit quand on

FE

a grande enuie de quelque chose.
se fa Festa à Milano, cecy se dit quand on void vn maraud assis.
la Festa da empoli .i. la feste de l'asne, des bastonnades.
è fatta la Festa & corso il palio, la feste est faite, & le pris couru, cela se dit à vne personne qui vient apres que l'on a disné.
far Feste alle campane .i. auoir quelque chose qui agrée.
sonar à Festa, carillonner.
Festante, ioyeux.
Festáre, fester.
dar le buone Feste, souhaitter ou donner les bonnes festes par lettres ou autrement, aux iours les plus solemnels de l'année: coustumes d'Italie.
la festa è fatta per chi la gode non per chi la fa, la feste est faite pour celuy qui en iouist, & non pas pour celuy qui la fait, parce qu'il luy en couste de l'argent.
Feste pour facéste, vous fistes, pron. l'é fermé.
Festécchi, des pistaches.
Festeggiáce, lieu où l'on fait la feste.
Festeggiaménto, resiouïssance. Item, caresse.
Festeggiáre, festoyer, se resiouïr. Item, caresser, obseruer la feste, chomer la feste.
Festeggiéuole, ioyeux.
Festeréccio, de feste.
Festéuole, ioyeux, gaillard.
Fésti pour facésti, tu fis, pron. l'é fermé.
Festichíno, verd clair, de couleur de pistache.
* *Festinánza*, hastiueté, pron. ts.
* *Festináre*, se haster.
Festíno, banquet: festin: bal, feste.
Festíno, pour prompt, viste.
Festiuità, ioyeuseté, feste.
Festíuo, resiouy, de feste, gaillard.
Festo, idem.
Festoncéllo, petit feston.
Festóne, vn feston, feüillage autour d'vne armoirie, ou autre figure, pron. l'ó fermé.
fa bée Festóni .i. orne bien ton fait: cela se dit à vn menteur qui cajole fort.
Festosaménte, auec ioye.
Festóso, ioyeux: de feste: de banquet.
Festu, festu.
Festucáre, battre le paué auec la hie. Item, piequer d'vn festu.
Festúco, festu.
Festúga, idem.
Feténte, puant.
Fetentemènte, puamment.
* *Fitóre, Fetidézza*, puanteur, pron. ts.
Fetidáre, sentir mauuais.
Fétido, puant.
Féto, le fœtus, dans le ventre de la mere.
Fetóre, puanteur.
Fétta, vne trenche, vne darne: couppon: tronçon.
vna Fétta di ballo, vn peu de dance.
parlar à Fette, parler en mots couuerts.
dar ne vna Fétta, en bailler à taster, en faire gouster: se prostituer.
domandar vna Fetta, demander la courtoisie à vne femme.
Fettáre, couper en trenches.
Fettóne, espece de fluxion aux reins.
Fettúccia, & setúccia, petite trenche: c'est aussi du ruban à Rome, pron. l'é fermé.
Fettucciáre, trencher en petits morceaux.
Fettucciáro, vendeur de ruban.
Feudále, feudal, de fief.

FE FI

Feudatáre, eriger en fief.
Feudatário, feudataire.
Feúdo, fief.
Feudóso, qui paye tribut.

FI

Fià, fois, mot Lombard.
Fia, sera, pour sia ou serà.
* *Fiábba, fiappa*, chanson.
à buon vino Fiabba lónga .i. l'affaire le merite.
* *Fiabbáre, fiappáre*, chanter.
Fiácca, bruit, fracas. Item, chose de rien, foible ou foible.
à Fiácca cóllo, à bride abbatuë.
Fiaccaménte, laschement.
Fiaccáre, rompre: fracasser: meurtrir.
Fiaccáre vn néruo, fouler vn nerf.
Fiaccársi il cóllo, se rompre le col.
Fiaccar le braccia à vno, casser le bras à quelqu'vn.
Fiaccatúra, fouleure: meurtrisseure.
Fiacchézza, foiblesse, pron. ts.
Fiácco, las, foible, flasque, lasche, languissant: foulé: en jargon, enfant.
Fiácco, rauage: fracassement.
buttarsi à Fiácco, se jetter à corps perdu.
Fiáccola, flambeau.
Fiaccoláre, brusler comme vn flambeau.
Fiadoncéllo, flan de laict.
Fiadóne, rayon de miel: & vn flan de laict.
Fiadonéllo, idem.
Fiála, vne phiole: mot du Poëte Dante: c'est aussi vn rayon de miel.
Fiále, rayon de miel.
Fialóne, grande phiole: & rayon de miel.
Fiámma, flamme.
Fiámma, che arda in vetta non l'aspettar in frétta, la flamme qui brusle au plus haut de la maison ne l'attend pas si-tost en bas.
Fiammáce, flamboyant.
Fiámma sálsa, feu sauuage, sorte de gale.
Fiámma, pour chandelle.
Fiámme, les banderolles que l'on attache à l'antenne pour pareure, flammes sur les vaisseaux & galeres, les festes principales, ou quand on fait vn entrée.
Fiammánte, flamboyant.
è nouo Fiammánte, il est tout battant-neuf, il est tout neuf.
Fiammeggiánte, idem.
Fiammáre, &
Fiammeggiáre, flamboyer, reluire comme vn flambeau de loin.
Fiamméllā, petite flamme.
dolci Fiammélle, doux yeux d'vne femme.
Fiamméso, de flamme.
Fiamméttā, petite flamme. Item, vne sorte de couleur, flammette, nom de femme en Italie.
Fiámmi, sorte de dez faux.
Fiancáre, &
Fiancheggiáre, costoyer, flanquer: en terme de fortification.
Fiancáta, coup de flanc: coup d'esperon sur le flanc du cheual.
Fiancheggiáta, costoyement: & coup de flanc.
Fianchéggio, flanc, en terme de blason.
Fiánco, flanc: costé.
far Fiánco, s'emplir le ventre de quelque viande.
vna Fiandrína, vne vesse.

Fìano, feront, pour sìano, ou sarànno.
Fiappáre, jaſer, badiner.
Fiàppe, ſottiſes, jaſeries: fiapparie.
Fiapperìe & fiapparie, ſottiſes, jaſeries, bagatelles.
Fiappo, foible, laſche.
Fiàre, pour fiále, rayon de miel.
Fiáſca, vne grande bouteille platte. Item, vn fourniment à mettre de la poudre : il ſe prend auſſi pour vn bardache.
Fiaſcheggiáre, boire, vuider les bouteilles, bouttillonner.
Fiaſchétta, petite bouteille .i. vne poire à mettre la poudre.
vn Fiaſchétto .i. vn menchione, vn ſot: & vne bardache.
Fiáſco, flâcon, bouteille.
Fiaſcóne, grande bouteille, flâcon.
Fiàta, fois.
Fiatamento, reſpiration.
Fiatáre, haleter, ſouffler, reſpirer.
alle Fiàte, quelquefois.
Fiatènte pour feronte, puant.
Fiáto, haleine.
in vn Fiáto, tout d'vne haleine, tout d'vn coup.
far bnon Fiáto, faire bonne bouche.
vn Fiáto, vne piece: parlant d'animaux; tanti fiáti di caualli .i. tant de pieces de cheuaux: quelquefois des hommes. la tal ſchiátta è rimáſa con tanti fiàti, cette race eſt demeurée auec tant de perſonnes.
raccòglier il Fiàto, reprendre haleine.
tanto habbi Fiata .i. ainſi puiſſe-t'il eſtouffer.
Fiàto, pour fégato, foye.
Fiatólo, feudataire.
* Fiatóre, puanteur.
* Fiatóſo, puant.
Fiáuo, rayon de miel.
Fiduto, en jargon, le nez : proprement vne fleute.
Fibbia, vne boucle : en jargon, vne bulle, vne patente, vn priuilege.
ſome diſſe il Fibbia non ſi fará ſenz g m, on ne fera pas la feſte ſans moy, quand on luy diſoit qu'il ſeroit pendu.
Fibbiaglio, boucle : enſeigne de pierreries.
Fibbiáre, boucler, attacher, noüer.
Fibbiatúra, boucleure.
Fibbiétta, petite boucle.
Fibra, fibre : le bord d'vn habit & autre choſe.
* Fibula, boucle. Item, vne piece de bois de trauers pour aſſeurer vn pont.
Fibuláre, boucler.
Fica, vne figue.
Fica, nature de la femme.
far le Fiche, faire la nicque ou la figue.
Ficáia, figuier.
Ficáccia, vne groſſe figue : grande nature de femme. Item, vne fouace.
Ficáldi, ſortes de figues.
Ficárda, vne garce.
Ficáme, toutes ſortes de figuiers & figues.
Ficáme pour fottáme, fichérie, acte charnel.
Ficaréto, lieu planté de figuiers.
andar à Ficarèto ò à ficaróla .i. aller toucher la nature.
Ficáta, enfilade de figue: action charnelle.
Ficcáglie, ſelon aucuns, fuſtailles.
Ficcaménto, fichement.
Ficcapáli, mouton à enfoncer les paux.
Ficcáre, ficher : ſe fourrer : enfoncer.
Ficcár caròtte, en faire à croire, en donner à garder.
pan Ficcáto, pain meſlé de grains de raiſins.
Ficcáta, ficcatúra, ficheure.

Ficcatóio, vn maillet pour enfoncer.
Ficcia, ſeccia, lie.
Ficcióſo, plein de lie.
tirár di Ficco, tirer en fichant, de haut en bas.
Ficédola, becquefique, oiſeau.
Ficheréto, &
Fichéto, lieu planté de figuiers.
Fico, figue. Item, vn mal qui vient aux hommes, fic à poireau : & aux cheuaux auſſi.
Fico, la nature d'vne femme.
cercàr i Fichi in vétta.i. entreprêdre des choſes difficiles.
Fico, vn figuier. Item, vne figue.
quando il Fico ſerba il fico, villán ſerba il panico .i. que quand le figuier garde long-temps ſa figue, l'année ſuiuante doit eſtre mauuaiſe.
Fico d'Egítto, ſicomore.
Fico & ficolo, en jargon, vne chaiſne : & vn cadenas.
Ficoſióre, figue-fleur.
cólto in l'Fíco.i. pris ſur le fait.
Ficòne, qui aime les figues, & les femmes.
Ficóne, vn païſan.
Ficóſo, plein de figues.
Fículo, petit figuier.
Fida, garentiſſement.
Fida, la vente de prouiſion pour toute l'année.
Fidagióne, caution, aſſeurance.
Fidánça, fiance, confidence, pron. ts.
Fidanç áglie, fiançailles, pron. ts.
* Fidanç áto, fiancé, pron. ts.
Fidáue, fier.
Fidár beſtiámi, c'eſt vendre le paſturage pour toute l'année : & donner le beſtail à moitié.
Fidáta, ſerment de fidelité.
Fidatamènte, confidemment.
Fidáto, affidé : fidelle.
Fidecomeſſo, fidecommis.
Fidenteménte, confidemment.
Fidénça, confiance.
vn Fidés, vne alliance, ſorte de bague.
Fido, fidelle.
* Fidúcia, confiance.
Fie, ſia, il ſera, il fera.
* Fibole, debile, foible.
* Fiebolézça, foibleſſe. pron. ts.
Fiebolíre, affoiblir, preſ. fiebolíſco.
* Fiédere, frapper, preſ. fiedo, fiedi, fiéde, il n'eſt pas on vſage qu'en ce temps, & à l'infinitif encore eſt-il Poëtique.
* Fiedíta, bleſſure.
Fiedóne, rayon de miel.
Fiedíto, frappé, bleſſé.
Fiéle, fiel.
Fièna, hiene, animal.
Fienáia, faux à faucher le foin : c'eſt auſſi vne feniere.
Fienále, de foin.
Fienáro, feniere. Item, botteleur de foin.
Fièno, foin.
non è tempo da dar Fièno all' ocche .i. il n'eſt pas heure de s'amuſer.
far faſci di Fièno all' áſino, nous diſons, donner le picotin à vne femme.
Fiéno, feront, pron. i long.
Fiengréco, fenegré, fenegré.
Fienóſo, plein de foin.
Fier, beſte ſauuage. Item, foire.
Fieraménte, cruellement.
Fierézça, fierté, cruauté, pron. ts.

FI **FI** 191

Fiéro, fier, cruel.
Fieruícola, beſtiole.
Fiéto, relent, odeur de pots ou vaſes qu'on à laiſſé long-temps ſans les rinſer.
Fieuoláre, affoiblir.
Ficuole, foible.
Ficuoléz̧z̧a, foibleſſe. pron. tt.
Fieuolménte, foiblement.
Fiéz̧z̧a, toupet, comme de cheueux. pron. tt.
Figadéllo, foye.
Figadétto, en jargon, pochette.
Figaruóla, la nature de la femme.
Figgere, ficher. preterite, fíſſi, figéſti, fíſſe, figémmo, figéſte, fíſſero, part. fíſſo.
Figlia, fille.
Figliálo, filial.
Figliána, filleule. Item, fille de laict, ou que l'on a eſleuée.
Figliáno, filleul, & fils de laict ou nourriſſon.
Figliáre, filler, faire des petits: produire, mettre en lumieres.
Figliáſtra, belle fille, fille de ſon mary. ou de ſa femme, d'vn autre lit.
Figliáſtro, beau-fils, fils de ſon mary ou de ſa femme, d'vn autre lit.
Figliatióne, adoption d'enfant.
Figliatúra, generation, enfantement : portée d'animal.
Fíglio, fils, enfant, vn cayeul de tulippe : vn faquin.
Figlióccia, filleule.
Figlióccio, filleul.
Figliólággio, race d'enfans, enfans, lignée.
Figliolétta, fillette.
Figlióna, vne grande fille.
Figliuóla, fille.
Figliuoláme, race d'enfans. pron. tt.
Figliuoláre, engendrer des enfans.
Figliuolétto, figliuolíno, fillot, petit garçon.
* Figliuólmo, mon fils.
Figliuólo, enfant : & fils. Ce mot eſt pris au pluriel pour enfans maſles & femelles.
chi ha vn figliolo lo fæ màtto, chi ha vn porco lo ſa graſſo. i. qui n'a qu'vn fils, il luy permet tout, & qui n'a qu'vn pourceau luy donne tout.
mioli, Figlioli & lenz̧oli non ſon mai troppo in caſa, des verres, des enfans maſles, & des draps, il n'y en a iamais trop dans la maiſon, car les verres ſe peuuent caſſer, les enfans peuuent mourir, &c.
chi non hà Figlióli non ſa, che coſa ſia amore, qui n'a point d'enfans, ne ſçait pas ce que c'eſt que l'amour.
è Figliuólo dell'óca biánca, il eſt fils de l'oye blanche. i. il eſt heureux.
Figliuólo della gallína biánca, idem.
* Figliuólo, mot antique, ton fils, ton enfant : ainſi Figliuólmo, mon enfant.
Figlióz̧z̧a, figlióz̧z̧o, filleul, filleule. pron. tt.
Figménti, fictions.
Fígnere, feindre : part. fínſi, fingéſti, fínſe, fingémmo, fingéſte, fínſero, part. fínto.
Fígnolo, froncle.
Figo, figue, figuier.
Figora, toutes ſortes de figues.
* Fígula, fait de terre à potier.
* Figuláre, trauailler de terre.
* Figuláro, figulíno, potier de terre.
Fígulo, idem.
Figúra, figure.

Figuráccia, vilaine figure.
Figurále, de figure, miſtic.
Figuránza, figutation. pron. tt.
Figuráre, figurer.
Figuratióne, figuration.
Figurétta, figurina, petite figure. prononcé l'é fermé.
Figuríſta, faiſeur de figures.
Fila, files, rengs.
alla Fíla, tout de ſuite, à la file.
Filáccia ou filáccica, au pluriel, filandres, des filets qui pendent à vne eſtoffe effilée, au lieu de filácci.
Filacéto, cordonnet.
Filágine, la plante du cotton.
Filágna, ſabliere, piece de bois qui trauerſe, vulg. tringue.
Fíláio, du fil.
Filaménti, filaments,
* Filándro, filocerdo, chiche auare.
Filáre, filer.
chi Fíla non pérde giornáta, qui file ne perd pas ſa iournée. i. il vaut bien mieux gaigner peu que de ne rien faire.
Filáre, en jargon, auoir peur.
vn Filáre, vn rang de maiſons ou autres choſes.
guardár à in vn Filár d'émbrici. i. regarder à peu de choſes, regarder de prés.
dar à Filáre. i. donner ſes propres affaires à faire à vn autre, pour entreprendre celles d'autruy ſans profit.
la puttána Fila, cela ſe dit quand on void quelqu'vn qui trauaille contre ſon ordinaire.
cattiuo ſegno quando la puttána Fila il Sabáto, c'eſt mauuais ſigne quand la putain file le Samedy.
Filarétti, baluſtres pour attacher la tente d'vne Galere, filarets.
Filaſtrócca, & filaſtróccola, vn grand embarras de diſcours. Item, vne rangée des ſieges ou autres choſes.
Filatéra, idem.
Filatéria, vn ply au bas de la robbe des Phariſiens, ſelon aucuns.
Filatería, vn papier où eſtoient eſcrits le Commandemens de la Loy, que l'on portoit au bras, du temps des Iuifs.
Filatéſſa, des fils.
Filaríccio, filet, qui pend à vne choſe effilée.
Filáto, du fil, du filé.
Filatóia, vne fileuſe.
Filatóio, vn roüet à filer.
Filatríce, fileuſe.
Filéllo, fil delié. Item, le filet ſouz la langue.
Filéolo, le filet ſous la langue.
Filéto, filet pour vn cheual : vn filet ou ret. Item, du fil ou filet delié : & vn filet à peſcher.
Filfílo, fil à fil.
Biliále, de fils, filial.
Filiatióne, generation. Item, adoption, filiation.
Filicáre, tendre les paliſſades en dentelles ou dentures.
Filiéra, trefile. Item, vne fileuſe.
Filiéra, filiere d'Orfeure.
Fuliggine, ſuye. Item, du noir.
andar à Filígno, à filo e légno. i. eſtre pendu.
Filiréa, philirée, plante.
Filiſéllo, filoſel, du floret.
Fillíte, langue de cerf, herbe.
Fílo, fil : fil d'eſpée ou de couteau.

Filo di páglia, brin de paille.
Filo di pérle, reng de perles, collier de perles.
far vna cosa per Filo. i. faire par force, de peur.
andar per il Filo della sinópia. i. faire vne chose auec bien de la consideration.
veder fil Filo. i. voir par le menu, brin à brin.
Fil filio, souuent, bien souuent.
tener attaccato il Filo, c'est quand vn affaire ne s'interrompt point.
Filo delle réni, le filet, l'espine du dos.
Filo di férro, fil d'archal.
mandar à Filo di spáda, mettre au fil de l'espée.
à Filo, file à file.
Filo, en jargon, peur.
Filocérdo, chiche, auare.
Filone della miniéra, vn filou, vne veine d'or.
Filosèllo, du filosel, du floret.
Filosofále, philosophal.
Filosofánte, philosophant.
Filosofáre, philosopher.
Filosofía, Philosophie.
Filosofíco, philosophic.
Filósofo, Philosophe.
Filastrócca, *filostróccola*, vn grand embaras de discours: vne rangée de personnes ou autres.
Filtro, filtre.
Filúcca, falouque, sorte de barque.
Filza, vn filet, vn rang, vn chappelet de quelques choses enfilées ensemble. pron *ts*.
Filzáre, enfiler. pron. *ts*.
Fima, *fimate*, inflammation au membre viril.
Fimbria, bord, ourlet d'embas d'vne robbe.
Fimo, pour fumier.
Fimósu, plein d'ordure.
Fin, *fino*, iusques.
Finále, final.
Finalménte, finalement.
Finaménte, finement.
Fináre, finir, acheuer: & donner quittance.
Finattánto, iusques à tant.
Fine, fin.
Fino, bon, excellent: fin: rusé.
Fine, valeureux.
maéstro Fine, habile, sçauant.
far le mále Fine, nous disons, faire la pauureté, l'acte venerien.
Fineráre, raffiner.
Fineráta, raffinement.
Finéstra, fenestre. Metaph. œil: entrée.
Finéstra sopra il tétto. i. quelqu'vn au dessus de nous qui nous oste toute sorte de liberté.
Finestráre, faire des fenestres.
Finestráta, reng de fenestres.
Finestrélla, *Finestréita*, petite fenestre.
Finétto, vn finet.
Finézza, bonté, excellence: subtilité. pron. *ts*.
Finsi, premiers mouuemens de fantasie, premiers boutades de pensées.
Fingardággine, paresse, faineantise.
Fingardíre, estre feineant, & paresseux.
Fingardígia, feineantise, paresse.
Fingárdo, feineant paresseux.
Fingere, feindre: contrefaire, parf. *finsi*, *fingésti*, *finse*, part. *finto*.
Fingétiole, qui se peut feindre.
Fingiménto, fiction, feintise.
Fingitóre, contrefaiseur: qui feint.
Fingitríce, qui feint, contrefaisense.

Fiuiménto, acheuement: c'est aussi vne garniture d'habit, &c. & les meubles d'vne maison, vne riuiere en Friul en Italie.
Finiménto di nozze, toutes les ceremonies qui se font pendant vn mariage.
à Finimondi, au bout du monde.
Finire, finir. pres. *finisco*.
Finíta, finitione, fin, acheuement.
Finito, finy, acheué.
Fino, bon, fin.
Fino, iusques.
Fin ch'io ci sono, tant que i'y seray.
Fin ch'io viua, tant que ie viuray.
Fin che si può, tant que l'on pourra.
Fin che s'aggiri, tant qu'il tournera.
fin da quest'hora, dés cette heure mesme.
Fin da, dés.
Finocchiáre, orner son discours.
Finocchiária, caiollerie, babil.
Finocchiétti, petits tortillons de cheueux, sur les temples : vulg. passefillons.
Finócchio, fenoüil.
come il Finócchio nella salsíccia, *per ripiéno*, comme fenoüil dans la saulcisse, pour remplir. i. ne sert que de nombre, comme vn, o, en chiffre.
véndere Finócchio, vendre du fenoüil .i. en bailler à garder, en faire à croire : nous disons, vendre du noir.
il Finócchio tra le mèle. i. vne chose bien à propos : parce qu'on sert les pommes & le fenoüil ensemble, en Italie.
voler la parte sua del Finócchio ou fino ad vn finocchio .i. vouloir ce qui nous appartient iusques à vne maille.
Finócchio marino. i. jaserie, mocquerie, cajollerie, passe-pierre, ou perce-pierre, herbe.
Finócchio porcino, sorte de plante, peucedane.
al Finócchio, nous disons, entre la poire & le fourmage.
Fínta, feinte.
Fintaménte, auec feinte.
Fintióne, fiction.
Finto, feint, contrefait.
Fio, fief : amende, peine.
pagár il Fio. i. estre chastié.
Fio, mot Venerien, pour *figlio*, fils.
Fioccágine, rhume qui fait parler enroüé.
Fiocaggio, floc, floccon.
Fioccáre, neiger : & floccquer.
Fioccatúra, floccons.
Fiocchétti, *fioccíni* & *fiocchíni*, petits floccons.
Fiócco di néue, floccon de neige.
Fiócco, floccon : fanon : moucheture : c'est aussi cette laine ou cotton qui vole par l'air, que les enfans appellent, filasse de la Vierge Marie.
far il salto del fiócco, c'est en Lombardie vn ieu pour apprendre à saulter.
far il sálto del Fiócco. i. estre pendu.
Fioccoláre, floccquer.
Fióccoli, flocs, floccons.
Fioccóni, gros floc.
Fioccaménte, foiblement, laschement.
Fioccáre, neiger.
Fiocina, sorte d'instrument de fer à plusieurs pointes pour pescher, & enfiler le poisson dans l'eau.
Fiocino, & *fiocino*, l'escorce du grain de raisin, le marc du raisin. Item, floccon.
Fiéce, enroüé : pour foible, debile.

Piómba,

FI

Fiómba, vne fronde.
Fiombáre, fronder.
Fiombatóre, & fiombino, frondeur.
Fiónda, vne fronde.
Fiondáre, fronder.
Fiondáro, faiseur de frondes.
Fioudatóre, frondeur.
Fioralígi, fleur de lys.
Fioralíso, sorte de fleur, barbeau, bluet.
Fioráme, toutes sortes de fleurs.
Fioramózo, vn muguet, vn mignon. pron. ts.
Fiorarúncio, fleur d'orange.
Fioráta, fleur pour teindre en bleu.
Fiordalíso, fleur de lys.
Fióre, fleur : fleur de vin : fleur de farine.
ogni Fiore piace fuor, che quel del vino, chaeque fleur agrée, hormis ce qui se treuue dans le vin : car il est au bas.
chi non fà Fior non fa frutto, qui ne produit point de fleur, ne produit pas de fruit. Cela se dit pour les femmes qui n'ont pas leurs fleurs, ne font pas des enfans.
vn, ò due Fiori, fan d'Amore, tre ò quattro fan da mátto, qui porte à la main vne ou deux fleurs, sent son amoureux ; mais qui en porte trois ou quatre, sent son fol.
vn Fiór non fà primauéra .i. vne seule chose n'est pas considerable.
Fiorcampése, barbeau, bluet.
Fióre, aduerbe, rien ; point.
Fior di látte, cresme.
Fior di líno, gris de lin.
Fior di passióne, fleur de la passion.
Fior di ráme, fleur d'airain : verd de gris.
Fiorráncio, vn soucy : c'est aussi vn roitelet.
Fior di mórto, œillet d'Inde.
Fiorfioréllo, sorte de fleur, genest d'Espagne.
Fiór di primauéra, belis ou primeuere.
Fiornelíto, passeueloux, amaranthe, fleur.
Fiór di cárdo, presure.
Fioreggiánte, fleurissant.
Fioreggiáre, fleurir.
Fiorellíno, petite fleur.
Fiorentinería, façon de parler de Florence.
Fiorénza, Florence. pron. ts.
Fiorétti, fleurets en dançant : fleurettes. Item, diminutions ou mignardises sur les instrumens de Musique. Semence ronde de perles.
Fiori, treffles aux cartes.
* Fiorína, selon aucuns, vne querelleuse.
Fioríno, florin, monnoye d'or : c'est aussi vne monnoye selon les lieux, comme à Sienne, de quatre liures du pays, en Piedmont, de trois sols.
* Fiorío, chetron de coffre.
Fiorire, fleurir, enfleurer : en jargon, dérober, pres. fiorisco.
chi non Fiorisce non fruttisce, qui ne donne des tesmoignages de bon esprit, quand il est jeune ; qui sont les fleurs, ne produit pas des fruits de belles actions, quand il est grand.
* Fiorisénte, fleurissant.
* Fioríta, de la cresme.
Fioróni, fleurons. Item, guirlandes ou chappeaux de fleurs.
Fioróso, enfleuré.
Fiorugéllo, ver à soye prest à filer.
Fiosciáre, flocquer.
Fioscína, sorte de ret à pescher.

FI

Fióscino, fióscio, flot, floccon.
Fiottáre, flotter.
Fiótto, flot : pour vne multitude.
Fiótto della mórte, dernier souspir.
Firmáre, arrester.
Firmézza, fermeté, pron. ts.
Firugéllo, ver à soye prest à filer.
Fisaménte, fixement.
Fiscále, fiscal.
Fiscáre, confisquer.
Fiscélla, pannier, coffin, cabas.
Fiscelláre, faire des panniers.
Fischiáre, siffler. Item, bruire.
Fischiáta, coup de sifflet : vne huée ou sifflerie que l'on fait à quelqu'vn.
Fischiétto, petit sifflet.
Fischio, sifflet, sifflement.
vccellar col Fischio, prendre les oiseaux à la pippée.
Fisco, le fic, le lieu où l'on tient les deniers des confiscations.
* Fiscúlo, petit pannier.
Fisica, Physique.
Fisicáre, fantastiquer : c'est regarder de prés à ce que l'on reçoit, & ce que l'on donne.
Fisíco, Physicien.
Fisicóso, fascheux, difficile, scrupuleux.
Fisonomía, Phisionomie.
Fisionomísta, fisiónomo, Phisionomiste.
Fisitéro, phisetere, monstre marin.
Físo, fixe, attentif.
* Fisósofo, Philosophe.
Fisolára fisoliéra, sorte de barque, pinache.
* Fisóne, de l'or, selon les Alquimistes.
Fissaménte, fixement.
Fissáre, fixer : jetter fixement.
Fissatióne, fixation.
Fissióne, fixion.
Físso, fiché : fixe, immobile.
Fissoláre, siffler en respirant.
Fissúra, fente.
Fistélla, vn petit pannier.
Fístera, monstre marin.
* Fistiáre, siffler.
* Fístio, sifflet.
Fístola, playe incurable, fistule, chancre inueteré. Item, vne fluste.
Fistoláre, s'enflammer.
Fistolatióne, inflammation.
Fistolo, pour le diable : toutes sortes de mauuaises choses.
Fistolóso, plein de fistules.
Fístula, fistule : fistulo.
Fitónico, qui tient du Negromancien.
Fítta, fichée.
tela Fitta, toille serrée.
Fitta, vne terre qui s'effondre : vne pointe ou douleur : vne marque enfoncée d'vn coup.
Fitagióne, loyer : rente : louäge : ferme.
Fittaiuólo, fermier.
Fittáro, affermer, tenir à ferme : loüer.
Fittaruólo, Fittatóre, fermier, rentier.
Fittíbile, qui se peut feindre.
Fittíle, fait de terre.
Fittióne, fiction, feinte.
Fittitio, contrefait, feint.
Fítto, louäge, loyer.
dar à Fitto, donner à ferme ou à louäge.
rincarami, & rincarisciami il Fitto, rencheris-moy les

loyers .i. fais-moy du pis que tu pourras.
Fitto, fiché, enfoncé, espais, serré : feint.
Fitto meriggio, le poinct de Midy.
Fittonéssa, vne charmeresse.
Fittónico, d'enchanteur, de deuin.
Fittuário, fermier, qui tient à loüage.
Fiúbba, boucle, gance, cordon : selon aucuns, vn bouton de la mesme estoffe que l'habit.
Fiumále, de Fleuue.
Fiumána, &
Fiumára, riuiere, Fleuue.
Fiúme, Fleuue.
Fiumenále, de Fleuue.
Fiumétto, petit Fleuue.
Fiumicéllo, id.
Fiutáre, flairer, fleurer.
Fiutaríno, chien qui queste.
Fiúta schiffézza, vne desdaigneuse. pron. *ts.*
Fiutíno, vn. flageollet.
Fiúto, le flair, ou flairer. Item, vne fluste.

FL

Flácco, *Flácido*, lasche, mol, flasque, efféminé.
Flagellánte, flagellant.
Flagelláre, flagaller : tourmenter.
Flagellatióne, flagellation.
Flagellatóre, Flagelleur.
Flagellatríce, Flagelleuse.
Flagéllo, tourment, Fleau.
* *Flagítio*, meschef.
* *Flagránte*, Flagrant.
* *Flagránza*, bruslement. pron. *ts.*
* *Flagráre*, brusler, enflammer.
Flámma, flambe, fleur.
Flámmeo, de couleur de feu.
Flammólo, petite banderolle au bout d'vne lance.
Flámmola, &
Flámmula, flamule, herbe medecinale, renuncule, herbe de la Trinité, selon aucuns.
* *Fláto*, souffle, haleine.
Flatuósita, ventosité.
Flatuóso, venteux.
* *Fláuo*, jaulne-paille.
Flautáre, fluster.
Fláuto, fleute, fluste.
* *Flébile*, plaignant, pleureux.
Flebotomía, saignée.
Flégma, &
Flémma, flegme : pour patience, & moderation de colere.
costui ha piu Flémma, celuy-cy est plus retenu ou patient.
Flemmático, flegmatic : pour patient, & difficile à se fascher.
Flemmóne, flegmon, tumeur de sang.
Flessíbile, flexible, pliant.
* *Flessianimo*, aisé à fleschir.
* *Flessíbile*, flexible.
* *Flésso*, courbé, plié.
* *Flétere*, pleurer.
* *Fléto*, pleur.
* *Flettére*, pleurer.
* *Fléuma*, flegme.
Flórido, fleurissant.
Eloccáre, floquer.
Flóscio, floccon.
Floссáto, fait à floccons.

Flósso di séta, floc ou floccon de soye.
Flótta, vne flotte.
Flottáre, flotter.
Fluénza, fluidité, flux. pron. *ts.*
Flúere, fluer, couler.
Flúido, fluide, coulant.
Fluíre, fluer. pres. *fluo & finísco.*
Flussáta, jeu ou flux.
Flússo, flux : flux de ventre, dissenterie.
Fluttánte, flottant.
Flútto, flot.
Fluttuáre, flotter.
Fluttuóso, flottant.
* *Fluuiále*, de fleuue.
* *Fluuio*, fleuue.

FO

Fóca, sorte de monstre marin : veau de mer.
Focáccia, fouace, galette.
render pan per Focáccia, rendre la pareille.
Focacciáre, faire des fouaces.
Focacciólа, petite fouace.
Focáce, rouge de feu, enflammé.
Focáia piétra, caillou à fusil, pierre à feu.
Focáre, rougir au feu : & cauteriser.
Focaréllo, petit feu.
Focaróne, grand feu.
Fóce, embouchure : entrée du gosier.
Fochéttolo, foüyer.
Focíle, fusil. Item, vn certain os au bras.
Focilíére, fuselier.
Focilláre, rafraischir, conforter.
Fócina, forge.
Fóco, *fuoco*, feu. Item, en jargon, des Sergents.
Focoláre, le foüyer : *Focoláio*.
Fotóne, grand feu. Item, le lieu où l'on cuit les viandes dans vne Galere, fougon, cuisine, fourneau.
Foróne, bassinet d'arquebuse, &c. vne poësle de fer à tenir de la braise.
Forosaménte, ardemment.
Focóso, ardent, prompt, fougueux.
Fódara, *Fódera*, fourreure, doubleure.
Fodarétta, & *fodaréttìа*, taye d'oreiller.
Fódera, fourreau.
Fódra du quanciále, taye d'oreiller.
Fodráre, fourrer, doubler.
Fodráro, pelissier.
Fodráto d'un montána : nous disons, manteau doublé de vinaigre.
Fodrétta, petite doubleure.
* *Fódro*, *sódro*, fourreure. C'est aussi vn pelisson.
Fódro, fourreau.
Fódro, train de bois flotté. Item, vne sorte de batteau.
Fóga, fougue, furie, impetuosité : fugue en terme de Musique.
Fogáre, attaquer auec impetuosité.
Foggétta, petite façon ou mode : c'est aussi vne sorte de bonnet.
Fóggia, mode : façon : taille : stature : vne tocque ou bonnet.
Foggiáre, former, donner façon.
Foggiatóre, inuenteur de modes.
Fóglia, feüille.
Fóglia, vne feüilleure.
Fóglia di láttа, fer blanc.
* *Fodrighétta*, vn oreiller.

FO

Fóglia, en jargon, vne bourse.
Fogliámi, feüillages, ramages.
vaſo à Fogliámi, satin à ramage, &c.
Fogliánte, Peüillant, sorte de Religieux.
Fogliáre, mettre vne feüille sous vne pierre precieuse.
Foglidia, gasteau feüilleté. Item, vne sorte de tourte.
Fogliáto, feüillu.
Folgliétta, petite feüille. Item, vne sorte de mesure: vn feüillet de liure.
Fóglio, feüillet.
Fóglio, pour affiche.
dar il Fóglio biánco, donner la carte blanche, se remettre tout à fait à la volonté.
à Fóglio à fóglio, feüille à feüille, brin à brin.
Fogliófo, feüillu.
Fogliófi, en jargon, des choux, des cartes à joüer.
Fógna, cloaque, conduit sousterrain, esgoust.
Fognáre, faire des esgouts.
Fognáro, gadoüard, boüeur.
Fogóne, foüyer. Item, bassinet.
Fóia, enuie, volonté eschauffé: chaleur d'animal.
Foiáccia, soiággine, grande chaleur de luxure.
Foiauélla, vne femme luxurieuse.
Foiáno, luxurieux.
Foiáre, estre en chaleur.
Foiétta, vne feüillette de vin, enuiron chopine.
Fóie, & Foiófe, en jargon, des cartes à joüer.
Fóino, en jargon, vn pot ou vase: c'est aussi, Amour, Cupidon: vn enfant.
Fóla, fable: la foule des combattants.
Foláre, dire des fables.
Foláta, vne bouffée de vent: foule ou volée d'oiseaux, &c.
Folcino, vne serpe.
Folcíre, mot poëtique, estayer, soustenir. pres. fólcisco.
Fóle, folle, fol.
Fólega, poule d'eau, foulque.
Foleggiáre, faire le fol.
* Folgéntza, esclat, esclair. pron. tz.
* Fólgere, esclairer, esclatter. parf. folgetti.
* Folgóla, outil de chastreur.
* Folgníto, esclairé, luisant.
Folgoránte, foudroyant, esclairant.
Folgoráre, foudroyer, éblouyr, éclatter.
Folgorátezza, esclat, apparence. pron. tz.
* Folgoráto, desmesuré.
Fólgore, foudre.
Folgóre, esclat, splendeur.
Folgoreggiáre, foudroyer, esclatter.
Folído, onguent composé de diuerses herbes.
Fólica, poule d'eau, foulque.
Fólio, feüillet.
libro in fólio, livre in folio.
Fólio indaco, malabatre.
Fólla, foule, presse. pron. Pé ouuert.
venir dlla Fólla, se mesler auec l'ennemy.
Folláre, fouler.
Folláro, foulon.
Folláta, bouffée: volée, trouppe: fable, folie.
Follatóre, foulon.
Fólle, fol. Item, les esplucheures du grain battu. pron. l'é ouuert.
Folleggiánte, folletant.
Folleggiáre, faire le fol, folleter.

FO

Folleggiatóre, follet, qui fait le fol.
Folleggiatríce, follette.
Folleménte, follement.
Follétto, vn follet: le folet, esprit incube.
Follézza, folie, pron. tz
Fólli, les poulmons. Item, soufflets.
Follía, folie.
Follícola, pour foule, presse. Item, vne sorte d'oiseau. Escorte, gousse.
Folligine, suye.
Folliginóſo, plein de suye.
Fóllo, vn soufflet à souffler le feu. Item, le poulmon. pron. l'o fermé.
Follóne, foulon.
* Follóre, pour folie.
Folminár̂e, fulminer.
Fólmine, foudre.
Fólo del molino, le traquet du moulin.
* Folóre d'acqua, rat d'eau.
Fólta, presse, foule: espaisseur. pron. tz.
Foltáre, fouler, presser.
Foltézza, espaisseur. pron. tz.
Fólto, espais.
Fomentáre, fomenter.
Fomentatióne, fomentation.
Fomentéuole, qui se peut fomenter.
Foménto, fomentation.
Fomentíre, mignarder, mignotter. Item, inciter, prouoquer.
Fómite, meche, fomentation. Item, prouocation.
Fomustéro, fumeterre, herbe.
Fónco, en jargon, compagnon.
* Fónda, vne bource. Item, abondance. Item, vn fourreau de pistolet.
Fónds, profonde.
Fondacáro, Marchand. Item, facteur
Fondachiéro, id.
Fondáccio, lie, le fonds de quelque liqueur.
Fóndaco, boutique. Item, magasin.
Fondachiéro, homme de boutique: marchand grossier.
Fondamentáre, fonder.
Fondaménto, fondement: c'est aussi le cul, le siege, le fondement.
Fondáno, vin bas, bassiere.
Fondáre, fonder.
Fondárſi come Meſſér Giórgio Scáli, se fonder comme Maistre George, &c. sur quelqu'vn qui nous nuira plustost que de nous aider.
Fondaria, fonderie.
Fondataménte, auec fondement.
Fondatióne, fondation.
Fondáto, pour affondáto, enfoncé. Item, fondé.
Fondatóre, fondateur.
Fondatríce, fondatrice.
Fondéllo, vn cercle à soustenir les plats. Item, vn entonnoir.
in Fondélli, relié à nerfs fendus.
Fóndere, fondre. Item, enfoncer. parf. fúſi, fondéſti, fúſe patt. fúſo.
Fonderia, fonderie, boutique, ou lieu où l'on fond.
Fondíglio, fondigliuólo, lie qui demeure au fonds d'vn vase.
Fondímo, fondúme, bassiere de vin.
Fonditóre, fondeur.
Fonditúra, fonte.
Fóndo, fonds: profond, espais.

FO

dar Fóndo alla róbba, dissiper ses biens.
dar Fóndo, ietter l'ancre, mouiller l'ancre, donner fonds.
dar Fóndo all' uáste Bernárda, ò di sughéri .i. estre prodigue.
Fóndo di fiásco, cul de bouteille.
Fóndo di carchióffo, cul d'artichaut.
diamánte col Fóndo, diamant espais.
sénza Fóndo, diamant foible.
Fóndola, vne loche.
Fondoláto, creux comme vn vase.
Fondríni, en jargon, des brodequins.
Fondúra, fondriere.
Fondúro, creux : & enfoncé.
Fonghiéra, lieu où croissent les champignons.
Fonghíno, monseron, sorte de champignon.
Fóngo, champignon.
Fongóso, spongieux.
Fongositá, spongiosité.
Fontále, originaire, originel.
Fontána, fontaine.
Fontanáro, fontenier.
Fontanáccio, flux continu d'eau : terre marescageuse.
Fontanélla, petite fontaine : vn cautere.
Fontanélla della giúnta, pasturon.
Fónte, fontaine : source, origine : les Fonds.
* Fóntego, fóndaco, magasin.
Fónzo, en jargon, Chrestien, & compagnon.
Fóra, seroit. pron. l'ò ouuert.
Fóra, vn foret. pron. l'ò ouuert.
Fóra, pron. l'è fermé, signifie, il espere.
Fóra, fuóra, excepté, pron. ò ouuert.
Forabósco, vn pic, vn piuert.
un Forabósco, vn entrant, vn qui se fourre par tout.
Foracciáre, percer, trouer.
Forácqua, vne loche.
Foraggiáre, fourager.
Foraggiére, fourageur.
Foraggio, fourage.
* Foraghio, pour fuóra, excepté, horsnis.
Forágna, vne loche.
Foráme, trou : le trou du cul.
Foráme grande .i. l'Enfer.
* Foramello, nous disons, vn fournois.
Foránco vento, vent de mer, vent marin.
Foráre, percer, trouer : foirer vne clef. pron. l'ò fermé.
tutte non si Fórano drítte, on ne les perce pas tousiours droittes .i. on ne reussit pas tousiours.
Forasácco, pers'-oreille.
Forasiépe, roitelet.
Forastiére, estranger.
Foráta chiáue, vne clef foirée.
Foratérra, vn plantoir.
Foráto, foiré, percé.
Foratóre, tatriere : foratóio.
Foratóre, perceur.
Foratríce, perceuse.
Fórbice, des forces : ciseaux.
Fórbici, sorte d'arrangement d'armée, tenailles.
Fórbici, deux arcs aux deux bouts de la pouppe, qui soustiennent vne poutre nommée fréccia, fleche.
far Fórbici, faire signe pour faire taire. Item, quand le cheual croise les maschoires.
dir Fórbici, l'on dit fórbici, pour faire taire quand on n'approuue pas ce qu'vn autre dit : voire voire.
por Fórbici, se resoudre à quelque chose.
esser nelle Fórbici, estre en danger.

FO

d'andata in quattro Fórbici .i. elle est perduë.
curtina à Fórbici, courtine à forces, en-angle retiré.
io mi trouo tra Fórbici et tenáglie, ie ne sçay quelle resolution prendre.
Forbiciáro, faiseur de ciseaux.
Forbicétte, forbicíne, petits ciseaux.
Forbíre, fourbir, nettoyer, polir. pres. forbísco.
Forbírsi in cúlo, se torcher le cul.
Forbíto, poly, net : gentil, habile, galand.
Forbitóio, fourbissoir.
Forbitóre, fourbisseur.
Forbitríce, fourbisseuse.
Forbitúra, fourbisseure.
Forbottáre, &
Forbottoláre, marmotter, grommeler.
Forbottolóne, marmotteur.
Fórca, fourche : gibet. Item, vn débauché.
un piacer da mille Fórche, vn plaisir de pendart.
Fórche, le gibet. Item, l'arbre fourchu que font les petits garçons.
Forcácci, pieces de bois qui restraignent le vaisseau à la pouppe & à la proüe, fourches.
Forcáre, enfourcher.
Forcarie, pendarderies, forcherie.
Forcáro, faiseur de fourches.
Forcáta, fourchée. Item, la fente ou l'ouuerture des cuisses.
Forcatélla, petite fourche.
Forcáto, pendu.
Forcattúra, la fente des cuisses ou des iambes.
Fórce, forces, ciseaux : pincettes, molettes.
Forcélla, la fourcelle. Item, fourchette.
Forcélla della vite, vn eschalas en forme de fourche. Tendron de vigne.
Forcelláre, soustenir d'vne fourche.
Forcellúto, fourchu.
Forchebéne, pendart, reste de gibet.
Forcheggiáre, faire le pendu, ou le pendart.
Forchétta, fourchette.
Forchettáre, enfourcher.
Forchétte, fourchettes.
Forciáre, fourcher.
Forciére, bahut, coffre.
Forcína, fourchette.
Forcína, qui se dit aux petits enfans, pendart.
Forcola, fourchette.
Forconáre, enfourcher.
Forcóne, fourche de fer.
Forcúto, fourchu.
Forcúzza, vn pendart. pron. tz.
Fóre, dehors : excepté. pron. l'ò ouuert.
Forellíno, petit trou.
Forénse, estranger, forain. Item, de barreau.
Foresána, villageoise : foresáno, villageois.
Forése, villageois : & forain.
Foresello, petit villageois.
Foresétto, villageois.
Foresítte, foresótta, foresúccia, & foresúzza, petite villageoise. pron. tz.
Forésta, forest.
Forestáro, forestier.
Foresteria, trouppe ou assemblée d'estrangers. Item, chez les grands, le lieu où l'on met les estrangers, vn appartement de maison.
Forestiére, estranger.
Forestiére, en iargon, vn aueugle.
Forésto, desert, sauuage, deshabité.
Forétta, vn oreiller.

FO

Forſáre, forfaite, méfaire.
Forſátto, forfait.
* Forſácchia, la fourche d'vn poiſſon.
Forſucchiuo, fourchu.
Forſécchia, ſorte de ver qui a la queuë fourcheuë.
Forſicáre, tailler auec des ciſeaux.
Forſicé, forces, ciſeaux.
Forcétte, id.
Forſici, forces, fortification qui ſe fait dans vn angle retiré.
Forſiciáta, coup de ciſeau.
Forſicini, petits ciſeaux.
Fórfora, forforággine, craſſe de teſte.
Forforóſo, craſſeux à la teſte.
Fórgia, pour fóggia, façon.
Forgiáre, forger, faire grande diſpence, piaffer.
Fórge, pour frógie, naſeaux.
Fórica, cloaque.
Forichétta, petit cloaque : & petite fourchette.
Foriére, fourrier.
* Forinſéco, forain.
Fórma, forme, pron. l'ó fermé.
Formáceo, muraille faite de limon, nous diſons, de bouë & de crachats.
Formaggiáre, aſſaiſonner de fourmage.
Formaggiáro, fourmager.
Formaggiáta, viande auec du fourmage. Item, vne tarte ou flan au fourmage.
Formaggiéra, fourmagerie : & fourmagere.
Formággio, fourmage.
Formáglio, forme de cordonnier. Item, vne medaille.
Formále, formel.
Formalità, formalité.
Formalizáre, formaliſer. pron. dz.
Formáre, former : en jargon, dire des oraiſons.
Formáto, membru, groſſier de membres.
Fórme, &
Formélla, vn trou que l'on fait en terre, vne foſſe pour planter les arbres : formelle, forme, ſorte de maladie de cheual. Item, vne petite forme.
Formentáccio, bled de Turquie.
Formentáro, vendeur de fourment.
Formentáta, meneſtre faite de farine de bled de Turquie. Item, pain de cuiſſon.
Forménto, fourment : du leuain.
Formentóne, bled de Turquie.
Formeuóle, qui ſe peut former.
Formentóſo, remply de fourment.
Formétta, petite forme.
Fórmica, fourmis.
far Formica di ſórbo, faire la fourmis de Cormier, ne ſortir point encor que l'on hazare de ne reſpondre rien encor qu'on ſoit interrogé.
Fórmica, vlcere erodant.
Formicáre, fourmier.
Formicáio, &
Formicáro, fourmilliere : en jargon, le parentage & mariage.
far ſcar il Formicáro, nous diſons, éueiller le chat qui dort. pron. les zz comme ts.
Formicoláre, fourmiller.
Formicóne, groſſe fourmis .i. vn vieux ſoldat.
Formicóne di ſórbo, vn qui fait le ſourd : qui ne veut pas ouïr, qui ne ſe veut pas laiſſer perſuader : nous diſons, faire la ſourde oreille.
Formicóſo, plein de fourmis.
Formidábile, redoutable.
Formidánza, crainte. pron. tz.

FO 197

Formidáre, redouter.
Formidóſo, plein de crainte.
Fórmiga, fourmis.
Formicório, en jargon, ſoldat.
Fórmolo, moule.
* Formoſtà, beauté.
* Formóſo, beau.
Formuláric, formulaire.
Fornáce, fournaiſe : tuilerie.
Fornáceo, fait en fourneau.
Fornciáio, tuillier.
Fornagiáio, idem.
Fornagiótto, petite fournaiſe.
Fornáia, fornára, boulangere.
Fornáio, fornáro, boulanger.
Fornaſáro, tuilier : faiſeur de briques.
Fornáta, fournée.
Fornelláre, lier ou arreſter les rames quand on ne vogue plus.
Fornéllo, fourneau. Item, vne ſorte de gehenne.
Fornétto, petit four.
Fornicánza, fornicaſione, fornication. pron. tz.
Fornicáre, commettre fornication.
Fornicário, de fornication.
Fornicatóre, fornicateur.
Fornicatríce, fornicatrice.
Forniménto, fourniture, garniture : appareil : harnois.
Forniménto di maſſeritie, ameublement.
Forníre, acheuer, finit : fournir : garnis : échoir, préſ. forniſco.
Fornír di maſſeritie, ammeubler.
è Fornito il tempo, le temps eſt écheu.
Fornita, garniture, fourniture.
Fórno, four : boutique de boulenger.
fa il Fórno, exercer le meſtier de boulenger.
nó diròbbe vna bócca di Fórno .i. c'eſt vne grande extrauagance.
Fornuólo, vne lanterne pour chaſſer de nuict aux oiſeaux.
Fóro, trou.
Fóro, prononcé ouuert, le Bareau où l'on plaide : le marché public.
il mal Fóro .i. le trou d'vne femme.
Fóro pour furóno, ils furent. pron. ó fermé.
Foróncolo, froncle.
Forolíno, le trou du cul.
* Foróre, fureur.
Foroſéllo, petit villageois.
Foroſétto, villageois.
Forriéro, fourrier.
Forriér maggióre, Mareſchal des logis.
Fórſe, peut-eſtre, poſſible.
in Fórſe, au hazard, en danger, entre deux, en doute, en branſle.
eſſer in vn l Fórſe, eſtre en doute.
Forſennáre, forſenner.
Forſennária, forſennerie.
Fórſora, en jargon, vne nonnain.
Fortaléxza, forrereſſe. pron. tz.
Fórte, fort : vaillant : vn fort.
vino Fórte, vin qui eſt aigre ou tire ſur l'aigre.
vin Fórte, vin aigre, vin ſans eau.
ſtar Fórte, demeurer ferme ſans remuer, ou ſe deffendre. Item, demeurer court. Item, tenir ferme.
ſtéte Fórte, ne bouges pas.
Fortemnénte, fortement : valleureuſement.
Fortézza, fortereſſe : force : aigreur. pron. tz.
entrar in fortézza, entrer dans la fortereſſe : cela ſe dit du vin quand il commence à deuenir aigre. pron. tz.

Bb iij

Forticéllo, petit fort.
Fortiére, vn coffre.
Fortificaménto, fortifiement, fortification.
Fortificáre, fortifier.
Fortificatióne, fortification.
Fortificatóre, fortifieur.
Fortificatrice, fortifieuse.
* Fortiliccia, petite forteresse.
Fortíno, redoute, petit fort.
Fortíno, de goust vn peu fort.
* Fortóre, force : goust fort.
Fortéso, en jargon, du vinaigre.
Fortúito, fortuit.
Fortúna, fortune : bourasque, tempeste.
Fortunággio, & fortunále, Idem.
Fortunále, fortunal, tempeste. Item, de fortune.
Fortunáre, patir, vne bourasque, courir fortune : faire tempeste sur mer.
Fortuneggiáre, idem.
Fortunáto, heureux.
Fortunésimo, chance.
Fortunuóle, qui peut estre fortuné. Item, mal-heureux.
Fortúnio, fortune, chance.
Fortunosaménte, auec violence & tempeste.
Fortunóso, tempestueux.
* Fortuóso, fortuit.
Foruiáre, fouruoyer.
Foruóglia, contre la volonté, malgré.
Fórza, force. pron. ts.
far Fórza, voguer de toute sa force. pron. ts.
Forzáre, forcer. pron. ts.
Forzataménte, forcement. pron. ts.
Forzáto, vn forçat. pron. ts.
Forzéuole, violent, qui fait force. pron. ts
Forzerino, coffret. pron. ts.
Forziére, vn coffre : malle. pron. ts.
Forzierétto, forzierino, coffret. pron. ts.
* Forzína, fortina, fourchette. pron. ts.
Fórzo, forces d'armes. pron. ts.
Forzóso, plein de force. pron. ts.
Forzúto, fort. pron. ts.
Fosca, couleur obscure. Item, mine triste, & mélancholique.
Foscáre, obscurcir.
Foscína, forge.
Fosináre, forger.
Fóscio, &
Fósco, obscur, trouble, couuert.
Fóssa, fosse, fossé.
chi viẽ dalla Fossa sà che cosa è il morto. i. qui a esprouué vne chose, en peut parler comme sçauant.
hauer il capo nella Fossa, nous disons, auoir vn pied dans la fosse, estre fort vieil.
Fossáme, tranchée, fossé.
Fossáre, creuser des fossez.
Fossáta, petit fossé au milieu d'vn grand.
Fossatéllo, petit fossé. Item, vn petit ruisseau, vn petit torrent.
Fossáto, vn torrent qui manque quelquefois d'eau : fossé.
Fossatóre, fossoyeur.
Fossatúra, fossoyeure.
Fosséta, petite fosse, fossette.
Fossettine, petits trous aux joües en riant.
Fosséto, cuuette.
Fossicélla, petite fosse.
Fossile, fossile, tiré de fosse ou de la terre.

Fossína, fossette.
Fósso, fossé.
Fóssola, fosse.
Fossoláre, fossoyer.
Fóssole, sorte de mal aux yeux.
Fostú, tu fossi, tu fus, ou fus-tu.
Ie ne mets point icy les mots deshonnestes qui commencent par fot, que vous entendez par discretion, d'autant qu'ils s'expliquent d'eux-mesmes, & ne s'apprennent que trop tost.
Fottiuénto, vne cresserelle, oiseau.
Fottiuénto, par Metaph. vn frippon, escroc, passe-volant, courtisan sans argent, faineant, ou feneant.
Fóuere, nourrir, entretenir.
Fózza, pour fóggia, mode, façon. pron. ds.

FR

Frà, fráte, Frere, Moine.
Frà, entre, parmy.
Frà, l'vno e l'altro, l'vn portant l'autre, entre l'vn & l'autre.
Frà Galásso, Frere Frappart.
Frà stoppíno, idem.
Frà, Pário, frater scoísti, vn bon drolle de Moine, Frere Frappart.
Fre, tánto, cependant.
Frà dónna, & huómini, tant hommes que femmes.
Frà mè, en moy-mesme.
Frà sè, à part soy.
Frà poco, dans peu de temps.
Frà tré giórni, dans trois iours.
Frà sè stésso, en soy-mesme.
Frà quánto, en combien de temps.
Frà tánto, cependant, tandis.
Fracassáre, & fracasciáre, fracasser.
Fracasséa, fricassée.
Fracassio, fracas, bruit.
Fracásso, & fracássio, fracas.
Fraccáre, fracasser.
Fraccurádi, bagatelles, drolleries : marionnettes.
Fracidéza, pourriture. pron. ts.
Fracidíccio, qui tend à pourriture.
Fracidire, se pourrir. pres. fracidísco.
Frácido, pourry.
Frácido del fátto d'vne. i. fort amoureux d'vne personne.
tu mi hai Frácido ou sradíccio, tu me tiens pourry.
i. tu me tiens pour sot, pour mal habile. Item, tu m'importunes, tu m'ennuyes.
Fracidúme, pourriture : importunité.
Fracidúme del líno, cheneuortes.
Fradáglia, compagnie de bons goulus.
Fradagliáre, viure auec les bons goulus.
Fradiciáre, pourrir. Item, importuner.
Frádicio, maladif : pourry : importun.
egli è Frà diciótto e diciannóue, il est entre dix-huit & dix-neuf. i. il est fort malade. C'est vne allusion de sradiciótto, qui signifie malade, & frà diciótto, qui signifie entre dix-huit.
Fradicúme, pourriture. Item, importunité.
Frága, fraize à manger.
Fragára, vendeuse de fraizes.
Fragária, fraizier.
Fragáta, vn plat de fraizes. Item, vne fregate, sorte de vaisseau.
* Fragelláre, pour flagelláre, tourmenter.
* Fragellatóre, flagelleur.

FR   FR 199

* *Fragéllo*, fleau, foüet.
Frágile, fragile.
Fragilità, & *fragilézza*, fragilité. pron. *ts*.
Fragilménte, fragilement.
Fragitide, les veines qui paroissent au col.
* *Framénto*, fragment.
Frágna, esclat, copeau.
Fragnére, & *frángere*, rompre. pres. *frángo*, & *frágno*. parf. *fránsi*. part. *fránto*.
Frágo, sorte de poisson.
Fragola, fraize, fruit.
Fragole marine, caprons, sorte de grosses fraizes, qui croissent en Italie sur des arbres.
Fragolára, vendeuse de fraizes.
Fragoláro, plat de fraize. Item vn caquet de commeres.
Fragolíno, sorte de poisson à Rome.
Frágolo, vn fraizier.
Fragolóso, plein de fraizes.
Fragóre, bruit : odeur.
Fragránza, bonne odeur. pron. *ts*.
Fragráre, bruire, esclatter. Item, sentir bon.
Fragróso, qui bruit, & qui sent bon.
Fraintèndere, oüir à rebours. part. *fraintéso*.
Fraintendérsi, s'entendre ensemble. Il se coniugue comme le precedent, en y mettant *mi*, *ti*, *si*, *ci*, *vi*, *si*.
Frainteìssere, entretisser. parf. *fraintésseì*.
Frále, fresle, fragile.
Fralézza, fragilité. pron. *ts*.
Frámea, sorte de coutelas.
Frameìsso, interposé.
Framettére, entremise, interposition. pron. *ts*.
Framettére, entremettre : interposer. parf. *framisi*, *framettéstì*, *framisè*, *framettémmo*, *framettéste*, *framisèro*, part. *framesso*.
Frametritóre, entremetteur.
Framezzáre, mettre vn etre-deux. pron. *dz*.
Framménti, fragments.
Frampondre, fer cramponé, sorte de fer de cheual à crampons
Frampóni, fers ou cloudsà glace.
Franáre, ramper, grimper : selon aucuns, esbouler.
Francagióne, affranchissement.
Francaménte, franchement.
Francaménto, acquit, affranchissement.
Francáre, affranchir : acquitter.
Francescáre, affranchir. Item, infecter de grosse verolle.
Francescaménte, à la Françoise.
Francése, François.
Francése per la vita, plein de verolle par tout le corps.
Francesciáno, Cordelier.
Francésco, François.
Francéggiàre, affranchir, rendre franc & quitte.
Franchezza, franchise. Item, hardiesse. pron. *ts*.
Franchiggia, asile, franchise.
Frància, France.
andar in Frància, aller en France. i. prendre la verolle, à cause de *mal Francése*, qu'on appelle en Italie la verolle.
Franciosáre, infecter de verolle.
Franciòso, verolé : en iargon, beuueur.
Fránco, franc : & lien de franchise.
Fránco, port payé, qui se met sur les lettres.
Francolíno, francolin, oiseau.
Frangénte, rupture, fragment : mauuaise affaire, faschere.

Frángere, rompre: parf. *fránsi*. particip. *fránto*.
Frangétte, petites franges ou passemens.
Frángia, frange.
Frangiáre, franger.
Frangíbile, qui se peut rompre.
Franglóso, sorte d'aigle, sisee.
Frangolíno, francolin, oiseau.
Franguéllo, vn pinçon.
Franténdere, entendre tout à rebours : oüyr de trauers. parf. *frantési*. part. *frantéso*.
Fránto, rompu, concasse.
Frantúmi, esclats, fragments.
Frantúra, lassitude.
Franz díe, en iargon, vn bocal. pron. *ts*.
Franzóso, en iargon, beuueur. pron. *ts*.
Frappónere, *frappórre*, entremettre, mettre entre deux. pref. *frappóngo*, *frappóni*, *frappóne*, *frapponiámo*, *frapponéte*, *frappóngono*, parf. *frappósi*, part. *frappósto*.
Frappunimento, entremise.
Frappóste, mis entre deux. entremis.
Fráppa, cajollerie, vanterie : selon aucuns, vne fraize : vne taillade, découpure.
Frappáre, hacher, tailler, découper, moucheter : se vanter, iaser : brouillasser. Vser vn habit, &c.
Frappatóre, vanteur, cajolleur, brouillon.
Frappatríce, cajolleuse, iaseuse.
Frappatúra, cajollerie, vanterie : taillade, découpeure.
Frapperìa, cajolleries.
Frappóne, iaseur, cajolleur. Item, taillade.
Frásca, rameau : vn bouchon de tauerne.
chi cucina colle fràsche, *la minestra sà di fumé*, qui fait bouillir sa marmite auec des petites branches, la souppe sent la fumée, &c. quand on s'embarasse auec des petits garçons ou ieunes hommes, rarement reussit-on en son affaire.
una Fràsca, vn inconstant, vn leger, vn sot : vne frasque : vn ieune garçon, vn enfant.
Frascáre, courir de rameaux. Item, badiner, follastrer : faire vne frasque.
Frascarìa, sottise.
Frascaruccia, petite badinerie.
Frascáta, feüillée, ramée.
al Frasciáto, vne sorte de chasse aux petits oiseaux.
Frascatóre, faiseur de frasques.
una Fraschétta, vn petit sot. Item, vne petite branche.
Frascheggiáre, badiner, follastrer.
Frascheggióso, plein de follastrerie.
Frascheria, sottise, badinerie.
Fraschiére, faiseur de frasques.
Frascùndia, legereté, badinerie.
Frescóne, branchage à brusler, gros frasque.
Frassinélla, *frascinélla*, *fraxinelle*, geniculaire, cachet de Salomon.
Frassinéllo, petit fresne.
Frassinéto, fresnaye.
Fràssino, fresne.
Fràssola, sorte de poids.
Frastagliaménto, découpeure.
Frastagliáre, causer, cajoller, bredoüiller : découper, moucheter, tailladder.
Frastagliataménte, confusément.
Frastagliatóre, bredoüilleur, cajolleur.
Frastagliatúra, &
Frastáglio, taillade, découpeure : balaffre à vn habit.
Frasténere, entretenir, amuser. pres. *frastèngo*, *frastiéni*,

FR

Fraſtornáre, deſtourner, renuerſer, diuertir.
Fraſtórno, diuertiſſement, empeſchement.
Fraſtuólo, fraſtuóno, tintamarre.
Fratacchiáre, faire le gros Moine.
Fratacchióne, gros Moine ; fratáccio.
Fratáia, vne femme qui a affaire auec les Moines.
Frataría, la Moinerie : frataía.
Fratarie, actions de Moines.
Fratárſi, ſe faire Moine.
Fráte, Moine.
Fráte di S. Francéſco, Cordelier .i. qui n'a point d'argent.
cóme Frà Fázio, comme Frere Fazio, qui remplaçoit les dommages d'autruy.
Fráte del Carmine, Carme.
Frateggiáre, faire profeſſion de Moine.
Fratellánza, fraternité. pron. ts.
Fratelláſtro, beau-frere, fils de noſtre beau-pere, ou belle-mere.
Fratelleggiáre, faire des actions de frere, viure en frere.
Fratéllo, frere.
Fratel cugíno, couſin germain.
* Fratélmo, Fratelrò, mon frere, ton frere, à la Lombarde.
Fratería, Moinerie.
Fratèngo, en jargon, bon.
Fraternaménte, fraternellement.
Fraternále, fraterno, fraternel.
Fraternitá, fraternité.
Fratéſco, de Moine.
Fratétto, petit Moine.
Fraticéllo, Frerot, petit Moine.
Fraticída, qui tuë ſon frere.
Fraticídio, fratricide, meurtre de frere.
Fratiéra, garce de Moine.
Fratile, de Moine.
Fratíno, petit Moine. Item, de Moine.
Fratizzáre, faire ou agir comme frere. pron. dz.
Frátta, entre-deux de roche. Buiſſon, ſelon aucuns.
Frattánto, cependant.
Frattióne, fraction.
Frátto, rompu.
Frattúra, fracture.
* Fratturáre, mettre en pieces.
Fraudáre, frauder.
Fráude, fraude.
Fraudéuole, qui ſe peut tromper.
Fraudoléntè, frauduleux.
Fraudoloſaménte, frauduleuſement.
Fraudolóſo, fraudóſo, frauduleux.
Fráuia, chemin entre-deux.
Frauicináuz a, voiſinage d'entre-deux. pron. ts.
Frauicíno, voiſin d'entre-deux.
Fráuole, des fraizes.
Frauolíno, fraizier.
* Fráuto, fláuto, fleuſte.
Fréccia, fleſche. C'eſt auſſi vne poutre le long de la pouppe qui ſouſtient les appuis de la tente, fleche.
Frecciáre, darder. Item, affronter, tromper.
Frecciáro, faiſeur de fleches : dardeur.
Frecciáta, coup de fleche.
Freccióſo, haſtif.
Frédda, rheume, humeur froide. Item, de friſſon de fiebvre.
Freddaménte, froidement.
Freddáccio, grand froid.
Freddagióne, rheume.

FR

Freddaménte, froidement.
Freddáre, faire froid, prendre froid.
Freddézza, froideur. pron. ts.
Freddíccio, froiduret.
Freddigliáre, enfroidurer.
Freddíre, refroidir. preſ. freddíſco.
Fréddo, froid.
far Fréddo lo ſcrigno .i. foüiller dans le coffre, deſgarnir la caſſette.
hauer Fréddo à i piedi .i. n'auoir point d'argent. Item, donner ſa marchandiſe à bon marché, pour s'en alleruiſſement.
Dio manda il Fréddo ſecóndo i panni .i. Dieu nous en voye ſelon nos forces.
non hauer Fréddo à i piedi, c'eſt ce que diſent les Marchands, quand ils n'ont pas haſte de vendre leur marchandiſe.
vi vn Fréddo .i. il bat froid, il fait le froid.
Freddolóſo, froidureux : Freddóſo.
Freddóre : freddúra, froidure.
Fréga, friction : vne enuie extrême : chaleur de luxure : le rut : le fray des poiſſons.
andar in Fréga, entrer en rut, entrer en chaleur : deuenir chaude, qui ſe dit d'vne chienne, & autres animaux.
Fregadénti, vn frotte-dents.
Fregagióne, friction.
far le Fregagióni .i. taſcher de conſoler vne perſonne.
Fregaménto, frottement, friction.
Fregamínola, vne frotteuſe ou farfoüilleuſe.
Freganuólo, vn marmiton, vn frotte-bottes.
Fregapidénti, marmiton.
Fregáre, frotter. Item, frayer.
Fregárla à vno, en bailler à garder, faire vne niche.
Fregáre, rayer : regler vn papier.
Fregár il piede all' uſcio .i. prendre congé d'vn logis.
Fregaruólo, vn veron.
Fregáta, vne fregate.
Fregatína, vne petite frottée.
Fregatóre, frotteur.
Fregatríce, frotteuſe.
regatúra, friction.
Fregicáccio, grande balaffre.
Fregiáre, orner. Item, balaffrer.
Fregiétto, petit ornement : petite balaffre : eſtafilade.
Frégio, ornement. Item, vne friſe : vne bordure : eſtafilade : balaffre : vn affront.
Fregiétto, petit ornement : petite balaffre, petite eſtafilade.
Frégo, friction, frottement.
Frégo, vne ligne.
Frégo tórto, erreur de compte ou eſcriture.
Frégna, la nature de la femme, &c.
Frégola, fréga, chaleur, rut, fray : enuie exceſſiue : vne miette, vn peu de quelque choſe.
Fregoláre, eſmier. Item, entrer en chaleur.
Fregolíno, &
Frégolo, le fray des poiſſons : le rut des animaux.
Fregóna, chienne chaude.
Frequénte, frequent.
Frequénza, frequence. pron. ts.
Freménte, fremiſſant.
Frémere, fremir, bruire, crier : eſtre en colere, enrager de colere. part. frémei & fremétti.

Fremir,

Fremère, fremitáre, fremir : grincer : hannir crier. pref. fremisco.
Frémito, fremissement, bruissement, grincement de dents.
* Fréna pour frégna, la nature d'vne femme.
Frenáio, faiseur de brides.
Frenáre, brider : refrener, tenir en bride.
* Frendére, groigner comme les pourceaux.
Freneglio, agraffe.
Frenélla, frenelle, vn fer qui sert à descharger la teste d'vn cheual.
Frenéllo, petite bride : vne museliere : vn ornement de femme, comme vne enseigne ou vne rose de diamans, &c. selon aucuns, vn fer à friser.
Frenesía, frenesie.
Freneticáre, estre en frenesie.
Frenético, frenetic.
Frenguelláre, gasoüiller.
Frenguéllo, vn pinçon.
Fréno, frein.
Frenquentáre, frequenter.
Frequentatióne, frequentation.
Frequénza, frequence. pron. ts.
Fréri, Commandeurs. Item, hospitaliers : hostes.
Frescáccio, grand frais.
Frescaménte, fraischement.
Frescáre, rafraischir.
Freschézza, fraischeur. pron. ts.
Freschiáccio, vne grande balafrre.
Frésco, frais : nouueau : tendre comme le pain, recent.
stó Frésco, nous disons, me voila bien chaudement, me voy-la pas mal.
stiámo Fréschi, ne nous voila pas mal.
dipigner à Frésco, peindre à frais, terme de peinture.
Frésco vénto, vent fais. i. fort.
Frescolíno, tout nouueau, tour frais. Item, vne petite fraischeur.
Frescótta, fraische, ieune.
Freschúra, fraischeur.
Fresóne, frise, frison.
* Fressóre, vne poële à frire.
* Fressoráre, frire.
* Fréso, destroit.
Frétta, haste.
chi promette in Frétta suol pentirsi adágio, qui promet promptement il se repent à loisir. i, il faut songer à promettre.
Frettáre, nettoyer vne Galere, afin qu'elle coulle mieux. Item, haster.
Frettolosaménte, hastiuement.
Frettolóso, hastif.
La cúgna Frettolósa fà i cagnoloíni ciechi. i. qui fait les choses à la haste, les fait mal.
Fréza, fleche. pron. ts.
Frézze, sorte de tablettes à manger. pron. ts.
Frezzaría, lieu où l'on tient les flesches. pron. ts.
è venúto in Frezzaría, che le graine scorláno. i. il y a du bruit, Prouerbe Venitien.
Fríca, selon aucuns, vn verroüil.
* Fricáre, frotter.
Fricassèa, fricassée.
Friccáre, frotter. Item, picquer, presser : & chatoüiller.
Friccióso, pressant ; picquant : chatoüillant.
Frière, Commandeur : selon aucuns, pouruoyeur.
☞ Frifoláre, remuer les doigts comme sur l'espinette.

Frifolísta, vn qui ioüe des doigts : nous disons, qui ioüe de la harpe.
* Frigefáre, faire grand froid.
Frigere, friggere, frire. part. frisse & friggéi. part. fritte.
* Frigidézza, frigidità, froidure. pron. ts.
* Frígido, froid.
Frigíllo, vn pinçon.
Frigío, vne frise.
* Frigióne, vn brodeur.
Frígna, frégna, la nature de la femme.
Frignóccola, vne chiquenaude.
Frignoccoláre, donner des chiquenaudes.
Frigottáre, fringotter, gringuenotter.
Frigulare, chanter comme le coucou.
Frínco, vn pinçon.
Frinfri, boutades de fantesie.
Fringuelláre, gasoüiller comme le pinçon.
Fringuéllo, vn pinçon.
* Frinire, gasoüiller comme les Cigalles. pref. frinisco.
Frisóne, frisóne, verdrier. pron. dz.
Frippáro, frippier.
Fripperia, fripperie.
Frisa, de la frise.
Frisáccia, frise pelée, grosse frise.
Frisáda, sorte de frise.
Frisáre, friser : & orner.
Frisáro, faiseur de frises.
Frisélla, c'est la fleur de farine qui vole & s'attache aux murailles, folle farine.
Frisólo, vn cabas. Item, la huche où tombe la farine au moulin, la tremie.
Frisélla, frisétta, frise fine.
* Frísgna, vn peson à mettre à vn fuseau : selon aucuns, poüils qui viennent aux pourceaux.
* Frisóggia, vn poële à frire.
Frisóne, frison.
* Frissóra, poële à frire.
* Frissoráre, frire.
Frit, paix : c'est le mot Allemand, fried.
Fritláca, sorte de mente.
Fritélla, bignet.
Fritélle di vénto, bouffées de vent.
Fritilláría, fritilaire, fleur.
Fritóne, sorte de macquereau.
Frítta, sorte de matiere à faire des verres.
Frittáre, frire.
Frittáta, ommelette.
riuoltár la Frittáta. i. renuerser vn discours.
Frittáta rognósa, ommelette au lard.
Frittatína, petite ommelette.
Frittatóna, grosse ommelette.
Frittélla, bignet : c'est aussi vne iniure, comme qui diroit, badin.
diuentár Frittélla delle nózze de' vérmi. i. mourir, seruir de pasture aux vers.
Frittelláre, faire des bignets.
Frittióne, friction.
Frítto, frit.
Frittóla, bignet.
Frittúra, fritture.
Frittúra, pétits poissons à frire, fritture.
Friuoláre, badiner.
Friuolo, friuole.
Frízza, fleche. pron. ts.
Frizzánte, picquant, mordant, cuisant. pron. ts.
Frizzánte víno, vin picquant. pron. ts.
Frizzánte scrittúra, vne escriture ou histoire qui touche, qui esmeut. pron. ts.

Fri₃áre, estre d'esprit esueillé : mordre, picquer : fredonner : hauir : escraser, escacher. pron. ts.
Fri₃áta, pointe sur la langue. pron. ts.
Fróda, fróde, & fródo, fraude : defraudation.
Frodalénza, frodolénza, fraudulence. pron. ts.
Frodáre, defrauder, tromper.
Frodatóre, defraudeur.
Frodatrice, trompeuse.
Frodolénte, fraudaleux.
Fróga, &
Frógia, l'ouuerture des narines, les naseaux.
Frogiáto náso, nez espaté, ouuert.
Frollare, attendrir, mortifier : se gaster ou pourrir.
puttána Frólla, putain pleine de verolle, pourrie.
Frollatúra, mortification de viande.
Fróllo, mortifié, demy gasté.
Frollire, se gaster, se pourrir, ou empuantir. pref. *frollisco*.
Fróllo, mortifié, qui commence à se pourrir, molasse, tendre, faisandé.
Frollóne, vn fas.
Frollonáre, sasser.
Frómba, fronde.
Frombáre, fronder.
Frombáta, coup de fronde.
Frombatóre, frondeur.
Frombeggiáre, fronder.
Frómbola, fronde.
laudr il cápo con le Frómbole. i. estriller, chastier.
Fromboláre, fronder.
Frombolá:a, coup de fronde.
Fromboliére, frondeur.
Fromentáta, menestre faite de froment.
Froménto, du froment.
Fromentóso, remply de froment.
Frónda, feuille. Item, vne fronde.
Frondáre, fronder : & pousser des feüilles.
Frondáta, ramée.
Frondeggiáre, &
Frondire, pousser des feüilles, pref. *frondisco*.
Frondifero, qui porte des feüilles.
Fróndola, fronde.
Frondoláre, fronder.
Frondolóso, & Frondóso, feuillu.
Frondúto, feuillu.
Frontáccia, grand front.
Frontále, testiere, fronteau : vn serre-teste : vne sorte de guirlande de pierreries : vn chanfrain de cheual.
dar vna beretta dá due Frontáli. i. faire vn affront.
Frontaménto, confrontation.
Frontáre, confronter.
Frónte, front : face : pan.
voltar Frónte, tourner visage.
star à Frónte, faire teste.
far Frónte, id.
alla Frónte dell' armáta, nous, disons, à la teste de l'armée.
armáta à Frónte, armée en presence.
Fronteggiáre, confiner : faire teste à l'ennemy, costoyer.
Frontéro, qui confine.
Frontéra, vne guirlande de pierreries. pron. ts.
Frontiéra, frontiere. Item, vne defence, vn fort, &c. sur la frontiere.
Frontíle, fronteau, testiere.
Frontíno. i. vn effronté. Item, vn fronteau.
Frontóne, grand front. Item, teste d'armée : le deuant d'vn édifice, fronton.

Frontóso, qui a grand front.
Frónza, vn pacquet de corde tortillé : en rond. Item, ride.
Frónze, trognons de choux, rides pron. ts.
Fronzále, fronteau. pron. ts.
Fronzáre, pousser des feuilles : froncer, rider, prononcé. ts.
Fronzétta, guirlande de pierreries, petite ride, prononcé. ts.
Fronzíre, pousser des feuilles. pref. *fronzisco*. pron. ts.
Fronzíre, rider.
Fronzúto, feuillu.
Prosóne, gros bec, oiseau.
Frótta, trouppe.
Fróttola, vau de ville : vne satire ou chanson diffamatoire.
Frottolánte, faiseur ou chanteur de vaude ville.
Frottoláre, chanter des vaude villes.
Frucáre, vser les habits, &c.
Frucáre, &
Frugacchiáre, frotter, fouiller.
Frugále, espargnant.
Frugalitá, frugalité, espargne.
Frugáre, fouiller, sonder : esguillonner.
Frugatóio, frottoir, brunissoir, bouchon.
Frugatóre, aiguillonneur, inciteur.
Frugélli, vers à soye.
Frugipérda, vn despensier.
Fruginóro, vn aualleur de biens.
Frugnólo, vne grosse lanterne pour chasser de nuit aux oiseaux.
Frúgo, espargnant.
Frugolíno, &
Frúgolo, vn petit brouillon, vn esuenté qui se fourre par tout, vn remuant.
Frugóne, vn coup de point du doigt ou de la main. Item, vn homme qui espargne.
Fruíre, iouyr. pref. *fruisco*.
Frúlla, vn rien : vn claquement de doigts.
Frulláre, bruir, claquer.
Frúlle, des osselets à joüer, estragales.
Frúllo, vn rien : le bruire des perdrix quand elles se leuent.
Frúllo, vn peson à mettre au bout d'vn fuseau : c'est aussi vne monnoye de peu de valeur en Leuant.
Frullóne, vn instrument de bois ou blusteau à bluster la farine.
Frusciáre, escacher, escraser, ficher en burlesque.
Frúsco, frúscolo, vn festu.
Frusóne, gros bec, oiseau.
* *Frússo, flússo*, flux, foire.
Frústa, fouet.
Frustabordéllo, coureuse de bordels.
Frustáre, fouetter : courir le païs : vser, dissiper les habits, deschirer.
vn Frústa scopétte, vn mignon : vn qui vse les espoussettes à force de se nettoyer.
Frustáta, coup de foüet.
da Frustáti, qui se dit par mespris, comme par exemple *dipintore da Frustáti*, vn peintre de neige, vn peintre de gueux.
vn Frustáto, vn gueux, vn deschiré : vn soüetté.
Frústo, selon aucuns, vn fleau : Item, vn morceau.
Frústo, deschiré, vsé.
Frustráre, frustrer.
Frustuláre, mettre en pieces.
Frústuli, petits morceaux.
Frutíce, arbre fruictier.

FR

Frútta, fruit : rente : recompense.
dar le Frútte, donner des fruits. i. des bastonnades, qui s'appellent autrement, *frutte dell' asino*.
La Frútta, le dessert, le fruit que l'on sert à la fin du repas.
Fruttaiuólo, fruictier.
Fruttánte, fructifiant.
Fruttáre, *frutturáre*, fructifier, rendre du fruit : profiter comme l'argent à rente.
Fruttaría, fruits, fruicterie.
Fruttáro, jardin fruictier.
Fruttaruólo, fruictier, qui vend du fruict.
Frutteggiáre, fructifier.
Fruttétto, petit fruits. Item, grenier aux pommes, &c.
Fruttéuole, fructueux.
Fruttice, arbre fruictier.
Fruttífero, id.
Fruttificánte, fructifiant.
Fruttificáre, fructifier.
Fruttificatióne, fructification.
Frútto, fruit.
danári à Frútto, argent à profit, argent à l'interest.
dar le mále Frútte, donner de la fascherie.
Frútte di Fráte Albérico, des fruits de Frere Alberic : fruits amers.
Fruttóso, fructueux.
Fruttuále, *fruttuário*, id.
Fruttuáre, fructifier.
Fruttuóso, fructueux.
Fruzzicáre, farfoüiller : rauauder, pron. *ts*.

F V

Fú, fut.
Fù, feu deffunct.
Fú, en jargon, gibet, potence.
Fucáre, fardet.
Fúcci, ci fú, il y fut, & il y eut.
Fucíle, fusil.
Fucína, forge.
Fucináre, forger.
Fúco, mouche qui mange le miel, bourdon. Item, fard : & vn monstre marin.
Fúe, pour *fù*, il fuit.
Fúga, fuitte : songe, fugue de musique : desfaite.
Fugáccia, fouace.
Fugacciéra, vendeuse de fouaces.
Fugáce, fuyard.
Fugaménto, dechassement.
Fugáre, mettre en fuitte, chasser, dechasser.
Fugdia, fougade, sorte de mine pour faire saulter les gens.
Fugatóro, qui chasse.
Fugatríce, chasseuse, qui chasse.
Fugénte, fuyant.
Fuggéuole, fuyard, fuitif.
Fuggiáſco, fuitif.
di Fuggiáſco, à la desrobée : comme en passant, en cachette.
Fuggifatíche, vn feineant.
Fuggíre, fuir. pres. *fuggo*.
far Fuggír la lontanánza, terme de peinture, faire fuir le lointain.
Fuggíta, fuitte.
Fuggitíuo, fugitif, fuitif.
Fuggitóre, qui fuit, fuyard.

FR

Fuggitríce, celle qui fuit, fuyarde.
Fúgo, bourdon.
Fúgolo, tourbillon de vent.
Fugóne, bassinet.
Fúia, luxure, chaleur d'animaux.
Fúia, pour fúra de furáre, il desrobe.
Fuiáre, desrober. Item, se cacher.
Fuína, vne foüine.
Fuíno, en jargon, vn vieillard.
Fúio, obscur.
Fulgénte, esclattant.
Fulgénza, esclat. pron. *ts*.
Fúlgere, esclatter. parf. *fulgetti*, & *fulgei*.
Fulgidézza, esclat. pron. *ts*.
Fúlgido, esclattant.
Fulgináre, couurir des confitures de candy sans part.
Fúlgolo, tourbillon : tournoyement d'eau.
Fulgóre, foudre.
Fulgóre, esclat, esclair.
Fulguráre, foudroyer.
Fúlica, poule d'eau, foulque.
Fuliggíne, de la suye.
Fuliginóso, plein de suye.
* *Fuliginato*, chiche, vilain.
Fulíma, toile d'araignée.
Fuliséllo, coccon de ver à soye.
Fullóne, bourdon, sorte d'insecte.
* *Fulmáre*, *fulmináre*, fulminer, foudroyer.
* *Fúlme*, foudre.
Fulmináre, foudroyer, fulminer.
Fulminatióne, fulmination, foudroyement.
Fúlmine, foudre.
Fulminóso, foudroyant.
Fulmidézza, esclat. pron. *ts*.
Fúluido, esclattant, resplendissant.
Fumicchio, camoufflet.
Fumaiuólo, vn charbon mal cuit, qui fait de la fumée, nostre vulgaire l'appelle vn flambeau : c'est aussi ce qui paroist de la cheminée par dessus le toict.
Fumáio, id.
Da pié come il Fumáio. i. tousiours d'vne mesme façon.
Fumána, grande fumée : & riuiere.
Fumánte, qui fume : c'est aussi ce que nous disons, feu, parlant d'vn village, *tanti fumánti*, tant de feux.
Fumáre, fumer.
Fumária, fumeterre, plante.
Fumário, lieu où l'on fume la chair.
Fumarnólo, le haut de la cheminée par où sort la fumée.
Fumáta, vne fumée que l'on fait pour signal sur les vaisseaux.
Fuméa, fumée.
Fumáti, toutes sortes de viandes fumées.
Fúmica, fumée.
Fumicánte, fumant.
Fumicáre, fumer, faire fumée.
Fumicóso, fumeux.
* *Fumicorémola*, sorte de crabe ou escreuice de mer.
Fumiére, fumier.
Fumigo, suffumigation.
Fumináechio, vn camoufflet.
Fumíte, formentation.
Fummaiuólo, le haut de la cheminée.
Fúmmo, fumée.
Fúmmo pour fúſſimo, nous fusmes.
Fúmo, id.
Fumosità, fumosité.

Cc ij

Fumoſo, fumeux.
Fumoſo, en jargon, l'Eſté.
Fumoſtérno, fumoſtérro, fumoterra, fumeterre.
Funále, la meche d'vn flambeau: & le flambeau meſ-
  me.
Funaruólo, cordier.
Fúndaco: magaſin.
Fundachiéro, Marchand groſſier.
Fundatóre, qui iette auec la fonde ou fronde, fron-
  deur.
Fúne, corde: meche d'arquebuſe.
dar la Fúne, donner la gehenne.
tenér vno ſù la Fúne, tenir en doute, tenir en ſuſpens,
  tenir à la gehenne.
Funébre, funebre.
Funerále, id.
Funeráre, funeſtáre, faire les funerailles.
Eſinere, funerailles.
Funéreo, de funerailles.
Funéſto, funeſte.
Funéto, berceau de jardin, ſelon aucuns.
Fúngo, champignon: c'eſt auſſi le charbon qui s'attache
  au bout du lumignon en bruſlant: & de plus certai-
  nes croiſſances ſpongieuſes au corps humain: vn po-
  tiron, ſelon aucuns.
Fúngo, en jargon, vn chapeau.
dar Fúngi da mangiáre, i. donner du potage aux mou-
  les, en faire mouler, faire ſouffrir.
Fungoſità, ſpongioſité.
Fungóſo, ſpongieux.
Funicélla, cordelette.
Funicéllo, id.
Funícolo, ſorte de meſure des Hebrieux, au lieu de la
  toiſe.
Fúmme, ne fù, il y en eut.
Funtióne, fonction.
Fúnto, defunt.
Fuocáre, allumer, rougir au feu.
Fuóco, feu.
tanti Fuóchi in el luògo, tant de feux. i. tant de famil-
  les ou maiſons en ce lieu-là.
dar Fuóco alla giránđola. i. ſe reſoudre en vne affai-
  re.
dir ó far cóſe di Fuóco. i. dire ou faire des choſes mer-
  ueilleuſes.
dar Fuóco alla bombárda. i. commencer à meſdire de
  quelqu'vn.
Fuóco di S. António, ou fuóco ſácro, i. hereſipelle.
Fuóco da vélona, nous diſons, feu de marionnette. i.
  petit feu.
Fuóco da xampáno, qui s'eſteint à coups de pierre. i. vn
  pendart. pron. ſſ.
Fuóco di fábbri, qui s'eſteint à coup de marteau. i. vn
  coquin qui merite d'eſtre battu.
Fuóco badiále, grand feu.
Fuóco di ſan Lázaro, nous diſons, mal ſainct Ladre,
  pron. dz.
Fuóco delli Spagnuóli. i. le Soleil.
non dárebbe del Fuóco col céncio, il ne donneroit pas du
  feu, & de la meche, cela ſe dit d'vn homme fort
  auare.
non dárebbe Fuoco col cencio, il ne donneroit pas du feu
  quand meſme on porteroit vn morceau de meſche
  pour allumer, tant qu'il eſt auare.
fàr dúe Fuóchi, faire deux feux. i. ſe ſeparer, faire
  quartier à part, faire deux lits, bande à part.
dàr Fuóco al céncio, mettre le feu aux eſtoup-
  pes.

egli ſtà ſu'l Fuóco, nous diſons d'vn homme qui eſt dans
  l'impatience, il a les pieds dans le feu.
Fuóco, en jargon, vn Sergent.
à Fuóco lénto, à petit feu.
Fuóchi volánti, ardans, feux folets.
Fuóchi lauoráti ó artificiáti, feux d'artifice.
Fuocoláre, foyer.
Fuocóne, fougon. Item, grand feu.
Fuógo, fuóco, feu.
Fuóra, fuóre, fuóri, dehors: hors: horſmis. En terme
  de ieu, nous diſons, forc. i. rien de fait.
di Fuóra via, en dehors.
Fuór che, excepté, fors que.
da quéllo in Fuóri, horſmis celuy-là.
Fuor di módo, hors de meſure.
Fuór di máno, à l'eſcart, hors du chemin.
ſar Fuóri, oſter, mettre dehors.
Fuoriſilári, battagliòle, tenda. i. oſtez les filarets, bat-
  tayolles, &c. terme de galere.
Fueraviba, en terme de marine, c'eſt pour faire deſ-
  pouïller la chourme: oſtez la chemiſe.
Fuorirumóre. i. taiſez-vous.
Fuorſennáre, forſenner.
Fuoriſcíto, banny, refugié.
Fúr, fúro, fúreno, ils furent.
Fúra, larcin, choſe deſtrobee.
Furacciáre, deſtrober.
Furáre, deſtrober.
Furarie, larcins.
Furatóre, larron, deſtrobeur.
Buratríce, larroneſſe.
Furáttola, cabaret de fifous.
Furattoláre, hanter le cabaret.
Furattoliére, pilier de cabaret.
Fúrba, le langage narquois.
Furbacchiaménti, fourberies.
Furbacchiáre, eſtre fourbe.
Furbácchio, fourbe.
Furbacchióne, grand fourbe.
Furbacchiótto, petit fourbe.
Furbaménte, trompeuſement.
Furbáre, faire des fourberies.
Furbaría, fourbe, fourberies.
Furbeggiáre, faire des fourbes.
Furbería, fourberie.
Furbéſca língua, langage narquois.
Furbéſco, de fourbe. Item, langage narquois.
Furbettíno, petit fourbe.
Fúrbo, fourbe: coquin: larron: filou.
Fúrbo, en jargon, compagnon, camarade.
Furchétta, forcina, fourchette.
Furegáre, deſtrober ſubtilement. Item, fourgonner.
Furegóne, vn fin larron. Item, vn fourgon.
* Furén e, vn furieux.
Furettáre, fureter.
Furéto, furet.
Furfantággine, & furfantáglia, racaille, coquinaille.
Furfantáre, gueuſer, coquiner. Item, friponner, ga-
  gner par de mauuaiſes voyes.
Furfante, meſchant, pendart, meſchant garnement:
  gueux qui feint d'auoir du mal: homme de rien, vn
  vau-rien, vn fripon.
Furfantéllo, petit coquin.
Furfantería, pendarderie, friponnerie, coquinerie,
  meſchanceté, taquinerie.
Furfanteſco, gueuſeſque, de coquin.
Furfanteuóle, id.

FV

Furfantóne, vn gros maraud.
Furfúra, son de farine, crasse de la teste.
Fuóri, pour fuóri, dehors.
Fúria, furie.
à Fúria, en haste : in furia, id.
non t'una Fúria. i. n'allez pas si viste en besogne, ne soyez pas si prompt.
Furiáre, estre en furie.
Furibóndo, furibond.
Furiéra, fourriere.
Furiére, fourrier.
Furigáre, fourgonner. Item, destober subtilement.
Furigóne, fourgon. Item, vn fin larron.
Furiosaménte, furieusement.
Furióso, furieux.
il Furióso, le Roland furieux de l'Ariofte.
Furláno, vn charlatan : en jargon, vn badin. Item, vn coupeur de bourse.
Furláre, charlatanner, coupper des bourses.
Fúrо, vn coquin, vn filou : à Venise, vn friand.
Fúro, pour fúrono, ils furent.
Furoncéllo, petit filou, petit frippon.
Furón furóne, à la desrobée.
Furóncolo, froncle : furúnculo.
Furoncoláre, venir des froncles : furunculare.
Furunculóso, plein de froncles.
Furóre, fureur.
Furtarèllo, trait de larron : larrecin.
Furtinaménte, furtiuement, à la desrobée.
Furtíno, furtif, desrobé, fait à la desrobée ou en cachette.
Fúrto, larcin.
Fusággine, arbre dont on fait les fuseaux, fusin, ou fusain.
Fusáio, tourneur de fuseaux.
Fusaiuólo, vn peson à mettre à vn fuseau. Item, tourneur de fuseaux.
Fusáno, fusin.
Fusárdo, faiseur de fuseaux.
Fusáre, filer au fuseau. Item, amadoüer quelqu'vn pour tirer quelque chose de luy : & tordre le fil.
Fusáro, tourneur de fuseaux.
Fusarnóle gámbe, iambes de fuseaux menuës.
Fusáta, la fusée en filant.
Fusbérta, flamberge. i. espée, de Rollant.
Fuscelláre, percer vn canon, sou vne serbatane. Item, filer vne fusée entiere.
Fuscellétto, festu. :: touche d'enfant pour espeler, vn petit panier à mettre du fourmage mol.
Fuscellíno, petit festu, petit panier à mettre du fourmage mol.
cercar col Fuscellíno. i. chercher auec bien du soin ou exprés.
cercar le brighe col Fuscellíno. i. chercher des disputes ou noises mal à propos, ou tout exprés.
Fuscéllo, festu : & fuseau : vne brochette : vne iambe toute d'vne venuë.
Fúsche, festus.
Fúsco, obscur.
Fusilla, fusée de petard.
* Fusellàre, esbrancher.
Fusíllo, petit fuseau.
Fuseragnuólo, faiseur de fuseaux. Item, vn qui file.
Fusíto, petit poignard quatré ou en triangle. Item, rais d'vne rouë.
Fusíbile, fusile, qui se fond.
Fusióne, fusion, degel.

FV 205

Fúso, fuseau : c'est aussi vne broche dans laquelle on tient les bobines en deuidant.
Fúso, rais d'vne rouë : le plan d'vne colomne : la vis qui entre dans l'escrouë.
far le Fúso torto. i. faire son mary cornard : nous disons, donner du fil à retordre.
por il Fúso nella rócca, nous disons, mettre la cheuille dans le trou.
Fúso, fondu.
Fúsolo, l'os de la iambe, c'est aussi le piuot qui soustient la meule de moulin, arbre de moulin.
à Fusóne, à foison, en quantité.
Fusóre, fondeur.
Fusoría, art de fonderie.
Fústa, fuste.
Fústa della ruóta, moyeu d'vne rouë.
Fustagnáro, faiseur de sustaines.
Fustagnétto, petite sustaine bien fine.
Fustágno, fustaine.
Fustagnóso, semblable à de la fustaine.
Fustèrna, les nœuds du bois.
Fustíbalo, sorte d'arbaleste antique.
Fustigáre, fustiger : & fourgonner.
Fustigóne, vn fourgon.
Fústo, le plain, le vif d'vne colomne : tige, sustaye, pied d'vne plante : le corps de l'homme, ou d'autre animal : en jargon le corps.
Fustóso, qui a vn tronc.
Fúta, fuite & confutation.
Futáre, confondre, confuter.
Futéuole, que l'on peut confuter.
Futóni spíriti, esprits malicieux.
Fútta, confutation.
Futtáre, confuter.
Futuríre, venir apres.
Futúro, futur.
Fúuni, vi fú, il y eut, il y fût.

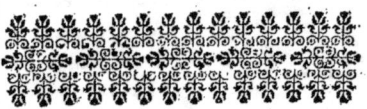

GA

Gabállo, sorte de parfum.
Gabanáre, couurir d'vn gaban.
Gabanélla, gaban de berger.
Gabánio, gaban.
Gabarúsolo, escreuice.
Gábba, gabe, moquerie.
Gábba-Christo, vn hypocrite.
Gábba-sánti, id.
Gábba, villáni, sorte de poire, belle en dehors & mauuaise dedans. Item, vne happe-lourde.
vn Gábba gl'huómini, vn trompeur.
Gábba villáno, vne petite pluye qui moüille fort.
Gabbaménto, gausserie, moquerie, tromperie.

Gabbanélla, &
Gabbáno, gaban, balandran.
Gabbáre, se mocquer : tromper, gaber.
Gabbaríe, mocqueries, tromperies.
Gabbatélla, vn tour aux cartes, la gabbatine. Item, bagatelle.
Gabbatelliére, joüeur de gobelets.
Gabbatina, la gabbatine aux cartes.
Gabbatóre, trompeur.
Gábbe, sorte de noisettes vuides au dedans.
Gabbéuole, gausseur, railleur. Item, que l'on peut gausser.
Gábbia, cage : vn cabas : vn cachot : muselière de mulet : la gauie ou gabie d'vn Nauire, la hune. Metaph. prison : & la nature de la femme. Item, vne femme maigre, par Metaphore.
Gabbiáre, encager.
Gabbiáta, vne pleine cage.
* Gabbino, vn trompeur.
Gabbiétta, petite cage : Gabbiolina.
Gabbióna, grande cage.
Gabbionáre, gabbioner.
Gabbionáte, fortifications faites de gabbions.
Gabbióne, gabbion : & grande cage.
Gíbbo, gausserie, jeu.
préuder à Gábbo, se mocquer : prendre à jeu.
Gabélla, gabelle.
riscuóter la Gabélla de gli impácti, receuoir la gabelle des empeschemens .i. entreprendre beaucoup d'affaires.
vccellàr Gabélle .i. se procurer de la peine.
Gabellare, gabeller.
Gabelliére, Fermier des gabelles : gabelleur.
Gabellótto, Maltotier, gabelleur.
Gabiáno, aiguillat, poisson.
Gabrina, nom propre d'vna méchante femme : ce mot est passé dans l'vsage pour iniure : vieille putain.
Gaffáre, gripper, attraper.
Gáffo, grippement.
Gagaláre, se resiouyr.
Gágate, pierre d'aigle.
Gággia, la gauie ou hune d'vne nauire : vne cage : vne fourrissiere.
Gaggiándru, sorte de limaçon.
Gaggiáre, gager : pleiger : engager : cailler : encager, recompenser.
Gággio, gage, ostage, caution : recompense.
Gaggiúra, gageure.
Gagliárda, gaillarde.
andar à Gagliárda giornáta, aller à grandes iournées.
Gagliardággine, force.
Gagliardaménte, fort & ferme.
Gagliardétti, banderolles qu'on met au haut des arbres des vaisseaux : guidons, gaillardets.
Gagliardézza, force, pron. ts.
Gagliardía, force, valeur, vigueur.
Gagliárdo, fort, robuste.
ceruél Gagliárdo, extrauagant.
vino Gagliárdo, vin fort.
Gáglio, de la presure.
vna Gagliófsa, vne saloppe, vne gaupe.
Ga.liófsa, mot Lomb. pochette, poche, sac, besace.
Gagliossáccio, gros vilain.
Gagliossáre, faire des vilainies.
Gagliossería, gagliossággine, saleté, vilainie, lourdauderie.

Gagliósso, lourdaut : coquin : vilain.
Gagliossóne, gros vilain.
Gagliosseggiáre, faire des saletez.
Gagliófso, qui se caille ou s'attache facilement.
Gagliuólo, gousse de pois, &c.
Gágno, vn creux : vn lieu plein de bestes fascheuses : vne basse fosse.
Gagnoláre, glappir, le cry du chien.
Gáia, en jargon, le Prin-temps : & vne amoureuse.
Gaiándra, vne Tortuë.
Gaieggiáre, esgayer.
Gaiétta pélle, peau mouchetée de plusieurs couleurs.
Gaiétto, gay.
Gaiézza, gayeté, pron. ts.
Gaíno, vn faucon sauuage.
Gáio, gay.
verde Gáio, verd, gay, couleur.
Gaióssa, gagliófsa, mot Lomb. pochette.
* Galóla, vne cage.
* Gaioláre, encager.
* Gaioláuo, faiseur de cages.
Gaivà, gayeté.
Gála, vn galand, vn ornement de Dame : vne carreure de passement deuant l'estomac : vne noix de galle.
far Gála, estre gaillard.
Gála, pompe, resiouyssance : gentillesse de vestemens : gentillesse : la galle.
andár à Gála, nager sur l'eau, flotter.
Galaménte, gentiment.
* Galána, vne Tortuë, mot Lomb.
Galánga, galange, plante.
Galángale, id.
Galángola, sorte de verdrier.
Galáno, galand, braue, gracieux, gentil.
Galánte, galand.
Galánt' huómo, honneste homme.
Galanteggiáre, faire le galand.
Galantería, galanterie.
di Galantería, galamment.
Galantino, gentil.
Galáppio, caláppio, lacqs ou trappe.
Galáre, nager sur l'eau. Item, orner.
Galáscie, bouteilles sur l'eau.
Galássia, la voye de laict, le chemin de S. Iacques qui se void au Ciel.
Galatína, sorte de sausse.
Galauróne, bourdon, sorte d'insecte.
Gálbano, du galbanum.
Galdére, pour godére, joüir.
Galéa, galere. Item, lamproye de mer.
Galeáyo, faiseur de galeres.
Galeázza, galeasse. pron. ts.
Galedóre, arondelle de mer.
Galeffágine, mocquerie.
Galefsáre, se mocquer.
Galefsóne, mocqueur.
Gálega, sorte de Ruë, herbe.
Galeggiáre, nager sur l'eau comme vne noix de galle, flotter sur l'eau.
Galéna, plomb noir.
Galéo, sorte de lamproye de mer.
Galeóne, galion. Item, vne sorte de poisson fort long.
Galeótta, vne galiotte.
Galeótto, forçat, galliot, galerien.
Galéra, galere.

GA

Galerita, alloüette huppée.
Galéro, chien de mer : selon aucuns, veau marin.
Galétie, coccons de ver à soye.
Galétto, en Lombardie, vn robinet de fontaine. Item, la couronne de l'Imperiale d'vn carrosse.
Galgolo, sorte d'oiseau.
Galigàre, ébloüir, obscurcir.
Galio, petit muguet, plante.
Galióne, idem, galion.
Galla, gland : glande : noix de galle.
star à Galla, nager sur l'eau.
essir à Galla .i. emporter le dessus.
Galle, galles.
Gallàre, nager sur l'eau.
Gallàre, le chaucher du cocq.
Galláría, lamproye, selon aucuns.
Gallaria, gallerie.
* Gallassiare, deuenir blanc.
gallina Gallàta, vne poulle chauchée.
Gallàto vòuo, œuf d'vne poulle chauchée du cocq.
Galleggiàre, nager sur l'eau comme vne galle. Item, faire le galand.
Galleria, gallerie.
Gallerìta, alloüette huppée.
Gallètto, cochet, petit cocq.
Gallètto di maggio, cochet sauuage.
Gallètto, en jargon, vn peigne.
Gallètto, robinet.
Galliàre, voyager dans vne galere. Item, nager sur l'eau.
Galliàro, vn entremetteur.
Gallicinio, le temps que le cocq chante.
Gallicrèsta, creste de cocq, herbe.
Gàllico mòrbo, la verolle.
Gallina, poulle.
Gallina vecchia fà buon bròdo, dans vn vieux pot on fait de bonne souppe.
chi di Gallina nasce conuità che ruspi, nous disons, il chasse de race.
Gallina mugellése, ha cent' anni e mostra vn mése, cela se dit d'vne qui fait la ieune.
some la Gallina di mónte Ciccolì .i. il mange son œuf deuant que de le pondre : nous disons, manger son bled en herbe.
Gallina bagnàta, vn poltron.
Gallina gobba, poulle d'Inde.
Gallina rusticèlla, idem.
la Gallina del Biondo, la sevecchìna, la poulle du Blond .i. l'escornisleuse.
Gallinàccia, francolin ou poulle de bois.
Gallinàio, poulaillier.
Gallinària, lieu où l'on tient la volaille.
Gallinàro, poulnaillier.
Gallineggiàre, faire la poulle.
Gallinèlla, poullette, poularde.
Gallinèlle, estoilles poulsinieres.
Gallistràni, sorte de figues rouges.
Gàllo, cocq.
Gàllo alpèstre, faisan.
Gàllo di paradiso, vne huppe, selon aucuns.
sa come il Gallo, cànta bène e rà zzola ò ruspa màle, il fait comme le cocq, il chante bien & gratte mal .i. il presche & parle bien, & fait de mauuaises œuures.
il Gàllo di mònna Checca, nous disons, le cocq de la parroisse. Item, vn paillard.
Galloppàre, galopper.

GA

Gallòppo, galop.
Galloppóne, idem.
Gallopìo, ergotté comme vn cocq.
Gallorìa, reioüissance excessiue, le requoquillement comme du cocq.
Gallòso, galand, gentil, joyeux.
Gallozza, noix de galle. Item, les bouteilles qui se forment sur l'eau en pleuuant : & vne sorte de galoche de bois. pron. ts.
Gallozzare, nager sur l'eau. pron. ts.
Gallozzo, petit cocq.
Gallozzàre, leuer la creste comme le petit cocq.
Gallozzola, bouteille sur l'eau. pron. ts.
Gallozzàre, chanter le cocq.
* Gallùppo, mot Piedmontois, vn frippon : vn ignorant.
Gallùto, huppé, eueillé.
Gallùzza, noix de galle. pron. ts.
Gallùzze d'òro, herbes ou marques d'or à vn chappelet: chaisnes de bouttons ou grains d'or. pron. ts.
Gallùzzare, se dresser sur ses ergots, se recoquiller comme le cocq, se resioüir. pron. ts.
Galògna, sorte d'herbe veniueuse.
Galòne, costé.
Galòscia, noix de galle, galoche.
Galuàno, en jargon, bordel.
Galùppo, voleur, picoreur.
Gamàrro, écreuice de mer.
* Gamàscie, gamaches.
Gamàuto, gamaut, instrument de Chirurgien.
Gàmba, jambe.
Gàmba d'anèllo, le corps de la bague.
la Gàmba fà, quel, che vuol il ginocchio, la jambe fait ce que veut le genoüil .i. vn valet fait ce que le Maistre luy commande.
dar à Gàmbe, vulgairement, joüer de l'espée à deux jambes .i. fuir.
sarla con le Gàmbe, idem.
tuti lamenti Gàmba sana, nous disons, tu te plains de ce que l'espousée est trop belle .i. de trop d'aise.
Gàmba di Dìo, en jargon, vne jambe toute gastée.
non ci và di buòne Gàmbe. Item, il n'y và pas volontiers.
mètterse la via trà Gàmbe, nous disons, prendre ses jambes à son col. Item, se mettre en chemin gaillardement.
andar à Gàmbe leuàte, tomber en mauuais estat, donner du nez en terre, tomber le cul en haut.
à Gàmbe alte, le François dit, le cul au haut.
Gambàccia, vne vilaine jambe.
Gambàle, jambiere, armeure de jambe.
Gambarèllo, &
Gàmbaro, écreuice.
Gambàta, coup de jambe.
hauer la Gambàta, c'est quand la maistresse se marie à vn autre qu'à son amant.
dar la Gambàta, nous disons, coupper l'herbe sous le pied.
Gambeggiàre, gambiller.
Gambellière, conducteur des chameaux.
Gambèllo, chameau.
Gambràccia, jambe vlcerée.
Gàmbero, écreuice.
Gamberuòlo, armeure de jambes.
Gambettàre, gambiller.

Gambétto, le croc en jambe, jambette.
seruir nel Gambétto .i. seruir tout de bon.
ponti à sedére à Gambetto .i. ayes patience.
Gambétti, ceps, fers aux pieds des forçats.
Gambiéra, gambiere : armeure de jambe : greue.
Gambiglia, le pied d'vn vase.
Gambo, tige, tronc, pied d'arbre.
Gambóne, grosse jambe : gigot : jambon.
dar Gambóne, donner de la hardiesse.
Gambriéri, armeure de jambes.
Gambúccie, petites jambes.
Gambúgio, chou cabus.
Gámbule, sorte de guestre.
Gabúto, qui a des grandes jambes ou vne tige.
Gambúzzo, chou cabus. Item, jambon. pron. *ss*
Gamórra, gamúrra, sorte de robbe de femme.
come la Gamúrra di Mona Saluéstra .i. vn habit neuf fait d'vn vieux manteau.
Gamurino, sorte de cotte de femme.
Ganáscia, maschoire. Ganache de cheual.
Ganascióne, vn soufflet ou gourmade.
Gancétto, crochet, crampon auec son piton.
Gancíére, accrocher.
Gáncio, crochet.
Gandúláre, venir des glandes.
Gándule, glandes.
Ganduloso, plein de glandes.
Ganezzáre, en jargon, tromper, dupper, pronon-cé *ts*.
Gánga, la jouë. Item, vne pontile : & vne mitte.
Gangále, dents œillieres.
Gángharo, gánghero, gond.
Gangheggiáre, se dit du cheual, se renuerser les gen-ciues en sentant la jument.
Ganghéráre, attacher aux gonds : mettre des gonds.
Ganghero, gond.
dar Gángheri, eschapper dextrement.
Gángheri, chiarniere de cassettes ou coffres.
fuor de' Gángheri, hors des gonds .i. hors de soy, hors de raison.
dar in Gánghero, c'est quand vn liévre en fuyant se bais-se, & puis fuit d'vn autre costé, hourtuary.
star in Gángheri, prendre garde à soy.
Gangherino, en jargon, menuisier.
Ganghitélla, vne jouée, vn soufflet sur la jouë.
Gángola, glande, amigdale.
Gangoláre, croistre des glandes.
Gangoláro, &
Gangolóso, plein de glandes.
Gangréna, gangrene.
Gangrire, se mettre la gangrene. pres. *gaugrisco*.
Gánguto, plein de glandes.
Gannáre, tromper.
Gannire, ronsler : gronder : hurler : crier. pres. *gan-nisce*.
Ganso, oye, oison.
Gánzà, vne oye : & vne sorte de monnoye de cuiure. pron. *ts*.
Gánzàra, sorte de barque. pron. *ts*.
Gánzétto, gánzo, crampon. pron. *ts*.
Gára, debat, dispute, ennuy, emulation.
vincer la Gára, emporter le prix.
à Gára, à l'envy l'vn de l'autre.
Garabáttole, sorte de gaban.
Garabulláre, jaser, barbouiller.
Garasélli, sorte de poires.
Garófano, œillet : & cloud de giroffle.
Garagnóni, estallons que l'on tient d'ordinaire par-

my les juments.
Garamática, garamússola, mots pour rire, au lieu de *Grammática*, Grammaire.
Garamélla, le poignet.
Garáncia, garance.
Garencíére, garancer.
Garáre, faire à l'envy.
Garattiéra, vne jartetiere.
Garaúgno, macreuse.
Garaúélla, sorte de barque. Item, sorte de poire.
Garbáre, plaire, agréer : accommoder.
Garbáto, gentil, de bonne mine.
Garbáto huómo, homme bien fait, liberal, acostant.
Garbeggiáre, donner de la façon à quelque chose. Item, deuenir aigre.
Garbélla, sorte d'oiseau.
Garbelláre, grabbeler.
Garbellatore, grabbeleur.
Garbétto, suret, aigret. Item, vn petit traict pic-quant.
Garbézza, aigreur, aspreté. pron. *ts*.
Garbíno, le vent de Sudvvest.
Gárbo, bonne grace, gentillesse, bonne mine, forme, grandeur, taille : selon aucuns, aigre, picquant, as-pre : vne ruë de Florence ainsi appelée.
huómo di Gárbo, honneste homme.
il Gárbo, de la taille, de la grandeur.
légno ò leguáme di Gárbo, bois de moule, ou bois moulé.
Garbugliáre, brouiller.
Garbúglio, embrouïllement, confusion.
Garbuglióso, brouillon.
Gardellino, gardéllo, & gardolíno, chardonneret.
Gardígno, vn clos, vn parc.
Gareggiáre, disputer, debattre, faire à l'envy.
Gareggiatóre, emulateur.
garreggióso, querelleux.
Jarésolo, vne huppe.
Garettáre, coupper les jarrets.
Garettíéra, jarretiere.
Garétto, jaret.
Garfagnoni, bigarreaux.
Gargánico, sorte d'oiseau de riuiere.
Gargandíglia, collier de femme.
Garganéllo, sorte de canard.
Gargareggiáre, &
Gargarízáre, gargariser, se rincer le gosier. pronon-cé *dz*.
Gargarísmo, gargarisme.
Gárgaro, vn Belier.
Gargarózzo, gargatíle, gargatíglio, gargatóne, & gar-gátto, gosier. pron. *ts*.
il Gargátto gli và à staffétta .i. il est affamé : nous di-sons, il a les dents bien longues.
Gargéa, vn heron.
Gargeóne, garzóne, garçon. pron. le z, comme dz.
Gargolíére, gargouiller.
Gargózzo, gargozzúlo, le gosier. pron. *ts*.
Gárgulo, heron.
Gariancíno, orangé.
Garíbare, sonner.
Gáribo, façon.
Garígli, des cerneaux.
Garíte, bois coubez qui font le toict de la pouppe, sur lesquels on met la couuerture, garites.
Garlétto, jaret.
Garminélla, gherminélla, tour, destour, tromperie, tour de passe-passe.

Gáto

GA

Gáro, faulmente.
Garofonáre, orner d'œillets, & assaisonner de clouds de girofle.
Garofanára, sorte d'herbe.
Garofanáto, qui sent l'œillet ou cloud de girofle.
Garófano, garófilo, cloud de girofle : vn œillet.
Garofiláta, herbe qui a la senteur de girofle.
Garólfo, en jargon, vn chat.
Gárolo, garolóso, babillard.
Garone, cheróne, vne piece à vn habit : selon aucuns, Fleur de lys.
* Garóntolo, coup de poing.
Garóso, querelleux, obstiné.
Gárpa, grappe, maladie de cheual.
Gareggiáre, disputer, faire à l'envy.
Gareggiatóre, disputeur, contesteur.
Garreggiatrice, disputeuse.
Garrése, gales sur le garot.
Garrétto, jarret.
Garrénole, querelleux.
Garriménto, tancement.
Garríre, crier, tancer : gasouiller, cajoller. pres. garrísco.
Garritóre, cajolleur.
Garritrice, cajolleuse.
Gárro, garíto, cajollerie, gasouillement.
l'ordine di Gartiér, l'ordre de la jarretiere en Angleterre.
Garúgli, cerneaux.
Garuláre, cajoller.
Garulitá, cajollerie.
Gárulo, cajolleur.
Garúzza, petite contention. pron. ts.
Gárza, vne pie : selon aucuns, vne aigrette ou heron. Item, vn chardon. pron. dz.
Garzára, sorte de heron. pron. dz.
Garzáre, carder. pron. dz.
altro di Gárze, fort en bouche. pron. dz.
Gárze, mal dans la bouche du cheual, socelles. pronocé dz.
Garzerino, sorte de maille pour s'armer, faite en façon de Inseran. pron. dz.
Garzétta, aigrette, oiseau. pron. dz.
* Garzícolo, vne quenouille. pron. dz.
Garzignóle, sorte de poires. pron. dz.
Gárzo, sorte de chardon. Item, vn heron. pronocé dz.
Garzólo, la pomme des choux ou laictuës. pronocé dz.
Garzóna, vne fillette. pron. dz.
Garzonástro, gros garçon. pron. dz.
Garzoncéllo, garçonner. pron. dz.
Garzóne, garçon : valet : laquais. pron. dz.
Garzoneggiáre, faire le garçon, garçonner. pronocé dz.
Garzonétta, fillette. pron. dz.
Garzonétto, garçonnet. pron. dz.
Garzonézza, ieunesse, age de garçon. prononcez premier z, dz, & les autres ts.
Garzoníle, de garçon.
Garzuólo, la pomme ou le dedans des choux & laictuës. pron. dz.
Garzuólo, vne sorte de filasse où chanvre. Item, vne pouppée ou quenouillée de chanvre. pron. dz.
Gasáre, faire des dentelles ou autres ouurages à l'aiguille.
Gáso, ouurage fait à l'aiguille.
Gastálda, fermiere, grangere.

GA

Gastáldia, ferme.
Gastáldo, fermier, granger. Et Marguillier d'vne Confrairie.
Gastigáre, chastier.
Gastigatióne, chastiment.
Gastigatói a, chastiment.
Gastígo, id.
Gastigatóre, chastieur.
Gastigatrice, chastieuse.
Gastigatúra, chastiment.
Gastramaglióne, gros gourmand.
Gastrimáglia, gourmandise estrange.
Gátta, chat, chatte.
pigliar Gátta à peláre .i. entreprendre vne chose difficile.
fáre la Gátta morta .i. faire le niais, feindre de ne pas entendre.
voler la Gátta .i. faire son fait serieusement.
non voler la Gátta .i. ne se vouloit pas embarasser.
ogni Gátta hà il suo Gennáio, nous disons, il n'y a si meschant pot qui ne trouue son couuercle : chacun trouue vn amy ou amie.
la Gátta di Masino che serráua gli occhi per non veder i topi .i. vn qui ne veut pas voir, qui feint de ne pas voir.
Gátta ci cóua, la chatte y coue .i. il y a quelque malice cachée là-dessous: nous disons, il y a anguille sous roche.
non tener Gátta in sácco, ne tenir pas son chat dans le sac .i. dire ouuertement, dire librement.
non comprár Gátta in sácco, n'achepter pas chat en poche.
andár à vedér pescár la Gátta .i. se laisser persuader facilement.
Gátta quantáta non piglia sórci, chat emmitouflé ne prend point de souris.
Gátta órba, sorte de jeu, colin maillard. Item, clignemucette.
à Gátta órba, à veuglettes.
menár la Gátta al lárdo .i. donner la commodité à vn homme de faire ce qu'il veut.
ci pénso come la Gátta all' insaláta .i. ie n'y pense nullement.
andar alla Gátta per lárdo, aller au chat pour auoir du lard .i. demander à vn homme ce qu'il veut pour soy-mesme.
Gattafúra, mot Genois, sorte de tourtes.
Gattária, herbe au chat.
Gattáro, idem.
* Gattarigóla, chatouillement.
* Gattarigoláre, chatouiller.
Gattarigolóso, chatouilleux.
Gattarúola, chattiere.
Gattéccio, chaleur de chatte.
andar in Gattéccia, demander le matou.
Gatteggiáre, courir la nuit comme les chats.
Gattésco, de chat.
Gattesciuólo, chatton, petit cha t.
Gattigli, gentes de rouë.
* Gattiláre, chatter.
* Gattilatúra, chattée.
Gátto, chat. Anciennement vne machine à battre les murs : & selon aucuns, à couurir les combattans.
Gátto gátto, comme vn chat, en chat, à la desrobée Item, au chat, au chat.
Gátto suríano, Guenon, guenuche.
Gattoláre, chatter : & crier comme vn chat.
Gáttoli, gattolíni, petits chats.

GA

Gattolóne, tout doucement, en tapinois, comme vn chat.
Gattomammóne, gattomaimóne, guenon.
Gattonáre, chatter: gripper comme vn chat.
Gattóne, vn vieux chat. Item, vn finet.
Far il Gattóne .i. faire le niais.
Gattón gattóne, tout doucement, comme vn chat, en tapinois.
Gattóni, les oreillons, mal qui vient à la gorge.
Gattóne della noce, le dedans de la noix.
Gattoncíni, petits chats.
Gattórbola, sorte de jeu, colin maillard.
* Gattorigoláre, chatoüiller de la griffe.
Gattorigolóso, chatoüilleux.
Gáito z ibétto, ciuette, animal. pron. dz.
Gattúccia, ieune chatte.
Gattucciáre, chatter.
✝ Gattíggie, sorte de dez faux.
Gauágna, corbeille.
* Gauagnáre, pour gaigner. Item, mettre dans vne corbeille.
Gauágno, pour guadágno, gain.
Gauanéllo, vn tiercelet. Item, vn cochon.
Gauanétto, vn fort paillard, robuste compagnon.
Gauardína, jacquette de paisan.
Gauá z z a, vn saut à cloche-pied, selon aucuns. Item, vne louppe ou grosse gorge. pron. dz.
Gauaz z áre, rire à gorge desployée. Sauter ou dancer, selon quelques-vns. pron. ts.
Gauáz z o, ris desmesuré, joye excessiue. prononcé ts.
* Gaudiáre, se resiouyr.
* Gáudio, joye.
* Gaudióso, joyeux.
* Gaudíre, estre joyeux.
Gauélli, gentes de roué.
Gauérna, vn leuier.
Gauétta, botte de cordes de lut ou violon. Item, vne escuelle de bois dans laquelle les forçats mettent leurs viandes.
Gauetzóne, auge.
Gauéz z a, vn sot, vn badin. pron. ts.
Gáuia, vne arondelle de mer, selon aucuns, vne mouëtte.
Gauignáre, tenir serré, empoigner sous le bras.
Gauígne, les amigdales, glandes au col.
Gauígne, l'endroit dessous les bras où les luitteurs se tiennent.
* Gauilláre, traicter auec subtilité & sophistiquerie.
* Gauillatióne, cauillation.
* Gauillóso, sophistique, plein de cauillation.
Gauíne, l'endroit du corps sous les aisselles. Proprement les amigdales.
Gauinéllo, vne sorte d'esmerillon.
Gáuio, arondelle de mer.
* Gauíso, plein de joye.
Gauitélla, vne grande coupe.
Gauitéllo, vn morceau de bois lié à l'ancre qui nage sur l'eau, & sert à recognoistre le lieu où elle est, bonneau, balisse.
Gauocciáre, s'enfler comme vne aposthume.
Gauóccio, tumeur d'aposthume.
Gauoccioláre, s'enfler comme vne peste.
Gauócciolo, peste, tumeur de peste.
Gauólla, cheuille du pied.
Gauóne, l'extremité ou recoin au dedans de la prouë, gauon. Item, vne sorte de tumeur.

GA GE

Gauótta, la gauotte, bransle.
Gaurána, sorte de vigne ou raisin.
Gaúz o, œil de bœuf. pron. ts.
Gaz z a, pie. pron. dz.
Gaz z a sparuiéra, lanier. pron. dz.
Gaz z ára, vne armoire dans le mur. pron. dz.
Gaz z ára, vne pinache. Item, vne sorte de huée & battement de mains, bruit de mousquetades pour resiouïssance, pron. dz.
* Gaz z élla, vn animal qui porte du musc. prononcé dz.
Gaz z era, vne pie. pron. dz.
Gaz z ería, bruit de mousquetades ou artillerie pour resiouïssance. pron. dz.
Gaz z erína, cotte de maille, & façon de maille en couleur d'eau: Iaseran: maille faite à Algers. prononcé dz.
Gaz z étta, la gazette. Item, petite pie. pron. dz.
Gaz z étta, vne monnoye à Venise. pron. dz.
Gaz z ettáre, cajoller comme vne pie. Item, faire des gazettes. pron. dz.
Gaz z ettánte, faiseur de gazettes. pron. dz.
Gaz z etiére, gazettier. pron. dz.
Gaz z étto, œil de bœuf. pron. dz.
Gaz z ínio, couleur bleuastre. pron. dz.
Gaz z íno molíno, moulin à fouler les draps. prononcé dz.
Gáz z o, cheual œil de veron: selon aucuns, pie. Item, de couleur d'eau, ou bleuastre. pron. dz.
Gaz z oláre, cajoller. pron. dz.
Gaz z olatóre, cajolleur. pron. dz.
Gaz z olatríce, cajolleuse. pron. dz.
Gaz z olíno, grand cajolleur. pron. dz.
Gaz z onáre, couurir de gazons. pron. dz.
Gaz z óne, gazon. pron. dz.
Gaz z ótto, vne pie. pron. dz.
Gaz z oúiglia & go z oúiglia, gogaille. pron. ts.
Gaz z ouigliáre, gassoüiller son bien. pron. ts.
Gaz z uoláre, cajoller comme vne pie. pron. dz.
Gaz z uolína, ieune pie. pron. dz.
Gaz z uóli, sorte de petite verolle. pron. dz.
* Gaz z úra, jaserie. pron. dz.

GE

Ge, la lettre G.
Gébo, sorte de viande.
Gecchíre, abbaisser, abbatre, humilier. present, gecchísco.
* Geénna, gehenne.
* Geennáre, gehenner.
Gegníua, gengíua, genciue.
Geiétta, du jais.
Geladía, gelatína, de la gelée.
Gelaménto, gelée.
Geláre, geler.
Geláta, gelée.
Gelatína, gelée que l'on mange.
Gelauérni, verglas.
Gelería, gelettía, pour gelatína, pour gelée que l'on mange.
Gelicídio, temps de gelée.
Gelidáre, geler.
Gelidé z z a, froidure. pron. ts.
Gélido, froid, gelée.
Gelamína, pierre minerale, gelamine.
Gélo, gelée, glacé.

Gelosáccio, vn grand jaloux.
Gelosaménte, auec jalousie.
Gelosía, jalousie: jalousie deuant la fenestre: balustres à la pouppe derriere la timoniere.
Gelosíre, deuenir jaloux. pref. gelosísco.
Gelóso, jaloux.
negotio Gelóso, affaire chatoüilleuse.
vascéllo Gelóso, vn vaisseau qui panche facilement d'vn costé & d'autre, jaloux.
Gélsa, meure, framboise.
Gélso, meurier blanc.
Gelsomíno, jasmin.
Gelsomómo, gélso móro, meurier.
Gemáre, doubler, denider.
Geméllo, gemeau.
Geméllo, sorte de raisin.
Geménte, gemissant.
Gémere, degoutter, distiller, gemir. parf. gemèi : part. gemúto & gemíto.
Geminíno, gemeau. Item, né sous le Gemini.
Gemína, sorte de damasquinerie ou marqueteure: sorte de cuisine.
Geminare, doubler: ioindre, coupler, apparier.
Gémini, gemeaux: doubles. Item, le signe Gemini.
Gémino, double: gemeau.
Gemíre, gemir. pref. gemísco.
Gemítio, le degoutement ou sueur des grottes, surgeon d'eau.
Gemito, gemissement.
Gémma, pierre precieuse: bourgeon de vigne: la seconde escorce des cornes dont on fait la couppelle pour raffiner l'argent, os bruslez pour la couppelle, jaune d'œuf.
Gémma di Vénere, sorte d'Amethiste.
ímestar à Gémma, entrer en bouton ou germe.
Gemmáre, bourgeonner. Item, orner de pierres precieuses.
Gemmáro, joüailler.
alla Gemmáta, ouurage de rapport.
Gemmière, joüaillier.
Gemmóso, plein de pierreries. Item, bourgeonneux.
Gémo, pelotton de fil
Gemíro, le roucoulement d'vn pigeon ou tourterelle.
Gendío, Ianvier.
* Gene, les joües.
Genealogía, Genealogie.
Geneático, deuin.
Genébro, genevre.
Generaláto, office de General, uenerauté.
General dell' artigliaría, Grand-Maistre de l'artillerie.
Generále, General, vn General.
Generále di Fantería, Colonnel.
Generalissímo, Generalissime: & tres-general.
Generalità, generalité.
Generalménte, generalement.
Generaménto, engendrement.
Generánte, engendrant.
Generáre, engendrer.
Generatióne, generation.
Generatíuo, generatif.
Generatóre, geniteur, engendreur.
Generatríce, engendreuse.
Genérico, de genre general.
Génere, genre.
Género, gendre.
Generosaménte, genereusement.
Generosità, generosité.
Generóso, genereux.

Genesi, generation ou creation: la Genese.
Genéstra, genest.
Genestráta, sorte de potage.
Gengébro, gengéro, gingembre.
Gengeríno, gasteau meslé de gingembre.
Gengeneráta, gingembre confit.
Gengía, genciue.
Gengídio, cherui.
Gengíua, genciue.
Gengíuo, &
Gengióne, gingembre.
Genía, race, engeance.
Geniále, de genie. Item, generatif: & naturellement recreatif.
Geniána, sorte de plante.
Geniáre, suiure le genie.
Génio, genie.
* Genire, engendrer.
Genitále, partie genitale: generatif. Item, glayeul.
Genitáre, engendrer.
Genitíuo, genitif: qui peut engendrer.
Génito, engendré. Item, le sperme.
Genitóre, geniteur, pere.
Genitríce, mere: engendreuse.
Genitúra, geniture.
Genizzéro, Ianissaire. Vn qui est engendré d'vn Espagnol & vne Italienne, ou au contraire. pron. ts.
Gennáio, Gennáro, Ianvier.
quánto Gennáro è discósto dalle móre, il en est aussi esloigné que Ianvier des meures.
Geno, genie. Item, gendre.
Genocchiáre, agenoüiller.
Genócchio, genoüil.
Genocchióne, à genoux.
Génsola, jujube.
Gensólo, arbre qui porte les jujubes.
Gentáccia, &
Gentáglia, canaille, engeance.
Gentále, né d'vne certaine famille.
Gentáme, la lie du peuple, la canaille.
Gentarélla, id.
la Gente, les gens.
Génte al bósco, nous disons, le loup est au bois: c'est quand on a quelque chose sur la barbe, comme vne miette de pain, &c. Et la responce est, son cinque, che la guárdano, monstrant les cinq doigts qui l'essuyent.
Génte bássa, génte minúta, petits compagnons, gens de bas lieu, petites gens.
Génti di cauo, toutes sortes de mariniers.
Gentéa, canaille, racaille.
Genterélla, id.
Gentiána, gentiane, herbe.
Gentíle, gentil, gentille, noble, courtois, courtoisie. Item, vne sorte de poire ainsi appelée.
Gentiléscō, noble, gentil, de bonne grace.
Gentilézza, gentillesse: noblesse: courtoisie. prononcé ts.
Gentildónna, Demoiselle, genti-femme.
Gentil'huómo, Gentil-homme.
Gentilhuómo, en jargon, ignorant.
Gentil'huómo della bócca, Gentil-homme seruant.
Gentilíno, ioliet, joly.
Gentilíre, rendre ou deuenir noble, ou gentil. present, gentilísco.
Gentilísia, Gentilité, Paganisme.
* Gentilísia, de Gentil-homme.
Gentilménte, gentiment.

Gentilótto, petit Gentil-homme : Gentil-homme de village, gentillastre.
Genròzza, bonnes gens, petites gens. pron. ts.
Genruccia, menuës gens.
Genuaménte, ingenuëment.
* Genuflessióne, pliement de genoüil.
* Genuflésso, le genoüil plié.
* Genuflettere, plier le genouil.
Genuini dénti, dents de laict.
Genuino, naturel.
Genévro, genevre.
Geografia, Geographie.
Geografo, Geographe.
Geománta, Geomante, deuin.
Geomantia, Geomance, deuination par la terre.
Geómetra, Geometre.
Geometráre, mesurer la terre.
Geometria, Geometrie.
Geométrico, Geometre.
Geometriggiáre, exercer la Geometrie.
Geómetro, Geometre.
* Geórgica, culture : la Georgique.
Gera, chappe d'vn fourreau.
Geránio, bec de Cigoigne ou gruë, herbe.
Geranióne, id.
Gerarchia, Hierarchie.
Gérda, iauard.
Gergáre, parler jargon ou narquois.
Gérgo, jargon.
Gergonáre, jargonner.
Gergóne, jargon.
* Gerliéro porte-hotte.
Gérlo, & gérla, vne hotte : gerlótto, id.
Germána, sœur. Item, sorte de raisin.
Germaneggiáre, faire l'Alleman.
Germánia, Allemagne.
Germánico, Alleman.
Germanino, sorte d'ouurage d'Orfévre.
Germáno, frere Germain. Item, germandrée.
Germáno, le masle d'vne canne, canard sauuage. Item, Alleman.
Gérme, germe.
Germina, bourgeon, bouton.
Germináre, germer : bourgeonner.
Gérmini, bourgeons, boutons.
il giuóca de' Gérmini, vne sorte de jeu à la triomphe : par allusion à l'acte charnel.
Germinóso, plein de boutons ou bourgeons.
Germire, gripper. pres. germisco, & gérmo, part. germéi & germétti.
Germogliaménto, bourgeonnement.
Germogliánte, bourgeonnant.
Germogliáre, bourgeonner, pousser des boutons : germer.
Germóglio, bourgeon, boutton d'arbre, germe, rejetton.
Germogliósó, plein de bourgeons.
Germoláre, boutonner : germer.
Gérmoli, boutons, bourgeons.
Geroglifico, hieroglifique.
Geróndio, le gerondif.
Geróne, branle-queuë.
Gérro, selon aucuns, anchois ou sardine.
Gérsa, sorte de fard.
Gérso, jargon.
Gersomino, jasmin.
Gessóla, cabinet ou armoire sur vne galere, &c. où l'on tient les lampes allumées, : gisòle, bitacle.

Petite Eglise en Lombardie.
Gésmino, jasmin.
Gessaiuólo, plastrier.
Gessáre, plastrer.
Gésso, du plastre.
Gessomino, du jasmin.
Gessóso, plastreux.
Gésta, race, lignée. Au pluriel, gesté, faits actions.
Gestáme, enseigne, marque de glorieuses actions.
Gestáre, faire des gestes.
Gestatióne, exercice ou mouuement de corps.
Gesteggiáre, faire des gestes.
Gestevóle, qui fait des gestes.
Gesticoláre, Gesticuláre, gesticuler.
Gestire, id. pres. gestisco.
Gesticolatióne, gesticulation.
Gésto, geste.
Gésto, pour césso, le priué.
Gétia, sorte de magie noire.
Getióni, ciboulles bonnes en May.
Géti, les jets d'vn oiseau.
beccársi il Géti .i. entreprendre vne affaire qui ne peut reussir.
Gettáre, jetter.
non si Gétta il lárdo a' cáni, on ne jette pas le lard aux chiens .i. on ne donne rien pour rien.
Gettàr il témpo, perdre le temps.
Gettarnólo, leurre.
Gettáta, fonte de fondeur.
Gettatóre, fondeur de metaux.
Gettatúra, vne fonte.
Gétto, ject.
fa Gétto, jetter les marchandises en mer pour deschargerun Nauire.
Gétto, ject de moule : à Venise, du ciment : vn rejetton d'arbre.
Gétto, fonte, metail.
Gettóni, jectons.
* Gézzo, vn lezard.

G H

Tout ce qui se treuue de ghe, & ghi en Italien, se prononce comme gue & gui, en François.

Ghébbio, vne cresserelle, oiseau. pron. ghe, comme gue, en François.
Ghembare, tortuer.
Ghémbo, tortu.
* Ghémo, pelotton de fil, &c.
Ghenghráre, faire des gestes, faire des mines ou façons.
Ghengheria, mine, geste, façon impertinente.
Ghennonáre, faire la guenon.
Ghennóne, guenon.
Ghéppio, cresserelle, oiseau.
far il Ghéppio .i. mourir.
Ghéra, chappe de fourreau.
Gherbino, sorte de vent entre Midy & Ponent.
Gheríglio, cerneau de noix.
far ventíra Gheríglii di ventidúa nóci .i. se ruïner par son mauuais mesnage.
Ghermínélla, tour de passe-passe.
Gherminetiére, ioueur de gobelets.
Ghermire, gripper, agriffer. pres. ghermisco : part. ghermito.
Ghermitóre & ghermitrice, grippeur, grippeuse, qui grippe.

G H

Gheróne, vne piece à vn habit : gousset.
prénderla per vn Gheróne, passer par vn gousset .i. s'en-fuir.
Gheróni, garnitures de sourreau, bouts & chappes.
quel che non và nelle maniche và ne' Gheróni .i. ce qui sert à vne chose sert à l'autre.
Gheríz̧z̧a, petit debat. pron. ts.
Ghétta, l'or ou autre metail comme on le tire de la mine.
Ghétto, demeure des Iuifs à Venise, &c.
Ghez̧z̧áre, noircir en meurissant : estre different en couleur de ceux de sa race. Item, faire le singe ou le sot. pron. ts.
Ghéz̧z̧o, noir : More, Egyptien : meur. pron. ts.
Ghiadaldáno, vne chose de rien.
Ghiáccia, glace.
Ghiacciáta, eau gelée. Item, la gelée.
Ghiacciáre, glacer.
Ghiacciéra, glaciere, lieu où l'on conserue la glace.
Ghiaccíno, fer à glace.
Ghiáccio, glace.
rómper il Ghiáccio, Metaph. dépuceler vne fille, commencer à entamer.
Ghiacciófo, plein de glace : glacé, qui se dit des pierres precieuses.
Ghiaccinólo, Iris, flambe.
Ghiaccinóli, des roupies. Et les glaçons qui pendent aux gouttieres. Item, vne sorte de poires.
Ghiadáre, geler : engourdir.
Ghiadattúra, engourdissement de froid.
Ghiádo, froid extrême.
Ghiádo, pour gládio, glaiue.
mórto à Ghiádo, tué d'vne espée : mort d'vne extrême necessité ou misere.
Ghiaggiuólo, Iris, plante.
Ghiáia, grauier, sable de riuiere.
Ghiaiáre, engrauier, ensabler.
Ghiaiáta, vn monceau de sable sur lequel on met des fagots ou autres choses pour passer par dessus vne eau.
Ghiaióso, plein de grauier.
Ghiánda, gland.
Ghiánda di fággio, faine.
Ghiánda vnguentária, du Ben.
leuar le Ghiánde, églander, recueillir le gland.
Ghiandáia, ghiandáa, vn geay.
Ghiandáre, nourrir de gland.
Ghiandoláre, venir des glandes.
Ghiándole, glandes. Item, grains de ladrerie.
Ghiandóso, plein de gland, & plein de glandes.
Ghiandúccia, peste. Item, apostheme ou glande.
Ghianduléso, plein de glandes.
Ghianduséia, la peste, mortalité des animaux.
Ghiára, grauier, sable.
Ghiaráre, engrauer.
Ghiarélla, sable delié : ghiarétta, id.
Ghiaróso, graueleux.
Ghiaraddáda, vn circuit de terres.
Ghiaróne, brique, piece d'or defectueuse.
Ghiattíre, glapir. pres. ghiattísco.
Ghiattúra, déchet, perte.
Ghiáue, pour gáuie, gauies ou hunes de nauires.
Ghiaz̧z̧eríno, maille faite à Algers : Iaseran. pron. les z̧z̧. ts.
Ghiaz̧z̧erólla, sorte de barque. pron. les z̧z̧. ts.
Ghibbo, tortu, bossu.

G H

Ghiéra, chappe ou garniture de guaine ou sourreau. Item, vne sorte d'electuaire qui entre dans des pilules. Item, vn trait d'arbaleste.
Ghiévda, iauard.
Ghicua, z̧ólla, motte de terre.
* Ghíga, vn violon ou viole.
* Ghigáre, joüer de la viole.
* Ghigáro, ghigaróne, joüeur de viole.
Ghignacéje, vn idiot, qui lorgne ou guigne.
Ghignáre, soufrire : & guigner.
Ghignáta, sousris.
Ghigno, sousris.
Gignóso, vn guignard.
* Ghiminélla, tour de passe-passe.
† Ghinsáre, fraizer, mettre vne fraize.
* Ghinse, fraises à l'Espagnolle.
* Ghindáre, guinder.
Ghindarélla, sorte de cordage à guinder.
Ghinocchiáre, agenoüiller.
Ghinocchióne, à genoüils.
Ghióccia, goutte.
Ghiocciáre, dégoutter.
Ghiócciola, gouttelette.
Ghioccioláre, dégoutter.
Ghiocciolóso, dégouttant.
Ghiósa, glose.
Ghiosáre, gloser.
Ghiótta, gourmande, friande, goulue.
Ghiótta, vne leschefrite.
Ghiottaménte, gouluëment.
Ghiottáre, dégoutter.
Ghiottarélla, petit friand.
Ghiottésco, de friand, de gourmand.
Ghiótto, glouton, gourmand.
boccóne Ghiótto, morceau friand.
Ghióttola, vne leschefrite.
Ghiottoláre, gourmander, friander.
Ghiottondre, id.
Ghiottoncéllo, petit goulu.
Ghiottóne, glouton, méchant.
Ghiottoneggiáre, gourmander.
Ghiottonería, gourmandise, friandise : meschanceté.
Ghiottonía, &
Ghiosornía, id.
Ghiaudro, fouille-merde.
Ghióuo, motte de terre.
* Ghióz̧z̧a, vne goutte. pron. les z̧z̧. ts.
Ghióz̧áre, dégoutter. pron. les z̧z̧. ts.
Ghióz̧z̧o, vn goujon, prononcé z̧ doux comme dez̧
Ghióz̧o, vn morceau de quelque chose : prononcé sor me comme sz.
Ghirándola, girandole, feu d'artifice qui tourne.
Ghirandoláre, tourner comme vne girandole.
Ghirándole, marqueteure, selon aucuns.
Ghiribiz̧z̧áre, fantastiquer. pron. les z̧z̧. ts.
Ghiribiz̧z̧atóre, fantastiqueur. pron. les z̧z̧. ts.
Ghiribíz̧z̧o, caprice, pensée, fantastiquerie. pron. les z̧z̧. ts.
Ghiribiz̧z̧óso, fantastique, capricieux. pron. les z̧z̧. ts.
Ghirigóro, pour Gregório, Gregoire. prononcé l'o ouuert.
Ghirigóri, découpeures. pron. l'é fermé.
Ghirlánda, guirlande : chappeau de fleurs : couronne, cercle.
la Ghirlánda cósta vn quattríno, è non stà bene in capo ad ogn' vho .i. il faut faire ce que l'on doit, & non pas tout ce que l'on peut.
Ghirlandáre, mettre vne guirlande.

214 CH GI

Ghirlandélla, petite guirlande.
Ghirlandizza, id. pron. les zz. ts.
Ghiro, vn loir.
Ghiſa, certaine partie du col du cheual.
Ghiſéllo, compagnon : ce mot eſt corrompu de geſell, mot Allemand qui ſignifie la meſme choſe.

GI

Già, ja, deſia, iadis, par le paſſé.
Non Già, non pas.
Già ché, puis que.
Già ſia che, veu que.
Già, il alloit.
Giaccáre, armer d'vn iaque.
Giaccáro, faiſeur de iacques de maille.
Giácchera, caquet de commeres.
Giacchiáre, ietter les filets dans l'eau.
Giácchio, vne ſorte de ret qui ſe iette en rond, appelée vn eſperuier.
menar il Giácchio tóndo .i. n'eſpargner perſonne, ne porter reſpect à perſonne.
Giacciáre, glacer.
Giacciarétti, l'humidité qui fait le ſalpetre : glaçons qui pendent.
Giaccio, glace.
Giaccéſco, de glace.
Giáceo, iacque de maille. Item, vn porteur de iacque ou cotte de maille : vn poltron.
Giacénte, giſant.
Giacére, geſir, eſtre couché : le croupir des eaux. preſ. giáccio, giáci, gíace, giaciámo, giacéte, giacióno, parf. giácqui, part. giaciúto.
Giacíglio, giſte, lieu où l'on couche.
Giaciménto, le coucher, la couchée auec quelqu'vn.
Giacínto, iacinte, pierre : & iacinte, fleur.
Giacitóio, lieu où l'on couche, la couche, le lict : le giſte.
Giacitúra, le coucher auec quelqu'vn : façon de coucher.
Giácomo, nom propre. Iacques.
far Giucómo giacómo .i. trembler de peur.
Giaiétto, du geais.
Gialáppo, jalap.
Giálda, vne gauffre.
Gialdoniére, faiſeur de gauffres.
Giallàre, iaunir.
Giallàſtro, iaunaſtre.
Gialleggiàre, iaunir, tirer ſur le iaune.
Gialléito, &
Gialliccio, iaunaſtre.
Giallézza, couleur iaune. pron. ts.
Giállo, iaune, giállo paglíccio, iaune-paille.
Giallolino, gingeolin.
Giallóre, couleur iaune.
Giallúme, idem.
Giamái, iamais.
Giamíno, tout preſt, tout promptement.
Giambáre, gauſſer, railler.
Giambiére, gauſſeur.
Giámbo, ieu, gauſſerie, mocquerie. Item, tige.
volére il Giámbo, vouloir railler, auoir enuie de rire.
Giánda, gland.
Giandáia, vn geay.
Giandóſo, plein de gland, ou glandes.
cóme diſſe Gian Broccóni, comme dit, &c. que l'affaire dure, que cela dure ſeulement, & vous verrez comment il vous en prendra.

GI

Gianduſcia, glande.
Gianétta, ſorte d'arme.
Gianéto, vn genet d'Eſpagne.
Gianettóne, ſorte d'arme à fuſt.
Gianfruságlia, racaille, canaille.
Giannolíno, ſorte de bleu dont vſent les peintres. Item, vne ſorte de pot.
la Giannícca, l'air de la campagne ou la campagne.
Giannícco, & giannécchio, en iargon le froid : & le vent froid.
Gianízzero, ianiſſaire. pron. ts.
Giára, vne buire vn vaſe de terre.
Giarbelúcchio, vne ſorte de caſaque.
Giárda, iauard, mal de cheual, ierdon.
Giárda, vn tour, vne niche.
Giardáre, gauſſer : dupper.
Giardináio, iardinier.
Giardinéggio, iardinage.
Giardináre, iardinier.
Giardineggiáre, idem : c'eſt auſſi ce que nous diſons, baſtir des chaſteaux en l'air.
Giardinétto, iardinet.
Giardiniére, iardinier.
Giardíno, iardin.
far Giardíni in ária, faire des iardins en l'air : nous diſons, baſtir des chaſteaux en Eſpagne.
Giardóne, iauard, ierdon.
Giarélle, caillous de riuiere, grauier.
* Giaríoli, poules d'eau.
Giárla, giára, buire.
Giaroncélli, petits caillous de riuiere.
Giaróne, caillon de riuiere.
Giaróſo, graueleux.
Giárra, ſorte de vaſe, buire. Item, grauier : & vne tromperie, vne niche.
Giarráre, enſabler. Item, tromper, dupper.
Giarróſo, graueleux. Item, trompeur.
* Giartabóndo, vanteur.
* Giattáura, vanterie. pron. ts.
* Giattáre, vanter.
Giattimúuto, abboy, glapiſſement.
Giattíre, clabauder, glapir, iapper, preſ. giattíſco.
Giattúra, dechet, dommage. Item, vanterie.
Giáua, la ganie, vne chambre au fonds du nauire.
Giauázzo, ambra nera, ſorte d'arbre. pron. ts.
Giauelótto, iauelot.
Giaueríniſſa, ſorte d'arme comme vne demie picque, iauelot.
Giázza, vne eſtaye. pron. ts.
Gibáro, ſorte de poiſſon.
Gibba, boſſe.
Gibbo, boſſu. Item, vn coffre.
Gibbóſo, boſſu.
Gicchéro, pied de veau, herbe, vit de chien.
Gicláre, geler.
Giclatína, de la gelée.
Giéle, ſortes de ieu aux cartes.
Giélſo, en iargon, vn chat : & vne monnoye de ſix blancs.
Giélo, gelée.
Giélſo, meurier blanc.
Gelſomíno, iaſmin.
Giénca, giénco, vne geniſſe.
Giérda, gierdóne, iauard, ierdon.
Giérgo, iargon.
Gierlière, porte-hotte.
Giérlo, & giérla, hotte.
Gieſù, Ieſus.

G I

Giesuàto, forte de Religieux.
Giesuìfta, Iesuite.
Giesuitizzàre, faire le Iesuite. pron. dz.
Giffa, giraffe, forte d'animal.
Giga, vne poche, petit violon.
Gigaro, pied de veau, vit de chien, herbe. Item, vn ioüeur de violon.
Gigantaggine, nature, taille, & action de Geant.
Gigànte, Geant.
Gigànte da Cigoli, vn nain.
entrar sù'l Gigànte, faire le grand, & le mauuais : nous difons, monter fur fes grands cheuaux.
Giganteggiàre, faire le Geant.
Gigantèfco, de geant.
Gigantèffa, vne geante.
la Giggia del meffère, la droüine.
Gigliàto, forte de monnoye antique à Naples, marquée de fleurs de lys.
Gigliéto, lieu planté de lys.
Giglietto, petit lys.
Giglio, lys, fleur de lys.
Giglio ò fànto, c'eft noftre ieu, à croix & à pille, à caufe de la marque de la monnoye.
Giglio azzùrro ò celèfte, flambe.
Giglio pauonazzo, Idem. pron. ts.
Gigliolino, petit lys. Item, couleur de lys : & bay clair.
* Gignìua, genciue.
Gigòtto, vn gigot : vn iambon : vne cuiffe.
Gile, ieu aux cartes, appelé Gillet en Sauoye.
* Gimbo, boffe.
Gimboruto, Gimbòfo, boffu.
Gimìna, damafquineure.
* Gimmo, boffu.
* Gina, force, haleine.
Ginàldo, en jargon, vn chien.
Ginebràio, genevrier.
Ginèbro, genevre.
Gineprào, lieu planté de genevriers.
entrar nel Gineprào. i. s'embroüiller.
Ginepréto, geneuriere.
Ginépro, genevre, genevrier.
Ginèftra, geneft.
Gineftréto, &
Gineftriéra, geneftriere.
Ginétto, genet d'Efpagne.
Gingébro, gingembre.
Gingìdio, cerfeuil.
Gingìa, genciue.
Ginìa, engeance.
Giniprèto, lieu plein de genevriers.
Ginocchiàdi, genouilleres.
Ginocchiàre, agenoüiller.
Ginocchiàta, reuerence du genouil.
Ginocchiétti, genouilleres.
Ginòcchio, genouil.
Ginocchiòne, à genouils.
Gio, pour Gì, il alla.
Giòbbia, mot Lomb. Ieudy.
Giòbbia à tré fùsi, nous difons, la femaine des trois Ieudis.
Giocacchiaménti, ieux, folaftreries.
Giocacchiàre, iouer, folaftrer.
Giocàre, gagner, parier, iouer.
Giocàr al fictuto, iouer au plus feur.
Giocàr à fcondi lépre, iouer au fin.
Giocàr à fcarica l'àfino. i. fe defcharger fur vn autre.
Giocàr di còda, couailler.

G I

Giocàr di màno, ò alle màni. i. frapper. Item, iouer des gobelets.
Giocarèllo, giocatèllo, petit ieu.
Giocatòre, ioueur.
Giocatrìce, ioueufe.
Giocciòla, goutte.
Giocciolàre, degoutter.
Giochéuole, ioyeux, agreable.
Giochenolménte, par ieu : agreablement ioyeufement.
Giòco, ieu.
Giòco di màno, ieu de gobelets, tour de paffe-paffe. Item, coups, tappes.
l'vcèllo è à Giòco, l'oifeau vole à fon gré.
Giocolàre, faire des tours de paffe-paffe : folaftrer, iouer.
Giocolàre, Giocolatòre, &
Giocoliére, ioueur de gobelets. Item, vn badin, vn qui fe ioüe.
* Giocondàre, refiouir.
* Giocondézza, refiouïffance : Giocondità. pron. ts.
* Giocòndo, ioyeux.
Giocofità, ieu, refiouïffance.
Giocòfo, ioyeux, gaillard, enioüé.
Giòga, forte de mefure.
Giogàia, la peau qui pend aux bœufs deffous la poitrine, l'herbiere, le fanon.
Giogàre, mettre au ioug. Item, rendre montagneux.
Gioggiolino, gingeolin, couleur de iuiubbes.
Gióglio, yuraye.
Giòghi, ce font deux pieces de bois qui trauerfent tout le deffus d'vne galere, iougs prononcé le ghi comme gui en François.
Giògna, la peau qui pend deuant la poitrine du bœuf.
Giògo, ioug, fommet de montagne.
Gioìa, ioyau : ioye.
Gioìa, vn efclaue dont on fait prefent au Capitaine d'vne galere.
vna Gioìa, par ironie : vn vaut-rien, vn lafche, vn mal-heureux : vne mefchante chofe.
Gioìe, metaux de la bouche du canon, bourlet.
tirar à Gioìa per gioìa, tirer à la mire ou rez de metaux.
Gioiàre, rendre ioyeux. Item, parer de ioyaux.
* Gioìe, poutres ou chevrons.
Gioièlla, ioyau.
Gioiellàre, parer de ioyaux.
Gioielleria, ioüaillerie.
Gioielliére, Iouaillier.
Gioièllo, vn ioyau.
Gioiètta, petit ioyau.
* Gioiore, gioìa, ioye.
Gioiòfo, ioyeux.
Gioìre, ioüir. pref. gioìfco.
Giòlito, ioly, en terme de marine, vn vaiffeau arrefté qui branfle de cofté & d'autre.
Giolìto, pour gentilleffe.
Gioliuità, gaillardife.
Giolìuo, efueillé, gaillard.
Gióma, mefure de ce que l'on peut tenir dans fes deux mains iointes en forme de vafe.
pigliàr la Gióma, s'enyurer : & ne comprendre pas ce que l'on dit.
Giomèlla, ce que l'on peut tenir dans fes deux mains.
Giomèlla, ionchet.
Giomèàta, ionchée.
Gionchìglia, ionquille.
Giònco, ionc.

Gionco del trinchétto, vne corde dont on hausse & abaisse l'anteenne du trinquet.
Gioncóso, grand jonc.
Gioncóso, plein de joncs.
Giónza, mo. de Friuli, sorte de mesure.
Giongere, ioindre : arriuer : atteindre, attraper. parf. gionsi.
Gionta, addition : le surplus ou pardessus : arriuée en vn lieu. Item, tromperie. Item, assemblée.
Giuntaménte, ensemblément.
Giontaménto, tromperie.
Giontáre, tromper. Item, ioindre.
Giontarélla, vn peu d'addition, vn petit de surplus.
Giontaría, tromperie.
Giontatóre, trompeur.
Giontíno, vn attrappe-minon : vn finet.
Gióuto, arriué : atteint, attrapé.
Giontúra, iointure.
Giórgio, en iargon, du feu.
far il Giórgio, faire le fendant, faire le grand : faire l'amoureux : courtiser.
così non cánta Giórgio, aco ne dit pas bidaut, ie ne dis pas cela, ie ne dis pas comme vous.
Giorgulare, faire le grand, se vanter.
Giornaláccio, vn grand faineant.
Giornále, liure de Marchand, iournal. Item, iournel.
Giornalière, iournalier. Item, manœuure.
Giornáta, iournée : bataille, iournée de combat.
alla Giornáta, iour pour iour, du iour à la iournée : iournellement.
Gióruea, sorte de iuppe longue, iacquette. Socquenie.
Giornéa, par Metaph. vn sot, vn badin. Item, badinerie, sottise.
assibilarsi la Giornéa .i. presumer de soy.
Giorneáre, badiner.
Giorneóne, grand badin, vn Iaquet : vulg.
Gióruo, iour.
Gióruo per giórno, du iour à la iournée,
Gióruo di lauóro, iour ouurier.
è Gióruo chiáro, il est grand iour.
Gióstra, iouste.
Gióstra prigionieúa, ieu comme nostre cligne-mucette.
Giostránte, iousteur.
Giostráre, iouster.
Giostratóre, iousteur.
Giostratríce, iousteuse.
Gióia, miette.
Giottaríe, friandises.
Giótto, friand, glouton. Item, le nom d'vn bon Peintre.
Giottola, lechefrite.
Giortonáre, gourmander, friander.
Giottóne, glouton.
Giottonía, gourmandise.
Giostoncéllo, giottoncíno, petit glouton.
Giottormía, gourmandise.
* Gióua, vne certaine partie d'vne selle.
Giouaménto, aide, assistance.
Giouanáccio, vn ieune sot : vn ieune homme.
Giouaníglia, la ieunesse : la sotte ieunesse.
Giouanástro, vn ieune badin.
Giouapéllo, ieune follastre.
Gióuane, ieune : ieune homme, & ieune fille : garçon : fille.
Giouanéllo, petit ieune homme.
Giouanésco, de ieunesse, de ieune homme.

Giouanétta, ieunette.
Giouanétto, ieunet.
Giouanézza, ieunesse. pron. tz.
Giouaníle, ieune, de ieunesse.
Giouánni, Iean, nom propre.
vn Giouánni .i. vn sot, vn niais.
Giouáre, aider, seruir : plaire.
mi Gioua crédere, ie veux bien croire.
me questa vita Gioua, cette vie me plaist.
far à Gioua gioia, aider en quelque sorte, sans employer tout son pouuoir : c'est aussi ce que nous disons, aider à la lettre.
che mi Gioua, que me sert.
Giouatíuo, qui sert, vtile, profitable.
Giuuatóre, qui aide, secoureur.
Giouatríce, qui aide, secoureuse.
Gióue, Iupiter. Item, l'estain des Alquimistes.
Giouedi, ieudy.
Gionénca, & giou. célla, genisse.
Giouénco, bouuillon.
Gióuene, ieune.
Giouentíle, de ieunesse : ieune.
Giouentù, ieunesse.
* Giouentúdine, idem.
Giouéuole, secourable, profitable, vtile.
Giouuoléz za, aide, vtilité. pron. tz.
Giouídie, iouial.
Giouincélla, ieune fille.
Giouincéllo, ieune garçon.
Giouine, ieune.
Giouinézze, ieunesse. pron. tz.
* Giózza, goutte. pron. tz.
* Giozzáre, dégoutter. pron. tz.
* Gipsíera, gibeciere, fauconniere.
Gippiatúra, guipeure.
Girábile, qui se peut tourner.
Giracchiáre, tournoyer.
Girafálco, gerfaut.
Girásfa, giraffe, animal. Item, vne sorte de vase de terre.
Giraldélla, poulle d'eau, selon aucuns.
Giránda, feu d'artifice, girandole.
Giraménto, tournoyement.
Giralóndola, girandole.
Giralonduláre, tourner comme vne girandole.
Girándola, girandole, sorte de feu d'artifice qui tourne.
Girándola, destour, inuention pour tromper : fantastiquerie : vn discours ennuyeux.
Girandoláre, fantastiquer, extrauaguer : iaser : tourner comme vne girandole.
Girandolière, vn iaseur.
Girandolína, vne cajoleuse.
Girardína, sorte d'oiseau de ramage.
Giraménti, destonrs : tours.
Giráre, tourner : enceindre, entourer.
Girár il filatóio, estre fol.
Giráre, auoir de circuit.
Girár lárgo à i cánti .i. faire son fait à propos.
in vn Girár di ciglia, en vn clein d'œil.
Girasóle, paume-Dieu, herbe au Soleil. Item, du taffetas changeant : & vne sorte de pierre precieuse.
Girasólione, idem.
Giuáffa, giraffe, animal.
Giráta, vn tour, vn tour de pourmenade.
Giráto, hors de sens.
Giratónto, vne girouëtte. Item, vn moulinet.

Girauólta

Giratiólta, vne vireuolte : vn tour de pourmenade : vn destour, vn cerne.
Gire, aller. imparf. giua, parf. giò, & gì, il n'a point d'autre temps.
Girélla, girouette : poulie : moulinet.
alle Girélle, sorte de ieu.
Girelláio, vn inconstant. Item, vn faiseur de pirouettes.
Girelláre, tourner, pirouetter.
Giréllo, pirouette : girouette : vn moulinet de carte.
Giréuole, qui se peut tourner.
Giribizzo, fantastiquerie. pron. ts.
Giribizzoso, fantastic. pron. ts.
Girino, testard, cauesot.
Giriólo, sorte d'oiseau.
Girlo, pirouette : & totum ou toton.
Giro, tour, circuit : bord : & bordure de soulier.
in Giro, en rond : à la ronde.
Giro, girólo, vn veron, poisson.
Girométta, la chanson de hô Guillemette.
à Girónda, à l'entour.
Girónda, en jargon, Nostre-Dame.
Girondáre, tourner.
Girondélla, en jargon, vne rondache.
Giróne, tour : tourbillon de vent.
andàr à Giróni, par allusion de giráre, il cernéllo .i. deuenir fol : & aller sans sçauoir où l'on va.
Giróne, le bout par où l'on empoigne la rame, le genoüil. Item, tour, circuit.
Giróni, bordeures.
Gisuérde, estragon.
Gita, voyage, allée.
Gittaióne, coriandre à Rome.
Gittáre, jetter.
Gittár il tempo, perdre son temps.
Gittár l'ólio, idem.
Gittárola, despenser mal à propos.
Gittársi diétro à vno, courir apres vne personne, s'abandonner.
Gittár in ócchio, jetter au nez, reprocher.
Gittáta, vn iect de pierre.
Gitto, iect, fonte.
à Gitto, à propos, en moule. C'est aussi vn jeu aux quilles, que l'on ioüe de venuë sans rabattre.
Gittróne, sorte de plante, nard : herbe au poivre.
Giù, bas, embas.
leuársi Giù d'vn luógo, sortir d'vn lieu.
in Giù, en embas.
Giudra, sorte d'oiseau.
Giúba, les floccons de crins ou poils qui pendent au col des animaux.
Giúbba, juppe.
Giubbarello, &
Giubberéllo, pourpoint.
Giubbétto, pourpoint : ciuette : gibet : mot corrompu.
Giubbonáro, pourpointier.
Giubbóne, pourpoint.
Giubbébba, iubebe, drogue.
* Giubéita, gibet.
Giubétro, le gibet. Item, petit pourpoint.
Giubiláre, se resioüir.
Giubilatióne, jubilation.
Giubiléa, iubilé.
Giubilo, resioüissance.
Giubilóso, plein de resioüissance.
Giucáre, iouer.
Giucár di bastóne, ioüer du baston.

Giucatóre, ioüeur.
Giucatrice, ioüeuse.
Giúcca, le nom d'vn sot, qui mangea vn pot de confitures pour s'empoisonner.
far cóme Giúca, faire comme Giucca .i. faire ce qu'on voit faire.
Giucoláre, ioüer, follastrer.
Giuddico, Iudaïque.
Giudaïzáre, faire le Iuif. pron. da.
Giudéo, Iuif.
Giudicaménto, iugement.
Giudicáre, iuger.
Giudicáto, office de Iuge.
Giudicatóre, Iuge, iugeur.
Giudicatrice, iugeuse.
Giudicatúra, iudicature.
Giúdice, Iuge.
Giudichéuole, qui se peut iuger.
Giudiciále, iudiciel.
Giudicialménte, iudiciellement.
Giudiciário, iudiciaire.
Giudicio, giuditio, iugement.
Giudicióso, giuditióso, iudicieux.
Giuditiosaménte, iudicieusement.
* Giúe, giù, en bas.
Giuéro, giueróne, plongeon.
Giugále, de joug.
Giugáre, mettre sous le ioug.
Giúgere, mesure de terre, ce que peut labourer vn bœuf en vn jour, iournau.
* Giuggiáre, iuger.
* Giúggio, iuge.
Giúggiola, iuiube.
Giuggiolino, gingeolin.
Giúgiolo, giniouilier, iujubier.
Giúgiuba, iuiube.
Giúgnere, attraper quelqu'vn en courant : atteindre : ioindre, adiouster, arriuer. pres. giúngo, giúgni, giúgne, giugnámo, giugnéte, giugnóno, parf. giúnsi, part. giúnto.
Giúgno, Iuin.
Giúgnole, fruits du mois de Iuin.
* Giuguláre, esgorger.
Giúla, Marguerite, fleur.
Giulébbe, iulep.
Giuliáre, se resioüir.
Giúlio, vn iule, monnoye de cinq sols : le mois de Iuillet. Item, resioüissance.
* Giuliá, ioliueté.
* Giulióso, plein de ioliueté.
* Giulíuo, ioly, ioyeux. Par ironie, delicat. Item grossier.
Giulláre, verbe, bouffonner. Item, faire des tours de passe-passe.
Giullarésco, de bouffon.
Giulláre, &
Giulláio, nom, bouffon : vn plaisant, vn basteleur.
Giullá, sorte de jeu aux cartes, comme le Gillet en Sauoye.
Giulleria, bouffonnerie.
Giumèa, vn païs où l'on couppe les bras à ceux qui parlent de trauailler.
Giuménta, iument.
Giumentário, celuy qui garde le haras.
Giuncáia, lieu plein de jones.
Giuncáre, ioncher.
Giuncáro, vendeur de ionchée.
Giuncástro, pannier de ionc.

GI

Giuntáta, ionché, sorte de fourmage.
Giunchéto, lieu plein de iones.
Giunchíglia, ionquille.
Giúnco, ionc.
più pieghéuole ch'vn Giúnco, nous difons, plus doux qu'vn gand .i. obeïffant.
Giúnco odoráto, pafture de chameau, herbe : fouchet.
Giuncóne, grand ionc.
Giuncófo, plein de ionc.
Giúngere, ioindre : adioufter : arriuer : attraper. pref. giúngo, parf. giúnfi, part. giúnto.
Giúngo, ionc.
* Giunióre, plus ieune.
Giúnta, arriuée : augmentation : addition : ioincture : le pardeffus d'vne marchandife.
Giúnte, morceau de voiles que l'on adioufte aux grandes, Bonnettes.
più la Giúnta che la derráta .i. le furplus vaut dauantage que le principal.
Giúnta, viande pleine d'os que l'on donne pour faire le poids.
è méglio la Giúnta che la cárne .i. cela fe dit d'vne femme laide qui a vne belle feruante.
per Giúnta délla derráta, nous difons, pour nous acheuer de peindre : vn mal-heur fur l'autre.
à prima Giúnta, à l'abord.
Giuntaría, & giuntería, tromperie, pipperie.
Giuntatóre, trompeur.
Giuntatríce, trompeufe.
Giúnto, tromperie.
Giúnto, ioinct. Arriué.
ftar Giúnto, eftre droit, les iambes iointes.
ftar colle man Giúnte, demeurer fans rien faire. Item, prier Dieu à mains iointes.
à che fon Giúnto, à quoy ie fuis reduit, à quoy i'en fuis.
Giuntúra, iointure.
Giucacchiáre, iouër, follaftrer.
Giuocáre, iouër.
Giuocár di fcríma, efcrimer, faire des armes.
Giuóco, ieu.
vn Giuóco, vn tour au tric-trac.
quefto è vn Giuóco di póche táuole, c'eft vn ieu de peu de Dames, Id eft, c'eft vne chofe facile à faire, cela ne durera gueres.
far mal Giuóco ad vna perfóna, nous difons, iouër vn mauuais tour.
voler il Giuóco d'vno, iouër, fe mocquer d'vne perfonne.
il Giuóco della ciéca, le ieu de colin-maillard.
Giuóco di máno, giuoco di villáno .i. il ne faut point iouër à frapper.
Giuóco di máno diftácce fin a' pidócchi, idem.
Giuóchi di máno, tours de paffe-paffe.
Giuóchi di téfta, inuentions.
non effer buóno al Giuóco de' nocciúoli .i. eftre lourdaut.
Giuóco di pálla, ieu de paulme : & le ieu de la paulme.
Giuocogliére, iouëur.
Giuocoláre, iouër, follaftrer.
Giúppa, iuppe.
Giupparéllo, petit pourpoint.
Giupponáro, pourpointier.
Giuppón, pourpoint.
Giuppón di Beltrámo, nous difons, pourpoint de pierre de taille .i. prifon.
Giúra, coniuration. Item, affirmation ou ferment.
Giuracchiaménto, iurement.
Giuracchiáre, iurer.
Giuradí, les Efpagnols, parce qu'ils iurent d'ordinaire, iuro à Dios.

GI GL

Giuraménto, iurement.
Giuráre, iurer.
Giuráta, vne accordée ou fiancée.
Giuráto, iuré, coniuré. Item, fiancé.
Giuratóre, iureur.
Giuratório, iuratoire.
Giurifconfúlto, Iurifconfulte.
Giurídico, iuridique.
Giurifdittióne, iurifdiction.
Giurífta, Profeffeur de Droict.
Giúro, iurement, ferment.
* Giúfo, bas, embas.
Giufquiámo, iufquiame.
Giúfta, felon, iouxte.
Giúfta, en iargon, vne balance.
Giuftaménte, iuftement.
Giuftáre, aiufter. Pointer le canon.
Giuftéza, iuftefle. pron. tz.
Giuftiére, vn Iufticier : executeur, bourreau.
Giuftificáre, iuftifier.
Giuftificatíuo, giuftifichéuole, iuftificatif.
Giuftificatióne, iuftification.
Giuftificatóre, iuftificateur.
Giuftificatríce, iuftifieufe.
Giuftína, monnoye de Venife de la valeur d'enuiron cinquante fols.
Giuftítia, iuftice.
Giuftitiáre, iufticier.
Giuftitiáro, vn Iufticier : & executeur ou bourreau.
Giuftitiére, vn Iufticier. Item, vn officier de Iuftice, comme le Procureur qui fe porte partie contre les coupables.
Giuftítiu, fufpenfion de droict.
Giúfto, iufte.

GL

Glaciále, de glace.
* Glacitáre, braire.
* Glacíto, le braire.
Gládia poteftà, puiffance abfoluë, pouuoir de Seigneur.
* Gladiáre, frapper d'efpée.
Gladiatóre, gladiateur.
Gládio, glaiue.
Gladiólo, gladiólo, glais ou glayeul, plante.
Glandíre, le crier de l'aigle, verbe imperfonel, glandífce. Il n'y a que la troifiéme perfonne.
Glandúlare, venir des glandes.
Glándule, glandes.
Glandulófo, plein de glandes.
Glangíre, crier comme l'aigle, voyez glandíre.
Glaftáre, teindre en paftel.
Gláfto, paftel, guede.
* Glaucáre, rendre auec des clouds à crochet.
Gláuco, forte de couleur rougeaftre, entre gris & rouge. Item, bay.
Gláue, poiffon qui a le bec comme vne efpée, dont il perce les vaiffeaux.
Glèba, motte de terre.
Glebáre, rompre les mottes.
Gli, article, les. prononcés comme ll, au mot de fille.
Gli, pronom au datif fingulier, à luy, luy. pron. comme ll, au mot de fille.
Gli, datif pluriel, leur.
Gli, accufatif pluriel, les.
* Gliándra, glande.

Gliceritia, reglisse.
* Gliciriz ʒ óne, sorte de fourmage fait de laict & de reglisse. pron. ts.
Gliéne, pour gliélo, gliéla, gliéli, gliéle, le luy, la luy, les luy.
Gliéro, vn loir.
* Gliómaro, vn pelotton:
* Gliómbaro, Idem.
* Gliorìz ʒ óne, reglisse.
Gliótto, glouton, gourmand.
Glittonáre, gourmander.
Gliribiz ʒ áre, fantastiquer. pron. ts.
Gliribiz ʒ o, fantastiquerie. pron. ts.
* Glivia, sottise, folie, sot, badin.
Glivo, vn loir.
Globáre, faire en globe.
Glóbo, globe.
* Globolità, rondeur.
Globóso, rond, plein de rondeur.
* Glocitáre, gloucer.
Glomeráre, deuider en pelotton.
Glómero, glismo, pelotton.
Glória, gloire.
Gloriánte, se glorifiant.
Gloriársi, se glorifier.
Glorificáre, glorifier.
Glorificatióne, glorification.
Glorificatóre, glorifieur.
Glorificatrice, glorifieuse.
Gloriósò, glorieux.
Glósa, glose.
Glosáre, gloser.
* Glotoráre, claquer comme le bec d'vne cigoigne.
* Glutináre, coller.
* Glutinóso, glutineux, qui se colle.

GN

G Náccara, gnacchéra, cimballe.
la Gnáffa, la vilainie.
Gnáffe, en bonne foy : c'est le parmananda de nos paï-sans. Item, zest.
* Gnavità, experience.
* Gnávo, expert.
* Gnatonáre, escornifler.
* Gnatóne, escornifleur.
* Gnatónico, de flatteur, d'escornifleur.
* Gnáu, miau, la voix du chat.
* Gnatità, habilité.
* Gnáuo, habile.
Gnéle, & gniéle, pour gliéne, luy en.
Gnéne, pour gliéne, luy en : & pour gliélo, gliéla, gliéli, gliéle, le luy, les luy.
Gnéo, néo, seing, marque au visage, &c.
Gnifferguévra, vn qui fait la guerre pour son profit, vn fin rusé.
Gniúno, niúno, pas vn, personne.
Gnócchi, viande de paste en forme de boulettes.
Gnócco, vn lourdaut, par Metaphore.
Gnómo, gnome, instrument de Mathematique.
fà lo Gnórri .i. il fait le niais.
Gnúdo, nud.
Gnúno, personne, pas vn.

GO

GO', goujon : éperlan.
Góbba, bosse & bossu.
Gobbáre, bossuer.
Góbbe, sorte de poisson écaillé.
Gobbétto, petit bossu.
Góbbio, &
Gobbióne, goujon.
Góbbo, bosse, & bossu.
Gobbúto, bossu.
Gobiáno, góbio, goujon.
Góbola, vn prouerbe, vn colibet.
Goboláre, dire des prouerbes.
Góccia, goutte.
Góccie, gouttes ou clochettes, en Architecture.
Gocciáre, dégoutter.
Gocciattúra, dégouttement.
góccio, le iabot d'vn oiseau.
vn Góccio di vino, vn doit ou vne goutte de vin, &c.
Gócciola, goutte : gouttiere : poudre de plomb à tirer, ou postes : clochettes ou gouttes en Architecture : vne roupie : & apoplexie.
Gocciolàme, dégouttement.
Gocciolaménto, dégouttement.
Gocciolánte, dégouttant.
Gocciolàre, dégoutter.
Gocciolàto, tacheté, semé de gouttes.
Gocciolatóio, en Architecture, gouttiere.
Gocciolatúra, dégouttement.
Gócciolo, goutte.
Gocciolóne, gros lourdaut : morueux, roupieux.
Gocciolóso, idem : & dégouttant.
Gocciósu, idem.
Goccúto, qui a grosse gorge.
Góda, herbe à teindre, guede.
Gódano, sorte d'oiseau.
Godére, iouïr, se resiouïr : estre bien-aise : passer son temps, parf. godéi & godétti.
Góder di vna cosa, prendre plaisir à vne chose.
Góder vna cosa, iouïr d'vne chose.
Godérsi vna cosa, idem.
Góder sin del latte delle galline, auoir tout à souhait, mesme l'impossible, car la poulle n'a point de laict.
Godereccia brigáta, gens qui viuent en toute sorte de luxe & de ioye.
Godéuole, dont on peut iouyr.
Godóz ʒ o, sorte d'oiseau aux Indes, pron. ts.
Godiménto, iouyssance.
Godíno, sorte d'oiseau.
Goditóre, iouysseur : iouyssant : qui aime à faire bonne chere, qui se traitte bien.
Goditrice, iouysseuse, iouyssante, idem.
Godúta, iouyssance.
Godúto, iouy, resiouy, bien-aise.
Goffàggine, lourdauderie.
Goffaménte, sottement, grossierement.
Goffàno, lourdaut.
Goffarìe, actions lourdaudes.
Goffeggiáre, faire le lourdaut.
Gofferìa, lourdauderie, sottise.
Goffez ʒ a, lourdauderie, grossiereté. pron. ts.
Góffi, les poulces entre les nœuds des doigts pour faire la nique.
i Góffi, sorte de ieu aux dez, noi facciamo à i góffi, nous ioüons, &c. i. nous faisons les niais.
Góffo, niais.
fà il Góffo alla fésta, ou bien, fà il góffo per non pagár gabélla, il fait le niais pour ne point payer de gabelle. Item, il fait l'ignorant : le François dit,

E e ij

il fait l'afne pour auoir du chardon.
Goffóne, gros lourdaut.
Gófo, hibou.
Gógna, carquant où l'on attache les mal-faicteurs. Item, pompe d'vn vaiffeau : foffe ou égout d'vne maifon.
Gogoláre, & gongoláre, fe reſiouyr.
Góla, gorge : gueule : gourmandife.
Góla d'acquâio, conduit de l'eſuier.
Góla diritta, doucine, en Architecture.
Góla rouéfcia, gueule renuerſée, en Architecture.
Góla del baſtióne, gorge du baſtion.
Góla pelóſa .i. vn gourmand, vn goſier paué.
Góla da dúe foldi, idem.
Goláua, & coláua, vne chaiſne, vn collier.
* Goláuo, oiſeau qui guerit de la iauniſſe celuy qui le regarde, & meurt en meſme temps. Item, vn gueſpier.
Golanóne & colanóne, par raillerie des chaiſnes des galeriens.
Goláre, defirer auec auidité de la gueule ou du goſier.
Golaríno, la peau qui pend deuant la poitrine d'vn bœuf. Item, vne enuie de quelque choſe.
Golatióne, pour colatióne, defieuner, collation.
* Goláto, defiré, ſouhaitté.
Goleggiáre, gourmander.
Golétta, hauſſe-col : en Architecture, doucine. Item, petite gorge.
Golétta d'élmo, ce qui couure la gorge au heaume, gorgerin.
Golfáre, engoulfer.
Gólfo, goulfe.
andar à Gólfo lanciáto, engoulfer, aller droit d'vn cap à l'autre.
Golofáccio, gros goulu.
Golofaméme, gouluëment.
Goloſina, gourmandiſe.
Goloſináre, gourmander.
Golosíno, goulu.
Goloſità, gourmandiſe.
Golóſo, goulu, gourmand.
Golpaccióne, attrape-minon, vn fin renard.
Gólpe, renard.
dir come diſſe la Gólpe, dire comme le renard .i. les parolles eſtoient fort agreables, mais les effets fort faſcheux.
far come la Gólpe, faire comme le renard .i. ne point faire de mal dans le voiſinage.
Golpeggiáre, faire le renard.
Golpíno, renardeau.
Golpóne, vn fin renard, vn attrappe-minon.
Goluppáre, enuelopper.
Golúppo, toupillon, pacquet.
Gombára, forte de barque.
Gombína, courroye du fleau.
Gombitáre, frapper du coude.
Gómbito, coude.
Gombitáta, coudée : coup de coude.
* Gómedo, coude.
* Gomédra, vne grande Dame, par ironie. Item, vne forte d'oiſeau.
Gómena, gumene, chable.
Gomenáre, attacher auec les gumenes.
Gomenáro, faiſeur de gumenes.
Gomicciolare, deuider en pelotton.
Gomicciolo, pelotton.
Gomitáre, frapper du coude.
Gomitáta, coup de coude.

Gomitéllo, la partie ſous la iointure.
Gómito, le coude. pron. l'ò fermé.
Gómito, pour Cómito, Comite de galere. pron. l'ò ouuert
Gomito, pelotton.
Gomitoláre, deuider en pelotton : enuelopper.
Gomitolo, pelotton : toupillon.
Gómma, gomme.
Gommarábica, gomme Arabique.
Gommáre, gommer.
Gómmena, &
Gómona, gumene, chable de vaiſſeau. pron. l'ò fermé.
Gomoſità, viſcoſité de gomme.
Gomóſo, gommeux.
Gomórro, ſodomite.
Gonágra, la goutte dans les genoüils.
Góndola, gondole.
Góndola di póſto, gondole de loüage.
Gondoláre, aller en gondole.
Gondoláro, & gondolière, gondolier.
Gonfalonáta, ceux qui ſuiuent la banniere.
Gonfalóne, banniere : eſtendard, enſeigne. Item, charges qui ſe donnent à Bologne, en Italie.
Gonfalonière, qui porte la banniere, Enſeigne. Item, charge à Bologne, en Italie.
Gonfiaménto, &
Gonfiagióne, enfleure.
Gonfiáre, enfler.
Gonfiár vino, amuſer de parolles, en faire à croire : flatter.
Gonfiatóio, ſeringue de balon.
Gonfiatóio nell' animella, la ſeringue dans le ſagou, c'eſt par Metaphore l'acte venerien.
Gonfiatúra, enfleure.
Gónfia veſſche, vn arrogant, vn rodomont : vn qui paye de vent. Item, vn gros ſouffleur de boudins.
Gonfiétto, petite enfleure. Item, vne ſeringue pour enfler vn balon.
Gonfiéuole, que l'on peut enfler.
Gonfiézza, enfleure. pron. ts.
Gónfio, enflé : enflé de gloire.
Gonfióne, enflé de gloire. Item, des nageoires pour apprendre à nager.
Gonfiótto, idem.
Gónfo, torchis que portent les laictieres ſous leur pot.
Góngero, pour gónghero, congre.
Góngola, reſſouiſſance : tremouſſement. Item, coquille.
Góngola, ſorte de poiſſon à coquille.
Gogolacchiáre, ſe reſiouir, ſe rigoler.
Gongoláre, ſe tremouſſer de ioye, treſſaillir de ioye, ſe rigoler.
Gónna, robbe de femme : mot Poëtique.
Gonnélla, iuppe de femme.
cóme diſſe il Gonélla, comme dit Gonelle, cum quibus, auec de l'argent.
Gonnelláro, faiſeur de iuppes ou robbes.
Gonnellína, petite iuppe.
Gonnellúccia, pauure, petite iuppe.
Gomoríta, ſodomite.
Gónzo, ſorte de voile à la Turque. pron. dz.
Gónzi, manches larges & enflées, manches à bouillons, bouillons d'habits. pron. ts.
Gónzo di leóna, en jargon, gentil-homme. pron. dz.
Gónzo, en jargon, bourgeois, & paiſan : lourdaut, nias, duppe.
Gonoréa, gonorée.
Góra, canal, égout, aqueduct, conduit.
Góra gétta, mare.

Goràre, degouter, couler.
Goràzzo, canal.
per Goràzzo non s'empi mai tinazzo. i. pour se promettre vne chose on ne l'a pas pourtant. pron. ts.
Gòrbia, vne garniture ou virolle au bout d'vne arme ou baston.
Gorbidre, garnir le bout de quelque baston d'vne virolle ou bouton.
Gòrdo, gros & gras, le mot est Espagnol. pron. l'o fermé.
Gòrdo, en jargon, plein. pron. l'o fermé.
Gòrga, gorge : goulet : goutiere.
Gorgàre, engorger : aualler.
Gorgazzàta, gosier. pron. ts.
Gorgheggiàre, gargariser : parler du gosier. Item, faire des traits de gorge en chantant. pron. ghe comme gue en François.
Gorghièra, hausse-col & gorgerin. pron. ghe comme gue.
Gorghètta, surgeon d'eau. pron. ghe comme gue.
Gòrgia, gorge.
tiràta di Gòrgia, trait de gorge en Musique.
Gorgiarìno, hausse-col.
Gorgièra, idem. C'est aussi vne gorgerette ou colet de femme.
Gorgierino, idem.
Gorgiètta, petite gorge.
Gorgiòlo, vn esuier.
Gòrgo, gouffre : vn ais dans l'eau. Il se prend aussi pour vn vaisseau, & vne gouttiere ou conduit.
Gorgogliàre, gargouiller, faire comme des bouillons pron. gli comme deux, ill, au mot de fille.
Gorgogliàto, mangé de pulçons.
Gorgogliéstro, cresson de riuiere.
Gorgogliccia, reglisse.
Gorgòglio, gargouillement. Item, pulçon.
Gorgogliòne, pulçon qui mange les legumes : cosson.
Gorgolàre, gargouiller.
Gorgòlo, pulçon qui se met aux legumes.
Gorgorizzàre, gargariser. pron. dz.
Gorgozzàle, gosier, pron. ts.
Gorgozzàre, gargouiller : gargariser. pron. ts.
Gorgozzuòlo, &
Gorgozzùle, le gosier. pron. ts.
Gòrna, gouttiere, conduit, égout.
Gòrra, sorte d'osier. Item, vn bonnet.
Gòro, sorte de vin.
Gozzarètto, gozzarìno, gorgerin : hausse-col. prononcé. dz.
Gòsso, louppe, grosse bosse. Tanne sur le visage.
Gossùto, qui a vne louppe.
Gòta, la joue.
Goràta, vn soufflet.
Gotòzze, joues pleines & rondelettes. pron. ts.
Gòtta, la goutte, les gouttes : vne goutte.
Gottacciuòla, gouttelette.
Gotàre, égoutter vn vaisseau.
Gòtto, vn verre, mot Lomb.
Gottomàni, ouuriers aux mines.
Gottonàre, cottonner.
Gottonàto sorte d'estoffe cottonnée.
Gottóne, cotton.
Gottòso, goutteux.
Gottùccia, gouttelette.
Gouernàle, le gouernail.
Gouernaménto, gouernànza, gouuernement.
Gouernàre, gouuerner.
Gouernàre, vn cauàllo, penser vn cheual.
Gouernàr vna còsa, serrer vne chose dans vn coffre, &c.

Gouernatiòne, gouuernement.
Gouernatòre, Gouuerneur.
Gouernatrice, Gouuernante.
Gouernéuole, qui se peut gouuerner.
Gouèrno, regime : gouuernement : conduitte, bonne conduitte.
Gozzàia, la viande dans le gauion. Metaph. vne haine inueterée. Item, la peau qui pend deuant la poitrine des bœufs ou vaches, herbiere. pron. ts.
Gozzàre, faire bonne chere. Item, cajoller.
Gozzauìglia, gogaille. pron. ts.
Gozzauigliàre, faire gogaille. pron. ts.
Gozziuaière, faire vn tripotage. pron. ts.
Gozziuàio, tripotage. Item, vne sorte de cigalle. prononcé. ts.
Gòzzo, le goitre.
Gòzzo, le gauion, la poche d'vne volaille, le jabot : le gosier. pron. ts.
la ti farà il Gòzzo, cela t'enflera la gorge, si tu ne dis ton secret. pron. ts.
Gòzzo, louppe : grosse gorge. pron. ts.
Gozzouìglia, gogaille, ripaille. pron. ts.
Gozzouigliàre, faire gogaille. pron. ts.
Gozzouigliòne, vn bon goulu. pron. ts.
Gozzùto, qui a vne grosse gorge : qui a vn goittre prononcé. ts.

G R

Gràcchia, vne corneille, vn cajolleur.
Gracchiàre, croasser : cajoller : criailler.
Gracchiatòre, cajolleur, criard.
Gracchiatrice, criailleuse, cajolleuse.
Gracchiòne, gracchiaròre, jaseur, cajolleur.
Gracchiuòla, babillarde.
*Gràcula, corneille.
Graculàre, croasser.
Graciàlre, croasser d'vne grenouille : glouçer : craquer : cajoller.
Graciatòre, jaseur, cajolleur.
Graciàre, rendre malgré ou graislé.
Gràcile, graislé, menu, flouet.
Gracillàre, caqueter.
Gracillàre, piauller.
Gracillòso, babillard, caqueteur.
Graciàre, croasser.
Gracìghe, pincettes d'Orfeure. pron. ghi comme gue en François.
Gràda, vn gril.
Gradàre, aller de degré en degré.
Gradeggiàre, Idem.
Gradèlla, vn gril.
Gradètti, en Architecture, petites moulures.
Gradéuole, agreable.
Gradicè, vne clayée.
Gradile, vn degré ou montée.
Gradire, agréer : faire au gré de quelqu'vn. prés. gradìsco.
Graditaménte, auec agrément, agreablement.
Gradìto, agréé, accepté, agreable.
Gradiuo, qui va de degré en degré.
Gràdo, degré.
mal Gradotùo, malgré toy.
prender in Gràdo, prendre en gré.
à Gràdo, à gré.
hauer Gràdo, sçauoir gré.
Gradòra, degrez.
Graduàre, graduer.

Graſſa, en jargon la main.
Graſſiamento, eſgratignement. Item, accrochement.
Graſſiáre, eſgratigner: accrocher.
Graſſiaſanti, vn bigot, vn mangeur de Crucifix.
Graſſiáto, plein d'eſgratigneures : & plein de crochets: c'eſt auſſi vne ſorte de peinture de chaux meſlée auec de la poudre de charbon.
Graſſiatúra, eſgratigneure.
Graſſiére, greſſier.
Graſſignáno, vn grippeur.
Graſſignáre, gripper.
Graſſigne, griffes.
Graſſigno, crochet.
Graſſio, eſgratigneur: c'eſt auſſi vn crochet.
Graſſióne, grand croc, graſſióni, des guines.
Graſſióſo, qui grippe, crochu.
argénto Graſſito, argent haché.
Graſſuólo, crochet d'eſtablie.
Gragnuóla, la greſle.
come la Gragnuóla in ſu la ſecchia, comme la greſle ſur vn ſeau. i. grand bruit & peu de mal.
Gragnuoláre, greſler.
Grájo, vn blereau.
Grállo, vn Pic, oiſeau.
Gramáglia, vne grande robbe de deüil auec le capuchon.
Gramáglia, canaille, gens miſerables.
Gramagliáre, porter le deüil.
Gramáre, rendre miſerable : & ſelon aucuns, deſirer, conuoiter.
Grameggiáre, deuenir miſerable.
Gramigna, chiendent. Item, mauuaiſes herbes.
Grammáre, froiſſer le lin ou le chanvre. Item, peſtrir.
Gramézza, miſere, triſteſſe, pron. tſ.
Grámſo, eſcreuiſſe.
Gramie, defluxions de mauuaiſes humeurs ou flegmes.
Gramigna, dent de chien, chiendent, herbe. Item, mauuaiſes herbes.
Gramignáre, en jargon, prendre, oſter.
Gramignóſo, plein de meſchantes herbes.
Gramineá tela, toille de cotton.
Gramineo, de mauuaiſes herbes.
Gramma grómma, tartre dans vn tonneau.
Grammáia, robe de deüil.
Grammática, grammaire.
Grammaticále, de grammaire.
Grammático, grammairien.
Grammatichétto, vn petit grammairien. pron. tſ.
Grammercé, grand mercy.
Grámo, triſte, miſerable. Item, conuoiteux.
Grámola, inſtrument à froiſſer le lin, brayoire, brayere. Item, vne huche.
Grámola, ſelon aucuns, la ioue.
Gramoláre, froiſſer le lin ou chanvre. Item, peſtrir, & broyer.
Gramoláto, peſtry. Item, broyé.
Gramolúzzo, ſorte d'animal ſauuage. pron. tſ.
Gramóne grámola, peſtrir.
Gramóſo, miſerable : en jargon, le poing.
Grampélla, grampelle, ſorte d'eſcreuiſſe de mer.
Gramiſſa, par deriſion, la grammaire. Item, vne mine bouffie.
Gran, grande, grand.
Gran, gráno, grain.
Grána, graine d'eſcarlatte: cochenille.
Granáglia, le grain des pierres ou eſtoffes. Item, de la Aragée.

Granáio, grenier.
Grandre, &
Granire, grener, grainer. preſ. graniſcó.
Granáro, grenier.
Granáta, balay: vne grenade: vn grenat, grenade, feu d'artifice.
ſalúar la Granáta, ſauter le balay. i. ſe ſauuer, s'eſchapper de ſes gardes.
Granatáre, balayer.
Granatélla, petit balay.
Granatélli, grenats, petits grains.
Granatina, eſpouſſette : granatino.
Granáto, grainé : grenu: dur, eſpais.
Granáto, vn grenat.
Gráncea, crochet.
Grancélli, eſquilles.
Granciola, crabe, ſorte d'eſcreuiſſe de mer.
Grancétti, ſquilles. Item, ſelon aucuns, des tire-laines aux filous, voleurs qui accrochent les hardes auec des crochets.
Granchiáre, gripper.
Granchiáto, crochu comme les pattes d'vne eſcreuiſſe.
Grancétto, en jargon, argottier, gueux qui deſrobe.
Granceuóle, ſorte d'eſcriture de mer, grampelle, crabe.
Gránchio, eſcreuiſſe, cancre de mer. Metaph. vn lourdaut.
Gránchio, raccourciſſement de nerfs : la grampe ou crampe.
pigliár vn Gránchio, faire erreur, ſe tromper, ſe meſprendre.
hà il Gránchio nella ſcarcélla, il a vne eſcreuiſſe dans ſa gibeciere, cela ſe dit d'vn homme chiche : il n'oſeroit foüiller dans ſa bourſe, de peur que l'eſcreuiſſe ne le pince.
chá da far la Lúna co' Gránchi, cela ſe dit lors que quelqu'vn fait vne comparaiſon mal à propos.
i Gránchi vóglion morder le baléne. i. le foible attaque le fort.
tirar'i Gránchi dalle cáſe lóro con le máni altrui. i. nous diſons, tirer les marrons du feu auec la patte du chat.
Gránchio, vn fer fiché dans l'eſtablie d'vn menuiſier qui ſert à tenir le bois pour le rabboter : crochet d'eſtablie.
Granchiolíno, ſquille, caramot.
Granchipórro, eſcreuiſſe de mer. Item, vne ſorte de plante.
Granchíre, gripper. preſ. granciſco.
Gráncia, grange.
Granciáto, crochu.
Gríncio, cancre de mer.
Granciporro, eſcreuiſſe de mer.
pigliar vn Granciporro. i. ſe tromper, s'abuſer.
Grancitéllo, vlcere au palais.
Grancire, en jargon, deſrober, preſent. grancisco.
il Grandáto, la qualité de grand d'Eſpagne.
Gránde, grand.
Gránde, la faim : en jargon, mauuais, faux.
la Gránde régna in paláz zo. i. i'ay faim : nous diſons, il eſt feſte au Palais.
Grandeggiáre, faire le grand.
Grandeménte, grandement.

Grandézza, grandeur. pron. ʒʒ.
Grandicéllo, grandelet.
Grandigia, grandeur, superbe, gloire.
Grandiloquénza, vn haut discours.
Grandilóqui, qui parle de grande chose.
Grandináre, gresler.
Grandináta, tempeste ou tourbillon de gresle.
Grándine, gresle.
Grandinélla, gresle menuë.
Grandinóso, plein de gresle.
Grandíre, grandir, aggrandir, pres. grandisco.
* Grándo, grosse gresle.
Grandóne, grand, bien grand : de belle taille ou grandeur.
Grandótto, grandelet.
* Grandúra, grandeur.
Granelláre, grener.
Granélla, beatilles, couïllons de cocq. Item, glaces dans vne pierre precieuse.
Granélli, les testicules.
Granéllo, grain : grain de raisin : pepin.
Granellósa, senegré.
Granellóso, grenu. Item, glacé, qui se dit des pierres precieuses.
Granfáre, accrocher : gripper : venir la crampe.
Gránfo, la crampe.
Gránfo, cancre de mer, la crampe.
Grángia, grange.
Graniéra, en iargon, vn renard.
Graníre, grainer : & recueillir le grain. present. granisco.
Granitáre, grener.
Graníto, grené : dur, espais, ferme. Item, vne sorte de marbre.
Granitóre, vn crible.
Grammercé, grand-mercy.
Gránne, pour grande, grand : les Napolitains d'ordinaire prononcent vne n, à la place du d : v. g. commánna pour commánda.
Gráno, grain, froment, vn grain.
Granóso, grenu.
Granóso, en iargon, vne grenade.
Gráppa, griffe, grippée, empoignement.
à la Gráppa, à la poignée.
far alla Gráppa, faire à qui en pourra auoir dauantage.
Grappáre, gripper.
far a Grappariglia, faire tout à la ripaille.
Gráppe, grappes, mal de cheual.
Grap pélla, le bouton du fer d'vne lance dont on court la bague.
Grappéllo, crochet. Item, vn grapillon.
Gráppo, crochet : grape.
dar di gráppo, gripper.
Gráppola, grape.
Grappoláre, grapiller.
Grappoláta, vne grapillée de raisins.
Grapp leggiáre, grapiller.
Grappoósssia, grapilleur.
Gráppolo, grappe de raisin.
Grappolóso, plein de grappes. Grappóso, Idem.
Gráscia, graisse, toutes sortes de viures : vn Magistrat qui a le soin des viures : abondance, bonne chere.
Grasciáre, engraisser : faire bonne chere.
Grasciére, pouruoyeur.
Grascíno, visiteur de viures.
Grasciúme, toutes sortes de graisses, & viandes.

Grasélle, sorte de maladie de cheual, engourdissement ou retirement.
botta di Grasélle, retirement ou engourdissement de nerfs : quelques-vns l'ont expliqué os de graisse, mal de cheual.
Graspáre, grapiller.
Graspéa, graspia, raspé de vin. Item, vne sorte de vin picquant : pressurage.
Gráspo, grappe, rape ou rafle de raisin.
Graspoláre, oster la rape des raisins.
Graspolo, rape de raisin. Item, vne grappe.
Graspolóso, plein de rapes.
Graspúglia, rape de raisins : & grattage de poulle.
Graspugliáre, gratter comme vne poulle.
Graspuglióne, vn auare, vn chiche vilain.
Grássa, graisse.
la gatta grassa fa honore alla casa, la chatte grasse fait honneur à la maison. i. que dans les bonnes maisons tout est bien iusques aux chats.
Grassáre, engraisser.
Grassarélla, grasset.
Grasséla, de l'encens.
Grasséllo, vn morceau de graisse. Item, vne sorte de chaux.
Grasseróne, grasseron, herbe.
Grassettino, grasset : Grassétto.
Grasséʒʒa, l'embon-point : la graisse. pron. ʒʒ.
Grassína, viande grasse.
Grásso, gras, viande grasse : graisse.
il grasso Legnaiuólo. i. vn gros sot : on luy fit croire qu'il n'estoit pas luy-mesme.
Grasso del grano, la fleur du grain.
Grasso del vino, fleur de vin.
Grassóla, le gros de l'espaule du cheual.
Grassolíno, grasset.
Grassóne, extrémement gras.
Grassótto, gras grasset.
Grassúme, viande grasse : graisse.
Grassíva, graisse.
Grásta, pot à mettre des fleurs : mot Cocilien.
Gráta, gril : vne grille de fer : vne claye.
Gráta, agreable.
Grataménte, auec agreement.
Gratáre, gratter, racler.
Gratélla, vn gril.
Gratelláre, griller sur le gril.
Grátia, grace.
Grátia, billet ou benefice à la blanque.
di Grátia, ie vous prie de grace. Item, volontiers.
di somma Grátia. i. tres-volontiers.
in sù le Grátie, mignardement.
Grátia di san Paólo, terre sigillée.
véuder la Grátia di san Paólo. i. loüer sa marchandise.
aspettár le Grátie .i. attendre la fortune, attendre quelque chose qui tarde beaucoup.
Gratiaménto, remerciement.
Gratiáno, vn plaisant Docteur en Comedie, vn plaisant niais.
Gratiáre, orner : donner de la grace : remercier : faire grace.
Gratiáto, gracieux.
Graticcia, sorte de filet ou nasse à prendre du poisson. Item, vne claye : & vne grille de fer.
Graticiáre, mettre vne grille : fermer d'vne claye ou cage. Item, griller sur le gril. Item, gratter ou esgruger de la muscade ou du pain.
Graticcióne, grande claye.
Graticciuóla, petite grille, petit gril & vne petite claye.

GR

Graticola, vn gril : vne grille : vne claye : graticula.
Graticolare, griller sur le gril : graticulare.
Gratificare, gratifier.
Gratifico, qui gratifie : gratifichso.
Gratigliare, chatoüiller. Item, griller sur le gril.
Gratiglioso, chatoüilleux.
Gratillo, relingue de voile, pour la renforcer.
Gratiósa, fleur du Soleil.
Gratiósa, garniture de gands : bonne grace.
Gratiósa, en jargon : la campagne.
Gratiosamente, gracieusement.
Gratiosità, gratieuseté.
Gratióso, gracieux.
Gratissimo, tres-agreable.
* Grátis, mot Latin, pour rien.
Gratitudine, reconnoissance des bien-faits.
Gráto, reconnoissant : cher, agreable.
Gratiacápo, vn fascheux affaire, parce qu'il fait gratter la teste.
Grattacáscia, esgrugeoire, raspe.
Grattaculo, grattecul.
Grattiaggióne, demangeaison.
Grattaiuóla, esgrugeoire.
Grattalice, grattement.
Grattepágia, pigne de fer.
Grattáre, gratter.
Grattár il corpo alla cicála, c'est à dire, fascher quelqu'vn pour le faire parler, qui de soy-mesme est assez mesdisant.
Grattár la tigna, gratter la vigne. i. battre vne personne : nous disons aussi, gratter.
Grattar l'orecchie. i. caresser : nous disons, gratter les pieds.
tu ti Gratterái le tempie. i. tu n'auras pas ce que tu desires.
Grattariccio, grattement. Item, sujet à se gratter.
non témo Grattaticci, il ne craint pas qu'on le gratte, cela s'entend d'vn homme courageux.
Gratticcia, grattuccia, esgrugeoire.
Grattucciare, rasper, esgruger.
Grattuggia, esgrugeoire, raspe à gratter le fourmage, &c.
Grattuggia con grattuggia non fá cacio. i. deux femmes couchées ensemble ne font rien.
Grattuggiáre, gratter, racler, esgruger auec l'esgrugeoire.
Grattuggina, petite esgrugeoire.
Grattuggióso, gratté : mangé.
Gratuire, gratifier. pres. gratuisco.
Gratuità, reconnoissance.
Gratuito, gratuit.
Graulare, congratuler.
Gratulánza, congratulation. pron. tz.
Gratulatório, de congratulation.
Gráua, fosse, tranchée : creux.
Grauaccióne, fort pesan.
Grauaccióne, grauacciuólo, id.
Grauâgni, oiseaux que l'on tient naistre des feüilles d'abres. Macreuses, ou grauants.
Grauáme, &
Grauaménto, poids : surcharge : aggrauement : vn gaige, ou gage.
Grauánte, pesant : surchargeant.
Grauáre, aggrauer, faire execution de Iustice, ou confiscation : peser : surcharger : fascher : greuer.
Grauatióne, aggrauation, poids, surcharge.
Grauáto, aggrauè : surchargé, appesanty.

GR

Grauatóre, aggrauateur.
Gráue, pesant : grief, fascheux : paresseux graue : important.
bórsa Gráue, bourse pleine.
negotio Gráue, vn affaire de consequence.
Grauemente, grieuement : pesamment, serieusement.
errár Grauemente, faillir lourdement.
Grauélla, granelle, grauier.
Grauellare, engraueler.
Grauellóso, graneleux.
* Grauénza, pesanteur. pron. ts.
Grauése, certain mal de cheual.
Grauetto, vn peu pesant.
Grauézza, pesanteur : fascherie : surcharge : lassitude : grauité. pron. ts.
Grauiáre, grauer.
Grauicémbalo, clauecin.
Gravida Donna, femme grosse ou enceinte.
Grauidánza, grossesse d'enfant. pron. ts.
Grauidáre, engrosser.
Grauidézza, grossesse. pron. ts.
Gráuido, pesant de ce qui est dedans, gros comme vne femme enceinte.
Gráuio, surcharge.
Grauissimo, tres-important.
Gráulo, graulàno, oiseau qui mange les Abeilles : guespier.
Grauóso, fascheux : pesant : grand : seuere.
* Grébani, grauois, plastras.
* Grebáre, deuiner : graneleux comme vne vieille muraille.
* Grébeno, vne roche fendué.
Grechínica, vne sorte de moulin à bras.
Grecánico, couleur de cuivre meslé d'estain.
Grechegiáre, faire le grec. Item, voguer du costé du vent grec, tirer vers le vent grec.
orechésco, grec.
Gréco, sorte de vin, vin grec : & sorte de vent, vent grec.
Grécula, sorte de vigne. Item, vne sorte de rose, & de pomme.
Gregále, vulgaire, & vent de grec.
Grégge, & gréggia, troupeau.
Greggiáre, mettre en troupe.
* Greggiaria, grossiereté, rudesse.
Greggiáno, gardeur de troupeaux.
Gréggio, rude, grossier. Item, qui croque.
vn diamánte gréggio, vn diamant qui n'est pas taillé en roche.
Greggióso, riche de troupeaux.
Greggiuóla, petit troupeau.
* Grégna, jauelle, botte, bouquet.
Gregnacóla, vne chauve-souris.
Grembidle, tablier.
Grembiáta, plein son tablier de quelque chose.
Grembiuile, tablier de femme, deuantier.
Grémbo, le giron.
e huómo da mettérgli, il cápo in Grémbo. i. à qui on se peut fier pour son habilité.
Gremidle, tablier.
Gremigna, vne grippeuse.
Gremignáre, gripper, happer.
Gremíre, idem. pres. gremisco.
Gremito, espais, ferme, serré. Item, happé.
Gremitóre, happeur, grippeur.
* Gremmiále, tablier, deuantier.
Grémmo, grémbo, giron.
Grémola, du son de farine.

Gremolóso,

GR **GR** 225

Gremolóſo, plein de ſon.
Gréppia, raſtelier, mangeoire : creſche.
Gréppa, &
Gréppo, vne coſte, vne butte, coline : c'eſt auſſi vn pot de terre. Item, vn auge. Vn tas, vne motte.
Gréppola, eſcume de metail, fondrille, lie.
Greppoláre, ſe former des fondrilles, demeurer de l'écume au fonds.
Greppolóſo, &
Greppóſo, rude : & plein de fondrilles.
Greſpía, du raſpé.
Gréta, ſorte de terre legere & maigre : c'eſt auſſi le nom d'vne Prouince.
Gréto, terre ſablonneuſe ou pleine de grauier.
Gréto, eſpais : ferme, ſerré.
Gréto, lieu plein de roſeaux, ſelon aucuns. Item, vn trompeur.
Gréſta, pour *creſta*, creſte. pron. l'è ſermé.
Grétola, baſton d'vne cage, oſier.
trouar la Grétola .i. trouuer l'endroit, trouuer la cache.
Gretolóſo, plein d'oſiers : ſelon aucuns, bourbeux, plein de terre graſſe.
Grétta, maigre, ſterile, laſche, croye.
Gretté, auarice, baſſeſſe. pron. *ti*.
Gréttine, en jargon, les mains.
Grettitúdine, maigreur, ſeichereſſe.
Grétto, chiche, vilain. Item, ſec, maigre, poltron, laſche.
Gréttole, fentes de rochers. Item, pattes d'eſcreuice.
Gréue, peſant : faſcheux : grief.
* *Gréxxo*, de couleur noiraſtre. pron. *ti*.
Grexxaría, groſſiereté, rudeſſe. pron. *dz*.
Gréxxo, rude, groſſier. Item, qui croque. prononcé *dz*.
Griccia, regard de trauers : c'eſt auſſi vn pain long en Piedmont.
far la Griccia, faire la mine.
Gricciáre, regarder de trauers. Item, auoir vn deſir ſoudain, vne boutade ou fantaiſie.
Gríccio, boutade.
Gricciolare, auoir des boutades. Item, friſſonner.
Griccíolo, fantaiſie, boutade, friſſon.
Gricciolóſo, plein de boutades.
Griccióme, ſorte d'oiſeau de riuiere.
Griccióſo, plein de boutades.
Grida, deffenſe publique : & cris, au pluriel.
Gridánte, criant.
Gidáre, crier : publier : tancer.
Gridáta, cry.
Gridatóre, crieur, criailleur, criard.
Gridatríce, criard.
Grido, cry. Bruit, renommée.
and àſine préſſo alle Grida .i. croire ce que l'on oit dire.
dàlle Grida ne ſcampa il lúpo .i. vn meſchant qui n'a autre punition que des cris.
Gridóre, clameur.
Griéue, grief.
Griſágno, de proye.
Vccel Griſágno, Item, crochu : & qui a des griffes.
Griſálco, gerfaut, oiſeau de rapine.
Griſáno, crochu : qui a des griffes.
Griſáre, griffare, gripper, agriffer, fouiller auec le groüin.
Griſo, griſo, grouin, muſeau.
Griſóne, griſon : griffone.

dar vn Griſóne à vno .i. vne gourmade, vn coup de griffe.
Grigiéllo, *grigiétto*, griſaſtre. Item, gros drap gris.
Grigio, gris. Item, jacquette griſe.
Grigioláto, griuelé.
Grigióne, vn griſon : & vn gros drap gris ſans teinture.
Grignáppola, pour la nature de la femme. Proprement vne chauue-ſouris.
Grignáre, gronder, grincer.
Grigno, grincement, grondement.
Grilláia, terroir maigre, plein de grillons. Item, vne trouppe de bons compagnons.
* *Grillánda*, guirlande.
Grillandáre, enguirlander.
Grillánte, qui craque ou crie comme vn grillon.
Grilláre, fremir, quand vne liqueur commence à bouillir. Item, crier comme les grillons : & s'eſcrier de ioye.
come il Grillo, ò ſalta ò ſtà férmo, comme le grillon il ſaute, ou il s'arreſte .i. ou prodigue, ou auaricieux.
Grillo, vne fantaiſie, vne boutade : humeur fantaſtique.
pigliar in Grilla : nous diſons, prendre la chévre, ſe mettre en colere.
Grillóſo, plein de grillons. Item, fantaſque.
Grima, beſace : vne vieille, en jargon.
Grimaldáio, crocheteur de ſerrures.
Grimaldelláre, crocheter les ſerrures.
Grimaldellería, tours de larrons, fineſſes de crocheteurs de ſerrures.
Grimaldelliére, crochetteur de ſerrures.
Grimaldéllo, fer à crocheter les ſerrures : roſſignol à crochetter.
Grimáldo, en jargon, pere & vieillard.
Grimáre, rider, deuenir vieil.
Grimo, pere, vieillard, mot de jargon.
Grimo di fant' óchio, en jargon, le Pape.
Grincie, ride.
Grinciáre, rider : pliſſer.
Grincio, grincióſo, ridé.
* *Grinſa*, griffe.
Grinſáre, gripper.
Grinta, en jargon, la tigne. Item, la teſte.
Grinta, ride.
Grinto, chaſtellain.
Grintióſo, ridé.
Grinza, ride. Item, ply d'eſtoffe. pron. *ts*.
cauar il córpo di Grinze, oſter les rides du corps .i. manger tout ſon ſaoul.
Grinzáre, rider : pliſſer.
Grinzo, ridé.
Grinzóſo, plein de plis ou de rides.
Grippa, *Grippia*, vne botte de foin, ou de paille. Item, vne bougette à mettre les outils.
Grippia, corde que l'on attache à l'vne des pattes de l'ancre pour la deſtacher des eſcueils.
Grippa di cóllo, corde qui s'attache auec la gumene, pour leuer plus facilement l'ancre.
Grippo, ſorte de batteau.
Grippola, la crouſte du tartre du vin.
Grippóne, vne ſorte de barque.
Griſáldi, en jargon, des poux.
ſer Griſánte, qui deuint valet ou compagnon, de maiſtre qu'il eſtoit auparauant.
Griſánti, en jargon, des poux, nous diſons, les bandes griſes.

F f

Grisáre, griser : deuenir gris.
Griscélla, vne loche.
Grisétto, gros drap gris.
Gríso, gris.
Grisoláre, crier comme le grillon.
Grisomelo, abricot : par similitude, les fesses.
Grisolito, Crisolite.
Gríspia, vin picquant : raspé : & de la despence.
Grisuólo, en Piedmont, vne lampe.
Gritta, sorte de crabe.
Grizzolo, boutade, fantaisie. pron. ts.
Grosáno, cloud de girofle : œillet.
gli è vn Grosanino : cela se dit d'vn homme qui est petit ; mais tout remply de science.
Gróbio, pierre precieuse semblable au corail.
* Grócchi, sorte de viande de paste.
Grofoláre, foüiller auec le groüin. Item, attraper finement.
* Grógna, esteule, chaume.
* Grognáno, gros grain, sorte d'estoffe de soye.
Gróla, corneille.
Grólla, idem.
vna Grólla, vne laide, vne mal faite.
Grollíno, petit cornillas.
Grollíno, vn corbeau ou cornillas.
Gróma, crouste, tartre : grauelée.
Gromáre, faire vne crouste.
Gromíre, gripper. pres. gromísco.
Grómma, vne crouste ou tarte que forme le vin dans vn tonneau.
Grámma, engrommeleure.
Grommáre, former vne crouste. Item, s'engrommeler comme le laict.
Grommóso, encrousté, engrommelé.
Gromolo, la pomme du chou ou de la laictuë. Item, grumeau de laict, &c.
Grónda, gouttiere. Item, le sommet de quelque chose.
Grondáia, &
Grondálla, gouttiere : eau qui coule du toict : & lieu où elle tombe.
Grondáio, idem.
Grondára, gouttiere.
Grondáre, le degoutter des gouttieres : degoutter de sueur ou de sang : verser en grande quantité. Item, gronder.
Gróngo, congre.
Gróppa, croupe : & croupion.
non portár in Gróppa .i. ne porter point en croupe .i. ne pouuoir souffrir d'iniures.
Groppáre, noüer.
Groppáta, croupade.
Groppeggiáre, joüer de la croupe.
Groppiéra, croupiere.
Groppizzáre, joüer de la croupe. pron. dz.
Gróppo, nœud. En terme de milice, pelotton.
farsi vn Gróppo al náso .i. vne marque pour se souuenir.
hauer fátto il Gróppo .i. auoir pris sa croissance.
far Gróppe e máglia, nous disons, faire d'vne pierre deux coups.
Gróppo di vénto, tourbillon.
Gróppo di figúre, vne quantité de testes ou figures ensemble dans vn tableau.
Groppolóne, à croupetons.
Groppóne, croupion : & croupe.
Groppóso, groppoléso, plein de nœuds.
Gróssa, le plus gros chable d'vn vaisseau. Item, vne grosse, 12. douzaines. Vne quantité : vne femme grosse : vne mesure de deux pintes.
alla Gróssa, grossierement. C'est aussi vne façon de peser, où il y a plus d'onces à la liure.
Gróssa d'vn fiúme, le gros de l'eau.
Grossággine, grossiereté.
Grossaménte, grossierement : en gros.
Gróssa pásta, vn gros lourdaut.
Grossáre, grossir.
Grossatúra, ebaucheure.
Grosseggiáre, faire le grand.
Grossería, grossiereté.
Grossettíno, vn peu gros, grosset.
Grossétto, grossier : vn peu gros. Vne monnoye de six blancs.
è da Grossétto .i. il est grossier.
Grossézza, grosseur : & grossesse. Simplicité, lourdauderie, grossiereté : épaisseur. pron. ts.
Grósso, gros. C'est aussi vne monnoye qui vaut six blancs : gros comme vne femme enceinte : grossier : ferme, épais.
andár Grósso à vno .i. estre fasché contre vne personne.
Grósso de l'óste, le gros de la bataille ou armée.
Grósso di pásta .i. grossier, lourdaut.
Grósso, le bouton que pousse le figuier au lieu de fleur.
Grossográno, gros grain, gros de Naples.
Grossoliággine, grossolanéria, grossiereté.
Grossoláno, grossier.
Grossolóne, idem.
Grossóne, vne monnoye de six blancs.
Grósta, crouste.
Grótta, grotte. Vne caue, selon aucuns.
Grottésche, grotesques, crotesques.
* Grotíglia, grotesque.
Grótto, vn oyseau comme vn Cygne qui a vn sac sous le bec, pochecueillier.
Grótto molináro, idem.
Gróttola, petite grotte ou caue.
Grottoláre, encauer.
Grottóso, plein de grottes.
* Grottigliola, embaras, meslange comme de fil meslé, nœud.
Grozzáre, gargoüiller. pron. ts.
Grózzo, gouffre d'eau. pron. ts.
Grù, grue, vne gruë. Item, vne sorte de poisson fort long.
Grúccia, crosse, potence de boiteux. C'est aussi vn bloc pour tenir vn oyseau dessus.
tenér vno su la Grúccia .i. se mocquer d'vne personne.
Grúccia, vne trauerse au bas d'vne eschelle de corde.
Gruffáre, gripper.
Gruffignáre, idem.
Gruffignóne, &
Gruffóne, grippeur.
Gruffoláre, foüiller auec le groüin.
Grúga, vne gruë.
Grugnáure, en jargon, vn porc : & vn François : allusion de ouy à ouin, qui est le cry du cochon.
Grugnáre, &
Grugníre, groigner comme vn porc : fourrer le groüin. pres. grugnísco.
Grugníto, gronderie, le groignement du pourceau.
Grígno, groüin. Item, de la chicorée, selon aucuns.
far il Grígno, faire la mine, bouder.
Grignolo, petit groüin.

GR GV

Grugnolóſo, grommeleur.
Grugnóne, gros muſeau, gros groüin.
Gruíre, crier comme la gruë. Item, groigner. preſ. gruíſco.
Gruíto, groignement: & cry de gruë.
Grúllo, hauy. Item, niais.
Grúma, le trou de l'aiguille. Item, crouſte ou grauelée.
Grúmma, crouſte, engrommeleure.
Grummóſo, engrommelé.
Grúmo, pomme comme de laictuë. Item, maſſe ou monceau.
Grúmolo, la pomme du chou ou de la laictuë. Item, grumeau de laict, de ſang, &c.
* Granéllo, ſorte de beſte ſauuage.
Grunire, groigner. preſ. grunísco.
* Grúno, muſeau, groüin.
Gruógo, ſaffran baſtard.
Grappáre, noüer.
Gruppia, creſche, mangeoire.
Grúppo, nœud. C'eſt auſſi le tremblement de la voix en paſſant vne cadence: & vn pacquet. Item, hauſſement de croupe.
Gruſaláre, faire des crouſtes comme la galle.
Gruſole, crouſtes de galles.
Gruʒʒoláre, gratter comme la poule. pron. ʒʒ.
Grúʒʒo, &
Grúʒʒolo, tas d'argent, amas. Vulgairement vn magot de deniers. Item, grattement. pron. ʒʒ.
far Grúʒʒolo, noſtre commun peuple dit, faire vn magot d'argent, amaſſer de l'argent. pron. ʒʒ.

GV

Gúa, ret qui ſe iette à la main.
Guacétto, vne eſtuuée.
* Guáco, du gaiac.
Guadábile, gueable.
Guadagnábile, gaignable.
Guadagnáre, gaigner.
Guadagnatóre, gaigneur.
Guadagnatríce, gaigneuſe.
* Guadagnería, profit, gain.
Guadagníno, petit gain.
Guadágno, gain.
Guadágno del Zólla ò di Antebáccio, qui donnoit deux brebis noires pour vne blanche.
il Guadágno, di María fregníccia, le gain de Marie au petit con, qui donnoit quatre brebis noires pour vne blanche.
Guadágno di Coʒʒrtto, idem. pron. ʒʒ.
Guadágno di Meſſer da Monteſortíno, qui bruſloit ſes oliuiers pour vendre le charbon.
Guadágno di Berta Cigéria, qui abbatoit les murailles pour vendre les plaſtras.
dar à Guadágno, donner de l'argent à profit.
Guadagnóſo, plein de gain.
Guadáre, paſſer au gué, guéer.
Guádo, gué. Metaph. moyen: le cours de la vie.
rómper il Guádo, eſtre le premier à faire ou entreprendre vne choſe.
Guádo, du paſtel, du guedde.
Guadóſo, lieu plein de gués: lieu guéable.
Guadiáre, guéer.
Guadiére, vn paſſeur, vn batelier.
* Guagína, vne guaine ou fourreau.
* Guagináre, enguainer.
Guagináro, guainier.
Guanáſtra, putain, en jargon.

GV

* Guagnéle, ſerment de païſan, par l'Euangile.
* Guagnélo, Euangile.
Guái, cry de qui ſe plaint: faſcheries: trauaux: malheurs.
Guái à quelle, che ſi laſtiáno portar via dalle prime reſolutióni, mal-heur à ceux qui s'abandonnent aux premieres penſées.
vn buon boccóne, e cénto Guái .i. vn peu de bien à cette heure, & le reſte comme il pourra.
Guái à te, mal-heur à toy.
Guaiáco, du gaiac.
Guaiáre, ſe plaindre.
Guaíme, regain.
Guaímè, helas.
Guaioláre, ſe plaindre, faire des helas.
Guaína, guaine.
tal Guaína, tal coltélla, nous diſons, tel Maiſtre tel valet.
éſſer in Guaína con vno i. eſtre d'accord.
Guaináro, guainier.
Guainélle, caronges: & capres.
Guaióſo, plein de faſcheries.
Guaíre, crier, glapir: ſe plaindre. preſ. guaíſco.
Guála, ſorte de ret.
in Guála .i. également.
Gualáno, vn laboureur: vn granger.
Gualáre, ſe plaindre, ſe lamenter. Item, égaler.
Guálcia, foullerie: preſſe.
Gualcáre, fouler les draps.
Gualcatóre, foulon.
Gualchéra, &
Gualchería, foulerie, lieu où l'on foule les draps, foulon à draps, foullon.
Gnalchieráre, fouler.
Gualchiería, foulerie.
Gualcíre, piler, écraſer, rider, fouler, écacher. preſ. gualcíſco.
Gualcito, ridé.
Gualcitúra, écraſement.
* Guálda, courſe ſur les ennemis, picorée, butinage.
Gualdána, furie de ſoldat, le cry de la chourme en approchant de quelque lieu. Item, déroute.
Gualdána, troupe de gens armez. Item, le cry la réjouiſſance des forçats en approchant du port.
Gualdo, du paſtel: en jargon, vn pouil. Item, vn chien, vn Iuif.
Gualdráppa, houſſe.
Gualércio, ſale, ord, vilain.
* Gualináre, égaler: mot Lomb.
* Gualiuo, égal.
Gualláre, auoir vne hergne ou rupture.
Gualloppáre, galopper.
* Gualóppo, galop.
* Gualoróſo, hargneux, qui a vne rupture.
Guálma, en jargon, du potage.
Gualríni, en jargon, des poüils.
* Gualiṕpo, vn fripon, ſelon aucuns, vn laquais.
Guancétto, petit crochet.
Guáncia, la ioüe.
bátterſi la Guáncia, ſe battre les ioües, ſe repentir de quelque choſe.
Guanciále, oreiller, cheuet.
Guancialétto, petit oreiller.
Guanciáta, vn ſoufflet ſur la ioüe.
Guanciatóre, vn baſteleur, ſelon aucuns.
Guanciétta, petite ioüe.
Guanciétto, petit crochet ou agraffe.

Gnancióne, vn soufflet.
* Gùangiáre, donner sur la jouë. Item, pestrir, & frotter.
Guantáre, ganter vn gand.
Guantáro, gantière, gantier.
Guánto, gand.
gittàr il Guánto, deffier, appeler au combat.
ſtar in sù'l Guánto .i. estre oisif.
Guánti di máglia, gantelets.
Guantóne, vn gros gand ou gantelet.
Guárda bráccio, brassart.
Guárda cámera, garderobbe.
Guárda cása, vne bonne femme qui garde la maison.
Guárda cénere : vn engin de cuivre pour couurir la cendre ou le feu.
Guárda córpo, garde du corps.
Guárda cuóre, vne piece à couurir l'estomac.
Guárda nidio, le nicheur, œuf que l'on laiſſe dans le nid.
Guárda Dónna, garde d'accouchée.
Guárda féſta, vn faineant.
Guárda gióie, vn coffre à serrer les ioyaux. Item, Dame d'atours.
Guárda náppa, vne preſſe à tenir les nappes & ſeruiettes.
Guárda pórci, vn porcher, gardeur de pourceaux.
Guárda róbba, garderobbe : vne despense. Item, despenſier, qui a ſoin des viandes. Item, vn valet de garderobbe. Item, la garderobbe où l'on tient la chaire percée.
Guárda robbiére, Maistre de Garderobbe.
Guárda vóbbe, idem. C'est auſſi vn auaricieux.
Guardaménto, regard.
Guardánte, qui regarde de prés : circonſpect.
Guardáre, regarder : garder : prendre garde : auoir esgard : distinguer, discerner : ſe garder de quelque chose, s'abstenir.
Guárdar in cièra, enuiſager.
Guardaróba, garderobbe, & valet de garderobbe.
Guardatóre, gardien, gardeur : regardeur.
Guardatrice, gardienne, & regardeuſe.
Guardatúra, regard.
Guárdia, garde d'eſpée : garde : ſoldat : branche de bride : garderobbe.
hà fatto la prima Guárdia, cela ſe dit d'vn qui s'endort en compagnie.
non voler dormire nè far la Guárdia .i. ne vouloir faire ny l'vn ny l'autre.
Guardiáno, vne petite ancre que l'on iette en temps de bourrasque vers la prouë.
Guardigno, circonſpect.
Guardignóni, estallons que l'on tient d'ordinaire auec les iuments.
Guardingo, qui regarde de prés, circonſpect.
Guardíuo, idem.
Guárdo, regard.
* Guárdoli, bordure de ſouliers.
Guarentáre, garentir.
Guarentigia, franchise, asile, saueté.
Guarentíre, deffendre, garentir. pres. guarentiſco.
Guarénza, guerison, cure. pron. ts.
* Guári, gueres.
Guariſcióne, guerison.
Guariménte, gueres.
Guariménto, guerison.
Guaríre, guerir. pres. guariſco.
Guarír del mal d'intradue .i. ſortir de doute.

Guárna, Guarnáca, &
Guarnáccia, grande robbe, robbe de chambre. C'est auſſi vne ſorte de vin.
Guarnalétto, vne iuppe ou garderobbe de femme.
Guarnéllo, toille cottonnée : vne robbe de ſustaine ou toille cottonnée.
Guarnéſco, en iargon, mal-veſtu.
Guarnigióne, garniſon. Item, garniture, fourniture : & munition.
Guarniménto, munition, fourniture, garniture.
Guarníre, munir, garnir : fournir. pres. guarniſco.
Guarnitióne, garniture.
Guárti, pour guardáti, garde-toy.
Guarógli, des cerneaux.
Guaſca, ſorte de meſure.
Guaſco, Gaſcon. En iargon, Gentil-homme.
Guaſtáda, Guaſtadélla, &
Guaſtadétta, vaſe à ſeruir de l'eau à table, fiole ou phiol.
Guaſtadóri, gastadours, pionniers.
Guaſtadúzza, petite phiole. pron. ts.
Guaſtaménto, degast, corruption.
Guaſtára, vne caraffe, phiole.
Guaſtáre, gaſter : faire le degaſt.
Guaſtárſi, changer de poſture, changer de viſage, ſe descontenancer, perdre contenance, ſe remuer, ſe branler de ſon lieu : ſe bleſſer, qui ſe dit d'vne femme enceinte. Item, deuenir amoureux.
Guaſtárſi per póco .i. abandonner vne affaire fort auancée.
Guaſtárſi il témpo, le temps ſe couurir.
Guaſtár la Quaréſima, rompre le Quaresme.
Guaſtár il mercáto, n'eſtre pas d'accord, diſconuenir.
Guaſtár la códa al Faggiáno, gaſter la queuë du Faisan, .i. cacher le plus beau de l'histoire.
Guaſtatóre, pionnier : & faiſeur de degaſt. Item, bourreau, ſelon aucuns. Gaſteur, corrompeur.
Guaſtatríce, gaſteuſe, qui fait degaſt.
Guaſtatúra, guaſtíta, &
Guáſto, degaſt.
Guáſto, gaſté : enragé, comme le chien.
eſſer Guáſto di vno, mourir d'amour pour quelqu'vn : eſtre perdu d'amour.
non far Guáſto d'vna cóſa, ne gaſter gueres, ou ne faire pas grand dégaſt : ne manger gueres d'vne choſe.
Guatamento, regard.
Guatáre, regarder. Item, pour guayer vne eau.
Guatáro, eſpion, guetteur.
Guatáro di putáne .i. gardeur de putains, pilier de bordel.
Guatatóre, idem. Regardeur.
Guatatríce, regardeuſe.
Guatatúra, regard.
Guáio, aguet, embusche : vn gué.
Guátta, gouſſe de pois ou febue.
Guatarélllo, petit marmiton.
Guátaro, & guátaro, marmiton.
* Guáto, pour quáto, coy.
Guatón guattóne, en tapinois.
Guauliáre, piailler, piauler.
Guázzo, roſée : vn gachis d'eau en terre : le ſerein, humidité du ſoir. pron. ts.
Guazzábile, gueable. pron. ts.
Guazzabugliáre, meſler, faire vn tripotage. prononcé ts.
Guazzabúglio, tripotage, meſlange. pron. ts.
Guazzaléito, vn chenil : &c. pron. ts. & l'è fermé.
Guazzáre, battre les choſes liquides dans vn plat ou vaſe : gayer : paſſer au guay. pron. ts.

il ceruéllo gli Guázza, la ceruelle luy nage .i. il eſt fol. pron. ts.
ogni vóuo Guázza, tout œuf nage .i. il n'y a perſonne qui ne ſoit ſujet à quelque vice. pron. ts.
non c'e vóuo che non Guázzi .i. chacun a ſes imperfections. pron. ts.
quel che non Guázza è ſiácido, ce qui ne nage point eſt pourry .i. celuy qui ne ſe ſoucie point des moindres choſes eſt tout plein de meſchanceté. pron. ts.
Gnazzáre, ſquazzáre, ſe reſioüir. pron. ts.
Gnazzaróne, &
Guazzarótto, vn habit leger de femme : c'eſt auſſi vn cordage de vaiſſeau. pron. ts.
Guazzatóio, gué où l'on gaye les beſtes : vn amas d'eau pour abbreuuer les beſtes. pron. ts.
Guazzeróne, pan ou piece d'habit. pron. ts.
Guazzettáre, faire bonne chere. Item, guayer. pron. ts.
Guazzétto, guazzettino, ragouſt, hachis, eſtuuée : hochepot : haricot. pron. ts.
Guazzíno, idem. pron. ts.
Guázzo, gué où l'on gaye : bonne chere : vn gachis d'eau : deſtrempe, terme de peinture. pron. ts.
à Guázzo, en deſtrempe. pron. ts.
Guazzoláre, babiller. pron. ts.
Gnazzóſo, gaſcheux. pron. ts.
Gucchia, aiguille.
fatto à Gucchia, tricotté.
Gucchiáre, enfiler vne aiguille.
Gucchiáro, faiſeur d'aiguilles.
Gucchiaruólo, idem.
Gucchiáta, aiguillée.
Guccio, vn ſot, vn badin.
* Gueſſa, vne mitre.
* Gueſſáre, mitrer.
Guégno, vn badin.
Guéga, vne ſorte d'injure, ſot, badin, beneſt.
Guércio, louche : ſelon aucuns, borgne.
Guerciétto, vn peu louche.
Guéra, fer, ou garniture de gaine ou fourreau : vne chappe.
Guerire, guerir. preſ. gueriſco.
Guerminétta, vn tour, vne niche.
Guernigióne, garniture, Garniſon.
Guerniménto, garniture.
Guernire, fournir, garnir, munir. preſ. guerniſco.
Guérra, guerre : ruine, empeſchement.
Guerreggiánte, guerroyant.
Guerreggiáre, guerroyer, faire la guerre.
Guerreggiatóre, qui guerroye.
Guerreggiuóla, guerreggióſo, &
Guerréſco, guerrier, belliqueux. Item, fier, menaçant.
Guerrettóne, verettóne, dard, trait.
Guerriáre, faire la guerre.
Guerriére, guerrier.
Guétto, la Iuifverie à Veniſe, &c.
Giffo, hibou. Item, vn ſot.
Guffóne, gros hibou.
Guffo, hibou.
Guglia, aiguille : piramide : clocher en forme d'aiguille.
Gugliáre, enfiler vne aiguille. Item, rendre pointu.
Gugliáro, faiſeur d'aiguilles.
Gugliáta, aiguillée.
* Guía, aiguille.
Guidárdo, herbe que les moutons aiment fort.
Guida, guide.

Guidággio, peage.
Guidaiuóla, la brebis ou autre beſte qui va deuant les autres.
Guidaléſco, le garot : & vlcere ſur le garot. Item, vn vagabond, ſelon aucuns.
Guidaménto, conduite.
Guidardonáre, recompenſer.
Guidardóne, guerdon, recompenſe.
Guidáre, guider : gouuerner.
Guidaréſco, guide, playe ſur le garot du cheual ; il ſe prend auſſi pour le garot.
Guidatóre, guide, conducteur.
Guidatríce, guide, conductrice.
Guidático, eſcorte, conuoy : ſauf-conduit.
Guidatúra, conduite.
Guidégi, certaines veines au goſier.
Guiderdonáre, guerdonner, recompenſer.
Guiderdonatóre, recompenſeur.
Guiderdonatríce, recompenſeuſe.
Guiderdóne, guerdon, recompenſe.
Guideréſco, le garot : & playe ſur le garot.
Guido, en jargon, vn chien : vn compagnon, & vn gueux.
Guidondáccio, vn gros gueux.
Guidóne, guidon.
Guidóne, trippon, gueux, coquin.
Guidonéſco, gueueſque.
Guíggia, le deſſus d'vne mule, & d'vne galoche : c'eſt auſſi la courroye des ſandales des Religieux : vne diſcipline, ſelon aucuns.
Guiggiáre, attacher, noüer, lier. Item, foüetter ou diſcipliner.
Guigio, ſatin de Bruges.
Guigno, en jargon, luif.
Guincia, ride, ply.
Guindo, en jargon, le col de la gorge.
hauer vn poco di ſuno al Guindo, eſtre pendu.
Guidoláre, deuider ſur la tournette.
Guindolo, tournette.
Guinzáglio, vne courroye ou longe de cuir : vne leſſe. Item, vne longue reſne, guide. pron. ts.
Guinzáre, coupler. Item, pliſſer ou rider. prononcé ts.
Guinzo, ridé, pliſſé. pron. ts.
Guinzo, en jargon, vn cordeau : & vne image que portent les gueux.
Guiſa, guiſe, maniere.
à Guiſa, à la façon.
Guiſáre, façonner.
Guiſciáre, c'eſt crier ou hüer en chaſſant aux oiſeaux auec vne choüette.
Guiſciola, ſorte de ceriſe, griotte.
Guiſtrico, du troëſne.
Guſtio, en jargon, gueux.
Guitto, ſale, vilain, mal-propre, gueux.
Guizzánte, gliſſant, coulant. pron. ts.
Guizzáre, gliſſer, couler comme les poiſſons ſouz l'eau : brandir vne épée. Item, broncher de la langue. pron. ts.
Guizzáre per non rimáner in ſécco .i. parler à tors & à trauers, pour ne pas demeurer court. pron. ts.
Guizzáta, &
Guizzo, coulade, gliſſade, le couler des poiſſons. pron. ts.
Guizzo, pour vizzo, fruit ſec, fleſtry : ridé. pron. ts
madónna Gulína, la gourmandiſe.
Gulóne, ſorte de beſte comme vn Blereau, qui eſt

insatiable. Item, vne moüette; & vn gourmand.
Guluppáre, enuelopper.
Gulúppo, pacquet: toupillon.
Gúmena, gúmina, gumene.
Gúmma, gomme.
Gummáre, gommer.
Gummóso, gommeux.
Gúrbio, vne gouge.
Gurgétta, gorgerette: & hausse col.
Gurgiaríno, & gurgiéra, idem.
* Gurgitáre, engloutir.
* Gúrgite, gouffre.
Gurgúglio, puçon qui mange les grains.
Gurgúz z olí, glandes au gosier. pron. ts.
Gúrro, sorte de poisson.
* Guscélla, espingle.
* Guscellína, petite espingle.
Gúscia, gousse, escorce.
Gusciáre, égousser, escosser.
Gúscio, gousse: coquille d'œuf: tout ce qui enueloppe le corps d'vn vaisseau, carcasse de nauire.
entrár in vn Gúscio di nóce .i. auoir peur.
Gúscio di vénto, tourbillon.
Gusciolare, égousser, écorcer.
Gúsciolo, gousse.
Gústa boccóni, vn friand.
Gustáre, gouster: essayer: taster.
mi Gústa quel cibo, i'aime cette viande.
Gustatóre, gousteur. Gourmet.
Gustatríce, gousteuse.
Gustéuole, agreable, plaisant.
* Gústia, gousse, escorce.
* Gustiáre, esgousser.
Gústio, gousse.
Gústo, goust: essay: plaisir.
Gustóso, plaisant, agreable.
Gústrico, lichstro, du Troesne.
* Gútture, le gosier.
* Gúuo, gússo, hibou.
Guzzáre, en jargon, donner. pron. ts.
Gúz z o, grosse gorge. Item, vn petit chien, pron. ts.

HA

HA, hà.
Hà, hà, il y a.
Habbiénte, pour riche: ayant.
* Hábbo, hò, i'ay.
* Hábbio, hággio, idem.
Hábile, propre, habile.
Habilità, habilité.
far Habilità, donner temps & commodité.
Habilitáre, habiliter.
* Habitácolo, habitation.
Habitánte, habitant.
Habitánz a, demeure, habitation. pron. ts.
Habitáre, habiter.
Habitáto, vn lieu habité.
Habitatóre, habitant.
Habitatríce, habitante.
* Habitatúra, habitation.

Habitéuole, habitable.
Hábito, habitude: habit: pour gentillesse de corps.
* Habituánt e, habitude. pron. ts.
Habituáre, habituer.
Habitúdine, habitude.
* Habitúro, logement, habitation.
Hàcca, la lettre H.
Hácci, ci hà, il y a.
Haffè, en bonne foy.
Haiáre, pour aider, & pour auoir.
Haláre, exhaler.
Halatióne, exhalation.
Hálimo, halime, ribette, sorte de plante.
Halitáre, haleter.
Hálito, halettement.
Hallumáre, donner l'alum.
Hallúme, alum.
Hamáre, prendre à l'hameçon.
Hámo, hameçon.
Hámora, des hameçons.
Hamorróide, hemorrhoides.
* Hanéga, la quatriesme partie d'vne mesure d'enuiron six cens liures. Le mot est Espagnol, & signifie enuiron nostre mine de Paris.
Hanelare, haleter.
Hanníre, hannir. pres. hanníso.
Haringáre, haranguer.
Harínga, chaire où l'on harangue. Item, lice.
* Hariolare, predire, deuiner.
Haríolo, deuin.
Harmonía, harmonie.
Harmoniosaménte, harmonieusement.
Harmonióso, harmonieux.
Harmoniz áre, harmoniser. pron. dz.
Hárpa, harpe.
Harpágo, sorte d'ambre.
Harpagonáre, accrocher.
Harpagóne, crochet.
Harpatóre, jouëur de harpe.
Harpía, harpie.
Hássel, hássele, se lo hà, il se Pest.
Hásta, fust, long fust: hampe d'allebarde: lance: picque.
Hastáre, armer de picque ou lance.
Hastárij, hastaires.
Hastáro, faiseur de lances.
Hastáto, hastatóre, lancier, picquier.
Hastélla, hasticciuóla, petite lance, ou picque.
Hastíle, hampe, fust.
Hástula régia, asphodille, plante.
Háue pour hà, il a.
Hauénte ayant: riche, commode.
Hauére, auoir. pres. hó, hai, hà, habbiámo, hauéte, hánno, parf. hébbi, hauésti, hébbe, hauémmo, hauéste, hébbero. part. haúuto.
Hauére, l'auoir, les biens, les richesses.
voi Hauéte da hauére, il vous faut, il vous reuient: on vous doit.
io l' Hó, ie t'endens: & ie te tiens, ou estime, &c.
chi Hà da hauére, qui doit receuoir.
chi Hà da hauére, à qui est-ce à donner.
donde Hai tu quéllo, où as-tu appris cela, où as-tu oüy dire cela.
Hauér, signifie ce que nous disons, sentir ou tenir v. g.
Hà dell' huómo da béne, cela sent son homme de bien.
Hà del mirácolo, cela tient du miracle.

Hò hauuto à diuenuàre, i'ay pensé deuenir.
Hauèr à càro, estre bien-aise.
Hauèr per bène, trouuer bon.
Hauèr del galant' huòmo, sentir son galant' homme.
Hauèr del pazzo, sentir son fol.
Hauer per màle, sçauoir mauuais gré, trouuer mauuais.
Hauèr per niènte, tenir pour homme de rien, ne pas estimer.
Hò hauuto .i. i'ay oüy dire, ie tiens d'vn tel.
Hauer à èssere, deuoir estre.
Hauer pòco di quèllo che'l bùe hà tròppo, auoir peu de ce que le bœuf a de trop .i. de la ceruelle.
Hauèr à vinedère, deuoir reuoir.
Hauèr della tèrra al Sóle .i. auoir de la terre au Soleil .i. auoir du bien en campagne.
agli se l'Hèbbe, ce fut pour luy, il eut le coup.
tanto sene Hèbbe, id.
Hauièno, pour hauèuano, ils auoient.
Haunto, eu.
Haustòrio, vn engin à puiser, ou épuiser.
Haziènda, mot Espagnol, les biens, pron. comme *s*.

HE

Hè, hé.
Hèbano, hébeno, ebeine.
* *Hebère*, hebeter, rendre hebeté, estre sans effet & sans force.
Hebrèo, Iuif.
ad Hebrèos fràtres .i. en gage chez les Iuifs.
* *Hebùto*, hebeté.
Hecatòmbe, hecatombe, sacrifice de 100. bestes.
Hédera, lierre.
Hédera spinósa, liseron picquant.
Hederóso, plein de lierre.
* *Hedisàro*, cornuette.
* *Helènio*, campanelle.
* *Hélico*, la grande ourse. Et vne sorte de lierre sans grains.
* *Heliòne*, hieble.
Heliostópio, sorte de fleur au Soleil.
Heliotrópia, heliotrópio, fleur du Soleil: & vne sorte de pierre precieuse.
Helléboro, hellebore, plante.
Héllera, lierre.
Héllera spinósa, liseron picquant.
Helleróso, plein de lierre.
Heluétio, Suisse.
Hematìte, hematité, pierre.
Hemerbio, vne mouche qui ne vit qu'vn iour.
Hemiciòlo, demy-cercle.
Hemicrànio, migraine: & sujet à la migraine.
Hemisférico, d'hemisphere.
Hemisfèro, hemisphere.
* *Hemistico*, hemistiche, demy-vers.
* *Hemityritèa sèbbre*, fiévre demy-tierce.
Hemoroidàli véne, veines hemorroidales.
Hemoròide, hemorrhoides.
* *Hepatàrio*, qui appartient au foye.
* *Hepàte*, le foye.
* *Heràclio*, pierre de touche.
Hèrba, herbe.
Hèrba càssia, de la casse.
dar l'Hèrba càssia, nous disons, donner de la casse .i. casser vn soldat ou Officier.
ogni Hèrba si conósce dal sème .i. l'on connoist vne personne à ses actions.

noi è Hèrba del sùo hòrto, nous disons, cela n'est pas de son creu.
mangiàrsi l'Hèrba sòtto .i. manger son bien sans trauailler,
mangiàr la ricòlta in Hèrba, nous disons, manger son bled en herbe.
Hèrba da dènti, herbe pour les dents .i. du bled, ou du pain à manger.
Hèrba indordàia, Ceterac, plante.
Hèrba da bùoi, pied de veau, herbe. Item, vn nouice: vn tendron: vn bardache.
Hèrba del vènto, passe-fleur.
Hèrba di mùro, parietaire.
Hèrba gàtta, gattaria, herbe au chat.
Hèrba giùlia, eupatoire.
Hèrba bèlla Dònna, belle Dame, plante.
Hèrba sànta Marìa, grand coq.
Hèrba lanària, strution.
tener lùngi del bécco l'Hèrba, nous disons, passer la plume par le bec.
Hèrba di S. Piètro, Sampierre.
Hèrba di S. Giouànni, toute bonne herbe.
Hèrba di sant' Antònio, molibdene.
Hèrba làtte, herbe au laict.
Hèrba lùccia, sorte de plante qui croist dans les prez, & n'a qu'vne feüille: herbe à vne feüille.
Hèrba lùpa, teigne, plante.
Hèrba Nicosiàna, ou.
Hèrba regìna, herbe à la Reyne: tabac.
Hèrba pratóse, melilot.
Hèrba oliósa, herbe huileuse .i. vn noyer où l'on pend les mal-faicteurs.
chiamàr Hèrba oliòse, sentir son pendart.
Hèrba vòssa, culerage, herbe.
Hèrba nèssa, garance.
Hèrba sànta Cróce, tabac.
Hèrba stélla, corne de cerf.
Hèrba muràle, parietaire.
Hèrba topiària, peruanche.
Hèrba tòrpa, teigne, plante.
Hèrba tagliàta .i. vne chose delicate.
Hèrba Turca, herniaire, herbe au Turc.
Hèrba màla prèsso crèsce, mauuaise herbe croist tousiours, cela se dit à vn garçon qui deuient grand dans peu de temps.
Herbàceo, herbu, plein d'herbes.
Herbàccia, meschante herbe.
Herbàggio, herbage. Item, vne sorte de camelot.
Herbàio, herbier.
Herbainòlo, herbalìsta, herboriste, herbier.
Herbària àrte, l'art d'herboriste.
Herbarìa, l'herberie.
Herbarìe, charmes par le moyen des herbes.
Herbàro, &
Herbarùolo, herboriste: herbier.
Herbeggiàre, herboriser.
Herbèlla, sorte de couleurée.
Herbéna, verueine.
Herbètte, petites herbes.
Herbiccìne, id.
Herboldàrio, herboldàio, herboriste.
Herboláre, herboriser.
Herboláta, potage aux herbes: salade, &c.
Herboláto, sorte de tourte faites d'herbes.
Herbóso, herbu.
Herbùccie, petites herbes.
Herculòni, sortes de figues excellentes.
Herèda, heritiere.
Heredàre, heriter.

HE HI

Hereditevole, que l'on peut heriter.
Herède, heritier.
* Herédigo, heretique.
Heredità, heritage.
Hereditàggio, id.
Hereditàre, heriter.
Hereditàrio, hereditaire.
Hereditévole, qui se peut heriter.
Hereditiéve, heritier.
-Heremìta, hermite.
Heremitàggio, hermitage.
Heremitàno, hermite.
Heremitòrio, hermitage.
Heremitòso, desert.
Hèremo, hermitage.
Heresìa, heresie.
Heresiàrca, chef d'heresie.
Herético, heretique.
Hérice, bruyere.
Heritàggio, &
Heritànza, heritage. pron. tr.
Hermafrodita, hermaphrodite.
Hermesìa, Ceterac, plante.
Hormiòne, saffran bastard.
Hermitàggio, &
Hèrmo, hermitage.
Hermodàttile, hermodactile.
Hermoniòne, Ceterac.
Hermòso, desert solitaire. Item, mot Espagnol qui signifie beau.
Hérnia, hargne, hergne.
Herniòso, hargneux.
Heròe, heros.
Heròico, heroïque.
Heroìna, Heroine.
Heroìno, asphodille, plante.
Herpicàre, herser.
Hérpice, herse.
Herpicòne, croc, crochet.
Hesitànza, hesitation. pron. tz.
Hesitàre, hesiter.

HI

HI, hon, hé, non pas.
Hiacìnto, Iacinte.
* Hiàio, baaillement.
Hibìsco, guimauve.
Hìdra, hydre.
* Hidrografìa, description de l'eau.
* Hidromèle, hydromel, sorte de breuuage.
Hidrópico, hydropique.
Hidropisìa, hydropisie.
* Hiemàle, d'hyuer.
Hièna, hiene, sorte d'animal.
Hierarchìa, Ierarchie.
Hiérda, jerdon.
Hiéri, hier.
Hièri l'àtro, auant-hier.
Hier mattìna, hier au matin.
Hiermattìna l'àltra, auant-hier au matin.
Hièr nòtte, la nuict passée.
Hièr séra, hier au soir.
Hieróne, heron.
Hìle, sorte de sel d'Alquimiste.
* Hillàre, joyeux.
* Hilarità, joyeuseté.
Himeccàro, interiection d'admiration, hé Monsieur.

HI HO

Himenèo, hymenée, hymen.
* Hinchinchiàre, faire l'action charnelle.
* Hinchinchiatùra, acte Venerien.
* Hinnìre, hannit. pres. hinnisco.
* Hinnìto, hannissement.
Hìnno, hymne.
* Hinnulàre, sorte de busard.
* Hìno, mulet engendré d'vn asne & d'vne jument.
* Hinulo, mulet engendré d'vn cheual & d'vne asnesse.
Hiosciàmo, iusquiame ou hannebanne.
Hiosquiàmo, id.
Hipérbole, hyperbole: discours hors de raison, & plein d'excez.
Hiperbolicaménte, hiperboliquement.
Hiperbòlico, plein d'hyperbole.
Hiperbolizzàre, dire des hyperboles. pron. dz.
Hipérico, hipericone, mille pertuis.
Hipèrice, hipicòne, herbe qui fait passer la faim, estant tenuë dans la bouche.
Hipocìsta, sorte d'herbe, hipociste.
Hipocòndria, hipocondre.
Hipócrita, hipocrite.
Hipocrisìa, hipocrisie.
Hipócrito, hipocrite.
Hipocritòne, gros hipocrite.
Hipotecàre, hipotequer.
Hipotécica, hipoteque.
Hipoteticàre, hipotequer.
* Hippàce, fourmage de laict de jument.
* Hìrco, bouc.
Hirondinàlia, celidoine.
* Hiróndine, arondelle.
Hirsùta, melilot.
Hirsutézza, quantité de poil herissé. pron. tz.
Hirsùto, velu, pelu, herissé.
Hìrto, id.
Hisópo, ysope.
Hìspido, velu, herissé: hispidòso. idem.
Història, histoire.
far Història, faire piece, faire vn bon conte.
Historiàre, faire des histoires: historier.
Histórico, historic.
Historiùgrafo, historien.
Hìstrice, porc-espic.
Histrionàre, bouffonner.
Histrióne, bouffon.
Histrionìa, l'art de bouffonner.

HO

far Hòcchi à v̀no, faire la nique, siffler, se moquer: monstrer que la chose nous est hoc.
Hodiérno, d'auiourd'huy.
Hòggi, auiourd'huy.
Hoggi giòrno, &
Hoggidì, pour le iourd'huy.
Hoggidiàno, qui est du iourd'huy, qui est, ou trauaille pour le iourd'huy.
Hoggimài, desormais.
Hòi, hai, helas.
Hòio, hoho, voix d'admiration.
Hoìmè, helas.
Holà, hola.
Hoisè, helas.
Homaccìno, petit homme.
Homàccio, gros homme.
Homaccióne, id.

Homaggiàre,

HO HO 233

Homaggiáre, rendre hommage.
Homággio, hommage.
Homái, deformais.
Homé, helas.
Homéi, des helas.
Homéfco, d'homme.
Homicciáto, homme petit & de basse condition : vn godelureau.
Homeráli, espaulieres.
Hómeri, espaules : mot poët.
Homètto, petit homme.
Homiccíno, *homicciuólo*, id.
Homicciáto, vn godelureau.
Homicída, tueur, homicide.
Homicidiále, d'homicide.
Homicídio, homicide, meurtre.
Homicidióso, plein de meurtres.
* *Homificáre*, rendre homme.
* *Homília*, homelie.
Homiliáre, prescher des homelies.
Homináccio, grand homme mal fait.
* *Hominésco*, d'homme.
Homíssimo, tout à fait homme.
Hómo, homme.
Homoncióne, gros homme mal-fait.
Homóne, gros homme.
Homuncíno, petit homme, hommet.
Homúncio, humúccio, id.
Honestà, honnesteté.
Honestà di bócca póco vále & núlla cósta, nous disons, les belles paroles n'escorchent pas la langue.
Honésta, honneste.
* *móna Honésta da cámpi*, cela se dit d'vne femme qui feint de ne vouloir pas vne chose, & la souhaitte pourtant, vne douillette, vne doucette, vne sainte sucrée.
Honestaménte, honnestement : mediocrement, tellement quellement.
Honestáre, trouuer vne excuse honneste : trouuer vn bon pretexte : rendre honneste.
Honestleggiáre, faire l'honneste.
Honésto, honneste.
Honorábile, honnorable.
Honorándo, honorable.
* *Honoránx a*, honneur.
Honoráre, honorer.
Honorário, honoraire.
Honoratamènte, honorablement.
Honoráto, honorable.
Honóre, honneur.
Honorétto, petit honneur, & petit present.
Honorénole, honorable.
Honoreuoléz z a, humeur honorable, pron. *ts*.
Honoreuolménte, honorablement.
* *Honoránx a*, honneur.
Hóra, heure.
Hóra, or, maintenant : donc : enfin : en somme.
Hóra l'vno, *hóra l'áltro*, tantost l'vn, tantost l'autre.
Hóra che, soit que.
Horamái, deformais.
non véggio l'Hóra. i. il me tarde.
ad Hóra ad hóra, tout maintenant, toute à cette heure, à tous moments.
Hór'hóra, id.
Horaménte, par heures.
* *Horánx a*, honneur. pron. *ts*.
Horário, d'vne heure.

Horbè, he bien.
Horétta, petit heure.
Horfanità, estat d'orfelin, orfelinage.
Horfáno, orfelin.
Horgiáta, eau d'orge : & orge cuits, menestre d'orge.
Hórgio, orge.
Horiuoláro, horloger.
Horiuolétto, petite horloge.
Horinólo, horloge.
Horinólo della pólnere, horloge de sable.
Horix ónte, horizon. pron. *dz*.
Hórmai, deformais.
Horminio, espurge, hormin.
Hormisíno, taffetas.
Hormoniáco, abricot.
Hornée méle, le second miel. pron. l'e ouuert.
Hovologiére, horloger.
Horológio, horloge.
* *Horolóio*, id.
Horóscopo, horoscope.
* *Horránx a*, honneur.
Horréndo, horrible.
* *Horrénole*, honorable.
Horeuolménte, horriblement.
* *Horrenoléz z a*, honneur, honnesteté. pron. *ts*.
Horríbile, horrible.
Horribilménte, horriblement.
Horribilità, horreur.
Horridéz z a, horreur, horribleté. pron. *ts*.
Hórrido, horrible.
Horrifuóno, bruit horrible.
Horróre, horreur.
Horsù, or sus.
Hortággi, herbes potageres.
Hortággio, jardinage.
Hortáglie, fruits de jardinage.
* *Hortália*, id.
Hortámi, jardinages.
Hortáre, exhorter.
Hortatióne, exhortation.
Horténole, qui se peut exhorter.
Hórto, jardin.
Hórto di Vénere. i. la nature d'vne femme.
Hortoláno, iardinier. Item, hortolan, oiseau.
Hórtora, iardins.
Hór viá, or sus.
Horx áda, eau d'orge. pron. *dz*.
Hórx o, orge. pron. *dz*.
Hospedále, hospital.
Hospidáre, loger.
Hospedatóre, hospitalier.
Hospidále, hospital.
Hospitaliére, hospitalier : & vn qui court les hospitaux.
Hospitalità, hospitalité.
Hóspite, hoste, celuy qui est logé chez autruy.
Hospitiáre, loger.
Hospítio, logement, hospice.
Hospitióso, plein d'hospitalité.
Hostággio, ostage.
Hostále, id.
Hostaría, hostellerie : & cabaret, ou tauerne.
Hóste, hoste d'vne hostellerie.
domandar a l'Hóste se há buon vino. i. faire vne question hors de propos.
Hóste, hoste qui loge, l'hoste estranger.
Hóste, hostesse.

G g

HOHV

Hóste, éste, ost, armée.
Hosteggiáre, faire la guerre, marcher contre l'ennemy.
Hostegliére, hoste, hostellier.
Hostellàggio, hostellage.
Hostelláno, id.
Hosteleria, hostellerie.
Hostelliére, hoste, hostellier.
Hostéllo, hostel.
Hosteria, hostellerie.
Hosteriéro, hostellier.
Hosteriétta, petite hostellerie.
Hostéssa, hostesse.
Hóstia, hostie.
Hóstie, du pain à chanter, des hosties.
Hostiário, faiseur d'hosties.
Hostiére, hoste.
Hostiéro viso, visage d'hoste, visage rude.
Hostile, d'ennemy.
Hostilità, hostilité.
Hostilménte, auec hostilité.
Hostoláno, hostellier.
* Hótta, hóra, heure, temps.
* ad Hótta ad hótta, tout maintenant.

HV

Hu, hai, ouff, helas.
Húggia, ombre.
Huggiáre, porter ombre.
Huggióso, qui porte ombre.
Húi, hai, ouff.
Humanaménte, humainement.
Humanáre, humaniser.
Humanità, humanité.
Humanísta, humaniste.
Humáno, humain.
Humeggiáre, humecter.
* Húmeri, les espaules.
Humettáre, humecter.
Humidétte, rendre humide.
Humidétto, vn peu humide.
Humidézza, humidité. pron. ts.
Humidiccio, vn peu humide.
Humidire, rendre humide. pres. humidísco.
Humidaménte, humidement.
Humidità, humidité.
Humido, humide.
Humidóre, humidité.
Humidóso, moitte, humide.
* Humigáre, Humiggiáre, humecter.
Humíle, humble: l'on prononce aussi humile.
Humiliáre, humilier.
Humiliáti, sorte de Religieux.
Humilità, humilità, humilité.
Humilménte, humblement.
Humilissimaménte, tres-humblement.
Humorále, prouenant d'humeurs.
Humóre, humeur.
far il bell' Humóre, faire l'entendu, le suffisant.
Humór Marc' Antonio. i. humeur melancholique.
Humorísta, fantasque, humoriste.
Humoróso, idem: & plein d'humeurs.
* Huòi, aujourd'huy.
* Huóma, femme.
Huomicciáto, vn pauure petit homme.
Huomicíno, hommet.
Huoménésco, d'homme.

HVIA

Huominéssa, vne femme hommasse.
Huómo, homme: mary.
come l'Huómo seluático, comme l'homme sauuage, qui se resiouit du mauuais temps, parce que le beau vient apres.
Huómo d'armi, Gendarme, soldat à cheual.
far l'Huómo à la penna, c'est lier vn homme à l'antenne pour descouurir en mer.
Huópo, besoin.
Huóse, houseaux.
Huóuo, œuf.
acconciár l'Huóua nel panerízzo. i. faire bien ses affaires, & à propos.
volér l'Huóuo móndo. i. vouloir les choses sans peine.
potér rómper vn Huóuo. i. auoir du pouuoir en vne maison.
non è Huóuo d'óggi. i. cét homme est vieil, cette femme est vieille, nous disons, elle n'est plus bonne à rostir.
Huóuolo, sorte de champignon: vne bouteure que l'on plante: greffe d'oliuier: cimaise en architecture.
Hurláre, hurler.
Húrlo, heurlement.
Hurlóso, qui heurle.
Húua, raisin.
Húua pássa, raisin de cabas.
Húua pássula, raisin de Corinthe.
Húua uoli, raisins sauuages, lambrusques.
Húuola, v gola, la luette.

IA

I, Les, article & pronom plurier.
I', io, ie, moy.
Ia, sorte de violette.
* Iaccatéllo, dard. C'est plus proprement en jargon vne pierre que l'on jette d'vn lieu haut.
Iáccio, glace: & vne sorte de ret, esperuier.
Iacére, estre couché. pres. iáccio, iáci, iáce, iácemo, ou, iacciámo, iacéte, iaceiono. parf. iacqui iacésti, iácque, iacemmo, iacéste, iacquero. part. iaciuto.
Iácolo, dard, mot de poësie.
Iacínto, jacinte.
Iácomo, le gámbo mísan Iácomo. i. les jambes me faillent, ou me tremblent: j'ay peur.
* iculáre, lancer, darder.
* Iáculo, sorte de serpent qui se lance comme vn dard sur les personnes. Item, vn dard: mot poëtique.
Iáde, les Hiades.
* Idía, grauier.
Iáio, ou iéio, vn niais, vn sot.
* Iaióso, grauneleux.
Ianízzero, Iannissaire. pron. ts.
Iáspe, Iaspido, jaspe.
* Iatánza, vanterie. pron. ts.
* Iattáre, se vanter.
Iattúra, déchet, dommage.
Iauá, terme de marine, pour dire l'on fait desia ce qui est commandé.

IB IC ID IE IG

Iáua ou giáua, lieu au fond d'vn Nauire qui sert comme de petite chambre.
Iauerína, giauarína, jaueline.

IB

I Béride, nasitort, chasserage, passerage.

IC

Icnografía, description du plan.
Icnología, description de modelle, ou image
Iconómica, Economique.
Icónomo, Econome, Oeconome.

ID

Idéa, vne Déesse. Item, Campanelle, plante.
Iddéi, les Dieux des Payens.
Iddía, Déesse.
Iddío, Dieu.
Idéa, idée.
Ideále, d'idée, en idée, imaginaire.
Ideáto, figuré dans l'idée.
Idióma, idiome.
Idióta, idiot.
Idiotággine, ignorance d'idiot.
Idiotizáre, faire l'idiot. pron. dz.
Idivittaménte, indirectement.
Idolatráre, idolatrer.
Idolatría, idolatrie.
Idolátrico, plein d'idolatrie.
Idolátro, idolatre.
l'dolo, idole.
* Idóneo, propre, conuenable.
* I'dria, vaisseau à mettre de l'eau.
Idromantía, augure par l'air, Idromance.
Idropisía, hidropisie.
Idrópico, hidropique.

IE

Ie'lla, la racine d'Enula.
Iéra, hiere, drogue.
Iérda, ghiérda, jerdon.
Iéri, hier.
Ieroglífico, hieroglifique.
I'erasséra, hier au soir.
Iermatína, hier au matin.

IG

* Ignatonáre, escornissler.
* Ignatóne, escornisfleur.
* Ignauia, paresse, laschetè.
* Ignáuo, lasche.
* I'gneo, de feu.
* Ignícolo, qui se tient dans le feu.
* Ignigéno, engendré au feu.

IG IL

Ignítuno, vn chacun.
Ignóbile, roturier, non noble, roturiere.
Ignobilíre, rendre roturier. pres. ignobilísco.
Ignobilità, roture.
Ignoccággine, sottise.
Ignoccáre, faire le badin.
Ignóccato, enflé, bouffy de colere.
Ignoccheggiáre, faire le badin.
Ignócco, sot, badin.
Ignominia, ignominie.
Ignominióso, ignominieux.
Ignorantáccio, gros ignorant.
Ignorantággine, ignorance.
Ignoránte, ignorant, ignorante.
Ignorantemente, ignoramment, par ignorance.
Ignorantésco, d'ignorant.
Ignorantóne, gros ignorant.
allegar Ignoránza, pretendre cause d'ignorance.
Ignoráre, ignorer.
* Ignóto, inconnu.
Ignudézza, nudité. pron. ts.
Ignúdi, des nuditez en peinture.
Ignúdo, nud: denué.
Ignúno, personne. Item, vn chacun.
Igualáre, égaler.
Iguále, égal.
Igualità, égalité.
Igualménte, également.

IL

IL, le.
Il, au lieu de mon: damme il libro, donne moy mon liure.
Il, sert au lieu de nostre (de) auec vn infinitif. v. g.
Il far la tal cosa, de faire cette chose-là: perche il dire, car de dire, &c.
Il, au lieu de lo il farò, ie le seray.
Il che, ce que, & ce qui.
Il góbo, en jargon, moy.
* Illaccáre, vernir.
Illápso, &
Illásso, cheute, faute.
* Illatióne, inference, rapport, ressemblance.
* Illecébra, allechement.
Illecitaménte, sans permission, illicitement.
Illecitézza, le contraire de permission, deffense. prononcé. ts.
Illegítimo, non legitime, illegitime.
Illegitimaménte, non legitimement, illegitimement.
Illécito, non licite, non permis.
Illéso, non blessé.
Illetamáre, sumer auec du fumier.
Illetteráto, sans lettres, sans science.
Illetteratúra, ignorance.
* Illibáto, non touché, non corrompu.
Illiberále, non liberal, chiche.
Illiberalità, chicheté.
* Illibitaménte, sans permission.
* Illibito, non permis.
Illícito, illicite, non permis.
Illíce, yeuse.
Illimitáto, non limité.
* Illiquábile, qui se peut rendre liquide.
Illiquidíre, fondre, rendre liquide. pres. illiquidísco.
Illiríca, sorte d'herbe. Item, sorte de langue.

IL IM

* Illitoràggine, ignorance.
Illitteràto, sans lettres.
Illordàre, salir.
Illúdere, mocquer, iouër. parf. illúsi & illudéi, participe. illúso.
* Illuiàre, rentrer en luy mesme.
Illuminaménto, illumination.
Illumináre, illuminer.
Illuminatióne, illumination.
Illuminatíuo, illuminatif.
Illuminatóre, illumineur, esclaireur.
Illuminatrice, qui illumine.
Illusióne, illusion.
Illustraménto, illustration.
Illustràn₂ a, esclat, excellence. pron. ts.
Illustráre, illustrer: esclairer, esclaircir.
Illustratióne, illustration.
Illustratóre, qui tend illustre, esclaircisseur.
Illústre, illustre.
Illustréuole, qui se peut rendre illustre.
Illustréz ₂ a, esclat, excellence. pron. ts.
Illustríssimo, tres-illustre.
Illustrità, esclat, lustre.
Illuuiáre, faire deluge ou degast.
Illuuióne, degast, despense.

I M

I'Ma, profonde.
Imaginaménto, imagination.
Imagináre, imaginer.
Imaginariaménte, imaginairement.
Imaginário, imaginaire.
Imaginatióne, imagination.
Imaginatíuo, imaginatif.
Imágine, image.
Imaginéuole, imaginable.
* Imágo, image.
Imbabolaménto, esberluëment.
Imbaboláre, esberluer, esbloüir.
Imbaccuccáre, se couurir la teste de ses habits.
Imbagagliáre, empaqueter le bagage.
Imbagliáre, idem.
Imbagnaménto, trempement.
Imbagnáre, tremper, mettre tremper.
Imbaldanz̧íre, prendre de la hardiesse. pron. ts.
Imbaligiáre, mettre dans la valise. pref. imbaldanz̧isco.
Imballáre, emballer.
Imballatóre, emballeur.
Imballordàggine, estourdissement.
Imballordíre, estourdir. pref. imballordisco.
Imbalsamáre, &
Imbalsimáre, embaulmer.
Imbambaciáre, imbambagiáre, garnir de cotton.
Imbambináre, &
Imbambíre, retourner en enfance. pref. imbambisco.
Imbambolàggine, mignardise d'enfant. Item, esberluement.
Imbamboláre, venir des larmes aux yeux comme les enfans. Item, mignarder: & selon aucuns, esberluer.
Imbancáre, garnir de bancs.
Imbancadúra, les bancs d'vne Galere.
Imbandigióne, la viande preste à porter sur table: le couuert, selon aucuns.
Imbandiménto, idem.

Imbandíre, dresser & arrenger les viandes: & mettre le couuert. Item, crier publiquement, proclamer, pref. imbandisco.
Imbandita táuola, table bien couuerte de viandes.
Imbanditóre, celuy qui arrenge les viandes. Item, crieur.
Imbaraz̧z̧áre, embarasser. pron. ts.
Imbaráz̧z̧o, embaras. pron. ts.
Imbárba, à la barbe, à la presence.
Imbarbáre, enraciner.
Imbarbigliáre, barder vn cheual. Item, orner, parer, aiuster.
Imbarberescáre, dresser vn cheual barbe, enseigner, dresser: pousser son cheual.
Imbarberíre, deuenir barbe. pref. imbarberisco.
Imbarluglíare, embarbouiller, embrouiller, embarasser.
Imbarbúglio, embaras, embrouillement.
Imbarcaménto, embarquement.
Imbarcáre, embarquer.
Imbarcársi senz̧a biscótto, s'embarquer sans biscuit: entreprendre quelque chose sans preuoyance.
Imbarcársi, selon quelques-vns, monter en carosse, entreprendre mal volontier.
Imbarcatióne, embarquement.
Imbárco, lieu d'embarquement.
Imbardáre, barder vn cheual: s'embarquer en amour, se coiffer d'amour. Item, aiuster ou parer.
Imbardigliáre, barder.
Imbariláre, entonner dans des barils.
Imbauonáre, faire Baron.
Imbarráre, barrer: & embarasser.
Imbarráto, pour embarassé.
Imbasaménto, entablement, en Architecture.
Imbasciáta, &
Imbasceria, Ambassade.
Imbasciadóre, Ambassadeur.
Imbasciadrice, Ambassadrice.
Imbastaggiáre, baster vn mulet.
Imbastardíre, forligner, degenerer. pref. imbastardisco.
Imbastáre, baster. Item, faire la beste en iouant aux cartes.
Imbastía, ennuy, fascherie, euanouissement.
Imbastináre, bastir vne estoffe pour la coudre. Item, mettre le bast, pref. imbastisco.
Imbastináre, baster.
Imbásto, vn bast.
Imbastonáre, arborer.
Imbattagliáre, renger la bataille.
Imbáttersi in vno, rencontrer vne personne, se rencontrer ou treuuer par hazard en quelque lieu.
Imbattiménto, rencontre.
Imbaucigliáre, couurir sa teste de ses habits, se boucher, se cacher le visage.
Imbauauioláre, idem.
Imbauccáre, & imbauccáre, idem.
Imbeccáre, donner la becquée.
Imbeccáta, la becquée.
pigliar l'Imbeccáta. i. se laisser corrompre par presens: se poiurer, prendre la verolle, &c. Prendre mauuais air.
Imbeccolàre, donner la becquée.
Imbecheráre, suborner: souffler aux oreilles: mettre en fantaisie.
* Imbecille, imbecille.
Imbecillíre, rendre ou deuenir imbecille. pref. imbecillisco.

Imbecillità, imbecillité.
Imbélle, sans deffense, mal propre à la guerre.
Imbellestáre, farder.
Imbellíre, embellir. pref. *imbellisco*.
* *Imbelvíre*, deuenir beste, & cruel. pref. *imbelnisco*.
Imbendáre, bender.
Imbendatúra, bendage.
* *Imbérbe*, sans barbe.
Imberciáre, toucher le but, frapper au but.
Imberciatóre, tireur d'arquebuse, qui frappe le but.
Imberettáre, couurir d'vn bonnet.
Imbertescáre, munir de parapets ou mantelets.
Imbertoudgginε, ruffiennerie.
Imbertonársi, se coeffer d'vne femme, s'acoquiner.
Imbertonáto, raffoté d'amour.
* *Imbertoffáre*, surpasser, surmonter.
Imbeftialíre, deuenir brutal & cruel. pref. *imbestialisco*.
Imbéftiáre, deuenir beste brute.
Imbéuere, emboire. parf. *imbebbi* & *imbenei*. participe. *imbeuúto*.
Imbiacáre, farder de blanc l'Espagne, emplastrer de blanc rafis ou ceruse.
Imbiadáre, semer du bled, ensemencer : pourvoir de grains.
Imbiancáre, blanchir : pallir : deuenir vieil ou chenu : en jargon, descouurir.
chi s'imbianca la casa la vuól appiggionáre, cela se dit d'vne femme. i. qui se farde se veut prostituer.
Imbiancheggiáre, *imbianchíre*, blanchir.
* *Imbiafimábile*, non blasmable.
Imbibitióne, imbibition.
Imbietáre, mettre le coing pour fendre.
Imbigonciáre, monter en chaire, par mespris.
Imbiondíre, blondir. pref. *imbiondisco*.
Imbifognáto, embesogné.
Imbiffacciáre, ensacher.
Imbituináre, luter de bitume.
Imbituráre, emplastrer auec du son.
Imbiffáto, couuert ou garny d'vne certaine toille fine.
Imbizzaríre, entrer en fantaisie : se coleter bien fort : deuenir bigearre. pron. dz. pref. *imbizzarisco*.
Imbizzaríto, entré en humeur, entré en fantaisie, bien fort en colere.
Imblandíre, allecher. pref. *imblandisco*.
Imbocatáre, mettre à la lessiue.
Imboccále, mettre dans vn bocal.
Imboccáre, appasteler, mettre les morceaux à la bouche.
Imboccáre, & *imboccáto*, en terme de milice, enfiler, & enfilé : c'est quand on tire tout le long d'vne trenchée d'vn seul coup.
chi per man d'altri s'Imbócca tardi si satólla, nous disons, qui s'attend à l'escuelle d'autruy disne bien tard.
Imboccár col cucchiáro vóto. i. vouloir enseigner sans le pouuoir faire. Item, repaistre de vent.
Imboccáre, emboucher vn cheual.
Imboccáta, becquée.
Imboccatúra, emboucheure de mors.
Imbocciáto, qui est dans le caquet du monde, dluulgué.
Imbogliáre, empacqueter.
Imbóglio, pacquet : enuelope.
Imboláre, voler, desrober, embler.
Imbolatóre, voleur.

Imbolatríce, larronesse.
Imbólio, vol, volerie, larcin. Pacquet.
d'imbólio, furtiuement, d'emblée.
Imbolláre, marquer sur l'espaule.
Imboliíre, deuenir pouffif. pref. *imbolsisco*.
Imbombáre, infuser.
Imbonimento, abonissement.
Imbonire, abonnir. pref. *imbonisco*.
Imborbáre, emboucher.
Imborcáre, couurir de toille d'or.
Imborchiáre, garnir de boucles.
Imbordelláre, mettre au bordel.
Imborgáre, entrer dans le bourg.
Imboriíre, deuenir superbe.
Imborsicáto, enroué.
Imborsaménto, emboursement.
Imborsáre, embourser.
Imboscáre, embusquer : se cacher : dresser vne embuscade.
Imboscáta, embuscade.
Imboschíre, deuenir sec & dur comme du bois. present. *imboschisco*.
Imbosimáre, parer la toille.
Imbossáre, bosseler. Garnir de bouis.
Imbossatúra, bosselure.
Imbossoláre, mettre dans vne boiste, ou bussole. Item, garnir vne chambre de boistes, c'est proprement faire vne contre-porte, comme aux Eglises pour parer le vent.
Imbotáre, entonner.
Imbottár all' arpióne, entonner son vin au crochet. i. prendre le vin pot à pot, à la bouteille, au pot.
si può Imbottáre, si se può entonner. i. l'affaire est claire, il se peut accommoder à tout.
Imbottár sópra la féccia. i. faire vne seconde faute.
Imbottíre, emboutir, picquer vn ouurage, coudre en trepointe ou arriere-point. pref. *imbortisco*.
Imbottitóio, entonnoir.
Imbottitúra, arriere-point : emboutissement, & picqueure.
Imbottonáre, boutonner.
Imbozzacchíre, manquer comme les plantes & les animaux, ne profiter point. pron. ts. pref. *imbozzacchisco*.
Imbozzáre, esbaucher. Item, estayer. pron. ts.
Imbozzatúra, esbaucheure. Item, estançon. prononcé. ts.
Imbozzimáre, parer la toille. pron. ts.
Imbracáre, mettre vn haut de chausse. Item, braquer le canon.
Imbracciaménto, embrassement.
Imbracciáre, embrasser.
Imbracciatúra dello scúdo, la partie d'vn bouclier dans quoy on met le bras. Item, embrassement.
Imbragáre, donner ou mettre vn haut de chausse.
Imbragiáre, embraser.
Imbramábile, non souhaitable.
Imbrandíre, brandir. pref. *imbrandisco*.
Imbrattáre, souiller, gaster.
Imbrattatóre, souilleur.
Imbrattaría, *imbrattatúra*, saleté.
Imbrátto, ordure : c'est aussi du son pestry qu'on donne aux porcs & aux volailles.
Imbrattúzze, petite saloppe, petite saleté. pron. ts.
Imbraúíre, deuenir braue.
Imbrazzóni, à quatre pattes. pron. ts.
andar Imbrazzóni, marcher les mains en terre, à quatre pieds. pron. ts.

Gg iij

Imbrédа, vn defieuner.
Imbredáre, defieuner.
Imbrenáre, brider.
Imbrentína, vne femme fort affairée.
Imbreuiáre, abreger.
Imbreuiatúra, abreuiation.
Imbriacággine, yvroignerie.
Imbriacáre, enyvrer:
Imbriacárſi del ſuo vino, nous diſons auſſi, s'enyvrer de ſon vin.
Imbriachézza, yvrongnerie. pron. *ts*.
Imbriachéuole, qui ſe peut enyvrer.
Imbriáco, yvre.
Imbriacóne, & *Imbriacondeccio*, gros yvrogne.
Imbricáre, couurir de thuiles.
Imbricconíre, deuenir meſchant : s'accoquiner. pref. *imbricconiſco*.
l'mbríce, thuile.
Imbrigaménto, embroüillement.
Imbrigantíre, deuenir brigand. pref. *imbrigantiſco*.
Imbrigárſi, s'embroüiller, ſe charger d'affaires : s'occuper, s'efforcer.
Imbrigliáre, brider.
Imbrigliár il boccále, aller gueuſant : parce que les gueux brident leur pot pour le pendre à leur coſté.
Imbroccia, ſorte de viande.
Imbroccáre, frapper au but. Item, donner vne eſtocade ſur le poignard.
Imbroccáta, &
Imbroccatúra, vne eſtocade ſur le poignard.
Imbrocciáre, embrocher.
Imbrodogliáre, ſouiller.
Imbrodoláre, emplir d'eau ſale ou de bouillon, ſouiller.
Imbroggiáre, &
Imbrogliáre, embroüiller.
Imbregliatóre, broüilleur.
Imbrogliatríce, broüilleuſe, broüillonne.
Imbroglióne, broüillon, broüilleur.
Imbrógio, *imbróglio*, embroüillement.
Imbronciáre, hauer il *Bróncio*, faire la mine : prendre la cheure, ſe faſcher.
Imbrucáre, manger des chenilles : deſpouiller, gaſter.
Imbrunáre, deuenir brun.
Imbruníre, brunir, deuenir brun, polie, brunir auec vn bruniſſoir. pref. *imbruniſco*.
Imbrunitúra, bruniſſeure.
Imbruſcáre, deuenir aſpre ou bruſc.
Imbruttáre, ſalir, ordir : enlaidir.
Imbruttíre, deuenir laid. pref. *imbruttiſco*.
Imbuáre, embourber.
Imbucáre, mettre dans vn trou : & mettre à la leſſiue.
Imbucatáre, mettre à la leſſiue.
Imbucatáre, idem.
Imbuiménto, embuëment.
Imbuíre, imbuer : plonger, tremper. pref. *imbuíſco*.
Imbarberáto, deuenu meſchant ou cruel.
Imbuondáto, en quantité.
Imburchiáre, ſouffler en recitant : ſuborner, Aider à compoſer vne eſcriture : dicter.
Imburiaſſóne, vn ſolliciteur ou ſouffleur, vn coureur.
Imbuyáto, entré en furie.
Imbuſſáre, boſſeler.

Imbúſto, buſte, corps de pourpoint : Metaph. empeſchement, enueloppe, perſonne ennuyeuſe, empeſtrement.
Imbutiráre, beurrer.
Imbutíre, picquer, faire des arriere-points. pref. *imbutiſco*.
Imbúto, entonnoir.
Imiagoláre, miauler.
Imitáre, imiter.
Imitatóre, imitateur.
Imitatríce, qui imite, imitatrice.
Imitéuole, imitable.
Immacchiárſi, ſe fourrer dans vn buiſſon.
Immacchionáre, idem.
Immaccáre, rouir le chanvre, &c.
Immaculatézza, pureté, pron. *ts*.
Immaculáto, ſans tache.
Immagráre, *immagríre*, emmaigrir. pref. *immagriſco*.
Immandráre, mettre en troupeaux.
Immáne, cruel, outrageux.
Immaneggéuole, non maniable.
Immanénte, demeurant, habitant.
Immanicáre, mettre des manches. Item, emmancher.
Immanità, fierté, cruauté.
Immanſuéto, rude, faſcheux.
Immanſuetúdine, rudeſſe.
Immantáre, emmanteler.
Immanteláre, idem.
Immantinénte, incontinent.
Immarcheſátа Dónna, femme qui a ſes fleurs.
Immarcíre, pourrir. pref. *immarciſco*, *immarciſci*, *immarcíſce*, &c.
Immargináre, faire vne marge ou vn bord. Item, ioindre enſemble, attacher bord à bord : cicatriſer.
Immárgine, cicatrice.
Immarinoláre, deuenir flippon, & pippeur.
Immarmoráre, garnir de marbre.
Immarzapándo, fait comme le maſſe-pain : ſec comme le biſcuit. pron. *dz*.
Immarzáre, enter, greffer. pron. *ts*.
Immaſcheráre, maſquer.
Immaſchíre, deuenir maſle. pref. *immaſchiſco*, & *immaſchío*.
Immaſtelláre, mettre dans vne tinette.
Immataſſáre, faire vn eſcheueau.
Immateriále, non materiel.
Immattíre, deuenir fol. pref. *immattiſco*.
Immatúro, non meur.
Immazzettáre, mettre en poignées ou bottes. pron. *ts*.
Immedagliáre, garnir de medailles.
*Immediatamént*e, immediate, immediatement.
Immediáto, ſur le champ, non premedité.
Immegliáre, deuenir meilleur.
Immembráre, mettre enſemble par membres. Item, pour deſmembrer.
Immémore, ſans memoire.
Immemoréuole, non memorable.
Immenſità, eſtenduë, grandeur.
Immenſo, grand.
Immenſuréuole, qui ne ſe peut meſurer.
Immerdáre, embrener.
Immérgere, &
Immérgiere, plonger. parf. *immérſi*, *immergéſti*, *immerſe*, *immergémmo*, *immergéſte*, *immerſero*. part. *immerſo*.
Immeritaménte, ſans l'auoir merité.
Immeritéuole, non meritant.
Immérite, demerite.
Immérſo, plongé.

Immeſcolàre, meſler.
Immerriàto, mîtré, Prelat qui porte la mître.
Immezzàre, partager par le milieu : prononcé z doux comme dz.
Immezzàre, &
Immezzìre, deuenir ſec comme les fruits : ſe fleſtrir, ſe faner : prononcé z fermé comme ſs. preſ. iſco.
Immièire, entrer en moy-meſme.
* Immigràre entrer en vn lieu.
Immillàre, mettre dans le nombre de mille.
Imminènte, éminent, & menaçant.
Imminènza, éminence. pron. ts.
Imminuìre, diminuer. preſ. imminuiſco.
Immiſericordieuòle, immiſericordiòſo, ſans miſericorde.
Immiſto, meſlé.
Immitiàre, mettre vne mître, mîtrer : cela ſe fait auſſi aux mal-faicteurs pour marque d'infamie.
Immiſuréuole, non meſurable.
* I'mmite, rude, cruel.
* Immitézza, cruauté. pron. ts.
Immòbile, immobile.
Immobilità, immobilité.
Immobilménte, immobilement.
Immoderánza, immoderation. pron. ts.
Immoderataménte, immoderément.
Immoderàto, immoderé.
Immodeſtaménte, immodeſtement.
Immodéſtia, inciuilité, immodeſtie.
* Immodéſto, non modeſte, effronté.
Immódico, exceſſif.
Immolàre, immoler.
Immolìre, eriger en maſſe, éſleuer. preſ. immoliſco.
Immollaménto, trempement.
Immollàre, mettre tremper : tremper : moüiller.
ogni acqua Immòlla, tout vient à propos, tout fait ventre, tout ſert en meſnage.
ogni acqua l'Immòlla. i. tout luy nuit.
Immollìre, mollifier : deuenir mol, & effeminé. preſ. immolìſco.
Immondaménte, ſalement.
Immondézza, immondice. pron. ts.
Immondítia, idem.
Immóndo, ſale, ord.
* Immoránza, demeurer en vn lieu. pron. ts.
* Immoràrſi, demeurer, habiter.
* immorigeráuz, inciuilité. pron. ts.
Immorſàre, mettre vn mors, emboucher.
Immortaldárſi, s'immortaliſer.
Immortàle, immortel.
Immortalità, immortalité.
Immortalménte, immortellement.
Immortìre, deuenir pareſſeux. preſ. immortìſco.
Immoſtacciàto, compoſé de moſtaccio, vn qui fait la mine.
* Immotézza, immobilité. pron. ts.
* Immóto, immobile.
Immòuere, eſmouuoir. parf. immóſſi, immouéſti, immóſſe, immouémmo, immouéſte, immóſſero. part. immòſſo.
Immùne, exempt, deſchargé.
Immunìre, deſgarnir de munition ou prouiſion. preſ. immunìſco.
Immunità, exemption.
Immuràrſi, murer : immuragliàre.
Immuſàto, qui a beau muſeau. Item, qui fait la mine.
Immuſchiàre, muſquer.
Immúſo, ſorte d'orfraye.
Immutábile, immuable.
Immutabilità, immuableté, conſtance.
Immutánza, idem. pron. ts.

Immutàre, transformer, muer.
Immutéuole, immuable.
Immutìre, & immutolìre, deuenir muet. preſ. immutìſco. immutolìſco.
I'mo, bas, profond.
Imolitíuo, molitif, medicamēt pour reſoudre vne enfleure.
Impaccàre, empacqueter.
Impacchiugàre, empatroüiller, embrener de quelque patroüillis.
Impacciàre, troubler, empeſcher.
Impacciàrſi, s'entremettre, ſe meſler, s'empeſcher : prendre ſoin.
Impàccio, ſoin : intrigue, ennuy : empeſchement.
gl'Impàcci del Róſſo. i. les affaires qui ne nous touchent point. Ce Róſſo eſtant conduit à la mort, vouloit qu'on pauaſt le chemin de peur de ſe crotter.
Impacciuccàre, ſoüiller, ordir de patroüillis.
Impàce, en repos, ſans remuer : en paix.
Impaciénte, impatient.
Impaciénza, impatience. pron. ts.
Impadellàre, mettre en la poëſle.
Impadronìrſi, ſe rendre maiſtre. preſ. io m'impadronìſco, tu t'impadroniſci, égli s'impadroniſce, noi è impadroniámo, voi ù impadroníte egliño s'impadroníſcono.
Impadulàre, inonder, ſe mettre en forme de mareſcage.
Impagábile, non payable.
Impagliàre, empailler. Item, eſtre en couche ou accouchée.
Impagliàrſi, s'attraper dans le mariage.
Impagliàto, meſlé de paille : couuert de paille.
gràno ben impagliàto, bled eſpais en la campagne.
Impagliorata, impagliuòla, &
Impagliuolàta, accouchée, femme en couche.
Impalagióne, impalaménto, empalement.
Impalandràto, couuert d'vne caſaque ou balandra.
Impalàre, empaler. Item, garnir de paulx.
Impalàzzare, mettre dans vn Palais. pron. ts.
Impalidìre, pallir. preſ. impalidìſco.
Impalizzàre, enuironner de paliſſades. pron. ts.
Impalizzàta, paliſſade. pron. ts.
Impallidìre, pallir. preſ. impallidìſco.
Impalmàre, empaulmer : donner la main : ſe ioindre les mains en ſigne de fidelité.
Impalmàta, vne accordée.
Impalmàto, vn accordé.
Impaltanàrſi, s'embourber.
Impalpàbile, non palpable, impalpable, que l'on ne peut toucher.
Impalpàre, toucher, ſentir.
Impàlpo, ſentiment.
Impaludàre, deuenir mareſcageux.
Impanàre, faire en pain.
Impanatióne, changement d'vne autre ſubſtance en pain.
Impancàrſi, ſe coucher ſur vn banc.
Impaniàre, engluer : tendre les gluaux.
Impànio, englument. Embaras, empeſchement.
Impannayuòle, tapiſſier. pron. ts.
Impannàre, clorre de chaſſis, coler les chaſſis.
Impannàta, chaſſis de papier.
Impantanàre, embourber, ſe faire vn bourbier.
Impanzanàre, en faire à croire, ou en bailler à garder. pron. ts.
Impapaſſcáto, vaiſſeau couuert d'vne couuerture appellée papaſico.
Impapulàto, plein de tannes ou puſtules.
Imparadiſàre, mettre en Paradis.
Imparàte, apprenty.

Impardáre, apprendre.
Imparentàrsi, s'apparenter.
Impargolire, deuenir ieune ou petit. pref. *impargolisco*.
Impári, non-pair.
Imparità, inegalité.
Imparnassáre, entrer en Parnasse.
Impartibile, indiuisible.
Impartire, diuiser. pref. *impárto*, & *impartisco*.
Impasciúto, non repeu, à jeun.
Impassáre, arrenger & entasser le bois pour le mesurer au pas: nous le mesurons à la corde.
Impassatóre, qui mesure le bois au pas.
Impassatúra, mesure de bois au pas.
Impassibile, qui ne se peut souffrir.
Impassibilità, impassibilité.
Impassionáre, passionner.
Impassire, flestrir, seicher au Soleil. pref. *impassisco*.
Impastáre, pestrir: empaster, mettre en paste: appasteler: engraisser la volaille.
bèut ò màle impastáto, de bonne ou mauuaise paste ou complexion.
Impastata, toute sorte de viande de paste.
Impasteggiáre, & *Impasticciáre*, mettre en paste.
Impastocchiáre, *dar pastócchie*, dire des contes, payer de paroles, amuser de sornettes.
Impastoiáre, mettre des entraues, lier, attacher.
Impásto, appastement, engraissement.
Impastricciáre, emplastrer.
Impasturáro, l'endroit où l'on attache les entraues: pasturon.
Impasturáre, paistre, pasturer.
Impatibile, qui ne se peut souffrir.
Impatiénte, impatient, impatiente.
Impatientemente, impatiemment.
Impatiénza, impatience. pron. *ts*.
Impatronársi, se rendre maistre.
Impattáre, faire cartes pareilles, & faire à recommencer le jeu. Item, faire pache.
Impátto, pache.
* *Impáuido*, hardy.
Impauonire, se regorger comme fait le Paon. pref. *impauonisco*.
Impauráre, faire peur.
Impaurire, auoir peur & faire peur, pref. *impaurisco*. prononcé. l'*a* & l'*u* separement.
Impazzáre,
Impazzire, deuenir fol. pref. *impazzísco*.
Impeciáre, poisser.
Impeciatúra, poissement.
Impecorire, *Impecorire*, deuenir beste.
Impedaláre, mettre vn pied à quelque chose, fixer, attacher ferme en terre.
Impedicináre, idem.
Impediménto, empeschement.
Impedire, empescher. pref. *impedísco*.
Impeditíre, qui empesche.
Impegnáre, engager: en jargon, desirer.
hauer Impegnáto, en jargon, tenir serré & fermé.
Impégno, gage.
Impegoláre, poisser auec de la poix.
Impelagársi, s'enfoncer dans la mer, submerger, engoulfer, s'auancer en mer.
Impeláre, emplir de poils.
Impelire, idem. pref. *impelísco*, & *impélo*.
Impéllere, pousser, faire impulsion. parf. *impúlsi*.
Impellicciáre, fourrer de pelisse.
Impellicciónare, idem.

Impendénte, dependant.
Impendénza, dependance. pron. *ts*.
Impéndere, pendre, dependre. parf. *impési*, & *impendetti*.
Impéndola, pendeloque: penchement.
Impendoláre, pendiller.
Impenetrábile, &
Impenetréuole, impenetrable.
Impeniénte, non penitent.
Impenitenza, impenitence. pron. *ts*.
Impennacchiáre, mettre vne plume ou pennache.
Impennáre, emplumer: mettre des aisles: emplir vn lict de plumes.
Impennársi, se cabrer.
n'hà hauúto vna buóna Impennáta, nous disons, il en a tiré de bonnes plumes.
Impennáta, plumée d'ancre. Item, vn chassis.
Impennellare, fournir de pinceaux: faire au pinceau.
all' Impensáta, sans y penser.
Impensatamente, idem.
Impensáto, impourueu.
Impensierággine, peu de soin.
Impensieráre, donner des pensées.
Impensieríto, sans soucy.
Impepáre, poivrer.
Impepáta, poiurade. Item, ciué.
Impepáto, poiuré.
Imperáre, commander.
Imperatóre, Empereur.
Imperatório, d'Empereur.
Imperatrice, Imperatrice, Emperiere.
Imperché, parce que.
Imperciò, partant.
Imperciòche, parce que.
Impercettíbile, non perceptible.
Imperdonánza, le contraire de pardon. pron. *ts*.
Imperdonéuole, non pardonnable.
Imperfettamente, imparfaitement.
Imperfettionáre, rendre imparfait.
Imperfettióne, imperfection.
Imperfétto, imparfait.
Imperiále, Imperial.
Imperialísta, Imperialiste.
Imperiáre, dominer, commander.
Imperiáto, Empire.
Imperiére, Empereur.
Império, empire, commandement.
Imperiosaménte, imperieusement.
Imperióso, imperieux.
Imperitia, inexperience.
Imperíto, ignorant.
Imperláre, emperler: orner.
Impermésso, non permis.
Impermettéuole, qui ne se peut permettre.
Impermutábile, constant, stable.
Impernáre, poser sur vn piuot.
* *Impernicciáre*, faire reuenir la volaille sur les charbons.
Impéro, Empire.
Imperó, partant.
Imperóche, d'autant que.
Imperscrutéuole, qui ne se peut rechercher.
Imperseueránza, negligence, imperseuerance, inconstance. pron. *ts*.
Impersonále, impersonel.
Impersuáso, non persuadé.
Imperturbábile, qui ne se peut troubler.

Imperturbáto,

IM

Imperturbáto, point troublé.
Imperiánto, pourtant, cependant.
Imperiánto che, veu que.
Impertinénte, impertinent, impertinente.
Impertinemenénte, impertinemment.
Impertinénza, impertinence. pron. *ts.*
Imperuersággine, peruersité : cruauté.
Imperuersáre, deuenir cruel ou furieux, faire des actions de fol & furieux ou peruers.
Imperuersatóre, qui deuient cruel.
Imperuertíre, peruertir. pres. *imperuertíſco*.
Imperuio, fascheux, peruers.
Impéſo, pendu.
Impeſtáre, empester.
Impeſtatúra, infection de peste.
Impeſtiáre, verroüiller, ou fermer auec le pesle.
* *Impetenáre*, blanchir vn mur.
Impetígine, vne darte, ou feu sauuage.
Impetiginóſo, plein de darte, ou feu sauuage.
Ímpeto, impetuosité.
Impetrágine, impetration.
Impetragióne, *impetránza*, impetration.
Impetráre, impetrer : & durcir comme vne pierre : petrifier.
Impetréuole, qui se peut impetrer.
Impetríre, se petrifier : deuenir dur comme vne pierre. pres. *impetríſco*.
* *Impettoláre*, entortiller. Item, barboüiller.
Impetuoſaménte, impetueusement.
Impetuoſità, impetuosité.
Impetuoſo, impetueux.
Impeueráre, poiurer.
Impeueráta, poiurade.
Ímpia, herbe à cotton.
Impiagábile, inuulnerable.
Impiagáre, blesser.
Impiagatúra, blesseure.
Impianelláre, pauer de carreaux.
Impiantáre, planter dedans.
Impiaſtracciáre, emplastrer.
Impiaſtráre, emplastres.
Impiaſtraggióne, ente en escusson.
Impiaſtráre, emplastrer : ramastiquer : entrer en escusson : placquer contre vn mur.
Le Dictionnaire de la Crusca & Puliti, disent que c'est enter en flusteau : mais il y a bien de la difference aux mots latins, *emplaſtráre*, & *inoculáre*.
Impiaſtrár vna differénza, mettre d'accord comme l'on peut, le mieux qu'il est possible.
Impiaſtraticcio, qui s'attache comme vne emplastre.
Impiaſtricciáre, emplastrer.
Impiaſtricciáto, mal accommodé, emplastré.
Impiáſtro, emplastre. C'est aussi ce que nous disons emplastre, d'vne personne mal adroitte & inutile, & d'vn affaire incommode, & dangereux.
Impiattáre, cacher.
Impiccáre, pendre.
come diſse colui che s'Impiccò, comme dit celuy qui se pendit : chacun fait à sa fantaisie.
Impiccatéllo, petit pendard.
Impiccatóio, attache, crochet.
Impicciáre, allumer, embarasser.
Impicciatóre, qui allume.
Impicciatúra, brusleure.
Impiccinéuole, qui se peut allumer.
Impiccinére, *impicciolíre*, &
Impicciolíre, deuenir petit, décroistre. pres. *& impicciolíſco*, *& impiccioníſco*.

IM 241

Impiegáre, employer.
Impieghéuole, que l'on peut employer.
Impiégo, employ.
Impiera, impieté.
Impietóſo, sans pitié : impitoyable.
Impietráre, se petrifier, estre dur comme vne pierre.
Impigliáre, empescher, arrester, intriguer : prendre.
Impigliatóre, embroüilleur, broüillon.
Impíglio, empeschement, embroüillement, intrigue.
Impignerſi, se pousser en auant. parf. *impínſi*.
Impignoccáre, emplir de pignons.
Impigríre, deuenir paresseux. pres. *impigríſco*.
Impilloláre, faire en forme de pillules.
Impiménto, emplissement.
Impináre, se cabrer.
* *Impinguáre*, engraisser : *impinguére*.
Impiurráre, allumer. pron. *ts.*
Impiombáre, plomber.
* *Impiráre*, enfourcher.
Impíre, emplir. pret. *impíſo*, qui n'est gueres en vsage.
* *Impiuonáre*, enfourcher.
* *Impíſo*, pendu, attaché.
Impiſciáre, compisser.
ne Impíſcio il tále, nous disons, j'en despite vn tel.
Impíto, emply, & accomply.
Impiumacciáre, *impiumáre*, emplumer.
Impiẓʒáre, allumer : c'est aussi, selon aucuns, donner la becquée. pron. *ts.*
Impiẓʒatóio, vn instrument pour allumer. pron. *&c.*
Impiẓʒicáre, pincer. pron. *ts.*
* *Impleſſionárſi*, s'offenser de tout.
Implicáre, impliquer.
Implicità, implication, obscurité.
Implíto, douteux, obscur.
Imploránza, imploration. pron. *ts.*
Imploráre, implorer.
Impoderárſi, se rendre maistre.
Impoderóſo, sans pouuoir.
Impoetárſi, deuenir Poëte.
Impoláre, entrer le Pole.
Impolíre, polir. pres. *impolíſco*.
Impolítia, saleté. pron. *ts.*
Impolíto, mal poly.
Impólla, ampoule.
Impolláre, enfler, ampouller.
Impoltronáre, *impoltroníre*, deuenir lasche & paresseux. pres. *impoltroníſco*.
Impolueráre, *impolueríre*, empoudrer : deuenir en poudre. pref. *impolueríſco*.
Impolueriẓʒáre, puluerifer. pron. *dẓ.*
Impolúto, impolu.
Impomiciáre, &
Impomiciáre, polir ou frotter de pierre de Ponce, poncer.
Impomoláre, garnir de pommes.
Imponére & *impórre*, imposer, commander : imputer. pref. *impóngo*, parf. *impóſi*, part. *impóſto*.
Impopoláre, peupler.
Imporcáre, faire des rayons entre les sillons de terre.
Impórre, imposer, mettre sus : commander : surcharger d'imposts. pref. *impóngo*, *impóni*, *impóne*, *imponiámo*, *imponéte*, *impongóno*. parf. *impóſi*, *imponéſti*, *impóſe*, *imponémmo*, *imponéſte*, *impóſero*, part. *impóſto*.
Impoſtárne, l. deuenir gras.

H h

IM   IM

importánte, important.
importautemènte, auec importance.
importánza, importance. pron. ts.
importáre, importer, monter à vne somme.
impórta tánto, cela monte à tant.
importunáre, importuner.
importunataménte, importunément.
importunéuole, que l'on peut importuner.
importunità, importunité.
importúno, importun.
importunosò, plein d'importunité.
importuosò, sans port, sans commodité de port.
impositióne, imposition.
impossánza, impuissance. pron. ts.
impossénte, impuissant.
impossessársi, se rendre maistre: entrer en possession, prendre possession.
impossibile, impossible.
impossibilità, impossibilité.
impossibilménte, impossiblement.
impósta, impost: assiette: closture, bois de portes ou de fenestres, imposte: huisserie.
impósta, pour à pósta, exprés.
impostáre, asseoir. Item, amuser de promesses.
imposténa, aposthéme.
imposteníre, aposthemer. pres. impostemisco.
impostumáxa, id.
impósto, mis dedans, imposé, enioint: surchargé. Item, huisserie.
impostóre, imposteur.
impostúra, imposture.
impoténte, impuissant, impuissance.
impotenteménte, impuissamment.
impoteuza, impuissance. pron. ts.
impouerire, deuenir pauure. pres. impouerisco.
impozzáre, mettre dans vn puits. pron. ts.
Impraticábile, non conuersable.
imprecáre, faire des imprecations.
Imprecatióne, imprecation.
impregnágine, engrossement.
impregnaménto, engrossement, enchargement.
impregnáre, engrosser: l'encharger d'vne femme qui conçoit.
impregnatiuo, qui engrosse.
impregnatóre, engrosseur.
impregnatúra, engrossement.
imprendere, apprendre, & entreprendre. parf. impresi, imprendesti, imprese, &c.
imprenditóre, apprenty, & entrepreneur.
imprensióne, apprehension.
imprentáre, imprimer, marquer.
impermeditataménte, sans premeditation.
impermeditánza, le contraire de premeditation. pron. ts.
imprepárato, non preparé, dépourueu.
imprésa, entreprise: deuise: l'ame de la deuise: embléme.
imprése da orécchie, bagues pour les oreilles auec des deuises.
all'impréssia, en haste.
Impréso, appris: entrepris.
Impressáre, IMPRIMER.
Impressionáre, donner impression.
Impressióne, IMPRESSION.
Impresso, IMPRIME.
Impressóre, IMPRIMEVR.
Impressánza, prest. pron. ts.

impressáre, prester.
impréstito, par emprunt, à credit.
imprésto, prest, emprun.
impretársi, se faire Prestre. impretirsi.
Imprezzábile, inestimable. pron. ts.
imprigionáre, emprisonner.
imprima, premierement.
imprima che, auparauant que.
imprimaménte, premierement.
imprimere, imprimer. parf. impressi, participe: impresso.
improbabilità, improbabilità, improbabilité.
improbaménte, meschamment.
improbità, deshonnesteté, méchanceté.
improbitáre, deuenir méchant.
improbo, méchant.
improfittáre, ne profiter pas, nuire.
improfittéuole, non profitable, nuisible.
improfitto, nuisance, contraire de profit.
proméssa, promesse.
improméttere, promettre. parf. improméssi.
Improméssione, promesse.
imprómesso, promis.
imprónta, marque de monnoye: empreinte.
improntaménte, auec importunité, & hastiuement.
improntaménto, impression, marque: & importunité.
improntáre, marquer, imprimer.
improntatóre, batteur ou marqueur de monnoye.
improntézza, promptitude importune: importunité. pron. ts.
improntitúdine, id.
impronto, importun. Item, non preparé.
l'imprónto vince l'altro .i. on obtient par importunité.
improperio, reproche.
improportióne, disproportion.
impropriaménte, improprement.
improprietà, improprieté.
imprópio, impropre.
improsperaménte, malheureusement.
Improsperáre, ne prosperer pas.
improsperità, mal-heur.
imprósper, mal-heureux.
improteruire, deuenir fascheux. pres. improteruisco.
improuáre, improuuer.
improuuáre, reprocher.
improuuratióne, &.
improuério, reproche.
improuedúto, impourueu.
improuidaménte, sans pourueyance.
improuidénza, impourueyance. pron. ts.
improuido, mal pourueyant.
improuisaménte, à l'impourueu.
improuisáre, faire à l'impourueu.
all'improuíso, à l'impourueu: sur le champ: de court.
all'improuísta, improuistaménte, id.
improuisto, mal pourueu.
improuostársi, se faire Preuost.
imprudénte, imprudent.
imprudenteménte, imprudemment.
imprudénza, imprudence. pron. ts.
imprunáre, clorre ou couurir de hayes viues, ou de buissons.
trouár l'oséllo Imprunáto .i. trouuer de l'empeschement.
imprúdua, exprés.
impudénte, impudent: impudente.
impudenteménte, impudemment.

IM IN IN

impudénza, impudence. pron. *ts*.
impudicaménte, impudiquement.
impudicítia, impudicité.
impudíco, impudique.
impugnáre, empoigner, oppugner, contrarier : impugner, disputer.
impugnatióne, impugnation, oppugnation.
impugnatóre, oppugnateur.
impugnatríce, oppugnatrice, qui oppugne.
impugnatúra di spáda, &c. poignée d'espée, &c.
impuerire, deuenir enfant. pres. *impuerisco*.
impulsáre, prouoquer, impulser.
impulsióne, impulsion, instigation.
impúlso, id.
impulsóre, instigateur.
impúne, impuny.
impunitaménte, impunément.
impunità, impunité.
impuníto, impuny.
impuntáre, ficher, affermir : aiguiser, faire vne pointe : imputer. Item, begayer, selon aucuns.
impúnto, fiché, affermy.
impurgábile, qui ne se peut purger.
impuraménte, impurement.
impurità, impureté.
impúro, impur.
imputanire, deuenir putain. pres. *imputanisco*.
imputáre, imputer.
imputatióne, imputation.
imputridíre, se pourrir. pres. *imputridisco*.
impuzzáre, &
impuzzolíre, empuantir : deuenir puant. pron. *ts*. pres. *impuzzolisco*.

IN

IN, en, dedans, dans.
In fátti, en effet.
maritársi in v'no, se marier à vne personne.
In trè, in quattro, in cinque, à trois, à quatre, à cinq que nous estions.
In quésto, pendant cela, sur cela, là-dessus.
In quéllo, id.
metter in scritto, mettre par escrit.
inabilíre, rendre habile. pres. *inabilisco*.
Inábile, inhabile.
inabilità, inhabilité.
inabilménte, inhabilement.
inabissáre, abismer.
inabitábile, inhabitable.
inabondéuole, disetteux.
inabondánza, disette. pron. *ts*. & quand il est separé, *in abondánza*, en abondance, abondamment.
inaccadéuole, qui ne peut arriuer.
inaccendíbile, qui ne se peut allumer.
inaccessíbile, inaccessible.
inaccettéuole, non receuable.
inacciálito, deuenu dur comme de l'acier.
inaccomodábile, non accommodable.
inaccóncio, deffait.
inaccordábile, qui ne se peut accorder.
inacerbáre, &
inacerbíre, s'aigrir : deuenir cruel ou fascheux. Item, prouoquer, inciter. pres. *inacerbisco*.
inacetáre, &
inacetíre, aigrir comme le vinaigre, present, *inacetisco*.
inacostábile, non accostable.

inacquáre, arrouser : tremper d'eau : mettre de l'eau dans le vin.
inacquistéuole, qui ne se peut acquerir.
inacríre, deuenir aigre. pres. *inacrisco*.
inaddocíbile, qui ne se peut adoucir.
inadulábile, que l'on peut flatter.
inaffábile, non affable, mal courtois.
inaffabilíre, deuenir affable. pres. *inaffabilisco*.
inaffabilità, discourtoisie.
inaffettáto, non affecté.
inaffiaménto, arrousage, arrousement.
inaffiáre, arrouser.
inaffiatóio, arrousoir.
inaffiatóre, arrouseur.
inaffiatríce, qui arrouse.
inagitáto, non agité.
inagliáre, assaisonner auec de l'ail.
inagnellársi, deuenir comme vn agneau.
inagráre, *inagrestíre*, &
inagríre, faire ou deuenir aigre. pres. *inagrisco*.
inalbáre, blanchir.
inalberíre, *inalboráre*, arborer : & monter sur les arbres. Item, mettre dans l'alembic, selon aucuns.
inalborársi, se cabrer, du cheual.
* *inaleghéuole*, qui ne se peut alleguer.
inalienáre, aliener.
inalmáre, infuser vne ame.
inalterábile, qui ne se peut alterer.
inalteréuole, id.
inalzaménto, haussement. pron. *ts*.
inalzáre, hausser, esleuer. pron. *ts*.
inamábile, non aimable.
inamabilità, humeur non aimable.
* *Inambitióso*, non ambitieux.
inamarire, deuenir amer. pres. *inamarisco*.
inamendábile, qui ne se peut reparer ou amender.
inamenità, desplaisance ou laideur de lieu.
inaméno, desplaisant.
inamicáre, deuenir amy.
inamidáre, empeser.
* *inamarire*, deuenir amer.
inamidáre, empeser.
inamorzábile, qui ne se peut esteindre.
* *ináne*, vuide.
inanità, inanité.
inanelláre, anneler.
inanelláti crini, cheueux frisez ou annelez.
inanimále, vuide d'ame.
inanimáre, animer : infuser vne ame.
inanimíre, animer, donner du courage. pres. *inanimisco*.
inánti, deuant, auparauant.
* *Inantineggíbile*, qui ne se peut preuoir.
inánzi, deuant, auparauant.
inánzi trátto, auant le coup : par aduance.
inappassionáre, passionner.
inappellábile, qui ne se peut appeler.
inapérto, fermé, non ouuert.
* *inapostolíto*, fait Apostre.
inapprocciéuole, qui ne se peut approcher.
inappetíbile, qui ne se peut appeter.
inarábile, qui ne se peut labourer.
* *inaráto*, non labouré.
inarboráre, arborer. Planter des arbres, monter sur les arbres : se cabrer du cheual.
inarboráre, Metaph. pretendre des choses déraisonnables & impertinentes.
inarcáre, hausser en arc, faire en arc, courber.
inarcár le ciglia, froncer le sourcil d'admiration.

Inarcatúra, courbeure.
Inardíre, enhardir. pref. inardiſco.
Inargentáre, argenter.
Inargúto, non argu.
Inariáre, aërer, airier.
Inaridíre, deuenir ſec ou aride. preſ. inaridiſco.
Inarpicáre, grauir, monter ſur vn mur.
Inarráre, donner des arres, par Metaph. commencer.
Inarſicciáre, bruſler, hauir.
Inárte .i. ignorance.
Inartificiále, non artificiel, ſans art.
Inartificio, ignorance : naïueté.
In articoláto, non articulé.
Inartigliáre, prendre auec les griffes.
Inartiſta, qui n'eſt point Artiſte.
Inaſcoltáto, inoüy.
Inaſcóſo, inaſcóſto, en cachette.
Inaſinaggine, aſnerie.
Inaſiníre, deuenir aſne. preſ. inaſiniſco.
Inaſinito, échauffé, entré en rut, entré en aſnerie.
Inaſpáre, deuider.
Inaſperáre, deuenir aſpre.
Inaſpettataménte, ſans y penſer.
Inaſpettáto, non attendu.
Inaſpettéuole, que l'on ne doit point attendre.
Inaſpidíre, deuenir comme vn aſpic. preſ. inaſpidiſco.
Inaſpreggiáre, deuenir aſpre.
Inaſpríre, aigrir, rendre ou deuenir aſpre & aigre. preſ. inaſpriſco.
Inaſſáre, plancheyer.
Inaſſettáre, ranger, accommoder.
Inaſſuéto, non accouſtumé.
Inaſtáre, arborer.
Inaudáce, coüard.
Inaudácia, coüardiſe.
Inaudíto, inoüy.
Inauedutaménte, ſans y prendre garde, inſenſiblement.
Inaueduto, ſans préuoyance.
Inauenire, aduenir. preſ. inauengo, inauiéni, inauiéne, parf. inauenni, part. inauenuto.
Inauertènte, ſans ſoin.
Inauertenza, inaduertence.
Inadueríire, ne prendre pas garde. preſ. inaduertiſco.
Inauertitaménte, ſans prendre garde.
Inauguráre, augurer.
Inauguratióne, angure.
Inaumentéuole, qui ne ſe peut augmenter.
Inauráre, dorer.
Inaúſo, non oſé.
Inauſpício, mauuais preſage.
Inazzurráre, azurer.
Inbiſciáre, deuenir couleuure. Item, faire en forme de ſerpent.
Inbiſógno, ó, ſans neceſſité.
Incacáre, conchier : incaguer.
Incacciáre, donner la chaſſe, mettre en fuitte.
Incaciáre, fournir de fourmage.
Incadenacciáre, veroüiller.
Incadenáre, barrer vn inſtrument. En jargon, incadenár il moſco, engager ſon habit.
Incagáre, conchier, embrener.
ten' Incágo .i. ie t'en fris, ie t'en chie.
Incagliáre, cailler.
Incagliárſi vn vaſcéllo, c'eſt quand vn vaiſſeau s'enſable, ou s'engage dans les roches.
Incagnárſi, deuenir comme vn chien.
Incagníſco, de trauers, en colere comme des chiens.
Incagníre, s'échauffer comme vn chien, incagniſco.
Incahoſſáre, mettre en vn cahos ou confuſion.
Incalandríto, deuenu ſot, par alluſion de Calandrino, qui ſignifie vn niais.
Incalappiáre, tomber dans vn piege ou lacqs.
Incalcáre, fouler aux pieds.
Incalciáre, donner la chaſſe, faire fuir, ou talonner.
Incalcináre, calciner. Item, meſler de chaux.
Incalcio, incalco, pourſuitte, talonnement.
Incaliginare, s'obſcurcir : s'emplir de ſuye.
Incallíre, durcir, faire le calus ou durillon : Metaph. prendre vne habitude, preſ. incalliſco.
Incalmáre, greffer, enter.
Incalmatúra, greffe.
Incálmo, id.
Incaluíre, incaluíre : deuenir chauue. preſ. incaluiſco.
Incalzáre, ſuiure de prés, talonner, chauſſer les eſperons : en jargon, faire. pron. tr.
Incámbio, au lieu, en eſchange.
Incameráre, enchambrer.
Incaminaménto, acheminement.
Incamináre, acheminer.
Incaminatóre, qui achemine.
Incamiſciáre, reueſtir la muraille.
Incamiſciáta, incamiſciatúra, &
Incamiſciáta, camiſade.
Incamocciáre, paſſer vn cuir en chamois.
Incampanáto péxxo, piece en forme de cloche.
Incamutáre, troquer.
Incancaríre, incancheríre, s'enflammer, ſe mettre le chancre ou la gangrenne. preſ. incancheriſco.
Incanelláre, canneler, creuſer. Item, aſſaiſonner auec de la cannelle.
Incaneſtráre, mettre dans vn panier.
Incaníto, agacé comme vn chien.
Incannáre, charger ſur les cheuilles ou fuſeaux. Item, auüler, deuorer.
Incannáta, vne quantité de ceriſes, ou autres fruits, paſſez dans vn roſeau fendu, attaché au plancher, par tranſlation, vn embaras, vn intrigue.
Incannutecciáre, courir ou clorre de roſeaux.
Incannonáre, encauer.
Incantagióne, enchantement.
Incantaménto. id.
Incantáre, enchanter : & vendre à l'encant.
Incantatóre, enchanteur.
Incantatríce, enchantereſſe.
Incantéſimo, enchantement.
Incantináre, encauer le vin.
Incánto, enchantement : & encant.
guaſtar l'Incánto .i. rompre le deſſein d'autruy.
Incantonáre, cantonner.
Incanutíre, deuenir blanc ou chenu. preſ. incanutiſco.
Incapáce, incapable.
Incapacità, incapacité.
Incaparbíre, deuenir obſtiné, & s'obſtiner. preſ. incaparbiſco.
Incapárſi, ſe mettre vne choſe en ſa teſte ou fantaiſie : s'obſtiner.
Incaparráre, donner des arres, retenir vne marchandiſe.
Incaparucciáre, mettre vn capuchon ou chaperon.
Incapelláre, mettre vn chapeau.
Incapeſtráre, encheueſtrer : c'eſt auſſi couurir le vin vieil de nouueau.
Incapeſtratúra, encheueſtreure.

Incapitoláre, entrer en Chapitres.
Incaponire, s'obstiner. pres. incaponisco.
Incapocchiársi, se mettre en fantaisie.
Incappáre, arriuer par hazard: tomber dans les lacqs. Item, couurir d'vne casaque.
egli è ben Incappáto, nous disons, il est bien arriué.
Incappelláre, couurir d'vn chapeau: couurir le vin vieil de nouueau: rauiner. Item, mettre haut.
Incappuccciáre, se couurir la teste, boucher le visage d'vn capuchon.
Incappiáre, enlacer.
Incáppo, vne cheute, vne escapade.
Incappricciársi, se mettre en teste. Item, deuenir amoureux.
Incappucciáre, couurir d'vn capuchon.
Incarbonáre, charbonner.
Incarbonchiáre, se noircir, se tacher, qui se dit de la toille. Item, esclatter, ou brûler comme vn escarboucle.
Incárca, surcharge: imposition.
Incarcáre, charger: fascher: imputer.
Incarceráre, emprisonner.
Incarceratióne, emprisonnement.
Incárico, poids, charge, faix: fascherie.
Incardináto, fait Cardinal, Cardinalisé.
Incaricáre, charger: encharger: iniurier, fascher.
Incárico, charge, soing: iniure, offense.
Incarire, encherir. pres. incarisco.
Incarnadino, incarnadin.
Incarnagióne, incarnation.
Incarnaménto, id.
Incarnáre, incarner: encharner: se ficher dans la chair.
Incarnatino, incarnadin.
Incarnatióne, incarnation.
Incarnáto, incarnat.
Incarnire, acharner, encharner. Verbe impersonel, pres. incarnisce, comme d'vne playe, ou d'vn ongle, vnghie incarnite, des ongles qui sont encharnez.
Incarognáre, infecter de charogne.
Incarráre, mettre sur vn char: monter vn canon.
Incarrucoláre, sortir de la poulie, & s'engager, qui se dit d'vne corde.
Incartáre, ficher, encarter, enfoncer: enuelopper ou clorre auec du papier.
Incartoccciáre, mettre dans vn cornet de papier.
Incartonáre, garnir de carton.
Incascáre, choir.
Incasciáre, enfourmager.
Incassáre, encoffrer, enchasser: emboister.
Incassatúra, emboisteure, enchasseure.
Incásso, enchasseure.
Incastagnáre, amuser de fables ou contes, endormir de parolles: garnir de bois de chastaignier.
Incastáre, enchasser, emboister.
Incastelláre, munir, fortifier, encasteller.
Incastelláto, fait en forme de chasteau: & sauué ou refugié dans vn chasteau.
Incastelláto, se dit du pied du cheual, encastellé.
Incastellatúra, encasteleure.
Incastigáto, impuny.
Incásto, non chaste.
Incastità, impudicité.
Incastonáre, enchasser.
Incastonatúra, enchasseure.
Incastráre, enchasser: ioindre: engrener l'vn dans l'autre, encrener.
Incastratúra, enchasseure, iointure, engreneure, encreneure.

Incástro, selon aucuns, ongle, corne: encastelleure. Item, vn boutoir de Mareschal.
Incastronire, deuenir sot. pres. incastronisco.
Incataláre, amonceler.
Incatenáre, enchaisner.
Incaténdo, en jargon, garçon de vieux gueux.
Incatorzolire, ne profiter point: ne pouuoir croistre. pron. ts. pres. in catorz olisco.
Incatramáre, poisser.
Incattiuáre, captiuer.
Incattiuire, deuenir méchant. pres. incattiuisco.
Incauagnáre, mettre dans vne corbeille.
Incaualcáre, monter ou affuster le canon.
Incaualcáre, faire croiser: enjamber: monter à cheual. Monter vn canon.
Incaualcatúra, croiseure, portée d'vne chose sur vn autre. Affust de canon.
Incaualláre, faire croiser ou cheuaucher vne chose sur l'autre: enjamber. Item, fournir de cheual: monter vn canon.
Incauallatúra, affust.
Incauallíto, deuenu cheual.
Incauáre, creuser, encauer: éuider, vuider vn ouurage, eschancrer.
Incauáta láma, lame à viue arreste.
Incauatúra, encaueure: éuideure, eschancreure.
* Incauciáre, calciner: plastrer de chaux.
Incauernáre, mettre dans vne cauerne.
Incauernáto, plein de creux.
Incauezzáre, encheuestrer. pron. ts.
Incauicchiáre, &
Incaugliáre, cheuiller.
Incauíno, encaueure.
Incautaménte, imprudemment.
Incautézza, simplicité, peu de finesse. pron. ts.
Incáuto, mal caut, peu fin.
Incazzáre, incazzíre, estre échauffé, bender fort, faire erection. pres. incazzisco, pron. ts.
Incélebre, non celebre.
Incelestiáre, mettre au Ciel.
Incendere, brusler, allumer: faire vn cautere derriere la teste. Item, faire cuisson qui se dit, d'vne playe, parf. incendette, verbe impersonel.
Incendiáre, brusler.
Incendiária, sorte de choüette.
Incendiário, incendiaire.
Incendiménto, embrasement.
Incendio, incendie, bruslement.
Incendiola, sorte d'oiseau, grand ennemy du hibou.
Incendiro, idem: C'est aussi vne chaleur d'estomac.
Incenditóre, allumeur.
Incenditrice, allumeuse.
Incendore, incendie. Item, la douleur qui fait vne playe quand on la laue auec du vin aigre, ou autre chose.
Incenerdre, &
Incenerire, conuertir en cendre. pres. incenerisco.
Incensáre, encenser.
Incensibile, qui se peut embraser.
Incensiéra, encensoir.
Incensióne, embrasement.
Incensiuo, échauffement.
Incénso, encens.
Incensório, encensoir.
Incentiuo, échauffement, prouocation, chaleur de ieunesse.
Incentráre, entrer au centre.
Inceráre, cirer, encirer, bougier: c'est aussi le jau-

nir des efpics en campagne.
Inceratúra, cireure.
Incerchiáre, relier ou garnir de cercles.
Incerimonióſo, non ceremonieux.
Incerráre, loüer, prendre à loüage, & donner des arres.
Incertaménte, auec incertitude.
Incertáre, aſſeurer.
Incerto à a, incertitude. pron. tt.
incertitúdine, incertitude.
incérto, incertain.
inceruidto, deuenu cerf.
inceruogiáto, plein de bierre.
inceſo, allumé.
inceſpáre, broncher: croiſtre, prouigner, multiplier, pouſſer: clorre de buiſſons.
inceſpicáre, inceſpitire, idem.
Inceſpugliáre, clorre ou garnir de buiſſons.
inceſsábile, qui ne ceſſe point.
inceſsantemente, inceſſamment.
inceſsatamente, idem.
inceſſo, ſorte de trefue. Item, diſtant.
inceſsóre, ciſailles à coupper le fer.
inceſtáre, faire inceſte. Item, mettre dans vn pannier.
inceſto, inceſte.
inceſtuoſo, inceſtueux.
incétta, emplette ou emploite. Item, enqueſte.
incettáre, faire emplette. Item, enquerir, faire enqueſte.
incettatóre, qui fait emplette.
incettatrice, marchande qui fait emplette.
inchieſta, perquiſition, enqueſte.
inchiancáre, pauer de caillous.
inchiauettáre, armer d'vn heaume.
inchiappáre, ſurprendre, attraper. Item, prendre aux feſſes.
inchiaſsáre, mettre au bordel.
* inchiatáre, bleſſer, offenſer.
* inchiáto, bleſſé.
inchiauáre, enclauer.
inchiauelláre, cloüer, clorre.
inchiaueſlatúra, encloüeure.
inchiedere, inchierere, faire perquiſition, s'enquerir.
parf. inchieſi, & inchiedei, & inchiedetti, part. inchieſto.
inchieſta, enqueſte.
inchietta, emplette.
inchiettáre, faire emplette.
inchináménto, penchement.
inchináre, incliner, englinér, baiſſer, pencher: reuerer.
inchinatióne, reuerence.
inchineuóle, qui ſe peut pencher. Item, que l'on doit reuerer.
inchineuolmente, reueremment.
inchino, ſalutation de la teſte, ou reuerence en pliant le genoüil.
inchiodáre, enclouer.
inchiodatúra, encloüeure.
inchioſtráre, mettre dans vn cloiſtre.
inchioſtráre, c'eſt empuir les feneſtres d'encre, cela ſe fait par affront aux Courtiſannes à Rome.
inchioſtráro, faiſeur d'encre.
inchioſtro, encre.
il ſuo inchioſtro non córre, ſon encre ne court ou ne couleponit. i. il n'a gueres de pouuoir.
raccomandara di buon inchioſtro, nous diſons, eſcrire de bonne encre.
inchiouáre, enclouer.

inchiouatúra, encloüeure.
inchióne, anchois.
inchiúdere, enclorre. parf. inchiúſi.
inchiúſo, enclos.
cauállo inciamoríto, cheual qui a la morue.
inciampáre, broncher: chopper, achopper.
inciampa vn buon cauallo, vn bon cheual bronche bien. i. il n'eſt ſi bon qui ne faille.
inciámpo, heurt, bronchade, empeſchement, achopement.
inciancáre, enchaſſer, ioindre.
incidénte, incident.
incidénte a, incident, accident, & digreſſion. pron. tt.
incidere, inciſer: entailler, grauer: & faire vne digreſſion. parf. inciſi.
inciéláre, placer au Ciel.
* incieráre, charmer.
* incieratóre, charmeur.
incignáre, pour impregnáre, engroſſer: pour ceindre, & veſtir. parf. incinſi.
* incigoláre, ioindre enſemble.
incimentáre, cimenter.
incimieráto, encreſté, orné d'vn cimier.
incinabráre, rougir comme du cinabre.
incináre, accrocher, agraffer.
incináro, faiſeur d'agraffes.
incingere, engroſſer. Item, ceindre. parf. incinſi.
incinghialáto, deuenu ſanglier.
incinghiáre, ſangler.
incino, crochet, agraffe.
incino di mare, ourſin, heriſſon de mer.
incínta, femme enceinte. Item, vn cordon autour d'vn vaiſſeau, vne enceinte.
incintáre, engroſſer.
incínto, ceint: enceint.
incioccáre, mettre des floccons.
* incipiénte, qui commence.
incipíto, inſipide, ſans gouſt.
incipolláre, mettre des oignons.
incipignáre, s'aigrir, qui ſe dit d'vne playe, ſe renouueler. preſ. incipregníſco.
incircondúole, qui ne ſe peut enuironner.
incirconciſo, non Circoncis.
inciſchiáre, taillader, decoupper: pour trancher, decoupper en diſcourant.
inciſchio, hachottement.
inciſióne, inciſion.
inciſo, inciſ: entaillé.
inciſóre, graueur.
inciſúra, inciſion.
incitaménto, incitation, prouocation.
incitánza, prouocation. pron. tt.
incitáre, inciter.
incitatóre, &
incitatrice, qui incite.
incitéuole, que l'on peut inciter.
incittadináto, fait Bourgeois.
inciuilíre, deuenir ciuil. preſ. inciuilíſco.
inciuíle, inciuil.
inciuilità, inciuilità, inciuilité.
inciuilménte, inciuilement.
inciuiettíre, deuenir comme vn hibou. preſ. inciuettiſco.
inciuſcheráre, grenouiller, boire, s'enyurer.
incláſtrare, enchaſſer.
incláſtratúra, enchaſſeure.
incláſte, idem.
inclauſtráre, mettre dans vn cloiſtre.

inclemènza, inclemence. pron. ts.
inclináre, incliner.
inclíno, enclin.
inclitézza, renommée, gloire, pron. ts.
inclito, fameux.
inclúdere, enclorre. parf. inclusi.
inclúsa, encluse d'eau. Item, incluse, enclose.
inclusiuaménte, inclusiuement.
inclusíuo, inclus.
* incoáre, commencer.
* incoátto, non contraint.
incoccáre, encocher.
incocchiáre, attacher des choses ensemble.
incoccoláto, engrainé, mis en forme de grains, plein de grains, grenu, chargé de grains.
incodardíre, encoüardir. pret. incodardisco.
incodáre, attacher par la queue.
incógliere, attraper, ioindre, trouuer, rencontrer: suruenir: arriuer, escheoir. parf. incolsi, incogliesti, incolse, &c.
incògnito, inconneu.
incocíare, deuenir rude, s'endurcir, roidir, s'encuirasser.
encolfáre, engoulfer.
* l'incoli, habitans.
incolláre, coller, endosser vn liure.
incolleráre, mettre en colere.
incolleréuole, qui ne se peut colerer.
incollonáre, garnir de colonnes.
incolorire, colorer. pref. incolorisco.
incolpábile, irreprenable.
incolpáre, accuser, remettre la faute sur quelqu'vn, se prendre à quelqu'vn d'vne chose.
incolpéuole, non coulpable, innocent, irreprenable.
incólto, non cultiué.
incoltráre, incoltrecciáre, enfoncer dans vn loudier.
* incólume, sain.
* incolumitá, santé.
incómbere, s'attacher, s'adonner à vne chose. parf. incombei, & incombetti.
incombènza, attachement, employ, charge, dar incombenza à vno di qualche cosa, donner la charge de quelque chose à quelqu'vn.
incombináto, sans corruption ou monopole.
incombustíbile, qui ne se peut brusler.
incombústo, non consommé, non brusté.
incomendéuole, non recommandable.
incominciaménto, commencement.
incominciáre, commencer.
incomíncio, commencement.
incómite, sans compagnon.
incomitáto, non accompagné.
incomodaménte, incommodément.
incomodáre, incommoder.
incómodo, incommodité.
incommonibile, qui ne peut estre esmeu.
incommutábile, immuable.
incompassionéuole, sans compassion.
incomparábile, incomparable.
incomparáre, comparer.
incompasséuole, qui ne se peut compasser.
incompatibile, incompatible.
incompensábile, que l'on ne peut recompenser.
incompetènza, incompetence. pron. ts.
incompléssa paróle, paroles sans suitte, ou sans ordre.
incorportábile, &
incorportéuole, non comportable, insupportable, intolerable.

incompósto, descomposé.
incomprábile, qui ne se peut achepter.
incomprensibile, incomprehensible.
incomprehensibilménte, incomprehensiblement.
incompréso, non compris.
incommutábile, immuable.
incommunichéuole, non communicable.
inconcèsso, denié, non concedé.
inconcettibile, inconceuable.
inconciábile, qui ne se peut accommoder.
inconcinuitá, mauuaise grace.
inconcínno, de mauuaise grace.
inconcio, hors de propos.
inconclúso, non conclu.
inconclússo, stable, ferme.
incondenséuole, qui ne se peut condenser.
incondito, rude, mal fait, mal assaisonné.
inconfidénte, mesfiant.
inconfidénza, mesfiance. pron. ts.
inconfórme, non conforme.
inconforméuole, qui ne se peut conformer.
inconfúso, non confus.
incongruentemènte, incongruëment.
incongruènza, incongruitá, incongruité. pron. ts.
incóngruo, incongru.
inconigliáto, deuenu peureux comme vn conil.
inconniuénte, qui ne connuie point.
inconocchiáre, charger la quenouille.
inconocchiársi, s'embroüiller dans des affaires de femmes.
inconocchiáta, quenoüillée.
inconómica, traitté qui concerne l'Economie.
inconoscíbile, non connoissable.
inconóscio, qui n'a nulle connoissance d'vne affaire: qui n'est point participant ou complice.
inconquistéuole, qu'on ne peut conquerir.
inconseruéuole, qui ne se peut conseruer.
inconsideràbile, non considerable.
inconsiderànza, peu de consideration. pron. ts.
inconsideratamènte, inconsiderément.
inconsideratióne, inconsideration.
inconsideráto, inconsideré, sans consideration.
inconsolábile, non consolable.
inconsolabilmènte, inconsolablement.
inconstánte, inconstant, inconstante.
inconstantemènte, inconstamment.
inconstánza, inconstance. pron. ts.
inconsuéto, non accoustumé.
inconsuetúdine, des-accoustumance.
inconsúlto, non consulté.
inconsumábile, &
inconsuméuole, qui ne se peut consommer, inconsumable.
* inconsúnto, non consommé.
* inconsútile, sans cousture.
incontábile, non contable.
incontaminábile, non contaminable.
incontamináto, non contaminé.
* incontána, quintaine, faquin à rompre la lance.
incontanènte, incontinent.
incontenténle, qui ne se peut contenter.
incontinènte, incontinent, sans continence.
incontinènza, incontinence. pron. ts.
incontínuo, non continu.
incontinuéuole, qui ne se doit continuer.
* incónto, non compté. Item, escheuelé, mal peigné.
incóntra, à l'encontre: & au deuant de quelqu'vn.

Incontradicénte, non contredisant.
Incontradicévole, qui ne se peut contredire.
Incontraménto, rencontre.
Incontráre, rencontrer : aduenir, arriuer, aller au deuant.
Incontrársi, se heurter. Se rencontrer.
Incontrátto, non contracté.
Incóntro, rencontre : heurt.
Incóntro, contre : au deuant.
all' Incóntro, d'autre costé : au contraire : d'autre part : en conar'eschange : vis à vis.
Incontumáre, charger, accuser.
Inconturbábile, que l'on ne peut troubler.
Inconuenévole, mal conuenable.
Inconuenenoléza, mauuaise conuenance. pron. ts.
Inconuenenélménte, de mauuaise grace.
Inconueniénte, mal-conuenant. Item, vn inconuenient.
Inconueniénza, desconuenance. pron. ts.
Inconuersévole, non conuersable.
Incoppiáre, accoupler.
Incoprire, couurir.
Incoraggiáre, &
Incoráre, encourager. Auoir resolu dans son esprit.
Incorazzáre, armer de cuirasse. pron. ts.
Incorbáre, mettre dans vne corbeille. Item, courber.
Incordáre, roidir. Item, monter vn instrument de cordes : enroidir de froid. Foüetter vn liure, le lier auec du foüet.
Incordáto, encordé, roidy, enroidy, qui a les nerfs retirez : monté de cordes.
Incordatúra, encordeure, retirement de nerfs.
Incornáre, encorner.
Incornutáre, faire cornard.
Incoronáre, couronner.
Incoronatióne, couronnement.
Incorótto, non corrompu.
Incorporábile, qui se peut incorporer.
Incorporále, non corporel.
Incorporaménto, incorporation.
Incorporáre, incorporer.
Incorpóreo, sans corps.
Incorredáre, garnir, fournir : orner.
Incórrere, encourir. parf. incorsi, & incorrei, participe incorso.
Incorrettaménte, incorrectement.
Incorrétto, mal correct.
Incorrigíbile, incorrigible.
Incorrottaménte, incorruptiblement.
Incorrottíbile, incorruptible.
Incorrótto, non corrompu.
Incorrutióne, incorruption, pureté.
Incorsióne, incursion, inuasion.
Incórso, encouru. Item, incursion, course.
Incorsáre, accourcir.
Incortegianársi, se faire, ou deuenir Courtisan.
Incortináre, encourtiner.
Incostánte, inconstant.
Incostanteménse, inconstamment.
Incostánza, inconstance. pron. ts.
Incostáre, enfoncer dans les costes : garnir de costes.
Incostumáto, non accoustumé : & mal appris.
Incotáto, couuert d'vne cotte.
Incotíle, verny au dedans.
Incóttimo, à la tasche.
Incótto, non cuit, crud.
Incottúra, cuisson.
Incozzáre, assembler. pron. tss.

incar zonáre, dresser comme vn cheual : Metaph. attraper vne personne. pron. ts.
* incrassáre, rendre ou deuenir gros.
increáto, non creé.
incredénte, mescroyant.
incredénza, mescroyance. pron. ts.
incredíbile, incroyable.
incredibilménte, incroyablement.
incredulitá, incredulité.
incrédulo, incredule.
increménto, augmentation.
* increpáre, reprouuer, blasmer.
* increpatióne, blasme.
incréscere, ennuyer, fascher : faire pitié. parf. increbbe, verbe impersonnel qui n'a que la troisiesme personne. part. incrésciuto.
increscévole, ennuyeux, ennuyeuse.
incresciménto, ennuy, fascherie.
* incresciósó, fascheux, ennuyeux.
increspáre, plisser : cresper.
increspatúra, plisseure.
incrocettáto, à croisettes.
increstáre, encrester.
incretáre, couurir de craye ou terre seiche : emplir ou marquer de craye.
incristalláre, deuenir ou rendre comme du crystal.
increcchiáre, croiser.
incrociáre, & incrocicchiáre, idem.
* incroiáre, rasler dans le gosier, gargoüiller. Item, deuenir rude ou fascheux.
incrosáre, en jargon, lier.
incrostáre, faire vne crouste. Item, crespir vn mur.
incrostatúra, crespisseure.
incrudelíre, deuenir crüel : estre crüel, rendre crüel. pres. incrudelisco.
incrudíre, rendre rude, aspre. pres. incrudisco.
incruénte, non sanglant.
incrustollíre, encrouster. pres. incrustolisco.
incúbo, incube.
incucíre, coudre dedans. pres. incúcio.
incúde, mot poëtique, enclume.
incúdine, & incúgine, idem.
fr à l'incúdine e'l martéllo .i. entre deux fers, entre deux dangers.
incugnáre, marquer du coing. Item, enfoncer vn coing.
inculáre, reculer. Item, mettre dans le cul.
inculáta, reculade.
inculcáre, enfoncer dedans par force.
* incullináre, mettre dans le berceau.
inculáre, idem.
incúlto, non cultiué.
* incúmbij, incubes.
incuócere, cuire vn peu : & cuire dedans. parfait. incuóssi.
incuoráre, encourager.
incurábile, incurable.
incurábili, les Incurables : vn lieu où l'on pense & entretient les malades qui ont des playes incurables.
* incúria, peu de soin : incurie.
incuriositá, peu de curiosité.
incurioso, non curieux.
incursióne, incursion.
incursóre, faiseur d'incursions.
incuruáre, cambrer, courber.
Incuruatúra, cambreure.
Incúruo, courbé.

Incusáre,

Incusáre, accuser : encuser.
Incusatióne, accusation.
Incussióne, broüillement.
Incustodibile, qui ne se peut garder.
Incustodito, mal gardé.
Indaco, inde, sorte de couleur de Peintre.
* Indagáre, rechercher.
* Indagatióne, recherche.
Indanaiáto, qui a de l'argent : c'est aussi semé ou marqueté de croustes de gale, ou autre chose semblable. Item, enrichy.
Indanneggiáre, indemniser.
* Indaracáre, deuenir comme vn Dragon.
Indárno, en vain.
Indebitaménte, indüement.
Indebitáto, endebté.
Indébito, indeu.
Indebilitáre, debiliter.
Indebolíre, affoiblir : deuenir debile. pres. indebolisco.
Indecénte, indecent, mal seant.
Indecenteménte, indecemment.
Indecénza, indecence. pron. ts.
Indecíso, indecis.
Indeclinábile, indeclinable.
Indecóro, mal-seance.
Indefaticábile, infatigable.
Indefénso, non deffendu, sans deffense.
Indeféśso, non fatigué, infatigable.
Indeficiénte, non defaillant.
Indeficiénza, le contraire de deffaillance. pron. ts.
Indefiníto, indefiny.
Indeféśso, constant.
Indeiétto, non dejetté.
Indegnaménte, indignement.
Indegnáre, desdaigner.
Indegnatióne, indignation.
Indegnitá, indignité.
Indégno, indigne. pron. l'é fermé.
Indegnóso, desdaigneux.
Indelébile, qui ne se peut effacer.
Indelettéuole, mal plaisant.
* Indémno, indemnité.
Indemoniáre, endiabler.
Indemoniáto, endiablé, possedé.
Indenaiáre, fournir d'argent.
Indenaiáto, qui a des deniers. Item, plein : semé : remply : marqueté : engé : fourny de quelque chose.
Indénne, sans dommage.
Indennitá, indemnité.
Ind..táre, endenter.
Indentr..e, entrer dedans.
Independénte, independant.
Independénza, independance. pron. ts.
Indeplorábile, non deplorable.
Indepraudáto, non deprauué.
Inderíso, non mocqué.
Inderítto, indirect.
Indesérto, habité, non desert.
* Indesiáre, rendre ou deuenir desireux.
Indestrézza, mal-adresse, indexterité. pron. ts.
Indéstro, mal-adroit.
Indeterminaménte, sans determination.
Indeterminato, indeterminé.
Indetáre, se conseiller tout bas : dire en soy-mesme : enjoindre, proclamer.
Indetatúra, indiction, injonction.
Indétto, enjoint : & indiction.
* Indeuenáre, deuider.

* Indeuenatóio, deuidoir.
Indeuotaménte, sans deuotion.
Indeuóto, mal deuot.
Indi, de là : apres cela : de ce lieu là, en suitte de cela.
Indi à non molto, de là à peu de temps, peu de temps apres.
Indi, sorte de prunes.
Indiáre, deuenir diuin, estre fait Dieu.
Indiauoláre, endiabler.
Indicáre, indiquer.
Indicatiuo díto, le doigt qui sert à monstrer.
L'índice, le doigt d'aupres le poulce : vne table d'vn liure.
* Indícere, denoncer, manifester, accuser. parfait. indíśsi.
Indicéuole, qui ne se peut dire, indicible.
Indicíbile, idem.
Indicio, indice.
Indicióśo, plein d'indices.
L'indico, des Indes. Item, inde, sorte de couleur.
Indietráre, &
Indietreggiáre, reculer en arriere.
Indiétro, arriere.
Indifferénte, indifferent, indifferente. Semblable, non different.
Indifferenteménte, indifferemment.
Indifferénza, indifference. pron. ts.
Indiféso, non deffendu.
Indigénte, indigent.
Indigénza, indigence. pron. ts.
Indigere, auoir faute. parf. indigéi & indigétti, n'a point de participe.
Indigeribile, indigestibile, qui ne se peut digerer.
Indigestióne, indigestion.
Indigésto, indigest.
Indignáre, indigner.
Indignatióne, indignation.
Indignitá, indignité.
Indigróśso, en gros.
Indilégno, esloigné, esuanouy.
mandáre indilégno, enuoyer bien loing.
Indiligénza, negligence. pron. ts.
Indimestichéuole, qui ne se peut appriuoiser.
Indinaráto, qui a des deniers : c'est aussi, engé, fourny, remply.
L'indie, les Indes.
L'indio, Indien, des Indes.
Indíre, dicter : enjoindre. pres. indíco, parf. indíśsi.
Indirétto, indiritto, indirect.
Indiritto, & Indirizzaménto, adresse de lettre ou autre chose. pron. les zz. ts.
Indirizzáre, redresser. pron. ts.
Indiriz zársi, dresser son chemin. pron. ts.
Indirízzo, adresse. pron. ts.
Indiscernéuole, qui ne se peut discerner.
Indisciplináto, sans discipline.
Indiscretaménte, indiscrettement.
Indiscretézza, &. pron. ts.
Indiscretióne, indiscretion.
Indiscréto, indiscret.
Indisérto, non disert, qui parle mal, sans eloquence.
Indisiáre, donner du desir.
Indispárte, à part, à l'escart.
Indispenséuole, qui ne se peut dispenser.
Indispositióne, indisposition.
Indispósto, indisposé.

IN

Indiſprezzábile, non mesprisable.
Indiſprezzéuole, idem.
* Indiſquarto, à l'eſcart.
Indiſſimile, non diſſemblable.
Indiſſolúbile, indiſſoluble.
Indiſſolúto, non diſſout.
Indiſtingtíbile, qui ne ſe peut diſtinguer.
Indiſtintaménte, indiſtinctement.
Indiſtintióne, indiſtinction.
Indiſtinto, non diſtinct, indiſtinct.
Inditiáre, denoter.
Indizio, indice.
Inditióne, indiction.
Inditióſo, plein d'indices.
Inditiáre, dicter: enjoindre, faire indiction.
Indittatúra, indiction.
Indittióne, indiction: terme de Notaire.
Inditto, intimé.
Indittóre, Denonciateur, Enditeur.
Indiuia, indiue, chicorée blanche.
Indiuiduále, indiuiduel.
Indiuiduità, indiuiduité.
Indiuiduo, indiuidu.
Indiuináre, deuiner.
Indiuiſáro, qui à la liurée.
Indiuiſaro di colóri, couuert de diuerſes couleurs, blaſonné.
Indiuiſíbile, indiuiſible.
Indiuiſo, non diuiſé.
Indócile, indocile.
Indocilità, indocilité.
* Indogliá, vne ſorte de boudin, ſelon aucuns.
Indogliáre, indoglíre, emplir de douleur.
Indoglíto, plein de douleur. Item, engourdy, ou endormy.
Indóia, vne doüille de fer.
Indolcáre, addoucir, qui ſe dit proprement du temps.
Indólce, non doux.
Indolciáre, & indolcíre, addoucir. preſ. iſco.
l'Indóle, naturel, inclination, bonne diſpoſition.
Indolénzа, priuation de peine. pron. ts.
Indolenzíre, endormir vn membre pron. ts. indolenziſco.
Indolére, auoir de la douleur. preſ. indolgo & indoglio, part. indolſi, part. indolúto.
Indomábile, indomptable.
Indomáre, dompter.
Indomeſtichéuole, qui ne ſe peut appriuoiſer.
Indoménole, indomptable.
Indomità, humeur non domptable.
Indómito, indompté.
Indonnárſi, ſe rendre maiſtre. Item, deuenir femme.
Indonnire, id. preſ. indonniſco, & indonniꝛ.
Indoppiáre, doubler.
Indoppiatúra, doubleure.
Indoraménto, doreure.
Indoráre, dorer.
Indoráta, ceterac, plante.
Indoratóre, doreur.
Indoratúra, doreure.
Indormentáre, endormir: endormir vn membre.
Indormire, id.
Indoſſáre, endoſſer.
Indóſſo, deſſus: ſur le dos.
Indotáre, doüer.
Indotáto, doüé. Item, ſans doüaire.
Indótta, prononcé l'o fermé: perſuaſion: induction.
Indutiuo, perſuaſif, induiſant.

IN

Indótto, prononcé l'o ouuert, indocte non docte.
Indottoráre, faire Docteur.
Indoctrinábile, que l'on ne peut inſtruire ou endoctriner.
Indottrináre, endoctriner.
* Indouanadére, deuideur de ſoye.
* Indouanadúra, deuideure.
* Indouanáre, deuider la ſoye, mettre à la doüane.
Indouáre, aller ie ne ſçay où, entrer en quelque lieu.
Indouinaménto, deuinement.
Indouináre, deuiner.
Indouinatióne, diuination. Item: Enigme.
Indouinatóre, deuin.
Indouinatrice, deuinereſſe.
Indouinéllo, Enigme.
Indouinéuole, que l'on peut deuiner.
Indouíno, deuin.
Indouinio, deuinement.
Indozzaménto, induction. pron. ts.
Indozzáre, ne proffiter point, comme les animaux qui ne croiſſent pas. pron. ts.
Indozzenáre, mettre par douzaines. pron. dz.
Indracáre, indragáre, deuenir cruel comme vn Dragon.
Indrappáre, couurir d'eſtoffe de ſoye.
Indrappelláre, renger l'armée.
Indrizzaménto, addreſſe. pron. ts.
Indrizzáre, addreſſer. pron. ts.
Indrízzo, addreſſe. pron. ts.
Indubáre, accommoder, adouber.
Indubbiáre, mettre ou entrer en doute.
Indubbiéuole, dont on ne peut douter, indubitable.
Indúbbio, certain.
Indubbióſo, hors de doute, certain.
Indubitataménte, indubitablement.
Induáre, deuenir ou mettre en deux.
Inducáre, deuenir Duc.
Inducere, & indurre, induire. parf. induſſi participe. indutto.
Induciménto, induction.
Inducitóre, qui induit, perſuadeur, qui perſuade.
Inducitríce, qui perſuade.
* Indugáre, induire.
Indugéuole, qui delaye, qui retarde.
Indúgia, delay.
Indugiáre, delayer, mettre vn delay: retarder.
Indugiatóre, qui differe.
Indúgio, delay, retardement.
l'Indúgio piglia vitio, le retardement nuit.
Indulgénte, indulgent.
Indulgéntia, indulgence.
Indulgentiáto, qui eſt allé gagner les pardons ou Indulgences.
Indulgénzа, indulgence. pron. ts.
Indulgére, indúlgere, eſtre indulgent, remettre vne faute: pardonner. parf. indulgéi, & indulgéſti & indulſi, qui n'eſt plus en vſage.
Indúlto, pardon: & pardonné.
Indurábile, non durable.
Induraménto, endurciſſement.
Induráre, s'endurcir. Metaph. s'obſtiner, eſtre inexorable.
Induréuole, non durable, de point de durée.
Induríre, endurcir. preſ. indúro, & induríſco.
* Induſia, pour indugio, delay.
Induſtre, induſtrieux, induſtrieuſe.
Induſtria, induſtrie.
Induſtriáre, donner de l'induſtrie.

IN   IN

Industrióso, industrieux.
Induttióne, induction.
Induttíuo, induisant.
Indútto, induit.
Induttóre, qui induit.
* Inebriáre, enyurer.
Inebrietzá, yvrognerie. pron. tz.
* Inédia, famine.
* Inedióso, affamé.
Ineffábile, indicible.
Ineffettuále, ineffettuóso, sans effet.
Inefficáce, sans efficace.
Ineffigiáto, sans façon ny forme.
Ineguále, enegal.
Inegualitá, enegalité.
Inegualménte, inegalement.
Inelegánte, non elegant.
Inelegánza, peu d'elegance. pron. tz.
Ineloquénte, non eloquent.
Ineloquénza, peu d'eloquence. pron. tz.
Inemendábile, &
Incmendéuole, qui ne se peut amender.
Inenarrábile, qui ne se peut raconter.
Inequitá, iniquité.
Inérme, sans armes, sans deffense.
Inerpicáre, herser.
Inerránte, non errant, arresté.
Inértia, ignorance.
Inérto, ignorant.
Ineruáre, eneruer.
Ineruditio, mal instruit.
Ineruorare, enferuer.
Insesándeuole, qui ne se peut exaucer. prononcez l'au separément comme, aou en François.
Inesáusto, inespuisable. prononcez l'au separément comme aou, en François.
Inescáre, appaster, allecher.
Inescogitábile, inexcogitable.
Inescusábile, &
Inescuséuole, inexcusable.
Inesercitáto, non exercé.
Inesercitéuole, qui ne se peut exercer.
Inesortábile, inexhortable.
Inesperiénza, inexperience. pron. tz.
Inespérto, inexpert.
Inespiéuole, qui ne se peut expier.
Inesplicábile, inexplicable.
Inesploráto, non espié.
Inespresséuole, inexprimable.
Inespugnábile, inexpugnable.
Inessicábile, qui ne se peut secher, inespuisable.
Inessisténte, non existent.
Inessisténza, inexistence. pron. tz.
Inessorábile, inexorable.
Inessoráto, id.
Inestáre, enter.
Inestatúra, ente, greffe.
Inestimábile, &
Inestiméuole, inestimable.
Inestinguíbile, qui ne se peut esteindre.
Inestínto, non esteint.
Inestirpábile, qui ne se peut arracher.
Inestricábile, qui ne se peut desbrouiller, ou demesler.
Inestricáre, embrouiller, mesler.
Inestrigábile, qui ne se peut desbrouiller.
* inetriménto, sottise.
Inetríre, faire le meschant ou le sot. pres. inetrisco.

Inettaménte, sottement.
Inéttia, ineptie, sottise.
Inettitúdine, sottise.
Inétto, inepte, sot.
Ineuitábile, ineuitable.
Infacchinársi, deuenir faquin.
Infacciáre, reprocher.
Infaccendáre, donner des affaires.
Infaccendáto, affairé, plein d'affaires.
Infacéto, non facetieux.
Infacóndia, rudesse de langage.
Infacóndo, non fecond.
Infagottáre, fagotter, empaqueter.
Infaldáre, plisser.
Infaldatúra, plisseure.
Infaldelláre, plisser.
Infallíbile, infaillible.
Infallibilménte, infailliblement.
Infallibilitá, infaillibilité.
* Infáma, infamie.
Infamaménto, infamie, diffame, diffamation.
Infamáre, diffamer, rendre infame.
Infamatório, diffamatoire.
Infamutório, diffamatoire.
Infamatióne, infamation, diffame.
Infamatríce, qui diffame.
Infáme, infame.
Infámia, infamie.
Infamigliársi, faire sa maison. Item, deuenir familier & entrer en vne famille.
Infamóso, non fameux.
far vna Infáma, faire vn tour ou vne peur à quelqu'vn.
Infanciulláre, infanciullíre, rentrer en enfance.
* Infándo, qui ne se peut dire.
Infangáre, crotter, emburber.
Infánta, vne Infante.
Infantáre, accoucher, enfanter.
Infantasticáto, deuenu fantasque.
Infantáta, accouchée.
Infánte, enfant : Infant & Infante.
Infantería, infanterie.
Infantesdársi, deuenir seruante.
* Insántio, enfance : infantilitá, id.
Infarcíre, farcir. pres. infarcísco.
Infardáre, emplir de crachat, crotter, empli r de boüe ou de merde : embrener.
Infardelláre, empaqueter.
Infaretráre, armer de carquois.
vn farinx passináche, vn badaut.
Infarináre, enfariner, fariner.
Infarríto, fourny ou pourueu de farro, qui est vne sorte de grain.
Infasciáre, bender, emmaillotter.
Infascináre, enfagotter.
Infastidiársi, se fascher, s'ennuyer, se desgouster.
Infastidíre, fascher : ennuyer : estre desgousté. pres. infastidísco.
Infaticábile, infatigábile, infatigable.
Infatuáre, deuenir fol.
Infaudre, fournir de febues.
Infaudre, fournir de membre viril, il est composé de fana, qui signifie le membre viril.
Infauoréuole, deffauorable.
Infaustaménte, malheureusement.
Infáusto, mal-heureux.
Infebríre, prendre la fievre. present, infebrísco.
Infecondáre, deuenir fertile.

I i ij

Infecondáre, deuenir fertile.
Infeconditá, sterilité.
Infecondo, sterile.
Infedéle, infidelle.
Infedelménte, infidellement.
Infedeltà, infidelité.
Infelciáre, mettre la taye à vn oreiller.
Infelice, mal-heureux.
Infelicemente, malheureusement.
Infelicitá, infelicité.
Infellonire, deuenir cruel, estre felon, present, infellonisco.
Infeltráre, feultrer.
Infelpáre, garnir ou doubler de panne.
Infeminire, se rendre effeminé, s'effeminer. pres. infemminisco.
Inferénza, inference. pron. ts.
Inferigno, pain de gruau, les Italiens le meslent quelquefois de raisins secs & de fenoüil.
Inferióre, inferieur, inferieure.
Inferioritá, inferiorité.
Inferiorménte, inferieurement.
Inferire, inferer. pres. infero, & inferisco.
Inferito, fait, inferé.
Infermáre, deuenir malade. Item, enfermer, arrester dedans.
Infermaría, & infermeria, infirmerie.
Inferméuole, &
Infermíccio, maladif, infirme.
Infermiére, infirmier.
Infermitá, maladie, infirmité.
Infermo, infirme, malade.
Infernále, infernal.
Infernáre, aller ou traisner en enfer.
Infernetichire, deuenir frenetique. pres. infernetichisco.
Inférno, enfer.
Infernóso, infernal.
Inferocire, deuenir farouche ou feroce. pres. inferocisco.
Inferocíto, deuenu fier ou feroce.
Inferráre, &
Inferriáre, mettre à la chaisne: enferrer.
Inferriáta, grille de fer ou de bois, que l'on met aux fenestres.
Inferráto, inferrito, deuenu fier: & enferré.
* Inferta, pour infirmité.
Infertilire, rendre fertile. pres. infertilisco.
Infertile, infertile.
Infertilitá, infertilité.
Inferuoráto, plein de feruent.
Inferuorire, donner & auoir de la feruent. pres. inferuorisco.
Infestáre, infester, tourmenter: importuner.
Infestatóre, tourmenteur, importun.
Infesteuole, qui infeste, qui tourmente.
Infésto, fascheux, odieux.
* Infestuccáre, hier, battre les pauez auec vne hie.
Infestáto, qui est tourmenté de douleurs.
Infettáre, infecter. pron. le premier, e, ouuert.
Infettióne, infection.
Infetto, infecté, infect. pron. l'e ouuert.
Infettóso, plein d'infection.
Infeudáto, mis en fief.
Infiaccáre, infiacchire, deuenir lasche ou foible.
Infiaccáto, garny de flambeaux ou cierges.
Infiagióne, enfleure.
Infiammagióne, inflammation.

Infiammáre, enflammer.
Infiammatióne, inflammation.
Infiáre, enfler.
Infiascáre, mettre dans la bouteille.
Infiatióne, infiatúra, enfleure.
Infibbiáre, boucler, attacher.
Inficáre, fournir de figue, & fournir, de Fica, qui signifie la nature de la femme.
Inficáto, entré dans la nature de la femme.
Inficcáre, ficher dedans.
* Inficióso, negligent, mal officieux.
Infidáto, non afié.
Infido, infidelle.
Infiebolíre, &
Infieuolíre, affoiblir. pres. infieuolisco.
Infielíre, deuenir amer comme le fiel. pres. infielisco.
Infierito, deuenu fier.
Infíggere, ficher. part. infissi, part. infitto.
Infigliuoláre, fournir d'enfans.
Infiguráre, figurer.
Infilacciáre, enfiler.
Infilacciáta di paróle, enfilade de paroles.
Infiláre, enfiler. Item, renger en files.
Infilzáre, enfiler. pron. ts.
le paróle non s'infilz áno .i. il ne faut pas s'arrester à des paroles, les paroles n'emplissent pas la bourse.
Infilzatóre, enfileur. pron. ts.
Infilzatrice, enfileuse de perles. pron. ts.
Infilzatúra, enfileure. pron. ts.
Infimitá, bassesse.
l'infimo, bas.
Infinattánto, iusques à tant.
Infinché, iusques à ce que.
Infingardággine: infingardía, &
* Infingardería, paresse.
Infingárdo, lasche, paresseux.
Infingardíre, deuenir paresseux. pres. infingardisco.
Infingiménto, feinte, feintise, dissimulation.
Infingere, &
Infingere, infingersi, feindre, faire semblant. pars. infinsi, part. infinto.
Infinguéule, feint.
Infingeuolménte, auec feintise.
Infingitóre, infingitiére, qui feint, contrefaiseur.
Infingitrice, qui contrefait, qui feint, contrefaisense.
Infinitá, infinité.
Infinitaménte, infiniment.
Infinité za, infinité. pron. ts.
Infinitiplicáre, multiplier à l'infiny.
Infinito, infiny.
Infino, iusques.
Infinocchiáre, emplir de fenoüil: c'est aussi en faire à croire, en bailler à garder, payer de parolles.
Infinocchiáta, viande auec du fenoüil.
Infintá, fiction, feinte.
Infintézza, id. pron. ts.
Infinto, feint.
Infío, en bail, à ferme.
Infioráre, infiorire, fleurir: emplir de fleurs, orner embellir.
Infirmáre, deuenir malade.
Infirmo, infirme.
Infisso, enfoncé, fiché dedans.
Infistolíre, deuenir comme vn chancre: se rendre incurable. pres. infistolisco.
Infistolíto negótio, vn affaire desesperée, sans remede.
Infiumáre, se faire vne riuiere.
Inflaccidíre, deuenir lasche. pres. inflaccidisco.

IN

Inflatióne, enfleure.
Infleſſéuole, *infleſſibile*, inflexible.
Infléſſo, ferme.
Infliggere, frapper contre. parf. *infliſſi*. part. *inflitto*
Influènte, influent.
Influènza, influence. pron. *ts*.
Influíre, influer. preſ. *influíſco*.
Influſſo, influence.
Infocaménto, ardeur, échauffement.
Infocàre, rougir dans le feu : enflammer.
Infoderàre, fourrer. Item, mettre dans le fourreau, enguainer.
Infoggiàre, faire à la mode.
Infogliàre, enfeüiller.
Infoiàre, entrer en rut.
Infoiáto, &
Infoíto, en chaleur, en rut.
Infollàre, preſſer, mettre en foule. Item, raffollir.
Infollíre, raffollir, deuenir fol. preſ. *infolliſco*.
* *Infolpàre*, deuenir idiot.
Infondàre, enfoncer : atteindre au fonds. Item, fourboire vn cheual.
Infondere, infuſer. parf. *infuſi*, part. *infuſo*.
Infonderſi, deuenir maigre.
* *Infondíbulo*, entonnoir.
Infonditóre, qui infuſe.
Infonditúra, gras fondu, mal de cheual.
Inforcàre, enfourcher, prendre auec vne fourche : pendre au gibet : croiſer au dedans.
Inforcatúra, enfourchement.
Inforgicàre, forger ou inuenter. pron. l'o ouuert.
Informábile, que l'on peut informer.
Informaggiàre, cailler ou ſe prendre comme le fourmage.
Informagióne, information.
Informàre, former, prendre forme, donner aduis, informer.
Informàrſi, s'informer, prendre connoiſſance.
Informatióne, information.
Informatíuo, informatif.
Informatóre, inſtructeur.
Informatríce, qui informe.
Informe, ſans forme.
Informentàre, faire leuer le pain, mettre le leuain.
Informidábile, non redoutable.
Informità, defformité.
Infornàre, enfourner.
Infornàta, fournée.
Infornìto, mal fourny.
Inforſàre, mettre en doute.
Inforſe, en doute.
Infortíre, deuenir aigre & fort. preſ. *infortiſco*.
Infortúna, infortune.
Infortunàto, infortuné.
Infortúnio, infortune, *infortùno*.
Inforzàre, s'enforcer : deuenir fort ou aigre. pron. *ts*.
Infoſcàre, obſcurcir.
Infoſcatióne, obſcurciſſement.
Infoſſàre, mettre dans vn foſſé ou foſſe : & foſſoyer.
Infrà, dans, parmy.
Infracaſſàre, fracaſſer.
Infracidaménto, pourriture.
Infracidàre, ſe pourrir. Item, parler hors de propos.
Infracidíre, pourrir, putrifier, deuenir pourris. preſ. *infracidiſco*.
Infradicciàre, attendrir, amollir ; mortifier : putrifier. Item, importuner.
Infragidíre, id. preſ. *infragidiſco*.
Infràgile, non fragile.
Infragnere, concaſſer, eſcraſer, eſcacher. parf. *infrànſi*.
Infrágnere il lino, eſtillonner le lin.
Infralìre, s'affoiblir, deuenir freſle, preſ. *infraliſco*.
Inframeſſa, interpoſition.
Inframéſſo, entremis : inſeré.
Inframetènte, entremetteur.
Inframèttere, entremettre : interpoſer : s'ingerer. parf. *inframèſſi*, & *inframìſi*. part. *inframáſſo*.
Inframezzàre, meſler parmy : entrelarder. pron. les *zz*, comme *ds*.
Inframèzzo, au milieu, pron. *de*.
Infranciòſato, plein de verole.
Infràngere, concaſſer. parf. *infrànſi*.
Infrangiàre, garnir de frange.
Infranotàre, noter, remarquer.
Infrànto, concaſſé, eſcaché, eſcraſé.
Infrantóio, le lieu où l'on eſcache les olines.
Infrantoiàta, *infrantùra*, vne quantité d'oliues que l'on eſcache pour en tirer l'huile.
Infraſcàre, couurir de feüillages : ombrager. Embroüiller, embaraſſer. En faire à croire, orner.
Infraſcàta, ramée.
Infraſcendre, couurir de feüillages : c'eſt auſſi attacher les voiles à l'arbre.
Infraſcrìtta, ſouſcription.
Infraſcrittióne, id.
Infraſcríuere, ſouſcrire. parf. *infraſcriſſi*, part. *infraſcritto*.
Infraſtagliàre, tailladder.
Infratárſi, *farſi*, Fràte, ſe faire Moine.
Infratellàre, faire alliance de frere.
Infrattóio, lieu où l'on caſſe les oliues.
Infràtto, entier, non rompu.
Infrattúra, fracture.
Infreddagióne, rheume.
Infreddàre, donner du froid : rendre froid.
Infreddàrſi, s'enrheumer.
Infreddatúra, rheume.
Infreddíre, froidir. preſ. *infreddo*, & *infreddiſco*.
Infreddóre, *infreddúra*, rheume.
Infregàre, entrer en chaleur.
Infregiàre, orner. Item, amuſer par de belles parolles, engeoler, embaboüiner.
Infrenàre, brider : refrener.
Infrequentàto, non frequenté.
Infrequènte, non frequent.
Infrequènza, peu de frequence. pron. *ts*.
Infreſcàre, rafraiſchir.
Infreſcatóio, vtenſile pour rafraiſchir le vin, rafraiſchiſoir.
Infrettàre, haſter.
* *Infrigidíre*, deuenir froid. preſ. *infrigidiſco*.
Infrìngere, enfraindre. parf. *infrìnſi*.
Infringitóre, qui enfraint.
Infrìnto, enfraint.
Infrizzàre, rendre picquant : rendre éueillé. pron. *ts*.
Infroggiàre, mener par flatteries.
Infrollàre, &
Infrollíre de ſrollo, deuenir mollaſſe, ſe mortifier comme la chair. preſ. *infròllo* & *infrolliſco*.
Infrondàre, pouſſer des feüilles.
Infrottàre, mettre en troupe.
* *Infruènte*, influent.
* *Infruènza*, influence, pron. *ts*.
* *Infruíre*, influer. preſ. *infruiſco*.
* *Infruſtáto*, confus.

IN

Infrutrifero, infructueux.
Infruttuofaménte, sans fruit.
Infruttuófo, infructueux.
Infugáre, inciter.
* Infuláre, derober.
Infula, ornement de teste des anciens Euesques. Item, fanon de Mitre.
Infuliginíue, deuenir obscur ou plein de brouïllas, & de fuye. pref. infuliginifco.
Infumáre, enfumer.
Infúndere, enfoncer. Item, verser, infuser. parf. infufe.
Infuocáre, rougir au feu.
Infuocáto, rouge de feu.
Infuóra, infuóri, excepté, horsmis. En dehors.
Infurbáto, deuenu fourbe.
Infurfantáto, deuenu coquin.
Infuriáre, entrer ou mettre en furie.
Infufióne, infusion.
Infúfo, infus, infusé.
Infustáre, arborer.
Infustíto, qui a vne tige.
Infustúra, infusion.
Infuturáre, remettre au futur.
Infufáre, infuser.
Ingabbiáre, encager.
Ingaggiáre, engager.
Ingagliardíre, se renforcer, deuenir fort. pref. ingagliardifco.
Ingaglioffáre, deuenir sot, & sale.
Ingaláre, ingalláre, tremper auec du fiel.
Ingallonárfi, pencher pour aller à fonds.
* Ingalosciáto, qui a des galloches.
Ingallucciárfi, &
Ingaluzzárfi, se recoquiller, se redresser, se resiouïr. pron. zz, comme ts.
* Ingamasciáto, qui a des gamaches.
Inganciáre, agraffer.
Ingangheráre, mettre des gonds, ou dans les gonds, pendre vne potte. prononcez le ghe comme gue en François.
Inganna villáno, sorte de sault.
Ingannáre, tromper.
chi créde ingannár Dio se ste∬o ingaúna, qui croit tromper Dieu, se trompe soy-mesme.
Ingannaménto, tromperie.
Ingannatóre, trompeur, l'ingannatóre rimáne apié déllo ingannáto, le trompeur demeure aux pieds du trompé. i. que lors que nous voulons tromper quelqu'vn nous demeurons trompés.
Ingannatríce, trompeuse.
Ingannéuole, qui trompe.
Ingannevolménte, trompeusement.
Ingánno, tromperie.
lo ingánno vá a cása déllo ingannatóre, la tromperie se treuue chez les trompeurs. i. les mauuaises pensées vont le plus souuent chez les meschants.
l'ingánno è'l simalár han córte l'áli, la tromperie & la simulation ou les aisles courtes. i. ils se descouurent bien-tost.
con árte & con ingánno si viue meꝜꝜo l'ánno con ingégno & con árte si viue l'áltra párte, auec artifice &: auec tromperie l'on vit la moitié de l'année, auec tromperie & auec artifice l'on vit le reste, cela se dit lors que l'on voit le monde corrompu.
Ingannóso, qui trompe, trompeur.
Inganzáre, tourmenter auec des crochets ou peignes de fer: accrocher, pendre à des crochets. pron. ts.

IN

Ingarbársi, se croiser les bras ou jambes.
Ingarbugliáre, embarasser, embrouïller.
Ingarofanáre, assaisonner de giroffle : orner d'œillets.
Ingarofanáto, qui sent le cloud de giroffle ou l'espice.
Ingarzabelláarfi, faire le grand Poëte, pron. dz.
Ingarfáre, faire du point couppé, ou broderie.
Ingastáre, enchasser.
Ingastighéuole, non chastiable. pron. ghe comme gué François.
Ingattirfi, entrer en chaleur comme vne chatte, present. ingattifco, mettant les propositions, mi, ti, si, ci, vi, si.
Ingauettáre, botteler les cordes d'instrument.
Ingauináre, empoigner, prendre au coler.
* Ingauitáre, mettre en crainte ou mesfiance.
Ingegnárfi, s'industrier, s'ingenier, s'estudier, s'efforcer, tascher, il se conjugue auec les particules, mi, ti si, ci, vi, si.
Ingegnéuolo, ingenieux.
Ingegnére, Ingenieur.
Ingegnétto, petit instrument.
Ingégno, esprit, entendement : engin, machine : ressort.
Ingegnóne, grand esprit : le pivot qui soustient la meule. Item, grande machine.
Ingegnósa, en jargon, vne clef.
Ingegnóso, ingenieux : plein d'esprit.
Ingelábile, qui ne se peut geler.
Ingelído, non gelé.
Ingelosíre, deuenir jaloux. pref. ingelosifco.
Ingemináre, doubler.
Ingemmáre, enter en pouppée. Item, orner de pierrerie.
Ingeneráre, engendrer.
Ingeneratióne, generation.
Ingeneráto, non engendré.
Ingeniére, Ingenieur.
Ingenito, non engendré : mot poët.
Ingengiaréllo, saulse auec du gingenbre.
* Ingénte, grand, excellent.
Ingentilíre, deuenir gentil. pref. ingentilífco.
Ingenuaménte, ingenuëment.
Ingenuitá, honnesteté, ingenuité.
Ingénuo, ingenu, naturel, honneste.
* Ingénza, grandeur excellence. pron. ts.
Ingeríre, ingerer, insinuer : inferer. pref. ingerifco.
Ingessáre, plastrer, emplastrer.
Ingésso, ingeré, inseré.
Ingettáre, ietter dedans, faire injection.
Ingettióne, injection.
Inghez álo, noircy. pron. ghe comme gue François.
Inghiottire, engloutir. pref. inghiotto, & inghettifco, pron. ghi comme gui François.
Inghiottonáre, inghiottoníre, deuenir gourmand. present. inghiottonifco, pron. ghi comme gui François.
Inghiozzáre, engloutir. pron. zz comme ts.
Inghermíre, prendre auec les griffes. pref. inghérmo & inghermifco, pron. ghe comme gue François.
Inghináre, lier, en terme de marine.
Inghistára, mesure de vin sur les Venitien, & sorte de vase de verre, phiole.
Ingialláre, ingiallíre, iaunir. pref. inghiallifco.
Ingiardináre, enjardiner.
Ingiaráre, emplir de grauier.
Ingigantíre, deuenir Geant. pref. ifco.
Ingigliáre, orner de fleurs de lys.

IN IN

Inginocchiamento, agenoüillement.
Inginocchiáre, agenoüiller. Item, couder vn barreau de fer.
Inginocchiáta, *ferráta*, grille qui aduance au dehors.
Inginocchiáta, c'est vne ceremonie que font les soldats auant que de combattre.
Inginocchiáto, courbé, plié, coudé.
Inginocchiatóre, vn banc pour se mettre à genoüils.
Inginocchióne, à genoüils.
Ingiocondità, desplaisance, tristesse.
Ingiocóndo, desplaisant, triste.
Ingioiellàre, orner de ioyaux.
Ingioiellàto, orné de ioyaux.
Ingiolíto, *vascéllo*, vaisseau eniolly, qui branlle.
Ingioncáre, enioncher.
Ingioncáta, ionchée.
Ingióngere, enioindre. parf. *ingionsi*.
Ingiontióne, inionction.
Ingiónto, enioint.
Ingiorneáre, perdre le temps.
Ingiouanire, *ingiouenire*, rajeunir. present. *ingiouenisco*.
Ingiù, &
all' Ingiù, en embas.
Ingiubileáto, qui a gagné le Iubilé.
Ingiubiláre, emplir de ioye.
Ingiubbáto, qui a vne iuppe.
Ingiudiciófo, non iudicieux.
Ingiúgnere, ioindre. Enioindre, commander.
Ingiuncáre, couurir de joncs, lier auec des ioncs.
Ingiuncáta, ionchée.
Ingiúria, iniure.
Ingiuriáre, iniurier.
Ingiuriatóre, iniurieur.
Ingiuriatríce, iniurieuse, qui dit des iniures.
Ingiuriófo, iniurieux.
Ingiúfo, en embas.
Ingiuftaménte, iniustement.
Ingiuftáre, aiuster.
Ingiuftificábile, non iustifiable.
Ingiuftítia, iniustice.
Ingiúfto, iniuste.
Inglandulíre, venir des glandes. present. *inglandulisco*.
* *Inglesáre*, se mettre en colere.
* *Inglése*, Anglois.
Inglobáre, deuenir rond comme vn globe.
Inglomeráre, faire en pelotton.
Inglória, infame, reproche.
Ingloriófo, non glorieux.
* *Ingluuiáre*, deuorer.
* *Ingluuìe*, gourmandise. Item, le gosier ou iabot.
* *Ingluuióne*, gros gourmand.
Ingluuiófo, insatiable, goulu.
Ingobbáre, *ingobbíre*, deuenir bossu.
Ingoffáre, deuenir lourdaut.
Ingoffáre, donner des gourmades.
Ingoffíre, deuenir lourdaut. pres. *ingoffisco* & *ingoffo*.
Ingóffo, gourmade: c'est aussi vne becquée. Vn present que l'on donne pour corrompre vn Iuge ou autre: vne lippée. Item, eueillé, qui n'est point lourdaut.
Incógna, egoust. Item, dommage. Et le carquan pour attacher les malfaicteurs.
Incogniáre, tourmenter, endommager.
Ingogliáre, *ingoiáre*, engloutir.
Ingoióne, *ingoiófo*, goulu.
Ingoíre, engloutir.

Ingolfáre, engouler & saouler.
Ingolfáre, engoulfer.
Inguluppáre, enuelopper.
Ingoluppo, pacquet.
Ingombraménto, empestrement.
Ingombráre, empestrer.
Ingómbro, empestrement.
Ingoufáre, enfler.
Ingounáre, mettre vne cotte.
Ingorbár le bráccia, croiser les jambes qui se dit d'vn qui se dit du cheual.
Ingordaménte, goulument.
Ingordézza, *ingordità*, &
Ingordiggia, gourmandise. pron. les *gg* comme *ts*.
Ingórdo, gourmand: en jargon, auare.
prézzo Ingórdo, vn pris hors de raison. pron. les *zz* comme *ts*.
Ingorgaménto, gouffre, ais d'eau.
Ingorgáre, engorger. Item, rasler dans le gosier: gargouiller.
Ingorgár la lingua, engorger sa langue, qui se dit d'vn cheual.
Ingorgiaménto, engloutissement.
Ingorgiáre, engouler, aualler.
Ingórgo, gouffre.
Ingorgogliáre, engorger: gargouiller.
Ingoffáre, engloutir.
Ingoffáto, plein de gouttes.
Ingozzáre, engorger: engloutir. pron. *ts*.
Ingozzáta, vne lippée, vn aualement, vne gorgée, pron. *ts*.
Ingradáre, monter de degré en degré.
Ingramáre, rendre ou deuenir miserable.
Ingramíre, idem. pres. *ingramisco*.
Ingranciáto, accroché, agriffé.
Ingrandíre, deuenir grand. pres. *ingrandisco*.
Ingrandíre, en jargon, tromper, dupper. pres. *ingrandisco*.
Ingranellàre, grener.
Ingranire, fournir de grain, deuenir grenu, pres. *ingrano*, & *ingranisco*.
* *Ingrannire*, deuenir miserable. pres. *ingrannisco*.
Ingraffaménto, engraissement.
Ingraffáre, engraisser.
Ingratiáre, entrer ou mettre en grace.
Ingraticiáre, &
Ingraticoláre, clorre de grilles.
Ingratísimo, tres-ingrat.
Ingratisimaménte, tres-ingrattement.
Ingratitúdine, ingratitude.
chi ferue à gente ingrata il tempo perde ouer non coglie frutto, qui sert les ingrats perd son temps.
Ingráto, ingrat: desagreable, de mauuais goust.
l'Ingrato come bestie si conuiene, che non sa render se non mal per béne, l'ingrat est semblable aux bestes qui rendent mal pour bien.
Ingráto férro, fer aigre, &c.
Ingrauáre, surcharger.
Ingrauidaménto, engrossement.
Ingrauidánza, grossesse. pron. le *z*, comme *ts*.
Ingrauidáre, engrosser.
Ingredárfi, s'obstiner.
* *Ingrédere*, entrer. parfait. *ingressi*, participe. *ingressu*.
Ingrediénto, ingredient.
* *Ingredúto*, entré.
Ingreggiáre, mettre en trouppe.
Ingremíre, gripper. pres. *ingremisco*.

Ingritáre, se mettre en colere, s'obstiner, s'opiniastrer.
Ingressióne, entrée.
Ingrésso, entrée, accés.
* *ingressúro*, prest à entrer.
Ingriccioláto, qui a des boutades ou fantaisies.
Ingrinzáto, ridé. pron. ts.
Ingrognáre, gronder.
Ingrommáre, faire vne crouste : s'engrommeler.
Ingroppáre, noüer.
Ingrossaménto, grossissement.
Ingrossáre, grossir, deuenir gros : engrosser vne femme.
all' Ingrósso, en gros. Et grossierement.
Ingrottáre, mettre dans vne grotte. Item, encauer.
Ingruénza, approche soudaine. pron. ts.
Ingrugnáre, gronder.
Ingrugnáto, de grigno, qui fait la mine.
Ingruppáre, noüer.
* *Inguagiáre*, engager.
Inguaíre, remplir de douleurs. pres. *inguaísco*.
Inguamáre, ganter.
Inguáto, aux aguets.
Inguazzábile, qui ne se peut guéer. pron. ts.
Inguerríre, aguerrir. pres. *inguerrísco*.
Ingusáto, enfoncé dans ses plumes comme vn hibou.
Inguiáre, engouler.
Inguidarescáre, venir des playes sur le garot.
Inguiegiáre, chausser les pantouffles ou sandales.
Inguináglia, l'aine.
Inguintána, la quintaine, le faquin à rompre la lance: la bague, selon aucuns.
Inguisáre, faire à la mode.
Inguistára, bocal : & mesure de vin, phiole.
Inguistévole, qui ne se peut gouster.
Ingustóso, sans goust.
Inhábile, inhabile.
Inhabilità, inhabilité.
Inhabilitáre, habiliter, rendre propre.
Inhabitatóre, qui habite.
Inhabitévole, inhabitable.
Inhamáre, prendre à l'hameçon.
Inhastáre, enfuster, garnir d'vn fust : armer d'vne lance ou picque. Item, estendre, hausser.
Inhastáto, enfusté, qui a vn fust ou vne hampe.
Inherbáre, emplir d'herbes.
Inheritáre, desheriter.
Inheritévole, non heritable.
Inhiáre, halener dedans.
Inhiáto, *inhiatióne*, souffle ou halettement.
Inhibíre, deffendre, prohiber. pres. *inhibísco*.
Inhibitióne, deffense, inhibition.
Inhibitóre, qui deffend.
Inhomíre, deuenir homme. pres. *inhomísco*.
Inhonestà, deshonnesteté.
Inhonestáre, rendre deshonneste.
Inhonésto, deshonneste.
Inhonoráto, deshonnorable.
Inhorridíre, deuenir horrible. pres. *inhorridísco*.
Inhospitalità, inhospitalité.
Inhóspite, deshabité.
Inhumanaménte, inhumainement.
Inhumanáre, deuenir inhumain.
Inhumanità, inhumanité.
Inhumáno, inhumain.
Inhumidíre, rendre ou deuenir humide. pres. *inhumidísco*.

Inhúmido, sec, non humide.
Inibitióne, inhibition, deffense.
Inicaménte, iniquement.
Imaginévole, non imaginable.
Inimicáre, se rendre ennemy.
Inimichévole, plein d'inimitié.
* *Inimicítia*, inimitié.
*-*Inimíco*, ennemy.
Inimistà, inimitié.
Inimitábile, inimicable.
Inintelligíbile, non intelligible.
Iniquaménte, iniquement.
Iniquità, iniquité.
Iniquitóso, plein d'iniquité.
Iníquo, inique.
Initiaménto, commencement, principe.
Initiáre, commencer, donner les principes.
Inito, acte de generation : le saillir des bestes.
* *Initráre*, hannir.
Inizzáre, agacer, haster les chiens. pron. ts.
Inizzóso, qui s'agace facilement. pron. ts.
Inlacciáre, *inlacciuoláre*, enlacer.
Inláci, enlacements.
Inlagáre, inonder.
Inlanguidíre, deuenir languissant. pres. *inlanguidísco*.
Inlánguido, non languissant.
Inlardáre, larder.
Inlassévole, qui se peut enlacer.
Inlattáre, alaicter.
Inlauáto, non laué.
Inlaudévole, non loüable.
Inlecitáre, rendre illicite.
Inlécito, illicite.
Inleggiadríre, deuenir gentil. pres. *inleggiadrísco*.
Inlegníre, deuenir comme du bois. pres. *inlegnísco*.
Inleiársi, entrer en elle.
Inlendináre, *inlendiníre*, emplir de lentes. pres. *inlendino* & *inlendinísco*.
Inlepríre, deuenir lepreux. pres. *inleprísco*.
Inleprito, deuenu lepreux.
Inlettáre, mettre au lict.
Inletterársi, deuenir sçauant ou lettré.
Inliberalità, chicheté.
Inlibráre, égaler de poids.
Inlimitáto, non limité.
Inlimpidíre, deuenir clair & net. pres. *inlimpidísco*.
Inlioníre, deuenir comme vn lion. pres. *inlionísco*.
Inlionito, deuenu Lion.
Inliquidíre, deuenir liquide. pres. *inliquidísco*.
Inlistáre, mettre dans la liste ou laist.
Inlistáto, à listes.
Inliuidíre, deuenir liuide, deuenir enuieux. pres. *inliuidísco*.
Inliuido, non liuide.
Inlordággine, salisseure.
Inlordáre, ordir.
Inluciáre, esclairer.
Inluiáre, entrer en luy.
Inlustráre, illustrer, lustrer.
Inmagagnáre, causer des defauts.
Inmacchiáre, enfoncer dans vn buisson, ou se ietter dans le fort d'vn bois. Item, tacher.
Inmalagiáre, deuenir mauuais. pres. *inmalagísco*.
Inmaneggévole, non maniable.
Inmandráre, mettre dans la bergerie : mettre dans la trouppe du trouppeau.
Inmaniáre, emmanteler.
Inmantelláre, idem.

Inmantinénte,

IN

Inmantinénte, incohtinent.
Inmaráre, mettre ou entrer en mer.
Inmarcire, pourrir. pref. *inmarcifco*.
Inmaliolâto, deuenir frippon ou filou.
Inmariolâto, deuenu frippon ou filou.
Inmafcheráre, masquer.
Inmattire, deuenir fol. pref. *inmattifco*.
Inmattonâre, pauer de briques.
Inmatturéuole, qui ne peut meurtir.
Inmatúro, non meur.
* *Inmeábile*, qui ne fe peut paffer.
Inmedagliáre, orner de medailles.
Inmelire, affaifonner de miel. pref. *inmelifco*.
Inméntre, cependant.
Inmercantárfi, deuenir Marchand.
Inméttere, mettre dedans. patf. *inmifi*, & *inméffi*, part. *inméffo*.
Inmiáre, entrer en moy-mefme.
Inmiráre, regarder dedans.
Inmiffióue, million.
Iniuíſto, non meflé, non mixté, pur.
Inmitriáre, mitrer.
Inmolláre, mettre tremper.
Inmonacáre, se faire Moine.
Inmonacáto, fait Moine.
Innabiſsáre, abifmer, renuerfer, ruiner.
Innacquaménto, arroufement.
Innacquáre, mettre de l'eau dedans, tremper, arroufer.
Innaffiáre, arroufer.
Innagrire, deuenir aigre. pref. *innagrifco*.
Innalbáre, commencer à fe troubler, blanchir en fe troublant comme l'eau.
Innalberáre, arborer : monter fur l'arbre.
Innalberáre, prifer par deffus les maifons .i. hors de raifon, exceffiuement.
Innalzaménto, hauffement, pron. le *z*. comme *ts*.
Innalzáre, hauffer. pron. *ts*.
Innamarire, deuenir amer. pref. *innamarifco*.
Innamoracchiárfi, s'amouracher.
Innamoraménto, amourachement, amour, per *innamoraménto*, par amourettes.
Innamoránza, amourachement. pron. *ts*.
Innamoracciárfi, s'amouracher.
Innamoráre, rendre amoureux.
Innamorárſi, deuenir amoureux.
Innamoráta, amoureufe. Item, maiftreffe.
Innamoráto, amoureux.
Innamorbaménto, infection.
Innamorbáre, infecter.
Inmanelláre, anneler.
Innaneráre, narrer.
Innanimáre, animer, donner du courage.
Innanimire, prendre courage. pref. *innanimifco*.
Innauire, venir à neant. pref. *innanifco*.
Innanità, inanité.
Innánti, &
Innánzi, deuant, auparauant. pron. *ts*.
Innánzi páſto, entrée de table. pron. *ts*.
andar innánzi, s'aduancer. pron. *ts*.
métter innánzi, mettre en auant. pron. *ts*.
éſſer innánzi, eftre en grace auprés d'vn Seigneur, prononcé *ts*.
paſſar innánzi, paſſer outre en vn affaire, prononcé *ts*.
Innánzi trátto, par aduance, deuant le coup, prononcé *ts*.
Innapeténza, dégouft, inappetence. pron. *ts*.

IN 257

Innarpicáre, happer, accrocher.
Innarráre, raconter : donner des arres.
Innarficciáre, haler, brufler au Soleil.
Innáſcere, naiftre dedans. pref. *innáſco*, *innáſci*, *innáſce*, *innaſciámo*, *innaſcéte*, *innáſcono*, patf. *innácqui*, *innaſceſti*, *innácque*, part. *innáto*.
Innaſcóndere, fe cacher, patf. *innaſcóſi*, part. *innaſcóſte*, & *innaſcóſo*.
Innaſcóſo, en cachette.
Innaſpáre, mettre fur les tournettes. Metaph. fortir des gonds, fe tromper, radotter.
Innaſpettáto, non attendu.
Innaſſáre, mettre dans la naffe. Item, planchoyer.
Innaſſólto, & *innaſſolúto*, non abfout.
Innaſtráre, orner de rubans, emplir de galans.
Innáſtri, rofes ou nœuds de rubans.
Innáto, né dedans ou auec nous.
* *Innatráre*, noircir.
Innaturále, non naturel.
Innaueráre, nauvrer, bleffer, non verifier.
Innaueráto, non verifié.
Innauráre, dorer.
Innauigábile, innauigable.
Innebriaménto, enyvrement.
Innebriáre, enyvrer.
Innegrire, inuegrire, noircir.
Innentráre, entrer dedans.
Innéntro, en dedans.
Inneruáre, enerver.
Innefcáre, allecher.
Inneſaltáto, non exalté.
Inneſtaggióne, &
Inneſtaménto, ente, greffe.
Inneſtáre, enter.
Inneſtatióne, *inneſtatúra*, enteure.
Inneſtatóre, qui ente, enteur.
Inneſto, ente.
Innicchiáre, faire ou mettre dans vne coquille ou niche.
Innicchiáto, qui a vne niche ou coquille.
Inniddre, nicher.
Inimiſicáre, rendre ou deuenir ennemy.
Inniſpidire, deuenir heriffé. pref. *inniſpidiſco*.
l'nno, hymne.
Innobilitáre, annoblir.
Innociuoláre, mettre vn noyau.
Innocénte, innocent, innocente.
Innocenteménte, innocemment.
Innocénza, innocence. pron. *ts*.
Innoculáre, enter en fluſteau.
Innominâto, fans nom.
Innomiméuole, qui ne fe peut nommer.
Innoperábile, qui ne fe peut operer.
Innoráre, dorer.
Innorgogliáre, deuenir orgueilleux.
Innorgogliáto, deuenu orgueilleux.
Innorgogliófo, fans orgueil.
Innoriáto, bordé, ourlé.
Innoſſeruábile, inobferuable.
Innoſſeruánza, mépris : inobferuance. pron. *ts*.
Innoſſeruáre, n'obferuer pas : méprifer.
Innoſtráre, couurir de pourpre, empourprer.
Innouáre, innouer, faire des innouations.
Innouatióne, innouation.
Innouatóre, innouateur.
Innouatríce, innoueufe, qui renouuelle.
Innoueráre, nombrer.
Innoneréuole, innumerable.

K k

Innúba, qui n'a point esté mariée.
* Innúbo, qui n'a point esté marié.
Innumerábile, innumerable.
Innumerabilménte, innumerablement.
Innumeráble, sans nombre.
Innumeráto, non compté.
Innúmero, sans nombre.
Innuuoláre, reduire en vn ou à vn.
Innuuoláre, remplir de nuages.
Innuuoláto, innubiláto, couuert de nuages.
Inobediénte, desobeïssant, desobeïssante.
Inobediénza, desobeïssance. pron. ts.
Inobedíre, desobeïr. pres. inobediſco.
Inoblíquo, non oblique.
Inocchiáre, enter en flusteau.
Inoculáre, idem.
Inodiáre, haïr.
Inofféſo, non offensé.
Inofficióſo, mal officieux.
Inoltráre, aller au delà, surpasser.
Inombráre, ombrager.
Inondáre, inonder.
Inondatióne, inondation.
Inondéuole, qui ſe peut inonder.
* I'nope, pauure, disetteux.
Inoperáto, ſans besogne.
* Inópia, disette.
Inopinábile, non opinable : mot poëtique.
Inopináto, inopiné.
* Inopióſo, pauure, souffreteux.
Inopportúno, hors de saison.
Inorbáto, aueuglé. Item, ſans enfans.
Inordinátezza, desordre. pron. zz. comme ts.
Inordináto, desordonné.
Inorgoglíre, s'enorgueïllir. pref. inorgoglisco.
Inorláto, ſans ourlet, ſans bord.
Inórme, inórmo, énorme.
Inormitá, énormité.
Inornáto, ſans ornement.
Inorpelláre, couurir de faux or.
* Inorráre, honorer.
* Inoráto, honoré, honorable.
Inoſſáre, entrer dans les os.
Inoſſeruánza, inobſeruance. pron. ts.
Inoſſíre, entrer dans les os. pref. inoſſiſco.
Inoſtráre, empourprer.
Inotráre, mettre dans vn oudre. pron. l'o fermé.
Inpacífico, non pacifique.
Voyez tous les mots qui marquent icy par Im, car on ne met pas vn m. deuant vn b. ou p. c'eſt pourquoy il les faut eſcrire, & prononcer comme auec vne m, à moins d'eſtre tenu ignorant, ou bien ſeparer Im, d'auec le mot qui s'enſuit, lors que in, eſt prepoſition, comme, in prima, premierement.
Inparucciáre, aiuſter ou couurir d'vne perruque.
Inpòi, excepté.
Inporcíre, & imporcíre, deuenir vn pourceau. Item, ſalle.
Inpríma, premierement.
Inquadernáre, emplir de cayers.
Inquadráre, monſtrer vn canon. Item, mettre en quarré. C'eſt auſſi eſcarter en terme d'eſcrime.
Inquartanáto, qui a la fiévre quarte.
Inquartáre, eſcarteller. Item, donner vn coup en quarte.
Inquartáta, vne botte où coup en quarte.
Inquartatúra, eſcartellure.
Inquietáre, inquieter.

Inquiéte, inquietude.
Inquietúdine, idem.
Inquiéto, inquiet.
* Inquilináre, habiter en vn lieu eſtrange.
* Inquináre, polluer, deshonnorer.
Inquináto, pour incliné.
Inquintána, quintaine, faquin.
Inquiríre, enqueſter, enquerir, preſ. inquiríſco & inquíro.
* Inquiſíria, enqueſte.
Inquiſitióne, inquiſition.
Inquiſíto, examiné.
Inquiſitóre, inquiſiteur.
Inraccapricciáre, deuenir fantaſtique & mal-aiſé à conuerſer.
Inraccapricciáto, deuenu fantaſtique, & remply d'vne ſoudaine peur.
Inradiáre, rayonner : orner de rayons.
Inraiáre, idem.
Inramáre, orner de branches. Item, meſler de cuiure.
Inramáta pálla, balle ramée.
Ce qui manque icy, voyez-le par Irr.
Irregoláre, irregulier.
Irretaménto, embuſche de rets.
Irretíre, enreſter, prendre dans les rets. preſ. irréto, & inuetíſco.
Irribrezzírſi, s'eſfaroucher, s'emplir de peur. preſ. io. m'irribrezzíſco, & le reſte auec ti, ſi, ci, vi, ſi, prononçant les zz. comme ts.
Irricchíre, deuenir riche. preſ. iurícchiſco.
Irrigoríre, deuenir rigoureux.
Irrigoríto, deuenu rigoureux.
Irrigoróſo, non rigoureux, doux.
Irrimprouerábile, non reprochable.
Irrimuneráto, ſans recompenſe.
Irritrosíre, deuenir reueſche. preſ. irritroſíſco.
Inrocáre, deuenir roche.
Inrolláre, enroller. Item, rouler.
Inroſáre, couurir de roſes.
Inroſelláre, riſſoler la viande.
Inroſpíre, deuenir comme vn crapaut. preſ. inropíſco, & inróſpo.
Inrotelláre, armer de rondache.
Inrotoláre, rouler.
Inrozzíre, deuenir rude, groſſier & plein de rouïlle. pron. dz.
Inrozzíto, deuenu rude & groſſier. pron. les zz. comme dz.
Inrubináre, faire de couleur de rubis.
Inrugiadáre, couurir de roſée.
Inruginíre, ſe rouïller. preſ. inruginíſco.
Inſabbionáre, enſablonner.
Inſaccáre, enſacher.
Inſaccocciáre, empocher, mettre dans ſa pochette.
Inſaffranáre, aſſaiſonner de ſaffran.
Inſágna, ſaignée.
Inſaguáre, ſaigner, tirer du ſang.
Inſalámi, toutes ſortes de viandes ſalées.
Inſaláre, ſaler : ſaler vne choſe, la faire bien payer.
Inſaláta, ſalade.
non è ancóra all' Inſaláta, il n'en eſt pas encore à la ſalade .i. il ne ſçauroit trouuer le commencement de ce qu'il penſe bien ſçauoir, parce qu'on ſert la ſalade au commencement en Italie.
queſta è vn inſaláta. Id eſt, cela n'eſt rien au pris de ce qu'elle ſera ; quand on veut mal-traiter vne femme ou autre.

cercar l'insalata sin à i stecchi, rechercher la salade iusques aux chicots. i. esplucher ou rechercher le fonds d'vn affaire.
é vna insalata .i. vn peu de bien & de mal, ou meslange de plusieurs choses.
Insalatura, saleure.
Insalatuccia, petite salade. Item, du siué, ou ciué.
Insaldare, affermir, establir.
Insalicare, pauer : & planter de saules.
Insalicata, paué, pauement.
Insalsare, insalsire, deuenir salé.
Insalsaticare, &
Insaluatichire, deuenir sauuage. pres. insaluatichisco.
Insalubre, mal-sain.
Insaluo, hors de saueuté.
Insanabile, incurable.
Insanare, rendre incurable ou mal-sain.
Insanenole, incurable.
Insanguinaccio, boudin de sang.
Insanguinare, ensanglanter.
Insanamente, follement, enragément.
Insania, rage, folie, resuerie, radotterie.
Insanire, enrager : réuer, radotter, estre fol. pres. insanisco.
Insano, mal-sain : fol: enragé.
Insaponare, sauonner.
Insaponar qualchedano, amadouër quelqu'vn.
Insaponar il cuore, mot de raillerie .i. donner de l'amour.
Insaponato, plein de sauon, sauonné.
Insaporare, prendre saueur.
Insaporito, sans saueur.
Insaraciuato, deuenu Sarazin.
Insasire, se petrifier, deuenir pierre. pres. insasisco.
Insatalare, deuenir satellite.
Insatanire, deuenir vn Satan ou Diable. pres. insatanisco.
Insatellire, deuenir satellite. pres. insatellisco.
Insatellare, mettre la selle, seller. Metaph. affiner, dresser vne personne.
Insatiabile, insatiable.
Insatiabilità, humeur insatiable.
Insatierà, idem.
Insatiévole, insatiable.
Insatio, non rassasié.
Insatirire, deuenir satire. pres. insatirisco.
Insatiriro, deuenu satire ou luxurieux.
Insatolevole, qui ne se peut saouler.
Insauire, deuenir sage. pres. insauio & insauisco.
Insavorrare, emplir de grauier. Item, lester vn vaisseau.
Insbereffare, faire vne balaffre ou estafilade.
Insberléfso, vne estafilade, vne balaffre : & vn affront.
Inscaccare, faire en eschiquier.
Inscalabile, qui ne se peut escheller ou escalader.
Inscambievole, qui ne se peut eschanger.
* Inscelerarsi, deuenir meschant.
Inscemità, diminution.
Inschiauito, fait esclaue.
Inschidonare, embrocher.
Inschierare, renger en troupes ou escadrons.
Inschifoso, non dégoustant.
Insciabicare, mettre dans les rets.
Insciapito, deuenu insipide.
Insciaticato, qui a la sciatique.

Inscibile, qui ne se peut sçauoir.
* Inscibilità, ignorance de quelque chose.
Inscièmare, diminuer.
Inscièmità, diminution.
Insciente, ignorant.
Inscientemente, sans sçauoir, insciemment.
Inscienz a, ignorance. pron. ts.
Inscimunito, sot, escervellé.
Inscio, ignorant d'vne chose.
Inscire, ignorer, qui ne se coniugue pas qu'à l'infinitif.
Inscolpire, entailler, grauer. pres. inscolpisco.
Inscoltore, graueur, sculpteur.
Inscoltura, sculpture.
Insconciare, deffaire. Item, se blesser, qui se dit d'vne femme grosse.
Insconciatura, décharge de femme grosse.
Inscóncio, deffait.
Inscriuere, inscrire. parfait, inscrissi, participe, Inscritto.
Inscritione, inscription, le dessus d'vne lettre.
Inscritto, idem.
Inscrutábile, qui ne se peut rechercher.
Inscrutévole, idem.
Inscudellare, dresser les viandes : mettre dans les escuelles.
Inscuffiáre, mettre vne coëffe.
Insculto, non-graué.
Inscolare, mettre à l'escolle.
Inscurare, inscurire, obscurcir.
Inscusabile, inexcusable.
Inseccabile, qui ne se peut secher ou tarir.
Insecchiare, mettre dans vn sceau.
Insedabile, qui ne se peut appaiser.
Insegna, enseigne, drappeau, banniere : marque.
Insegnamento, enseignement.
Inseguare, enseigner.
il fare insegna à fare .i. tant plus l'on fait, tant plus l'on apprend.
Insegnar a voder ai ciechi, enseigner aux aueugles à ronger. i. enseigner à ceux qui nous feront du mal, quand ils sçauront le secret de quelque chose.
Insegnatore, maistre qui enseigne.
Insegnatrice, maistresse qui enseigne.
Inseiare, entrer au nombre de six.
Inselciare, pauer.
Inselciata, pauement, paué.
Inselciatore, paueur.
Insellare, seller.
Inselvarsi, se rembuscher, entrer dans le bois.
* Insembre, insième, ensemble.
Insembrare, assembler.
Insemitare, mettre dans le sentier.
Insempiterare, &
Insemprare, rendre eternel.
Insempre, à tousiours.
Insenare, engoulfer, entrer dans vn golfe.
Insensagine, insensibilité.
Insensatamente, folement.
Insensire, estre ou rendre insensible, ou insensé.
Insensato, insensé.
Insensévole, insensibile, insensible.
Insensibilità, insensibilité.
Insensibile, insensible.

Kk ij

IN

Insensibilmente, insensiblement.
Insenso, enflammé, prouoqué.
Insensualàre, deuenir sensuel.
Insensuàre, rendre sensuel.
Inseparàbile, inseparable.
Inseparabilità, inseparabilité.
Inseparabilménte, inseparablement.
Insepólto, non enseuely.
Inseppàre, enfoncer vne chose par force : entasser, serrer, presser.
Inseréno, trouble, non serein.
Inserìre, inserer : enter. pres. *inserìsco*.
Inserpentìre, deuenir comme vn serpent. pres. *isco*.
Inserpentìto, deuenu comme vn serpent.
Inserràre, enfermer : serrer.
Insertàre, enter.
Inserto, inseré : enté.
Inseruénte, qui ne sert de rien.
Inseruiénte, seruant à quelque chose.
Insetaménto, ente.
Insetàro, enter : couurir de soye.
Insettibile, qui ne se peut dissecquer.
Insetti, insectes.
Insettili, insectes.
Inseuàre, graisser de suif.
Inseuerìre, deuenir seuere. pres. *inseuerisco*.
Insídia, embusche.
Insidiàre, dresser des embusches.
Insidiàr la vita, attenter à la vie.
Insidiatóre, attenteur, qui dresse des embusches.
Insidiatrice, qui dresse des embusches.
Insidiosaménte, auec embusches.
Insidióso, plein d'embusches.
Insiéme, ensemble.
Insiememénte, ensemblément.
Insiepàre, clorre de hayes.
Insiepàta, closture de hayes.
Insigne, insigne, remarquable.
Insigneménte, insignement.
Insignìre, deuenir insigne, il n'est pas en vsage.
Insignorìrsi, se rendre maistre. pres. *insignorisco*, auec les particules, *mi*, *ti*, *si*, *ci*, *vi*, *si*.
Insignorìto, rendu maistre.
Insilicàre, pauer.
Insilicàta, paué, pauement.
Insìno, iusques.
Insincéro, non sincere.
Insincerità, le contraire de sincerité.
Insingulàre, specialement, singulierement.
Insìno, iusques.
Insinuàre, insinuer.
Insinuatióne, insinuation.
Insinuatóre, qui insinuë.
Insinuéuole, qui se peut insinuer.
* *l'insìpa*, insipide, sans goust.
Insipidaménte, insipidement.
Insipidézza, goust fade. Item, sottise, humeur fade, sans goust. pron. *ts*.
Insipidità, id.
Insipidìre, affadir. pres. *insipidisco*.
Insìpido, fade, insipide.
Insipiénte, ignorant, follastre, sot.
Insipiénza, ignorance sottise : goust fade. prononcé *ts*.
Insirocchiàre, faire alliance de sœur.
Insistènza, insistance. pron. *ts*.
Insìstere, insister. Item, presser, solliciter. parf. *insistéi*, & *insistétti*. part. *insistìto*.

IN

Insistéuole, que l'on peut insister.
* *Insistìro*, insisté, poursuiuy, sollicité.
l'insìta, difficile à peler comme la chastaigne.
Insitaménto, enteure. Item, ioincture de deux choses ensemble.
Insitàre, enter. Item, joindre.
Insitatóre, enteur.
Insitatrice, enteuse, qui ente.
l'insìto, greffe, ente. Vn instinct naturel, selon aucuns. Item, greffé.
Insoàue, mal-plaisant, non soüef.
Insoauìre, deuenir doux ou soüef. pres. *insuauisco*.
Insòbrio, gourmand, non sobre.
Insoccorréuole, non secourable.
Insociàbile, mal sociable.
Insofferénte, impatient, non souffrant.
Insofferéuole, insupportable.
Insoffiàre, souffler dedans.
Insofficiénte, insuffisant, insuffisante.
Insognàre, songer.
Insógno, songe.
Insolàre, attenuer.
Insoldatàrsi, se faire soldat.
Insolchéuole, non labourable.
Insoléne, insolent, insolente.
Insolenteménte, insolemment.
Insolentìre, deuenir insolent. pres. *insolentisco*.
Insolénza, insolence, pron. *ts*.
Insolfàre, ensouffrer.
Insolferàre, id.
Insolidaménte, non solidement, laschement.
Insolidàre, rendre solide.
Insólido, non solide.
Insolirez̃a, vne chose contre la coustume. pron. les *tz* comme *ts*.
Insólito, non accoustumé.
Insollàre, deuenir mollasse, se mortifier. Item, creuser.
Insollìre, se sousleuer. pres. *insollisco*.
Insolùbile, indissoluble.
Insómma, en somme, enfin.
dar ò pigliàre insómma, donner ou prendre en bloc & en tasche : à ses perils & fortune.
Insommergìbile, qui ne se peut submerger.
Insomméuole, qu'on ne peut sommer.
Insonàre, entonner, sonner.
Insongiàre, graisser de seing.
Insognàre, songer.
Insónio, songe.
* *Insonnadàto*, à demy endormy.
Insonnàre, endormir.
Insonóro, sans resonnance.
Insopìto, éueillé, non assoupy.
Insopòrare, rendre assoupy ou endormy.
Insopportàbile, insupportable.
Insopportabilménte, insupportablement.
Insopportéuole, insupportable.
Insordìre, deuenir sourd. pres. *insordisco*.
Insordidìre, deuenir sale & vilain. pres. *insordidisco*.
Insórdido, non sordide. Et selon aucuns, sale, vilain, qui est le contraire.
Insorellàre, faire alliance de sœur.
Insùrgere, se leuer, s'esleuer. parf. *insòrsi*, pron. l'*o* fermé.
* *Insorìre*, fascher la veuë. pres. *insorisco*.
Insormontéuole, qui se peut surmonter.
Insórto, leué, esleué. *insòrso*.

IN   IN   161

Iuſoſpettènole, non ſuspect.
Inſoſpettìre, entrer en ſoupçon, deuenir ſoupçonneux. preſ. inſoſpettiſco.
Inſoſpètto, non ſuspect.
Inſoſpettoſo, non ſoupçonneux.
Insoſſiegàto, entré en ſa grauité.
Inſoſtantioſo, ſans ſubstance.
Inſotterràto, non enterré.
Inſottilìre, deuenir ſubtil. preſ. inſottiliſco.
Inſouuertibìle, qui ne ſe peut ſubuertir.
Inſoʒ ʒ àre, ſallir, ordir. pron. l'o fermé & les ʒʒ. comme ts.
Inſpagàre, lier auec de la ficelle.
Inſpeciàre, eſpicer.
Inſperanʒ àre, donner de l'eſperance. pron. ts.
Inſperanʒ àto, plein d'eſperance. pron. ts.
Inſperatamènte, ſans eſpoir.
Inſperàto, non eſperé.
Inſpeſſàre, rendre eſpais.
Inſpeſſìre, deuenir eſpais. preſ. inſpeſiſco.
Inſpiedàre, embrocher.
Inſpiràre, inspirer.
Inſpiratiòne, inspiration.
Inſpirèuole, inspirable.
Inſpiritàre, poſſeder, endiabler. Item, infuſer l'eſprit. Item, épouanter.
Inſpiritàto, poſſedé du diable.
Inſporcàre, ordir, ſoüiller.
Inſpreʒ ʒ àbile, non meſpriſable. pron. les ʒʒ. comme ts.
Inſquadronàre, mettre en eſcadrons.
Inſtàbile, inſtable, inconstant, inconstante.
Inſtabilìre, eſtablir. preſ. inſtabiliſco.
Inſtabilità, inſtabilité.
Inſtabilmènte, inconſtamment.
Inſtagnèuole, qui ne ſe peut eſtancher.
Inſtallàre, eſtabler, Inſtaller.
Inſtancàre, laſſer.
Inſtanchèuole, infatigable, qui ne ſe peut laſſer.
Inſtànte, inſtant. Vn inſtant ou moment.
Inſtantemènte, inſtamment.
Inſtànʒ a, inſtance. pron. ts.
ad inſtànʒ a, à la requeſte. pron. ts.
Inſtàre, faire inſtance, preſſer, importuner.
Inſtauràre, reſtaurer, reparer.
Inſtauratiòne, reparation.
Inſtauratòre, reſtaurateur.
Inſteʒ ʒ onàre, enſaiſonner. pron. ts.
Inſteʒ ʒ onàto, de ſaiſon, creu en ſa ſaiſon. Item, qui a eſté aux Stations, qui a eſté pour gagner les pardons, & qui eſt chiffonné. prononcé les ʒʒ. comme ts.
Inſtercoràto, embrené : fumé de fiente.
Inſterilìre, deuenir ſterile. preſ. inſteriliſco.
Inſtigamènto, inſtigation.
Inſtigàre, mouuoir, picquer, instiguer.
Inſtigatiòne, inſtigation.
Inſtigatòre, qui inſtigue, inſtigateur.
Inſtigatrìce, inſtigatrice, qui inſtigue.
Inſtillàre, diſtiller dedans.
Inſtillatùra, infuſion.
Inſtìnto, inſtinct.
* Inſtitòre, inſtituteur.
Inſtituìre, inſtituer. preſ. inſtituìſco.
Inſtitutiòne, inſtitution.
Inſtitùto, idem. Et inſtitut.
Inſtitutòre, inſtituteur.
Inſtitutrìce, qui inſtitué, inſtitutrice.
Inſtiʒ ʒ àre, agacer, prouoquer, faſcher. pron. ts.

Inſtiʒ ʒ ìre, ſe mettre en colere, s'agacer, ſe picquer, ſe faſcher. preſ. inſtiʒ ʒ o, & inſtiʒʒiſco. pron. les ʒʒ. ts.
* Inſtolìto, raſſotté, deuenu ſot.
Inſtraccàre, laſſer.
* Inſtracchèuole, qui ne ſe peut laſſer.
Inſtruìre, inſtruire. preſ. inſtruiſco.
Inſtrumentàle, inſtrumental.
Inſtruménto, inſtrument.
Inſtruttiòne, inſtruction.
Inſtruttìuo, inſtructif.
Inſtrùtto, inſtruit. Item, rengé en ordonnance.
Inſtruttòre, inſtructeur.
Inſtruttùra, ſtructure.
Inſtupidìre, s'eſtonner. Et deuenir ſtupide. preſ. inſtupidiſco.
Inſtupìre, s'eſtonner, preſ. inſtupiſco.
Inſtitriòſo, eſturgeon.
all' Insù, & insù, en en haut.
In sù, ſur. In sù la meʒ ʒ a nòtte, ſur la minuit. pron. les ʒʒ. comme ds.
da dùe In sù, da trè in sù, &c. plus haut de deux, de trois, au deſſus de deux, de trois, &c.
In sù'l fàtto, ſur le fait.
* Inſuàle, qui monte en haut.
* Inſuànte, vn Capitaine au deſſus de trois Capitaines.
* Inſuàre, monter en enhaut.
Inſuàue, deſagreable, non doux.
Inſuauità, rudeſſe.
Inſubiàre, rouler ſur la ſuble. Item, ficher en vne aleſne.
Inſuccidàre, &
Inſuccidìre, ſallir, ordir.
Inſuccìre, deuenir ſale. preſ. inſuccidiſco.
Inſudàre, mettre en ſueur.
Inſucidìre, deuenir ſale. preſ. inſucidiſco.
Inſuèto, non accouſtumé : inuſité.
Inſufficiènte, inſuffiſant.
Inſufficiènʒ a, inſuffiſance. pron. ts.
* Inſuiàre, entrer en ſoy.
Inſulàre, Inſulaire.
Inſulàre, faire en Iſle.
Inſulſìre, rendre fade : n'auoir point de ſaueur.
Inſùlſo, ſans gouſt.
Inſultàre, affronter, offenſer, attaquer auec aduantage.
Inſùlto, affront, iniure.
Inſultòre, & inſultrìce, qui fait affront.
Inſuperàbile, inſurmontable, inſuperable.
Inſuperèuole, idem.
Inſuperàto, non ſurmonté.
Inſuperbàre, &
Inſuperbìre, deuenir ſuperbe, s'en orgüeillir. preſ. inſuperbiſco.
Inſuppàre, tremper la ſouppe. Item, engraiſſer auec de la ſouppe.
Inſurrettiòne, ſouleuement.
Inſurgère, ſe ſouleuer. parf. inſurgèi, & inſurgètti, & inſùrſi.
Inſurgitòre, inſurgitrìce, rebelle.
* Inſurgitùra, ſouleuement, rebellion.
Inſùrto, ſouleué, rebellé.
Inſuràre, monter, s'aduancer en enhaut.
Insùſo, en enhaut.
Inſuſſurràre, murmurer, bourdonner.
Intabaccàgine, embaboüinement.
Intabaccàrſi, ſe coiffer d'amour, ſe brider d'amour: s'embaboüiner. Item, ſe faire macquereau.

K k iij

Intabacchinàre, id.
Intabarràre, couurir d'vn manteau.
Intaccàre, entailler, coupper, en rasant ou autrement, decoupper. Item, ioindre, cheuiller : selon aucuns, imputer.
Intaccàto, taillé, coupé, dechiqueté, marqueté. Item, tasche de quelque mauuais renom.
neruo Intaccàto, nerf offensé.
Intaccatùra, entailleure, coupeure, incision.
Intàcco, id. C'est aussi vne imputation ou accusation.
Intacconàre, rapetasser, mettre des bouts.
Intagliaménto, graueure, entaillement, incision.
Intagliàre, entailler, grauer, inciser.
Intagliatóre, graueur.
Intagliatùra, &
Intàglio, graueure, decoupeure.
lauór d'Intáglio, point-coupé.
Intalentàre, auoir grande enuie, donner du desir ou de l'enuie.
Intaminàto, impollu.
Intanagliàre, tenailler.
Intanàre, entrer dans la cauerne : se cacher, se fourrer.
* Intangibile, qui ne se peut toucher.
Intànto, cependant : entant ; tellement : iusques à tant.
Intappàre, boucher, estoupper.
Intappàr il fuslo, en iargon, manger.
Intappàre, en iargon couurir, habiller.
Intappezzàre, tappisser. pron. ts.
* Intaraccàre, armer d'vne targue ou bouclier.
* Intaraccouàre, id.
Intargàre, id.
Intarlàre, estre vermoulu : engendrer des mittes.
Intarlatùra, vermouleure.
Intarsiàre, marqueter, trauailler ou orner de marqueterie.
Intarsiatóre, ouurier de marqueterie.
Intarsitùra, intarsiatùra, marqueterie.
Intarsìre, marquetter. pref. intarsò.
* Intasàto, enrheumé, enchiffrené.
Intàsc̀are, empocher.
Intàtto, non touché, immaculé, impollu : entier.
Intauernàre, entrer au cabaret.
Intauolaménto, lambrissage.
Intauolàre, mettre en tablature. C'est aussi en terme d'eschecs, donner eschec au Roy. Et arpenter d'vne mesure qui s'appelle, tauola. Item, entabler : & plancheyer : garnir de bordeures, lambrisser.
Intauolàto, lambris. Et bordeures.
Intauolàto, en Archit. gueule renuersée. Item, entablé : plancheyé : bordé ou garny de bordeure.
Intauolatùra, tablature. Item, bordure : lambris.
Integìna, saisie.
* Integìre, sequestrer, faire vne saisie.
* Integérrimo, tres-entier, honneste homme.
Integràle, integral.
Integraménte, entierement.
Integràre, rendre entier.
Integrità, integrité.
Intégro, entier. Item, honneste.
Integratióne, reparation à son entier.
* Intelàto, rangé en bataille.
* Intellettìuo, qui a de l'intelligence.
Intellétto, esprit, entendement, iugement, intellect. pron. l'e ouuert.

Intellettuàle, intellectuel.
Intelligénte, intelligent, intelligente : entendu, entenduë.
Intelligénza, intelligence. pron. ts.
Intelligibile, intelligible.
Intelligibilménte, intelligiblement.
Intemeràndo, qui ne doit estre prophané.
Intemeràta, vn embrouïllement, vne confusion, Item, non prophanée.
m'ha fatto vna intemeràta, il m'a fait vn reproche.
Intemeràto, non corrompu, pur.
Intempellàre, tenir en longueur.
Intemperataménte, auec intemperance, intemperemment.
Intemperàto, intemperé
Intemperànza, intemperance. pron. ts.
Intemperàre, destremper.
Intempèrio, intemperé.
Intempèrie, inclemence du temps.
Intempìrie, rage : furie.
Intempestiuità, inclemence de temps.
Intempestìuo, hors de saison.
Intempèsto, le temps coy de la nuit.
Intempiàre, mettre en vn Temple.
* Intendacchio, vn fin rusé, qui entend bien.
Intendénte, Intendant.
Intendénza, intendence. pron. ts.
Inténdere, entendre, parfait, intési, participe, inteso.
chi mal Intendepéggio rispónde, qui entend mal répond pire. il faut bien estre informé, & instruit, auparauant que de répondre à quelque chose. Cela se dit pour les ieunes hommes qui se meslent de negoces ou affaires de consequence que rarement y reüssissent.
Inténdersi d'vna cosa, se connoistre à quelque chose : s'entendre en vne chose.
Intendétiole, qui se peut entendre.
Intendiménto, entendement : intelligence. Ententente.
Intenditóre, entendeur.
al buon intenditór pòke paróle, au bon entendeur peu de parolles se font comprendre.
Intendùto, entendu.
Intenebràre, obscurcir.
Intensìue, attendtit. pref. intenserisco.
Intenìngolo, ragoust.
Intensaménte, intensiuement.
Intensióne, intension, degré supréme.
Intensìuo, intensif, attentif.
Inténso, intensif, attentif. Item, resserré au dedans, en supréme degré.
Intentàto, non attenté.
Intentionàre, donner intention.
Intentìssimo, tres-attentif.
Intentióne, intention.
Intentionaménte, auec grande attention.
Inténto, intention. Item, attentif, prompt.
Intenzìa, intention. pron. ts.
Intrepidìre, attiedir. pref. intrepidisco.
Interaiutàrsi, s'entr'aider.
Interaménte, entierement.
Intercalàre, mettre en deux, couler entre deux, s'escouler.
Intercalàte calénde, calendes de Mars, qui s'escoulent & ne se comptent point.

IN

Intercalário, qui s'écoule entre-deux.
Intercedénte, qui prie, suppliant.
Intercedénza, priere intercession, pron. *ts*.
Intercédere, interceder, prier. Item, prohiber, deffendre, parf. *intercedétti*, & *intercedéi*.
Intercediióre, intercesseur.
Intercessióne, intercession.
Intercésso, intercedé.
Intercessóre, intercesseur. Item, qui prohibe ou deffend.
Intercettáre, & *Intercépere*, intercepter: surprendre.
Intercettévole, qui se peut intercepter.
Intercettióne, interception.
Intercétte léttere, lettres interceptes.
Intercétto, intercepté.
Intercettóre, intercepteur.
Interchiúdere, entre-clorre, parf. *interchiúsi*.
Interchiúso, entre-clos.
Interchiusúra, interclusion.
Interciáre, tresser, entre-lacer.
Intercidenza, intersection, pron. *ts*.
Intercídere, faire intersection, parf. *intercísi*.
Interciglio, l'espace entre les sourcils.
Intercípere, intercepter, parf. *intercipéi*, & *intercipétti*.
Intercisaménte, d'vne façon entre-coupée, par intersection.
Intercisióne, intersection.
Intercíso, entre-couppé.
Intercisito, tresse, entrelacé.
Intercolonnáto, garny de Colonnes entre deux.
Intercolúnio, iour entre deux colonnes.
Intercommértio, entre-commerce.
Intercórrere, courir entre deux. parf. *intercórsi*.
Intercutáne vene, veines entre la peau.
Interdétto, interdit.
Interdíre, interdire. pref. *interdíco*, *interdíci*, *interdíce*, *interdiciámo*, *interdíte*, *interdícono*, imparf. *interdicéua*. parf. *interdíssi*, part. *interdétto*.
Interdittióne, interdiction.
Interdolére, s'entre-douloir, pref. *interdóglio*, & *interdólgo*, parf. *interdólsi*, part. *interdolúto*.
Interdonáre, s'entre-donner.
Interdóno, don mutuel, don reciproque.
* *Interemptino*, destruisant, tuant, meurtrissant.
Interessáre, interesser.
Interessataménte, auec interest, par interest.
Interésse, interest.
Interézza, entiereté, pron. *ts*. pref. *interezzísco*.
Interezzáre, s'engourdir: se roidir de froid, prononcé. *dz*.
* *Interfettióne*, meurtre, tuerie.
* *Interfettóre*, tueur.
Intergerino múro, mur metoyen.
Intergettáre, ietter entre deux.
Intergettióne, interjection. Item, espace entre-deux.
Intergiacére, estre couché entre-deux. pref. *intergiáccio*, *intergiáci*, *intergiáce*, *intergiacéte*, *intergiacciáno*, parf. *intergiácqui*, part. *intergiaciúto*.
Intergodére, jouyr entre-deux. parf. *intergodéi*, & *intergodétti*, part. *intergodúto*.
Interígli, entrailles.
* *l'nterim*, cependant.
Interióra, les entrailles.
Interioritá, l'interieur.
Interiorménte, interieurement.
Interióre, interieur.

IN 263

Interíto, ruine: fin: deceds: mort.
Interizzáre, & *interizzíre*, roidir de froid, pron. *dz*.
Interizzíto, entrepris de ses membres.
Interlacciáre, entrelacer.
Interlasciáre, obmettre.
Interlineáre, faire des linges entre-deux.
Interlocutióne, Dialogue.
Interlocutóri, entreparleurs.
Interlóquio, discours entre deux.
Interlúcere, entreluire, l'on treuue en Bembo, *lucétte*, & ainsi nous dirons, *interlucétti*.
Interlunáre, entre-deux Lunes, interlunaire.
Intermediáre, moyenner entre-deux.
Intermédio, intermede.
Intermentíre, endormir vn membre, *intermentísce*, verbe impersonnel.
Intermescere, entremesler. parf. *intermesci*, & *intermesciúti*.
Interméssa, entremis: intermis: discontinué, obmis.
Interméstre, *interméstro*, qui concerne l'espace entre le decours, & la nouuelle Lune.
Intermettere, obmettre: Et entremettre, parf. *intermíssi*, & *intermésii*.
Intermettitóre, entremetteur.
Intermezzáre, moyenner entre deux. Item, entrelacer au milieu. pron. les *zz*. comme *dz*.
Intermézzo, espace entre deux: entrelas. prononcez les *zz*. comme *dz*.
Interminábile, qui ne se peut terminer.
Interminato, non terminé.
Intermissióne, intermission.
Intermísso, entre-meslé.
Intermitténte, intermittent.
Intermurále, entre deux murs.
Intermuráre, faire vn mur entre deux.
Intermutáre, entre-changer.
Intermutatióne, échange.
Internále, interne.
Internaménte, en dedans.
Internársi, s'enfoncer: se restraindre au dedans.
Internascére, entre-naistre, parf. *internácqui*.
* *Internectióne*, desolation de mort.
Intérno, interne.
Internodáre, entre-noüer.
Internódio, *internódo*, espace entre vn nœud & l'autre.
Internúntio, messager entre deux.
* *Internúto*, passé dedans.
Intéro, entier.
Interogáre, interroger.
Interogatióne, interrogation.
Interogatíuo, interrogatif.
Interogatório, interrogatoire.
Interogatóre, interrogateur.
Interogatríce, qui interroge.
Interparláre, entreparler.
Interpelláre, interpeller.
Interpellatióne, interpellation.
Interpellére, interpeler, parf. *interpélsi*, il n'est pas en vsage.
* *Interpretáre*, interpreter.
* *Intérprete*, interprete.
Interpollataménte, à certain temps.
Interpónere, interposer, entremettre, pref. *interpóngo*, *interpóni*, *interpóne*, *interponiámo*, *interponéte*, *interpóngono*, parf. *interpósi*, part. *interpósto*.
Interpositióne, interposition.
Interpósto, interposé.

Interpretaménto, interpretation.
Interpretáre, interpreter.
* Interpretànz a, interpretation. pron. ts.
Interpretatióne, interpretation, explication.
Interpretatóre, interprete.
Interpretatrice, celle qui interprete.
Intérprete, id.
Interraménto, enterrement.
Interráre, enterrer.
Inter ré, vn qui gouuerne pendant qu'il n'y a point de nouueau Roy.
Interregnáre, regner en attendant la creation du nouueau Roy.
Interrégno, gouuernement durant le temps qu'il n'y a point de Roy creé : interregne.
Interrito, sans peur.
Interrogáre, voyez interrogáre.
Interrómpere, interrompre, parf. interrompéi, & interrúppi, part. interrótto.
Interrompiménto, interruption.
Interrottaménte, auec interruption, à bastons rompus.
Interótto, interrompu.
Interrottióne, interruption.
Intersaltáre, sauter entre deux.
* Interscálmio, espace entre les rames d'vne barque.
* Interscapílio, espace entre les deux espaules.
Intersecáre, faire intersection.
Intersegatióa, intersection, &
Interseríre, inserer entre deux, pres. interseriísco.
Interseráre, id.
Intersérto, inseré.
Intersettióne, intersection.
Intersiáre, dresser du bois à l'esquerre.
Intersítio, entre-deux : espace : distance entre le decours & la nouuelle Lune.
Intersoccórrere, entre-secourir, parf. intersoccórsi.
Intersonáre, entre-sonner.
Interstítio, espace entre deux.
Intersuccédere, succeder pendant le temps d'vne autre chose. parf. intersuccéssi, & intersuccedétti.
Intertagliáre, entretailler.
Intertenére, entretenir. pres. intertèngo, intertiéni, intertiéne, parf. intertênni, patt. intertenúto.
Intertenimento, entretenement, entretien.
Intertenitóre, entreteneur.
Intertenúto, entretenu.
Intertéssere, entretisser. parf. intertesséi.
Intertessitúra, entretisseure.
Intertessúto, entretissu.
* Intertrígine, frottement d'vn membre contre l'autre. Item, sueur, crasse, ordure.
Intertrafficáre, entre-trafiquer.
Intertráffico, traffic entre deux.
Intertrouáre, entre-trouuer.
Interualláto, qui a vne interualle,
Interuállo, interualle.
Interuedére, entreuoir. parf. interuidi.
Interuedúta, entreueuë.
Interueniménto, interuention.
Interuénio, espace entre les veines.
Interuenire, interuenir. pres. interuèngo, interuiéni, interuiéne, interueniámo, interuenite, interueugóno, parf. interuénni, part. interuenúto.
Interuentióne, Interuénto, interuention.
Interuoláre, voler entre deux.
Interuoléré, entre-vouloir, pres. interuóglio, interuói,

Interuóle, interuogliámo, interuoléte interuogliono, parf. interuólsi, interuoléssi, interuólse, part. interuolúto.
Interz áre, entrelacer. Item, tripler : Empaqueter des cartes. pron. ts.
Intérzo, pacquet de trois ieux de cartes. Item, entrelas. pron. ts.
Intéso, entendu : Attentif.
Intéssere, entretisser, enrelacer. parf. inteséi.
Intessitúra, entretisseure : entrelas.
Intessúto, entretissu.
Intestábile, qui ne peut tester ou faire testament.
Intestársi, se mettre dans la teste, se mettre dans la fantaisie.
Intestáto, obstiné, qui a vne fantaisie. Item, hors de pouuoir de rester.
Intestatúra, fantaisie, opinion estrange.
Intestinaménte, intestinement, au dedans.
Intestíno, intestin.
Intestúra, tissure.
Inteuidire, deuenir tiede. pres. inteuidísco.
Intiepidáre, attiedir, tiedir.
Intiepidíre, deuenir tiede. pres. intiepidísco.
Intiéro, entier.
Intignáre, estre mangé de mittes.
Intignere, tremper. parf. intinsi, & intingi, & intingettí.
Intignire, &
Intignósire, deuenir tigneux, prendre la tigne. pres. intigno, & intignosísco.
Intigríre, deuenir comme vn Tigre. pres. intigrísco.
Intimaménte, intimement.
Intimáre, intimer.
Intimatióne, intimation.
Intiméllo, selon aucuns, taye d'oreiller.
Intimidíre, deuenir timide, pres. intimidísco.
I'ntimo, intime.
Intimoríre, deuenir craintif. pres. intimorísco, intimorísti, intimorísce, &c.
Intináre, mettre dans vne tine.
Intingere, tremper. parf. intínsi.
Intingoláre, assaisonner, faire vne saulse.
Intingolétto, &
Intíngolo, ragoust, saulse.
Intínto, trempé, plongé.
Intirísso, destrempé, moüillé.
Intirizzaménto, roidissement, engourdissement, prononcez les zz, comme dz.
Intirizz áre, s'engourdir de froid. Item, selon aucuns, s'estendre, s'alonger. pron. les zz, comme dz.
Intisichíre, seicher, deuenir sec, deuenir maigre ou phtisique. pref. intisichísco.
Intitoláre, intituler, Et dedier : intituláre.
Intitolatióne, intitulation. Intitulatióne.
Intitolatória, dedicatoire.
Intizz áre, attiser : agacer, pron. les zz, comme ts.
Intizz onito, deuenu comme vn tison. pron. ts.
Intoccáto, non touché.
Intocchétte, sorte de hachis ou farce.
Intócco, substantif, vne sorte de farce à farcir vn cochon, &c.
Intócco, adiectif, entier, non touché.
Intolerábile, intollerable.
Intollerabilménte, insupportablement.
Intoleránz a, impatience. pron. ts.
Intolláre, estonner, pres. intóllo, & intollísco.
Intonacáre, enduire, crespir. Item, enfroquer.
Intonacatúra, enduit, crespisseure.
Intonáre, entonner, terme de musique.

Intonchiáre,

IN IN 265

Intouchiáre, estre mangé de puçons.
Intonicáre, enduire, crespir.
Intónico, crespissure de muraille, renduy.
Intonso, non tondu.
Intoppáre, broncher. Rencontrer vne personne.
Intóppo, heurt, rencontre, empeschement.
Intoráto, deuenu comme vn Taureau.
Intorbiáre, &
Intorbidáre, troubler, rendre trouble.
Intorbidánza, troublement. pron. ts.
Intorbidire, deuenir trouble. pres. intorbidisco, & intorbido.
Intorbolaménto, troublement.
Intorboláre, troubler.
Intórcere, tordre. pres. intorco, & intorcio, parf. intorsi, & intorcei, part. intorto.
Intorcétta, petite torche, petit flambeau.
Intórcia, torche ou flambeau.
Intorciáre, esclairer auec vn flambeau.
Intorcicchiáre, intorcigliáre, tortiller, tordre.
Intorcicchio, tors, tordu.
Intormentire, endormir vn membre. pres. intorménto, & inorméntisco, c'est vn verbe impersonnel, & il n'a que la troisiesme personne, quoy que l'aye mis la premiere.
Intornáre, intorneare, &
Intorniáre, entourer, enuironner. Item, tourner le bois.
Intorniatúra, enuironnement.
Intornidóre, Tourneur.
Intórno, autour: touchant, pour le regard.
Intórno, istórno, tout autour, à la ronde.
d'Intórno, de toutes parts.
d'ógni Intórno, de tous les costez.
esser Intórno ad vno, estre aprés quelqu'vn pour le poursuiure, ou luy demander.
Intorpire, endormir les membres. pres. intorpo, & intorpisco.
Intorrigliáre, entortiller.
Intórto, entortillé. Item, obliquement.
Intortogliáto, sorte de craquelin.
Intossicáre, empoisonner.
Intossicáto, endurcir.
Intra, dans: entre.
Intra dúe: m'hà lasciáto intra dúe, il m'a laissé entre deux, sans resolution, en doute.
Intra sine fatta, plus que tout à fait.
Intracciáre, tracer.
Intrafátto, entrefaitte.
* Intráglie, entrailles.
Intra asciáre, cesser, faire intermission, interrompre, obmettre.
Intralciaménto, embaras, entortillement, intrigue.
Intralciáre, embarasser, entrelacer, entortiller.
Intralciatúra, entrelas, entortillement.
Intrámbi, intrambo, tous deux.
Intraméndue, id.
Intraméssa, entremise.
Intraméttere, entremettre, parf. intraméssi.
Intrameżżáre, mettre des entre-deux, entrelacer, entrelarder. pron. les żż comme dz.
Intrameżzo, vn entre-deux. pron. dz.
Intramischiáre, entremesler.
Intransportábole, que l'on ne peut transporter.
* Intráuz, entrée. prou. ts.
Intrapérto, entr'ouuert.
Intrapertúra, entr'ouuerture.

Intraponére, interposer. pres. intrapóngo, intraponi, intrapóne, intraponiámo, intraponéte, intrapóngono. parf. intrapósi, intraponésti, intrapóse, part. intraposto.
Intrapósso, entremis.
Intrapréndere, entreprendre parf. intrapréso.
Intrapréso, entrepris.
Intraprire, ouurir. pres. intrapro.
Intráre, entrer.
Intrascórso, espace de temps.
Intrasegna, marque, enseigne.
Intrasegnáre, entremarquer.
Intrasmutábile, non transmuable.
Intráta, entrée. Item, rente, reuenu.
Intratánto, cependant.
Intratélla, petite entrée.
Intrateneere, entretenir. pres. intratengo, part. intratenuti, part. intratenuto.
Intrattábile, non traittable. Item, aigre comme le fer ou autre metal.
Intrattabilità, humeur non traittable.
Intrattabilménte, d'vne façon rude.
* Intratúra, entrée.
Intrauagliáre, trauailler.
Intrauáre, mettre vne poutre.
Intrauegnénte, interuenant.
Intrauenire, interuenir. pres. intrauengo, intrauieni, intrauiene, intraueniámo, intrauenite, intrauengono. parf. intrauenni, part. intrauenuto, le mesme verbe est aussi impersonnel, & signifie arriuer.
mi è Intrauenuto, vn accidente, il m'est arriué vn accident.
Intraversáre, trauerser.
Intreáre, entrer au nombre de trois: mettre trois à trois.
* Intrebbiáto, entré en conuersation. Item, fourny d'vn vin appelé, Trebbiano.
Intrecciaménto, entrelacement.
Intrecciáre, tresser, entrelasser.
Intrecciári rémi, Conilier, terme de marine.
Intrecciáta, vne tresse.
Intrecciatóio, tresse, & tressoir.
Intrecciatúra, tresse: entrelas coiffure.
Intreguáre, mettre tresue.
Intrepidézza, hardiesse. pron. ts.
Intrépido, hardy, sans peur.
Intréspoli, treteaux.
Intricáre, intriguer.
chi hà intricáta la matéssa la destriché, qui a embrouillé l'escheueau, le desbrouille. i. qui a causé son mal, qu'il y mette ordre.
à piu Intrigáto, chéi publci nella stoppa, il est plus embarassé qu'vn poucin dans des estouppes .i. que peu de chose l'embarasse.
Intríco, intrigue.
Intricóso, plein d'intrigue.
Intridere: destremper: pestrir: & sallir, ordir, crotter. parf. intridei, & intridétti.
Intrigaménto, embrouillement, embaras.
Intrigáre, embrouiller.
Intrigársi, se mesler d'vn affaire.
Intrigatóre, embroüilleur, brouillon.
Intrigatrice, brouillonne.
Intrigo, intrigue.
Intrinagliáre, entortiller.
Intrinceáre, intrincerare, faire des trenchées.
Intrinsecaménte, intimement: au dedans.
Intrínseco, intime, intrinseque, de dedans.

Ll

intrinfecárfi, se rendre familier, se rendre intime amy.
intrinfichézza, amitié intime, familiarité. prononcé. *ss*.
intrippáre, fournir de trippes. Item, entonner dans les trippes.
intrifióne, meslange, destrempe.
intrifo, destrempé: foüillé, crotté.
intrifo, paste meslée de miel ou autre liqueur. C'est aussi du son pestry.
intriftire, deuenir mauuais : se seicher, ne profiter pas. pres. *intriftifco*.
intrizzáto, engourdy. pron. *dz*.
introdúrre, introduire. pres. *introdúco*, *introdúci*, *introdúce*, parf. *introdúfsi*, part. *introdótto*. pron. *l'o* fermé.
introdúttione, introduction.
introdútto, introduict.
introdúttore, Introducteur.
introduttrice, introductrice.
intróibo, en jargon, la porte.
* *intróire*, entrer.
* *intróito*, entrée. Item, recepte de deniers.
intromèttere, mettre dedans. parf. *intromisi* & *intromessi*.
intromésso, mis dedans. Item, vn arbitre.
intronággine, estourdissement.
intronaménto, idem.
intronáre, estourdir, essourder.
intronáto, estourdy, lourdaut.
introncáre, tronquer.
intronfáre, se mettre en colere.
intronizzáre, mettre au Throsne. pron. *dz*.
intropiccáre, broncher.
intropiccáta, bronchade.
introtíre, deuenir reuesche.
intrúdere, pousser dedans auec violence. parf. *intrudei* & *intrudetti*.
intrúso, enfoncé.
intuáre, entrer en toy.
* *intúbo*, endiue, chicorée.
* *intúbo erático*, chicorée sauuage.
intuffáre, plonger dedans.
* *intuíre*, regarder. pres. *intúo*, & *intuísco*, qu'il n'est pas en vsage.
* *intúito*, regard.
intumoríre, se former vne tumeur. pres. *intumorísco*, verbe impersonnel.
inturbáto, non troublé.
inturboláre, troubler.
intuzzáre, emousser. pron. *ss*.
inuacchíre, s'auachir : deuenir lasche comme vne vache. pres. *inuácco* & *inuacchísco*.
inuádere, assaillir, enuahir. parf. *inuafi*, *inuadefti*, *inuafe*, part. *inuáfo*.
inuaghíre, donner du desir ou de l'enuie. pres. *inuaghísco*. pron. le *ghi* comme *gui* en François.
inuaghírfi, deuenir amoureux, cela se conjugue comme cy-dessus auec, *mi, ti, fi, ci, vi, fi*.
inuaiáre, se noircir des raisins, se tourner, qui se dit des fruits.
inuaiáto, idem, & auoit la petite verolle.
inualére, n'auoir point de valeur. pres. *inuaglio*, *inuali*, *inuale*, *inuagliámo*, *inualete inuagliáno*, parf. *inualsi*, part. *inuálso* & *inualuto*.
inualéuole, non valable.
inualicábile, qui ne se peut passer.
inualidità, peu de valeur.
inuálido, non valable.
inualigiáre, mettre dans la valise.

inualitúdine, foiblesse.
inualoróso, non valeureux.
inualláre, entrer dans vne valée.
inualúto, sans valeur.
inuampáre, enflammer.
inuaníre, deuenir vain, s'esuanoüir, disparoir: deuenir superbe. pres. *inuaníísco*.
inuarcábile, qui ne se peut passer.
inuariábile, inuariable.
inuariabilità, *inuarietà*, constance.
inuasáre, entonner, mettre dans vn vase. Entrer dans le corps, comme les Demons : enuahir : s'estonner.
* *inuasatióne*, &
inuasióne, inuasion.
inuáso, enuahy.
inubidiénte, desobeissant.
inubidienteménte, desobeissamment.
inubriacáre, enyurer.
inuecchiáre, vieillir.
inuecchirfire, deuenir viel, se passer, se seicher. pres. *inuecchísco*. pron. *ss*.
in véce, au lieu.
inueceria, brauerie, vanité, mignardise hors de propos.
* *inuéggia*, enuie.
* *inueggiáre*, enuier.
* *inueggióso*, enuieux.
inueleuáre, enuenimer, empoisonner.
inuelenire, s'enuenimer. pres. *inuelenifco*.
inuelrétro, entouré de chiens courants ou leuriers.
inuelutáre, garnir de velours.
inuendíbile, non vendable.
inuendicáto, non vengé.
inuendichéuole, qui ne se peut venger.
inuénia, humiliation, reuerence.
inuénia, parolles & actions superflués, trop de mines, trop de reuerences: inuention.
inueníre, trouuer, inuenter. pres. *inuéngo*, *inuiéni*, *inuiéne*, *inueniámo*, *inuenite*, *inuéngono*. parf. *inuénni*, *inuenísti*, *inuénne*, *inueniámmo*, *inueníste*, *inutúnero*. part. *inuenúto*.
inuentáre, inuenter.
inuentário, inuentaire.
inuentióne, inuention.
inuentítio, controué.
inuentína, inuention.
inuentíua, inuentif.
inuéntio, inuention : & inuenté.
inuentóre, inuenteur.
inuentráre, mettre au ventre.
inuentrice, inuentrice.
inuér, enuers, vers. pron. l'*e* ouuert.
inuéri, *inuéro*, en verité. pron. l'*e* fermé.
inueráre, auerer, virifier.
inuerdíre, reuerdir. pres. *inuerdífco*.
inuerecóndia, effronterie.
inuerecóndo, effronté.
inuermigliáre, vermillonner.
inuermicáre, s'emplir de vers.
inuermicoláre, *inuerminíre*, &
inuermíre, idem. pres. *inuermíco*.
inuernále, d'Hyuer.
inuernáre, hiuerner, passer l'hyuer en vn lieu.
inuernáta, le temps de l'hyuer, saison de l'hyuer.
inuernecciáre, *inuermeggiáre*, &
inuerniciáre, vernir.
inuérno, l'hyuer.
inuernóso, d'hyuer.

Inueró, en verité, veritablement. prononcé. l'e fermé.
Inuerſáre, renuerſer.
Inuerſáto, contraire, aduerſaire, oppoſé.
Inuerſiáre, renuerſer, eſtre contraire.
Inuerſióne, renuerſement.
Inuerſo, enuers. Item, renuerſé.
Inuertere, renuerſer. parf. inuerſi.
Inuertire, idem. preſ. inuerto & inuertiſco.
Inuertitóre, peruertiſſeur.
Inuertitríce, peruertiſſeuſe.
Inueſcaménto, allechement.
Inueſcáre, engluer : allecher.
Inueſcatúra, allechement.
Inueſchiáre, allecher : engluer.
Inueſcouárſi, ſe faire Eueſque.
Inueſpire, deuenir inquiete comme les abeilles.
Inueſpáre, picqué de la gueſpe : incité : pouſſé.
Inueſtigábile, recherchable.
Inueſtigaménto, recherche
Inueſtigándo, recherchable.
Inueſtigáre, rechercher.
Inueſtigatióne, recherche.
Inueſtigatóre, rechercheur.
Inueſtigatríce, rechercheuſe.
Inueſtíre, inueſtir. Entourer : paſſer dans quelque choſe, comme vne corde dans vne poulie. Item, heurter ou frapper vn vaiſſeau, inueſtir vn nauire, &c. preſ. inueſto, & inueſtiſco.
Inueſtíta, inueſtiture.
Inueſtitúra, idem
Inueteráre, deuenir vieil.
Inueteráto, inueteré.
Inuetriáre, garnir de vitres. Item, vernir.
Inuetriáta, vne vitre.
Inuetriáto, verny comme vn pot de terre : fardé, luiſant.
Inuetriáto viſo, viſage effronté, qui ne rougit point.
Inuettiáre, croiſtre, deuenir aagé.
Inuettíre, faire vne inuectiue. preſ. inuetto, & inuettiſco.
Inuettiua, inuectiue.
Inugúale, inegal.
Inugualità, inegalité.
Inugualménte, inegalement.
Inuiaménto, acheminement.
Inuiárſi, s'acheminer.
Inuiáre, enuoyer : mettre en chemin, acheminer.
Inuiataménte, directement.
Inuidáre, enuier.
*Inuidéza, enuie. pron. ts.
Inuidía, idem.
L'inuidía non mori mai, l'enuie n'eſt pas morte. i. il y a touſjours eu de l'enuie au monde.
è méglio Inuidía che compaſſióne, il vaut mieux que l'on ait enuie de voſtre bien, que pitié de voſtre mal.
ſenz'a Inuidía, ſans enuie, pour ceux qui gagnent le bien auec tromperie ou infamie.
Inuidiáre, enuier.
Inuidiatóre, enuieux.
Inuidioſaménte, enuieuſement.
Inuidióſo, enuieux.
l'inuido, idem.
Inuietáto, permis, non defendu.
Inuietíre, vieillir, commencer à ſentir le fort ou le vieux. preſ. inuieto.
Inuigiliánte, non vigilant.
Inuigiliánza, negligence.

Inuigliáre, veiller.
Inuigoríre, deuenir vigoureux. preſ. inuigoriſco.
Inuilíre, rendre vil ſe rendre vil, s'auilir. preſ. inuiliſco.
Inuillaníto, deuenu vilain.
Inuilluppáre, enuelopper. S'embaraſſer, empaquetter.
Inuilúppo, pacquet.
Inuincéuole, inuincible.
Inuíncibile, id.
l'inuío, hors de chemin.
Inuiolábile, inuiolable.
Inuiolabilménte, inuiolablement.
Inuioláre, parer ou emplir de violettes.
Inuioláto, conſtant : non violé. Item, plein de violettes.
Inuioletáre, garnir de violettes.
Inuiperággine, humeur de vipere.
Inuiperáre,
Inuiperíre, deuenir cruel comme vne vipere. preſ. inuiperiſco.
Inuirilíto, deuenu viril.
* Inuiríto, idem. preſ. inuiriſco.
Inuirtuáre, deuenir vertueux. Et s'euertuer.
Inuirtuíre, idem. preſ. inuertuiſco.
Inuirtuóſo, non vertueux.
Inuiſchiáre, engluer.
Inuiſíbile, inuiſible.
Inuíſto, non veu.
Inuitáre, conuier, inuiter. Enuier au jeu.
Inuitáta, ſemonce. Item, envy.
Inuitatóre, ſemonneur, conuieur.
Inuitatríce, ſemonneuſe, qui inuite ou conuie.
Inuitéuole, que l'on peut inuiter.
Inuitiáre, deuenir vicieux.
Inuíto, envy au jeu : ſemonce.
tener l'Inuíto, accepter l'offre ou le party, cela ſe dit quand on a fait ſigne à vne femme, & qu'elle en a fait quelque ſemblant d'en eſtre d'accord.
Inuitaménte, inuinciblement.
Inuítto, inuincible.
Inuittorióſo, non victorieux.
Inuiuénte, non viuant.
Inuiz z ire, ſe fleſtrir, ſe ſeicher comme les fruits. preſ. inuizziſco. pron. les z z. comme ts.
l'inula, aulnée.
Inulto, non vangé.
Inuníre, des-vnir. preſ. inununiſco.
Inuocáre, inuoquer.
Inuocatióne, inuocation.
Inuocatóre, inuoqueur.
Inuocatríce, qui inuoque.
Inuóglia, l'enueloppe, ou la couuerture de quelque choſe. Item, vne corbeille ou manne à mettre le couuert pour vne table.
Inuogliáre, donner de l'enuie ou volonté
Inuogliárſi, prendre enuie, venir volonté.
Inuogliáta, enueloppement.
Inuogliáto, enueloppé. Item, deſireux.
Inuoglióſo, ſans volonté.
Inuogliére, enuelopper. parf. inuolſi.
Inuóglio, la couuerture, l'enueloppe. Item, vn pacquet : & l'eſcorce ou coquille d'vn fruit.
Inuoláre, deſrober, voler.
Inuolárſi, ſe deſrober d'vne compagnie.
Inuolatóre, voleur.
Inuólgere, enuelopper. parf. inuolſi, part. inuolto.
Inuolgiménto, enueloppement.
Inuolontáre, donner de la volonté.

Inuolontario, fans volonté : *inuolonterofo*.
Inuolpáre, deuenir fin comme vn renard, prefent. *inuolpifco*.
Inuoltáre, faire en voulte, voulter. Item, enuelopper.
Inuoltigliáre, enuelopper, empacqueter.
Inuoltoláre, idem.
Inuólto, vn toupillon, vn pacquet.
Inuólto, enueloppé.
Inuoltúra, enueloppement.
Intélucro, la membrane qui couure le cœur.
Inuóluere, enuelopper. parf. *inuolſi*.
Inuóluolo, enueloppement. Item, vercoquin, lifet, chenille de vigne.
Inuoluppáre, enuelopper.
Inuolúppo, pacquet.
Inuolutáre, embourber.
Inuolutióne, enueloppement.
Inuolúto, non confentant. Item, enuefoppé.
Inuoſtráre, entrer dans le voſtre, rendre voſtre.
Inuotáre, & *Inuotíre*, voüer, pron. l'o fermé.
Inurbanità, groſſiereté, inciuilité.
Inurbáno, inciuil.
* *Inurbáre*, deuenir ciuil : ſe faire bourgeois.
Inuſitánza, contre-couſtume. pron. *ts*.
Inuſitáre, defacouſtumer.
Inuſitataménte, hors de la couſtume.
Inuſitáto, inuſité.
Inuſtréuole, idem.
* *Inuſtióne*, bruſlement.
Inútile, inutile.
Inutilire, rendre inutile. preſ. *inutiliſco*.
Inutilità, inutilité.
Inutilménte, inutilement.
Inuulnerábile, inuulnerable.
Inuulneráto, idem.
Inuulneráto, non bleſſé.
Inzaccheráre, emplir de crottes, vulg. eſclabouſer. pron. le *z*, comme *ts*.
Inzafráre, garnir de ſaphirs. pron. *ts*.
Inzaffáre, bondonner, mettre vn bondon. pron. *ts*.
Inzaffranáre, emplir de ſaffran : & iaunir comme du ſaffran. pron. *ts*.
Inzampognáre, en faire à croire, en bailler à garder, eſtre touſiours auec vne chalemie. pron. *ts*.
* *Inzancáre*, enchaſſer, ioindre : ſceler vn fer dans vn mur. pron. *ts*.
Inzancatúra, enchaſſeure : ſceleure. pron. *ts*.
Inzauorráre, leſter vn nauire. pron. *ts*.
Inzazzeáre, eſtre ou rendre faineant. pron. tous les *zz*, comme *ts*.
Inzazzeráre, mettre vne perruque. pron. *ts*.
Inzegnáne, le piuot qui ſouſtient la meule. pron. *ts*.
Inzeſſáre, enfoncer vn coing de fer entre la balle & le canon, afin qu'il creue en tirant. pron. *ts*.
Inzeſſáre, plaſtrer : prononcé *z* doux, comme *dz*.
Inziáre, faire alliance d'oncle. pron. *ts*.
Inzigáre, inſtiguer : induire, pouſſer. pron. *ts*.
Inzingaríto, deuenu Egyptien, deuenu ruſé. prononcé. *ts*.
* *Innoccáre*, deuenir comme vn tronc. pron. *ts*.
Inzoppáre, deuenir boireux. pron. *ts*.
Inzotichíre, deuenir groſſier. preſ. *inzotichiſco*. prononcé. *dz*.
Inzuccheráre, ſuccrer. pron. *ts*.
Inzuccheráta, paſte de ſucre. pron. *ts*.
Inzuppáre, emboire, abbreuuer comme vne ſouppe s'humecter. pron. *ts*.

IO

I'O, Ie, & moy.
Ióba, ſorte de mil en Turquie.
* *Iocinoróſo*, qui a le foye mal-ſain.
Ióne, violette de Mars.
Iónica, &
Iónico órdine, ordre ionique d'Architecture.
* *a Ióſa*, en quantité.
* *Iózzo*, goſier. pron. *ts*.

IP

I Pérbole, hyperbole.
Iperbólico, hyperbolic.
Ipericóne, mille pertuis.
Ipócrita, &
Ipócrito, hypocrite.
Ipoſelíno, ache large, herbe.
* *Ipſo fácto*, ſur le faict.

IR

I*Ra*, ire.
* *Iracóndia*, colere, ire.
* *Iracóndo*, coleric.
* *Iráre*, faſcher, mettre en colere.
* *Iráto*, faſché.
* *Iráſcere*, mettre en colere.
Iraſcíbile, iraſcible.
Irrationále, deſraiſonnable.
Ire, aller, imparf. *iua*, il n'eſt pas en vſage en autre temps.
Iri, &
I'ride, Iris, flambe. L'Arc-en-Ciel, vne Opale.
* *Iritíre*, rendre vain & ſans effect. preſ. *iritiſco*.
Irónia, ironie.
Irónico, ironique.
* *Iróſo*, plein d'ire.
Irradiáre, rayonner.
Irraggiáre, idem.
Irradicáre, deſraciner.
Irregionéuole, deſraiſonnable.
Irragioneuolézza, humeur deſraiſonnable pron. *ts*.
Irragioneuolménte, deſraiſonnablement.
Irrecompénſa, le contraire de recompenſe, meſconnoiſſance.
Irreconciliábile, irreconciliable.
Irreconciliáto, irreconcilié.
Irreconoſcénte, meſconnoiſſant.
Irreconoſcénza, meſconnoiſſance. pron. *ts*.
Irrecordéuole, que l'on ne doit point ramentenoir.
Irrecuperábile, &
Irrecuperéuole, non recouurable, irrecuperable.
Irrefragábile, irreprehenſible.
Irrefragabilménte, irrefragablement.
Irregoláre, irregulier.
Irregolarità, irregularité.
Irreligióne, impieté.
Irreligioſaménte, non religieuſement.
Irreligióſo, non religieux.

Irremediábile, irremediable.
Irremissíbile, irremissible.
Irremissibilménte, irremissiblement, sans remission.
Irreparábile, irreparable.
Irreprehensíbile, irreprehensible.
Irreprouéuole, non reprochable.
Irrepugnábile, irrepugnable.
Irresolutióne, irresolution.
Irresolúto, non resolu, irresolu.
Irrespettéuole, non respectueux.
Irretáre, &
Irretíre, enrester, prendre aux rets. pres. irretísco, & irréto.
Irreuerénte, sans reuerence, irreuerent, irreueren-ce.
Irreuerenteménte, irreueremment.
Irreuerénza, irreuerence. pron. tz.
Irreuocábile, irreuocable.
Irricciáre, frizer.
Irricchíre, enrichir. pres. irricchísco.
Iríide, L'Arc-en-Ciel : Iris, flambe : Opale.
Irrídere, gausser, se rire. parf. irrísi.
* Irrigáre, arrouser.
Irrigatióne, arrousement.
Irrigidíre, roidir. pres. irrigidísco.
Irrisióne, derision.
Irrisóre, mocqueur.
Irrispettóso, non respectueux.
Irritaménto, espoinçonnement, aiguillonnement, excitation.
Irritáre, fascher, irriter, exciter.
Irritatióne, irritation, aiguillonnement.
Irritéuole, qui se peut irriter.
* Irríto, vain, sans respect.
Irrocáre, deuenir enroué.
Irrochiáre, & Irrochíre, idem.
* Irrocitá, enroüement de voix.
Irrogiadáre, arrouser.
Irrómpere, rompre, entrer auec force. parf. irrúppi, part. irrótto.
Irrottióne, irruption.
Irrugáre, rider.
Irrugiadáre, emplir de rosée.
Irrugiadóso, plein de rosée.
Irruginíre, roüiller : s'enroüiller. pres. irruginísco.
Irruginóso, roüillé.
Irrugíre, rugir. pres. irrugísco.
* Irruináre, commettre toutes sortes d'excés ou vilainies.
Irsúto, herissé.
Irtáre, deuenir velu ou herissé.
Írto, herissé.

I S

* Ísame, essaim.
Isaminare, examiner.
Isaminatióne, examination.
Isaminatóre, examinateur.
Isápo, hysope.
Isattióne, exaction.
Isattóre, exacteur.
Isbadáre, perdre vne occasion en s'amusant.
Tous les mots qui manquent icy, se trouueront à la lettre S, selon leur ordre, ostant I, du commencement de la diction : car ce n'est que pour adoucir.

Isbolláirsi, se guerir de ses pustulles, se desempiastrer.
Íschia, espece de Sciatique.
Ischiáda, chardon blanc.
* per Ischifsá, de biais.
* Ischifelír, horreur de quelque chose, degoust.
Íschio, If, sorte d'arbre. Item, sorte de raifort sauuage.
* Iscíre, pour vscíre, sortir.
Iscogitáto, pensé, excogité.
Iscolláre, décoller, décapiter.
Iscomiatáre, donner congé.
Iscomputáre, descompter.
Iscompúto, descompte.
Isconsigliáre, desconseiller.
Isconsíglio, dissuasion.
Iscuríra, retention d'vrine.
Iscuritá, obscurité.
Isdicéuole, mal-seant.
Isdogliársi, guerir de ses douleurs.
Isfógo, souspirail, trou pour éuanter.
Isfugiáto, fuitif.
Isgarríre, cajoller. pres. isgarrísco.
Isgommársi, se desemplastrer, se dégommer.
Isgrigiáto, grisé.
* Isguargnáto, garde : sentinelle.
Isiáre, siffler ou gasoüiller comme vn estourneau.
Ismottáto, rasé.
Isnéllo, viste, leger.
Isoságo, oesophage.
Isocéso, isocele, sorte de triangle.
Isoéto, senegré.
Ísola, isle.
fátto in vn'ísola, nous disons, destaché : comme, baluárdo in vn'ísola, bastion destaché, &c.
và all'ísola per cauréti, cela se dit quand on ne veut pas donner ce qu'on demande .i. vas en chercher.
Isoláno, insulaire.
Isóle, nom, idem.
Isoláre, verbe, destacher, faire en forme d'Isle.
Isoláto, fait en forme d'Isle : destaché en forme d'Isle.
Isolétta, islette. pron. l'e fermé.
Ispantáre, épouuanter, pour ispauentáre.
Isparería, décharge de mousquetaire.
Ispassársi, se passer, se diuertir.
Íspido, herissé.
Ispinoláre vna bótte, mettre en perce, mettre vne broche à vn tonneau.
Isplicáre, expliquer.
Isplicatióne, explication.
Ispónere, & dispórre, exposer, expliquer. pres. ispóngo, ispóni, ispóne, isponiámo, isponéte, ispóngono. parf. ispósi, part. ispósto.
Ispórre, idem. Voyez ispónere.
Ispósto, exposé.
Ispostuenire, venir aprés. pres. ispostuéngo, ispostuéni, ispostuéne, parf. ispostuénni, part. ispostuénuto.
Ispréssó, exprimé.
Isprímere, exprimer. parf. ispressi, & espréssi.
Ispugnáre, prendre par force.
Ispulsióne, expulsion.
il non ispúta in sácro .i. le bigot, qui n'ose cracher dans l'Eglise.
Isquisíto, exquis.
Issuerénza, irreuerence. pron. tz.
Issa, tout maintenant.

IS IT

Iſſàre, Iſſer, yſſer, hauſſer, en terme de marine.
Iſsòma, Axiome.
I'ſſo fàtto, incontinent.
aſſùto, pour ſtàto, eſté.
i'ſta, pour quéſta, cette.
* iſtànte, inſtant, moment.
iſtànte, idem.
iſtantemènte, inſtamment.
iſtànza, inſtance. pron. tz̃
aſtàtico, oſtage.
iſtéſſo, meſme.
iſtia, chapponiere.
iſtiamatùra, fente, eſclat.
iſtigamènto, inſtigation, excitement.
iſtigànza, inſtigation. pron. ts.
iſtigàre, inſtiguer, pouſſer.
iſtillàre, diſtiller.
* iſtinguere, eſteindre. parf. iſtinſi.
iſtinto, inſtinct. Item, eſtaint.
iſtituire, inſtituer. preſ. iſtituiſco.
iſtitùto, inſtitut.
iſtoltire, deuenir fol. preſ. iſtoltiſco.
iſtòria, hiſtoire.
iſtoriàre, hiſtorier.
iſtoriàle, &
iſtòrico, hiſtoric.
iſtoriògraſo, Hiſtoriographe.
iſtorlomia, Aſtronomie.
iſtòlomo, Aſtronome.
iſtòrre, oſter, deſtourner, pour iſtògliere, preſ. iſtòlgo, iſtògli, iſtòglie, parf. iſtòlſi, part. iſtòlto.
iſtràtto, abſtrait.
iſtremità, extremité.
iſtriàno, ſorte de marbre.
iſtrice, porc eſpic.
i'ſtro, le Danube.
* iſtrenia, meſtier de bouffonnerie.
aſtrologìa, Aſtrologie.
iſtròlogo, Aſtrologue.
iſtruire, inſtruire. preſ. iſtruiſco.
iſtruttiòne, inſtruction.
iſtrùtto, inſtruit.
iſtruttòre, inſtructeur.
iſturiòne, Eſturgeon.
iſuagàre, vaguer.
iſuarietà, varieté.
iſuentàre, eſuenter.
iſuigorire, oſter la vigueur. preſ. iſuigoriſco.
iſuinagnàto, ſans liſiere.

IT

* I'Te, mot Latin, oüy. Dante s'en eſt ſerui.
Italianeggiàre, Italianiſer.
italiàno, Italien.
itàlico, Italique.
iteràre, reïterer, redoubler.
iteràrio, Liure de repetitions.
iteratiòne, reïteration.
itineràrio, Liure de voyages.
* itìnere, Liure de voyages.
i'to, allé.
itterico, qui a la jauniſſe.
itteritia, jauniſſe.
* iùide, vn furet.
* itidire, fureter. preſ. itidiſco.

IV LA

IV

I'Ua, pin bas, jue muſcate.
* iùbere, commander.
* iubilàre, ſe reſioüir.
iubiléo, Iubilé.
iùcco, gueux rebaptiſé, qui feint d'auoir eſté Iuif ou Turc.
iudaizzàre, iudaizer, faire le Iuif. pron. les zz comme dz.
* iudicàre, iuger.
iùdice, iuge.
iudìtio, iugement.
iuéntro, là dedans. pron. comme j.
iùgero, iournau de terre.
i'ui, là.
iuiritta, là, en ce lieu là. pron. comme iuiritta.
iumènta, iument.
iuriſconſùlto, Iuriſconſulte.
iuriſditiòne, iuriſdiction.
iurìſta, Iuriſte.
iuſchiàma, hannebanne, herbe: autrement inſquiame.
iuſchiàmo, idem.
iuſtìtia, Iuſtice.
iuſtificatiòne, iuſtification.
iùſto, iuſte.
* iuuènca, geniſſe. Item, ſelon aucuns, vne ſorte d'eſquinancie.
i'zza, colere, haine, dédain. pron. ts.
izzàre, agacer. pron. ts.
izzòſo, colerique. pron. ts.

LA

LA, article feminin, la.
Là, là, en ce lieu là: aduerbe du lieu.
La, la, elle, relatif, qui ſe prend pour ſubſtantif, comme, La mi và, la mi quadra, la mi è paſſata, &c. farla ad vno, piantarla, faire vn tour, &c. Generalement du mot la, l'on en fait vn ſubſtantif pour exprimer vne choſe ſous-entenduë. v. g.
La mi piàce, l'affaire me plaiſt, &c.
di Là via, au delà.
più di Là che di quà. plus mort que vif.
Labàrda, hallebarde.
Labardièro, hallebardier.
* Labàro, banniere ou enſeigne. Item, vne ſorte d'oiſeau.
Làbbia, les levres. Item, la face.
Labbiàle, qui concerne les levres.
Labbiòſo, lippu, qui a de groſſes levres.
Labbreggiàre, remuer les levres.
Labbreggiàre come bertardino o come martino, remüer les levres, en parlant comme martin l'aſne.
Labbretùzzo, petite levre.
Làbbro, levre. Item, le bord d'vn vaſe.
Labbro di Vènere, ſorte de chardon.
Labùro aſciùtto, vn alteré.

LA

Làbbro mòlle .i. vn beuueur.
Labbrúso, lippu.
Labbrúccie, petites levres.
Labbrúto, qui a des grosses levres, lippu.
Labdáce, mal ou ordure dans la bouche.
Labdóide, la suture derriere la teste.
Làbe, descente ou cheute d'eau.
* Labefàtta, destaché, déjoint.
Labénte, labile.
Labéone, grosse lippe.
Làbere, s'escouler: tomber à plomb, il n'est pas en vsage.
Laberinto, labirinthe.
Làbile, labile, qui s'écoule.
Labirínto, labirinthe.
Labízzo, sorte de gomme comme de la Mirrhe. pron. ts.
* Làbole, labile.
Labóre, labeur.
Laboriosaménte, laborieusement, peniblement.
Laborióso, laborieux.
Laboriosità, peine, trauail.
Labrétto, petite levre.
Làbra, levre.
Labrúsca, lambrusque, vigne sauuage.
Làcca, &
Làccia, lacque, sorte de couleur: riuage, bordage. Vn gigot ou eslanche : vne marre ou bourbier : vn creux comme le fonds d'vn lac : va poisson appelé musnier.
Làcca d'Inda, vermillon à farder.
Làcca ogliàta, sorte d'onguent pour les tumeurs.
Laccaménto, inondation.
Laccàre, inonder.
Làcche, espagneuls.
Lachèrla, vne raquette. Et vne eslanche.
Lacchezíno, trait, pointe : pinçade : goust piquant & aspre. pron. le z, ts.
Lácchia, vne sorte de breuuage fait de miel.
Lacchiétto, selon aucuns, ris de veau.
Làccia, vn'able, poisson : selon aucuns, vn poisson appelé musnier. Vne rosse, vne alausse, poisson.
alla prima Làccia .i. à la premiere occasion ou veuë.
Lacciáre, enlacer, lier.
Lacciáro, faiseurs de lacets.
Làccio, lacqs, cordeau, lacet. Courroye d'vn liure, attache.
Làccino, pour le pluriel de laccinóli, des lacqs ou liens.
Lacciuólo, vn lacqs.
Lacedémone, Lacedemonien.
Laceràbile, qui se peut deschirer.
Laceraménto, deschirement.
* Lacérna, vne casaque pour la pluye.
Laceratióne, deschirement, laceration.
Làcero, deschiré, laceré.
Lacèrto, l'endroit du bras ou jambe où il se rencontre plus de muscles. Item, vn Lezard : & vne certaine maladie de cheual dans les nerfs. Item, vn macquereau, poisson.
Lacérti delli stinchi, muscles des jambes.
Lacessíre, molester, fascher. pres. lacèsso.
Lacessità, molestation en paroles.
Lacessitòre, qui moleste.
Lachè, vn lacquay.
Lachétta, eslanche, gigot.
Lacherzíni, pointes, allechements. pron. ts.
* Lacínio, pot au laict. Item, vn bassin de Barbier.

LA 271

Laciniòso, coupé, découpé de certaine maniere. Item, embarassé.
Làco, lac.
Lacóne, en jargon, loup.
Lacónico, compendieux, bref, laconie.
Laconísmo, discours bref.
Laconizzáre, parler laconiquement. pron. dz.
Lacrária, espurge.
Làcre, sorte de gomme. Item, cire d'Espagne. Lacre.
Làcrima, larme.
Làcrima di vite, la mere goutte du vin.
Làcrima Christi, & làcrima, sorte de vin.
Lacrimábile, deplorable.
Lacrimabóndo, sujet aux larmes.
Lacrimále, larmeux, lacrimal.
Lacrimáli, glandules lacrimales.
Lacrimáre, pleurer : ietter des larmes : distiller.
Lacrimárij, certains vases dont on se seruoit à receuoir les larmes.
Lacrimatíue, pleur.
Lacrimétta, petite larme.
Lacrimeuole, deplorable.
Lacrimeuolmènte, deplorablement.
Lacrimóso, larmeux. Item, lamentable.
Lacrimúccia, petite larme.
Lacúna, mare : maresçage.
Lacunáre, sùppàlco, plancher, nom subst.
Lacunóso, marescageux.
Lacutúrno, sorte de chou cabus.
Làda, sorte de casse. Et vne sorte de lierre.
Làdano, ladanum. Et vne sorte de poisson.
Ladéllo, sorte de coutelas.
Ladétta, vn motet.
Ladina pàlla, vne balle qui entre sans force dans le cannon.
Ladíno, large, aisé, commode.
Ladraménte, en larron, furtiuement.
Ladraría, &
Ladrería, volerie.
Làdro, larron.
come i Làdri, comme les larrons, ennemy du iour, & se trouuent ensemble de nuit .i. ennemis en apparence, & s'entendent ensemble.
da Làdro sùnno, i. d'vne chienne de façon.
Làdri détti, de vilains discours.
la piu Làdra còsa, la plus vilaine chose.
Ladronàia, trouppe de larrons, quantité de larrons.
Ladronàre, dérober, faire le larron.
Ladroncellerie, voleries.
Ladroncinésco, de larcin.
Ladroncellína, petite larronnesse.
Ladroncéllo, larronneau.
Ladróne, larron.
Ladronéccio, larrecin.
Ladroneggiàre, dérober, commettre larcin.
Làe, pour là, en ce lieu-là.
Laéntro, là-dedans.
Làffaro, en jargon, vn chat.
Lagána, sorte de chouëtte.
Lagáre, inonder.
Lagaríno, sorte de vin.
Lagáro, la partie depuis l'estomac iusques au nombril. Item, vne sorte d'oiseau.
* Lagéna, bouteille.
Laggiù, laggiúso, là-bas.

Laghétto, petit lac.
Làggio, aloy.
Lagióne, forte de poisson.
Lagna, lamentation.
Lagnàrsi, se plaindre.
Làgno, lamentation, cry sans exprimer de parolles.
Lagnìno, petite plainte, mais feinte.
Làgo, lac.
Lagóne, vne mare.
Lagóbo, herbe de la Trinité.
Lagrìma, larme.
Lagrimàbile, déplorable.
Làgrime di contramàglie, en jargon, de l'argent.
Lagrimàli, glandules, lacrimables au coin de l'œil.
Lagrimàre, larmoyer.
Lagrimatióne, distillation.
Lagrimétta, larmette.
Lagrimévole, déplorable : en larmes.
Lagrimeuolménte, déplorablement.
Lagrimóso, larmeux.
Lagrimùccia, petite larme.
Lagúme, marescage.
Lagúna, id.
Lagunóso, marescageux.
Lai, cris : helas! lamentation.
Làia, algue.
Laicàle, &
Làico, laic.
* Laidaménte, laidement, vilainement.
* Laidézza, laideur. pron. ss.
* Laidìre, laidir, gaster, salir. pref. laidìsco.
* Làido, laid : sale, ord.
Lainèro, lanier.
Lainòlo, la place où les pescheurs se mettent pour tirer leurs filets.
Làla d'albèro, mousse d'arbre.
Laidétta, vn motet.
Laletàno vìno, forte de vin.
Lalisfóne, forte d'oiseau que l'on mange en Afrique.
L'altr'hiéri, auant-hier.
L'altrùi, le bien d'autruy.
Làma, plaine, campagne : vne rangée de peupliers proche d'vne eau. Vne lame de fer, d'espée, &c. vne mare ou eau dormante.
venìr à méza la Làma .i. venir promptement à la conclusion d'vne affaire.
Lamàna, l'arbre qui distille le mastic.
Lambéna, forte de poisson.
Lambicàre, &
Lambiccàre, alembiquer : distiller par l'alembic.
Lambiccatóre, distillateur.
Lambìcco, alembic.
Lambìre, lecher, laper. pref. lambìsco.
Lambràcca, &
Lambrùsca, vigne sauuage, lambrusque.
Lambruscàre, croistre des vignes sauuages.
Lamélla, lame, plastron.
Làmena, id.
Lamentàbile, lamentable.
Lamentaménto, lamentation, plainte.
* Lamentànza, lamentation. pron. ts.
Lamentàrsi, se lamenter, se plaindre.
Lamentatióne, lamentation.
Lamentatória, plaintiue.
Lamentatòre, &
La mentatrice, qui se plaint, qui se lamente.
Lamenteuòle, lamentable, plaintif.

Lamenteuolménte, lamentablement.
Laménto, lamentation, plainte.
Lamentóso, plein de lamentation.
Lamétta, petite lame.
Làmia, sorciere. Item, chien de mer, lameau.
Lamiéra, cuirasse ou plastron.
Lamìga, en jargon, vne maison.
Lamìglia, &
Làmina, lame, plastron.
Laminàto, couuert de lames de fer.
Laminétta, petite lame.
Lamiòla, lamiro, chien de mer, lameau.
Làmma, lame ou lingot.
Làmmia, sorciere.
Làmpa, flamme : feu clair qui passe viste, lueur, esclat. Lampe.
Làmpada, lampe.
Lampàdie, certaines Estoilles qui luisent comme va flambeau.
Lampàna, lampe.
Lampanàio, faiseur de lampes.
Lampànte, luisant.
Lampànti di ciuétta, en jargon, des escus.
Lampàre, esclatter, esclairer comme l'esclair du tonnerre.
Lampàro, faiseur de lampes.
Lampàsco, le lampas, mal de cheual.
Lampàzze, morceaux de bois qu'on attache aux antennes ou arbres, pour empescher que l'esclat ne se fasse plus grand, coustons. pron. ts.
Lampàzzo, glouteron, bardane. pron. ts.
Lampeggiaménto, esclattement, esclat : esclair.
Lampeggiànte, esclattant, esclairant.
Lampeggiàre, esclairer du tonnerre : esclatter.
Lampère, estoilles qui esclairent comme des flambeaux.
Lampiànte, esclattant.
Lampióne, grosse lampe.
Làmpiro, forte de lezard.
Làmpo, esclair du tonnerre : esclat. En jargon, de l'huile.
Lampréda, lamproye.
Lampredócria, lamptroyons.
Lampriàre, assaisonner vne viande d'vne certaine saulse de lamproye.
Lampriàta, saulse de lamproye, enuiron comme nostre ciué.
Lampsàna, lampsane, plante.
Làna, laine.
far d'ogni Làna péso. i. faire toutes sortes de malices.
venùto per Làna, e andàto tóso, venu pour auoir de la laine, & il s'en est allé tondu. i. il estoit venu pour gagner au jeu, & il a perdu son argent.
quàndo pésa lor Làna, nous disons, de quel bois ils se chauffent.
Làna da pettinàr co' déssi, & làna carmignòla .i. vne mauuaise beste, vne meschante marchandise.
vènder Làna Francése .i. tromper quelqu'vn.
Lanaiuòlo, vendeur de laine.
Lanàre, garnir de laine.
lanària, herbe au foulon.
Lenàrio, lanier.
Lanàta, lanàda, escouuillon, lanade de canon.
Lanàto, couuert de laine. Item, vne sorte de poisson.
Làce, balance. Escuelle plate.
Lancélla, &
Lancétta, lancette : & petite lance.

Lància.

LA   LA   273

Láncia, lance.
la Láncia d'Achille. i. qui vous a fait le mal vous guerisse.
ammazzáto con la Láncia da pozzo, tué auec la lance du puits. i. la corde.
abbassár la Láncia, coucher son bois.
hauér la Láncia da Monterappoli in máno. i. estre entre deux dangers, parce que cette lance estoit pointuë par les deux bouts.
combátter con le Láncie ferráte, combattre à fer esmoulu.
esser Láncia d'vno. i. estre le satellite d'vne personne.
portár ben la sùa Láncia. i. prendre le bon chemin de la grandeur, & des honneurs.
far d'vna Láncia vn fúso. i. reduire vne chose à neant.
Láncia spezzáta, lanspessade. pron. *ts*.
Láncia rótta, anspessade, lancepessade.
Lanciaménto, lancement.
Lanciáre, lancer, se vanter.
Lanciáta, lançade, iect : coup de lance.
Lanciatóia, vne sorte de filet pour prendre les oiseaux.
Lanciatóre, lanceur : vanteur. pron. *ts*.
Lanciatríce, lanceuse : vanteuse.
Lanciére, lancier.
Lanciería, les lanciers.
Láncio, grand sault, eslan : lançade.
di primo Láncio, de prim'abord.
Lanciòla, lancette. Item, laceole, herbe.
Lanciòne, grande lance.
Lanciònière, dardeur, qui frappe de lance.
Lanciottáre, lancer.
Lanciòtto, petite lance. Item, le membre.
Lanciuólo, qui darde, lanceur.
Lánda, lande.
dar la Lánda, se mocquer de quelqu'vn.
Landóso, plein de landes.
Láudra, vne garce : en iargon vne femme.
* *Láudrica*, la fleur de virginité.
Lanéfice, porte-laine.
Laneggiáre, garnir de laine : produire de la laine.
Lánsa, eau de nasse.
Láuga, lande.
Langanino, sorte d'oiseau.
Lánge, sorte d'oiseau.
Lángio, sorte de tumeur ou apostème.
Langóre, langueur.
Langorosaménte, langoureusement.
Langoróso, langoureux.
Languénte, languissant.
òcchio Languénte, œil mourant.
* *Languéza*, langueur.
Languidétto, vn peu languissant.
Languidézza, langueur. pron. *ts*.
Lánguido, languide, languissant.
Languíre, languir. pres. *languísco*.
Languóre, langueur.
Languria, sorte d'animal, ou de poisson : sorte de melon d'eau, qu'on appelle à Rome, *cocomero*.
Languro, sorte d'ambre.
Laniáre, deschirer en pieces.
Laniáre, Lanier.
Laniáre falcóne, id.
Laniatióne, deschirement.
Laniatóre, qui deschire.
Lánica, lance.
Lanício, ouurage de laine.
Lanífero, porte-laine.
Lanifício, ouurage de laine.
Lanífico, qui trauaille en laine.

Leníno, fait de laine.
Láno, de laine.
Lanosità, abondance de laine.
Lanóso, laineux.
Lantána, viorne, sorte de plante.
Lantérna, lanterne.
ha spénto vna Lantérna, il a vne lanterne esteinte. i. il a perdu vn œil.
vna Lantérna di latta, vne lanterne de fer-blanc. i. vne femme maigre.
Lantérne, en iargon, les yeux.
Lantèrnáre, lanterner.
Lanternáro, lanternier.
Lanternétta, petite lanterne.
Lanterniére, lanternier.
Lanternóne, grosse lanterne.
Lanugine, poil follet.
Lanuginóso, velu, plein de poil follet.
Lnuiro, couuert de laine.
vna mala Lanzza, nous disons, vne meschante beste. pron. *ts*.
Lánza, láncia, lance.
Lanzáre, lancer.
come disse quel de' Lánzi, c'est ce qui gaste la feste.
Lanz inìtio, &
Lánzo, lansquenet. Vn suisse à Rome.
Là ónde, *là úe*, la où, de sorte que.
Lápa, gloutteron.
Lapátio, lampe, lapace, sorte d'oseille, patience.
Lapáto, id.
Lápe : *il cùlo gli fà Lápe*, le cul luy fait tif taf, il a peur.
* *Lapicída*, tailleur de pierres.
Lápida, pierre : tombe, pierre qui couure vn Sepulchre.
Lapidaménto, lapidation.
Lapidáre, lapider.
Lapidário, lapidaire.
Lapidatióne, lapidation.
Lapidatóre, lapideur.
Lapidáso, sorte de pierre.
Lápide vólgare, sorte d'herbe.
Lapidóso, pierreux.
Lapilláre, lapider.
Lapíllo, pierrette.
Lapillóso, pierreux.
Lápis biánco, lapis blanc, crayon blanc.
Lápis, crayon, pierre noire : Lapis.
Lapislázzalo, pierre d'azur. pron. *dz*.
Lapislázzuli, id. pron. *dz*.
Lápis rósso, crayon rouge.
Lapitúdine, chassie.
Láppa, gloutteron.
Lappágine, id.
Lappáre, lapper.
il culo gli fà Láppe, il a peur.
Láppola, gloutteron, bardanne : vulg. renards.
Láppola di montágna. i. vn qui s'attache, vn auare qui prend de tous costez. Item, vn importun.
Lappoláre, s'attacher comme la gloutteron.
Lappolétte, petites broussailles.
Lappolóne, vn gros importun.
Lappolóso, plein de gloutterons.
Lappuára, vne lippée.
Lapsána, lampsane.
Lápso, cheute, escapade.
Laqueáre, le faiste : la poutre qui soustient le faiste.
Larántola, sorte d'escreuice de mer.
Larbasóne, albastre.

Lardáia z sicca, vne courge, sorte de citroüille.
Lardáre, larder.
Lardaruóla, lardoire.
Lardaruólo, vn qui vend toutes sortes de viandes salées, chaircuitier. Item, chandellier.
Lardatóre, lardeur.
Lardégli, lardons. Item, vne sorte de figues.
Lardelláre, larder.
Lardéllo, lardon.
Lardéllo fico, figue de couleur iaunastre.
Larderíno, lardon.
Larderíni, sortes de figues iaunastres.
Lardiéra, lardoire.
Lardiéro, vendeur de lard.
Lárdo, lard.
non si gitta il Lárdo per le finéstre, nous disons, on ne iette pas les espaules de mouton par la fenestre.
Lardóne, lardon.
Lardirólo, lardiróne, vn furet.
Lárez e, meleze. pron. ts.
Larecino, sorte de poisson.
alla Lárga, au large, largement.
tirársi alla Lárga, s'esloigner, se reculer.
Largáccio, liberal, par ironie.
il Largáccio da Lucca. i. vn auare: vn vilain. Ce Largáccio, donnoit à boire aux oyes quand il pleuuoit.
Largaménte, largement, amplement : liberalement.
Largáre, eslargir, deliurer de prison.
Largatíra, nauigation sans force ou grande peine.
Largheggiáre, aller largement, s'estendre : faire des largesses. pron. ghe comme gue en François.
Larghézza, largeur : & largesse : abondance : licence. pron. ghe comme gue en François.
Largiloquénti, grand parleur, grand prometteur.
Largiloquénza, iaserie, grand discours. pron. ts.
Largíre, donner, estre liberal. Item, eslargir, pres. largisco.
* Largità, largesse.
Largitióne, don.
* Largitóre, donneur.
Lárgo, large.
Lárgo di bócca, grand prometteur : grand parleur.
Lárgo in ciutola, ou lárgo cóme vna pina vérda, large de ceinture, large comme vne pomme de pin verte, nous disons d'vn auaricieux, il est bien large par les espaules : c'est à dire, chiche, auare.
il Lárgo de' manchi. i. vn auaricieux.
Largúra, largeur.
Lárice, la rege, meleze, sorte de pin.
Lárij Dei, certains Dieux des anciens, Lares.
Larínce, larinx.
Larino, sorte de monnoye à Ormuz.
Láro, arondelle de mer.
* Láro, pour ládro, larron.
Lárua, masque. Item, larue, fantosme : c'est aussi vne pierre platte à couurir vne maison.
Laságna, lasagne, viande de paste.
cóme le Laságne, comme les lasagnes, ny endroit ny enuers. i. on ne sçait ce que c'est.
Laságne maritáte. i. faites auec du fourmage, & rissolées auec vne pelle chaude.
Laságne badiáli, faites auec des peaux de volailles.
assogár il cáne con le Laságne. i. c'est offrir plus qu'vne chose ne vaut, afin de paruenir à son dessein.
Lasagnáio, faiseur de lasagnes ou viande de paste.
Lasagnatóro, vn rouleau à faire des lasagnes.

Lasagneggiáre, engraisser de lasagnes.
Lasagnéra, faiseuse de lasagnes.
Lasagnóne, vn gros lourdaut, vn grand fat.
Lásca, vne sorte de poisson, roise : selon aucuns, vne carpe.
téla Lásca, toille lasche.
Lascáre, lascher.
Láscia, vn lais.
Lasciáre, laisser.
Lasciársi vedér in vn luógo, se trouuer en vn lieu.
vn Lasciamistáre, vn ennuyeux, vn desgoustant, vn importun.
Lasciáta, vn lais.
Lascíbile, dissolu, qui se laisse aller.
Láscio, vn laisse de chien.
Láscio, &
Lascíta, vn lais.
Láscito, id.
Lasciuaménte, lasciuement.
Lasciuétto, vn peu lascif, plein de chaleur ou d'amour.
Lascíuia, lasciueté.
Lasciuiáre, viure lasciuement.
Lasciuíre, id. pres. lasciuisco.
Lasciuo, lascif.
Lascinólo, vne chauue-souris.
Laséna, soye de porc. Item, vne vesse.
Láser, certain arbre qui porte vne gomme medicinale.
Lásera, la gomme de l'arbre Láser.
Lásero, vn meslé de la gomme de Láser.
Laserpitiáto, composé ou meslé du Laserpitium.
* Laserpítio, Angélique, Laserpitium, plante.
Lássa, vn lais.
Lássa, ahi lássa, helas.
à Lássa, de reserue.
Lassána, sorte d'herbe.
Lassáre, lasser. Et laisser.
Lassatézza, lassitude. pron. ts.
Lassatióne, laxation.
Lassatíuo, laxatif.
Lassero, vn arbre qui produit vne gomme medicinale.
Lassézza, lassitude. pron. ts.
Lássito, vn lais.
Lassitúdine, lassitude.
lásso, las. C'est aussi vne lesse, & vn lais.
Lásso, ahi lásso, las, helas.
Lassú, là-haut, là-sus.
Lástra, pierre platte paué. Lame.
Lástre & bágni, lieu de bains.
Lastráre, lastregáre, &
Lastricáre, pauer.
Lastricatóre, paueur.
Lastricatúra, &
Lástrico, le paué.
condúrsi al Lástrico. i. aller gueuser sur vn pont ou à l'Hospital, prendre le chemin de l'Hospital.
Lástro, careau. paué, pierre platte.
Lastróne, grand paué.
Lastrúccia, petit paué : petite pierre platte.
far le Lastrúccie. i. faire la nicque.
Láta, late : lame : pierre platte.
andar à Láta, en jargon, s'enfuir bien viste.
Láte, lattes de vaisseau.
Latáce hérba, herbe au liet.
Lataríua, sorte de poisson appelé atherina en Latin.

Latébra, fonds, enfoncement, obscurité, secret caché d'vne chose. Vne cauerne.
Latebróso, cauerneux.
Lateggiáre, costoyer.
Laténte, caché, secret.
Latentemènte, en cachette, secrettement, couuertement.
Lateminóro, qui mange en cachette.
Lateràle, lateral.
Laterina, latrine, priué. Item, vn nom propre d'vn lieu. Et vne sorte de poisson.
stá à Laterina. i. il est au priué.
à Látere, à costé, collateral, comme compagnon d'office.
Laterino, le priué.
Laterna, lanterne.
Lathiside, &
Latiri, espurge.
* *Latibulo*, lieu caché.
* *Latice*, spacieux.
Laticlauio, sorte de longue robbe qui seruoit au triomphe.
* *Latifólio*, qui a de grandes feüilles.
Latina, voile latine.
Latinàre, parler ou escrire en Latin : Latiniser.
Latinismo, *latinità*, proprieté de langue Latine.
Latinità, langue Latine.
Latinìz̃zàre, Latiniser. pron. les zz, comme *dẽ*.
dar Latini, pedantiser, enseigner le Latin.
Latino, Latin.
Latino di bócca, fort en gueule, habile causeur.
far il Latino à cauàllo. i. faire la volonté d'autry par force.
Latino, pour spacieux, ouuert.
Latino sálso, vne incongruité.
Latióne, port.
* *Latitánte*, caché.
* *Latitáre*, estre caché.
Latitùdine, latitude, largeur, estenduë.
Láto, costé : lieu, endroit. Item, large, estendu.
à Láto, à costé, auprés.
Látora, les costez.
Latóre, porteur.
Latraménto, abboy.
Latráre, abboyer.
Latráto, abboy.
Latratóre, abbayeur.
Latría, latrie.
Latrina, priué, esement.
* *Látro*, *latróne*, larron.
Latrocináre, desrober.
Latrocínio, larcin.
Latronéccio, id.
Latroneggiáre, desrober.
Látta, fer blanc. Item, vne sorte de cannelle.
Lattáce, laicteron : herbe au laict.
Lattacini, laictages. Item, vaisselle de fayance : & ris de veau : laicte de poisson.
Lattacino, ris de veau. Item, vn flan de laict : Et vne sorte de composition blanche pour faire des verres.
Lattaciuòli, laictages : ris de veau : laictes de poisson.
Lattaménto, laictage.
Lattaiuòla, laicteron. Item, vn flan de laict, vne dariolle.
Lattaiuólo, animal de laict, qui tette encore.
Lattaiuólo, dent de laict, c'est aussi vne sorte de dariolle, ou flan de laict.

Lattánte, qui donne du laict, allaictant.
Lattáre, tetter, prendre le laict : & allaicter.
Lattaría, le lieu où l'on tient le laict, laicterie, fourmagerie.
Lattária, espurge.
Lattarini, poissons laictez.
Lattário, faict de laict, ou qui rend du laict.
Lattaruóla, laictiere.
Lattáro, *lattaruólo*, vendeur de laict. Item, vn flan de laict : & vn fourmage à la cresme.
Lattáto, blanc comme laict : plein de laict : laicté comme le poisson.
Látte, laict.
Látte di gallina, cela s'entend de la chose la plus excellente du monde : le laict de la poulle, viandes exquises, tout ce qu'on peut souhaitter de bon.
ésser di Látte, estre laicté : cela se dit d'vne femme qui nourrit vn enfant.
Le bó ca gli piz̃z̃a di látte. i. il est ieune & sot, nous disons, si on luy tordoit le nez, il en sortiroit du laict.
Látte di pésce, laicte de poisson.
né d'óuo né di látte. i. ny bon ny mauuais.
Láttea via, le chemin de S. Iacques, la voye laictée.
Látteo, de laict.
Letteróli, sorte de viande de laict.
Letteróne, laicteron.
Latticínio, laictage. C'est aussi vne matiere & vaisselle blanche comme de fayance. Item, escume d'estain.
Lattífero, qui produit du laict.
Latifício, laictage : laict qui sort des figues, & de quelques sortes d'herbes.
Latifíglio, fils de laict.
Lattíme, galle ou tigne qui fait peler la teste aux enfans.
Lattíscio, de laict, blanc comme laict.
Lattítio, sorte de ciuette, animal.
Lattoário, electuaire.
Lattondáio, chaudronnier.
Lattóne, laicton.
Lattóne, & *lattónxolo*, de laict, qui tette.
Lattóre, herbe au laict.
Lattórxo, veau de laict, pron. *ts*.
Lattóso, plein de laict.
Lattonáro, electuaire.
Lattúca, laictuë.
dar le Lattúche in guárdia à pápperi, nous disons, donner au plus larron la bourse.
Lattucélla, laicteron.
Lattúga, laictuë.
Lattúga, vne fraize de toille.
far la Lattúga intórno al cóllo co' piédi, c'est quand le bourreau pend vn homme.
Lattugíno, de laict.
Lattugóni, grosses laictuës.
Lattúme, laictage.
Lattuóso, pour *luttuóso*, de deüil.
Latúmie, marescages.
Latumióso, marescageux.
Láua, lieu où l'on laue : vn lauage.
Lauábile, qui se peut lauer.
Lauacéci, vn faineant.
Lauacéci, *lauacéti*, idem.
Lauaciáre, essanger, gayer, rincer.
Lauáccio, lauage : lauailles, mangeailles de pourceaux.
* *Lauácro*, vn esuier.

Lauagnótto, forte de pinache.
Lauamáno, vne fontaine pour se lauer les mains.
Lauamáni, vne herbe qui croist proche l'eau, les païsans s'en frottent les mains en les lauant.
Lauaménto, lauement.
Lauána, herbe qui croist proche de l'eau.
Lauánda, lauande : & lauement, eau pour se lauer.
Lauandáia, lauandára, lauandiere.
Lauándula, lauande femelle.
Lauanése, vne herbe qui croist proche l'eau.
Lauáre, lauer.
Lauáre il cápo ad v'no, lauer la teste, tancer vne personne, reprimender.
Lauarétto, lauaret, sorte de poisson.
Lauaróne, lauaron, sorte de poisson au lac du Bourget, en Sauoye.
Lauastrácci, vn faineant.
Lauatáre, rincer, essanger.
Lauatína, vne petite rinçade.
*Lauatióne, lauement, lauage.
Lauatóio, lieu où l'on laue : esvier, lauoir.
Lauatóre, lauandier : laueur.
Lauatríce, lauandiere.
Lauatrína, l'esvier où l'on laue la vaisselle.
Lauatúra, lauement : laueure : laue-mains.
Lauatúra di cápo, vne reprimende.
Láuda, loüange.
Laudábile, loüable.
Láudano, ladane, ledè, plantes.
Laudáre, loüer.
Laudatióne, recommandation.
Laudatíua, estime, prix, loüanges.
Laudatíuo, loüable.
Laudatóre, loüeur, qui donne des loüanges.
Laudatório, de loüange.
Laudatríce, qui loüe, qui donne des loüanges.
Láude, loüange.
Láude, selon aucuns, la partie du derriere de la teste.
Laudése, qui chante les Laudes.
Laudéuole, loüable.
Laudicéna, vn qui loüe ou prise vn autre pour vn souper, vn flatteur ou escornifleur.
▪ Laueggiáre, faire boüillir dans vn chaudron ou pot.
*Laueggiáro, faiseur de pots, pottier.
*Lauéggio, vn pot de terre en forme de chaudron, ou enuiron comme vne marmitte sans pieds. C'est aussi vne poësle à mettre de la braise.
Lauéllo, vn lauoir.
Láuero, du cresson.
Lauézo, vn pot, vn chaudron sur le Venitien. pron. les zz. comme dz.
Lauoràggio, ouurage.
Lauoránte, compagnon d'artisan, ouurier : manœuure.
Lauoránte di scárpe, en jargon, coupeur de bourses.
Lauoráre, besogner, trauailler, labourer.
Lauorár vna Dónna, &.
Lauorár la Signora, besogner vne femme.
Lauorár il vino, selon aucuns, entonner.
Lauorátio, lassant.
Lauoratíuo, de trauail.
Lauoratóre, laboureur.
Lauoratríce, ouuriere.
Lauoratúra, trauail.
Lauorécce, lauoreria, le lieu où l'on laboure. Item,

ouurage grossier.
Lauoréccio, attelier.
Lauorério, ouurage delicat.
Lauoriáre, trauailler.
Lauoriéra, ouuriere.
Lauorícre, ouurier : Et ouurage.
Lauorío, ouurage.
Lauóro, labeur : ouurage : materiaux pour bastir.
Lauóri, toutes sortes d'ouurages, comme passements, &c.
Lauóro à máglia, ouurage à reseaux.
Lauór d'intáglio, point-couppé.
Láurea, couronne de laurier.
Laureáre, donner la couronne de laurier, couronner de laurier.
Lauréato, couronné de laurier.
Lauréе, sorte de figues vertes.
Láuro, de laurier.
Lauréola, peruanche : laureole.
Lauréto, lieu planté de lauriers.
*Laurífero, laurígero, qui porte du laurier.
Laurígena, pour vrina, vrine.
Laurino, de laurier.
Láuro, laurier.
Lauteggiáre, viure delicieusement.
Lautézza, splendidité de viandes. pron. tz.
Láutie, certains presens des Romains.
Lautítia, somptuosité, bonne chere, abondance de viandes.
Láuto, delicieux, delicat, somptueux.
Lauúnque, en quel lieu que ce soit.
Lázza, lasca, selon aucuns, vne carpe : vne rosse, poisson. pron. ts.
Lazzaréto, la ladrerie. pron. dz.
Lazzarétto, vn lepreux, vn ladre. pron. dz.
Lazzarína, lepre. pron. dz.
Lazzaríno, lazzaríco, lepreux, ladre. pron. dz.
Lazzarúso, sorte de ver, qui s'engendre aux cheuaux. pron. dz.
Lazzarnóli, sorte de fruits comme les cornoüilles. pron. dz.
Lázzo, de goust aspre, verd, restringent. Item, profit. pron. dz.
Lázzi, ce sont des actions que font les bouffons de theatre, pour faire rire.
Lázzoli, azur. pron. dz.

LE.

LE, les, article feminin au plurier.
Le, relatif, & pronom personnel, luy à elle : & au plurier, leur, & les.
Leáchi, certains Officiers dans la Chine.
Lealáre, rendre loyal.
Leále, loyal.
Leále cóme vn zingano, nous disons, fidelle comme vn meusnier.
Lealménte, loyalement, loyaument.
Lealtá, loyauté.
Leándro, laurier-rose.
*Leána, &.
*Lealtrà, pour lealtà, loyauté. pron. tz.
Leárdo, gris, poil de cheual.
Leárdo pomáto, ou.
Leárdo rotáto, gris pommelé.

LE

Leále, rendre ou deuenir loyal.
Lébbra, lepre.
Lebbráccia, vne vilaine lepre.
Lebbrosía, lebbrosità, lepre.
Lebbróso, lepreux.
Leccáro, sorte de poisson aussi long qu'vne Galere.
à Lécca dita, à leche doigt.
Lécca altári, vn hypocrite.
lécca fune, vn pendard.
Lécca, en jargon, anguille.
Lécca piátti, vn friand.
Lécca pignátte, vn gourmand.
Leccágine, friandise.
Leccáme, morceau friand.
Leccardía, friandise.
Leccárdo, friand.
due Leccárdi ad vn taglière, nous disons deux chiens apres vn os.
Leccáre, lecher : effleurer, toucher vn peu, lecher vn ouurage, terme de Peintre.
Leccár e non mórdere. i. se contenter d'vn gain honneste.
à cán che Léccbi cénere, non gli fidár farina, à qui desrobe peu, ne luy fie pas le principal.
chi vá Lécca, chi stà si lécca, qui vn leche, qui demeure seiche. i. qu'il faut aller soy-mesme sans enuoyer vn autre, ou plûtost, que quand on fait la diligence en quelque affaire, on en vient à bout, plûtost qu'à demeurer oisif.
Leccársi le dita d'vna cósa, manger ses doigts de quelque chose de bon, en estre friand.
Lécca tagliéri, gourmand.
Lécca spina, vn yvrogne.
Leccatiuo, qui se peut lecher.
Leccáto, pour delicato, delicat.
Leccatóre, vn flatteur, vn lecheur, vn friand.
Leccatríce, flatteuse. Item, lecheuse, friande.
Leccatúra, friandise : & flatterie.
Leccéto, lieu planté d'yeuses.
è in vn Leccéto. i. il est dans vne confusion, il est embrouillé.
Lecheggiáre, lecher, friander.
Lecchétto, vn morceau friand. Item, vne piece douce à vn mors, pour amuser le cheual.
Lécchia, sorte de chien de mer.
Léccio, yeuse.
Lécco, friand.
Lécco, c'est vne petite boulle que l'on jette, qui sert de but aux autres : ou au palet, comme nostre cochon va deuant.
Lécco, en jargon, de l'huile.
Leccóne, vn friand.
Leccornía, ragoust : morceau friand : gourmandise, friandise.
Leccúme, idem.
Léce, il est permis.
Lecitaménte, auec permission.
Leciánza, permission. pron. ts.
Lecitare, rendre licite.
Leciézza, permission. pron. ts.
Lécito, permis, licite.
fársi Lécita, se donner la liberté, prendre la licence de faire.
Lécora, lécoro, vn tarin.
Léda, plante qui porte le ladanum.
Lédano, idem.
*Lédere, lezer, offenser. parf. ledetti. part. léso.
Léga, ligue : alliance. Aloy. : vne lieuë : & vne sorte de mesure de grain.

LE 277

Léga di metálli, alliage de metaux.
argénto di diéci Léghe, argent de dix grains.
Legáccia, &
Legáccio, lien : jarretiere.
Legacciólo, idem.
Legággio, alliage de metaux. Item, vne cedule ou obligation : vn pacquet : les cordes dont les faquins lient leurs charges : & l'etiquette, ou marque du Marchand.
Legále, legal : loyal.
Legalità, loyauté.
Legáme, lien.
Legaménto, lien.
Legánza, alliance. pron. ts.
Legár i metálli, allier les metaux : billonner.
Legár i dénti, agacer les dents.
Legáre, leguer, faire vn lais.
Légala béne & pói làssala andáre. i. fay de ton costé, & remets à Dieu le reste.
Legár l'ásino. i. dormir fort.
dapói che si Légo il fiéno. i. de tout temps.
Legársela al díto. i. se souuenir d'vne chose.
Legár vn huómo, nous disons, noüer l'esguillette.
léga l'ásino doue vuol il padróne, attache l'asne où veste ton Maistre. i. faits ce que ton Maistre te commande, quand tu serois mal, & ne songe pas à autre chose.
Legársi vna cósa al cuóre. i. se bien souuenir, bien remarquer, bien obseruer.
Legársi, s'allier, faire vne confederation ou alliance.
Legatário, legataire.
Legatélli, petites bandes pour attacher vne piece sur son affust.
Legáta, vn lais.
Legatióne, vn lais. Vne legation ou Ambassade. Item, ligature : charme ou noüement d'esguillette.
Legáto, lié, attaché, repris, legué : vn Legat : vn lais. Item, sarty ou enchassé.
Legatóre, lieur : relieur.
Legatóre di bálle, emballeur.
Legatór di metálli, billonneur.
Lrgatório, legatoire, de lais.
Legatúra, ligature.
Légge, loy.
fattà la légge pensáta la malitia, faite la loy, on songe à la malice.
Leggénda, legende.
Leggendário, liure de legende.
Léggere, lire. parf. léssi, leggésti, lésse, part. letto. pron. l'e ouuert.
Léggesi su'l tuo libro, on lit dans ton liure. i. on parle de toy.
Leggerézza, legereté. pron. ts.
Léggia, grasse, charnuë.
Leggiadría, gentillesse.
Leggiádro, gentil.
Leggibile, lisible.
Leggiére, leger.
Leggierézza, legereté. pron. les zz, comme ts. di Leggiéri, facilement.
Leggierménte, legerement.
Leggiéro, leger, inconstant.
Léggio, le pulpitre, qui le lutrin qui soustient le liure dans l'Eglise.
tu hai più paróle ch'vn Léggio, &
tu darésti paróle ad vn Léggio. i. tu és vn grand cajolleur.
Leggislatóre, legislateur.

M m iiij

Leggísta, professeur de loix.
Leggitóre, liseur, lecteur.
Leggitríce, liseuse.
Legionário, qui appartient à vne legion, legionaire.
Legióne, legion.
* *Legístra*, professeur de loix.
Legistráre, enregistrer.
Legístro, registre.
Legitimaménte, legitimement.
Legitimánza, legitimation. pron. *ts*.
Legitimáre, legitimer.
Legitimatióne, legitimation.
Legítimo, legitime.
Légua, du bois.
Legnággio, lignage.
Legnáia, nom propre d'vn lieu.
mandàr à Legnáia, enuoyer, &c. i. donner des coups de baston, nous difons, charger de bois.
Legnaiuólo, charpentier.
far il gròsso Legnaiuólo, cela se dit d'vn qui nie tout, encore que fort apparent : il difoit, ie ne voy ny ne touche.
hauér di quéllo che adóperano i Legnaiuóli, dello stúcco .i. estre dégoustant, par allusion de *stúcco*, qui signifie du stuc, & dégoustant.
Legnamáro, vn marchand de bois.
Legnáme, toute sorte de bois. Item, charpenterie.
di gròsso Legnáme, de gros bois. i. lourdaut, grossier.
Legnáro, vn menuisier. Item, marchand de bois.
Legnaruólo, charpentier.
Legnáta, coup de baston.
Legnáto, vne pile de bois. Item, garny de bois.
Legnétto, vne petite piece de bois.
Legnífero, qui produit du bois.
Legníno, le goust du fust.
Légno, bois.
con póche Légna, pòr gràn cárne al fuòco .i. entreprendre beaucoup.
Légne, du bois à brusler.
non mi vóglio tiràr le Légne adósso .i. ie ne me veux pas attirer l'affaire sur les bras.
buóne Légne, súron tagliáte di mággio, c'est de bon bois, il a esté taillé au mois de May : cela se dit quand quelqu'vn fait semblant de ne nous pas entendre, & respond hors de propos.
vn Légno sù vna méssa .i. vn baston sur vne piece de bois .i. l'vn vaut l'autre : nous difons, bonnet blanc, blanc bonnet, ius ver, ver ius.
Légno, & *Légno sánto*, du gaiac.
pigliár il Légno, prendre la decoction du gaiac.
passár sòtto vn pónte di Légno, &
dar della schiéna in vn Légno .i. receuoir des coups de baston.
aggiúgner Légna al fuòco. i. nous disons, allumer le feu, souffler aux oreilles, mettre le feu aux estouppes.
Légno, vn vaisseau ou barque, à cause de sa matiere.
Legnóso, plein de bois.
Legóro, vn leurre.
Legraménto, certain noir à noircir des cuirs.
Legumáro, marchand de legumes, grenetier.
Legúme, legume.
Legumóso, plein de legumes.
Legúro, vn lezard. Et vn tariu.
Legústro, du troësne.
Lei, elle. pron. l'e ouuert.
Lélla, aulnée, plante.
Lellàre, se plaindre tout bas.

Léma, chassie. Item, de la cresine.
* *Lemargía*, gourmandise.
* *Lemárgo*, gourmand.
Lémba, sorte de barque.
Lembáre, border.
Lembáta d'óglio, vne tache d'huile bien large.
Lembíre, mettre en lambeaux. Item, lecher & toucher doucement. pres. *lembísco*.
Lémbo, lambeau : pan : bord de vestement, ou autre chose. C'est aussi vn linge ou peau que les femmes portent en Hiuer sur leurs espaules. Et vn lé d'estoffe à vne robbe, &c.
Lémma, raison, argument.
Lemoncéllo, petit limon, fruit.
Lemóne, limon.
Lemoníno, petit limon : & de couleur de limon.
Lémori, fantosmes.
Lemósina, aumosne.
Lemosinário, aumosnier.
Lemosiníere, idem.
Lempárdo, leopard.
Lémuri, fantosmes, esprits.
Léna, haleine. Item, vne macquerelle.
Lenáre, donner haleine.
Lendináre, oster les lentes.
Léndine, lente.
Lendinóso, plein de lentes.
Leneíno, ris de veau.
Léngua, langue.
Lenguággio, langage.
Lenguáta, &
Lenguátola, vne solle, poisson.
Lenguélla, *lenguétta*, languette.
Lenificaménto, adoucissement.
Lenificáre, adoucir, lenifier.
Lenificatíuo, lenificatif, adoucissant.
Leniósò, qui a le mal de ratte.
Lenísce, vne lancette.
Lenità, douceur.
Lenitíuo, lenitif.
Lémnia, lemnie, terre sigillée.
Lénio, foible : souple, pliant. Item, macquereau.
* *Lenocínio*, macquerellage. Item, allechement, appast.
* *Lenocinióso*, plein d'appas.
* *Lenóne*, macquereau.
* *Lenonía*, macquerellage.
Lenósa, emplastre, lenitif.
Lentáccio, vn lasche ou lent personnage.
Lentággine, sorte de plante, lentisque.
Lenteménte, lentement.
Lentáre, allentir : lascher : tarder, cesser.
Lénte, lentille : lente, & lent.
Lénte di palúdi, lentille d'eau.
Lentézza, lenteur. pron. *ts*.
Lenticchia, lentille.
Lenticóno figúra, certaine figure geometrique.
Lenticoláría, sorte de lentille.
Lentícula, lentille.
Lentíggine, lentilles, marque de rousseur sur la peau.
Lentiginóso, plein de lentilles sur la peau.
Lentrína, sorte de caneuas ou bougran.
Lentischio, lentisque, plante.
Lentísco, idem.
Lénto, lent.
Lénto, *lémpo*, lentement.

Lénza, toile fine : vne ligne à pefcher : vne bende de toille.
Lénza, en jargon de l'eau, pron. ts.
Lénza di brúna, de l'encre.
à Lénza, à la ligne en peſchant.
Lenzáre, bender, pron. ts.
Lenzáre, en jargon, mouiller. pron. ts.
Lenzáre, en jargon, piſſer, pron. ts. preſ. lenzjſco.
Lenzuolétto, petit linceul ou drap de lict, prononcé. ts. & l'e fermé.
Lenzuólo, linceul, drap de lit, pron. ts.
ſténderſi piú, che non è lúngo il Lenzuólo. i. deſpenſer plus que l'on ne peut.
Leocórno, licorne.
Leofánte, Elephant.
Leóna, lionne.
Leonáto, qui tire ſur le tané, minime.
Leonáto ſcúro, minime noir.
Leoncíno, lionceau : Leoncéllo.
Leóne, lion.
far le vólte del León gránde, eſtre fort en colere.
Leóne, en jargon, puiſſant.
Leoneggiáre, faire le lion.
Leonéſco, de lion.
Leonéſſa, lionne.
Leonfánte, Elephant.
Leonſáto, de couleur de lion.
León marino, ſorte d'Eſtoille.
Leoníma, ſorte de plante.
Leoníno, né ſous le lion. Item, de lion.
Leonizzáre, en jargon : auoir de la puiſſance, pron. dx.
Leopárdo, leopard.
Leontíce, chervy ſauuage.
Leóntio, ſorte de pierre de couleur du lion.
Leontóſano, certain ver fort veneneux au lion.
Leontopetalóne, herbe appelée patte de lion.
Leónza, vne lionne, pron. ts.
Leónza gattéſca, Once, animal. pron. ts.
Leopárdo, leopard.
* Lépe, la pance.
Lepídio, paſſerage, naſitort ſauuage.
* Lepiditá, gentilleſſe.
* Lépido, gentil, agreable.
Lépo, certain poiſſon eſcaillé.
Lepordíccio, ſorte de pierre de diuerſes couleurs : autrement, Lepídia.
Leporáio, &
Leporário, giſte du liévre. C'eſt auſſi vne ſorte de Milan.
Lépore, liévre.
* Lepóre, grace, gentilleſſe. pron. l'o fermé.
Leporína, paſſerage, herbe. Item, levraut.
Leporíno, levraut. Item, vne ſorte de mal aux paulpieres.
Léppo, puanteur de quelque choſe que l'on bruſle. Item, vn certain poiſſon veneneux à l'homme.
Lépra, la lepre. Item, vne haſe.
Lepráio, giſte de liévre.
Leprátio, levraut.
Lépre, liévre.
far cóme la Lépre vécchia, faire comme le vieux liévre. i. retourner au giſte.
pigliár la Lépre col cárro. i. faire vne choſe auec patience : en venir à bout à ſon aiſe : n'auoir guere haſte.
Lépre marína, ſorte de poiſſon.
Lepreggiáre, faire le liévre.
Lepréro, lévrier.

Leprettíno, levraut.
Lepróne, vn levraut.
Leproſitá, lepre.
Lepróſo, lepreux.
Lepróſto, vn levraut.
Lépto, leptóne, centaurée.
* Lepúſculo, petit levraut.
Leptorága, ſorte de vin.
Léquila, vn ſerein comun.
Lérce, marque de meurtriſſeure.
Lerciáre, ſalir, ordir.
Lércio, ſale, ord.
* Lérco, vn gourmand.
Lércola, lérgola, vn groxlard, oiſeau.
Lerlichirollo, vn merle.
Lérua, couleuvre.
Léro, ers, ſorte de grain.
Lérza, marque de meurtriſſeure. Item, la jambe, ou greve de la jambe, pron. ts.
Lerzáre, faire des marques de meurtriſſures, pron. ts.
Lérzo, lércio, ſale, ord. pron. ts.
di Léſa Maeſtá, de leze Majeſté.
Lésbia, ſorte de pierre precieuſe.
Léſca, meche de fuſil.
Leſcía, lexiue.
Leſciáre, liſſer.
Léſegno, pouppée de lin ou chanvre.
Léſina, aleſne. C'eſt auſſi la leſine ou eſpargne : certain liure de la leſine.
Leſinággine, eſpargne, chicheté.
Leſinánte, chiche, eſpargnant.
Leſináre, &
Leſineggiáre, eſpargner, faire la leſine.
Leſinería, chicheté, eſpargne, leſine.
Leſinéſco, de leſine.
Leſiniéro, chiche, vilain.
Leſíoue, leſion, offenſe.
Léſo, leſé, offenſé.
Leſſáre, bouillir.
Léſſico, leſſicóne, Lexicon, Dictionnaire.
Léſſo, du bouilly. pron. l'e fermé.
Leſtaménte, leſtement, adroitement.
Leſtáre, leſter.
Léſto, leſte, habile. pron. l'e ouuert.
Léſto cóme vno ſcaraſúggio, adroit & habile comme vn Eſcarbot. i. lourdaut.
Leſtrígone, Leſtrigon.
Letále, mortel, & d'oubly.
Letamáio, vn fumier, vn tas de fumier.
Letamáre, fumer de fumier.
Letáme, tas de fumier.
Letáme, fumier, fient.
Letaminaménto, fumement.
Letamináre, fumer.
Letaminatúra, engraiſſement auec du fumier.
Letáne, les Letanies, Letaníe : c'eſt auſſi le temps des Rogations.
Letanizzáre, chanter les Letanies. pron. dx.
Letargía, letargie.
Letárgico, letargique : Letargívico.
Letárgio, letárgo, letargie.
Letargívio, litarge d'or.
Lethále, mortel.
Léthe, le fleuue d'oubly.
Létia, mignardiſe d'enfant.
Letificáre, reſiouïr.
Letificatióne, reſiouïſſance.
Letígine, tache de rouſſeur.

Lettro, mignardise d'enfant : caresse.
Letitia, ioye, liesse.
Letitiáre, resiouïr.
Lettregano, sorte de poisson.
* *Letróso*, fascheux, reuesche.
Lérta, surmulet, poisson. Item, vn lict.
Lettáccio, vn grand lict mal-fait.
Letteggiáre, garder le lict.
Léttera, lettre.
per Léttera, doctement, habilement, adroittement.
parlàr per Léttera. parler auec science.
è spedito per Léttere di cambio .i. c'est fait de luy.
à Léttere di scártola .i. clairement, ouuertement.
à Léttere di spetiále, idem.
Letterággine, doctrine, litterature.
Letterále, litteral.
Letteralménte, doctement.
Letteráre, endoctriner.
Letteráto, lettré.
Letterattáccio, vn petit Docteur.
Letteratúra, doctrine.
Letteréccio, qui appartient à vn lict.
Letterescaménte, auec doctrine.
Letterétta, *letterina*, petite lettre, lettrine.
Letteróni, grosses lettres.
Letteróso, lettré, docte.
Letterúzza, petite lettre. pron. *ts*.
Léttica, littiere.
Letticáio, qui meine la littiere, muletier.
Letticéllo, &
Letticciuólo, vn petit lict.
Lettiéra, couche, bois de lict, chalit. Et dossier de lict.
Lettíga, listiere.
Lettighiéro, muletier qui conduit la listiere. pron. *ghi* comme, *gui*, en François.
Lottióne, leçon.
Lettipiédi, pilliers ou colomnes de lict.
Lettistérnij, certains licts dont se seruoient les Romains en leurs Temples, & aux ceremonies de leurs festins.
Létto, lit. Canal de fleuue, lict. Couche d'herbages, & autres choses qu'on entasse ou arrange.
Létto fornito, vn lict, & vne garce dedans : chere entiere.
stàr fra Létto è lettúccio .i. ne se porter ny bien ny mal, parce qu'on change vn malade en commençant à se bien porter, d'vn grand lict au petit.
Létto del vino, la lie du vin.
Létto di cannóne, platte forme du canon.
fàr il Létto al cáne è gran fatíca .i. il est difficile de seruir vn fantasque.
vscìr del sùo Létto, qui se dit d'vne riuiere, se déborder.
Lettóre, lecteur.
Lettuário, electuaire, oppiat.
Lettúccio, petit lict. Item, vn lict verd que l'on tient dans vne sale.
Lettúra, lecture.
Léua, vn leuier. Item, vn cric.
Léua, le partement ou départ d'vn Nauire.
stàr Léua léua, estre prest à partir.
à Léua cúlo, à cul leué, en joüant aux cartes.
Leuáme, leuain. Item, soulagement.
Leuaménto, leuement : soulagement : le leuer du Soleil : le départ, le partement, leuée.
Leuánte, le Leuant : le vent du Leuant : le Soleil leuant.
rubár in Leuánte .i. dérober : c'est vn equiuoque sur *Leuáre*, qui signifie oster.

Leuantiére, du Leuant.
Leuantino, le vent du Leuant. Item, vn homme du Leuant. Et par allusion de *Lenáre*. i. vn larron.
Léua mácchie, vn dégraisseur d'habits, vn qui oste les taches.
Leuáre, leuer, oster, arracher, retirer.
Leuár in ária, enleuer.
Leuár il cappéllo, saluer, oster son chappeau.
Leuárgliene vn pézzo, luy en emporter vn morceau.
Leuársi da bánco e da tapéto. i. quitter vne entreprise.
Leuársi da vn luógo, se retirer d'vn lieu.
Leuár il póstico, se fascher, se mettre en colere.
Leuár dal sácro fónte, tenir au baptesme.
Leuársi d'innánzi, se deffaire d'vne personne auparauant qu'il vous tuë.
lasciársi Leuár d'al vì no, se laisser prendre par le vin.
Leuár i mázzi .i. acheuer quelque chose.
Leuár vn quartiére, enleuer vn quartier : terme de milice.
Leuáre i pánni della scéna .i. rendre vne chose apparente, découurir vn secret.
Leuársi dinánzi i i cauaúcchij, se deffaire des creanciers, car ils creuent les yeux à force de demander.
Leuár in cápo, le bouillir du vin, quand il iette son escume ou lie.
Leuársi da vna cósa, se diuertir d'vne chose.
Leuár vólta a i cápi, destier les bouts de cordes.
Leuársi dalla pósta, changer de lieu. Item, se tirer de l'interest.
Leuársi il cappéllo, oster son chappeau.
Leuár le cárte, coupper en iouänt aux cartes.
Leuáre, receuoir l'enfant, accoucher, qui se dit de la sage-femme.
Leuár il párto, id.
Leuáta, leuée. Item, vne accouchée. Item, vn certain son de trompette pour partir, ou de tambour pour battre aux champs : le boute-selle.
di póca Leuáta, de facile croyance.
Leuatélli, sorte de gasteaux feüilletez.
Leuáto .i. collerie, prompt.
Leuatóio, leuis.
Leuatóio pónte, pont-leuis.
Leuatóre, leuis. Item, leueur : qui oste, qui leue.
Leuatríccia pórta, porte-coulisse.
Leuatríce, sage-femme.
Leuatíua, leueure de pain. Item, sujet de colere.
di póca Leuatíua, de legere croyance. Item, aisé à mettre en colere.
Leuatúro, leueure.
* *Léuca*, mesure de 50. pas. Item, sorte d'herbe.
* *Léuce*, leger.
Leucísco, muge, poisson.
Leuénti, hommes adroits à tout faire : à Venise ce sont des Corsaires.
Leuéro, vn leurier.
Leuisído, leger de foy.
Leuipéde, leger du pied.
Leuisónno, vigilant.
Leuístico, herbe semblable au fenoüil, hyposelle.
* *Leuità*, legereté. Item, polissure.
Leuitáre, le leuer du pain ou de la paste. Item, polir & rendre inconstant.
Léuito, leué comme le pain. Item, leueure.
* *Léuoe*, lieure.
Leurétta, leuretée.
Leurière, leurier.
Leíto, vn lut.
Lezía, mignardise de femmes & d'enfans. pron. *ts*.
Leziosággine

LE LI   LI

Lezzoſaggine, façon de faire deſplaiſante, niaiſerie. pron. ʒʒ.
Lezzoò, ioyeux. Item, mignard. pron. ʒʒ.
Lezza, eau dormante, eau puante, puanteur. Amour brutale. pron. ʒʒ.
Lezzáre, empuantir. Item, aimer brutallement ou ſalement. pron. ʒʒ.
Lezzo, puanteur: ſenteur que rendent les corps vifs. Item, amour ſale & brutal. pron. ʒʒ.
Lezzoſo, puant. pron. ʒʒ.

LI

LI, les, article & relatif.
Li, au datif, à luy, luy.
Lì, là, en ce lieu-là.
L'inánzi, ou.
Li inánzi, de là en auant, ou plûtoſt là-deuant.
* Lici, id.
Liánza, alliance.
Liárdo, gris, poil de cheual.
Liárdo rotáto, gris pommelé.
Liáre, allier.
Liático, ſorte de vin.
Liba, vne branche d'oliuier couppée.
Libádio, libadióne, centaurée.
Libáme, &
Libaménto, ce que les Preſtres gouſtoient, & offroient en leurs ſacrifices.
Libámina, vn certain parfum meſlé d'encens.
Libánico, compoſé d'encens.
Libani, cordes d'herbe.
Libano, encens. Item, du vin qui a le gouſt d'encens.
* Libárda, hallebarde.
Libardiére, hallebardier.
Libáre, ietter les marchandiſes en mer, pour décharger vn vaiſſeau. Item, gouſter: & ſacrifier.
Libatióne, la libation ou taſtement au ſacrifice.
Libatório, qui appartient à la libation du ſacrifice.
Libbra, libra, vne liure.
Libéccio, vent appelé la beche, par les Prouençaux, vent d'Afrique.
Libélla, vne certaine monnoye à Rome qui peſoit la 10. partie d'vne liure.
Libelláre, eſcrire des libelles.
Libellatóre, faiſeur de libelles.
Libéllo, libelle. Item, vn liuret.
Libénte, au bon plaiſir.
Libénza, volonté, plaiſir. pron. ʒʒ.
alla Libera, librement.
Liberaláccio, vn prodigue.
Liberále, liberal.
alla Liberalína, liberalement, & librement.
Liberalità, liberalité.
Liberalménte, liberalement.
alla Liberalóna, librement.
Liberaménto, deliurement, liberation.
Liberándo, que l'on doit deliurer.
Liberáre, liberer.
Liberár le róbbe, i. retirer les marchandiſes de la doüane, ou autre lieu.
Liberatióne, deliurance.
Liberatóre, liberateur.
Liberatríce, liberatrice, qui deliure.
Líbero, libre.
Libertà, liberté.

Libertíno, libertin.
Libérto, homme libre, valet ou eſclaue affranchy.
Líbico, ſorte d'aſperge ſauuage.
Libicócco, nom d'vn demon qui ſignifie, excitant à luxure ou beſtialité.
Libidináre, eſtre luxurieux.
Libidíne, ſenſualité, luxure.
Libidinóſo, ſenſuel.
Líbito, plaiſir, volonté. Item, permis, licite.
Líbo, le vent de Sud-Vveſt.
Líbra, vne liure.
Librále, d'vne liure.
Libráre, peſer, & ſouſtenir en l'air.
Librárſi, ſe balancer.
Librária, Librairie.
Libráro, Libraire.
Libréa, liurée.
Libreáro, donner vne liurée.
Librería, Librairie.
Libréttine, liuret d'Arithmetique.
Librétto, liuret.
Libriccinólo, id.
Librino, né ſous le ſigne de la balance.
Libro, liure.
Libro del gróſſo, c'eſt vn liure où on eſcrit ceux qui font quelque faute, afin de les punir quand ils y retourneront.
tu ſe ſcritto nel Libro del gróſſo, tu és déja eſcrit dans le liure. i. tu dois bien prendre garde de ne plus faire de mal, tu és déja marqué.
Libro maéſtro, liure de comptes.
Libro di memória, des tablettes.
Libróne, gros liure.
Librúccio, liuret.
Libſo, le Sud-Vveſt.
Libúrna, libúrnica, ſorte de brigantin.
Líca, empan depuis le poulce iuſques au bout du premier doigt.
Licáno, l'eſtenduë du premier doigt.
Licce, liſtes, bendes.
Liccétta, nœud coulant.
Lecchétto, liqueur: appaſt, amorce, allechement. Item, vn friand.
Lecchétto del méle, rayon de miel: & pot à mettre du miel.
Lici, en ce lieu-là.
Líccia, lizza, lice à combattre, &c. liſte, bende.
Licciatúra, frange au bout de la toille, peſne.
Liccio, trême, filstors dont ſe ſeruent les Tiſſerands Item, lice de tapiſſerie. C'eſt auſſi du treillis.
* Lice, il eſt permis.
Licéntia, licence, permiſſion.
Licentiaménto, licentiement.
Licentiáre, congedier: donner permiſſion.
Licentiáto, licentié.
Licentioſaménte, licentieuſement.
Licentioſétto, vn petit libertin, vn peu licentieux.
Licentioſità, liberté, libertinage.
Licentióſo, licentieux.
Licénza, licence, permiſſion, congé.
Licénza delle Maſſare di Gènoua che ſánno & poi domándano, i. vne permiſſion que l'on prend de ſoy-meſme.
* Licéro, eſtre permis.
Liceriáne, ſortes de poires.
Lichéna, hepatique. Item, malandre. Vne ſorte de gomme.
Lichéne, dartes.
Líci, en ce lieu-là.

Licidia, forte d'oiseau qui luit, en forte que l'on peut voir de nuit.
Licine, fortes de petites oliues.
Liciuia, vervene.
Licio, licióne, forte de composition medicinale.
Lisisco, vn mestif engendré d'vn loup, & d'vne chienne.
Licitaménte, auec permission.
* *Licitánza*, permission, pron. *ts.*
Licitáre, liciter : & permettre.
Licitézza, permission. pron. *ts.*
Licito, permis.
Lico, vn nom de Bacus.
Licofo, porte-lumiere.
Licopo, licium, plante.
Licopódio, patte louuine.
Licopsido, orcanette.
Licóre, liqueur.
Licórno, licorne.
Licoróso, plein de liqueur.
Lido, bord, riuage.
* *Lié*, là, en ce lieu-là.
Lienteria, flux d'estomach qui fait rendre promptement tout ce que l'on prend par la bouche
Lientérico, qui rend ou vomit tout ce qu'il mange ou boit.
Liéntro, là-dedans.
Liepráuo, levrier.
Liépre, lievre.
Liesina, lesine : & alesne.
Lietissimo, tres-joyeux.
Liéto, joyeux.
Lieua, authorité, consideration, poids d'vne affaire. C'est aussi vn leuier. Et vne leuée de terre.
métter à Liéua, mettre en ordre.
star Liéua liéua, estre prest à partir.
Liéua, eleuatoire, instrument de chirurgie.
Liéua liéua, vn oiseau qui se leue pour faire venir les autres en chassant.
Lieuáme, soulagement.
Lieuaménte, legerement.
Lieuaménto, soulagement, leuement.
Lieuáre, leuer.
Lieuatoio, leuis.
Lieuatóre, leueur.
Lieuatrice, sage-femme.
Liéue, leger.
Lieuemente, legerement.
Lieuéro, vn leuier.
Liéuero, vn lievre.
Lieuezza, legereté. pron. *ts.*
Lieuitáre, leuer la paste.
Lieuito, du leuain : leué comme la paste.
saréte lieuito. i. vous serez bien à vostre aise, ou plustost serez vous leué, allusion de *lieuito* & *leuáto.*
Liéuo, leuier.
Liga, ligue.
Ligáccio, ligáccia, iarretiere.
Ligáme, lien.
Ligaménto, ligament, lien.
Ligáre, relier vn Liure.
Ligatélli, petites bendes.
Ligatióne, bendage.
Ligatóre di libri, Relieur des Liures.
Ligatúra, relieure. Item, ligature de Chirurgien.
Ligidino, sorte de marbre fort tendre.
Lígio, lige, sujet, vassal.
* *Ligísta*, Professeur de loix.

* *Ligistráre*, enregistrer.
* *Ligistro*, registre.
Lignággio, lignage.
Lignaiuólo, charpentier.
Lignáme, bois.
* *Ligneità*, qualité de bois.
* *Ligno*, de bois.
Lignola, vne ligne ou reigle.
Lignoláre, reigler, tirer des lignes.
Ligóne, sorte d'herbe.
Ligorítia, reglisse.
* *Ligula*, vne esguillette. Item, vne petite espatule.
* *Liguriáre*, gourmander.
Ligurino, serein de canarie.
* *Lighióne*, vn gourmand.
Ligurióso, vne pierre precieuse qui arreste le flux de sang.
Ligúro, vn lezard.
Ligústa, langouste.
Ligústico, leuesche.
Ligústro, du troësne.
Lilij, certains ouurages en forme de colomnes.
Illi conuálle, du muguet.
Lima, lime.
Lima mándola, lime demie ronde, lime à dos rond.
Limasthecca, lime douce : & lime sourde.
Lima, en jargon, vne chemise.
Lima lima, ry, ry bouliette, &c. les enfans disent ces mots pour faire despit, en frottant vn doigt sur l'autre.
far Lima lima, se ronger dans son interieur.
Limáca, limáccia, limace.
Limáccia, poncire.
Limáccio, limon, bourbe.
Limaccióso, baueux comme vne limace : bourbeux, limonneux.
Limáre, limer : polir : perfectionner vn discours.
Limária, thon, poisson.
Limáro, faiseur de limes.
Limatóne, grande lime.
Limatóre, limeur.
Limatúra, limaille.
viuer di Limathúe. i. viure d'inuention.
Limbéllo, niueau.
Limbellúccio, rogneure de cuir à faire de la colle.
Limbicco, alembic.
Limbo, les limbes. Item, bord.
merita più il Limbo che l'infèrno, il merite plus les Limbes que l'Enfer. i. il est enfant, il est simple, & facile à tromper.
Limbrici, thuiles.
Limbrúto, sorte d'instrument.
Liména, herbe qui chasse le venin.
Limiéro, limier.
* *Límine*, le sueïl de la porte : entrée de frontiere : vn manteau de cheminée : vne borne.
Límino, id.
Limio, sorte d'herbe.
Limiuo, sorte de poisson de mer.
Limitábile, limitable.
Limitále, borne, limite.
Limitánza, limitation. pron. *ts.*
Limitáre, verbe, limiter.
Limitáre, nom, le sueïl de la porte, Item, vne borne.
Limitário, id.
Limitatióne, limitation.
Limitatóre, limiteur, qui limite.
Limitatríce, celle qui limite.

LI

Limite, limite, borne : feüil.
Limitéuole, que l'on peut limiter.
Limito, borne, limite : feüil.
Limo, limon.
Limocchiófo, limonneux, bourbeux.
Limonáro, jardin de limons & citrons. Item, vendeur de citrons ou limons.
Limoncéllo, petit limon ou citron.
Limoncino, id.
Limóne, limon, fruit & arbre.
Limonéa, limonnade.
Limónia, passe-fleur. Item, vne sorte d'artichaut.
Limoniáto, selon aucuns, vne esmeraude.
Limonino, petit limon. Item, de couleur de citron ou limon.
Limónio, limoine.
Limósa, sorte de poulle d'eau.
Limósina, aumosne.
è *vna Limósina*, nous disons, c'est pain benist.
la buóna Limósina, nous disons, la bonne beste, la bonne piece.
Limosináre, gueuser : & donner l'aumosne.
Limosináro, &
Limosiniére, aumosnier.
Limositáde, bouë, crotte, fange.
Limóso, limonneux.
Limpiáre, *limpidáre*, esclaircir, rendre clair & net.
Limpidézza, clairté, netteté, pureté d'eau. pron. tt.
Limpidíre, rendre clair, espurer, esclaircir. pres. *limpidísco*.
Límpido, clair comme l'eau.
* *Limpitúdine*, clairté, pureté.
Límula, petite lime.
Lináccio, canneuas.
Linaiuólo, linier, vn qui accommode ou vend le lin.
Linaloè, l'arbre qui porte l'aloes.
* *Linaménto*, lingerie, toille.
Lindria, osiris, ou linaire, herbe.
Linaruóla, vendeuse de lin.
Linaruólo, vendeur de lin.
Lince, linx, once, loup ceruier.
Linci, de-là, de ce lieu-là.
Linda, alidade, reigle qui se met au dos de l'Astrolabe.
Lindaménte, poliment, gentiment : mot Espagnol.
Lindézza, gentillesse. pron. tt.
Lindio, en jargon, libre.
Lindo, mignon, gentil.
Lindúra, gentillesse.
Linea, ligne.
Linea álba, la veine du nombril.
Linee di communicatióne, trenchées pour aller à couuert d'vn lieu à l'autre, lignes de communication.
Lineále, de ligne.
Lineaménto, trait, ligne, proportion, lineament.
Lineaménto, pour marqueterie.
Lineáre, tirer des lignes, reigler : tracer.
Lineatióne, trait, lineament.
Líneo, de lin.
Linétta, petite ligne.
Linfa, eau. A Venise, vne fraize de toille, & fraizette.
Linsico, sorte de pierre precieuse.
Lingua, langue : langage.
la Lingua dà dóue il dénte duóle. i. on parle ordinairement de son interest.
Lingua, pour nation.
Lingua, languette d'vne balance, ou autre : C'est aussi vn angle de terre qui aduance en mer.
pigliàr Lingua, nous disons aussi, prendre langue.
Lingua che táglia e cúce. i. vne dangereuse langue, qui trenche des deux costez.
Lingua bardélla, che per séte sauélla. i. vn grand discoureur.
Lingue di suóco, lances à feu.
Lingua bouina, buglose.
Lingua buóna, id.
Linguáccia, vne vilaine langue. Item, langue de serpent, herbe.
Lingua cernina, scolopendre.
Linguacciáre, parler beaucoup, langager.
Linguacciúto, grand parleur, qui a la langue bien longue.
* *Linguáce*, id.
Linguacità, jaserie.
Linguáiulo, grand-parleur, jaseur.
Linguáiro, *Linguárolo*, qui parle beaucoup.
Lingua dicáne, chien-dent.
Lingualunga, qui a la langue bien longue, qui parle beaucoup, & dit tout ce qu'il sçait.
Linguággio, langage.
Linguário, vn instrument pour retenir la langue, vne poire d'angoisse.
Linguátta, *linguáttola*, vne sole.
Linguélla, &
Linguétta, luette : languette de sifflet, & de trebuchet.
Linguettáre, bredoüiller, begayer.
Linguipoténte, puissant de langue : fort-en-gueule.
Linguauelóce, qui parle viste, & facilement.
Lingula, languette : vne pointe de terre qui aduance en mer. Item, glayeul.
Lingúlca, langue de serpent, herbe. Item, vne caiolleuse.
Linguóso, babillard.
Lingúto, id.
Lini, linges. Item, linceuls ou draps de lict. Voiles, selon aucuns.
Liniaménti, traits, lineaments.
Linífero, *linígero*, qui produit du lin.
Liniménto, adoucissement Item, lenitif.
Lino, du lin. Et fait de lin. Comme *pánni Lini*, linges, toilles.
Linósa, amieleure faite de graine de lin, charge que l'on donne au cheuaux. Item, poignée de lin.
Linóso, plein de lin.
Linot óste, mercuriale. pron. tt.
* *Liutérna*, lanterne.
* *Linternáro*, lanterniet.
Linx uólo, linceul.
Liocórno, licorne.
Liosánte, Elephant.
Liofantino, d'Elephant.
Lióna, lionne.
Lionaticcio, qui tire sur le minime clair.
Liouáto, minime clair, couleur.
Lioncino, lionceau.
Lioncórno, licorne.
Lióne, lion.
pigliár il Lióne pe'l ciuffétto. i. chercher son mal-heur.
Lionegiáre, faire le lion.
Lionino, lionceau.
Lionpárdo, leopard.
Lipáro, *lipária*, sorte d'huile ou emplastre.
Lipáro, *lipéro*, sorte de lezard. Et de poisson de mer.
Lipíria fébbre, fievre fort chaude au dedans, & froide au dehors.

N n ij

* *Lippa*, vne quille : selon aucuns, vne boulle.
iu tondo ch'vna Lippa, nous disons, il a l'esprit aigu comme vne boulle.
Frà Lippa .i. vn lourdaut.
Lippáre, rouler ou tourner comme vne quille ou boulle.
Lippitúdine, chassie. Rougeur autour des yeux.
Lippo, chassieux. Item, vil, abject.
come disse Lippo Topi, comme dit Lippe, &c. Voila le poinct.
Lippo, certain poisson qui est venimeux à l'homme, & l'homme à luy.
Lippostalmia, inflammation aux yeux.
Liquábile, qui se peut fondre ou liquifier.
Liquáme, liqueur.
Liquáre, liquifier, fondre, dissoudre.
Liquatióne, dissolution.
Liquefáre, id. pres. *liquefáccio*, & *liquefó*, & le reste comme *fare*.
Liquefattióne, dissolution.
Liquefátto, fondu, liquifié.
Liqueritia, reglisse.
Liquidaménte, liquidement.
Liquidáre, liquider : & liquifier.
Liquide, les lettres liquides, l, m, n, r, s.
Liquidézza, humidité, humeur ou qualité liquide. pron. *ts*.
Liquidire, liquider. pres. *liquidisco*.
Liquidità, humidité : humeur ou qualité liquide.
Liquido, liquide.
Liquiritia, reglisse ou regalisse.
Liquóre, liqueur.
Lira, vne liure, monnoye de diuerse valeur selon les lieux : Vne liure, poids : Vne lire, instrument.
Lira di vino, à Venise, vne certaine mesure de vin.
Lira, selon aucuns, vn sillon ou rayon.
Liráre, ioüer de la lire. Item, faire des rayons pour semer, & des sillons pour écouler l'eau : sillonner.
Liratióne, labour de rayons pour semer.
Lireggiáre, ioüer de la lire.
Lirico, lirique, sorte de vers.
Lirinóne, huile de lys.
Lirísta, ioüer de lire.
Liróne, grande lire. Item, vne herbe semblable au plantin.
Liróso, qui passe son temps.
Lisáro, sorte de toille de cotton.
Liséizza, le plain ou vny d'vn estoffe. pron. *ts*.
Lisca, brin ou festu de chanvre, estillon. Item, areste de poisson.
Lístia, vn traisneau.
Listía, lesciue, eau de lexiue.
Lisciaménto, fard.
Lisciáre, lisser, polir : farder, flatter, & s'accommoder à l'humeur. Item, traisner.
Lisciár la coda à vno, nous disons, gratter les pieds à quelqu'vn.
Lisciáre, lesciuer, mettre à la lesciue.
Lisciáto, fardé. Item, lesciué.
Lisciatríce, fardeuse, qui se farde.
Lisciatúra, fard.
ha perduto la Lisciatúra .i. il s'est paré sans sujet.
Líscio, lissé, vny, poly. Du fard : plain comme le veloux ou autre estoffe.
Lisciolíre, glisser sur la glace.
Lisciósa, en iargon, vne barque.
Liscína, lesciue.
Lisciváre, lesciuer.

Liscoli, vers qui se trouuent dans les iones ou dans le chanvre.
Liségna, vne poignée de lin : vn floccon de cheueux.
Lisíma, pour *Risíma*, rame de papier.
Lísina, *lésina*, vne alesne. Item, l'espargne, la lesine.
Lissa, vn traisneau.
Lissa, en iargon, vn Nauire.
Lissáre, trainer.
Lissigáre, glisser.
Lissigóso, glissant.
Lissimáco, sorte de pierre comme du marbre, qui a des taches ou marques d'or.
* *Lístina*, lessiue.
Lísta, bende d'estoffe : bord : vne liste : bendelette : vne pierre platte.
Lísta strétta, cotice, en terme de blason.
Listáre, chamarrer.
Listáto, chamarré à quilles.
Listéllo, reglet ou ceinture d'vne colomne.
Lísto, cotice, en terme de blason.
à lísto, cotice.
Listóne, grande bende.
Lissóso, plein de bord ou bende.
* *Lístra*, vne bende de quelque estoffe.
* *Listráre*, chamarrer, border.
Litamáre, fumer.
Litamáro, fumier, tas de fumier.
Litáme, du fumier.
Litargía, letargie.
Litargírio, *litárgo*, id. litargie.
* *Litáre*, appaiser par sacrifice.
Litatióne, appaisement par sacrifice.
Líte, procez : debat.
mouére lite alla sanità .i. prendre medecine sans necessité.
Literále, literal.
Literário, de doctrine, de lettres.
Literatúra, sçauoir, doctrine, litterature.
Litiga, vne littiere.
Litigaménto, plaiderie, chicanerie.
Litigánte, plaideur, chicaneur : plaideuse, chicaneuse.
Litigárza, plaiderie. pron. *ts*.
Litigáre, plaider, chicaner.
Litigatióne, plaiderie.
Litigatóre, plaideur.
Litigatríce, plaideuse.
Litiginóso, qui est marqué de rousseurs.
Litígio, plaids : procez : debat.
Litigióso, contencieux.
Lito, riuage.
Litóra, les riuages.
Litorále, de riuage, *litoráno*.
Lito spérmo, gremil, herbes aux perles.
Lítta, *litta*, vn ver à la langue d'vn chien, qui le rend enragé.
Litteraggine, doctrine.
Litterále, literal.
Litteratóne, vn grand Docteur.
vn litteratúccio, vn Pedant ignorant, vn escolier.
Líttori, Sergens ou Archers à Rome, *listóres*, en latin.
* *Littostráre*, pauer de carreaux.
Litostráto, vn pauement de quarreaux de diuerses couleurs.
Lituo, vn baston tortu : vne crosse : vn cornet ou cor.
* *Liuè*, là, voila.
Liuélla, espece de tenaille ou fer, qu'on met aux pieds

res pour les monter : C'eſt proprement vn fer qui entre dedans, & s'appelle vne louve.

Liuellàbile, ſujet à la taxe.
Liuellaménto, niuellement : Item , recepte de taxes, &c.
Liuellàre, leuer ou receuoir la taxe.
Liuellàre, dreſſer au niueau. Item, ſonder.
Liuellàre, par Metaph. niueller, niaiſer.
Linellàrio, tributaire.
Liuellatóre, receueur de taxes. Item, niuelleur : niaiſeur.
Linellíno, louueteau, petit fer qui ſert à ſerrer la louue dans la pierre.
Linéllo, niueau. Item, ſonde.
Linéllo, rente d'Egliſe : cens qui ne ſe rachepte point. à Linéllo di chiéſa. Item, pour touſiours, à perpetuité.
Liuénte, liuide.
Liuerànza, déliurance. pron. *ts*.
Lineràre, acheuer, vſer, conſommer. Item, déliurer.
Línero, libre, déliuré.
Linidde, ſorte de dattes fort pleines de ſuc.
Liuidàre, noircir, deuenir liuide.
Liuidézza, noirceur deſſus la peau, quand on a receu quelque coup, meurtriſſeure. Pour rancune & enuie : noirceur au deſſous de l'œil. pron. *ts*.
Liuidità, idem.
Liuido, liuide, noiraſtre. Item, enuieux. Item, noirceur.
òcchi Liuidi, yeux battus.
Liuidóre, noirceur. Item, enuie. C'eſt auſſi vne ſorte de datte noiraſtre.
Linidúra, noirceur de meurtriſſeure.
Liuiére, vn leuier.
Liuóre, enuie. Item, meurtriſſeure.
Liuràre, déliurer.
Liuréa, liurée.
Liureàre, mettre vne liurée. Item, niaiſer, s'amuſer.
Liùta, vn lut, ſorte de barque.
Liutàro, faiſeur de luts : & ioüeur de lut.
Liutiere, liutiſta, idem.
Liùto, lut.
far come i Liúti .i. ſe rompre & ſe conſommer en donnant du plaiſir à autruy.
Lízza, anciennement, vne trenchée ou rempart. Maintenant la lice où l'on court. C'eſt auſſi vne lice ou chienne, ſelon aucuns : & vne liſte. pron. *ts*.
Lizzàre, border, bender, chamarrer. pron. *ts*.

L O.

Lo, le.
Lo, quelquefois pour leur : *non ſe lo dia occaſione*, qu'on ne leur donne pas occaſion.
Lóba, bled Sarrazin.
Lóbi, les extrêmitez du foye.
Lobricàre, gliſſer.
* **Lóbrico**, lubrique. Gliſſant.
Lobricóſo, lubrique. Gliſſant.
Locagióne, loüage.
Locàle, local.
Località, localité.
Locànda, vn écriteau de chambre ou maiſon à loüer.
Locànda camera, chambre garnie à loüer.
Locandièra, vne femme qui tient des chambres garnies.
Locàre, placer. Item, loüer, bailler à loüage.
Locarìno, vn tarin.
Lucàrna, ſorte de poiſſon.
Lócaro, vn tarin.

Locatióne, loüage. Et placement. Item, vn bail.
Locàto, placé : & loüé.
Lócca, lócchia, vne loche.
Locciòne, hibou.
Locchétto, cadenas.
Lócco, hibou. Item, vn beneſt.
Lócolo, idem.
Lóci, certaine potion pour le poulmon.
Locignolo, luminignon.
Lóco, lieu.
Lócolo, hibou.
Locotenénte, lieutenant.
Locuíno, ver luiſant.
* **Locúpleto**, qui a du lieu.
Locúſta, locùſtra, ſauterelle : & langouſte, eſcreuice de mer.
Locutióne, locution, forme de parler.
Lòda, loüange.
Lòda il màre e tiénti alla térra, loüe la mer, & te tiens à la terre.
Lòda il monte & tienti al piano, loüe la montagne, & te tiens à la plaine.
Lòda il buóno vien migliòre, loda il triſto vien peggiòre, loüez le bon, il en deuiendra meilleur, louez le meſchant il en deuiendra pire.
ne mùglie, ne vino, ne caudllo, non ſi hà da Lodàre, on ne doit iamais loüer, ny ſa femme, ny ſon vin, ny ſon cheual.
chi ſi Lòda s'imbróda, qui ſe vante, ſe blaſme. Ideſt, que nous ne deuons pas nous loüer nous-meſmes.
Lodàbile, loüable.
Lódano, lodanum, gomme.
Lodàre, loüer.
Lodatóre, qui loüé.
Lòde, loüange.
Lodéuole, loüable.
Lodeuolménte, loüablement.
Lódi, nom de ville.
andàr à **Lòdi**, par alluſion de Lodàre .i. loüer vne perſonne.
da **Lòdi**, en jargon, vn meſchant.
Lòdo, louange : Et ſentence d'Arbitres.
Lòdo, & lodouico, en jargon, laid.
Lòdola, alloüette.
Lòdola cappellúta, cocheuis : alloüette huppée.
Lòdra, lùdria, loutre.
Lodràre, leurrer.
Lòdro, loutre. Et vn leurre.
Lòffa, vne veſſe.
Loffàre, veſſir.
Logàra, leurre.
Logàre, ſerrer, placer, loüer.
Logàr língua, ſe taire.
Logarìno, vn tarin.
Lògaro, leurre. Item, appaſt.
Logatióne, placement.
Lòggia, gallerie : loge : place de change, bourſe de marchands.
tener à **Lòggia** .i. ſe mocquer.
far la **Lòggia**, c'eſt retirer la tente d'vne galere ſur la corde du milieu pour donner de l'air.
Loggiàre, loger.
Loggiétta, petite loge.
Loghétto, petit lieu. pron. *ghe*, comme gue, en François.
Lògica, Logique.
Logicàle, logical.
Lògico, Logicien.
Logìſta, logiſte.

Logística, selon aucuns, vn Arithmeticien.
Logísilla, pris pour la raison mesme.
Logliáro, plein d'yuraye.
Lóglio, yuraye.
Loglióso, plein d'yuraye.
Logomachia, contention en parolles, dispute.
Logoráne a, vsure de vestemens. pron. ss.
Logoráre, vser, consommer. Item, leurrer.
Logoratóre, dépensier, consumeur.
Logoratríce, dépensiere, consumeuse.
Logóyo, leurre.
Lógoro, logoráto, vsé, consommé : leurré.
Lográre, vser.
Logritia, reglisse.
Lógro, vsé.
* Lóia, bouë, fange.
Lóica, la Logique.
Lóico, Logicien.
Loína, vne finette.
Eolígine, lolígno, Casseron, poisson.
Lólla, la gousse de la graine, la pellicule.
Lombágine, foiblesse de reins.
Lómbi, les reins.
Lómboli, petits reins.
Lombricélli, petits vers.
Lombríco, ver de terre : & qui s'engendre dans le corps des enfans.
talársi à vn Lombríco, i. se tromper, s'attacher à rien.
Lombrína, vn flet ou fletelet, poisson.
Lóme, pour lúme, lumiere.
Loménto, fleur de febue. Item, sorte d'azur.
Límia, sorte de limon ou citron.
Lominíéi, rubans pour lier les guirlandes.
Lonchíte, scolopendre.
Lóndra, loutre.
Lónga, vne mesure entiere, en musique.
Lónga, en jargon, campagne.
Lónga dimóra, vne prison, ainsi appelée, d'autant que l'on n'en sortoit jamais.
di Lónga máno, de beaucoup.
Longágnola, vne sorte de rets, & selon aucuns, vne ligne à pescher : vne longe d'oiseau.
Longaménte, longuement.
Longanimità, grande souffrance, longue patience, & courage.
Longanóne, le boyau cullier.
Longáre, allonger.
Longénte, & longhétto, en jargon, vn linceul.
Longévo, qui vit long-temps.
Longhería, longueurs, delais. pron. ghe, comme gue, en François.
Longhésso, proche de luy. pron. ghe, comme gue, en François.
Longhézza, longueur. pron. ghe, comme gue, & zz, ss.
Lóngi, loing.
Lóngia, longe.
Longiéta, petite longe.
Longimáno, qui a la main longue.
Lónguno, en jargon, vn an.
* Longinquità, distance, esloignement.
* Longínquo, esloigné.
Longitúdine, longitude.
Lóngo, long.
Lóngo il fiúme, le long de la riuiere.
col vestíto Lóngo, vestu de long.
di Lóngo, tousiours, de plus en plus, d'ordinaire.
Lóngoli, longes de faulcon.

Longóne, vn peu long, longuet : grandelet : Item, ennuyeux en discours.
Longósa, en jargon vne saulcisse.
Longúrio, vne grande piece de bois, comme vne croix.
Longurióne, ennuyeux en ses discours.
Lontanaménto, esloignement.
Lontanánza, esloignement : lointain, en terme de peinture. pron. ss.
Lontanáre, esloigner.
Lontaníssimo, tres-esloigné.
Lontáno, loing, esloigné.
Lóntra, loutre.
Lóntro, vne sorte de bateau tout d'vne piece.
Lónza, panthere : selon aucuns, once : lionne : & femelle de Leopard. Item, vne longe. prononcé dz.
Lopádi, sorte de mousse.
Lopéllo, mal de cheual qui procede de la corruption des humeurs.
Lopíxa, onglée de cheual.
Lopíni, febves louuines.
Lópola, vn goujon.
Láppa, gousse, escorce. Pour escume d'argent. Item, suye.
Loquáce, cajollard, grand parleur : grande parleuse.
Loquacióso, grand parleur, jaseur.
Loquacità, cajollerie.
* Loquéla, langage.
* Loquénte, parlant.
* Loquéntia, discours, vulg. loquence : éloquence.
* Lóra, vn tonneau. Selon aucuns, vn vin qui a perdu sa force & sa couleur.
* Loraménto, vne courroye.
Lordaménte, salement.
Lordáre, ordir.
Lordarélla, vne saloppe.
Lordézza, saleté, ordure. pron. e fermé, & les zz comme ss.
Lórdo, ord.
Lordóne, vn sale vilain.
Lordítia, &
Lordúra, ordure, saleté.
Loríca, cotte de maille. Item, vn rebord à vne muraille, auec des grilles ou balustres : vn échauffaut de manœuure : vne couuerture de paille, & de mortier, pour conseruer le dessus d'vn mur.
Loricáre, armer d'vne cotte de maille.
Lorinóne, huile de lys.
Loripéde, pied tortu.
Lóro, vin qui a perdu sa force. Item, vne courroye.
Lóro, pronom possessif, leur, leurs.
Lóro, pronom personnel, eux, & elles.
Lésa, vne trappe ou trebuchet. Item, ardoise. C'est aussi de l'amorce ou appast : selon aucuns, mis sous vn trebuchet fait d'vne thuile ou ardoise.
Loscáre, loucher. pron. o fermé.
Loschétto, vn peu louche.
Lósco, louche. pron. o fermé.
Lósna, en jargon, vne femme.
Losingáre, mignarder, flatter.
Losingatóre, flatteur.
Losínghe, flatteries, pron. ghe, comme gue, en François.
Lotáre, accommoder auec du lut, emplastrer de lut ou boüe.
Lotióne, lauement.
Lóto, micocoulier, arbre. Item, boüe, fange.
Lotóne, sorte d'arbre.

L O

Lorbre, gueux qui donne de l'eau pour lauer les enfans, & fait croire qu'ils en deuiennent plus robustes.
Lotóso, fangeux.
Lótta, luitte : o ouuert.
Lótta, o ouuert, motte de terre.
Lotta di práto, gazon.
Lottáre, luitter : Et tirer au lot.
Lottaría, lotteria, le tirer au lot.
Lottatóre, luitteur : c'est aussi vn qui tire au lot.
Lottatrice, luitteuse.
Lótto, lot : billet de blanque : c'est la blanque mesme.
Lottonáro, chaudronnier.
Lottóne, laitton ou lotton.
Louainólo, loup, sorte de mal.
Laudézzo, gros loup. pron. ts.
Lóue, où.
Louersáre, guigner, faire signe de l'œil.
Louíno sorte de fruit.

L V

* Lubénte, qui est de volonté, qui agrée, qui veut bien.
* Lubénz a, bon plaisir, volonté. pron. ts.
Lubiána téla, sorte de toille.
Lubidáno, idem.
Lubricaménte, lubriquement.
* Lubricáre, glisser.
Lubricità, lubricité. Item, flux ou facilité de ventre.
Lúbrico, glissant, coulant : lasche du ventre. Item, lubrique.
come disse Lúca Póltri, comme dit Luc Poltri, ie porte tout auec moy.
à Lúca ti vídi, ie te vis à Lucques : ie me recommande, ie ne sçay ce que tout deuint. Nostre vulgaire dit, ie vous vis demain, ou plustost, ie ne le verray plus, ou ie ne te verray plus.
Lucánica, lucániga, mot Lombard, vne saulcisse.
Lucanicáro, chaircuittier, faiseur de saulcisses.
* Lucáno, escarbot.
* Lucáre, esclairer, luire.
Lucaríno, vn tarin.
* Luccicánte, luisant, luisante.
* Luccicáre, &
Luccicáre, reluire, esclatter.
Lúccida, ver luisant.
Lúccio, brochet.
Lúcciola, ver luisant. Item, prunelle d'e l'œil.
Lúcciola, langue de serpent, herbe.
gúni Lúcciola non è fuóco, tout ver luisant n'est pas feu. .i. tout ce qui reluit n'est pas or.
far vedér le Lúcciole, quand on frappe fort sur la teste, nous disons, faire voir les estoilles de iour.
mostrár Lúcciole per lantérne, nous disons, faire croire que des vessies soient lanternes.
far la códa alle Lúcciole, faire la queue aux vers luisans. .i. couurir ou desguiser vn affaire.
Lúcciolo, vn brocheton.
Lucciolóso, luisant.
Luccicóso, idem.
Lucchétto, cadenas.
Lúcco, vn cadenas. Item, sorte de robbe à Florence, robbe de Magistrat.
Lúce, lumiere : pour le Soleil : pour vne chandelle allumée : pour la prunelle de l'œil, & l'œil mesme.
metter & dáre in lúce, mettre en lumiere, Imprimer.
Lucégno, angle ou corne d'vne lampe.
Lucégnola, sorte de darce.
Lucégnolo, lumignon, mêche de lampe.
Lucéllo, idem.
Lucénte, luisant, luisante.
Lucérda, mal qui tient le col roide au cheual : Lucérdo.
Lucérdo, vn endroit du bœuf, du tremeau.
Lucére, luire. parf. Lucétti, qu'il n'est pas en vsage.
Lucérna, lampe.
nascónder la lucérna sótto al césto. .i. couurir vn affaire d'vn foible pretexte.
Lucérna, rosse, poisson.
Lucernále, qui esclaire comme vne lampe. Item, herbe aux poulmons, orbe.
Lucernáro, lampier, faiseur de lampes.
Lucernétta, petite lampe.
Lucerniéra, lampier, qui a le soing des lampes Item, pied de lampe : & vn martinet. Vn faiseur de lampes.
Lucérta, lezarde.
pár che hábbia mangiáto lucérte. .i. il est maigre.
Lucértola, lezarde.
Lucertóne, lezard.
* Luchéla, loquéla, langage.
Luchera, vne certaine façon de regarder du coin de l'œil.
Luchesíno soprafíno, passe-fin de Luques, estoffe.
Lucchétto, vn cadenas : à Venise vn verroüil.
Lúci, lumieres : les yeux.
* Lucibile, luisant.
Lucidézza, lueur. pron. ts.
Lúcido, luisant, clair.
Lúcido, est vn certain espace de temps qu'vn fol recoure l'vsage de la raison.
Luciferésco, &
Luciferíno, de nature de lucifer.
Lucífero, L'estoille de Venus, & Lucifer.
Lucifúgo, chasse-lumiere.
Lucígno, mêche de lampe, &c. mêche d'arquebuse.
Lucignóla, ver-luisant.
Lucignoláre, mettre vne mêche à la lampe : allumer auec vne mêche. Item, tresser.
Lucignoláto, qui a vn grand lumignon. Item, qui a de l'esclat.
Lucignoléito, petit lumignon.
Lucignolo, & Lucignólo, lumignon. C'est aussi vne quenoüillée de lin ou filace : vn floccon ou toupet : tresse de cheueux & rubans. Item, estincellement.
e' guárda nel Lucignólo e non nell' ólio, il prend garde à la mêche & non pas à l'huile. .i. il prend garde à peu de chose, & fait de grandes despences d'autre part.
* Lucináre, certaine lueur en l'air causée par grande chaleur.
* Lucínio, qui a de petits yeux.
* Lúcio, enfant né au leuer du Soleil.
Lucísto, le peu de clarté que l'on peut voir de nuit.
* Lúco, selon aucuns, robbe de Magistrat. Item, vn bois consacré aux Dieux & aux Nimphes.
* Lucóre, grande splendeur.
* Lucráre, gagner.
* Lucrático, profitable.
* Lucrifúgo, qui fuit le lucre.
* Lúcre, lucre, gain.
Lucróso, plein de lucre.
* Lucubráre, trauailler à la chandelle.

Lucubratióne, éstude à la lumiere de la chandelle.
* Luculéntia, splendeur.
* Luculénto, resplendissant.
Lucúllco, sorte de marbre luisant.
* Ludíbrio, joüet.
* Ludibrióso, qui sert de joüet.
* Ludicro, & Ludicróso, idem.
* Ludificatióne, illusion, deception.
* Ludimaéstro, maistre d'escole.
* Ludo, jeu : mocquerie.
* Ludro, vn leurre.
* Lúe, mortalité : maladie.
* Lúe Gállica, verolle.
Lúffo, pan ou ply d'habit.
Luganéllo, vn tarin.
Lugáni, en jargon, de l'argent.
Lugániga, mot Lombard, saulcisse.
Luganigáro, faiseur de saulcisses.
Lugarino, vn tarin.
Lugaro, idem.
Luggiala, luggiola, sorte d'herbe fort aspre au goust.
Lugliático, du mois de Iuillet. Item, sorte de raisin à Ferrare, & Bologne en Italie.
vender il sol di Luglio. i. c'est vouloir faire paroistre vne chose commune bien chere.
Lugliólo, qui est du mois de Iuillet.
* Lugúbre, lugubre.
Lui, pronom, luy.
Lui, vn roitelet.
tu tirarésti à vn Lui, nous disons à vn auare, tu escorcherois vn poüil.
Luísco, en jargon, luy.
Lúlla, vne douue ou piece du fonds d'vn muid.
Lulligine, casseron, poisson.
Lumáca, vn limaçon, vn escargot. Et vn degré à limaçon. Item, vn degré desrobé.
Luma, lumachélla, ou lumáca lamachélla, c'est ce que nos enfans chantent, colimasson borgne, pour faire sortir les cornes de la limasse.
cóme la Lumáca, comme la Iimasse ou limace. i. qui laisse vne marque par tout où elle passe.
scála à Lumáca, degré fait en limaçon.
Lumáca senz̄a gúscio. i. du sperme.
Lumácia, limace.
Lumachiéro, trou de limaçon. Item, marchant d'escargots.
Lumacóne, vne grande limace. Item, vn qui fait le niais : nostre vulgaire dit, vn sournois. C'est aussi vn gros crachat ou flegme.
Lumáre, allumer.
Lumbágine, foiblesse de reins.
Lumbi, les reins. Item, rable de lieure.
Lumboli, petits reins.
Lumbricéllo, petit ver de terre.
Lumbrico, ver.
Lúme, lumiere, lampe ou chandelle allumée. Item, alum. Et iour en terme de peinture.
Lúme, iour.
dar ne' Lumi. i. se mettre fort en colere.
far Lúme, esclairer.
tenér il Lúme, boucher la lumiere, seruir d'ombre ou d'empeschement en vn affaire. Item, faire le maquereau.
al Lúme della Lúna, au clair de la Lune.
Lumi, les yeux, mot poët.
Lumia, glaire de poissons.
Lumicino, petite lumiere : petite lampe.

Lumiéra, vn flambeau : vn falot : lumiere d'vn canon : vne mine d'alum : de la méche.
Lumiliáco, abricot : & abricottier.
Luminále, vne lucarne.
Lumináre, illuminer.
Lumináro, &
Luminávio, luminaire. Item, lumineux.
Lumináto, illuminé.
Luminéllo, lumignon.
Luminería, lumiere, falot, flambeau. Et miniere d'où l'on tire l'alum.
Luminésa, en jargon, vne fenestre.
Luminóso, lumineux.
Luminóso, en jargon, le iour.
* Lumóso, lumineux.
Lúna, Lune.
la Lúna non cúra l'abbaiar de' cáni, la Lune ne se soucie pas que les chiens abbayent apres elle. i. les grands ne se soucient pas des petits.
che hà da far la Lúna co' gránchi. i. quelle comparaison y a-t'il de la Lune aux escreuices, des petites choses aux gandes.
piu sù stà móna Lúna, le logis de la Lune est plus haut. i. Tu ne frapes pas au but, tu ne rencontre pas bien.
tu non cógli piu la Lúna, tu n'attrapes plus la Lune. i. tu és hors de toy-mesme.
écco la Lúna di Bológna, voicy la Lune de Bologne. i. vn homme qu'on n'a veu de long-temps.
far à Lúne, nous disons, auoir des Lunes. i. des boutades.
Lúna piéna, plaine Lune.
Lúna scéma, decours de la Lune.
mostrár la Lúna nel pozzo. i. faire croire vne chose pour vne autre.
Lúna silénte, le moment que la Lune change.
Lunáre, lunaire : & le cours de la Lune.
Lundria, lunaire, sorte d'herbe.
Lunário, Almanach.
Lunaticáre, estre lunatique.
Lunático, lunatique.
Lunatióne, l'espace d'vne Lune.
Lunáto, en forme de croissant.
Lundimáne, le lendemain.
Lúne, & Lunédi, Lundy.
il Lunédi de' batiláni, nous disons, le Lundy des sauettiers. i. le Lundy qu'on ne trauaille point.
Lunétta, croissant : petite Lune.
Lúnga, vne longe de cuir. Item, mesure entiere, en musique, longue.
per Lúnga, longuement.
di grand Lúnga, de beaucoup.
in Lúnga, à la longue.
dar la Lúnga, nous disons, donner le Caresme bien long : entretenir en longueur.
Lungagnola : sorte de rets.
Lungaménte, longuement.
Lungáre, prolonger.
Lungarie, longueurs, delais.
Lúnge, longe.
Lungheríe, longueurs, delais. prononcez, ghe, comme gue, en François.
Lunghésso, tout proche, tout rasibus, prononcez ghe, comme, gue, en François.
Lunghétto, longuet. pron. ghe, comme, gue, en François.
Lunghézza, longueur. pron. zz.
Lúngi, loing.
Lúngo, long.

à più

LV

è piu longo, che vn Dilluni a pane, il est plus long qu'vn iour sans pin.
è piu longo, che la quarésima, il est plus long que le Quaresme.
à Longo, andàre, à la longue.
à Longo, tout au long: amplement.
Longo, tout le long, au long de quelque chose.
Longo, di schièna, vn homme qui paye mal: & pour vn autre, nous disons, large par les espaules.
di Longo, & à di Longo, tousiours sans s'arrester, tout d'vne venuë, tout d'vn train, tout d'vn chemin. Item, fait sans grace ni façon.
Longone, vn peu long: grandelet.
andàr à Longóne. i. estre pendu: c'est par allusion de la longueur de la corde.
Lunifero, porte-lune.
chi non fa la Lunigiana è figliuòl d'vna puttàna, nos enfans en courant disent, fils de putain qui sera le dernier.
Lunistítio, l'instant de la pleine Lune.
Luogáre, placer: serrer.
Luoghétto, petit lieu, pron. ghe comme gue en François.
Luógo, lieu. Item, reng.
hò di buòn Luógo, ie sçay de bonne part.
il non tróua Luógo. i. l'amoureux passionné.
non trouàr Luógo, ne sçauoir où se mettre, n'auoir point de repos, estre esperduëment amoureux.
Luógora, lieux.
Luogotenénte, lieutenance.
Luogotenénte, lieutenant.
Luogotenénza, lieutenance, pron. ts.
Lúpa, louue: vne louppe. Item, vn mal appelé loup qui vient aux jambes.
la Lúpa in córpo, la famine dans le corps.
Lupachíno, louueteau.
Lupága, crabe.
* Lupanáro, bordel. Item, tanniere.
Lupára, fosse à prendre des loups.
Lupárdo, vn glouton.
Lupária, tore, ou aconit.
Lupásso, Gournaud, poisson.
Lupáto, louueteau. Item, gris louuet.
Lupázzo, Gournaud, pron. ts.
Lupéca, lupécca, vne heupe.
Lupeggiáre, faire le loup: deuorer, rauir comme vn loup.
Lupéllo, louuet, poil de cheual.
Lupercália, sacrifices solemnels au Dieu Pan.
Lupérci, certains Prestres de Pan.
Lupértica, noirceur, meurtrisseure.
Lúpia, louppe.
Lupicíno, louuereau.
Lupígno, de race de loup.
Lupinággine, nature de loup, louuerie.
Lupinaménto, idem.
Lupíno, lupin, sorte de legume. C'est aussi la voix que l'on donne au conseil, où l'on se sert de lupins blancs & noirs.
non lo stímo vn Lupíno, ie ne l'estime pas vn nauet, vn rien.
Lúpo, de loup, de nature de loup.
Lúpo, loup.
chi hà Lúpo in bócca, l'hà sù la cóppa, qui a le loup à la bouche l'a sur le chinon du col. i. quand on parle du loup on en voit la queüe.
còme il Lúpo, comme le loup, il n'est bon ny vif ny mort.

LV 289

còme disse il Lúpo all' àsino, comme dit le loup à l'asne. i. patience.
non si gridà mái al Lúpo che non sia in paese, nous disons, le feu ne va point sans fumée.
chi hà il Lúpo per cumpáre, porti il can sotto al mantéllo. i. qui a affaire à vn meschant prenne garde à soy.
Lúpo dell' ápi, guespier qui mange les abeilles.
il Lúpo non cáca agnélli. i. d'vne mauuaise chose il n'en vient iamais vne bonne.
il Lúpo cángia il pélo, má non il vezzo. i. vn homme vieilly dans le vice ne change gueres.
Lúpo ceruièro, loup ceruier.
tenér il Lúpo per li orécchi, c'est auoir fait vne entreprise dangereuse à poursuiure ou à laisser.
il Lúpo non mángia cárne di Lúpo. i. chacun espargne ses semblables.
egli hà vísto il Lúpo, il a crié au loup, il est enroüé.
Lúpo di falcéti, houblon.
Lupocerviére, loup ceruier.
Lúpoli, du houblon.
Lupóne, gros loup: auare qui mange les autres.
* Lurcáre, gourmander.
Lúrco, gourmand.
Lurcóne, idem.
Lúvia, potion faite de miel & de vinaigre.
* Lúrido, pale, desfait.
Luriuòle, sorte de prunes.
Lusárdo, lezard.
Lúsca, bluette qui paroist en plein iour.
Luschétto, vn peu lousche.
Lusçígnolo, rossignol.
Lusciòlo, chauue-souris.
Lúsco, louche.
Lusignuólo, rossignol. Item, vne mèche ou l umigno n'a chandelle ou de lampe.
Lusínga, mignardise en parolles.
Lusingaménto, mignardise, flatterie.
Lusingánte, mignard, mignarde, caressant, caressante.
Lusingáre, flatter, mignarder: cajoller vne femme.
Lusingaría, flatterie, mignardise.
Lusingatóre, flatteur, mignard.
Lusingatríce, mignarde, flatteuse.
Lusinghería, mignardise, flatterie, pron. ghe comme gue.
Lusinghévole, plein de mignardise, pron. ghe comme gue.
Lusinghevolménte, mignardement, pron. ghe, comme gue.
Lusinghiére, mignard, pron. ghe comme gue.
* Lusnèare, briller, esclatter.
* Lúsneo, esclat ou lueur causée de grande chaleur.
Lusnociére, id.
* Lusóne, iouëur.
Lusquiáme, hannebanne.
Lussáre, viure dans le luxe. Item, disloquer.
Lussatióne, luxation de membre.
Lussáto, luxé, demis, disloqué.
Lússo, luxe.
Lussúria, luxure.
Lussuriánte, &
Lussureghiánte, sur-abondant: qui croist beaucoup.
Lussuriáre, & lussureggiáre, viure luxurieusement, Item croistre en abondance.
Lussuriosaménte, luxurieusement.
Lussurióso, luxurieux.
Lústra, cauerne, taniere. Item, vne feinte, vne mine ou contenance, vn semblant.
far le Lústre. i. feindre, dissimuler.
Lustrále, de cinq années.

Lustráre, reluire : luster, polir : en jargon, fourbir.
Lustrézza, lustre, esclat, pron. *ts*.
Lústro, lustre : Espace de cinq ans. En jargon, iour.
Lustróre, splendeur, lumière.
Lustrófo, resplendissant.
Lutta, estincelle.
Lutacéne, certaine herbe medicinale, & qui sert aux enchantemens.
Lutáre, luter : en terme d'Alchimie.
Lutário, sorte de barbeau.
Lutatióne, lutation, accomodement auec du lut.
Lútea, vne herbe qui sert à teindre en iaulne.
Lutéllo, pot à huile.
* *Luténse*, qui vit dans le bourbier.
* *Lúteo*, vn iaulne enuiron comme le moyeu d'vn œuf.
Lúteo, bourbeux.
Luteráno, Lutherien, ce mot signifie heretique en general.
Lutério, id.
Lutéro, vn animal appelé de la sorte, on l'explique vn oison.
Lúto, lut, composition de fient & de terre grasse. Item, bourbe. Certaine mesure.
Lutósa, bourbeux.
Lútra, loutre.
* *Lutrèa*, vn trophée d'armes pendu au dessus d'vn Sepulchre.
Lútta, luitte.
Luttáre, se plaindre : porter le deüil. Item, luitter.
Luttatóre, luitteur.
Lutíifero, qui porte le deüil.
Lútto, deüil & plaints.
Luttóso, de deüil.
Luttulénte, &
Luttuóso, id.
Luz ziola, ver-luisant, pron. *ts*.
Luz zolo, vn brocheton, pron. *ts*.
Lúzzo, vn brochet, pron. *ts*.

M A

Ma, mais.
Mà, pour *mai*, iamais. Pour *mali*, maux.
Ma che, horsmis, excepté, sinon.
Macalépo, sorte de parfum fort doux, ou plûtost vne graine qui est bonne pour faire des sauonnettes. Mascalep.
Mácarco, selon aucuns, vn baril ou tonneau.
Macaréllo, macquereau : poisson. Item, vn macquereau. Vn cormorant, selon aucuns.
Macaroneggiáre, viure de macarons ou viande de paste. Item, viure goulu ëment.
Mácca, marque de foulleure : rauage. Item, vn fourreau sur vn habit.
Mácca, quantité, abondance, bon marché.
à Mácca, sans despense, pour rien.
tendre à Mácca, passer pour bardot, ne payer rien.
Maccágna, defaut, vice.
Maccagnáno, id.
Maccáre, rauager, briser, fracasser.
Maccaréllo, mot tiré du François, macquerelle.
Maccatélla, certaine viande battuë comme des andoüillettes. Item, defaut, vice.
Maccatúra, fracas, fouleure.
Maccaróni, viande de paste longuette & grossiere.
vn Maccaróne.i. vn lourdaut.
Maccheróni, sorte de viande de paste.
giocar di Maccatélle, iouër des gobelets.
Maccheria, le temps couuert, & la mer tranquille.
Mácchia, tache. Item, vn buisson : vn fort dans vn bois.
cauàr la Mácchia, nous disons, tirer pied ou aîle, tirer ce que l'on peut d'vne affaire : c'est aussi en descouurir le fonds.
bátter monéte alla Mácchia. i. faire vne chose secrettement, ou en cachette.
Mácchia nell' ócchio, taye en l'œil.
Macchiáre, tacher.
Macchiétta, petite tache.
Mácchina, machine.
Macchinatióne, machination.
Macchióne, gros buisson, ou boccage. Vn fort dans vn bois où se retire la beste.
Macchióso, plein de taches. Et plein de buissons.
Meccíanghero, *macciángaro*, vn homme membru & gros de corps, pron. *ghe* comme *gue* en François.
Maccína, mouture.
Mácco, bouillie de febues moulu ës.
à Mácco, en quantité.
Mácco ie, macules, taches.
Maccolóso, plein de taches.
Máce, feuilles de muscades, macis.
Macedónica, sorte d'herbe.
Maciégnole, platteaux, pierres plattes à couurir les maisons.
Macelláio, vn boucher.
Macelláre, tuër les bestes à la boucherie. Item, massacrer.
Macelláro, vn boucher.
Macéllo, boucherie : tuerie, massacre, carnage. La tuerie des bouchers.
Maceráre, macerer, mortifier. Item, roüir le lin ou chanvre.
Maceratióne, mortification, maceration.
Maceria, sterilité. Item, mortification : & vn reng de dents.
Macérie hérbe, herbes que l'on met au pot.
Macéro, maceré.
Macéro, eau ou fossé à mettre roüir le lin, & le chanvre.
métter in Macéro, mettre roüir.
Mácero, maigre. C'est aussi du macer, escorce qui vient de Barbarie.
Maceróne, herbe qui se mange en salade, ou sa racine, comme la chicorée sauuage : maceron, ou pissenlit.
Machéra, vn coutelas fait de bois pour l'ordinaire.
Máchia, vne certaine robbe des Ephores.
Máchina, machine. Item, complot, machination.
Machináli, de machines.
Machinaménto, machination.
Machináre, machiner : brasser quelque chose.
Machinatióne, machination.
Machinatóre, complotteur, conspirateur, machinateur.
Machinatrice, sans machinatrice.
Machinóso, plein de machinations.
Macholíno, vne sorte de beste sauuage, comme vn Elan appelé Maclis.

MA   MA

Macla, vn tas de pierres, &c.
Màcido, moisy.
Macignàre, deuenir rude comme vne roche.
Macigno, pierre grise qui sert aux bastimens. Et toute sorte de pierre. Pierre de meule.
Macilènte, maigre, haue.
Maciléuzza, maigreur, pron. ts.
Màcina, meule de moulin. Et mouture.
Macinàre, moudre.
Macinàre à raccólta. i. ne faire pas souuent l'œuure charnelle.
Macinàta, mouture.
Macinatióne, id.
Macinàro, mouture.
Maciuatóia, meule de moulin.
Màcine, meules de moulin : Item, les dents.
Macinélla, petite meule.
Macinétta, idem. Item, vne sorte de sauterelle.
Macinénole, qui se peut moudre.
Macinío, le bruit de la meule : la mouture.
Màcioli, macules, morsures de mouches.
Màcis, macer.
Maciúlla, maschoir à mascher le lin, où le chanvre.
Maciullàre, mascher ou froisser le lin & le chanvre : Item, mascher.
Maciullóne, vn gros disneur, vn beau mascheur.
Màclo, certain animal qui n'a aucune iointure.
Màcola, tache.
Macolàre, tacher.
Màcolo, tache. Item, taché.
Macónide, sorte de laictuë amere fort pleine de laict.
Macónio, le suc du pauot pour endormir les sens.
Màcra, sorte d'herbe qui sert à teindre.
* *Macràre*, rendre maigre ou sterile.
Macréz za, maigreur, pron. ts.
* *Màcro*, maigre, sec, sterile.
Macrocóla, sorte de grand papier.
Macrocósmo, grand monde.
Macrologìa, discours ennuyeux : galimatias.
Macrólogo, grand iaseur.
Màcula, tache : & marque de meurtrisseure.
Maculàre, tacher.
Maculatióne, tache.
Maculatóre, tacheur.
Maculatúra, maculature.
Maculóso, plein de morsures de mouches.
Mad, pour *ma*, mais.
Madàglio, batail de cloche.
Madàino, certaine monnoye en Turquie.
Madèle, vn porc chastré.
Madàma, Madame.
Madamigèlla, Mademoiselle.
Madaraz zo, vn gros lourdaut, pron. ts.
* *Madefàre*, humecter, rendre moite.
Madèno, vraymentnon, hò que non.
Madèra, matiere pour teindre en rouge.
Madernàle, maternel.
Madès, voire vrayment.
Màdia, huche : huche à pestrir le pain : vne may anciennement.
Madiàta, vne huchée ou fournée de pain.
* *Màdido*, moitte.
Madóne, vne sorte de vigne sauuage.
Madóni, gueux, belistres.
Madòna, Madame : autrefois titre de Dame, maintenant de femme d'Artisan, Dame.
Madónna, *Catarina*, Dame Catherine, &c.
la Madónna, Nostre-Dame, la Vierge.

Madònna, *Clangèlla*, inuentrice de l'Academie des femmes qui faisoient de grandes preuues de leurs corps.
Madonnéssa, vne belle Madame, dit par ironie.
Madonétta, petite Madame. Item, vne gueuse qui fait la Madame.
Madornàle, maternel. Item, le principal rameau ou fruit d'vn arbre : la maistresse branche.
Màdre, mere. Item, vn moule. L'amaris ou mere : vne porte d'vne agraffe ou chose semblable.
la Màdra pietósa fà la figlia tignósa, la mere pitoyable fait sa fille tigneuse.
la Màdre d'Orlàndo, *la béria*, *la bàia*, la baye.
dar la Màdre d'Orlàndo, se mocquer.
mal di Màdre, mal de l'amaris, ou de matrice.
Màdre pérla, nacre de perle, mere perle.
Màdre vite, escrouë de viz.
Màdre bósco, chevre-feuille.
Madreggiàre, ressembler à sa mere en mœurs & coustumes.
Madrégna, belle-mere.
le mamme son mamme, e le Madrègne càgne. i. il n'y a tel qu'vne mere.
* *Madrégni*, certains ouurages de fortification, ouuertures.
Màdre mágna, la grand mere. i. la terre.
Madrèma, *madrèmma*, ma mere.
Màdre sélua, chevre-feuille.
Madrennòla, id. pron. dę
Madrièlle, madrigal.
Madriccinòla, vne bonne vieille, vne bonne mere.
Madrière, madrier auquel on attache vn petard.
Madrisóglio, chevre-feuille.
Madrigàle, madrigal, sorte de chanson.
Madrigalétto, petit madrigal.
Madrígna, belle-mere, marastre.
Madrignàle, de marastre.
Madrile, madrier.
Madrina, sage-femme.
mal di Madróne, mal de l'amaris ou de mere.
Madúne, carreaux ou bricques.
Madunélli, petits carreaux ou bricques.
Maedino, monnoye de peu de valeur en Alep.
Maésa, iachere.
Maesàre, faire les iacheres.
Maése càmpo, iachere : ou terre en repos pour quesque temps.
Maestà, Majesté.
Maestàle, majestueux.
Maestéuole, plein de Majesté, majestueux, majestueuse.
Maestosaménte, auec majesté, majestueusement.
Maestóso, majestueux.
Maéstra, maistresse : Principale : grande.
Maéstra, sorte de lexiue auec du sauon.
vèla Maéstra, la principalle voile d'vn vaisseau.
chiàue Maéstra, vn passe-par-tout.
Maéstra, c'est la corde principale à tendre les rets ou filets. C'est aussi la maestre, qui est la plus grande voile d'vn vaisseau.
Maestràle, le vent maistral. Item, Magistral.
Maestralegiàre, tirer du costé du maistral.
Maestrànte, qui instruit.
Maestrànza, a maistrise, pron. ts.
Maestràre, passer Maistre ou Docteur. Item, instruire.
Maestràto, pour Magistrat, Item, instruit.
Maestreggiàre, faire le maistre.
Maestréssa, maistresse.
Maestréuole, de maistre, plein d'art ou artifice.

M A

Maestreuolménte, auec art, auec maistrise.
Maestria, maistrise, art, artifice.
Maestro, maistre.
gran Maestro, grand Seigneur.
Maestro, sorte de vent, maistral.
Maestro, principal.
sauiar le pénne Maestro, nous disons plumer vn homme.
Maestro di casa, maistre d'Hostel.
Maestro d'ascia, charpentier.
Maestro di legname, id.
Maestro di muro, maçon.
Maestro di campo, maistre de camp.
Maestro di scrima, maistre tireur d'armes.
Maestro di stalla, escuyer.
Maestro di Tinéllo, vn maistre d'Hostel qui a soin de la salle du commun.
Maestrorramontána, quartier de vent, entre le Maistral & la Tramontane.
Maestrize, les cordes qui seruent à tendre les filets ou rets. pron. ts.
Mafara, la voile du grand mast. Item, vn bondon.
Maffatóre, malfaiteur.
Maffì, par ma foy.
Mága, enchanteresse, magicienne.
Magáce, selon aucuns, vne sorte d'instrument à vingt cordes: & vn cheualet de lut.
Magáde, id.
Magágne, deffaut: vice.
Magagnáre, gaster, corrompre, rendre vicieux: causer vn deffaut.
Magagnoso, plein de deffaut.
Magálda, vne vieille carogne.
Magáldo, meschant.
Magára, magicienne.
Magári, mot Venitien, pleust à Dieu.
Magaría, sorcellerie.
Magáso, hallebran.
Magazzinétto, petit magasin. pron. dz.
Magazziniero, celuy qui garde le magasin. pron. dz.
Magazzino, magasin. pron. dz.
Magestà, majesté.
Maggése, terre ou champ en repos pour vn an, iachere. Item, gueret labouré selon aucuns.
Maggiése, &.
Maggiática, id.
Mággio, le mois de May. Vn May.
il di Mággio, il est le mois de May, tous les asnes sont en amour.
écco Mággio co' suo' fiori, voicy May auec ses fleurs, si voicy vn amy que ie n'ay veu il y a long-temps.
non son da Mággio, nous disons, ie ne suis pas fils de Prestre pour repeter ce que i'ay dit.
Mággio, en jargon, Dieu & le Roy: Seigneur, Pape: Docteur.
* *Maggioráli*, majeur.
Maggioráma, marjollaine. En jargon, seigneurie: Nostre-Dame: le matin: Venus.
Maggioránza, superiorité, seigneurie: aisnesse. prononcez ts.
Maggioráre, deuenir grand.
Maggiorascáto, *maggiorásco*, superiorité.
Maggiorásco, superieur.
Maggiordomaría, office de maistre d'Hostel.
Maggiordómo, premier maistre d'Hostel.
Maggioréle, plus grand: majeur, aisné.
Maggióre, plus grand, plus grande: majeur, majeure: major, majore: aisné, aisnée.
dar il sto Maggióre, i. faire tous ses efforts.

M A

Maggiór di bócca, la premiere latte du costé de la pouppe.
la Maggiór párte, la pluspart.
Maggioreggiáre, faire le grand.
Maggiorello, plus aagé.
Maggiorèngo, Seigneur: le Baillif, en jargon.
Maggiorénie, vn grand Seigneur, vn Primat: vn homme de condition.
Maggiorítto, vn peu plus aagé.
Maggióri, les ancestres.
Maggiorità, superiorité: majorité, preeminence: aisnesse.
Maggiorino, sorte de hallebran.
Maggioritá, aisnesse: majorité.
Maggiorménte, d'autant plus, dauantage.
Maggíno, en jargon, Seigneur.
Maggíno di spécie, en jargon, Preuost.
Maggiuólo, surgeon.
Magheráre, *magherire*, maigrir. pron. ghe, comme gue François.
Mághero, maigre. pron. ghe, comme gue.
Mági, Mages, sages.
Magía, magie.
Mágica, magique.
Magicále, de magie.
Magicaménte, par art magique, par magie.
Magico, magique.
Magidárino, la tige de laserpitium.
Magiése, jachere.
Magiétte, petites agraffes.
* *Maginare*, imaginer.
* *Maginatióne*, imagination.
Magioncella, maisonnette.
Magióne, maison, habitation.
Magioráma, marjolaine.
Magiríano, vn serpent que l'on tient qu'il s'engendre de la cuisse d'vn homme mort.
Magiriscía, vne image ou figure grauée au fonds d'vne tasse.
Magistério, *magistéro*, maistrise, art, mystere, magistere.
Magistrále, magistral.
Magistralménte, magistralement.
Magistráto, Magistrat.
Máglia, maille: taye en l'œil.
Máglia, en jargon, la tigne. Et Rome.
Máglia de' ruspanti, la verolle.
Máglia di trabúcco, mal caduc.
Magliáno, vite, en jargon.
Magliáre, mailler: lier auec des mailles, & bouts de cordes: battre d'vn maillet.
Magliétta, vne porte d'agraffe: vne taye en l'œil.
Máglio, mail, maillet: Vn madrier. Item, vn billard à pousser la bille.
far col Máglio, i. faire du pis que l'on peut.
Magliuólo, marcotte. Item, vn petit maillet.
Mágna, tante, mot Lombard.
la Mágna, l'Allemagne.
Mágna árte, l'Algebre.
Mágna béue, vn grand mangeur.
Mágna guadágna, vn qui mange tout ce qu'il gagne.
Magnanéura, sorte de vin Grec qui a bien de la force.
* *Magnanmité*, magnanimité.
* *Magnánimo*, magnanime.
Magnamáre, certaine partie de vaisseau.
Mágna pagnótte, vn gourmand.
Magnaménte, grandement.
Magnaménto, mangeaille.
* *Magnanimaménte*, magnanimement, courageusement.

MA

Magnanimità, grandeur de courage, magnanimité.
Magnánimo, courageux, magnanime.
Magnána mineſtra, vne ſorte de bonne meneſtre ou potage, comme qui diroit vne biſque.
Magnáno, ſerrurier : forgeron : chaudronnier.
Magnáre, manger. Item, rendre grand.
Magnarie, mangeries.
Magnário, Primat, grand Seigneur : Chef.
Magnáti, Potentats, ou les plus Grands de la ville.
Magnatióne, emplaſtre corroſif.
Magnatíuo, qui ſe peut manger.
Magnatóia, mangeoire.
Magnatóre, mangeur.
Magn'áua, ayeule.
Magnazía, grand' tante.
Magnéſia, pierre d'aimant.
Magnéte, id.
Magnificaménte, magnifiquement.
Magnificáre, magnifier.
il Magnificáte, le Magnificat, comme les femmes le prononcent.
Magnificatióne, magnification.
Magnificéntia, magnificénza, magnificence.
Magnífico, magnifique.
Magniloquéntia, haut ſtile, haut diſcours.
Magnilóquio, id.
Magnilóquo, qui parle hautement.
* Magnitúdine, grandeur.
Mágno, grand.
egli è Magnolino, il eſt braue homme.
Magnóſa, mariée.
Magnoſétta, petite mariée.
Mágo, Magicien.
Magolázzo, vn ſage ou Philoſophe : Vn enchanteur. pron. zz.
Mágolo, id.
Magóna, lieu d'abondance.
Magóne, grand Magicien : vn Seigneur.
Magóne, vn giſier de volaille.
Magótto, ſorte d'oiſeau.
Mágra, en jargon, la mort.
va Mágra, i. il va mal, il n'y a rien à gagner.
Magnaménte, maigrement.
Magrána, migraine.
Magráre, maigrir, amaigrir.
Magrarie, diſcours maigres, badineries.
Magrerie, id.
Magrétto, maigrelet, maigret. pron. e fermé.
Magrézza, maigreur. pron. zz.
Magríno, maigret.
Magríre, maigrir, amaigrir. preſ. magríſco.
Magritúdine, maigreur.
Mágro, maigre, ſec. En jargon, noir.
Maguáro, ſerpitium.
Magúno, ſorte de cormorant.
Mái, jamais.
che ſerà Mái, que ſera-ce enfin.
ſaréſte Mái quello, ſeroit-ce bien vous.
io vò Mái meditándo, ie vay touſiours méditant.
Máia, vne grampelle.
Maiále, porc chaſtré de ſix mois.
Maidè, ohibò, ho que non, fy, Item, voire vrayment.
Maiéſe, gueret qui demeure en friche, iachere.
Maieſtà, maieſté.
Maimóne gátto, guenon.
Maimóni, baſtons qui ſeruent à arreſter les cordages.
Mainàre, amainer, terme de marine.
Mainò, vrayment non.

MA

Mainóldo, manigóldo, bourreau.
Máio, ſorte d'arbre : vn May : le bouchon d'vn cabaret.
attaccár il Máio ad ógni v'ſcio, planter le May à toutes les portes .i. eſtre amoureux de toutes les femmes, amoureux des 11000. Vierges.
Máio, vn maillet : Item, vne grampelle.
Maiólica, vaiſſelle de fayance, & ſa matiere.
Maiolicchíno, ſorte de monnoye de peu de valeur.
Maioréle, maieur.
Maioráua, marjolaine.
Maioránza, maiorité. pron. zz.
Maiorchíno, fourmage de Maiorque.
Maiordómo, premier maiſtre d'Hoſtel, Intendant.
Maiòre, maieur.
Maiòvica, vaiſſelle de fayance. Item, pourcelaine.
Maiorine, ſorte d'oliues.
Maiſì, vrayment ouy.
Maiúſcula, maiuſcule, lettre capitale.
Maíz, bled de Turquie ou des Indes.
Mála, mauuaiſe, meſchante.
* Mála, la rondeur de la iouë, la iouë.
Maldbatro, malabatre.
Malabbiáto, meſchant. Item, mal acquis.
Mála credénza, inciuilité. pron. zz.
Malaccórto, mal-aduiſé.
Maladétto, maudit.
Maladicénza, meſdiſance. pron. zz.
Maladíre, maudire. preſ. maladíco, maládici, maládice. part. maladiſſi. part. maladétto.
Maladittióne, malediction.
Máladra, ſarcelle ou hallebran.
Malaſátta, vne faute d'vne toille.
Malageuoláre, rendre difficile.
Malageuóle, difficile, mal-aiſé.
Malageuolézza, difficulté. pron. zz.
Malageuolménte, difficilement.
Maládgia, mal luy vienne.
Malaghétta, graine de Paradis prononcez ghe, comme gue, en François.
Malagiáto, incommodé, pauure, mal-aiſé.
Malágma, malagme, emplaſtre qui mollifie.
Malagrádo, deſagreable.
Málagro, mal dans la teſte d'vn faulcon.
Malaguráto, meſchant, mal-heureux.
* Malagurbſo, id.
Malaménte, meſchamment : mal, mal aiſément.
Malandánza, diſgrace, infortune. pron. zz.
Malandáre, arriuer mal. preſ. malúo, maluói, malúi, malandiámo, malandáte, malandono. part. malandái, malandáſti, malándo, malandámmo, malandáſſe, malandárono. part. malandáto.
Malandáre, infortune, mauuaiſe arriuée.
Malandáto, mal receu, mal venu.
Malandináre, voler : eſcumer la mer.
Malandríno, voleur de chemins : malandrin : eſcumeur de mer.
il Mal' ánno, la mauuaiſe année.
Malanúyo, ſorte de poiſſon.
* Maláre, tomber malade.
Malatia, maladie.
Malatíccio, maladif.
Maláto, malade.
Malatólra, maltote, impoſition : rápine, vol, vollerie.
Malaueſtíto, mal-auiſé.
Malauentúra, meſ-auanture, diſgrace, mal-heur.
Malauenturáre, rendre mal-heureux.
Malauenturáto, mal-heureux.

Oo iij

MA

Malauenturóſo, id.
Malauogliénz a, mauuaiſe volonté. pron. tt.
* Maláuro, mal-heur. pron. au, comme aou, François.
* Malauróſo, meſchant, mal-heureux, prononcez au, comme aou, François.
Malbaniſco, guimauue.
Maldacóne, Bdellium.
Maldétto, maudit.
Maldicénte, meſdiſant, meſdiſante.
Maldicénz a, meſdiſance. pron. tt.
Maldíre, maudire. preſ. maldíco, parf. maldíſſi, part. maldétto.
Maldittióne, malediction.
Mále, mal.
ſempre non iſta il Mále doue ſi póne, nous diſons, le diable n'eſt pas touſiours à vne porte.
Mal del córno, mal de corne.
hà Mal in corpo hà mal in cuóre, de mauuaiſe humeur, mal à ſon aiſe.
Mal franceſo, la verolle.
Mal franciosáto, verollé.
Mal Napolitáno, mal de Naples, la verolle.
Mal di coſtáto, pleureſie.
Mal di punta, id.
hauér à Mále, hauér per Mále, trouuer mauuais, prendre en mauuaiſe part.
Mal creáto, inciuil.
Mal di lingua, bleſſeure de langue.
Mal ſcrito, mal feru, mal de flanc.
Mal del fico, figue, fic, mal de cheual.
Mal de Nápoli, la verolle.
Mal del panno, ſorte de mal de teſte.
hà tutti i Máli di S. María nuóua, cela ſe dit d'vn qui a tous les maux qu'on peut s'imaginer.
Mal ſottile, tiſico, phtiſie, mal de poulmon.
Mal mio grádo, malgré moy.
Maleáre, forger: frapper d'vn marteau ou maillet.
Maledétto, maudit.
Maledicénz a, meſdiſance. pron. tt.
Maledicéuole, meſdiſant.
Maledíco, meſdiſant.
Maledíre, maudire. preſ. maledíco, parf. maledíſſi.
Maledittióne, malediction, maudiſſon.
Malefattóre, mal-faicteur.
Maleficénz a, malefice. pron. tt.
Maleficiáre, maleficier.
Maleficio, malefice.
il Maleficio, le criminel.
Maléfico, ſorcier.
Malége, en jargon, baſtonnades.
Mal in órdine, mal veſtu, mal couuert.
Malfrito, maladie de cheual, mal de flanc, ou mal feru.
Malenáygia, imprecation, mal luy en aduienne.
* Malevénz a, mal-veillance. pron. tt.
Máleo, maléolo, maillet.
Maleſcálco, Mareſchal.
Maleſtánte, mal à ſon aiſe, incommodé, pauure.
* Maletitióne, malediction.
Maleuadóre, garant.
Maleuolénz a, mal-veillance. pron. tt.
Maleuolére, mal-vouloir. preſ. maleuóglio, maleuói, maleuóle, maleuogliámo, maleuoléte, maleuógliono, parf. maleuólſi, part. maleuoluto.
Maléuolo, mal-veillant.
Malfáre, mal-faire, meffaire. preſ. malfó, & malfáccio, malfái, malfá, malfacciámo, malfáte, malfánno. Et

MA

le reſte comme fáre, adjouſtant la premiere ſyllabe mal.
Malfátto, meffait.
Malfattóre, malfaicteur.
Malfattoría, le mauuais proceder, la maltote.
Mal fóro, le trou du Diable. Item, la nature de la femme.
Malſúſſo, vn malautru, vn mal-heureux.
Malgradéuole, deſagreable.
Malgradíre, deſagreer. preſ. malgradíſco.
Malgradíto, deſagreable.
Malgrádo, mal-gré.
in Malhóra, à la mal-heure.
Malía, ſorcellerie.
rómper la Malía .i. rompre les difficultez.
Maliarménto, ſorcellerie.
Maliárda, ſorciere.
Maliárdo, ſorcier.
Maliáre, enſorceller.
Maliáta, vn radeau de bois de merrein.
Malicório, eſcorce de grenade. Item, eſcorce pour les tanneurs.
Maliféro, qui apporte du mal.
Malificáre, mal-faire, maleficier.
Malificióſo, plein de malefice.
Maliglia, ciboule, eſchallotte.
Maliglia, vn bracelet.
Malignaménte, malignement.
* Malignánz a, malignité, pron. tt.
Malignáre, enuier: eſtre malin: rendre meſchant.
Malignità, malignité.
Maligno, malin.
Malinconía, melancolie.
Malincónico, melancolique.
Malinconióſo, idem.
Malióſo, ſorcier.
Maliſcálco, Mareſchal.
Maliſſimo, tres-mal.
Maliſtálla, eſtable pour le beſtail.
Malitia, malice. Item, maladie : & mauuaiſe qualité, pigli árni Malitia .i. y entendre fineſſe.
Malitiáre, faire des malices.
Malitiáto, malicieux.
Malitioſétto, petit malicieux.
Malitioſaménte, malicieuſement.
Malitióſo, malicieux.
* Malitióne, pour malediction.
Maliuoglienz a, mal-veillance. pron. tt.
Maliuolo, mal-veillant.
Maleggiáre, faire mal, rauager, piller.
Málleo, malléolo, maillet.
Malleuadóre, caution, garant.
chi éntra Malleuadóre éntra pagatóre .i. qui reſpond paye.
Malleuáre, cautionner.
Malleuaría, malleueria, caution.
Mallo, la peau des noix ou amandes. Item, vn maillet.
mangiár le nóci col Mállo .i. meſdire deuant vn meſdiſant.
Malmantíle, mauuaiſe nappe, mauuais repas.
andár à Malmantíle, par equiuoque de mal mantíle, qui ſignifie mauuaiſe nappe .i. eſtre traitté fort mal, & ſalement.
Malmenáre, mal-mener, mal-traitter vne perſonne.
Malmendo, faute ſur faute.
Malmeríto, qui a deſſeruy ou mal merité. Item, demerite.

MA   MA   295

Málo, mauuais, meschant.
Malobátro, malabatre.
Malomèllo, forte de pomme.
Malóre, mal, enfleure, tumeur, infection, contagion.
Malisso, morceau dur, & difficile à digerer.
Málpica, cresson de riuiere.
Malpizzóne, sorte de mal de cheual. pron. tz.
Malsanità, indisposition, mauuaise santé.
Málta, du mortier: bourbe, fange.
cauallier di Málta, nous disons, Gentil-homme de ligne: vn roturier, fils d'vn maçon qui fait le Gentil-homme.
caualiér di Málta, se dit aussi à vn homme bien couuert qui tombe de cheual, & qui crotte ses habits.
Maltáre, bastir de mortier.
Maltarnóla, vne truelle.
Maltatóre, vn maçon.
Malticcio, ouurage de mortier. Item, platras, materiaux, moilon.
Máltire, digerer. pres. Maltísco.
Maltolétto, &
Máltolo, maltote, surcharge, vol, larcin.
Maltratáre, mal-traitter.
Málua, mauue.
Maluácco, de mauue.
Maluagía, mauuoisie.
Maluágia, mauuaise.
Maluagiaménte, meschamment.
Maluágio, mauuais.
Maluagità, mauuaistie, malice.
Maluanóne, guimauue.
Maluarésco, guimauue.
Maluáuica, mauuoisie.
Maluauísco, guimauue.
Maluedére, ne voir pas volontiers, receuoir mal. part. maluidi, part. maluedúto.
Maluedúto, mal receu, mal venu.
Mauenúto, mal arriué.
Maluérde, iaunisse.
Maluézzo, mauuaise coustume. pron. tz.
Maluíccio, ou Maluízzo, mauuis, sorte de griue, merle au collier.
Maluolére, mal vouloir. pres. maluóglio, maluói, maluóle, maluogliámo, maluoléte, maluóglion, part. maluólsi, part. maluolúto.
Maluolúto, hay, mal voulu.
Malusáre, mes-vser.
Malúso, mauuaise coustume.
Mamalúco, Mameluc.
Mámma, maman, voix d'enfant.
Mámma, à Rome vne sage-femme. Item, vne gouuernante de filles en Toscane.
* Mámmata, ta mere.
Mammélla, mammelle.
Mammelláre, teter.
Mammelláro, de mammelle.
Mammétta, petite maman.
Mammína, petite maman. Et vne caresse ou mignardise de mere.
Mámmola, tette, tetton, mammelle.
Mammolágine, mignardise d'enfant.
Mámmole viòle, giroflées doubles.
Mammolíno, vn mignard, vn poupart, vn qui s'endort au tetton.
Mámmolo, petit poupon. Item, pere ou papa. Et vne pouppée.

Mammóna, vne grosse maman. Item, vne sage-femme.
Mammóne, guenuche. Item, marmotte.
Mammóso, qui est tousiours apres le tetin, qui est plein de laict: qui a des tettes.
Mammótta, petite maman. pron. o ouuert
Mammúccia, vne pouppée.
Mammucciáre, faire la pouppée: se jouer auec des pouppées.
Mamúcco, sorte d'oiseau qui vit de l'air, & est de vol fort viste.
* Mána, Dame, qui se dit aux artisanes. Item, pour manára, vne hache ou plane.
Manácchia, corneille.
Manacórdo, sorte d'instrument à vne corde, monocorde.
Managétto, petit cornillas. pron. e fermé.
Manáia, manára, vne plane.
Manantiále, qui vá, & vient, qui part, & retourne. De source.
Manarétta, petite plane. pron. e fermé.
Manaríno, idem.
Manáta, vne poignée, plein la main.
Manatélla, & manatína, idem.
Manátto, sorte de poisson aux Indes.
Mánca máno, main gauche.
a buón Cauallier non Mánca lánci, à vn bon Cauallier ne manque de lance.
Mancaménto, deffaut, manquement.
per Mancamínto, à faute de.
Mancánte, manquant, defectueux, defectueuse.
in Mancánza, au deffaut. pron. tz.
Mancánza, decours de la Lune. pron. tz.
Mancáre, manquer: diminuer: auoir faute.
Mancár d'vn luógo, estre absent d'vn lieu, estre sorty.
Mancáre, defaillir: mourir. Item, venir faute d'vne personne.
Mancáre, en certaines façons de parler se met pour son contraire, comme, Amolini, & alle spóse sempre Mánca qualche cósa. i. il n'y a tousiours à retaire alentour des nouuelles mariées, & alentour des moulins.
Mancáno persóne in quésto paése. i. nous ne manquons pas, il n'y a que trop de personnes en ce pais.
se da vói non Mánca, s'il ne tient pas à vous, si ce n'est que vous ne vouliez pas.
non gli Mancaría áltro, il ne luy falloit plus que cela.
Mancatór di féde, pariure.
Mancatríce, pariure, qui manque.
Manceppáre, emanciper.
Mancheggiáre, voguer à gauche.
Manchéuole, qui manque, defectueux.
Manchézza, manquement, deffaut. pron. tz.
Máncia, l'estreine: le vin du valet: les espingles des filles. Item, le pot de vin que l'on donne pour auoir la preference d'vn marché ou louage.
Manciáta, vne poignée, plein la main.
Manciáre, aller à gauche. Item, estre dissemblable.
Mancíno, gauche, & gaucher.
tu mi riésci Mancíno. i. tu m'as manqué à ce que tu m'auois promis.
Mancipáre, emanciper: Item, asseurir.
Mancipatióne, emancipation.
Mancípio, seruiteur, esclaue: vassal.
Manciélla, maschoire à froisser le chanvre.
Mánco, defectueux: gauche. Pour foible: & manque ment. Item, moins.
venir Mánco, & venir Méno, deffaillir, manquer: s'euanouïr.
Mánco io, ny moy, aussi, ny moy, non plus.

MA

Mànco mâle, les François disent encore est-ce. i. encore est-ce moins de mal, encore ay-je cela de bon.
Mànco mâle, che no'l volésse, les François disent, i'en serois d'aduis, il ne faudroit plus que cela qu'il ne le fist, ou ne vouluft pas.
Mànco, moins.
Mólto Mànco, tant s'en faut.
Mànco, pas mesmes.
al Mànco, al Méno, au moins.
non si può far di Mànco, ou diméno, on ne sçauroit s'empescher.
Mancóso, qui manque.
Máncolo, gaucher.
Mandàia, mandàra, vn planc. Et vn instrument à trencher la teste.
Mandaménto, mandement, commission, ordre.
Mandàre, enuoyer.
Mandàr à vedèr ballàr l'órso, enuoyer voir dancer l'ours. i. tuer.
Mandàr à fil di spàda, passer au fil de l'espée.
Mandàr fuòri, mettre en lumiere. Pousser hors, ietter hors.
Mandàr giù, aualler : abbattre : aualler les chausses.
Mandàr via, donner congé, enuoyer, chasser.
Mandàr óltre, pousser.
Mandàr à spásso, enuoyer paistre ou pourmener, chasser.
Mandàr al pónte all'òca, monstrer à quelqu'vn à chastier sa femme.
Mandàr mâle, dissiper, despenser mal à propos.
Mandàr fuòri lo spírito, rendre l'esprit.
Mandaría, vne bergerie.
Mandáte, enuoy.
Mandatário, commissionnaire.
Mandáto, ordre, ordonnance, commission. Item, sentence, prise de corps.
Mandáto, enuoyé.
Mandatóre, enuoyeur.
Mandatório, vn committimus.
Mandatúccio, vn petit mandement, petite commission.
Mandéstra, main droitte.
Mandéstro, vn droictier.
Mandíbula, mandibule, maschoire.
Mandiglióne, vne mandille.
Mándola, amande. Item, coing de bois.
Mandoláta, laict d'amandes.
Mandolíni, en jargon, coups de pied.
Mándolo, amandier.
Mandóne, vn gourmand.
Mandórla, amande.
Mandorláto, vne viande faite d'amandes.
Mandorléto, amandaye, lieu plein d'amandiers, prononcé l'e fermé.
Mandorlína, petite amande.
Mándorlo, amandier.
Mándra, troupeau : & bergerie.
Mandrágora, mandrágola, mandragore : vulgairement, mandegloire.
Mandráno, mandrâro, berger.
Mandrétta, petite bergerie, pron. l'e fermé.
Mandría, bergerie : & troupeau.
Mandriàle, &
Mandriáno, berger, pasteur.
Mandrítto, vn auant-main.
Mandrolína, petite amande. Item, vne fillette.
Mandryéllo, vn cachot à Naples.

MA

* Manducaménto, le manger, mangerie.
* Manducáre, manger.
Mandúco, mot pour faire peur aux petits enfans, le mangeur, le loup.
* Máne, le matin.
Manécchia, manche, anse.
Maneggiábile, maniable.
Maneggiaménto, maniement.
Maneggiánte, maniant.
Maneggiáre, manier : manier vne cheual. En jargon, fouetter.
Maneggiár vn negótio, conduire vn affaire, mesnager vne affaire.
Maneggière, bon mesnager.
Maneggiévole, maniable.
Maneggio, manege : & maniement, negociation.
Mánego, en jargon, bourreau.
Manególdo, vn pendart : vn bourreau.
Manélla, vne poignée de quelque chose. Item, vn bracelet.
Manénte, manant, habitant.
Manéra, maniere.
* Manére, demeurer, habiter, pron. l'e fermé. parfait. mánsi, il n'a point de participe.
Manevóso, ciuil, adroit, bien appris.
Manescálco, mareschal.
Manescaménte, à la main, à coups de main.
Manésco, de main, fait à la main.
Manéstra, menestre, potage.
* Manétie, vn manchon.
Manétta, manuelle : menotte : main de carosse. Item, mitaine.
óue tu vsi, tièn le Manétte, e le bráche strétte, où tu hantes, & où tu as affaire, tiens tousjours tes mains, & resserre tes chausses. i. ne desrobe point, ny ne faits point de saleté où tu hantes.
Man, nétte, allusion sur tièn le màn nètte, tiens les mains nettes. i. ne desrobe point.
Manézza di férro, gantelet, pron. ts.
Manézza, manízza, manchon, pron. ts.
* Manfrígoli, sorte de plats creux.
Manganáre, fouler les draps, presser : anciennement ietter des pierres, battre auec la machine à jetter des pierres.
Manganáro, foulon. Item, faiseur d'arbalestes, &c.
Manganeggiàre, enleuer auec le tour ou cric.
Manganélla, instrument à ietter des pierres, arbaleste à l'antique.
Manganélla, vn tour ou cric à leuer de grands poids. Item, vne machine à ietter des feux d'artifices, ou des pierres.
Manganellàre, monter auec vn tour. Item, fronder des pierres, ietter des feux auec vne certaine machine de guerre.
Manganéllo, tour, cric. Item, vne iacquette de berger: selon aucuns, vne cornemuse.
Manganéllo, presse à presser ou fouler les draps.
Manganése, manganese : sorte de pierre minerale : & vne matiere pour faire des verres.
Mangáno, arbaleste antique à ietter des pierres. Aujourd'huy c'est vne presse à presser les draps, vne calandre.
Mangáno, vn foulon, calandre.
Mangéola, selon aucuns, vne genisse.
Mangería, mangeries.
Mangétta, vne genisse.
Mangétto, vn bouillon ou veau d'vn an.
Mangiábile, mangeable.

Mángia,

MA

Mángia, cadenázzi, &
Mangiaférro, nous difons, vn mangeur de charettes ferrées.
Mangiáglia, mangeailles.
Mángia guadágno, vn qui mange tout fon gain, frippefauffe.
Mángia guérra, forte de vin fort.
Mangiamári, forte de grand vaiffeau.
Mangiaménti, mangeries.
Mangiapáne, vn gros difneur.
vn Mángia paradífo, vn bigot, vn mangeur de crucifix.
Mangiáre, manger.
chi ha Mangiáto le nóci, fpárzi i gúfci, qui a mangé les noix, ballaye les cocquilles .i. qui a fait vne faute, cherche le remede.
hauér Mangiáto il pan de' pútti .i. eftre fin, rufé.
Mangiári catenácci, manger les verroüils .i. eftre en colere.
hà Mangiáto il cáfcio nella trappóla, il a mangé le fourmage dans la fourticiere : cela fe dit d'vn Iuge qui doit eftre puny pour s'eftre laiffé corrompre par des prefens.
Mangiár còme il cauállo della carrétta, manger comme vn cheual de charette, la tefte dans le fac .i. manger feul & en cachette : nous difons, manger en loup.
Mángin la nótte, qu'ils mangent tout leur faoul, qu'ils mangent la nuit, leur ventre ne tient pas plus que le mien .i. Ils ne comprendront pas plus que moy, ils ne mangeront pas toute la fcience, pour mángino.
Mangiáre, en jargon, entendre.
* Mangiatíuo, qui fe mange, bon à manger.
Mangiatóia, mangeoire.
Mangiatóre, mangeur, grand mangeur.
* Mangiatório, qui fe mange.
Mangiatríce, grande mangeufe, mangeufe.
Mángio, mangiólo, veau d'vn an.
Mangióne, grand mangeur, gourmand.
Mangincóne, idem.
* Mangiúrro, vn coup, vne taloche.
Mánia, manie, rage.
Maniáre, faire des manies.
Mánica, vne manche.
quéfto è on áltro pár di Mániche .i. c'eft vne autre affaire.
alz árfi le Mániche fin al gómbito, fe retrouffer ou rebraffer iufqu'au coude pour faire vne chofe.
Manicáre, manger. Item, mettre des manches : & emmancher.
Manicarétto, hachis : falmigondis. pron. e fermé.
Manicatóre, mangeur.
Manicatório, de mangerie.
Manícia, manuelle. Item, manche de rame.
Maníciolo, manchon.
Manicélla, petite main.
Manichétta, petite main.
Manichétta, vn entonnoir de cuir dans les vaiffeaux.
Manichétto, vn petit manche.
Manichétti, &
Manichíni, manchettes.
Manichíno, petit manche.
far il Manicchíno diétro, faire la nicque : fe mocquer en derriere.
Mánico, vn manche. Item, vn anfe de feau ou chaudron, & vne queuë de poifle.
tenérfi al Mánico, fe tenir au manche .i. s'eftimer beaucoup, faire le docte, le capable.
mettèr il Mánico, emmancher.
vfcir del Mánico .i. perdre patience : parler trop de quelqu'vn : & faire vne dépenfe extraordinaire.
ci máncu il Mánico .i. pour dire qu'vne chofe eft fort efloignée de la perfection.
tentennar nel Mánico, branfler dans le manche .i. n'eftre pas conftant ou refolu.
trár il Mánico diétro alla záppa, le François dit, ietter le manche apres la coignée.
Manicóne, grand manche : grande manche : manchon.
Manicórdo, manicordion.
Manicótto, &
Manicótiolo, manchon : & manche pendante.
Maniéra, maniere. Ciuilité.
Manieráuo, priué, appriuoifé, ciuil.
Maniéro, anciennement, vne maifon de plaifance.
Manieróſo, bien appris : ciuil.
Manifattóre, ouurier.
Manifattúra, façon : ouurage de main.
Manifatturáre, ouurer, trauailler de la main.
Manifeſtaménto, manifeſtation.
Manifeſtánte, qui manifeſte.
Manifeſtáre, manifeſter.
Manifeſtatíuo, &
Manifeſtatório, qui fe peut manifefter, de manifeſte.
Manifeſtatóre, qui manifeſte.
Manifeſtéuole, qui fe peut manifeſter.
Manifeſto, manifeſte.
Maníglia, bracelet. Item, fer aux pieds des forçats : menotte.
Manigliáre, mettre des bracelets : & mettre des menottes.
Manigoldággine, trait de pendard ou bourreau, pendarderie.
Manigoldáre, faire le bourreau : faire des traits de pendard.
Manigoldeggiáre, idem.
Manigoldería, méchanceté, trait de bourreau, ou de pendard, pendarderie.
Manigóldo, bourreau. Item, pendard, gros frippon.
Manigoldóne, gros pendard, gros bourreau.
Manili, bracelets, & menottes.
Maninconeggiáre, rendre mélancolique.
Maninconía, mélancolie.
Maninconicaménte, mélancoliquement, triftement.
Maninconíco, maninconiófo, mélancoliquement.
Manína, petite main.
* Maníni, felon aucuns, bracelets.
Maniófo, plein de manie.
Manipola, vne poignée : vn gantelet : vn pelotton de gens de guerre.
Manipoláre, armer de gantelet. Item, empoigner : & reduire en bottes ou poignées.
Manípolo, poignée. Vn gantelet, manipule de Preftre. Pelotton de gens d'armes.
* Manipoténte, puiffance de mains.
* Manipoténtia, puiffance de mains.
Manipulatióne, maniement, broüillement, meflangé.
Manifcalcheria, meftier de marefchal.
Manifcálco, marefchal.
Manifintóla, vn faineant, vn qui tient fes mains à fa ceinture. Item, pareffe.

298 MA

Manizza, vn manchon. Item, moufle ou mitaine: & gantelet. pron. *ts*.
Manleuáta, main-leuée.
Manna, manne.
Mannáia, *mannára*, vne hache à coupper la teste: vne plane.
Mannaríno, idem. Item, vn vieux bœuf à Rome.
Máno, main. Pied de deuant du cheual.
Máno à negáre, mets toy à nier, nie hardiment.
vna Máno, vne quantité: vne couche de fleurs ou d'herbes qu'on arrenge dans vn pannier.
portár úno in pálma di Máno, honorer vne personne. Item, ne cacher pas vne chose.
recárſi la Máno sù'l pétto, nous disons, mettre la main sur la conscience.
méttere à Máno, mettre en perce, mettre en vente, entamer.
allargár la Máno, estre liberal.
cauáre le Máni, en retirer ses mains. i. en venir à bout.
la Máno, la main droitte par preseance: le haut du paué. La primauté au jeu.
dar di Máno, prendre viste.
non è in Máno, il n'est pas au pouuoir.
dar nelle Máni, tomber entre les mains.
hauer le Máni per aria, estre haut à la main.
hauer per le Máni úno, sçauoir vn homme qui fera, &c.
hauer alle Máni, auoir vne chose preste, & en son pouuoir.
menár le Máni, iouër des couteaux.
venír alle Máni. i. venir aux prises.
alle Máni. i. venons aux effects, trauaillons, faisons l'affaire.
tenér le Máni à casa, tenir les mains en repos, ne point toucher ou frapper, estre discret auprés d'vne fille, sans la toucher.
tenér Máno à ládri, estre receleur.
métter Máno, mettre la main à l'espée.
cacciár Máno, idem.
di bássa Máno, de basse condition.
non ne volgería la Máno, nous disons, il ne voudroit pas en destourner le pied.
à Máno à máno, aussi-tost, incontinent, presque.
di Máno in mano, l'vn apres l'autre, de l'vn à l'autre, en filant comme les compagnies.
leuár Máno, cesser.
toccár con Máno, nous disons, toucher au doigt, connoistre clairement.
fuór di Máno, à l'écart, hors du chemin.
la Máno, bien en main. à la main. commode.
Manoále, manœuure.
Manoáldo, idem.
Manoalménte, manuellement.
Manocchia, vne poignée. Item, vn gantelet: & vne motte de terre.
Manocórdo, monocorde.
Manoélla, vne barre: vn leuier.
Manométtere, affranchir. Item, main, mettre: mettre la main sur quelqu'vn. Entamer, mettre en perce: vser de main mise. part. *manomíſſi* & *manomíſi*.
Manomíſſo, affranchy. Item, entamé.
Manomiſſióne: affranchissement.
Manondiméno, neantmoins.
* *Manópole*, gantelets de fer.
Manoprétio, prix d'ouurage.
Manualdería, tutelle, & administration de testament.

MA

Monualdo, executeur de testament. Item, tuteur ou curateur. pron. ou séparément comme, nou.
Manoále, manœuure: aide à maçon. Item, manuel.
Manoalménte, manuellement, auec la main.
Manoélla, poignée, bottelette: piece ou parcelle. Item, vn instrument de cordier.
Manrítto, auant-main.
Manroueścio, vn reuers. Item, vn soufflet du dessoubz de la main.
Mansáre, addoucir, appriuoiser.
Manſiniſtro, gaucher, gauche.
Manſionário, Prestre habitué.
* *Manſionáro*, habitant.
* *Manſióne*, habitation.
Mánſo, priué, appriuoisé, doux.
Manſório, d'habitation.
Manſieſáre, addoucir, rendre traittable.
Manſueſátto, addoucy.
Manſuetáre, addoucir, rendre traittable.
Manſuetaménte, doucement.
Manſuéto, doux, traittable.
Manſuetúdine, douceur.
Mánta, vne mante.
Mánta di camíno, manteau de cheminée.
Mantacáre, souffler auec vn soufflet.
Mántaco, soufflet.
Mantacúzzo, & *mantáio*, vn petit soufflet. pron. les *zz* comme *ts*.
Mantáre, enmanteler.
Mantáro, faiseur de mantes.
Mánte, deuin.
Manteſétti, des soufflets.
Mantegóſa, rostie au beurre, mot Espagnol.
Mantebíglia, petite bille de beurre. Item, de la pommade: Esp.
Mantelláccio, vn grand vilain manteau, vn méchant manteau.
Mantelláre, enmanteler: couurir: soustenir quelqu'vn.
Mantelláro, faiseur de manteaux.
Mantellétto, roquet: mantelet: parapet de bois. Item, garniture de caneuas à vne voile pour la conseruer.
Mantellína, mantelet, petit manteau, roquet. C'est vn peignoir.
Mantellináre, enmanteler. Item, flatter, donner de l'eau beniste de Cour. pron. les *zz* comme *dz*.
Mantíllo, manteau: poil de cheual.
sótto Mantéllo, sous pretexte, sous couleur.
mutár Mantéllo, tourner casaque.
il Mantéllo di Ruzzánte, qui n'a ny endroit ny enuers, on ne sçait ce que c'est. Cela se dit par allusion de *dritto*, d'vn homme qui n'a ny droit ny raison. pron. les *zz* comme *dz*.
Mantéllo del cauállo, le poil, la peau, le manteau du cheual.
non si fa Mantéllo per vna acqua sóla. i. on ne fait pas vn amy pour vne seule fois.
Mantéllo adógni acqua, manteau pour toutes sortes d'eaux ou de pluyes: nous disons, vne selle à tous cheuaux, enuiron en ce sens-là. i. quantité de partis.
cauáre cáppa ò Mantéllo, venir à la conclusion d'vne affaire le mieux qu'il est possible: en tirer pied ou aile.
tu pórti acqua à due Mantélli. i. tu portés de l'eau à deux manteaux, tu veux seruir à deux personnes en mesme temps.
Mantenére, maintenir. pres. *manténgo*, *mantiéni*, *mantiéne*, *manteniámo*, *mantenéte*, *manténgono*, part. *man-*

MA   MA

tenni, part. *mantenuto*, futur. *manterrò*, opt. *mantenga*, impart. *manterrei*.
Mantenimento, protection : entretien, souſtien, manutention.
Mantenitore, souſtenant : qui maintient.
Mantenitrice, qui maintient.
Mantenuto, maintenu.
Mantia, l'art de deuiner.
Mantica, vne valise. Item, bordure de soufflet.
Manticciaro, faiseur de soufflets.
Manticciuolo, petit soufflet.
Mantice, soufflet d'orgue ou autre.
còme i Mantice, quand l'vn hausse, l'autre baisse. i. mal d'accord.
Manticello, petit soufflet.
Mantico, soufflet.
Mantiglia, petite bille de beurre.
Mantile, vne nappe. Vne seruiette, selon aucuns.
Mantiletto, vne seruiette : Et vne petite nappe. Item, vn mantelet.
Manto, vne mante : vn voile à l'Eſpagnolle.
Mento, en jargon, vn manteau.
Mantone, grande mante ou manteau.
andàr à ſtar à Mantoua. i. faire banqueroutte , parce que Mantoüe est la retraitte plus commune des banqueroutiers.
Mantouarie, & *mantouanarie*, traits ou tours de Mantoüan.
Mantouaneſcaménte, à la mode des Mantoüans.
Mantrauèrſo, vn coup de trauers.
Manuale, manuel.
Manualìſta, homme de main.
Manualménte, manuellement.
Manuàrio, fait d'ouurage de main.
* *Manubbia*, dépoüille.
* *Manubiále*, de dépoüille.
Manubrétte, boucles à mettre à des souliers.
Manucáre, manger.
Manucatòre, mangeur.
Manuccia, petite main.
Manuche, sorte d'oiſeau qui meurt auſſi-toſt qu'il tonche la terre.
Manucodiáta, oiſeau de Paradis.
* *Manudúrre*, mener à la main. pref. *manudúco*, parf. *manudúſſi*, part. *manudótto*, & *manudútto*, futur. *manudúrrò*, &c.
Manuduttióne, conduitte à la main.
Manuella, vn leuier.
* *Manufáre*, faire de la main.
Manufatto, fait de la main.
Manufattúra, ouurage, façon.
Manumèſſo, affranchy, entamé.
Manumèttere, affranchir, entamer. parf. *manumíſſi*, & *manumíſſi*.
Manus Chriſti, sorte de drogue, des tablettes.
Manuſcrítto, vn manuſcrit.
Manutia, le manche de la charruë.
Manúto, demeuré.
Manúzza, bracelet. Item, petite main. pron. les *zz* comme *ts*.
Mánza, vne amoureuſe, vne maiſtreſſe, pour *amanza*. pron. *ts*.
Mánza, vne geniſſe. pron. *ts*.
Mánza, pour *mancanza*, manquement : Item, pour *mancia*, l'eſtreine, le vin du valet. pron. *ts*.
Manzètto, petit veau. pron. *dz*.
Mánzo, proprement veau d'vn an, ou enuiron : ſur le Venitien, du boeuf. pron. *dz*.

Madna, ſorte de barque, Turque.
Máppa, vne carte de pays.
Mappamóndo, Globe : deſcription ou carte du monde.
Mappéllo, Napéllo, sorte de poiſon, plante veneneuſe.
Marabiſſo, en Lombard, vn marant, vn coquin.
Marabolàno, mirabolan.
Marabúto, ſorte de petite voile, marabut.
Maragóne, vn cormorant.
Maráme, choſes ameres.
Muràna, ſorte de pinache.
Maraſandola, vne ſorte de lezard.
Maránga, cerise aigre.
Maráſco, cerisier.
Maráſſo, ſorte de vipere.
* *Marátro*, fenoüil ſucré.
Marauèdi, vn marauedis, monnoye d'Eſpagne.
Marauìglia, vne merueille.
Marauigliárſi, s'eſmerueiller.
Marauigliousaménte, merueilleuſement.
Marauigliòſo, merueilleux.
Maràzzo, hache à couper du bois.
Màrca, marche, contrée. Item, vne monnoye antique. Et vne empreinte ou marque : vn marc d'argent. Dante s'en ſert pour race. v. g.
Màrca mortále, race mortelle.
Marcantáre, marchander.
Marcánte, marchand.
Marcantia, marchandiſe.
Marcáre, marquer. Item, confiner à vn pays.
Marcaſíno, pierre dont on fait des meules.
Marcaſita, marcaſite, pierre.
Marcèllo, monnoye à Veniſe, de dix ſols du pays, qui ſe rapporte à trois ſols & quatre deniers de noſtre monnoye.
Marceſſibile, qui ſe peut pourrir.
Marcézza, pourriture. pron. *ts*.
Marchesàno, de la marque, du pays de la Marque.
Marchesàno, en jargon, vn mois.
Marcheſáta, vne femme qui a ſes fleurs.
Marcheſáto, Marquiſat.
Marchéſto, qui dépend de S. Marc à Veniſe. En iargon, vn cachet.
Marchéſe, Marquis : Les fleurs d'vne femme : En jargon : vn mois.
il Marchéſe è in caſa, le François dit, le Cardinal eſt logé à la motte. i. cette femme a ſes fleurs.
Marcheſíte, marcaſite.
Marchétto, vne monnoye à Veniſe. Item, le pucelage.
Marchía, marque.
à chi le dice più Marchiàne, c'eſt vn équiuoque ſur *marchiàne*, qui ſignifie de la marque d'Ancone, & puantes ou pourries. i. à qui dit de plus puantes menteries.
ella è Marchiàna, le François dit, elle n'eſt pas pourrie.
Marchiàno, en jargon, artiſan.
Marchiáre, marquer. Item, marcher.
Márchio, marque : Item, pourry, gaſté.
Márcia, apoſteme ou bouë d'vne playe.
cauar la Marcia, tirer la bouë d'vne playe. i. ſçauoir, ou découurir le fonds d'vne affaire.

P p ij

299

ugie Márcie, nous difons, puantes manieries.
Marciacótto, matiere à faire des verres.
Marciapáne, maſſe-pain.
Marciáre, marcher des ſoldats.
Marciáta, la marche.
Marcidíre, ſe pourrir. preſ. *marcidíſco*.
Márcido, pourry.
Márcio, pourry : plein de boüe, apoſtumé.
Márcio, qui eſt tout confit en vne profeſſion, *Dottór Márcio*, *Cortiggiáno Márcio*, *ládro Márcio*.
Márcio, terme de jeu, de fonds .i. faire toutes les cartes, la volte, capot.
vſtirdel Márcio .i. tirer quelque choſe, ou ſauuer de ce que l'on croyoit tout perdre.
cauár il Márcio à vno, nous diſons, tirer les vers du nez. Item, faire paſſer la mauuaiſe humeur.
à tuo Márcio diſpétto, à ton chien de deſpit.
Marcíre, ſe pourrir. preſ. *marcíſco*.
Márcita, boüe d'apoſtume.
Marcíto, pourry.
Marcitúme, ordure, boüe : Et merdaille, canaille.
Márco, marc : monnoye antique : vn certain accord d'argent que l'on donne à profit. Item, la marque de la monnoye.
Marcóna, en iargon, femme.
Marcóne, mary.
la páce di Marcóne, nous diſons, la paix de la maiſon, l'œuure venerienne.
Marcóne, vne monnoye ſur le Venitien, de trois ſols ou enuiron.
Marcorélla, Mercuriale, herbe.
Marcózza, ſorte de jeu. pron. *ts*.
Márdore, ſorte d'animal, mattre.
Máre, mer.
Már gróſſo, quand les ondes ſont grandes, groſſe marée.
Maréa, marée, marette.
Mareggiáre, aller par mer : Item, la marée eſt groſſe.
Mareggiáta, marée, flux.
Maremágno, en jargon, le nez.
Marémma, campagne fertile proche la mer, en Toſcane.
Maremmáno, qui habite proche du riuage de la mer.
Mavénda, le gouſté.
Marendáre, gouſter.
Mareſcálco, mareſchal.
Mareſcalcheria, meſtier de mareſchal.
Mareſciállo, mareſchal.
Maréne, ceriſes aigres.
Maréſe, eſtang, ou petit lac.
Mareſino, marée.
Marétta, marée, marette.
Márez záa, marée, flux. pron. *dz*.
Marezzáto, terme d'Architecture, fait en ondes. Damaſquiné en ondes.
Marforio, vne ſtatuë à Rome.
Márga, marne, ſorte de terre. Item, le ſoc d'vne charruë.
Margáre, baſtir ou plaſtrer auec de la marne ou tuf.
Margaríta, perle : & Marguerite.
Margaritáro, perceur de perles.
Margaritíne, ſemences de perles.
Margélla, morve, morveau : *margéllo*.
Margherita, perle.
Margherita, en jargon, vne corde.
Marghettína, ſorte de raiſin.
Marginåre, cicatricer. Item, border.

Márgine, marge.
Márgine, cicatrice : leure de playe : place ou marque de gale ou autre mal. Item, bord.
Marginóſo, qui a vn bord.
Margótta, morve.
cercar Maria per Rauénna .i. chercher ſon mal-heur : nous diſons vulgairement, chercher guignon : ou pluſtoſt chercher mieux de ce qu'on a.
trouár Maria per Rauénna, trouuer fortune, trouuer chappe-cheute, qui ſe dit vulgairement.
ritornár ou *tornár à Maria*, retourner à Marie .i. amender ſa vie, quitter ſon vice.
ſia buóna Maria, che ſémpre è buóna la via. Que Marie ſoit bonne, le chemin ſera bon. i. ſi on eſt bien monté, & de l'argent au bout ; c'eſt le moyen de paſſer chemin.
à Maria orba, le jeu de colin maillard, ou enuiron.
Maria, comme qui diroit illumination. Item, l'eſtoille du Pôle.
Marica, vn animal aux Indes qui a le ventre comme vn Lion, la face d'vne Femme, & la queuë d'vn Serpent.
Mariconda, ſorte de petit paſté.
Mariétta, & *Mariétto*, en jargon, lourdaut & lourdaude.
Marignano, pomme d'amour, ſorte de potiron.
Marina, la marine.
la Marina è turbáta .i. il eſt en colere.
andár Marina marina, voguer le long du bord, terre à terre.
Marina, en jargon, bruit.
Marináccio, le gouſt de la marine.
Marináio, marinier.
Marináre, c'eſt accommoder du poiſſon auec vne certaine ſaulſe pour le conſeruer : C'eſt auſſi auoir quelque déplaiſir ou fâcherie ſans la pouuoir décharger : Item, aller le long de la mer, ou par mer.
Marináreſco, de marine, ou de marinier.
Marinarézza, l'art de nauiger. pron. *ts*.
Marináro, marinier.
la và da Marináro à Galeótto .i. la choſe eſt égale, c'eſt à la pareille, chou pour chou : de Turc à More.
Marinár d'acqua dólce .i. vn ſoldat qui ne s'eſt iamais trouué aux occaſions.
Marináto péſce, poiſſon mariné, accommodé d'vne certaine ſaulce.
Maríne, *marinélle*, ceriſes aigres.
Marinélla, valeriane.
Marinería, l'art de la marine.
Marinéſco, de marine.
Marinéſe, id.
Marino, marinier : Marin de mer.
péſce Marino, de la marée.
vénto Marino, certain vent qui vient du coſté de la mer.
alzár Marino .i. s'en aller. pron. *ts*.
Marimóndo, ſorte d'oiſeau.
Mariolàre, pipper, filouter.
Marioleria, pipperie, filouterie.
Mariólo, pipeur : vn filou, *mariuólo*.
Mariſcálco, Mareſchal.
Maríſca, fic ou figue, ſorte de mal. Item, figue folle.
Maríſci, ſortes de figues.
Mariſciallàre, faire l'office de Mareſchal.
Mariſciállo, Mareſchal.
Mariſcóne, ionc de mareſt.
Maritábile, mariable.

MA   MA   301

Maritáccio, vn vilain mary.
Maritággio, mariage.
Maritále, marital.
Maritaménto, mariage.
Maritáre, marier.
Maritáta, mariée.
Maritáte vóua, œufs auec du fromage.
Maritáte laságne, lasagnes auec du beurre, & du fromage.
Maritéllo, petit mary.
Maritíssa, vne femme qui commande à son mary.
Maritéuole, mariable.
Marítimo, maritime.
Maríto, maty.
da Maríto, à marier.
Mariuóla, vne friponne.
Mariuolággine, friponnerie, pipperie.
Mariuoláre, pipper, filouter.
Mariuolía, & mariuolaría, pipperie, friponnerie, filouterie.
Mariuolo, pipeur.
Marízzo, marée, flux : Item, damasquineure en ondes. prononcez les zz comme is.
Marmáglia, marmaille, canaille, engeance.
Marmaríte, Marmaritíno, branche, ousine, patte d'ours.
Marmég gia, sorte d'oiseau de riuiere: Vn ver qui s'engendre, & ronge la chair.
* Marmíta, marmitte.
* Marmiteggiáre, marmitonner.
* Marmitóne, mot François, marmiton.
Mármo, marbre.
Marmócchio, vn benest.
Marmoráio, sculpteur en marbre.
Marmoráto, marbré.
Marmóro, de marbre.
Marmoríno, id.
Marmoríre, marbrer : Item, deuenir dur comme le marbre. pres. marmorísco.
Marmorío, marbre.
Marmotána, &
Marmótta, marmotte, marmotaine : En jargon, mule. Item, vne pouppée ou marmouset.
Máro, marum, drogue.
Maróbio, marrubin noir.
Maroélle, hemorrhoïdes.
Marólla, moüelle. pron. o fermé.
Marollóso, moüelleux.
Maróma, corde : chable.
Maroncína, sorte de craquelin.
Maróne, marron.
Maróneo, sorte de vin.
Maróso, flot de mer.
Marouélle, les hemorroïdes.
Márra, beche ou besche : vne marre.
Marraiuolo, bescheur.
Marrána, vne hurque, barque.
Marráno, Marane, vn Maran.
Márre, les crocs ou crochets d'vne ancre, les pattes de l'ancre.
Márre del cauállo, le coin de la bouche du cheual.
dúro di Márre, fort en bouche.
Marrobístro, marrubin noir.
Marróbio, marrubin, herbe.
Marróbio bastárdo, marrubin noir.
Marrochíno, marroquin.
Marróne, vne grande besche : vn marron : Et vn Maron, homme qui sert à passer les montagnes, & principalement au Mont-Cenis.

far vn Marróne, i. se mesprendre.
Marronéto, lieu plein de marronniers.
pigliár Marróni, i. niaiser : & se mesprendre.
Marrónte, maronte : en jargon, bouc, cocu, ou cornard.
Marróso víno, vin tourné.
Marrouéscio, vn reuers.
Marrózzolo, le marteau de la porte.
Marrúbio, marrubin.
Marrúca, corne de cerf, herbe. Item, vne fosse à faire roüir le chanvre.
* Marnassíno, vn apprenty.
Marsiliána, vne sorte de vaisseau.
Marsóne, matsoüin.
Marsóvo, sorte de vase de verre.
Marsúpio, bourse. Item, bosse d'Alquimiste.
Martagóne, martagon, fleur.
Martáuica, barbe de Bouc.
Martáno, le nom d'vn Cheualier poltron. Dans Arioste: vn poltron, vn coüard.
Márta, vne martre, vn païsan.
Márte, Mardy, Le fer des Alquimistes : le Dieu Mars : la guerre.
Martédí, Mardy.
Marteggiáre, faire le Mars.
Martegóne, martagon.
Martelláre, frapper, marteler. C'est aussi apostumer comme les playes ou vlceres: Donner le martel en teste.
Martellatóre, martelleur.
Martellétto, petit marteau.
piéno à Martellétto, si plein, & abondant de tout, que le marteau n'y peut rien forcer.
Martéllo, marteau.
stár à Martéllo, tenir ferme, tenir bon : resister au marteau.
sonár à Martéllo, sonner le tocsin.
Martéllo, le martel en teste, passion ou fantaisie de jalousie d'amour.
Mártera, vne huche à pestrir.
Martiále, martial, guerrier.
Martialísta, homme martial, homme de guerre, martialiste.
Martilégio, Martyrologe.
Martígeno, engendré de Mars.
Martína, en jargon, espée.
Martináccio, vn cormoran.
Martináre, en jargon, se battre.
Martinélla, vne cloche à Florence.
Martinéllo, martinet d'vne arbaleste : vn cric : Item, vn esprit familier.
Martinétta, & Martinétto, vn cric.
Martingála, cauessine, martingale.
alla Martingála, façon de chausses troussées.
Martimísti, Lutheriens.
Martíno, le cul.
Martíno, pescheur, oiseau.
Martíno, en jargon, poignard, & cousteau.
cóme Martín d'Amélia ou de Cicília i. facile à persuader, sot.
Mártire, Martyr.
è méglio Mártire che Confessóre, il vaut mieux estre martyr que Confesseur : il vaut mieux souffrir la gehenne, que de confesser.
Martíre, tourment, martyre.
Martírio, id.
Martíro, martyr.
Martiriz záre, martyriser. pron. les zz comme d.
Mártora, vne martre, vne foüine.
Mártore di villa, vn rustaut.

Pp iij

MA

Martorélla, vne martre.
Martorèllo, vn lourdaut, vn gros ruſtaut.
Mártori, fourreures de martre.
Martória, vne fouine ou martre.
Martoriàre, martiriſer: Martorizàre, pron. dz.
Martório, Martóro, & Martúrio, martire.
Marúbia, aigremoine.
Marúca, corne de cerf.
Marúda, ſorte de meſure.
Marulóſo, ſorte de poiſſon ſalé.
Márza, vne greffe. Item, boué d'apoſteme. pron. ts.
inneſtar à Màrza, greffer, enter en poupée.
Marzacórto, ſorte d'vnguent. Item, vernis dont les pottiers vſent. pron. ts.
Marzaiuólo, ſorte de grain qui meurit en trois mois. Item, vn oiſeau hagard. pron. ts.
Marzapàne, maſſe-pain. pron. ts.
Tu ſi'intereſſi vn botcon di Marzapàne maſticàto, la choſe eſt ſi douce, que tu cracherois le maſſe-pain que tu aurois dans la bouche pour la gouſter, tu quitterois tout pour cela.
* Marzaro, ſelon aucuns, vn cordonnier.
Marzemíno, ſorte de vin, & de raiſin. pron. dz.
Marzería, brins ou ſcions de verges. pron. ts.
far riuar l'alzana per Marzería, donner des coups de foüet, faire faire vne choſe par force.
Marziliàna, ſorte de barque. pron. ts.
Marzíre, pourrir. preſ. marzíſco. pron. ts.
Márzo, Mars. pron. ts.
far Marzo ou Màrcio, faire la volte en iouant aux cartes. pron. ts.
Marzóca, ſorte de ieu. pron. dz.
Marzócco, vn lionceau. pron. dz.
Marzolíno, marſolin, ſorte de fourmage excellent, qui ſe fait en Toſcane au mois de Mars. Item, du mois de Mars.
Marzóne, vn goujon. pton. ts.
Marzuólo, du mois de Mars. pron. ts.
Maſanèggia, c'eſt vn mot corrompu de mal ſe n'àggia ou hàbbia, mal luy en aduienne.
* Maſcágno, ruſé.
* Maſcagnía, ruſe, fineſſe.
Maſcalcìa, playe ſur le garot. Et vne charge ou emplaſtre pour vn cheual.
Maſcalzonàre, voler, piller. pron. ts.
Maſcalzóne, ſoldat: voleur de chemins: vn pendart, meſchant. pron. ts.
Màſcara, vn maſque.
Maſcaràre, maſquer.
Maſcaráta, maſcarade.
Maſcaràre, en iargon, dire: priez Dieu.
Maſcaróne, vn vilain maſque: vn mueſſle: vn maſcaron en Archit.
Maſcàrpa, ſorte de fourmage nouueau: mot de Largon, mot Milanois.
Maſcélla, maſchoire.
Maſcollàre, dent maſcheliere: & de maſchoire.
Maſcellóne, groſſe maſchoire: Et vn coup ſur les maſchoires, vn ſoufflet.
Màſchera, maſque: Et vne perſonne maſquée.
ella hà la Màſchera, pour dire qu'vne femme eſt fardée.
ella è andàta in Màſchere. i. elle eſt penduë.
cauàrſi la Màſchera, i. parler ouuertement, & comme en colere.
leuàr la Màſchera, nous diſons, oſter le voile, deſcouurir.
Maſcherànte, qui va en maſque.

MA

Maſcheràre, maſquer.
Maſcheráro, faiſeur de maſques.
Maſcheráta, maſcarade.
Maſcherezàre, tacher. pron. dz.
Maſcheróne, nous diſons vne maſcarade, vn homme au femme de mauuaiſe grace, qui ſert de ſtatuë contre vn mur.
Maſchérpo, en iargon du fourmage.
Maſchétto, verrouillet d'vne feneſtre.
Màſchia guèrra, pleine guerre.
Maſchiézza, vigueur, maſle: Item, ſexe maſculin. pron. ts.
Maſchile, de maſle.
Màſchio, maſle.
Maſchio d'vna fortézza, vn dongeon.
Maſchio della vite, la viz, vne fiche.
Maſchio d'vna ruòta, moyeu de roüe.
Maſchiofémina, hermaphrodite.
più da póco, che Maſo, che ſi laſciáua fuggir i peſci cotti. i. eſtre laſche & pareſſeux.
fare come Maſi, faire comme Maſi, qui ſe le couppa pour faire dépit à ſa femme. i. ſe faire tort à ſoy-meſme.
Màſcina, meule.
Maſcinàre, moudre.
Maſcinatóre, meuſnier.
Maſcolàri dènti, dents maſchelieres.
Maſcolàti, treilles.
Maſcolíno, maſculin.
Màſcolo, chambre dans vn canon.
Maſèna, Lomb. mouture. Item, meule.
Maſenítta, petite meule.
Maſnáda, trouppe de geſdarmes.
Maſnadàre, aller en trouppe.
Maſnadière, ſoldat: voleur de chemins.
Maſolo, eſcheueau.
Màſſa, maſſe: tas: maſſe, au ieu de la chance.
Maſſacàni, ſorte de ſauterelle.
Maſſàia, bonne meſnagere.
Maſſáio, bon meſnager: C'eſt auſſi le premier d'vn village.
Maſſàra, bonne meſnagere.
Maſſarìa, pour ſeruante: mot Venit.
Maſſarìre, amaſſer. Item, amaſſer au ieu de la chance.
Maſſàrio, bon meſnager.
Maſſaritìe, meubles.
Maſſarióſo, bien meublé.
Maſſàro, bon meſnager: Et le premier d'vn village. Vn valet.
Maſſàta, tas, amas.
Maſſèta, vne meſnagere.
Maſſeria, grange, ferme: meſnage.
Maſſerìa maſſerìa, vien il diàuol e porta la víla, bon meſnage, le Diable vient qui l'emporte. i. apres auoir eſté long-temps pardonné, à la fin on s'acheue de perdre.
Maſſerítia, meſnage, eſpargne.
Maſſeritiàre, meubler: eſpargner.
Maſſerìtie, meubles, meſnage.
Maſſeritióſo, qui eſt bien meublé, qui à force meubles.
Maſſerizùòle, petits meubles. pron. ts.
Maſſéro, meſnager.
Maſìccio, maſſif.
Màſſima, maxime.
Maſſimaménte, principalement.
Màſſimo, tres-grand.
Maſſiuo, maſſif.

MA MA

Másso, grosse pierre enfoncée en terre.
* Mastácco, membru.
Mastélla, vne cuuette ou tinette.
Mastelláro, tonnelier qui fait des tinettes.
Mastelláta, plein vne tinette.
Mastellétta, cuuette, tinette, Item, vne boiste ronde, pron. l'e fermé.
Mastellíno, id.
Mastéllo, vne cuuette : Et vne sorte de mesure d'enuiron soixante pintes sur le Venitien, vn quartaut pron. l'e ouuert.
Mástica, du mastic.
Masticacchiáre, maschotter.
Masticáre, mascher.
Masticatório, masticatoire.
Masticatúra, maschement.
Mástice, du mastic.
Masticéne, la plante qui porte le mastic.
Mástico, du mastic.
Mastináre, mastiner.
Mastíno, mastin. Item, vne chose faite à la haste ou grossierement.
* Mástio, masse.
Mástra, maistresse.
Mastra pórta, la principale porte, la grande porte, porte cochere.
* Maistráre, instruire, enseigner.
Mastricáre, rappetasser, coller.
Maistríce, toute sorte de colle.
Mastridátta, sorte d'Officier à Naples.
Mastridáttia, certain office.
Mástro, maistre. Chose principalle.
Mástro di burátti, faiseur de blusteaux.
Mástro di cámpo, Maistre de camp.
Mástro di cása, maistre d'hostel.
Mástro di sála, escuyer de sale.
Mástro di cámpo generále, Mareschal de camp.
Mástro d'horológgi, horloger.
* Mastrózzo, vn torchis. pron. ts.
Mastrúcca, vne casaque de peau de loup ou autre beste, tournée du costé du poil.
Mastugáre, mascher.
Mastupráre, &
Masturpáre, manier les parties honteuses.
Masturpatióne, attouchement des honneste des parties honteuses.
Mastúrzo, cresson.
Masuóla, vn instrument à faire des verres.
Matacchióne, gros fol, folastre.
Matafióni, cordelettes cousuës aux voiles & aux tentes pour les attacher, matafions.
Matapáne, monnoye de peu de valeur.
Mataráccio, vn matelas.
Matarázzo, vn matelas. Item, vn matras d'Alquimiste. pron. ts.
Matarózzo, &
Matarózzolo, le cabochon ou gros bout d'vne masse : baston, ou batail. pron. ts.
Matássa, escheueau.
Matassára, deuideuse, faiseuse d'escheueaux.
Matassáre, faire en escheueau.
Matassína, vn petit escheueau.
Matemática, mathematique. Item, par allusion, folie.
Matemaicále, de mathematique.
Matemático, par equiuoque de matto i. fol. Item, mathematicien.
* Matéra, matiere.
Materáccio, Materássa, &c.

Materásso, vn matelas.
Materassíno, petit mateles.
ésser in sù'l Materassíno, estre sur le petit matelas. i. estre en grand danger.
Materazzáro, matelassier, faiseur de matelas, prononcé. ts.
Materázzo, matelas. Item, vn matras d'Alquimiste. pron. ts.
Materázzolo, vne beliere.
Mátere, bois fichez dans la carene qui forment le plat d'vn vaisseau : madiers.
Matéria, matiere.
Matéria, folie, par allusion de matto.
Materiále, materiel.
Materialétto, vn peu gros de corsage.
Materialità, matiere, qualité materielle.
Materialménte, materiellement.
Materiáre, importer.
Materióso, materiel.
Matérna, en jargon, nuict.
Maternaménte, maternellement.
Matérno, maternel.
Materózzolo, le cabochon ou gros bout d'vne masse ou d'vn baston. Le marteau d'vne porte. Item, vne beliere. pron. ts.
* Matértera, tante du costé de la mere.
cóme Matheo di Candózzo. i. qui manqua, par ce qu'il voulut.
Maticáre, guerir les nerfs retirez d'vn cheual.
Matína, le matin, la matinée.
Matíta, hematite, sorte de pierre, crayon.
Matitatóio, & Matitóio, c'est vn instrument de cuiure où l'on met le crayon.
Matóssa, en jargon, le matin, la matinée.
Matonxíni, sorte d'ouurage à vne chaisne.
Matráno, grand pere du costé de la mere.
Mátre, mere.
Matrebósco, cheure-feuille.
Matrégna, marastre.
Matreggiáre, imiter, ressembler à sa mere.
Matréuma, ma mere, matreuma.
Mátre pérla, nacre.
Mátre pia, la pie-mere.
Mátre sélua, cheure-feüille.
Matricále, matricaire, herbe.
Matricária, matricaire.
Matríce, matrice.
cittá Matríce, ville capitale, principale, qui est au milieu du païs.
Matricída, qui tuë sa mere.
Matricídio, matricide, meurtre de mere.
Matrícola, taxe que payent les artisans pour pouuoir exercer leur mestier. Et vne escriture où l'on enregistre les escoliers & artisans.
Matricoláre, enregistrer dans la matricule.
Matrícula, matricule.
Matriculáre, enregistrer.
Matriculatióne, enregistrement.
Matrígna, marastre, belle-mere.
Matrignále, de marastre.
Matrignáre, &
Matrigneggiáre, traitter en marastre.
Matrimoniále, matrimonial.
Matrimoniáre, marier, espouser.
Matrimónio, mariage.
Matristélua, vinciboise, sorte d'herbe.
Matróna, matrone.
la Matróna, la Marne.

Matronále, de matrone.
Matrósa, mal de mere.
Mátta, folle.
delle Mátte bisse, de bons coups.
Mattacchióne, gros fol.
Mattacciuólo, petit fol.
Mattaccináre, dancer les matacins.
Mattaccíni, les matacins, danse.
Mattacíno, petit fol, matacin.
Mattalóne, vn grand fol.
Mattaménte, follement.
* *Mattána*, mélancolie. mot vulg. Item, matinée.
fuggir Mattána .i. passer son temps.
Mattapáne, vne monnoye basse.
Mattáre, matter, Item, faire le fol.
Mattaréllo, petit fol.
Mattaríe, folies.
Matiarózza, cabochon. pron. *tt.*
Mattéa, vne poupée.
Matteggiáre, faire des folies.
di Mattélica, nom d'vne ville, par équiuoque de *Matto* .i. fol.
Mattélico, folastre.
Mattéllo, terre à pottier.
hauér viso di Mattéllo .i. estre effronté, n'auoir aucune honte.
Máttera, vne huche.
Máttero, vn baston.
Matterózzo, le marteau d'vne porte. pron. *tt.*
Mattésco, de fol, folastre. pron. e fermé.
Mattézza, folie. pron. *tt.*
* *Mattía*, folie.
Mattína, le matin, la matinée.
la Matina seguénte, le lendemain au matin.
Mattináre, dire Matines. Item, donner des aubades: Et se leuer matin.
Mattináta, vne aubade. Item, trauail du matin.
Mattíno, matinal : le matin : & Matines.
Mátto, fol.
Mátto spacciáto, fol outré.
come il Mátto ne' Taróchi .i. oisif, qui ne sert de rien.
al Mátto, au trou Madame.
Mattonáio, faiseur de briques.
Mattonáre, pauer de briques ou carreaux, carreler, parqueter.
Mattonáro, faiseur de briques.
Mattonáto, couuert de briques, paué de carreaux de briques, parqueté.
Mattonáto. place publique, marché.
non potér praticáre il Mattonáto .i. estre endebté, n'oser paroistre à cause des debtes, ou d'vn delict.
Mattóne, vne brique. Item, vne corde à l'anneau du quart de l'antenne, & de l'arbre.
Mattonélla, carreau de brique.
Mattoniéra, fourneau à cuire les briques.
Mattronzíni, sorte d'ouurage de chaisne d'or en Italie. pron. *tt.*
Matótta, vne folastre, vne galande.
* *Máttra*, vne huche.
Mattutína, du matin.
Matutináre, dire Matines.
Motrutíno, du matin.
il Matutíno, les Matines.
Maturaménte, meurement.
Maturaménto, meurissement, maturité.
Maturánte, meurissant.
Maturáre, meurir.
Maturatióue, meurissement.

Maturatíuo, qui meurit.
Maturéuole, qui peut meurir.
Maturézza, maturité. pron. *tt.*
Maturíre, meurir. pres. *maturísco*.
Maturità, maturité.
Matúro, meur. Item, vieil, & décrepit.
débito Matúro, vne debte qui est plus que deuë, & par delà le terme.
Mauíso, mal viso, mauuais visage.
Maumetísta, *Maumetáno*, Mahometan.
Máuro, More : & moreau.
Mausoléo, le Mausolée.
Mázza, sorte de bouillie de lait d'huile, & de farine. pron. *tt.*
Mazzeráre, macerer : tourmenter. pron. *tt.*
Mázza, baston : masse : massuë : maillet : marteau. Pour vne baguette ou verge. Pour vne quille à iouër. pron. *tt.*
menár la Mázza tónda .i. traitter tout le monde également, n'espargner personne.
menár alla Mázza .i. trahir : nous disons, mener à la boucherie.
trár la Mázza diétro alla lippa .i. ietter le manche apres la coignée.
métter tróppa Mázza, parler trop, en danger d'estre repris.
messér Mázza .i. le membre viril.
andár álla Mázza, aller au carnage : tuer tout : faire le mauuais.
guidár le Mázze, donner des bastonnades.
Mazzabuó, Boucher : assommeur de bœufs. pron. *tt.*
Mazzacáne, vne sorte de vin. pron. *tt.*
Mazzácara, l'ame de la vollaille. pron. *tt.*
Mazzacauállo, vn instrument à tirer de l'eau, bacule.
Mazzacchera, vne sorte de flan de laict : œufs au laict. Item, vne perche à battre l'eau. Vn instrument à prendre des anguilles. pron. *tt.*
à Mazzacchera, à grands coups de perche, comme voulant tuer ou assommer. pron. *tt.*
Mazzafáme, chasse-faim pron. *tt.*
Mazzafrústo, sorte de fronde antique, attachée à vn baston : vne fronde ordinaire, selon aucuns. pron. *tt.*
Mazzagátto. &
Mazzagattóne, espouuentail. Item, vn petit pistolet de poche. pron. *tt.*
Mazzagénte, vn fendant, vn tueur de gens. pron. *tt.*
Mazzamúrro, mot de marine, les miettes ou morceaux de biscuit. pron. *tt.*
Mazzapéngolo, esprit folet. pron. *tt.*
Mazzapícchio, vn maillet. Vne perche à battre l'eau : selon aucuns, vn flan de laict. pron. *tt.*
Mazzapidécchi, vn pouilleux. pron. *tt.*
Mazzapórci, tueur de pourceaux. pron. *tt.*
Mazzapréti, bois où l'on attache les poulies des vaisseaux ou galeres, masserets. pron. *tt.*
Mazzapúlci, herbe aux pulces. pron. *tt.*
Mazzarángа, vne hie. pron. *tt.*
Mazzarangáre, battre auec la hie. pron. *tt.*
Mazzáre, tuer, assommer. pron. *tt.*
Mazzarósto, aualleur de rosty. pron. *tt.*
Mazzaruólo, à Venise, esprit folet. pron. *tt.*
Mazzasétte, bon beuueur. pron. *tt.*
Mazzasórda, flambart, herbe. pron. *tt.*
Mazzasórgi, mort aux rats. pron. *tt.*
à Mazzasquinto, au guet pour canarder vne personne, ou pour tuer vne beste. pron. *tt.*
Mazzáta, coup de baston : coup de massuë. pron. *tt.*
rizzár à Mazzáta, bender, le dresser du membre. pr. *tt.*
à Mazzáte,

MA

à Mazzáte, à coups de baston, à grands coups. pron. ts.
Mazzenétta, sorte de sauterelle. pron. ts.
Mazzera, vne masse ou massuë. pron. ts.
Mazzeráre, ietter en l'eau dans vn sac, ou vne pierre au col. Tuer à coups de baston, assommer. Item, macerer. pron. ts.
Màzzero, vn baston auec vn cabochon au bout. prononcé. ts.
Mazzétta, maillet ou marteau. pron. ts. & l'e fermé.
Mazzétte, petite botte, petit bouquet ou paquet, pron. ts. & l'e fermé.
Mazzicáre, bastonner. Battre le fer. pron. ts.
Mazzicáta, bastonnade. pron. ts.
Mazziculáre, cullebutter, faire des cullebuttes, prononcé. ts.
Mazzicúlo, cullebutte. pron. ts.
Mazziére, mazziéro, porte-masse. pron. ts.
Mazzína, petite massuë. Item, petite poignée. prononcé. ts.
Màzzo, vn bouquet de fleurs. Vne botte comme de raues. Vne liasse de papiers. Vn pacquet comme de lettres, ou de cordes. Vn maillet. Vne masse de plumes de heron. pron. ts.
Màzzi, en jargon, les pieds. pron. ts.
alzàr i Mazzi, &
tógliersi i Mazzi, trousser les quilles, trousser bagage, s'enfuir. pron. ts.
Màzzo di chiáui, trousseau de clefs. pron. ts.
Mazzócca, vn cabochon. pron. ts.
Mazzoccáia, vne grosse botte ou paquet. pron. ts.
Mazzócchio, vne botte, ou paquet. Et vn cabochon. Item, de la chicorée sauuage, qui monte. pron. ts.
Mazzocchiúto, qui a vn cabochon au bout, qui a vne teste comme les plantes qui portent de la graine, pron. ts.
Mazzóccola, vn rouleau. pron. ts.
Mazzolétto, mazzolíno, vn petit bouquet, ou pacquet. pron. ts.
Mazzóne, grande massuë. pron. ts.
Mazziéco, grand mal de teste : frenesie. pron. ts.
Mazzuóla, vne petite verge ou baguette. pron. ts.
Mazzuóle, cheuilles à faire de la dentelle. pron. ts.
Mazzuólo, petit bouquet, petite botte. Vn baston qui s'attache à vn trousseau de clefs : vn maillet. Item, vne humeur qui enfle les jambes. Vn clauceu en Architecture.
sóno la chiáue e'l Mazzuólo. i. Ils ne bougent d'ensemble. pron. ts.
Mazzuólo di líno, pouppée de lin. pron. ts.

ME

Me, moy.
Mè pour méglio.
Meábile, passable.
Meándro, vn tournoyement dedans, & en dehors.
* Meáre, passer.
* Meáto, ouuerture, pore.
Mecánico, mecanique.
Mecére, pour messére, Sire, Messire.
Miccole, enfleures à vn cheual.
Mecenáte, mecenas, vn support des Doctes.
Méco, auec moy.
Méco, en moy-mesme, à part moy.
* Mecóne, pauot. Item, sorte de laictuë.
Meconio, suc de pauot.
Medáglia, medaille.

MA

ógni Medáglia hà'l súo rouéscio. i. toute chose a son contraire.
Medagliétta, petite medaille. pron. l'e fermé.
Medaglísta, vendeur d'antiques ou de medailles.
Medemársi, deuenir ou se faire la mesme chose, s'identifier.
Medémo, mesme.
Medesimaménte, mesmement.
Medesimità, ressemblance mesme.
Medésimo, mesme, medésimo.
Média, moyenne.
Mediále, qui sert à moyenner.
Mediána, veine mediane.
Medianaménte, mediocrement, moyennement.
Medianità, mediocrité.
Mediáno, mediocre. Item, moyenneur, mediateur.
Mediánte, moyennant.
Mediástimo, vne certaine pellitule au gosier. Item, selon aucuns, vn marmiton. Et vn pauure homme qui suit vn medecin, & sert à transporter l'vrine, & la chaire percée.
Mediáte, mediatement.
Mediáto, interposé, mis au milieu.
Mediatóre, moyenneur, mediateur.
Mediatrice, moyenneuse, mediatrice.
Médica mélica, sorte de bled de Turquie : ou bled Sarrazin plus proprement.
Medicále, curable. Item, medical.
Medicalménte, medicalement.
Medicáme, medicaménto, medicamento.
Medicánte, medecin, qui cure.
Medicáre, medeciner, curer.
Medicária, la medecine.
Medicástro, medecin ignorant.
Medicatíuo, medecinal.
Medicatório, de medecin.
Medichéuole, qui se peut medeciner.
Medicína, medecine.
Medicinále, medecinal.
Medicináre, medeciner.
Médico, medecin.
Médico d'ácqua córta, medecin d'eau douce, mauuais medecin.
Médico pietóso fà piága venenósa, vn Medecin ou Chirurgien qui flatte, rend la playe venimeuse. i. vn flatteur nous perd.
Medicúccio, petit Medecin.
Medietà, moitié, milieu.
Médio, le doigt du milieu, moyen.
Mediócre, mediocre.
Mediocreménte, mediocrement.
Mediocrità, mediocrité.
Mediône, sorte d'herbe.
* Meditabóndo, pensif, méditant.
Meditánte, méditant, méditante.
Meditáre, méditer.
Meditatióne, méditation.
Mediterráneo, Mediterranée.
Meditóre, moissonneur.
Medólla, mouelle.
Medóllo, vn tampon.
Medollóso, mouelleux.
Medóne, breuuage tiré de miel.
Messè nò, ma foy non.
Messè sì, ma foy ouy.
Megacósmo, vn grand monde.
Megálio, sorte d'onguent fait de drogues precieuses.
Megliácco, pain de millet : tourte de mil.

Q q

Méglio, mieux. Pluſtoſt. Pour meilleure.
Méglio, plus, dauantage : mèglio di quáttro, plus de quatre.
à Méglio al múro, au plus prés du mur, ſorte de jeu.
alla Méglio, tout aux mieux, le mieux qu'il eſt poſſible.
Megliorábile, qui ſe peut meliorer.
Meglioraménto, amendement de mal.
Megliorare, ammeliorer.
Megliore, meilleur.
Megliorità, le meilleur.
Méi, pour méz̀o, moyen. Et en gauſſant, pour moy. Et pour méglio, mieux. Item, vn poiſſon appelé muge, qui n'eſt guere en vſage.
Méla, pomme. La pomme d'vn clocher. prononcez l'e fermé.
Méla ápia, pomme d'api. prononcez e fermé.
Melacória, ſorte de grenade fort aigre.
Méla, les feſſes. pron. e fermé.
Méle, du miel pron. l' e ouuert.
Méla caſolána, pomme d'api, rouge comme nos pommes de caluille. pron. e fermé.
dar le Méla e'l finócchio, ſe ſeruir de toutes choſes à propos.
dar Méla, & finócchio, .i. laiſſer joüyr de ſa perſonne comme l'on voudra.
dormir con le Méle, .i. coucher ſur le plancher. prononcez e fermé.
Melabáttre malabatre.
Melacchino, &
Melacchióſo, doux comme miel, emmiellé. prononcez l' e ouuert.
Melaccia, meſchante pomme. pron. e fermé.
Melacotógna, vn coing, fruit. pron. e fermé.
Malacotógno, coignacier. pron. l'e & l'o fermé.
Melagrána, melagránia, melagranáta, vne grenade, fruit.
Melagrano, grenadier.
Melámpo, nom de chien, vn chien qui a les pattes noires.
Melampódio, hellebore noire.
Melàncio, oranger, pour melaràncio.
Melanconeggiáre, attriſter, rendre melancolique.
Melanconía, melancolie.
Melancónico, melanconióſo, melancolique.
Melángola, orange.
Melángolo, oranger.
Melàne, marques ou taches ſur la peau.
Melàno, doux comme miel. pron. l' e ouuert.
Melantéria, melanterie, drogue.
Melántio, nielle, pourelle, herbe.
Melanzàna, pomme de bois, ſorte de plante qui produit vn fruit que l'on mange en Italie, le faiſant cuire au four, ou frit.
Meláppia, ſorte de pomme, pomme d'api.
Melaráncia, vne orange.
far Melaráncia. .i. faire bien des façons ou des mines.
Melaráncio, oranger.
Meláre, enmieller. pron. l' e ouuert.
Melário, ruche : lieu où les mouches font le miel. pron. e ouuert.
Melatióne, le temps du miel. pron. e ouuert.
Meláto, enmiellé. pron. e ouuert.
Méle, miel. Prononcé e ouuert.
Mel in bócca, e raſóio in cintola, .i. belles parolles, & mauuaiſes actions.
Il Mèle ſi ſa leccáre perchò è dólce. .i. Il faut eſtre doux pour ſe faire aimer.
Méle, prononcé e fermé, des pommes.

Méle di cánna, du ſucre. pron. e ouuert.
Melecéria, melécride, melicerie, matiere qui ſe forme dans vne louppe, & reſſemble à du miel.
Mélega, bled Sarazin.
Melegrágna, migraine.
Melenſággine, lourdauderie, pareſſe.
Melenzána, ſorte de fruit noiraſtre, en forme de bourſe, & de la qualité d'vne citroüille, voyez melenz̀ána.
Melenſáre, faire le lourdaut, ou parreſſeux.
Melénſo, lourdaut, parreſſeux.
Meléto, lieu planté de pommiers, pomeraye. prononcez e fermé.
Melfrúgo, panis.
Melgrándo, grenadier.
Mélia, bled Sarazin.
Meliàca, vn abricot.
Meliáco, abricottier.
Mélica, bled Sarazin.
Melicémbo, ſorte de poiſſon eſcaillé.
* Melichíno, hidromel.
* Mélico, muſical.
Melicráto, hidromel.
* Melífero, qui produit du miel.
* Melifícare, faire du miel.
Meligine, douceur de miel.
Meliloquénte, qui parle doux comme du miel.
Melilóto, melilot : vulg. mirlirot.
Melimèla, pomme de Paradis.
Melíno, emmielé, doux comme miel.
Melíre, emmieller. preſ. melíſco.
Meliſſa, meliſſe, herbe.
Meligine, l'eau ou liqueur d'vn fruit : liqueur de miel.
Melláio, melàio pommier. pron. e fermé.
Mellífluo, miellé, qui coule du miel. pron. e ouuert.
Méllo, peau de nois ou amande. pron. e ouuert.
Mellondágine, lourdauderie, ſtupidité.
Mellonàra, couche de melons.
Mellóne, melon. Par ſimilitude, les feſſes. bauté il Mellóne .i. eſtre badin ou ſot.
Mélma, bourbe, fange.
Mélo, pommier. Item, vn eſſieu : & vn moyeu de roüe. pron. e fermé.
Melóbatro, malabatre, drogue.
Melocotógno, vn arbre qui porte les coings. Item, proprement : Mirecoton.
Melodía, melodie.
Melodiáre, rendre de la melodie.
Melódico, melodieux.
Melodioſaménte, melodieuſement.
Melodióſo, melodieux.
Melogranáto, grenadier.
Melongágine, lourdauderie, ſtupidité.
Melonáia, couche de melons.
Melonáio, couche de melons. Item, marchand de melons.
Melonàre, faire le lourdaut.
Melóne, melon.
Melóne, pour les feſſes.
al Melóne, ſorte de jeu, à la poire.
Melúme, petite pluye en Eſté, comme vne roſée.
Melúz̀z̀e, les feſſes. Petites pommes.
* Mélz̀a, la ratte.
Membrána, membrane.
Membrána cárta, parchemin.
Membránz̀a, remembrance, reſſouuenance. prononcez les z̀z̀ comme ts.

ME   ME   307

Membráre, proportionner des membres.
Membráre, ressouuenir, remembrer.
Membratúra, les membres : membreure.
Membréuole, qui a de la memoire : memorable.
Membrítto, membret.
Mémbro, membre.
Membrolíno, petit membre.
Membrófo, &
Membrúto, membru.
il Memênto, le ressouuenir : le Memento.
Memorábile, memorable.
Memoràggine, souuenir.
Memorándo, memorable.
Memoránza, ressouuenance.
Memoréuole, memorable.
Memória, memoire. Et vn memoire, ou memorial.
Memoriále, memoire. Et Liure appelé le broüillon. Item, memorable. Item, vn placet que l'on presente aux Iuges, &c.
Memoriófo, memorófo, remply de memoire.
Mén pour méno, moins, & méne, m'en.
Ména méndole, poisson. Item, menée : mouuement, coup, branslement. Et vne sorte de poids.
à Mená díto, sur le bout du doigt.
à Ména z ampétto, idem.
Menacórda, manicordion.
Menacúlo, vn badin, vn effeminé, qui remuë le cul.
Menáia, vne plaine.
Menári, &
Menáli, sortes de cordages pour descendre les poulies.
Menagióne, remuëment. Et flux de ventre.
Menaménto, remuëment, mouuement : conduite : menée.
vn Menánte, vn allant. Celuy qui escrit, & donne des aduis, ou gazettes.
Menáre, remuer : bransler : mener : frapper.
Menár vn púgno, donner vn coup de poing.
Menár frútto, produire.
Menár la dánza, mener la dance, estre chef d'vn affaire.
Menár le máni, frapper : joüer des cousteaux, joüer des mains.
Menár vn cólpo, descharger vn coup de poing, ou autre.
Menár le cálcole, joüer des basses marches.
Menár il cáne per l'áia. i. s'esloigner de son propos : nous disons, tourner autour du pot : ne conclurre iamais.
Menáre, pour passer sa vie, son âge.
Menár la códa, coüailler.
Menár l'aróſto, tourner la broche ou le rosty.
Menárſi la tempéſta, faire le peché de mollesse, bransler, &c.
Menár i dénti. i. joüer des maschoires, manger.
Menár rouína, faire le mauuais.
Menáre, &
Menár il gentil huómo, ò l' foraſtiéro à ſpáſſo. i. se polluer soy-mesme.
Menáre, en jargon, perdre.
Menaróſto, tourne-broche.
Menáta, branslement : remuëment : coup de poignet.
Menáta di púgna, coups de poing.
Menatína, branslement : coup de poignet.
Menatóre, conducteur, meneur : bransleur.
Menatríce, guide, meneuse : bransleuse.
Ménchia, le membre viril. Item, vn sot.

Menchiattéro, vn coüillaud : vn bon drolle.
Menchiátte, sorte de jeu aux cartes.
Menchionáre, se mocquer, se gausser : beffler.
Menchionár la ſpágna. i. se mocquer de la compagnie.
Menchionaríe, badineries.
Menchióne, vn badin, vn sot.
Ménda, deffaut. Amende.
Mendáce, menteur.
Mendácia, mendácio, mensonge.
Mendáre, amender, corriger.
Mendaſquárci, rappetasseur. Item, Metaph. vn qui trouue à redire à tout.
Mendatário, mal-faicteur.
Mendatóre, amendeur, correcteur de deffauts.
Mendatríce, qui amende ou corrige.
Mendicággine, mendicité.
Mendicánte, mendiant, mendiante.
Mendicánza, mendicité. pron. it.
Mendicáre, mendier.
Mendicaría, gueuserie.
Mendicatóre, gueux, mendiant.
Mendicatríce, gueuse.
Mendicitá, mendicité.
Mendíco, mendiant.
Mendicóſo, plein de mendicité.
Méndo, amende. Et deffaut.
Mendóſo, plein de deffauts.
Ménego, pour Doménico, Dominique.
Meneſcálco, Mareſchal.
Meneſtra, meneſtre, potage.
Meneſtráre, dresser la meneſtre.
Meneſtríno, plat de meneſtre.
Meneſtróne, vn grand potage. Item, vn gros souppier.
Menenélli, à Veniſe, corbeaux qui portent les morts en terre.
Menicóca, abricot.
Meniclo, abricottier.
Menicátto, pour mentecátto, fol.
Menimaménto, manquement, deffaut.
Menína, vne fringante, vne danceuse.
* Menínce, la pellicule qui enueloppe l'enfant.
Menipoſsénte, moins puissant, moins puissante.
Ménna, mammelle, tette. pron. e fermé.
Ménno, defectueux. Vn chastré.
Méno, moins. Et moindre. pron. e fermé.
di Méno, de moins, moindre : autrement.
di Méno di me, moindre que moy.
non ſi può far di Méno, on ne peut pas faire autrement.
venir Méno, s'eſuanoüir. pres. véngo, viéne, venidmo i venite, véngono. parf. vénni, &c. mettant à chaque personne le mot de Méno. pron. e fermé.
Ménola, mendole, poisson.
Menomà, moindre.
Menomaménto, deffaut, diminution.
Menománza, diminution, amoindrissement. pronoücez ts.
Menomáre, diminuer, amoindrir.
Menoméuole, qui se peut amoindrir.
Menomézza, menomità, bassesse : diminution.
Ménomo, moindre.
Menómne, vne sorte de miel qui fait esuanoüir les personnes.
Menoſpreggiáre, mespriser.
Menoáre, diminuer.
Menouíle, mesprisable, de basse condition, commun.
Ménſa, table. prononcez e ouuert.

Qq ij

ME

Mensa Episcopale, le reuenu d'vn Euesque. prononcez e ouuert.
la Mensa è vn dolce torménto, le Latin dit, in vino veritas, la verité se dit en beuuant, & mangeant.
Mensále, de table.
Mensárij, mensári, compteurs d'argent sur vne table.
Menscredénz a, mescroyance. pron. ts.
Ménso, sans ordre ou proportion. pron. e ouuert.
Mensola, corbeau à soustenir vne poutre. pron. e ouuert.
Mensolóni, corbeaux à soustenir quelque chose : boulons, selon aucuns.
Menstruále, menstrual.
Ménstrue, menstruè, mois de la femme, fleurs.
Mensúla, corbeau à soustenir les poutres. Item, vn gousset à soustenir vne planche.
Ménta, mente, baume. pron. e ouuert.
Ménta gréca, grand cocq, herbe.
Mentágra, dartre farineuse.
Mentále, mental.
Mentalménte, auec l'esprit.
Mentástro, mente cheualine.
Ménte, esprit : entendement. pron. e ouuert.
Ménte, pour memoire. Pour fantaisie, enuie, intention.
la Ménte dell' Autóre, l'intention de l'Autheur, l'esprit.
la Ménte ch'io téngo, ce que l'ay en fantaisie.
à Ménte, par cœur.
tornár à Ménte, reuenir à la memoire.
hauér à Ménte, se ressouuenir.
vscír di Ménte, oublier.
Ménte, pour conscience. Pour opinion ou aduis.
tenér Mente, prendre garde, regarder attentiuement.
Mentecatággine, sottise, lourdauderie, folie.
*Mentecátto, fol.
*Mentiéro, menteur.
Mentióne, mention.
Mentíre, mentir. pres. ménto.
Mentír le súe parólle, desguiser ses parolles.
Mentíre paróle, des parolles couuertes ou desguisées.
Mentita, vn desmenty.
Mentitaménte, faussement.
Mentíto, faux, feint, dissimulé.
Mentitóre, menteur.
Mentitríce, menteuse.
Ménto, le menton. pron. e fermé.
Mentoáre, mentionner.
*Méntola, le membre viril.
Mentóne, menton.
*Mentouáre a, mention. pron. ts.
Mentouáre, mentionner.
Méntre, lors que : tandis, cependant : à mesure que.
Méntre che, pource que, puis que.
Mentúccia, mente sauuage.
*Mentula, le membre viril.
Menutézz a, chose menuë, petitesse. pron. e fermé, & les zz, comme ts.
Menzógna, mensonge. pron. ts.
Menz ognáre, dire des mensonges. pron. ts.
Menz ognére, mensonger, menteur. pron. ts.
Ment onáre, mentir. pron. ts.
Ment oniére, mensonger. pron. ts.
Méo, branche vrsine. prou. e ouuert.
Méo, vn nom que l'on donne à vn Asne : Item, pour mio, mien.
Méra, pure. pron. e ouuert.
Meraménte, purement.

ME

Merauíglia, merueille.
far le Merauíglie, faire l'estonné en estendant les bras.
Merauigliáre, esmerueiller.
Merauigliaménte, merueilleusement.
Merauiglióso, merueilleux.
Mercadantáre, marchander.
Mercadánte, marchand.
Mercantáre, marchander.
Mercánte, marchand.
Mercantésco, de marchand.
Mercantia, marchandise.
Mercantía non vuol amici, la marchandise ne veut pas auoir des amis .i. vendez autant aux amis qu'aux autres.
Mercantíle cittá, Ville marchande.
Mercáre, &
Mercatantáre, marchander : Et faire marchandise.
Mercatánte, marchand.
Mercatantésco, de marchand.
Mercatantía, marchandise.
Mercatantúccio, petit marchand.
Mercatáre, marchander.
Mercáto, marché : place du marché.
il Mercáto del filo, cela se dit, quand on traitte d'vn affaire tout au long.
Mercatúra, marchandise.
Mercè, mercy, Dieu mercy. pron. e fermé.
Mercè vóstra, de vostre grace.
Mercè, e fermé : mercy, recompense, loyer, grace.
Mercéde, id.
Mercenále, mercenaire.
Mercenária, pour merciária, mercerie : & boutique de mercier.
Mercenário, mercenaire.
Mercenóme, recompense.
Merceria, mercerie, boutique de mercier, & ruë des merciers à Venise.
Merciáio, mercier.
Merciaría, mercerie.
Merciaiuólo, mercerot, petit mercier.
Merciáro, mercier.
*Mercimónio, marchandise.
Mérco, marque.
Mércole, Mércoledì, &c.
Mercordì, Mercredy.
Mercore, Mércuredì, id. pron. e ouuert.
Mercoréllo, Mercuriale.
Mercuriále, de Mercure : Item, Mercuriale.
Mercúrio, mercure : vif argent.
Mérda, merde. pron. e ouuert.
quánte Mérde, nous disons, que de façons, que de mines vous faites.
hái mangiáto Mérda di ciuétta .i. tu ne peux rien celer.
Merdáre, embrener.
Merdóso, breneux.
Merénda, le gouster : prononcez le premier e fermé, & le second ouuert.
Merendáre, gouster, reciner, vulg.
Merendína, vn petit gouster.
Merendóne, vn gourmand, vn paresseux, vn poltron.
Meretríce, putain.
*Mertrício, putassier, & putasserie.
Mérgere, enfoncer, plonger, pres. mérgo, parf. mergéi, & mérsi, part. mérso.
Mérgo, plongeon oiseau : & plongeon. prononcez e ouuert.
Mergoláre, plonger.

ME   ME   309

Mérgolo, plongeon.
Mergóne, id.
Méri, le sifflet du gosier.
Mérica, sorte de vigne.
Mérice, sorte de poisson de mer.
Mericónda, sorte de flan ou tourte.
Meridiáno, meridien.
Meridionále, meridional.
Merigge, le midy.
Meriggia, selon aucuns, despense, ou garde-manger. Vn lieu à l'ombre, vn lieu à se mettre à l'ombre.
Meriggiána, le climat du midy.
Meriggiáno, du midy.
Meriggiáre, se reposer à midy, se mettre à l'ombre.
Meriggio, le midy. Et l'ombre du midy.
Merinoctiále, de minuicti.
Merinóttio, le point de minuict.
Meritaménte, deuëment, auec raison.
* Meritánza, merite. pron. ts.
Meritáre, meriter.
il Cielo vélo Mériti .i. nous disons, Dieu vous le rende.
Meritéuole, meritant, qui merite.
Meritenoléza, merite. pron. e fermé, & les zz, comme ts.
Mérito, merite. Item, interest. pron. e ouuert.
Meritaménte, meritoirement.
Meritório, meritoire.
Meritrice, putain.
Mérla, vn merlan. Vn merle. pron. e ouuert.
la Mérla bà passáto il Pò, cela se dit d'vne femme qui commence à decliner de beauté.
Merláre, faire à creneaux, ou dentelles.
Merláto, fait à creneaux : crenelé.
Merlatúra, creneleure : dentelleure.
Merlétti, dentelles.
Merlína, le carquan.
Mérlo, vn merle. Vn creneau. Vn merlan. prononcez e ouuert.
vénder i Mérli di Firénze .i. faire tout ce qu'on peut pour aider vn autre : nous disons, faire de la fausse monnoye pour quelqu'vn.
Mérli, en jargon, les dents.
Mérlo acquaruólo, pescheur, oiseau.
Merlóne, en fortification, embrasure, creneau.
Mevlóne, badin, sot, niais.
Merlottággine, badinerie.
Merlótto, sot, badin, beneft, lourdaur.
Merláz zo, dentelle. Et merlus.
Mermelláta, mermellade, conserue de coins.
* Méyo, pur. pron. e ouuert.
Mérope, guespier.
* Meróve, douleur, tristesse. pron. o fermé.
Merrà pour Menerà, il menera.
M'èrso, plongé. pron. e ouuert.
Mertáre, meriter.
Mérto, merite.
in Mérto, en vertu de, &c.
Mérula, vn merle.
Merz amíno, sorte de vin, & de raisin.
Merz aría, mercerie, vne ruë à Venise.
Mésa, pour moisson. Pour vne huche. Item, le meilleur du chanvre.
Mesále, de mois.
Mesáta, le temps, & la paye d'vn mois.
Méscere, mescétti, part. mescinto. Verser à boire. pres. méscio, parf. mescéi, & mescétri, part. mesciúto.
io commincái à Méscere nel tal dí .i. ie commençay à faire taverne vn tel iour.

Méschia, mestange, confusion de personnes.
Meschiánza, mestange de personnes, & de choses. prononcez ts.
Meschiataménte, pesle-mesle.
Meschindccio, vn pauure mal-heureux.
Meschinággine, pauureté, misere.
Meschinélla, pauuret.
Meschinézza, misere. pron. e fermé, & les zz, comme ts.
Meschinítà, id.
Meschíno, pauure, pauuret.
Meschinúo, plein de misere.
Méschio, mestange : nuance de couleurs.
Meschíta, Mosquée, Eglise des Turcs.
* Mesciándola, mestange.
Mesciánza, mestange : mixtion. pron. ts.
Mesciáre, mesler.
* Mescilóbba, mescirróbba, vne aiguiere.
Mescí-óre, eschançon qui verse à boire. Item, mesleur, broüilleur.
Mescíuto, meslé. Item, versé, plein de vin.
Mescóla, vne cuillier de pot : Et vne truelle. Item, vne cajolleuse, vne broüillonne. Et vn mestange.
Mescolaménto, &
Mescoláuza, mestange. Vne salade de plusieurs sortes d'herbes. pron. ts.
Mescoláre, mesler.
alla Mescoláta, &
Mescolataménte, pesle-mesle.
Mescoláto, vn escheueau meslé de gros & delié. Item, meslé.
Méscolo, mestange.
Mescugliáre, meslanger.
Mescúglio, mestange.
Méso, mois. pron. e fermé.
i Mési delle cipólle .i. les mois que les Artisans & les Marchands ne font guere.
Mesentérie, les veines mesenteres.
Meserdiche, id.
Mési, les mois ou fleurs des femmes.
* Mésio, le mois de May.
* Mesléa, mot antique, meslée de combat.
Méssa, la Messe. pron. e fermé.
Méssa, mise. Rejetton de plante, ject, bouteure.
tù non sái mezzo le Méssa, tu ne sçais pas la moitié des Messes : nous disons, la moitié de ton seruice .i. de ce qu'il faut que tu sçaches.
Messácara, sorte de sauterelles.
Messageria, messagerie : & message.
Messaggiére, messager.
Messágio, message.
Messále, Missel.
Messále calabriénse .i. le cul. allusion de calabriénse.
Mésse, la moisson, l'Aoust.
* Messedáre, mot Lombard, mesler.
Messére, Sire, Messire.
Messére, anciennement nostre Messire, attribut d'homme de qualité, maintenant il ne sert que pour les artisans, & gens de basse condition, mésser Piétro, maistre Pierre, &c.
cóme Mésser Antón Púcci, comme dit, &c. Il faut bien qu'il en soit quelque chose, puis que tout le monde le dit.
far cóme Mésser Pier Fantíni, faire comme maistre Pierre Fantini, qui fournissoit de linge, & d'onguent.
vn Mésser biásima titte, vn mesprisant, vn difficile.
andàr Messére, e tòrnar Sére, deuenir d'Euesque meusnier.
Mésser dell' ópera, Marguillier.

Qq iij

Mefséri, courtiers, maquignons.
Méssia, le Mesie.
Messificáre, chanter Messe.
Mésso, Messager : Sergent, Huissier. Item, mis posé, enchassé. C'est vn plat ou seruice en vn banquet. prononcé. l'e fermé.
Mésta, en iargon, vne lettre.
☙ *Mestára*, meslange.
☙ *Mestáre*, mesler en remuant, brouiller.
☙ *Mestiánz a*, *Mesticánz a*, meslange.
☙ *Mesticáre*, mesler.
Mestiére, mestier.
far di Mestiére, auoir besoin.
Mestiéro, mestier.
Mestiéuole, qui se peut mesler.
Mestionáre, mixtionner.
Mestióne, mixtion.
Mestionéuolo, qui se peut mesler.
Mestítia, tristesse.
Mésto, triste. pron. l'e ouuert.
Méstola, cuillier de pot. Vn battoir. Vne truelle. Vne escumoire. pron. l'e fermé.
chi há la Méstola in máno si fá la minéstra à suo modo. i. qui a le pouuoir de partager ne s'oublie pas.
Mestola, vne sotte, vne badine.
Mestoláre, escumer le pot.
Mestolíno, petite escumoire. Item, petit badin.
☙ *Méstro*, menstruë. pron. l'e ouuert.
Méstruo, de mois, de menstruë. pron. l'e ouuert.
Mestúra, l'ordure qui se met dans les ongles. Item, meslange : Parfum.
Mesture, mixtions de parfums, parfums.
☙ *Mesturánz a*, mixtion. pron. ts.
Mesturáre, mixtionner.
Méta, borne, limite, confin. Vne Pyramide. Vne pile ou tas. Item, vn tas de merde. pron. l'e ouuert.
Metá, moitié.
Merádè, idem, mot poët.
Metadélla, sorte de mesure : vn bocal ou pinte de choses liquides : Et vn litron ou enuiron de grain, &c.
Metafísica, Metaphysique.
Metafísico, Metaphysicien.
Metáfora, Metaphore.
Metasfréno, selon aucuns, l'endroit du dos, qui respond au cœur.
Metalláro, qui tire les metaux.
Metallíco, de metail.
Metalliére, fondeur de metail.
Metallificáre, tirer les metaux.
Metallíno, de metail.
Metállo, metail. Item, fonte.
Metallóso, plein de metail.
Metamorfosi, metamorphose, transformation.
Metatóri, anciennement ceux qui mettoient les bornes au champ.
Metélla, noix metelle. Item, selon aucuns, vne sorte de vipere.
Meteóre, les meteores.
Metére, moissonner. pron. e ouuert. parf. *metéi*, & *méssi*.
Metitóre, moissonneur.
Metódico, methodic.
Metode, methode.
☙ *Métra*, vne mitre.
☙ *Metráre*, mitrer. Item, versifier : & mesurer.
Metráro, vn rimeur : Vn mesureur.
Metría, mesure.
Métrico, de mesure.

Métro, mesure, dimension. Item, vn vers.
Metrópoli, ville Metropolitaine ou Principalle.
Metropolitáno, Metropolitain.
Méttere, mettre. pres. *métto*, parf. *misi* & *méssi*, participe. *mésso*.
Méttere, pousser, bourgeonner, boutonner, qui se dit des plantes.
vn gióuane che Métte bárba, vn ieusne-homme qui bourgeonne.
Métter bène, estre propre, & ytile.
Métter néue, neiger.
Métter máno, tirer l'espée.
Métter bottéga, leuer boutique.
Métter in scritto, coucher par escrit.
Métter pensiéro, donner à penser, donner du soucy.
Métter insiéme, amasser.
Métter insiéme soldáti, leuer des gens de Guerre.
Méttere vna sentinélla, poser vne sentinelle.
Métter paúra, faire peur. pron. *au separément, comme aou*, François.
Métter sotto, atteler les cheuaux au carrosse.
Méttersi alla via, se preparer, se mettre en estat.
Métter ne, en faire à croire, argent bas.
Mister giù il ferraiuólo, quitter le manteau, oster son manteau.
Métter giù, coucher en tablature.
Métter a máno, entamer, mettre en perce, ou en vente.
Métter cása, prendre vn logis : faire sa maison.
Métterui del buóno, y employer tout son pouuoir.
Mettigarz óni, vn lieu pour les valets ou lacquais. Item, vn qui met des valets en seruice.
Mettitóre, mis.
Mettitúra, la moisson.
Mettito, mis.
Mettimassáre, recommanderesse.
Mez aniére, moyenneur, entremetteur. prononcez z, comme dz.
Mez áio, reduit, lieu où l'on s'assemble. pron. dz.
Mézo, demy : milieu : moyen. pron. dz.
hó per Mézzo, i'ay vne chose toute trouuée, ie sçay vne personne.
Mézza, demie, moitié. pron. dz.
Mezzalána, estoffe de demi-laine. pron. dz.
far la Mézz a lúna, c'est mettre la tente sur la moitié de la galere seulement. pron. dz.
Mézz a lúna, demie-lune. pron. dz.
di Mézz a età, entre-deux aages. pron. dz.
Mezzagóla, en terme de fortification, gorge de bastion. pron. dz.
Mézz a pósta, le relais. pron. dz.
di Mézz a táglia, de moyenne taille. i. de mediocre science. pron. dz.
Mézz a sconciatúra, demie descharge de femme, nous disons, reste de sperme, d'vn petit homme. pron. dz.
Mezz adró, metairie. pron. dz.
Mezzainóla, grangere, fermiere. pron. dz.
Mezz aiuólo, granger, fermier : Et vigneron. pron. dz.
Mezzána, vn carreau de bricque. Vne voile à la poupe, misaine. Et vne tierce d'vn lut. pron. dz.
Mezzanaménte, moyennement, mediocrement. Item, par intercession ou entremise. pron. dz.
Mezzanáre, moyenner, entremettre. pron. dz.
Mezzanéro, mediateur, moyenneur.
Mezzannáta, demie année de reuenu. pron. dz.
Mezz anélla, vn carreau de brique. pron. dz.
Mezz anía, la partie de la galere, depuis l'arbre iusques au banc de la despense, Mezaine, ou Mezanie, pron. dz.

ME MI

Mezzanità, mediocrité : & entremife. pron. *dz*.
Mezzanino, vne corde au milieu de la tente ou couuerture d'vne galere, Mezanin. pron. *dz*.
Mezzàno, entremetteur, moyenneur. Mediocre : demy le doigt du milieu.
Mezzàni, certaines chambres qui font baffes comme des fouspentes.
Mezzáni di farina, gruaux. pron. *dz*.
* *Mezzàra*, le ieu des quilles. pron. *dz*.
Mezzàre, prononcé rude : fe feicher, fe fleftrir, fe paffer comme le fruiɛ̂t. pron. comme *ts*.
Mezzàre, prononcé doux, partager par le milieu prononcé. *dz*.
Mezzària, le milieu. pron. *dz*.
Mezzaròlo, vn qui partage. Item, vn Fermier. prononcé. *dz*.
Mezzaruòla, forte de mefure, comme demy feptier, pron. *dz*.
Mezzàto, vne cloifon. C'eft auffi vn lieu où l'on s'affemble pour difcourir ou exercer les fciences : efpece d'Academie. pron. *dz*.
Mezzatùra, partition. pron. *dz*.
Mezzedima, le milieu de la fepmaine, le iour du mecredy. pron. *dz*.
Mezzéna, fleche de lard. pron. *dz*.
Mezzétta, mefure comme de chopine. Item, la barbe du pefle d'vne ferrure. pron. *dz*.
Mezzìna, vne cruche. pron. *dz*.
la Mezzìna di S. Mária di prunèta, nous difons, par raillerie, mefure de S. Denis, plus grande qu'il ne faut, ou qu'à l'ordinaire.
Mezzìfo, prononcé rude, paffé comme le fruiɛ̂t, fec, fleftry. pron. *ts*.
Mézzo, prononcé rude, paffé, fec, fleftry. pron. l'*e* fermé. & les *zz* comme *ts*.
Mézzo, demy : milieu : moyen. pron. l'*e* ouuert, & les *zz* comme *dz*.
ftar in Mézzo, eftre neftre, eftre interessé en quelque chofe.
portár in Mézzo, alleguer. pron. l'*e* ouuert, & les *zz* comme *dz*.
ftárfene à Mézza vía, eftre entre deux, de faire ou non.
in quéfto Mézzo, cependant, tandis, pendant cela. pron. *dz*.
per Mézzo, par le moyen. pron. *dz*.
con la vía di Mézzo, mediocrement.
Mezzobaleftrìno, demy-bafton de Iacob. pron. *dz*.
Mezzodì, midy. pron. *dz*.
Mezzogiolìno, la partie du monde oppofée au Septentrion, le Midy.
Mezzolàna, mefolane ou mefolaine, eftoffe meflée de laine & de foye. Item, mediocrité. pron. *dz*.
Mezzolanità, mediocrité. pron. *dz*.
Mezzolàno, mediocre. pron. *dz*.
Mezzùle, douue du fonds d'vn tonneau, où l'on met la cannelle, ou fontaine. pron. *dz*.
Mezzùle, mot furlan, vn pot.

MI

MI, me, moy. Item, vn mi en mufique.
Mì, pour *mio*, mien.
Mìa, mienne : au pluriel, *mìa* pour *miéi*, mes.
Mìa madre, en iargon, moy.
fe farà Mài la mìa, fi c'eft iamais à mon tour.

Miàci, forte d'huiftres qui portent des perles iaunaftres.
Miagolaménto, miaullerie, piallerie, ou piaillerie.
Miagolàre, miauler.
Miàio, vn millier.
Miaréfe, poids d'vn millier.
Miàro, vn millier.
Mìca, vne miche.
Mìca, mie, point.
non Mìca, non pas.
* *Micànte*, efclattant.
* *Micàre*, efclatter, reluire, regarder.
Mìcca, vn potage, vne grande fouppe, ou meneftre.
Miccaióne, vn fouppier.
Mìccia, vne afneffe.
Mìccia, felon aucuns, vne chatte. De la meche : vne guenon. Item, vne badine, vne forte.
Micciànza, meflange. pron. *ts*.
Miccìno, petit chat. Selon aucuns vn petit afne. Item, vne petite miette ou morceau.
i Miccìni hánno apèrti gli òcchi. i. tout le monde voit clair, le monde n'eft plus befte.
à Miccìno, à petits morceaux, miette à miette, vn peu à la fois.
Mìccio, vn afnon. Item, mouchon de chandelle.
Mìcia, vne chatte.
Micìda, vn homicide, ou meurtrier.
Micidiàle, de meurtrier.
Micìdio, homicide, meurtre.
Mìcio, chat.
Micìfta, vne poudre en Barbarie, & parmy les Bannis en Italie, dont demie liure peut mener vn cheual la longueur de cent lieuës fans débrider.
Micola, miette.
Micolàre, efmier.
Micolìno, vne petite miette de quelque chofe.
Microcófmo, microcofme, petit monde. Item, l'homme.
Midólla, moüelle, & mie de pain.
Midóllo, moüelle.
penetràr nel Midóllo. i. penetrer iufques au fonds de l'affaire.
Midollóne, groffe moüelle.
Midollófo, moüelleux.
* *Miédere*, moiffonner. parf. *miéffi*, & *miedéi*, & *miedétti*.
Mielàre, enmieller. pron. *e* ouuert.
Miéle, miel. pron. *e* ouuert.
Miétere, moiffonner. pref. *miéto*, *miéti*, *miéte*, *metiámo*, *metéte*, *miétono*. parf. *mietéi*, & *méffi*, part. *mitùto*, & *méffo*.
Mietenòle, que l'on peut moiffonner.
Mietitóre, moiffonneur.
Mietitrìce, moiffonneufe.
Mietitùra, moiffon.
Mietùto, moiffonné.
Mìga, mie.
non Mìga, non pas.
Miglia, milles ou lieuës d'Italie.
Migliàccio, forte de tourte auec du fang de porc.
Migliàccio, felon aucuns, du boudin.
rénder Migliàccio per Tórta. i. rendre la pareille : nous difons rendre pain pour fouace.
Miglìaia, vn champ de millet. Item, vn millier.
Migliàio, vn millier.
Migliàra, milliers.
Migliaréfe, forte de monnoye.
Migliàro, vn millier.
Miglio, vn mille, vne lieuë d'Italie.
Miglio, du mil ou millet.

MI

Miglióne, vn million.
Miglioraménto, amendement, abbonissement.
Migliorare, ammeliorer: Et deuenir meilleur. Amender vne terre, &c.
Migliore, meilleur, meilleure.
Miglioréuole, qui se peut rendre meilleur.
Migliória, amendement.
Migliosole, gremil, herbe aux perles.
* Mignardeggiáre, & mignardáre, mignarder.
* Mignardigia, mignardise.
* Mignardo, mignard.
Mignardone, vn mignard folastre.
Mignétta, sangsue.
Mignattáre, succer le sang.
Mignátti, sorte de vers à soye.
Mignáttola, sangsue.
Mignattóne, sangsue de peuple.
Mignélla, auare, chiche : sangsue.
Mignéta, sangsue.
Mignócco, vn badin.
Mignoláre, fleurir des arbres, & principalement des oliuiers.
Mignolo, le petit doigt.
* Mignóne, vn mignon; selon aucuns, le canal des parties honteuses.
* Mignoneggiáre, faire le mignon.
* Mignonerie, tours de mignon.
* Mignóre, minore, moindre.
* Migráre, passer.
Mila, mille, au pluriel.
Miláce, yeuse.
Miláno, la ville de Milan.
quésto è quel che fà Miláno, c'est ce que fait Milan. i. c'est tout ce que ie puis faire.
Milánta, mot de raillerie, vn nombre infiny.
Milantársi, se vanter, se priser.
Milantárie, vanteries.
Milantatóre, vanteur.
Milantatrice, vanteuse.
Milantésimo, milliesme.
Milantiére, vanteur.
Milánto, vanterie.
* Milensággine, lourdauderie, paresse.
* Milénso, lourdaut, paresseux.
* Milésia, sorte de Rose.
Milésimo, milliesme. Item, la marque, le nombre de plusieurs années, milliesme.
Milia, mille.
Miliáci, sorte d'abricots.
* Milicchio, gentil, doux, plaisant.
Milióne, vn million.
Militánte, militant, militante.
Militáre, combattre.
Militáre, militaire.
Militia, milice.
Millánta, mot fait à plaisir, mille millions, vn nombre infiny.
Millantársi, se vanter, se priser.
Millantatóre, vanteur.
Millantatrice, vanteuse.
Millantería, vanterie.
Mille, mille.
Mille v'na, vne fois pour toutes.
stàr sù l'Mille, trancher du grand, se tenir sur son quant à moy.
Millefóglio, mille-feuille, plante.
Millefógli, ce que nous appelons feüilles aux trippes.
Millenário, de mille ans.

MI

Millepiédi, cloporte.
Milleplicáre, multiplier par mille.
Millésimo, milliesme. Et l'espace de mille ans. La marque des années.
Millióne, million.
* Militógo, &
* Milnózo, milieu.
Milza, la ratte. pron. ts.
il mal délle due Milze, c'est quand vne femme est grosse; nous disons, le mal de neuf mois.
la Milza s'ingrássa nel corpo smagráto. i. les partisans se font riches, & consument le pais.
Milzóso, qui a grosse ratte. pron. ts.
* Mima, vne bouffonne.
* Mimáre, bouffonner.
* Mimico, plein de bouffonneries.
* Mimo, vn bouffon ou farceur.
Mina, la mine: vne mine, mesure, elle n'est que demy boisseau en Italie. Item, mine pour enleuer les tours, & faire sauter les murs. Mine de metail.
Mináccia, menace.
Minacciaménto, menace.
Minacciánte, qui menace.
Minacciáre, menacer.
Minacciatóre, menaceur.
Minacciatrice, menaceuse.
Minacciéuole, menaçant, menaçante.
Minaccióso, plein de menaces.
Mináce, idem.
Minále, vn minot.
Mináre, miner : faire des mines.
Minatóre, mineur, qui fait les mines, ou grimaces.
Minchia, le membre viril.
Minchionáre, gausser, iouër vne personne.
Minchionaríe, sottises.
Minchióne, badin, sot.
Mincia, asnesse.
* Minea, sorte de myrrhe.
Minélla, mesure de bled d'enuiron demie-mine, vn minot.
alla Minélla, au trou Madame.
* Mineo, encens.
Minéra, mine, miniere.
Mineràle, mineral.
Minerário, qui trauaille aux mines.
Mineróso, plein de mines.
Minéstra, potage, menestre, toutes sortes de boüillies, legumes, herbages, &c. en forme de potage.
guastár la Minéstra. i. gaster tout l'affaire.
Minestráre, dresser le potage.
Minestriére, potager, qui fait les potages.
Mingherlina, vne mingrelette. i. vne mignone. pron. ghe, comme gue en François.
Miniaménto, enlumineure.
Miniáre, faire en miniature, enluminer.
Miniáto, fardé: vermillonné. Fait en miniature.
Miniatóre, miniateur.
Miniatrice, miniatrice.
Miniatúra, miniature.
Miniéra, mine, & pierre de mine.
Minima, vne crochuë en musique.
Minimaménto, diminution.
Minimáre, diminuer.
Minimi, les Minimes.
Minimo, le moindre.
Minio, vermillon, mine de plomb.
Minióso, plein de vermillon.
Ministério, administration, fonction, ministere.

Ministrále,

M I   M I   313

Ministrále, officier de Iustice.
Ministráre, administrer.
Ministratóre, administrateur.
Ministriére, vn officier ou ministre : vn menestrier : & vn bouffon.
Ministro, ministre.
Mínono, sorte de jeu aux cartes.
Minoránza, minorité. pron. *ts*.
Minoráre, amoindrir.
Minóre, mineur, moindre.
Minorétto, vn mineur. pron. *e* fermé.
Minóribus, mot Latin, *esser in minóribus*, on se sert de cette phrase en discourant familierement .i. estre mineur.
Minoríngo, le moindre ou dernier d'vne compagnie.
Minoritá, minorité.
Minorménte, moins que tout.
Minótte, punaises, en jargon.
Minuále, de basse condition.
Minúccie, petites follastreries.
Minucciáre, menuiser, mettre en petits morceaux.
Minucciole, follastreries.
Minúccioli, petits morceaux.
Minuéllo, le petit doigt.
Minuénte, diminuant. pron. *e* ouuert.
Minúgia, cordes d'instrument : corde à boyau. Item, petit boyau. Et choses menues.
Minugiáre, reduire en petits morceaux : menuiser.
Minuíbile, qui se peut diminuer.
Minuiménto, diminution.
Minuíre, diminuer. Item, faire des diminutions ou passages en chantant, & ioüant des instrumens. pres. *minuisce*.
* *Minuisíere*, menuisier.
Minutióne, diminution.
Minútcula, la moindre, la plus petite.
Minúta, menuë : minute.
gente Minúta, petites gens, petits compagnons, gens de basse condition, le commun peuple.
Minutáglia, les menuës gens. Item, menuisaille, petits poissons.
Minutaménte, par le menu.
Minutáre, minuter.
Minutélli, la petite oye, viande de paste.
Minutézze, choses menuës, petites particularitez. prononcez *ts*.
Minutia, de la menuise, choses menuës.
Minutióne, diminution.
Minutíni, verons, petits poissons.
Minúto, menu. Vne minute. Et vne menestre ou potage d'herbes ou poirée hachées menu. Item, vne sorte de monnoye.
à Minúto, en détail.
Minuzzáme, choses menuës : menuise. pron. *ts*.
Minuzzáre, amenuiser : hacher menu. Considerer par le menu. pron. *ts*.
Minuzzaria, petits morceaux. pron. *ts*.
Minuzzoláre, hacher menu. pron. *ts*.
Minúzzolo, vne petite miette de quelque chose. pron. *ts*.
Mio, mien, mon.
* *Miólo*, vn verre, en Lombard.
Miónero, vn mignon, vn amoureux.
Mira, mire : visée.
métter in Mira, pointer le canon. Coucher vne harquebuse en ioüe : enjoüer.
Mirábile, admirable.
* *Mirabilia*, merueilles.
Mirabilità, admiration.

Miraboláno, mirabolan.
Mirabóndo, qui admire.
Mirácolo, miracle.
far i Mirácoli di Macométto, faire les miracles de Mahomet .i. si les montagnes ne viennent nous les allons trouuer.
Miracolosaménte, miraculeusement.
Miracolóso, miraculeux.
Miragliáto, office d'Admiral.
Miráglio, vn miroir. Item, vn Admiral.
Mirándo, admirable.
Miránte, vn Admiral.
Mirapìè, sorte de poire excellente.
Miráre, regarder : considerer : butter à quelque chose : viser.
Mirasóle, fleur du Soleil.
Miratóre, regardeur.
Mirélla, le jeu du trou-Madame.
Miria, mirie, monnoye antique.
Mirice, tamaris.
Mirífico, mirifique.
Miriofíllo, mille feüilles.
* *Miro*, merueilleux.
Mirobolàno, mirabolan.
Mirra, mirrhe.
Mirráre, embaumer auec de la mirrhe.
Mirro, preseruatif fait de mirrhe.
Mirtéto, lieu planté de mirthes. pron. l'*e* fermé.
Mirtidano, de mirthe.
Mirtillo, graine de mirthe.
Mirto, mirthe, meurthe.
Mirtnóso, plein de mirthes.
Misàgio, mal-aisé, incommodité.
Misagióso, incommode.
* *Misálta*, vne œuillée. Item, sorte de saumeure.
Misaláto, demy salé.
Misauedutaménte, sans consideration.
Misauentúra, mesaduenture.
Misauenturáre, mesaduenturer.
Misauenturóso, mal-heureux.
Miscellàme, meslange.
Miscellióne, esprit brüillon.
Mísche, sorte de mouskes.
Míschia, meslée de combat. Item, meslange.
Mischiaménto, meslange.
Mischiánte, qui meslange.
Mischiánza, meslange. Et salade de plusieurs sortes d'herbes. pron. *ts*.
Mischiáre, mesler.
Mischiatamènte, pesle-mesle.
Mischiatúra, meslange.
Míschio, meslange. Item, meslé.
far il Míschio sù le grasspúglie .i. faire l'acte Venerien.
Míschio, du drap meslé.
Misciáre, mesler.
Misce, sorte de mousle, poisson : *Miscóne*.
Miscontentáre, mescontenter.
Miscontènto, mescontentement.
Miscredénza, mescroyance, incredulité.
Miscrédere, mescroire. part. *miscrédei*, & *miscredètti*. part. *miscredúto*.
Miscúglio, meslange.
Mise, moules, poissons escaillez.
Miserábil, miserable.
Miseráccio, vn gros auaricieux.

R r

MI

Miferaménto, miferablement, auarement, chichement.
Miferatióne, commiferation.
Miferéuole, pitoyable.
Miféria, auarice. Et mifere. Item, peu de chofe, vne chofe de rien.
Mifericordéuole, mifericordieux, mifericordieufe.
Mifericórdia, c'eft vne compagnie de Penitents noirs, qui accompagnent les criminels au fupplice.
Mifericordiáre, auoir compaffion, eftre mifericordieux.
Mifericordiofaménte, par, ou auec miféricorde, mifericordieufement.
Mifericordióſo, mifericordieux.
* *Miférítia*, mifere : & auarice.
Miféro, miferable. Item, auare, vilain.
Miferóne, vn chiche vilain : vn auaricieux.
* *Miférrà*, auarice, chicheté.
Miférrimo, *miferiffimo*, tres-miferable : tres-chiche.
Misfáre, méfaire. pref. *misfò*, & *misfaccio*, & le refte comme *fàre*.
Misfátto, méfait, forfait.
Misfattóre, mal-faicteur.
Misinténdere, entendre mal. part. *misintéfi*, part. *misintéfo*.
Misintéfo, mal entendu.
Míſio, couperoſe.
Mifléa, meflée.
Mifléale, defloyal.
Mifleàltà, &
Mifleànz a, defloyauté. pron. *ts*.
Miffificáre, dire la Meffe.
Miffióne, miffion.
Miffiua, miffiue.
* *Miftà*, amitié.
Miftaménte, mixtement.
* *Miftáte*, amitié.
Mifte, greffes.
Miftério, miftere.
Mifteriofaménte, mifterieufement.
Mifteriófo, mifterieux.
* *Miftéro*, miſtere.
* *Miftiánz a*, meflange.
Miſtiáre, mefler.
Miftiáto, couleur meflée.
Mifticàle, myftique.
Mifticánz a, meflange. pron. *za*.
Miftificáre, mefler.
Míftico, miftique, miftic.
Miftiére, meftier.
Miftilíneo, meflé de lignes.
Miftionáre, mixtionner.
Miftióne, mixtion.
Míſto, mixte, meflé.
Miftúra, meflange. Et l'ordure qui fe met aux ongles.
Mifturáre, mefler.
Mifuéndere, vendre à vil prix. part. *mifuendéi*, & *mifuendétti*, part. *mifuendúto*.
Mifueníre, s'éuanouir, tomber en foibleffe. pref. *mifuéngo*, *mifuiéni*, *mifuiéne*, part. *mifuénni*, part. *mifuenúto*.
Mifuentúra, mefaduenture.
Mifuenturáto, mal-heureux.
Mifuenúto, tombé en foibleffe.
Mifúra, mefure.
Non-viéſono alla Miſúra, ils ne reüffiffent pas à la mefure : nous difons, ils ne fe vendent pas au boiffeau, ils font rares.

MI MO

☆ *Miſúra di carbóne* .i. amplement, largement.
Miſurábile, meſurable, qui ſe peut meſurer.
Miſuraménto, meſurage.
* *Miſuránz a*, le meſurer, meſurage.
Miſuráre, meſurer.
Miſúra tre, e tàglia úna, meſures en trois, & en tailles, vne .i. confidere bien deuant que de faire.
Miſurár à miſúra di carbóne, meſurer à meſure de charbon .i. meſurer largement : à bonne meſure.
Miſurataménte, auec meſure.
Miſuratóre, meſureur.
Miſuratríce, meſureuſe.
Miſuríta, &
Miſuríno, petite meſure. Item, vne forte de jeu.
Miſuſáre, mef-vſer.
Miſúſo, abus.
Mità, *mitàde*, moitié.
* *Míte*, doux, traittable, douce, affable.
* *Miteménte*, doucement.
Mítera, vne mitre de papier que l'on met fur la tefte des mal-faicteurs.
Miticáre, *mitigáre*, adoucir.
Mitigaménto, &
Mitigatióne, adouciffement.
Mitigatíuo, *mitigatório*, adouciffant, lenitif.
Mitigatóre, adouciffeur.
Mitigatríce, adouciffeufe.
Mitighéuole, qui fe peut adoucir.
Mitologia, Mythologie, expofition de fables.
Mítra, mitre.
Mitráre, mitrer.
Mítria, mitre.
Mitriáre, mettre vne mitre.
Mítuli, des moufles, poiffons.
* *Miuólo*, *miólo*, vn verre, en Lombardie.
Mizza, en jargon, vne mule, pron. *ts*.
Mizz áre, fe fleftrir ou feicher comme les fruits. pron. *ts*.
Mizzo, fec, hauy, fleftry. pron. *ts*.
Mizzo, afne. pron. *ts*.

MO

Mò, maintenant. En Lombardie, mais.
Mò mò, tout maintenant.
Mobíle, mobile : muable. Item, meuble.
Mobilità, mobilité, changement.
Mobiliáre, mouuoir. Et meubler.
Mobilménte, muablement.
Mobiláre, meubler.
* *Móbole*, meuble : richeffes.
Sar Móbole, fe loger, fe meubler.
Moccaiárdo, moncaiard.
Mócca, mouë, grimace.
Moccaiárro, *moccaiérro*, moncaiard.
Moccaiuólo, moucheur.
Moccaménto, mouchon, morueau. Item, mocquerie.
Moccáre, moucher. Item, fe mocquer.
Moccatóio, mouchettes. Item, vn mouchoir.
Moccatóre, moucheur : mouchettes : & mocqueur.
Moccatúra, mouchon, & morueau.
Móccea, vne morueufe.
Moccénico, & *moccenígo*, vne piece de 24. fols : Venitiens, elle tire fon nom de fa marque.

MO　　　MO

Mocchiáre, amonceler.
Mocchignoſo, morveux.
Mócchio, tas, monceau. Vn morveau.
Mocchióſo, morveux.
Mocciaccia, vne galande, vne fillette, mot Eſp.
Mocciáre, moucher.
Moccichíno, vn petit morueux. Item, vn mouchoir.
Moccicóna, vne morveuſe, vne ſotte.
alla Moccicóna, niaiſement, comme de petits morveux.
Moccicóne, vn morueux, vn niais.
Moccicóſo, vn morueux: vn ſot.
Móccio, morveau, morve.
Mocciōne, gros morveau.
Moccióſo, morveux.
Mócce, le bout du nez: bout de chandelle.
Móccola, morue de cheual. Item, morue, & morveau.
Moccóla, en jargon, la langue.
Móccola, en jargon, vne chandelle.
Moccoláre, moucher.
Moccolétto, *moccolíno*, &
Móccolo, mouchon ou bout de chandelle. Le bout du nez. En jargon, le nez.
Moccolóne, gros ſot: gros morveux.
Moccolóſa, en jargon, chandelle: la Lune.
Moccolóſo, morveux.
Mochelezzáre, en jargon, iurer, blaſphemer. pron. *dx*.
Mocheríno, vn coup du coſté de la main ſur les bras.
Mochétte, pincettes à arracher le poil.
Móco, *ers*, ſorte de veſſe.
hauér l'òcchio à Mòcchi, prendre garde à ſa veſſe. i. voir bien clair, & prendre bien garde à ſon fait.
Mócolo, mouchon de chandelle.
Modàle, à la mode.
Modanatúra, compoſition, de corniches, baſes, &c.
Mòdano, mouleure, en terme d'Archit. Item, module en Aſtrologie.
Modelláre, faire vn modelle.
Modéllo, modelle. pron. e ouuert.
Modéllo di légno, manequin de Peintre.
Módena, mouleure.
Moderaménto, moderation.
* *Moderánza*, moderation. pron. *tz*.
Moderáte, moderer.
Moderataménte, modérément.
Moderatióne, moderation.
Moderatóre, moderateur.
Moderatríce, celle qui modere, moderatrice.
Moderéuole, qui ſe peut moderer.
Modernélie, mot fait à plaiſir, choſes modernes.
Modernále, moderne.
Modernaménte, modernement.
Modernáre, rendre moderne.
Modérno, moderne.
Modéſtia, modeſtie.
Modéſto, modeſte.
* *Módico*, vn peu de quelque choſe.
Modificáre, modifier, meſurer, peſer.
Modifico, modifique.
Modigliòne, modillon, module, corbeau en Architecture.
Módio, vne ſorte de meſure: muid.
Modiúe, module, corbeau.
Módo, maniere, moyen, façon, mode en muſique.
hauér il módo, eſtre riche.

à mio Módo, à ma fantaiſie.
ad ógni Módo, à toute force: à quelque prix que ce ſoit: auſſi-bien: reſolument.
ad ógni Módo io hó páne, e víno, e cárne ſaláta, en quelque façon que ce ſoit, i'ay du pain, & du vin, & du ſalé.
di Módo ché, de ſorte que, ſi-bien que.
hà fátto di módo, Il a tant fait, il a fait en ſorte.
pór Módo, donner vne reigle, reigler.
à dir Módi. i. ou par amour, ou par force.
Módolo, modelle.
Modonatúra, forme, compoſition, diſpoſition.
Modórra, engourdiſſement, aſſoupiſſement.
Moduláre, chanter de meſure.
Modulatióne, meſure armonique: reſonnance, accord.
Módulo, module.
Móſola, ſorte de chevre.
Moggiáre, meſurer au muid.
Móggio, muid de bled. Item, vn tas ou monceau.
Mógio, endormy, mélancolique. pron. o fermé.
* *Móglia*, vne rouë d'horloge. pron. o ouuert.
Móglama, ma femme.
Mogliata, ta femme.
Mogliázzo, mariage: *mogliaccio*. pron. *tz*.
Móglie, femme mariée. pron. o fermé.
* *Mogliéra*, *mogliére*, idem. pron. e ouuert.
Mogliétta, petite femme. Item, pincette. pron. o fermé, & e fermé.
Mógnere, traire le laict. parf. *mónſi*, *mognéſti*, *mónſe*, part. *mónto*.
Mógnole, careſſes.
Mòia, interiection Venitienne, quand on eſt en colere ou en admiration: fy, fy.
Maiàni, ſacres, petites pieces d'artillerie.
Moìne, pincettes. pron. e fermé.
* *Moìna*, vne apprentiſſe: vne Nonne. Item, careſſe de femmes, & enfans, mignardiſe.
* *Moinárda*, vne mignarde, vne flatteuſe.
Moináre, flatter, careſſer.
Moinélle, petites façons, petites mignardiſes.
Moinéro, flatteur, mignard.
Moinóſo, plein de mignardiſes.
Móla, machine. Vn mole ou morceau de chair qui s'engendre dans la matrice. Item, rotule du genoüil.
Mulagrána, grenade.
Moláre, broyer, moudre. Item, moler en terme de marine.
Molári dénti, dents maſchelieres.
Mólcere, *molcíre*, addoucir, appaiſer. parf. *mólſi*, *molcéſti*, *mólſe*.
Moldúra, mouleure, en Archit.
Móle, maſſe.
Moleccáre, en jargon, couper.
Molécche, écreuices rondes, crabes.
Moléna, mie de pain.
Molénda, la portion que prend le meuſnier de la mouture.
Molendínio, ce qu'il faut à vn moulin.
Moleſtaménte, faſcheuſement.
Moleſtáre, moleſter, faſcher.
Moléſto, faſcheux.
Molétta, molette à broyer les couleurs.
Molétte, pincettes.
Mólgere, traire le laict. parf. *mólſi*, *molgéſti*, *mólſe*, point de part. pron. *e* fermé.
* *Móli*, rue, herbe.

Rr ij

Molináia, meufniere.
Molinkio, &
Molináro, meufnier.
Molináre, moudre.
Molinéllo, moulinet : *molinétto*.
Molino, moulin.
è ferráto il Molino, *l'áfino tréfca*, cela fe dit lors qu'on voit badiner quelqu'vn : à vos afnes meffieurs.
Molitóre, meufnier. Item, vn oifeau de la grandeur d'vn Cigne, qui brait comme vn Afne.
Molitúra, mouture.
Mólla, la principalle rouë d'vn horloge.
Mollame, mollet de jambe : chair molle, ou le gras fur les parties du corps.
Molláre, moler, lafcher. Tremper, effanger.
Molláti dénti, dents mafchelieres.
Mólle, mol. Trempé, moüillé, en fueur : foible : delicat, doüillet : doux.
Mólle, vn lieu plein d'eau ou moüillé, lieu moitte.
Mólle, les pincettes du feu.
metter in Mólle, mettre tremper.
Mólle, petites boules enfilées en vne ficelle, qui feruent à retenir le compte des heures, en tournant l'horloge de fable, fur vne Galere.
Mollécchi, forte d'efcreuiffes, ou crabes.
Molleggiáre, moler, lafcher vne corde. Item, s'ammolir, fe relafcher.
Mollegnáre, forte de viande farcie.
Mollemente, mollement.
Mollefino, doüillet, delicat, mollet.
Mollétte, pincettes.
Mollézza, molleffe : delicateffe : humeur effeminée. pron. *tz*.
Mollíca, mie, miette.
Mollicáre, efmier.
Mollíccio, vn peu moüillé. Item, vn peu mol.
Mollicicchio, tendre, mollet.
Mollificaménto, amolliffement.
Mollificáre, mollifier, amollir.
Mollificatióne, mollification.
Mollipiéde, qui a le pied tendre.
Mollítia, molleffe.
Mollitíuo, mollificatif.
Móllo, mie de pain. Item, mol ; & moüillé.
Mollóre, humidité. pron. *o* fermé.
* *Mollúgo*, chardons, mauuaifes herbes.
Mollúme, humidité caufée par la pluye. Item, chair mollaffe fur les flancs.
Mólo, mole de port de mer. pron. *o* ouuert.
Molobátro, malabatre.
Molochíno, forte de pourpre.
Molochíccia, forte de mauue.
Moléne, forte d'herbe.
Molóffo, vn maftin.
Molfa: hidromel, de l'eau, & du miel.
Mólta, *múlta*, punition, amende.
Mólte, beaucoup, plufieurs, au feminin plurier. pron. *o* fermé.
Mólti, au plurier mafculin, plufieurs, beaucoup. pron. *e* fermé.
Molticolorato, de plufieurs couleurs.
Moltifórme, de plufieurs formes.
Moltigénio, de plufieurs fortes.
Moltilátero, à plufieurs coftez.
Moltiloquénte, qui parle beaucoup.
Moltilóquio, cajollerie.
Moltipiédi, cloportes.

Moltiplicáre, multiplier.
Moltiplicatióne, multiplication.
Moltiplicatóre, multiplieur.
Moltiplicatríce, multiplieufe.
Moltíplice, de plufieurs façons.
Moltiplicità, multiplicité.
Moltiplichéuole, multipliable.
Moltíffimi, grande quantité.
Moltità, quantité, multiplicité.
Moltitúdine, multitude.
Moltinário, fort diuers.
Mólto, beaucoup. pron. *o* fermé.
Moltúra, mouture.
Molua, moluë ou moruë. pron. *uà*, feparement.
Molúfce, forte de petites noix.
Momeggiáre, reprendre, faire le Momus.
Momentále, de moment.
Momentáneo, tranfitoire, de moment.
Momentáre, eftre ou arrefter vn moment.
Moménto, moment. Le poids d'vn grain.
di Moménto, d'importance.
Momentófo, de moment, & d'importance.
Momméa, mommerie, mafcarade.
Mommeáre, aller en mafque.
Mommeo, vn mommon.
Móna, Dame, qui fe dit aux artifannes. Item, vne guenon. La nature de la femme. A Venife, vne chatte.
pigliár la Móna, prendre la guenuche : nous difons, prendre la cheure, fe mettre en colere.
Mónaca, Religieufe, Nonne.
cóme le Mónache da Génoua, comme les Nonnes de Gennes *a*. fi-toft qu'elles eftoient renuës, elles demandoient congé de fortir.
Monacále, Monacal, Conuentuel.
Monacáre, rendre Moine.
Monacaríe, Moineries.
Monácchia, corneille enmantelée.
Monácchie, en jargon, fouliers.
Monácchina, pivoine, oifeau.
Monácchino, couleur de Moine, gris. Item, petit Moine.
Monacélla, vne Nonnette. Item, galange ou glayeul.
Monacheggiáre, faire la Nonne.
Monachélla, forte d'oifeau de riuiere.
Monachéfimo, la moinerie.
Monachétta, vne Nonnette.
Monachétto, petit moine.
Monachéto, vn mentonnet de loquet.
Monachile, de Moine.
Monachína, Nonnette.
Monachíno, petit moine.
Mónaco, Moine.
Monacúccia, vne Nonnette. Item, galange.
Monáio, vn meufnier.
Monángolo, à vn angle.
Monánno, l'année paffée.
Monárca, Monarque : En jargon, moy.
Monarcále, de monarque.
Monarchía, monarchie.
Monarchíco, monarchique.
Monáro, meufnier.
Monafteriále, de monaftere.
Monaftério, *monaftéro*, monaftere.
Monáftico, monaftique.
Monátto, vn enterreur ou foffoyeur.
Moncaiáro, moncaiard.

MO MO

Montára, terre seiche ou bruslée du Soleil.
Moncáre, tronquer.
Moncerare, commettre vn peché contre nature.
Moncherino, manchot : bras sans main.
Mónco, tronqué : manchot. pron. o fermé.
Moncóne, idem. pron. o fermé.
Mondáccio, vn vilain monde.
Mondaméntè, nettement, purement.
Mondaménto, nettoyement, éplucheement.
Mondána, vne putain.
Mondanaménte, mondainement.
Mondanità, mondanité.
Mondáno, mondain.
Mondáre, monder : éplucher : peler les œufs, & choses semblables : nettoyer, purger. Escosser.
Mondár néspole, perdre son temps à se vouloir faire meilleur qu'vn autre.
Mondatióne, espluchement, mondification.
Mondatóre, éplucheur. Item, le soc de la charruë.
Mondatríce, éplucheuse.
Mondatúre, éplucheures.
Mondazzáro, tas d'ordures ou éspluchures. Item, ballayeur ou ballieur. pron. les zz. comme ts.
Mondélla, mesure de grain en Sicile.
Mondézza, netteté. Item, éspluchure ou ballieure. pron. e fermé, & les zz. comme ts.
Mondiále, du monde, mondain.
Mondicáre, monder, mondifier.
* Mondicórde, de cœur net.
Mondificaménto, mondification.
Mondificáre, mondifier.
Mondificatióne, mondification.
Mondificatiuo, mondificatif : qui nettoye.
Mondíglie, éspluchures : ordures.
Mondíno, petite mesure à mesurer.
Mondítia, netteté. Item, balliecure, ballayeure.
Móndo, le monde. pron. o fermé.
Móndo, mondáto, éspluché : moudé. pron. o fermé.
vorrèbbe l'vouo Móndo, il voudroit l'œuf tout éspluché : c'est ce que vulgairement on dit, il luy faut mascher, qu'il n'ait qu'à l'aualler.
le Móndora, les mondes.
Mondualdo, tuteur, curateur.
Monédula, corneille, choucas, pron. e ouuert.
Monélla, en jargon, vne putain. pron. e ouuert.
Monéllo, moy. pron. e ouuert.
Monéta, monnoye. pron. e fermé.
Monéta tósa, de la monnoye rognée : nous disons, comme vn teston rogné, sans lettres .i. ignorant. pron. e & o fermé.
Monéta di Tognóne, monnoye rognée.
Monéta sénza tónio. i. de belles paroles sans effect.
Monetáccia, mauuaise monnoye, de bas aloy.
Monetáio, monnoyeur.
Monetário, rogneur de monnoye, ou faux monnoyeur.
Monetáto, monnoyé.
Monetélla, petite monnoye. pron. le premier è fermé, & le second ouuert.
Monetiére, batteur de monnoye.
Monetóso, pecunieux.
Mongána, veau de laict.
Mongára, idem.
* Móngaro, selon aucuns, moite, humide.
Móngere, traire le laict : succer. parf. mónsi, & móngei.
Mongíle, vn collier de perles ou autre.
Mongiúto, succé, espuisé.
Móngo, sorte de vin, extrait de la lie d'vn autre.
Mongrellíno, flouët, sec : sans argent : efféminé.

Mongrélllo, idem.
Moniáca, abricot.
Moniáco, abricottier.
Moniále, flatteur, mignard.
Monibíle, admonestable.
Monícchio, vn Singe.
Moniláre, orner d'vn collier ou carquan.
Moníle, vn carquan : vn collier de perles ou autre.
Moniménto, monument.
Monína, vne petite guenuche. Item, la nature de la femme.
Monino, de singe.
Monire, admonester. Item, munir. pres. monísco.
Monistéro, Monastere.
Monitionáre, auitailler, munir, pouruoir de munitions.
Monitióne, munition. pron. o fermé.
Monitioniére, munitionnaire.
Monito, muny : & admonesté.
Monitóre, pouruoyeur : & admonesteur.
Monitório, monitoire.
Mónna, Dame, qui se dit aux artisannes. Item, vn singe ou guenuche.
come disse Mónna Ghigna, comme dit Dame, &c. Ie l'ay vû de mes mains.
far Mónna Lándra. i. faire la mouë, faire la mine.
far come Mónna Cilidónia, faire comme Dame Celidoine. i. s'en aller, se passer toute en pourmenades.
Mónna schifa il póco, vne sainte succrée, vne goulue.
* Monnosíno, douïllet, delicat, mollet.
Monócca, vne Nonne ou femme solitaire.
Monochíno, gris de Moine.
Monocchio, borgne.
Monocórdo, instrument à vne corde, monocorde.
* Monóculo, borgne. pron. o ouuert.
Monópola, monopole. pron. o ouuert.
Monopoláre, monopoler, faire des monopoles.
Monopoleggiáre, idem.
Monopoliére, monopoleur.
Monopólio, monopole.
Monopolizzáre, faire des monopoles. pron. les zz. comme ds.
Monópolo, monopole.
* Monosíno, douillet, mollet.
Monualdo, Tuteur, Curateur des femmes.
Monsignóre, tiltre de Prelat, Monseigneur. Et de simple Prestre, Messire.
cóme disse Monsignúr Chini, comme dit Monseigneur, &c. à l'ordinaire.
Monstráre, monstrer.
Mónstro, monstre.
Monstruóso, monstrueux.
Mónta, c'est le saillir des animaux auec les femelles. Item, le haras, ou lieu où l'on fait saillir les cheuaux.
mendár alla Mónta, nous disons, mener au Toreau.
Montacéssa, sorte de voguer auec grande force.
Mónta in bánca, vn Charlatan.
Mónta in sélla, boute-selle, son de Trompette.
Montágna, montagne.
Montágna, en jargon, moy.
Montagnáro, montagnard.
Montagnétta, montagnola, petite montagne.
Montagnuólo, montagnard.
Montaménto, montée : saillie. Le saillir de l'ànimal.
Montanáro, montagnard.

Rr iij

Montanèllo, vn pinçon.
Montanìna, le nom d'vne cloche à Florence.
Montàno, montagnard, de montagne.
Montàre, monter. Le faillir des animaux. Item, passer vn goulfe en nauigeant, doubler vn cap.
quésto mi Mónta tánto, cela me reuient à ce que i'ay dit.
Montàr sù le poste, prendre la poste.
Montàre, rencherir, deuenir cher.
Mónta qui e vedrài Vrèna, en monstrant son couldece la se dit pour amuser celuy à qui l'on ne veut pas donner ce qu'il demande, ou plustost quand on demande vne chose estrauagante, & qu'on ne veut pas la donner.
Montàr in còllera, entrer en colere.
Montàr s'ùl fico, &
Montàr sul frútto. i. monter sur vne femme.
Montàta, montée.
Montatóre, monteur.
Montatùra, monteure.
Mónte, mont. Item, vn tas.
Mónte di pietà, le mont de Pieté, c'est vn lieu où l'on preste sur gages, & que l'on ne prend pas d'interest que lors que l'on donne plus de dix escus.
dárst di Mónte Mórel nel càpo, se donner du mont morel par la teste. i. s'abuser, se tromper tout à fait.
altri Mónti son caláti à bàsso, d'autres montagnes se sont auallées ou abbaissées : cela se dit d'vn glorieux qui peut estre abbaissé.
ha passàto i Mónti. i. il a gagné la verolle : il luy faut passer les Monts pour venir en France, & l'allusion est au mot de *mal francèse* : nous dirions pareillement, il a pris le mal de Naples apres auoir passé les Monts.
è da Mónte Spèruli, il est du mont Spertoli. i. Il est expert.
Monte fórcoli, le gibet.
Mónte pelóso, la motte de la femme.
à Mónte, à refaire en joüant.
Montesicàle. i. la nature de la femme.
Montemári, nous disons, monts, & merueilles.
Montiéra, vne sorte de bonnet qui n'a qu'vn bord en pointe d'vn costé. Item, vne petite eschelle pour monter en carrosse ou en littiere.
Montidana, sorte de gasteau au fourmage.
Montoncèllo, petit mouton.
Montóne, mouton, belier.
mal del Montóne, coqueluche, toux auec la fiévre.
haúr del Montóne, estre sot.
dar il Montón per istàtico al càne, donner le mouton pour ostage au chien. i. donner vne asseurance qui est desia en nostre pouuoir, nous asseurer sur ce qui est desia nostre.
Montonìle, de mouton.
Montonìno, idem.
Montonìna, peau de mouton.
Montòre, montoir.
Montóso, montueux, montagneux.
Montuàre, monter, hausser, exalter.
Monuménto, monument.
Monz écchio, tas, monceau.
Móra, meure, fruit : meure sauuage d'espine. Vn tas de pierre. Vn pillier de briques. Vn jeu en comptant auec les doigts. pron. l'o ouuert.
Móra, en jargon, vne chaisne.
Móra móra, fy fy.
Moràbio, du mouton, herbe.
Morabíto, Religieux Turc.
Mordàglie, morailles, instrument de mareschal.

Moràle, moral.
Moralétti, moràli, chevrons.
Moralità, moralité.
Moralizàre, moraliser. pron. le z comme dz.
Moralóso, plein de moralité.
Moràre, demeurer. Item, murer.
Moràro, vn meurier.
Moràto, noir, tres-noir. Item, noir de meure.
Moratóre, habitant. Item, maçon.
Moratòria, &
Moratòrio, dispense de demeurer.
Morbàre, infecter.
Morbézza, infection. pron. ts.
Morbézzi, vanteries, sottises. pron. ts.
Morbidaménto, amollissement.
Morbidaménte, delicatement.
Morbidézza, delicatesse. pron. l'e fermé, & les zz comme ts.
Morbidíre: deuenir doüillet. pres. *morbidisco*.
Mórbido, doüillet, delicat.
Morbidéne, bien doüillet.
Morbilla, bube de petite verolle ou de rougeolle.
Morbíno, chaleur de luxure : fantaisie, enuie : vne petite maladie, le François dit il a son conte, & nous disons en Italie, *hà il Morbíno*, pour dire il est guay, il a son conte.
cauàr il Morbìno, faire passer l'enuie : oster la meschante humeur, ou oster la gayeté de cœur.
Morbisciàtte, vn fringant.
Mórbo, maladie : peste ; mauuaise odeur, puanteur.
Mórbo règio, iaunisse.
Mórbo súmmo, mal caduc.
Morbóso, maladif, contagieux.
Mórca, fece ou lie d'huile.
Mórchia, idem.
Morchiàre, former lie.
Morchióso, plein de lie.
Mordàce, mordant, mordante.
Mordaceménte, asprement.
Mordacità, reprehension mordante.
Mordènte, mordant. Item, vne couche qu'on donne auparauant que poser l'or en feuille : terme de Doreur.
òro Mordénte, or en feuilles.
Mórdere, mordre. parf. *mordètti*, & *mordéi*. part. *mordúto*.
Mórder cóme vn'òca. i. menacer, & ne faire pas grand mal.
Mórdersi le dita, se manger les doigts de colere.
Mordiménto, morsure.
Morditóre, qui mord : repreneur.
Morditùra, morsure.
Mordúto, mordu.
Morèci, enfleure d'hemorrhoïdes.
Moredàle, vne chaire percée.
Morèlla, morelle, sorte d'herbe. Item, vn goujon. prononcé l'e ouuert.
Morèllo, moreau. C'est aussi la couleur approchante de violet. Sorte de gris, gris violet, poil de cheual, noir. pron. l'e ouuert.
Morèllo di sàle, violet de sel.
Morellòtto, brun, noirastre.
Morèna, murene poisson. pron. l'e fermé.
Morésca, la moresque, dance. pron. l'e fermé.
Morésco, more, morisque. Item, cheual barbe. prononcé l'e fermé.
Morettíno, brun, brunet.
Morétto, brun. Item, petit more. Et vne sorte d'oiseau, choucas. pron. l'e fermé.

Morettóne, sorte de corbeau.
Mórfa, en iargon, la morfe, la faim.
Morféa, sorte de gravelle ou lepre. Item, la nature de la femme. En iargon, la bouche. C'est aussi vne marque blanche au nez, & au fourreau du cheual.
Morféo, ladre qui se dit du cheual.
Mórfia, en iargon, la bouche.
Morfíne, sorte de milan.
Morfíre, manger, morfier. pres. morfísco.
Morgána, en iargon, vne cloche.
Morganéllo, sorte de cordage.
Morgigero, gueux qui porte vne clochette.
Morgóne, plongeon.
Moria, la maladie, le temps de la peste.
Moribóndo, mourant.
Moricciáre, bastir à sec, ou de la bouë.
Morice, muraille bastie à sec, ou auec de la bouë.
Morici, hemorrhoides.
Moricino, vn petit More.
Moriénte, mourant, mourantc.
Morigeráre, ciuiliser.
Morigeráto, bien morigené.
* Morigiáre, ciuiliser.
Morigónda, sorte de viande.
Mório, pour morì, il mourut.
Moríone, morion.
Moríre, mourir. pres. móro, & muóro, & muóio, parfait. morij, morìsti, morì, fut. morò, & morirò. part. mòrio.
vn bel Morir tuta la vita honora, & vn bel fugir salua la vita ancora, vne belle mort honore toute la vie de l'homme (dit le braue) & le poltron respond, & vne belle fuitte sauue la vie le plus souuent.
Morir cóme il grillo, ò cóme la zúcca, nous disons, mourir comme les melons, la semence dans le corps.
la lingua non gli Muóre in bócca, nous disons, il a la langue bien penduë, il ne faudra pas par la langue.
far Morir di Tísico, faire languir, consommer petit à petit.
Morísa, musclière pour vn chien.
* Moritóio, mortel.
Moritúro, qui doit mourir.
Morláceo, du chamois, de quoy l'on fait des caleçons.
Morlácco, vn grand mangeur. Item, vn Turc noir, & ie dis que c'est du pays de Morlaquie.
Mormoraménto, murmure.
Mormoráre, murmurer.
Mormoratíone, murmuration.
Mormoratóre, mormoratrice, qui murmure.
Mormorévole, plein de murmure.
Mormorío, murmure.
Mormoróso, plein de murmure.
Moró, more. Item, vn meurier. Et vne verruë à vn cheual.
Morogélso, vn meurier blanc.
Morógiie, hemorrhoides.
Moróna, selon aucuns, poisson comme le Thon. Vne meure sauuage sur les espines.
Moróne, idem. Et vn meurier.
Moronélla, viande d'œufs de poisson.
* Morósa, vne amoureuse.
* Morosaménte, amoureusement.
Morosità, humeur fascheuse.
Moróso, fascheux, pensif. Item, amoureux.
Morez écchio, sorte d'archer ou sergent.
Merpliuo, vne sorte d'Aigle.
Mórra, vn ieu en Italie, en comptant auec les doigts à la mourre, nos François disent, à l'amour. pron. l'o fermé.

Mórsa, pierre d'attente. Item, vne moraille. Et vn estau de serrurier. pron. l'o ouuert.
* Morsaióia, mors de bride.
Morsáro, faiseur de mors : esperonnier.
Morsecchiáre, mordre, vulg. mordiller.
Morsecchiatúra, marque de morsure.
Morsellegiáre, mordre en petits morceaux.
Morselléllo, sorte de confiture. Item, petit morceau pron. l'e fermé.
Morséllo, vn morceau. Et vne pince. Item, vne sorte de viande de paste fort delicate. pron. l'e ouuert.
Morsétta, tenaille à vix. pron. l'e fermé.
Morsicáre, mordiller : mordre.
Morsicatúra, morsure : demangeaison.
Morsicéllo, morcelet.
Mórsico, morsure.
Mórso, vn mors. Vn morceau : vne morsure. Item, mordu. pron. l'o ouuert.
Mórso da vn can négro. i. yure.
Mórso di rána, grenouillette.
Morsugálline, hannebanne.
Morsúra, morsure.
Mórta, morte. pron. o ouuert.
Mortadélla, sorte de saucisson fait de soye & chair maigre. pron. e ouuert.
Mortáro, mortier.
pestár acqua nel Mortáio, perdre son temps.
Mortairólo, petit mortier. Item, marque de meurtrissure.
Mortále, mortel, mortelle.
Mortal guérra, guerre sans quartier.
Mórta létto, sorte d'artillerie, mortier : boëte à tirer en temps de reiouissance.
Mortalità, mortalité.
Mortalménte, mortellement, au mourir.
Mortaréllo, petit mortier.
Mortáro, mortier.
Mortarúolo, petit mortier.
Mortatélla, sorte de saucisson.
Mórte, la mort. pron. e ouuert.
ad ogni cosa è rimedio fuor ch' à la Mórte, toute chose a remede hormis la mort.
chi ben vivé, ben Muóre, qui bien ne craint pas de mourir que dans son lit.
dimmi cóme la vita che fai, che ti divò la Mórte, che sarai, dy-moy comme tu vis, & ie te diray de quelle mort tu mourras.
far la Mórte del Caprétto, faire la mort du cheureau, estre esgorgé.
la Mórte del caprétto, morir giónano, & bécco, mort du cheureau, mourir ieune, & cornard.
la Mórte della rósa, la mort de la rose. i. seicher, mourir de seicheresse.
Mortélla, meurthe.
Mortelléto, lieu planté de meurthes. pron. e fermé.
Mortéllo, meurthe.
Mortéra, meurtrier sur la porte d'vne ville, maschecoulis.
Morticcio, à demy mort, qui semble mort.
Morticina, chair morte.
Morticino, couleur pasle, ou morte.
Mortífero, mortifere.
Mortificaménto, mortification.
Mortificánte, mortifiant, mortifiante.
Mortificáre, mortifier.
Mortificatióne, mortification.
Mortificatíuo, mortificatif.
Mortificatóre, mortifieur.
Mortígno, couleur morte.

Mortìna, & mortìne, meurthe, graine de meurthe.
Mortìsa, vne mortaise.
Mortìta, viande comme de la gelée : Item, vne eau morte.
Mórto, mort : vn mort.
Mòrto, qui meurt d'amour. Item, tué.
il Mòrto è su la bára, le mort est sur la ciuiere .i. l'affaire est connuë.
inamoráto Mìrto, qui meurt d'amour.
vn Mòrto di fáme, vn affamé, vn qui meurt de faim. Vn poüil affamé.
ricordár i Mórti à táuola, ramenteuoir les morts à table, .i. parler d'vne chose hors de temps, qui déplaist.
chiappár il Mòrto, c'est mettre la main sur l'argent quand vne personne est morte.
guardár il Mòrto .i. ne dire mot.
Mortòrio, mortuaire.
Mortòrio, Idem.
Moruìccio, vne pauure carcasse.
Moruiglióne, sorte de petite verolle : verolle volante.
Morróne, vn goujon. pron. ts.
Mósca, sorte de bignet fait auec des œufs, & du lait. Item, nom d'vne riuiere.
la Mósa, la Meuse.
Moseìca, Mosaïque : marquetterie.
Mósca, mouche.
menár la Mósca ciéca .i. parler au hazard.
eglì v'è Mósca .i. il est habile, il l'entend bien.
Mósca di múla .i. de la crainte : ou de la fascherie.
Mósca càlaia, Tic.
non si può hauèr il mèle sénza le Mósche .i. nul bien sans peine.
salìr le Mósche al náso .i. se mettre en colere, prendre la cheure.
le Mósche si pósano sópra i caudlli mágri .i. on cherche touſiours les plus pauures.
restár con le máni piéne de Mósche .i. pleines, vuides de vent.
à Mósca ciéca, jeu de colin maillard.
vna Mósca .i. vne femme maigre.
Moſcadéllo, raisin : Et vin muscat.
Moſcadélla, moſcadélbna, poire muscate.
Moſcádo, musc, & muscat.
Moſcárda, vne ciuette.
Moſcardíno, muscardin. Item, vn mousquet.
Moſcárdo, sorte d'esperuier, mouchet.
Moſcáre, musquer.
Moſcatuóla, chasse-mouches.
pére Moſcaróle, des poires muscades.
Moſcaruólo, muscardin. Item, vne sorte de ver.
Moſcáta nóce, noix muscade.
Moſcáto, tacheté, moucheté. Item, musc : muscat : & musqué.
Moſcélli, bouts de cordes déliées à lier quelque chose sur les vaiſſeaux, en cas de neceſſité.
Moschéa, Mosquée.
Moſchcríno, moucheron. Item, vn mouchet.
hà préso il Moscherìno, il a pris la mousche .i. il est en colere : nous disons, il a pris la cheure.
m'è saltáto il Moscherìno .i. ie suis en colere, la mousche m'a passé deuant les yeux.
Moschétte, petites mouches. Item, marques de moucheteures : & roses muscates.
Moschetteria, mousquetterie.
Moschettiére, mousquetaire.
Moschétto, mousquet.
Moschétto, chasse-mouches.
Moschettóne, mousqueton.

Móschio, móstio, flestry. pron. o fermé.
Moſciáre, flestrir : moisir : engourdir.
Móscio, flestry, & engourdy. pron. o fermé.
Moſciolíno, &
Moſcióne, moucheron. Item, grand beuueur.
Mósco, mousse, mousse d'arbre. Item, musc. prononcez o fermé.
Mósco, en jargon, vn habit. pron. o fermé.
Móscola, sorte de jeu, à la mouche. pron. o fermé.
Moscoleáre, musquer. pron. o fermé.
Moscolíno, musqué. pron. o fermé.
Móscolo, mousse d'arbre. Item, muscle. pron. o fermé.
Moscolóso, mouſſu. Item, plein de muscles. prononcez o fermé.
Moscóne, grosse mouche, par translation, vn mangeur, vn importun. pron. o fermé.
Moscóso, mouſſu. Item, musqué. pron. o fermé.
Mósa, mouuement. pron. o ouuert.
Móſſa d'ármi, sortie, mouuement d'armes, campagne.
Móſſe, le lieu d'où l'on part pour courir. pron. o ouuert.
dàr la Móſſa, donner le branſle à vn affaire, &c. c'est proprement quand on donne vn certain signe pour partir, ou faire partir les cheuaux qui courent le prix à Rome.
dàr le Móſſe, faire partir de la main.
in su le Móſſe, en partant de la main, en terme de faire.
rubár le Móſſe, rompre le coup, quand on veut discourir ou faire quelque chose.
non potér stár alle Móſſe .i. n'auoir point de patience, ne se pouuoir tenir de faire.
Moſſettíne, petits mouuemens : folastreries.
Móſſo, meu, touché, porté : esmeu. pron. o ouuert.
Mostacciáta, vn soufflet.
Mostaccíno, petit visage.
Mostáccio, visage : & grimasse. En jargon, vn teston.
far il Mostáccio, faire la mine à quelqu'vn.
col Mostáccio di sótto, qui s'embride bien.
hauér dúe Mostácci, auoir deux visages, estre double.
Mostaccióne, vn soufflet.
Mostacciuóli, viande de paste, & de sucre, comme nos macarons.
Mostárda, moustarde.
la Mostárda mi sále al náso, la moustarde me monte au nez, la colere me prend.
Mostardélla, saulse à la moustarde.
Mostardiére, moustardier.
Mostárdo, vn mouchet.
Mostázzo, visage : muffle. pron. ts.
Mostazzóne, vn soufflet. pron. ts.
Mósto, moust, vin doux.
Mostóso, qui a le goust de vin doux.
Móstra, monstre : parade : eschantillon : parement de manteau ou habit : apparence : estalage.
Mostráno, pour monstrueux.
Mostránza, monstre. pron. ts.
Mostráre, monstrer : tesmoigner : Et faire semblant.
non te la Mostrarèi per vn séſſo di grattúggia .i. ie ne te le voudrois pas seulement monstrer.
Mostratóre, monstreur.
Mostratríce, monstreuse.
Mostrétta, petite monstre, petit eschantillon.
Móstro, monstre.
Móstro, pour mostráto, monstré.
Mostrosità, &
Mostruosità, monstruosité.
Mostruóso, monstrueux.

MO

Móta, bourbe. pron. o ouuert.
* *Motacilla*, branfle-queuë.
Motióne, motion, émotion.
Motíua, le motif, l'occafion.
Motiuáre, mouuoir, cauſer, dire vn mot.
Motíuo, le motif.
Móto, émotion : mouuement. pron. o ouuert.
Motóre, moteur, qui émeut, qui fait mouuoir. pron. le premier o ouuert, & le ſecond fermé.
Motóſo, bourbeux : crotté.
Motrice, qui meut, qui fait mouuoir, motrice.
Motteggiaménti, brocards.
Motteggiáre, brocarder : dire vn mot en paſſant : railler : gauſſer : rencontrer en parolles.
Motteggiatóre, railleur, brocardeur, qui a le mot.
Motteggiatrice, railleuſe, gauſſeuſe, femme qui a le mot pour rire.
Motteggiére, railleur, qui a le mot.
Motteggiéuole, que l'on peut gauſſer. Item, railleur, railleuſe : plaiſant, plaiſante.
Mottéggio, brocard.
Motteggióſo, railleur.
Mottétto, vn motet. Et vn petit mot, ou brocard.
Motíuo, vn petit mot. Item, mutinerie.
Mottináre, faire émotion, mutiner.
Mótto, le mot d'vne deuiſe : mot : mot pour rire : rencontre : brocard : deuiſe, dicton ou dictum.: vn quolibet ou colibet. pron. o fermé.
non fù mai Mótto, che non fôſſe o mézzo, o tútto, il n'y eut iamais mot qui ne fut ou en moitié ou en tout. .i. l'on ne dit iamais choſe de quelqu'vn qui ne ſoit veritable en partie, ſi ce n'eſt pas tout à fait.
far Mótto, parler : Et ſalüer quelqu'vn. prononcez o fermé.
Mottózzo, vn bon mot. pron. *ts*.
Mouénte, mouuant, mouuante.
* *Mouénza*, mouuement. pron. *ts*.
Mouére, mouuoir. parf. *móſſi*, & *mouéi*, & *mottétti*.part. *móſſo*, & *mouúto*.
* *Mouetízza*, émotion. pron. ou e ſeparément, comme auue.
Mouéuole, qui ſe peut mouuoir, mobile.
Mouíbile, idem.
Mouiménto, mouuement.
Mouitóre, moteur.
Mouitrice, qui meut.
Mouúto, meu.
Mózza, vne fillette. Item, la nature de la femme. pron. o fermé, & les *zz*, comme *ts*.
Mozzaménto, mutilation. pron. *ts*.
Mozzáre, couper, trencher, tronquer : émouſſer : mutiler : trencher court : trencher net. pron. *ts*.
Mozzáto, Temple des Payens. pron. *ts*.
Mozzatúra, émouſſure. pron. *ts*.
Mozzenígo, monnoye à Veniſe de 24. ſols. pron. *ts*.
Mozzétta, moſſette d'Euesque. pron. *ts*.
Mozzicáre, moucher, mordre. pron. *ts*.
Mozzicóne, tronc : mouchon, bout de chandelle : miette, fragment. pron. *ts*.
Mézzo, pour *Mozzáto*, couppé, trenché net. pron. *ts*.
Mózzo, manchot : tronqué : mouſſe, émouſſé. prononcez *ts*.
Mózzo, la nature de la femme. pron. *ts*.
edózzo, mouſſe, garçon de nauire. Et valet d'eſcurie. Item, moluë. pron. *ts*.
Mózzo di ſtállo, garçon d'eſcurie. pron. *ts*.
Mózzo riſo, ſorte de Latin. pron. *ts*.

MV

Mvcteria, jeux de gobelets, tours de paſſe-paſſe, badineries, bagatelles.
Mucchiáre, entaſſer.
Múcchio, tas, amas.
Múccia, vne chatte.
Múccie, queuës de renard attachées à vn baſton pour nettoyer la poudre.
dar vn candíllo con le Múccie .i. chaſtier doucement.
non biſogna chiamár la gátta Múccia .i. il ne faut pas mignarder vne beſte qui ne porte reſpect à perſonne.
Mucciácciа, mot Eſpagnol, fillette, *Muchácha*.
Mucciáccio, Eſpagnol, *Muchácho*, garçon.
Mucciáre, s'enfuir, s'eſchapper : ſe muſſer. Item, ſe mocquer.
Mucciáta, eſcapade. Item, mocquerie, & vn coup d'vne queuë de renard.
Mucciichíno, vn mouchoir.
Múccino, vn chatton, ou petit chat.
Maſtro Múccio, nous diſons, Maiſtre Mouche, vn finet ou iouëur de paſſe-paſſe.
Mucciire, muſſer : s'eſchapper. pref. *muccíſco*.
Mucellágine, ſuc viſqueux ou gluant.
Múccia, vne chatte.
Mucidézza, moiſiſſeure. pron. e fermé, & les zz, comme *ts*.
Mucidíre, moiſir. preſ. *mucidíſco*.
Múcido, pourry, moiſy, qui ſent le renfermé.
Mucilágine, humeur viſqueuſe que l'on tire des ſemences, ſuc.
Mucína, &
Mucíno, chatton, & petite chatte.
‡ *Mucíni hánno apérti gli óchi* .i. on ne ſe laiſſe plus tromper.
Múda, muë : changements
à Múda, à rechange.
Múda di véſtiti, paire d'habits.
Múda di tapezzaríе, vne tenture de tapiſſerie à changer ſelon le temps.
Mudagióne, changement.
Mudáre, muer.
Múffa, fleur dans le vin : moiſiſſeure.
Muffáre, moiſir.
Muffíre, idem. preſ. *muffiſco*.
Múffo, moiſiſſeure: fleur de vin.
Muffóla, couleur d'Alemagne, à mettre l'or en couleur. Item, vn manchon à Gennes.
Muffoláre, mettre l'or en couleur. Item, moiſir.
Muffolénte, & *Muffóſo*, moiſy, qui ſent le relent.
Múffo caméſcio, ciuette.
Mugánza, mule au talon. pron. *ts*.
Mugatúro, ſorte de Soldat.
Mugellágine, humeur eſpaiſſe, ſuc viſqueux.
Múgghia, cry, beuglement. pron. *ghi*, comme *gui*, en François.
Mugghiaménto, mugiſſement. pron. *ghi* comme *gui*.
Mugghiáre, beugler. pron. *ghi* comme *gui*.
Múgghio, beuglement, mugiſſement. pron. *ghi* comme *gui*.
Mugghíre, mugir. preſ. *mugghíſco*, pron. *ghi* comme *gui* en François.
Múggia, mugiſſement. Item, muge ou mulet, poiſſon
Muggiáre, mugir.
Múggine, muge, poiſſon.

Muggiolàre, beugler, mugir.
Muggire, idem. pref. muggio.
Muggito, mugissement.
Mugile, muge.
Mugio, idem.
Mugliàre, &
Mugliàre, beugler. pref. muglisco.
Muglio, muglito, beuglement.
Mugnáio, mugnáro, meusnier.
Mugnere, traire les vaches. parf. munsi, & mugnéi, & mugnétti.
Mugnòne, vn ruisseau proche Florence. Item, vn moignon.
Mugolàre, miauler.
Mugolo, miaulerie.
Muìna, musinélla, caresse, mignardise.
Muinàre, caresser, mignarder.
Mùla, vne mule.
la Mùla di Palestràccio, qui portoit son Maistre en allant au moulin, & au retour elle vouloit qu'il la portast: cela se dit d'vn qui veut qu'on luy rende la pareille.
la Mùla vuòl vn pàne .i. l'importun reuient demander quelque chose.
Mulácchia, corneille emmantelée.
Mulàccia, idem. Et vne vieille mule.
Mulárdo, mulet, poisson.
Mulattière, muletier.
Mulattière de' serui, scarica miràcoli, le Muletier des Carmes, qui ne fait que descharger des miracles, .i. vn inuenteur de miracles.
Mulatieresco, de muletier.
Mùle, mules, pentoufles: mules au talon.
Mulénda, portion de mouture que prend le meusnier.
Mulétto, mulet. pron. é fermé.
Mulgere, traire: succer. Item, addoucir. parf. mulgéi, & mulgétti, & mulsi.
* Muliebre, de femme.
Mulinàio, meusnier.
Mulinaménti, fantastiqueries, inuentions.
Mulinàre, fantastiquer. Item, moudre.
Mulinàro, meusnier.
Mulinatòre, fantastiqueur, inuenteur de malices.
Malinéllo, mulinétto, moulinet: petit moulin.
Mulíno, moulin.
Multóne, sorte de moucheron.
Mùllo, vn barbeau, ou roussette, poisson.
Mùllulo, barbillon.
Mùlo, mulet. Vn bastard. Item, vne sorte de poisson.
Mulòne, vne vieille mule.
Mùlsa, hidromel, ou eau meslée de miel.
Mùlso, idem.
* Mùlta, punition.
* Multàre, punir.
Multilustre, de plusieurs années.
Multiplicàre, multiplier, voyez le reste à Moltiplicàre.
Muluiàno, sorte de coing bon à manger crud.
Mùmia, Mùmmia, momie, mumie.
Mummiàre, aller en masque.
Mummìe, mommeries, mascarades.
Munàcchia, corneille.
Munàio, meusnier.
Munerále, de present.
Muneràre, remunerer.
Mùngere, traire le lait. parf. munsi, & mungéi, & mungétti. part. munto, o mungiùto.
Munginácche, qui trait les vaches.

Muniáca, abricot.
Muniáco, abricottier.
* Municipále, qui paye tribut.
Munificénza, munificence. pron. ti.
Munifico, liberal.
Munire, munir. pref. munisco.
* Munistéro, Monastere.
Munitiòne, munition.
Munito, muny.
Munitòre, pouruoyeur, munitionnaire.
* Mùno, vn don ou present.
Munta, traitte de vache, &c.
Munto, trait, succé, tiré.
* Munùsculo, vn petit present.
Muolino d'ónghia, rogneure d'ongle.
Muòuere, mouuoir: esmouuoir, toucher, porter à quelque chose. parf. muòssi, part. muòsso.
Muòuere vna questiòne, agiter vne question.
Muòuersi, partir de la main.
Mouuiménto, mouuement.
Muràglia, muraille.
Muragliàre, ceindre de murailles.
Muraiuòla, parietaire. Item, vn escargot: & vne sorte de petite monnoye.
Muràle, de mur.
Muràre, bastir: maçonner.
anche il Dùca Muràua, c'est à dire, si tu fais vne chose, ie la puis bien faire aussi, si tu te mocques, aussi fay-je.
fàrsi Muràre, se faire enfermer entre quatre murailles.
Muràr à secco, bastir sans plastre, à sec: & faire vne chose de peu de durée. Item, manger sans boire.
tèrra Muràta, vn bourg fermé.
Muratòre, maçon.
Mùrca, lié.
Murcàre, former vne lie.
* Murcido, coüard, lasche.
Murillo, rebord de maison: & petit mur.
Muréna, murene, sorte de lamproye.
Murétto, petit mur.
Mursegàre, en jargon, manger. pron. ts.
Mùria, sorte de saulse de poisson.
Muriccia, vn tas de pierre.
Muriccio, &
Muricciuòlo, rebord de maison ou de mur pour s'asseoir. Item, petit mur.
sarà salito in sù i Muricciuòli .i. tout le monde le regardera, on le verra de loin.
Murina, sorte de vin mixtionné.
Murmuràre, murmurer.
Mùro, mur.
Mùro maistro, le gros mur.
Muròne, sorte de preseruatif.
Mùrrina, cassidoine.
Murtélla, meurthe.
Mùsa, muse.
Musàico, Mosaïque, sorte de peinture faite de pierres ou caillous, & de morceaux d'émail.
Musàre, muser: ne faire rien. Item, se mocquer.
Musàta, amusement: & mocquerie. Item, coup de museau, haussement de museau.
Muscàra, muscade.
Muscàio, musqué: & muscat.
Muscerda, musaraigne: & fiente ou crotte de souris.

MV

Muschétto, mousquet. pron. e fermé.
Muschiàre, musquer.
Muschiàro, parfumeur.
Múschio, musc.
Múscia, vne chatte, selon aucuns.
Muscíno, moucheron.
Múscioli, des moufles, poissons.
Músco, mousse: & musc.
Muscolàre, musquer.
Múscolo, muscle. Item, moufle, poisson.
Muscoli, sorte de mantelets pour couurir les soldats.
Muscolóso, plein de muscles.
Musco marino, moufle de mer.
Muscoríni, fleurs musquées.
Muscóso, plein de musc: & moussu.
Músculo, mousle, poisson.
Muséllà, musette.
Musellàre, iouër de la musette.
Muséllo, museau. Item, collier de cheual.
* Múseo, estude, cabinet.
Muserágno, musaraigne.
Museruòla, museliere.
Musètte, sorte de pommes.
Musétto, petit museau.
Musiàre, trauailler à la Mosaïque.
Música, musique.
Musicàle, musical.
Musicàre, faire la musique.
Musichéuole, musical.
Músico, Musicien. Item, de musique, musical.
* Musíllo, petit museau.
Musíno, idem.
Múso, museau.
Múso del boccále, le goulet du pot.
Musolàre, donner du museau.
Músoli, moufles.
Musoliéra, musaròla, museliere, que l'on met aux chiens, & aux cheuaux qui mordent.
Musóne, vne gourmade, vn coup sur le museau, vn casse-museau. Item, vn gros muffle.
Musórno, vn musard.
Musoróne, idem.
Mussàre, marmotter entre ses dents: grignotter.
Mussatóre, marmotteur, barbotteur.
Músse, grommelleries, barbotteries.
* Mussitàre, grignotter, maschotter: marmotter.
Músso, mousse. Item, parler bas, silence.
Mússolo, moufle. Item, vn turban à la Persienne, ou plustost l'estoffe du turbant.
Mussóso, moussu. Item, plein de silence.
Mustácchi, moustaches de la barbe.
Mustácci, & Mustaccióli, sorte de viande de paste, faite de sucre & amandes, comme masse pin.
Mustáccio, le visage.
Mustacciòne, vn soufflet.
Mustáce, baye de laurier.
Múste, sorte de figues.
Mustélla, foüine, ou plustost vne bellette.
Mustellino, de couleur de foüine.
Múta, muë: rechange: changement: meute, troupe.
chi Múta láto múta státo, qui change de maison change son bon-heur, & aussi pour son contraire.
Múta di caualli, vn attelage.
Mutábile, muable.
Mutabilità, inconstance.
Mutabilménte, muablement.

MV NA

Mutaménto, changement.
Mutánde, caleçons.
Mutándo, muable.
Mutánza, muance. pron. ts.
Mutáre, changer: muer. Et changer de chemise. Item, rendre muet.
Mutár vérso, changer de coustume.
Mutáta, changement, diuersification.
Mutatióne, idem.
Múte, changement.
tante Múte, tànde cadúte, autant de changement, autant de deschet.
Muteggiàre, faire le muët.
Mutéuole, changeant, muable.
Mutézza, l'estre muet, deffaut de parler. pron. ts.
Mutilàre, mutiler, coupper les membres.
Mútilo, mutilé.
Mutína, sorte de vigne.
Mutinàre, mutiner.
Murino, mutin.
Mutinóso, mutineux.
Mutíre, rendre ou deuenir muet. pref. mutísce.
Múto, muet. En jargon, seruiteur.
Mutolággine, &
Mutolézza, muetteté, deffaut de parler. pron. ts.
Mútolo, muet.
Mutuále, mutuel.
Mutualménte, mutuellement.
Mutuàre, faire reciproquement.
Mutuatóre, vn qui feint de prester par charité; & tire de l'interest.
Mútuo, mutuel.
Mútulo, corbeau à soustenir. Item, vne sorte de moufle, muët.
Múzza, la nature de la femme. pron. ts.
Múzzaro, sorte de poisson escaillé. pron. ts.
Múzzo, de demy goust, comme fade. Item, tronqué. pron. ts.

NA

Nabissàre, abismer. Tempester, faire vn grand bruit.
Nabísso, abysme. Les femmes appellent ainsi les enfans remuans, vne tempeste, vn Iuif.
* Náblio, selon aucuns, vne sorte de viole.
Náccara, &
Nácchera, tambour fait d'vne caisse de cuiure que l'on bat à cheual, tabale, ataballe. Et vne cimbale.
Nacherino, sorte de cornet, selon aucuns. Item, vn petit drolle, vn petit bedon: vn petit tambour.
Náchi, sorte d'estoffe de soye.
Nadálo, Noël.
Naffé, en bonne foy.
Naficàre, arrouser.
Nafíssa, nous disons, saincte Nitouche.
Nagéne, naueaux ronds.
calar la Nagósa, mettre les chausses bas.
Nagóse, en jargon, les chausses.

NA

Naiada, Naïade, Nimphe des eaux.
Nalba, sorte d'herbe.
Nalda, sorte d'habit ancien.
Namorato, amoureux.
Naneggiare, faire le nain.
Nanerello, Pigmée, petit nain. pron. l'e ouuert.
Nanetto, idem. pron. l'e fermé.
Nanfa, eau de nasfe.
*Nanigio, horreur.
Nanigioso, horrible.
Nanna, do do, le dormir des enfans. C'est aussi le diminutif d'Anne, Nanon, Annichon.
far la Nanna, dormir, faire do do.
Nannamenti, dodineries.
Nannare, nanneare, dodiner.
far Nanniucino della mùla à quinto. i. prendre la meilleure part pour soy. C'est vne histoire d'vn que l'on fit parler à la place d'vn mort, & en faisant son testament supposé, il se donna la meilleure piece des biens.
Nanno, nom que l'on donne à vn asne.
Nano, vn nain.
Nanti, &
Nanzi, pour innanzi, deuant, auparauant. pron. ts.
Nanzipasto, entrée de table.
Napa, oiseau semblable à vne perdrix.
Napée, les Nimphes des fleurs.
Napello, napelle, plante venimeuse.
Napo, naueau. Item, seneué.
Nappa, manteau de cheminée. Vn sanon aux mitres des Euesques: vne nape.
Nappamondo, globe ou carte du monde.
Napparele, linges de table.
Nappatello, petit hanap ou gobelet.
Nappo, hanap. Maintenant vn bassin, ou couppe à mettre des confitures, ou plûtost vn aiguere que l'on portoit anciennement pleine de liqueur, qui seruoit au sacrifice.
Narancia, orange.
Naranciata, orangerie. Item, orangeade, oranges confites.
Naranciato, orangé, couleur.
Narancio, orange, & oranger.
Narciso, narcisse, fleur.
Naraline, sorte de cerises.
Nardo, nard, spic-nard.
Nare, Nari, les narines.
Narici, & narigle, idem.
Naridola, espece de poisson.
Naritia, sorte de poix.
Narona, sorte de fleur de lys.
Narramento, narré, narration, recit.
Narrare, raconter, narrer.
Narratione, narration.
Narratiua, le narré, recit.
Narratiuo, narratif, racontable.
Narratorio, narratoire, de narration.
Narreuole, qui se peut narrer.
Nasaggine, grandeur ou qualité de nez.
Nasaico, de nez.
Nasale, idem. C'est aussi vne tente à mettre dans le nez. Item, la partie du heaume qui couure le nez.
Nasamento, sentiment du nez.
Nasare, flairer.
Nasata, nazarde, chiquenaude sur le nez.
Nascente, naissant, naissante.

NA

Nascentia, &
Nascenza, naissance. C'est aussi vne croissance qui vient en l'aine. pron. ts.
Nascere, naistre. Item, croistre comme les herbes, &c. pres. nasco, nasci, nasce, nasciamo, nascete, nascono; parf. nacqui, nascesti, nacque. part. nato.
Nasche, les naseaux du cheual.
Nascimento, &
Nascita, naissance, natiuité.
Nascito, petit nez.
Nascituro, qui doit naistre.
Nasciuto, né.
Nascoudaglie, cachettes.
Nascondere, cacher. parf. nascosi.
Nascondeuole, qui se peut cacher.
Nascondiglio, la cache, la cachette.
à Nascondi leppe, à cligne-mucette.
Nascondimento, cache.
Nasconditore, cacheur.
Nascosamente, en cachette.
di Nascoso, di Nascosto, idem.
Nascoso, & Nascosto, caché.
Nasea, discours de nez.
Naseggiare, flairer, sentir.
Nasello, molüe, selon aucuns.
Nasicane, vn qui sent, qui a bon nez. Item, vn museau de chien. i. meschant.
Nasino, petit nez camus.
Nasispurgio, poudre ou autre medicament pour purger, qui se met dans le nez.
Nasito, nasitorto, nasitort, passerage.
Naso, nez. Item, goulet.
egli ha trouato vn culo à suo Naso. c'est ce que nous disons, il a trouué forme ou chaussure à son pied.
non ti si può toccar il Naso. i. on ne t'oseroit toucher, on ne l'oseroit approcher.
dar del Naso dentro. i. trouuer la cache. Item, fourrer son nez: flairer.
ascingarsi il Naso col braccio, se moucher sur sa manche, estre grossier.
restar con tanto, ò con vn palmo di Naso, demerer auec vn pied de nez.
Nasone, grand ou gros nez.
Naspare, deuider.
Naspatoio, tournette.
Naspatrice, deuideuse.
Naspo, tournette.
Nassa, vne nasse. Et vn vase d'Apoticaire à mettre des liqueurs qui s'exalent.
Nastri, mot de gausserie: des escus, de l'argent.
Nassino, fait de bois d'if.
Nassio, sorte de marbre.
Nasso, if, sorte d'arbre. Item, moyeu de rouë.
Nassita, naissance.
Nastaro, marchand de rubans.
Nasto, sorte de roseau dont on faisoit anciennement des dards ou flèches. Item, sorte de pain d'espice.
Nasto, selon aucuns, le sentiment, le nez du chien, en terme de chasse.
Nastro, ruban, & ruban façonné, ou d'or ou d'argent.
Nastri delle scarpe, nœuds de souliers.
Nasturzio, fleur de passion. pron. ts.
Nasturziccio, nasturgio, &
Nasturtio, cresson de jardin.
Nasturzo, idem.
Nasturtio, Orientale, draue.
Nasuto, qui a grand nez.

NA

il ben Naſtita, i. le capricorne.
Natàle, natif : natiuité. Noël.
Natalitio, natiuité.
* Natàre, nager.
* Natatile, nageant, flottant.
Natatòio, baignoir. Item, nageant.
Matéuole, nageable.
Nàtica, feſſe.
Naticchia, vn loquet, ſoit de bois, ſoit de fer.
Naticòne, feſſu : groſſe feſſe, gros feſſier.
Naticòſo, & Naticùto, feſſu.
Natio, naïf : & natif : pron. i dur.
Nationàle, de nation.
Natiòne, nation.
Natiuitá, natiuité.
Natiuo, naturel.
Nàto, né ou nay.
Nato all'hòra, nouueau né.
Nato nella Valteròna. i. groſſier, inciuil.
Nato la nòtte di San Vidàle, nous diſons, né au Samedy, qui ne veut rien faire, ou rien apprendre.
Nàtta, vn tour, vne niche. Vne ſorte de mal qui fait enfler les genciues.
Nàtta, vne choſe qui vient au col ou au viſage, comme vne louppe.
Nàttico, ſel naphtic.
Natùra, nature.
quel che da Natùra fin alla fòſſa dùra, ce qui donne la nature dure juſques au tombeau.
Natteràccia, vilaine nature, mauuais naturel.
Naturàle, naturel.
il Naturàle, nous diſons en raillant, le natureau, le membre viril.
Naturàle, en iargon, du ſel.
Naturaléſco, de nature.
Naturaléz z a, le naturel. pron. ts.
Naturaliſta, Naturaliſte.
Naturalitá, le naturel.
Naturaliz z àre, naturaliſer. pron. dz.
Naturalménte, naturellement.
Naturalóne, groſſe nature : gros engin. Item, tout à fait naturel.
Naturànte, qui trauaille par nature.
Naturàre, naturaliſer. Item, trauailler ſelon nature.
Natureggiàre, ſuiure ou imiter la nature.
Nauàle, naual.
Naualéſtro, vn battelier.
Nauàrco, Capitaine de vaiſſeau.
Nauàta, chargé vne barque, battelée. Et la nef d'vne Egliſe.
* Nauclèro, vn Pilote.
Nàue, nef, nauire.
alla Nàue ròtta ogni vènto contràrio. i. tout nuit à vn mal-heureux.
la Nàue del Trìga. i. vn qui s'amuſe par tout.
Nauegàro, de nauigeur.
Nauerágio, naufrage.
Nauétra, petite nef. Et nauette de tiſſeran, ou petit nauire.
Naufragàre, faire naufrage.
Naufrágio, naufrage.
Naufràgo, idem. Item, qui a fait naufrage.
Nauicabile, nauigable.
Nauicaménto, nauigation.
Nauicànte, paſſager, & marinier.
Nauicàre, nauiger.

NA NE 325

Nauicauéccio, nauigable, qui porte batteau.
Nauicatiòne, nauigation.
Nauicatòre, paſſager, nauigeur.
Nauicélla, nacelle, bachot. Et ce qui ſert à mettre l'encens, nacelle. Gondole pour boire : & nauette de Tiſſeran.
Nauichiére, battelier.
Nauigàbile, qui porte batteau, nauigeable.
Nauigàre, nauiger.
Nauigàr per perdùto. i. ſe remettre à la diſcretion de la fortune.
Nauigàr i lòmbi, ſe dit du cheual, branſler la croupe en marchant, flotter les flancs ou les reins.
Nauigàr à ſécco, nauiger auec la voile, & ſans rames.
Nauigatiòne, nauigation.
Nauigatòre, nauigeur.
Nauigatrice, qui nauige, qui vogue.
Nauìggio, barque : nauìglio.
Nauile, vn canal d'eau fait par artifice. Il y en a vn proche de Milan.
Nauìglio, barque : anciennement vne flotte.
Nauìlio tòndo, vaiſſeau rond.
Nàula, le peage.
Naulàre, payer le paſſage.
Nàulo, le peage.
Nàuo, &
Nauòne, carotte jaune.
Nauòne ſaluàtico, bunium.
Nauſèare, deſgouſter.
Nàuſea, deſgouſt, mal de cœur.
dar Nàuſea, deſgouſter, reuenir à la bouche.
Nauſeàre, reuenir à la bouche ou ſur le cœur : donner du deſgouſt.
Nauſeòſo, deſgouſtant, prouoquant le vomiſſement.
Nàuta, marinier.
Nàutica càrta, carte marine.
Nàutico, de nauigation, de marine.
Nazaréo, de Nazareth. pron. dz.

N E

NE, en : particule relatiue.
Nè, ny.
Nè, & ne : nè vòglio, & ie ne veux pas, nè vòlſe, & ne voulut pas.
Nè, interrogatif, non pas, n'eſt-ce pas.
Nè, à nous, nous, particule conjonctiue, au, pronom-perſonnel.
Ne', nélli, dans les.
Nè anche, ny meſmes.
Nè meno, encore moins, ny meſmes, pas meſmes.
Nè, en compoſition pour les articles, la, lo, li, v. g. gliène, pour gliéla, gliélo, gliéli, &c.
Nè piu nè manco, auſſi-bien : ny plus ny moins.
incantàr la Nèbbia, nous diſons, abbatre le broüillas : boire le matin.
Nebbiàre, faire broüillas. Item, gaſter les fruits du broüillas. pron. e ouuert.
Nebbiavèlla, petit broüillas. Item, degaſt de fruits.
Nebbiétta, idem. pron. e fermé.
Nèbbi, byebles, herbe.
Nebbiòne, gros broüillas.

Nebbiófo, plein de broüillas.
* Nébula, broüillas.
* Nebulófo, plein de broüillas.
Necefariaménte, necefairement.
Necefário, neceffaire. Item, le priué, l'aifement.
Necefsità, neceffité.
dottór della Necefsità, fenza légge .i. vn Aduocat ignorant : il eſt comme vn teſton rogné, ſans lettres.
Necefsitáre, contraindre, necefsiter.
* Necefsitúdine, necefsité.
* Necéffo, pour neceffaire.
* Nécia, ceremonie de funerailles.
Necromànte, negromant.
Negromantía, negromance.
Néd, pour nè, ny.
* Neénte, niénte, rien.
* Nefándo, qui ne ſe doit dire, execrable.
* Nefariaménte, meſchamment.
* Nefário, meſchant.
* Nefáfio, mal-heureux, infortuné.
Negaménto, denegation, niement.
Negándo, qui ſe peut nier, & refuſer.
Negáguo, inganno, tromperie : c'eſt le mot Eſpagnol, engáno, renuerſé, la premiere ſyllabe.
Negáre, nier. Et refuſer.
Negarébbe il paiuólo in cápo, il nieroit le chaudron qu'il auroit ſur la teſte : cela ſe dit d'vn impudent, qui nie la verité conneuë.
Negatióne, negation.
* Neghiénza, negligence. pron. ghie, comme guie, en François.
ſonár la Neghittófa .i. eſtre pareſſeux.
Neghittoſaménte, negligemment. pron. ghi, comme gui.
Neghittófo, negligent. pron. ghi, comme gui.
Negléto, negligé. pron. e ouuert.
Negligénte, negligent, negligente. pron. e ouuert.
Negligéntia, negligence. pron. e ouuert.
Negligere, negliger. part. negléfsi.
Négo, negation. C'eſt auſsi vn ſeing ſur la peau. pron. e ouuert, ſignifie negation, & prononcé fermé, vn ſeing.
Negotiále, d'affaires.
Negotiàna, herbe à la Reyne, nicutiàna.
Negotiànte, negociant.
Negotiáre, negocier, faire des affaires, traitter.
Negotiatióne, negociation.
Negotiatóre, negociateur, qui fait des affaires.
Negotiatríce, negotiatrice, qui negocie.
Negótio, negoce. pron. o ouuert.
Negotiófo, plein de negoces. pron. le ſecond o fermé.
Negotiúzzo, petit negoce. pron. tz.
* Negótta, rien : mot Bergamaſque.
Négra, en jargon, la mort.
* Negráre, noircir.
Negreggiáre, tirer ſur le noir.
Negréſsi, pour ingréſsi, entrées.
Negréto, noiraud. pron. e fermé.
Negrézza, noirceur. pron. e fermé, & les zz, comme ts.
Negricánte, noirciſſant.
Negriccio, noiraſtre.
Négro, noir. Sable en armoirie. Vn More ou Negre. Vn vicieux.
Négro fúmo, noir de fumée.
Negromànte, Negromantien.
Negromantía, negromance.
Negromántico, de negromance.

Negrófa, en jargon, la mort.
Negrófu, tirant ſur le noir.
Negrófo, en jargou, du charbon.
Nél, dans le.
Nélla, dans la.
Néllo, dans le, pour les noms qui commencent par ſ, ſuiuis d'vne conſonne.
Némbo, ſelon aucuns, vne guilée, ou rauine d'eau. Item, tourbillon : & nuage.
Nembófo, tempeſtueux.
Nembrilla, vn ſlet, poiſſon.
Nemíca, ennemie.
Nemíca, nè mica, point du tout.
Nemicaménte, en ennemy.
Nemicáre, rendre ou deuenir ennemy.
Nemichéuole, ennemy, cruel, feroce.
Nemicheuolménte, comme ennemy.
Nemiciſsimo, tres-ennemy.
Nemicitia, inimitié.
Nemíco, ennemy.
* Nemiſtà, &
* Nemiſtáde, inimitié.
* Nemiſtánza, idem.
* Nemiſtáre, rendre ou deuenir ennemy.
* Néna, nourrice.
* Néncio, vn idiot.
Néo, vn ſeing ou marque noire ſur la peau.
Népeta, nepetélla, nielle.
Nepfrítico, nephretic.
Nepitélla, nielle, plante.
Nepitélli, les paupieres, ou plûtoſt les poils des paupieres. Aucuns l'expliquent, les bouts des tetins : mais la premiere explication eſt de la Cruſca.
Nepóte, nepueu, & niepce.
Nepotíno, petit nepueu.
* Nequiſsimo, tres-meſchant.
Nequitzza, nequitia, meſchanceté. pron. e fermé, & les zz, comme ts.
Nequitófo, meſchant.
Nerdre, noircir.
Nérbo, nerf.
Nerborúto, nerueux.
Nerbosità, force de nerfs.
Nerbóſo, nerbúto, nerueux.
Nereggiánte, noirciſſant.
Nereggiáre, tirer ſur le noir.
Nerétto, noiraud. pron. e fermé.
Nerézza, noirceur. pron. e fermé, & les zz, comme ts.
Nericánte, noirciſſant, noirciſſante.
Nericcio, qui tire ſur le noir, noiraſtre.
Nerióne, laurier-roſe.
Neríve, noircir. preſ. neríſco.
Néro, noir.
veſtito à Néro, veſtu de deüil.
Néro, ſable en terme de blaſon.
Neronáre, cruautez de Neron.
Neróſo, noiraſtre.
Neruatúra, nerueure, paſſe-poil. Item, tous les nerfs en vn corps.
Neruigno, nerueux.
Nérvo, nerf. pron. e ouuert.
Nervoníto, nerueux.
Nervoſità, force de nerfs.
Nervúſo, nerueux. pron. e ouuert, & o fermé.
* Nérvulo, petit nerf.
Nervúto, nerueux.
* Neſciáre, ignorer.
* Neſciénte, ignorant.

NE

* *Nesciente̅me̅nte*, ignoramment.
* *Néscio*, ignorant. pron. e ouvert.
Nesciône, gros ignorant.
Néspola, nesfle.
Néspola brumésta, vne bigne, vn coup sur la teste.
dormir da Néspola .i. sur la paille.
mondár Néspole, se vouloir faire meilleur que l'on n'est, ou qu'vn autre.
Tu non móndi Néspole .i. tu n'es pas meilleur que luy.
Nespolino, vn jeune nefflier. Item, vn badin.
Néspolo, nefflier.
Nessunamente, en aucune façon.
Nestáre, enter, greffer.
Nessúno, pas vn, personne.
Nésto, ente, greffe.
* *Nète*, corde d'instrument.
dir la Nétta, dire franchement, dire tout net, dire tout à plat, dire tout franc, pron. l'e fermé.
Nettacacatôri, gadoüard.
Nettadénti, curedent, pron. le premier e fermé, & le second ouuert.
Nettame̅nte, nettement.
Nettáre, nectar.
Nettáre, nettoyer. Item, s'enfuir bien viste.
Nettár il paglinólo ďl paéſe, nous disons, vuider le païs, s'enfuir.
Nettár la campágna, idem.
Nettárea, aulnée.
Nettáreo, de nectar.
Nettárita, breuuage meslé d'enula.
Nettatiuo, nettoyant.
Nettatúra, nettoyement.
vn Nettar ángole, vn vuideur de chaire percée.
Nettézza, netteté, pron. ts.
Nétto, net, pron. e fermé.
giocár Nétto, jouër au plus seur.
fárla Nétta, tromper sans courir danger.
tagliár di Nétto, ou *portár via di netto*, coupper ou emporter tout net, tout d'vn coup.
uscirne Nétto, en sortir ses brayes nettes.
Neuále, en jargon, du sel blanc.
Neuáre, neiger.
Neuáio, neuázzo, &
Neuáta, grandes neiges, beaucoup de neige.
Néue, neige, pron. e fermé.
far alla Néue, faire à la neige .i. perdre son temps, trauailler en vain.
hauér pisciáto in più d'vna Néue .i. auoir de l'experience, auoir veu.
sotto Néue páne e sotto acqua fáme .i. que la neige rend la terre fertile, & l'inondation cause la famine.
Neuegáre, neiger.
Neuéra, lieu où l'on conserue la neige pour rafraischir le vin, pron. les e fermé.
Neuecáre, neiger.
Neuicáre al monte .i. auoir des cheueux blancs.
Neuicóso, plein de neige.
Neuigáre, neiger.
Neúno, pas vn.
Néuo, néo, vn seing: vne marque noire sur la peau.
chi hà il Néuo, & non lo véde, hà il béne, e non lo créde, qui a vne marque, & qu'il ne la voit pas, a du bien, & n'y songe pas: prouerbe de femme.
Neuóso, plein de neige.
Neutrále, neutre, neutral.
Neutraleggiáre, estre neutre.
Neutralità, neutralité.
Neutramente, neutralement.

Neutráre, estre neutre.
Néutro, neutre.
* *Nézza*, niepce, pron. l'e ouuert, & les zz. comme ts.
Nezzina, petite niepce. pron. ts.

NI

Niáso, oiseau niais.
Níba, & nibérta, en jargon, non, rien du tout.
Nibbio, Milan, oiseau.
rispettióso cóme vn Nibbio .i. sans honte: nous disons, effronté comme vn Page de Cour.
non potér dir cóme il Nibbio, mio mio, qui est le cry du Milan .i. ne pouuoir dire cela est mien.
Nibbione, vne grosse buse, vn sot.
Nicchia, niche. Coquille.
Nicchiáre, se plaindre tout bas, hoigner.
Nicchiétti, petits cailloux.
Nicchio, niche à mettre vne statuë: vne coquille de mer.
Nicchia da trè ligni .i. vne potence.
* *Nicciôla*, noisette: mot Lombard.
* *Nicciuôlo*, noisiller.
* *Niccolo*, vn petit caillou de riuiere.
* *Nichilo*, vn rien: mot Latin.
* *Nicissià*, &
* *Nicistà*, necessité.
Nicissáre, necessiter, contraindre.
Nicisto, necessiteux.
Nicoldi, sorte de grosses dattes.
Nicolò, en jargon, non.
Nicosiána, herbe à la Reine.
* *Nidáre*, nicher.
Nidáso, oiseau niais.
Nidáta, nichée.
Nidétto, petit nid. pron. e fermé.
Nidiáce, nidiáco, niais, oiseau niais, oiseau pris dans le nid deuant que de voler.
Nidiáta, vne nichée.
* *Nidificáre*, faire vn nid.
Nidio, & nido, nid.
cattiuo di Nido, meschant de nature.
Nido fátto gâz a mórta, quand la cage est faite, l'oiseau s'enuole .i. quand la maison est bastie, le maistre meurt; ou bien quand vn homme a fait fortune, il sort du monde.
èsser di Nído .i. estre rusé.
Nidóre, saueur.
Negáre, nier.
Niégo, negation, & refus. C'est aussi vn seing sur la peau. pron. e ouuert.
Nielláre, nesler, mesler auec le plomb.
Niéllo, couleur de plomb, ou brun. pron. e ouuert.
Niénte, rien. pron. e ouuert.
Nientedimeno, neantmoins, le premier e ouuert, les autres fermez.
Niénte mánco, idem.
volete voi Niénte .i. voulez-vous quelque chose.
Niéue, neige. pron. e fermé.
Niéuolo, vn seing sur la peau.
Niffo, niffola, & niffolo, le museau.
Niffoláre, donner du museau.
Nifo, l'espace d'entre les yeux.
Nigélla, nielle, à Rome, Coriandre.
Niggo, Milan, oiseau.
Nighittóso, paresseux.

Nigina, nielle.
Negligénte, negligent.
Negligenteménte, negligemment.
Negligénza, negligence. pron. o ouuert, & le z comme ts.
Nigótta, rien : mot Lombard. pron. o fermé.
Nigrédine, noirceur. pron. o ouuert.
Nigricánte, noirciffant.
Nigrigno, *nigrino*, noiraftre.
Nigrománte, Negromant.
Nigromantia, negromance.
Nigróre, noirceur. pron. o fermé.
Nilio, pierre femblable au Topafe.
Nilo, le Nil. Il fe prend auffi pour vn aqueduct.
Nimfa, nimphe. Item, vne fraife : vne nouuelle mariée. L'efpace ou diuifion du milieu de la leure de deffus. Bouton de fleur : vne partie à la nature de la femme. Item, vne jeune abeille deuant qu'elle vole. Item, de l'eau rofe.
Nimfadáro, vn effeminé.
Ninnfárfi, s'aiufter comme vne nimphe.
Nímfeo, effeminé.
Nimíca, ennemie.
Nimica, *nè mica*, *non miga*, non pas, pas feulement.
Nimicalménte, en ennemy.
Nimicáre, auoir pour ennemy, fe rendre ennemy.
Nimichénole, contraire, ennemy.
Nimicítia, inimitié.
Nimíco, ennemy.
* *Nimietà*, le trop : la quantité exceffiue.
* *Nimiftà*, inimitié : *nimiftánza*.
Nimiftáre, rendre ennemy. pref. *nimiftó*, *nimiftai*, *nimiftà*, *nimiftiámo*, *nimiftáte*, *nimiftánno*, part. *nimiftéti*, part. *nimiftáto*.
Nimo, perfonne. Item, vn fot.
Ninfa, nimphe. Vne fraife de toille fur le Venitien.
Ninfea, blanc d'eau, jaunet d'eau, Lys d'eftang.
Ninfeggiáre, faire la Nimphe, marcher doucement en Nimphe, faire le mignard.
Nifuérno, Enfer.
Ninna, dodo, le dormir des enfans. Item, dodinerie.
far la Ninna, faire dodo, dormir.
vn fà la Ninna, vn gros dormeur.
dar da far la Ninna à vno, faire coucher vn homme auec foy.
Ninnáre, bercer en chantant, dodo, l'enfant.
Ninnelláre, niueler, n'aller pas volontiers faire vne chofe.
Nipitélla, nielle. pron. e ouuert.
Nipitéllo, le poil de la paupiere : felon aucuns, la berluë.
Nipóte, nepueu & niepce. pron. o fermé.
Nipotélla, nielle. Item, pimprenelle. prononcé e ouuert.
Nipotúlo, petit nepueu.
* *Niquitía*, iniquité.
* *Niquitóſo*, plein de meſchanceté.
* *Níquo*, inique.
Niſciuólo, vn clou ou froncle.
* *Niſi*, ſinon, mot Latin : *ſènza alcun niſi .i. ſans aucune exception*.
Niſia, ſorte de lierre.
Niſo, ſorte d'oiſeau de proye, hobereau. Et vne ſorte de poiſſon.
Niſſunaménte, aucunement, nullement.
Niſſúno, perſonne, pas vn.
Nitédula, muſaraigne. Item, lucerne ou luzerne, ſorte de ver.

Nitelíno, ſorte d'oſier.
Nitidità, clairté, & netteté.
Nítido, clair, & net.
Nitóre, clairté.
Nitraría, ſalpetrerie.
Nitriménto, hanniſſement.
Nitríre, hannir. preſ. *nitríſco*.
Nitríto, hanniſſement.
Nitro, ſel : nitre : ſalpetre.
Nitroſità, humeur nitreuſe.
Nitróſo, nitreux.
Nittáre, clignotter, faire ſigne de l'œil.
Nittigréco, lunaire, herbe.
Nittóre, clairté.
Niuále, neigeux, de neige.
Niueo, de couleur de neige.
Niuéllo, niueau. Item, vne ſorte d'oiſeau.
Niunaménte, nullement.
Niúno, pas vn, perſonne.
Nízza, eſcorce d'arbre. pron. les zz. comme ts.
la Nizzarda, c'eſt la dance que nous appelons la volte. pron. ts.
Nizza, maniere de cachetter vne lettre.
Nizzáre, ſeicher comme les fruits trop meurs. Item, meurtrir. pron. ts.
Nizzo, fleſtry, trop meur, meurtry, pour liuide, pron. ts.
* *Nizzóla*, vne noiſette. Item, vne ſorte de belette. pron. ts. & o ouuert.

NO

Nó, non, qui ſe dit à la fin d'vne periode ou reſponce negatiue, comme *ſi*, *o*, *nò*, oüy, ò non, & l'on reſpond, *nò .i.* non.
Noále, vn lieu qui contient pluſieurs ſortes de beſtes, ou de choſes : nous diſons, l'Arche de Noé. Item, Noël. pron. e ouuert.
Nóbile, Noble. pron. o ouuert.
Nobiliſta, qui fait profeſſion de Nobleſſe. Item, heraut.
Nibilitáre, annoblir.
Nobilità, *nobiltà*, Nobleſſe.
* *Nòbole*, Noble.
Nócca, jointure des doigts. L'oche d'vn arc : le pouce & le doigt joints enſemble. Item, vne noix. La cheuille du pied. Le boulet du cheual. pron. o ouuert.
Nocáre, faire vne oche, ocher.
Nócchia, oche : Item, jointure noiſette.
Nocchiáre, ocher.
Nocchiére, Naucher. pron. o ouuert, & e ouuert.
Nocchieróſo, pierreux, qui ſe dit du fruit.
Nocchierúto, plein de nœuds, ou de pierres.
Nócchia, noiſette. pron. o ouuert.
Nócchio, nœud d'arbre. Le dedans de la noix, ou de l'amande.
Nocchióſo, plein de nœuds.
Nocciála, noiſette.
Nocciólo, noyau de fruit.
trouar il Nocciolo nella caſtágna .i. trouuer ce qui n'eſt pas.
Nocciόla, noiſette. pron. o ouuert.
Nocciuólo, noiſiller. pron. o ouuert.
Nócco, nœud d'arbre. pron. o ouuert.
qui giàce Nócco, voila le nœud .i. voila le point de l'affaire.

Nocciola,

NO

Nócciola di pallóne, languette de balon.
Nócciolo, le chinon du col. pron. o ouuert.
Nóce, noix : noix d'arbaleste : noyer : noix de galle. pron. o fermé.
hauér mangiáto Nóci, auoir mangé des noix .i. auoir mauuaise langue, mesdire.
v'na Nóce non fuóna in fácco .i. vn seul ne peut faire ce que font plusieurs.
la córda è sù la Nóce .i. l'affaire est, preste à s'acheuer. pron. o fermé.
stár su 'l Nóce .i. prendre garde à soy.
Nóce, la cheuille du pied.
Nóce moscáta, muscade.
Nóce, le morceau d'Adam, l'os du gosier qui aduance en dehors.
Nóce di Beneuénto, le sabbat des Sorciers., c'est vn noyer où les Sorciers vont au sabbat.
Nóce pina, pomme de pin.
Nóce pérsico, pesche-noix.
Nóce del ginócchio, la rotule.
Nocénte, nuisant, nuisante. Item, coupable.
Nócere, nuire. pref. nóccio, nóci, nóce, nociámo, nocéte, nocciónо, parf. nocéi, & nócqui, part. nocísto. prononcez tousiours o ouuert.
Nocétta, noisette. pron. o fermé, & e fermé.
Nocéuole, nuisible.
Noceuolménte, nuisiblement.
Nociménto, nuisance, dommage.
Nocitóre, nuisible, nuisant.
Nocitríce, qui nuit, nuisante.
Nocipruína, sorte de prune.
Noclúo, nuisible. pron. o ouuert.
Nocuménto, nuisance, dommage. pron. o ouuert.
Nodáre, noüer. pron. o fermé.
Nóddo, pour bastard. Item, vn sot.
Nodéglio, Nodéllo, petit nœud : jointure.
Noderóso, noüeux, Noderúto. le premier o ouuert, le second fermé.
Nódia, renoüée, plante.
Nedificáre, faire des nœuds.
Nódo, nœud. Iointure des doigts. Le chinon du col. pron. o ouuert.
Nódo di vénto, tourbillon.
cercár il Nódo, nel giúnco .i. chercher de la difficulté où il n'y en a point.
trouár il Nódo, nel giúnco .i. trouuer le nœud de l'affaire.
Nódo di Salomóne, lacs d'amour.
à Nódo corrénte, à nœud coulant.
con dúe Nódi, à droit nœud.
Nadostà, qualité noüeuse.
Nodoróso, noüeux.
Nodóso, idem.
Nodricáre, nodrigáre, &
Nodríre, nourrir. pref. nodrísca.
Nodriménto, noarriture.
Nodritóre, nourrissier.
Nodritríce, nourrissière.
Nodritúra, nourriture.
Nogáro, noyer.
* Nóglia, pour nóia, ennuy, dégoust.
* Nogliósо, ennuyeux.
* Nohiér l'áltro, auant-hier.
* Nohiérsira, hier au soir.
Nói, nous. pron. o fermé.
Nóia, ennuy : fascherie : dégoust. pron. o ouuert.
* Noiánza, idem. pron. ts.

NO 329

Noiáre, fascher, ennuyer.
Noiár v'na piánta, empescher qu'vne plante ne croisse.
Nuiólo, ennuyeux.
Noiosaménte, ennuyeusement.
Noióso, ennuyeux, fascheux.
Nol, non lo, ne le. Nol dico, ie ne le dy pas.
Nolárе, loüer, prendre à loüage, ou voiture : fretter vn vaisseau.
Nolatóre, &
Noleggiánte, qui prend à loüage, ou voiture.
Noleggiáre, loüer vn carrosse ou barque.
Noleúne, qui prend, ou qui preste à loüage.
Nólla, non la, ne la.
Nóllo, non lo, ne le.
Nólla, ou non la vóglio, ie ne la veux pas.
Nóllo, ou non lo pénso, ie ne le pense pas.
Nólo, naulage : loüage : voiture : le port des marchandises ou hardes. pron. o ouuert.
dar à Nólo, donner à loüage, à voiture. pron. o ouuert.
* Nománza, renommée. pron. ts.
Nomáre, nommer.
Nomataménte, nommément.
Nómbolo, corde ou mèche soufrée ou amorcée.
Nóme, nom.
Nóme, le mot, l'ordre qu'on donne au soldat.
dar Nóme, faire courir le bruit.
* Noméa, renommée.
Nomenclatóre, Nomenclateur.
Nomenclatúra, Nomenclature.
Nomeráre, nombrer.
Nomignolo, surnom.
Nominúglio, vn officier qui enregistre les noms.
Nominále, qui se peut nommer.
Nominánza, renom. pron. ts.
Nomináre, nommer.
Nominatióne, nomination.
Nominàto, renommé.
Nominatóre, nominateur qui donne les noms.
Nominatríce, qui nomme, nominatrice.
Nominéuole, qui se peut nommer.
Non, non : ne : pas.
Non che, non-seulement : non pas seulement : tant s'en faut : non que : à plus forte raison.
cólla túa importunitá, ammazz varésti vn búe Non che vn huómo, tu tuëras vn bœuf auec ton importunité, pour ne pas dire, ou à plus forte raison vn homme.
Non già, non fay, non pas.
vn Non niénte, vn rien.
Nóna, None : l'heure de None, Midy.
Nonagenário, aagé de quatre-vingts dix ans.
Nonagésimo, nonantiesme, quatre-vingts dixiesme.
Nonánta, nonante, quatre-vingts dix.
Nonanténa, vne nonantaine, le nombre 90.
Nonantésimo, nonantiesme.
Nondrio, de neuf.
Nonconélle, fables, sottises, choses de rien. Item, rien du tout.
* Noncupáre, nommer, appeler.
Nondiméno, &
Nondiméne, neantmoins.
Nóne, à Rome, pour nò, parmy le commun peuple. .i. non. pron. o ouuert.
Nónna, grand'mere. pron. o ouuert.
Nónno, grand pere. Item beau-pere, pere du mary.
Nóno, neufiesme.
Non ostánte, nonobstant.

Tt

NO

Non per tánto, neantmoins.
Nontiáta, l'Annonciade.
Nóra, bru.
* *Nórma*, vn esquerre. Item, reigle.
* *Normále*, qui suit la reigle.
* *Normáre*, donner ou suiure la reigle.
* *Norméuole*, qui se peut conduire par reigle.
Nósca, nacre de perle.
Nósco, auec nous.
Nosélla, noisette.
Noselláro, noisiller, *noséllo*.
Nosétta, noisette.
Nóstra, nostre.
vn Nóstra vóstra, vn iureur, vn faiseur de rodomontades.
Nostrále, de nostre pays.
Nostráno, idem.
Nóstra mádre, & *nostróso*, en jargon, nous.
Nostr' hómo, le Comite, & sous Comite : les Prouençaux disent, nostre homme, terme de galere.
Nóstro, nostre. pron. o ouuert.
Nóta, marque : vn memoire : vne notte : vne tache. prononcez o ouuert.
Notábile, notable.
Notabilménte, notablement.
Notário, Notaire.
Notariólo, nageoire pour apprendre à nager. Item, petit Notaire.
Notaísco, petit Notaire.
Notaménto, note.
Notáre, noter, nager. Dresser vn contract, &c.
Notaria, & *Notariáto*, Office de Notaire, & de Greffier, Greffe.
Notáro, Notaire. Item, Greffier.
Notatióne, remarque.
Notatóre, marqueur. Item, nageur.
Notatrice, nageuse. Item, qui remarque.
Noteria, Office de Notaire, & de Greffier.
Notéuole, notable, remarquable.
Notificáre, signifier, notifier.
Notificatióne, signification.
Notióne, connoissance, intelligence, notion.
Notitia, notice, connoissance.
Nóto, conneu, marqué, remarqué. Item, le vent du Sud ou Meridional. pron. o ouuert.
Notomia, Anatomie.
Notomísta, Anatomiste.
Notomizzáre, anatomiser. pron. les zz comme dz.
Notoriaménte, notoirement.
Notório, notoire.
Notricáre, nourrir.
Notriménto, nourriture.
Notritóre, qui nourrit.
Nottáre, noter, faire des annotations. Et se faire nuit.
Nottáta, nuictée.
Nótte, nuict. pron. o ouuert.
di Nótte, *di Nótte témpo*, la nuict, de nuict.
nácque la Nótte di S. Vitále, il est né la nuict de S. Vital. .i. Il est ignorant, & mal propre à apprendre.
Notteggiáre, se faire nuict : aller de nuict.
Nótte témpo, de nuict, pendant la nuict.
Nottifúga, chasse-nuict.
Nottelúche, vers luisants.
Nottíndgo, qui court la nuict.
Nóttola, chauue-souris. Item, vn morceau de bois fiché en terre en forme de poulie, pour faire couler des cordes. C'est aussi vne chouette, selon aucuns.

NO

Nottoláta, vne mauuaise nuict : nous disons, la malenuict.
* *Nóttua*, chouëtre.
Nottuáre, faire le hibou.
Nóttula, chouëtte, vne chauue-souris, selon aucuns.
Notturnále, *notturno*, nocturne.
Notulúni, oiseaux de nuit.
Nóua, nouuelle.
Nonagenário, aagé de 90. ans.
Nouále cámpo, iachere, terre que l'on laisse vn an sans semer.
Nouaménte, nouuellement.
Nouánta, nonante.
Nouanténa, *nouantína*, nonantaine, le nombre de 90.
Nouáre, innouer.
Nouátiuo, nouueau, moderne.
Nóue, neuf. 9. pron. o ouuert.
cóme il Nóue de' tarócchi .i. i'en fay ce que ie veux : ce neuf sert à tout.
Nouélla, conte, fable : cajolerie : & nouuelle ou aduis. *la Nouélla* .i. le membre viril.
Nouelláccia, conte, fable, vn mauuais conte.
Nouellaio, conteur de fables, diseur de contes.
Nouellaménte, nouuellement.
Nouelláre, & *nouellatóre*, raconteur.
Nouelláre, conter des contes ou histoires fabuleuses.
Nouelláta, conte, fable.
Nouellatóre, conteur d'histoires ou de fables.
Nouellatríce, conteuse, diseuse de fables ou contes.
Nouellétte, petits contes ou fables.
Nouelliére, *nouelliéro*, conteur de fables ou nouuelles, Liure de comptes.
Nouellíni, tendrons, ieunes plantes ou rejettons.
Nouellísta, conteur de fables.
Nouellítia, primice, fruits nouueaux, de la nouueauté.
Nouéllo, nouueau.
dònna Nouélla, nouuelle mariée.
méssa Nouélla, premiere Messe.
Nouellóne, sorte de piece d'or.
Nouelházze, petits contes, fables. pron. zz.
Nouémbre, Nouembre.
Nouenário, de neuf.
Nouendiále, de neuf iours.
Nouráre, nombrer.
* *Nouérca*, belle-mere : marastre.
Nouercále, de marastre.
Noueréuole, nombrable.
Nómero, nombre.
Noueróso, nombreux.
Nouicéllo, nouice.
Nouilúnio, nouuelle Lune.
Nouína, Stance de neuf vers : neufuaine, terme de Poësie.
Nouiplicáre, multiplier par neuf.
Nouíssimo, tres-nouueau.
Nouitá, nouueauté.
Nouítia, nouuelle mariée.
Nouitiáre, entrer au nouiciat.
Nouitiático, de nouiciat.
Nouítio, nouice, apprenty.
Nouitiáto, nouitiat.
Nouízza, nouuelle mariée. pron. zz.
Nouízzo, nouice : nouueau marié. Et apprentif ou apprenty. pron. zz.
Nóuo, neuf, qui n'a point seruy, tout neuf.
Nózze, nopces. pron. zz.
le Nózze del Gonnélla, les nopces de Gonnelle, il n'y

eut rien de reſte, & ſi rien n'y manqua. i. tout égal, tout vny.
le Nòz̧z̧e del Diáuolo, nous diſons, le Diable bat ſa femme, quand il pleut & fait Soleil.

N V

Nv́be, nuage.
Nubiláre, couurir de nuages.
d'età Núbile, chargé d'aage.
Núbilo, nubilóſo, plein de nuages, couuert.
Núca, la nucque.
Núcca, cheuille des pieds, iointure des doigts, &c.
Nudaménte, nuëment.
Nudáre, deſpoüiller nud.
Nudéz̧z̧a, nudité. pron. tt.
Nudità, idem.
Núdo, nud.
Núdo náto, nous diſons, nud comme la main, comme il eſt ſorty du ventre de ſa mere.
Núdo e crúdo, idem.
Nudríce, nourrice.
Nudriménto, nourriture.
Nudríre, nourrir. preſ. nudríſco.
Nudrítiuo, nourriſſant.
Nudritóre, nourricier.
Nudrítrice, nourrice.
Nudritúra, nourriture.
Nugáre, niaiſer, perdre le temps.
Nogatóre, badin, niaiſeur.
Nugiáre, badiner, niaiſer.
Núgie, badineries, niaiſeries.
Nugiténde, vn grand badin, qui a des ſottiſes à reuendre.
Núgola, nuage. Et taye dans l'œil.
Nugoláre, couurir de nuages.
Núgolo, nuage.
farébbe à ber co' Núgoli, il entreprendroit de boire comme les nuages ; nous diſons, il boit comme vn Suiſſe ou Templier.
Nugolóſo, plein de nuages.
Nugolúz̧z̧a, petit nuage. pron. tt,
Nui, noi, nous.
Núlla, rien.
Núlla di manco, &
vn non Núlla, vne choſe de rien, peu de choſe. Peu de temps.
* Nullaménte, nullement.
Nulláre, annuler.
Nullità, nullité.
Núllo, nul.
Núme, deité.
Numerábile, nombrable.
Numerále, numeral.
Numerándo, comptable, nombrable.
Numeráre, nombrer.
Numerário, numeral.
Numeratióne, compte.
Numeratóre, compteur, nombreur.
Numeratrice, compteuſe.
Numerèuole, nombrable.
Numérico, conſiſtant en nombres.
Número, nombre. Item, le numero des Marchands.
Número del méno, nombre ſingulier.
Número del piú, nombre pluriel.
Numeroſità, nombre, quantité.
Numeróſo, nombreux.

* Númino, deité.
* Númmo, argent, piece d'argent, monnoye.
* Nummóſo, riche de monnoye.
Nummulário, banquier, vſurier.
Nuntiáre, annoncer.
Nuntiáta, l'Annonciation.
Nuntiáto, nonciature, legation.
Núntio, Nonce.
Nuocére, nuire: preſ. nuóco, nuóci, nuóce, nociámo, nocéte, nuócono. parf. nócqui. part. nociúto.
Nuocéuole, nuiſible.
Nuoceuolménte, nuiſiblement.
Nuocíuo, nuiſible.
Nuoláre, prendre à loüage.
Nuólo, loüage, voiture.
Nuora, bru.
Nuóta, tache d'habit.
Nuotáre, nager.
inſegnar à Nuotáre a' Delfíni, inſtruire vn plus habile que ſoy.
Nuotatóre, nageur.
à Nuóto, à la nage.
Nuóua, nouuelle, aduis.
Nuóua da cálz̧e, nouuelle qui merite recompenſe. Et par ironie, vieille ou mauuaiſe nouuelle.
Nuóua Dónna, nouuelle matiée.
Nuouaménte, nouuellement.
Nuouità, nouueauté.
Nuóuo, nouueau, neuf.
Nuóuo huómo, nouueau matié.
di Nuóuo, derechef.
Nuóuo péſce, vn nouueau venu, vn apprenty, vn badin.
* Núra, bru.
* Núto, ſigne de l'œil.
Nutréuole, qui ſe peut nourrir, nourriſſable.
Nutríbile, idem.
Nutricaménto, nourriture.
Nutricáre, nourrir.
Nutricatóre, nourriſſeur, nourriſſiere.
Nutríccia, nourrice.
Nutricciáre, nourrir.
Nutríce, nourrice.
Nutrichéuole, nourriſſant.
Nutriménto, nourriture.
Nutríre, nourrir. preſ. nutríſco.
Nutrítio, nourriſſon, & nourricier.
Nutrítiuo, nourriſſant, nutritif.
Nutritúra, nourriture.
Nutiále, nuptial.
Núuola, nuée, nuage. Item, dragon, taye, toile dans l'œil d'vn cheual.
Nuuoáglia, nuages.
Nuuoláre, couurir de nuages.
Nuuoláto, couuert de nuages.
Nuuolétta, taye en l'œil. Item, fumée dans vne pierre.
Núuolo, nuage. Trouppe.
Núuolo d'vccelli, vne volée d'oiſeaux.
tempo Núuolo, temps chargé.
il tempo è Núuolo, pour dire qu'vne perſonne eſt triſte: le temps eſt couuert.
Nuuolóſo, chargé de nuages. Item, fumeux, qui ſe dit d'vne pierre precieuſe. v. g. Rubíno nuuolóſo, vn rubis fumeux : & ainſi des autres pierres.
Nuuoloſità, obſcurité de nuages.

O

O se prononce ouuert, comme, O, ou *au* en François: Et quelquefois il se prononce fermé, comme tirant sur *ou*.

O, ho, interiection: & aduerbe pour appeler, holà. pron. ouuert.

O., ou: ò *l'vno ò l'altro*, ou l'vn ou l'autre. pron. ouuert.

OB

Obbediénte, obeïssant, obeïssante. pron. *e* ouuert.
Obbiettióne, objection. pron. le premier *o* ouuert, & le second fermé.
Obblatióne, oblation.
Obbligatióne, obligation.
*Obbligánte, idem. pron. le *x*. comme *tz*.
Obbligáre, obliger.
Obbligatióne, &c.
O'bbligo, obligation. pron. *o* ouuert.
*Obbrigánte a, obligation. pron. *ts*.
**Obbrigáre, obliger.
*O'bbrigo, obligation. pron. *o* ouuert.
*Obbrízo, mot tiré du Grec, or pur, & de belle couleur, or sans tache; obrize.
*Obbrobriáre, faire opprobre.
*Obbróbrio, opprobre.
*Obduráre, endurcir.
Obediénte, obeïssant, obeïssante.
Obedienteménte, auec obeïssance.
Obedientière, qui a fait vœu d'obedience.
Obediénza, obeïssance: obedience.
Obedíre, obeïr. pres. obedísco.
Obelísco, obelisque.
Oberáto, chargé: endebté, selon aucuns, auberé.
O'bero, obere ou nubere, poil de cheual.
Obiáta, oublie. Item, oppiade.
Obiettáre, objecter.
Obiettióne, objection.
Obiétto, objet. pron. *e* ouuert.
*O'bito, decés.
*Obláre, offrir.
Oblatióne, oblation.
*Oblettaménto, recreation.
*Oblettáre, recréer, delecter.
*Oblettatióne, recreation, delectation.
Obliáre, oubly, oubliance. pron. *ts*.
Obliáre, oublier.
Obliatióne, oubly.
Obliáre, rendre oblique.
Oblíco, oblique.
Obligáre, obliger.
Obligatióne, obligation.
Obligatório, obligatoire.
O'bligo, obligation, vn obligé.
Oblío, oubly.
Obliosaménte, oublieusement.
Oblióso, oublieux.
Obliquaménte, obliquement.
Obliquáre, rendre oblique.
Obliquità, obliquité.
Oblíque, oblique.
*Oblíre, oublier.
*Oblíuia, oubliance. pron. *ts*.
*Oblitáre, oublier.
Oblitáre, effacer.
Obliuióne, oubly.
Obliuióso, oublieux.
Oblóquio, mauuais rapport, mauuaise relation: ou narration.
Obuóssio, fascheux, dommageable.
*Obnubiláre, se charger de nuages.
O'bolo, obole.
*Ombráre, enuironner d'ombre, ombrager, obscurcir.
*Obrigáre, obliger.
O'brigo, obligation.
O'ro obrízo, or pur, or obrizé.
*Obrobriáre, faire reproche.
*Obróbrio, reproche.
Obsessáre, obseder.
Obsessióne, obsession.
Obsésso, obsedé. pron. *e* ouuert.
*O'bside, hostage. pron. *o* ouuert.
*Obsidére, assieger. Item, pleiger. parf. obsidéi, part. obsidúto.
*Obsidióne, siege.
*Obsisténza, resistance. pron. *ts*.
Obsístere, resister, s'opposer. parf. obsistétti, part. obsistíto.
Obsistévole, qui peut resister.
Obtestáre, obtester, appeler Dieu à tesmoin.
*Obtrattáre, détracter.
Obtúso, obtus.
Obuiáre, obuier.
Obumbraménto, ombrage, obscurcissement.
Obumbráre, enuironner d'ombre, ombrager, obscurcir.

OC

O'ca, oye, oison. pron. *o* ouuert.
O'ca bagnáta, vn sot: nous disons, vn oison bridé.
O'ca bagnáta, selon aucuns, vne souppe au laict.
non è vna O'ca, ce n'est pas vn oison. i. il n'est pas sot.
tu sei l'O'ca. i. c'est fait de toy, c'est de toy que l'on parle.
tenér l'O'che in pastúra, tenir les oyes en pasturage. i. amuser, payer d'esperance: nous disons, tenir le bec en l'eau.
far cóme l'O'ca, manger, & chier tout ensemble.
non è témpo da dar fíeno à O'che. i. il n'y a point de temps à perdre.
vn'O'ca impastoidáta. i. vn paresseux, vn lasche: vn chat emmitousté: vn mal-adroit.
guardár l'O'che al Préte. i. estre enterré dans le Cimetiere où les oyes du Prestre mangent l'herbe.
come vn O'ca di créssa, nous disons, il en est fourny comme vn crapaut de plumes.
tanto và l'O'ca al tórso, che ci lasséa il bécco, nous disons, tant va la cruche à l'eau, qu'à la fin elle se brise.

OC

Ocagionáre, occasionner.
Ocagióne, occasion.
Ocaréllu, petite oye.
Occaſionáre, occaſionner, cauſer.
Occaſióne, occaſion. pron. o fermé.
Oceáſo, le couchant, l'Occident.
Occáſtro, oye ſauuage.
Ocoatére, herſeur, rompeur de mottes de terre.
Occatúra, herſement.
Occhiáia, le creux de l'œil, l'orbite. Et la noirceur au deſſous de l'œil, quand il eſt battu.
Occhialáre, faiſeur de lunettes.
Occhiále, lunette. Item, œillet ou boutonniere.
Occhiáli dénti, les œilleres, ou dents œilleres.
Occhiáre, œillader.
Occhiáta, œillade.
Occhiáro, plein d'yeux.
Occhibáglioſe, esbloüiſſement.
Occhiéllo, & *occhiétto*, boutonniere; & œillet.
far l'Occhiétto .i. aider, faire le paſſage ou le chémin, aider à quelque choſe. Item, faire ſigne auec les yeux.
O'cchio, œil.
O'cchio, le cœur de l'arbre.
dar dell' O'cchio, ietter l'œil.
laſciár per O'cchio, negliger, abandonner.
O'cchio della vólta, œil de la voûte, en Architecture.
O'cchio della fineſtra, iour de la feneſtre.
far l'O'cchio del porco .i. regarder de trauers.
è ſuo O'cchio, ou bien *è ſuo O'cchio dritto*, nous diſons, c'eſt ſon cœur, il l'aime comme ſon cœur, c'eſt ſon ame, ſon mignon.
hà gli O'cchi nélla collóttola, il a des yeux ſur le chinon du col .i. il eſt clair-voyant.
bauér gli O'cchi di férro, auoir les yeux de fer .i. eſtre en priſon, où l'on regarde à trauers d'vne grille.
far gli O'cchi alle púlci, faire des yeux aux puces .i. faire vne choſe difficile, l'impoſſible.
comprár e véndere à O'cchio, achepter, & vendre à la piece, & non au poids.
trà O'cchio e óccio .i. ſeuls, ſecrettement : nous diſons, où il n'y a que quatre yeux.
far mal d'O'cchi .i. enſorceler.
O'cchio, belle monſtre ou apparence de marchandiſe.
inneſtár à O'cchio, enter en fluſteau.
gittár vn O'cchio álla pentola, e l'áltro à la gátta, le François dit, vn œil aux champs, & l'autre à la ville.
à O'cchi chiúſi, à veuglettes.
in ſù gli O'cchi, à la veuë.
hauér O'cchi, prendre garde.
bell' O'cchio di piétra, belle eau : bel œil de pierre precieuſe.
guárda che non cólga mal d'O'cchio, garde que le mal des yeux ne luy vienne : cela ſe dit à vne perſonne qui regarde ſon enfant auec trop d'affection.
mi cóſta vn O'cchio .i. il me couſte cher.
O'cchio di búe, plante, œil de bœuf.
O'cchi di ciuétta, en iargon, des ducats.
O'cchio di gátta, ſorte de pierre precieuſe.
O'cchio, vn iour à vn ouurage de fer.
O'cchio del tétto, lucarne.
O'cchio, ſorte de pierre precieuſe.
Occhiocótto, ſorte de ſauuette, oiſeau.
Occhiolíno, petit œil. Item, œillet d'habit.
Occhiutíſſimo, tres-clair-voyant.
Occhiúto, plein d'yeux. Item, vigilant.
Occidentále, Occidental.
Occidénte, Occident.
Occídere, le coucher du Soleil. Item, tuer. parf. *occíſi*.

OC OD

Occiditóre, tueur.
Occiſióne, tuërie.
Occíſo, tué, occis.
Occorrénza, occurrence. pron. e ouuert, & le *z* comme *ts*.
Occórrere, aduenir. Item, ſe ſouuenir. parf. *occórſe*, verbe imperſonel. pron. o fermé.
non Occórre, il n'eſt pas de beſoin.
Occórſo, arriué, aduenu. Item, occurrence, rencontre.
Occultaménte, occultement, en cachette. pron. e fermé.
Occultaménto, cachement, couuerture. pron. e ouuert.
Occultáre, cacher.
Occultatióne, cachement.
Occultatóre, cacheur.
Occultatríce, cacheuſe.
Occúlto, caché, ſecret.
Occupáre, occuper.
Occupatióne, occupation.
Occupatóre, occupateur, poſſeſſeur, vſurpateur.
Occupatríce, vſurpatrice, qui occupe.
Oceáno, Ocean, la mer Oceane.
Océlli, petits yeux.
Ocheggiáre, faire l'oye.
* *Ociáre*, eſtre oiſif.
Ocimo, du meteil.
O'cio, oiſiueté. pron. o ouuert.
Ocióſo, oiſif.
Ocò, ho, ho, interiection de reſioüiſſance.
O'cra, ocrin, de l'ocre.
Oculáre, oculaire.
* *Oculáre*, œillader.
Oculáto, qui a des yeux. Item, oculaire.
Oculéo, plein d'yeux.
Oculíſta, oculiſte.
* *O'chlo*, œil.

OD

O'd, ou, ou bien pour *ò*.
O'da, ode. pron. o ouuert.
O'dano, ladune, lede, plante. pron. o ouuert.
Odoráre, odorcir.
Odiále, de haine.
Odiáre, haïr.
* *Odiária*, fievre quotidienne.
Odiatóre, haineur. pron. o fermé.
Odiatríce, qui hait.
Odibile, haïſſable.
Odiéuole, idem.
O'dio, haine. pron. o ouuert.
Odioſaménte, odieuſement.
Odioſità, humeur odieuſe.
Odióſo, haineux. pron. o fermé.
* *Odíre*, oüir. preſ. *ódo, ódi, óde, vdiámo, vdíte, ódono*, imparf. *vdíua*, parf. *vdíj*, fut. *vdiró*, imperat. *ódi, óda, vdiámo, vdíte, ódano*, opt. *óda, óda, óda, vdiámo, vdiáte, ódano*, imparf. *vdíſſi, vdíréi*, part. *vdíto*.
* *Odíto*, Ioüie. Item, hay.
Odoráblle, que l'on peut flairer.
Odoraménto, flairement, odorat.
Odoráre, flairer, odorer.
Odoratióne, odeur.
Odoráto, l'odorat.
Odóre, odeur. pron. o fermé.

OD OF OG

Odorífero, odoriferant.
Odorífico, idem.
Odoróso, plein d'odeur.
Querósó, en jargon, le nez.

OF

* *O'ffa*, vne souppe. pron. l'o ouuert.
* *Offelláro*, faiseur d'oublies ou petit mestier.
* *Offélle*, oublies, ou plûtost certaines choses de paste, pleines de sucre, & pignons qu'on fait à Venise qui sont fort bonnes à manger.
Offendénte, offensant.
Offénde l'imaginatióne, cela blesse l'imagination, cela choque.
Offéndere, offenser, choquer. parf. *offési*.
Offendévole, que l'on peut offenser.
Offenditóre, offenseur.
Offenditríce, qui offense.
Offensárolo, cause d'vne offense.
Offensióne, offense.
Offensíuo, offensif.
Offensóre, offenseur.
Offerénte, offrant : qui offre.
al piû Offerénte, au plus offrant, & dernier encherisseur.
* *Offerénza*, offre. pron. *tz*.
Offerire, &
Offerire, offrir. pres. *offéro*, & *offerísco*.
Offerta, offerte : offrande : offre.
dar l'Offerta, donner l'Offrande. i. des bastonnades.
Offerto, Offerte.
Offertorio, l'Offertoire.
Offésa, offense. prononcé. l'e fermé.
Offéso, offensé. pron. l'e fermé.
Officiále, official.
Officiáre, officier dans l'Eglise. Item, donner vn office.
Officiário, vn officier : & Official.
Officiáto, officié, bien seruy.
Officína, boutique.
Officio, office : deuoir : seruice.
far Officio, i. escrire à quelqu'vn d'vne affaire pour vn autre : rendre vn bon ou mauuais office par le moyen des lettres, recommander par lettres, ou paroles.
Officio, en jargon, Docteur, & Sage.
Officiosaménte, officieusement.
Officiosità, humeur officieuse.
Officióso, officieux.
Officinólo, petit office, petites heures à prier Dieu.
* *Offilare*, polir, affiner.
Offránda, *offrénda*, offrande.
Offríre, offrir. pres. *offrì*, & *offrísco*.
Offuscaménto, offuscation.
Offuscáre, offusquer.
Offuscatióne, offuscation. prononcé. l'o fermé.

OG

* *O'ga magóga*, vne ville bien esloignée en Barbarie, cela se dit par raillerie : nous disons vulgairement, en Papagoce.

OG OH OI OL

Oggettáre, obiecter : mettre deuant les yeux.
Oggettióne, obiection. pron. o fermé.
Oggétto, obiect. pron. e ouuert.
O'ggi, aujourd'huy. pron. o ouuert.
Oggidì, pour le iourd'huy.
Oggimái, desormais.
* *O'ghetio*, sorte de son de Trompette, & de Tambour, pour aller en garde.
Ogliára, le pot à l'huile.
Ogliáre, huiler.
Ogliáro, & *ogliaráro*, vendeur d'huile. Item, le pot à l'huile.
Ogliaruólo, vendeur d'huile, & pot à l'huile.
* *Ogliénte*, qui sent, qui a de l'odeur.
Ogliaráro, crieur d'huile.
O'glio, huile. pron. o ouuert.
dar O'glio. i. flatter.
far Oglio, en jargon, pleurer.
O'glio di vézzo, terebentine.
O'glio Sánto, l'Extreme-Onction.
Ogliósó, huileux.
Ognélla, pourpre.
Ogn'hóra, à toute heure.
O'ng hóra piû, de plus en plus.
O'gni, tout, & chaque.
Ogni póco, tant soit peu.
Ogni póco di notitia che vói habbiáte, pour peu de connoissance, si peu de connoissance que vous ayez.
O'gni dúe, *ogni tré ánni*, *ogni séi mési*, de trois en trois ans, tous les trois ans, tous les six mois.
Ogníndì, chaque iour.
Ognissánti, la Toussaints.
Ognóra, &
Ognótta, à toute heure.
Ogni vólta, toutes les fois : toutes & quantes-fois.
Pouruceu que : lors que.
Ogni giórno, chaque iour, tous les iours.
Ognúno Ognino, chacun : vn chacun.

OH

O'H, hola : hò.
Oh di cása, hola, y a-t'il quelqu'vn dans la maison.
O'h della casácca, hola l'homme à la casaque, &c.
O'hibó, fy : hô que non : Non pas, non, non, hô que ie n'ay garde.
Ohimé, helas.

OI

O'ia, brême, poisson.
O'ibó, fy, hô que non : ie n'ay garde.
Oimáre, faire des helas.
Oimé, helas. Hé, par admiration.
Oiméne, *oisé*, & *oitb*, idem.
Oísa, le cry du marinier pour isser.
Oissáre, crier que l'on isse ou hausse.

OL

O'L, ò il, ou le.
Olá, hola, en appelant.
Oláro, vn potier de terre, par allusion.
Oláro, le larron : parce que *laro*, signifie larron sur le Venitien.
Oláro, vn marmittonnier.
O'dano, drogue ou gomme, oldanum.

Oleágine, sorte de raisin jaunastre.
Oleándro, oleandre, rosagine, sauinier.
* *Oleáre*, sentir, sauourer.
Olearía, huilerie.
Oleástro, oliuier sauuage. Item, de couleur d'huile.
Olercár le cérre, graisser la patte aux gens de Iustice, en jargon.
* *Olére*, &
Olez ráre, rendre de l'odeur, sentir, pron. de
* *Olfáto*, senteur.
Oliándolo, vendeur d'huile.
Oliáre, huiler.
Oliariá, lieu où l'on fait l'huile.
Olidro, *oliaruólo*, crieur d'huile.
Olibano, oliban, encens.
Olímpio, fleur du Soleil.
Olímpo, le Mont-Olimpe.
O'lio, huile. pron. o ouuert.
quéto come O'lio. i. coy, paisible.
nou vi métter né sale né Olio. i. faire vne chose sans y penser.
di sópra come l'Olio. i. vouloir auoir le dessus.
l'O'lio, hà paúra d'esser vnto, cela se dit d'vn qui fait trop le sage.
far dell' Olio, pleurer.
O'lio petrólino, huile petrol.
O'lio Sánto, l'Extreme-Onction.
portar seco l'Olio Sánto. i. estre prés de mourir.
Oliosità, humeur huileuse.
Olióso, huileux.
Olíre, sentir. pres. *olo*.
Olíua, oliue.
Oliua perpétua, Por, selon les Alquimistes.
Oliuáccie, meschantes oliues.
Olinéle, d'oliue.
Oliuástro, oliuastre, de couleur d'oliue. Item, oliuier sauuage.
Oliuáto, de couleur d'oliue, d'oliue.
Oliuélla, petite oliue. Item, du troësne.
Oliuéto, bois d'oliuiers, jardin d'Oliuet. prononcez e fermé.
Oliuétta, & *Oliuétto*, du troësne. pron. e fermé.
Oliuígno, de couleur d'oliue.
Olíuo, oliuier.
* *O'lla*, mot Lombard, pot de terre.
Olla putrída, pot pourry, vn pot meslé de toutes sortes de viandes : hochepot, mot Espagnol.
Olmário, &
Olméro, lieu planté d'ormes, ormaye. prononcez o & e fermé.
O'lmo, orme. pron. o fermé.
Oloátro, leuesche, herbe.
Olocáusto, holocauste.
Olorare, odorer.
Olóre, odeur. pron. o fermé.
O'ltra, oultre.
Oltraccio, *oltre à ciò*, outre cela.
Oltracotánza, outre-cuidance. pron. *tz*.
Oltracotáto, outre-cuidé.
Oltrafino, passe-fin.
Oltraggiáre, outrager.
Oltrággio, outrage.
Oltraggiosaménte, outrageusement.
Oltraggióso, outrageux.
Oltramarauiglióso, tres-merueilleux.
Oltramarína, de l'outre-mer, couleur bleuë de Peintres, ainsi appelée.
Oltramarináre, passer la mer.

Oltramarino, de delà la mer. Item, de l'outremer couleur azur.
Oltramíno, sorte de poisson.
Oltramirábile, tres-admirable.
Oltramondáno, plus que mondain.
Oltramontáno, de delà les monts.
Oltrandáre, passer au delà. pres. *oltráno*, & *oltranádo*, *oltrauái*, *oltraua*, & le reste *commándare*.
* *Oltránz a*, outrance.
Oltrapassáre, outre-passer.
Oltráre, passer au delà. Item, outrer.
Oltrárno, de delà le fleuue Arno.
Oltrauedére, voir au delà. parf. *oltrauidi*, part. *oltraueduto*.
O'ltre, outre. pron. o fermé.
O'ltre che, ioint que.
lasciar O'ltre, laisser en arriere.
Olusátro, menthe de jardin.

O M

OMái, desormais.
Ombé, hé bien.
Ombilicário, ombilicaire, de nombril.
Ombilicáto, qui a vn nombril.
Ombilíco, vn nombril. Item, le centre. Item, vn poisson appelé flatelet ou flet. Item, la teste d'vne pomme ou d'vne poire.
Ombilico di Vénere, nombril de Venus, plante.
Ombilico dell' anéllo, le chaton d'vne bague.
Ombilico del sóle, le petit cercle au milieu du cadran où l'aiguille est attachée.
O'mbra, ombre. pron. o fermé.
del pésce l'Ombra, della lépre il sóle. i. le ventre du poisson, & le rable du lieure.
Ombrácolo, lieu couuert, lieu à l'ombre.
Ombragióne, ombrage.
Ombráre, ombrager : s'ombrager : prendre ombrage.
Ombrático, ombrageux, soupçonneux.
Ombrátile, d'ombre.
Ombreggiáre, ombrager, faire ombre. Et peindre grossierement.
Ombrélla, parasol. Item, petite ombre. La gousse de la graine. Item, vne panerée de grain ou semence. pron. e ouuert.
Ombréllo, parasol. pron. e ouuert.
Ombrétta, petite ombre. pron. e fermé.
Ombreuóle, ombrageux.
Ombría, ombre. Item, du fin à polir les lames.
Ombriána, vn flet ou plústost vn ombre, poisson.
Ombriáno, cheual qui baisse fort la teste en dessous, comme s'il vouloit regarder son ombre.
Ombrífero, qui porte ombre.
Ombrína, ombre, poisson. Item, petite ombre. Vn dais, vn parasol.
O'mbrio, ombreux, & ombrageux.
Ombrixzo, ouurage de damas. pron. *ts*.
Ombrosità, ombrage.
Ombróso, ombreux, sombre : & ombrageux.
Ombústa, arriere-point.
Omburéllo, &
Ombúto, entonnoir.
Oméi, des helas, des plaintes.
Omélia, Hommelie.
Omenággio, selon aucuns, le haut d'vne tour. Item, hommage.

* Omìnt, presage de bonne ou mauuaise fortune.
Omenóso, remply de presage.
O'mero, l'espaule.
Omésso, obmis.
Ométtere, obmettre. parf. oméssi, & oméssi.
Omicìda, vn homicide ou meurtrier.
Omicidio, homicide, meurtre.
Omméttere, obmettre. parf. ommíssi, & ommésso.
* Omuisórme, de toutes formes.
* Omófago, mangeur d'hommes.
Omóre, humóre, humeur. pron. e fermé.

ON

O'N, pour ouéro uno, ou vn.
O'n, pour ò in, ou en.
Onágro, asne sauuage. Et vne sorte de machine, grande arbaleste.
Onáro, sorte d'arbre.
è vndici O'ncie, il fait onze onces. i. Il est bastard : parce qu'il faut douze onces à la liure.
O'nciadi Stàto, libra d'óro, vne once d'affaires d'Estat, vaut vne liure d'or. i. les affaires d'Estat sont importantes, & precieuses.
O'ncia, la mesure d'vn doigt de large. Item, vne certaine mesure pour les fontaines, pour sçauoir de qu'elle grandeur est le conduit du jet de l'eau que l'on doit mettre à vne fontaine.
Onciáre, peser à l'once.
Oncinàre, accrocher : agraffer.
Oncinéllo, agraffe. pron. o fermé, & e ouuert.
Oncìno, crochet : agraffe.
* Oucóntro, rencontre.
O'nda, onde, eau. pron. e fermé.
Ondáre, onder, ondoyer.
O'nde, d'où : là où, de sorte que, dont.
O'nde che, de sorte que.
Ou d'è, d'où vient que.
Ondeggiaménto, ondoyement.
Ondeggiánte, ondoyant, ondoyanté.
Ondeggiáre, ondoyer, flotter.
Ondeggiatóre, qui imprime les ondes au camelot.
Ondelato, ondé, comme le Damas ou camelot.
Ondóso, plein d'ondes.
Ondúnque, & donques.
O'ne, terminaison de l'augmentatif, v. g. homóne, gros homme. Et ainsi des autres, prononçans toussiours o fermé.
Onerare, charger.
Onerário, de charge, oneraire.
* O'nero, charge. pron. o ouuert.
Oneróso, pesant. pron. le premier o ouuert, & le second fermé.
Onestà, honnesteté.
Onestáre, rendre honneste : excuser.
O'ngaro, Hongre, Hongrois. pron. o fermé.
O'ngere, oindre, par. únsi, part. únte.
O'nghia, ongle. pron. o fermé.
Onghiabaldano roigneure d'ongle : chose de rien. prononcez ghi comme gui en François.
O'nghia odoròsa, sorte de gomme aromatique.
Onghiáre, prendre auec les ongles : gripper. pron. ghi comme gui en François.
Onghiáro, grippeur. pron. ghi comme gui en François.
Onghiáta, onglade, coup d'ongle. Item, vn peigne de corne. pron. ghi comme gui en François.

Onghiáto, onglé, qui a des ongles. pron. ghi comme gui en François.
Onghièlla, taye dans l'œil : onglée, mal de cheual. prononcé. ghi comme gui en François.
Onghiètta, petit ongle. pron. ghi comme gui en François.
Onghióne, grand ongle ou griffe. pron. ghi comme gui en François.
Onghióso, qui a des ongles. pron. ghi comme gui en François.
Onghìa, huile de geneure. pron. ghi comme gui en François.
Ongiùme, oignement.
Onguentaménti, toutes sortes d'vnguents.
Onguentáro, faiseur d'vnguents.
Onguénto, vnguent. pron. e ouuert.
O'nice, once, pierre. pron. o ouuert.
Onìcchio, idem.
Onichìa, sorte de gomme aromatique.
Onichìno, sorte de toille de cotton, ou basin.
Onìre, faire honte : honnir. pres. onìsco.
* Onninaménte, entierement, du tout, tout à fait.
Onnipoténte, tout-puissant.
Onnipoténza, toute-puissance. pron. e ouuert, & c comme ts.
Omniuolénte, qui veut tout.
Omnìuoro, qui deuore tout.
Onorábile, honnorable.
Onoránza, honneur. pron. tz.
Onoráre, honorer.
Onorário, honoraire.
Oneratóre, Onoratríce, qui honore.
Onóre, honóre, honneur. pron. o fermé.
Onoreuole, honorable.
Onoreuolménte, honnorablement.
O'nta, honte : affront. pron. o fermé.
ad O'nta, en despit.
Ontáno, aulne, arbre.
Ontáre, faire honte. Item, oindre.
* Ontífero, qui apporte de la honte.
Ontióne, Onction.
O'nto, oinct.
Ontóso, plein de honte : iniurieux. Item, gras, vnctueux.
* O'nto sottile, du beurre, en Lombardie.
Ontùme, oignement.
Ontùra, Onction.
Omustáre, charger.
Onùsto, chargé.
O'nza, once : la valeur de sept liures dix sols, en quelques lieux. pron. tz.
Onzáre, peser par onces. pron. tz.

O P

O'Páco, espais d'arbres.
Opacità, espaisseur.
O'palo, opállo, Opale.
* Opéfice, ouurier.
* Opeláre, couurir de faux or.
* Opélla, faux or, pour orpéllo.
Opinióne, opinion. pron. e fermé.
O'pera, œuure. Iournée de trauail. Piece en Comedie, piece de theatre serieuse : ou en musique. pron. e ouuert.
O'pera, ouurage, façon, fleurs d'estoffe. pron. e ouuert.
L'Opera.

O P

l'Opéra di S. Riparáta, œuure qui ne s'acheue iamais, pron. o ouuert.
far O'pera, faire en sorte.
O'pere mòrte, tous les ouurages de bois attachez au corps du vaisseau.
Operàggio, ouurage.
Operáio, ouurier. Marguillier.
Operaménto, operation.
Operánte, operant, qui opere. Item, ouurier.
Operáre, ouurer : operer, agir.
Operário, ouurier.
Operatióne, operation.
Operáto, à fleurs, à ramage, ouuragé comme le satin.
Operatóre, Operateur.
Operatríce, Operatrice.
Operétta, operina, petit œuure, petit ouurage.
* Operoſità, operation.
Operóſo, qui trauaille : plein d'operation, penible. prononcé o fermé.
* Opérto, ouuert.
* Opertúra, ouuerture.
* Opidáno, habitant d'vn bourg.
O'pido, bourg fermé.
* Opífero, qui apporte de l'aide.
* Opífice, ouurier.
* Opifícina, boutique.
* Opifício, ouurage.
Opiláre, opiler.
Opilatióne, opilation.
Opimaménte, graſſement, abondamment.
Opimità, abondance.
Opímo, gras, abondant, remply.
Opinánte, qui opine.
Opináre, opiner.
Opinatióne, opinion, opination.
* Opinário, &
Opiniáſtro, opiniaſtre.
Opiniatémeúte, opiniaſtrement.
Opinionáccie, fortes, & faſcheuſes opinions.
Opinióne, opinion.
Opinióſo, opiniaſtre.
O'pio, oppium, de l'endormie.
* Opiparáto, preparé delicatement.
* O'po, huópo, beſoin.
Oppiáre, donner de l'endormie, ou de l'oppiun.
Oppiáta, oppiat.
Oppiéto, lieu planté ou remply de peupliers.
O'ppio, oppium, de l'endormie.
O'ppio, pióppo, vn peuplier, vn obier.
Oppopónaco, panacée, herbe.
Opponiménto, oppoſition.
Oppónere, &
Oppórre, oppoſer. preſ. oppóngo, oppóni, oppóne, opponiámo, opponéte, oppongóno. parf. oppóſi, part. oppóſto, fut oppórrò.
Opportunaménte, auec opportunité, à propos.
Opportunità, opportunité.
Opportúno, opportun, commode.
Oppoſitióne, oppoſition.
Oppóſito, oppoſite : oppoſé, contraire.
Oppoſitóre, oppoſiteur, qui oppoſe.
Oppóſto, oppoſé. pron. o ouuert.
Oppreſſáre, oppreſſer, opprimer.
Oppreſſévole, que l'on peut oppreſſer.
Oppreſſi me, oppreſſion.
Oppreſſù, opprimé, oppreſſé, accablé. pron. e ouuert.
Oppreſſóre, oppreſſeur, oppreſſeur. pron. o fermé.
Opprimere, opprimer, oppreſſer, accabler. parf. oppreſſi.

O P

Oppugnáre, oppugner.
Oppugnatióne, oppugnation.
Oppugnévole, qui ſe peut oppugner.
O'pra, œuure. pron. o ouuert.
far O'pra, s'employer en vn affaire.
Opráio, ouurier.
Opráre, ouurer : operer : agir : employer.
Opráro, ouurier.
Oprétta, oprina, petit ouurage.
* Opríre, ouurir.
Opróbrio, opprobre.
* Opróprio, reproche, opprobre.
* Opropióſo, plein de reproche.
* Optáre, deſirer, opter.
* Optatíuo, optatif : deſirant.
Opulénte, opulent.
Opulenteménte, opulemment.
Opulénza, opulence. pron. ts.
Opúſcula, petit œuure.

O R

O'Ra, hóra, heure. pron. o fermé.
O'ra, maintenant. pron. o fermé.
O'ra, l'autre. pron. o ouuert.
O'ra l'vno óra l'áltro, tantoſt l'vn, tantoſt l'autre.
Orácolo, oracle.
Oráde, orádiga, Dorade, poiſſon.
O'rafo, Orfeure.
O'raſſo, idem.
Oramái, deſormais.
Oráno, poiſſon de mer, dorade. C'eſt auſſi vne gelinote ou cocq de bois.
Oráre, prier : & haranguer, plaider vne cauſe. Item, dorer.
Orária, ſorte de barque.
Oratióne, oraiſon : priere : harangue.
Oráto, doré.
Oratório, oratoire.
Oratóre, Orateur.
Oratríce, femme qui harangue.
Oratória, l'art de haranguer.
Oratório, Oratoire.
Orbácca, &
Orbucchélla, baye de laurier, Et le fruit du ciprés, & du mirthe.
à gl'Orbácchi, à veuglettes, inconſiderément.
Orbaménto, aueuglement.
Orbáre, aueugler. Item, priuer, d'enfants, &c.
Orbáto, demeuré orphelin : priué : aueuglé, ſans enfans.
* Orbatúra, aueuglement.
Orbauilláno, ſorte de couleur changeante. Item, vn tour, vne niche.
Orbé, hé bien.
* O'rbe, le Monde : la Terre. Vne Sphere. Vne contrée particuliere. Item, vn poiſſon appelé Suetole.
Orbeſína, vne meſange, ſelon aucuns.
Orbéuole, que l'on peut aueugler.
Orbicoláre, orbiculaire, rond.
Orbiéra, lunettes pour vn cheual.
Orbità, aueuglement. Item, priuation de quelque choſe : orphelinage.
O'rbita, orniere, marque des roües.
O'rbo, aueugle. Item, orphelin. pron. o ouuert.

V v

Urbo, budéllo, l'inteftin, boyau cæcum.
O'rca, orque, forte de baleine. Item, vne forte de grand vafe de terre.
Orcádi, nimphes de Montagnes.
Orcána, fuetole, poiffon.
*Orcáre, braire. Item, pendre à vn croc.
Orcellare, teindre auec de la garance, ou paftel.
Orcéllo, d'u. paftel, ou de la garance, felon aucuns.
Orchétta, forte de crabe.
O'rchio, cruche, pot de terre.
Orciéto, compas de Marinier.
Orcíno, ourfin, heriffon de mer.
O'rcio, cruche. pron. o fermé.
O'rcio, en Architecture, vne petite falle fraifche.
far fuóco nell'O'rcio. i. faire fon fait, & ne dire mot.
Orciolaio, orciolaro, pottier de terre.
Orcioléto, petite cruche, pot de terre.
Orciolíno, orciólo, &
Orciuólo, idem. pron. o ouuert.
è come l'Orcinólo de' póueri, il eft comme le vafe des gueux, sboccáto. i. fans goulet, c'eft à dire, il dit de vilaines parolles. Parce que sboccáto, fignifie, fans goulet, & vn homme qui dit des falletez.
O'rco, orque, efpaulart, monftre marin.
O'rda, vne trouppe confufe.
Ordégno, &c.
Ordígno, vtenfile, aifance: machine: inftrument: outil. Item, complot.
Ordiménto, trame: complot.
Ordinále, d'ordre, ordinal, ordinaire.
Ordinaménto, ordre, arrengement.
Ordinánza, ordonnance.
dáccar l'Ordinánza, battre l'affemblée.
Ordináre vn'auóro, commander vn ouurage.
Ordináre, ordonner: donner ordre. Et donner les ordres aux Ecclefiaftiques: Charger, encharger, commander. Arrenger.
Ordinariaménte, ordinairement.
Ordinário, ordinaire: Courier ordinaire: l'ordinaire.
Ordinataménte, auec ordre.
Ordinatióne, ordonnance: arrengement.
Ordinatóre, ordonneur.
Ordinatríce, ordonneufe.
O'rdine, ordre reng: difpofition: commandement, charge: ordonnance.
all' Ordine, tout preft, preparé.
méttere all' O'rdine, preparer.
di O'rdine, par le commandement.
d'Ordine del Ré, de par le Roy.
éffer ben in Ordine, eftre bien couuert, auoir des beaux habits.
Ordíre, ourdir. pref. ordífco.
Orditóio, ourdiffoir.
Orditóre, ourdiffeur: complotteur.
Orditríce, complotteufe.
O'rdo, lórdo, ord. pron. o fermé.
Orditúra, trame: complot.
Ordúra, ordure pron. o fermé.
Orécchia, oreille.
Orecchiáre, prefter l'oreille, eftre aux efcoutes.
Orecchiáro, pilofelle.
Orecchíno, pendant d'oreille. Item, bonnet de nuit.
Oreccchio, oreille.
ftar in Orécchio, efcouter, prefter l'oreille.
Orécchio di tópo, oreille de rat ou fouris, herbe.
far Orécchio di mercánte. i. faire femblant de ne pas ouïr.
vn péio d'Orécchi feccaréb bon mille lingue. i. ne pas faire femblant d'efcouter, empefche les mefdifans, & importuns.
far l'Orécchie d'áfino, c'eft mettre le gros bout du trinquet au contraire de celuy de la Maeftre, faire voile, efpée & poignard.
Orecchióne, orillon de baftion. Touillon de canon. Et grande oreille.
Orecchioniére, iours des tourillons.
Orecchiúto, qui a de grandes oreilles.
Oréfice, Orféure. pron. e fermé.
Oreficína, orfeurerie, boutique d'orfeure.
*O'refo, orfeure, érafo. pron. o ouuert, & e fermé.
Oréggia, l'Orée, le vent, lieu frais, & fombre.
Oreggiáre, faire vent, faire frais.
Orcólo, maquereau, poiffon.
Oréxxa, le frais, l'orée. pron. e fermé, & les xx comme dx.
Orexxáre, faire vent. pron. e fermé, & les xx comme dx.
Oréxxo, vent frais. pron. e fermé, & les xx comme dx.
Orfanéllo, orphelin. pron. e ouuert.
Orfanélli, les enfans trouuez, hofpital. pron. e ouuert.
Orfanitá, orphelinage.
O'rfano, orphelin. pron. o ouuert.
*O'rfo, orfeure. pron. o ouuert.
Orgánle, d'organe.
Organáre, organifer: donner l'organe.
Organáro, faifeur d'orgues.
Organeggiáre, organifer.
Organétti, petites orgues, regale.
Orgánico, organique.
Organífta, organifte.
Organizzáre, organifer. pron. les xx comme dx.
Organizzáto, organifé: bien proportionné. pron. les xx comme dx.
O'rgano, orgue. Organe. Orgue forte d'artillerie. Item, origan: plante. pron. o ouuert.
O'rgia, mefure de quatre coudées, ou de fix pieds.
Orgiáta, eau d'orge.
O'rgio, orge.
Orgóglio, orgueil. pron. o ouuert.
Orgogliófo, orgueilleux.
Oriáre, fortir de l'Oriente.
Oricálco, vafe de cuiure. Et Clairon. Item, du cuiure ou laiton, vne cloche.
Oricánno, oricánio, vafe à tenir des fenteurs.
O'rice, lifiere de toille.
*Oricéllo, du paftel.
Orichíco, gomme Arabique.
Orientále, Oriental.
Oriénte, l'Orient. Or, felon les Alquimiftes.
Orígano, origan: marjollaine baftarde.
Originále, original.
Origináre, prendre fon origine.
Originariaménte, originairement.
Originário, originaire.
Orígine, origine.
Origliáre, eftre aux efcoutes.
Origliére, oreillier.
Origlióne, vn efcouteur, vn fineur.
Origliófo, prompt à efcouter.
Oríge, oripeau.
Orimpéle, oripeau.
Orína, vrine.
Orinále, pot de chambre.
Orináre, vriner, piffer.
Orínci, bien loing, bien efloigné.
Orínda, forte de pain d'efpice.

Oriòlo, horloge.
Orióne, Orion, signe celeste.
Oritaménte, en jargon, bien, fort bien.
Orinòlo, horloge.
sènto che l'Orinòlo è ito giù, nous disons, ie sens mon heure, i'ay faim.
Oríza, sorte de grain, comme le ris. pron. *ts*.
Oriẑónte, Orizon. pron. *dẑ*.
Orlandésco, de Roland.
Orlándo, Roland.
ragionámo d'Orlándo, parlons de Roland. i. parlons d'autre chose.
Orláre, ourler.
Orlatúra, ourlet, bord, ourleure.
Orlétto, petit ourlet. pron. *e* fermé.
Orlíccio, crouste : escorce. C'est proprement l'extremité autour du pain : la baiseure, & la crouste de riue.
Órlo, ourlet : bord de vestement. Vn rebord. Leure de playe. pron. *o* fermé.
ci manca l'Órlo, il y manque l'ourlet. i. la chose n'est pas parfaite.
Órlo piáno, ourlet plat.
Órlo retíno, ourlet percé.
Órma, piste, trace : les voyes de l'animal le pied. pron. *o* ouuert.
dar l'Órme. i. assuiettir.
Ormesíno, du taffetas.
Ormesíno gráue, taffetas double.
Ormíno, sorte d'asperge : espurge, selon aucuns.
Ormisíno, taffetas.
Órmora, les pistes, les traces.
Órna, *vrna*, cruche. pron. *o* fermé.
Órna cantóni, vn qui fait le beau : vn qui demeure à regarder sur le coin des ruës : vn faineant.
Ornaménto, ornement.
Ornáre, orner.
Ornataménte, auec ornement, poliment.
Ornatúra, ornement.
Ornatúrẑ, vn propet, vn mignon. pron. *ts*.
Ornéllo, sorte de fresne, fresne sauuage.
Ornio, idem.
Ornitógalo, ornitogalum, plante.
Órno, fresne sauuage. orne. pron. *e* fermé.
Óro, or. pron. *o* ouuert.
Óro canterino, &
Óro di látta, oripeau, faux or, du clinquant.
Óro coláto, &
Óro rótto. i. marchandise dont on retire bien-tost son argent.
Óro ungheró, nous disons, or ducat.
ridúrre a Óro, accourcir vn affaire, abreger vn discours, comme qui diroit, reduire vne quantité de monnoye en or.
d'Óro in óro, en toute excellence : du plus fin.
Orobánche, teigne, plante.
Órobe, idem.
Oróbia, sorte d'encens.
Orobíno, sorte de iaune tiré d'vne herbe appelée Dorelle.
Oróbite, saulge aquatique.
Orechíno, pendant d'oreille. Item, vn vase ou verre doré.
Oropigménto, orpiment.
Oropiménto, idem.
Oróscopo, horoscope.
Orpelláre, couurir de faux or. Desguiser vne chose, faire paroistre le faux, pallier.
Orpelláta, flatterie, dissimulation, desguisement, chose de rien.

Orpellatúra, idem. C'est aussi vn meslange ou couuerture de faux or.
Orpéllo, oripeau, faux or : orpin, prononcé *e* ouuert.
Orpiménto, de l'orpiment.
Orránẑa, honneur.
Orréuole, honorable.
Orreuoléẑẑa, honneur. pron. *e* fermé, & les *ẑẑ* comme *ts*.
Orríbile, horrible.
Órrido, horrible.
Orróre, horreur. pron. *o* fermé.
Órsa, ourse. pron. *o* fermé.
Orsácchia, idem.
Orsacchíno, petits ours, ourson.
Orsaccíno, & *orsáito*, idem.
Orsétta, sorte de poisson. pron. *e* fermé.
Orsétto, ourson. pron. *e* fermé.
Órso, vn Ours. pron. *o* fermé.
l'Órso sógna pére, l'ours songe de poires. i. on songe tousiours à ce qu'on aime.
menár l'Órso à Módena. i. entreprendre vn fascheux affaire.
hauér préso l'Órso. i. estre yure.
far dar úno all' Órso. i. mettre fort en colere, faire donner vn homme au diable.
non scherẑ ar *con l'Órso*, nous disons, il ne se faut point iouer auec les chats.
vénder la pélle dell' Órso, nous disons, vendre chat en poche.
come l'Órso. i. grossier & adroit.
Orsóio, la chaisne de la toile, ou passement.
Orsù, or sus.
Orsúso, idem.
Ortáccio, vn grand iardin mal entretenu. Item, vn lieu de bordel public à Rome.
Ortággi, iardinages, herbages de iardin.
Ortáglie, idem.
* *Orténse*, de iardinage.
Ortíca, ortie.
Orticáre, ortier.
Orticéllo, petit iardin. pron. *e* ouuert.
Orticheggiáre, ortier, piquer auec des orties.
Orticháro, lieu plein d'orties. pron. *e* fermé.
Ortíẑiu, ortie.
Órto, iardin. pron. *o* ouuert.
Órto, l'Orient. pron. *o* ouuert.
Ortodósso, ortedoxe.
Ortogónio, ortogone, à droit angle.
Ortografía, ortographe.
Ortografía, description d'vn corps en pourfil. C'est aussi vn entre-deux de quelque chose, comme de lard au milieu des aloüettes, vn tesmoin de lard.
Ortografiẑẑáre, ortographier. pron. les *ẑẑ* comme *dẑ*.
Ortógrafo, professeur d'ortographe.
Ortográfico, d'ortographe.
Ortoláno, iardinier, & ortolan, oiseau.
* *Oróua*, iardins, iardinages, le premier *o* ouuert, & le second fermé.
Or via là, or sus.
Oruietáno, drogue ou electuaire, ainsi appelé du nom de son Autheur natif d'Oruieto : & ainsi on appele tous ceux qui vendent du baume ou Otuietan sur le teatre. Item, vn bouffon.
* *Oróre*, doreures.
Órẑa, orse, ourse, terme de marine.

OR OS

Orʒa, d'auánti, cordage attaché à l'antenne. prononcé, o fermé, & le ʒ comme ts.
andar à Orʒa, tirer à ourfe, terme de marine. prononcé o ouuert.
Orʒaiuólo, vne puſtule au bord des paupieres, ordeole, grain d'orge. pron. le ʒ comme dʒ.
Orʒáre, abaiſſer le carre vers la pouppe ou la proüe. pron. ts.
Orʒáta, breuuage fait d'orge, eau d'orge. prononcé le ʒ comme dʒ.
Orʒeggiáre, tirer à ourſe. pron. ts.
O'rʒo, orge. pron. o ouuert, & le ʒ comme dʒ.
hà venduto l'Orʒo, il a vendu ſon orge, il ſecouë le ſac d'vn homme qui branſle les jambes à cheual, & ſe ſecouë fort.
Orʒuólo, orciuólo, cruche ou pot de terre. pron. ts.
mal dell' Orʒuólo, tournoyement de teſte, chancellement. pron. ts.

O S

Oſáre, oſer.
Oſatíni, petits houſeaux, gamaches.
* Oſcenità, ſaleté.
* Oſcéno, ſalle.
* Oſculáre, baiſer.
Oſcuraménte, obſcurement.
Oſcuráre, obſcurcir.
Oſcuratióne, obſcurciſſement.
Oſcurétto, vn peu obſcur. pron. e fermé.
Oſcurénole, qui ſe peut obſcurcir.
Oſcurèʒʒa, oſcurité, obſcurité. pron. ts.
Oſcúro, obſcur.
* Oſcuróſo, plein d'obſcurité.
Oſia che, ſoit que.
Oſmarino, roſmarin.
O'ſmo, en jargon, hommes.
O'ſo, oſé, hardy.
Oſofago, heſophage, bouche de l'eſtomac.
* Oſolaménto, eſcoute.
* Oſoláre, eſtre aux eſcoutes.
Oſoliéri, eſoliéri, ganſes de boutons, cordons.
Oſpitále, Hoſpital.
Oſpite, hoſte.
Oſpitio, hoſpitalité.
Oſſáccio, gros os. Il ſe prend pour vn bardache.
Oſſáio, vn qui trauaille d'os, ou marquetterie.
* Oſſálme, ſauſſe fait de ſel, & de vinaigre.
Oſſáme, quantité d'os, tous les os, les oſſemens.
Oſſaménti, oſſemens.
Oſſáre, mettre des os, garnir d'os.
Oſſatúra, les oſſemens.
Oſſecráre, prier.
Oſſequénte, officieux, obeïſſant.
Oſſequentemènte, officieuſement.
Oſſequénʒa, obeïſſance.
Oſſequio, bon office, ſeruice, obeïſſance.
Oſſequióſo, officieux, accommodant.
Oſſeruaggióne, reſpect, reuerence: obſeruation.
Oſſeruandíſſimo, tres-honoré, tiltre que l'on donne en Italie.
Oſſeruándo, honoré, reueré.
Oſſeruánte, qui obſerue: & qui reuere.
Oſſeruánʒa, obſeruation: reſpect, honneur, reuerence. pron. ts.
Oſſeruáre, obſeruer. Prendre garde, eſpier. Item, ho‐

norer, reuerer: garder la foy, tenir ſa promeſſe.
Oſſeruar il ſilèntio, garder le ſilence.
Oſſeruatióne, obſeruation: honneur, reſpect.
Oſſeruatóre, obſeruateur: eſpieur.
Oſſeruatríce, qui obſerue, qui reſpecte, Eſpieuſe.
Oſſeruévole, que l'on peut obſeruer, & honorer, ou reuerer.
Oſſeſſióne, obſeſſion: ſurcharge.
Oſſéſſo, obſedé. Item, ſurchargé, & aſſiegé. pron. e ouuert.
Oſſétto, oſſelet. pron. e fermé.
Oſſicédro, ſorte de cedre. pron. e fermé.
Oſſicéllo, oſſelet. pron. e ouuert.
Oſſicíno, idem. Et petit noyau.
Oſſicráto, oxicrat.
Oſſidionále, de ſiege.
Oſſidióne, ſiege.
Oſſifrága, orfraye.
Oſſigála, laict clair.
Oſſimèle, oximel.
Oſſimortíno, ſorte de Mirthe. Item, ſorte de raiſin fort aigre.
Oſſíno, oſſelet.
Oſſiʒʒácchera, breuuage meſlé de vinaigre, & de ſucre. pron. ts.
O'ſſo, os. Noyau de fruict. Il ſe met quelquefois pour bardache. pron. o ouuert.
O'ſſi, des quilles, ſelon aucuns. pron. o ouuert.
Oſſocrátio, ſorte d'emplaſtre, cerot.
Oſſoláre, oſter ou eſplucher les os, & les noyaux.
Oſſóli, os des iointures, oſſelets. Item, cheuilles ou bobines. Selon aucuns, des quilles. pron. o ouuert.
Oſſoliéri, ganſes, cordons.
Oſſolíno, oſſelet.
Oſſóſo, plein d'os.
Oſſuário, charnier où l'on renge les os.
Oſſúto, plein d'os.
O'ſta, ſorte de cordage.
Oſtácolo, obſtacle.
Oſtággio, oſtage.
Oſtánte, obſtant, oppoſé.
Oſtáre, s'oppoſer. preſ. oſtó, oſtái, oſtà, oſtiámo, oſtáte, aſtánno, & le reſte comme, tare.
Oſtáta, oſtade, ſorte d'eſtoffe.
Oſtatikáre, donner vn oſtage.
Oſtático, oſtage.
* Oſtatióne, obſtacle.
O'ſte, hoſte. Vne armée, oſt. pron. o ouuert.
O'ſte, deux cordes attachées à la penne de l'arbre maiſtre, oſte.
andar dell' O'ſte, c'eſt quand le vent vient des coſtez de l'arbre à la pouppe, aller à l'oſte, ou à la boline. pron. o ouuert.
Oſteggiáre, camper, aſſieger. Item, attaquer vn vaiſſeau.
Oſteggióſo, querelleux, qui attaque.
Oſteleria, Hoſtellerie.
Oſtelliéro, Hoſtellier.
Oſtéllo, Hoſtel. pron. e ouuert.
* Oſténdere, demonſtrer. parf. oſtendétti.
* Oſtenſióne, demonſtration.
Oſtentáre, faire des oſtentations, Se vanter: faire paroiſtre.
Oſtentatióne, oſtentation, vanterie.
Oſtentatóre, vanteur.
Oſtentatríce, vanteuſe.
Oſténti, prodiges, monſtres, choſes contre nature.
Oſtentóſo, prodigieux, monſtrueux.
Oſteria, Hoſtellerie.

OS   OT

O'*stia*, Hostie. pron. o ouuert.
* O*stiário*, boiste à mettre les Hosties. Item, vn portier.
O'*stica*, ó*strica*, huistre.
O'*stico*, goust aspre, déplaisant, fascheux, estrange.
O*stière*, ost, armée. Item, hoste.
O'*stiga*, ó*striga*, huistre.
O*stile*, d'ennemy.
O*stinataménte*, obstinément.
O*stinàrsi*, s'obstiner.
O*stinatióne*, obstination.
O*stináto*, obstiné.
O*stipáre*, constiper.
* O'*strea*, vne huistre.
O'*streca*, & ó*strega*, idem.
O*stregáro*, vendeur d'huistres.
O'*stria* ó*strica*, &
O'*striga*, huistre.
O*strigáro*, crieur d'huistres.
O*strino*, de couleur de pourpre.
O*strióne*, grosse huistre.
O'*stro*, escarlatte ou pourpre. Et le vent du Midy:
esser O'*stro e Tramontána*. i. estre contraires, estre opposez l'vn à l'autre.
O*strogarbíno*, le vent de Sud-Vvest.
O*stresirócco*, quartier du vent de Sud, proche du Vvest.
* O*strúso*, caché.
O*struttióne*, obstruction.
O*strútto*, bouché : plein d'obstructions

O T

O'*Ti*, outarde, oiseau.
O*tiáco*, mal-heureux.
O*tiáre*, estre oisif.
O*tieggiáre*, idem.
O'*tio*, oisiueté. Item, loisir : Repos, tranquillité.
O*tiosaménte*, oiseusement, en repos.
O*tiosità*, oisiueté.
O*tióso*, oisif.
O*tónna*, sorte de rose d'Inde.
O*tráre*, mettre dans vn oudre. pron. o fermé.
O'*tre*, oudre. pron. o fermé.
* O*triáre*, octroy.
* O*triáre*, octroyer.
O*triéllo*, petit oudre.
O'*tro*, oudre, peau de bouc à mettre de l'huile, &c. pron. o fermé.
O'*tta*, heure. Et maintenant. pron. o ouuert.
O*ttábile*, desirable, souhaittable.
O*ttagenário*, de l'aage de 80. ans.
O*ttogonále*, à huict angles.
* O*ttalmía*, inflammation d'yeux.
O*ttálmo*, Idem.
O*ttánta*, quatre-vingts, huictante.
O*ttanténa*, le nombre de 80.
O*ttantésimo*, huictantiesme.
O*ttáre*, souhaitter.
O*ttatíuo*, optatif.
O*ttáto*, desiré.
O*ttáua*, octaue.
O*ttauário*, d'octaue, de huict.
O*ttáuo*, huictiesme.
libro in O*ttáuo*, vn liure in-octauo.
O*ttegnénte*, obtenant.

OT   OV   341

O*ttemperánza*, obtemperance.
O*ttemperáre*, obtemperer.
O*ttenebráre*, obscurcir.
O*ttenére*, obtenir. pres. *otténgo, ottiéni, ottiéne, otteniámo, otteníte, otténgono*, part. *otténni*, part. *otteníto*, fut. *otterrò*, &c.
O*ttenéuole*, qui se peut obtenir.
O*ttentatóre*, qui tente, qui essaye.
O*tténto*, obtenu : Item, l'obtenir, vne chose.
O*ttestáre*, obtester.
O'*ttica*, l'optique. pron. o ouuert.
O'*ttico*, optique. pron. o ouuert.
O*ttimaménte*, tres-bien.
O*ttimáti*, grands personnages, les premiers d'vn lieu.
O'*ttimo*, tres-bon. pron. o ouuert.
O'*tto*, huict. Item du laitton. C'est aussi vn Magistrat à Florence. pron. o ouuert.
à O'*tto*, dans huict iours, en huict iours.
O*ttóbre*, Octobre. prononcez le second o fermé.
O*ttocénto*, huict cens.
O*ttoféro*, char à huict roües.
O*ttogésimo*, huictantiesme.
O*ttogonále*, à huict angles.
O*ttomíla*, huict mille.
O*ttondío, ottonário*, ouurier qui trauaille de lotton.
O*ttóne*, lotton, laitton. pron. o fermé.
O*ttoplicáre*, doubler ou multiplier par huict.
* O*triáméa*, octroy.
* O*ttriáre*, octroyer.
* O*ttnráre*, boucher.
O*ttusáre*, emousser, rendre obtus.
O*ttúso*, mousse, obtus.

O V

O'*Va*, des œufs. pron. o ouuert.
O*uadélle*, semence de vers à soye.
O*uáia*, la masse des œufs dans le ventre d'vne poule.
O*uále*, de forme d'ouale, ouale.
O*uáre*, faire des cris de réjouïssance.
O*uatióne*, sorte de triomphe.
O*uáto*, ouale.
O*uáto*, fait en ouale. Et vn ouale.
O'*ue*, où. pron. o fermé.
O'*ue che*, là où, de sorte que.
O'*ue*, pour ò, particule disionctiue, ou, ou que, ou bien.
O'*ue sia*, au cas qu'il y ait, s'il y a.
* O*ucriére*, ouurier.
O*uéro*, ou bien. pron. o fermé.
O*uecúnque*, en quel lieu que ce soit.
O*uiáre*, obuier.
* O*uíle*, bergerie.
O'*uo*, œuf. pron. o ouuert.
O'*ura*, œuure.
* O*uraggiáre*, trauailler, ouurer.
* O*uraggiére*, ouurier.
* O*uraggío*, ouurage.
* O*uuraggióso*, ouuragé.
* O*uráre*, ouurier.
* O*uráre*, ouurer.
* O*urière*, ouurier.
O*uuiáre*, obuier.
O*uuiatióne*, obstacle.
O*uúnque*, en quel lieu que ce soit.
O*uúro*, confus.

OZ

Oziàco giórno, iour infortuné.
Ozzimo, basilic, herbe.

PA

Pàbulàre, fourager.
* Pabulatóre, fourageur.
* Pábulo, fourage.
* Pacàle, qui porte la paix.
* Patànza, pacification. pron. tz.
* Pacàre, pacifier.
Pacchétto, pacquet.
Pàcchia, gourmandise.
Pacchiàre, gourmander, friander.
Pacchiavótto, petit gouly.
Pacchiatóre, gourmandeur, goulu.
Pacchievótto, petit gourmand, petit goulu ou friand.
Pácchio, gourmandise, bonne chere.
Pacchióne, gros disneur, gourmand, yvrogne.
Pacchiugàre, patroüiller.
* Pacciòso, plein d'aise.
Pacciugàre, patroüiller, margoüiller.
Páce, paix.
non mèno possò dar Páce, ie ne le puis souffrir.
con buòna Páce, parlant par reuerence, ou auec permission.
la Páce di Martóne, nous disons, la paix de la maison: la paix venerien.
và in Páce, qui se dit aux pauures, Dieu vous aide, Dieu vous en donne.
esser Páce, en iouänt, quand le point est égal, ou que c'est à refaire, quittes.
Paciàle, moyenneur de paix.
Paciàre, pacifier, moyenner la paix.
Paciàro, qui moyenne la paix.
Paciénte, patient.
Paciénza, patience. pron. e ouuert. & le z comme tz.
Patiéro, faiseur ou moyenneur de paix.
Patificaménto, pacifiquement.
Pacificàre, pacifier.
Pacifico, pacifique.
Paciózza, petite prix. pron. o ouuert, & les zz comme ts.
cader dalla Padélla nella bráce, nous disons, tomber de fievre en chaud mal.
la Padélla dice al paiuòlo, fatti in là, che tu non mi tinga, c'est ce que nous disons, la pelle se mocque du fourgo.
Padelláta, poislée.
Padellétta, poisson, padellina.
Padiglionáro, faiseur de pauillons, & tentes.
Padigliône, pauillon: Et tente.
Padiglióso, plein de pauillons.
Padiménto, digestion.
Padíre, digerer. Item, se ietter sur la viande, s'acharner. pres. padisce.

Pádre, pere.
dir il Pádre del pèrro, dir villáno, dir villanía, appeler vilain, dire des iniures, chanter poüilles.
Padrástró, beau-pere.
Padreggiàre, ressembler de mœurs à son pere.
Padrégno, parrain.
Pàdri, nos peres, nos ancestres.
Padriciuólo, petit pere.
Padrino, parrain.
Padrocinio, deffense, protection en plaidant.
Padróna, maistresse. Item, aduocate, patrone, maistresse.
Padronéggio, padronánza, &
Padronáto, protection, deffense de cause. Droit de patronage.
Padróne, Maistre, Seigneur. Et celuy qui plaide pour nous, Patron.
Padróne, vn patron de barque, ou nauire.
mal di Padróne, colique aux hommes.
Padroneggiàre, faire le Maistre. Item, proteger, deffendre la cause.
Padronímico, tiré du nom des ancestres.
* Padronità, deffense de cause, protection.
Padúle, padúlo, marest, marescage.
Padulóso, marescageux.
Paesáno, homme du païs: homme du mesme païs: païs, en appellant quelqu'vn de la mesme contrée.
Paesáre, courir le païs.
Paése, païs.
Paése che vai usa che tròui. i. accommode-toy à la coustume du païs.
turto il mòndo è Paése. i. on peut viure par tout.
scoprir Paése, descouurir du païs, descouurir bien des affaires.
Paffùto, gras, replet, charnu, potelé.
Pága, paye de soldat.
Pága mòrta, morte-paye.
buóna ò mala Pága, bonne ou mauuaise paye, bon ou mauuais payeur.
Pagàbile, payable.
Págali, sorte de poissons à Gennes.
Pagaménto, payement.
Paganésmo, Paganisme.
Pagánico, de Payen.
Paganína, sorte de dance, pauane.
Pagàno, Payen.
Pagàre, payer.
Pagàr la gabélla col fréddo, payer la gabelle, & la tromperie. i. estre puny tard, mais rudement.
Pagàr uno pernòci e l'altro per l'òlio. i. faire pis qu'onne nous a fait. Item, faire payer les pots cassez.
Pagàr di fálti, nous disons, payer en monnoye de singe, en gambades.
Pagàti, quittes.
restàr d'esser Pagàti, demeurer quitte à quitte, estre quittes.
Pagatóre, payeur: Tresorier de guerre.
Pagatrice, payeuse.
Paggétto, petit page. pron. e fermé.
Pàggio, page.
Paggióne, grand page.
Paghévole, payable.
Pagina, vne page.
Paciòlli, grosses plantes, espaisses.
Páglia, paille.
hauèr Páglia in bécco. i. auoir quelque party qui se presente: ou quelque haine cachée, & quelque secrete promesse.

PA

le Táglia da cámpi, la bonne au milieu de la mauuaise, nous difons, vn Ange entre deux Diables.
mangiarſi la Páglia ſotto, nous difons, manger ſon bled en verd.
vn muóre in Páglia, vn coquin, qui meurt ſur la paille.
Pagliáccia, paillaſſe. Item, meſchante paille.
Pagliacciáio, paillaſſier.
Pagliacciáre, couurir de paille ou chaume.
Pagliáccio, tas de chaume ou paille.
Pagliaccióne, paillaſſon.
Pagliáio, paillier. Item, paillaſſe.
Pagliardaggine, paillardiſe.
Pagliardáre, paillarder.
Pagliárdo, paillard.
Pagliaréllo, vn pauure paillier.
Pagliariccio, vne paillaſſe.
Pagliericcio, vn taudis.
Pagliáro, paillier.
Pagliaruólo, vn hoſte.
Pagliáta, vne couche de paille pour empacquetter quelque choſe.
Pagliázio, iaulne paille.
Pagliericcio, paillaſſe.
buóna nótte Pagliericcio .i. à Dieu, c'eſt fait de moy, mon affaire eſt faite: le vulgaire dit, adieu la paillaſſe.
Pagliôla, accouchée. pron. o ouuert.
Paglioláia, la peau pendante des bœufs, l'herbiere.
Pagliolière, celuy qui a le pain ou biſcuit d'vn vaiſſeau en garde.
Pagliôſo, plein de paille. pron. o fermé.
Pagliôſo, en iargon, vne bouteille.
Pagliúcca, petite paille.
Pagliúcca, courte paille, ieu.
tu faréſti à cauàr le Pagliúche del pagliáio .i. tu és vn grand iouëur.
Pagliuóla, craſſe. Item, accouchée.
eſſere in Pagliuóla, &
Pagliuoláre, eſtre en couche.
Pagliuoláta, accouchée.
Pagliuoliéri, celuy qui a la charge du biſcuit dans vn nauire.
Pagliuólo, le lieu où l'on tient le biſcuit dans vn vaiſſeau.
Paliuzza, petite paille: pron. ss.
* *Pagnóla*, ſorte d'habit long.
Pagnótta, vn petit pain. Item, vn pagnotte, vn ſot, vn badin. pron. o ouuert.
Pagnotáni, ſorte de figues excellentes.
Pagnottina, petit pain. Item, de la panade.
Págo, paye, payement. Item, ſatisfait, content.
* *Págo*, vn bourg.
Pagolino, plongeon, oiſeau.
Págolo, vne piece de cinq ſols de la marque du Pape Paul.
Pagóna, femelle de paon.
Pagóne, vn paon.
Pagoneggiáre, faire le paon.
Págoro, págro, &
Pagurino, grampelle.
Paiára téla, paiarina, &
Paiaróna, ſorte de toille de chanvre.
Paiarizzo, vn verdrier. pron. ss.
Paidíre, digerer. pref. paidíſco.
Painélla, vn gluau.
Páio, paire, couple.
vn Páio di cárte, vn ieu de cartes.

PA 343

Paiſáre, deſtourner ou ſuiure la proye.
Paiuóla, chaudiere. Item, vne accouchée.
Paiuoláno, chaudronnier.
Paiuoláre, eſtre en couche. Item, mettre dans vne chaudiere.
Paiuoláro, chaudronnier.
Paiuoláta, chaudronnée. Item, vne accouchée.
Paiuólo, vn chaudron.
è negarèbbe vn Paiuólo in cápo .i. il nie tout, il nie effrontément.
Paiuólo, létto di cannóne, platte forme de canon.
Paiula, chaudiere.
Pála, vne pelle. Nageoire de poiſſon. Aube de roüe de moulin.
Pála, pale de calice.
Pála di réma, le bout large de la rame.
far Pála, ſeruir de quelque choſe largement, & liberalement.
Palacráno, palácre, morceaux d'or que l'on trouue dans les mines.
Paladáre, meſurer ou remuer auec la pelle.
Paladélla, le palais de la bouche.
Paladélle, rets à prendre les beccaſſes ou cailles.
Paladinéſco, de Paladin.
Paladíno, Paladin.
Paladóre, remueur de bled, ou chargeur auec la pelle.
Paladúccio, vn petit mareſcage.
Palaficáre, palafiggere, faire des paliſſades. Item, pilotter.
Palafitta, vne palliſſade, ou quantité de paux dans l'eau pour ſouſtenir la force de ſon cours. Item, pilotis.
Palafreniére, c'eſt proprement vn eſtaffier qui ſuit le cheual.
Palafréno, cheual de ſelle, & nom de guerre, paleſroy.
Palegiétto, petit Palais. pron. e fermé.
Paládgio, Palais.
Palatuólo, celuy qui charge les autres auec la pelle.
Palamagliáre, ioüer au mail.
Palamagliére, ioüer au mail.
Palamagliére, ioüeur de pale-mail.
Palamáglio, pale-mail: ieu de mail.
Palamáro, ligne à peſcher.
Palaménto, equipage de rames; les rames.
Paláménto in máno, rames en main; c'eſt à dire, que les forçats s'appreſtent à voguer.
far fuóri il Palaménto .i. mettre les rames dehors.
Palamite, ieune Thon d'vn an.
Palánca, barre ou pal à faire vn palis ou paliſſade: planche.
Palancáre, paliſſer. Item, plancheyer.
Palancático, &
Palancéllo, vne cloſture de paux: vn palis ou paliſſade. pron. e fermé.
Palánchi, rouleaux à roüler les faix, palans, palens.
Palanchinétti, cordes où l'on attache les ſartes de l'arbre du trinquet. Item, vne corde au bout du timon, pour le marinier. C'eſt auſſi vne corde à la voile pour mieux tirer l'eſcotte.
Palancóni, grands planches. pron. o fermé.
Palándra, &
Palandrána, vn balandran.
Palandrína, petite caſaque ou balandran.
Palánga, vn rouleau.
Palangário, qui roule ou porte les fardeaux.
Palára, couuerture ou tillac d'vn vaiſſeau.

PA

Palára, vne griue ou tourdelle.
Palàre, enfoncer des paux : pilotter. Item, eftançonner; mettre des eschallas.
Palàre, remüer ou charger à la pelle.
Palascérmo, vn esquif.
Palàta, vne pesée. Item, palis ou palissade.
Palatára, parietaire.
Palatàra, &
Palatina, palatine, mal de cheual.
Palatíno, de Cour. Palatin.
Paláto, le palais de la bouche. Item, vn palis.
Palatóre, qui charge auec la pelle.
Palatóra, parietaire.
Palazzína, maison de plaisance, maison aux champs. pron. *ts*.
Palázzo, Palais. pron. *ts*.
huomini di Palázzo, gens de Iustice. pron. *ts*.
Palcàre, plancheyer. Item, eschaffauder.
Palchétto, petit plancher, petit eschaffaut. prononcez *e* fermé.
Pálco, vn eschaffaut. Vn plancher. Et le plancher du grenier, ou le grenier mesme. Item, vn estage.
Palcóne, grand eschaffaut.
Pálcora, des eschaffaux.
* *Paleáre*, sabotter.
Paleggiàre, remuer à la pelle.
Palígro, vne ciuiere à porter les morts.
Palelláre, faire vn paralelle.
Palelèllo, paralelle. pron. *e* ouuert.
Palengáro, sorte de nasse.
Paléo, vn sabot dequoy les enfans se ioüent. La trompe d'vn Elephant. Vne sorte d'herbe.
Palesaménte, ouuertement.
Palesaménto, déclaration.
Palesáre, descouurir : déceler : déclarer, manifester.
Palesáta, vne palissade.
Paléfe, descouuert : clair, manifeste. pron. *e* fermé.
in Paléfe, à descouuert.
Paléftra, lieu où l'on s'exerce : barriere : la luitte ; lieu où sont les luitteurs. pron. *e* ouuert.
Paleftráde, clefs de murs.
Paléftrico, de luitte.
* *Palética*, soc d'vne charruë.
* *Paléto*, fer à crocheter. pron. *e* fermé.
Palétta, vne petite pelle. Vne palette : & vn battoir à joüer à la longue paulme. Vne pelle à feu. Vne truelle. Vne espatule. pron. *e* fermé.
Palettàro, faiseur de pelles.
Palettáta, coup de pelle.
Palétto, petit pal. pron. *e* fermé.
Paliáre, palier. Et couurir d'vn manteau.
Paliatióne, paliation.
Paliatíua, paliatiue.
Palicélli, petits paux. pron. *e* ouuert.
Palidézza, couleur pâle. prononcez *e* fermé, & les *zz* comme *ts*.
Palidíre, pâlir, blesmir. pres. *palidisco*.
Pálido, pâle, blesme.
Palidóre, pâleur.
Palisaménto, palis, palissade.
Palisáre, faire des palissades de paux. Item, pilotter : fraiser vne trenchée, &c.
Palisecáta, palissade, palis. Pilotis : fraise en terme de fortification.
Palisecatióne, idem.
Pálito, petit pal.
Palinódia, palinodie.
Pálio, manteau. Manteau Royal, &c.

PA

Pálio, certain prix que l'on court en Italie sur des harbes, & quelquefois à pied.
Pálio, & *pállio*, poile à mettre sur la biere des morts : vn dais, selon aucuns, ou vn ciel. Et vn certain ornement que porte le Pape aux iours solemnels en forme de chaisne.
non è di quélli che córrono al Pálio, nous disons, il n'est pas si hasté .i. il ne croit pas de leger.
à corso il Pálio .i. toute chose est faite.
jud andàr al Pálio .i. la chose est bonne, & honorable.
vincer il Pálio di S. E'rmo, gagner le prix de S. Erme, .i. estre grand caiolleur.
Paliótto, vn deuant d'Autel.
Palischérmo, vn esquif.
Paliscélli, bouts de chandelles dont on en fait d'autres.
Palischérmo, *paliscérmo*, &c.
Palischérmo, vn esquif.
Paliúro, plante qui ressemble au houx.
Palizáto, *palizzo*, &
Palizzo, vne palissade de paux : palis. pron. *ts*.
Pálla, balle : pomme de chenet, &c.
hauér la Pálla in máno .i. faire tout ce que l'on veut : auoir la balle en main.
espettàr la Pálla al bálzo, attendre la balle au bond .i. attendre l'occasion.
vna bella Pálla, vn beau coup de balle au jeu de paulme.
Pálla à véno, c'est vn petit ballon plus gros qu'vne balle, dont on joüe à la longue paulme, autrement *pilótta*.
Pálla di sapóne, sauonette.
Pálla moscáta, sauonette musquée.
giocàr d'vno alla Pálla, nous disons, balotter vne personne.
Pálle, les balles de l'escu ou armes de Florence.
Pálle, le cry de réjoüissance pour ceux de la maison de Florence, qui ont des balles en leurs armoiries.
Pálle, les testicules.
Pallacína, sorte de ciboulle.
Palladéllo, eschalas.
Pallamáglio, palle-mail.
Palleggiàre, balotter : plotter au jeu de paulme.
Pallésco, pasle, blesme. pron. *e* fermé.
Palléfco scúdo, escu d'argent ou ducaton de Florence marqué des cinq balles. pron. *e* fermé.
Pallétta, petite balle : boulette. pron. *e* fermé.
Palliáre, palier.
Pallidétto, vn peu pasle. pron. *e* fermé.
Pallidézza, pasleur &pron. *e* fermé, & les *zz* comme *ts*.
Pallidíccio, vn peu pasle.
Pallidíre, passir. pres. *pallidisco*.
Palliditá, pasleur.
Pállido, pasle, blesme.
Pallidóre, pasleur, couleur blesme.
Pallíno, petite balle, boulette.
far à Pallín pallíno, se renuoyer la balle ou l'escuf l'vn à l'autre.
Pállio, voyez *Pálio*.
Pallizzàre, en jargon, instruire.
Pallóne, ballon. pron. *o* fermé.
gonfiàr il Pallóne .i. flatter, donner de belles parolles : rendre glorieux ou superbe.
Pallonéro, faiseur de ballons.
Pallóre, pasleur. pron. *o* fermé.
Pallótta, balle, boulette, sauonette. pron. *o* ouuert.
Pallottàre, balotter.

Pallottola

PA

Pallòttola, boulette, chique. Crotte d'animal. pron. le premier *e* ouuert, & le second fermé.
Palluzzàre, balotter, plotter au jeu de paulme. pron. *tz*
Pàlma, palme, & palmier. Paume de la main. Vn empan, vne mesure de cinq l'aulne.
tenér in Pàlma della màno .i. estimer, faire cas d'vne personne.
Palmàre, couronner de palmes. Item, empaumer. Et mesurer à la palme, ou empan.
Palmàta, coup de plat de la main. Item, vne teste de cerf paumée. Et vn empan.
Palmatòia, vn baston de pelerin fait de roseau.
Palmeggiàre, couronner de palme. Item, mesurer à l'empan.
Palmatùra, paumeure.
Palmènto, presse: & pressoir.
macinàr à due Palménti .i. manger des deux costez, auidement.
Palmèro, palmier. pron. *e* ouuert.
Palméto, lieu plein de palmiers. pron. *e* fermé.
Palmière, &
Palmièro, hermite.
Palmìfero, porte-palmes.
Palmiprìmo, vin fait de fruit de Palmier.
Pàlmite, branche, rejetton: bourgeon.
Palmìtio, palmier: Et palme que l'on donne le iour de Pasques fleuries.
Pàlmo, empan.
Palmóne, vne perche ou branche pleine de gluaux.
Palmìccio, ieune ou petit palmier.
Pàlmula, petite palme. Item, le costé le plus large d'vne coste.
Pàlo, vn pal. Vn eschalas. Vn poteau.
aguzzàr il Pàlo nel ginòcchio, faire vn affaire dangereuse pour soy.
rimondár vn Pàlo .i. receuoir des bastonnades.
di Pàlo in fràsca, nous disons, de la truye au foin, hors de propos: d'vn discours en l'autre.
Pàlo, vn pic, en terme de blason,
el Pàlo di Ròma, sorte de jeu.
à Pàli, palé, en terme de blason.
Palómba, colombe.
Palombàio, *palombàro*, colombier.
Palombìno, colombin, couleur.
Palombìna, oiseau comme le lanier.
Palómbo, pigeon.
Palombòle, sortes de figues vertes, excellentes.
Palpàbile, palpable.
Palpàre, manier, toucher.
Palpàre, tenir le bout des rames dans l'eau, pour empescher qu'vn vaisseau n'aduance.
Palpatióne, attouchement.
Palpatrìce, palpatrice, qui manie.
Palpèbra, paulpiere.
Palpebrizzàre, clignotter. pron. les *zz*, comme *dz*.
Palpebróni, paulpieres bien grandes.
Palpeggiàre, manier, tastonner.
andàr Palpeggióne, taster, tastonner, aller à tastons.
* *Palpegóne*, à tastons.
Palpetàre, palpiter.
Palpéuole, palpable.
Palpicóne, à tastons.
Palpitànte, palpitant.
Palpitànza, palpitation. pron. *tz*
Palpitàre, palpiter.

PA 345

Palpitatióne, palpitation.
Palpóne, à tastons.
Paltonerìe, gueuseries, meschancetez.
Paltóne, &
Paltonière, vn gueux. Vn frippon.
Paltonìre, gueuser, fripponner. pres. *paltonìsco*.
Paltròcca, vne gueuse.
Paludàle, de marests.
Paludaménto, certaine cotte d'armes des anciens Romains.
Paludàre, verbe, se faire vn marescage.
Paludàre, adiectif, marescageux.
Palùde, marescage.
Paludòso, marescageux.
Paluesàta, vn rempart de boucliers, pauesade. Item, certains bords d'estoffe rouge, & blanche, que l'on met aux nauires, lors que l'on attend, ou que l'on veut donner vn combat sur mer.
Paluése, bouclier, pauois.
Paluscèlli, petits paux.
Palùstro, marescageux.
Pambére, du pain, & à boire.
Pàmbalo, sorte de poisson.
Pampanàio, qui produit des pampres.
Pampanàre, pousser des bourgeons. Item, ébourgeonner.
Pan pàne, che di càrne, ce n'è assài, cela se dit pour ceux qui ont vn gros membre.
dir Pan pàne, ou *pàn pàne*, appeler le pain, pain, appeler les choses par leur nom, ouuertement, clairement.
Pampanèlle, selon aucuns, dentelles.
Pàmpano della vìte, crocette de vigne, pampre.
assài Pàmpani e pòca iua: nous disons, belle monstre & peu de rapport.
Pampanóso, plein de feüilles ou bourgeons. pron. *é* fermé.
Pampapàto, sorte de pain comme le biscuit, fait d'espices & de sucere, ou du miel auec des petits morceaux de citron confit.
Pampariglio, du petit mestier, cornets, oublies de petit mestier.
Pampinàre, ébourgeonner.
Pampinàrio, qui produit des feüilles, & point de fruit.
Pàmpino, crocette de vigne, pampre.
Pampiciòso, plein de bourgeons.
* *Pàna*, de la glu.
Pandeccia, confection pour conseruer le vin.
Panàce, panacée.
Panacèa, idem.
Panàda, pain cuit, sorte de panade.
Panadìlla, *panadìna*, petite panade.
Panàggio, prouision de pain.
Panàia, corbeille à mettre le pain. Item, pannetterie.
Panàra, idem. Item, vne riuiere à Modene.
Panarìccio, panaris, sorte de mal d'auanture sur le bout des doigts. Item, bouton au visage.
Panàrio, lieu où l'on serre le pain.
Panàro, huche au pain: corbeille.
Panaruòla, idem. Et pannetiere.
Panàta, du pain cuit en morceaux: il est different de nostre panade.
far la Panàta al Diauolo, faire de la panade au Diable .i. perdre sa peine: gagner pour autruy.
Panaterìa, pannetterie.
Panàtica, prouision de pain ou de biscuit.

Xx

Panetiera, pannetiere : & panneterie. Item, boulangere.
Panetiere, celuy qui a le soing du pain, le pannetier. Item, boulanger.
Panca, banc.
Pancaccia, vn lieu où l'on va cajoller en public.
Pancaccieri, des cajolleurs qui s'amusent à causer sur les bancs des boutiques.
Pancale, garniture de banc, drap à couurir vn banc. Item, vn banc.
Pancasciato, souppe au fourmage.
Pancata, vn reng de seps de vigne. Item, plein vn banc.
Pancetta, pancette, petite pance. pron. e fermé.
Panchetta, petit banc. Et chauffepied. pron. e fermé.
Pancia, la pance.
grattarsi la Pancia. i. estre oisif.
à Panciatesa, nous disons, à ventre desboutonné.
Panciano, pançu.
Panciare, emplir la pance.
è de' Panciatichi, il est de la race des Panciatiques. i. il est gros & gras ou pançu, ou pançon.
Panciaruola, buste à l'Espagnolle.
Panciata, vne ventrée.
Panciera, buste à l'Espagnolle. pron. e ouuert.
Pancierone, la partie de l'armure qui couure le nombril. pron. o fermé.
Panciétta, petite pance. pron. e fermé.
Panciollare, s'emplir le ventre, viure en goulu.
à Panciolle, à ventre desboutonné. prononcez. o ouuert.
Pancione, grosse pance. pron. o fermé.
Panciuto, pançu.
Panco, banc.
Pancuco, noix qui croist sur des feüilles de chesne.
* *Pandente*, qui déclare. pron. e ouuert.
* *Pandenza*, manifestation.
* *Pandere*, déclarer, manifester. parf. *pandéi*, & *pandétti*, part. *pandúto*, qui n'est point en vsage.
Pandette, les Pandectes.
* *Pandeuole*, qui se peut déclarer.
Pandolo, sorte de jeu d'enfans en Italie.
Pandora, pandore, instrument de musique.
Pane, pain.
Pan lauato, rosties au vin.
Pan per soccacia. i. la pareille.
per vn pezzo di Pane, à vil prix.
mangiar il pane à tradimento. i. ne gagner pas ce que l'on mange.
cercar miglior Pane che di grano. i. ne se contenter pas de la raison.
habbiamo mangiato il Pane de' patti, nous auons mangé du pain des enfans. i. nous auons passé par là, nous auons esté sujets au foüet.
se non venuta, il Panmussano, nous disons, nostre pain ne se gaste pas, à vn homme qui vient pendant que nous disons, & que nous ne voyons pas volontiers.
Pan di S. Stefano, nous disons, miches de S. Estienne, des pierres.
Pane, e vua, vn pauure coquin, vn qui ne mange que du pain & du raisin, vn païsan.
dir Pan pane. i. appeler les choses par leur nom.
Pancotto, espece de panade.
Pan grattato, panade.
Pan porcino, pain de pourceau, plante.
Pan d'orso, aubespin.
Pan buffetto, petit pain blanc, excellent.

Pane in brodo, panade.
mangiar il Pan pentito, se repentir.
Pane di zuccaro, pain de sucre.
Pan perduto, nous dirions, du bien mal employé, il ne vaut pas le pain qu'il mange, d'vn homme inutile.
Panegirico, Panegirique.
Panellare, charmer, enchanter.
Panellino di Badia, promesses.
Panello, vn falot que l'on allume en temps de resiouïssance. Item, charme. Et petit pain. prononcez. e ouuert.
Panereccio, &
Panerecciolo, mal d'auenture au bout des doigts : proprement panaris. pron. e fermé.
Panerello, petit pannier. pron. e ouuert.
Paneruzzo, & *paneruzzolo*, idem. pron. ts.
Panersccio, panaris.
Panetaio, boulanger : & pannetier.
Panetara, boulangere.
Paneteria, paneterie.
Panetiere, panetier : & boulanger.
Panetto, petit pain, Item, vn lingot.
lo vedrebbe Panfiuso, nous disons, vn aueugle y mordroit.
Pania, glux.
la Pania non tenne, la glux n'a pas tenu, vous n'auez pas eu ce que vous desiriez.
Paniaccio, peau à conseruer les gluaux.
Paniare, engluer.
Paniccia, colle faite de farine.
Panicello, petit pain. Item, petit linge : essuy-main.
Panicio, chose pestrie en forme de pain, vn pain. Item, du panis, du millet.
Panico, du panis.
Panicone, vn gros mangeur.
Panicula, le guy.
Paniera, pannier. pron. e ouuert.
Panieraro, faiseur de panniers.
Paniere, pannier. pron. e ouuert.
hauer le budella in vn Paniere. i. auoir grande peur, nous disons, chier dans ses chausses.
Panieruzzolo, petit pannier, coffin.
Panione, gluau.
Panizza, panade. pron. ts.
Panizzo, du panis. pron. ts.
Panna di latte, cresme.
Panne, taches de rousseur.
Panaccio, mauuais pain. Et vn haillon, vn chiffon.
Pannaiuolo, drappier.
Pannarezcia, mal d'auenture.
Panneggiare, drapper en terme de peinture, faire la drapperie.
Panneggiatura, drapperie en terme de peinture.
Panelle d'argento, feüilles d'argent. pron. e ouuert.
Pannelli, drapeaux. pron. e ouuert.
Pannesco, de drapeaux. pron. e fermé.
Pannetto, vn petit linge : vne seruiette, vne toüaille, vn frottoir, vn mouchoir. pron. e fermé.
Pannia, meschante herbe qui croist dans les mares.
Pannicello, lange d'enfant. Et vn petit linge ; vn mouchoir.
Pannicoli, drapeaux, linges.
Pannicolo, pellicule.
Pannicula, pellicule.
Panniculoso, plein de membranes ou pellicules.

# PA	PA 347

Pannilàni, draps, drapperie.
Pannilini, linges, le linge qui sert à l'vsage de l'homme : lingeries.
ben fornito à Panni lìni. i. bien enmanché, qui a beau membre.
Pànni di ràzzo, tapisseries.
Pannìna, drapperie.
sono tutti d'vna medésima Pannìna. i. Ils sont tous d'vne mesme sorte.
* Pannìto, casaque.
Pànno, drap. Toille. Vne taye en l'œil : vne peau qui s'engendre sur le vin, & autres liqueurs.
Pànno da mòrto, poisle ou poile de mort.
Pànni, habits.
Pànni del viso, taches de rousseur.
Pannolàno, drap.
Pànno lino, toile.
chi hà del Pànno può menàr la còda, qui a du drap peut secoüer sa queuë : c'est à dire, qui a dequoy peut faire ce qu'il veut.
i Pànni risànno le stànghe, les draps ou habits refont les barres. i. les belles plumes font les beaux oiseaux.
stàr ne' suòi Pànni, faire de soy sans l'aide d'autruy.
bélla sotto Pànni, belle sous le linge.
Pannòcchia, espic : bouton de semence, esmouchette : panicule. Vne sorte d'escreuice. Vn poulain en l'aine, & le membre viril.
Pannocchiéso, de poulain.
Pannocchiùto, qui a vne teste comme les herbes qui portent de la graine qui a vn cabochon. i. bien enmanché.
Pannosità, taye sur les yeux.
Pannùso, fourny de draps ou toiles. Item, couuert d'vne taye ou pellicule.
Pàno, rouleau de tisseran. Item, vne sorte de fer à crocheter. C'est aussi vne inflammation d'amigdales : les oreillons.
Panòro, sorte de mesure.
Panóso, fourny de pain. pron. o fermé.
Pantanéto, vn bourbier. pron. o fermé.
Pantàno, bourbe, fange.
Pantanóso, bourbeux.
Pantaruìna, terre grasse, & marescageuse.
Pantéra, pantere, luberne, femelle du leopard. prononcez, e ouuert.
Pantèra, &
Pantièra, pantiere, sorte de ret. pron. o ouuert.
Pantùfola, Pantùsola, pantouffle, mule.
Panùnto, pan vnto, pain saulsé : ou rostie au beurre, ou à la graisse qui coule du rost, ou du rosty.
Pànza, la pance.
Panzàne, balliuernes, sottises, badineries. prononcez, ts.
dàr Panzàne. i. en faire à croire. pron. ts.
pigliàr Panzàne, s'entretailler les maschoires : prendre vn mot pour l'autre : se mesprendre. pron. ts.
Panzàre, s'emplir le ventre. pron. ts.
Panzàro, sorte de vin excellent en Toscane. prononcez, ts.
Panzàta, vne ventrée. pron. ts.
Panzeròne, iacque de maille. pron. ts.
Panzièra, la partie de l'armure qui couure le ventre, panciere. pron. ts.
Panzóne, panzu, grosse pance. pron. ts.
Paolìno, pagolìno, cochet sauuage, oiseau.
Paonàzzo, violet. pron. ts.
Paóne, paon. pron. e fermé.

Paoneggiàre, faire le paon, se panader.
* Paornàre, obscurcir.
* Paórno, obscur.
Pàpa, le Pape.
tornàr di Papa Véscouo, nous disons, deuenir d'Euesque Meusnier.
Papàbile, habile à estre Pape.
Papafìco, sorte de bonnet, comme vn bonnet à l'Angloise.
Papafìco, vne sorte de voile ou couuerture.
Papafìgo, papefigue.
Papagàllo, papegay, papegaut : perroquet.
Papalìno, paolìno, cochet sauuage, oiseau.
pan Papalìno, du pain blanc à Rome.
Papàgno, pauot.
Papàli, sorte de poires.
Papalìsti, Papistes.
Paparèlla, &
Paparìno, jeune oison.
Pàparo, idem.
Papàsso, vn chef de Religion parmy les infidelles.
Papàtico, Papauté, dignité de Pape. Pontificat.
Papàto, idem.
Papauerále, coquelicot.
Papauerà̀ta, vn habit couuert de fleurs comme depauots.
Papauerìna, sorte de laictuë pommée.
Papàuero, pauot, membre. Metaph.
Papàuero seluatico, coquelicot.
drizzàre i Papauerìne zàmbi, redresser les pauots par la tige. i. rompre ou ruiner vne affaire.
Pàpe, voix d'admiration : hô, hê, hê Dieu.
* Papellóne, papillon. pron. e fermé.
Paperàre, faire l'oison.
Paperèllo, jeune oye fort petite. pron. e ouuert.
Pàpero, jeune oye.
come i Pàperi di mònna Biónda, alleuàto nelle còrti, comme les jeunes oyes de dame Blonde, esleué, & nourry dans les courts, cela se dit de ceux qui n'ont iamais sorty de leur logis, ou de leur païs.
i Pàperi vòglion menàr à ber le òche, nous disons, vous voulez monstrer à vostre pere à faire des enfans.
buon Pàpero & cattiua òca. i. bon estant jeune, & meschant en vieillissant.
Papìro, papier, sorte de plante en Egypte.
Papìro, meche de chandelle.
Papìsti, Papistes.
Papìstico, de Papiste, ou de Pape.
Pàppa, de la boüillie. Elle est faite de pain cuit comme la panade. Les enfans se seruent de ce mot pour demander du pain. Item, papa, pere.
Pappacchióne, grand mangeur, goulu.
Pappafìco, papefigue, oiseau, becquefigue.
Pappafìco, bonnet à l'Angloise.
Pappagallésco, de perroquet.
Pappagallìssa, vne babillarde.
Pappagàllo, perroquet.
Pappamènti, goust de viande de paste. Et des lasaignes.
Pappardèlle, du boüillon de lieure.
cuittìne, Idem.
Pappardìno, assaisonné comme cette viande là. i. bien accommodé, par Ironie, c'est à dire mal appresté ou mal accommodé.
Pappàre, manger goulument. Item, appeler papa. Donner de la boüillie aux enfans.
Papparòlo, &
Papparòtta, selon aucuns, de la boüillie, ou du nanan pour les enfans.

X x ij

vn Pappatàci, vn cornard volontaire, qui mange, & se taist, vn bon homme.
Pappatóre, vn goulu.
Pappatùra, gourmandise.
Pàppe, tettes, mammelles.
Pàppo, mot d'enfant, du pain.
Pappolàre, niaiseries d'enfant.
Pappóne, goulu, gourmand.
Pàpula, bouton, pustule, enfleure, inflammation.
Papulóso, plein de boutons, ou pustules.
dùe Pàra, trè pàra*, &c. deux paires, trois paires ou couples, &c.
Paràbile, qui se peut parer ou éuiter.
Paràbola, parabole.
Paraboláno, vn jaseur, vn diseur de paraboles.
Parabolàre, dire des paraboles.
Parabólico, de parabole.
Parabolóso, plein de paraboles.
Paracimèno, sorte de vin d'Espagne, parochimène.
Paracóre, chose cordiale, preseruatif pour le cœur. pron. o ouuert.
Paracucchìno, vne chose de rien, vn zest.
Paracuóre, confection cordiale. pron. o ouuert.
Paradisàre, mettre en Paradis.
Paradìso, oiseau de Paradis.
Paradisètto, petit Paradis. pron. e fermé.
Paradìso, Paradis.
vn mangia Paradìso, nous disons, vn mangeur de crucifix, vn bigot, vn hipocrite.
Paradossàle, contraire à la commune opinion des autres, paradoxal.
Paradòsso, paradoxe. pron. o ouuert.
Paraferna, ce que la femme apporte outre sa dote.
Parafernàle, de surplus que la dote.
Paràso, paraphe.
Paràfrasi, paraphrase.
Parafuòco, escran.
Paragàllo, sorte de cordage dans vn vaisseau.
Paràggio, parangon, comparaison. Parage, appareil.
Paraggiàre, preparer.
Paragonànza, parangon, comparaison. pron. *zz*
Paragonàre, parangonner. Esprouuer : comparer.
Paragóne, pierre de touche. Comparaison : parangon. Espreuue, combat. pron. o fermé.
al Paragóne i. à l'espreuue. pron. o fermé.
di Paragóne, le plus fin, le plus excellent. pron. o fermé.
Paragonéuole, comparable, qui se peut parangoner, excellent en son espece.
Paragrafo, marque à la marge.
Paragrafàre, paragrafer.
Paraguànti, mot tiré l'on donne à qui apporte Espagnol, vn present que si vne paire de guants, ses nouuelles, qua-
Paralèllo, paralelle. pron. e ouuert.
Paralìtico, paralitique.
Parallelàre, mesurer également.
Paralléllo, paralelle. pron. e ouuert.
Paraménto, parement.
Paramòsche, chasse-mousches.
Parangonàre, parangoner.
Parangóne, parangon. Voyez paragóne, pron. o fermé.
al Parangòne, à l'espreuue.
Paranìmfa, paranimphe. Item, vn faiseur de mariages.

Item, vn effeminé.
Parapètto, parapet. pron. e ouuert.
Paràre, parer. Donner ou tendre quelque chose, comme tendre la joüe, preparer.
Paràrsi d'inànzi l'occasióne, &c. se presenter l'occasion.
Paràre, parer, qui se dit des cheuaux, arrester.
Paràr una pòsta, joüer vn coup.
Parasguàrdi, cloisons d'ais entre les chambres des Galeres.
Parasìsmo, parasisme, redoublement de fievre.
Parasitàre, escornifler.
Parasìto, escornifleur.
Parasòle, parasol. pron. o fermé.
Paràta, parade. Item, rempart.
far la Paràta, faire parer le cheual, l'arrester.
Paràto, rempart.
Paranànghi, laboureurs, bescheurs.
Paraménto, pare-vent, ou para-vent. pron. e ouuert.
* *Paraz̀ònio*, sorte d'espée à la Venitienne.
Pàrca, la Parque. Item, parsimonie, espargne.
* *Parcàre*, pardonner : espargner.
Pàrcere, idem, part. *parcéi*, & *parcèsti*, part. *parcìsto*, qui n'est point en visage.
Parcànti, en jargon, les yeux.
Parcimònia, espargne.
Parcimoniòso, espargnant.
Parcità, espargne, mesnage.
Pàrco, mesnager, espargnant, moderé, sobre.
Pàrco, vn parc.
Pardaliàsche, sorte d'herbe.
Pardàlio, sorte d'onguent.
* *Pàrdalo*, vn pleuuier.
Pardèllo, veron, poisson.
Pardìglio, cheual gris moucheté.
Pàrdo, en leopard. Item, couleur de sable, ou plustost gris.
Pàre, mot Lombard, pour pàdre.
Parecchiàre, appareiller.
Parécchi, & parécchie, plusieurs.
Parécchio, appareil. Item, pareil.
Pareggiaménto, comparaison.
Pareggiàre, comparer. Egaler.
Pareggiatóre, qui égale.
Paréggio, égalité, parangon.
* *Paréglia*, parangon.
* *Parèglio*, vn receptacle.
* *Parenàto*, palis, palissade.
Parentàdo, parenté, affinité, alliance, race : Mariage.
Parentàggio, parenté.
Parentàle, de parent.
Parentàre, apparenter, allier, marier.
Parentòrio, peremptoire.
Parentàto, parenté, alliance, mariage.
Parénte, parent, parente. Item, pere & mere, pron. e ouuert.
Parénte di Beltràme, i. vn friand.
Parénte del Giùcca, vn sot, vn lourdaut.
Parénte dell' àsino di Balaàm, i. qui porte le vin, & boit de l'eau.
Parénte di Bàrtolo che vènde la vigna, per compràr pàne, nous disons, Gentil-homme de la Beausse, qui vend ses chiens pour auoir du pain.
Parenteggiàre, imiter ou ressembler à ses parents.
Parentè, parenté.
Parentèsi, *these, pron. le premier e ouuert, & le second fermé.

PA

Parentẻuole, qui se peut allier.
Parentézza, parenté, alliance. pron. *ts*.
Parenticida, meurtrier de parens, qui ne se dit guere.
Parentorio, peremptoire.
Parentuccio, pauure petit parent.
Parénza, pour apparence. pron. *e* ouuert, & *z*, comme *ts*.
Parére, sembler, estre d'aduis. pres. *paio*, & *paro*, *pari*, *pare*, *paiamo*, *parete*, *paiono*, & *pareno*. parf. *parsi*, & *parui*, *paresti*, *parse*, & *parue*, *paremmo*, & *paressimo*, *pareste*, *paruero*, & *parsero*. fut. *parerò*, & *parrò*. part. *parso*, & *paruto*. opt. *paia*, &c. ce verbe est aussi impersonnel, comme *pare*, il semble.
mi Pàre, il m'est aduis, il me semble.
non vi Paia strano, ne trouuez pas estrauge.
mi Par cento anni, cela me dure cent ans.
mi Par mill' anni, il me tarde.
non Par più désso, ce n'est plus luy.
Parére, opinion, aduis.
il Parér mio, *il mio parére*, mon aduis, mon opinion.
Paretàio, lieu où l'on prend les oiseaux auec le filet volant.
Paretàra, *paretària*, parietaire.
Paréte, mur, muraille. pron. *e* fermé.
Paréte, & *paretélla*, vn filet volant, à prendre des oiseaux.
Parétolo, lieu où l'on prend les oiseaux auec le filet volant. pron. *e* fermé.
Parétta, filet volant. pron. *e* fermé.
Paréuole, qui semble estre apparent.
Pargoleggiàre, faire l'enfant : se jouër comme font les enfans.
Pargolétta, *pargolétto*, jeune, jeune enfant ; vn petit, vn faon. Item, mignard, beau, gentil.
Pargoléza, enfance, ieunesse. pron. *e* fermé, & les *zz*, comme *ts*.
Pàrgolo, vn jeune enfant : mot poët.
Pàri, pair : égal. Egalement.
Pari del règno, les Pairs.
Pàri ò càsso, le jeu de pair ou non pair, pair ou non.
trè Pàri, fredon, tricon aux cartes.
Pàri e dispàri, pair ou non pair.
per vn suo Pàri, pour vn homme de sa sorte, pour vn homme de sa condition.
da Pàri nòstri, comme gens de nostre sorte, comme nos semblables.
è la gentilhómo Pàr mio, c'est Caualier comme ie suis.
à piè Pàri, à joints pieds.
star à piè Pàri .i. auoir toutes ses commoditez.
del Pàri, but à but : Tant à tant. Item, de front, quittes.
siamo del Pàri, nous sommes à deux de jeu .i. égaux, quittes.
Pariàno, sorte de poisson comme vn escargot.
Paricida, paricide.
Paricidio, meurtre, paricide.
Parietària, parietaire.
Pariéte, muraille.
Parigino, Parisien, de Paris. Item, patisis.
Parigióli, sorte de champignons.
Pariglia, doubler au jeu de dez : pair aux cartes.
Pariglio, parangon.
* *Parilità*, égalité.
Parimènte, pareillement.
Pàrio, sorte de marbre.
Parismo, paraphrase.
Parísola, mesange, ou fauuette.
Paritá, égalité.
Paritèllo, petit mur foible. pron. *e* ouuert.

PA 349

* *Parladùra*, le parler.
Parlàgio, le bareau au Parlement.
Parlamentàre, parlementer.
Parlaménto, Parlement. Item, harangue, oraison : Discours, entretien.
Parlànte, parlant : qui parle.
Parlantina, vn discours vif, & prompt. Item, vne cajolleuse.
* *Parlanza*, discours, le parler.
Parlàre, parler.
Parlàr cóme i spiritàti, parler comme les possedez .i. parler par la bouche d'autruy, parler par oüy dire.
Parlàre à piacènza, parler à l'auantage de quelqu'vn : parler pour complaire.
andàr à Parlàr à Pilàto .i. mourir.
Parlàr à fètte, parler en mots couuerts.
Parlàr con màno, monstrer auec la main ou en poussant de la main.
Parlàr con le màni .i. frapper.
Parlasìa, paralisie.
Parlàta, discours.
Parlatóio, parloir de Religieuses.
* *Parlàto*, pour *Prelàto*, Prelat.
Parlatóre, parleur.
Parlatòrio, parloir.
Parlatrice, parleuse, discoureuse.
* *Parlatùra*, le discours, le parler.
Parlético, paralitique.
Parlièra, grand parleur.
* *Pàrma*, pauois, targue.
Parmegiàno, Parmesan. Item, vne sorte de fourmage que nous appelons de Milan, par abus.
Pàrmola, &
Pàrmula, partie d'vne charruë.
Parnassìco, de Parnasse.
Parnòcchie, squilles.
Pàro, vne couple, vne paire, au pluriel *paia*.
del Pàro, de front. Item, but à but, tant à tant : également.
à Pàro, au pair, au mesme temps.
Paròcchia, Paroisse.
Parocchiàre, demeurer en vne Paroisse.
Parochétto, perroquet. pron. *e* fermé.
Parochiàle, de Paroisse : Parochial.
Parocchiàno, Paroissien. Metaph. le Pape, l'Euesque, &c.
Parochìto, petit perroquet.
Pàroco, Paroissien. pron. *o* fermé.
* *Parósia*, pour Paroisse. pron. *o* ouuert.
* *Parosiàle*, Parochial.
* *Parossiàno*, Paroissien.
Paròla, parole. pron. *o* ouuert.
Paròla per paròla, mot à mot.
le Paròle non s'infilzano .i. il ne se faut pas fier aux paroles.
Paròle san il mercàto e lidanàri pagàno, les parolles font le marché, & l'argent le paye.
far Paròle, auoir des prises en parolles.
Paròle da végghia, parolles d'entretien, & parolles sans effet.
Paròle Brugnina .i. ce sont des parolles, & rien au bout.
Paroláccie, parolles deshonnestes.
Parolàre, faire vn paroli aux dez, ou aux cartes.
Parolàia, vne quantité de parolles. Item, plein vne marmite.
Parolétte, petites parolles douces.
Pàroli, paroli aux dez, ou aux cartes.

X x iij

PA

Paroline, douces parolles.
Parólo, vn chauderon, pron. o ouuert.
Paroloni, de gros mots.
Parolóso, plein de parolles.
Parolúzze, sortes de parolles, pron. ʒʒ.
Parosolina, vne sorte de fauuette, ou mesange.
Parossola, idem.
Parpaglióne, &
Parpagliuóla, papillon.
Parpagliuóla, parpaiola, monnoye à Milan, qui vaut quinze deniers des nostres.
Párra, vn oiseau appelé vne Nonnette.
Párra, en jargon, le froid.
Parricida, parricide, meurtrier.
Parricidio, parricide, meurtre.
Parrochia, paroisse, pron. o ouuert.
Parrochiáno, vn Curé.
Parrochiáno, paroissien.
Parrússola, parúʒʒa, &
Parrúzzola, sorte de fauuette.
Parsimonia, espargne.
Parsimoniáre, espargner, mesnager.
Parsimonióso, mesnager, espargnant.
Párso, paru : semble.
Parsonáro, compartageant.
Partággio, partage.
Partánza, départ, pron. ʒʒ.
Partatamente, à part, à l'escart.
Párte, part, partie ; personnage en Comedie. Costé ; partie en plaiderie : partie : endroit, lieu.
Párte per párte, prix pour prix.
dall' áltra Párte, d'ailleurs, de l'autre costé.
la Párte, c'est enuiron ce que nous disons, bouche à cour ; mais c'est aussi vne portion de pain & de vin, qu'on donne à vn estaffier, ou autre personne chez les Cardinaux, Prelats, &c. à Rome.
la Párte, & dalla párte, de la part.
della Párte mia, pour ma part, pour ce qui me touche.
odi l'áltra Párte, e credi póco : nous disons, qui n'entend qu'vne partie n'entend rien.
à Párte, à part, à l'escart.
far bèn la sua Párte, le François dit, jouer bien son jeu, jouer bien son personnage.
far la Párte, jouer vn personnage.
metterſi à Párte, d'vna cosa, se mesler d'vne chose, vouloir entrer en vne chose.
per il sig. N. Párte úna & la sig. N. párte áltra, pour Monsieur N. d'vne part, & Damoiselle N. d'autre part.
compir le súe Párti, s'acquitter de son deuoir.
esser à Párte, estre participant, participer, auoir part.
dar Párte, faire part d'vne chose.
Párte che, cependant que.
Partecipánte, participant.
Partecipánza, participation, pron. ʒʒ.
Partecipáre, participer.
Partecipatióne, participation.
Partécipe, participant, participante.
Partefice, participer.
Partefice, partiecipe, participant.
Parteggiána, pertuisanne.
Parteggianáta, trait de Partisan. Et coup de pertuisanne.
Parteggiáno, partisan.
Parteggiáre, estre d'vn party, se jetter d'vn party.
Partenénte, appartenant, pron. e ouuert.
Partenénza, appartenance, pron. e ouuert, & le ʒ, comme ʒʒ.

PA

Partenére, appartenir, pref. parténgo, partiéni, partiéne, partiámo, partiáte, partingono, parf. parténni, partenésti, parténne, partenémmo, partenéste, partenéro, part. partenúto, fut. parterrò, opt. partinga, impart. partenéssi, & partérrei, &c. ce verbe est aussi impersonnel, comme appartiéne, il appartient, &c.
Parteuiménto, appartenance.
Partiénte, partageant. Item, qui part d'vn lieu, pron. e ouuert.
Parténza, départ, pron. e ouuert, & le ʒ, comme ʒʒ.
esser di Parténza, estre prest à partir.
Partesána, pertuisanne.
Partéuio, armoise.
Partiále, partial.
Partialità, partialité.
Partialménte, partialement.
Partibile, partageable.
Particélla, parcelle : & particule.
Participáre, participer.
Participatióne, participation.
Participatóre, participant.
Participatrice, participante.
Participatiuo, qui peut participer.
Participio, participe.
Particola, parcelle, & particule : c'est aussi vne petite Hostie pour communier.
Particoláre, particulier.
Particolarménte, particulierement.
Particolarità, particularité.
Particolariʒʒáre, particulariser, pron. dʒʒ.
Particoleggiaménto, particulatisation.
Particoleggiáre, particulariser.
* Partícolo, particulier.
Particula, particule, & parcelle.
Particuláre, particulier.
Partigiána, pertuisanne.
lanciar Partigiáne ii. faire des rodomontades, tirer de grands coups. Se vanter.
Partigiáno, partisan.
Partigionánte, qui porte vne pertuisanne.
Partigióne, partition, diuision.
Partiménto, idem.
Partíre, partir, partager : s'en aller, partir : départir ; terme de chimie.
hauer à Partíre, nous disons, auoir quelque chose à démesler.
Partir l'amicítia, rompre auec vne personne.
Partita, départ. Portion, part : partage : parties de marchand : partie au jeu.
Partitaménte, à part, separement.
à Partite, en terme de blason, party.
Partitióne, partition.
Partíto, vn party, partagé, diuisé.
da Partíti Partíti, des partis vat'en i. qu'il faut suiure les partis aussi-bien que ceux qui les suiuent.
mandar à Partíto, appointer.
il ceruéllo à Partíto, en suspens, en doute.
à mal Partíto, en mauuais estat.
à niun Partíto, en aucune façon.
Dóma dà Partíto, femme de bonne composition.
Prénder Partíto, resoudre ce que l'on doit faire d'vne chose, prendre resolution, faire vne fin.
Partitório, partition, diuision.
Partitóre, partageur.
Partitríce, partageuse.
Párto, enfantement.
dónna di Párto, accouchée, ou en trauail d'enfant.
morir di Párto, mourir en trauail d'enfant.

PA

d'vn *Pàrto*, nous difons, d'vne ventrée.
Partóggio, ciuiere à porter les morts. Item, vn brancard.
* *Partónda*, Déeſſe de l'accouchement.
Partorire, enfanter, accoucher: produire. preſ. *partoriſco*.
Pariurire, idem.
* *Parùcca*, perruque.
Paruchétto, perroquet, ſorte de voile.
* *Paruénte*, apparent.
* *Parùenza*, apparence.
* *Paruézza*, petiteſſe.
* *Parnificáre*, diminuer, abbaiſſer, rendre petit.
* *Paruità*, petiteſſe.
Párula, meſlange, ſelon aucuns.
* *Párno*, petit.
Paruoleggiáre, faire l'enfant, ſe joüer.
Paruólo, prononcé u voyelle, vn chaudron.
Paruſſola, ſorte de fauuette: meſlange, ſelon aucuns.
Paruta, apparence: apparition: comparition.
Paruto, paru, apparu, comparu: ſemblé.
Páſca, Paſque.
Paſcále, Paſcal.
Paſcere, paiſtre. Viander, en terme de Venerie. preſ. *páſco*, *páſci*, *páſce*, parf. *paſcéi*, & *paſcétti*, part. *paſciùto*.
Paſcéuole, que l'on peut repaiſtre.
Paſcebio, paſquis.
Paſcibiétola, vn fat, vn ſot.
Paſcióla, &
Paſcióna, le viure, abondance de viures: bonne chere.
Paſcionáre, faire bonne chere.
Paſcióne, rentes, reuenus, ſubſides.
Paſciózza, bonne chere. pron. o ouuert, & les zz comme ts.
Paſciozzáre, faire bonne chere. pron. *ts*.
vn Paſcipécora, vn bouuier, vn lourdaut.
Paſcitóre, paſteur: nourricier.
Paſciúto, ſaoul, repeu.
Páſco, paſquis.
Paſcolaménto, paſturage.
Paſcoláre, paiſtre.
Paſcolatòre, qui paiſt.
Páſcolo, paſquis, paſturage. Viandis.
Paſcolóſo, plein de paſturage.
* *Paſcuóne*, vn larron de cheuaux.
Paſelíno, ſorte de lys.
Paſmáta, pain beniſt auec du ſaffran.
Paſóne, vne corneille qui a les pieds rouges.
Páſqua, Paſques.
Páſqua di mággio, &
Páſqua roſata, la Pentecoſte.
Páſqua di Natále, Noel.
dar la mála Páſqua ad vno. i. dire de mauuaiſes nouuelles.
hauér Páſqua in Domènica. i. auoir tout ce qu'on ſouhaitte.
Paſquále, Paſcal.
Paſquáre, paſqueggiáre, faire ſes Paſques.
non Paſquina è entrata in Árezzo. i. l'affaire à reüſſi.
Paſquináre, faire des paſquins.
Paſquináta, vn paſquin, vne paſquinade.
Paſquíno, vn paſquin ou paſquil. Item, vn aſne. La figure de Paſquin à Rome.
Paſquíno, en jargon, agneau.

PA 351

Páſſa, ſeiche fleſtrie.
vn Paſſabattáglia, vn bon drolle, nous diſons vulg. vn paſſeroute.
Paſſábile, paſſable.
Paſſacauálli, vn bac, ponton.
Paſſadiéci, jeu au paſſe-dix.
Paſſadóri, traits, matratz, quarreaux d'arbaleſte. prononcez, o fermé.
Paſſaggiére, voyageur, paſſager. Item, peager. prononcez, e ouuert.
Paſſággio, paſſage.
Paſſamanini, petits paſſemens.
Paſſamáno, paſſement.
Paſſamentáre, paſſementer.
Paſſaménto, paſſage. Et accommodement d'affaire.
Paſſaméz zo, paſſemeze, ſorte de dance. pron. e ouuert, & les zz comme dz.
* *Paſſamórto*, vn paſſager.
Paſſante, paſſant, paſſante.
Paſſa parola, paſſe parolle, c'eſt quand on fait ſçauoir vne choſe de l'vn à l'autre ſur vne Galere.
Paſſapórto, paſſe-port.
Paſſáre, paſſer: percer: tranſpercer: tranſporter: ſurpaſſer.
Paſſár di vita, mourir.
Paſſar officio, eſcrire à quelqu'vn, faire vn compliment par lettres.
Paſſarſela, prendre patience: eſchapper doucement, & à petits frais.
Paſſár pòca affettióne frà dùe perſóne, y auoit peu d'affection entre deux perſonnes.
còme ſelà Páſſa V. S. comment vous va.
quéſto mi Páſſa il cuóre, cela me creue le cœur.
Paſſarétti, petits flets, ou petites plies. pron. e fermé.
Paſſaríno, moineau, paſſereau.
far il Paſſaríno, faire paſſer la corde nommée Oſte à la Mezanic.
Paſſarótto, paſſereau, moineau. pron. o ouuert.
pigliar Paſſarótti, s'entretailler en parlant, parler mal à propos. pron. o ouuert.
Paſſáta, paſſade. Item, paſſage en vn païs eſtranger.
far Paſſáta d'vn negótio, traitter en paſſant.
à tútta Paſſáta, à toute reſte, à toute bride.
con le Paſſáte, cy-deuant, par le paſſé, il s'y ſouſentend lettére.
far Paſſáta, s'aduancer aux eſtudes ou honneurs. Entrer auant en quelque choſe materielle. Item, dire vn petit mot de quelque affaire en paſſant.
Paſſatémpo, paſſe-temps.
i Paſſáti, les deuanciers.
Paſſáto, paſſé, entremeſlé.
Paſſáta dománi, apres demain.
Paſſatóio, vn paſſage facile. Vn paſſevolant à la monſtre.
Paſſatóre, vn paſſager, vn paſſant.
Paſſavóga, paſſe vogue. i. que l'on ſe prepare à voguer, terme de galere.
Paſſavolánte, paſſe-volant. Item ſorte de piece d'artilerie. Vne ſorte de quarreau d'arbaleſte. Item, vn eſtroc.
Paſſeggiaménto, pourmenade.
Paſſeggiáre, ſe pourmener au petit pas, aller pas à pas: deſmarcher, pourmener, mener en main vn cheual: faire des paſſades, paſſager.
Paſſeggiáta, vn tour de pourmenade.
Paſſeggiatóio, allée, & pourmenoir.
Paſſeggiatóre, pourmeneur.
Paſſeggière, vn paſſager. Et vn peagier, qui reçoit le peage.

Paſtéggio, allée, tour: pourmenade.
Paſſera, moineau, paſſereau.
Paſſera màtta ou matinggia, vn fricquet.
péſce Páſſera, vn carlet, poiſſon.
Páſſera gazzèra, ſorte de Lanier. pron. les zz. comme dz, & l'e ouuert.
Paſſerélla, flet ou carlet.
Paſſerina, raiſin ſec, comme le raiſin de Corinthe.
Paſſerino, vn petit moineau. Vn carlet, poiſſon: vne ſorte de poignard.
Paſſerino, la deſtente d'vn roüet d'harquebuſe ou piſtolet.
Paſſerótto, petit moineau ou paſſereau.
dir ò far vn Paſſerótto, dire ou faire vne choſe hors de propos.
pigliár vn Paſſerótto .i. ſe méprendre.
Paſſéto, vne meſure d'enuiron trois quartiers. Item, vne boſſette. Et vn petit pas. pron. é fermé.
Paſſibile, paſſible.
Paſſina, ſorte de meſure: meſurer de la longueur de l'ourdiſſoir.
Paſſino, idem. Et vn petit pas.
Páſſio, la Paſſion de noſtre Seigneur.
Paſſionáre, paſſionner.
Paſſióne, Paſſion.
Paſſire, ſeicher au ſoleil, comme les raiſins. preſ. paſſiſco.
Paſſinaménte, paſſiuement.
Paſſiuo, paſſif. Item, variable, tranſitoire, qui paſſe.
Páſſo, pas. Item, paſſage.
Páſſo andánte, pas ordinaire en cheminant.
far il Páſſo ſecondo la gámba, i. aller ſelon ſes forces.
Páſſo, páſſo, pas à pas.
il primo Páſſo è quel dé la foglia .i. le commencement eſt difficile.
pigliár i Páſſi innánzi, prendre le deuant, ſe pouruoir de bonne heure.
Páſſo, flétry, ſec, paſſé comme les fruits.
Páſſo, le ius tiré des raiſins ſecs.
Paſſolo, raiſin ſec, raiſin de Corinthe.
Paſſoláre, ſeicher comme les raiſins.
Páſſole, fruits ſecs.
* Paſſóne, pal ou pieu que l'on enfonce dans l'eau.
* Paſſiro, qui doit endurer.
Páſta, paſte.
di groſſa Páſta, groſſier, ignorant.
farſi colla ſua Páſta .i. ſe mettre en colere contre ſoy-meſme.
di buóna Páſta, de bonne paſte, de bonne complexion, de bonne humeur.
per remenár la Páſta il pan s'aſſina, à force de trauailler on apprend.
Pataccia, groſſe paſte.
Paſta végia, confection pour le cœur.
Paſtáre, peſtrir, & empaſter.
Páſteche, morceaux de bois qui enferment les poulies.
Paſteggiaménti, feſtins, repas.
Paſteggiáre, ſeruir pour repas, faire vn bon repas; traitter vne perſonne, luy donner vn bon repas, feſtiner.
Paſteggiatóre, qui fait bonne chere.
Paſtegli, paſtiſſeries.
Paſtelliére, paſtiſſier.
Paſtéllo, paſton, morceau de paſte. Item, du paſtel. pron. è ouuert.
Paſticciérni, paſtiſſeries.

Paſticciaría, paſtiſſerie. Et boutique de paſtiſſier.
Paſticciáre, paſtiſſier.
Paſticciáro, paſtiſſier.
Paſticciáta, c'eſt enuiron noſtre paſté en pot.
Paſticciére, paſtiſſier.
Paſticciétto, petit paſté. pron. e fermé.
Paſticcíno, idem.
Paſticcio, paſté.
* Paſtiéro, certain outil de plombier.
Paſtináca, panet, paſtenade. Item, iaſerie.
Paſtináca marina, tareronde, ſorte de raye, boughette, baſtangue, vaſtangue.
Paſtináca Muraneſe, vn panet de Muran: vn engin de verre.
Paſtináre, renuerſer la terre, faire des foſſes pour planter la vigne, ou prouigner.
Paſtinatióne, foſſe à prouigner: façon de prouigner.
Paſtingoli, ſorte de paſtez. Sorte de mets.
Paſtino, prouin, prouuin de vigne: foſſe à prouigner.
Paſtini d'álberi, greffes, entes. Item, marcotte.
* Paſtizzáio, paſtiſſier. pron. ts.
* Paſtizzáre, paſtiſſer. pron. ts.
* Paſtizziére, paſtiſſier. pron. ts.
* Paſtizzo, paſté. pron. ts.
Páſto, viande, & repas; appaſt: paſture.
à Páſto, à table d'hoſte.
biſogna vomitar Páſto, il faut rendre gorge. i. rendre ce que l'on a pris ou vſurpé.
di buón Páſto, de grande vie, qui mange beaucoup.
Paſtócchia, fable, ſornette, fiction feinte, trompe-rie, manterie. pron. e ouuert.
dar Paſtócchie, conter des ſornettes, en bailler à garder.
Paſtóia, entraue. pron. o ouuert.
Paſtoiáre, mettre des entraues.
Paſtóne, paſton, morceau de paſte. Il ſe prend auſſi pour vne boulette de ſon peſtry, & pour l'eau qui en ſort. Item, ſorte d'emplaſtre. pron. e fermé.
Paſtóne, vn grand mangeur.
Paſtóra, Bergere. pron. o fermé.
Paſtóra, paſtóia, entraue. Item, quarquan à mettre au col, fer aux pieds. pron. e fermé.
Paſtóre, paſtureus. pron. e fermé.
Paſtoràle, croſſe d'Eueſque. Metaph. le membre viril. Item, paſtoral: & vne paſtorale.
Paſtoráre, paillere. Item, mettre des entraues, & entrauer.
Paſtoráto, office de Paſteur.
Paſtóre, Paſteur, berger. pron. o fermé.
Paſtorélla, paſtourelle, bergerotte.
Paſtorítia, l'art de Paſteur.
Paſtóſa, vne fille en bon point, groſſe, & graſſe.
Paſtóſo, paſteux: ſouple, douillet.
Paſtoruccio, pauure petit berger.
Paſtricciána, ſorte de cherui, ou de panet ſauuage.
Paſtriciáno, vn goulu. Item, panet.
Paſtricciône, idem.
* Paſtrúgli, plats creux.
Paſtúme, choſes de paſte.
Paſtúra, paſture. Trace, piſte.
tenér in Paſtúra .i. entretenir d'eſperance: nous diſons tenir le bec en l'eau.
Paſturággio, paſturage.
Paſturále, paſturon. Item, vne croſſe.
Paſturáre, paiſtre, tenir au paſturage.
Páta, l'Epacte.
Patácca, patac, monnoye de peu de valeur, ou pluſtoſt vne piece de 58. ſols.

Patácchia

PA

Patacchià, patache, forte de barque. Item, vn patac, monnoye.
Patacchiáto, parſemé comme de clouds, ou de teſtes de clouds.
Patacchina, monnoye d'argent aux Indes.
Patacóne, vn patacon, piece de cinquante-huict ſols.
Pataſſo, ſelon aucuns, monnoye de peu de valeur. Item, vn epitaphe.
Patággio, vne patache.
Patartuo, vn faquin ou crocheteur.
Patáſcia, pataſſa, patache.
Pataſſo, vne meſange.
* Patélla, vne poiſle. Item, ſorte de poiſſon à coquille qui vient aux rochers ſur les bords de la mer, qui n'ont qu'vne coquille.
Patellàro, faiſeur de poiſles.
Patenà, platine : platine de Calice.
Patentàre, donner des patentes.
Paténte, ouuert, manifeſte, apparent. Item, patente, lettre patente.
Patera, platine de Calice.
Patereccí, mal d'auenture, enfleute vers les ongles.
Pateriná, femme heretique.
Paterino, heretique.
Paternàle, paternel.
Paternità, paternité.
Patérno, paternel. pron. e ouuert.
Paternòstro, patenoſtre. Item, le Pater noster.
Paternòstro della bertúccia, les patenoſtres des ſinges.
Patético, patetique, perſuaſif.
Patíbile, ſupportable.
* Patíbulo, le gibet.
Pático, hepathique ſorte d'aloës.
Patiénte, patient, patiente.
Patiéntia, patiénza a. patience. pron. ti.
Patiménto, ſouffrance.
Pátina, platine, ou grand plat.
Patinàre, leicher les plats.
Patináro, pottier d'eſtain.
Patíre, ſouffrir. Pour digerer. pres. patiſco, patiſci, patiſce, &c.
Patir d'vna malatia ò male, eſtre ſujet à quelque mal, ſe ſentir de quelque mal.
Patitóre, qui endure.
Patráſſo, ſelon aucuns, vn grand habile homme.
andàr à Patráſſo, nous diſons, aller, ad patres, mourir.
* Patráto, fait, accomply.
Patráno, grand pere.
Patreggiàre, reſſembler à ſon pere en mœurs, & actions.
Patrégno, parrain, paraſtre.
Pátria, patrie.
ogni paeſe al galant'huómo è Pátria, vn honneſte homme treuue ſon pays par tout.
la Pátria è óue s'ha del bène, le Latin dit, ubi bona ibi patria, où il y a dequoy viure il faut faire ſa patrie.
Pátria d'Hércole, ſelon aucuns, vn nom de la pierre d'aiman.
Patriále, de patrie.
Patriárca, Patriarche.
Patriarcáto, dignité de Patriarche.
Patriáre, naturaliſer dans vne patrie.
Patricída, vn patricide, meurtrier de ſon pere.
Patricídio, meurtre, parricide.
Patrício, Patrice, citoyen.
Patrimoniále, patrimonial.

PA 353

donáro Patrimoniále, domaine.
Património, patrimoine : domaine.
Patrigno, beau-pere. Et parrain.
Pátrino, parrain.
Pátrio, paternel. Et de patrie.
Patrióita, patriote, femme du pays.
Patrióto, homme du pays.
Patritiáto, dignité de Patrice.
Patrítio, Patrice.
Patrizzàre, reſſembler à ſon pere. pron. les zz comme dz.
Patrocinàre, haranguer, plaider pour vn autre.
Patrocínio, harangue, deffenſe de cauſe.
Patróna, patrone : maiſtreſſe : aduocate. pron. o fermé.
Patronàre, proteger, deffendre la cauſe.
Patronàggio, protection, deffenſe.
Patronático, idem.
Patróne, Patron, Maiſtre. pron. o fermé.
Pátta, ſpacte.
Pátta, poinct ou cartes pareilles, en joüant.
Pattecchia, vne patache.
attacchiàre, patroüiller, barboüiller.
Pattacchióne, patroüilleur, barboüilleur, broüillon.
Pattacóne, pitacon.
Pattáre, faire cartes pareilles. Item, conuenir de prix.
Pattarino, vn gagne denier ou crocheteur. Item, heretique, meſcroyant.
Patteggiáre, faire paches ou conuentions, faire compoſition, compoſer : accorder de prix, conuenir : barguigner.
Patteggiatóre, qui fait pris.
Patteggióſo, dont l'on peut conuenir.
Patterino, Confeſſeur qui aſſout le penitent.
Pattigiàre, accorder, conuenir.
Patini, des patins.
Pattióne, paction.
Pátto, paction, pache, accord, conuention.
à tútti Pátti, à quelque prix que ce ſoit.
riméttersi à Pátti, ſe rendre à compoſition.
Páti vécchi, e módi vſài, vieux accords & modes vſitées : C'eſt quand on demande comment on ſe porte, on répond, à l'ordinaire.
con Pátto che, à la charge que, à condition que.
Pátto chiáro amico cáro, les bons comptes font les bons amis.
Pattoire, pattouire, &
Pattoíre, faire paction ou accord, conuenir. pres. pattuiſco, &c.
Pattuglia, la patroüille.
Pattúme, balayeure.
il Pattuíto, accord, pache, pacte, conuention, compoſition. pron. les voyelles ſeparement.
Pattuíto, accordé, conuenu.
Pattóne, en jargon, vn lit.
Pauána, &
Pauaníglia, la pauanne, dance.
Pauarína, morgeline, ſorte d'herbe.
Pauáro, vne ieune oye. En argot, vn mouchoir.
Pauciloquénte, qui parle peu.
Paucilóquénza, peu de diſcours. pron. ts.
Paucità, le peu.
Páue, il a peur. Il n'y a que ce temps, & cette perſonne, de ce verbe.
Paueglióſa, papillon.
Pauéndo, eſpouuentable.
Pauentáre, auoir peur.

Y y

PA

Pauéuto, espouuantement. pron. e ouuert.
Pauentóso, espouuantable : & plein d'espouuantement.
Pauerázzo, papillon. pron. ss.
Pauerìna, idem.
Pauéro, la mêche d'vne lampe.
Pauesáre, pauoiser, garnir de mantelets, bastinguer vn vaisseau.
Pauesáro, armé de pauois, qui porte vn pauois.
Pauesáta, sorte de mantelet sur vne galere, fait de caneuas, pour couurir les soldats, pauesade, bastingue.
Pauésáto, armé de pauois ou boucliers.
Pauésce, &
Pauése, pauois. Item, vn mantelet de bois, pauesade.
*Páuido, peureux.
Pauiéra, méche, lumignon : c'est aussi vne sorte de bois qui s'allume, & sert de flambeau.
Paniglinólo, papillon.
Pauiglióne, idem. Et vn pauillon.
Pauimentáre, pauer ou plancheyer.
Pauiménto, le dessus du plancher sur quoy l'on marche.
Pauirázze, broussailles à faire du feu. Item, feux de ioye, selon aucuns. pron. ss.
Pauitáre, trembler de peur.
Pauliáno, gueux, qui se dit descendre de la race de S. Paul, & chasse les serpens.
vn Páulo, vne piece de cinq sols de la marque du Pape Paul.
Panóna, femelle de paon.
Panouácchio, panonáccio, &
Panonázzo, violet. pron. ss.
Panoncélla, vn vanneau. pron. e ouuers.
Panoncíno, petit paon.
Panóne, paon. pron. o fermé.
Panoneggiánte, qui fait le paon.
Panoneggiáre, se panader, faire le paon.
Panoneggiatóre, vn vanteur, vn qui fait le paon.
Panonéssa, femelle de paon. pron. e fermé.
Panoníno, petit paon.
* Panóre, peur, terreur.
Paura, peur. pron. comme paoura.
Paurire, faire peur. pres. pauisco. prononcez comme paourisco.
Paurosaménte, peureusement.
Paurôso, peureux.
Páusa, vne pause.
Pausáre, faire des pauses.
Pazzacchióne, vn patrouilleur, vn brouillon, follastre, pron. ss.
Pazzacóne, idem. pron. ss.
Pazzaménte, follement. pron. ss.
Pazzarèllo, petit fol. pron. ss. & e ouuert.
Pazzarésco, follastre, de fol. pron. ss.
alla Pazzarésca, follement. pron. ss. & e fermé.
Pazzaróne, gros fol. pron. ss.
Pazzéda, baratte à battre le beurre. pron. ss.
Pazzeggiáre, faire le fol. pron. ss.
Pazzésco, de fol. pron. ss.
Pazzia, folie. pron. ss.
Pazziuólo, folastreries. pron. ss.
Pazzíre, deuenir fol : faire le fol. pres. pazzisco, prononcez ss.
Pazziuóla, vne petite folle, & petite follie. pron. ss.
Pázzo, fol : & follastre. pron. ss.
vn Pázzo ne fá cénto, vn fol amuse les autres. pron. les zz comme ss.
dar nel Pázzo, deuenir fol. pron. ss.
è da Pazzo solático, approchant du nom propre du lieu, de
Pozzolático, par allusion de pázzo ii. il est fol. pr. ss.

PE

Pazzzáccio, vn simple homme, vn sot, vn badin. pr. ss.

PE

PE', pied, pour piéde.
Pe', per li, par les, pour les. pron. e fermé.
Peeána, hymne à l'honneur d'Apollon.
Pécca, vice, deffaut. pron. e ouuert.
Peccadíglio, vn petit peché : mot Espagnol.
Peccánte, qui peche : peccante.
Peccáre, pecher.
Peccáto, peché, deffaut.
egli è Peccáto, c'est dommage.
Peccatóre, pecheur.
Peccatrice, pecheresse.
Peccattáccio, vn grand & abominable peché.
Peccatízzo, peccatríccio, petit peché.
Pécchia, abeille, mouche à miel. pron. e fermé.
Pecchiáre, picquer comme vne abeille.
Pecchiéto, rousserolle.
Pécchio, sorte de mesure antique.
Pecchióne, bourdon d'abeilles.
Péccia, la pance. Item, de la poix. pron. e fermé.
Péccio, arbre qui distille la poix. pron. e fermé.
Péce, de la poix. pron. e fermé.
son tutti macchiáti d'vna Péce, ils sont tous marquez d'vne mesme marque, d'vn mesme vice.
chi tócca la Péce s'imbráta ii. qui hante vn meschant se corrompt.
Péce colofónia, colophone.
Peciáre, poisser.
Peciosià, qualité de poix.
Pecióso, poissé, plein de poix.
* Pécolo, queue de fruit. Item, bout de tetin.
Pécora, brebis. pron. e ouuert.
le Pécore il mórdono, cela se dit d'vn grand paresseux.
chi Pécora si fá, il lúpo se la mángia, qui se fait beste le loup le mange.
Pecorággine, lourdauderie, bestise.
Pecoráro, berger : Pecoráro.
Pecoréccio, bestise, langage d'animal, confusion de discours. C'est aussi le lieu où l'on met les brebis, parc, ou bergerie.
essere entrato nel Pecoréccio, ne pouuoir sortir de son discours : s'embroüiller.
Pecoreggiáre, faire la brebis.
Pecorélla, brebiette.
Pecoríccio, de brebis.
Pecorile, idem. C'est aussi le parc, ou bergerie.
Pecorína, ieune brebis. Item, du parchemin.
Pecoríno, de brebis : fourmage de brebis. Item, parc ou bergerie.
Pecoróne, grosse pecore, grosse beste, gros lourdaut, ou bergerie.
Pecoróso, riche en brebis.
Pecuário, de brebis.
Peccúglio, pour bergerie. C'est aussi ce qui appartient au fils, par la volonté du pere, ou ce qu'il acquiert en son nom.
Peculiáre, peculier, propre.
Peculiarità, proprieté, peculiarité.
Peculiarménte, specialement, peculierement.
Pecúlio, tout le profit que l'on tire de la bergerie. Item, ce qu'vn fils acquiert en son propre nom.
Peculióso, qui a des acquisitions, & profits.
* Pecúnia, de l'argent, de la pecune.
* Pecuniále, de pecune.

PA — PA

* *Pecuniáte*, fournir de pecune.
* *Pecuniário*, de deniers, de pecune.
* *Pecunióso*, pecunieux.
Pedággio, peage.
Pedagière, peager.
Pedágna, vne planche sur laquelle le forçat appuye le pied en voguant. Item, vne poutre ou arbre que l'on met à trauers d'vn fossé pour y passer à pied sec.
Pedagogheria, pedanterie. pron. *ghe* comme gue en François.
Pedagoghíssa, maistresse d'escole.
Pedagogo, pedagogue.
Pedále, pied d'arbre. Et vne pedale d'orgue : vn pied de mesure. Vn pied à soustenir quelque chose. Item, race, tige, estoc, chausson.
Pedáli, des chaussons.
Pedaménto, pied, soustien, fondement.
Pedaménti, pieds d'arbres.
Pedána, bord, ruban au bas des robbes. Item, semelle de bas, lisiere.
Pedantággine, pedanterie.
Pedánte, pedant.
Pedanteggiáre, faire le pedant.
Pedantería, pedanterie.
Pedantésco, pedantesque.
Pedantúccio, pauure petit pedant.
Pedáre, tracer auec le pied : mesurer vne boulle auec les pieds.
* *Pedário*, vn lacquay : homme de pied.
Pedáta, piste, trace. Item, la mesure d'vn pied.
le Pedáte, les voyes de la beste, la piste, le pied.
* *Péde*, pied. pron. *e* ouuert.
Pedéna, marche, marche-pied, pesne.
Pedestállo, pié-destail. Item treteau.
* *Pedéstre*, homme de pied. pron. *e* ouuert.
* *Pedéolo*, queüe de fruit.
* *Pedetáre*, petter.
* *Pedetáro*, petteur.
* *Pedicáre*, commettre sodomie.
* *Pedicatóre*, sodomite.
Pedicéllo, vn ciron.
Pedicíno, idem. C'est aussi vn petit pied.
Pedicíno, les coings d'vne balle ou d'vn sac par où on les prend.
pigliar il sácco pe'l Pedicíno .i. le vuider entierement, & dire tout ce que l'on sçait.
* *Pedicóne*, gros sodomite.
Pediculáre, pediculaire.
* *Pedículo*, vn poüil. Et vne sorte de poisson.
Pedigáre, empieter, auancer vn pied.
Pedignóne, mule au talon.
Pedilíca del caudllo, entraue.
Pedína, vn pion aux eschecs, & aux dames.
Pedína, par Metaph. vn petit homme.
Pedíno, peton, petit pied.
Pedio, le dessus du pied. pron. *e* ouuert.
* *Pedisséqua*, vne seruante.
* *Pedisséquo*, valet de pied.
* *Peditáre*, petter.
* *Peditáro*, petteur.
Péto, vn pet. pron. *e* fermé.
Pedocchiáre, poüiller.
Pedócchio, poüil. pron. *o* ouuert.
Pedocchióso, poüilleux.
Pedóna, vn pion aux eschecs.
Pedonáglia, pietons, gens de pied.
Pedóne, pieton. Et le pied d'vn arbre.
Pedóta, &

Pedóto, Pilotte. pron. *o* ouuert.
Pedótia, barque de pescheurs.
Pedottína, barquette.
Pedótto, vn Pilote. Item, marsoüin. Et vn homme de pied ou lacquay. pron. *o* ouuert.
* *Pedréllo*, & *Petréllo*, & *Petréllá*, vne bouffonne, vn ignorant.
Pedriuále, vn poitrinal.
Pedrolína, vne gallande, vne galoise.
Peduciáio, vendeur de pieds, & de trippes, trippier.
Peduccio, pied de mouton, de porc, &c. Vn pied de tournette. Et vn corbeau qui soustient les coings des voutes.
Pedúle, chausson de toille.
Pedúle di calzétta, la semelle des bas, le pied d'vn bas de chausse.
hauér i Pedúli .i. estre garny, estre hors de soin.
pósso andár sû pe' tégoli senz' a Pedúli .i. mes affaires sont sans artifice.
hauér ne' Pedúli .i. ne se soucier pas, mépriser.
Pégala, de la poix. pron. *e* fermé.
Pegaláre, poisser.
Pegería, pleige, pour *pregiaria*.
Peggiáre, pleiger.
Peggiaría, pleige.
Péggio, pis : & pire. pron. *e* ouuert.
Peggioraménto, empirement.
Peggioránte, empirant.
Peggioráre, empirer.
Peggioránza, empirement.
Peggióre, pire. pron. *o* fermé.
Peggioritá, pire qualité.
Pegiára, pleiger.
Péglia, peau : escorce.
Péglio, poil des paupieres.
Pegnáre, engager.
Pégno, gage. Hypoteque. pron. *e* fermé.
Pégnons, gages, hypoteques.
Pegnoráre, hypotequer.
Pégola, de la poix. pron. *e* fermé.
ricamár di Pégola .i. mal-traitter, accommoder mal vne personne.
Pegoláre, poisser.
Pegolóso, plein de poix.
* *Pégro*, paresseux. pron. *e* fermé.
* *Pegrítia*, paresse.
Pél, pélo, poil : *Pel, per il*, pour le, par le.
vn Pelacáne, vn vilain, vn auare : vn escorcheur de gens.
Pelafrónte, vne vieille pelée.
Pelágia, la mer.
Pelágio, sorte de pourpre.
Pelagióne, la pelade.
Pélago, la mer. pron. *e* ouuert.
Peláis, la pelade.
Péla il chiù, le jeu de la choüette : à qui plumera son compagnon.
Pelamantéllo, vn frippier.
Pelámě, le poil, le pelage, la couleur du poil.
Pelánda, houppelande.
Peláre, peler, & plumer.
pigliár à Pelár gátte .i. entreprendre des noises.
Pelarélla, pelarnóla: *pelatía*, &
Pelatína, la pelade.
Peláto, toute sorte de grosse chair, pour difference du gibier & de la venaison.
Pelatóio, vne inuention dont se seruent les hommes & les femmes, pour arracher le poil & se rendre la peau

356   PE

vne, cela est composé de chaux viue, & d'orpin détrempé auec de l'eau, comme vn onguent, & appliqué où il y a du poil, en moins d'vn quart d'heure il s'arrache. *merdóre*, ou *pelatóre*.

Pelatúra, esplucheure, pelleure. Item, eau ou fard pour se polir le teint.

Pelecino, cornuette, plante.

Peléggio, petit sentier. Item, chemin par mer.

*prénder il Peléggio .i. fuir, se sauuer, enfiler la venelle.

Pelegrinággio, pelerinage.

Pelegrináre, voyager.

Pelegríno, pelerin.

* *Peléva*, la pelade.

Pelíce, vne courueuse, vne garce.

* *Pelláce*, remply de belles parolles.

Pelláccie, belles parolles.

Pellámi, des peaux.

Pelláre, escorcher.

Pélle, peau. pron. e ouuert.

Pélle pélle, superficiellement. pron. e ouuert.

non capir nella Pélle, ne pouuoir tenir dans sa peau, d'aise que l'on a.

Pélle che non puoi véndere non la scorticáre, n'escorche pas la peau que tu ne peux pas vendre .i. ne fays point chose qui ne te serue de rien.

vénder la Pélle prima c'hablia préso l'Orso, vendre la peau deuant que d'auoir pris l'Ours, promettre vne chose qui n'est pas encore en nostre pouuoir.

in Pélle, superficiellement.

vestirsi di Pélle d'ásino estre rude & cruel, ne faire plaisir à personne.

Pellegríe, des peaux, de la chair qui n'est que de peaux.

Pellerinággio, pellerinage, peregrination.

Pellegrinánte, qui voyage, voyageur, voyageuse.

Pellegrináre, voyager.

Pellegrinatióne, voyage, peregrination.

Pellegrinità, estrangeté de moeurs ou langages.

Pellegríno, pellerin. Item, excellent, rare : estranger. C'est aussi vn attribut de faulcon, pour son excellence, *falcon pellegríno*.

Pelléri, petits pilliers, barreaux, ou balustres.

Pellerína, petite peau delicate.

Pelletaría, la pelleterie.

Pellíca, pelisse.

Pellicáno, vn pelican, oiseau. Et vn instrument de distillateur.

Pelliccia, vne pelisse, vn pelisson.

Pellicciáio, vn pelissier : *pelliciáro*.

Pellicciáre, fourrer de pelisse.

Pelliccíaria, pelleterie.

andár in Pellicciaría .i. aller en empiran.

Pelliccína, petite peau, pellicule.

Pelliccíno, petit pelisson.

Pelliccióne, vn pelisson.

scuoter il Pelliccione, nous disons, secouër les pulces.

* *Pollíce*, vne concubine.

Pellicélla, petite peau, pellicule. pron. e ouuert.

Pellicéllo, vn ciron. pron. e ouuert.

Pellicíni, les coins par où l'on prend vn sac.

Pellícola, pellicule.

Pellígare, des peaux.

Pellisína, peau delicate.

Pellizáro, pelissier.

Pellizáre, fourrer. pron.

Pellizóne, pelisson. pron.

PE

Pellolína, petite peau.

Pollóne, heron qui mange les charongnes.

Pélo, poil. pron. e fermé.

vn Pélo minóre .i. vn peu moindre.

non hó vn Pélo da darui per mangiáre .i. ie n'ay rien du tout à vous donner à manger.

cercár il Pélo nell' vóuo .i. chercher à tondre sur vn oeuf.

à Pélo, à poil, à fleur.

à Pél di córda, à fleur de corde.

riuedér il Pélo à v'no .i. battre vne personne, l'estonner.

gli riliúce il Pélo, le poil luy reluit, il est gras s'il se porte bien.

esser d'vn Pélo .i. estre de la mesme mauuaise nature.

andár à Pélo, aller à souhait.

vedér il Pélo nell' vóuo .i. auoir l'esprit bon, & clairuoyant.

vi ha lasciáto del Pélo, nous disons, il y a laissé de bonnes plumes ou du poil, il y a laissé du sien, il luy a cousté bon.

Pélo di tétte, ó *pélo di vínne à Roma*, le poil qui vient aux tettons des femmes.

Pélo, se prend aussi pour les petites creuasses d'vn mur.

Pelóne, vn gueux tout nud. Item, long poil.

Pelóre, palourde, poisson.

Pelosélla, *pelosína*, oreille de souris, herbe.

Pelóso, velu, plein de poil.

caritá Pelósa, charité interessée, qui tourne à nostre profit.

Córso Pelóso, sorte de vin de l'Isle de Corse, & l'on dit, *pelóso*, parce qu'il est si piquant qu'il pele la langue, c'est par raillerie.

* *Pelottáre*, gourmer, peloter vne personne.

* *Pelótti*, gourmades.

Pélpa, peau de ou panne.

Pelpáre, doubler de peluche.

Pelpóso, *pelpúso*, plein de peluches.

* *Pélta*, vn bouclier en forme de croissant.

Peltráio, pottier d'estain.

Peltráme, vaisselle d'estain.

Peltráro, pottier d'estain.

Peltreccíno, mot tiré de l'Espagnol *pertréchos*, appareil, equipage.

Péltro, estain raffiné.

Peluccáre, esplucher.

Pelúria, les petits poils de la volaille plumée, poil folet.

Pelúzzo, vn petit poil. C'est aussi vne sorte de drap fin.

Péna, peine. pron. e fermé.

à Péna, à peine.

* *Penáce*, penible : plein de peine.

Penále, qui porte peine.

Penalità, forfait.

Pendre, peiner. Item, mettre vne peine, punir.

* *Penáti*, lieux retirez d'vne maison. Item, les Dieux Penates. Et les esprits follets.

* *Penco*, du beurre, mot Lombard.

Pendáglio, pendelocque, chose qui pend. Vn porte-espée ou pendant.

Pendénte, pendant, penchant : pendante, ponchante. pron. e ouuert.

Pendénte, le penchant. Vn pendant d'oreille, ou autre pendant de colier ou chaisne. Pendant d'espée.

Pendénza, dépendance. pron. e ouuert, & le *z* comme *ti*.

PE

pendere, pendre : pencher. Cela se dit aussi d'vn procez qui n'est pas encore iugé, pendre au croc. Estre en suspens. Dependre, pron. le premier ouuert, parf. *pendéi*, & *pendétti* part. *pendúto*, & *appéso*, quoy qu'il vienne *d'appendere*.
Pendice, penchant de païs.
Pendino, idem. Et vn pendant d'oreille.
Pendinóso, plein de penchants.
pendìo, penchant.
Péndola, vn floccon ou toupet.
Pendolare, pendiller.
Péndolo, plusieurs grappes attachées à vne branche, moissine.
Pendolóne, qui est pendu à quelque chose, qui pendille.
Pendóne, pendant d'espée, baudrier.
Péndulo, qui pendille.
Pendúto, pendu.
Penéllo, vne petite banderolle de taffetas sur la flèche de la pouppe, pour connoistre d'où le vent vient. pron. e ouuert.
Penéti, penides, tablettes faites de succre, & de farine d'orge, pour le rheume.
Penetrábile, penetrable.
Penetrále, lieu fort secret.
Penetránte, penetrant.
Penetráre, penetrer.
Penetratióne, penetration.
Penetratiuo, penetratif.
Penetreuole, penetrable.
Penicílla, sorte d'esponge.
Penilóne, penonceau.
Penisóla, peninsule, demy-Isle.
Peniténte, penitent, penitente.
Peniténtia, penitence.
Penitentiále, penitentiel, de penitence.
Penitentiáre, *penitentiére*, Penitencier.
Penitentieria, office de Penitencier.
Peniténza, penitence, pron. e ouuert, & le z, comme ts.
Pénna, plume. Sommet, penne de vaisseau, pron. e fermé.
cauàr à vno le pénne maéstre .i. luy oster le meilleur de son bien, ou sa bourse, pron. tous les e fermez.
à Pénna, escrit à la main.
Pénna di 30. pálmi .i. vne rame de Galere, vne plume de 15. pieds.
Pénna mátta, le duuet.
Pénne, les pennes d'vne flèche.
Pénne, en jargon , de l'argent.
Pennacchiáto, emplumaché, qui a des plumes ou vn pennache.
Pennacchiéra, vn pennache, pron. e ouuert.
Pennacchiéro, plumacher.
Pennacchíno, petit pennache. Item, vn plumet. Et vn esuentail de plumes.
Pennácchio, plume, pennache: vn esuentail de plumes. En jargon, vn Iule ou vn Catlin, monnoye.
Pennacciáro, plumacher.
Pennáccio, pennache.
Pennaiuólo, pennaruóla, &
Pennaruólo, calemar d'escritoire. C'est aussi vn aiguilletier à mettre des aiguilles, vn estui d'escritoire.
Pennáto, vne serpe. Vne plume ou pennache. Item, emplumé.
Pennécchio, quenoüillée.
Pennélla, sorte d'esponge.

PE 357

Pennelláre, tirer au pinceau.
Pennelláta, coup de pinceau.
Pennelliatóre, qui trauaille du pinceau.
Pennelleggiáre, trauailler au pinceau.
Pennellétto, petit pinceau. Item, selon aucuns, vn petit ruisseau rapide.
Pennéllo, pinceau.
fátto à pennéllo, fait au pinceau, bien fait, peint : nous disons, ietté en moule, d'vn habit ou autre chose semblable.
Pennéllo da vento, vn glorieux.
Pennéo, viande de farine d'orge & de sucre. Tablette pour le rheume. Penide.
Pennicína, petite plume, pron. e fermé.
* *Pennífero*, *pennígero*, porte-plume.
Pennína, leger comme vne plume. Item, vne bien petite plume.
Pennípede, emplumé par les pieds, pattu.
Pénnola, floccon. Item, aileron ou nageoire de poisson.
Pennoncéllo, penonceau, banderolle.
Pennoncióne, pennon, gaillardet.
Pennóne, autrefois, banniere ou enseigne. C'est maintenant la cornette de Caualleric.
Pennóso, plein de plumes, emplumé.
Pennóso, en jargon, vn coussin, vn oreiller.
Pennúto, emplumé, qui a des plumes.
Penócchi, pignons confits.
Pénole, les veines du foye.
Penosaménte, peniblement.
Penóso, peneux, penible.
* *Pensabóndo*, pensif.
vn pensamále, vn songe-malice.
Pensaménto, pensement, pensée.
Pensáre, penser, songer.
Pensársi, se doubter d'vne chose.
Pensáta, vne pensée ou conception.
Pensataménte, sciemment, auec détermination.
Penséuole, qui se peut penser.
Pensieràggine, humeur pensiue, resuerie.
Pensieráto, resueur, pensif.
Pensiére, le penser, la pensée, pron. e ouuert.
Pensiereggiáre, penser, resuer.
Pensiéro, pensée, penser, pron. e ouuert.
Pensieróso, pensif.
Pensierúccio, petit penser.
Pensile, imaginaire. Item, pendant, penchant.
Pensionáre, donner pension.
Pensionário, pensionnaire.
Pensióne, pension.
Pensoláre, pendre, pendiller.
Pénsolo, pendant, pendillant.
* *Pensoróso*, pensif.
Pénsolo, idem.
Pentácolo, *pentágolo*, vne espece de dais ou couuerture à cinq angles. vn caractere de grimoire.
Pentag. nále, à cinq angles.
* *Pentáno*, hameau de cinq maisons.
Pentanáccio, hameau.
Pentecóste, la Pentecoste.
Pentíre, se repentir. parf. *pentéi*, part. *pentíto*.
Pentiménto, repentir, repentance.
Pentína, vne demy picque, ou petite lance.
Pentírsi, se repentir.
Pentírimi, vaisseau à cinq rames.
Pentitaménte, auec repentance.
Pentitíssimo, tres-repentant.
Pentíto, repentant, repenty.

Y y iij

Péntola, marmite, pot.
alla Péntola, che bólle non s'accósta la gátta, le chat n'approche pas du pot quand il bout. i. chacun fuit le danger.
bollír in véntola .i. traitter secrettement d'vne affaire.
cauár l'ócchio alla véntola .i. tirer la chair, & ne laisser que le boüillon, prendre le meilleur pour soy: Escorniffler, ou plustost oster le bon boüillon.
schiumár la véntola, idem.
Pentoláio, vendeur de marmites, ou pots.
* *Pentolíno*, petite marmite.
quándo il Pentolín bólle non lo stuzzicáre, lors que le pot bout, ne le rauaude pas .i. quand vn homme est en colere ne le picque pas.
tornáre al Pentolíno .i. retourner viure à l'ordinaire, apres auoir fait bonne chere chez autruy.
Péntolo, vne balle de terre creuse, & pleine de cendre.
Péntulo, repentant : repenty.
* *Péntula*, sorte de gaban pour la pluye.
Penúltimo, penultiesme.
Penúria, disette, necessité.
Penurióso, necessiteux.
Penzigliáre, &
Penzoláre, pendiller. pron. *ts*.
* *Pénzolo*, pendant, pendillant. pron. *ts*.
Pénzolo, plusieurs grappes attachées à vne mesme branche; vne moissine. pron. *ts*.
stár a pénzolo .i. estre pendu, nous disons, seruir de bouchon. pron. *ts*.
Penzolóne, pendant, pendillant. pron. *ts*.
Peónia, pron. o ouuert. &
Peonése, piuoine, fleur, peaune.
Peótto di náue, pilotte, pron. o ouuert.
Pepaiuólo, peparuóla, poiurier à mettre du poiure.
* *Peóta*, sorte de barque, pron. o ouuert.
Peótta, pilotte, pron. o ouuert.
Pepáre, poiurer.
Pepáto, sorte de pain d'espice, Item, vn breuuage de poiure & de miel.
Pépe, poiure, pron. e fermé.
far Pépe, c'est ce que nous disons, faire le cul de poule, serrant tous les doigts ensemble.
non farébbe Pépe di Lúglio, il ne seroit pas le cul de poulle en Iuillet: cela se dit d'vn homme froid.
dar il Pépe .i. se mocquer de quelqu'vn.
Peperáta, poiurade.
Pépere, poiure. pron. e fermé.
Peperélla, raifort sauuage, rafanelle, poiurée. pron. e ouuert, & les deux premiers fermez.
Peperígno, de goust ou couleur de poiure.
Pepílio, péplio, pépolo, pourcelaine sauuage.
Pepóne, poppon, melon.
Pér, pour & par. pron. e fermé.
andár Pér i fátti suói, s'en aller à ses affaires.
andár Per ácqua, per víno, &c. aller querir de l'eau, du vin, &c.
mandár Per vna cósa, enuoyer querir vne chose.
ïo per mè, quant à moy, pour moy.
Per buóno che sia, quelque bon qu'il soit, pour bon qu'il soit.
Per dió, par Dieu; Et pour l'amour de Dieu.
un Per máno, vn à chaque main.
Per úno, chacun : comme, *un per úno*, chacun vn, *dúi per dúi*, chacun deux, &c.
un Per gentil'huómo, chacun vn.
trè per gentil'huómo, chacun trois, &c.
són Per díre, ie veux bien dire, i'osé bien dire.
són Per fáre, ie suis homme à faire. Item, ie suis en estat de faire.
non résta Per mì, il ne tient pas à moy.
non è Per fáre, il n'a garde de faire.
éra Per fáre, il deuoit faire.
Per póco, peu s'en fallut.
Perbénche, combien que.
Perincámbio, en recompense.
Per quel, ch'io véggio, à ce que ie voy.
Per pádre, per mádre, du costé de son pere, ou du pere, du costé de la mere, ou comme pere, &c.
Per ánche, pas encore, pas mesme.
Per párte, de la part.
hauér Per niénte, n'estimer rien.
stár Per moríre, estre en danger de mourir, ou plustost estre prest à spirer, à rendre l'ame.
Per tánto, partant.
Péra, poire. pron. e fermé.
tal Péra mángia il pádre, che al figlío i dénti allega .i. le fils porte souuent le peché du pere.
hauér la Péra mónda, auoir la poire toute pelée : nous disons, les allouettes toutes rosties luy tombent dans la bouche, auoir tout à souhait sans peine.
hà visto le Pére di Mággio .i. il asseure ce qu'il n'a pas veu.
Ce mot de *Pére di mággio*, se dit en Italie, toutes choses qui nous semblent estre impossibles, aussi-bien que les poires au mois de May, ou autres fruits nouueaux.
Pére guáste, ce sont des poires cuites dans du vin, & du sucere.
Peracuóre, le cœur d'vne fressure. pron. e ouuert.
Peraddiétro, par le passé. pron. e ouuert.
Peracúto, tres-aigu, subtil.
Peragratióne, voyage.
Peráio, poirier, & lieu plein de poiriers.
Perambuláre, se pourmener.
* *Perangústo*, fort estroit.
Perapúnto, iustement, point pour point.
Peráro, poirier.
Perauánti, auparauant : au temps passé.
Perauuentúra, par aduenture.
Pérbio, pour *pérgamo*, vne chaire à prescher ou haranguer.
Pérbio, pour endroit ou quartier.
èsser in buóno ò málo Pérbio, estre en vn bon ou mauuais quartier pour bien vendre sa marchandise.
Pérbio, pulpitre. pron. e ouuert.
Perbollíre, parbouillir.
Perbóllo, vn boüillon, court-boüillon. pron. o fermé.
Pérca, vne perche, poisson. pron. e ouuert.
* *Percáccio*, messager ordinaire.
Percettióne, apperceuance.
Percettíbile, perceptible.
Perché, pourquoy : parce que : afin que : pour lequel sujet : Encore que : parquoy.
il Perché, le pourquoy, la cause, la raison, le sujet.
Pérchia, vne perche, poisson. pron. e ouuert.
* *Perciáto*, percé.
Perciòne, secousse.
Pércida, perche de mer. pron. e ouuert.
Perciére, sorte de faucon. pron. e ouuert.
Percíngere, commencer. part. *percínsi*, part. *percínto*.
Perciò, pour ce sujet, partant, pour cela.
Perciòche, parce que.
Percípere, apperceuoir, comprendre, il n'est en vsage qu'à l'infinitif.
Perciúto, jambon. Item, toute sorte de chair salée, & fumée.

PE

Perclúdere, perclurre. parf. perclúsi, &c.
Perclusióne, perclusion.
Perclúso, perclus.
Percórrere, parcourir. parf. percórsi, & percorréi, prononçant touſiours o fermé.
Percórſo, parcouru. pron. o fermé.
Percóſſa, vn coup. pron. o ouuert.
Percóſſa di fortúna, vn reuers de fortune.
Percoſsióne, coup, frappement.
Percóſſo, frappé.
Percótere, frapper. parf. percóſſi, & percótei, pron. o ouuert.
Percotiménto, vn coup : frappement.
Percotitóre, qui frappe, frappeur.
Percotitríce, frappeuſe.
Percotúto, frappé.
Percottáre, parboüillir, faire fondre du lard ſur le roſt.
Percuótere, frapper. parf. percóſſi, & percuotéi.
Percuſſáre, battre, frapper.
Percuſſióne, percuſſion, battement.
Perdénte, perdant, perdante. pron. e ouuert.
Perdéng a, dommage, perte, e ouuert, & le z comme ts.
Pérdere, perdre. parf. perdéi, perdétti, & pérſi.
Perdéuole, qui ſe peut perdre.
* Perdézza, perte.
Perdíce, perdrix.
Perdício, parietaire.
Perdifrútto, vn qui perd ſa peine. Item, vn arbre ſans fruit, vne ſemence inutile.
Perdigiornáta, &
Perdigiórno, vn faineant.
Perdigóni, de la dragée ou poudre de plomb.
Perdiménto, perte.
Perdiſéme, arbre ſans fruit. pron. e fermé.
Perditémpo, vn faineant. pron. o ouuert.
Pérdita, perte. pron. e ouuert.
ch'io ne réſti in Pérdita, qu'il y aille du mien.
Perditióne, perdition.
il Perditóre, le perdant.
Perditríce, perdante.
Perdonábile, pardonnable.
Perdonánza, pardon, remiſſion de peine, indulgence. pron. ts.
Perdonáre, pardonner.
Perdonatóre, qui pardonne.
Perdonatríce, pardonneuſe.
Perdonéuole, pardonnable.
Perdóno, pardon. pron. e fermé.
Perdótto, conduit au delà. pron. o fermé.
Perdúcere, conduire outre. parf. perdúſſi.
Perduráblle, perdurable.
Perduránza, durée. pron. ts.
Perduráre, durer au delà.
Perduréuole, perdurable.
Perdúrre, conduire au delà. parf. perdúſſi.
Perdúto, perdu.
Perdútto, conduit au delà.
Perecóche, fruit qui tient de la poire, & de l'abricot. pron. e ouuert.
Pereggiáre, croiſtre ou faire en forme de poire.
Peregrinággio, pelerinage, voyage.
Peregrinánte, paſſant, voyageur.
Peregrináre, voyager.
Peregrinatióne, peregrination.
Peregrinatóre, voyageur, pelerin.
Peregrinità, peregrination : eſtrangeté, rareté.
Peregríno, pellerin Eſtranger. Rare, excellent.
Perelegánte, tres-elegant.

PE 359

Peremptório, peremptoire.
* Perénne, durable, perpetuel.
* Perennità, perpetuité, durée.
Peréntro, au dedans. pron. e fermé.
Peréto, vn verger de poiriers. pron. e fermé.
Péretro, pirette.
Perétto, petite poire. pron. e fermé.
Perfettaménte, parfaitement.
Perfettáre, perfectionner.
Perfettíbile, qui ſe peut perfectionner.
Perfettionáre, perfectionner.
Perfettióne, perfection.
Perfettíuo, complet.
Perfétto, parfait. pron. e ouuert.
Perficiénte, parfaiſant, qui acheue.
Perfícere, parfaire n'eſt point en vſage : & on le coniugue : perfáccio, & le reſte comme, fáre.
Perfídia, perfidie.
Perfidiáre, vſer de perfidie.
Perfidióſo, plein de perfidie : querelleux, obſtiné.
Pérfido, perfide. pron. e ouuert.
Perfíno, iuſques à ce que.
Perfoliáta, perfogliáta, perce-feüille, herbe.
Perfóndere, parfondre. parf. perfondéi, perfondétti, & perfúſi.
Perforáre, percer.
Perforáta, mille-pertuis.
Perforatióne, percement, trou.
Performáre, parformer.
Perfúga, deroute.
Perfúgio, lieu de refuge.
Perfumáre, parfumer.
Perfumiére, parfumeur. pron. e ouuert.
Perfúmo, parfum.
Perfuſióne, profuſion.
Perfúſo, prodigué.
Pergaménte, &
Pergamína, parchemin. Et vélin.
Pérgamo, chaire à preſcher ou haranguer.
Pergamótta, poire de bergamotte.
Pérgato, le barreau où l'on harangue.
* Pergénte, pourſuiuant, & pourſuiuante.
* Pérgere, pourſuiure, continuer. parf. pergſi, ti.
Pergiuraménto, pariurement.
Pergiuráre, pariurer.
Pergiúro, pariure.
Pérgo, ſuitte. pron. e ouuert.
Pérgola, treille. pron. e ouuert.
io ſon Pérgola, ie ſuis treille, ie ſuis incertain de ce que ie dois faire.
e ſa Pérgola, il fait vne treille .i. il n'entend rien à ce qu'il fait.
Pergoláre, faire en treille.
Pergoláto, vne longue treille, ou berceau de iardin.
Pergoléſe, raiſin gros comme le bourdelais, & rouge: Item, de treille.
Pergolétta, petite treille.
Pergolétto, petite chaire, ou pulpitre à preſcher.
Pérgolo, theatre, eſchaffaut. Et chaire à preſcher.
* Pericárdio, membrane qui enueloppe le cœur.
* Periclitáre, mettre en danger.
* Perícolo, danger, peril.
* Periclóſo, perilleux.
Pericóco, abricot.
Pericolaménto, danger.
Pericolánte, qui eſt en danger.
Pericoláre, courir danger. Ruiner, renuerſer, faire naufrage.

Pericolàto, qui a couru danger : qui a fait nauffrage.
Pericolatóre, abufiuement, pour procuratóre, procureur.
Perìcolo, peril, danger.
non è Perìcolo, ò qu'il n'a garde ò que le n'ay garde, il n'y a point de danger.
pòrta Perìcolòstà in perìcolo, il eſt en danger.
Pericolòſo, perilleux.
Pericrànio, pericrane.
Peridòneo, tres-propre. pron. o ouuert.
Peridòto, prefme d'efmeraude.
Periéra & poriéro, perrietre, piece d'artillerie.
Periſero, porte-poires.
Perifraſi, periphrafe.
Perigliàre, courir danger.
Perìglio, peril.
Perigliòſo, perilleux.
Perìno, du peré, cidre de poires.
Periodicàle, periòdico, fievre intermitente.
Perìodo, periode.
Perìre, perir. preſ. pèro, & periſto.
* Peritànza, honte, crainte. Item, experience, prononcez, le z comme ts.
* Peritàre, auoir honte ou crainte. Item, experimenter.
Peritàrſi, ſe rendre expert.
Perìtia, experience, connoiſſance.
Perìto, expert.
Peritònio, le peritoine.
Peritòrio, peritoire, periſſant.
Peritòſo, honteux. Item, expert.
pòrco Peritòſo non mángia péra matùra, porc honteux ne mange point de poire meure : nous difons, les honteux le perdent.
Perituro, qui doit perir
Pérla, perle.
Perlàre, emperler.
Perlàro, micaucoulier.
Perlàto, perlé.
Perleggiàre, esclatter comme des perles.
Perlìnga, niaiferie, chofe de rien.
Perlétte, petites perles.
Perlettìni, femence de perle.
Perlìſero, porte-perles.
* Perlitàre, obtenir par ſacrifice.
Perlòne, groſſe perle.
Perlongàre, prolonger, en jargon pendre.
Perlongotiòne, prolongation.
Perlòſo, perleux, plein de perles.
Perlucénte, fort luiſant.
Perlùcido, idem.
Perluſtràre, esclatter, reluire.
Permanénte, permanent, permanente.
Permanénz a, permanence. pron. o ouuert, & le z comme ts.
Permanére, demeurer, continuer, durer pron. e fermé. preſ. permàngo, permàni, permàne, permaniàmo, permanéte, permàngono, parſ. permanétti, & permáſi, permanéſti, permàſe, part. permáſo, & permanúto fut. permarrò, opt. permàngo, impart. permanéſſi, & permarréi, &c.
Permanéuole, durable, permanent.
Permanùto, continué, duré, demeuré.
* Permè, permis vis à vis, proche.
* Permeàbile, penetrable.
* Permeàre, penetrer, paſſer à trauers.
* Permèqui, icy, en ce lieu-cy.

Permèſſo, permis.
Permettènte, permettant, qui permet.
Permétere, permettre. part. permiſi, & permèſſi.
Permettévole, qui ſe peut permettre.
Permettitòre, permetteur.
Perminènz a, preeminence. pron. e ouuert, & le z comme ts.
Permiſchiàre, meſler.
Permiſſiòne, permiſſion. pron. o fermé.
Permiſſìuo, qui ſe peut permettre.
Permiſtiòne, meſlange.
Permìſto, meſlé.
Permùta, permutation, change.
Permutàbile, permutable, qui ſe peut changer ou permuter.
Permutànza, changement.
Permutàre, changer, troequer, permuter.
Permutatiòne, troc, change, permutation.
Permutatòre, changeur.
Permutatrìce, changeuſe.
Permutéuole, qui ſe peut changer ou troquer.
Pérna, Nacre.
* Pérne, aiſlerons de poiſſons.
Pernìce, perdrix.
Pernìcie, meſchanceté.
Perniciòſo, pernicieux.
Pernicòne, & Pernizòtto, idem.
Pernigouccéllo, & Pernigòtto, idem.
* Perniòne, mule au talon.
Pèrno, vn piuot. Item, cloud à pommette.
Pernòcchia, Nacre.
Pernotànza, nuictée, demeure pendant la nuit.
Pernottàre, paſſer la nuit.
Péro, poirier & poire. Item, vn mors à poire. prononcez, e fermé.
Però, partant : pourtant, toutefois.
Perochè, parce que.
Pèvolo, vne petite houppe ou bouton.
Peròna, ſorte d'herbe.
* Perpèllere, contraindre. pron. e ouuert. parſ. perpùlſi, part. perpùlſo, qui n'eſt guere en vſage.
Perpèndere, conſiderer, examiner. parſ. perpendètti. part. perpendìto.
Perpendicàre, perpendiculaire.
Perpendìcolo, plomb attaché au niueau.
Perpénſa, cabaret, plante.
* Perpeſſiòne, ſouffrance, tolerance.
Perpèſſo, ſouffrant. pron. e ouuert.
* Perpetrànza, perpetration. pron. ts.
Perpetràre, perpetrer, commettre.
Perpetrèuole, qui ſe peut commettre.
acqua Perpètua, eau dormante. pron. e ouuert.
Perpètua, en jargon, l'ame.
Perpetuàle, perpetuel.
Perpetualménte, perpetuellement.
* Perpetuànz a, perpetuation. pron. ts.
Perpetuàre, perpetuer, rendre perpetuel.
Perpetuità, perpetuité.
Perpètuo, perpetuel.
Perpignàno, ſorte de drap qui a pris ſon nom de Perpignan, lieu où on le fait.
Perpleſſaménte, auec perplexité.
Perpleſſàre, rendre perplex, tourmenter l'eſprit de perplexité.
Perpleſſiòne, &
Perpleſſità, perplexité.
Perplèſſo, perplex, douteux. pron. e ouuert.
Perprèſſa, cabaret, plante.

Perquiſitiòne.

PE

Perquisitióne, perquisition.
Perquisitóre, perquisiteur.
Perquisitio, perquisition, demande, recherche.
Pérro, *pérno*, pivot. pron. e ouuert.
Perrómpere, esclatter. parf. *perrúppi*, part. *perrótto*.
Perrágine, poire, & poirier sauuage.
Pérsa, marjolaine. pron. e ouuert.
Pérsa gentile, marum, herbe.
Persalso, fort salé.
Perscrinere, escrire iusques au bout. parf. *perscríssi*, participe. *perscritto*.
Perscrutáre, rechercher au fonds.
Perscrutéuole, recherchable.
Pérsea, persée, plante.
Pérseco, *pérsico*, vn pescher, arbre, & vne pesche, pron. le premier e ouuert.
Persecutáre, persecuter.
Persecutióne, persecution.
Persecutóre, persecuteur.
Persecutrice, persecutrice.
Pérsega, vne perche, poisson. pron. le premier e ouuert.
Perseguénte, poursuiuant, persecutant, poursuiuante, persecutante.
Perseguire, persecuter : poursuiure. pres. *perségno*.
Perseguitáre, idem.
Perseguitóre, persecuteur.
Perseguitrice, persecuteuse, *persecutrice*.
Peseuerante, perseuerant, perseuerante.
Perseueranteménte, perseueramment.
Perseueránza, perseuerance. pron. ss.
Perseueráre, perseuerer.
Perseueratióne, perseuerance.
Persicáre, noix de perse.
Persicária, culerage, plante.
Persicchino, couleur de fleur de pescher.
Pérsico, pesche & pescher, arbre. Item, vne pesche poisson. pron. e ouuert.
Persico cárneo, pesse, fruit.
Pérsico di Paula, vn pauie.
Persisióri, fleur de pescher.
Persimile, fort semblable.
Persisténza, persistance. pron. ts.
Persistere, persister. parf. *persistéti*, & *persistíti*. participe. *persístito*.
Pérso, pers, de couleur perse. Item, perdu. prononcez, e ouuert.
Persoláta, & *persolíta*, herbe dont on fait des guirlandes en Egypte.
Persóna, la personne.
con la Persóna, en propre personne.
far la Persóna, se refaire dans le lict.
Persona del cáuolo, le corps du cheual, la taille.
Personággio, personnage.
Personále, personnel.
Personalménte, personnellement.
Personáre, faire le personnage.
Personáta, herbe qui croist dans l'eau, napolier.
Persóncina, petite personne.
Perspetíua, perspectiue.
Perspettiuo, faiseur de perspectiues.
Perspicáce, clair-voyant, clair-voyante.
Perspicácia, *perspicacitá*, &
Perspicénza, & *perspicuitá*, clair-voyance, perspecuité.
Perspicuo, clair-voyant.
Persuadére, persuader. parf. *persuási*, & *persuadétti* part. *persuáto*.

PE 261

Persuader l'acqua al pésce, nous disons prescher deuant les Cordeliers.
Persuadéuole, qui se peut persuader.
Persuasióne, persuasion.
Persuasiuo, persuasif.
Persuáso, persuade.
Persuasóre, persuadeur, exhorteur.
Persútto, jambon.
Pertempíssimo, de tres-bonne heure.
Pertémpo, de bonne heure.
Pertenénte, appartenant, qui appartient, appartenante.
Pertenénza, appartenance.
Pertenére, appartenir. pres. *perténgo*, *perténi*, *pertiéne*, *perteniámo*, *pertenéte*, *perténgono*. parf. *perténni*, *pertenísti*, *perténne*, *pertenémmo*, *pertenéste*, *perténnero* part. *pertenúto*, fut. *pertérro*. opt. *perténga*, imparf. *pertenéssi*, & *pertérrei*, &c.
* *Pertervesáre*, espouuenter.
Pertervito, espouuanté.
Pértica, perche. C'est aussi vne mesure comme nostre toise. pron. e ouuert.
Perticále, de perche.
Perticáre, toiser : arpenter. Et gauler ou battre auec vne perche.
Perticáto, cloison de perches.
Perticatóre, toiseur, percheur, arpenteur.
Perticóne, grande perche. Item, vn grand mal basty.
non lo intenderebbe Perticóne, verticon ne l'entendroit pas, qui auoit l'esprit d'entendre les chéures béeler : cela se dit quand vn homme parle si mal qu'on ne le peut entendre.
Pertighétte, petites perches. pron. *ghe* comme *gue* en François.
Pertináce, obstiné, obstinée.
Pertinácia, obstination.
Pertinélla, vn instrument à plusieurs pointes ou crochets.
Pertinénze, les appartenances. pron. e ouuert, & *le z* comme *ts*.
Pertrattáre, traitter plus auant.
Pertrattatióne, traitté.
Pertúgia, vn trou.
Pertugiáre, trouer, percer.
Pertúgio, trou, pertuis.
far vn Pertúgio nell' acqua. i. tomber dans l'eau.
Perturbaménto, trouble.
Perturbáre, troubler, partroubler.
Perturbatióne d'ánimo, trouble d'esprit.
Perturbatóre, perturbateur.
Perturbatrice, perturbateuse, perturbatrice.
Perturbo, perturbation, trouble.
* *Pertusáre*, percer, trouer.
* *Pertúso*, trou, pertuis.
Peruagánza, course de costé & d'autre.
Peruagáre, vaguer çà & là
Peruagatóre, coureur.
Perúca, perruque.
Peruccáre, mettre vne perruque.
Perucchiéra, perruquiere. pron. e ouuert.
Perucchiére, perruquier. pron. e ouuert.
Perúccia, petite poire : poire sauuage.
Peruegnénte, paruenant.
Peruenire, paruenir. pres. *peruéngo*, *peruéni*, *peruiéne*, *peruéniamo*, *peruenite*, *peruéngono*. parf. *peruénni*, *peruenísti*, *peruénne*, *peruenímmo*, *peruenéste*, *peruénnero*, part. *peruenúto*, fut. *peruérro*, & *peruerró*,

Z z

opt. *peruèngo*, imparfait, *peruenìßi*, & *peruèrroi*, &c.

Peruersàre, rendre ou deuenir peruers, peruertir.

Peruersaménte, peruersement.

Peruersióne, peruersion, renuersement.

Peruersità, peruersité.

Peruèrso, peruers.

Peruersóre, peruertisseur.

Peruertènʒa, peruertissement. pron. e ouuert, & le ʒ comme *ts*.

Peruèrtere, peruertir. pres. *peruèrto*, & *peruertìsco*. parfait. comme *peruertìre*, *peruertìi*, part. *peruertìto*, & *peruèrso*.

Peruertìbile, qui se peut peruertir.

Peruertìre, peruertir, renuerser. pres. *peruertìsco*.

Peruertitóre, peruertisseur.

Peruesticatióne, recherche.

Perùggine, poirier sauuage.

Perùgino, bois de poirier. Item, sorte d'ouurage de rapport.

* *Pertinàce*, obstiné.

* *Pertinàcia*, obstination.

Peruigilatióne, veille.

Pèruio, penetrable. pron. e ouuert.

Perùsto, brusté, consomé par le feu.

Peruʒʒe, petites poires, & poires sauuage. prononcez les ʒʒ comme *ts*.

Pésa, le pesage. Item, vn quintal. pron. e fermé.

Pesànte, pesant, pesante: graue important. En jargon, du plomb.

Pesànʒa, poids, pesanteur. Item, fascherie, trauail d'esprit. pron. *ts*.

Pesàre, peser: estre pesant: & fascher.

Pésa e pàga, pese & paye: cela se dit quand on ne se sie pas à celuy à qui on a affaire.

Pesàro, *pesatòre*, peseur, celuy qui pese.

Pesaruólo, nous l'appelons la cochemare, vn certain mal de ratte qui nous pese la nuict sur l'estomach en dormant, l'Incube.

Pesataménte, auec consideration. Item, pesamment.

Pesàio, pesant, & fascheux: seuere: graue.

Pesatòre, peseur.

Pesatrìce, peseuse.

Pésca, la pesche du poisson. pron. e fermé.

Pésca, pesche, fruit: pron. e ouuert.

le Pésche, les fesses.

darle Pésche, vne femme qui donne ses fesses aux sodomites.

Pésca, noirceur de sang meurtry sur le visage. pron. e fermé.

dar délle Pésche sénʒa noccinóli. i. des gourmades. prononcé. e ouuert.

màuro màle, che non fùron Pésche. i. Il pouuoit arriuer pis.

Pésca fù, elle a esté pesche autresois: c'est à dire, elle a esté ieune & fraische, à cause de la pesche qui a ces qualitez là.

Pescagióne, la pesche, pescherie.

Pescàia, marché au poisson. Item, vn viuier. Vne digue pour retenir le cours de l'eau.

Pescàio, lieu planté de peschers.

Pescainòlo, poissonnier.

* *Pescàle*, digue ou rebord à vne riuiere.

Pescàr pel Procónsolo, pescher pour le Proconsul. i. perdre sa peine.

Pescàr pòco al fóndo. i. ne penetrer guere auant dans l'intelligence.

non sà che còsa si Péschi. i. il ne sçait ce qu'il fait.

Pescàre, se dit des barques, s'enfoncer plus ou moins dans l'eau.

véder Pescàr la gàtta. i. s'amuser à quelque passe-temps, & laisser ses affaires.

Pescarèʒʒa, barquette de pescheurs.

Pescarìa, le marché au poisson: la pescherie.

Pescàia, pesche de poisson.

Pescatóre, pescheur.

Pescatóre, en jargon, larron.

Pescatòrio, de pescheur.

Pescatrìce, femme de pescheur: pescheuse.

Pescauénto, vn badin. pron. le premier e fermé, & le second ouuert.

Pésce, poisson. pron. e fermé.

hà vendùto i Pésci, c'est vn homme sans jugement.

è come i Pésci di badìa. i. il a plusieurs peres.

Pésce cappòne, rouget, scorpion de mer.

mangiàr del Pésce cappòne, par allusion. i. manger d'vn chappon.

cóme il Pésce fuòr de l'àqua. i. il ne sçait que deuenir: le François dit enuiron au mesme sens, comme l'oiseau sur la branche.

nuóuo Pésce. i. vn homme simple, vn lourdaut.

non si può pigliàr Pésci sénʒa immollàrsi. i. nul bien sans peine.

che Pésce piglia. i. dequoy fait-il profession.

non si sà se sia càrne ò Pésce, nous disons, on ne sçait s'il est chair ou poisson, Catholique ou Heretique.

da pigliàre sópra il Pésce di S. Piéro, à prendre sur le poisson de S. Pierre. i. où l'on pourra.

Pésce calamàro, casseron.

Pésce càne, chien de mer.

Pésce sìco, molué.

Pésce ignùdo, martan.

Pésce légno, stoc-fisch.

Pésce marìno, de la marée.

Pésce nàrco, torpille.

Pésce piàno, vne plie.

Pescétto, petit poisson. Item, la partie charnue du bras. pron. e fermé.

Pescheggiàre, pescher.

Pescherèllo, able, ablette.

Pescherìa, marché au poisson: pescherie.

Peschétta, petite pesche, fruit. pron. le premier e ouuert, & le second fermé.

Péschia, vn coup, vne tappe.

Peschidàre, frapper, battre.

Peschièra, reseruoir: viuier: piscine. pron. le premier e fermé, & le second ouuert.

Pesciarèllo, petit poisson.

Pesceggiàre, pescher.

Pescìle, lieu où l'on vend le poisson, pescherie.

Pescìna, ligne à pescher. Et piscine: Viuier.

Pesciolìno, petit poisson. Et vne iniure aux Florentins.

Pescióne, gros poisson.

Pescióso, poissonneux.

Pesciòtto, poissonnet. Item, vne poignée de poissons.

Pesciuéndolo, poissonnier.

Pésco, pescher, arbre. pron. e ouuert.

Pésco, vne pesche, fruit. Item, le derriere d'vn garçon. pron. e ouuert.

Pescùso, poissonneux.

Peseùglio, petit cailloux.

Pesèlli, des pois.

Pesétto, petit poids. pron. e fermé.

Péso, poids. pron. e fermé.

portàr di Péso, porter tout brandy: tout en brantle.

Péso, charge: soing. pron. e fermé.

PE

Péso, en jargon, auare.
Pésole, pendelocques.
Pésolo, pesolóne, qui pend, qui pendille.
di Pesolóne, de poids, tout brandy.
* Pessétro, la partie charnuë du bras.
Pessimaménte, meschamment. pron. le premier e ouuert.
Pessimáre, empirer. prononcez. le premier e ouuert.
Péssimo, tres-meschant. pron. e ouuert.
Pésso, la partie charnuë du bras.
Pésta, la piste ou trace ; chemin battu. Item, foulle, pron. e fermé.
rimáse nélle Péste, demeurée dans les traces par le chemin : nous disons, demeurée pour les gages.
lasciár vno nélle Péste. i. laisser en danger : nous disons, laisser vne personne dans le bourbier.
le Péste, les foulées du cerf.
Pestácchio, pistache. Item, claquement de doigts.
Pestacciáre, piler : escraser.
Pestáglio, pilon.
Pestáre, piler : fouler aux pieds.
Pestár délla sálsa. i. auoir bonne opinion de soy.
Pestár il náso, escraser le nez.
Pestár l'agrésto, commettre le peché de mollesse.
Pestár le óssa, casser les os.
Pestaruóla da salciccia, vn hachoir.
Pestaróio, vn pilon.
Pestatóre, pileur.
Péste, peste, pestilence. pron. e ouuert.
Pestéllo, pilon. Vne hie. Metaph. le membre viril.
Pestiáre, verroüiller.
Pestífero, pestifere, pestilentiel.
Pestilénte, pestilentieux, pestilentieuse.
Pestilentiále, pestilentióso, pestilentiel, pestilentieux.
Pestilénze, pestilence. pron. e ouuert, & le z comme ts.
Pestinácα, panet, pastenade.
Péstio, trepignement, bruit de pieds.
Péstio, verroüil.
Pésto, pilé : cassé, froissé. pron. e fermé.
esser al póllo pésto, estre fort malade.
il Pésto, le jus de la viande pilée, au lieu que nous donnons vn consommé.
Pestóne, vne hie à battre la terre : vn maillet de moulin, Vn verroüil.
* Pésulo, vn banc, vne forme.
Péta, des pets.
Petáccia, haillon, chiffon.
Petaciuóla, du plantin.
Petardáre, petarder.
Petárdo, vn petard qu'on attache aux portes. Item, vn petteur.
Petáre, petter.
Petarnóle, petard, & petteur.
Petáta, patarade.
Petécchio, le pettécchie, le pourpre.
Peteggiáre, petter.
Perególa, nous disons, vne coquette. pron. e fermé.
Petegoláre, faire la coquette.
Petenécchio, le penil.
* Peténte, demandant.
* Peténza, demande, petition. pron. ts.
Peteríggio, enuie sur les doigts.
Peteráre, espancher, respandre.
Petíggine, darte, feu volage.
Petiginóso, plein de dartes.
Petignóso, le penil, la motte.
Petimbórsa, sorte de gentiaine.

PE · 363

Petime, maladie à l'espaule du cheual.
Periste, sorte de pommes.
* Petitézza, petitesse. pron. ts.
Petitióne, demande. Item, vn certain Magistrat à Venise.
à Petitióne, pour le sujet, à l'appetit, à cause.
Petitóre, demandeur.
Petitória léttera, requeste.
* Petito, petit.
Péto, vn pet. pron. e fermé.
fár il Péto lúpo, nous disons, faire vn pet à la mort, eschapper d'vne maladie.
Petolánza, petulence. pron. ts.
Petonáre, petuner, prendre du tabac en pippe.
Petóncolo, petoucle, sorte de cocquilles.
Petóne, du petun.
* Petórsolo, vn meschant garnement.
* Pétra, vne pierre. pron. e ouuert.
Petráia, vn tas de pierres.
Petrále, de pierre. Item, tas de pierres.
Petranciána, saxifrage, perce-pierre.
Petrarcherie, des traits de Petrarque. i. d'vn amoureux froid & trop discret. Item, belles paroles.
Petrarchesdre, faire le Petrarque, Petrarquiser.
Petráro, tailleur de pierres : Petraruólo.
Petráta, coup de pierre.
Petrélla, pierrette. Item, chef des bannis en Italie.
Pétreo, de nature de pierre.
Petricáto, petrifié.
Petriéra, pierriere, carriere.
Petriére, petriéro, pierrier, sorte de canon.
Petrificáre, petrifier.
Petrificatióne, endurcissement, petrification.
Petrígno, de pierre.
Petrína, petite pierre : sorte de pierre.
Petrinále, vn poitrinal.
Petríno, de nature de pierre.
Petrito, sorte de vin Grec.
Petriuólo, petrol.
Petrolíno ólio, huile petrol.
Petronciána, perce-pierre, selon aucuns.
Petronciáno, potiron.
Petróne, grosse pierre.
Petronélla, allouette huppée.
Petrósse, sorte de poisson escaillé.
Petroséllino, &
Petrosíllo, persil.
Petrosémolo, & petrosíllo, petrosémolo, idem.
Petróso, pierreux.
Petrúccia, pierrette : Petrucciólo, petrúscola.
Petrunciáno, potiron.
Petrúzze, petits cailloux de riuiere. pron. ts.
Pettacchiáre, peter. Item, rapetasser.
Pettacchína, vne coquette.
stár sú le Pettacchíne. i. faire bonne chere : manger & petter tout ensemble.
Pettaciáre, petter. Item, rapetasser.
Pettacciáro, rappetasseur, rauaudeur.
Pettancólo, sorte de poisson escaillé.
Pettardáre, petarder.
Pettáre, petter.
Pettarnólo, vn petard.
Pettáta, vn coup de poictrine.
Petteggiáre, petter.
Pettéggio, le penil, la motte.
Pettenícchio, selon aucuns, vn peignoir.
Pettiéra, piece à mettre deuant l'estomach d'vne femme ou fille.

Z. ij

Petrignóne, le penil, la motte au bas du ventre.
Pettigóne, idem.
Pettináio, faiseur de peignes.
Pettináre, eſtuy à peignes.
Pettináre, peigner. Item, ſerancer ou carder.
Pettináre, pour bauffrer, gruger, fripper, manger viſte. Item, gripper, deſrober.
Pettinárſi allo in ſù, ſe peigner en arriere, ou en enhaut. i. arruffárſi, qui ſignifie ſe heriſſer, ſe dreſſer le poil, & par alluſion de ruffa, eſtre macquereau ou macquerelle, de ruffiáno.
Pettináro, faiſeur de peignes.
Pettinazxére, vn barbier barbant. pron. ʃʃ.
Péttine, pigne. Item, vn ſeran : & vne carde à carder la laine. pron. e ouuert.
Péttine, lame de Tiſſeran.
entrár in Péttine di ſéte, entreprendre beaucoup de choſes.
mandár il Péttine délle léndini. i. n'eſpargner perſonne.
mandár vn Péttine ad vn cáluo. i. faire vne choſe ſans neceſſité.
paſſár il Péttine, donner vn coup de pigne.
Pettinélla, vn ſeran.
Pettinicchio, le penil.
Pettiniéra, eſtuy à pignes. pron. e ouuert.
Pettiróſſo, rouſſerolle, oiſeau. pron. e fermé.
Pétto, poictrine. Et gorge de femme. pron. e ouuert.
huómo di Pétto, homme de courage.
hauér à Pétto, auoir ſur le cœur.
hauér il bambíno à Pétto, donner à tetter.
Pétto à bótta, deuant de cuiraſſe à l'eſpreuue.
à Pétto, en comparaiſon : & contre.
dar di Pétto, &
trouárſi à Pétto, rencontrer vne perſonne.
à Pétto à Pétto, ſeul à ſeul, homme à homme, teſte à teſte.
Pettole, des bignets. pron. e fermé.
laſciár ſtà le Pittole, laiſſer ſur le bon de l'affaire, en danger. pron. e fermé.
Pettorále, poitral. Item, de poitrine, pectoral.
Pettoráta, coup ſur la poitrine : & vn coup de poitrine.
Pettoreggiáre, ſe frapper ou donner de la poitrine contre quelque choſe. Item, faire vne choſe de toute ſa force.
Pettorína, poitrine.
Pettoróſo, large de poitrine.
Pettorúto, large de poitrine, & qui a la poitrine ou l'eſtomach haut.
Petuléte, vn gros pet. pron. o ouuert, & les zz comme ʃʃ.
Petulánte, petulant.
Petulánza, petulence, action deshonneſte. pron. ʃʃ.
Petúſſo, rouſſerolle.
Peucédano, fenoüil de pourceau, herbe.
Peuceuíno, ſorte de vin Grec.
Peuerà, grand entonnoir de bois.
Peueráre, poiurer.
Peueráda, boüillon, ſaulſe, ius.
Peueráta, poivrade.
Peueráta, en iargon, les archers.
Peueráxze, ſorte de moules. pron. ʃʃ.
Péuere, du poivre. pron. e fermé.
Péutre, en iargon, vn archer.
Peuerígno, de couleur ou nature de poiures.
Peuerino, poivrier.
Péuro, vn ciué.

Peueróne, poivre long. Item, vne ſorte de ſaulſe comme le ciué.
Pézza, vne couche d'enfant. Vn linge : vne compreſſe : vne piece d'eſtoffe. pron. e ouuert.
Pézza da ſtómaco, vne piece à mettre deuant l'eſtomach. pron. e ouuert.
métter l'vnguénto e le Pézze. i. trauailler pour autruy à ſes deſpens.
huómo di Pézza, homme de condition.
à gran Pézza, de beaucoup. pron. ʃʃ.
buóna Pézza, long-temps vn grand temps. pron. ʃʃ.
à Pézza, à la piece, en détail. pron. ʃʃ.
Pezzámi, pieces, caſſons. pron. ʃʃ.
Pezzáre, gueuſer. Item, rappetaſſer. pron. ʃʃ.
Pezzaruólo, rappetaſſeur. pron. ʃʃ.
Pezzáto, taché de diuerſes couleurs. pron. ʃʃ.
cauállo Pezzáto, ſelon aucuns, vne pie.
Pezzenáre, pezzentáre, gueuſer. pron. ʃʃ.
andár Pezzéndo, gueuſer.
Pezzénte, gueux, bribeur : gueuſe. pron. ʃʃ.
Pezzétta, petite piece. Vn peu de temps. Item, vne pincette à vn mors. pron. ʃʃ.
Pezzétte di Leuánte, linges peints dont les femmes ſe frottent le viſage pour ſe farder. pron. ʃʃ.
Pezzétto, petite piece, petit morceau. pron. ʃʃ.
Pezzigaruólo, vn chaircuitier, vendeur de fourmage, & chair ſalée. pron. ʃʃ.
Pezzíre, gueuſer. preſ. pezzíſco. pron. ʃʃ.
Pézzo, piece, morceau. pron. e ouuert, & le z comme ʃʃ.
vn Pézzo, long-temps, vn grand temps. pron. ʃʃ.
Pézzo d'áſino, vn lourdaut. pron. e ouuert, & les zz comme ʃʃ.
Pézzo, piece d'artillerie. pron. e ouuert, & les zz comme ʃʃ.
Pézzi di brága, pieces qui ſe chargent à boiſte. prononcez e ouuert, & les zz comme ʃʃ.
Pézzo, arbre qui eſt du genre du pin. prononcez e fermé.
vn Pézzo di ſáſſo, vne piece de pierre. i. vn lourdaut : nous diſons, vne piece de bois, vne buſche.
Pézzo per pézzo, prix pour prix.
à gran Pézzo di giórno, ſur le haut du jour. pron. e ouuert, & les zz comme ʃʃ.
à Pézzo, en détail, à la piece. pron. e ouuert, & les zz comme ʃʃ.
*Pezzoláno, grauier. pron. ʃʃ.
Pezzíco, vn piuot. pron. ʃʃ.
Pezzúlo, pendant, pendillant. pron. ʃʃ.
Pezzuóla, vn mouchoir. Item, linge.
Pezzuólo, vn petit morceau. pron. ʃʃ.
Pezzúto, deſchiré, deſloqueté. Item, pointu. pron. ʃʃ.

P I

Pr, pin, plus.
Pia, vne pie, ou de couleur de pie, cheual. Item, pieuſe.
Piacénte, plaiſant, plaiſante.
Piacentéria, plaiſanterie.
Piacentiéro, plaiſanteur, flatteur.
Piacénza, plaiſance, beauté, gentilleſſe. pron. e ouuert, & les zz comme ʃʃ.
Piacénza, plaiſance, nom propre de Ville.

PI PI

cudár à Piacént a. i. plaire, complaire, s'accommoder au plaisir de quelqu'vn.
venir da Piacént a, estre paisible, n'estre pas fort mauuais. Nostre vulg. dit, gens du Bourg-l'Abbé.
parlàr à Piacént a. i. parler pour complaire.
Piacére, plaire. pret. *piáccio, piáci, piáce, piacciámo, piacéte, piaccióno*, parf. *piácqui, piacésti, piácque, piacémmo, piacéste, piácquero*. part. *piaciúto*. pron. e fermé.
Piacére vna viuánda, aimer vne viande.
Piacér cóme l'Órso, plaire comme l'Ours, à cause de sa sottise ou lourdauderie.
Piacére, plaisir : volonté, seruice.
i Piacéri del Mangolíno, nous disons, plaisirs ou ieux de Prince, qui ne plaisent qu'à ceux qui les font.
Piacéri, en iargon, ducats.
Piacerúccio, petit plaisir, plaisir follastre.
Piacévole, plaisant.
Piacevoleggiáre, plaisanter, dire des plaisanteries. Item, prendre son plaisir.
Piacevolézz a, plaisanterie. Et douceur, affabilité.
Piacevolíssimo, tres-plaisant.
Piacevolménte, plaisamment.
Piaciménto, plaisir.
Piaciúto, plaisant, delectable. Item, pleu.
* *Piadétto*, petit procez.
* *Piadíre*, plaider. pres. *piádo*, & *piadísco*.
* *Piaditóre*, plaideur.
Piádo, procés.
Piadóso, plaideur, chicanneur, contentieux.
Piadótto, sorte de gros pain. pron. o ouuert.
Piága, playe. Metaph. dommage, ruine.
Piagábile, qui se peut blesser.
Piagáre, blesser, faire des playes.
Piagentérie, plaisanteries.
* *Piagería*, pleige.
Piággia, montée, coste, penchant. Plaine. Item, plage de mer : rade.
Piággie, Zones celestes.
Piaggiáre, se mettre à la plage pour se raffraischir : aborder à la plage. Metaph. s'accommoder selon son interest à la volonté d'autruy : nous disons presque en pareil sens, caler les voiles. Item, pleiger, garantir.
Piaggiétta, petite plage. pron. e fermé.
* *Piaggiménto*, complaisance.
Piaggióso, plein de costes ou plages. Item, complaisant.
Piaghévole, que l'on peut blesser.
Piagnénte, pleurant, pleureur, pleureuse.
Piágnere, pleurer. parf. *piánsi*.
Piagnévole, déplorable.
Piagnistéo,
* *Piagnistério*, mines en pleurant, les pleurs, pleurs communs.
Piagnitóre, pleureur.
Piagnitrice, pleureuse.
Piagnóne, vn pleureux : vn hypocrite.
Piálla, vne varloppe, instrument de Menuisier à dresser sa besongne.
Piallàre, dresser à la varloppe, rabotter.
Piállo, piallóne, vn rabot.
Pialláre, copeaux.
Piamente, pieusement.
Piána, vne soliue. Item, vne varloppe ou plante.
Piána, plaine. C'est aussi la croisée d'vne fenestre.
andár per la Piána, prendre la voye plus facile, & sans artifice : aller son grand chemin.

alla Piána, doucement.
Pianaménte, doucement, bellement, franchement.
Piandre, applanir.
Piánca, planche.
Piáne, tuiles ou pierres plattes.
Pianélla, mule, pantouffle. Item, vne plante.
Pianélla, vn carreau de brique vn peu grand.
Pianélla galéa, vne galere fort platte.
Pianellâio, pianellàro, faiseur de pantouffles.
Pianerótolo, l'espace vn peu large au haut d'vn degré, la posée, le repos, le palier.
Pianéta, planette. C'est aussi vne chasuble.
Pianéto, planette. Item, lieu planté de planes.
Pianéto, vne espace vn peu large au haut d'vne montée ou degré.
Pianézz a, plaine. Item, le plain de quelque chose. pron. e fermé, & les zz comme ts.
Piangénte, pleurant.
Piángere, pleurer. parf. *piánsi*.
Piánger al sepólcro della matrígna. i. estre dissimulé.
gli Piánge addósso il vestíto. i. son habit luy sied fort mal.
Piangévole, déplorable.
Piangiménto, pleurs.
Piangiolénte, pleurant.
Piangitóre, pleureur.
Piangitríce, pleureuse.
Piangoláre, piailler.
Piangolína, vne piailleuse ou pleureuse.
Piangolóso, vn pleureux, vn piailleur.
Pianín, pianíno, tout bellement.
Piáno, plaine : vn estage : le dessus du plancher.
Piáddo, de surface égale, plain, vny : intelligible : doux : plat comme vn ourlet.
Piáno, doucement, bellement.
parlàr Piáno, parler bas.
in Piáno, de plat, comme vn ais.
Piáno, tout beau.
piàn Piáno, tout bellement, tout doucement.
sonár Piáno, sonner le gresle, en terme de venerie.
Piánta, plante. Plante du pied. Item, le plan d'vne forteresse, &c.
il cauállo hà bella Piánta, ce cheual est bien sur ses membres.
Piánta di leóne, patte de lion, herbe.
Piantábile, qui se peut planter.
Piantadósa, remply de plantes.
Piantágine, du plantin.
dar acqua di Piantágine, planter : abandonner.
far acqua di Piantágine. i. pleurer, par allusion de *piánto*, qui signifie pleurs.
Piantaggióne, le planter des arbres, le plan.
Piantále, vn plantoir. Item, vn pal.
Piantaménto, plantement.
Piantanimále, plante-animal.
Piantáre, planter.
Piantáre, coupper cul au ieu.
Piantáre, planter là, abandonner.
Piantár il giglio nell'hórto, nous disons, planter le may.
Piantár vna vígna, planter vne vigne. i. faire le profit d'autruy, trauailler pour autry.
Piantár l'artigliaría, planter ou poser l'artillerie, braquer.
Piantár le batteríe, dresser les batteries.
Piantár cánne ou carótte. i. en bailler à garder, en faire à croire.
Piantárla ad vno, idem.

Z iij

Piantáre, en jargon, fourrer, ficher.
Piantársi, se coucher tout de son long.
Piantáta, vn tour, vne niche.
Piantatióne, le plan, le temps de planter, pron. o fermé.
Piantatóio, plantoir. pron. o ouuert.
Piantatóre, planteur. pron. o fermé.
Piantatrice, planteuse.
Pianterélla, ieune plante. pron. le second e ouuert.
Piantétto, petites pleurs. pron. e fermé.
Piantifero, porte-plante.
Piánto, pleurs.
Piánto, en jargon, vn bordel.
Piantoncéllo, vn ieune rejetton.
Piantóne, iect d'arbre, vn sauuageon : vn rejetton à transplanter.
dar la cássia co' Piantóni. i. abandonner, laisser là, planter là.
pagár co' Piantóni, &
dár vn Piantóne in pagaménto, id. C'est par allusion de *Piantáre*, qui signifie, abandonner.
Piantóne, vn ieune drolle, vn tendron.
Piantóni, en jargon, les iambes.
Pianúra, plaine.
* *Piássa*, *piáʒʒa*, place.
Piástra, lame de fer, petit plastron C'est aussi vne sorte de monnoye qui vaut enuiron vn ducaton. Item, la palette ou aube d'vne rouë du moulin. Vne plaque.
Piastrélla, vn pâlet, pierre platte dont on iouë : Et vn platteau à couurir les maisons. pron. e ouuert.
Piastrellare, couurir de platteaux.
Piastréllo, petit emplastre. pron. e ouuert.
Piastrina, petite pierre platte, platteau.
Piástro, emplastre.
Piatá, pour *pietá*, pieté.
Piátano, plane, sorte d'arbre.
Piatánʒa, pitance. Item, œuure de charité, que l'on fait aux enterremens. pron. tʒ.
Piatéa, esclat de mur.
Piatióne, expiation.
Piatire, plaider. pres. *piáto*, & *piatísco*.
Piatíre, il páne. i. estre en extrême necessité.
Piatír col fornáio, plaider auec le boulenger, i. auoir faim.
Piatír i cimitéri, plaider auec les cimetieres, i. estre vieil, caduc, ou indisposé.
Piatitóre, plaideur.
Piatitríce, plaideuse.
Piáto, play, procez.
Piatosaríe, œuures pieuses.
Piatóso, pieux. Item, plaideur.
Piátta, sorte de barque.
Piattafórma, platte-forme.
Piattafomáre, faire en platte-forme.
Piattáre, cacher, tapir.
Piattégli, petits plats. Item, morpions.
Piattellino, &
Piattéllo, petit plat.
Piátto, vn plat. Le plat d'vn office. Vne assiette.
Piátto, plat, vny, bas.
Piattola, morpion. Item, vne sorte de mouche. Et vn pâlet.
Piattóli fichi, sorte de figues.
Piattonáre, frapper du plat d'vne espée ou autre chose.
Piattonáta, coup de plat d'espée, &c.
Piattoncélla, vne finette. pron. e ouuert.

Piattoncéllo, vn finet. pron. e ouuert.
Piattóne, morpion. pron. o fermé.
Piattóni, certaines bestes noires qui se trouuent en la farine, vulg. chalenrons. pron. o fermé.
Piáʒʒa, place : marché. Place du change. pron. tʒ.
far bélle le Piáʒʒe. i. faire courir le monde au vacarme que l'on fait.
fár il béllo in Piáʒʒa. i. estre oisif ou faineant.
Piáʒʒa da básso, casematte.
Piaʒʒáro, vn qui ne bouge des places. Item, crieur public. pron. tʒ.
Piaʒʒeggiáre, perdre son temps à se pourmener dans vn marché.
Piaʒʒétta piaʒʒuóla, petite place ou petit marché.
Pica, *picca*, picque.
Píche arboráte, picques hautes.
Piche abbassáte, picques basses.
Píche spianáte, picques plattes, termes de milice.
Picardía, la Picardie.
andár in Picardía. i. aller au gibet. C'est vne allusion sur le mot *impiccáre*, qui signifie pendre.
* *Picaráre*, *picáre*, gueuser.
* *Picaría*, gueuserie.
Pícaro, mot Espagnol, vn gueux.
Picca, vne picque de colere contre vn autre. Item, picqueure.
Piccafíchi, becque-figue.
Piccánte, piccant.
Picca piétre, tailleur de pierres.
Piccáre, picquer.
Piccaréllo, le marteau d'vne porte. Item, vn petit gueux.
Piccáta, vn coup de picque. Item, vne picque contre vne personne : & vne saccade ou poussade.
Piccáta víte, sorte de vigne.
Piccatíglio, vn hachis.
Picchería, les picquiers.
Picchiaménto, heurtement, battement à la porte.
Picchiapétto, vn mangeur de crucifix, vn hipocrite, vn qui se donne des coups sur la poictrine.
Picchiáre, frapper à la porte. Pour becqueter ou donner du bec, picotter.
Picchia a vn' áltra pórta, frappe ou heurte à vne autre porte : cela se dit à vn importun qui demande sans cesse : nous disons vulg. enuiron cela, à l'autre porte on y donne des miches.
Picchiár l'vscio col pié, heurter à la porte auec le pied : cela se dit d'vn qui apporte vn present, parce qu'il a les mains empeschées.
Picchiár diétro alle bánche. i. faire vn affront à quelqu'vn.
Picchiaréllo, le marteau de la porte. Item, vn aiguillon de bouuier.
Picchiáta, vn coup, vn heurt, vne poussade, vne saccade : vn coup de bec.
Picchiáto, tacheté, marqueté de plusieurs couleurs.
Picchiatóio, le marteau de la porte. Item, vn baston ou clochette que les Moines ont pour heurter ou appeler à la porte.
Picchiére, picquier.
Pícchio, pic, oiseau. Item, vn coup. Vn pic.
Pícchio vérde, piuer, oiseau.
Picchióne, vn gros pic.
Piccia, vne quantité de petits pains attachez ensemble.
Picciafèro, vn pic, oiseau.
Picciagnóla, chaircuitiere.
Picciáre, frapper à la porte ; becqueter : pincer. Item, allumer.

P I

Picciatùra, becquetture : pinçade ; vne pincée.
Piccichètto, vne pincée de quelque chofe.
Piccico, idem. Et vne pinçade : vn coup de bec.
Piccicóne, pinçade.
Piccicótto, vne pinçade, vn coup de bec. Item, vne pincée.
Piccigàre, pincer.
Piccinácolo, pignée, nain.
Piccinàio, idem.
Piccinàre, rendre petit.
Piccinìno, petit, fort petit.
Piccìno, petit.
Piccio, coup de bec, becqueture. Item, le bec d'vn oifeau.
Picciócolo, la queuë d'vn fruit, tige de fleur ou queuë. pron. le premier e ouuert.
Picciolàre, rendre petit.
Picciole, forte de fquilles, ou caramòts, de l'argent à Naples.
Picciolètto, fort petit. pron. e fermé.
Picciolézza, petiteffe. pron. e fermé, & les zz comme ts.
Picciollìno, fort petit.
Picciolo, petit.
Picciolo, monnoye antique à Florence, de peu de valeur.
è Picciolo mà v'é tùtto, il eft petit ; mais tout y entre, nous difons petit pot tient bien pinte. i. vn petit homme vaut quelque chofe.
da Picciolo, eftant ieune, dés l'enfance.
Piccióne, la queuë d'vn fruit. Item, vne toupie : ou pirouette, le prononçant, picciolo.
Piccióne, pigeon. Item, vn fot ou niais. pron. ò fermé.
hauèr vòna ó Piccióni. i. en fortant d'vn mal rentrer dans l'autre.
Piccióni da ghiànda, pigeons fauuages, ramiers.
Piccióni da bùfto, ou da i piédi róffi. i. gens fins, & rufez.
Piccirìllo, vn poupart, vn pouppée.
Picciuólo, la queuë d'vn fruit, ou d'vne fleur. Item, vne toupie.
Picco, pic.
Piccolàre, piroüetter, tourner, & ietter la toupie, la faire tourner.
Piccolézza, petiteffe. pron. e fermé, & les zz comme ts.
Piccolìno, fort petit.
Picóllo, l'efcorce du bouton d'vne fleur. Item la queuë d'vn fruit.
Piccolo, petit.
Piccolo, vne toupie, ou pirouette.
Piccola età, bas aage.
da Piccolo, eftant encore ieune, encore petit.
Piccóne, vn pic.
Picconière, pionnier. pron. e fermé.
Piccózza, vne pince, n pic pointu par vn bout, & tranchant de l'autre. Item, vne befaiguë. pron. o ouuert, & les zz comme ts.
Piccózzo, coup de bec, pinçade : pincée. Item, le bec.
Picoàftro, vn arbre qui porte la raifine.
Picéne, forte de petites oliues.
Picemìne, forte de poires.
Piceo, peffe, arbre qui porte la poix.
Picilla, boutoir de marefchal.
Picìno, huille faire de poix.
Picio, forte de breme.

P I 367

Pico, bec. Coup de bec. Item, vne forte de petit poiffon. Et vne mefure aux Indes.
Picomàrtico, pic, oifeau.
Pico vérde, piuert.
Pidicélli, cirons.
Pidocchiàre, poüiller, tuer les poüils.
Pidoccherìa, poüillerie : gueuferie.
Pidócchio, vn poüil, Item, vn certain mal de chenal. pron. o ouuert.
Pidocchiófo, poüilleux. pron. le fecond ó fermé.
Pidottàre, pilotter, faire le pilote.
Pié, pied.
Pié cornìno, grenoüillette, baffins, baffinets.
entràr ne' Pié d'vno, empieter fur vne perfonne.
à Pié pàri, à ioinéts pieds.
andàr à Pié pàri, aller bien, eftre bien ordonné, aller de bonne forte.
il Pié délla ftàffa, le cofté du montoir.
Piedácci, grands vilains pieds.
Piède, pied : patte ou cul de verre. pron. o ouuert.
Piédi di pórco, vn pic à grain d'orge.
pàr che l'hàbbia fàtto co' Piédi, nous difons, il femble qu'il l'ait tiré de fon derriere.
in Piédi, de bout, fur fes pieds.
dar de' Piédi nélla fchiatùna. i. perdre patience.
cercàr tré Piédi in vn paio di fcàrpe, nous difons, chercher cinq pieds au mouton.
hauèr i Piédi fréddi, eftre mal à fon aife, eftre incommodé de biens. Item, donner fa marchandife à bon marché.
Piède délla càffa, talon de fuft d'harquebufe.
la cófa và co' fuói Piédi. i. l'affaire va comme elle doit.
Pié ò piéde di gàtto, pied de chat, forte de mors.
Piéde di gàllo, forte d'herbe.
hauèr méffo dùe Piédi in vna fcàrpa. i. eftre groffe ou enceinte.
auànz àr i Piédi fuòr délle fcàrpe. i. n'auoir rien acquis.
Piéde di vànga. i. grand pied : pied plat.
dàr Piédi, donner pied à vne chofe de peur qu'elle ne tombe.
fàr Piédi àlle mófche. i. faire vne chofe prefque impoffible.
Piédica, piege.
Piéga, ply. Vne pince de rabat. Metaph. L'humeur double d'vne perfonne. pron. e fermé.
pigliàr buóna ò màla Piéga, nous difons auffi, prendre vn bon ou mauuais ply, bonne ou mauuaife habitude.
èffer in Piéga, eftre au déclin.
Piegamélla, reffort.
Piegaménto, fléchiffement, pliement.
Piegàre, plier : fauffer comme vne lame : pencher, fléchir : courber : Gauchir.
Piegarìa, ply, pliffeure.
Piegatóie, pincettes ou pinces d'orfévre.
Piegatùra, pliffeure. Ply, courbeure.
Piegiàre, pleiger.
Piegierìa, pleige.
Piéggio, pleige, garant.
Pirghéuole, maniable : accommodant, flechiffant : Qui prefte comme le cüir. pron. ghe comme gue, en François, & l'e fermé.
più Pirghéuole ch' vn giùnco, le François dit, plus doux qu'vn gand. i. obeiffant.
Pieghenolménte, maniablement.
Piégo, ply, pacquet de lettres. pron. e fermé.
* Piégora, brebis, mot Venitien.

* *Piegordio*, berger.
Piéna, le gros de l'eau.
far come la Piéna, faire comme le gros de l'eau. i. paſſer deuant toute choſe : & traitter tout le monde également, meſdire de tous.
andár con la Piéna, nous diſons, ſuiure le grand chemin, faire comme les autres, aller auec la mariée. i. à vau l'eau. i. tout luy eſt fauorable.
Pienamènte, pleinement.
Pienára, le gros de l'eau.
Pienézza, plenitude. pron. e fermé, & les zz comme tz.
Pieniſſimo, tres-plein.
Pienitúdine, plenitude.
Piéno, plein. Vny.
Piéno, le plein, le rempliſſement : farce à remplir vne volaille ou autre piece de viande.
hauér il ſuo Piéno. i. auoir ce qu'on peut pretendre, ſon deu.
à Piéno, pleinement, à plein.
Pienútto, replet, graſſet, plein.
Pierino di Dónna Antónia: Pierrot fils de Dame Antoinette, s'il n'euſt eſté pendu il ſe fuſt ruiné à la longue. i. ſi vn mal-heur ne fuſt venu, vn autre ne pouuoit manquer.
Piéro, en jargon, manteau.
Pietà, ſans accent, pitié. (ſelon Monſieur Oudin.)
Pietà, pitié : miſericorde. : & pitié.
Pietáde, idem.
Pietánt a, pour pieté : Et pitance.
Pietoſarie, actions pieuſes, penſées pleines de pitié.
Piétto, play, procez, plaiderie.
Pietoſamènte, pieuſement, & pitoyablement.
Pietóſo, pitoyable : & pieux.
Piétra, pierre. pron. e ouuert.
Piétra iride, vne opale.
Piétra di róndine, pierre d'arondelle.
hauér il mal della Piétra, cela ſe dit d'vn tonneau où il n'y a plus gueres de vin, à cauſe qu'on y met vne pierre pour le hauſſer par derriere.
dar d'vna Piétra in vn ſaſſo, nous diſons, changer ſon cheual borgne à vn aueugle, rencontrer pis.
Piétra che rótola non piglia rúggine, nous diſons de meſme, pierre qui roule n'engendre point de mouſſe.
cauár la Piétra, nous diſons, emporter la piece. i. faire vn grand effet, ou effort.
Pietranólli, ſorte de gendarme.
Pietraría, pierre, pierrerie : tas de pierres.
Pietráro, lapidaire.
Pietricína, pierrette.
Pietronéllo, canon pierrier. pron. e ouuert.
Pietróſo, pierreux. pron. e fermé.
Pietrúccia, pierrette, petite pierre.
Piéua, Cure.
Pieuále, vne Chape. Item, de Paroiſſe.
Piéue, Cure, Egliſe Paroiſſialle.
Pieuéra, idem.
* *Piézzo*, pleige.
Pierzaria, ſeureté, caution. pron. les zz comme dz.
Piézzo, pleige, garant.
Pífara, fiffre.
Pifaráta, ſifflade ou bruit des fiffres.
Pifaró, *pífaro*, *piferóne*, &
Pífero, fiffre, & ioüeur de fiffre.
Piffferi da ſorga, qui ne ſe contentoient pas d'vn payement. i. vn homme difficile à contenter.
Pigázza del tórno, la pouppée d'vn tour.

* *Piggioráre*, empirer.
* *Piggióre*, pire.
Pigiàre, fouler aux pieds, fouler : farfoüiller, tauander.
Pigioláre, piauler.
Pigionále, *pigionánte*, locataire.
Pigionáre, loüer & prendre à loüage.
Pigionáro, fermier : locataire.
Pigióne, loüage, & loyer. Item, vn pigeon.
* *Pigiſta*, ſodomite.
Pigliámi tópo, ſorte de jeu d'enfant.
Pigliáre, prendre. Entreprendre.
Pigliàrla cón v'no. i. quereller vn homme.
ſe la Píglia con tútti, il en veut à tous.
Pigliárſi faſtídio, ſe mettre en peine.
ei Piglierébbe per S. Giouánni, il prendroit pour S. Iean. Cela ſe dit d'vn homme qui eſt ſujet à ſe laiſſer corrompre par preſens.
Pigliár à far vna cóſa, ſe mettre à faire vne choſe.
Pigliàr i dádi à vno, nous diſons, rompre le coup, donner de l'empeſchement.
Pigliàr il perdóno, gagner les pardons.
Pigliatóre, preneur.
Pigliatríce, preneuſe.
Píglio, priſe.
Píglio, certain regard.
dar di Píglio, mettre la main, prendre.
Pigméo, pigmée.
Pígna, vn pot.
Pigna da cacáre, vn pot à deſcharger le ventre.
Pigna, vn poeſle, vne ſalle, vne eſtuve. Vne pomme de pin. Vne touffe de feüilles ou fruits.
Pignáta, pot.
chi fà le Pignátte ſe le può rómpere, qui fait les pots les peut caſſer. i. qui a vne choſe en ſa puiſſance en peut diſpoſer, qui ordonne vne choſe la peut deſfaire.
quálche cóſa bólle in Pignátta. i. il y a quelque choſe de caché là-deſſous.
Pignattáro, pottier.
Pignattélla, petit pot. Item, pot à feu.
Pignátto, ſorte de pannier, vn pot.
Pignénte, pouſſant. Item, qui peint.
Pignere, peindre : pouſſer auant ou en auant. parf. *pinſi*, part. *ginto*.
Pignéta, &
Pignéto, foreſt de pins.
Pignite, ſorte de terre ſigillée.
Pigno, vn Pin.
Pignoccáta, conſerue de pignons.
Pignoláre, froiſſer le lin ou le chanvre : Item, l'accommoder en cordons ou poupées.
Pignolo di líno ó canápe, poupée de lin, cordon de lin ou de chanvre.
Pignóne, pignon, mur.
Pignora, gages, ſeureté : hypotecques.
Pignoráre, pleiger : hypotecquer.
Pignoratíuo, qui ſe peut engager.
Pignottápe, happe-lopin.
Pignottáre, chercher à faire bonne chere, chercher la lippée franche.
Pignuóli, pignons.
Pígo, ſorte de poiſſon comme vne carpe.
Pigolaménto, piaulerie.
vn Pigolóne, vn piailleur ou pleureur, vn qui ſe plaint d'ordinaire, encor qu'il ſoit à ſon aiſe.
Pigózzo, vn pic. Item, vne pincée. Vn coup, vne pincade. Item, craquement, bruiſſement, ſifflement.

Pigráccio

PI

Pigráccio, grand paresseux.
Pigraménte, paresseusement.
Pigrámma, Epigramme.
* Pigridine, &
Pigritíe, paresse.
* Pigritúdine, idem.
Pigro, paresseux.
Pigróne, gros faineant.
Píla, vne pile.
Pila, pilier de pont.
Píla dell' acqua santa, le benoistier.
ella è la Píla dell' acqua benedétta. i. tout le monde l'aborde.
Pila del battéssimo, les fonds.
* Pilaggiáre, piller.
* Pilággio, pillage.
* Pilàni, soldats armez de iauelots.
Pilàno, Capitaine des Archers.
Pilàre, le poil, maladie de mammele aux femmes.
Pilàre, mettre en pile : amoncelier. Item, pilotter.
* Pilário, vn basteleur.
Pilastráre, remplir de piliers.
Pilastráta, pilastráto, vn rang de piliers.
Pilastréllo, petit pilier.
Pilástro, pilier, pilastre.
Piláti, pilotis.
Pilàtro, herbe medicinale.
Pileggiáre, voyage, passage, course.
Piléggio, voyage, passage, course.
Pitélla, mardelle d'vn puits.
Piliére, pillier.
Pilistréllo, chauue-souris.
Pilla, vne pile. Vn pelain de Tanneur.
Pillachera, crotte, esclabousseure.
Pillacherósò, crotté, plein de crottes.
Pilláia, pelain de Tanneur.
Pillára, tourdelle, oiseau.
Pillátte di capélli, flocons de cheueux.
Pillíccia, pelisse.
Pilliccidro, Pelletier.
Pilliccióne, pelisson.
Pillola, pillule.
Pillola inzuccheráta, vne pillule sucrée. i. vne personne dangereuse.
Pillola masticcina, pillule gourmande.
Pilloláre, faire en forme de pillule.
Pillonáre, piler auec vn pilon.
Pillóso, pelu, velu. pron. o fermé.
Pillóffo, vn gueux, vn maraud. pron. o ouuert.
Pillótte, sorte de viande pilée.
Pillótta, pelotte, peloton, vne balle pleine de vent auec quoy l'on ioue a la longue paulme.
Pillottáre, surfondre le rosty. Item, pelotter.
Pillótti, morceaux de lard à surfondre le rost.
Pillótto, sorte de petite monnoye.
Pillucáre, pignocher, pluchotter.
Pillucéllo, vn ciron.
Pillucóne, vn espluscheur. Item, vn vilain ou auare.
Pillula, pillule.
Pílo, pilier. Item, vn bassin de fontaine. Vne iatte. Vn dard. Et vn pilon.
Pilóne, pied droit, espece de pilier de bois en vne machine. Item, vn pal ou piece de bois à seruir au pilotis.
Pilóso, pelu, velu. pron. o fermé.
Pilóso, en jargon, vn agneau.
Piloteggiáre, faire le Pilote.

PI 369

Pilóto, Pilote. pron. o ouuert.
Pilótta, vne pelotte. Vne balle de feutre. pron. o ouuert.
Pilótta, vn petit ballon de la grosseur du poing auec quoy l'on ioüe à la longue paulme.
álla Pilótta, c'est enuiron nostre ieu de longue paulme, qui se ioüe auec des petits ballons.
Pilottáre, surfondre le rosty. Faite en pelotte.
Pilottáta, coup de pelotte.
Pilótto, sorte de pannier.
Pilóttola, vne pelotte.
Pilucáre, pignocher vne grappe de raisin, ou autre chose.
Pilucóne, vn pignocheur. Item, vn auare.
Pimacciáre, garnir de cheuets.
Pimáccio, cheuet de lict, trauersin.
Pimpinélla, pimprenelle.
Pina, pomme de pin.
largo come vna Pina vérde, il est large comme vne pomme de pin verte. i. Il est chiche, il est serré.
Pináccia, vne Pinache.
Pinácolo, pinacle.
Pináro, lieu planté de pins.
Pinástro, pin sauuage.
Pinazza, vne pinache. pron. ts.
Pinca, sorte de cocombre.
Pinca, le membre viril.
Pincáta, coup de membre viril.
* Pincérna, eschanson.
Pincétte, pincettes.
Pinchéllo, la vitelette : petit coüillaud.
Pinchellóne, coüillaud.
Pinchino, &
Pincia, le mignon, le fauory, la vite de sa mamma.
Pincia, sorte de gasteau.
Pincino, idem.
Pincióne, pinçon.
è méglio Pincióne in máno che Tórdo in frásca, il vaut mieux vn pinçon à la main, qu'vne griue sur la branche. i. Il vaut mieux tenir peu, que d'esperer beaucoup.
far la bocca Pincínia, faire la petite bouche. Item, faire la moüe ou le cul de poule auec la bouche.
Pínco, le membre viril.
Pincolóne, lourdaut, sot, benest.
Pincóne, gros engin. Et gros sot.
Pindinsúolo, bouton de fleur.
Pinéllo, fourche à remuer le feu ou les tisons.
Pinéta & pinéto, forest de pins. pron. e fermé.
Píngere, pousser, peindre. parf. pinsi, part. pinto
* Pinguédine, graisse. pron. e ouuert.
Piniéra, gallerie.
Pinífero, porte-pins.
Pinillo, meon, sorte de plante.
Pinna, nacre de perle. La nageoire d'vn poisson : vn pinacle ou dôme. La maistresse plume d'vn oiseau. Le plateau d'vne roüe. La creste d'vn armet.
Pinnacolo, pinacle.
Pinnole, nageoires sur le dos des poissons. Item, les costez des narines en dehors.
Pinnótero, poisson escaillé.
Pinnúle, nageoires de poisson.
Pino, pin. Item, vne barque, ou vaisseau.
Pinocchiára, &
Pinnochiáto, pignon confit.
Pinócchio, pignon à manger.
Pinola, mire, iour pour voir à trauers.
Pinóttolo, du pignon.

Aa a

PI

Pinta, fecouſſe, ſaccade. Item, vne pinte, & le participe feminin de *pingere*, peint.
Pintarélla, petite pinte ou fecouſſe.
Pinticchiáto, tacheté.
Pinto, eſteint. Et peint.
Pintóre, peintre. pron. o fermé.
Pintúra, peinture.
Pinza, ſorte de flan ou tarte. pron. *ts*.
Pinzáre, emplir iuſques au goſier.
Pinzérna, eſchanſon. pron. *ts*, & l'e ouuert.
Pínzo, tres-plein. pron. *ts*.
Pinzoceráto, idem.
Pinzóchera, bigotte. pron. *ts*.
Pinzocheráre, faire le bigot. pron. *ts*.
Pinzóchero, bigot, qui porte l'habit de Religieux eſtant dans le monde. pron. *ts*.
Pinzóne, pinçon. Item, vne miche. pron. *ts*.
Pinzótta, bigotte, hipocrite. pron. *ts*, & l'o ouuert.
Pinzúto, long & aigu. pron. *ts*.
Pio, pieux. Item, vne pie.
Pióda, platteau, aiſſelle à couurir vne maiſon.
Piodáre, couurir de platteaux.
Pióggia, pluye.
Pioggiále, pluuieux.
Pioggiána ácqua, eau de pluye.
Pioggiáre, pleuuoir.
Pioggióſo, pleuuieux.
Pióla, varloppe, rabot, plane.
Pioláre, applanir, dreſſer auec le rabot.
Pioléta, petite plane.
Piolíre, rabotter. preſ. *piollſco*.
Piombággia, mine ou veine de plomb, & d'argent. Pierre plombiere. Item, molibdene, plante.
Piombágine, plombagine. Item, qualité de plomb.
Piombáre, couurir de plomb: aiuſter au plomb, dreſſer auec le plomb. Item, deſcendre à plomb, fondre ſur quelqu'vn: plomber, accommoder auec du plomb.
Piombáro, plombier.
Piombaruóla, vn plombeau, vne ruile. Item, vne ſonde.
Piombáta, vne balle de plomb que l'on iette auec la main. Item, vne terraſſe ou couuerture de plomb.
Piombáto, couuerture de plomb.
Piombatóre, qui accommode auec du plomb. Item, fondeur. Et qui tombe à plomb, ou fond ſur quelque choſe auec violence.
Piombatúra, plombeure, couuerture de plomb.
Piombéllo, plombeau, plombée, ruile de plomb.
Piómbeo, de nature de plomb.
Piombíſero, porte-plomb.
Piombíno, couleur de plomb. Vn plomb à tenir le papier. Sonde ou plomb à meſurer les profondeurs ou hauteurs. Vn crayon de plomb. Vn oiſeau appelé peſcheur.
à *Piombíno*, à plomb. Item, iuſtement, reglement.
Piómbo, plomb.
andár col pié di Piómbo. i. proceder auec conſideration.
Piómbo négro, plomb de mine.
Piombóſo, plein de plomb. Item, lourd d'eſprit.
* *Piompiozzáre*, deuorer, engloutir. pron. *ts*.
* *Piompiozzóne*, vn goulu, vn auialleur. pron. *ts*.
Pióppa, *pióppio*, peuplier. pron. o ouuert.
Pioppéto, peuplaye. pron. o ouuert, & l'e fermé.
Pióppo, peuplier. pron. o ouuert.
* *Pióno*, chargé d'eau ou de nuages.
Pióta, la plante du pied: la patte. Et vn gazon. Vne ſorte de rouſſe, poiſſon.

PI

Piotáre, couurir de gazons.
* *Piótola*, vn palet à iouër.
Piotoláre, iouër au palet.
Piòttolo, vne cheuille.
Pióua, pluye.
Piouaiuólo, pluuieux.
Pióuale, vne Chape.
Piouána ácqua, eau de pluye.
Piouáno, Curé.
tonár col Piouáno, reuenir auec le Curé, c'eſt à dire, reuenir par la pluye, parce que *piouáno*, ſignifie temps de pluye, & Curé.
Piouáno, temps de pluye.
Piouégo, vn Magiſtrat à Veniſe.
Piouelicáre, pleuuiner, bruiner.
Pióuere, pleuuoir. parf. *piouétti*, verbe imperſonnel, pron. o ouuert.
Pióue. i. cette femme a ſes fleurs. pron. o ouuert.
Piouéſta, petite pluye. pron. o ouuert, & l'e fermé.
Piouénole, pluuieux.
Piouiále, idem.
Piouignáre, pleuuiner, bruiner.
Piouóſo, pluuieux.
Pipa, le ſiffet d'vne volaille, vne pippe.
Pipáre, caqueter, piailler, piauler.
Pipáta, caquet de poule. Item, vne pouppée, & vne pipée, plein vne pippe.
Piperíte, poivre d'Inde.
Pipiáre, piauler comme les pigeons.
Pipiglióne, vn papillon. Item, vne ſorte de couleuvre.
Pipilláre, piauler.
Pipioncéllo, pigeonneau.
Pipióne, pigeon.
* *Pipíra*, pile de bois à bruſler les morts.
Pipíre, piauler. preſ. *pipíſco*.
Pipiſtréllo, chauve-ſouris.
à *Pipiſtréllo*, il eſt chauve-ſouris. i. Il ne và que de nuict de peur de rencontrer ſes creanciers.
Pipíta, pepie, Item, enuie proche des ongles.
chi há pólli há Pipíte. i. qui a du bien, a du ſoucy, & de la peine.
Pipítula, enuie ſur le bout des doigts.
Píppa, vne pippe de vin, &c.
Píppa, nom propre, Philippotte.
Pippionáta, ſaſerie, cajollerie.
Pippióne, pigeonneau. Item, vn ſot ou badaut.
Pippióne da Gorgóna, que l'on plume à coups de pierres. i. vn pendart.
Píppo, le nom d'vn Aſne, comme Martin. Item, Felip.
Pirá, pile de bois à bruſler les morts.
Pirále, moucheron qui ſe bruſle à la chandelle.
Piramidále, &
Piramidáto, fait en pyramide.
Pirámide, pyramide.
Piráta, vn Pirate.
Piratáre, eſcumer la mer.
Piratía, *pirática*, meſtier de pirates.
* *Pirátio*, du peré.
Piratíſmo, action ou meſtier de Pirate.
* *Pirauſta*, pirauſte, animal qui vit dans le feu.
Piretro, pireſtre.
Piriólo, vn bondon. Item, vn robinet, entonnoir.
Piríno, en iargon, vn Aſne.
Piría, vn ſabot.
Pirláre, pirouëtter.
Pírlo, vn ſabot à iouër.

P I   P I   371

Pirío, en jargon, vne monnoye de six-blancs.
* Píro, poirier.
Piróla, bouchon qui tourne à viz. Cheuille d'instrument. Vn sabot. Vne quille.
Piróli, eschellons d'eschelle.
Piromantía, piromantie, augure par le feu.
Pirondre, cheuiller. Item, prendre auec vne fourchette.
Pirone, vne fourchette.
Pirone, selon aucuns, vne cheuille.
Pironi, en jargon, les dents.
Pirópo, pirope.
Pirottáre, percer vn tonneau de vin.
Pirotto, vn robinet.
Pirúolo, cheuille.
Pisáno, habitant de Pise.
quándo i Pisáni col vermíglio à l'hásta caualcáno. i. quand les femmes ont leurs fleurs.
Piscía, du pissat.
Pisciánza, vrine. pron.
à Pisciapórco. i. petit à petit, parce que les porcs pissent ainsi.
Pisciáre, pisser.
hà Pisciáto in più d'vna neue, il a pissé en plus d'vne neige : cela se dit d'vn homme experimenté aux affaires.
Píscia chiáro e' fà le fíche al médico. i. ayes la conscience nette, & ne crains point.
poter Pisciár nel lètto, e dir d'éser sudáto, pouuoir faire tout ce que l'on veut.
andár à Pisciáre, à cul leué, jeu.
vuól Pisciár al muro, nous disons, il ressemble les grands chiens, il veut pisser contre la muraille.
Pisciarèlla, &
Pisciarnóla, chaude-pisse.
Pisciaspáde, vn fendant, vn traisneur d'espée.
Pisciatóio, pot de chambre. Item, lieu où l'on pisse.
Pisciaúino, vn yvrogne.
Piscína, piscine, viuier. Item, vne pisseuse.
Píscio, né sous le signe pisces ou des poissons.
Píscio, pissat, vrine.
tirár il píscio in ária, nous disons, estre fort en colere, & pisser contre le vent.
Pisciótta, vne pisseuse, iniure. pron. o ouuert.
Pisciótto, lieu où l'on pisse.
Pisciózza, vne pisseuse. pron. o ouuert, & les z comme ts.
Pisèlli, des pois.
Pisellóne, vn lourdaut.
Pisèra, balance.
Pisistrèllo, chauve-souris.
Pisitáre, piauler, gazoüiller.
Pisoláre, sommeiller, estre endormy.
Pisolóno, lourdaut, endormy.
Pisóne, vn pilon.
Pispigliáre, parler bas, murmurer bas.
Pispíglio, murmure.
Pispinèllo, chauve-souris. Metaph. badin.
Píspola, selon aucuns, vn roitelet. Et branfle-queuë, ou bergeronnette, oiseau.
uccellár à Píspole. i. attrapper des sots.
Pispapále, mumie.
Píssi píssi, ps, ps, à l'oreille, murmure en parlant bas.
Písso e rásso, sorte de jeu d'enfant, passe-passe, &c.
Písta, piste.
Pistacchiáto, paste de pistaches confites.

Pistácchio, pistache.
Pistána, sorte d'herbe.
Pistáre, pistazzáre, piler.
Pistéllo, pilon.
Pistérna, oustarde, oiseau. pron. e ouuert.
Pistilénza, pestilence. pron. e ouuert, & le z comme ts.
Písto, en jargon, Prestre.
Pistóio, moulin à papier.
Pistóla, epistre.
Pistóla, vne pistolle, vn pistollet.
Pistolentióso, pestilentieux.
Pistolénza, pestilence. pron. e ouuert, & le z comme ts.
Pistolesáta, vn coup d'vn poignard large, ou demy coutelas appelé pistolése.
Pistolése, vn grand poignard large, & courbé pour la pluspart, comme vn sabre : bayonnette. pron. e fermé.
Pistolétta, petite Epistre. pron. e fermé, pistolet.
Pistólfo, vn prestre en jargon.
Pistoliére, qui tire du pistollet.
Pistóne, vn pilon. Item, vn piston de pompe, vn estafier, vn lacquais.
* Pistóre, boulenger.
Pistrèllo, chauve-souris.
* Pistrice, sorte de Baleine. Item, vne boulengere.
* Pistrína, le moulin à l'antique, moulin à bras. Item, boulengerie.
* Pistrináro, meusnier.
* Pistríno, moulin à bras.
* Pitafátto, sorte de bouclier.
Pitalámio, Epithalame.
Pitále, pot à chier, ou chaire percée : le bassin.
Pitafhio, Epitaphe.
Pitáro, pot à chier, Pitèra.
Pitigíne, pitigio, feu sauuage.
Pitigióne, le penil, la motte.
Pitissáre, faire petit à petit.
* Pítita, sifflet de volaille.
* Pititáre, piailler, piauler.
* Pitoccáre, gueuser. Item, tacquiner.
Pitoccheria, auarice, vilainie : gueuserie : tacquinerie.
Pitocchiáre, gueuser.
Pitocchíno, habit de gueux.
Piròcco, gueux : taquin.
Pítome, Epitome.
Pitonissáre, predire par le moyen des esprits ou demons.
Pítta, tourte ou flan.
Pittáco, diette : c'est vn mot corrompu du bundis Tag, Allemand.
Pitráro, vn pot de terre.
Pittelóni, morpions.
Pittócco, gueux.
Pittíma, Epitheme cordial.
Pittíma cordiále. i. vn attirant, vn importun.
Pítto, peint.
Pittóre, peintre.
Pittório, de peintre.
Pitrice, peintresse.
Pittúra, peinture.
Pituíta, la pituite.
Piruitária, staphisagre, herbe aux poüils.
Pituitóso, pituiteux.
Piú, plus.
èser da Più di, estre plus habile que.

Aaa ij

Più che si faccia, tant plus l'on fera.
Più, plusieurs.
Più vólte, plusieurs fois.
à Più non pósso, tout ce qu'il est possible, de tout son pouuoir.
Piua, cornemuse, chalemie. Item, vne pie.
Piua, pour le membre viril. Selon aucuns, pour la nature de la femme, vn pupillon.
métter le Piua nélla scarsélla. i. se taire.
tornar con le Piue nélla scarsélla. i. reuenir sans auoir rien fait, sans auoir obtenu ce qu'on desiroit.
Piua, en jargon, vne fille.
Piuàro, vn pluuier.
Pinàstro, en jargon, vn garçonnet.
Piué, pour più, plus, où il ne faut pas que l'u soit consonne.
Piuétta, en jargon, vne amoureuse, & fillette.
piuéro, vn pluuier.
Piuiále, Chape d'Eglise.
* pitticaménte, publiquement.
* Pinicàre, publier.
* pinicatióne, publication.
Pisiéra, l'estenduë d'vne Cure.
Piuiéro, vn pluuier, oiseau.
* Piuina, lit de plume.
piuiólo, cheuille. Plantoir de jardinier. La dille du chandelier.
Piuòlo, vn coüillaud.
Piula, vne fusée.
Piùma, plume, duuet. Vn lict de plumes.
Piumaccería, plumes à faire des lits. Item, boutique de plumassier.
Piumaccétto, petit pennache. Item, vn petit cheuet ou trauersin.
Piumacchio, cheuet.
Piumacciàre, garnir de trauersin.
Piumacciàro, plumassier.
Piumàccio, cheuet, trauersin oreiller.
far piumaccinóli, se deffendre de la leure de dessous.
Piumàye, plumer. Item, venir des plumes.
Piumàto, emplumé, couuert de plumes.
Piumazzàro, plumassier. pron. ts.
pinmàzzo, cheuet. pron. ts.
Piumétta, petite plume. Et petit lit de plume. prononcez e fermé.
Piumóso, plein de plumes. pron. o fermé.
Piuo, en jargon, vn garçon.
Piuòli di scála, eschellons d'vne eschelle.
scàla da Piuòli, eschelle de bois.
Piuolo, cheuille.
Piuolàre, cheuiller.
* Piuuicaménte, publiquement.
* Piuuicàre, publier.
* Piuuicatióne, publication.
* Piuuico, public.
Pizza, demangeaison. pron. ts.
Pizzacagnólo, vn chaircuitier ou reuendeur. pron. ts.
Pizzagallina, morgeline. pron. ts.
Pizzàrda, vne beccasse. pron. ts.
Pizzàre, becqueter. Item, allumer. pron. ts.
Pizzaruólo, chaircuitier. pron. ts.
Pizzeca, chiche, vn qui pince. pron. ts.
* Pizzèlo, pois. pron. ts.
Pizzétta, piecette. pron. ts. & l'e fermé.
Pizzétti, des dentelles. pron. ts. & l'e fermé.
Pizzicagnòla, &
pizzicaiuòlo, qui vend du fourmage, & toute sorte de chair salée. Vn chaircuitier.

Pizzica questióni, vn querelleux.
Pizzicàre, becqueter, picotter, demanger. pron. ts.
Pizzicàre, se dit quand vne viande sent ou est de haut goust.
Pizzicàre del furfànte, sentir son vaut-rien.
Pizzicàr dell' herético, nous disons, sentir le fagot.
Pizzica di chiésso, cela sent son bordel. pron. ts.
Pizzicaría, boutique de chaircuitier ou vendeur de viande salée. pron. ts.
Pizzicarína, vne mignarde: vne rusée. pron. ts.
Pizzicarnólo, chaircuitier ou reuendeur. pron. ts.
Pizzicàta, pincée. Item, vne sorte de tourte. prononcez ts.
Pizzico, vne pincée. Et pinçade. pron. ts.
Pizzicòtto, idem. pron. ts, & l'o ouuert.
Pizzicóre, demangeaison. pron. ts. & l'o fermé.
hà Pizzicóre, nous disons, les mains luy demangent, il a enuie de frapper.
cauàllo che hà Pizzicór della códa, cheual qui se frotte la queuë.
Pizzicuore, demangeaison.
Pizzigamórti, corbeaux qui portent les morts.
Pizzigòtto, pincée: & pinçade. pron. ts. & l'o ouuert.
Pizzo, bec d'oiseau. pron. ts.
Pizzòchera, vne bigotte. pron. ts. & l'o ouuert.
Pizzòchero, vn bigot ou hypocrite. pron. ts. & l'o ouuert.
Pizzòcolo, idem. C'est aussi vn vieux garçon. prononcez ts. & l'o ouuert.
Pizzòlo, petit pois. pron. ts. & l'o fermé.
Pizzóne, pigeon. pron. ts. & l'o fermé.
Pizzo pazzo, sorte de jeu, pincemerille. pron. ts.

P L

Placàbile, qui se peut appaiser.
Placabilità, humeur traittable, & facile à s'appaiser.
Placabilménte, doucement, auec douceur.
Placaménto, adoucissement.
Placàre, adoucir, appaiser.
Placidaménte, paisiblement.
Placidézza, &
Placidità, humeur paisible.
Plácido, paisible. Selon aucuns, vn bouffon, vn escornifleur.
* Placitàre, plaire, complaire.
* Plácito, la fantaisie ou plaisir d'vne personne.
* Plàga, playe. Item, plage.
* Plagóso, plein de playes.
Planície, la plaine: le plain, l'vny.
Plàntano, plane, arbre.
Platanéto, lieu planté de planes. pron. e fermé.
Plátano, plane arbre.
Pláudere, plaudir: applaudir. part. pláusi, & plaudeti, part. pláuso.
Plausíbile, plausible.
* Plausitàre, rocouler.
Planfiuo, plausible.
Pláuso, applaudy.
Plàstica, art de Sculpture ou en bosse.
Plebàccia, la canaille.
Plèbe, le commun peuple.

PL PO   PO

Plebéo, du commun.
Plebeúzzá, plebicinóla, la racaille d'entre le commun peuple. pron. ts.
Plebità, bassesse, roture.
Pléiada, pleyade.
Pléiadi, estoilles poulcinieres.
Plenária, pleniere.
Pleniloquénza, éloquence, ou parler absolu. prononcez e ouuert.
Plenilúnio, pleine Lune.
Plenipotentiále, plenipotentiel.
Plenità, &
Plenitúdine, ampleur, plenitude.
Pléttra, plétro, archet d'instrument: il se prend pour l'instrument mesme, ou le son de l'instrument.
Pléura, peau ou pellicule qui enueloppe les costes au dedans.
Pleirísi, plenrisia, pleuresie.
Pleuritico, sujet à la pleuresie.
Plicáre, plier.
Plicatúra, canneleure, en Archit.
Plichétto, petit pacquet. pron. e fermé.
Plico, pacquet de lettres: Et pacquet.
Pliniáne, sorte de cerises.
Plinto, plinte ou patin, en Architecture.
* Plocitaménto, croassement.
* Plocitáre, croüasser, croasser.
* Plóia, pluye.
Plombágine, plombagine.
Plombáta, vne balle de plomb auec des pointes de fer.
Plómbeo, de plomb.
* Ploránndo, déplorable.
* Plorànza, pleurs. pron. ts.
* Ploráre, pleurer.
* Plóta, pluye.
Plurále, plurier.
Pluralità, pluralité.
Pluralizzáre, mettre en pluralité. pron. dz.
* Plutáre, enrichir.
Pluuiále, de pluye.
Pluuiéro, pluuier.
Pluuióso, pluuieux.

P O

Po', pour póco, peu.
Po', pói, puis, puis apres.
Pó, nom d'vne riuiere en Lombardie, le Pô.
* Poàuola, vne pouppée.
* Poauoláre, faire la pouppée.
Pòbbia, peuplier.
Pocaggine, lascheté.
Póccia, tetin, tetton.
Pocciáre, tetter.
Pocciétta, poccina, petit tetton.
Pocciósa, qui a des grosses tettes.
Pochettino, & pochétto, vn petit de quelque chose.
Pochézza, le peu de quelque chose, petite quantité, pron. e fermé. & les zz, comme ts.
Pochíssimo, fort peu.
Póco, peu. pron. o ouuert.
Póco, è spésso, empie il césto, peu & souuent remplit le pannier.

Póchi, au plurier, peu. pron. o ouuert.
Póco fà, n'agueres: tantost.
frà Póco, tantost, dans peu de temps.
à ogni Póco, à tout propos, à tout moment.
Póco appréßo, à peu prés.
Póco poco, tant soit peu.
ogni Póco che sia, idem, pour peu que ce soit, ou quelque peu que ce soit.
Póco si la e mánco stórce. i. vn feineant.
Pocolíno, vn bien peu.
* Poculáre, de pots.
* Póculo, coupe à boire.
Podágra, la goutte.
Podágrico, gouteux.
Podagróso, gouteux.
Podáre, poüer la vigne.
Podatóre, vigneron.
Podére, pouuoir. parf. podétti, part. podúto, qui n'est point en vsage.
Podére, vne possession, vn bien aux champs, heritage ferme.
far à láscia Podéri, abandonner les biens: c'est quand on s'est si mal comporté en la maison d'autruy qu'on n'oseroit plus y retourner.
Poderétto, poderíno, petit heritage.
* Poderosità, puissance.
Poderóso, puissant: fort.
Podestà, Bailly ou Baillif.
il moúo Podestà cáccia il vècchio. i. les derniers sont les mieux receus.
Podestà di Senegáglia, qui commandoit, & n'estoit point obey.
Podestáre, donner du pouuoir.
Podestaréßa, Bailliue, femme du Bailly, prononcez e fermé.
Podestaría, podestería, Office, & Iurisdiction du Bailly. Item, Bailliage.
* Pódice, le cul, le trou du cul.
Podicóso, qui a gros cul.
* Podománi, apres demain.
Podrida ólla, pot pourry: mot Espagnol.
Poéma, poëme.
Poesía, poësie.
Poéta, poëte.
Poetáccio, poëtastre, mauuais poëte.
Poetággine, poëtasserie.
Poetèssa, vne femme qui fait des vers.
Poetáre, faire des vers.
Poetástro, poëtastre.
Poeteggiáre, poëtiser.
Poetéßa, vne rimeuse, vne poëtesse, vne femme qui fait des vers. pron. e fermé.
Poética, l'art de poësie. pron e ouuert.
Poético, poëtique.
Poetría, poëtasserie.
Poetúccio, pauure petit poëte.
Poggevéllo, poggiavéllo, &
Poggétto, petite colline.
Póggia, poge, corde d'vn des bouts de l'antenne. prononcez, o ouuert.
Poggiáre, monter, aller en enhaut: tirer à poge, tourner la proüe du costé du vent: prendre l'essor.
Poggiatóio, appuy, dossier: marche-pied.
Poggiétto, petite colline.
Póggio, colline. Item, montoir. pron. o ouuert.
Póggio del focoláre, vn rebord au foyer.
Poggiolíno, petite colline.

A a a iij

PO

ſtar in sù'l Poggiolino délla ſanità .i. ne ſe vouloir pas mettre en danger.
Poggiuólo, petite colline, butte. C'eſt auſſi vn balcon ou petite gallerie deuant vne feneſtre : Et vn ſiege de pierre, & rebord : vn perron.
Pói, puis, puis apres.
Pói che, puiſque. Apres que.
in Pói, excepté.
da queſto in Pói, hormis celuy-cy.
Poiána, vne pie.
Póina, fourmage à la creſme.
Poinaruóla, plat à mettre du fourmage à la creſme.
Póla, vne corneille. pron. o ouuert.
Póla, *púla*, gouſſe, eſcorce de graine.
Poláme, volaille.
Polána, ſorte de toille de cotton.
Polánda, vn poiſſon qui eſt fait comme vne corne.
Polándra, caſaque, houpelande, balandran.
Poláre, polaire. Item, vne ſorte de drap.
Polaſtráro, marchand poulailler.
Polaſtrélla, poulet.
Polaſtrería, poulaillerie.
Polaſtriéra, vne poulaillere. Item, vne macquerelle, vne porteuſe de poulets.
Polaſtriére, poulailler, vendeur de volailles : par Metaph. macquereau, à cauſe qu'il porte le poulet.
Poláſtro, poulet.
Polcélla, pucelle. pron. e ouuert.
Polcéllo, puceau. pron. e ouuert.
Polcíno, poulin. Item, vne petite pulce.
Póldro, poldre, mot Hollandois, leuée en forme de fortification.
Polédra, vne poulaine. pron. e fermé.
Poledríno, ieune poulain.
Polédro, vn poulain de cheual.
Poledrúccio, petit poulain.
Poléggie, certaines poulies ſur vne Galere.
Poléggio, pouliot. pron. e fermé.
Poléggio, paſſage.
Polemónia, menthe cheualine.
Polénta, boüillie d'vne certaine graine en Lombardie.
* *Polénẓa*, puiſſance, pouuoir.
Poléto, vn poulet. Item, vne ſorte de papillon. prononcez e fermé.
Poleẓuólo, pouliot. pron. tʒ. & l'o ouuert.
Poliárca, Gouuerneur de ville.
Poliarchía, reigle ou gouuernement d'vne Ville.
Policáre, le pouce.
Policáta, vne poulcée.
Pólice, le poulce.
Póliga, vne poulie.
Polignáre, en jargon, vendre.
Poligóno, pin aquatic.
Poligóno maſchio, renoüée, plante.
Poliménto, poliſſure.
Polióne, ſorte de lauande.
Pólipo, polipe, mal dans le nez.
Polipódio, polipode. pron. o ouuert.
Polipóſo, qui a vn polipe. pron. e fermé.
Políre, polir. preſ. *poliſco*.
Políta, en jargon, vne tanche.
Politaménto, poliment.
Politéllo, vn beau poly.
Politéẓẓa, politeſſe. pron. e fermé, & les ẓẓ comme *tſ*.
Politía, police.
Politíca, la Politique.
Político, politic.

PO

Políto, *poly*, gentil : propre, net.
pórco políto Pórco ſchiſo non fù mai gráſſo. i. ceux qui ſont gras ne ſont gueres propres.
Politúra, politeſſe, propreté.
Poliuẋóne, ſorte de ſorterle.
Póliẋa, cedule : Et billet. pron. o ouuert.
Poliẋétta, petite cedule : étiquette, memoire, billet.
Pólla, ſurgeon d'eau.
Pollaccína, porteuſe de poulets, ou macquerelle. Item, ſorte d'eau de vie.
Polláco, Poulonnois, *pollacce*.
Polláco, par alluſion de *póllo*, qui ſignifie vn poulet d'amour. i. macquereau.
non c'è Polláchi, il n'y a point de Poulonnois icy. i. de lourdauts, parce que les Italiens les tiennent tels, pour la bonne opinion qu'ils ont d'eſtre ſeuls habiles.
voi m'banéte per Polláco, vous me prenez pour vn Poulonnois : nous diſons, pour vn Allemand, i. pour vn lourdaut.
Polláglia, volaille.
Polláio, poulailler, où nichent les poulles.
Pollaiuólo, poulailler, vendeur de poulets.
Polláme, volaille.
Pollaría, idem.
Polláro, poulailler. Et marchand poulailler.
Pollaruóla, vendeuſe de volaille. pron. o ouuert.
Pollaruólo, marchand de poules. pron. o ouuert.
Pollaſtráro, idem.
Pollaſtrélli, poulets.
Pollaſtrería, poulaillerie.
Pollaſtrierare, vendre des poulets. Item, porter le poulet, eſtre macquereau.
Pollaſtriéra, poulaillere : & macquerelle.
Pollaſtriére, vendeur de poulets. Et macquereau, qui porte le poulet.
Pollaſtríno, jeune poulet.
Polláſtro, vn poulet, jeune garçon.
Polledra, vne poulaine. pron. e fermé.
Polledríno, ieune poulain.
Polledro, poulain. pron. e fermé.
Polledrúccio, petit poulain.
Polleggiáre, pulluler.
Polléna, ſorte de boüillie.
* *Pollentía*, pouuoir, puiſſance.
Pollicáre díto, le poulce.
Póllice, le poulce.
Pollicíno, ieune poulet.
Polliéro, & *polliéra*, porteur, & porteuſe de poulets, macquereau, macquerelle.
Pollíni, les dents des poulains où l'on connoiſt leur aage.
Pollíno, poulain : & poulcin.
Polliône, ject, rejection.
Póllo, poulet. Item, vn poulain. pron. o fermé.
pigliár il Póllo ſénẓa peſtáre, prendre ou manger vn poulet ſans le preſſer, ou le mettre en conſommé. i. n'eſtre point malade, n'eſtre point amoureux.
cóme i Pólli di mercáto, comme les poulets du marché : vn bon & vn mauuais.
cóme i Pólli di villa Fránca, idem.
portár Pólli, porter le poulet, eſtre macquereau.
éſſer a Póllo péſto, eſtre fort malade d'eſprit, & de corps: eſtre reduit à prendre le conſomme, eſtre prés de mourir, eſtre fort amoureux.
conóſcer i ſuói Pólli. i. connoiſtre les gens.
Pollonáre, pulluler.

PO PO 375

Pollóne, ject rejetton.
Polloncéllo, petit rejetton.
di Pollónia, par allusion de póllo. i. vn porteur de poulets, vn macquereau.
Pollóre, ject, rejetton. Item, boüillon d'eau.
Pollutióne, pollution.
Pollúto, pollu.
Polmentária, obre, herbe aux poulmons.
Pólmo, poisson qui precede la tempeste.
Polmonária, herbe aux poulmons.
Polmoncéllo, petit poulmon. Item, vn mal de cheual appelé paumon.
Polmóne, poulmon. Item, paumon, mal de cheual.
vn péʒ̃ʒo di Polmóne. i. vn lasche, vn poltron.
Polmonóso, qui a de gros poulmons.
Pólo, pole. pron. o ouuert.
Pólpa, poulpe, chair, blanc de volaille. Gras de jambe : chair de fruit.
Polpáccio, le gras de la jambe.
Polpáre, deuenir gras & charnu, se remplir.
Polpastréllo, le bout charnu du doigt, &c.
Polpétta, andoüillette.
Polpettóne, sorte de viande de veau, ou autre, hachée comme nos andoüillettes ; mais en gros peloton ou bien comme vn gateau. Item, le bout charnu du doigt.
Pólpo, poulpe, poisson.
Polpóso, &
polpúto, charnu.
Polsáre, le battre du pouls.
Pólso, les pouls. Metaph. vigueur : battement.
toccàr il Pólso al lióne, faire le grand, & chercher son mal-heur, estre arrogant.
hauér Pólso, nous disons, auoir du sang aux ongles.
Pólta, boüillie, & colle de farine.
Poltíʒ̃, pron. le t dur. &
Poltríglia, boüillie, & fange ou crotte, limon, bourbe. Emplastres, & autres semblables medicaments qui s'attachent.
Póltra, vne poulaine. Item, vne couche en lict.
Poltrággine, poltronnerie, lascheté.
Poltráre, faire vn poulain. Item, poltroniser.
Poltreggiáre, faire le poltron.
Poltríre, en jargon, dormir. pres. poltrísco.
Póltro, poulain. pron. o fermé.
Póltro, selon aucuns, paresseux, poltron. prononcez o fermé.
Póltro, en jargon vn lit.
Poltronáccio, grand poltron, grand lasche, paresseux.
Poltronággine, paresse, lascheté.
Poltronaménte, poltronnement.
Poltronáre, coquiner.
Poltroncióne, grand paresseux.
Poltróne, paresseux, coquin : poltron, lasche.
tradúi poltróne il vantàgio è di quéllo che prima conósce l'áltro, entre deux poltrons celuy qui connois l'autre le premier est celuy qui a l'auantage.
il sángue de Poltróni non bólle. i. les poltrons escoutent les injures sans s'émouuoir.
piu poltrón ch'vn cimíce, il est plus poltron qu'vne punaise.
Poltroneggiáre, coquiner, viure en faineant.
Poltronería, lascheté, paresse : Et meschanceté.
Poltronésco, lasche, de poltron.
Poltronière, idem.
Poltríccio, ieune poulain.
Póluẽ, poudre. pron. o fermé, & l'v consonne.

Poluerácia, grande poudre. pron. l'v consonne.
Poluerár̃e, poudrer.
Póluere, poudre. pron. o fermé, & l'v consonne.
gittár la vóluere negli ócchi. i. monstrer vne chose pour vne autre.
Poluereggiáre, pulueriser.
Polueriéra, grande poudre qui s'esleue.
Poluerína, &
Poluerino, amorce, poulevrin. Et poudrier.
Poluerio, nuage de poudre esleué par le vent.
Poluerísta, faiseur de poudre, maistre poudrier.
Poluerizzábile, qui se peut pulueriser ou reduire en poudre. pron. les ʒʒ comme dʒ.
Poluerizzáre, pulueriser, mettre en poudre. prononcez les ʒʒ comme dʒ.
Poluerósa, en jargon, de la farine, la campagne.
bátter la Poluerósa à vno, donner des coups de baston à vn homme.
Poluerófo, poudreux.
* poluerulénte, idem.
Poluerulénʒ̃a, qualité poudreuse. pron. tʒ.
Poluízʒ̃e, sorte d'ensleures à vn cheual.
Pólʒ̃e, carreau d'arbaleste.
Polʒ̃élla, pucelle.
polʒóne, vn ciseau. Item, trait d'arbaleste, quarreau.
Polʒonétti, boutons auec des crochets au bout des branches d'vne bride.
Póma, pommes. Metaph. les tettons. pron. e fermé.
Pomáda pomáta, pomade.
Pomáro, pommeraye. Item, vn pommier.
Pomário, pomeraye.
Pomáta, pomade.
Pomáto, pommelé.
giocár álle póme, c'est vn jeu enuiron comme nos barres.
Pómega, pierre-ponce.
Pomeggiáre, pommier.
Pómela, ponce.
Pomélla, pommette : pommeau : baye, graine.
Pommelláre, moucheter, tacheter.
Pomelláto, pommelé : moucheté.
Póme paradíse, pommes de paradis.
* pomeridiáno, d'apres midy.
Pométo, vne pommeraye, lieu planté de pommiers. pron. e fermé.
Pomettáre, tacheter, moucheter.
Pométto, pommette : petite pomme. Vn pommeau, pron. e fermé.
Pomfólige, pomfolix, flammeches de cuiure.
Pomicáre, poncer.
Pómice, pierre ponce. pron. o fermé.
venír álla vómice per hauérne dell' ácqua. i. demander ce que l'on n'a pas.
pomíceo, &
pomicófo, spongieux, & sec comme vne pierre-ponce.
Pomiéro, pommier.
Pomífero, qui porte des pommes.
Pommáta, de la pommade.
Pommáta, la pommade en voltigeant.
Pómmi, pon mi, mets moy. imperatif, de ponére.
Pómo, pomme, & pommier. Pommeau d'espée. Les tettons d'vne fille : la prunelle de l'œil. prononcez o fermé.
andár dal pómo al péro : aller du pommier au poirier. i. sortir de propos.

Pómo cotógno, coing, fruit.
Pómo d'Adámo, le morceau d'Adam au gosier.
Pómo grándo, grenade : & grenadier.
Pomolíno, petite pomme.
Pómolo, pommeau. pron. o fermé.
Pómo náno, pomme de paradis. pron. o fermé.
Pómo ráncio, orange. pron. o fermé.
Pomóso, plein de pommes.
Pómpa, pompe.
Pompáre, faire vne pompe d'eau.
Pompeggiánte, pompeux.
Pompeggiáre, faire des pompes, & magnificences.
Pómpilo, vn poisson qui a comme vne pompe sur le dos, dont il iette quantité d'eau.
Pomposaménte, pompeusement.
Pompositá, façon pompeuse, pompe.
Pompóso, pompeux.
Ponáro, le nid où la poule pond, mot Lombard.
Ponderataménte, auec poids.
Ponderánza, poids, mesure.
Ponderáre, peser.
Ponderézza, & pron. ts.
Ponderositá, pesanteur.
Ponderóso, pesant.
Póndi, dissenterie.
Póndo, pois.
Ponénte, le Ponent : le vent de Vvest ou Occidental. Le Couchant. pron. e ouuert.
Ponénte garbíno, vent de Sud-Vvest.
Ponénte Maéstro, quartier de vent entre le Ponent, & Maestral.
Ponénte tramontána, le vent de galerne.
Pónere, mettre, poser, placer. pres. póngo, póni, póne, poniámo, ponéte, póngono, parf. pósi, ponésti, póse, ponémmo, ponéste, pósero, part. pósto fut. porró, opt. póngo, imparf. ponéssi, & porrei, &c.
Ponfoláginè, pomfolix.
Pongénte, poignant.
Póngere, poindre. pres. póngo, póngi, pónge, pongiámo, pongéte, pongióno, parf. pónsi, & pongéi, & pongétti, pongésti, pónse, & pongéte, pongémmo, pongéste, pongéttero, & pónsero, part. pinto, &c.
Pongitópi, bouls poignant.
Pongitóre, aiguillon, picqueur.
Pongitúra, pointure.
Póngolo, aiguillon.
Pónno, pour póssono, ils peuuent. pron. o ouuert.
Pónta, pointe.
Pontále, bout de fourreau : vn ardillon. Vn feret d'esguillette, vne estaye. Item, ponctuel.
Pontalménte, ponctuellement.
Pontapié, marche-pied.
Pontapiédi, la planche sur laquelle le forçat appuye les pieds en voguant, tendre le pied pour faire tomber.
Pontáre, pousser en s'appuyant : appuyer, estayer : soustenir : pointer : tenir ferme contre quelqu'vn.
Pontár i piédi al múro. i. estre obstiné.
Pontarnólo, poinçon à percer. Vne sorte de ver : picqon.
Pontataménte, ponctuellement.
Pónte, pont : & eschaffaut de maçon. pron. o fermé.
Pónte ò máre, sorte de jeu.
far passár sótto vn pónte di légno, faire passer sous vn pont de bois. i. donner des coups de baston : nous disons, charger de bois.
Pónte Sísto, vn pont à Rome qui est vn lieu où il y a force putains.

vísò di pónte Sísto, visage de putain, visage effronté.
Pontéfice, Pape, Pontife.
Ponteggiáre, aller contre le vent. Item, pointer, estayer, Eschaffauder.
Pontelláre, estayer.
Pontellíno, petite estaye, & petit aiguillon.
Pontéllo, estaye, vn petit pont. Vn aiguillon. prononcez. o ouuert.
Ponteruólo, poinçon. Vne sorte de ver qui ronge le grain. Item, punctuel, reprenant, scrupuleux.
Póntia, pointe qui empesche la respiration.
Ponticéllo, petit pont. Et vn cheualet d'instrument.
Póntico, selon aucuns, vn Bieure. Item, goust picquant, & desagreable.
Pontificále, Pontifical.
Pontificáto, Pontificat.
Pontifíce, le Pape.
Pontifício, le Pontificat. Item, de Pape, de Pontife.
Pontíglio, pointille.
Pontíle, estaye.
Pontíto, pointu.
Pónto, point. pron. o fermé.
Pontonáio, garde de pont.
Pontóne, grand pont : ponton. Vn poinçon.
Pontuále, ponctuel.
Pontuáli, solineaux où sont attachées les chaisnes des Sartes au dedans & au dehors d'vne Galere, pontaux.
Pontualménte, ponctuellement.
Pontuáre, ponctuer.
Pontúra, pointure.
Pontúto, pointu.
Ponzáre, parler tout d'vne tire. pron. le z, comme ts.
Ponzelláre, donner de la pointe du doigt : picquer : aiguillonner. pron. ts.
Ponzellatúra, picqueure. pron. ts.
Ponzéllo, aiguillon. pron. ts.
Ponzertáre, aiguillonner. pron. ts.
Ponz étra, aiguillon. pron. l'o & l'e fermé, & le z comme ts.
Ponzettúre, aiguillonnement. pron. ts.
Ponzonáre, picquer : picotter. pron. ts.
Ponz óne, poinçon. pron. o fermé, & le z comme ts.
Popílla, prunelle de l'œil.
* Popína, tauerne, cabaret borgne.
* Popinatióne, gourmandise.
Popizzáre, claquer de la langue pour encourager le cheual. pron. ts.
vn Popó, vn bien peu.
Popoláccio, la racaille du peuple.
Popoláglia, idem.
Populáno, populaire. Item, vn paroissien.
Popoláni, sorte de pesches.
Popoláre, peupler.
Popoláre, populaire, commun du peuple.
Popolaritá, familiarité, humeur populaire.
Popolarménte, populairement.
Popolatióne, peuplement.
Popoláto, peuplé.
Popoláz z o, le commun peuple. pron. ts.
Popolésco, populaire. pron. e fermé.
Popolíni, iettons. Item, vne sorte de monnoye basse.
Pópolo, peuple. pron. o ouuert.
Pópolo biánco, peuplier. pron. o ouuert.
Pópolo néro, Tremble, & peuplier.
il Pópolo, les Paroissiens, toute la Paroisse.

Popolósa

PO   PO   377

Popolóso, peuplé.
Popondia, melonniere.
Popóne, melon, & poupon, melon blanc. prononcez o fermé.
portàr Popóni à Legnáia, porter des poupons ou melons à *Legnáia*, nous difons ietter de l'eau dans la mer.
come i Popón da Chióggia, d'vne mesme race, d'vne mesme façon, d'vn mesme goust.
Póppa, teton, tetin : tetine. Pouppe de barque. pron. o fermé.
la Póppa, selon quelques-vns, le derriere d'vn carosse.
Poppábile, qui se peut tetter.
Poppára, vne tetteuse. Item, vne pouppée.
Poppáre, tetter.
Popparélla, petite mammelle. Item, petite pouppée.
Poppeggiáre, terrer. Item, aller le vent en pouppe.
Poppési, les parapets autour de la pouppe.
Poppévole, qui se peut tetter.
Póppio, peuplier.
Poppiéro, qui se tient à la pouppe.
Poppolina, petit tetton.
* *Populeo*, de peuplier.
Pór, *pórre*, mettre. pres. *póngo*, *póni*, *póne*, *poniámo*, *poniáte*, *pongóno*. parf. *pósi*, *ponésti*, *póse*, *ponémmo*, *ponéste*, *pósero*. part. *pósto*. fut. *porró*. opt. *pónga*. imparf. *ponéssi*, & *porréi*.
Poracchia, pourcelaine : pourpier, herbe.
Poraschiáre, rascler.
Pórca, truye. Item, vn rayon entre les sillons. pron. o ouuert. Item, vne femme sale ou saloppe, vilaine.
Porcacchia, pourcelaine, sorte de pourpier.
Porcaggine, saleté.
Porcáio, porcher : gardeur ou vendeur de cochons.
Porcaria, test à pourceaux : saleté.
Porcáro, porcher.
Porcástro, cochon, petit pourceau.
Porcélla, petite truye.
Porcélle, coquilles où les enlumineurs mettent leurs couleurs.
Porcellána, pourcelaine, sorte de pourpier.
è come la Porcellána, *tèrra tèrra*, comme le pourpier, proche de terre.
Porcellána, pourcelaine, matiere dont on fait des plats ou autres vases.
Porcellétta, petite truye. pron. e fermé.
Porcellétto, pourcelet, Item, vn cloporte. prononcez e fermé.
Porcellétto di S. Antonio, cloporte.
Porcellino, cochon.
Porcellione, cloporte.
Porcéllo, pourceau, pourcelet. pron. e ouuert.
Porcheggiáre, se veautrer comme vn porc : faire le porc.
Porcheria, saleté.
Porchésco, de porc.
Porchétta, &
Porchétto, vn cochon.
Porchétto di cinghiále, marcassin.
Porcíle, test à pourceaux.
Porcíle di vénere .i. la nature de la femme.
Porcina, chair de porc. Item, vne sorte de poire.
Porcindia, pourcelaine.
Porcinále, viande de porc.
Porcíno, de pourceau. C'est aussi vne sorte de champignon.

Porciúto, vn jambon.
Pórco, porc. Il signifie aussi, sale, ord, saloppe.
al più tristo Pórco vièn la miglior péra, nous disons, à vn bon chien il n'arriue iamais vn bon os.
Pórco grásso, pour *hipocrásso*, Hipocrate : qui est vne mauuaise allusion ou inuersion de syllabes, cela ne se dit que sur le theatre.
fai còme il Pórco sópra álla pélle, tu fais comme le porc sur sa peau mesme, parce qu'il s'escorche luy-mesme, .i. tu te procures du mal.
Pórco cinghiále, sanglier. pron. o ouuert.
Porcóne, gros pourceau. pron. le second o fermé.
Porconeggiáre, faire le porc.
Porez zuolo, pouliot. pron. tz.
Pórfido, porphire.
Pórfiro, idem.
Pórgere, donner, bailler, tendre, presenter. parf. *pórsi*. & *porgétti*, selon aucuns. part. *pórto*. prononcez o ouuert.
Pórger l'orécchia, tendre ou prester l'oreille.
bel ò mal Pórgere, belle ou mauuaise façon de parler.
Porgiménto, deliurement, presentation.
Porgitóre, qui baille, qui deliure ou presente.
Porgiúto, tendu, baillé, donné.
Póro, vn pore.
Porósa, toute bonne. Orual, sorte d'herbe.
Porosità, porosité.
Poróso, plein de pores, poreux.
Pórpo, poulpe, poisson. pron. o fermé.
Pórpora, pourpre, buccine, corne de mer. prononcez o fermé.
Porporáre, empourprer.
Porporáti, Senateurs en robbe d'escarlatte. Item, des Cardinaux.
Porporeggiáre, empourprer.
Porpóreo, de pourpre.
Porporíno, de couleur de pourpre.
Porpréso, compris.
Porráceo, de porreau.
Porradélla, porreau sauuage.
Porráta, potage aux porreaux. Item, cajollerie, charlattanerie.
Pórre, mettre, placer. pres. *pòngo*, *pòni*, *pòne*, *poniámo*, *ponéte*, *póngono*. parf. *pósi*, *ponésti*, *póse*, *ponémmo*, *ponéste*, *pósero*. part. *pósto*. fut. *porró* : *porrái*, *porráo*, *porrémo*, *porréte*, *poiránno*. opt. *pónga*. imparf. *porréssi*, & *pórrei*, *ecc*. pron. tousiours o fermé.
Pórsi cón altri, se loüer au seruice.
Pór mente, prendre garde.
Pórsi à sedére, se mettre à son seant, s'asseoir.
Por le córna, faire porter les cornes.
Pórreo, de couleur de porreau.
Porréscia, sorte de poisson de mer.
Porrétto, petit porreau.
Porrez zuolo, pouliot.
Porrífico, porreau fixe.
Porrigine, crasse.
Porriginóso, crasseux.
Porrina, porreau, le blanc du porreau.
Pórro, porreau. Item, nœud d'arbre. pron. o ouuert.
Pórri, crapauds ou crapaudines, sur le pied du cheual.
mangiár il Pórro dálla códa .i. commencer par où l'on doit finir.
Portár Pórri à Legnáia, porter des porreaux à vn lieu qui s'appelle *Legnáia*, nous disons, ietter de l'eau dans la mer, mettre du bien où il n'est pas necessaire.

Bbb

PO

predicár a' Pórri, nous difons, prefcher au defert, ou aux fourds.
Porrofico, porreau fixe, en Chirurgie, vn mal qui vient au membre, qui eſt vne eſpece de verolle.
Porró,ò, noüeux. Item, de nature de porreau. prononcez le premier o ouuert.
Pórta, porte. pron. o ouuert.
Pórta, vn gagne-denier, vn crocheteur, vn porteur d'eau.
éſſer àlla Pórta co' ſáſſi.i. l'affaire ne ſe pouuoit plus reculer.
Pórte, pieces de tentes pour empeſcher que le vent n'entre dans la Galere. pron. o ouuert.
Pórta berrétta, vne male.
Portábile, portable.
Portaféde, vne veine qui part du foye du cheual.
Portafiáſca, vne bandoliere ou courroye à porter le fourniment.
Portággio, portage : le port.
Portagráno, porteur de grain.
Portalétere, meſſager. Item, bougette à mettre les lettres.
Portamantéllo, porte-manteau.
Portaménto, le port. Déportement. Souffrance. La mode des habits. Le port ou la façon d'vne perſonne.
Portamondéz̄ẓe, vn engin à porter les ordures hors de la chambre. pron. tſ.
Portamórſo, porte mors. pron. o ouuert.
Portánte, portant, qui porte. Item, amble de haquenée.
andár di Portánte, aller l'amble. Item, par alluſion de *portáre*, c'eſt porter le poullet, eſtre macquereau. C'eſt auſſi aller en ſe branſlant, en cannetant.
Pórta pennácchio, plumet, vn porteur de pennache.
Portáre, porter. Souffrir.
Portá.ſi, ſe comporter.
Portárſi bène, faire bien ſon denoir.
Portár via, emporter.
Portár in tàuola, ſeruir ſur table.
Portár opinióne, auoir opinion.
Portár perícolo, courir danger, y auoir du danger.
Pórta ſeggétta, porte-chaire.
Portáta, portée.
huómo di Portáta, homme de condition, de conſideration.
Portáta, vn plat, vn ſeruice en vn banquet. Vn couuert ſur la table pour vne perſonne. Item, vne portée, vne ventrée : vne laictée.
Portátile, portatif.
Portáto, portée d'animal.
Portatóre, porteur.
Portatríce, porteuſe.
Portatúra, portée ; portage. Item, port, façon : mode.
Portéllo, guichet. Item, vn port, vn petit port.
Porténdere, ſignifier, faire vne ſignification. parf. *portéſi*.
Porténte, monſtrueux, prodigieux.
Porténto, monſtre, prodige.
Portentóſo, prodigieux.
Porténole, portatif.
Porthércole, ſorte de vin excellent. Item, le nom d'vn lieu en Italie.
Porticále, vn porche, ou portique.
Porticáto, idem. Et fait en portique.
Porticciuola, petite porte.
Porticélla, guichet.
Pórtico, porche, portique, gallerie : portail.

PO

Portièra, portiere de caroſſe. Item, vne piece de tapiſſerie qui couure la porte, contre-vent de porte, contre-porte. Item, vne portiere.
Portière, vn portier. Et vn portail.
Portináia, tourriere de Monaſtere.
Por.indío, portináro, portier.
Portináro, paſſeur, batelier qui paſſe vn fleuue, & reçoit le peage.
Portinière, portier.
Portionáre, partager en portions.
Portioncélla, parcelle, petite portion.
Portióne, portion.
Portionéro, partageur.
Portírio, portail.
Pórto, port. Le port. Item, baillé, donné, preſenté. participe de *pórgere*.
Portoláca, pourcelaine.
Portoláno, liure ou ſont deſcrits les ports de mer.
Portonáio, portier. Item, peager, receueur à vn port.
Portóne, grande porte.
Portório, le port.
Portúdle, de port.
Portuláca, pourcelaine, pourpier.
Portulanía, office de port ou hauvre.
Portunáto, forçat qui ſuigne, & conduit l'eſquif.
Portuóſo, qui a des hauvres ou ports.
Póſa, pauſe. pron. o ouuert.
Poſáda, poſade.
Poſaménto di ſtátua, repos d'vne ſtatuë.
Poſánte, repoſant : poſant.
Poſáre, repoſer : faire vne pauſe, s'arreſter. Eſtre à ſon repos.
Poſárci l'uccéllo, ſe remettre : ſe percher.
Poſáta, poſade. Remiſe d'oiſeau.
Poſataménte, poſément.
Poſatéra, poſé, poſade : remiſe.
Poſatóio, baſton de la cage où l'oiſeau ſe perche.
Poſáto, perché.
* *Póſca*, meſlange d'eau ou de vin, & de vinaigre.
Poſcéna, après ſoupper. Item, collation après ſoupper.
Poſcenáre, faire collation après ſoupper.
Pòſcia, puis après. pron. o ouuert.
Pòſcia che, puiſque.
Poſcimáne, après demain.
Poſcrítta, vn mot d'auis après la lettre eſcritte.
Poſdeſinàre, après diſner.
Poſdománe, après demain.
Poſgénito, cadet.
Póſima, du chas à parer la toille.
Poſimáre, parer la toille.
Poſitióne, poſition.
Poſitiuaménte, poſitiuement.
Poſitíuo, poſitif. Item, modeſte en habits.
Poſitóre, affirmateur, qui poſe en fait.
Poſitrice, affirmatrice.
Poſitúra, poſition, place : poſture.
Poſmáne, après demain.
Poſmórte, après la mort.
Poſnótte, après la nuict.
Poſóla, courroye qui ſouſtient la croupiere : proprement le bat-cul d'vn mulet.
Poſolíno, croupiere, ou bat-cul.
Poſponderàrſi, peſer après.
Poſpórre, poſtpoſer. pref. *poſpóngo, poſpóni, poſpóne, poſponiámo, poſponéte, poſpóngono*. parf. *poſpóſi, poſponéſti, poſpoſe, poſponémmo, poſponéſte, poſpóſero*. part. *poſpóſto*. fut. *poſporrò*. opt. *poſpónga*. impart. *poſponéſſi, & poſporréi*, &c.

Pospósto, postposé.
* Pospránsio, l'aprés-disné. Item, ragoust ou viande à la fin du disner, l'entremets.
Pospránzo, idem.
Póssa, puissance. pron. o ouuert.
Possánza, puissance. C'est aussi la force ou effect d'vne machine. pron. ts.
Possedénte, possedant.
Possedére, posseder. pron. e fermé.
Possedéuole, que l'on peut posseder.
Possedtóre, possesseur.
Posseditríce, qui possede.
Possénte, puissant, puissante.
Possénte, en iargon, vn Lyon.
* Posséve, pouuoir.
Possessioncélla, petit heritage ou possession.
Possessióne, possession, metterie ou maison aux champs.
Possessíuo, possessif.
possésso, possession. Item, possedé. pron. e ouuert.
Possessóre, possesseur.
Possessório, possessoire.
Possíbile, possible.
Possibilità, possibilité.
Possúto, pû, part. du verbe potére.
Pósta, assiette, situation, plan. Rendez-vous. Volonté: poste en iouant aux dez: poste à courir à cheual: poste de Soldat: vn present. pron. o ouuert.
Pósta, dizain de chappelet; pour aposthume: pour rang de perles: pour du ruban à faire des iarretieres.
Pósta, petite somme d'argent.
giocár vna Pósta, iouër vn coup, ou partie.
à tua Pósta puoi lasciáre, tu peux laisser librement.
à tua pósta, à sua pósta, à lor pósta, &c. qu'il aille comme il voudra, qu'ils fassent ce qu'ils voudront.
dár la Pósta, donner le rendez-vous.
ecco la de Pósta, la voila comme ie la demandois.
la Pósta di Giordáno, la poste de Iourdain, qui faisoit cinq milles par iour, nous disons, en quinze iours quatorze lieuës.
anadár per le Póste. i. empirer en sa maladie: s'en aller tant que l'on peut, s'en aller de ce monde le grand galop, aller en poste.
Da sua Pósta, de soy-mesme.
ogn' vno da sua Pósta, chacun à part.
à sua Pósta, à sa volonté. Item, ainsi soit-il, patience: Tant qu'il voudra.
fatto à Pósta, fait à plaisir: fait exprés.
danári à sua Pósta, pour de l'argent, il n'importe pas, tant que vous en voudrez, vous n'en manquerez aucunement, soit.
dár di Pósta, frapper de volée.
à Pósta, & à bélla pósta, tout exprés: à dessein.
Postáre, poster. Item, donner le rendez-vous.
Postáro, appointeur. Item, appreciateur, qui donne le prix aux marchandises.
Posteggiáre, poster.
Posteggiatóre, en iargon, charlatane.
Postéma, aposthème.
Postemáre, aposthemer.
Postemástro, maistre des postes.
Postemétta, petit aposthème.
Postemóso, plein d'aposthème.
* Postérgano, de derriere.
* Postergáre, ietter derriere ses espaules: mespriser, nonchaloir.
Pósteri, les successeurs, la posterité. pron. o ouuert.
Posterióre, posterieur, posterieure.
Posteriorità, posterieureté.

Posterità, posterité.
Posteriorménte, posterieurement.
Postéria, vne posterne.
Póstero, qui vient aprés, successeur.
Posthiéri, auant-hier.
Posthúmio, posthúmio, posthume, né aprés la mort du pere.
* Póstia, póstia, puis, puis aprés.
Póstica, ligne qui diuise le Leuant du Midy.
Postíccia, ieune vigne: pronin.
Pino di-Postíccia. i. vn petit vin pour l'ordinaire.
Postíccio, terre labourée où l'on a planté des plantes, ou vignes.
Postíccio, le second forçat d'vne rame.
Postícci, pieces de bois sur lesquelles on pose les rames, apostis, postices.
Postícci capélli, faux cheueux.
Postíccio, chose contrefaite, & non naturelle que l'on peut oster, & mettre, faux, supposé, postice, ou postiche.
Postíco, idem.
Postiére, maistre de poste. Item, postillon, ou courrier. pron. e ouuert.
Postiélla, postiéria, petite porte, guichet, posterne.
Postiglióne, postillon.
Postílla, apostille.
Postilláre, faire des apostilles, gloser.
Postízzo, faux, contrefait. Voyez toute la suitte de postíccio, pron. ts.
Pósto, poste de soldat.
Pósto, mis, posé, situé, placé. part. du verbe pórre ou pónere.
Pósto che, posé le cas que.
Pósto, le rendez-vous.
di Pósto, que l'on louë d'ordinaire pour son vsage, comme góndola di pósto, carózza di pósto, &c.
di Pósto, dedans.
Postremità, extremité.
Postrémo, tout dernier.
Postríboli, racailles, canailles.
Postríbolo, bordel, lieu dissolu.
Postuláñte, vn postulant.
Postuláre, postuler.
Postulatíue, demande.
Postulatóre, demandeur, postulant.
Postúmio, &
Postúmio, posthume, né aprés la mort du pere.
Postúra, posture. Item, complot.
Postútto, tout à fait: aprés tout.
al Postútto, au possible, de tout son pouuoir.
posuenire, venir aprés. pres. posuéngo, posuiéni, posuiéne, parf. posuénne, part. posuénuto, fut, posuérro, &c.
Potábile, potable.
Potácchio, potage.
Potaggiére, potager: & faiseur de potages.
Potággio, potage.
Potagióne, beuuerie. Item, potagerie.
potáre, tailler les vignes.
potár à vino, charger la vigne.
Potatióne, le tailler de la vigne. Item, beuuerie.
Potatóre, vigneron qui taille la vigne.
Potatúra, le serment taillé de la vigne. Item, beuuerie.
Potazzína, à Rome, vne sorte de fauuette.
Potentáto, Potentat.
Poténte, puissant, puissante.

B bb ij

potenteménte, puissamment.
Poténtia, puissance.
Potentiále, potentiel.
Potentiáre, donner du pouuoir.
Potentílla, Tanasie sauuage.
Poténza, puissance. pron. *ts*.
Potéo, pour *potéi*, il pût, parfait de *potére*.
Potére, pouuoir. pres. *pósso, puòi, può, possiámo, potéte, posséno*, parf. *potéi, & potétti*, part. *potúto*, fut. *potrò*, imparf. *potéssi, & potréi*, &c.
non la Pósso col tále, ie ne puis entrer en competence anec vn tel.
à túto potére, de toute sa force, à toute force, à outrance.
à più potére, id. de tout son pouuoir.
À Potér di, à force de.
tú té ne puòi. i. tu offenses qui ne se peut doffendre.
Potério, poterióne, sorte de saxafrague.
Potestà, puissance. Item, vn Bailly.
Potestário, office de Bailly.
Potestatiuo, plein de pouuoir.
Potionále, de potion.
Potióne, potion.
Potissimaménte, puissamment.
* *Póto*, breuuage.
Pótta, la nature de la femme : pour, *Podestà*, Bailly, parce que l'on escriuoit, *podésta* abregé, *pòtta*, & ainsi on y fait l'allusion.
far la Pótta da Modéna. i. faire le grand ou l'entendu.
Pótta, interjection d'admiration ou de iurement.
Pottáccia, grande nature de femme.
Pottamarína, poulmon de mer.
potteggiáre, manier la nature de la femme.
Pottína, vn petit conin.
* *Pótto*, vn pot.
Pottúta, connuë, qui a vne nature de femme.
Potuláno, sorte de vin.
* *Potulénte*, que l'on peut boire : beuuant.
Ponénto, hors du vent, à l'abry.
poueráccio, pauuret.
Poueráglia, gueusaille.
poueraménte, pauurement.
Pouerézza, pauureté. pron. *e* fermé, & les *zz* commes.
Pouerétto, pauuret.
Pouerino, pauuret.
Pouerissimo, tres-pauure.
Póuero, pauure. pron. *o* ouuert.
Póuero di metállo, foible de metail.
Pouertà, pauureté.
Pouertà fà l'huomo vile, la pauureté fait l'homme timide.
Pouertà non è vitio, la pauureté n'est pas vice.
pouértà non guásta Dentiléz za, la pauureté ne gaste point la noblesse. i. quoy que l'homme est pauure, il peut estre noble. i. il ne faut pas le mépriser.
à più Pónero di Gióbbe, il est plus pauure que Iob.
la Pouértà castíga il ghiótto, la pauureté chastie le gourmand. i. la pauureté est la penitence de celuy qui a mangé son bien.
Pouertáde, idem, mot poët.
Poníque, pigeonneau.
Pózza, trou plein d'eau. pron. *ts*.
Pozzánghera, les trous ou rayes pleines d'eau apres la pluye. pron. *ts*.
Pozzáre, creuser vn puits. pron. *ts*.

Pozzáro, faiseur de puits. pron. *ts*.
Pozzatóia, vn sceau à puiser de l'eau. pron. *ts*.
Pozzétte, petits trous ou fossetes aux ioües lors qu'on rit. pron. *ts*, & l'*e* fermé.
Pozzétto, petit puits. pron. *ts* & l'*e* fermé.
Pózzo, puits. pron. *o* fermé, & *ts*.
il Pózzo di sán Patrízio, le puits de S. Patrice. i. vne chose qui ne manque iamais.
Pozzolána, mortier, sorte de terre meslée de sable. Item, pourcelaine ou pourpier.
Pozzolíno, petit puits. pron. *ts*.
Pozzoniéro, faiseur de puits. pron. *ts*.
Pozzuólo, petit puits. pron. *ts*.

PR

Práce, carreau de Iardin.
* *Prammática*, ordonnance, police, pragmatique.
* *Prándere*, disner.
* *prándio*, le disner.
Prándi, les disners, les repas.
Pransáre, disner.
Pránso, le disner.
Pranzáre, disner. pron. *ts*.
Pránzo, le disner. pron. *ts*.
Pratéllo, petit pré. Item, melilot.
Praténse, de pré.
* *Pratéria*, prairie.
Prática, pratique. Conuersation, hantise.
Praticáre, pratiquer. Negocier, hanter.
Pratichéuole, conuersable.
Praticéllo, petit pré.
Prático, experimenté : qui sçait vn païs. Versé à quelque chose, entendu, vn qui sçait les adresses, & sert à conduire les autres. Qui entend bien sa cour ou son monde : qui sçait les estres d'vn lieu.
Praticúne, vn rusé, vn vieux routier.
Pratíno, petit pré.
Práto, vn pré.
ascóndersi in vn Práto. i. se monstrer à tout le monde : nous disons se cacher la teste, & se descouurir le derriere.
Práto, nom propre d'vn lieu.
far cóme quéi da Práto, nous disons, faire comme à Paris, laisser pleuuoir.
Pratolíno, petit pré. Item, vn lieu de plaisance, du grand Duc de Florence.
Prauaménte, meschamment.
Prauità, meschanceté.
Práuo, meschant.
Preambuláre, faire vn preambule.
Preámbulo, preambule.
Prebénda, prebende. C'est aussi l'ordinaire d'auoine que l'on donne à vn cheual. Item, dragée aux chenaux.
Prebendáre, pouruoir.
Prebendário, &
Prebendáto, prebendier.
Prebendático, de prebende.
Precário, qui arriue ou qui s'obtient par prieres : qui se fait par priere.
* *Precatióne*, priere.
Precautióne, précaution. pron. *au* separement comme, *aou* François.
Precáuto, qui vse de précaution.
Precedénte, precedent, precedente.
Precedénza, precedence. pron. *ts*.

PR PR 381

Precedere, preceder. parf. *precedétti*, & *precedéi*.
Precellénte, fort excellent.
Precellénza, grande excellence. pron. *ts*.
Precéllere, exceller. parf. *precellétti*, qui n'est pas en vsage.
Precessióne, precedence.
Precésso, precedé.
Precessóre, qui precede.
Precettióne, admonition, enseignement.
Precétto, precepte. pron. e ouuert.
Precettóre, precepteur.
Precettória, trait de precepteur. Item, de commandement.
* *Préci*, prieres.
Precidere, trencher. Marquer precisément. parf. *precisi*. part. *preciso*.
Precingere, entourer. parf. *precinsi*. part. *precinto*.
Precinto, enuironné. Item, l'enceinte.
* *Precipere*, commander.
* *Precipire*, instruire.
* *Precipitánza*, precipitation. pron. *ts*.
Precipitáre, precipiter.
Precipitataménte, precipitément.
Precipitatióne, precipitation.
Precipitáto, hastif, prompt, precipité. Item, vne poudre dont vsent les Chirurgiens pour manger la chair.
Precipite, accordant à l'instruction ou precepte. Item, precipité.
Precipitáre, precipiter.
Precipitio, precipice.
Precipitosaménte, precipitément.
Precipitóso, precipité, prompt, hasté.
* *Precipuaménte*, principallement.
* *Precipuo*, principal.
Precipúto le preciput. Item, commandé absolument.
Precisaménte, precisément.
* *Precise*, idem.
Precisióne, precision, briefveté.
Precíso, precis.
Preclaritá, apparence.
Precláro, insigne, apparent.
Precludere, perclurre, forclorre. parf. *preclúsi*.
Preclusióne, forclusion.
Preclusíuo, qui peut estre forclos.
Preclúso, forclos.
Prepoce, fruit qui croist de fort bonne heure, hastif.
Precogitáre, penser auparauant, precogiter.
* *Precognitióne*, precognition.
Precóio, bergerie. Item, laicterie.
Precóne, crieur, publieur.
Preconizzáre, publier, recommander. prononcez les zz comme dz.
Preconizzatóre, publieur. pron. les zz comme dz.
Preconóscere, connoistre deuant, preconnoistre. pres. *preconósco*, *preconósci*, *preconósce*. parf. *preconóbbi*, *preconoscésti*, *preconóbbe*. part. *preconosciúto*.
Precontráttare, contracter auparauant.
Precontrátto, auant-contract.
Precórdio, affection, pensée interne.
Precórrere, preceder, exceller, passer deuant vn autre, precourir, preuenir, deuancer. Courir deuant. part. *precórsi*. pron. o fermé.
Precorritóre, precurseur.
Precorsióne, preuention, precursion.
Precórso, preuenu, deuancé. pron. o fermé.
Precorsóre, precurseur.

Precuóio, laicterie, lieu où l'on fait le fourmage.
Precursóre, precurseur.
Préda, proye, pour *piétra*, mot Lombard, vne pierre, pron. e ouuert.
Predabóndi soldáti, soldats qui picorent.
Predagióne, proye : picorée.
Predáre, picorer : fourager.
Predatóre, picoreur.
Predatório, de pillage, de proye.
Predatrice, pilleuse, picoreuse.
Predecessóre, predecesseur.
Predélla, marche-pied. Item, resne de bride. Et vne ferme : vn chantier à mettre les tonneaux dessus. Selon aucuns, vne chaire percée.
Predellóne, vn banc ou escabeau.
Predestináre, predestiner.
Predestinatióne, predestination.
Predestináto, predestiné.
Predestíno, predestination.
Predétto, predit. pron. e fermé.
Predeuóle, qui se peut picorer ou fourager.
Predica, sermon. Et presche. pron. o ouuert.
Predicaménto, predicament.
Predicánte, vn predicant. Vn Ministre heretique. Item, prescheur, prescheuse.
Predicáre, prescher.
Predicatióne, sermon, predication.
Predicatóre, Predicateur.
Predicatrice, prescheuse.
Predicitóre, augure, deuin, prediseur.
Predilettióne, grande amour.
Predilétto, tres-aimé, aimé par dessus les autres. pron. e ouuert.
Predíre, predire. pres. *predíco*, *predici*, *predíce*. imparf. *predicéua*. parf. *predíssi*. part. *predítto*. fut. *predirró*. opt. *predíca*. imparf. *predicéssi*, & *predirréi*.
Predispórre, disposer auparauant. pres. *predispóngo*, & le reste comme *pórre*, ou *pónere*, adioustant la syllabe *pre*.
* *Prédito*, garny, orné.
Predittióne, predition.
Predituinatióne, coniecture.
Predominánte, qui predomine.
Predomináre, dominer deuant les autres. Predominer.
Predominio, predomination.
Predóni, voleurs de chemins.
Predóre, picoreur. pron. o fermé.
Preelettióne, preélection.
Preeminénza, preéminence.
Prefatióne, preface.
Prefáto, dit auparauant.
Prefátto, fait auparauant.
Prefénda, prebende. La portion d'auoine d'vn cheual. Item, vne sorte de mesure.
Prefendáre, pouruoir : donner le fourage aux bestes.
Preferénza, preference. pron. *ts*.
Preferire, preferer. pres. *préfero*, & *preferísco*.
Preférto, preferé.
Prefétto, vn Prefect, Capitaine, Chef, Preuost.
Prefettúra, prefecture, charge de Prefect.
Prefiggere, prefire, limiter. parf. *prefíssi*.
Prefiguráre, figurer auparauant.
Prefinire, decider, determiner. pres. *prefiniscó*.
Prefissióne, prefixion.
Prefísso, prefix.
Prefocatióne, suffocation.
Preforáto, mille-pertuis.

BBb iij

Pregáre, prier. Faire des imprecations.
Pregatóre, qui prie, prieur, femonneur.
Pregatrice, femonneuse.
Pregáudio, grande ioye.
Pregherìa, priere. pron. *ghe*, comme *gue*, en François.
Prèghi, prieres. pron. *ghi* comme *gui*.
Preghiéra, priere. pron. *ghi* comme *gui*.
Pregiacènte, qui est couché deuant, qui est deuant nos yeux.
Pregiáre, priser. Estimer : faire la prisée.
Pregiaría, prisée.
Pregiéuole, qui se peut priser.
Prégio, prix, estime, reputation, valeur. pron. *e* ouuert.
valér Prégio, valoir la peine.
Pregionáre, emprisonner.
Pregióne, prison : & prisonnier.
Pregioniére, prisonnier.
Pregioncéuole, qui se peut emprisonner.
Pregionía, prison, le temps de la prison.
Pregiudicáre, préjuger.
Pregiudicataménte, auec préjugé : préjudiciellement, auec préjudice.
Pregiudicatióne, le préjugé. Item, préjudication.
Pregiudiciále, préjudiciel.
Pregiudiciálménte, préjudiciellement.
Pregiudiciáre, porter préjudice, préjudicier.
Pregiudítio, préjudice : préjudication.
Pregiudítióso, préjudiciel : qui porte préjudice.
Prégna, grosse, enceinte : pleine comme vne femelle d'animal. pron. *e* fermé.
Pregnánte, gros, plein, remply.
Pregnánza, grossesse. pron. *ts*.
Pregnáre, engrosser.
Pregnéuole, qui se peut engrosser.
Pregnézza, grossesse. pron. *e* fermé, & les *zz*, comme *ts*.
Prégno, gros. Et plein. pron. *e* fermé.
Prégo, priere. pron. *e* ouuert.
Peregressióne, préuention.
Prelateggiáre, faire le Prelat.
Prelatésco, de Prelat. pron. *e* fermé.
Prelatióne, préference.
Preláto, Prelat. Item, préferé.
Prelatúra, Prelature, office de Prelat.
Prelettióne, preéslection.
* *Preliáre*, combattre.
* *Preliáre giórno*, iour de bataille, iournée.
* *Prelibáre*, gouster auparauant, essayer, taster.
* *Prélio*, combat, bataille.
* *Prélo*, vn pressoir.
Prelúdio, prélude : auant-ieu : auant-propos.
Prematica, police, ordonnance : pragmatique.
* *Premeditánza*, préméditation. pron. *ts*.
Premeditáre, prémediter.
Premeditataménte, auec préméditation.
Premeditatióne, préméditation.
Premeditatóre, qui prémedite.
Premeditéuole, qui se peut prémediter.
Prémere, presser pour tirer le suc : haster, presser : fouler, presser : importer. parf. *preméi*, *premétti*, & *préssi*. part. *premúto*.
Premere, voguer droit à Venise.
Premésta, proposition.
Premésse, les deux premieres parties d'vn Syllogisme.
Premésso, proposé, mis deuant.
Preméttere, proposer, mettre deuant. parf. *preméssi*, & *premétti*, qui n'est point en vsage.

Premiáre, recompenser.
Premiatióne, recompense.
Premiatóre, qui recompense.
Premiatríce, recompenseuse.
Premiéuole, qui se peut recompenser.
Preminénte, preéminent.
Preminénza, preéminence. pron. *ts*.
Prémio, recompense.
Premitóre, qui presse. Item, fouleur.
Premitúra, foulement. Item, sollicitation, presse.
Premoníre, aduertir auparauant. pres. *premonísco*.
Premonitióne, prémonition.
Premósso, preferé. pron. *o* ouuert.
Premostráre, demonstrer.
Premúra, presse, sollicitation, grand soin.
Premutáre, muer auparauant.
Premúto, foulé : pressé.
Prenarráre, narrer auparauant.
Prenarratióne, narration.
Prénce, Prince : mot poët.
Prencipále, principal.
Prencipalità, principauté.
Prencipáto, idem.
Prencipalménte, principalement.
Prencipe, Prince.
far il Préncipe al buio, faire le Prince à l'obscurité. i. commander aux affaires d'autruy.
Prencipéssa, Princesse, pron. *e* fermé.
Prencipétto, petit Prince. Item, ieune Prince.
Préndere, prendre. Entreprendre. parf. *prési*.
Prendére, pour commencer : *prési andáre*, ie commençay d'aller.
Prénder consiglio, faire dessein.
Présé á dire, il se mit à dire.
Prendiménto, prise.
Prenditóre, preneur.
Prendúto, pris.
Prenestine, sorte de petites noisettes.
Prenéstio, or en feüille.
Prenomáto, nommé auparauant.
Prenóme, le propre nom, le premier nom.
Prenomináre, nommer auparauant.
Prenunciáre, prononcer : & annoncer.
Prenesticáre, pronostiquer.
Prenotióne, precognition.
Prenotítia, auant-connoissance.
Prénze, Prince. pron. *ts*.
Prenzéssa, Princesse. pron. *ts*.
Preoccupáre, préoccuper.
Preocupatióne, préoccupation.
Preordinatióne, préordination.
Preparaménto, preparation : preparatif.
Preparáre, preparer.
Preparatióne, préparation.
Preparatíuo, preparatif.
Preparatóre, qui prepare. pron. *e* fermé.
Prépede vccéllo, oiseau qui vole deuant les autres, pour seruir d'augure.
Prepensáre, penser auparauant.
Preponderáre, peser auparauant.
Prepónere, &
Prepórre, preferer. pres. *prepóngo*, *prepóni*, *prepóne*, parf. *prepósi*, part. *prepósto*. fut. *preporrò*, opt. *prepónga*, imparf. *preponéssi*, & *preporréi*.
Prepositióne, preposition.
Prepositíuo, prepositif.
Prepositúra, préference. Item, office de Preset.
Prepósito, Preset. Item, préferé.

PR   PR   383

Preposteraménte, auec contrarieté d'ordre.
Prepòstero, prepostere, contraire d'ordre.
Prepòsto, Preuost. Item, preferé. pron. o ouuert.
Preputio, prepuce.
Prerápe, sorte de naueaux hastifs.
Prerogatióne, prerogatiue, auantage.
Prerogatíua, idem.
Prerogatíuo, aduantagé par dessus les autres.
Prerótto, rompu, interrompu. pron. o fermé.
Présa, prise. Item, represaille. pron. e fermé.
dàr le Prése, donner le choix.
Preságia, l'art de presage.
Preságiáre, presager.
Preságiéuole, qui peut estre presage.
Preságio, presage.
Preságire, presager. pres. *preságisco*
Preságlia, prise, represaille.
Preságo, deuin : qui deuine ou conjecture.
Preságne, presure.
Presbiteráto, qui a l'ordre de Prestrise.
Presbitério, presbitere.
Préscia, haste.
Presciáre, haster.
Presciénte, qui a la prescience.
Presciéntia, *presciénza*, prescience.
Presciòso, hastif.
Prescíre, auoir la prescience. pres. *prescísco*.
Prescíto, condemné par la prescience.
Presciugáre, essuyer ou seicher auparauant.
Prescíútto, jambon.
Prescrittióne, prescription.
Prescrítto, prescript.
Prescríuere, prescrire. parf. *prescríssi*.
Presecutáre, persecuter.
Presecutióne, persecution.
Presedénza, préseance. pron. *ts*.
Presedére, auoir la préseance : presider. parf. *presedétte*.
Presentagióne, presentation, representation. Et le lieu où l'on se doit representer.
Presentáre, presenter.
Presentatióne, presentation, representation.
Presentatóre, qui represente, & qui fait vn present.
Preséntè, present, presente : vn present.
Presenteménte, presentement.
Preséntia, presence.
Presentiále, de presence, personnel.
Presentialménte, personnellement. Item, promptement.
Presentíre, presentir. pres. *preseénto*.
Presentíssimo, tres-prompt.
Presentíta, le presentir, le vent de quelque affaire.
Presentíto, presenty.
Presentúccio, vn petit don ou present.
Presénza, presence.
Prescépio, cresche. pron. e ouuert.
Preseruaménte, preseruation.
Preseruáre, preseruer.
Preseruatióne, preseruation.
Preseruatíuo, preseruatif.
Preseruatóre, preseruateur.
Preseruatríce, preseruatrice.
Presíccio, volé, oiseau qui a esté pris vieil, ou après auoir volé. Item, pris ou caillé.
Préside, vn President. Item, vne sorte d'arbre en Egypte.
Presidentáre, faire le President : & presider.

Presidentáto, charge de President.
Presidénte, President.
Presidiále, Presidial.
Presidiáre, munir, mettre vne garnison.
Presidiário, de garnison.
Presídio, garnison. Item, aide, support, garde, deffence.
Presidióso, plein de deffenses, qui a vne garnison.
Presiédere, presider. parf. *presiédi*, & *presiédtti*.
Presignificáre, signifier auparauant.
Préso, pris.
Presontióne, presomption.
Presontuóso, presomptueux.
Préssa, presse, haste. pron. o ouuert.
Pressáre, presser.
Presséz z a, approche. pron. *ts*.
Préssia, haste, presse. pron. e ouuert.
Pressióne, Impression.
Préso, auprès, proche : prés. prononcez. e ouuert.
Présso che, presque. pron. e ouuert.
Pressóre, Imprimeur. Item, oppresseur.
Pressóso, hastif, hasté.
Préssotti, proche de-là.
Pressúra, oppression.
Présta, le prest, la chose prestée.
Prestaménte, promptement.
Prestánte, excellent : excellente.
Prestánz a, le prest. Item, la prestance.
Prestáre, prester.
Prestár féde, adjouster foy.
Prestatóre, creancier qui preste.
Prestéz z a, vistesse, promptitude. pron. *ts*.
Prestigiáre, faire des charmes, charmer.
Prestigiatóre, charmeur : basteleur.
Prestígio, illusion, charme, prestige.
Prestigióso, plein de charmes ou illusions.
* *Prestináro*, Boulenger.
Prestíssimo, tres-viste.
Préstita, *préstito*, le prest. pron. e ouuert.
tòr in Préstito, emprunter.
Prestitúto, prostitué, abusé.
Présto, prest : prompt : viste : vistement. prononcez e ouuert.
Présto, en jargon, du feu.
piu Présto che dir mèsci, plustost que de dire verse à boire. i. ie le ferois aussi-tost que de manger vn morceau de pain.
Présto présto, viste viste, promptement.
Presúle, prieur, ou Prelat.
Presúmere, presumer. parf. *presumèi*, & *presumètti*.
Presuntióne, presomption.
Presúnto, presumé.
Presuntuóso, presomptueux.
Presupónere, &
Presupórre, presupposer. pres. *presuppóngo*, *presuppóni*, *presuppóne*, *presupponiámo*, *presuppónete*, *presuppóngono*, parf. *presuppósi*, *presupponésti*, *presupposò*, participe. *presuppósto*, fut. *presupporrò*, opt. *presuppónga*, impart. *presupponèssi*, & *presupporrèi*, &c.
Presupositióne, presupposition.
Presupósto, chose presupposée, vn presupposé.
Presúra, capture. Et presure.
Presútto, jambon : chair salée.
Pretacchióne, vn gros Prestre ignorant.
Pretáccio, Idem.

la Pretaria, la preſtraille.
Pretatico, de Preſtre.
Pretazzuólo, vn Preſtreau : Preſtre ignorant.
Préte, Preſtre. pron. e ouuert.
come il Préte di Contado, comme le Preſtre de vilage, qui ne ſçait lire que dans ſon Breuiaire.
èdie da bére al Préte che il Chierico ha séte, c'eſt demander pour vn autre ce qu'on deſire pour ſoy.
Préte, vn moine à chauffer le lit.
Preteggiáre, faire le preſtre.
Pretélla, pierrette, & marche-pied.
Pretélle, petites pierres, & ſable.
gittár in Pretélle, ietter en ſable.
Pretendénte, pretendant.
Pretendénza, pretenſion.
Preténdere, pretendre. Item, eſtendre au deuant. parf. *pretéſi*, part. *pretéſo*.
Pretendéuole, qui ſe peut pretendre.
Pretendúto, pretendu.
Pretenſáre, pretendre.
Pretenſióne, pretenſion.
Preténſo, pretendu.
Pretenſóre, qui pretend.
Preténza, pretenſion. pron. *ts*.
Preterire, paſſer outre : paſſer, laiſſer paſſer, laiſſer en arriere : ſe paſſer. preſ. *preteriſco*.
Pretérito, paſſé : preterit.
Pretermétere, obmettre. parf. *pretémiſi*, & *pretemèſſi*.
Pretermèſſo, obmis.
Pretermiſſióne, obmiſſion, pretermiſſion.
Pretéſa, pretenſion. pron. e fermé.
Pretéſco, de Preſtre. pron. e fermé.
Pretéſcolo, perſil.
Pretéſmo, pretéſmo, condition de Preſtre : tous les Preſtres.
Pretéſo, pretendu.
Pretéſta, longue robbe de pourpre que portoient les enfans des Nobles.
Preteſtáre, auoir ou chercher des pretextes : prendre quelque pretexte.
Preteſtáti, ceux qui portoient la robbe d'eſcarlatte.
Pretéſto, pretexte. pron. e ouuert.
Pretiáre, priſer, apprecier.
Pretiatóre, appreciateur.
Pretignolo, preſtreau.
Prétio, prix.
Pretioſaménte, precieuſement.
Pretioſità, precioſité.
Pretióſo, precieux.
Pretiſmo, office ou condition de Preſtre.
Pretóre, Preteur. pron. o fermé.
Pretoriále, Pretorial.
Pretório, Pretoire.
Prétto, pur, ſans meſlange.
Pretúra, office de Preteur.
Pretutiſſo, ſorte de vin.
Preualénza, excellence. pron. *ts*.
Preualére, preualoir. preſ. *preuáglio*, *pxeuáli*, *preuále*, parfait. *preualſi*, participe. *preuáluto*, & *preuáluſo*, fut. *preualerò*, & *preuarrò*, opt. *preuálga*, & *preuáglia*, imparfait. *preualéſsi*, & *preuarréi*, &c.
preuaricaménto, preuarication.
Preuaricánte, qui preuarique.
Preuaricáre, preuariquer.
Preuaricatióne, preuarication.

Pretuaricatóre, preuaricateur.
preuaricatrice, qui preuarique.
preuatúra, fourmage de lait de buffle. Item, fourrage.
preue, pour *pieue*, paroiſſe.
* *Préue*, &
* *Préuede*, Preſtre : mot Lombard.
preudénza, preuoyance. pron. *ts*.
Preuedére, preuoir. pref. *preuédo*, & *preuéggio*, & *preuéggo*, parf. *preuidi*, &c.
Preuediménto, preuoyance.
Preuditóre, qui preuoit.
Preudúto, preueu.
Preueniénte, preuenant.
Preuenire, preuenir. preſ. *preuéngo*, *preuiéni*, *preuiéne*, *preueniámo*, *preuenite*, *preuengóno*, parfait, *preuenni*, *preueniſti*, *preuénne*, *preueniémmo*, *preueniſte*, *preueniéro*, participe, *preuenúto*, fut. *preuenerò*, & *pernerrò*, opt. *preuénga*, imparfait, *preueniſsi*, & *pernerréi*, &c.
Preuentióne, preuention.
Preuénuto, preueuu.
Preuentóre, qui preuient.
Preuertire, peruertir. preſent. *preueriſco*, & *preuèrto*.
Preuia, auant-chemin.
* *Preuincia*, Prouince.
Preuiſo, preueu.
Preuiſóre, qui preuoit.
Preuiſto, preueu.
Preuúſto, preuoſt.
* *Prezza*, prix, preſſe, haſte, & viſteſſe. prononcez *ts*.
Prezzáre, priſer. pron. *ts*.
Prezzémolo, perſil. pron. *ts*, & l'e fermé.
Prézzo, prix. pron. l'e ouuert, & *ts*.
ſeruir à Prézzo, ſeruir pour de l'argent.
Prezzoláre, priſer : marchander. pron. *ts*.
Prezzoléuole, priſable. pron. *ts*.
Prezzólo, petit pris. pron. *ts*, & l'o fermé.
Pria, auparauant, pour *prima*.
Priapiſmo, erection de membre, maladie.
Priápo, priape.
Priário, premier, du premier rang.
* *Pridiáno*, du iour de deuant.
Priéga, priere.
* *Priegáre*, prier.
Priegliéra, priere.
Priégo, priere.
* *Priémere*, preſſer. parf. *prèſsi*, part. *priemúto*, & *priéſo*.
Prigionáre, empriſonner.
Prigióne, priſon : Et priſonnier.
Prigionía, le temps qu'on eſt en priſon, priſon, captiuité.
Prigioniére, priſonnier. Et Geolier.
Prignóli, ſorte de mouſſerons.
Prima, auparauant, premierement. Item, premiere.
àlla Prima, à bélla prima, tout du premier coup.
cóme Prima, auſſi-toſt que.
non Prima, non pas ſi-toſt.
in Prima in prima, il n'y a rien, n'agueres, toute à cette heure.
dálla Prima, di Prima, dés tantoſt, dés le commencement.
Primáccio, cheuet, trauerſin de lit.
Primáio, commencement. Et premier.

Primaménte

PR

Primaménte, premierement.
Primáre, primer. Et præferer.
Primário, premier.
Primaruóla, qui n'a iamais fait de petits, ou eu d'enfans.
Primatíccio, haſtif comme le fruit.
Primatióne, commencement.
Primáto, Primat. Et primauté.
Primauéra, prin-temps, pron. e ouuert.
Primauéra, primeuere fleur.
hauèr Primauéra, en jargon, auoir du plaiſir. Item, vne femme qui a ſes fleurs.
far Primázzi ou *piumácci*, ſe défendre de la lévre de deſſous.
Priméra, le jeu de la prime.
Priméuo, le premier aage.
Primíccio, primice: haſtif.
Primízie, les primices.
Primiéra, le jeu de la prime. Item, premiere.
Primieraménte, premierement.
Primieráno, &
Primierànte, joüeur de prime.
Primiéro, premier.
Primigénio, originaire.
Primináti, les deuanciers.
Primipílo, le poil folet, le prim-poil.
Primítie, les primices.
Primítio, haſtif, qui ſe dit du fruit.
Primitíuo, primitif.
Primo, premier. Anteceſſeur.
al Primo, dés le commencement.
Primocério, en certains lieux l'on dit, Primcier ou Primicier.
Primo mággio, en jargon, Dieu, & Chriſt.
Primo, en jargon, pere.
à Primo ſecóndo, le jeu des Eſcoliers, à *primus ſecundus*.
Primo, le premier bois qu'on met en œuure en commençant à conſtruire vn vaiſſeau, la carene.
Primogénito, le premier né, l'aiſné.
Primogenitúra, premier enfant, primogeniture.
Primonáto, aiſné.
Primopilo, premiere file de ſoldats.
Primórdio, primorde, commencement, origine.
Primóri, les premiers ou principaux.
Primpilo, prim-poil.
Primula, primeuere, fleur.
* *Prince*, Prince.
Principále, principal.
Principalità, principauté.
Principalménte, principalement.
Principáto, principauté.
Principe, Prince.
Principéſſa, Princeſſe. pron. e fermé.
Priucipétto, petit Prince. pron. e fermé.
Principiánte, apprenty.
Principiáre, commencer.
Principiatóre, commenceur.
Principíno, petit Prince.
Principio, principe, commencement.
dal Principio ſin al fine, tout du long.
Prióra, Prieure. pron. o fermé.
Priorálico, &
Prioráto, prioré.
Prióre, Prieure. Item, premier, éminent. pron. o fermé.
Prioreggiáre, faire le Prieur.
Prioréſſa, Prieure. pron. e fermé.

PR 385

Priorétto, petit Prieur. pron. e fermé.
Prioría, Prioré, Prieuré.
Priorità, preéminence, priorité, primauté.
Pririta, Marcaſite.
Príſco, ancien, du temps paſſé.
* *Priſtináro*, vn boulanger.
Priſtino, du temps paſſé.
Priuazióne, priuation.
Priuále, priué.
Priuánz'a, faueur auprés d'vn grand. pron. ts.
Priuáre, priuer.
Priuário, priué, particulier.
Priuataménte, priuément.
Priuatióne, priuation.
Priuatíccio, familier, priué.
Priuatítto, priuatif.
Priuáto, priué, particulier. Et priué ou garderobbe.
Priuáto, mot tiré de *Priuádo*, Eſpagnol fauory.
Priuáto ſoldáto, ſimple ſoldat.
Priuatóre, qui priue.
Priuatríce, qui priue.
Priuígna, belle fille, bru.
Priuígno, beau-fils.
Priuilegiáre, priuilegier.
Priuilégio, priuilege. pron. e ouuert.
Priuóli, en jargon, cheueux.
Priuo, pour *priuáto*, priué de quelque choſe.
Prò, vtilité. pron. o fermé.
buón Prò, proface. pron. o fermé.
che Prò, dequoy ſert-il? pron. o fermé.
in Prò, au profit, à l'aduantage.
dár il buón Prò, ſouhaiter du bien.
far il mal Prò, faire du mal, ſembler mauuais: le contraire, *de buón prò*.
Prò, *prode*, preux, vaillant.
Próa, proüe.
Proámita, grande Tante.
Proáua, ayeule: *proáuia*.
Proáuo, ayeul: *proáuio*.
* *Proauúnculo*, grand oncle.
Probábile, probable.
Probabilità, probabilité.
Probabilménte, probablement.
* *Probárba*, grand oncle.
Probáre, prouuer.
Probatióne, preuue.
Probéuole, probable.
* *Próbbio*, opprobre.
Probità, probité.
Probléma, probléme.
Probo, bon, ſincere.
Probóſcide, trompe d'Elephant.
* *Próbro*, reproche.
Probróſo, plein de reproche.
Procácchia, pourchaille, pourceline, pourpſer.
Procacciánte, pourchaſſant: vn allant, pourchaſſante, & allante.
Procacciáre, pourchaſſer.
Procacciatóre, pourchaſſeur.
Procacciatríce, qui pourchaſſe, pourchaſſeure.
Procaccíno, induſtrieux.
Procáccio, le Meſſager ordinaire d'vne ville. Item, pourchas.
* *Procáca*, railleur importun.
Procacità, importunité.
Procánico, ſorte de raiſin.
Procè, ſorte de ſaulſe.

C c c

Procedènte, procedant. pron. e ouuert.
Procedénza, procedence. pron. e ouuert, & le z comme ss.
Procédere, proceder. pron. e ouuert, parf. procedétti. part. procedúto.
Procéder innánzi, paſſer outre.
il Procédere, la procedure. Item, la ſuite du temps.
hauèr buòno ò cattino procédere, auoir bon ou mauuais terme de proceder. i. eſtre ciuil ou inciuil.
Procedimènto, procedure.
Proceditóre, qui procede.
Procedúta, procedure.
Procélla, tempeſte. pron. e ouuert.
Procellàre, tempeſter.
Procellóſo, tempeſteux.
Procerità, grandeur.
Prócero, vn grand.
Proceſſàre, proceder en iugement.
Proceſſióne, proceſſion: pour poſſeſſion ou reuenu aux champs.
Proceſſo, procedé: procez, progrez, pron. e ouuert.
Proceſſòrio, de procez.
* Procianaménte, prochainement.
* Procianáre, approcher.
* Prociánitá, prochaineté, proximité.
* Prociáno, prochain.
Procidéntia, cheute, deſcente de boyau.
Procínto, l'eſtat d'vne choſe, prouiſion, preparatif, ordre.
ſtàr in Procínto, eſtre preſt.
Proclàma, proclamation.
Proclamáre, proclamer.
Proclamatióne, proclamation.
Proclinatióne, flechiſſement.
Proclíno, flechy.
Proclíuo, penchant, incliné.
Procliuità, penchement. Item, diſpoſition ou inclination.
* Próco, vn qui demande vne fille.
* Procraſtináre, remettre au lendemain.
Procreaménto, procreation.
Procreáre, procréer.
* Proculéta, couche de jardin.
Procúra, procuration.
Procuránza, idem.
Procuráre, procurer.
Procurária, pourſuite, pourchas pour vn autre.
Procuratióne, procuration.
Procuratóre, Procureur. Item, qui procure.
Procuratória, office de Procureur.
Procuratríce, Procureuſe. Item, qui procure.
Procurería, pourſuite pour vn autre.
Procuréuole, procurable.
Próda, bord. Et proüe.
Prodáno, la corde pour arborer ou deſarborer l'arbre Maiſtre.
Prodáre, approcher ou tirer vers le bord.
Próde, preux, vaillant. Pour, vtilité, profit.
Prodeménte, vaillamment.
* Prodénza, prudénza, prudence. pron. ss.
* P. odéra, bord. Item, proüe.
Prodéro, celuy qui gouuerne à la proüe.
Prodéſe, ſorte de cordages qui s'attachent de la proüe en terre.
Prodéuole, profitable. Item, vaillant.
Prodeuolménte, vaillamment.
Prodézza, proüeſſe. pron. e fermé, & les zz comme ſſ.

Prodiére, qui a le ſoin de la proüe.
Prodigále, prodigue.
Prodigalità, prodigalité.
Prodigáre, prodiguer.
Prodigalménte, prodigalement.
Prod. gàre, prodiguer.
* Prodigénza, prodigalité.
Prodígio, prodige.
Prodigioſaménte, prodigieuſement.
Prodigióſo, prodigieux.
Prodigità, prodigalité.
Pródigo, prodigue.
* Prodíre, trahir. preſ. prodiſco.
Proditióne, trahiſon.
Proditóre, traiſtre.
Proditoriaménte, traiſtreuſement.
Proditório, traiſtreux, plein de trahiſon.
Prodótto, fruit, reuenu. Item, produit.
Producènte, produiſant.
Prodúcere, produire, parf. prodúſſi, fut, producerò, & produrrò, part. prodótto.
Producéuole, produiſable.
Producimènto, production.
Producitóre, produiſeur, producteur.
Prodúrre, produire, preſ. prodúco parf. prodúſſi, futur produrrò, & part. prodótto, ou prodúto.
Produtióne, production.
Produttíuo, productif.
Produttóre, producteur.
Produttríce, qui produit.
Proeggiàre, aller ou voguer contre le vent.
Proemiále, de proëme.
Proemiáre, faire vn proëme.
Proémio, proëme.
Proéro, qui gouuerne la proüe.
Proéſi, cordages qu'on attache en terre par la proüe d'vn vaiſſeau.
Profanaménte, profanement.
Prof. naménto, profanation.
Profanáre, profaner.
Profanatióne, profanation.
Profanatóre, profaneur.
Profanatríce, profaneuſe, qui profane.
Profanità, humeur profane.
Profáno, profane.
Profáto, poſition ou axiome.
Profénda, ordinaire d'auoine que l'on donne à vn cheual.
Proferénza, offre. Item, prononciation. pron. ss.
Proferiménto, idem.
Proferíre, offrir: Et proferer. preſ. profériſco.
Proferta, offre. pron. e ouuert.
Profèrto, prononcé: & offert. pron. e ouuert.
Profeſsáre, profeſſer, faire profeſſion.
Profeſsióne, profeſſion.
Profeſso, profez. pron. e ouuert.
Profeſsóre, profeſſeur.
Profèta, Prophete.
Profetále, de Prophete.
Profetáre, prophetiſer.
Profeteſſa, vne femme Propheteſſe.
Profetía, prophetie.
Profético, prophetique.
Profetiggiàre, profetizzáre, prophetiſer.
Proferiménto, offre. Item, prononciation.
Profferíre, offrir; proferer: prononcer. preſ. profferíſco.
Profferta, offre.
* Proficáre, proficiére, profiter.

PR　　　　　PR

Proficiénte, vtile, profitant, profitable.
* Proficósò, proficuo, idem.
Prófida, & prófido, porphire.
Profilàre, pourfiler, faire en pourfil. Item, border en armoirie. Et tirer l'argent à trauers de la trefile en filiere.
Profilatòio, trefile, filiere.
Profilo, pourfil.
Prófio, porphire : Et pourfil.
Profitàbile, profitable.
Profitàre, profiter.
Profittéuole, profitable : profittúo.
Profiteuolménte, profitablement.
Profitto, profit, prouft.
Profittóso, profitable.
* Proflàto, souffle, souflement.
* Profligàre, mettre en fuite.
* Profligatióne, déroute.
Profluènte, qui fluë, fluant en abondance, abondance.
Profluènza, abondance.
* Profuntàre, dissiper son bien, despenser largement.
* Profustùnio, despense extraordinaire, abondance.
* Profustutióne, vn grand despensier.
Profondaménte, profondément.
Profondàre, enfoncer, approfondir, creuser.
Profóndere, despenser largement. parf. profúsi.
Profondimetría, mesure de profondeur.
Profondità, profondité.
Profondiuéde, vn clair-voyant, qui voit le fonds.
Profondo, profond. Item, gouffre.
Profórzo, force, necessité.
Profúgio, refuge.
Prófugo, fuitif.
Profumàre, parfumer.
Profumaría, boutique de Parfumeur.
Profumàro, parfumeur.
Profumatéllo, vn petit muguet, vn mignon, vn parfumé.
Profumatóre, parfumeur.
Profumatríce, parfumeuse.
Profumería, boutique de parfumeur.
Profumicàre, fumer, enfumer, parfumer.
Profumicatióne, suffumigation.
Profumiére, parfumeur.
Profúmo, parfum.
Profondàre, profonder, enfoncer.
Profundità, profondité.
Profúndo, profond.
Profusióne, profusion.
Profúso, profus, prodigue.
Progenaratióne, generation.
Progénero, gendre qui a espousé la petite fille ou niepce.
Progénia, &
Progénie, race, generation.
Progenitóre, progeniteur.
Progenitríce, qui engendre, mere.
Progettàre, projecter.
Progettióne, &
Progétto, project.
Prognóla, faulse faire de prunes.
Prognàto, né ou descendu d'vne race.
Prognosticàre, pronostiquer.
Progrédere, s'escarter, faire progression. Item, s'auancer. parf. progréssi, & progredètti.
Progressióne, progression.
Progressíuo, de progrez.

Progrésso, progrez, auancement.
Progresso di témpo, la suitte du temps.
Prohibìre, deffendre, prohiber. pres. prohibísco.
Prohibitióne, prohibition, deffense.
Prohibitíuo, qui se peut prohiber.
Prohibìto, proibito, adjectif, prohibé, qui est deffendu.
Prohibìto, participe du verbe, prohibìre, si è prohibìto, l'on a deffendu.
Prohibitòre, qui deffend ou prohibe.
Prohibitríce, celle qui deffend vne chose.
Proiétto, project.
* Prolápso, eschappé, coulé, tombé.
Prolatióne, prolation ; & prononciation.
Proláto, prolongé, & proferé.
Próle, race, lignée.
Proletário, Proletáro, qui a bien des enfans à nourrir, est paure, & ruiné des guerres.
Prolificáre, produire vne lignée.
Prolissaménte, prolixement.
Prolissità, prolixité, longueur.
Prolísso, prolixe.
* Prolecutóre, qui parle pour vn autre.
Prologáre, prolonger.
Prólogo, prologue, auant-propos.
Prolónga, prolongation, delay.
Prolongaménto, idem.
Prolongàre, prolonger, dilayer.
Prolongàre il vasséllo, accommoder le vaisseau à la longueur de celuy qui est inuesty, afin de mieux combatre.
Prolongàre, en jargon, pendre.
Prolongatióne, delay.
Prolongatóre, dilayeur, remetteur.
Prolúdio, auant-propos, auant-jeu.
* Prolúuie, despense excessiue, dissipation.
* Prolùnio, prodigalité.
* Prolunióne, grand despensier, prodigue.
* Prómere, mesler.
Promérito, meritant, pour son merite.
Proméscere, dissiper, prodiguer. Item, mélanger. parf. promésséi, & proméscetti.
Promíssa, promesse. pron. e fermé.
Promissióne, promission.
Promésso, promis.
Prometténte, promettant. pron. e ouuert.
Promèttere, promettre. paif. promísi.
Promèttere Argière e canaruére, promettre de grandes choses, & ne donner rien.
Promèttere Róma e Tóma, promettre monts, & merueilles.
Promèttere mári e mónti, idem.
Promettitóre, prometteur.
Promettitríce, prometteuse.
Promettúto, promis.
Prominéntia, préeminence, esleuement.
* Promíscuo, meslé.
Promissióne, promission, promesse.
* Promulgàre, publier.
Promontório, promontoire.
Promósso, promeu, preferé, auancé.
Promotióne, promotion.
Promotóre, promoteur.
Promòuere, promouuoir, preferer : auancer. parfait promóssi.
Promouiménto, promotion.
Promulgàre, publier, proclamer.
Promulgatióne, proclamation.

Ccc ij

Promulgatóre, proclamateur.
Promulſo, ſorte de breuuage doux.
Promutatióne, permutation.
Promutáre, permuter.
Pronaménte, le viſage en deſſous.
Pronepóte, petit nepueu, arriere-nepueu, arriere-niepce. pron. o fermé.
Pronéz̸z̸a, petite niepce. pron. e ouuert, & les z̸z̸ comme *ts*.
* *Pronità*, promptitude, inclination.
* *Próno*, prompt, preparé, incliné. Item, couché le viſage deſſous.
Pronóme, pronom.
Pronóntia, prononciation.
Pronontiáre, prononcer.
Pronontiatióne, prononciation.
Pronontiáto, pour maxime ou Axiome.
Pronontiatóre, prononceur.
Pronontiatríce, prononceuſe.
Pronoſticaménto, pronoſtication.
Pronoſticáre, pronoſtiquer.
Pronoſticatióne, pronoſtication.
Pronoſticatríce, pronoſtiqueuſe.
Pronoſticatóre, pronoſtiqueur.
Pronóſtico, pronoſtication, pronoſtic.
Prontaménte, promptement.
Prontáre, preſſer, haſter ; importuner. Item, preparer. Et imprimer ou marquer, empreindre.
Prontéz̸z̸a, promptitude. Et demonſtration d'affection, & bonne volonté : l'aſſeurance d'auoir tout preſt, la preparation d'vne choſe. pron. e fermé, & les z̸z̸ comme *ts*.
Prontitúdine, idem.
Prónto, preſt, appareillé. Pour effronté.
in Prónto, tout preſt.
* *Prontuário*, magaſin, reſeruoir.
Prónuba, la Deeſſe du mariage. Item, vne qui inſtruit la femme, & la meine au lit.
Prónubo, qui meine l'eſpouſe à ſon mary.
Pronúntia, prononciation.
Pronuntiáre, prononcer : publier, declarer : predire.
Pronuntiatióne, prononciation.
Pronuntiatóre, prononceur.
Pronuóra, femme du nepueu, belle niepce.
Propagáre, eſtendre, multiplier. Item, prouigner.
Propagatióne, multiplication, propagation.
* *Propágina*, idem.
* *Propagináre*, eſtendre, accroiſtre, multiplier, prouigner.
Propágine, prouin. Item, race.
Propaginatióne, propagation.
* *Propaláre*, manifeſter, declarer.
Propéndere, pendre. parf. *propendéti*.
Propendiculáre, perpendiculaire.
Propenſióne, naturelle inclination, propenſion.
* *Propenſità*, idem.
* *Propénſo*, porté, incliné.
* *Properántia*, haſtiueté.
Propiáre, approprier.
Propietà, proprieté.
Propietário, proprietaire.
* *Propína*, lieu à part. Item, vn coup à boire.
Propináre, le porter en beuuant.
Propinatióne, vn coup à boite que l'on porte à vn autre.
* *Propinquáre*, approcher.
* *Propinquità*, proximité.
* *Propínquo*, proche, prochain

Própio, propre, & proprieté.
Propitiábile, propitiable.
Propitiáre, rendre propice.
Propitiatióne, propiciation.
Propitiatóre, propiciateur.
Propitiatório, propiciatoire.
Propitiatríce, propicintrice.
Propítio, propice.
Própoli, *propólio*, propolis, matiere tirée de la cire.
* *Propulſáre*, repouſſer.
Propónere, & *propórre*, propoſer, aduancer. preſ. *propóngo*, *propóni*, *propóne*, *proponiámo*, *proponéte*, *propóngono*. parf. *propóſi*, *proponéſti*, *propóſe*, *proponémmo*, *proponéſte*, *propóſero*. part. *propóſto*. fut. *proporrò*. opt. *propónga*. impart. *proponéſſi*, *proporréi*, &c.
Proponiménto, propoſition.
Propórre, *propónere*, propoſer, aduancer. voyez *propónere*.
Proportionále, proportionnel.
Proportionalménte, proportion.
Proportionalità, auec proportion.
Proportionáre, proportionner.
Proportionataménte, proportionnément.
Proportióne, proportion.
Proportionévole, que l'on peut proportionner.
Propoſitióne, propoſition.
Propóſito, propoſition : propos. Deſſein.
à Propóſito di vn chiódo di carrò, nous diſons, à propos de bottes : quand quelqu'vn parle hors de propos.
ſtar in Propóſito, eſtre en ſon bon ſens.
Propoſitúra, Preuoſté, charge de Preuoſt.
Propóſo, propoſé & à propos. pron. o fermé.
Propóſta, propoſition. pron. le ſecond o ouuert.
à faiṛ le Propóſte, ſorte de jeu, aux propos.
Propoſtáto, Preuoſté.
Propóſto, propoſé, deſigné, preferé. Item, vn propos. Vn Preuoſt.
Propréſo, l'eſtenduë priſe pour loger ou camper. pron. e fermé.
Propretóre, Lieutenant de Preteur.
Propriaménte, proprement.
Propriáre, approprier.
Propriatióne, appropriation.
Propriéta, proprieté.
Proprietário, proprietaire.
Próprio, propre.
poſſedér cóme Próprio, poſſeder en propre.
Próprio próprio, juſtement.
* *Propúdio*, ſale, deshonneſte.
* *Propudióſo*, plein d'abus, & de deshonneſteté.
Propugnácolo, bouleuard, forteresse, deffenſe.
Propugnáre, deffendre vne place.
Propugnatióne, deffenſe d'vne place.
Propugnatóre, qui deffend.
Propulſáre, repouſſer.
Propulſióne, propulſion, repouſſement.
Próra, la prouë.
Proráre, tirer vers la prouë. Item, aller contre le vent.
Proráta, ſelon la rate, & portion.
* *Proríga*, celuy qui a les eſtallons en charge.
Proviré, demanger : il n'eſt point en vſage qu'en infinitif.
Proritatióne, &
Prerito, demangeaiſon.
Próroga, delay, remiſe.
Prorogáre, prolonger, differer, dilayer.
Prorogatióne, delay, prorogation.

PR

Provogatíua, prerogatiue, auantage.
Prorómpere, esclatter auec violence. parf. *proruppi*.
Proróto, rompu, esclatté.
Prósa, prose. pron. *o* ouuert.
Prosáico, en prose. Vn qui escrit de la prose.
Prosápia, race, generation.
Prosáre, parler doucement, s'escouter parler : escrire en prose.
Proṣáti, axiomes.
Prosatóre, qui escrit en prose.
Prosatríce, femme qui escrit en prose.
Proscénio, Theatre, proprement le derriere du Theatre.
Prosciógliere, deslier. Absoudre. parf. *prosciólsi*. part. *prosciolto*.
Proscioglitióne, &
Proscioglimento, absolution ; solution.
Prosciolto, délié : absous.
Prosciutto, jambon.
Proscrittióne, proscription.
Proscritto, proscrit.
Proscrittóre, qui proscrit, qui publie la proscription.
Proscríuere, proscrire, bannir publiquement. parf. *proscríssi*.
Prosecutióne, poursuitte.
Prosecutíuo, de poursuitte.
* *Proséda*, vne putain.
Proseguénte, poursuiuant, poursuiuante.
Proseguíre, poursuiure. parf. *proséguo*.
Proseguitáre, idem. Et persecuter.
Proserpináta, centidoine, renoüée.
Proṣérto, trenché, découppé.
* *Prosódia*, prosodie, art de prononcer les paroles longues, & claires.
* *Prosóne*, vn qui prononce ses paroles auec circonspection.
Prosontióne, presomption.
Prosontuosaménte, presomptueusement.
Prosontuóso, presomptueux.
* *Prosopopéa*, prosopopée, representation d'vne personne morte ou absente.
Prosperáre, prosperer.
Prosperaménte, auec prosperité.
Prosperatióne, prosperité.
Próspere, en jargon, des chausses.
Prospéricole, qui peut prosperer.
Prosperità, prosperité. Item, force, ou complexion robuste.
Próspero, fauorable, prospere.
Prosperóso, robuste, de bonne complexion : & plein de prosperité.
Prospettína, prospectiue, perspectiue.
Prospettíuo, qui fait profession de perspectiue.
Prospétto, prospect. pron. *e* ouuert.
Prospicéntia, consideration, circonspection.
Prospícuo, clair, éuident.
Prossimaménte, prochainement.
Prossimáno, proche-voisin.
Prossimáre, approcher : joindre, allier.
Prossimità, proximité : alliance.
Prossiméuole, approchable.
Próssimo, proche, voisin, parent, allié.
Prosténdersi, s'estendre en s'esueillant. pres. *prosténdo*. parf. *prostési*. part. *prostéso*. auec les particules *mi*, *ti*, *si*, *ci*, *vi*, *si*.
* *Prostérgere*, prosterner. parf. *prostérsi*.
* *Prostergíuto*, prosterné.
Prosternáre, prosterner.

PR

Prostéso, estendu.
Prostíbula, garce, putain.
Prostíbulo, bordel.
Prostituíre, prostituer. pres. *prostituísco*.
Prostitutióne, prostitution.
* *Prostiuáre*, ietter bas.
Prostíbolo, bordel.
Prosúmere, presumer. parf. *prosumêi*, & *prosumétti*.
* *Prosúmmia*, sorte de barquette.
Prosuntióne, presomption.
Presuntuosaménte, auec presomption.
Prosuntuóso, presomptueux.
Protéggere, proteger. parf. *protéssi*. pron. *e* ouuert.
Proténdere, estendre : prolonger. parf. *protési*, & *protendéti*.
Protensióne, extension.
* *Proténto*, prodige.
Protéruia, proteruità, humeur reuesche, meschanceté.
Protéruo, reuesche, fascheux, meschant. prononcez *è* ouuert.
Protéso, estendu.
Protésta, protestation. Et pretexte. pron. *é* ouuert.
Protestagióne, protestation.
Protestánte, protestant.
Protestáre, protester.
Protestatióne, protestation.
Protésto, protestation : & pretexte.
Protettióne, protection.
Protétto, protegé. pron. *e* ouuert.
Protettóre, protecteur.
Protettríce, protectrice.
* *Protípo*, exemple, moule.
Protobiánte, doyen des gueux.
Protocóllo, protocolle.
Protofísico, premier Phisicien.
Protoguáttero, premier marmiton, vn maistre marmiton.
Protomártire, premier Martyr.
Protomaéstro, premier Maistre.
Protomátto, premier fol.
Protomédico, premier Medecin.
Protonotário, Protonotaire.
Protospadáro, le Chef de ceux qui portent l'espée du Prince.
Protótipo, prototipe.
Protrárre, extraire, distraire. *protrággo*, & *protráho*. parf. *protrássi*. part. *protrátto*.
Protrattióne, distraction.
Protrátto, distrait, prolongé.
Protribunále, en jugement deuant le Magistrat.
Protuláca, pourpier, pourcelaine.
Próua, preuue : espreuue. pron. *o* ouuert.
à Próua, de part, & d'autre, à l'envy. Item, exprés. A l'espreuue.
in Próua, idem.
Prouána, vn prouin.
Prouanáre, estre obstiné. Item, prouigner.
Prouanería, obstination.
Prouáno, querelleux, obstiné. Item, vn esprouueur ou essayeur.
* *Prouénz a*, preuue. pron. *ts*.
Prouáre, prouuer : esprouuer, essayer, gouster : tascher.
Prouatióne, espreuue, essay.
Prouatíuo, qui se peut esprouuer.
Prouatúra, fourmage rond fait de laict de buffle.
Prouedénz a, preuoyance : & pouruoyance, prouision.

Ccc iij

Prouedére, pouruoir. parf. *preuidi.*
Prouedérsi, se fournir, faire prouision.
Prouedérsi altróne, chercher ailleurs.
Prouedimétno, pouruoyance, prouision.
Proueditóre, pouruoyeur.
Proueditrice, pouruoyeuse.
Prouacchiáre, esprouuer.
Prouacchiársi, se pouruoir, chercher son profit.
Proueggiáre, prouer, aller contre le vent.
Prouénca, peruanche.
Prouénda, portion, ordinaire.
Prouendáre, donner l'ordinaire, donner le foin & l'auoine: donner le fourrage au bestail.
Prouenire, prouenir: verbe impersonnel, il n'a que la troisiesme personne, il fait comme *venire.*
Prouénto, reuenu, rente.
Prouentóre, pouruoyeur.
Prouemíto, prouenu.
Prouerbiálo, de prouerbe, prouerbial.
Prouerbiáre, vser de prouerbes. Item, brocarder.
Prouerbiatóre, diseur de prouerbes, & brocardeur.
Prouerbiétto, petit prouerbe. pron. e fermé.
Prouérbio, prouerbe.
Prouerbióso, plein de prouerbes.
Prouétto, experimenté, plein d'experience, aduancé, aagé.
Proueuóle, probable.
Proueuolménte, probablement.
Prouiánde, viures, prouisions.
Prouidénte, pouruoyant.
Prouidénza, prouidence. pron. e ouuert, & le *z* comme *ts.*
Prouído, pouruoyant. pron. o ouuert.
Prouíncia, peruanche.
Prouincia, Prouince.
Prouinciále, Prouincial.
Prouisánte, pouruoyeur. Item, qui parle sur le champ.
Prouisáre, parler sur le champ, parler à l'improuiste.
Prouisionále, prouisionnel.
Prouisionáre, pouruoir, faire prouision: donner la prouision.
Prouisióne, prouision.
Prouisóre, pouruoyeur.
* *Prouizáre*, préuoir. pron. les *zz* comme *ts.*
à *Prúno*, mot Lombard, auprés.
Prouocaménto, prouocation.
Prouocáre, prouoquer.
Prouocatióne, prouocation.
Prouocatóre, qui prouoque, prouoqueur.
Prouocatríce, prouocueuse.
Prouochéuole, qui se peut prouoquer.
Prónola, sorte d'excellent fourmage.
Prouósto, Preuost.
Proz io, grand Oncle.
Prúa, prouë.
la Prúa, selon quelques-vns, le deuant du carrosse.
Pruáre, tirer vers la prouë.
Prudénte, prudent, prudente.
Prudénza, prudence. pron. *ts.*
Prudentíssimo, tres-prudent.
* *Prúdere*, demanger. parf. *prudétte*, verbe impersonnel.
Prueggiáre, tourner la prouë vers le bord. Item, aller contre le vent.
Prúgna, prune.
Prugnáta, tarte de prunes.
Prúgno, prunier.
Prugnóla, prunelle, prune sauuage.
Prignólo, prunellier.
Prugnólo, vne sorte de champignon, mousseron.
Prúina, bruine.
Pruináre, bruiner.
* *Prúire*, demanger, n'est point en vsage.
Prúito, demangeaison.
Prúna, prune, & prunes.
Prunáte, buisson. Metaph. embarras.
Pruneggiáre, marcotter. Item, ébrancher.
Prunélla, prunelle, petite prune.
Prunéto, haye ou buisson d'espines: & lieu planté de pruniers.
Pruniggióli, buissons d'espines.
Prúno, espine. Et prunier.
fàr d'vn Prúno vn melaráncio, faire d'vne espine va oranger, nous disons, faire d'vne buse vn espruier; cela se dit d'vn homme qui deuient grand, de rien qu'il estoit.
Prúnola, prune.
Prúnolo, prunier.
Prunóso, plein d'espines.
Prunóita, sorte de prune.
Prúna, fait, action, fait d'armes. Espreuue.
à Prúna, à l'enuy, à qui mieux mieux. Item, exprés.
Pruodáre, prouuer.
Pruriménto, demangeaison.
Prurire, demanger, il n'est point en vsage qu'à l'infinitif.
Prurito, demangeaison.
Prúsa, sorte de poisson à Gennes. Item, vne mouche cauelline.
Profóldo, en jargon, Cardinal.
Prunínia, sorte de vigne.
Prúzza, demangeaison. pron. les *zz* comme *ts.*

P S

PSálmo, Psalme, Pseaume.
Psalmodiáre, psalmodier.
Psilio, herbe aux pulces.
Psitta, plye, poisson.

P T

PTármica, herbe à esternuer.
Ptérnice, idem.
Ptihisia, phtisie, mal de poulmon.
Ptihísico, phtisique, pulmonique.
Ptisána, ptisanne.

P V

A PVa, vne pouppée.
Puánola, vne pouppée: & vne fillette.
Púbero, de l'aage de douze à quatorze ans.
Pubertá, puberté, l'aage que le poil vient aux parties honteuses.
Pubéstere, se faire homme, sortir d'enfance, commencer à auoir de la barbe. pres. *pubésco.* parf. *pubescítii.*
Pubescúto, qui a de la barbe.
Púbi, poils aux parties honteuses.
Pública, publication. Item, place commune dans vne prison, le carreau.

Publicaménte, publiquement.
Publicáno, publicain: Doüannier, gabelleur.
Publicáre, publier.
Publicatióne, publication.
Publicatóre, qui publie, proclamateur.
Publicatríce, publieuse.
* *Públice*, vne pulce.
Publichítta, petite publication. Item, petite place, vn carreau dans vne prison.
Público, public.
* *Publícola*, qui reuere le commun peuple.
Púccia biánca, sorte de pain à Naples.
far come Púccio Carlétti, faire comme Puccio, &c. frapper droit au milieu: ne faire ny pour l'vn ny pour l'autre.
Pucétto, nous disons vn teston, en frappant du nœud du doigt sur la teste.
Púche, graines ou bayes de laurier, de lierre, &c.
Púche, les espines de porc espic. Item, petit poil, petites plumes.
Pucíno, sorte de vin.
Pudendágra, mal aux parties honteuses, cóme vne glande.
Pudénde, les parties honteuses.
Pudíca, pudique.
Pudicaménte, pudiquement.
Pudicitá, pudicité.
Pudicítia, pudicité.
Pudíco, pudique.
Pudóre, pudeur.
Puerile, pueril.
Puerilitá, puerilité.
Puerilménte, puerilement.
Puerítia, enfance.
Pufera, bouffée, tourbillon.
Puffíno, sorte d'oiseau.
Puga, múrza, greffe à entrer. Metap. pour le membre viril.
* *Pugíle*, vn champion.
Pugliána, sorte d'oiseau de proye.
Púgna, combat.
Pugnáccio, gros poing, & gros coup de poing.
* *Pugnáce*, combattant, Item, querelleux.
* *Pugnácolo*, champ de bataille.
Pugnaláre, poignarder.
Pugnaláta, coup de poignard.
Pugnále, poignard.
Pugnallétto, petit poignard.
Pugnánte, combattant.
Pugnáre, combattre.
Pugnáre, pour tarder, dilayer.
Pugnaróne, aiguillon.
Pugnáta, coup de poing.
Pugnatóre, combattant.
Pugnázzo, grand coup de poing. pron. *zz*.
Pugnéllo, vne poignée de quelque chose.
Pugnére, poindre, picquer. pres. *púgno*, *púgni*, *púgne*. part. *púnsi*, part. *púnto*.
Pugneréccio, piquant, poignant.
Pugnítto, aiguillon.
Pugnícolo, gratt-cul.
Pugniménto, peinsture, picqueure.
Pugnitíccio, pointure, aiguillon. Item, poignant. C'est aussi vn pied de porc.
hauér del Pugnitíccio. i. estre picqué au jeu. C'est par allusion de *Púngere* ou *púgnere*.
Pugnitópo, boüis poignant, Mirthe sauuage.
Púgno, le poing: vne poignée de quelque chose: vn coup de poing.

serrár le Púgna, nous disons secoüer le jarret i. mourir.
córrer à Púgno básso, courir à toute bride, ou à bride abatuë.
vn Púgno di prosciémolo. i. vn homme maigre.
Pugnóro, mesure de la largeur du poing, & du pouce estendu.
Púh, interjection, hé, hò, fy.
Puídua, foulcre, sorte d'oiseau.
Puína, fourmage de cresme, panier à la cresme.
Puinarnóla, plat de cresme.
Púla, gousse, escorce, bouton de graine.
Púlce, pulce.
Pulcélla, pucelle.
Pulcellágio, pucelage.
Pulcíno, poulcin.
è come vn Pulcín nélla stóppa, il est comme vn poulcin dans l'estouppe. i. Il ne sçauroit sortir du discours qu'il a commencé; ni se resoudre, il est embarassé.
hauér il Pulcín di Genuáio, auoir vn poulcin en Ianuier, i. auoir des enfans en sa vieillesse.
Pulcióso, plein de pulces.
* *Pulcritúdine*, beauté.
Puledra, poulaine.
Puledro, poulain.
Puleggiáre, se faire jour ou chemin par force.
Puléggio, poulie.
Pulégio, pouliot, herbe.
pigliár Pulégio, se recreer, s'esgayer, prendre ses comoditez, s'estendre, prendre ses mesures, prendre bransle.
Pulicáne, instrument de Chirurgien à arracher les dents. C'est aussi vn monstre demy chien.
Pulicáre, herbe aux pulces, conise.
Pulicár linsalita, espulcher ou trier la salade.
Pulicária, conise, herbe aux pulces.
Pulíce, pulce.
Puliménto, polisseure, anciennement punition.
Pulióne, conise.
Pulíre, polir, *pulísco*.
Pulíre, anciennement, punir.
Pulitaménte, proprement, poliment, nettement.
Pulitíllo, vn mignon.
* *Pulitíllo*, vn action sauuage.
Pulitézza, politesse. pron. e fermé, & *zz*, *ts*.
* *Pulitióne*, polisseure.
Pulíto, poly, vny, propre, net, gentil.
Pulitúra, polisseure.
Púlla, terre grasse & douce.
Pullíno, vn Milan.
Pulláro, rude, grossier.
Púlli, poulets, & poulains.
Pullóre, foulcre, oiseau.
Púllula, bourgeon, rejettons.
Pullulare, pulluler.
Púlluli, tendrons, rejettons.
Pulmonára, la Galere qui sert d'infirmerie estant dans le port.
Pulmonária, herbe aux poulmons, pulmonaire, obre.
Pulmonélla, poulmon.
Pulmóne, vn homme mal propre à la fatigue.
Pulmóne, poulmon de mer, poisson.
Púlma, poulpe, chair, blanc de volaille.
Púlpito, le Iubé, pulpitre.
Púlpo, poulpe, poisson.
Pulsánte, battant.
Pulsáre, battre.
Pulsátile, la veine du bras qui bat.
Pulsatílla, passe-fleur.
Puliménto, polisseure. Anciennement, punition.

Pulsatióne, battement.
Pulsatíuo, qui bat-
Pulsíuo, poussif.
Púlta, *pultíglia*, boüillie, colle de farine.
* *Puluerolénte*, poudreux.
Pulzélla, pucelle.
Pulzellággio, pucelage.
Púmice, pierre ponce.
Pumíceo, *pumicóſo*, de nature de pierre de ponce.
* *Puncélla*, pucelle.
Púnga, *púgna*, combat.
Pungénte, poignant, picquant.
Pungentíno, vn brocardeur.
Púngere, poindre, picquer. pref. *púngo*, parf. *púnſi*, part. *púnto*.
Pungettáre, aiguillonner.
Pungétto, aiguillon.
Pungiglióne, idem.
Punigliónie, idem.
Puniménto, picqueure.
Pungitópo, Mirthe ſauuage, boüis poignant. pron. *o* ouuert.
Pungoláre, aiguillonner.
Púngolo, vn aiguillon.
Pungolóſo, plein d'aiguillons.
Puníbile, puniſſable.
* *Púnico*, rouge, ou eſcarlate.
* *Punigióne*, punition.
Puníre, punir. pref. *puníſco*.
Punitióne, punition.
Punitíuo, puniſſant, qui peut punir.
Punitóre, puniſſeur.
Punitríce, puniſſeuſe.
Púnta, pointe. Coup de pointe.
Púnta fálſa, vne feinte aux armes.
Púnta del baſtióne, angle flanqué.
Púnta del piéde, la pince du pied d'vn animal.
Púnta, en jargon, blanc.
leuárſi álla Púnta di lótto, nous diſons, ſe leuer à l'aube des mouſches.
mal di Púnta, la pleureſie.
in Púnta di pantófola, ſur la pointe de la pantoufle, ſur la pointe du pied, délicatement, poliment.
Puntáglia, appointement. Item, pointille, debat.
Puntále, bout de fourreau d'eſpée, feret d'eſguillette.
Puntalétto, idem.
Puntalità, ponctualité.
Puntalézza, pour ponctualité.
Puntalménte, ponctuellement.
Puntaménto, l'accompliſſement, les points, les dépendances, la ſuitte de quelque choſe. Appointement.
Puntáre, picquer, prouoquer, poindre, pouſſer, poin-cter, ajuſter. Ponctuer: eſtayer, faire vne pointe.
Puntár la láncia, ajuſter la lance.
Puntaría, rencontre juſte en frappant.
Puntarnuólo, poinçon : Et ferret d'eſguillette. Vn homme ponctuel.
Puntáta, coup de pointe.
Puntára di piánta, le pouſſer d'vne plante, le jett, le bouton.
Puntáta, a la fin d'vne periode, le poinct.
Puntataménte, ponctuellement.
Puntáto, pointé, picqué, appointé, juſte, ponctué, eſtayé : fait pointu, pouſſé hors, prouoqué, accuſé.
Punteggiáre, ajuſter, pointer : Marquer de petits poincts. Pointiller, en terme de miniature.

Puntelláre, eſtayer. Pilotter les mines : eſtançonner.
Puntéllo, eſtaye.
Puntélli, buttes ou croiſieres d'vne mine. Item, eſtays de vaiſſeau.
Puntería, rencontre juſte.
Puntervólo, ponctuel : *Puntervúlo*, c'eſt auſſi vn ver qui ronge le grain : vn puçon.
Puntesíno, petite pointe ou aiguillon.
Punticélla, pointe d'Orféure ou autre ouurier. Petite pointe.
Puntíglio, pointille.
Puntiglióſo, pointilleux.
Puntíno, petit poinct.
Puntióne, picqueure.
Púnto, poinct. Item, picqué.
Púnto, point.
métter al Púnto, irriter.
ſe Púnto m'áma, s'il m'aime en quelque façon.
di Púnto in biánco, de poinct en blanc.
tenér gran Púnto, tenir ſa grandeur.
armáto di tútto Púnto, armé de toutes pieces.
eſſer Púnto, de púngere, eſtre picqué au jeu.
far Púnto, s'arreſter en vn lieu, mettre vn point.
Púnto per púnto, de poinct en poinct.
métter in Púnto, mettre en ordre, mettre en eſtat.
à Púnto, juſtement: tout à point. vulg. emon, pour non.
éſſer in Púnto, eſtre ſur le point de faire.
di Púnto, ponctuellement, à poinct nommé.
Púnto púnto, tant ſoit peu, le moins du monde.
Puntóne, de pointe. Item, bout de fourreau.
Puntuále, ponctuel.
Puntualità, ponctualité.
Puntualménte, ponctuellement.
Puntuáre, ponctuer.
Puntuóſo, pointilleux.
Puntúra, picqueure. Pleureſie.
Puntúto, pointu.
Punz echiaménto, pointtement. pron. *ts*.
Punz ecchiáre, picotter, picquer legerement. prononcez *ts*.
Punz écchio, picotture, coup de pointe du doigt. pron. *ts*.
* *Punz élla*, pucelle. pron. *ts*.
Punz elláre, donner vn coup de la pointe du doigt. pron. *ts*.
Punz éllo, aiguillon. pron. *ts*.
Punz onáre, picquer, eſpoinçonner. Marquer la monnoye. pron. *ts*.
Punz óne, vn poinçon. Vn coup de poing. Et le coing à marquer la monnoye. Item, tonneau ou poinçon. pron. *ts*.
Puó far, ſorte de jurement, comme qui diroit, puiſſance de, &c.
Puóſſi, on peut. pour *ſi puó*.
Puotére, pouuoir. preſ. *póſſo*, *puóſt*, *puó*, *poſsiámo*, *potéte*, *póſſono*, parfait, *potéi*, & *potétti* part. *potuto*. fut. *potrò*.
Puóuolo, peuplier.
Puóuui, *vi puó*, il y peut.
Púpa, vne pouppée. Item, fillette.
Pupázza, vne pouppée.
Pupicélla, petite pouppée.
Pupilággine, minorité.
Pupílla, prunelle de l'œil. Item, vne pupille.
Pupilláre, faire l'enfant. Item, piauler.
Pupilláre, de pupile, d'enfant.
Pupíllo, pupile, mineur.
Pupína, petite pouppée.

Púpo,

Púpo, petit poupon, petit mignon, ou poupard.
Púpola, vne hupe, oiseau.
Púppa, tetton.
Puppáre, retter.
Púppula, huppe, oiseau.
Pùr, & *púre*, toutefois, bien que, seulement, pour-ueu que, mesmes, bien, en effet, enfin, pourtant: il ne sert quelquefois que d'ornement.
Pùr assái, beaucoup, plus que beaucoup.
Pùr anche, mesme aussi.
Pùr cóme, comme si.
Pùr diánzi, peu auparauant, n'agueres.
Pùr hóra, tout maintenant, à cette heure mesme.
Pùr tróppo, que trop.
Pur sarà così, si faut-il que cela soit.
e *Púre*, & cependant.
e *continuò Púre*, & continua tousiours.
mà Púre, mais encore.
e *Pùr sarèbbe ragioneuole*, encore seroit-il raisonnable.
Pùr ché, pourueu que, au cas que.
ed è Pùr ragióne, aussi est-il raison.
e *Pùr si batte àlla pórta*, & l'on bat tousiours à la porte, & l'on continue de frapper ou heurter.
* *Purágna*, corruption de sang.
Paraménte, purement.
Paráccio, vn badin, vn benest.
Puráta, corruption de sang.
Purarèllo, *puréllo*, vn peu pur.
Púre, voyez plus haut à *Pur*.
Puréito, vn peu pur.
Púrga, purgation, medecine.
Purgagióne, &
Purgaménto, purgation.
Purgáre, purger. Corriger.
Purgatióne, purgation. Correction.
Purgatíuo, purgatif.
Purgatório, qui purge. Item, foulon, & lauandier.
Purgatríce, purgeuse.
Purgatório, Purgatoire. Item, qui purge.
Purgatúra, immondice. Item, purgation.
Purghéuole, qui se peut purger, pron. gue comme gue.
Púrgo, le lieu où l'on purge les draps, le foulon.
Purificáre, purifier.
Purificatióne, purification.
Purificatóre del cálice, purificatoir.
Prerità, pureté.
Puritáno, Puritain.
Puritanísmo, la secte des Puritains.
Púro, pur.
à Púra fórza, de viue force.
Pórpura, pourpre, escarlatte, robbe de pourpre. Item, dignité de Senateur.
Purpuráto, qui porte le pourpre.
Purpureggiáre, courir de pourpre.
Purpúreo, de couleur de pourpre.
Purpuríno, idem. C'est aussi le rouge d'Espagne, vermillon.
Purpuríſso, idem.
Purpuríte, sorte de marbre.
* *Puruléntc*, plein de vilaine matiere.
* *Puruléntia*, vilaine matiere, boüe comme d'apostheme.
* *Pusignáre*, collationner apres souper.
* *Puſigno*, collation apres souper, nostre vulgaire l'appelle, regoubillonnement.
* *Pusílla*, vne pucelle.
* *Pusillággio*, pucelage.
Pusillità, bassesse de courage.

Pusíllo, lasche, sans courage.
Pusillanimità, lascheté de courage.
Pusillánimo, sans courage.
Pusíllipo, lieu sur les terres de Naples d'où vient le bon vin.
Gréco di pusíllipo, sorte de vin.
Púſſo, pus, matiere de playe.
Pustélla, pustule.
Pustérla, posterne.
Pustuláre, croistre de pustules.
Pústula, pustule.
Pustulóſo, plein de pustules.
* *Puſúra*, sedition ou monopole, complot.
* *Puſúla*, pustule, & feu sauuage.
* *Puſulóſo*, plein de pustules.
* *Putábile*, imaginable, que l'on peut penser.
Putána, putain.
Putanáre, putasser.
Putaríno, putatif.
Putélla, fillette.]
Putènte, puant.
Putéſcere, puer, sentir mauuais. pres. *puteſco* pars. *putéti*, il n'a point de participe.
* *Putica*, poutre.
* *Pútido*, puant.
Putire, puer, sentir mauuais. pres. *pùto*, *pùti*, *pùte*. parf. *pulij*. part. *putíto*, quoy que ic ne l'aye iamais leu que comme impersonnel.
Putóre, puanteur. Item, pitois, poisson.
Putrédine, pourriture.
Putrefáre, patrifier.
Putrefattíbile, qui se peut putrifier.
Putrefattióne, putrefaction.
Putrefattíuo, qui putrifie.
Pútrido, pourry.
Putridézza, pourriture. pron. *ts*.
Pútta, vne fillette, selon aucuns, vne garce. Item, vne pie.
Pútta scodáta, vne pie escourtée, sans queuë, nous disons, vn vieux renard, pour vn homme rusé.
Puttána, putain.
ſtar sù la Puttána del cánchero, faire des iurements de *putána cánchero*, faire le grand, & le mauuais.
la Puttána fila, c'est quand quelqu'vn trauaille par necessité.
andár da Puttána ad Albergatríce .i. c'est chou pour chou, à la pareille.
Puttanáccia, vilaine putain.
Puttanáre, courir apres les putains. Item, estre putain.
Puttanaría, putasserie.
Puttaneggiáre, putasser, courir apres les putains, paillarder.
Puttanéggio, putasserie. pron. e fermé.
Puttanélla, petite garce. pron. e ouuert.
Puttanería, putasserie.
Puttanéſco, de putain. pron. e fermé.
Puttanéſimo, toutes les garces, la garçaille.[pron. e fermé.
Puttanía, putasserie, garçaillerie.
Puttaníere, putaſſier, paillard.
Puttanína, petite putain.
Puttanúzza, *puttanúccia*, petite putain.
Púttile, enfantin. Item, de putain.
Puttína, fillette,
Puttíno, &
Pútto, garçon, garçonnet. Item, de garçon.
buòn da portár Pútti à ſcuóla, il est bon à porter les

D d d

PV QV

enfans à l'escole, cela se dit à … cheual fort long, pour porter quatre ou cinq enfans.
Il Putto di barba Toso, qui auoit cent ans. i. vn vieillard.
Puttòtta, fillette. pron. o ouuert.
Puttóne, pigeon.
Puzza, puanteur. pron. *ts*.
menar Puzza, estre puant de gloire. pron. *ts*.
Puzzàre, puer, sentir mauuais. pron. *ts*.
Puzzano i fiori, les fleurs puent. i. on ne fait point estat des belles, & bonnes choses. pron. *ts*.
Puzzo, puanteur. pron. *ts*.
Puzzola, chose puante. pron. *ts*.
Puzzolènte, puant, puante. Item, punais. pron. *ts*.
Puzzolèntia, puanteur. pron. *ts*. & l'e ouuert.
Puzzòre, idem. pron. *o* fermé.
Puzzòso, puant. Punais. pron. *ts*.
Puzzulènte, puant, puante. pron. *ts*. & l'e ouuert.

QV

Quà, icy, en ce lieu cy.
Di Quà, deça, par icy.
in Quà, en deça. Iusques à cette heure en çà.
Quàcchera, vieux mot Florentin, quatre iours aprés.
Quaddéntro, icy dedans.
Quaddiétro, icy derriere.
Quadernàccio, iournal, liure où l'on escrit les debtes du Marchand, vn broüillon.
Quadèrno, vn cayer. Le liure de la croix de par Dieu, qu'on donne aux petits enfans. Et vne main de pappier.
Quadèrno, carmes, deux quatre aux dez.
Quàdra, vne partie du quadran qui contient six heures.
dar la Quàdra. i. se mocquer, donner de l'eau beniste de Cour, donner des lardons.
Quadragenàrio, de quarante ans.
* *Quadragèsima*, Caresme.
* *Quadragésimo*, quarantiesme.
Quadràne, sortes de poires.
Quadrangolàre, quadrangulaire.
Quadrángolo, à quatre angles.
Quadraniàle, vne certaine mesure de choses liquides à Rome.
Quadrantàle, putain de quatre deniers.
Quadrànte, cadrant, quadrant. Item, vn poids de dixhuict onces. Item vne petite monnoye ancienne.
Quadràre, faire quarré. Estre propre, estre iuste, à propos : Quadrier, plaire.
non mi Quadra, cela ne me reuient pas.
Quadràre, aiuster, pointer.
Quadràto, de forme quarrée. Item, bien complexionné, bien composé.
Quadratóre, qui aiuste, qui dresse à l'esquerre.
Quadratríce, idem.
Quadratúra, quadrature.
Quadrèlla, esquerre. Item, des traits.

QV

Quadrèllo, quarreau ou carreau d'arbaleste. Vn quarrelet ou aiguille. Vn quarreau de brique, ou de terre cuitte, petit tableau.
Quadrétto, quarreau ou carreau, quarreau de iardin. Item, petit quarré: Lozenge en armoirie. Vn gousset. Vn bataillon quarré. Vn coussinet. Vne tablette. Vne maille de reseul, vn petit tableau.
Quàdri, carreau au ieu des cartes, tableau.
* *Quadridènte*, à quatre dents.
* *Quadriduèno*, durant quatre iours.
* *Quadriènne*, espace de quatre ans.
* *Quadrifórme*, à quatre figures ou formes.
* *Quadrìga*, chariot à quatre roües.
* *Quadrigàrio*, cocher.
* *Quadrigèmino*, quatre fois double.
Quadrìglio, monnoye marquée de quatre cheuaux.
* *Quadrigenàrio*, qui contient le nombre de quatre.
Quadríglia, escouadre, *quadríglio*, mot Espagnol.
* *Quadrilátero*, qui a quatre costez.
* *Quadrilibrio*, qui pese quatre liures.
* *Quadrínno*, de quatre ans.
* *Quadrinòttio*, espace de quatre nuits.
* *Quadripartíto*, party en quatre.
* *Quadrirémo*, à quatre rames.
* *Quadrìuio*, carrefour.
Quàdro, carré. Item, vn carreau, Planche, ou carreau de iardin. Vn tableau. Item, vn poinçon quarré.
far il Quàdro, ranger l'armée en quarré, &c.
come i Quadri di Fiandra, nous disons, c'est ouurage de Peintre, beau de loing.
Quàdro, en iargon, couppeur de bourses.
Quadrùcci, petits quarreaux de brique, petits tableaux.
Quadrunciàle, de quatre onces.
Quadrúpede, à quatre pieds.
Quadruplicàre, quadrupler.
Quàentro, icy dedans.
Quaggiù, icy bas. *Quagiùso*.
Quàglia, vne caille.
Quagliàre, cailler.
Quagliamólo, appeau à prendre des cailles, courcaillet.
Quagliatòio, idem.
Quagliàta, congelation.
Quagliéra, appeau de cailles : courcaillet.
Quagliére, qui chasse aux cailles. Item, sifflet à cailles. Metaph. la pance, le ventre.
Quagliétta, petite caille.
Quàglio, du lait caillé. Item, de la presure.
Quàj, quels, pour *quali*.
Quairàre, les premieres planches qui vont de la pouppe à la proüe, en dedans de la galere.
Quàlche, quelque.
Qualchedùno, quelqu'vn: *qualch'úno*.
Quàle, quel, quelle.
Quàle, pour qualité.
alla Qual cosa rispose, à quoy il respondit.
Qual quà, *qual là*, *qual çà*, *qual là*.
Quàl, tel que, comme, en faisant vne comparaison, *qual Achille*, comme Achile.
Qualcùno, quelqu'vn.
Qualèsso, pour quel.
Qualhòra, alors que : toutes les fois que, à telle heure que.
Qual si sia, &
Qual si voglia, quel que soit.
Qualificàre, qualifier.
Qualificàto huòmo, homme de condition,

QV

Qualità, qualité.
Qualitativo, de qualité. Item, qui se peut qualifier, excellent.
Qualménte, quellement.
Qualúnque, qui que, quiconque : quoy que.
Quándo, quand : lors que, puis que.
Quándo, vous porte quelquefois au subjonctif : par exemple, quándo io havéssi, quand i'aurois, &c.
Quándo, quand, lors que.
Quándo, pour si : quándo voléſſe, s'il vouloit.
Quándo v́no, quándo vn áltro, tantost l'vn, tantost l'autre.
il Quándo, le temps, l'heure.
Quándo m'hébbi préso, encore que tu m'ayes pris.
Quándo, quelquefois.
Quándo che, lors que, puis que, au cas que.
Quándo che sía, à quel temps que ce soit.
Quándo ancóra, quand mesme.
di Quándo in quándo, de temps en temps.
* Quandocúnque, en quel temps que ce soit.
* Quandombráre, espouuenter, ombrager.
* Quandúnque, en quel temps que ce soit.
* Quánno, pour quándo, quand.
far il Quánquam, &
ſtar in sù 'l Quánquam, faire l'entendu.
Quánta, combien grande.
Quánte, combien.
Quantità, quantité.
Quantitatíuo, qui consiste en quantité.
Quánto, combien : combien grand : combien de temps.
Quant' è? combien y a-t'il?
Quánti, au plurier, combien.
Quánto, autant que, tout ce que.
tánto Quánto, autant que.
túto Quánto, tout à fait, entierement. Tout ce que, tout ce qui.
quest' è il Quánto, voila le point, voila le fonds de l'affaire : voila tout ce que.
túti Quánti, tous ensemble, autant qu'il y en a : tretous, vulg.
Quánto à me, quant à moy.
Quánto prima, bien-tost, auſsi-tost que, incontinent que, incontinent, au plustost.
in Quánto, en tant que.
Quánto, ò per quánto io véggo, à ce que ie voy, selon ce que ie voy.
Quánto piú, d'autant plus, tant plus.
Quánto più tósto, le plustost qu'il sera possible.
Quantúnque, combien que. Et quelquefois, combien : dautant que.
Quaránta, quarante.
Quarantána, quarantaine , espace de quarante iours.
Quarantèna, vne quarantaine, le nombre de quarante.
Quarantésimo, quarantiesme.
Quarantía, conseil ou Magistrat de quarante.
* Quaranzéi, quarante & six.
* Quaranzétte, quarante & sept.
* Quárche, pour quálche, quelque.
Quáre, pourquoy, mot Latin.
non è sine Quáre, ce n'est pas sans cause, mot Latin.
Quarésima, Caresme.
Quaresimále, de Caresme.
Quaresimáre, &
Quaresimeggiáre, faire le Caresme.
Quarnára, sorte de cordage.
Quarnáro, pour le vent matin.
Quárro, le poids de deux gros.
Quárta, vn quart d'once, demy gros; vn quartier d'estoffe.

QV   395

Quárta, quarte : le carré des Astrologues. Et la mesure du quart.
Quárta, sert à exprimer les quarts des vents, comme quarta Áustro vérso Garbíno, & ainsi des autres.
métter la Quárta in cápo à v́no, rendre sujet, assujettir à soy vne personne.
Quartána, fiévre quarte ou quartaine.
Quartáni, en jargon, sepmaine.
Quartáni, soldats de la quatriesme legion.
Quartáre, diuiser en quatre.
Quartária, quatriesme que l'on paye au Prince.
Quartário, sorte de mesure.
Quartería, le quatriesme de toutes sortes de marchandises.
Quartaròlo, le quatriesme forçat d'vn banc, quarterot.
Quartaróne, &
Quarteróne, le quartier de la Lune. Item, vne sorte de mesure, vn quart.
Quarteruòla, vn quart de boisseau, ou de muid.
Quarteruòlo, vn jetton.
Quartése, impost du quatriesme.
Quartétto, vn quartier de cheureau, &c.
Quartierráta Galéa, Galere qui a ses quartiers longs, & larges.
Quartiére, quartier. Quartier de gens d'armes. Vne sorte d'armes ou armoiries. La quatriesme partie du iour.
Quartiéri, planches qui couurent la coursie.
Quartiéro di póppa, la partie d'vne Galere depuis la despense iusqu'à la pouppe, quartier de pouppe.
Quartiéro di próa, depuis l'arbre iusques à la prouë, quartier de prouë.
Quartiménto, quartier de soldats.
Quartiróne, quartier.
Quárto, vn quart : vn quartier : quatriesme.
libro in Quárto, vn liure in quarto.
Quárti di diétro, le cul, quartier de derriere.
Quartodécimo, quatorziesme.
Quartogénito, quatriesme fils.
Quartúccio, c'est enuiron vn quart de litron.
Quárza, sorte de cordage.
Quási, presque, quasi : comme si.
Quási che iráto, comme fasché, comme s'il eust esté en colere.
Quassáre, escacher, escraser.
Quásso, escrasé.
Quassù, icy haut : quà suso.
Quaternità, compagnie de quatre.
Quatérno, cayer.
Quatórdeci, quatorze.
Quatordécimo, quatorziesme.
Quatrangoláre, quadrangulaire.
* Quatriduáno, de quatre iours.
* Quatríduo, espace de quatre iours.
Quatríglia, escoüadre.
Quatríno, vn quatrin, monnoye de la valeur d'vn denier.
* Quatrívio, carrefour de quatre chemins.
Quatruplicáre, quatrupler.
Quattamènte, tout coy, tout bas en se baissant.
Quattáre, se tapir.
Quátto, baissé pour se cacher. Coy, tapy.
Quattordicésimo, quatorziesme.
Quattórdici, quatorze.
Quattrággio, sorte de gros drap. Item, la bonne mesure en aulnant.
Quattríno, vn denier.

Ddd ij

Quattríno di tútte bótte, vn pendart.
trísto è quel Quattríno che peggióra il fiorino. i. d'vn qui pour espargner peu, despense beaucoup.
à Quattríno à quattríno si fà ilsóldo, nous disons, les petits ruisseaux font les grandes riuieres.
Quáttro, quatre.
in Quáttro, à quatre pattes. Item, à la renuerse, les membres estendus, en quatre quartiers.
non dir Quáttro se non l'hái nel sácco. i. ne te vante pas d'vne chose que tu ne l'ayes.
dársi vn bel Quáttro. i. faire bonne chere.
Quáttro témpora, les Quatre-temps.
Que quélli, ceux. pron. è fermé.
Quéli, celuy: luy: & ceux. pron. è fermé.
Quél, ce à celuy-la, celuy: cela. pron. e fermé.
Quél délla césta, celuy qui porte vn pannier, pour monstrer à quelqu'vn ce qu'il porte.
Quél dà le póma, celuy qui vend les pommes.
Quélla, celle, celle-là.
à di Quélle, nous disons, elle est de nos sœurs. i. putain.
Quéllo, ce, cela, celuy-là.
in Quéllo, au mesme temps, sur cela.
non è Quéllo, ce n'est pas luy: il n'est pas tel que vous pensez.
ci sóno di Quélli, che dícono, il y en a qui disent.
non máncan di Quélli, il ne manque pas de personnes.
Quél tánto, cette quantité.
Quercéto, chesnaye.
Quercetoláno, idem.
Quércia, chesne. pron. e ouuert.
la bótte hà fátto Quércia, le tonneau s'est dressé comme vn chesne. i. il n'y a plus rien dedans.
Quercinóla, germandrée, plante.
Querciuólo, petit chesne.
Quérculo, idem.
Querélla, plainte. pron. le second è ouuert.
dár Querélla, accuser vn criminel.
Querelàre, former sa plainte : accuser. Item, se plaindre.
Querelatóre, complaignant.
Querelatríce, complaignante.
Querelóso, plaintif.
Queréste, enquerant.
Querimónia, plainte.
Querimoniáre, se plaindre.
Querimonióso, plaintif.
Querulàre, se plaindre.
Quérulo, plaintif.
* *Quesitáre*, questionner.
* *Quesitatóre*, questionneur.
Quesíto, question : enqueste. Item, obtenu.
Quésta, cette, celle-cy. pron. e fermé.
Quésti, au singulier, cettuy-cy.
Questionáre, questionner.
Questioncélla, petite question.
Questióne, question. Item, dispute, querelle, batterie. pron. e fermé.
Questioncuóle, qui se peut questionner.
Quésto, ce, cecy : cettuy-cy. pron. e fermé.
con Quésto che, à la charge que, à condition que.
in Quésto, sur cela, & pendant cela, là dessus.
* *Questóre*, Tresorier : Receueur.
* *Questúra*, Office de Tresorier.
Quetaménte, coyement.
Quetánza, quittance, descharge : & appaisement.

Quetáre, appaiser, rendre coy : quitter, descharger, acquitter.
Quéto, coy. Item, quitté, deschargé.
Quéto quéto, tout coy, tout doucement.
Qui, icy.
di Qui, d'icy : par icy.
stár al Quía, estre à Quia, estre au pont aux asnes, estre confus, estre renuersé, ne sçauoir que dire, en demeurer-là.
tornár al Quía, reuenir au bon chemin, au point, or.
* *cúm Quíbus*, auec du Quibus, auec de l'argent, mot Latin.
Quicéntro, icy dedans.
Quíci, icy.
Quicirítta, tout droit icy, iustement icy.
* *Quiddità*, la quidité.
* *Quie, qui*, icy.
* *Quiéscere*, estre en repos. parf. quiéstêti.
Quiétánza, repos. Item, quittance.
Quietáre, appaiser, rendre coy.
Quiéte, repos. pron. o ouuert.
Quietézza, humeur coye, & paisible. pron. e fermé.
Quietúdine, idem.
Quiéto, en repos, coy, paisible.
* *Quilibéto*, vn colibet.
* *Quilíno*, aquilin.
* *Quílio*, le bourdon en chantant.
* *Quinário*, du nombre de cinq.
Quincéntro, d'icy dedans.
Quínci, d'icy.
Quintúplo, quintuple.
Quindeci, quinze.
Quindécima, pleine Lune.
Quindécimo, quinziéme : & la quinziéme partie.
Quindénnio, espace de quinze ans.
Quíndi, de là : ensuitte de cela.
Quind'óltre, de là en auant : aux enuirons de là.
Quíndi e quínci, deçà, & delà.
parlár per Quínci & quíndi, parler trop, affecté.
Quindicésimo, quinziesme.
Quindici, quinze.
Quíni, quines, deux cinq, aux dez.
* *Quinquagenário*, de cinquante ans.
* *Quinquagésimo*, cinquantiesme.
* *Quinquagentáno*, de cinquante ans.
Quinquefóglio, quinte-feüille.
* *Quinquenário*, aagé de cinq ans.
* *Quinquennále*, de cinq ans.
* *Quinquepartíto*, partagé en cinq.
* *Quinquénnio*, espace de cinq ans.
* *Quinquerème*, barque à cinq rames.
* *Quinquínio*, de cinq chemins.
Quinta essénta, quintessence.
Quintadécima, le plain de la Lune.
guárda che la Quintadécima non ti fáccia mále, nous disons à vn lunatique, la Lune est en decours.
Quintále, vn quintal.
Quintána, faquin, & bague : nos François confondent le mot de quaintaine.
Quintáno, cinquiesme.
Quintáni, soldats de la cinquiesme legion.
Quintáre, mettre en cinq : doubler cinq fois.
Quintarólo, le cinquieme forçat de ceux qui voguent à vne rame, quinterot.
Quintaruólo, ayeul au cinquiesme degré.
Quinternáre, mettre en cayers, ou mains de papier.
Quintérno, vne main de papier. pron. e ouuert.

QVRA

* *Quintile*, le mois de Iuillet.
Quinto, cinquiesme : Et cinquiesme partie : le quint.
Quintodécimo, quinziesme.
Quintogénito, cinquiesme fils.
Quintuple, quintuple.
Quintuplicáre, doubler cinq fois.
Quiriáne, sorte de pommes.
* *Quiri táre*, crier au secours.
Quirìto, cry, complainte.
* *Quiritta*, iustement icy, tout droit icy.
Quisito, recherche, demande, question.
* *Quisquiglia*, ordure.
* *Quisquigliáre*, ordir, salir. Item, empescher, trauerser.
* *Quísso*, pour *quésto*, cettuy-cy.
Quistionáre, disputer, debattre : se battre.
Quistionatóre, questionneur.
Quistionatríce, questionneuse.
Quistioncélla, petite question : petite querelle, ou batterie.
Quistióne, batterie, dispute, noise, question.
far Quistióne, se battre.
Quistioneggiáre, faire des questions, questionner.
Quitánza, quittance, descharge.
Quitáre, quitter, acquitter, donner quittance.
Quíui, là, en ce lieu-là : *Quiue*.
Quòcere, cuire, on l'escrit *cuócere*.
Quóco, cuisinier.
* *Quóia*, *Quoiáme*, &
Quòio, cuir.
* *Quòlibet*, vn quolibet.
* *Quomodocúmque*, en quelque façon que ce soit.
intêdola Quóniam, nous disons, i'entend le *Tu autem*.
Quòre, *cuóre*, cœur.
Quòci, pustulles, tannes.
* *Quotidianaménte*, iournellement.
Quotidiáno, quotidien.
Quotiénte, quotiente, en Arithm.
* *Quòto*, quantiesme : selon Dante, iugement.

RA

Rabacchino, vn petit drolle, vn poupart, vn petit mignon.
Rabbárbaro, rheubarbe.
Rabbaruffáre, houspiller, mettre en desordre.
Rabbáttere, rabbattre. parf. *rabbattéi*.
Rabbattérsi, se trouuer par le chemin.
Rabbattiménto, rabbattement : & rencontre par hazard.
Rabbelliménto, rembellissement.
Rabbellíre, rembellir. pres. *rabbellísco*.
* *Rabberciáre*, rappetasser.
Rábbia, rage.
Rabbiáre, enrager.
Rabbicáne, nom d'vn cheual, comme gris, la queuë & crouppe blanche, Rabican.
Rabbíno, vn Raby.
Rabbìo, vn enragé, vn furieux.

Rabbiosaménte, enragément.
Rabbióso, plein de rage.
Rabboccár il vino, remplir le vin, couurir le vin d'vn autre.
Rabboccáto, *vino*, vin qui a du delicat.
Rabboffáre, rabrouer.
Rabbonacciáre, refaire bonace.
Rabbracciáre, rembrasser.
Rabbruscársi, deuenir rude, & aspre.
Rabbruzzáre, le raffraischir du temps vers le soir.
Rabbussaménto, trouble, desordre, crierie, rebut.
Rabbussáre, rabrouer, tancer, rebutter : mettre en desordre, houspiller : escheueler, herisser.
Rabbussársi, se battre, se mesler au combat : se herisser.
Rabbussáto, herissé.
Rabbússo, brauade, reprehension : crierie.
Rabbuiáre, deuenir obscur.
Rabésco, Arabesque.
Rabí, vn Raby.
Rabicáno, rabican, sorte de cheual.
* *Rabído*, enragé.
* *Rábie*, rage.
Rabuíno, en iargon, le Diable.
Rabúscula, sorte de vigne.
Racanéllo, lezard verd.
Rácano, rat.
Racauallàre, remettre à cheual.
Raccamáre, broder.
Raccamatóre, brodeur.
Raccámo, broderie.
Raccapez zàre, rapiecer, remettre ensemble. Item, retrouuer. pron. *is*.
Raccapprezzáre, auoir vne soudaine peur. pron. *is*.
Raccaprézzo, peur soudaine. pron. *is*.
Raccapricciársi, dresser les cheueux de peur, auoir horreur, s'espouuenter.
Raccapríccio, horreur, estonnement.
Raccattáre, retrouuer.
Raccéndere, rallumer. pron. è ouuert. parf. *raccési*.
Raccennáre, refaire signe.
Raccertáre, rasseurer.
Raccettáre, loger, donner retraitte.
Raccettatóre, qui retire ou loge. Item, vn ieu de paulme, selon aucuns.
Raccettatríce, idem.
Racchettáre, rappaiser.
Racchétta, vne raquette. Item, à Venise, vne fusée, pron. *è fermé*.
Racchettáre, frapper d'vne raquette.
Racchiúdere, renfermer. parf. *racchiúsi*.
Racchiúso, renfermé.
Racciabatáre, rapetasser.
Raccoccáre, rencocher. Et faire vne tour ou vne niche.
Raccogliénza, accueil.
Raccógliere, recueillir : accueillir, receuoir, donner retraitte : prendre son haleine : Reuenir à soy. Trousser, ramasser, rallier. pres. *raccólgo*, parf. *raccólsi*.
Raccógliere la gauétte, se dit des Galeres par raillerie de ce qu'elles demeurent derriere, comme si elles ramassoient les paequets des autres.
Raccógliere il siáto, reprendre son haleine.
Raccólta, la recolte. Ralliements de soldats.
Raccólta, accueil. Item, recueil.
macinàr à Raccólta, ne faire pas souuent l'œuure charnelle. Et faire les choses en plusieurs fois. Item, faire vne chose à profit.

R A

sonár à Raccólta, sonner la retraitte.
soccár à Raccólta, battre à l'estendart.
Raccoltáta, recueil.
Raccólto, troussé, ramassé : Rallié : recueilly, receu. Item, la recolte. Vn recueil.
Raccomandagióne, recommandation.
Raccomandáre, recommander.
Raccomandatióne, recommandation.
Raccomandigia, &
Raccomándita, recommandation.
Raccominciáre, recommencer.
Raccompagnáre, raccompagner.
Raccomunáre, remettre en commun.
Raccomunicáre, recommuniquer.
Racconciáre, racoustrer, racommoder.
Racconciársi il témpo, se remettre au beau.
Racconciatóre, racoustreur.
Racconciatúra, racoustrage, rhabillage.
Racconciliáre, reconcilier.
Racconciliatióne, reconciliation.
Raccóncio, raccommodé.
Racconfermáre, reconfirmer.
Racconfortáre, reconforter.
Racconoscénza, reconnoissance.
Racconóscere, reconnoistre. pres. *racconósco*. part. *racconóbbi*. patt. *racconosciúto*.
Racconsoláre, reconsoler.
Raccontábile, racontable, qui se peut raconter.
Raccontáre, raconter.
Raccontatóre, raconteur.
Raccontéuole, que l'on peut raconter.
Raccónto, rapport, relation.
Raccoppiáre, racoupler.
Raccorciaménto, racourcissement.
Raccorciáre, racourcir.
Raccordáre, ressouuenir.
cósa Raccordáta vá per via, nous disons quand on parle du loup on en voit la queuë.
Raccórgersi, se traduire de la faute. pron. è ouuert.
Raccórre, raccogliére, recueillir, accueillir, receuoir, rallier, ramasser. pron. ó ouuert.
Raccortáre, raccourcir.
Raccosciársi, s'asseoir les iambes en croix.
Raccozáre, rassembler. pron. *ss. son Raccozzarebbe tré balótte in vn bacino*. i. il est extrémement lasche, & paresseux.
Raccricchiársi, se retirer en soy, se reserrer de peur.
Ráce, raye, poisson.
Racemáre, pousser des branches.
Racémi, branchages. Item, raisins.
Racemolóso, branchu.
Racénte, picquant, aspre.
Racéste, sorte de vin picquant.
Rachinársi, se rebaisser.
Raciméllo, vn grapillon.
Racimoláre, grapiller.
Racimolo, vn grapillon de raisin.
Racógno, vn lezard.
Racontráre, rencontrer.
Racóntro, rencontre.
Racopiáre, recopier.
Racoppiáre, raccouppler.
Racquetáre, rappaiser.
Racquistaménto, recouurement.
Racquistáre, racquerir, recouurer.
Racquistatóre, qui racquiert, racquereur.
Racquistatrice, celle qui racquiert.
Racquísto, recouurement.

R A

Rácula, sorte de grenoüille verte.
Ráda, la rade.
Radaménte, rarement.
Raddirízáre, redresser. pron. *ss*.
Raddolcársi del témpo se radoucir.
Raddolciménto, radoucissement.
Raddolcíre, radoucir, appaiser. pres. *raddolcisco*.
Raddomandáre, redemander.
Raddoppiaménto, redoublement.
Raddoppiáre, redoubler.
Raddoppiár la stanza all' vscio, redoubler la barre à l'huis. i. se munir contre le danger, prendre garde à soy de plus prés.
Raddoppiáta, redoublement.
Raddormentáre, rendormir.
Raddossáre, rendosser.
Raddótto, reduit, hreland. pron. *ó* fermé.
Raddrízáre, redresser.
Ráde vólte, peu de fois.
Rádere, raser : racler : effacer. Racler vn boisseau, ou autre mesure. parf. *rási*. part. *ráso*.
Rádere, costoyer.
va fátti Rádere, nous disons, va te faire penser.
Radézza, rareté. pron. *è* fermé. & les *zz* comme *ss*.
Radiále, rayonnant.
Radíano, pierre brillante qui se trouue dans la teste d'vn vieux cocq.
Radiánte, rayonnant.
Radiáre, rayonner.
* *Radiáro*, branche de chandelier.
Radiatióne, resplendissement.
Rádica, racine.
Radicábile, qui peut prendre racine.
Radicále, radical.
Radicáre, pousser des racines.
Radicáte di córsia, les planches espaisses sous la coursie.
Radicchio, radis, raue, raifort. Item, chicorée sauuage.
buono cóme il Radicchio. i. bon dehors, meschant dedans.
Radice, racide, raue, radis, raifort.
Radice dólce, reglisse.
Radicélla, racinette. pron. *è* ouuert.
Radicétta, strution, herbe. pron. *è* fermé.
Rádico, sorte de sel.
Rádico, pour erreur.
Rádico non fa pagaménto, vn erreur ou mescompte ne paye pas la debte.
Radicófano, vn crocheteur de coffres, non d'vn lieu.
Radicóso, plein de racines.
Radicula, herbe sauonniere.
Radificáre, prendre racine.
Radimáddia, ratissoire à ratisser la paste d'vne huche.
Rádio, rayon. L'aiguille ou stile d'vn cadran. la branche d'vn chandelier. Rais d'vne roüe. Nauette de Tisseran.
Radióso, radieux.
Radítóre, raseur.
Raditúra, rasleure.
Rádo, rareté, clair.
di Rádo, rarement.
Rádo, rare, clair le contraire d'espais.
Radótto, reduit, assemblée.
Radrizáre, redresser.
Radunánza, assemblée.
Radunáre, assembler.
Radunéuole, qui se peut assembler.
Radúrre, reduire. pres. *radúco*, parf. *radússi*.

R A

Radúto, rasé.
Radústo, reduit.
Rásano, raifort.
Ráffa, rafle. Item, croc ou crochet.
Raffacciaménto, reproche.
Raffacciáre, reprocher.
Raffazzonáre, ajuster.
Raffardellare, refagotter, rempacqueter.
Raffáre, raffler : & accrocher.
Raffatóre, raffleur.
Raffazzonáre, s'orner, s'accommoder, s'ajuster.
Rafférma, asseurance, affirmation.
Raffermáre, reconfirmer.
* *Raffernáre*, refrener.
Rafférro, crochet.
Raffiáre, accrocher.
Raffibbiáre, r'attacher.
Raffibbiáre, *riaccorcáre*, faire vne niche.
Raffibbiatúra, r'attachement.
Raffidáre, se fier, cunfier.
Raffiggere, reficher. parf. *raffiſſi*.
Raffigurare, remettre vne personne, reconnoistre.
Raffiláre, roigner autour, rastraischir vne estoffe. Item, affiler, aiguiser.
Raffilatúra, rogneure.
Raffináre, raffiner. Item, cesser, finir.
Ráffio, vn croc, vn crochet.
Raffiólo, petit crochet.
Raffittáre, reloüer, reprendre ou bailler à loüange.
Raffoláre, accrocher.
Raffóla rúffola, tout à la ripaille.
Rafforzaménto, renforcement.
Rafforzáre, renforcer : fortifier.
Raffrancáre, rencourager. Item, r'affranchir.
Raffreddaménto, rheume, morfondure.
Raffreddáre, refroidir : deuenir froid : allentir : diminuer : morfondre.
Raffreddáta, morfondure.
Raffreddatóio, rafraischissoir.
Raffreddatúra, morfondure.
Raffrenáre, refrener.
Raffrenatióne, refrenation.
Raffrescáre, rastraischir.
Raffrettáre, haster de rechef.
Raffrontáre, rencontrer, trouuer par le chemin : confronter, réconfronter les tesmoings.
Raffrónto, confrontation.
vento à Rafficbe, vent qui souffle par boutades.
Raffióli, *Raffiuóli*, sorte de viandes faite en forme de rissole, remplie d'œufs, & d'herbages.
Ráſta, Rafle.
Raftáre, faire rafle.
Ragáglia, reste de viandes qu'on leue de la table des Maistres. Item, les profits.
Rágagno, vn Lezard. Item, vn gros pitaut.
Raganéllo, cresserelle dont les enfans se seruent la sepmaine Saincte.
Rágano, Lezard.
Ragátta, debat, contention. Item, vn prix que l'on court auec les barques.
à Ragátta, à l'envy.
Ragattiére, regrattier.
Ragázza, fillette. pron. *ʃſ*.
Ragazzáglia, la marmaille, quantité d'enfans.
Ragazzétto, *ragazzíno*, vn petit valet : garçonnet, petit enfant.
Ragázze, garçon, valet, goujat.

R A

Ragazzóla, oiseau semblable au lanier.
Raggauignársi, s'agriffer, s'accrocher, grauir.
Raggeláre, congeler.
Ragghiáre, braire.
Rágghio, le braire de l'asne.
Rággia, raye, poisson. Item, poix raisine.
Raggiáre, rayonner.
Rággio, rais : rayon : rais d'vne roue. Item, vne fusée.
Rággio Astronómico, baston de Iacob.
Raggióngere, rejoindre : rattrapper. parf. *raggiónsipart. raggiónto*.
Raggiónta, rattrapement.
Raggiornáre, reuenir le jour, se faire jour. Item, adjourner de rechef.
Raggióso, radieux, rayonnant.
Raggiraménti, détours.
Raggiráre, tourner : tournoyer : mener par le nez. Item, ruser, en terme de chasse.
Raggiráta, tournoyement : destour.
Raggingnere, rattraper. pres. *ragginngo*. parf. *ragginnsi*.
Ragiuólo, petit rayon.
Raggomicelláre, *raggomicciolare*, &
Raggomitoláre, redeuider, remettre en pelotton.
Raggranelláre, esplucher, amasser grain à grain : glaner.
Raggranellatóre, glaneur.
Raggranáre, aggrauer, rengreger.
Raggránio, aggrauation.
Raggrazzoláre, accrocher.
Raggricchiáre, se retirer, se resserer en soy-mesme.
Raggrinzáre, se rider, se retirer comme la peau.
Raggrnppáre, noüer, faire vn nœud. Item, empacqueter.
Raggrúppo, pacquet.
Raggruzzáre, &
Raggruzzoláre, faire vn amas d'argent, faire vn magot, vulgairement.
Ragguagliánza, aduis. Item, comparaison.
Ragguagliáre, donner aduis, mander par lettres. Egaler, comparer.
Raggnáglio, aduis, nouuelle.
Ragguardáre, auoir esgard, respecter.
Ragguardéuole, considerable.
Ragguárdo, égard, consideration.
Rágia, rasine. Item, vn tour, vne niche, vne meschanceté, de la raye.
scoprir la Rágia, nous disons, descouurir la mesche : descouurir l'affaire.
Rágia di bótte, grauelée.
Rágia stercorina, vn estron.
Ragiatíua, flux de ventre au cheual.
Rágio, rayon.
Ragióire, resjoüir. pres. *ragioiſco*.
Ragionalità, la raison.
Ragionaménto, discours, dialogue.
Ragionáre, discourir, parler, raisonner.
cosa Ragionáta và per via, la chose dont on parle est en chemin ou en voye : c'est ce que nous disons, quand on parle du loup on en voit la quenë.
Ragióne, raison. Cause, occasion.
Ragióne, le droit de la Iustice.
Ragióne, pour sorte : *più Ragióni*, beaucoup de sortes.
Ragióne, compagnie, société de marchandise ou trafic.
tenér Ragióne, iuger les causes, tenir seance.

399

400 RA

n Ragióne, à raison de tant, pour le prix.
Ragion dél venerdi, raison du Vendredy. i. maigre.
la Ragión délle Dónne, la raison des femmes : *perche si*, parce que oüy.
andár alla Ragióne, auoir recours à la Iustice.
far la Ragion cón l'accétta. i. iuger grossierement vn affaire.
Ragionière, discoureur, il n'est point en vsage.
Ragioneuole, raisonnable.
Ragioneuolménte, raisonnablement.
Ragioneuoléʒʒa, qualité raisonnable.
Ragioniére, qui calcule, qui tient les comptes. Item, discoureur.
Ragióso, radieux, plein de rais, ou rayons.
Ragliáre, braire.
Ragliáta, &
Raglio, le braire d'vn asne.
Ráglio d'ásino non entró mái in Ciélo, le braire d'vn asne n'entra iamais dans le Ciel. i. l'imprecation d'vn sot ou meschant ne tombe sur personne.
Rágna, toille d'araignée. Item, vn filet à prendre des oyseaux.
spinger la Rágna sópra la siépe. i. nous disons ietter le manche apres la coignée.
dár nélla Rágna. i. estre pris dans le filet.
Ragnáia, lieu où l'on tend les rets ou filets.
Ragnáre, prendre au filet.
Ragnatélla, petit filet.
Ragnatéllo, vn araignée.
Rágno, crabe, sorte de poisson. Item, vne araignée.
Ragnuóla, toille d'araigne, & filets.
Ragósta, langouste.
Ragunaménto, &
Ragunánza, assemblée.
Ragunáre, assembler.
Ragunáta, assemblée.
Ragunárui soldáti, soldats ramassez.
Ragunatóre, assembleur.
Ragunatríce, assembleuse.
Ráia, de la raye.
Raiáre, rayonner.
Raina, sur le Venitien, vne carpe.
Rainésa, sorte de monnoye.
Ráio, rayon : *Rái*, rais : rayons. Mot Poët.
Raióso, rayonnant.
Raitaménto, cry.
Raitáre, crier, rere, bramer, qui se dit du Cerf.
Raitro, Reistre.
Rallargáre, r'allargir.
Rallegraménto, resiouyssance.
Rallegráre, resiouïr.
Rallenáre, reprendre haleine, ou relascher.
Rallentánʒa, relasche.
Rallentáre, relascher.
Rallenáre, releuer, rehausser.
Rallieuáre, idem.
Rallignáre, reprendre racine.
Ralluminare, alluminer de rechef.
Ralustráre, relustrer.
Rama, rameau.
Ramáce, qui se perche sur la branche.
Ramággio, branchage, ramage.
Ramaiuólo, cullier de pot. Item, vn chaudronnier.
Romále, chaisnon. Item, crochet ou boucle : anse de pot, selon aucuns.

RA

Ramanziére, faiseur de Romans. pron. *ts*.
Románzi, Romans. pron. *ts*.
Ramargináre, cicatriser.
Ramárco, rammarico, &
Ramaricaménto, plainte, regret.
Ramaricáre, plaindre, regretter.
Ramaricchiáre, idem.
Ramaricheuóle, regrettable.
Ramáricchio, &
Ramárico, regret, plainte.
Ramário, chaudronnier.
Ramárro, Lezard verd.
cóme il Ramárro. i. qui ne demord point.
Romaruolo, vne cullier.
Ramassáre, ramasser.
Ramáta, sorte d'instrument d'oiseleur, pour prendre les oiseaux de nuict : il est fait en forme de battoir, ramée, & rameau.
Ramáʒʒa, selon aucuns, vn balay, vn tamon. Et vn instrument à prendre les oiseaux de nuict.
Ramaʒʒáre, rammonner. Item, chasser aux oiseaux de nuict. pron. *ts*.
Ramaʒʒíno, chercheur de lippée. pron. *ts*.
Ramaʒʒótto, ramonneur. pron. *ts*.
Rambáta, planche du costé d'vne Galere.
Ráme, du cuiure.
Ráme indoráto. i. cuiure doré, Vne personne qui paroist bonne, & est meschante : vne happelourde.
mástro di Ráme, Chaudronnier.
Raméce, descente de boyau.
Rameglióro, vn chaudronnier.
Remélla, petit rameau.
Ramembránʒa, remembrance. pron. *ts*.
Ramembráre, remembrer : ressouuenir.
Ramemoráre, rememorer.
Ramemoratióne, ressouuenance. Item, récolement de tesmoins.
Ramengáre, aller de branche en branche : errer, aller de porte en porte.
Ramengáre, en jargon, bastonner.
Raméngo, errant, solitaire.
Raméngo, en jargon, vn baston. Et arme à long fust.
Ramengóso, en jargon, vn bois.
Ramentáre, ramentuoir.
Ramentár l'ánima, ramentuoir l'ame. i. faire songer à la conscience.
Ramentatióne, remembrance, ressouuenance.
Ramentatóre, *Ramentatríce*, qui fait ramentuoir.
Ramenteuole, qui se peut ramentuoir.
Ráneo, comme vne branche.
Ramerino, rosmarin.
Rametta, petit rameau.
Ramétto, petite branche.
Ramice, farcin. Item, rupture.
Ramicéllo, petit rameau.
ogn'uno ha il sio Ramicéllo, chacun a son petit rameau. i. Il n'y a personne qui n'ait quelque deffaut.
Ramina, cocquemart de cuiure.
Ramina, selon aucuns, vne plattine.
Ramingáre, errer, estre vagabond, & solitaire : aller de branche en branche, ou de porte en porte, &c.
Ramingo, errant, solitaire. Item, rebours, reuesche.
Ramingo, ramingue, qui se dit d'vn cheual.

Raming

Ramíno, coquemart de cuiure.
Ramini, toutes sortes de pots de cuiure dans vne cuisine.
Ramiólo di Bouáro, branche ou baston de bouuier.
Rammantáre, recouurir de son manteau.
Rammarcáre, rammaricáre, plaindre, regretter.
Rammárco, rammarico, plainte, regret.
Rammarginóre, refermer vne playe, cicatriser.
Rammaricchiársi, &
Rammaricchiáre, regretter.
Rammaricatióne, regret.
Rammaríchio, regret, plainte.
Rammarichéuole, regretable, lamentable.
Rammárico, regret, plainto.
Rammaricóso, plein de regret.
Rammarino, rosmarin.
* Rammariscáre, regretter, plaindre.
Rammassáre, ramasser, r'entasser.
Rammattonáre, repauer de carreaux.
Rammemoráre, rememorer. Item, récoler les tesmoins.
Rammemoratióne, ressouuenance.
Rammentaméno, &
Rammentánza, ressouuenance.
Rammentáre, ressouuenir, ramenteuoir.
Rammenténole, qui se peut ramenteuoir.
Rammezzaménto, partage en deux ou par la moitié.
  pron. dz.
Rammezzáre, diuiser, partager par la moitié. pron. dz.
Rammollóre, retremper, remoüiller.
Rammontáre, &
Rammontináre, ramasser, rentasser.
Rammorbidáre, rendre doüillet, amolir, mortifier la
  viande, attendrir.
Rammorbidíre, redeuenir doüillet, rattendrir. present,
  rammorbidísco.
Rammorzáre, esteindre ramortir. pron. ts.
Rámno, ramne, plante, bourg espine.
Rámo, rameau, branche. Bras de fleuue.
Rámo, en iargon, la iambe.
Rámora, rameaux.
* Ramógna, chance, heureux succez.
* Ramognáre, tracer vn chemin. Item, grommeler.
Rammolaccia, ramoráccia, sorte de raifort sauuage
  qui est comme vn gros nauet. pron. o fermé.
Ramoláccio, raifort, radis.
Ramolóso, branchu.
Ramoráccio, raifort.
Ramorúto, branchu.
Ramósa, en iargon, haye, palissade.
Ramoscioloso; ramoscioloso; &
Ramóso, branchu.
Rampále, rempart.
Rampánte, rempant, rude, droit à monter.
Rampárdo, rempart.
Rampáre, remper.
Rampáta, chemin rude, & droict. Item, vn coup de
  patte.
Rampazzáta, sorte de ieu de dez, comme la chance.
  pron. ts.
Rampázzo d'vna, vne moissine de raisins, plusieurs
  grappes ensemble. pron. ts.
Rampecáre, &
Rampegáre, grimper, remper. Item, gripper.
Rampegiáre, remper.
Rampegonáre, grimper, & gripper, accrocher.
Rampegóne, & rampicóne, vn crochet. Item, en grim-
  pant, & rempant à quatre pattes.
Rampicáre, & rempegáre, grimper à quatre pattes.

Rampicóne, croc, crochet.
Rampináre, accrocher, gripper, cramponer.
Rampináto, crochu, plein de crochets, cramponné.
Rampinéllo, petit crochet. Item, vn petit grippeur.
Rampinétto, idem, c'est aussi vn tirebourre.
Rampíno, crochet. Vn outil de tourneur, appelé cro-
  chet, vn grapin.
Rampíno, nom propre d'vn lieu.
Pha hauúto alla fiera à Rampíno. i. Il l'a desrobé.
Rampógna, grommellerie. Injure de paroles, crie-
  rie.
Rampognáre, tancer, grommeler, marmotter.
Rampognóso, grommeleur.
Rampollaménto, rejection, iect.
Rampolláre, pousser des rejettons. Item, rejallir, sur-
  geonner, saillir de l'eau.
Rampóllo, surgeon d'eau, rejetton d'arbre.
Rampondálo, fer à crampons.
Rampóne, croc, crochet, crampon.
Rampónzolo, & rapózzolo, raiponce, herbe qu'on man-
  ge en salade.
Ramuscéllo, petit rameau.
Ramúto, branchu.
Rána, grenoüille.
è come la Rána che sálta ò stà. i. il est tousiours en action,
  il faut qu'il fasse quelque chose.
se la Rána hauésse dénti. i. s'il auoit aussi-bien la force
  comme il a le courage.
Ranabótolo, petite grenoüille.
Ranaúotto, idem.
à Ránca, auec difficulté, presque, quasi.
Rancáre, clocher, boitter. Item, voguer de toute sa
  force. Et rendre difficile.
Rancédine, moisisseure.
Ranchettáre, boitter, clocher.
Ráncia, Orange.
Ranciaróssó, orangé, couleur.
Ranciáta, sorte de confiture de suc, ou ius d'orange.
Rancidíre, deuenir rance, pres. rancidísco.
Ráncido, rance, fort, qui a le goust gasté, qui sent le
  vieux.
Rancidúme, choses qui sentent le pourry ou le vieux.
Ráncio, orangé. Et rance. Item, vn oranger.
Rancióso, qui sent le fort, rance.
Rancíre, moisir, deuenir rance. Item, bruire ou crier
  comme vn Tigre, pres. rancísco.
Rancità, goust rance.
Rancíto, deuenu rance, moisy.
Rancontráre, rencontrer.
Rancontro, rencontre.
Rancoráre, rencourager. Item, auoir de la rancoeur,
  Plaindre, regretter.
Rancóre, rancoeur. pron. o fermé.
Rancoróso, plein de rancoeur. pron. les oo, fermez.
Rancúra, rancoeur.
Rancuráre, auoir de la rancoeur.
Randa, vn certain ouurage fait à l'aiguille, aux bords
  des mouchoirs, ou des chemises: vn entre-deux de
  dentelle.
à Ránda, quasi, presque, auec difficulté.
à Ránda à ránda, rez à rez: sur le poinct, iustement.
Randágio, hagard, fascheux. Item, vn coureur.
Randéllo, sorte de baston ferré.
Randelláre, garrotter. Item, huer, crier.
Randelláta, vne huée.
Randéllo, vn garrot à garrotter.
souár di Randéllo, nous dirions, iouer du baston, don-
  ner des bastonnades.

E e e

RA

Randióne ; hagard.
Ranégga ; selon aucuns, vne planche ou couche de jardin.
* *Rangognáre*, grommeler.
* *Rangognóso* ; grommeleur.
* *Rángola* ; enuie excessiue, la haste de faire. Item, grommelerie.
* *Rangoláre* ; auoir grande enuie de faire quelque chose. Item , grommeler.
* *Rangolóso* ; hasté de faire. Item , grommeleur.
Ránie ; vers qui s'engendrent dans la racine d'vn chesne.
Rannáta ; eau de lessiue.
Rannestáre ; renter.
Rannechiársi ; se retirer dans sa niche, se recoquiller, se retirer comme les vers, s'accroupir ; vulg. se recrocquiller.
Rannicchio ; accroupissement.
Ranniére ; coquemar de Barbier.
Ránno ; lessiue. Et l'eau qui sert à tremper les oliues.
fuggir il Ránno cáldo ; fuïr la lessiue chaude. i. fuïr le trauail.
Rannodaménto ; renoüement.
Rannodáre ; renoüer.
Rannugoládrsi ; se couurir, se rendre obscur comme le temps.
Rannuuoláre ; idem.
Rannócchia ; grenoüille. pron. o ouuert.
Rannócchio ; idem. pron. o ouuert.
Rannócchi da Ferrára ; grenoüilles de Ferrare qui ne mordent pas faute de dents. i. homme qui ne fait point de mal parce qu'il ne peut.
Ranóccola ; grenoüille fort verte qui se trouue sur les arbres.
Ranóncola ; renoncule. pron. o fermé.
* *Rántaco* ; rheume qui empesche de parler, rasse.
* *Rantacóso* ; enroüé.
Ranticóso ; idem.
Rántolo ; rheume, enroüement, rasse.
Rantolóso ; enroüé, enrheumé, qui rasle, pituiteux.
Ránula ; vn lingot.
Ranincolo ; renuncule, bassins, bassinets, grenoüillette.
Ranzéa ; suc d'orenge consit. pron. ts.
Ranzáto ; rance, rancy, pron. ts.
Ranzétto ; de couleur de soye creue. pron. ts. & l'e fermé.
Ránzo ; rance. pron. ts.
Ranzonáre ; rançonner. pron. ts.
Ranzóne ; rançon. pron. ts.
Rápa ; naueau, nauet.
créscer cóme la Rápa ; nous disons, croistre comme les oignons, en grosseur sans deuenir plus grand.
Rapáce ; rauissant.
Rapacitá ; rapacité.
Rápano ; naueau. Item , raifort.
Rapáre ; raser.
Raparíno ; serein commun.
Rapáta ; vn coup d'vn naueau. Item , vn plat de naueaux. Item gausserie , mocquerie.
Rapatumáre ; rapatrier.
Raperónzolo ; raiponce. pron. o fermé & le z comme ts.
Rapezzáre ; rappiecer. pron. ts.
Rapezzatóre ; raccoustreur.
Rapianáre ; rapplanir.
Rapicáno ; rabican, sorte de cheual.
Rapidézza, rapidité. pron. e fermé ;& les zz comme ts.

RA

Rapiditá ; rapidité.
Rápido ; rapide.
Rapiménto ; rauissement.
Rapína ; rapine.
vcéllo di Rapína ; oiseau de proye.
Rapináre ; rapiner.
Rapinaríe ; rapines.
Rapinosaménte ; auec rapine.
Rapinóso ; plein de rapine.
Rapío pour *rapí* ; il rauit, il emporta de force, parfait, du verbe *rapíre* en poësie.
Rapíre ; rauir : emporter de force ; pres. *rapísco*.
Rapitóre ; rauisseur.
Rapitríce ; rauisseuse.
Rapóncolo ; raiponce, que l'on mange en salade.
Rapóntico ; pain de pourceau , nombril de terre.
Ráppa ; creuasse au pied du cheual , grappe , galle viue.
Rappa ; vne poignée de quelque chose. Item , vne raspe.
Rappacciáre ; rappatrier , pacifier.
Rappacciaménto ; pacification.
Rappacificáre ; pacifier.
Rappagáre ; contenter.
Rappallotoláre ; &
Rappallazzoláre ; se faire en forme de balle. Item , se recroquueiller , pron. les zz comme ts.
Rappáre ; rider, refrogner.
Rapparíre ; apparoir derechef, pres. *rapparísco*.
Rappatumáre ; rapatrier.
Rappatumáre ; rapatriement , reconciliation.
Ráppe ; grappes , maladie de cheual.
Rappelláre ; rappeler.
Rappéllo ; rappel.
Rappezzaménto ; rapetassement. prononcez les zz comme ts.
Rappezzáre ; rappiecer , rapetasser , pron. ts.
Rappezzatóre ; rapetasseur , pron. ts.
Rappezzatúra ; rapetasserie , pron. ts.
Rappezzéuole ; qui se peut rapetasser , pron. ts.
Rappianáre ; rapplanir.
Rappiantáre ; replanter.
Rappiastráre ; rattacher. Item , reconcilier.
Rappiccáre ; reprendre , rattacher.
Rappicciáre ; rallumer.
Rappigliáre ; reprendre.
Rappigliársi ; se prendre , se congeler. Se cailler comme le laict.
Rappigliatióne ; congelation.
Rappigliatúra ; reprise. Item , congelation.
Rapportaménto ; rapport , relation.
Rapportáre ; rapporter.
Rapportatóre ; rapporteur.
Rapportatríce ; rapporteuse.
Rappórto ; rapport.
Rapprénder si ; se cailler comme le laict. Item , se fourboire , se morfondre , parf. *mi rapprísi*.
Rapprendiménto ; &
Rappresa ; fourboiture , fourbure.
Rappreságlia ; represaille.
Rappresaménto ; fourbure.
Rappresentáre ; representer.
Rappresentatióne ; representation.
Rappresentatíuo ; representatif.
Rappresentatóre ; representeur. Item , Comedien.
Rappréso ; caillé. Item , sourbu , & morfondu.
Rappressáre ; rapprocher.
Rapsódia ; rapsodie.

RA

Rapſodiàre, eſcrire des rapſodies.
Ràpio, rapt. Item, rauy.
Rapùcci; petit naueaux.
Raraménte, rarement.
Rarefàre, rarifier, comme *ſàre*.
Rarefattióne, rarification.
Rarézza; rareté, prononcé *e* fermé, & *zz* comme *ts*.
Rarificàre, rarifier.
Rarità, *raritùdine*, rareté.
Ràro, rare. Clair, contraire de ſerré ou eſpais.
tèla Ràra, toille claire.
Ràſa, vn tour, vne niche, vne malice.
Ràſa, en jargon, affaire, tromperie, mal, maladie, excuſe.
di che Ràſa ſi gna? dequoy vit-il?
che Ràſa è quèſta? quelle excuſe eſt telle-cy? quelle fourberie?
Ràſa di brùna, en jargon, affaire ſecrette.
la Ràſa ſtà in càpo del mèſe, en jargon, l'affaire va bien.
Ràſa, raye, poiſſon.
Ràſa di pino, de la poix collophane.
Raſagràſſo, gomme des arbres.
Raſàre, raſer.
Raſatóre, raſeur.
Ràſca, toille d'araigne. Arreſte de poiſſon; raſcloire. Item, ſorte de meſure grattelle.
Raſcàre, raſcler.
Raſcatóio, raſcloir.
Raſcétta, ſerge de ſoye: ſergette.
Raſchiètto, bec d'aſne, ſorte d'outil de tourneur.
Ràſchia, raſcloire. Et raſcleure.
Raſchiafàngo, vn rabot à pouſſer les boües. Et vne ratiſſoire.
Raſchiàre, raſcler: ratiſſer.
Raſchiàre, pour s'enfuir, vuider le païs. En jargon, enuoyer. Metaph. faire acte venerien.
Raſchiatóre, fourbiſſeur: raſcleur, ratiſſeur faiſeur, de l'acte venerien.
Raſchiatùra, raſcleure.
Ràſchio, idem.
Ràſcia, de la ſerge. Item, grauelée, ou raſcleure de tonneau.
Raſciàre, raſcler, cracher.
Raſciatùra, raſcleure.
Raſciére, faiſeur de ſerge.
Reſciucàre, &
Raſciugàre, ſecher, eſſuyer.
Raſciugatóio, eſſuy-main.
Raſciùtto, ſec, eſſuyé.
Ràſco, raſteau.
* *Raſéga*, vne ſcie.
* *Raſegàre*, ſcier.
Raſempiàre, copier, faire vne exemple.
Raſentàre, paſſer rez à rez, raſer.
Raſentàre la chièſa à vno, id eſt, le reprendre, le tancer.
Raſènte, tout proche, rez, rez à rez: vulg. tout raſibus. Item, rez plein.
Raſièra, vne raſcloire, vne ratoire à racler le boiſſeau, &c.
Raſière, vn raſoir.
Raſile, la partie du ſep qui eſt dans la terre.
Ràſo, du ſatin.
Ràſo di bauèlla, ſorte de ſatin, comme le ſatin de Bruges fait de fleuret & de ſoye.
Ràſo vergàto, ſatin rayé.

RA 403

Ràſo ſtampàto, ſatin imprimé & gauffré.
Ràſo dell' ànima del cannóne, la nure de l'ame ou noyau du canon.
Ràſo, rais, vas, raſé.
Raſóio, raſoir.
Raſòla, vne ratiſſoire.
* *Raſonàre*, raiſonner.
Raſóre, raſoir. Et raſeur.
Ràſpa, raſpe.
Raſpànte, qui bat ou gratte la terre.
Raſpànte vino, vin picquant.
Raſpànti, volaille, en jargon.
Raſpàre, raſper, raſcler: ruginer en Chirurgie. Gratter comme les poulles.
Raſparèlla, cheualine, aſprelle, herbe.
Raſparuòla, ratiſſoire.
Raſpàio, du raſpé. Item, raſclé.
Raſpatóio, raſpatoire, rugine, inſtrument à raſcler l'os.
Raſpatóre, raſcleur, raſpeur.
Raſpatùra, raſcleure.
Raſpèllo, vn chiche vilain.
Raſpo, raffle ou raſpe de raiſin: & grappe. Item craſſe.
Raſpoiàre, grapiller.
Raſpoldàta, grapillée.
Raſpolièra, grapilleuſe.
Raſpòlo, grappillon, & grappe.
Raſpolóſo, plein de grappes ou grappillons.
Riſpóne, vn chiche, vilain.
Raſſaporàre, reſauourer.
* *Raſſàre*, raſcler.
Raſſégna, reueuë, monſtre de ſoldats. Item, le rendez-vous.
Raſſegnàre, faire monſtre. Item, rallier, raſſembler.
Raſſembrànza, reſſemblance, pron. *ts*.
Raſſembràre, reſſembler.
Raſſerenàre, reſclaircir, deuenir ſerein.
Raſſétta, vne reprenneuſe, qui trouue à redire, pron. *e* ouuert.
Raſſettaménto, agencement.
Raſſettàre, agencer, accommoder, ajuſter.
Raſſettàr la càmera, faire la chambre.
Raſſétto, agencement. Item, agencé; pron. *e* ouuert.
Raſſicuràre, raſſeurance, pron. *z* comme *ts*.
Raſſicuràre, raſſeurer.
Raſſodàre, raſſermir, rendre eſpais, ou ſolide.
Raſſòdia, rapſodie, pron. *o* ouuert.
Raſſodiàre, dire des rapſodies.
Raſſomigliànza, reſſemblance, pron. *ts*.
Raſſomigliàre, reſſembler, & comparer.
Raſſomigliuòle, qui ſe peut comparer.
Raſſottigliàre, raffiner en vne choſe, faire delié.
Raſſùmere, reprendre, receuoir derechef, part. *raſſùmſi*, & *raſſùnſi*.
Raſſùnto, receu derechef.
Raſtellàre, tirer auec le raſteau.
Raſtellàre, c'eſt quand vn vaiſſeau traiſne quelque choſe aprés ſoy, remolquer.
Raſtellièra, le raſtelier.
Raſtèllo, raſteau: raſtelier. Item, lambeau, en terme de blaſon. pron. *e* ouuert.
* *Raſtiàre*, raſchiàre, raſcler.
Raſtrellàre, tirer auec le raſteau.
Raſtrellièra, raſtelier. En jargon, les dents, & vne ſcie.
Raſtrèllo, raſteau. Et raſtelier. Item, herſe de porte de ville.

Eee ij

giocár di *Rastréllo*, en jargon, gripper, ioüer de la harpe, desrober.
menár tútti à *Rastréllo*. i. n'espargner personne.
Rastremaménto, vne aduance d'vne pierre pour soustenir ou seruir d'arrest.
Rastremáre, faire aduancer comme vn arrest ou souspente.
Rástro, rasteau.
Rastúra, rascleure. Item, rature.
Ráta, rate, portion.
Ratágli, retailles.
Rataménto, auec rate, & portion.
Ratáre, donner la rate, & portion. Item, ratifier.
Ráte, radeaux.
Raténole, qui se peut partager.
Ratificáre, ratifier.
Ratificatióne, ratification.
Ratifichénole, qui se peut ratifier.
Ratio, gueusant, cherchant.
andàr *Ratio*, aller gueusant, chercher.
Ratiocináre, ratiociner.
Ratiocinatióne, ratiocination.
Rotiocino, idem.
Rationále, rationnel : raisonnable.
Rationále, vn certain Siege de Iustice à Naples.
Rationalità, raison.
Ratióne, racion de soldats, & autre portion.
Rito, ratification. Item, partage de portions égales.
* *Ratrappáre*, rattrapper.
* *Ratrappársi*, se retirer comme les nerfs : se roidir, ou engourdit de froid.
Ratrátto, retiré, roidy, engourdy.
Ratristársi, s'attrister.
Rattaccáre, rattacher.
Rattaconáre, rapetasser, ratoconner : mettre des bouts aux souliers.
Rattaménte, viste, promptement.
Rattaménto, rauissement, rapt.
Rattemperánza, moderation. pron. *ts*.
Rattemperáre, moderer, temperer.
Rattenére, retenir. pres. *ratténgo*, *rattiéni*, *ratttiéne*, *rattenímio*, *ratttenéte*, *ratténgono*. parfait. *rattenúi*. part. *rattenúto*. fut. *ratterrò*. opt. *ratténga*. imparf. *ratttenéssi*, *& ratterréi*.
Rattenimento, retention, retenue.
Rattentáre, retenter.
Ratténto, nouuel essay.
Rattenúta, retenuë, arrest.
Rattepidáre, attiedir, rendre tiede.
Rattepidíre, deuenir tiede. pres. *rattepidísco*.
Rattézza, promptitude. pron. è fermé, & les *zz* comme *ts*.
Rattizzáre, rattiser le feu : rallumer. pron. *ts*.
Rátto, prompt, viste. Promptement, vistement.
Rátto, rat. Item, vn rapt.
Rattopenágo, *Ratropenúgo*, ratte penade, chauue-souris.
Rattoppáre, rappiecer.
Rattopatóre, rappetasseur.
Rattóre, rauisseur.
Rattrappaménto, retirement de nerfs.
Rattrappáre, se retirer comme les nerfs.
Rattráre, id. pres. *raitrággo*, *& rattráo*. parf. *rattrássi*. patt. *rattrátto*. fut. *rattrarrò*. &c.
Rattrátto, entrepris de ses membres.
Rattúra, rapine.
Ráua, naueau.

Rauaggiuólo, fourmage frais que l'on mange en Automne.
* *Rauagliáre*, deuider.
Rauásto, sorte d'arme à long fust.
Rauanéllo, raue, raisort.
Rauanéllo venúto per l'asciútto, vne raue qui est creuë pendant la seicheresse. i. vn petit homme : nous dirons, vn auorton.
Rauaníglio, raue. Mot. Espagnol.
Rauáno, raisort.
Rauanoságuia, raisort sauuage.
Rauaríno, serein commun.
Rauazzóne, nauette : & huile de nauuette. pron. *ts*. & l'o fermé.
Raucáre, enroüer.
Rancisóno, qui parle enroüé.
Rancitá, son enroüé.
Ráuco, enroüé.
Rauedérsi, se raduiser. Item, rapperceuoir. patf. *rauídi*.
* *Rauelláre*, reueler.
Rauellíno, rauelin.
Ranéllo, petite raue, petit naueau.
Rauerústa, vigne sauuage.
Raucrústi, raisins de vigne sauuage.
* *Raniccíe*, vn plat de naueaux. Item, l'herbe de naueaux.
Rauiccíe, radis, raisort.
Rauiggiuólo, fourmage de laict de cheure, que l'on mange en Automne. Item, viande de paste auec du fourmage mol, & herbes.
Rauignólo, viande en forme de rissolle, remplie d'œufs, & d'herbes hachées.
Rauiluppáre, renuelopper.
Rauisáre, raduiser, redonner aduis.
* *Rauiscinólo*, sorte de pain de seigle, selon aucuns.
Ranisóldre, rauigotter.
Rauísto, raduisé : reconneu, rapperceu.
Rauiuáre, rendre la vie : rauiuer.
Rauinóli, viande faite de fourmage, d'herbes, & d'œufs, en forme de rissolle.
Ruizze, feüilles de naueaux.
Raumilare, rehumilier.
Raunaménto, &
Raunánza, assemblée. pron. *ts*.
Raunáre, assembler.
Raunáta, assemblée.
Raunénole, qui se peut assembler.
Rauogliére, enuelopper, entortiller. pres. *rauólgo*; parf. *rauólsi*.
Raubglio, &
Rauogliuólo, fourmage à lacresme.
Rauólgere, entortiller : Tournoyer, enuelopper. part. *rauólsi*.
Rauolgimento, tournoyement.
Rauólto, tourné, retourné, roulé, entortillé, enueloppé. Item, vn pacquet. pron. o ouuert.
Rauto, sorte de jeu aux cartes.
Rauuedérsi, se reconnoistre, reconnoistre ses fautes. Se raduiser : se rapperceuoir. pres. *rauuédo*, *rauuédi*, *rauuéde*. patf. *rauuídi*. part. *rauueduto*, &c.
Rauuiáre, remettre dans le chemin, remettre les affaires en bon ordre.
Rauuificáre, reuiuifier.
Rauuignáre, prouigner, faire des prouuins.
Rauuilíre, abaisser de prix. pres. *rauuilísco*.
Rauuiluppáre, renuelopper.
Rauuilúppo, pacquet.

RA

Rauuinchiáre, rentortiller.
Rauuincidíre, ramollir, rattendrir. pref. rauuincidísco.
Rauuisáre, s'apperceuoir, remettre ou reconnoistre vne personne.
Rauuistáre, raduiser. Item, rallumer, redonner vie, selon aucuns.
Rauuináre, donner vie, reprendre vie.
Rauuólgere, rauuoluére, renuclopper: tournoyer. parf. rauuólsi.
Rauuólto víno, vin tourné.
Rauúnculo, bassinet, grenoüillette.
Rázo, rágio, rayon, fusée. pron. le z comme, dz.
Rázza, engeance. pron. les zz comme ts.
di Rázza di cán bótiolo, de race de chien criard. i. hargneux, fascheux. pron. ts.
Rázza di forastiére, en jargon, aueugle. pron. ts.
Rázza, haras. pron. ts.
Rázza, Raza, raye, poisson. pron. ds.
Razzáre, rayer, effacer, raturer. Item, tendre les tapisseries, & follastrer. pron. ts.
Razzénte, & razzése, vin picquant, & bon. pron. ts.
Rázzi, tapisseries. pron. ts.
Rázzi di ruóta, rais d'vne roüe. pron. ts.
Rázzi, oiseaux. pron. ts.
Razziére, tentures de tapisseries. pron. ts.
Razzimáre, ajuster, parer. pron. ts.
Razzína, petite engeance. Item, racinette. pron. ts.
Rázzo, rayon. Et fusée, feu d'artifice. Item, de la raye. pron. les zz comme, dz.
Razzoláre, gratter comme les poulles. pron. ts.
Rázzolo, rascleure, grattement. pron. ts.
Razzuóli, rais de roue ou de poulie. pron. dz.

RE

Ré, Roy. pron. e fermé.
Ré délla fáua, Roy de la féve.
Ré di sípe, vn roitelet, oiseau.
Ré pescatóre, pescheur, oiseau.
Ré di granáta, en jargon, du fourment.
Ré di Capadócia, en jargon, vn chapon.
Ré d'ármi, Roy d'armes, Heraut.
non cùra né il Ré, né il rócco, nous disons, il ne se soucie, ny des rez, ny des tondus.
Ré de' cíbi, ceruelas.
Ré, vne Dame damée au jeu des Dames. pron. e fermé.
Réa, coulpable. Item, deffenderesse en Iustice. prononcez e ouuert.
Readottáre, readopter.
Reále, royal. Reel, sincere: loyal.
Reále, vn fort royal. Vne piece de 5. sols.
Reále cóme vn zingáno, le François dit, loyal comme vn Meusnier.
è le Reáli di Fráncia, il est des Royaux de France. i. il est de la coste du Roy Artus, il fait le grand, & ne l'est pas.
Realgáro, vapeur de mineraux. Metaph. corruptions dans le corps, qui causent les maladies.
Realità, realité: sincerité. Royauté.
Realizáre: faire Roy: Et joüer le personnage d'vn Roy. pron. les zz comme dz.
Realménte, réellement: sincerement: Royallement.
Reáme, Royaume.
Reaménte, meschamment.

RA

* Reáre, commettre des meschancetez.
Rearéllo, vn petit Roy ou roitelet.
Reassúmere, receuoir derechef, remettre. parf. reassúmei, & reassuméiti, reassúnsi.
Reassúnto, remis à sa charge.
Reatíno, vn roitelet, oiseau.
Reáto, crime.
Reattióne, nouuelle action.
* Reatíra, qualité de crime.
Rebadochíno, ribadoquin, sorte de petit canon.
Rébbio, dent de fourche.

NOTA, que tous les mots qui manqueront icy, se trouueront par Ri, par exemple.

Rebelláre, ribelláre, rebeller.
Rebuffáre, vibuffáre, rabroüer, reprocher en remonstrant.
Rebúffo, rabroüement.
Rebuóla, sorte de vigne.
Recálno, chauve dés auparauant.
Recamáre, ricamáre, broder.
Recámera, arriere-chambre ou garderobbe.
Recantáre, ricantáre, rechanter.
fár Recapitáre, faire tenir des lettres.
Recápito, adresse.
cercár Recápito, chercher party ou fortune.
dár Recápito, addresser, donner addresse, faire tenir vne lettre. Retirer vne personne, donner retraitte.
Recapituláre, recapituler.
Recapitulatióne, recapitulation.
Recáre, porter, apporter, rapporter induire, mettre, placer, poser, attribuer.
Recársi, se mettre en estat de faire.
non pósso Recármi à credérlo, ie ne puis me resoudre, ie ne me puis porter à le croire.
Recársi, se tenir, se reputer: comme.
Recársi ad honóre, tenir à grand honneur.
Réco à grátia, ie tiens à grande faueur.
Recáta, apport.
Recatáre, regratter, vendre en détail.
Recatería, regratterie, fripperie.
Recatiére, regrattier: frippier.
Recatóre, apporteur.
Recatríce, apporteuse.
Recátta, apport, voicture.
Recchióni, oreillons, mal qui vient proche des oreilles.
Recédere, retirer, reculer. parf. recéssi, & recedétti.
Recensióne, reuision.
Recentáre, raffraischir, rendre recent.
Recénte, recent.
Recenteménte, recemment.
Recére, vomir, rendre gorge. parf. recéi ji.
Recéssi, lieux plaisans, & agreables.
Recessióne, retour ou redoublement de fiévre. Item, reculement, retraitte.
Recésso, retraitte. Item, lieu où l'on serre les grains. pron. e ouuert.
Recettióne, reception.
Recéuere, ricéuere, receuoir. parf. recéuti, & recéuétti.
Recídere, trencher, retrencher. parf. recísi.
* Reciduatióne, recheute dans vne maladie.
Recidína, idem.
Recíndere, faire recision: retrencher. pref. recindétti.
Recíngere, receindre, r'entourer. parf. recínsi.
Recíni, petits boutons de fruit.

Recinio, enceinte, circuit.
Recipiénte, recipient, vn vase, en terme de distillateur.
Recipiénte alla quantità, enuiron la quantité ou grandeur.
Recipiénte, receuable, capable, qui reçoit.
Reciprocaménte, reciproquement.
Reciprocáre, dépendre reciproquement. Item, retourner comme deuant.
Reciprocatióne, le contreschange.
Recipróco, reciproque, mutuel.
Recircoláre, recompasser.
Recisióne, recision.
Recíso, tranché, retrenché.
Recitánte, vn Comedien.
Recitáre, reciter, jouër la Comedie, representer.
Recitatióne, recit.
Recitatóre, qui recite, reciteur.
Recitatríce, reciteuse, qui recite.
* Reciticcime, vomitoire.
Recitito, vomy.
Reclinare, repencher.
* Reclinia, relaschement ou destachement de la peau d'auec les ongles.
* Reclíno, relasché, destaché.
Reclíte, recreües.
Reconciliáre, reconcilier.
Recompiláre, recompiler.
* Recondità, profondité.
* Recondito, caché, profond, secret.
Reconsáre, agreér ou s'accommoder derechef.
Recórrere, ricórrere, recouurir, auoir recours. parf. recórsi. part. recórso. pron. o fermé.
Recreáre, ricreáre, recreer.
Recreatióne, recreation.
Recrimináre, recriminer.
Recriminatióne, recrimination.
Recréte, recreües.
Recúmbere, estre couché. parf. recumbéi & recumbétti.
Recusáre, ricusáre, refuser, recuser.
Recutíuo, circoncis.
Réda, heritiere.
Redággio, heritage.
Redáre, heritier.
Redarguire, redarguer. pres. radárguo & redarguísco.
Redditióne, rendition.
Rédito, retourné. Item, rendu. C'est aussi le reuenu.
Réde, heritier.
Redentióne, redemption.
Redentíuo, redemptif.
Redénto, racheté, redimé.
Redentóre, redempteur.
* Redere, retourner, il ne se dit qu'en infinitif, & present.
Redificáre, rebastir.
Redigere, rediger, parf. redígei & redigétti.
Redímere, rachepter, parf. redímei, & redimétti.
Rediméuole, racheptable.
Redimitóre, rachepteur.
Redináre, mettre des resnes.
Redíne, resne de bride.
Redinélla, petite resne.
Redintegráre, reintegrer.
Redintegratióne, reintegration.
Redíre, retourner, pres. rédo, & rièdo, n'a pas autre temps.
Redíre, redire, present redíco, & le reste comme sopra.

Reditá, &
Reditágio, heritage.
Reditáre, heriter.
Reditióne, retour. Et reddition.
* Reditúro, qui doit reuenir.
* Redíuio, vn tic.
* Rediuíuo, retourné en vie.
* Redoundántia, &
Redondánza, superfluité, excés.
Redondáre, redonder, exceder.
Redoppiáre, redoubler.
Redundáte, redonder.
Redúrre, reduire, present redúco, imparfait reducéua, parfait redússi, part. redótto, & redútto, futur redurrò, opt. redúca, imparfait reducéssi, & redurréi, &c.
Rechiuie, la peau que quitte le serpent.
Reedificáre, rebastir, reedifier.
Reedificatióne, reedification.
Reedificatóre, rebastisseur.
Reézza, meschanceté. pron. e fermé. & les zz comme ts.
Refaiuólo, marchand de fil.
Réfe, du fil. pron. e fermé.
cucir à Réfe d'oppio. i. iouër les deux, tromper l'vn & l'autre.
Reféllere, refuter. parf. refélsi.
Referendáre, rapporter.
Referendário, rapporteur. Item, vn Office de Prelat à Rome.
à Referandário, par allusion de referíye. i. c'est vn rapporteur, médisant, espion.
Referéndo, qui se peut rapporter.
Referíre, referer, rapporter, pres. referísco.
* Refèrto, remply. Item, rapporté, referé.
Refettióne, refection.
Refettíuo, raffraichissant.
Refettório, refectoire.
Réfo, réfe, du fil, pron. e fermé.
Reficiáre, refaire, conforter, donner la refection.
Reflessióne, reflexion.
Reflèttere, repercuter, faire reflexion, parf. refléffe, verbe imperfonel. pron. e ouuert.
Refluíre, refluer, retourner en arriere. pres. reftuísco.
Reflússo, reflux.
Refocilláre, reconforter.
Refóndere, en jargon, bailler, donner. parf. refósi.
Reformáre, riformáre, reformer.
Refragáre, repugner, aller contre.
Refrattióne, refraction.
Refrenáre, refrener.
Refrendáre, rapporter.
Refrigeráre, raffraichir, conforter.
Refrigerativo, refrigeratif, raftaichissant.
Refrigério, raffraichissement, refrigere.
* Refrússo, reflux.
Refrustáre, refoüetter.
* Refudagióne, refus.
Refúga, vne fuitiue, vne renegate.
Refúgo, vn fuitif, & réfugo.
Ríga, riga, raye, ligne.
Regaglie, les profits des seruiteurs dans vne maison.
Regalaménto, present, bonne chere.
Regaláre, faire bonne chere à quelqu'vn, bien traitter, luy faire des presens, regaler.
Regalbuolo, vn loriot, oiseau.
Regále, royal.
Regalíe, droits de Seigneur.

RA

Regalitia, reglisse.
Regálo, bon traittement, present, le profit des valets dans vne maison. Vne regale.
Regáre, rayer, tracer.
Regáta, prix que l'on court auec les barques.
Regázza, vne pie, pron. *tz*.
Regéndo; qui se doit regir.
Regenerâre, regenerer.
Regeneratióne; regeneration.
Regeneratíuo; regeneratif.
Regentále; de Regent.
Regerminâre, regermer.
Regéstola; forte de lanier. Item, vne sorte d'oiseau.
Reggénte; Regent, Regente.
Reggénte vascéllo, vn vaisseau qui branle bien.
Reggénza, regence.
Réggere; regir, gouuerner, soustenir, durer, resister, parf. *ressi*, part. *retto*. pron. e ouuert.
Réggi, anciennement, pour de grands portiques ou porches.
Réggia, Palais Royal.
Reggiétta, chaire, petite chaire.
Reggiménto, regiment. Regime, Gouuernement.
Reggióle, des planches ou appuys, pour empescher que la marchandise ne tombe en mer, rayolles.
Reggitóre, Gouuerneur, Recteur.
Réggia, de roy, royalle. Item Palais Royal.
Regiaménte, royallement.
Regicída, meurtrier du roy.
Regicídio, meurtre de roy.
Regiménto, regiment, gouuernement.
Regína, Reyne.
Regina cápri, roinette, herbe.
Regináre, commander en Reyne.
Régio, royal. Item, realiste, qui est du party du Roy, pron. e ouuert.
mórbo Régio, la jaunisse.
Regióiro, ré ouyr, pres. *regioisco*.
Regióne, region.
Registráre, enregistrer: colationner vn liure.
Registratióne, enregistrement.
Regístro, signature d'vn liure.
Registro dell' órgano, registre de l'orgue.
mutár Regístro, nous disons, changer de note.
Regnánte, regnant, regnante.
Regnáre, regner.
Regnáto, regné.
Regnatóre, gouuerneur, regnant, qui regne.
Regnatríce, regnante.
Regnícolo, natif d'vn Royaume, comme les Napolitains.
Régno, regne, Royaume, pron. e fermé.
Régno, le Diadéme ou triple couronne du Pape.
Regóglio, orgueil.
Regogliôso, orgueilleux.
Régola, regle, prononcé e ouuert.
Regoláre, regler.
Regoláre, regulier, reguliere.
Regolarità, regularité.
Regolarménte, regulierement.
Regolataménte, reglement.
Regoláménto, &
Regolatióne, reiglement.
Regolatóre, Gouuerneur, vn qui regle. Item, vne certaine digue ou rebord contre l'eau.
Regolatríce, gouuernante, directrice.
Regolístico, vn bailleur de regles, vn discoureur par regles.

RE 407

Regolítia, reglisse, regalisse.
Régolo, petit Roy. Item, vn Roytelet. Vne regle à regler ou dresser la besogne, la table d'vn liure.
* *Regorgitáre*, regorger.
Regorgitatióne, regorgement.
Regóse, en jargon, les mains.
Regrédere, retourner en arriere, part. *regredétti*, & *regréssi*.
Regressióne, regression.
Regrésso, retour en arriere. Item, retourné.
* *Regrettáre*, mot François, regretter.
* *Regrétto*, regret, prom. e ouuert.
Réguolo, *régolo*, vn roitelet, vne tringue de bois.
* *Réiere*, vomir.
* *Rriettáre*, rejetter.
Rillo, vn roitelet.
Reímpire, remplir, pres. *reimpisco*, & *rimpio*.
Reína, Reyne.
Reintegráre, reintegrer.
Reintegratióne, reintegration.
Reinuestíre, rinuestir, pres. *retuuestisco*, *reinueso*.
Reinuestitúra, rinuestiture.
Reità, crime, offense.
* *Reitere*, reiterer.
Reiteránza, reiteration.
Reiteráre, reiterer, redoubler.
Reiteratióne, redoublement, reiteration.
Reiteratóre, redoubleur.
Reiúto, vomy.
Relápso, recheute, relaps.
Relassáre, relascher.
Relassatióne, relaxation.
Relatáre, rapporter.
Relatióne, rapport, relation.
Relatiuaménte, relatiuement.
Relatíuo, relatif.
Relegáre, releguer, bannir.
Relegatióne, bannissement.
Religióne, religion.
Religiosità, religieuseté.
Religiôso, religieux.
* *Relinquére*, delaisser.
Relíquia, relique.
Reliquiário, reliquaire.
Reliquiárij, gueux qui portent de fausses reliques.
* *Reliquiatióne*, relicat.
Reliquiére, reliquaire.
* *Relitto*, delaissé.
Relucére, reluire. parf. *relucétti*, part. *relucito*, qui n'est point en vsage.
Relúui, la peau que quitte le serpent.
* *Réma*, rheume.
Remancipáre, remanciper.
Remancipatióne, remancipation.
Remáre, ramer, tirer la rame.
Remáto, faiseur de rames.
Remasúglie, restes, relicats.
Remático, catarreux, rheumatique, aromatique. Pour fascheux, & fantasque.
Rematóre, rameur.
Rembáte, deux rebords ou eschaffauts de chaque costé de la prouë, rambades.
Rembrentinóli, pendeloques, morceaux de chair qui pendent, landies.
Remeggiáre, ramer.
Reméggio, les rames d'vne barque.
Remelígine, remore, poisson.
Reméngo, solitaire.

Reménia, *reménſa*, hannebane.
* *Remenſáre*, renuerſer.
* *Remenſáta*, renuerſement.
* *Reménſo*, renuerſé.
Remérgere, replonger. parf. *remergéi*, *remegétti*, & *remérſi*. part. *remérſo*.
Reméro, &
Remidóre, rameur.
Remidóre, en jargon, pellerin.
Remigánte, qui tire à la rame.
Remigáre, ramer, tirer à la rame.
Remigatióne, nauigation.
Remigatóre, rameur.
Remigio, l'eſpace entre les bancs d'vne Galere. Item, le vol des oiſeaux, ſelon aucuns. Item, le voguer ou ramer.
* *Remigráre*, reuenir en arriere.
Reminiſcéntia, reminiſcence, ſouuenance.
Remíre, ramer. Item, remedier, & rachepter. parf. *rémij*. part. *remíto*, qui n'eſt pas en vſage.
Remíre, en jargon, voyager.
Remiſſaménte, laſchement, mollement.
Remiſsíbile, pardonnable.
Remiſſióne, remiſſion. Item, negligence : relaſche. Item, intermiſſion de fièvre.
Remiſsíuo, pardonnable.
Remíſſo, pardonné. Item, negligent, laſche, mol.
Remíſſo, meſlé.
Remiſuráre, remeſurer.
Rémo, râme.
Remogliáre, remarier. Item, remoüiller.
Remóglio, remoüillement.
Rémola, du ſon.
Remoláta, ramolade, remede pour les cheuaux.
*Remoláz*z*o*, raifort. pron. *tſ.*
Remolcáre, remolquer.
Remoldáre, idem.
Remolíno, vn poil tors qui croiſt aux cheuaux, eſpy, remolin.
Rémora, remore, poiſſon.
Remórdere, remordre. parf. *remodétti*, *remordéi*, & *remórſi*. pron. ó ouuert.
Remórſo, remors.
Remotióne, reculement.
Remóto, eſloigné, reculé. pron. ó ouuert.
Remouíbile, qui ſe peut reculer ou eſloigner.
Remulcáre, remolquer.
Remúlco, la corde à laquelle eſt attaché ce que le vaiſſeau traiſne apres ſoy. Item, vne piece de bois qui ſert à lancer le vaiſſeau dans l'eau.
Rémulo, petite rame.
Remuneráre, remunerer, recompenſer.
Remuneratióne, recompenſe, remuneration.
Remurchiáre, remolquer.
Réna, arene, ſable. Item, grauelle.
pon *Réna lo ſbráccia arméggia*, le François dit, ſoufflez Meneſtrier, &c. à vn qui fait vne rodomontade.
Renáccio, terre ſablonneuſe.
Rendágie, rendáglie, diſcours ambigus.
Rendáio, le ſable d'vne riuiere demeurée à ſec.
Réndle, de grauier.
Renáno, ſorte de Peuplier.
Renáre, enſabler.
Réndene, arondelle. pron. é ouuert.
Réndere, rendre. parf. *réſi*, & *rendétti*. part. *réſo*.
Rendeuole, qui ſe peut rendre.
* *Réndite*, rentes.
Rendíglia, collier de pierreries, carquant.

Rendiménto, reddition.
Rendiménto di grátie, remerciement, action de graces.
Réndita, rente, reuenu : fruit.
Renditóre, rendeur.
à *Rendolóne*, en lançant.
Rendúto, rendu.
Rine, les reins.
Renélla, grauelle.
Renellóſo, grauelleux.
Rénga, vn harenc. La chaire où l'on fait vne oraiſon ou ſermon : vne harangue. Et le tocſin.
Rengáre, haranguer.
Rengatóre, harangueur.
Réni, les reins.
Reníccio, &
Reniſchio, terre ſablonneuſe.
Reniténte, obſtiné, reſiſtant.
Reniténtia, obſtination, reſiſtance.
Reníteuz a, idem.
* *Réunere*, *réndere*, rendre.
Réno, le Rein, fleuue.
Renontiáre, renoncer.
Renoſità, qualité ſablonneuſe.
Renóſo, plein de grauelle, ou de ſable.
Rénſa, toille fine.
Rénſo, fin lin.
à *Rénte*, tout proche, mot Venitien.
Rentifóglia, ſorte de roſe ſans odeur.
* *Renturiz záre*, emouſſer, rabattre. pron. *tſ.*
Renumeráre, renombrer.
Renuntiáre, renoncer.
Réuza, toille fine. pron. *tſ.*
Réo, meſchant, coupable : le patient. Et deffendeur en juſtice. pron. é ouuert.
* *Repándio*, diuorce.
Reparáre, riparáre, reparer.
Reparatióne, reparation.
Repáre, ramper, gliſſer.
Repaſsináre, retourner ou renuerſer la terre.
Repatriáre, rappatrier.
Repatriatióne, rappatriement.
* *Repéllere*, repouſſer.
* *Repentáglio*, repentir.
Repénte, ſoudainement.
Repentinaménte, idem.
Repentinità, ſoudaineté.
Repentíno, ſoudain.
Repentíre, repentir.
Repentíuo, repentant.
Répere, ramper, gliſſer ſur la terre, qui ſe dit des ſerpens. parf. *repétti*. part. *repúto*, qui n'eſt pas en vſage.
* *Reperíre*, &
* *Repertere*, trouuer.
Repertitio, choſe trouuée : trouué.
* *Repérto*, trouué.
Repertóre, trouueur.
Repertório, regiſtre, memorial, inuentaire.
Ripeſe, arroche : pied d'oiſon.
Repetere, repeter : redemander. parf. *repeíti*, & *repetétti*. part. *repetíto*, & *repetíto*.
Repetitióne, repetition.
Repetitóre, qui repete. Item, redemandeur.
Repetítrice, redemandeuſe.
Repíca, repic.
Repicáre, ſonner, cliqueter.
Repícco, repic. Item, noiſe, bruit, cliquetis.
Repigneráre, retirer vn gage.

Repignerati...

RE

Repignevatióne, defgagement.
Repilogáre, répiloguer.
* Repitio, dédaigneux.
* Repletére, remplir.
Repletióne, repletion.
Repléto, replet.
* Repletúdine, repletion.
* Repliáre, repliquer.
Réplica, replique. pron. e ouuert.
Replicáre, repliquer.
Replicatóre, repliqueur.
Replicatióne, replique.
* Replitere, repleuuoir.
Repolóni, paſſades.
Reportáre, riportáre, rapporter.
Repoſáre, ripoſáre, repoſer.
Ripoſtiéro, la cache.
Reprendere, riprendere, reprendre. parf. repréſi, & reprendetti.
Repreſaglia, repreſaille.
Repreſáre, ripreſáre, vſer de repreſailles.
Repreſentáre, repreſenter.
Repréſſo, reprimé. pron. e ouuert.
* Réprica, replique, pour réplica.
* Repricáre, repliquer, pour replicáre.
Reprobággine, reprobation.
Reprobáre, reprouuer.
Reprobatióne, reprobation.
Reprobáto, reprouué.
Reproba, idem.
Repronáre, reprouuer.
Reptile, reptile, comme des vers, des ſerpents, &c.
Reptitióne, rampement.
* Repúbrica, Republique.
Repudiáre, repudier.
Repudio, repudiation, diuorce.
Repudióſo, plein de diuorce, ou de reproche.
Repugnáce, repugnánte, repugnant.
Repugnánza, repugnance. pron. ts.
Repugnáre, repugner.
Repúlſa, reboutement, rebuttement, repouſſement.
Repulſáre, rebuter, rebouter, repouſſer, rejetter.
Repulſéuole, qui ſe peut repouſſer.
Repulſíuo, repulſif, rejettant.
Repulſo, rebouté, repouſſé.
Repurgáre, repurger.
Reputáre, riputáre, reputer.
Reputatióne, reputation.
* Requiáre, repoſer, appaiſer.
* Réquie, repos.
Requiéſcere, eſtre en repos, repoſer. parf. requieſcétti. part. requieſcíuto.
Requilíſia, regliſſe.
Requiſitióne, requiſition, inſtance.
Requiſíto, requis, & requiſition, recherche.
Réſa, reddition de ville. pron. é fermé.
* Reſarcináre, recharger.
Réſca, areſte: eſcharde: vne faute en vne eſtoffe. Item, vn ret à peſcher.
Reſcindere, retrencher. parf. reſcindéi, reſcindétti, & reſcinſi. part. reſcinto, &
Reſciſo, retrenché.
Reſcriuere, reſcrire. parf. reſcriſſi. part. reſcritto.
Reſcritto, réponſe du Prince par eſcrit.
Réſeda, vne herbe qui ſert à reſoudre les apoſthemes par charme.
Reſéga, vne ſcie.
Reſegáre, ſcier, couper.

RE 409

Reſegatúra, ſcieure.
Reſégna, reueuë.
Reſegnáre, faire la reueuë.
Reſegúne, vne ſorte de groſſe ſcie.
* Reſellare, riſſoler ou roſtir la viande.
* Reſelliéra, vne broche.
* Reſentáre, rincer.
Reſeruáre, reſeruer.
Reſeruatióne, reſeruation.
Reſia, hereſie.
Reſidénte, reſident. Vn Reſident, vne Reſidente.
Reſidénza, reſidence. Item, reſte, reſidu, relicat. pt. ts.
Reſidére, raſſeoir. parf. reſidétti.
Reſidità, reſte, reſidu.
Reſiduo, le reſidu.
Reſignáre, reſigner.
Reſignatióne, reſignation.
Réſima, vne rame de papier.
* Reſimo, camus.
Reſina, raiſine.
Reſinóſo, plein de poix raiſine.
Reſipílla, hereſpelle.
Reſipiſténza, reſipiſcence. pron. ts.
Reſiſténte, reſiſtant, reſiſtante.
Reſiſténza, reſiſtance. pron. ts.
Reſiſtere, reſiſter. parf. reſiſtétti, & reſiſtéi.
Reſiſtéuole, qui ſe peut reſiſter, reſiſtant.
Réſma, rame de papier.
Réſo, rendu. pron. e fermé.
Reſòbole, en jargon, des chaſtaignes.
Reſolúere, riſolúere, reſoudre. parf. reſoluétti, & reſolſi, & reſoluéi.
Reſolutióne, riſolutióne, reſolution.
Reſonáre, riſonáre, reſonner.
Reſpingere, riſpingere, repouſſer. parf. reſpinſi.
Reſpirámēto, reſpiration.
Reſpiráre, reſpirer.
Reſpiratióne, reſpiration.
Reſpíro, reſpiration. Item, reſpy.
Reſpondere, riſpondere, reſpondre. parf. reſpoſi.
Réſſa, inſtance importune. Item, reſiſtance.
Réſſo, regy, gouuerné, ſouſtenu. prononcez é ouuert.
Réſta, arreſt de lance. Vn certain filet ou barbe attachée aux eſpics. Vne areſte. Vne botte d'ail ou d'oignons.
Réſte, arreſtes, maladie de cheual.
Reſtágno, vne mare d'eau. Item, ſuſtaine à grains d'orge, & toile d'or ou d'argent.
Reſtánte, le reſte.
Reſtánza, idem. pron. ts.
Reſtáre, demeurer, reſter, ceſſer, s'arreſter, demeurer court, tomber ou demeurer d'accord.
Reſtár ſopra di ſé, demeurer coy, demeurer tout court, s'arreſter tout court.
Reſtár d'accórdo, tomber d'accord.
non Reſtér à per mé, il ne tiendra pas à moy.
non Reſtáte, ne manquez pas.
ci ſon Reſtáto per diéci ſcudi, i'en ay eu pour mes dix eſcus. il m'a couſté dix eſcus.
Reſtár per poca cóſa, ſe tenir à peu de choſe.
Reſtáta, la fin, le reſte, le demeurant.
Reſtauráre, reſtaurer.
Reſtauratióne, reſtauration.
Reſtía, tempeſte.
Reſticciuóle, petit reſte.
* Reſtícolo, idem.
Reſtinguíbile, qui ſe peut reſteindre.

Restínto, resteint.
Restio, restif.
Restipuláre, stipuler derechef.
Restituíre, rendre, restituer pres. *restituisco*.
Restituzióne, restitution.
Restitutóre, restituteur.
Restitutríce, restitutrice.
Restituaménte, restituement.
Restináre, estre restif.
Restíno, restif.
Résto, reste. pron. e ouuert.
far dél Résto, ioüer de son reste.
nel Résto, au reste, au demeurant.
Restóso, plein d'arrestes.
Restóppie, broussailles.
Restringénte, restringent.
Restringere, restreindre. parf. *restrinsi*.
Restritióne, restriction.
Resultaménto, resultat.
Resultáre, *risultáre*, resulter.
Resúmere, reprendre, recouurer. parf. *resuméi*, *resumétti*, & *resunsi*.
Resúnto, repris, receu, remis.
Resúrgere, se releuer. parf. *resúrsi*.
Resurrissí, le iour de la Resurrection.
Resurretióne, resurrection.
Resúrto, releué.
Resuscitáre, resusciter.
Retà, heritage. Item, meschanceté, crime.
Retággio, heritage.
Retágli, retailles.
Retardáre, *ritardáre*, retarder.
Retáre, heriter.
Retáto, herité. Item, fretté, en terme de blason.
Réte, ret, filet. Coiffe de reseul. pron. e fermé.
Réte, crespine qui enueloppe les entrailles des animaux. pron. e fermé.
à Réte, en forme de ret. Item, escartelé, en terme de blason.
tiràr la Réte à vna chiósa, entendre le fonds, tirer ce que l'on peut d'vne chose.
gettàr la Réte in chiésa, ietter les filets dans l'Eglise. i. voir si dans l'Eglise il y a quelque duppe, comme font les maquerelles en Italie, pour l'attrapper, & ammener auec de filles de ioye.
Retentióne, retention.
Retentíua, faculté retentiue.
Retentíuo, retentif, qui retient.
Reténio, retenu.
Retiário, faiseur de rets.
Reticélla, entretoille. Petit ret. Item, crespine des entrailles.
Reticénza, silence.
Reticína, petit ret.
* *Rético*, heretique.
Reticeláto, en forme de ret ou reseau.
Retificáre, rectifier, & ratifier.
Retificaménto, rectification.
Retificatióne, rectification.
Retína, vne petite membrane dans l'œil. Item, petite ret.
Rétine, resnes.
Retinénza, obseruation d'vne chose, le retenir du iugement. pron. ts.
Retíno, vne petite ret, & fait en forme de ret.
Retíno órlo, ourlet percé.
Retóre, rhetoricien.
Retórica, rhetorique.

Retoricáre, vser de rhetorique.
Retórico, rhetoricien. Item, de rhetorique.
Retório, retoire, cautere.
* *Retórrido*, bruslé.
Retrattáre, *ritrattáre*, retracter.
Retribuíre, retribuer, pres. *retribuisco*.
Retributióne, retribution, recompense.
Retributóre, retributeur.
Retriménto, ordure, excrement, lie.
Retríuo, tardif.
* *Rétro*, arriere.
Rétro cámera, arriere-chambre.
Retrocédere, retroceder, parf. *retrocedétti*.
Retrocessióne, retrocession.
Retrocésso, idem, & retrocedé.
Retrocortíle, arriere-cour.
Retrogradáre, retrograder.
Retrógrado, retrograde.
Retrogressióne, retrogression.
Retroguárda, *retroguárdo*, arriere-garde.
Retropíngere, pousser en arriere, parf. *retropínsi*.
Retropínta, vne poussade en arriere.
Retropúnto, poussé en arriere.
* *Retrórso*, en arriere, à la renuerse.
Retroscríuere, rescrire, parf. *retroscríssi*.
Retrosía, &
Retrosità, humeur reuesche.
Retróso, rebours, reuesche.
Retrostánza, arriere-chambre.
Retrouédere, voir en ariere. parf. *retroui di*.
* *Retrupópico*, hydropique.
* *Retropitía*, hydropisie.
Rétta, resistence, & durée. Droitte. pron. e ouuert.
Rettaménte, droictement.
Rettángolo, rectangle.
Rétta sutúra, la suture qui partage le milieu de la teste.
Rettibíli, qui se peut reformer ou amender.
Rettificáre, rectifier.
Réttile, reptile.
Rettilíneo, de droicte ligne.
Rettimetría, droitte mesure.
Rettíno, vn roitelet.
Rettitío, reptible qui rampe.
Rettitúdine, droicture, équité.
Rétto, droit. Item, soustenu, regy. prononcé e ouuert.
Rettorádo, rectorat.
Rettóre, recteur.
Rettoría, rectorat.
Rettórica, rhetorique.
Rettórico, rhetoricien.
* *Retúso*, rebouché, moussé.
Reubárbaro, rheubarbe.
Reueláre, *riueláre*, reueler.
Reuelatióne, reuelation.
Reuelatóre, reueleur, reuelateur.
Reuelatríce, reueleuse.
Reuéndere, *riuéndere*, reuendre. parf. *reuendétti*.
Reuerendíssimo, tres-reuerend.
Reueréndo, reuerend.
Reueménte, reuerent, reuerente.
Reuerénza, reuerence. pron. ts.
Reueríre, riuerire, reuerer, pres. *reueríscō*; à *Reuertèna*, à quartier, à part.
* *Reuertículo*, lieu de retour.
Reuerzólo, rousserolle.
Reuificáre, reuiuifier.

RE RI · RI 411

Remìncere, conuaincre. parf. ranìnsi.
* Reuiuéscere, reuerdir.
Reuisa, reuision.
Reuisióne, idem.
Reuisitáre, reuisiter.
Renisóre, qui reuoit.
Rèuma, rheume.
Reumatismo, rheumatisme, fluxion.
Reumóso, plein de rheume.
Reuniére, oignement.
Reuocábile, reuocable.
Reuocáre, reuoquer.
Renólgere, retourner. parf. reuólsi, & reuolgétti.
Reuoltáre, idem, & reuolter.
Reuolutióne, reuolution.
Reuúlso, arraché.
Rézza, sorte de ret. pron. les zz comme ts.
Rezzágio, reseau. pron. ts.
Rezzáre, faire frais. Item, prendre dans les rets. prononcé ts.
* Rézzere, vomir. pron. ts.
Rezzéstola, sorte de lanier, oiseau. pron. dz.
Rézzo, fraischeur, l'aure, le vent frais. prononcé ts.
Rezzola, coiffe de reseau. pron. ts.
Rezzolóso, ombrageux, frais. pron. ts.

RI

la sillabe RI, vaut vn redoublement d'action, sillabe reiteratiue.
Riabbracciáre, rembrasser.
Riaccéndere, rallumer. parf. riaccési.
Riaccéso, rallumé.
Riaccóglien̄ a, raccueïl.
Riaccògliere, raccueïllir, parf. riaccólsi.
Riaccólto, raccueïlly.
Riaccompagnáre, raccompagner.
Riadiráre, remettre en colere.
Riaffìggere, reficher. parf. riaffìssi.
Riallargáre, rallargir.
Riálto, vn lieu releué, vn bord releué, vn quay, vne place à Venise.
Rialzáre, rehausser. pron. ts.
Riamánto, qui aime reciproquement.
Riamáre, raimer, aimer en contreschange.
Riamazzáre, retuer. pron. ts.
Riandáre, aller de rechef.
Riappréndere, rapprendre. parf. riapprési.
Riaprire, rouurir. parf. riapérsi, & ridiui.
Riárdere, rebrusler. parf. ráirsi.
Riárso, rebruslé, recuit, hauy.
Riarsúra, bruslement ou chaleur de fiévre.
Riassalire, &
Riassaltáre, rassaillir.
Riassúmere, receuoir derechef.
Riassúnto, receu derechef, remis en sa charge.
Riatino, viátolo, roitelet.
Riattaccáre, rattacher.
Riauampáre, renflammer.
Riáuolo, vne truelle.
Riazzuffáre, se rattacher au combat.
Ribadíre, riuer vn cloud. Et donner le dernier en repliquant, faire rentrer les parolles. pres. ribadísco.
Ribaditúra, riueure de cloud, &c.

Ribadechíno, rebadoquin, sorte d'artillerie.
Ribaldáccia, vne meschante femme.
Ribaldáglia, meschante canaille.
Ribaldería, meschanceté.
Ribáldo, meschant, va-t-rien.
Ribaldóne, grand vaut rien.
Ribálta, vne leuée. Vn instrument à retourner quelque chose, vne trappe en Lombardie.
Ribálta della scaricatóia, la partie de dessus d'vn trebuchet qui tombe, & le ferme.
Ribaltáre, retourner, renuerser d'vn costé à l'autre.
Ribalzáre, rebondir. Item, voguer en se haussant fort, & rabaissant auec grande force.
Ribalzáta, rebondissement. Item, vn vanteau.
Ribálzo, rebond, bricolle.
Ribambíre, rentrer en enfance. pres. ribambísco.
Ribambíto, rentré en enfance.
Ribandiménto, reuocation de bannissement.
Ribandíre, rebannir. Item, rappeler de bannissement. pres. ribandísco.
Ribándo, reuocation de bannissement.
Ribasciáre, rebaisser.
Ribassáre, rabaisser.
Ribáttere, rabattre, parer les coups, parf. ribattéi, & ribattéti.
Ribattezzáre, rebaptiser. pron. les zz comme dz.
Ribattimento, &
Ribattúta, rebattement.
Ribéba, vne sorte de mesure. Item, vn rebec.
Ribéca, vn rebec, vn violon.
Ribécca, en jargon, vne oye.
Ribeccáre, repliquer, rebecquer.
Ribeccár di contrapúnto, en jargon, discourir.
Ribecchíno, petit rebec, petit violon.
Ribechísta, violon, joüeur de rebec.
Ribeláre, beeler derechef.
Ribellánte, rebellant, rebelle.
Ribelláre, rebeller.
Ribélle, rebelle.
Ribellióne, rebellion.
Ribellóso, plein de rebellion.
Ribenedíre, rebenir.
Ribichísta, joüeur de rebec.
Ribobolàre, dire des enigmes ou prouerbes.
Ribóbolo, prouerbe, colibet.
Ribobolóso, plein d'enigmes.
Riboccáre, regorger.
Ribócco, regorgement.
à Ribócco, à regorger, en abondance.
Ribólla, vin cuit, selon aucuns.
Ribollíre, rebouïllir. pres. ribóllo.
Ribollóre, bouïllonnement.
Ribombánza, ressentiment. pron. ts.
Ribombáre, retentir.
Ribómbo, retentissement.
Ribrezzáre, frissonner. Item, effrayer. pron. ts.
Ribrézzo, tremblement de fiévre, frisson, frayeur. pron. ts.
Ribuffáre, rabrouër, rebuter.
Ribúffo, rabroüement, rebut, rebuffade.
à Ribússo, à contre-poil.
Esser da Ribuóia. i. estre sot, estre simple, le François dit, estre de son village.
Ribuólo, vin cuit.
Ribussáre, reheurter.
Ributtaménto, rebut, repoussement, vomissement.
Ributtáre, repousser, rebuter, vomir.
Ributtáta, rebut, vomisseure.

Fff ij

RI

Rica, forte d'habit de femme.
Ricacciáre, rechasser.
Ricadénte, qui retombe.
Ricadére, techeoir dans vn mal. Déchoir de ses biens, part. *ricadéti*, & *ricádti*.
Ricadía, ennuy, fascherie.
Ricadiménto, recheute, recidiue.
Ricadúta, idem.
Ricagnáre, ratatiner, trousser. Item, deuenir groignard comme vn chien.
Ricagnáto, qui a le nez troussé, ou camus comme vn chien.
Ricaláre, décliner, retomber.
Ricalcáre, refouler, represser.
Ricalcitraménto, regimbement, resistance.
Ricalcitránte, regimbant, qui regimbe, qui resiste.
Ricalcitráre, ruër des coups de pieds, regimber. Metaph. resister ou se reuancher.
Ricalzáre, rechausser les plantes, biner la vigne. rechausser.
Ricamáre, broder.
Ricamatóre, brodeur.
Ricamatríce, brodeuse.
Ricamatúra, broderie.
Ricambiáre, faire en contr'eschange, contr'eschanger, reconnoistre, recompenser.
à Ricámbio, en eschange, à rechange.
Ricamétti, petites broderies.
Ricámo, broderie.
Ricamúzzi, petites broderies legeres.
Ricapáre, trier, espelucher, trouuer parmy les laueures ou ballieures.
Ricapitáre, *dàr ricápito*, donner l'addresse, addresser les lettres, &c.
Ricápito, addresse, aduis, message, retraite, recours.
Ricapitoláre, recapituler.
Ricapitulatióne, recapitulation.
Ricapricciáre, faire herisser ou dresser les cheueux.
Ricaracatúra, recharge.
Ricárica, idem.
Ricaricáre, recharger.
Ricaséare, retomber.
Ricascáta, recheute.
Ricattáre, retrouuer.
Ricaualcáre, remonter à cheual.
Ricauáre, recreuser.
Riccacciáre, rechasser. Item, renchasser, copier quelque dessein, ou peinture.
Riccaménte, richement.
*Rícché*z*za*, richesse. pron. *ts*.
* *Ricchiáre*, recourber.
Ricchióni, oreillons.
Ricciáre, friser.
Ricciáia, quantité de chastaignes en gousse. Et vne quantité de frisons ou cheueux frisez.
Ricciéra, plaisanterie, galanterie.
Ríccio, frison de cheueux, coing de cheueux. C'est aussi vn ourfin ou herisson de mer, doucin. Et vn herisson. Et vne sorte d'herbe qui croist sur le bord de la mer. Vne sorte de Teston qui a vne teste frisée.
Ríccio, chastaigne en gousse, gousse de chastaigne.
Ríccio, frisé. Item, velous ras.
Riccto sopra riccio, sorte de velous fort riche.
Ricciòli, peignes, mal de cheual.
Ricciuóli, idem.
Ricciutéllo, frisotté.
Ricciúto, frisé.
Rícco, riche.

RI

Rícco di metállo, renforcé de métail.
Rícco à cánne, &
Rícco in cánna, grandement riche.
Riccóne, vn richard, vn gros riche.
* *Riccóre*, richesses.
Ricénte, recent.
Ricepúta, recepte.
Ricérca, recherche.
Ricercáre, rechercher, s'enquerir. Item, requerir, en terme de venerie.
Ricercáta, recherche.
Ricercatína, petite recherche en jouänt d'vn instrument.
Ricercáto, enquis, recherché.
Ricercatóre, rechercheur.
Ricercatríce, rechercheuse.
Ricérnere, discerner de nouueau part. *ricernésti*.
Ricespitáre, rebroncher.
Ricéta, recepte de Medecin.
Ricettácolo, receptacle.
Ricettáre, receuoir, retirer, donner retraitte.
Ricettársi, se retirer dans vn lieu.
Ricettário, liure de receptes.
Ricettatóre, *ricettaurice*, qui donne retraitte, qui retire vn autre.
Ricettióne, reception.
Ricettíuo, qui peut receuoir.
Ricétto, retraitte.
Riceuénte, receuant, qui reçoit.
Riceúere, receuoir. parf. *riceuéti*, & *riceuéi*.
Riceuiménto, recepte.
Ricenitóre, receueur.
Riceuitrice, receueuse.
Riceuúta, vn receu, vn mot de quittance.
Richiamáre, rappeler. Item, reclamer.
Richiámo, reclame: rappel.
Richiédere, chanterelle d'oiseau, Appeau, reclame.
Richiédere, requerir. Appeler en jugement, redemander. parf. *richiési*.
Richieder il terréno, labourer de nouueau, remuer la terre.
Richieditóre, requereur.
Richiéggere, requerir, il n'est pas en vsage.
Richiésta, demande, requeste.
Richiésto, requis.
Richiúdere, refermer. parf. *richiúsi*.
Ricídere, couper. Couper court en trauersant le chemin. Et renuerser la terre, deffricher. parf. *ricísi*, & *ricidéti*.
Ricidittúre, retailles, taillades.
Ricimentáre, recimenter.
Ricíngere, receindre. parf. *ricínsi*.
Ricinghiáre, resangler.
Rícino, vn tic.
Ricínto, enceinte.
Ricisáre, retrencher, faire incision.
Ricíso, precis, succinct.
à Ricíso, succinctement, bresuement.
Ricisúra, incision.
Riclamáre, reclamer.
Ricogliénza, accueil. pron. *ts*.
Ricógliere, accueillir, & reculeillir. parf. *ricólsi*.
Ricoglitóre, qui accueille.
Ricoglitríce, sage femme.
Ricognitióne, reconnoissance.
Ricognóscere, reconnoistre. parf. *ricognóbi*.
Ricoleáre, recoucher.
Ricólta, recolte.
sonár à Ricólta, sonner la retraitte.

R I

Ricólto, recueïlly : & retiré.
Ricomandàre, recommander.
Ricombàttere, recombattre. parf. ricombattéi, & ricombattétti.
Ricominciàre, recommencer.
Ricomparìre, comparoir de rechef. pref. ricompàrsco.
Ricomparùta, nouuelle comparition.
Ricompènsa, recompense.
Ricompensàre, recompenser.
Ricompensatióne, recompensé.
Ricompènso, recompense.
Ricómpera, rachapt.
Ricomperàre, rachepter.
Ricomperatóre, rachepteur.
Ricomperatrìce, rachepteuse.
Ricompiére, recompenser.
Ricompìre, raccomplir. pref. ricompìsco.
Ricompórre, recomposer. pref. ricompòngo, ricompòni, ricompòne, ricomponiàmo, ricomponéte, ricompòngono, parf. ricompóſi, part. ricompóſto, fut. ricompórro, opt. ricompónga, imparf. ricompòrrei, & ricomponéſſi, &c.
Ricómpra, rachapt.
Ricompràre, rachepter.
Ricompratóre, rachepteur.
Ricomunicàre, recommuniquer.
Riconciàre, raccommoder.
Riconciliagióne, reconciliation.
Riconciliàre, reconcilier.
Riconciliatióne, reconciliation.
Ricondótto, reconduit.
Ricondùrre, reconduire. pref. ricondùco, ricondùci, ricondùce, imparf. riconducéua, parf. ricondùſſi, part. ricondótto, fut. ricondurrò, opt. ricondùca, imparf. riconducéſſi, & riconducéſſi, &c.
Riconfermàre, reconfirmer.
Riconfermatióne, reconfirmation.
Riconfeſſàre, reconfeſſer.
Riconfortàre, reconforter.
Ricongiùngere, rejoindre. parf. ricongiùnſi.
Ricongiuràre, reconjurer.
Riconiàre, remarquer la monnoye.
Riconoſcènte, reconnoiſſant, reconnoiſſante.
Riconoſcènza, reconnoiſſance. pron. tſ.
Riconóſcere, reconnoiſtre. pref. riconóſco, parf. riconóbbi, part. riconoſcìuto.
Riconoſciménto, reconnoiſſance.
Ricontàre, raconter : & recompter.
Ricóntro, rencontre.
Riconualére, venir en conualeſcence. pref. riconualéſco, parf. riconualſi, & riconualéti, part. riconualſo, & riconualùto.
Riconualeſcènza, conualeſcence.
Riconuertìre, reconuertir. pref. riconuèrto, & riconuertìſco.
Riconuertìta, nouuelle conuerſion.
Ricoperchiàre, recouurir.
Ricopèrto, recouuert.
Ricopiàre, recopier.
Ricoprìre, recouurir. Item, excuſer.
Ricorciàre, raccourcir.
Ricorcàre, recoucher. Et coucher vn pied de vigne ou plante pour prouigner.
Ricordànza, reſſouuenance : aduis. pron. tſ.
Ricordàre, recorder, reſſouuenir. Donner de bons aduis.
Ricordatióne, reſſouuenir.

R I 413

Ricordéuole, remply de memoire.
Ricórdo, aduis, memoire, inſtruction. pron. o ouuert.
Ricorrèggere, recorriger. parf. ricorréſſi.
Ricórre, accueillir, raccueillir. pref. ricólgo, ricógli, ricóglie, ricogliàmo, ricogliéte, ricógliono, & ricólgono, parf. ricólſi, part. ricólto, fut. ricorrò. opt. ricólga, imparf. ricogliéſſi, & ricorréi, pron. o ouuert.
Ricór fiàto, rauoir ſon haleine.
Ricorrènza, recours.
Ricórrere, recourir. parf. riſcórſi.
Ricórſo, recours.
Ricorſóio, regorgement.
bollìr à Ricorſóio, boüillir à gros boüillons, iuſques à regorger.
Ricoruàre, recourber.
Ricóruo, recourbé.
* Ricoſìre, recoudre.
Ricoſteggiàre, coſtoyer derechef.
Ricótta, ſorte de fourmage appellé recuitte, il eſt fait de caillé, & ſemble le fourmage à la pie.
Ricótto, recuit.
Ricoueraménto, &
Ricoueràn͡ʒa, refuge, retraitte : recouurement. prononcé. tſ.
Ricouerràre, ſe retirer, auoir refuge : Et recouurer.
Ricoueratióne, recouurement.
Ricoueratóre, recouureur, recuperateur.
Ricoueratrìce, recouureuſe.
Ricoueréuole, qui ſe peut recouurer.
Ricóuero, refuge, retraitte : Et recouurement.
Ricouràre, recouurer. Item, ſe retirer.
Ricouràrſi, ſe retirer, chercher où prendre refuge.
Ricouréuole, recouurable.
Ricouṛìre, recouurir.
Ricóuṛo, refuge, retraitte.
Ricreaménto, recreation.
Ricreànʒa, recreation.
Ricreàre, recréer.
Ricreatióne, recreation.
Ricreatìuo, recreatif.
Ricredènʒa, meſcroyant.
Ricrédere, changer de croyance. Item, conuaincre. parf. ricredétti, & ricredéſi, & ricréſi.
Ricredùto, conuaincu.
Ricreménto, lie, eſcume.
Ricréſcere, recroiſtre. pref. ricréſco, parf. ricrébbi, part. ricreſcìuto.
Ricreſpàre, repliſſer.
Ricriàre, recréer.
Ricriatióne, recreation.
* Ricrìo, recreation.
Ricriuellàre, recribler.
Ricroſtàre, refaire vne crouſte.
Ricucìre, recoudre.
Riculàre, reculer.
Reculàta, reculade.
Riculóſo, qui fait des retraittes ou reculement.
Ricuócere, recuire. parf. ricuóſſi, & ricuocétti.
Ricuperàndo, recouurable.
Ricuperàre, recouurer.
Ricuperatióne, recouurement, recuperation.
Ricuperatóre, recuperateur.
Ricuruàre, recourber.
Ricùſa, recuſation, refus.
Ricuſànte, refuſant.
Ricuſàre, recuſer, refuſer.
Ricuſatióne, reculation.

Fff iij

Ricuſcire, recoudre.
Ricuſciuole, recuſable.
Ridamáre, r'aimer.
Riddána, vn eſgout.
Ridáre, redonner, ſe conjugue comme dáre, auec la ſillabe, ri.
Ridarguire, redarguer. preſ. redárguo, & redarguiſco, ſelon aucuns.
Ridda, dance en rond.
Riddáre, dancer en rond.
Riddóne, lieu où l'on dance, aſſemblée.
Ridénte, riant, riante.
Rídere, rire, parf. riſi.
Rídere à ſapóre, rire ſans ſçauoir de quoy, rire pour voir rire les autres.
Ridétto, redit.
Ridéuole, riſible.
Ridicimento, redite, repetition. i. narration, relation.
Ridícolo, ridicule.
Ridicoloſaménte, ridiculement.
Ridicolóſo, ridicule.
Ridículo, & ridiculóſo, idem.
Ridimandáre, redemander.
Ridipíngere, repeindre. parf. ridipínſi.
Ridíre, redire, rapporter. Et ſe dedire. preſ. ridíco, ridíci, ridíce, ridiciámo, ridíte, ridicono, imparf. ridicéua, parf. ridíſsi, part. ridétto. fut. ridirrò, opt. ridíca, imparf. ridirréi, & ridicéſsi.
Ridirízáre, redreſſer. pron. ts.
Ridiuídere, diuiſer de rechef. parf. ridiuiſi.
Ridolére, douloir de rechef. Item, donner de l'odeur ou ſaueur. parf. ridolſi.
Ridóli, ridelles, les coſtez d'vn chat.
Ridomandáre, redemander.
Ridondáre, redonder.
Ridoppiáre, redoubler.
Ridormíre, redormir.
Ridoſſáre, mettre à l'abry.
Ridóſſo, vn abry. pron. e ouuert.
à Ridóſſo, à l'abry, à couuert.
Ridottánza, nouueau doute.
Ridottáre, douter derechef. Item, redouter.
* Ridottábile, &
* Ridotténole, redoutable.
Ridótto, vn reduit, vn brelan, lieu où l'on joüe. Item, redouté, & reduit. C'eſt auſsi vne aſſemblée de bons compagnons: vn rendez-vous. pron. o ouuert.
Ridouentáre, redeuenir.
Ridríz áre, redreſſer. pron. ts.
Riduáre, remettre au nombre de deux.
Ridúcere, reduire. parf. ridúſſi.
Riducimento, reduction.
Riduplicáre, redoubler.
Ridúrre, reduire. preſ. ridúco, imparf. riducéua, parf. ridúſsi, fut. ridurrò, part. ridótto.
Ridúrſi, ſe retirer: ſe reſſerrer, ſe reſtreindre.
Ridótto, retraicte, breſlan; rendez-vous: lieu d'aſſemblée. Vne redoute, vn petit fort. Item, reduit, retiré.
Riédere, retourner, reuenir, mot Poët, on le treuue au preſent, à l'infinitif, & au ſingulier, & non pas en autre temps.
Riedificáre, rebaſtir.
* Riédo, retour.
Riedúto, reuenu, retourné.
Riélla, eſquerre ou reigle.
Riéllo, ruiſſelet.
Riempiménto, rempliſſement. Item, farce dont on remplit vne viande.

Riempíre, remplir. Farcir vne viande. Et faire des recruës.
Riempitúra, rempliſſage. Et farce.
Rienfiáre, renfler.
Rientráre, rentrer. Item, ſe diminuer, ſe retirer comme la peau: s'esboüillir.
Riénza, toile fine: ſelon aucuns, vne putain, vne coureuſe: vne cauale.
Rimaneſco, ſaluati riénzo, mot pour railler les Romains.
Riepilogáre, repiloguer.
Riergere, redreſſer. parf. rierésſi, & riérſi, ſelon aucuns riergetti.
* Rieſcere, reüſsir, comme, riuſcire.
Riſaciménto, reſtauration, raccouſtrage, reparation.
Riſanciulláwza, radotterie. pron. ts.
Riſanciullíre, retourner en enfance, radotter. preſ. riſanciullíſco.
Riſáre, refaire, voyez, fáre.
Riſár le ſpéſe, refonder les deſpens.
à Riſár del mío, que l'on me rende le change, que l'on prenne reuanche à mes deſpens, ou pluſtoſt, ſi ie n'ay pas bien jugé, ie paye pour vous.
Riſárſi, ſe remettre, ſe refaire: reprendre ſes forces, regagner ou auoir ſa reuanche en joüant.
Riſaſciáre, rebender: remmailloter.
Riſátto, refait.
villáno Riſátto, vn gueux reueſtu.
Riſaurenáre, en jargon, orner, polir, nettoyer, veſtir. pron. les ts, comme ts.
Ríſe, réſe, du fil.
Riferénza, difference, relation.
Riferíre, referer, rapporter. Item, deferer, auoir du reſpect. preſ. riferíſco.
Riſerir grátia, rendre graces.
Riſermáre, arreſter derechef.
Riſeruénte, redeuenir feruent.
Riſettióne, refection.
Riſiatamento, reſpiration.
Riſiatáre, reſpirer.
Riſiccáre, reſicher.
Riſicáre, donner ou prendre ſa refection.
Riſidárſi, ſe reſier.
Riſigliáre, accoucher de rechef: refaire des petits
Riſiníre, finir derechef. Proprement, ceſſer.
Riſoríre, reſleurir. preſ. riſoríſco.
Riſiutaménto, refus.
Riſiutánte, refuſant, refuſante.
Riſiutáre, refuſer, rebuter.
Riſiúto, refus.
di Riſiúto, de reſerue. Metaph.
il Riſiúto, le rebut.
Riſleſſáre, reflechir, reuerberer, repercuter.
Riſleſſióne, reflexion.
Riſleſſo, il refleſhy, replié.
Riſlettere, reflechir, replier: reuerberer. parf. riſléſſe, verbe imperſonnel.
Riſlúſſo, reflux.
Riſocillaménto, refocillation, recreation.
Riſocilláre, refociler, rauiuer, recréer.
Riſorceáre, recreuſer, renforcer.
Riſondere, refondre. parf. riſúſi, & ſelon aucuns, riſondétti.
Riſondire, en jargon, donner. parf. riſúſi.
Riſorbíre, refourbir. preſ. riſorbíſco.
Riſórma, reforme, reformation.
Riſormagióne, idem.
Riſormáre, reformer.

Riformatióne, reformation.
Riformatóre, reformateur.
Riformatrice, reformeufe, reformatrice.
Riforménole, qui fe peut reformer.
Rifornire, refournir, regarnir : racheuer. pref. rifornifco.
Rifortificáre, refortifier.
Rifortáre, renforcer. pron. ts.
Rifouráno, vn chable. pron. ts.
Riforzo, renfort. pron. o ouuert, & le z comme ts.
Rifoffo, foffé double.
Rifragránte, bonne odeur. Item, qui rend bonne odeur.
Rifragráre, rendre bonne odeur.
Rifrángere, rompre derechef. parf. rifránfi.
Rifránto, rompu.
Rifrátta, rebord.
Rifrattióne, refraction.
Rifrátto, rompu.
Rifrenáre, refrener.
Rifrefcáre, raffraifchir.
Rifrefcáta, raffraifchiffement.
Rifrefcatóio, nifauce à mettre raffraifchir le vin.
Rifrigeráre, raffraifchir.
Rifrigeratíuo, refrigeratif.
Rifrigério, refrigere. pron. é ouuert.
Rifriggere, refrire. parf. rifríffi, & rifrigéi.
* Rifronz íre, orner, embellir. pron. ts.
Rifruftáre, chercher, foüiller par tout.
Rifruftáre, foüetter, battre.
Rifrúfto, tourment, crierie, battement : foüet.
Rifúga, fuitte, & fuicine.
Rifuggíre, refuir. Item, auoir refuge.
Rifúgio, refuge.
Rifúgo, fuitif.
Rifulgénte, efclattant, efclattante.
Rifulgénza, efclat, fplendeur. pron. ts.
Rifulgere, luire, efclatter. parf. rifúlfi, & rifulgétti.
Rifúlfo, efclatté, refplendy.
Rifufáre, refufer.
Rifufáti, rebuts, refus, reftes.
à Rifúfo, au refus.
Rifutatióne, refutation, refus.
Riga, ligne d'efcriture. Raye, ligne, reigle. Reigle à reigler.
libro ligáto á Riga, vn liure relié que le dedans fe rencontre.
Rigáglie, les cols, gifiers, & pieds des oifeaux. Les profits outre les gages, le tour du bafton, les reftes.
Rigágno, &
Rigágnolo, vn ruiffeau.
Rigálico, confolida maggióre, oreille d'afne, herbe.
Rigaméllo, ruiffeau. Et vne forte de corneille.
Rigano, ruiffelet. Item, origan.
Rigáre, rayer, faire rayer l'eau ou le laict, arroufer.
Rigarúolo, arroufoir. Item, vn ruiffelet.
Rigatélla, petite ligne d'efcriture.
Rigatióne, arroufement.
Rigáto, eftoffe rayée.
Rigátta, envy, contention.
à Rigátta, à l'envy. Item, tout à la ripaille.
Rigattáre, debattre, difputer, faire à l'envy, faire tout à la ripaille. Item, regratter.
Rigattiére, regrattier, frippier, reuendeur.
Rigattiniére, faifeur de gibecieres.
Rigattíno, forte de gibeciere.
Rigeláre, regeler.

Rigeneráre, regenerer.
Rigermináre, regermer.
Rigermogliáre, rebourgeonner.
Rigettáglie, le rebut, chofes que l'on rejette.
Rigetáre, rejetter.
Rigettíone, &
Rigétto, rejecton, rebut.
Rigidaménte, rudement.
Rigidézza, rudeffe, rigueur. pron. ts.
Rigidíre, deuenir roide, & rude, roidir. pref. rigidífco.
Rigidità, roideur, rudeffe.
Rigido, roide, rude, obftiné, rigoureux.
Rigioire, réjouir. pref. regioífco.
Rigióngere, rejoindre. parf. regiónfi.
Rigiráre, retourner au tour, tournoyer.
Rigiráta, tournoyement.
Rigitaménto, rebut.
Rigittáre, rejetter, rebutter.
Rigiúgnere, rejoindre. parf. rigiúnfi.
Rigiurdáre, rejurer.
* Rigliáre, trouffer vn habit.
* Rigliúto, trouffis.
Rignáre, grommeler, grónder, faire mine ou grimace.
Rignimento, gronderie.
Rignire, tancer, gronder, faire la mine, monftrer les dents. pref. rigno.
Rigno, gronderie.
Rigo, ruiffeau. Item, vne reigle. Item, le nom d'vne vieille chanfon.
Rigogliófo, orgueilleux. Item, raboteux.
Rigóglio, orgueil. C'eft auffi vne fecondité ou vigueur fuperfluë d'vne plante. Vn oifeau de la groffeur d'vne grüe.
Rigoletto, grole ou graye, oifeau.
Rigógolo, forte de ret à prendre des oifeaux. C'eft auffi vne forte d'oifeau appelé loriot.
Rigoláre, rouler.
Rigoléto, dance en rond. Item, vn fabot.
Rigólfo, vn aïs ou tournoyement d'eau, vn gouffre, vn rapport de marée.
Rigolóne, vn gros fabot, roulant.
Rigonfiaménto, enflement.
Rigonfiáre, enfler.
Rigonfiatúra, enfleure, enflement. Item, enflé.
Rigóre, rigueur.
Rigorgáre, regorger.
Rigorgogliáre, boüillir à gros boüillons, gargoüiller.
Rigorítia, reglifle.
Rigorofità, rigueur.
Rigorófo, rigoureux.
Rigouernáre, regouuerner.
Riguadáre, prendre en bonne part.
Riguadagnáre, regagner.
Riguagliáre, donner auis.
Riguáglio, auis.
Riguardaménto, regard.
Riguardánte, regardant, regardeur, regardeufe.
Riguardáre, regarder. Item, auoir égard, refpecter. Se garder.
Riguardatóre, regardeur.
Riguardatrice, regardeufe.
Riguardéuole, à qui l'on doit auoir égard, confiderable, d'eftime, de confideration.
Riguárdo, regard, égard.
Riguiderdonaménto, recompenfe.
Riguiderdonáre, recompenfer derechef.

Rígno, gaschis d'eau.
Rigurgitáre, regorger.
Rihabitáre, habiter derechef.
Rihabituáre, reprendre habitude.
Rihauére, rauoir, recouurer. pref. *rihó*, *rihái*, & le reste comme *hauére*.
Rihauére, faire reuenir vne personne.
Rihauérsi, se rauoir, se remettre, reuenir à soy, releuer d'vne maladie.
Rilanciáre, relancer.
di Rilàncio, à l'abord.
Rilasciánte, relaschant, & laxatif.
Rilasciáre, relascher, donner relasche.
Rilasciatióne, relaxation.
Rilasciatíuo, laxatif.
Riláscio, relasche.
Rilassáre, relascher. Item, relayer.
Riláßo, relasche. Item, relais de chiens.
Rilauáre, relauer.
Rileccáre, relecher, lapper.
Rilegaménto, reliement.
Rilegáre, releguer. Item, relier.
Rilegatióne, relegation, bannissement.
Rilegáto, relegué, & relié.
Rileggere, relire. parf. *riléßi*. part. *rilétto*.
Rileuáre, allentir, lascher, relascher.
Rilénte, & *riléuto*, retenu, aduisé, consideré.
à fórno Rilénte, c'est quand le four commence à perdre chaleur, à demy chaud.
à Rilénto, lentement.
Rileuaménto, releuement.
Rileuánte, important, apparent, importante.
Rileuáre, releuer. Importer. Prononcer le mot, eppeller. Trauailler en bosse ou de relief.
Rileuáti, guerets.
Riléuio, relief. Aduancement. Importance, consequence. Item, relicat, reste. En bosse ou de relief.
Rilíbo, galimatias, embroüillement.
Riliuáre, releuer, faire de relief. Item, battre.
Riliuo, relief. Le reste des viandes, relicat. prononcez e ouuert.
figúra di Riliuo .i. vn qui a accoustumé de batre, ou plustost d'estre battu.
di Riliuo, apparent, important : releué en bosse, de relief.
Riligióne, religion.
Riligióso, religieux.
* *Rilla*, le membre viril.
mendersi la Rilla .i. se polluër, bransler, &c.
Rilucénte, luisant, luisante : reluisant, reluisante.
Rilucénza, lueur. pron. ts.
Rilúcere, reluire. parf. *rilucéi*, & *rilucétti*.
gli Rilúce il pélo, le poil luy reluit : c'est à dire, il est bien nourry.
Ríma, rime. Item, creuasse ou fente.
Rimagnénte, le demeurant.
Rimaldésca, sorte de raisin.
Rimaledíre, remaudire. pref. *rimaledíco*. parf. *rinsa ledißi*, & le reste comme dire.
Rimamária, herbe qui a le goust d'ail.
Rimandáre, renuoyer.
Rimandelláio, crocheteur de serrures.
Rimandelláre, crocheter vne serrure.
Rimandéllo, fer à crocheter.
Rimándo, contremandement.
di Rimándo, de renuoy.
il Rimanénte, le reste, le relicat.
Rimanére, demeurer, demeurer d'accord de faire. pres.

rimángo. parf. *rimási*. part. *rimáso*. fut. *rimarrò*, &c.
Rimanérsi d'vna cósa, se desaccoustumer, s'empescher de faire.
non Rimarrò mai d'amárui, ie ne me tiendray iamais de vous aimer, ie ne m'empescheray, &c.
Rimangiáre, remanger.
Rimarcáre, remarquer.
Rimarcheuóle, remarquable.
Rimáre, rimer.
Rimário, liure de rimes : Dictionnaire de rimes.
Rimaritáre, remarier.
Rimasúglie, demeurants, relicats.
Rimáso, demeuré.
Rimasticáre, remascher.
Rimásto, demeuré, demeuré d'accord.
Rimastúglio, relicat, reste, demeurant de viande.
Rimatóre, rimeur.
Rimbaldéra, accueil, mot Sienois. Item, vn bon mot.
Rimbalzáre, bricoller, rebondir, renuoyer en ioüant. pron. ts.
Rimbálzo, bond, bricolle, renuoy en ioüant. prononcez ts.
di Rimbálzo, hors de temps, à contre-temps, entre bond & volée. pron. ts.
Rimbambíre, retourner en enfance. pref. *rimbambisco*.
Rimbambitaménte, comme qui est retourné en enfance, comme vn radotteur, en radottant, en faisant l'enfant.
Rimbambíto, rassotté, retourné en enfance.
Rimbarcáre, rembarquer.
Rimbeccáre, repousser, repliquer, donner le dernier en repliquant : nous disons, rabattre les coups quand quelqu'vn est en colere : faire rentrer les parolles.
Rimbeccársela, s'en faire à croire.
Rimbeccáre, en jargon, escouter.
Rimbeccár il contrapúnto, discourir, en jargon.
Rimbeccáta, replique.
di Rimbécco, de renuoy, en repliquant.
Rimbellíre, rembellir. pref. *rimbellísco*.
Rimboccáre, selon aucuns, fermer, clorre, clorre la bouche.
Rimboccáre, renuerser vn vase le goulet en bas, renuerser le bont de quelque chose : remplier, comme vn drap sur la couuerture.
Rimboccatúra, le remply du linceul sur la couuerture.
Rimboccóne, le visage dessous, à bouchetons.
Rimbombánte, retentissant, retentissante.
Rimbombáre, retentir.
Rimbómbo, retentissement.
Rimborsáre, rembourser.
Rimboscáre, rembuscher, rentrer dans le bois.
Rimbottáre, rentonner.
Rimbottáto, Metaph. remis dans la memoire.
Rimbóttoli, gronderies.
Rimbracciáre, rembrasser.
Rimbernicuoli, retailles, morceaux. Item, esguillettes, pendeloques.
Rimbrencíuoli, Metaph. landies.
Rimbrenciolóso, plein d'esguillettes ou pendeloques.
Rimbrontoláre, &
Rimbrottáre, grommeler, tancer, rabroüer, reprocher, gronder.
Rimbrottatóre, grommeleur, reprocheur, grondeur.
Rimbrottatríce, grommeleuse, grondeuse.
Rimbrótto, grommelerie, gronderie.
Rimbróttola, grommelente, grondeuse.

Rimbróttoli

Rimbròttoli, grommelleries, gronderies.
Rimbruttire, enlaidir. pref. *rimbrútto*, & *rimbruttifco*, verbe actif, & neutre.
Rimbucáre, rentrer dans le trou.
Rimburchiáre, picquer de parolles : c'est aussi traisner vne barque derriere vne autre, remolquer.
Rimbúrchio, picque de parolles.
Rimbùſta, vne carreure de passement deuant l'estomach.
Rimediáre, remedier.
Rimédio, remede.
Rimedìre, rachepter, receuoir ou tirer de l'argent, & rachepter pour de l'argent. pref. *rimédo*, & *rimedifco*.
Rimeggiáre, rimailler.
Rimembránza, remembrance. pron. *ts*.
Rimembráre, remembrer, resouuenir.
Rimemoránza, ressouuenance. pron. *ts*.
Rimemoráre, rememorer.
Rimemoréuole, rememorable.
Rimenaménto, remuëment.
Rimenáre, remener. Demener, remuër, mesler, ramener.
Rimenáta, remuëment, meslange.
Rimenáto, rebord.
Rimendáre, redresser, ramender, racoustrer.
Rimendáre, rentraire les trous du drap.
Rimendatóre, rappetasseur, rauaudeur, raccoustreur.
Rimendatríce, raccoustreuse, rauaudeuse.
Rimendatúra, raccoustrage.
Rimèndo, rappetasserie, raccoustrage, piece à vn habit.
Rimenío, secouëment, branslement.
Rimeritaméto, recompense.
Rimeritáre, recompenser.
Rimérito, recompense.
Rimeſcerre, remesler, pron. *e* fermé. parf. *riméſcei*, & part. *rimeſcitlio*.
Rimeſciménto, meslange.
Rimeſcolaménto, &
Rimeſcolánza, brouillement, mélange. pron. *ts*.
Rimeſcoláre, méler ensemble, brouiller.
Rimèſſa, remise. Item, vn lieu où l'on serre quelque chose, comme soin, bois, carrosse, remises: vn hangar à mettre vn carrosse, &c. c'est aussi vn iect ou rejetton. pron. *e* fermé.
Rimeſſaménte, auec submission.
Rimeſſíbile, remissible.
Rimeſſióne, remission, remise.
Rimèſſo, bas, humble, retenu, resserré, remis, pardonné.
Rimèſſo, vn remply à vn habit ou robbe.
* *Rimèſta*, rimeſlaménto, &
Rimeſtáuza, mélange, brouillement. pron. *ts*.
Rimeſticáre, remesler, brouiller.
Rimeſticatúra, mélange.
Rimettere, remettre, pardonner. Pousser ou repousser, qui se dit d'vn arbre. parf. *rimiſi*, & *rimèſſi*. part. *rimèſſo*.
Rimettere vn vaſcèllo, c'est le conquerir ou gagner petit à petit.
Rimetticcio, rejetton.
* *Rimínio*, remuëment.
Rimiráre, regarder attentiuement.
Rimiráta, regard.
Rimiſchiáre, meler, brouiller ensemble.
Rimiſſióne, remission.
Rimiſuráre, remeſurer.
Rimmolláre, retremper.

Rimedernáre, renouueller, rendre moderne, remettre à la mode.
Rimollíre, rammollir, retremper. pref. *rimollíſco*, & *rimòllo*.
Rimondáre, monder, nettoyer, curer, ébrancher.
Rimóndo, curé, nettoyé, purifié, ébranché.
Rimontáre, remonter, rehausser de prix.
Rimorchiáre, picquer en parolles. Et tirer vne barque par le moyen d'vne autre, remolquer. Item, donner des regards pour allecher.
Rimòrchio, crierie, tancement, picque de parolles. Item, allechement, regard attirant.
Rimordénte, remordant, qui remord.
Rimórdere, remordre. Auoir remords. pron. *o* ouuert. parf. *rimórſi*, & *rimordétti*, & *rimordèi*.
Rimordiménto, remords.
* *Rimóre*, rumeur.
* *Rimoreggiáre*, faire rumeur.
Rimorire, remourir. fut. *rimorrò*.
Rimorſióne, &
Rimórſo, remords. pron. *o* ouuert.
Rimórto, mort derechef. pron. *o* ouuert.
Rimorzáre, esteindre. pron. *ts*.
Rimóſo, plein de rimes. pron. *o* fermé.
Rimóſſa, pause, interualle. Item, mouuement, remuëment. pron. *o* ouuert.
Rimòſſo, remué, reculé, osté.
Rimoſtránza, remonstrance.
Rimoſtráre, remonstrer.
Rimotaménte, solitairement, à l'escart, auec distance.
Rimotióne, esloignement.
Rimòto, éloigné.
Rimouére, remuër, éloigner, destourner. parf. *rimòſſi*.
Rimouiménto, remuëment, éloignement, détour.
Rimpalmáre, recalfeutrer, refaire les trous d'vn vaisseau auec de la poix.
Rimpalmatóre, calfateur de vaisseau.
Rimpalmatúra, calfaterie.
Rimpaſtáre, repaistrir.
Rimpatriáto, retourné ou remis dans sa patrie.
Rimpazzáre, raffollir. pron. *ts*.
alla Rimpazzáta, à l'estourdie, pron. *ts*.
Rimpazzíre, raffollir. pref. *rimpazzíſco*.
Rimpedúlire, resemeller, garnir vn bas de chausse.
dàr à Rimpedúlare, Metaph. Se desfaire entierement d'vne chose, chasser ou bannir de soy: méprifer, ne faire point d'estat.
Rimpennáre, remplumer.
Rimpetagliáre, hazarder.
Rimpetáglio, hazard, peril.
Rimpétto, vis à vis. Item, en comparaison, au prix, pron. *e* ouuert.
à Rimpétto, contre, en teste.
Rimpiaſtráre, remplastrer. Raccommoder vn different.
Rimpiattáre, cacher, tapir. Cacher dedans.
Rimpinzáre, se saouler derechef, gruger, manger tout son saoul.
Rimplumáre, remplumer.
* *Rimporpettárſela*, s'en faire à croire.
Rimprigionáre, remprisonner.
Rimpregnáre, rengrosser.
Rimpreſſióne, fourboiture.
Rimprocciaménto, reproche.
Rimprocciáre, reprocher.
Rimprocciéuole, reprochable.
Rimpròccio, reproche.
Rimprocciòſo, plein de reproche.
Rimprouerábile, reprochable.

Rimprouerànte, reprochant, qui reproche.
Rimproueràre, reprocher.
Rimprouerature, reprocheur.
Rimproueratrice, reprocheuse.
Rimprouerio, &
Rimpróuero, reproche.
Rimulcáre, remolquer. Item, tancer.
Rimúlco, gronderie.
Rimuneránza, remuneration. pron. *ts*.
Rimuneráre, remunerer.
Rimuneratióne, remuneration, recompense.
Rimuneratóre, qui recompense, remunerateur.
Rimuneratrice, recompenseuse.
Rimuneréuole, que l'on doit remunerer.
Rimunire, renforcer, remunir, regarnir. present, *rimunisco*.
Rimuóuere, remouuoir, reculer, destourner. part. *rimóssi*.
Rimuráre, remaçonner.
Rimurchiáre, remolquer.
* *Rimúra*, reculement.
Rimutaménto, *rimutànza*, changement, alteration.
Rimutánza, permutation de coulpe. pron. *ts*.
Rimutáre, changer, alterer.
Rimutéuole, qui se peut alterer.
Rinalzaménto, rehaussement. pron. *ts*.
Rinalzáre, rehausser. pron. *ts*.
Rinascénte, renaissant.
Rinascénza, regeneration. pron. *ts*.
Rináscere, renaistre. present, *rinásco*, *rinásci*. parfait, *rinácqui*, *rinascésti*, *rinácque*, & le reste comme *nascere*.
Rinasciménto, regeneration.
Rinascíta, idem.
Rináto, né derechef, regeneré.
Rinauigáre, nauiger derechef.
Rincacciáre, rechasser, repousser.
Rincagnáto, qui sent du nez. Item, crochu, ratatiné. Et grondeur, ou meschant comme vn chien.
Rincalcáre, refouler.
Rincalciáre, chasser, faire fuir.
Rincalzáre, rechausser vn mur ou pied d'arbre. C'est aussi faire fuir l'ennemy, donner la chasse. pron. *ts*.
Rincalzáta, poursuite, chasse d'ennemis. pron. *ts*.
Rincálzo, soustien, appuy. Et poursuite ou chasse de l'ennemy. pron. *ts*.
Rincaráre, &
Rincarire, rencherir, encherir. pres. *rincarisco*.
Rincarnáre, remplir de chair, se refaire.
Rincartáre, recouurir de papier, renoueler le papier. Item, rempacqueter, & assembler les cartes, replier. Et retoucher par escrit.
Rincastráre, renchasser, remboister.
Rincastellàto, bien troussé, bien composé.
Rincastráre, renchasser.
* *Rincatiáre*, fourbir, polir, frotter.
Rincauernáre, rentrer en la cauerne.
Rinchiáre, grincer les dents.
Rinchiatúra, &
Rinchio, grincement de dents.
Rinchiúdere, renclorre, renfermer, enfermer. parf. *rinchiúsi*.
Rinchiúso, renfermé, reclus, enclos.
Rincignere, *Rincingere*, enuironner derechef. Et engrosser derechef vne femme. parf. *rincinsi*.
Rincínta, grosse derechef, enceinte.
Rincirconire, se tourner comme le vin, s'aigrir. pres. *rincirconisce*, verbe impersonnel.

Rincirconire il sangue, se troubler le sang par vne alteration à l'improuiste, de peur ou de souuenance de chose espouuentable.
alla Rincóntra, à l'encontre.
Rincontráre, rencontrer, & aller au deuant.
Rincóntro, rencontre, & heurt. Item, comparaison, confrontation. C'est aussi, vis à vis.
Rincoráre, rasseurer, remettre le cœur, reprendre cœur.
Rincórrere, recourir, rencourir. parf. *rincórsi*.
Rincréscere, fascher, ennuyer, se desplaire en vn lieu. parf. *rincrébbe*, verbe impersonnel.
Rincresceuóle, ennuyeux, fascheux, ennuyant, ennuyante.
Rincresciménto, ennuy, fascherie.
Rincrescióso, fascheux.
Rincrespáre, replisser. Item, rider.
Rincrespatúra, plisseure.
Rincucciársi, *Rincucciársi*, se retirer en soy, se resserrer de peur. Item, se hausser.
Rinculáre, reculer.
Rinculáta, recul, accul.
à Rinculóne, à reculons.
Rinculóso, qui recule.
Rinegaménto, reniement.
Rinegáre, renier.
Rinegáto, renegat. Item, renié.
Rinettáre, renettoyer.
Rinfacciáre, reprocher.
Rinfacciaménto, reproche.
Rinfamáre, rendre la renommée. Et rendre derechef infame.
Rinfarciáre, refarcir.
Rinfermáre, renfermer. Item, retomber malade.
Rinferráre, renferrer.
Rinfiammáre, renflammer.
Rinfocáre, remettre tout en feu.
Rinfocoláre, idem.
Rinfoderáre, renguainer.
Rinfóndere, rinfuser. part. *rinfúsi*.
Rinforz améntó, renfort. pron. *ts*.
Rinforzáre, renforcer, reprendre ses forces. prononcé *ts*.
Rinforzáta, renfort. pron. *ts*.
Rinfórzino, vn chable. Item, vn licol. pron. *ts*.
Rinfórzo, renfort. pron. *ts*.
Rinfoscáre, redeuenir obscur.
Rinfrancáre, redonner courage, reprendre vigueur ou courage.
Rinfrancesáre, &
Rinfrancesáre, reprendre la verolle, ou la rebailler.
Rinfrángere, repercuter. Item, rebriser. parf. *rinfránsi*.
Rinfránto, rompu, brisé, concassé.
Rinfrescaménto, raffraischissement.
Rinfrescáre, raffraischir.
Rinfrescáta, raffraischissement.
Rinfrescatiuo, raffraischissant.
Rinfrescatóio, vn vase à mettre raffraischir, vn raffraischissoir, vne cuuette.
i miei bicchièri non sun da Rinfrescatóio. Il n'y a point d'artifice à mon fait.
Rinfronz íre, farder, prendre peine à orner. Item, repousser des feüilles. pres. *rinfronzísco*.
Rinfuocáre, remettre en feu, renflammer.
dalla Rinfúsa, confusément.
Rinfusaménte, idem.
Rinfúso, remply. Item, confus.
* *Ringa*, harangue.

Ringagliardíre, deuenir fort. pref. *ringagliardísco*.
Ringalúzzárſi, ſe recocquiller, ſe dreſſer ſur ſes ergots.
* *Ringauignáre*, tempoigner à trauers le corps.
Ringáre, haranguer.
* *Ringarauignáre*, rouler ou tourner les yeux dans la teſte.
* *Ringattaguáre*, recouurer ſa perte.
Ringemináre, redoubler.
Ringentilíre, redeuenir gentil. pref. *ringentilísco*.
Ringhí, crocs, groſſes dents de chien.
Ringhiáre, grincer les dents. Item, ſentir de loin en monſtrant les dents comme les cheuaux.
Ringhiéra, chaire à haranguer, le barreau où l'on plaide.
Ringhío, grincement de dents.
Ringhióſo, grondeur, querelleux, hargneux, grinceur de dents.
Ringhiottíre, raualler, rengloutir. pref. *ringhiótto*, & *ringhiottísco*.
Ringhíre, grincer ou monſtrer les dents.
Ringiáre, idem.
Ringioíre, réjouyr, ſe réjouyr. pref. *ringioísco*.
Ringioueníre, rajeunir. pref. *ringiouenísco*.
Ringlomeráre, remettre en pelotton.
Ringo, croc ou dent de chien. Item, violente, & ſoudaine attaque.
Ringorgaménto, enflement, regorgement.
Ringorgáre, s'enfler, regorger comme vn gouffre.
Ringrandíre, raggrandir. pref. *ringrandísco*.
Ringratiaménto, remerciement.
Ringratiáre, remercier.
Ringratiatóre, remercieur.
Ringratiatríce, remercieuſe.
Ringrauidáre, a, nouuelle groſſeſſe. pron. *ts*.
Ringranidáre, rengroſſer.
Ringrinzáre, rechigner, rider, ratatiner. pron. *ts*.
Ringroſſáre, regroſſir.
Ringuaináre, renguainer.
Ringuigiáre, refaire le deſſus des mules, ou les courroyes des ſandales.
Ringurgáre, *ringurgitáre*, regorger.
Rinnaffiáre, arrouſer derechef.
Rinneſtáre, renter.
Rinocerónte, Rinocerot.
* *Rinománz a*, renom, renommée.
* *Rinomáre*, renommer.
Rinóme, renom, & ſurnom.
Rinoméa, renommée.
Rinómo, idem.
Rinúntia, renonciation. Renonce.
Rinontiáre, renoncer.
Rinontiatióne, renonciation.
Rinontiatóre, renonciateur.
Rinontiatríce, renonciatrice.
* *Rinoricáre*, tremouſſer de joye.
Rinotríre, renourrir. pref. *rinotrísco*.
Rinottáre, ſe refaire nuit.
Rinouále, qui ſe renouuelle.
Rinouaménto, renouuellement.
Rinouáre, renouueller.
Rinouatóre, renouuelleur.
Rinouatríce, renouuelleuſe.
Rinouár campágna, en jargon, s'habiller de neuf.
Rinouatióne, renouuellement.
Rinouelláre, renouueller.
Rinouellatióne, renouuellement.

Rinouéuole, qui ſe peut renouueller.
Rinquartáre, rempacqueter, replier en pacquets.
Rinſanáre, requerir.
Rinſaníre, redeuenir inſensé. pref. *rinſaínsco*.
Rinſauíre, redeuenir ſage. pref. *rinſauísco*.
Rinſignáre, renſeigner.
Rinſeltáre, rembuſcher.
Rinſenſáre, rendre les ſens.
* *Rinſtiacquáre*, rincer ou eſlanger derechef.
Rinſuoláre, remonter des ſouliers, ou bottes, reſemeller.
* *Rinſtoráre*, reſtaurer.
* *Rinſtóro*, reſtauration.
Rinſuonáre, reſonner.
Rintanáre, rentrer dans la cauerne.
Rintaſáre, boucher.
Rintegoláre, recouurir de thuilles.
Rintegráre, reintegrer.
Rinteneríre, rattendrir. parf. *rinterísco*.
Rinterz áre, tripler. Item, faire des pacquets de trois, ou des ſizains comme des cartes. pron. *ts*.
Rintiepidíre, rattiedir. pref. *rintepidísco*.
Rintoccáre, tinter les cloches.
Rintonáre, tentonner vne chanſon.
Rintónica, creſpiſſeure.
Rintonicáre, recreſpir vn mur.
Rintoppáre, rencontrer. C'eſt auſſi rapiecer.
Rintóppo, rencontre: Et empeſchement, heurt. prononcé *o* ouuert.
Rintracciáre, retracer. Item, s'enquerir, rechercher les ſecrets.
Rintracciatóre, chercheur de ſecrets.
Rintralciáre, rentrelacer.
Rintricáre, intriguer derechef.
Rintronáre, retentir fort, eſtourdir de bruit.
Rintroíre, deuenir reueſche. pref. *rintroísco*.
Rintuonáre, entonner.
Rintuzz áre, eſmouſſer la pointe ou le trenchant. Metaph. repouſſer, rabattre, abbaiſſer. pron. *ts*.
Rintúzzo, repouſſement, rabattement. pron. *ts*.
Rinualérſi, reprendre ſes forces. parf. *rinuálſi*.
Rinualúto, qui a repris ſes forces.
Rinueníre, reuenir, reuenir à ſoy, renfler, faire reuenir la viande, ou choſes ſeiches en les trempant, retrouuer, deſcouurir: Inuenter. pref. *rinuéngo*, parfait, *rinuénni*, part. *rinuenúto*, fut. *rinuérro*, &c. comme *ventre*.
Rinuentráre, remettre dans le ventre.
Rinuerdiménto, reuerdiſſement.
Rinuerdíre, reuerdir, renouueler. pref. *rinuérdo*, & *rinuerdísco*.
Rinuergáre, remettre en lingots. Item, démeſler, retourner, trouuer, deſcouurir.
Rinuergáre vna mataſſa, démeſler vn eſcheueau.
Rinuerſáre, renuerſer.
Rinuérſo, reuers, enuers. Item, renuerſé.
Rinuertíre, retourner en arriere, rebrouſſer. Anciennement, verifier.
Rinuerz icáre, reuerdir. pron. *ts*.
Rinuerzíre, idem. pron. *ts*.
Rinueſcáre, engluer derechef.
Rinueſciárdo, vn babillard, vn flagorneur.
Rinueſciáre, flagorner, ſouffler aux oreilles. Item, tenuefer.
Rinueſtíre, reueſtir, Et croquer. Item, rinueſtir. pref. *rinuéſto*, & *rinueſtísco*.
Rinuiaménto, renuoy.
Rinuiáre, renuoyer, & remettre au chemin.

Ggg ij

Rinuigorire, reprendre vigueur, rauigotter. pref. rinui-
gorisco.
Rinutilàre, rinutilire, rabaisser, rendre vil.
Rinuitàre, inuiter derechef. Item, renuier au jeu.
Rinulto, renuy au jeu.
Rnumerare, renombrer.
Rinúntia, renonciation. Renonce.
Rinuntiaménto, renonciation.
Rinuntiàre, renoncer. Pour annoncer, & rapporter.
Rinuntiatióne, renonciation.
Rinuntiatóre, renonciateur. Item, rapporteur.
Rinuntiatríce, renonceuse. Item, rapporteuse.
Rinuogliàre, se donner enuie ou desir, auoir vn nouuel appetit.
Rinuólgere, renuelopper. Item, retournoyer. parf. rinuólsi.
Rinuoltàre, idem
Rinuoltúra, reuolution, tournoyement.
Rinuóluere, retourner, renuelopper. parfait, rihuólsi.
Rinuolutióne, reuolution.
Rinz affàre, reboucher auec vn bouchon ou bondon. pron. ts.
Rinz eppàre, renforcer par force. Et reboucher.
Rio, ruisseau. Item, fleuue.
Rio, meschant, coupable.
Riobárbaro, rheubarbe.
Riodíre, hair derechef.
Rioléito, petit ruisseau.
Riompióz are, donner encore à manger, remplir à toute heure.
Rióne, quartier de ville. Selon aucuns, vn quartenier, vn Preuost.
Rióppo, en jargon, derriere.
Riordinàre, remettre en ordre, & ordonner derechef.
Riótta, riotte, noise.
Rioitàre, riotter, auoir des noises.
Riortóso, riotteux.
Rípa, riue. Et rocher. Item, le port à Rome.
Ripalmeggiàre, recalfeutrer.
Ripampinàre, repousser des bourgeons.
Riparábile, reparable.
Riparàre, reparer, remedier, pouruoir, restaurer.
Riparársi, se deffendre.
Riparársi, se retirer en vn lieu, s'entretenir.
Riparatióne, reparation.
Riparatóre, reparateur.
Riparélla, petit bord.
Riparlàre, reparler.
Ripáro, rempart, deffense, remede.
à Ripáro, en deffense.
Riparóni, rebords, arrests.
Ripartiménto, département.
Riparvìre, départir, faire les départemens. Item, partager derechef. pref. ripário, & riparísco.
Ripascere, repaistre.
Ripasciúto, repeu.
Ripassàre, repasser. Item, deceder.
Ripassàta, decez.
Ripassegiàre, repourmener.
Ripatriàre, retourner en son pais. Item, rapatrier.
Ripatteggiàre, faire vn nouuel accord.
Ripellère, repousser, n'est point en visage qu'en infinitif.
Ripelo, vne saccade.
Ripensàre, repenser. Item, recompenser.
Ripentagliàre, hazarder.
Ripentáglio, peril, danger.

* Ripènte, promptement. pron. e ouuert.
Ripentinaménte, repentir.
Ripentíno, prompt, viste.
Ripentíre, repentir.
Ripentíto, & ripentito, repentant, & repenty.
Ripercóssi, repercution.
Ripercósso, refrapé, repercuté.
Ripercotiménto, repercution.
Ripercuòtere, repercuter, refrapper.
Ripercussióne, repercution.
Ripertório, registre, inuentaire.
Ripescàre, repescher.
Ripestàre, repiler.
Ripètere, repeter, redemander. parf. ripetéi, & ripetéti.
Ripeténole, qui se peut repeter, ou redemander.
Ripetiménto, repetition.
Ripetío, repetition.
Ripetíre, repeter. parf. ripetétti, & ripetéi.
Ripetitióne, repetition.
Ripetitóre, qui repete, qui redemande.
Ripétto, petit quay, petit bord, petite riue. A Rome, vn quay. pron. e fermé.
Ripétto, bruit, dissention, chose qui reuient sur le cœur, qui cause la dissention. pron. e ouuert.
Ripetúto, repeté.
Ripezzàre, rappetasser, rappiecer. pron. ts.
Ripezzatóre, rappetasseur. pron. ts.
Ripezzatríce, rappetasseuse. pron. ts.
Ripezzatúra, rappiecement. pron. ts.
Ripiaciménto, nouuelle complaisance, nouueau plaisir.
Ripiángere, repleurer. parf. ripiánsi.
Ripiantàre, replanter.
Ripicchiàre, refrapper à la porte.
Ripidèzza, ripidità, rapidité. pron. ts. & e fermé.
Rípido, rapide, penchant.
Ripiegàre, replier, replisser, recouber.
Ripiegatúra, reply, vn remply.
Ripiégo, ply, reply, pacquet.
Ripiégo, accommodement, remede.
questo hà Ripiégo. i. il y a du remede, cela se peut raccommoder ou rajuster.
Ripienézza, remplissement.
Ripiéno, plein, remply. Et tout ce qui sert à remplir, remplissage.
seruir per Ripiéno. i. ne seruir que de nombre.
Ripigliaménto, reprise.
Ripigliàre, reprendre, tancer, rabrouer.
Ripíglio, reprehension.
Ripignere, ripingere, repousser. parf. ripinsi.
Ripínta, saccade, repoussement.
* Ripítio, repetition.
Rípiro, Rípido, rapide qui panche, que l'on dit d'vne montagne.
Ripitóre, rapporteur.
Riplica, replique.
Ripilcàre, repliquer.
* Riplìere, repleuuoir.
Ripolíre, repolir. pref. ripolísco.
Ripóure, &
Ripórre, remettre. Serrer, cacher, mettre à part, placer, replanter. pref. ripóngo, parf. ripósi. part. ripósto.
Ripórta, rapport.
Riportàre, reporter, rapporté.
Riportársi, s'en rapporter à vn autre.
Riportatóre, rapporteur, flagorneur.
Riportatríce, rapporteuse.
Ripórti, rapports, cajolleries.

Ripòrto, rapport.
Ripoſánẓa, repos. pron. ts.
Ripoſáre, repoſer.
Ripoſáto, poſé, d'humeur poſée.
Ripoſatamènte, en repos.
Ripoſitòrio, la cache où l'on ſerre.
Ripòſo, repos. pron. o ouuert.
Ripoſtiéra, vne femme de charge.
Ripoſtiéro, vn qui enſerre les prouiſions.
Ripoſtíglio, la cache. Magaſin, deſpenſe, garderobbe, garde-manger, reſeruoir.
Ripòſto, cache, placé, eſcarté, ſerré.
Ripregáre, reprier.
Riprèndere, reprendre, reprimender. parf. ripréſi.
Riprénderſi, ſe morfondre aprés s'eſtre eſchauffé iuſques à prendre la fiévre ou la pleureſie : Se fourboire du cheual.
Riprendéuole, reprehenſible.
Riprenditóre, reprimendeur, repreneur.
Riprendúrice, repreneuſe.
Riprenſíbile, reprehenſible.
Riprenſiòne, reprehenſion, reprimende : Et fourboiture. Item, engourdiſſement, morfonture.
Riprenſíuo, reprehenſif.
Riprenſóre, repreneur, correcteur.
Ripréſa, repriſe.
Ripreſàglia, repreſaille.
Ripreſentáre, repreſenter.
Ripreſáre, reprendre, vſer de repreſaille.
Ripréſo, repris. Eſchauffé iuſqu'à prendre la fiévre, fourbu. Item, redoublement ou recheute de maladie.
Ripreſſáre, repreſſer.
Ripreſſóre, repreſſer.
Riprezẓáre, trembler la fiévre. pron. ts.
Riprèzẓo, tremblement de fiévre, friſſon. pron. e fermé, & les ẓẓ. comme ts.
Riprocciáre, reprocher.
Riпróccio, reproche.
Riprofondáre, rapprofondir.
Riprodúrre, reproduire. preſ. riprodúco, imparf. riprocéua, parf. riprodúſſi, part. riproníttio, & riprodótto, fut. riprodúrrò, opt. riprodúca, imparf. riproducéſſi, & riproduréſſi, &c.
Riproferíre, reproferer. preſ. riproferíſco.
Ripróuare, reprouuer.
Riproualéua, pouruoir derechef. parf. riprouídi.
Riprouána, reprobation.
Ripudiáre, repudier.
Ripúdio, repudiation.
Ripugnánte, repugnant. pron. ts.
Ripugnánẓa, repugnance. pron. ts.
Ripugnáre, repugner.
Ripulíre, repolit. preſ. ripulíſco.
Ripúlſa, reboutement, recuſation.
Ripulſáre, rebouter, recuſer.
Ripúnto, arriere-point, picqueure.
Ripurgáre, repurger.
Riputatióne, reputation.
Riputéuole, qui ſe peut reputer.
Riquadraménto, ajuſtement.
Riquadráre, ajuſter, quadrer, dreſſer à l'eſquerre, eſquerrir.
Riquadratúra, eſquerreure.
*Rìſa, vne eſcorce ou gouſſe. Item, les ris.
Riſácca, le rebattement des ondes en arriere.
Riſáda, riſée.

Riſagállo, reagal.
Riſaſſíre, reſtablir.
Riſáta, riſée. Item, vn plat ou ſeruice de ris.
Riſauóla, boutade de ris, bouffée.
Riſaldáre, reſouder. Raſſermir, reſtancher.
Riſaldatúra, ſoudeure.
Riſalgáio, reagal.
Riſalíre, remonter. Et aduancer en dehors, ſaillir.
Riſalíta, aduance, ſaillie, rebord.
Riſaltáre, ſaillir en dehors. Item, reſaulter.
Riſálto, ſaillie, aduance.
Riſálua, ſauueté.
Riſaluáre, mettre en ſauueté.
Riſanáre, reguerir.
Riſanéuole, qui ſe peut reguerir.
Riſapére, ſçauoir, entendre dire. preſ. risò, riſái, riſà, imparf. riſapéua, parf. riſéppi, partic. riſapúto, futur, riſapérò, & riſaprò, impérat. riſáppi, opt. riſáppia, imparf. riſapíſſi, & riſapréſi, &c.
Riſarchiáre, reſarcler.
Riſarciéuole, qui ſe peut racouſtrer.
Riſarcíre, raccommoder, racouſtrer. preſ. riſarcíſco.
Riſarúblo, vn rieux. Item, Marchand de ris.
Riſáta, riſée.
Risbattiménto, rebattement.
Ríſca, arreſte.
Riſcaldagióne, &
Riſcaldaménto, eſchauffeure, eſchauffaiſon.
Riſcaldáre, eſchauffer, reſchauffer.
Riſcaldatíuo, qui reſchauffe.
Riſcaldatóio, vne aiſance qui ſert à reſchauffer.
Riſcálda viuánda, vn reſchaut.
Riſcappináre, regarnir des bas. Item, remettre vne empeigne, remettre des roſettes.
Riſcáre, riſquer.
Riſcattáre, rachepter, recouurer, rençonner.
Riſcattárſi, prendre reuanche au jeu. C'eſt auſſi ſe vanger.
Riſcátto, reuanche au jeu. Et rachapt.
Riſchiaráre, eſclaircir. Item, rincer.
Riſchiaratèlla, vne rinçade.
Riſchiáre, riſquer.
Riſchiaríre, eſclaitcir. preſ. riſchiaríſco.
Riſchiéuole, qui ſe peut riſquer, hazardeux.
Riſchio, riſque.
Riſchióſo, hazardeux.
Riſciacquáre, rincer. Eſſanger.
Riſciacquáre il bucáto à vno, eſſanger la leſſiue à queſqu'vn .i. lauer la teſte, tancer.
Riſciacquatúra, vne rinçade.
Riſciacquatóre, rinceur.
Riſcialaquáre, diſſiper ſes biens.
Riſciaráſſi, touſſer pour jetter le crachat, dehors.
Riſciо, riſque, hazard.
Riſcomunicáre, excommunier derechef.
Riſcontáre, rabattre de la ſomme.
Riſcontráre, rencontrer. Confronter vne eſcriture, colationner.
Riſcóntri di ſerratúra, garde de ſerrure.
Riſcóntro, rencontre.
à Riſcóntro, vis à vis.
Riſcórrere, parcourir. parfait, riſcórſi, prononcé o ſerué.
Riſcorticáre, reſcorcher.
Riſcóſo, hazardeux. pron. o fermé.
Riſcóſſa, reſcouſſe. Et recepte d'argent, ou autre choſe. pron. o ouuert.
Riſcóſſo, reſcoux. Item, receu. prononcé o ouuert.

Riscòtere, receuoir de l'argent : voyez cy-deſſous, *riſ-*
cuotère, & ſa ſuitte. parf. *riſcòſſi*.
Riſcottitòio, reſeruoir, receueur.
Riſcritto, mot d'eſcrit.
Riſcriuere, reſcrire, parf. *riſcriſſi*.
Riſcuòtere, reſcourre : receuoir de l'argent : reuenir à
ſoy. Auoir reuanche au jeu, regagner. Et. *riſcòſſi*,
pron. o ouuert.
Riſcuòterſi, trembler en ſurſaut. Item, rappeler ſes
ſens, reuenir à ſoy.
Riſcuòterſi nel giuòco, prendre reuanche.
Riſcuorimento, reſcouſſe : recepte : ſurſaut.
Riſcuotitòre, receueur. Item, rachepteur.
Riſcuotitrice, receueuſe.
Riſilegnàrſi, ſe courroucer derechef, ſe mettre en
colere.
Riſecamento, retrenchement.
Riſecàre, retrencher.
Riſeccante parlàre, vn parler ſec, & ennuyeux.
Riſeccàre, reſecher.
Riſedènza, reſidence. pron. *ts.*
Riſedère, reſider. Item, eſtre aſſis. parf. *riſedètti*.
Riſedèr bène ò màle, eſtre bien ou mal placé.
Riſèdio, reſidence.
Riſegatùra, coupper, retrencher, tailler, esbrancher.
Riſegatùra, couppeure, esbranchement.
Riſeghinèite, pierres en arcades au deſſus des feneſtres.
Riſegnà, receuë. pron. e fermé.
Riſegnàre, reſigner.
Riſegnatiòne, reſignation.
Riſegnatòre, qui reſigne.
Riſembràre, reſembler.
Riſeminàre, reſemer.
Riſenſàre, reprendre ſes ſens.
Riſentàre, raſſeoir. Item, rincer.
Riſentimento, reſſentiment.
Riſentìre, s'eſueiller. Reuenir à ſoy.
Riſentìrſi, ſe reſſentir. Rappeler ſes ſens, reuenir à
ſoy.
Riſentìta, reſſentiment.
Riſentìto, qui a du reſſentiment. Item, reuenu à
ſoy.
vn pòco Riſentìto, vn peu en colere. Item, vn peu in-
diſpoſé, vn peu eſmeu.
Riſentìre paròle, poroles de reſſentiment, parolles plei-
nes de colere.
Riſèrba, reſeruoir. pron. è ouuert.
Riſerbànza, idem.
Riſerbàre, reſeruer.
Riſerbatamènte, à part, de reſerue, à la reſerue.
Riſerbatiòne, &
Riſèrbo, reſerue. pron. e ouuert.
Riſerràre, reſermer.
Riſèrua, reſerue. *Rizeruànza,*
Riſeruàre, reſeruer.
Riſeruàta, exception, reſerue.
Riſeruàto, *andàr riſeruàto*, faire auec conſideration.
Riſeruìre, reſeruir, rendre le change, ſeruir en con-
tr'eſchange.
Riſèruo, reſerue. pron. e ouuert.
Riſètto, petit ris : ſouz-ris. pron. è fermé.
Riſgarare, riſquer.
Riſguardàre, regarder, auoir eſgard.
Riſguardatòre, regardeur.
Riſguàrdi d'vn libro, les deuants d'vn liure.
càrta da Riſguàrdi, papier à mettre deuant vn liure.
Riſguàrdo, regard. Egard.

Riſibile, riſible.
Riſibilità, proprieté de rire.
Riſicàre, riſquer.
Riſico, riſque, danger.
Riſigàllo, reagal, ſorte de poiſon.
Riſigàre, riſquer.
Riſìgo, riſque, danger.
Riſìma, rame de papier.
Riſimètta, main de papier, petite rame de papier.
riſimigliànte, reſſemblant.
riſimigliànza, reſſemblance. pron. *ts.*
Riſimigliàre, reſſembler.
Riſìpila, ereſipelle.
Riſipilla, riſipola*, idem.
Riſiſtènza, reſiſtance.
Riſiſtere, reſiſter. parf. *riſiſtètti*.
Riſma, rame ou raſme de papier.
Rìſo, ris. Et du ris à manger.
Riſolàre, reſemeller. Item, replancheyer.
Riſolènde, ſoulager derechef. Item, reſouſleuer.
Riſolràre, reſulter.
Riſolùbile, qui ſe peut reſoudre.
Riſoluére, reſoudre. parf. *riſolſi*, & *riſolnètti*, & *ri-*
ſolnéi.
Riſolnézza, &
Riſolutiòne, reſolution.
Riſolutìuo, reſolutif.
Riſolùto, reſoult, & reſolu.
Riſolutòrio, qui ſe peut reſoudre.
Riſomigliànte, reſſemblant.
Riſomigliànza, reſſemblance.
Riſomigliàre, reſſembler.
Riſonànte, reſonnant, reſonnante.
Riſonànza, reſonnance. pron. *ts.*
Riſonàre, reſonner.
* *Riſoràre*, repoſer.
Riſorbìre, raualler. preſ. *riſòrbo*, & *riſorbìſco*, qui n'eſt
gueres en vſage.
Riſorgere, ſe releue.
Riſorgere, ſe releuer. parf. *riſòrſe*, & *riſorgètte*. part.
riſorto, pron. ò fermé.
* *Riſoro*, repos.
Riſòrto, reſſort, dépendance. Item, releué.
Riſoſpìgnere, *riſoſpìngere*, repouſſer en auant, pouſſer
derechef. parf. *riſoſpinſi*.
Riſoſpingimento, repouſſement.
Riſouuenìre, reſſouuenir. Item, aider ou ſubuenir de
rechef. preſ. *riſouuèngo*, *riſouuièni*, *riſouuiène*, re-
ſotuueniàmo, *reſouuenìte, reſouuengòno*. parf. *riſouuen-*
ni, *riſouuenìſti*, *riſouuènne*, *riſouuenimmò*, *riſouuen-*
uenìſte, *riſouuenìuero*. part. *riſouuenùto*. fut. *riſouuerrò*.
opt. *riſouuenìſſi*, *riſouuerréi*, &c.
Riſparagnàre, reſpargner.
Riſparàgno, eſpargne.
Riſparmiamènto, eſpargne.
Riſparmiàre, eſpargner.
Riſparmiatòre, eſpargneur.
Riſparmiatrìce, eſpargneuſe, menagere.
Riſparmiuòle, qui ſe peut eſpargner, d'eſpargne : eſ-
pargnant, meſnager, meſnagere.
Riſparmio, eſpargne.
Riſparmiòſo, plein d'eſpargne.
Riſpàrſo, reſpandu, eſpars.
Riſpèngere, eſteidre derechef, reſteindre. preſ. *riſ-*
pèngo. parf. *riſpènſi*.
Riſpèndere, deſpenſer derechef. parf. *riſpèſi*, prononcé è fermé, & en infinitif. pron. è ouuert.
Riſpènto, reſtint. pron. è fermé.

R I   R I   423

Rispérgere, respandre derechef. parf. rispérsi, & rispargétti.
Rispersióne, espanchement.
Rispérso, espanché. pron. e ouuert.
Rispettáre, respecter. Item, se respondre en chantant tour à tour, lors qu'on donne les serenades.
Rispetéuole, que l'on doit respecter.
Rispettiuaménte, respectiuement.
Rispettiuo, respectueux.
Rispétto, respect. pron. e ouuert.
per buón Rispétto, pour cause, pour bonne raison.
Rispétto à quésto, au prix de cecy, en comparaison: touchant cela.
Rispétto, c'est vne responce en chantant tour à tour, refrain.
di Rispétto, dauantage, de plus.
caual di Rispétto, cheual de manege.
per Rispétto, pour le regard.
Rispettóso, respectueux.
Rispianáre, applanir derechef. Item, expliquer.
* Rispiarmáre, espargner.
* Rispiarméz z a, espargne. pron. les z z, comme ts.
* Rispiármo, idem.
Rispignere, repousser. parf. rispinsi.
Rispigoláre, glaner.
Rispingere, repousser. parf. rispinsi.
Rispinta, repoussement: saccade.
Rispinto, repoussé.
Rispiráglio, soufpirail. Item, trou pour respirer.
Rispiráre, respirer.
Rispiro, respiration.
Rispitto, respit.
Risplendénte, resplendissant, resplendissante. prononcez e ouuert.
Risplendénza, lueur, esclat. pron. ts.
Risplendére, resplendir. Et viure splendidement. parf. risplendétti. part. risplendúto. il n'est point en vsage.
Risplendéuole, esclattant.
Risplendéz za, esclat. pron. ts.
Rispogliáre, despoüiller derechef.
Rispondénte, respondant, respondante.
Rispondénza, responce: correspondance. pron. ts.
Rispondere, respondre, correspondre, repartir, respondre à vn lieu, comme vne fenestre sur vne ruë. parf. rispósi.
Rispondere al pagaménto, payer au temps deu.
Rispondénole, responsable.
Rispondióre, respondant, respondeur.
Risponditr.ce, respondeuse.
Risponsióne, responce.
Risponsiuo, responsif.
Rispónso, respons.
Rispóso, respondu. Item, correspondant.
Rispósta, responce, repartie. Et risposte en terme d'escriture.
la Ripósta che dà il P, a' surfánti, nous disons, la chanson da Montelimard.
Rispósto, respondu. pron. o ouuert.
Risprangáre, rejoindre auec vne barre ou bende de fer, ou tringue de fer, ou de bois.
Risquadráre, redresser, resquerrir.
Risquittíre, enter les plumes à vn oiseau. Item, donner respir.
Risquitto, respit.
Rissa, noise, débat, démeslé, querelle.
Rissáre, debattre, quereller.
Risserráre, reserrer.

Rissóso, querelleux.
Rissoffiáre, resouffler.
Ristabiliménto, restablissement.
Ristabilíre, restablir. parf. ristabilísco.
Ristagnaménto, estanchement.
Ristagnáre, estancher. Item, se faire ou couler en forme d'estang, inonder.
Ristámpa, nouuelle impression.
Ristampáre, s'imprimer.
Ristáre, pour restáre, r'arrester.
Ristauráre, restaurer.
Ristauratóre, restaurateur.
Ristáuro, restauration.
Risticciuóli, petits restes ou relicats.
Ristituíre, restituer. pref. ristituísco.
Ristitutióne, restitution.
Ristoppáre, restoupper, reboucher.
Ristoppiáre, glaner, amasser les chaumes ou broussailles. Item, semer sur le froissis.
Ristóppio, le froissis. pron. o fermé.
Ristoraménto, restauration.
Ristoráre, recompenser. Et restaurer. Se recréer.
Ristoratióne, restauration.
Ristoratíuo, restauratif.
Ristoratóre, restaurateur.
Ristoratríce, restauratrice.
Ristorétuole, qui se peut restaurer.
Ristóro, recompense, recreation, confort, restauration, pron. o ouuert.
Ristrégnere, restreindre. parf. ristrínsi.
Ristrettaménte, estroittement, succinctement.
Ristrettíuo, restringent.
Ristrétto, restraint, resserré. pron. e fermé.
il Ristrátto del negótio, le bon de l'affaire, le plus important de l'affaire.
in Ristrétto, en peu de mots.
Ristrignere, restreindre, retrancher. parf. ristrínsi.
Ristrignersi cón vno, contracter vne amitié fort estroitte.
Ristringácie, rattacher les esguillettes.
Ristringere, restreindre, serrer. parf. ristrísi.
Ristringiménto, restriction.
Ristritióne, &
Ristríto, idem.
Ristuccáre, saouler, rebutter.
Ristúcco, saoul de viande. Ennuyé, las, rebuté de quelque chose.
Risudáre, resuer, suer derechef.
Risuegliáre, resueiller.
Risuegliatóio, resueille-matin.
Risuéglio, resueil.
Risuettáre, recacheter.
Risúlta, resultation.
Risulténza, idem. pron. ts.
Risultáre, resulter.
Risuonánza, resonnance. pron. ts.
Risuonáre, resonner.
Risuóno, resonnance, retentissement. pron. o ouuert.
Risupináre, coucher le ventre au haut, à l'enuers.
Risupíno, couché le ventre au haut, à l'enuers.
Risuscítáre, resusciter. pron. e ouuert.
Risurrettióne, Resurrection.
Risurétto, resuscité. pron. e ouuert.
Risúrgere, resusciter, se releuer. parf. resurrússi.
Risuscitaménto, resurrection.
Risuscitáre, resusciter.
* Ritáde, veritáde, verité.
Ritagliáre, retailler. Item, taillader. Et vendre en detail.

Ritáglio, roigneure, morceau, piece, retaille.
à *Ritáglio*, en détail.
Ritagliúzzi, petites retailles.
Ritamisáre, retamiser.
Ritardánza, retardement.
Ritardáre, retarder.
Ritardéuole, qui se peut retarder.
Ritardiménto, retardement.
Riteguitóre, deteneur.
Ritégno, retien : retenuë.
Ritenénte, retenant : detenant. pron. è ouuert.
Ritenére, retenir, detenir. pres. *riténgo*, *ritiéni*, *ritiéne*, *riteniámo*, *ritenéte*, *riténgono*. parf. *riténni*, *ritenésti*, *ritenne*, *ritenémmo*, *ritenéste*, *riténnero*. part. *ritenúto*. fut. *ritérrò*. opt. *riténga*, imparf. *ritenéssi*, & *viterréi*, &c.
Ritenér il dóno, accepter vn present.
Riteniménto, retenuë ; retien : retention.
Ritenitíua, retentiue, memoire.
Ritenitóre, reteneur.
Ritentáre, retenter, tenter ou essayer nouuellement. Memoire.
Ritentióne, retention.
Ritentíua, retentiue.
Ritentíuo, retentif.
Riténto, pour *ritenúto*, retenu. Item, nouuel essay.
Rirentóre, deteneur, retenu.
Ritenúte, des arrests pour retenir les cordages, &c.
Ritenúto, retenu.
andar Ritenúto, proceder prudemment, faire auec consideration ou retenuë.
Ritéssere, retisser, tisser derechef. pron. *ts*.
Ritissitúra, tissure, pron. le premier è ouuert. parf. *vitesséi*. part. *vitessúto*.
Ritignere, *ritingere*, reteindre. part. *ritinsi* part. *riténto*.
Ritintiménto, &
Ritintína, retentissement, tintement.
Ritintíre, retinter, retentir. pres. *ritintisco*.
Ritínto, reteint.
Ritirraménto, retraitte.
Ritiráre, retirer.
Ritiráta, retraitte.
Ritiratézza, humeur retirée. pron. *ts*.
Ritmi, rimes, vers.
Rito, coustume, ceremonie.
Ritoccáre, retoucher. Importuner de ses repliques.
Ritógliere, reprendre. pres. *ritólgo*, & *ritóglio*. parf. *ritólsi*. part. *ritólto*. fut. *ritórrò*. pron. o ouuert.
Ritólto, repris.
Ritondáre, arrondir, faire en forme ronde.
Ritondáto, arrondy. Item, rondeur ou rotondité.
Ritondeggiáre, arrondir.
Ritondétto, rondelet. pron. è fermé.
Ritondézza, rondeur, rondité. pron. è fermé, & les *zz* comme *ts*.
Ritondíja, idem.
Ritóndo, rond. pron. o fermé.
Ritór, *ritórre*, & *ritagliére*, reprendre. pres. *ritólgo*. parf. *ritólsi*, part. *ritolto*. opt. *ritólga*. imparf. *ritogliéssi*, & *ritorréi*.
Ritórcere, retordre.
Ritornáre, retourner : reuenir : rendre.
Ritornáta, retour.
Ritornéuole, qui peut retourner ou se rendre.
Ritórno, retour.
il Ritórno che fà dal mólire il gráno. i. tout moulu de coups.

cauál di Ritórno, cheual de renuoy.
Ritórre, reprendre, voyez, *ritór*. pron. o ouuert.
Ritórta, hart de fagot. Metaph. corde, cordage, lien. pron. o ouuert.
Ritortélli, sorte de craquelins en rond.
Ritórto, tortu, crochu. pron. o ouuert.
Ritórtola, hart de fagot. Item, vne corde. pron. le premier o ouuert.
Ritorcoláre, retordre.
Ritórcere, & *ritorcoláre*, idem. parf. *ritorcétti*.
Ritragittáre, repasser vne riuiere ou la mer.
Ritrahiménto, retraction.
Ritràgola, &
Ritràngolo, sorte d'vsure.
Ritrárre, retirer. Et pourtraire. pres. *ritráo*, parf. *ritràssi*.
Ritràr séco, imaginer en soy-mesme.
Ritràrsi, se retirer.
Ritrátta, retraicte.
Ritrátta, en jargon, vne lettre.
Ritrattánza, retractation, retraction. pron. *ts*.
Ritrattáre, traicter derechef : Et retracter.
Ritrattatióne, retractation.
Ritrattióne, retraction, retirement de nerfs.
Ritráito, pourtraict.
Ritrátto, le prix ou profit qu'on tire de quelque chose, le fruit, l'vsufruit. Item, retracté.
Ritrátto di múro, pointe ou aduance d'vn mur.
Ritréita, retraitte. pron. è ouuert.
Ritrincáre, retrencher.
Ritrogradáre, retrograder.
Ritrombáre, trompetter derechef.
Ritrosaménte, &
Ritrosescaménte, rudement, d'vne façon reuesche.
Ritrosétto, vn peu reuesche, vn petit reuesche. prononcé è fermé.
Ritrosía, humeur reuesche.
Ritrosíre, deuenir reuesche. pres. *ritrosisco*.
Ritrosità, humeur reuesche.
Ritróso, reuesche : obstiné, hagard. Item, à rebours. pron. o fermé.
Ritrósí, rebroussement, tourbillons.
Ritróso, l'oeil de la nasse, la partie au fonds d'vne nasse ou tonnelle qui empesche que le poisson ne resorte.
à *Ritróso*, à rebours.
* *Ritrúte*, reuesche.
Ritrouaménto, inuention.
Ritrouáre, retrouuer. Inuenter, controuuer.
Ritrouársi, se trouuer, se rencontrer en vn lieu, se rendre en vn lieu.
Ritrouáta, inuention.
Ritroópiro, hydropique.
Ritropísía, hydropisie.
Ritruóuo, reduit, assemblée de conuersation. Et banquet solemnel où il se rencontre des Dames. prononcé e ouuert.
Ritta, main-droitte : costé droit.
Rittaménte, droittement.
Rittáre, dresser.
Rítto, droit : droict : endroit d'estoffe.
Ritto, *vitto*, tout droit.
ógni Rítto hà'l sùo rouéscio. i. chaque chose à son contraire.
Ritoppáre, rappiecer.
Rituále, Rituel.
Riussáre, replonger.
Riturbáre, & *ritturáre*, reboucher.

Riturbáre,

Riturbáre, retroubler.
Riua, riue.
Riualáre, estre riual.
Riuále, corriual, riual. Item, vne digue, ou quay de riue, de ruisseau. C'est aussi vne sorte de filet ou ret qui va d'vn costé d'vne riuiere iusques à l'autre.
Riualére, reualoir. Item, estre en conualescence. pres. riuáglio, parf. riuálsi, part. riuálso, fut. riualéro, & riuárro.
Riualétto, petit ruisseau.
Riualicáre, repasser.
Riualità, competence de riuaux.
Riualità, conualescence.
Riualuto, reguery, sorty d'vne maladie.
Riuangáre, renuerser ou retourner la terre auec la besche.
Riuangária, rendre le change.
Riuáre, acheuer.
Riuedére, reuoir. parf. riuídi, fut. riuedérò, & riuedéró, opt. riuéda, imparf. riuedéssi, & riuedréi, &c.
à Riuedérci, iusqu'au reuoir. Les Italiens se font des souhaits pour rire, en partant l'vn d'auec l'autre, en ces termes ;
à Riuedérci da oliua, que nous nous puissions reuoir comme vne oliue, auec trois taillades sur l'os, & trois pieds sous l'eau.
à Riuedérci da scaldaletto, que nous nous reuoyons comme vne bassinoire, le feu dans le ventre, & le manche au derriere.
à Riuedérci da boccal da fursánte .i. la gueule rompuë, & la corde au col.
à Riuedérci come le lucciole, le feu au cul.
Come le galere .i. le timon dans le derriere.
Riuedimento, reueuë.
Riueditóre, visiteur.
Riuelaménto, reuelement, reuelation.
Riuelare, reueler.
Riuelatióne, reuelation.
Riuelatóre, qui reuele, reuelateur.
Riuelatríce, reueleuse, reuelatrice.
Riuelevole, qui se peut reueler.
Riuellere, arracher derechef. parf. riuélsi.
Riuellino, rauelin.
Riuinincidíre, rammollir, rattendrir. pres. riuinincidísco, c'est plustost vn verbe impersonnel.
Riuendaglie, fripperies.
Riuendaiuólo, reuendeur.
Riuenderia, fripperie.
Riuendigólo, reuendeur.
Riuenditóre, reuendeur.
Riuenditrice, reuendeuse.
Riuendrólo, riuendruólo, riuéndrolo, reuendeur.
Riuendugliólo, reuendeur.
Riuenduto, reuendu.
Riuenire, reuenir. pres. riuéngo, riuiéni, riuiéne, riueniámo, riuenite, riuéngono. parf. riuénni. part. riuenúto. fut. riuerró. opt. riuénga, imparf. riuenissi, & riuerréi.
Riuenúta, retour.
Riuerberaménto, reuerberation.
Riuerberáre, reuerberer.
Riuerberatióne, reuerberation.
Riuérbero, idem.
Riuércio, reuers. Item, renuersé.
Riuerdeggiáre, &
Riuerdíre, reuerdir pres. riuerdísco.
Riuerditúra, reuerdissement.
Riuerénte, reuerent, reuerente.

Riuerénzia, reuerence, honneur.
Riuerenziáre, honorer.
Riuerénza, reuerence. pron. ti.
Riuerire, reuerer. pres. riuerísco.
alla Riuérsa, à rebours, à la renuerse. pron. e ouuert.
Riuersaménto, renuersement.
Riuersáre, reuerser, & renuerser.
Riuersciáre, renuerser.
Riuérscio, le reuers. pron. e ouuert.
à Riuérscio, à la renuerse.
à Riuerscióne, idem.
Riuersicáre, renuerser.
Riuersióne, reuersion, renuersement.
Riuérso, renuersé, contraire. Le reuers. Vn reuers. L'enuers d'vne estoffe.
Riuersóne, à l'enuers.
Riuertere, retourner. parf. riuérsi, & riuertéi.
Riuesciáre, renuerser.
Riuéscio, le reuers, l'enuers. Vn reuers.
à Riuéscio, à l'enuers, & à la renuerse.
Riuescióne, idem.
ti daró in Riuerscióne, ie te donneray vne ioüé du dessus de ma main. Vn soufflet auec le dessus de la main.
Riuestíre, reuestir.
vn Riuestíto, vn gueux reuestu.
Riuéti, passe-poils. pron. e fermé.
Riuiéra, riuage, Et campagne proche de la mer, coste. Pour pescherie, Et riuiere.
* Riuilicáre, reprendre ses sens.
Riuíncere, regagner. Vaincre derechef. parf. riuínsi.
Riuio, cheneuottes.
Riuisíta, nouuelle visite.
Riuisitáre, reuisiter.
Riuisóre, visiteur, qui reuoit.
Riuiuere, reuiure. parf. riuíssi.
Riuificáre, reuiuifier.
Riumiliáre, rehumilier.
Riuo, ruisseau.
Rinocábile, reuocable.
Riuocaménto, reuocation.
Riuocáre, reuoquer.
Riuocatióne, reuocation.
Riuóco, idem. pron. o ouuert.
Riuoláre, reuoler.
Riuolére, reuouloir. parf. riuólsi.
Riuólgere, retourner, changer, tournoyer. parf. riuólsi, & riuolgétti. pron. o ouuert.
Riuólgersi contra d'vno, se reuancher contre quelqu'vn.
Riuólger nella memória, repasser par sa memoire.
Riuolgiménto, reuolution, tournoyement. Item, reuolte.
Riuolo, petit ruisseau.
Riuólta, tour, destour d'vne ruë. Reuolte, reuolution, tournoyement.
Riuoltaménto, idem.
Riuoltáre, reuolter. Tourner, détourner, repasser par la memoire. Renuerser.
Riuoltársi contra d'vno, se reuancher.
Riuoltélli, hastereaux.
Riuólto, tourné, retourné, repassé par la memoire. Item, renuersé. Selon aucuns, vn pacquet.
Riuoltolaménto, veautrement.
Riuoltoláre, toupillonner, empacqueter, enuelopper. Item, veautrer.
Riuoltólo, vn toupillon, vn pacquet.
Riuoltolóne, en se veautrant.
Riuoltóso, plein de reuolte.

Riuoltùra, reuolution : destour.
Riuóluere, tourner, repasser par la memoire: parfait, riuólsi.
Rinolutióne, reuolution.
Riuomire, riuomitáre, reuomir. pres. riuomisco.
Ritúngere, oindre derechef. part. riúnsi.
Riuscibile, qui peut reüssir.
Riuscire, reüssir. pres. riésco. Item, Respondre ou auoir issue comme vn chemin, ou vne fenestre sur vne ruë. Tomber à la fin d'vn discours. Aboutir. pres. riésce, imparf. riuscíua. part. riusci. part. riuscíto, fut. riuscirà. opt. riésca. imparf. riuscísse, & riuscrèbbe, verbe impersonnel.
Riuscir mèglio à páne che à farína, reüssir mieux en pain qu'en farine. i. expliquer mieux son affaire à la fin d'vn discours qu'au commencement. Item, faire mieux, ou sembler meilleur à la fin qu'au commencement.
Riuscirà piu v'tile, il sera profitable.
Riésce. bèue, cela est ou semble fort bon.
dóue Riésce questa stráda, où respond cette ruë?
io dóue voléte Riuscire, ie sçay où vous voulez tomber.
tu mi Riésci mancíno, tu ne m'agrée pas.
tù mi Riésci bène, tu m'agrées.
Riuscita, issuë, reüssite, fin d'vn affaire.
Riuscitóre d'acque, regard d'eaux.
Rizza, ride. plv. pron. zs.
Rizzaglietto, petite ret à pescher. pron. zs.
Rizzáglio, sorte de ret ou filet. pron. zs.
Rizzaménto, erection. pron. zs.
Rizzáre, dresser, leuer debout : harser. pron. zs.
Rizzo, herisson. Item, droit, dressé. pron. zs.
Rizzúto, frisé. pron. zs.

RO

Roáno, Roüan, cheual roüan.
Róba, toutes sortes de biens, marchandises, hardes, &c.
Robáre, desrober.
Róbba, biens, viande, marchandise, robbe. Vne garce.
buóna Róbba, femme grasse, en bon point. Item, garce, bonne à baiser.
Andár à buóne Róbbe, aller voir des filles de ioye.
Róbba di Rubèlla, vne marchandise qui passe en peu de temps par beaucoup de mains.
fàr Róbba, acquerir des biens.
fàr Róbba sù l'ácqua, estre industrieux.
Róbba nuóua, du fruict nouueau. i. vne putain.
Róbbe, hardes, besognes.
Robbacchiére, &
Robbáre, desrober.
Robbatóre, larron.
Rúbbia, garance. Item, vne certaine mesure d'enuiron vn boisseau.
Robbiccinóla, petite robbe : petite marchandise, petite garce.
Róbbo, garance. Item, rouge. Item, bruyere ou broussaille.
Robbóne, grande robbe, robbe de dessus.
Robécula, rousserolle, oiseau.
Robertiána, herbe Robert.
Róbia, garance.

Robicélla, Rossignol de muraille.
Robicóndo, rouge, rubicond.
Robicóne, idem.
Robigáglia; amberualle.
Robíglia, ers, sorte de legume. Item, garance. Et vne mandille ou roupille.
Robinétto, vn petit, ruby. Item, vn robinet. Et vn engin.
Robíno, vn ruby.
Robiólo, sorte de fourmage.
Robóne, grande robbe.
Roboráre, corroborer.
* Róbore, force. Item, vn chesne.
Robòreo, de chesne.
Roborúso, dur, & fort comme vn chesne.
Róbrica, & robrica, & Rubrica, rubrique.
Robustaménte, robustement.
Robustézza, force. pron. e fermé, & les zz comme ts.
Robústo, robuste.
Rócca, pron. o ouuert, roche : forteresse.
Rócca, prononcé o fermé, vne quenoüille.
non èntri tra Rócca e fúso, chi non vuól èsser filáto, nous disons, qui a peur des feuïles, ne faut pas aller au bois.
Roccáta, coup de quenoüille.
Rócce, rocciále, roches, pierres.
Roccétto, vn rocquet, vn surplis.
Rocchèllo, vne bobine. Item, pignon d'vne montre ou horloge. pron. e ouuert.
Rorchèllo della córda, fusée d'vne horloge. pron. e ouuert.
Rocchétta, petite roche. pron. e fermé.
Rocchétto, vn surplis. C'est aussi vne bobine. Et vn roquet ou mantelet. Item, vne fusée. pron. e fermé.
Rocchézza, qualité ou dureté de roche. pron. e fermé, & les zz comme ts.
Rócchia, roche. pron. o ouuert.
Rócchio, pierre brute : masse non trauaillée, de quelque matiere. C'est aussi vne trenche ou morceau de fourmage, vne roüelle de saulcisson.
Róccia, roche. Et rouille, ou salété.
Rócco, vne crosse d'Euesque. Item, la tour ou Roc aux eschecs. Vne roche.
Rochèlla, roüet de moulin. Item, vn roquet. pron. e ouuert.
Rochétta, roquette, herbe. pron. e fermé.
Rochétto, roüet. pron. e fermé.
Róco, enroué. pron. o ouuert.
Rodadáfne, laurier rose.
Rodaméle, sorte de drogue. pron. e ouuert.
Rodegáre, ronger.
Rodénte, rongeant. pron. e ouuert.
Ródere, ronger. part. rósi. part. róso. pron. o fermé.
Ródersi il bástio l'vn l'altro. i. mesdire, ou se manger l'vn l'autre.
dàr dà Ródere i cèci, nous disons, en faire mouler, on faire manger.
Ródia, racine qui sent les roses.
Rodibombárda, vn fendant, vn mangeur de charettes ferrées.
Rodiglína, en iargon, vne rose.
Rodiménto, rongerie ; rongement.
Ródino, huile de roses.
Roditóre, rongeur.
Roditúra, rongement.
Rododáfne, laurier.
Rodomontáda, rodomontade.

Ròduto, rongé.
Ròffia, tablier de Mareschal, ou forgeron. Item, selon aucuns, durté, rudesse, crasse. Nuage. prononcez o ouuert.
Roffiàna, macquerelle.
Roffianaménto, macquerellage.
Roffianáre, faire des macquerellages.
Roffianeggiáre, idem.
Roffianería, le macquerellage.
Roffianescaménte, en macquereau, ou en macquerelle.
Roffianésimo, le macquerellage.
Roffiàno, macquereau.
Roffoláto, sorte de ciué.
Rosoláccio, sorte d'herbe, & de fleur.
Rogále fuoco, le feu des funerailles.
Rogáre, passer, signer vn contract ou autre escriture, qui se dit d'vn Notaire. Item, requerir, demander, appeler.
Rogáto, passé pardeuant vn Notaire.
Rogatóre, qui requiert.
Róge, morceaux de viande qui demeurét entre les dents.
Rogénte, requerant.
Rogge, sorte de poires.
Roggia, garance.
Róggio, rouge, roux, roussastre.
Reggióla, rougeolle.
Roggière, rougeur.
Roggiàda, rosée.
Rogiadóso, plein de rosée.
Rogiménto, demande, question.
Rogiola, rougeolle.
Rogiro, presse, sollicitation.
Roglia, vne pierre rude pour polir.
Rógna, galle, roigne viue. pron. o fermé.
Rógna birrésca, galle de Sergent, quand on croit qu'elle s'en va elle reuient.
cercàr Rógna, nous disons, chercher guignon, chercher querelle ou noise.
Rognáccia, vilaine galle.
Rognáre, grommeler, rognoner.
Rognoláta, viande faite de roignons.
Rognonále, de roignons. Item, mal de cheual dans les reins ou roignons.
Rognonáta, longe, piece où est attaché le roignon. Item, sorte de viande faite de roignons.
Rognóne, roignon.
Rognósa frittáta, ommelette au lard.
Rognóso, galleux.
Rognúzza, grattelle. pron. ts.
Rógo, pile de bois, fouyer à brusler les morts, bucher. pron. o ouuert.
Roína, ruina, ruine.
Roinétta, fer ou aiguille à tirer l'onglée de l'œil du cheual.
Roitèno, vin fait de grenades.
Roláre, enrooler.
Roligine, rouille.
Roligináre, se rouiller. pres. rolinísco.
Rollàre, entooller.
Róllo da leuárs i pesi, vn orgueil.
Róllo, roole. pron. o ouuert.
Rollóne, de l'eau, & du son meslez ensemble.
Rólo, roole. pron. o ouuert.
prométter Róma e Tóma, promettre monts, & merueilles.
* Romagnándo, demeurant.
Romagnuólo, sorte de gros drap sans teinture dont s'habillent les paisans. Item, de la Romagne.

Romaiuólo, la cuillier du pot.
Romána, sorte de robbe, romaine.
Romanía, sorte de Maluoisie.
Románo, c'est vn fer qui marque les liures, & les onces d'vne balance, ou pesou, Romaine. Item, Romain.
Romanzáre, escrire des Romans. pron. ts.
Romanzière, faiseur de Romans. pron. ts.
Romanzína, sorte de dance. Item, reproche. prononcez ts.
Románzo, Roman. pron. ts.
Romasúglio, relicat, reste, piece, morceau.
Romático, aromatic.
Romatizzáre, mesler des choses aromatiques. pron. les zz comme dz.
Rombáre, bruire, bourdonner.
Rombazzáre, idem. pron. les zz comme ts.
Rombázzo, bourdonnement. pron. ts.
Rombeggiáre, bruire. Item, fronder.
Rómbice, lampe, sorte d'oiseille.
Rómbo, bruit, bruissement, bourdonnement. C'est aussi toute sorte de poisson plat, comme la plie, le carlet, la barbuë, la limande. Et vne figure de Mathematique appelée rhombe. Item, losenge, en terme blason. pron. o fermé. Item, furie.
Rómbo, la voye, la route, le chemin, le tour.
à Rómbo, losengé, en terme de blason.
Rombóide, en figure de rhombe. Item, sorte de Turbot.
Rómbola, vne fronde, ou fonde.
Romboláre, fronder. Item, bourdonner, & bruire.
Romboláre, &
Rombolière, vn frondeur.
Rombolóso, rombóso, bruissant.
Romolíno, vn arbrisseau semblable à vn peuplier.
* Roméaggio, pellerinage. Voyage.
* Romeáre, aller par le pais, voyager.
* Roméo, pelerin. Item, hermitage.
Rométa, de la raye.
Rémia, sorte de poisson escaillé.
* Romiáre, voyager.
Rémice, sorte d'oseille, lampe.
Romigíre, courir le païs.
Romináre, ruminer.
Romíre, faire du bruit. pres. romísco.
Romíta, hermite.
Romitággio, hermitage. Romitáio.
Romitáno, hermite.
Romítico, d'hermite.
Romíto, hermite. Et solitaire.
Romitáio, &
Romitério, hermitage, desert.
Rómola, en jargon, de la chair.
Romóre, bruit, rumeur, renommée.
Romoreggiáre, faire rumeur, faire du bruit.
Romoreggiatóre, qui fait rumeur.
Rómpere, rompre, casser. parf. rúppi.
Rómper le stráde, couper les passages.
Rómper la térra, renuerser le chaume, défricher.
Rómper in máre, faire naufrage.
Rómper il prézzo, c'est faire le prix à vne marchandise, commencer à la vendre à vn certain prix.
Rómper il ghiáccio in vna cósa .i. se mettre à faire quelque chose.
Rómper il cóllo ad vna cósa .i. la vendre moins qu'elle ne vaut.
Rómper la páglia, rompre la paille, faire dissension.
Rompéuole, qui se peut rompre.

Hhh ij

Rompicápo, rompement de teste.
Rompicóllo, precipice, la perte d'vne personne. Vn qui est cause du mal d'autruy : vn desesperé, grand débauché.
Rompidénti, vn ignorant arracheur de dents.
Rompiménto, rompement, fraction.
* *Rompináre*, accrocher.
Rompino, croc, crochet.
Rompitccio, cassant.
Rompitóio, vn marteau à casser ou rompre.
Rompitóre, rompeur.
Rompitrice, rompeuse.
Rompúto, rompu, brisé. Item, banqueroute selon aucuns.
* *Rondáre*, cultiuer.
Rónca, vne serpe. Item, vne sorte de baston ferré crochu. Item, sorte de perdrix de montagne.
Roncaménti, broussailles. Item, gronderies.
Roncáre, tailler auec la serpe. Item, grommeler ou gronder.
Roncatóre, esbrancheur. Item, grondeur.
Roncéra, pourpre, poisson.
Roncheggiáre, esbrancher, tailler auec la serpe.
Ronchétta, serpette. Item, tranche de cordonnier.
Ronchiáre, esbrancher, oster les nœuds.
Ronchiéro, serpette, & petit croc.
Ronchióne, grande serpe. Item, grande roche, gros caillou.
Ronchiosità, rudesse, aspreté, les nœuds.
Ronchióso, raboteux, noüeux.
Ronchisóno, qui sonne enroüé.
Roncbizzáre, oster les nœuds. pron. dz.
Roncbizzóso, noüeux, rabotteux. pron. dz.
Roncigliáre, accrocher auec le croc. Item, esbrancher.
Ronciglio, croc, crochet.
Ronciglióne, grand croc, serpe.
Ronciliáre, esbrancher, tailler auec la serpe.
Roncilio, serpe.
Roncináre, accrocher.
Roncino, vn roussin.
Roncinétto, petit roussin.
Róncito, broussailles; branchages.
Roncola, vne serpe. Item, vne sorte de baston ferré, crochu comme vne serpe, vne vouge.
Roncoláre, tailler auec la serpe.
Róncolo, &
Roncóne, serpe. Et sorte d'arme à fust en forme de serpe, proprement vne vouge.
Rónda, la ronde.
Rondanini, ieunes arondelles.
Rondáre, faire la ronde.
Rondáxxo, rondache. pron. zz.
Rondélla, vne rondache. Item, arondelle de mer.
Rondéllo, rondeau.
Róndine, arondelle. Item, vne arondelle de mer. Vn martinet. Vne sorte de poisson. Et vn certain instrument de Chirurgien.
Rondinélla, &
Rondinino, ieune arondelle.
Róndola, arondelle.
Rondóne, martinet, moutardier, arondelle qui se mange.
Rónfa, ronfle, le point aux cartes.
la *Rónfa del Valéria*, la ronfle de Valeria .i. rien de fait, à refaire.
accusár la Rónfa giústa .i. dire la verité.
Ronfáre, ronfler. Item, triompher au ieu de cartes.

Ronfatóre, ronfleur.
* *Ronfét*, vn glaiue.
Ronfeggiáre, ronfler.
Rónfo, le bourdon d'vne cornemuse.
Ronzáre, bruire, bourdonner, ronfler. C'est aussi aller hauts & bas par vne ruë, passer, & repasser. pron. zz.
Ronzáta, bourdonnement. pron. zz.
Ronzráre, bruire, bourdonner, ronfler. pron. zz.
Ronzéro, *Ronziéro*, hagard, rude, cheual qui ioue de l'eschine. Item, qui ronfle ou bouffe. pron. zz.
Rónzino, roussin. pron. zz.
Ronzóne, gros roussin. pron. zz.
Ropegára, vne herse.
Ropegáre, herser.
* *Roráre*, arrouser de rosée.
* *Rórido*, plein de rosée, moitte.
Rorífero, porte-rosée.
Rósa, rose. pron. o ouuert.
cor la Rósa e lasciár la spina .i. prendre le bien, & laisser le mal.
s'élla è Rósa fiorirà .i. l'on verra la verité de la chose par l'issue.
Rósa sécca, rose seiche, couleur approchante du gris de lin.
Rósa, prononcez o fermé, & s. dur, rougée, participe feminin de *rodere*.
Rosáceo, de rose.
Rosáio, rosier.
Rosáio seluático, aiglantine.
Rosamarino, rosmarin.
Rosário, rosaire. Item, rosier.
Rosáro, rosier.
Rosáta, qui sent les roses.
vna Rosáta, vn pouppelin. Item, des œufs auec du laict, & du sucre.
acqua Rosáta, eau rose.
Rosáto, rosat. C'est aussi vne sorte d'estoffe de laine.
Roscído, plein de rosée.
Roscignólo, rossignol.
Róscio, rósso, rouge.
Roscióre, rosseur, rougeur.
Roscíre, rossire, rougir.
Rosecchiáre, ronger, rongeotter.
Roseggiáre, fleurir comme la rose.
Rosegáre, ronger.
Rosegatúra, rongerie.
Roseggiáre, fleurir comme la rose.
Roségone, vn rongeur.
Roséida, &
Roséila, rougeolle.
Roséili, gratte-culs.
Rosélline, petites roses.
tu sei vna Rosellina .i. tu és vne petite rose, cela se dit à vne personne à qui on ne veut point auoir à faire, parce qu'en cueillant vne rose on se picque.
cambiár Roselline à partigiáne .i. changer de mal en pis.
Róseo, de rose, rosé. pron. o ouuert.
Roséto, vne couche de roses, ou haye de roses. prononcez e fermé.
Roséta, petite rose. Item, roüelle, rosette. prononcez e fermé.
Roséto, sorte de fard rouge. prononcez e fermé.
Rosicára, vne souris.
Rosicáre, ronger : *Rosigáre*,
Rosicatúra, &
Rosigatúra, rongerie.

Rosegóne, rongeure. Item, ce qui reste d'vne chose rongée, soit du fruit ou autre chose. pron. o fermé.
* *Rosignoláre*, rossignoler.
Rosignólo, rossignol. pron. le second o ouuert. Metaph. le membre viril.
Rosina, petite rose. Item, vne sorte de dance.
Rosione, rongement.
Rosmarino, rosmarin.
Rosmáro, sorte de poisson. Item, pied de rosmarin.
Rosnétra, fer à parer le pied du cheual.
Róso, rongé.
Rosóla, vn bouttoir de mareschal.
Rosoláccio, peuplier sauuage.
Rosoláre, rissoler vne viande.
Rosólia, rougeolle.
Rosolino, poisson qui rampe sur terre.
Rosóne, rose d'Espagne. Item, feüilleure ou feüillages. Et vne sorte de flan. pron. o fermé.
Rospáre, crier comme vn crapaut. Item, gratter.
Rospíno, melon muscat. Item, venimeux comme vn crapaut.
Róspo, crapaut, rospe. pron. le premier o ouuert.
Róspo di máre, baudroy.
Rospóne, vn gros crapaut.
Rossa, rousse, rouge. Item, esuentail de plumes. prononcé o fermé.
Rossárdo, rousseau.
Rosseggiánte, roussoyant, roussoyante, rougissant, rougissante.
Rosseggiáre, tirer sur le rouge, roussoyer.
le Rosélle, la rougeolle.
Rosséllo fico, sorte de figue de couleur rougeastre.
Rossettáre, farder de rouge, rougir.
Rossétto, rougeaud. Roussetant. Item, vandoise, poisson, du rouge ou vermillon d'Espagne.
Rossézza, rougeur. pron. tʃ.
Rossicánte, rougissant.
Rossíccio, &
Rossígno, rougeastre.
Rossignuólo, rossignol. Metaph. le membre viril.
Rossiguólo, en jargon, Cardinal.
Rósso, rouge, & roux. pron. o fermé.
Rósso d'vóuo, iaulne ou moyeu d'œuf.
Rossóla, tanne, rougeur.
Rossoláre, venir des rougeurs.
Rossóre, rougeur, rougir de honte. pron. o fermé.
Rossúme, rougeur. Item, iaulne d'œuf.
Rossúme, en jargon, de l'or.
Rósta, vn chasse-mouche, qui sert aussi d'esuentail, c'est vn nids mouuant attaché au plancher, que l'on fait aller auec vne corde.
Rospóla, vne broüette. Vn battoir à iouer à la paulme.
Rostáre, chasser les mouches.
Rostícciò, brûlé, hauy.
Rostigliósò, rostigliósò, rude, plein d'escailles.
Rostíre, rostir. pres. rostíscò.
Rostíra, vne rostie.
Rostíro, du rosty.
Rostizzána, carbonnade: & fricassée. pron. tʃ.
Rostizzáre, rostir, griller, faire des carbonnades. pron. tʃ.
* *Róstra*, pour vn pulpitre ou chaire à haranguer.
Rostráta corona, couronne que l'on donnoit à celuy qui entroit le premier dans le vaisseau.
* *Rostráio*, fait en pointes.
* *Róstro*, bec, museau, pointe. pron. o ouuert.
Rosumáta, sorte de saulse.
Rosúme, &

Rosúra, rongeure, corrosion, rongement.
Rota, roüe : molette d'esperon. pron. o ouuert.
Róta, sorte de siege de Iustice à Rome. pron. o ouuert.
Róta della póppa, l'arc qui soustient le haut de la pouppe, rodde.
Róta, la roüe, les jambes en l'air. Item, vne sorte de torture, ou gehenne.
Róta del scarpóne, c'est nostre jeu à la poire, où l'on frappe auec vn soulier.
Rotáia, orniere.
Rotále, de roüe.
Rotáre, rouler. Item, faire la roüe, tourner, moudre: Et aiguiser.
* *Rotário*, soldat armé legerement.
Rotatióne, rouëment, tournoyement.
Rotáto, tourné, roulé. Item, moulu. C'est aussi vn gris pommelé.
Roteáre, faire la roüe.
Roteggiáre, idem.
Rotélla, rondache, Roüelle. Et vne tache ronde sur vn cheual. La roüe que fait vn Paon.
Rotellétta, petite rondache.
Rotéuole, qui se peut rouler. pron. e fermé.
Rótola, petite roüe : vn rouleau de quelque chose. Vne sorte de craquelin : la rotule du genoüil. prononcé o ouuert.
Rotoláre, rouler.
Rotoláta, roulade.
Rótole di Monserráto, sorte de fourmage rond.
Rótolo, pron. o fermé, rouleau de quelque chose : paquet rond. Vn pelotton de fil. Vn Roole. Vne sorte de poids à Venise de trente deux onces ou enuiron : en Sicile, deux liures, & demie : & vne sorte de mesure.
Rotolóne, en roulant. Item, rouleau de quelque matiere.
Rotondáte, arrondir.
Rotondità, rondeur, rotondité.
Rotóndo, rond. pron. o fermé.
Rotóne, sorte de poisson ou monstre marin.
Rótta, desroute : fracture, rupture. Et route. prononcé o fermé.
partirsi in Rótta. i. s'en-aller en colere.
Rottáme, piece, morceau, reste, plattras, esclat de mur. Cassonade.
Rottáre, rotter.
Rottatóre, rotteur.
Rotteggiáre, rotter.
Rottiére, vn rotteur.
Rótto, vn rot. pron. o ouuert.
Rotti delle pécore, lieux où les brebis parquent.
Rótto, rompu : interrompu. Coleric, & precipiteux. pron. o fermé.
Rótto, fraction. Item, qui a fait naufrage. pron. o fermé.
va tra'l Rótto è lo stracciáto, il va entre le rompu, & le deschiré. i. il ne sçait quel conseil il doit prendre, de deux qui luy semblent mauuais.
vscir pe'l Rótto della ciffia, sortir par le rompu de la coiffe. i. sortir d'vne mauuaise affaire sans dommages: le François dit en sortir ses brayes nettes.
vscir ò scappar per la maglia rótta, idem.
Rottório, emplastre corrosif, cautere.
Rottúra, rupture, fracture, deschireure.
Rótula, rotule.
Rotuláre, rouler.
Rótulo, rouleau.
Róua, sorte de poids de vingt-cinq liures.
Rouaglióne, rougeolle.

Hhh iij

Roüálo, le vent de bise.
dar de' calci al Roüáio .i. estre pendu.
Roüáno, Roüan.
Roueglia, ers, sorte de legume. Des pois en Lombardie.
Rouéia, sorte de poisson, & des pois.
* Rouelláre, grommeler, estre en grande colere.
Rouéllo, colere excessiue, rage.
Rouentáre, rougir en feu.
Rouénte, rouge de feu.
Róuere, rouure, arbre, sorte de chesne. pron. o fermé.
Roueréto, lieu planté de rouures. pron. e fermé.
Rouerino, dur comme le rouure. Metaph. opiniastre.
Rouérso, renuerse. pron. e ouuert.
Rouersáre, renuerser.
Rouersciáre, idem.
Rouerscióne, à la renuerse.
Rouérso, en jargon, cancre. pron. e ouuert.
Rouéscia, reuesche, ratine. pron. e ouuert.
Rouéscia di Fiorénza, ratine de Florence.
Rouesciaménto, renuersement.
Rouesciáre, renuerser.
Rouescína, sorte de jeu. Item, ratine.
far alla Rouescina, jouer, &c. .i. faire tout au rebours.
Rouéscio, enuers, reuers.
Rouéscio délla medáglia, le contraire d'vne chose. Item, le cul.
Rouéscio di pióggia, vne rauine d'eau.
Rouéscio, reuesche, frisé.
al Rouéscio, à rebours.
Rouescióne, à l'enuers.
Rouéto, buisson de ronces. pron. e fermé.
Rouétta, ronce.
Rouiglia, ers. Item, des pois en Lombardie.]
Rouigliaménto, embaras.
Rouigliáre, entortiller, embarasser.
Rouiglióne, crouste de galle, ou crasse. Item, rougeolle, & vne sorte de poisson d'eau douce.
Rouína, ruine. Precipice, dommage. Impetuosité.
menar Rouina, faire grand bruit.
Rouinaménto, ruine.
Rouináre, ruiner, tomber en ruine. Precipiter.
Rouinatíccio, ruineux.
Rouináu, masure, vieux platras. pron. u.
Rouinéuole, qui se peut ruiner. Ruineux.
Rouinio, impetuosité, grand bruit.
Rouinóso, ruineux.
Rouíre, rougir au feu. pres. rouísco.
Rouistáre, fouiller par tout, renuerser tout pour fouiller.
Rouistico ou rouistigo, du troesne.
Róuo, ronce. pron. o fermé.
Róuo canino, esglantier.
Rózzo, rude, grossier. pron. o fermé, & le x, &c.
Rózzo, prononcez o ouuert, & les zz comme ts, vne rosse.
Rózza, pron. o fermé, & les zz comme ds, grossiere.
Rozzácchia, vne rosse.
Rozzaménte, grossierement. pron. les zz comme ds.
Rozzézza, rudesse, grossiereté. pron. ds.
Rozzíno, roussin. pron. ts.
Rozzíta, grossiereté. pron. o fermé, & les zz comme ds.
Rózzo, rude, grossier. Champestre. pron. o fermé, & les zz comme ds.
téla Rózza, toille oruë eu escruë. pron. ds.
Rózzo, vne rosse. pron. o ouuert, & les zz comme ts.
Rozzóla, caseret, chaseret, éclisse.

Rozzóla, vne poulie. pron. o fermé, & les zz comme ts.
Rozzoláre, gratter comme les poules. Et rouler. prononcez o fermé, & les zz comme ts.
Rozzóne, grande rosse. pron. les zz comme ts, & le second o fermé.

RV

RVáre, hurler. Item, esclatter, briser.
Rúba, vol, larcin.
andar a Rúba, estre saccagé.
Rubacchiaménto, volerie.
Rubacchiáre, dérober, voler.
Rubacuóri, vne qui dérobe les cœurs, vne mignarde. pron. o ouuert.
Rubagióne, larcin.
Rubáldaglia, canaille, meschantes gens.
Rubaldéllo, petit méchant.
Rubaldería, meschanceté.
Rubáldo, méchant.
Rubaldóne, vn pendard.
Rubaménto, volerie, vol.
Rubáre, voler, dérober.
Rubaríe, vols, larcins.
Rubatóre, larron.
Rubatríce, larronnesse.
Rúbbi, sorte de vers, & larcins.
Rúbbia, garance. Item, vn poids de 25. liures.
Rúbbio, poids de vingt-cinq liures. Et sorte de mesure à Rome.
Rúbbo, idem, & vol.
Rubbóne, poids de 25. liures. Item, vne grande robbe.
Rubécchio, rougeastre.
Rubécula, rouge gorge, oiseau.
* Rubefátto, rougy.
* Rubellatióne, rebellion.
Rubelláre, rebeller.
Rubélle, rebelle.
Rubellióne, rebellion.
Rubellóso, plein de rebellion.
* Rubénte, rougissant.
Rubénza, rougeur de honte. pron. ts.
Ruberia, vollerie, larcin, pillage.
Rubérta, l'herbe-Robert.
* Rubesénza, rougeur. pron. ts.
* Rubescére, rougir de honte.
Rubésto, robuste, & fier.
Rubéta, vne rubette, graisset, sorte de crapaut.
Rubetário, sorte de faulcon.
Rubétta, groulard, oiseau.
Rúbia, garance.
Rubicánte, rougissant.
Rubicíllo, vne piuoine, oiseau.
Rubicónda, en jargon, honte.
* Rubicondità, rougeur.
Rubicóndo, rubicond, rouge.
Rubicóne, rougeaud.
* Rubidézza, rudesse. pron. ts.
* Rúbido, rude. Item, rouge brun.
* Rubificáre, rougir.
* Rubigáglia, certaine feste en laquelle on prioit pour les grains, de peur qu'ils ne fussent bruinez ou greslez.
Rubigíne, rouille.
Rubigináre, rouiller. Item, gresler ou bruiner. prosent. rubigimisco.

Rubiginóso, enroüillé.
Rubíglia, ers, sorte de legume.
Rubinétto, petit ruby ou rubis.
Rubíno, rubis.
Rubinóso, rouge comme vn rubis.
Rubézzo, rude, robuste. pron. *ts*.
Ru..o, rance. Item, le poids de vingt-cinq liures.
Rubóre, rougeur. pron. *o* fermé.
Rúbrica, rubrique. Item, vermillon. Sinople, rubriche.
Rubrica fabrile, craye rouge.
Rubricáre, marquer de sinople.
Rúca, *Rúga*, chenille.
Ruchétta, roquette, herbe.
Rúcula, idem.
* *Rúde*, rude, grossier.
Rudére, braire: parf. *rudétti*.
Rudézza, rudesse. pron. *ts*.
Rudiménto, rudiment.
* *Rudità*, rudesse.
Rúdo, rude, grossier.
Rúffa, moisisseure.
Rúffa, vne macquerelle.
à *Rúffa ráffa*, tout à la ripaille.
quel che vien di Rúffa e raffa, se ne vá in biffa en báffa; nous disons, ce qui vient de la flûte s'en va au tabourin.
Ruffáre, gripper, happer, faire raffle. Item, moisir.
Ruffatóre, grippeur.
Ruffézza, rudesse. pron. *e* fermé, & les *zz* comme *ts*.
Rúffia, crasse.
Ruffiána, macquerelle.
Ruffianáccia, grande macquerelle.
Ruffianaménto, &
Ruffianaría, macquerellage.
Ruffianéccio, idem.
Ruffianeggiáre, faire des macquerellages.
Ruffianéllo, petit macquereau.
Ruffianésco, de macquereau.
Ruffianería, &
Ruffianézza, macquerellage.
Ruffianézzáre, faire des macquerellages. pron. les *zz* comme *dz*.
Ruffianíccio, macquerellage.
Ruffiáno, macquereau.
Rúffo, vn rot. Vn ruffien. Item, rude.
Rúffo, en jargon, du feu.
Rúffo di fant'álto, le Soleil, en jargon. Item, le feu du Ciel.
Rúffo del santóne, le feu S. Antoine, en jargon.
Ruffóla, crasse dans le poil.
Ruffóla, *ráffola*, à la ripaille.
Ruffolóso, crasseux dans le poil.
Ruffóso, rouge, en jargon.
Rúfo, pour *rúffo*, rouge.
Rúga, ride. De la Ruë, herbe. Selon aucuns, chenille.
Rugále, plein de rides.
Rugamáre, geler. Item, manger de vers.
Rugáre, fregáre, fouiller, sonder auec vn baston, farfouiller. Item, rider. Et manger de chenilles.
Rugatóre, farfouilleur.
Ruggénte, rugissant.
Rugghiáre, rugir.
Rugghiménto, rugissement.
Rúgghio, rugissement.
Ruggiáda, rosée.
Ruggiadáre, tomber de la rosée.
Ruggiadóso, plein de rosée.

Ruggiáre, rugir.
Ruggiáto, rugissement.
Ruggiére, sorte de chanson, & de dance.
Rúggine, roüille.
Rugginézza, idem. pron. *ts*.
Rugginíre, roüiller. pres. *rugginísco*.
Rugginóso, roüillé.
Rugginézza, petite roüille. Metaph. haine inueterée. pron. *ts*.
Rúggio, vne mesure d'enuiron vn boisseau.
Ruggiménto, rugissement.
Ruggíre, rugir. pres. *rugisco*, & *rúgio*.
Rúggito, rugissement.
Rúghétta, petite ride, ou chenille.
Rúghi, ronces, broussailles.
Rugiáda, rosée, esgail.
Rugiadáre, tomber de la rosée.
Rugiadóso, plein de rosée.
Rúgiuli, sorte de poires.
Rugiménto, rugissement.
Rugióla, la rougeolle.
Rugiólone, vn bon coup sur la teste.
Rugióne, idem.
Rugíre, rugir. pres. *rugisco*, & *rúgio*.
Rugíto, rugissement.
Rugníre, groigner. pres. *rugnísco*.
Rugníto, gronderie, groignement.
Rúgo, ronce, & buisson.
Rugólo, selon aucuns, vn ruisseau. Item, vne bobine ou rouleau, vn rouleau de Pastícier.
Rugóso, ridé. Item, plein de chenilles.
Rugumáre, ruminer, maschotter.
Rugumatióne, rumination.
Rugumóso, qui rumine.
Rúina, ruine.
Ruináccio, vne vieille masure.
Ruináre, ruiner.
Ruinóso, ruineux.
Ruíre, hurler. Item, briser, rompre. pres. *ruísco*.
Ruligine, roüille. Item, bruine.
Ruliginíre, roüiller. pres. *ruliginísco*.
Rúlla, vne douue. Item, vn fer pour nettoyer le soc d'vne charruë.
Rúllo, vn tour. Vn rouleau. Item, la fourche d'vne charruë.
hà fatto a Rúlli, & ha dáto nel mátto c. il a tant roulé qu'il en est denenu fol.
Rúma, le creux du gosier. Item, la peau qui pend deuant la poictrine de l'animal, l'herbiere.
Rumáre, ruminer.
Rúmbo, rumb, route ou chemin par mer.
* *Rumbotíno*, sorte de peuplier.
* *Ruména*, tette, teton.
Ruménta, sorte d'aposteme.
* *Rúmica*, vn coucou.
Rúmice, lampe, sorte d'oseille.
Rumigáre, ruminer, remascher.
Ruminàre, idem.
Rumóre, tumeur. pron. *o* fermé.
Rumoreggiáre, faire du bruit.
Rúna, sorte de jauelot.
Runchiazzáre, ronsler. Item, braire. pron. les *zz* comme *dz*.
Runchiazzóso, ronsleur. pron. *ts*.
Ruóla, rouleau de Pasticier ou cuisinier.
Ruoláre, *ruolláre*, enrooler.
Ruóllo, &
Ruólo, roole.

Ruósa, en jargon, vne bourse.
Ruóta, rouë. La rouë d'vn Paon.
Ruóta, espece de conseil, assemblée de conseil. Magistrats à Rome.
Ruóta, le tour d'vne Religion.
Ruóta, le bouquet qu'on donne pour tenir le bal ou faire vn festin.
La piu cattina Ruóta del carro cigola. i. le plus gueux fait le plus de bruit.
La piu guásta Ruóta del carro fa maggior strépito, idem.
Ruotáre, faire la rouë. Rouler.
Ruotáta, pirouette: roulade.
Ruotoláre, rouler.
Ruótolo, rouleau.
Rupáce, Cheurûil sauuage.
Rúpe, roche.
Rupicápra, chevre sauuage.
Rupinóso, plein de roches ou precipices.
Rurále, champestre.
Ruralitá, rusticité.
* Rurestre, champestre.
Rúsa, ruse. Item, vne chenille.
Ruscáre, poudrer. Item, attrapper, gripper.
Ruscelláre, ruisseler.
Ruscelléto, ruisselet. pron. è fermé.
Ruscellíno, idem.
Ruscéllo, ruisseau.
Ruscóni, broussailles, ronces.
Ruscignólo, rossignol.
Rúsco, myrthe sauuage, buis poignant.
Ruscóso, poudreux. Item, plein de ronces ou broussailles.
Rusignuólo, rossignol.
* Rúso, poussiere.
Ruspánte, en jargon, volaille. Item, la fortune.
Ruspáre, gratter comme les poules.
Chi di gallina, násce conuién che Rúspi. i. l'on chasse de race, on est meschant naturellement, on suit la trace de ses parens.
Ruspatóre, gratteur, vn grippeur.
Ruspatúra, grattement.
Ruspína, vne grippeuse: vne femme auare.
Rússa, ronflement.
Russáre, ronfler. Item, renifler. Et braire.
Rússi, sorte de herons.
Russignólo, rossignol.
Rússo, ronflement. Item, ronfleur.
Rústica, vne gelinotte. Item, vne païsanne.
alla Rústica, broché, relié grossierement.
Rusticáno, champestre, rustique.
Rusticáre, faire le paisan.
Rustichézza, rusticité. pron. e fermé, & les ʒʒ comme ts.
Rústico, rustique, & paisan.
Rusticóne, vn gros pitaut.
* Rustícula, coco de bois.
Rustína, sorte de grain.
Rúta, ruë, plante.
Rúta murále, sorte de capillaire.
Rutáre, rotter.
Rutatóre, rotteur.
Ruticáre, se remuer auec difficulté.
Rutícilla, piuoine.
Rutiláre, luire comme l'or.
Rútilo, esclat comme de l'or.
Ruttáre, rotter.
Ruttarello, petit rot.
Rutteggiáre, rotter.

Rútto, rot.
Rúvia, ers.
Ruuidaménte, rudement.
Ruuidézza, rudesse: Ruuiditá. pron. ts.
Rúuido, rude, mal poly.
Ruuíglia, ers. Item, des pois verds en Lombardie.
Ruína, ruine.
Ruináre, ruiner.
Ruinóso, ruineux.
Ruistáre, renuerser tout en-souillant dans vne chambre ou maison.
Ruístico, du Troesne.
* Rúʒin, regine, rouille.
Rúʒʒa, vanterie. Item, ronflement, & rouille. prononcé les ʒʒ comme dʒ.
Ruʒʒánte, vn vanteur. pron. dʒ.
Ruʒʒáre, se vanter. Item, follastrer: se jolier comme les chiens. Ronfler. Gratter comme les poules. pron. les ʒʒ comme dʒ.
Ruʒʒár in briglia. i. faire l'entendu, faire le gentil. pron. dʒ.
Ruʒʒélla, poulie. pron. ts.
Ruʒʒétto, vn roitelet. pron. dʒ, & l'e fermé.
Rúʒʒo, follastrerie. Item, vne bourade ou soudaine ioye. pron. dʒ.
cauár il Rúʒʒo di cápo à vno. i. faire passer l'obstination à quelqu'vn, le tenir à son deuoir. pron. les ʒʒ comme dʒ, & l'o fermé.
Ruʒʒoláre, gratter comme les poules. Fouiller. Et rouler. Item, follastrer. pron. ts.
Ruʒʒolétta, petite poulie. pron. ts.

SA

Sá, ça. Item, il sçait.
Sabatísmo, obseruation du iour du Sabat.
Sabatiʒʒáre, obseruer le iour du Sabat prononcé les ʒʒ comme dʒ.
Sábato, Samedy. Item, le iour du Sabat, iour du repos.
non hauér géne pe' Sábati. i. estre mal à son aise.
Domenedio non paga ogni Sábato. i. Dieu differe le chastiment pour punir plus rudement puis apres.
Sabátae, vne sauatte.
Sabattáre, sauatteries.
Sabattáro, sauetier.
Sabattíno, idem.
Sábba, vin cuit, selon aucuns.
Sábbia, sable.
cercár la Sábbia nel butíro. i. chercher ce qui n'est pas.
Sabbiétto, vn poudrier. pron. e fermé.
Sabbionáccio, grauier.
Sabbionára, sablonniere.
Sabbionáro, sablonnier.
Sabbióne, sablon. pron. o fermé.
Sabbionóso, sablonneux.
Sabbióso, idem.
Sabína, sauinier ou sabine, plante.
Sabulóso, sablonneux.

Sabúrra

S A

Saburra, faburre, leſt de vaiſſeau.
Saburrare, leſter.
Saca, ſorte de pierre à baſtir.
Sacale, ſorte d'ambre.
Sacca, beſace. Item, vne ſorte de ret.
Saccagnare, ſecoüer, coigner. Metaph. faire l'acte.
Saccagni, ſecoüements, remuëments.
Saccaia, ſac ou ventre que fait vne playe, lors que les humeurs tombent au deſſous. Metaph. far Saccaia, mettre colere ſur colere.
Saccardello, homme de rien.
Saccardo, vn goujat, qui porte le ſac.
Saccarello, petit ſac.
portar à Saccarelli, nous diſons, porter à la vache morte.
Saccare, enſacher.
Saccaro, ſacre, oiſeau. Item, liege.
Saccaro, faiſeur de ſacs.
Saccente, ſçauant, ſçauante, qui ſe dit auſſi par deriſion.
Saccentemente, ſçauamment.
Saccenteria, ſcience.
Saccheggiamento, ſac, ſaccagement.
Saccheggiare, ſaccager.
Saccheggiatore, ſaccageur.
Sacchetta, beſace.
Sacchettare, battre à coups de ſachets pleins de ſable.
Sacchettino, ſachet, ſacchetto.
* Sacciare, ſaouler.
Sacciente, ſçauant.
* Saccientevia, ſacciutezza, ſçauoir, ſcience.
* Sacciuto, ſçauant.
Sacco, ſac, ſac d'vne ville.
ſciorre il Sacco .i. mediter ouuertement.
far Sacco, faire ventre comme les playes.
tuar il Sacco dietro alle rape, nous diſons, ietter le manche aprés la coignée.
tener il Sacco à vno .i. nous diſons, tenir les pieds à quelqu'vn, luy aider à faire quelque choſe.
metter à Sacco, ſaccager.
Saccocia, beſace, ſac, poche, pochette.
Sacofago, ſelon aucuns, vn ſepulchre.
Saccola, nœud-coulant. Item, vne beſace.
Saccolare, froncer, rider. Item, enſacher.
Saccolo, poche, beſace.
Saccomannare, piller, ſaccager.
Saccomanno, vn goujat. Item, vn ſaccageur ou voleur.
metter à Saccomanno, piller, ſaccager.
Saccomettere, enſacher. part. ſaccomiſſi, & ſaccomeſſi.
Sacconcello, ſachet.
Sacconaccio, grand vilain ſac.
Saccone, grand ſac, & paillaſſe.
* Sacculo, ſachet.
* Sacello, Chapelle.
Sacente, ſçauant, ſçauante.
Sacenteria, ſcience.
Sacentone, vn grand, habile homme.
Sacerdotale, ſacerdotal.
Sacerdote, Preſtre. pron. o ouuert.
Sacerdoteſſa, Preſtreſſe.
Sacerdotio, Preſtriſe.
* Sachegliare, écailler.
* Sacheglie, écailles.
Sa beglioſo, écaillé, plein d'écailles.]
Sacoma, poids égal, contrepoids.
Sacone, ſorte d'ametiſte.
Sacramentale, ſacramentel.

S A 433

Sacramentare, jurer.
Sacramentario, qui adminiſtre les Sacremens.
Sacramento, Sacrement, ſerment, jurement.
Sacrare, Sacrer, conſacrer. Item, dénoncer.
Sacrario, Sanctuaire, lieu où l'on ſerre les choſes ſacrées.
Sacratione, ſacre, conſecration.
Sacrato, le paruis, le deuant d'vne Egliſe, l'Egliſe meſme, ou ſon entrée. Item, ſacré.
Sacreſtano, Sacriſtain.
Sacreſtia, Sacriſtie.
* Sacreto, pour ſecreto, ſecret.
Sacriſero, qui porte des choſes ſacrées.
Sacrificare, ſacrifier.
Sacrificatione, ſacrification.
Sacrificatore, Sacrificateur.
Sacrificatrice, ſacrifieuſe, ſacrificatrice.
Sacrificiale, de ſacrifice.
Sacrificio, ſacrifice.
Sacrificulo, maiſtre des ſacrifices.
Sacrifuga, qui fuit les choſes ſacrées.
Sacrilegiare, commettre vn ſacrilege.
Sacrilegio, ſacrilege.
Sacrilego, vn ſacrilege, qui commet ſacrilege.
Sacrio, ſorte d'ambre.
vn Sacripante .i. vn vaillant.
Sacriscrinio, coffret à mettre les choſes ſacrées.
Sacriſta, Sacriſtain.
Sacriſtano, idem.
Sacriſtia, Sacriſtie.
Sacro, ſacré. Item, vn ſacre. Vne ſorte de canon, ſacre.
Sacro fuoco, feu ſauuage.
Sacro morbo, mal S. Iean, mal caduc.
Sacroſanto, Sacré-ſainct.
Sadino, ſorte de monnoye.
Saeppolare, marcotter. Item, tirer d'vne fleche.
Saeppelo, vn arc à tirer aux oiſeaux. C'eſt auſſi vne marcotte.
Saetta, fleche, ſagette. Le foudre. C'eſt auſſi vne marcotte. pron. e fermé.
Saettame, fleches, dards, jauelots, &c.
Saettamento, idem.
Saettare, darder.
Saettario, ſaettatore, archer. Item, ſagittaire.
Saettata, coup de fleche.
Saettatore, archer.
Saettatrice, archere, qui darde, qui tire de l'arc.
Saettia, ſorte de petite barque ou pinache, fregate.
Saettina, petite fleche. Item, ſtile de cadran de mer.
Saettione, grande fleche.
Saettume, toutes ſortes de fleches.
Safico, ſaphique.
Saffirino, bleu de ſaphir.
Saffiro, ſaphir.
* Saffo, archer, ſergent.
* Saffranare, ſaffranner. Metaph. embrené, merder.
* Saffrano, ſaffran. Metaph. de la merde.
Saffrone, rouge de ſaffran.
Saſſuxina, machine à tirer des barques toutes chargées hors de l'eau, & les leuer en l'air.
Safragunio, pour ſuffragunio, ſuffragant. Aretin le dit pour faire mal parler vne femme; mais cela ne ſe dit pas.
Saga, vne femme ſage. Item, vne ſorciere.
Sagace, prudent, aduiſé, accort, adroit.
Sagacità, prudence, accortiſe.
Sagena, vne ſaine ou ſene, ſorte de ret.
Sagenato, rouan, poil de cheual, ſelon aucuns.

Iii

Sagétta, sagette, fleche.
Sagettáre, tirer de fleches.
Sagettía, sorte de pinnache, fregate.
* Saggézza, sagesse. pron. ts.
Saggiáre, gouster, essayer, faire l'essay.
Saggiáta, essay.
Saggiatóre, qui fait l'essay.
Saggína, bled Sarrazin. Item, du son pestry pour les pourceaux. Metaph. emplissement.
Sagginále, la tige du bled de Turquie. Item, fort gras ou saoulé.
Sagginare, engraisser le bestail.
Sagginário, lieu où l'on engraisse le bestail.
Sággio, essay, vne sorte de poids, vne petite bouteille dans laquelle on porte le vin, pour l'essayer ou gouster.
Sággio, sage.
Sagína, saisine, possession
Sagináre, engraisser.
Ságio, sáio, vn saye.
Sagíre, mettre sous son obeïssance. pret. sagísco.
Sagítta, sagette.
Sagittále, la suture au milieu de la teste.
Sagittáre, tirer de fleches.
Sagittária, sorte d'herbe.
Sagittaríno, né sous le Sagitaire.
Sagittário, Sagitaire.
Sagittífero, porte-fleches.
Sagittúme, toutes sortes de fleches.
Saglióute, qui monte.
Sagliére, monter, n'est point en vsage.
* Séglio, vn saye, ou long manteau.
* Sagliócca, vne grande massuë.
* Sagliòccola, vne petite massuë. Item, vne chiquenaude.
* Saglióne, manteau long.
* Saglióto, monté.
Ságna, saignée.
Segnáre, saigner.
Sagnía, saignée.
Ságo, sorte de pain.
Sagógno, sorte de guenon.
Sagóma, instrument pour connoistre combien de liures de balle porte vn canon.
Sagóre, petites cordes ou ficelles, saures.
Ságra, dédicace, consecration. Item, iour de féste en quelque lieu particulier.
Sagramentíle, Sacramentel.
Sagramentáre, jurer.
Sagraménto, jurement, & Sacrement.
Sagráre, sacrer.
Sagráto, paruis, & consacré.
Sagrestáno, Sacristain.
Sagrestía, Sacristie.
non bisógna entrár in Sagristía, il ne faut pas entrer dans la Sacristie .i. Il ne faut pas toucher aux choses Sacrées.
* Segretário, Secretaire.
* Segréto, secret.
Sagrétta, vn petit sacre. Item, vne petite coiffe ou pot de fer à mettre sur la teste.
Sagrificáre, sacrifier.
Sagrifício, sacrifice.
Sagrilégio, sacrilège.
Sagristáno, Sacristain.
Sagristía, Sacristie.
Ságro, sacré. Item, vn sacre, sorte d'artillerie : Et sacre, oiseau.
Sagrosánto, Sacré-sainct.
Sáia, sergette.
Sáia Imperiále, serge de Seigneur.

Sáia drappáta, sorte de drap à Sienne, appelé pelúc xo di Siéna.
Saiétta, sergette.
Saiétto, petit saye.
Sáio, manteau, saye.
Saióne, grand saye.
Saiúppi, sorte de crabes.
Sála, salle.
Salíce, luxurieux, chaud.
Salacità, qualité chaude.
Saladíno, Souldan.
Salamándra, Salemandre.
Salamándria, idem.
Salamalécchi, salutations Turques.
Saláme, toutes sortes de viandes salées, salines.
Saláme di Bológna, du saulcisson de Bologne.
Salamístra, mot dit par gausserie, vna grán Salamístra, vne grande Prophetesse.
Salimóia, salamóra, &
Salamóia, saulmeure, salamóra.
Salánga, sorte d'herbe.
Salangára, sorte de barque.
Salára, lieu où l'on tient le sel, saline.
Saláre, saler.
Saláría, saline.
Salariáre, salarier.
Salário, salaire. Item, vn saunier, vn vendeur de sel. Et vn vendeur de salines.
scríuer il Saláfio sú la copérta .i. chastier vn valet desbauché.
Salassáre, tirer du sang, saigner.
Salassatóre, qui saigne.
Salassétta, vne lancette à saigner.
Salásso, saignée.
Saláta, insaláta, salado.
Saletína, petite salade.
Saláto, du salé, chair salée.
vne vha fátta paréř Saláta, nous disons, il me l'a bien salée.
Salatóia, vn saloir.
Salatúccia, petite salade.
Salatúra, saline.
Sálce, saule.
Salcéto, saulsaye. pron. e fermé.
Sálci, osiers.
Salciáre, lier auec de l'osier.
Salcíccia, saulcisse.
Salcicciáro, faiseur de saulcisses.
Salcicción, saulcisson.
Salcióro, saulsaye. pron. e fermé.
Sálcio, saule.
Salcióso, plein de saules.
* Salcíczza, saulcisse. pron. ts.
* Salcicciáro, faiseur de saulcisses. pron. ts.
* Salciccióne, saulcisson. pron. ts.
Sálda, empois. Colle. Soudeure.
dár la Sálda, empeser.
Saldaménte, fermement.
Saldáre, souder. Clorre, souder vn compte. Fermér, guerir vne playe. Empéser.
Saldarétta, &
Saldatóio, vn rochoir.
Saldatóre, qui soude.
Saldatúra, soudeure. Cicatrice.
Saldézza, fermeté; pron. e fermé, & les z, comme tsi
Sáldo, ferme, solide, entier. Closture de compte.
fár stár Sáldo, faire arrester, faire taire, faire demeurer court, ou coy.

S A

Sále, ſel.
sà quánto vále il Sále à Chióggia, ou *à rípa*, nous diſons, il ſçait combien en vaut l'aulne.
hauér Sále in zúcca, auoir de l'eſprit, & de la conduite.
prénder il Sále, prendre le ſel .i. s'amender.
vn Sále in bánco, vn charlatan.
* *Salegáre*, pauer.
* *Salegatóre*, paueur.
Saleggiáre, ſaler vn peu, ſaupoudrer de ſel. Item, pauer.
Salénte, montant, qui monte.
Salentine, ſorte d'oliues.
Saléra, ſaliere.
Salerina, petite ſaliere.
Salétta, ſalette, petite ſale ; c'eſt auſſi du ſel blanc. Et vne petite ſaliere.
Salettina, idem.
Salgémma, ſel gemme.
Saliáre, banquet public. Cour ouuerte.
Salicále, ſaulſaye.
Salicáre, pauer.
Salicáſtro, vn ſaule.
Salicáta, pauement.
Salicáto, paué. Item, le paué ou pauement.
Salicatóre, paueur.
* *Sálice*, ſaule.
Salicéto, ſaulſaye. pron. *e* fermé.
Salicóne, ſorte de ſaule.
Salicórnia, ſalicor, ſalicorne.
Salífero, porte-ſel, qui produit du ſel.
Salifórca, vn pendart.
* *Saligáre*, pauer.
Saligáſtro, vn vieux ſaule.
* *Saligáto*, le paué.
* *Saligia*, vertugadin.
* *Saligiáre*, pauer.
Salimbácche, ſalutation des Turcs.
Salimbócca, ſorte de vaſe à porter de l'eau. pron. *e* ouuert.
Saliménto, montée.
Salina, ſaline.
Salináro, ſaulnier.
Salinatóre, idem.
Salincérbio, ſorte de jeu.
Salinétta, petite ſaliere.
Salintráre, meſler de ſalpeſtre.
Salintráro, ſalpeſtrier.
Sálio, pierre à polir.
Salíre, monter, ſaillir. preſ. *ſálgo*, & *ſálo*, *ſáli*, *ſále*, *ſalímo*, *ſalíte*, *ſálgono*, & *ſaglióno*. parf. *ſálij*, & *ſálſi*.
la gli Sále, elle luy monte .i. la colere luy monte.
fár la Salíre ad v'no, mettre en colere.
il Salíre do' Caválli, ſaillir des cheuaux.
Saliſcéndere, barrer, fermer d'vn locquet. Item, monter, & deſcendre. parf. *ſaliſcéſi*.
Salíta, ſaillie, montée.
Salitína, ſaleure.
Salíua, ſaliue.
Saliuáre, cracher, jetter la ſaliue.
Saliuária, pierre à aiguiſer les raſoirs.
Saliuáro, gluant comme de la ſaliue.
* *Saliuatióne*, vn gros crachat.
Saliuéra, jeu de longe.
Saliúnca, nard celtique.
Salinóſo, plein de ſaliue.

S A 435

le ſtil Sále fáre .i. ſes adreſſes, ſes ſubtilitez, qu'il ſçait faire.
Sállo, *lo sà*, le ſçait.
Sálma, ſomme, charge, poids. Vn poids de vingt-cinq liures.
Salmáre, charger.
Salmavíno, truitte ſaulmonée.
Salmáſtro, ſalé, plein de ſel.
Salmatóre, chargeur.
Salmeggiáre, pſalmodier.
Salmería, équipage, équipage de guerre, bagage, charriage.
Salmiére, chargeur.
Salmíſta, Pſalmiſte.
Salmíſtra, vne hypocrite ou bigotte.
Salmítro, ſel-nitre.
Sálmo, Pſalme.
Salmódia, pſalmodie.
Salmodiáre, pſalmodier, chanter des Pſeaumes.
Salmóia, ſaulmeure.
Salmóne, ſaulmon.
Salmonétto, petit ſaulmon.
Salmonía, bagage, équipage.
Salmóra, ſaulmeure.
Salnítro, ſalpeſtre, ſel nitre.
Salnitróſo, plein de ſel nitre.
* *Sálo*, ſelon aucuns, vne ſorte de perdrix. Autrement, vne linotte.
Salóna, vne grande ſalle.
vn Salóne, idem.
vn Salóto, vne ſalette.
Sálpa, ſorte de poiſſon.
Salpáre, ſerper, retirer l'ancre dans le vaiſſeau.
Sálpe, ſorte de poiſſon large. Item, *ſárpa*.
Salpetróſo, plein de ſalpetre.
Salpicciaménto, &
Salpíccio, trepignement, foulement de pieds.
* *Salpíga*, *ſalpégo*, vne beſte qui empoiſonne de ſa veuë.
Salpóne, merlus, ſelon aucuns.
Salprática, ſalpeſtrerie.
Sálſa, ſaulſe.
Sálſa di S. Bernárdo, la ſaulſe de S. Bernard .i. l'appetit, la faim.
Sálſa, en jargon, cœur.
Sálſa in mortáio, ſaulſe verte, ou enuiron.
peſtár la Sálſa nél mortáio, faire l'acte venerien.
Salſágine, vne ſecichereſſe qui laiſſe la bouche ſalée.
Salſáme, ſalines, viandes ſalées.
Salſaménto, idem.
Salſapariglia, ſalſepareille.
Salſáre, ſaler. Item, ſaulſer, & aſſaiſonner.
Sálſa vérde, ſaulſe verte.
Salſédine, &
Salſézza, gouſt ſalé, le ſel, la ſaline.
Salsíccia, ſaulciſſe.
vi ſi légano le víti cón le Salsíccie, nous diſons, les perdrix y tombent toutes roſties dans la bouche.
Salsíccie, ce ſont des ſaulciſſes de Hollande, des faſcines ou fagots gros, & longs, qui ſeruent aux fortifications.
Salcíccia imperiále, ſaulciſſe faite de chair de volaille, boudin blanc.
Salsicciáro, ſalſicciaro, faiſeur de ſaulciſſes.
Salsiccióne, ſaulciſſon.
Salsicciuólo, morceau de ſaulciſſe, roüelle de ſaulciſſon.
Salsiéra, ſaliere, & ſauſſiere.

Tii ij

Saluiggine, salsilaggine, &
Salsita, goust salé, qualité de sel.
Salsizza, saulcisse. pron. ts.
Salso, salé.
Salsugine, qualité salée, saline.
Salsuginoso, plein de sel.
Salsume, toute sorte de poisson salé, saline. Item, qualité de sel.
Salsure, salines.
Saltabeccare, sauteler.
Saltabecco, petit saut. pron. e fermé.
Saltaballare, sauteler.
Saltobéllo, sorte de dance.
Sálta come vn gátto di piómbo, il saute comme vn chat de plomb .i. poltron, pesant, &c.
Salta in bánco, charlatan, basteleur.
Sálta Martino, vn bertran, sorte de singe. Item, vn vit-volant, vn instrument de moüelle de sureau auec du plomb pour le faire tousiours demeurer debout.
Saltambárco, &
Saltamindósso, jacquette de païsan. En jargon, vn manteau.
Saltánte, sautant.
Saltáute, en jargon, vn chevreau.
Saltáre, sauter.
Saltár vn bastóne, sortir de son denoir, faire vne faute.
egli è Saltato in piédi, il est tombé sur ses pieds, il n'a point couru de danger.
Saltarélla, sauterelle.
Saltarello, petit saut.
Saltarélli, sautereaux d'espinette. Item, verolle volante.
Saltarino, vn sauteur.
Saltarino, en jargon, vn chevreau.
Saltatióne, saut, dance.
Saltatóre, sauteur.
Saltatória, l'art de sauter.
Saltatrice, sauteuse, danceuse.
Salteggiáre, sauteler.
Saltellatóre, vn sauteur.
Saltellánte, sautelant.
Saltelláre, sauteler, tressaillir.
Saltellino, petit saut.
Saltéllo, idem.
Saltellóne, en sautant.
ándar Saltellóni, aller en sautelant.
Salterello, vn petit saut. C'est aussi vn petard fait de papier plié, & de poudre à canon.
Saltério, psalterium. Item, vn psautier.
Saltéro .i. C'est aussi vne sorte de voile de Religieuse.
Saltétto, petit saut.
Salticchiáre, sauteler.
Salticchiatóre, sauteleur.
Salticchio, saut, bondissement.
Saltipeli, sorte de vermine.
Sálto, saut.
Sálto d'vna púlce, saut d'vne pulce, petit, peu de distance.
Sálto del fiócco, c'est vne houppe que l'on met auec vne corde au plancher, pour exercer la jeunesse qui apprend à dancer, & en faisant vne cabriolle il faut toucher la houppe auec le pied.
Sálto da trà piédi, nous disons, quand on pend quelqu'vn, il a fait vne capriolle en l'air.
Sálto mortále, saut perilleux.
Sálto di schiéua, le saut du mouton.
il Sálto di Baldáccio, le saut de Baldace, estre ietté par la fenestre.

méttere in tu i Sálti, nous disons, mettre aux champs, mettre dedans, mettre en colere.
métter in Sálti bálli vno, parler de quelque chose pour donner enuie de faire, & puis le laisser-là.
di Sálto, de plein saut, de prim'abord.
fár il Sálto del fiócco .i. estre pendu.
à Sálso à sálto, en sautant, en bondissant.
Saltuzzo, petit saut. pron. ts.
Sálua, la salue des soldats.
in Sálua, à sauueté.
Saluabicchiéri, verrier à mettre les verres.
Saluadánaio, vne tirelire.
Saluafiaschi, lieu où l'on serre les bouteilles.
Saluaggina, sauuagine, venaison.
Saluaggio, sauuage.
Saltuagiúme, venaison, sauuagine.
Saluaguárdia, sauuegarde.
Saluaménto, salut, sauueté.
à Saluaménto, à sauueté.
Saluáre, sauuer.
Saluár vna dissonánza, terme de musique, faire passer vn faux accord.
Saluár vna cósa, serrer vne chose dans vn coffre, &c.
Saluaróbba, garde-manger.
Saluatélla, vne veine qui sort de la cephalique, & va depuis le coulde iusques au petit doigt.
Saluaticáre, rendre sauuage.
Saluaticcina, saluaticina, venaison.
Saluatichétto, vn peu sauuage.
Saluatichezza, rusticité, grossiereté, rudesse, humeur sauuage. pron. ts.
Saluático, sauuage, rustique.
Saluaticiúme, sauuagine.
Saluatióne, sauuement, saluation.
Salnatóre, sauueur.
Saluaettra, coche de fleche.
Salúbre, sain, salubre.
Salubrità, qualité saine.
Saluestrella, sorte de primprenelle, satyrion.
cóme disse Saluéstro al Berréta, comme dit, &c. va tout doucement, tout beau.
Saluézza, sauueté.
Sálvia, saulge.
Sálvia Romána, grand cocq, plante.
Saluiáta, saulce auec de la saulge.
Saluiétta, seruiette.
Salúme, saline, toute sorte de choses salées.
Sáluo, sauf, sauué, sain. Excepté, sauf.
à Sáluo, à sauueté.
Saluocondótto, sauf-conduit.
Salusándria, nielle.
Salustica, & salustra, en jargon du potage.
Salústro, en jargon, du boüillon.
Salutáre, saluer.
Salutáre, salutaire.
Salutáre herba, selon aucuns, rosmarin, autres disent de la saulge.
Salutatióne, salutation.
* Salutatório, lieu où l'on fait la reuerence au Seigneur.
Saluéte, du genre feminin, salut, santé.
Salúte, en jargon, la croix.
Salutéuole, sain, salubre, salutaire.
Saluteuolménte, sainement.
Salutifero, salutaire.
Salúto, salut.
far vna cósa à Sáluum me fac, faire vne chose seurement. En seureté, & sans danger.

SA SA 437

Sálza pariglia, salsepareille.
Samára, graine d'orme.
Sambúca, sambuque, grande eschelle pour aller à l'escalade. Item, vne sorte de chalemie.
Sambucáro, sureau.
Sambucáta acéto, vinaigre susat.
Sambucáto vérde, couleur de verd de sureau.
Sambucáte fritélle, bignets faits auec de la fleur de sureau.
Sambucíno, iouëur de musette.
Sambúco, sureau.
Sambúco minóre, hyebles.
Sambúgo, sureau.
Sambúrchio, sorte de viande d'herbes hachées.
Sambúsa, sorte de cordage.
Sambúzzo, viande d'herbes hachées, & d'œufs. prononcez ts.
Sámiro, estoffe de filoselle.
Sammarína, sorte de crapaut.
Sammína, veruëine.
Samotráccio, bague d'or qui a le chatton de fer.
Sampiéro, vne sorte de figue. En jargon, manteau.
Sampógna, fleute, chalemie. Et cornemuse.
Sampognáta, idem.
Sámsuca, marjollaine.
Samsucíno, huile faic de marjolaine.
Sán, sánto, saint. Pour sáno, sain.
Sán crescéntio, Sán créscí in válle, &
Sán créscí in máno .i. le membre viril.
Sán, pour sáno, ils sçauent.
égli è túcto di Sán Martíno non hà niénte di gárbo, il est tout couuert du drap qui se fait à S. Martin, & n'a point de celuy de garbo .i. il est mal vestu, & par allusion de gárbo, il n'a point du tout de mine.
Sanábile, qui se peut guerir, curable.
Sanaménte, sainement.
Sanaménto, cure.
Sanamínda, benoiste, herbe.
Sanáre, guerir. Item, chastrer, sener.
Sanatióne, cure, guerison.
* Sanáto, pour Senat.
Sanatóre, pour Senateur.
Sancéllo, sorte de boudin, sanchet.
* Sancíre, ordonner.
Sandádo, sandal, arbre.
Sandádo, & zendádo, du taffetas simples.
Sandalétti, petits parements de taffetas.
Sandálio, sandale.
Sandálo, petit taffetas.
Sándalo, sandal, arbre.
Sandarácea, mine de plomb, du sandrac, gomme.
Sándarlo, sorte de gomme.
Sándice, minio, mine de plomb.
Sandíno, idem. Et vne sorte de monnoye.
Sándolo, sorte de chalouppe.
Sandóne, moulin dans vn batteau.
Sandóni, vieilles barques ou batteaux.
Sandráccio, vn gros pitaut.
Sáne, sánes, deux six aux dez.
Sánea, escume de la mer.
Sanése, Sienois.
Sangállo, bougran.
Sanghiozzáre, sanglotter. pron. o fermé, & les zz comme ts.
Sanghiózzo, sanglot. pron. o fermé, & les zz comme ts.
Sangiaccáto, Office de General parmy les Turcs.
Sangiácco, General d'armée en Turquie.

Sangimágnano, sorte de vin.
Sangráre, tirer du sang. Item, lascher la bonde de l'eau.
Sangredále, goupillon.
Sanguáccio, boudin de sang de porc. Item, du sang caillé d'vne playe ou autre.
Sanguáccio, gros sang, sang corrompu.
Sángue, sang.
fár Sángue, gittár sángue, hauér fatólità di fár Sángue .i. auoir puissance de puuir les coupables de mort.
affrontár'il Sángue con la tésta .i. assembler deux personnes necessaires à faire vne affaire.
bél Sángue, beau teint, belles personnes, belle race de personnes.
ándar à Sángue, plaire, contenter, estre propre, & aduenant.
Sángue di drágo, cinabre, sang de dragon, sandarac.
fár mál Sángue .i. fascher, mettre en colere, eschauffer le sang.
Sanguéttola, sangsuë.
Sangíccolo, boudin.
Sanguífero, porte-sang.
Sanguificáre, faire du sang.
Sanguígno, sanguin.
Sanguifluo, qui iette du sang.
Sanguígne, sorte de pommes rouges.
Sánguina, sanguine, plante.
Sanguináccio, boudin de sang. Item, gros sang.
Sanguinále, de sang.
Sanguináre, tirer du sang. Item, saigner.
Sanguinária, verge sanguine, plante bonne contre le flux de sang qui sort du nez.
Sanguinário, sanguinaire.
Sánguine, sanguin, plante.
Sanguinélla, verge sanguine. Item, sorte de pierre.
Sanguinéllo, cornoüiller, & cornoüille.
Sanguíneo, sanguin, de sang.
Sanguinéolo, sanguineral.
Sanguinità, consanguinité.
Sanguíno, verge sanguine.
Sanguinolénte, sanglant.
Sanguinósa, en jargon, honte.
Sanguinóso, ensanglanté.
Sanguiforba, elatine herbe. Item, pimprenelle.
Sanguisúga, sangsuë.
Sanicáre, guerir.
Sanícula, senicle, pied de lion, herbe.
Sanía, sanie, bouë d'aposthéme, sang corrompu.
Sánio, sorte de marbre.
Sanióso, plein de sang corrompu.
Sanità, santé.
chi hà la Sanità è ricco, e si nolsa, qui a la santé est riche, & ne s'en apperçoit point.
Sanità sénza danári è méz zo maláttia, la santé sans argent, c'est estre demy-malade.
lontáno da città, lontán da Sanità, loin de la ville, loin de la santé, parce qu'à la campagne on n'y trouue pas tous ses delices.
Sanità di bárca, la santé de la barque, cela se dit à vne personne qui rotte ou qui pette .i. de la poix ou autre chose pour boucher le trou.
Sanítro, sel-nitre.
* Sanitúdine, santé.
Sánna, zánna, deffense de sanglier, &c.
Sannáre, prendre auec les dents.
Sannícola, senicle, herbe.
Sannúto, qui a des crocs ou deffenses comme vn sanglier, miré.

Iii iij

438 SA

Sáno, sain.
di Sanaménto, de bon entendement.
Sanquále, orfraye.
Sansa, le marc des oliues dont on a tiré l'huile. Item, le jeu de la chance.
Sansúga, sangsuë.
✶ Sánta, santé.
Sánta Anfrásina, vne bigotte.
Sánta Nafissa, nous disons, sainte Nitouche.
Sánta cróce l'ha aiutáto, Sainte croix l'a aidé. i. il a eu vne bonne succession, parce qu'on porte la croix à l'enterrement, ou plustost la croix qui est empreinte sur l'argent, en Italie.
Sánta, en jargon, la bourse.
Sant' álto, en jargon, Dieu, Et le Ciel.
✶ Santáde, santé.
Sántalo, sandal.
Sanzaménte, saintement.
Santaréllo, vn petit Saint.
Sant' Érmo, Saint Herme, lueur qui sert de presage aux Mariniers.
Santérna, soudeure.
Santése, qui ne bouge des Eglises.
Santificaménto, sanctification.
Santificáre, sanctifier.
Santificatióne, sanctification.
Santimónia, apparence de sainteté.
Santimónio, profession de sainteté.
✶ Satióne, loy, decret.
Santíno, en jargon, prison.
Santísgót, mot corrompu de l'Alleman, gesegnet, Gottà, prouface, Dieu vous le benisse.
Santitá, saincteté.
Sánto, Sainct.
 intrár in Sánto, releuer de couche : c'est quand les femmes vont à l'Eglise aprés leur couche.
Santocchiáre, en jargon, dire des Oraisons.
Santocchiára, en jargon, le Caresme.
Santócchio, en jargon, vn liure.
Santóccio, vn petit Saint, par gausserie. Item, parrain.
Santóla, marraine.
Santolíno, cyprés de jardin. Item, vne petite sainte.
Sántolo, parrain.
Santóne, en jargon, vn gage.
Santónico, herbe semblable à l'absinthe, punaisie.
Santoréccia, santoréggia, &
Santoréggio, sarriette, herbe.
Santuária, reliques de Saincts.
Santuário, sanctuaire.
Santúccio, vn petit Sainct.
Santíz z a, vne qui fait la sainte. pron. les z z comme ts.
Sánza, senz a, sans.
Sanz alággio, courtage.
Sanz aláre, maquignonner.
Sanzaría, maquignonnage.
Sanzáro, courtier. Item, postulant.
Saórna, lest de vaisseau.
Saornáre, lester.
Sápa, ou sába, vin cuit, raisiné.
Sapadóro, saulse faite de verjus, & de laict.
Sapérda, sorte de poisson escaillé.
Sapére, sçauoir. Auoir le goust, sentir. pres. ió, sò, sà, sappiámo, sapéte, sánno. imparf. sapéuo. part. séppi, sapésti, séppe, part. sapúto, fut. sapró, & sapeŕò, &c.
Il Sapére, le sçauoir, la science.
Sà I quanti dì à S. Biágio, il sçait à quel jour vient S. Blaise. i. Il n'est pas sot, il n'est pas ignorant.

SA

bèn Sái, cela s'entend, ouy.
Sà di cattíuo, il sent son meschant. Item, il sent mauuais.
Sà di buóno, il a de bonne senteur, & bon goust.
lé súe Sálle fáre, ses adresses, ses habiletez.
lo Sánno i pesciolíni, les petits poissons le sçauent. i. tout le monde le sçait.
Sapénole, qui sçait. Item, que l'on peut sçauoir.
Sapiénte, sage prudent. Item, sçauant.
Sapienteménte, sagement.
Sapiénza, sagesse. pron. ts.
Sapiénz a, en jargon, du sel. pron. ts.
Sapínio, sapino, sapin.
Sápio, poix de sapin.
Sapondccio, eau de sauon. Item, eau salée.
Sapónde, herbe à foulon.
Saponáre, sauonner.
Saponária, sauonnerie.
Saponária, herbe sauonniete.
Saponáta, sauonade. Item, iaserie, caquet de femmes.
Sapóne, sauon.
Saponétti, sauonettes.
Saporággine, saueur.
Saporáre, gouster, sauourer.
Sapóre, saueur. Metaph. douceur. Item, saulce, ou ragoust.
Saporétto, ragoust.
Saporífero, sauoureux.
Saporíno, vne petite saulse, vn ragoust.
Saporitaménte, sauoureusement.
Saporitélla, vne petite mignarde ou mignonne, douce amie.
Saporíto, sauoureux, de bon goust.
Saporità, saueur.
Saporóso, sauoureux.
Sáppa, en jargon, sage.
Sápro, sorte de potion pour la colique.
Sapróne, sorte de fourmage.
Saprosíne, morceaux friands.
Saputa, sceu, connoissance.
senza mia Saputa, sans mon sceu, à mon desceu.
Saputaménte, sciemment, doctement.
Sapúto, sage, accord, sçauant. Item, sceu.
Sára, sorte de poisson.
Saráca, vne sardine salée.
Saracélla, sarcelle.
Saracéna, ruë de cheure, herbe.
Saracinésca, herse Saracinesque aux portes des villes.
Saracinésco, de Sarazin.
Saracíuo, Sarazin. C'est aussi le faquin à rompre la lance.
églì è il Saracíno di piázza. i. tout le monde parle de luy, & luy fait affront.
✶ Satágia, cerise.
✶ Satágio, cerisier.
✶ Saraménto, serment, iurement.
Saráo, mot Espagnol, c'est vn festin, bal, & assemblée.
Sírba, du merlus, selon aucuns.
Sarcélla, sarcelle.
Sárchia, sarcloir, sarfouette.
Sarchiagióne, sarcleure.
Sarchiaménto, idem.
Sarchiáre, sarcler, sacler.
Sarchiatóre, sarcleur.
Sarchiatúra, sarcleure.
Sarchiellàre, sarcler legerement.
Sarchiéllo, vne sarfouette à sarcler les herbes.
Sárchio, id.

SA

Sarciménto, rentraiture. Et racouſtrage.
* Sarcina, bagage, charge, cariage.
* Sarcináre, rappiecer.
* Sarcinatóre, raccouſtreur.
Sarcióni, gendarmes dans vne eſmeraude.
Sarcíre, rentraire. Item, rappiecer, & recompenſer les dommages. preſ. ſarcíſco.
Sarcocólla, ſarcocole, liqueur qui diſtille d'vn arbre en Perſe, ſemblable à la manne.
Sarcófago, pierre qui conſume promptement vn corps. Item, vn Sepulcre.
Sarcoláre, ſacler, ſarcler.
Sarcóma, polipe.
Sárculo, ſarfouette à ſarcler.
Sárda, ſardine.
Sardanélla, &
Sardélla, idem.
Sardéſco, de Sardaigne. Item, vne ſorte de fourmage.
Sárdia, ciues, oignons, ciboulles, &c.
Sardína, ſardine, ſardelle.
Sárdio, onice.
Sardóna, Sardonique, herbe.
Sardóne, ſardine.
Sardónia, baſſinet, vlceraire.
Sardónico, camayeul, ſorte de pierre precieuſe.
Sardónicoriſo, ris Sardonien.
Sardónio, Sardoine, ſorte de pierre, camayeul.
Sárga, vn chable.
Sargálla, ſorte de poiſon, de la mort aux rats.
Sárgano, ſorte d'eſtoffe.
Sargía, de la ſerge. Item, vne couuerture ou loudier, ſelon aucuns, vne tapiſſerie de ſerge.
Sargiáre, couurir de ſerge.
Sargiére, faiſeur de ſerge.
Sargiétta, ſergette. Item, vne courtine.
Sárgo, ſacré, ſorte d'artillerie. Et vne ſorte de poiſſon, ſargon.
Sargóni, ſorte de vers.
Sarióne, ſorte de truitte ſaumonée.
* Sariſſa, vn jauelot.
Sarmentína, ruë de cheure.
Sarmentíno, de ſarment.
Sarménto, ſarment de vigne.
Sarmentóſo, plein de ſarment.
Sarnaccáre, ronfler, gronder, renifler.
Sarnácchio, crachat.
Sárpa, dauier.
Sarpáre, eſceuiller, eſbrancher. Item, arracher, nettoyer, monder.
Sarpár l'áncora, tirer l'ancre dans le vaiſſeau, ſarper.
Sarrácca, poiſſon ſalé, comme les ſardines ou anchois.
Sárta, vne tailleuſe, femme de tailleur.
Sárte, ſartes, aubans, dans vn nauire.
Sartágna, ſorte de creſſerelle, oiſeau.
Sartílla, vne ſorte d'oye ſauuage.
Sartiáme, tous les cordages d'vn vaiſſeau.
Sárzie, aubans, d'vn nauire.
Sartíre, ſartir, des orféures. preſ. ſartíſco.
Sartítúo, tenaille à ſartir.
Sárte, &
Sartóre, vn tailleur.
Sartoría, boutique de tailleur.
Sartoríno, petit tailleur.
Sartúra, bourrellement.
* Sárza, ſerge. pron. de.
* Saſonáre, aſſaiſonner.

SA 439

* Saſóne, ſaiſon.
Saſſafrága, percepierre, herbe.
Saſſainóla, Saſſaiúla, batterie à coups de pierre.
Saſſainólo, colombo, ſorte de ramier.
Saſſáre, frapper de pierres.
Saſſárie, tas de pierres.
Saſſáta, coup de pierre.
Saſſatélli, petites pierres ou cailloux.
Saſſáttile, pierreux.
Saſſéfrica, barbe de bouc, Saſſefy.
Saſſeità, qualité pierreuſe.
Saſſéllo tórdo, griue fiſaile.
Saſſétto, pierrette.
Sáſſi, pour ſi ſa, on ſçait.
Saſſífero, porte pierres.
Saſſificáre, petrifies.
Saſſífico, petrifiant.
Saſſifrágia, ſacſafrague.
Saſſifrága, percepierre, ſacſafrague.
Saſſifrágo, qui rompt les pierres.
Saſſinuménto, vollerie, aſſaſſinat.
Saſſináre, aſſaſſiner.
Saſſíno, aſſaſſin. Item, vne pierrette.
Sáſſo, pierre. Roche.
eſſer a' Sáſſi pe' forni, nous diſons eſtre aux eſpées, & aux couſteaux.
trár il Saſſo è naſcónder la máno, i. faire le mal, & feindre de ne l'auoir pas fait.
banér il Saſſo della Vérnia adóſſo, auoir la pierre de la Vernia ſur ſoy. i. eſtre bien chargé.
trár Saſſi, ietter des pierres, nous diſons faire du feu, faire des extrauagances eſtant en colere.
Saſſolíno, pierrette.
Saſſóſo, pierreux.
Satána, ſatanáſſo, Satan.
Sataníchiſſimo, tout à fait Diable.
Satéllito, ſatellite.
Sáti, ſorte de laictuës.
Satiábile, qui ſe peut raſſaſier, ou ſaouler, raſſaſiable.
Satiabilità, raſſaſiement.
Satiaménto, idem.
Satiáre, raſſaſier, ſaouler.
Satiatíuo, ſaoulant, raſſaſiant.
Satiatúra, raſſaſiement, ſaoulement.
Satietà, idem.
Satieuole, ſaoulant, deſgouſtant, faſcheux, ſaoulant, deſgouſtante, faſcheuſe.
Satieuolménte, de façon deſgouſtante.
Satieuolézza, ſaoulement. pron. ts.
* Satíno, eſcueillé gentil.
Sátio, ſaoul, raſſaſié, deſgouſté.
Sátira, vne ſatyre.
Satireggiáre, faire des ſatyres.
Satiréſco, de ſatyre.
Satírico, ſatyrique.
Satiríaſí, ſatiríaſmo, &
Satiríſmo, maladie qui cauſe l'érection du membre, priapiſme.
Satírio, &
Satiríóne, ſorte d'herbe, ſatirion.
Satiríſi, érection de membre, priapiſme.
Satíro, vn Satire. Item, faiſeur de Satires, Poëte ſatirique.
Satisfáre, ſatisfaire. preſ. ſatisfáccio, & ſatisfó, ſatisfá, ſatisfá, ſatisfacciámo, ſatisfáte, ſatisfánno, imparf. ſatisfacéuo. part. ſatisfáci, & le reſte comme, fáre.
Satisfattióne, ſatisfaction.

SA

Satíuo, propre à estre ensemencé.
Satisfátto, satisfait.
Satólla, vne saoulée, vne ventrée.
Satollaménto, &
Satollánza, saoulement, saoulerie. pron. ts.
Satolláre, saouler.
chi per man d'áltri s'imbócca tárdi Satólla, nous disons qui s'attend à disner à l'escuelle d'autruy, &c.
Satóllo, saoul.
à córpo Satóllo dagli ripóso, le François dit, il est bien aisé à nourrir, dés qu'il a mangé il demande à aller au lit.
* Sátore, pere, createur, faiseur. Item, qui seme.
* Sátoro, saoul.
Satrápa, Satrape, Seigneur en Egypte.
Satrapería, office de Satrape.
Satrapía, idem. Et le lieu du gouuernement de Satrape.
Satrápico, de Satrape.
Sátropo, Satrape.
* Sattíno, du satin.
* Saturábile, qui se peut saouler.
* Saturáre, saouler.
Saturéggia, saturéia, sauorée.
Saturità, rassasiement.
Saturnále, Saturnien.
Saturníno, idem.
* Satúro, saoul.
Sauámo, pour erauámo, nous estions.
Sauáte, pour erauáte, vous estiez.
Sauátta, vne sauatte.
Sauattáre, sauetter.
Sauattáro, sauatino, sauettier.
* Sauére, sçauoir, science, pour sapére.
Sauiaménte, sagement.
* Sauiaróne, vn sage homme.
Sauiegiáre, faire le sage.
Sauiézza, sagesse. pron. e fermé, & les zz comme ts.
Sauína, sauine, herbe, sauinélla.
Sáuio, sage.
Sáuio è quél ch'impára all'altrui spése, celuy qui apprend aux despens d'autruy, sans doute est sage.
Sáuio è colúi che fortúna secónda, celuy qui a la fortune fauorable est estimé sage.
Sauiolíno, vn petit sage.
Sauiólo, sauiótto, idem.
Sauonáre, sauonner.
Sauonáro, sauonnier.
Sauóne, sauon.
Sauonéa, sorte de confection.
Sauóra, saburre, lest. pron. o fermé.
Sauoráre, lester.
Sauóre, saueur, goust, ragoust: vne certaine sausse faite de noix pilées, de pain, & de verjus. prononcez o fermé.
Sauoriggia, sauorée, sauriette.
Sauoreggiáre, sauourer.
Sauorélla, sauorée.
Sauorétto, ragoust.
Sauoríno, iceune sauorée.
Sauoríre, sauourer. pres. sauóro, & sauorísco.
Sauoríto, sauoureux.
Sauoróso, sauoureux.
Sáura, stellion, lezard verd.
Saurétto, vn petit bidet alezan.
Sauríone, sorte de graine de moustarde.
Sáuro, alezan, roux.

SA SB

Sáuro, affocáto, alezan bruslé.
Sáuro metallíno, entre roüan, & alezan.
Sauso, espagneul.
Sazióto, qui rassasie, qui saoule.
verránno le pére Saziole. i. tu te saouleras à la fin de cela.

SB

SBadáre, s'amuser, perdre vne occasion en s'amusant.
Sbaccelláre, esgousser, escosser.
Sbácco, &
à Sbácco, en quantité.
Sbadacchiaménto, baaillement.
Sbadacchiáre, &
Sbadagliáre, baailler.
Sbadáglio, baaillement.
Sbadáre, niaiser, baster. Item, baailler.
Sbadataménte, imprudemment, inconsiderément.
Sbadáto, inconsideré.
Sbadigliacciáre, &
Sbadigliáre, baailler.
Sbadiglióso, grand baailleur.
Sbaggíre, s'euanoüir, tomber comme mort.
Sbagiassáre, babiller, se vanter.
Sbagiassóne, vn vanteur, vn babillard.
Sbágio, &
Sbáglio, bayement, iour, ouuerture: baaillement.
pigliár Sbáglio. i. s'abuser.
Sbaiassáre, dire des sottises, des bayes, bauarder, babiller.
Sbaiassóne, vn babillard, vn bauard.
Sbalancáre, ouurir tout au large.
Sbálci, bálzi, bords ou renuers à vn bonnet ou habit.
Sbaldánza, poltronnerie.
Sbaldanzíre, deuenir poltron.
Sbaldanzíto, sans courage. pron. ts.
Sbalestráre, tirer d'vne arbaleste. Item, dire de grandes manteries.
Sbalestráre, tourner les yeux à la teste.
Sbalestráto, estourdy. Item, grand menteur.
Sbaligiáre, desualiser, pour sualigiáre.
Sbalíre, s'esuanouir. pres. sbalísco.
Sballáre, desballer.
Sballár láne francésche, desballer des laines de France. i. trouuer quelque bonne marchandise, le François dit, trouuer la pie au nid.
Sballár láne Spagnuóle, idem.
Sballár séta Spagnuóla, se tromper, estre attrappé. Item, trouuer quelque chose de bon, selon aucuns.
Sbalordággine, estourdissement.
Sbalordíre, estourdir. pres. sbalordísco.
Sbalzáre, ietter, lancer, faire bondir, sauter. Berner, bondir.
Sbalzár v'no, balotter vne personne.
Sbalzáta, saut, bondissement.
Sbálzo, bond. Item, precipice. Et vn bord ou rebord à vn bonnet.
Sbampfoláre, exhaler.
Sbampfoláta, exhalaison.
* Sbanaceráre, baailler. Niaiser.
Sbancáre, remuer de son banc.
Sbandársi, se desbander comme les soldats.
Sbandataménte, à la desbandade.

Sbandeggiaménto,

S B

Sbandeggiaménto, bannissement. Et débandade.
Sbandeggiáre, bannir, débander.
Sbandeggiatóre, qui bannit.
Sbandigióne, bannissement.
Sbandiménto, idem.
Sbandíre, bannir. pref. sbandisco.
Sbanditóre, bannisseur. Crieur public.
Sbaracchiáre, écarter, mettre en desordre.
Sbaracchio, déroute, écart.
Sbaragiáre, &
Sbaragliáre, écarter vne trouppe de gens, mettre en desordre, ou en fuitte.
Sbaraglino, sorte de jeu approchant du trictrac.
Sbaráglio, route, esclandre, escart de combattans, sorte de jeu aux Dames.
métterſi à Sbaráglio, se hazarder mal à propos.
Sbarattaménto, déroute, escart.
Sbarattáre, escarter vne trouppe, mettre en déroute.
Sbarbagliáre, escarter, mettre en déroute.
Sbarbaráre, &
Sbarbáre, déraciner. Item, ébarber.
Sbarbatéllo, vn homme sans barbe.
Sbarbáto, idem.
Sbarbazzáre, débrider, oster la gourmette. prononcez les zz comme ts.
Sbarbazzáta, Metaph. vne reprehension, vne reprimende.
Sbarbicáre, déraciner.
Sbarbieráre, babiller.
Sbarbieróne, babillard.
Sbarbocciáta, vn coup, vne gourmade.
Sbarbóne, vn rustre.
Sbarbozzáre, oster la gourmette, débrider.
Sbarcáre, débarquer.
Ebarcáre, selon aucuns, ou par Meth. descendre de carosse.
Sbárco, débarquement.
Sbardelláre, dresser ou dompter les poulains.
Sbardelláre, passer sur le ventre, baudoüiner. Item, parler salement & à l'estourdie. C'est aussi érailler les yeux.
Sbardelláre, monter vn poulain.
alla Sbardelláta, à l'estourdie. Item, ce que nous disons, en asne debasté.
Sbardellataménte, idem.
Sbardelláto, estourdy, inconsideré.
Sbarilláre, tirer du baril.
Sbarleſſáre, balaffrer. Item, faire la grimace.
Sbarléſſo, balaffre. Et grimace.
Sbaróſola, sorte de chouette.
Sbárra, barre. Barriere. Vne ciuiere, barricade, selon aucuns, vne roche.
Sbarráre, baricader, barrer. Item, débarrer, Et se briser ou creuer. Barrer les veines.
Sbarráre, artigliaria, tirer le canon.
Sbarráta, baricade.
Sbarráto, barré, en armoirie.
Sbarratúre, barre.
Sbárro, barricade, barre. Item, terme d'armoirie.
Sbaſidór di perpétua, en jargon, Theologien.
Sbaſedór di ruffo, vne escoupette, en jargon, vn arme à feu.
Sbaſire, s'éuanoüir, se pasmer.
Sbaſire, en jargon, tuër, & mourir, basourdir.
Sbaſir sù le fúni, estre pendu, en jargon.
Sbaſito, sorte de gueux mal en ordre, gredin.
Sbaſsíre, abaisser.

S B 441

Sbáſſo, abaissement.
Sbaſtáre, débaster.
Sbatacchiáre, battre les fruits, gauler. Item, oster le batail d'vne cloche.
Sbattochiáre, ioüer du batail, sonner les cloches, carillonner.
Sbáttere, battre, se débattre, rabattre d'vne somme. parf. ſattéi.
Sbáttere, en jargon, manger.
Sbattezzáre, débaptiser. prononcez les zz comme dz.
Sbattiménto, battement, débattement. Item, défalquement d'vne somme, rabbatement.
Sbattito, battement, débattement, secousse.
Sbattitúra, idem.
Sbattúto, batu, tourmenté, débatu.
Sbauagliáre, demasquer, découurir, oster le linge qui nous cache le visage.
Sbauáro, bauer.
Sbauigliáre, demasquer, découurir. Item, bauer.
Sbauglióſo, baueux.
Sbazzigante, remuant, gaillard, gausseur. prononcez les zz comme ts.
Sbeffaménto, mocquerie.
Sbeffáre, gausser, beffler.
Sbeffeggiáre, idem.
Sbeffeggiatóre, gausseur.
Sbelaménto, beclement.
Sbeláre, beeler.
Sbelettáre, oster le fard.
Sbellettáre, farder. Item, oster le fard.
Sbellétto, fard.
* Sbembráre, démembrer.
Slendáre, déuoiler.
Sberettáre, oster le bonnet.
Sberettáta, vn coup de bonnet ou chapeau, vne salutation en ostant son chapeau.
Sberettatíua, vn petit coup de chapeau ou bonnet.
Sbergáre, mettre vn haubert.
Sbérgo, haubert.
Sberleſſáre, balaffrer.
Sberléſſo, balaffre. pron. e ouuert.
Sherlingáccia, courcuſe, putain.
Sberlingacciáre, courir le bordel.
Sbérna, &
Sbérnia, couuerture de gueux. Item, robe, casaque.
Sbestiáre, sortir de bestise. Item, faire passer la brutalité ou asnerie.
Sbeuacchiáre, beuuotter.
Sbeuazzaménto, beuuerie. pron. tt.
Sbeuazzáre, boire souuent, beuuotter, grenoüiller. pron. ts.
Sbeuecchiáre, idem.
Sbeuecchiatóre, beuueur.
Sbiácca, blanc d'Espagne, ceruse.
Sbiaccáre, farder de blanc ou ceruse.
Sbiadáre, rendre pâle. Item, dégarnir de grains.
Sbiadáto, bleu clair, bleu mourant ou pâle. Couleur paſle.
Sbiálgio, biais, oblique.
Sbiancáre, blanchir, deuenir blanc.
Sbiancáre, déblanchir.
Sbiancheggiáre, idem, & blanchir.
Sbianchesíni, blanchisseures de fard.
Sbianchíre, en jargon, découurir quelque somberie.
Sbiáncido, pâle, blanchastre, blaffard.
di Sbiáſo, ou di Sbiáſſo, de biais.

K k k

Sbiaudáre, rendre blaffard.
Sbiandáto, couleur claire, pâle, déchargée, blaffarde, mourante.
Sbiáno, idem.
Sbiecáre, loucher.
Sbiéco, louche.
Sbiéco, de biais, de trauers.
di Sbiéscio, idem.
Sbiettáre, carder la laine. Metaph. s'enfuyr promptement, couler, glisser.
Sbignáre, en jargon, courir, s'en aller.
Sbigni, des pierres, en jargon.
Sbigotimento, estonnement.
Sbigottire, estonner, faire peur, s'estonner. pres. sbigottisco.
Sbigottíto, estonné.
Sbilerciáre, loucher.
Sbilércio, regard louche.
Sbirbáre, déniaiser, rendre rusé. Item, sorty de gueuser, en jargon.
Sbirráglia, la trouppe de Sergens ou Archers.
Sbirrería, idem.
Sbírro, vn Archer de Preuost, ou Sergent ; mais plus infame que les Archers de France.
dir le súe ragióni a' Sbírri, dire ses raisons aux Sergens ou Archers, nous disons, parler à vn Suisse, qui n'entend point de raison.
Sbirro vécchio, nous disons, vn vieux routier, vn fin renard.
Sbisacciáre, tirer hors de la besace, jetter tout hors du sac.
Sbiscio, vn fendeur de naseaux.
Sbisciáre, glisser, aller de trauers.
Sbíscio, glissade.
Sbizzarríre, deuenir bigearre. pres. sbizzarrísco. Item, chastier de la bigearrerie.
Sbizzarírsi, passer sa fantaisie.
* Sbilisciáre, glisser.
* Sblizzigáre, idem.
Sboccággine, parler sale, impudent langage, goulée.
Sboccaménto, idem.
Sboccáre, s'emboucher, qui se dit des fleuues. Rompre le goulet. Regorger, faillir, déboucher. Item, dire des saletez.
alla Sboccáta, salement, impudemment.
parlár Sboccataménte, parler salement.
Sboccatéllo, vn esgueulé, vn insolent en parolles.
vno Sboccáto, vn qui parle salement, vn esgueulé. Vn pot qui a le goulet rompu, vn cheual qui n'a point de bouche.
Sboccatájo, &
Sboccatúra, emboucheure, ouuerture.
Sbocciáre, ébaucher.
Sbocconcelláre, mangeotter, maschotter, croustiller.
Sboccónigliáre, mettre en petits morceaux.
Sbóglio, bouillon en bouillant. pron. o fermé.
Sboglíre, patbouillir.
Sbolgettáre, déualiser. Item, tirer de la valise ou bougette.
Sbolláre, oster la marque.
Sbolársi, se desemplastrer. Item, guerir ses pustules, ou bulles.
Sbollíre, ébouillir, s'ébouillir.
Sbolzonáre, darder, donner des coups de flesches. Selon aucuns, passer la monnoye.
Sbolzonáto, vn coup de dard.
Sbombardaménto, bruit d'artillerie, décharge.
Sbombardáre, tirer l'artillerie.

Sbombettáre, beuuoter.
Sbonzoláto, creué, rompu, qui a vne descente de boyaux. pron. ss.
Sboráre, mettre à l'air. Creuer. Pousser ou jetter hors. Et faire l'acte naturel, s'accoupler, qui se dit des animaux.
Sbordelláre, hanter le bordel.
Sborfáre, bouffer, souffler, ronfler, gronder.
Sborránza, craquement, froissement.
Sborráre, se décharger, dire tout ce que l'on sçait. Item, fouler les draps.
Sborráre, prendre l'air.
Sborratóre, vn foulon. Item, escluse.
stár à Sbórro, prendre l'air.
Sborsaménto, déboursement.
Sborsáre, débourser.
Sborsatióne, déboursement.
Sbórscio, idem. pron. o fermé.
Sbórso, idem. pron. o fermé.
Sboscáre, couper les bois. Item, débusquer, ou chasser hors du bois.
Sboscatóre, buscheron.
Sbottáre, vuider les fustailles. Item, des-enfler.
Sbottonáre, déboutonner.
Sbottoneggiáre, donner des attaques, picquer couuertement.
Sbozzáre, ébaucher. Item, croquer vn ouurage, en terme de peinture. pron. o ouuert, & les zz comme ss.
Sbozzo, ébauchure, pron. o ouuert, & les zz comme ss.
Sbozzoláre, mesurer au boisseau. pron. o ouuert, & les zz comme ss.
Sbracáre, démonter, débraquer.
Sbracáre, se vanter.
Sbracársi, mettre ses chausses bas, faire des excés, dépenser largement.
fortúna Sbracáta. i. grande fortune.
álla Sbracáta, excessiuement, dissolument.
Sbracataménte, idem.
vn Sbracatéllo, vn petit mal-appris, vn dissolu.
Sbracáto, dissolu, deshonneste.
Sbracáto, chaussés bas, sans chausses.
Sbráccia, vanteur.
fár lo Sbráccia, faire le mauuais.
Sbracciáre, se carrer, faire le braue, piaffer.
Sbracciáta, vanterie, brauade. Item, vne sorte d'habit sans manches.
Sbraccería, brauades, rodomontades, braueries en habits, piaffes, piafferies.
Sbracciáre, ébrassiller, se vanter, faire des brauades, se rebrasser, trousser ses manches.
Sbracciársi in vna cósa, mettre pourpoint bas pour faire vne chose.
Sbracciár danári, dépenser beaucoup.
Sbrácio, vanterie, brauade.
Sbragiáre, ébrassiller. Item, se vanter, faire des rodomontades.
Sbragiáta, rodomontades.
Sbragiatóre, vanteur, faiseur de rodomontades.
Sbragliáre, brailler.
Sbraiáre, braire. Item, babiller.
Sbramáre, saouler, passer sa faim ou son desir.
Sbramáre, mettre en pieces.
Sbrancáre, sortir de sa trouppe, s'écarter.
Sbrancáre, oster des griffes.
Sbrandelláre, mettre en morceaux ou brins.
Sbrasciáre, faire le mauuais. Ebrasiller.
* Sbrasliáre, idem.

SB

Sbrattáre, nettoyer. Vuider, expedier, s'enfuyr.
Sbrátto, ordure.
Sbrauáre, & *Sbrauazzáre*, brauer. pron. *tz*
Sbráuo, brauache.
Sbrazzáre, brauer. pron. *ts*.
Sbregáre, rompre, briser.
Sbriccáre, faire le ruſtre ou filou.
Sbriccaría, pendarderie, trait de filou.
Sbriccarélto, petit ruſtre, petit pendart.
Sbricciáre, gliſſer.
Sbricciolàre, hacher menu. Item, gliſſer.
Sbrícco, couppe-jarrets, ruſtre, pendart, filou.
Sbriccóne, vn grand pendart.
Sbrigaménto, expedition, dépeſtrement, défaite.
Sbrigáre, expedier, vuider, ou démêler vn affaire.
Sbrigárſi, ſe démêler bien d'vn affaire, ſe défaire de quelqu'vn, ſe dépeſtrer.
Sbrígli, *sbigli*, quilles, ſelon aucuns.
Sbrigliáre, débrider.
Sbrigliáta, &
Sbrigliatúra, vn coup de bride.
dár vna buóna Sbrigliatúra. i. lauer la teſte à quelqu'vn, tancer fort, & ferme.
Sbrignáre, ſe gliſſer, ſe traiſner ſecretement.
Sbriſſáre, &
Sbriſciáre, ramper, ſe gliſſer. Item, fouler les draps.
Sbriſciatóre, vn gliſſeur. Item, vn foulon.
Sbriſcio, de biais, oblique. Item, gliſſade.
éſſer Sbriſcio, eſtre gueux.
Sbriſcióſo, *Sbriſóſo*, gliſſant.
Sbriſo, en jargon, nud, & ſans argent.
Sbriſſáre, ramper, gliſſer.
Sbriſſo, gliſſade. Item, oblique, tortu.
Sbroccáre, laſcher comme vn cloud.
Sbrócio, boſſette.
Sbroffáre, bouffer, ſouffler.
Sbróggia, puſtule.
Sbrogliáre, débroüiller.
* *Sbróia*, eſchaudement.
* *Sbroiáre*, eſchauder.
Sbruccáre, eſplucher, monder.
Sbrucciolàre, bourdonner dans les oreilles.
Sbruffa, bouffement, ronflement. Item, baſſinement.
Sbruffáre, bouffer, ſouffler, ronfler. Item, baſſiner auec de l'eau, que l'on prend dans ſa bouche pour moüiller quelque choſe.
Sbruffoláre, idem.
m'è venúto di Sbrúffego. i. cela m'eſt venu ſans y penſer, comme d'vne bouffée.
Sbrutélla, en jargon, vne tourte.
Sbuccáre, percer, troüer. Tirer de l'Artillerie. Item, ſortir du trou.
Sbucciaménto, eſcorceure.
Sbucciáre, ſortir du trou. Item, eſplucher, oſter de l'eſcorce, peler.
Sbucciáre, idem.
Sbucináre, corner.
Sbudelláre, creuer, eſuentrer, effondrer.
Sbudellataménte, comme vn creué.
Sbudelláto, effondré, creué.
Sbudelláto caúallo, cheual conſu.
Sbuffáre, bouffer, ſouffler de colere, s'ébroüer.
Sbúffante, bouffant de colere.
Sbuffoneggiáre, bouffonner.
Sbuffóſo, bouffant.
Sbugiardáre, connaincre de menſonge.
è andáta Sbúſa, l'affaire eſt allée à vuide.
Sbuſáre, troüer, creuſer.

Sbúſo, creux, vuide, troüé.
Sbuttaſatóre, vn frotte-bottes, vn ſoüillon.

S C

SCábbia, crouſte de lepre ou galle, & la galle meſme. Item, farcin.
Scabbiáre, guerir de la galle. En jargon, boire.
Scabbióſa, ſcabieuſe, herbe.
Scabbióſa, en jargon, vne tauerne.
Scabbióſo, lepreux, galeux, farcineux.
Scabéllo, eſcabelle.
Scábia, galle, farcin.
Scabinélla, ſcabieuſe.
Scabritia, rudeſſe.
Scábro, rude. Item, vne ſorte de mouche qui s'engendre dans les charognes.
Scabróſa, rudeſſe.
Scabróſo, rude, raboteux, difficile.
Scacazzaménto, niuellerie, vetillerie. pron. *ts*.
Scacaccazzáre, &
Scacazzáre, niueler, faire lentement, & en pluſieurs fois vne choſe, vetiller. Item, embrener. prononcez les *zz* comme *ts*.
Scacazzío, chierie, vetillerie. pron. *ts*.
* *Scacarnícolo*, vn affronteur, vn attrapeur de minons.
vn Scaccafáue, vn vetilleur.
à Scaccafáue, ridé comme les febves ſeiches en forme d'eſchiquier.
Scaccário, eſchiquier.
Scaccáto, fait en eſchiquier. Loſengé.
Scaccheggiáre, joüer aux eſchecs. Item, faire en eſchiquier.
Scaccheráre, grifonner.
Scácchi, eſchecs. Item, loſenges. Et eſpaces de tablier ou eſchiquier.
vedèr il ſóle à Scácchi. i. voir le Soleil à trauers d'vne grille, en priſon.
à Scácchi, en eſchiquier.
à Scácchi acúti, loſengé, en terme de blaſon.
Scacchiére, eſchiquier.
Scacéia, mors à hotte.
Scacciaménto, deſchauſſement.
Scacciagióne, idem.
Scacciapenſiéri, vn enfant ſans ſoucy. Item, vne trompe.
Scacciáre, caſſer, eſcacher, eſcraſer. Déchaſſer, chaſſer.
Scacciáta, déchaſſement.
Scacciatóre, qui chaſſe.
Scácco, vn des quarreaux de l'eſchiquier. Eſchec.
Scaccomátto, eſchec, & mat.
Scácco-dáma, Reyne aux eſchecs.
Scaciáto, penaut, chaſſé.
rimanér Scaciáto, demeurer auec vn pied de nez.
Scadenacciáre, oſter ou ouurir le verroüil.
Scadenáre, débarrer vn inſtrument.
Scadenáto, débarré.
Scadénte, qui déchet. pron. *e* ouuert.
Scadére, décheoir. pron. e fermé. parf. *ſcadétti*.
* *Scadoróggine*, démangeaiſon.
* *Scadoráre*, démanger.
* *Scadóre*, démangeaiſon.
* *Scadoróſo*, plein de démangeaiſon.
Scadúta, cheute. Défaillance.
Scadúto, déchu.

SC

Scáfa, forte de barquette, Scaphe, ou Coquet. C'est aussi vne huche en forme de barque, faite d'vne piece de bois; selon aucuns, vn radeau ou train de bois. Vne cosse de febves ou de pois, & la mesme febve. Item, vne escaffelle, poisson.

Scafále, tablettes.

Scafále da credénza, selon aucuns, vne armoire. Et vne certaine inuention de tablettes en forme de degrez qui se met sur le buffet pour arranger les verres, &c.

Scafárra, vne casse à puiser de l'eau.

Scafáre, escosser des pois ou febves.

Scaffále, tablettes à mettre des liures.

Scaffáre, terme de jeu, mettre de nompair à pair, jouër à pair & nompair.

Scaffétta, chargeoir. pron. e fermé.

Scáfo, la carene, ou plustost carcasse de vaisseau.

Scággia, escaille, ou éclat.

Scaggiále, vne ceinture de cuir, vne enguicheure de cor. Item, vn gaban. Et vn deuant de robe.

Scaggiáre, éclatter comme le bois.

Scaggiatúra, éclat de bois ou de pierre.

Scagionáre, excuser, tirer d'occasion.

Scáglia, escaille. Vne sonde ou fronde à jetter des pierres. Vne sorte de ver qui s'engendre au corps du cheual. Vn éclat de bois ou de pierre.

Scagliaboccále, vn bon biberon. Item, vne sorte de bouteille.

Scagliáre, escailler. Ietter, se vanter, parler inconsiderément. Item, éclatter comme le bois ou les pierres.

Scagliétta, petite escaille.

Scáglio, éclat de bois.

Scaglionáre, leuar i denti scaglióni, arracher les dents escalonieres.

Scaglióne, degré, eschelon.

Scaglióni dénti, dents escalonieres, crochets, terme de Maquignon.

Scaglióni bássi, crochets de dessous, au cheual.

Scaglióso, escailleux. En jargon, vn poisson.

Scagliuóla, alpistre, graine qui vient de Canarie.

Scagliuoláre, donner de l'alum aux draps.

Scagliuólo, sorte d'alum.

Scagnárda, vne garce à chiens.

Scagnáre, faire en forme de chaire.

Scagnéllo, petite chaire. Item, cheualet d'instrument.

Scagnétto, la derniere chambrette à la pouppe.

Scágno, banc, chaire.

Scágno da déstro, chaire percée.

* *Scáia*, escaille.

Scaióla, sorte d'alum.

Scaióni, dents escalonnieres.

Scaióso, escaillé, plein d'escailles.

Scála, eschelle. Degré, montée.

far Scála, prendre port, faire escale.

Scalabríno, vn Carabin.

Scalabróne, escarbot.

Scaláda, escalade.

Scalappiáre, sortir du lacqs.

Scaláppio, vne souriciere. Item, lacqs.

Scaláre, escheler. Escalader.

Scaláta, escalade.

Scálca, femme qui porte la viande sur table.

Scalcagnáre, rompre les talons. Aculer ou esculer les souliers. Démonter vn canon. Déchausser vne dent. Item, talonner.

Scalcagnáte scárpe, souliers esculez.

SC

Scalcheggiáre, ruër, donner des ruades.

Scalchería, Office d'Escuyer de salle ou de cuisine, qui porte la viande sur table.

Scalciacáne, vn homme de rien.

Scalciadénti, fer à déchausser les dents, déchaussoir.

Scalciáre, déchausser. Item, démonter vn canon.

Scalcieggiáre, regimber.

Scalcináre, oster les platras ou le renduy d'vne muraille, s'escailler.

Scálcio, déchaussé, déchaux.

Scálco, c'est proprement celuy qui porte la viande sur table, vn Escuyer de salle, ou Escuyer de cuisine. Dans vne Galere, le forçat qui a le soin des viandes.

Scálda bánco, vn qui ne bouge d'vn banc.

Scaldággio, chauffage.

Scaldalétto, vne bassinoire. pron. e ouuert.

Scaldáme, chauffage.

Scaldapié, vn chauffe-pied.

Scaldáre, chauffer.

Scaldársi, s'échauffer.

Scaldatóio, chauffoir. pron. o ouuert.

Scaldatóre, eschauffeur, chauffeur. pron. o fermé

Scaldatúra, chauffement.

Scaldauiánde, reschaut.

Scaldétto, idem. pron. e fermé.

Scaléa, sorte de vin. Item, degrez.

non fár le Scaléa di S. Ambrósio, ne faites pas le degré de S. Ambroise .i. ne méditez pas de ceux qui s'en vont. Parce que c'est vn lieu où on médit de l'vn, & de l'autre.

Scaléno, scalene, sorte de triangle.

Scalentía, e quinancie.

Scaléo, vne eschelle d'vne piece de bois trauersée d'eschellons.

Scalétta, petite eschelle. Item, vne sorte de biscuit. Vn cheualet de peintre.

Scaleuóle, qui se peut escalader.

Scálfa, esquif.

Scalfaróti, bottes de feutre à porter dans la chambre, pour se garder du froid, ou plustost des gros bas courts de laine pour l'hyuer.

Scalfattúra, effleureure.

Scalfíre, effleurer la peu. pres. *scalfísco*.

Scalfitíra, & Scalfítto, effleureure.

Scálfo, en jargon, vn verre, vn barillet.

Scalináre, escheller.

Scalináta, vn degré ou perron plein de degrez.

Scalíno, eschellon.

Scallentía, esquinancie.

Scalmacciáre, faire vne chaleur vaine.

Scalmáccio, chaleur vaine.

Scalmána, grand hâle, grande chaleur, course à la haste. Item, chaleur de fiévre.

Scalmanáto, hâlé, eschauffé. Item, qui a vne chaleur de fiévre, & qui a couru.

Scalmáre, estre fort sec, & maigre. Item, creuer de soif, comme.

mi Scálmo di sete, ie meurs de soif.

Scalmáto, à qui la peau tient aux os. Eschauffé au dedans.

Scalmatúra, maigreur.

Scálmo, escome, escalme, vn bois auquel on attache les rames. Item, maigre, décharné.

rémi di Scalóccio, grandes rames dont on se sert maintenant dans les Galeres.

Scalógna, eschalotte, cibouille.

Scalógno, idem.

S C   S C   445

Scalóne, degré, eschelon. Item, rouleau.
Scalóppia, vn lacet à prendre des oiseaux.
Scaloppiáre, prendre au lacet.
*Scalpédria, vne folle.
Scalpeggiáre, fouler aux pieds.
Scalpellàre, ciseler. Tailler la pierre auec vn ciseau.
Scalpellíno, tailleur de pierre.
Scalpéllo, ciseau.
Scalpestráre, scalpestiáre, fouler aux pieds. Trepigner.
Scalpéstio, bruit des pieds.
Scalpicciaménto, foulement, trepignement.
Scalpestráre, &
Scalpicciáre, fouler aux pieds, trepigner.
Scalpíccio, foulement, trepignement.
Scalpíni, chaussons.
Scalpíre, grauer entailler. pres. scalpisco.
Scalpitáre, fouler aux pieds, trepigner.
Scalpítio, bruit des pieds, trepignement.
Scalpitáre, trepigner.
Scálpo, le test.
Scalpóre, estonnement, proprement plainte, regret.
Scalpurigine, demangeaison.
Scaltríre, deniaiser, affiner. pres. scalterisco.
Scalteríta, ruse.
Scalteríto, fin, rusé, affiné, ératé.
Scaltrézza, ruse, finesse. pron. e fermé, & les zz comme ts.
Scaltriménto, ruse, deniaisement.
Scaltríre, deniaiser, depaïser, érater, affiner. pres. scaltrisco.
Scaltrítà, finesse, ruse.
Scaltríto, fin, rusé, adroit.
Scáltro, idem.
Scaludre, n'estre plus chauue.
Scalúna, eshalotte.
Scálno, non chauue.
Scalcacáni, vn homme de rien. pron. ts.
Scalzáre, dechausser. pron. ts.
Scalzáre, par Metaph. tirer les vers du nez. prononcez ts.
Scalzó, dechaussé, nud pieds, ou pieds nuds. pron. ts.
Scalzó di pica ò archibúggio, talon de pique ou de fust d'arquebuse. pron. ts.
vá itici Scalza, vns-y les pieds nuds, nous disons, allez vous y fourrer, mettez vous dans ce danger-là. prononcez ts.
Sedlzi, Carmes dechaussez. pron. ts.
Scamaidáre, scamaitáre, battre la laine.
Scamardáre, sillonner.
Scamatáre, battre la laine.
Scambiáuie, changeant.
Scambiáre, changer, troquer.
Scambiár múschio con gálla, changer du musc à des noix de galle, nous disons, changer son cheual borgne à vn aueugle. i. faire vn mauuais change.
Scambiatóre, changeur.
Scambiettáre, sauteler, faire des gambades. Item, troquer.
Scambiétto, vne sorte de saut en dançant, fleurette. Item, miettes, petits morceaux.
Scambiéuole, reciproque, mutuel, mutuelle.
Scambieuoléz za, eschange mutuel. pron. e fermé, & ts.
Scambieuolménte, reciproquement, tour à tour.
Scámbio, eschange.
Scambióso, scambróso, en jargon, du vin.
Scambrúgio, vn petit coin, vn petit trou ou lieu.
Scamiciáto, sans chemise.
Scamináto, hors de son chemin.

álla Scamisciáta, nuëment. Item, temerairement.
Scamonéa, scamonée, drogue.
Scamoníto, meslé de scamonée.
Scampána, patience.
Scampanaménto, sonnerie de cloches.
Scampanáre, sonner les cloches, carillonner.
Scampanáre, en jargon parler tout haut.
Scampanáta, sonnerie, grande sonnerie de resioüissance. C'est aussi vn chariuaris.
Scampánio, idem.
Scampáre, garentir, eschapper, sauuer.
Scampatúra, &
Scámpo, salut, sauueté, eschappée.
in mio Scámpo, pour me sauuer, pour ma deffense, pour mon salut.
Scampolétto, &
Scámpolo, reste d'estoffe, couppon de toile, &c.
Scamuffáre, se deguiser, se couurir la teste ou le visage afin de n'estre pas connu.
Scamuffáre, en jargon, oster, enleuer par adresse.
Scamúffo, deguisement.
Scamúzzolo, limaille d'or. Item, petite miette. prononcez ts.
Scanaláre, creuser en forme de canal.
Scancellaménto, rature.
Scancelláre, effacer, raturer.
Scancellatúra, rature.
Scancellévole, qui se peut effacer. pron. e fermé.
Scancéllo, barreau. pron. e ouuert.
Scancia, & Scanxia, tablettes à mettre les liures, armoires à mettre la vaisselle.
Scanciería, vn rang de tablettes ou banc.
Scandagliáre, peser, balancer, mesurer.
Scandáglio, sonde à trouuer le fonds, escandail. Le plomb à mesurer vne hauteur. Item, vne corde qui sert à battre la chourme.
Scandáglio, vne balance, selon aucuns.
Scandaláre, lieu proche de la chambre de la pouppe.
Scandaleggiáre, Scandalezzáre, &
Scandalizzáre, scandaliser. pron. les zz comme dz.
Scándalo, scandale.
Scandalóso, scandaleux.
Scandélla, sorte d'orge.
Scandantia, esquinancie.
Scándere, monter. Scander vn vers, parf. scandéi.
Scandescéntia, colere promptitude.
Scandiáne, sorte de pommes.
Scándice, peigne de Venus, herbe.
Scandigliáre, rechercher par le menu les poids & mesures, balancer, peser.
Scandíglio, sonde, plomb.
Scandoláre, le fonds du sillac, escandole.
Scándole, lattes, plateaux, petites planches dont on couure les maisons en de certains lieux.
Scandolizzáre, scandaliser. prononcez les zz comme dz.
Scándolo, scandale.
Scandolóso, scandaleux.
Scandúto, monté.
Scanéllo, pulpitre pour escrire dessus.
Scansárda, garce à chiens. En jargon, vne escuelle.
*Scánge, couleur changeante.
Scanicáre, quand les murs se creuent, & qu'il en tombe des escailles de ce qui est renduit.
Scannabatéssimo, vn meschant qui n'a point religion.
Scannacúore, vne qui esgorge les cœurs, vne cruelle en raillant.
Scannafósso, trauerse à vn fossé.

Kkk iij

Scamagàllo, pouruoyeur dans vn vaisseau.
Scammaminèstra, gros souppier.
Scannáre, égosiller, égorger. Item, entailler.
Scannatóre, égorgeur.
Scannatúra, canneleure, entailleure.
Scánne, pour *zánne*, dents, crocs.
Scannellàre, couler auec violence, pisser gros comme vne bonde, débonder, creuser comme vne canne, faire en chanfrain.
Scannéllo, pulpitre pour écrire. C'est aussi le cheualet d'vn instrument, vn petit banc.
Scannétto, petit banc.
Scánno, banc.
Scannoniz̄áre, descanoniser. pron. *dz*.
Scansáre, reculer, destourner, esloigner. Item, effacer, esquiuer.
Scansatúra, rature. Item, escapade, glissade, reculement.
Scansióne, cadence de vers.
Scánso, détour, escapade, reculement.
Scántia, tablettes.
Scantíuo, sorte de pomme.
Scantiária, vn rang de tablettes.
Scantiétla, petites tablettes. pron. *e* fermé.
Scantonáre, escorner. S'enfuir en cachette, destourner.
Scantonáta, suitte, escapade.
Scantonáto libro, liure qui a des oreilles.
Scantonatúra, oreille de liure.
Scantoniére, vn trouueur d'escapades, vn mauuais payeur, vn donneur de balliuernes.
Scantucciáre, retirer en vn coin.
Scánza, la crouste d'vne playe ou gale. pron. *ts*.
Scanzáre, destourner, reculer, esquiuer. pron. *ts*.
Scanzía, tablette, armoire. pron. *ts*.
Scapegliáre, escheueler.
Scapellàre, *scappalláre*, oster le chappeau.
Scapéllo, lancette.
Scaperúccia, vn capuchon. Item, vne bougette.
Scapéstra, vn tas de canailles ou pendards.
Scapestrággine, action de pendard.
Scapestráre, oster le licol, deslier.
Scapestraríe, pendarderies, actions desreglées.
Alla Scapestráta, dissolument, desreglément.
Scapestráto, desreglé, effrené, de sac, & de corde. Vn desbauché, vn cheual eschappé.
Scapez̄áre, ébrancher. Entamer vne piece de drap, &c. Item, faire trotter vn cheual autour d'vn pillier sans personne dessus. pron. *ts*.
Scapez̄óne, coup sur le chinon du col, du plat de la main. pron. *ts*.
Scapigliáre, houspiller. Escheueler.
Scapigliatúra, meslange de cheueux, desordre de poil.
Scapíllo, espace entre les deux espaules.
Scapíni, chaussons.
Scapistrággine, action desreglée.
Scapistráre, oster le licol, deslier.
Scapitaménto, dechet.
Scapitáre, despenser son fonds, son bien, son principal. Item, rabattre d'vne debte. Et décapiter. Item, perdre à la marchandise.
Scápito, retrenchement d'vne debte. Item, dommage, dechet.
Scapiz̄áre, broncher. pron. *ts*.
Scápo, tige, pied. Item, vne piece.
Scapócchio, bruit, rompement de teste.
Scapóla, de paleron.
Scapoláre, remuer librement. Item, vuider vn ouurage.

Scapolár di língua, iouer de la langue, qui se dit du cheual.
Scapoláre, déliurer.
Scapolárse, s'enfuir.
Scapoláre, vn scapulaire.
Scapoláto, vn peu vuide, qui se dit d'vn ouurage.
Scápoli, ceux qui seruent dans les Galeres sans auoir de fers aux pieds.
Scápolo, libre, franc, non sujet. Item, sauuage, hagard.
Scaponíz̄e, rabattre l'opiniastreté. pres. *scaponísco*.
Scappáre, eschapper. Item, faire vne escapade.
Scappáta, escapade.
Scappelláre, oster le chapeau.
vn Scapellétto, vn horion, vn coup sur la teste.
Scappez̄áre, ébaucher, entamer vne piece d'estoffe. pron. *ts*.
Scappináre, semeler, garnir vn bas. Mettre des rosettes à vne paire de bottes.
Scappíno, chausson. Item, empeigne, ou rosette.
Scáppo, vne ligne à pescher. Item, salut, sauueté.
Scíppola, escapade.
Scappoláre, scapulaire.
Scapponáta, la feste des paisans quand leurs femmes accouchent, où ils mangent le chappon.
Scapricciáre, oster le caprice ou enuie.
Scapucciáre, broncher, mesmarcher. Oster son capuchon.
Scapucciáta, bronchade.
Scapúccio, Idem.
Scapuccióne, qui bronche.
Scápula, paleron.
Scapuláre, scapulaire.
Scapuz̄áre, broncher, mesmarcher. pron. *ts*.
Scapuz̄atúra, mesmarcheure. pron. *ts*.
Scapuz̄óne, bronchade. Item, cheual qui bronche: Et vn coup de la main.
* **Scarabéo**, escarbot.
Scarabilláre, criailler.
Scarabocchiáre, grifonner en escriuant.
Scarabécchio, griffonnerie d'escriture. Item, discours sans suitte.
Scarabótto, escarbot.
Scaracchiáre, rire d'vn ris aigre.
Scarafággio, escarbot, fouille-merde.
Scaramáuz̄, sorte de chaisne.
Scaramáz̄z̄i, perles cornuës. pron. *ts*.
Scaramelláre, folastrer, badiner.
Scaramélle, badineries, folastreries.
Scaramúccia, escarmouche. Item, le nom de l'illustre Scaramouche, Italien, Comédien du Roy.
Scaramucciáre, escarmoucher, combattre.
Scaramúccio, escarmouche.
Scaramuz̄áre, escarmoucher. pron. *ts*.
Scaraña, marche-pied. Item, siege ou fauteuil.
Scaraña da far figliòli, vne certaine chaire percée de quoy l'on se sert en Italie pour faire accoucher les femmes.
Scaráncia, esquinancie.
Scarauàggio, escarbot.
Scarauantáre, accrauanter.
Scarbonchiáre, charbonner.
Scarbuttáre, esparpiller, escarter.
Scarcáglio, vn gros crachat.
Scarcáre, descharger.
Scarcáta, descharge.
Scarceráre, eslargir de prison.
Scárco, deschargé.
Scarcuóio, sale, dégoustant.

S C

Scárda , forte de poiſſon. Item , eſcaille. Et cardon.
Scardáccio biánco , ou dèl látte , eſpine blanche.
Scardafóne , foüille-merde.
Scardaláne , cardeur.
Scardáre , carder la laine. Eſcailler le poiſſon.
Scardaſſaláno , cardeur de laine.
Scardaſſáre , carder la laine. Item , meſdire.
Scardaſſár lo ſtáme , carder l'eſtaim ou la laine. i. eſtriller battre , donner des coups de baſton.
Scardaſſiére , cardeur de laine.
Scardaſſíno , idem. Et vn détracteur.
Scardáſſo , carde à carder la laine. Item , vne poupée ou cordon de chanvre.
Scardatóre , cardeur
Scardatúra , cardeure.
Scardázzo , gros chardon , ou carde à carder la laine. pron. zz.
* Scardíglio , vne pipperie. Item , vn pippeur ou tricheur.
Scardináre , arracher des gonds.
Scárdine , ſtárdola , &
Scardóne , ſorte de poiſſon de mer comme vne petite carpe.
Scardóne , idem.
Scardóſo , en jargon , poiſſon.
Scaroggiáre , deſcharger.
Scarſáccij , rimailleurs.
Scarſíggio , eſcarbot.
Scargagliáre , regorger , Item , gargouiller.
Scargáglio , vn gros crachat.
Scaricaménto , deſcharge.
Scaricáre , deſcharger.
à Scárica l'áſino , aux dames rabatuës.
fár à Scárica l'áſino , i. ſe deſcharger ſur quelqu'vn.
fár à Scárica barili , iouer à deſcharger ſes barils. i. ſe deſcharger ſur vn autre.
Scaricatóia , vn trébuchet à prendre des oiſeaux.
Scariétta , deſcharge.
Scárico , deſchargé , & deſcharge.
Scarificáre , ſcarifier.
Scarióballo , dent de roüet de moulin.
Scariola , endiue , chicorée blanche.
Scarlattíno , & ſcarlátto , ſcarlatte.
Scarmáglia , eſcarmouche.
Scarmána , maladie qui vient de s'eſtre eſchauffé , chaleur de fievre.
Scarmanáre , deuenir malade pour s'eſtre eſchauffé.
Scarmáre , maigrir.
Scarmigliárſi , ſe prendre aux cheueux , ſe houſpiller. Item , carder.
vna Scarmigliáta , vne cardée. Item , priſe aux cheueux.
Scarmigliáto , eſcheuelé , houſpillé.
Scárma , maigre , greſle , menu de corps , deſchargé , deſcharné.
Scarnaménto , deſcharnement ſcarification.
Scarnáre , deſcharner , deſchauſſer vne dent , ſcarifier.
Scarnatíno , incarnat , ou couleur de chair.
Scarnatúra , deſcharneure.
Scarnificáre , deſcharner.
Scárno , maigre , deſcharné , greſle de corps.
Scarnúzzo , cornet de papier.
Scárno , aloſe , ſelon aucuns.
Scaróccio , ce que l'on rabat du chemin deſia fait.
Scarognáto , empuanty de charogne. Item , nettoyé de charognes.
Scárpa , ſoulier. L'eſcarpe de la muraille , pente , talus , en jargon , la bourſe.

S C 447

tenír il piè in dúe Scárpe ò in dúe ſtáffe , nous diſons , eſtre d'humeur double , tenir le pied en deux eſtriers. i. vouloir entreprendre deux choſes preſſantes en meſme temps.
fár la Scárpa , en jargon , deſrober.
Scarpáccie , ſauates , vieux ſouliers.
álla Scarpáccia , le jeu que nous appelons , à la poire.
Scarpáre , mettre des ſouliers. Item , eſcarper.
Scarparía , cordonnerie.
Scarpelláre , tailler des pierres : par ſimilitude , s'oſter les crouſtes de la gale. Item , ſcarifier.
Scarpellatóre , graueur , ciſelleur , tailleur de pierres.
Scarpelléto , petit ciſeau de tailleur de pierres.
Scarpellináccio , graueur.
Scarpellíno , graueur , & tailleur de pierres. Item , vn petit ciſeau.
Scarpéllo , ciſeau de tailleur de pierre , ou autre artiſan , vn fermoir de menuiſier ou tourneur. pron. e ouuert.
Scarpétta , eſcarpin : petit ſoulier. pron. e fermé.
Scarpettáro , cordonnier.
Scarpettóni , ſouliers hauts.
Scarpigliáre , houſpiller.
Scarpináre , eſcarpiner , fuir. Item , deſraciner.
Scarpinéllo , vn ſauetier à Rome.
Scarpíni , des chauſſons.
Scarpióne , ſcorpion.
Scarpíre , arracher. pref. ſcarpíſco.
Scarpiſatóre , attrapeur , grippeur.
Scarpoléta , eſcarpollette.
Scarpulíre l'hérba , ſarcler l'herbe , arracher l'herbe du pied des arbres. pref. ſcarpolíſco.
Scarpóne , gros ſoulier. Item , noiſe , ſelon aucuns.
Scarriéra , lieu de vollerie.
Scarrucoláre , laſcher la corde de la poulie.
Scárſa monéta , monnoye legere.
Scarſaménte , chichement.
Scarsáre , ſcarſeggiáre , eſpargner , eſtre chiche. Item , auoir diſette.
Scarſeggiáre , idem. Item , marchander.
Scarſélla , eſcarcelle , gibeciere.
Scarſelláro , faiſeur de gibecieres.
Scarſellóne , grande gibeciere.
Scarſellóni , taffettes d'armes.
Scarſéto , vn peu chiche.
Scarſézza , chicheté. pron. e fermé , & les zz comme ts.
Scarſità , idem.
Scárſo , chiche , eſchars. Item , rare : Et chetif.
Scartabelláre , feuilleter les vieux regiſtres.
Scartabéllo , liure de papier pour eſcrire les comptes ou parties , vieux regiſtre.
Scartacciáre , carder.
Scartáccio , vn détracteur.
Scartáccio , carde à carder.
Scartafacciáre , feuilleter.
Scartafáccio , vieux regiſtre.
Scartáffio , vn placart. Item , vn vieux liure ou regiſtre , vn vieux papier.
Scartaggiáre , carder la laine.
Scartáre , eſcarter aux cartes.
Scartáta , eſcart.
dár nélle Scartáte. i. perdre ſon temps. Item , rentrer dans ce que l'on auoit dit auparauant. Et tomber en vne mauuaiſe compagnie , ou plutoſt faire des eſtrauagances.
Scarteggiáre , eſcarter. Et carder.
Scarteggíno , cardeur.
Scárto , eſcart aux cartes.

S C

Scartóccio, scartózzo, cartouche, cornet de papier.
Scartózzo, sorte d'accommoder des œufs.
Scartáre, houspiller. Item, carder.
Scarupáre, ruiner, abbattre.
Scárza, de la raye.
Scarzerino, vn serein.
Scárzo, agile.
Scasciáre, cailler comme le laict.
Scasciáto, de couleur de laict caillé. Caillé comme le laict.
Scáscio, idem.
Scassáre, tirer du coffre. Fracasser. Labourer ou deffricher la terre, retourner le chaume ou la terre, esgouffer les legumes, desmonter vn canon. Item, effacer.
Scassár vna pórta à cássa, rompre, ou mettre la porte à bas, forcer vne porte.
Scassiáre, &
Scassináre, rompre, gaster, fracasser.
Scassináta, fracassement, fracas.
Scásso, fracas, enfoncement de porte.
Scásso, deffriché, labouré, terre deffrichée.
Scasráre, desenchasser.
A Scatafáscio, pesle-mesle.
Scatarráre, cracher, descharger son rheume.
Scatarrír vna sentènza, cracher vne sentence.
* Scatelláre, disputer, quereller.
Scatenáre, deschaisner, qui se dit aussi d'vn instrument qui a les barres descollées.
Alla Scatenáta, à l'estourdie, sans retenuë.
* Scatózza, vne causeuse, vne babillarde. pron. ts.
Scatozzéllo, scáto del Ciélo, nombril de Venus.
Scátola, boiste ou boëte.
dir à léttere di Scátola, parler clairement, ouuertement.
Scatoléta, boistelette.
Scatoliéro, faiseur de boistes.
Scatolína, scatolíno, petite boiste.
Scattáre, descocher. Item, rachepter.
Scaturígine, surgeon, source.
Scaturíre, sourdre, saillir, surgeonner. pres. scaturísco.
Scaualcáre, desmonter, desarçonner, descendre de cheual. Desmonter vn canon.
Scaualláre, idem.
Scauallár vno, nous disons, couper l'herbe sous le pied, & desarçonner.
Scaualláre, se dit aussi des ieunes gens qui ne demandent qu'à courir, & faire bonne chere, postez.
Scauardíno, able, ablette.
Scauáre, cauer, fossoyer.
Scauedóni, chenets, landiers.
Scauernáre, sortir de la cauerne.
à Scauézza cóllo, à scapézza cóllo, à bride abatuë, à corps perdu. pron. e fermé, & les zz comme ts.
Scauezzáre, esbrancher, esclatter, rompre, briser, casser.
chi tróppo l'assotíglia la Scauézza, qui recherche trop, ne conclud, & n'acheue iamais, ou plutost romp le tour.
Scauezzáre, oster le licol ou caueçon, secoüer le caueçon. pron. ts.
è méglio piegár che Scauezzáre, nous disons, il vaut mieux plier que rompre.
Scauezzáta, secousse. pron. ts.
Scauigliáre, scapigliáre, escheueler. Item, descheueller.
Scáuo, encaueure, creux, fosse.

S C

Scátolo, sorte de hallebran.
Scáuro, qui a de grosses cheuilles, ou les jambes tortuës.
Scazzáre, couper le membre. pron. ts.
Scazzáta, vn coup de membre. pron. ts.
Scazzelláre, follastrer, se joüer. pron. ts.
Scazzolláre, badiner, dandiner, bransler les mains, faire la main morte.
* Scazzónia, mauuaise rime.
Scazzóito, cabot, poisson. pron. ts. & l'o ouuert.
Scazzúto, taquin. Item, vn coüillaud.
Scédda, ostentation, vaine gloire. Affront, escorne. Item, vn patron de quelque ouurage. pron. e ouuert.
Scedénio, vain, glorieux.
Seggiále, ceinture de cuir.
Scegliére, eslire, choisir. pron. le premier e ouuert. pret. scélgo, & scéglio. parf. scélsi.
Scegliére, choisisseur.
Sceglitríce, choisisseuse.
Sceleràggine, meschanceté.
Sceleráuza, & Sceleráizza. Idem. pron. ts.
Sceleráto, vn scelerat.
Sceleritá, meschanceté.
Sceleríso, vn meschant.
* Scelesáre, pauer.
* Scelesáta, vn paué.
* Scelésse, meschant. pron. le second e ouuert.
Scélmo, scalme, mot de marine.
* Scélo, mal gracieux.
Scélta, eslite, choix. pron. e ouuert.
Scélto, esleu, choisy. pron. e ouuert.
Sceltúme, triailles, esplucheures.
Scemaménto, diminution.
Scemáre, diminuer.
Sceméuole, qui se peut diminuer.
Scémo, diminué. Pour escerueslé, & fol ou sot, pour scemáto.
Scemeníto, sot.
Scempiággine, sottise.
Scempiáre, desuelopper, desdoubler, mal-traitter, &c. faire carnage.
Scempiáto, sot, hebeté.
Scempietá, &
Scempiézza, simplicité, sottise. pron. e fermé & les zz comme ts.
Scémpio, simple, sot. Item, mauuais traittement, tourment, rauage, carnage.
Scéna, scene, theatre. pron. e ouuert.
Scéndere, descendre. parf. scésí.
Scénico, comique, de Scene. pron. e ouuert.
Scénnere, pour scérnere, discerner.
Scenografía, scenographie, description d'vn corps en perspectiue.
Scénsa, l'Ascension.
Scépa, seiche, poisson.
* Scergáre, gripper, desrober.
Scérgere, gripper promptement. parf. scerghétti, & scélsi.
Scérnere, discerner. Item, esplucher. parf. scernúti, & scélsi.
Scernitá, distinction. Item, eslite.
Scerpáre, rompre, arracher, esclatter.
Scerpelláto, &
Scerpellíno ócchio, proprement, œil esraillé.
Scerpellóne, discours sans suitte, vne faute en parlant, vne incongruité.
Scérre, choisir, eslire, voyez, scegliére.
Scerueláto, escerueslé.
Scésa, descente de boyau, ou catarre. pron. e fermé.

Scésa,

S C   S C   449

Scésa, descente d'vn lieu. pron. e fermé.
Scéso, descendu.
Scétra, vn bouclier de bois couuert de cuir.
Scetridna, sorte de pomme fort ronde.
Scettrífero, porte-sceptre.
Scéttro, sceptre. pron. e ouuert.
Sceueraménto, separation.
Sceueráre, separer.
Sceueratóre, separeur.
Sceueratríce, separeuse, qui separe.
Scéuero, separé. Item, non pair.
giocár a páro o Scéuero, joüer à pair ou à nompair.
* Sceuitá, mal-heur.
* Scéuo, gaucher. Item, infortuné.
Sceuráre, separer.
Scéuro, separé.
Schéda, vne feüille de papier ou parchemin. Item, vne cedulle.
Schédia, vn pont fait en haste. Item, vn train de bois.
Schédio, idem.
Schedióne, vne broche.
Schéggia, esclat de bois, copeau, escharde, esquile dos. pron. e fermé.
la Schéggia vién dál légno, l'esclat vient du bois. i. le fils ressemble au pere.
Scheggiále, vne ceinture de cuir.
Scheggiáre, faire des copeaux, esclatter le bois, fendre.
Scheggiétte, petits copeaux ou esclats.
Scheggióni, gros copeaux.
Scheggióso, plein d'esclats.
la Schélda, l'Escaut, fleuue.
Schelentía, esquinance, esquinancie.
Schéleto, vn squelet.
Schéletro, idem. Item, vn arme à fust.
Scheletóne, vn squelet.
Schélma, scalme, mot de marine.
Schelmo, idem.
Schembáre, biaiser.
à Schémbo, de biais. Item, de trauers.
Schéna, dos, eschine.
Schenále, le dos d'vne paire d'armes.
Schenantía, esquinancie.
Schenire, gauchir, aller de biais ou de costé, bricoller. pres. schenisco.
di Schenío, de biais, de costé, en bricollant.
Scheniéra, le dos d'vne paire d'armes, le plastron de derriere.
Schenúto, qui a grosse eschine.
Scheranéllo, vn petit rustre.
Scheráno, vn rustre, vn couppe-jarets, vn ruffien.
Scheranzía, esquinancie. pron. ts.
* Scherdáre, ribauder.
Scherdázzo, vn ruffien, vn gros ribaud, vne carde à carder la laine. pron. ts.
Schérdo, vn ruffien, vn rustre.
Schericáto, Prestre, Moine, vn qui porte vne couronne de Prestre.
Scheruóla, chernis.
Schérma, escrime. pron. e fermé.
Schermággio, escrime.
Schermáglia, meslée, combat, escarmouche.
auézzo álla Schermáglia, accoustumé à l'escrime. il accoustumé à tout.
Schermáglio, vn escran.
Schermáre, escrimer.
Schermatóre, &
Schermidóre, maistre d'escrime, escrimeur.
Schermíre, escrimer. pres. schermisco.

Schermírsi, se deffendre.
Schérmo, deffense. pron. e ouuert.
Schermuggiáre, escarmoucher.
Schermúggio, escarmouche.
Schérna, affront, escorne, gausserie.
Schernáre, se mocquer.
Scherneuóle, qui merite d'estre mocqué, mesprisable.
Schermeuolménte, en se mocquant.
Scherniménto, mespris, derision.
Scherníre, se mocquer, mespriser, gausser. pres. schernisco.
Schernitóre, mocqueur.
Schernitríce, mocqueuse.
Schérno, mespris, affront, mocquerie. pron. e ouuert.
prénder à Schérno, prendre en jeu, se mocquer.
Scheruóla, chernis. Item, sorte d'herbe, comme le pissenlir.
Scherzánte, folastre, folastrant. pron. ts.
Scherzáre, se joüer, folastrer. pron. ts.
Scherzáre, faire vne allusion ou rencontre sur vn mot.
non Scherzár che dóglia, ne metteggiár il véro, ne te joüe pas iusques à faire mal ou douleur, & ne parle pas de ce qui approche de la verité du mal de personne: nous disons, Il ne faut pas tant baiser son amy à la bouche, que le coeur luy fasse mal.
Schérzo, esbat, jeu, esbattement. Rencontre, allusion, raillerie. pron. e ouuert.
à Schérzo, par jeu.
Scherzóso, folastre.
Schiáccia, quille, jambe de bois. Item, mors à hotte. C'est aussi vne sorte de trébuchet fait d'vne pierre platte soustenuë de petits bastons, à prendre des oiseaux, &c.
égli è in Schiáccia, il escrase. Il rompt tout. i. Il est en colere.
Schiacciáre, escraser, casser, escacher.
Schiacciár l'uóuo in bócca, escraser ou escacher l'oeuf dans la bouche. i. empescher vne bonne occasion.
Schiacciáta, foüace, galette à la foüée.
Schiacciatélla, &
Schiacciatína, petite foüace.
Schiacciáto, escrasé, escaché, camus.
Schiaffeggiáre, souffleter.
Schiáffo, soufflet.
* Schiáfso, vn coquin.
Schiamáre, exclamer.
Schiamazzáglia, la canaille. pron. ts.
Schiamazzáre, caqueter comme vne poulle qui fait l'oeuf. Faire du tintamarre. pron. ts.
Schiamázzio, huée, criaillerie. pron. ts.
Schiamázzo, bruit, cry pour chasser les oiseaux. C'est aussi vn oiseau attaché pour attirer les autres. Selon aucuns, des febues enfermées dans quelque chose, dont on fait du bruit en chassant aux oiseaux. pron. ts.
Schiáncio, biais, de biais.
di Schiáncio, en bricollant.
Schiantáre, esclatter comme le bois, rompre, casser.
Schiantatíuo, qui s'esclatte, esclattant comme le bois, cassant.
Schiantatúra, esclat, fente au bois.
Schiantéuole, esclattant.
Schiantoncélla, vne petite glorieuse, vne coquette.
Schiántolo, petit esclat de bois, vne escharde.
Schiánto, esclat de bois, fente, rupture, morceau de quelque chose de rompu.
Schiánza, crouste de playe ou gale. pron. ts.

Lll

S C

Schiánzo, petit esclat de bois.
Schiapóne, padasne.
Schiappalégne, fendeur de bois.
Schiappáre, fendre du bois. Esclatter, se fendre.
Schiappatúra, fente, esclat.
Schiappazòcchi, fendeur de bois.
Schiáppe, esclats, copeaux.
Schiappévole, cassant, esclattant.
Schiáppo, pour scámpo, eschappement, sauueté.
Schiára, vne plane.
Schiaráre, esclaircir.
Schiaréa, sauge sauuage.
Schiaríre, esclaircir. pres. schiarisco.
Schiárpa, escharpe.
Schiátto, vn escurreau.
Schiásso, vn coup, vn horion.
Schiátta, race, lignée.
di Schiátta di cáne. i. prompt à se vanger.
Schiattále, lignée.
* Schiattiuáre, fouiller, polluer.
Schiattíscere, glappir.
Schiattoncélla, vne pauure race, vne pauure mal-heureuse.
Schiatróne, vn gros garçon, vn rustaut, vne grosse race.
Schiáua, vne esclaue.
Schiauáre, desclauer, tirer la clef. Desclauer.
Schiauézza, esclauage. pron. e fermé, & les zz comme ts.
Schiauína, robbe d'esclaue, & de pelerin, vne grosse couuerture.
dár vna Schiauína à vno, tancer, faire vne brauade.
dár vna Schiauína, c'est tourmenter vn cheual iusques à le mettre en sueur.
Schiauíno, escheuin.
Schiauitú, esclauage, schiauitúdine.
Schiáuo, esclaue.
Schiauótto, schianétto, vn petit cheual de Sclauonie.
Schiáui, charensons, certaines bestes noires.
Schiauóne, Esclauon.
Schiázza, race. Item, vne thuile ou pierre soustenuë de bastons en forme de trébuchet. pron. ts.
Schiazzáre, escacher, escraser. Item, esclabousser. pron. ts.
Schiazzi, esclabousseures. pron. ts.
Schiba, sorte de ieu d'enfant.
Schicchera, carte, vn broüillon, vn barboüilleur de papier.
Schiccheráre, barboüiller, griffonner en escriuant, marqueter.
Schiccheri, griffonneries. Item, les marques de baue d'vn limaçon.
Schiccheróne, vn barboüilleur.
Schicchizzáre, griffonner, barboüiller le papier. prononcé ts.
Schicciáre, escacher.
Schicciáto náso, nez camus ou eschaché.
Schidióne, broche.
Schidonáre, embrocher.
Schidonáta, vne brochée de viande.
Schidóne, broche.
Schiéggia, esquille d'os, escharde, esclat.
Schieggiúzzo, idem. pron. ts.
Schiembíccio, bordel, schiambéccio.
Schiéna, eschine, le dos. pron. e fermé.
à Schiéna d'áſino, fait en dos d'asne.
Schiéna da rémo. i. large eschine.
hauér buóna Schiéna, auoir bon rein, bonne force.

S C

che si deffénde dell' Schiéna, cheual qui se deffend ou se sert de sa force.
Schienále, d'os d'vne cuirasse.
Schienáre, eschiner.
Schiencíre, destourner, fuir, éuiter. pres. chienclsco.
Schienélla, spinul, mal de cheual.
hauér délle Schienélle, se dit d'vn homme qui est tout plein de vices.
Schienánzia, esquinancie.
Schienóso, &
Schienúto, qui a les reins larges, qui a bonne eschine.
Schiéra, trouppes de soldats. Troupeau, vn reng d'arbres. pron. e ouuert.
Schieráno, vn couppe iarets.
Schieráre, mettre en trouppe, en ordonnance, arrenger vne armée.
Schiericáto, non tondu. Item, qui a ietté le froc, & selon aucuns, vn Moine qui a vne couronne de Prestre ou de Moine, à la teste.
álla Schiétta, purement, simplement. pron. e fermé.
Schiettaménte, idem.
Schiettáre, petter, creuer, esclatter.
Schietteggiáre, petter comme le sel dans le feu.
Schiettézza, pureté. pron. e fermé, & les zz comme ts.
Schiétto, pur, simple comme vn habit, vny, sans ornement, sans defaut, poly. pron. e fermé.
huómo Schiétto, vn homme pur.
Schiétto vestíto, habit tout vny, sans passemens.
colláro Schiétto, vn rabat vny.
Schifagióne, dégoust, saleté.
Schifanúia, vn enfant sans soucy. pron. o ouuert.
Schifaménto, eschapement, esquiuement.
Madónna Schifa il póco, Dame qui fuit le peu, qui aime les gros morceaux, vne gouleuë.
Schifáre, fuir, éuiter, esquiuer.
Schifársi, auoir du dégoust, se desgouster.
Schifétta, vn petit desgoustant. Item, vne petite auge à maçon.
Schifénole, desgoustant.
Schifézza, dégoust, saleté, ordure. pron. e fermé, & les zz comme ts.
caschár da cóllo álla Schifézza i nou che álli schifi, estre mesprisé, & donner du desgoust, ou faire mal au cœur des plus villes, & basses personnes, pour ne pas dire, ou a plus forte raison, des autres.
* Schiffa, selon aucuns, la visiere.
Schiffetto, petit esquif.
Schiffo, esquif.
Schifītá, dégoust, saleté.
Schifo, desgoustant, sale, vilain, ord. C'est aussi vn esquif. Et par similitude, vne voute ou lambris. Pour, retenu, modeste. Item, vn auge à maçon.
hauér à Schifo, fuir vne chose, auoir à desdain.
fársi Schifo, faire les desdaigneux, desdaigner.
mi fá Schifo, il me fait mal au cœur.
Schigano, vn Nain.
Schille, squilles, sorte d'esreuices sans pattes.
Schille, en iargon, poisson.
* Schima, escume.
* Schimáre, escumer.
* Schimatóio, escumoire.
à Schimbécchi, de trauers.
Schimbéccio, oblique.
Schimbecáre, tracer, peindre, griffonner, barboüiller.
Schimbiccheráre, idem.
à Schimbíccio, de trauers, de biais.
Schimbo, tortuosité. Tortu, oblique.
Schimóso, escumeux.

S C

Schinále, du merlus, selon aucuns sorte d'autre poisson.
Schianantia, esquinancie.
Schinchi, os des jambes.
Schinchimárra, vn gros tas de merde.
Schinciáre, aller de trauers.
à Schincio, de biais.
Schinélla, spinal, mal de cheual.
Schiniéra, le derriere d'vne cuirace.
Schino, l'arbre qui porte le mastic. Item, esquine.
Schiodáre, desclouer.
Schióna, vne vesse, vne menterie.
pettár Schióne, dire des menteries.
Schionáta sédia, chaire auec vn dossier; pour Schináta.
Schioperáre délle lábbra, remuer les leures, & les aduancer, comme martin Pasne.
Schióppa, en jargon, sorte de mesure de vin.
Schioppáre, craquer, petter, esclatter, creuer.
Schioppáta, schioppio, le bruit du canon.
Schioppegiáre, &
Schioppettáre, tirer l'escoupetterie, faire vne descharge. Item, petter comme les armes à feu.
Schioppettaría, escoupetterie.
Schioppettáta, bruit de bastons à feu, descharge. Item, coup de fuzil.
Schioppettíni, pistolets de poche. Item, vne sorte d'Augustins.
Schioppétto, escoupette, pistolet.
Schióppo, arme à feu, escoupette. C'est aussi le bruit qui fait l'arquebuse ou autre canon en tirant.
Schiostráre, sortir du cloistre.
Schiráncia, esquinancie.
Schiráso, sorte de pinache.
Schiráttolo, schiriáttolo, scuriátto, &
Schirinolo, escureau.
Schiróne, vne Tourdelle.
Schirro, vne tumeur fort dure.
Schiáre, esquiuer, fuir. Desdaigner, pour schifáre.
Schindere, desclorre. parf. schinsi, & chiudésti. part. schiúso.
Schinéiro, vn petit reuesche.
Schinénole, qui se doit fuir.
Schiúma, escume.
Schiumáccia, vilaine escume.
Schiumáre, escumer.
Schiumatóio, escumoire.
Schiumóso, escumeux.
Schiuo, dégoustant, sale, ord. Reuesche, fuyard, desdaigneux. Modeste, retenu. En jargon, c'est le langage Narquois.
à Schiuo, à dégoust.
Schiusióne, exclusion.
Schiusiuo, exclusif.
Schiúso, desclos, ouuert.
Schizzáre, rejallir, saillir, soudre, designer grossierement, faire l'esquisse, faire injection. Crotter, vulgairement, eschbouffer, barbouiller d'encre, fienter ou esmutir comme les oiseaux. Escumer comme vn chien. pron. les zz comme ts.
Schizzár d'acquarólla, lauer, terme d'enlumineure. pron. ts.
Schizzáta, crayon, crayonnement, esquisse, barboüillement. Vn pasté d'encre. Crotte. Rejaillissement. Injection. pron. ts.
Schizzatóio, vne seringue. pron. ts.
Schizzinóso, fascheux, vulg. pouttieux, qui ne souffre, sauuage. pron. ts.
Schizzero, schizzino, &

S C 451

Schizzo, marque, tache de crotte. Item, vn brouillon d'vne escriture. Vn crayon de quelque portrait, ou premier dessein, esquisse de peinture. Vne miette de quelque chose. Vn petit canal, selon aucuns. Et fiente d'oiseau, chieure esmut, vne seringue.
Schizzétto, vn petit fuzil.
Schizzóle, graine, grains de poudre, qui s'escartent en deschargeant, vn arme à feu.
Schizzótto, vn surgeon d'eau.
Scia, l'os de la hanche appelé Ischion.
* Sciáblea, vn taineau, vn trameau.
Sciabíre, deuenir pâle, ou blaffard. pres. sciabísco.
Sciabúrdo, lourdaut, sot.
Sciaccáre, eshancher.
Sciaccheráre, escraser, escacher.
Sciaccherólle, certaines amandes si tendres qu'on les escache facilement auec la main.
Sciáco, sorte de Cocodrille.
Sciacquáre, estuuer, rincer, lauer, essanger, guayer le linge.
sciár con v'no à bicchiéri Sciacquáti, nous disons, estre à pot, & à rost auec quelqu'vn.
Sciacquatóio, &
Sciacquatóre, vn esuier où on laue les plats. Vn lauoir.
Sciacquatúra, rinceure, lauage. Item, lauailles pour les pourceaux.
* Sciadéue, dissiper.
Sciagúra, mal-heur, desastre.
Sciagurággine, &
Sciaguratággine, idem, meschanceté.
Sciaguráto, mal-heureux, meschant, desastreux.
Sciagurézza, mal-heur. pron. e fermé, & les zz comme ts.
Scialacquággine, &
Scialacquaménto, gassoüillement, prodigalité, dégast, profusion.
Scialacquáre, gassoüiller ses biens, prodiguer. Gaster, moüiller, trembler. Item, tourmenter, ruiner, perdre, dissiper.
Scialacquáta di parole, bien des paroles perdues.
Scialacquatóre, prodigue, gassoüilleur, despansier.
Scialacquatrice, despensiere.
Scialacquío, dégast de biens.
Scialaménto, exhalaison.
Scialáre, exhaler.
Scialassáre, tirer du sang.
Scialbáre, renduire, enduire vn mur. Item, pâlir.
Sciálbo, blanc, pâle, blanc, sale. Vn renduit.
Scialíua, saliue.
vna Sciamannáta, vne brouillonne, vne mal-heureuse garce, selon aucuns.
alla Sciamannáta, en confusion.
Sciamannáto, mal-fait, mal-basty.
Sciamámo, estourdy.
Sciamáre, se faire l'essaim.
* Sciamírro, vne hache.
Sciáme, essaim de mouches à miel.
Sciámito, samy, estoffe de filoselle. Item, tamis.
Sciámo, essaim.
Sciampiáre, amplifier, estendre.
Sciampráre, idem.
Sciamuníto, fade.
Sciancáre, eshancher. Item, aller en boittant.
Sciánco, eshanché.
Sciátta, pour sciática, goutte sciatique.
Sciapitézza, goust fade, insipidité. pron. ts.
Sciápito, sciápito, &

L l l ij

452 SC

Sciápo, fade, sans goust, insipide.
Sciáre, singler en mer : fier, en terme de marine. Item, sçauoir, connoistre.
Sciaría, toute-bonne, herbe.
Sciaroppáta, toutes sortes de sirops ou preseruatifs.
Sciarpelláre, s'ouurir les yeux bien large. Item, brouïllasser.
Sciarpelláto, &
Sciarpellíno, qui a les yeux esraillez, & les paulpieres renuersées.
Sciarpellóne, vn taquin. Item, vn grand menteur. Vn brouillon : vn negligeant.
* Sciárra, querelle, batterie, mot vulgaire. Item, escartement, desroute.
Sciarráre, escarter, dissiper, mettre en fuite. Item, disputer, quereller.
Sciarráta, dispute, querelle.
Sciarréro, vn querelleux.
Sciarróso, idem.
Sciática, sciatique.
Sciático, sciatióso, qui a la sciatique.
Sciátto, mal fait, mal basty, sans artifice, simple.
Sciaúgga, fier d'vn costé, & voguer de l'autre.
Sciaúra, mal-heur.
Sciauráto, mal-heureux.
Sciauína, couuerture.
Scíbile, qui se peut sçauoir.
* Scibilitá, science ou connoissance d'vne chose.
Scibilménte, sciemment.
* Scídere, disséquer. parf. *scísi*, & *scidétti*. part. *scíso*.
Sciéde, follies, illusions, fantaisies.
Sciégliere, *sceglíere*, choisir. pres. *scélgo*. parf. *scélsi*. part. *scélto*.
Scimíre, scemáre, diminuer.
Sciempáre, scempiáre, desdoubler. Item, mal-traitter. Voyez la suitte de ces mots precedents, par *Sce*.
Sciéna, schiéna, eschine.
* Sciénzia, schéggia, esquile : esclat.
Sciénte, sçauant.
Scientemiúte, sciemment.
Sciéntia, science.
Scientiále, de science.
Scientiáre, rendre sçauant.
Scientiáto, sçauant.
Scientífico, scientifique.
Scientióso, plein de science.
Sciénza, science. pron. *ts*.
Sciepáre, clorre de hayes.
Scierpellóne, vn taquin.
Sciérre, choisir, pour *sceglíere*.
Scifeváre, deschiffrer.
* Scificáre, éuiter, esquiuer.
* Scifoláre, siffler.
* Scífolo, sifflet.
Scíglia, oignon marin, selon aucuns.
Scignire, descendre. pres. *scíngo*. parf. *scinsi*. part. *scinto*.
* Scignignáta, vne estafilade.
Scildrea, vn tour, vne niche.
Scilinguágno, &
Scilinguágnolo, le filet sous la langue.
Scilinguáre, begayer.
Scilinguáto, begue.
Scilíua, saliue.
Scilióso, baueux, plein de saliue.
Scílla, oignon marin, siboulle charpentaire.
Scíllíte, vinaigre d'oignon marin.
Scilócco, siroc, vent.

SC

Scilóma, grand embaras de discours.
Sciloppáre, siloppiáre, donner du sirop, preparer vn corps à prendre medecine, par le moyen de sirops. Metaph. embabouïner, amadouër. Item, donner de l'amour.
Scilóppo, du sirop.
Scíma, douleur qui tient le col roide.
Scimáre, tondre les draps.
Scimatóre, tondeur.
Scimatúra, bourre.
Scimia, singe.
la Scimia ne cáua l'ácqua, le singe en tire l'eau. i. nous disons, de ce qui est mal acquis le Diable emporte le tout.
còme la Scímia, comme le singe, plus il est haut plus il descouure sa honte.
Scimiarélla, petit singe.
Scimiático, qui a mine de singe, singesque.
Scimiésco, de singe.
Scimiétta, petit singe.
Scimiinésco, de singe.
Scimioníte, singeries.
Scimióne, gros singe.
Scimiótto, petit singe.
Scimitárra, vn Cimetere.
Scimoniére, faiseur de singeries.
Scimoníto, sot.
Scimmnitággine, sottise.
Scimnníto, sot.
Scinco, stinco, lezard verd, stinc, l'os de la jambe.
* Scindere, trencher.
Scíngere, scignere, se desceindre. pres. *scíngo*. parf. *scinsi*. part. *scinto*.
se l'hà pir mále Stingasi, nous disons, s'il se fasche, il aura deux peines.
Sciuvilla, estincelle.
Scintillaménto, estincellement.
Scintillánte, estincellant.
Scintilláre, estinceller.
Scintillatióne, estincellement.
Scintillétta, petite estincelle.
Scínto, desceint.
Scioccáccio, gros sot.
Sciocággine, sottise.
Sciocamménte, sottement.
Sciocarellággine, sottise, sotarderie.
Sciocarréllo, petit sot, sottard.
Sciocchegggiáre, faire des sottises, sotardes.
Sciocchería, &
Sciocchézza, sottise. pron. *ts*.
Scióco, sot, fade, insipide.
piu Sciòcto di Martín d'Armélia, qui croyoit que l'estoille Diane fust sa femme, nous disons, plus sot qu'vn jeune chien.
Scioccóne, gros sot.
Sciógliere, deslier. Lascher. Deliurer. pres. *sciólgo, sciógli, sciòglie*. parf. *sciólsi, sciogliésti, sciólse*. part. *sciólto*. fut. *sciórro*. opt. *sciólga*. imparf. *sciogliéssi*, & *sciorréi*, &c.
Sciógliere, desgager en terme de marine.
Scioglierúi, soudre, expliquer, accomplir son vœu.
Scioglièrsi, se desgager, se deslier. Accomplir son vœu.
Scioglimènto, desliement, dissolution d'vne chose d'auec l'autre. Solution, desgagement.
Scídia, le cry pour appeler les poules.
Scioiáre, appeler les poules.
* Sciolláre, esclatter, fendre. Item, desgaster.
* Sciòllo, esclatté, fendu, dissipé, ruiné.

S C

* Sciólo, stupide.
Scioloppáre, donner du sirop.
Scioltézza, liberté, desgagement, facilité de parler. pron. ts.
Sciolto, deslié, desgagé, libre. Item, hors d'œuure. pron. ò ouuert.
libro Sciúlto, liure en blanc.
vérsi Sciúlti, vers non rimez.
Scioltúra, liberté, facilité, desgagement.
Sciólwere, rompre son jeusne, desieuner.
Scióne, gouffre, ais.
Sciopetággine, faineantise.
Scioperáre, perdre son temps, se desbaucher.
Scioperatággine, faineantise.
Scioperáto, faineant, desbauché.
Scioperío, faineantise.
Scioperóne, vn gros faineant; vn gros sot.
Scioperóso, faineant.
Scioráre, mettre à l'air. Essorer, prendre l'essor.
Sciorinaménto, exposition à l'air : desueloppement.
Sciorináre, mettre à l'air. Pisser en faisant du bruit, bruire comme l'eau. Desuelopper. vulg. desguainer.
Sciorináre vn discórso, nous disons, desguainer vn discours.
Sciórre, deslier, lascher le chien. pres. sciólgo, & le reste comme, scióglierе.
Sciórre il vóto, accomplir son vœu.
* Sciórrere, housser.
Sciórro, vn escureau.
* Sciosciáre, souffler auec vn soufflet.
Sciotto, de l'isle de Scio.
* Sciouttre, abbatre de fonds en comble.
Scípa, vne brebis.
maéstro Scípa. i. vne grand lourdant.
Scipáre, dissiper, s'abbatre de trauail. Auorter. Item, faire le niais, pour oster, ou emporter.
Scipatióne, degast, dissipation.
Scipiddézza, goust fade. pron. ts.
Scípido, fade.
* Scipignáta, vn coup, vn horion.
Scipíre, deuenir insipide. pres. scipísco.
Scípito, scipíto, fade, insipide, sans sel. Vn sot.
* Scippacóre, arracheuse ou arracheur de cœur.
Scípula, sorte de raisin.
Scirázzo, sorte de barque. pron. ts.
Scirignáte, coups, horrions, tappes.
Scirócco, siroc, vent.
Sciróppo, sirop.
Sciruppáre, donner du sirop.
Scischiáre, souffler, siffler.
Scischiaréllo, va siffler en Sicille.
Scischiatóre, soufflet à souffler, & siffleur.
Scísma, schisme.
Scismático, schismatique.
Scissióne, section.
Scísso, diuisé, disséqué.
Scissúra, section, dissection.
Scitáre, ordonner, decreter. Item, orner son langage.
Scíto, statut, ordonnance. Item, ornement de langage.
Sciuffáre, prendre par le museau.
Sciugággine, secheresse.
Sciugamáno, toüaille, essuy-main.
Sciugáre, secher, essuyer.
Sciugarína cárta, papier qui boit.
Sciugatóio, frottoir. Essuy-mains.

S C

Sciugauíso, frottoir pour le visage.
* Sciúgo, chariot à six cheuaux.
* Sciugeláre, essuyer, secher.
* Sciugilatóio, essuy-main, frottoir.
Sciummízzo, bruit, criaillerie. pron. ts.
Sciupáre, dissiper.
Sciúrro, vn escureau.
Sciutaménte, sechement.
Sciuttáre, secher.
Sciútto, sec.
Sclamáre, exclamer.
Sclamatióne, exclamation.
Sldárea, toute-bonne, herbe.
Sderocéfalo, sorte d'insecte, cheual S. Martin.
Sclúsa, escluse.
Sclusióne, exclusion.
Sclúso, exclus.
* Scoázze, ballieures, ordures. pron. ts.
Scóbbia, gouge de mareschal, mot Venitien.
Scócca, vn claquement. Item, vn rasoir ou ferrement à chastrer vn cheual, &c.
Scoccáre, descocher. Item, claquer, sonner.
Mónna Scóccа l' fúso. i. vne belle fileuse, par raillerie.
Scoccatóio, noix où est attaché ce que l'on descoche.
Scoccátolo, escureau.
Scocchiumáre, oster le bondon.
Scocciáre, lancer vn vaisseau, secoüer.
Scócco, descochement.
éser in su lo Scócco, n'attendre que l'heure de faire vne chose, estre prest à faire.
Scoccobrináre, bouffonner, faire le singe.
Scoccobrinuggiáre, Idem.
Scoccobríno, vn bouffon.
Scoccoláre, abbattre la graine d'vn arbre ou plante, secoüer.
Scoccoláta, secousse. Item, frappée, sonnée.
Scoccoláti, nets, & bien comptez.
Scocconeggiáre, gausser, se mocquer. Item, mugueter.
Scodíto, escourté, sans queuë.
Scodélla, escuelle. Item, du potage, vne escuellée de souppe.
Scodelláio, pottier d'estain.
Scodelláre, dresser, mettre dans vne escuelle.
Scodellíno, petite escuelle.
Scodellíno dél colóre, par Metaph. le trou.
Scodennáre, escorcher, oster la coüaine.
Scodoláto, escourté, sans queuë.
Scoffiáre, petter comme le canon.
Scoffióne, escoiffion, coëffe.
Scoffóndare, se mocquer, en faire à croire.
Scoffóne, gamaches. Pour mocquerie, des bas en Lombardie.
Sciófole, escroüelles.
* Scógia, poulie.
Scóglia, la peau que laisse le serpent toutes les années. pron. o ouuert.
Scogliáre, coupper les genitoires. Item, escosser.
Scogliáto, sans genitoires, sans bourses, escoüillé. Item, despouillé de sa peau.
Scóglio, escueil. Item, peau que laisse le serpent. pronocez. o ouuert.
Scoglionáre, coupper les genitoires. Item, coyonner, gausser.
Scogliósо, plein d'escueils.
Scoiáre, escorcher.
Scoiáttolo, escureul, escureau.

LLl iij

SC SC

Scoio, escueil. Peau que laisse le serpent. Item, escorcheure. pron. o ouuert.
Scoiuolo, escureau.
Scóla, escolle. pron. o ouuert.
Scoladúra, coulement, fluxion : esgoust.
Scolagióne, Idem. Et vne chaude-pisse.
Scoláio, scoláro, scoláre, escolier.
Scolaménto, escoulement, esgout, chaude-pisse.
Scoláre, escolliere.
Scoláre, scoláro, escollier.
Scoláre, escouler, esgouter.
Scolaréfco, d'escolier.
* Scolastério, Escole, College.
Scolástico, scolastique.
Scolatióne, chaude-pisse. Item, fluxion.
Scoláto, esgouté. Item, ietté en moule.
Scolatóio, goutiere. Esgout.
Scolatúra, fluxion, coulement.
Scolattúre di vini, reuersures, reste de vins.
Scolécia, verd de gris.
Scoleciôue, sorte de graine d'escarlatte.
Scólia, chose, breue exposition, scolie. pron. o ouuert.
Scoliáre, exposer brieffement.
Scoliárca, Maistre d'escole.
Scolimóne, sorte d'artichaut.
Scollacciáto, qui a le col tout descouuert.
Scolláre, décoler, décapiter, descoller, destacher.
Scollatúra, éuideure du col, eschancreure d'vn habit proche du col.
Scolo di látte, petit laict, laict clair. pron. o fermé.
Scolopéndra, scolopendre, sorte de ver.
Scolopéndria, ceterac, plante.
Scoloráre, descoler.
Scolorire, idem. pref. scolorisco.
Scolpáre, excuser, se descharger de coulpe.
Scolpéuole, qui se peut excuser, sans coulpe.
Scolpire, tailler, grauer, entailler. pref. scolpisco.
Scolpir bèn le paróle, prononcer bien.
Scólta, escoute, sentinelle de nuict. pron. o fermé.
Scoltóre, sculpteur. pron. les deux o fermé.
Scoltúra, sculpture.
Scolturéfco, de sculpture.
* Scomagnáre, compasser.
Scombaudáre, embauer.
* Scomberéllo, casse ou cruche à puiser de l'eau.
Scombicciaráre, &
Scombicchiáre, marquer de baue comme les limaces. Item, barboüiller le papier.
Scombigliáre, houspiller, mettre en desordre.
Scombiglio, confusion.
Scómbro, macquereau, poisson.
Scombugliáre, mettre en desordre, broüiller.
Scombúglio, confusion, desordre, broüillement.
Scombuiáto, obscurcy.
* Scomigliáre, descacher, descouurir.
Scommessa, gageure, pary. pron. e fermé.
Scomméfso, desioint, descollé, desmis comme vn os. pron. e fermé.
Scomméttere, gager, parier, desioindre, descoller. Item, enioindre. Prouoquer, attaquer. pron. e fermé. parf. scommísi, & scommísso.
Scommettitóre, gageur, parieur.
Scommettitrice, gageuse, parieuse.
Scommezzáre, partager par le milieu, partager également, par la moitié. pron. les zz comme ds.
Scomiatáre, donner congé.
Scomiatárfi, prendre congé.

Scommiáto, congé.
Scommóuere, esmouuoir. pron. o ouuert. parf. scommóffi.
Scommodáre, incommoder.
Scommoditá, &
Scómodo, incommodité.
Scomóffo, meu, esmeu. pron. o ouuert.
Scomóuere, esmouuoir. parf. scommóffi.
Scomouiménto, esmotion.
Scomouitóre, turbulent, seditieux.
Scomouitrice, seditieuse, turbulente.
Scompagnaménto, descouplement.
Scompagnáre, descoupler, desparier, desaccompagner.
Scompagnáto, desparié.
Scompagnatúra, descouplement.
Scomparire, disparoir. Item, estre mal-seant, auoir mauuaise grace. pref. scomparisco. parf. scompárui, scomparísti, scompárue. parc. scompárfo.
Scompartiménto, partage, diuision.
Scompartíre, diuiser, partager, compartir. pref. scompartísco, & scompárto.
Scompigliáre, mettre en desordre, troubler, mettre en confusion, dissiper, gassouiller, houspiller.
Scompigliataménte, confusément.
Scompíglio, trouble, confusion.
Scompisciáre, pisser dessus, compisser.
Scompisciárfi, pisser dessous soy.
Scompósto, mal-fait, mal-basty. pron. o ouuert.
Scomputáre, deffalquer, rabattre d'vn compte.
Scómputo, deffalquement, deduction.
Scomúnica, rompre la communanté.
Scomúnica, excommunication.
Scommunicagióne, idem.
Scomunicáre, excommunier.
* Scomuzzólo, vne bouchée.
Soncatáre, conchier, embrener.
Sconcertáre, desconcerter.
Sconchiúfo, non conclu.
Sconciaménte, de mauuaise grace, hors de mesure, desmesurément, à gorge desployée, mal à son aise.
Sconciáre, corrompre, gaster, incommoder, disloquer, deffaire, empescher, troubler.
Sconciárfi, se blesser, qui se dit d'vne femme grosse.
chi non può dàr àlla pálla Sconci, qui ne peut toucher la balle, empesche qu'on ne iouë. i. empesche qu'vn autre ne fasse ce que tu ne peux faire.
Sconciataménte, de mauuaise grace.
Sconciatóre, qui gaste, qui deffait, qui empesche qu'on ne frappe pas la balle en iouant.
Sconciatúra, auorton. Descharge de femme grosse.
Sconciatúra d'óffo, luxation, dislocation.
Scóncio, mal-fait, mal-basty, incommode. Item, desmis, disloqué.
Scóncio, incommodité, trouble, dommage, mauuaise posture.
vn Scóncio gli hà fátto vénir vn accóncio. i. vn mal-heur luy a causé vn bon-heur.
Sconcordánte, discordant, discordante.
Sconcordánza, discord, discordance. pron. ts.
Sconcordáre, discorder.
Sconcórdia, discorde.
Scondaríola, cligne-mussette.
à Scóndi lépre, à cligne-mussette.
fár à Scóndi lépre, iouër au plus fin.
Scondiséfa, rocher, precipice.
Sconferráre, desferrer.

SC

Sconfessáre, nier.
Sconfessó, sans confession.
Sconficcáre, descloüer, atracher, leuer, & forcer vne serrure.
Sconfidánza, mefsiance. pron. ts.
Sconfidáre, se mefsier.
Sconfidáto, plein de mefsiance.
Sconfidénte, mefsiant.
Sconfidénza, mefsiance. pron. ts.
Sconfíggere, desconfire. parf. sconfíssi.
Sconfítta, desfaite, destroute.
Sconfítto, desconfit.
Sconfóndere, confondre. parf. sconfúsi, & sconfondétti.
Sconfortáre, desconforter, dissuader.
Sconfórto, desconfort. pron. o ouuert.
Scongiuntúra, disionéture.
Scongiúra, coniuration.
Scongiuraménto, coniuration.
Scongiuráre, coniurer.
Scongiúro, coniuration.
Sconquassáre, fracasser, dissiper. pron. ts.
Sconocchiáre, filer sa quenoüillée.
Sconocchiatúra, reste de quenoüillée.
Sconosciénte, mesconnoissant, mesconnoissante.
Sconosciénza, mesconnoissance. pron. e ouuert, & le z comme ts.
Sconóscere, mesconnoistre. pres. sconósco, sconósci, sconósce. parf. sconóbbi, sconoscéti, sconóbbe. part. sconoscíuto.
Sconoscíbile, qui n'est pas reconnoissable.
Sconoscitíre, mesconnoissant.
Sconosciúto, inconnu.
* Sconquassáre, fracasser.
* Sconquásso, fracas.
Sconscientiáto, sans conscience.
Sconserváto, prophané.
Sconsertáre, desconcerter.
Sconsideráto, inconsideré, sans consideration.
Sconsideràggine, Sconsideratióne, indiscretion.
Sconsigliáre, desconseiller.
Sconsoláre, desconsoler.
Sconsolatióne, desconfort.
Sconsoláto, desconforté, desconsolé.
Scontáre, rabattre du compte, deschire d'vne somme.
Scontentáre, mescontenter.
Scontentézza, &. pron. e ouuert, & les zz comme ts.
Scontènto, mescontentement.
Scónto, deduction.
Scontórcersi, se tordre, se destordre les membres par douleur ou autre chose. pres. scontórco. parf. scortorcéi, scontorcétti, & scontórsi. pron. o ouuert.
Scontorciménto, destorce.
Scontórta, tors, crochu.
Scontrafátto, contrefait, deffiguré, laid.
Scontraménto, rencontre, Combat.
Scontráre, rencontrer.
Scontránzo, rencontre, qui se dit de ceux qui se battent. pron. ts.
Scóntri, les rasteaux d'vne serrure.
Scóntro, rencontre. C'est aussi vn liure que les Marchands appellent extrait.
Scontúrbare, troubler.
Sconueniénza, desconuenance. pron. ts.
Sconueneuóle, mal seant, mal-seante, mal-conuenable, desconuenant.
Sconuenenolézza, desconuenance. pron. ts.

SC 454

Sconueneuolménte, de mauuaise grace.
Sconueniénte, desconuenant.
Sconuenire, estre mal seant, desconuenir. pres. sconuéngo, sconuiéni, sconuiéne. parf. sconuénni, part. sconuenúto. fut. sconuerró. opt. sconuénga, imparf. sconueníssi, & sconuerrèi, &c.
Sconuersáre, retirer d'vne conuersation.
Sconuólgere, renuerser, tourner. Persuader. parf. sconuólsi. part. sconuólto. pron. o ouuert.
Sconuolgiménto, renuersement. Item, dislocation.
Sconuólto, renuersé, disloqué. pron. o ouuert.
Sconuolitúra, dislocation.
* Scónz a, du leuain.
Scópa, bouleau, arbre. C'est aussi vn balay.
Scópa meschina, bouleau.
Scópa régia, sorte de bouleau.
Baciár la Scópa, baiser le balay, comme les petits enfans les verges. i. auoir patience.
Scópa bordélli, coureur ou coureuse de bordels.
Scópa chiássi, idem.
Scópa chiése, vne bigotte.
Scópa móndo, vne coureuse ou coureur.
Scopaprigióne, vn qui est souuent en prison.
Scopáre, foüetter. Item, balayer.
Scopár il pollaio. i. desrober des poulles.
Scoparólo, crieur de balais.
Scopatína, vn coup de balay en balayant.
Scopatóre, balayeur. Item, celuy qui donne le foüet.
Scopatríce, balayeuse, balieuse.
Scopatríce, le foüet, chastiment de Iustice.
Scopatúre di cása, ballayeures.
Scópa zz e, idem. pron. ts.
Scópa záina, vn tas d'ordures ou ballieures. pron. ts.
Scopáz z o, idem. pron. ts.
Scopelláre, tailler, grauer.
Scopellíno, scopéllo, ciseau.
Scoperchiáre, oster le couuercle.
* Scopérna, sorte de viande.
Scopérta, descouuerte. pron. e ouuert.
fár la Scopérta, descouurir l'ennemy.
álla Scopérta, ouuertement.
Scopérto, descouuert.
Scopéto, vn bois de bouleaux. pron. e fermé.
Scopétta, vne espoussette. Vn petit balay. Et vne escoupette. pron. e fermé.
Scopettáre, balayer, espoussetter, vergetter.
Scopettáro, faiseur ou crieur de balais.
Scopiettío, le peter du bois ou charbon en bruslant.
Scópo, scuópo, but. pron. o ouuert.
Scópola, bouleau. pron. le premier o ouuert.
Scopoládore, fer pour attiser le feu, attoiser.
Scopoláre, balayer.
Scópolo, roche.
Scopolóso, pierreux.
Scoppáre, balayer. Item, assommer, eschiner.
Scoppetáre, balayer.
Scoppettáta, coup de balay, ou de fuzil.
Scoppettiére, crieur ou faiseur de balais.
Scoppettina, petit balay. Item, vergettes, espoussettes.
Scoppiáre, descoupler, esclater.
Scoppiár délle risa, esclatter ou bouffer de rire.
Scoppiáre, claquer, creuer, esclatter, peter comme vn canon, faire bruit. Deschirer vne coppie.
mi Scóppia il cuóre, le cœur me creue.
rídere à Scóppia cuére, rire à gorge deployée.
Scoppiáre, en jargon s'en aller.
Scoppiatúra, esclat, craquement.
Scoppiettáre, petter, faire le bruit de l'escoppetterie.

Scoppiénole, qui peut esclatter ou creuer.
Scóppio, bruit, esclat, le claquer de la langue, vn clacquement auec les doigts. Item, vne arme à feu. Vn petard de papier. pron. o ouuert.
Scoppióne, vn gros mousquet. Item, vn gros esclat ou bruit.
Scoppíre, descouurir.
Scopíre vn altáre per copríme vn áltro, C'est payer vne vieille debte en faisant vne nouuelle: nous disons, desboucher vn trou pour en boucher vn autre.
Scópule, les pallerons des espaules. pron. o ouuert.
Scópulo, vne roche. Vne bosse, vne butte.
Scopulositá, abondance de roches.
Scopulósa, pierreux, plein d'escueils.
Scoraggiáre, descourager.
Scoraggióso, sans courage.
Scoráre, perdre cœur, s'estonner.
Scorbacciáre, huer après quelqu'vn, criailler pour se mocquer, harauder.
Scorbácciáto, tout estonné, & honteux des huées, & criailleries, penaut.
* *Scorbiáre*, oster les pastez d'encre. Item, galler, oster les croustes de galle, gratter le papier.
Scórbio, grattement de papier.
Scorbúro, mal appelé scurbut.
Scorciapíni, sorte de batteau.
Scorciáre, accourcir, raccourcir.
Scórcio, raccourcy, finy, passé comme le fruit, raccourcissement, en peinture.
in Scórsio, raccourcy.
* *Scorcondáre*, escroquer, escorniffler.
Scorcóne, vn escroc.
Scordaménto, oubly.
Scordánsa, oubliance, oubly. Et discordance. pron. ts.
Scordáre, oublier. Item, discorder, descorder, desaccorder.
Scordáto, oublié. Et desaccordé.
Scordénole, oublieux, oublieuse.
Scórdio, chamarrax, sorte d'herbe.
Scórdo, discord.
Scordopráso, ail-porreau.
Scorréggia, courroye, escourgée. Item, vn pet.
Scorreggiáre, foüetter d'vne escourgée. Item, petter.
Scorreggiáta, vn coup d'escourgée; c'est aussi le bruit d'vn pet.
Scorfanéllo, scorfano, scorpene, poisson.
Scórgoglio, escorce de grenade.
Scórgere, appercouoir, descouurir, voir. Escorter, faire escorte, conduire. parf. scórsi. pron. o ouuert.
fársi Scórgere; se faire regarder, se faire mocquer de soy.
Scorgiménto, escorte. Item, apperceuance.
Scorgitóre, guide, conducteur.
Scorgitríce, conductrice.
Scória, spuma d'argénto e d'óro, litarge.
Scória di férro, merde de fer.
Scoriáda, coup d'escourgée.
Scoriáre, tirer l'escume du metail. Item, frapper d'vne escourgée.
Scouláre, branfler, faire tourner, secouer.
Scorlatúra, branflement, secousse.
Scorliére, cuillier de fonte à Venise.
Scórlo, secousse, pour faire tourner.
Scornacchiaménto, jaserie.
Scornacchiáre, jaser, parler sans propos, gausser, mocquer, criailler, mot deriué de *corn dcchia*, corneille.
Scornáre, escorner, faire honte, rompre les cornes.
Scorneggiáre, donner de la corne.

Scornénole, plein d'escorne.
Scórno, escorne, affront. pron. o ouuert.
* *Scorodo*, de l'ail.
Scoronáre, oster la couronne.
Scoronár vn álbero, ébrancher.
Scorpacciáre, manger tout son saoul.
vna Scorpacciáta, plein son ventre, tout son saoul, vne lippée.
Scorpáre, dissiper le corps.
Scorpársi, manger tout son saoul, iusques au creuē.
Scorpéna, scorpene, poisson. pron. o ouuert.
Scorpióne, scorpion. Item, vne sorte d'arbaleste, scorpion. Item, vn fer à tirer les dents. De l'aconit: Et certaines balles de plomb au bout d'vne corde pour frapper.
Scorpióne hérba, verrucaire, queuë de scorpion, herbe.
Scorpiónide, scorpiaire.
Scorpiónino, né sous le Scorpion.
Scorpiuróne, verrucaire.
Scorporáre, descorporer, separer les matieres.
Scurraría, course picorée.
Scorréggere, courir çà, & là, sans sçauoir ou. pron. ts.
Scurríggere, mettre en desordre, rendre mal correct. parf. scorréssi. pron. e ouuert.
Scorrénte, coulant, courant.
Scorrénza, cours de ventre, flux de ventre. pron. e ouuert, & les rr comme ts.
Scórrere, courir par delà, s'escouler, glisser, aller, & venir. parf. scórsi. pron. o fermé.
Scórrere, passer par dessus.
Scórrer la campágna, battre la campagne. Picorer.
Scorrería, picorée, course.
Scorrettióne, incorrection, faute, desordre.
Scorrétto, desreglé. Vn qui parle salement. Item, mal correct. pron. e ouuert.
égli è vna Crónaca Scorrétta, c'est vne Cronique mal corrigée. i. Il dit de sales paroles.
Scorrettóre, qui met en desordre.
Scorrettríce, idem.
Scorrénole, coulant, coulante, glissant, glissante, fluide, labile.
Scorribánda, course, reueuë.
Scorridóre, scorritóre, coureur, soldat qui court la campagne.
Scorriménto, flux. Picorée, course.
Scorritóre, coureur, picoreur.
Scorrómpere, corrompre. Item, briser, parf. scorrúpi.
Scorrótto, corrompu, & brisé.
Scorrubiáre, harauder, mastiner.
Scorrubbióso, desesperé à force d'estre haraudé ou tourmenté.
Scorrucciáre, courroucer.
Scorrúccio, courroux. Item, deüil.
Scorruccióso, plein de courroux. Item, de deüil.
Scórsa, & Scórza, escorce ou escosse. pron. o ouuert.
Scórsa, course, picorée. Vn tour dans vn lieu, vne reueuë. pron. o fermé.
Scórso, escapade de langue en parlant. Item, course. pron. o fermé.
Scórso, couru, coulé, escoulé, escheu.
Scorsóio, coulant.
Scórta, escorte, conuoy. pron. o ouuert.
Scortaménte, sagement.
Scortáre, escorter, accourcir. pron. o fermé.
Scortáre, escorter, faire escorte. pron. o ouuert.
Scortatúra, accourcissement.
Scorteccáre, escorcer, oster l'escorce.
Scorteggiándo, sorty de Cour, qui n'est plus Courtisan.

Scortése

S C

Scortése, mal courtois.
Scortesía, discourtoisie.
Scorticaménto, escorcheure, Escorchement.
Scorticaporcélli, tueur de pourceaux.
Scorticáre, escorcher.
Scorticársi. i. mourir.
chi non sà Scorticáre intácca. i. qui fait vne chose qu'il n'entend pas, la fait mal.
Scorticatóio, l'escorcherie, lieu où l'on escorche. Item, emplastre qui escorche ou arrache le poil, depilatoire. Et vn cousteau à escorcher.
Scorticatóre, escorcheur.
Scorticatrice, escorcheuse.
Scorticatúra, escorcheure.
Scortigianársi, quitter la Cour.
Scortináre, raser la courtine, terme de milice. Il se dit aussi de toute autre partie de muraille. Item, fuir, par Metaph.
Scortíssimo, tres-accort. pron. o ouuert.
Scórto, accort, prudent. Item, conduit, guidé, escorté, pour gaussé, mocqué. pron. o ouuert.
Scórza, escorce. En jargon, vne robbe. pron. o ouuert, & le z comme *ts*.
à Scórza à Scórza, brin à brin.
* *Scorz adúra*, vn harnois. pron. *ts*.
Scorzáre, escorcer. pron. *ts*.
Scorzár vn quercinolo. i. receuoir des coups de baston.
Scorzétta, petite escorce.
Scórzo, mesure de grain d'enuiron cinq picotins. prononcé. o ouuert.
Scorzóne, sorte de serpent noirastre fort venimeux, scorzon.
Scorzonéra, barbe de bouc, vne sorte de plante en Espagne bonne contre le venin.
Scorzóso, plein d'escorce.
Scoságna, vne cache.
Scoscáre, en jargon, s'enfuir, vuider le païs.
Scoscéndere, esclatter comme vne branche. C'est aussi rouler du haut en bas, & du bas en haut. parf. *scoscési*.
Scoscesaménte, precipitément.
Scoscése, rude, aspre, plein de roches.
Scoscési, roches, precipices.
Scoscéso, tombé, precipité. Item, plein de roches.
Scosciáre, rompre les cuisses. C'est aussi s'esclatter comme vne branche. Et tomber auec violence.
Scoscientiáto, sans conscience.
Scóscio, precipice, cheute d'eau. pron. o ouuert.
Scóssa, secousse, bransle, mouuement. Vne guilée de pluye. pron. o ouuert.
Scossadóre, escouuillon.
Scossále, vn tablier par deuantier.
Scossalétto, *scossalíno*, petit tablier.
Scossáre, secouër.
Scossatóio, vn crible.
Scósso, secoüé. Receu comme vne debte ou argent. prononcé. o ouuert.
debito Scósso, debte receuë.
Scostáre, esloigner, reculer. Item, rompre les costes.
Scostársi, se ranger, se reculer.
Scostáto, esloigné. Item, qui a les costes rompuës.
Scóstio, soudain esloignement.
Scostumáre, desaccoustumer.
Scostumatézza, inciuilité. pron. e fermé, & les zz comme *ts*.
Scostumáto, inciuil, mal appris.
Scótano, cotine, arbre qui a les feüilles rouges, & seruent à teindre.

S C 457

Scotélla, escuelle.
Scotellíno, petite escuelle.
Scotennáre, leuer la peau ou la couaine.
Scotennáto, la graisse qu'on leue du porc, la panne.
Scótere, secoüer. parf. *scóssi.* pron. o ouuert. part. *scósso*.
Scótia, en Architecture, scotie ou creux. pron. o ouuert.
Scotidianáto, deliuré d'vne fievre quotidienne.
Scotiménto, secousse, secouëment.
Scotíno, vn liure plein de mysteres obscurs. pron. o ouuert.
Scotísta, qui suit l'opinion de Scot.
Scotitóre, secoüeur.
Scótola, brayoire ou maschoire à broyer ou mascher le lin. Vne descrottoire. Item, escorce. pron. o ouuert.
Scotoláre, s'élancer, secoüer, branler.
Scotondáto, tondu, deschargé de cotton, nud.
Scótta, laict clair. pron. o ouuert.
Scótta, vne pie. C'est aussi l'escotte ou escot, corde de nauire. pron. o ouuert.
Scottáre, eschauder, hauir.
Scottatúra, eschaudeure, brusleure, hauissement.
Scotteggiáre, se secoüer. Item, estre franc d'escot. pron. escot. pron. o ouuert.
pagár lo Scótto. i. porter la peine de sa faute, payer la folle enchere.
Scóua, vn balay. pron. o fermé.
Scouacciáre, desnicher.
Scouáre, balayer. Item, faire sortir du nid, desnicher.
Scouáro, crieur ou faiseur de balais.
Scouatóre, balayeur.
* *Scouázze*, ballieures. pron. *ts*.
* *Scouázzo*, tas d'ordures. pron. *ts*.
Scouerchiáre, descouurir.
Scouérta, descouuerte.
Scouérto, descouuert.
Scouétta, espoussette, vergette, petit balay.
Scouettáre, vergetter.
Scouíno, escouuillon.
Scóuola, balay. Item, lanade. pron. o fermé.
Scouoláre, balayer. Item, nettoyer vn canon.
Scóuolo, escouuillon. pron. o fermé.
Scouóne, Item. pron. o fermé.
Scouríre, descouurir.
Scozzáre, separer. pron. e ouuert, & les zz comme *ts*.
Scozzonáre, dompter vn cheual, picquer, dresser. prononcé e fermé, & les zz comme *ts*.
Scozzonár vno, dresser quelqu'vn, le rendre habile, fin, rusé. Desniaiser, Esratter.
Scozzonáto, dressé, fin, rusé, experimenté.
Scráchio, crachat.
* *Scramáre*, exclamer.
Scráma, siege, chaire.
Screáre, cracher en toussant.
Scredénte, mescreant.
Scredentiáto, sans credit.
Scredénza, mescroyance. pron. e ouuert, & le z, comme *ts*.
Scrédere, descroire, estre mescroyant. parf. *scredétti*.
* *Scremíre*, escrimer. pres. *scremísce*.
* *Scrépio*, vne meschante nation.
Screpoláre, fendre, esclatter.
Screpoláto, creuassé, plein de creuasses.
Screpolatúra, & *scrépolo*, fente, creuasse.
Scrétia, discorde.
Screziáre, marqueter, bigarrer.
Screziáto, marqueté, tacheté, rayé.

458 SC

Screrio, discorde, schisme.
Scriáre, esmeutir, retirer le crachat pour le cracher aprés.
Scriáto, mal appris. Item, sloüet, greslé.
Scridtiolo, vn escureul.
Scríbæ, vn scribe.
Scribattáre, griffonner en escriuant.
Stricchioláta, craquement.
Scricciáre, craquer.
Scríccio, craquement.
Scricciolare, craquer, croquier.
Scricciolo, selon aucuns, vn serein commun, petit oiseau. Item, vne fantaisie, vn caprice.
Scricciolo, vn roitelet. Item, vn petit bout d'homme.
Scrignáre, tirer du coffre. Item, rendre bossu.
Scrignáta, vne gourmade.
Scrignéto, petit coffre. Item, petite bosse.
Scrígno, escrain, coffret. C'est aussi vne bosse.
Scrígno, bosse de chameau.
Scrignolo, petite bosse. Item, vn coffret.
Scrignúto, bossu, crochu, renuersé, rabougry.
Scríma, escrime, scrimia.
Scrimáglia, idem.
* Scrimáre, escrimer, scrimiáre.
* Scrimarnólo, Maistre d'escrime.
Scrimiatóre, idem.
Scriminále, aiguille pour les cheueux, poinçon à porter à la teste.
Scriminatúra, la separation des cheueux, sur la teste des femmes.
Scrimíre, escrimer. pres. Scrimísto.
Scrimitóre, escrimeur.
Scrináre, selon aucuns, ajuster. Item, arracher les cheueux.
Scrináto, pelé, sans cheueux, escheuelé.
Scristianáre, renoncer au Christianisme.
Scritiáre, tacheter, marqueter, rayer de diuerses couleurs.
Scritio, rupture. Item, confusion, desordre.
Scritta, piece d'escriture, contract, obligation, bail, mot d'escrit.
Scrittaréllo, vn mot d'escrit.
Scritterino, idem.
Scrittile, qui se peut escrire.
Scrittióne, escriture, description.
Scrítto, escrit. Vn escrit.
è Scrítto, pe' boccáli, cela est escrit sur les pots. i. Tout le monde le sçait.
Scrittóio, estude de Notaire. Item, escritoire, & cabinet d'Allemagne. pron. o ouuert.
Scrittordaccio, vn mauuais escriuain.
Scrittóre, escriuain, qui escrit des Liures.
Scrittoria, l'art d'escrire.
Scrittório, escritoire. Cabinet. pron. o ouuert.
Scrittúccia, vn petit mot d'escrit, vne petite cedule.
Scríttulo, la troisiesme partie d'vne dragme, scrupule.
Scrittúra, escriture.
Scrittúra dóppia, partie double.
vna Scrittúra priuáta, vne escriture ou accord sous seing priué.
Scritúre, papiers, escritures.
Scritturággine, l'escriture, l'art d'escrire.
Scritturále, d'escriture.
Scritturísta, escriuain, qui enseigne à escrire.
vn Scriuácchia leggénde, vn mauuais escriuain ou historien.
Scriuacchiáre, griffonner en escriuant.

SC

Scriuanéllo, le forçat qui prend garde au compte de tout ce qui entre dans vne galere, & en sort.
Scriuanía, office de Greffier, & Notaire.
Scriuáno, escriuain, copiste, clerc. Vn Greffier. Vn Notaire.
Scriuere, escrire. Enrooler. pars. scríssi.
* Scriuéuole, qui se peut escrire.
Scrízzótio, vne seringue. Item, vne corne ou cornet à souffler les boyaux, & emplir le boudain.
Scrócca il fúso, vne fileuse. Item, vne femme qui amuse vn homme, & qui ne fait gueres de cas de son mary.
Scroccánte, escorniffleur.
Scroccáre, escroquer, escorniffler, attraper. Item, sonner brusquement, craquer, claquer.
Scrocchétto, &
Scrocchíno, petit escorniffleur.
à Scrócchio, &
à Scrócco, prendre de la marchandise à credit, pour la reuendre auec perte.
Scrócco, vn escroc, vn escorniffleur.
mangiàr à Scrócco, escorniffler.
Scroccoláre, claquer, craquer.
Scroccónánte, escorniffleur.
Scroccónáre, escorniffler.
Scroccóne, grand escroc ou escorniffleur.
Scrófa, vne truye. pron. o fermé.
Scrofáno, scrofauéllo, petit cochon, cochonnet.
Scrofétta, petite truye.
Scrófola, escrouelle. Item, escroüe de vis.
Scrofoláre, cochonner.
Scrofolóso, plein d'escrouëlles.
Scrofolária, scrofolária, scrophulaire, herbe des escrouëlles.
Scrogioláre, croquer dans la bouche.
Scrolláménto, croullement, secouement.
Scrolláre, crouller, secoüer.
Scrólla pennácchio, vn porteur de plumes. i. Vn traisneur d'espée, vn sendeur de naseaux, vn plumet.
Scrollatúra, secousse.
Scrolléuole, qui se peut secoüer.
Scróllo, secousse. pron. o ouuert.
Scrópolo, scrupule. Item, scrupule, sorte de poids, prononcé. o fermé.
Scropolóso, scrupuleux.
Scrosciáre, croquer, craquer.
Scrosciáta, croquement.
Scroscío, le bruit de l'eau en boüillant, ou en tombant de la pluye.
Scróso, pour scropolóso, scrupuleux.
Scrustáre, escrouster.
Scrostáta, sorte de tourte.
Scrotína viola, girofflée de couleur de pourpre.
Scrotínio, & scutinio, vne certaine conserence que l'on fait dans les Conuents des Religieuses.
Scróuole, escroüelles.
Scrouolóso, plein d'escrouëlles.
Scrumentítia, esquinancie.
Scrúsoli, sorte de viande de paste.
Scrunáre, rompre le cul d'vne aiguille.
Scrunáta, aiguille sans cul.
Scrúpolo, scrupule. Item, vne sorte de poids.
Scrupolosità, doute, humeur scrupuleuse.
Scrupolóso, scrupuleux. Rabotteux, plein de nœuds, ou de pierres.
Scrúpso, graueleux.
Scrutatióne, recherche.
Scrutatóre, rechercheur.

S C

Scrutévolo, recherchable.
Scrutignáre, &
Scrutinière, rechercher diligemment.
Scrutinio, recherche.
Scuarcióia, dégonstante, sale, vilaine.
Scuccheráre, bouffer de rire.
Scuccióne, escusson.
Scucire, descoudre.
Scudáia, vne tortuë.
Scudáio, faiseur de boucliers.
Scudelléra biscia, vne tortuë.
Scudélla, escuelle. pron. e ouuert.
Scudelláio, pottier d'estain, faiseur d'escuelles.
biscia Scudelláia, vne tortuë.
Scudelláre, dresser la viande, faire l'escuelle à vn chacun.
Scudellína, petite escuelle.
Scudellóne, grande escuelle.
Scudétto, escusson de serure, targette de verrouil.
Scudicciuólo, escusson. Vne piece à rappetasser. Losenge en armoirie.
Scudiére, escuyer. Gentil-homme seruant.
Scudiér maggiére, grand escuyer.
Scudifero, porte-escu.
Scudiscéile, baguette.
Scudisciére, battre auec vne baguette, foüetter.
Scudíscio, baguette, gaule.
Scúdo, escu, rondache, escusson. Escu de monnoye.
Scudóne, grande rondache.
Scúffia, coiffe, ou coëffe.
Scuffiáre, oster la coëffe. Proprement, bauffrer, manger beaucoup, & viste.
Scuffiétta, vn beguin.
Scuffióne, vne grande coëffe. Item, vn grand mangeur.
Scuffiótto, idem, petite coëffe. pron. o ouuert.
Sculacciáte, frapper sur le cul.
Sculacciáte, coups sur les fesses ou sur le cul, fessades, fessées.
Sculattáre, culleter.
Sculattáta, fessée, & culletis.
Sculmáto, sorte de maladie de cheual.
Sculpire, sculpire, grauer, tailler. pres. sculpisco.
Sculstéto, tiré du mot Allemand, Schildheiss, le Maire d'vn lieu.
Scúlto, graué, entaillé.
Scultúre, sculpteur.
Scultúra, sculpture.
Scumarélla, vne casse à puiser de l'eau dans le sceau.
Scuoiáre, escorcher.
Scuóla, escolle. pron. o ouuert.
Scuoláre, escollier.
Scuótere, secoüer. pron. o ouuert.
Scuóter il pelliccióne, nous disons, secouer les pulces, remuer les pulces, pour batrre, & pour l'action charnelle. Et pour mesdire.
tu puói Scuótere. i. Tu peux dire tant que tu voudras.
Scuóter il pésco. i. commettre sodomie. Item, pour l'action venerienne.
Scuotiménto, secousse.
Scuotitóre, secoueur.
Scúra, hache, ou coutelas.
Scuráccino, &
Scuráccio, lauette, ou torchon à escurer.
Scuráre, obscurcir. Item, escurer.
* Scúrcido, inciuil, rustique, mal courtois.
Scúrcio, raccourcissement.
Scúre, hache, hache d'armes.

S C S D

Scuridda, escourgée, fouet, verge de cocher.
Scuriáre, foüetter, donner des coups d'escourgée.
Scuriáto, scuriátolo, escureau.
Scuricíno, scurino, petite hache.
Scuriscére, frapper de la baguette.
Scuríscio, baguette, houssine. Metaph. Vn garçonnet qui sert à baguette.
Scuritá, obscurité.
Scúro, obscur, obscurité.
Scúro, en terme de peinture, ombrage.
Scúro, selon aucuns, mal-heureux.
Scúro della finéstra, l'ombrage de la fenestre.
Scuróla, tabernacle à mettre les reliques.
* Scurríle, plein de raillerie. Item, coulant, roulant.
Scurrilitá, gausserie, raillerie.
Scúrro, vn railleur.
Scúrzo, raccourcissement.
Scúsa, excuse.
chi si scúsa ran vuól annmar, àre cénto scúse sà pigliáre, qui veut tuër son chien, il sçait trouuer cent excuses. i. quand on a enuie de faire quelque chose, on a bien-tost trouué vne excuse.
chi si Scúsa sénz esser accusáto sá chiáre il suó peccáto, qui s'excuse, ou qui se justifie sans estre interrogé, ou accusé, descouure son crime, ou son péché.
ógni Scúsa è buóna pur que váglia, chaque excuse est bonne, pourueu qu'elle vous serue. i. qu'on vous l'admette.
Trísta quélla músa, che non sà trouár la Scúsa. i. il faut bien estre sot ou ignorant, pour ne sçauoir treuuer vn excuse quand il en est besoin.
pigliár ò coglier la Scúsa del petrosíllo, prendre son excuse sur vn autre, ou plûtost trouuer quelque excuse pour quereller, vne querelle d'Allemand.
Scusábile, excusable.
Scusáre, excuser.
Scusáre, seruir pour quelque chose, v. g.
Scusáva il desináre, il seruira de disner, ou au lieu du disner.
Scusatióne, excuse.
Scusatóre, excuseur, qui excuse.
Scusévole, excusable.
Scucére, descoudre, sensire. pres. scúscio.
Scucitúra, scucitúra, endroit descousu.
* Scussáre, secoüer.
Scússo, tout desnué d'argent.
* Scúsica, vne houssine.
* Scuticáre, frapper de baguette.
* Scuticáta, coup de houssine.
* Scutúce, desconsure, endroit desconsu.

S D

Nota, que tout ce que l'on met icy par Sd, vous le pouuez escrire par Isd, pour adoucir le langage.

SDársi, denenir lasche ou paresseux, se laisser aller.
Sdebitáre, acquitter les debtes.
Sdegnaiuólo, vn desdaigneux.
Sdegnáre, desdaigner.
Sdegnársi, s'indigner, se fascher.
Sdegnáto, indigné, fasché, courroucé.
Sdégno, desdain, courroux, indignation.

chi non hà Sdégno non hà ingégno, qui n'a point de courroux n'a point d'esprit.
Sdegnosétto, petit desdaigneux.
Sdegnóso, desdaigneux.
Sdenaiáto, sans argent.
Sdentáto, esdenté.
Sdicéuole, mal-seant.
Sdigiunáre, rompre son jeûne.
Sdilacciáre, deslacer.
Sdilinguáto, fade.
Sdilinguíre, estre lasche, & fade. pres. *sdelinguisco*.
Sdilinguíto, fade, sans goust, lasche.
* Sdilocciáto, deslabré.
Sdiricciáre, esgousser les chastaignes.
Sdimenticággine, *sdimenticanza*, oubly.
Sdimenticáre, oublier.
Sdimentichéuole, oublieux.
Sdogáto, deffoncé comme vn tonneau: prononcez e fermé.
Sdogliársi, perdre ou descharger ses douleurs.
Sdouníno, sorte de poil de cheual.
Sdoppiáre, desdoubler.
Sdoráre, desdorer.
Sdormentáre, esueiller.
Sdossáre, oster de dessus le dos : Et rompre l'eschine.
Sdossáto, eschiné.
Sdrauiz za, tour de souplesse. prononcez les zz comme ts.
Sdrinz áto, tortu, mal droit. pron. ts.
Sdrucciolaménto, roulement, glissade, roulade.
Sdruccioláute, glissant, glissante.
Sdrucciuláre, glisser, rouler, broncher, faire vne faute.
Sdrúcciolo, glissoire, lieu glissant.
Sdrúcciolo, bronchade, bronchement, glissade.
à Sdrúcciolo, en glissant, en roulant.
vérsi Sdruccioli, sorte de vers qui ont l'accent sur l'antepenultiesme syllabe.
Sdrucíre, s'entr'ouurir, se descoudre. pres. *sdruccio*, & selon aucuns. *sdruccisco*.
Sdrucciuláre, glisser.
Sdruciolatíuo, glissant, roulant.
Sdruciolévole, glissant.
Sdrusiolína, vne coureuse.
Sdrusiólo, glissoire. Item, glissade.
Sdrusiolóso, glissant.
Sdruscíre, s'entr'ouurir, se separer, se descoudre, se desioindre. pres. *sdrúscio*, & selon aucuns, *sdrúscisco*.
Sdrascíto, vne taillade. Item, entr'ouuert.
Sdruscitúra, fente, separation.
Sdruselína, vne garce, vne coureuse.
Sdruuíre, entr'ouurir, descoudre, desioindre.
Sducáre, oster la qualité de Duc.

SE

SE', si, à sçauoir si. pron. e fermé.
Se', pour sei, tu es. pron. e ouuert.
Se bène, encore que, bien que.
Se non che, n'estoit que.
Se ci venisse il Gran Turco, quand mesme le grand Turc y viendroit.
Se, particule conditionnelle ou dubitatiue, si qui demande vn subjonctif par ex, *se io hauési*, si i'auois, &c.

Sé, soy, pronom reciproque. pron. e fermé.
di Sé, de soy, de sa nature. pron. e fermé.
da Sé, à par soy, de soy-mesme, tout seul. pron. e fermé.
stàr sopra di Sé, demeurer coy, songer, demeurer court, tout pensif.
Sebellíni, *ebbellíni*, zubelines.
Sebéste, sebeste, drogue.
Sebéstena, idem.
Séca, vne scie. pron. e fermé.
Sécale, du seigle.
Secáre, scier des bleds, scier.
Sécca, sable en mer, banc, proprement, seiche ou baisse, lieu où il y a peu de fonds. pron. e fermé.
rimanèr in sù le Sécche .i. demeurer au plus beau d'vn affaire.
lasciàr nelle Sécche, abandonner en temps de necessité.
rimanèr nelle Sécche di Barberia .i. estre reduit au neant.
Sécca, sorte de ver, Tic. En jargon le Caresme.
Sécca cápo, vn importun babillard.
Seccággine, importunité, fascherie. Item, secheresse.
Seccagínoso, arbre à demy sec.
Seccaginósa, sorte d'herbe.
Seccágna, banc, ou sable en mer.
Seccáre, secher. Importuner, fascher. Tarir. Espuiser.
Seccàr vna pescia ò vn commúne .i. estre grand cajolleur.
Sec:arécio, vn homme sec.
Seccatélli, des fagots.
Seccatíccia, importunité de cajollerie.
Seccatíccie, en jargon, des fagots.
Seccatríce, vne cajolleuse.
Secchéz za, secheresse. pron. ts.
Sécchia, seau, seau de cuiure à puiser de l'eau. Item, chaudron.
fàr come la Sécchia che scénde ridèndo & monta piangéndo, faire comme le seau qui descend en riant, & monte en pleurant, cela se dit d'vne personne qui va gayement, & s'en retourne triste.
côme le Sécchia, comme les seaux .i. monter & descendre tout le jour.
ripescàr le Sécchia .i. reparer la faute d'antruy.
la mia Sécchia non attigue di quèll' acqua, mon seau ne puise pas de cette eau .i. mon esprit ne s'estend pas iusques-là.
Secchiáro, faiseur de seaux.
Sécchio, seau de cuiure, vne sorte de mesure.
Secchionáro, faiseur de seaux.
Secchióne, grand seau.
côme i Secchióni, quand l'vn descend l'autre monte .i. mal d'accord.
Secchità, secheresse.
Séccia, esplucheure, broussaille, chaume.
Sécco, sec. Secheresse.
muráre à Sécco, bastir à sec, sans chaux ou plastre. Item, manger sans boire.
Sécchi amóri, du lilas.
sapèr di Sécco, sentit le fust.
rimanèr in Sécco, estre à sec, n'auoir plus rien.
ragionár in sùl Sécco .i. parler hors de propos, & sans fondement.
lauoráre à Sécco, mascher à vuide.
di Sécco in sécco, ferme, vertement, tout net, tout franc. Item, de sang froid.
Seccomóro, sicomore.

SE   SE   461

Seccére, sechereffe.
Seccúme, feüilles seiches, fruicts secs.
* Seccúra, sechereffe. Et importunité.
Secédere, ceffer son trauail. parfait, secedétti, qui n'eft point en vfage qu'en infinitif.
Secérnere, élire, choisir. parfait, secernétti, qui n'eft point en vsage qu'en infinitif.
† Secessióne, separation.
* Secésso, ceffation.
Seclúdere, separer. parf. seclúsi.
Seclusióne, separation.
Séco, auec soy. Item, en soy-mesme, à par soy.
Secodágnolo, vn bouchon de paille.
Secoláre, seculier, seculiere. Item, de siecle.
Secolarità, secularité.
Sécolo, siecle. pron. e ouuert.
Secónda, arriere-faix, membrane dans laquelle l'enfant eft enueloppé, vulgairement, le deliure. pron. e fermé.
andár à Secónda, aller selon son gré, à souhait.
álla Secónda, idem.
fár Secónda, s'accommoder, accommoder, prefter l'efpaule.
Secondáno, de second.
Secondáre, seconder, suiure le cours, s'accommoder à l'humeur.
Secondárij, soldats de la seconde legion.
Secondariaménte, secondement.
Secondário, second. Item, secondaire.
Secondína, secondine, membrane dans laquelle l'embrion eft enueloppé, arriere-faix. Item, seconde ou octaue d'inftrument.
Secóndo, second, deuxiefme. Pour fauorable.
Secóndo, selon, suiuant.
Secóndo che, à mesure que.
Secondogénito, second né, puisné.
Secóndo mè, à mon aduis, secóndo tè, secóndo lúi, &c.
* Sedérdia, negligence.
* Sedérdio, negligent.
* Secórdo, idem.
Secreſtáno, Sacriftain.
Secreſtáre, sequeftrer.
Secreſtía, Sacriftie.
Secréta, vn pot de fer à mettre sur la tefte, sorte d'arme. pron. e fermé. Item, vn cachot.
Secréta lantérna, lanterne sourde. pron. e ouuert.
Secretaménte, secrettement.
Secretário, Secretaire.
Secrétezza, humeur secrette. pron. e fermé, & les z z comme ts.
Secréto, secret. pron. e ouuert.
Séruo dalreuí fi fà, chi dice il súo secréto à chi nol sà, celuy qui dit son secret à qui ne le sçait, se fait efclaue d'autruy.
Seculáre, seculier.
Século, siecle. pron. e ouuert.
Securánza, affeurance. pron. ts.
Securáre, affeurer.
* Secúre, hache.
Securità, seureté.
Secutióne, execution.
Secutóre, executeur.
Secutrice, executrice.
Sed, pour sè, soy.
Sedacciáre, saffer.
Sedáccio, vn sas.
Sédani, persil de Macedoine.
Sedáre, appaifer, pacifier, adoucir.

Sedatíuo, lenitif, qui adoucit, qui pacifie.
Sedattúra, adouciffement, pacification.
Sedázzáre, saffer. pron. ts.
Sedázzo, vn sas. pron. ts.
Séde, vn siege. pron. e ouuert.
Sédeci, seize. pron. e fermé.
* Sedécimo, seiziefme.
* Sedéllo, vn poiffon.
Sedénte, seant, affis.
Sedére, seoir, eftre affis, s'affeoir. pref. sédo, & siédo, sédi, & siédi, séde, & siéde. parf. sedéi, & sedétti. parf. sedúto.
Sedér pro tribunáli, tenir seance.
Sedére, qui se dit du Pape, tenir son siege, regner.
voler Sedére à seránna .i. faire le Docteur ou le Iuge, faire l'entendu.
chi ben Siéde mal pénsa, qui eft bien affis pense du mal .i. La richeffe caufe de la meschanceté. Item, pour eftre faineant.
ſtar à Sedére, eftre à son seant, eftre affis.
pórsi à Sedére, se mettre à son seant.
il Sedére, le siege, le derriere, le cul. pron. e fermé.
Sedétto, vne greffe.
Sedeuacánte, le siege vacant, le temps que l'on fait élection du Pape.
Sédia, siege, chaire.
Sédia d'apóggio, chaire à bras ou à dos, fauteüil.
Sédia à forbici, siege pliant.
Sedíbile, qui se peut affeoir.
* Sedicéſimo, seiziefme.
Sédici, seize.
Sédici, en jargon, oüy.
Sedíle, vn chantier à appuyer vn tonneau. Selon aucuns, vn siege pour s'affeoir.
Sediménto, semaille.
Sedióne, vne grande chaire.
Seditióne, sedition.
Seditióso, seditieux.
Seditório, place où l'on s'affied, siege.
Seditóre, qui eft affis.
Sédo, trippe-madame.
Sédola, sétola, sete ou setole, mal de cheual. Item, vne soye à cordonnier.
Seduciménto, seduction.
* Sedulità, soing, diligence.
* Sédulo, soigneux.
Sedumágno, sennegré.
Sedúme, Idem.
Sedúrre, seduire. pref. sedúco, sedúci, sedúce, seduchiámo, sedúcéte, sedúcono, imparf. sedúcéua, parf. sedúſsi, part. sedúlto, & sedótto, fut. sedúrro, opt. sedúlica, imparf. seducéſſi, & sedúrréi, &c.
Sedúto, affis.
Sedutíle, qui peut eftre seduit.
Sedutióne, seduction.
Seduttóre, seducteur, seduifeur.
Seduttrice, seduifeufe, seductrice.
Sedúto, seduit.
Séga, vne scie. pron. e fermé.
fár la Séga, ranger l'armée en scie.
Séga da fiéni, faux, & faucille.
Séga di fiéno, la fauche.
Segáto pour Sagáce, sage, accort, & accorte.
Segazità, accortife.
Segagióne, la fauche des foins.
Ségala, seigle.
Ségale, idem.
Segalígno, greflé, sec, difficile à engraiffer.

Segaménto, section. Item, la fauche des foins.
Segantini, sorte de figues. Item, ceux qui scient, scieurs.
Segáre, scier. Et moissonner, scier les bleds, faucher.
Segár le véne, couper les veines.
Segaríno, vn scieur. Item, petite scie.
Segatóre, scieur, & faucheur.
fár cóme i Segatóri .i. estre mal d'accord.
Segatúra, scieure de bois. C'est aussi la moisson, & semaison.
Segázzo, dernier qui suit les autres. pron. ts.
Ségona, sorte de ret, vne saine ou seine.
Ségera, petite scie ou faucille, pour sighétta.
Segetále, glais, glaitel.
Séggia, chaise à porter les personnes. prononcez e ouuert.
Seggiáio, faiseur de chaises.
Seggiáre, marquer. Item, asseoir.
Seggiétta, chaire percée. Et chaire à porter les gens. pron. e fermé.
Séggio, siege, chaire. pron. e ouuert.
Séggiola, chaire basse. pron. e ouuert.
Seghétta, petite scie. pron. ghe comme gue François, & e fermé.
Seghiuétta, petite ouurage en arcades au dessus des fenestres. prononcez ghi comme gui François, & e fermé.
Segliticcio, espluchure.
* Segménto, piece, morceau.
Segnáculo, signet de liure. Item, marque, signe.
Segnaláre, marquer. Item, signaler.
Segnaláto, signalé, marqué.
Segnále, signe, signal.
Segnalúzzo, petit signal. pron. ts.
Segnáre, faire signe, marquer, seigner, tirer du sang.
Segnárse, se signer, faire le signe de la Croix.
Segnáta, marque de l'enfant par l'enuie de la mere, estant enceinte.
fárla Segnáta, l'enfant estre marqué.
Segnataménte, notamment.
Segnáto, marqué.
niún Segnáto da Dio fu mai buóno, c'est ce que nous disons, que ceux qui sont marquez de B, ne vallent rien: comme borgnes, boiteux, bossus, &c.
Segnétto, signet. Item, petit signe, petite marque.
Ségno, marque, signe, but, poinct, enseignes pour marque, l'vrine du malade que l'on monstre au Medecin. Signal. pron. e fermé.
buon Ségno, bon signe.
cattiuo Ségno, méchant signe.
péssimo Ségno, tres-méchante marque.
è Ségno chiáre, c'est vn signe manifeste.
i Ségni del Zodiaco, les signes du Zodiaque.
Ségno di cáccia, le sorhus.
giúnger à quel Ségno, arriuer à vn point.
dár nel Ségno, frappet au but .i. deuiner.
tornár à Ségno .i. reuenir à son premier estat.
fár stár à Ségno, ranger à son deuoir, tenir en bride, faire, obeir.
tenér à Ségno, Idem.
trapassáre il Ségno .i. faire plus qu'on ne doit, faire au de là de l'ordinaire, des-obeir.
Segnúzzo, petite marque. pron. ts.
Ségo, suif. Item, signe. pron. e fermé.
Sególlo, veine dans vne mine, qui dénote que l'on peut trouuer de l'or.
Segolúta, vne Religieuse qui porte la guimpe.

Ségolo, vne serpe. C'est aussi vn linge que portent les Religieuses, qui leur cache la teste, & la gorge, vne guimpe.
Segóne, grande scie.
Segóso, plein de suif.
Segregáre, separer.
Segrestáno, Sacristain.
Sigrestía, Sacristie.
Sigréta, vn cachot. pron. e fermé.
Segréta, pot de fer à porter sur la teste, prononcez e fermé.
Segretaménte, secrettement.
Segretaría, office ou chambre de Secretaire.
Segretário, Secretaire.
Segretézza, humeur secrete. pron. ts.
Segréto, secret. pron. e ouuert.
il Segréto impártase non è pásto da ignoránte .i. il ne faut pas confier ses segrets à des ignorans.
Segudce, suiuant, qui suit vn autre, complice.
Seguacitá, suitte.
Seguénte, suiuant, suiuante.
di Seguénte, en suitte de cela.
Seguenteménte, consequemment.
Seguénza, consequence, suitte. Item, sequence. et quantité, force, vne grande suitte. pron. e ouuert, & le z comme ts.
cán Seguíggio, chien de queste.
Segígo, Idem.
Seguíre, suiure, poursuiure, continuer, s'ensuiure, aduenir, arriuer. pres. ségno. pron. e ouuert.
Seguitáre, Idem.
Seguitaménto, suitte, poursuitte.
Seguitatóre, vn qui suit, vn imitateur.
Seguitatríce, vne imitatrice, vne qui suit.
* Seguitióne, execution.
Seguíto, arriué, ensuiuy.
Seguíto, suitte, suitte d'vn Seigneur. prononcez e ouuert.
Segúlla, vne veine qui dénote qu'il y a de l'or dans la terre.
Segúrta, seureté. Caution.
Segúso cáne, chien de queste.
Seguzzáre, en jargon, chercher. pron. ts.
Séi, six. pron. e ouuert.
fár de Séi, en jargon, partager, bien faire.
Seicénto, six cens.
il Seicénto páro, le Diable. Item, quelque chose de grand.
Seidígito, qui a six doigts en vne main.
Sél, si le, se le, pour sélo ou sé lo.
Seldgine, sorte d'hysoppe.
* Selático, sorte d'huile de lis.
Selbastrélla, satyrion.
Sélce, caillou. pron. e fermé.
Selciáre, pauer de cailloux.
Selciáta, paué, pauement.
Selciatóre, paueur.
Séleni, persil de Macedoine. prononcez le premier e ouuert.
Seleniáco, lunatique.
* Selettióne, selection, élite.
* Selétto, choisi.
Selicáre, pauer.
Selicáto, le paué.
Selíce, caillou.
Selináda, sorte d'herbe semblable au persil.
Selíno, persil de Macedoine. pron. e ouuert.
Sélla, selle de cheual. pron. e ouuert.

SE

huómo di mézza Sélla .i. qui n'est escuyer qu'à demy.
di tista Sélla, parfait escuyer.
la Sélla non è fatta pe. l'Asino .i. les beaux habits ne sont pas faits pour les marauds.
Selláccia, grande selle mal faite.
Sellário, sellier.
Sellare, seller.
Selláro, sellier.
Selléccbia, escosse ou escorce.
Selleggiáre, seller.
Sélleri, persil de Macedoine. pron. e ouuert.
Selléria, petite selle, & petite chaire.
Sellóne, selle d'arme.
Sélua, forest. prononcez v consonne.
Seluaggína, sauuagine. pron. v consonne.
Seluággio, sauuage. pron. v consonne.
Seluagiúme, sauuagine. pron. v consonne.
Seluaréccio, sauuage. pron. v consonne.
Selueſtrélla, satyrion. pron. v consonne.
Seluaticcína, sauuagine, venaison. pron. v consonne.
Seluaticcità, qualité sauuage. pron. v consonne.
Seluático, sauuage. pron. v consonne.
Seluéſtro, satyrion. pron. v consonne.
Seluéſtro, sauuage. pron. v consonne, & e ouuert.
Seluiétta, seruiette. pron. v consonne, & e fermé.
Seluóſo, boscageux. pron. v consonne, & o fermé.
Sélze, cailloux. pron. e fermé, & z comme ts.
Sembiánte, face, aspect, presence, mine, maintien, contenance.
fár Sembiánte, faire semblant, feindre.
Sembiánte, ressemblant, semblable.
Sembiánza, ressemblance. Item, aspect, mine, presence. pron. z.
Sembiáre, sembler, ressembler.
Sembiéuole, ressemblant, qui semble.
Sembláre, assembler.
Sembléa, assemblée. pron. le second e ouuert.
Sémola, sémola, son de farine. pron. e fermé.
Sembolato, pain de farine sans sasser.
Sembolélto, pain de gruau.
Sembolóſo, plein de son.
Sembracéna, sorte de Mirrhe.
Sembráglia, assemblée, trouppe de caualiers.
Sembránza, ressemblance.
Sembráre, sembler, ressembler.
Séme di baléna, nature de baleine, ou plustost sperme de baleine. pron. e fermé.
Séme, semence. pron. e fermé.
Séme di rápe, nauette.
Seménta, semence, graine. prononcez le second e ouuert.
andár in Seménta, monter en graine.
Sementáre, ensemencer.
Sementélla, semence menuë.
Sementélla di póluere, poulleuin, poudre menuë, & trainée de poudre.
Sementína, semence menuë.
Sementino, bon à semer.
Seménza, semence: Engeance. prononcez e ouuert, & le z comme ts.
Semenzáio, lieu où l'on seme pour replanter, seminaire, pepiniere.
Semenzáre, grainer. pron. ts.
Semenzélla, semence. pron. ts.
Semenzíre, monter en graine, grainer. present, semenzísco.
Sémere, semer. prononcez e ouuert. parfait, sémei, &

SE 463

seméiti, qui n'est point en vsage.
Seméſtre, semestre, terme de six mois. Creu en six mois.
Sémi, demy. Ce mot attaché à vn autre donne la force de demy, comme.
Semiánimo, demy-mort.
Semiánno, demy-an.
Semiapérto, demy-ouuert, &c.
Semicerchiáre, enuironner à demy.
Semicírcolo, vn demy cercle.
Semiculáre, fait en demy-cercle.
Semicróma, vne double crochuë en musique.
Semidéo, demy-Dieu.
Semiditóno, tierce mineure en musique, semitóno.
Semíla, six mille.
Semilúna, demy-lune.
Semimínima, vne noire en musique.
Seminagióne, le temps des semences, l'ensemencer, la semaille.
Seminále, de semence. Item, renoüée, sorte d'herbe.
Semináli váſi, vases spermatiques.
Seminaménto, semaille.
Semináre, semer, ensemencer.
Seminário, pepiniere, seminaire.
Seminatióne, la semaille.
Semináto, champ ensemencé ou semé. Item, vn sentier.
vscír dél Semináto .i. deuenir fol, perdre patience, parler hors de propos.
Seminatóre, ensemenceur, semeur.
Seminatríce, vne semeuse.
Seminatúra, semaille.
Seminénta, semence.
Seminéuole, qui se peut semer.
Semínio, le profit que l'on tire de la semaille.
Semiſſále, interest de six pour cent.
Semíſſo, homme sans estime.
* Sémita, sentier.
Semitári, faire des sentiers.
Semitertiána, demy-tierce, fiéure.
Semitóno, semiton, demy-ton.
Semiuíuo, Idem.
Semiuíuere, viure à demy.
Semíuuo, demy-vif.
Sémma, sable d'or, poudre de métail.
* Semmáia, semaine. prononcez e fermé.
Sémola, du son de farine. C'est aussi vne sorte de graine en Lombardie, que l'on mange comme l'orge mondé. pron. e fermé.
Semoláto, pain de farine qui n'est point sassée, pain de gruau.
Semolélla, gruau. Item, vne sorte de boüillie.
Semolóſo, plein de son.
Sempiétà, simplicité.
Sémpio, simple. Item, sot. pron. e fermé.
Sempiturnáre, rendre eternel.
Sempiternità, eternité.
Sempitérno, sempiternel.
Sémplice, simple. sot. pron. e fermé.
Sémplici, simples, herbes medicinales.
Sémplice di val di ſtrilla, nous disons, fol de Soulogne qui s'abuse à son profit.
Semplicemente, simplement.
Sempliceto, vn peu simple.
Semplíciccio, vn gros sot.
Semplíciotto, vn niais.
Semplícíſta, herboriſte, qui connoiſt les simples.
Semplicità, simplicité.
Semprána, iourbarbe.

Sempráno, perpetuel.
Sempráre, eternifer.
Sémpre, touſiours. pron. e ouuert.
Sémpre che, toutes les fois que.
Sémpre mai, touſiours.
Sempreuiua, ioubarbe.
Sen, pour ſene, s'en, ſen, pour ſéno, ſein.
Séna, du ſené. pron. e ouuert.
Senácolo, Senat.
Sénapa, & ſénape, ſeneué, moutarde.
hà piu virtù vn gráno di Sénape, che vna groſſa rapa.i
  vn petit homme vaut mieux qu'vn grand.
venir la Sénapa ſotto il náſo.i. ſe mettre en colere.
* Sénapra, moutarde.
Senário, du nombre de ſix.
Senáto, Senat.
Senatóre, Senateur.
Senatório, de Senat.
Senáuro, ſeneué, moutarde.
Séndo, eſtant. pron. e ouuert.
Séndo che, veu que, d'autant que.
* Séne, vieil, vieillard.
Sene, s'en.
Senéccio, du ſenecé.
Seneccióne, ſenneçon.
Sénepe, ſeneué, mouſtarde.
* Seneſcénte vieilliſſant.
Seneſciallàto, Seneſchauſſée.
Seneſciállo, Seneſchal.
Seneſtra, ſeneſtre, gauche.
Seneſtraménte, ſiniſtrement.
Seneſtráre, gauchir, aller de biais, Et rendre ſiniſtre.
Seneſtro, gauche. Et ſiniſtre.
Senécio, ſenecé.
* Senectù, ſenettùte, vieilleſſe.
Senezzóne, ſenneçon.
Sénici, les oreillons, mal qui vient à la gorge.
* Seníle, de vieilleſſe, de vieil.
* Seníltà, vieilleſſe.
Sénio, dernier aage.
Senióre, plus vieil.
* Seníre, vieillir. preſ. ſeníſco.
* Senità, vieilleſſe.
Sénno, ſens, iugement. pron. e fermé.
à mio Sénno, à ma fantaſie ou volonté, à mon auis.
da Sénno, tout de bon, à bon eſcient.
ogn'vn và col ſuo Sénno al mercáto.i. chacun penſe ſça-
  uoir.
del Sénno di pói n'è piéno ogni fóſſo.i. Il y a beaucoup de
  gens qui ſont ſages aprés le coup.
Sennúto, plein de ſens, ſenſé.
Séno, ſein. Deſtroit de mer. Golfe. pron. e fermé.
Séno, anciennement, vn ply creux que l'on faiſoit du
  pan de ſa robbe ou manteau, lors que l'on alloit propoſer la paix ou la guerre à vn Chef.
Séno, ſelon aucuns, vn tablier. Item, vn filet ou ret.
Le creux ou cauité de l'œil. Le fonds d'vne apoſtheme. C'eſt proprement l'vſage des Turcs, que lors
  qu'ils veulent iurer ou promettre quelque choſe, ils
  prennent vn coin du bas de leur robbe, en le faiſant
  comme vn oreille d'aſne, & c'eſt là comme vn iure-
  ment ou ſerment. Item, vne ſection de cercle.
Senò, ſinon.
Senò che, n'euſt eſté que.
Sénon, ſinon.
Sénon che, n'euſt eſté que, ſi ce n'eſt que.
Sénon ſe, Idem.
Sénon era, Idem.

Se non fóſſe, ſi ce n'eſtoit.
Senónne, ſinon.
Senápia, ſinople.
Sénſa, l'Aſcenſion. La foire de l'Aſcenſion. pron. e ou-
  uert.
Senſággine, ſenſibilité.
Senſaléggio, courtage.
Senſaláre, eſtre courtier, maquignonner.
Senſále, entremetteur, Courattier ou courtier, maqui-
  gnon.
Senſále di cárne humána, maquereau, Maquignon de
  chair humaine.
Senſalería, &
Senſaría, courtage. Meſtier de courtier.
Senſáro, courtier.
Senſataménte, ſenſiblement, & auec ſens. Item, ſenſé-
  ment.
Senſatióne, operation des ſens.
Senſáto, ſenſé, bien ſenſé.
Senſería, courtage.
Senſíbile, ſenſible.
Senſibilità, ſenſibilité.
Senſificáre, donner du ſentiment, viuifier.
Senſitíuo, ſenſitif, ſenſible, prompt. Coleric.
Senſituaménte, ſenſiblement.
Senſíuo, ſenſible.
Sénſo, ſens. Item, ſenſualité. pron. e ouuert.
Senſualáccio, addonné à la ſenſualité.
Senſuále, ſenſuel.
Senſualità, ſenſualité.
Senſualménte, ſenſuellement.
Sentacchiáre, s'accroupir.
Sentacchióne, vn faineant qui eſt touſiours aſſis. Item,
  chien couchant, ſelon aucuns.
Sentárchio animále, vn animal qui s'accroupit.
Sentáre, eſtre aſſis.
Sentárſi, s'aſſeoir.
Sentáta, remiſe, aſſiette.
Senténte, ſentant.
Sententiáre, ſentencier.
Sentientiatóre, &
Sentenniére, Iuge.
Sententióſo, ſentencieux.
Senténza, ſentence. pron. ſſ.
Senticéta, vn bruyere.
Sentiénte, ſenſitif, & ſenſible.
Sentiéro, ſentier.
Sentieruólo, petit ſentier.
Sentílla, flammeche, eſtincelle.
Sentilláre, eſtinceller.
Sentimént́o, ſentiment.
Sentína, ſentine, ſentine de nauire.
Sentína, en iargon, priſon.
Sentináre, vuider la ſentine.
Sentinélla, ſentinelle.
Sentinélla mórta, ſentinelle perduë.
Sentiniére, celuy qui a le ſoin de la ſentine.
Sentíre, ſentir. Ouyr, flairer.
Sentir di che, ſe ſentir de quelque choſe, en auoir
  ſa part.
Sentir béne ò mále, auoir bonne ou mauuaiſe opinion,
  Et prendre plaiſir, ou ſe faſcher d'vne choſe.
Sentiruólo, petit ſentier.
Sentíta, ſentiment. Prudence, accortiſe.
Sentíto, accort, prudent.
Sentóre, ſenteur, fumée, gouſt. Le nez ou ſentiment
  du chien. Le bruit ou vent de quelque nouuelle.
  Puanteur.

Sénza.

SE

Sénẓa, Sans. pron. e ouuert, & le ẓ comme tſ.
Senẓ'altro, sans faute, sans doute, asseurément.
Sénẓa manco, Idem.
Senẓále, courtier, courattier.
Senẓaria, courtage. Mestier de courtier.
Sépa, vne seiche, poisson. pron. e fermé.
Sepáglia, quantité de hayes.
Sepáio, buisson, & haye, haye de buisson.
Sepaiuólo, de buissons ou hayes.
Separábile, separable.
Separaménto, separation.
Separáre, separer.
Separaménte, separément.
Separatióne, separation.
Sépe, siépe, vne haye. pron. e fermé.
Sépede, fourmis.
Sepellíre, enseuelir. pret. sepellíſte.
Sepellitóre, fossoyeur, enterreur de morts.
Sépia, seiche, poisson.
Sepiétta, petite seiche.
Sepolcrále, de sepulchre.
Sepólchro, sepulchre.
Sepólto, enseuely.
Sepoltúra, sepulture.
Sepónere, &
Sepórre, mettre à part. pres. sepóngo, seponi, sepóne, seponiámo, seponéte, sepóngono, impart. seponéua, parfait, sepósi, seponésti, sepóse, part. sepósto, fut. seporrò, opt. seponga, impart. seponéssi, & se porrèi, &c.
Sepúso, plein de suif.
Séppa, &
Séppia, seiche, poisson. pron. e fermé.
Sepulcrále, de sepulchre.
Sequéla, succez, suitte, sequelle.
Sequénẓa, sequence.
Sequestráre, sequestrer, separer, saisir les biens.
Sequestratióne, sequestre.
Sequéstre, arbitre. pron. le second e ouuert.
Sequéstro, saisie, sequestre. prononcez le second e ouuert.
far il Sequéſtro, executer les biens où les saisir.
leuar il Sequéſtro, donner main-leuée.
Sér, Sire, maistre, qui se dit aux artisans.
Séra, le soir, soirée. pron. e fermé.
non è ancóra Séra à Práto, nous disons, il n'est pas encore nuit, il y a du temps pour se vanger.
Seráffo, vn Saphir.
Seráfico, seraphic.
Serafíno, Seraphin.
Seráso, vne sorte de serpent que les Egyptiens adorent.
Serápia, testicules d'vn chien, herbe.
Serbanía, reseruoir.
Serbánẓa, garde, conseruation. pron. tſ.
Serbáre, garder, conseruer. Item, obseruer.
Serbastrélla, satyrion.
Serbatíccio, qui se garde sans se gaster.
Serbatóio, qui se peut garder. Item, vn reseruoir. Il se prend aussi pour meuë ou lieu à engraisser la volaille.
Serbatóre, gardien, gardeur.
Serbatrice, gardienne.
Serbéuole, qui se peut garder.
Sérbo, garde. pron. e ouuert.
dar in Sérbo, donner en garde.
Séue, Sire, maistre, qui se dit aux artisans.
Sér Agio, maistre Commode, qui estrilloit son cheual dans son lict.

SE 465

Sér Púffo, nous disons, maistre mouche.
Sér Contrapóni, vn reprenur.
Seréna, Sereine. pron. e fermé.
Serenáre, rendre, ou deuenir serein. Item, faire bon visage.
Serenáta, serenade.
Serenéẓẓa, clairté, temps serein. pron. tſ.
Serenità, Idem. Et sereneté, attribut de Princes.
Seréno, serein. pron. e fermé.
Serfedécco, vn badin, vn niais.
Sergénte, Sergent. Il se met aussi pour valet, & officier de Iustice.
Sergentíno, baston de Capitaine.
Sergiáne, sergie, sortes d'oliues.
Sergiólo, vn vieux routier.
Sérgo, sargon, poisson.
Sergoẓẓonáre, gourmer. Item, estayer. pron. tſ.
Sergoẓẓóne, vn coup sous le gosier, vn releue-menton. C'est vne estaye ou appuy en Architecture. pron. tſ.
Séri, sorte de chicorée blanche. Item, le lieu d'où premierement est venu la soye.
* Séria, sentence serieuse.
Sericário, ouurier en soye.
Sérico, de soye.
Série, rang, ordre, arrangement.
Serifálco, sorte de canon.
Seríffo, vn Serif ou Roy.
Strifa, sorte de crapaut rouge.
Seríno, vn serin commun.
Sério, serieux.
Seriōso, serieux.
Seriosità, humeur serieuse.
* Sermargólllo, vn vieux radotteur.
Sermentíno, de serment.
Serménto, sarment ou serment de vigne. Et vne marcotte.
Sermentóso, plein de serment.
Sérme, discours.
* Sermociáre, sermonner.
* Sermocínio, discours.
Sermollína, marjollaine.
la Sermollína, pour la nature de la femme. Item, miguarde.
Sermollíno, serpoulet.
Sermonáre, sermonner.
Sermonatóre, harangueur.
Sermonatrice, harangueuse.
Sermoncéllo, sermoncíno, petit discours.
Sermóne, sermon, discours.
Sermoneggiáre, sermonner.
Sermoneggiatóre, sermoneur.
Sermoniére, vn cajolleur, vn sermonneur.
* Séro, le soir.
Seróchia, sœur, belle-sœur.
Seróſi húmori, serositez.
Serosità, serosité.
Serolína, estoille du Berger.
Serotíno, tardif comme les fruicts.
Sérpa, roüe d'horloge.
Serpáre, serpenter. Item, glisser.
Sérpe, serpent. Item, vne fermesse, S, double SS, ógni Sérpe hà il suo veléno .i. vn chacun a son ressentiment, & sa colere.
è stata beccáta da vna Sérpe .i. elle a le ventre enflé, elle est grosse.
párla delle Sérpi .i. changement de discours.
Serpédine, ebolition de sang, qui court par tout le corps.

Serpédo, & serpéga, Idem.
Serpeggiáre, serpenter.
Serpentáre, Idem. Et siffler comme vn serpent.
Serpentária, dragontine, herbe.
Serpentária, serpent, signe celeste.
Serpentáuro, serpent, demy taureau.
Serpénte, serpent.
s'il Serpénte non mangiásse, e' non si farébbe Drágo, i. cela s'entend d'vn qui s'enrichit aux despens d'autruy.
Serpénte, en jargon, vn an.
Serpentélla, dragontine.
Serpentéllo, serpenteau.
Serpentína, bon henry, sorte d'herbe.
Serpentína, en jargon, la langue.
Serpentíno, serpentin, de serpent. Vne sorte de marbre verd-brun. Serpentine. Serpentin de mousquet ou harquebuse. Vne sorte de bois d'Inde, bois violet.
Serpentástro, de nature de serpent.
Sérpere, ramper, glisser sur la terre, se traisner comme vn serpent. Item, serpenter, croistre en serpentant. parf. serpéti.
Serpicélla, certaine marque ou renuoy dans le liure des Marchands.
Serpicoláto, entortillé comme vn serpent.
Serpígine, vne darte ou feu sauuage.
Serpíllo, serpoulet.
Serpíre, ramper. pres. sérpo, & sirpísco.
Serpollína, serpoulet. Item, vne mignarde, vne tendrette. Et la nature de la femme.
Serpóllo, serpoulet.
Sérqua, demy-quarteron, vne douzaine, mot Florentin.
Sérra, vne serre, vn lieu à serrer quelque chose. Vne scie. Et vne serrure. Item, roche, pierre, lieu pierreux.
Serragliáre, enfermer sous la clef.
Serragliére, serraglino, serrurier.
Serráglio, serail. Vne closture. Item, le lieu où l'on fait les jeux publics.
Serráme, vne serre, closture, lieu clos. Vne serrure à bosse.
* Serráno, vn grippeur.
Serráre, fermer, serrer, estreindre, sceller vn fer.
il Serrár del giórno, la fin du iour.
Serrár vn mercáto, arrester vn marché.
Serráta, estreinte.
Serráta, germandrée.
Serrátile, qui se ferme.
Serrátula, sorte de bethoine.
Serratúra, serrure.
Serratúra di góla, esquinancie.
Serratúra tedésca, vne serrure qui ferme à double tour.
Serrétte, petites serres ou boutons à vn mors.
Serrínola, regard de fontaine.
Serróla, sorte d'oye sauuage.
Sérta, vne guirlande, vn chapeau de fleurs.
Serticélla, petit chapeau de fleurs.
Sérto, inseré, enchassé.
Sértico, Sértola, &
Sértula, fait en guirlande.
Sérua, seruante.
Seruáculo, reseruoir, reserue.
Seruággio, seruage.
Seruándo, qui se doit garder.
Seruáre, garder, obseruer, tenir sa foy.
Seruatióne, reserue.

Seruatóre, preseruuer, qui reserue.
Seruatríce, preseruatrice.
Seruánte, seruiteur, & seruante. Item, reseruant.
Sérua, chapeau de fleurs.
Seruiále, seruiable.
Seruidóre, seruiteur.
Seruiétta, seruiette.
Seruigiále, seruiable. Vn conuers, ou vne conuerse, qui sert à l'hospital. Item, vn lauement. Vn seruiteur.
Seruigiétto, vn petit seruice, petite affaire.
Seruígio, seruice, plaisir. Affaire.
Seruíle, seruile.
Seruilità, condition seruile.
Seruílla, cherui.
Seruíre, seruir. pref. sérui.
assái dománda chi bén Serue, & táce, il demande beaucoup, celuy qui sert bien, & qu'il ne dit mot.
chi Sérue ad vn communc non serue à nissúno, qui sert à la communauté ne sert qui que se soit. i. pas vn. i. il ne faut pas seruir plusieurs personnes à vne fois.
Seruírsi ou restár seruíto, auoir à gré.
Seruitósi, ayant eu à gré.
Seruíta, de la religion dè sérui, qui est vne sorte de Religieux à Venise.
Seruitiále, lauement, clistere.
Seruítio, seruice, bon office. Vn conuert de table. Vn seruice, vn plat.
fár vn Seruítio, faire ou rendre vn bon office.
fár il Seruítio ad vna Dónna, coucher auec vne femme.
fár il suo Seruítio, faire ses affaires, descharger son ventre.
andár per vn Seruítio, aller faire vne affaire.
Seruitóre, seruiteur.
Seruitríce, seruante.
Seruitù, seruitude, seruice.
fár Seruità, rechercher vne fille, faire l'amour à vne femme.
la Seruità, tous les seruiteurs d'vne maison, les gens, le train.
Seruitúdine, seruage.
Séruo, serf, seruiteur.
ó Seruí cóme serue, ó fúggi cóme sérue, i. qu'il faut seruir comme fidel seruiteur, ou qu'il faut fuir le seruice.
Sésali, sáseli, sesel.
Sesaméle, sorte de pain d'espice.
Sesámino, &
Sésamo, sisame.
Sesculpa, vn instrument à six pointes pour rompre les ais.
Sesíle, sermontain, herbe.
Sesíno, monnoye, vn sezain. Item, la sixiesme partie d'vn poids.
* Sésma, sixiesme partie.
Sesquiáltero, vn & demy.
Sessagenário, de soixante ans.
Sessámo, jugeolline.
Sessánio, aage de soixante ans.
Sessangoláre, à six angles.
Sessánta, soixante.
Sessantína, soixantaine.
Sessantésmo, soixantiesme.
Sessantína, vne femme de soixante ans. Item, vne toile tres-fine.
Sessíle, qui se peut asseoir.

SE SE SE

Sessióne, section. Item, placement.
Sessitúra, vn remply au bas d'vne robbe.
Sésso, sexe. Item, la nature ou parties honteuses. prononcez *e* ouuert.
Séssola, sorte de hotte. pron. *e* ouuert. Item, vne pele de bois dequoy se seruent les Batteliers pour vuider les eaux de leurs batteaux.
Sésta, compas.
à Sésta, à propos, iustement, en ordre.
Sestáia, vne mesure comme le boisseau.
Sestále, vn compas.
Sestáre, ajuster, compasser.
Sestário, vne mesure d'enuiron nostre boisseau.
Sestérno, sixiesme, ou plustost termes de Poësies, Stances à six vers.
Sestértio, monnoye antique, sesterce.
Sestíle, sextile, monnoye d'Auguste.
Sestiére, c'est la sixiesme partie d'vne chose. Item, vne mesure d'enuiron vn boisseau. Et vn sextier, selon aucuns, vn quartier dans vne Ville.
Sestína, sizain, composition de six vers, ou plustost vne chanson de six stances ou couplets.
Sestiplicáre, multiplier par six.
Sésto, compas, & sixiesme, pron. *e* ouuert.
ridúrre à Sésto .i. mesurer son fait, s'accommoder.
Sésto, ajustement, iustesse. Item, sixiesme. pron. *e* ouuert.
caúar di Sésto, oster de mesure, faire perdre l'escrime.
Séstula, la sixiesme partie d'vne once. Item, vne sorte de mesure de champ.
Sestúplo, sextuple.
Séta, soye. Selon aucuns, vn sas. pron. *e* fermé.
Séta cauallína, leuesche, herbe.
Setacciáre, sasser.
Setáccio, vn sas.
Setaiuólo, ouurier, & Marchand de soye.
Setália, pleine de poil.
Setánia, sorte de ciboulle.
Setamíno, sorte de petit velours.
Setánie, bled Marsois.
Setemióne, sorte de ciboule.
Setázza, vn sas. pron. les zz comme ts.
Setazzáre, sasser. pron. ts.
Séte, soif. pron. *e* fermé.
la Séte del lúpo, la soif du loup .i. faim, & soif.
Setífero, porte-soif, alterant.
Setíno, de soye. Item, sorte de burail.
Sétoce, vne couple ou laisse faite de crins, ou chose semblable.
Sétola, soye de porc. Crin de la queuë du cheual. Vn ciron. Vne petite brosse ou espoussette. Item, soye, ongle fenduë de cheual.
Setoláre, espousseter les habits.
Setolína, brosse.
Setelóso, *Setolíto*, &
Setóso, plein de poil, de crin, ou de soye de porc.
Setósa, en jargon, la barbe.
Sétta, secte. pron. *e* ouuert.
Settangoláre, à sept angles.
Settánta, soixante & dix, septante.
Settantína, le nombre de septante.
Settantenário, aagé de septante ans.
Settáre, dissequer.
Settário, factieux, qui est d'vne secte.
Sétte, sept. pron. *e* ouuert.
Settegenário, de sept ans.
Setteggiáre, faire vne secte.

Settémbre, Septembre. pron. *e* ouuert.
Settenário, de sept.
Settenío, espace de sept ans.
Setténne, de l'espace de sept ans.
Settentrionále, Septentrional.
Settentrióne, Septentrion.
Settepédale, de sept pieds de long.
Settéplico, de deux fois sept.
Settezzóne, sorte de fabrique. prononcez les zz comme dz.
Settíbile, qui se peut dissequer.
* *Séttico*, corrosif.
Settifóglio, tormentille, souchet.
Settifórme, à sept formes.
Settíle, qui se peut dissequer.
Settimána, semaine.
Settímo, septiesme. pron. *e* ouuert.
Séttio, Idem.
Settióne, section, dissection. Item, confiscation.
Settiplicáre, doubler par sept.
Settíuo, qui se peut dissequer.
Setiuo pórro, ciue, porreau, seitil.
Sétto, disséqué. pron. *e* ouuert.
Settóre, anatomiste, celuy qui disseque. Item, vn faux denonciateur, pour auoir la confiscation des biens d'vn autre.
Sétro, sceptre. pron. *e* ouuert.
Settuagenário, de septante ans.
Settuagésimo, le soixante & dixiesme, ou septantiesme.
Settuóso, obscur.
Settúra, dissection, section.
Seueraménte, seuerement.
Seueráre, persister rigoureusement.
Seueránza, *seuerità*, seurité. pron. ts.
Seúro, seuere. pron. *e* ouuert.
cán Seúgio, chien de queste.
Seuífero, porte-suif.
Seuítia, rage, furie, cruauté.
Séuo, du suif. Item, furieux, cruel. pron. *e* fermé.
Seuóso, plein de suif, gras.
Seurióne, sorte de graine de moutarde.
Séuro, separé.
Seuuí, pour *vi séi*, tu y és.
Sezzáia, la fin ou plustost la derniere. pron. les zz comme ts.
Sezz áio, le dernier. pron. ts.
Sezzáno, Idem. pron. ts.
Sezzánto, six cens. pron. ts, & le second *e* ouuert.
Sezzióne, section. pron. ts.
Sézzo, dernier. pron. *e* fermé, & les zz comme ts.
da Sézzo, à la fin. pron. *e* fermé, & les zz comme ts.

S F

SFabricáre, abbattre, ruiner vne maison.
Sfacchinársi, sortir de la condition de faquin, deuenir honneste homme, quitter l'habit de crocheteur ou gagne-denier.
Sfacciáre, déuisager.
non mi son voluto mai Sfacciáre ad vn tále .i. ie n'ay iamais voulu qu'vn tel aye auantage sur moy, que ie luy aye demandé, &c.
Sfacciatággine, effronterie.

Nnn ij

Sfacciataménte, effrontément.
Sfacciatézza, effronterie. prononcez e fermé, & les zz comme ts.
Sfaccidto, effronterie.
Sfacciáto, impudent, effronté. C'est aussi vn cheual qui a le nez, & le front blanc.
* Sfacciatúra, effronterie.
* Sfaccitúdine, Idem.
Sfacendáto, sans affaires, faineant, oisif.
Sfagianáre, faire bonne chere, faire la débauche, dépenser par excés.
Sfagottáre, défagoter, dépacqueter.
Sfagznáto, vn niais, vne duppe.
Sfaldáre, dépliffer, déplier.
Sfallíre, saillir. Item, faire banqueroutte. pres. sfallifco.
Sfalcáre, disloquer, espauler vn cheual. Item, rabbatre d'vn compte.
Sfalcatúra, dislocation, espauleure.
Sfamáre, rassasier, passer la faim, desaffamer. Item, oster la renommée, diffamer.
Sfamatúra, saoulement, rassasiement.
Sfangáre, débourber.
Sfardelláre, destrousser, dépouiller, dévaliser.
Sfare.disfáre, desfaire.
Sfarfalláre, deuenir papillon.
Sfarináto, reduit en farine. Mol comme vn fruit.
Sfasciáre, débander, déuelopper, démaillotter, démanteler. Item, rompu, brisé, & desfait, comme vna porta sfasciáta, vna botte sfasciáta, &c. pour dire vne porte rompuë, vn tonneau brisé, &c.
Sfascináre, désorceler, décharmer.
Sfascíume, ordure, desorde. Item, morceaux ou pieces de quelque chose rompuë ou brisée. Item, vn bardache, par Metaphore.
Sfastidíre, passer son ennuy ou faschetie. pres. sfastidifco. Item, s'ennuyer.
Sfatáre, diminuer, perdre son estime.
Sfatáto, maussade, mal-basty, mal-fait.
Sfátto, desfait.
Sfauáta, febve esgoussée. Item, viande de febves. Et jaseries ou cajolleries.
Sfavílla, estincelle.
Sfavillánte, estincelant, estincelante.
Sfavilláre, estinceler.
Sfavillatóre, qui fait estinceler.
Sfavillatríce, Idem.
Sfauóre, défaueur. pron. o fermé.
Sfauoréuole, défauorable.
Sfebbráto, deliuré de fiévre.
Sfebbricitáto, Idem.
Sfedáto, sans foy.
Sfederáre, oster l'oreiller de dedans la taye.
Sfeduciáto, sans foy.
Sfegatársi, se perdre d'amour.
Sfegatársi. i. rire à gorge desployée, creuer de rire, se tenir les costez en riant.
Sfegatáto, qui aime comme son cœur, qui n'a point de foye pour l'amour d'vn autre.
Sfemináre, estre efféminé. Item, oster la femme.
Sfemináto, sans femme.
Sfénderé, fendre. pron. le premier e ouuert, parfait, sfendétti.
Sfendiménto, fente.
Sfenditúra, Idem.
Sfendúto, fendu.
Sféra, sphere. pron. e ouuert.
Sferále, spherique.
Sferebráre, rompre, fracasser, démantibuler.
Sfericaménte, rondement.
Sfericáre, faire en forme de sphere.
Sférico, rond, spherique. pron. e ouuert.
Sférra, vieille feraille, Metaph. vieux habits. Item, marche viste, eschappe, vuide païs.
Sferra canállo, sorte d'herbe qui ouure les serrures, desferre les cheuaux, &c.
Sferratuolóre, oster le manteau, comme qui diroit, démanteler.
Sferráre, déferrer. Item, s'enfuïr au plus viste, &c.
Sferrársi vn vascéllo, c'est quand l'ancre est mal attachée, ou bien quand le vaisseau est emporté du vent, nonobstant l'ancre qui est dans l'eau ou au fond de la mer.
Sferratóri, vents impetueux qui emportent, & destachent vn vaisseau.
Sférsa, eschaubouleure, Item, rougeolle, pron. e ouuert.
Sfersáto, eschaubouló.
Sférza, foüet. Chambriere, qui se dit dans l'Academie. pron. e ouuert, & le z comme ts.
Sférza del cáldo ó del Sóle, le gros de la chaleur.
Sferzáre, foüetter, sangler en foüettant, ou frappant.
Sferzáta, coup de foüet.
Sfésso, fendu. pron. e fermé.
Sfessúra, fente.
Sfetonáre, couper les toupets des crins.
Sfiancáre, efflanquer.
Sfiancheggiáre, branfler les costez en marchant, tortiller des fesses.
Sfianchíre, esflanquer. pres. sfiánco, & sfianchífco.
Sfiataménto, respiration, évaporation.
Sfiatáre, respirer, souffler, halener. Item, perdre l'haleine.
Sfiatatóio, soûpirail.
Sfibbiáre, destacher, débander.
Sficcáre, arracher, destacher.
Sfída, deffy.
Sfidaménto, Idem.
Sfidánza, mesfiance. pron. ts.
Sfidáre, deffier. Item, se mesfier.
Sfidáto, deffié. Mesfiant.
Sfidáto, abandonné des Medecins.
Sfiduciáto, vn homme double, dont on se doit mesfier. Autrement, vn mesfiant.
Sfiguráre, défigurer.
Sfiguráto, défiguré.
Sfilacciáre, efiler, faire de la charpie.
Sfilácci, charpie, ou charpy.
Sfiláccio, du capiton, soye floche.
Sfiláre, efiler. Item, sortir de sa file. Défiler. Perdre sa semence, auoir vne gonnorée. Eschiner vne personne, esrener.
Sfiláta, defilée de soldats.
álla Sfiláta, file à file. Et à la débandade, en déroute.
Sfiláto, esrené. Item, qui a vne gonnorée.
Sfiláto pónto, point éfilé.
Sfilatúra, éfileure.
Sfiláz za, charpie, ou charpy. pron. ts.
Sfiláre, défiler. pron. ts.
Sfingardíre, tirer de la paresse. pres. sfingardifco.
Sfiniménto, éuanoüissement.
Sfiníre, s'éuanoüir. Item, acheuer. pres. sfinifco.
Sfioccáre, moucheter vne estoffe.
Sfiondáre, faire des brauades, brauer.
Sfiondatóre, & sfiondatríce, frondeur, & frondeuse.

Sfioreggiáre, pousser des fleurs.
Sfiorire, défleurir, passer sa fleur. pref. sfioriſco.
Sfocáto de sfocáre, demeuré sans chaleur, esteint.
Sfocáre, exhaler, esteindre.
Sfoderáre, sfodráre, dédaigner.
Sfogaménto, décharge, allegement.
Sfogáre, exhaler, éuaporer, passer son enuie, décharger sa colere, ietter son feu, alleger, adoucir.
Sfogár la véla, lascher la voile.
Sfogataménte, en poussant dehors auec violence.
Sfoggiaménto, excés de dépenses, débauche.
Sfoggiáre, faire des excés ou grandes despenses, brauer, piaffer.
Sfoggiataménte, excessiuement, extraordinairement.
Sfoggiáto, excessif, bon outre mesure, hors de mode, contre la coustume ou l'ordinaire.
Sfoggiatóre, vn dépensier.
Sfóggio, excés, luxe. pron. o ouuert.
Sfoghénole, qui se peut décharger.
Sfóglia, paste feüilletée. pron. o ouuert.
Sfogliámi, feüillages.
Sfogliáre, efeüiller.
Sfogliáta, sorte de gasteau ou tourte; c'est à mon aduis, nostre gasteau feüilleté.
Sfogliatéllo, Idem.
Sfóglio, vne sole.
Sfógo, décharge d'enuie ou colere. pron. e ouuert.
fár lo Sfógo, ietter son feu.
Sfóge, vn soûpirail. pron. o ouuert.
Sfóia, vne sole, poisson. pron. o ouuert.
Sfoiaggine, chaleur de luxure.
Sfoiáta, vne sole.
Sfoiáto, eschauffé, en rut.
Sfolgoráre, esclatter, reluire. Item, viure auec excés.
Sfolgoráto, pour excessif, dépensier.
Sfondáre, défoncer, effondrer, enfoncer.
Sfondáta, vne effondrée, vne creuée.
Sfondáto, enfoncement, en Architecture. Item, vn bardache.
Sfondáto ricco, riche à milliers.
Sfondáto camino, chemin rompu.
Sfondatúra, enfonceure.
Sfondíllo, sorte de grande huistre. Et vne sorte d'herbe, dél asphodélle.
Sfondoláre, défoncer.
Sfóndo, défoncement. pron. e fermé.
Sfondraménto, renfondrement.
Sfondráre, éfondrer. Item, fourboire.
Sfondráta, vne putain courbatuë.
Sfondráto, fourbu, ou courbattu.
Sfondratúra, éfondrement. Item, fourboiture.
Sfóngio, sorte de moilon, ou pierre spongieuse.
Sforacchiáre, percer, faire des trous.
Sforamáre, Idem.
Sforáre, Idem.
Sforgináto, décroché, défourché.
Sforgiáre, dépenser excessiuement, faire des braueries excessiues.
Sfórgio, pron. o ouuert, grande dépense, luxe.
Sforicchiáre, percer, faire des trous. Item, tirer du trou, tirer hors.
Sformáre, déformer. Et oster de dessus la forme.
Sformataménte, sans forme.
Sfornáre, défourner, tirer du four.
Sfornelláre, délier les rames pour s'en seruir.
Sfornire, départir, pref. sfornisco.
Sfóro, trou de part en part. pron. o fermé.

Sfortunáto, mal-heureux, défortuné.
Sforzaménto, effort, force. pron. ts.
Sforzáre, forcer, violenter. pron. ts.
Sforzárſi, s'efforcer. pron. ts.
Sforzataménte, forcément. pron. ts.
Sforzáto, vn forçat. pron. ts.
Sforzáto vino, vin entagé, vin raspé en Bourgogne. pron. ts.
Sforzatóre, forceur, violenteur. pron. ts.
Sforzénole, forcé, qui se peut forcer. pron. ts.
Sforzíno, ficelle. pron. ts.
Sfórzo, effort. pron. o ouuert, & le z comme ts.
Sfracaſsáre, fracasser.
Sfracáſſo, fracas.
Sfracelláre, briser.
Sfracidáre, sfracidíre, pourrir.
Sfradelláto, sans frere, sans pere, sans compagnon.
Sfráge, sorte de vermillon.
Sfrangelláre, fracasser.
Sfrángere, rompre, concasser.
Sfrangiáre, éstranger, éfiler.
Sfránto, concassé.
Sfrautumáre, briser, escraser.
Sfrasáre, ébrancher, efeüiller.
Sfratárſi, ietter le froc aux orties, sortir de Religion.
Sfratáre, s'enfuir, sortir du buisson, destaller, desnicher.
Sfráto, ruine, rauage.
Sfrazzelláre, fracasser, briser. pron. ts.
Sfreddaménto, rheume.
Sfreddáre, prendre du froid, s'enrhumer.
Sfreddíre, Idem. pref. sfréddo, & sfreddíſco.
Sfreddúra, refroidissement, rheume.
Sfregáre, frotter.
Sfregiáre, balaffrer. Diffamer.
Sfrégio, balaffre.
Sfregoláre, esmier.
Sfrendere, deuenir effrené.
Sfrenárſi, se débrider.
Sfrenataménte, sans retenuë.
Sfrenatézza, insolence. pron. ts.
Sfrenáto, effrené.
Sfresciáccio, grande balaffre, grande estafilade.
Sfriſáre, balaffrer.
Sfríſo, balaffre.
Sfrinfríto, qui a passé sa fantastiquerie.
Sfrugiáto náſo, nez troussé, nez espaté, large, ouuert.
Sfroudáre, efeüiller.
Sfrontáre, affronter, tromper.
Sfrontaménte, effrontément.
Sfrontáto, effronté.
Sfronzúto, efeüillé.
Sfuesáre, houspiller, rauager, mettre en desordre.
Sfruttáre, tirer entierement le fruit de quelque chose, ammaigrir vne terre, luy oster la force de produire.
álla Sfuggiásta, en cachette, en fuyant, à la dérobée.
Sfuggiásco, vn coureur, vn fuitif.
Sfuggicáre, fuir, courir le païs. Emporter à la dérobée.
Sfuggíre, fuir, éuiter. pref. sfúggo, & sfúggio.
álla Sfuggíta, à la haste, en fuyant. Item, en cachette, à la dérobée.
Sfuggíto, refugié, banny.
Sfuliginíre, rammoner la cheminée.
Sfumáre, exhaler, éuaporer, fumer à la fumée.

Sfumáto, fumé comme le hareng foret.
Sfuriáre, estre ou faire le furieux.
Sfusáre, faire des excez ou profusions.
Sfúso, excez, profusion.
Sfustáre, oster le fust ou tige.

S G

SGabbiáre, tirer de la cage.
Sgabelláre, payer la gabelle, tirer de la doüane. Item, affranchir de tailles.
Sgabéllo, vne escabelle. pron. e ouuert.
Sgacciolare, distiller ou couler du nez.
Sgagliardáre, & *Sgagliardíre*, oster ou perdre la force.
Sgagliofsáre, quitter ses fripponeries ou vilainies. Item, tirer de la pochette.
Sgagnoláre, piauler comme vn petit chien. pres. *sgagnolisco*.
Sgáio, vn buse, oiseau.
Sgalsavóne, sorte de chapeau à grands bords.
Sgallináre, dénicher ou dérober les poules.
Sgamaitáre, battre la laine.
Sgamáito, baguette à battre la laine.
Sgambáre, coupper les jambes. Item, faire des gambades.
Sgambeggiáre, branler la jambe en marchant, leuer la jambe, faire des démarches.
Sgambettáre, gambiller, branler les jambes.
stédi è Sgambétta, è vedrái tua vendetta .i. ne te haste pas de te vanger.
Sgámbo, mal fait, mal adroit, sans grace.
Sganasciáre, &
Sganasciársi, rire à gorge desployée, se rompre les maschoires à force de rire.
Sganasciáre, en jargon, arracher vne dent.
Sganáscio, en jargon, vne dent.
Sgangáre, menuiser, esmier.
Sgangheraménto, ouuerture, desordre. pron. *ghe* comme *gue*.
Sgangheráre, mettre en desordre. prononcez *ghe* comme *gue*.
Sgangherársi, sortir des gonds. prononcez *ghe* comme *gue*.
rider álla Sgangheráta, rire à gorge desployée. pron. *ghe* comme *gue*.
Sgangheráto, eshanché, boiteux, hors des gonds. prononcez *ghe* comme *gue*.
Sgangoratamènte, sans ordre. prononcez *ghe* comme *gue*.
Sgangheritúdine, ouuerture. Desordre, confusion. prononcez *ghe* comme *gue*.
Sgangotáda, bronchade.
Sgannáre, destromper.
Sgannazzaménti, badineries, folastreries. prononcez les *zz* comme *ts*.
Sgaráre, disputer, faire à l'enuy, faire tricherie.
Sgaráto, tricheur, malicieux.
Sgarbataménte, sans façon, sans grace.
Sgarbatézza, mauuaise grace. pron. e fermé, & les *zz* comme *ts*.
Sgarbáto, mal basty, sans mine, sans grace.
Sgarbagliáre, débroüiller, débarasser.
Sgarfináre, gripper, égratigner.
Sgargagliáre, gargoüiller, gargariser.
Sgargareggiáre, &

Sgargarizáre, gargariser. pron. les *zz* comme *dz*.
Sgargarizzo, gargarisme. pron. *dz*.
Sgarríre, causer, criailler. pres. *sgarrísco*.
Sgárzo, sorte d'arbre. pron. *ts*.
Sgarzonáre, sortir de l'âge de garçon, se faire homme. pron. le *z* comme *dz*.
Sgattigliáre, chatoüiller. Item, débroüiller comme vn escheneau.
Sgattigliársi le budélla .i. manger tout son saoul.
Sgausonáre, aller à quatre pattes.
Sghembáre, tortuer, rendre oblique. pron. *ghe* comme *gue*.
Sghémbo, tortu, oblique, & tortuosité. pron. *ghe* comme *gue*.
Sgherraccíare, faire le brauache. prononcez *ghe* comme *gue*.
Sgherráccio, brauache, couppe-jarets. prononcez *ghe* comme *gue*.
Sgherráre, faire le brauache. prononcez *ghe* comme *gue*.
Sgherráta, brauade. prononcez *ghe* comme *gue*.
Sgherrettáre, couper les jarets. prononcez *ghe* comme *gue*.
Sghérro, couppe-jarets. pron. e ouuert, & *ghe* comme *gue*.
Sghibáre, aller de trauers. pron. *ghi* comme *gui* François.
Sghíbo, de biais. pron. *ghi* comme *gni* François.
Sghignáre, se rire de quelqu'vn, sourire. pron. *ghi* comme *gui* François.
Sghignazzaménto, bouffée, esclat de risée. pronoucez *ts*, & *ghi* comme *gui*.
Sghignazzáre, rire fort, esclatter de rire. prononcez *ts*, & *ghi* comme *gui*.
Sghinazáre, Idem. pron. *ts*.
Sghinazzáta, esclat de risée. pr. *ts*, & *ghi* comme *gui*.
Sghinazzio, Idem. pron. *ts*.
Sghiribizáto, qui a passé sa fantaisie ou fantastiquerie. pron. *ts*, & *ghi* comme *gui*.
Sglanáre, glaner. Esplucher, escosser, escorcher, effleurer.
Sglomeráre, desfaire vn pelotton.
Sgocciáre, &
Sgocciolare, espuiser, esgoutter, desgoutter.
Sgocciolatúra, desgouttement. Item, le temps de la rosée.
Sgoleggiárzi gourmander.
Sgolizzáre, Idem. pron. les *zz* comme *dz*.
Sgoluppáre, desuelopper.
Sgomberáre, despestrer, desménager.
Sgómbero, desménagement. Item, despestré.
Sgómbero, macquereau, poisson.
Sgombináre, mettre en confusion, & desordre.
Sgombráre, desménager, s'en aller, desloger, despestrer, desgager, vuider.
Sgombrár il paése, vuider le païs.
Sgómbro, desménagement. Item, démenagé.
Sgombro, *sgombráto*, desgagé, despestré.
Sgómbro, macquereau, poisson.
Sgomentaménto, estonnement.
Sgomentársi, s'estonner, perdre cœur.
Sgoménto, estonnement.
Sgomináre, desuelopper, deffaire vn pelotton, pour gaster, gassoüiller, mettre en desordre.
Sgomitoláre, mesler ou desfaire vn pelotton.
Sgommáre, desgommer, oster la gomme, oster les emplastres de gomme, desemplastrer. Item, guerir de certaines douleurs qui viennent aux jointures, qu'on Italie on les apele *gómme*.
Sgonfiáre, desenfler.
Sgonfiétto, vne seringue.

Sgéufio, defenflé.
Sgarbáre, effleurer la peau, gratter le papier.
Sgróbia, vne gouge, ou outil à faire vn creux à demy rond.
Sgorbiáre, gratter, galler, effleurer, emplir ou gafter d'encre.
Sgorbiáta, vn griffonis d'encre.
Sgorbio, marque, effleurure, tache ou paffé d'encre.
Sgorgaménto, dégorgement.
Sgorgáre, dégorger comme l'eau. Item, déguifer.
Sgorgatóio, frenelle, inftrument de Marefchal.
Sgórgo, dégorgement, gargoüillement. prononcez o fermé.
à Sgórgo, à regorger, par excés.
Sgorgobáre, degoifer.
Sgorpáto, qui n'a point de gras ou molet aux iambes, & autres parties du corps.
Sgorniétta, petite gouge.
Sgottáre, efgoutter.
Sgozzáre, egofiller. pron. zz.
Sgradíre, defagréer, defplaire. pref. sgradifco.
Sgraffáre, efgratigner, accrocher.
Sgraffiára, efgratigneure.
Sgraffiatúra, Idem.
Sgraffignáre, efgratigner.
Sgraffignóne, croc, crochet.
Sgráffo, pincette.
Sgrafióne, accrochement.
Sgrammaticáre, difputer en Grammaire, pedantifer.
Sgránfio, la crampe. Item, forte d'efcreuice de mer, grampelle.
Sgranáre, efgrener.
Sgranchiáre, pincer comme les efcreuices. Item, aller en arriere, ou à reculons comme les efcreuices.
Sgranchiárfi, fe depeftrer, fe tirer des pattes ou des griffes.
Sgrandíre, defagrandir, appetifer. pref. sgrandifco.
Sgranáre, efcacher comme la poudre, efgrener. pref. sgráno, & sgranifco.
※ Sgrasio, forte d'ouurage de chaifne ou jaferan.
Sgrafsáre, dégraifer.
Sgrátia, difgrace.
Sgratiáre, difgracier.
Sgratiáto, difgracié, mal-heureux.
Sgráto, defagreable.
Sgrattáre, efgratigner.
Sgrauáre, defcharger.
Sgrauidánza, déliurance d'enfant. pron. ts.
Sgrauidárfi, fe deliurer d'enfant, accoucher.
Sgrauio, defcharge, foulagement.
Sgretoláre, hacher, brifer. Item, tiller le lin ou le chanvre.
Sgricciolárſe, crier comme vn hibou.
Sgricciolo, hibou. Item, caprice.
Sgridaménto, crierie, tancement.
Sgridáre, tancer, crier.
Sgridatóre, tanceur, crieur.
Sgridatríce, crieufe, tancuefe.
Sgrído, criaillerie, scridóre.
Sgrifáre, rompre le mufeau ou le groüin.
Sgriffáre, agriffer, gripper.
Sgrigiáre, grifer, faire gris.
Sgrignáre, gauffer, ioüer vne perfonne, fe rire. Item, renifler, & rechigner.
Sgrignóto, rabougry. Item, rechigné.
Sgrilláre, crier comme vn grillon. Item, eftre gaillard ou efueillé.
Sgringoláre, gringotter.

Sgrinzáre, ofter les rides. pron. zz.
Sgrómbro, maquereau, poiſſon.
Sgroppáre, defnoüer.
Sgroffáre, defgroffer.
Sgroffatúra, ébaucheure.
Sgrottáre, ébouler la terre, abbatre vne leuée de terre.
Sgrugnáre, caffer le nez, rompre le groüin.
Sgrugnáta, sgrugnóla, &
Sgrugnóne, vne gourmade.
Sguagliáre, rendre inégal.
Sguáglio, inégalité.
Sguaiáre, déliurer de peine.
Sguaiáta, vne garce à chiens.
Sguaiáto, vn ribaud.
Sguaináre, déguainer.
Sgualdrína, sgualdrinélla, garce à chiens.
Sgualmáre, en jargon, du boüillon. pron. zz.
Sgualémbro, vn auant-main, coup de la main droicte. Item, de biais.
Sguáncia, la partie de la bride fur la joüe, joüeliere.
Sguanciáre, rompre les joües ou maſchoires.
Sguanciáta, vn foufflet.
Sguardáre, regarder.
Sguardatúra, &
Sguárdo, regard.
ſtár à bello Sguárdo, prendre bien garde à fes affaires. C'eſt auſſi s'amufer à regarder.
Sguátaro, marmitton.
Sguazzabúglio, garboüille, broüillement. Item, vn hochepot. vulgair. gachy. prononcez les zz comme ts.
Sguazzacóda, branfle-queuë, oifeau.
Sguázza colómbo, & può far pánni, cela fe dit d'vn qui ne donne guere.
Sguazzáre, faire gogaille, gaffoüiller, faire bonne chere. Item, barboter. Eſtre bien-aife, eſtre rauy.
Sguazzáre il canállo, guayer vn cheual.
Sguazzár padrina, en jargon, auoir bon temps.
andár à Sguazzetto, aller en barbotant. Item, aller en fuc. i. l'eau luy vient à la bouche.
vá in Sguazzétto, &c. pron. les zz comme ts.
Sguazzétto, eſtuuée, haricot. pron. zz.
Sguázzo d'ácqua, gafchis d'eau. pron. zz.
Sguázzo, deltrempé, en peinture. pron. zz.
Sgúbbia, vne gouge.
Sguerciatúra, regard louche.
Sguernire, defgarnir. pref. sguernifco.
Sguerráre, faire le brauache.
Sguerráta, brauade.
Sguérro, couppe-jarrets. pron. e ouuert.
Sguérzo, louche. pron. zz.
Sguiggiáre, ofter ou rompre le deffus d'vne pantoufle ou mule, & les courroyes d'vne fandale, ou d'vn cot : Item, biaiſer.
Sguinzagliáre, defcoupler les chiens, lafcher. prononcez zz.
Sguínzáglio, couple, lefle. pron. zz.
Sguizzára, vne gliffoire. pron. zz.
Sguizzára, vne Suiffeffe.
Sguizzáre, glifler. Item, feringuer. prononcez zz.
Sguizzáro, & sguizzere, vn Suiffe.
Sguizzatóio, vne feringue. prononcez zz.
Sguízzo, gliffade. prononcez zz.
Sguízzafo, gliffant. prononcez zz.
Sguráre, efcurer.
Sgurbia, vne gouge.
Sguiſcia humáche. i. vn badin, vn fot.

Sgusciáre, esgousser. Escaler les noix, peler les œufs, Fraiser les féves.
Sgusciolàre, Idem.
Sgustáre, desgouster.
Sgústo, desgoust.
Sgustóso, sans goust. Et desgoustant.
Sguzzáre, espointer, émousser. pron. *ss*.

S I

Sí, ouy, ouy bien.
Sí, ainsi, si par exemple.
Sì buóno, si bon.
Sì cáro, si cher; &c.
fár Sì, faire en sorte, qui se met deuant *che*.
Si bèn, mais bien, ouy-bien, si-fay.
Si, tellement, de telle sorte, qui se met deuant *che*.
Si che, tellement que, de sorte que.
dólci Sì, doux en effet, qui se met deuant *mà*.
Si, soy, se, accusatif, du pronom reciproque.
Si è, non pas hè! ouy? qui se dit en interrogatif.
Si è sì, cecy, & cela.
Sì, on, *si dice*, on dit, *si fà*, on fait.
Si sà, on le sçait.
Sìne, ouy, C'est ce que les femmes de basse condition disent, voulant dire, *sì*, ouy.
Si cóme, tout ainsi que.
Si per l'úno, tant pour l'vn, *cóme per l'áltro*, que pour l'autre.
Si ánche, comme aussi.
è *Sì*? & *sì*, & bien?
Siágri, sorte de dattes.
Siáre, sier, terme de marine, aller la pompe deuant.
Sia vòga, terme de marine, aller auec les rames en auant d'vn costé, & en arriere de l'autre.
Sibbiáre, sisler.
Sibbio, sisslet, sisslement.
Sibbiolo, sisslet.
Sibétta, ciuette.
Síbia, en jargon, vne balle.
Sibiláre, sisler.
Sibílla, Sibille.
Sibilláre, sisler.
Sibíllo, sisslement.
Síca, vn stilet ou poignard de poche.
Sicamóro, sicomorre.
Sicário, meurtrier.
Siccáno, sorte d'orme.
* *Siccáre*, secher.
* *Siccità*, secheresse.
* *Sicco*, sec.
Siceliône, herbe aux pulces.
Sicéra, breuuage qui enyure.
Sichétto, petit poignard.
Siciliána, siciliane ou trenche-file d'vn mors.
Sicivignáta, mot Sicilien, vne estafilade.
Sicomóro, sicomorre.
Sicónte, figuier.
Sicòfi, fic, mal.
* *Sicumèra*, solemnité, pompe.
álla Sicùra, seurement.
bátter álla Sicùra, nous disons, frapper ou heurter en Maistre, d'vn qui heurte fort à vne porte.
Sicuraménte, asseurément.
Sicurànza, asseurance, seureté. pron. *ss*.

Sicuráre, asseurer.
Sicurézza, asseurance. pron. e fermé, & les *zz* comme *ss*.
Sicúro, seur, asseuré, asseurément.
stár dl Sicùro, estre en seureté.
al Sicúro, asseurément.
Sicurtà, seureté, asseurance. Caution. Liberté. Hardiesse de faire.
fár Sicurtà, respondre pour vn autre garant.
non è Sicurtà quélla che non sipága .i. qui respond paye.
pigliár Sicurtà d'vno .i. se seruir d'vn homme ou de son fait, se dispenser d'vne personne, & en vser librement.
Siderále, d'Astres.
Sideráre, engourdir de froid.
Sideratióne, engourdissement.
Siderìte, pour la pierre d'aimant.
* *Sideróso*, plein d'Astres.
* *Sido*, grand froid.
Sié, pour *sì*, qui se dit en interrogeant.
* *Sìdda*, modelle.
Siéga, vne scie. pron. *e* fermé.
Siegáre, scier.
Siegatóre, scieur.
Siegatúra, scieure.
Siélle, laict clair.
Sielóso, plein de serosité.
Sìna, en jargon, ouy.
Siépa, vne haye. pron. *e* fermé.
Siepaiuóle, de haye.
Siepáre, garnir de hayes, entourer, clorre.
Siépe, haye. Pour toute sorte de closture. pron. *e* fermé.
Siéro, laict clair, petit laict. pron. *e* fermé.
Sierosìtà, serosité.
Sieróso, qui a de la serosité.
Siéut, haye. pron. *e* fermé.
Siéuo, du suif. pron. *e* fermé.
Sifúti, pieces de bois pour empescher qu'vn vaisseau ne renuerse quand on le lance en mer.
Sigéllo, vne sorte de burin ou poinçon. Item, selon aucuns, cachet.
Sigilláre, cacheter, seeler.
Sigilláro, graueur de cachets.
Sigilláta, terre sigillée.
Sigillatióne, le seelé.
Sigilláto, seelé, bien joint, bien serré.
Sigíllo, cachet, seau.
Signácolo, signet. Item, marque.
Signaláre, signaler, marquer.
Signále, marque.
Signatúra, signature.
Signìfero, port'Enseigne. Item, portesignes.
Significánte, signifiant, significatif.
Significánza, signification. pron. *ss*.
Significáre, signifier.
Significatióne, signification.
Significatíuo, significatif.
Significatóre, signifieur.
Significatríce, signifieuse, qui signifie.
Signine, sorte de poires.
Signìno, sorte de vin.
Signóra, Dame, Maistresse, Maistresse d'amour, les Toscans le prononce *o* fermé, & les Romains *o* ouuert.
Signoràggio, seigneurie, domaine.
Signóre, Seigneur. Maistre. Nostre-Seigneur, Dieu. prononcez *e* fermé.

Signoreggeuòle

SI

Signoreggeuole, imperieux, imperieuse.
Signoreggiaménto, commandement, domination.
Signoreggiánte, qui commande, qui domine, maistrisant, maistrisante.
Signoreggiáre, dominer, commander, maistriser.
Signoreggiatóre, dominateur, maistriseur.
Signoreggiatríce, dominatrice.
Signoréggio, domaine, domination, commandement.
Signoríssa, qui se dit par gausserie. Dame. prononcez e fermé.
Signorétto, petit seigneur.
Signorévole, de seigneur.
Signoría, seigneurie.
Signoríle, seigneurial.
Signorilménte, en seigneur.
Signorissimo, tres-grand Seigneur.
Signozzáre, sangloter. pron. ss.
Signozzo, sanglot. pron. o fermé, & les zz comme ss.
Sigurare, asseurer.
Siguro, seur, asseuré.
Sigurtà, seureté. Item, caution.
chi fà Sicurtà per altri, la pága per lùi, qui respond pour autruy paye pour luy.i. qui respond paye.
Silágine, baciner, vlceraire.
Sile, sorte de terre iaune, comme de l'ocre.
Silénite, sorte de pierre.
Silénte, coy, qui se taist. Item, le premier iour de la Lune.
Siénte Luna, le poinct que la Lune change, ou l'interlune.
Silentiáre, faire silence, obseruer le silence.
Siléntio, silence.
Siláre, obseruer le silence. parf. silétti.
Silermontáo, sorte d'herbe medecinale.
Silicáre, pauer.
Silicáto, le paué.
Silicatóre, paueur.
Silicérno, courbé de vieillesse.
Silicia, sennegré.
Siligne, sorte de bled.
Silio, &
Silio fusáro, sorte de bouïs : Euomine.
Siliqua, gousse de pois, & féves. Item, vne sorte de mesure.
Siliqnáftro, herbe au poivre.
Sillaba, syllabe.
Sillabáre, sillabizzáre, eppeller par syllabes.
Sillio, herbe aux pulces.
Sillogísmo, syllogisme, argument.
Silobálsamo, sorte de basme, herbe.
Silócco, sciroc, vent.
Silogizzáre, faire des argumens. pron. ss.
* Silóne, camus, nez troussé.
Silopo, syrop.
* Silua, forest.
Siludno, syluain, boccager.
Siluátíco, sauuage.
Siluétre, boccager.
Silúia, rouge gorge, oiseau.
Siluóso, boccageux.
* Simbléa, assemblée.
Simbolizzáre, simboliser. pron. les zz comme dz.
Símbolo, Simbole.
Simetría, simettie.
Simia, singe.
Simiána, sorte de prune.
Simiaría, singerie.
Simiétta, petit singe.

SI 473

Simigliánte, le semblable. Item, ressemblant, ressemblante, & semblablement.
Simigliantemente, semblablement.
Simigliánza, ressemblance. pron. ts.
Simigliáre, ressembler.
Simigliévole, ressemblant.
Similáce, liseron, sorte de plante.
Similáce de gli hórti, féves riolées.
Similácine, liseron.
Similágine, gruau, selon aucuns.
Similáre, semblable, ressemblant.
Símile, semblable.
ógni Símile appetísce, il sùo simile, chacun cherche son semblable.
la tácca è Símile all' álbero, le couppeau est semblable au bois, ou à l'arbre .i. il chasse de race.
fár il Símile, en faire autant.
rénder il Símile, rendre la pareille.
Similtimo, tres-semblable.
Similtrà, &
Similitúdine, similitude, ressemblance, comparaison.
Similménte, semblablement.
Simiótto, petit singe.
* Símo, camus.
Simoláero, simulacre.
Simoláre, dissimuler.
Simóne, en jargon, moy.
Simonuggiáre, faire simonie.
Simonía, simonie, traffic de choses spirituelles.
Simoniáco, simoniaque.
Simoniófo, plein de simonie.
Simonizzáre, commettre simonie. prononcez les zz comme dz.
Simpatía, simpathie.
Simpatizzáre, simpathiser. pron. les zz comme dz.
Símplice, simple.
Simplicísta, professeur des simples, herboriste.
Simplicità, simplicité.
Simplificáre, rendre simple.
Simuláero, simulachre.
Simulaménto, dissimulation.
Simuláre, dissimuler, faire semblant.
Simulataménte, auec dissimulation.
Simulatióne, dissimulation, simulation.
Simulatóre, dissimulateur, dissimulé.
Simulatríce, dissimulée, qui feint, qui dissimule.
* Simultà, simulation.
Sin, sino, iusques.
Sin tánto che, iusques à ce que.
Sinagóga, Sinagogue.
Sinánca, schinantia, esquinancie.
Sinápe, seneué, moustarde.
Sinceráre, espurer, purifier, rendre sincere.
Sinceritá, sincerité.
Sincéro, sincere. pron. e ouuert.
Sinchiozzáre, sangloter. pron. ss.
Sinchiózzo, sanglot. pron. ss.
* Sincipúto, le deuant ou dessus de la teste.
Sincopáre, sincoper.
Síncope, sincope.
Sincopizzáre, tomber en sincope, s'éuanouyr. pron. les zz comme dz.
Sindacáre, findiquer.
Sindacáto, office de Sindic.
Sindaco, Sindic.
Sindicáre, findiquer.
Sindicatóre, qui findique.
Sindicatúra, findicature.

Ooo

474 SI

Sindico, Sindic.
Sindone, sorte de toille. Item, suaire.
Sine, pour *si*, ouy, parmy le vulgaire, à Rome mesme, & aux Villes d'alentour.
* *Sine fine dicentes* .i. en grand nombre.
Sinéro, ouurier aux mines.
Sinfito, sinfoin, herbe.
Sinfonia, consonnance. C'est aussi vne sorte d'instrument d'aueugle, cimballe, sinfonie de musique.
Singhiozzáre, sanglotter. pron. *ghie*, comme *guio* en François, & les *zz* comme *ts*.
Singhiózzo, sanglot, hocquet. pron. *ghio* comme *guio*, & les *zz* comme *ts*.
Singíbero, gingembre.
Singoláre, singulier, singuliere.
Singolarità, singularité.
Singolarizzáre, singulariser. pron. les *zz* comme *dz*.
Singoltáre, &
Singozzáre, sanglotter. pron. *tz*.
Singoltíre, Idem, pres. *singolto*, & *singoltísco*.
Singótti, *singózzi*, sanglots.
* *Singulo*, singulier, particulier.
Singultíre, sanglotter.
Siniscalco, Seneschal.
Siniscalco, celuy qui fait porter la viande sur la table, comme nostre maistre d'Hostel.
Sinistra, gauche.
Sinistrále, du costé gauche.
Sinistraménte, sinistrement.
Sinistráre, ganchir, aller à gauche.
Sinistrézza, mal-heur, desastre. pron. *ts*.
Sinístro, sinistre. Gauche, mal-heureux.
Sinistróso, desastreux.
Sino, iusques, dés.
Sin dà hiéri, dés hier.
Sin che io ci sono, tant que i'y seray.
Sino à tánto che, iusques à ce que.
Sino, sinosité.
Sinodále, de Sinode.
Sinódico, Idem.
Sinodo, Sinode.
Sinónimo, sinonime.
Sinópia, sinople. Crayon rouge.
andàr per il filo délla Sinópia .i. suiure le bon chemin.
Siròpio, sinople.
Sintássi, Sintaxe.
Sintílla, estincelle.
Sintilláre, estinceller.
Sintóma, simptome.
Sinuáre, aller en serpentant comme vn fleuue, faire vn goulfe ou sein, rendre oblique.
Sinuáto, fait en forme de goulfe ou sein. Oblique.
Sinuosità, obliquité, destour.
Sinuóso, plein de destours, de seins ou goulfes.
Sio, berle, plante.
Sióne, Idem.
Sipa, à Bologne, pour *sia*, soit.
la cità del Sipa, Bologne.
Sipidézza, saueur, goust. pron. *ts*.
Sipidità, Idem.
Sípido, qui a du goust, sauoureux.
Síppa, flambe, flamme.
Sira, Dame.
Sire, Sire.
Siréna, Sereine.
Siria, la canicule.
Siringa, roseau, canne : Et vne seringue.
Siringáre, seringuer. Item, jouër de la fleute.

SI SL

Siringia, sorte de roseau.
Sirócchia, sœur, belle-sœur, d'vn autre lict, fille du beau-pere, &c. pron. *o* ouuert.
Sirócchia, se prend aussi pour compagnone.
Sirócchia, en jargon, l'eschine.
Sirocchiánza, alliance de sœur.
Sirócchio, pour *fratéllo*, frere, beau-frere, compagnon, camarade.
Sirócco, siroc, vent.
Sirócco Leuánte, vent marin, approchant le Leuant.
Siróppo, sirop.
Siróppo di cantína, nous disons, eau benitte de caue.
Sirte, sirtes, bancs dans la mer.
Sirúolo, sorte de vin.
Sisa, colle de gand.
Sisamo, sisame, iugeoline, plante.
Sisara, cheruis, ou carotte blanche.
Sisáre, coller, imprimer vne toile.
Sisaro, carotte blanche.
Siscálco, Seneschal.
Sischiáre, siffler.
Sischio, sifflement.
Sisèllio, sorte d'herbe.
Sisémbro, sorte de cresson.
Sísero, carotte blanche.
Sisimbrio, sorte de cresson.
Sisóne, sorte de semence.
Sisto, vne terrasse, ou gallerie descouuerte, proprement vn porche.
* *Sitabóndo*, *sitibóndo*, &
Sitiénte, alteré.
* *Sitíre*, auoir soif. pref. *sitísco*.
Sito, assiette, situation.
Sito, place à bastir.
in Sito apérto, en rase campagne.
in Sito lárgo, en païs large.
* *Sitta*, vn geay.
* *Sitace*, sorte de perroquet.
Situáre, situer.
Situatióne, situation.
* *Situra*, soif, alteration.

S L

SLacciáre, délacer, délier.
Si Slafírónchi, le vin que l'on boit en se couchant, le mot est corrompu de *Schlaffirunx* Allemand, le boire du coucher ou du dormir.
Slancíáre, lancer.
Slanciár parrigiáne, en jargon, auoir faim.
Slancíto, eshanché.
Slándra, garce à chiens, vne vilaine.
Slargáre, eslargir.
Slattáre, seurer vn enfant.
Slauacciáre, rincer, eslanger.
Slauáto colóre, coulerur deschargée, claire, mourante lauée.
Slauigna, en jargon, de la chair.
Sledle, desloyal.
Slealtà, *sleanza*, desloyauté.
Sletcadénte, vn friand.
Slegáre, deslier.
Slenáre, perdre l'aleine, ou la faire perdre.
Slenzáre, *slenzíre*, en jargon, pisser.
Sliscia, glissoire, *slissa*.
Slisciáre, glisser, *slissáre*.
Slinguacciáto, vn esgueulé, vn qui dit de vilaines parolles.

Slinguáto, Idem.
Slifcio, glissoire, & glissade.
Slinidio, noircy, deuenu liuide.
Slizzigáre, glisser. pron. ts.
Slocáre, disloquer, déplacer.
Sloldáre, mépriser.
Sloffa, vne vesse.
Sloffáre, vestir.
Sloffeggiáre, Idem.
Sloffia, en jargon, laide.
Slogáre, disloquer.
Sloggiáre, desloger.
Slombáre, esrener, eschiner.
Slongáre, allonger.
Slontanáre, éloigner.
Slordáre, nettoyer, purger.
Slungáre, allonger, prolonger.

SM

Smaccáre, reprocher, faire des reproches, faire affront. Item, escraser, fouler aux pieds, mespriser vne marchandise, descouurir vne fourberie, &c.
Smaccáto frútto, fruit sec, & fade, fanné, & douceastre. Item, escaché.
Smacchiáre, sortir du buisson plus proprement, sortir du fort, qui se dit d'vne beste.
Smácco, honte, affront.
Smacelláre, pour macelláre, massacrer.
Smacráre, ammaigrir.
Smagaménto, abbatement, estonnement.
Smagáre, faire perdre cœur, mettre en desroute. Desbaucher, troubler vne personne. Item, separer.
Smagáto, hors de soy, estonné.
Smagliáre, rompre les mailles, desmailler. Metaph. sortir de son rang.
vino che Smáglia, vin petillant, & esclattant.
* Smagonáre, estonner.
Smagráre, &
Smagrire, ammaigrir. pres. smagrisco.
Smágro, ammaigry.
Smalláre, peller des amandes ou des noix.
Snaltáre, esmailler.
Smaltíre, digerer. pres. smaltisco. Item, debiter vne marchandise.
Smaltír il víno, cuuer son vin.
Smaltíre, en jargon, vendre.
Smaltitóio, egoust, cloaque.
Smaltitúra, digestion.
Smálto, esmail. Du ciment.
* Smálza, du beurre, mot Lomb. pron. ts.
* Smalzáre, embeurrer. pron. ts.
* Smálzo, du beurre à Venise. pron. ts.
* Smálzo di cáuto, en jargon, crachat, saliue. pr. ts.
Smammíre, esuanouïr. pres. smammisco.
Smammoláta, despucelée.
Smancerie, actions de dameret, façons de faire ennuyeuses, brauades. Inuentions ou braueries d'habits.
Smanciáre, brauer, faire le braue, importuner de braueries, faire le dameret.
Smanciéra, vne qui cajolle de ses braueries, vne mignarde, vne coquette.
Smandáre, sortir de son deuoir, faire plus qu'on ne commande. Item, pour
Smandráre, sortir du trouppeau.

Smanegáre, en jargon, fouetter.
Smánia, manie, follie, fureur. Inquietude, desir excessif.
Smaniánte, plein de manie, enragé, enragée, furieux, furieuse.
Smaniáre, faire des manies. Desirer auec passion.
Smanicáre, desmancher. Oster les manches.
Smaníglia, bracelet.
Smanióso, plein de manies ou folies, furieux.
Smantelláre, desmanteler.
Smanziére, smanzieróso, vn dameret. pron. ts.
Smarágdo, esmeraude.
Smarauigliársi, s'esmerueiller.
Smarginàre, rompre les bords. Oster l'escarre.
Smarídi, smarides, sorte de poissons.
Smárra, fleuret.
Smarráre, parer vn cuir.
Smarrigióne, esgarement. Estonnement.
Smarriménto, Idem.
Smarríre, esgarer, s'estonner, se flestrir, prendre vne chose pour l'autre, se fouruoyer, perdre son courage.
Smarrírsi, perdre cœur.
Smarrír il ceruéllo e'l capúzzo. i. faire vne grande faute, s'oublier grandement.
Smarríto, fouruoyé. Flestry.
Smartelláre, forger, marteller. Item, oster le martel.
Smascelláre, rompre les maschoires.
Smascelláre, rire à gorge desployée.
álla Smascellàta, à gorge desployée.
Smascellataménte, à gorge desployée.
Smascheráre, demasquer.
Smassáre, desentasser.
Smattáre, &
Smatteggiáre, faire le fol.
Smattonáre, oster les briques, descarreler, despauer.
Smelláre, peller des amandes.
Smembráre, desmembrer.
Smembrár da quáttro cauálli, tirer à quatre cheuaux.
Smembrénole, qui se peut desmembrer.
Smemoraggine, oubly, oubliance.
Smemoraménto, & smemoránza, Idem.
Smemorataggine, Idem.
Smemoráre, oublier. Et perdre la memoire, s'estourdir, deuenir stupide.
Smemoráto, sans memoire, estourdy, stupide.
* Smémore, Idem.
Smemoréuole, oublieux.
Smenomáre, diminuer.
Smenouenire, s'esuanouïr. pres. smenouéngo, smenouiéni, smenouiéne, parf. smenouénni, smenouenísti; smenouénne, participe, smenouenúto, future, smenouerrò. opt. smenouénga, imparfait; smenouenísse, & smenouerréi, &c.
Smenticággine, &
Smenticánza, oubly. pron. ts.
Smenticáre, oublier.
Smentichéuole, oublieux.
Smenticbóso, Idem.
Smentíre, desmentir. pres. sménto.
Smentíta, vn desmenty.
Smeraldáre, garnir d'esmeraudes.
Smerálda, esmeraude.
Smerdaménto, embrennement.
Smerdáre, embrener.
Smerdoláre, Idem.
Smergáre, plonger.
Smérgo, plongeon, cormoran. pron. e ouuert.

S M

Smergoláre, plonger.
Smérgolo, plongeon.
Smerigliáre, polir auec l'esmeril.
Smerigliáta, coup de fauconneau.
Smeríglio, esmerillon. Item, esmeril. Et vne sorte de fauconneau.
Smerláre, abbattre les creneaux. Item, faire des creneaux.
Smerláto, fait à creneaux.
Smérlo, esmerillon. Item, plongeon, oiseau. prononcez e ouuert.
Smérlo, en jargon, vn garçon.
Smezzáto, partagé par le milieu, prononcez les zz comme dz.
Smiagoláre, miauler.
Smiauoláre, Idem.
Smidolláre, desmoüeller.
Smiláce, couleurée, selon aucuns, liseron.
Smílza, la ratte. pron. ts.
Smilzáre, esratter. pron. ts.
Smílzo, esratté, sans ratte. Item, petit, gresle, menu, maigre, floüet. pron. ts.
Smílzi, en jargon, deniers, de l'argent.
Sminucciáre, mettre en petits morceaux.
Sminuimento, diminution, passage en musique.
Sminuíre, diminuer. pres. sminuísco.
Sminuzzáre, menuiser, mettre en petits morceaux. pron. ts.
Sminuzzóli, menuises, miettes. pron. ts.
Smiracoláre, esmerueiller, faire des miracles.
Smiríce, &
Smiríglio, esmeril.
Smírnio, persil de Macedoine. Item, pierre d'esmeril.
Smirne, & smirro, Idem.
Smisuráble, démesuré, qui ne se peut mesurer.
Smisuránza, dereglement. pron. ts.
Smisuratamente, démesurément.
Smisuréuole, &
Smisuráto, démesuré.
Smitriáre, oster la mitre.
Smoccáre, moucher.
Smoccatóio, mouchoir. Et mouchettes.
Smoccoláre, moucher la chandelle.
Smoccolatóio, mouchettes.
Smoccolatúra, &
Smóccolo, mouchon de la chandelle, & morueau.
Smoccolóso, morueux comme la chandelle.
Smodáto, immoderé.
Smoderáre, se jetter sans moderation, faire quelque chose sans mesure.
Smóglia, cuuier à lexiue. pron. o ouuert.
Smogliáre, pron. o ouuert, signifie mettre tremper.
Smogliáre, pron. o fermé, signifie demeurer sans femme.
Smogliáto, sans femme.
Smógnere, traire les vaches, &c. parf. smónsi.
Smolláre, mettre tremper.
Smólto, trait, tiré.
Smonacársi, se deffroquer, jetter le froc, se desmoiner.
Smóngere, traire le laict. parf. smónsi. prononcez o fermé.
Smontáre, descendre en vn lieu, ou hostellerie, descendre de cheual, démonter.
Smontáta, descente.
Smúnto, le laict qu'on a trait d'vne vache. Item, tiré, pron. o fermé.

S M

Smórbare, oster l'infection.
Smórdere, desmordre. parf. smordétti.
Smórfia, grimace.
Smorfíre, faire des grimaces, se mocquer. pres. smorfísco.
Smorfíre, en jargon, manger.
Smoríre, deuenir passe, & deffait. Item, se pâmer.
Smorsáre, oster le mors.
Smorsáccino, smorsatéllo, &.
Smórto, pasle, deffait, blancheastre, morne, blassard. pron. o ouuert.
Smorzáre, esteindre. pron. ts.
Smórzo, esteint. pron. o ouuert, & z comme ts.
Smosciáre, émousser. Item, flétrir, qui se dit des fruits, & fleurs.
Smóssa, dislocation. Item, mouuement, esmotion. pron. o ouuert.
Smósso, esmeu, & disloqué. pron. o ouuert.
cámpo Smósso, champ labouré, retourné, remué.
Smóuere, esmouuoir, mouuoir, disloquer. parf. smóssi. pron. o ouuert.
Smouiménto, &
Smouitúra, esmotion, & dislocation.
Smozzáre, &
Smozzicáre, esmousser, espointer, moucher. pron. les zz comme ts.
Smozzicatúra, esmoussement, mordure. pron. ts.
Smucciáre, sintucire, glisser.
vna Smigne conuénti, vne garce de Moine, nous disons, vne lampe de Conuent.
Smúgnere, smúngere, traire le laict. parf. smúnsi.
Smúnto, trait outiré, sec, espuisé de suc.
Smuónere, esmouuoir, disloquer. parf. smóssi.
Smurdre, desmurer.
Smurciánte, en jargon, cheual.
Smusicáre, faire la musique, chanter la musique.
Smussáre, rabattre les cornes, escorner, esmousser.
Smússo, qui n'est pas à viues arrestes, esmoussé, moussé, escorné.

S N

SNamoráre, oster l'amour, faire passer l'amour, desmouracher.
Snasáre, &
Snasáre, couper le nez.
Snasáto, sans nez.
Snaturále, &
Snaturáto, dénaturé, non naturel.
Snellaménte, agilement.
Snéllo, agille, viste, adroit. Pour gentil. pron. e ouuert.
Sneruáre, esneruer, debiliter.
Snidáre, desnicher.
Snighittírsi, quitter sa paresse, se despescher. pres. snéghittísco.
Snoccioláre, oster les noyaux. Metaph. parler ouuertement, oster de doute.
Snodáre, desnoüer.
Snodatúra, ply ou nœud d'vn ferrement.
Snudáre, desnuer, despoüiller.

SO

S O

SO', pour *ſuo*, ſien.
Soátro, cuir à faire des courroyes ou des eſtriuiers.
Soáue, agreable, ſouef, moderé, leger, plaiſant.
Soauemente, doucement.
Soanidico, qui parle doux.
Soauiloquénẓa, douceur de langage.
Soauità, ſuauité, douceur.
* Soauitúdine, Idem.
Sodẓẓa, vne corneille. pron. *ts*.
Sobátere, s'entretailler, ſurbattre. parf. *ſobattéi*, & ſobattétti.
Sobattitúra, meſmarcheure.
Sebbarcáre, ſe fourrer deſſous.
Sobbérgo, ſobórgo, faux-bourg. pron. *e* ouuert.
Sobbollíre, mollifier, rendre ſouple. pret. ſobbolio.
Sebbollíto, vin cuit.
Sebbórghi, faux-bourg. pron. *o* fermé, & *ghi* comme *gui*, François.
Sóbero, du liege. Item, liege, arbre.
* Sobillare, ſiſſler.
Sobiſſáre, abyſmer.
Sublimáre, ſublimer.
Sublíme, ſublime.
* Sobogíre, mollifier.
* Sóbole, race.
* Sub-líre, produire, engendrer.
Sobornáre, ſuborner.
Sobrietà, ſobrieté.
Sebrino, couſin.
Sóbrio, ſobre. pron. *o* ouuert.
Sobugliáre, faire tumulte.
Sobúglio, tumulte.
* Socámolo, fondement.
Sócco, ſoccággio, roture.
Soccáto, qui a des gamaches.
Soccenriccio, foüace, pain cuit ſous les cendres.
Socchiamáre, appeler tout bas.
Socchitúdere, clorre à demy, entr'ouurir. parf. ſocchiúſi.
Socchiúſo, entr'ouuert, qui ſe dit d'vne porte qui n'eſt que pouſſée.
Sócci, pour *ci ſono*, ils y ſont, ou i'y ſuis.
Socidéẓẓa, ſaleté, ordure. pron. *ts*.
Sóccino, prunier.
Soccínto, ſuccinct.
Sórcio, qui donne, & prend le beſtail à moitié de profit.
Sorcità, conſignation de beſtail à moitié de profit.
Súcco, ſorte de chauſſeure antique comme des gamaches.
Sóccoli, patins, ſandales.
Soccómbere, ſuccomber. parf. ſoccombéi, & ſoccombétti.
* Soccóyde, laſche.
* Soccórdia, laſcheté.
Soccoréuẓa, ſcorréuẓa, flux de ventre. pron. *ts*.
Soccórrere, ſecourir. Et tomber dans l'eſprit. parf. ſoccórſi, & ſoccorréi, & ſoccorrétti, le premier eſt meilleur.
Soccórſo di Piſa, ſecours de Piſe, quand la guerre eſt faite, nous diſons, aprés la mort le Medecin. pron. *o* fermé.
Soccórſo di Marino, Idem.

S O

Sócera, belle-mere. pron. *o* ouuert.
Sócero, beau-pere. pron. *o* ouuert.
Sociábile, ſociable.
Sociáre, aſſocier.
dàr le pecóre in Sócida, donner les brebis à moitié de profit.
Sucidéẓẓa, ſaleté. pron. *ts*.
Sócido, ſale. pron. *o* fermé.
Sóda, de la ſoute, matiere dont on fait les verres. prononcez *o* ouuert.
* Sodále, compagnon, camarade.
* Sodalità, ſocieté.
Sodalitio, Idem.
Sodamente, fermement, ſolidement.
Sodaménto, affermiſſement, confirmation, eſtabliſſement, bien hipoteque, fonds.
Sodáre, cautionner, pleiger. Conſtituer vne rente. Affermir, conſolider, preſſer les draps. Catir vne eſtoffe. Tanner le cuir.
Soddiácono, Sous-diacre.
Soddittídere, faire vne ſubdiuiſion. parf. ſoddiuíſi.
Soddiuiſióne, ſubdiuiſion.
Soddótta, ſeduction. pron. le ſecond *o* fermé.
Soddticiménto, Idem.
Sodducitóre, ſeducteur.
Sodéẓẓa, fermeté, ſolidité. pron. *e* fermé, & les ẓẓ comme *ts*.
Sodisfaciménto, ſatisfaction.
Sodisfáre, ſatisfaire. preſ. ſodísfo, & ſodisfáccio, &c. comme *fáre*.
Sodisfattióne, ſatisfaction.
Sódo, pour aſſeurance ou caution. Item, ferme, ſolide. pron. *o* ouuert.
terréno Sódo, non labouré.
ſtár Sódo al macchióne, demeurer ferme dans le buiſſon .i. eſtre conſtant.
ſtár Sódo, ne ſe bouger pas, tenir ferme.
Sódo, en terme d'Architecture, le maſſif.
ragionár in ſul Sódo .i. parler auec raiſon, & bon fondement.
Sodómeo, ſodomite.
Sodomía, ſodomie.
Sodomíta, ſodomite.
Sodomitáre, commettre ſodomie.
Sodomitarie, bougreries.
Sodótto, ſeduit.
Sódra, ſolátro, morelle, herbe.
Soducimento, ſeduction.
Sodúrre, ſeduire. preſ. ſodúco, imparf. ſoducéua, parf. ſoduſſi, part. ſodótto, fut. ſodúrro, opt. ſodúca, imparf. ſoducéſſi, & ſodurréi, &c.
Sodutióne, ſeduction.
Suductóre, ſeducteur.
Soétte, petits carlets.
Sofferénte, ſouffrant, ſouffrante.
Sofferénẓa, ſouffrance, toleration. pron. *ts*.
Soffiriménto, Idem.
Sofferitóre, ſouffrant.
Sofferíre, ſouffrir. preſ. ſófſero, & ſofferiſco.
Soffiaménto, ſouffle, ſouſflement.
Soffiánte, en jargon, le nez.
Soffiáre, ſouffler, boufſer de colere.
Soffiárſi il náſo, ſe moucher.
dannmi dúne ſi Sófſa álte nóci in cúlo, donne moy du nez dans le cul.
Soffiatóio, Metaph. baſton à feu.
Soffiatúra, ſouffle.
Soffiáre, cacher.

Ooo iij

Soffice, doux, maniable, qui preste comme le cuir, douillet.
Sofficiènte, suffisant.
Sofficientemènte, suffisamment.
Sofficiènza, suffisance. pron. e ouuert, & z comme *ts*.
Soffiètto, vn petard de papier, & de poudre à canon. Item, vn soufflet à souffler. Et vn soufflet.
Sóffio, souffle.
Soffióna, vne cajolleuse, vne vanteuse.
Soffióne, soufflon, vn soufflet. Vn petard de papier, & de poudre à canon. Vne fusée.
Soffisterie, sophistiqueries.
Soffíta, vne chambre lambrissée, vn galletas. Et vne soupente. Vn lambris.
Soffitáto, Idem.
Soffitáre, lambrisser: Et plancheyer.
Soffítto, plancher de grenier. Vn grenier, vne soupente. Vn galetas. Item, fiché dessous.
Soffocáre, suffoquer, *soffogáre*.
Soffocatióne, suffocation, *soffogatióne*.
Soffólcere, serrer, mettre en vn lieu pour se conseruer, soustenir, estayer, estançonner. parf. *soffolcétti*. Item, *soffólsi*, selon aucuns.
Soffólcere, & *soffólgere*, Idem.
Soffólto, soustenu, estançonné.
Soffomentatióne, fomentation.
Soffondáto, appuyé sur des fondemens.
Soffóndere, surfondre. parf. *soffúsi*, & *soffondétti*.
Soffósso, vn esgousti.
Soffragànio, suffragant.
Soffragàre, donner sa voix.
Soffragatòre, qui donne sa voix.
Soffràgio, suffrage, voix.
Suffrago, pasturon.
Soffránta, le derriere ou dessous de la cuisse. Item, ruine, destruction.
Soffrátta, cherté, disette. Item, destruction, ruine.
Soffregàre, frotter legerement.
Soffregatióne, friction.
Soffrenáre, donner vn petit coup de bride.
Soffrenàta, petit coup de bride.
Soffrenático, vn renfort de plomb, ou crampon pour joindre les pierres d'vn mur.
Sofferènza, souffrance. prononcez e ouuert, & z comme *ts*.
Soffríbile, tolerable.
Soffríggere, frire. Cuire comme vne estuuée. parf. *soffríssi*, & *soffrigiétti*.
Soffriménto, souffrance.
Soffríre, souffrir. pres. *soffrísco*, & *sóffro*.
Soffrítto, frit. Item, vne estuuée.
Soffrutice, toutes sortes d'arbrisseaux sauuages.
Soffumicáre, *soffumigáre*, fumer.
Soffúso, surfondu.
Soffísta, sophiste.
Soffisticàre, sophistiquer.
Soffisticaría, sophistiquerie.
Sofístico, sophistique.
Sóga, courroye, laniere, selon aucuns, vn chable. prononcez. o fermé.
Soggerire, suggerer. pres. *soggerísco*.
Soggettàre, assujettir.
Soggetióne, sujettion.
Soggettíre, assujettir. pres. *soggettísco*.
Soggétto, grand personnage. Item, sujet. pron. e ouuert.
Sogghignáre, sousrire. pron. *ghi* comme *gui* en François.

Sogghíno, souris. pron. *ghi* comme *gui*.
Soggiacere, estre sujet à quelqu'vn, dépendre. present, *soggiáccio*, *soggiáci*, *soggiáce*, parfait, *soggiácqui*, *soggiacésti*, *soggiácque*, *soggiacémmo*, *soggiacéste*, *soggiacquero*, part. *soggiaciúto*, fut. *soggiacerò*, opt. *soggiaccia*, imparf. *soggiacesti*, & *soggiacéssi*, &c.
Soggieláto, gelé.
Soggiogaménto, subjugation.
Soggiogáre, subjuguer.
Soggiogatióne, subjugation.
Soggiogatóre, subjugueur.
Soggiogatríce, subjugueuse.
Soggiornánza, sejour. pron. *ts*.
Soggiornáre, sejourner.
Soggiúrno, sejour. pron. o fermé.
Soggiúngere, *soggiúngere*, adjouster. pres. *soggiúngo*, & *soggiágno*, parf. *soggiúnsi*, &c.
Soggiungniménto, &
Soggiuntióne, subjontion, addition.
Soggiuntiuo, subjonctif.
Soggiúnto, subjuint, adjousté.
Soggiolàre, mettre le voile, voiler.
Soggólo, vn linge qui couure la gorge des Religieuses, vne guimpe. Item, sousgorge, partie de bride. prononcez o fermé.
Sóglia, seuil. Pour trosne. pron. o ouuert.
Sogliàrda, vne souillarde.
Sogliárdo, souillard. Item, gausseur, railleur.
Sogliàre, seuil de porte.
Sogliáre, souiller. Item, gausser, railler. Et passer le seuil de la porte.
Sóglio, trosne. Item, le seuil ou pas de la porte. Vn eschelon. pron. o ouuert.
Sógliola, vne sole, poisson.
Sógna, du seing doux. pron. o fermé.
Sognáre, songer.
Sognatóre, songeur.
Sognatríce, songeuse.
Sognuólo, songeard.
Sogniólo, sorte d'escreuice.
Sógno, songe. pron. o ouuert.
Sognóso, songeard, songeur.
Sogozzóne, vn coup sous le gosier. pron. les *zz* comme *ts*, & o fermé.
Sóia, tour, niche, mocquerie, flatterie. Item, sorte de drogue aromatique.
Soiaménto, plancher, galletas.
Soiàre, faire des niches, gausser.
Soiáta, niche, gausserie.
Soiatóre, gausseur, railleur.
Soiatríce, gausseuse.
Sol, sol, notte de Musique, pour *sòle*. pron. o ouuert.
Sol, pron. o fermé, pour *Sóle*, Soleil. Item, pour *sólo*, seul, & seulement.
Sóla, *súpla*, semelle, sole du pied de l'animal. pron. o ouuert.
Solábile, qui se peut conforter.
Soláio, le plancher. Item, le grenier, ou galletas. Et vn quadran au Soleil.
Soláme, confort.
Solaménte, seulement.
Solána, lieu exposé au Soleil. Item, vn chapeau large, qui est fait de paille, & n'a que les bords, & percé au milieu pour se deffendre du Soleil. Et vne sorte d'huistre.
Solánda, sorte d'oye.
Soláno, morelle.

SO

Soláre, solaire. Item, herbe au Soleil.
Soláre, eſtage, plancher.
in vn Soláre, de plein pied.
Solarétto, petit plancher, petit grenier.
Solário, expoſé au Soleil.
Soláro, plancher.
Soláro morto, galetas. Et ſouſpente.
Solítio, lieu haut expoſé au Soleil.
Solatióne, l'eſpace d'vn iour entre deux Soleils. Item, conſolation.
Sólato, &
Sólatro, morelle, plante.
Solatro ſomnifero, morelle dormitiue.
Solázzáre, ſe recréer, badiner, ſe diuertir. pron. les zz. comme ts.
Solazzatóre, ſolazzatrice, qui recrée. pron. ts.
Solazzéuole, plaiſant, recreatif, plaiſante, &c. pron. les zz comme ts.
Solázzo, plaiſir, ſoulas. pron. ts.
à Solázzo, à plaiſir. pron. ts.
Solazzóſo, recreatif. pron. ts.
Solbaſtrélla, élatine, herbe.
Solcáre, ſillonner, ſeiller, ſeillonner.
Solcáto, rais de roüe.
Solcéllo, petit ſillon.
Solchéuole, qui ſe peut ſillonner.
Sólcio, poulpe, poiſſon.
Sólco, ſillon. Item, route en terme de manege.
vſcir del Sólco .i. ſe fouruoyer.
andar pe'l Sólco .i. ſuiure le bon chemin.
vòn mi và Sólco diritto .i. mon fait ne va pas bien.
non mi rièſce Sólco diritto, Idem.
non ne póſſo cauar Sólco dirito, ie n'en peux tirer rien qui vaille.
Soldána, ſoldanelle, herbe.
Soldanático, meſtier de ſoldat.
Soldanáto, la dignité de Soldan.
Soldanélla, ſoldanelle, herbe.
Soldáno, Souldan.
Soldatáglia, le rebut d'entre les ſoldats, meſchans ſoldats, mauuaiſes troupes.
Soldáre, ſouldoyer, mettre à la ſolde.
Soldatéſca, la ſoldateſque, les ſoldats.
Soldatéſco, de ſoldat, ſoldateſque.
Soldáto, ſoldat.
Soldáto del Tinca .i. poltron.
Soldáto della patróna, ou, del Capitáno della Gráſſa, ou del Pápa, Idem.
Sóldo, la ſolde. Item, vn ſol de monnoye. pron. o ouuert.
triſto quel Sóldo che paggióra il Ducáto .i. Il faut qu'vne choſe ſoit bien mauuaiſe ſi elle ne ſert.
andar al Sóldo, s'enroler. Eſtre à la ſolde.
ſtár fra due Sóldi, & 24. danári .i. ne gagner ny perdre.
mi pár d'hauér 25. Sóldi per lira .i. il me ſemble d'auoir trouué vne grande fortune, par ironie.
Sóle, Soleil. pron. o fermé.
il Sóle à mèzza gámba, le Soleil eſt à my-iambe .i. Il eſt grand iour, le Soleil eſt haut. pron. ts.
Sól di Márzo, Soleil de Mars, qui eſmeut, & ne reſout point, d'vne femme qui nous eſmeut, & ne nous permet rien aprés cela, ou d'vn qui commence, & n'acheue point. pron. ts.
andáte al Sóle, nous diſons, allez gratter voſtre cul au Soleil, à vn qui a perdu ſon argent.
dalla bánda del Sóle, du coſté du Soleil .i. du coſté du dos ou du derriere, où le Soleil frappe aux animaux,

SO 479

della lépre il Sóle, & del péſce l'ómbra, du liévre le Soleil .i. le dos ou rable du liévre, eſt le meilleur, & du poiſſon la pance.
Solecchiáre, le coucher du Soleil.
Solécchio, vn paraſol. Item, petit Soleil.
Soleciſmo, ſolecifme.
Solecità, ſollicitation.
Solecitaménte, ſoigneuſement.
Solecitáre, ſolliciter.
Solecitatóre, ſolliciteur.
Solécito, diligent, ſollicitant.
Solecitúdine, diligence.
Soleggiáre, faire Soleil. Item, lambriſſer.
Soleniẓẓáre, ſolemniſer. pron. les zz comme ds.
Solénne, ſolemnel. pron. e ouuert.
Solenneggiáre, ſolemniſer.
Solennemènte, ſolemnellement.
Solennità, ſolemnité.
Soléno, ſorte de mouſſe, poiſſon.
Soléro, ſouloir, auoir de couſtume. preſ. sóglio, suóli, suóle, fogliámo, ſolémo, ſoléte, foglióno, part. sólſi, & ſolétti, ſoléſti, sólſe, & ſolétte, ſolémmo, ſoléſte, sólſero, & ſolétlero, part. sólito: & notez que ce verbe ſe conjugue auec le verbe, éſſere.
* Solérte, diligent.
* Solértia, diligence.
* Soletário, ſolitaire.
Soleticáre, chatoüiller.
Soleticatióne, chatoüillement.
Solético, chatoüilleux.
Soléta, petite ſemelle.
Soléto, ſeulet.
Sólfa, ſol fa, nottes de Muſique.
Solfanário, mine de ſoulfre.
Solfanéllo, allumette.
Solfáre, ſolfier, chanter, la ſol fa.
Solfareità, qualité ſoulfreuſe.
Solfária, mine de ſoulfre.
Solfarino, allumette.
Solfáro, qui trauaille de ſoulfre.
Solfeggiáre, ſolfier.
Solfinéllo, allumette.
Sólfo, ſoulfre.
Sólfo citríno, ſorte de ſoulfre.
Solfandío, ſulfuré, de ſoulfre.
Solfonária, caue ou mine de ſoulfre.
Solforáre, ſoulfrer.
Solforéo, de qualité de ſoulfre, ſulfuré.
Solforíno, allumette.
Solforóſo, ſouffreux.
Sólfro, ſoulfre.
Solícchio, paraſol.
Solitiuólo, &
Solicéllo, Soleil pâle, à demy couuert.
Solidággine, confire, conſolde.
Solidáre, conſolider. Item, ſouder.
Solidéẓẓa, ſolidité, ſolidità.
Sólido, ſolide.
Solífero, porte-ſoleil.
Solifúga, qui fuit la clarté du Soleil.
Soligéno, engendré du Soleil.
Solilóquio, diſcours en ſoy-meſme.
Solimáto, du ſublimé.
Solingo, ſolitaire.
Sólio, ſiege Royal.
Solipúgna, ſolipúngia, ſorte de fourmis venimeuſe.
Solità, ſolitude.
Solitaménte, couſtumierement.

Solitáne, sorte de poissons à coquilles.
Solitarietà, solitude.
Solitário, solitaire.
Solitíssimo, tres-accoustumé.
Sólito, accoustumé, qui a de coustume. prononcez *o* ouuert.
al Sólito, & *secondo*, *il sólito*, à l'accoustumée.
è il sùo Sólito, c'est sa coustume.
Solitúdine, solitude.
Solitagénza, course solitaire.
Solinágo, qui erre seul.
Sólla, vne paille ou vn trou à vne piece de fer.
Sollare, trouer, creuser, faire en forme de gauffre.
Sollaro, vn grenier.
Sollazzáre, prendre son plaisir, passer son temps. En iargon, iouër. pron. *ts*.
Sollazzatóre, qui recrée. pron. *ts*.
Sollazzéuole, plaisant, plaisante, agreable. pron. *ts*.
Sollázzo, soulas, plaisir, ébat. pron. *ts*.
Sollecheráre, s'esmouuoir facilement de ioye ou de contentement, tressaillir de ioye.
Sollecitaménte, soigneusement.
Sollecitáre, solliciter.
Sollecitatióne, sollicitation.
Sollecitatóre, solliciteur.
Sollecitatríce, solliciteuse.
Sollécito, soigneux.
Sollecitúdine, sollicitude.
Solléndra, sorte d'oiseau de riuiere.
Solennizzáre, solemniser. pron. les *zz* comme *dz*.
Solleóne, iours caniculaires, le Soleil au Lion.
Solleticaménto, chatoüillement.
Solleticáre, chatoüiller.
Solletico, chatoüillement.
Solléua, vne pince, fer à leuer les pierres. pron. *e* ouuert.
Solleuaménto, soulagement, & sousleuement. Item, esleuement.
Solleuáre, soulager, sousleuer, mutiner. Esleuer.
Solleuatióne, soulagement. Et sousleuement, Esleuement.
Solléno, Idem. pron. *e* ouuert.
Solliceitáre, solliciter,
Solliéuo, soulagement. pron. *e* ouuert.
Solliéne, le Soleil au Lion, iours Caniculaires. Item, vne biere, selon aucuns.
Sóllo, mol, flasque, vuide, creux. Item, pour *lo só*, ie le sçay.
Solluchráre, s'émouuoir à luxure. Item, auoir de plaisans souuenirs.
Sólo, seul, & seulement. pron. *o* fermé.
Sólo che, pourueu que.
Solociz záre, faire des solecismes. pron. *dz*.
Sólpo, poulpe, poisson.
Solpúgna, sorte de fourmis venenuses.
Solséquio, tour en suiuant le Soleil. Item, Soleil, fleur.
Solstiále, &
Solstitiále, de solstice.
Solstitário, Idem.
Solstítio, solstice.
Soltanino, vne monnoye en Turquie.
Soltánto, tant seulement.
Sólto, dissout. Item, deslié, absout. pron. *o* ouuert.
Soltolláre, veautrer.
Solúbile, qui se peut soudre ou dissoudre.
Soluere, soudre, dissoudre, absoudre, dispenser, expliquer, déclarer. part. *solúetti*.
Sóluer il digiúno, rompre le iesusne.

Sóluer il véntre, lascher le ventre.
Sóluer vóti, rendre les vœux.
* *Solutióne*, absolution.
Solutaménte, absolument.
Solútile, qui se peut soudre ou absoudre.
Solutióne, solution.
Solutiuo, solutif.
Solúto, dissout, absout.
* *Solutóre*, payeur.
Sóma, some, charge, surcharge, selon aucuns, vne asnesse. pron. *o* ouuert.
per la via s'accóncia lo Sóme, i. les choses s'apprennent en faisant.
Somácco, súmaco, du sumac.
Somáro, somier, cheual de bagage.
Somáre, charger vn cheual.
Somáro, vn asne. Item, vn cheual de charge. Et vn somier, piece de bois.
Sombiglio, murmure, confusion.
Sommeggiáre, porter la some.
Somegíno, somier, cheual de charge. Item, voiturier.
Soménta, semence, graine.
Someria, bagage, cariage.
Somiére, somier, cheual de some.
Somigliánte, ressemblant, ressemblante.
Somigliánza, ressemblance.
Somigliáre, ressembler.
Somigliére, sommelier.
Somiglieuole, ressemblant.
Somína, petite charge.
Sómma, somme.
in Sómma, ensin. Item, en bloc & en tasche, à ses perils & fortune.
Sommáco, sumac, rhu.
Sommaménte, grandement.
Sommáre, sommer.
Sommaria, nom d'vn Magistrat à Naples.
Sommariaménte, sommairement.
Sommariáre, sommer.
Sommário, vn Chef, vn Souuerain. Item, sommaire.
Sommáta, la somme de tout le compte.
Sommáta, sorte de viande faite de graisse de porc, nostre vulgaire dit, des cretons.
Sommáto, grand personnage. Item, souueraineté, dignité.
il Sommáto, la somme principale, le sommé.
Somméne, pour me ue sono, ie m'en suis.
Sommérgere, submerger. parf. *sommergéi*, & *sommergétti*, pron. *e* ouuert.
Sommergiménto, *sommersióne*, submersion, plongement.
Sommérso, submergé.
Somméssa vóce, voix basse.
Somméssa, mesure de la largeur de la main close, & le poulce estendu, vn dor.
Sommessaménte, tout bas, auec submission.
Sommessióne, submission.
Sommésso, soumis, humble, plein de submission. pron. *e* fermé.
Sommésso, la mesure du poing clos, & le pouce estendu, vn dor.
Somméttere, soumettre.
Somméuole, qui se peut sommer.
Somministráre, suppléer, fournir. Item, seruir sous vn autre, subministrer.
Somministratióne, supplément, & subministration.
Somministratóre, subministrateur.

Sommissíone

SO

Sommíſſimo, tout à fait au deſſus, tres-grand.
Sommiſſióne, ſubmiſſion.
Sommiſſíuo, humble; plein de ſubmiſſion.
Sommiſta, celuy qui compte ou ſomme vne partie.
Sommità, le ſommet, la ſommité.
Sómmo, grand, ſouuerain, ſommité, ſommet, comble. Item, vne ſorte de poids: Et de monnoye.
Sommóccio, ſommóſſo, perſuaſion, inſtigation, incitation.
Sómmolo, le bout ou extremité de l'aîle.
Sommóſſa, inſtigation, perſuaſion, incitation, eſmeute, ſedition.
Sommóſſo, eſmeu. Item, eſmotion.
Sommotióne, eſmeute.
Sommóuere, eſmouuoir, inciter, faire eſmeute. parfait, ſommóſi, & ſommouétti.
Sommouiménto, eſmotion, eſmeute.
Sommouitóre, qui cauſe vne eſmeute.
Sommozzáre, quand le cheual baiſſe la teſte, ou l'appuye ſur la bride, & tire la main de celuy qui eſt deſſus. pron. les zz. comme dz.
Sonacchiáre, ſommeiller.
Sonacchióſo, endormy, vn gros dormeur.
Sonacchióſo, ſommeilleux.
Sonagliáre, ſonner de ſonnettes. Item, faire des bouteilles ſur l'eau.
Sonagliéra, colier de ſonnettes. Item, la dance des ſonnettes. Et les bourſes ou teſticules.
Sonagliétto, petite ſonnette.
Sonáglio, ſonnette. Vne bouteille ſur l'eau quant il pleut. Vn hochet. Item, cry, banniſſement. Item, vn coyon.
Sonági, les teſticules.
pigliar vn Sonáglio per vn' anguináia. i. ſe meſprendre.
Sonáre, ſonner. Ioüer ou toucher des inſtrumens. Battre le tambour.
Sonár à diſtéſo, ſonner en branſle.
Sonár à raccólta, ſonner la retraitte. Par metaphore, conclure vn affaire.
Sonár à ſtormo ò martéllo, ſonner le tocſin.
Sonár à tócchi, tinter.
Sonár à féſta, carillonner.
Sonár à dóppio, ſonner au double. i. donner double recompenſe, c'eſt quaſi eſtre double, trencher des deux coſtez. Ioüer les deux.
Sonáre, pour battre, nous diſons, carillonner pour foüetter.
Sonár à mórto, ſonner pour les morts.
Sonár campána, en jargon, n'oüir pas, & n'entendre pas.
ſon Sonáte le ventiduè, nous diſons, elles ſont ſonnées, &c. en nous mocquant.
Sonáta, ſonnerie. C'eſt auſſi vne piece ſur vn inſtrument de muſique.
Sonatóre, ſonneur, ioüeur d'inſtrumens.
Sonatríce, ioüeuſe d'inſtruments.
Soncéno, pour ne ſóno, il y en a, au plurier.
Sónci, pour ci ſóno, ils y ſont. Il y a, iy ſuis.
Sónco, laceron, laicteron, palais au liévre.
Sonettáre, compoſer des ſonnets.
Sonettiére, faiſeur de ſonnets.
Sonétto, vn ſonnet. Par alluſion de ſónno, on dit, égli hà fátto vn Sonuétto. i. il a fait vn petit ſomme ou ſommeil.
Sonettúccio, vn pauure petit ſonnet.
Sonétuolo, qui ſe peut ſonner.
Sóngia, graiſſe, ſeing.

SO

Songiáre, graiſſer auec du ſeing.
Songióſo, plein de graiſſe ou ſeing.
* Soniáre, ſonner.
* Sónito, ſon.
Sonnachiáre, ſommeiller.
Sonnacchióſo, ſommeilleux, endormy.
Sonnecchiáre, ſonneggiáre, &
Sonnegliáre, ſommeiller.
Sonneglióſo, ſommeilleux.
Sonnéllo, ſonnellíno, petit ſommeil ou ſomme.
* Sonniferáre, ſommeiller.
Sonnífero, ſomnifere, qui endort.
* Sonnificáre, ſommeiller.
Sonnifúga, chaſſe-ſommeil.
Sónno, ſomme, ſommeil.
Sonnochióſo, ſommeilleux, endormy.
Sonnolénte, Idem.
Sonnoléuza, ſommeil, endormiſſement. pron. tẹ
Sonnóſo, endormy.
Sóno, ſuóno, ſon. pron. o ouuert.
Sonocchiáre, ſommeiller.
Sonocchióſo, ſommeilleux.
Sonorità, réſonnance.
Sonóro, réſonnant. pron. o ouuert.
Sóntico, eſpece de mal qui court par tout le corps.
Sontuoſità, ſomptuoſité.
Sontuóſo, ſomptueux.
Sopálco, vne ſouſpente. Item, le plancher ou lambris.
Sopánno, ſouz le linge.
Soperchiáre a, ſuperfluité. pron. u.
Soperchiáre, eſtre ſuperflu, abonder, eſtre de ſurplus, & faire ſupercherie, ſupercher.
Soperchieria, ſupercherie.
Soperchiéuole, ſuperflu, exceſſif, Et iniurieux, qui faiſt des ſupercheries.
Soperchieuolménte, par excés, auec ſuperfluité.
Sopérchio, ſuperflu, exceſſif.
Soperchióſo, ſuperflu, exceſſif. Item, plein de ſupercheries.
Soperſtitióne, ſuperſtition.
Soperſtitióſo, ſuperſtitieux.
Sópi, ſorte de ſeche, poiſſon. Item, oiſeaux nocturnes.
Sopiménto, aſſoupiſſement.
Sopíre, aſſoupir. preſ. ſopíſco.
Sopráre, endormir, aſſoupir.
Sopóre, endormiſſement, aſſoupiſſement. prononcez e fermé.
Soporífero, endormant.
Sopozzáre, creuſer vn puits. Item, ſubmerger. prononcez ts.
Séppa, ſouppe.
Soppalcáre, lambriſſer, faire vn plancher.
Sopálco, grenier lambriſſé. Item, vne ſouſpente.
Soppannáre, doubler vn habit.
Soppánno, doubleure. Et habit de deſſons. Item, ſouz le linge.
Soppáre, tremper les ſouppes.
Soppelíre, enſeuelir. preſ. ſoppelíſco.
Sopperíre, ſuppléer. preſ. ſopperíſco.
Soppeſtáre, piler, eſcraſer.
Soppiantáre, donner le croc en jambe, ſupplanter.
Soppiatóne, vn homme double, vn chuchoteur, vn homme ſans raiſon, vn ſornois.
Soppiattáre, cacher.
di Soppiátto, en cachette, ſous main.

Ppp

SO

Soppiattóne, vn fornois, vn qui murmure en foy-mefme.
Soppidiáno, forte de coffre.
Sópplica, fupplication, requefte.
Sopplicáre, fupplier.
Voyez le refte par *Sup*.
Soppónere, &
Soppórre, foufmettre. Item, fuppofer. pref. *foppóngo*, *foppóni*, *foppóne*, *fopponiámo*, *fopponéte*, *foppongono*, parf. *foppofi*, *foppone∫si*, *foppó∫e*, *foppone∫simo*, *fopponéfte*, *foppoféro*, part. *foppofto*, fut. *fopporró*, opt. *foppónga*, imparf. *fuppone∫si*, & *foppone∫si*, &c.
Sopportánza, tolleration, fupportation. pron. *ts*.
Sopportáre, fupporter.
Sopportatióne, fupportation.
Sopportévole, fupportable.
Soppórtico, fous-porche.
Soppófta, fuppofitoire.
Soppófto, fonfinis.
Soppozzáre, fubmerger. pron. *tr*.
Soppozzáto, noyé, fubmergé. pron. *ts*.
Soppréndere, furprendre. parf. *foppréfi*.
Sopréfo, furpris.
Sopprefla, vne preffe.
Soppre∫sáda, vn jus de viande preffé.
Soppre∫sáre, mettre en preffe. Item, imprimer, fuffoquer.
Soppreffióne, fuffocation, fuppreffion. La cauchemare ou incube.
Sopprélso, vne preffe. Item, fupprimé. prononcez e ouuert.
in Soppréffo, en preffe.
Sopprelsóre, fupprimeur.
Sopprímere, fupprimer. parf. *foppriétti*, & *foppirréi*.
* Soppréfo, fupprimé.
Sópra, fur, deffus.
Sópra di mè, fur ma parolle.
di Sópra, en haut, cy-deuant.
ftár Sópra di ∫è, demeurer en doute, & en fufpens, tenir bon. Et fe tenir droit. Item, s'arrefter court.
ftár di Sópra, auoir le deffus.
reftár Sópra di ∫è, demeurer court.
Sópra módo, extrememment, fur tout, outre mefure, tout outre.
Soprabónda, furbonde.
Soprabendáre, bander par deffus.
Soprabondánte, furabondant, furabondante.
Soprabondánza, furabondance. pron. *ts*.
Soprabondáre, furabonder.
Soprabondévole, furabondant, furabondante.
Sopracálma, en jargon, vn bonnet.
Sopracápo, Surintendant.
Sopracaricáre, furcharger.
Sopracárico, furcharge.
Sopracafáldo, certain Magiftrat à Venife.
Sopracedénza, excés. pron. *z*.
Sopracédere, exceder. parf. *fopracedétti*.
Sopracellénte, tres-excellent.
Sopracelléfte, plus que Celefte.
Sopracennáto, cy-deffus dit, fufdit, mentionné auparauant.
Sopracíbo, viande d'extraordinaire.
Sopracíelo, ciel de lit.
Sopraciglio, fourcil. Item, feneftre au faifte d'vne maifon, fommet de montagne.
Sopraunghia, furfaix. pron. *ghi comme gui*.
Sopraunghiáre, mettre le furfaix. pron. *ghi comme gui*.
Sopracinto, fanglé par deffus.

SO

Sopracómito, fur-Comite.
Sopracuóco, Efcuyer de cuifine: Et maiftre cuifinier.
Sopracórrere, courir-fus. parf. *fopraccórfi*. pron. o fermé.
Sopracúlo, le croupion. Item, vne veffie fur le croupion des oifeaux.
Sopradátio, Magiftrat à Venife fur la gabelle.
Sopradénte, furdent. pron. *e* ouuert.
Sopradétto, fufdit.
Sopradíre, faire mention auparauant, comme *díre*.
Sopradomáre, donner par deffus.
Sopradoffáre, furcharger.
Sopradófe, furdofe. pron. *o* ouuert.
Sopradúrre, apporter de plus. pref. *fopradúco*, *fopradúci*, *fopradúce*, *fopraduciámo*, *fopraducéte*, *fopradúcono*, imparf. *fopraducéno*, parf. *fopradúffi*, *fopraducéfti*, *fopradúffe*, *fopraducémmo*, *fopraducéfte*, *fopradúffero*, part. *fopradútto*, fut. *fopradurró*, opt. *fopradúca*, imparf. *fopradurréi*, & *fopraducé∫si*, &c.
Soprafáccia, furface, fuperficie.
Soprafáre, fupercher, faire injure, exceder, accabler, furprendre. pref. *foprafáccio*, & *foprafo*, le refte comme *fáre*.
Soprafáre, fupercherie.
Soprafátto, accablé.
Soprafíno, paffe-fin.
Soprafódro, faux-fourreau.
Soprafufióne, embrocation.
Sopragiudicáre, eftre plus haut efleué, eftre en plus haut lieu pour juger. Donner vn dernier jugement.
Sopragiúngere, *fopragiúngere*, furuenir, arriuer à l'impourueu, atteindre, attraper. pref. *fopragiúngo*, *fopragiúngi*, *fopragiúnge*, *fopragiungiámo*, *fopragiungéte*, *fopragiúngono*, parf. *fopragiún∫i*, part. *fopragiúnto*, &c.
Sopragiúnta, furuenue, atteinte.
Sopragiúnto, arriué, furuenu, attrapé.
Sopragli, au deffus de luy.
Sopraintendénte, Surintendant.
Sopraintendénza, furintendance. pron. *ts*.
Sopralétto, ciel de lict.
Sopraligáre, lier par deffus.
Sopralimitáre, linteau d'vne porte.
Sopráltro, le deffus en mufique.
Sopramangiáre, manger outre mefure.
Sopramáno, vn coup du haut en bas, vn auant main. Vne fupercherie, ou affront auec aduantage.
Sopramánto, excellemment bon, extrememment, outre mefure.
Sopramaffára, femme de charge.
Sopramaffáro, concierge.
Sopramercáto, pardeffus le marché.
Sopramé∫sa, vn garderobbe, ou fourreau d'habit.
Sopraminénte, fur-eminent.
Sopraminénza, fur-eminence. pron. *ts*.
Sopramontáre, pour furabonder.
Sopramúro, couuerture de mur.
Sopránna, vn garderobbe. Item, vne chanterelle d'inftrument.
Sopranatáre, furnager.
Sopranaturále, furnaturel.
Sopránimo, auec paffion.
Soprandáre, aller au deffus.
Sopranità, fouueraineté.
Sopráno, fouuerain, fupreme. Le deffus, en terme de mufique. En jargon, le Ciel.

Sopranomáre, furnommer.
Sopranóme, furnom: Et fobriquet.
Sopranominánza, Idem. pron. ts.
Sopranomiuáre, furnommer.
Sopranségna, enfeigne, marque d'habits, ou autre chofe pour reconnoiftre.
Soprantendénte, Surintendant.
Soprantendénza, furintendance. pron. ts.
Soprannotáre, furnager, nager au deffus.
Soprapagáre, payer au delà.
Soprapagáto, qui a efté payé plus qu'il ne deuoit eftre.
Soprapáfto, deffert.
Soprapéndere, eftre fufpendu. parf. foprapendétti.
Soprapéfo, fufpendu. Item, le bon poids, ce que l'on met par deffus le poids.
Soprapiéde, fouptepied, mal de cheual.
Soprapigliáre, furprendre.
Soprapiú, le furplus.
Sopraponti, planches à courir des ponts.
Sopraporre, mettre deffus. pref. foprapóngo, foprapóni, foprapóne, & le refte comme pórre ou póuere.
Soprapófta, vn mal d'anenture, qui vient entre la chair & l'ongle. C'eft auffi proprement vne atteinte à vn cheual.
Soprappiú, le furplus.
Soprapréndere, furprendre. parf. foprapréfi.
Soprapréfo, furpris.
* Sopráre, furmonter.
Sopraréggere, gouuerner par deffus les autres. parf. foprareffi, & foprareggétti.
* Sopráto, furmonté.
Sopraríccio, velous de trois poils, ras.
Sopraiundre, atteindre, attraper. Item, furuenir.
Sopráma, garniture à couurir les armes.
Sopraſalíre, monter au deffus. pref. fopraffáglio, fopraffáli, fopraffále, & le refte comme falíre.
Sopraſálto, furfaut.
Sopraſcríta, fuperfcription.
Sopraſcrittióne, &
Sopraſcrítto, Idem.
Sopraſcríuere, efcrire deffus ou au deffus. parfait, foprafcríffi.
Sopraſedénza, furfeance. pron. ts.
Sopraſedére, furfeoir. pref. fopraſédo, & fopraſſédo, parf. fopraſſedétti.
Sopraſcúto, furfis.
Sopraſſégna, &
Sopraſſegnále, contrefigne, enfeigne, marque.
Sopraſſignáre, marquer.
Sopraſſélla, houffe, couuerture de felle. pron. e ouuert.
Sopraſſél'o, le furplus, addition à vne fomme. prononcez e ouuert.
Sopraſſénno, prudence, fapience, & trop de prudence, trop d'efprit. pron. e fermé.
Sopraſtánte, éminent, éminente, menaçant, imperieux, infolent, infolente. Tardif, tardine.
Sopraſtánte, gardien, Surintendant. Intendant, vn qui a charge.
Sopraſtánza, furintendance. pron. ts.
Sopraſtáre, eftre éminent. Menacer. Eftre au deffus, furpaffer, retarder, reculer, dilayer. pref. foprafto, fopraftái, fopraftá, & le refte comme ftáre.
Sopraſtáto, qui eft plus aagé, qui deuance d'aage.
Sopraſtimáre, eftimer au delà.
Sopraſtráre, couurir, crefpir.
Sopratenére, entretenir, dilayer. pref. fopratengo, sopratiéni, sopratiéne, & le refte comme tenére.
Sopratenimento, delay, fufpenfion.
Sopratiéni, Idem.
Sopratócco, fufdit, fufmentionné.
Sopratagáre, s'eftendre plus qu'il ne faut.
Sopratuanzáre, furpaffer, auoir de refte. pron. ts.
Sopranánzo, furplus, refte. pron. ts.
Sopranáfu, commerce de vaiffeau.
Sopranedére, auoir l'œil fur quelque chofe. parf. foprauidi, le refte comme vedére.
Sopranedimento, foin, circonfpection.
Sopranegnénte, furuenant, furuenante.
Sopranenimento, éuenement par accident.
Sopranenire, furuenir. pref. sopranéngo, sopraniéni, sopraniéne, & le refte comme venire.
Sopranénto, tempefte.
Sopranenúta, la furuenuë, arriuée.
Sopranéfta, cafaque de foldat à cheual, vn tonnelet.
Sopraueſtíto, habit de deffus.
Sopráni, deffus, au deffus de cela.
Sopraníuere, furuiure. parf. fopraníffi.
Sopraníuo, &
Sopraníuolo, joubarbe, herbe.
Sopranſáre, abufer d'vne chofe.
Sopranſo, abus.
* Sópre, fur. pron. o fermé.
Sopreminénza, fur-éminence. pron. ts.
Soprefciáre, fupprimer, preffer, calandrer, mettre à la calandre.
Soppréſcia, vne calandre à preffer les eftoffes ou draps.
Soppréſſa, prefure.
Sopreffáre, fupprimer, preffer.
Soppreffáto, vn confommé de viande preffée. Item, vne preffade, vn coup de preffe, vne eftreinte: c'eft auffi vne forte de faulciffon.
Soppreffáto, jus de la viande preffée.
Soppreſſióne, fuppreffion.
Soppréſſo, fupprimé. pron. e ouuert.
Soprimere, fupprimer. parf. foprimei.
Soppréſſo, furot. Metaph. Vn nouueau mal-heur ou nouuelle fafcherie.
Sopréſſito, qui a vn furot ou fures.
Sopríuſo, fupercherie, abus.
Soquadráre, renuerfer, mettre fens deffus deffous. metter à Soquádro, Idem.
Sóra, foeur. pron. o ouuert.
Soráglio, vne certaine marque fur les plumes d'vn oifeau.
Soráre, efforer.
Sórba, corme, en jargon, baftonnade. pron. o ouuert.
Sorbélla, corme.
Sorbétto, forte de limonade. Item, petite gorgée.
Sorbibródo, vn gros fouppier.
Sorbile, qui fe peut aualler.
Sorbilláre, humer.
Sorbína, forte de prune.
Sorbíre, aualler, humer. pref. forbifco.
Sorbíza, vne gorgée.
Sorbitéllo, petite gorgée.
Sorbítico, afpre, aigre.
Sorbitióne, aualement, gorgée.
Sorbitóre, aualleur, humeur.
Sobitríce, aualeufe.
Sorbo, cormier. pron. o ouuert.
Sórbola, cormie.
Sorbolaro, cormier.

Sòrca, souris. pron. o fermé.
Sórce, Idem. pron. o fermé.
Sorcéra, souriffiere.
Sorcétto, petite souris.
Sorciéra, souriffiere.
Sorciéro, preneur de souris.
Sorciétto, petite souris.
Sorcígno, de poil de souris.
Sorcíme, les rats, & les souris.
Sórcio, souris.
Sorcióne, gros rat.
Sórco, rat. pron. o fermé.
Sórco, &
Sórcolo, vne greffe à enter. Item, surgeon d'eau.
Sorcóne, vn gourmand. Item, vn gros rat.
Sorcótta, vne garde-robbe, & vne casaque, cotte d'armes.
alla Sórda, sourdement, à la sourdine.
Sordággine, surdité.
Sordaggióne, Idem.
Sordaménte, sourdement.
Sordáre, rendre sourd.
Sordástro, vn sourdaut.
Sordétto, petit sourdaut.
Sordidaménte, salement.
Sordidáre, salir.
Sordidézza, saleté. pron. ts.
Sordidíre, rendre ou deuenir sale. pref. sordidisco.
Sórdido, sale, vilain, chiche.
Sordiménto, surdité.
Sordína, sourdine.
Sordíre, rendre ou deuenir sourd. pref. sordisco.
Sordità, surdité. Item, saleté, chicheté, vilainie.
Sordíto, rendu ou deuenu sourd.
piétra Sórda, pierre sourde, qui n'a point d'esclat.
Sórdo, sourd. pron. o fermé.
Sordóne, vn sourdaut.
Soréll̀a, sœur. Pour la nature de la femme.
Soréll̀a d'ánima, sœur spirituelle.
Sorellánza, alliance de sœur.
Sorellástra, belle-sœur, fille du beau-pere ou belle-mere
Sorelleggiáre, se comporter en sœur.
Sorellínole, de sœur.
Sorellína, nonette, sœurette, petite sœur.
Sorellíssima, tout à fait sœur.
* Sorellità, alliance de sœur.
Sórge, souris.
Sorgénte, surgissant.
Sorgéra, souriffiere.
Sórgere, surgir. Item, se leuer, monter ou croistre, sourdre, saillir comme l'eau. pref. sorgo, parf. sorsi, & sorgétti, selon aucuns. pron. o fermé.
Sorgétto, petite souris.
Sorgévole, qui peut surgir.
Sorgiéra, sourriciere. Item, vne couuerture de lisieres.
fàr Sorgiéra à vno, faire des niches, attraper, dupper, gausser, faire honte ou affront.
Sórgio, vne souris. Item, lisiere de draps, &c.
Sorgióne, gros rat, grosse souris.
Sorgióngere, suruenir, arriuer. parf. sorgiónsi.
Sorgiónta, suruenue, arriuée soudaine.
Sorgiónto, arriué, suruenu.
Sorgitóre, le lieu où l'on jette l'ancre. Item, montée, promontoire.

Sorgitório, Idem.
Sorgíua, vne source. Item, de source.
ácqua Sorgíua, eau de source, eau viue.
Sorgiúto, surgy, monté, leué.
Sórgo, souris. Item, bled Sarazin.
Sorgozzáre, donner des gourmades. pron. ts.
Sorgózzo, & pron. ts.
Sorgozzóne, gourmade, vn releuemenron. pron. ts.
Sóri, sury, drogue. Item, vne sorte de poisson.
Soriáno, preneur de souris. Item, du pays de Surie.
gátto Soriáno, gros mattou. Item, vn gros païsan.
Soricária, oreille de souris, herbe.
Soríceo, de souris.
Soriculáto, de diuerses couleurs.
Sórigo, souris.
Sorìssa, souris.
Scríso, rat.
Sormontáre, surmonter, surpasser.
Sirnacáre, reniffler, ronfler.
Sornacchiáre, cracher, ronfler.
Sornácchio, vn gros crachat, le bruit du ronfler, qui ronfle en dormant.
Sornacchióra, ronfleure.
Sornacchióso, plein de crachats.
Sornáceo, ronflement.
Sornomáre, surnommer.
Sornóme, surnom.
Sornotáre, nager au dessus.
Sóro, ieune, sans experience, simple. Item, le primpoil, poil folet. Et vn ieune homme à qui le poil folet commence à venir. Il se dit d'vn oiseau de proye qui n'a pas encore mué.
Sorócchia, sœur, nonne.
* Soróre, Idem.
Sororicída, meurtrier de sœur.
Sororicídio, meurtre de sœur.
Sororità, alliance de sœur.
Sorpassáre, surpasser.
Serpiù, le surplus.
Sorpréndere, surprendre. parf. sorpréß, & sorprendétti, qui n'est gueres en vsage.
Sorprésa, surprise.
Sorpréso, surpris.
Sórra, le ventre de la Thonine ou du Thon salé.
Sorraticciaménte, cauteleusement.
Sorraticcio, vn finet.
Sorrénto, sorte de veau.
Sorrídere, sousrire. parf. sorrìsi.
Sorripere, attraper, déceuoir, qui n'est point en vsage qu'en infinitif.
Sorríso, sousris.
Sorrogáre, subroger.
Sorrogatióne, subrogation.
Sorsáta, vne gorgée.
Sorseggiáre, auualer, humer par gorgées.
Sórso, gorgée. pron. o fermé.
Sórta, sorte, espece, qualité. Le principal, le capital. pron. o ouuert.
Sórte, aduenture, sort. Et sorte. pron. o ouuert.
Sórte, sorte, sort. Et sorte. pron. o ouuert.
cáder in Sórte, escheoir en partage.
Sórte, participe feminin du verbe sórgere. prononcez o fermé.
è di che Sórte, & de bonne sorte. pron. o ouuert.
Sortéccbio, sortilage.
Sorteggiáre, tirer au sort.

SO

Sortéuole, fortable.
Sortilégio, fortilege.
Sortilégo, qui tire au fort.
Sortiménto, iſſuë, éuenement.
Sortire, tirer au fort. Eſlire, deſtiner. Partager, lottir, faire des lots pour partager. Item, auoir ſon iſſuë ou éuenement. preſ. Sortiſco, & Sórto. pron. o ouuert. part. Sórto.
Sortíta, eſlite, ſortie, iſſuë, éuenement.
Sortitióne, idem.
Sortita átqua, eau viue.
Sortiuo, ſurgeonnant. Item, que l'on peut tirer au ſort.
Sórto, ſurgy, monté, leué. pron. o fermé.
Soruenire, ſuruenir. preſ. Soruéngo, Soruiéni, Soruiéne, Soruenniámo, Soruenite, Soruéngono. imparf. Soruenína. part. Soruénni, Sarueniſti, Soruiénne, Soruenímmo, Soruéniſte, Soruénuero. part. Soruenito. fut. Soruerrò. opt. Soruénga. imparf. Sorueniſſi, & Soruerréi, &c.
Soruolâre, ſuruoler.
Soruólo, volettement.
Sorz érq, ſouriſſiere. pron. dz̧.
Sórz̧e, ſouris. pron. dz̧.
Sorzeméle, ſorte de pain d'eſpice. pron. dz̧.
Soz amíza, ſorte d'huyle de lys. pron. dz̧.
Soſcritta, &
Soſcritióne, ſeing, ſignature, ſouſcription.
Soſcritto, ſouſcrit, ſigné.
Soſcritúra, ſignature, ſouſcription.
Soſcriuere, ſigner, ſouſcrire. part. Soſcriſſi.
* Soſerzáre, follaſtrer. pron. ts.
* Soſerz̧o, follaſtreur, & follaſtrerie. pron. ts.
Soſina, prune, & prunelle.
Soſino, prunier. Et prunellier, ſelon aucuns.
Soſiſtere, ſoſiſtere, ſubſiſter. parf. Soſiſtétti.
Sóſo, ſúſo, en haut, ſus.
Soſpecciáre, ſoupçonner.
Soſpecciónr, ſoupçon.
Soſpecciſo, ſoupçonneux.
Soſpéndere, pendre en haut, ſuſpendre, tenir en ſuſpens. parf. ſoſpéſi, & ſoſpendétti.
Soſpenderſi, qui ſe peut ſuſpendre.
Soſpéndio, ſoſpenſióne, &
Soſpéſa, ſuſpenſion.
Soſpéſo, pendu, ſuſpendu, en ſuſpens, douteux.
Soſpettióne, ſuſpicion, ſoupçon.
Soſpettáre, ſoupçonner.
Soſpettiuole, ſoupçonneux.
Soſpettióne, ſuſpicion.
Soſpétto, ſuſpect.
Soſpétto, ſoupçon, & ſuſpect. Triſto quel ſoſpétto, che ſcápre il ſuo difètto, malheur au ſoupçon, qui decouure le deffaut de celuy qui ſoupçonne. Chi è in diſſétto è in ſoſpètto. Le François dit, qui eſt morueux ſe mouche.
Soſpettóſo, ſoupçonneux.
Soſpicáre, Soſpiciáre, ſoupçonner.
Soſpicióſo, ſeſpicióſo, ſoupçonneux.
Soſpignere, &
Soſpingere, pouſſer auec force. preſ. ſoſpingo. part. ſoſpinſi. part. ſoſpinto, &c.
Soſpingiménto, &
Soſpinta, vne pouſſade, vne ſaccade, vn heurt.
Soſpinto, pouſſé, induit.
Soſpirando, que l'on doit ſouſpirer, déplorable.
Soſpiránte, ſouſpirant, ſouſpirante.
Soſpiráre, ſouſpirer.
Soſpireuole, plein de ſouſpirs.
Soſpirie, &

Soſpiro, ſouſpir.
Soſpiróſo, ſouſpirant.
* Soſpíta, qui donne le ſalut.
* Soſpitále, ſalutaire.
Soſpitióne, ſoupçon.
Soſſeguénte, ſubſequent.
Soſſeguénz̧a, ſubſequence. pron. tsd
Soſſeguíre, ſuiure après. preſ. ſoſſégo.
Soſſidiáre, aider, ſecourir.
Soſſídio, ſubſide.
Soſſiegáre, eſtre ſur le point d'honneur, ou ſur ſa grauité, mot Eſpagnol.
Soſſiegárſi, s'appaiſer, ſe mettre en repos, mot Eſpagnol.
Soſſiégo, grauité, point d'honneur, mot tité de l'Eſpagnol.
Soſſiegóſo, graue.
Soſſiſténte, ſubſtiſtant.
Soſſiſtenz̧a, ſubſtiſtance. pron. ts.
Soſſiſtere, ſubſiſter. parf. ſoſiſtétti.
Soſſópra, ſens deſſus deſſous.
Sóſta, pauſe, repos, delay, enuie, volonté extreme. C'eſt auſſi vne ſouſte, vne garde, vne carte qui ſert de garde à vne plus haute en jouänt. pron. o fermé.
Far Sóſta, i. rendre la debte plus grande, accroiſtre la ſomme. pron. o fermé.
Sóſta, reſſort. Et vne ſorte de corde dans vn vaiſſeau. pron. o fermé.
Soſtantia, ſubſtance.
Soſtantiále, ſubſtantiel.
Soſtantialità, qualité ſubſtantielle.
Soſtantiáre, donner de la ſubſtance.
Soſtantiatióne, ſubſtantiation.
Soſtantícuole, ſubſtantiel.
Soſtantífico, ſubſtantifique.
Soſtantióſo, plein de ſubſtance.
Soſtantíuo, ſubſtantif.
Soſtáre, ſe repoſer. Item, ſe ſouſtenir, ſubſiſter.
Soſtáro, qui ſouſtient.
Soſtégno, ſouſtien.
Soſtenénz̧a, ſouffrance, & ſouſtenance. pron. ts.
Soſtenére, ſouſtenir, ſouffrir, ſupporter, ſuſtenter. C'eſt auſſi detenir priſonnier. preſ. ſoſtengo, ſoſtiéni, ſoſtiéne, ſoſteniámo, ſoſtenete, ſoſtengóno. part. ſoſténni, ſoſteneſti, ſoſténne, ſoſtenémmo, ſoſteneſte, ſoſténnero. particſi. foſtenúto. fut. ſoſterrò. opt. ſoſtenga. imparf. ſoſteneſſi, & ſoſterréi, &c.
Soſteniménto, ſouſtien, ſouſtenance.
Soſtenitóre, ſouſteneur, mainteneur.
Soſtenérſi, s'abſtenir, comme ſoſtenére, auec mi, ti, ſi, ci, ui, ſi.
Soſtentácolo, ſouſtien.
Soſtentaménto, ſubſtantiation.
Soſtentáre, ſouſtenir, & ſubſtanter.
Soſténto, ſouſtien.
Soſtenúto, ſouſtenu.
Soſternáre, aſſujettir, mettre au deſſous.
Soſtíllio, Soſtíllo, dégouttement d'vne gouttiere. Item, pluye menuë. Et vne difficulté d'vriner.
Soſtituíre, ſubſtituer. preſ. Soſtituíſco.
Soſtitúito, vn Subſtitut ou Député.
Soſtitutióne, ſubſtitution.
Soſtitúto, ſubſtitut, & ſubſtitué.
Soſtrárre, ſouſtraire, preſ. ſoſtráo, & ſoſtrággo, ſoſtráe, & ſoſtrággne, ſoſtraémo, ſoſtraéte, ſoſtrággono. parf. ſoſtráſſi, ſoſtráſſe, ſoſtraémmo, ſoſtraéſte, ſoſtráſſero. part. ſoſtrátto. fut. ſoſtrarrò. opt. ſoſtrágga, imparf. ſoſtraéſſi, & ſoſtrarréi, &c.

Sostrattione, soustraction.
Sostratto, soustraict.
* Sostro, remuneration.
Sociéle, de societé.
Sorialità, societé.
Sociáre, associer.
* Sótida, societé.
Sociétà, idem.
Socievole, sociable.
Sótio, compagnon.
Sótra, morelle, herbe.
Sott'acqua, sous l'eau. Item, secrettement.
Sott'acqueo, de dessous l'eau.
Sottalpino, de dessous les Alpes.
Sottana, juppe, cotte de femme. Et soutane. C'est aussi vne corde de lut appelée octaue, selon aucuns la seconde.
Sottáno, vne soutane. Item, inferieur.
Sottandáre, aller dessous, comme andáre.
Sottanella, petite juppe, ou cotillon.
Sottaráre, enterrer.
Sottascoltáre, estre aux escoutes.
Sottéchij, sottócchi, à la veuë.
Sotténdere, estendre dessous. parf. sottendétti, & sottési.
Sottentráre, se couler dessous, passer dessous, se fourrer.
Sotterráneo, soulterrain.
Sotterfuggire, s'eschapper, s'éuader. pres. subterfuggo.
Sotterfúgio, subterfuge.
Sottérra, sous terre.
Sotterraménto, enterrement.
Sotterráre, enterrer.
Sotterratóre, enterreur.
Sottésso, dessous, dessus luy.
Sotti, pour tì so, je te sçay.
Sottigliáre, subtilter. Rendre aigu ou pointu.
Sottigliáme, finesse, subtilité.
Sottigliézza, subtilité. Et chicheté. pron. les zz comme...
...one, vn chapon auec fe...isonneme
...btiliser, traits fi...
...in, delié, l...   ...vaissea...
subtilement.
Sottíle, pour necessité, disette.
guardár nel Sottíle, regarder par le menu, ou de prés.
vdír Sottíle, ouïr clair.
cauár il Sottíle, dal Sottíle, i. faire paroistre vne petite chose, ou plustost, tirer profit de tout, faire argent de tout.
Sottíli, en jargon, enfans.
píso álla Sottíle, poids de marchandises fines, plus leger que l'autre.
Sottilíre, rendre aigu, & subtiliser. pres. sottilísco.
Sottilità, subtilité.
Sottiliẓáre, subtiliser. pron. les zz. comme dz.
Sottilménte, subtilement.
Sótto, sous. pron. o fermé.
Sótto al Barbiére, entre les mains du Barbier.
ésser Sótto, estre pris, estre attrapé.
andár Sótto, se coucher, qui se dit du Soleil.
restà di Sótto, estre en perte.
restár Sótto, demeurer court.
métter Sótto, atteler les cheuaux.
Sottobécco, vn releue-menton, coup sous le menton. pron. les deux e fermez, & l'o ouuert.
Sottocálze, chaussettes.
Sottocáre, froller, toucher doucement.
Sottocalzóni, caleçons.
Sottocámera, chambre basse.
Sottocameriére, second valet de chambre.

Sottócchi, à la veuë.
vn Sott'ócchio, vne œillade.
Sottociélo, lambris.
Sottocínghia, sangle de dessous. pron. ghi, comme gui.
Sottocéda, croupiere. pron. e fermé.
Sottocóppa, sous-couppe. pron. o fermé.
Sottocómito, sous-comite. pron. o ouuert.
Sottocuóco, garçon de cuisine. pron. o ouuert.
Sottodiácono, Sousdiacre.
Sottogiacére, estre au dessous. pres. sottogiáccio, & le reste comme giacére.
Sottogiúngere, suruenir, arriuer, se conjugue comme giúngere.
Sottogli, au dessous de luy.
Sottogóla, sous-gorge. pron. o fermé.
Sottognáttaro, sous-marmiton.
Sottolimitáre, le seüil ou pas de la porte.
Sottolúcere, luire vn peu.
Sottolunáre, sublunaire, sous la Lune.
Sottomaéstro, sous-maistre.
Sottománo, sous-main. Vn coup en dessous.
Sottométtere, soubsmettre. parf. sottomísi, & sottoméssi.
Sottoméssa, soumis.
Sottomonire, aduertir sous main. pres. sottomonísco.
Sottopiattóne, vn sornois.
Sottopiattoncéllo, vn petit sornois.
Sottopónere, &
Sottopórre, soubsmettre, mettre dessous. pres. sottopóngo, sottopóni, sottopóne, sottopóniámo, sottoponéte, sottopóngono. imparf. sottopóneua. parf. sottoposi, sottoponésti, sottopósi, sottoponémmo, sottoponéste, sottopósero. part. sottoposto. fut. sottoporrò, &c.
Sottopósto, soumis, sujet.
Sottoprióre, souspriueur.
Sottoridere, sousrire. parf. sottorísi.
Sottoríso, sousris.
Sottorittióne, soussciption.
Sottoscritto, souscrit.
Sottoscríuere, souscrire. parf. sottocrissi.
Sottosegretário, sous-secretaire.
Sottoseália, chaire basse.
Sottosegnáre, marquer dessous.
Sottosentíre, auoir le vent de quelque affaire. pres. sottosénto.
Sottosópra, sens dessus dessous. pron. o fermé.
Sottosopramettere, renuerser, mettre sens dessus dessous, se conjugue comme méttere.
Sottostánza, logement au dessous. pron. ts.
Sottostáre, estre au dessous, demeurer ou loger au dessous, voyez stáre.
Sottotáẓa, vne sous-couppe. pron. ts.
Sotterráre, enterrer.
Sottordire, ourdir sous main. pres. sottordísco.
Sottouénto, sous le vent.
Sottouóce, tout bas, à basse voix. pron. o fermé.
Sottrággere, soustraire. parf. sottrássi.
Sottraiménto, soustraction.
Sottrárre, tirer de dessous, soustraire. Item, estre chiche. pres. sottrággo. parf. sottrássi. part. sottrátto. fut. sottrarrò, &c.
Sottrattióne, soustraction.
Sottrátto, soustrait. Item, allechement, attrait, finesse.
Sosággia, bouterole.
Souátta, vne sauate. Item, vne laniere, & du cuir dont on fait les estriuieres.
Souáto, vne courroye.
* Souégno, aide, secours.

SO

Souenénza, idem. pron. *ts*.
Souenéuole, que l'on peut aider, ou subuenir.
Souenìre, souuenir, aider, subuenir. pres. *souéngo*, *souiéni*, *souiéne*, *soueniámo*, *souenìte*, *souéngono*. parf. *souénni*, *soueuísti*, *soulénne*, *souenímmo*, *souenìste*, *souenéro*. part. *souenúto*. fut. *souerrò*. opt. *souénga*. imparf. *souenísse*, & *souerríi*, &c.
Souénte, souuent.
Souerchiaménte, excessiuement, superfluëment.
Souerchiánza, superfluité. pron. *ts*.
Souerchiáre, estre superflu, surpasser. Et *supercher*.
Souerchiaría, supercherie.
Souerchiéuole, &
Souérchio, excez, superfluité, trop.
Souérchio, superflu, & excessif. Item, grain que l'on renuerse en herbe.
di Souérchio, de surplus, de reste, que trop.
Souerézza, souueraineté. pron. *ts*.
Souerino, de liege.
Sóuero, liege. pron. *o* fermé.
Souérscio, grain que l'on renuerse en herbe pour engraisser le terroir.
Souersióne, subuersion.
Souertíre, subuertir. pres. *souérto*, & *souertísco*.
Souesciáre, renuerser, subuertir.
Sóura, sur, dessus. pron. *u* consonne.
Souracínghia, sursaix. pron. *u* consonne, & *ghia* comme *gua*.
Sourafódro, faux fourreau. pron. *u* consf.
Souracopérta di libro, housse de liure. pron. *u* consf.
Souracuóco, maistre cuisinier. pron. *u* consonne.
Souranéllo, suranné. Vn veau qui a passé deux ou trois ans. pron. *u* consf.
Souranità, souueraineté, superiorité. pron. *u* consf.
Souráno, souuerain, superieur. pron. *u* consf.
Souránz áre, surpasser, exceller, rester, auoir du surplus. pron. *u* consf.
Souránzo, reste, le surplus. pron. *u* consf.
Sourapiù, le surplus. pron. *u* consf.
Sourapontáre, surjetter. pron. *u* consf.
Sourapónte, suriect. pron. *u* consf.
Sourapósta, atteinte de cheual. pron. *u* consf.
Souraserítta, *suprasrítta*, superscription, inscription, le dessus d'vne lettre. pron. *u* consf.
Sourastánte, Surintendant. pron. *u* consf.
Sourastánza, surintendance. pron. *u* consf.
Sourastáre, estre au dessus, surpasser, & menacer. Item, auoir la surintendance. pron. *u* consf. Cela se conjugue comme *stáre*. pres. *sourásto*, *sourásti*, *sourásta*, &c.
Sourauanzáre, surabonder. pron. *u* consf.
Sour'empíre, combler, emplir par dessus. pron. *u* consf.
Sour'ésso, sur luy. pron. *u* consf.
Sourétti, mules auec du liege. pron. *u* consf.
Souuélla, vne lippée franche.
Souueníre, subuenir, aider. Et souuenir, voyez *souenìre*.
Souuenitóre, qui subuient, qui aide.
Souuentióne, subuention.
Souuentóre, qui aide, qui assiste.
Souuentríce, idem.
* *Souuergiménto*, &
Souuersióne, subuersion, renuersement.
Souuerténza, Idem.
Souuértere, &
Souuertíre, subuertir. pres. *souuérto*, & *souuertísco*.
Souuertíuo, qui se peut renuerser.
Souuertitóre, subuertisseur.
Souuólgere, renuerser, subuertir. parf. *souuólsi*, & *souuolgétti*.

SO   SP

Souuolgiménto, renuersement.
Souuólto, renuersé.
Sozzaménte, vilainement, salement. pron. *ts*.
Sozzáre, salir, poluer. pron. *ts*.
Sozzézza, & *Sozzítà*, saleté, laideur, vilainie. pron. *ts*.
Sózzo, laid, sale, vilain. pron. *o* fermé, & les *zz* comme *ts*.
Sozzópra, sens dessus dessous. pron. *ts*.
Sozzúra, laideur, saleté, vilainie, ordure. pron. *ts*.

SP

SPácca strómbolo, cul par dessus teste, sorte de jeu.
Spaccaménto, fente, esclat.
Spaccáre, fendre, esclatter en deux.
òcchi Spaccáti, yeux bien fendus.
Spaccatúra, fente, esclat.
Spacchiáre, fendre. Item, oster de la mangeaille.
Spacchíno, gros cousteau de boucher, couperet de boucher.
Spacciáre, depescher, debiter vne marchandise.
Spacciàr vno per le generáli, ne donner pas volontiers audience ou credit à celuy qui demande, renuoyer viste.
Spacciàr il dótto, &c. Nous disons, trancher du docte, &c.
Spacciàr del grande, trancher du grand.
Spacciàr il fáuto per Barcellóna .i. faire le grand.
alla Spacciáta, viste, ou plustost, à ventre deboutonné.
Spacciataménte, idem.
Spacciatíuo, expeditif.
éser Spacciáto, nous disons aussi, estre dépesché, estre en mauuais estat, n'auoir plus de remede.
Spacciáto, expedié.
Spacciáto máuo, fol, outré.
Spáccio, dépesche, debit de marchandise, expedition.
Spáda, espée.
à Spáda trátta .i. tout de bon, à bon escient. C'est aussi ce que le François dit, aux espées, & aux cousteaux, & l'espée nuë à la main.
Spáda Romána, vne certaine longueur d'espy ou remolin au cheual.
Spáde da giuóco, fleurets à faire des armes.
Spáde, sorte de point ou couleur aux cartes.
Spadacciáta, coup d'espée.
Spadacíno, traisneur d'espée, espadacin. Item, petite espée.
Spadacíno di frittole, soldat de cuisine.
Spadáio, fourbisseur.
Spadaría, boutique de fourbisseur.
Spadáro, fourbisseur.
Spadaruólo, idem.
Spadáta, coup d'espée.
Spadéno, sorte de croc à prendre le poisson.
Spadétta, petite espée.
* *Spadíco*, bay clair.
Spadério, cousteau, plume d'oiseau de proye.
Spadíglia, &
Spadína, petite espée.
Spádola, vn seran, vn hachoir ou brayoir.
Spadoláre, serancer.
Spadolétta, petit seran. Item, vn cousteau à imprimer les toiles des peintres.
Spadóne, espadon, grande espée large.
Spadíne, en jargon, vn Iule, vne piece de cinq sols.

487

Spadóni, fruicts qui commencent à germer.
Spaduláre, escouler l'eau des marests.
Spága, sorte de poix ou raisine.
Spaghétto, petite ficelle. pron. *ghe* comme *gue* en François.
Spagliéra, espallier, dossier.
Spagnoláta, trait d'Espagnol, rodomontade.
Spaguoleggiáre, faire l'Espagnol.
Spagnuolíssimo, propreté d'Espagnol.
Spagnólo, Espagnol.
Spagiuoli, en jargon, des pigeons.
Spágo, de la ficelle. Et du chegros ou fil gros de Cordonnier.
Spaiárda, verdier, verderculle.
Spalágio, sorte de mouche venimeuse.
Spalagrémbo, vn tablier d'artisan.
Spalancáre, ouurir tout large.
Spaláre, remuer à la pelle, oster auec vne pelle.
agli Spála, il remue les escus à la pelle, il est fort riche. Item, il hable.
Spaláre, attacher les eschalas des vignes. Item, hablet, en jargon.
Spalatóre, mesureur de sel ou de bled. Item, chargeur, qui charge auec la pelle ou hableur.
Spálco, gallerie, terrasse.
Spáldo, vne aduance ou saillie deuant vne maison, vne espece de mur qui aduance, vne gallerie qui aduance en dehors, au haut d'vne tour ou d'vne muraille.
Spallettáre, remuer à la pelle.
Spálla, espaule. Item, le lieu proche de la pouppe où sont les degrez pour monter.
Spálla, l'espace ou place de la pouppe d'vne Gallere, l'espale.
gittársi diétro álle Spálle .i. ne se soucier point.
Spalláccia, grande espaule.
Spallaci, mal de cheual sur le garot, dureté entre la chair, & l'os, galles sur le garot.
Spalláio, espaliere.
Spalláre, espauler, terme du jeu du trente-vn.
Spalláta, coup d'espaule.
Spalláto, entr'ouuert, espaulé. Ruiné, chargé de debtes.
Spallatúra, espauleure.
Spaláz zi, mal sur le garot. pron. *tz*.
Spalleggiáre, tendre les espaules, se seruir bien de ses espaules. Et espaule, soustenir. Bransler les espaules en marchant.
Spalliéra, espallier du jardin. Dossier de chaire. Vne tapisserie. Et les premiers bancs d'vne Galere.
fár Spalliéra, cela se dit de ceux qui font tout le iour dans vne antichambre à faire le pied de grue, seruir de tapisserie, ne seruir que de nombre.
Spalliéri, les espalliers, ceux qui rament aux premiers bancs d'vne Galere.
Spallóne, grande espaule.
Spallúto, qui a de larges espaules.
Spalmáre, gaudronner ou goldronner vn vaisseau.
Spalmatúra, gaudron, goldron.
Spalmeggiáre, frotter de la paume de la main, passer la main par dessus.
Spálto, sorte de noir qui ressemble à de la poix.
Spampanáre, esbourgeonner. C'est aussi se vanter, Et promettre beaucoup, comme aussi, à mon auis, c'est l'effect que fait la rose ou autre fleur, lors qu'elle est tout à fait ouuerte.
Spampanáia, vanterie.

Spampanatióne, esbourgeonnement.
Spampináre, esbourgeonner.: voyez *Spampanáre*.
Spaudiménto, espanchement, effusion.
Spándere, espandre, espancher, dilater, despenser, consommer. parf. *spársi*, & *spandétti*.
Spanditóre, espancheur. Item, despensier.
Spaniáto, desglué, desliuré, de la glu.
Spánna, empan, mesure.
Spannacciáre, baailler d'enuie de dormir.
Spannáre, empanner.
Spannáre, descharger de ses habits, despoüiller.
Spanóchia, apostheme.
Spannocchiáre, coupper les gousses des semences.
* *Spáno*, molasse.
* *Spánso*, dispensé.
Spantáre, s'estonner grandement, espouuenter.
Spantegáre, Idem.
Spánto, grand estonnement, qui se dit par ironie.
Spantóso, espouuentable.
Spánz ola, sorte de champignon. pron. *ts*.
álla Spapáráta, ouuertement.
Spapáráto, debraillé.
Spára, vn torchis ou torche à porter le pot sur la teste.
Spáraci, asperges.
Sparacína, pied d'asperge.
Sparadráppo, sorte d'emplastre.
Sparagágno, esparuin.
Sparagnáre, espargner.
Sparagnatóre, espargneur.
Sparagnatríce, espargneuse, qui espargne.
Sparagnéuole, espargnant.
Sparágno, espargne.
Sparagnóso, espargnant.
Sparagiéra, aspergere.
Spárag, asperge, esparge.
Sparagrémbo, vn tablier ou deuantier.
* *Sparambiáre*, espargner.
* *Sparámbio*, espargne.
Sparángo, barre de porte.
Sparapétto, parapet. Et piece deuant l'estomach.
Sparáre, habiller vn veau, vn porc, &c. ouurir le ventre pour en tirer les trippes ou intestins. Esuentrer, desapprendre, desgarnir, & desparer. C'est aussi rüer, qui se dit des cheuaux. Tirer vn canon ou arme à feu, le iouer du canon.
mi Sparerèi pér lúi, ie me desparerois pour luy .i. Ie n'ay pas enuie de rien faire pour luy, ou plustost ie me laisserois arracher les entrailles pour luy.
Sparár vna cámera, destendre, oster les tapisseries d'vne chambre.
Sparár vn archibúgio, &c. tirer vne harquebuse ou autre canon, descharger vne arme à feu.
Speraria, descharge.
Sparáta, rodomontade, brauade. Et grandes offres. Descharge de mousqueteries ou canon.
Sparáto, desgarny, desparé. Et ouuert comme vn pourceau, pour en tirer les boyaux. Item, l'ouuerture du deuant d'vne chemise.
m'hà Sparáto vna cóppia di cálci, il m'a rué, &c.
Sparauágno, esparuin.
Sparauiérulo, qui vit sans auoir soin du lendemain.
Sparauiéra, & *Sparbiéra*, esperuier.
è andáta à Sparauiéri .i. elle est perduë.
Sparcina, sorte de corde sur vn vaisseau.
fèr Sparécchia .i. vn qui dessert bien viste, vn goulu.
Sparecchiáre, desseruir, oster les viandes de dessus table. C'est aussi manger auidement.

Sparentáto,

S P

Sparentáto, sans parens.
Spareria, décharge d'armes à feu.
Spargauio, gloucecon, bardanne.
Spárgere, espandre, verser, espancher, diuiser, distribuer, diuulguer. pret. *spársi*, *spargésti*, *spárse*, *spargemmo spargéste*, *sparsero*.
Spargimento, effusion, dispersion.
Spárgo, asperge.
Spárgola, vne raquette.
Spargoláre, asperger, esparpiller.
Spárgolo, goupillon, asperges.
Sparire, disparoir, s'esuanoüir de deuant les yeux. pres. *sparísco*. parf. *spárij*, & *spárui*.
Sparitióne, disparition.
Sparlaménto, medisance.
Sparláre, medire. Et parler mal-à-propos.
Spárlo, pourpre, buccine, corne de mer.
Sparnazzáre, dissiper. Item, mepriser. pron. *ts*.
Sparnazzatóre, vn gaspilleur de biens. pron. *ts*.
Sparnicciáre, disperser çà, & là.
Spáro, nompair. Item, vne sorte de poisson de mer.
Sparpagliáre, esparpiller.
Sparsaménte, en desordre, tout espars.
Sparsióne, dispersion.
Spárso, espars, disperse, espanché.
Spartiménte, separément, à part.
Spartapareglia, salsepareille.
Spartáre, partager, diuiser.
Spartataménte, separément.
Spartatúra, diuision.
Spártea, sorte de genest.
Sparténza, partition, diuision. pron. *ts*.
Spártico, mastic.
Spartigióne, partition, separation.
Spartiménto, Idem.
Spartíre, diuiser, partager, diuiser. pres. *spárto*, & *spartísco*.
Spartitaménte, à part, separément.
Spárto, sorte de graine. Item, espars, espandu, parsemé.
Spárto di fiéle, qui a la iaulnisse.
✱ *Sparttúra*, vne corbeille pour desseruir de dessus table.
Sparuieráre, aller legerement comme vn esperuier.
Sparuiére, esperuier.
far come lo Sparuiére .i. viure du iour à la journée, sans songer au lendemain.
Sparuiére, le bois d'vn pauillon, la pomme, le chapiteau.
Spárulo, pourpre, poisson.
vn Sparutéllo, vn homme sans mine.
Sparutézza, mauuaise mine, peu d'apparence. prononcez *ts*.
Sparúto, sans apparence, de peu de mine.
Sparutízzo, flouet, maigrelet. pron. *ts*.
Spáse, vers d'enfant.
Spasima, conuulsion de membres, pâmoison.
Spasimáre, pâmer.
Spasimàr di sête, mourir de soif.
Spasimàr la róbba, dissiper ses biens.
Spasiménole, qui fait pâmer.
Spasimáta vóglia, enuie desesperée.
Spasímo, pâmoison, conuulsion.
Spasimóso, plein de conuulsions ou pâmoisons.
Spasináre, pâmer.
Spásmo, pâmoison.
Spassamartéllo, vn qui passe son temps. Item, passe-temps, chasse melancolie.

S P 489

Spassaménto, passe-temps.
Spassáre, se recréer, aller à la pourmenade.
Spassatémpo, passe-temps.
Spasseggiáre, se pourmener.
Spasseggiáta, petit tour de pourmenade.
Spasseggiatóio, pourmenoir.
Spassénole, recreatif.
Spassionáto, sans passion.
Spásso, passe-temps, & pourmenade.
egli è vno Spásso il vedére, &c. C'est vn plaisir que de voir.
mandar à Spásso, le François dit, enuoyer paistre, enuoyer pourmener.
Spastáre, despaster, destacher vne chose pasteuse, ou la paste.
✱ *Spástico*, qui a la crampe, ou vne conuulsion.
Spasináre, remplir les fosses des vignes.
Spastoláre, oster les entraues.
✱ *Spáta*, *spáda*, espée.
✱ *Spatário*, espadacin.
Spatéla, espatule.
Spatiáre, rendre spacieux. Item, se pourmener.
✱ *Spatíco*, tourmenté du malin esprit.
Spátio, espace de temps, ou lieu.
Spatiósa, en jargon, la place.
Spatiosità, estendue.
Spatióso, spacieux.
Spitola, espatule.
Spatriáre, tirer ou sortir de son païs.
Spátula, espatule.
Spátula fétida, glayeul puant, sorte de plante.
Spatuáldo, vn fantasque.
Spatanéllo, sorte de crampe.
Spatuíno, esparuin.
Spauentácchio, espouuentail.
Spauentácchio délle altaléna, épouuentail. C'est par Metaph. de *altaléna*, qui signifie vne grüe à puiser de l'eau.
far Spauentácchio à vno .i. faire peur en menaçant.
Spauentaglio, espouuentail.
Spauentamento, espouuentement.
Spauentánte, espouuentant, espouuentable.
Spauentáre, espouuenter.
Spauenténole, espouuentable.
Spauénto, espouuente, espouuentement.
Spauentóso canállo, cheual ombrageux.
Spaurácchio, espouuentail.
Spauráre, faire peur.
Spauríre, Idem.
Spauróso, peureux.
Spazzacamíno, vn ramonneur. pron. *ts*.
Spazzacouérta, vne grande peau à couurir vn chariot. pron. *ts*.
Spazzafórno, vn fourgon. pron. *ts*.
vn Spazza-martéllo, vn bon drolle, vn enfant sans soucy. pron. *ts*.
Spazzáre, balayer, ramonner, housser. pron. *ts*.
Spárzar la cortína, en terme de millice, nettoyer ou raser la courtine. pron. *ts*.
Spazzatóre, balayeur. pron. *ts*.
Spazzatóio, fourgon. Item, vn houssoir ou ramon. prononcez *ts*.
vn Spazzastráde, vn batteur de paué. pron. *ts*.
Spazzauénto, lieu où le vent donne. C'est aussi vne grande maison mal-garnie. pron. *ts*.
Spazzatúra, balayeure, laueure d'orfeure. En jargon, vne queuë de robbe. pron. *ts*.

Q q q

Spazzo pour spásso, passe-temps. Item, le dessus du plancher, les carreaux, le paué. Vne despesche. Vn tas d'ordures. Vn lieu deshabité. Debit de marchandises. pron. ts.
Spazzola, espoussette. pron. ts.
Spazzoláre, vergetter, espoussetter. pron. ts.
Specchiáio, faiseur de miroirs.
Specchiáre, mirer, se mirer. Metaph. prendre exemple de quelqu'vn.
Specchiáro, faiseur de miroirs, miroitier.
còsa Specchiáta .i. qui a sa perfection.
Specchiéra, vn miroir. Item, celuy de miroir.
Specchiétto, petit miroir. Metaph. Vn registre où l'on peut voir les affaires d'vn païs.
Spécchio, vn miroir. Metaph. Exemple. prononcez e ouuert.
Spécchio, en jargon, iour.
sono migliòr mercáto i Spécchi, che i z olfanélli .i. on ne manque pas d'exemples, allusion sur spécchio, miroir.
quél di gli Spécchi, il Bóia, celuy qui fait des miroirs .i. des exemples, le Bourreau.
Speciále, special. & espicier.
Speciáli, en jargon, Sergens.
Specialità, specialité.
Specialménte, specialement.
Speziáre, espicier.
Speziaría, espicerie. Item, boutique d'Espicier, & d'Apoticaire.
Speziáro, Espicier, & Apotiquaire.
Spécie, espece, sorte, maniere. Espicerie. pron. e ouuert.
Spéciera, espicerie. Et boutique d'Espicier.
Specificaménte, particulierement.
Specificáre, specifier.
Specífico, specifique, particulier.
* Specíllo, sonde de Barbier.
Speciosità, speciosité, apparence.
Specióso, specieux.
Spéco, vn antre, vne cauerne. pron. e ouuert.
* Spécula, eschauguette.
Speculáre, speculer, contempler, espier, considerer.
Speculáre, pierre speculaire. Item, vn faiseur de miroirs.
Speculária, pierre speculaire.
Speculatióne, speculation, contemplation.
Speculatiua, speculatiue.
Speculatiuo, speculatif.
Speculatinaménte, auec speculation.
Speculatóre, contemplateur.
* Spéculo, vn miroir.
Spedaleria, gueuserie, chose d'hospital.
Spedále, Hospital.
Spedaliére, hospitalier. Et Cheualier de l'Hospital de Hierusalem.
Spedalingo, Maistre de l'Hospital.
Spediáre, pron. e ouuert, se fouler les pieds. Item, embrocher, estant. pron. e fermé.
Spediáto, pron. e ouuert, surbatu, foulé, &c. pron. e fermé, signifie embroché.
Spediatina, vn petit tour de broche.
Spediétto, petite broche.
Spediéra, rastelier à mettre les broches. Item, vn hastier.
Spedíre, depescher, expedier. Vuider vn affaire. Repondre vne requeste, donner des commissions. pref. spedísco.

Spedir gràtis, estre renuoyé sans despens. Item, faire pour rien, escroquer.
Speditaménte, promptement.
Speditióne, expedition.
Spedíto, libre, dégagé. Prompt, viste.
è Spedíto pér le páste .i. Il est dépéché, c'est fait de luy. Il est mort, il est ruiné.
Spédo, broche. Item, espieu. pron. e fermé.
Spedonáre, embrocher d'vne broche, ou d'vn espieu.
Spedonáta, vne brochée.
Spedóne, espieu. Item, broche.
Spegazzáre, barboüiller, broüillasser, biffer, pocher auec de l'encre. pron. ts.
Spegazzóni, biffeures, pastez d'encre. pron. ts.
Spegiońáta càsa, maison qui n'est point loüée .i. point habitée.
* Spegliársi, se mirer.
Spéglio, miroir. pron. e ouuert.
Spegnáre, dégager.
Spegnere, esteindre, effacer. pres. spégno, imparf. spegniuo, parf. spénsi, part. spénto, fut. spegneró, opt. spénga, & spégna, l'on peut dire aussi au present, spéngo, &c.
Spelagáre, sortir de la mer. Et sortir d'intrigue.
Spelíglia, pellerie, escorcherie, gueuserie.
Spelláre, peler, escorcher. Item, fraiser les febves.
Spelazzuóla, vn emplastre pour arracher les cheueux. Item, la pelade.
Spelatéllo, petit pelé.
vn Spelláto, vn pelé, sorte d'injure.
Spelatóia, brosse ou descrottoire, spelatóio, Idem.
Spelazzíne, vn pature pelé. pron. ts.
Spélda, espeautre, sorte de bled.
* Speléuca, cauerne.
Spelláre, escorcher.
Spellicciáre, secoüer le pelisson. Item, escorcher.
vna buóna Spellicciáta, vne bonne sanglée, quand on a esté bien frotté ou estrillé, vne bonne venüe.
Spellicciatúra, escorcheure. Item, secousse.
Spelliccióso, sorte d'herbe velüe.
Spelónca, cauerne.
Spelorciería, chicheté.
Spelórcio, chiche.
Spélta, espeautre, sorte de grain.
Spélta, en jargon, façon, maniere.
Speluccáre, espluscher.
Spelúco, vn tas.
Spelúchie, corneille qui a les pieds rouges.
Speltúca, cauerne.
* Spéme, esperance.
* Spemíso, plein d'esperance.
Spendacchiáre, depenser excessiuement.
Spéndere, depenser, employer. Item, despendre. parf. spési, & spendétti.
chi più Spénde mánco spénde, c'est ce que nous disons, on n'a iamais bon marché de meschante marchandise.
Spéndersi, auoir cours, qui se dit de la monnoye, se mettre.
Spénder pér quálche cósa buóna, faire passer pour quelque chose de bon.
Spenderécchio, grand despensier. Item, chose qui a cours, ou qui s'employe.
Spendifarína, vn prodigue.
Spéndio, despense.
Spendióso, plein de despenses.
Spenditóre, pouruoyeur. Item, despensier, qui despense beaucoup.

Spenditrice, femme qui despense.
Spéndola, contrepoids d'horloge.
Spendoláre, pendre, pendiller.
Spendolársi, se couler ou descendre par vne corde.
Spendolóne, pendillant.
Spendúto, despensé. Et despendu.
* *Spéne*, esperance, mot Poëtique.
Spéngere, esteindre. Et pousser. pref. *spéngo*, imparfait, *spengéuo* parf. *spéusi*, part. *spénto*, &c.
Spennacchiáre, desplumer, arracher les plumes. Estendre les aîles.
Spennacchiáto, mal vestu, mal couuert, plumé.
Spennácchio, pennache, plume.
* *Spénnala*, languette de balance.
Spennáre, arracher les plumes.
Spennócchia, spenochis.
Spénnola, languette de balance, &c.
Spennúto, desplumé.
* *Spensarie*, despenses.
Spenséro, pournoyeur.
Spensieräggine, *spensieratäggine*, humeur estourdie, *Spensieratamente*, &
alla Spensierata, à l'estourdie.
Spensieráto, sans soucy, estourdy.
Spensieríto. Idem.
Spensoláre, pendiller.
Spensoláto, vn faineant, qui a les bras pendans.
Spensolóne, pendillant.
Spentácchio, espouuentail. Item, vn herisson.
Spénto, esteint, pron. e fermé.
Spentoláto, vn qui a les bras pendans, vn faineant.
Spenzoláre, pendiller. pron. *ts*.
Spenzoláto, vn faineant. pron. *ts*.
Spenzolóne, qui pendille, suspendu. pron. *ts*.
Spéra, sphere. Et miroir. pron. e ouuert.
Spíra, pour ancre de nauire.
Spéra di Sóle, rayon de Soleil.
la Spéra enéa, le cul. Meschante allusion, sur *Aenéa*.
Sperále, spherique.
Speránza, esperance. pron. *ts*.
Speranzétta, petite esperance. pron. *ts*.
Speráre, esperer. C'est aussi opposer à vne chose à vne lumiere ou rais de Soleil, pour voir à trauers.
Speranzóle, plein d'esperance, *Speranzéuole*. prononcez *ts*.
Speranzína, petite esperance. pron. *ts*.
Speráto, de forme de globe.
Spérdere, perdre, défaillir. Perdre son fruit, se descharger, qui se dit d'vne femme grosse. parf. *spérsi*, & *sp rdétti*.
Sperdiglio, vn petit desbauché, vn perdu. Selon aucuns, vne descharge de femme enceinte.
Sperdiménto, *sperditúra*, descharge de femme grosse.
Sperdúte vóua, œufs pochez dans l'eau.
Sperdúto, dispersé. Item, esperdu.
Speritta, petite sphere.
Sperévole, que l'on peut esperer.
Spérga, vn plongeon, oiseau. pron. e ouuert.
Spérgere, dissiper, disposer, perdre. parf. *spergétti*.
Spergiuraménto, parjurement.
Spergiurársi, se parjurer.
Spergiuratóre, parjure.
Spergiuratrice, parjure.
Spergiúro, parjurement. Item, vn parjure.
Spérgola odoráta, muguet. pron. e ouuert.
Spérgola, spurrie, aspergule, plante.
Spergoláre, asperge.
Spérgolo, asperges, goupillon.

Spericáto, desfrengé.
Spericoláto, vn qui craint le danger sans sujet.
Sperienzia, experience. pron. e ouuert, & *z* comme *ts*.
* *Sperile*, partie charnuë sans os.
Sperimentaménte, par experience.
Sperimentáre, experimenter.
Speriménto, experimentation, experience.
Sperlucáto, mot de jargon, esperlucat. Item, vn pendart.
Sperlúnga, en jargon, gibet.
Sperlungáre, pendre, en jargon.
Spérma, sperme.
Spermacéti, semence de baleine, sorte d'ambre. prononcez e ouuert.
Spermático, spermatique.
Spermentáre, *spermentáre*, experimenter.
Sperménto, experimentation, experience.
* *Spermologo*, vn babillard.
* *Spernáce*, mesprisant.
Spernazzáre, dissiper, gassoüiller. Item, faire affront, mespriser. pron. *ts*.
* *Spérnere*, mespriser.
Spernózza, sorte de crable. pron. *ts*.
Spernozzaménto di paróle, parolles mal employées. pron. *ts*.
Spernázzola, sorte de fauuette. pron. *ts*.
Speróla, petite sphere.
Speronáda, playe d'vn coup d'esperon.
Speronáro, esperonnier.
Speronáta, coup d'esperon.
Speronáto, ergotté.
Speróne, esperon. Esperon d'vn vaisseau. pron. o fermé.
Speróni dell' Ásino .i. des coups de baston.
Speróne, arc-boutant.
Speronélla, gratteron. Item, vne videlle de pastisier.
Sperónzola, oiseau, dans le nid duquel le coucou va pondre. pron. *ts*.
* *Sperperáre*, dissiper, gassoüiller.
Sperpetuáre, donner vne fin, oster la perpetuité d'vne chose.
Spérse vóua, œufs broüillez.
Spérso, dispersé.
Spertaménte, par experience.
Spertichíre, oster les perches. Oster de dessus la perche. Item, mettre en desordre.
Sperticáto, grand, & mal fait, vne grande perche, vn mal basty. Hors de mesure, desmesuré, hors d'ordre.
Spérto, expert. pron. e ouuert.
Spértula, aspertule.
Spértolo, vn éfueillé, vn vieux routier.
Spérula, petite sphere.
Spésa, despense, despens, frais. pron. e fermé.
chi da Spésa non dia disagio, qui donne de la despance, qu'il ne donne pas d'incommodité.
buona Spésa, nous disons, bonne marchandise, bonne piece, bonne beste, vn morceau friand, parlant d'vne femme.
non pórta ò non impórta la Spésa, nous disons, cela ne vaut pas la peine.
álle Spése del crocifisso, &
álle Spése di Giouán Villáno .i. aux despens de qui il appartiendra.
Spesacchiáre, faire de faux frais.
Spesáre, desfrayer.

492 SP

Spesarie, despenses.
Spesatóre, deffrayeur, celuy qui deffraye.
Spesatrice, celle qui deffraye.
Spéso, despensé, employé.
Spesolarsi, se releuer de soy-mesme.
Spessaménte, souuent.
Spessáre, espaissir.
Spesseggiáre, faire souuent, redoubler souuent.
Spésse vólte, souuentefois, souuent.
Spessézza, espaisseur. Item, frequence d'action. prononcez e fermé, & les zz comme ts.
Spessire, espaissir. pres. spessisco.
Spessità, espaisseur.
Spésso, espaisseur. pron. e fermé.
Spésso, frequent, espais.
Spésso, souuent.
Spestiáre, desuerroüiller.
Spetezzaménti, petarades auec la bouche. pron. les zz comme ts.
Spetezzáre, petter de la bouche. pron. les zz comme dz.
Spetiále, Espicier, & Apoticaire. Item, special.
Spetialménte, specialement, principalement.
Spetiáre, Espicier, & espicer.
Spetiaria, espicerie. Et boutique d'Espicier, & Apoticaire, apoticairerie.
cóme la Spetiaria di Pontevéchio, comme l'Apoticairerie de Pont-vieil, vniuersel .i. il y auoit de tout, mais fort mauuais.
ha fin'l viso vna Spetiaria, elle a vne boutique d'Apoticaire sur le visage, cela se dit d'vne femme qui est fort fardée.
Spetiáro, Espicier, & Apoticaire.
Spétie, espice, espicerie. Item, espece.
dár le Spétie, c'est ce que nous disons, donner la saulse, orner son discours, l'acheuer d'accommoder, mesdire.
che Spétie, que d'espice, nous disons, que de fumée? .i. que de gloire?
sótto Spétie, sous apparence, sous pretexte.
Spetióso, specieux.
Spéto, vne broche. pron. e fermé.
Spetonáre, embrocher.
Spetonáta, coup de broche, & brochée.
Spetráre, amollir. Metaph. déliurer, délier. Dissoudre.
Spettábile, notable.
Spettácolo, spectacle.
Spettánte, concernant, touchant, regardant.
Spettaménto, attente.
Spettáre, attendre. Item, concerner, toucher, appartenir, regarder.
Spettatíua, attente.
Spettatóre, spectateur.
Spetezzaménto, mépris. pron. e fermé, & les zz comme dz.
Spottezzáre, mépriser. pron. dz.
*Spétto, vn espieu. Item, vn brochet ou brochetton.
Spettoráre, cracher, expectorer, débountonner son estomach ou son pourpoint.
Spottorársi, se débrailler, déboutonner son pourpoint.
Spettoráto, débraillé, déboutonné.
Spettrino, gueux, vestu en Prestre.
Spéttro, spectre, fantosme.
Spezzábile, qui se peu despecer. pron. ts.
à Spezzacóllo, à bride abbatuë. pron. ts.
vn Spezzaférri, vn coupe-jarrets. pron. ts.

SP

Spezzámi, cassons, pieces, morceaux. pron. ts.
Spezzanóccioli, gros bec, oiseau. pron. ts.
Spezzáre, despecer. pron. ts.
álla Spezzáta, à baston rompu. pron. ts.
Spezzataménte, Idem. pron. ts.
Spezzatúra, despecement. Item, rupture. prononcez ts.
Spia, espie. Vn mouchard, espion.
Spiacénte, déplaisant, déplaisante.
Spiacénza, déplaisance. pron. ts.
Spiacére, déplaire. Item, déplaisir. pres. spiáccio, spiáci, spiáce. parf. spiácqui spiacésti, spiácque, spiacémmo, spiacéste, spiácquero. part. spiaciúto, opt. spiáccia, &c.
Spiacénole, déplaisant, déplaisante.
Spiacenolézza, humeur déplaisante. pron. ts.
Spiaciménto, déplaisir.
Spiacíuto, déplue.
Spiággia, plage.
Spiaggiáre, costoyer vne plage.
Spiaménto, espiement.
Spianábile, qui se peut expliquer.
Spianacciáta, applanissement, explanade.
álla Spianacciáta, ouuertement, clairement.
Spianaménto, explication. Item, explanade, rasement de place.
Spianáre, applanir. Déclarer, expliquer. Raser vne ville ou maison.
Spianár le costúre, rabattre les coustures, par Metaph. battre quelqu'vn.
Spianár il páne, tourner le pain.
Spianár mattóni, dresser les briques, leur donner la forme.
Spianáta, lieu applany. Vne explication. Explanade.
Spianatóio, rouleau de pastissier.
Spianatóre, pionner, & rouleau.
Spiantáre, déplanter.
Spiantár vna cása, abbatre, faire sauter vne maison, ruiner vne maison.
s'é Spiantáto nél gióco, il s'est ruiné au jeu.
Spiantáta mè, miserable que ie suis.
Spiantatóio, déplantoir.
Spiáre, espier, espionner. Item, expier.
Spiár la commodità, prendre son temps, choisir son temps.
Spiár la cagióne, demander ou rechercher la cause.
Spiastriciáre, coler, emplastrer. Item, desplastrer, & des-emplastrer.
Spiatelláre, dire ouuertement la chose comme elle est. Item, desseruir de dessus table, oster de dedans les plats.
Spiatellaménte, librement, ouuertement.
Spiatóso, impitoyable.
Spíca, espic, dosse, gousse, espy.
Spíca in látte, vn sot, vn petit morueux.
Spicácelica, clair-voyant.
Spicacélica, patte louuine.
Spicácia, perspicuité, clair-voyance.
Spicanárdo, spic-nard.
Spicárda, vne bigotte.
Spicardino, follastre.
Spicáre, glaner. Item, faire son espic.
Spicaruóla, vne bigotte.
Spicaruólo, vn glanneur.
Spicasánti, hipocrite.
Spicáto, qui a vn espy ou espic.
Spiccáre, destacher, separer. Trancher net, bien prononcer. Ietter hors, en terme de peinture.

S P S P 493

Spiccàrſi, ſe lancer, partir de la main, en terme de manege, ou de cheual.

bèn Spiccáto, bien prononcé, bien tranché, bien marqué, bien touché, qui paroiſt bien d'auec quelque autre choſe.

Spiccáte paròle, parolles diſtinctes, & bien prononcées.

Spicchiáre, poindre, bourgeonner, rejallir, ſurgeonner. Item, eſchapper, attrapper, gripper.

Spicchio, cuiſſe de noix, quartier de fruit, gouſſe d'ail, carne de quelque choſe, ſurgeon, comme

Spicchio d'àglio, vne gouſſe d'ail, *ſpicchio di nóce*, *ſpicchio di melàngolo*, *&c.* vn quartier de noix ou cuiſſe de noix, vn quartier d'orange, &c.

Spicchio del Sóle, vn rais de Soleil qui bat deſſus nous.

Spicchio di pétto, morceau ou chair de poitrine d'animal.

Spicchióne, gouſſe, carne.

Spicchiùto, gouſſu, qui à des carnes.

Spicciaſàme, qui paſſe ſa faim.

Spicciáre, ſoudre, ſaillir, rejallir, deſtacher, demeſler.

Spicciaſànti, vn bigot ou hypocrite.

Spiccio, ject ou rejalliſſement d'eau.

Spicciolàre, rogner, couper, menuiſer, mettre en quartiers, eſmier. Item, glaner.

Spicciolàta monéta, monnoye rognée.

àlla Spicciolàta, peu à peu, petit à petit, vn peu à la fois, file à file.

Spícciolo, rogneure, morceau, miette. Item, gouſſe, quartier, carne.

Spicilègio, glaneure, le glaner.

Spíco, eſpy, eſpic. Gouſſe d'ail.

Spicola, ſorte de poiſſon.

Spicolo, gouſſe, quartier de fruit, &c.

Spiconárdo, ſpic-nard.

Spicóſo, plein d'eſpics.

* *Spicuità*, perſpicuité.

* *Spidíre*, expedier. preſ. *ſpidiſco*.

Spidocchiáre, poüiller, tuer les poüils.

Spidocchióſo, poüilleux.

Spidóne, broche.

Spiedáre, embrocher.

Spiède, &

Spiédo, eſpieu. Et broche, ſelon aucuns.

Spiedonáre, embrocher.

Spiedóne, broche, grande broche.

Spiegáre, deplier, deployer, expliquer, eſtaller la marchandiſe.

àlla Spiegáta, tout au large.

Spiegataménte, Idem.

Spiegatiùra, explication. Item, eſtallage.

Spiegazzàre, barboüiller, gaſter d'encre. Item, ſoupir vne eſtoffe, chiffonner vn colet, &c. pron. *ts.*

Spieghéuole, qui ſe peut expliquer. pron. *ghe comme gue.*

Spienáto, vuide, deſemply.

Spiénza, la ratte prononcez le *z* comme *dz*, c'eſt à Veniſe.

Spieria, eſpionnerie.

Spietà, cruauté, fierté. Impieté.

Spietànza, Idem. pron. *ts.*

Spietataménte, impitoyablement.

Spietàto, ſans pitié, impitoyable.

Spiéuole, expiable.

Spiga, eſpic, eſpy. Rais de roüe. En jargon, vn e. me.

Spiganárdo, ſpic-nard, aſpic d'outremer, plante.

Spigáre, eſpier, produire l'eſpic, & glanner. En jargon, auoir peur.

Spigáro, caguereul, mendole.

Spigaruòlo, glaneur.

Spighétta, aigrette. pron. *ghe comme gue.*

Spigonáto, qui n'eſt point loüé, qui eſt deshabité.

Spighétti, ourrages à grain d'orge. prononcez *ghe comme gue.*

Spignere, pouſſer. preſ. *ſpigno*, & *ſpingo*, parf. *ſpinſi*.

Spignitóre, pouſſeur, exciteur.

Spignitríce, qui pouſſe, qui excite.

Spigo, nard vulgaire, lauande maſle. En jargon, peur.

Spigo, vn petit tuyau à vne caſque dans lequel on met les plumes, ou pennache.

Spigola, loup marin, lubin.

Spigola délla fineſtra, coing, carne de la feneſtre.

Spigolàre, chucheter. Et glauner.

Spigoliſtra, femme bigotte, hypocrite.

Spigoliſtro, pour vn qui recherche auec trop de curioſité, pointilleux. Item, bigot, qui attache des chandelles aux Autels.

Spigoliſtreria, bigotteries, hypocriſies, chicannes.

Spigolo, angle, coing, carne.

Spigolo, herſe, fer denté où l'on attache les chandelles dans l'Egliſe.

Spigonárdo, ſpic-nard.

Spigóne, vn bois qu'on adjouſte à l'antenne de la maeſtre quand on fait voile, afin qu'en l'allongeant, elle prenne plus de vent.

Spigóſo, plein d'eſpics.

Spilácchero, vn chiche, vilain.

Spillétto, eſpingle.

Spillaccheráre, deſcrotter. Item, eſplucher ou pluchotter, comme les auaricieux.

Spilláncola, petit poiſſon menu comme vn eſpingle.

Spilláre, rejallir, ietter loing comme l'eau.

Spilláre, percer vn tonneau de vin. En jargon, joüer.

Spillaruòlo, vn pluchottier.

Spillatóre, *ſpillatrìce*, joüeur, & joüeuſe, en jargon.

Spillatóre del piú, en jargon, pipeur.

Spillettàre, picquer. Item, percer vn tonneau.

Spillétto, &

Spillo, vne eſpingle. Item, vn foret, vn petit poignard, Item, le jeu.

Spillúzzico, brin, pluchottement.

Spilorcería, chicheté, auarice extreme, vilainie.

Spilorciáre, viure chichement.

Spilórcio, vilain, chiche, auare.

* *Spilúnca*, cauerne.

Spilúzzicáre, pluchotter. pron. *ts.*

Spilúzzico, pluchottement, brin de quelque choſe. pron. *ts.*

parlàr à Spilúzzico, parler lentement. pron. *ts.*

à Spilúzzico, brin à brin. pron. *ts.*

Spimacchiáre, remuer la plume d'vn lict.

Spína, eſpine. Aiguillon d'abeille, grande arreſte de poiſſon. Item, l'eſpine du dos. Metaph. pour le membre viril. Vn poinçon rond de ſerrutier, &c. Vne broche de tonneau.

non hauèr Spína nè óſſo, i. n'auoir point de difficulté en ſoy.

Spína cerùlua, ſorte d'eſpine pour teindre.

Spína feccidia, broche pour tirer la lie.

Spínagiudàica, ſorte d'eſpine.

Spinálba, eſpine blanche, aubeſpin.

Qqq iij

Spinácchie, espinards.
Spinacciáre, froisser le lin.
Spináccio, seran.
Spináci, espinards.
hauér mangiáto Spináci, auoir mangé des espinards, & piacér i Spinácci, aimer les espinards, par allusion, de Spína .i. estre picquant, mesdisant, rapporteur.
Spindle, de l'espine.
Spinalzáre, en jargon, joüer. pron. ts.
Spinapésce, sorte de croc.
andár à Spinapésce, aller en se glissant, ou en se coulant, comme vn poisson.
Spináre, clorre d'espines. Item, mettre en perce vn tonneau, y mettre vne broche. Engresser, en terme de blason.
Spináro, buisson d'espines.
Spináta, palissade ou closture d'espines.
Spináto, sorte d'ouurage dans l'estoffe de soye.
Spinélla, selon aucuns, vn rubis de bas prix.
Spinélla, vne maladie de cheual, espinelle, fusée, spinul. Item, vne broche à vn tonneau.
Spinelláre, mettre en perce.
* Spínco, d'espine.
Spíndola, sorte de rose.
Spinéolo, prunelle.
Spinéto, haye ou buisson d'espines, espinaye.
Spinétta, petite espine. Vne espinette, instrument.
Spinetteggiáre, joüer de l'espinette.
Spingárda, espingarde ou espingardine, sorte d'arquebuse ou arme à feu.
Spingardélla, vne clef percée, dont les enfans se seruent à tirer, comme d'vn canon.
Spíngere, pousser. Exciter. parf. spinsi.
Spingitóre, qui pousse, qui excite.
Spinguerzo, espine pour teindre. pron. ts.
Spiniféro, porte-espines.
Spíno, espine. Et buisson d'espine, vne escharde.
Spíno, sorte d'ouurage de femme.
Spíno certíno, spinos erlino, &
Spíno mérlo, espine pour teindre.
Spínola, petite espine. Arreste de poisson. Vne espingle à viz. Spinul.
        mettre la broche à vn tonneau, mettre en
Spinósa, porc-espic.
Spinóso, sorte de poires.
Spinóso, herisson. Vn porc-espic, selon aucuns. Item, espineux.
disse lo Spinóso àlla serpe .i. qui ne se trouue bien s'en aille.
Spínta, vne secousse, vne poussade, vne saccade.
Spínto, poussé, espoint.
Spínto, en jargon, le jeu.
Spínula, petite espine. Item, spinul.
Spinzágo, curlieu, oiseau. pron. ts.
Spinzerbíno, graine d'Auignon qui sert aux Enlumineurs. pron. ts.
Spiombáre, oster le plomb, déplomber, peser beaucoup.
Spionággine, mestier d'espion.
Spionáre, espionner.
Spionéllo, oiseau vn peu plus petit qu'vne aloüette.
Spióne, espion. pron. o fermé.
Spioníа, trait d'espion.
Spióuere, pleuuoir à verse, ou plustost cesser de pleuuoir. parf. spióbbe, & spioúette, part. spiouúto.
stà chéto ch' égli Spióue, par allusion, de spía .i.

tay toy, il nous espionne.
Spíra, en Architecture. Spire ou filet. Item, le tour d'vn globe. Vn nœud coulant à vne corde. Vn craquelin en forme de corde. Vne guirlande de perles.
Spirábile, qui se peut respirer.
Spirácolo, soupirail.
Spiragliáre, respirer, & faire de soupirails.
Spiráglio, soupirail. Lumiere de canon. Item, la narine. Et le tuyau d'vne cheminée.
Spirámo, spiráme, Idem.
Spiránte, respirant, qui respire.
Spiráre, respirer, souffler, inspirer. Item, expirer. Et mourir.
Spiratióne, souffle, inspiration, respiration.
Spiríllo, barbe de bouc, plante.
Spiritále, vital, d'esprit. Item, deuot, spirituel.
Spiritaménto, endiablement.
Spiritáre, estre possedé, estre endiablé.
Spiritáto, possedé, endiablé.
Spiritéllo, petit esprit. Et vne chauue-souris.
Spírito, esprit, soupir, vigueur, entendement, deuotion. Et demon.
Spiritócco, vn hypocrite ou bigot.
Spiritóso, spirituel, qui a de l'esprit. Plein d'esprit ou de force.
Spirituále, spirituel.
Spiro, souffle, esprit.
Spíro eréno, le Saint Esprit.
Spirtále fémina, vne enchanteresse.
Spírto, esprit.
Spirtócco, vn bigot.
Spírtolo, vn petit globe.
Spi·iále, Espicier, & Apotiquaire.
Spíto, vne broche.
Spitacciáto, sans entendement.
Spiumacciáre, remuer la plume du lict, battre vn matelas pour le rendre plus doux. Item, oster les plumes.
Spiumacciáta, vn coup de la main sur le lict, en le remuant.
Spiumáccio, vn cheuet ou trauersin. Selon aucuns, vn lict de plume.
Spiumáre, oster les plumes, plumer. Et remuer le lict de plume.
Spiurare, démanger.
Spizzáre, rejallir. Item, rendre pointu, aiguiser. prononcez ts.
Spizzeca, spizzica, & spizzichino, vn vilain, vn chiche, vn auare. pron. ts.
Spizzica, mauuaise senteur, puanteur, ordure. prononcez ts.
Spizzicáre, pour pluchotter. Item, pour pizzicáre, sentir vn goust fort, picquer comme les espiceries. pron. ts.
Spizzichíno, vne petite miette. Item, chiche, auare, & vilain. pron. ts.
Spizzico, vn auare. Item, vne petite miette ou morceau. pron. ts.
mangiár a Spizzico, pluchotter les viandes, manger doucement, petit à petit. pron. ts.
Spizzo, ject d'eau. Item, pointu.
àlla Splandianésca, comme Esplandian qui estoit vn Cheualier plaintif, & pleureux.
Splebeiáre, tirer du commun, annoblir.
* Spléco, sorte de viande.
* Spléna, la ratte.
Splendénte, resplendissant, resplendissante.

S P

* *Splendènza*, splendeur. pron. *ts*.
Spléndere, resplendir, reluire, esclatter. parfait, *splendètti*.
Splendidaménte, splendidement.
Splendidézza, splendidité. pron. *ts*.
Spléndido, splendide. Item, resplendissant, esclattant, liberal.
Splendóre, splendeur, esclat, lueur, liberalité.
* *Splenitico*, qui a le mal de ratte.
* *Splénio*, emplastre pour le mal de ratte. Item, scolopendre.
Splicáre, expliquer.
Sploratóre, explorateur, espion.
Splucabóne, sorte d'oiseau.
Spodestáre, déposseder, oster le pouuoir.
Spodestáto, sans pouuoir. Effrené, impetueux, qui ne peut commander à ses propres sens.
Spódio, *spódo*, pierre rouge dont on fait la tuile.
Spoetáto, qui n'est plus Poëte.
Spóglia, dépoüille. Item, le corps, vestement. Peau.
Spóglia di cappóne, la peau du chappon.
Spóglia di fiasco, la couuerture d'vne boûteille, l'osier.
Spóglia di tórta, la crouste d'vne tourte.
Spogliaménto, dépoüille, dépoüillement.
Spogliáre, dépoüiller. Priuer.
Spogliáro, lieu où l'on se dépoüille. Item, vollerie, lieu de voleurs.
Spogliatóio, lieu où l'on serre les habits quant l'on se dépoüille, garde-robbe.
Spogliatóre, qui dépoüille.
Spogliatúra, dépoüillement, dépoüille.
Spogliatúra, le foüet, ou les coups que l'on donne aux enfans à l'escole.
Spogliázza, dépoüillement pour foüetter, les estriuieres. pron. *ts*.
dár vna Spogliázza, c'est foüetter, estriller à coups de foüet. pron. *ts*.
Spóglio, despoüille. pron. *o* ouuert.
Spógna, esponge. pron. *o* fermé.
Spognáre, esponger.
Spóla, fusble de tisseran. Item, vne sorte de barquette. pron. *o* ouuert.
Spoladóra, ourdissoir.
Spoláre, tisser.
Spolétta, sorte de poisson fort long.
Spolpáre, descharner, oster la poulpe. Metaph. se consommer.
Spoltríre, &
Spoltríre, quitter la paresse. pres. *spoltrisco*.
Spoltronire, Idem. pres. *spoltronisco*.
Spolueráre, espoudrer.
Spoluereggiáre, puluerifer.
Spoluericchio, escriture broüillée, vn broüillon ou minutte.
Spoluerino, pouleurin.
Spoluerizzáre, puluerifer. Et poncer le papier percé, ou percis. pron. les *zz* comme *dz*.
Spoluerízzo, vn linge plein de poudre, qui sert à poncer. Vne poncette ou poncif. prononcez les *zz* comme *dz*.
Spoluéro, le percis d'vne image, papier percé pour contre-tirer.
Spolueróso, en jargon, vn blusteau.
Sponcióni, les principales plumes d'vn oiseau.
Spónda, bord. Mardelle de puits. Quay. Garde-sons de pont. Digue. pron. *o* fermé.
Spondáre, costoyer le bord.

S P 495

* *Spondénte*, promettant.
Spóndolo, spondile. Item, vne sorte de serpent. Et d'huistre.
Spónere, exposer. Et interpreter. pres. *spóngo*, *spóni*, *spóne*, *sponiámo*, *sponéte*, *spóngono*, pars. *spósi*, *sponésti*, *spósi*, *sponémmo*, *sponéste*, *spósero*, part. *spósto*, fut. *sporrò*, opt. *spónga*, impart. *sponéssi*, & *sporréi*, &c.
Spónga, esponge. pron. *o* fermé.
Spongadúra, vne paille ou creux à vn fer.
Spongáta, sorte de gasteau fait d'espiceries.
Sponghettiéra, suetole. pron. *ghe* comme *gue* François.
Spóngia, esponge. pron. *o* fermé.
Spongióli, morilles, sorte de champignons.
Spongióso, spongieux.
pan spongióso, pain qui a des yeux.
Spongiotérra, suetole.
Spóngile, pierre qui se trouue dans vne esponge.
Spongóso, spongieux. pron. *o* fermé.
Sponságlie, espousailles.
Sponsále, de mariage.
Sponsalítio, promesse de futur mariage, & les espousailles mesmes.
* *Sponsáre*, espouser.
Sponsóle, morilles.
Spontále, volontaire.
Spontaneaménte, de plein gré.
* *Spontáneo*, volontaire.
Spontáre, rogner, espointer, esmousser, qui se dit des flesches ou autres armes. Item, poindre, paroistre, pousser comme les plantes, &c.
Spontatúra, bouteure de plante, bouton d'arbre.
Spontonáre, presser, prouoquer. Item, frapper d'vn baston ferré.
Spontonáta, coup de baston ferré.
Spontóne, baston ferré, qui a vne fourche, & vne pointe au milieu. Item, aiguillon de serpent, &c. pron. *o* fermé.
Spopilaménto, émancipation, sortir hors du pouuoir du curateur.
Spopilársi, se retirer de dessous le pouuoir du tuteur, sortir de minorité.
Spopuláre, despeupler.
Spoppáre, seurer vn enfant. Item, rompre la pouppe à vne barque ou Nauire, & vne femme à qui on a coupé les tettons.
Sporcaménte, salement.
Sporcáre, salir.
Sporcaría, *Sporchería*, &
Sporchézza, saleté, ordure. pron. *e* fermé, & les *zz* comme *ts*.
Sporchézzo, Idem. prononcez *e* fermé, & les *zz* comme *ts*.
Sporcítia, saleté.
Spórco, sale, ord. Mal-appris, des-honneste.
Sporcúra, ordure.
Spórgere, aduancer, saillir en dehors, presenter auec la main, ou autre chose. pres. *spórgo*, *spórgi*, *spórge*, *sporgiámo*, *sporgéte*, *spórgono*, parf. *spórsi*, & *sporgésti*, *sporgésti*, *sporse*, part. *spórto*, opt. *spórga*, &c.
Spórre, exposer, déclarer. Mette bas. present *spóngo*, *spóni*, *spóne*, parf. *spósi*, part. *spósto*, fut. *sporrò*, opt. *spónga*, &c. Voyez *spónere*.
Spórta, vn cabas, vne sorte de panxier, vne sporte. Item, ouuerture, guichet. Vne sorte de mesure. Vne saillie en auant comme d'vne muraille. pron. *o* ouuert.
Sportáre, aduancer, saillie en dehors.

Sportaruólo, porte-hotte.
Sportáro, faiseur de cabas.
Sportélla, pannier en forme de cabas, petite sporte.
Sportellàre, saillir en dehors.
Sportellária .i. dire librement, dire ouuertement.
Sportellína, petit cabas ou pannier.
Sportéllo, vne posterne, vn battant à vne boutique, vn guichet, l'ouuerture aux Nauires pour descendre en bas dans les chambres, escoute, escoutillon.
stár à Sportéllo, c'est quand vn homme cache son œil d'vn taffetas, à cause qu'il luy distile.
Sportiglióne, chauue-souris.
Spórto, saillie, aduance d'vne maison.
Spórto, de *spórgere*, aduancé en dehors.
Sportoncélla, petite sporte, cabas ou pannier.
Sportóne, grand pannier ou cabas.
Spórtula, petit pannier ou cabas.
Sporz ána, sorte d'oiseau. pron. *ts*.
Spósa, l'espousée, la mariée. Nouuelle mariée. pron. o fermé.
Sposáglie, espousailles.
Sposále, d'espoux, de mariage.
Sposalítio, mariage, espousailles.
Sposáre, espouser.
Sposaréccio, marital.
Sposarésco, de mariage.
Sposaríe, traits ou actions d'espousée.
Sposeréccio, marital : Et mariable.
Sposévole, mariable.
Spositióne, exposition, explication.
Spositóre, expositeur.
Spóso, espoux, nouueau marié. pron. o fermé.
Spossatamente, sans pouuoir.
Spossáto, priué de force, sans pouuoir.
Spossénte, Idem.
Spósto, exposé, expliqué.
Spouerire, desappauurir. pres. *spouerísco*.
Spoz z áre, tirer du puits, puiser. pron. *ts*.
Sprángo, bande à crosse, bande de fer couchée sur la porte pour joindre les ais. Et barre de bois pour le mesme vsage, vulg. tringue de bois. C'est aussi vn baluftre ou palis.
Sprangáre, joindre deux ais auec vne barre. Item, barrer la porte.
Sprangáto, &
Sprangáta, vne closture de paulx ou de barres.
Spraz z áre, rejallir, bassiner auec de l'eau, vulgairement, esclabousser de crotte. pron. *ts*.
Spráz z o, rejallissement, bassinement, crotté : Le vulgaire dit, esclabousser. prononcez *ts*.
Spráz z o di máre, vne vague qui mouille dedans le vaisseau. pron. *ts*.
* *Sprecáre*, respandre. Item, gaspiller ou gasoüiller son bien.
Spregáre, Idem.
Spregatóre, dépensier, gaspilleur.
Spregiáre, mépriser.
Spregiatríce, méprisante.
Spregiatóre, mépriseur.
Sprégio, mépris.
Spregionáre, tirer de prison.
Spregnáre, décharger sa grossesse.
Sprementáre, experimenter.
*Spréme*re, presser pour tirer le suc, espreindre. parf. *spremei*, *spreméfti*, & *spréssi*. pron. e ouuert.
Spremúto, bien pressé ou pilé.
Sprossaménte, exprés, expressément.

Spressióne, expression.
Spréffo, exprés, manifeste. pron. e ouuert.
Spretáre, sortir de Prestrise.
Spréto, méprisé.
Sprézza, *sprésa*, preze, terme de jeu. pron. e fermé.
Sprezzáto, *sprésáto*, prezé. pron. *ts*.
Sprezzávile, méprisable. pron. *ts*.
Sprezz aménto, mépris. pron. *ts*.
Sprezz áre, mépriser. pron. *ts*.
Sprezz atóre, mépriseur. pron. *ts*.
Sprezz atríce, mépriseuse. pron. *ts*.
Sprezzatúra, mépris. pron. *ts*.
Sprezzévole, méprisable. pron. *ts*.
Sprézzo, mépris. pron. *ts*.
Sprigionáre, tirer de prison, eslargir.
Sprimacciáre, battre ou remuer la plume.
Sprimánzia, esquinancier.
Sprímere, exprimer. parf. *spriméi*.
Springáre, &
Springére, regimber. parf. *springétti*.
Spríto, regimbé.
Sprizza, rejallissure. pron. *ts*.
Sprizz áre, rejallir, bassiner auec de l'eau, jetter des gouttes d'eau, asperger. pron. *ts*.
Sprizz áto, mouillé de petites gouttes d'eau. Et tacheté de diuerses couleurs. mar.
Sprositáre, déprofiter, perdre le profit.
Sprofíto, perte, du profit.
Sprofondáre, approfondir.
Sprofondáto, sans fonds.
Sprolongáre, prolonger : pendre, en jargon.
Spromésso, qui a rompu sa promesse.
Sprométtere, dépromettre. parf. *spromíse*.
Sprouáio, esperonnier.
Spronáre, esperonner, picquer.
Spronáta, coup d'esperon.
Spronáto, esperonné. Item, ergotté comme vn cocq.
il véntre Spronáto, le ventre picqué ou gasté de coups d'esperon.
Spróne, esperon. Et ergot de cocq. prononcez o fermé.
Spróne, la pointe de la prouë des barques à rame, esperon. pron. o fermé.
à Spróu batthti, à toute bride, en haste.
Spronélla, mollette d'esperon. Mollette, en terme de blason.
Spropiáre, déposseder de son propre.
Sproportionále, hors de proportion.
Sproportionalità, disproportion.
Sproportionáre, disproportionner.
Sproportióne, disproportion.
Sproportionévole, qui se peut disproportionner.
Spropósito, discours hors de propos : sottise, resuerie, cocq à lasne.
à Spropósito, hors de propos ou raison.
Sprouare, desapprouuer.
Sprouedére, despouruoir. parf. *sprouídi*, part. *sprouedúto*, & *sprouísto*.
Alla Sprouedúta, *alla sprouísta*, à l'improuiste.
Sprouedutaménte, inconsiderément, & sans y penser.
Sprouedúto, déproueu.
Sprouísto, Idem.
Alla Sprouísta, à l'impourueu, au dépourueu.
Spruccheársi ò spruccárfi, secouer la teste en bouffant.
Sprussáre, *spruzz áre*, rejallir, asperger, bassiner d'eau. Item, rayer comme le laict. pron. *ts*.
Spruz z áglia, petite pluye, bruine. pron. *ts*.

Spruzz áre

S P

Spruzzáre, asperger, batiner d'eau, arrouser, estuuer auec quelque liqueur, rejallir. pron. ts.
Spruzza, aspersion, rejalliffement. pron. ts.
Spruzzoláre, bruiner, pleuuoir doucement. prononcez ts.
Spruzzolo, goupillon, aspergées. pron. ts.
Spruzzo, vn gros crachat, mot Venitien. prononcez ts.
Spugna, esponge.
Spugnáre, prendre vne Ville par force.
Spugnosità, spongiosité.
Spugnoso, spongieux.
Spuláre, derober subtilement.
Spulciáre, tuer les puces.
vátti fa Spulciáre, nous disons, va te faire penser, en refusant quelque chose.
è Spuletino, il est de Spolete, il est fin, & rasé, nous disons, il est Normand.
Spulezzáre, s'ensuir bien viste. Item, tuer les puces. Et menuiser en petits morceaux. pron. ts.
Spulézzo, fuitte hastiue, & fort prompte. prononcez ts.
Spulso, expulsé.
Spultrice, expulsiue.
Spulzelláre, despuceler. pron. ts.
Spuma, escume.
Spuma d'argento, litarge.
Spummanitiri, salpetre.
Spumánte, escumant, escumante.
Spumáre, spumeggiáre, escumer.
Spumeggiánte, escumant.
Spumeo, de couleur d'escume.
Spumoso, escumeux.
Spunga, esponge.
Spungosità, spongiosité.
Spungoso, spongieux.
Spuntále, aiguillon, poinçon.
Spuntáre, sortir, poindre, pousser des arbres, esmousser, espointer, rayer, effacer, surmonter des difficultez.
Spuntatúra, le poindre, le bouton de l'arbre, la pointe rompuë.
Spunto, sale, plein de dégoust ou d'horreur, pâle, défait. Item, espointé.
Spuntonáta, coup de baston à deux bouts.
Spuntóne, baston ferré d'vne fourche, & vne pointe au milieu. Item, vn baston à deux bouts.
Spuola, fusle de Tisseran.
Spuoláre, tisser.
Spupilláre, sortir de minorité.
Spupiláto, sorty de tutelle, émancipé, hors de minorité.
Spuráre, espurer.
Spúrchia, sang corrompu.
Spurgaménto, purgation, crachement.
Spurgáre, cracher, esmeutir. Item, purifier, purger.
Spurgatióne, crachement. Purgation.
Spúrgo, flegme, crachat.
* Spuriágine, bastardise.
* Spuriáre, adulterer.
* Spurio, spúrio, bastard spúrio.
* Spuriofo, plein de bastardise.
vn Spúta in cróce, vn Athée.
vn Spúta inférno, vn hypocrite.
vn Spúta in cantóne, vn qui fait le mignard ou le bien appris.
vn non Spúta in sacráto, vn hypocrite, vn qui n'o-

S P S Q

seroit cracher dans l'Eglise.
Sputacchiáre, sputacciáre, cracher sur quelque chose, crachotter.
Sputácchio, sputáccio, crachat.
Sputapáne, sorte d'oiseau. Item, vn qui est trop gras ou trop saoul, qui crache le pain : l'on dit cela quand on mange des petits poissons, car il faut cracher la moitié de son pain pour cracher les arrestes que l'on a à la bouche.
Spúta páter nóstri, cracheur de patenostres, nous disons, mangeur de crucifix.
Sputáre, cracher.
Sputársi in sú le máni .i. vouloir bien prendre de la peine à faire quelque chose. Auoir de la peine à viure.
Sputár tóndo .i. faire le graue, se tenir sur sa grauité.
Sputa pérle, vn beau parleur. Metaph. le membre.
Sputasénno, vn qui croit estre plus habile que les autres.
Sputa senténtie, vn qui crache des sentences.
Sputa tóndo, vn qui fait le braue ou sçauant.
Spúto, crachat.
Sputtaneggiáre, bauer en paroles, bauer en soufflant ou jurant. C'est aussi courir après les garces.
Spúzza, puanteur. pron. ts.
Spuzzáre, sentir mauuais. pron. ts.
vná Spuzzétta, vne puante, vne glorieuse. prononcez ts.
vn Spuzzétto, vn glorieux, vn qui put de gloire. prononcez ts.
Spúzzo, puanteur. pron. ts.

Tous les mots qui commencent par S, suiuis d'vne autre consonne, peuuent receuoir vn I, deuant, comme ischiuáre, isputáre, isparamiáre, &c.

S Q

Squaccardáre, foirer. Item, jaser, faire des rodomontades.
Squácchera, foire, merde liquide. Item, jaseries.
Squácheracquáre, Idem.
Squaccheráre, foirer.
Squaccheratamente, outre mesure, à gorge deployée, démesurément, de mauuaise grace.
Squacciáre, escacher, escraser.
Squáccio, escrasement.
Squácquara, foire.
Squacquaráre, foirer. Item, faire des rodomontades, jaser.
Squacquaráta, vne cagade. Item, rodomontade.
Squadernáre, feüilleter. Et déclarer, dire ouuertement. Item, faire des rodomontades.
Squádra, esquerre, esquadre, escoüade, & escadron.
Squádra à óppa, & xétta, fausse esquerre.
dár la Squádra, donner la baye.
éssér fuór di Squádra .i. estre hors de raison, hors des termes de raison.
Squádre, planches qui couurent ou enuironnent le vaisseau.
Squadránte, esquerre, & quadrant.

Rrr

Squadráre, esquerrir, dresser à l'esquerre. Item, choisir de l'œil, découurir, ietter les yeux. Rompre, esclatter, despecer.
Squadrár vno alla prima, reconnoistre du premier coup ce qu'vn homme a dans le ventre.
Squadrár vn pézxo, pointer vn canon. Tirer, viser à vne chose. pron. ts.
Squadríglia, escoüadre, quadrille.
Squádro, la mesure auec l'esquerre.
Squádro di máre, raye estelée, poisson.
Squadronáre, renger en escadrons.
Squadróne, escadron. Les estrangers se seruent de ce mot en parlant d'infanterie, & au contraire disent vn bataillon de caualerie.
Squáglia, escaille. Item, vne sorte de plat.
Squagliáre, fondre, liquefier. Item, escailler, & cailler comme le laict.
Squagliatúra, fonte.
Squáglio, du caillé.
Squaglióso, plein d'escailles.
Squaia, *squaina*, raye, poisson.
Squála, sorte de noisette fort tendre.
Squalidézza, pâleur, maigreur, deformité. prononcez *ts*.
Squalidíre, deuenir pâle, & deffait. present, *squalidisco*.
Squalidità, pâleur, deformité, mauuais visage.
Squalído, pâle, deffait, maigre.
Squallóre, pâleur, maigreur. pron. *o* fermé.
Squállo, musnier, testard, poisson, *squálo*.
Squáma, escaille de poisson.
Sqtéme, en jargon, de l'argent.
Squanciáno, de biais, ou diagonal.
Squaqueráto, démesuré, sans moderation.
Squára, eschauguette.
Squaraguáita, Idem.
Squarcélla, vn flan. Item, vn chaseret.
Squarciabócca, mors à la genette.
Squarciacáne, vn escorcheur, injure.
Squarciacantóne, vn coupe-jarets.
Squarciacéci, vn auare.
Squarciafróme, espece de bloqueau ou instrument de feu d'artifice, long, & rond comme vne demie colonne.
Squarciamenti, déchireures, accrocs, morceaux déchirez. Item, esgratigneures de satin, &c.
Squarciapino, sorte de pinache.
Squarciáre, déchirer. Item, esgratigner le satin, &c.
Squarciasácco, loche, poisson.
à Squarciasácco, de trauers, de mauuais œil, tout au pire.
Squarciáta, coup de coutelas.
Squarciatúra, déchireure, accroc.
Squarciauólpe, trait en forme de ciseau.
Squarcína, vn coutelas courbé, vn sable ou sabre.
Squárcio, vne grande taillade.
in Squárcio, hors de rang, de biais.
Squarcióne, fendeur de naseaux. Item, furie enragée.
Squarína, sorte de raye.
Squaróso, plein despines, ou picquants comme vn poisson.
Squárra, vne esquerre. Item, saleté, crasse.
Squarrétta, petite esquerre.
Squárro, sorte de raye.
Squarscína, vn coutelas.
Squárta camóni, vn coupe-jarets.
Squartanáto, deliuré de fievre quarte.

Squartapiccioli, qui partage les petites choses, cela se dit à vn homme qui prend garde à peu de chose, & veut sa part de tout.
Squartáre, mettre en quatre quartiers, escarteler.
Squartatóre, fendeur de naseaux, coupe-jarets.
Squarzína, vn coutelas. pron. *ts*.
Squárzo, de biais. pron. *ts*.
Squási, quasi.
Squasimódo, sot, lourdaut. Il signifie aussi, comme si cela estoit, au cas que cela fust.
Squassacóda, branle-queuë, oiseau.
mangiár à Squassagarlétto ù còl cápo nèl sácco. i. manger en loup, manger son fait tout seul.
Squassaláre, branler, secoüer, hocher.
Squassapennáchio, vn plumet, vn porteur de pennaches.
Squassáire, branler, hocher, secoüer.
Squassáta, branle hochement, secousse.
Squassatúra, & *squassulíta*, Idem.
Squásso, vne rude secousse.
Squaxina, raye.
Squaxo, Idem.
Squartáre, escarteler. Item, esquerrir.
Squatrineggiáre, débourser de l'argent double à double, liarder. Item, manier de l'argent peu à peu.
Squermíre, degarnir. pres. *squermísco*.
Squérro, lieu où l'on dresse vn vaisseau, & d'où il se lance en mer.
Squietáre, inquieter.
Squietúdine, inquietude.
Squilla, clochette, cloche, & squille, oignon marin.
Squillánte, resonnant, resonnante.
Squillantía, esquinancie.
Squilláre, sonner, resonner.
Squillítico, de nature d'oignon marin.
Squillétto, vn furet.
Squíllo, son.
Squinánte, jonc odorat.
Squinantía, esquinancie.
à Squincio, de biais.
Squinternáre, mettre en desordre, mettre hors de son rang, démantibuler.
Squidrzola, sorte de poisson. pron. *ts*.
Squisitézza, bonté, excellence. pron. *ts*.
Squisíto, exquis.
Squitáto, inquieté.
Squittináre, &
Squittiniáre, recueillir les voix, & donner sa voix. Item, rechercher iusques au fonds.
Squittíno, assemblée pour l'élection des Magistrats.
Squittíre, glapir, craquer, clabauder, japper. Appeller, qui se dit de l'oiseau. Metaph. jaser, cajoller. pres. *squittísco*.
Squitiezzza, humeur fuyarde, & dégoustante. prononcez *ts*.
Squiuo, fuyard, & dégoustant.
Squizzáre, glisser. Item, rejallir des crottes. prononcez *ts*.
Squizzaro, vn Suisse. pron. *ts*.
Squizzo, rejallisseure, crotte. pron. *ts*.
Squóglio, escueil.

S R

Sradicáre, déraciner.
Sramponáto, sans crampons, plat.
Sredáre, des-heriter.
Sregoláre, dereigler.
Sregoláto, déreglé.
Srenáto, esrené.
Sreuerenteménte, irreuerémment.
Sreuerénza, irreuerence. pron. *ts*.
Sruginíre, *Sruzinire*, derouiller. pres. *fruginisco*.

S T

ST, *st*, interjection pour faire taire.
Stà, pour *státe*, l'Esté, pour *quésta*, cette, cette-cy, pour *státa*, qui a esté, mot Lombard.
Stabbiáre, parquer, selon aucuns, polir.
Stábbio, parc de brebis; c'est aussi vne terre engraissée par les brebis ou chevres. Item, fumier.
Stabile, stable, ferme.
Stábili, biens stables.
Stabiliménto, establissement.
Stabilíre, establir pres. *stabilisco*.
Stabilità, fermeté.
Stabulário, valet d'estable. Item, hoste.
Stábulo, estable.
Stacca, vne perche. Item, vn sas, & vne grosse espingle.
Staccáre, destacher.
Staccárbi vna carriéra, partir bien de la main.
Stacchétta, bossette, sorte de petit cloud.
Stácchio, sauge.
Stacchiótto, vn fournois.
Stácci, *ri stà*, il y demeure.
Stáccia, vne esquerre. Vne latte, vn sas. Vne galette ou gasteau.
Stacciáre, sasser.
Stacciáta, vne galette.
Stacciatúra, sasseure, son de farine.
Stáccio, sas à sasser.
Stacciuóla, petite regle ou esquerre.
Staccion̄a, qui a esté montée, & cheuauchée.
déllo Stacciquéto .i. des tappes, des coups pour faire taire.
Stacconeggiáre, rapetasser, mettre des bouts.
Stáchia, *stáchide*, sauge de montagne.
Stácula, sorte de vigne.
Stadéra, fleau de balance, vn peson.
come la Stadéra de beccái, comme la balance des bouchers, faire autant pour les amis que pour les ennemis.
Stadiále, mesure de cent vingt-cinq pas.
Stadicáre, seruir d'ostage.
Stádico, ostage. Selon aucuns, vn Gouuerneur ou Iuge d'vn lieu.
Stadiéra, fleau de balance, vn peson.
Stádio, mesure de païs, stade.
Stáffa, estrieu, estrier, c'est aussi vne gasche, & vne cimballe. Vn crampon ou mentonnet de loquet, vne fiche, vn tire-pied, vn lien à vne rouë.

délla Stáffa, du costé du montoir.
tenér il piè in düe Stáffe, auoir le pied en deux estriers, nous disons, auoir deux cordes à son arc.
tiràr álla Stáffa, tirer à la botte ou à l'estrier, estre difficile au montoir, qui se dit du cheual. Metaph. ne faire pas volontiers vne chose.
fársi tenér la Stáffa, nous disons, commander à baguette.
andár álla Stáffa, suiure vn homme à cheual, suiure le cheual.
Staffáre, &
Staffeggiáre, perdre l'estrier, sortir le pied de l'estrier.
Staffétta, vn courier, c'est aussi vne virolle.
à Staffétta, en poste, en huste.
andár à Staffétta, courir la poste, parler viste.
Staffetteggiáre, perdre l'estrier.
Staffiére, estaffier, valet de pied.
Staffiláre, donner des estriuieres, fouetter.
Staffiláta, coup d'estriuieres.
Staffilatória spáda, estriuieres, courroye, nous disons, vne espée à quinze pointes.
Staffíle, estriuiere, & fouet d'vne escourgée.
Staffíro, herbe aux poüils.
Staffóta, estriuiere.
Staffiságra, &
Staffisággia, herbe aux poüils. pron. *ts*.
Stafföne, vne gasche. Vne frette au moyeu d'vne rouë. Item, vn lien de fer à soustenir vne poutre qui s'éclate, harpon, tenon.
Stággia, esquerre.
Stággie di scála, les costez d'vne eschelle, les bras d'vne eschelle.
Staggiáre, parquer. Item, pleiger.
Staggiménto, &
Staggína, saisie, saisine, sequestre.
Stággio, vn pal à soustenir les rets. Item, ostage.
Staggíre, saisir, mettre en saisie. Item, garantir. pres. *stagisco*.
Stagionáre, assaisonner.
Stagionáto, qui est de saison, qui est prest à estre taillé comme le bois, creu.
Stagioncélla, petite saison.
Stagióne, saison.
Stáglia, instrument à mesurer le chemin.
Stagliáre, compter en gros, & tailler grossierement, tailladder, coupper chemin. Item, bredouiller.
álla Stagliáta, en couppant chemin, par le court chemin.
Stéglio, *stéggio*, vn pal ou baston, taillé grossierement.
Stáglio, la tasche, l'ouurage.
fár vno Stáglio, compter en gros, le François dit, faire vne cotte mal taillée d'vne quantité de parcelles.
Stagnadélla, vne tourtiere.
Stagnánte ácqua, eau dormante.
Stagnáre, dormir, qui se dit de l'eau, estancher, & estaimer.
Stagnára, vn chauderon estaimé qui sert de marmite.
Stagnaría, l'estaing, vaisselle d'estaing. Item, boutique de Potier d'estaing.
Stagnaríno, *stagnáro*, Potier d'estaing.
Stagnáta, vn pot ou coquemart estaimé. Vaisselle d'estaing.
Stágno, de l'estaing, c'est aussi vn estang.
Stágni, l'estaing, la vaisselle d'estaing.
Stagnóso, plein d'estaing ou d'estangs.

Rrr ij

Stagnuólo, feüille d'eſtaing. Item, ſorte de terre graſſe à faire des moules.
Stagóna, le premier encens qui tombe de l'arbre.
Stáio, vn boiſſeau. Item, certaine meſure de terre.
à Stáia colme, nous diſons, à plein fonds.
Staióro, vne meſure de terre qui ſuffit à ſemer vn boiſſeau de grain, c'eſt enuiron le bichet de Lorraine.
Stainóla, perche, meſure à meſurer la terre.
Stálla, eſtable, eſcurie.
ſerrár la Stálla perdúti i buói, le François dit, fermer l'eſtable quand les vaches ſon priſes.
chi hà buón caúallo in Stálla non ſi cúra d'andár à piédi, nous diſons, il fait bon aller à pied quand on tient ſon cheual par la bride.
Stallággio, eſtablage.
Stalláre, eſtabler, c'eſt auſſi le piſſer, & ſienter des beſtes.
Stallático, eſtablage.
Stalláro, valet qui garde l'eſtable.
Stallétta, petite eſtable ou eſcurie.
Stalliéve, ſtalliéro, valet d'eſcurie.
Stallío, vn cheual qui a eſté long temps dans l'eſcurie ſans trauailler.
Stallíre, remolquer, traiſner vn vaiſſeau. Item, voguer à gauche. preſ. *ſtállo*, & *ſtallíſco*.
* *Stállo*, vn taudis, la demeure, l'habitation en vn lieu; c'eſt auſſi la place d'vn Chanoine dans le chœur.
Stallóne, vn eſtallon.
Stallonéggio, eſtallonnage.
Stalúlle, en jargon, du grain.
Stamainólo, celuy qui donne l'eſtaim à filer.
Stamáne, ce matin.
Stamattína, Idem.
Stambécco, ſorte de chamois. Item, vne ſorte d'arme, baſton ferré.
Stambecchíno, ſorte d'arme comme vn baſton à deux bouts.
Stambérga, vne tauerne.
Stambernízo, le nom d'vn grand homme.
Stambíceo, ſorte d'arme, baſton ferré.
Stambúcco, vn liure d'armes appelé en Alemand Stambuch, où l'on fait eſcrire les amis, & y mettre leurs armes, & leurs noms pour memoire, liure d'amis.
Stáme, eſtaim, fil le plus délié de la laine.
Stamígna, eſtamine. Item, vn tamis.
Stamegnáre, paſſer par l'eſtamine.
Stamenáli, varangues, ce ſont les planches courbées en forme de coſtes, dont on fait les barques.
Stamérto, eſtamet, eſtoffe.
Stamígna, eſtamine, c'eſt auſſi vn ſas ou tamis.
Staminária, Idem.
Stamíne, gabors, varangues d'vn vaiſſeau.
Stámpa, Impreſſion, & IMPRIMERIE.
in Stámpa, Imprimé.
Stámpa, moule d'Image, marque de monnoye.
Stámpa, mettre ſous la PRESSE.
Stámpa d'vcéllo, vn oiſeau plein de paille pour attirer les autres.
Stámpa di ráme, eſtampe. Image en taille douce.
Stampáccia, méchante impreſſion de liure.
Stampanáre, déchirer. C'eſt moudre de coups ſans qu'il paroiſſe exterieurement ſur le corps, fouler les parties interieures. Item, faire le braue.
Stampanáta, dégaſt, dépenſe mal à propos, & vne venuë de coups. Item, brauade.
Stampáre, imprimer, mettre en lumiere, battre la monnoye.

Stamparía, IMPRIMERIE.
Stampáto nuouaménte, de nouuelle impreſſion, fait depuis peu, qui n'eſt pas de fort ancienne extraction.
Stampatóre, IMPRIMEVR.
Stampélla, croſſe de boiteux.
Stampelláre, aller auec des potences.
Stampería, IMPRIMERIE.
Stampináta, &
Stampíta, vn chant, vne piece ſur vn inſtrument. C'eſt auſſi vne mine de refuſer quelque choſe. Item, peine perduë.
Stampíto, imprimé.
Stancacaúallo, gratiole, herbe qui matte vn cheual, lors qu'il en a mangé.
Stánca máno, main gauche.
Stancamólo, ruſe, ſubtilité, tromperie.
Stancáre, laſſer.
Stancheggiáre, laſſer, entretenir de delais ou de longueurs.
Stamhétta, petite barre.
Stamhétto, vn peu las.
Stancheuóle, qui ſe peut laſſer.
Stánhezza, laſſitude. pron. *ts*.
Stanciáre, loger, habiter.
Stánco, las, foible, & gauche.
Stánda, en jargon, le verroüil.
Stanélla, vn cotillon.
Stanſélla, poulain d'vne aſneſſe.
Stánga, barre de porte.
raddoppiár la Stánga .i. prendre garde à ſoy de plus prés.
Stangáre, barrer vne porte.
Stangheggiáre, barrer. Item, proceder auec rigueur. Eſtranger vne perſonne de chez ſoy. pron. *ghe* comme *gue*.
Stanghétta, petite barre. C'eſt auſſi le peſle de la ſerrure, & la branche d'vn mors. pron. *ghe* comme *gue*.
pór la Stanghétta all' vſcio .i. s'empeſcher de parler. pron. *ghe* comme *gue*.
métter la Stanghétta .i. clorre vne affaire. prononcez *gho* comme *gue*.
Stangóne, groſſe barre. Il ſe prend auſſi pour vn homme difficile à émouuoir.
Stannaría, mine d'eſtaing, & le lieu où l'on en fait.
Stannário, pottier d'eſtaing.
Stánneo, d'eſtaing, mot Poëtique.
Stanótte, cette nuit.
Stánte, demeurant, eſtant, eſtant debout.
béne Stánte, riche, aiſé, à ſon aiſe.
mále Stánte, incommodé, mal-aiſé, mal à ſon aiſe.
dél Stánte, du preſent mois.
ácqua Stánte, eau dormante.
Stánte, inſtant, moment.
Stánte, aprés.
ciò Stánte, ce faiſant.
póco Stánte, peu aprés.
Stanteménte, inſtamment.
à Stánti, preſentement, de preſent.
Stánzia, demeure, chambre, inſtance.
Stantiále, permanent.
Stantiáre, loger, reſider, eſtablir, faire inſtance.
Stantiétta, petite chambre.
Stantío, qui ſent le vieux ou le croupy, qui ſent le fort. prononcez *t* dur. Couué ou couuis, qui ſe dit de l'œuf.
Stantíno, rance, croupy, fort.
Stánza, chambre, demeure, habitation, ſtance. Item inſtance. pron. *ts*.

ST

Stanziále, ferme, habitant, demeurant. pron. *ts.*
Stanziaménto, ordre, establissement.
Stanzáre, pron. *ts.* &
Stanziáre, establir, demeurer, habiter. pron. *ts.*
Stanzonáto, pron. *ts.* &
Stanzonaménto, logement, en jargon. pron. *ts.*
Stápula, *táppa*, estape.
Stapusária, herbe aux poüils.
* *Starbiliáre*, esmerueiller, estonner.
Stáre, estre, demeurer, estre debout, demeurer ferme, consister. pres. *stò*, *stái*, *stà*, *stiámo*, *státe*, *stánno*, parf. *stétti*, *stésti*, *stéte*, *stémmo*, *stéste*, *stéttero*, part. *státo*, imperat. *stà*, *stia*, *stiámo*, *státe*, *stiáno*, opt. *stia*, *stia*, *stia*, *stiámo*, *stiáte*, *stiáno*, imparf. *stéssi*, *stéssi*, *stésse*, *stéssimo*, *stéste*, *stéssero*, *stárei*, &c.
Stár béne ò málē, se porter bien ou mal.
Stár béne, estre bien seant.
Stár mále, estre mal seant.
Stár mále d'vno, estre fort amoureux d'vne personne.
Stár sópra di sé, demeurer tout court, s'arrester à consi-derer, se tenir debout, estre en doute.
Stár sù, se leuer.
Stársene al dir d'vn áltro, s'en rapporter au dire d'autruy, à ce qu'en dit vn autre.
Lasciár Stáre, laisser en repos. Et desister de faire.
Lásciar mi Stáre, laissez-moy-là.
Stò à sentire, ie vous escoute.
Stámmi à sentire, escoute-moy.
à me Stà, c'est à moy.
non è huómo che non ci Stiá, il n'y a homme qui n'y soit pris.
ci Starái pèr quésto, nous disons, tu en seras pour cela .i. il te coustera cela.
me ne Stò cosí, i'en demeure-là.
Stár à sedére, estre à son seant, estre assis, estre oisif.
gl'áltri lauórano, & tu te ne Stái à sedére, les autres tra-uaillent, & tu ne fais rien.
Stà béne, nous disons, c'est bien employé.
ógni cósa gli Stà béne, tout luy sied bien.
Státe con me? estes-vous attentif? m'entendez-vous?
non ci Stò, ie n'en suis pas, ie ne m'y accorde pas, ie ne le croy pas.
Stár cóme il Préte délla póca offérta, demeurer comme le Prestre qui n'a gueres d'offrandes .i. sans se bou-ger.
Stár pèr fare vna cósa, estre sur le point de faire quel-que chose.
Stò pèr díre, i'ose bien dire.
fár Stáre vno, rendre victus, faire demeurer court, estre plus sçauant que luy. Item, le tromper.
fár Stár à ségno .i. tenir en crainte ou en bride, luy faire changer d'habitude.
può Stáre al martéllo, il peut endurer le marteau .i. il n'y manque rien, il est parfait, cela se peut croi-re.
Stár drítto à cauállo, se tenir bien à cheual.
Stársene à mézza ária, estre entre-deux de faire vne chose ou non.
Stár per morire, estre prest ou en danger de mourir.
Stà béne, voila qui est bien.
Stár per cadére, estre en danger de tomber.
Stársi, demeurer, s'arrester, sans dire ou faire aucune chose.
Stárci pèr niénte, estre compté pour rien, assister au compte.
Stárci, en demeurer-là.
chi Stà si sécca, chi vá si lécca .i. qui ne pourchasse point,

ST

ou qui ne va point soy-mesme, n'a rien, nous disons, qui va leche, qui demeure seche.
Stó co' fráti, è z̃ áppo l'hórto, ie demeure auec les Moi-nes, & besche le jardin, *z̃ appáre* signifie houer. C'est ce que nous disons, ie suis du bois dont on fait les vielles, ie suis de tous bons accords: nous auons de coustume en Italie de répondre cela, lors que nous voulons faire semblant de n'auoir pas oüy ce que l'on nous demande.
quèl vestíto vi Stà béne, cét habit-là vous est bien fait.
Stárna, sorte de perdrix, perdrix grise.
cóme le Stárne di mónte Morèllo, comme les perdrix de mont-Morel .i. viure de rosée, nous disons, comme les griues, viure de vent.
pigliár le Stárne col búe .i. faire vne chose lentement, aller lentement en besogne, les mots Italiens signi-fient proprement, prendre des perdrix auec vn bœuf.
le Stárne, nous disons, les cailles coiffées .i. les fem-mes débauchées, les putains.
Starnazzáre, c'est se ietter de la terre auec les asles, & s'en couurir ainsi que font les perdrix. Et par Me-taph. tomber par terre. pron. *ts*.
Starnóne, vieille perdrix dure.
Starnótto, perdreau.
Starnutáre, & *sternutíre*, esternuër.
Starnutatióne, esternuëment.
Starníto, esternuëment.
amíco déllo Starníto, amy à demy, amy dissimulé, selon aucuns, bon amy.
Stáro, vn boisseau.
Staruólo, Idem.
Staséra, ce soir, pour *quésta séra*. pron. e fermé.
Stássene, se ne stà, il en demeure-là, il est la sans rien dire ou faire.
Statárie, lieux où l'on demeure l'Esté.
Státe, l'Esté, pour *estáte*.
più tósto da Státe che da Vérno .i. bien simple, bien le-ger d'argent.
Statèno, sorte de petit vin.
Statéra, *stadéra*, *stadiéra*, vne balance ou peson, vne Romaine à peser.
Statereccio, d'Esté, qui est du temps de l'Esté.
Staticáre, pleiger, donner vn ostage.
Statíco, ostage.
Statiéra, peson,
Státio, le lieu où l'on fait vn Nauire. Item, la ra-de.
Stationále, demeurant, habitant.
Stationário, qui a son logis appointé.
Statióne, station. Item, habitation, demeure. Ra-de.
Statísta, homme d'Estat.
Státo, Estat. Item, Esté, du verbe estre.
mutár Státo, changer d'estat, changer de face.
Státoa, statuë.
Statóre, vn Sergent.
Státua, *státoua*, statuë.
Statuíre, faire des statuës: Item, habituer.
Statudría, sculpture, art de sculpture.
Statuário, *statuáro*, sculpteur, faiseur de statuës.
Statuíre, establir, decreter, arrester, deliberer, re-soudre, assigner, appointer. pres. *statuísco*.
* *Statúmina*, vne estaye. Item, du mortier de chaux, & de moilon.
* *Statumináre*, gascher le mortier. Item, estançon-ner.

ST

Statuóne, grande ſtatuë.
Statúra, ſtature, taille.
Statúra mediócre ò mezz'ána, riche taille. pron. *ss*.
Statúto, ſtatut.
Stázzo, ſtation, demeure. pron. *ts*.
Stázzi délle pecóre, lieux où les brebis parquent. prononcez *ts*.
Stazzonáre, taſter, taſtonner, manier, chiffonner, toucher laſciuement. Item, habituer, fouppir. pron. *ts*.
Stazzóne, ſtation, habitation, ſelon aucuns vn portier. pron. *ts*.
Sté, pour *quéſte*, celles-cy, ces.
Sté cóſe, ſté *bagatélle*, ces choſes, ces bagatelles.
Steáde, ſtecados, cottonniere, herbe à cotton.
Stécca, vne cheuille Vne embouchoir de Cordonnier. Vne poignée d'orféure. Item, vn copeau ou eſclat de bois, & vn buſte de baleine, &c.
Stécca da pigáre, vn plioir de Relieur.
dàr la Stécca, mettre à l'embouchoir.
Steccadénti, curedent.
Stécche, planchettes qui ſeruent en endoſſant ou roignant les liures.
Steccáre, enuironner de paliſſades ou barrieres, & faire des copeaux ou eſclats. Item, enfoncer la colle du dos d'vn liure.
Steccár le légna, fendre le bois.
Stecca légna, fendeur de bois.
Steccáta, fraize, paulx plantez perpendiculairement contre la face des murailles, eſtacade dans l'eau.
Steccáto, barriere, paliſſade, eſtacade. C'eſt auſſi vn champ clos où l'on combat.
Stécche, & *steccóſe*, en jargon, pieces de bois. pron. *e* fermé.
Stecchíre, croiſtre dur, & ſec comme du bois. preſent, *ſtecchiſco*.
métter vn Stécco in cámbio di coltéllo .i. faire vn mauuais change, rendre vn mauuais ſeruice.
Stécco, vne eſpine. Vn feſtu, vn curedent. Item, vne poignée d'Orféure. pron. *e* fermé.
ſtár ò víuer à Stécco, eſtre ou demeurer à vn mediocre eſtat de viure, en neceſſité, &c.
Steccouáto, paliſſade, cloſture de paulx.
Steccóni, vn pal pour clorre vn lieu, vne piece de bois fichée en terre loin à loin pour faire vne cloiſon, ou barriere. Item, vn morceau de buis dont on enfonce la colle en endoſſant vn liure, vn frottoir de Relieur.
Stéfano, en jargon, eſtomac. Item, vne guirlande, ou chappeler. pron. *e* ouuert.
Stéga, capite, loge dans vn nauire.
Stéggie, brouſſailles.
Stégna, fiéure qui procede d'obſtruction.
Stéla, vne Croix ou pilier ſur vn chemin. pron. *e* ouuert.
Stellíno, viſe, guy.
Stélla, eſtoille. Metaph. œil. pron. *e* fermé.
Stélla di ſperóne, molette d'eſperon.
Stellánte, eſtoillé, brillant.
Stelláre, eſtoiller, remplir d'eſtoiles.
Stelláze, d'eſtoille, appartenant à vne eſtoille.
Stelláría, ſorte de terre medecinale marquée d'vne eſtoille.
Stellatióne, conſtellation.
Stelláto, eſtoillé.
Stelleggiáre, luire comme vne eſtoille. Item, eſtudier aux eſtoilles, ou aſtres.
Stélleo, d'eſtoille.
Stellétta, petite eſtoille. Et molette d'eſperon.

ST

Stellétti, ſorte d'eſchaudez ou craquelins.
Stellífero, porte-eſtoilles.
Stellificáre, eſtoiller, mettre au rang des eſtoiles.
Stellionáto, tromperie, falſification, vſure, fauſſeté.
Stellióne, ſtellion ſorte de lezard. Item, poiſſon eſtoillé.
Stélo, tige de fleur ou herbe. C'eſt auſſi vn rais de roüe. pron. *e* ouuert. Item, vn trait.
Stelóne, ſelon aucuns, vne perche.
Stembécco, ſorte d'arme.
Stémma, tige, pied, race. Item, chappeau de fleurs.
Stempanino, celuy qui coupe la monnoye deuant que d'eſtre marquée.
Stempélla, vne vielle.
Stempelláre, gratter ſur vn inſtrument. Item, joüer de la vielle.
Stemperaménto, deſtrempement, diſſolution.
Stemperáre, deſtremper, delayer. Se corrompre, ou diſſoudre, ſe mettre en deſordre ou intemperance, ſe deregler, tremper, comme les métaux.
Stempráre, Idem.
Stendále, eſtendart. Item, rayon.
Stendardiéro, qui porte l'eſtendart.
Stendárdo. Cornette de caualleríe. Eſtendart.
Stendáre, leuer ou oſter les tentes, Il ſe met auſſi pour camper.
Stendére, eſtendre, rendre vn arc, bander. Deſtendre, ſelon aucuns, parf. *ſteſi*, part. *ſteſo*, &c.
Stendiménto, extenſion, allongement.
Stenebráre, illuminer, tirer des tenebres.
Stenſióne, extenſion.
Stenſiuo, extenſif.
Stentále, liſte ou liſiere.
Stentáre, pâtir, auoir de la peine, manquer de ce qui eſt neceſſaire, tarder, faire auec difficulté, trauailler auec peine ou diligence.
Stentará, il aura fort à faire, il aura de la peine.
Stentarúolo, eſtenterol.
Stentataménte, auec difficulté.
Stentáto, fait ou venu auec peine, penible.
Stentíni, inteſtins.
Stentíto, faiſandé ou trop mortifié, qui ſent.
à mâlo Sténto, auec toutes les peines imaginables.
Sténto, peine, trauail.
Stentóre, Idem, & vn homme, qui languit.
Stentóſo, penible.
Stenuáre, exténuer.
Stenuatióne, extenuation.
Stérco, fiente, fumier. Item, fumée de la beſte, en terme de chaſſe.
Stercolíno, tas de fiente ou fumier.
Stercoráre, fumer, fienter.
Stercóreo, de fiente.
Stercoróſo, *Stercóſo*, plein de fiente.
Sterelítida, ſtereletide, ſorte de litarge.
Sterile, ſterile. pron. *e* ouuert
Steriliſe, rendre ou deuenir ſterile. preſent, *ſterilisco*.
Sterilità, ſterilité.
Sterlíno, ſorte de monnoye antique, maintenant en Angleterre.
Sterlísco, vn ſot, vn badin.
Sterminaménto, extermination.
Sterminíre, exterminer.
Sterminataménte, en exterminé, determinément.
Sterminíto, exterminé, démeſuré, vn determiné.
Sterminátóre, qui extermine, exterminateur.
Sterminío, extermination.

ST

Stérnere, eſtendre, coucher tout eſtendu. parf. *ſternétti*, part. *ſternito*.
Sternire, pour *ſchernire*, mépriſer, ſe mocquer. Item, eſternuer, & eſplucher. preſ. *ſterníſco*, part. *ſternito*.
Sternitatióne, eſclat, lueur.
Sternóme, la partie de la poitrine où les coſtes ſe rencontrent.
Sternumentária, herbe à eſternuer.
Sternutáre, ſternuire, eſternuer.
Sternúto, eſternuément. Item, couché tout de ſon long, eſtendu, abbatu, rendu calme.
Sterpáme, brouſſailles, chicots.
Sterpaménto, extirpation.
Sterpáre, *ſterpere*, ébranler, coupper les chicots, extirper, arracher.
Stérpe, &
Sterpo, rejetton d'vne racine couppée, chicot, broſſe.
Sterpóne, gros chicot.
Sterpóſo, plein de chicots, ou brouſſailles.
Sterpúto, extirpé.
* *Sterquilinio*, tas de fiente.
Sterzanáto, déliuré de la fiévre tierce. pron. *ts*.
Sterzáre, partager en trois. Item, braquer qui ſe dit d'vn carroſſe ou charette. pron. *ts*.
Stérze, les jambes, & talons. pron. *ts*.
Steſamente, tout au long, tout du long, ſans enfaſle.
Stéſo, eſtendu. pron. *e* fermé.
Steſſamente, meſmement.
Stéſſere, deſtiſſer. part. *ſteſſei*, & *ſteſſetti*, pron. le premier *e* ouuert.
Steſſiſſimo, tout à fait le meſme.
Steſſità, la meſme choſe.
Stéſſo, meſme. pron. *e* fermé.
Stéto, la region de l'eſtomach. pron. *e* fermé.
Stia, muë, chapponniere pour engraiſſer la volaille.
Stiáccia, vne fouace.
* *Stiacciáre*, eſcacher.
Stiacciáta, vne galette, vne fouace.
Stiacciatína, petite fouace.
dár vna Stiacciatina à vna donna, preſſer vne femme, Metaph.
* *Stiamázo*, bruit, huée. pron. *ts*.
Stianciáre, aller de biais, gauchir.
di Stiáncio, de biais de coſté.
Stiáncio, qui ſent le fort, rance.
* *Stiantáre*, *ſchiantáre*, eſclatter comme le bois.
* *Stiantatíuo*, eſclattant, caſſant.
Stiantatúra, eſclat, fente
Stiántio, qui ſent le moiſy, ou le renfermé.
Stiánze, engelures, mules au talon. pron. *ts*.
Stianzía, taillade, coupeure, eſclat. pron. *ts*.
* *Stiáppa*, *ſchéggia*, copeau, eſclat de bois.
Stiáre, mettre en muë, engraiſſer les chapons.
* *Stialatíno*, eſclattant.
* *Stiátta*, race, lignée pour *ſchiátta*.
* *Stiattitúdine*, eſclauage.
* *Stiáuo*, *ſchiauo*, eſclaue.
Stibbídre, en iargon, boire.
Stíbio, antimoine
* *Ticchinícchio*, vn beneſt, vn badin, mot ſuppoſé.
* *Sticciáto*, eſcaché.
Sticóre, *i*. toiles d'Allemagne.
* *Stidionáre*, embrocher.
* *Stidionáta*, vne brochée.
* *Stidióne*, broche.

ST 503

* *Stiéna*, *ſchiéna*, eſchine.
* *Stienóſo*, *ſchienúo*, qui a bonne eſchine.
* *Stiettézza*, pureté, ſimplicité. pron. *ts*.
* *Striétto*, pur, ſimple, vny.
Stiféllo, ſorte de flute. En iargon, du fourmage.
Stigáre, inciter, inſtiguer.
Stigatióne, inſtigation.
Stige, le Stix, fleuue des fables.
Stigi, les lieux du Stix.
Stigio, infernal, du Stix.
Stignere, déteindre, perdre ſa teinture. preſent, *ſtingo*, *ſtingi*, *ſtinge*, parf. *ſtinſi*, part. *ſtinto*, &c.
Stíle, ſtile, façon d'eſcrire, mode, façon. Item, vne ſonde de Chirurgien. Pointe de fer à vn quadrant, ſtile. Vne broche de fer à trauers de quelque choſe. Vn crayon. Vne touche pour eppeller.
Stilettáre, donner des coups de poignard.
Stilettáta, coup de poignard.
Stilétto, ſorte de poignard fort délié, fait en triangle, qui s'vſe en Lombardie.
* *Stilibáta*, chauſſe-pied de Cordonnier, & tirant de botte.
* *Stilibáro*, robuſte, vigoureux, endurcy.
Stílla, goutte.
Stillaménto, dégouttement.
Stillánte, dégouttant, diſtillant, dégouttante, diſtillante.
Stilláre, dégoutter, verſer, diſtiller.
Stillárſi il ceruéllo, s'alambiquer l'eſprit, fantaſtiquer.
Stillário, alambic. Item, vne gouttiere.
Stillatíccia, ſorte de poix liquide.
Stillatióne, diſtillation, dégouttement.
ſtár allo Stillato .i. eſtre reduit à l'extremité.
Stilláto, vn breuuage, comme vn conſommé diſtillé pour les malades. Item, diſtillé.
Stillatóio, chapelle à diſtiller. Item, lieu où l'on diſtille.
Stillatóre, diſtillateur.
Stilléchio, glaçon pendant, floquet de glace.
Stillicídio, fluxion, diſtillation, difficulté d'vrine.
Stilo, ſtile, ſonde de Chirurgien. Vne pointe de fer à meſurer. Stile. Vne ſorte de poignard quarré.
* *Stílta*, vn traiſneau à paſſer ſur la glace ou la neige.
Stíma, eſtime, prix.
fár Stima d'vno, eſtimer beaucoup. Item, *fáte ſtima*, ou *fáte cónto*, *che*, imaginez-vous que, &c.
Stimábile, eſtimable.
Stimáre, eſtimer.
Stimáta, le prix, l'eſtime, la priſée.
Stimatióne, Idem.
Stimatóre, priſeur, eſtimeur.
Stimatríce, priſeuſe, qui eſtime, qui met le prix.
Stímate, les marques des cinq playes de noſtre Seigneur Ieſus-Chriſt.
Stímite, Idem.
Stímma, le ſuc des herbes qui ſert à faire des vnguents.
Stímmata, oignemens, huiles, vnguents compoſez de ſimples.
Stímmate, les marques des playes de Ieſus-Chriſt.
fár le Stímmate, faire l'eſtonné en eſtendant les bras, ou les mettant en croix.
Stimmático, marqué d'vn fer chaud, vn infame.
Stimmóſo, Idem.
Stímo, eſtime.
Stimolánte, aiguillonnant, qui aiguillonne.

ST

Stimoláre, aiguillonner, espoinçonner, pousser, inciter, stimuler, *stimuláre*.
Stimolatióne, incitation, stimulation, *stimulatióne*.
Stimolatóre, aiguillonneur, espoinçonneur.
Stimolatríce, aiguillonneuse.
Stimolo, aiguillon.
Stimoóso, plein d'aiguillons, *stimulóso*.
Stímulo, aiguillon.
* Stináre, coupper les jarrets.
Stinca, le sommet d'vne montagne.
Stincácci, grandes vilaines jambes.
Stincáre, coupper les jarrets, proprement casser l'os des jambes.
Stincáta, coup de greue, coup sur la greue, ou os des jambes.
Stincáto, qui n'a les jambes cassées.
Stinche, prison où l'on enserme les forçats.
Stinchéri, jambieres.
Stinco, la greue de la jambe, l'os de la jambe. C'est aussi vn Stinc ou lezard verd.
Stinguere, esteindre, effacer. part. *stinsi*.
Stinieri, iambieres.
Stinto, instinct. Et esteint.
Stio, qui se dit du lin, semé au mois de Mars.
* Strioppería, escoupetterie.
Stioppettáre, petter comme vn baston à feu.
Stioppétto, escoupette.
Stióppo, arme à feu: Item, bruit de canon, esclat. prononcez o ouuert.
* Stióra, sorte de mesure comme vn litron.
Stipa, broussailles, buschettes. Vn tas de quelque chose bien entassée, & foulée. Item, destresse, peine.
Stipáre, tailler les broussailles dans les bois, faire des hayes ou palissades de broussailles, entasser, fouler, serré l'vn dessus l'autre. Item, serrer quelque chose.
Stipatóre, vn qui entasse, qui charge les marchandises, ou qui les serre.
* Stipe, tige, pied
Stipendiále, de gages.
Stipendiáre, gager, payer des gages.
Stipendiário, &
Stipendiárie, gagé, qui est aux gages, pensionnaire d'vn Prince.
Stipéndio, paye, gage, pension.
Stipétto, petit cabinet d'Allemagne.
Stipia, chaume.
Stipidíre, s'estonner pres. *stipidísco*, pour *stupidísco*.
Stipídito, pour stupide.
Stipite, jambe, pied d'arbre, ou pied droit de porte, &c.
Stipo, cabinet d'Allemagne. Item, armoirie.
Stipola, chaume.
Stipula, vne surcroissance sur le bois de la forme d'vn champignon.
Stipuláre, stipuler.
Stipulatióne, stipulation.
Stipulatóre, stipulateur.
Stipulatríce, stipulante.
Stipolo, cabinet d'Allemagne.
Stipula, la barbe d'vn espic, &c.
Stipulánte, stipulant.
Stipuláre, stipuler.
Stipulatióne, stipulation.
Stiracchiaménto, barguignement.
Stiracchiáre, barguigner. C'est aussi ce que nous disons, tirer vn discours par les cheueux, tirer, estendre, détirer, marchander par trop.
Stiracchiársi, c'est proprement s'allonger, qui se dit quand on est malade, & que l'excez ou la fiévre est prest à venir.
Stiráce, stirax, drogue.
Stiráre, desirer vn colet, &c. estendre le linge sur la platine. Item, estendre vn discours.
* Stiricídio, distillation de glaçons.
Stirillo, la barbe d'vne cheure.
Stirpáme, quantité de chicots ou broussailles.
Stirpáre, extirper, arracher.
Stirpatióne, extirpation, arrachement.
Stirpatóre, arracheur, extirpateur.
Stirpe, race, lignée. Item, racine, tige.
Stirpeuóle, qui se peut extirper.
Stísli, lieux infernaux.
Stiticaménte, serrément.
Stitichézza, constipation. Restriction. pron. e fermé, & zz comme ts.
Stítico, constipé, resserré du ventre, & qui a la faculté de resserrer le ventre, astringent. Item, vn homme de mauuaise humeur, mal accommodant, resserré, auare, mauuais payeur.
Stiticozzáre, dasticotter. pron. ts.
Stiticozzi, Allemands qui dasticottent, dasticotteurs.
Stituíre, instituer. pret. *stituijco*.
Stituóre, instituteur.
Stituóne, institution.
Stiua, entassement ou égal contre-poids dans vn vaisseau, estiue. Item, vne mue ou chapponniere, la perche pour fouler ou entasser.
Stíua, le manche de la charrue.
trouár la Stiua .i. trouuer le moyen, le fonds, la cache.
Stiualáio, stiualáro, faiseur de bottes.
Stiualáre, botter Item, fesser auec des bottes.
Stiuále, botte.
rimaner vno Stiuále, demeurer vn sot.
calcár vno Stiuále da due bande, presser vne botte des deux costez, nous disons, tirer d'vn sac double mouture.
Stiualétti, bottines.
vnger i Stiuáli .i. flatter, amadouer.
Stiuáre, fouler, entasser, & mettre les marchandises en égale balance, dans vn vaisseau, lester.
Stiuatóre, lanade, escouuillon.
Stiuéro, chien mestif.
Stiuicíni, brodequins.
Stizza, colere. C'est aussi vne maladie de chien, comme vne rage causée de démangeaison. Item, petite grattelle. pron. ts.
Stizzáre, mettre en colere. Attiser le feu, selon aucuns, destiser. pron. ts.
Stizzársi, se mettre en colere, s'irriter. pron. ts.
Stizzataménte, par colere, ou en colere. prononcez ts.
Stizzatóia, tisonnier de forgeron. pron. ts.
Stizzatóio, esteignoir pour esteindre les cierges dans les Eglises. pron. ts.
Stizzíre, se mettre en colere. pres. *stizzísco*. prononcez ts.
Stizzo, tison. pron. ts.
Stizzoláre, attiser. pron. ts.
Stizzolo, vn tison. pron. ts.
Stizzonáre, attiser. pron. ts.
Stizzóne, tison. pron. ts.
Stizzosaménte, auec colere. pron. ts.

Stizzóso,

S T

Stizzóſo, colerie, colere, aiſé à courroucer.
Sto, pour *queſto*, cettuy-cy, cecy: pron. o fermé.
Sto, ie demeure. pron. e ouuert.
Stoccáta, eſtocade.
Stoccheggiáre, tirer des eſtocades, eſtocader. Item, prendre à toutes mains, d'eſtoc, & de taille.
fár Stócchi, tirer l'eſtocade, emprunter, demander, & tirer de tout coſtez ; c'eſt proprement prendre de la marchandiſe à credit pour plus qu'elle ne vaut, & la reuendre à bon marché.
Stócco, eſtoc, eſtocade. Item, eſtoc, race, ligne.
hauér Stócco, auoir de la vigueur, ou bonne volonté.
Stoccofiſſo, du ſtockfiſch, mot de gauſſerie. C'eſt proprement du poiſſon ſec que l'on mange ſur les vaiſſeaux.
Stéffo, le fonds d'vn ouurage.
Stogliere, oſter, deſtourner. pref. *ſtólgo*, *ſtógli*, *ſtóglie*, *ſtogliámo*, *ſtogliéte*, *ſtólgono*, parf. *ſtólſi*, *ſtogliéſti*, *ſtólſe*, part. *ſiolto*, fut. *ſtorrò*, & *ſtogliéro*, opt. *ſtólga*, imparf. *ſtogliéſſi*, & *ſtogliéréi*, & *ſtorréi*, &c.
Stóia y ſtóra, vne natte de ionc treſſé, pour mettre deuant vne porte, ou ſous les pieds. Item, vn torchon. pron. o ouuert.
Stoiáre, natter de jonc. Item, torcher.
Stoiáro, faiſeur de nattes de jonc.
Stoiaiólo, torchon, ſelon aucuns.
Stoicaménte, à la Stoïque.
Stóico, Stoïcien. pron. o ouuert.
Stóla, vne eſtole. Item, vn linge de col, ſelon aucuns.
Stoláre, mettre vne eſtole.
Stólca, *ſtólga*, femelle de faiſan de montagne.
dár la Stólfa, en jargon, s'enfuir.
Stolidézza, *ſtolidità*, ſottiſe. pron. *tt*.
Stólido, ſot. pron. o ouuert.
* *Stolóne*, vn ſurgeon ou rejetton qui ne profite point.
Stolteggiáre, faire le ſot.
Stoltézza, ſottiſe. pron. e fermé, & les *zz* comme *tſ*.
Stoltiléquio, ſot diſcours.
Stoltiſia, ſottiſe.
Stólto, ſot. Item, oſté, deſtourné. pron. o ouuert.
Stólza, femelle de faiſan de montagne. pron. o fermé.
* *Stolzáre*, eſchapper de la main par force ou violence, s'arracher de dedans quelque choſe ; c'eſt proprement ſauter comme les ſauterelles. Item, bondir. pron. *tſ*.
* *Stomacáce*, eſpece de mal qui fait tomber les dents, ſelon aucuns, le mal appelé ſcurbut.
Stomacágine, degouſt, mal de cœur, indignation.
Stomacále, ſtomacal.
Stomacáre, faire mal au cœur, degouſter.
Stomacárſi, s'eſtomaquer, ſe faſcher, auoir du dégouſt.
Stomacáto, degouſté.
Stomacéno, maladie appelée ſcurbut.
Stomachéuole, dégouſtant, dégouſtante, qui fait mal au cœur, ennuyeux, ennuyeuſe, ſaoulant, ſaoulante.
Stomachézza, ſaleté, choſe dégouſtante. pron. e fermé, & les *zz* comme *tſ*.
Stomatino, pectoral.
Stómaco, eſtomach. Item, indignation, dégouſt. pron. o ouuert.
portár sópra lo Stómaco i. auoir en haine, haïr, auoir ſur le cœur.

fár Stómaco, dégouſter, faire mal au cœur.
hauér Stómaco, auoir du dégouſt, du courage.
Stomacoſità, indignation, dégouſt.
Stomacóſo, dégouſtant, ſale, vilain.
Stomacúzzo, petit eſtomach, eſtomach foible. prononcez *tſ*.
Stomána, ſemaine.
Stomático, qui eſt ſujet au mal d'eſtomach. Item, compoſition ou remede pour conforter l'eſtomach.
* *Stomóma*, acier.
* *Stopiáre*, eſtropier.
Stóppa, eſtouppe. pron. o fermé.
guardár à Stóppa mal pettináta i. regarder à peu de choſe.
ſpégner il fuóco cón la Stóppa, c'eſt rendre vn mal plus grand en y voulant remedier.
fár la bárba di Stóppa, nous diſons, faire barbe de paille, ſe mocquer. C'eſt proprement ce que les François diſent, faire paſſer maiſtre, lors qu'ils diſnent ſans attendre quelqu'vn de la compagnie.
Stoppáccio, groſſe eſtoupe. Item, bouchon.
Stoppáre, boucher, eſtoupper.
Stoppáta, bouchon.
Stoppénole, qui ſe peut boucher.
Stóppia, brouſſaille, chaume, eſteule.
métter Stóppia in diá i. propoſer des choſes vaines.
Stoppiáre, eſtouper. Item, chaumer. En jargon, aller.
Stoppináto, reſſerré, bouché, conſtipé.
Stoppíno, bouchon, broche, foſſet, eſtoupin ou ſtoupin pour allumer vn feu d'artifice, vn mouchon de chandelle, & ſelon aucuns, la dille du Chandelier.
sè hà maugitáto le candéle hòra càga gli ſtoppíni, cela ſe dit d'vn homme qui a iouy du bon temps paſſé, & que depuis ſouffre du mal, &c.
ci fà cagár Stoppíni, nous diſons, il nous fait chier petites crottes.
Stóppio, eſteule, chaume.
Stoppióne, chardon qui croiſt parmy le chaume. Item, vn bouchon.
Stoppióſo, plein de brouſſailles ou de chaume.
Stóppola, chaume, eſteule.
Stoppóſo, cordé comme les raues, qui ſe ſeiche comme des brouſſailles ou eſtoupes.
Stóra, *ſtóia*, natte de jonc.
Stordce, ſtorax, drogue.
Storacíni, paſtilles de ſtorax.
Stórcere, tordre. pref. *ſtórco*, parf. *ſtórſi*, & *ſtorcétti*, part. *ſtórto*.
Stórcerſi, s'eſtendre, ſe tordre, ſe deſtordre, ſe diſloquer. Item, ſe tordre lors que la fiévre eſt preſte à venir. pref. *ſtórco*, parf. *ſtórſi*, & *ſtorcétti*, part. *ſtórto*, & ſe conjugue auec l'auxiliaire *éſſere*, auec les particules *mi*, *ti*, *ſi*, *ci*, *vi*, *ſi*, &c, & pron. o ouuert.
non ti Stórcere, nous diſons en François, il ne faut point faire la mine, l'affaire eſt aſſeurée, il faut que cela ſoit.
Storcénole, qui ſe peut deſtordre.
Storciménto, deſtorſe. Item, extorſion.
Storcitúra, entorſe.
Storcoláre, preſſer, preſſurer.
Stórcolo, preſſoir.
Stordigióne, &
Stordiménto, eſtourdiſſement.
Stordíre, eſtourdir, eſtonner. pref. *ſtordíſco*.
Stória, hiſtoire. pron. o ouuert.
Storiále, hiſtorial.

ST

Storiáre, historier. Item, selon aucuns, attendre auec impatience, & grand desir.
Stórico, histoire, & historicien.
Storiógrafo, Historien, Historiographe.
Storióne, esturgeon. pron. o fermé.
Stormáre, faire rumeur.
Stormeggiáre, s'assembler au bruit de Ville.
Stormeggiáta, bruit, rumeur, alarme.
Storméuto, instrument.
Storminio, ruine, destruction.
Stormíre, faire bruit ou rumeur. pref. stormisco.
Stórmo, assemblée pour combattre, trouppe de gens armez. pron. o fermé.
sonár à Stórmo, sonner le tocsin.
Stórmo, bruit, rumeur.
Stornóso, plein de rumeur.
Stornáre, destourner, retourner en arriere, retourner, renuerser.
Stornanélla, vne pirouette. Item, tournoyement de teste.
Stornázzo, veron, poisson. pron. ts.
Stornéllo, estourneau. Item, gris d'estourneau, poil de cheual.
Storniaménto, tournoyement.
Stornire, estourdir. pres stornisco.
Stornito, estonné, estourdy.
Stórno, estourneau. pron. o fermé.
Stórno, tournoyement de teste.
Stóro, estourneau, sansonnet.
Storpiáre, estropier. Metaph. empescher.
Storpiatúra, &
Stórpio, estropiement. Metaph. fascherie, empeschement.
Stórre, stóglire, destourner, distraire. pres. stólgo, stógli, stóglie, parf. stólsi, part. stólto.
Storsionáro, faiseur d'extorsions.
Storsióne, extorsion.
Stórta, vne espée courbée, vn sabre, vn coutelas de Turc. Vne cornuë de distillateur. Vn instrument appelé serpent. Vne destorse, vne douleur qui empesche de tourner le col. Vn villebrequin.
Stortaménte, de trauers, en tortu.
Stortáre, tordre, tortuer.
Stórti, sorte de craquelins. pron. o ouuert.
Stortigliatúra, entorce, dislocation.
Stórto, tortu. pron. o ouuert.
Stornuólo, chaudron, vase, vstensile de cuisine.
* Stórnuolo, sorte de mal d'enfant, comme la petite verolle.
Storzáre, esgorger. pron. ts.
Stouigliaio, qui a soin de la batterie de cuisine.
Stouiglie, vtensiles, vases, aisances, batterie de cuisine.
dàr nélle Stouiglie .i. se mettre fort en colere,
Stozzáre, marquer, grauer. pron. ts.
Strózzo, estampe. pron. o ouuert.
Strà, stráï, stráli, rais, rayons, traits.
Strabalzáre, bondir par de là. pron. ts.
Strabálzo, bondissement. pron. ts.
Strabagliáre, &
Strabiliáre, bailler d'estonnement.
Strabilio, estonnement, rauissement.
* Strábo, louche.
Straboccaméuto, trébuchement, pour accident. Item, excés, regorgement.
Straboccánte, trébuchant. Item, mal aduisé.
Strabóccle, trebucher, & regorger.
Straboccáto, excessif, furieux en ses actions.

ST

Strabocchéuole, regorgeant, excessif, regorgeante, excessiue.
Strabócco, regorgement, & trebuchement.
Strabondánza, abondance excessiue. pron. ts.
Strabuóno, plus que bon.
Strabuzzáre, tourner les yeux dans la teste, se renuerser les yeux. pron. ts.
Strabuzzóso, qui tourne les yeux à la teste. pron. ts.
Stracacciáto, sorte de sault.
Stracantáre, chanter mal. Item, chanter, & rechanter.
Stracaricáre, surcharger.
Stracáro, plus que cher, hors de prix.
Stracaráre, dépenser, débourser hors de l'ordinaire. Tirer tout ce qu'il est possible, tirer au delà de la possibilité.
Stracáta, vne dépense extraordinaire.
Strácca, lassitude, fatigue.
Straccále, fauchere ou bat-cul de mulet. Item, vne bride de toile que portent certaines femmes. Item, crouppiere, selon aucuns.
vn Straccamaéstri, vn ignorant lourdaut, vn qui à la teste bien dure.
Straccaménto, lassitude.
vn Strácca murélli, &
Straccamurriccinóli, vn faineant, vn batteur de paué.
Straccaspiédi, vn friand, vn gourmand.
Straccáre, lasser.
Strachézza, lassitude. pron. e fermé, & les zz comme ts.
Stracciabráche, petit houx.
Stracchiréo, vn peu las.
Stracciafóglio, le liure des Marchands, appelé vn broüillon ou journal.
Stracciaiuólo, chiffonnier. Item, vn frippier, & vn ranaudeur.
Stracciaménto, esclat d'estoffe, accroc.
Stracciáre, deschirer.
Stracciáre, pour stratiáre, tourmenter, mal-traiter, outrager.
Stracciaría, fripperie, chiffonnerie.
Stracciáro, chiffonnier.
Stracciaiuóla, chiffouniere.
Stracciaruólo, chiffonnier, & frippier.
Stracciasácco, vne niche.
guardár à Stracciasácco, regarder de trauers.
Stráccio, deschiré.
Stracciatúra, vn accroc à vn habit, vn trou en se deschirant, rupture, déchireure.
Stráccio, haillon, chiffon, torchon. Rien.
Stráccio, pour strátio, tourment, mauuais traittement, outrage, carnage.
parlár à Strácci, parler à bastons rompus.
Straccióne, gros haillon. Item, vn coquin, vn gueux. pron. o fermé.
Straccióso, deschiré, desloqueté.
Stráco, las.
Stracoáre, mal-traiter, tourmenter.
Stracoio, mauuais traittement, carnage.
Stracollóre, courir precipitément.
Stracóllo, trompetie, niche. Item, vne course ou saut precipité. pron. o ouuert.
Stracontentáre, rendre plus que content.
Stracontento, plus que content.
Stracorággine, negligence.
Stracórrere, conrir çà, & là, courir par delà, parcourir, comme córrere.

S T

Stracorreuole, extremement viste.
Stracorsa, course de costé, & d'autre. pron. o fermé.
Stracorso, parcouru.
Stracotàna, negligence, selon aucuns, insolence, arrogance.
Stracotàre, negliger.
Stracotàto, negligé. Item, arrogant.
Stracrédere, croire, & au delà, comme *crédere*.
Stracuràggine, *stracuranza*, &
Stracuraldggine, peu de soin, negligence.
Stracuràre, negliger.
Stracuratamente, negligemment.
Stracuratézza, negligence. pron. *ts*.
Stracuràto, negligent, sans soin.
Stracutànza, negligence. Item, insolence, presomption. pron. *ts*.
Stràda, chemin, & ruë. *Strade*, sente.
gittarsi alla Stràda, se jetter en la campagne pour voler.
Stràda copérta, chemin couuert, en terme de fortification.
Strada senza vscita, vn cul de sac.
èsser fuor di Strada .i. entendre mal vn affaire.
Stradàre, suiure le grand chemin. Item, voller, battre les grands chemins, acheminer, conduire au chemin.
Stradaruòlo, estradiot, voleur de chemins. Item, voyer.
Stradebita hòra, heure induë.
Stradélla, ruelle, petite ruë. pron. e ouuert.
Stradesideràre, desirer auec passion.
Stradétta, *stradiccìna*, &
Stradicciuòla, vne ruelle.
Stradico, le Voyer des grands chemins.
Stradiére, gabelleur.
Stradiòtti, coureurs ou batteurs de chemins, Estradiots, sorte de soldats.
Stradùzza, ruelle, petite ruë. pron. *ts*.
Stràere, extraire. parf. *stràssi*.
Strafalciàre, aller à grand pas. Item, vuider promptement vn compte.
Strafalcéo, vn compte en gros, vne cotte mal taillée.
Strafalcióne, vn brouillon, vn negligent, & erreur de negligence.
Strafalsàre, falsifier, contrefaire.
Strafàre, faire plus qu'on ne veut, en faire trop.
Strafilàre, tirer l'argent à trauers de la filiere.
Strafilàto argénto, argent trait.
Strafilièra, filiere.
Strafinàccio, vn estrichoir à deuider.
Strafizzàre, faire gogaille. pron. *ts*.
Strafizzéca, herbe aux pouils. pron. *ts*.
Strafizzo, gogaille, bonne chere. pron. *ts*.
Strafòggia, façon hors de mode. pron. o ouuert.
Strafoggiàre, despenser hors de l'ordinaire.
Straforàre, percer à iour, percer de part en part.
Strasformàre, transformer.
Strafòro, trou de part en part.
di Strafòro, percé à iour, selon aucuns, en cachette.
Strafuggire, s'enfuir bien viste. pres. *strafúggo*, &c.
Strafuseria, *estaphisagre*, herbe aux pouils.
Stràge, boucherie, massacre, ruine, destruction, rauage, carnage.
Stragiàre, massacrer.
Stragiuàre, pestrir, & rouler comme de la paste ou des emplastres.
Stràgio, sorte de filet ou ret.

S T 507

Stragualciàre, regarder auec mépris.
Stragualzàre, engloutir, mot Lombard.
Straguardàre, regarder à trauers ou par dessus.
Strahòra, hors d'heure ou de saison.
Straintèndere, entendre fort bien. Item, mal-entendre. parf. *staintési*.
Staintéso, mal-entendu.
Stralàre, aller de biais.
Stralciàre, ébourgeonner. Item, débrouiller, terminer vn compte, compter en gros, ébrancher.
Stràlcio, vn compte en gros, vne cotte mal taillée.
Stràle, trait, fleche.
Stralignàre, forligner.
Stralìre, passer, estre hors de son rang ou de sa place. pres. *strallìsco*.
Stralottàre, bayer, baster, niaiser.
Stralòcco, vn bayeur, vn niais.
Stralosciàre, loucher. Item, mouuoir d'vne place à l'autre.
Stralùce, lueur à trauers.
Stralucènte, diaphane, qui luit à trauers.
Stralùcere, luire à trauers. parf. *stralucétti*, verbe impersonnel.
Stralunàre, rouiller ou rouler les yeux, loucher.
Stramacchiàre, tomber en foiblesse, frapper d'estramaçon, *stramacciàre*.
Stramàcchio, *stramàccio*, *stramazzóne*, estramaçon. pron. *ts*.
Stramanciàre, extrauaguer.
Stramanciaria, ieu deplaisant, extrauagance.
Stramanciòso, fascheux, ennuyeux, qui est trop gaillard, extrauagant.
Stramazzàre, donner des coups d'estramaçon. Item, jetter par terre auec violence, & tomber esuanoüy. pron. *ts*.
Stramazzétto, petit matelas. pron. *ts*.
Stramàzzo, vn estramaçon, vn coup de baston ou autre, & selon aucuns, vn matelas. pron. *ts*.
Stramàzzi, pacquets de vieilles cordes ou nattes, pour soustenir le recul des canons dans vn vaisseau. pron. *ts*.
Stramazzóne, estramaçon. pron. *ts*.
Stràmba, corde faite d'escorce d'arbre. Item, cabas.
Strambasciàre, estre plein d'angoisse, haleter de peine ou trauail.
Strambellàta, vne eschenelée, ou vne pelée, vne déchirée ou desloquetée.
Strambèllo, vn haillon ou chiffon.
Strambèlli, sorte de vers.
Strambo, caigneux, tortu, extrauagant, de trauers, fantastique, fascheux.
Strambòccolo, sorte de composition de raillerie ou fantastiquerie.
Strambottàre, chanter des rondeaux.
Strambòtto, sorte de poësie, comme vn rondeau ou epigramme, ordinairement de huit vers, vne chanson de village.
Strambottière, faiseur de rondeaux.
Strambottìno, petite chanson de village.
Strambùcco, vn contre-poids en vne machine, couché en forme de croix.
Stramàno, hors de la main, hors de la voye.
Stràme, fourage, littiere des bestes, estraim.
Strameggiàre, brouter, ruminer. Item, faire littiere.
Straménta, vne paillasse.
Stramentìre, mentir, & au delà, mentir puamment. pres. *spramentìsco*, & *straménto*.

Sss ij

Stramẽnto, eſtraim.
Stramezzáre, mettre vne cloiſon ou ſeparation au milieu. pron. dx.
Stramortiménto, eſuanoüiſſement.
Stramortíre, s'éuanoüir, tomber en foibleſſe. preſent, *ſtramortiſco*.
Stramótti, chanſons de village, vaudevilles.
Strampoláre, aller ſur des eſchaſſes.
Strámpoli, eſchaſſes.
Stranaménte, eſtrangement.
Strandre, &
Straneggiáre, faire l'eſtranger, ou pluſtoſt faire des eſtranges traittemens à quelqu'vn.
Stranézza, eſtrangeté, humeur eſtrange, & faſcheuſe. pron. ts.
Strángio, ſorte de grain en Grece.
Strangoláre, engloutir, aualler.
Strangoláre, eſtrangler.
Strangolagióne, ſuffocation.
gridár àlla Strangolata, s'eſgorger de crier, crier à gorge déployée.
Strangoláti, point eſtranglé, en lingerie.
Strangoſciáre, engouler, eſtrangler.
Strangugiáre, aualer, engouler.
Strangugliòni, les oreillons, mal qui vient à la gorge, eſtranguillons de cheual.
Strangulláre, *ſtrangulláre*, manger ſon bien, dépenſer beaucoup.
Strangulliòni, eſtranguillons.
Stranguría, difficulté d'vrine.
Straguſciáre, eſtrangler, engouler.
Stramaménte, eſtrangement.
Straniáre, eſloigner, eſtranger d'vn lieu.
Straniére, *ſtranière*, eſtranger.
Straniézza, eſtrangeté. pron. tf.
Stránio, eſtrange.
Straniólo, vn eſtrange homme.
Stranire, traitter eſtrangement. preſ. *ſtraniſco*.
Stráno, eſtrange, eſtranger.
Stráno piu che Giórgio, plus eſtrange que George, qui ne vouloit pas eſtendre ſes jambes apres eſtre mort.
Stranutáre, eſternuër.
Stranúto, eſternuëment.
Straordinário, extraordinaire.
Strapagáre, payer au double.
Straparláre, parler trop, & médire de quelqu'vn.
Strapaſſáre, outre-paſſer.
vn Strapazza meſtiére, vn gaſte-meſtier. pron. les zz comme ts.
Strapazzáre, tracaſſer, mal-traitter, tenir peu de conte de quelque choſe. pron. ts.
Strapazzár la lingua, nous diſons, eſcorcher le langage. pron. ts.
non è còſa da Strapazzáre .i. ce n'eſt pas vne choſe commune dont l'on ſe doiue ſeruir d'ordinaire. prononcez *ts*.
Strapazzatóre, mépriſeur. Item, qui mal-traitte, qui parle mal vne langue. pron. ts.
da Strapázzo, de fatigue, de tracas, pour tracaſſer. pron. ts.
Strapiè, croc en jambe.
à Strapiè, en haſte, à la dérobée. C'eſt proprement, mal-fait, ou au rebours.
Strapiéuere, pleuuoir à la verſe. parf. *ſtrapiouétte*.
Strapocíno, ſorte de petit oiſeau.
Strapontáre, picquer, faire des arriere-points.

Strapontíno, arriere-point, picqueure. Item, vn petit matelas qui ſert aux gens de marine.
Strapoténte, plus que puiſſant.
Straportáre, tranſporter.
Strappáre, arracher, arracher par force en déchirant.
Strappaſſánti, vn heretique, vn athée.
Strappáta, vn trait de corde ou d'eſtrapade, & l'eſtrapade. Vne ſecouſſe pour arracher quelque choſe.
Strappatúra, arrachement, ſecouſſe.
Strappregáre, prier auec inſtance, plus que prier.
Strapúnta, matelas qui ſert aux gens de marine. Item, vne couuerture picquée ou trepointe.
Strapuntíno, vn petit matelas pour ceux qui vont ſur mer.
Strarícchire, s'enrichir grandement. preſ. *ſtraricchiſco*.
Straripáre, ſortir des riues. Item, precipiter.
Straripéuole, qui eſt hors de ſes riues, & precipiteux.
Strarícchire, s'enrichir au delà de l'ordinaire. preſent, *ſtrarichíſco*.
Strarupáre, precipiter.
Straſauidre, aller au delà. Item, eſtre hors de ſaiſon, vieillir, radotter, &c.
Straſávio, plus que ſage.
Straſciáre, traiſner.
Straſcico, la queuë qui traiſne d'vne robbe.
Straſcináre, traiſner.
Straſcináta, trait de gorge, tirade en chantant, vne roulade ſur vn inſtrument.
Straſcíno, en jargon, vn macquereau. Item, vne garce.
Straſcíno, ſorte de ret, tirace, trainaſſe.
Straſſio, & *ſtraſſivo*, Idem.
Straſentire, entendre, & au delà.
Straſformáre, transformer.
Straſognáre, rêver, ſonger.
Straſordinário, extraordinaire.
Straſſicáre, *ſtraſſináre*, traiſner.
Straſſiére, traiſneau ou chariot.
Straſtómaco, dégouſt.
* *Strata*, ruë, chemin.
Stratagéma, ſtratageme.
Strataglíáre, tailladér, découpper à grandes balaffres.
Stratáglio, taillade, grande découpure.
Stratiáre, outrager, mal-traitter, diſſiper, ſe mocquer, rauager, tourmenter.
Strátio, outrage, mauuais traittement, mocquerie, rauage, torture.
fàr Strátio, outrager.
Strationáre, *ſtratiáre*, mal-traitter, rauager, ſe mocquer.
Stráto, tapis en terre, ſurquoy s'aſſoyent les Turcs, eſtrade à l'Eſpagnolle.
Strátta, *ſtrappáta*, ſecouſſe pour arracher.
Strattióne, extraction.
Strátto, l'extraict, liure de Marchand, extraict, copie autentique.
Strátto, pour negligent, ſeparé, tiré, extrait, enclin, adonné.
Strauaccáre, commettre des brutalitez.
Strauaccaría, brutalité, beſtialité.
Strauagánte, extrauagant, extrauagante.
Strauagánza, extrauagance. pron. ts.
Strauagáre, extrauaguer.
Strauaghézza, extrauagance. pron. ghe comme gue, & les zz comme ts, & l'e fermé.
Strauagliáre, tirer du trauail. Item, trauailler exceſſiuement.

Strauedére, voir à trauers. Item, voir des choses extraordinaires, pres. strauédo, & strauéggo, parf. strauidi, &c. comme vedére.
fàr Strauedére, faire passer ou rendre inuisible, faire voir vne chose autrement qu'elle n'est.
Strauénti, quartiers de vent.
Strauestire, déguiser, trauestir.
Strauiaménto, déuoyement.
Strauiáre, déuoyer, fouruoyer.
Strauináre, couler à trauers.
Strauincere, vaincre, surmonter. pres. strauinco, parf. strauinsi.
Strauizzáre, faire gogaille, faire bonne chere. pron. les zz comme ts.
Strauizzeria, pron. ts. &
Strauizzo, débauche, gogaille, bonne chere. prononcez ts.
Strauoláre, voler à trauers.
Strauoléire, vouloir auec passion. pres. strauóglio, & le reste comme voléire.
Strauólgere, destordre, renuerser, oster de son lieu, comme vólgere.
Strauolgiménto, renuersement, dislocation.
Strauólta, Idem.
Strauoltáre, renuerser, retourner sans dessus dessous.
Strauólto, renuersé.
Strauoltoláre, retourner, renuerser.
Strauoltúra, renuersement.
Straxiáre, outrager. pron. ts.
Stráxio, outrage. pron. ts.
* Straxáre, déchirer. pron. ts.
Straxzariglia, sorte de poisson espineux. pron. ts.
* Strázzi, haillons, chiffons. pron. ts.
Straxzóso, déchiré, déloqueté. pron. ts.
Strébbia, caquet, conuersation. Item, degast.
Strebbiáre, se frotter excessiuement pour se faire luire le visage, se farder en se frottant. Item, escurer. Selon aucuns, cajoller, caqueter, & despenser, degaster.
Strebbiatóre, despenser. Item, cajolleur.
Strebbiatúra, cajollerie. Item, despense, degast, escurage.
Strebiáre, escurer. Manier, pattiner, & chatoüiller.
Strécola, gourmade, nazarde.
Stréga, sorciere. pron. e fermé.
dársi álle Stréghe, se donner aux Sorcieres .i. estre rempli d'impatience. pron. ghe comme gue.
Stregáccia, vne vilaine sorciere.
Stregaménto, ensorcellement.
Stregáre, ensorceller.
Stregaría, sorcellerie.
Streghéule, estrille. pron. ghia comme guia.
Streghiáre, estriller. pron. ghia comme guia.
Streghiáta, vn coup d'estrille. pron. ghia comme guia.
Streggia, estrille.
Streggiáre, estriller.
Stregheria, sorcellerie. pron. ghe comme gue.
* Stréglia, estrille.
* Stregliáre, estriller.
* Strégna, sorciere.
* Strignáre, ensorceller.
* Stregnaríe, sorcelleries.
Strégnere, esteindre, serrer, &
Strégnersi, se prendre, se figer, se cailler, s'approcher l'vn à l'autre. pres. strégno, stregni, strégne, parf. strénsi, part. strétto. pron. e fermé auec les particules mi, ti, si, ci, vi, si.
Stregoláre, frotter, pollir, fourbir.

Stregonáre, ensorceller.
Stregóne, sorcier.
Stregonería, sorcellerie.
Stregóxxo, Idem.
Strégua, part, portion, selon aucuns, vn cheual de some.
Stremáre, diminuer, reduire à l'extremité.
Stremíre, Idem, & affliger. C'est plustost faire peur ou effroy. pres. stremisco, stremisci, stremisce, part. stremito.
Stremità, extremité.
Strémo, extreme, dernier, extremité.
Strempelláre, gratter sur vn instrument.
Stréna, estreine.
Strenáre, estreiner.
* Strensfátti, tours, niches.
Strénga, esguillette. Item, landie.
Strengáro, ferreur d'esguillettes.
Strengáta, coup d'esguillette.
Stréngere, estreindre. pres. strengo, parf. strénsi, part. strétto.
Strengitúra, estreinte.
Strenuaménte, vaillamment.
Strenuità, vaillance.
Strénuo, vaillant, valeureux.
Strenuosità, vaillance.
Strénzo, sorte de poisson. pron. ts.
Strépere, bruire, faire du bruit. parf. strepètti, & strepéi, qui n'est point en vsage.
Strepíre, & strepitáre, Idem. parf. strepisco.
Strepitévole, qui fait du bruit.
Strepítino, petit bruit.
Strépito, bruit. pron. e ouuert.
Strepitóso, plein de bruit.
Streppáre, arracher.
Streppatúra, secousse pour arracher.
Stréppole, broussailles, chaume.
s'è perdúto nélle Stréppole .i. il a commencé son discours, & ne sçait plus ou il en est.
Strétta, estreinte, saccade, secousse. prononcez e fermé.
venír álle Strétte, venir aux prises.
Strétta di létto, la ruelle du lict.
Strétta lista, bendelette.
Strettaménte, estroittement.
Stretteggiáre, estreindre, tenir serré.
Strettezza, petitesse de lieu, estrecceur, amitié ou alliance estroitte. Item, contrainte, destresse, chicheté, humeur resserrée. pron. e fermé, & les zz comme ts.
Strettína, petite estreinte.
Strettíno, astringent.
Strétto, estreint, serré, estroit, destroit. prononcez e fermé.
Strétto, chiche.
Strétto di máno, chiche, auare.
tenér Strétto, tenir serré. Item, tenir de court, comme
il pádre lo tién Strétto, son pere le tient court.
Strétto amíco, amy intime.
Strettóia, &
Strettóio, vne pressage, & bandage.
fàr Strettóia ò strettóri, bander quelque partie, de peur que le mal ne gagne plus auant.
Strettúra, estreinte, estouffement d'estomach, peine, destresse.
Stría, sorciere. Item, vne raye, vne ligne, vn chanfrain ou canneleure.

ST

Stricáre, enforceler. Item, canneler, rayer, faire en chanfrain.
Striáto, rayé, cannelé. Item, enforcelé.
Striatúra, enforcellement. Item, canneleure.
Striázzo, sabat des sorciers. pron. ts.
* Stribilígine, vne incongruité.
Stribuíre, distribuer. pres. stribuísco.
Stributióne, distribution.
Strícca, vne bande, vne raye.
Stricáre, démêler, débroüiller, des-embarasser. Item, rayer.
Stricatóio, peigne à démêler les cheueux.
Stricca, vne bande de toille. Item, vne calendre.
Striccáre, calendrer. Item, serrer, comme les doigts, &c.
Striccatúra, calendreure, &c.
Stricciétta, petite bande de toile, ou autre.
Stridáre, bruire, craquer.
Stridénte, bruissant, bruissante.
Stridere, crier, groigner, craquer, bruire, grincer. parf. stridétti.
Strído, cry, bruit, craquement.
Strído, en jargon, mal vestu.
Stridolóso, qui craque.
Stridóre, craquement, grincement; brûlement. Item, froid excessif, selon aucuns.
Striduláre, craquer.
Strídulo, qui tremblotte, qui craque, qui criaille.
Stridulóso, plein de bruit.
Stríga, sorciere.
Strigáre, débarasser, démêler. Ensorceller.
Strigaríe, sorcelleries.
Stríge, sorte de hibou, frezaye.
Strigibárbo, sorte de barbeau, poisson.
Strígile, peigne de cheual. Item, vn morceau d'or comme il sort de la mine.
Strigío, sorte de poisson semblable à la Vendaise. Item, sorte d'habit à l'Espagnolle.
Stríglia, estrille.
Strigliacauálli, palfrenier.
Strigliáre, estriller.
Strígnere, estreindre. parf. strínsi, part. strétto.
mi Strígne più la camíscia, che la gonnélla, nous disons, ma chair m'est plus prés que ma chemise.
Striguiménto, estreinte.
Strignitúra, Idem.
Strigoláre, craquer, bruire.
Strigóli, petits boyaux.
Strigonáre, ensorceller.
Strigóne, sorcier.
Strigóso, maigre, hauve.
Srillaménto, glapissement.
Strilláre, glapir, miauler.
Strilláto, sorte de Vendaise.
Strillo, cry, glapissement.
Strillózzo, oiseau comme le verdrier.
Strináre, gresiller, griller, rostir.
Strínga, esguillette.
ad ógni Strínga vécchia si può métter puntáli nuóui; nous disons, dans vn vieux pot l'on fait de bonne souppe; l'Italien dit, mot pour mot; l'on peut mettre vn ferret à vne vieille esguillette.
Stringáio, ferreur d'esguillettes.
Stringáre, esguilleter, attacher ses esguillettes. Item, sangler, foüetter. Pointiller, & subtiliser vne affaire.
Stringársi álto, le porter haut, faire le grand.
Stringáto, esguilletté, attaché. Metaph. homme habile,

ST

accort, redressé d'vne chose bien faite ou bien prononcée, nous disons, bien sanglé.
Stringathízzo, vn sifflet. pron. ts.
Stringénte, restringent.
Stríngere, estreindre, serrer. parf. strínsi, part. strétto.
Stringer i pánni addósso à vno. i. presser fort, empescher fort, donner bien de la besoigne à quelqu'vn.
far Strínger il látte, faire perdre le laict.
Stríngersi stoppe. i. conclurre vn affaire.
Strínghe, traits, cordages d'attelage, esguillettes. prononcez ghe comme gue.
Stringhétte, esguillettes. pron. ghe comme gue.
Stringitúra, estreinte.
Stringoláre, esguilleter, lâcer.
Strínmo, patte-louuine.
* Strínza, pour stringa, esguillette. pron. ts.
Strínzo, sorcier. pron. ts.
Strióne, bouffon, Comedien.
Striózzo, sorcier. pron. o ouuert, & les zz comme ts.
Strízzo, sorcier. pron. ts.
Striscia, bande de quelque estoffe, liste. Vne glissade de serpent. Raye, trace.
Striscia, selon aucuns, vne rapiere, nous disons, vne grande queuë de poisse par raillerie.
Strisciáre, glisser, ramper. C'est aussi farder, sifler, & faire bruit, lisser.
Strisciatúra, lissure, glissade. Fard. Claquement de doigts.
Strísscio, Idem.
Striscio, sifflement de gaule ou baguette.
Strisciolára, ramper, glisser.
Stritolára, hacher, hachotter, croquer, craquer.
Striteli, hacheures. Item, ce qui reste après auoir fait fondre la graisse.
Striuiére, vn braque.
Stroffinaccio, Stroffióne, &
Strofinacciolo, vn torchon, ou bouchon à bouchonner ou frotter. Item, vn escouuillon, vn fourgon.
Strofinaménto, frottement, friction.
Strofináre, frotter.
Stroffnío, frottement.
Strófio, chapeau de fleurs.
* Stroláthio, Astrolabe.
* Strólago, Astrologue.
Strologáre, Astrologuer.
Strologia, Astrologie.
Strólogo, Astrologue.
Strombazzáre, siffler, huer vne personne. Item, sonner de la trompette ou du cor. pron. ts.
Strombazzáta, huée, sifflement. pron. ts.
Strombettáre, trompeter, sonner de la trompette, ou du cor.
Strombettáta. son de trompette.
Strómbo, sorte de poisson.
Strómbolo, cullebutte.
Stromentále, instrumental.
Stroménto, instrument.
Stroménto da córpo, instrument qui a vn corps comme vn Lut, vne Guitarre, vn Tuorbe, &c.
Stroménto da vénto, instrument dont l'on jouë en soufflant, comme vne trompette, vne fleute, vne cornemuse, &c.
Strondre, oster du Throsne.
Stroncáre, trancher, tronquer, faire court, coupper, court, abreger vn affaire.
Stroncár il líuto, manier ou toucher hardiment vn Lut, & selon aucuns jouër mal.

ST

Stroncáta, abregement.
Stróncio, vn estron.
Strónco, tronqué, abregé.
Strongiléno, sorte d'alum.
Stronomía, Astronomie.
Strónomo, Astronome.
Strónzare, roigner de monnoye, mot Lombard.
Strónzaré, roigner de monnoye. pron. ts.
Strónzo, estron. pron. o fermé.
hà tolto à consettár Strónzi .i. il a entrepris vn affaire difficile, & sans besoin.
Stronzolo, estron. pron. ts.
Strópio, estropiement. Metaph. empeschement. pron. o ouuert.
Stróppa, hart de fagot, pron. o ouuert.
pagár fin à le Stróppe .i. payer iusques à la moindre chose.
Stroppáglio, bouchon, foin, bourre qui se met dans le canon.
métter lo Stroppáglio, bourrer, boucher.
Stroppáre, lier d'vn hart. Item, boucher.
Stroppáta, vn coup de hart.
Stroppélle, bouchon, bondon.
Stroppiáre, estropier.
Stroppiáto, estropié.
Stropicciaménto, frottement.
Stropicciáre, frotter.
Stropicciatélla, vn petit coup en frottant.
Stropicciatóio, bouchon de paille à frotter ou bouchonner.
Stropicciatúra, friction, frottement.
Stropíccio, frottement. Metaph. trauail, dommage.
Stropicciólo, vn frottoir ou bouchon à bouchonner.
Stróppio, estropiement.
Stróppo, corde qui sert à lier les rames, astrog. pron. o ouuert. Item, tous morceaux de cordes qui se treuuent dans vn Nauire.
Strósciá, la raye que fait l'eau de la pluye en courant. Item, rauine d'eau.
Strosciáre, pleuuoir à la verse, tomber auec force.
Stróscio, le bruit de la pluye. Item, ruine, destruction, selon aucuns. C'est aussi vn chenin ou chenil, & vn tect à pourceaux.
Stróxxa, le gosier. pron. ts.
Strozzaménto, esgosillement, estranglement. pron. ts.
Strozzáre, esgosiller, & estrangler. pron. ts.
Strozziére, fauconnier, vn qui gouuerne les animaux, ou oiseaux. Item, esgosilleur. pron. les zz. comme ts.
Stróxxole, escroüelles. pron. ts.
Strózzolo, le sifflet au gosier. pron. ts.
Stroz'olóso, qui a les escroüelles. pron. ts.
Stroxxúle, le gosier. pron. ts.
Struccáre, faire rejallir, esclabousser vulg. Item, fouler, presser.
Struccatóio, vne presse.
Strucciáre, fouler, presser.
Strúccio, austruche.
Strucciola, vne coquette, vne badine.
* Strúe, vn tas, vn monceau.
Strúffa, vne trousse, vne niche, vn tour.
Struffáre, tromper, truffer, filouter.
Struffóne, vn fourgon.
Strúffo, vne tromperie, vne niche.
Struffola, tromperie. Item, rissolle.
Strúffolo, sorte de tarte ou flan, rissolle.

ST

Struffóso, trompeur.
Struggere, liquifier, fondre, destruire. parf. strússi, & struggétti, part. strútto.
Struggiménto, destruction, desir excessif.
Struggitóre, destructeur.
Strúgia, vn traineau.
Strnire, construire. Item, instruire. pres. strúisco.
Strulzóne, vn haillon, vn torchon, vn sourgon fait d'vn haillon.
Strúma, glande, durillon, selon aucuns, escroüelle. Item, bosse.
Strúmea, vlceraire.
Strumentále, instrumental.
Struménto, instrument, contract, escriture de Notaire.
Strúmo, emplastre fait d'vlceraire.
Strumóso, qui a des glandes. Item, qui a grand gosier.
* Strupáre, déflorer.
* Strúpo, stupre, défloration.
Struscíáre, &
Strutiáre, tourmenter.
Strúscio, strúsio, tourment.
Strútio, vne austruche.
Struttíbile, qui se peut destruire.
Struttióne, destruction, & structure.
Strútto, destruit, fondu, liquifié. Item, construit, instruit.
Strútto, du seing de porc.
Struttóre, structeur, & destructeur.
Struttúra, structure.
Strúzza, sorte de chasse auec les braques. pronon-cez ts.
Struzzicáre, mondifier. pron. ts.
Struzziére, vn qui a soin des austruches. pron. ts.
Strúzzo, pron. ts. &
Struzzolo, austruche. pron. ts.
* Siù, pour sei tu, és tu.
* Stúa, estuue.
Stuáre, se baigner aux estuues.
Stúcca, lime douce.
madónna Stúcca, vne dégoustante, ou dégoustée.
Stuccaménti, dégousts, dégoustemens. Importunitez.
Stuccáre, enduire ou boucher auec du stuc ou plastre. C'est aussi saouler, & lasser, & dégouster par importunitez.
Stuccársi, se dégouster, se saouler.
Stúcce, vne lime douce.
Stucchéuole, dégoustant, fascheux, saoulant, dégoustante, saoulante, fascheuse.
Stucchézza, dégousts. pron. ts.
Stúcchio, vn estuy.
Stucciáre, pour Struzzicáre, foüiller, rauauder, semuer quelque chose.
Stucciétto, petit estuy.
Stúccio, estuy.
Stúcco, stuc, vne sorte de mastic, & vne sorte de plastre fort délié dont on fait des images, & autres ouurages en relief.
Stúcco, ristúcco, saoul, dégousté, rebutté. Item, dégoustant.
hauér déllo Stúcco, estre dégoustant, ou plustost sentir son dégousté.
Studénte, studiánte, escolier, estudiant.
Studiántizzo, petit escolier. pron. ts.
Studiáre, estudier, tascher, s'efforcer.
Studiár il Buézio, estudier Boëce .i. estudier, & n'apprendre rien. C'est vne allusion sur bis, qui signifie

bœuf, faire son cours à Asniere.
Studiètto, petite estude. Item, cabinet.
Stúdio, estude, cabinet pour estudier. Escole.
Stúdio, diuertissement, inclination.
à béllo Stúdio, tout exprés.
Studióso, cabinet.
Studiosaménte, auec estude, soin, & diligence.
Studiosità, estude, soin, diligence.
Studióso, studieux.
Stúfa, poisle, estuue, fourneau, bain.
và alle Stúfe .i. nous disons, va te faire penser, en refusant ce qu'on demande.
Stufaiuòlo, maistre des estuues.
Stufáre, estuuer, se baigner aux estuues, baigneur.
Stufáre, cuire de la chair à l'estuuée.
* Stufátto, estonné, pour stupefatto.
Stufélllo, vn flageollet.
Stufétta, petit fourneau. Item, vne huguenotte à cuire de la viande.
Stuffáre, dégouster.
Stuffárſi di vna cóſa, se fouler, auoir du dégoust d'vne chose pour en auoir trop mangé.
Stuffáta, chair à l'estuuée.
Stuffénole, dégoustant, & dégoustante.
Stúffo, saoul, las.
Stúfo, fumée, fumosité.
Stufélllo, vne tante pour vn vlcere.
* Stúmia, escume.
* Stumiare, escumer.
* Stumióso, escumeux.
Stuóia, natte de ionc. pron. o ouuert.
Stuoiáre, natter.
Stuoiáro, nattier.
Stuóla, estole.
Stuoláre, mettre vne estole.
Stuólo, trouppe. Volée d'oiseaux.
Stuóra, natte de ionc.
Stupefáre, estonner. pres. ſtupefò, ou ſaccio, ſài, ſà, &c. comme ſáre.
Stupefattióne, estonnement.
Stupefátto, estonné.
Stupéndo, admirable, merueilleux, bon par excellence.
Stupidézza, stupidité. pron. ts.
Stupidíre, deuenir stupide, & s'estonner. present, ſtupidíſco.
Stúpido, stupide, estonné.
Stupíre, s'estonner, faire admirer. pres. ſtupíſco, ſtupárſi.
Stuporatióne, stupidité.
Stupóre, estonnement, & stupidité.
Stuporóſo, plein d'estonnement.
Stuppíno, fosset, bouchon, estoupin, stoupin.
Stupráre, déflorer, commettre vn stupre.
Stupratióne, défloration, rauissement.
Stupratóre, rauisseur.
Stúpro, stupre, défloration.
Stupróſo, plein de stupre.
Sturáre, déboucher.
Sturbaménto, trouble, empeschement.
Sturbáre, interrompre, empescher, destourner.
Sturbatióne, trouble, perturbation.
Sturbatóre, perturbateur, troubleur.
Stúrbo, empeschement, trouble, destournement, destourbier.
Sturióne, esturgeon.
Sturláccio, vn gros crachat.
Sturménto, instrument.
Stúrno, estourneau. Item, estourdissement.

Stúrzo, vne austruche. pron. ts.
Stutáre, esteindre, amortir, adoucir.
Stúua, estuue.
Stuuaiuòlo, maistre des estuues.
Stuudre, estuuer, baigner aux estuues.
Stuzzicadénti, curedent. pron. ts.
Stuzzicaménto, frottement, farfoüillement. prononcez ts.
Stuzzica orécchi, cure-oreille. pron. ts.
Stuzzicáre, foüiller, farfoüiller, rauauder, frotter, inciter. pron. ts.
Stuzzicáre il formicáio .i. chercher mal-heur. Metaph. esmouuoir, espoinçonner.
Stuzzicatóio, touche qui sert à moucher vne lampe.
Stuzzicatóre, rauaudeur, farfoüilleur, qui incite. prononcez. ts.
Stuzzico, prouocation, frottement, chatoüillement. pron. ts.
Stuzzicorécchie, cure-oreille. pton. ts.

S V

SV, dessus, enhaut, haut, sus, orsus.
Sù di Sù, en haut, en en haut.
in Sù'l fátto, present à l'affaire, sur les lieux.
in Sù la taulla, &c. sur la table, &c.
metter Sù, ou, suso, mettre vne personne dedans .i. en colere.
venír Sù, s'aduancer aux dignitez.
portír Sù di péſo, porter tout brandi.
Súa, sienne. lisez ſua en deux syllabes.
Stár in Sù le ſúe, nous disons, estre sur son quant à moy, faire le grand.
dár la Súa à vno, donner le paquet à vne personne. lisez ſua en deux syllabes.
Súa mádre, en jargon, luy, & elle. lisez ſua en deux syllabes.
Suáda, la Deesse de l'Eloquence. lisez ſua en deux syllabes.
Suadéla, persuasion. pron. e ouuert. lisez ſua en deux syllabes.
Suadére, persuader. parf. ſuáſi, & ſuadétti. lisez ſua en deux syllabes.
Suadíuole, facile à persuader, propre à persuader. lisez ſua en deux syllabes.
Suáſo, persuadé, pour ſuáſo. lisez ſua en deux syllabes.
Suagáre, vaguer. Item, interrompre, destourner, débaucher. lisez ſua en vne syllabe.
Suagáto, vn débauché lisez ſua en vne syllabe.
Suaghíre, oster l'affection ou volonté. present, ſuaghíſco, pron. ghi comme gni en François. lisez ſua en vne syllabe.
Suagoláre, destourner, débaucher. lisez ſua en vne syllabe.
Suagolonáre, vaguer çà & là. lisez ſua en vne syllabe.
Suagolóne, vn coureur, en badinant. lisez ſua en vne syllabe.
Sualiáto, trop éueillé, remuant. Item, ajusté, poly, selon aucuns. lisez ſua en vne syllabe.
Sualigáre, ſualiſciáre, dévaliser. lisez ſua en vne syllabe.
Sualígio, dévalisement. lisez ſua en vne syllabe.
Suallíre, sortir de la valée. lisez ſua en vne syllabe.

Suampáre,

S V   S V   513

Suampáre, jetter son feu, flamber. lisez *sua* en vne syllabe.
Suangelizáre, Euangeliser, prescher l'Euangile. prononcez les *zz* comme *dz*. lisez *sua* en vne syllabe.
Suaníre, s'éuanouyr, deuenir vain, se passer comme les couleurs. Perdre sa force, & sa couleur, comme le vin. pres. *suanísco*. lisez *sua* en vne syllabe.
Suantaggiáre, des-auantager. lisez *sua* en vne syllabe.
Suantággio, des-auantage. lisez *sua* en vne syllabe.
Suantaggióso, des-auantageux. lisez *sua* en vne syllabe.
Suaporaménto, euaporation. lisez *sua* en vne syllabe.
Suaporáre, euaporer, & causer ou jetter des vapeurs. lisez *sua* en vne syllabe.
Suarcár la ménte, passer sa fantaisie. lisez *sua* en vne syllabe.
Suariánza, varieté. prononcez *ts*. lisez *sua* en vne syllabe.
Suariaménto, diuersité, variation. Item, frenesie. lisez *sua* en vne syllabe.
Suariáre, varier. Item, réver, estre en frenesie. lisez *sua* en vne syllabe.
Suariáto, diuers. lisez *sua* en vne syllabe.
Suasário, abus, réverie, sottise. lisez *sua* en vne syllabe.
Suarióne, vn changeant. Item, réverie, sottise. lisez *sua* en vne syllabe.
Suasióne, persuasion. lisez *sua* en deux syllabes.
Suasíuo, persuasif. lisez *sua* en deux syllabes.
Suáso, persuadé. lisez *sua* en deux syllabes.
Suasóre, persuadeur. lisez *sua* en deux syllabes.
Suasório, persuasif. lisez *sua* en deux syllabes.
Suáue, doux, foüef. lisez *sua* en deux syllabes.
Suauitá, douceur. lisez *sua* en deux syllabes.
Suázo, vn Turbot. prononcez *ts*. lisez *sua* en deux syllabes.
* Sub, sous.
Subagiráre, tourner dessous.
Subagitatióne, sollicitation.
Subalternáre, succeder par ordre.
Subaltérno, subalterne.
Subáre, groigner, comme fait la truye deuant le verrat.
Subáto, le groignement de la truye.
Subatríce, vne femme luxurieuse.
Subátto, sub jugué.
Subbarcáre, vouter, faire en arcade.
Subentráre, se fourer dessous, ou parmy.
Subbia, poinçon de tailleur de pierre. Item, alesne.
Subbiáre, trauailler du poinçon, décharger vne pierre ou la creuser: Item, siffler.
dár le Subbiáre, siffler vne personne.
Subbiétto, sujet. pron. *e* ouuert.
Subiétto, pron. *e* fermé, petit sifflet.
Súbbio, suble de tisseran. Item, sifflet, & vn essieu.
Subbiolário, entortiller sur le suble.
Súbbiolo, sifflet.
Subbissaménto, renuersement, rauage.
Subbissáre, abismer, renuerser, enfoncer, rauager.
Subbísso, abysme, gouffre.
Subbitáneo, &
Subbitáno, soudain.
Subbollíre, parboüillir. pres. *subbóllo*, & *subbollísco*, selon aucuns.
Subdiuídere, parf. *subdiuísi*.
Subdiuisióne, subdiuision.
* Súbdolo, subdolóso, plein de fraude.
Súbe, sorte de choüette.
Subentráre, se fourer dessous.

Súbero, liege.
Súbbia, alesne.
Subiáre, percer d'vne alesne. Item, siffler à Venise.
Subiétto, sujet. pron. *e* ouuert.
* Subilláre, entrer chez quelqu'vn par importunité.
Subinténdere, sous-entendre. parf. *subintísi*.
Subintráre, se fourrer, se mesler.
Súbio, suble, sifflet.
Subíre, subir. pres. *súbo*, & *subísco*, qui n'est point en vsage.
Subissáre, abysmer.
Subitaménte, subitement.
Subitáneo, &
Subitáno, soudain, subit.
Subitézza, soudaineté. pron. *e* fermé, & les *zz* comme *ts*.
Súbito, prompt, viste, soudain, soudainement.
Súbito che, aussi-tost que, dés que.
in vn Súbito, tout à coup.
Subitóso, soudain, prompt.
Sublimáre, esleuer, rendre sublime, sublimer.
Sublimatióne, sublimation.
Sublimáto, du sublimé.
Sublíme, sublime. Item, le manteau d'vne cheminée, & le haut d'vne porte.
Sublimitá, sublimité, hauteur.
* Sublinguía, la luette.
* Sublitióne, la premiere couche des couleurs dont on imprime vne toile.
Sublunáre, sublunaire.
Sublocáre, placer dessous.
Sublúuie, ordure.
Subodoráre, sentir, auoir le vent de quelque chose.
Subordinánza, subordination.
Subordináre, ordonner, arrenger dessous.
Subornáre, suborner.
Subornatóre, suborneur.
Subornatríce, suborneuse.
Subrogáre, subroger.
Subrogatióne, subrogation.
Subríscho, ragoust.
Subsídere, asseoir au dessous. pres. *subsiédo*, & *subséggo*, *subsiédi*, *subsédè*. parf. *subsedéti*, &c.
Subsisténte, subsistant.
Subsisténtia, subsistance.
Subsístere, subsister. parf. *subsistéti*.
Subsístito, *substistíto*, subsisté. Item, substitué.
Subsoláno, vent solaire.
Subterfúgie, subterfuge.
* Subucáre, cacher dans vn coin.
Subueníre, subuenir. pres. *subuéngo*, *subuiéni*, *subuiéne*, parf. *subuénni*, part. *subuenúto*.
Subuentióne, subuention.
Subuersióne, renuersement.
Subugliáre, murmurer, faire tumulte.
Subúglio, tumulte, murmure.
Subulóne, vn ieune sot.
Suburbáno, proche de la ville.
Succedáno, erreur, vn qui pro quo.
Succedáneo, qui succede.
Succédere, succeder, arriuer. parf. *succedétti*, & *successi*. part. *succésso*. & *succedúto*.
Succediménto, euenement.
Succenerito, caché sous les cendres.
Successíbile béne, biens de succession.
Successióne, succession.
Successiuaménte, successiuement.

Ttt

Succeſsìuo, ſucceſſif.
Succéſſo, ſuccez. Item, arriué, ſuccedé.
Succeſſóre, ſucceſſeur.
cárta Sùcchia, papier qui boit.
Succhiacápra, vn foulcre, tette chévre. Item, ſorte de hibou.
Succhiáre, ſuccer, c'eſt auſſi percer auec vn foiret.
Succhiaſángue, ſangſuë.
Succhiaſpina, vn foſſet.
Succhiáto, ſauoureux, vn doucet, vn mignon.
Succhiatóre, ſucceur.
Succhiauúgna, vn foſſet, ou broche.
Succhiellàre, percer d'vn foiret.
Succhiéllo, vn foiret. Item, vne petite fluſte, & vn foulere, oiſeau.
Succhio, ſuccement. Seue d'arbre.
éſſer in Succhio, eſtre en ſeue.
venir in Succhio, entrer en gouſt, l'eau venir à la bouche.
Succhio, tariere, & foret, & la marque qui demeure ſur la peau que l'on a ſuccée. vulg. ſuçon.
Succhióſo, qui donne enuie de ſuccer, ſauoureux. Item, plein de ſuc.
Succiaménto, ſuccement.
Succiáre, ſuccer, c'eſt auſſi retirer à ſoy ſon haleine lors qu'on ſent de la douleur.
Succiatóre, ſoupape d'vne pompe.
lána Succida, laine tonduë de nouueau ſans eſtre lauée. Item, la laine qui eſt ſous les hanches des moutons.
Succidere, couper ras de terre. parf. ſuccíſi.
Succidézza, ſaleté. pron. ts.
Succido, ſale, ord.
Succidúme, vermine, ordure, ſaleté.
Succignere, ſe ceindre au deſſus de la ceinture pour trouſſer ſes habits. preſ. ſuccígno, parf. ſuccinſi, part. ſuccinto.
Succinàre, chanter vn bourdon ou baſſe. Item, faire vn petit murmure.
Succingere, enuironner, enceindre preſ. ſuccingo, parf. ſuccinſi, part. ſuccinto.
Succino, raiſine ou gomme de pin.
Succino, ambre jaulne, ſorte de bittume.
Succintaménte, ſuccinctement.
Succinto, ſuccinct, & ceint ou trouſſé au deſſous de la ceinture. Item, enuironné, enceint.
Succio, la marque qui demeure aprés auoir ſuccé la peau, vn ſuçon. Item, viſte, promptement.
Succiola, chaſtaigne boüillie. Metaph. vn badin, vn ſot.
Succiolare, ſuccer.
Succipieno, ſi plein qu'il le faut ſuccer pour én oſter.
Succire, ſuccer. preſent, ſuccíſco, qui n'eſt point en vſage.
Succíſa, mors du Diable, plante.
Succíſo, couppé au deſſous.
Succo, ſuc. Item, poinçon de Serrurier.
* Succobríndre, faire le ſinge.
* Succobríno, vn qui fait le ſinge, qui contrefait les actions d'autry.
Succómbere, ſuccomber. parf. ſuccombétti.
Succóſo, plein de ſuc.
Succúba, vn ſuccube.
Succúbi, ſuccúbij, ſuccubes, eſprits ainſi appelez.
Succida, le parc ou lieu où parquent les brebis.
Sucido, ſale, ord.
Sucidúme, ſaleté. Vermine.
Sucina, prune.
Sucino, prunier.

Succitáre, ſuſciter, & reſſuſciter.
Súco, ſuc.
Sucóſo, plein de ſuc.
Sucúbij, ſuccubes.
Súcula, la piece de bois du milieu d'vne gruë qui ſouſtient les faix, le bec de la gruë.
Sud, le vent de Sud.
Sudácchio, ſueur puante.
Sudamíni, rougeurs, puſtules.
Sudánte, ſuant.
* Sudarcátę, la iaulniſſe.
Sudáre, ſuër.
Sudár di gennáio. i. auoir bien de la peine.
Sudár ſángue ed óro, nous diſons, ſuër ſang, & eau, auoir bien de la peine à gagner ſa vie, &c.
Sudário, ſuaire.
Sudatíccio, ſujet à ſuër, ou pluſtoſt preſt à ſuër, ou qui vient de ſuër.
Sudáto, en ſueur, trempé de ſueur, tout en eau.
Sudatório, eſtuue où l'on ſue.
Súddito, ſujet, vaſſal.
S'edétto, ſuſdit.
Sudícere, ſallir, ordir. preſ. ſudicíſco.
Súdice, ſale, ord.
Sudício, ſale, ord.
Sudicióne, gros ſaloppe.
Sudicióttа, vne petite ſaloppe.
Sudiciúme, ſaleté, ordure.
Sudóre, ſueur.
Suduciménto, ſeduction.
* Suì, ſù, en haut, ſus.
Suecchiáre, oſter le vieil, & y en mettre de neuf, raffraiſchir, renouueller, ſortir de vieilleſſe, rajeunir. pron. ſue en vne ſyllabe.
* Sueſáre, accouſtumer pron. ſue en deux ſyllabes.
Sueſatúra accouſtumance. pron. ſue en deux ſyllabes.
Sueggiáre, eſueiller. pron. ſue en vne ſyllabe. pron. ghi comme gui.
Suéglia, vne ſorte de haut bois pron. ſue en vne ſyllabe.
Suéglia, ſorte de gehenne à force de faire veiller, comme le cheualet. Item, vn réucille-matin. pron. ſue en vne ſyllabe.
Suegliaménto, éueillement. pron. ſue en vne ſyllabe.
Suegliáre, éueiller. pron. ſue en vne ſyllabe.
Suegliáto, vigilant. pron. ſue en vne ſyllabe.
Suegliatóio, réueille-matin. pron. ſue en vne ſyllabe.
Sueglièrе, arracher. parf. ſuélſi. pron. ſue en vne ſyllabe.
Sueglióne, vn. haut-bois, vn bourdon de cornemuſe. pron. ſue en vne ſyllabe.
Suelàre, déuoiler. Metaph. déclarer, découurir. pron. ſue en vne ſyllabe.
Suelenáre, ſurlenitre, oſter le venin. pr. ſue en vne ſyllabe.
Suélgere, arracher. parf. ſuélſi. pron. ſue en vne ſyllabe.
Suellaménto, arrachement. pron. ſue en vne ſyllabe.
Suéllere, arracher, deſfricher. parf. ſuélſi. pron. ſue en vne ſyllabe.
Suelliménto, arrachement. pron. ſue en vne ſyllabe.
Suélta, arrachement. Item, vne friche, ſelon aucuns. pron. ſue en vne ſyllabe.
Sueltézza, agilité. pron. ts. pron. ſue en vne ſyllabe.
Suélto, arraché, c'eſt auſſi, adroit, habile, agile, libre de ſes membres, déchargé de taille ou ſtature. Item, vn lieu deſfriché. pron. ſue en vne ſyllabe.
Suelutàre, oſter le veloux. pron. ſue en vne ſyllabe.
* Suembráre, pour ſmembráre, démembrer. pron. ſui en vne ſyllabe.
Suemoráre, oublier, pour ſmemoráre. pron. ſue en vne ſyllabe.

SV   SV

Sueuáre, coupper les veines, égorger, faire mourir en ouurant les veines. pron. ſue en vne ſyllabe.
Suenáta briglia, bride auec vn canon coudé. pron. ſue en vne ſyllabe
Sueniro cannóne, canon coudé d'vn mors. pron. ſue en vne ſyllabe.
Suenatóre, égorgeur, qui coupe les veines. pron. ſue en vne ſyllabe.
Suenatúra, coudeure. pron. ſue en vne ſyllabe.
Sueneúole, mal-ſeant, mal conuenable. pron. ſue en vne ſyllabe.
Suenimento, éuanoüiſſement. pron. ſue en vne ſyllabe.
Suenire, s'éuanoüir, tomber en foibleſſe. preſ. ſuéngo, ſuiéni, ſuiéne, ſueníamo, ſuenite, ſuéngono, parf. ſueni, ſueniſti, ſuéne, ſueniummo, ſueniſte, ſuénnero, part. ſuenúto, fut. ſuerrò, opt. ſuénga, imparf. ſueniſſi, & ſuerréi. pron. ſue en vne ſyllabe.
Suentáre, éuenter, & ouurir la veine pour la ſeconde fois, d'vne meſme ſaignée, reïterer, éuenter la veine. pron. ſue en vne ſyllabe.
Suentáta, fantaiſie éuentée. pron. ſue en vne ſyllabe.
Suentíto, éuenté. pron. ſue en vne ſyllabe.
Suentoláre, éuenter vne choſe au vent, venteler. pron. ſue en vne ſyllabe.
Suentólo, éuentail. pron. ſue en vne ſyllabe.
Suentráglia, ventraille. pron. ſue en vne ſyllabe.
Suentráre, éuentrer. pron. ſue en vne ſyllabe.
Suentúra, mes-aduentute, mal-heur, infortune. pron. ſue en vne ſyllabe.
Suenturáto, pron. ſue en vne ſyllabe. &
Suenturóſo, mal-heureux. pron. ſue en vne ſyllabe.
Suenúto, éuanoüy, abbatu, défailly. pron. ſue en vne ſyllabe.
Suerginamento, défloration, dépucellement. pron. ſue en vne ſyllabe.
Suerginare, dépuceler. pron. ſue en vne ſyllabe.
Suerginata, dépucelée. pron. ſue en vne ſyllabe.
Suergógna, honte, reproche. pron. ſue en vne ſyllabe.
Suergognamento, effronterie, impudence. pron. ſue en vne ſyllabe.
Suergognare, faire honte. pron. ſue en vne ſyllabe.
Suergognataménte, effrontément, impudemment. pron. ſue en vne ſyllabe.
Suergognáto, effronté, ſans honte. pron. ſue en vne ſyllabe.
Suernamento, le temps que l'on hyuerne. pron. ſue en vne ſyllabe.
Suernáre, hyuerner, paſſer l'hyuer. pr. ſue en vne ſyllabe.
Suérre, arracher. preſ. ſuéllo, parf. ſuélſi, part. ſuélto. pron. ſue en vne ſyllabe.
Suertáre, vuider le fonds des rets lors que l'on peſche. pron. ſue en vne ſyllabe.
Suérza, vn éclat ou copeau. Item, vn rabat en Sicile. pron. ts. & ſue en vne ſyllabe.
Suerzáre, éclatter. pron. ts, & ſue en vne ſyllabe.
Sueſtíre, déueſtir. preſ. ſuéſto, &c. pr. ſue en vne ſyllabe.
Suéta, ſuetole. pron. ſue en vne ſyllabe.
Suétino, ſorte de pierre precieuſe. pr. ſue en vne ſyllabe.
* Suéto, accouſtumé. pron. ſue en deux ſyllabes.
Suettáre, tondre ou coupper les bouts des arbres. pron. ſue en vne ſyllabe.
* Suetúdine, couſtume. pron. ſue en deux ſyllabes.
Suezzáre, des-accouſtumer. Item, ſeurer vn enfant. pron. ſue en vne ſyllabe, & les zz comme ts.
* Suffarcináre, charger. Item, trouſſer, entaſſer.
Sufficiénte, ſuffiſant, ſuffiſante.
Sufficienteménte, ſuffiſamment.
Sufficiénza, ſuffiſance, habileté. pron. ts.

* Suffitígine, parfum.
* Suffiláre, ſiffler.
* Suffílo, ſifflet.
Suffuménio, ſuffumigation.
Suffocáre, ſuffoquer.
Suffocatióne, ſuffocation.
Suffogáre, ſuffoquer.
Suffoláre, ſiffler.
Suffólcere, appuyer, eſtançonner, il n'eſt point en vſage qu'en infinitif.
Suffolétto, ſuffoline, ſifflet.
Suffólto, Idem.
Suffólto, appuyé.
Suffragáneo, Suffragant, c'eſt enuiron comme noſtre grand Vicaire.
Suffragáre, donner ſa voix ou ſuffrage. Voyez la ſuitte par So.
Suffrágio, ſuffrage, voix que l'on donne.
Suffrenáre, ſecoüer la bride, donner vne correction au cheual auec la bride.
Suffrenáta, coup ou ſecouſſe de bride, ſous bride.
Suffríggere, frire. Item, brouïller. parf. ſuffríſſi.
Suffrítto, frit.
Suffulcere, appuyer, eſtayer, il n'eſt point en vſage qu'en infinitif.
Suffuléno, vne piuoine.
Suffumicáre, fumer, mettre de la fumée deſſous quelque choſe, parfumer.
Suffumicatióne, &
Suffumígio, ſuffumigation.
Sufolaménto, ſifflement, murmure.
Sufoláre, ſiffler.
Sufolár ne gli orécchi, nous diſons, ſouffler aux oreilles à quelqu'vn.
Súfolo, ſifflet.
Sugáia cárta, papier qui boit.
Sugamáno, eſſuy-main.
Sugáre, ſuccer, boire comme fait le papier. Item, eſſuyer, ſeicher.
Cárta Sugarina, papier qui boit.
* Sugatóio, eſſuy-main.
Súgero, liege.
Súgaro, liege.
Suggelláre, cacheter vne lettre.
Suggelláti, marques de ſang meurtry.
Suggéllo, cachet, ſeau, ſel.
Suggéllo di confeſſióne, i. le ſeau du ſilence ou du ſecret.
Súggere, ſuccer. parf. ſuggéi, & ſuggéſti, qui ne ſont point en vſage.
Suggeríre, ſuggerer. preſ. ſuggeríſco.
Suggeſtáre, Idem.
Suggeſtióne, ſuggeſtion.
Suggéſta, chaire a haranguer.
Suggettáre, aſſujettir.
Suggettéuole, qui ſe peut aſſujettir.
Suggettióne, ſujection.
Suggettíre, aſſujettir. preſ. ſuggettíſco.
Suggétto, ſujet, argument. Item, ſujet, vaſſal. pron. e ouuert.
Suggiacére, eſtre au deſſous. preſ. ſuggiáccio, ſuggiáci, ſuggiáte, parf. ſuggiácqui, &c.
Súggi, cheuilles ou piuots qui joignent les planches dont on ſe ſert à lancer vn vaiſſeau.
Suggiugáre, ſubjuguer.
Súghero, liege. pron. ghe comme gue.
Sugliárda, ſaloppe, & mocqueuſe.
Sugliárdo, menteur. Item, foüillard, ſale, & mocqueur.

Ttt ij

S V

Sugna, seing de porc, seing doux.
Sugnaccio, la graisse autour du roignon.
Sugnare, graisser auec du seing.
Sugnoso, plein de graisse.
Sugo, suc.
Sugosità, sucosité, quantité de suc.
Sugoso, plein de suc.
Sugolo, sorte de vin nouueau.
* Sugtimera, pompe, solemnité.
Suiaménto, débauche. pron. sui en vne syllabe.
Suiáre, débaucher, destourner, oster du vray chemin, se fouruoyer, obuier. pron. sui en vne syllabe.
Suiatéllo, petit débauché. pron. sui en vne syllabe.
Suiáto, débauché, desuoyé, esgaré. pron. sui en vne syllabe.
Suignáre, mot vulg. s'enfuir, destaller. pron. sui en vne syllabe.
Suigoríre, oster la vigueur. pref. suigorisco. pron. sui en vne syllabe.
Suilire, auilir. pref. suilisco. pron. sui en vne syllabe.
Suillanegglàre, dire des injures. pron. sui en vne syllabe.
Suilappáre, déuelopper. pron. sui en vne syllabe.
Suiluppárſi, se dégager de dessous. pron. sui en vne syllabe.
Suiluppo, débarassement. pron. sui en vne syllabe.
Suimáre, tirer le vin. pron. sui en vne syllabe.
Suinchiáre cò la bacchetta, faire siffler ou bruire la baguette. pron. sui en vne syllabe.
Suinuolàre, délier. pron. sui en vne syllabe.
Suisáre, déuisager. pron. sui en vn° syllabe.
Suisceráre, esuentrer, arracher les entrailles. pron. sui en vne syllabe.
Suisceratamènte, esperduëment, de tout son cœur. prononcez sui en vne syllabe.
Suisceratézza, amitié ou affection extreme, volonté au delà de l'extraordinaire. pron. ts. lisez sui en vne syllabe.
Suisceratióne, curée. pron. sui en vne syllabe.
Suisceratíssimo, qui aime comme ses entrailles, ou comme ses petits boyaux. pron. sui en vne syllabe.
Suisceráto, esuentré. Item, tres-affectionné. pron. sui en vne syllabe.
Sulssimo, tout à fait sien. pron. sui en deux syllabes.
Suitáre, desprier, desconuier, c'est aussi ouurir vne viz. pron. sui en vne syllabe.
Suitiáre, nettoyer du vice. pron. sui en vne syllabe.
Suiuacchiáre, viuotter, viure tout doucement, auec peu de despence. pron. sui en vne syllabe.
Suisignáre, oster la lisiere. pron. sui en vne syllabe.
Suinagáto, sans bord, sans lisiere, large. pron. sui en vne syllabe.
Sul, pour ſu il, ſur le.
Sulcáre, seiller, seillonner.
Sulco, seilleure, erre, quand le vaisseau chemine pendant le calme. Item, sillon.
Sulfureo, de soulphre, sulfurée.
Sulimáre, du sublimé.
Sullunáre, sublunaire.
Sultanino, monnoye en Turquie, Sultanin.
Sumacchio, sumac.
Sumina, pance de porc.
Summáre, sommer.
Summário, sommaire.
Summessione, submission.
Sommésso, soûmis.
Summéttere, soſmettre. parf. summisi, & summessi.
Summiniſtráre, subminiſter, fournir, suppléer.

Summiſta, Sommiste, qui suit la somme de saint Thomas d'Aquin.
Sunto, la somme.
Suntuosaménte, sumptueusement.
Suntuosità, sumptuosité.
Suntuoso, sumptueux.
Suo, son, & sien. Pour ſu, sur, dessus.
hauér à tecer le Sue. i. receuoir des coups.
il Suo, son bien, ses biens.
i Suoi .i. ses parens, ou suiuans.
Suócera, belle-mere, la mere de noſtre mary ou femme.
Suócero, beau-pere, pere du mary, &c.
Suogliáre, dégouster, oster l'enuie ou volonté. pron. suo en vne syllabe.
Suogliáto, dégousté. C'est aussi vn qui a quelque enuie de manger d'vne viande extraordinaire. pron. suo en vne syllabe.
Suóla, semelle de soulier, &c. La plante du pied, la sole de l'animal. pron. suo en deux syllabes.
Suolacchiáre, voleter. pron. suo en vne syllabe.
Suoláio, plancher, & grenier. pron. suo en deux syllabes.
Suoláre, semeller, mettre des semelles. pron. suo en deux syllabes.
Suoláre, voleter. pron. suo en vne syllabe.
Suolazzánte, voletant, voletante. pron. les zz comme ts, & suo en vne syllabe.
Suolazzáre, voleter. pron. suo en vne syllabe, & les zz comme ts.
Suolázzo, volettement. Item, volée. pron. suo en vne syllabe. pron. zz.
Suolgarizáre, traduire en langue vulgaire. pron. suo en vne syllabe, & les zz comme dz.
Suolére, souloir, comme solére. pron. suo en deux syllabes.
Suolgére, développer, destoffiller, destourner, & tirer vn autre à sa volonté, disloquer. pron. ſuo en vne syllabe. pref. suolgo, parf. suolsi.
Suolgiménto d'osso, dislocation. pron. suo en vne syllabe.
Suólo, la terre sur quoy l'on marche, le paué, semelle de soulier. Item, vne couche de quelque chose. prononcez suo en deux syllabes.
à Suólo à suólo, mis par couches l'vn sur l'autre. pron. ſuo en deux syllabes.
Suolontáre, oster la volonté. prononcez ſuo en vne syllabe.
Suólta, dislocation, & d'estour d'vne ruë. pron. suo en vne syllabe, & l'o ouuert.
Suoltáre, tourner, renuerser, destourner, disloquer, développer. pron. suo en vne syllabe.
Suólto, développé, persuadé, destourné, disloqué. pron. ſuo en vne syllabe, & l'o ouuert.
Suoltoláre, développer. pron. ſuo en vne syllabe.
Suóluere, mot poëtique, pour suolgere, développer. prononcez ſuo en vne syllabe. parf. suolſi. pron. o ouuert.
Suolúto, sans volonté. pron. ſuo en vne syllabe.
Suonánza, son, resonnement. pron. ſuo en deux syllabes.
Suonáre, sonner. pron. ſuo en deux syllabes.
Suonáta, vne piece de musique. pron. ſuo en deux syllabes.
Suonatóre, joüeur d'instruments. pron. ſuo en deux syllabes.
Suóno, son. Pour instrument dont on joue. Item, renommée. pron. ſuo en deux syllabes.

SV SV

Suóra, Sœur, proprement Religieuse. pron. *suo* en deux syllabes.
Suoréicu, de Nonne. pron. *suo* en deux syllabes
Supeditáre, supediter, fournir.
* *Súper*, sur.
Superabondánza, superabondance.
Superadditióne, sur-addition.
Superallegá:o, allegué cy deſſus.
Superaltatióne, exaltation.
Superangélico, ſur-angelique.
Superanniáto, ſuranné.
Superánza, ſuperiorité.
Superáre, ſurmonter. Venir à bout.
Superarrogáre, donner plus que l'on n'attend.
Superbaménte, ſuperbement.
Supérbia, gloire, ſuperbe.
Supérbia ſenz'hauére màla fine ſuol tenére. i. l'ambition ſans auoir beaucoup de bien, cauſe la perte d'vne perſonne.
non è Supérbia àlla ſupérbia eguále, d'vn huómo báſſo, & vil ch'in álto ſále, il n'eſt point de glorieux qui ſoit comparable à celuy qui de pauure, & vil, deuient quelque choſe.
Superbilóquenza, parler ſuperbe. pron. *ts*.
Superbíne, ſorte de poires.
Supérbio, ſuperbe, orgueilleux.
Superbioſaménte, ſuperbement.
Superbióſo, plein de gloire.
Superbíre, deuenir ſuperbe, s'enorgueillir. pref. *superbíſco*.
Supérbo, ſuperbe, orgueilleux.
Superbótto, vn petit ſuperbe.
Superbízzo, Idem. pron. *tr.*
Supercelèſte, ſur-celeſte.
Superchiaménte, auec ſupercherie.
Superchiáre, ſupercher.
Superchiaría, ſupercherie.
Superchiatóre, trompeur, ſupercheur.
Superchieuóle, ſuperflu, & plein de ſupercherie.
Supérchio, le ſuperflu, le ſurplus.
Superchióſo, plein de ſupercherie, & ſuperflu.
Superciglio, ſourcil, le ſommet, le haut d'vn portail.
Superciglióſo, ſourcilleux.
Supereminénte, ſur eminent.
Supereminénza, ſur-eminence. pron. *ts*.
Supereſſentiále, ſur-eſſentiel.
Superéuole, ſurmontable.
Superficiále, ſuperficiel.
Superfície, ſurface, ſuperficie.
Superfluaménte, ſuperfluëment.
Superfluáre, ſuperfluêr, regorger, exceder.
Superfluità, ſuperfluité.
Supérfluo, ſuperflu.
Superfúgio, fuitte.
Superfuſióne, embrocation.
Superfúſo, fondu deſſus.
Súperi, les Superieurs, les Suprêmes, les Deïtez.
Superinfondere, ſur-infuſer. parf. *ſuperinfondétti*, & *ſuperinfúſo*.
Superióre, Superieur.
Superióri, les Predeceſſeurs. Item, les Dieux des Anciens. Les Anges, les Saints.
Superiorità, ſuperiorité, preéminence.
Superlatióne, hyperbole. Item, ſurnom par excellence.
Superlatiuaménte, au plus haut degré.
Superlatíuo, ſuperlatif.
Superláto, amplifié, éleué au deſſus, preferé.

Superlimináre, linteau au deſſus de la porte.
Supernále, ſuprême, ſouuerain.
Supernalménte, ſouuerainement, diuinement.
Supernátio, ſorte d'excellentes peſches.
Supernaturále, ſurnaturel.
Supernaturalità, ſurnaturalité.
Supérno, ſuprême, ſuperne, d'enhaut, Diuin.
Supéro, Superieur.
* *Superſáta*, ſorte de boudin.
Superſedére, ſurſeoir. pref. *ſuperſiédo*, parf. *ſuperſedétti*, part. *ſuperſedíto*.
* *Supérſte*, reſté, demeuré apres, ſuruiuant.
Superſtitióne, ſuperſtition.
Superſtitióſo, ſuperſtitieux.
* *Superſtíto*, reſté, ſuruiuant.
* *Supernacàno*, miné par les ans.
* *Supernácuo*, vain, ſuperflu.
Supináre, ſe coucher à la renuerſe.
Supinità, negligence.
Supíno, renuerſé, couché à la renuerſe.
* *Supiríóſo*, ſoſpirant.
Súplica, requeſte.
Súplice, ſuppliant, ſuppliante.
Súppa, de la ſouppe, ſouppe de pain. Item, tay-toy.
ſu ben qùel che dico quándo dico Súppa. i. ie m'entends bien, ie ſçay ce que ie veux dire.
Suppàllido, vn peu paſle.
Suppáre, tremper des ſouppes. Item, boire, qui ſe dit du pain ou autre choſe qui boit lors qu'il eſt dans l'eau.
* *Suppedáneo*, de deſſous les pieds. Vn marche-pied, vn pied d'vn image.
Suppediáre, ſuppediter, fournir, & mettre ſous ſes pieds.
Suppeditatióne, ſuppeditation.
* *Suppelleticário*, qui a le ſoin des meubles.
* *Suppellétile*, meubles, biens.
Supperíre, gagner vne perſonne, en venir à bout. pref. *ſuppeíſco*.
Supiláre, prendre par force.
Supplantáre, ſupplanter.
Súpplica, requeſte.
Supplicánte, ſuppliant, & ſuppliante.
Supplicáre, ſupplier.
Supplicatióne, ſupplication, requeſte.
Supplicatório, de ſuppliant, ſupplicatoire.
Súpplice, humble, ſuppliant.
Supplicménte, auec ſupplication.
Supplicheuolménte, ſuppliant.
Supplício, ſuplice.
Suppliciòſo, plein de ſuplices.
Suppliménto, ſupplément.
Supplíre, ſuppléer. pref. *ſupplíſco*.
Supplità, ſuppléement.
Suppónere, &
Suppórre, ſuppoſer. Item, mettre deſſus. pref. *ſuppongo*, *ſuppóni*, *ſuppóne*, *ſuppoſiámo*, *ſuppométe*, *ſuppongono*, imparf. *ſuppoſúa*, parf. *ſuppoſí*, *ſupponéſti*, *ſuppóſe*, *ſupponémmo*, *ſuppoſéſte*, *ſuppóſero*, part. *ſuppoſto*, fut. *ſupporrò*, opt. *ſuppónga*, imparf. *ſupponéſſi*, & *ſuppoureí*, &c.
Suppoſitío, ſuppoſé.
Suppoſitióne, ſuppoſition.
Suppoſitório, ſuppoſitoire.
Suppóſta, Idem.
Suppóſto, ſuppoſé.

Suppuranza, suppuration.
Suppurare, suppurer.
Suppurativo, suppuratif.
Suppurire, suppurer.
Suppuratione, suppuration.
* Supra, sur.
Supremità, souueraineté.
Supremo, suprême.
Sura, sorte de liqueur aux Indes. Item, l'os de la cuisse, selon aucuns.
※ Surco, sillon.
* Surculo, surgeon.
Surdo, sourd. Item, absurde.
Suretti, patins ou mules auec du liege. pron. e fermé.
Surettióne, resurrection.
Surêto, resuscité. pron. e ouuert.
Surèto, sorte de breuuage. pron. e fermé.
Surgente, qui se leue, qui sourd ou sort, qui naist.
Surgere, sourdre, naistre. Surgir au port. parf. sursi, part. surto.
Surgitòrio, le lieu où l'on surgit, & jette l'ancre.
Surgivo, de source, surgissant.
Surgo, bled Turc.
Surlunare, au dessus de la Lune.
* Surmare, charmer.
Surmontare, surmonter.
Surmontèvole, surmontable.
Surprendere, surprendre. parf. surprendétti.
Surpresa, surprise.
Surrentino, sorte de vin.
Surressióne, surrettióne, resurrection.
Surrètto, releué, resuscité. pron. e ouuert.
Surro, du liege.
Surrogare, subroger.
Surrogatióne, subrogation.
* Surse, sus.
* Surso, en dessus, en enhaut.
Surto, éleué, sorty, leué, né.
Suruischio, suruescu.
Suruinire, suruiure. parf. surviffi.
Suruolare, suruoler.
Suruòlo, volettement.
Susainòlo, vn peson à vn fuseau.
Susamáli, sorte de prunes.
Susceptibile, susceptible.
Suscettióne, entreprise.
Suscétto, entrepris. Item, receu.
Suscino, prunier.
Suscipere, receuoir, & entreprendre, ce verbe n'a point de parf. en Italien, selon aucuns, suscipètti, & suscipéi.
* Suscitabolo, instigation, prouocation.
Suscitamènto, suscitation.
Suscitare, susciter. Esueiller, resusciter.
Suscitatióne, suscitation.
Suscitatrice, qui suscite.
Suscitatòre, qui suscite.
Susina, vne prune.
Susinaro, &
Susino, prunier.
Suso, sus, or sus, en haut, en enhaut, il Suso, le haut d'vne chose.
Susornáre, donner des horions.
Susorniare, murmurer.
Susorniòne, murmurateur, & sornois ou sournois.
Susorno, pour suffumication. C'est aussi vn coup, vn horion.

Suspèndere, suspendre. parf. suspési, & suspendétti.
Suspendio, suspension.
Suspéso, suspendu.
Suspettare, soupçonner.
Suspètto, soupçon. pron. e ouuert.
Suspettoso, soupçonneux.
Suspicare, soupçonner.
Suspicoso, soupçonneux.
Suspiro, soupir.
Suspiriòso, plein de soupirs.
Suspitione, soupçon.
Susseguènte, subsequent, suiuant.
Susseguentemènte, subsequemment.
Susseguènza, subsequence. pron. ts.
Susseguènte, subsequent.
Susseguènza, subsequence. pron. ts.
Sussidiale, de subside. Item, de deffense.
Sussidiare, aider, deffendre. Item, charger de subsides.
Sussidiário, de deffense.
Sussidio, subside.
Sussiègo, grauité, mot tiré de l'Espagnol. stár sul Sussiégo, faire le grand, se tenir sur son quant à moy.
Sussistènte, subsistant.
Sussistènza, subsistance. pron. ts.
Sussistere, subsister. parf. sussistètti.
Sussolare, au dessous du Soleil.
Sussurare, murmurer, siffler bas, bourdonner.
Sussuratione, murmure.
Sussuratore, murmurateur.
Sussurro, murmure, sifflement, bourdonnement.
Sussurrone, vn grondeur, vn murmurateur, vn bourdonneur.
Sussurronegiáre, gronder, murmurer, grommeler.
Sústa, ressort. C'est aussi vne carte qui sert de garde en jouant, vne sousté. Item, vne sorte de chable dans vn vaisseau.
Susta, peur.
Sustante, qui est debout.
Sustántia, substance.
Sustantiale, substantiel.
Sustare, attacher sur les cordages.
Sustenimiénto, soustennement.
* Sustentacolo, soustien.
Sustentare, soustenir.
Sustentatióne, soustennement, sustentation.
Susterélli dénti, dents doubles, dents qui sont derriere ou au dessous des autres.
Sustituire, substituer. pref. sustituisco.
Sustitutióne, substitution.
Sustituto, substitué, & Substitut.
Susurno, or Susorno.
Susurrare, murmurer, bourdonner.
Sa'usurratióne, &
Susurro, bourdonnement, murmure.
Susurrone, vn qui murmure, qui bourdonne, médisant, détracteur, bourdonneur.
* Sutela, subtilité, cautele.
* Suteloso, cauteleux.
* Sùto, pour stato, esté, du verbe, essere Item, fermé.
* Sutore, Cordonnier.
Sutterfuggire, s'échaper.
Sutterfúgio, subterfuge.
Sutilità, subtilité.
Sutilizare, subtiliser. pron. les zz comme ts.
* Sutto, sec. Item, sterile.

Sutúra, future.
Súuaro, du liege.
Suuerato, fait auec du liege, liegé.
Suueréto, lieu planté de lieges.
Súuero, liege.
Suuerfióne, renuerfement, fubuerfion.
Súsi, là-deffus, deffus.
Suuotore, vuider.
Suz z accheua, breuuage comme Poximel, & toute forte de mouuais breuuage, vulg. du ginguet. pron. les *zz* comme *ts*.
Suz z áre, feicher, effuyer. pron. les *zz* comme *ts*.

TA

Tá, pour *tua*, tienne, ta.
Tà, pour *táli*, tels, telles.
Taba cáre, petuner, prendre du tabac, & faire le meftier de macquereau.
Tabacchiéra, tabacquiere, boëte à tabac.
Tabacchináre, eftre macquereau.
Tabacchineria, macquerellage, fecret.
Tabacchino, macquereau, fecret, & adroit.
Tabácco, du tabac, du petun.
Tabálla, tambour qui fert à cheual, taballe, ataballe.
fonár le Tabálle diétro .i. fiffler vne perfonne, faire des huées aprés quelqu'vn.
Taballáro, fonneur de taballe ou ataballe.
Tabállo, taballe.
Tabanéllo, vn petit gaban.
Tabáno, vn taon.
* *Tabáro*, vn manteau.
Tabaryáre, couurir d'vn manteau.
Tabarríno, gaban, jacquette.
* *Tabárro*, manteau court. Item, gaban.
* *Tabefáre*, corrompre, pourrir.
* *Tabefattióne*, corruption.
Tabélla, table, tablette. Item, vn morceau de planche auec vn fer attaché, dont on fe fert en Italie la Semaine Sainte, quand on appele à Tenebres.
Tabellionáto, office de Tabellion ou Notaire.
Tabellióne, Notaire.
* *Taberciáre*, rappetaffer.
* *Taberciatóre*, rappetaffeur.
Tabernácolo, tabernacle. Item, vn lieu éleué entre la courfie, & la pouppe, tabernacle de Galere, & vne tente ou pauillon de planches.
Tabernarie, jeux de tauernes, baftelleries.
Tabernire, confommer, dégafter. pref. *taberniʃco*.
Tabéʃcere, Idem. pref. *tabéʃco*, il n'a que l'infinitif.
Tábi, du tabis.
Tabíno, Idem.
Tablíno, vne allée pour paffer dans la cour d'vn logis.
* *Tabuʃʃáre*, frapper, heurter à la porte.
Tácca, vne oche, vne taille. Item, deffaut, vice. Taille ou ftature, de perfonne. Vne crotte, vne marque, vne tache.
Taccagnággine, tacquinerie.
Taccagnáre, tacquiner.
Taccagneria, tacquinerie.
Taccagníno, &
Taccágno, chiche, tacquin, vilain.
Taccagnóne, gros tacquin.
Taccagnóʃo, plein de tacquinerie.
Taccáre, marquer, tacher, couper.
Taccarélla, tache, deffaut. Petite incifion, petite coupeure.
Taccáto, tacheté, marqueté.
Taccheggiáre, tacher, blafmer. Item, crotter.
Taccherélla, tache, vice. Incifion legere, coupeure.
hauér délle Taccherélle .i. eftre taché du mefme vice.
Tácchia, efcorce, fragment, miette.
Tacchía, vn bonet blanc empefé à Venife.
Táccia, tache, vice, deffaut.
Tacciáre, taxer, donner mauuais bruit.
Táccio, médifance, blafme.
Tácco, vn eftaye.
Táccola, vne forte de corneille, Metaph. vne caufeufe, cajolleufe. Item, jaferie, cajollerie. Vn tour, vne niche. Vne piece à vn habit.
Taccoláre, cajoller, jafer. Item, blafmer, taxer.
Taccoláta, raillerie, cajollerie.
Taccolíno, forte de gros drap teint en laine, meflé de diuerfes couleurs. Item, vn jaʃeur.
vn Taccolíno, vn peu, vn petit morceau, pour *torcolíno*.
Táccolo, cajolleur, & cajollerie. C'eft auffi le lumignon ou meche d'vne lampe.
Taccolóʃo, taché, tacheté.
Taccondre, refaire les fouliers, rapetaffer, mettre des bouts ou pieces.
Tacconcíno, petit bout ou piece.
Taccóne, vn bout à vn foulier.
éʃʃer à Taccóne, eftre mal à fon aife chez foy, & mal d'accord.
Tacconeggiáre, rappiecer.
* *Taccuíre*, chicaner, tracaffer. pref. *taccuiʃco*.
Taccéndo, qui fe doit taire.
Tacénte, coy, qui ne dit mot, qui fe taift.
Tacére, taire, fe taire. pref. *táccio*, *táci*, *táce*, parfait, *tácqui*, *tacéʃti*, *tácque*, *tacémmo*, *tacéʃte*, *tacquero*.
chi párla ʃémina, & chi Táce ricóglie, qui parle feme, & qui fe taift, en fait la moiffon.
chi Táce conʃénte, qui ne répond pas quand on l'interroge, il confirme ce qu'on luy demande.
fár à Tácio, fe taire, faire le tacet.
il Tacére, le filence.
Tacitaménte, tacitement.
Taciʃta, qui fuit les opinions de Tacite, & par allufion, qui fait profeffion de fe taire.
Tácito, tacite, coy.
Tácito ʃuʃúrro, vn bruit fourd.
Taciurniàà, taciturnité.
Taciúrno, taciturne.
Tacíto, teu.
Tácola, jaferie, tour, niche.
Tacoláre, jafer, cajoller, faire niche.
Tacuíno, vn faifeur d'almanachs, vn fantafque. Vn almanach imaginaire.
Taʃáno, tahon.
il Taʃʃanário .i. le cul.
Taʃʃanéllo, vn ieune tahon.
Taʃʃáno, vn tahon.

Taffiria, charpenterie, ouurage de bois. Item, vne escuelle de bois, vne jatte.
* *Tafferuzia*, gaillardise.
* *Tafferugiáre*, se réjouyr.
* *Tafferugij*, gogailles, réjouyssances.
Taffità, taffetas simple.
Tága, vn cheuron.
Tagélla, chaudiere de Teinturier.
Táglia, incision, taille, taille à marquer les comptes de ce que l'on prend à credit. La rançon, le prix que l'on paye à qui tuë les bannis ou rebelles. Taille, stature de corps. Imposition, Taille, Gabelle.
Táglia, ligue, faction, partialité. Il se prend aussi pour vne poulie, ou plus proprement, le bois qui enferme la poulie, mouffle de poulie.
pbr la Táglia, rançonner.
Tagliábile, taillable.
Tagliabórse, couppeur de bourses.
Tagliacantóni, fendeur de naseaux, coupe-jarets.
Táglia férro, Idem.
Taglialégue, bucheron.
Tagliamáre, vne planche au dessous de l'esperon d'vn vaisseau ou galere, qui couppe l'eau, l'estraue ou taille-mer.
Tagliaménto, incision, découppement, & desfaite de gens de guerre. Item, moisson, & fauchage.
Tagliaménto, nom d'vn meschant torrent en Friul, qui fait grand rauage.
Tagliamónte, vn coupe-jarets.
Tagliapiétre, tailleur de pierres.
Tagliáre, coupper, trancher, tailler. Rogner vn liure. Faucher le foin. Scier les bleds. Coupper au jeu de cartes. Imposer des Tailles.
Tagliárla, faire court, trancher court, abreger son discours.
Tagliársi légni addósso, se coupper du bois dessus soy, i. se procurer du mal.
Tagliarélli, &
Tagliaríni, sorte de viande de paste, taillarins. Item, petites tranches.
Tagliáta, taillade, contremine. Bois taillis. Item, vn coup couppé à la paulme. Et vne brauade.
Tagliáta, desfaite, Rasement de quelque coste ou digue, applanissement.
far Tagliáta, nous disons, ruer de grands coups, menacer, brauer.
Tagliatélle, petites tranches ou taillades.
Tagliátio à cattiua Lúna, taillé pendant vne mauuaise Lune, c'est à dire, miserable, mal-heureux.
Tagliatóre, coupeur.
Tagliatúra, incision.
Taglieggiáre, imposer des Tailles.
Tagliénte, tranchant, qui couppe, tranchante.
Tagliére, tranchoir, assiette de bois.
dui ghiótti ad vn Tagliére, nous disons, deux chiens apres vn os.
Taglietti, petits morceaux ou tranches, petites taillades.
Táglio, taillade, vne tranche ou piece de chair. Item, le tranchant d'vn cousteau ou espée. La couppe d'vn habit, morceau d'estoffe, couppon.
non ci véggo bûon Táglio, ie n'y voy point moyen de le faire, ie n'y trouue point de moyen.
dàr à Táglio, donner à la couppe.
in Táglio, à propos.
Tagliôla, petite taillade. Item, vn piege ou lacet.
Taglionáre, mettre des imposts.

Taglióne, talióne, vne certaine Loy appelée Taillon, punition corps pour corps, main pour main, &c. selon que l'on a offensé. Et surcharge, imposition, rançon.
Taglioneggiáre, mettre des tailles.
Tagliuóla, piege. Item, petite taillade.
Tagliuólo, tranche de forgeron. Item, vn bourgeon, vne greffe, vne marcotte.
Taglíuzzaménto, découpeure, incision. pron. les zz comme ts.
Taglíuzzáre, découper, moucheter. pron. les zz comme ts.
Tagliuzzatóre, découpeur. pron. ts.
Tagliuzzo, découpeure, taillade, moucheture. prononcez ts.
Tái, táli, tels.
* *Táia*, taille.
Talacimíuno, vne sentinelle sur vne tour, qui aduertit des heures, selon aucuns, trucheman.
* *Taléuo*, vn leuier ou cric.
* *Talámo*, lict nuptial.
* *Talére*, robbe longue iusques aux talons, selon aucuns, talonniere, & les iointures des pieds.
Talcimáno, trucheman.
Tálco, du talc.
Tále, tel.
vn Tále, vn certain.
il Tále, vn tel.
Tál che, à Tál che, tellement que.
à Tále, à vn tel estat, à vn tel terme.
Taléno, bruit, criaillerie.
Talentáre, donner de la volonté.
Talénto, volonté, desir, grace, don, talent.
Tál fiáta, quelquefois.
Taliétro, herbe bonne pour le flux de ventre.
Talino, sorte de sennegré.
Tálla, bouteure, rejetton.
Tal'hóra, impost.
Tall'hóra, quelquefois, à telle heure.
Tallíre, monter en graine. Item, pousser, ietter comme les arbres. pres. tallísco.
Tállo, le iect de l'herbe qui monte en graine. Rejetton, bouteure de plante, montant.
mettere vn Tállo sù'l vécchio, mettre vn rejetton sur vn vieux tronc, i. perdre son temps. Item, se renoueller.
Tallonáre, talonner.
Tallóne, talon.
Talménte, tellement.
Tálo di pórco, osselet, talon de porc.
Talóra, tal' hóra, quelquefois.
Tálpa, taulpe.
Talpúna, sorte de vigne.
Talquále, tel quel.
Talúno, comme vn.
Taluólta, quelquefois.
* *Táma*, enfleure de jambes causée de trop marcher.
Tamacéto, tanasie.
Tamagníno, vn estron. Item, vn petit bout d'homme, vn petit chiard, vn nabot.
Tamaríce, tamaris.
Tamarígia, &
Tamarígio, Idem.
Tamarindi, tamarindins, dattes des Indes.
Tamarísco, tamaris, *Tamaríffo*.
Tamárro, couleurée noire.
* *Tambáscia*, gogaille.

* *Tambaścière*,

* *Tambaſciáre*, faire gogaille.
**Tambellióne .i.* Vn pauure mal-heureux.
Tambúcco, *Tambúggio*, certaine matiere que l'on mesle parmy la poudre.
Tamburagióne, batterie de tambour.
Tambureggiáre, tabouriner.
Tamburéllo, tambour, petit tambour.
Tamburétto, partie en dehors de la prouë. Item, vn coffret, tambourin de vaisseau.
Tarsbáro, tambour. Tambour, sorte de coffre.
Tamburriére, &
Tamburríno, tambour, celuy qui bat le tambour; vn petit tambour.
fár cárta Tamburrina, &
far cóme il Tamburríno, faire comme le tambour, se jetter du costé des plus forts.
far Tamburrina, Idem.
Tambúrro, tambour, quaisse, ou caisse de tambour, tambour, coffre.
Tambuſſáre, fraper, dourder, tabourer.
Tambuſtáre, tourmenter, tarabuster, mettre en combustion.
Tambuſtióne, combustion.
Tambúſto, Idem.
* *támen*, mot Latin, toutefois.
Tamerice, tamaris.
Tamerigia, Idem. Et vne couppe faite de tamaris.
Tomigiáre, tamiser, *Tamiſáre*.
il Tamigi, la Tamise, fleuue d'Angleterre.
Tamigio, tamis, *Tamiſo*.
Tammurréllo, tambour, & Tabalie.
Támo, ver qui s'engendre dans la chair.
Tampáno, timpan.
Tampóco, aussi peu, mot Espagnol.
Tamuſſáre, heurter, fraper.
Tána, cauerne.
Tanáglia, tenaille.
Tanáglia à dentéllo, tenaille crochuë au bout.
Tanáglia da púnta, tenaille en bec d'oiseau.
Tanagliáre, tenailler.
Tanagliétte, petites tenailles, ou pincettes.
Táncia, sorte de damasquineure.
Tánco, chaleur d'animal.
Tané, *Tanéro*, tané, couleur tannée.
Tanfanáre, battre, bastonner.
Tanfanáta, de bons coups.
Tánfo, goust de moisy, ou de vin qui sent le bas, goust de fust, ou autre chose.
* *Tángere*, toucher. parf. *tangétti*.
* *Tángero*, soüillard.
* *Tanía*, fantastiquerie.
Taninélla, tarriere, & selon aucuns, vn gros villebrequin.
Tanúſa, sorte de pierre semblable à vne esmeraude.
* *Tanſa*, crierie, tancement.
* *Tanſáre*, tancer.
Tantaferáta, galimatias.
Tantaſera, galimatias.
Tantaráre, brandiller sur vne corde.
Tántaro, brandilloire.
Tanté, tant è, tant y a que, en effet.
Tantéſima párte, auant d'vne chose.
Tánte vólte, tant de fois.
Tánti, tant.
Tantillo, *tantino*, vn bien peu.
diuentar Tantino, deuenir peu de chose, s'abbaisser.
Tantino ou *vn tantino*, vn petit morceau, vn petit, vn peu.

Tánto, tant. Item, tel, si grand. Tant de temps.
Tánto è che, tant y a que.
à che Tánto, à quoy sert tout cela.
Tánto farò, aussi feray-je.
Tánto fátto, aussi long, aussi grand, aussi large, aussi gros, en monstrant quelque mesure du bras ou des mains.
vn Tánto al méſe, tant par mois.
vn Tánto, vne certaine somme.
per vn Tánto, à raison de tant.
Tánto che, iusques à tant que, de sorte que.
Tánto piú, d'autant plus.
da Tánto, si fort, si puissant, si habile, de si bon esprit, si courageux.
éſſer da Tánto, estre si habile.
piú che Tánto, plus que de raison.
non è da Tánto, il n'a pas l'esprit, ou le pouuoir.
Tánto ò quánto, quelque peu.
Tánto l'vno quánto l'áltro, aussi-bien l'vn que l'autre.
Tantolóſo, gasté dans le corps. Item, de mauuaise humeur, que rien ne peut contenter.
Tantóſto, aussi-tost, & tantost.
Tantúccio, vn bien peu.
Tánza, sorte de damasquineure. pron. *ts*.
Tápa, sorte de matiere surquoy l'on bastit les maisons aux Indes.
Tapére, petites planches sous les lattes, tapieres d'vne Galere.
Tapéto, vn tapis. pron. *e fermé*.
Tapezzáre, tapisser. pron. les *zz* comme *ts*.
Tapezzaría, tapisserie. pron. *ts*.
Tapezziére, tapissier. pron. *ts*.
Tapinára, vne taulpe ou taulpiere.
Tapináre, *Tapinelláre*, viure pauurement, & miserablement.
Tapinéllo, pauuret, miserable.
Tapíno, pauure mal-heureux.
Táppa, vne vrille. Item, vne liste de la marche d'vn armée.
Tappatáre, faire patapatapan, comme le tambour.
Táppe, en iargon, habits, & plumes.
Tapéto, tapis.
ſtár col Tapéto élla fineſtra, viure à son aise, & se rire du trauail des autres.
Tára, tare. Dechet.
élla è Tarabára, l'vn vaut l'autre, tout est égal; jus ver verjus.
Tarabáſſo, vn butor.
Tarabúſo, vn dauier. Item, vn pic, ciseau.
Táraca, vn bouclier, vne targe ou targue.
Taracóne, vne grande targue. Item, targon, herbe.
Tavagnuóla, sorte de Milan.
Tarantáre, sonner tantarare, comme la trompette.
Tarantáto, mordu de la tarantole.
Taraméla, ventre de thon. Item, sorte d'animal.
Tarantéllo, ieune thon, selon aucuns, ou plustost la pance du thon salé.
Taránto, vn loriot.
Tarántola, tarantole, animal semblable à la lezarde, stellion. C'est aussi vne sorte d'araignée venimeuse qui se trouue sous la terre. Metaph. vne garce.
Tarántole, en iargon, les bras.
Tarantoláto, mordu de la tarantole.
Taráre, tarer, ajuster vn compte. Item, sonner de la trompette, faire tantarare.
Taraſſacóne, laceron.

Vuu

TA

Taratántara, tantarare, son de trompette, fanfare.
Taratantasáre, sonner tantarare.
Taratautaro, traquet de moulin.
* *Táratro*, le cerneau, selon aucuns.
Tarazznólo, sorte d'oye sauuage. pron. *ts*.
Tarchiáre, empacqueter en rond.
Tarchiáto, membru, mot vulgaire.
Tarcóne, targon.
Tárda, vn busard.
Tardaménto, &
Tardánza, retardement. pron. *ts*.
Tardáre, tarder, retarder.
Tardétto, vn peu tardif.
Tardézza, tardifueté. pron. *ts*.
Tárdi, tard.
chi Tárdi arriua, mal allóggia, qui vient tard n'est pas si bien logé, ou celuy qui vient tard ne mange pas la souppe grasse, &c.
Tárde non fúron mai grátie del Ciélo, les graces du Ciel ne vinrent iamais trop tard.
Tárdi in beccaría, e presto in pescaría .i. il faut aller tard à la boucherie, & de bon-heure à la poissonnerie.
* *Tardilóquio, tordiloquénza*, parler lent.
Tardióla, sorte de tarte ou fourmage.
Tardipéde, lent, tardif.
Tardità, tardiueté, *tarditie*.
Tárdo, tardif, & tard.
Tareggiáre, tarer la marchandise. Item, corriger.
Taréllo, sorte de gasteau.
Tarénco, la partie du compas où l'on met la pointe ou le crayon.
Tarentélla, ventre de thon salé.
Tárga, targue, bouclier.
Targáre, targuer, couurir du bouclier.
Targhétta, petite targe. pron. *ghe* comme *gue* François.
Targóne, grand bouclier. Metaph. le cul.
Tariffa, tariffe.
Tarláre, estre mangé de vers ou mittes, estre vermoulu, engendrer des mittes.
Tarlatúra, vermoulure.
Tarlice, du treillis.
Tarlíno, oiseau appelé corsieu, ou corlis.
Tárlo, ver ou mitte qui mange le bois.
Tarlóso, vermoulu.
Tárma, mitte, tigne.
Tarmáto, mangé de mittes.
Tarmóso, plein de mittes.
Táro, sorte de drogue.
Taroccáre, joüer aux tarocs. Metaph. jurer.
Tarócchi, tarocs ou tarots, sortes de cartes en Italie.
Tarolire, estre vermolu.
Tarólo, mitte, ver.
Taróli, des chancres. Et c'est pour cela qu'en Italie, quand on voit ou quand on entend parler du membre, on dit *tarnóli .i.* y puisse-t-il venir des chancres.
Tarózzo, sorte de sac de cuir. pron. *ts*.
Tarpáre, couper les plumes, rogner, & prendre sur le fait.
Tarpáre vno, nous disons, rogner les ongles, ou les morceaux.
Tarpáto férro, fer qui est comme inutile, qui ne sçauroit ny coupper ny percer, &c.
Tárra, deffaut, vice, tache.
Altro bisógna per vinere, che uscì e assi, che tórre é Tárre .i. ce n'est pas assez que d'estre bien logé, il faut manger.

TA

Tarentéllo, ventre de thon salé.
Taría, ouurage de marqueterie.
Tarsiáre, marqueter, trauailler de marqueterie.
* *Társo*, le col du pied.
Tartágio, bredoüilleur, begue.
Tartagliáre, bredoüiller en parlant, ou begueyer, parolle commune.
Tartáglia, &
Tartaglióne, bredoüilleur.
Tartána, vne tartane, sorte de barque ou vaisseau.
Tártara, vne tarte.
Tartarélla, petite tarte, tartelette.
Tartáreo, d'Enfer.
Tartarésco, Tartare. Item, infernal. C'est aussi vn vieil ourage de menuiserie.
Tartarétta, tartelette.
Tartaríno, de tartare.
Tártaro, du tartre. Item, Tartare, & l'Enfer, c'est aussi vn pic, oiseau.
Tartarúca, *tartaríga*, tortuë.
Tartassáre, battre, dourder, flauber, bastonner.
Tartassáta, de bons coups.
Tártera, tarte.
Tarterélla, tartelette.
Tartertíca, *tartertíga*, tortuë.
Tartiue, en jargon, chier.
Tartóca, vne tortuë.
Tartóffalo, nous disons, vne tarte en pommes, vn coup sur la teste, vne bosse ou meurtrissure.
Tartóffo, truffle.
Tartóffolo, Idem.
Tartuffóli Spolettíni, des tartes en pommes, des coups de poing.
Tartúga, tortuë.
Tartugélla, petite tortuë.
Tartúca, sorte d'ornement de Roy. Item, vne sorte d'vnguent precieux.
Tarullāre, jurer, blasphemer, tempester.
Tarúllo, vn jureur, vn sot.
Tartuláre, venir des chancres.
Tarúolo, chancre verollé.
Tásca, poche, pochette, & besace.
Tásca, taschiéra, en jargon, hostellerie.
Tascáccia, grande besace.
Taschétta, petite poche.
Taschétto, petit sac.
Taschierósó, en jargon, hoste.
Tascúccio, besace.
Tascóne, grande besace.
Tascónio, cheualet sur lequel les orféures mettent leurs esmaux.
Tascósa, en jargon, hostesse.
Tascóúto, negligent.
Tasíllo, vn vase.
* *Tasemáre*, faire taire.
* *Táso*, du tartre.
Tássa, taxe. Item, vn tas de bled. Et blasme.
Tassáre, taxer. Item, entasser.
Tassáta, la taxe.
Tassatióne, taxe.
Tassatóre, qui taxe.
Tasséllo, vn coing de pierre ou de bois pour refaire ou boucher vn trou. C'est aussi vne sorte d'enclume. Et vn plateau.
Tásso, if, arbre. Vne sorte d'enclume. Vn tesson, animal.
Tássi, en jargon, des deꝛꝭ

TA

Táſſo barbáſſo, boüillon, plante.
Taſſocáne, ſorte de blereau, chenin.
Taſſopórco, ſorte de blereau ou taiſſon, porchin.
Táſta, tente à mettre dans vne playe. Item, vne ſonde. Et l'eſſay.
Taſtámo, les touches d'vn inſtrument.
Taſtáre, taſter, ſonder vne playe.
Taſtatúra, touche d'inſtrument.
Taſtétta, petite ſonde.
no rèmpi Táſti, aux temps que nous auons dit.
Taſtiéra, touche de manche d'vn inſtrument.
Táſto, touche d'inſtrument, marche d'eſpinette, &c. Vn accord ſur vn inſtrument. Item, eſſay.
non biſógna toccár ſu' quèl Táſto, nous diſons, il ne faut pas toucher ſur cette corde-là.
Taſtóne, à taſtons.
Tatà, la maman, la nourrice. Item, mignon, petit coeur.
Tatamellàre, cajoller comme vn enfant.
Tattamélle, cajolleries d'enfant.
Tattamellíno, vn qui fait l'enfant.
Táttera, le ſic, ſorte de mal au fondement.
Táttere, toutes ſortes de maux honteux, & broüilleries de peu de valeur.
Tátto, le tact, le toucher. Item, vn gros crapaut.
Tátula, vne corneille qui a les pieds rouges.
Tauanéllo, *tauáno*, vn tahon.
Tauélla, coque, coquille.
Tauèrna, cabaret, tauerne.
Tauernáro, *Tauernáio*, tauernier.
Tauerneggiáre, ne bouger de la tauerne.
le Tauernélle, nom propre d'vn lieu.
audár álle Tauernélle .i. aller au cabaret.
Tauernéſco, de tauerne.
Tauerniére, hoſte, tauernier, cabaretier.
Tauernína, cabaret borgne.
Tauerníʒe, rauauderies, choſes de peu de valeur.
Táuola, table. Planche. Tableau. Dame à jouer. Vne barre de tourneur pour appuyer ſon outil.
fár Táuola, aux eſches, faire, à refaire.
Táuola, ſelon aucuns, vne certaine meſure pour arpenter.
Táuola vóta, table d'attente.
fár Táuola, tenir table ouuerte.
à Táuola non s'intiécchia, nous diſons, il n'ennuye point à table.
à tútte Táuole, à toutes tables, jeu.
giuóco di pòche Táuole .i. de peu de durée.
Táuole, en jargon, des pantoufles.
Tauolaccíno, valet de Magiſtrat, Huiſſier. Item, vn auuent d'ais.
Tauoláccio, vne grande table. Item, vn grand ais, vne grande targue ou Eſcu de bois, ſelon aucuns, le teſſier.
fár Tauoláccio, traitter ſomptueuſement.
Tauoláre, plancheyer. Item, mettre ſur table, mettre en tablature. Faire eſchec, & mat.
Tauoláta, vne tablée.
Tauoláto, eſchaffaut de maçon. Traueſon, vn toict, vn auuent. Item, plancheyé. Mis en tablature.
Tauolatúra, tablature.
Tauoláʒʒo, vn auuent. pron. les ʒʒ comme *ts*.
Tauolélla, &
Tauolétta, planchette. Petit tableau, tablette.
Tauoliére, eſchiquier, damier.
hauér tútto il ſuo in ſu'l Tauoliére .i. auoir tout ſon bien en danger d'eſtre perdu.
Tauolíno, petite table. Planchette.

TA TE

Tauolóne, grande planche. Grande table.
Tauolóni da riſpétto, planches qui ſeruent de parapets ou mantelets.
Tauolóʒʒa, palette de Peintre. pron. o ouuert, & les ʒʒ comme *ts*.
* *Táura*, vne vache.
* *Táurea*, vne targue. Item, vne eſcourgée.
Tauréllo, petit taureau.
Táureo, de taureau.
Táuro, taureau.
* *Tauſia*, marquetterie.
Táʒʒa, vne taſſe. pron. *ts*.
abbeneráre il brácco álla Táʒʒa, faire l'acte venerien. pron. *ts*.
Taʒʒétta, petite taſſe. pron. *ts*.
Taʒʒiére, eſchanſon. pron. *ts*.
Taʒʒuóla, ſorte de hibou. pron. *ts*.
Taʒʒóne, vne grande taſſe. Item, vne taſſe à ſeruir du fruit. pron. *ts*.

TE

Tè, pren, tien. pron. e ouuert.
Tè rè, tai tai, voix pour appeler vn chien. pron. é ouuert.
Te, toy. pron. e fermé.
* *Teána*, vne tourtiere.
Teatralménte, ſur le theatre, par le moyen du theatre.
Teátrico, de theatre.
Teátro, theatre.
Téca, coque, coquille, coccon. pron. e fermé.
Técca, petite tache. Item, coque, coquille, gouſſe. pron. e fermé.
* *Teccheria*, tromperie.
Téco, auec toy. Item, en toy-meſme, à part toy. pron. e fermé.
Téco medéſimo, Idem.
Tecoméco, vn flatteur, vn qui tient de ton coſté par flatterie. pron. e fermé.
Téda, tede, meleze, ſorte d'arbre qui porte la raiſine, que l'on allume en façon de torche.
la Tedéſca, la lanſquenette, jeu.
Tedéſco, Allemand.
Tediáre, faſcher, ennuyer, attedier.
Tédio, ennuy. pron. e ouuert.
Tedióſo, ennuyeux.
* *Tédulo*, vn cauſeur ennuyeux.
Téga, cocque, coquille. pron. e fermé.
Tegáme, tourtiere de terre.
Tegamétto, petite tourtiere.
Tégghia, tourtiere, ou terrine platte. Voyez de plus à *téglia*. pron. ghi comme gui.
Tegghiáme, toutes ſortes de terrines ou plats de terre. pron. ghi comme gui.
Tegghióla, vne tourtiere, ou terrine. prononcez ghi comme gui.
Téggia, & *téggiola*. Idem.
Teggióne, grand logement.
Tégia, thuile.
Tegiáre, couurir les thuiles.
Tegiáro, couureur, & thuilier.
Tegiménto, couuercle.
Tegioláre, badiner, amuſer, dandiner.
Tegiúʒʒa, petite tourtiere.

524 TE TE

Téglia, tillet ou tilleul, arbre. Item, vne tourtiere. C'est aussi comme vne cloche ou couuercle de terre que l'on fait chauffer pour rissoler la viande. Et vn barbeau, poisson.
Tégna, la tigne. pron. *e* fermé.
Tegnáme, plats, terrines, tourtieres.
Tegnénte, tenant, resserré, tenante, resserrée.
Tegnentissimo, fort tenant ou serré.
Tegnénza, tenacité. pron. *ts*.
Tégnere, teindre. parf. *ténsi*, part. *ténto*.
* *Tégni*, pour *árte*, art.
Tegnóso, tigneux.
Tégola, thuile.
Tegoláio, thuilier.
Tegoláre, couurir de thuile.
Tegolíno, thuile ronde, ou creuse.
Tégolo, thuile.
Tél, pour *télo*, te le, *téla*, te la. pron. *e* fermé.
Téla, toile. pron. *e* fermé.
Teláccia, canueuas, grosse toile.
Teláio, chassis, mestier pour trauailler à l'esguille, en broderie, &c.
Telaiuólo, Idem.
Telámi, toiles, lingeries.
Teláni, sorte de figues.
Telaríe, toutes sortes de toiles.
Telarína, toile d'araignée.
Teláro, mestier de Tisseran, &c.
Teláro, chassis de toile, mestier à trauailler, chassis d'Imprimeur, &c.
Telaruólo, petit mestier de Tisseran, &c. petit chassis. Item, linger.
Telétta, pannicule, pellicule. Toillette.
Telétta di Nápoli, gros de Naples.
Telétta d'óro ò d'argénto, toile d'or, ou d'argent.
Teliccina, petite membrane ou pellicule.
Telífero, porte dard.
Telíno, sorte d'vnguent.
Telline, sorte de moules, poisson.
* *Téllo*, la terre.
Tellóne, l'os du pasturon.
Télo, pron. fermé, va pauillon ou tente. C'est aussi vn lit de toile, vn l'est.
Télo, pron. ouuert, signifie vn dard, vn trait.
Telóne, vne machine pour tirer de l'eau, vne trompe.
Telóssa, centaurée.
Téma, prononcez. *e* fermé, crainte.
Téma, pron. *e* ouuert. Théme, argument.
Témalo, ombre, poisson.
Témaro, Idem.
Teménte, craignant, qui craint.
Teménza, crainte. pron. *ts*.
* *Temerándo*, violable.
* *Temeráre*, violer, polluer, corrompre.
Temerariaménte, temerairement.
Temerário, temeraire.
Temére, craindre. parf. *teméi*, & *temétti*, part. *temúto*.
Temér lo speróne, estre sensible à l'esperon.
Temerità, temerité.
* *Temeritúdine*, Idem.
Tómero, *Témolo*, ombre, poisson.
Tómeto, sorte de vin qui embroüille facilement le cerueau.
Témo, gouuernail, timon.
Témolo, ombre, poisson.
Temóne, timon.

Temoniére, timonnier.
Temóre, crainte.
Temoróso, craintif.
Tempágno, cul de bacin, partie de mors.
Tempágno piáno, cul de plat, partie de mors.
Tempélla, poche ou violon. Item, vn engin, & vn baston, vne vielle, selon aucuns.
Tempellaménto, branslement, remuement, grattement, sur instrument, comme qui joüeroit fort mal ou point du tout.
Tempelláre, bransler, remuer, agiter, importuner à force de suiure vne personne, gratter sur vn instrument.
Témpera, *témpra*, trempe, destrempe d'enlumineur ou peintre. Item, vne boisson chez les paїsans en Lombardie.
in buóna, ò málaTémpera, bien ou mal accommodé, en bon ou mauuais estat.
Temperaménto, temperament.
Temperánte, temperant.
Temperánza, temperance. pron. *ts*.
Temperáre, temperer, & tremper le fer. Accorder vn instrument. Tailler vne plume.
Temperár le véle, ajuster les voiles qu'elles puissent seruir toutes en vn mesme temps.
Temperarino, & *temperíno*, canif, caniuet.
Temperatióne, temperation.
Temperatíuo, propre à tremper.
Temperatóio, vn canif.
Temperatóre, temperatrice, qui tempere.
Temperatúra, temperature.
Tempérie, temperie, temperation.
Temperíno, vn canif.
Tempésta, tempeste. Gresle, bourasque de vents, orage. Item, fascherie.
Tempésta di tíri, nous disons, vne gresle, vn tonnerre de coups.
Tempésta sénza acqua, cela se dit de ceux qui font grand bruit, & peu d'effet. Et aussi de ceux qui mangent sans boire.
Tempésta sécca, nous disons, le disner de la brebis, disner sans boire.
Tempestáre, tempester, faire tempeste, troubler. Item, perseuerer, & gresler.
Tempestáto, tout parsemé, tout couuert comme de pierreries, tacheté, marqueté.
Tempestinaménte, à temps, de saison.
Tempestiuità, opportunité.
Tempestíno, de saison. Item, hastif.
Tempestuóso, tempestueux.
Témpia, la temple.
Tempiále, fanon de mitre.
Tempiatúra, la largeur de la temple. Les temples.
Tempiccinólo, vn petit temple.
Tempierélло, petit temple.
Tempiére, Templier. Item, garde de temple.
Tempiétto, petit temple.
Témpio, vn temple.
Tempióne, vn coup sur la temple. Item, vn grand temple, & grande temple. C'est aussi vn lourdaut, & paresseux.
per Tempíssimo, de tres-bonne heure.
Témpo, temps. Aage. pron. *o* ouuert.
chi ha Témpo, è spétta témpo, pérde il témpo, qui a du temps pour faire quelque chose, & qu'il en attend vn autre, il perd son temps.
ógni cósa dóma il Témpo, le temps accommode toutes choses.

col *Témpo*, *& célla páglia si matúrano le néspole*, auec le temps, & auec la paille meurissent les nesfles .i. tout s'accomode auec le temps.

Témpo pérso non s'acquista mái, on ne sçauroit regaigner le temps perdu.

il Témpo pássa, & se ne pórta il tútto, le temps se passe, & emporte toutes choses.

Témpo và, & tempo viéne, témpo và che mái non viéne, .i. le bon temps est passé, & ne reuiendra plus.

fà bel Témpo ou bon tempo, il fait beau.

fà cattíuo Témpo, il fait villain temps.

nè di Témpo ne di signoría non ti pigliár malinconía, ne te fache pas du temps n'y de voir ton ennemy dans vn bon estat, car ce sont là des choses incertaines.

hauér bel Témpo, auoir bon-temps .i. estre à son aise, parler à son aise, &c.

Témpo, mesure en musique. e ouuert.

dársi bel Témpo, se donner du bon temps.

ésser di Témpo, estre aagé. pron. e ouuert.

huómo di Témpo, homme aagé.

di Témpo in témpo, de temps en temps, de fois à autre.

Témpo, balancier d'horloge.

dir Témpo al témpo, attendre la commodité.

nel Témpo che Bérta filáua, nous disons, du temps que l'on se mouchoit sur la manche.

il Témpo di Ciollabáte, chi hà da dáre addománda, le temps de Ciollabate, qui doit demande : nous disons, les batus payent l'amende.

per Témpo, de bonne heure.

nel Témpo che le sárde eran pésci .i. du bon temps.

nel Témpo che si tagliáua il sórgo con le scále, Idem.

Tempóne, bon temps.

far Tempóne, passer bien son temps.

le Témpora, les quatre-temps.

Temporále, saison. Orage. Temporel, caduc, sujet au temps. Seculier.

Temporalità, temporalité.

Temporáneo, de moment, de temps.

Temporário, sujet au temps.

Temporeggiáre, temporiser.

Temporíccio, opportun, de saison.

Témpra, la trempe, & détrempe. Mesure. Temperament, mélange de peinture. Item, vn breuuage fait d'eau de la lauaille de la grappe du raisin, que les païsans boiuent en Lombardie.

l'hò trouáto di Témpra .i. le l'ay trouué disposé à me seruir.

Tempráre, tremper, & temperer, tailler vne plume, accorder vn instrument.

* *Temulénte*, yure.

* *Temulénza*, yurongnerie. pron. *ts.*

Témulo, ombre, poisson.

Temúto, redouté, craint.

Ten, téne, t'en. pron. e fermé.

Tenáce, qui s'attache, qui tient. Tenant, auare.

Tenacità, tenacité. Auarice, chicheté.

* *Tenácule*, tenailles.

Tenáglia, tenaille.

Tenagliáre, tenailler.

Tenagliétte, petites tenailles.

Tenázza, tenaille. pron. *ts.*

Ténca, vne tenche, poisson. pron. e fermé.

Tencáre, en jargon, nager.

Tencionáre, débattre, combattre.

Tencióne, combat, debat.

Tencóne, vn poulain en l'aine. Item, vn certain outil de Ramonneur.

Ténda, vne tente, toille de chasse, & de theatre.

alzár la Ténda, nous disons, tirer la courtine.

al leuár délle Ténde .i. à la fin de l'affaire, après le coup.

Tendále, la tente qui couure la pouppe d'vne Galere, tendal.

Tendáre, *attendáre*, camper, mettre les tentes.

Tendecchiáre, s'estendre vn peu.

Tendénte, tendant.

Téndeye, tendre, estendre, bander vn arc. parfait, *tési,* part. *téso.* pron. en infinitif e ouuert, & au parf. & part. e fermé.

Téndere in ispantáto, tendre où on a desia mis des gluaux .i. faire vne chose qui est desia faite.

Tendicolo, vn trauail.

Tendíne, pantes de lit.

Tendóni, les tendons.

Tendúto, tendu, estendu.

Ténebra, tenebre.

Tenebráre, obscurcir.

Ténebre, les tenebres.

Tenebrità, *tenebrositá*, obscurité.

Tenebróso, tenebreux.

Tenénte, tenant, tenante. Item, Lieutenant.

Tenénza, tenuë. Lieutenance. pron. *ts.*

Teneraménte, tendrement.

Tenére, tenir, maintenir, prendre, estimer, tenir bon. pres. *téngo, tiéni, tiéne, teniámo, tenéte, téngono,* parf. *ténni, tenésti, ténne, tenémmo, tenéste, ténnero,* part. *tenúto,* fut. *terrò,* opt. *ténga,* imparf. *tenéssi,* & *terréi, &c.*

Tenér diétro, poursuiure.

Tenér álla tráccia, aller sur les voyes, poursuiure.

Tenér da vno, estre du costé d'vne personne.

Tenér à ménte, retenir par cœur. Item, se ressouuenir.

Tenér la fauélla ad vno, s'empescher de parler à qu'elqu'vn.

Tenérsi vna .i. auoir vne concubine.

il Tále, si tiéne vna tále, vn tel entretient vne telle.

Tenírsi d'vna cósa, se glorifier.

Tenér di battésimo, tenir vn enfant.

Tenér il pásso, prendre garde à son fait. Item, empescher le passage.

Tenér il sácco, nous dirions, tenir la queuë de la poësle .i. estre complice ou consentant, tenir la main à vne chose.

Tenér la battúta, battre la mesure.

Tenér l'inuíto, tenir en joüant. Item, accepter ce que l'on nous propose.

Tenétela per vói, gardez-là pour vous.

Teneréllo, tendret.

Tenerétto, Idem.

Tenerézza, tendresse. pron. *ts.*

Tenericcio, &

Tenerino, tendret.

madónna Tenerína, qui se rompit les reins en pettant .i. vne delicate.

Tenerire, attendrir. pres. *tenerísco.*

Ténero, tendre. pron. e fermé.

il cáso súo è Ténero, son fait est bien petit, bien mince, bien bas, bien plat, nous disons, il est bas percé.

i cási di státo son Téneri, les affaires d'Estat sont chatoüilleuses.

Teneróne, tendron, qui se dit d'vne personne.

Teneróre, tendresse.

Tenerósa, en jargon, du fourmage de cresme.

TE

Tenerume, tendron, cartilage. Rejetton, tendron, cimette.
Tenerume del náso, le tendron ou cartilage du nez.
Téngere, teindre. parf. tênsi.
Ténia, vne sorte de Turban. Item, en Architecture bande, bandelette, bandeau. C'est aussi vne sorte de poisson, & vne rangée de rochers. Vn ver qui s'engendre dans les charongnes.
Teniéuse, poisson qui vit sur la riue.
Teniére, arbrier d'arbaleste.
Teniménto, tenuë.
Ténio, qui a les cheueux clairs.
Tenitóre, teneur.
vnón Tenitóre, en terme de marine, lieu où l'ancre s'attache facilement.
Tenitório, &
Tenitório, territoire.
Tenóre, la teneur, le contenu, tenor ou taille, en terme de musique.
fár Tenóre .i. aider à médire.
Tensíbile, qui se peut estendre.
Tensióne, extension.
Ténso, estendu.
Ténta, vne sonde de Chirurgien, & selon aucuns, teinture.
* Tentabóndo, qui tente, qui essaye.
Tentaménto, attouchement, tastement, tentation, & fondement. Attentat, effort.
Tentáre, tenter, taster, toucher, esprouuer, essayer, tascher, sonder, attenter.
Tentataménte, auec essay, auec attouchement.
Tentatióne, tentation.
Tentatíuo, attentat, effort, entreprise.
Tentatóre, qui tente, tenteur. Item, le Diable.
Tentatríce, qui tente, tenteuse.
Tenténna pennácchio, plumet, porteur de plume, traisneur d'espée.
Tentennaménto, remuëment, branslement, agitation.
Tentennáre, bransler, remuer, agiter.
Tentennár nel mánico, nous disons aussi, bransler dans le manche .i. n'estre pas resolu ou asseuré.
Tentennío, branslement, secousse. Item, vn coup.
Tentennìno, esprit qui tente, le Diable.
Tenténnio, remuëment.
Tentennóne, vn bon compagnon.
Tentionáre, débattre.
Tentióne, contention.
Tentipellióne, tentipélone, vn remede pour oster les rides.
Ténto, teint. Item, atteinte. pron. e fermé.
Ténto, prononcez. e ouuert, l'attouchement que l'on dit quand on va sans chandelle, & que l'on touche pour reconnoistre quelque chose.
Tentóne, à tastons.
andár Tentóne, aller à tastons. Par Metaph. n'aller pas volontiers ou prendre garde deuant que d'aller. Item, quand on demande quelque chose, & que l'on ne répond pas hardiment à la chose que l'on demande.
Tentóre, teinturier.
Tentorìa, teinturerie.
Tentório, tente ou pauillon.
Tentúra, teinture.
Tenuáre, teindre.
Tenuáre, extenuër.
Tenuatióne, extenuation.
Tenuità, tenuité.
Tènuo, tenve, mince.

TE

Tenúta, tenuë, possession.
di póca ò buóna Tenúta, qui tient peu ou beaucoup.
Tenutélla, vn petits fonds, vn petit bien.
Tenúto, tenu.
ésser Tenúto, estre obligé.
Tenza, combat, débat. pron. ts.
Tenzáre, débattre. pron. ts.
Tenzonáre, débattre, combattre. pron. ts.
Tenzóne, débat, combat, contention. pron. ts.
Tenzonóso, contentieux. pron. ts.
Teologìa, Teologie.
Teológico, theologie.
Teólogo, Theologien.
Teòrica, theorie, la theorique.
Teórico, de theorie.
Teórba, tuorbe, instrument.
Tepefáre, tiedir, il n'est point en vsage qu'en infinitif, & part. tepefátto.
Tépere, deuenir tiede. parf. tepétti, qui n'est point en vsage.
Tepidaménte, auec tiedeur.
Tepidézza, tiedeur. pron. ts.
Tepidíre, tiedir. pres. tepidísco.
Tépido, tiede.
Tepificáre, attiedir.
Tepóre, chaleur naturelle.
Téppa di práto, gazon.
Terrázza, terrasse. Item, mauuaise terre. prononcez ts.
Terciopélo, du veloux, mot Espagnol.
Terdécimo, treiziesme.
Terdíra, sorte de boudin pour les pauures gens.
Terebentína, terebentine, vulgairement termentine.
Terebínto, arbre qui porte la terebentine. Item, nom propre d'vn lieu.
Teredìna, ciron, mitte, ver.
* Teretro, vne gouge.
* Tergémino, trois fois double.
* Tèrgere, reculer en arriere. Item, polir, escurer. parf. tergétti.
* Terginersáre, tourner sans deuant derriere, renuerser.
* Terginersatíone, renuersement.
Terginersióne, Idem.
* Tèrgo, le dos. pron. e ouuert.
Terí, sorte de monnoye à Naples.
fár la Teriáca sénza licéntia .i. chier dans ses chausses.
Terlígia, du treillis.
Terlíno, courlis, oiseau.
Terlísa, du treillis.
Térme, vn ver, terme, le Dieu Terme.
Termentína, terebentine.
Térmi, bains, termes.
Terminále, de terme, qui a terme.
Termináre, finir, terminer, confiner.
Terminataménte, déterminément.
Terminatióne, terminanion, & terminaison.
Términe, terme.
Términi, termes, certaines figures.
Terminéuole, qui se peut terminer.
Terminóso, plein de bornes.
Termínto, arbre qui porte la termentine.
Ternále, de trois.
Ternária, vn Officier à Venise, qui retire l'impost des huiles.
Ternário, triple, nombre de trois.

Ternétta, trainette, petite treſſe d'or, &c.
Térni, ternes aux dez.
Ternire, ternit. preſ. *terniſco*.
Ternità, Trinité, & Eternité.
Térra, terre, fonds, terroir, bourgade, ou petite ville, bourg fermé, lieu.
Térra térra, terre à terre.
Térra ſemia ò ſigillàta, terre ſigillée ou ſeellée.
Térra giàlla, terre jaulne, couleur de Peintre.
Térra d'ombra, terre d'ombre.
Térra d'Império, terre de l'Empire.
non può ſtár in Térra d'Império, égli è Polláco, il ne peut demeurer ſur les terres de l'Empire, il eſt Polonois, & par alluſion de *Polláco* à *póllo*, qui ſignifie le poulet que les macquereaux portent, c'eſt à dire, il eſt macquereau. Item, que l'on peut eſplucher .i. dupper.
Terrabáſa, vn Butor, oiſeau.
Terríccia, mauuaiſe terre, & terraſſé.
Terracciáno, habitant d'vn lieu.
Terrádo, ſorte de barquette.
Terráglio, terre-plain.
Terrágna, en pleine terre, ou fait ſur la terre.
Terrágno, terroir.
Terragnóla, qui regarde bas, de terre, qui vit ou ſe tient ſur la terre.
Terraiuólo, Item. C'eſt auſſi vn ramier ou biſet.
Terráme, pots ou plats de terre.
Terrándola, *terranéola*, vn Groulard, oiſeau.
Terrániola, Idem, & vne Salemandre.
Terrapienáre, terraſſer, terme de fortification.
Terrapiéno, terre-plain, rampart.
Terráta, ſorte de batteau.
Terrático, terme de labourage, ce que l'on paye de loüage d'vne terre.
Terráto, terraſſe, remply de terre.
Terrazzáno, habitant. pron. *ts.*
Terrazzáno, en jargon, vn pot. pron. *ts.*
Terrazzáre, remuer la terre. pron. *ts.*
Terrázzo, terraſſe. pron. *ts.*
* *Terrefáre*, épouuenter, donner de la terreur.
Terremótico, ſujet aux tremblemens de terre.
Terremóto, tremblement de terre.
Terréna cámera, &
ſtánzza Terréna, chambre baſſe, vn bas.
Terréno, terroir, terre labourable, le bas d'vne maiſon, terreſtre, terrien.
non e Terréno da pórci vigna .i. ce n'eſt pas vn homme à qui l'on ſe puiſſe fier ou attendre. Item, ce n'eſt pas vne affaire ſur laquelle on ſe puiſſe fonder.
nauigar col Terréno in máno, nauiger à veuë de terre.
Terréno da ſuói ſerri .i. choſe propre, & conuenable pour luy.
il Terréno và bén àlla vánga .i. il s'accommode bien à l'affaire.
Térreo, de couleur de terre, & terreſtre.
Terréſtre, terreſtre.
Terreſtrità, qualité terreſtre.
Terríbile, terrible.
Terríbole, vn encenſoir.
Terribolézza, *terribilità*, eſtrangeté, humeur terrible. pron. *ts.*
Terríbolo, encenſoir.
* *Terricídio*, motte ou gazon.
Terríccio, fumier pourry.
Terriciuóla, petit bourg.
Terriére, habitant, manant.
Terriéro, Idem, & terroir.

Terríſero, porte-terre.
* *Terríficáre*, donner de la terreur.
Terríſico, terrible.
* *Terrigéuco*, engendré de terre.
Terriſonánte, de terrible ſon.
Territo, eſtonné, épouuenté.
Território, territoire.
Terróre, terreur.
Terróſa, en jargon, rondache.
Terróſo, terreux.
Terſità, netteté.
Terſitáre, crier comme vne oye.
Térſo, poly, net.
Tertenére, entretenir. Voyez *Tenére*.
Tertenimento, entretien.
Tertiána, fiévre tierce.
Tertiáre, tiercer. Item, mettre vn iour d'intermiſſion.
* *Tértio*, troiſieſme. Item, vn Regiment.
Tertuſalo, vne bouffée, vn veſſie pleine de vent.
Tertúſo, *tertuſálo*, Idem. Et vn truffle.
Térza, Tierce, Heure Canoniale. Item, troiſieſme. pron. *ts.*
áltro che Térza, *biſógna per deſináre .i.* cela ne va pas ſi viſte, il faut bien des choſes ou circonſtances pour faire vne affaire.
Terz acúto, à trois anglés. pron. *ts.*
Terz agnuólo, ſorte de vin fort mauuais, & petit. prononcez *ts.*
Terz améute, tiercement. pron. *ts.*
Terz ána féhbre, fiévre tierce. pron. *ts.*
Terz ána dóppia, double tierce. pron. *ts.*
Terz ána, miſaine. pron. *ts.*
Terz anélla, taffetas à gros grain. pron. *ts.*
Terz anéllo, Idem. pron. *ts.*
Terz áre, tiercer. Laiſſer vn iour entre-deux. prononcez *ts.*
Terz áre, labourer pour la troiſieme fois. pron. *ts.*
Terz arólo, le troiſieme forçat d'vn banc, tercerot. Item, piſtolet d'arçon. pron. *ts.*
fár il Terz arólo, c'eſt plier le tiers de la voile. prononcez *ts.*
Terz arnólo, vn poitrinal, ſorte d'arme, comme vn piſtolet d'arçon. Item, tercerol, ſorte de voile.
fár il Terz aruólo, mettre le tercerol.
Terz áuolo, pere du biſayeul. pron. *ts.*
Terz ernóla, meſure de vin comme noſtre demy ſeptier. pron. *ts.*
Terz ernólo, la moindre voile d'vn Nauire, tercerol. pron. *ts.*
fár il Terz eruólo, plier le tiers de la voile, & l'attacher à l'antenne. pron. *ts.*
Terz étta, ſorte de piſtolet d'arçon. pron. *ts.*
Terz étio, &
Terz íno, trois vers de rime, tierce. pron. *ts.*
Terz étti, rimes tierces. pron. *ts.*
Térz o, troiſiéme, tiers.
Térzo, vn Regiment de trois mille hommes, que fourniſſent les Eſtats d'Italie au Roy d'Eſpagne, vn terce ou terſe. pron. *ts.*
Térzo biſcáino, c'eſt quand on arme vn vaiſſeau de compagnie pour aller en cours. pron. *ts.*
in Térzo, trois à trois, trois enſemble. pron. *ts.*
ſpartir in Térzo, partager en trois.
fár in Térzo cóme i caldarári .i. faire compagnie, ou partager en trois, eſtre trois d'accord enſemble.
Terzolétto, tercol.
Terz uólo, tiercelet.
Téſa, la tenture ou tente. pron. *e* fermé.

528   TE   TE

fár la Téſa, tendre.
Teſáre, tendre.
Teſár la véla, estendre, & ouurir bien vne voile.
Teſár à báſſo, c'est bien abaisser la tente d'vne galere.
Téſchio, le test. Item, hure de sanglier. pron. e fermé.
Téſe, ou *téſi*, these. pron. e ouuert.
Téſo, tendu, bendé, estendu, pron. e fermé.
Teſoreggiáre, amasser vn tresor.
Teſoreria, tresorerie.
Teſoriére, Tresorier.
Teſóro, tresor. pron. o ouuert.
Teſſándro, tissure.
Teſſaréllá, *teſſarétta*, tisserande.
Teſſáro, *teſſaruólo*, Tisseran.
Teſſélla, petite piece à rapporter en marquetterie.
Teſſelláre, trauailler en pieces rapportées.
Teſſíllo, sorte d'estoffe.
Téſſera, note, marque, signe, le mot. Roüet de Tisseran. Moule ou matrice à faire des lettres. Item, vne taille à marquer le vin ou le pain.
Teſſerándolo, Tisseran.
* *Teſſerário*, sergent d'vne compagnie.
Téſſere, tisser. parf. *teſſéi*, & *teſſétti*.
Téſſere i rémi, caniller, terme de marine.
Teſſerino, tissier.
Teſſitóre, Tisseur, tissier.
Teſſitríce, tisserande. Item, qui trauaille au petit mestier, & vne araignée.
Teſſitúra, tissure, le tissu.
Teſſúto, tissu.
Téſta, teste. pron. e ouuert.
Téſta, bout. La trenche d'vn liure.
il buóna Téſta, sage.
di ſúa Téſta, obstiné. Item, de son caprice.
di Téſta, Idem.
di Téſta, de son inuention.
l'uómo di Téſta, homme d'inuentions.
gridár à Téſta, crier fort, & ferme.
Téſta biſca, vn lourdaut, vn éuenté.
Téſta del trauáglio, c'est en fortification la teste du trauail, le bout où l'on trauaille en approchant l'ennemy.
Téſta, selon aucuns, vn test de pot cassé, vn moyeu de roue. Vne brique, & vne coiffeure ou guirlande, le costé du cheuet d'vn lict.
dár della Téſta nel múro, se donner de la teste contre la muraille.
Teſtábile, qui peut tester.
Teſtáccia, grosse teste.
Teſtáccie, sorte de grosses poires.
Teſtaccinóla, petite teste.
Teſtácco, toute sorte de poisson en escaille. Item, fait de terre ou de brique.
Teſtamentário, de testament. Item, testamentaire, executeur de testament, & celuy qui l'escrit. C'est aussi vn qui falsifie vn testament, ou en controuue vn faux.
Teſtaménto, testament.
non può fár Teſtaménto, il ne peut faire de testament: cela se dit d'vn furieux qui est hors de soy.
Teſtardággine, obstination, opiniastreté.
Teſtardéa, obstination.
Teſtárdo, testu, obstiné.
Teſtáre, tester, faire testament. Item, témoigner, attester.
Teſtaréccio, testu, obstiné.

Teſtáta, coup de teste. Item, coiffeure, & la teste ou bout d'vn ouurage.
Teſtáta d'vna ſtráda, le bout d'vne ruë.
Teſtatióne, attestation.
Teſtatóre, qui fait testament.
Teſtatóri, gueux qui feignent de donner leur bien par testament, à leurs maistres.
Teſtatríce, femme qui fait son testament.
Téſte, témoin.
Teſtè, nagueres, tout maintenant.
Teſteréccio, obstiné, testu.
* *Teſtéſo*, nagueres, tout maintenant.
Teſtenoluménte, opiniastrement.
Teſti, sorte de faux dez.
Teſticiuóla, petite teste. Item, vne teste d'agneau ou de cheureau.
Teſticoláto di cáne, Satyrion.
Teſticoláto, qui a des testicules.
Teſtícolo, testicule, couïllon.
Teſtícoli di cérvo, dintiers.
Teſticolóſo, couïllu.
Teſtiéra, testiere. Item, le costé du cheuet, & vne femme obstinée.
Teſtiéro, obstiné, testu.
Teſtificánza, témoignage. pron. *ts*.
Teſtificáre, testifier, témoigner, déposer.
Teſtificatóre, testificateur, témoin.
Teſtimoniále, qui rend témoignage.
Teſtimoniánza, témoignage, déposition de témoin. prononcez *ts*.
fár Teſtimoniánza, déposer, témoigner contre ou pour quelqu'vn.
Teſtimoniáre, témoigner.
Teſtimóne, & *teſtimónio*, témoin, & témoignage.
Teſtimóni di S. Gennáio, témoins de S. Gen. qui disoient auoir veu, & estoient aueugles .i. faux témoins.
Teſtimóni di mónte Fálco, Idem.
Teſtína, petite teste.
Téſto, le test.
Téſto, pot à mettre des fleurs. Couuercle de pot de terre, ou de cuiure. Item, Texte. pron. e ouuert.
Teſti, tests de pots cassez.
Téſto, pour tourtiere. pron. e ouuert.
la próua del Téſto è la vérta .i. quand on fait l'experience, il faut voir dequoy, il faut voir l'effet.
Teſtolína, petite teste.
Teſtóne, grosse teste. Item, vn teston.
Teſtóre, vn qui compose vn texte. Item, tissier ou tisseran.
Teſtríce, qui trauaille de tissu.
Teſtuále, de texte.
Teſtúde, &
Teſtúdine, sorte de machine à battre les murs, & couurir les combattans. Item, vne tortuë. Le corps d'vn lut, ou le lut. Le faiste d'vne maison en forme de voulte, vn mantelet de planches, vn grand bouclier ou pauois.
Teſtúdo, &
Teſtúggine, tortuë. C'est aussi par ressemblance, le haut d'vne voulte.
Teſtúggine, sorte de machine à couurir les combattans, & qui seruoit aussi à battre les murs.
Teſtúma, Idem.
Teſtúra, tissure.
Tetè, voix pour appeler vn chien, ou bailler quelque chose.
fár à Téte, se renuoyer la balle l'vn à l'autre.
* *Tetracórda*, instrument à quatre cordes.
* *Tetragonále*, à quatre angles.

Tetrágono,

TE TI

Tetrágono, tetragone, quarré.
* Tetrarchía, gouuernement d'vne quatriefme partie.
* Tetricità, obfcurité. Item, mine noire.
Tetrináre, crier comme vn oifon ou canard.
* Tétro, obfcur, pour horrible, & laid, qui regarde noir, mot Poëtique.
Tétta, pron. e fermé, tette, mammelle.
dár le Tétte sù'l nàfo .i. s'affujettir.
Tettaiuólo, tettaruólo, couureur de maifons.
Tettíce, tetter.
Tettína, tettine, petite mammelle, tetton.
Tétto, toict, en jargon, vn chapeau ou bonnet. pron. e fermé.
cámera à Tétto, chambre proche du toict, chambre lambrifée.
di là del Tétto .i. au Ciel.
égli è in sù'l mio Tétto .i. il parle de moy, il fe met fur ma fripperie.
pór il Tétto .i. ne croiftre plus.
Tettóia, vn auuent.
Tettolína, petite tette, tetton.
Tettonáre, couurir d'vn toict.
Tettonáto, vn toict.
Tétrora, les toicts.
Tettúccio, le bord du toict, vn petit toict.
Teúcrio, teucrióne, forte de Germandrée.
Teuertíno, pierre blanche fpongieufe.
Tezzáda àia, grange couuerte de planches. prononcez, ts.
Tezzóne, vne cabane de planches. pron. ts.

T I

Tí, à toy, te, toy.
Tiára, vne Thiare que portent les Iannifaires.
* Tíbia, os de la jambe. C'eft auffi vne fleute.
* Tibiále, jambiere.
* Tibiáre, le fiffler, le cry des oyes. Item, jouër de la fleute.
* Tibiatóre, jouëur de fleute.
Tibidrágo, forte de vin d'Efpagne bien fort.
Tíbulo, forte de pin.
Tiburtíno, pierre blanche fpongieufe.
Ticcále, forte de poids.
Ticcióne, vn tifon.
Ticchio, caprice, fantaifie.
Tiélla, vne tourtiere.
Tiélla, pour tièn là, tien-là.
Tiéllo, pour tènilo, tien-le.
Tientibuóno, vn glorieux qui a bonne opinion de foy.
Tiepidézza, tiedeur. pron. e fermé, & les zz comme ts.
Tiepidézza d'grande d'Aria, toufeur d'air. prononcez ts.
Tiepidíre, tiedir. pref. tiepidifco.
Tiépido, tiede. Metaph. pareffeux, poltron, lafche.
Tiepidóre, tiedeur, Tiepóre.
Tíglio, tillet, tilleul. Item, la veine du bois, filets de viande, efteule de chanvre, chenenotte.
Tiglióſo, courjaffe, dur, duraftre, rude.
Tigna, tigne.
Tignáme, narcaphte, plante.
Tignámica, Idem.
Tignáre, eſtre mangé de vers; eſtre vermoulu.
Tignáto, vermoulu.

TI

Tigne, des creuaffes fur les mains. Item, des mittes, ou vers qui mangent le drap.
Tignere, teindre. parf. tínfi, part. tínto.
à Tignere chi fálla, forte de jeu où l'on barboüille en Italie.
Tígno, tignóla, ver, mitte.
Tignóſire, deuenir tigneux. pref. tignofiſco.
Tignóſo, tigneux.
Tignoſúzzo, petit tigneux. pron. ts.
Tignuóla, tigne, ver qui mange le drap. C'eft auffi vn puçon qui mange le grain, felon aucuns, engelure qui caufe des rougeurs fur le nez, & fur les mains.
Tigráme, forte de parfum.
Tigre, tigre.
Tília, tillet, fumelle.
Tílio, tilleul, tillet.
Tílo, le mafle d'vne viz fans fin.
Tilóne, vn cloporte.
Tímalo, ombre, forte de poiffon.
Tímbo, tombe, fepulchre.
Timeléa, vn arbriffeau qui porte vne forte de poire.
Timidaménte, craintiuement, timidement.
Timidézza, crainte. pron. ts.
Timidíre, intimider. pref. timidiſco.
Timidità, timidité.
Tímido, timide.
Tímo, du thim.
Tímolo, forte de ſerpent aquatic.
Timologìa, Ethimologie.
Timonáre, gouuerner vn vaiffeau, manier le timon. Item, tourner la queuë en volant, comme certains oifeaux.
Timóne, timon.
Timoneggiáre, tourner le timon.
Timoniéra, le lieu où fe tiennent ceux qui gouuernent le timon.
Timoniére, timpnnier.
Timonífta, Idem.
* Timoréggine, crainte.
Timoráto, craignant Dieu.
Timóre, crainte.
Timoroſità, timidité.
Timoróſo, craintif.
* Timpánia, vne perle en forme de cloche.
Tímpano, timbre, timpan. Item, cul de baffin, partie de mors, & vn tambour.
Tína, tinette. Vne tine, vne cuue, vne cuuette.
Tináccio, cuuier.
Tínca, tenche.
cóme diffe la Tínca à Tincolíni, comme dit la tenche à fes petits, à ce qui vient d'en haut, il n'y a pas moyen de s'en deffendre.
cóme diffe la Tínca al lúccio, vál più la mia téfta che túito il tuo búfto, la tenche dit au brochet, il vaut mieux ma tefte que tout ton bufte .i. j'ay plus de ſcience en ma tefte, que tu n'en as en tout ton corps.
dár in Tínche, è in céci, c'eſt quand ce que nous entreprenons ne nous réuffit pas.
vna Tínca infarináta .i. vne badine.
Tincolíno, petite tenche.
Tincóne, vn poulain dans l'aine.
Tinélla, vne tinette, & vne cuuette.
Tinellánte, qui mange à l'eftat ou dans la falle du commun, valet, fuiuant, domeftique, qui mange à l'office.
Tinélla, &
Tinéllo, la falle du commun, l'eftat où mangent les domeftiques d'vne grande maifon. C'eft auffi vne tinette.

Xxx

vn vine in Tinéllo, vn valet, vn suiuant, vn qui mange dans la sale du commun.
Tíngere, teindre. parf. tinsi.
Tiniéro, tonnelier.
Tininélla, vne tarriere.
Tininellàre, percer auec vne tarriere.
Tinnìnire, crier comme vne petite souris. pres. tinnintisco.
Tinnísone, sorte de musaragne.
Tinnìtire, tinter. pres. tinnintisco.
Tinnito, tintement.
Tinnùnculo, cresserelle.
Tino, cuue, & cuuier.
Tinùccio, grand cuuier.
Tinósa, tinette.
Tinòzzo, vn cuuier. pron. ts.
Tinta, teinture. Item, l'eau d'vne pierre precieuse, teint de diamant, selon aucuns, de l'encre.
Tintarélla, petite teinture.
Tínzene, vne sonnette.
Tintillàuo, drap teint en laine, minime en laine.
Tintíllo, & tintinno, le tinter des cloches, &c.
Tintinnàre, tintinnire, tinter.
Tintinnìno, tintoüin, tintement.
Tintinno, son de clochettes.
Tinto, teinture. Item, teint.
Tintóre, teinturier.
Tintoría, teinturerie.
Tintùra, teinture.
Tinùccio, vn bacquet.
Tiòrba, tuorbe.
* Tipo, figure, forme, exemple.
Tíra, ennuy, noise, débat. Item, le trait de la balance.
Tiracóllo, vn cordeau.
Tiradóre, trait ou cordage.
Tiràngola, sorte de jeu.
Tiráme, toutes sortes de cordages à tirer.
Tiramólla, lascher les cordes d'vn costé, & tirer de l'autre.
Tiraneggiàre, tiranniser.
Tiranéllo, petit tyran.
Tiranàre, tiranniser.
Tirannescaménte, en tyran, auec tirannie.
Tirannía, tirannie. Item, le flux, & reflux dans vn port lors que la tempeste est en mer.
Tirannicída, meurtrier de tyran.
Tirannicídio, meurtre de tyran.
Tirànnico, tirannique.
Tiránnide, tirannie.
Tirannizzàre, tiranniser. pron. les zz comme dz.
Tiránno, tyran.
Tiránte, en jargon, haut de chausse, & bas.
Tiratóro, tireur d'or.
Tiràre, tirer. Attirer, traisner.
Tiràrsi in diètro, se reculer.
Tiràtevi in quà, approchez-vous.
Tiràr il collo à gli uccélli, tuër les oiseaux : car en Italie on tire le col à la volaille quand on la tuë.
Tirár càlci, ruër comme les cheuaux.
vn Tiràr d'àrco, vn trait d'arc, distance de lieu.
Tiràr póco di mira, auoir la veuë courte.
Tiràr vénto, faire vent.
tu Tíri à tuoi colómbi, tu tires à tes pigeons .i. tu te procure du mal à toy-mesme.
Tiràre, ramener vne chanse aux dez.
oy Tíra diciòtto, or anzbàssi .i. il n'a point de mesure, il va d'vne extremité à l'autre.
Tiràr sù vno, nous disons, tirer les vers du nez.
Tiràr del campàno, le joüer du canon, & le porter.

Tiràr di sícco, tirer en sichant, terme de fortification de haut en bas.
Tiràr la gòla, auoir enuie de manger de quelque chose par friandise : nous disons vulgairement, la langue me dit vas y vas y.
la gòla mi Tíra, ie le voudrois manger.
Tiràr in bàrba, tirer en barbe, pardessus le parapet, sans embraseure.
Tiràr di màno, ruër.
Tirár lúngo ò córto, porter loin ou prés.
Tir àr il còrdle, le bander du membre viril.
Tiràre, primer en joüant à la paulme, tirer, acquitter au billard, débutter au mail.
Tiràr vna corréggia, petter.
Tirár inànzi, aduancer vne personne.
Tiràrsi diétro, amener auec soy, apporter quant & soy.
màli che la pouertà si Tíra diétro, les maux que la pauureté nous apporte auec soy.
Tiràr in diétro, reculer vne affaire, entretenir en longueur. Retarder vn horloge.
Tiràr sù, trousser vne robbe ou vestement. Monter vn horloge ou monstre. Releuer le poil ou la moustache.
Tiràta, traitte, longueur de distance, tirade de voix.
Tiràta di pésce, vn coup de filet.
Tiratélla, vne petite traitte ou distance.
Tiràto, estendu. Item, homme entendu, & bien fait.
stàr in sù'l Tiràto, faire l'entendu, faire le gentil.
Tiratóio, tiroir.
Tiratóre, conducteur, qui tire, qui jette. Item, tiroir.
Tireliràre, chanter tirelire.
Tirélla, le balancier d'vn carrosse ou chariot.
Tirélla, en jargon, vn seau.
Tiridúsa, maladie pediculaire.
Tirimditare, vn jeu enuiron comme le tric-trac. Item, vn jeu à deuiner.
Tiritéra, vn grand embaras de discours.
Tíro, trait, traitre. Vn tour, vne niche. Portée d'vne arme à feu. Coup.
vn bel Tíro, vn beau coup.
Tíro délla bilància, trait de la balance.
Tíro, volée de canon, ruade.
Tíro di nérui, retirement de nerfs.
Tiróni, soldats apprentis du mestier de la guerre.
Tirrì, en jargon, des gamaches.
Tisàna, de la tisanne.
Tisichézza, maladie de poulmons vicerez, phtisie. pron. ts.
Tisichire, deuenir phtisique ou polmonique, deuenir en chartre. pres. tisichisco.
Tísico, polmonique, malade de phtisie, le vulgaire dit, en chartre.
Tisichézzo, vn homme floüet, & de peu d'esprit. Item, vn auare. pron. ts.
Tísigo, polmonique, phtisique.
* Tisifóna, vn badin.
Titillàre, chatoüiller.
Titillíco, chatoüillement.
Titillóso, chatoüilleux.
Titimàlo, titimàglio, herbe au laict.
Titipíssa, vne bergeronnette ou branlequeuë.
Titolàre, titulaire. Item, intituler.
Titolatióne, intitulation.
Títolo, tiltre.
Titomàglio, herbe au laict.
Titubànte, chancellant, vacillant.
Titubànza, chancellement. pron. ts.

TI TL TO

Titubáre, chanceller.
Tituláre, titulaire.
Título, tiltre.
Tiuerríno, forte de pierre ou marbre.
Tizerbétto, forte de breuuage, comme la limonade. pron. le z comme ts.
Tizzáre, attifer. Item, irriter, agacer. pron. les zz comme ts.
Tízzo, vn tifon. pron. ts.
Tizzonáre, attifer. pron. ts.
Tizzóne, tifon. pron. ts.
Tizzonéra, vne fourche pour attifer le feu. Item, vne femme qui ne bouge des tifons. pron. ts.

TL

Tláfpi, feneué fauuage.

TO

To, prend. Item, vne voix d'admiration, voy, hé!
Tócca, prononcé o ouuert, gaze d'or ou d'argent. Item, vne touche, & vne pierre de touche, & felon aucuns, vn turbant, &. pron. o fermé, fignifie touchée, pour *toccáta*, de *toccáre*.
Tócca, vn gaban, ou cafaque.
Toccalíglio, forte de jeu de tricquetrac.
Toccaménto, attouchement.
Toccánte, touchant.
Toccáre, toucher. Efcheoir. Receuoir.
còme i fráti dell' offeruánza, che non Tóccan danári, comme les Recolets, qui ne manient point d'argent.
Tócca à me il dádo ò à fàr le cárte, c'eſt à moy le dé, ou à donner.
quánti ne Toccáno per vno, combien en vient-il à chacun.
non Toccár doue duól, ne motteggiár il véro. i. il ne faut pas parler de chofes qui fafchent chez vn amy.
non gli Tócca l'úgola, ò i dénti, cela ne luy a pas touché la luete où les dents. C'eſt quand vn prefent eſt fi petit qu'il ne contente, & ne touche quafi pas, nous difons prefque en pareil fens, il n'y en a pas eu pour fa dent creufe.
Toccarébbe fcriuere, il faudroit ou il feroit à propos d'éfcrire.
Toccár baftonáte, receuoir des baftonnades.
Toccár délle ſtacci quéte, Idem.
Toccáre, pour valoir ou importer.
Toccár Vmétia, paſſer a Venife.
Toccár vn pórto, prendre vn port de mer en paſſant, &c.
Toccáua di difnáre, &c. cela valoit vn difner.
Toccár il dádo, manier le dé.
Toccár il tambúrro, battre le tambour.
Toccár trómba, fonner de la trompette.
Toccár térra, prendre terre.
Tócca via, pouſſe ton cheual, continuë, touche.
non mi Tócca quéſto, ie n'ay que faire de cela, cela ne me touche point.
mi Tócca dòue mi duóle, nous difons, il me gratte où il me demange.

Toccáta, touche. Item, vn prelude ou recherche fur vn inſtrument.
Toccáio, gaze d'or ou d'argent, ou pluftoſt vne certaine coiffe de nuit dont les femmes fe feruent en Italie, & en Efpagne. Item, touché.
Tocchétto, vne forte de hachis ou faupiquet. pron. o fermé, & fi vous le prononcez ouuert, il fignifie vn petit morceau.
Tócco, le tact, l'attouchement, le toucher. Son de cloche. pron. o ouuert.
Tócco, efcheu. Touché. pron. e fermé.
Tócco, vne touche à eppeler. pron. o fermé.
Tócco di tambúrro, batterie de tambour. prononcez e fermé.
Tócco, forte de jeu, à la *mórra*. pron. o fermé.
Tócco, en jargon, vne heure.
fonar a Tócchi, tinter. pron. o ouuert.
Tocculáre, toucher legerement.
Tóga, robbe de Magiſtrat. pron. o ouuert.
di Tóga, de longue robbe.
Togáto, qui porte la robbe, homme de longue robbe.
Tógliere, prendre, ofter. pref. *tólgo*, parf. *tólſi*, part. *tólto*.
Tóglier in mézzo, enfermer, enclorre l'ennemy. Item, en tromper vn au jeu quand on eſt trois.
Tógliersi in góla, fe laiſſer corrompre par prefens.
Tógliers à giuóco, fe mocquer, prendre en jeu.
Tóglits via di là, oſte-toy de-là.
Tóglia Dio, à Dieu ne plaife.
le perſone álle quáli è Tólto, les perfonnes à qui il n'eſt pas permis, à qui il eſt deffendu, qui ne peuuent pas.
Tuglimento, prife.
Tógna, vne ligne à pefcher. Item, vne falope, & nom propre, pour *antonia*.
Tóla, fer blanc ou tole, fer large, & mince, Item, vne planchette.
Tólda, le deſſus d'un vaiſſeau, tillac.
Tolóne, vne gruë ou trompe à tirer de l'eau.
Tolerábile, tolerable.
Toleránza, ſouffrance, toleration. pron. ts.
Toleráre, tolerer.
Tólla, fer blanc, tole, plus proprement.
Tólle, certaines glandes aux mafchoires.
Tollerábile, tolerable.
Tolleráre, tolerer, endurer.
Tóllere, prendre, oſter, comme *tógliere*.
Tollétta, larcin, pillerie.
Tólta, prife.
buóna ò máła Tólta, bon ou mauuais achapt, ou prife fur mer.
Tólto, pris, oſté.
Tóma, fourmage gras, felon aucuns, le caillé, ou fourmage efcremé. pron. o fermé.
Tomacélla, felon aucuns, vne forte de boudinée, fricaſſée de petite oyſ, ou giziers. Et proprement, vne tarte au fromage.
Tomáre, faire la culbute, tomber, rouler, defcendre.
Tomafcélla, forte de viande, comme vne tarte faite de fromage.
Tomafélla, Idem.
Tómba, tombe.
Tombáre, &
Tomboláre, faire la culbute.
Tomboláta, &
Tómbolo, culbute.
Tomáia, *tomára*, empeigne de foulier, rofette de botte.

Xxx ij

non ne faréi vn Tómbolo in sù l'hérba, nous difons, ie ne voudrois pas feulement en auoir deftourné le pied .i. ie ne m'en foucie pas.

Tombolíto, gras, pottelé.

Toménto, bourre ou laine à remplir des mattelas.

Tómici dénti, les dents de deuant.

Tomino, forte de fourmage.

Tómo, pron. o fermé, culbutte, & le prononçant ouuert, fignifie le tome d'vn liure.

Tómo, c'eſt comme vn fourmage qui ſe forme de quelque choſe fonduë, lors qu'elle ſe fige ou congele. pron. o fermé.

Tomolare, culbutter.

Tómolo, meſure de grain à Malthe, & en Sicile.

Tómolo, culbutte.

Tónaca, tunique. Item, pellicule. pron. o ouuert.

Tonánte, tonnant.

l'álti Tonánte, altotonánte, Iupiter.

Tonaménto, tonnement, tonnerre.

Tondáre, tonner.

tánto Tonò che pioué, il a tant tonné qu'il a pleu, cela ſe dit quand on frappe aprés auoir bien menacé.

Tónchio, puçon qui mange les legumes.

Tónda, ronde. pron. o fermé.

Tondáre, arrondir.

Tondarello, rondelet.

Tondatúra, tondure, ou tonture de plantes.

Tondeggiáre, arrondir.

Tordéllo, vn petit toupillon de toille ou papier, pour entourer quelque chofe.

Tóndere, tondre. Rongner la monnoye. parfait, tondétti, tondéi, qui n'eſt point en vſage.

Tondétto, rondelet. Vn peu lourdaut. Item, vne petite aſſiette.

Tondézza, rondeur. Item, lourdauderie. pron. tt.

Tondíno, en Architecture rondeau. Item, vne aſſiette.

Tondíno, adjectif, rondelet.

Tondità, rondeur.

Tonditóre, tondeur.

Tondititúra, tonfure, bourre.

Tóndo, rond, vne aſſiette. Vn cercle.

à Tóndo, tout autour, à la ronde.

tútte le bállen non véngono Tónde .i. toutes les affaires ne reüſſiſſent pas.

Tóndo délla lúna, la Lune en ſon plein .i. le cul, nous diſons, la face du grand Turc.

Tóndo, lourdaut, groſſier.

cóme le ritróua Tónde .i. comme il a bien-toſt trouué ſes excuſes.

piu Tóndo del ò del Giótta, plus rond que l'o du Peintre Giotta .i. groſſier.

piu Tóndo ch'vna lippa, Idem.

Tóndo di pélo, rond de poil .i. groſſier.

Tondóſo, en jargon, le monde.

Tondóſo délla léuca, en jargon, vn puits.

Tondíto, & tondúto, tondu.

Tónega, tunique. pron. o ouuert.

Toneggiáre, tonner.

Tonéllo, tonneau.

Tonía, pour tonina, du thon, poiſſon.

Tónica, tunique. pron. o ouuert.

Tonicáre, mettre vne tunique.

Tonicáre, creſpir, enduire de plaſtre.

Tonicéllo, petite tunique.

Tónico, creſpiſſeure.

* Tonitráre, tonner.

Tonnitro, tonnerre.

Tonnára, lieu où l'on fait la tonnine, ou pluſtoſt où l'on peſche les thons.

Tónne, prends-en. pron. o ouuert.

Tonnelláta, plein vne tonne.

Tonnína, le dos du thon ſalé, tonnine.

Tónno, thon, poiſſon. pron. o fermé.

Tóno, vn ton, tonnerre.

ſtár in Tóno, prendre garde à ſoy.

Tonollétto, forte de tonnelet.

Tonſile, qui ſe peut tondre.

Tonſille, les glandes au goſier, les amigdales.

Tonſóre, tondeur.

Tonſúra, tonſure.

Tópa, vne taulpe.

Topía, vne fourriſſiere.

Topáre, toper en joüant aux dez.

Topázio, topázo, topaſe.

Topiária, branche vrſine.

* Topiário, vne guirlande ou chapeau de fleurs.

Tópica, la topique, partie de Philoſophie.

Topicéllo, petit rat.

Topinára, taulpiere, trou de taulpe, & trou d'vn rat ou ſouris.

Topinári, grappes, mal de cheual.

Tópi, ſelon aucuns, groſſes perles cornuës, laides, & mal faites. Barroques. pron. o ouuert.

Topíno, petit rat.

Tópo, rat, & ſouris. pron. o ouuert.

Tópo álato, chauue-ſouris. pron. o ouuert.

Topolíno, petit rat.

Tópo marino, tortuë de mer. pron. o ouuert.

Toperázno, muſaraigne.

Toporéllo, petit rat.

Tóppa, vne ſerrure à boſſe. C'eſt auſſi vne piece à vn habit. Item, vne lecheſritte, ſelon aucuns. pron. o ouuert.

Toppáre, toper au jeu, gripper, contre-choequer, Item, mettre vne ſerrure.

Tóppo, vn contre-choc.

Tóppo, en jargon, manteau.

Tor, tórre, prendre, oſter. pref. tólgo, tógli, tóglie, imparf. rogliéua, parf. tólſi, part. tólto, fut. torrò, opt. tólga, imparf. togliéſſi, & torréi, &c.

Toráce, le torax.

Toragóntia, targon.

Torbánte, turbant.

Torbidáre, troubler.

Torbidézza, trouble, troublement. pron. tt.

Torbidíre, troubler. pref. tórbido, & torbidíſco.

Tórbido, trouble, troublé.

* Torbinále, fait en forme de ſabot, large au haut, & menu en bas.

Torbináre, faire des tourbillons.

Tórbine, tourbillon.

* Tórbo, trouble.

Torboláre, troubler.

Torbolénte, turbulent.

Torbolénza, turbulence. pron. tt.

Torcalétto, vn petit tour à tourner. Item, vn torchis.

Tórcero, vn flambeau ou cierge. pron. o ouuert.

Torcéllo, vn torchis ou torche à porter ſur la teſte.

Tórcere, deſtourner, tordre, plier. pref. tórco, & tórcio, parf. tórſi, & torcétti, part. tórto, &c. pron. o ouuert par tout.

Tórcer il náſo, faire le difficile, faire le dédaigneux, faire la mine.

Tórcer le ſcritúre, renuerſer le ſens des eſcritures.

Tórcer il cóllo, faire le bigot.
Torcéuole, qui se peut tordre.
Torchia, vne torche, vn flambeau.
Torchiáre, presser, pressurer. Item, tortiller.
Torchiellàre, Idem.
Torchiéllo, petite presse.
Torchiére, faiseur de flambeaux.
Torchiétto, petit flambeau, & petite presse.
Tórchio, flambeau, & torche. Item, presse, & pressoir. pron. o ouuert.
Tórcia, torche.
Torchiáre, tortiller.
Torciáro, faiseur de torches ou flambeaux. Cirier.
Torcicóllo, vn hypocrite. Item, vn pic verd.
Torciéra, vn gueridon.
Torciéro, flambeau, chandelier à mettre les chandelles de cire ou flambeau.
Torciétta, petite torche, petit flambeau.
Torcifécio, chausse à passer l'hypocras, & selon aucuns, vn pressoir.
Torcifécciola, le marc qui sort du pressoir.
Torcigliáre, tortiller.
Torcigliatúra, tortillement.
Torcimánno, interprette, trucheman. Item, vn bon drole.
Torciménto, tortillement.
Torcíno, petite presse, & petit flambeau.
Torcitóio, rouët à tordre la soye, siege de cordier.
Torcitóre, tordeur.
Torcitúra, tortillement, tourment, gehenne.
Torcíuto, tors, tordu.
Tórco, pressoir, & presse. pron. o ouuert.
Torcoláre, presser, & pressurer.
Torcoláro, &
Torcolatóre, pressurier.
Tórcolo, pressoir.
Torculáre, Idem.
Tordáio, lieu où l'on conserue les griues.
Tordarèllo, petite griue.
Tórdela, sorte de griue, litorne.
Tordigliòne, sorte de dance en Espagne.
Tordilióne, la semence du sesel.
Tórdo, griue. Item, tourd de mer, poisson. pron. o fermé.
Tordo sasséllo, griue rouge sous l'aile, griue sisalle.
due Tórdi ad vna pánia, nous disons, faire d'vne pierre deux coups.
è méglio pinciòne in máno che Tórdo in fràsca .i. Il vaut mieux vn tien, que deux tu l'auras.
Torèllo, taureau. Item, vn fer pour nettoyer les vlceres des cheuaux.
Tórlo, le jaulne d'vn œuf. Item, vn sabot. Vn peson à mettre à vn fuseau, & vne pirouëtte en dançant. prononcez o fermé.
Tovlorù, vn follastre.
Tórma, trouppe.
Tormentáre, tourmenter.
Tormentatóre, tourmenteur.
Tormentatrice, tourmenteuse.
Tormentéuole, tourmentable.
Tormentilla, tormentille, herbe.
Tormentina, terebentine.
Torménto, tourment. Item, machine de guerre.
Tormentóso, plein de tourment.
Tormína, tranchée dans le ventre.
Torminále, qui cause des tranchées.
Torminóse, plein de trenchées.
Tórmota, trouppes.

Tornatúra, sorte de mesure.
Tornáio, vn Tourneur. Et vne sorte d'oiseau.
Tornalétto, tour de lict. pron. e ouuert.
Tornáre, reuenir, retourner. Rendre.
Tornár à cása, nous disons, retourner à ses moutons .i. reuenir à son premier propos.
Tonár béne, estre à propos.
non vi Tornerà fátto .i. vous n'en viendrez pas à bout.
Tornerà súpra di tè, cela tombera sur toy.
Tornár in diétro, s'en retourner, rebrousser chemin.
Tornár in diétro vna cósa, s'annuller, deuenir nulle.
non mi Tórna béne, nous disons, cela ne me reuient pas .i. ne me plaist pas, ne m'agrée pas.
il cónto non Tórna .i. le compte n'est pas iuste, il y a de l'erreur.
non mi Tórna à cónto, ie n'y treuue pas mon compte.
Tornaròsto, tourne-broche.
Tornasóle, tournesol. Et couleur changeante.
Tornáta, retour.
Tornátile, fait au tour. Item, qui peut retourner.
Torneaménto, vn tournoy.
Torneáre, tournoyer. Et faire des ioustes ou tournoys. Item, tourner au tour.
Torneatóre, iousteur. Item, vn tourneur.
Torneggiáre, tourner au tour. Item, faire des tournois ou ioustes.
Tornelláre, tourner au tour.
Tornéllo, vn tour de tourneur. Vn rouët à filer.
Tornéo, tournoy.
Tornése, sorte de monnoye, tournois.
Torniaménto, tournoy.
Torniáre, tourner au tour, trauailler au tour. Item, faire des tournois, ou plustost enuironner.
Torniáuo, torniáio, torniatóre, tornidóre, &
Torniéro, Tourneur.
Tórnio, tour de Tourneur.
Tornire, tourner au tour.
Tornitóre, Tourneur.
Tórno, tour de Tourneur. Item, tour, tournoyement. C'est aussi vn martinet d'arbaleste, vn bandage. *tour de Monastere.*
Tórno à quésto, touchant cela, enuiron cela.
Tórnolo, vn tour de Tourneur.
Tóro, taureau. pron. o ouuert.
Tó'o, en Architecture. *tore.*
Toróni, sorte de grosses dragées.
Torosità, force de taureau.
Toróso, fort, robuste.
Torpédine, torpille poisson. Item, engourdissement.
Torpénte, engourdy, paresseux.
Tórpere, deuenir engourdy, engourdir, deuenir paresseux. parf. *torpérti*, qui n'est point en vsage qu'en infinitif, & present.
Torpidíre, Idem. pres. *torpidísco.*
Tórpido, paresseux, & engourdy.
Torporáre, deuenir lasche, s'engourdir.
Tórpore, engourdissement. Item, mal-adresse.
Torquáto, qui a vne chaine au col. Item, vn corlis, oiseau.
Torquílla, vn pic verd, ou piuerd.
Torráccia, vieille tour.
Tórre colómbo, biset ou ramier.
Tórre tógliere, prendre, oster, vsurper. pron. o ouuert.
fàr Tór vno déntro .i. faire taire.
Tór di máno, oster, arracher des mains.
Tór gli orécchi, rompre les oreilles à force de parler.
Tór à fáre, entreprendre de faire.

534 TO

Torsù, ou *Torsùso*, s'en aller, se retirer. Item, prendre.
Tórre, pron. o fermé, vne tour.
Torreggiànte, qui s'éleue en forme de tour.
Torreggiáre, estre éleué en forme de tour.
Torrènte, torrent.
Torríbolo, vn encensoir.
Torricèlla, petite tour.
Tórrida zóna, la Zone torride.
Torridità, hâle, seicheresse.
Tórrido, brûlé, sec, hâlé.
* *Torrifrága*, vne ancienne machine à battre les tours.
Torrigiáno, gardien ou garde d'vne tour.
Torrigiáno colómbo, vn ramier.
Torriòne, grosse tour le long d'vne muraille, ou le long de la mer.
Torrionáto, garny de grosses tours.
Torróso, plein de tours.
Torsèllo, vn pelotton, vne petite balle ou balot. C'est aussi vn coin à marquer la monnoye, & vn morceau ou piece. Vn petit troignon de chou, ou autre fruit.
Torsióne, troignon de fruit, ou herbe.
Torsióne, extorsion. Item, tranchée dans le ventre.
Tórso, troignon de chou, ou de laictuë. La carcasse d'vn poulet, ou plustost ce qui est attaché au col, lors qu'il est depecé. Item, le pied d'vn arbre couppé. pron. o fermé.
Tórso di líno, poupée de lin, vn cordon de chanvre.
Torsóne, vn gros troignon. Item, vne perche d'oiseau. pron. o fermé.
Tórta, vne tourte. pron. o fermé.
Tórta, pron. o ouuert, de trauers.
Tórta crostàta, tourte de fruit, & de sucere.
*fàr Tòrta di grìlli .i. vouloir prendre vn homme pour sot.
Tórta màtta, boudinée fritte.
Tórta, en jargon, corde. pron. o ouuert.
Tortaménte, tortuëment, de trauers.
Tortáno, sorte de flan.
Tortarèlla, petite tourte.
Tortáro, faiseur de tourtes.
Torteggiáre, faire ou manger des tourtes.
Tort'oglio, &
Tortèllo, sorte de petite tourte remplie d'herbage, & d'œufs, hachez ensemble.
Tortuolménte, tortuëment.
Tortèzza, courbeure. pron. tz.
Tortièra, tortiere.
Tortigiáre, tortiller.
Tortiglióne, tortillon.
Tortigliòso, tortueux.
Tortíle, qui se peut tortiller.
Tortióne, extorsion.
Tortíuo, pressurage.
Tortízza, corde qui sert à arborer l'arbre. pron. tz.
Tórto, tort. pron. o ouuert.
Tórto, tors, tortu, tourné, destourné, pron. o ouuert.
Tórtola, tourterelle. pron. o fermé.
Tortolétta, *tortolína*, ieune tourterelle.
Tórtora, vne tourterelle. pron. o fermé.
Tortoráto, de couleur de tourterelle.
Tortóre, celuy qui donne la gehenne, questionnaire, ou plustost vn baston dont les muletiers se seruent pour serrer les ballots de la marchandise. Item,

TO

baston d'embaleur. pron. o fermé.
Tortorèlla, ieune tourterelle.
Tortoríno, Idem. Metaph. le membre.
Tortumáglio, sorte d'herbe qui croist en l'eau.
Tortuosità, courbeure, tortuosité.
Tortuóso, tortu.
Tortúra, tortuosité, & torture.
Torturáre, donner la torture, ou gehenne.
* *Toruáre*, regarder de trauers.
Torúigno, *toruíno*, de trauers.
Torúità, regard de trauers. Item, courbeure.
Tóruo, de trauers, tortu. pron. o fermé.
Torzióne, extorsion. pron. ts.
Tórzo, troignon. pron. o fermé, & ts.
Tósa, mot Boulonnois, vne fille. Item, tonduë.
Tosáre, tondre.
Tosár la monéta, roigner l'argent.
Tosatóre, tondeur, roigneur.
Tosatúra, roigneure, tonsure, bourre.
Toscanésimo, proprieté du langage Toscan.
Toscáno, Toscan, ordre d'Architecture.
Toscáno rústico, ordre en Architecture.
Toscáre, empoisonner.
Tósco, Toscan. pron. o fermé.
Tósco, pron. o ouuert, qui signifie poison.
Toscóso, plein de poison.
Tóso, mot Lomb. Vn garçon. Item, tondu. prononcez o fermé.
Tosóne, toison.
il Tosóne, l'Ordre de la Toison en Espagne.
Tóssa, & *tósse*, la toux.
Tossére, tousser, toussir. parf. *tossètti*.
Tossicaménto, empoisonnement.
Tossicáre, empoisonner.
Tossico, poison. pron. o ouuert.
Tossico à términe, vn mal ineuitable. C'est proprement poison terminé.
Tossicóso, plein de venin ou poison, en jargon, vn Scorpion.
Tossilággine, pied de poulain, herbe.
Tosína, petite toux.
Tossíre, tousser. pref. *tósse*.
Tossóso, vn tousseur.
Tostaménte, vistement, & durement.
Tostána, soudain, prompt.
Tostáre, brûler, hauir.
Tostíssimo, tres-viste, fort de bonne heure. Item, fort dur, tres-dur.
Tósto, tost, viste, prompt, agile, dur.
Tósto, rassis comme le pain.
pan Tósto, pain rassis.
Tósto, en jargon, Sodomite.
* *Tóta*, tout.
Totále, total.
Totalità, totalité.
Totalménte, totalement.
Totáno, sorte de gelinotte.
* *Totéla*, tutelle.
Tótena, casseron.
* *Totilúnio*, pleine Lune.
* *Toto*, tout.
Totóne, sorte d'atrondele de mer.
Tótrene, prend-t'en, prens-en. pron. o ouuert.
Tottouilla, aloüette de pré.
Touáglia, vne nappe.
Touagliètta, seruiette.
Touaglíno, &
Touagliolíno, Idem.

Touagliuòlo, Idem.
Tozzámi, pieces, morceaux, bribes. pron. o ouuert, & les zz comme ts.
Tozzáre, rompre en morceaux. pron. ts.
Tozzéno, forte de cloud. Item, petit morceau de pain dur. pron. ts.
Tózzo, piece de pain, bribe, ou plustost morceau de pain dur. pron. o ouuert, & les zz comme ts.
Tozzolàre, mettre en morceaux.
Tozzólo, bribe. pron. le premier o ouuert, & les zz comme ts.
Tozzolóne, grosse bribe. pron. ts.

TR

TRà, entre, parmy, dans, outre.
Trà óro, & monéta, tant en or qu'en monnoye.
Trà perchè, tant, par ce que.
Trà dònne ed huómini, tant femmes qu'hommes.
Trà vía, par le chemin, en faisant chemin.
Trabácca, vn grand lict à pentes. Item, vne sorte de pauillon de guerre, & vne littiere à bras.
Trabaldàre, renuoyer secrettement.
Traballàre, chanceler. Item, broncher.
Trabalzàre, bondir, agiter, tourmenter, pousser. Item, trocquer, & cacher vne chose de main en main, & receler. pron. ts.
Trabálzo, bond, bondissement, & troc. pron. ts.
Trabáttere, battre. parf. trabattéi.
Trabéne, tres-bien, beaucoup.
Trabíno, vn tumbereau.
Traboccaménto, trébuchement. Item, regorgement.
Traboccánte, trébuchant, trébuchante, de poids. Item, regorgeant, regorgeante.
Traboccànte vino, vin qui vient au bas.
Traboccàre, regorger, trébucher, renuerser, en jargon, heurter.
Traboccàto, excessif en ses actions.
Trabocchétto, trabocchétto, trébuchet, & trébuchet à peser.
Trabocchiuole, regorgeant, excessif, regorgeante, excessiue.
Trabócco, trébuchement, regorgement. C'est aussi vne bacule pour jetter les feux d'artifice de dessus les murailles. Item, le trait de la balance. Et vne trappe ou trébuchet.
Trabócco di fièle, la jaulnisse.
Trabucchétto, trébuchet.
Trabúcco, trébuchement, regorgement. Vn mortier, ou plustost vne bacule à jetter les feux d'artifice.
Trabuttàre, dissiper, jetter son bien.
Tracagánte, gomme gragagant.
Tracanárolo, traquenard.
Tracannàre, aualler, engouler.
Traccannatríce, aualleuse.
Tracáro, cher outre mesure, tres-cher.
Tracassàre, tracasser.
Tracheggiàre, combattre de loin, escarmoucher.
Tràccia, trace, andàr in tràccia, suiure à la trace.
Tracciamènto, machination, menée.
Tracciàre, tracer, suiure à la trace. Metaph. machiner.
Trachèa, le sifflet du gosier, trachée.

* Trachéto, Peschine.
* Tracheríe, arteres trachées.
Trachiáro, extremément clair.
* Trachílo, roitelet.
Trachinèa, sorte de rose rouge.
Trachíno, vn tumbereau.
Tracidolce, galange.
Tracudárdo, archipoltron.
Tracólla, baudrier.
Tracollàre, laisser aller sa teste quand en est endormy. Item, trébucher.
Tracóllo, baissement de teste, cheute de teste quand on s'endort, trébuchement.
dàr vn Tracóllo, faire grande cheute, faire vne grande perte, ou receuoir vn grand dommage. Item, bronchade.
Tracóma, vne rougeur sur les paupieres.
Tracoràggine, negligence.
Tracordàre, percer le cœur. Item, negliger.
Tracórrere, courir à trauers. Parcourir. parfait, tracórsi. pron. o fermé par tout. part. tracórso.
Trascórsa, course. Item, reueuë.
Trascórso, parcouru.
Tracoràggine, tracotánza, outrecuidance, selon aucuns; negligence. pron. ts.
Tracotàre, estre insolent, & outrecuidé. Item, negliger.
Tracotáto, insolent, outrecuidé, negligent.
Tracrèdere, croire au delà. pres. tracredéti.
Tracuràggine, tracuránza, negligence. pron. ts.
Tracuràre, negliger.
Tracuráto, negligé.
Tracuràggine, tracuraménto, negligence.
Tracutáto, negligent, & outrecuidé.
* Tradére, bailler, donner, mettre par escrit. parfait, tradétti.
Tradigióne, &
Tradiménto, trahison.
à Tradiménto, en trahison.
Tradíre, trahir. pres. tradísco.
Tradillóne, tradition.
Traditora, cannoniere à vne forteresse proche de l'espaule.
* Traditoràggine, trahison.
Traditóre, traistre.
Traditoriaménte, traistreusement.
Traditório, traistreux.
Traditríce, traistresse.
Tradoppiàre, redoubler.
Tradóppio, en plusieurs doubles.
Tradótto, traduit.
Tradúce, vn brin de vigne qui fait comme vne treille.
Tradúcere, &
Tradúrre, traduire. pres. tradúco, imparf. traducéna, parf. tradússi, part. tradótto, fut. tradurrò, opt. traduca, imparf. traducéssi, & tradurréi.
Tradustióne, traduction.
Tradúrio, traduit.
Traduttóre, traducteur.
* Traètta, bord à vn habit.
fàr vn Trasálcio, faire vne cotte mal-taillée, vn conte en gros.
Trasalcióna, vne garce, vne coureuse.
à Trasálto, tout à fait, plus que tout à fait.
Trasfalàre, perdre l'haleine, défaillir, tomber en foiblesse, estre lasche.
Trasfalaría, trauail, peine, ressentiment, défaillance.

Trasèllo, trompeur, frippon. Item, lasche, poltron.
Trasellóne, vn lasche, vn faineant.
Traserseró, vn pendard, vn coquin, vn filou.
Trassàre, briguer, folliciter.
Trassatóre, brigueur.
Trasitta, vne picque, vn coup de langue.
* Trasfiéro, vne sonde.
Trassicànte, traficquant.
Trassicàre, traficquer.
Trássico, trafic.
Trasiére, vn trident.
il Trasiér di Nettúno, le trident de Neptune.
Trasiggere, transpercer. pres. trasiggo, parf. trasissi, part. trasitto.
Trasila, tresile.
Trasilièra, moule à faire des balles, & autres choses, & vne filiere à tirer de l'argent.
Trasitta, playe, & picque en parolles.
Trasitto, transpercé.
Trasóglio, entrelas de feüilles.
Trasolcióna, vne coureuie.
Trasolaria, peine, trauail, défaillance.
Trasoráto, percé à iour.
Trasorelleria, fripponnerie, tromperie.
Trasorèllo, trompeur, frippon.
Trasurería, tromperie.
di Trasoro, percé à iour, à claire voye. pron. o fermé.
Trasigáre, destourner à derober. Item, mettre en suitte.
Trasuggìre, fuir d'vne place à l'autre. pres. trasiggo.
Trasúgio, fuite.
Trasúgo, vn suitif.
Trasugóne, à la dérobée. Item, vn suitif. Le larcin, la chose attrapée par addresse ou subtilité.
Trasuráre, derober à trauers.
Trasusóla, vn petit escheueau de soye que l'on met à des cheuilles pour l'esplucher ou nettoyer.
Trasusoláre gàmbe, jambes menuës comme des fuseaux.
Tragacánta, espine de bouc. Et gomme dragagant.
Tragèdia, tragedie.
Tragediánte, faiseur de tragedies.
Tragédico, tragedista, &
Tragédo, Idem.
Tragènda, conte de gens simples pour espouuenter. Item, vne sorciere.
Tragittáre, passer vn fleuue, &c.
Tragettatóre, basteleur, joueur de gobelets. Item, battelier.
Tragètto, passage, détroit, sentier.
Traggéa, dragée.
Tràygere, tirer. pres. tràggo, parf. tràssi, part. tràtto, fut. tratró, & tragerò, opt. tràgga, &c.
Traghettáre, passer vn eau. pron. ghe comme gue.
Traghettáro, traghettière, battelier. pron. ghe comme gue.
Traghètto, passage. pron. ghe comme gue.
Traghiottíre, engloutir. pres. traghiòtto. pron. ghi comme gui.
Trágico, tragique.
Tragicomèdia, tragi-comedie.
Tragicómico, tragi-comique.
Trágie, sorte de tablettes pour le rheume.
Trágio, sorte de dictame.
Tragioúnto, entre-joint.
Tragittáre, passer vne eau.
Tragítto, passage, destroit.

Tragiúngere, entre-joindre. parf. tragiúnsi, part. tragiúnta.
Traginersáre, renuerser.
Tràgia, le sifflet du gosier.
Tráglio, pied, tige. Item, rejetton.
Tragónia, targon, herbe.
Tragnardáre, regarder à trauers, mirer.
Tragnárdo, pinule, partie percée de l'alidade. Et la mire d'vn canon.
Traguggiáre, engouler.
Trágula, vne tiralle.
Tráhere, tirer. pres. tràggo, & tràdo, tràho, tràe, tràheme, tràhete, traggóno, parf. tràssi, part. tràtto, fut. trarrò.
Tráina, trainée. Item, vne coureuse.
Traíndre, trainer.
Trainèllo, petit traisneau. Item, entraue.
Tráino, vn traisneau. C'est aussi ce que peuuent traisner deux bestes en vne fois. Item, train de hacquenée, amble, ou entrepas de cheual.
Tralacciáre, obmettre, laisser, desister, laisser en arriere, passer par dessus.
Tralásció, obmission, negligence.
Tralatióne, translation.
Tralciáre, pousser des branches. Item, mettre des eschalas.
Trálcio, rameau ou branche de vigne, marcotte. Item, vn eschalas.
Tralíccio, du treillis, selon aucuns, du coutis.
Tralignánte, forlignant.
Traligudúa, forlignement.
Tralignáre, forligner, dégenerer.
Traligno, forlignement.
Tralucénte, luisant à trauers.
Tralúcere, luire à trauers. pres. tralúcco, parf. tralúcei, & tralúceti, il n'a point de participe.
Tralúcido, transparent.
Tralucimènto, transparence.
Tralunáre, rouiller ou rouler les yeux à la teste.
Tralunáti òcchi, yeux renuersez ou de trauers.
Tráma, trame.
Tráma ci è, nous disons, s'y a anguille sous roche.
Tramáglio, trauail, tremie, trameau. Et tonnelle pour les cailles.
Tramáno, entre les mains.
Tramandáre, enuoyer & rennoyer.
Tramáre, tramer.
Tramatóre, trameur, ourdisseur d'affaires.
Tramazzáre, broncher, tomber par terre. pron. ts.
Tramàzzo, tumulte, confusion. Item, bronchade. pron. ts.
Tramazzóne, estramaçon. pron. ts.
Trambasciaménto, angoisse, transport.
Trambasciáre, tomber en angoisse, se transporter.
Trámbo, entre l'vn, & l'autre.
Trambuciáre, confondre, renuerser.
Trambústa, tumulte, confusion.
Trambustáre, mettre en confusion, vulgairement, tarabuster. Mettre sans dessus dessous, tomber cul par dessus teste.
Trambústio, &
Trambústo, confusion, renuersement, tumulte.
Trambúzzoláre, renuerser, mettre en confusion. prononcez ts.
Trameáre, passer à trauers.
Trameniáre, manier, remuer. Item, mener à trauers.
Tramèndie, entre l'vn, & l'autre.

Tramedúnni,

Tramendàni, Idem.
Tramentire, mentir extraordinairement. pref. *tramentisco*, & *tramento*, part. *tramentito*.
Trameschiàre, mélange. pron. *ti*.
Trameschiàre, entremêler.
Tramescolàre, mélange.
Tramèssa, entremise, interposition. Item, entremets, ragoust.
Tramèsso, entremis, mis entre-deux. Item, vne sorte de hachis, ragoust, ou entremets.
Trameslàre, renuerser, confondre, broüiller.
Trameslìo, broüillement, confusion, renuersement.
Tramèttere, entremettre, mettre entre deux, interposer. part. *tramèssi*, & *tramìsi*. pron. e fermé.
Tramettiménto, entremise, interposition.
Tramezzaménto, entre-deux, cloison, interposition. Partagement. pron. *dz*.
Tramezzàno, vn entremetteur. pron. *dz*.
Tramezzàre, mettre entre-deux, interposer, entremettre, mettre vne cloison, partager par le milieu. pron. *dz*.
Tramezzàto, qui a vne cloison, qui est entremis, qui est entre-deux. pron. *dz*.
Tramezzatóre, entremetteur, moyenneur. prononcez *dz*.
Tramezzìno, Idem. pron. *dz*.
Tramezzatrìce, entremetteuse. pron. *dz*.
Tramèzzo, entre-deux. Cloison. pron. *dz*.
Tramezztìra, Idem. pron. *dz*.
Tramigràre, passer au delà.
Tramischiàre, entremêler.
* *Tràmite*, distance, passage, trajet, mot poëtique. Item, la portée d'vne balle ou boulet.
Tramòggia, vne huche. Item, vn pannier à porter les ordures, & vn tas d'ordures. Vn auget ou tremie de moulin. pron. o ouuert.
Tramòggio, poudre, ordure. pron. o ouuert.
siàmo tutti Tramoggio .i. nous sommes d'vne mesme sorte, nous ne sommes que poudre, & ordure.
Tramònta, vent froid du Septentrion, pour *tramontàna*.
Tramontaménto, le coucher du Soleil.
Tramontàna, la tromontane, vent du Septentrion. Item, l'Estoille du pôle Artique.
pèrder la Tramontàna, demeurer confus, & hors de soy.
Tramontàre, se coucher, qui se dit du Soleil. Item, se coucher du Soleil.
Tramònto, Idem, pour *tramontàto*, qui ne se dit point que par Metaph.
Tramorìre, s'éuanoüir : voyez *morìre*.
Tramortiménto, euanoüissement.
Tramortìre, s'éuanoüir. pref. *tramortìsco*.
Trampellàre, tourmenter, remuer, secoüer. Item, gratter vn instrument à cordes.
Trampiàre, *trampolàre*, aller sur des eschasses.
Tràmpoli, *trampoli*, des eschasses.
Tramutaménto, changement d'vn lieu à l'autre.
Tramutàre, changer d'vn lieu à l'autre. Item, transmuer.
Tramutéuole, changeant, qui se peut transmuer.
* *Tràna*, vne trainée. Item, mot de raillerie, tran tran.
Tranàre, trainer.
Tranatàre, nager à trauers.
Tranellàre, tendre les lacs. Item, dérober, attrapper.
Tranèllo, menée, tromperie, malice. Item, lacqs, lacet.

Tranghiottìre, engloutir. pref. *tranghiòtto*. pron. *ghi* comme *gui*.
Tranghiottìta, vne gorgée. pron. *ghi* comme *gui*.
Trangosciàre, remplir d'angoisse, s'éuanoüir.
Trangoiàre, &
Tranguggiàre, engouler, engloutir.
Tranguggiatóre, vn aualleur.
Tranguiàre, aualler, engouler.
Traniézza, estrangeté. pron. *ts*.
Trannàre, transporter.
Tránne, exceptez en, hors mis, tirez en.
Tràno, train.
Tranotàre, nager entre deux.
Tranottàre, se faire nuit.
Tranquillàre, rendre tranquille.
Tranquillatóre, &
Tranquillatrìce, qui rend les choses tranquilles.
Tranquillità, tranquillité.
Tranquìllo, tranquille.
Transalpìno, de delà les Alpes.
Transattióne, transaction.

Voyez ce qui manque icy par *Tras*.

Transìre, passer, mourir.
Trànsito, passage, le point de la mort, le trespas.
Transitòrio, transitoire.
Transmandàre, enuoyer à trauers.
Transmarìno, de delà la mer. Item, vne sorte de couleur de Peintre.
Transmeàre, passer à trauers.
Transmontàno, de delà les monts.
Transmòsso, *transmòto*, remué de sa place. pron. o ouuert.
Transostantióne, transsubstantiation.
Transuersàle, collateral. Item, qui trauerse.
Transuertére, renuerser. parf. *transuertéi*, & *transuertétti*, qui n'est point en vsage.
Transtràna, le tran tran.
Tranuotàre, nager à trauers.
Trapanàre, trepaner. Et percer de part en part.
Tràpano, trepan, & selon aucuns, vne tariere.
Trapassaménto, outrepassement, transgression, trépas, trépassement.
Trapassàre, passer, outre-passer, passer à trauers, trépasser. Cesser, désister, surpasser. Laisser à part, passer par dessus vne chose. Transpercer. Doubler vn cap.
Trapassàti, les deuanciers.
Trapàsso, passage, digression, entrepas, trépas, excés, l'outrepasse.
Trapazzaròla, vn canichon, vn petit oiseau de riuiere.
Trapelàre, distiller, couler doucement, fluer, suinter, venir secrettement aux oreilles, auoir le vent de quelque chose, se glisser doucement.
Trapèlla, petite trappe, ou souriziere.
Trapellàre, prendre dans vne trappe.
Trapétia, trapèze, figure de Geometrie.
Trapiantàre, transplanter.
Trapiantatióne, transplantation.
Trapiòuere, pleuuoir à trauers ou entre-deux. parf. *trapiouètte*, verbe impersonnel.
Traportàre, transporter.
Trapònere, &
Trapòrre, entremettre, interposer. pref. *trapòngo*, Im-

Yyy

parf. *trapoñèua*, parf. *trapóſi*, part. *trxpoſto*, fut. *tra-*
porrò, opt. *trapóuga*, imparfait, *traporéſi*, & *trapo-*
néſſi.
Trapoſitióne, interpoſition.
Trapoſto, interpoſé.
Trappanáre, trepaner.
Tráppola, trappe, trebuchet, ſourriſſiere.
Tráppole da quattrini, des attrapoires pour auoir de
  l'argent, happe lourdes.
Trappoláre, prendre au trebuchet, tromper, attrap-
  per.
Trappolatóre, attrappeur, trompeur.
Trappolatrice, trompeuſe.
Trappolería, tromperie, attrappoire.
Trapportáre, tranſporter.
Trapréſo, entrepris, & ſurpris.
Trapungere, picquer à trauers. parf. *trapúnſi*, & *trapun-*
  gètti, *trapungéſti*, *trapúnſe*, *trapungémmo*, *trapun-*
  géſte, *trapúnſero*, part. *trapúnto*.
Trapúnta, vne courte-pointe.
Trapuntáre, picquer vne eſtoffe, faire vn arriere-
  poinct.
Trapuntino, tranſpontin, matelas de Galere, lou-
  dier.
Trapúnto, picqueure, arriere-point, loudier, courte-
  pointe. Item, maigre, extenué.
Trarrpáre, precipiter d'vn riuagê. Item, Metaph. traiſ-
  ner.
Trarótto, interrompu.
Trárre, tirer, jetter, ruër, puiſer. Item, excepter,
  s'aduancer, s'acheminer vers vn lieu. preſ. *tràggo*,
  tràhi, *tràhe*, *trahémo*, *trahéte*, *tràguno*, parf. *tráſſi*,
  part. *tráito*, fut. *trarrò*, opt. *trágga*, imparf. *trahéſſi*,
  & *tranéſi*.
Trár diétro ad vno, ſuiure vne perſonne. Item, em-
  ployer tout pour vne perſonne.
Trár i ſuói dì, paſſer ſes jours, ſa vie.
Trár di luógo, oſter de ſon lieu.
Trárſi la páncia di luógo, i. manger exceſſiuement.
Trarupáre, tomber du haut en bas, precipiter.
Trarupáto, plein de rochers, & precipices.
Trarúpi, roches, precipices.
Traſaudaménto, outrepaſſement.
Traſaudáre, ſurpaſſer, paſſer outre, ſortir de ſon de-
  uoir, paſſer les bornes, radotter, negliger, paſſer
  par deſſus.
Traſaudáto, negligé, mal gouuerné.
Traſapere, ſçauoir au delà. preſ. *trarò*, & le reſte com-
  me *ſapére*.
Traſattáre, tranſiger.
Traſattióne, tranſaction.
Traſcannáre, deuider de la ſoye d'vne cheuille ſur l'au-
  tre.
Traſcegliére, choiſir. preſ. *traſcélgo*, *traſcégli*, *traſcéglie*,
  traſcigliámo, *traſcegliéte*, *traſcélgono*, parf. *traſcélſi*,
  traſcegliéſti, *traſcélſe*, &c. part. *traſcélto*.
Traſcendénza, traſcendence.
Traſcéndere, exceder, ſurpaſſer. parf. *traſcéſi*, part. *traſ-*
  céſo.
Traſcére, pour *trárre*, tirer, ruër, jetter, frapper.
Traſcérre, choiſir à trauers, pour *traſcegliére*.
Traſcéſo, ſurpaſſé.
Traſcina, dragon marin, viue, poiſſon.
Traſcináre, trainer.
Traſcoloráre, changer de couleur. Item, décolo-
  rer.
Traſcorrénza, vne courſe à trauers, vne reueuë.
Traſcórrere, ſortir des bornes, paſſer outre, paſſer à

trauers, parcourir, parcourir vn liure. parf. *traſcórſi*,
  part. *traſcórſo*.
Traſcorrimènto, &
Traſcórſa, vne reueuë, vne courſe à trauers d'vn lieu.
Traſcórſo, parcouru, & paſſé.
Traſcotággine, *traſcotánza*, negligence.
Traſcotáto, negligent, peu ſoigneux.
Traſcrittióne, tranſcription.
Traſcrítto, tranſcript.
Traſeriuere, tranſcrire, décrire tout au long. parf. *traſ-*
  criſſi.
Traſcuraggine, negligénce.
Traſcuránza, Idem. pron. *tz*.
Traſcuráre, negliger.
Traſcurataggine, negligence.
Traſcurataménte, negligemment.
Traſcuratèzza, negligence. pron. *tz*.
Traſcuráto, negligent.
Traſcutággine, *traſcutánza*, negligence. pron. *tz*.
Traſcutáto, negligent.
Traſecoláre, rauir de joye ou admiration, eſtre rauy de
  joye. Item, s'éuahir.
Traſféndere, fendre à trauers. parf. *traſfendétti*.
Traſferiménto, tranſport, tranſlation.
Traſferire, transferer, tranſporter, tranſlater. preſent,
  traſferíſco, & *traſféro*.
Traſferíto, tranſporté, & tranſlaté.
Traſficcáre, ficher à trauers.
Traſfíggere, tranſpercer. preſ. *traſfíggo*; parfait, *traſ-*
  fíſſi.
Traſfiguráre, transfigurer.
Traſfiguratióne, transfiguration.
Traſfiguríuole, qui ſe peut transfigurer.
Traſfóndere, verſer, infuſer. parf. *traſfúſi*.
Traſfórma, transformation.
Traſformábile, qui ſe peut transformer.
Traſformáre, transformer.
Traſformatióne, transformation.
Traſformèuole, qui ſe peut transformer, transforma-
  ble.
Traſfretáre, paſſer à trauers vne eau.
Traſfúga, fuitte, déroute.
Traſfugáre, deſtourner, dérober. Item, mettre en fuit-
  te.
Traſfuggíre, fuir d'vn lieu à l'autre. preſ. *traſfúggo*.
Traſfúgo, fuitif.
Traſfúgone, Idem.
Traſfúlgido, tranſparent.
Traſfumáre, fumer à trauers.
Traſfuſióne, infuſion à trauers.
Traſgredíre, tranſgreſſer. preſ. *traſgrediſco*.
Traſgreſſióne, tranſgreſſion.
Traſgréſſo, tranſgreſſé.
Traſgreſſóre, tranſgreſſeur.
Traſguardáre, regarder à trauers.
Traſguárdo, regard à trauers.
Traſguiſáre, ſortir de mode.
Trashumanáre, ſortir d'humanité.
Traſlatáre, tranſlater.
Traſlatióne, traduction, tranſlation.
Traſlatitio, qui peut eſtre tranſpoſé ou tranſlaté. Item,
  pris pour vn autre. Et qui n'eſt pas trop excellent ou
  de grande importance.
Traſlatíuo, Idem.
Traſláto, transferé, tranſlaté. Item, traduction.
Traſlatóre, traducteur.
Traſlattáre, traduire.

TR

Traslucere, luire à trauers. parf. traslucesse, il n'a point de participe.
Traslucido, transparent.
Trasmarinare, passer la mer.
Trasmarino, de delà la mer.
Trasmettere, transmettre, transposer. parf. trasmessi, & trasmisi.
Trasmigrare, passer d'vn lieu pour habiter en l'autre.
Trasmissione, transmission.
Trasmodare, sortir hors de mode ou de mesure.
Trasmutare, transmuer.
Trasmutuole, qui se peut transmuer.
Trasnatare, nager à trauers.
Trasnaturato, dénaturé.
Trasognaggine, réverie.
Trasognare, songer, réver.
Trasognato, réueur, stupide, insensé.
Trasonare, sonner à trauers. Item, faire des rodomontades.
Trasonarie, vanteries, rodomontades.
Trasone, vn vanteur.
Trasordinario, extraordinaire.
Trasoriére, Tresorier.
Traspalare, empaler. Item, remuer auec la pelle.
Trasparente, transparent.
Trasparenta, transparence. pron. ts.
Trasparere, transparoir. parf. trasparsi, trasparesti, trasparse, & le reste comme parere.
Trasparso, paru à trauers, transparu.
Traspedare, percer d'vn espieu ou d'vne broche.
Traspiantare, transplanter.
Traspiantatione, transplantation.
Traspiantatore, transplanteur.
* Traspietare, transplanter.
Trasponere. &
Trasporre, transposer. pres. traspongo, trasponi, traspone, parf. trasposi, part. trasposto, fut. trasporrò, opt. trasponga, imparf. trasponessi, & trasporrei.
Traspuntare, picquer vne estoffe.
Traspontino, courte-pointe, Item, arriere-point.
Trasportamento, transport. Item, emportement.
Trasportare, transporter.
Trasporto, transport.
Traspositione, transposition.
Trasposto, transposé.
Trasricchire, deuenir excessiuement riche. pres. trasricchisco.
Trassinare, secoüer.
Trassinare, trainer. C'est aussi manier, & tracasser, battre, tourmenter.
Trassostantiale, transsubstantiel.
Trasostantiare, transsubstantier.
Trasostantiatione, transsubstantiation.
Trasso, croisée, trauers. Item, banc de Galere, siege de gondole.
Trastone, sorte de gomme.
Trastornare, renuerser.
Trastrauato, entraué. Item, trastrauat, sorte de cheual.
Trastullare, réjouir, recréer, égayer, se diuertir, passer son temps.
dar l'herba Trastulla, se mocquer.
Trastullo, passe-temps, joüet, jeu.
Trasuasare, verser d'vn vaisseau dans vn autre, changer de vaisseau.
Trasuedere, voir à trauers, & voir ce qui n'est pas. parf. trasuidi, part. trasuisto, & trasueduto.
Trasuersale, qui va à trauers, qui trauerse.

TR

Trasuersione, croisure, trauersement.
Trasuerso, trauersé, & renuersé.
Trasuiamento, déuoyement.
Trasuiare, destourner, fouruoyer, débaucher.
Trasumanare, sortir d'humanité, deuenir diuin.
Trasuolare, voler viste, passer en volant, lisez tras-volare.
Trasupérbia, gloire excessiue.
Trasupérbo, tres-superbe.
Trasustantiare, transsubstantier.
Trasustantiatione, transsubstantiation.
Tratánto, cependant.
Tratenére, entretenir. pres. tratengo, tratieni, tratiene, trateniamo, tratenete, tratengono, parf. tratenni, part. tratenuto, fut. traterrò, opt. tratenga, imparf. tratenessi, & traterrei.
Trátta, vne traitte, vn extrait, extraction. Item, pouuoir, & permission d'enuoyer des marchandises dehors.
Trattábile, maniable, traittable, doux, qui se dit du metail.
Trattamento, traittement, traitté, discours, & machination.
Trattaméssa, picqueure, point d'aiguille. Item, vne retirade.
Trattáre, manier, traitter, discourir.
si tratta di fare, il est question de faire.
si tratta, il s'agit.
Trattatello, vn petit trait, vne petite traitte, vn petit tour, vn petit rencontre, vn petit traittement ou repas, petit traitté.
Trattatione, traitté.
Trattato, vn traitté. Vn complot, pour trahison de ville ou forteresse.
Trattatore, qui traitte, traittant, negociateur.
Tratteggiare, faire des traits, tirer des lignes. Item, hacher, en terme de Graueur ou Peintre.
Tratteggio, trait, ligne.
Trattenere, entretenir, amuser, retenir : voyez cy-dessus tratengo.
Trattenersi, s'entretenir de discours, s'arrester, s'amuser en vn lieu.
Trattenimento, entretenement, entretien. Amusement.
Trattenitore, entreteneur.
Tratteuole, maniable, traittable. Dont on peut traitter ou discourir.
danari Trattini, argent en banque, argent que l'on enuoye ou fait tenir dehors, argent de remise, auec l'accent à la premiere syllabe, tráttini, signifie argent enuoyé à vous par change.
Trattino, de traffic.
Trátto, traict, coup, fois. Vn tour. Vne traitte, vn rencontre ou mot pour-rire. La main ou primauté en joüant. Extrait, extraction.
Trátto, traffic, train de marchandise.
vincerla del Trátto, gaigner de la primauté.
Trátto trátto, de moment en moment, à tout moment.
dar il Trátto álla bilància .i. resoudre vne affaire.
auánti Trátto, par aduance, deuant le coup.
Trátto di fune, coup d'estrapade.
ad vn Trátto, tout d'vn coup, tout d'vn temps, aussi-tost.
à ógni Trátto, à toute heure, à chaque moment.
dar i Trátti, jetter les derniers soupirs.
di trátto, incontinent, à l'abord, tout d'vn coup.
Trattolino, petit trait.
Trattóso, de douce humeur, traittable.

Yyy ij

Trauacáre, trébucher, tomber comme vne vache.
Trauáglia, pour tranáglio, trauail, tourment.
Trauagliáre, tourmenter, trauailler, eſtre en trauail ou peine, prendre peine.
Trauagliatóre, ioüeur de gobelets.
Trauagliatríce, trauailleuſe.
Trauaglíno, vn facteur. Item, vn homme affairé.
Trauáglio, tourment, & trauail. Item, trauail, en terme de fortification. C'eſt auſſi vn trauail de Mareſchal.
Trauagliósa, en iargon, priſon.
Trauaglióſo, laborieux.
Traualicáre, traualcáre, paſſer outre, paſſer à trauers. Item, tranſgreſſer.
Traualicatóre, tranſgreſſeur.
Traualcatríce, tranſgreſſeuſe.
Trauaménto, trauerſon.
Trauáre, ietter hors, pouſſer.
Trauariáre, fouruoyer. Item, radotter.
Trauaſáre, changer d'vn vaiſſeau dans vn autre, ſuruider.
Trauáta, trauerſon, trauée.
Trauatióne, Idem.
Trauáto, traué, & trauerſon, charpenterie. Trauat, ſorte de cheual.
Trauatúra, trauerſon.
Trauedére, ouyr à trauers ou par delà. preſ. tráuedo, tráuedi, tráuede, traudiámo, tráudite, tráuedono, parf. trauedíj, part. trauedíto, fut. trauedirò, & trauedrò, opt. tráueda, tráueda, tráueda, trauediámo, trauediáte, tráuedano, imparf. trauediſſi, & trauedíreſti, &c.
Tráue, poutre, chantier.
dár la Tráue .i. donner la baye, ſe mocquer.
Trauecchiézza, extrême vieilleſſe. pron. tz.
Traueedére, voir vne choſe pour l'autre parfait, trauédi, part. traueedíto, & tramiſtó, fut. trauedrò.
Traueggole, la berluë.
dár Traueggole, en faire à croire, faire paſſer comme inuiſible.
Trauéllo, foliue. pron. e ouuert.
Trauérſa, vn trauers, vne choſe à trauers. Barricade. Trauerſe de fortune.
Trauérſa, tablier de femme, & iuppe.
Trauerſále, manteau de cheminée. Item, vne trauerſe, vne croiſée ou croiſeure.
Trauerſaménte, à trauers, de trauers.
Trauerſáre, paſſer à trauers, trauerſer.
Trauerſáre, en iargon, tromper.
Trauerſétta, mot Lomb. Vn deuantier, vn tablier.
Trauerſía, trauerſe, aduerſité. C'eſt auſſi en terme de marine, quand le vent, & la marée pouſſent le vaiſſeau à bord où il n'y a point de port.
Trauérſo, le faux du corps. Item, trenchée de terre.
pér Trauérſo, de trauers.
Trauerſóne, vne grande croiſée. Item, vn coup de reuers.
Trauéſcio, ſorte de faucon.
Traueſtíre, traueſtir, déguiſer.
Trauétto, petite poutre. pron. e fermé.
Tráuia, par le chemin.
Trauiaménto, fouruoyement.
Trauiáre, deſtourner, fouruoyer, débaucher.
Trauidíſi, ſortir de propos.
Trauicéllo, petite poutre, & ſoliue.
Trauiſáre, déguiſer, maſquer. Item, déuiſager, gaſter le viſage.
Trauiſeruáre, creuer, eſuentrer.
Trauíſo, déguiſement.

* Trauliz̧áre, begayer, bredoüiller. pron. tz.
Tráulo, bredoüiller, begue.
* Tráuo, vne poutre.
Trauólgere, renuerſer ſans deſſus deſſous. preſ. tráuolgo. part. trauólſi.
Trauolgiménto, renuerſement.
Trauólto, renuerſé.
Trauólto víno, vin tourné.
Trauolvíra, renuerſement.
Trauóne, grande poutre. pron. o fermé.
Trauóſo, plein de pontres.
Trézza, trace. pron. tz.
Trazzáre, tracer. pron. tz.
Trazzína, traigne, dragon marin, viue. pron. tz.
Tre, trois. pron. e fermé.
ſtár inſra Tre .i. eſtre en ſuſpens, nous diſons, eſtre entre-deux de faire.
Treággio, ſorte de gros drap.
* Trebbeggiáre, tripler.
Trébbia, fleau à battre le bled.
Trebbiáno, ſorte de raiſin fort doux, & de vin auſſi.
Trebbiáre, battre le grain. Item, ſe réjouyr en compagnie.
Trebbiatóre, batteur de grain.
Trebbiatúra, temps que l'on bat le bled, & la batteure.
Trébbio, carrefour de trois ruës ou chemins. Item, compagnie de bons beuueurs, & conuerſation gaillarde.
ſár Trébbio, paſſer ſon temps en conuerſation.
Trebellíco, trebillo, ſorte de vin.
Trébice, erroche, herbe.
* Trebúto, tribut.
Trecapóni, ſorte de jeu d'enfans.
Trécca, fruictiere, renendeuſe de choſes à manger.
Treccáre, reuendre des fruicts, &c. Item, tricher, tromper.
Trecchería, tromperie de reuendeurs, tricherie.
Trecchiéro, reuendeur, Metaph. trompeur.
Tréccia, treſſe de cheueux, & autres choſes.
Trecciáre, treſſer.
Tricciúra, treſſe ou ruban, qui ſert d'ornement ſur les treſſes des femmes.
Tricciuóla, treſſe, ruban eſtroit.
Tréccola, fruictiere, regrattiere, reuendeuſe, par Metaph. vne cajolleuſe. pron. e & o fermé.
Trecoláre, reuendre, regratter. Cajoller, faire la harangere.
Trécolo, treccolóne, &
Treccóne, fruitier, reuendeur. Item, cajolleur.
Trecéna, & treccúna, ſorte de moule.
Trecénto, trois cens.
* Trecipite, à trois teſtes.
Trecotánti, trois fois autant.
Trédici, treize. pron. e fermé.
Tredécimo, trediceſimo, treiziéme
Treſóglio, treſfle.
Tréga, treſue. pron. e ouuert.
Tregáre, faire trêue.
Tregénda, conte de gens ſimples pour faire peur aux autres. Item, le ſabat des ſorciers, & vne ſorciere.
Tréggia, dragée.
Tréggia, vne ſorte de traiſneau à porter de la paille, du fumier, &c. traiſné par des bœufs. Vne herſe, ſelon aucuns. Vn certain rouleau qui ſert à battre le grain. Vne claye.

Treggiáre, herſer. Item, battre le grain, & traiſner ſur vn traiſneau.
Treggicia, theriaque.
Tréglia, ſurmulet, poiſſon. pron. e fermé.
Tregliuzzo, petit ſurmulet. pron. ts.
Trégua, tréve.
Treguáre, faire tréve.
Tremacciáre, tremblotter.
Tremáccio, tremblement, peur ſoudaine, friſſon.
Tremánte, tremblant, tremblante.
Tremáre, trembler, friſſonner.
Tremarélla, tremarina, &
Tremaruóla, friſſon, tremblement de fiévre.
Tremázzo, tremblement, peur, friſſon. pron. ts.
Tremboláre, tremblotter.
Trémbolo, tremblottement.
Tremebóndo, eſpouuentable.
Tremélga, ſorte de poiſſon.
Tremendaménte, eſpouuentablement.
Treméndo, horrible, eſpouuentable, eſtrange. Il ſe prend en bonne part pour excellent, improprement parlant, furieuſement bon.
Trementáio, noir de Cordonnier.
Trementina, terebentine. Item, vne ſorte de patroüillis ou drogue dont ſe ſeruent les femmes pour s'arracher le poil des ſoureils.
Tremiſtere, trembler. preſ. tremiſco, il n'eſt bon qu'en burleſque.
Trémito, trémo, friſſon tremblement.
Trémola, Idem. C'eſt auſſi vne lame ou paillette, vne papillotte.
Tremoláne, tremblottant, tremblottante, papillotte.
Tremoláncti, des paillettes d'or, & d'argent.
Tremoláre, tremblotter.
Tremolázzo, friſſon. pron. ts.
Trémolo, tremblottant. Item, vn tremble. Et vne papillotte.
Tremolóſo, tremblottant.
Tremóre, tremblement, peur extrême.
Tremóto, tremblement de terre.
Trempélla, vn engin.
Trempelláre, remuer, branſler, mouuoir. Item, gratter vn inſtrument à cordes, comme lut ou guittharre, &c.
Trempellino, vn treteau.
Trémule, tremblottant.
Tréue, pron. e fermé, ternes, deux trois aux dez, & ſçachez que les femmes de Rome ou de la campagne, quand elles veulent dire mè né ſè, elles y adjouſtent la ſyllabe ne comme mènè pour mè, téue pour tè, & ainſi tréne, pour tré.
Tréni, lamentations, pleurs. pron. e fermé.
Trénta, trente. pron. e ouuert.
fár di Trénta tré, vndici, nous diſons, faire de cent ſols quatre liures, & de quatre liures rien.
il Trentamíla .i. le Diable.
il Trentapára, Idem.
Trentauécchia, vne vieille ſorciere.
Trentána, trentaine.
Trenteſímo, trentiéme.
Trentína vécchia, vne vieille ſorciere.
Trentiplicáre, multiplier par trente.
il Trentóne, le Diable.
Trentóne, il trentúno, voyez vn peu plus auant, à trentúno.
Trentuniéra, vne femme qui a affaire à vne infinité de perſonnes à la fois.
Trentuniére, vn de ceux qui ont affaire à vne femme à qui l'on donne le trente & vn.
Trentúno, le nombre de trente & vn. Item, le jeu du trente & vn.
dár vn Trentúno, c'eſt paſſer ſur le ventre à vne garce, premierement tous les Maiſtres, & puis les valets, iuſques aux marmitons, ou bien, autre ſorte de perſonnes iuſques au nombre de trente & vn.
Trenzéi, trente-ſix.
Trepauáre, trepaner.
Trepáno, trepan.
Trepáre, badiner, folaſtrer.
Trépeſe, arroche.
Trepidáre, auoir peur, trembler de peur.
Trepidatióne, tremblement de peur.
Trépido, qui tremble de peur.
Trépo, folaſtrerie.
Treppáre, folaſtrer.
Treppiá, &
Treppiéde, vn trepied.
Tréppo, jeu, recreation, folaſtrerie.
Trepúdio, dance, trepignement.
Treſca, jeu, conuerſation de gens en confuſion. Pour bagatelle, niaiſerie.
Treſcáre, ſe joüer, folaſtrer.
Treſcáta, babil de commeres, folaſtrerie.
Treſcatóre, folaſtre.
Treſpéggio, compagnie de bons droles. Item, trepignement.
Treſpíto, vn trepied. Et vn treteau.
Treſpíto, tréſpodo, &
Tréſpolo, trepied, treteau.
méter Tréſpoli ne' piédi .i. donner de l'empeſchement.
Tréſſe, barres. Item, treteau, & guirdon.
Tretánto, trois fois autant.
Treuélla, tariere.
Treuelláre, percer.
Treuellíno, vn foiret, vn villebrequin.
Treuiſáto, couleur changeante.
Tyreniſco, ſorte d'arbriſſeau.
Tréuo, vne voile quarrée dont on ſe ſert en temps de bouraſque, tref ou treou, en langue Prouençale.
Trezzáre, treſſer. pron. ts.
Triáca, theriaque.
Triáde, la Trinité.
Triangoláre, triangulaire.
Triángolo, triangle. Item, vn fer appelé grain d'orge. Et chauſſe-trappe.
Triárij, triaires, gens choiſis pour vn dernier effort.
Tribáli, chauſſe-trappes. Item, vne ſorte d'arme comme vn fleau.
Tribbiáno, ſorte de vin blanc.
Tribbiáre, battre le grain. Item, trembler de peur.
Tribelliánica, terme de droit, la quatriéme partie que l'heritier retient pour ſoy.
Tribo, vn tribu.
Triboláre, troubler, faſcher, affliger.
Tribolatióne, tribulation.
Tríbolo, ſorte de chardon. Et chauſſe-trappe.
fár il Tríbolo, ſe dit de certaines pauures femmes qui font mille ſimagrées en pleurant vn mort, pour de l'argent.
Tribú, tribu, trouppe.
Tribuíre, attribuer. preſ. tribuíſco.
Tríbula, chauſſe-trappe.
Tribuláre, troubler.
Tribulatióne, tribulation.
Tríbulo, ſorte de chardon. Et chauſſe-trappe.
Tribúna, vne tribune.

Tribunále, tribunal, siege.
Tribunáto, Office de Tribun.
Tribúno, Tribun.
Tributáre, rendre tributaire. Item, payer le tribut.
Tributário, tributaire.
Tributióne, distribution.
Tribúto, tribut.
Triccáre, badiner, niaiser, trottiner.
Triccattína, sorte de dance. Item, vne trottineuse, vne danceuse.
Tricchetrácche, le tric-trac.
Tricchia, sorte de poisson en escaille.
Tricciuóla, tresse, ruban estroit.
Triccoláre, faire gogaille.
Triccolo, &
Triccóne, regrattier, fruictier.
Tricentúplo, trois cens fois double.
Tricipítio, precipice.
* *Triclínio*, refectoir. Item, table à l'antique où l'on estoit conché en mangeant.
Tricodáto, à trois queuës.
Tricolo molíno, sorte de moulin.
Tricolóne, à trois membres.
Tricolóre, de trois couleurs.
Tricóne, vn rechigné, vn grommeleur.
Tricórne, à trois cornes.
Tridénte, trident.
Triduáno, de trois iours.
Tríduo, l'espace de trois iours.
* *Triégua*, tresve.
* *Triemáre*, trembler, frissonner.
Triémito, tremblement, frisson.
Triennále, de trois ans.
Triénne, Idem.
Triénnio, espace de trois ans.
* *Triénte*, le tiers d'vne chose.
Trientário, interest, de trois pour cens.
Triénza, vne fourche. pron. *ts*.
Trienzétta, petite fourche.
* *Trifário*, de trois façons.
* *Trifáuce*, à trois goliers.
Trifilo, à trois fils. Item, vne sorte d'ornement de femme.
Trifóglio, trisólio, treffle.
Triforcúto, qui a trois fourches ou pointes.
Trifórme, à trois formes.
Tríga, chariot tiré de trois cheuaux.
Trigámo, qui a eu trois femmes.
Trigémini, trois gemeaux d'vne ventrée.
Trigémme, qui a trois boutons ou bourgeons.
Trigenário, de trente ans.
Trigésimo, trentiéme.
Triggéa, de la dragée.
Trígia, &
Tríglia, barbarin, surmulet, poisson. C'est aussi du camelot ondé.
Trigliáre, faire des tremblemens en chantant.
Triglísto, triglíso, trigliphe en Architecture.
Tríglio, tremblement en chantant.
Triglíte, barbarin, surmulet.
Trignáre, en jargon, pleuuoir.
Trígolo, cardon à manger crud.
Trigonále, à trois angles, triangulaire.
Trigonáre, faire en triangle.
* *Trigónia*, le troisiéme aage.
Trigónio, merge, plongeon de mer.
Trigóno, triangulaire.
* *Trigránia*, nestle.

Tríldtero, à trois costez.
Triliccio, du treillis.
Trilíngue, à trois langues.
Trilláre, faire des tremblemens en chantant. Item, sur la guitharre.
Tríllo, vn tremblement, en terme de musique, que l'on fait sur la guitharre.
* *Trilóre*, sorte d'habit.
Triluftre, de trois lustres, de quinze ans.
Trimémbre, à trois membres.
Trimêstre, de trois mois.
* *Trimorino*, qui a trois faces.
Trína, petit passement, ou dentelle, traînette d'or ou d'argent, pratique.
Trináre, gazoüiller comme vne arondelle. Item, chamarrer.
Trinário, du nombre de trois, triple.
Trinca, sorte de petit cordage qui sert à en attacher d'autres. Item, vne sorte de jeu.
nuòua di Trinca .i. nouuelle de peu de consequence. Item, toute neufue.
Trincáre, entre-couper.
Trincáre, du mot Allemand *Trincken*, nous disons aussi, trinquer, boire.
Trincáre, attrapper finement.
Trincarini, pieces de bois qu'on met sur les pontons, trinquenins.
Trincáto, fin, habile, rusé. Item, yvre.
Trincèa, trenchée.
Trinceáre, faire des trenchées.
Trinchétto, le trinquet d'vn vaisseau.
Trinci, taillades.
Tricciánte, trenchant, trenchante. Item, Escuyer trenchant. C'est aussi vn frottoir de toile fine, & vne coëffe d'homme ou de femme à mettre la nuict.
Trinciáre, trencher. Découpper les viandes. Découpper vn habit.
Trinciáto, découpé.
Trinciéraménto, &
Trinciéra, tranchée, retrenchement.
Trinciéráre, faire des retrenchemens, se retrencher.
Trinéáre, glisser sur la glace.
Trinélle, petits cordons ou tresses.
Trinéo, traisneau à glisser sur la glace.
Trinepóte, fils du petits fils.
Trinétta, pratique, à traisnette, tresse, petit cordon.
* *Trinfáre*, gazoüiller comme vne arondelle.
* *Trínga*, poulle d'eau.
Trinitá, la Trinité.
Trínna, espace de trois ans.
Trinnio, aagé de trois ans.
Tríno, de trois personnes, triple.
Trinómio, à trois noms.
Trinóttio, espace de trois nuits.
Trinzáre, gazoüiller comme vn oiseau. pron. *ts*.
* *Trinzánte*, Escuyer trenchant. pron. *ts*.
Trióne, estoilles appelées le chariot.
Trionfále, triomphant, de triomphe.
Trionfánte, triomphant, triomphante.
Trionfáre, triompher.
Trionfatóre, triomphant, qui triomphe.
Trionfétto, &
Trionfíno, le jeu de la triomphe.
fàr a trionfini di Madáma, joüer au jeu de la triomphe de Madama .i. prendre à toutes mains, dérober, & assassiner. Cela se dit d'vn Gouuerneur de Prouince, qui ruine le peuple.
Triónfo, triomphe.

Trionfo, en jargon, vne chaisne.
Triorca, sorte de centauree.
* Triorco, vn busard.
Tripára, & trippára, & triparóla, vne tripiere.
Tripárco, fort auare.
Tripartíre, partager en trois.
Tripartíto, party en trois.
Tripe, sorte de ver ou tigne qui ressemble à vn moucheron.
Tripedále, de trois pieds.
Tripláre, &
Triplicáre, tripler.
Triplice, triple.
Triplicità, triplicité.
* Triplo, triple.
Tripode, à trois pieds. Vn treteau. Item, vne sorte d'instrument de musique.
Tripodi, du tripoly.
Tripolia, Idem.
Tripolio, sorte de camomille, selon aucuns, du turbit.
* Tripotiére, tripottier.
Trippa, trippe. Item, trippe de veloux.
Trippe alla gátta, vendeur ou crieur de trippes pour les chats à Rome.
Trippaccia, vilaine trippe.
Trippára, trippiéra, trippiere, vendeuse de trippes.
Trippóne, grosse trippe. Item, vn gros ventru.
* Tripudiáre, dancer, trepigner.
* Tripúdio, sorte de dance. Item, sorte d'augure.
Triregno, triple couronne, du Pape.
Triréme, galere, mot tiré du latin.
Triságine, germandrée.
Triságio, sorte de gros drap.
Trisáuo, trisánolo, pere du bisayeul, trisayeul.
Trisciáto, propre, gentil, poly.
Trispiggio, tremblement.
Trissa, vne sorte de claye.
alla Trissa, méchamment.
Trissaccinólo, vn petit finet. Item, flouet, maigret.
Trisamente, tristement.
Tristan vólo, mal-sain, greslé de corps, de peu d'esprit. Vn finet, qui se dit d'vn enfant. pron. is.
Tristáre, s'attrister.
Tristarélo, vn petit meschant ou malicieux.
Tristezza, malice, meschanceté. Et tristesse. pron. e fermé, & les zz comme ts.
Tristincúlo, vne cresserelle.
Tristíssimo, tres-meschant.
Tristitia, meschanceté. Et tristesse.
fár le Tristitie, nous disons, faire la pauureté .i. l'acte charnel, ou plustost faire la méchanceté.
Tristo, méchant. Et triste, dolent.
Trisúlca, à trois sillons.
Trita, commune. Item, hachée, & battuë ou mortifiée comme la chair.
Tritaménte, par le menu.
Tritaménto, hachement.
Tritáre, chappeler, hacher menu, escacher, froisser. Item, battre le grain. Par Metaph. presser, empescher le souffle en parlant.
Tritáua, tritáuola, mere de la grande mere.
Tritáuo, tritáuolo, pere du bisayeul.
Tritéa, fiévre tierce.
Tritélli, chappeleures de pain.
Tritéllo, sorte de petit pain, ou plustost ce que l'on tire du son, qui est vne farine grossiere; ou vn son fin.
Tritéra, caquet de commeres.

* Trítico, toutes sortes de grains, & proprement du forment, mot tiré du Latin.
Tritináre, crier comme vn oison.
Trito, haché, battu, mortifié, commun.
Tritoláre, chappeler le pain.
Tritolo, vne bouchée ou morceau.
Tritóne, vn Triton. pron. o fermé.
Tritóno, & tritúono, triton, terme musical. pron. o ouuert.
* Tritório, feu, mort.
Tritúme, miettes, morceaux, chappeleures.
Tritúra, hacheure.
Trituráre, hachotter.
Triturattúra, hachotteure.
Triuélla, vne tarriere.
Triuelláre, percer.
Triuellíno, &
Triuéllo, vn foret. Item, vn villebrequin.
Triuellóne, vne tarriere.
Triuertino, sorte de pierre fort dure.
Triniále, triuial, commun, de peu de prix.
Triuio, carrefour de trois ruës. Item, vne cabane, & vn marché.
Triumvirále, de triumvirat.
Triumviráto, triumvirat.
Triumviro, Triumvir, l'vn du triumvirat.
Trinolo, sorte de chardon, chausse-trape. Item, vne sorte de moulin.
Trinolóso, plein de troubles. Item, remply de chardons.
Tribácica, façon ou folastrerie de femme, pour inciter à luxure.
Trocciola, vne poulie. Item, petite roüe.
Trocasíla, tresile, filiere.
Troféo, trophée.
Trogliére, bredoüiller.
Troglio, begue, bredoüilleur.
Trogóne, sorte d'oiseau de nuit.
Troia, truye.
Troiáre, cochonner.
Troiáta, vne portée de truye, vne cochonnée.
Trómba, trompette. Le canal d'vne pompe. pron. o fermé, & la mesme pompe, genoüillere de botte.
Trómba marina, trompe marine, instrument.
Trómba sórda, vne sourdine.
Trómba, en jargon, vne pistolle.
Trómba di fuóco, trompes de feu.
tornár cou le Trómbe nel sácco .i. n'auoir pas ce que l'on desire.
Trombáre, trompeter.
mi Trombáno le orécchie, nous disons, les oreilles me cornent.
Trombár aqua, tirer l'eau auec vne pompe.
Trombatóre, trompette, qui sonne de la trompette.
Trombeggiáre, trompeter.
Trombeggiáta, son de trompette.
Trombétta, trompette, & celuy qui sonne.
Trombettáre, trompetter, sonner de la trompette.
Trombettáro, trombettiére, &
Trombétto, trompette, qui sonne de la trompette.
Tromboncíno, petite sacqueboute.
Trombóne, sacqueboute. Item, vn butor, oiseau. Va aillot, fleur jaulne.
Tronadóri, petards, fusées, &c.
Tronáre, tonner.
Troncafíla, tresile, filiere, & trenche-file.
Troncaménte, à bastons rompus.
Troncaménto, trenchement, retrenchement.
Troncáre, tronquer, coupper, retrencher, entre-coupper.

Tronco, tronc. Item, vn lourdaut.
Trónco, entrecouppé, tronqué, pont *troncáto*.
Tróncoli, beatilles, petite oſte.
Troncóne, tronçon de lance. Item, vn gros tronc.
Tronéra, cannoniere, embraſeure.
Tronfáre, *tronfiáre*, ronfler. Item, triompher aux cartes, faire à tout. Et s'enfler, ſe bouffir.
Tronfiézza, enflement. pron. *ts*.
Trónfio, *tronfo*, enflé d'orgueil, bouffy de gloire. Item, le jeu de la triomphe.
Troniéra, embraſeure, cannoniere.
Tróno, Throſne. Item, le bruit du tonnerre. C'eſt auſſi vne monnoye Venitienne, qui vaut vne liure du pays, ſix ſols, & huict de noſtre monnoye.
Trónzolo, crotte d'animal. pron. *ts*.
Tropéllo, trouppeau, mot tiré de l'Eſpagnol.
Tropiccáre, broncher.
Tropicciáre, frotter.
Trópico, Tropique.
Trúppa, vne trouppe. pron. *o* fermé.
Tróppa cárne, trop de viande. pron. *o* ouuert.
Troppézza, le trop. pron. *ts*.
Tróppi, trop au plurier. pron. *o* ouuert.
Tróppo, trop, ſelon aucuns, beaucoup. prononcez *o* ouuert.
Tróſcia, la raye que fait l'eau de la pluye ſur terre. Et l'eau de la pluye qui s'arreſte dans vn creux.
Troſciáre, pleuuoit fort. Et s'arreſter l'eau dans vn creux, faire vne mare de pluye.
Tróſcio, vn raſteau, vn train de bois qui ſert à paſſer comme ſur vn pont.
Tróſſula, vne mignarde.
Tróſſulo, vn mignon. Item, le nom d'vn ſoldat à cheual, anciennement à Rome.
Tróta, *trótta*, vne truitte, poiſſon.
Trotánte, trottant. Item, vn cheual, en jargon.
Trottáre, trotter, aller le trot.
Trottatóre, trotteur.
Trottiére, le trottoir où l'on fait trotter vn cheual.
Trótto, le trot du cheual. pron. *o* ouuert.
Ella va il Tróto e'l ſtraſcináto, elle va le trot, & le pas coulant, ou l'amble .i. elle eſt mediocre, elle eſt entre deux, telle quelle.
Trotto d'áſino póco dúra .i. il entreprend plus qu'il ne peut.
Tróttola, vne toupie.
Trottoláre, tourner comme vne toupie. Item, aller entre l'amble, & le trot, & trottiner, rouler.
Tróttolo, le traquenard. Item, roulade, ſelon aucuns, vne truitte. Et vne toupie.
Trottóne, vn grand trotteur. Et grand trot.
Trouadéllo, &
Trouaménto, innention.
Trouáre, treuuer, trouuer, inuenter, rencontrer quelqu'vn. Se trouuer en vn lieu.
ei Tróua .i. il inuente, il ment.
non Tróua luógo, il eſt eſperduëment amoureux ou affligé, il ne ſçait où ſe fourrer, cela ſe dit auſſi pour ceux qui ſont malades, & qui ne peuuent trouuer place.
Tróuar il Diáuol nel caríno, trouuer le Diable dans la jatte .i. arriuer quand on a deja diſné ou ſouppé.
Trouáto, inuention, trouué, & inuenté.
Trouatóre, inuenteur.
Trouatrice, inuenteuſe, inuentrice.
Trouéuole, qui ſe peut trouuer ou inuenter.
Trozzáre, tracer. Item, eſgorger. pron. *ts*.
Tróẑẑe, balles de bois à trauers leſquelles l'on fait couler des cordages, racques ou raccages, pron. *ts*.

Trozzétto, petit ſentier.
Tróẑẑo, chemin, route. pron. *ts*.
Trúcca, vne trucheuſe, & vne contreuſe.
Trucciáre, en jargon, trucheur, & larron.
Truccáre, troequer.
Truccáre, en jargon, trucher, gueuſer, fuïr, dérober.
Truccár in codognáto, en jargon, s'enyurer.
Trúcco, vn billard, & vne bille en jouant.
Trúcco, en jargon, vn baſton, vne excuſe pour attraper de l'argent.
* *Trúce*, cruel, fier.
* *Trucidáre*, meurtrir, tuër.
* *Truciuláre*, tondre. C'eſt auſſi ce que nous diſons vulgairement, muſer.
Trucíra, cruauté, meurtre.
Truciláre, gazoüiller, piauler. Item, meurtrir.
* *Trúco*, cruel.
* *Truculénte*, fier, horrible, terrible.
* *Truculénza*, cruauté, fierté. pron. *ts*.
Trúffa, piperie, tromperie, malice, fourbe. Item, vne ſorte de cruche.
Truſſaldíno, vn fourbe.
, *Truſſáre*, tromper.
Truffarello, petit fourbe.
Truffaría, tromperie.
Truffaínola, vne trompeuſe.
Truffatóre, &
Truffiére, trompeur, fourbe.
Truffoli, ſelon aucuns, des tartelettes.
* *Truggioláre*, houſpiller.
Trúgolo, auge de porc.
Trúlla, vne jatte, vn baſſin de chaire percée. Item, vne ſaloppe ou caignardiere.
Trulláre, peter.
Trúllo, vn pet. Vn trou puant. Vn baſſin ou pot à chier, ſelon aucuns, vn rouget.
Trúogo, *truógolo*, &
Trúogolo, auge de pierre ou de bois, dans quoy l'on donne à manger aux porcs, & aux volailles.
Truóno, tonnerre.
Truouáre, trouuer, inuenter, & quelquefois chercher.
Truouáami vn ágo ó vno ſpíllo, cherche-moy vne aiguille ou vne eſpingle.
Truouáto, inuention.
Trúppa, trouppe.
Truppáre, mettre en trouppe.
Truſciáre, faire du bruit des léures.
Trúſcio, bruit des léures en flattant vn animal.
Trúſulo, vn nain.
Trúta, vne truitte.
Trutánno, vn fainéant, vn truand.
Trutiláre, *truitiláre*, gazoüillet ou ſiffler comme vn merle.
Trutina, vne petite truitte. Item, vne recherche. La languette d'vne balance.
* *Trutináre*, rechercher, conſiderer, examiner.

T V

TV, toy, tu.
ſtár à Tu per tu .i. reſponder point pour point, de point en point, faire teſte, repliquer à tout ce que l'on dit.

T V

Túa, ta, tienne.
Tuáca, sorte de liqueur qui sert de breuuage.
Tuáre, tutoyer, tuiayer.
* *Túba*, trompette, mot Poëtique.
* *Tubatóre*, trompette ou trompetteur.
Tubera, racine de fleur comme d'anemone, &c. Item, vne tache, vne marque.
Tubércoli, tannes, pustules.
Tubero, bosse, enfleure. Item, nœud d'arbre. Vne sorte de gale qui croist sur les feüilles des arbres.
Tubero di terra, nombril de terre, pain de pourceau.
Tuberóso, plein de bosses, ou de nœuds.
Tubertána, vn grenat.
* *Tubicína*, vn trompette.
* *Tubicináre*, trompetter.
Tubo, vn tuyau.
Túcia, tutie.
Tudérna, sorte de raisin.
Tudíce, balle d'IMPRIMEUR.
Tudésco, Allemand.
* *Tudiáno*, vn niais, vne grosse teste sans ceruelle.
Tudóne, vn butor.
Túe, pour toy, qu'on dit à Florence, lequel est trop affecté.
Tuéllo, la racine de l'ongle, partie où est contenuë la racine de l'ongle.
Tuéndo, qui se doit garder ou maintenir.
Tuffáre, plonger, tremper.
Tuffáta, vn plongement.
Tuffatóre, plongeon, plongeur.
Tuffo, le mauuais goust du vin ou autre chose, pointe. Item, plongement, renuersement. Et tourbe que l'on brusle.
Tuffoláre, plonger. Item, engraisser.
Tuffolótto, potelé, gras, charnu.
Túfo, du tuf.
Tuguriétto, petite cabanne.
Tugúrio, cabanne de pasteur.
Tuiétto, vn petit regard.
* *Tuíre*, regarder fixement.
Tuíssimo, entierement tien, tout à fait tien ou à toy.
Tuitióne, tuition.
* *Túito*, regard fixe.
Túl, til, tu le.
Tuliáne, sorte de cerises.
Tulípa, vne tulipe, mot poëtique.
Tulipáno, vne tulipe.
* *Túma*, du caillé.
Tumásso, fourmage escresmé.
* *Tuménto*, toille de cotton.
* *Túmere*, s'enfler.
Tuméto, vne tumbe.
Tumidaménte, auec enflement. Item, dédaigneusement.
Tumidétto, vn peu enflé.
Tumidézza, enfleure, enflement de gloire. prononcez *ts*.
Tumidíre, s'enfler. pres. *tumidisco*, ce verbe est plustost impersonnel qu'autre, & cela est terme de riuiere.
Túmido, enflé.
Túmulo, le faiste ou comble. Item, sepulchre ou tombeau.
Tumóre, tumeur, enfleure.
Tumorosità, Idem.
Tumoróso, plein de tumeurs.
Tumuláre, entasser, amonceler. Item, enterrer.
* *Tumulénte*, yure.

T V

* *Tumulénza*, yurongnerie. pron. *ts*.
Túmulo, tumbeau, & comble.
Tumúlto, tumulte.
Tumultuáre, tumultueux, tumultueuse.
Tumultuáre, faire tumulte.
Tumultuário, tumultuaire.
Tumultuóso, tumultueux.
Tunára, la pesche des Tons.
Túne, perdrix des terres neufues, gelinotte d'Affrique.
Túnica, tunique.
Túo, tien, ton.
Tuói, tes, tiens.
Tuonánte, tonnant.
ditì Tonánte, mot qui se dit par raillerie pour Iupiter.
Tuonáre, tonner. Item, estonner.
Tuoneggiáre, tonner. Item, sommeiller.
* *Tuonítro*, &
Tuóno, tonnerre, bruit du tonnerre. Ton de voix. Renommée, bruit. pron. *o* ouuert.
Tuór, *tuórre*, oster, prendre. pres. *tólgo*, *tógli*, *tóglie*, imparf. *togliéua*, parf. *tólsi*, part. *tólto*, fut. *torrò*, opt. *tólga*, imparf. *togliéssi*, & *torréi*.
Tuordéllo, vne griue.
Tuórdo, Idem.
Tuórlo, le jaulne de l'œuf. Metaph. le centre, & le meilleur de quelque chose.
Tuórre, prendre, oster: voyez quatre lignes plus haut, *tuòr*.
Tuppíti, le patapan du tambour.
Túppo, toupet.
Tuófca, vne bourse, en jargon.
Turacéllo, *turráccio*, &
Turácciolo, vn bondon, vn bouchon.
Turáglio, vn bouchon.
Turáre, boucher.
Túrba, trouppe, le commun peuple. C'est aussi de la tourbe que l'on brusle en Hollande. Item, trouble, débat.
Turbábile, facile à troubler.
Turbaménto, troublement.
Turbánte, vn turbant.
Turbáre, troubler.
Turbatióne, trouble, perturbation.
Turbatéllo, vn peu troublé.
Turbatóre, perturbateur, troubleur.
Turbatríce, perturbatrice.
Turbélice, sorte d'oiseau.
Turbéuole, qui se peut troubler.
* *Turbíce*, vne toupie.
Turbidáre, troubler.
Turbináre, faire des tourbillons.
Túrbido, trouble, obscur.
Turbíne, orage de vent, tourbillon. Item, vne toupie. Vne sorte d'alembic. Vn poisson appelé Turbin. Et vn pic, oiseau.
Turbit, du turbit, drogue.
Túrbo, trouble, & tourbillon. Obscurité.
Turboléuto, turbulent.
Turbóne, vn fendant, vn rodomont.
Turbulénte, turbulent.
Turbulénza, turbulence. pron. *ts*.
Turcásso, carquois.
Turchésa, vne turquoise.
Turchésco, de Turc.
Turchía, Turquie.
Turchimáno, trucheman.
Turchína, turquoise.

Zzz

546 TV

Turchino, bleu.
Turchino sbiadato, bleu clair ou bleu mourant.
Turcico, bled de Turquie.
Turcimanno, truchemant, & entremetteur de quelque affaire.
Turco, vn Turc, & vn cheual de Turquie.
Turdella, *turdo*, vne griue.
Turchesia, vne turquoise.
Turetuole, qui se peut boucher.
Turgere, s'enfler. parf. *turgetti*, & *turst*.
Turgidezza, enfleure. pron. *ts*.
* *Turgidire*, s'enfler. pres. *turgidisco*.
* *Turgido*, enflé.
Turginto, Idem.
Turibile, *Turibolo*, encensoir.
Turini, sorte de mousserons ou champignons.
Turlante, en jargon, vne porte.
Turlurù, tourloure, tourlourette. Item, vn badin.
Turlurullare, chanter turlure ou tourlourette, gazoüiller comme vne alloüette, tirelirer.
Turlurillo, le tirelire de l'alloüette.
Turna, trouppe.
Turpare, soüiller.
* *Turpedine*, *turpezza*, salleté.
* *Turpidire*, soüiller. pres. *turpidisco*.
* *Turpido*, sale, vilain, des-honneste.
Turpilla, Torpille, poisson.
* *Turpiloquio*, discours sale.
Turpilucro, gain des-honneste.
Turpissimo, tres-vilain.
Turpitudine, saleté.
Turpore, engourdissement.
Turrapia, sorte de raisin.
Turribulo, encensoir.
Tursione, esturgeon, selon aucuns.
Turinsetto, tendron, troignon.
* *Turuglione*, vn mignon.
Tusanti, la Toussaints.
Tuscio, sorte d'encens.
Tuso, broyé.
Tussilagine, pied de poulain, herbe.
Tussire, tousser.
Turamente, seurement.
Tutelare, auoir en sa garde ou tutelle. Item, tutelaire.
Tutelario, tuteur, curateur.
Tutia, tutie, drogue.
Tutillare, siffler comme vn merle.
Tutione, tuition.
Tuto, seur, asseuré.
Tutore, tuteur.
Tutoria, tutelle.
Tutorio, de tuteur.
Tutrice, tutrice.
Tuttafiata, tousiours, sans cesse, de plus en plus, toutes & quantes-fois, en continuant.
Tuttauia, Idem, toutefois, si est-ce que.
Tuttauia che, encore que.
Tuttauolia, toutefois, neantmoins, tousiours, sans cesse.
Tuttbora, à toute heure, tousiours en continuant.
Tuttiquanti, tous, tout autant qu'il y en a, tres-tous, mot commun.
Tutisanti, la Toussaints.
Tutto, tout.
Tutto che, bien que.
Tuttoquanto, entierement, tout entierement.

TV VA

Tutto & per tutto, en tout & par tout.
Tuttóra, à toute heure, tousiours, continuellement. pron. o fermé.
Tuttosì, aussi.
Tuttuno, tout vn.
Tuttutto, tout à fait.
Tutulo, vne tresse de cheueux en forme de toupet sur la teste des Matrones.
Tuzzolare, frapper à la porte. pron. *ts*.

V

Vé où? en quel lieu. Item, vous.

VA

VA, du verbe, *andare*, il va, ou va, imperatif.
ci và danári, il y faut de l'argent, pour *ci Vuól danári*.
Và fatto così, & *così*, il faut faire comme cela, & comme cela.
le parole di Dio Vanno obedite non consultate, les parolles de Dieu doiuent estre obeys, & non pas consultées.
così Và détto, voila comme il faut dire.
Và altéro, il est glorieux, il se va glorifiant.
* *Vacantaria*, vacance, selon aucuns, vanterie.
Vacánte, vacquant, vacquante.
Vacánza, vacance, vacance de benefice, vacation. pron. *ts*.
Vacáre, vacquer. Item, vuider.
Vacatióne, vacation.
Vacáto, finy, manqué, acheué, vuidé.
Vácca, vache.
Vácche, macquereaux aux jambes ou aux cuisses.
Váca, sorte de poisson.
Vácca del giuóco, déception, collusion.
*la Vácca è nóstra .i. l'affaire vaut fait, c'est pour nous, cela est à nous.
Vaccáccia, grosse vache, & chair dure de vache.
Vaccaménte, comme vne vache.
Vaccareccia, de vache. Item, chair de vache.
Vaccarilla, petite vache.
Vaccáro, vacher.
Vaccheggiáre, faire la vache, estre garce.
Vacchétta, petite vache. Item, cuir de vache.
Vaccina, à Rome, chair de boeuf.
Vaccináro, boucher.
Vaccíno, fromage de laict de vache.
Vaccíno, beste bouuine, né de vache.
Váccio, prompt, viste, promptement.
Vaccondccia, grosse vache, grosse garce.
Vaccúccia, petite vache.
*è come la Vaccúccia .i. bon, & propre à beaucoup de

VA   VA   547

choses. La petite vache filoit auec la langue, & deuidoit auec ses cornes.
Vacerra, vn garde-manger.
Vacile, vn bassin où lauoir.
Vacillamento, branslement, vacillement.
Vacillante, branslant, inconstant.
Vacillare, vaciller, n'estre pas attentif, réver, fantastiquer.
Vacilloso, vacillant, inconstant.
Vacinio, baye, graine.
Vacquatiù non ne trouarebbe il bandolo, vacquatou n'en trouueroit pas le bout .i. l'affaire est obscure, & embroüillée, il n'y a ny fonds ny riue, mot de raillerie.
Vacuare, éuacuer.
Vacuatione, éuacuation.
Vacuità, le vuide, vacuité.
Vacuitino, laxatif.
Vacuo, vuide.
Vada, vade en joüant à la prime.
Vadare, guayer, guéer, passer au gué.
Vadasile, guéable.
Vadia, sorte d'habit de deüil que les vefues portent à Venise.
Vadimonio, iour de comparition.
Vado, vn gué.
Vadoso, guéable.
* Vaframento, ruse, finesse.
* Vafrino, vn rusé, vn adroit.
* Vafro, fin, rusé.
Vagabondare, courir par le monde, estre vagabond.
Vagabondo, vagabond.
Vagante, course vagabonde.
Vagante, errant, errante, vagant, vagante.
Vagare, aller errant, errer.
Vag.ir per l'animo, rouler par l'esprit.
Vagatione, distraction d'esprit.
Vagellaio, Teinturier qui se sert d'vne grande chaudière.
Vagellamento d'occhi, tournoyement d'yeux.
Vagellare, vaciller. Item, tourner les yeux à la teste.
Vagelletto, vn petit pot longuet.
Vagello, grande chaudière. C'est aussi toutes sortes de pots longuets.
Vagghire, crier ou heurler. pres. vagghisco. pron. ghi comme gui François.
Vagghito, cry, heurlement, prononcez ghi comme gui François.
Vaggire, crier comme vn enfant.
Vagheggiamento, regard amoureux, regard attentif. pron. ghe comme gue François.
Vagheggiare, regarder, courtiser des yeux, faire l'amour des yeux, voir auec plaisir, faire les doux yeux. Item, contempler, cajoller. prononcez ghe comme gue François.
Vagheggiatore, vn amoureux, vn qui courtise, cajolleur. pron. ghe comme gue François.
Vagheggiatrice, vne amoureuse, qui fait les doux yeux. pron. ghe comme gue François.
Vagheggino, vn amoureux, vn qui fait les doux yeux. pron. ghe comme gue.
Vaghezza, gentillesse, grace, desir, enuie, plaisir, amour. prononcez ghe comme gue, & les zz comme ts.
Vaghissimo, tres-gentil, tres-desireux. prononcez ghi comme gui.
Vaghire, donner de l'amour. pres. vaghisco. pron. ghi comme gui.

Vagillare, vaciller.
Vagilloso, qui vacille.
Vagimento, cry d'enfant.
* Vagina, vne guaine.
Vaginare, enguainer.
Vagire, crier comme vn enfant. pres. vagisco.
Vagito, cry d'enfant.
Vaglia, valeur.
Vagliare, cribler, & vanner.
Vagliami il vero, sorte d'affirmation, en verité, à dire le vray.
Vagliatore, cribleur.
Vagliatura, cribleure.
Vaglio, crible, & van. Item, éualuation.
Vaglione, grand crible.
Vagnele, par l'Euangile.
Vago, vn amoureux, vn amant curieux.
Vago, vague, errant. Gentil, desireux, curieux.
Vagolaggine, faineantise, niaiserie.
Vagolare, estre faineant, badiner, niaiser.
Vagolo, niaiseur, badin.
Vah, ouah, hà, ach, voix de celuy qui rotte ou qui se plaint.
Vaidua, sorte de vigne.
Vaiano, sorte de raisin noir.
Vaiaro, fourreur.
Vaiezza, noirceur, noircissement de fruits. prononcez ts.
Vaio, qui noircit, proprement des fruicts.
Vaio, animal appelé vair. C'est aussi la peau que nous appelons petit gris.
Vaiolato, noircissant, noircy comme le fruit.
Vairaro, fourreur.
Vairone, vn goujon.
Vaiuolo, la petite verolle.
Vaiuolato, plein de petite verolle.
Valanghino, sorte d'outil de Mareschal. pron. ghi comme gui.
Valcare, passer vne eau ou montagne.
Valcana, vne valée creuse. Item, la nature de la femme.
Valchera, presse où l'on foule les draps.
Valco, passage, gué.
Valcostura, valée profonde.
Valdrappa, vne housse.
Valendarno, faineant.
Valente, habile, docte. Et vaillant, vaillante. pron. e ouuert.
Valenteria, habileté. Valeur, vaillance.
Valentia, Valentigia, Idem.
* Valentre, vaillant.
* Valentria, Valentrigia, vaillance, vaillantise.
Valenza, valeur. pron. ts.
Valenza, Valenzana, serge à faire des pentes. Item, la pente mesme, & vne sorte de couuerture. pr. ts.
Valere, valoir. pres. vaglio, vali, vale, vagliamo, valete, vagliono, impart. valeuo, parf. valsi, part. valuto, fut. varrò & valerò, opt. vaglia, imparf. valessi, & varrei, ou valerei.
Valersi d'vna cosa, se seruir, se préualoir.
Valeriana, Valeria, valeriane, plante.
Valetudinario, maladif. Item, hospital de malades.
* Valetudine, santé.
Valeuole, valable, vtile, profitable.
Valeuolezza, validité. pron. ts.
Valgare, marcher les iambes en dehors.
* Valgia, moüe, grimasse.
Valgia, sorte de ciseau.

Zzz ij

VA

Valgére, faire la moüe. pref. *Válgio*, & *Válgiſco*.
Válgo, caigneux, qui porte la jambe en dehors.
Valicáre, paſſer.
Valicáta, paſſage que l'on fait en paſſant, ſelon aucuns, vne fois.
Valichéuole, qui ſe peut paſſer.
Válico, paſſage.
Validità, validité.
Válido, valide.
Valígia, valiſe.
égli è in Valígia .i. il eſt en colere.
entrár in Valígia .i. ſe mettre en colere.
Valigiáre, mettre dans vne valiſe.
Valigiáio, *Valigiáro*, faiſeur de valiſes, malletier, bahuttier, par Metaph. homme coleric, ſujet à colere.
Valigiétta, petite valiſe.
Valigíno, Idem.
Valigióne, grande valiſe.
tenérla nel Valigióne, le tenir dans ſa valiſe : nous diſons, le tenir dans ſa manche, en eſtre aſſeuré. D'autres l'expliquent, eſtre attrapé, en tenir.
Valiménto, valeur, éualuation.
Valizzáre, applanir, égaler. prononcez les *zz* comme *dz*.
* *Valláncbe*, auallanches de neige.
Valláre, enuironner de vallées. Item, bloquer.
Valláre, de vallée.
Valláta, vallée, *Valláda*.
Velláto, vn val.
Válle, vn val, valon.
à Válle, à val, à vau, en embas.
Válle di Comácchio, par Metaph. le cul, & la nature de la femme.
Valléa, vallée.
Valletta, petite vallée.
Vallétto, valet. Item, petit val.
Vallicélla, petite vallée.
Vallicóſo, plein de valons.
Vállo, val. Item, vn bouleuard, vn pal ou pilier.
Valloncéllo, petit valon.
Vallóne, vne grande valée. Item, Valon de nation.
Vallónia, ſorte de barquette.
Vallóſo, plein de valons.
* *Valltra*, vallée.
Valoráre, éualuer.
Valóre, valeur.
Valoría, valeur, vaillance.
Valoroſità, Idem.
Valoróſo, valeureux.
il Valſénte, la valeur. Item, le vaillant, les biens que poſſede vn homme.
Válſo, *Valſúto*, valu.
Válua, l'entrée de la chambre ſecrette ou priuée, d'vn grand Prince. Item, value.
Valuaſſóre, Huiſſier de la chambre priuée. Par ironie, vn grand habile homme.
Váluolo, eſcoſſe de pois ou de féve.
Valúta, la valeur, le prix.
Valutáre, éualuer, faire valoir.
Valúto, valu.
Válulla, valué.
Vámpa, ardeur, feu clair, flambe.
Vampáre, *Vampeggiáre*, bruſler clair, flamber. Item, bruſler de colere, eſtre enflammé.
Vampoſóſo, *Vampóſo*, enflammé.
Vanaglória, vaine gloire.
Vanagloriáre, eſtre plein de vaine gloire.

VA

Vanaglorióſo, plein de vaine gloire.
Vanáre, radotter.
Vanarélla, vn petit glorieux.
Vanázzi, grandes aiſles. pron. *tſ*.
Vanéggia, réverie, radotterie, vanité. Et vn lieu vuide.
Vaneggiaménto, radotterie.
Vaneggiánte, réveur, radotteur, réveuſe, radotteuſe.
Vaneggiáre, réver, radotter, dire des réveries. Item, branſler la teſte par vanité, entrer en vanité.
Vaneggiatóre, radotteur.
Vanéllo, vn vanneau.
Vanézza, vanité. Et place vuide. pron. *tſ*.
Vánga, vne beſche.
il mánico de la Vánga, le manche de la beſche. Metaph. le membre, ou pluſtoſt vn godemichy.
andár à Vánga, cela ſe dit quand les affaires vont heureuſement, & à ſouhait, proſperer.
hauér la Vánga pr il mánico .i. entendre le point d'vne affaire.
Vangaiuóla, ſorte de ret à peſcher. Et vne petite beſche.
Vangáre, beſcher.
Vangaruóla, ſorte de ret.
Vangáta, *Vangáto*, terre beſchée.
Vagaticcio, propre à beſcher.
Vangélio, Euangile.
Vangeliſta, Euangeliſte.
Vangelizzáre, preſcher l'Euangile. pron. les *zz* comme *dz*.
Vangélo, Euangile.
Vanghétta, petite beſche. pron. *ghe* comme *gue*.
Vangile, c'eſt vn petit fer d'vne beſche, qui ſert à mettre le pied deſſus.
Vanguardia, auant-garde.
Vania, réverie.
* *Vanicola*, qui s'attache à la vanité.
* *Vanídio*, qui parle vainement.
* *Vaniloquénza*, parler vain. pron. *tſ*.
Vaniánte, qui réve, qui radotte.
Vaníre, s'éuanoüir, deuenir vain. Item, iniurier. pref. *Vaniſco*.
Vanità, vanité.
Vannáre, vanner. Item, battre des aîſles.
Vánne, va-t'en, pour *Váttene*.
Vánni, mot Poëtique, les aîſles.
Vánno, vn van.
Váno, vain, vuide, inutile. Item, le vuide de quelque choſe.
in Váno, inutilement.
Váno di téſta, *la téſta Vána* .i. qui branſle la teſte.
Vantaggiáre, aduantager, ſurpaſſer, acquerir, auoir de reſte, eſpargner.
Vantaggiáto, tres-bon, Riche. Item, ſoldat appointé.
Vantággio, aduantage.
di gran Vantággio, de beaucoup.
Vantaggióſo, qui cherche touſiours ſon aduantage. Item, aduantageux.
Vantaggiézzo, vn petit profit ou aduantage. prononcez *tſ*.
Vantaménto, vanterie.
Vantáre, vanter.
Vantatóre, vanteur.
Vantatríce, vne vanteuſe.
Vantéuole, qui ſe peut vanter.
Vánto, vanterie. Item, renommée, & reputation,

VA

& quelquefois pour actions heroïques.
dárſi Vánto, ſe vanter.
tóglier il Vánto, emporter le prix, ſurpaſſer.
à Vanuára, au hazard.
Vapicáre, ſaiſir, prendre.
Vapiditá, puanteur, mauuais gouſt.
Vápido, de mauuais gouſt.
Vaporábile, qui ſe peut euaporer.
Vaporále, qui procede de vapeur.
Vaporáre, euaporer, enuoyer des vapeurs.
Vaporatióne, euaporation.
Vapóre, vapeur, exhalation.
Vaporitá, Vaporoſitá, euaporation.
Vaporóſo, plein de vapeurs, fumaux.
Váppa, vin bas, vin qui a perdu ſa force. Metaph. homme ſans raiſon.
Vappóne, ſorte d'inſecte qui vole.
Vára, ſorte de raiſin. Vne ſorte de barquette. Item, vne fourche fichée en terre pour ſouſtenir ou ſeruir d'arreſt, ſelon aucuns, la verole.
Varáre, lancer vn vaiſſeau. Item, tourner la jambe en dedans.
Várca, paſſage, le cours de la vie. Item, vne barque.
Varcáre, paſſer vne eau ou vne montagne.
Varchétto, vne coulée pour prendre des liévres au paſſage auec vn collet.
Várco, paſſage. Item, vne ſorte de meſure de terre.
Várco di faſcine, vne voye ou charge de fagots.
* *Vardáre, guardáre*, regarder.
Varélla, barquette.
Várgo, l'eſpace entre les baſtons d'vn roüet à filer. Item, vne croiſſance en l'aine.
* *Várgno*, qui parle gras.
Vária, vn ſorte de geay.
Variábile, variable.
Variabilità, humeur variable, variation.
Variaménte, diuerſement.
Variaménto, changement, variation.
Variána víte, ſorte de vigne.
Variánte, changeant, diuers, diuerſe.
Variáre, changement. pron. *ís*.
Variáre, changer, varier. Eſtre different, differer.
Variataménte, diuerſement.
Variatióne, changement.
Variáto, varié, changé.
Várica, vne veine enflée pleine de ſang corrompu, varice.
Varicáre, tranſgreſſer, preuariquer. Item, aller de trauers.
Várice, veine enflée, & pleine de ſang corrompu, varice.
Varicóla, Idem.
Varicóſo, qui a les veines enflées.
Varietà, varieté.
Variévole, variable.
Varíle, vn baril.
Variloquénte, qui parle diuerſement.
Vário, diuers, variable, different. Item, vair ou petit gris, ſelon aucuns, vne truite.
Varipéde, pied tortu.
Varlótto, barillet.
Várna, engin ou machine à monter ou affuſter l'artillerie.
Váro, Váio, petit gris. Vair, en terme de blaſon.
Váro, pour *Vário*, diuers. Item, crochu, tortu.
Váro, vne Haute ſurquoy l'on conſtruit vn vaiſſeau.

VA 549

Varóla, verolle. Item, var oulubin, poiſſon.
Varoláre, infecter de verolle.
Varóle, la petite verolle. Item, bouttons.
Varólo, ſorte de poiſſon de mer, lubin, var. Item, la petite verolle.
Varolóſo, plain de verolle, verollé.
Varóne, vn goujon.
Varotáio, fourreur.
Várra, barre.
Varrélla, vne brouette.
Várrile, baril.
Varriléro, barillet.
Várvo, ſorte de cormorant.
Varuaſſóre, par deriſion, grand perſonnage.
Varuóla, verolle.
Varuoláre, donner la verolle.
Varuólo, ſelon aucuns, vn poulain.
Vaſáio, potier de terre.
Váſca, vne tine, vn baſſin de fontaine.
Vaſcalágine, cameleon, herbe.
Vaſcápo, ſorte d'habit de Moine.
Vaſcellàio, potier.
Vaſcellàme, Vaſcellaría, vaiſſelle, & vaſes ou pots.
Vaſcelláro, potier.
Vaſcéllo, vaiſſeau.
Váſco, en jargon, Gentil-homme.
* *Vaſcólo*, vn vaſe.
Vaſélla, des vaſes.
Vaſelláio, Potier de terre.
Vaſellàme, vaiſſelle, & vaſes.
Vaſellaménto, Idem.
Vaſelláro, potier.
Vaſéllo, vaiſſeau.
Vaſétto, petit vaſe.
Váſo, vaſe. Metaph. le fondement.
Váſi, planches ou chantiers qui ſeruent à lancer vn vaiſſeau.
Vaſolíno, petit vaſe.
Vaſóne, grand vaſe.
Vaſpína, groſeiller, & groſeille.
Vaſſallágio, deuoir de vaſſal. Item, quantité de vaſſaux.
Vaſſállo, vaſſal.
Vaſſéne, ſe ne và, il s'en va.
Váſſi, ſi và, on va.
Vaſſóio, vne ſorte de cuuette quarrée.
Vaſtaménto, dégaſt.
Vaſtáre, faire dégaſt.
Vaſtérna, littiere.
Vaſtézza, Vaſtità, grandeur, eſtenduë, vaſtité. prononcez *ts*.
Váſto, vaſte, grand outre meſure. Item, gaſté.
* *Váte*, Prophete, deuin.
Vaticináre, prophetiſer, deuineur.
Vaticinatóre, deuin.
Vaticínio, prophetie, prediction.
Vaticíno, prophetique.
Vaticidicénte, prediſant.
* *Vaticídicere*, predire, comme *dire*.
* *Vatidico*, prediſant, qui predit.
* *Vatigáro*, Marchand de beſtail.
* *Vatínio, vatiu*, qui a les jambes tournées en dedans, eigneux.
* *Vairíce*, Idem.
Vaticondío, façon d'écondaire vn pauure, va-t'en à Dieu, ou auec Dieu, quoy que fort improprement on dit *fáiti còn Dio*.

Zzz iij

VA VB VC

Vattína, vn reseruoir ou cisterne. Item, vne mare.
Vattíno, sorte de vase.

VB

V*baldína*, sorte de bignet.
Vbbía, opinion superstiticuse, mauuais présage, horreur, abomination.
Vbbióso, plein de mauuais augure, plein de fantaisie ou superstition.
Vbbidíre, obeïr. pref. vbbidísco.
Vbbriachézza, yvrongnerie. pron. tz.
Vbbriáco, yvre.
* Vberáre, tendre fertile. Item, engraisser.
* Vbéri, tettes, mammelles.
* Vberífero, fertile, abondant.
Vbero, Idem, & vn tuyau.
Vboero, obere, ou aubere, poil de cheual.
Vberosità, fertilité.
Vbertóso, fertile, gras.
* Vbertà, fertilité, abondance.
Vbertiéro, vbertióso, vbertuóso, fertile, gras.
Vbidiénte, obeïssant.
Vbidiénza, obeïssance. pron. tz.
Vbidíre, obeïr. pref. vbidísco.
Vbiéro, aubere, hobin.
Vbinétto, petit cheual d'Irlande, hobin.
Vbíno, aubin d'œuf, le blanc. Item, vn cheual d'Irlande, hobin.
* Vbliánza, oubliance. pron. tz.
* Vblidre, oublier.
* Vbligáre, obliger.
Vbligatióne, obligation.
Vblío, oubly.
Vblióso, oublieux.
Vbriachézza, s'enyvrer.
Vbriachézza, yvrongnerie. pron. tz.
Vbriáco, yvre, yvrongne.
* Vbrigáre, obliger.

VC

V*cellaccio*, vne duppe, vn sot. Item, vn oiseau gourmand.
Vccellággine, &
Vccellaggióne, le temps de chasser aux oiseaux, & la chasse du gibier. Item, volaille, & gibier, & tromperie, dupperie, trait de filou.
Vccelláia, volerie, lieu de chasse pour les oiseaux. C'est aussi vne voliere.
Vccellaio, fauconnier, & oiseleur.
Vccelláme, gibier. Et volaille.
Vccellaménto, chasse d'oiseaux, volerie. Item, tromperie, trait de duppe.
Vccelláre, chasser aux oiseaux, Item, dupper, gausser, mocquer.
può Vccellár sù'l súo, il peut tendre aux oiseaux sur le sien. i. Il a des taches d'huyle sur son habit. C'est à cause que mácchia, signifie vne tache, & vn buisson.
Vccellár cóme Céco Patráccoli, tendre ou chasser comme François Patraccoli. i. à grands coups de baston.

VC VD

Vccellár l'hóste e'l lauoránte. i. prendre plaisir de deux personnes à la fois.
Vccellár à pístole. i. s'arrester à peu de chose.
Vccelláre, vn lieu couuert de plantes ou sauuageons arrengez où l'on prend les oyseaux à la glu.
Vccellaría, tromperie, pipperie.
Vccellatóio, lieu où l'on tend aux oiseaux. Item, où l'on tient les oiseaux.
mandár all' Vccellatóio, enuoyer au lieu où l'on tend aux oiseaux. i. prendre pour duppe, & se gausser de quelqu'vn.
Vccellatóre, oiselier, oiseleur. Item, pipeur, trompeur, duppe.
Vccellatríce, trompeuse.
Vccellessa, femelle d'oiseau.
Vccellétto, oiselet.
Vccelléuole, qui se peut dupper.
Vccelliéra, vne voliere.
Vccellíno, oiselet. Et la vitelette d'vn enfant.
Vccéllo, oiseau.
Vccéllo da válle, vn finet.
Vccéllo del Dúca, vn oiseau comme vn Cigne, qui a vn sac sous le bec, & brait comme vn asne.
Vccéllo d'óro, oriol, oreot, oiseau.
Vccéllo pescatóre, &
Vccéllo Santa María, ou vccél piombíno, pescheur, oiseau.
Vccéllo, pour le membre viril.
Vccéllo, vne duppe, vn sot, nous disons, vn pigeon.
ógni Vccéllo conósce il gráno. i. chacun court aprés le bien.
è méglio ésser Vccéllo di cámpagna, che di gábbia. i. il vaut mieux estre libre que prisonnier, s'ensuir que de se laisser prendre.
Vccellóne, vne grosse duppe, vn gros sot. Item, vn gros oiseau.
Vcchia, vne aiguille à coudre, mot Lombard.
Vcchiéllo, boutonniere, & œillet.
Vccidére, tuër. parf. vccísi.
Vccidítore, tueur.
Vccidítrice, tueuse.
Vccia, & Vccio, terminaisons de diminutifs, comme casúccia, mercantúccio, &c.
Vccisióne, tuërie.
Vccíso, tué.
Vccisóre, tueur.
Vche, en quel lieu que ce soit.

VD

V*dénte, vdiénte*, oyant, oyante.
Vdénza, vdiéntia, vdiénza, audience. Et oüyez. pron. tz.
Vdíre, oüyr. pres. ódo, ódi, óde, vdiámo, vdíte, ódono, imparf. vdíua, parf. vdíj, part. vdíto, fut. vdirò, vdirò, opt. óda, óda, óda, vdiámo, vdiáte, ódano, imparf. vdíssi, & vdiréi, & vdréi, &c. commençant par o ouuert.
Vdíta, l'oüye.
Vdíto, Idem.
Vditóre, auditeur.
Vditório, auditoire.
Vdo, moitte, humide. Item, bien yvre.
Vdóme, humeur moitte qui forme le salpestre.

Vdriáre, leurrer. Item, allecher.
Vdrio, leurre, & allechement.

VE

VE, voy. Vè, où. pron. e fermé.
Vè, de vous, en conjonction pour vi, deuant vne autre particule.
Vécca, de la vesce.
Vècchia, vieille. pron. e ouuert.
la Vècchia sélta, c'est quand l'air bout, & tremblotte de chaleur.
Vècchia, en jargon, gratieuse, & parement.
la Vècchia da Veróna, à qui l'on donnoit vn double pour chanter, & deux pour se taire .i. vne importune.
Vecchiáccia, vilaine vieille.
Vecchiáccio, vilain vieillard.
Vecchiáia, vieillesse.
Vecchiárdo, vieillard.
Vecchiáre, vieillir.
Vecchiarélla, petite vieille.
Vecchiaréllo, vieillot.
Vecchiétta, vieillotte.
Vecchiétto, vieillot.
è de' Vecchiétti, il est de la race des vieillards .i. il est maigre.
Vecchiézza, vieillesse. pron. ts.
Vecchiccio, vieillot.
Vecchile, vieillissant.
Vècchio, vieil, & vieillard.
Vècchio di Susánna .i. luxurieux.
Vècchio marino, sorte de monstre marin.
Vecchionáccio, vecchióne, vn bon gros vieillard.
* Vecchitúdine, vieillesse.
Vecchiúme, vieux haillons, vieilles hardes.
Véccia, de la vesce.
Vécciola, Idem.
Véccio, vézzo, rang de perles, collier, ornement. pron. e fermé.
Veccióso, fait de vesce.
à témpo di carestía pan Vecciósso, en temps de cherté, pain de vesce .i. Il se faut contenter quand on ne peut auoir mieux.
Véce, place, lieu.
in Véce, au lieu.
Vececónte, Vicomte.
Vecendeuolménte, tour à tour.
Vecére, vice-Roy.
* Vecórde, radotteur.
* Vecórdia, radotterie.
* Vedéllo, vn veau.
Vedénte, voyant, voyante. Item, Prophete.
Vedére, voir. pres. Védo, & Véggio, parf. Vídi, part. Vedúto, & Vísto, fut. Vederò, & Vedrò, opt. Véda, & Véggia, & Végga, &c.
non Védo piú óltre .i. il est passionnément amoureux.
non Védel'hóra, il luy tarde, il est dans l'impatience.
Vedétta, aguet, vedette, lieu par où l'on regarde. Eschauguette.
Veditóre, vn Voyer.
Védoua, veufue.
Vedoúle, de veuf.
Vedonático, Idem.

Vedouéggio, &
Vedouánza, veufvage. pron. ts.
Vedouáre, viure en veufvage. Item, priuer.
Vedouático, veufvage. Et qui appartient au veufvage.
Vedouétta, petite veufue.
Vedouíle, de veufvage.
Vedouità, veufvage.
Védouo, veuf.
Vedúta, la veuë. Item, veuë.
Vedúto, veu.
Vegentána, sorte de gomme.
Vegetábile, vegetable.
Vegetále, vegetable.
Vegetána, sorte de pierre fort noire, & tachetée de blanc.
Vegetáre, donner de la croissance, vegeter.
Vegetatióne, croissance.
Vegetaríuo, vegetatif.
Vezgénte, voyant.
Végghia, veille, sentinelle. Item, lieu de conuersation où l'on veille de compagnie. pron. e fermé, & ghi comme gui.
Vegghiárdo, vieillard. pron. ghia comme guia.
Vegghiáre, veiller. pron. ghia comme guia.
Vegghiatóre, veilleur, veillant, prononcez ghia comme guia.
Véggia, veille.
Véggia, vn tonneau, la mesure d'vn tonneau ou muid. Item, vne chartée.
Veggiáre, veiller.
Veggilánza, vigilance. pron. ts.
Véglia, veille, & vieille.
Vegliáceo, vn méchant.
* Vegliáia, vieillesse.
Vegliánte, veillant.
Vegliantíno, vn suruecillant.
Vegliánza, vigilance. pron. ts.
Vegliárdo, vieillard.
Vegliáre, veiller.
Vegliáre è non vegliáre, voir les escueils, & puis les perdre de veuë.
Vegliatóri, sentinelles.
Vegliénole, vigilant.
* Vegliézza, vieillesse. pron. ts.
Veglíno, vieillot. Item, petite vieille.
* Véglio, vieil. pron. e ouuert.
Vegnénte, venant, futur, future.
Vehementáre, presser auec vehemence.
Vehemménza, vehemence. pron. ts.
* Vehícolo, vn charriot.
Vèl, Vélo, vous le. Item, voil. pron. e fermé.
Véla, voile de nauire. pron. e fermé.
Véla Latína, voile Latine, terme de marine.
Véla quádra, voile quairré, Idem.
* Velábro, tente de marchand.
Velàme, couuerture de voile. Toutes sortes de voiles, en jargon, vne femme.
Veláre, voiler, & prendre le voile ou l'habit de Religieuse. Item, obscurcir, ou couurir auec quelque pretexte.
Velarégli, escharpes ou voiles de femmes.
Velárô, faiseur de voiles. Item, velar, tourtelle.
Velíta, vn coup de voile en nauigeant.
Velatióni, les temps ausquels on ne se marie point.
Veleggiáre, aller à force de voile, & faire voile. Et voletter comme vne voile.
Velegílla, sorte de petite voile.
Velenáre, empoisonner, enuenimer.

VE

Velenífero, porte-venin.
Veléno, venin, poison. pron. e fermé.
prénder il Veléno .i. se laisser corrompre par presens.
Velenóso, veneneux, venimeux.
Velétta, petite voile.
Veléttre, eschauguettes, sentinelles au haut des montagnes, & sur les murailles.
stàr à Velétta, espier les actions d'autruy.
Velettáio, faiseur de deüil, Marchand de coiffes, &c.
Velettáro, faiseur de crespes.
Velétto, du crespe.
Vélia, sorte d'oiseau. pron. e ouuert.
Vilina, le circuit proche d'vne ville.
* Velitáre, escarmoucher.
Velitáre, de Velite.
Velitatóre, escarmoucheur.
Veliti, velites, soldats armez legerement.
Velinoléare, volant auec ses voiles.
Vellána, auelaine.
* Vélle, volonté.
* Villeità, volonté irresoluë.
Vellúso, velu, pelu.
Vellificáre, porter de la laine.
Véllo, toison, laine, & poil. pron. e ouuert.
Véilo, pour l'édilo, voy-le. pron. e fermé.
Vellóso, & Vellúto, velu.
Vellúto, du velours.
Véllus, pour l'élitto, mot Venitien, du veloux.
Vélo, voile, & crespe. pron. o fermé.
Vélo, en jargon, le corps.
Velóce, viste, leger.
Velóce, en jargon, vne heure.
Velocità, legereté, vistesse.
Vélta, sorte de claye, ou chien de chasse.
Véltra, femelle de limier. pron. e fermé.
Véltro, limier, chien courant, selon quelques-vns, chien de chasse. pron. e fermé.
Velucchio, liseron.
Volúme, volume.
Velutáre, velouter.
Velutáro, veloutier, faiseur de veloux.
Velutáto, velouté.
Velutíno, petit veloux.
Velúto, veloux.
Velúto à fogliámi à ópera, veloux à ramage.
Velúto operáto, veloux façonné.
Velúto pelóso, de la peluche.
Velúto ríccio, veloux ras.
Velúto ríccio sópra ríccio, veloux ras façonné.
Velutóso, plein de pluche, ou de veloux.
Veluzzo, petit voile, & petit crespe. pron. ts.
Vementáre, presser, contraindre.
Vemènza, vehemence. pron. ts.
Véna, veine d'eau, & de mineraux. Metaph. quantité, fertilité. Item, veine.
Véna dólce di víuo, vne certaine pointe agreable de vin.
hauér vna Véna di matto, nous disons, auoir vn grain de folie.
far vna cósa di Véna .i. faire volontiers.
Véna ondáta di légno, madrure.
Véna, aueine, ou auoine.
* Venábulo, vn espieu.
Venáccia, Venaccióne, grosse veine.
Venále, mercenaire.
* Venalítio, marché, place publique.
Venardi, Vendredy.

VE

Véndro, vendeur d'aueine.
* Venasóne, venaison.
Vendíco, de venaison.
Vruatióne, venerie, chasse.
Venáto, plein de veines.
Venáto légno, bois madré.
Venatóre, veneur, chasseur.
Vencáia, lieu planté d'osiers.
Vencástro, baguette d'osier.
Véncere, vaincre, gagner. parf. Vencétti.
Vemídire, se rendre doüillet ou mollet. pres. Vencidíssco.
Véncido, mol, doüillet.
Véncita, victoire.
Vencitóre, vainqueur.
Vendáce, qui se vend.
Vendémmia, vendange.
Vendemmiáre, vendanger.
Vendemmiár nébbia, humer l'air, perdre son temps.
Vendemmiatóre, vendangeur.
Vendemmiatríce, vendangeuse.
Véndere, vendre. parf. Vendétti, & Vendéi.
Véndes téla per fustágno, tromper quelqu'vn, en donner à garder, nous disons, vendre du noir.
Vendeuécchio, de bonne vente, qui se vend bien. Item, mercenaire.
Véndes finóechio .i. flatter.
Véndes sapóne, Idem.
Vendérsi perfedéle, vouloir passer pour fidele, & ainsi d'autre.
Vendendíria, revendeuse.
Véndes óglio, tromper, se mocquer, nous disons vendre du noir.
Vendétta, vengeance.

Le mot de Véndi, mis auec vn substantif, signifie vendeur.

Véndi arrósto, Rostisseur.
Vendíbile, qui se vend bien.
Vendicáre, venger.
Vendicatíuo, vindicatif.
Vendicatióne, vengeance.
Vendicatóre, vengeur.
Vendicatríce, vengeresse.
Véndice, Idem.
Vendithénole, qui se peut venger.
Véndico, vengé.
Vendicóso, vindicatif.
Vendigióncara, crieur de jonchée, ou crieur de fourmage de cresme.
Vendileggéude, vn colporteur.
Vendilégne, vn marchand de bois.
Vendióglio, crieur d'huile.
Véndita, vente.
Venditéla, linger, lingere.
Venditióne, vente.
Venditóre, vendeur.
Venditríce, vendeuse.
Veneficáre, ensorceler, charmer, & empoisonner.
Veneficáre, charmeur.
Venefício, charme, & sorcellerie.
Venefíco, sorcier, & magique.
Venenáre, enuenimer, empoisonner.

Venenáre

VE

Venenáro, empoisonneur, & vendeur de poison.
Venenífero, porte-venin.
Venéno, venin.
Venenóso, veneneux.
Venerábile, venerable.
Venerabilità, veneration, honneur.
Venerándo, venerable.
Veneránza, veneration. pron. *tz*.
Veneráre, venerer, honorer, & reuerer.
Veneratióne, veneration.
Veneratóre, *Veneratrice*, qui reuere, qui venere.
Véneredì, Vendredy.
Vénere, Idem, & Venus.
Venére, sortes de figues.
Venéreo, venerien.
Venério, sorte de pois chiche, blanc.
Venetiáno, Venitien. Item, vne piece d'or ainsi appelée.
Véneto, bleu de Venise. Item, Venitien.
* *Venghiáre*, venger. pron. *ghi* comme *gui*.
* *Vengiárſi*, ſe venger.
* *Vengióſo*, vindicatif.
Vénia, pardon, remiſſion.
Veniále, veniel.
Venicula, ſorte de vigne.
Veniménto, aduenement.
Veníre, venir. preſ. *Víngo*, *Viéni*, *l'iéne*, *Veniámo*, *Veníte*, *Vengono*, imparf. *Veniua*, parf. *Vénni*, *Venísti*, *Vénne*, *Venímmo*, *Veníſte*, *Vénnero*, part. *Venúto*, fut. *Verrò*, opt. *Vénga*, imparf. *Veniſſi*, & *Verréi*, &c.
Venir fátto, reüſſir, venir à bout.
Venir vedúto, voir.
quéſto vi Viéne, cela s'adreſſe à vous.
gli Viéne vn ſuenuménto, il luy prit vn éuanoüiſſement.
mi Viéntánto, il me faut tant, il m'eſt deu, il me reuient à tant.
ciò mi ſi Viéne, cela m'eſt deu.
non mi Viéne béne, il ne m'agrée pas.
quéſto mi Viéne, cela me reuient, cela me couſte.
Venir méno, manquer, s'éuanoüir. Item, défaillir, mourir.
Venir mánco, Idem.
la tál feſta Viéne àlli diéci del méſe, cette feſte eſt le dixieme du mois.
quánti ne Véngono à vná libra? combien y en entre-t'il pour vne liure?
mi Vién vóglia, il me prend enuie.
Venir in ſorte, eſcheoir en partage.
Venir détto, eſtre dit ou rapporté.
Vengono ſótto il nóme, paſſent ſous le nom.
Venir rítrouáto, trouuer.
Venírſi, eſtre ſeant, eſtre conuenable.
che gli Viéne imputáto, qui luy eſt imputé.
non ti Verrà fátto, tu n'en viendras pas à bout.
Veniticcio, qui doit venir. Item, qui va & vient, vn nouueau venu.
Venolina, petite veine.
Venóſo, plein de veines, veineux.
* *Venſéi*, vingt-ſix.
Ventáglia, viſiere de heaume, ventaille.
Ventagliáre, faire vent. Item, mettre au vent, éuenter.
Ventáglio, *Ventáio*, éuentail.
Ventaiuólo, vn van.
Ventáre, venter, en jargon, moüiller.
Ventarélla, petit vent. Item, vn ventail au front du cheual.

VE 553

Ventaruóla, giroüette.
Ventaruólo, petit vent. Item, vn van, & le nom d'vne roüe d'horloge.
Ventáto cápo, teſte éuentée, eſtourdy.
Venteggiáre, faire vn peu de vent.
Venténa, vingtaine.
Ventéſimo, vingtiéme.
Vénti, vingt.
Venticéllo, petit vent.
Venticínque, vingt-cinq.
Ventidúa, vingt-deux.
ſon ſonáte le Ventidúa, nous diſons, elles ſont ſonnées, quand quelqu'vn nous en veut bailler à garder.
la viên à Ventidúa la Madaléna, Idem.
Ventiéra, vn vanteau.
Ventilánte, voletant.
Ventiláre, venteler. Item, mettre à l'air, eſuenter. Vanner. Examiner vne affaire.
Ventilatióne, examination. Eſuentement.
Ventilégio, vne giroüette, ou cocq d'Egliſe.
Ventiuóla, moulin à vent.
Ventipiónolo, vent pluuieux.
Ventiplicáre, multiplier par vingt.
Ventitréſimo, vingt-troiſiéme.
Vénto, vent. pron. *e* ouuert.
Vénto délla bálla ou pálla, le vent de la balle, ce que la balle eſt plus petite que le calibre.
portár il Vénto in máno, c'eſt faire aller le vaiſſeau ſans vent en voguant, comme s'il eſtoit pouſſé du vent.
portár il Vénto in corſia .i. faire aller vne Gallere en battant, ou menaçant la ciourme.
Vénto à ráſche, vent qui ſouffle par boutades.
Vénto fréſco, vent fort, le Prouençal dit auſſi, *vent fraiſ*.
Vénto cernito, vent aſſeuré.
Vénto foráneo, vent qui vient de la mer.
Vénto in fáccia .i. la fortune contraire.
Ventóla, vn van à vanner le grain.
Ventoláre, eſuenter.
Ventolíno, *ventólo*, petit vent.
Ventóſa, ventouſe, en jargon, feneſtre.
Ventoſaménte, orgueilleuſement.
Ventoſáre, ventouſer, corneter.
Ventóſo, venteux.
Ventótto, vingt-huit.
Ventráccio, grand ventre, groſſe pance.
Ventráglia, &
Ventráia, ventraille, pance.
Ventraiuóla, trippiere.
Ventraiuólo, qui a grand ventre.
Ventrále, vne piece à mettre deuant l'eſtomach. Item, vne bande ou brayer. Et vn tablier.
Véntre, le ventre.
ſeguír il Véntre .i. tenir de ſa mere.
Ventreggiáre, faire bonne chere.
Ventrepiéno, vn gros eſtron.
Ventréſca, la pance. C'eſt auſſi vne ſorte de farce faite des trippes d'vn cochon.
Ventricchia, Idem. Et vne fricaſſée de trippes ou freſſure.
Ventricchio, vn giſier.
Ventricéllo, petit ventre; giſier.
Ventrícolo, ventricule.
Ventriéra, mot Lombard, vne gibeciere.
Ventríglio, ventraille de volaille, le ventre, & le giſier.
tu hái báſſo nel Ventríglio .i. tu és vn grand joüeur.

AAa

Ventrino, petit ventre. Item, le molet ou gras de la jambe.
Ventróso, grosse pance, gros ventre.
* Ventróso, ventru.
Ventráto, Idem.
Ventúra, aduenture, bonne fortune.
Venturáre, aduenturer.
Venturáto, heureux, fortuné.
Venturiére, volontaire d'armée, aduenturier.
Ventúro, qui doit aduenir.
Venturóso, heureux, aduentureux.
* Venustà, grace, beauté, gentillesse.
* Venústo, gracieux.
Venúta, venuë, arriuée.
Venúzza, petite veine. pron. tz.
* Venzéi, vingt-six. pron. tz.
* Venzsóldi, vingt sols. pron. tz.
Vepréto, buisson d'espines. pron. e fermé.
Vepricóso, plein d'espines.
Vépro, prunier sauuage. pron. e ouuert.
Veprósa, plein d'espines.
Vér, pour Véro, vray. Pour Vérso, vers, enuers. prononcez e fermé.
Véra, vne bague ou verge dont on se sert en espousant. pron. e fermé.
Veráce, veritable.
Veracemènte, veritablement.
Veracità, verité.
Veraménte, vrayement.
si Veraménte, à condition que.
Verátro, hellebore.
Verbále, verbal.
Verbalizáre, verbaliser. pron. les zz comme dz.
Verbásco, molaine.
Verbáscolo, herbe aux mittes.
Verbáscolo álbo, molaine blanche.
Verbáscolo minóre, primeuere.
Verbáscolo odoráto, herbe de paralisie.
Verbéna, verueine.
Verbenário, Heraut qui portoit vne guirlande de verueine sur la teste.
Verberáre, battre, reuerberer.
Verberatióne, &
Vérbero, reuerberation.
Verbésco, molaine.
* Vérbi Grátia, Verbigrátia; comme vous pourriez dire, par exemple. Item, la nature de la femme, par raillerie.
Vérbo, verbe. Le verbe.
mánca il Vérbo principále .i. vous oubliez le bon mot, l'argent.
Verbóla, en jargon, leçon.
Verbosità, cajollerie, parler excessif.
Verbóso, grand parleur.
Verdadéro, mot Espagnol, veritable.
Verdaríno, vn verdrier, & selon aucuns, vn serein commun.
Vérde, verd.
éssere al Vérde, giúnto ò ridótto al vérde .i. reduit à la fin, c'est comme les chandelles de cire, quand elles sont bruslées iusques au verd dont elles sont teintes par le bout.
Vérde chiáro, verd gay.
Vérde máre, verd de mer.
Vérde ráme, verd de gris.
Verdéa, sorte de vigne, & de vin blanc à Florence.
Verdécchie, sorte de figues dont on donne trente-six pour vn denier.

ò giúnto álle Verdécchie .i. il est aagé de trente-six ans.
Verdécchio, verdastre.
Verdegiállo, verd jaulne.
Verdeggiánte, verdoyant, verdoyante.
Verdeggiáre, tirer sur le verd, verdoyer.
Verdelétto, verdelet, demy verd, demy cuit.
Verdemézzo, pron. e ouuert, & les zz comme dz, signifie demy verd.
Verdemézzo, pron. e fermé, & les zz comme tz, signifie demy cuit sur l'arbe.
Verdemontáno, vn verdrier.
Verdénte, terme de blason.
Verdéa, sorte de vin blanc.
Verdéro, verdrier.
Verdétti da paési, couleur verte pour les païsages.
Verdézza, verdeur. pron. tz.
Verdíccio, verdastre.
Verdiéro, vn verdrier.
Verdimézzo, verd crud, demy verd, demy cuit, voyez Verdemézzo.
Verdizzíno, verd naissant.
Verdóne, vn breant, oiseau. Item, verd brun.
Verdóre, verdeur.
Verdoríno, vn verdrier.
Verdósi, en jargon, des porreaux.
Verdíco, &
Verdúgo, vn verdun, sorte d'espée, celle qui se porte dans vn baston, selon aucuns, vne espée quarrée.
Verdúme, verdure.
Verdúra, Idem.
* Verecóndia, rougeur de honte.
* Verecóndo, modeste, honteux.
* Verénde, les parties honteuses.
Veréta, trait, flèche. Vne chappe d'vn fourreau.
Verettáre, garnir vn fourreau de chappe.
Verétto, vne chappe de fourreau ou guaine. Item, vn dard.
Verettóne, vireton, dard, quarreau.
Vérga, verge. Le membre viril. Vn jonc ou verge, sorte de bague. Et raye de toille rayée, ou estoffe. Vne regle. Vne aiguille de cadran. Vne batte, en terme de blason. pron. e fermé.
Vérga d'óro, vn lingot d'or.
vna Vérga in ácqua, vn poltron, vn qui tremble de peur.
tremar à Vérga à Vérga, trembler de froid.
Vergáre, rayer, tracer. Escrire. Item, rayer comme l'estoffe. Et battre d'vne baguette. Chamarrer.
Vergáta, coup de verge ou baguette.
Vergáto, rayé comme l'estoffe. Battu d'vne baguette, Chamarré. Item, le bareau où l'on plaide.
Vergélla, petite verge. Et le membre viril.
inustár à Vergélle, enter en scion.
Vergelláto, du seing de porc purifié.
Vergéllo, vn baston fendu couppé à demy, dans lequel on fiche les gluaux.
Verbeggiáre, fouetter auec des verges. Item, battre auec vne baguette ou verge. pron. ghe comme gue.
Vrgheggiáta, coup de verge. pron. ghe comme gue.
Verghétta, petite verge. pron. ghe comme gue.
Verghezzíno, batteur de laine. pron. ghe comme gue.
* Vérgie, des choux.
Vergiéro, vn verger.
Vergílie, estoiles poulcinieres.
Verginále, virginal.
la Vérgine, la Vierge, la Mere de Dieu.
Vérgine, Vierge.
il Vérgine, le pucelage.

VE   VE   555

Verginélla, jeune pucelle.
Vergineo, virginal, *Verginile*.
Verginissima, tout à fait pucelle.
Verginità, virginité, pucelage.
Vergiótti, ieunes choux.
Vergiáre, pencher, incliner.
Vergógna, honte, vergoigne.
Vergognársi, auoir honte.
Vergogne, les parties honteuses.
Vergognosaménte, honteusement.
Vergognóso, honteux.
Vérgola, raye d'estoffe. Item, vne petite verge, & vne sorte de barque, vne flette.
Vergoláto, estoffe rayée.
Vergóne, perche ou baston fendu dans quoy on fiche les gluaux. C'est aussi vn gluau. Item, vne perche, Et vne grosse verge.
Vergétta, mot Bergamesque, quelque chose, selon aucuns, rien, rien du tout.
* *Vericida*, veritable, qui dit la verité.
Verídico, Idem.
Verificáuza, verification. pron. *ts*.
Verificáre, verifier.
Verigoláre, percer d'vn foret.
Verígolo, vn villebrequin ou foret.
* *Verilóquio*, parler veritable.
Verína, vne tarriere, vrillette ou vrille.
far Verino, en Lombardie .i. se ronger de rage en son interieur.
Verisimigliánza, vray-semblance. pron. *ts*.
Verisimile, vray-semblable.
Verisimilitúdine, vray-semblance.
Verità, verité.
Veritévole, veritable.
Veritevolménte, veritablement.
Veritiéro, qui dit la verité.
Vérla, oiseau qui ressemble au Ianier.
Vérme, ver. Farcin, selon aucuns, maladie de cheuaux. Item, vne viz. pron. *e ouuert*.
Verména, vne ieune plante ou rejetton. Vn scion, vne verge. Item, verméine.
Vermicáta, feu volage, datte.
Vermicélli, sorte de viande de paste en forme de vermisseaux.
Vermicéllo, vermisseau.
Vermiculáre, venir des vers, engendrer des vers. Item, trauailler en marquetterie.
Vermiculáto, vermoulu. Plein de vers.
Vermífero, qui engendre des vers.
Vermigliáre, engendrer des vers.
Vermíglio, vermeil. Gueule, en armoirie. Item, vne sorte de ver à soye.
Vermína, &
Vermináccola, verueine.
Vermináre, engendrer des vers ou de la vermine.
Vermifórme, ver coquin.
Vérmine, ver. pron. *e ouuert*.
Verminóso, plein de vers ou de vermine.
Verminúccio, vermisseau.
Vérmo, ver. pron. *e ouuert*.
Vérmo volático, ver volant, vlcere dans le nez d'vn cheual.
Vermocáne, trenchée, mal de chenal. Item, vne darte.
Vermoláico, farcin volant.
Vermolíno, vermisseau.
Vermompiro, sorte de ver.
Vermonsláttio, farcin volant.

Vernáccia, sorte de raisin, & de vin blanc.
Vernaccinóla, Idem.
* *Vernácula*, langage maternel.
* *Vernáculo*, du pais.
Vernále, d'hyuer.
Vernáre, habiter, hyuerner, passer son hyuer. Estre en hyuer, se faire hyuer.
Vernarécchie, fruits d'hyuer.
Vernáta, l'hyuer, le temps d'hyuer.
Vernatióne, la vieille peau du Serpent, qu'il jette aprés l'hyuer.
Vernecáre, vernir.
Vernéngo, du temps d'hyuer.
Verneréccio, bon pour l'hyuer. Item, qui croist en hyuer.
Vernícale, à Venise, vne escuelle de bois dans quoy les forçats mangent.
Vernicáre, vernir.
Vernice, vernis.
Verniglia, sorte de toille d'or.
Vernile, d'hyuer. Item, seruile.
Vermilità, flatterie, lascheté seruile.
Vernino, d'hyuer.
Vérnio, lin qui se seme en hyuer.
Vérno, l'hyuer. pron. *e ouuert*.
Vernócchio, bosse.
Vernótico, sorte de vin. Breuuage d'hyuer.
Véro, vray. pron. *e fermé*.
se non fù Véro fù ben trouáto, nous disons, s'il n'est vray, la bourde est belle.
è che sia Véro, & qu'ainsi ne soit, & pour faire voir que c'est ainsi.
Verócchio, le tour ou moulinet d'vne grue.
Vérola, verolle.
Vérola di sétto, vne virolle.
Vérolato, &
Vérolóso, verollé.
Veróna, Verone, nom de ville.
andar à Veróna, par allusion de *véro* .i. dire la verité.
Veroncéllo, vne petite gallerie découuerte.
Veróne, gallerie découuerte, vn balcon.
Verónica, betoine.
* *Vérpa*, verge, membre viril.
* *Vérpo*, circoncis.
Verretóne, sorte de fléche, vireton.
Verrina, Idem.
Verrína, chair de porc salée.
Verríno, de verat, de porc.
Véro, *vérre*, vn verat.
Verróne, vn gros verat.
Verrúcca, verrue, porreau.
Verrucária, petit heliotropium.
Verrúche, mottes, buttes, monceaux de terre.
Verrucóso, plein de buttes.
Verrúto, sorte de dard, trait, vireton.
Versábile, conuersable.
Versácci, rimes plattes, mauuais vers.
Verságlio, Berságlio, but.
Versánte, conuersant, qui conuerse.
Versáre, verser. Item, conuerser.
Versárse, s'enfuir comme vn vase felé.
Versár per attignere, verser pour puiser .i. faire, & deffaire.
Versátile, qui se remuëe, Et conuersable.
Versatióne, versation. Remuement, conuersation.
Versáto, versé.
Verseggiáre, versifier.
* *Versicáre*, Idem.

A A a ij

* Versicolo, petit vers.
Versiéra, forciere, vne vieille forciere laide, & horrible. La mere du Diable, vne Diablesse.
il diauolo & la Versiéra, le François dit, le Diable à quatre.
Versificáre, verfifier.
Versificatóre, faiseur de vers.
* Versifico, Idem.
* Versíle, qui se renuerse, qui se verse.
Versióne, version, renuersement.
Versipélle, qui tourne casaque, qui change de party.
Vérso, vers, composition poëtique.
Vérso, l'endroit de l'estoffe.
per ógni vérso, de tous les costez, de tous les biais, de long, & de large.
à che vérso, de quelle sorte.
Vérso, endroit, situation, costé. La note d'vn oiseau.
Vérso, vers, enuers. Le sens d'vne estoffe ou autre chose.
à vérso, adroitement, comme il faut, auec addresse.
andàr à vérso, aller à souhait, selon la fantaisie, s'accommoder à l'humeur.
pigliár per il vérso, prendre vne affaire de bon biais.
mutár vérso, nous disons, changer de noté ou de batterie.
vérso le séra, sur le soir.
Versória, l'aiguille d'vn cadran de mer.
Versúra, verdure.
* Versútia, ruse.
* Versúto, rusé.
Vérta, le fonds de la ret où demeure le poisson.
Vertígo, vn chien qui chasse naturellement.
* Vertáre, verser, renuerser.
Vertébre, vertebres.
Vertécchio, peson à mettre au bout d'vn fuseau, les Champenois l'appellent vn vertel ou verteau.
* Verténte, qui tourne, qui se trouue.
* Vertíbile, qui se peut tourner.
Vértice, le sommet. Item, vn gond, vn aïs d'eau. Vn tourbillon.
Verticéllo, vn peson.
Vértici, les Pôles. Item, les Esteus de Dieu.
Verticílla, piuerd, pic-verd.
Vertígine, tournoyement de teste, vertigo. Conuersion de globes, tournoyement.
Vertiginóso, tourment de tournoyement de teste.
Vertíre, tourner, estre, se rencontrer, se tourner.
che vertíua fra lóro, qu'il y auoit entre-eux.
* Vérrola, cassette.
Vertù, vertu.
* Vertudióso, vertueux.
* Vertueggiáre, faire profession de vertu.
Vertuóso, vertueux.
Veruáti, terre que l'on seme tous les ans, coutilles, terre à coutillier. pron. v consonne.
Veruíce, brebis. pron. v consonne.
Veruilágine, sorte de cameleon. pron. v consonne.
Veruína, sorte de jaueline. pron. v consonne.
Verúle, sorte de cerises.
Verúno, pas vn, personne.
Verúto, vne sorte de dard.
Verz áglio, vn but. pron. ts.
Verz íno, vn serein. pron. ts.
* Vérz e, & verz i, des choux. pron. dz.
* Verz ellíni, des jeunes choux. pron. dz.
Verz ellíno, vn serein commun, oiseau. pron. dz.

Verz icáre, verdoyer. pron. dz.
Verz iére, verger, jardin. Item, lieu où il croist des choux. pron. dz.
Verz ináre, teindre le bresil. pron. dz.
Verz íno, du bresil. pron. dz.
Verz olíno, vn serein commun. pron. dz.
* Verz ótti, ieunes choux, choux tendres. pron. dz.
Verz úme, &
Verz úra, herbage, verdure. pron. dz.
Vesánia, rage, furie.
Veschiáre, engluer.
Véschio, de la glu.
Veschióso, visqueux.
Véscia, de la vesce. Item, vesse.
Vescicáre, bouffer comme vne vescie. Item, ventouser.
Vescicóne, vne grosse vescie. Item, vn glorieux.
Véscie di lúpo, vesses de loup, sorte de campignons.
Vesciggiáre, vessir.
Vesciga, vescie.
Vescondádo, vescoudto, Euesché.
Vesconeggiáre, faire l'Euesque.
Vescouíle, Episcopal, d'Euesque.
Vescouo, Euesque.
Vesica, vescie.
vénder vésiche, vendre des vessies, nous disons vulgairement, vendre du noir. i. en bailler à garder, en faire à croire.
Vesicáre, cornetter, ventouser.
Véspa, guespe. pron. e ouuert.
Vespáto, lieu plein de guespes.
Vespatóso, spongieux.
Vespáre, picquer comme vne guespe.
Vespérna, vne colation.
Véspero, Vespres. pron. e ouuert.
Vesperticióne, Vespertiglióne, Vespertillo, &
Vespertillóne, vne chauue-souris.
Vespertíno, tardif.
Vesperúgine, estoille du soir.
Vespitóne, corbeau qui porte les morts de nuit.
Véspra, l'heure de Vespres. pron. e ouuert.
Vespráta, soirée.
Véspro, les Vespres que l'on chante à l'Eglise. Item, l'estoille du soir.
lo Véspro, le soir.
cantár il Véspro à vno, nous disons, chanter la game à quelqu'vn, le tancer.
Véssa, vne vesse. pron. e fermé.
Vessáre, vessir.
* Vessatióne, tourment.
Véssica, vescie.
Vessicáre, corneter, ventouser.
Vessicária, baguenaude.
Vessichétta, petite vescie.
Vessicóni, &
Vessigóni, vestigons, grosses vescies.
* Vessíláro, port enseigne.
* Vessíllo, enseigne, estendart.
Vessuíllo, vne griue, selon aucuns.
Vésta, robbe de femme. pron. e ouuert.
Vésta d'orinále, la couuerture d'vn pot de chambre de verre, faite d'osier.
Vestále, vne Vestale.
Véste, robbe, veste.
Véste da caméra, robbe de chambre.
* Vestiária, garderobbe.
Vestiáro, reuestiere. Item, valet de garderobbe.

VE

* *Veſtibolo*, garderobbe, veſtibule.
* *Veſtibulario*, Maiſtre de la garderobbe.
Veſticciuóla, petite robbe.
* *Veſtigáre*, rechercher.
* *Veſtigabóndo*, qui recherche ſoigneuſement.
* *Veſtigatióne*, recherche.
* *Veſtigatóre*, rechercheur.
Veſtigatrice, rechercheuſe.
Veſtigio, veſtige, trace.
Veſtiménto, veſtement, habit.
Veſtino, ſorte de fourmage.
Veſtire, veſtir, habiller, s'habiller.
Veſtir come le ſigúre, eſtre veſtu comme les ſtatuës ou figures .i. touſiours d'vne meſme façon.
Veſtir bene ò pulito, s'habiller bien, eſtre bien habillé.
Veſtíre, habillement.
Veſtito, habit, habillement. Item, veſtu.
náſcer Veſtíto, nous diſons, eſtre né coiffé .i. heureux.
Veſtitúra, inueſtiture. Item, veſture de Religieux ou de Religieuſe.
Veſtóne, vne grande robbe.
Veſtoriáno, ſorte de couleur de Peintre.
Veſtúra, veſture, veſtement.
* *Veteráno*, ancien.
* *Veteráre*, deuenir vieil.
Veterinária, l'art de faire des verres, verrerie.
Veterino, voicturier.
Vética, oſier.
Vetónica, betoine.
Vetráio, verrier, faiſeur de verres.
Vetrámi, toutes ſortes de verres.
Vetráre, couurir de verre.
Vetraria, verrerie.
Vetráro, vetrier.
Vetriáre, vernir.
Vetrice, agnus caſtus, herbe, pied de poulain. Item, ſaule.
Vetrici, oſiers.
Vetricinio, lieu planté d'oſiers, ſaulſaye.
Vetrino, de verre.
Vetriola, &
Vetriuóla, parietaire.
toccar la Vetriuóla .i. s'enyurer. Parce que c'eſt vne herbe qui ſert à nettoyer les verres.
Vetriolo, vitriol.
Vetriólo, ſorte d'albaſtre.
Vetriuólo, de verre, & vitriol.
Vétro, verre. pron. e fermé.
Vetróſo, de verre.
Vétta, le ſommet, la cime. Les petites branches à la cime. La verge du fleau.
cercar fichi in Vettu .i. chercher du danger ſans neceſſité.
è méglio caſcar dal pedóne che dalla Vétta .i. il faut fuir le moindre danger. Noſtre pronerbe à quelque rapport, il vaut mieux laiſſer ſon enfant morueux que de luy arracher le nez.
Vétte, certains cordages pour hauſſer, & abaiſſer l'antenne.
Vétta, en jargon, de l'eau.
Vettarélla, *Vetticciuóla*, &
Vettína, petite branche ou rejetton.
Vettína, cuuette à mettre de l'eau, fontaine de bois, ou pluſtoſt vne grande vrne que l'on fait à Rome, qui tient iuſques à dix ou douze ſeaux.
Vettóne, rejetton.

VE VF VG

Vettorióſo, victorieux.
Vettouáglia, viures, victuailles.
Vettouagliáre, auitailler.
Vettouagliére, viuandier.
Vettonariáre, auitailler.
Vettúccia, tendron, cimettre, petit rejetton.
Vettúra, voiture.
pigliar à Vettúra, nous diſons, prendre à taſche, à loüage.
Vetturále, voiturier.
Vetturáre, &
Vettureggiáre, porter à voiture. Item, cheual de loüage.
Vetturino, voiturier, muletier. Item, cheual de loüage.
* *Vetuſtà*, l'ancienneté.
* *Vetuſtaménte*, anciennement.
* *Vetuſtézza*, ancienneté. pron. ts.
* *Vetúſto*, ancien.
Vezza, de la veſce. pron. ts.
Vezzataménte, malicieuſement. pron. ts.
Vezzeggiaménto, mignardiſe. pron. ts.
Vezzeggiáre, careſſer, mignarder. pron. ts.
Vezzi, mignardiſes, careſſes. pron. ts.
far Vezzi, faire feſte, flatter, mignarder. pron. ts.
Vezzo, couſtume. Item, vn rang de perles. Il ſe prend auſſi pour vice, ou mauuaiſe habitude. Item, certaines rougeurs qui viennent au viſage. pron. ts.
Vezzoſaménte, mignardement. pron. ts.
Vezzóſo, mignard, de bonne grace. pron. ts.
Vezzuólo, ſelon aucuns, ſorte de vaſe ou tonneau. prononcez ts.
Vezzúra, verdure. pron. dz, pour *Verzúra*.

V F

Vfficiále, officier. Item, d'office, & officieux.
Vfficiamínti, bons offices.
Vfficiáre, officier à l'Egliſe. Item, rendre de bons offices, ſeruir.
Vfficiário, vn officier.
Vfficio, office, deuoir, charge. Vne paire d'heures.
Vfficioſità, officienſeté, humeur officieuſe.
Vfficióſo, officieux.
Vfficiuólo, vne petite paire d'heures, vn petit office.
Vffitio, office, ſeruice, deuoir, charge.
paſſar Vffitij, faire ſes diligences.
Vſſo, &
Vſſoli, certaine partie ou membre du cheual.
à Vſſo, eſcroquer.
mangiar à Vſſo, manger ſans payer ſon eſcot, diſner ou ſouper pour rien.

V G

V'Ggia, ombre, ombrage de feüilles ou d'arbres. Ombre qui nuit aux plantes. Item, jalouſie.
tu mi dai Vggia, tu me faſches, tu me porte ombres.
cólto in V'ggia, perſecuté, pourſuiuy par ombrage ou mal-veillance, dont on a pris ombrage, ou jalouſie.

AAaa iij

recérsi ad V'ggia, prendre ombrage.
méttèr in V'ggia, donner de l'ombrage. Item, mettre en niauuais prédicamèrt, donner mauuaise reputation, ou jaloufie.
V'ggiáre, porter ombre.
V'ggiolàre, la voix du chien qui fe plaint fans crier, piauler.
V'ggiófo, plein d'ombre, ombreux.
V'ghiebaldàno, vne chofe de rien, vn zeft, fe ne dà vénti quattro per vn pèl d'áfino ; on en donne vingt-quatre pour vn poil d'afne. pron. ghi comme gni.
V'gna, ongle, les ongles.
V'gnea, fcuchere.
V'gnère, oindre. pref. V'ngo, parf. V'nfi.
V'guer le máni, graiffer la patte, corrompre par prefens.
* V'gniànno, chaque année, tous les ans.
V'guiménto, onction.
* V'guolo, fimple.
V'gnòne, vn grippeur.
V'gola, la luette.
.m'hà tocco l'V'gola, nous difons, cela m'a touché au cœur.
Vguaglián a, égalité, comparaifon. pron. tx.
V'guagliáre, vgualáre, égaler.
V'guále, égal.
V'gualità, égalité.
V'gualménte, également.
V'guiánno, cette année.

V H

V H, vh, la voix en pleurant, ou de celuy qui à la toux.

V I

V I, aduerbe du lieu, y.
Vè, il y a, pour Vi è.
Vi, pronom, vous, & à vous, en conjonction, comme vi piáce, vous plaift, &c.
Via, voye, route.
far la Via délle róndini, faire le chemin des arondelles .i. paffer par la fenestre.
pér Via, par le moyen, par maniere de.
de diétro Via, du cofté du derriere, par derriere.
di fuóra Via, en dehors.
le Vie, les façons, les moyens.
Via Via, deuant deuant, allons allons, en chaffant quelqu'vn. Item, fy, fy, oftez-moy cela de la.
éffer per Via, eftre en train de faire.
méttersi la Via trà piédi .i. fe mettre en chemin, s'en aller promptement, nous difons, prendre fes jambes à fon col.
métter fi à la Via, fe preparer.
Via, pour ruë.
bèn à la Via, en bonne conche, bien veftu, en bon équipage.
Via, s'accommode à quelques verbes, & leur donne la force plus grande, comme andàr via, s'en aller, portár via, emporter, gittár via, dépenfer mal à propos, ou jetter.
mandár Via, renuoyer vne perfonne, chaffer, & ainfi

le mot de via, fe peut mettre à tous les temps.
còfa ricordáta và per Via. nous difons, quand on parle du loup on en voit la queuë.
tór Via, ofter d'vn lieu.
à la Via, preft, en ordre, preparé.
il cauállo è à la Via, le cheual eft preft.
Via, or via, or fus.
sù Via, or fus.
Via cróce, carrefour.
di là Via, au delà, enuiron.
Vialà, proche du lieu.
nói siám Vialà .i. il n'y a plus guere, nous fommes proche de la fin d'vn fafcheux affaire.
Via la via làro, tellement quellement.
Via, fois, en terme d'Arithmetique, comme trè via quáttro fán dódici, trois fois quatre font douze, &c.
hà fátto la Via dell'hórto .i. il s'eft efchappé.
Via, & Vie, beaucoup.
Via à Vie méno, beaucoup moins.
Via piú, Vie piú, beaucoup plus.
Viaggiánte, voyageur, voyageufe.
Viaggiáre, voyager.
Viággio, voyage.
Viále, allée de bofcage ou de jardin.
Viandánte, paffant, voyageur, voyageufe.
Viandáre, voyager.
Viaticáre, pouruoir de chofes neceffaires pour le voyage.
Viático, viatique, prouifion pour le voyage.
Viáiolo, vne allée de jardin.
* Viatóre, voyageur.
* Vibíce, marque de meurtriffeure.
Víbio, qui vit fur terre, & dans l'eau.
Vibóne, britanique, forte d'herbe.
Vibránte, brandiffant.
Vibráre, brandir, lancer, hauffer.
Vibratióne, brandiffement.
Vibríre, brandir.
* Vibríffe, le poil qui croift dans les narrines.
Víbro, brandiffement.
Vibúrno, viorne, plante.
Vicaría, le Vicariat, la Vicairerie, Lieutenance.
Vicariáto, Idem.
Vicário, Vicaire.
Vice, lieu, place. Ce mot s'attache à plufieurs fubftantifs, Comme,
Vicecancelliére, vice-Chancelier.
Vicecápo, vice-Gouuerneur, & fous-maiftre du canon fur des vaiffeaux.
Viceardinále, vice-Cardinal.
Vicecomitáto, Vicomté.
Vicecomité, Vicomte, ou pluftoft fous-comite de galere ou galiaffe.
Vice cónte, Vicomte.
Vice Dúca, vice-Duc.
Vice generále, Lieutenant general.
Vicegerénte, Vicegerent, charge à Rome.
Vicegerénza, vicegerence, charge à Rome. pron. tz.
Vice Legáto, Vice-Legat.
Vicénda, change, retour. Item, lieu ou place que l'on occupe pour vne autre perfonne. Pour negoce.
à Vicénda, tour à tour.
Vicéndo, viciffitudes, fuittes de temps, changemens.
Vicendévole, reciproque, mutuel.
Vicendeuolménte, tour à tour, reciproquement.
Vicénio, l'efpace de vingt ans.
Vifenòme, furnom.

V I   V I

Vicerè, Vice-Roy.
Vicesimo, vingtiesme.
Vicheria, Vicairerie.
Vicina, voisine.
Vicinále, de voisin.
Vicinanza, voisinage.
Vicináre, auoisiner. Item, confiner.
Vicináto, le voisinage.
Vicinità, proximité, voisinage.
Vicino, voisin, & proche, prés.
hauèr cattiui Vicini, cela se dit quand vn homme se louë soy-mesme.
Vicissità, vicissitude.
Vicissitudinariaménte, successiuement, tour à tour.
Vicissitudine, suitte de temps, vicissitude.
* Vicitáre, visiter.
* Vico, bourg, vne ruelle.
Vicolo, ruelle, sentier.
Vicónte, Vicomte.
Vicomtádo, Vicomté.
Vidámo, Vidame.
Vidáre, fermer à viz, fermer vne viz.
Vide, vne viz, pour vite.
Vidóle, aniues à vn cheual.
Vidóne, grosse viz, pour vitóne.
Videità, veufuage.
Viè più, beaucoup plus.
Viére, vne sorte de iaueline.
Viereccio, propre à porter par le voyage, pour viareccio.
Vietaménto, deffense, inhibition.
Vietáre, deffendre, prohiber. Item, empescher.
Victatóre, qui deffend.
Viéto, qui sent le viel, le rance, le renfermé, le relent, le fort. Item, inhibition, deffense. pron. e ouuert.
Viétra, allée de iardin.
Vi è vià, l'aller, & le venir, vn certain espace de temps.
Vicuocáto, appelé, inuoqué.
Vigentésimo, vingtiesme.
Vigerè, vice-Roy.
Vigesimário, aagé de vingt ans.
Vigésimo, vingtiesme.
Vigilánte, vigilante, vigilante.
Vigiláante, vigilant, vigilante.
Vigilánza, vigilance.
Vigiláre, veiller. Et faire la veille d'vne Feste.
* Vigile, vigilant.
Vigilia, vigile, veille.
eglì è Vigilia. i. ie n'en croy rien pour aujourd'huy, il est demain Feste, nous verrons ce qu'il en sera.
Vigliaccaménte, meschamment.
Vigliaccaria, meschanceté, fripponnerie.
Vigliácco, mot tiré de l'Espagnol, vn vaurien, vn meschant, vn maraud.
Vigliaccóne, vn grand maraud.
Vigliáre, c'est oster les pailles ou gousses de dedans le grain auec vn balay.
Viglíuolo, gousses ou espics quand le grain est battu.
Vigna, vigne. Vn iardin ou maison de plaisance à Rome.
la Vigna del Mádda, nous disons, la vigne de la Courtille, assez de feuilles, & peu de raisins, belle monstre, & peu de rapport.
pòr vna Vigna, planter vne vigne. i. faire vn grand arrengement de discours.
Vignáccia, vne grande vigne.
Vignáis, vignaiuólo, vigneron.
Vignále, vne vigne. Item, de vigne.
Vignaruólo, vigneron.
Vignáto, vigneron. Et vignoble.

Vignázzo, vignoble. pron. zz.
Vignéto, Idem.
Vignétta, petite vigne. Item, vne vignette.
Vignúso, plein de vignes.
Vigoráre, deuenir ou rendre vigoureux.
Vigóre, vigueur.
Vigoreggiáre, donner de la vigueur.
Vigoresaménte, vigoureusement.
Vigorosità, vigueur.
Vigoróso, vigoureux.
Vile, vil.
Vilézza, vileté, bassesse. pron. zz.
* Vilia, pour viglia, vigile, veille.
* Viliáre, veiller.
Vilico, vne traitte de chemin où il n'y a point de ville.
Vilificáre, rendre vil, auilir.
Viliménto, mespris.
Viliósо, remply de vileté.
Vilipendére, vilipendre. parf. vilipési.
Vilipéndio, mespris, escorne.
Vilipenstóne, Idem.
Vilipéso, meprisé, vilipendé.
Vilíre, auilir, rendre abject. pres. vilísco.
Vilità, vileté, bassesse.
Vilíto, auily.
Villa, village, Bourg. Et vne metairie.
Villa rústica, vne ferme.
Villa urbána, maison de plaisance.
Villaccaria, fripponnerie.
Villáco, frippon.
Villaggiáre, estre ou demeurer au village.
Villággio, village.
Villána, vne paisanne ou villageoise.
Villanaménte, vilainement.
Villanáta, tour de paisan. Vne chanson ou dance de village.
Villancíco, vn motet ou villanelle.
Villancióne, gros vilain, gros païsan.
Villaneggiáre, faire le vilain. Item, iniurier.
Villanélla, chanson ou dance de village, vilanelle.
Villanésco, de païsan.
Villanétta, vne petite paisanne.
Villanétto, petit villageois.
Villanía, iniure. Et villanie.
dìr Villanie al sórdo. i. perdre sa peine.
Villaníssimo, tres-mal appris.
Villáno, païsan. Vn vilain, grossier, rude, vilain, mal courtois.
Villáno riuestíto ò risálito, vn gueux reuestu.
* Villaníssimo, tres-vilain, tres-rude.
Villayéccio, villáre, rustique, de village.
Villáta, village.
Villeggiáre, habiter au village, faire comme au village.
Villeréccio, de village, rustique.
Villerítia, chose de village.
Villésco, grossier, rude, de païsan.
Villétta, petit village.
Villettáre, faire ou viure comme au village.
Villicáre, Idem.
Villíco, vn fermier ou granger.
Villóso, plein de village. Item, pelu ou velu.
Villúzza, petit hameau ou village.
Viménte, vilement.
Vilpestréllo, chauue-souris.
Viltà, bassesse.
Víltro, filtre.
Viluchio, vigne de lierre.

Vizizecchio miùbre, lifet, liferon.
Vilùme, volume.
Viluppàre, enuelopper.
Vilùppo, toupillon. Pacquet. Embaras. Vn tourbillon.
Vimàre, lier auec de l'ofier.
Vime, fcion, verge d'ofier.
Viminàle, d'ofier.
Viminàre, lier auec de l'ofier.
Vimine, fcion, brin d'ofier.
Vimineo, d'ofier.
Vimolo, brin d'ofier.
Vinàccia, marc de vendange. Item, la fefne.
Vinàccio, marc. Item, petit vin.
Vinaccinòlo, pepin de raifin.
Vinàceo, de vin.
Vinàgine, forte de bifet.
* Vinàgro, vinaigre.
Viminùolo, vigneron.
Vinàlie, les Feftes aufquelles on taftoit le vin.
Vinàrio, marchand de vin. Vendeur de vins.
Vinatriére, Idem.
Vinca, peruenche.
Vinca peruinca, Idem.
Vincàia, lieu planté d'ofiers.
Vincaſtràre, lier d'ofier. Item, frapper ou fouëtter auec de l'ofier.
Vincaſtràta, coup de fouët auec vn ofier.
Vincàſtro, vne baguette ou verge d'ofier.
Vincénte, victorieux, victorieufe. Le gaignant.
Víncere, vaincre. Gaigner au jeu. Conuaincre. parf. Vinſi.
Vincer la lite, gagner fon procés.
Vinceuòle, qui fe peut vaincre.
Vinchéto, lieu planté d'ofiers, oferaye.
Vinchiàre, lier auec de l'ofier. Item, clorre bien ferré.
Vinchiàta, cloſture d'ofier.
Vinciböſco, cheure-feüille, vinciboſſe.
Vincìdire, amollir, attendrir. Item, s'affadir. preſ. Vin cidiſce.
Vincido, mol, amolly par l'humidité, mollaſſe.
Vincigliàre, lier auec de l'ofier.
Vinciglio, lien d'ofier.
ſer Vinʒiguérra .i. vn poltron.
Vincimènto, conqueſte, victoire.
* Vincire, vaincre.
Vincita, victoire. Vn bon coup ou bonne main en joüant.
Vincitòre, le gagnant. Vinqueur.
Vincitrice, vainquereſſe.
Vinco, ofier.
Vincolàre, lier d'ofier.
Vincolo, lien.
Vincetto, vin cuit.
Vincolàre, lier.
Vincolo, lien.
Vindémmia, vendange.
Vindemmiàre, vendanger.
Vindicàre, venger.
Vindicatìuo, vindicatif.
Vìndice, vengeur.
Vinea, vne machine de guerre faite en forme de tour ou maiſon, & qui fe roule.
Vinèca, Vinèſſa, fefne.
Vinèto, vn clos de vignes.
Vinètto, petit vin.

Vinghiàre, embraſſer, entortiller. prononcez ghia comme guia.
Vingiràre, lier autour, ſerrer, entortiller.
Viníſero, porte vin, qui prodnit du vin.
Vìnno, vne boucle de cheueux.
Vino, du vin.
Vino delle ſgonfiàte, vn vin excellent.
quàndo il Vin dòlce ſi fà acèto, è più fòrte dell' acèto ordinàrio .i. il faut éuiter la colere d'vne perſonne douce.
dàr il Vino à vno .i. luy enſeigner ce qu'il doit faire.
àl buòn Vino non biſògna fràſca, au bon vin il ne faut point de bauchon .i. à ce qui eſt bon il ne faut point d'enſeigne.
Vino di S. Secòndo, de la dépenſe.
Vino à cèua, mis pour Auicènna, Auicene Medecin, par vn renuerſement de ſyllabes, mot de Theatre.
Vinolènza, yurongnerie. pron. ts.
Vinolénto, yure, vineux, plaìnsde vin.
Vinòſo, vineux.
Vintèna, vne vingtaine.
Vinteſimo, vingtième.
Vìnti, vingt.
Vìnto, vaincu.
Vìola, violette, & giroflée.
Viola di gàmba, vne violle, inſtrument.
Viòla da bràccio, vn violon.
Viòla mammola, violette double. Item, giroflée double.
andàr pèr Viòle .i. reſpondre mal à propos quand on nous interroge.
Viola paſſa il màre, penſée, fleur.
Violàbile, violable.
Violàcea, forte d'herbe.
Violàceo, de couleur de violette. Item, violet.
Violaménto, violement.
Violàre, violer. Item, orner de violettes. Ioüer de la viole. Et faire violet.
Violàro, vn violier. Item, vn lieu plein de violiers, & de violettes.
Violatamènte, violement.
Violàto, de couleur violette, & violet. Item, violé.
Violatòre, violeur, qui viole.
Violèbbo, julep.
Violeggiàre, orner de violettes.
Violentàre, violenter.
Violénte, violent.
Violènza, violence. pron. ts.
Violètta, violette, petite violette.
Violettino, violet.
Violina, petite violette.
Violino, violon, inſtrument.
Violo, forte de violette blanche.
Violòne, baſſe de violon.
Viorìyrolo, vn verre qui a le col tortillé.
Viòtrola, &
Viòttolo, ſentier. Deſtour.
Vìpera, vipere.
Viperàle, de vipere.
Viperàre, enuenimer.
Viperèo, de vipere.
Viperìna, alcibienne, viperière.
Viperino, de vipere.
Viperòſo, plein de venin comme vne vipere.
Vipiòne, ſorte de gruë.

Viphiſtràre

Vipiſtráre, voleter comme vne chauue-ſouris.
Vipiſtréllo, chauue-ſouris.
Vira, virago, vne hommaſſe, mot Latin.
Viráre, tourner.
Viráta, vne virade, vn tour.
* *Virénte*, verdiſſant.
Vircóne, loriot.
Virga, verge.
Virga áurea, verge d'orée, herbe.
Virga del ſangue, verge ſanguine.
Virga paſtóris, chardon ſauuage.
Virgífero, porte-verge.
Virgile, Eſtoiles poulcinieres.
Virgine, vierge. Voyez la ſuitte par *V E R*.
Virgíneo, de vierge, virginal.
Virgola, virgule.
Virgúlto, ject, rejetton, ſcion, arbriſſeau.
* *Viridário*, lieu plein de verdure.
Viridiále, verdrier.
* *Viridità*, verdeur.
* *Viviére*, verrier, faiſeur de verres.
Virile, viril.
Virilíre, deuenir maſle ou viril. preſ. *virilíſco*.
Virilità, virilité, force maſle.
Virìolo, vitriol.
* *Viripotente*, homme fait.
* *Viro*, homme.
Virolare, fermer à viz ou auec vne virolle.
Viroletto, petite virolle.
Viróſo, maſle plein de vigueur d'homme. Item, venimeux.
Virtílla, vn piuerd.
Virtù, vertu.
Virtualità, effet de vertu.
Virtualménte, vertueuſement.
* *Virtúde, virtù*, vertu.
* *Virtuóſo*, vertueux.
Virtueggiáre, profeſſer la vertu.
Virtuóſo, vertueux. Item, vn qui ſçait quelque art ou ſcience.
Virulénto, venimeux.
Virulénza, mauuais gouſt. Item, qualité veneneuſe. pron. *is*.
Viſáccio, maſque, & grimaſſe.
Viſággio, viſage.
Viſáre, noter, remarquer.
Viſaruóla, vn maſque. Item, la viſiere.
Viſcáppa, cappe, caſaque.
Viſcárdo, vne glue.
Viſcarúgine, guy.
* *Viſceglio*, vn boſquet de jeunes chaiſnes.
Viſcenda, lieu, place. Item, affaire, negoce.
Viſcerare, éuentrer.
Viſceratamente, de tout ſon cœur.
Viſcere, les entrailles.
Viſceróſo, plein d'affection cordiale.
Viſchiáre, engluer, & deuenir viſqueux.
Viſchio, de la glux. Item, guy, ſelon aucuns, la freſſure.
Viſchiatélla, vn gluau.
Viſchióſo, viſqueux.
* *Viſcido*, Idem.
Viſciola, ſorte de ceriſe noire, griotte.
Viſciolata, vin de ceriſes. Item, ceriſes confites.
Viſciolo, griottier.
Viſco, de la glu.
Viſcola, & *viſcolóſa*, en jargon, vne galere.
Viſcontádo, Vicomté.

Viſcónte, Vicomte.
Viſcoſità, viſcoſité, humeur gluante.
Viſcóſo, viſqueux.
* *Viſentéria*, flux de ventre.
Viſéra, viſiere.
Viſétto, petit viſage.
Viſible, viſible.
Viſibilménte, viſiblement.
Viſiéra, viſiere.
mandár giù la Viſiéra .i. Ne ſe point ſoucier de la honte.
Viſióne, viſion.
Viſita, vne deſcente d'experts pour viſiter des lieux.
Viſíta, viſite, reuenë. Viſite des priſons à la ſeance.
Viſitáre, faire les reueuës, viſiter.
Viſitatióne, viſitation.
Viſitatorádo, Office de viſiteur.
Viſitatóre, viſiteur.
Viſiua, faculté viſiue.
Viſiuaménte, apparemment, viſiblement.
Viſiuo, viſible, viſif.
Viſnepóte, petit nepueu.
Viſo, viſage.
in nèl Viſo, au nez, à la preſence, à la barbe.
Viſo di Marſório .i. vn viſage refroigné: nous diſons, viſage d'excommunié.
far il Viſo dell'armi, faire vn viſage d'armes .i. regarder de trauers.
che Viſo ne' hà cauato .i. quel aduantage en a-t'il tiré.
Viſo di pónte Siſto .i. viſage de garce, de courreuſe du Pont-neuf.
Viſóne, gros viſage.
Viſorij, nerf optiques.
Viſpertéllo, &
Viſpiſtréllo, chauue-ſouris.
Viſpo, mot Sienois, gaillard, allegre.
Viſſo, & *Viſſúto*, veſcu.
Viſta, veuë, viſion, monſtre, apparence.
ſa brùtta Viſta, il a mauuaiſe grace.
fár Viſta, faire ſemblant, faire mine.
à Viſta, à lettre veuë. Item, & la veuë, &c.
à tré di di Viſta, à trois iours de veuë.
vna Viſtarélla, vn petit regard, vne œillade.
Viſtaménte, apparemment.
Viſto, veu. Item, ayant veu.
Viſto che, veu que.
Viſtoſaménte, viſiblement, apparemment; gentilment.
Viſtoſétta, gentille, qui paroiſt.
Viſtóſo, voyant, apparent, qui a bien de la monſtre, qui paroiſt fort gentil.
Viſtrice, oſier.
Viſuále, viſuel, viſuelle.
Viſualménte, viſuellement.
Vita, vie. Taille de perſonne, ſtature, corſage. Le corps.
andár ſù la Vita .i. ſe démarcher bien, auoir vn beau port, porter bien ſon bois.
in Vita, à perpetuité, pour toute ſa vie.
chiára Vita, bon temps.
canál di Vita, cheual de guerre.
Vitáccia, vn grand corps. Et vne méchante vie, vne vie de goulu.
Vitálba, vigne ſauuage. Item, peruanche, & vne certaine ceinture dont les Hermites ſe ſeignent.
Vitále, vital, de vie.

BBbb

Vitáli spíriti, esprits vitaux.
Vitalíssimo, tout à fait vital.
Vitalità, esprit de vie.
Vitánza, vie de goulu. pron. *ts*.
Vitáre, euiter. Item, fermer à viz.
Vitaríno, vn badin, vn sot.
Vitázzo, qui sent le terroir, qualité de vigne ou vignoble.
Vite, vigne. Et vne viz.
Vite fémina, escroüe de viz.
Vite máschio, la viz qui entre dans l'escroüe.
Vite perpétua, viz sans fin.
Vite biánca, couleurée.
Vite néra, couleurée noire.
Vitéale, campanette, voluble.
Vitélla, camparéccia, veau qui a mangé.
Vitélla mongána, veau de laict.
pastíccio di Vitélla battúta, c'est comme nostre pasté de gaudiueau, ou enuiron.
Vitellare, veeler, veelé, faire vn veau.
Vitellina, genisse. Item, du veau.
Vitellino, petit veau.
Vitéllo, veau, selon aucuns, le jaulne d'vn œuf.
Vitétta, petite vie. Item, beau petit corps ou corsage, petite vigne.
Vitiáre, gaster, corrompre, déflorer.
Vitiataménte, malicieusement, finement.
Vitiatóre, corrupteur.
Vitílio, vicieux, & rusé.
Vitíce, sorte d'osier.
Vitichélla, merueille, plante. Item, petite vigne.
Vitícchiozza, petite vigne. pron. *is*.
Vitíci, les rejettons au pied de la vigne.
Virício, vignette d'vn liure.
Vitiévole, qui se peut corrompre.
* *Vitiládgine*, la lepre.
Vitíle, sorte d'osier. Item, pliant.
* *Vitiligáre*, vilipender, injurier, détracter.
Vitiligatóre, détracteur.
Vitilígine, lepre.
Vitína, vne petite viz. Et vne cuuette, ou vne certaine ourne en Italie, ou vase de gray qui tient l'eau fraische.
Vítio, vice.
pigliár Vítio, auoir quelque mauuais soupçon.
Vitiosaménte, vicieusement.
Vitiosità, humeur vicieuse.
Vitióso, vicieux.
Vituperáre, vituperáre, blâmer, diffamer.
Vitréa, pellicule vitrée.
Vítreo, de verre, vitrée, transparent.
Vitriária, parietaire.
Vitriáta, vitre.
Vitriólo, parietaire, plante.
Vitriólo, vitriol.
Vitriólo murále, parietaire.
Vitriólo Románo, vitriol verd.
Vítta, cimette, cime, pour *Vétta*.
Vittimário, qui a le soin des victimes.
Vítto, le viure. Item, vaincu, mot deriué du Latin *Victus*.
Vittóre, vainqueur.
Vittoreggiánte, triomphant.
Vittória, victoire.
Vittoriále, victorieux, de victoire.
Vittoriáre, triompher, vaincre.

Vittoriáto, sorte de monnoye marquée d'vne victoire.
Vittoriólo, laurir Alexandrin.
Vittorióso, victorieux.
Vittouáglia, victuaille.
Vittouagliáre, auitailler.
Vittríce, vainqueresse, victorieuse.
Vittuária, victuailles.
Vittuariáre, auitailler.
Vittúre, pots de terre à enterrer des thresors.
Vituláre, veeler.
Vituperábile, honteux, méprisable, des-honneste.
Vituperággine, vitupere.
Vituperáre, des-honorer, diffamer.
Vituperatóre, qui des-honore, diffamateur.
Vitupério, des-honneur, vitupere.
Vituperénole, méprisable, honteux, honteuse, diffamatoire.
Vituperóso, honteux, infame.
Vína, viue, viure.
Viuacchiáre, viuotter.
Vináce, vif.
Vinacceménte, viuement.
Vinacità, viuacité.
Vinágno, lisiere de toile.
Vináio, viuier.
Vinánda, viande.
Vinánda nèra, è l'ánimo à la cèra, nous disons, la bonne chere c'est le bon visage.
Vinandáio, Viuandier.
Vinandiére, Idem.
Vinário, viuier.
Vinénte, viuant, viuante.
Viuere, viure. parf. *vissi*, *vinésti*, *visse*, part. *visso*, & *vissuto*.
Viuer béne, faire bonne chere, se bien nourrir.
Viuer cóme lo sparbiére, viure comme l'esperuier .i. du jour à la journée.
Viuer da vecchiétto.i. viure tout doucement, auec toutes ses commoditez.
Viuéri, des viures.
Viuéra, vn furet.
Viuerráre, fureter, chasser auec vn furet.
Vinézza, viuacité. pron. *e* fermé, & les *zz* comme *ts*.
* *Vinido*, vif, plein de viuacité.
Vinificánte, viuifiant, viuifiante.
Vinificatióne, viuification.
Vinificáre, viuifier.
Vinificatóre, qui viuifie.
Viuifico, qui donne vie, viuifiant.
Viuíssimo, tres-vif.
Vino, vif.
Vino délla colónna, le plain, le fust, le vif d'vne colonne.
Vino víuo, tout vif.
Vinóla, violle, instrument. pron. le second *v* voyelle.
Vinóle, les auiues. pron. *v* consonne.
Vinoróso, vigoureux.
Vinóla, violle, & giroflée.
Vinuólo, giroflée, & pied de giroflée, violier.
Vizza, vne ride. pron. *ts*.
Vizzáre, rider, flestrir, seicher. pron. *ts*.
Vizzo, flestry, ridé, sec, flasque. pron. *ts*.
Vizzóso, plein de rides. pron. *ts*.

V L

V'lcera, vlcere.
Vlcerare, vlcerer.
Vlceraria, vlceraire, herbe.
Vlcerario, qui fait leuer des vessies.
Vlceratione, vlceration.
Vlcerino, plein d'vlceres, vlceré, vlcereux.
Vlceróso, Idem.
* Vlco, vne bosse ou apostheme qui coule. Item, vne fente à l'escorce d'vn arbre.
Vlezzare, sentir mauuais. pron. ts.
V'lice, sorte de plante comme le rosmarin.
Vligine, humeur de la terre.
Vliginoso, moitte, humide.
Vlimento, odeur.
Vlimosa, odoriferant.
Vlina, oliue.
Vliuale, en forme d'oliue.
Vliuastro, oliuier sauuage. Item, oliuastre.
Vliuaggine, Idem.
Vliuello, petit oliuier. C'est aussi de la toile fine de Hollande. Item, vne loune à enlever les pierres.
Vliueto, lieu plein d'oliuiers, iardin d'oliuet.
Vliuigno, de couleur oliuastre.
Vliuo, oliuier.
V'lla, la barre d'vn muid, ou batil.
V'lna, selon aucuns, vne coudée.
Vlnéto, aulnage.
V'lno, aulne, arbre.
V'lpico, ail sauuage.
Vlteriore, plus outre.
V'ltima, derniere.
Vltimaménte, dernierement. Et finalement.
Vltimare, finir, terminer.
Vltimatione, termination.
V'ltimo, dernier.
all' Vltimo, à la fin.
Vltimogénito, cadet, dernier né.
* V'lto, vengé.
* Vltore, vengeur.
* Vltrice, vengeresse.
V'lua, sorte de roseau.
V'lula, sorte de chat-huant.
Vlulante, hurlant.
Vlulare, hurler, huer comme vn hibou.
Vlulato, hurlement.
Vlululo, Idem.

V M

Vmbè, or bien.
Tout ce qui se manquera icy se trouuera à la lettre H, & à l'O.
Vmbella, parasol.
Vmbilice, nombril, & centre, par Metaph.
Vmbilico di venere, Escude, nombril de Venus, plante.
Vmbratile, d'ombre, ombreux, sombre.
* Vmbundudto, beaucoup, en bonne quantité.

Vmido, humide.
Vmidore, humidité.
Vmiliare, humilier.
Vmiliatione, humiliation. Voyez à la lettre H, ce qui manque icy.

V N

V'na, vne.
V'na, ensemble.
V'na volta, enfin, vne fois.
Vnania, sorte de balene qui rend quantité d'huile.
Vnanimamente, vnanimement, de commun accord.
Vnanimità, concorde.
Vnanimo, accordant, vnanime.
Vnchia odorata, ongle, odorat, poisson.
Vnciario, du poids d'vne once.
Vncicare, accrocher.
Vnciglia, crochet.
Vncigliare, &
Vncinare, accrocher, pendre auec vn crochet, agraffer.
Vncinato, crochu, fait en forme de crochet. Item, accroché.
Vncinatore, accrocheur, grippeur.
Vncinello, &
Vncino, crochet, agraffe.
Vncino, da credenza, verge à crochet. pron. ts. attaccar l'Vncino, se jetter sur vne femme, & l'accrocher.
Vncinuto, crochu.
V'nco, crochet.
V'ndeci, onze.
Vndecimo, onziesme.
Vndelato, ondé.
Vndenario, du nombre d'onze.
Vndesarsi, s'assembler, s'amasser.
Vndicésimo, onziéme.
V'ndici, onze.
Vngarina, vne hongreline.
V'ngaro, Hongrois. Et ongre, monnoye de Hongrie.
Vngella, onglée, cartilage.
Vngélle, en jargon, des souliers.
V'ngere, oindre, pres. v'ngo, parf. v'nsi, part. v'nta.
V'ngere i stiuali, graisser les bottes, i. flatter.
V'nger le scarpette, Idem.
V'nghia, ongle. pron. ghia comme guia.
V'nghia di cauallo, le sabot du pied du cheual. pron. ghia comme guia.
V'nghia di porco, pas d'asne, plante. pron. ghia comme guia.
V'nghia caballina, ongle caballine, pied de poulain. pron. ghia comme guia.
V'nghia della gran béstia, ongle de la grande beste, de la corne d'Elan. pron. ghia comme guia.
V'nghia odorata, ongle odorat, poisson. pron. ghia comme guia.
Vnghiabaldano, vn zest, vne chose de rien. pron. ghia comme guia.
Vnghiarsi, s'agriffer. pron. ghia comme guia.
Vnghione, griffe, orteil, ergot. prononcez ghio comme guio.
Vnghioso, plein d'ongles. prononcez ghio comme guio.

BBb bij

Vngimáni .i. vn present.
Vngiu̇me, oignement, Graisse.
Vngiúto, oint, graisse.
* *Vnguánno*, cette année.
Vngue, sorte de poisson écaillé.
Vnguentáio, Apoticaire, faiseur d'vnguents.
Vnguentáre, frotter d'vnguents.
Vnguentaria, boutique d'Apoticaire. Item, l'art de faire des huiles ou parfums.
Vnguentário, parfumeur selon aucuns, faiseur d'vnguents.
Vnguentáro, faiseur d'vnguents.
Vnguentiére, faiseur d'vnguents.
Vnguénto, vnguent.
Vnguénto da canchéri, qui attire; & ne guerit point .i. qui prend, & ne donne rien, vn auare.
hauer Vnguénto da ògni piága .i. remede à toute sorte de desordre.
Vnguétta, petit ongle.
Vnguinóso, gras, huileux, onctueux.
Vnicaménte, vniquement.
V́nico, vnique.
Vnicogénito, fils vnique.
Vnicolóre, d'vne couleur.
Vnicórde, d'vn mesme cœur.
Vnicordialità, concorde, accord.
Vnicórno, licorne.
Vniciúba, qui ne couche qu'auec vn homme.
Vnifóglio, à vne feuille. Item, sorte de Lys.
Vnifórme, vniforme.
Vnigámo, marié vne fois.
Vnigénito, fils vnique.
Vnimáno, qui n'a qu'vne main.
Vnimódo, d'vne seule façon.
Vnióne, vnion, Vnion, sorte de perle, nuance de couleurs.
Vnípede, qui n'a qu'vn pied.
Vníre, vnir. Item, nuër, en terme de tapisserie. pres. *vnisco*.
Vnisóno, vnisióno, vnison.
Vnità, vnité.
Vnitaménte, d'accord.
Vníto, vny.
Vniuersále, vniuersel.
Vniuersalità, vniuersalité.
Vniuersalménte, vniuersellement.
Vniuersáre, rendre vniuersel.
Vniuersipoténz, a, puissance vniuerselle. pron. *ts*.
Vniuersità, vniuersité.
Vniuersità d'vn árte, corps des Maistres d'vn art, Compagnie.
Vniuérso, Vniuers. Item, vniuersel.
* *Vniuira*, femme qui n'a eu qu'vn mary.
Vnluoco, vniuoque.
Vn non milla, vn rien, vne chose de rien.
V́no, vn.
Vn per máno, vn per ócchio, vn en chaque main, vn en chaque œil.
V́n per v́no, chacun tant.
tánti per v́no, chacun tant.
in V́no, tout ensemble, tout d'vn coup, tout d'vn temps.
ad V́no, ad v́no, vne à la fois. Item, ensemble.
vál Vn diéci scúdi, il vaut enuiron dix escus, & ainsi ce mot d'*vno*, auec les autres nombres, signifie enuiron, *Vn-cinquecénto*, enuiron cinq cens, &c.
Vnóculo, qui n'a qu'vn œil.
Vnqua, iamais.

* *Vnguánco*, &
Vnguánche, Idem.
V́nque, & *Vnquemái*, Idem.
Vntíno, vn petit souillon plein de graisse.
Vntióne, onction, & vnguent.
V́nto, gras, oinct. Item, du seing doux.
pán V́nto, du pain gras auec de la-graisse, du rost, ou autre.
V́nto, &
V́nto sottile, selon aucuns, du beurre.
dár V́nto da stiuáli, donner de la graisse à graisser les bottes .i. flatter.
Vntóso, onctueux, gras.
Vntória medecína, oignement.
Vntúme, graisse.
Vntuóso, gras, plein de graisse.

V O

V́O, pour *Vóglio*, ie veux. pron. *o* ouuert.
V́o, pour *vói*, vous. pron. *o* fermé.
Vocabulário, vn Dictionnaire.
Vocabolísta, Idem. Et vn professeur de mots.
Vocábolo, mot, parolle.
Vocabuláro, Dictionnaire.
Vocále, voyelle. Item, de voix, qui donne du son, ou de la voix.
Vocáli nérui, nerfs qui forment la voix.
Vocalità, ton de voix.
Vocáre, appeler.
Vocatióne, vocation.
Vocatíuo, vocatif.
Vóce, voix, renommée, bruit. Mot. pron. *o* fermé.
córre Vóce, il court vn bruit.
dár Vóce, faire courir le bruit. *Spárger vóce*, Idem.
dár v́na Vóce à v́no .i. appeler vne personne.
parlár sótto Vóce, parler bas.
per piu Vóce, au plus de voix.
Vóce attiua à passiua .i. c'est la voix pour pouuoir élire ou estre élec.
Vociceráre, *Vociseráre*, exclamer, crier.
Vocína, petite voix.
Vocitáre, crier.
Vocolári, petites glandes sous la maschoire.
Vócolo, aueugle.
* *Voculatióne*, mesure ou ton de voix.
Vóga, le voguer. Item, la vogue. Vne main en jouant.
Vogáre, voguer.
tútti Vógano àlla galebíta, nous disons, chacun tire de son costé.
Vogáta, coup de rame.
Vogatóre, qui vogue.
Vogauánti, ce sont les forçats qui voguent au bout du banc proche de la coursie, vie-auant.
Vóglia, volonté, desir. Enuie de femme grosse, & marque d'enfant.
di buóna ò mála Vóglia, de bonne ou mauuaise humeur, bien ou malvolontier.
cauár le súe Vóglie, passer sa fantaisie.
Vogliére, desirer.
Vogliarélla, petit desir ou enuie.
Vogliénte, desireux.
Vogliénz, a, volonté, desir. pron. *ts*.

Vogliofaménte, gaillardement, hardiment, de bonne volonté.
Vogliófo, remply de volonté, defireux, fujet à fes volontez.
Vogliolófo, &
Voglionofo, Idem.
Voglíuzza, petite enuie ou defir de femme groffe. pron. *ts*.
Voi, vous. pron. *o* fermé.
à Voi, gare, gare le corps.
vna cofa da dirle Voi .i. vne chofe excellente à ne point traitter de tu, comme aux perfonnes communes; mais *vous*.
* *Vola*, la paume de la main, & le milieu de la plante du pied.
à Vóla, en volant promptement.
Volaménto, vol, volée.
Volándola, outil de cordier.
Volandrello, forte de hibou.
Volánte, partie de l'armet qui s'abbaiffe aprés la vifiere. Item, volant, volante.
Voláre, voler.
Voláre, &
andár volándo, aller vifte.
Volatína, duuet, qui vole des fleurs ou chardons, les enfans l'appelent, barbe à Dieu. Item, de la gaze.
Volátia, vol, volée.
tiro di Volátia, coup tiré en l'air.
Volática, darte ou dartre, & feu fauuage, felon aucuns, vne forciere.
Volático, volant, leger, volage.
Volaticófo, plein de dartes. Item, qui a des trenchées.
Volatile, volaille, ou gibier. Item, qui vole. Argent vif, en terme d'Alquimifte.
Voláto, volaille.
Volatino, qui vole.
Voláto, vol, volée.
Volatóre, voleur, qui vole en l'air.
Volatúra, volée.
Volazzáre, voleter. pron. *ts*.
Volázzo, volettement. pron. *ts*.
Volcáno, vn forgeron. Item, vne montagne qui brufle. Et Vulcan.
Voléne, forte de cerifes.
Volonte, defireux.
Volontiéri, volontiers.
Voléré, vouloir. Item, volonté, prefent, *Vóglio*, *Vuói*, *Vuóle*, *Vogliámo*, *Voléte*, *Voglióno*, parf. *Vólfi*, & *Vólli*, *Voléfti*, *Volfe*, & *Vólle*, *Volémmo*, & *Voléffimo*, *Voléfte*, *Volféro*, & *Vóllero*. part. *Volúto*, fut. *Vorrò*, opt. *Vóglia*, imparf. *Voléffi*, & *Vorréi*, &c. pron. *o* ouuert.
quél che Vóle, ou *Vuóle*, celuy qui veut .i. la volonté.
chi non può quél che Vuól, *quélche può Vóglia*, celuy qui ne peut pas auoir ce qu'il veut, il faut qu'il veuille ce qu'il peut.
Vuól v'na Vólta l'huómo moſtráre, il faut que l'homme monftre vne fois.
Volérla con Vno, attaquer vne perfonne, en vouloir à quelqu'vn.
ſi Vuóle, il faut. pron. *o* ouuert.
quál ſi Vóglia, quel que ce foit.
ſia cóme ſi Vóglia, quoy qu'il en foit.
ò Vuói d'ácqua, *ò di térra*, foit d'eau, foit de terre.
le cófe Vógliono éſſer, les chofes doiuent eftre, il faut que les chofes foyent.

Volgáccio, le commun peuple, la racaille.
Volganaménte, vulgairement.
Volgáre, vulgaire. Idiot, ignorant. Item, langage vulgaire du païs.
Volgarizzáre, traduire en langue vulgaire. Item, rendre commun. pron. les *zz* comme *dz*.
Volgarizzatóre, traducteur. pron. *dz*.
Volgarménte, vulgairement.
Volgáto, diuulgué.
Volgénte, tournoyant, tournant.
Vólgere, tourner. Tournoyer. Mouuoir. Changer. Enuelopper. parf. *Vólſi*, & *Volgétti*.
Volgíbile, qui fe peut tourner.
Volgiménto, tournoyement. Changement.
Volgiuágo, inconftant, volage. Item, bas, commun, de peu de courage, & de valeur.
Volgiúto, tourné.
Vólgo, le vulgaire, le commun peuple. pron. *o* fermé.
Volitáre, voleter çà, & là.
Vólito, vol incertain, volettement.
Vólo, vol. pron. *o* fermé.
leuárſi à Vólo, fe leuer, qui fe dit d'vn oifeau, prendre l'effor.
à Vólo, à tire d'aifle, en volant promptement.
Volóne, volontaire.
Volontà, volonté.
Volontariaménte, volontairement.
Volontário, volontaire.
Volontariófo, fujet à fes volontez.
Volontataménte, &
Volonterofaménte, volontairement.
Volonterófo, plein de fes volontez.
Volpáia, taniere de renard.
Volpánſera, oifeau femblable à vne oye.
Volpáre, faire le renard, & crier comme le renard.
Volpaſtríno, renardeau.
Vólpe, renard. pron. *o* fermé.
dár la Vólpe .i. donner la baye.
délle Vólpi ſi piglia .i. les trompeurs font quelquefois pris.
cóme diſſe la Vólpe al gránchio, comme dit le Renard au chancre de mer, il pourroit eftre; mais tu n'en as pas la mine.
Vo'peggiáre, faire le renard.
Volpeggiár con le Vólpi, nous difons, heurler auec les loups.
Volpétta, ieune renard.
Volpicélla, renardeau.
Volpicóda, queuë de renard.
Volpináta, coup d'vne queuë de renard.
Volpíno, fin, rufé comme vn renard, vn fin renard.
Volpóne, Idem. Vn gros renard.
Volſélla, pincette à arracher le poil.
Vólta, fois, volte, voulte. Reuolte. Tour, renuerfement. pron. *o* ouuert.
Vólta, la route. pron. *o* ouuert, comme
álla Vólta di Róma, vers Rome.
dár Vólta, s'enfuïr, tourner les efpaules.
dár v'na Vólta, faire vn petit tour. prononcez *o* ouuert.
dár di Vólta, Idem. pron. *o* ouuert.
dár la Vólta, renuerfer, & fe tourner, qui fe dit du vin.
dár la Vólta nel cánto, tourner au coing, par allufion de *Vólgere il ceruéllo* .i. denenir fol.
pigliár Vólta, fe tourner comme le vin quand il fe gafte.

BBbb iij

566 VO

Vólta per vólta, à la pareille. pron. o ouuert.
Vólta délla Lúna, nouuelle Lune.
Vólta colcáta, volte la croupe en dedans.
Vólta ſpizzáta, demie-volte. pron. ts.
Vólta álta, volte releuée.
Vólta báſſa, volte terre à terre.
ſtár in sù le Vólte, terme de marine, retarder le vaiſſeau, l'entretenir qu'il n'aduance, & afin qu'il demeure ſur le droit chemin.
Vólta, pauillon ou Imperiale de caroſſe.
éſſer in Vólta, eſtre en ſuitte.
tál Vólta, álle vólte, quelquefois.
ógni Vólta, touces & quantes fois.
il più délle Vólte, le plus ſouuent.
andár il Vólta, aller par la campagne. Item, aller à la trauerſe, aller de coſté & d'autre, çà & là.
da quélla Vólta, de ce coſté là.
álla Vólta di Róma, du coſté de Rome, vers Rome.
tór la Vólta, empeſcher de faire, rompre le coup ou le cours, & rompre le coup en joüant.
tór la Vólta álle cicále, faire honte aux cigales .i. eſtre grand cajolleur.
álla Vólta di cáſa, vers le logis. Alla Vólta di Parigi.
Alla vólta nóſtra, vers Paris, vers nous.
fátto à Vólta, voulté.
Vólta fáccia, tourner viſage.
pigliár Vólta, changer de chemin, ou retourner en arriere.
dár Vólta à fúmi, cápi, cánapi, &c .i. lier des cordes, &c.
v́na Vólta più, vna vólta méno, tant du plus que du moins, vne fois autant.
Voltabandiéra, vn qui quitte vn Capitaine pour ſe mettre ſous vn autre.
Voltáccio, vn gros vilain viſage. pron. o fermé.
Vóltala che non t'abbrácci, cela ſe dit à vn qui s'eſtant accuſé taſche de s'excuſer.
Voltánte, tournant.
Voltáre, tourner.
Voltárſi in là, ſe tourner de l'autre coſté.
Voltár vúmte, tourner viſage.
Voltár lo ſtómaco, faire ſouſleuer le cœur ou l'eſtomach, donner enuie de vomir.
Voltarélla, vn petit tour, petit coup.
Voltáto víno, vin tourné.
Volteggiaménto, tournoyement.
Volteggiáre, tourner çà & là, & voltiger. Aller ſur les voltes.
Volteggiáta, tour, tournoyement.
Volteggiatóre, qui tournoye çà & là, voltigeur.
Vólte, pron. o ouuert, tourné.
Vólto, pron. o fermé, le viſage.
giráar al Vólto, iette au nez, reprocher.
Vólto Sánto, le S. Suaire de la Veronique.
Voltérra, nom propre de lieu.
andár à Voltérra .i. v. ourir.
Voltolaménto, veautrement.
Voltolare, veautrer.
Voltóio, touret, chaiſnette du mors où l'on attache les reſnes.
Voltolóne, on ſe veautrant.
Voltóre, vn vaultour.
Voltorino, de vaultour. Item, vne ſorte de poil gris.
Voltuóſo, de regard poſé, & graue.
Voltúra, tournoyement, reuolution.
Voltúrio, vn mangeur de peuple.
Vólua, pellicule, vulue.
Volúbile, inconſtant, variable. Item, liſeron.

VO

Volubilità, inconſtance, humeur changeante.
Volubilménte, inconſtamment.
Volúcchio, vigne de lierre.
Voluélla, ſorte d'inſtrument de Mathematique.
Volúcra, chenille de vigne, liſet, ver coquin.
* Vólucre, qui vole, oiſeau.
* Vólucre, Idem. Et le dernier enfantement d'vne femme.
Voluénte, tournant. pron. le ſecond v conſonne.
Vóluere, tourner. parf. vólſi, voluéſti, vólſe, part. vólto, pron. o ouuert, & l'v conſonne.
Volúme, volume. Anciennement, confuſion, deſordre.
Voluméto, petit volume.
Voluminóſo, en gros volumes, fait en volumes.
Volúice, chenille de vigne, pron. & conſonne.
Vólnolo, vn rouleau qui ſert à rendre la terre vnie. prononcez le ſecond v conſonne.
Volúta, volute, larmiere, ſaillie, en Architecture.
Voluitáre, tournoyer.
Voluíto, deſireux, plein de volonté. Item, voulu.
Voluítrice, qui tourne, qui change.
Volutá, volupté.
* Voluntário, voluntuário, &
Voluntuóſo, voluptueux.
* Vómia, creux, concauité.
* Vomáre, rendre creux.
Vómere, vomir, il n'eſt en vſage qu'en infinitif.
Vómere, pron. v voyelle, &
Vómero, ſoc. pron. v voyelle auſſi.
Vómica, viſ-argent.
Vómica núce, noix vomique.
V miché́ncle, propre à vomir, vomitif.
Vómico, vlcere ou apoſtheme qui jette de la matiere puante.
Vomicóſo, plein d'vlceres.
Vomíre, &
Vumitáre, vomir. preſ. vómito, & vomíſco.
Vomitatióne, vomiſſement.
Vomitíuo, vomitif.
Vómito, vomiſſement.
ritornáre al Vómito, c'eſt reprendre ſa mauuaiſe vie, reprendre le train du vice.
Vomitório, vomitoire.
Vómmene, pour me ne vò, ie m'en vay.
Vómo, huómo, homme. pron. v voyelle.
Vónno, pour vógliono, ils veulent.
Vópo, beſoin. Il ſe faut prononcer v voyelle.
Voráre, deuorant, gourmand.
Voracità, gourmandiſe. Item, gouffre.
Voraginár, ſe faire comme vn gouffre.
Vorágine, gouffre. Item, certains trous qui ſe font dans l'eau.
Voraginóſo, plein de gouffres.
Voráre, deuorer.
Vorátore, deuoreur.
Vórtice, tourbillon, aïs d'eau. pron. o ouuert.
Vorticóſo, plein de tourbillons, & aïs.
Vóſa, huóſa, gueſtres, houſeaux, gamaches.
* Voſattáre, mettre ſes gueſtres.
Voſátti, gueſtres.
Vóſco, auec vous. pron. o ouuert.
Vóſi, pour vóce, voix. Pour des gamaches.
Vóſtra, voſtre.
Voſtrále, des voſtres.
Voſtrúſo, en jargon, vous.
Voſtríſſimo, tout à fait voſtre.

VO VP

Vóſtro, voſtre.
Vóta, pour góta, la jouë. pron. o ouuert.
Vóta lama, lame encauée. pron. o ouuert.
Vóta bótta, vn coup à vuide. pron. o ouuert.
táuola Vóta, table d'attente.
Votánte, qui donne ſa voix. pron. o ouuers.
Votacéſſi, cureur de retraits, gadoüard.
Votadéſtri, Idem.
Votaménto, vœu. Item, éuacuation.
Votánte, celuy qui donne ſa voix. pron. o ouuert.
Votáre, pron. e fermé. Voüer, faire vœu.
Votáre, pron. o ouuert, vuider.
Votáre, tirer les voix des Iuges ou autres, recueillir les voix, & les donner. pron. o fermé.
Votário, faiſeur de vœux, & appartenant à vn vœu.
Votézza, vacuité. pron. tt.
Vóto, pron. o fermé, vn vœu. Et voix, ou ſouffrage.
Vóto, pron. o ouuert, vuide. Le vuide.
andár Vóto, s'en aller en fumée, ne reüſſir pas.
à Vóto, en vain, à vuide. pron. o ouuert.
in Vóto, à vuide. pron. o ouuert.
Vouále, fait en ouale.
Vouéra, vuonéra, les œufs attachez enſemble dans le ventre de la poulle.
Vóuo, œuf, prononcez l'v voyelle.
Vóua di búffalo, fourmages de laict de buffle, de caillebottes.
nou è piú Vóuo fréſco. i. il eſt aagé, nous diſons, il n'eſt plus bon à roſtir.
éſſer d'Vóuo, eſtre œuuré, qui ſe dit d'vne femme groſſe.
fár l'Vóuo, pondre.
Vóua da bére, œufs molets, œufs à la coque.
volér l'Vóua e le galline. i. vouloir emporter tout.
acconciár l'Vóua nel panerúzzolo. i. accommoder bien ſes affaires.
volér l'Vóuo móndo. i. vouloir toutes ſes commoditez.
l'Vóuo dell' Aſcenſióne non lo ſaluarébbe, l'œuure de l'Aſcenſion ne le ſauueroit pas. i. il n'y a point de remede pour luy.
Vóuola, en Architecture, œuf, ouicule.
Vóuolo, mouſſeron, champignon en forme d'œuf. Vne bouture de roſeau, ou vne greffe d'oliuier que l'on replante. C'eſt auſſi vne cimaiſe en Architecture. Il faut prononcer v voyelle.
Vóuui, pour vi vóglio, ie vous veux, pour vi vò, i'y vay.
Vozzácchio, ſorte de faulcon. pron. tt.

V P

V'Péga, vne huppe, oiſeau.
Vpíglio, ſorte d'ail.
Vpiláre, opiler.
Vpilatióne, opilation.
Vpilatíuo, qui opile.
V'púpa, huppe, oiſeau. Item, vne ſorte de pince à arracher les pierres.
Vpupáre, crier comme vne huppe.

VR

*V'Ránico, celeſte.
* V'Ráno, le Ciel.
Vranóſcopo, ſorte de poiſſon qui n'a qu'vn œil au milieu de la teſte.
Vrbanaménte, courtoiſement, ciuilement.
Vrbánico, de ville.
Vrbanità, ciuilité, courtoiſie.
Vrbáno, courtois, ciuil, de ville, à la mode de la ville.
Vrbína, ſorte d'arme à long fuſt.
V'rca, hurque, ſorte de barque.
Vrceoláre, ſorte de parietaire.
V'rea, ſorte de Thon.
* Vrédine, chaleur ou demangeaiſon ſur la peau. Item, ſechereſſe qui bruſle les plantes.
Vréte, vrétro, vretere.
Vrgénte, qui preſſe, vrgent, vrgente.
Vrgénza, preſſe, neceſſité. pron. ts.
V'rgere, preſſer. parf. vrgétti, & vrgéi, part. vrgúito, qui n'eſt point en vſage.
* V'rgo, foule, preſſe.
V'ria, augure, ſigne.
Vrica, ſorte de vermine.
Vrigine, ſechereſſe qui bruſle les plantes. Item, douleur cuiſante d'vne vlcere, cauſée d'vn remede corroſif.
Vrína, vrine, piſſat.
Vrína genitále, ſperme.
Vrináio, &
Vrinále, pot de chambre, pot à piſſer.
Vrináre, piſſer, vriner, faire de l'eau.
Vrinárij, vreteres.
Vrinatríce, merge, plongeon.
Vrinóſo, plein d'vrine.
Vríno, vn œuf ſans moyeu.
Vritáre, bruſler, cauteriſer.
Vritíde, vretere.
Vritório, Idem.
Vrlaménto, hurlement.
Vrláre, hurler.
Vrlatóre, qui hurle.
V'rlo, hurlement.
V'rna, vne cruche, vrne, vaſe de terre.
Vrnáio, potier de terre.
Vrnále, de cruche.
V'ro, buffle ou taureau ſauuage.
V'rſa, ourſe.
Vrſéra, ſorte de barquette à porter les charges.
Vrſétta, vne loche.
Vrſíno, d'ours.
Vrriuólo, oryiuólo, horloge.
vn V'rta martíno, vn eſtourdy.
Vrtáre, heurter, choquer.
Vrtáta, choc, heurt.
Vrteggiáre, heurter.
V'rto, choc, heurt, en jargon, du pain.
hauér v'no in V'rto. i. vouloir mal à quelqu'vn, & continuer de le perſecuter.
V'rto in chiáro, en jargon, ſouppe au vin.
V'rto in lénza, en jargon, de la panade.
Vrtóne, choc, heurt, coup.

V S

Vsággio, vsage.
Vsánte, qui frequente.
Vsánza, coustume, & conuersation, ou familiarité. pron. ts.
Vsáre, vser, auoir de coustume. Conuerser, mettre en vsage.
Vsár con vná Dónna, auoir affaire auec vne femme.
Vsaría, vsure.
Vsúro, vsurier.
Vsáta, & Vsáto, vsage, coustume.
Vsáto, accoustumé, frequenté. Vsé comme vn habit.
Vsátti, gamaches, & brodequins, houseaux.
Vsbergáre, armer de corselet.
Vsbérzo, corselet, haubert.
Vscénte, sortant, qui sort.
Vyscia, porte, huis.
Vsciáta, portiere, tapisserie deuant la porte.
Vsciéra, portiere d'vne maison, Tourriere.
Vsciére, Huissier, portier, Guichetier.
Vsciére, Idem. Et vne sorte de barque.
Vstiettíno, vsciétto, petite barque.
Vsignólo, rossignol.
Vscimento, sortie.
Vscio, porte, huis.
menár l'Vscio attórno .i. estre oisif.
picchiár l'Vscio col piè .i. faire des presens.
stringer fra l'Vscio e'l muro .i. violenter quelqu'un pour le faire resoudre.
chi diétro viéne serri l'Vscio, cela se dit à qui despense son bien sans songer à l'aduenir.
è scritto sù l'Vscio .i. on le voit apparemment : l'Italien dit mot pour mot, il est escrit sur la porte.
si véde all' Vscio, Idem.
hauéela à l'Vscio, c'est quand vne mauuaise affaire s'addresse à nous.
Vscío, pour vsci, il sortit.
Vsciólo, petite porte.
Vscíre, sortir. Item, reüssir. pres. ésco, ésci, ésce, Vsciámo, Vscíte, éscono, parf. Vscíj, Vscísti, Vscí, Vscíximmo, Vscíste, Vscíro, & Vscírono. part. Vscíto, fut. Vsciró, opt. ésca, ésca, ésca, Vsciámo, Vsciáte, éscano, imparf. Vscíssi, & Vscíréi.
égli Vscì, il sortit .i. il m'a dit librement.
égli non Vscí, il ne sortit pas, il ne m'osa dire librement.
Vscír parole di bócca .i. parler sans consideration.
Vscír di sotto, eschapper.
Vscita, sortie, saillie. Item, flux de ventre. Issuë.
Vscíte, pluriel d'Vscito, refugiez, bannis.
Vscíto, banny, refugié. Item, sorty, reüssi, & selon aucuns, l'excrement ou siente d'vn animal.
Vsciuólo, guichet, & petit huis.
Vse, des houseaux ou gamaches.
* Vsellare, tendre aux oiseaux.
* Vsello, oiseau. Item, vn goujon.
Vsi, houseaux, gamaches.
* Vssia, la substance réelle d'vne chose.
Vsignólo, rossignol.
Vsíánza, coustume, vsage. pron. ts.
Vsitáre, vsiter.

Vsitatióne, accoustumance.
Vsitáto, vsité.
Vsiuíglio, vtensile, aisance. Item, le lieu où l'on serre les aisances ou vtensiles.
Vso, vsage. Vsé. Item, accoustumé.
Vso fà légge, l'vsage sert de Loy.
l'Vso si conuérte in natúra, l'vsage se change en nature.
hauér per Vso, auoir de coustume.
Vsò, en jargon, luy. Per sto Vso, pour luy.
Vsofrúito, vsufruit.
Vsolière, gance, cordon, lacet.
Vsouíglio, vtensile.
Vssa, vne Egyptienne ou Bohemienne qui dit la bonne auenture.
Vssignólo, rossignol.
* Vstinatióne, obstination.
* Vstináto, obstiné.
Vstióne, brusleure, combustion.
Vsto, vne corde poissée qui sert à attacher le vaisseau en temps de bourasque. Item, bruslé.
Vstrigine, seicheresse qui bruste les plantes.
Vstrína, le lieu où l'on brusloit les corps.
Vstuláre, brusler, hauir.
Vstúra, haussement.
Vsuále, de coustume, comme dans l'vsage.
Vsualità, vsage.
Vsuário, qui sert à l'vsage. Item, qui a l'vsage d'vne chose.
* Vsucapére, gagner l'vsage ou possession d'vne chose. parf. Vsucapíti.
Vsucáto, qui a pris l'vsage.
Vsufrúito, vsufruit.
Vsufruttuáre, joüir de l'vsufruit.
Vsufruttuária, vsufructuaire.
Vsúra, vsure.
Vsuríio, vsurier.
* Vsurático, d'vsure.
Vsureggiáre, prester à vsure.
Vsuriére, vsurier.
Vsurpaménto, vsurpation.
Vsurpáre, vsurper.
Vsurpatóre, vsurpateur.
Vsurpatríce, celle qui vsurpe.

V T

VT, Vt, notre de Musique.
Vtéllo, oudre, on pot à mettre de l'huile.
Vtensíle, vtensile.
Vtenticáre, autentiquer.
Vténtico, autentique.
Vterino, vterin.
Vtéro, matrice.
Vtile, vtile, & vtilité. Item, interest.
cauár l'vtile, profiter.
Vtilità, vtilité.
Vtilírsi, se seruir, & se rendre vtile. pron. le z comme dz.
Vtilménte, vtilement.
* V'timo, pour vltimo, dernier.
* V'tole, vtile.
* Vtolità, vtilité.
Vtréllo, oudre à mettre de l'huile.
V'tría, oudre.

Vtricéa.

Viriáca, theriaque.
Vrrícola, matrice.
V́stro, oudre, peau à mettre de l'huile.

V V

V́va, raisin.
V́ua páſſa, raisin de cabas, raisin ſec.
V́na paſſula, paſſerina, vina paſſerina, raisin de Corinthe.
V́ua ſpína, groiſelle rouge, ribette.
V́ua créſpa, & V́ua ſpinélla, Idem.
póca V́ua è mólti fóglia.i. bien du bruit, & peu d'effet.
V́ua fréſca, ſelon aucuns, du verjus.
dár l'V́ua in guárdia à pápperi.i. au plus larron la bourſe: l'italien dit, donner le raiſin en garde aux oiſons.
V́ua marina, ſcorpion de mer.
V́ua ſchiáua, raisin ſec.
V́ua tamínia, couleurée noire.
* Vuatióne, taye en l'œil.
V́uea, vne des membranes de l'œil.
V́ueo, de raiſin.
V́ui, vói, vous.
V́uido, humide.
Vuíſero, porte-raiſin.
Vulcáno, Vulcan, forgeron. Item, montagne qui jette du feu.
Vulgágine, pied de poulain, herbe.
Vulgáre, vulgaire: voyez le reſte par Vól.
Vulgóſo, remply de commun peuple.
* Vúlna, vne playe.
* Vulneráre, bleſſer.
* Vulnerário, de playe. Item, qui penſe ou guerir les playes.
* Vulneróſo, plein de playes.
* Vulnificáre, faire des playes.
* Vulnifico, qui fait des playes.
Vulpáre, crier comme vn Milan.
Vulſióne, conuulſion.
* Vultúrno, vent Grec.
Víslua, le col de la matrice. Item, la meſme matrice.
Vuò, pour óglio, ie veux.
Vuogáre, voguer.
V́uola, la luette. Et le mal de luette.
Vuoláría, hipogloſſe.
Vuópo, beſoin.
Vuóſo, plein de raiſins. pron. o fermé.
Vuotabórſe, vn ſobriquet de Medecin, vuideur de bourſes. pron. le premier o ouuert, & le ſecond fermé.
Vuotacéſſi, Vuotadéſtri, cureur de retraits. pron. e ouuert.
Vuotapózzi, cureur de puits. pron. o fermé, & zz.
Vuotáre, vuider. pron. o fermé.
Vuóto, vuide. pron. o ouuert.
Vuóua, des œufs. prons o ouuert.
Vuouále, en ouale.
Vuúoli, ſorte de champignons, mouſſerons. Item, nœuds de roſeaux.
V́urchio, hurque, ſorte de barque.
V́uula, la luette.
Vuuléria, hipogloſſe, herbe.

V Z

V'Zzolo, deſir exceſſif, cupidité.

X

Xiſto, vn porche à la Grecque.
X vn Xſe fu'l moſtáccio, vne balaffre en forme d'vn X ſur le viſage.

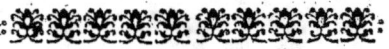

Y

YGio, fils, ce mot eſt dans le Caporali pour hijo, qui ſignifie la meſme choſe en langue Eſpagnole.

Z

Le Z ſe prononce comme ts, & quelquefois doux comme dz, comme vous trouuerez quaſi par tout: car ie n'ay pas marqué qu'aux mots qui m'ont ſemblé plus difficiles.

Z A

Zabaióne, vn chaudeau. pron. ts.
* Zabérna, vne preſſe à ſerrer le linge. pron. ts.
Zabratána, vne ſerbattane. pron. ts.
Zabúrro, ſorte de grain. pron. ts.
Zácca, vn filet ou ret à prendre des oiſeaux. pron. ts.
Záccara, crotté de fange. Metaph. toute ſorte de choſe de bas prix. Item, debtes, vne garce. pron. ts.
Zaccaráre, crotter. pron. ts.

Zaccarélla, petite crotte. prononcez ts.
Zaccaria, fior di zaccaria, aubifoin, bluet. prononcez dz.
Zacchéo, vn petit nain, vn petit bout d'homme. prononcez ts.
Zácchera, crotte. prononcez ts.
Zaccheráre, crotter. prononcez ts.
Zaccherélla, petite crotte. prononcez ts.
Zaccherélle di paróle, jaseries, galimatias. prononcez ts.
Zaccheríni, petites crottes. prononcez ts.
Zaccheróso, crotté, plein de crottes. prononcez ts.
Zacconáre, niaiser, badiner. Rêver, radotter, dire des rêveries. prononcez ts.
Zadúra, cretonart, plante odoriferante. prononcez ts.
Záffara, vn croc ou crochet à tirer les draps de dedans la chaudiere du Teinturier. prononcez ts.
Zaffaráno, du saffran. prononcez ts.
Zaffáre, accrocher, gripper. Item, arrester vn homme comme font les Sergents. Et boucher d'vn bouchon. prononcez ts.
Zaffaría, la compagnie des Archers ou Sergens. prononcez ts.
Zaffáta, coup de griffe ou de croc, coup de bouchon. Item, le coup que donne vne liqueur en rejaillissant. C'est aussi vne senteur qui sort tout d'vn coup d'vne liqueur. prononcez ts.
Zaffeggiáre, faire l'Archer ou Sergent. Item, gripper. prononcez ts.
Záffera, sorte de couleur de Peintre. prononcez ts.
Zaffáut, c'est vne allusion de ce sa vt, & Lásso, qui signifie vn Sergent. prononcez ts.
Zafferáno, saffran, en jargon, vn Sergent. prononcez ts.
Zafferáno Saracinésco, saffran bastard. prononcez ts.
Zaffíro, saphir. prononcez ts.
Záffo, bouchon de bouteille, & bondon. C'est aussi à Venise vn Archer ou Sergent. Item, l'escume du vin qui bouslt. prononcez ts.
Zaffóra, bouchons, bondons. Item, Archers, prononcez ts.
Zaffúra, sorte de pierre minerale. prononcez ts.
Zaffranáre, saffranner. Item, embrenner. prononcez ts.
Zaffráno, saffran. prononcez ts.
Zagáglia, vne zagaye ou jauelot. prononcez dz.
Zaganélla, vne sorte de passement de soye. prononcez dz.
Zaganélla, courroye dont on lie la queuë d'vn cheual; c'est aussi vne sorte de feu d'artifice comme vn petard, vn petard fait de papier, & de poudre à canon. prononcez dz.
attaccár le Zaganélle al Tóro, entreprendre vne affaire dangereuse. prononcez dz.
Zagarélla, courroye dont on lie la queuë du cheual. Item, vn petard. prononcez dz.
Zagnáta, vn trait de zani, vne badinerie, vne plaisanterie. prononcez dz.
Zágo, enfant de Chœur, ou qui aide à dire la Messe. prononcez ts.
Zágo, nom propre de lieu. prononcez ts.
quéi da Zágo, qui fumoient leur clocher pour le faire croistre .i. des sots, des niais. prononcez ts.
Zágova, cire Vierge. prononcez ts.
* Záina, mot Piedmontois, vn verre. Item, vne barquette toute d'vne piece, & vn panoier plat à Rome. prononcez ts.
Zaináro, faiseur de panniers. prononcez ts.
Zainétta, petit verre, pannier plat. prononcez ts.
Záino, pannetiere de berger. Item, zain, cheual sans marque. prononcez ts.
Zaldarélla, vne niche, vn tour, vne fourbe. prononcez ts.
Zaldóne, vne gauffre. Item, vne sorte de fleur. prononcez ts.
Zallóne, corbeau à soustenir vne poutre, &c. pron. ts.
Zalolíno, gingeolin, sorte de couleur. prononcez dz.
Zamára, zamarra, vne sorte d'instrument. Et vne casaque ou gaban, vne cimare. prononcez ts.
Zamarrótto, vn petit gaban. prononcez ts.
Zambaglióne, vn chaudeau, ou bouillon. prononcez ts.
Zambélla, vne garce, vne mignarde. prononcez ts.
Zambelláre, appeler les oiseaux par le moyen de l'appeau. prononcez ts.
Zambélle, gauffres ou petit mestier. pron. ts.
Zambéllo, appeau d'oiseau. prononcez ts.
Zambelótto, camelot. prononcez ts.
Zamberlúcco, gaban de marinier. prononcez ts.
* Zámbra, camera, chambre. prononcez ts.
Zambrácca, putain, coureuse, garce. prononcez ts.
* Zambruscáre, courir après les garces, courir le bordel, estre garce. prononcez ts.
Zambudélli, boyaux gras. Item, sorte d'andoüilles sumées. prononcez ts.
Zámia, pomme de pin. prononcez ts.
Zámpa, patte d'animal. prononcez ts.
Zampáre, gripper. prononcez ts.
Zampáta, trace de pied d'animal, piste. Et coup de patte. Item, cousin. prononcez ts.
Zampáni, en jargon, patins, mules. pron. ts.
Zampettáre, se dit des enfans, qui commence à marcher. prononcez ts.
Zampétta, petite patte. prononcez ts.
Zampétto, patte, pied. prononcez ts.
Zampétto di pórco, pied de porc. prononcez ts.
ci è restáto per vn Zampétto, il y est demeuré pour vn pied, pour vne patte, nous disons, il en a eu pour sa mine de febves. prononcez ts.
Zampilláre, jetter, qui se dit de l'eau, surgeonner. prononcez ts.
Zampillétto, ts.
Zampíllo, vn ject d'eau, surgeon. Item, vn petit vase qui sert de joüet aux enfans en faisant sortir l'eau en l'air. C'est aussi vn chalumeau fait d'vn brin de seigle verd. prononcez ts.
Zampillóso, plein de surgeons, ou rejettons. pron. ts.
Zampíno, petite fourche à attiser le feu. prononcez ts.
Zampógna, vne chalemie, selon aucuns, vne cornemuse, vne musette, vne flûte, vn sifflet de chastreur, vne sampogne. Item, la nature de la femme. prononcez ts.
Zampognáre, joüer de la cornemuse. Item, jaser, cajoller. prononcez ts.
Zampognáro, joüeur de musette. Et cajolleur. pron. ts.
Zampógne, cajolleries, jaseries. prononcez ts.
Zampognóne, vn grand jaseur. prononcez ts.
Zamponáre, attiser le feu. Item, enfourcher, Zampináre. prononcez ts.
Zampóne, fourche à attiser le feu. Item, vn croc ou rasteau, Zampíno. prononcez ts.
Zána, vn berceau. Item, vne sorte de corbeille ou pannier. Vne cisterne, selon aucuns, Vne ciuiere à bras. Vne grosse villageoise, vn tour, & vne niche. prononcez ts.
Zanáda, vn trait de bouffon. prononcez dz.

ZA

Zanaiuólo, vn porte-hotte, vn porteur de hotte, vn porteur. prononcez ts.
Zánca, jambe, & patte. Item, main gauche. pron. ts.
Zancaríto, caigneux. prononcez ts.
Zánche, des eschasses. prononcez ts.
Zancheggiáre, aller sur des eschasses. prononcez ts.
* Záncia, cajollerie. prononcez ts.
* Zanciáre, cajoller. prononcez ts.
* Zanciatóre, cajolleur, jaseur. prononcez ts.
* Zancitúme, jaserie. prononcez ts.
Zánco, gauche, gaucher. prononcez ts.
Zancólle, des patins. prononcez ts.
Záne, vn zani, vn harlequin, vn bouffon. pron. dz.
Zanfróne, vn bon compagnon. Item, vne piece d'or. prononcez ts.
Zanganélla, sorte de fusée, ou feu d'artifice. pron. dz. prononcez ts.
Zangarinéllo, sorte de poisson, brochet. prononcez ts.
Zangaríno, en jargon, menuisier. prononcez ts.
Zángola, chaire percée. prononcez ts.
Zánio, pannetiere. prononcez ts.
Zánna, dent, croc de chien, deffense de sanglier. prononcez ts.
Zánni, vn zani ou bouffon. prononcez dz.
Zannáre, donner de la dent. prononcez ts.
Zannésco, en jargon, mal vestu. prononcez dz.
Zánni, filous, frippons. prononcez dz.
Zannicchio, en jargon, le froid. prononcez ts.
Zannuólo, vn bouffon. prononcez dz.
Zanzála, zanzána, zampána, &
Zanzára, moucheron, frellon, vn cousin, sorte d'insecte. prononcez ts.
* Zanzáre, jaser, cajoller. prononcez ts.
* Zánze, cajolleries. prononcez ts.
Zanzeáre, niaiser, badiner, perdre son temps. Item, mangeur de moucherons. prononcez ts.
Zanzeóne, vn niaiseur, vn faineant. Item, niaisement, en badinant. prononcez ts.
Zanzéra, vn moucheron. prononcez ts.
Zanzeráre, badiner, niaiser. prononcez ts.
Zanzeriére, c'est vn pauillon en Lombardie, parce qu'il empesche les moucherons. prononcez ts.
Zanzerino, &
Zanzéro, vn en bardache. prononcez ts.
Zanzueráta, vne composition de plusieurs ingrediens. Item, vn margoüillis de viandes. prononcez ts.
Zanzuerino, vn en bardache. prononcez ts.
Zanzóla, vne sorte de palette ou truelle. pron. ts.
Zapino, sapin. Vn certain fer à foüiller dans le feu. prononcez ts.
Záppa, sappe, houyau. prononcez ts.
la Záppa e'l badíle .i. la mort, parce qu'on la peint auec ces instruments. prononcez ts.
dársi la Záppa sù'l piéde .i. se donner du houyau sur le pied .i. s'offenser soy-mesme, nous disons, s'arracher le nez du visage. prononcez ts.
al villán dágli la Záppa .i. traitter selon la condition. prononcez ts.
far vna Záppa .i. aller de trauers, nous disons, aller droit comme vne faucille, aller d'vn costé, & retourner de l'autre. prononcez ts.
far Záppa, en jargon, ne pas faire le coup qu'il auoit enuie de faire. prononcez ts.
Zappáre, hoüer. Et sapper. Biner, prononcez ts.
Zappár l'hórto à vne .i. faire du bien croyant faire du mal. pron. ts.
Zappatérra, vn pitaut, vn laboureur. pron. ts.
Zappatóre, bescheur, hoüeur, pionnier. pron. ts.
Zappettáre, hoüer doucement. pron. ts.

ZA 571

Zappitérra, vn pionnier. Vn pitaut. Vn laboureur. Vn picque-bœuf. prononcez ts.
Zappegáre, trepigner, pietiner. prononcez ts.
Zappolíno, vn houyau. prononcez ts.
Zappóne, vne houe. prononcez ts.
Zappulo, vne sarfoüiette. pron. ts.
Zara, hazard au jeu de dez, quand l'on fait au dessous de sept points, & au dessus de seize, &c. selon aucuns, le jeu de la chance. prononcez dz.
dár in Zára .i. estre mal-heureux. C'est aussi par Metaph. prendre la verolle. prononcez dz.
Zára à chi rócca, nous disons aussi, hazard qui tocque. prononcez dz.
Zarabánda, sarabande. prononcez ts.
Zarabartána, serbatane. prononcez ts.
Zarabúso, vn butor. prononcez ts.
Zaramélla, vne chalemie. Et cajollerie. prononcez ts.
Zaramelláre, joüer de la chalemie. Item, cajoller. prononcez ts.
Zaranto, vn verdrier. prononcez ts.
Zaráre, joüer à la chanse. Item, hazarder, joüer au hazard. prononcez ts.
Zaratanáre, charlataner. prononcez ts.
Zaratáno, charlatan. prononcez ts.
Zárba, vne coureuse. prononcez ts.
Zarbattána, serbatane. prononcez ts.
Zarchielláre, sarcler. prononcez ts.
Zarchiéllu, vne sarfoüette. prononcez ts.
Zárda, jerdon. prononcez ts.
Zardéso, qui a vn jerdon. prononcez ts.
* Zardíno, jardin. prononcez ts.
* Zária, giária, vne buire. prononcez dz.
* Zarlattóre, charlatan, cajolleur. prononcez ts.
Zarétto, vne hotte. prononcez ts.
Zaróso, graueleux. Item, dangereux, hazardeux. prononcez dz.
Zárra, vne buire, vne jare. prononcez dz.
Zarróso, graueleux. prononcez dz.
Zarúbli, jects d'oiseau. prononcez dz.
Zarzapariglia, salseparéille. prononcez ts.
Zarzecáno, sorte de cotte d'armes. prononcez ts.
* Zátta, patte. prononcez ts.
* Zátta, zattára, &
Záttera, radeau, train de bois. prononcez ts.
Zattéri, ceux qui meinent les trains de bois. pron. ts.
Zauariáre, resver, radotter. prononcez ts.
Zauarína, en jargon, la langue. prononcez ts.
Zauarióne, vn radotteur. prononcez ts.
Zauáita, sauatte, en jargon, vne escarcelle. pron. ts.
Zauattáre, sauetter. prononcez ts.
Zauattáro, sauettier. prononcez ts.
Zauattería, sauetterie. prononcez ts.
Zauattíno, sauetier. prononcez ts.
Zaurra, sabure, sable que l'on met au fonds du Nauire, lest. prononcez ts.
Zaorráre, lester. prononcez ts.
Zazzára, perruque, cheuelure. prononcez ts.
Zazzeáre, perdre le temps en se pourmenant. Secoüer ses cheueux, faire le beau. prononcez ts.
Zazzeáto, vn faineant, vn badin. prononcez ts.
Zazzeatóre, &
Zazzeóne, Zazzeíno, Idem. Ces mots semblent rapporter a nos mignons qui ont de grandes perruques, & les secoüent à toute heure, pour faire les beaux. prononcez ts.
Zazzeriére, vn mignon, vn beau-fils, vn bardache. prononcez ts.

CCcc ij

ZA ZE

Zaʒʒerino, vn mignon qui a de grands cheueux. prononcez ts.
Zaʒʒeruto, qui a vne grande cheuelure. pron. ts.

ZE

Zéa, de l'espeautre. Item, pour ʒia, tante. prononcez ts.
*Zéba, vne chevre. pron. ts.
Zebibo, raisin de cabas. pron. dʒ.
* Zébra, vne chevre. pron. ts.
Zécca, le lieu où l'on bat la monnoye, la monnoye. C'est aussi vn tic. prononcez e fermé, & le ʒ comme ts. Metaph. vn auare.
cosa di Zéccha, chose bonne, fine, excellente, de poids. pron. ts.
Zeccáio, batteur de monnoye. pron. ts.
Zeccárda, vne chiquenaude, vne nazarde. pron. ts.
Zeccardáre, nazarder. pron. ts.
Zeccáre, battre la monnoye. pron. ts.
Zécche, lentes, morpions. pron. ts.
Zecchiére, batteur de monnoye. pron. ts.
Zecchíno, vn sequin. pron. ts.
Zedoária, cretonart, plante. pron. dʒ.
Zédola, vn goujon. pron. ts.
Zednária, cretonart. pron. dʒ.
Ziffáta, vn soufflet. pron. ts.
Zéffiro, zephir. pron. dʒ.
Zeganélla, reseau, rezeul, petard de papier. pron. dʒ.
Zeladína, de la gelée. pron. dʒ.
Zelamína, sorte de pierre. pron. ts.
Zelánte, zelé, affectionné, affectionnée, zelée. prononcez ts.
Zeláre, auoir du zele, affectionner. pron. dʒ.
Zelatóre, plein de zele, affectionné, zelé. pron. dʒ.
Zelóso, plein de zele. pron. dʒ.
Zemiláce, sorte de pierre. pron. ts.
Zemína, damasquineure, ou façon d'ouurage de filets d'or, & d'argent de rapport, ou d'autres pieces rapportées. pron. dʒ.
Zenáre, serrer. pron. dʒ.
Zendádo, sendal, petit taffetas. pron. ts.
Zendále, Idem. pron. ts.
Zendáli, fanons. pron. ts.
Zéniti, le zenit. pron. ts.
Zénʒa, mousche bouine. pron. ts.
Zenʒaláro, vn pauillon, mot Lombard, parce qu'il empesche les moucherons de nous mordre. prononcez ts.
Zinʒára, vn moucheron. pron. ts.
Zenʒéro, gingembre. pron. les ʒʒ comme dʒ.
Zenʒeuerata, composition de plusieurs ingrediens. Item, vn margouillis de viandes. pron. dʒ.
Zenʒéuero, gingembre. pron. ts.
rémo à Zenʒíle, petite rame qu'vn homme seul pouuoit manier. pron. ts.
Zéo, dorade, poisson, ʒóme. pron. ts.
Zéppa, vn coing à fendre du bois. Item, vne motte ou gazon. Et vne estaye. pron. ts.
Zeppacandélo, sorte de chardon. pron. ts.
Zeppáre, rompre les mottes, fendre du bois. Item, estayer. Et emplir tout plein. pron. ts.
Zéppo, tout plein, tres-plein, selon aucuns, vn brin de quelque chose, petit basson. pron. ts.

ZE ZI

Zéppola, bignet. pron. e fermé, & ts.
Zerbinería, la trouppe des mignons ou muguets. Item, mignonerie. pron. dʒ.
vn Zerbíno .i. vn mignon, vn muguet. pron. dʒ.
Zérgo, jargon, narquois. pron. dʒ.
Zerléto, vne hotte. pron. dʒ.
Zerlíno, & ʒérlo, Idem. pron. dʒ.
Zéro, vn zero, vne nulle. Item, vne sorte de cristal gendarmé. pron. dʒ.
Zeruelíno, sorte de prune. pron. dʒ.
* Zessére, plastrer. pron. dʒ.
Zésso, plastre, gis. pron. dʒ.
* Zéta, vne petite chambre percée de trois costez. pron. dʒ.
Zéte, la lettre z. pron. ts.
Zétti, jects de faulcon. pron. dʒ.
Zéu, espeautre, sorte de grain. pron. dʒ.
Zéua, fruit dont on fait de l'huile aux Indes. pron. dʒ.
Zenedéra, la voile que l'on met sur l'esperon des vaisseaux quarrez, ciuadiere. pron. dʒ.
Zímgire, sorte de roseau d'Inde. pron. dʒ.
Zeʒobráno, saffran, selon aucuns, le mot a plus de rapport à gingembre. pron. ts.
Zéʒʒo, dernier. Item, du plastre. pron. ts.
Zeʒʒobécco, le dernier sera cornard, nos enfans en jouant disent à celuy qui demeurera le dernier, fils de putain qui sera le dernier. pron. ts.
Zéʒʒolo, le bout du tetin. pron. ts.
Zaʒʒonário, certaine racine d'arbre. pron. ts.

ZI

Zía, tante. pron. ts.
Zibaldóne, margouillis, mélange. pron. ts.
Zibellíno, mattre zubeline, ou subline. pron. dʒ.
Zibettáre, parfumé de ciuette. pron. dʒ.
Zibetíni, balles ou sauonnettes mélées de ciuette. prononcez dʒ.
Zibétto, ciuette. pron. dʒ.
Zibíba, raisin sec, raisin cuit. pron. dʒ.
Zieggiáre, imiter l'oncle ou la tante. pron. ts.
Ziffera, chiffre, ʒiffra. pron. dʒ.
Ziffera, vn rebus de Picardie. pron. dʒ.
vscír fuór della Ziffera, sortir hors du pair. pron. ts.
Zifráio, Arithmeticien. pron. dʒ.
Zifráre, chiffrer. pron. dʒ.
Zifro, sorte de monstre marin. pron. dʒ.
Zige, sorte de casse. pron. ts.
Zigéna, sorte de poisson monstrueux. pron. ts.
Zigero, sorte de casse odoriferante. pron. ts.
Zigno, petit lezard. pron. ts.
Zigolo, vn verdrier, oiseau. pron. ts.
Zima, la cime. Item, vne propreté. pron. ts.
Zima d'huómo, vn braue homme, vne bonne mine d'homme. pron. ts.
Zimárra, vne cimarre, sorte de robbe de chambre. prononcez ts.
Zimarrína, vne putain. pron. ts.
Zimbelláre, appeler les oiseaux, les attirer par le moyen des autres. pron. dʒ.
Zimbéllo, appeau d'oiseaux: c'est proprement vn oiseau qui est attaché au bout d'vn filet, pour faire venir les autres. Item, vn sac plein de son ou de sable, dont les enfans frappent les paisans pour se mocquer d'eux. Item, vne sorte d'instrument musical. It

ZI

vn badin ou effeminé. prononcez dz.
attaccár vn Zimbéllo ad v'no .i. publier la honte, faire vn affront. pron. dz.
fár il Zimbéllo attórno .i. se mocquer, siffler, joüer vne perſonne, harer aprés vne perſonne.
* Zimbíto, pain leué. pron. dz.
* Zimpípero, gingembre. pron. dz.
Zinále, vne bauette, & tablier d'enfant. pron. ts.
* Zinciuláre, Zincinláre, gazoüiller. pron. ts.
Zingána, Zingára, Egyptienne. pron. ts.
Zingandáre, faire l'Egyptien. pron. ts.
Zíngano, Zingáro, Egyptien. pron. ts.
reále cóme vn Zíngano, nous diſons, loyal comme vn meuſnier.
Zinganéſco, d'Egyptien. pron. ts.
Zingaríno, petit drolle, petit mignon, petit Egyptien. Item, vn brochet. pron. ts.
Zinghério, ſorte d'oiſeau de proye. pron. ts, & ghe comme gue.
Zínna, tetin, à Rome. pron. ts.
Zinnále, vn tablier. pron. ts.
Zinnáre, tetter. pron. ts.
Zinnína, ſorte de petit boudin. pron. ts.
Zinziculáre, gazoüiller. pron. ts.
Zinzíno, vne meſange. Item, vn ourſin. pron. ts.
Zío, oncle. pron. ts.
Zióllo, vne ſorte de pluuier. pron. ts.
* Ziottáre, boitter. pron. ts.
* Ziótto, boitteux. pron. ts.
Zípa, rais de roüe. pron. ts.
Zipólla, ciboule. pron. ts.
Zipollína, ciboulette, ciue. pron. ts.
Zípolo, vn foſſet ou bouchon de cannelle. pron. ts.
fár d'vna láucia vn Zipolo .i. reduire vne grande choſe à neant. pron. ts.
Ziráre, en jargon, chanter. pron. dz.
Zírbo, girbe, creſpine qui enueloppe les entrailles. .. pron. ts.
Zirílte, pierre qui eſtanche le ſang. pron. dz.
Zírlo, le cry d'vne griue. pron. dz.
Zíro, vne grande buire à mettre de l'huile. pron. dz.
Ziſílla, vne arondelle. pron. dz.
Ziſilláre, gazoüiller comme vne arondelle. pron. dz.
Zíta, ſt, pour faire taire. pron. ts.
Zitélla, vne fille, vne pucelle. pron. ts.
Zitéllo, puceau, garçonnet. pron. ts.
Zíto, ſorte de breuuage, de la bierre. pron. ts.
Zittíre, dire, ſt, pour faire taire. preſ. z ittíſco, prononcez ts.
Zítto, ſt, paix, taiſez-vous. pron. ts.
ſtár Zítto, demeurer coy. pron. ts.
Ziuólo, vn verdrier, oiſeau, vn eſſelet. pron. ts.
Zizífo, iuiube. pron. dz.
Zizíppa, Zízola, &
Zízolo, Idem. pron. dz.
Zízza, mammelle, tetin. Item, du nanan, mot d'enfant. pron. ts.
Zizzalardóne, vn croquelardon. pron. ts.
Zizzánia, zizanie, yuroye. pron. dz.
Zizzanáre, ſemer de la diſcorde. pron. dz.
Zizzaniatóre, vn qui cauſe de la diſcorde. pron. dz.
Zizzanióſo, plein de contention ou diſcorde. prononcez dz.
Zizzoláre, prendre la mammelle. Metaph. boire beaucoup. prononcez ts.
Zizzorálla, iuiube. prononcez dz.

ZO

* Zoóbia, lendy. pron. dz.
Zócca, vn floccon, vn toupet. pron. ts.
Zoccáre, fuſter, affuſter. Item, coupper en billots. pron. ts.
Zoccarélla, z occhétto, petit billot. pron. ts.
Zócco, tronc, billot. Plante, patin, en Architecture. pron. o ouuert, & le z comme ts.
è andáto vn Zócco nel volàto .i. on a deſtourné ou gaſté tout l'affaire. pron. ts.
Zóccola, relais, banquette, terme de fortification. prononcez ts.
Zoccoldio, faiſeur de patins, ſandalles, & ſabots. prononcez ts.
Zoccoláre, aller ſur des patins. Item, ſuſter, affuſter. prononcez ts.
Zoccoláta, vn coup de patin. prononcez ts.
Zoccolétto, petite galoche ou patin. prononcez ts.
Zóccolo, patin, galoche, & ſaudale de Religieux. C'eſt auſſi le relais d'vn mur, en terme de fortification. Patin de Hollande. Item, terre qui s'attache aux pieds, ſocque, & ſabots. prononcez ts.
andár in Zóccoli per l'aſciútto, aller par les lieux ſecs auec des patins ou galoches .i. commettre la Sodomie. prononcez ts.
Zóccoli, mot qui ſe dit pour faire taire, quand on parle hors de propos, ou que l'on n'accorde pas ce qu'vn autre dit, bagatelles. prononcez ts.
Zoconáre, aller auec des patins. prononcez ts.
Zediáco, Zodiaque. prononcez dz.
Zóſie, plante, animal. pron. dz.
* Zóia, joyau, & joye. prononcez dz.
Zóilo, vn enuieux. prononcez dz.
Zoláia, ſoubs-pied d'eſperon. prononcez ts.
Zólſa, ſol fa, en muſique. prononcez ts.
la Zólſa de gli Erminíi, nous diſens, muſique enragée .i. diſcordante. prononcez ts.
Zolſanéllo, allumette. Et crieur d'allumettes. prononcez ts.
s'accénde il Zolſanéllo, l'allumette s'allume .i. quand vn homme deuient rouge de colere, ou pour quelque autre paſſion. prononcez ts.
Zolſaríno, &
Zolſinéllo, allumette. prononcez ts.
Zólſo, du ſoulphre. prononcez ts.
Zolſóreo, ſuphurée prononcez ts.
Zolſoróſo, plein de ſoulphre, Zolſúſo. prononcez ts.
Zólio, ſorte de caſſeron. prononcez ts.
Zólla, motte de terre, gazon, vn morceau de fer ou autre métail. prononcez ts.
Zolláre, croiſtre en gazons. prononcez ts.
Zóllo, ſorte de poiſſon. prononcez ts.
Zolláſo, plein de mottes de terre. prononcez ts.
Zombáre, berner, joüer vne perſonne. prononcez ts.
Zombáta, bernement. prononcez ts.
Zóna, Zone, vne ceinture. prononcez ts.
* Zonára, vn lieu à joüer aux quilles, jeu de quilles. prononcez dz.
Zonáre, enuironner, enceindre. prononcez dz.
Zónco, ſorte d'animal comme vn cloporte. prononcez ts. Item, eſtroppié.

ZO ZV

* Zóne, sur le Venitien, des quilles. prononcez *ts.*
* Zonélla, petite ceinture. prononcez *dz.*
Zonéto, sorte de ver longuet. prononcez *dz.*
* Zóni, des quilles. prononcez *ts.*
Zonzeáre, se pourmener, ne rien faire, courir le rempart. prononcez *ts.*
Zonzóne, vn faineant. prononcez *ts.*
Zónzo, badinerie, follastrerie. prononcez *ts.*
andár à Zónzo, c'est estre vagabond, nous disons d'vne femme, courir le guilledou. prononcez *ts.*
Zopíro, zopiróne, pouliot de montagne. prononcez *ts.*
Zopíssa, sorte de poix ou gomme. prononcez *ts.*
Zóppa, motte de terre. Item, vne boiteuse. prononcez *ts.*
Zóppa squádra, fausse esquerre. prononcez *ts.*
Zoppágine, démarche de boiteux. prononcez *ts.*
Zoppáre, &
Zoppegáre, boitter. prononcez *ts.*
Zoppicáine, boittant, boitteux, boitteuse. prononcez *ts.*
Zoppelláre, en jargon, aller de trauers, & marcher doucement. prononcez *ts.*
Zoppéllo, soulier haut comme vn patin, qui sert à vn boiteux. Item, patin, & sandale. prononcez *ts.*
Zoppicáre, boitter. prononcez *ts.*
sò di che piéde Zóppica, nous disons, ie sçay de quel bois il se chauffe. prononcez *ts.*
Zóppo, boiteux. prononcez o ouuert, & le z comme *ts.*
Zórlo, zorlito, corneille qui a les pieds rouges. prononcez *dz.*
Zoticaménte, grossierement. prononcez *dz.*
Zótico, grossier, rude. prononcez *dz.*
Zottáre, boitter. prononcez *ts.*
Zotiáta, vn coup. prononcez *ts.*
Zottichézza, grossiereté. prononcez *dz.*
Zóttico, grossier. prononcez *dz.*
Zottóne, gros lourdaut. prononcez *dz.*
Zétto, mot Venitien, boitteux. prononcez *dz.*

ZV

Zváne, vn sot, vn zani, ou Iean. prononcez *ts.*
Zúcca, citroüille, calebasse, courge. Caboche, ou teste pelée. prononcez *ts.*
Zúcca lardáia, sorte de citroüille ou courge. prononcez *ts.*
Zúcca seluática, couleurée. prononcez *ts.*
Zúcca ò móra, sorte de jeu. prononcez *ts.*
Zúcche, sorte de jurement pour ne pas dire quelque saleté. prononcez *ts.*
son túite Zúcche .i. ce sont toutes choses friuoles. prononcez *ts.*
mescolár Zúcche con lantérne .i. mesler de belles choses auec des laides. prononcez *ts.*
vsár in Zúcca dél méle .i. parler doucement. prononcez *ts.*
Zúcca al vínto, vne teste éuentée. prononcez *ts.*
Zúcca di Spágna, vn finet. prononcez *ts.*
Zúcca di sále, vne saliere faite d'vne calebasse. Item,

vne teste bien faite, vn homme prudent. prononcez *ts.*
hauér sále in Zúcca, auoir de la prudence. prononcez *ts.*
Zúcca fiaschétta, vn fourniment à mettre de la poudre. prononcez *ts.*
Zúcca spadáia, peruanche. prononcez *ts.*
Zúcca marína, courge. prononcez *ts.*
Zuccáio, lieu où croissent les citroüilles. prononcez *ts.*
Zuccarína, sorte de verre. Et vne sorte d'alum. prononcez *ts.*
Zuccarino, vn sucrier à mettre du sucre. prononcez *ts.*
Zuccarini, des douceurs que l'on donne aux petits enfans, des bon-bons. prononcez *ts.*
Zúccaro, sucre. prononcez *ts.*
Zúccaro di tré cótte .i. vn raffiné, vn finet. prononcez *ts.*
Zuccáta, de la citroüille cuite ou confite. Item, caquet, babil, galimatias. prononcez *ts.*
Zuccherário, confiturier. Et faiseur de sucre. prononcez *ts.*
Zuccheráre, sucrer. prononcez *ts.*
Zuccheráto, sucré, sucrin. prononcez *ts.*
Zuccherini, dragées, paste de sucre, &c. prononcez *ts.*
fár i Zuccherini al Dío Cupído, suiure ou faire l'amour, flatter l'amour, comme si on vouloit dire faire, des bon-bons au petit Cupidon. prononcez *ts.*
Zúcchero, sucre. prononcez *ts.*
vi càde il Zúcchero su'l péro cótto .i. tout vous vient à souhait. prononcez *ts.*
sarébbe vn Zúcchero, ce seroit vne chose facile, nous disons, ce ne seroit que des roses. prononcez *ts.*
prométter il Zúcchero brúsco .i. promettre chose toute extraordinaire. prononcez *ts.*
Zuccheróso, sucrin, doux comme du sucre. prononcez *ts.*
Zucchétta, petite courge. Item, petite calebasse. prononcez *ts.*
Zucchétta di fuóco, pot à feu. prononcez *ts.*
Zucchétto, pot de fer à porter sur la teste. prononcez *ts.*
Zúccolo, le haut de la teste, le sommet, le vertex. prononcez *ts.*
Zucconáre, tondre. prononcez *ts.*
Zuccóne, vne teste tonduë. Vn tondu, vn testu, vn badin. prononcez *ts.*
Zúffa, noise, meslée de combat. prononcez *ts.*
Zuffáre, quereller, se battre. prononcez *ts.*
Zuffáre, grippet, prendre, dérober, mot de jargon. prononcez *ts.*
Zúffo, vn sifflet. Item, le toupet. prononcez *ts.*
Zuffoláre, siffler. prononcez *ts.*
Zuffoláta, vne sifflée, vne huée après quelqu'vn. prononcez *ts.*
Zuffolatóre, siffleur. prononcez *ts.*
Zuffolétto, zuffolíno, petit sifflet. prononcez *te.*
Zúffolo, sifflet, flusteau, fifflement. prononcez *ts.*
Zuffiráre, siffler. Et parler bas à l'oreille. prononcez *ts.*
Zúgo, & Zúgolo, vn niais, vn badin, vn follastre, vn mignard. prononcez *ts.*
Zugóne, vn gros niais. prononcez *ts.*
Zúi, sorte d'oiseau. prononcez *ts.*

Zúppa, souppe au vin, & autre souppe de pain trempé. Potage. prononcez *ts*.
Zúppa álla Lombárda, nous difons, fouppe à la Iacobine. prononcez *ts*.
sò quel che dico quándo dico Zúppa. i. ie fçay bien ce que ie dis, ie m'entends bien, l'entente eft au difeur. prononcez *ts*.
Zurláre, folaftrer. Item, tourner comme vne toupie, piroüetter. prononcez *ts*.
Zúrlo, tout ce qui tourne comme vne toupie, vn fabot, vne piroüette. Tournoyement de tefte. Item, vn badin. prononcez *ts*.
ftár in Zúrlo, nous difons, eftre en rut, en humeur, en train. prononcez *ts*.
ftár in fu'l Zúrlo, eftre fur les railleries ou en chaleur. prononcez *ts*.
* Zúrma, la chourme d'vne galere. prononcez *ts*.
* Zurmáglia, la canaille. prononcez *ts*.
* Zurmáre, charmer, faire des tours de paffe-paffe. prononcez *ts*.
* Zurmatóre, charmeur, bafteleur. prononcez *ts*.
Zurnáppa, vne Giraffe. prononcez *ts*.
Zúzo, vn chat-huant. Item, vn fuçon ou fuffon. prononcez *ts*.
* Zuxáre, fuccer. prononcez *ts*.
Zuzzulino, gingeolin. prononcez *dz*.

Fine della prima Parte.

LODATO SIA IDDIO.

A PARIS,

De l'Imprimerie de CLAVDE BVRAY, proche la Porte S. Marcel, au Grand S. Claude.

M. DC. LXIII.

www.ingramcontent.com/pod-product-compliance
Lightning Source LLC
Chambersburg PA
CBHW070405230426
43665CB00012B/1251